Münchener Kommentar zum Handelsgesetzbuch

herausgegeben von

Dr. Dres. h. c. Karsten Schmidt
o. Professor em. an der Universität Bonn
Präsident der Bucerius Law School, Hamburg

Band 3
Zweites Buch. Handelsgesellschaften und stille Gesellschaft

Zweiter Abschnitt. Kommanditgesellschaft
Dritter Abschnitt. Stille Gesellschaft
§§ 161–237

Konzernrecht der Personengesellschaften

Die einzelnen Bände des Münchener Kommentars zum HGB

Band 1
Erstes Buch. Handelsstand
§§ 1–104 a
Bandredakteur:
Prof. Dr. Dres. h. c. Karsten Schmidt

Band 2
Zweites Buch. Handelsgesellschaften und stille Gesellschaft
Erstes Abschnitt. Offene Handelsgesellschaft
§§ 105–160
Bandredakteur:
Prof. Dr. Dres. h. c. Karsten Schmidt

Band 3
Zweites Buch. Handelsgesellschaften und stille Gesellschaft
Zweiter Abschnitt. Kommanditgesellschaft
Dritter Abschnitt. Stille Gesellschaft
§§ 161–237
Konzernrecht der Personengesellschaft
Bandredakteur:
Prof. Dr. Dres. h. c. Karsten Schmidt

Band 4
Drittes Buch. Handelsbücher
§§ 238–342 e
Bandredakteur:
Prof. Dr. Dr. h. c. Werner Ebke

Band 5
Viertes Buch. Handelsgeschäfte
§§ 343–406
CISG
Bandredakteurin:
Professor Dr. Barbara Grunewald

Band 6
Recht des Zahlungsverkehrs, Effektengeschäft, Emissionsgeschäft, Depotgeschäft, Ottawa Übereinkommen über Internationales Factoring
Bandredakteur:
Professor Dr. Walther Hadding

Band 7
Transportrecht
§§ 407–475 h
Bandredakteur:
Professor Dr. Rolf Herber

Münchener Kommentar zum Handelsgesetzbuch

Band 3

Zweites Buch. Handelsgesellschaften und stille Gesellschaft

Zweiter Abschnitt. Kommanditgesellschaft
Dritter Abschnitt. Stille Gesellschaft
§§ 161–237

Konzernrecht der Personengesellschaft

Herausgegeben von

Prof. Dr. Dres. h. c. Karsten Schmidt
o. Professor em. an der Universität Bonn
Präsident der Bucerius Law School, Hamburg

Redakteur:

Prof. Dr. Dres. h. c. Karsten Schmidt
o. Professor em. an der Universität Bonn
Präsident der Bucerius Law School, Hamburg

3. Auflage

Verlag C. H. Beck/Verlag Franz Vahlen
München 2012

Zitiervorschlag:
MüKoHGB/*Grunewald* § 161 RdNr. 12

www.beck.de

ISBN 978 3 406 61023 3

Wilhelmstraße 9, 80801 München

Druck: fgb · freiburger graphische Betriebe
Bebelstraße 11, 79108 Freiburg

Satz: Meta Systems, Wustermark

Gedruckt auf säurefreiem, alterungsbeständigem Papier
(hergestellt aus chlorfrei gebleichtem Zellstoff)

Die Bearbeiter des dritten Bandes

Dr. Barbara Grunewald
Professorin an der Universität zu Köln

Dr. Peter O. Mülbert
Professor an der Universität Mainz

Dr. Dres. h. c. Karsten Schmidt
o. Professor em. an der Universität Bonn
Präsident der Bucerius Law School, Hamburg

Im Einzelnen haben bearbeitet:

§§ 161–170	Dr. Barbara Grunewald
§§ 171-236 Anh.	Dr. Dres. h. c. Karsten Schmidt
Konzernrecht der Personengesellschaften	Dr. Peter O. Mülbert

Vorwort zur 3. Auflage

Das Handelsgesetzbuch vom 10. 5. 1897 hat nach einer sehr wechselvollen Geschichte in jüngerer Zeit an Bedeutung unter den größeren Kodifikationen des deutschen Bundesrechts erheblich gewonnen. Das Bilanzrichtlinien-Gesetz vom 19. 12. 1985 war nicht nur Ausgangspunkt dieser Entwicklung, sondern zugleich auch Signal für die Integrationskraft des Europäischen Unternehmensrechts. Das Handelsrechtsreformgesetz vom 22. 6. 1998 und das Transportrechtsreformgesetz vom 25. 6. 1998 waren weitere große Reformschritte im Handelsgesetzbuch. Im Jahr 2004 kamen wichtige Änderungen des Rechnungslegungsrechts hinzu (Bilanzrechtsreformgesetz vom 4. 12. 2004 und Bilanzkontrollgesetz vom 15. 12. 2004). Daneben haben sich zahlreiche große Gesetzesänderungen (die Insolvenzordnung von 1994, die Schuldrechtsmodernisierung von 2001 und die aktienrechtlichen Reformgesetze) im Handelsgesetzbuch niedergeschlagen. Einschnitte in das Handelsregisterrecht brachten das Gesetz über elektronische Register und Justizkosten für Telekommunikation vom 10. 12. 2001 und eine Reihe von Folgeänderungen. Neuere Beispiele sind nach dem in der Vorauflage schon vorgreifend berücksichtigten EHUG vom 10. 11. 2006 vor allem das als TUG abgekürzte Transparenzrichtlinie-Umsetzungsgesetz vom 10. 7. 2007, das MoMiG vom 23. 10. 2008, das FamFG vom 17. 12. 2008, das ARUG vom 30. 7. 2009, das Zahlungsdiensterichtlinie-Umsetzungsgesetz vom 26. 3. 2009 und das BilMoG vom 25. 5. 2009.

Mit der Modernisierung und Aufwertung des Handelsgesetzbuchs durch den Gesetzgeber ging eine deutliche Zunahme der nach dem Handelsgesetzbuch zu treffenden Gerichtsentscheidungen einher. Zugleich wurde das Handelsgesetzbuch auch wieder in stärkerem Maße ein Gesetz für die Vertragsgestaltung und für die nichtforensische Unternehmenspraxis. Die rechtswissenschaftliche und rechtspolitische Diskussion um das Handelsgesetzbuch wurde gleichfalls durch neue Anstöße belebt.

Auf der sich in diesen Änderungen manifestierenden Neuorientierung des Handelsgesetzbuchs basiert der im letzten Jahrzehnt neu konzipierte Münchener Kommentar zum Handelsgesetzbuch, für dessen Bearbeitung namhafte Autoren aus Wissenschaft und Praxis gewonnen werden konnten. Der Kommentar erscheint, nach den Büchern des Handelsgesetzbuches gegliedert, in 7 Teilbänden. Wo es dem Handelsgesetzbuch noch an systematischer Geschlossenheit fehlt – das ist vor allem in den Bereichen des Bankrechts und des Transportrechts, teilweise aber z. B. auch im Recht des Produktvertriebs und der Personengesellschaften der Fall –, geht die Darstellung, den Bedürfnissen der Praxis folgend, inhaltlich über die Legalordnung hinaus und strebt umfassende Informationen an. Im Bereich der Rechnungslegung (Drittes Buch) führte die Auswahl der Autoren zu einem Bearbeiterstab, dem neben Juristen auch im Rechnungslegungsrecht ausgewiesene Betriebswirte zugehören.

Der von 1996 bis 2004 verlaufenen Aufbauarbeit an der ersten Auflage und der bereits chronologisch von 2005 bis 2009 fortgeschriebenen zweiten Auflage folgt nunmehr die vollständig überarbeitete dritte Auflage. Sie ist wieder durch die Aufnahme und Diskussion vielfältiger Rechtsprechung, besonders aber durch gesetzgeberische Eingriffe geprägt. Ein Teil dieser Gesetzesänderungen wird sich, vor allem bezüglich der bankrechtlichen Anteile, auch im Gesamtaufbau der Neuauflage niederschlagen.

Die wissenschaftliche Erläuterung und produktive Fortschreibung der erfassten Materien in einem Großkommentar ist eine große und verantwortungsvolle Aufgabe, deren Bewältigung auf vielen Schultern ruht. Das Autorenteam des dritten Bandes blieb in der 3. Auflage unverändert. Die Überarbeitung war, vor allem in Anbetracht der mit dem MoMiG einhergehenden Gesetzesänderungen und der Flut von Entscheidungen über die Haftungsverhältnisse bei Treuhand-Innengesellschaften, bei stillen Gesellschaften und bei Unterbeteiligungen, erheblich. Insgesamt ist die Bearbeitung auf dem Stand des Sommers mit einzelnen Nachträgen.

Hamburg und München im August 2011 Herausgeber und Verlag

Inhaltsverzeichnis

Handelsgesetzbuch

Zweites Buch. Handelsgesellschaften und stille Gesellschaft

Verzeichnis der Abkürzungen und der abgekürzt zitierten Literatur

aA	anderer Ansicht; am Anfang
aaO	am angegebenen Ort
ABGB	Allgemeines Bürgerliches Gesetzbuch (Österreich)
Abh.	Abhandlungen
Abk.	Abkommen
abl.	ablehnend
ABl.	Amtsblatt
Abs.	Absatz
Abschn.	Abschnitt
Abt.	Abteilung
abw.	abweichend
AcP	Archiv für die civilistische Praxis (Zeitschrift)
ADHGB	Allgemeines Deutsches Handelsgesetzbuch von 1861
aE	am Ende
AE	Arbeitsrechtliche Entscheidungen
AEUV	Vertrag über die Arbeitsweise der Europäischen Union
aF	alte Fassung
AG	Aktiengesellschaft; Amtsgericht; Die Aktiengesellschaft (Zeitschrift)
AGB	Allgemeine Geschäftsbedingungen
AGBGB	Ausführungsgesetz zum BGB
AGG	Allgemeines Gleichbehandlungsgesetz
AHB	Allgemeine Versicherungsbedingungen für die Haftpflichtversicherung
AiB	Arbeitsrecht im Betrieb (Zeitschrift)
AIZ	Allgemeine Immobilien-Zeitung
AJP/PJA	Aktuelle juristische Praxis/Practique juridique actuelle (Zeitschrift)
AK-BGB/*Bearbeiter*	Alternativkommentar zum Bürgerlichen Gesetzbuch, hrsg. von Wassermann, 1979 ff.
AkDR	Akademie für Deutsches Recht
AktG	Aktiengesetz
ALB	Allgemeine Lagerbedingungen des Deutschen Möbeltransports
allgM	allgemeine Meinung
ALR	Allgemeines Landrecht für die Preußischen Staaten von 1794; American Law Reports
Alt.	Alternative
aM	anderer Meinung
amtl. Begr.	amtliche Begründung
ÄndG	Änderungsgesetz
ÄndVO	Änderungsverordnung
AnfG	Gesetz über die Anfechtung von Rechtshandlungen eines Schuldners außerhalb des Insolvenzverfahrens
Anh.	Anhang
Anl.	Anlage
Anm.	Anmerkung
AnwBl.	Anwaltsblatt (Zeitschrift)
AO	Abgabenordnung
AöR	Archiv des öffentlichen Rechts
AP	Arbeitsrechtliche Praxis (Entscheidungssammlung 1950 ff.)
AR-Blattei	Arbeitsrechts-Blattei
ArbG	Arbeitsgericht
ArbGG	Arbeitsgerichtsgesetz

ArbNErfG	Arbeitnehmererfindungsgesetz
ArbPlSchG	Arbeitsplatzschutzgesetz
ArbRdGgw.	Das Arbeitsrecht der Gegenwart
ArbSch	Arbeitsschutz (Beilage zum Bundesarbeitsblatt)
ArbStoVO	Verordnung über gefährliche Arbeitsstoffe
ArbStVO	Verordnung über Arbeitsstätten
ArbZG	Arbeitszeitgesetz
Arch.	Archiv
ArchBürgR	Archiv für Bürgerliches Recht
arg.	argumentum
ARGE	Arbeitsgemeinschaft
Art.	Artikel
AS	Amtliche Sammlung der eidgenössischen Gesetze
ASiG	Gesetz über Betriebsärzte, Sicherheitsbeamte und andere Fachkräfte für Arbeitssicherheit (Arbeitssicherheitsgesetz)
Assmann/ Schneider	Assmann/Schneider, Wertpapierhandelsgesetz, 5. Aufl. 2009
Assmann/Schütze/ *Bearbeiter*	Assmann/Schütze (Hrsg.), Handbuch des Kapitalanlagerechts, 3. Aufl. 2007
AT	allgemeiner Teil, außertariflich
AuA	Arbeit und Arbeitsrecht (Zeitschrift)
AUB	Allgemeine Unfallversicherungsbedingungen
Aufl.	Auflage
Aufs.	Aufsatz
AÜG	Arbeitnehmerüberlassungsgesetz
AuR	Arbeit und Recht (Zeitschrift)
ausf.	ausführlich
AusfG	Ausführungsgesetz
AusfVO	Ausführungsverordnung
AVAG	Gesetz zur Ausführung zwischenstaatlicher Verträge und zur Durchführung von Verordnungen und Abkommen der Europäischen Gemeinschaft auf dem Gebiet der Anerkennung und Vollstreckung in Zivil- und Handelssachen (Anerkennungs- und Vollstreckungsausführungsgesetz)
AVB	Allgemeine Versicherungsbedingungen, Allgemeine Vertragsbestimmungen
AVE	Allgemeinverbindlicherklärung
AVG	Angestelltenversicherungsgesetz
AVV	Allgemeine Verwaltungsvorschrift
AW	Außenwirtschaft
AWD	Außenwirtschaftsdienst des Betriebs-Beraters (Zeitschrift)
AWG	Außenwirtschaftsgesetz
AWV	Außenwirtschaftsverordnung
Az.	Aktenzeichen

B	Bundes-
BABl.	Bundesarbeitsblatt
Bad., bad.	Baden, badisch
BaFin	Bundesanstalt für Finanzdienstleistungsaufsicht
BAG	Bundesarbeitsgericht
BAGE	Entscheidungen des Bundesarbeitsgerichts
Bamberger/Roth/ *Bearbeiter*	Bamberger/Roth (Hrsg.), Kommentar zum Bürgerlichen Gesetzbuch, 2. Aufl. 2007/2008
BankR-Hdb./ *Bearbeiter*	Schimansky/Bunte/Lwowski (Hrsg.), Bankrechts-Handbuch, 3. Aufl. 2007
BAnz.	Bundesanzeiger
BAT	Bundes-Angestelltentarif

Baumbach/ Hefermehl/ *Casper*	Baumbach/Hefermehl/Casper, Wechselgesetz, Scheckgesetz, Recht der kartengestützten Zahlungen, 23. Aufl. 2007
Baumbach/*Hopt*	Baumbach/Hopt, Handelsgesetzbuch, 34. Aufl. 2010
Baumbach/Hueck AktG	Baumbach/Hueck, Aktiengesetz, 13. Aufl. 1968
Baumbach/Hueck/ *Bearbeiter*	Baumbach/Hueck, GmbHG, 19. Aufl. 2010
Baumbach/ Lauterbach/Albers/ *Hartmann*	Baumbach/Lauterbach/Albers/Hartmann, Zivilprozessordnung, 69. Aufl. 2011
Baumgärtel/ Laumen/Prütting/ *Bearbeiter*	Baumgärtel/Laumen/Prütting, Handbuch der Beweislast im Privatrecht, Kommentar, 3. Aufl. 1997–2010
BauR	Zeitschrift für das gesamte öffentliche und private Baurecht
Baur/*Stürner*	Baur/Stürner, Sachenrecht, 18. Aufl. 2009
BauSpG	Gesetz über Bausparkassen
Bay., bay.	Bayern, bayerisch
BayObLG	Bayerisches Oberstes Landesgericht
BayObLGZ	Amtliche Sammlung des Bayerischen Obersten Landgerichts in Zivilsachen
BayVBl.	Bayerische Verwaltungsblätter
BB	Betriebs-Berater (Zeitschrift)
BBankG	Gesetz über die deutsche Bundesbank
BBG	Bundesbeamtengesetz
BBiG	Berufsbildungsgesetz
BBK	Betrieb und Rechnungswesen: Buchführung, Bilanz, Kostenrechnung (Zeitschrift)
BBl.	Bundesblatt
B.Bl.	Betriebswirtschaftliche Blätter (Zeitschrift)
Bd. (Bde.)	Band (Bände)
BdB	Bundesverband deutscher Banken
BDSG	Bundesdatenschutzgesetz
Bearb., bearb.	Bearbeitung, Bearbeiter, bearbeitet
BeckHbGmbH	Müller/Winkeljohann (Hrsg.), Beck'sches Handbuch der GmbH, 4. Aufl. 2009
BeckHbPersGes	Müller/Hoffmann (Hrsg.), Beck'sches Handbuch der Personengesellschaften, 3. Aufl. 2009
BeckRS	Entscheidungssammlung in Beck-Online (Jahr, Nummer)
BeckWirtRHdb/ *Bearbeiter*	Pelka, Beck'sches Wirtschaftsrechts-Handbuch, 3. Aufl. 2008
BEEG	Gesetz zum Elterngeld und zur Elternzeit (Bundeselterngeld- und Elternzeitgesetz
Begr.	Begründung
Begr. *Kropff*	Textausgabe des Aktiengesetzes 1965 mit Begründungen und Berichten, 1965
Beih.	Beiheft
Beil.	Beilage
Bek.	Bekanntmachung
Bem.	Bemerkung
ber.	berichtigt
bes.	besonders
bespr.	besprochen
Bespr.-Aufs.	Besprechungsaufsatz
bestr.	bestritten
betr.	betreffend, betreffs

BetrAVG	Gesetz zur Verbesserung der betrieblichen Altersversorgung (Betriebsrentengesetz)
BetrVG	Betriebsverfassungsgesetz
BetrVGWO	Erste Verordnung zur Durchführung des Betriebsverfassungsgesetzes (Wahlordnung)
BetrVR	Betriebsverfassungsrecht
BeurkG	Beurkundungsgesetz
bez.	bezüglich
BFA	Bankenfachausschuss des IDW
BfAI	Bundesstelle für Außenhandelsinformation
BFH	Bundesfinanzhof
BFHE	Sammlung der Entscheidungen und Gutachten des Bundesfinanzhofs
BFM	Bundesfinanzministerium
BFuP	Betriebswirtschaftliche Forschung und Praxis (Zeitschrift)
BG	Berufsgenossenschaft; (schweizerisches) Bundesgericht
BGB	Bürgerliches Gesetzbuch
BGBl.	Bundesgesetzblatt
BGE	Entscheidungen des Schweizerischen Bundesgerichts, Amtliche Sammlung
BGH	Bundesgerichtshof
BGHR	BGH-Rechtsprechung (Loseblattsammlung 1987 ff.)
BGHSt.	Entscheidungen des Bundesgerichtshofs in Strafsachen
BGHWarn	Rechtsprechung des Bundesgerichtshofes in Zivilsachen – in der amtlichen Sammlung nicht enthaltene Entscheidungen (als Fortsetzung von WarnR)
BGHZ	Entscheidungen des Bundesgerichtshofes in Zivilsachen
BI/GF	Bankinformation und Genossenschaftsforum (Zeitschrift)
Binz/Sorg	Binz/Sorg, Die GmbH & Co. KG, 11. Aufl. 2010
BKartA	Bundeskartellamt
BKR	Zeitschrift für Bank- und Kapitalmarktrecht
Bl.	Blatt
BlStSozArbR	Blätter für Steuerrecht, Sozialversicherung und Arbeitsrecht
Blümich/*Bearbeiter*	Blümich, EStG, KStG, GewStG, 5 Bände, hrsg. von Heuermann, 111. Aufl. 2011
BMF	Bundesminister der Finanzen
BMJ	Bundesminister der Justiz
BMWi	Bundesminister der Wirtschaft
BöhmsZ	Zeitschrift für internationales Privat- und Strafrecht, begr. von Böhm
BörsG	Börsengesetz
Bokelmann Firmenrecht	Bokelmann, Das Recht der Firmen und Geschäftsbezeichnungen, 5. Aufl. 2000
BPersVG	Bundespersonalvertretungsgesetz
BR	Bürgerliches Recht
BR-Drucks.	Drucksachen des Deutschen Bundesrates
BRAO	Bundesrechtsanwaltsordnung
BRat	Bundesrat
BRD	Bundesrepublik Deutschland
Brox/*Henssler*	Brox/Henssler, Handelsrecht, 20. Aufl. 2009
BRTV	Bundesrahmentarifvertrag
BSG	Bundessozialgericht
BSGE	Entscheidungen des Bundessozialgerichts
BStBl.	Bundessteuerblatt
BT	Besonderer Teil
BT-Drucks.	Drucksachen des Deutschen Bundestages
BTag	Bundestag
BuB	Bankrecht und Bankpraxis
Buchst.	Buchstabe
Bumiller/Harders	Bumiller/Harders, FamFG Freiwillige Gerichtsbarkeit, 10. Aufl. 2011

BBankG	Gesetz über die Deutsche Bundesbank
BUrlG	Bundesurlaubsgesetz
Busch's Arch. ..	Archiv für Theorie und Praxis des Allg. Dt. Handelsrechts
BuW	Betrieb und Wirtschaft (Zeitschrift)
BVerfG	Bundesverfassungsgericht
BVerfGE	Entscheidungen des Bundesverfassungsgerichts
BVerwG	Bundesverwaltungsgericht
BVerwGE	Entscheidungen des Bundesverwaltungsgerichts
BWNotZ	Zeitschrift des Notariats in Baden-Württemberg
BZ	Börsen-Zeitung
bzw.	beziehungsweise
ca.	circa
Canaris Bankvertragsrecht	Canaris, Bankvertragsrecht, 1. Teil 3. Aufl. 1988, 2. Teil 4. Aufl. 1995
Canaris	Canaris, Handelsrecht, 24. Aufl. 2006
Capelle/Canaris	Capelle/Canaris, Handelsrecht, 21. Aufl. 1989
c. i. c.	culpa in contrahendo
CISG	United Nations Convention on Contracts for the International Sale of Goods/Übereinkommen der Vereinten Nationen über Verträge über den internationalen Warenkauf
Claussen	Claussen, Bank- und Börsenrecht, 4. Aufl. 2008
Clunet	Clunet, Journal du droit international
CMLR	Common Market Law Report
CMN	Convention relative au contrat de transport de marchandises en navigation intérieure
CMR	Convention relative au contrat de transport international de marchandises par route
Co.	Company
COTIF	Convention relative aux transports internationaux ferroviaires
CR	Computer und Recht (Zeitschrift)
DAR	Deutsches Autorecht (Zeitschrift)
DAX	Deutscher Aktenindex
DB	Der Betrieb (Zeitschrift)
DBW	Die Betriebswirtschaft (Zeitschrift)
DepotG	Depotgesetz
Der Konzern ..	Der Konzern (Zeitschrift)
ders.	derselbe
dgl.	desgleichen; dergleichen
DGWR	Deutsches Gemein- und Wirtschaftsrecht (Zeitschrift)
dh.	das heißt
Die Bank	Die Bank (Zeitschrift)
dies.	dieselbe(n)
diff.	differenzierend
Dig.	Digesten
DIHT	Deutscher Industrie- und Handelstag
DiskE	Diskussionsentwurf
Diss.	Dissertation
DJ	Deutsche Justiz (Zeitschrift)
DJT	Deutscher Juristentag
DJZ	Deutsche Juristenzeitung
DLK	Der langfristige Kredit (Zeitschrift)
DM	Deutsche Mark
DMBilG	Gesetz über die Eröffnungsbilanz und die Kapitalneufestsetzung
DNotZ	Deutsche Notar-Zeitschrift
Doc.	Document (s)
Dok.	Dokument
DöD	Der öffentliche Dienst

DÖV .... Die öffentliche Verwaltung (Zeitschrift)
DR .... Deutsches Recht (Zeitschrift)
DRiZ .... Deutsche Richterzeitung
DRS .... Deutscher Rechnungslegungsstandard
DRSC .... Deutsche Rechnungslegungs Standards Commitee
DSR .... Deutscher Standardisierungsrat
DStR .... Deutches Steuerrecht (Zeitschrift)
DStZ .... Deutsche Steuer-Zeitung
DSWR ...... Datenverarbeitung, Steuer, Wirtschaft, Recht (Zeitschrift)
Dt.; dt. .... deutsch
DtZ .... Deutsch-deutsche Rechts-Zeitschrift
Düringer/ Hachenburg/ *Bearbeiter* ..... Düringer/Hachenburg, Das Handelsgesetzbuch vom 10. Mai 1897, 3. Aufl. 1930–1935
DVBl. .... Deutsches Verwaltungsblatt (Zeitschrift)
DVO .... Durchführungsverordnung
DVWG ...... Deutsche Verkehrswirtschaftliche Gesellschaft
DVZ .... Deutsche Verkehrszeitung
DZWIR ..... Deutsche Zeitschrift für Wirtschafts- und Insolvenzrecht

E .... Entwurf, Entscheidung (in der amtlichen Sammlung)
ebd. .... ebenda
E/B/J/S/ *Bearbeiter* ..... Ebenroth/Boujong/Joost/Strohn (Hrsg.), Handelsgesetzbuch, 2. Aufl. 2008/2009
ecolex .... ecolex (österreichische Zeitschrift)
Ed. .... editor/edition
EDV .... Elektronische Datenverarbeitung
EFZG .... Gesetz über die Zahlung des Arbeitsentgelts an Feiertagen und im Krankheitsfall (Entgeltfortzahlungsgesetz)
EG .... Einführungsgesetz; Europäische Gemeinschaft; Vertrag zur Gründung der Europäischen Gemeinschaft (aufgehoben)
eG .... eingetragene Genossenschaft
EGBGB ...... Einführungsgesetz zum Bürgerlichen Gesetzbuch
EGG .... (österr.) Erwerbsgesellschaftengesetz
EGHGB ..... Einführungsgesetz zum Handelsgesetzbuch
EGInsO ...... Einführungsgesetz zur Insolvenzordnung
Ehrenbergs Hdb. Ehrenbergs Handbuch des gesamten Handelsrechts mit Einschluß des Wechsel-, Scheck-, See- und Binnenschifffahrtsrechts, des Versicherungsrechts sowie des Post- und Telegraphenrechts, 1913–1928
EHUG .... Gesetz über elektronische Handelsregister und Genossenschaftsregister sowie das Unternehmensregister vom 10. 11. 2006 (BGBl. I S. 2553)
Einf. .... Einführung
einhM .... einhellige Meinung
Einl. .... Einleitung
EK .... Eigenkapital
Emmerich/ Habersack ..... Emmerich/Habersack, Konzernrecht, 9. Aufl. 2008
Emmerich/ Habersack AktG Emmerich/Habersack, Aktien- und GmbH-Konzernrecht, Kommentar, 6. Aufl. 2010
Endemann ..... Endemann, Das deutsche Handelsrecht, 4. Aufl. 1887
engl. .... englisch
Ensthaler/ *Bearbeiter* ..... s. GK/Bearbeiter
Entsch. .... Entscheidung
entspr. .... entsprechend

EPS	Entwurf eines Prüfungsstandards
ER	Einheitliche Richtlinien
ERA	Einheitliche Richtlinien und Gebräuche für Dokumenten-Akkreditive
ErfK/*Bearbeiter*	Müller-Glöge/Preis/Ingrid Schmidt (Hrsg.), Erfurter Kommentar zum Arbeitsrecht, 11. Aufl. 2011
Erg.	Ergebnis, Ergänzung
Erl.	Erläuterungen; Erlass
Erman/*Bearbeiter*	Erman/Westermann, Handkommentar zum Bürgerlichen Gesetzbuch, 12. Aufl. 2008
Esser/*Schmidt* AT	Esser, Schuldrecht, Allgemeiner Teil, bearbeitet von Eike Schmidt, Band 1 8. Aufl. 1995, Band 2 8. Aufl. 2000
Esser/*Weyers* BT	Esser, Schuldrecht, Besonderer Teil, bearbeitet von Weyers, Band 1 8. Aufl. 1995, Band 2 8. Aufl. 2000
EStG	Einkommensteuergesetz
etc.	et cetera
EU	Europäische Union
EuG	Gericht erster Instanz der EU
EuGH	Europäischer Gerichtshof
EuGVO	Verordnung (EG) Nr. 44/2001 des Rates vom 22. Dezember 2000 über die gerichtliche Zuständigkeit und Anerkennung und Vollstreckung von Entscheidungen in Zivil- und Handelssachen (ABl. EG Nr. L 12 S. 1, ber. Nr. L 307 S. 28)
EuGVÜ	Übereinkommen über die gerichtliche Zuständigkeit und die Vollstreckung gerichtlicher Entscheidungen in Zivil- und Handelssachen
EuR	Europarecht (Zeitschrift)
EurA	Europa-Archiv
EuZW	Europäische Zeitschrift für Wirtschaftsrecht
e. V.	eingetragener Verein
EvBl.	Evidenzblatt der Rechtsmittelentscheidungen
EVÜ	EG-Übereinkommen über das auf vertragliche Schuldverhältnisse anzuwendende Recht vom 19. 6. 1980
EWG	Europäische Wirtschaftsgemeinschaft
EWGV	Vertrag zur Gründung der Europäischen Wirtschaftsgemeinschaft vom 25. 3. 1957
EWiR	Entscheidungen zum Wirtschaftsrecht
EWIV	Europäische Wirtschaftliche Interessenvereinigung
EWR-Abk.	Abkommen über den europäischen Wirtschaftsraum
EWS	Europäisches Wirtschafts- und Steuerrecht (Zeitschrift)
EzA	Entscheidungssammlung zum Arbeitsrecht
EZB	Europäische Zentralbank
f., ff.	folgende (Singular, Plural)
FamFG	Gesetz über das Verfahren in Familiensachen und in den Angelegenheiten der freiwilligen Gerichtsbarkeit
FamGKG	Gesetz über Gerichtskosten in Familiensachen
FamRZ	Zeitschrift für das gesamte Familienrecht
F. A. Z.	Frankfurter Allgemeine Zeitung
FestG	Festgabe
Fezer	Fezer, Markenrecht, 4. Aufl. 2009
FG	Fachgutachten
FGG	Gesetz über die Angelegenheiten der freiwilligen Gerichtsbarkeit, aufgehoben
FGPrax	Praxis der Freiwilligen Gerichtsbarkeit
Fikentscher/Heinemann	Fikentscher/Heinemann, Schuldrecht, 10. Aufl. 2006
Fitting	Fitting, Betriebsverfassungsgesetz, 25. Aufl. 2010
Flume	Flume, Allgemeiner Teil des Bürgerlichen Rechts, 1. Band 1. Teil, Die Personengesellschaft, 1977

Fn.	Fußnote
FN	Fachnachrichten des Instituts der Wirschaftsprüfer in Deutschland e. V.
FNA	Fundstellennachweis A. Beilage zum Bundesgesetzblatt Teil I
FNB	Fundstellennachweis B. Beilage zum Bundesgesetzblatt Teil II
FR	Finanz-Rundschau
franz.	französisch
FS	Festschrift
G	Gesetz
GAAP	Generally Accepted Accounting Principles
GAAS	Generally Accepted Auditing Standards
GATT	General Agreement on Tariffs and Trade
GBl.	Gesetzblatt
GBl. DDR ...	Gesetzblatt Deutsche Demokratische Republik
GBO	Grundbuchordnung
GedS	Gedächtnisschrift
Geigel/*Bearbeiter*	Geigel, Der Haftpflichtprozess. Mit Einschluss des materiellen Haftpflichtrechts, hrsg. v. K. Haag, 26. Aufl. 2011
GenG	Genossenschaftsgesetz
GesRZ	Der Gesellschafter (österreichische Zeitschrift)
Geßler/Hefermehl/*Bearbeiter*	Geßler/Hefermehl, Aktiengesetz, Kommentar, 1973–1994 (jetzt Münchener Kommentar zum Aktiengesetz, 2. Aufl. 2000 ff.)
GewA	Gewerbe-Archiv
GewO	Gewerbeordnung
GewStG	Gewerbesteuergesetz
GG	Grundgesetz
ggf.	gegebenenfalls
v. Gierke/Sandrock	v. Gierke/Sandrock, Handels- und Wirtschaftsrecht I, Allgemeine Grundlagen. Der Kaufmann und sein Unternehmen, 9. Aufl. 1975
GIW	Gesetz über internationale Wirtschaftsverträge der Deutschen Demokratischen Republik
GK	Gemeinschaftskommentar
GK/*Bearbeiter* ..	Gemeinschaftskommentar zum Handelsgesetzbuch, Loseblatt, hrsg. von Ensthaler, 7. Aufl. 2007
Glanegger	s. HK
gl. Ans.	gleiche Ansicht
GmbH	Gesellschaft mit beschränkter Haftung
GmbH & Co. KG	Gesellschaft mit beschränkter Haftung und Compagnie (Kommanditgesellschaft)
GmbHG	Gesetz betreffend die Gesellschaften mit beschränkter Haftung
GmbHR	GmbH-Rundschau (Zeitschrift)
GmS-OGB ...	Gemeinsamer Senat der obersten Gerichtshöfe des Bundes
GoA	Geschäftsführung ohne Auftrag; Grundsätze ordnungsgemäßer Abschlußprüfung
GoB	Grundsätze ordnungsmäßiger Buchführung
GoDV	Grundsätze für ordnungsgemäße Datenverarbeitung
GoF	Grundsätze ordnungsmäßiger Unternehmensführung
Goldschmidt ...	Goldschmidt L., Handbuch des Handelsrechts, Teil A, B, C, Nachdruck 1973
Gottwald/*Bearbeiter*	Gottwald (Hrsg.), Insolvenzrechts-Handbuch, 4. Aufl. 2010
GoU	Grundlagen und Systemstruktur von Führungsgrundsätzen für die Unternehmensleitung
GoÜ	Grundlagen und Systemstruktur von Führungsgrundsätzen für die Überwachung
grdl.	grundlegend

grds. .... grundsätzlich
Großkomm ... Großkommentar
GroßkommAktG/
Bearbeiter ..... Hopt/Wiedemann (Hrsg.), Großkommentar zum Aktiengesetz, 3. Aufl. 1970–1975, 4. Aufl. 1992 ff.
GroßkommHGB/
Bearbeiter ..... Handelsgesetzbuch, Großkommentar, begr. von Staub, weitergeführt von Mitgliedern des Reichsgerichts, 3. Aufl. 1967–1982 (4. Aufl. s. Staub)
GroßkommUWG/
Bearbeiter ..... Jacobs/Lindacher/Teplitzky (Hrsg.), Großkommentar zum Gesetz gegen den unlauteren Wettbewerb, 1991 ff.
GrSZ .... Großer Senat in Zivilsachen
Gruchot ...... Beiträge zur Erläuterung des Deutschen Rechts, begründet von Gruchot
Grunewald .... Grunewald, Gesellschaftsrecht, 8. Aufl. 2011
GrünhutsZ .... Zeitschrift für das Privat- und öffentliche Recht der Gegenwart, begr. von Grünhut
GRUR ...... Gewerblicher Rechtsschutz und Urheberrecht (Zeitschrift)
GRURAusl ... Gewerblicher Rechtsschutz und Urheberrecht, Auslands- und internationaler Teil, 1952–1969
GS .... Gedenkschrift; Großer Senat
GuV .... Gewinn- und Verlustrechnung
GVBl. .... Gesetz- und Verordnungsblatt
GVG .... Gerichtsverfassungsgesetz
GVÜ .... Übereinkommen über die gerichtliche Zuständigkeit und die Vollstreckung gerichtlicher Entscheidungen in Zivil- und Handelssachen
GWB .... Gesetz gegen Wettbewerbsbeschränkungen
GwG .... Gesetz über das Aufspüren von Gewinnen aus schweren Straftaten (Geldwäschegesetz)

hA .... herrschende Ansicht
Habilschr. .... Habilitationsschrift
Hachenburg/
Bearbeiter ..... Hachenburg, Gesetz betreffend die Gesellschaften mit beschränkter Haftung (GmbHG), Großkommentar, 8. Aufl. 1991 ff.; soweit in 8. Aufl. noch nicht erschienen, 7. Aufl. 1975–1984
HAG .... Heimarbeitsgesetz
Halbbd. ...... Halbband
Halbs. .... Halbsatz
Hamb.; hamb. . Hamburg; hamburgisch
HandelsG ..... Handelsgericht
HansOLG .... Hanseatisches Oberlandesgericht
HansRGZ .... Hanseatische Rechts- und Gerichtszeitschrift
HansRZ ..... Hanseatische Rechtszeitschrift für Handel, Schifffahrt und Versicherung, Kolonial- und Auslandsbeziehungen
HAS .... Handbuch des Arbeits- und Sozialrechts, hrsg. von Weiss/Gagel
HB .... Handelsbilanz
HdAG/*Bearbeiter* Nirk/Ziemons/Binnewies, Handbuch der Aktiengesellschaft. Gesellschaftsrecht, Steuerrecht Loseblatt 2010
Hdb. .... Handbuch
HdbPersG/
Bearbeiter ..... Westermann (Hrsg.), Handbuch der Personengesellschaften, Loseblatt, 2010
HdWW ...... Handbuch der Wirtschaftswissenschaften
Hess.; hess. ... Hessen; hessisch
Heymann/
Bearbeiter ..... Heymann, Handelsgesetzbuch (ohne Seerecht), Kommentar, 1988–1990; 2. Aufl. 1995–1999
HEZ .... Höchstrichterliche Entscheidungen (Entscheidungssammlung)

HFA	Hauptfachausschuss
HFR	Höchstrichterliche Finanzrechtsprechung
HG	Handelsgericht
HGB	Handelsgesetzbuch
HGB-E	HGB-Entwurf
HGrG	Haushaltsgrundsätzegesetz
hins.	hinsichtlich
HK/*Bearbeiter*	Glanegger/Kirnberger/Kusterer, Heidelberger Kommentar zum Handelsgesetzbuch, 7. Aufl. 2007
HKInsO/*Bearbeiter*	Kreft (Hrsg.), Heidelberger Kommentar zur Insolvenzordnung, 5. Aufl. 2008
hL	herrschende Lehre
hM	herrschende Meinung
Hofmann	Hofmann, Handelsrecht, 11. Aufl. 2002
Hopt/*Bearbeiter* Form	Hopt (Hrsg.), Vertrags- und Formularbuch zum Handels-, Gesellschafts-, Bank- und Transportrecht, 3. Aufl. 2007
Hopt GesR	Hopt/Hehl, Gesellschaftsrecht, 4. Aufl. 1996
Hopt/Mössle	Hopt/Mössle, Handels- und Gesellschaftsrecht, 2. Aufl. 1999
HPflG	Haftpflichtgesetz
HRefG	Handelsrechtsreformgesetz
HRR	Höchstrichterliche Rechtsprechung
Hrsg.; hrsg.	Herausgeber; herausgegeben
HRV	Verordnung über die Einrichtung und Führung des Handelsregisters (Handelsregisterverordnung)
Hübner	Hübner, Handelsrecht, 5. Aufl. 2004
Hueck oHG	Alfred Hueck, Das Recht der offenen Handelsgesellschaft, 4. Aufl. 1971
Hueck/Windbichler	Hueck/Windbichler, Gesellschaftsrecht, 22. Aufl. 2009
Hueck/Canaris	Hueck/Canaris, Das Recht der Wertpapiere, Kommentar, 12. Aufl. 1986
Hüffer	Hüffer, Aktiengesetz, 9. Aufl. 2010
HV	Hauptversammlung
HVH	Handelsvertreter-Handbuch, hrsg. von Heinz Voß, 1969
HVR	Handelsvertreterrecht, Entscheidungen und Gutachten, hrsg. vom Forschungsverband für den Handelsvertreter- und Handelsmaklerberuf
HVuHM	Der Handelsvertreter und Handelsmakler (Zeitschrift)
HWiStR	Handwörterbuch des Wirtschafts- und Steuerstrafrechts, 1988
HzA	Handbuch zum Arbeitsrecht, hrsg. von Stahlhacke
IAPS	International Auditing Practice Statements
IAS	International Accounting Standards
IASC	International Accounting Standards Commitee
IASC U. S. GAAP	The IASC-U. S. Comparison Project: A Report on the Similarities and Differences between IASC Standards and U. S. GAAP, hrsg. von Bloomer, 1996
ICC	International Chamber of Commerce; Interstate Commerce Commission
idF	in der Fassung
idR	in der Regel
idS	in diesem Sinne
IDW	Institut der Wirtschaftsprüfer in Deutschland e. V.
iE	im Einzelnen
ieS	im engeren Sinne
IGH	Internationaler Gerichtshof
IHK	Industrie- und Handelskammer
IHR	Internationales Handelsrecht
insbes.	insbesondere

InsO .... Insolvenzordnung
int. .... international
IntGesR ...... Internationales Gesellschaftsrecht
IntHK .... Internationale Handelskammer
IntTranspZ ... Internationale Transportzeitschrift
InvG .... Investmentgesetz
InVo .... Insolvenz & Vollstreckung (Zeitschrift)
IPR .... Internationales Privatrecht
IPRax. .... Praxis des Internationalen Privat- und Verfahrensrechs (Zeitschrift)
IPRspr. ...... Makaro, Gamillscheg, Müller, Dierk, Kropholler, Die deutsche Rechtsprechung auf dem Gebiet des internationalen Privatrechts, 1952 ff.
iS .... im Sinne
IStR .... Internationales Steuerrecht (Zeitschrift)
ital. .... italienisch
iÜ .... im Übrigen
iVm. .... in Verbindung mit
iwS .... im weiteren Sinne

JA .... Juristische Arbeitsblätter (Zeitschrift); Jahresabschluss
JArbSchG .... Gesetz zum Schutze der arbeitenden Jugend (Jugendarbeitsschutzgesetz)
Jauernig/*Bearbeiter* ..... Jauernig (Hrsg.), Bürgerliches Gesetzbuch, 13. Aufl. 2009
Jb. .... Jahrbuch
Jb.f.SozWiss ... Jahrbuch für Sozialwissenschaften
JbFAStR ..... Jahrbuch der Fachanwälte für Steuerrecht
JbIntR .... Jahrbuch für internationales Recht = Germ. YB. Int. L.
JBl. .... (österr.) Juristische Blätter (Zeitschrift)
JbSchiedsgerichtsb. ..... Jahrbuch für die Praxis der Schiedsgerichtsbarkeit
JfB .... Jahrbuch für Betriebswirte (Zeitschrift)
JFG .... Jahrbuch für Entscheidungen in Angelegenheiten der Freiwilligen Gerichtsbarkeit
Jg. .... Jahrgang
Jh. .... Jahrhundert
JherJb. .... Jherings Jahrbuch für die Dogmatik des bürgerlichen Rechts
JMBl. .... Justizministerialblatt
JR .... Juristische Rundschau (Zeitschrift)
jur. .... juristisch
Jura .... Jura (Zeitschrift)
JurA .... Juristische Analysen
JurBl. .... Juristische Blätter
JurBüro ...... Das juristische Büro (Zeitschrift)
JuS .... Juristische Schulung (Zeitschrift)
JW .... Juristische Wochenschrift
JZ .... Juristenzeitung

Kap. .... Kapitel
KapGes. ...... Kapitalgesellschaft
Keidel/*Bearbeiter* Engelhardt/Sternal (Hrsg.), FamFG, 16. Aufl. 2009
KfW .... Kreditanstalt für Wiederaufbau
Kfz .... Kraftfahrzeug
KG .... Kommanditgesellschaft; Kammergericht
KGaA .... Kommanditgesellschaft auf Aktien
KGJ .... Jahrbuch für Entscheidungen des Kammergerichts
Kilger/*Karsten Schmidt* .... Kilger/Karsten Schmidt, Insolvenzgesetze, 17. Aufl. 1997
Kirchhof/Söhn/*Bearbeiter* ..... Kirchhof/Söhn/Mellinghoff, Einkommensteuergesetz, Kommentar, 19 Bände, 1997 ff., Stand Oktober 2010

KK/*Bearbeiter*	Zöllner/Noack (Hrsg.), Kölner Kommentar zum Aktiengesetz, 3. Aufl. 2004 ff.
Klunzinger	Klunzinger, Grundzüge des Handelsrechts, 14. Aufl. 2011
KO	Konkursordnung, aufgehoben
Koller/Roth/Morck	Koller/Roth/Morck, Handelsgesetzbuch, 7. Aufl. 2011
Komm.	Kommentar
Köhler/Bornkamm	Köhler/Bornkamm, Gesetz gegen den unlauteren Wettbewerb, 29. Aufl. 2011
Konv.	Konvention
Konzern	Der Konzern (Zeitschrift)
KostO	Gesetz über die Kosten in Angelegenheiten der freiwilligen Gerichtsbarkeit (Kostenordnung)
Krafka/Willer/Kühn	Krafka/Willer/Kühn, Registerrecht, 8. Aufl. 2010
KRG	Kontrollratsgesetz
krit.	kritisch
KritJ	Kritische Justiz
Krit.Zs.ges. Rechtsw.	Kritische Zeitschrift für die gesamte Rechtswissenschaft
KrVjschr.	Kritische Vierteljahresschrift für Gesetzgebung und Rechtswissenschaft
KSchG	Kündigungsschutzgesetz
KStG	Körperschaftsteuergesetz
KTS	Zeitschrift für Insolvenzrecht (Konkurs, Treuhand, Sanierung)
Kübler/Assmann	Kübler/Assmann, Gesellschaftsrecht, 6. Aufl. 2006
KurzKomm.	Kurzkommentar
KWG	Kreditwesengesetz
LAG	Landesarbeitsgericht
LAGE	Entscheidungen der Landesarbeitsgerichte
Larenz/*Wolf* AT	Larenz/Manfred Wolf, Allgemeiner Teil des Bürgerlichen Rechts, 9. Aufl. 2004
Larenz SchR-AT	Larenz, Lehrbuch des Schuldrechts, Band I Allgemeiner Teil, 14. Aufl. 1987
Larenz/Canaris BT II	Larenz/Canaris, Lehrbuch des Schuldrechts, Band II Besonderer Teil, 2. Halbband 13. Aufl. 1994
Lfg.	Lieferung
LG	Landgericht
lit.	litera
Lit.	Literatur
LM	Nachschlagewerk des BGH, hrsg. von Lindenmaier, Möhring u. a.
LMK	Kommentierte BGH-Rechtsprechung, Lindenmayer/Möhring
LöschG	Gesetz über die Auflösung und Löschung von Gesellschaften
Löwe/v. Westphalen/Trinkner	Löwe/Graf v. Westphalen/Trinkner, Großkommentar zum AGB-Gesetz, 2. Aufl., Band 1 (1985), Band 2 (1983), Band 3 (1985)
LPVG	Landespersonalvertretungsgesetz
LS	Leitsatz
LSG	Landessozialgericht
Ltd.	Limited
Lutter/Hommelhoff/*Bearbeiter*	Lutter/Hommelhoff/Bayer/Kleindiek, GmbH-Gesetz, 17. Aufl. 2009
LZ	Leipziger Zeitschrift für Deutsches Recht
m. abl. Anm.	mit ablehnender Anmerkung
m. Änd.	mit Änderung(en)

MarkenG	Markengesetz
Mat.	Materialien
Maunz/Dürig/ *Bearbeiter*	Maunz/Dürig, Grundgesetz, Loseblatt-Kommentar, 2010
MBl.	Ministerialblatt
MDR	Monatsschrift für Deutsches Recht
mE	meines Erachtens
Medicus/Lorenz SchR I	Medicus/Lorenz, Schuldrecht I, Allgemeiner Teil, 19. Aufl. 2010
Medicus/Lorenz SchR II	Medicus, Schuldrecht II, Besonderer Teil, 15. Aufl. 2010
Michalski/ *Bearbeiter*	Michalski (Hrsg.), Kommentar zum GmbHG, 2 Bde., 2. Aufl. 2010
Mio.	Million(en)
MitbestErgG ..	Gesetz zur Ergänzung des Gesetzes über die Mitbestimmung der Arbeitnehmer in den Aufsichtsräten und Vorständen der Unternehmen des Bergbaus und der Eisen und Stahl erzeugenden Industrie
MitbestG 1976	Mitbestimmungsgesetz vom 4. 5. 1976
Mitt.	Mitteilung(en)
MittBl.	Mitteilungsblatt
MittRhNotK ..	Mitteilungen der Rheinischen Notarkammer
m. krit. Anm. .	mit kritischer Anmerkung
MoMiG	Gesetz zur Modernisierung des GmbH-Rechts und zur Bekämpfung von Missbräuchen vom 23. 10 2008 (BGBl. I S. 2026)
Montan-MitbestG	Gesetz über die Mitbestimmung der Arbeitnehmer in den Aufsichtsräten und Vorständen der Unternehmen des Bergbaus und der Eisen und Stahl erzeugenden Industrie
Mot.	Motive zum Entwurf eines BGB
Mugdan	Die gesamten Materialien zum Bürgerlichen Gesetzbuch für das deutsche Reich, hrsg. v. Mugdan, Band I–V, 1899
MSH/*Bearbeiter*	Martinek/Semler/Habermeier/Flohr, Handbuch des Vertriebsrechts, 3. Aufl. 2010
MünchHdbArbR/ *Bearbeiter*	Richardi/Wlotzke/Wißmann/Oetker (Hrsg.), Münchener Handbuch zum Arbeitsrecht, 2 Bde., 3. Aufl. 2009
MünchHdbGesR I–IV/*Bearbeiter* .	Münchener Handbuch des Gesellschaftsrechts, 5 Bde. Band 1: BGB-Gesellschaft, Offene Handelsgesellschaft, Partnerschaftsgesellschaft, Partenreederei, EWIV, hrsg. von Gummert/Weipert/Riegger, 3. Aufl. 2009 Band 2: Kommanditgesellschaft, GmbH & Co. KG, Publikums-KG, Stille Gesellschaft, hrsg. von Gummert/Weipert/Riegger, 3. Aufl. 2009 Band 3: Gesellschaft mit beschränkter Haftung, hrsg. von Priester/Mayer, 3. Aufl. 2009 Band 4: Aktiengesellschaft, hrsg. von Hoffmann-Becking, 3. Aufl. 2007
MünchKomm-AktG/*Bearbeiter*	Goette/Habersack (Hrsg.), Münchener Kommentar zum Aktiengesetz, 3. Aufl. 2007–2010; soweit in 3. Aufl. noch nicht erschienen: 2. Aufl. 2000–2005, hrsg. von Semler/Kropff
MünchKomm-BGB/*Bearbeiter*	Säcker/Rixecker (Hrsg.), Münchener Kommentar zum Bürgerlichen Gesetzbuch, 5. Aufl. 2006–2010
MünchKomm-GmbHG/ *Bearbeiter*	Fleischer/Goette (Hrsg.), Münchener Kommentar zum GmbHG, Bände 1 und 3, 2010
MünchKomm-InsO/*Bearbeiter*	Kirchhof/Lwowski/Stürner (Hrsg.), Münchener Kommentar zur Insolvenzordnung, 2. Aufl. 2007/2008

MünchKomm-UWG/*Bearbeiter*	Heermann/Hirsch (Hrsg.), Münchener Kommentar zum Lauterkeitsrecht, 2006
MünchKomm-ZPO/*Bearbeiter*	Rauscher/Wax/Wenzel (Hrsg.), Münchener Kommentar zur Zivilprozessordnung, 3. Aufl. 2007/2008; Band 4: FamFG, 2010, hrsg. von Rauscher
MuSchG	Mutterschutzgesetz
Musielak/*Bearbeiter*	Musielak (Hrsg.), Kommentar zur Zivilprozessordnung, 8. Aufl. 2011
mwN	mit weiteren Nachweisen
mzN	mit zahlreichen Nachweisen
Nachdr.	Nachdruck
nachf.	nachfolgend
Nachw.	Nachweis
NachwG	Gesetz über den Nachweis der für ein Arbeitsverhältnis geltenden wesentlichen Bestimmungen
NB	Neue Betriebswirtschaft (Zeitschrift)
Nbl.	Nachrichtenblatt
Nds.; nds.	Niedersachsen, niedersächsisch
NdsRpfl.	Niedersächsische Rechtspflege (Zeitschrift)
nF	neue Fassung; neue Folge
NHBG	Nachtragshaftungsbegrenzungsgesetz
NJ	Neue Justiz (Zeitschrift)
NJOZ	Neue Juristische Online-Zeitschrift
NJW	Neue Juristische Wochenschrift
NJW-RR	NJW-Rechtsprechungs-Report (Zivilrecht)
no.	number; numéro
Nov.	Novelle
Nr.	Nummer(n)
n.rkr.	nicht rechtskräftig
NRW	Nordrhein-Westfalen
NStZ	Neue Zeitschrift für Strafrecht
NVwZ	Neue Zeitschrift für Verwaltungsrecht
NVwZ-RR ...	Neue Zeitschrift für Verwaltungsrecht – Rechtsprechungs-Report
NWB	Neue Wirtschaftsbriefe
NZA	Neue Zeitschrift für Arbeits- und Sozialrecht
NZA-RR	Neue Zeitschrift für Arbeits- und Sozialrecht – Rechtsprechungs-Report
NZG	Neue Zeitschrift für Gesellschaftsrecht
NZI	Neue Zeitschrift für das Recht der Insolvenz und Sanierung
NZS	Neue Zeitschrift für Sozialrecht
NZV	Neue Zeitschrift für Verkehrsrecht
o.	oben
o. a.	oben angegeben
o. Ä.	oder Ähnliches
OAG	Oberappellationsgericht
ÖBA	Österreichisches Bankarchiv (Zeitschrift)
ObG	Obergericht
OECD	Organization of Economic Cooperation and Development
OEEC	Organisation für Europäische Wirtschaftliche Zusammenarbeit
Oetker	Oetker, Handelsrecht, 6. Aufl. 2010
Oetker/*Bearbeiter*	Oetker (Hrsg.), Kommentar zum Handelsgesetzbuch, 2. Aufl. 2011
OGH	Oberster Gerichtshof (Österreich)
OGH-BrZ	Oberster Gerichtshof für die Britische Zone
OGHZ	Entscheidungen des Obersten Gerichtshofes für die Britische Zone in Zivilsachen
OHG	offene Handelsgesellschaft

oJ .... ohne Jahrgang
ÖJZ .... Österreichische Juristenzeitung
OLG .... Oberlandesgericht
OLGE .... Die Rechtsprechung der Oberlandesgerichte auf dem Gebiet des Zivilrechts
OLGR .... OLG-Report (Zeitschrift)
OLG-Rp. .... OLG-Rechtsprechung Neue Länder
OLGRspr. .... Die Rechtsprechung der Oberlandesgerichte auf dem Gebiete des Zivilrechts, hrsg. v. Mugdan und Falkmann (1. 1900–46. 1928; aufgegangen in HRR)
OLGZ .... Entscheidungen der Oberlandesgerichte in Zivilsachen
ORDO ...... ORDO, Jahrbuch für die Ordnung von Wirtschaft und Gesellschaft
öHGB .... Österreichisches Handelsgesetzbuch
öRdW .... (österr.) Recht der Wirtschaft
österr. .... österreichisch
ÖstZöffR .... Österreichische Zeitschrift für öffentliches Recht und Völkerrecht
oV .... ohne Verfasser
OVG .... Oberverwaltungsgericht
OWiG .... Gesetz über Ordnungswidrigkeiten

Palandt/ *Bearbeiter* ..... Palandt, Bürgerliches Gesetzbuch, 70. Aufl. 2011
Par. .... Paragraph
PartGG ...... Gesetz über Partnerschaftsgesellschaften
PBefG .... Personenbeförderungsgesetz
PersGes. ...... Personengesellschaft
Pfeiffer .... Pfeiffer, Handbuch der Handelsgeschäfte, 1999
pr./preuß. .... preußisch
PrABGB ..... Preußisches Ausführungsgesetz zum BGB
PrEnteigG .... Preußisches Enteignungsgesetz
PrObTr. ...... Preußisches Obertribunal
PrObTrE ..... Entscheidungen des Preußischen Obertribunals
ProdHaftG .... Gesetz über die Haftung für fehlerhafte Produkte (Produkthaftungsgesetz)
Prölss/Martin/ *Bearbeiter* ..... Prölss/Martin, Versicherungsvertragsgesetz, 28. Aufl. 2010
Prot. .... Protokolle der Reichsberatungen zum BGB
Prot. z. ADHGB ..... Protokolle zum ADHGB
Prot. z. pr. HGB-Entwurf . Protokolle zum preußischen HGB-Entwurf
pVV .... positive Vertragsverletzung

RA .... Rechtsausschuss
RabelsZ ...... Rabels Zeitschrift für ausländisches und internationales Privatrecht
RAG .... Reichsarbeitsgericht
RAGE .... Entscheidungen des Reichsarbeitsgerichts
Raiser/Veil .... Raiser/Veil, Recht der Kapitalgesellschaften, 5. Aufl. 2010
RAnz. .... Reichs- und preußischer Staatsanzeiger
RdA .... Recht der Arbeit (Zeitschrift)
RdErl. .... Runderlass
RDG .... Gesetz über außergerichtliche Rechtsdienstleistungen (Rechtsdienstleistungsgesetz)
RdNr. .... Randnummer
RdSchr. ...... Rundschreiben
RdW .... Recht der Wirtschaft (Zeitschrift)
RE .... Rechtsentscheid
Recht .... Das Recht (Zeitschrift)
RefE .... Referentenentwurf
RegE .... Regierungsentwurf

RFH	Reichsfinanzhof
RFHE	Amtliche Sammlung der Entscheidungen des Reichsfinanzhofs
RG	Reichsgericht
RGBl.	Reichsgesetzblatt
RGRK/*Bearbeiter*	Das Bürgerliche Gesetzbuch mit besonderer Berücksichtigung der Rechtsprechung des Reichsgerichts und des Bundesgerichtshofes (Kommentar)
RGSt.	Entscheidungen des Reichtsgerichts in Strafsachen
RGZ	Entscheidungen des Reichtsgerichts in Zivilsachen
RIW	Recht der internationalen Wirtschaft (Zeitschrift)
RJA-E I	Entwurf eines Handelsgesetzbuchs für das Deutsche Reich. Aufgestellt im Reichs-Justizamt, Berlin 1895
RJA-E II	Entwurf eines Handelsgesetzbuchs mit Ausschluß des Seehandelsrechts. Aufgestellt im Reichs-Justizamt. Amtliche Ausgabe, Berlin 1896
rkr.	rechtskräftig
Röhricht/v. Westphalen/*Bearbeiter*	Röhricht/Graf v. Westphalen (Hrsg.). Handelsgesetzbuch, 3. Aufl. 2008
ROHG	Reichsoberhandelsgericht, auch Entscheidungssammlung
Rom I-VO	Verordnung (EG) Nr. 593/2008 des Europäischen Parlaments und des Rates vom 17. Juni 2008 über das auf vertragliche Schuldverhältnisse anzuwendende Recht
Rom II-VO	Verordnung (EG) Nr. 864/2007 des Europäischen Parlaments und des Rates vom 11. Juli 2007 über das auf außervertragliche Schuldverhältnisse anzuwendende Recht
Roth/Altmeppen	Roth/Altmeppen, Gesetz betreffend die Gesellschaften mit beschränkter Haftung (GmbH), 6. Aufl. 2009
Roth/Weller Handels- und GesR	Roth/Weller, Handels- und Gesellschaftsrecht, Das Recht des kaufmännischen Unternehmens, 7. Aufl. 2010
Rowedder/Schmidt-Leithoff/*Bearbeiter*	Schmidt-Leithoff (Hrsg.), Kommentar zum GmbH-Gesetz, 4. Aufl. 2002
RPfG	Rechtspflegergesetz
Rpfleger	Der Deutsche Rechtspfleger (Zeitschrift)
RRa	ReiseRecht aktuell (Zeitschrift)
r+s	recht und schaden (Zeitschrift)
Rs.	Rechtssache
Rspr.	Rechtsprechung
r.Sp.	rechte Spalte
RT-Drucks	Reichstagsdrucksache
RTVorl.	Entwurf eines Handelsgesetzbuchs von 1897, Reichstags-Drucksache Nr. 632
RVG	Gesetz über die Vergütung der Rechtsanwältinnen und Rechtsanwälte (Rechtsanwaltsvergütungsgesetz)
RvglHWB	Rechtsvergleichendes Handwörterbuch für das Zivil- und Handelsrecht des In- und Auslandes
RVR	Rundschau für Vertreterrecht (Zeitschrift)
RWS-Dok.	RWS-Dokumentation
RWS-Skript	Kommunikationsforum Recht, Wirtschaft, Steuern
RWP	Rechts- und Wirtschaftspraxis (Loseblatt-Ausgabe)
S.	Seite; siehe; section
SaBl.	Sammelblatt für Rechtsvorschriften des Bundes und der Länder
SAE	Sammlung arbeitsrechtlicher Entscheidungen
Savigny	Savigny, System des heutigen römischen Rechts, Bd. I–VIII, 1840–49, 2. Neudruck 1981
SchR	Schuldrecht

Schaub/
Bearbeiter ..... Koch/Linck/Treber/Vogelsang, Arbeitsrechts-Handbuch, 14. Aufl. 2011
ScheckG ..... Scheckgesetz
Schlegelberger/
Bearbeiter ..... Schlegelberger, Handelsgesetzbuch, 5. Aufl. 1973–1992
SchlHA ...... Schleswig-Holsteinische Anzeigen (NF 1.1837 ff.)
Karsten Schmidt
GesR .... Karsten Schmidt, Gesellschaftsrecht, 4. Aufl. 2002
Karsten Schmidt
HandelsR .... Karsten Schmidt, Handelsrecht, 5. Aufl. 1999
K.Schmidt/Lutter/
Bearbeiter ..... Karsten Schmidt/Lutter (Hrsg.), Aktiengesetz, 2 Bde., 2. Aufl. 2010
L. Schmidt/
Bearbeiter ..... Drenseck (Hrsg.), Einkommensteuergesetz, Kommentar, 29. Aufl. 2010
Scholz/*Bearbeiter* Scholz (Hrsg.), Kommentar zum GmbH-Gesetz, 3 Bde., 10. Aufl. 2010
Schubert/Schmiedel/
Krampe .... Schubert/Schmiedel/Krampe, Quellen zum Handelsgesetzbuch von 1897, Band I–III, 1986–1988
SE .... Societas Europaea
SeuffA .... Seufferts Archiv für Entscheidungen der obersten Gerichte in den deutschen Staaten
SG .... Sozialgericht; Schmalenbach – Gesellschaft für Betriebswirtschaft e. V.
Sgb. .... Die Sozialgerichtsbarkeit (Zeitschrift)
SGB .... Sozialgesetzbuch
SJZ .... Süddeutsche Juristenzeitung
Slg. .... Sammlung der Rechtsprechung des Gerichtshofs der Europäischen Gemeinschaft und des Gerichts erster Instanz
s. o. .... siehe oben
Soergel/
Bearbeiter ..... Soergel, Bürgerliches Gesetzbuch, Kommentar, hrsg. von Siebert, 12. Aufl. 1987 ff., 13. Aufl. 1999 ff.
sog. .... sogenannt
Sonderbeil. ... Sonderbeilage
Sp. .... Spalte
SpkG .... Sparkassengesetz
st. .... ständig
StAnpG ...... Steueranpassungsgesetz
Stanzl .... Handelsrechtliche Entscheidungen des OGH Wien
Staub 14. Aufl. . Staubs Kommentar zum HGB, 14. Aufl. 1935
Staub/*Bearbeiter* Staub, Handelsgesetzbuch, 5. Aufl. des Großkommentars zum HGB, 2008 ff.; soweit noch nicht erschienen, 4. Aufl. 1983 ff.
Staudinger/
Bearbeiter ..... Staudinger, Kommentar zum Bürgerlichen Gesetzbuch
StB .... Der Steuerberater (Zeitschrift)
StBerG .... Steuerberatungsgesetz
Stbg .... Die Steuerberatung (Zeitschrift)
StbJb. .... Steuerberater-Jahrbuch
StBKongrRep . Steuerberaterkongreß-Report
Stein/Jonas/
Bearbeiter ..... Stein/Jonas (Hrsg.), Kommentar zur Zivilprozessordnung, 22. Aufl. 2002 ff.
stenogr. ...... stenographisch
StGB .... Strafgesetzbuch
Spindler/Stilz/
Bearbeiter ..... Spindler/Stilz (Hrsg.), Kommentar zum Aktiengesetz, 2 Bde., 2. Aufl. 2010
StPO .... Strafprozeßordnung
str. .... strittig

Straube/ *Bearbeiter*	Straube, Kommentar zum Handelsgesetzbuch, Band 1 3. Aufl. 2003; Band 2, 2. Aufl. 2000
stRspr.	ständige Rechtsprechung
StuB	Steuer- und Bilanzpraxis (Zeitschrift)
StückAG	Stückaktiengesetz
StuW	Steuer und Wirtschaft (Zeitschrift)
StV	Strafverteidiger (Zeitschrift)
s. u.	siehe unten
Sudhoff/*Bearbeiter* GmbH & Co. KG	Sudhoff, GmbH & Co. KG, 6. Aufl. 2005
Sudhoff/*Bearbeiter* PersG	Sudhoff, Personengesellschaften, 8. Aufl. 2005
SZ	Entscheidungen des österreichischen Obersten Gerichtshofes in Zivilsachen
SZGerm.	Zeitschrift der Savigny-Stiftung für Rechtsgeschichte, Germanische Abteilung
TD	Transportdienst
Thomas/Putzo/ *Bearbeiter*	Thomas/Putzo/Reichold/Hüßtege, Zivilprozessordnung, 32. Aufl. 2011
TranspR	Transportrecht (Zeitschrift)
Tz.	Textziffer
u.	und; unten; unter
u. a.	unter anderem
u. Ä.	und Ähnliches
u. a. m.	und andere mehr
Überbl.	Überblick
überwM	überwiegende Meinung
Übk.	Übereinkommen
UCC	Uniform Commercial Code
UGB	(österreichisches) Unternehmensgesetzbuch
Uhlenbruck/ *Bearbeiter*	Uhlenbruck (Hrsg.), Insolvenzordnung, 13. Aufl. 2010
Ulmer Wertpapierrecht	Eugen Ulmer, Das Recht der Wertpapiere, 1938
Ulmer/Brandner/Hensen/ *Bearbeiter*	Ulmer/Hensen/Andreas Fuchs/Harry Schmidt, AGB-Recht, Kommentar, 11. Aufl. 2011
Ulmer/Habersack/Winter/ *Bearbeiter*	Ulmer/Habersack/Winter (Hrsg.), GmbHG, Großkommentar, 3 Bde. 2008; ErgBd. zum MoMiG, 2010
umfangr.	umfangreich
UmwG	Umwandlungsgesetz
UmwStG	Umwandlungssteuergesetz
UN-Kaufrecht	s. CISG
unstr.	unstreitig
Unterabs.	Unterabsatz
unveröff.	unveröffentlicht
unzutr.	unzutreffend
UR	Umsatzsteuer-Rundschau
Urt.	Urteil
usw.	und so weiter
uU	unter Umständen
UWG	Gesetz gegen den unlauteren Wettbewerb

v. . . . . von; vom; versus
VAG . . . . Versicherungsaufsichtsgesetz
Verf. . . . . Verfassung; Verfasser
VglO . . . . Vergleichsordnung
Verh. . . . . Verhandlung(en)
Verh. DJT . . . . Verhandlungen des Deutschen Juristentages
VermBG . . . . . Gesetz zur Förderung der Vermögensbildung der Arbeitnehmer
Veröff. . . . . Veröffentlichung
VersR . . . . Versicherungsrecht, Juristische Rundschau für die Individualversicherung
VersW . . . . Versicherungswirtschaft
Verw. . . . . Verwaltung
VerwA . . . . Verwaltungsarchiv
VerwG . . . . Verwaltungsgericht
VerwGH . . . . . Verwaltungsgerichtshof
Vfg. . . . . Verfügung
VG . . . . Verwaltungsgericht
VGH . . . . Verwaltungsgerichtshof
vgl. . . . . vergleiche
vH . . . . vom (von) Hundert
VO . . . . Verordnung
VOB . . . . Verdingungsordnung für Bauleistungen
Vol. . . . . Volume
Vorb., Vorbem. Vorbemerkung
VP . . . . Die Versicherungspraxis
VRG . . . . Gesetz zur Förderung von Vorruhestandsleistungen (Vorruhestandsgesetz)
vs. . . . . versus
VVDStRL . . . . Veröffentlichungen der Vereinigung der Deutschen Staatsrechtslehrer
VVaG . . . . Versicherungsverein auf Gegenseitigkeit
VVG . . . . Gesetz über den Versicherungsvertrag
VW . . . . Versicherungswirtschaft (Zeitschrift)
VwGO . . . . . . Verwaltungsgerichtsordnung

WarnR . . . . . . Rechtsprechung des Reichsgerichts, hrsg. von Warneyer
WBl. . . . . Wirtschaftsrechtliche Blätter
Wessel/Zwernemann/Kögel . . . Wessel/Zwernemann/Kögel, Die Firmengründung, 7. Aufl. 2001
WG . . . . Wechselgesetz
WiB . . . . Wirtschaftsrechtliche Beratung (Zeitschrift)
Widmann/Mayer Widmann/Mayer, Umwandlungsrecht, Kommentar, Loseblatt, 2009
Wiedemann . . . . Wiedemann, Gesellschaftsrecht, Band 1, 1980; Band 2, 2004
WiR . . . . Wirtschaftsrat; Wirtschaftsrecht (Zeitschrift)
wistra . . . . Zeitschrift für Wirtschafts- und Steuerstrafrecht
WM . . . . Wertpapier-Mitteilungen, Zeitschrift für Wirtschafts- und Bankrecht (Zeitschrift)
Wolf/Lindacher/Pfeiffer . . . . M. Wolf/Lindacher/Pfeiffer, AGB-Gesetz, Kommentar, 5. Aufl. 2009
WPg. . . . . Die Wirtschaftsprüfung (Zeitschrift)
WP-Hdb. . . . . Institut der Wirtschaftsprüfer in Deutschland e. V. (Hrsg.), Wirtschaftsprüfer-Handbuch, Band I, 13. Aufl. 2006, Band II, 12. Aufl. 2003
WpHG . . . . . . Wertpapierhandelsgesetz
WPK . . . . Wirtschaftsprüferkammer
WPK-Mitt . . . . Wirtschaftsprüferkammer-Mitteilungen (Zeitschrift)
WPO . . . . Wirtschaftsprüferordnung
WpÜG . . . . . . Wertpapiererwerbs- und Übernahmegesetz
WRP . . . . Wettbewerb in Recht und Praxis (Zeitschrift)
WuB . . . . Wirtschafts- und Bankrecht (Entscheidungssammlung)
Württ., württ. . Württemberg, württembergisch
WuSta . . . . Wirtschaft und Statistik

WuW .... Wirtschaft und Wettbewerb (Zeitschrift)
WuW/E ..... Wirtschaft und Wettbewerb – Entscheidungssammlung

zahlr. .... zahlreich
ZAkDR ...... Zeitschrift der Akademie für Deutsches Recht
ZaöRV .... Zeitschrift für ausländisches öffentliches Recht und Völkerrecht
zB .... zum Beispiel
ZBB .... Zeitschrift für Bankrecht und Bankwirtschaft
ZBlHR ...... Zentralblatt für Handelsrecht
ZdtRudtRWiss. Zeitschrift für deutsches Recht und deutsche Rechtswissenschaft
ZEuP .... Zeitschrift für Europäisches Privatrecht
ZfA .... Zeitschrift für Arbeitsrecht
ZfB .... Zeitschrift für Betriebswirtschaft
ZfbF .... Schmalenbachs Zeitschrift für betriebswirtschaftliche Forschung
ZfgG .... Zeitschrift für das gesamte Genossenschaftswesen
ZfRV .... Zeitschrift für Rechtsvergleichung (Österreich)
ZfV .... Zeitschrift für Versicherungswesen
ZGB DDR ... Zivilgesetzbuch der Deutschen Demokratischen Republik
ZgesKredW ... Zeitschrift für das gesamte Kreditwesen
ZgesStaatsW .. Zeitschrift für die gesamte Staatswissenschaft
ZGS .... Zeitschrift für das gesamte Schuldrecht
ZGR .... Zeitschrift für Unternehmens- und Gesellschaftsrecht
ZHR .... Zeitschrift für das gesamte Handelsrecht und Wirtschaftsrecht
Ziff. .... Ziffer(n)
ZInsO .... Zeitschrift für das gesamte Insolvenzrecht
ZIntEisenb .... Zeitschrift für den internationalen Eisenbahnverkehr
ZIP .... Zeitschrift für Wirtschaftsrecht und Insolvenzpraxis
zit. .... zitiert
ZivG .... Zivilgericht
ZKA .... Zentraler Kreditausschuss
ZNotP .... Zeitschrift für die NotarPraxis
Zöller/*Bearbeiter* Zöller, Zivilprozessordnung, 28. Aufl. 2010
Zöllner Wertpapierrecht .... Zöllner, Wertpapierrecht, 14. Aufl. 1987
ZPO .... Zivilprozessordnung
ZRG .... Zeitschrift der Savigny-Stiftung für Rechtsgeschichte (germ. Abt. = germanische Abteilung; rom. Abt. = romanische Abteilung; kanon. Abt. = kanonistische Abteilung)
ZRP .... Zeitschrift für Rechtspolitik
ZRvgl. .... Zeitschrift für Rechtsvergleichung
zT .... zum Teil
ZTR .... Zeitschrift für Tarifrecht
zust. .... zustimmend
zutr. .... zutreffend
ZVersWiss. .... Zeitschrift für die gesamte Versicherungswissenschaft
ZVG .... Gesetz über die Zwangsversteigerung und Zwangsverwaltung
ZVglRWiss. ... Zeitschrift für vergleichende Rechtswissenschaft einschließlich des Rechts der Entwicklungsländer und der ethnologischen Rechtsforschung
ZVR .... (österr.) Zeitschrift für Verkehrsrecht
ZWeR .... Zeitschrift für Wettbewerbsrecht
ZZP .... Zeitschrift für Zivilprozess

Handelsgestzbuch

Vom 10. Mai 1897 (RGBl. S. 219)
zuletzt geändert durch Gesetz vom 1. März 2011 (BGBl. I S. 288)

Band 3
§§ 161–237

Zweites Buch. Handelsgesellschaften und stille Gesellschaft

Zweiter Abschnitt. Kommanditgesellschaft

§ 161 [Begriff der KG; Anwendbarkeit der OHG-Vorschriften]

(1) Eine Gesellschaft, deren Zweck auf den Betrieb eines Handelsgewerbes unter gemeinschaftlicher Firma gerichtet ist, ist eine Kommanditgesellschaft, wenn bei einem oder bei einigen von den Gesellschaftern die Haftung gegenüber den Gesellschaftsgläubigern auf den Betrag einer bestimmten Vermögenseinlage beschränkt ist (Kommanditisten), während bei dem anderen Teile der Gesellschafter eine Beschränkung der Haftung nicht stattfindet (persönlich haftende Gesellschafter).

(2) Soweit nicht in diesem Abschnitt ein anderes vorgeschrieben ist, finden auf die Kommanditgesellschaft die für die offene Handelsgesellschaft geltenden Vorschriften Anwendung.

Schrifttum: *Aderhold* in *Westermann,* Handbuch der Personengesellschaften; *Altmeppen,* Zum Vorstandsdoppelmandat in einer beherrschten AG & Co. KG, ZIP 2008, 437; *Assmann,* Informationspflicht des Anlagevermittlers und Mitverschulden des Anlegers, NJW 1982, 1083; *ders.* in Handbuch des Kapitalanlagerechts, 3. Aufl. 2007; *Bälz,* Treuhandkommanditist, Treuhänder der Kommanditisten und Anlegerschutz, ZGR 1980, 1; *Baumann,* Die Einmann-Personengesellschaft, BB 1998, 225; *ders.,* Der Nießbrauch am Anteil einer Einmann-Personengesellschaft, NZG 2005, 919; *Baums,* Ersatz von Reflexschäden in der Kapitalgesellschaft, ZGR 1987, 554; *Baur/Grunsky,* Eine Einmann-OHG, ZHR 133 (1970), 209; *Bayer,* Die Haftung des Beirats im Recht der GmbH und der GmbH & Co. KG, FS Schneider, 2011, S. 75; *Becker,* Verwaltungskontrolle durch Gesellschafterrechte, 1997; *Beuthien,* Vertretungsmacht bei der Vor-GmbH – erweiterbar oder unbeschränkbar?, NJW 1997, 565; *Binz/Mayer,* Beurkundungspflichten bei der GmbH & Co. KG, NJW 2002, 3054; *dies.,* Die ausländische Kapitalgesellschaft & Co. KG im Aufwind? GmbHR 2003, 249; *Bippus,* Einheitlichkeit der Mitgliedschaft und Selbständigkeit der Beteiligung in der Personengesellschaft, AcP 195 (1995), 13; *Bolken/Sprenger,* Minderheitenschutz bei Personengesellschaften, DB 2010, 263; *Bork/Jacoby,* Das Ausscheiden des einzigen Komplementärs nach § 131 Abs. 3 HGB, ZGR 2005, 611; *Brandes,* Die Rechtsprechung des BGH zur GmbH & Co. KG und zur Publikumsgesellschaft, Sonderbeilage WM Nr. 1/1987; *Brändel,* Änderungen des Gesellschaftsvertrages durch Mehrheitsentscheidungen, FS Stimpel, 1985, S. 95; *Brandi,* Unerlaubte Erstattung von Eigenkapitalersatz bei GmbH und GmbH & Co. KG, ZIP 1995, 1371; *Brox,* Die unentgeltliche Aufnahme von Kindern in eine Familien-Personengesellschaft, FS Bosch, 1976, S. 75; *Bunte,* Ausschließung und Abfindung von Gesellschaftern einer Personengesellschaft, ZGR 1983, 8; *Bydlinski,* Zentrale Änderungen des HGB durch das Handelsrechtsreformgesetz – Kaufmannsbegriff – Personengesellschaften – Firmenbildung, ZIP 1998, 1169; *Canaris,* Täterschaft und Teilnahme bei culpa in contrahendo, FS Giger, 1989, S. 91; *Coester-Waltjen,* Die Inhaltskontrolle von Verträgen außerhalb des AGBG, AcP 190 (1990), 1; *Coing,* Zur Auslegung von Verträgen von Personengesellschaften, ZGR 1978, 659; *Dauner-Lieb,* Abfindungsklauseln bei Personengesellschaften, ZHR 158 (1994), 271; *Decher,* Kündigung des Treuhandgesellschafters aus wichtigem Grund, ZIP 1987, 1100; *Dorka/Derwald,* Sanieren oder Ausscheiden – ein Modell auch für die Kommanditgesellschaft, NZG 2010, 694; *Dörr,* Aktuelle Rechtsprechung des III. Zivilsenats zur Vermittlung geschlossener Fondbeteiligungen, WM 2010, 533; *Drygala,* Anwendbarkeit des AGBG auch auf Gesellschaftsverträge – eine Nebenwirkung der Richtlinie über mißbräuchliche Klauseln in Verbraucherverträgen?, ZIP 1997, 968; *Duys,* Auslands-Kapitalgesellschft & Co. KG, 2001; *Ebbing,* Satzungsmäßige Schiedsklauseln, NZG 1999, 754; *Eckardt,* Das Ausscheiden des Komplementärs aus der zweigliedrigen KG, NZG 2000, 449; *Esch,* Einheitlichkeit der Personengesellschaftsbeteiligung, BB 1993, 664; *ders.,* Die GmbH & Co. als Einheitsgesellschaft, BB 1991, 1129; *ders.,* Weisungsrechte der Gesellschafter der GmbH & Co. KG, NJW 1988, 1553; *Eisolt/Verdenhalven,* Erläuterungen des Kapitalgesellschaften und Co.-Richtlinien-Gesetztes (KapCoRiLiG), NZG 2000, 130; *Fastrich,* Die richterliche Inhaltskontrolle im Privatrecht, 1992; *Fehl,* Unbeschränkte Haftung der Kommanditisten bei der GmbH & Co. KG, BB 1976, 107; *Fischer,* Formwechsel zwischen GmbH und GmbH & Co. KG, BB 1995, 2173; *Fleck,* Schuldrechtliche Verpflichtungen einer GmbH im Entscheidungsbereich der Gesellschafter, ZGR 1988, 104; *ders.,* Die Drittanstellung des GmbH-Geschäftsführers, ZHR 149 (1985), 387; *ders.,* Die sogenannte „Einheits-Gesellschaft" – Ein funktionsunfähiges Gebilde?, FS Semler, 1993, S. 115; *Fleischer,* Prospektpflicht und Prospekthaftung für Vermögensanlagen des Grauen Kapitalmarkts nach dem Anlegerschutzverbesserungsgesetz, BKR 2004, 339; *Flume,* Die Personengesellschaft, Allgemeiner Teil des Bürgerlichen Rechts, 1. Bd., 1. Teil, 1977; *Frank,* Selbstkontrahieren bei der GmbH & Co. KG, NJW 1974, 1073; *Frey,* Tod des einzigen Komplementärs, ZGR 1988, 281; *Freund,* Der Rechtsformwechsel zwischen Personengesellschaften, 2006; *Frey/Bredow,* Der Wegfall des einzigen Komplementärs nach der HGB-Reform, ZIP 1998, 1621; *Führ/Nikoleyczik,* Vertretung und Genehmigungspflichten bei schenkweiser Übertragung von Kommanditanteilen auf Minderjährige, BB 2009, 2105; *Gehrlein,* Die Prospektverantwortlichkeit von Beirats- oder Aufsichtsratsmitgliedern als maßgebliche Hintermänner, BB 1995, 1965; *ders.,* Neues zur Prospekthaftung-Mietausfallgarantie, NJW 1995, 110; *ders.,* Der aktuelle Stand des neuen GmbH-Rechts, DK 2007, 771; *Gernhuber/Coester-Waltjen,* Lehrbuch des Familienrechts, 6. Aufl. 2010; *Giesler,* Die Prospekthaftung des Franchisegebers, ZIP 1999, 2131; *Grigoleit,* Wettbewerbsverbot und Vorstandsdoppelmandat in der AG & Co. KG, ZGR 2010, 662; *Grote,* Anlegerschutz bei der Publikums-KG durch Einrichtung eines Beirats, 1995; *ders.,* Neues zur Prospekthaftung – Mietausfallgarantie NJW 1995, 110; *Grundmann,* Der Treuhandvertrag, 1997; *Grunewald,* Die Finanzierungsverantwortung des Kommanditisten, FS Großfeld, 1998, S. 281; *dies.,* Rechtswidrigkeit und Verschulden bei der Haftung von Aktionären und Personengesellschaftern, FS Kropff, 1997, S. 89; *dies.,* Die in § 23 AGBG vorgesehene Bereichsausnahme für Gesellschaftsrecht, FS Semler, 1993, S. 176; *dies.,* Die Auslegung von Gesellschaftsverträgen und Satzungen, ZGR 1995, 68; *dies.,* Die Gesellschafterklage in der Personengesellschaft und der GmbH, 1990; *dies.,* Haftung für fehlerhafte Geschäftsführung in der GmbH & Co. KG, BB 1981, 581; *dies.,* Die Beweislastverteilung bei der Verletzung von Aufklärungspflichten, ZIP 1994, 1162; *dies.,* Die Haftungsrisiken des Mittelverwendungskontrolleurs, FS Goette, 2011, S. 113; *dies.,* Gesellschafterpflichten in der überschuldeten Gesellschaft, FS Roth, 2011, S. 187; *dies.,* Durchsetzung von Ersatzansprüchen durch Beiräte als besondere Vertreter in Personengesellschaften, Gedächtnisschrift, Martin Winter, 2011; *dies.,* Grenzen der Gestaltungsfreiheit bei der Einrichtung von Beiräten und der Schaffung von Vertreterklauseln im Recht der Kommanditgesellschaft, ZEV 2011; *Gummert/Jaletzke,* in Münchener Handbuch des Gesellschaftsrechts, Band 2, 3. Aufl. 2009, zitiert MünchHdb. KG/*Gummert/Jaletzke*; *Haak,* Der Beirat der GmbH & Co. KG, BB 1993, 1607; *Haas,* Beruhen Schiedsabreden in Gesellschaftsverträgen nicht auf Vereinbarungen i.S. des § 1066 ZPO oder vielleicht doch?, SchiedsVZ 2007, 1; *Habersack,* Die Mitgliedschaft – subjektives und „sonstiges" Recht, 1996; *ders.,* Grenzen der Mehrheitsherrschaft in Stimmrechtskonsortien, ZHR 164 (2000), 1; *Hadding,* Ergibt die Vereinsmitgliedschaft „quasi-vertragliche" Ansprüche, „erhöhte Treue- und Förderpflichten" sowie ein „sonstiges Recht" im Sinne von § 823 Abs. 1 BGB?, FS Kellermann, 1991, S. 91; *ders.,* Mehrheitsbeschlüsse in der Publikumskommanditgesellschaft, ZGR 1979, 636; *Haertlein,* Prospektverantwortlichkeit infolge werbender Äußerungen über Kapitalanlagen, ZIP 2008, 726; *Hahn,* Die Beschlussfassung in der GmbH & Co. KG als Einheitsgesellschaft, 2004; *Happ,* Stimmbindungsverträge und Beschlußanfechtung, ZGR 1984, 168; *Heeg,* Die UG (haftungsbeschränkt) & Co. KG als (weiteres) hybrides Rechtsgebilde im deutschen Gesellschaftsrecht, DB 2009, 719; *Heid,* Mehrheitsbeschluß und Inhaltskontrolle als Instrumentarium des Kapitalanlegerschutz in der Publikums-GmbH & Co. KG, 1986; *Heinrichs,* Das Gesetz zur Änderung des AGB-Gesetzes, NJW 1996, 2190; *Heinze/Rieker,* Unbeschränkt haftende Kommanditisten in der GmbH & Co. KG?, NJW 1972, 472; *Heisterhagen,* Die gesetzliche Prospektpflicht für geschlossene Fonds nach dem Regierungsentwurf des Anlegerschutzverbesserungsgesetzes, DStR 2004, 1089; *Hennrichs,* Die UG (haftungsbeschränkt) – Reichweite des Sacheinlageverbots und gesetzliche Rücklage, NZG 2009, 1161; *Hermanns,* Unverzichtbare Mitverwaltungsrechte des Personengesellschafters, 1993; *ders.,* Bestimmtheitsgrundsatz und Kernbereichslehre, ZGR 1996, 103; *Heuking,* Die Binnenverfassung der obligatorischen Gruppenvertretung in der Kommanditgesellschaft – zur Vertreterklausel, FS Lüer, 2008, S. 231; *Hey,* Freie Gestaltung in Gesellschaftsverträgen und ihre Schranken, 2004; *Hille,* Die Inhaltskontrolle der Gesellschaftsverträge von Publikumspersonengesellschaften, 1986; *Hohaus/Eickmann,* Die Beteiligung Minderjähriger an vermögensverwaltenden Familien-Kommanditgesellschaften – Anforderungen für die steuerliche Anerkennung, BB 2004, 1707; *Hoffmann,* Eigenkapitalausweis und Ergebnisverteilung bei Personenhandelsgesellschaften nach Maßgabe des KapCoRiLiG, DStR 2000, 837; *Holler,* Sanierung aus wichtigem Grund in (Publikums) Personengesellschaften, ZIP 2010, 1678; *Hoppe* in Handbuch der GmbH & Co. KG, Hrsg. Hesselmann, Tillmann, Mueller-Thuns, 20. Aufl. S. 209; *Hopt,* Zur Abberufung des GmbH-Geschäftsführers bei der GmbH & Co., insbesondere der Publikums-Kommanditgesellschaft, ZGR 1979, 1; *Hueck, Alfred,* Der gemeinschaftliche Vertreter mehrerer Erben in einer Kommanditgesellschaft, ZHR 125 (1963), 1; *Huber,* Vermögensanteil, Kapitalanteil und Gesellschaftsanteil an Personengesellschaften des Handelsrechts, 1970; *Hüffer,* 100 Bände BGHZ, Personengesellschaftsrecht, ZHR 151 (1987), 396; *ders.,* Organpflichten und Haftung in der Publikumspersonengesellschaft, ZGR 1981, 348; *ders.,* Der Aufsichtsrat in der Publikumsgesellschaft, ZGR 1980, 320; *Hurst,* Die Vertreterklausel bei der Offenen Handelsgesellschaft, DNotZ 1967, 6; *Ihrig* in Sudhoff, GmbH & Co. KG, 6. Aufl. 2005; *Immenga,* Die Minderheitsrechte des Kommanditisten, ZGR 1974, 385; *Jakob,* Das Verlustausgleichspotential eines Kommanditisten gemäß § 15 a Abs. 1 EStG, BB 1988, 1429; *Jaussen,* Die einheitliche Mitgliedschaft in Personengesellschaften, DB 1992, 1173; *Jeschke,* Der Rechtsnachfolgevermerk im Handelsregister bei der Übertragung von Mitgliedschaftsrechten an Kommanditgesellschaften, DB 1983, 541; *Kaligin,* Nachschußklauseln in Gesellschaftsverträgen von Publikumsgesellschaften, DB 1981, 1172; *Kallmeyer,* Das neue Umwandlungsgesetz, ZIP 1994, 1746; *Kalss,* Der Anleger im Handlungsdreieck von Vertrag, Verband und Markt, 2001; *dies.,* Ein- und Austritt der Komplementär-GmbH einer GmbH & Co. KG bei Verschmelzung, Spaltung und Formwechsel nach dem UmwG 1995, GmbHR 1996, 80; *Karrer,* Der besondere Vertreter im Recht der Personengesellschaften, NZG 2008, 206; *Keul/Ermann,* Inhalt und Reichweite zivilrechtlicher Prospekthaftung DB 2006, 1664; *Kellermann,* Zur Anwendung körperschaftsrechtlicher Grundsätze und Vorschriften auf die Publikumskommanditgesellschaft, FS Stimpel, 1985, S. 295; *Kiethe,* Prospekthaftung und grauer Kapitalmarkt, ZIP 2000, 216; *Kindler/Libbertz,* Gesellschaftsrechtliche

Grenzen des Verbraucherschutzes: Die Anwendung der Haustürgeschäfterichtlinie und der Lehre von der fehlerhaften Gesellschaft auf den Beitritt zur Publikumspersonengesellschaft, S. 603; *Klamroth,* Erweitertes Haftungsrisiko der Kommanditisten in der GmbH & Co. KG, BB 1972, 428; *Klingberg,* Mitarbeitende Kommanditisten im Gesellschaftsrecht, 1990; *Koch,* Die Haftung des Mittelverwendungskontrolleurs, WM 2010, 1057; *Köndgen,* Zur Theorie der Prospekthaftung, AG 1983, 120; *Konzen,* Geschäftsführung, Weisungsrecht und Verantwortlichkeit in der GmbH und GmbH & Co. KG, NJW 1989, 2977; *Koller,* Sicherung des Eigenkapitals bei der gesetzestypischen Kommanditgesellschaft, FS Heinsius, 1991, S. 357; *Kornblum,* Bundesweite Rechtstatsachen zum Unternehmens- und Gesellschaftsrecht, GmbHR 2006, 28; *Kort,* Die Verjährung von Prospekthaftungsansprüchen beim Bauherrenmodell, DB 1991, 1057; *Kraft,* Die Rechtsprechung des BGH zur Publikums-KG zwischen Vertragsauslegung und Rechtsformbildung, FS Fischer, 1979, S. 321; *ders.,* Beendigung des Treuhandverhältnisses bei der treuhänderisch organisierten Publikums-KG, ZGR 1980, 399; *Kowalski/Bormann,* Beteiligung einer ausländischen juristischen Person als Komplementärin einer deutschen KG, GmbHR 2005, 1045; *Kübler,* Aufsichtsratsmitbestimmung im Gegenwind der Globalisierung, Freundesgabe Döser, 1999, S. 237; *Lamprecht,* Die Zulässigkeit der mehrfachen Beteiligung an einer Personengesellschaft, 2002; *Lenenbach,* Kapitalmarkt und Börsenrecht, 2. Aufl. 2010; *Liebscher* in Sudhoff, GmbH & Co. KG, 6. Aufl. 2005; *Lippe/Voigt,* Rechtsfolgen bei Widerruf von Beteiligungen an Publikumspersonengesellschaften und Schadensersatz bei fehlerhafter Widerrufsbelehrung, BB 2010, 3042; *Lorenz,* Vertragsaufhebung wegen culpa in contrahendo: Schutz der Entscheidungsfreiheit oder des Vermögens? ZIP 1998, 1053; *Loritz,* Das Recht des Kommanditisten zum Ausscheiden aus der Publikumspersonengesellschaft bei Vorliegen eines wichtigen Grundes, NJW 1981, 369; *ders.,* Vertragsfreiheit und Individualschutz im Gesellschaftsrecht, JZ 1986, 1073; *ders.,* Die freien Kapitalmärkte und die Defizite der Juristen, WM 1998, 685; *Lüttge,* Die unzulässige Mehrfachbeteiligung an einer Personengesellschaft, NJW 1994, 5; *Lutter,* Theorie der Mitgliedschaft, AcP 180 (1980), 85; *ders.,* Das Girmes-Urteil, JZ 1995, 1053; *Luttermann,* Das Kapitalgesellschaften und Co.-Richtlinien-Gesetz, ZIP 2000, 517; *Maier-Reimer/Marx,* Die Vertretung Minderjähriger beim Erwerb von Gesellschaftsbeteiligungen, NJW 2005, 3025; *Maulbetsch,* Beirat und Treuhand in der Publikumspersonengesellschaft, 1984; *Mayer,* Schenkungswiderruf bei Gesellschaftsanteilen im Spannungsfeld zwischen Gesellschafts- und Schenkungsrecht, ZGR 1995, 93; *Meister,* Zur Vorbelastungsproblematik und zur Haftungsverfassung der Vorgesellschaft bei der GmbH, FS Werner, 1984, S. 521; *Menger,* Zulässigkeit und Grenzen der Lückenausfüllung im Innenrecht der Personengesellschaften, 1997; *Mertens,* Die Geschäftsführerhaftung in der GmbH und das ITT-Urteil, FS Robert Fischer, 1979, S. 460; *ders.,* Die Einmann-GmbH & Co. KG und das Problem der gesellschaftsrechtlichen Grundtypenvermischung, NJW 1966, 1049; *Michel,* Ist für die Eintragung einer Kommanditanteilsübertragung eine Versicherung gegenüber dem Registergericht erforderlich?, DB 1988, 1985; *Moritz/Grimm,* Licht im Dunkel des „Grauen Marktes"? – Aktuelle Bestrebungen zur Novellierung des Verkaufsprospektgesetzes, BB 2004, 1352; *Mutter* in Münchener Handbuch des Gesellschaftsrechts, Band 2, 3. Aufl. 2009, zitiert MünchHdb. KG/*Mutter*; *Mülbert,* Die rechtsfähige Personengesellschaft, AcP 199 (1999), 38; *Mülbert/Steup,* Emittentenhaftung für fehlerhafte Kapitalmarktinformation am Beispiel der fehlerhaften Regelpublizität, WM 2005, 1633; *Mülbert/Steup* in Habersack/Mülbert/Schlitt, Unternehmensfinanzierung am Kapitalmarkt, 2. Aufl. 2008; *Hans-Friedrich Müller,* Die gesetzliche Rücklage bei der Unternehmergesellschaft, ZGR 2011; *Klaus Müller,* Nachschusspflicht der Gesellschafter einer KG und Ausschließung aus wichtigem Grund bei Verweigerung von Nachschüssen, DB 2005, 95; *Mülsch/Nohlen,* Die ausländische Kapitalgesellschaft und Co. KG mit Verwaltungssitz im EG-Ausland, ZIP 2008, 1358; *Nitschke,* Die körperschaftlich strukturierte Personengesellschaft, 1970; *Noack,* Gesellschaftervereinbarungen bei Kapitalgesellschaften, 1994; *ders.,* Fehlerhafte Beschlüsse in Gesellschaften und Vereinen, 1989; *Odersky,* Stimmbindungen in Pool und „Unterpool", FS Lutter, 2000, S. 557; *Pleyer/Hegel,* Die Prospekthaftung bei der Publikums-KG, ZIP 1988, 1370; *Priester,* Nichtkorporative Satzungsbestimmungen bei Kapitalgesellschaften, DB 1979, 681; *ders.,* Die zwingende Einheitlichkeit des Personengesellschaftsanteils – ein überholtes Prinzip, DB 1998, 55; *ders.,* Handelsrechtsreformgesetz – Schwerpunkte aus notarieller Sicht, DNotZ 1998, 691; *ders.,* Die Mehrheitsumwandlung der gesetzestypischen KG in eine GmbH & Co. KG zwischen HGB und UmwG, FS Huber, 2006, S. 905; *ders.,* Grundsatzfragen des Rechts der Personengesellschaften im Spiegel der Otto-Entscheidung des BGH, DStR 2008, 1386; *Raiser,* Gesamthand und Juristische Person im Lichte des neuen Umwandlungsrechts, AcP 194 (1994), 495; *ders.,* Das Recht der Gesellschafterklage, ZHR 153 (1988), 1; *Reichert* in Sudhoff, GmbH & Co. KG, 6. Aufl. 2005; *ders.,* Der Beirat als Element der Organisationsverfassung einer Familiengesellschaft, FS Maier-Reimer, 2010, S. 541; *Reichert/Winter,* Die „Abberufung" und „Ausschließung" des geschäftsführenden Gesellschafters der Publikumspersonengesellschaft, BB 1988, 981; *Reinelt,* Haftung aus Prospekt und Anlageberatung bei Kapitalanlagegesellschaften, NJW 2009, 1; *Reuter,* Die Mitgliedschaft als sonstiges Recht im Sinne des § 823 Abs. 1 BGB, FS Lange, 1992, S. 707; *ders.,* Ein Plädoyer für das institutionelle Rechtsdenken, FS Mestmäcker, 1996, S. 271; *ders.,* Privatrechtliche Schranken der Perpetuierung von Unternehmen, 1973; *ders.,* Die Bestandssicherung von Unternehmen – Ein Schlüssel zur Zukunft des Handelsgesellschaftsrechts, AcP 181 (1981), 1; *ders.,* Die „Wesenselemente" der Personengesellschaft in der neueren Rechtsprechung, GmbHR 1981, 129; *ders.,* Richterliche Kontrolle der Satzung von Publikumspersonengesellschaften, AG 1979, 321; *ders.,* Der Beirat der Personengesellschaft, FS Steindorff, 1990, S. 229; *Richert,* Der Kommanditistenwechsel und seine Erscheinungsform im Handelsregister, NJW 1958, 1472; *Rinze,* Die Haftung von Beiratsmitgliedern einer personalistischen GmbH & Co. KG, NJW 1992, 2790; *Roll/Grochut,* Die Stiftung als Kommanditistin – ein Modell für die Regelung der Unternehmensnachfolge und Unternehmensfinanzierung im Mittelstand, WiB 1995, 743; *Römermann/Passarge,* Die GmbH & Co. KG ist tot – es lebe die UG & Co. KG, ZIP 2009, 1497; *Schaefer,* Das Handelsrechtsreformgesetz nach dem Abschluss des parlamentarischen Verfahrens, DB 1998, 1269; *Schäfer,* Stand und Entwicklungstendenzen der spezialgesetzlichen Prospekthaftung, ZGR 2006, 40; *ders.*, Mehrheitserfordernisse bei Stimmrechtskonsorten, ZGR 2009, 768; *ders.* Rechtsprobleme bei Gründung und Durchführung einer Unternehmergesellschaft, ZIP 2011, 53; *Schilling,* Die GmbH & Co. KG als Einheitsgesellschaft, FS Barz, 1974, S. 67; *Schlarmann,* Die Rechtsprechung des BGH zu Publikumspersonengesellschaften, BB 1979, 192; *Schlitt,* Die Informationsrechte des stillen Gesellschafters, 1996; *ders.*, Die Auswirkungen des Handelsrechtsreformgesetzes auf die Gestaltung von GmbH & Co. KG-Verträgen, NZG 1998, 580; *Schmidt, Detlef/Weidert,* Zur Verjährung von Prospekthaftungsansprüchen bei geschlossenen Immobilienfonds, DB 1998, 2309; *Schmidt, Harry,* Verschmelzung von Personengesellschaften in Verschmelzung, Spaltung, Formwechsel, Hrsg. Marcus Lutter, 1995; *Schmidt, Karsten,* Haftungsverhältnisse bei werbender Tätigkeit in den Gründungsstadien der GmbH & Co., NJW 1975, 665; *ders.*, Fehlerhafte Beschlüsse in Gesellschaften und Vereinen, AG 1977, 205, 243; *ders.*, Organverantwortlichkeit und Sanierung im Insolvenzrechtunternehmen, ZIP 1980, 32; *ders.*, Die Vor-GmbH als Unternehmerin und Komplementärin, NJW 1981, 1345; *ders.*, Die obligatorische Gruppenvertretung im Recht der Personengesellschaften und der GmbH, ZHR 146 (1982), 525; *ders.*, Die GmbH & Co. – eine Zwischenbilanz, GmbHR 1984, 272; *ders.*, Die Beschlußanfechtungsklage bei Vereinen und Personengesellschaften – Ein Beitrag zur Institutionenbildung im Gesellschaftsrecht, FS Stimpel, 1985, S. 217; *ders.*, Schiedsfähigkeit von GmbH-Beschlüssen – Eine Skizze mit Ausblicken auf das Recht der AG und der Personengesellschaften, ZGR 1988, 523; *ders.*, Die Handels-Personengesellschaft in der Liquidation, ZHR 153 (1988), 270; *ders.*, Die Bindung von Personengesellschaften an vertragliche Schiedsklauseln, DB 1989, 2315; *ders.*, Die Schenkung von Personengesellschaftsanteilen durch Einbuchung, BB 1990, 1992; *ders.*, Handelsrechtliche Probleme der doppelstöckigen GmbH & Co. KG, DB 1990, 93; 13 *ders.*, Schiedsklauseln in Gesellschaftsverträgen der GmbH & Co. KG, GmbHR 1990, 16; *ders.*, Die Vereinsmitgliedschaft als Grundlage von Schadensersatzansprüchen, JZ 1991, 157; *ders.*, Mehrheitsregelungen in GmbH & Co.-Verträgen, ZHR 158 (1994), 205; *ders.*, Grenzen und Risiken der Binnenhaftung von Kommanditisten, DB 1995, 1381; *ders.*, Vermögensveräußerung aus der Personengesellschaft; ein Lehrstück am Rande des neuen Umwandlungsrechts – Besprechung der Entscheidung BGH NJW 1995, 596 = ZGR 1995, 675; *ders.*, Formwechsel zwischen GmbH und GmbH & Co. KG, GmbHR 1995, 673; *ders.*, Selbstorganschaft, Gedächtnisschrift für Brigitte Knobbe-Keuk, 1997, S. 307; *ders.*, HGB-Reform im Regierungsentwurf, ZIP 1997, 909; *ders.*, Das Handelsrechtsreformgesetz, NJW 1998, 2161; *ders.*, Neues Schiedsverfahrensrecht und Gesellschaftsrechtspraxis, ZHR 162 (1998), 265; *ders.*, Die Auswirkungen des Handelsrechtsreformgesetzes auf die Gestaltung von GmbH & Co. Verträgen, NZG 1998, 580; *ders.*, Schiedsklauseln und Schiedsverfahren im Gesellschaftsrecht als prozessuale Legitimationsprobleme – Ein Beitrag zur Verzahnung von Gesellschafts- und Prozessrecht, BB 2001, 1857; *ders.*, Publizität von „Schein—Auslandsgesellschaften" durch Firmenrecht und durch Angabe auf Geschäftsbriefen, in Lutter (Hrsg.) Europäische Auslandsgesellschaften in Deutschland, 2005, *ders.*, Zur Binnenverfassung der GmbH & Co. KG, FS Röhricht, 2005, S. 511; *ders.*, „Schutzgemeinschaft II": ein gesellschaftsrechtliches Lehrstück über Stimmrechtskonsortien, ZIP 2009, 737; *ders.*, Zur Einheits-GmbH & Co. KG, FS Westermann, 2008, S. 1425; *ders.*, Die GmbH & Co. KG als Lehrmeisterin des Personengesellschaftsrechts, JZ 2010, 425; *ders.*, Mehrheitsbeschlüsse in Personengesellschaften, ZGR 2010, 1; *Schmidt, Thorsten,* Einmann-Personengesellschaften, 1998; *Schmidt-Diemitz,* Zusammentreffen eines eigenen Anteils an einer Personengesellschaft mit einem ererbten, der Testamentsvollstreckung unterliegenden Anteil, FS Sigle, 2000, S. 395; *Herbert Schneider/U. H. Schneider,* Die Organisation der Gesellschafterversammlung bei Personengesellschaften, FS Möhring, 1975, S. 271; *U. H. Schneider,* Die Änderung des Gesellschaftsvertrages einer Personengesellschaft durch Mehrheitsbeschluß, ZGR 1972, 357; *ders.*, Die Inhaltskontrolle von Gesellschaftsverträgen, ZGR 1978, 1; *ders.*, Mehrheitsprinzip und Mitwirkungserfordernisse bei Gesellschafterbeschlüssen, AG 1979, 57; *Schnorr,* Die Gemeinschaft nach Bruchteilen (§§ 741–758 BGB), 2004; *Schön,* Die vermögensverwaltende Personenhandelsgesellschaft – Ein Kind der HGB-Reform, DB 1998, 1169; *Schürnbrand,* Organschaft im Recht der privaten Verbände, 2007; *Schulze-Osterloh,* Die Regelung des Anstellungsverhältnisses der Mitglieder des Beirates einer Persoenengesellschaft, ZIP 2006, 49; *Schütz,* Sachlegitimation und richtige Prozeßpartei bei innergesellschaftlichen Streitigkeiten in der Personengesellschaft, 1994; *Schütze,* Zur notariellen Beurkundung von Schiedsvereinbarungen, BB 1992, 1877; *Schwab,* Das Prozessrecht gesellschaftsinterner Streitigkeiten, 2005; *Seibel/von Westphalen,* Prospekthaftung beim Immobilien-Leasing, BB 1998, 169; *Seibert,* Die Umstellung des Gesellschaftsrechts auf den Euro, ZGR 1998, 1; *Sester,* Treupflichtverletzungen bei Widerspruch und Zustimmungsverweigerung im Recht der Personenhandelsgesellschaften, 1996; *Servatius,* Entscheidungsfindung mit Vertreterklausel in KG und GmbH, 2010; *Sieveking,* Keine Mehrfachbeteiligung an Personengesellschaften, FS Schippel, 1996, S. 505; *Sigle,* Beiräte, NZG 1998, 619; *ders.*, Zur Mitbestimmung bei der Kapitalgesellschaft & Co. KG – Altes und Neues, FS Peltzer, 2001, S. 539; *Siol* in Bankrechtshandbuch, Band I, 3. Aufl. 2007; *Skibbe,* Die dreistufige GmbH & Co. KG im Gesellschafts-, Mitbestimmungs- und Umwandlungsrecht, WM 1978, 890; *Steinbeck,* Zur „Einheitlichkeit" der Mitgliedschaft in einer Personengesellschaft, DB 1995, 761; *Steffan/Volker Schmidt,* Die Auswirkungen der Euro-Einführung bei GmbH, Genossenschaft und Personengesellschaft sowie im Umwandlungsrecht, DB 1998, 709; *Stenzel,* Die Pflicht zur Bildung einer gesetzlichen Rücklage bei der UG (haftungsbeschränkt) und die Folgen für die Wirksamkeit des Gesellschaftsvertrages einer UG (haftungsbeschränkt) & Co. KG, NZG 2009, 168; *Stimpel,* Die Rechtsprechung des BGH zur Innenhaftung des herrschenden Unternehmens im GmbH-Konzern, AG 1986, 117; *ders.*, Anlegerschutz durch Gesellschaftsrecht in der Publikums-Kommanditgesellschaft, FS Fischer, 1979, S. 771; *Strohn,* Anlegerschutz bei geschlossenen Immobilienfonds nach der Rechtsprechung des Bundesgerichtshofs, WM 2005, 1441; *Stumpf/Lamberti,* Die Haftung des Treuhandkommanditisten in einer GmbH & Co. KG wegen der Verletzung von Aufklärungspflichten gegenüber Kapitalanlegern, BB 2008, 2255; *Stürner,* Der lediglich rechtliche Vorteil, AcP 173 (1973), 402; *Sudhoff,* Verlustausschlußklausel und Kommanditistenhaftung, DB 1973, 2175; *Süß,* Muss die Limited sich vor Gründung einer Ltd. & Co. KG in das deutsche Handelsregister eintragen lassen?, GmbHR 2005, 673; *Taupitz,* Die Bedeutung der Kenntnis des Vertretenen beim Vertreterhandeln für juristische Personen und Gesellschaften, NJW 1996, 1392; *Teichmann,* Gestaltungsfreiheit in Gesellschaftsverträgen, 1970; *Theile,* Publizität des Einzel- oder Konzernabschluss bei der GmbH & Co. KG nach neuem Recht?, GmbHR 2000, 215; *Thümmel,* Möglichkeiten und Grenzen der Kompetenzverlagerung auf Beiräte in Personengesellschaft und GmbH, DB 1995, 2461; *Timm,* Beschlußanfechtungsklage und Schiedsfähigkeit im Recht der personalistisch strukturierten Gesellschaften, FS Fleck, 1988, S. 365; *Turner,* Beiräte in Familiengesellschaften, FS Sigle, 2000, S. 111; *Ulmer,* Testamentsvollstreckung am Kommanditanteil, NJW 1990, 7; *ders.,* Hundert Jahre Personengesellschaftsrecht: Rechtsfortbildung bei OHG und KG, ZHR 161 (1997), 102; *ders.,* Die Gesamthandsgesellschaft – ein noch immer unbekanntes Wesen? AcP 198 (1998), 113; *ders.,* Verletzung schuldrechtlicher Nebenabreden als Anfechtungsgrund im GmbH-Recht, NJW 1987, 1849; *ders.,* Begründung von Rechten für Dritte in der Satzung einer GmbH, FS Werner, 1984, S. 911; *ders.,* Die Einheitlichkeit der Mitgliedschaf in einer Personengesellschaft – ein überholtes Dogma?, ZHR 167 (2003), 103; *ders.,* Zur Anlegerhaftung in geschlossenen (Alt-)Immobilienfonds, ZIP 2005, 1341; *Ulmer/Brandner/Hensen,* AGB-Recht, 11. Aufl. 2011; *Veil,* Die Unternehmergesellschaft nach dem Regierungsentwurf des MoMiG, Regelungsmodell und Praxistauglichkeit, GmbHR 2007, 1080; *ders.,* Die Unternehmergesellschaft im System der Kapitalgesellschaften, ZGR 2009, 623; *Veismann,* Die GmbH & Co. als Handelsgesellschaft, BB 1970, 1159; *Verfürth/Grunenberg,* Pflichtangabe für geschlossene Fonds nach der Vermögensanlagen–Verkaufsprospektordnung, DB 2005, 1043; *von Ditfurth,* Gesellschaftsrechtliche Gestaltungspraxis nach der HGB-Reform, in: Gesellschaftsrecht 1999, hrsg. von Karsten Schmidt, Riegger, 2000; *von der Osten,* Die Umwandlung einer GmbH in eine GmbH & Co., GmbHR 1995, 438; *Voormann,* Der Beirat im Gesellschaftsrecht, 2. Aufl. 1990; *von Westphalen,* Richterliche Inhaltskontrolle von Standardklauseln bei einer Publikums-KG und der Prospekthaftung, DB 1983, 2745; *Wagner,* Krisenmanagement bei notleidenden geschlossenen Immobilienfonds, NZG 1998, 289; *Wackerbarth,* Prospektveranlassung durch Aktionäre und Einlagenrückgewähr, WM 2011, 193; *Wälzholz,* Der Beirat im mittelständischen Unternehmen – Chancen, Grenzen und Probleme –, DStR 2003, 511; *Weber,* Privatautonomie und Außeneinfluss im Gesellschaftsrecht, 2000; *Weber/Jansen,* Unbeschränkt haftende Kommanditisten in der GmbH & Co. KG, NJW 1971, 1678; *Weber/Jörg,* Die Unternehmergesellschaft (haftungsbeschränkt), BB 2009, 842; *Weimar,* Einmann-Personengesellschaften – ein neuer Typ des Gesellschaftsrechts, ZIP 1997, 1769; *Weimar/Geitzhaus,* Die GmbH & Co. KG vor den Toren des GmbH-Rechts, I. und II., DB 1987, 2026 und 2085; *Weipert* in Münchener Handbuch des Gesellschaftsrechts, Band 2, 3. Aufl. 2009 (zitiert: MünchHdb. KG/*Weipert*); *Weisner/Lindemann,* Recht zur Verweigerung oder Pflicht zur Erteilung der Zustimmung bei der Übertragung von KG-Anteilen an Publikumsgesellschaften, ZIP 2008, 766; *Werner,* Die Ltd. & Co. KG – eine Alternative zur GmbH & Co. KG?, GmbHR 2005, 288; *ders.,* Die GmbH & Co. KG in der Form der Einheitsgesellschaft, DstR 2006, 706; *ders.,* Beteiligung Minderjähriger an Gesellschaftsrechtlichen Transdaktionen im Recht der GmbH und GmbH & Co KG, GmbHR 2006, 737; *Wertenbruch,* Familiengerichtliche Genehmigungserfordernisse bei der GbR mit minderjährigen Gesellschaftern, FamRZ 2003, 1714; *Wessel,* Die GmbH & Co. als Handelsgesellschaft, BB 1970, 1276; *Westermann, Harry,* Die Umwandlung einer Personenhandelsgesellschaft aufgrund eines Mehrheitsbeschlusses in eine Kapitalgesellschaft, FS Hengeler, 1972, S. 240; *Westermann, H. P.,* Die Gestaltungsfreiheit im Personengesellschaftsrecht in den Händen des Bundesgerichtshofs, 50 Jahre Bundesgerichtshof, Festgabe aus der Wissenschaft, Bd. II, 2000, S. 245 ff.; *ders.,* Das Verhältnis von Satzung und Nebenordnungen in der Kapitalgesellschaft, 1994; *ders.,* Die Geltungserhaltende Reduktion im System der Inhaltskontrolle im Gesellschaftsrecht, FS Stimpel, 1985, S. 69; *ders.,* Vertragsfreiheit und Typengesetzlichkeit im Recht der Personengesellschaften, 1970; *Wiedemann,* Die Übertragung und Vererbung von Mitgliedschaftsrechten bei Handelsgesellschaften, 1965; *ders.,* Die Legitimationswirkung von Willenserklärungen im Recht der Personengesellschaften, FS Harry Westermann, 1974, S. 585; *ders.,* Beschränkte und unbeschränkte Kommanditistenhaftung, FS Bärmann, 1975, S. 1037; *ders.,* Kapitalerhöhung in der Publikums-KG, ZGR 1977, 690; *ders.,* Rechtsethische Maßstäbe im Unternehmens- und Gesellschaftsrecht, ZGR 1980, 147; *ders.,* Gesellschaftsrecht I 1980; *ders.,* Die Personengesellschaft – Vertrag oder Organisation, ZGR 1996, 286; *ders.,* Anteilsumwandlung und Mehrfachbeteiligung in der Personengesellschaft, FS Zöllner, 1999, S. 635; *ders.,* Die Personenabhängigkeit der Personengesellschaft, Gedächtnisschrift Lüderitz, 2000, S. 839; *ders.,* Gesellschaftsrecht II, 2004; *Wiegand,* Offene Fragen zur neuen Gründerhaftung in der Vor-GmbH, BB 1998, 1065; *Winter,* Organisationsrechtliche Sanktionen bei Verletzung schuldrechtlicher Gesellschaftervereinbarungen, ZHR 154 (1990), 259; *Witt,* Formbedürftigkeit und Heilung von Formmängeln bei der gleichzeitigen Einbringung von KG- und GmbH-Anteilen in eine Holding-GmbH ZIP 2000, 1033; *Wolf,* Anlegerschutz durch Inhaltskontrolle von Emissionsbedingungen bei Kapitalmarkttiteln, FS Zöllner, 1999, S. 651; *Wüst,* Vom Präjudiz zur Prinzipienbildung bei der Publikums-Kommanditgesellschaft, ZHR 152 (1988), 215; *Ziegler,* Die Prospekthaftung am nicht organisierten Kapitalmarkt im Spannungsverhältnis zu personengesellschaftsrechtlichen Grundsätzen, DStR 2005, 30; *ders.,* Die Rechtsfolgen der §§ 13, 13 a VerkProspG nF und der Kapitalerhaltungsgrundsatz, NZG 2005, 301; *Zimmer/Binder,* Prospekthaftung von Experten? Kritik eines Gesetzentwurfs, WM 2005, 577; *Zöllner,* Die sogenannten Gesellschafterklagen im Kapitalgesellschaftsrecht, ZGR 1988, 392; *ders.,* Inhaltsfreiheit bei Gesellschaftsverträgen, FS 100 Jahre GmbH-Gesetz, 1992, S. 85.

Übersicht

I. Begriffsmerkmale und praktische Bedeutung der KG

1. Gesellschaft. a) Der Gesellschaftsvertrag, Beiträge. Der Gesellschaftsvertrag der Kommanditgesellschaft ist ein Vertrag iSv. § 705 BGB. Es gilt das zur OHG Ausgeführte entsprechend (§ 105 RdNr. 27 ff.). Auch in der KG besteht also für alle Gesellschafter **die Pflicht, den Gesellschaftszweck zu fördern.** Dies tun sie zumindest durch die Leistung ihrer Beiträge. Der Beitrag des Komplementärs liegt jedenfalls in dem ihn treffenden Haftungsrisiko, der Beitrag des Kommanditisten (und gegebenenfalls weitere Beiträge des Komplementärs) wird im Gesellschaftsvertrag festgesetzt. Er kann in jeder zur Förderung des Gesellschaftszwecks geeigneten Leistung liegen (zB Leistung von Diensten, Überlassung von Gegenständen, Unterlassen von Wettbewerb). Da jeder Kommanditist im Handelsregister mit einer bestimmten Haftsumme eingetragen ist, liegt sein Beitrag zwangsläufig zumindest auch in der Übernahme dieses Haftungsrisikos. 1

b) Kommanditist und Komplementär. Wie sich aus einem Vergleich von § 161 Abs. 1 und § 105 Abs. 1 ergibt, unterscheidet sich die Kommanditgesellschaft von der OHG nur dadurch, dass bei einem Teil der Gesellschafter, den sogenannten Kommanditisten, die Haftung beschränkt ist, während bei der OHG alle Gesellschafter unbeschränkt haften. Ob eine solche Haftungsbeschränkung vorliegt, richtet sich nach der im Gesellschaftsvertrag getroffenen Vereinbarung, nicht danach, ob es wirklich gelungen ist, die Haftung zu beschränken. Es kann also Kommanditgesellschaften geben, in denen alle Kommanditisten unbeschränkt haften (vgl. § 176 Abs. 1). 2

aa) Fehlen des Komplementärs. Ohne mindestens einen unbeschränkt haftenden Gesellschafter (der allerdings eine juristische Person, etwa eine GmbH, sein kann) kann eine KG **nicht ins Handelsregister eingetragen werden.** Kommt es nach der Eintragung einer KG zum Wegfall des Komplementärs,[1] so liegt keine KG vor, da es an der Person des Komplementärs fehlt. Die verbliebenen Kommanditisten können die Liquidation der KG innerhalb angemessener Zeit[2] in die Wege leiten. Sofern sie mit der Liquida- 3

---

[1] Hierzu zählt auch der Fall der Löschung der GmbH, wenn eine GmbH Komplementärin ist.

[2] Nach *Frey* ZGR 1988, 281, 285 haben die Kommanditisten 3 Monate Zeit; auch *Wiedemann* GesR II § 9 II 6 a.

tion beginnen, handelt es sich um eine KG in Liquidation.[3] Wird die Liquidation nicht begonnen, so handelt es sich um eine OHG. Diese Rechtsform liegt vor, wenn es den Gesellschaftern aufgrund des Fehlens des Komplementärs nicht gelingt, die Voraussetzungen der KG zu erfüllen.[4] War nur ein Komplementär und nur ein Kommanditist vorhanden, so wird der alleinverbleibende Kommanditist, sofern er nicht liquidiert,[5] zum Einzelkaufmann.[6] Etwas anderes gilt nur, sofern er Rechtsnachfolger des Komplementärs wird und man davon ausgeht, dass eine Einmann-KG bestehen kann (RdNr. 4).

4 **bb) Kommanditist und Komplementär in einer Person.** Sofern man davon ausgeht, dass eine Personengesellschaft auch nur einen Gesellschafter haben kann,[7] gilt dies auch für die KG. Dieser Gesellschafter ist dann **Komplementär und Kommanditist in einer Person.** Eine solche **Vereinigung von Komplementär- und Kommanditistenstellung** wird allerdings allgemein als im Grundsatz nicht möglich angesehen.[8] Richtig ist, dass ein und dieselbe Person nicht zugleich beschränkt und unbeschränkt haften kann.[9] Aber dies besagt nur, dass die beschränkte Haftung in Anbetracht der unbeschränkten praktisch keine Rolle spielt, nicht aber, dass eine Person nicht zugleich Kommanditist und Komplementär sein könnte.[10] Auch in anderen Situationen kommt es vor, dass eine Person für dieselbe Schuld beschränkt und unbeschränkt haftet, die beschränkte Haftung durch die unbeschränkte aber bedeutungslos wird.[11] Auch Aspekte des Gläubigerschutzes sprechen nicht gegen diese Kombination. Zwar haften dann entgegen den geweckten Erwartungen nicht 2 sondern nur 1 Person. Aber da die Höhe der Hafteinlage und damit die praktische Relevanz der Haftung des Kommanditisten sowieso nur aus dem Handelsregister ersehen werden kann und ein solcher Blick ins Register auch die Identität von Komplementär und Kommanditist offen legt, überzeugt auch diese Argumentation letztlich nicht.

5 Für eine Verbindung von Komplementär- und Kommanditistenstellung in einer Person besteht auch ein **praktisches Bedürfnis.** Ein Fall ist die Beerbung des einen Gesellschafters durch den anderen im Wege der Vorerbschaft,[12] ein Nachlassinsolvenzverfahren[13] sowie die Anordnung der Testamentsvollstreckung für die vom Komplementär ererbte Kommanditbeteiligung.[14] Hier besteht die Notwendigkeit, den Kommanditanteil von dem Komplementäranteil getrennt zu halten, um so bei Eintritt des Nacherbfalls die Abwicklung zu erleichtern bzw. die der Testamentsvollstreckung unterliegende Vermö-

---

[3] § 131 RdNr. 46; BayObLG ZIP 2000, 1214, 1215; *Bork/Jacoby* ZGR 2005, 611, 615; *Eckardt* NZG 2000, 449, 454; *Frey/v. Bredow* ZIP 1998, 1621, 1622 ff.

[4] BGH NJW 1979, 1705, 1706; *Bork/Jacoby* ZGR 2005, 611, 615; *Oetker* RdNr. 10; *Karsten Schmidt* GesR § 53 I 1 c; *ders.* ZHR 153 (1988), 270, 279.

[5] Ähnlich *Bork/Jacoby* ZGR 2005, 611, 615 im Falle des Ausscheidens des Komplementärs nach § 131 Abs. 3 gelte § 27 Abs. 2 analog; *Wiedemann* GesR II § 9 II 6 b; siehe auch *Eckardt* NZG 2000, 449, 451 ff.: Die unbeschränkte Haftung tritt nach einer Übergangsphase ein.

[6] BGH ZIP 2004, 1047, 1048; BGH NJW 2000, 1119; BayObLG GmbHR 2001, 776.

[7] Dazu § 105 RdNr. 24 f.; ablehnend für die KG OLG München ZIP 2010, 2147.

[8] BGH NJW 1987, 3184, 3186; OLG Hamm NZG 1999, 344, 345; BayObLG ZIP 2000, 1214; *Eckardt* NZG 2000, 449, 450; Röhricht/v. Westphalen/*v. Gerkan/Haas* RdNr. 20; *Lamprecht* S. 306 f.; *Oetker* RdNr. 8: GroßkommHGB/*Schilling* RdNr. 38; *Karsten Schmidt* GesR § 45 I 2 b; *Ulmer* NJW 1990, 73, 76; *ders.* ZHR 167 (2003) 103, 116; *Wiedemann,* FS Zöllner, S. 635, 645, 648, zu den von der hM akzeptierten Ausnahmen unten, RdNr. 5; aA *Baumann* BB 1998, 225, 229: Das sei nicht zwingend; ZHR 167 (2003) 103, 116.

[9] *Esch* DB 1993, 664, 667; *Steinbeck* DB 1995, 761 f.

[10] *Priester* DB 1998, 55, 59.

[11] Etwa wenn ein Kommanditist einer Gesellschaftsschuld beitritt. Nach *Lüttge* NJW 1994, 5, 11 besteht im Außenverhältnis eine einheitliche Mitgliedschaft (unbeschränkte Haftung). Im Innenverhältnis wird zwischen Komplementär- und Kommanditistenstellung unterschieden. Das läuft im Ergebnis auf die hier vertretene These raus, führt aber zu einer unnötig komplizierten Sicht der Dinge.

[12] BGH NJW 1986, 2431; *Baur/Grunsky* ZHR 133 (1970), 209, 217; *Lamprecht* S. 323.

[13] OLG Hamm ZEV 1999, 234, 236: BGB-Gesellschaft.

[14] BGHZ 24, 106, 108; *Esch* BB 1993, 664, 665; *Steinbeck* DB 1995, 761; siehe auch den eine BGB-Gesellschaft betreffenden Fall BGH ZIP 1996, 327, 330, in dem Gesellschafter Anteile an der Gesellschaft erbten und Testamentsvollstreckung angeordnet war.

gensmasse von dem freien Vermögen getrennt zu halten. In manchen Fällen bestehen Belastungen (Nießbrauch, Pfandrecht)[15] oder Stimmbindungsverträge bzw. Mehrstimmrechte[16] nur in bezug auf einen Anteil. Auch kommt es vor, dass die Kündigungsfristen für die Mitgliedschaften unterschiedlich ausgestaltet bzw. nur in bezug auf einen Anteil gewahrt sind.[17] Weitere Unterschiede – etwa in bezug auf die interne Verlustbeteiligung oder in Bezug auf Treuhandstellungen – sind denkbar.[18] Um in diesen Fällen zu einer sachgerechten Lösung zu kommen, könnte man auch davon ausgehen, dass eine Kombination von Komplementär- und Kommanditistenstellung zwar in Sondersituationen der genannten Art, sonst aber nicht möglich ist.[19] Doch sollte insoweit kein Sonderrecht nur für Situationen geschaffen werden, in denen auch dem Richter einleuchtet, dass hier ein praktisches Bedürfnis für eine solche Kombination vorliegt.[20] Die Gesellschafter sollten vielmehr allein entscheiden können, ob sie eine Kombination von Komplementär- und Kommanditistenstellung für sinnvoll halten oder nicht.[21] Etwas anderes würde nur dann gelten, wenn gewichtige Gründe gegen diese Kombination sprechen würden. Gerade dies ist aber nicht der Fall.

cc) Vermögensloser Komplementär. Es ist **nicht erforderlich, dass der Komplementär über Vermögen** verfügt. Die KG wird also auch ins Handelsregister eingetragen, wenn der Komplementär vermögenslos ist. Dies gilt auch dann, wenn die Kommanditeinlagen gering sind.[22] Da die Gläubiger der KG nicht mit einem bestimmten Haftungsfonds rechnen können, liegt kein Fall des Missbrauchs der Rechtsform der KG vor. Im übrigen hängt das Entstehen der KG auch nicht von ihrer Eintragung ab (RdNr. 10). Lediglich die Beschränkung der Kommanditistenhaftung wird, wenn keine Eintragung erfolgt, nicht herbeigeführt. Eine unbeschränkte Haftung ist aber, wenn die Kapitalausstattung der KG unzureichend ist, jedenfalls nicht für jeden Kommanditisten sachgerecht. So kann es sein, dass der Kommanditist keinerlei Einblick in die Finanzierung der KG hat. Ihn dann gleichwohl haften zu lassen, leuchtet nicht ein. Sofern ein bestimmter Kommanditist eine sittenwidrige Gläubigergefährdung herbeiführt, gilt § 826 BGB. 6

2. Betreiben eines Gewerbes/Verwaltung eigenen Vermögens. Eine KG liegt nur vor, wenn entweder ein **Gewerbe** betrieben oder nur **eigenes Vermögen** verwaltet wird (§§ 161 Abs. 1, 2; 105 Abs. 2). Entgegen dem missverständlichen Wortlaut des Gesetzes kommt es nicht darauf an, ob diese Tätigkeit beabsichtigt ist, sondern nur darauf, ob sie ausgeübt wird. Wird ein anderes Gewerbe als ein Handelsgewerbe (§ 1 Abs. 2) betrieben, oder verwaltet die KG nur eigenes Vermögen, so entsteht die KG erst mit der 7

[15] Beispiele bei *Esch* BB 1993, 664, 666; *Lüttge* NJW 1994, 5, 8; *Priester* DB 1998, 55, 59; *Thorsten Schmidt* S. 47 und *Steinbeck* DB 1995, 761, 763; für den Nießbrauch lässt OLG Schleswig ZIP 2006, 615, 617 offen, ob eine getrennte Zuordnung in der Ein-PersonenGbR möglich ist.

[16] *Esch* BB 1993, 664, 665; *Lüttge* NJW 1994, 5.

[17] Siehe den Fall BGH ZIP 1989, 1052: Es ging um die Vereinigung von zwei Kommanditanteilen in einer Hand. Siehe auch *Lüttge* NJW 1994, 5, 9.

[18] Siehe *Bippus* AcP 195 (1995), 13, 31; *Lüttge* NJW 1994, 5, 7.

[19] So zur OHG, wo es darum geht, ob mehrere Beteiligungen von einem Gesellschafter gehalten werden können *Baur/Grunsky* ZHR 133 (1970), 209, 223; *Lüttge* NJW 1994, 5, 10 f.; MünchKommHGB/*Karsten Schmidt* § 105 RdNr. 25 für Vorerbschaft und Nacherbschaft, ablehnend für dingliche Belastungen, offen gelassen für die Treuhand; so für Vorerbschaft und Nacherbschaft mit Testamentsvollstreckung für den Vorerben bei der OHG, BGH NJW 1986, 2431, 2434; ähnlich auch *Baumann* NZG 2005, 919 speziell zum Nießbrauch; *Thorsten Schmidt* S. 47; *Schmidt-Diemitz,* FS Sigle, S. 395, 422; *Wiedemann,* FS Zöllner, S. 635, 649, der von sachlich begründeten Ausnahmenfällen auf Zeit spricht.

[20] Daher erübrigen sich auch die Überlegungen von *Bippus* AcP 195 (1995), 13, 27 ff., die nur bei der Vereinigung ungleichartiger Mitgliedschaften (von ihr Gesellschaftsbeteiligungen genannt) ein wesentliches Interesse an der rechtlichen Selbständigkeit von Gesellschaftsbeteiligungen anerkennt und daher auch nur in diesem Fall eine Vereinigung ausschließt. Insbesondere muss nicht geklärt werden, wann gleichartige Beteiligungen vorliegen und wann nicht.

[21] *Priester* DB 1998, 55, 58 f.

[22] AA für den Fall, dass Komplementäre nur juristische Personen sind *Weimar/Geitzhaus* DB 1987, 2085, 2086.

Eintragung ins Handelsregister (§ 105 Abs. 2). Zuvor liegt eine BGB-Gesellschaft vor. Die KG wird wiederum zur BGB-Gesellschaft, wenn die Eintragung gelöscht wird. Dies hat, sofern nicht ein land- und forstwirtschaftliches Unternehmen betrieben wird (§ 3 Abs. 2), auf Wunsch der Gesellschafter jederzeit zu erfolgen.[23] Hierzu ist ein entsprechender Gesellschafterbeschluss erforderlich.[24] Nach früherem Recht konnte eine Gesellschaft, deren Gewerbebetrieb keinen nach Art und Umfang in kaufmännischer Weise eingerichteten Geschäftsbetrieb erforderte, keine KG werden. Sollte sie gleichwohl ins Handelsregister als KG eingetragen worden sein, so ist diese Gesellschaft nunmehr KG (und nicht etwa bloße Schein-KG).

8 **3. Gemeinschaftliche Firma.** Nach der Definition des § 161 Abs. 1 muss die Gesellschaft unter einer gemeinschaftlichen Firma betrieben werden, um eine KG zu sein. Diese Aussage trifft nicht zu (§ 105 RdNr. 43). Auch **wenn die Gesellschafter keine**[25] **oder eine unzulässige**[26] Firma wählen, liegt, wenn die anderen Kriterien erfüllt sind, eine KG vor. Denn wenn ein Handelsgewerbe nach § 1 Abs. 2 betrieben wird oder unter den Voraussetzungen von § 105 Abs. 2 eine Gesellschaft im Handelsregister eingetragen ist, kommt als Alternative zur Annahme einer KG nur eine OHG in Frage.[27] Allein die Tatsache, dass die Firma fehlt oder unzulässig ist, rechtfertigt aber nicht die Annahme einer unbeschränkten Haftung aller Gesellschafter. Dies ist vielmehr nur dann sachgerecht, wenn die Bezeichnung der Gesellschaft den Eindruck erweckt, dass alle Gesellschafter unbeschränkt haften.

9 Allerdings sind die Gesellschafter **verpflichtet, für eine ordnungsgemäße Firma (§ 19) zu sorgen.** Der Registerrichter kann sie dazu anhalten (§§ 14, 37 Abs. 1);[28] zur Bildung der Firma einer KG Erläuterungen § 19 RdNr. 17; § 18 RdNr. 99 ff.

10 **4. Eintragung im Handelsregister.** Wenn ein Handelsgewerbe (§ 1 Abs. 2) betrieben wird, ist für das Vorliegen einer KG **nicht erforderlich, dass die Gesellschaft im Handelsregister eingetragen ist.** Es liegt dann also auch eine KG vor, wenn eine Eintragung nicht erfolgt ist. Wenn das betriebene Gewerbe kein Handelsgewerbe nach § 1 Abs. 2 ist oder die Gesellschaft nur ihr eigenes Vermögen verwaltet, entsteht die KG erst mit der Eintragung (§§ 105 Abs. 2, 161 Abs. 2). Es ist allerdings davon auszugehen, dass die Gesellschafter im Verhältnis untereinander schon jetzt das Recht der KG anwenden wollen.[29] Dies gilt auch, wenn die Gesellschaft – entgegen der Annahme der Gesellschafter – als KG gar nicht eintragungsfähig ist (etwa weil kein Gewerbe betrieben wird). Zur Haftung der Kommanditisten vor Eintragung der KG siehe bei § 176.

11 Ist eine KG im Handelsregister **eingetragen, obwohl die Voraussetzungen für das Vorliegen einer KG nicht erfüllt sind** (zB weil die Gesellschaft kein Gewerbe betreibt), so liegt keine KG, sondern lediglich eine Schein-KG vor. Siehe Erläuterungen § 105 RdNr. 259, 11.

12 **5. Praktische Bedeutung.** Die praktische Bedeutung der Rechtsform der Kommanditgesellschaft **ist groß.** Sie ist sowohl für Gesellschaften mit relativ wenigen Gesellschaftern wie auch für solche mit zahlreichen Gesellschaftern attraktiv. Unter den Kommanditgesellschaften mit (relativ) geringer, teilweise aber auch mit großer Gesellschafterzahl

---

[23] *Schaefer* DB 1998, 1273.

[24] § 105 RdNr. 73; *Schön* DB 1998, 1169, 1174 f.; *Schlitt* NZG 1998, 580, 581.

[25] Insofern aA Schlegelberger/*Martens* § 161 RdNr. 8.

[26] AA GroßkommHGB/*Schilling* § 161 RdNr. 6 keine KG, wenn das Unternehmen unter dem Namen eines Gesellschafters betrieben wird. Doch warum sollte dieser Fall der unrichtigen Firmierung gesondert behandelt werden? Keine KG liegt allerdings vor, wenn nur ein Gesellschafter das Unternehmen betreibt und das Verhältnis zu den anderen Gesellschaftern als Innengesellschaft ausgestaltet ist. Dann besteht eine Stille Gesellschaft.

[27] AA Schlegelberger/*Martens* § 161 RdNr. 8: Es liege eine BGB-Gesellschaft vor. Aber dies widerspricht der Systematik des Gesetzes.

[28] Schlegelberger/*Martens* § 161 RdNr. 8.

[29] Nach *Oetker* RdNr. 23 entsteht die KG dann im Innenverhältnis.

finden sich viele Familiengesellschaften[30]. Die Gesellschaften mit zahlreichen Gesellschaftern werden Publikums-KG genannt (unten RdNr. 106 ff.). Komplementär sowohl einer kleinen wie auch einer großen KG ist vielfach eine GmbH (sog. GmbH & Co. KG, unten RdNr. 46).

Die Zahl der Kommanditgesellschaften wurde 2010 mit 236.554 ermittelt[31], wobei man von ca. 110 000 GmbH & Co. KGs ausgeht.[32] Beobachtet wird eine ungefähr gleichbleibende Anzahl der OHG und eine wachsende Bedeutung der KG.[33] Genauere Zahlen fehlen. 13

II. Entstehung der KG

1. Entstehung durch Gründung. Die Gründung einer KG erfolgt durch **Abschluss eines Gesellschaftsvertrages,** der auf die Gründung einer KG gerichtet ist. In manchen Fällen (RdNr. 10) muss die Eintragung hinzutreten. Es gelten die allgemeinen Regeln des BGB zum Vertragsschluss. Auch ein konkludenter Vertragsschluss ist denkbar.[34] Zu Form- und Genehmigungserfordernissen unten RdNr. 22 f. 14

2. Entstehung durch Umwandlung. a) Formwechsel. Der Wechsel **von der Rechtsform der BGB-Gesellschaft in die KG** erfolgt durch die Aufnahme eines Handelsgewerbes nach § 1 Abs. 2. Falls kein Handelsgewerbe nach § 1 Abs. 2 sondern ein Gewerbe iSv. §§ 2, 3 betrieben wird, muss die Eintragung ins Handelsregister hinzutreten. Gleiches gilt im Falle der Verwaltung eigenen Vermögens. In jedem Fall muss vereinbart werden, dass ein(ige) Gesellschafter beschränkt und ein(ige) Gesellschafter unbeschränkt haftet, anderenfalls liegt eine OHG vor.[35] 15

Der **Wechsel von der Rechtsform der OHG in die der KG** erfolgt durch eine Abänderung des Gesellschaftsvertrags mit dem Inhalt, dass nunmehr ein oder mehrere Gesellscìafter beschränkt haften sollen.[36] Es kann sich um ehemalige Komplementäre oder um neu aufgenommene Gesellschafter handeln.[37] 16

Der **Wechsel von einer Partnerschaft in eine KG** erfordert einen Gesellschafterbeschluss, nach dem der Unternehmensgegenstand auf den Betrieb eines Gewerbes bzw. nur die Verwaltung eigenen Vermögens gerichtet sein soll und ein Teil der Gesellschafter unbeschränkt und ein Teil beschränkt haften soll.[38] Falls kein Handelsgewerbe nach § 1 Abs. 2, sondern ein Gewerbe nach §§ 2, 3 betrieben wird, muss die Eintragung ins Handelsregister hinzutreten. Gleiches gilt, wenn nur eigenes Vermögen verwaltet wird. Der **Wechsel von der Rechtsform einer Kapitalgesellschaft in die einer KG** erfolgt nach §§ 190 ff., 228 ff. UmwG, siehe die Kommentierungen hierzu. 17

b) Verschmelzung. Eine Verschmelzung kann **durch Aufnahme** oder durch Neugründung erfolgen. Die Verschmelzung durch Aufnahme (KG als aufnehmender Rechtsträger) kann wiederum auf zwei Wegen durchgeführt werden. Entweder kommen die 18

---

[30] Beispiele bei *Ulmer* ZIP 2010, 549.

[31] *Kornblum* GmbHR 2010, 739, 744.

[32] *Aderhold* RdNr. 2025; *Wiedemann* GesR II § 9 I 5, unter Berufung auf Angaben des DIHT für 2000; ältere, in der Tendenz aber ähnliche Zahlen zur GmbH & Co. KG bei *Karsten Schmidt* GesR § 56 I 5; höhere Zahlen bei *Kübler,* Freundesgabe Döser, S. 237, 240: mehrere 100 000.

[33] *Kornblum* GmbHR 2010, 739, 744; *Wiedemann* GesR II § 9 I 5.

[34] Röhricht/v. Westphalen/*v. Gerkan/Haas* RdNr. 6; Baumbach/*Hopt* RdNr. 7; *Oetker* RdNr. 22; aA ohne Begründung Schlegelberger/*Martens* RdNr. 49: Es bedürfe bezüglich der Haftsumme einer ausdrücklichen Absprache. Doch ist nicht ersichtlich, warum insoweit ein Sonderrecht gelten sollte. Allerdings werden die entsprechenden Fälle wohl selten sein. Denkbar sind sie aber durchaus. Man denke nur an die Umwandlung einer Gesellschaft bürgerlichen Rechts mit beschränkter Haftung in eine Kommanditgesellschaft.

[35] *Freund* S. 109, 119 ff; *Oetker* RdNr. 25.

[36] *Freund* S. 138 ff.

[37] Siehe den Fall BGH NJW 1987, 3184: Umwandlung einer Komplementärbeteiligung in eine Kommanditbeteiligung durch Erbfall.

[38] Nach *Mülbert* AcP 199 (1999), 38, 55 ist die Löschung im Partnerschaftsregister konstitutiv; wie hier: MünchKommBGB/*Ulmer/Schäfer* § 1 PartGG RdNr. 32, die aber von einer OHG ausgehen, dazu RdNr. 10.

Vorschriften des Umwandlungsgesetzes zur Anwendung (dort §§ 4 ff., 39 ff.) oder es wird nach dem sogenannten Anwachsungsmodell verfahren.[39] Nach diesem Modell werden die Anteile an dem übertragenden Rechtsträger auf die übernehmende Gesellschaft übertragen. Diese ist nun alleiniger Gesellschafter. Ist der übertragende Rechtsträger eine Personengesellschaft, so erlischt nach hM die übertragende Gesellschaft, da eine Einmann-Personengesellschaft nicht denkbar sein soll. Das Gesellschaftsvermögen wächst der übernehmenden Personengesellschaft an. Diese ändert, sofern sie eine BGB-Gesellschaft war, ihre Rechtsform, falls sie nunmehr ein Handelsgewerbe nach § 1 Abs. 2 betreibt oder die Voraussetzungen von § 105 Abs. 2 vorliegen. Der übernehmende Rechtsträger wird in diesem Fall zur KG (und nicht zur OHG), wenn die Gesellschafter dies vereinbaren.[40] Gleich liegt der Fall, dass der übernehmende Rechtsträger der übertragenden Personengesellschaft beitritt und die übrigen Gesellschafter ausscheiden.[41] Ist der übertragende Rechtsträger keine Personengesellschaft, so entsteht eine Holding. Eine Verschmelzung findet also nicht statt.

19 Bei einer **Verschmelzung durch Neugründung** kann wiederum entweder nach §§ 36 ff., 39 ff. UmwG oder nach dem Anwachsungsmodell verfahren werden. Nach diesem wird die KG durch die Gesellschafter der übertragenden Rechtsträger gegründet. Diese bringen ihre Anteile an dem übertragenden Rechtsträger in das KG-Vermögen ein. Sofern der übertragende Rechtsträger eine Personengesellschaft ist, wird die KG nicht wie in den anderen Fällen zur Holding. Vielmehr wächst ihr, als jetzt einziger Gesellschafterin, das Gesellschaftsvermögen an.

20 **c) Spaltung.** Eine Spaltung kann **zur Aufnahme oder zur Neugründung** erfolgen (§§ 123 ff. UmwG). Dies gilt sowohl für die Aufspaltung, die Abspaltung (§ 123 Abs. 1, 2 UmwG) wie auch die Ausgliederung (§ 123 Abs. 3 UmwG).

III. Der Gesellschaftsvertrag

21 **1. Inhalt.** Der für das Bestehen einer KG notwendige Inhalt des Gesellschaftsvertrages ergibt sich aus den Begriffsbestimmungen der KG (oben RdNr. 1 ff.).

22 **2. Form, Genehmigung. a) Form.** Der Abschluss des Gesellschaftsvertrages ist **im Grundsatz formfrei.** Eine Ausnahme von dieser Regel gilt, wenn sich nach den allgemeinen Regeln Formerfordernisse ergeben (siehe Erläuterungen bei § 105 RdNr. 132 ff). Hierzu gehört auch die für Schenkungen einschlägige Bestimmung von § 518 Abs. 1 BGB. Umstritten ist, ob eine **Schenkung** auch vorliegen kann, wenn den Gesellschafter ein Haftungsrisiko trifft (dazu bei § 105 RdNr. 140). Dies ist bei der Gründung einer KG aufgrund von § 176 Abs. 1 vor der Eintragung stets der Fall. Wird später ein Kommanditist aufgenommen, so muss der Gesellschaftsvertrag keinesfalls notariell beurkundet werden. Wenn der zu übertragende KG-Anteil bereits existiert, ist dieser geschenkt und mit dem Erwerb der Mitgliedschaft die Schenkung vollzogen (§ 518 Abs. 2 BGB). Auf die Eintragung des Kommanditisten im Handelsregister kommt es nicht an, da diese lediglich deklaratorische Bedeutung hat.[42] Erfolgt die Schenkung durch Begründung eines neuen KG-Anteils, so liegt in der Änderung des Gesellschaftsvertrages der Vollzug der Schenkung.[43] Auch die Übernahme der Verluste durch den Kommanditisten führt nicht dazu, dass der Vertrag notariell beurkundet werden müsste.[44] Eine solche Vereinbarung beinhaltet eine Ausgestaltung der mitgliedschaftlichen Pflichten des Kommanditisten, nicht aber eine gesonderte Schenkung.

---

[39] Dazu *Kallmeyer* ZIP 1994, 1746, 1748; *Harry Schmidt* S. 76.

[40] Siehe den Fall BGH ZIP 1990, 505 - Bleyle.

[41] *Kallmeyer* ZIP 1994, 1746, 1749.

[42] § 105 RdNr. 141; *Karsten Schmidt* BB 1990, 1992.

[43] § 105 RdNr. 141; *Brox,* FS Bosch, S. 75, 88; Baumbach/*Hopt* § 161 RdNr. 7, § 105 RdNr. 56; *Mayer* ZGR 1995, 93, 98.

[44] BGH ZIP 2006, 1199.

b) Genehmigung. Soll eine Person Gesellschafter werden, die unter **Vormundschaft** (§§ 1773 ff. BGB) oder **Pflegschaft** (§ 1909 BGB) steht, so ist die Genehmigung des Betreuungsgerichts nach § 1822 Nr. 3 2. Alt. BGB zur Gründung der Kommanditgesellschaft erforderlich (für die Pflegschaft § 1915 BGB). Denn die Gründung einer KG beinhaltet immer den Abschluss eines Gesellschaftsvertrages, der zum Betrieb eines Erwerbsgeschäfts eingegangen wird, auch dann, wenn die unter Vormundschaft oder Pflegschaft stehende Person nur Kommanditist werden soll.[45] Auch wenn die KG nur ihr eigenes Vermögen verwaltet, gilt nichts anderes.[46] Denn auch dann hat der Kommanditist seine Einlage zu leisten und die KG (und damit der Kommanditist) trägt das Risiko jeder Gesellschaft, die am Markt tätig ist.[47] Auch ist eine Unterscheidung danach, welches Risiko die von der KG getätigten Geschäfte mit sich bringen, nach dem Gesetz nicht vorgesehen und auch nicht praktikabel. Dies zeigt gerade auch die von der Literatur geforderte Sonderbehandlung von „Familiengrundstücksgesellschaften", für die eine klare Definition, wann sie nun vorliegen soll und wann nicht, nicht gegeben wird.[48] Eine Genehmigung ist auch erforderlich, wenn **Minderjährige** und geschäftsunfähige Kinder durch ihre Eltern vertreten werden (§§ 1643, Abs. 1, 1822 Nr. 3 BGB).[49] Zuständig ist das Familiengericht (§ 1643 Abs. 1 BGB). 23

Sollen die Eltern oder der Vormund ebenfalls Gesellschafter werden, oder soll die Person als Kommanditist in eine KG eintreten, in der die genannten Vertreter bereits Gesellschafter sind,[50] so ist außerdem noch die Bestellung eines Pflegers erforderlich (§§ 1629 Abs. 2 BGB, 1795 Abs. 2, 181 BGB).[51] Umstritten ist, ob dies auch gilt, wenn die Beteiligung als Kommanditist geschenkt wird. Da § 181 BGB nicht zur Anwendung kommt, wenn das Rechtsgeschäft für den Vertretenen lediglich rechtlich vorteilhaft ist,[52] ist ein solches In-sich-Geschäft wirksam, wenn mit der Kommanditistenstellung keine Nachteile verbunden sind. Dies ist der Fall, wenn sämtliche Beiträge (selbstverständlich unter Einschluss der Hafteinlage) erbracht sind[53] und die Kommanditistenstellung ins Handelsregister eingetragen ist (§ 176 Abs. 2!). Bei der Gründung der KG kommt dies mangels Eintragung also nicht in Betracht, wohl aber bei der Übertragung (RdNr. 42). Mögliche spätere Nachteile für den Kommanditisten (Vertragsänderungen, Wiederaufleben der Haftung durch Einlagenrückgewähr) bedürfen ihrerseits uU der Zustimmung des gesetzlichen Vertreters und des Vormundschaftsgerichts und der Bestellung eines Pflegers.[54] Die den Gesellschafter treffenden Nebenpflichten (insbesondere die Treuepflicht) entsprechen Nebenpflichten aufgrund anderer Vertragsverhältnisse und hindern daher die 24

---

[45] § 105 RdNr. 145; dort auch weitere Nachweise; aA etwa *Brox,* FS Bosch, S. 73 ff.

[46] Bamberger/Roth/*Bettin* § 1822 RdNr. 12; *Werner* GmbHR 2006, 737, 740; aA OLG München NZG 2009, 104; *Hohaus/Eickmann* BB 2004, 1707, 1709; *Führ/Nikoleyczik* BB 2009, 2105, 2107; nach Erman/*Saar* § 1822 RdNr. 14, kommt es auf den Umfang der Tätigkeit, das unternehmerische Risiko und die Dauer der Bindung an, so auch BayObLGZ 1995, 230; 1997, 113, 116.

[47] Allein auf die Tätigkeit am Markt stellt für die BGB-Gesellschaft *Wertenbruch* FamRZ 2003, 1714 ab. Für die KG kommt die Pflicht des Kommanditisten zur Einlageleistung hinzu, was schon für sich allein das Genehmigungserfordernis auslöst.

[48] Siehe den Hinweis bei *Hohaus/Eickmann* BB 2004, 1707, 1708.

[49] Bamberger/Roth/*Bettin* § 1822 Nr. 12; *Werner* GmbHR 2006, 737 zu den Voraussetzungen für die Genehmigung, OLG Bremen NZG 1999, 588. Wird die Beteiligung geschenkt, so ist das Geschäft uU lediglich rechtlich vorteilhaft, dazu sogleich. Dann kann ein Minderjähriger im Rahmen von § 107 BGB für sich selber handeln.

[50] Anders bei der Übertragung des Anteils *Maier-Reimer/Marx NJW 2005, 3025, 3027.*

[51] Röhricht/v. Westphalen/*v. Gerkan/Haas* RdNr. 9; Baumbach/*Hopt* § 105 RdNr. 26.

[52] MünchKommBGB/*Schramm* § 181 RdNr. 15 mwN.

[53] *Maier-Reimer/Marx NJW 2005, 3025, 3026;* aA BGHZ 68, 225, 232; LG Köln Rpfleger 1970, S. 245; *Brox,* FS Bosch, S. 75, 79 f.; Röhricht/v. Westphalen/*v. Gerkan/Haas* RdNr. 9; *Hohaus/Eickmann* BB 2004, 1707, 1708; *Stürner* AcP 173 (1973), 436. Ausgeschlossen ist die Annahme eines lediglich rechtlich vorteilhaften Geschäfts bei einer atypisch den Kommanditisten belastenden Vertragsgestaltung, etwa Pflicht zur Freistellung des Komplementärs, Nachschusspflichten, Wettbewerbsverbote etc. Dann kann der Beitrag des Kommanditisten auch nicht vollständig und abschließend geleistet werden.

[54] Nach *Stürner* AcP 173 (1973), 402, 436 liegt wegen der dem Kommanditisten bei Einlagenrückgewähr drohenden Haftung nie ein lediglich rechtlich vorteilhaftes Geschäft vor.

Annahme eines lediglich rechtlichen Vorteils durch den Erwerb einer Kommanditistenstellung nicht.[55] Insbesondere besteht keine Pflicht zur Leistung von Nachschüssen. Sofern diese Bedingungen erfüllt sind und das Geschäft daher lediglich rechtlich vorteilhaft ist, kann ein **Minderjähriger, der das siebente Lebensjahr vollendet hat,** für sich selber handeln (§ 107 BGB).[56] Zur Notwendigkeit der Einwilligung von Ehegatten, öffentlich-rechtlichen **Erlaubnissen und Genehmigungen** § 105 RdNr. 146 ff.

25 **3. Auslegung.** Es gelten im Grundsatz dieselben Regeln wie für die OHG,[57] dort auch zum Bestimmtheitsgrundsatz. Besonderheiten sind bei Gesellschaften zu beachten, die eine große Zahl von Gesellschaftern aufweisen (unten RdNr. 115).

26 **4. Änderungen des Gesellschaftsvertrages. a) Mitwirkung der Kommanditisten.** Nach den allgemeinen Grundsätzen des Vertragsrechts fällt die Kompetenz zur Änderung des Gesellschaftsvertrages den Vertragspartnern zu. Im Grundsatz ist daher eine **Einigung aller Vertragspartner,** also aller Gesellschafter, erforderlich (Erläuterungen § 105 RdNr. 158). Im Gesellschaftsvertrag kann nicht vereinbart werden, dass Änderungen des Gesellschaftsvertrages endgültig nicht in die Zuständigkeit der Gesellschafter fallen.[58] Hierin läge eine erhebliche Entrechtung der Kommanditisten und Komplementäre, da diese die Basis der KG nicht mehr selbst ausgestalten könnten. Dies widerspricht dem Grundsatz der Verbandssouveränität und verstößt daher gegen § 138 Abs. 1 BGB.[59] Allerdings kann auch bei Änderungen des Gesellschaftsvertrages das Stimmrecht einzelner oder aller Kommanditisten ausgeschlossen werden.[60] Der damit verbundene Eingriff in die Kommanditistenrechte ist hinnehmbar, da das Gewicht der Stimme eines Kommanditisten meist sowieso nicht sehr groß ist. Dies wäre nur anders, wenn zwingend Einstimmigkeit erforderlich wäre. Mehrheitsklauseln sind aber zulässig.[61] Aus dem gleichen Grund ist es auch zulässig, Vertragsänderungen in die Kompetenz einzelner oder aller Kommanditisten zu stellen.

27 **b) Pflicht zur Vertragsänderung/Erhöhung der Beiträge.** Wie bei der OHG (§ 105 RdNr. 164 ff.) trifft auch in der KG die Gesellschafter unter Umständen eine Pflicht, an einer **Vertragsänderung mitzuwirken.** Für den Kommanditisten besteht aber keine Verpflichtung, an einer Vertragsänderung mitzuwirken, die ihn dazu verpflichtet, der Gesellschaft weitere Mittel zur Verfügung zu stellen (zB **Erhöhung des Beitrags**, Hingabe von Darlehen). Dies wäre ihm nicht zumutbar (§ 707 BGB).[62] Eine Beitragserhöhung ist vielmehr nur mit Zustimmung des Kommanditisten möglich. Diese kann allerdings auch antizipiert im Gesellschaftsvertrag – und zwar auch in der Form, dass die Mehrheit die Erhöhung beschließen kann – erklärt werden. Erforderlich ist aber stets die Nennung einer Obergrenze oder zumindest eine Regelung über die Eingrenzbarkeit der Vermehrung der

---

[55] Im Ergebnis ebenso *Gernhuber/Coester-Waltjen* § 61 III 8; *Maier-Reimer/Marx* NJW 2005, 3025, 3026; *Werner* GmbHR 2006, 737, 740; aA *Brox,* FS Bosch, S. 95, 79 f.

[56] *Gernhuber/Coester-Waltjen* § 61 III 7.

[57] § 105 RdNr. 149 ff; § 119 RdNr. 78 ff.; siehe auch *Grunewald* ZGR 1995, 68, dort auch zur Bedeutung von Nebenabreden für die Auslegung; zum Verhältnis der Regeln der ergänzenden Vertragsauslegung zum Wegfall der Geschäftsgrundlage *Dauner-Lieb* ZHR 158 (1994), 271, 278 ff.

[58] Eine Klausel, die diese Zuständigkeit auf Gesellschaftsexterne verlagert, muss also klarstellen, dass sie durch die Gesellschafter geändert werden kann, zum Beirat unten RdNr. 159 ff.

[59] *Wiedemann* ZGR 1996, 286, 292 f.; siehe, allerdings mehr auf die GmbH zugeschnitten, *Zöllner,* 100 Jahre GmbH-Gesetz, S. 85, 119 f.

[60] BGHZ 20, 363, 366 ff.; *Oetker* RdNr. 62; *Zöllner,* 100 Jahre GmbHG, S. 85, 121; offen gelassen in BGH NJW 1993, 2100; BayObLG ZIP 2005, 164, 165; zum Sonderfall der personengleichen GmbH & Co. KG unten RdNr. 90; aA *Hermanns* S. 122 f.; Baumbach/*Hopt* § 163 RdNr. 6, 5; GroßkommHGB/*Schilling* § 163 RdNr. 10; Schlegelberger/*Martens* § 119 RdNr. 29 aber mit Ausnahmen; *Wiedemann* § 7 II 1 a; *ders.,* Gedächtnisschrift Lüderitz, S. 839, 857: Kein genereller Ausschluss des Stimmrechts.

[61] Heymann/*Horn* RdNr. 99; Baumbach/*Hopt* § 163 RdNr. 4.

[62] *Grunewald,* FS Großfeld, S. 319, 330 ff.; *Klaus Müller* DB 2005, 95; *Karsten Schmidt* ZIP 1980, 328, 335; MünchHdb. KG/*Weipert* § 13 RdNr. 16; *Wiedemann* § 7 IV 1 a; etwas weniger restriktiv BGH ZIP 2005, 1455, 1456 zur GbR „hohe Anforderungen", Pflicht im konkreten Fall verneint; BGH ZIP 2006, 754.

Beitragspflicht.[63] Wenn die Vertragsänderung demgegenüber nur dazu führt, dass der Kommanditist der KG bereits zur Verfügung gestellte Mittel entgegen der ursprünglichen Vereinbarung endgültig oder vorübergehend nicht zurück verlangen kann, kann eine Pflicht zur Vertragsabänderung bestehen.[64] Doch wird diese Pflicht auf die Fälle zu beschränken sein, in denen anderenfalls die Insolvenz der KG droht, und daher Ansprüche gegen die Gesellschaft sowieso nicht mehr viel wert sind.[65] Im übrigen ist es jedem Gesellschafter zumutbar, in Krisensituationen eine Beitragserhöhung der Mitgesellschafter hinzunehmen. Dies gilt auch dann, wenn der Einfluss des Kommanditisten auf die KG aufgrund der Erhöhung der Beiträge (nur) der anderen Gesellschafter abnimmt.[66] Darüber hinaus gehend muss ein Kommanditist, sofern im Gesellschaftsvertrag nicht anders vereinbart[67], sogar sein Ausscheiden aus der KG akzeptieren, wenn die anderen Gesellschafter dies verlangen, falls er sich nicht entsprechend seiner Beteiligungsquote an einer notwendigen und aussichtsreichen Sanierung beteiligen will[68]. Denn kein Kommanditist kann von seinen Mitgesellschaftern erwarten, dass diese die Sanierungslasten überproportional tragen. Dies gilt allerdings nicht, wenn er bereit ist, an einer weniger aufwendigen, aber ebenfalls erfolgversprechenden Sanierung mitzuwirken. Auch kann es in Sonderfällen (Familiengesellschaft) die Treupflicht gebieten, eine unterproportionale Beteiligung zu akzeptieren (etwa wenn der Kommanditist nicht über entsprechende Finanzmittel verfügt). Abgesehen von Extremfällen, wie zB bei persönlichen Notlagen oder bei exorbitanter Benachteiligung im Verhältnis zu den anderen Gesellschaftern, hat ein Kommanditist keinen Anspruch darauf, dass eine Gewinnverteilungsregel zu seinen Gunsten geändert wird.[69]

5. Grenzen der Vertragsfreiheit. Ein Gesellschaftsvertrag oder eine Klausel eines Gesellschaftsvertrages ist nichtig, wenn ein Verstoß gegen § 134 BGB oder § 138 BGB vorliegt. Hinzu treten zwingende Regeln der Selbstorganschaft, der Verbandssouveränität, das Abspaltungsverbot und die Kernbereichslehre. Besonderheiten gegenüber der OHG bestehen nicht (§ 105 RdNr. 195, § 109 RdNr. 9 ff., § 161 RdNr. 31 ff.); zur Inhaltskontrolle bei Publikumspersonengesellschaften RdNr. 124. 28

IV. Mitgliedschaftliche Rechte und Pflichten

1. Beiträge. Die Kommanditisten haben genauso wie der Komplementär Beiträge zu leisten (§ 105 RdNr. 178 ff.). 29

2. Treuepflichten. Wie den Komplementär so trifft auch den Kommanditisten eine Treuepflicht[70] und zwar sowohl im Verhältnis zur KG wie auch im Verhältnis zu den Mitgesellschaftern. Da es für die Ermittlung des Ausmaßes der Treuepflicht auf die reale Ausgestaltung der Mitgliedschaft ankommt, kann es im Einzelfall sein, dass den Kommanditisten eine geringere Pflicht zur Rücksichtnahme auf die Belange der Gesellschaft trifft als den Komplementär. So gilt das aus der Treuepflicht abgeleitete Verbot, Geschäftschancen der KG für eigene Rechnung zu nutzen, sicher für den Komplementär, für den 30

[63] BGH ZIP 2009, 864, 865 (GbR); BGH ZIP 2009, 1373, 1375.

[64] BGH NJW 1985, 974; BGH NJW 1985, 972, 973; *Grunewald,* FS Großfeld S. 319, 320 ff.

[65] *Grunewald,* FS Großfeld, S. 281, 282 f.; noch enger *Grundmann* S. 178, 190, nach dem der Kommanditist nahezu stets seine Forderung geltend machen kann; siehe den eine AG betreffenden Fall: BGHZ 129, 136 = BGH ZIP 1995, 1415 - Girmes.

[66] *Grunewald,* FS Großfeld, S. 281, 294 f.; *Klaus Müller* DB 2005, 95, 96; *Karsten Schmidt* ZIP 1980, 328, 335.

[67] BGH ZIP 2011, 768, 771, dazu *Stöber* BB 2011, 1104.

[68] BGH NZG 2009, 1347 zur OHG, speziell zur KG *Dorka/Derwald* NZG 2010, 694; *Grunewald,* FS Roth, 2011, S. 187 ff.

[69] OLG Hamm NZG 2000, 252.

[70] Beispielsfälle: BGH NJW 1982, 2869 (unberechtigte Entnahme), BGH NJW 1989, 2687 (Handeln im Geschäftsbereich der KG); BGH NJW 1995, 192 (Pflicht zur Zustimmung zur Änderung des Gesellschaftsvertrages). BGH NZG 2005, 33, 34 (Pflicht eine Vertretung in der Gesellschafterversammlung zu akzeptieren); verneinend dazu auch BGH ZIP 2005, 1455, Beitragserhöhung und OLG München DB 1997, 567, auch oben RdNr. 27.

Kommanditisten aber beispielsweise nicht, wenn er sich auf eine rein kapitalistische Beteiligung beschränkt.[71]

31 **3. Recht zur Einberufung der Gesellschafterversammlung, Teilnahme- und Stimmrecht, Recht zur Geltendmachung von Beschlussmängeln.** Der Kommanditist hat bei Vorliegen eines wichtigen Grundes ein unverzichtbares **Recht zur Einberufung** der Gesellschafterversammlung mit einer bestimmten Tagesordnung.[72] Der Kommanditist darf die Gesellschafterversammlung allerdings nur selbst einberufen, wenn er zuvor ein entsprechendes Verlangen an den Komplementär gerichtet und dieser dem nicht entsprochen hat. Auf diese Weise wird sichergestellt, dass die vom Kommanditisten gewünschten Punkte in der Gesellschafterversammlung auch zur Sprache und zur Beschlussfassung kommen.

32 Selbstverständlich hat der Kommanditist ein **Recht auf Teilnahme** an der Gesellschafterversammlung. Hierzu gehört auch das Recht, sich zu äußern und Anträge zu stellen. Dieses Recht ist unverzichtbar, da der Kommanditist nur so Informationen über die KG erhalten, auf Entscheidungen in der KG Einfluss nehmen und seine Kontrollrechte ausüben kann.[73]

33 Für das **Stimmrecht** gelten im Grundsatz dieselben Regeln wie in der OHG (§ 119 RdNr. 12 ff., zum **Ausschluss des** Stimmrechts des Kommanditisten RdNr. 26). Soweit der Gesellschaftsvertrag Mehrheitsbeschlüsse vorsieht, ist allerdings entgegen der Regel des § 119 Abs. 2 davon auszugehen, dass nach Kapitalanteilen und nicht nach Köpfen abgestimmt wird.[74] Denn während in der OHG das Gewicht der Stimmen vielleicht durchaus noch nach Personenzahl gemessen werden kann, ist dies bei der KG auf Grund ihrer eher kapitalistischen Struktur nicht der Fall. Im Vordergrund steht die Höhe der Beteiligung.[75]

34 Die Gesellschafter sind auch bei der Festlegung der **Höhe der erforderlichen Mehrheiten** frei. Dies gilt auch für Vertragsänderungen und Grundlagenbeschlüsse. Der Gesellschaftsvertrag kann also auch hierfür eine einfache Mehrheit vorsehen.[76] Dieser Unterschied zum GmbH-Recht ist gerechtfertigt, weil eine höhere zwingende Mehrheitsregelung, gleichgültig ob sie nach Köpfen oder nach Kapitalbeteiligungen zu berechnen wäre,[77] der unterschiedlichen Beteiligung von Kommanditist und Komplementär nicht unbedingt Rechnung tragen würde.

35 Die Geltendmachung von **Beschlussmängeln** erfolgt auf dieselbe Weise wie in der OHG. Das Recht des Kommanditisten, Gesellschafterbeschlüsse auf ihre Rechtmäßigkeit hin kontrollieren zu lassen, ist **unverzichtbar.**[78] Regelungen im Gesellschaftsvertrag, die festlegen, dass der Streit über die Wirksamkeit von Gesellschaftsbeschlüssen nicht unter den Gesellschaftern, sondern gegenüber der KG ausgetragen werden soll, sind zulässig.[79] Allein aus der Tatsache, dass es sich um eine GmbH & Co. KG handelt, folgt nach Ansicht des

---

[71] Siehe den Fall BGH NJW 1989, 2687: Kommanditist war auf Seiten der KG in die Verhandlungen über das Geschäft eingeschaltet. Dabei trifft ihn die Pflicht, die Geschäftschance der KG zu überlassen. So auch BGH aaO; siehe auch § 165 RdNr. 4 ff.; zum wechselseitigen Informationsrecht unter den Gesellschaftern § 166 RdNr. 41 f.

[72] *Liebscher* in Sudhoff § 16 RdNr. 93; *Herbert Schneider/U. H. Schneider,* FS Möhring, S. 271, 289.

[73] E/B/J/S/*Henze* § 177 a Anh. A RdNr. 125; *Immenga* ZGR 1974, 385, 414 f.; *Nitschke* S. 282; *Oetker* RdNr. 33; *Teichmann* S. 210; *Zöllner,* 100 Jahre GmbH-Gesetz, S. 85, 122; in der Tendenz auch *Karsten Schmidt* ZHR 146 (1982), 525, 536; aA GroßkommHGB/*Schilling*: Teilnahmerecht verzichtbar, soweit es nicht um Änderung des Gesellschaftsvertrages geht: § 163 RdNr. 6, 8.

[74] *Schilling* RdNr. 9; aA Röhricht/v. Westphalen/*v. Gerkan/Haas* § 163 RdNr. 6; Schlegelberger/*Martens* § 163 RdNr. 5. Für die GmbH & Co. KG wie hier Scholz/*Karsten Schmidt* GmbHG § 45 Anh. RdNr. 23.

[75] Meist werden feste Kapitalkonten vereinbart, dazu § 167 RdNr. 19.

[76] OLG München BB 2001, 1492, 1493; *Karsten Schmidt* ZHR 158 (1994), 205, 225; *U. H. Schneider* ZGR 1972, 357, 362 f.; *Harry Westermann,* Freundesgabe Hengeler, S. 240, 247.

[77] Dies hängt davon ab, ob man der in RdNr. 33 niedergelegten Sichtweise folgt.

[78] BGH NJW 1995, 1218, 1219; *Oetker* RdNr. 34; *Zöllner,* 100 Jahre GmbH-Gesetz, S. 85, 122.

[79] BGH WM 1966, 1036; BGH NJW-RR 1990, 474, 475; BGH NJW 1995, 1218; BGH ZIP 1999, 1391, 1392; BGH NJW 2003, 1729; BGH ZIP 2011, 807; *K. Schmidt* JZ 2008, 425, 431.

BGH (ZIP 2011, 807) trotz Nennung einer Anfechtungsfrist nicht, dass das Beschlussmängelrecht der Kapitalgesellschaft gelten soll. Diese Klage kann (ebenso wie eine gegen die Gesellschafter gerichtete Beschlussmängelklage) durch den Gesellschaftsvertrag an eine Frist gebunden werden. Diese Frist muss mindestens 1 Monat (4 Wochen sind also zu wenig!) betragen,[80] muss aber, sofern nicht besondere Umstände vorliegen, auch nicht länger sein.[81] Insofern hat die Anfechtungsklage im Aktien- und GmbH-Recht Leitbildfunktion. Ist die Frist im Gesellschaftsvertrag zu kurz bemessen, so hat dies nicht zur Folge, dass nunmehr gar keine Frist laufen würde. Vielmehr wird eine angemessene Frist in Lauf gesetzt. Diese ist sicher länger als die Mindestfrist von 1 Monat, dürfte aber im Regelfall angesichts der Leitbildfunktion von § 246 Abs. 1 AktG kaum länger als 2 bis 3 Monate sein.[82] Im übrigen kann das Recht zur Geltendmachung von Beschlussmängeln auch verwirkt werden.[83] Auch kann dem Gesellschafter durch solche Verfahrensregelungen nicht das Recht genommen werden, sich darauf zu berufen, dass er einer Beitragserhöhung nicht zugestimmt hat.[84]

4. Actio pro socio. Die actio pro socio steht auch Kommanditisten zu.[85] Besonderheiten im Verhältnis zur OHG (§ 105 RdNr. 197 ff.) bestehen nicht. Zur actio pro socio bei nicht ordnungsgemäßer Geschäftsführung § 164 RdNr. 3; zur Notgeschäftsführungsbefugnis des Kommanditisten bei § 164 RdNr. 20. 36

5. Austrittsrecht. Nach der **gesetzlichen Regelung** hat der Kommanditist, wenn die KG für unbestimmte Zeit eingegangen ist, ein ordentliches Kündigungsrecht nach §§ 161 Abs. 2, 132 HGB. Die Kündigung führt zum Ausscheiden des kündigenden Gesellschafters (§ 131 Abs. 3 Nr. 3). Dieses Recht kann vertraglich eingeschränkt werden.[86] 37

Darüber hinausgehend stellt sich die Frage, ob ein **Austrittsrecht auch dann besteht, wenn der Gesellschaftsvertrag nicht auf unbestimmte Zeit eingegangen ist[87] oder das ordentliche Kündigungsrecht ausgeschlossen ist.** Ein solches Recht zum Austritt ist, sofern im Gesellschaftsvertrag nichts anderes vereinbart ist, nur gegeben, wenn der austrittswillige Kommanditist einen wichtigen Grund[88] für einen solchen Schritt nachweisen kann.[89] Denn nur in diesem Fall kann davon gesprochen werden, dass das Interesse der KG daran, jeden Kapitalabfluss zu vermeiden, hinter den Belangen des Kommanditisten zurückzutreten hat. Im GmbH-Recht wird, wenn ein solcher Grund vorliegt, in der Tat ein ungeschriebenes Austrittsrecht allgemein anerkannt.[90] Für den Kommanditisten gilt nichts anderes, zumal seine Bindung an die Gesellschaft eher enger ist als die des GmbH-Gesellschafters. Dem ließe sich entgegenhalten, dass ein Kommanditist, der seine Mitgliedschaft beenden will, die Klage nach § 133 erheben könne, und daher ein Austrittsrecht nicht erforderlich sei. In der Tat kann den Interessen der Kommanditisten normalerweise durch eine solche Klage Rechnung getragen werden.[91] Doch hängt dies letztlich davon ab, an welche Voraussetzung diese Klage gebunden ist. Sofern sie für den Kommanditisten 38

[80] BGH NJW 1995, 1218, 1219; in BGH NJW-RR 1990, 470, 475 wird eine Frist von 3 Monaten akzeptiert.

[81] Für eine längere Frist *Wiedemann* EWiR 1995, § 161 HGB 2/95, S. 485, 486.

[82] Nach BGH NJW 1995, 2118, 2119 ist sie jedenfalls kürzer als 9 Monate.

[83] BGH ZIP 1999, 1391, 1393; OLG München BB 2001, 1492, 1493.

[84] BGH ZIP 2009, 1373, 1375; ZIP 2009, 864; ZIP 2007, 1368, 1369; ZIP 2007, 766, 767.

[85] BGHZ 25, 47; BGH NJW 1985, 2830; WM 2001, 515; OLG Karlsruhe NZG 1999, 439, wo aber zu Unrecht davon ausgegangen wird, es werde eine Beitragsleistung verlangt; *Becker* S. 565; *Grunewald* Gesellschafterklage S. 47; Heymann/*Horn* RdNr. 50; *Immenga* ZGR 1974, 385, 411; *Oetker* RdNr. 37; zur GmbH & Co. KG RdNr. 67 ff.

[86] Zu den dabei zu beachtenden Grenzen § 132 RdNr. 25 ff.

[87] Gleich steht der Fall, dass der Kommanditist, der austreten will, nicht auf unbestimmte Zeit Gesellschafter ist, § 132 RdNr. 12.

[88] Zu der Frage, was ein solcher wichtiger Grund ist, *Röhricht,* FS Kellermann, S. 361, 377 ff.

[89] Schlegelberger/*Martens* RdNr. 72 spricht von „ultima ratio"; *Oetker* RdNr. 39.

[90] Statt aller *Lutter/Hommelhoff* GmbHG § 34 RdNr. 70 ff.

[91] Wenn die anderen Gesellschafter die KG fortsetzen wollen, hat der Kommanditist dem aufgrund der Treuepflicht (RdNr. 30) zuzustimmen, sofern ihm eine akzeptable Austrittsmöglichkeit eröffnet wird.

nicht praktikabel ist, beispielsweise weil die Kündigungsfristen zu lang sind oder weil nur ein wichtiger Grund in den Verhältnissen der KG berücksichtigt wird, bzw. weil die KG fundamental umgestaltet wird und der Kommanditist dies hinzunehmen hat,[92] kann durchaus ein wichtiger Grund zum Austritt vorliegen.[93] Der zum Austritt entschlossene Kommanditist ist auf Grund der Treuepflicht seinerseits verpflichtet, von der Auflösungsklage abzusehen, wenn die anderen Gesellschafter seinen Austritt vorziehen. Selbstverständlich darf dieses Austrittsrecht nicht dadurch obsolet gemacht werden, dass die an den Kommanditisten zu zahlende Abfindung in keiner Weise dem Wert seiner Beteiligung entspricht. Dieses Austrittsrecht besteht auch, wenn eine KG auf unbestimmte Zeit eingegangen ist, das Kündigungsrecht nach § 132 dem Interesse des Kommanditisten ausnahmsweise aber nicht Rechnung trägt.

39 Das Austrittsrecht besteht allerdings nur, wenn nicht **alle Gesellschafter** von dem wichtigen Grund **gleichermaßen betroffen** sind und gleichermaßen ihre Mitgliedschaft beenden wollen. Denn in diesem Fall muss die KG aufgelöst werden und für die Bevorzugung eines Gesellschafters durch die Zubilligung eines Austrittsrechts besteht kein Anlass.[94] Gleiches gilt nach Eröffnung des Liquidationsverfahrens.[95] Zum Austritt aus der Publikums-KG unten RdNr. 141.

V. Gesellschafterwechsel

40 **1. Beitritt/Ausscheiden von Gesellschaftern.** Der Beitritt/das Ausscheiden von Kommanditisten erfolgt im Grundsatz auf die gleiche Weise wie Beitritt und Ausscheiden von OHG-Gesellschaftern.[96] Allerdings kann der Beitritt als Kommanditist anders als der als Komplementär unter den oben RdNr. 24 geschilderten Voraussetzungen ein lediglich rechtliches vorteilhaftes Geschäft sein. Dann können die von § 107 BGB erfassten Minderjährigen für sich selber handeln und die geschäftsunfähigen Kinder von ihren Eltern im Wege des Insichgeschäfts vertreten werden.

41 Der Eintritt eines Kommanditisten kann mit dem Austritt eines Kommanditisten verbunden werden. **Wechselt ein Kommanditist in die Stellung eines Komplementärs** oder umgekehrt, so liegt kein Fall des Austritts mit anschließendem Wiedereintritt vor. Vielmehr bleibt die Gesellschafterstellung erhalten, sie erfährt lediglich eine inhaltliche Änderung,[97] wie auch sonst, wenn durch Abänderung des Gesellschaftsvertrages die Rechte und Pflichten eines Gesellschafters modifiziert werden.[98] Zum Austrittsrecht oben RdNr. 36; zum Ausschluss eines Gesellschafters, § 140.

42 **2. Übertragung des Kommanditanteils.** Die Übertragung der Beteiligung eines Kommanditisten erfolgt auf dieselbe Weise wie die Übertragung des Anteils eines Komplementärs; siehe § 105 RdNr. 214 ff.. Auch wenn ein Minderjähriger den Anteil von seinen Eltern unentgeltlich erwirbt, ist unter Umständen (RdNr. 24) die Bestellung eines Pflegers

[92] Bejahend für die Publikums-KG bei wesentlicher Umgestaltung der Gesellschaft BGHZ 71, 53, 61. Bei Unmöglichkeit, den Gesellschaftszweck zu erreichen BGHZ 69, 160, zu diesen alle Gesellschafter betreffenden Gründen auch unten RdNr. 38.

[93] Bejahend für die Publikums-KG im Falle der arglistigen Täuschung beim Beitritt, BGHZ 69, 160, 162; siehe auch BGHZ 71, 53 ff. vorige Fußnote; generell bejahend im Falle der arglistigen Täuschung Heymann/*Horn* RdNr. 39, 107.

[94] Ähnlich BGHZ 69, 160; 70, 61; *Brandes,* Sonderbeilage WM 1987 Nr. 1, S. 19; Heymann/*Horn* RdNr. 194; *Schilling* Anh. § 161 RdNr. 11; *Karsten Schmidt* § 57 II 1 b zur Publikumspersonengesellschaft: Sofern der wichtige Grund alle Gesellschafter betreffe, sei das Austrittsrecht nur gegeben, wenn die Gesellschafter die Fortsetzung der Gesellschaft beschließen. Aber ein förmlicher Beschluss dürfte kaum erforderlich sein.

[95] BGH NJW 1979, 765; Schlegelberger/*Martens* RdNr. 154; *Loritz* NJW 1981, 369, 372; *Karsten Schmidt* § 57 II 1 b.

[96] Es handelt sich um eine Vertragsänderung, siehe BGH ZIP 1997, 2197, 2198.

[97] BGHZ 66, 98, *Wiedemann,* FS Zöllner, S. 635, 637; daher liegt entgegen OLG München DB 1998, 1321 auch bei Erbringung einer Gegenleistung kein Anteilskauf vor.

[98] BayObLG NJW 1970, 1796; Baumbach/*Hopt* RdNr. 6; Folge dieses Wechsels kann sein, dass die KG zur OHG wird.

nicht erforderlich, da das Geschäft lediglich rechtlich vorteilhaft ist.[99] Gleiches gilt beim Erwerb des Mündels vom Vormund (oben RdNr. 24). Umstritten ist, ob § 1822 Nr. 3 Alt. 1 BGB auch eingreift, wenn ein bestehender Anteil verschenkt wird. Da in § 1822 Nr. 3 Alt. 1 BGB von einem „entgeltlichen Erwerb" die Rede ist, kann davon nicht ausgegangen werden.[100] Werden die Anteile von den Eltern an mehrere Kinter übertragen, muss gleichwohl nur ein Ergänzungspfleger bestellt werden,[101] zur Eintragung der Übertragung eines KG-Anteils im Handelsregister, § 162, zur Haftung, § 173; zum Übergang der Kommanditbeteiligung im Erbfall § 177.

VI. Fehlerhafte KG/Schein-KG

Es gelten dieselben Regeln wie für die OHG, siehe Erläuterungen § 105 RdNr. 228 ff., 43
257 ff.

VII. Verweisung auf das Recht der OHG

Nach § 161 Abs. 2 gilt für die KG – soweit keine Sonderregeln getroffen sind – **das** 44
Recht der OHG. Solche Sonderregeln finden sich in Bezug auf die Rechtsstellung des Kommanditisten. Aber auch außerhalb der im Gesetz aufgezählten Spezialregelungen für die KG muss den Besonderheiten dieser Gesellschaftsform Rechnung getragen werden. Eine pauschale und unkontrollierte Übernahme des Rechts der OHG kommt also nicht in Frage. So stellt sich zB für eine KG, in der Anlagegesellschafter vorhanden sind, die weder Interesse an der Geschäftsführung noch Einfluss auf diese haben, die Frage, wie die mehr kapitalistischen Interessen dieser Gesellschafter – durchweg Kommanditisten – gewahrt werden können und wie diese Gesellschafter vor einer völligen Abhängigkeit von den maßgeblichen Unternehmergesellschaftern geschützt werden können (unten RdNr. 124). Vergleichbare Probleme werden in einer OHG kaum auftauchen. Auf solche Besonderheiten wird im jeweiligen Zusammenhang hingewiesen. Zu §§ 106–108 bei § 162; § 109 bei § 163; §§ 110, 111 bei § 164; §§ 112, 113 bei § 165; §§ 114–117 bei § 164; § 118 bei § 166; § 119 bei RdNr. 32; § 120 bei § 167; § 121 bei § 168; § 122 bei § 169, §§ 125, 126, 127 bei § 170; § 125 a bei § 177 a, § 131 bis § 160 bei § 177.

Das Recht der OHG verweist wiederum auf die für die **Gesellschaft Bürgerlichen** 45
Rechts getroffenen Bestimmungen (§ 105 RdNr. 268 ff.). Mithin gelten diese Regeln ergänzend auch für die KG.

VIII. Die GmbH/UG (haftungsbeschränkt) & Co. KG

1. Begriffsbestimmung, praktische Bedeutung. a) Begriffsbestimmung. Die 46
GmbH & Co. KG ist eine KG, deren (meist einziger) Komplementär eine GmbH ist. Ist eine Unternehmergesellschaft Komplementärin, handelt es sich um eine UG (haftungsbeschränkt) & Co. KG. Da auch die UG (haftungsbeschränkt) eine GmbH ist, gelten dieselben Regeln wie bei einer GmbH & Co. KG (zu den möglichen Besonderheiten unten RdNr. 101). Der Vorteil der UG (haftungsbeschränkt) als Komplementärin liegt darin, dass sie mit einem niedrigeren Stammkapital gegründet werden kann. Dies ist insbesondere deshalb von Bedeutung, weil die Weiterreichung der Einlagen in der Komplementär-GmbH als Darlehen an die KG von der Rechtsprechung als Verstoß gegen die Regeln der Kapitalaufbringung in der GmbH angesehen werden (RdNr. 51).

Früher war umstritten, ob eine Juristische Person Komplementär einer KG sein kann. Da 47
der Gesetzgeber mittlerweile selbst in zahlreichen Gesetzesbestimmungen von der Existenz

[99] OLG Bremen NZG 2008, 750; *Führ/Nikoleyczik* BB 2009, 2105, 2106.

[100] OLG Bremen NZG 2008, 750; Bamberger/Roth/*Bettin* § 1822 RdNr. 11; Erman/*Saar* § 1822 RdNr. 10; für den Fall, dass der Anteil voll eingezahlt ist, auch *Grunsky* ZEV 2008, 610, 611, aber das ist das Kriterium des rechtlich vorteilhaften Geschäfts im Sinne von § 107 BGB.

[101] OLG München BeckRS 2010, 15483.

solcher Gesellschaften ausgeht (§ 125 a, § 130 a, § 172 Abs. 6, § 177 a), ist der **Streit um die Zulässigkeit dieser Grundtypenvermischung** mittlerweile obsolet geworden.[102] Den Problemen, die mit der Annahme, eine Juristische Person könne Komplementär sein, verbunden sind (Gläubigergefährdung, Unklarheiten für den Rechtsverkehr),[103] wird nicht durch ein Verbot, sondern durch eine Fortentwicklung der Bestimmungen des KG-Rechts Rechnung getragen.

48 **b) Praktische Bedeutung. aa) Motive für die Gründung einer GmbH & Co. KG.** Mit der Gründung einer GmbH & Co. KG entsteht eine **Personengesellschaft, bei der keine natürliche Person unbeschränkt haftet.** Denn Komplementär ist die GmbH, die zwar wie jeder Komplementär unbeschränkt für die Schulden der KG haftet, die aber ihrerseits nur mit ihrem Gesellschaftsvermögen für diese Verbindlichkeiten einzustehen hat. Damit lässt sich das finanzielle Risiko, das mit der Gründung jeder KG verbunden ist, für alle Gesellschafter, insbesondere auch für die, die natürliche Personen sind, auf eine bestimmte Summe beschränken. Dieser Vorteil kann je nach Branchenzugehörigkeit der KG von einer wirklich immensen Bedeutung sein.

49 Auch in der KG gilt der Grundsatz der **Selbstorganschaft** (§ 114 RdNr. 24, § 164 RdNr. 22 f, zur Vertretung der KG durch Kommanditisten, § 170 RdNr. 12 ff.). Auch wenn man diesem Grundsatz gegenüber kritisch eingestellt ist, muss man ihm – da er als weitgehend anerkannt gilt – schon aus Gründen der Vorsicht bei der Gründung einer Personengesellschaft Rechnung tragen. Dies ist bei der Gründung einer GmbH & Co. KG problemlos möglich. Persönlich haftender Gesellschafter wird die GmbH, die gemäß dem Grundsatz der Selbstorganschaft die Geschäfte der KG führt. Da für die GmbH der Grundsatz der Selbstorganschaft nicht gilt, handelt für sie – und damit letztlich für die KG – ein Geschäftsführer, der ein Gesellschafter der KG sein kann, aber nicht sein muss. Es wird also der Form nach dem Grundsatz der Selbstorganschaft Rechnung getragen, der Sache nach handelt es sich aber um Fremdorganschaft.

50 Diese Möglichkeit zur Fremdorganschaft hat zur Folge, dass sich die GmbH & Co. KG besonders gut für die Regelung von **Nachfolgeproblemen** eignet. Findet sich im Gesellschafterkreis keine Unternehmerpersönlichkeit oder will diese kein unbeschränktes Haftungsrisiko eingehen, so kann durch die Übernahme der Komplementärstellung durch eine GmbH Abhilfe geschaffen werden. Auch kann die Person des **Geschäftsführers der GmbH relativ problemlos ausgewechselt werden,** während ein Wechsel des Komplementärs eine Vertragsänderung bei der KG verlangt. Weiter kann den **Kommanditisten,** falls gewünscht, eine relativ **schwache Stellung** in der KG eingeräumt werden mit der Folge, dass die **GmbH-Gesellschafter,** die auf die Geschäftsführung in der GmbH Einfluss nehmen können, **das Sagen auch in der KG haben.**[104] Ebenfalls möglich ist es, die GmbH lediglich als Werkzeug der Kommanditisten auszugestalten und so die Kommanditisten zu den wahren Entscheidungsträgern in der GmbH & Co. KG zu machen.[105]

51 Ein Vorzug der GmbH & Co. KG gegenüber der GmbH liegt in ihrer **größeren Flexibilität bei der Gründung,**[106] der Aufnahme weiterer Gesellschafter,[107] aber auch bei der Auflösung und bei der Umschichtung von Vermögen. Für die Kommanditeinlagen gilt nämlich das für eine juristische Person typische rigide System der Kapitalaufbrin-

---

[102] Zur Entwicklung der Zulässigkeit der GmbH & Co. KG: anerkannt vom RG in RGZ 105, 101 und vom BGH erstmals in WM 1956, 61, 63; *Assmann/Kübler § 22 II*; Schlegelberger/*Martens* RdNr. 96; *Karsten Schmidt* § 56 I 2; *ders.* GmbHR 1984, 272 f.

[103] Siehe *Assmann/Kübler* § 22 II 4b; Schlegelberger/*Martens* RdNr. 97; *Karsten Schmidt* § 56 I 3; *ders.* GmbHR 1984, 272 ff.

[104] Diese insbesondere bei der Publikumsgesellschaft durchaus häufige Organisationsform ist nicht unproblematisch, unten RdNr. 70 ff.

[105] Von *Karsten Schmidt*, FS Röhricht, S. 5111, 516 als Integrationsmodell bezeichnet.

[106] Weitestgehende (von der GmbH allerdings auch fast erreichte) Vertragsfreiheit; Formfreiheit, anders § 2 GmbHG.

[107] Und damit uU auch der Aufnahme weiteren Kapitals.

gung und -erhaltung nicht. Zwar hat nach § 172 Abs. 4 die Entnahme der Kommanditeinlage das Wiederaufleben der Kommanditistenhaftung zur Folge. Aber eine Mithaftung der übrigen Gesellschafter besteht anders als nach § 31 Abs. 3 GmbHG nicht. Auch wenn eine Kommanditeinlage noch nicht erbracht ist, schulden die anderen Gesellschafter nichts. Eine Ausfallhaftung nach Art von § 24 GmbHG gibt es nicht. Allerdings sieht die Rechtsprechung in der Auszahlung der der GmbH geleisteten Einlagen an die KG als Darlehen, einen Verstoß gegen die Regeln der Kapitalaufbringung in der GmbH,[108] was eine wirtschaftlich sinnvolle Nutzung der Einlagen für den Geschäftsbetrieb blockiert.

Entscheidend für oder gegen die GmbH & Co. KG im Vergleich zur GmbH spricht vielfach ein **Vergleich der jeweiligen steuerlichen Belastung** (sogenannter konkreter Belastungsvergleich).[109] So gibt es beispielsweise Sonderabschreibungen, die nur Personengesellschaften in Anspruch nehmen können. Auf der anderen Seite werden die Vertragsbeziehungen zwischen der GmbH und ihren Gesellschaftern (Geschäftsführervergütungen) steuerlich anerkannt. Dies kann für die Wahl der Rechtsform der GmbH sprechen. 52

Zwischen einer GmbH und einer GmbH & Co. KG bestehen auch **mitbestimmungsrechtliche Unterschiede**. Personengesellschaften unterliegen im Grundsatz nicht der Mitbestimmung nach dem MitbestG. Für die GmbH & Co. KG wird dieses Prinzip durch § 4 MitbestG insofern durchbrochen, als unter bestimmten Umständen die Arbeitnehmer der KG der GmbH zugerechnet werden, was zur Ansiedlung der Mitbestimmung in der GmbH führt.[110] Für die Mitbestimmung nach dem DrittelbG bleibt es aber dabei, dass die GmbH & Co. KG als Personengesellschaft nicht betroffen ist. 53

Als weiterer Vorteil der GmbH & Co. KG gegenüber der GmbH galt, dass für die KG die lediglich für Kapitalgesellschaften geltenden **Vorschriften der Rechnungslegung** (§§ 264 ff.) nicht zur Anwendung kamen. Dies hat sich allerdings aufgrund des sogenannten Kapitalgesellschaften und Co.-Richtlinien-Gesetzes vom 24. 2. 2000 (BGBl. I S. 154 v. 8. 3. 2000) geändert. Nunmehr haben sich Kommanditgesellschaften, deren Komplementäre keine natürlichen Personen oder Personengesellschaften mit einer natürlichen Person als persönlich haftendem Gesellschafter sind, denselben Regeln zu unterwerfen wie Kapitalgesellschaften.[111] 54

bb) Anzahl der Gesellschaften. Wie viel GmbH & Co. KGs in der Bundesrepublik bestehen, ist nicht genau bekannt. Schätzungen gehen von 170 000 Gesellschaften aus, wobei von einer steigenden Tendenz gesprochen wird.[112] 55

2. Entstehung durch Gründung und Umwandlung. a) Entstehung durch Gründung. Eine GmbH & Co. KG setzt das Bestehen zweier Gesellschaften voraus: Der GmbH und der KG. Für die **GmbH-Gründung** gilt das allgemeine Gründungsrecht der GmbH. **Gegenstand des Unternehmens** der GmbH (§ 3 Abs. 1 Nr. 2 GmbHG) ist die Führung der Geschäfte der (im Gesellschaftsvertrag genau zu bezeichnenden) KG.[113] Die Rechtsprechung verlangt allerdings teilweise die Angabe des Tätigkeitsbereichs der KG.[114] Dies ist systemwidrig, da Unternehmensgegenstand der GmbH nicht das Tätigkeitsfeld der KG[115] ist. Soll eine bereits bestehende GmbH Komplementärin einer KG 56

---

[108] BGH ZIP 2008, 174 mit Anm. *K. Schmidt* S. 481.

[109] *Liebscher* in Sudhoff § 2 RdNr. 7 ff.; *Oetker* RdNr. 68; *von der Osten* GmbHR 1995, 438, 439.

[110] Ausführlicher *Liebscher* in Sudhoff § 2 RdNr. 81; *Karsten Schmidt* § 56 IV 5; *Sigle,* FS Peltzer, S. 539, 540 f.

[111] Dazu *Eisolt/Verdenhalven* NZG 2000, 130; *Hoffmann* DStR 2000, 837; *Luttermann* ZIP 2000, 517; *Theile* GmbHR 2000, 215.

[112] *Liebscher* in Sudhoff § 2 RdNr. 2; *Oetker* RdNr. 71.

[113] Baumbach/*Hopt* Anh. § 177 a RdNr. 13; *Bayer in Lutter/Hommelhoff GmbHG* § 3 RdNr. 7; *Karsten Schmidt* § 56 III 2; *Ulmer* GmbHG § 3 RdNr. 19.

[114] OLG Hamburg BB 1968, 267; BayObLG NJW 1976, 1694; skeptisch gegenüber diesem Standpunkt aber BayObLG BB 1995, 1814; BayObLG GmbHR 1996, 360.

[115] Siehe Schlegelberger/*Martens* RdNr. 107: Die GmbH ist ein Dienstleistungsunternehmen.

werden, so muss diese Geschäftsführungsfunktion zu ihrem Unternehmensgegenstand gehören.[116]

57 Die GmbH nimmt sodann an der Gründung der KG teil und wird deren Komplementärin. Möglich ist es auch, dass die sog. **Vor-GmbH** (also die GmbH nach Abschluss des notariell beurkundeten Gesellschaftsvertrages, aber vor Eintragung!) **Komplementärin der KG** wird (§ 176 RdNr. 53). Daher steht auch der Eintragung der KG vor Eintragung der GmbH nichts im Wege. Umstritten ist, ob der Geschäftsführer der Vor-GmbH ohne besondere Ermächtigung der GmbH-Gesellschafter die GmbH beim Abschluss des KG-Vertrages vertreten kann. Dies hängt davon ab, ob man bereits im Gründungsstadium § 37 Abs. 2 GmbHG (unbeschränkbare Vertretungsmacht) anwendet, oder ob man davon ausgeht, dass die Vertretungsmacht nur so weit reicht wie der Zweck der Vor-GmbH.[117] Bei der Gründung einer GmbH, die Komplementärin einer KG werden soll, käme es auf diese Frage nicht an, wenn Zweck einer solchen Vor-GmbH auch die Teilnahme an der KG-Gründung wäre. Davon wird man im Regelfall aber nicht ausgehen können,[118] da die Gesellschafter der Vor-GmbH aufgrund der sog. Gründerhaftung mit der KG-Gründung ein erhebliches Risiko eingehen. Ihrem legitimen Schutzbedürfnis kann daher nur dadurch Rechnung getragen werden, dass man die Begründung einer so weitgehenden Vertretungsmacht des Geschäftsführers an die Zustimmung der GmbH-Gesellschafter bindet.[119] Auch die **Vorgründungsgesellschaft** (also die auf Gründung einer GmbH gerichtete Gesellschaft bürgerlichen Rechts vor Abschluss des notariell beurkundeten Gesellschaftsvertrages der GmbH) kann Komplementärin sein.[120] Dies ist allerdings nicht zweckmäßig, da die von ihr begründeten Rechtsverhältnisse nicht ipso iure auf die GmbH übergehen.[121] Zur Anmeldung und Eintragung der Vor-GmbH als Komplementärin der KG § 162 RdNr. 10.

58 Wer vor Eintragung der GmbH für diese rechtsgeschäftlich oder rechtsgeschäftsähnlich handelt, haftet für die Erfüllung der Verbindlichkeit auch persönlich (§ 11 Abs. 2 GmbHG, sog. **Handelndenhaftung**). Dabei wird der Begriff des Handelnden eng verstanden.[122] Vielfach wird dafür plädiert, nur den Geschäftsführer oder eine Person, die sich als solcher geriert, als Handelnden anzusehen.[123] Handelt dieser im Namen der KG, so trifft ihn die Haftung nach § 11 Abs. 2 GmbHG nicht.[124] Die hM sieht das zwar anders[125]. Aber der Wortlaut verlangt ein Handeln im Namen der GmbH, das dann gerade nicht vorliegt. Auch der Zweck der Norm (Gläubiger soll wenigstens einen Schuldner erhalten, falls es nicht zur Eintragung der GmbH kommt,[126] oder – genauer – einen weiteren Schuldner, eben den Handelnden als Ersatz dafür, dass sein Schuldner, die Vor-GmbH, die Registerkontrolle noch nicht durchlaufen hat)[127] fordert kein anderes Ergebnis. Da die KG besteht (sonst § 179 BGB analog), ist dieser Schuldner gegeben. Allerdings hat der persönlich haftende Gesellschafter des Schuldners die Registerkontrolle

[116] Schlegelberger/*Martens* RdNr. 107.

[117] So BGHZ 80, 129, 139; Überblick über den Diskussionsstand bei *Bayer* in Lutter/Hommelhoff GmbHG § 11 RdNr. 14.

[118] AA *Ulmer* GmbHG § 11 RdNr. 160.

[119] *Brandes* WM 1987, Sonderbeilage Nr. 1, S. 3; anders nur, wenn bereits in der Vor-GmbH ein Handelsgewerbe nach § 1 Abs. 2 betrieben wird: *Grunewald* 2. F. 33; siehe auch *Beuthien* NJW 1997, 565, 566; *Meister,* FS Werner, S. 521, 532; *Oetker* RdNr. 91; aA BGH BB 1968, 481.

[120] *Ulmer* GmbHG § 11 RdNr. 160.

[121] Weitestgehend unstreitig statt aller *Grunewald* 2. F. 29; *Ulmer* GmbHG § 11 RdNr. 133.

[122] *Bayer* in Lutter/Hommelhoff GmbHG § 11 RdNr. 26; *Ulmer* GmbHG § 11 RdNr. 133 ff.

[123] *Bayer* in Lutter/Hommelhoff GmbHG § 11 RdNr. 26.

[124] *Karsten Schmidt* NJW 1975, 665, 668.

[125] BGHZ 80, 129, 133; *Brandes* WM 1987, Sonderbeilage Nr. 1, S. 4; *Flume* § 16 IV 5, S. 337; Röhricht/v. Westphalen/*v. Gerkan/Haas* RdNr. 50; Baumbach/*Hopt* Anh. § 177 a RdNr. 17; *Oetker* RdNr. 96; *Karsten Schmidt* NJW 1981, 1345, 1346; *Ulmer* GmbHG § 11 RdNr. 167 f.

[126] Zurecht kritisch hierzu Scholz/*Karsten Schmidt* GmbHG § 11 RdNr. 92: Gläubiger kann in jedem Fall die Vor-GmbH in Anspruch nehmen und hat daher immer einen Schuldner.

[127] *Bayer* in Lutter/Hommelhoff GmbHG § 11 RdNr. 24; Scholz/*Karsten Schmidt* GmbHG § 11 RdNr. 93.

noch nicht durchlaufen. Aber darauf kann man, ganz abgesehen davon, dass dies unter Umständen durchaus offengelegt wird,[128] die Haftung schon deshalb nicht stützen, weil mittlerweile die Fähigkeit der Vor-GmbH, Komplementärin zu sein, allgemein anerkannt ist und daher auch mit dieser Komplementärin gerechnet werden muss. Auch gibt es im Recht der KG in keinem Fall einen Schutz vor der Zahlungsunfähigkeit des Komplementärs. Im Übrigen sorgt die Differenzhaftung für eine umfassendere Gläubigersicherung als die gesetzlichen Normativbestimmungen des GmbH-Rechts. Wenn demgegenüber als weiterer Normzweck des § 11 Abs. 2 GmbHG angeführt wird, dass der Geschäftsführer durch das Haftungsrisiko zu einer Beschleunigung des Eintragungsverfahrens angehalten werden soll,[129] so ist dem entgegenzuhalten, dass die Länge des Eintragungsverfahrens normalerweise vom Geschäftsführer gar nicht beeinflusst werden kann.[130] Im Übrigen bestehen an dem rechtspolitischen Sinn des § 11 Abs. 2 GmbHG sowieso erhebliche Zweifel,[131] was ebenfalls eine restriktive Norminterpretation nahe legt.

Bei Abschluss des KG-Vertrages ist – wie stets – **§ 181 BGB zu beachten.** Soll der 59
Geschäftsführer der GmbH zugleich Kommanditist der KG werden, muss eine entsprechende Gestattung durch Gesellschafterbeschluss in der GmbH erfolgen oder im GmbH-Vertrag enthalten sein.[132] Sofern die GmbH nach dem GmbH-Vertrag – etwa aufgrund der Angaben zum Unternehmensgegenstand, oben RdNr. 56 – Komplementärin einer KG werden soll, von der bekannt ist, dass der Geschäftsführer ihr Kommanditist ist, ist hierin die erforderliche Gestattung zu sehen. Es reicht auch aus, dass alle Gesellschafter der GmbH – etwa weil sie auch Kommanditisten sind – an der Gründung der KG teilnehmen und so ihr Einverständnis zumindest stillschweigend erklären.[133]

Zu dem Fall, dass die Hafteinlagen der Kommanditisten in der GmbH & Co. KG 60
extrem niedrig sind RdNr. 6; zur Firma der GmbH & Co. KG § 19 RdNr. 18 ff.; zu den Angaben auf den Geschäftsbriefen §§ 125 a, 177 a.

b) Entstehung durch Umwandlung. Es gilt das zur KG Ausgeführte (oben 61
RdNr. 15 ff.).[134] **Keine Umwandlung im Sinne des UmwG liegt vor, wenn aus einer KG durch Beitritt einer GmbH eine GmbH & Co. KG wird.** In diesem Fall liegt lediglich eine Änderung des KG-Vertrages durch Beitritt eines neuen Komplementärs vor. Es gelten die allgemeinen Regelungen für Vertragsänderungen (RdNr. 25). Mehrheitsentscheidungen sind im üblichen Rahmen zulässig. Eine Zustimmung aller Kommanditisten ist also nicht zwingend erforderlich.[135] Dem steht auch nicht entgegen, dass sich in der GmbH & Co. KG das Haftungsrisiko des Kommanditisten auf Grund der Anwendbarkeit von § 31 GmbHG (siehe §§ 171, 172 RdNr. 127 ff.) erhöht. Auch sonst kommt es vor, dass der Beitritt neuer Gesellschafter neue Risiken bringt. Kommanditisten, die das nicht hinnehmen wollen, dürfen sich nicht auf Mehrheitsklauseln einlassen. Dieser Wertung entspricht § 217 Abs. 1 S. 2 UmwG. Scheidet – wie häufig im Zusammenhang mit dem Beitritt einer GmbH als neuer Komplementär – der alte Komplementär aus der KG aus oder wird er zum Kommanditisten, so gilt für seine Forthaftung § 160 (das ehemalige Sonderrecht für Komplementäre, die als Geschäftsführer der GmbH, die Komplementärin einer KG wurde, tätig waren, ist überholt, siehe Erläuterungen bei § 160).

3. Die Gesellschaftsverträge. Da das Bestehen der GmbH & Co. KG die Existenz 62
zweier Gesellschaften voraussetzt, ist der Gesellschaftsvertrag der Komplementär-GmbH

[128] Etwa durch Bezeichnung als Vor-GmbH.
[129] Scholz/*Karsten Schmidt* GmbHG § 11 RdNr. 93.
[130] BGH NJW 1977, 1683, 1685; *Ulmer* GmbHG § 11 RdNr. 124.
[131] Scholz/*Karsten Schmidt* GmbHG § 11 RdNr. 92.
[132] Siehe den eine Beschlussfassung in der KG betreffenden Fall, BGH NJW 1993, 2100; auch BGH NJW 1978, 160, 161; *Oetker* RdNr. 87; Heymann/*Horn* RdNr. 142.
[133] BGH NJW 1978, 160, 161.
[134] Speziell zur Umwandlung einer GmbH in eine GmbH & Co. KG, *Fischer* BB 1995, 2173; *von der Oosten* GmbHR 1995, 438; auch zum Beitritt der Komplementär-GmbH, *Ihrig* in Sudhoff § 55 VI; *Kallmeyer* GmbHR 1996, 80; *Karsten Schmidt* GmbHR 1995, 693.
[135] BayObLG ZIP 2005, 164, 165, *Oetker* RdNr. 97; aA *Priester,* FS Huber, S. 905, 910.

von dem der KG zu unterscheiden. Für den Gesellschaftsvertrag der KG gilt KG-Recht. Bei der **Auslegung des KG-Vertrages** gelten daher die üblichen Regeln (oben RdNr. 25). Bei der **Auslegung des GmbH-Vertrages** unterscheidet die Rechtsprechung zwischen körperschaftlichen und individualrechtlichen Bestimmungen des Gesellschaftsvertrages. Für die individualrechtlichen Bestimmungen sollen dieselben Grundsätze gelten wie bei der Auslegung aller Verträge und damit eben auch der KG-Verträge. Körperschaftliche Regelungen sollen demgegenüber mehr objektiv (also normähnlich und ohne Berücksichtigung der aus den Registerakten nicht erkennbaren Besonderheiten des Vertragsschlusses und der Vorgeschichte der Gesellschaft überhaupt) ausgelegt werden.[136] Wäre dem so, so müsste unter Umständen der GmbH-Vertrag anders verstanden werden als der KG-Vertrag – ein nicht nur bei der Einheits-GmbH & Co. KG (unten RdNr. 95 ff.) nicht gerade überzeugendes Ergebnis.[137] Daher sollte man, wenn man an den besonderen Auslegungsgrundsätzen der Judikatur für den GmbH-Vertrag festhält,[138] für die GmbH & Co. KG eine Ausnahme machen (zu den Besonderheiten bei der mitgliederstarken GmbH & Co. KG unten RdNr. 110). Hier sind beide Verträge so miteinander verbunden, dass eine unterschiedliche Interpretation nicht zu billigen ist. Da das Schwergewicht bei der KG liegt, sind ihre Auslegungsgrundsätze auch für die GmbH maßgeblich. Dass hiermit niemanden Unrecht geschieht, zeigt die schlichte Überlegung, dass kaum jemand sich ein Bild über den GmbH-Vertrag machen wird, ohne den KG-Vertrag hinzuzuziehen.

63 Auch in einer KG, deren persönlich haftende Gesellschafterin eine juristische Person ist, gilt der **Bestimmtheitsgrundsatz** (oben RdNr. 25). Da dieser aber nichts weiter als eine Auslegungsregel ist[139] und für die GmbH dieselben Auslegungsregeln gelten wie für die KG (oben RdNr. 62), ergeben sich für die GmbH & Co. KG keine Probleme. Es kann also **für beide Gesellschaften** – für die GmbH und für die KG – **eine wortgleiche Regelung** bezüglich der Zuständigkeiten und Mehrheiten der Gesellschafterversammlung getroffen werden, wobei beide Regelungen dann auch die gleiche Bedeutung haben. Es kann in der KG auch auf die nach dem GmbH-Vertrag erforderlichen Mehrheiten verwiesen werden.[140] Denn der GmbH-Vertrag ist den Kommanditisten üblicherweise bekannt, jedenfalls aber leicht zugänglich. Problematisch ist demgegenüber, ob eine mehr oder weniger pauschale Verweisung auf das GmbHG möglich ist.[141] Bei einer solchen Vertragsgestaltung ist im Prinzip zwar klar, was gemeint ist, aber das Gemeinte kann nicht aus dem Text des Gesellschaftsvertrages der KG und zwar auch nicht unter Hinzuziehung des GmbH-Vertrages ermittelt werden. Gleichwohl scheitert eine solche Bestimmung nicht an § 138 BGB. Der Abschluss eines Gesellschaftsvertrages ist kein alltägliches Geschäft, das problemlos aus sich heraus verständlich sein müsste. Eine gewisse Beschäftigung mit dem Vertrag und der Bedeutung seiner Regelungen ist für die Gesellschafter typisch und kann auch von ihnen erwartet werden. Dann ist aber auch eine Verweisung auf das GmbHG akzeptabel.

64 Für den **Inhalt und die Form** des KG-Vertrages gelten die allgemeinen Regeln (oben RdNr. 21). Für den GmbH-Vertrag sind §§ 2, 3 GmbHG zu beachten. Für Änderungen

---

[136] Schilderungen bei Scholz/*Emmerich* GmbHG § 2 RdNr. 35; *Grunewald* ZGR 1995, 68, 85; *Bayer* in *Lutter/Hommelhoff* GmbHG § 2 RdNr. 13.

[137] Siehe die Kritik bei *Karsten Schmidt* § 5 I 4 b; *Grunewald* ZGR 1995, 68, 89; nach *Ulmer* GmbHG § 2 RdNr. 150 soll in diesen Fällen der Treuepflichteinwand helfen.

[138] Kritik bei *Grunewald* ZGR 1995, 68, 85 ff.; *Karsten Schmidt* GesR § 5 I 4.

[139] Umstritten, siehe § 119 RdNr. 78 ff., zum Bestimmtheitsgrundsatz als Auslegungsregel: *Hermanns* ZGR 1996, 103, 106; *Karsten Schmidt* ZHR 158 (1994), 205 ff.

[140] Siehe den Vorschlag von *K. Schmidt* ZGR 2008, 1, 11; *ders.* JZ 2008, 425, 431.

[141] Bejaht für die Einheits-GmbH & Co. KG (unten RdNr. 95) von *Karsten Schmidt* ZHR 158 (1994), 205, 223 f.; für jede KG ebenso Scholz/*Karsten Schmidt* GmbHG Anh. § 45 RdNr. 27; für den Verweis auf Mehrheitserfordernisse *ders.* ZGR 2008, 1, 11; *ders.* JZ 2008, 425, 431; E/B/J/S/*Henze* § 177 a Anh. A RdNr. 122 für die personenidentische GmbH & Co. KG; in BGH NJW 1988, 411, 412 wird ein Verweis auf das Recht der KGaA als sogar dem Bestimmtheitsgrundsatz genügend und jedenfalls generell akzeptabel angesehen.

des Gesellschaftsvertrages gelten in Bezug auf die KG die geschilderten Grundsätze (oben RdNr. 26), für die GmbH § 53 GmbHG.

4. Mitgliedschaftliche Rechte und Pflichten. a) Treuepflicht. Für die Kommanditisten einer GmbH & Co. KG gelten die für jeden Kommanditisten einschlägigen Grundsätze (oben RdNr. 30). Gleiches gilt im Prinzip auch für die Komplementärin, die GmbH.[142] Als Verschuldensmaßstab kommt allerdings § 43 GmbHG, nicht § 708 BGB[143] zur Anwendung. Denn da der Geschäftsführer der GmbH nach § 43 GmbHG haftet und auf „individuelle Fähigkeiten" der GmbH keine Rücksicht genommen werden muss, macht es keinen Sinn, den reduzierten Haftungsmaßstab des § 708 BGB anzuwenden. Der GmbH wird das Verhalten ihres Geschäftsführers und ihrer Gesellschafterversammlung zugerechnet (§ 31 BGB).[144] 65

Auch die GmbH-Gesellschafter haben gegenüber der GmbH sowie gegenüber ihren Mitgesellschaftern diese Grundsätze zu beachten. Möglich ist, dass durch **Treuepflichtverletzungen der GmbH-Gesellschafter** untereinander ein Schaden bei der KG entsteht. Eine solche Konstellation war in dem sog. ITT-Fall[145] gegeben, in dem Kläger und Beklagter Gesellschafter einer GmbH waren, die die Geschäfte einer KG leitete, an der der Kläger als Kommanditist beteiligt war. Der Beklagte hatte noch eine 100%-ige Tochtergesellschaft. Er veranlasste aufgrund seiner maßgeblichen Beteiligung in der GmbH die KG zur Zahlung einer Umlage an seine Tochtergesellschaft, der keine adäquate Gegenleistung gegenüberstand. Der Kläger verlangte erfolgreich den Ausgleich des darauf beruhenden Schadens durch Leistung in das KG-Vermögen. Da der BGH eine Verletzung der Treuepflicht im Verhältnis der GmbH-Gesellschafter untereinander als gegeben ansah, hätte ein nur an der KG beteiligter Gesellschafter auf diesem Wege keinen Ersatz verlangen können. Er hätte lediglich im Wege der actio pro socio gegen die GmbH vorgehen und von ihr Schadensersatz verlangen können. Da aufgrund der engen Verbundenheit zwischen den GmbH-Gesellschaftern und den Kommanditisten auch **Treuepflichten der GmbH-Gesellschafter gegenüber den Kommanditisten** bestehen, ist eine direkte Inanspruchnahme auch dann möglich, wenn der Kommanditist nicht zugleich GmbH-Gesellschafter ist.[146] Sofern man dem folgt, liegt es nahe, solche Pflichten **auch im Verhältnis zur KG** als der von einem Fehlverhalten eigentlich betroffenen Gesellschaft zu entwickeln.[147] Zu diesen typischerweise im Konzernrecht diskutierten Fragen Anhang Konzernrecht RdNr. 182, 209. 66

b) Actio pro socio. Ohne Zweifel steht dem Kommanditisten in der GmbH & Co. KG die actio pro socio (oben RdNr. 36) nach den allgemeinen Regeln zu. Dies impliziert, dass Ansprüche der KG gegen die GmbH als der Komplementärin der KG von den Kommanditisten geltend gemacht werden können, wenn die Voraussetzungen der actio pro socio vorliegen. In manchen Fällen hat der Kommanditist aber auch ein schutzwürdiges Interesse daran, dass Ansprüche der GmbH durchgesetzt werden. Dabei kommen – gemäß dem innerverbandlichen Anwendungsbereich der actio pro socio – grundsätzlich nur **Ansprüche der GmbH gegen GmbH-Gesellschafter**[148] **oder Kommanditisten** in Frage.[149] Das besondere Interesse des Kommanditisten, das diesen erweiterten Anwen- 67

[142] Beispiel BGH NZG 2006, 194.

[143] Röhricht/v.Westphalen/*v. Gerkan/Haas* RdNr. 58; MünchHdb. KG/*Schilling* in § 164 RdNr. 15; für die Normal-KG offengelassen in BGHZ 75, 321, 327; aA für die nicht körperschaftlich strukturierte GmbH & Co. KG BGH WM 1956, 61, 64; Baumbach/*Hopt* Anh. § 177 a RdNr. 26; *Hüffer* ZGR 1981, 348, 362; *Konzen* NJW 1989, 2977, 2986.

[144] Beispiel BGH ZIP 2006, 230: Es ging um eine Kapitalerhöhung in der GmbH.

[145] BGHZ 65, 18; dazu *Rehbinder* ZGR 1976, 386; *Schilling* BB 1975, 1451; *Ulmer* NJW 1976, 192; *Westermann* GmbHR 1976, 77; *Wiedemann* JZ 1976, 392.

[146] *Grunewald* BB 1981, 581, 585; Heymann/*Horn* RdNr. 135; *Assmann/Kübler* § 21 III 2; *Oetker* RdNr. 103; *Stimpel* AG 1986, 117, 118 f.; aA E/B/J/S/*Henze* § 177 a Anh. A RdNr. 88.

[147] *Oetker* RdNr. 103; *Stimpel* AG 1986, 117, 118 f; Beispiel § 165 RdNr. 15.

[148] *Koller* in K/R/M § 105 RdNr. 34.

[149] Zur Klage gegen Beiratsmitglieder unten RdNr. 167.

dungsbereich der actio pro socio rechtfertigt,[150] ist insbesondere dann gegeben, wenn von der Geltendmachung des Anspruchs der GmbH die Haftung des Kommanditisten abhängt. So kann der Kommanditist etwa ein erhebliches Interesse daran haben, dass das Stammkapital der GmbH nach §§ 30, 31 GmbHG wieder aufgefüllt wird, wenn er selber aus dem KG-Vermögen etwas erhalten und aufgrund dessen auch seine Haftung (allerdings gegenüber der KG) nach §§ 30, 31 GmbHG droht (§§ 171, 172 RdNr. 128). Von der Interessenlage her vergleichbar wäre der Fall, dass ein GmbH-Gesellschafter seine der GmbH geschuldete (Sach-)Einlage nicht erbringt und dadurch (etwa weil eine Verpachtung dieser Sacheinlage an die KG geplant war) das Unternehmen der KG in Mitleidenschaft gezogen wird.

68 Wenn ein Kommanditist ein erhebliches Interesse an der Durchsetzung von **Ansprüchen der KG gegen einen GmbH-Gesellschafter** hat, etwa weil der GmbH-Gesellschafter seine Treuepflicht im Verhältnis zur KG verletzt hat (oben RdNr. 66), kommt die actio pro socio unter den üblichen Voraussetzungen ebenfalls zur Anwendung.[151] Dies liegt auf der für die BGB-Gesellschaft von der Judikatur entwickelten Linie,[152] wonach die actio pro socio des BGB-Gesellschafters gegen Schuldner der Gesellschaft – auch wenn sie nicht Gesellschafter sind – dann zuzulassen ist, wenn der Gesellschafter an der Geltendmachung des Anspruchs ein berechtigtes Interesse hat, etwa weil die geschäftsführenden Gesellschafter die Einziehung der Forderung aus gesellschaftswidrigen Gründen verweigern und der Schuldner an diesem gesellschaftswidrigen Verhalten beteiligt ist.[153] Zwar wird diese Judikatur von der Rechtsprechung bislang nicht auf die KG übertragen[154] und die genannten Voraussetzungen (kollusives Zusammenwirken von geschäftsführenden Gesellschaftern und Schuldnern) werden in den Fällen der GmbH & Co. KG auch nicht stets gegeben sein. Aber dafür wird mit der erweiterten actio pro socio in der GmbH & Co. KG auch nicht ein beliebiger Dritter sondern lediglich ein mit dem Unternehmen als Gesellschafter der Komplementärin verbundener Schuldner in Anspruch genommen.

69 Sollte ein Kommanditist ein besonderes Interesse daran haben, dass die **Ansprüche der KG gegen den Geschäftsführer der GmbH** (unten RdNr. 82 f.) durchgesetzt werden, so ist die actio pro socio unter den üblichen Voraussetzungen ebenfalls gegeben.[155] Die Interessenlage entspricht der bei der Geltendmachung von Ansprüchen der KG gegen die Gesellschafter der GmbH (oben RdNr. 68). Insbesondere handelt es sich auch bei der Inanspruchnahme des Geschäftsführers um eine Person, die mit einem beliebigen anderen Schuldner dieser Gesellschaft schon deshalb nicht vergleichbar ist, weil sie Organ der GmbH ist.

70 **5. Geschäftsführung und Vertretung. a) Weisungsrecht und Geschäftsführungsbefugnis.** Die Geschäfte der KG führt ihre Komplementärin, die GmbH. Für diese handelt ihr Geschäftsführer. Bei der Führung der Geschäfte ist er, wie jeder Geschäftsführer einer GmbH,[156] an die Weisungen der GmbH-Gesellschafter gebunden.[157] Bejaht man eine Treuepflicht der GmbH-Gesellschafter gegenüber den Kommanditisten oder der KG (oben RdNr. 66), so ist diese bei der Ausübung des Weisungsrechts zu beachten. **Den Kommanditisten steht, sofern nichts anderes vereinbart ist** (§ 164 RdNr. 23),

[150] Diesen Aspekt betont auch *Oetker* RdNr. 104.

[151] Zurückhaltend *Brandi* ZIP 1995, 1391, 1396.

[152] Siehe den Hinweis von *Brandi* ZIP 1995, 1391, 1396.

[153] BGHZ 102, 152, 155; 39, 14, 16; 17, 340.

[154] BGH NJW 1973, 2198, 2199; WM 1964, 651; im Ergebnis ebenso *Karsten Schmidt* GesR § 21 IV I; kritisch dazu *Grunewald* Gesellschafterklage S. 54 f.

[155] AA für einen Sonderfall BGH NJW 1995, 1353, 1357; aA auch *Koller* in K/R/M § 105 RdNr. 34.

[156] *Kleindiek* in Lutter/Hommelhoff GmbHG § 37 RdNr. 1.

[157] Baumbach/*Hopt* Anh. § 177 a RdNr. 27; *Konzen* NJW 1989, 2977, 2983; in dem Fall OLG Düsseldorf ZIP 1984, 1476 wird eine außerordentliche Kündigung des Geschäftsführers wegen Nichtbefolgung von Weisungen gebilligt.

ein solches Weisungsrecht nicht zu.[158] Die Bildung einer GmbH & Co. KG dient bei einer solchen Vertragsgestaltung eben gerade auch dazu, den Einfluss der Kommanditisten auf die Geschäftsführung zurückzudrängen. Ein solches Anliegen kann sachgerecht sein und sollte nicht durch die Entwicklung ungeschriebener (und vielleicht sogar noch zwingender?) Weisungsrechte blockiert werden. Dies gilt auch, wenn die GmbH keinen Kapitalanteil hält, da auch dann uU ein legitimes Interesse an der Zurückdrängung des Einflusses der Kommanditisten besteht.[159] Sofern dies nicht gewollt ist, haben die Gesellschafter die Möglichkeit, **den Kommanditisten** Weisungsrechte gegenüber den Geschäftsführern der GmbH im Gesellschaftsvertrag der GmbH einzuräumen. Zwar wird eine Verlagerung des Weisungsrechts auf Personen, die nicht GmbH-Gesellschafter sind, vielfach als problematisch angesehen.[160] Doch kann dies nicht für die Kommanditisten gelten, da diese von der Geschäftsführung maßgeblich betroffen sind.[161] Wollte man demgegenüber von einem gesetzlich vorgegebenen Weisungsrecht der Kommanditisten für den Fall ausgehen, dass die GmbH keinen Kapitalanteil hält, müsste auch gesagt werden, was gelten soll, wenn der Kapitalanteil nur ganz gering ist. Sofern man – entgegen dem hier vertretenen Standpunkt – ein Weisungsrecht für gegeben hält, kann es jedenfalls nur in dem Rahmen bestehen, in dem die Kommanditisten auch sonst Einfluss auf die Geschäfte der KG nehmen können (§ 164).[162]

Die GmbH hat bei der Führung der Geschäfte der KG die üblichen Grenzen der Treuepflicht zu beachten (oben RdNr. 65). Der **GmbH** kann nach den Regeln von § 117 **die Geschäftsführungsbefugnis entzogen werden.** Dabei wird ihr das Verhalten ihres Geschäftsführers nach § 31 BGB zugerechnet.[163] Da die Kommanditisten keine Möglichkeit haben, den Geschäftsführer in der GmbH abzuberufen (unten RdNr. 80), muss eine solche Einflussnahme auf die Organisation der GmbH von ihnen auch nicht vor einem solchen Entzug der Geschäftsführungsbefugnis der GmbH versucht werden. Auch wenn die Kommanditisten zugleich GmbH-Gesellschafter sind,[164] und daher eine Abberufung des Geschäftsführers betreiben könnten, gilt nichts anders. Es bleibt dann ihnen überlassen, ob sie durch Abberufung der GmbH oder des Geschäftsführers die Umorganisation vornehmen wollen.[165] Anders ist nur dann zu entscheiden, wenn in der GmbH schutzwürdige Interessen zu beachten sind – etwa weil weitere Gesellschafter, die nicht zugleich Kommanditisten sind, vorhanden sind. Die GmbH kann normalerweise der Entziehung der Geschäftsführungsbefugnis durch Auswechslung ihres Geschäftsführers zuvorkommen.[166] Dies gilt aber nicht, wenn auch nach dieser Maßnahme nicht mit einer ordnungsgemäßen Geschäftsführung durch die GmbH gerechnet werden kann, etwa weil die 71

[158] *Esch* NJW 1988, 1553, 1557; Röhricht/v. Westphalen/*v. Gerkan/Haas* RdNr. 61; *Hüffer* ZGR 1981, 348, 360.

[159] AA Scholz/*Karsten Schmidt* GmbHG § 46 RdNr. 119; *ders.*, FS Röhricht, S. 511, 518 f, 532; *ders.*, JZ 2008, 425, 432 für die „typische GmbH & Co. KG mit schwacher Komplementär-GmbH".

[160] Etwa Scholz/*Schneider* GmbHG § 37 RdNr. 33; *Ulmer,* FS Werner, S. 911, 921; aA *Fleck* ZGR 1988, 104, 132; Hachenburg/*Mertens* GmbHG § 37 RdNr. 21, 26.

[161] Im Ergebnis ebenso Baumbach/*Hopt* Anh. § 177 a RdNr. 27; *Hopt* ZGR 1979, 1, 6; *Konzen* NJW 1989, 2977, 2982; *Weimar/Geitzhaus* DB 1987, 2026, 2087; zum Weisungsrecht der KG, wenn sie zugleich Gesellschafterin der GmbH ist, siehe auch BGH GmbHR 1980, 127, 129: Dort wird offengelassen, ob das Weisungsrecht auf die KG verlagert werden kann. Nach Ansicht von *Kübler/Assmann* § 22 III 2 und *Weimar/Geitzhaus* DB 1987, 2026, 2087 liegt das Weisungsrecht immer bei der KG; dazu Scholz/*Schneider GmbHG* § 37 RdNr. 32.

[162] *Hüffer* ZGR 1981, 348, 360.

[163] BGH ZIP 1983, 1066; BGH WM 1977, 500, 502; *Hopt* ZGR 1979, 1, 10; GroßKomm HGB/*Schilling* § 164 RdNr. 17; *Westermann, H. P.,* FS 50 Jahre Bundesgerichtshof, Bd. II, 2000, S. 245, 268 f.

[164] Nach *Fleck,* FS Stimpel, S. 115, 127 müssen die Kommanditisten stets zuerst versuchen, die Abberufung des Geschäftsführers zu erreichen.

[165] BGH NJW 1984, 173, 174 mit zustimmender Anm. *Westermann* ZIP 1983, 1070, 1071; die von Westermann angenommene mögliche Ausnahme für Publikums-KGs wird kaum praktisch, da dann die Kommanditisten meist nicht Gesellschafter der GmbH sind. Doch liegt in der Auswechselung der Geschäftsführer schon deshalb kein akzeptables milderes Mittel, weil es den Kommanditisten um die Neuorganisation der KG geht und gehen darf.

[166] BGH ZIP 1983, 1066, 1070; *Hopt* ZGR 1979, 1, 11.

Bestellung weiterer ungeeigneter Geschäftsführer zu befürchten ist oder der Mehrheitsgesellschafter der GmbH weiterhin einen nicht akzeptablen Einfluss auf die Geschäftsführung der GmbH nehmen will. Möglich ist auch ein Ausschluss der GmbH aus der KG (§ 140).[167]

72 **b) Vertretung.** Die KG wird durch ihren Komplementär, **die GmbH, vertreten. Diese vertritt ihr Geschäftsführer.** Für Geschäfte des Geschäftsführers bzw. der GmbH mit der KG gilt **§ 181 BGB.** Erforderlich ist also eine Gestattung der KG[168] (und sofern die GmbH durch denselben Geschäftsführer vertreten werden soll, auch der GmbH),[169] die im Gesellschaftsvertrag auch pauschal enthalten sein kann.[170] Ist dies nicht der Fall, so kann der Geschäftsführer sich diese Erlaubnis für das konkrete Geschäft nicht selbst erteilen (§ 181 BGB), wohl aber ein anderer Geschäftsführer der Komplementärin als Vertreter der KG. Diese Gestattung betrifft dann aber nur den Einzelfall. Sind dem Geschäftsführer in dem Gesellschaftsvertrag der GmbH Insichgeschäfte gestattet, so bezieht sich diese Gestattung auf die Geschäfte mit der GmbH. Insichgeschäfte mit der KG bedürfen demgegenüber der Gestattung der KG, die der Geschäftsführer sich nach § 181 BGB nicht selbst erteilen kann.[171] Ansonsten können stets die Kommanditisten (wenn kein weiterer Komplementär vorhanden ist), um deren Schutz es in der Sache geht, sich mit einem bestimmten Geschäft einverstanden erklären. Dieses ist dann gültig.[172] Möglich ist auch eine Vertragsdurchbrechung im Einzelfall. Erforderlich ist dann ein Beschluss der Kommanditisten mit vertragsändernder Mehrheit.[173] Sofern der Geschäftsführer zugleich Kommanditist ist, ist dabei wiederum § 181 BGB zu beachten.[174]

73 **Sowohl die Vertretungsmacht** der GmbH (§ 126 Abs. 2) wie auch die Vertretungsmacht des Geschäftsführers der GmbH (§ 37 Abs. 2 GmbHG) **kann nicht beschränkt werden.** Daher wird die KG auch dann wirksam vertreten, wenn der Geschäftsführer die ihm im Innenverhältnis gezogenen Grenzen überschreitet.[175]

74 Wie stets können für die **KG Vollmachten aller Art erteilt** werden.[176] Der Geschäftsführer der GmbH kann auch Prokurist der KG sein.[177] Es kann nach hM nicht vorgesehen werden, dass die KG durch einen Prokuristen der KG gemeinsam mit einem Geschäftsführer der GmbH (gemischte Gesamtvertretung) vertreten werden kann (siehe § 48 RdNr. 79 (*Krebs*)).

75 **Vollmachten für die GmbH** können auch zur Vertretung der KG berechtigen. Ob das gewollt ist, muss durch Auslegung ermittelt werden. Eine Prokura der GmbH ermöglicht stets die Vertretung der KG.[178]

76 Soll der GmbH die **Vertretungsbefugnis entzogen werden** (§ 127),[179] so gilt das zur Entziehung der Geschäftsführungsbefugnis Gesagte entsprechend (oben RdNr. 71).

[167] BGH NJW 1977, 1013; OLG München DB 2004, 866.

[168] BGH BB 1995, 536.

[169] Siehe den Fall OLG Köln DB 1995, 2412: Befreiung in der Satzung der GmbH für Geschäfte mit der KG.

[170] So in den Fällen BayObLG DB 2000, 37 und BayObLG ZIP 2000, 701, zur Eintragungsfähigkeit § 162 RdNr. 3.

[171] AA OLG Düsseldorf NZG 2005, 131, 132: Gestattung im Gesellschaftsvertrag der GmbH reicht aus, es handelte sich aber um eine Einmann GmbH & Co. KG.

[172] *Frank* NJW 1974, 1073 f.; aA BGHZ 58, 115, 118 = BGH NJW 1972, 623; Baumbach/*Hopt* Anh. § 177 a RdNr. 40: Vertragsänderung erforderlich.

[173] BGHZ 58, 115, 118 = BGH NJW 1972, 623; Baumbach/*Hopt* Anh. § 177 a RdNr. 40; Schlegelberger/*Martens* RdNr. 113.

[174] BGH NJW 1993, 2100; zur Anwendung dieser Norm bei Geschäften des Geschäftsführers der GmbH mit sich selbst (hier als Kommanditist) statt aller Baumbach/*Hopt* Anh. § 177 a RdNr. 39; Scholz/*Schneider* GmbHG § 35 RdNr. 89 ff.

[175] Beispiel OLG Köln NZG 2009, 1223: Zustimmungserfordernisse im KG-Vertrag.

[176] Zur Vollmacht des Kommanditisten § 170 RdNr. 15 ff.

[177] BayObLG BB 1980, 1487; OLG Hamm BB 1973, 354; Baumbach/*Hopt* Anh. § 177 a RdNr. 37; siehe bei § 48 RdNr. 34 (*Krebs*).

[178] OLG Hamm NJW 1967, 2163; § 48 RdNr. 13 (*Krebs*).

[179] Zur Entziehung der Vertretungsmacht der GmbH wegen eines Fehlverhaltens ihres Geschäftsführers *Hopt* ZGR 1979, 1, 10.

c) Bestellung des GmbH-Geschäftsführers. Die Geschäftsführer der GmbH werden von den GmbH-Gesellschaftern bestellt. Auch Kommanditisten können Geschäftsführer werden (§ 170 RdNr. 19). Nach der gesetzlichen Regelung haben die **Kommanditisten keinen Einfluss** auf die Auswahl der Geschäftsführer.[180] Sofern von den GmbH-Gesellschaftern eine völlig ungeeignete Person bestellt wird, kann uU der GmbH die Geschäftsführungsbefugnis und Vertretungsmacht entzogen werden (oben RdNr. 71, 76). Auch kann, sofern man Treuepflichten der GmbH-Gesellschafter gegenüber den Kommanditisten bejaht (oben RdNr. 66), in einer solchen Wahl ein Verstoß gegen eben diese Pflicht liegen. Zugleich kann eine Treuepflichtverletzung der GmbH als Komplementärin der KG vorliegen. Dies setzt voraus, dass man ihr mit der hM über § 31 BGB das Verhalten der Gesellschafterversammlung zurechnet.[181] 77

Im Gesellschaftsvertrag der GmbH kann den Kommanditisten ein Vorschlagsrecht in Bezug auf die Geschäftsführerbestellung oder auch ein **Recht zur Auswahl** (Präsentation) **eingeräumt werden.**[182] Auch eine entsprechende schuldrechtliche Vereinbarung der GmbH mit den Kommanditisten ist möglich. Ob eine solche Befugnis Nichtgesellschaftern allgemein eingeräumt werden kann, ist allerdings umstritten.[183] Es erscheint aber unproblematisch, dieses Recht den Kommanditisten, als den von der Geschäftsführung eigentlich Betroffenen, einzuräumen. Auch eine Regelung, nach der die Kommanditisten der Bestellung des Geschäftsführers zustimmen müssen, ist akzeptabel.[184] Der Akt der Bestellung mit dem Recht, evident ungeeignete Kandidaten zurückzuweisen, muss allerdings den GmbH-Gesellschaftern auch im Verhältnis zu den Kommanditisten vorbehalten bleiben. Andernfalls wird der Dritteinfluss übermächtig; zur Beiratsverfassung RdNr. 152. 78

d) Abberufung des Geschäftsführers. Der Geschäftsführer der GmbH kann von den GmbH-Gesellschaftern – nicht von den Kommanditisten[185] – abberufen werden (§ 38 GmbHG). Die Kündigung des Anstellungsvertrages erfolgt durch die GmbH.[186] Genau wie die Bestellung (oben RdNr. 78) kann auch die Abberufung an einen Vorschlag bzw. an die Zustimmung der Kommanditisten gebunden werden.[187] Dies empfiehlt sich insbesondere dann, wenn der Geschäftsführer das Vertrauen der Kommanditisten genießt. Sofern diese ein Präsentations- oder Zustimmungsrecht zur Bestellung haben, wird sich vielfach im Wege der ergänzenden Vertragsauslegung ergeben, dass sie auch ein Weisungsrecht in Bezug auf die Abberufung haben sollen bzw. dieser zustimmen müssen. Eine Abberufung ohne Weisung bzw. Zustimmung ist dann pflichtwidrig. Sofern der **Geschäftsführer die Geschäfte der KG nicht sachgerecht führt und die GmbH-Gesellschafter ihn gleichwohl nicht abberufen,** kann der GmbH die Geschäftsführungs- und Vertretungsbefugnis entzogen werden. Auch ein Ausschluss der GmbH aus der KG kommt unter Umständen in Frage (oben RdNr. 71).[188] Für Treuepflichtverletzungen der GmbH-Gesellschafter und der GmbH selber gilt dasselbe wie bei Bestellung eines ungeeigneten Geschäftsführers (oben RdNr. 77).[189] 79

In der Literatur ist die Ansicht vertreten worden, dass **die Kommanditisten** unter den Voraussetzungen von §§ 117, 127 den **Geschäftsführer der GmbH** zwar nicht abberufen, 80

---

180 Schlegelberger/*Martens* RdNr. 109; BGH ZIP 2009, 1162, 1164 (AG & Co. KG).

181 Nachweise beim MünchKommBGB/*Reuter* § 31 RdNr. 27; diese Zurechnung wird nicht problematisiert bei *Hopt* ZGR 1979, 1, 15 und Schlegelberger/*Martens* RdNr. 109; nach *Hopt* ist ein solcher Eingriff in die Organisation der GmbH mit der Treuepflicht der GmbH prinzipiell nicht zu rechtfertigen.

182 *Hopt* ZGR 1979, 1, 6; der Formalakt der Bestellung bleibt aber auch dann bei den GmbH-Gesellschaftern, die ungeeignete Personen zurückweisen können.

183 Ablehnend Scholz/*Schneider* GmbHG § 35 RdNr. 164; *Ulmer,* FS Werner, S. 911, 919; befürwortend *Fleck* ZGR 1988, 104, 121.

184 OLG Hamm GmbHR 1991, 466; Scholz/*Karsten Schmidt* GmbHG § 46 RdNr. 84.

185 *Schürnbrand* S. 200.

186 BGH ZIP 2007, 910, 911; BGH ZIP 2007, 1658 (Einheits-GmbH & Co. KG).

187 Siehe OLG München NZG 2004, 374; zustimmend *K. Schmidt* JZ 2008, 425, 432.

188 Beispiel OLG München NZG 2004, 374.

189 Ob eine solche Treuepflicht besteht, lässt *Fleck,* FS Semler, S. 115, 128 f. offen.

aber seine **Tätigkeit für die KG unterbinden können,** da so den Interessen der Kommanditisten an einer ordnungsgemäßen Geschäftsführung Rechnung getragen werden könne.[190] Aber das überzeugt nicht.[191] Mit der Wahl der Rechtsform der GmbH & Co. KG kann gerade eine Zurückdrängung des Einflusses der Kommanditisten auf die Geschäftsführung der KG aus vielfach durchaus einleuchtenden Gründen gewollt sein. Diese Entscheidung der Gesellschafter gilt es zu respektieren. Es steht ihnen frei, eine andere Vertragsgestaltung zu wählen (etwa die Kommanditisten zu Gesellschaftern der GmbH zu machen). Eine völlige Entrechtung der Kommanditisten ist schon deshalb nicht zu befürchten, weil gegen die GmbH nach §§ 117, 127, 140 vorgegangen werden kann. Es ist Sache der GmbH-Gesellschafter dem durch eine Abberufung des Geschäftsführers ggf. zuvorzukommen.

81 **e) Haftung des Geschäftsführers gegenüber der KG und den Kommanditisten. Besteht der Anstellungsvertrag der Geschäftsführer der GmbH ausnahmsweise einmal mit der KG,** so schuldet der Geschäftsführer aufgrund dieses Vertrages der KG eine ordnungsgemäße Geschäftsführung. Kommt der Geschäftsführer dem nicht nach, so kann er von der KG[192] auf Unterlassung und Schadensersatz in Anspruch genommen werden.[193]

82 **Im Normalfall besteht der Anstellungsvertrag aber zwischen der GmbH und ihrem Geschäftsführer.** Nach Ansicht der Judikatur ist dieser Vertrag, jedenfalls wenn die Wahrnehmung der Komplementär-Pflichten die wesentliche Aufgabe der GmbH ist, ein Vertrag mit Schutzwirkung zugunsten der KG.[194] Ob dies auch gilt, wenn die GmbH noch weitere Aufgaben zu erfüllen hat, ist noch offen, sollte aber bei Zugrundelegung der Ansicht des BGH bejaht werden.[195] Zwar können dann in der Person des Geschäftsführers Pflichtenkollisionen entstehen. Aber zum einen besteht die Möglichkeit, Weisungen der Gesellschafter einzuholen und zum anderen kann diese, nur wenige Fälle betreffende Schwierigkeit nicht zur Folge haben, dass der Haftungsumfang prinzipiell reduziert wird. Auch kann es im Einzelfall an der Rechtswidrigkeit des Handelns oder am Verschulden des Geschäftsführers fehlen, wenn dieser zugunsten der einen KG und zum Nachteil der anderen gehandelt hat. Zu einer Pflichtenkollision in der Person des Geschäftsführers im Verhältnis zwischen GmbH und KG wird es kaum kommen, da die GmbH als Komplementärin ihrerseits auf die Belange der KG Rücksicht zu nehmen hat. Weisungen von GmbH-Gesellschaftern, die dem nicht Rechnung tragen, sind treuwidrig und unbeachtlich.[196]

83 Folgt man der Sichtweise der Judikatur (Anstellungsvertrag mit Schutzwirkung zugunsten der KG), so schuldet der Geschäftsführer im Falle einer schuldhaften, für die KG nachteiligen Geschäftsführung dieser Gesellschaft **Unterlassung und ggf. Schadenser-**

[190] *Hopt* ZGR 1979, 1, 16 ff.; *Hüffer* ZGR 1981, 348, 351; auch *Weimar/Geitzhaus* DB 1987, 2026, 2087: § 38 Abs. 1 GmbHG gelte analog für ein Abberufungsrecht der KG (!). Doch fragt es sich dann, wer für die KG handeln soll; nach *Schilling* § 164 RdNr. 18 wird § 38 Abs. 2 GmbHG auf die Kommanditisten analog angewandt. Die im Text genannten Bedenken bestehen auch gegenüber dieser Lösung; die Frage wird offen gelassen bei *Wiedemann* GesR II § 9 IV 3 b für den Fall, dass ein wichtiger Grund für die Abberufung des Geschäftsführers spricht; ablehnend in Bezug auf eine Abberufung der Geschäftsführer durch die Kommanditisten unter Hinweis darauf, dass der entsprechende Gesellschafterbeschluss konstitutiv ist, *Karsten Schmidt,* FS Röhricht, S. 511, 532.

[191] Im Ergebnis ebenso, aber mit Hinweis auch darauf, dass ein solcher partieller Kompetenzentzug des Geschäftsführers im Gesetz nicht vorgesehen ist Schlegelberger/*Martens* § 164 RdNr. 6.

[192] Zur actio pro socio oben RdNr. 68; § 164 RdNr. 3.

[193] BGH WM 1989, 1190; wohl auch *Fleck* ZHR 149 (1985), 387, 398.

[194] So BGHZ 75, 321, 323; 76, 326, 327; 100, 190, 193; BGH NJW 1982, 2869; NJW-RR 1992, 800; BGH NZG 2002, 568; OLG Köln NZG 2009, 1223; auch BGH ZIP 1995, 738, 745 (GmbH u. Still.); noch verneint in BGH WM 1956, 61, 63; zustimmend *Kübler/Assmann* § 22 III 2; *Stimpel* AG 1986, 117, 119; *Westermann* NJW 1982, 2870; kritisch *Grunewald* BB 1981, 581; E/B/J/S/*Henze* § 177 a Anh. A RdNr. 206; *Hopt* ZGR 1979, 1, 14.

[195] Offengelassen in BGH NJW-RR 1992, 800; wie hier Heymann/*Horn* RdNr. 137; Scholz/*Schneider* § 43 RdNr. 428 ff.; *Schürnbrand* S. 198; aA OLG Hamm NZG 1999, 453; *Hüffer* ZGR 1981, 348, 358.

[196] *Wiedemann* GesR II § 9 IV 3 b.

satz (zum Wettbewerbsverbot § 165 RdNr. 14). Haftungsmaßstab ist § 43 GmbHG, nicht § 708 BGB.[197] Eine Haftung besteht allerdings nicht, wenn der Geschäftsführer aufgrund von wirksamen – also nicht sittenwidrigen, und damit insbesondere nicht bewusst gläubigerschädigenden – Weisungen der GmbH-Gesellschafter gehandelt hat.[198] Da es sich um einen Anspruch der KG handelt, ist eine Beschlussfassung nach § 46 Nr. 8 GmbHG vor Geltendmachung des Schadensersatzanspruchs nicht erforderlich.[199]

In Rechtsprechung[200] und der Literatur wird die Ansicht vertreten, dass die dem Geschäftsführer aus § 43 GmbHG obliegenden Pflichten **Organpflichten mit Schutzwirkung** zugunsten der KG sind.[201] Dies scheint auf den ersten Blick ein nicht unwesentlicher Unterschied gegenüber dem Lösungsansatz des BGH zu sein, weil nach § 43 Abs. 4 GmbHG eine Verjährungsfrist von 5 (nicht wie bei der Vertragshaftung von 3) Jahren läuft.[202] Der BGH wendet aber auf den vertraglichen Anspruch ebenfalls § 43 Abs. 4 GmbHG an.[203] Ein praktischer Unterschied besteht somit zwischen den geschilderten Ansichten nicht. Immerhin kann, wenn man von den Organpflichten ausgeht, der seltene Fall, dass ein Vertrag zwischen GmbH und Geschäftsführer fehlt, gelöst und die doch etwas konturlose Erweiterung des Anwendungsbereiches des Vertrages mit Schutzwirkung zugunsten Dritter vermieden werden. § 46 Nr. 8 GmbHG gilt nicht.[204] 84

Deliktische Ansprüche der KG gegen den Geschäftsführer der GmbH sind selbstverständlich jederzeit möglich.[205] Da der Geschäftsführer meist nicht durch aktives Tun die Rechtsgüter der KG verletzt, kommt es maßgeblich darauf an, ob eine Pflicht zum Handeln besteht, da dies nach hM Voraussetzung dafür ist, dass das Unterlassen dem Tun gleichsteht. Besonders umstritten ist dabei, ob die Pflichten aus dem Anstellungsvertrag zwischen Geschäftsführer und GmbH Basis dieser Gleichstellung sein können.[206] 85

Die **Kommanditisten** haben gegenüber dem **Geschäftsführer** der GmbH keine vertraglichen Ansprüche. Zum einen bestehen zwischen dem Geschäftsführer der GmbH und den Kommanditisten keine vertraglichen Beziehungen. Zum anderen kann, selbst wenn man den Vertrag des Geschäftsführers mit der GmbH als einen Vertrag mit Schutzwirkung zugunsten der KG begreift (oben RdNr. 82), eine Erweiterung der Schutzwirkung auf die Kommanditisten nicht befürwortet werden. Denn zum einen entspricht es allgemeiner Meinung, dass der Geschäftsleitervertrag zwischen der GmbH und dem Geschäftsführer kein Vertrag mit Schutzwirkung zugunsten der GmbH-Gesellschafter ist.[207] Dann kann für die Kommanditisten, die diesem Vertragsverhältnis noch ferner stehen als die GmbH-Gesellschafter, nichts anderes gelten. Zum anderen liegt der Schaden aus einer unzureichen- 86

---

[197] BGH ZIP 1995, 738, 745; Röhricht/v. Westphalen/*v. Gerkan/Haas* RdNr. 60; Heymann/*Horn* RdNr. 137; für die Normal-KG offengelassen in BGHZ 75, 321, 327; siehe auch BGH WM 1980, 1190: es ging um einen Fall, in dem der Anstellungsvertrag mit der KG geschlossen war.

[198] BGHZ 75, 321; *Konzen* NJW 1989, 2977, 2983; *Fleck* ZHR 149 (1985), 387, 398, lässt offen, ob Weisungen, also auch wirksame, den Geschäftsführer überhaupt entlasten können. Aber das erfordert der Schutz des Geschäftsführers, siehe *Grunewald* BB 1981, 581, 583 f.; etwas anderes kann nur für Einmann-Gesellschaften mit Gesellschaftern-Geschäftsführer gelten.

[199] BGHZ 76, 326, 328; Heymann/*Horn* RdNr. 37.

[200] KG NZG 2011, 429, 430.

[201] *Brandes* WM-Sonderbeilage, 1987, Nr. 1, S. 7; *Hüffer* ZGR 1981, 348, 356; Scholz/*Schneider* § 43 RdNr. 430; *Karsten Schmidt* § 56 IV 3 b; *ders.* GmbHR 1984, 272, 279; *Schürnbrand* S. 198; Baumbach/Hueck/*Zöllner/Noack* GmbHG 19. Aufl. § 43 RdNr. 66.

[202] Ist der Geschäftsführer zugleich Mitgesellschafter haftet er nach Ansicht des BGH zugleich wegen eines Verstoßes gegen die gesellschafterliche Treuepflicht. Siehe dazu den Fall BGH NJW 1982, 2869 mit krit. Anm. *Westermann* und BGH NJW 1995, 1353, 1358.

[203] BGHZ 100, 190, 199; BGH NJW 1995, 1353, 1358; DB 1999, 372.

[204] Scholz/*Schneider* GmbHG § 43 RdNr. 432.

[205] Siehe den Fall BGH NJW 1987, 2008: Anspruch nach §§ 823, Abs. 2 BGB, 266 StGB.

[206] Nachweise zu diesen das GmbH-Recht betreffende Problematik bei Baumbach/*Hopt* Anh. § 177 a RdNr. 29; *Kleindiek* in Lutter/Hommelhoff GmbHG § 43 RdNr. 73 ff.

[207] *Grunewald* Gesellschafterklage S. 97; Baumbach/Hueck/*Zöllner/Noack* GmbHG § 43 RdNr. 22; *Zöllner* ZGR 1988, 392, 408 f., ZGR; aA in Bezug auf einzelne, meist nicht genauer umrissene Pflichten, *Baums* ZGR 1987, 554, 560 f; *Raiser* ZHR 153 (1989), 1, 12 f.; *Karsten Schmidt* § 36 II 4 c; organschaftliche Pflichten des Geschäftsführers gegenüber den Gesellschaftern bejaht Scholz/*Schneider* GmbHG § 43 RdNr. 300 ff.

den Geschäftsführung typischerweise bei der KG. Bei den Kommanditisten finden sich nur sog. Reflexschäden, die aus der Entwertung ihrer Beteiligung an der KG resultieren. Direkte Ansprüche der Kommanditisten könnten also durchweg sowieso nur auf Leistung in das Vermögen der KG gerichtet sein. Hinzu tritt die erweiterte actio pro socio, gerichtet auf Durchsetzung des Anspruchs der KG gegen den Geschäftsführer (unten RdNr. 68). Zu Ansprüchen nach § 823 Abs. 1 BGB bei § 105 und bei § 164 RdNr. 7.

87 Wird der **Geschäftsführer in der GmbH entlastet,** so hat dies nicht zur Folge, dass Ansprüche der KG oder der Kommanditisten gegen ihn entfallen würden, da die GmbH-Gesellschafter nicht mit Wirkung für die KG oder die Kommanditisten handeln können.[208] Sofern die GmbH und die Kommanditisten[209] den Geschäftsführer „entlasten", liegt darin die Entscheidung, dass die KG auf Schadensersatzansprüche verzichtet.[210] Dies wird in der personenidentische GmbH & Co. KG der Fall sein, wenn in der GmbH die Entlastung beschlossen wurde.

88 **6. Beschlussfassung der Gesellschafter. a) Beschlussfassung in der GmbH.** Es gelten die Regeln des GmbHG (§§ 45 ff.). Modifikationen können sich durch eine Reduzierung des Zuständigkeitsbereichs zugunsten der Kommanditisten ergeben (hierzu unten RdNr. 89).

89 **b) Beschlussfassung in der KG.** Die GmbH wird durch ihren Geschäftsführer vertreten. Sofern dieser zugleich Kommanditist ist, muss § 181 BGB beachtet werden (oben RdNr. 72). In der GmbH & Co. KG finden sich häufig umfassende Zuständigkeiten für die Kommanditisten, die in einer **Kommanditistenversammlung** wahrgenommen werden. Da eine Verlagerung von Kompetenzen, die nach dem Gesetz beim Komplementär liegen, auf die Kommanditisten möglich ist (§ 164 RdNr. 22 f.), steht einer solchen Vertragsgestaltung nichts im Wege. Es ist insbesondere auch zulässig, den Kommanditisten – wie nach dem Gesetz den Gesellschaftern einer GmbH – ein umfassendes Weisungsrecht gegenüber dem Komplementär einzuräumen (§ 164 RdNr. 23), zum Bestimmtheitsgrundsatz RdNr. 63.

90 Diese Kommanditistenversammlung findet sich insbesondere bei Gesellschaften, bei denen die Kommanditisten zugleich die einzigen Gesellschafter der GmbH sind (sog. **personengleiche GmbH & Co. KG,** unten RdNr. 92). Ein Recht der GmbH auf Teilnahme an der Gesellschafterversammlung der KG würde von ihrem Geschäftsführer ausgeübt, der aber wiederum von der Mehrheit der GmbH-Gesellschafter (gleich Kommanditisten) weisungsabhängig ist. Daher würde die Teilnahme der GmbH die Beschlussfassung nur unnötig verkomplizieren.[211] Wenn auch wesentliche Entscheidungen in dieser Kommanditistenversammlung getroffen werden, ähnelt eine solche Vertragsgestaltung einem Stimmrechtsausschluss für den Komplementär. Jedenfalls in der personengleichen GmbH & Co. KG ist dies zulässig,[212] da hinter der GmbH keine Interessen stehen, die in der Kommanditistenversammlung nicht sowieso vertreten wären. Das gilt auch, wenn durch die Beschlüsse das Stammkapital der GmbH entwertet wird. Denn auch dann sind die Interessen der GmbH mit denen ihrer Gesellschafter identisch. Ein Stimmrecht der GmbH verspricht daher keine Abhilfe. Entsprechende Beschlüsse können aber wegen Gläubigergefährdung oder Verstoßes gegen § 30 GmbHG rechtswidrig und damit nach hM nichtig sein.[213]

[208] *Scholz/Karsten Schmidt* GmbHG § 45 Anh. RdNr. 8 mit Ausnahme für die personenidentische GmbH & Co. KG.

[209] Eine Entlastung im eigentlichen Sinn des Wortes (§ 46 Nr. 5 GmbHG) kommt nicht in Frage, da die Kommanditisten nicht die Gesellschafter der GmbH sind.

[210] Zu dem Problem, dass der Verzicht nur im Wege des Insichgeschäfts vorgenommen werden kann und die Kommanditisten sich damit einverstanden erklären können § 161 RdNr. 72; nach *Karsten Schmidt,* FS Röhricht, S. 511, 532 können die Kommanditisten den Geschäftsführer entlasten.

[211] Scholz/*Karsten Schmidt* GmbHG § 45 Anh. RdNr. 34.

[212] Heymann/*Horn* RdNr. 139; Scholz/*Karsten Schmidt* GmbHG § 45 Anh. RdNr. 21; bei Beteiligung einer nicht personengleichen GmbH gelten die allgemeinen Regeln, oben RdNr. 30, ablehnend für die Einheits-GmbH & Co. KG *Gehrlein* BB 2007, 1915.

[213] Offengelassen in BGH NJW 1993, 2100, 2101.

7. Gesellschafterwechsel. Bei der Übertragung der Mitgliedschaft ist für die Übertragung des GmbH-Anteils GmbH-Recht, für die Übertragung der KG-Beteiligung das Recht der KG (oben RdNr. 42) anzuwenden. Zu beachten ist aber, dass – wenn die Übertragung bzw. die Verpflichtung zur Übertragung der KG-Anteile im Rahmen einer Gesamtvereinbarung mit der Verpflichtung zur Übertragung der GmbH-Anteile erfolgt – auch die Übertragung bzw. die Verpflichtung zur Übertragung der **KG-Anteile als Teil dieser Vereinbarung nach § 15 Abs. 4 S. 1 GmbHG**[214] **formbedürftig ist.** Etwas anderes gilt aber, wenn anzunehmen ist, dass die Verpflichtung zur Übertragung der KG-Anteile auch ohne die Verpflichtung zur Übertragung der GmbH-Geschäftsanteile vorgenommen worden wäre, falls die Parteien um die Formbedürftigkeit gewusst hätten.[215] Wird der GmbH-Anteil formgerecht übertragen, so wird das gesamte Verpflichtungsgeschäft – also auch soweit es sich auf den KG-Anteil bezieht – wirksam (§ 15 Abs. 4 S. 2 GmbHG).[216] 91

8. Sonderformen der GmbH & Co. KG. a) Die personengleiche GmbH & Co. KG. In vielen Fällen sind die **Gesellschafter der GmbH zugleich die Gesellschafter der KG.** Zudem sind die Beteiligungsquoten der Gesellschafter in Bezug auf beide Gesellschaften identisch. Auf diese Weise soll sichergestellt werden, dass der Einfluss auf die GmbH und der Einfluss auf die KG gleich liegen. Die GmbH erhält keinen Kapitalanteil und wird vom Stimmrecht in der KG ausgeschlossen, was zulässig ist, da hinter ihr keine Interessen stehen, die nicht bereits durch die Kommanditisten vertreten wären (oben RdNr. 90). Ein Sonderfall der personengleichen GmbH & Co. KG ist die Einmann-GmbH & Co. KG, in der dieselbe Person einziger GmbH-Gesellschafter und einziger Kommanditist ist. 92

In der personengleichen GmbH & Co. KG unterscheiden die Gesellschafter uU nicht genau zwischen Gesellschafterversammlungen und Beschlüssen der GmbH und Gesellschafterversammlungen und Beschlüssen der KG. Daher ist es zweckmäßig, durch **Angleichung der beiden Gesellschaftsverträge** in diesem Bereich (zB Einberufung der Gesellschafterversammlung, Beschlussfähigkeit der Gesellschafterversammlung, Modalitäten der Beschlussfassung, Mehrheitserfordernisse, Geltendmachung von Beschlussmängeln) dieser Vorstellung Rechnung zu tragen und damit mögliche Fehlerquellen auszuschalten.[217] Auch sollten GmbH- und KG-Vertrag nicht unterschiedlich interpretiert werden (oben RdNr. 63). 93

Die Gesellschafter müssen bei der Vertragsgestaltung dafür Sorge tragen, dass der **Gleichlauf von Beteiligten und Beteiligungsquoten in den beiden Gesellschaften erhalten bleibt.** Dies lässt sich dadurch erreichen, dass die Beteiligungsquoten in einer Gesellschaft (meist der KG) für maßgeblich erklärt werden und jede Abweichung von der Quote in der anderen Gesellschaft mit der Pflicht verbunden wird, den Quotengleichlauf wieder herzustellen. Dazu dienen Abtretungsverpflichtungen sowie Einziehungsklauseln. Ebenso ist es möglich, die Übertragung von GmbH- und KG-Anteilen an die Zustimmung der übrigen Gesellschafter (bzw. der GmbH) zu binden, die nur dann erteilt werden darf (eventuell dann aber auch erteilt werden muss), wenn die Beteiligungsquote in der jeweils anderen Gesellschaft nach der Übertragung gleich hoch ist wie in der von der Übertragung betroffenen Gesellschaft.[218] Dann erfolgt die Übertragung des KG- und des GmbH-Anteils im Regelfall gleichzeitig. 94

b) Die Einheits-GmbH & Co. KG. Bei der Einheits-GmbH & Co. KG ist **Alleingesellschafterin der GmbH die KG.** Dies wird dadurch erreicht, dass die GmbH-Gesell- 95

[214] BGH NJW 1986, 2642, 2643; BGH NJW 2010, 2218, 2220 mit zustim. Anm. *H. Schmidt*; *Binz/Mayer* NJW 2002, 3054, 3059; Baumbach/*Hopt* Anh. § 177 a RdNr. 48.

[215] Rechtsgedanke von § 139 BGB; ähnlich BGH NJW 1986, 2642, 2643; wie hier *Witt* ZIP 2000, 1033, 1037.

[216] *Witt* ZIP 2000, 1033, 1038 f.

[217] Zur Verweisung im KG-Vertrag auf das Recht der GmbH oben RdNr. 63.

[218] Beispiele bei *Reichert* in Sudhoff § 28 RdNr. 26.

schafter ihre Anteile an der GmbH auf die KG übertragen. Möglich ist es auch, dass die KG die Einmann-GmbH gründet und diese dann der KG beitritt.[219] Eine Einheits-GmbH & Co. KG hat den Vorteil, dass die Verzahnung der beiden Gesellschaften durch die alleinige Beteiligung der KG an der GmbH gelöst zu sein scheint und die Kommanditisten als die wirtschaftlichen Inhaber des Unternehmens die Entscheidungsbefugnis über das Geschehen in den Gesellschaften – sei es unmittelbar oder mittelbar – zu haben scheinen.[220] Auch ist bei einer Übertragung der Gesellschafterstellung eine notarielle Beurkundung nicht erforderlich, da eine Übertragung allein der Kommanditanteile ausreicht.[221] Aus § 172 Abs. 6 ergibt sich, dass trotz der wechselseitigen Beteiligung der Gesellschaften eine solche **Konstruktion zulässig ist.** Sie wirft im Bereich der Haftung der Gesellschafter und der Organisation der Gesellschaften aber besondere Probleme auf, die es zweifelhaft erscheinen lassen, ob diese Konstruktion die in sie gesetzten Erwartungen erfüllt.

96 Die **Einlage des Kommanditisten** kann nicht haftungsbefreiend durch Übertragung der GmbH-Anteile geleistet werden, da anderenfalls das Vermögen der Komplementärin zugleich zur Abdeckung der Kommanditistenhaftung dienen würde (§ 172 Abs. 6, dort RdNr. 126). Sofern die **KG für die Geschäftsanteile eine Gegenleistung erbringt,** sind die Regeln der Kapitalerhaltung in der GmbH & Co. KG zu beachten. Insbesondere fallen Zahlungen aus dem KG-Vermögen an den (ehemaligen) GmbH-Gesellschafter unter Umständen unter § 30 GmbHG (§§ 171, 172 RdNr. 128). Für GmbH-Gesellschafter, die zugleich Kommanditisten sind, gilt § 172 Abs. 4. Sofern die Geschäftsanteile nicht voll eingezahlt sind, darf die KG sie analog § 33 Abs. 1 GmbHG nicht erwerben. Denn anderenfalls würde die KG die Auffüllung des Stammkapitals ihres Komplementärs schulden und damit das Stammkapital der GmbH den Gläubigern der KG nicht als zusätzlicher Haftungsfonds zur Verfügung stehen.[222]

97 In der **Gesellschafterversammlung der KG** wird die Komplementärin, also die GmbH, wie stets, durch ihren Geschäftsführer vertreten. Ein Ausschluss des Stimmrechts ist zulässig (oben RdNr. 92). Sofern im Gesellschaftsvertrag der KG keine entsprechenden Regelungen enthalten sind, ruht das Stimmrecht der GmbH nicht allein deshalb, weil die GmbH eine Tochtergesellschaft der KG ist. Eine Regelung entsprechend §§ 71 b, 71 d S. 4 AktG gibt es also nicht.[223]

98 Die **Gesellschafterversammlung der GmbH** bildet die KG als die einzige Gesellschafterin der GmbH. Nach der gesetzlichen Regel ist die KG durch die GmbH und diese wiederum durch ihren Geschäftsführer vertreten. Die Gesellschafterversammlung der GmbH besteht also aus ihrem Geschäftsführer[224]. Dies kann unerwünscht sein, da es in der Gesellschafterversammlung vielfach gerade um die Kontrolle und Anweisung des Geschäftsführers geht. Daraus kann aber keineswegs gefolgert werden, dass nach dem Gesetz, also ohne eine entsprechende Vereinbarung, die Rechte in der Gesellschafterversammlung der GmbH durch die Kommanditisten (sei es nun als Organ der GmbH oder der KG) wahrzunehmen wären.[225] Dies wäre ein klarer

---

[219] *Esch* BB 1991, 1129, 1130; *Werner* DStR 2006, 706.

[220] *Esch* BB 1991, 1129, 1130 f; *Werner* DStR 2006, 706.

[221] *Werner* DStR 2006, 706.

[222] AA *Liebscher* in Sudhoff § 3 RdNr. 13: Unbeschränkte persönliche Haftung der Kommanditisten, aber diese wissen eventuell gar nichts von der Teileinzahlung; GroßkommHGB/*Schilling* § 161 RdNr. 36 und *ders.*, FS Barz, S. 67, 75; nach *Fleck,* FS Semler, S. 114, 120 haften die Kommanditisten für die Resteinzahlungen, sofern diese nicht aus freiem (?) Vermögen der KG erbracht werden können. Aber vielleicht sind die Kommanditisten gar nicht die ehemaligen GmbH-Gesellschafter und haben daher mit dem Erwerb gar nichts zu tun.

[223] BGH NJW 1993, 1265, 1267; Röhricht/v. Westphalen/*v. Gerkan* RdNr. 42.

[224] BGH ZIP 2007, 1658; *Gehrlein* BB 2007, 1915.

[225] In BGH ZIP 2007, 1658 zu Recht nicht erwogen (Kündigung des Anstellungsvertrages des Geschäftsführers der GmbH); aA *Karsten Schmidt* JZ 2008, 425, 436; *ders.*, FS Westermann S. 1425, 1443; Siehe auch *Liebscher* in Sudhoff § 3 RdNr. 11: Kompetenz zur Entscheidung über Entlastung und Abberufung der GmbH-Geschäftsführer liege bei den Kommanditisten; nach *Hahn* S. 75 liegt das Weisungsrecht der KG als Gesellschafterin der GmbH bei den Kommanditisten; auch *Schilling,* FS Barz, S. 67, 71 ff.: Dies folge aus der Natur der Sache; zu entsprechenden vertraglichen Regeln unten RdNr. 99.

Verstoß gegen den Grundsatz, dass GmbH und KG zwei verschiedene Gesellschaften sind, die eben auch verschiedene Beteiligungen haben.[226] Auch eine Bevollmächtigung der Kommanditisten mit der Wahrnehmung der Rechte der KG in der GmbH kann nicht einfach unterstellt werden.[227] Bei den meisten Beschlussgegenständen (etwa Feststellung des Jahresabschlusses, Ergebnisverwendung, Einforderung von Stammeinlagen, Auflösung der GmbH, Änderungen des Gesellschaftsvertrages der GmbH) ist mit dieser vom Gesetz für die Einheits-GmbH & Co. KG vorgesehenen Lösung auch durchaus auszukommen.[228] Schwierig wird es, wenn es um die Prüfung und Überwachung sowie die Bestellung, Abberufung, Kündigung und Entlastung der Geschäftsführer sowie um die Erteilung von Weisungen an diese Personen geht. Sofern die GmbH zwei oder mehr Geschäftsführer hat,[229] ist eine gewisse Kontrolle durch den jeweils anderen Geschäftsführer gegeben. Ist nur ein Geschäftsführer vorhanden, so versagt auch diese Möglichkeit. Eine Neubestellung eines Geschäftsführers nach Wegfall dieses einen Geschäftsführers ist aber immerhin nach § 29 BGB möglich.[230] Die Abberufung des einzigen Geschäftsführers ist praktisch nicht möglich, da dieser kaum gegen sich selbst vorgehen wird. Den Kommanditisten bleibt die Möglichkeit, der GmbH die Geschäftsführungsbefugnis zu entziehen oder sie sogar aus der KG auszuschließen (oben RdNr. 80).

Um diesen Schwierigkeiten abzuhelfen, kann **im Vertrag der GmbH vereinbart werden, dass die Gesellschafterversammlung der GmbH aus den Kommanditisten besteht.** Eine solche Klausel hat aber einen erheblichen Einfluss von Personen auf die GmbH zur Folge, die selbst nicht GmbH-Gesellschafter sind. Dies wird, sofern nicht nur einzelne Kompetenzen der Gesellschafterversammlung betroffen sind,[231] im GmbH-Recht für problematisch gehalten (Grundsatz der Verbandssouveränität).[232] Von diesem Grundsatz ist aber eine Ausnahme für die Einheits-GmbH & Co. KG zu machen, wenn das anstelle der GmbH-Gesellschafter entscheidende Gremium mit den Kommanditisten besetzt ist, da die KG, um deren Schutz als Gesellschafterin der GmbH es bei dem Grundsatz der Verbandssouveränität geht, keine von den Kommanditisten verschiedenen Interessen hat.[233] Aus demselben Grund ist es auch zulässig, die **Kommanditisten im Gesellschaftsvertrag der KG mit der Wahrnehmung der Rechte der KG in der Gesellschafterversammlung der GmbH** zu bevollmächtigen.[234] Die Vollmacht sollte nach Möglichkeit unwiderruflich und die Vertretungsmacht des Geschäftsführers verdrängend sein. Eine solche Konstruktion ist üblicherweise nicht zulässig, da sie den Vertretenen (hier also die KG) in seiner Bewegungsfreiheit zu sehr einschränkt.[235] Im vorliegenden Fall ist sie aber zulässig, falls sie in ihrer Ausgestaltung die Interessen aller Kommanditisten berücksichtigt, da hinter der KG keine hiervon verschiedenen Interessen stehen.[236] Die Stimmabgabe muss einheitlich 99

[226] *Fleck,* FS Semler, S. 115, 118; *Werner* DStR 2006, 706, 707.

[227] So *Oetker* RdNr. 101; *Karsten Schmidt* JZ 2008, 425, 436; *ders.*, FS Westermann, S. 1425, 1443; *ders.* GesR § 56 II 3 e; *ders.*, FS Röhricht, S. 511, 530: Dies sei ein Fall der ergänzenden Vertragsauslegung; wie hier *Hahn* S. 141 f.

[228] Einzelheiten bei *Fleck,* FS Semler, S. 115, 119 ff.

[229] So im Fall BGH ZIP 2007, 1658.

[230] *Fleck,* FS Semler, S. 115, 125.

[231] Unproblematisch ist es aber, das Recht zur Abberufung von Geschäftsführern und zur Erteilung von Weisungen auf ein externes Gremium (und damit, falls gewünscht, auch auf die Kommanditisten) zu übertragen: *Esch* BB 1991, 1129, 1132.

[232] *Bayer* in Lutter/Hommelhoff GmbHG § 45 RdNr. 8; Scholz/*Karsten Schmidt* GmbHG § 45 Anh. RdNr. 60.

[233] Verneinend *Fleck,* FS Semler, S. 115, 130 f.; *Werner* DStR 2006, 706, 707; wohl auch *Karsten Schmidt,* FS Röhricht S. 511, 531 aber ohne klaren Bezug auf die Einheits-GmbH & Co. KG; skeptisch Baumbach/*Hopt* Anh. § 177 a RdNr. 32; Scholz/*Karsten Schmidt* GmbHG § 45 Anh. RdNr. 60; bejahend *Schilling,* FS Barz, S. 67, 72 f.; *Oetker* RdNr. 101.

[234] *Gehrlein* BB 2007, 1915.

[235] *Fleck,* FS Semler, S. 115, 132 stellt darauf ab, dass ein unzulässiger Eingriff in die Vertretungsmacht der GmbH für die KG vorliege. Doch bleiben alle übrigen Betätigungsfelder der Kommanditgesellschaft in der Hand der GmbH.

[236] Im Ergebnis ebenso: Baumbach/*Hopt* Anh. § 177 a RdNr. 32; Schlegelberger/*Martens* RdNr. 101; *Schilling,* FS Barz, S. 67, 71 ff.; Scholz/*Karsten Schmidt* GmbHG § 45 Anh.RdNr. 59; *Werner* DStR 2006,

erfolgen. Maßgeblich für die Beschlussfassung über den Inhalt der Stimme ist die in der KG erforderliche Mehrheit, da es um die Stimmabgabe in der KG geht.[237] Möglich wäre auch der Abschluss eines **Stimmbindungsvertrages** der GmbH mit den Kommanditisten, soweit es um die Wahrnehmung der Rechte der KG als Gesellschafterin der GmbH geht.[238] Zu bedenken bleibt dann aber, dass eine Stimmrechtsausübung auch dann wirksam ist, wenn sie gegen die vertragliche Bindung verstößt.

100 **c) Die doppelstöckige GmbH & Co. KG.** Bei der doppelstöckigen GmbH & Co. KG ist **Komplementärin der KG wiederum eine GmbH & Co. KG.** Auch eine solche Konstruktion ist zulässig. Allerdings war, wenn die die Geschäfte der KG führende Gesellschaft keine eigenen kaufmännischen Aktivitäten durchführt, fraglich, ob von ihr überhaupt ein Gewerbe betrieben wird.[239] Diese Frage spielt aber mittlerweile keine Rolle mehr, da auch Gesellschaften, die lediglich ihr Vermögen verwalten, sofern sie im Handelsregister eingetragen sind, KG sein können (§ 105 Abs. 2). Dies gilt auch für Gesellschaften, deren Tätigkeit über die Verwaltung ihres eigenen Vermögens hinausreicht, ohne die Intensität eines echten Gewerbes zu begründen (dann klar § 105 Abs. 2 1. Alt.). Eine Differenzierung innerhalb der Gesellschaften, die im wesentlichen nur eigenes Vermögen verwalten, widerspricht der Intention des Gesetzes, das gerade klare Verhältnisse schaffen wollte und eine Unterstellung aller Gesellschaften, die im wesentlichen ihr eigenes Vermögen verwalten, unter das Recht der Handelsgesellschaften als unproblematisch ansah.[240] Daher ist es unschädlich, dass die Komplementär-GmbH & Co. KG neben der **Verwaltung ihres eigenen Vermögens auch noch die Geschäfte der Unternehmer-KG** führt.[241]

101 **9. Die Unternehmergesellschaft (hafungsbeschränkt) als Komplementärin.** Eine UG (haftungsbeschränkt) ist lediglich eine Varinate der GmbH. Demgemäß gelten die für die GmbH & Co. KG geschilderten Regeln auch für sie. Allerdings wird die Ansicht vertreten, dass die UG (haftungsbeschränkt) **nur dann Komplementärin einer KG sein könne, wenn die Möglichkeit bestehe, dass die gesetzliche Rücklage nach § 5a Abs. 3 GmbHG bedient werden wird.** Daran soll es bei der UG (haftungsbeschränkt), die Komplementärin einer KG ohne Kapitalanteil und ohne Gewinnbeteiligung an der KG ist, fehlen.[242] Dies trifft jedenfalls dann nicht zu, wenn die UG (haftungsbeschränkt) eine **Tätigkeitsvergütung** oder eine **Vergütung für die Übernahme des Haftungsrisikos** erhält, da dann ein Jahresüberschuss durchaus erzielt werden kann.[243] Eine bestimmte Höhe eines möglichen Jahresüberschusses kann aber – schon schon mangels Bestimmbarkeit dieser Mindesthöhe – sicher nicht verlangt werden.[244]

102 Aber auch wenn dies nicht der Fall ist, kann eine UG (haftungsbeschränkt) Komplentärin sein. Das **Gesetz** verlangt nicht, dass Gewinne erziehlt werden (was ja auch ganz unsinnig wäre), sondern **ordnet nur an, was zu geschehen hat, wenn Gewinne erzielt werden.**[245] Dem steht auch nicht entgegen, dass die Rücklage nach § 5a Abs. 3 GmbHG

706, 707; die verschiedentlich aufgeworfene Frage, ob eine solche Konstruktion gegen § 170 verstößt – etwa *Schilling* aaO – ist zu verneinen. Die Kommanditisten erhalten eine normale Vollmacht, keine organschaftliche Vertretungsmacht. Hierzu § 170 RdNr. 15.

[237] *Oetker* RdNr. 101; a. A. Scholz/*Karsten Schmidt* GmbHG § 45 RdNr. 59: GmbH-Recht maßgeblich.

[238] OLG Köln WM 1988, 974; Baumbach/*Hopt* Anh. § 177a RdNr. 32.

[239] Zum alten Recht: *Bork* BB 1969, 1171; *Karsten Schmidt* DB 1990, 93; *Skibbe* WM 1978, 870; *Veismann* BB 1970, 1159 f.; *Wessel* BB 1970, 1276; eine insoweit unzulässige Eintragung im Handelsregister wird ipso iure richtig: *Schön* DB 1998, 1169, 1176.

[240] Im Ergebnis so auch *Schlitt* NZG 1998, 580, 581; *Karsten Schmidt* NJW 1998, 2161, 2165; enger *Schön* DB 1998, 1169.

[241] Im Ergebnis ebenso speziell zur doppelstöckigen GmbH & Co. KG, *Priester* DNotZ 1998, 691, 701.

[242] *Gehrlein* DK 2007, 771, 779; *Veil* GmbHR 2007, 1080, 1084; *ders.*, ZGR 2009, 623, 641; *Weber* BB 2009, 842, 846.

[243] So auch *Schäfer* ZIP 2011, 53, 59, falls die Vergütung so bemessen ist, dass dadurch die Rücklage nach § 5a Abs. 3 GmbHG messbar (?) bedient werden kann.

[244] Siehe den Hinweis bei *Heeg* DB 2009, 719,722.

[245] *Heeg* DB 2009, 719, 722; *Hennrichs* NZG 2009, 1161, 1166; *Hans-Friedrich Müller* ZGR 2011; *Römermann/Passarge* ZIP 2009, 1497, 1499.

Ersatz für ein höheres Stammkapital ist.[246] Zwar kann man das durchaus so sehen. Aber auch die Rücklage nach § 150 Abs. 2 AktG dient der Abfederung von Verlusten und gleichwohl hat daraus noch nie jemand gefolgert, die Aktiengesellschaft könne nicht Komplementärin einer KG sein.[247]

Sollte man das anders sehen, so wäre zwar die UG (haftungsbeschränkt) in den genannten Fällen keine geeignete Komplementärin. Aber dies hätte lediglich zur Folge, dass die KG nicht ins Register eingetragen werden würde. Wenn dies aber (nach hier vertretener Ansicht zu Recht) doch geschehen ist, gelten die Regeln der KG. Insbesondere enthält **§ 5 Abs. 3 GmbHG kein Verbotsgesetz** – gerichtet auf ein Verbot eines KG-Gesellschaftsvertrags mit einer UG (haftungsbeschränkt) als Komplementärin, falls kein angemessener Jahresüberschuss für die UG (haftungsbeschränkt) erzielbar ist – im Sinne von § 134 BGB.[248] Selbst wenn man dies anders sehen würde, würden letztlich nur die Regeln der fehlerhaften Gesellschaft zur Anwendung kommen. Demgemäß wäre von der jedenfalls vorläufigen Existenz der KG auszugehen. Im Innenverhältnis entspricht dies der vertraglichen Vereinbarung. Da nach außen deutlich wird, dass keine natürliche Person unbeschränkt persönlich haftet, gibt es auch keine schutzwürdigen Interessen Dritter, die eine unbeschränkte persönliche Haftung oder sonst die nicht Anwendbarkeit der Reglen der Kommanditgesellschaft gebieten oder auch nur rechtfertigen würden. 103

IX. Die AG & Co. KG

Auch eine Aktiengesellschaft kann selbstverständlich Komplementärin einer KG sein.[249] Wie bei der GmbH & Co. KG gilt auch für die AG & Co. KG, dass **die AG ihren Regeln und die KG dem Recht der Kommanditgesellschaft folgt**. Eingriffsrechte des Kommanditisten in die Organisation der Aktiengesellschaft bestehen nicht.[250] Demgemäß hat der BGH entschieden, dass ein Kommaditist auf die Auswahl des Vorstands der Komplementär-AG keinen Einfluss hat. Der Aufsichtsrat entscheidet hierüber alleine.[251] In Frage kommt eine Treuepflichtverletzung der Gesellschafter der Komplementär-AG, sofern sie über den Aufsichtsrat Einfluss auf die Wahl eines ungeeigneten Vorstands genommen haben.[252] Eine Treuepflichtverletzung der Komplementär-AG im Verhältnis zur KG oder zu den Kommanditisten setzt voraus, dass man die Entscheidung des Aufsichtsrats über § 31 BGB der Gesellschaft zurechnet (zum Wettbewerbsverbot für den Vorstand der Aktiengesellschaft § 165 RdNr. 14). 104

X. Juristische Personen ausländischer Rechtsform als Komplementäre

Rechtsfähige Gesellschaften aus dem EU-Ausland können Komplementäre sein.[253] Nach den maßgeblichen Urteilen des EuGH[254] steht fest, dass die Gesellschaften unter Mitnahme ihres Gesellschaftsrechts in der Bundesrepublik (auch ausschließlich) aktiv werden können. Der Übernahme der Komplementärstellung stehen Gesichtspunkte des Gläubigerschutzes schon deshalb nicht entgegen, weil deren Risiken nicht größer sind, wenn eine ausländische Gesellschaft als Komplementärin agiert, als bei sonstiger geschäftlicher Tätigkeit der Auslandgesellschaft bzw. bei einer im Ausland ansässigen natürlichen Person als Komplementär. Beides ist aber unstreitig zulässig. Umstritten ist, ob die Übernahme 105

[246] So aber *Veil* ZGR 2009, 623, 641.
[247] Siehe *Hirte* ZInsO 2008, 933, 935.
[248] *Stenzel* NZG 2009, 168, 169.
[249] Dies ist bei circa 1200 KGs der Fall, Sonderheft AG 2010, 27 f.
[250] Siehe RdNr. 77 zur GmbH & Co. KG.
[251] ZIP 2009, 1162, 1164; *Altmeppen* ZIP 2008, 437, 441; *Grigoleit* ZGR 2010, 662, 675.
[252] *Altmeppen* ZIP 2008, 437, 441.
[253] OLG Frankfurt ZIP 2008, 1286 (engl. Ltd.); *Mülsch/Nohlen* ZIP 2008, 1358; Baumbach/*Hopt* Anh. § 177a RdNr. 11; *Zimmer* NJW 2003, 3585, 3587; zu der ähnlich liegenden Frage, ob sie OHG-Gesellschafter sein können, § 105 RdNr. 89.
[254] Centros NJW 1999, 2027; Überseering NJW 2002, 3164; Inspire Art NJW 2003, 3311.

der Komplementärstellung in der KG die Pflicht zur Anmeldung der Komplementärin nach §§ 13d, e begründet.[255] Den Gesellschaften aus dem EU-Ausland stehen **US-amerikanische Gesellschaften** jedenfalls dann gleich, wenn sie über tatsächliche, effektive Beziehungen (genuine link) zu den Vereinigten Staaten verfügen.[256] Hierfür reichen irgendwelche geschäftlichen Aktivitäten in den USA – also nicht unbedingt im Gründungsstaat – aus.[257] Ob **Gesellschaften aus anderen Staaten** Komplementärin sein können, hängt, sofern diese Gesellschaften ausschließlich oder fast ausschließlich in Deutschland tätig sind, in erster Linie davon ab, ob man der Sitz- oder der Gründungstheorie folgt.[258]

XI. Die Publikums-KG

106 **1. Begriffsbestimmung, Erscheinungsformen, praktische Bedeutung. a) Begriffsbestimmung.** Eine allseits akzeptierte Definition für die Publikumsgesellschaft gibt es nicht. Klar ist aber, dass es sich um eine **Personengesellschaft handelt, an der eine Vielzahl von Gesellschaftern beteiligt ist. Die Beteiligung erfolgt entweder direkt oder über einen Treuhänder**. Zum Teil wurde darüber hinaus gefordert, dass die Gesellschafter am Kapitalmarkt geworben worden sind[259] oder sich jedenfalls nicht untereinander kennen.[260] Teilweise wird auch betont, dass der Gesellschaftsvertrag stets vor-formuliert ist.[261] Da es bei der Entwicklung des Sonderrechts der Publikumspersonen-gesellschaften im Wesentlichen um den Schutz der Gesellschafter vor einem sich ver-selbständigenden Management geht und dieses Phänomen bei jeder Gesellschaft mit zahlreichen Gesellschaftern auftreten kann, soll hier einzig und allein darauf abgestellt werden, ob die Gesellschaft eine Vielzahl von Gesellschaftern hat oder nicht.

107 Sofern nichts anderes gesagt ist, gelten die folgenden Ausführungen also etwa auch, wenn die Gesellschafter nicht am Kapitalmarkt geworben worden wird, also beispielsweise auch dann, wenn eine ursprünglich nur wenige Gesellschafter umfassende **Familiengesellschaft** durch Erbfälle zu einer Gesellschaft geworden ist, die zahlreiche Gesellschafter umfasst. Dem ist entgegen gehalten worden, dass für Familiengesellschaften nicht dieselben Regeln gelten können, da in diesen Gesellschaften eine Vertragsgestaltung, die eigennützigen Zwecken der Initiatoren dienen solle, nicht anzutreffen sei. Vielmehr sei die Rechtsstellung der Manager typischer Weise eher schwach.[262] Das mag in vielen Fällen in der Tat so sein und hat dann zur Folge, dass in diesem Punkt eine Inhaltskontrolle nicht erforderlich ist. Dies allein rechtfertigt es aber nicht, das Recht für Kommanditgesellschaften mit großem Gesellschafterkreis prinzipiell nicht (etwa auch nicht bei Auslegung,[263] Inhaltskontrolle in anderen Bereichen, beim Gesellschafterwechsel etc) anzuwenden.

108 Auch bei einer **GmbH & Co. KG** tritt die Problematik der Verselbstständigung des Management nicht auf, wenn die Kommanditisten **quotenkonform** auch an der GmbH beteiligt sind, da sie dann das Management (den oder die Geschäftsführer) in ihrer Stellung als GmbH-Gesellschafter kontrollieren.[264] Da aber dieser Aspekt nur einen Teilbereich der Sonderregeln betrifft, kann auch eine solche KG dem Sonderrecht für Publikumsgesellschaften unterliegen. Allerdings wird das nicht häufig vorkommen, da eine solche Vertragsgestaltung bei großer Gesellschafterzahl wegen der Schwierigkeiten bei der Erhaltung des Quotengleichlaufs nicht zweckmäßig ist.

---

[255] Dazu OLG Frankfurt ZIP 2008, 1286, 1287 (verneinend).
[256] Siehe BGH ZIP 2004, 2230, 2231.
[257] Siehe BGH ZIP 2004, 2230, 2231 (Telefonanschluss und Lizenzvertrag in den USA).
[258] Überblick bei *Binz/Mayer* GmbHR 2003, 249, 251; *Duys* S. 6; MünchKommBGB/*Kindler* IntGesR RdNr. 331 ff.; zu einer Schweizer AG als Komplementärin OLG Saarbrücken GmbHR 1990, 380.
[259] BGH ZIP 1988, 906, 907 = NJW 1988, 1903; *Brandes* WM Sonderbeilage Nr. 1 1987, S. 7; *Kübler/Assmann* § 21 III 1; *Oetker* RdNr. 110; *v. Westphalen* DB 1983, 2745.
[260] *Ulmer* ZIP 2010, 549, 555.
[261] BGH ZIP 1988, 906, 907 = NJW 1988, 1903; Baumbach/*Hopt* Anh. § 177 a RdNr. 52.
[262] *Ulmer* ZIP 2010, 549, 555.
[263] Für diese wendet auch *Ulmer* ZIP 2010, 549, 554, die Regeln für Publikumsgesellschaften an.
[264] Ähnlich *Bohlken/Spenger* DB 2010, 263.

Ebenfalls unklar ist, wann von einer **Vielzahl von Gesellschaftern** gesprochen werden kann.[265] Der BGH hat eine KG mit 50 Gesellschaftern nach den Regeln der Publikumsgesellschaft behandelt.[266] Damit dürfte die untere Grenze ziemlich genau getroffen sein.[267] Denn ungefähr ab dieser Gesellschafterzahl tritt das bereits beschriebene Problem der Verselbständigung des Managements in Erscheinung. Sofern es um andere Problembereiche geht,[268] kann die Zahl auch anders anzusetzen sein. 109

b) Erscheinungsformen. Publikumsgesellschaften treten in den Rechtsformen der BGB-Gesellschaft und der KG, **vorwiegend der GmbH & Co. KG,** auf. Dabei sind die Anleger entweder Gesellschafter oder es existiert ein **Treuhandgesellschafter,** meist ein Treuhandkommanditist, der den Anteil für die Anleger hält. Die Anleger verbindet dann ein Treuhandvertrag mit dem Gesellschafter (zur Inhaltskontrolle RdNr. 136). Da sie die eigentlichen Geldgeber sind, wird ihnen bisweilen über einen bei der Gesellschaft installierten Beirat (unten RdNr. 152 ff.) ein gewisser Einfluss auf die Gesellschaft zugestanden. 110

c) Praktische Bedeutung. aa) Motive für die Gründung einer Publikums-KG. 111
Publikumspersonengesellschaften dienen der Kapitalaufnahme. Die Initiatoren ziehen die Gründung einer Personengesellschaft der Gründung einer AG (als der nach dem gesetzlichen Leitbild für die Kapitalsammlung vorgesehenen Gesellschaftsform) vor, weil das Recht der AG aufgrund zahlreicher zwingender Normen wesentlich starrer ist als das der Personengesellschaft. Hinzu kommen steuerliche Vorteile. Bis zur Einführung von § 15 a EStG im Jahre 1980 war es möglich, die auf einem negativen Kapitalkonto des Kommanditisten verbuchten Verluste der KG mit anderweitigem Einkommen des Kommanditisten zu verrechnen, was zu ganz erheblicher Steuerersparnis führen konnte (sogenannte **Abschreibungsgesellschaften**). Mittlerweile ist diese Verlustzuweisung nur noch in Höhe der Kommanditistenhaftung möglich.[269]

bb) Wirtschaftliche Bedeutung der Gesellschaften. Die Zahl der Publikumspersonengesellschaften oder auch der Publikumskommanditgesellschaften ist nicht bekannt. Es wird angenommen, dass die Eigenkapitalzuführung an die Publikumsgesellschaften zeitweilig (nämlich in den 70-er Jahren des vorigen Jahrhunderts) die an die Aktienge-sellschaft übertraf. In dieser Zeit sollen jährlich für DM 1,5 bis DM 4 Mrd. Anteile an Publikumsgesellschaften am Kapitalmarkt platziert worden sein.[270] Nachdem manche Gesellschaften durch unseriöse Praktiken ins Gerede gekommen waren und sich die steuerlichen Rahmenbedingungen verschlechtert hatten, ging die Bedeutung der Pub-likumspersonengesellschaften zurück. Es existieren aber immer noch zahlreiche Gesellschaften. 112

2. Der Gesellschaftsvertrag. a) Form. Wie jeder Gesellschaftsvertrag einer Kommanditgesellschaft kann auch der Gesellschaftsvertrag einer Publikums-KG **formfrei** geschlossen werden.[271] Üblicherweise wird er aber schriftlich abgefasst. Eine **Ausnahme von dem Grundsatz der Formfreiheit** gilt für Absprachen, nach denen den Gründern (oder ihnen nahestehende Personen) Vorteile – etwa in Form von Tätigkeitsvergütungen – zugesagt werden.[272] Denn solche Absprachen müssen im Interesse der anderen Gesellschafter offengelegt werden. Auch wäre es ohne eine solche schriftliche Niederlegung im Gesellschaftsvertrag für später beitretende Gesellschafter nicht erkennbar, dass besondere Vergünstigungen zugesagt wurden. Daher reicht auch eine schriftliche Fixierung dieser Vorteile in einem 113

[265] *Kübler/Assmann* § 21 III 1 Fn. 24 spricht beispielsweise von mehreren Hundert.

[266] BGHZ 64, 239; bei einer KG mit 20 Gesellschaftern wendet BGH NJW-RR 1990, 474 f. die Grundsätze für Publikumsgesellschaften nicht an.

[267] *Grunewald* Ausschluss S. 139; *Oetker* RdNr. 110; *Wiedemann* JZ 1983, 559, 560.

[268] Zur Auslegung unten RdNr. 116.

[269] Röhricht/v. Westphalen/*v. Gerkan/Haas* RdNr. 88; *Jakob* BB 1988, 1429.

[270] Schlegelberger/*Martens* RdNr. 133.

[271] AA Röhricht/v. Westphalen/*v. Gerkan/Haas* RdNr. 92: Aus Gründen der Inhaltskontrolle müsse der Vertrag schriftlich abgefasst werden. Dann läge – falls dies nicht beachtet würde – eine fehlerhafte Gesellschaft vor, für die doch das Vereinbarte gilt.

[272] BGH NJW 1978, 755 f.; BGH WM 1976, 446, 447.

Beschlussprotokoll nicht aus,[273] da auf diese Weise keine vergleichbare Offenlegung erfolgt und solche Protokolle beim Beitritt üblicherweise auch nicht zur Kenntnis genommen werden. Auch § 26 AktG, dem die geschilderten Grundsätze nachgebildet sind,[274] kennt keine solche Regelung. Rechtshandlungen, die zur Ausübung unwirksamer Vergütungsabreden vorgenommen werden, sind unwirksam siehe § 26 Abs. 3 S. 2 AktG.

114 Nach hM gilt für Schiedsklauseln § 1031 ZPO.[275] Bei Übertragung des KG-Anteils geht die **Schiedsvereinbarung** analog § 401 BGB ohne die Einhaltung von Formvorschriften mit über.[276]

115 **b) Auslegung, Bestimmtheitsgrundsatz.** Rechtsprechung[277] und Literatur[278] gehen davon aus, dass die Gesellschaftsverträge von Publikumsgesellschaften[279] **objektiv auszulegen** sind. Damit ist gemeint, dass bei der Ermittlung des Vertragsinhalts nicht auf das individuelle Verständnis und die besonderen Vorstellungen der Gründer abgestellt werden soll, sondern nur Umstände zu berücksichtigen sind, die für jeden Dritten erkennbar sind. Demgemäss wird dem Wortlaut eine erhöhte Bedeutung beigemessen. Das schließt aber eine am System des Vertrages orientierte Interpretation ebenso wenig aus wie eine am Ziel der Gesellschaft ausgerichtete Auslegung (sogenanntes dynamisches Vertragsverständnis). Der Unterschied zu den allgemeinen Auslegungsregeln für Gesellschaftsverträge liegt also nur darin, dass das individuelle Verständnis der Gründer bei der Ermittlung dieser Auslegungskriterien nicht berücksichtigt wird. Daher ist die Vorgeschichte des Vertrages, die typischerweise nur den Gründern bekannt ist, ebenso wenig beachtlich, wie die Vorstellungen von Personen, die lediglich an der Abfassung des Vertrages mitgewirkt haben, aber nicht Gesellschafter geworden sind (zB Notare). Letzteres wird von der Rechtsprechung immer wieder als Besonderheit der Publikums-KG betont[280] ist aber im Grundsatz kein Spezifikum der objektiven Auslegung. Denn auch sonst sind die Vorstellungen Dritter für die Vertragsauslegung unbeachtlich. Allerdings können sie normalerweise ein Indiz für das Verständnis der Vertragspartner sein.

116 Diese objektive Auslegung gilt auch dann, wenn eine Berücksichtigung der individuellen Vorstellungen der Gründer für die Gesellschafter günstiger wäre.[281] Dem Schutzbedürfnis der Kommanditisten trägt das sogenannte **Transparenzgebot** hinreichend Rechnung. Danach müssen Bestimmungen, die für die Kommanditisten belastend gleichwohl aber wirksam[282] sind, wie etwa Nachschuss- und Verlustausgleichspflichten, klar formuliert sein. Anderenfalls werden sie so verstanden, wie es für die Kommanditisten günstig ist.[283] Sofern sie nicht nur zweideutig, sondern schlicht verschleiernd sind, sind sie unwirksam. An klar

---

273 AA BGH WM 1976, 446, 447; in der Tendenz wie hier *Oetker* RdNr. 124.

274 *Kraft,* FS Fischer, S. 321, 330.

275 Röhricht/*v. Gerkan/Haas* RdNr. 106; differenzierend *Haas* SchiedsVZ 2007, 1; Baumbach/*Hopt* Anh. § 177 a RdNr. 67; zu § 1027 ZPO aF BGH NJW 1980, 1049; BGH ZIP 1997, 2082; Heymann/*Horn* RdNr. 158; *Kellermann,* FS Stimpel, S. 296, 301; schwankend *Schütze* BB 1992, 1877, 1880; aA mit guten Gründen § 1066 ZPO (§ 1048 ZPO aF) sei anwendbar; *Ebbing* NZG 1999, 754, 756; *Karsten Schmidt* ZGR 1988, 538; *ders.* DB 1989, 2315; *ders.* GmbHR 1990, 16, 18; *ders.* ZHR 162 (1998), 265, 278; *ders.* BB 2001, 1857, 1862 f. und zwar ohne Unterscheidung zwischen Publikums-KG und Normal-KG. Ausnahmen könnten aber für Gesellschaften gelten, in denen Mehrheitsbeschlüsse nicht vorgesehen sind. Statt dessen soll eventuell eine Inhaltskontrolle stattfinden.

276 BGH ZIP 1997, 2082, 2083.

277 BGH NJW 1979, 419; WM 1982, 40; WM 1989, 1809, 1810; WM 1990, 714, 715; ZIP 1999, 1391, 1393; BGH WM 2006, 774, 775; BGH ZIP 2009, 864, 865.

278 *Brandes* WM Sonderbeilage 1987 Nr. 1, S. 8; *Coing* ZGR 1978, 659, 674; *Grunewald* ZGR 1995, 68, 71 ff.; Baumbach/*Hopt* Anh. § 177 a RdNr. 67; *Kellermann,* FS Stimpel, S. 295, 299; *Stimpel,* FS Fischer, S. 771, 772; MünchKommBGB/*Ulmer* § 705 RdNr. 175; *Wiedemann* DNotZ 1977 Sonderheft S. 99, 102.

279 Unter Einschluss mitgliederstarker Familiengesellschaften: BGH NJW-RR 1989, 1259, 1260; *Ulmer* ZIP 2010, 549, 554.

280 BGH WM 1974, 372, 373; WM 1989, 1809, 1810.

281 AA MünchKommBGB/*Ulmer* § 705 RdNr. 175.

282 Dazu RdNr. 124; die die Belastung der Kommanditisten einschränkende Auslegung erfolgt also erst, wenn feststeht, dass ein anderes nahe liegendes Verständnis der Klausel nicht zu ihrer Unwirksamkeit führt. Dies folgt aus der Überlegung, dass das Transparenzgebot dem Vorteil der Kommanditisten dienen soll.

283 BGH NJW 1979, 419; NJW 1979, 2102; ZIP 1982, 1442; *Oetker* RdNr. 127.

formulierten Klauseln müssen sich die Gesellschafter im Interesse Dritter, die sich auf solche Formulierungen eventuell verlassen haben, festhalten lassen.

Umstritten ist, ob diese **Regeln bei jeder Gesellschaft gelten, die auf die Aufnahme einer Vielzahl von Kommanditisten**[284] angelegt ist,[285] oder ob sie erst dann zur Anwendung kommen, wenn ein neuer Gesellschafter zu den Gründern oder anstelle eines Gründers hinzugekommen ist. Solange die Gründungsgesellschafter unter sich sind, kann es bei den üblichen Auslegungsprinzipien bleiben, da es dann (noch) keinen Gesellschafter gibt, der das individuelle Vertragsverständnis der Gründer nicht kennt und daher vor einer für ihn überraschenden Vertragsauslegung geschützt werden müsste. Wenn aber ein neuer Gesellschafter – und sei es auch im Wege der Erbfolge – hinzugetreten ist, dann ändern sich in der Tat die Interpretationsprinzipien. Zwar muss normalerweise ein Rechtsnachfolger, um den es sich bei dem neuen Gesellschafter vielfach handeln wird, den Vertrag so hinnehmen, wie er von dem Rechtsvorgänger ausgestaltet wurde. Aber wenn eine Gesellschaft auf die Aufnahme einer Vielzahl von Gesellschaftern angelegt ist, dann war den Gründern und späteren Gesellschaftern bekannt, dass sie mit dem Eintritt neuer Personen in das Vertragsverhältnis rechnen mussten. Zugleich war es für sie dann aber auch erkennbar, dass ihr persönliches Verständnis ab dem Zeitpunkt des Eintritts neuer Gesellschafter nicht mehr ausschlaggebend sein würde. 117

Selbst wenn ein neuer Gesellschafter hinzugetreten ist, kann es im **Einzelfall bei der Berücksichtigung des individuellen Vertragsverständnisses der Gründer bleiben.**[286] Dies ist der Fall, wenn der neue Gesellschafter ausnahmsweise nicht schutzwürdig ist, etwa weil er das besondere Verständnis der Gründer kennt,[287] oder von ihm wegen Unklarheiten im Vertragstext ausnahmsweise erwartet werden konnte, dass er sich nach dem Vertragsverständnis der bisherigen Gesellschafter erkundigt. Da es bei der objektiven Vertragsauslegung um den Schutz neu hinzutretender Gesellschafter geht, können diese auf diese Vergünstigung auch verzichten. Dann bleibt es bei dem bisherigen Vertragsverständnis. 118

Wird die Gesellschaft ausnahmsweise **von vielen Personen gegründet,** kommt man schon nach den allgemeinen Regeln der Vertragsinterpretation (RdNr. 115) wohl stets zu einer objektiven Auslegung. Denn Willenserklärungen werden vom Empfängerhorizont ausgelegt und bei zahlreichen Empfängern wird kaum je ein einheitliches individuelles – von der objektiven Auslegung abweichendes – Verständnis gegeben sein. 119

Judikatur und Literatur gehen nahezu übereinstimmend davon aus, dass der **Bestimmtheitsgrundsatz**[288] **in einer mitgliederstarken KG nicht gilt.**[289] Dies wird damit 120

[284] Auch für diese Sonderregel für Publikumsgesellschaften ist es gleichgültig, ob die Beteiligung unmittelbar oder über einen Treuhänder erfolgt. BGH ZIP 1988, 906, 910; NJW-RR 1989, 993, 994; ZIP 1991, 1211, 1212; *Coing* ZGR 1978, 659, 674 ff.; *Stimpel,* FS Fischer, S. 771, 772; MünchKommBGB/*Ulmer* § 705 RdNr. 175. Dies kann aber nur gelten, wenn die Gesellschafter wissen, dass hinter einem von ihnen eine Vielzahl von Anlegern steht. Anderenfalls besteht für sie kein Anlass, auf eine Fassung des Vertrages zu dringen, die keine Unklarheiten aufkommen lässt: *Grunewald* ZGR 1995, 68, 73. Ob die Gesellschafter alle derselben Familie angehören spielt, wie meist bei den Sonderregeln für Publikumsgesellschaften, keine Rolle: BGH NJW-RR 1989, 1259, 1260.

[285] *Coing* ZGR 1978, 659, 664; GroßkommHGB/*Schäfer § 105 RdNr. 196*; *Wiedemann* DNotZ 1977, Sonderheft, 99, 104; ähnlich Erman/*Westermann* § 705 RdNr. 34: entscheidend sei, ob es zu einem gelegentlichen oder regelmäßigen Gesellschafterwechsel komme.

[286] *Grunewald* ZGR 1995, 68, 78 f.

[287] Siehe den Hinweis bei *Kellermann,* FS Stimpel, S. 295, 299 und *Stimpel,* FS Fischer, S. 771, 772.

[288] Allgemein oben RdNr. 25 dort auch zu der Frage, ob der Bestimmtheitsgrundsatz eine Auslegungsregel ist.

[289] BGHZ 66, 82, 85 (Kapital kann durch Mehrheitsbeschluss auch erhöht werden, wenn keine Obergrenze genannt ist, aber keine Pflicht zur Beteiligung an der Kapitalerhöhung, dazu RdNr. 127); BGHZ 71, 53, 57 (Auswechslung des Komplementärs Anpassung des Unternehmensgegenstands); BGHZ 85, 350, 356 (in dieser Entscheidung wird ein „Verzicht" auf den Bestimmtheitsgrundsatz geprüft), so auch in BGH NJW 1988, 412, 413; BGH NJW 1991, 691, 692; hierzu Baumbach/*Hopt* Anh. § 177 a RdNr. 69 a; *Karsten Schmidt* ZGR 2008, 1, 10; siehe auch KG Beck RS 2010, 15528, einfache Mehrheitsklausel erfasst Beschlussfassung über Auflösung, Feststellung der Liquidationsbilanz, Bestimmung des Liquidators; enger KG ZIP 2010, 1545 Feststellung der Schlussbilanz nicht erfasst. In BGH NJW 1988, 411, 412 wird der Bestimmtheitsgrundsatz auf eine KG mit 65 Kommanditisten nicht angewandt, vermutlich weil die Anleger nicht am Kapitalmarkt geworben worden waren, sondern zwei Familienstämmen angehörten. Dies leuchtet nicht ein, da auch in solchen Gesellschaften Vertragsänderungen auf

begründet, dass die Gesellschafter nicht Opfer einer unzulänglichen Vertragsgestaltung der Gründer sein sollen und ihnen daher die Möglichkeit erhalten bleiben soll, auch dann den Vertrag durch Mehrheitsbeschluss (allgemein RdNr. 133) umzugestalten, wenn die zur Debatte stehende Vertragsänderung nicht im einzelnen im Gesellschaftsvertrag aufgezählt ist. In Anbetracht der abnehmenden Bedeutung, die die Judikatur in jüngerer Zeit dem Bestimmtheitsgrundsatz zu Recht generell zuweist,[290] überzeugen diese Urteile umso mehr. Bei einer allgemein formulierten Klausel (Vertragsänderungen erfolgen durch Mehrheitsbeschluss) folgt dieses Ergebnis bereits aus einer am Wortlaut ausgerichteten Interpretation. Enthält der Gesellschaftsvertrag nur eine auf bestimmte Beschlussgegenstände bezogene Mehrheitsklausel, so wird diese Klausel so zu verstehen sein, dass alle Vertragsänderungen von ihr erfasst sind. Die Klausel enthält also nur Beispiele für eine allgemeine Regel über Vertragsänderungen, da nur dann, wenn Vertragsänderungen auf praktikablem Wege erreichbar sind, eine sachgerechte Unternehmensführung möglich ist (dynamisches Vertragsverständnis). Gleiches gilt im Grundsatz auch, wenn der Vertrag keinerlei Regelung über die für Vertragsänderungen erforderlichen Mehrheiten enthält. Dann ergeben die Regeln der ergänzenden Vertragsauslegung aufgrund des genannten Interpretationsprinzips ebenfalls, dass ein Mehrheitsbeschluss auch für vertragsändernde Beschlüsse ausreicht.[291] Aber selbst wenn in dem Vertrag ausdrücklich gesagt ist, dass der Gesellschaftsvertrag nur einstimmig geändert werden kann, gilt im Ergebnis nichts anderes. Denn eine solche Klausel hindert die Kommanditisten an der Schaffung einer angemessenen Vertragsgestaltung. Sie kann daher einer Inhaltskontrolle (RdNr. 124 ff.) nicht standhalten.[292] Gemäß dem Rechtsgedanken des § 179 Abs. 2 S. 1 AktG ist eine ¾-Mehrheit erforderlich.[293]

121 Zur **Ergänzung eines lückenhaften Vertrages** unten RdNr. 129, die dort geschilderten Grundsätze gelten auch für Verträge, die von vornherein unvollständig sind.

122 **c) Änderung des Gesellschaftsvertrages.** Auch in der Publikums-KG ist eine Änderung des Gesellschaftsvertrages zulässig.[294] Auch eine **konkludente Änderung** ist, sofern nicht Formvorschriften dem entgegenstehen, möglich.[295] Wenn die Vertragsurkunde nicht geändert wird, so ist dies ein gewichtiges Indiz dafür, dass der Vertrag nicht geändert, sondern nur durchbrochen werden sollte.[296] Wurde der neue Wortlaut zum Handelsregister angemeldet, so ist dies umgekehrt ein Indiz für eine Vertragsänderung. Sofern trotz unveränderter Vertragsurkunde feststeht, dass eine Vertragsänderung gewollt war und erfolgt ist, schließt sich die Frage an, ob man sich auf diese Änderung auch nach Beitritt eines neuen Gesellschafters berufen kann oder ob der Vertrag dann so verstanden werden muss, wie es der Wortlaut nahe legt (RdNr. 115). Zu den erforderlichen Mehrheiten RdNr. 120.

---

praktikablem Wege möglich sein müssen (so im Ergebnis auch BGHZ 85, 350, 356); aA *Reuter,* FS Mestmäcker, S. 271, 283.

[290] BGHZ 170, 283 = ZIP 2007, 475 (Otto); BGH ZIP 2009, 768 (Schutzgemeinschaft II); dazu *Schäfer* ZGR 2009, 768, 771: Aufgaben des Bestimmtheitsgrundsatzes.

[291] *Baumbach/Hopt* Anh. § 177 RdNr. 69a; *Oetker* RdNr. 134; MünchKommBGB/*Ulmer/Schäfer* § 709 RdNr. 94; offen gelassen in BGHZ 71, 53, 58 f; einschränkend *Hermanns* ZGR 1996, 103, 108: Es müsse wenigstens für „normale" Beschlüsse das Mehrheitsprinzip vereinbart sein. Sonst bestehe nur ein Indiz dafür, dass vertragsändernde Mehrheitsbeschlüsse zulässig seien. Dieses Indiz beruhe auf der Realstruktur der KG; zurückhaltend *Priester* DStR 2008, 1386, 1388; auch *K. Schmidt* ZGR 2008, 1, 13.

[292] *Grote* S. 148.

[293] Offen gelassen in BGHZ 71, 53, 58; wie hier *Brandes* WM Sonderbeilage 1/1987 S. 10; *Grote* S. 148; Baumbach/*Hopt* Anh. § 177 a RdNr. 69 b; *Priester DStR 2008, 1386, 1388*; *Schneider* AG 1979, 57, 61; *Stimpel,* FS Fischer, S. 772, 779; im Ergebnis auch GroßkommHGB/*Schilling* Anh. § 161 RdNr. 25 aber unter Berufung auf die Regeln der Inhaltskontrolle. Diese vernichten aber nur Bestimmungen des Gesellschaftsvertrags, schaffen aber keine neuen. AA *Brändel,* FS Stimpel, S. 95, 103; *Hadding* ZGR 1979, 636, 646.

[294] BGH WM 1990, 714, 715: Das Berufungsgericht hatte tatsächlich angenommen, eine Änderung sei nur möglich, wenn der Vertrag Regelungen über seine Änderung vorsieht.

[295] AA Heymann/*Horn* RdNr. 165 unter Hinweis darauf, dass neu Beitretende anderenfalls den Inhalt des Vertrages nicht kennen, dazu RdNr. 115. Nach der hier vertretenen Ansicht ist der Vertrag wirksam geändert, aber – falls schutzwürdige Gesellschafter vorhanden sind – wortlautgetreu auszulegen.

[296] BGH WM 1990, 714, 715.

Wie in jeder KG so besteht auch in der Publikums-KG unter Umständen eine **Pflicht, an der Abänderung des Gesellschaftsvertrages mitzuwirken** (oben RdNr. 27 f.). Abweichend von der üblichen Vorgehensweise ist aber eine Klage gegen den jeweiligen Gesellschafter gerichtet auf Zustimmung zur Vertragsänderung nicht erforderlich. Vielmehr wird die Zustimmung, sofern sie geschuldet ist, schlicht als erfolgt unterstellt.[297] Eine Klage, die wegen der fehlenden Zustimmung die Nichtigkeit[298] des Beschlusses festgestellt wissen will, wäre also abzuweisen. Auf diese Weise wird der Tatsache Rechnung getragen, dass in einer zahlreiche Gesellschafter umfassenden KG vernünftigerweise nicht gegen jeden dissentierenden Gesellschafter auf Zustimmung geklagt werden kann. 123

d) Inhaltskontrolle. aa) Der Gesellschaftsvertrag. Auch in der Publikumsgesellschaft setzt § 138 BGB der Vertragsfreiheit Grenzen (oben RdNr. 28). Darüber hinausgehend findet aber unter Rückgriff auf § 242 BGB eine **verschärfte Inhaltskontrolle** statt. Dies gilt auch, wenn ein Treuhandkommanditist zwischengeschaltet ist.[299] Zur **Begründung** beruft man sich darauf, dass bei Gesellschaften mit großer Mitgliederzahl der **Vertragskompromiss** als Garant für eine gewisse Ausgeglichenheit der vertraglichen Regelung **fehle.**[300] In der Tat reduziert sich jedenfalls bei mitgliederstarken Gesellschaften die Vertragsfreiheit auf die Abschlussfreiheit. Aber dies allein kann eine verstärkte Kontrolle kaum rechtfertigen. Denn praktisch jeder Gesellschafter – ganz gleich, ob es sich um eine Publikumsgesellschaft handelt oder nicht –, der nicht als Gründer[301] am Abschluss des Gesellschaftsvertrages beteiligt war, kann den Vertrag nur so akzeptieren, wie er ist. Für Rechtsnachfolger ist dies evident. Gleiches gilt aber auch im Regelfall für neu beitretende Gesellschafter, da eine Abänderung des Gesellschaftsvertrages kaum je erreicht werden kann. Diese Einbindung neuer Gesellschafter in die Struktur der Gesellschaft ist meist geradezu unabdingbar, da nicht jede Rechtsnachfolge und auch nicht jeder Beitritt zur Infragestellung des Gesamtgefüges der Gesellschaft führen kann.[302] Auch die Tatsache, dass der Gesellschaftsvertrag **vorformuliert** ist,[303] rechtfertigt eine Abweichung von den üblichen Regeln der Inhaltskontrolle nicht. Ganz davon abgesehen, dass schon unklar ist, ob die Vorformulierung bei überhaupt irgendeinem Vertrag eine verschärfte Kontrolle rechtfertigt,[304] kann dies jedenfalls bei Gesellschaftsverträgen nicht der Fall sein. Sie sind – sieht man einmal vom Moment der Gründung ab – notwendigerweise „vorformuliert". Wäre dies das entscheidende Kriterium, so müsste nahezu jeder Gesellschaftsvertrag anhand von § 242 BGB verschärft kontrolliert werden. Die gegenüber den üblichen Maßstäben abgewandelte Inhaltskontrolle lässt sich – anders als etwa die Inhaltskontrolle von AGB – auch nicht damit rechtfertigen, dass eine **Vertragspartei der anderen inhaltlich unterlegen** wäre. Personen, die Publikumsgesellschaften beitreten, sind meist durchaus finanzstark und lassen sich vielfach auch fachkundig beraten.[305] 124

---

[297] BGH WM 1985, 195, 196; ähnlich BGH WM 1985, 256, 257; dazu *Brandes* WM Sonderbeilage 1987 Nr. 1 S. 11; *Grunewald* Ausschluss S. 106; *Karsten Schmidt* GesR § 57 II 2 d; ablehnend *Sester* S. 129, der auf die Intensität der Treubindung und darauf abstellt, ob die Entscheidung Außenwirkung hat; Tendenzen in dieser Richtung für eine Normal-KG finden sich in BGH NJW 1995 194 195 (oben RdNr. 54).

[298] Nach hM ist ein fehlerhafter Beschluss nichtig, dazu bei § 119 RdNr. 95 ff.

[299] BGH ZIP 1988, 906 = NJW 1988, 1903 dazu *Wolf,* FS Zöllner, S. 651, 659.

[300] BGHZ 64, 239; 69, 207, 209; 84, 11, 14; BGH WM 1982, 58; ZIP 1991, 1211, 1213; *Fischer,* FS Barz, S. 33, 38; *Lutter* AcP 180 (1980), 84, 108; *Schneider* ZGR 1978, 1, 7 f.; *Wiedemann* § 3 II 2.

[301] Bisweilen haben aber auch manche Gründer keinen Einfluss: Man denke nur an Sanierungsgesellschaften oder Familiengesellschaften, die die Erbfolge vorwegnehmen.

[302] *Grunewald* Ausschluss S. 133; *Martens* JZ 1976, 511, 512; *Schneider* ZGR 1978, 1, 8; *Zöllner,* 100 Jahre GmbH-Gesetz, S. 85, 104.

[303] Dies hält für entscheidend BGH ZIP 1988, 907, 908; ZIP 1988, 2224; *Brandes* WM Sonderbeilage 1/1987, S. 8; Heymann/*Horn* RdNr. 160; kritisch *Grunewald* Ausschluss S. 135; *Hille* S. 65 ff.; *Hönn* JZ 1983, 677, 679; *Reuter* AG 1979, 321, 323; *Zöllner,* 100-Jahre GmbH-Gesetz, S. 85 102 f.; auch *Loritz* JZ 1986, 1073, 1079 der aber auch darauf abstellt, dass Gesellschafter, die die Bedingungen formulieren und Gesellschafter die sie akzeptieren, vorhanden sind. Doch kann das bei jedem Beitritt zu einer bestehenden Gesellschaft so sein.

[304] *Coester-Waltjen* AcP 190 (1990), 1, 20.

[305] BGH ZIP 1988, 907, 908; *Grunewald* Ausschluss S. 134; *Reuter* AG 1979, 321, 322; *ders.* AcP 181 (1981), 1, 8.

125 Der Rückgriff auf **§ 242 BGB** und damit auf andere als die üblichen Maßstäbe **überzeugt daher im Grunde nicht.**[306] Das ändert allerdings nichts daran, dass Judikatur und Literatur unter dem Stichwort Inhaltskontrolle nach § 242 BGB ein bestimmtes für Publikumsgesellschaften typisches Phänomen anpacken und einer interessengerechten Lösung zuführen. Auch wenn lediglich § 138 BGB einschlägig wäre, käme man also zu keinem anderen Ergebnis.[307] Im Grunde genommen geht es nicht um die Auswechslung oder um die Verschärfung[308] des Kontrollmaßstabs, sondern um die Lösung von Problemen, die nur bei Publikumspersonengesellschaften auftreten. In den einschlägigen Entscheidungen geht es oftmals um die Frage, inwieweit das Recht der KG (oder BGB-Gesellschaft) zugunsten der die Gesellschaft organisierenden und leitenden Personen, die regelmäßig mit den Initiatoren identisch sind, ausgestaltet werden kann.[309] Da die Gefahr einer solchen, die Anleger entrechtenden Vertragsgestaltung schon dann besteht, wenn der Beitritt zahlreicher Gesellschafter lediglich geplant ist, ist eine Inhaltskontrolle auch dann angebracht, wenn der Beitritt vieler Gesellschafter später dann doch nicht erfolgt.[310]

126 **Unwirksam ist eine Bestimmung,** nach der Schadensersatzansprüche gegen Aufsichtsratsmitglieder in drei Monaten verjähren und die betreffenden Personen nur mit ihrem in der Gesellschaft angelegten Vermögen haften,[311] eine Ausschlussfrist für die Geltendmachung von Schadensersatzansprüchen gegen den Treuhänder aus dem Gesellschaftsverhältnis[312] und auch eine Regelung, nach der der geschäftsführende Verwalter während einer mehrjährigen Anlaufzeit nur aus wichtigem Grund und nur mit einer 90-%igen Mehrheit abberufen werden kann.[313] Hier muss, auch wenn kein wichtiger Grund vorliegt, ein einfacher Mehrheitsbeschluss genügen (siehe zum Vertreter RdNr. 184),[314] da die Kommanditisten ihr Investment nur einer Person überlassen müssen, die zumindest mehrheitlich ihr Vertrauen genießt. Ebenfalls unwirksam ist eine Klausel, in der sich der persönlich haftende Gesellschafter (eine GmbH) eine Option auf Kommanditanteile einräumen lässt, da auch dieses Recht zu einer Benachteiligung der Kapitalanleger führen kann.[315] Denn die Option wird der persönlich haftende Gesellschafter selbstverständlich nur – dann aber auch immer – ausüben, wenn die Gesellschaft floriert. Den Kommanditisten wird auf diese Weise die Chance genommen, in der Gesellschaft dauerhaft Gewinne zu erzielen.[316] Aus

---

306 Ebenso *Coester-Waltjen* AcP 190 (1990), 1, 30; *Hey* S. 302 ff. und *Hille,* der jeden Begründungsansatz ausführlich abhandelt.

307 Nach *Kraft,* FS Fischer, S. 321, 336 ist der Weg über § 138 BGB noch bei weitem nicht hinreichend ausgelotet; enger *Hey* S. 313 f.

308 Für Publikumspersonengesellschaften können zum Teil ja sogar Regeln akzeptiert werden, die bei „normalen" KGs zumindest problematisch wären. Hierzu *Schneider* ZGR 1978, 1, 14.

309 *Grunewald* Ausschluss S. 136 ff.; BGH ZIP 1988, 906, 908 = NJW 1988, 1903: Die Gründer dürften nicht ein Vertragswerk schaffen, „das die Leitungsorgane einer wirksamen Kontrolle der Anleger entzieht oder die Anleger in einer sonst der rechtlichen Wertung widersprechenden Weise rechtlos stellt"; bestätigt in BGH ZIP 1991, 1494, 1497.

310 BGH ZIP 1988, 22, 24; *Decher* ZIP 1987, 109, 7 1100.

311 BGHZ 64, 238; eine fünfjährige Verjährungsfrist gilt zwingend; BGH NJW 1983, 1675; *Schneider* ZGR 1978, 1, 30, dort auch zur Beschränkung der Haftung auf Vorsatz und grobe Fahrlässigkeit.

312 BGH ZIP 2006, 849, 850, der Anspruch aus dem „Gesellschaftsverhältnis" beruht darauf, dass die Treugeber nach dem KG-Vertrag wie ein Kommanditist behandelt werden sollten, in dem Urteil wird eine Verkürzung der Verjährungsfrist auf weniger als 5 Jahre für unwirksam gehalten, was aber nach der Neufassung von § 195 BGB nicht mehr überzeugt.

313 BGH NJW 1982, 2495; in BGH ZIP 1988, 22, 24 war sogar die Zustimmung aller Gesellschafter gefordert worden; allgemein *Decher* ZIP 1987, 1097; *Grundmann* S. 536 f.; *Heid* S. 272 ff.

314 *Grundmann* S. 538 f.

315 BGHZ 84, 11 und BGH ZIP 1988, 906: Hier war ein Treuhänder zwischengeschaltet; ebenso in OLG Köln NJW-RR 1987, 952; siehe *Grundmann* S. 525.

316 Nach BGH ZIP 1988, 906, 909 spielt es auch keine Rolle, ob die Abfindung angemessen ist oder nicht; dazu auch *Grunewald* Ausschluss S. 231; *Loritz* JZ 1986, 1073, 1080: nur die Abfindung müsse stimmen. Aber dem steht entgegen, dass es eine wirklich „richtige" Abfindung kaum gibt. Gerade wenn eine Seite die Beteiligung übernehmen will und die andere nicht ausscheiden möchte, scheint die Abfindung nicht lukrativ zu sein.

dem gleichen Grund ist eine völlig disparate Verteilung von Chancen und Risiken (Vorabgewinne oder überhöhte Zahlungen für „Gesellschafterbetreuung") unwirksam.[317] Ebenfalls unzulässig ist eine Vertragsbestimmung, nach der ein neuer Verwalter nur mit einer Mehrheit von 90% bestimmt werden kann.[318] In der Entscheidung wird zutreffend gesagt, dass auf diese Weise die Anleger daran gehindert werden, gegen den Willen der Gründer, die mit über 10% beteiligt waren, die Organe mit Personen ihres Vertrauens zu besetzen. Ebenfalls unwirksam ist eine Klausel, nach der der Kommaditist keinen Anspuch auf Mitteilung der Namen seiner Mitgesellschafter hat, falls er diese Namen nicht dem Handelsregister entnehmen kann und falls er sie benötigt, um eine realistische Chance auf die Geltendmachung von Minderheitsrechten zu haben[319] oder Rückgriffsansprüche gegen die Mitgesellschafter durchzusetzen. Dieser Anspruch auf Mitteilung der Namen kann nicht ausgeschlossen werden, da Kommanditisten im Handelsregister einzutragen sind und daher kein Recht auf Geheimhaltung ihrer Beteiligung haben.[320] Zum Ausschluss des Stimmrechts unten RdNr. 133.

Dagegen ist eine Klausel, nach der der Rechtsweg erst beschritten werden darf, wenn der Beirat der Gesellschaft eine Schlichtung versucht hat, **wirksam,** wenn nicht ausnahmsweise auf diese Weise die Anrufung der Gerichte unangemessen erschwert wird.[321] Nachschusspflichten können vereinbart werden, sofern das Transparenzgebot gewahrt und eine Obergrenze oder sonstige Kriterien genannt werden, die das Erhöhungsrisiko in objektiv bestimmbarer Weise eingrenzen.[322] Ebenso ist eine Klausel zulässig, nach der dem Treuhandkommanditisten im Falle des Verzugs der Anleger mit den von ihnen dem Kommanditisten geschuldeten Leistungen auch dann Verzugszinsen zu zahlen sind, wenn dem Kommanditisten kein Schaden entstanden ist. Schließlich ist diese Regelung schon deshalb sachgerecht, weil auf diese Weise die Treugeber im Interesse aller zu einer pünktlichen Zahlung angehalten werden.[323] Da dem Treuhänder aus einer verspäteten Zahlung wohl nie ein Schaden entsteht, kann anders eine pünktliche Zahlung kaum erreicht werden.[324] Ebenfalls zulässig ist es, den Treugebern unter bestimmten Voraussetzungen die Befugnis einzuräumen, selbst in der Gesellschafterversammlung abzustimmen oder einen Gesellschafterbeschluss anzugreifen.[325] Zulässig und zugleich zweckmäßig ist eine Regelung, nach der Streitigkeiten darüber, ob eine Person Gesellschafter ist oder nicht, zwischen der KG und dem Mitglied ausgetragen wird.[326] Gleiches gilt für eine Regelung, nach der die Einladung zur Gesellschafterversammlung durch Bekanntmachung im Bundesanzeiger und zusätzliche persönliche Einladung erfolgt, letztere aber nicht Wirksamkeitsvoraussetzung für die Einberufung der Gesellschafterversammlung ist.[327] Auch eine Bestimmung, nach der nur derjenige Kommanditist sein kann, der auch Mitglied der Wohnungseigentümergemeinschaft des Objektes ist, das die KG betreibt, ist wirksam.[328] Denn diese Regelung stellt zum einen sicher, dass die Gesellschafterversammlung aus den Wohnungseigentü- 127

[317] OLG Schleswig ZIP 2002, 1244, 1245.

[318] BGH WM 1983, 1407; *Grundmann* S. 530 f.

[319] BGH NZG 2010, 61 (Gesellschaft bürgerlichen Rechts); in der KG sind die Namen der Kommanditisten im Handelsregister einzutragen; daher haben sie kein rechtlich geschütztes Ineresse auf Anonymität; zu Treuhandbeteiligungen § 166 RdNr. 12.

[320] BGH NZG 2010, 61 (GbR) unter Hinweis darauf, dass die Gesellschafter ein Schuldverhältnis verbindet; kritisch *Sester/Voigt* NZG 2010, 375, 377; nach Baumbach/*Hopt* Anh. § 177a RdNr. 72 besteht das Recht nur bei Einwilligung der Mitgesellschafter, aber diese ist durch die Klausel doch gerade verweigert.

[321] BGH NJW 1977, 2263.

[322] BGH ZIP 2005, 1455, 1456; BGH WM 2006, 774, 775; siehe auch BGH NJW 1979, 419; nach KG DB 1978, 1922 (Vorinstanz zu BGH NJW 1979, 419 dem KG folgend *Kaligin* DB 1981, 1172) müssen stets die Gesellschafter über das Einfordern der Nachschüsse beschließen. Doch ist auch dies bei klarer Ausgestaltung der Nachschusspflicht nicht zwingend; siehe BGH WM 2006, 774, 775.

[323] BGH ZIP 1991, 1211, 1213; aA *Grundmann* S. 526.

[324] Dieser Aspekt rechtfertigt die Abweichung von § 309 Nr. 6 BGB.

[325] OLG Köln BB 1996, 2058.

[326] BGH NJW 2003, 1729; unten RdNr. 139.

[327] BGH ZIP 2005, 1319, 1321.

[328] BGH NJW 2003, 1729, 1730.

mern – und damit aus den von der Verwaltung in erster Linie Betroffenen – besteht, und zum anderen, dass jeder Wohnungseigentümer als Gesellschafter verpflichtet ist, die Verwaltung der KG zu akzeptieren. Auch ein (teilweiser) Verlust der Beteiligung zur Glättung der Hafteinlage der Kommanditisten ist zulässig.[329] Auch eine Klausel, nach der die Übertragung des Anteils an die Zustimmung des Komplementärs (oder der Mehrheit der Kommanditisten) gebunden ist, ist zulässig.[330] Es gelten insoweit die gleichen Grenzen wie bei der Vinkulierung von GmbH-Anteilen.[331] Es kann auch festgelegt werden, dass Beschlussfassungen der Gesellschafter – auch über wesentliche Beschlussgegenstände – im Umlaufverfahren erfolgen.[332] Dies kann zweckmäßig sein, da damit die Anzahl der abstimmenden Gesellschafter meist sogar erhöht wird.

128 **In der Literatur** ist darüber hinaus die Frage aufgeworfen worden, welche **weiteren Klauseln** unwirksam sind. Dabei wird vorgeschlagen, Gründervorteile[333] sowie die Tätigkeitsvergütung der Komplementäre[334] einer Kontrolle auf ihre Angemessenheit hin zu unterwerfen. Weiter wird eine Befreiung vom Verbot des Selbstkontrahierens (§ 181 BGB) für die geschäftsführenden Gesellschafter[335] ebenso für unzulässig gehalten wie Haftungsbeschränkungen nach Art von § 708 BGB.[336] Mehrstimm- und Vetorechte des Komplementärs sollen dagegen zulässig sein.[337] Gleiches soll für Bestimmungen gelten, nach denen das Recht zur Einberufung der Gesellschafterversammlung an ein Quorum gebunden wird.[338] Solche Regelungen halten nur dann der Inhaltskontrolle stand, wenn sie dem Kommanditisten nicht faktisch die Möglichkeit nehmen, sich gegen das Management durchzusetzen. Vetorechte des Komplementärs können daher, sofern es nicht um Beschlüsse geht, die die Rechtstellung des Komplementärs betreffen, nicht vereinbart werden.[339] Vorschriften über die Einberufung der Gesellschafterversammlung müssen praktikabel sein. Unzulässig soll es auch sein, dem Gesellschafter das Risiko, dass die Ladung zur Gesellschafterversammlung bei ihm nicht eintrifft, zuzuweisen.[340] Des weiteren muss eine Vertretung in der Gesellschafterversammlung zulässig sein.[341] Auf jeden Fall unwirksam ist eine Klausel, nach der nicht erschienene oder vertretene Gesellschafter durch den Komplementär vertreten werden,[342] sowie Bestimmungen, nach denen die Kommanditisten nur beschließen können, wenn der Komplementär anwesend ist, es sei denn, es besteht für den Fall, dass der Komplementär nicht erscheint, eine praktikable Regelung, nach der auf einer weiteren Gesellschafterversammlung auf jeden Fall Beschluss gefasst werden kann.[343] Denn anderenfalls würde genau die Machtverlagerung zugunsten der Organe der KG eintreten, der die Inhaltskontrolle entgegentreten will. Aus demselben Grund sind Schiedsklauseln unwirksam, die es dem Kommanditisten über Gebühr erschweren, seine Rechte durchzusetzen (ausländische Schiedsgerichte, erheblicher Einfluss der KG auf die Zusammensetzung des Schiedsge-

---

[329] BGH ZIP 2005, 1319, 1322.

[330] OLG München BeckRS 2008, 22938; OLG Bremen ZIP 2007, 1502; siehe auch unten RdNr. 144.

[331] Statt aller *Bayer* in Lutter/Hommelhoff GmbHG § 15 RdNr. 71ff; speziell zur Publikums-KG *Weisner/Lindemann* ZIP 2008, 766.

[332] KG BeckRS 2010, 15528 (Feststellung der Liquidationsbilanz).

[333] Zu den Formerfordernissen oben RdNr. 113; *Schneider* ZGR 1978, 1, 24; *v. Westphalen* DB 1983, 2745, 2747.

[334] *Heid* S. 262 ff.; *Schneider* ZGR 1978, 1, 27; aA *Grundmann* S. 533 ff.

[335] *Heid* S. 260 ff.; GroßkommHGB/*Schilling* Anh. § 161 RdNr. 32; *Schneider* ZGR 1978, 1, 18; *v. Westphalen* DB 1983, 2745, 2747; aA BGHZ 76, 160, 166.

[336] *Grote* S. 178 f.; *Schneider* ZGR 1978, 1, 15, 31.

[337] Schlegelberger/*Martens* § 161 RdNr. 147; *Schneider* ZGR 1978, 1, 19 f.; nach *Bälz* ZGR 1980, 1, 47 ist ein Vetorecht zulässig; nach *v. Westphalen* DB 1983, 2745, 2747 ist es unzulässig; nach *Heid* S. 255 sind Stimmrechtsausschluss sowie Mehrstimm- und Vetorechte regelmäßig unzulässig.

[338] *Grote* S. 173 f.

[339] Siehe *Grundmann* S. 350; *Kalss* S. 395 f.

[340] *Schneider* ZGR 1978, 1, 21 (fraglich); dort auch zur Ladungsfrist, zum Ort der Gesellschafterversammlung, zur Tagesordnung.

[341] *Kalss* S. 395; *Schneider* ZGR 1978, 1, 23; *ders.* AG 1979, 57, 68.

[342] *Schneider* ZGR 1978, 1, 24; *ders.* AG 1979, 57, 68; *v. Westphalen* DB 1983, 2745, 2747.

[343] *v. Westphalen* DB 1983, 2745, 2747.

richts)[344] und Bestimmungen des Gesellschaftsvertrages, nach denen dieser nur einstimmig geändert werden kann (oben RdNr. 120). Auch Bestimmungen, nach denen die Höhe der Vergütung für Beiratsmitglieder, die die Interessen der Kommanditisten wahren sollen, vom Komplementär bestimmt wird, werden für unwirksam gehalten.[345] Zu Beschulssmängeln RdNr. 138; zur Reduktion der Kommanditistenrechte nach § 164 dort RdNr. 27 und nach § 166 dort RdNr. 50.

Eine Klausel, die der Inhaltskontrolle nicht standhält, ist nichtig. An die Stelle der unwirksamen Regelung könnte dispositives Gesetzesrecht treten. Dieses ist aber oftmals wenig sachgerecht, weil die dann anwendbaren Bestimmungen auf kleine Kommanditgesellschaften zugeschnitten und teilweise auch für diese Gesellschaften überholt sind. Man hilft mit den Regeln der ergänzenden Vertragsauslegung und schafft so eine Vertragsgestaltung, die den Interessen der Betroffenen Rechnung trägt.[346] Dabei ist man sich durchaus darüber im Klaren, dass die klassischen Grenzen der Vertragsauslegung jedenfalls gestreift, wenn nicht sogar überschritten werden.[347] Doch sollte dies kein Hinderungsgrund für die Entwicklung sachgerechter Ergebnisse sein. Die Vertragsergänzung erfolgt bisweilen unter Rückgriff auf die Regeln des Aktienrechts,[348] bisweilen aber auch nur mit Blick auf die übrigen Vertragsklauseln. Es wird auch vorgeschlagen,[349] die unwirksamen Klauseln nach den Regeln der geltungserhaltenden Reduktion zu behandeln. Dann gelten die Bestimmungen gerade so weit, wie sie noch akzeptabel sind. Da die ergänzende Vertragsauslegung den hypothetischen Parteiwillen berücksichtigt und dieser wiederum in den getroffenen – auch unwirksamen – Vereinbarungen zum Ausdruck kommt, ist der praktische Unterschied zwischen beiden Lösungswegen wohl gering. Sofern doch einmal Unterschiede bestehen, sollte vorrangig der hypothetische Parteiwillen berücksichtigt werden, da auf diese Weise den Interessen der Gesellschafter am besten Rechnung getragen werden kann. Beide Wege haben auch eine gemeinsame Grenze: Eine völlige Umgestaltung des Vertrages, insbesondere die Schaffung neuer Organe etwa eines Beirates) ist so nicht zu erreichen.[350] Immerhin können sich die Gesellschafter insofern recht gut selber helfen, als die Pflicht, einer Vertragsänderung zuzustimmen, einigermaßen praktikabel durchgesetzt werden kann (oben RdNr. 124). 129

bb) Umfang der Bereichsausnahme von § 310 Abs. 4 BGB. Vertrag zwischen Treuhandkommanditist und Treugeber. Der Vertrag zwischen Treuhandkommanditist und Treugeber in der sog. kupierten Publikums-KG unterliegt der Inhaltskontrolle nach §§ 307 ff. BGB. Wegen des Treuhandcharakters dieses Vertrages greift die Bereichsausnahme von § 310 Abs. 4 BGB nicht ein, so dass auf die Regelungen der §§ 307 ff. BGB (meist § 307 BGB) zurückgegriffen werden kann.[351] Hieraus kann aber nicht gefolgert werden, dass auch der Gesellschaftsvertrag anhand der §§ 307 ff. BGB zu überprüfen wäre.[352] Zwar beziehen sich Gesellschafts- und Treuhandverträge in der kupierten Publikums-KG tatsächlich aufeinander. Aber das allein rechtfertigt keine Einschränkung der Bereichsausnahme. Große praktische Bedeutung hat diese Frage nicht, da die anhand von § 242 BGB durchge- 130

---

[344] *Schneider* ZGR 1978, 1, 35; allgemein zur Inhaltskontrolle von Schiedsklauseln *Karsten Schmidt* DB 1989, 2315, 2317; *ders.* ZHR 162 (1998), 265, 282 f.

[345] MünchHdb. KG/*Riegger* § 8 RdNr. 75; *Schulze-Osterloh* ZIP 2006, 49, 51; dazu RdNr. 161.

[346] Schilderung von Einzelfällen bei *Kraft,* FS Fischer, S. 321, 323; gegen diesen Weg *Heid* S. 315 ff.

[347] *Kraft,* FS Fischer, S. 321, 327 f., 333.

[348] *Kraft,* FS Fischer, S. 321, 328; siehe BGH ZIP 1998, 859, 866 (Ergänzung einer vertraglichen Regelung zur Einberufung der Gesellschafterversammlung durch §§ 121 ff. AktG).

[349] *Westermann,* FS Stimpel, S. 69, 82 f., 86 f.

[350] *Stimpel,* FS Fischer, S. 771, 776 (zur ergänzenden Vertragsauslegung); *Westermann,* FS Stimpel, S. 69, 83.

[351] *Grundmann* S. 514 ff.; *Ulmer*/Brandner/Hensen § 310 BGB RdNr. 122; zu der Frage, ob die Richtlinie über missbräuchliche Klauseln zu einer Beschränkung der Bereichsausnahme des § 310 Abs. 4 BGB führt mit der Folge dass die Gesellschaftsverträge von Publikums-KGs der Inhaltskontrolle nach §§ 307 ff. BGB unterliegen, bejahend *Heinrichs* NJW 1996, 2190, 2191 f., verneinend *Drygala* ZIP 1997, 968.

[352] So für alle Publikumspersonengesellschaften *Grundmann* S. 514 ff.

führte Inhaltskontrolle auf ähnliche Kriterien zurückgreift wie die anhand der §§ 307 ff. BGB.

131 **3. Mitgliedschaftliche Rechte und Pflichten. a) Treuepflicht.** Auch in der Publikums-KG besteht eine Treuepflicht des Kommanditisten sowohl gegenüber der KG wie auch gegenüber den anderen Kommanditisten und dem Komplementär. Allerdings ist die **Intensität der Treuepflicht** abhängig von der Größe des Gesellschafterkreises (§ 105 RdNr. 190 ff.). Daher kann zB nur in den seltensten Fällen eine Änderung des Gesellschaftsvertrages oder gar eine Erhöhung des Beitrages verlangt werden.[353] Letzteres käme nur in Frage, wenn der Gesellschafter kein zusätzliches Risiko zu übernehmen hätte – etwa weil der Beitrag sicher nach kurzer Zeit und angemessen verzinst – an den Gesellschafter wieder zurück fließt. Dagegen kann auch in der Publikums-KG von den Kommanditisten verlangt werden, dass sie ausscheiden, wenn sie an einer notwendigen und aussichtsreichen Sanierung nicht teilnehmen und im Unterschied zu den anderen Gesellschaftern keinen Sanierungsbeitrag leisten wollen.[354] Als Haftungsmaßstab kommt § 708 BGB allerdings nicht in Frage. Diese Norm beruht auf dem Gedanken, dass sich die Gesellschafter untereinander kennen und bereit sind, sich so zu nehmen wie sie sind. Bei einem großen Gesellschafterkreis kann von einer solchen wechselseitigen Akzeptanz aber keine Rede mehr sein, so dass der Grundgedanke der Norm nicht mehr passt und sie daher auch nicht zur Anwendung kommen kann.[355] In einer das Aktienrecht betreffenden Entscheidung hat der BGH im Zusammenhang mit einer Treuepflichtverletzung des Kleinaktionärs bei der Stimmrechtsausübung ausgeführt, dass auf Schadensersatz nur gehaftet werde, wenn Vorsatz (incl. bedingtem Vorsatz) vorliegt.[356] Fahrlässigkeit, auch grobe Fahrlässigkeit, soll also nicht ausreichen. Zur Begründung wird zum einen auf § 117 Abs. 7 AktG hingewiesen, aber auch darauf, dass andernfalls die Gesellschafter von der Ausübung ihres Stimmrechts abgeschreckt und uU der Gesellschafterversammlung sogar gänzlich fernbleiben würden. Diese Überlegung trifft auch auf die Publikums-KG zu und hat zur Folge, dass auch hier nur für Vorsatz gehaftet wird. Zugleich gilt sie nicht nur für die Wahrnehmung von Stimmrechten, sondern für jede Ausübung allgemeiner Gesellschafterrechte. Nur wenn besondere Rechte genutzt werden (Geschäftsführung, Entsenderecht), hebt sich der Gesellschafter über seine Mitgesellschafter hinaus und hat dann auch eine besondere Sorgfalt walten zu lassen.[357]

132 **b) Recht zur Einberufung der Gesellschafterversammlung, Teilnahmerecht, Stimmrecht.** Auch in einer Publikums-KG besteht ein **Recht zur Einberufung der Gesellschafterversammlung** mit einer bestimmten Tagesordnung (allgemein oben RdNr. 31). Ein Verlangen auf Einberufung ist an den Komplementär zu richten. Sofern dieser dem nicht nachkommt, gilt § 50 Abs. 3 GmbHG analog.[358] Es muss sich also eine 10-%ige Minderheit (berechnet nach übernommenen, nicht nach eingezahlten Kapitalanteilen)[359] finden. Dieses Erfordernis begründet einen gewissen Schutz der KG vor querulatorischen Kommanditisten. Das Einberufungsrecht analog § 50 Abs. 3 GmbHG ist unverzichtbar.

[353] Erwogen in BGH WM 2006, 774, 776; OLG Celle NZG 2006, 225, 226.

[354] BGH ZIP 2009, 2289, 2290 (Publikums-OHG); der BGH bejaht eine Pflicht zur Zustimmung RdNr. 138; ebenso KG BeckRS 2010, 15530; *Grunewald*, FS Roth, S. 187 ff.

[355] BGHZ 75, 321, 327 f.; BGH NJW 1995, 1353, 1354; Soergel/*Hadding* § 708 RdNr. 2; *Hüffer* ZGR 1981, 348, 368; *Oetker* RdNr. 132; Erman/*Westermann* § 708 BGB RdNr. 3; § 708 BGB gilt auch dann nicht, wenn die KG zwar nur wenige Gesellschafter hat, aber auf die Aufnahme einer großen Anzahl von Gesellschaftern angelegt war, KG NZG 1999, 199, 201.

[356] BGH NJW 1995, 1739, 1746 mit zustimmender Anmerkung *Lutter* JZ 1995, 1053; *Witte* WiB 1995, S. 550.

[357] *Grunewald*, FS Kropff, S. 89, 98; *Oetker* RdNr. 132.

[358] Röhricht/v. Westphalen/*v. Gerkan/Haas* RdNr. 104; Baumbach/*Hopt* Anh. § 177 a RdNr. 72; *Kalss* S. 394; *Oetker* RdNr. 135; *Reichert/Winter* BB 1988, 981, 985; in BGH ZIP 1988, 22, 23 wird § 50 Abs. 3 GmbHG zur Ergänzung einer Einberufungsregel im Vertrag herangezogen, die nichts darüber aussagt, was geschehen solle, wenn einem Verlangen nicht nachgekommen wird; ähnlich BGH ZIP 1988, 859, 861. AA *v. Westphalen* DB 1983, 2745, 2747: Es sei an § 122 AktG anzuknüpfen.

[359] Zum Parallelproblem bei der GmbH Scholz/*Karsten Schmidt* GmbHG § 50 RdNr. 9.

Für das **Stimmrecht** und das **Teilnahmerecht** gelten im Grundsatz dieselben Regeln wie für jede KG (oben RdNr. 33). Sind die Anleger nur **mittelbar beteiligt**, haben sie kein Recht auf Teilnahme in der Gesellschafterversammlung der KG[360]. Dies entspricht der getroffenen Vereinbarung, für die vielfach gute Gründe sprechen (Konflikte unter den mittelbar Beteiligten werden kanalisiert). **Welche Mehrheiten für eine Beschlussfassung erforderlich sind,** ergibt sich aus dem Gesellschaftsvertrag. Es kann auch für Vertragsänderungen (dazu RdNr. 120, dort auch zum Bestimmtheitsgrundsatz) und Grundlagengeschäfte die einfache Mehrheit vorgeschrieben werden (siehe § 179 Abs. 2 AktG). Sofern für Beschlussgegenstände im Gesellschaftsvertrag keine Regelung über die erforderliche Mehrheit enthalten ist, ist eine einfache Mehrheit (wiederum berechnet nach Kapitalanteilen) ausreichend.[361] Dieser dem Kapitalgesellschaftsrecht entnommene Grundsatz (§ 133 Abs. 1 AktG, § 47 Abs. 1 GmbHG) ist auch für die Publikums-KG sachgerecht. Entscheidend ist wie im Recht der Kapitalgesellschaften die Mehrheit der gültig abgegebenen Stimmen unter Außerachtlassung der Enthaltungen.[362] Ein **Ausschluss des Stimmrechts** darf nicht als Sanktion für ein bestimmtes vertragsgemäßes Verhalten des Kommanditisten (Kündigung, Erhebung einer Auflösungsklage) vorgesehen werden.[363] Es gilt das Stimmverbot von § 47 Abs. 4 GmbHG analog.[364] Würde man nur auf das weniger strenge Stimmverbot des AktG abstellen,[365] würde dies dem besonderen Schutzbedürfnis der Anlegergesellschafter nicht Rechnung tragen. Denn anders als in der AG fehlt in der KG ein Organ, das die Geschäftsführung zu kontrollieren hat. 133

c) Beteiligung an Gestaltungsklagen. Nach der gesetzlichen Regel ist für die Entziehung der Geschäftsführungsbefugnis und der Vertretungsmacht sowie für den Ausschluss eines Gesellschafters aus wichtigem Grund die **Erhebung einer Gestaltungsklage,** an der alle Gesellschafter als Prozesspartei mitwirken, erforderlich (§§ 117, 127, 140). Diese Regelung ist für eine Publikums-KG ersichtlich **nicht praktikabel,** da die Mitwirkung aller Kommanditisten nicht erreicht werden kann. Zwar muss nicht jeder Gesellschafter am Prozess beteiligt sein. Vielmehr reicht auch eine schriftliche Erklärung des nicht beteiligten Gesellschafters, dass eine rechtskräftige gerichtliche Entscheidung auch für ihn verbindlich sei, aus.[366] Aber auch diese lässt sich nicht immer beschaffen. Dann müssten eigentlich die Gesellschafter, die eine solche Erklärung nicht abgegeben haben, auf Zustimmung verklagt werden. Der Gesellschaftsvertrag kann insoweit durch eine ausdrückliche Regelung Vorsorge treffen und anstelle der Gestaltungsklage eine Entscheidung durch Gesellschafterbeschluss vorsehen. Dabei ist davon auszugehen, dass, wenn für Vertragsänderungen ein Mehrheitsbeschluss vorgesehen ist, dies auch für die genannten besonderen Vertragsänderungen, die üblicherweise durch Gestaltungsklage erfolgen, gelten soll.[367] Aber selbst wenn der Gesellschaftsvertrag keine Mehrheitsklausel für Vertragsänderungen enthält, ergibt sich nach den allgemeinen Grundsätzen gleichwohl, dass Vertragsänderungen von der **Mehrheit beschlossen werden können,** weil sie nur so überhaupt erreichbar sind (oben RdNr. 120). Für die Entziehung von Geschäftsführungsbefugnis und Vertretungsmacht sowie für den Ausschluss von Gesellschaftern gilt dann dasselbe. 134

Damit stellt sich die Frage, **wie hoch diese Mehrheit** zu sein hat. Um einen effektiven Gesellschafterschutz zu erreichen, ist der BGH in Entcheidungen, die die Abberufung von Verwaltern und Treuhändern aus wichtigem Grund betrafen, davon ausgegangen, dass die 135

---

360 AA *Oetker* RdNr. 136.

361 Baumbach/*Hopt* Anh. § 177 a RdNr. 69 b; *Reuter* GmbHR 1981, 131; *Stimpel,* FS Fischer, S. 771, 779.

362 BGH ZIP 1998, 859, 861.

363 BGH ZIP 2005, 1318, 1323, allgemein zur Inhaltskontrolle oben RdNr. 125 ff.

364 KG BeckRS 2009, 25683.

365 Siehe § 119 RdNr. 31.

366 BGH ZIP 1997, 1919.

367 Baumbach/*Hopt* Anh. § 177 a RdNr. 72 für die Entziehung von Geschäftsführungsbefugnis und Vertretungsmacht.

entsprechenden Gesellschafterbeschlüsse mit einfacher Mehrheit gefasst werden können.[368] Dabei wird betont, dass es nicht hinnehmbar wäre, wenn eine Minderheit in der Lage wäre, der Mehrheit einen Verwalter aufzuzwingen und damit die Mehrheit gezwungen wäre, ihr Kapital einer Person anzuvertrauen, die ihr Vertrauen nicht genießt. Dies besagt, dass die Entscheidung über die Entziehung der Geschäftsführungsbefugnis und Vertretungsmacht unabhängig davon, welche Mehrheit laut Vertrag für Vertragsänderungen gilt oder für die Entziehung der Geschäftsführerbefugnis bzw. der Vertretungsmacht vorgesehen ist, stets mit einfacher Mehrheit[369] erfolgen kann.[370] Bei der Beschlussfassung über den Ausschluss eines Gesellschafters fallen die genannten Aspekte aber nicht ins Gewicht, so dass insofern die im Vertrag niedergelegten Mehrheitsregeln über Vertragsänderungen, denen der Ausschluss nahe steht, gelten.[371]

136 Nach dem Gesetz ist, sofern im Gesellschaftsvertrag nichts anderes vereinbart ist, meist neben der Beschlussfassung die **Erhebung der Gestaltungsklage** erforderlich. Aus den genannten Gründen kommt eine Beteiligung aller Gesellschafter an diesem Prozess nicht in Frage. Doch ließe sich an eine Klage der KG denken, die diese nach einem entsprechenden Gesellschafterbeschluss zu erheben hätte. Auf diese Weise würde der betroffene Gesellschafter effektiv vor gegen ihn gerichteten Maßnahmen geschützt, die nicht gerechtfertigt sind. Sofern es um die Entziehung von Geschäftsführungsbefugnis und Vertretungsmacht geht, kann eine Klage aber nicht verlangt werden,[372] da diese von den für die KG vertretungsberechtigten Gesellschaftern erhoben werden müsste und von diesen Personen ein solches Verfahren, das ja gegen sie selbst oder ihre Kollegen zu richten ist, nicht erwartet werden kann. Wenn es dagegen um den Ausschluss eines Kommanditisten geht, kann dem Gesetz insoweit Rechnung getragen werden, als für das Ausscheiden ein Gestaltungsurteil – ergangen in Konsequenz einer Klage der KG – erforderlich bleibt.[373]

137 **d) Geltendmachung von Beschlussmängeln.** Nach wohl noch hM gelten im Bereich der Geltendmachung von Beschlussmängeln in der Publikums-KG weitestgehend die **allgemeinen Regeln.**[374] Allerdings soll nicht jeder Gesetzes- oder Satzungsverstoß zur Nichtigkeit des Beschlusses führen. Vielmehr wird bei einem Verstoß gegen eine sogenannte Ordnungsvorschrift (Beispiel: Versehentlich unterbliebene Ladung eines Gesellschafters) außerdem verlangt, dass dieser Fehler das Abstimmungsergebnis uU hätte beeinflussen können.[375] Weiter wird auch ohne konkrete Anhaltspunkte dem Gesellschaftsvertrag entnommen, dass die Klage auf Feststellung der Nichtigkeit des Beschlusses gegen die KG – und nicht gegen die Mitgesellschafter – zu richten sei.[376] Ebenso wird auch ohne Anhaltspunkte im Gesellschaftsvertrag unterstellt, dass eine Frist für die Beschlussmängelklage nicht gilt, wenn Nichtigkeitsgründe geltend gemacht werden.[377] Ohne ausdrückliche Vereinbarung im Gesellschaftsvertrag soll aber ansonsten keine besondere Klagefrist gelten. Allenfalls kann das Recht zur Geltendmachung der Beschlussmängel verwirkt sein.[378]

---

368 BGH NJW 1982, 2495; BGH ZIP 1988, 2224 f.

369 Wohl zu ergänzen der abgegebenen Stimmen berechnet nach Kapitalanteil (nicht nach Köpfen), nicht aber eine Mehrheit am Kapital.

370 *Reichert/Winter* BB 1988, 981, 984 f.; *Schneider* AG 1979, 57, 61 f.; *Reuter* GmbHR 1981, 129, 138 sagt die Entscheidung unterliege dem Mehrheitsregime.

371 *Grunewald* Ausschluss S. 105 f.

372 Baumbach/*Hopt* Anh. § 177 a RdNr. 72; *Reichert/Winter* BB 1988, 981, 984; *Schneider* AG 1979, 57, 61 f.; aA *Nitschke* S. 191.

373 *Grunewald* Ausschluss S. 106 f.; aA wohl *Reichert/Winter* BB 1988, 981, 984.

374 BGH NJW 2003, 1729; GroßkommHGB/*Schilling* Anh. § 161 RdNr. 46; *Noack* S. 173 ff.

375 BGH WM 1983, 1407, 1408; NJW 1987, 1262, 1263.

376 OLG Celle NZG 1999, 64; nach *Wiedemann* EWiR 1995 § 161 HGB, 2/95, S. 486 ist bei der Auslegung des Gesellschaftsvertrages im Zweifel davon auszugehen, dass die Klage gegen die KG zu richten ist; ähnlich *Brödermann* EWiR 1998, § 161 HGB, 2/98, S. 983; aA BGH ZIP 1999, 1391, 1392; BGH NJW 2003, 1729; aber es werden sehr geringe Anhaltspunkte im Gesellschaftsvertrag für ausreichend gehalten, zumindest um eine Klage auch gegen die KG für zulässig zu halten, ähnlich *Casper* BB 1999, 1837, 1838.

377 OLG Celle NZG 2006, 225.

378 BGH ZIP 1999, 1391, 1392.

Wenn **der Gesellschaftervertrag das Beschlussmängelrecht der Kapitalgesellschaften adaptiert**, ändert das nach Ansicht des BGH aber nichts daran, dass manche Beschlüsse nur mit Zustimmung der betroffenen Gesellschafter wirksam sind. Wenn es dann an dieser Zustimmung fehlt, soll der Beschluss unwirksam sein. Dies kann nach Ansicht des BGH auch noch nach Ablauf der im Gesellschaftsvertrag für die Geltendmachung von Beschlussmängeln vorgesehene Frist eingewandt werden.[379] Diese Zustimmung soll jedenfalls für die Einführung einer Ausschlussregelung und für Nachschüsse notwendig sein.[380] Jedenfalls für Ausschlussregelung ist dem nicht zu folgen,[381] da andernfalls eine Vertragsänderung praktisch kaum durchführbar ist. Der Schutz der Gesellschafter erfolgt an Hand einer inhaltlichen Überprüfung des Beschlusses, während nach der Lösung des BGH nur eine treuwidrige Verweigerung der Zustimmung (oben RdNr. 131) unbeachtlich ist. Auch kann es den Gesellschaftern durchaus zugemutet werden, sich bei Zeiten gegen den Beschluss zur Wehr zu setzen. 138

Es mehren sich die Stimmen, die jedenfalls für die Publikums-KG[382] eine **Analogie zur aktienrechtlichen Anfechtungs- bzw. Nichtigkeitsklage** befürworten. Dabei wird teilweise darauf abgestellt, ob die Gesellschaft eine körperschaftliche Struktur aufweist,[383] teilweise aber auch auf die Größe des Gesellschafterkreises.[384] Für das zuletzt genannte Kriterium spricht, dass die mit der analogen Anwendung des aktienrechtlichen Beschlussmängelrechts verbundenen Vorteile (Rechtssicherheit bezüglich der Bedeutung eines Fehlers für den Bestand des Beschlusses; Klarheit über die Frist, innerhalb derer der Fehler geltend gemacht werden muss[385] und über die Rechtslage bis zur Geltendmachung bzw. bis zur Entscheidung über den Beschlussmangel; Klarheit darüber, wer richtiger Beklagter ist;[386] Urteilswirkung inter omnes)[387] gerade dann von besonderer Bedeutung sind, wenn zahlreiche Gesellschafter vorhanden sind. Darüberhinausgehend erscheint es sogar zweifelhaft, ob eine ausdrückliche Regelung im Gesellschaftervertrag, nach der Beschlussmängelklagen gegen alle Gesellschafter zu richten sind, in der Publikumsgesellschaft überhaupt mit § 242 BGB (oben RdNr. 124 ff.) vereinbar ist.[388] Denn eine solche Vertragsgestaltung erschwert es dem Kommanditisten in geradezu anstößiger Weise, seine Rechte geltend zu machen. 139

e) Actio pro socio. Die mit der actio pro socio verbundenen Probleme[389] können in der Publikumsgesellschaft besonders gravierend werden. Denn da eine persönliche Verbundenheit der Gesellschafter untereinander nicht oder nur in einem eingeschränkten Maße besteht,[390] **fehlt ein Korrektiv** für die mit der actio pro socio verbundenen weitgehenden Kompetenzen. Gleichwohl wird man nicht davon ausgehen können, dass in mitgliederstarken Gesellschaften ohne entsprechende vertragliche Vereinbarungen für die Erhebung der 140

---

379 BGH ZIP 2009, 2289, 2290.

380 BGH ZIP 2009, 2289, 2290; BGH ZIP 2007, 766.

381 Ebenso *Holler* ZIP 2010, 1678, 1683 f.

382 *Oetker* RdNr. 138; weitere Nachweise finden sich in den folgenden Fn.; nach *Becker* S. 518 ff. und *Karsten Schmidt* AG 1977, 243, 251 ff. soll dies für jede KG gelten, für die das Mehrheitsprinzip gilt; *ders.*, FS Stimpel, S. 217, 230 will die Regel für jede KG anwenden; ebenso *Menger* S. 188 ff.; *Schwab* S. 438; dagegen unter Hinweis darauf, dass die Voraussetzungen einer Analogie zum AktG nicht gegeben seien *Noack,* Fehlerhafte Beschlüsse, S. 171; *Timm,* FS Fleck, S. 365, 372.

383 *Köster* S. 116 ff., 124 ff.; *Timm,* FS Fleck, S. 365, 370 ff.; *Schütz* S. 149 f.; aA *Nitschke* S. 206 ff.

384 *Grunewald* Ausschluss S. 275.

385 Nach *Brödermann* EWiR 1998, § 161 HGB, 2/98, S. 984 darf die Frist nicht länger als 2 Monate sein, nach OLG Celle NZG 1999, 64, 65 sind 5 Monate jedenfalls zu lang; nach BGH ZIP 1999, 1391, 1393 reichen 4½ Monate nicht aus. Erforderlich sei ein begründetes Vertrauen der Gesellschaft, dass auf eine gerichtliche Geltendmachung des Beschlussmangels verzichtet werde, zustimmend *Casper* BB 1999, 1837, 1838.

386 Nämlich die KG; zu den Schwierigkeiten der hM in diesem Zusammenhang *Köster* S. 86 ff.; *Karsten Schmidt* AG 1977, 243, 252.

387 Zu den Schwierigkeiten der hM *Karsten Schmidt* AG 1977, 243, 253.

388 Nicht problematisiert in OLG Rostock NZG 2009, 705.

389 Hineinregieren der Kommanditisten in die Befugnisse des Komplementärs und damit Erschwernisse bei der Geschäftsführung, siehe § 105 RdNr. 200.

390 Dies gilt auch für mitgliederstarke Familiengesellschaften.

actio pro socio ein bestimmtes Quorum erforderlich ist. Denn da die Gesellschafter eine solche oder auch eine vergleichbare Regelung (etwa Verlagerung der Befugnisse zur Erhebung einer actio pro socio auf ein die Gesellschafter repräsentierendes Gremium)[391] durch Vertragsänderung jederzeit herbeiführen können, liegt es in ihrer Hand, für eine sachgerechte Vertragsgestaltung zu sorgen. Auch mag es sein, dass mancher Gesellschafter den durch die actio pro socio garantierten ausgeprägten Gesellschafterschutz als vorteilhaft ansieht.[392] Sofern die Gesellschaft einen Beirat hat, ergibt sich regelmäßig, dass dieser zur Geltendmachung von Ansprüchen gegen die Komplementäre zuständig sein soll. In Analogie zu § 46 Nr. 8 GmbHG, § 147 Abs. 2 AktG ist auch eine Bestellung des Beirats als besonderen Vertreter der KG zur Durchsetzung dieser Ansprüche möglich[393] Gegenüber dieser Klage ist die actio pro socio subsidär. Denn der besondere Vertreter setzt den Anspruch der KG durch, so dass für die nur in Sonderfällen eingreifende actio pro socio kein Raum ist[394].

141 **f) Austrittsrecht.** Während es für die Normal-KG umstritten ist, ob bei Vorliegen eines wichtigen Grundes ein **Austrittsrecht** für den Kommanditisten besteht (oben RdNr. 37 ff.), wird dies für die Publikums-KG von Rechtsprechung und Literatur[395] allgemein angenommen. Zu den wichtigen Gründen zählt beispielsweise eine arglistige Täuschung im Zusammenhang mit dem Beitritt,[396] ein Beitritt unter Ausnutzung einer Vollmacht, die – weil im Rahmen eines gegen das Rechtsberatungsgesetz[397] verstoßenden Treuhandvertrag erteilt – ihrerseits unwirksam ist, eine Umstrukturierung der KG[398] oder auch die in Folge der Unmöglichkeit, den Gesellschaftszweck zu erreichen, beschlossene Neuausrichtung der KG.[399] Das Austrittsrecht ist an keine Frist gebunden.[400] Vielmehr ist der Gesellschafter mit Zugang der Austrittserklärung bei sämtlichen Mitgesellschaftern[401] bzw. – praktikabler – sofern der persönlich haftende Gesellschafter über den Beitritt neuer Gesellschafter allein entscheidet, bei diesem, aus der KG ausgeschieden.[402] Bei der Entwicklung dieses Austrittsrechts ging es aber jedenfalls nicht primär darum, die Rechtsstellung des Kommanditisten zu verbessern. Vielmehr sollte das Auflösungsrecht des Komman-

[391] Nach *Immenga* ZGR 1974, 385, 412 ff. ist dies mit der Folge, dass der Kommanditist die actio pro socio nicht mehr selber erheben kann nur möglich, wenn kein wichtiger Grund für die Erhebung der actio pro socio vorliegt. Dieser soll schon dann gegeben sein, wenn die maßgebliche Kompetenzverteilung nicht zu einer angemessenen Wahrnehmung berechtigter Gesellschaftsbelange führt (etwa ein Organ einen Anspruch pflichtwidrig nicht verfolgt oder aktionsunfähig ist). Das würde praktisch alle Fälle der actio pro socio erfassen.

[392] *Becker* S. 569 sieht gerade in der Publikums-KG einen erhöhten Kontrollbedarf; Beispiel OLG Bremen NZG 2010, 181.

[393] BGH NZG 2010, 1381; *Grunewald*, Gedächtnisschrift Martin Winter; *Karrer* NZG 2008, 206 siehe auch RdNr. 153 ff.

[394] LG Karlsruhe NZG 2001, 169, 170; *Grunewald,* Gedächtnisschrift Martin Winter.

[395] *Brandes* WM-Sonderbeilage 1/1987 S. 9; Baumbach/*Hopt* Anh. § 177 a RdNr. 58; Heymann/*Horn* RdNr. 193; *Kraft,* FS Fischer, S. 321, 323 ff.; *Kübler/Assmann* § 21 III 2 b; *Loritz* NJW 1981, 367, 374; *Oetker* RdNr. 141; *Wiedemann* § 8 IV 3 b; weitergehend noch *Reuter* GmbHR 1981, 127, 133, 135 f. und *ders.* AG 1979, 321, 324 ff.: Austrittsrecht sei nicht abhängig vom Vorliegen eines wichtigen Grundes; zur Rechtsprechung siehe sogleich.

[396] BGHZ 63, 338, 344; BGH NJW 1973, 1604; NJW 1975, 1007; NJW 1976, 894; NJW 1978, 225; WM 1981, 452; OLG Celle ZIP 1999, 1129, in diesen Fällen hilft eine Anfechtung der Beitrittserklärung nicht, da die Grundsätze der fehlerhaften Gesellschaft zur Anwendung kommen; zu der Frage, ob eine Anfechtung als Kündigung verstanden werden kann, OLG Celle ZIP 1999, 1129; ein Austrittsrecht kann sich nicht aus den Regeln der culpa in contrahendo ergeben, da die KG nicht Vertragspartner ist; aA HansOLG Hamburg NZG 2000, 536, 537.

[397] Unter das RDG fallen diese Vollmachten nicht mehr, Überblick über den Diskussionsstand bei Grunewald/*Römermann* RDG § 2 RdNr. 48 ff; zu den ebenfalls umstrittenen Auswirkungen auf eine Vollmacht *Römermann* aaO § 3 RdNr. 7.

[398] BGHZ 71, 53, 61 (Auswechslung des Komplementärs Anpassung des Unternehmensgegenstands); BGH WM 1980, 868, 869 (stille Gesellschaft zur Finanzierung eines bestimmten Films und späterer Auswechslung dieses Films).

[399] BGHZ 69, 160, 167.

[400] BGH NZG 2003, 277, 279; offen gelassen von OLG Celle ZIP 1999, 1129, 1131.

[401] AA: Im Zweifel sei allein die Gesellschaft für den Empfang der Erklärung zuständig; *Weipert,* Anm. zu OLG Celle EWiR § 123 BGB 4/99, 1102.

[402] BGH NJW 1975, 1700, 1701; NJW 1976, 894, 895; OLG Celle ZIP 1999, 1129, 1131.

ditisten (§§ 161 Abs. 2, 105 Abs. 2, § 723 Abs. 1 S. 1 BGB) zurückgedrängt werden. Da dieser Rechtsbehelf jedenfalls in einer mitgliederstarken KG in der Tat schon deshalb nicht sachgerecht ist, weil andere Gesellschafter uU an der Gesellschaft festhalten wollen,[403] hat das Austrittsrecht das Auflösungsrecht zu Recht verdrängt.[404] Dieses Ergebnis überzeugt auch deshalb, weil auch für den Austrittswilligen das Austrittsrecht praktikabler – weil billiger und sofort wirkend – ist, als das Recht, die KG zur Auflösung zu bringen.[405] Sofern der wichtige Grund nicht nur einen Gesellschafter sondern alle betrifft, ist allerdings doch eine Auflösung der KG geboten, da anderenfalls die als letzte kündigenden Kommanditisten das Insolvenzrisiko alleine tragen.[406] Ist ein **Treuhandverhältnis** zwischen Anleger und KG geschaltet, so muss in zwei Schritten vorgegangen werden: zuerst muss das Treuhandverhältnis gekündigt werden und dann müssen die je nach Vertragsgestaltung unterschiedlichen Konsequenzen aus dieser Kündigung in Bezug auf die Beteiligung des Treuhänders an der KG gezogen werden.[407]

4. Gesellschafterwechsel. a) Beitritt. Normalerweise wird der Beitrittsvertrag direkt 142
zwischen den Alt-Gesellschaftern und den neu hinzukommenden Gesellschaftern geschlossen. Es handelt sich um eine Änderung des Gesellschaftsvertrages. Bei einer Gesellschaft mit zahlreichen Mitgliedern ist dies nicht praktikabel. Daher sehen die Gesellschaftsverträge vielfach vor, dass der **Komplementär oder die KG vertreten durch den Komplementär die Alt-Gesellschafter beim Abschluss des Beitrittsvertrages vertritt.**[408] Aber auch wenn eine solche Klausel fehlt, kann im Normalfall (anders etwa bei großen Familiengesellschaften) nichts anderes gelten. Dann ergibt sich dasselbe Ergebnis im Wege der ergänzenden Vertragsauslegung. Die Alt-Gesellschafter können ihrem Vertreter einen gewissen Spielraum bei der Ausgestaltung der Beitrittsbedingungen einräumen.[409] Im Zweifel ist dies als sachgerechte Regelung gewollt. Oftmals sieht der Gesellschaftsvertrag vor, dass die Beitrittserklärung mit Annahme durch den Komplementär wirksam wird. Auch in dieser Formulierung liegt eine entsprechende Bevollmächtigung des Komplementärs durch die übrigen Gesellschafter.[410] Nach Ansicht des BGH kann der Komplementär den Beitrittsvertrag auch im Namen der KG abschließen.[411] Dies überzeugt aber nicht, da nicht die KG, sondern die Gesellschafter die Vertragspartner des neu hinzutretenden Kommanditisten sind.[412] Dies ist insbesondere für die Voraussetzungen der Prospekthaftung im weiteren Sinn (RdNr. 145) von Bedeutung und hat dazu geführt, dass der BGH von einer Erklärung im Namen der Gesellschafter auch dann ausgegangen ist, wenn der Wortlaut eine Erklärung im Namen der Gesellschaft nennt, die Vertretungsmacht des Komplementärs sich aber (richtig) auf die Gesellschafter bezieht.[413] Man wird daher in allen diesen Fällen die Erklärungen als im Namen der Gesellschafter abgegeben ansehen müssen. Eine Ausnahme gilt allerdings im Zusammenhang mit Widerrufsrechten. Diese greifen uU ein, wenn ein Unternehmer Vertragspartner eines Verbrauchers ist (zB. § 312 BGB). EUGH und BGH stellen insoweit auf die Gesellschaft ab und prüfen, ob diese Unternehmerin ist.[414] Dies ist

[403] Diese könnten allerdings die Fortsetzung beschließen. Aber dies ist in einer mitgliederstarken KG oft nicht problemlos möglich. Auch muss die Gesellschafterversammlung mit einem wichtigen Grund, der nur einen Kommanditisten betrifft, nicht unbedingt befasst werden.

[404] Siehe *Kraft,* FS Fischer, S. 321, 325; *Loritz* NJW 1981, 369, 374; *Reuter* AG 1979, 321, 329.

[405] *Kraft,* FS Fischer, S. 321, 325; *Kübler/Assmann* § 21 III 2 b.

[406] BGHZ 70, 61, 66; MünchHdb. KG/*Gummert/Jaletzke* § 62 RdNr. 18; Heymann/*Horn* RdNr. 194; *Karsten Schmidt* § 57 II 1 b.

[407] BGHZ 73, 294: Kündigung des Treuhandvertrages wegen teilweiser Auswechslung des Treuhänders; *Kraft* ZGR 1980, 399.

[408] BGH WM 1976, 15; BayObLG ZIP 2001, 1812.

[409] BGH WM 1998, 3, 118, 120.

[410] BGHZ 63, 338, 345; oftmals fälschlich als Ermächtigung verstanden: BGH WM 1976, 15, 16; WM 1983, 118, 120; WM 1985, 125, 126; *Hoppe* § 2 RdNr. 246.

[411] BGH NJW 1978, 1000; zustimmend E/B/J/S/*Henze* § 177 a Anh. B RdNr. 12; *Hoppe* § 2RdNr. 310; *Köndgen* AG 1983, 120; *Wiedemann* ZGR 1996, 286, 296 f.

[412] Richtig die Klausel im Fall BGH WM 2009, 400, 401.

[413] BGH WM 2011, 792, 793.

[414] EUGH NZG 2010, 501; BGH NZG 2010, 990; BGH NZG 2008, 460.

auch richtig,[415] da andernfalls ein Widerrufsrecht gegenüber Mitgesellschaftern teilweise gegeben und teilweise nicht gegeben wäre – je nach dem, ob der Mitgesellschafter Unternehmer ist oder nicht. Dieses Ergebnis wäre offensichtlich unzweckmäßig. Sofern der Beitretende durch **einen umfassend bevollmächtigten „Treuhänder"** vertreten wird, müssen die Grenzen des RDG eingehalten werden (oben RdNr. 141).

143 **b) Ausschluss, Austritt.** Zum Ausschluss, oben RdNr. 135; zum Austrittsrecht oben RdNr. 141.

144 **c) Übertragung des KG-Anteils.** Die Übertragung des KG-Anteils wird üblicher Weise an die **Zustimmung des Komplementärs oder der Mehrheit der Kommanditisten** gebunden (oben RdNr. 127). Auch wenn eine solche Regelung nicht getroffen wurde, gilt nicht die sonst für die KG einschlägige Regel, dass die Zustimmung aller Gesellschafter erforderlich wäre.[416] Eine solche Bestimmung würde den Kommanditisten in die KG einmauern und ist daher nicht akzeptabel. Vielmehr muss ein Mehrheitsbeschluss der Gesellschafter ausreichen. Es gelten die für Vertragsänderungen erforderlichen Mehrheitsverhältnisse (oben RdNr. 120). Auch ein Sonderrecht für Familiengesellschaften kann nicht anerkannt werden. Zwar beruhen diese oftmals auf der Vorstellung, dass die Anteile generationsübergreifend gewissermaßen treuhändisch gehalten werden.[417] Aber dem kann durch die Beschränkung der Übertragbarkeit auf Mitgesellschafter Rechnung getragen werden.

145 **d) Haftung nach den Regeln der culpa in contrahendo (Prospekthaftung im weiteren Sinn[418]).** aa) Haftung der Mitgesellschafter. Der Beitritt eines neuen Kommanditisten erfolgt durch Vertrag mit den bisherigen Gesellschaftern (RdNr. 142). Sofern diese **Gesellschafter im Zusammenhang mit den Beitrittsverhandlungen selbst unrichtige Angaben[419] machen** (etwa über die wirtschaftliche Lage der Gesellschaft, über das von ihnen selbst übernommene, sowie über das allgemein mit der Anlage verbundene Risiko oder über die Ausgestaltung des Gesellschaftsvertrags), haften sie nach den § 311 Abs. 2 BGB.[420] § 708 BGB greift nicht ein (oben RdNr. 131). Dies gilt auch, wenn dem Beitretenden nicht klar ist, dass die für die KG auftretenden Personen ebenfalls Gesellschafter sind, da den Vertragspartner die Pflicht zum ordnungsgemäßen Verhalten bei Vertragsschluss auch dann trifft, wenn er nicht als Vertragspartner in Erscheinung tritt.[421]

146 Die Haftung der Gesellschafter für **falsche Angaben, die sie selbst bei Vertragsschluss gemacht** haben, greift auch ein, wenn der Vertragsschluss mit Hilfe von Vertretern abgewickelt wird. Ebenso ist es unerheblich, ob die Gesellschafter die nach der hier vertretenen Ansicht gar nicht mögliche (oben RdNr. 142) Konstruktion gewählt haben, dass der **Beitritt durch Vertrag mit der KG** zustande kommt.[422] Denn diese zweifelhafte Form des Vertragsschlusses kann nicht zur Folge haben, dass sich die Mitgesellschafter ihrer Pflichten gegenüber dem neu Beitretendem entledigen.

147 Die Mitgesellschafter **haften nach § 311 Abs. 2 BGB außerdem gemäß § 278 BGB auch für diejenigen Personen, die sie beim Vertragsschluss als ihre Erfüllungsgehilfen einsetzen.**[423] Wenn sie an den Vertragsverhandlungen selbst nicht beteiligt sind und auch keinerlei Einfluss auf die Beitrittsentscheidung nehmen,[424] richtet sich das Ver-

---

[415] Kritisch *Kindler/Libbertz* NZG 2010, 603, 605; *Lippe/Voigt* BB 2010, 3042, 3044; zu Schadensersatzansprüchen RdNr. 149.

[416] *Weisner/Lindemann* ZIP 2010, 766, 767: Übertragung dann frei.

[417] *Ulmer* ZIP 2010, 805, 815.

[418] Zur Prospekthaftung im engeren Sinn RdNr. 187.

[419] Für den Begriff der „unrichtigen Angabe" gilt dasselbe wie für den des Prospektmangels unten RdNr. 198.

[420] BGH NJW-RR 2003, 1054; ZIP 1992, 322, 323; LG Paderborn NZG 1998, 911, 912; Heymann/*Horn* RdNr. 196.

[421] Im Ergebnis ebenso BGH ZIP 1991, 441, 442; ZIP 1992, 322, 324.

[422] AA *Wiedemann* ZGR 1996, 286, 297 f.

[423] BGH WM 2011, 792, 793; BGM ZIP 2003, 1651, 1652.

[424] Anders die beklagten Komplementäre im Fall BGH WM 1990, 145, wo zu Recht eine Verurteilung erfolgte.

trauen der Beitretenden auf eine ordnungsgemäße Verhandlungsführung aber nicht gegen diese Mitgesellschafter. Daher erfolgt auch keine Zurechnung des Fehlverhaltens der Verhandlungsführer nach § 278 BGB. Demgemäss **haften Mitgesellschafter in Publikumsgesellschaften für falsche Angaben bei Vertragsschluss nicht, sofern die Beitrittsverhandlungen außerhalb ihres Einfluss- und Verantwortungsbereichs erfolgen.**[425] Es spielt keine Rolle, ob der Gesellschafter in einem anderen Bereich die Geschäfte der Gesellschaft beeinflusst und es ist auch ohne Bedeutung, ob sein finanzielles Engagement so hoch ist, dass der Fortbestand oder die Gründung der KG hiervon abhängt.[426] Ebenso wenig ist es maßgebend, ob der in Anspruch genommene Gesellschafter die KG mitgegründet hat[427] oder ihr Komplementär ist.[428] Das alles sind nur Indizien dafür, dass der Gesellschafter – eventuell mittelbar – die Beitrittsverhandlungen generell oder durch Auswahl des Personals oder eigene Vorgaben vielleicht doch beeinflusst hat. Auch mag es sein, dass seine Stellung in der KG so stark ist, dass ihn selbst die Pflicht trifft, für eine Organisation der Gesellschaft zu sorgen, die fehlerhafte Mitteilungen beim Beitritt Dritter ausschließt. Dann haftet er zwar nicht über § 278 BGB für die Personen, die den Beitritt abwickeln, wohl aber für sein eigenes Fehlverhalten.[429] Gleiches gilt für einen Anlagekommanditisten, der von betrügerischen Beitrittsverhandlungen erfährt. Im Interesse seiner potentiellen Vertragspartner ist er verpflichtet, für die Beendigung solcher Praktiken Sorge zu tragen.[430] Andernfalls haftet er nach § 311 Abs. 2 BGB.

Sofern der Beitretende nur in Vertragsbeziehungen zu einem **Treuhandkommanditisten** tritt,[431] haftet dieser[432] und zwar nach § 278 BGB auch für die Personen, die er beim Vertragsschluss einsetzt.[433] Dabei spielt es keine Rolle, ob der Beitritt unter Verwendung von Prospekten erfolgte oder nicht.[434] Der Umfang der vorvertraglichen Pflichten des Treuhandkommanditisten hängt von den Erwartungen ab, die er insoweit beim Anleger weckt.[435] Positive Kenntnisse von besonderen Risiken müssen jedenfalls offen gelegt werden. Meist wird der Treuhandkommanditist, wenn er nichts anderes erklärt, in dem Anleger die Erwartung geweckt haben, er habe das Anlageobjekt zumindest oberflächlich geprüft.[436] **Die übrigen Gesellschafter** der KG haften regelmäßig für ein solches Fehlverhalten beim Vertragsschluss nicht. Etwas anderes gilt nur, falls die Gesellschafter als Vertreter des Treuhänders auftreten und in besonderem Ausmaß selbst Vertrauen in Anspruch nehmen bzw. in wirtschaftlichem Eigeninteresse handeln (§ 311 Abs. 3 BGB).[437] Allein die 148

[425] BGHZ 71, 284, 286; BGHZ 156, 46, 51; BGH NJW 1985, 380; ZIP 1987, 912; ZIP 1991, 441; OLG Stuttgart WM 2001, 1667, 1673. Ähnlich *Canaris,* FS Giger, S. 91, 109 f.: Erforderlich sei „Tatherrschaft", Canaris stellt aber in erster Linie auf die Nennung im Prospekt ab.

[426] *Koller* WuB I G 9. 3. 91; aA BGH ZIP 1991, 441, 442.

[427] Dies wird von BGH NJW 1985, 380 als ein für die Begründung der Haftung entscheidender Aspekt genannt; dagegen zu Recht *Koller* WuB I G 9. 3. 91.

[428] Dagegen prüft BGH NJW-RR 1991, 1246 bei Inanspruchnahme eines Komplementärs nicht mehr, ob dieser auf die Vertragsverhandlungen Einfluss genommen hat.

[429] *Koller* WuB I G. 9. 3. 91; ähnlich Heymann/*Horn* RdNr. 196; so wäre wohl der Fall BGH ZIP 1987, 912 zu entscheiden gewesen.

[430] AA *Koller* WuB I G. 9. 3. 91.

[431] Auch mittelbar Beteiligte können in direkte vertragliche Beziehungen zu den Gesellschaftern der KG treten siehe BGH ZIP 1987, 912.

[432] Beispiel BGH NJW 1982, 2493; ZIP 1994, 1851 = NJW 1995, 130; ZIP 2003, 1596; ZIP 2006, 1631; ZIP 2006, 849, 850; ZIP 2008, 1482, 1483; ZIP 2010, 288; OLG Hamburg NZG 2000, 658, dazu *Grundmann* S. 505.

[433] Die restriktive Interpretation der Norm gilt für den Treuhandkommanditisten regelmäßig nicht, da er wohl stets Einfluss auf den Vertragsschluss nimmt: siehe *Gehrlein* NJW 1995, 110; BGHZ 84, 141 = NJW 1982, 2493; BGH NJW 1985, 380; NJW 2002, 1711; OLG Hamburg NZG 2000, 658, 659; dazu *Grundmann* S. 507.

[434] BGH ZIP 2003, 1536; ZIP 2006, 1631.

[435] Ähnlich *Stumpf/Lamberti* BB 2008, 2255, 2258, die aber nur Gündungskommanditisten für aufklärungspflichtig halten.

[436] BGH BB 2003, 1923; *Seibel/v. Preuschen – v. Lewinski,* FS v. Westphalen S. 629, 634.

[437] Allgemein zur Eigenhaftung des Vertreters aus culpa in contrahendo MünchKommBGB/*Emmerich* § 311 RdNr. 236 ff.

Tatsache, dass sie an der Begründung des Treuhandverhältnisses interessiert sind, reicht also für eine Haftung nach § 311 Abs. 2 BGB nicht aus. Der BGH hat dies allerdings jedenfalls dann anders gesehen, wenn es in dem Gesellschaftsvertrag heißt, dass die Anleger wie unmittelbar beteiligte Kommanditisten behandelt werden sollen.[438] In der Tat wird man dieser Zusage eine Gleichstellung der mittelbar beteiligten Anleger mit Kommanditisten auch in Bezug auf die vorvertragliche Haftung sehen können. Dies spielt allerdings im Verhältnis zu dem Treuhandkommanditisten keine Rolle, da dieser sowieso als „echter" Vertragspartner der Anleger aus c.i.c. haftet.[439]

149 **bb) Haftung der KG.** Da die KG nicht Vertragspartner des Beitrittsvertrages ist (oben RdNr. 142), haftet **sie auch nicht für ein Fehlverhalten beim Vertragsschluss.** Dieses – als solches wohl unstreitige – Ergebnis wird auch damit begründet, dass anderenfalls die Gläubiger der Gesellschaft benachteiligt würden, da sie bei der Realisierung ihrer Ansprüche mit dem hinzugetretenen Kommanditisten konkurrieren müssten.[440] Diese Argumentation würde aber nur eine bevorrechtigte Befriedigung der Gläubiger in einem eventuellen Insolvenzverfahren begründen. Die KG haftet auch nicht auf Schadensersatz, wenn eine eigentlich erforderliche Widerrufsbelehrung nicht erteilt wurde (RdNr. 142). Ein solcher Anspruch würde die Regeln der fehlerhaften Gesellschaft, die eine gerechte Risikoverteilung unter den Gesellschaftern gewährleisten, überspielen, da über einen Ersatzanspruch der widerrufende Gesellschafter seinen Verlustanteil über die KG auf seine Mitgesellschafter abwälzen könnte.[441]

150 **cc) Haftung von Vertretern und Verhandlungsführern.** Bei den Beitrittsverhandlungen treten für die KG und/oder für die vertragschließenden Kommanditisten nahezu immer Vertreter oder zumindest Verhandlungsführer auf. Sofern diese ein **besonderes persönliches Vertrauen** in Anspruch nehmen[442] oder **wirtschaftlich ganz in ihrem Eigeninteresse handeln** (oben RdNr. 149), können sie auch selbst in Anspruch genommen werden (§ 311 Abs. 2, Abs. 3 BGB). Diese Voraussetzungen werden aber nur selten erfüllt sein. Insbesondere reicht allein die Verhandlungsführung auch zusammen mit einem mittelbaren wirtschaftlichen Interesse (etwa bei Angestellten der KG – Sicherung ihres Arbeitsplatzes, Provisionen) nicht aus.[443] Gleiches gilt, wenn der Verhandlungsführer lediglich in einem Prospekt unter Nennung von Lebenslauf und Qualifikationen aufgeführt wird.[444] Handelt bei einer GmbH & Co. KG für die GmbH ihr Geschäftsführer, so haftet dieser unter den genannten Voraussetzungen ebenfalls. Zwar tritt er uU für die GmbH (und nicht für die KG) auf, aber das ist aus der Sicht der Anleger kein maßgeblicher Unterschied.

151 **dd) Kausalität, Schaden, Verjährung.** In bezug auf Kausalität und Schaden gilt **dasselbe wie bei der Prospekthaftung** (unten RdNr. 202 ff.). Die Verjährungsfrist beträgt wie stets im Falle der Haftung aus § 311 Abs. 2 3 Jahre (§ 195 BGB).[445] Zur Projekthaftung RdNr. 187 ff.

XII. Beirat und Vertreterklauseln

152 **1. Beirat. a) Arten von Beiräten.** Unter dem *Oberbegriff Beirat* (auch Verwaltungs- oder Aufsichtsrat genannt) werden sehr unterschiedliche Gremien zusammengefasst.

[438] ZIP 2006, 1631; 1632; BGH NJW-RR 2007, 406, 407; kritisch *Stumpf/Lamberti* BB 2008, 2255, 2259.

[439] *Stumpf/Lamberti* BB 2008, 2255, 2259.

[440] OLG München NJW-RR 2000, 412, 413; OLG Stuttgart WM 2001, 1667, 1673 unter Hinweis darauf, dass Ansprüche gegen die KG auch die Mitgesellschafter treffen; Heymann/*Horn* RdNr. 196.

[441] *Lippe/Voigt* BB 2010, 3042, 3044, die aber Schadensersatzansprüche gegen Mitgesellschafter wegen Fehlen einer Widerrufsbelehrung bejahen, aber diese wird von der KG geschuldet, RdNr. 142.

[442] Siehe BGH NJW-RR 1986, 1478; allein der Hinweis auf die persönliche Sachkunde reicht hierfür nicht aus: BGH NJW 1990, 389; sehr weitgehend BGH ZIP 2008, 1526 (Vorstand einer AG präsentiert einigen Anlegern die Equity-Story).

[443] Siehe BGH ZIP 2009, 1577, 1578: Beklagter wickelte den Beitritt ab.

[444] OLG München BeckRS 2011, 04832; zur Haftung als Prospektverantwortlicher RdNr. 199 ff.

[445] Kritisch *Seibel/v. Preuschen – v. Lewinski*, FS v. Westphalen S. 629, 638: Verjährung wie bei der Prospekthaftung RdNr. 206.

Sowohl im Bereich der dem Beirat zugewiesenen Aufgaben (etwa Beratung oder auch Kontrolle der Geschäftsführung) wie auch der Zusammensetzung der Beiratsmitglieder (Gesellschafter oder Gesellschaftsexterne) und der rechtlichen Basis der Beiratstätigkeit (Verankerung im Gesellschaftsvertrag oder Vertrag mit der Gesellschaft) finden sich zahllose Varianten.

Die **dem Beirat zugewiesenen Aufgaben** müssen im Wege der Auslegung der vertraglichen Vereinbarung, aufgrund derer der Beirat tätig wird, ermittelt werden (zur Auslegung des Gesellschaftsvertrages oben RdNr. 24; zur Problematik bei der Publikums-KG RdNr. 115). Dabei ist zu beachten, dass nicht jede Aufgabe auf einen Beirat übertragen werden kann (unten RdNr. 157 ff.).Auch ohne entsprechende Regelung im Gesellschaftsvertrag kann ein Beirat analog § 46 Nr. 8 GmbHG, § 147 Abs. 2 AktG zum **besonderen Vertreter** für die Durchsetzung von Schadensersatzansprüchen gegen den Komplementär bestellt werden (RdNr. 140). Diese Möglichkeit ist (wie die Analogie zum GmbH-Recht deutlich macht) nicht auf Publikumsgesellschaften beschränkt und auch nicht auf Beiräte, die nur aus Kommanditisten bestehen (RdNr. 159). **Für Beiräte von Publikumspersonengesellschaften** geht man allgemein davon aus, dass sie im Interesse der KG zur Überwachung der Geschäftsführung berechtigt und verpflichtet sind.[446] Hierzu gehört es auch, eine regelmäßige Berichterstattung über die Aktivitäten der Gesellschaft durchzusetzen, da nur so eine effektive Kontrolle erreicht werden kann.[447] 153

Von maßgeblicher Bedeutung bei der Festsetzung der Grenzen, bis zu denen eine Übertragung der Aufgaben auf einen Beirat zulässig ist, ist die **Besetzung des Beirats.** Da die Grenzen der Übertragbarkeit zum Schutz der Gesellschafter entwickelt werden, kommt es darauf an, ob die Mitglieder des Beirats selbst Gesellschafter sind oder nicht. 154

Die **rechtliche Basis** der Tätigkeit des Beirats ist fast durchweg eine entsprechende Bestimmung im Gesellschaftsvertrag (bei der GmbH & Co. KG kann diese Bestimmung sowohl im Gesellschaftsvertrag der GmbH wie auch der KG enthalten sein).[448] Es kommt aber auch vor, dass der Beirat auf einer schlichten schuldrechtlichen Vereinbarung mit der KG beruht. Dann wird es meist nur um die Beratung der KG in Fragen der Geschäftsführung gehen. Ein Beirat, der auf einem Vertragsverhältnis mit den Kommanditisten beruht, kommt kaum vor.[449] Ihm können nur Aufgaben/Rechte übertragen werden, die den Kommanditisten zustehen, und auch dies nur in einem Umfang, wie es die Komplementäre nach dem Gesellschaftsvertrag akzeptieren müssen. 155

b) Übertragung von Kompetenzen auf Beiräte ohne ausdrückliche Regelung im Gesellschaftsvertrag. In **Publikums-Kommanditgesellschaften** lässt sich vielfach eine Verselbständigung des Managements gegenüber den Anlegern beobachten (oben RdNr. 126). Dies beruht neben einer entsprechenden Vertragsgestaltung oftmals auch darauf, dass die Kommanditisten ihre Kontrollrechte nicht wahrnehmen, sei es nun, weil sie sich hierfür nicht kompetent fühlen, desinteressiert sind, oder der Aufwand im Verhältnis zum Ertrag für sie nicht lohnt. Um gleichwohl eine effektive Kontrolle der Geschäftsführung zu erreichen, ist die Errichtung eines Beirats empfehlenswert und erfolgt auch vielfach. Darüber hinausgehend ist die Frage aufgeworfen worden, ob im Wege der ergänzenden Vertragsauslegung dem Gesellschaftsvertrag einer Publikums-Kommanditgesellschaft auch ohne ausdrückliche Regelung eine Bestimmung entnommen werden kann, nach der ein solcher Beirat einzurichten ist.[450] Dies wird zu Recht durchweg verneint.[451] Zum 156

[446] BGH WM 1979, 1425, 1426; *Grote* S. 218; MünchHdb. KG/*Mutter* § 8 RdNr. 11; *Voormann* S. 163.

[447] Röhricht/v. Westphalen/*v. Gerkan/Haas* RdNr. 129; siehe auch unten RdNr. 165.

[448] Zu den steuerrechtlichen Folgen *Grote* S. 63; *Haack* BB 1993, 1607, 1609; soll dem Beirat die Kompetenz zur Bestellung der Geschäftsführer in der GmbH übertragen werden, muss er bei der GmbH angesiedelt werden, RdNr. 77 ff.

[449] Beispiel BGH WM 1983, 555.

[450] *Schwark* ZGR 1976, 271, 293; *Stimpel,* FS Fischer, S. 771, 777; *Wiedemann* GesR § 9 III 2 c.

[451] *Grote* S. 111 ff.; Baumbach/*Hopt* Anh. § 177 a RdNr. 75; Heymann/*Horn* § 166 RdNr. 7; *Oetker* RdNr. 49; *Schlitt* S. 241; *Wüst* ZHR 152 (1988), 214, 233; in der Tendenz auch *Hüffer* ZGR 1980, 320, 357.

einen ist es – allerdings im Rahmen der Inhaltskontrolle, oben RdNr. 124 ff. – Sache der Gesellschafter, eine zweckmäßige Vertragsgestaltung selbst zu entwickeln. Eine Vertragsergänzung hat sich in dem von den Gesellschaftern vorgegebenen Rahmen zu halten. Ansonsten würde man völlig losgelöst vom niedergelegten Willen der Gesellschafter eine „zweckmäßige" Regelung schlicht als gewollt unterstellen. Hinzu kommt, dass zahllose Vertragsgestaltungen sachgerecht sind und noch nicht einmal ein Mindestmaß an Rechtssicherheit gewährleistet wäre, wenn eine dieser Beiratsverfassungen als gewollt herausgegriffen würde. Auch ist eine solche Auslegung zum Schutz der Anleger nicht unabdingbar geboten. Ihnen verbleiben ihre Kontrollrechte. Außerdem können sie sich durch entsprechende Vertragsänderungen selber helfen. Denn zu den unabdingbaren Rechten zählt es ja gerade auch, dass eine solche Abänderung des Gesellschaftervertrags unter praktikablen Voraussetzungen möglich sein muss (oben RdNr. 120).

157 **c) Mögliche Zuständigkeiten von Beiräten.** Ausgehend von dem Grundsatz der Vertragsfreiheit ist es im Prinzip möglich, dem Beirat **beliebige Zuständigkeiten** zuzuweisen (zur Durchsetzung von Ansprüchen gegen den Komplementär, oben RdNr. 140). Je nach der Zusammensetzung des Beirats und Art der Zuständigkeit können aber auch die Grenzen der Privatautonomie überschritten werden.

158 **aa) Geschäftsführung.** Sofern der **Beirat nur beratend** und nicht mitentscheidend tätig ist, sind Zuständigkeiten im Bereich der Geschäftsführung unproblematisch. Dies gilt auch für einen Beirat, der lediglich auf schuldrechtlicher Basis tätig ist, und auch für einen Beirat, der mit Gesellschaftsexternen besetzt ist. Es gehört zu den üblichen Entscheidungskompetenzen der (geschäftsführenden) Gesellschafter auch darüber zu befinden, ob und von wem sie sich beraten lassen wollen.[452]

159 **Sofern der geschäftsführende Gesellschafter an Weisungen des Beirats gebunden wird,**[453] könnten einer solchen Vertragsgestaltung zwei Grundsätze entgegenstehen. Zum einen könnte dies das Prinzip der **Verbandssouveränität** sein, das einer Selbstentmündigung der Gesellschafter vorbeugt.[454] Da aber jedenfalls die Kompetenz zur Änderung des Gesellschaftsvertrages unabdingbar den Gesellschaftern verbleibt (oben RdNr. 26), sind sie stets in der Lage, eine solche Vertragsgestaltung wieder zu beseitigen. Ebenfalls tangiert sein könnte der Grundsatz der **Selbstorganschaft.**[455] Was dieser Grundsatz besagt, ist allerdings alles andere als klar.[456] Da es um den Schutz der Gesellschafter vor einer Geschäftsführung geht, die ihrem Einfluss entzogen ist, ist dem Grundsatz hinreichend Rechnung getragen, wenn dem zur Geschäftsführung befugten Dritten (hier also dem Beirat) diese Befugnis ohne sein Zutun von den Gesellschaftern wieder entzogen werden kann.[457] Dies ist bei **Einräumung der Einflussmöglichkeit** auf die Geschäftsführung **im Gesellschaftsvertrag** durch **Abänderung des Gesellschaftsvertrages** jederzeit möglich.[458] Es spielt dem-

---

[452] § 119 RdNr. 57; *Haack* BB 1993, 1607, 1608.

[453] Siehe die Vertragsgestaltung in BGH NJW 1992, 1890, 1891.

[454] Erläuterungen bei § 109 RdNr. 15 ff.

[455] Erläuterungen bei § 109 RdNr. 19, § 114 RdNr. 23 ff.

[456] *Grunewald* 1. A. 42 ff; *Karsten Schmidt,* Gedächtnisschrift Knobbe-Keuk, S. 307, 309; MünchKommBGB/*Ulmer/Schäfer* § 709 RdNr. 5.

[457] Im Ergebnis ebenso *Grote* S. 71; *Grunewald* ZEV 2011; *Konzen* NJW 1989, 2977, 2983; Schlegelberger/*Martens* § 114 RdNr. 54; *Maulbetsch* S. 65; *Thümmel* DB 1995, 2461, 2462; siehe auch § 114 RdNr. 30 mit mE praktisch nur schwer handhabbarer Unterscheidung zwischen zur Ausübung überlassener Geschäftsführungsbefugnis und kraft organschaftlicher Stellung übertragener Befugnis, letzteres sei unzulässig; aA: weitgehend unzulässig GroßkommHGB/*Schäfer* § 109 RdNr. 53; differenzierend *Reuter,* FS Steindorff, S. 229, 240: Beirat mit Gesellschaftsexternen problematisch, falls Kompetenzen nicht genau umrissen oder keine freie Widerruflichkeit gegeben ist;siehe BGH WM 1994, 237, 238: weitgehende Betrauung Dritter mit der Geschäftsführung zulässig, sofern der Gesellschafter (hier also der Komplementär) die organschaftliche Geschäftsführungsbefugnis behält; siehe auch MünchHdb. KG/*Mutter* § 8 RdNr. 14; *Wiedemann* GesR § 7 II 1 b: unzulässig, falls der Beirat überwiegend mit Gesellschaftsexternen besetzt ist; auch MünchKommBGB/*Ulmer* § 705 RdNr. 259 und *Schürnbrand* S. 262 unzulässig, falls auch Nichtgesellschafter Mitglied sind, Ausnahme nach *Schürnbrand* nur bei anderweitig nicht behebbaren (?) Meinungsverschiedenheiten.

[458] *Haack* BB 1993, 1607, 1609; *Sigle* NZG 1998, 619, 620.

gemäß auch keine Rolle, ob der Beirat mit Gesellschaftern oder mit anderen Personen besetzt ist. Der BGH hat eine Besetzung mit Gesellschafsexternen jedenfalls für den Fall akzeptiert, dass der Beirat analog § 46 Nr. 8 GmbHG, § 147 Abs. 2 AktG mit der Durchsetzung von Ansprüchen gegen den Komplementär beauftragt wird. Der Grundsatz der Selbstorganschaft gelte nur, soweit die Interessen der Gesellschafter gleichgerichtet seien, woran es in der beschriebenen Situation fehle.[459] Das ermöglicht eine Besetzung mit Externen jedenfalls dann, wenn es um die Entscheidung von Konflikten unter den Gesellschaftern geht. Das gesteigerte **Schutzbedürfnis der Komplementäre erfordert** allerdings, dass sie zumindest gemeinsam jede Maßnahme auch gegen den Willen des Beirats unterlassen können.[460] Dies gilt allerdings nicht, wenn es um die Durchsetzung von Ansprüchen gegen sie geht und auch nicht wenn der Komplementär eine juristische Person ist. Für diese ist das Haftungsrisiko wegen Fehlens jeglicher persönlicher Betroffenheit auch dann noch tragbar, wenn keine Möglichkeit zum Unterlassen angewiesener Tätigkeiten verbleibt. Wenn der Beirat einer Publikumspersonengesellschaft durch Gesellschafter besetzt ist (wohl stets Kommanditisten), kommt hinzu, dass gewisse Einflussmöglichkeiten der Kommanditisten auf die Geschäftsführung dem für Publikumsgesellschaften typischen Phänomen der Verselbständigung des Management (oben RdNr. 125) vorbeugen, und daher sachgerecht sind. Die Inhaltskontrolle (§ 242 BGB, oben RdNr. 124) greift demnach auch aus diesem Grund nicht ein.

Ist die Einsetzung des Beirats auf schlicht **schuldrechtlicher Basis** erfolgt, so gilt nichts 160 anderes. Eine Weisungsbefugnis des Beirats kann also nur dann wirksam vereinbart werden, wenn der Komplementär eine juristische Person ist oder wenn es um die Durchsetzung von Ansprüchen gegen die Komplementäre geht. Auch in diesem Fall muss eine Beendigung dieser Befugnis zum Schutz der Gesellschaft und der Komplementäre jedenfalls dann möglich sein, wenn ein wichtiger Grund vorliegt. Eine weitergehende Klausel scheitert an § 138 BGB (Grundsatz der Verbandssouveränität) und ein Verstoß gegen eine solche Bestimmung würde daher auch keine Schadensersatzpflichten auslösen.[461] Ein Beirat mit den geschilderten Kompetenzen muss zudem im Gesellschaftsvertrag vorgesehen sein.[462] Auf diese Weise ist den Gesellschaftern deutlich, wie die Kompetenzen in der KG verteilt sind. Die Einzelheiten der Beiratsverfassung können außerhalb des Gesellschaftsvertrages geregelt werden, sofern sie nicht die Rechte der Gesellschafter beschränken.

Andere Grundsätze gelten für **Beiräte, deren Zustimmung die Komplementäre bei** 161 **bestimmten Geschäften einholen müssen.**[463] Da der Schutz der Vertragspartner der KG durch die zwingenden Vertretungsregeln, die auch durch gesellschaftsinterne Vereinbarungen nicht abgeändert werden können, gewahrt ist, geht es wiederum nur darum, ob der Grundsatz der Verbandssouveränität oder der Schutz der Mitgesellschafter einer solchen Vertragsgestaltung entgegenstehen. Wiederum ist zu sagen, dass dies aus den genannten Gründen im Grundsatz weder bei einer entsprechenden Klausel im Gesellschaftsvertrag[464] noch bei einer Tätigkeit des Beirats auf schuldrechtlicher Basis (mit bloßer Verankerung im Gesellschaftsvertrag) der Fall ist. Sollte eine natürliche Person Komplementär sein, muss auch sie nicht ohne eine solche Zustimmung handeln können. Denn das Unterbleiben eines Geschäfts belastet den Komplementär weniger als die Weisung, ein Geschäft durchzuführen, hinter dem er nicht steht und für das er dann auch noch unbeschränkt persönlich haftet. Eine entsprechende schuldrechtliche Vereinbarung muss – zumindest beim Vorliegen eines wichtigen Grundes – kündbar sein.

---

[459] BGH NZG 2010, 1381, 1382; ausführlich *Grunewald*, Gedächtnisschrift Martin Winter 2011; *dies.* ZEV 2011.

[460] Schlegelberger/*Martens* § 114 RdNr. 54; *Voormann* S. 73 für risikoreiche Weisungen; nach *Wälzholz* DStR 2003, 511, 513 muss die letztgültige Entscheidung bei den Gesellschaftern bleiben. Siehe auch § 164 RdNr. 23.

[461] *Grunewald* 1. A. 45; aA Schlegelberger/*Martens* § 114 RdNr. 34.

[462] *Oetker* RdNr. 52; *Reichert*, FS Maier-Reimer, S. 541, 543.

[463] Beispielsfall OLG Köln NZG 2009, 1223.

[464] Im Ergebnis ebenso *Haack* BB 1993, 1607, 1609; *Maulbetsch* S. 72; *MünchHdb. KG/Mutter* § 8 RdNr. 23; *Schürnbrand* S. 262; *Voormann* S. 68; *Wälzholz* DStR 2003, 511, 513.

162 Es kann auch vereinbart werden, dass in einer **GmbH & Co. KG ein Beirat über die Bestellung und Abberufung der Geschäftsführer der GmbH beschließt.**[465] Allerdings muss dieser Beirat in der Satzung der GmbH und nicht im Gesellschaftsvertrag der KG angesiedelt sein. Sofern dies nicht beachtet wurde, gelten die Regeln der fehlerhaften Gesellschaft.

163 **bb) Vertragsänderungen, Grundlagengeschäfte.** Umstritten ist, ob Vertragsänderungen und sonstige Grundlagengeschäfte an eine Mitwirkung des Beirats gebunden oder diesem sogar ganz übertragen werden können. Sofern an dem **Beirat auch Gesellschaftsexterne** beteiligt sind, könnte dem der Grundsatz der Verbandssouveränität entgegenstehen.[466] Da aber wohl stets der Gesellschaftsvertrag so zu verstehen ist, dass die Berechtigung des Beirats jederzeit – bei Vorliegen einer Mehrheit, die den Vertrag ändern kann – zur Disposition der Gesellschafter steht, ist die Souveränität der Gesellschafter hinreichend gewahrt.[467] Hat der Beirat die Befugnis zur Vertragsänderung (und nicht nur einen Zustimmungsvorbehalt), so beinhaltet diese Klausel – sofern der Beirat keine entsprechende Vollmacht hat – die Verpflichtung der Gesellschafter, entsprechende Beiratsbeschlüsse in Vertragsänderungen umzusetzen. Denn da der Beirat nicht Partei des Gesellschaftsvertrages ist, kann er ihn auch nicht ändern.[468] **Sollte der Beirat lediglich aus Gesellschaftern bestehen,** so ist eine solche Vertragsgestaltung ebenfalls möglich.[469] Der Grundsatz der Verbandssouveränität ist dann nicht tangiert, da Verbandsmitglieder die Entscheidungen treffen. Die Vertragsänderung erfolgt unmittelbar durch den Beirat.[470] Die **zum unverzichtbaren Kernbereich zählenden Gesellschafterrechte** (§ 109 RdNr. 23, § 119 RdNr. 68) können allerdings in keinem Fall zur Disposition eines Beirats gestellt werden.[471]

164 **cc) Aufnahme und Ausschluss von Kommanditisten.** Wie den Komplementären (oben RdNr. 142) kann auch den Beiratsmitgliedern die **Befugnis zur Vertretung** der Kommanditisten bei der Aufnahme neuer Kommanditisten eingeräumt werden. Damit die Gesellschafter zumindest einen gewissen Einfluss auf die Zusammensetzung des Gesellschafterkreises behalten, müssen – sofern die Gesellschaft keine Publikums-KG ist – zumindest Auswahlkriterien für die Neuaufnahme von Gesellschaftern im Gesellschaftsvertrag vorgegeben sein.[472] Dies ist schon deshalb unabdingbar, weil den am Beitritt interessierten Personen, wenn sie einmal Gesellschafter geworden sind, ihre Kommanditistenstellung nicht ohne weiteres wieder entzogen werden kann. Für einen Ausschluss durch Beiratsbeschluss gilt nichts anderes. Wiederum müssen also die maßgeblichen Kriterien – sofern es nicht um den stets möglichen Ausschluss aus wichtigem Grund geht – (abgesehen von Publikumsgesellschaften) im Gesellschaftsvertrag vorgezeichnet sein und wiederum können die Beiratsmitglieder nur als Vertreter der Kommanditisten/KG handeln.[473]

165 **dd) Kontrollrechte.** Keinem Beiratsmitglied kann es zugemutet werden, seine Rechte und Pflichten uninformiert wahrzunehmen. Daher hat jedes Mitglied **gegen die**

[465] *Haack* BB 1993, 1607, 1610; MünchHdb. KG/*Mutter* § 8 RdNr. 5; *Thümmel* DB 1995, 2461, 2464: der Akt der Bestellung mit dem Recht evident ungeeignete Kandidaten zurückzuweisen, muss aber der GmbH verbleiben oben RdNr. 78; auch ein Weisungsrecht kann dem Beirat eingeräumt werden: *Konzen* NJW 1989, 2977, 2982.

[466] *Reichert,* FS Maier-Reimer, S. 541, 542; *Reuter,* FS Steindorff, S. 229, 240 f.; *Wälzholz* DStR 2003, 511, 512; generell so *Wiedemann* GesR § 7 II 1 b; *ders.,* FS Westermann, S. 584, 595; *ders.* ZGR 1996, 286, 292 f.

[467] BGH NJW 1985, 972, 973: Vertrag enthielt die Klausel „die Rechte der Gesellschafterversammlung bleiben unberührt"; *Grote* S. 71; MünchHdb. KG/*Mutter* § 8 RdNr. 36; *Schlitt* S. 193; *Weber* S. 330 f.

[468] Dazu *Weber* S. 329.

[469] *Reuter,* FS Steindorff, S. 29, 237; *Weber* S. 329; aA *Thümmel* DB 1995, 2461, 2463: stets nur konkurrierende Zuständigkeit des Beirats neben der Gesellschafterversammlung möglich.

[470] Die Rechtslage ist ähnlich wie im Falle des Ausschlusses einiger Gesellschafter vom Stimmrecht.

[471] *Habersack* ZHR 155 (1991), 410, 413; *Maulbetsch* S. 74; Scholz/*Karsten Schmidt* GmbHG. § 45 Anh RdNr. 62; E/B/J/S/*Weipert* § 163 RdNr. 12.

[472] MünchHdb. KG/*Mutter* § 8 RdNr. 36; *Maulbetsch* S. 75 für Publikumsgesellschafter.

[473] Weitergehend MünchHdb. KG/*Mutter* § 8 RdNr. 37: Stets möglich; so für Publikumsgesellschaften auch *Maulbetsch* S. 76, das entspricht dem hier vertretenen Standpunkt.

geschäftsführenden Gesellschafter gerichtete Auskunftsrechte, sofern solche Auskünfte für eine sachgerechte Beiratstätigkeit erforderlich sind.[474] Die Rechtslage ist ähnlich wie bei dem Auskunftsrecht des Kommanditisten (§ 166 RdNr. 11 ff.). Ein **Einsichtsrecht** ist gegeben, wenn der Beirat nur durch eine solche Kontrolle der Unterlagen der KG seine Pflichten erfüllen kann.[475] Dies ist insbesondere dann der Fall, wenn der Beirat den Jahresabschluss der KG überprüft.

d) Pflichten gegenüber den Kommanditisten und Haftung der Beiratsmitglieder. Mit den Kompetenzen des Beirats sind auch **entsprechende Pflichten** der Beiratsmitglieder verbunden. So müssen zB Weisungs- und Kontrollrechte sorgfältig ausgeübt werden. Sofern Kompetenzen der Kommanditisten auf den Beirat verlagert worden sind (etwa Informationsrechte, § 166 RdNr. 50), ist der Beirat verpflichtet, den Kommanditisten mindestens einmal jährlich[476] in der Gesellschafterversammlung einen **schriftlichen Bericht über die Tätigkeit** des Beirats zu geben und für ergänzende Fragen zur Verfügung zu stehen. Bei dieser Berichterstattung können Auskünfte etwa in dem Rahmen verweigert werden, den § 131 AktG zieht. Je nach der Ausgestaltung von Beirat und Gesellschaft (mehr personalistisch oder kapitalistisch) können aber auch weitergehende Auskünfte geschuldet sein.[477] Gegenüber Gesellschaftsexternen gilt ein allgemeines Gebot zur Verschwiegenheit.[478] 166

Sofern die Beiratsmitglieder **diesen Pflichten nicht nachkommen oder sie schuldhaft verletzen,** können sie von der Gesellschaft auf Grund des Schuldverhältnisses, das sie mit der KG verbindet,[479] auf Handeln, Unterlassen bzw. auf Schadensersatz in Anspruch genommen werden.[480] Eine abweichende Regelung ist möglich.[481] Insbesondere kann der Kreis der zu erfüllenden Pflichten – etwa wenn der Beirat erkennbar eher der Reputation als der Kontrolle dient – auch eng begrenzt sein.[482] Der Anspruch kann unter den Voraussetzungen der actio pro socio von den Gesellschaftern geltend gemacht werden.[483] Sofern Pflichten verletzt werden, die nur den Kommanditisten gegenüber bestehen (etwa Berichtspflichten), oder Pflichten von Mitgliedern eines Beirats, der lediglich in einem Rechtsverhältnis zu den Kommanditisten steht,[484] können ausnahmsweise die Kommanditisten selbst Handlung, Unterlassung oder Schadensersatz fordern.[485] Ist der Beirat bei der GmbH & Co. KG ein Beirat der GmbH, so können die Kommanditisten die Ansprüche der GmbH unter den bereits beschriebenen Voraussetzungen geltend machen (oben RdNr. 66). Die Beiratsmitglieder gehören zur Organisation der GmbH & Co. KG und können daher mit der actio 167

[474] BGH WM 1979, 1425, 1427; *Maulbetsch* S. 69; Schlegelberger/*Martens* RdNr. 159; GroßkommHGB/*Schilling* § 166 RdNr. 16; *Schlitt* S. 202; auch *Schünrnbrand* S. 56 mit Ausnahme für Beiräte, die auf schuldrechtlicher Basis tätig sind. Aber auch diese benötigen Informationen.

[475] BGH WM 1977, 1446, 1448; Schlegelberger/*Martens* RdNr. 159; GroßkommHGB/*Schilling* § 166 RdNr. 16; *Schlitt* S. 203.

[476] MünchHdb. KG/*Mutter* § 8 RdNr. 72.

[477] MünchHdb. KG/*Mutter* § 8 RdNr. 72; für einen umfassenderen Geheimnisschutz *Maulbetsch* S. 91 f.; *Schlitt* S. 200.

[478] *Maulbetsch* S. 91 f.; *Schlitt* S. 200; *Voormann* S. 155.

[479] Siehe *Schürnbrand* S. 56, der für Beiräte, die Organe sind, organschaftliche Grundsätze, also § 43 II GmbHG, § 93 Abs. 2 AktG anwendet.

[480] Zum Schadensersatz BGHZ 80, 348; BGH NJW 1977, 2311; NJW 1975, 1318; NJW 1985, 1900; Baumbach/*Hopt* Anh. § 177 a RdNr. 75; Heymann/*Horn* RdNr. 67; *Hüffer* ZGR 1980, 321, 349; *Weber* S. 328; zur Handlungs-(Unterlassungs-)klage *Riegger/Mutter* EWiR § 161 HGB, 1/98, 751.

[481] *Turner,* FS Sigle, S. 111, 119.

[482] *Schürnbrand* S. 56, aber für Beiräte, die auf schuldrechtlicher Basis tätig sind. Doch muss gleiches auch für Beiräte gelten, die auf Basis des Gesellschaftsvertrages aktiv sind.

[483] Baumbach/*Hopt* § 163 RdNr. 15; *Hüffer* ZGR 1980, 321, 350; ZGR 1981, 348, 353; wohl nicht bedacht bei *Riegger/Mutter* EWiR § 161 HGB, 1/98, 751; zur actio pro socio bei Publikumspersonengesellschaften RdNr. 140.

[484] Siehe BGH WM 1983, 555, 557, dort auch zu der Frage, ob ein Kommanditist nur Zahlung an alle Kommanditisten verlangen kann; zur actio pro socio in Publikumsgesellschaften RdNr. 133.

[485] Weitergehend Baumbach/*Hopt* § 163 RdNr. 15: Kommanditisten hätten den Anspruch immer, wenn der Beirat ihr Sachwalter sei. Aber dies schließt Pflichten im Verhältnis zur KG nicht aus. Eine doppelte Inanspruchnahme ist aber nicht möglich.

pro socio belangt werden. Wenn Gesellschafter Beiratsmitglieder sind, kommt **§ 708 BGB** zur Anwendung.[486] Für Beiräte, denen sowohl Gesellschafter wie Externe angehören, folgt daraus, dass ein unterschiedlicher Haftungsmaßstab gilt.[487] Dies rechtfertigt sich gemäß dem Grundgedanken von § 708 BGB auf Grund der Tatsache, dass die Gesellschafter ihre wechselseitige Schwächen akzeptieren. Dies gilt allerdings nicht für Publikumsgesellschaften, da es hier an der persönlichen Verbundenheit der Gesellschafter fehlt (oben RdNr. 131).[488] Die in § 93 Abs. 2 S. 2 AktG niedergelegte Beweislastumkehr gilt auch hier.[489] Dagegen bleibt es bei der üblichen Verjährungsregel. § 93 Abs. 6 AktG gilt also nicht analog.[490] Verjährungsregeln dienen der Rechtssicherheit und sind daher nach Möglichkeit wortlautgetreu anzuwenden. Auch läuft die Frist von § 93 Abs. 6 AktG unabhängig von der Kenntnis der Gesellschaft an und ist daher für die Gesellschaft nicht unbedingt von Vorteil. Die Beiratsmitglieder können sich nicht darauf berufen, dass die Gesellschaft ein **Mitverschulden** trifft – etwa weil sie eine Person als Beirat ausgewählt hat, die erkennbar nicht geeignet ist. Da es regelmäßig gerade Aufgabe des Beirats ist, für eine ordnungsgemäße Geschäftsführung zu sorgen, kann dieser Einwand die Beiratsmitglieder nicht entlasten.[491]

168 **e) Streitigkeiten innerhalb des Beirats.** Ein rechtswidriger Beschluss des Beirats ist nichtig.[492] Jedes Mitglied und ggf. auch ein Gesellschafter[493] kann auf Feststellung der Nichtigkeit klagen. Wenn nur ein bestimmtes Beschlussergebnis rechtmäßig ist (selten!),[494] kann hiermit eine positive Beschlussfeststellungsklage verbunden werden, da dann jede anderslautende Stimme rechtswidrig und damit nichtig ist. Nicht möglich ist es, einen internen Konflikt über die Rechtmäßigkeit von Beiratsbeschlüssen durch eine Klage gegen die geschäftsführenden Gesellschafter (gerichtet auf ein bestimmtes Handeln oder Unterlassen) zu „lösen".[495] Die Beiratsmitglieder müssen sich intern einigen.

169 **f) Vergütung. Ob den Beiratsmitgliedern eine Vergütung** zu bezahlen ist, ist durch Auslegung des Rechtsverhältnisses zu ermitteln, auf Grund dessen sie tätig sind. Insbesondere bei Beiratsmitgliedern, die als Gesellschafter auf Grund des Gesellschaftsvertrages bestellt sind, kann die Auslegung ergeben, dass sie keine Vergütung erhalten sollen, da es nur um die Wahrung ihrer Gesellschafterrechte geht, die auch sonst nicht bezahlt wird.[496] Die den Beiratsmitgliedern zu zahlende Vergütung wird üblicherweise **im Gesellschaftsvertrag** oder in einem speziellen Vertrag zwischen Beiratsmitglied und KG festgelegt. Ist im Gesellschaftsvertrag nichts bestimmt, so wird eine angemessene Vergütung geschuldet. Der Abschluss eines besonderen Vertrages zwischen KG und Beiratsmitglied ist meist nicht erforderlich, da sich die Rechtsstellung aus dem Gesellschaftsvertrag ergibt. Sollte dies anders sein, wird die KG wie stets vertreten.[497] Doch ist auch dann eine angemessene und nicht etwa eine beliebige Vergütung geschuldet. Dies ergibt sich aus dem Gesellschaftsver-

[486] Baumbach/*Hopt* § 163 RdNr. 15; MünchHdb. KG/*Mutter* § 8 RdNr. 84 f., und *Rinze* NJW 1992, 2790, 2793; *Voormann* S. 194, falls der Beirat seine Grundlage im Gesellschaftsvertrag findet. Doch sollte die rechtliche Konstruktion hier nicht entscheidend sein.

[487] AA *Bayer*, FS Schneider, S. 75, 82 unter Hinweis darauf, dass die schärfere Haftung abbedungen werden könne, aber das kann § 708 BGB – falls gewünscht – auch.

[488] BGH NJW 1977, 2311; Baumbach/*Hopt* Anh. § 177 a RdNr. 75; *Schlitt* S. 201; *Voormann* S. 194.

[489] BGH NJW 1978, 425; BGH WM 1979, 1425, 1428; *Bayer*, FS Schneider, S. 75, 82; Baumbach/*Hopt* Anh. § 177a RdNr. 75; *Hüffer* ZGR 1981, 348, 351; *Schlitt* S. 201; *Voormann* S. 194; *Wiedemann* § 9 III 2 c; aA MünchHdb. KG/*Mutter* § 8 RdNr. 85.

[490] AA *Bayer*, FS Schneider, S. 75, 82 f.

[491] BGH NJW 1977, 1221, 1224; *Schlitt* S. 201; *Voormann* S. 199.

[492] *Maulbetsch* S. 100; MünchHdb. KG/*Mutter* § 8 RdNr. 64; GroßkommHGB/*Schilling* § 163 RdNr. 22.

[493] MünchHdb. KG/*Mutter* § 8 RdNr. 67; *Riegger/Mutter* EWiR § 161 HGB 1/98, 751, 72 unter Hinweis auf das dort erläuterte Urteil des OLG Karlsruhe.

[494] Verneint in BGH NJW 1992, 1890, 1891.

[495] BGH NJW 1992, 1890, 1891.

[496] MünchHdb. KG/*Mutter* § 8 RdNr. 75.

[497] AA *Schulze-Osterloh* ZIP 2006, 49: Vertretung durch das Gremium, das die Mitglieder bestellt. Aber diese Durchbrechung der allgemeinen Regeln ist nicht erforderlich, da das Beiratsmitglied eine angemessene Vergütung verlangen kann und daher zu seinem Schutz eine Vertretungsmacht des Gremiums nicht erforderlich ist.

trag.[498] Sollte ein Beiratsmitglied aus besonderem Anlass über seine üblichen Aufgaben hinaus im Interesse der Kommanditisten bzw. der KG tätig sein, so hat er einen weitergehenden Anspruch auf Ersatz seiner Aufwendungen.[499] Schuldner ist die KG, sofern nicht ausnahmsweise der Beirat allein als Repräsentant der Kommanditisten tätig geworden ist. Dies ist nur der Fall, wenn im Gesellschaftsvertrag die Errichtung eines Beirats gar nicht vorgesehen ist.

2. Vertreterklausel. a) Gründe für die Schaffung von Vertreterklauseln. Vertreterklauseln finden sich oftmals in **Gesellschaftsverträgen von Kommanditgesellschaften mit zahlreichen Kommanditisten.** Es macht dabei keinen Unterschied, ob es sich um Familiengesellschaften handelt, deren Gesellschafterzahl oftmals mit der Zeit im Wege der Erbfolge angewachsen ist,[500] oder um Anlagegesellschaften, die von vornherein auf den Beitritt einer Vielzahl von Kommanditisten angelegt waren. Sinn der Vertreterklausel ist es meistens, die Ausübung der Gesellschafterrechte – in erster Linie des Stimmrechts – in der Person des Vertreters zu bündeln, um so einem unsachlichen Gebrauch der Gesellschafterrechte – sei es nun aus Unwissenheit oder auch aus Schikane – vorzubeugen.[501] Vertreterklauseln, die sich auf Gesellschafterstämme beziehen, sollen bisweilen auch den Einfluss des Stammes sichern.[502] Zugleich erleichtert eine Vertreterklausel auch die technische Abwicklung der Gesellschafterversammlung. Eine solche Klausel kommt aber auch in kleinen Gesellschaften vor. Dann geht es regelmäßig darum, Konflikte mit einem bestimmten Gesellschafter oder einer Gesellschaftergruppe abzuwenden.[503] Alle diese mit einer Vertreterklausel verfolgten Ziele lassen sich insofern nur in einem eingeschränkten Umfang erreichen, als das Recht zur Teilnahme an Gesellschafterversammlungen nicht ausgeschlossen werden kann (oben RdNr. 32).[504] 170

b) Arten von Vertreterklauseln. Unproblematisch sind die Klauseln, die eine **Vertretung des Gesellschafters nur ermöglichen.** Diese Klauseln bringen nur zum Ausdruck, dass ein Gesellschafter seine Rechte nicht unbedingt selbst ausüben muss. Sie erleichtern somit den Gesellschaftern die Wahrnehmung ihrer Befugnisse. 171

Da es regelmäßig das Ziel von Vertreterklauseln ist, bestimmte Gesellschafter von der Gesellschafterversammlung möglichst fernzuhalten, schreiben die Vertreterklauseln regelmäßig vor, dass die Rechte des Gesellschafters überhaupt nur durch den Vertreter ausgeübt werden können **(obligatorische Vertretung).** Innerhalb dieser Klauseln gibt es wiederum Vertragsgestaltungen, die den vertretenen Kommanditisten Einfluss auf die Rechtsausübung/Auswahl des Vertreters einräumen und solche, die die Kommanditisten weitgehend rechtlos stellen. 172

c) Grenzen der Zulässigkeit von obligatorischen Vertreterklauseln. Obligatorische Vertreterklauseln führen dazu, dass der Kommanditist sein Recht nicht mehr selbst ausüben kann.[505] Bedenken gegen eine Vertragsgestaltung mit diesen Konsequenzen werden zum einem unter dem Aspekt des sog. **Abspaltungsverbots**[506] erhoben. Der Inhalt dieses Grundsatzes ist allerdings alles andere als klar.[507] Sofern man als Inhalt des Abspaltungsverbots nur das Verbot zur Übertragung von Gesellschafterrechten auf Dritte sieht, kollidiert die Vertreterklausel, die ja den Vertreter nur zur Ausübung der Rechte in frem- 173

---

[498] Daher ist auch in einer Publikumsgesellschaft ein Vertragsschluss durch die geschäftsführenden Gesellschafter unproblematisch; aA *Schulze-Osterloh* ZIP 2006, 49, 50 f.

[499] Beispiel BGH ZIP 1998, 859, 861.

[500] Beispiel BGHZ 46, 291; BGH NJW 1993, 1265; ZIP 2004, 2282.

[501] Heymann/*Horn* § 164 RdNr. 16; *Immenga* ZGR 1974, 385, 391.

[502] *Odersky,* FS Lutter, S. 557, 563.

[503] Heymann/*Horn* § 164 RdNr. 16; *Immenga* ZGR 1974, 385, 391; *Wiedemann* Übertragung S. 385.

[504] *Oetker* § 164 RdNr. 28; Speziell zur Vertreterklausel in diesem Zusammenhang *Karsten Schmidt* ZHR 146 (1982), 525, 536.

[505] Nicht behandelt werden Vertreterklauseln, die auch Komplementäre betreffen; hier gelten besondere Regeln siehe etwa BGHZ 44, 158.

[506] § 105 RdNr. 195, § 109 RdNr. 13; *Reuter* Perpetuierung S. 212 ff.

[507] § 109 RdNr. 13; siehe etwa *Grunewald* 1. A. 73; *Karsten Schmidt* GesR § 19 III 4 a.

dem Namen ermächtigt, nicht mit diesem Grundsatz.[508] In der Sache geht es zum einen darum, die Interessen der nicht von der Vertretung betroffenen Mitgesellschafter vor dem Eindringen Dritter in die Gesellschaft zu wahren. Dieser Aspekt des Abspaltungsverbots spielt aber bei Vertreterklauseln keine Rolle: Diese Regelungen beruhen ja auf dem Gesellschaftsvertrag und sind daher von den Mitgesellschaftern akzeptiert. Gerade sie haben ja ein besonderes Interesse an der geschilderten Vertragsgestaltung.

174 Außerdem soll das Abspaltungsverbot aber auch die Gesellschafter vor einer Entrechtung schützen, die ihre Befugnisse auf Dritte übertragen. Dieser Aspekt hat bei der Vertreterklausel zweifelsohne erhebliche Bedeutung. Demgegenüber spielt es keine Rolle, ob dieser Gesichtspunkt unter dem Stichwort „Abspaltungsverbot" oder – vorzugswürdig – bei **§ 138 Abs. 1 BGB (Entrechtung der Gesellschafter)** diskutiert wird. Wichtig ist aber stets, dass die einschlägigen Wertungen offen gelegt werden.

175 Zum Schutz der Gesellschafter vor Entrechtung ist im unverzichtbaren **Kernbereich der Gesellschafterrechte** eine obligatorische Vertretung unzulässig.[509] Dies gilt nur dann nicht, wenn die Vertreterklausel so ausgestaltet ist, dass eine Verfälschung des Gesellschafterwillens nicht zu befürchten ist. Dies ist der Fall, wenn der Vertreter weisungsgebunden und nicht zu einer einheitlichen Stimmabgabe gezwungen ist. Eine solche Vertretung beeinträchtigt die Gesellschafter nicht. Für die KG hat sie den (geringen) Vorteil, dass die Abwicklung der Gesellschafterversammlung einfacher ist. Außerhalb des Kernbereichs ist eine Vertreterklausel im Grundsatz zulässig.[510] Bei sonstigen mitgesellschaftlichen Rechten kann die Auslegung ergeben, dass sie nur mit Zustimmung des Gesellschafters (oder aus wichtigem Grund) dem Gesellschafter genommen werden können.[511]

176 Umstritten ist, ob eine Vertreterklausel den Bereich der **Vertragsänderungen und Grundlagengeschäfte** erfassen kann.[512] Ähnlich wie bei der Übertragung dieser Entscheidungskompetenzen auf einen Beirat[513] ist auch gegen eine solche Vertragsgestaltung nichts einzuwenden, sofern den Vertretenen die reale – also nicht nur theoretische – Möglichkeit verbleibt, die Vertretung zu beenden (dazu unten RdNr. 184).[514]

177 Der Vertreter hat gegenüber dem geschäftsführenden Gesellschafter dieselben Auskunfts- und Einsichtsrechte wie ein Beiratsmitglied (RdNr. 157). Zu den **Kontrollrechten** § 164 RdNr. 29, § 166 RdNr. 50.

178 **d) Das Rechtsverhältnis zwischen dem Vertreter und den Vertretenen.** Zwischen dem Vertreter und den vertretenen Gesellschaftern besteht regelmäßig ein **Auftragsver-**

---

[508] Siehe die Argumentation in BGHZ 46, 291, 296; diese Betrachtung bezeichnet *Karsten Schmidt* ZHR 146 (1982), 526, 531 zu Recht als formal; nach *Karsten Schmidt* GesR § 19 III 4 c liegt in der Gruppenvertretung eine Mediatisierung aber keine Loslösung der Gesellschafterrechte von der Mitgliedschaft. Daher fehle es an einem Verstoß gegen das Abspaltungsverbot.

[509] § 119 RdNr. 52; BGH NJW 1993, 1265, 1266; *Flume* § 14 V; *Grunewald* ZEV 2011; Heymann/*Horn* § 164 RdNr. 17; *Oetker* § 164 RdNr. 25; GroßkommHGB/*Schilling* § 163 RdNr. 16; *Karsten Schmidt* GesR § 21 II 5 a; *ders.* ZHR 146 (1982), 525, 533 f.; *Westermann* S. 351; offen gelassen in BGHZ 46, 291, 295; und in OLG Zweibrücken OLGZ 75, 402, 404; allerdings gehen die Vorstellungen über das was zum Kernbereich gehört sehr weit auseinander. Siehe etwa *Westermann* aaO, der den Kernbereich sehr weit zieht, und *Heuking*, FS Luer, S. 231, 233.

[510] BGHZ 46, 291; OLG Zweibrücken OLGZ 75, 402, 404; *Flume* § 14 V; Baumbach/*Hopt* § 164 RdNr. 6; Heymann/*Horn* § 164 RdNr. 16; *Karsten Schmidt* GesR § 21 II 5 a; *ders.* ZHR 146 (1982), 525, 530; *Wiedemann* GesR § 7 II 1 b.

[511] BGH NZG 2005, 33 (Recht auf Mitarbeit).

[512] Bejahend BGH DB 1973, 1545; Scholz/*Karsten Schmidt* GmbHG. § 45 Anh RdNr. 44; verneinend GroßkommHGB/*Schilling* § 163 RdNr. 16; *Wiedemann* Übertragung S. 362; *ders.*, FS Westermann, S. 585, 595.

[513] Dort ist stets eine Änderung des Gesellschaftsvertrages möglich oben RdNr. 164.

[514] *Hurst* DNotZ 1967, 2, 9; *Teichmann* S. 207; im Ergebnis ähnlich Heymann/*Horn* § 164 RdNr. 7 f. und *Hueck* ZHR 125 (1963), 1, 12; Schlegelberger/*Martens* RdNr. 86 die aber eine solche Abberufungsmöglichkeit nur bei Vorliegen eines wichtigen Grundes für zwingend halten; siehe auch *Karsten Schmidt* ZHR 146 (1982), 525, 534 der allerdings zwingend auch ein Weisungsrecht fordert; ähnlich auch *Flume* § 14 V der aber eine Beschränkung der Abberufungsmöglichkeit auf das Vorliegen eines wichtigen Grundes für möglich hält wenn hierüber mit Mehrheit entschieden wird; *Wiedemann* Übertragung S. 393 der für auf Zeit gewählte Vertreter eine Abberufung nur bei Vorliegen eines wichtigen Grundes für möglich hält.

hältnis. Sofern der Vertreter ein Entgelt erhält, liegt ein Geschäftsbesorgungsvertrag vor.[515]

Wenn nichts anderes vereinbart ist, sind die vertretenen Gesellschafter demgemäß 179
gegenüber dem Vertreter weisungsbefugt (§ 665, zur Meinungsbildung unten RdNr. 182). Es kann auch vereinbart werden, dass der Vertreter an Weisungen nicht gebunden ist.[516] Das damit für die Gesellschafter verbundene Risiko erscheint hinnehmbar. Denn zum einen haften die Kommanditisten nur beschränkt[517] und zum anderen bleibt die Möglichkeit, den Vertreter abzuberufen (unten RdNr. 184). Die Drohung mit dieser Abberufung mag den Vertreter im Einzelfall trotz gegenteiliger eigener Vorstellungen zu einem Handeln veranlassen, das mit dem Willen der vertretenen Gesellschafter konform läuft. Ein zwingendes Weisungsrecht wäre auch zum Schutz der vertretenen Gesellschafter deshalb wenig hilfreich, weil eine gegenteilige Ausübung der Rechte (etwa eine Stimmabgabe) durch den Vertreter dann zwar unzulässig wäre, aber nicht zur Nichtigkeit (etwa der Stimmabgabe) führen würde.[518] Unbeachtlich wäre die Rechtsausübung nur, wenn die Vertretungsmacht nur in dem Umfang bestehen würde, in dem das Verhältnis zu den Gesellschaftern den Vertreter zum Handeln berechtigt. Ein solches Verständnis der Vertreterklausel liegt aber schon deshalb eher fern, weil es dann nicht gelingen würde, Unklarheiten bei der Willensbildung im Kreis der Vertretenen aus der KG herauszuhalten.[519] Zur Bestellung unten RdNr. 181; die Abberufung des Vertreters ist stets möglich (oben RdNr. 176, zu den Mehrheitserfordernissen unten RdNr. 182).

e) Das Rechtsverhältnis zwischen den Vertretenen. Wie das Rechtsverhältnis zwi- 180
schen den Vertretenen ausgestaltet ist, bestimmen diese in erster Linie selbst. Oftmals sind **Regeln hierzu in dem Gesellschaftsvertrag der KG enthalten.** Dann gelten diese Bestimmungen. Ihre Abänderung liegt dann unter Umständen also nicht allein in der Hand der betroffenen Kommanditisten, sondern aller Gesellschafter. Eine solche Vertragsgestaltung ist möglich.[520] Es besteht ein legitimes Interesse auch und gerade der von der Vertreterklausel nicht betroffenen Gesellschafter, die Vertretung stabil zu halten. Auch für die vertretenen Kommanditisten ist eine solche Regelung akzeptabel: Ihnen bleibt zwingend das Recht zur Abberufung des Vertreters. Sofern man gleichwohl eine Regelung über das Innenverhältnis der vertretenen Gesellschafter in dem Gesellschaftsvertrag der KG für unzulässig hält, ist es zumindest möglich, die Voraussetzungen für eine wirksame Vertretung – und zwar auch in der Art, dass der Vertreter auf eine bestimmte Weise ausgewählt sein muss – in diesem Gesellschaftsvertrag festzuhalten. Denn diese Bestimmungen gehen über das bloße Innenverhältnis unter den Vertretenen hinaus.

---

[515] BGHZ 46, 291, 295; *Hueck* ZHR 125 (1963), 1, 19; *Immenga* ZGR 1974, 385, 399; Schlegelberger/ *Martens* RdNr. 82; *Karsten Schmidt* ZHR 146 (1982), 525, 542; alle machen aber eine Ausnahme für den Fall, dass ein Gesellschafter Vertreter ist, dann sei das „Gruppenverhältnis" das entscheidende Rechtsverhältnis. Aber auch dann trägt die Annahme eines besonderen Rechtsverhältnisses der herausgehobenen Position des Vertreters besser Rechnung; im Ergebnis dürften sich aber aus dieser unterschiedlichen Betrachtung keine Unterschiede ergeben.

[516] *Teichmann* S. 207; ähnlich wohl auch *Immenga* ZGR 1974, 385, 400 Weisungen müssen nur bei Beeinträchtigungen der Rechtsstellung der Kommanditisten erteilt werden. Dann dürfte nach der hier vertretenen Ansicht der Kernbereich betroffen sein, in dem eine zwingende Vertretung nicht möglich ist oben RdNr. 175; aA *Flume* § 14 V; *Karsten Schmidt* ZHR 146 (1982), 525, 549; MünchHdb. KG/*Weipert* § 12 RdNr. 31; E/B/J/S/*Weipert* § 163 RdNr. 19.

[517] Hierin liegt ein Unterschied zu dem Urteil BGHZ 44, 158 in dem die Übertragung sämtlicher (auf jeden Fall unzulässig oben RdNr. 175) Rechte eines OHG-Gesellschafters auf einen Treuhänder zu Recht für unzulässig (§ 138 Abs. 1 BGB) angesehen wurde.

[518] Es wäre also gegebenenfalls nur Schadensersatz geschuldet: siehe *Immenga* ZGR 1974, 385, 402.

[519] *Hueck* ZHR 125 (1963), 1, 18; *Immenga* ZGR 1974, 385, 402; *Karsten Schmidt* ZHR 146 (1982), 526, 554 dort auch zu dem Fall, dass der Kommanditgesellschaft bekannt ist, dass der Vertreter weisungswidrig handelt. Dann liegt uU ein Fall des Missbrauchs der Vertretungsmacht vor.

[520] BGH NZG 2003, 33 (nicht problematisiert); *Heuking*, FS Luer, S. 231, 234; *Wiedemann* Übertragung S. 388; offen gelassen in BGH NJW 1993, 1265, 1266; aA Schlegelberger/*Martens* RdNr. 81; GroßkommHGB/*Schilling* § 163 RdNr. 17; sofern man eine Regelung im Gesellschaftsvertrag für unzulässig hält, liegt wohl vielfach eine sog. unechte Vertragsregelung vor, die wie eine Abrede zu behandeln ist, die die vertretenen Gesellschafter allein unter sich getroffen haben.

181 **Wer den Vertreter bestellt und wie diese Person gewählt werden soll,** bestimmen in erster Linie wieder die vertretenen Kommanditisten als die eigentlich Betroffenen. Auch eine Regelung im Gesellschaftsvertrag ist möglich (oben RdNr. 180). Wenn keine ausdrückliche Regelung vorliegt, ist im Wege der ergänzenden Auslegung der Vertreterklausel zu ermitteln, welche Regelung die Kommanditisten (bzw. falls im Gesellschaftsvertrag geregelt, alle Gesellschafter) vereinbart hätten, wenn sie diesen Punkt bedacht hätten. Dabei ist davon auszugehen, dass im Zweifel die vertretenen Kommanditisten den Vertreter auswählen, da er ja sie repräsentiert und sie somit auch die Betroffenen sind. Die KG kann aber stets einen Vertreter zurückweisen, der für sie nicht zumutbar ist.[521] Es ist aber auch möglich, den nicht vertretenen Gesellschaftern dieses Bestellungsrecht einzuräumen.[522] Die Präsentation eines ungeeigneten Vertreters ist dann eine Treuepflichtverletzung der Mitgesellschafter gegenüber den Vertretenen. Wird mehrfach eine ungeeignete Person vorgeschlagen, so geht das Vorschlagsrecht auf die vertretenen Kommanditisten über. Hierdurch sind sie hinreichend geschützt. In der Akzeptanz des Vertreters liegt die Bevollmächtigung durch die vertretenen Kommanditisten.

182 Wenn viele Kommanditisten vertreten werden sollen, ist eine Regelung sachgerecht und daher im Zweifel gewollt, **nach der für alle Entscheidungen der Vertretenen ein Mehrheitsbeschluss genügt.** Die Mehrheit wird nach Kapitalanteilen bestimmt. Geht es um die Vertretung nur einzelner Kommanditisten, so ist von Einstimmigkeit bei der Vertreterwahl auszugehen.[523] Ist es zu der Vertretung infolge eines Erbfalls gekommen, so liegt es nahe, dass die Mehrheiten wie in der Erbengemeinschaft berechnet werden (§§ 2038 Abs. 2, 745 BGB). Die Mehrheiten bestimmen sich auch dann nach der kapitalmäßigen Beteiligung.[524]

183 Geht es um die Frage, ob der **Vertreter weisungsgebunden ist,** so hat wiederum eine Auslegung der Vertreterklausel zu erfolgen. Sofern es bei der Vertreterklausel darum ging, bestimmte Gesellschafter wegen des mit ihrer Person verbundenen Konfliktpotentials vom Einfluss auf die Gesellschaft auszuschließen, ist eher davon auszugehen, dass Weisungen nicht erteilt werden dürfen.[525] Steht dagegen – etwa weil es um die Repräsentanz einer Vielzahl von Kommanditisten geht – die Vereinfachung der Willensbildung in der KG im Vordergrund, so liegt es nahe, von einer Bindung des Vertreters an den Willen der Vertretenen auszugehen. Aus Gründen der Praktikabilität ist allerdings nicht anzunehmen, dass auch die Vertretungsmacht entsprechend eingeschränkt ist (oben RdNr. 179). Haben die Kommanditisten ein entsprechendes Weisungsrecht, so gilt bezüglich der erforderlichen Mehrheiten das Gleiche wie im Zusammenhang mit der Wahl des Vertreters ausgeführt (oben RdNr. 181).

184 Bei der **Abberufung des Vertreters** hat die Auslegung der Vertreterklausel zu berücksichtigen, dass in der jederzeitigen Abberufungsmöglichkeit der Schutz der vertretenen Kommanditisten liegt. Die Abberufung muss daher zwingend in jeder Situation und auf eine praktikable Art und Weise durchführbar sein.[526] Einstimmigkeit kann daher nur verlangt werden, wenn wegen der geringen Zahl der vertretenen Kommanditisten eine solche Beschlussfassung auch erreicht werden kann. Anders lautende Klauseln sind nichtig (§ 138 Abs. 1 BGB). Im Zweifel kann davon ausgegangen werden, dass bei der Vertretung einer Vielzahl von Kommanditisten eine Mehrheitsregelung gewollt ist.[527]

---

[521] *Hueck* ZHR 125 (1963), 1, 17; Schlegelberger/*Martens* RdNr. 84; *Karsten Schmidt* ZHR 146 (1982), 526, 547 schließlich kann unter diesen Voraussetzungen ja sogar ein Gesellschafter ausgeschlossen werden.

[522] AA Heymann/*Horn* § 164 RdNr. 18; *Karsten Schmidt* ZHR 146 (1982), 526, 547; *Teichmann* S. 206 f.; *Flume* § 14 V mit Hinweis auf BGHZ 44, 158 wo es aber um eine OHG ging.

[523] Im Ergebnis wohl vielfach gleich *Wiedemann* Übertragung S. 393 ff.: es gelte das Abstimmungsprinzip der betroffenen Gesellschaft nur bei Bestellung des Vertreters sei Einstimmigkeit erforderlich; siehe auch *Flume* § 14 V und *Hueck* ZHR 125 (1963), 1, 14; MünchHdb. KG/*Weipert* § 12 RdNr. 25: im Zweifel sei Einstimmigkeit zu verlangen.

[524] Siehe den Fall BGH NJW 1993, 1265, 1266.

[525] Dies kann wirksam vereinbart werden oben RdNr. 179.

[526] Baumbach/*Hopt* § 163 RdNr. 10 f.; *Oetker* § 164 RdNr. 27; *Karsten Schmidt* ZHR 146 (1982) 525, 550, § 119 RdNr. 52: Jedenfalls bei Vorliegen eines wichtigen Grundes zwingend.

[527] AA *Flume* § 14 V; Schlegelberger/*Martens* RdNr. 85: im Zweifel sei Einstimmigkeit gewollt; weitergehend *Hueck* ZHR 125 (1963), 1, 23; *Karsten Schmidt* ZHR 146 (1982), 526, 545; *Westermann* S. 348 f.: Mehrheitsprinzip stets im Zweifel gewollt.

Das Rechtsverhältnis der vertretenen Kommanditisten untereinander wird regelmäßig ein Gesellschaftsverhältnis sein. Die Kommanditisten sind dann zugleich auch Gesellschafter bürgerlichen Rechts.[528] Aufgrund der Treuepflicht schulden sie sich gegenseitig eine gewisse Rücksichtnahme sowie Mitwirkung (oder zumindest keine Blockade) bei der Erreichung des Gesellschaftszwecks.[529] Allerdings wird das in § 709 Abs. 1 BGB niedergelegte Prinzip der Einstimmigkeit dem Willen der Gesellschafter regelmäßig nicht entsprechen. Denn die Vertreterklausel dient auch dazu, dem Willen der Mehrheit der Vertretenen Gehör zu verschaffen – was aber gerade nicht erreicht würde, wenn Einstimmigkeit zu verlangen wäre. Dies wird besonders deutlich, wenn die Anzahl der Vertretenen groß ist oder werden kann. Dann kann nicht angenommen werden, dass die Vertretenen vom Einstimmigkeitsprinzip ausgegangen sind. Vielmehr ist das Mehrheitsprinzip in Form der **einfachen Mehrheit** zu Grunde zu legen. Es ist also auch nicht die Mehrheit erforderlich, die der KG-Vertrag für den entsprechenden Beschluss in der KG fordert.[530] Dies würde zu nicht gerechtfertigten Blockadepositionen führen. Dies ist zugleich auch der Grund dafür, dass der BGH diese Argumentation für Stimmrechtskonsortien, die der Gruppenvertretung sehr ähnlich sind,[531] nicht gefolgt ist.[532] 185

Es gelten auch **nicht die Regeln der Gemeinschaft.**[533] Denn die obligatorische Gruppenvertretung dient nicht der Verwaltung eines gemeinsamen Rechts. Vielmehr bleibt jeder Kommanditist Inhaber seiner Beteiligung.[534] 186

XIII. Prospekthaftung

1. Prospekthaftung nach dem Verkaufsprospektgesetz (VerkProspG). Das Anlegerschutzverbesserungsgesetz (AnSVG) enthält in Art. 2 **Regelungen für eine Prospektpflicht und -haftung** für nicht wertpapiermäßig verbriefte Vermögensanlagen.[535] Erfasst sind gem. § 8 f Abs. 1 Satz 1 VerkProspG Anteile, die eine Beteiligung am Ergebnis eines Unternehmens gewähren, sowie Anteile an einem Vermögen, das der Emittent oder ein Dritter im eigenen Namen für fremde Rechnung hält oder verwaltet (Treuhandvermögen), oder Anteile an sonstigen geschlossenen Fonds. Damit werden Beteiligungen an Kommanditgesellschaften – gleichgültig ob direkt oder über einen Treuhänder – erfasst, sofern ein öffentliches Angebot vorliegt. Ausgenommen sind die im Katalog von § 8 f Abs. 2 VerkProspG genannten Fälle (zB Bagatellfälle, aber auch der Fall, dass der Preis jedes angebotenen Anteils mindestens 200 000,– EURO beträgt). 187

Was der Prospekt im einzelnen enthalten muss, ergibt sich aus § 8 g VerkProspG. Nähere Einzelheiten regelt eine Rechtsverordnung (§ 8 g Abs. 2 VerkProspG).[536] Die **Haftung für fehlerhafte Prospekte** richtet sich nach § 44–47 BörsG (Siehe den Verweis in § 13 Abs. 1 Nr. 3 VerkProspG). Bei der Feststellung, **ob ein Prospekt fehlerhaft ist,** gelten dieselben Regeln wie bei der zivilrechtlichen Prospekthaftung (unten RdNr. 197 ff.).[537] 188

---

[528] BGHZ 46, 291, 295; BGH ZIP 2004, 2282, 2284 = BGH NZG 2005, 33; *Flume* § 14 V; Heymann/*Horn* § 164 RdNr. 18; *Hueck* ZHR 125 (1963), 1, 13; *Immenga* ZGR 1974, 385, 396; *Westermann* S. 348; aA *Wiedemann* Übertragung S. 388.

[529] ZB keine Blockade bei der Bestellung des Vertreters sofern dieses Recht bei den vertretenen Gesellschaftern liegt: *Flume* § 14 V; *Hueck* ZHR 125 (1963), 1, 14; *Immenga* ZGR 1974, 385, 397.

[530] BGH WM 1989, 1809, 1810; *Heuking*, FS Luer, S. 231, 234.

[531] *Karsten Schmit* ZIP 2009, 737, 741; *Habersack* ZHR 164 (2000), 1, 17 ff.

[532] ZIP 2009, 216, 219.

[533] So aber GroßkommHGB/*Schilling* §163 RdNr. 17; *Karsten Schmidt* ZHR 146 (1982) 526, 540 ff.; *ders.* ZIP 2009, 737, 741; wie hier BGH NZG 2005, 33, 34.

[534] *Servatius* S. 51, *Servatius* selbst geht davon aus, dass die Stimmkraft derjenigen Gesellschafter verstärkt ist, die dem Vertreter Vollmacht bzw. Weisungen erteilt haben und das Stimmrecht der anderen ruht. Diese Konstruktion ist allerdings etwas künstlich und kompliziert.

[535] Art. 2 Nr. 2 des Anlegerschutzverbesserungsgesetz vom 28. 10. 2005, BGBl. I S. 2630, 2647.

[536] Detaillierte Darstellung insbesondere auch für geschlossene Fonds bei *Moritz/Grimm* BB 2004, 1352; *Verfürth/Grünenberg* DB 2005, 1043.

[537] *Fleischer* BKR 2004, 339, 344.

189 **Schuldner des Anspruchs** sind gem. §§ 13 Abs. 1 VerkProspG, 44 Abs. 1 BörsG diejenigen, die für den Prospekt die Verantwortung übernommen haben, und diejenigen, von denen der Erlass des Prospektes ausgeht. Zu denen, von denen der Erlass des Prospektes ausgeht, zählen neben der KG[538] unter anderem auch die Personen, die zwar im Prospekt evtl. nicht genannt werden, die aber hinter ihm stehen,[539] also die Initiatoren und maßgeblichen Betreiber des Projektes sowie alle Personen mit maßgeblichem Einfluss in der KG, sofern sie auch Einfluss auf den Prospekt hatten.[540] Die Haftung setzt des weiteren voraus, dass die betreffenden Personen **vorsätzlich oder grob fahrlässig** gehandelt haben (§ 45 Abs. 1 BörsG).

190 **Gläubiger des Anspruchs** ist nach § 13 Abs. 1 Nr. 3 VerkProspG iVm. § 44 Abs. 1 BörsG, wer die Vermögensanlage nach Veröffentlichung des Prospekt und innerhalb von 6 Monaten nach der Erstveröffentlichung erworben hat.

191 Es gilt die **Beweislastverteilung** von § 45 Abs. 2 Nr. 1 BörsG. Nach § 44 Abs. 1 S. 1 BörsG kann der Anleger von dem Verantwortlichen die Übernahme der Anteile gegen Erstattung des Erwerbspreises verlangen. Die **Ansprüche verjähren** gem. § 13 Abs. 1 Nr. 3 VerkProspG, § 46 BörsG in einem Jahr ab Kenntnis von dem Prospektmangel, spätestens aber 3 Jahre nach Prospektveröffentlichung. Diese Haftung für fehlerhafte Prospekte wird ergänzt durch eine **Haftung für fehlende Prospekte** (§ 13 a VerkProspG).

192 **2. Verhältnis des Anlegerschutzverbesserungsgesetzes zu den von der Judikatur entwickelten Regeln der Prospekthaftung.** Vor Inkrafttreten des AnSVG hatte die Judikatur bereits Regeln entwickelt, nach denen die sogen. Prospektverantwortlichen für fehlerhafte Prospekte hafteten. Diese ursprünglich unter Rückgriff auf die culpa in contrahendo, später unter Berufung auf spezialgesetzliche Bestimmungen entwickelten Regeln (unten RdNr. 195) beruhten darauf, dass Prospektangaben typischerweise Vertrauen bei den Anliegern erwecken. Genau diese Beobachtung hat nunmehr zu den Regeln des AnSVG geführt. Es ist daher entgegen der Ansicht des BGH[541] davon auszugehen, dass die im **VerkProspG niedergelegte Haftung abschließend** zu verstehen ist.[542] Dies gilt – entgegen der hM[543] – auch für freiwillig erstellte Prospekte[544] und anderes Informationsmaterial. Insoweit ergibt sich aus dem AnSVG eben auch, auf welche Prospekte man sich nun verlassen kann und welche lediglich als Werbematerial anzusehen sind.[545] Auch die Regelung von § 8 f Abs. 3 VerkProspG führt nicht dazu, dass in diesem Bereich nunmehr die Regeln der zivilrechtlichen Prospekthaftung gelten würden. Denn auch letztere sind in Analogie zu den kapitalmarktrechtlichen Spezialregeln zu entwickeln und haben sich daher an die dort vorgegebene Grenzen zu halten.

193 Dies hat im Vergleich zur früheren Rechtslage insbesondere zur Folge, dass die **Sonderhaftung für Rechtsanwälte, Steuerberater, Notare und Wirtschaftsprüfer** (unten RdNr. 200) nicht mehr besteht,[546] da von dieser Personengruppe regelmäßig weder der Erlass des Prospektes ausgeht, noch sie die Verantwortung für den Gesamtprospekt übernehmen. Die genannte Personengruppe steht nämlich nicht hinter dem gesamten Prospekt, sondern nur hinter ihren im Prospekt enthaltenen Aussagen.[547] Daher hafteten sie auch

[538] Zu den damit verbundenen Problemen *Schäfer* ZGR 2006, 40, 75; *Ziegler* NZG 2005, 301.
[539] *Assmann* in Assmann/Schlitt/von Kopp-Colomb § 13 VerkProspG RdNr. 74 f.
[540] *Assmann* in Assmann/Schlitt/von Kopp-Colomb § 13 VerkProspG RdNr. 74 f; *Lenenbach* 12.176; im Ergebnis so auch *Fleischer* BKR 2004, 343, 344.
[541] ZIP 2008, 412, 413.
[542] *Fleischer* BKR 2004, 339, 343; *Heisterhagen* DStR 2004, 1089, 1091; E/B/J/S/*Henze* § 177a Anh. B RdNr. 46; *Lenenbach* 12.182; *Ziegler* DStR 2005, 30, 34.
[543] *Assmann* in Assmann/Schlitt/von Kopp-Colomb § 13 VerkProspG RdNr. 77; *Mülbert/Steup* in Habersack/Mülbert/Schlitt § 33 RdNr. 143: Zivilrechtliche Prospekthaftung gilt für Publikationen, die keine Prospekte iS der spezialgesetzlichen Prospekthaftung sind.
[544] Offen gelassen bei *Schäfer* ZGR 2006, 40, 46.
[545] *Mülbert/Steup* WM 2005, 1633, 1648; *Lenenbach* 12.184; offen gelassen von *Keul/Erttmann* DB 2006, 1664, 1665.
[546] Offen gelassen bei *Fleischer* BKR 2004, 343, 344; wie hier *Zimmer/Binder* WM 2005, 577, 579.
[547] Unten RdNr. 200; siehe auch *Assmann* AG 2004, 435.

nur für die Richtigkeit dieser Aussagen. Diese eingeschränkte Haftung ist ein Fremdkörper im Kapitalmarktrecht, der nunmehr beseitigt ist. Dies ist schon deshalb sachgerecht, weil eine Sonderbehandlung von Prospekten, die dem Vertrieb von Anteilen am grauen Kapitalmarkt dienen, nicht zu rechtfertigen wäre. Gerade diese Prospekte werden eher mit mehr als mit weniger Misstrauen beäugt, sodass eine verschärfte Haftung von Sachverständigen, deren Statements in diesen Prospekten aufgeführt werden, nicht angebracht wäre. Hinzu kommt, dass der BGH unter Rückgriff auf § 826 BGB für Extremfälle eine praktikable Haftung für unrichtige Informationen gegenüber dem Kapitalmarkt entwickelt hat, die auch zu Lasten der genannten Personengruppe eingreifen könnte.[548] Daneben hat die Judikatur gerade in der letzten Zeit den Vertrag über die Prüfung eines Prospekts zwischen Emittent und Experten als Vertrag mit Schutzwirkung zu Gunsten der Anleger angesehen.[549] Diese Judikatur geht sehr weit[550] und wäre vielleicht durch eine Ergänzung des AnSVG zurückzudrängen.[551]

Weitere Unterschiede zwischen der zivilrechtlichen Prospekthaftung und der nach § 13 194
VerkProspG liegen im **Begriff des Prospekts,** des **Verschuldensmaßstabs,**[552] im **Haftungsumfang** (kein Schadensersatz für entgangenen Gewinn),[553] und darin, dass die Haftung auch an das **gänzliche Fehlen eines Prospektes** anknüpft.[554] Alle diese Unterschiede sind aber an die übrigen Tatbestände der Kapitalmarktinformationshaftung angepasst und wären daher – so die zivilrechtliche Prospekthaftung heute entwickelt würde- auch für diese zu beachten. Dies zeigt gerade auch die Tatsache, dass das VerkProspG auf das BörsG verweist. Die Unterschiede lassen daher nur umso deutlicher werden, dass die Judikatur zur zivilrechtlichen Prospekthaftung aus der Zeit vor Inkrafttreten des Anlegerschutzverbesserungsgesetzes überholt ist (s. RdNr. 192). Die Rechtsprechung sieht dies aber anders.[555]

3. Prospekthaftung im engeren Sinn[556]. Erfolgt der Vertrieb der KG-Anteile unter 195
Verwendung von Prospekten, so greifen jedenfalls bis zum Inkrafttreten des AnSVG (oben RdNr. 192 f.) die Grundsätze der sog. zivilrechtlichen Prospekthaftung ein. Diese an **spezialgesetzliche Regelungen** (§§ 45, 46 BörsenG, §§ 19, 20 KAGG, §§ 3, 12 AuslandInvestG, § 13 VerkProspG - jetzt § 127 InvG) **angelehnte Haftung** hat sich ursprünglich aus der culpa in contrahendo entwickelt, dann aber unter Berufung darauf, dass Prospektangaben typisiertes Vertrauen am Kapitalmarkt für sich in Anspruch nehmen, mehr und mehr verselbständigt. Fest steht jedenfalls, dass nur die Anleger und nicht etwa auch die KG selbst Anspruchsinhaber sein können. Denn die im Prospekt zu schildernde Gesellschaft ist nicht Adressat des Prospekts.[557] Die Regeln der zivilrechtlichen Prospekthaftung greifen nur ein, wenn ein Prospekt erstellt wurde. Eine Pflicht zur Ausgabe von Prospekten besteht also nicht.[558] Für die Zeit vor Inkrafttreten des AnSVG (oben RdNr. 187) folgte dies daraus, dass die gesetzlichen Regeln, die eine solche Pflicht begründeteten (§§ 36 Abs. 3 Nr. 2, 73 Abs. 1 Nr. 2 BörsG iVm. §§ 13 ff. BörsZulVO, §§ 1, 5, 7 VerkProspG aF, § 19 KAGG, §§ 3, 15 f. AuslandInvestG, jetzt § 127 InvG), an den Vertrieb über die Börse oder zumindest an eine wertpapiermäßige Verbriefung anknüpften. Nach Inkrafttreten des AnSVG

548 BGH BB 2005, 1644; ZIP 2004, 1593 ff.; ZIP 2004, 1599; WM 2008, 395; WM 2008, 398.

549 BGH NJW 2004, 3420; in dieselbe Richtung auch BGH NJW 2004, 3035; einschränkend BGH WM 2006, 1052.

550 Kritik bei *Assmann* AG 2004, 435, 438.

551 *Zimmer/Binder* WM 2005, 577, 579.

552 Zur zivilrechtlichen Prospekthaftung unten RdNr. 195.

553 *Fleischer* BKR 2004, 339, 345.

554 Zur zivilrechtlichen Prospekthaftung unten RdNr. 195.

555 BGH ZIP 2008, 412, 413.

556 Zur Prospekthaftung im weiteren Sinn RdNr. 145.

557 AA *Hopt,* FS Pleyer, S. 341, 356, es komme auf die Umstände des Falls an.

558 *Kiethe* ZIP 2000, 216, 218; aA *Grundmann* S. 496 ff. unter Berufung auf kapitalmarktrechtliche Überlegungen und von dem Ausgangspunkt aus, dass eine Publikums-KG treuhandrechtliche Strukturen aufweist; eine Pflicht zur Erstellung von Prospekten in Bezug auf diejenigen, die bereits Gesellschafter sind, bejaht *Kalss* S. 182 ff.

folgt dasselbe Ergebnis aus der abschließenden Regel des § 13 a VerkProspG. Zur Haftung aus culpa in contrahendo oben RdNr. 145.

196 a) **Prospekt.** Die Sonderregeln der Prospekthaftung setzen das Vorliegen eines Prospektes voraus. Dabei handelt es sich um **Schriftstücke oder sonstige dauerhafte Informationsträger** (Video, Internet),[559] **die für einen größeren Personenkreis bestimmt sind** und der Werbung einer Vielzahl von Anlegern[560] dienen. Da es bei der Prospekthaftung darum geht, das Vertrauen der Anleger in diese Informationsträger zu schützen, ist des weiteren erforderlich, dass zumindest der Eindruck erweckt wird, die Informationsträger enthielten für die Anlageentscheidung wesentliche Angaben.[561] Bloße Anzeigen in einer Zeitung können solche Vorstellungen kaum begründen. Sie sollen ersichtlich nur dazu motivieren, nähere (und dann maßgebliche) Informationen einzuholen.[562] Serienbriefe sind dagegen bei entsprechend konkret gefasstem Inhalt als Prospekt anzusehen. Nicht unter den Prospektbegriff fallen Schriftstücke, die zwar Auskunft über die Gesellschaft geben, aber nicht der Werbung für den Beitritt dienen.[563] Dies ist etwa bei Zwischenberichten der Fall. Ebenfalls nicht erfasst sind Darstellungen, die sich nur auf Einzelaspekte der Anlage beziehen, da sie für die Anlageentscheidung nicht hinreichend aussagekräftig sind.

197 b) **Prospektmängel.** Die Prospekthaftung setzt voraus, dass die Prospekte unrichtig sind. Da der Prospekt dem Anleger die **Chancen und Risiken der Anlage vor Augen führen soll,** ist der Prospekt unrichtig, wenn er die wirtschaftliche (Projektbeschreibung,[564] Vertriebsmodell,[565] Mittelverwendung,[566] Renditeaussichten,[567] finanzielle Vorzüge für die Initiatoren,[568] Innenprovisionen,[569] worst-case-Szenario,[570] übernommene erhebliche Risiken,[571] kapitalmäßige sowie personelle Verflechtungen,[572] Bedenken in bezug auf eine hinreichende Finanzausstattung der das Vorhaben betreibenden Unternehmen[573] oder in bezug auf die Durchführbarkeit des Projekts)[574] oder rechtliche Lage (Ungewissheiten in bezug auf die öffentlich-rechtliche Realisierbarkeit,[575] den Erhalt von Fördermitteln,[576] erreichbare Steuervorteile,[577] vertragliche Ausgestaltung der KG, Beste-

---

559 *Giesler* ZIP 1999, 2131, 2134; *Hoppe* § 2 RdNr. 273; *Mülbert/Steup* in Habersack/Mülbert/Schlitt § 33 RdNr. 149.

560 BGH NJW 1990, 389, 390; *Assmann* § 46 RdNr. 69; *Hoppe* § 2 RdNr. 273; *Siol* § 45 RdNr. 48.

561 *Kiethe* ZIP 2000, 216, 219; *Mülbert/Steup* in Habersack/Mülbert/Schlitt § 33 RdNr. 149; *Siol* § 45 RdNr. 49.

562 AA *Assmann* § 6 RdNr. 70.

563 *Mülbert/Steup* in Habersack/Mülbert/Schlitt § 33 RdNr. 144.

564 HansOLG NZG 2000, 1083, 1084.

565 BGH ZIP 2010, 176, 178.

566 BGH WM 2006, 905, 906; ZIP 2008, 1481; ZIP 2010, 177; ZIP 2010, 288, 289; OLG Hamburg NZG 2000, 1083, 1084 und NZG 2000, 1088, 1089.

567 Zu weitgehend aber BGH NJW 1995, 130: Mietgarantie durch höhere Baukosten finanziert, das müsse offen gelegt werden; dem BGH folgend aber *Gehrlein* NJW 1995, 110; BGH WM 2004, 928, 930 und ZIP 2010, 1397, 1399: Nicht realisierbare Mieterwartungen; LG Paderborn NZG 1988, 911, 912: Bettenauslastung einer Klinik; Realisierbarkeit der pünktlichen Betriebsaufnahme; HansOLG Hamburg NZG 2000, 536, 537: Umfang der von der Gesellschaft garantierten Mindestverzinsung, Höhe des vom Gesellschafter geschuldeten Betrags.

568 BGH NJW 1993, 2865, 2867; NJW 1995, 130; ZIP 2000, 1297, 1298; NJW-RR 2003, 1054, 1055; *Hopt,* FS Pleyer, S. 341, 365.

569 BGH NJW 2004, 1732, siehe auch § 4 S. 1 Nr. 12 Vermögensanlage-Verkaufsprospekt VO.

570 BGH WM 2007, 1504.

571 BGH ZIP 2008, 412, 414.

572 BGH NJW 1981, 1449, 1451; NJW 1995, 130; NJW-RR 2003, 1054, 1055; ZIP 2008, 412, 414; *Hopt,* FS Pleyer, S. 341, 365.

573 *Hopt,* FS Pleyer, S. 341, 365.

574 BGH ZIP 2000, 1296, 1297; NJW-RR 2003, 1054, 1055.

575 BGH NJW 1980, 1470, 1471; NJW 1992, 228, 230; *Hopt,* FS Pleyer, S. 341, 365.

576 KG NZG 1999, 1116, 1117; BGH ZIP 2010, 1030, 1031.

577 BGH NJW-RR 1991, 1246, 1247; ZIP 1992, 836.

hen von Mietgarantien,[578] vertragliche Ansprüche der KG)[579] unzutreffend darstellt. Auch Aussagen über wesentliche Qualifikationen der Projektbetreiber müssen zutreffen.[580] Gleiches gilt für Aussagen über Tochtergesellschaften, sofern diese für die Einschätzung der Muttergesellschaft bedeutsam sind.[581] Unrichtige Aussagen über Punkte, die für die Anlageentscheidung ohne oder von völlig untergeordneter Bedeutung sind (etwa Alter der Initiatoren, Straßennamen[582] etc.), führen nicht zur Unrichtigkeit des Prospektes, da es um eine Haftung wegen Inanspruchnahme typisierter (nicht individuellen) Vertrauens geht und ein durchschnittlicher Anleger diesen Aussagen keine Bedeutung beimißt.[583] Ganz generell müssen die Informationen aktuell[584] und Prognosen müssen durch Tatsachen gestützt und vertretbar sein.[585]

Weiter **müssen** die für die Anlageentscheidung **wesentlichen Angaben gemacht** 198
werden.[586] Zur Wahrung von Geheimhaltungsinteressen im Verhältnis zu Wettbewerbern sind detaillierte Angaben im Prospekt (etwa zur Finanzplanung) nicht notwendig. Sofern sie gleichwohl erfolgen, müssen sie aber zutreffend sein. Stets müssen zudem die aufgeführten Umstände auch in ihrem Gesamteindruck richtig sein.[587] Dabei müssen die Angaben so erfolgen, dass ein nicht vorgebildeter aber **aufmerksamer Leser** sie versteht,[588] da sich der Prospekt regelmäßig an diese Personengruppe richtet. Fehlerhaft gewordene Daten müssen entweder **aktualisiert werden** oder es muss bei Vertragsschluss ein entsprechender Hinweis erfolgen.[589] Diese Aktualisierungspflicht trifft aber nur Personen, die als Kontrollorgan der Gesellschaft angesehen werden können. Hierzu zählt ein Wirtschaftsprüfer, dessen Bestätigungsvermerk im Prospekt veröffentlicht wurde, nicht.[590]

c) Verantwortliche Personen. Die Haftung nach den Grundsätzen der Prospekthaftung 199
beruht auf der Annahme, dass ein Gesellschafter, der der KG nach Erhalt eines Prospektes beitritt, diese Entscheidung im Vertrauen auf die Richtigkeit der Prospektangaben getroffen hat, zumal ihm weitere Informationsquellen normalerweise nicht zur Verfügung stehen. Adressat dieses Vertrauens sind **die hinter dem Prospekt stehenden Personen,**[591] also die Initiatoren und maßgeblichen Betreiber des Projekts,[592] sowie die Herausgeber des Prospekts, sofern sie auch entscheidenden Einfluss auf die KG haben[593] (Leitungsgruppe).[594] Hierzu zählen oftmals

[578] Mehr zu den notwendigen Detailinformationen *Siol* § 45 RdNr. 51 dort auch Hinweis auf die Stellungnahme des Instituts für Wirtschaftsprüfer; aktuelle Version in NZG 2001, 709; dazu auch *Hopt,* FS Pleyer, S. 341, 365; zu den Angaben im Rahmen von Immobilien-Leasing-Fonds *Loritz* WM 1998, 685, 692; *Seibel/v. Westphalen* BB 1998, 169; von geschlossenen Immobilien-Fonds *Wagner* NZG 1998, 289 f.; OLG Stuttgart NZG 1999, 612; generell *Pleyer/Hegel* ZIP 1985, 1370, 1371 f.

[579] BGHZ 71, 284, 286 f.; WM 2006, 905, 906.

[580] BGH NJW 2002, 1711, 1712; LG Paderborn NZG 1998, 911, 913.

[581] AA OLG Hamburg NZG 2000, 1144.

[582] Anders, wenn die Lage wertbildend ist.

[583] Weitergehend OLG Stuttgart ZIP 2005, 2152, 2155, der dort in Bezug genommenen Entscheidung BGH ZIP 2004, 1055, 1059 zur Haftung des Anlagevermittlers kann dies nicht entnommen werden. Die Angaben über Innenprovisionen waren irreführend.

[584] BGH ZIP 2000, 1296, 1297 = NJW 2000, 3346; HansOLG Hamburg NZG 2000, 536, 538.

[585] BGH ZIP 2009, 2377, 2378 (Mietausfallrisiko).

[586] *Assmann* § 6 RdNr. 93; *Grundmann* S. 501.

[587] BGH NJW 1982, 2823, 2824; NZG 2007, 663; ZIP 2008, 838.

[588] BGHZ 79, 337, 349; BGH NJW 1982, 2823, 2824; NJW-RR 1991, 1246, 1248; NJW-RR 1992, 879, 881; *Hopt,* FS Pleyer, S. 341, 365; *Siol* § 45 RdNr. 52.

[589] BGH NJW 1981, 1449, 1451; NJW 1982, 228, 230; NJW 1993, 2865, 2867; ZIP 1998, 1528, 1530; NJW 1998, 3345, 3347; NJW 2002, 1711, 1712; NZG 2004, 227, 228; *Assmann* § 6 RdNr. 109; *Siol* § 45 RdNr. 56; *Seibel/v. Westphalen* BB 1998, 169, 172.

[590] BGH ZIP 2006, 854, 857.

[591] *Gehrlein* BB 1995, 1695, 1697 f.: Maßgeblich ist die Intensität des Einflusses der Personen auf die Geschicke der Gesellschaft; *Canaris,* FS Giger, S. 91, 111 ff. spricht von Tatherrschaft.

[592] Hierzu zählt eine Bank, die lediglich ihr Kreditengagement absichert und die Rentabilität der Anlage im Auge hat, nicht: BGH NJW-RR 1992, 879, 873 f.

[593] So *Dörr* WM 2010, 533, 540; enger *Wackerbarth* WM 2011, 193, 195.

[594] *Kiethe* ZIP 2000, 216, 221; aA OLG Stuttgart NZG 1999, 612: Beklagter war nur Geschäftsführer und mit 50% beteiligter Gesellschafter der Gesellschaft, die den Prospekt herausgegeben hatten; BGH BeckRS 2010, 23611 RdNr. 4 spricht von Schlüsselfunktionen.

die Gründungsgesellschafter,[595] Beiratsmitglieder[596], Mehrheitsgesellschafter[597] und Manager.[598] Die KG selbst haftet nicht nach diesen Regeln, da es sich bei ihr nur um eine Selbstdarstellung handelt, der naturgemäß kein vergleichbares Element des Vertrauensschutzes zukommt.[599] Auch würden Schadensersatzansprüche, die sich gegen die KG richten, sich auch für die Gläubiger der KG nachteilig auswirken.[600] In Bezug auf die hinter dem Prospekt stehenden Personen spielt es keine Rolle, ob diese Personen den Prospekt in allen Einzelheiten kennen[601] oder förmlich unterzeichnet haben,[602] und auch nicht, ob sie im Prospekt genannt werden oder ob die Anleger diese Personen kennen oder nicht.[603] Diese Personengruppe haftet für ein Fehlverhalten anderer bei der Prospektherstellung nach § 278 BGB.[604]

200 Allein die Tatsache, dass jemand im Prospekt genannt ist, führt nicht zur Haftung.[605] Nur wenn diese nicht notwendigerweise namentliche Nennung auf Veranlassung der im Prospekt genannten Personen erfolgt ist, und diese Person einer **Berufsgruppe angehört, die in diesem Zusammenhang ein besonderes Vertrauen genießt** (Rechtsanwalt, Steuerberater, Notare, Wirtschaftsprüfer, nicht aber Prominente[606] (es sei denn, sie genießen das entsprechende Vertrauen) oder Techniker, auch wenn sie in ihr Fachgebiet fallende Aussagen bestätigen, da diese Personengruppe nicht vor dem Hintergrund eines besonderen Ansehens ihrer Berufsgruppe gerade im Bereich des Kapitalmarktes auftritt),[607] haften sie für die Richtigkeit des Prospekts.[608] Diese Haftung greift aber nur, wenn eine von der Vertrauensperson im Prospekt[609] **garantierte Aussage** nicht zutrifft.[610] Für die anderen Prospektangaben besteht also keine Verantwortlichkeit. In manchen Fällen kann ein im Prospekt erwähnter (oft mit dieser Personengruppe geschlossener) Prospektprüfungsvertrag zwischen Prüfer und KG ein Vertrag mit Schutzwirkung zu Gunsten des Anlegers sein[611]. Dies gilt auch für einen Vertrag der KG mit einer Person, die die Verwendung der Anlagegelder überwachen soll (**Mittelverwendungskontrolleur**)[612].

201 Wenn **Mitgesellschafter** unter Verwendung von Prospekten den Beitretenden geworben haben, haften sie nach den Grundsätzen der culpa in contrahendo (oben

[595] BGH NJW 1981, 1449, 1450; NJW 1990, 2461; in BGH NJW-RR 2008, 1129 wird offen gelassen, ob allein die Stellung als Gründungs- und Treuhandkommanditist zur Prospektverantwortlichkeit führt.

[596] BGHZ 72, 382, 385; BGH NJW 1992, 228, 229; verneint in BGH NJW 1981, 1449 da der Beirat nur die Geschäftsführung zu überwachen hatte.

[597] BGH ZIP 2007, 1993, 1995; *Wertenbruch* WM 2011, 193, 195; auch BGH BeckRS 2010, 05639 RdNr. 21; Beklagter war aber auch Organ von Beteiligungsgesellschaften.

[598] BGHZ 71, 284, 287 f.; BGH NJW 1980, 1470, 1471; NJW 1981, 1449, 1450; NJW 1990, 2461; ZIP 1994, 1115, 1116; WM 2007, 1503, 1505.

[599] AA OLG Hamburg NZG 2000, 536; OLG München NJW-RR 2000, 624; *Michalski/Schulenberg* NZG 2000, 539; zum Austrittsrecht RdNr. 134.

[600] Zumindest müssten die Gläubiger in einem eventuellen Insolvenzverfahren vorrangig befriedigt werden, oben RdNr. 149.

[601] Es reicht aus, dass die Werbung mittels Prospekt bekannt ist: BGH ZIP 2000, 2307, 2309; OLG Hamburg NZG 2000, 1083, 1085 und NZG 2000, 1088, 1089.

[602] BGH NJW 1998, 1345, 1346.

[603] BGH NJW 1979, 718, 719; NJW 1981, 1339; NJW 1990, 2461.

[604] OLG Stuttgart WM 2005, 2382, 2384: Haftung für Verschulden der beratenden Anwälte.

[605] *Kiethe* ZIP 2000, 216, 222; BGH NJW 1981, 1449, 1452.

[606] OLG Karlsruhe ZIP 2010, 1036, dazu *Haertlein* ZIP 2008, 726.

[607] AA *Assmann* AG 2004, 435, 438.

[608] BGH NJW 1980, 1840; BGH WM 1986, 904 = NJW-RR 1986, 1158; NJW 1990, 2461, 2462; auch BGHZ 71, 284, 288: Biergastronom bei einer KG zum Betrieb gastronomischer Betriebe; nicht überzeugend BGHZ 145, 187: hier wird ein Vertrag zwischen Anleger und im Prospekt genannten Wirtschaftsprüfer angenommen.

[609] Die bloße im Prospekt erwähnte Möglichkeit, eine Aussage der genannten Personen von der Gesellschaft anzufordern, reicht nicht: BGH WM 2007, 1503, 1506.

[610] *Kiethe* ZIP 2000, 216, 222; BGH WM 1984, 19; KG NZG 2000, 657; BGH ZIP 2006, 854, 856; BGH NJW-RR 2007, 1479.

[611] BGH WM 2007, 1507, 1509 (Anleger hatte sich Prüfungsergebnisse zusenden lassen); anders BGH WM 2007, 1503, 1507 (Anleger hatte sich Prüfungsergebnisse nicht zusenden lassen); siehe auch RdNr. 193.

[612] BGH ZIP 2009, 2446; BGH ZIP 2009, 2449; dazu *Grunewald,* FS Goette, 2011, S. 113 ff.; *Koch* WM 2010, 1057.

RdNr. 147 ff.).[613] Gleiches gilt für die Treuhandkommanditisten im Verhältnis zu den Treugebern (RdNr. 148). In der Verwendung unrichtiger Prospekte (oben RdNr. 197) liegt die für die Haftung entscheidende Pflichtverletzung.[614] Auch wenn zugunsten der Mitgesellschafter die restriktive Interpretation von § 278 BGB eingreift (oben RdNr. 147), können die Grundsätze der Prospekthaftung für die Mitgesellschafter relevant werden, sofern entsprechender Einfluss auf die Prospekte genommen wurde.[615]

d) Verschulden und Kausalität der Anlageentscheidung. Eine Haftung kommt nur 202
in Frage, wenn der in Anspruch Genommene den Prospektmangel zu vertreten hat. Wie im Anwendungsbereich des VerkProspG ist grobe Fahrlässigkeit erforderlich, da nicht einzusehen ist, dass für die gesetzlich ausformulierte Haftung ein anderer Maßstab gelten sollte als bei der nicht geregelten.[616] Der Prospektmangel muss für die Anlageentscheidung kausal geworden sein, **der Anleger sich also ohne den fehlerhaften Prospekt nicht für den Beitritt entschieden haben.** Der Prospekt muss also mindestens mitursächlich für die getroffene Entscheidung geworden sein.[617] Es wird vermutet, dass der Mangel für die Anlageentscheidung kausal geworden ist.[618] Die Vermutung wird auch nicht dadurch widerlegt, dass der Prospekt bei Vertragsschluss nicht vorlag, da dann die Vermittler regelmäßig immer noch durch ihre auf den Prospekt beruhenden mündlichen Angaben das Verkaufsgespräch führen.[619] Bei Anlagen in Immobilienfonds ist die Vermutung nach Ansicht des BGH schon deshalb kaum zu entkräften, weil es dem Anleger dann ganz besonders um Sicherheit, Rentabilität und Investitionsschutz geht.[620] Es reicht auch der Hinweis darauf, dass der Anleger andere Risiken akzeptiert hat, nicht aus.[621] Denn schließlich besagt das nicht, dass er auch das falsch dargestellte Risiko eingegangen wäre. Die Vermutung ist aber erschüttert, wenn der Anleger den Prospektmangel kannte.[622] Es ist nicht erforderlich, dass die Anlageentscheidung genau aus dem Grund unrentabel ist, der im Prospekt unzutreffend geschildert ist.[623] Ebenso wird Verschulden vermutet.[624]

e) Zu ersetzender Schaden. Zu ersetzen ist der Schaden, den der Anleger dadurch 203
erleidet, dass er auf die **Richtigkeit und Vollständigkeit des Prospektes vertraut** hat.[625] Der Anleger kann also verlangen, so gestellt zu werden, als hätte er die Anlageentscheidung nicht getroffen.[626] Er wird also nicht lediglich so gestellt wie er stehen würde, wenn der Prospekt in dem fehlerhaften Punkt richtig wäre.[627] Demgemäß sind ihm seine

[613] Daher spielt die Frage, ob Gründungsgesellschafter prinzipiell der Prospekthaftung unterliegen, praktisch keine Rolle, dazu *Reinelt* NJW 2009, 1, 3, es sei denn, es handelt sich um über einen Treuhänder beteiligte Anleger. Dann kommt es wie stets darauf an, ob der Gründer Einfluss auf den Prospekt und die KG hat.

[614] Beispiel BGH NJW 1982, 2493: Treuhandkommanditist; BGH NJW-RR 1991, 1246; BGH NJW-RR 2003, 1054: Gründungskommanditist.

[615] Meist liegen dann aber auch die Kriterien vor, die gegen eine restriktive Interpretation von § 278 BGB sprechen.

[616] *Mülbert/Steup* in Habersack/Mülbert/Schlitt § 33 RdNr. 154; *Zimmer/Cloppenburg* ZHR 171 (2007) 519, 536.

[617] BGH WM 2004, 928, 930; BGHZ 123, 106 = NJW 1993, 2865, 2866; OLG Karlsruhe WM 1999, 1059, 1064; OLG Stuttgart WM 2005, 2382, 2384; *Pleyer/Hegel* ZIP 1985, 1370, 1372; *Siol* § 45 RdNr. 59.

[618] BGH ZIP 2006, 1631, 1632; NZG 2009, 380; BeckRS 2009, 22376; WM 2010, 301; ZIP 2010, 1397, 1399; Überblick bei *Assmann* § 6 RdNr. 176 ff.; *Grunewald* ZIP 1994, 1162; *Pleyer/Hegel* ZIP 1985, 1370, 1373; *Schwark* BB 1979, 897, 898.

[619] BGH ZIP 2008, 412,414; BGH BeckRS 2010, 05639 RdNr. 24.

[620] BGH ZIP 2010, 1030, 1031.

[621] BGH ZIP 2010, 1030, 1031.

[622] BGH ZIP 2009, 764, 765.

[623] BGHZ 115, 213, 223 = BGH NJW 1990, 2461, 2463; BGHZ 123, 106 = NJW 1993, 2865, 2866; BGH ZIP 2000, 1296, 1298 = NJW 2000, 3346; OLG Karlsruhe WM 1999, 1059, 1064; KG NZG 1999, 1116, 1119; OLG Hamburg NZG 2000, 658, 659; *Assmann* § 6 RdNr. 178; *Grunewald* ZIP 1994, 1162, 1165.

[624] BGH WM 2006, 905, 906.

[625] BGH NJW 1992, 228, 230; *Pleyer/Hegel* ZIP 1985, 1370, 1376 f.

[626] BGH NJW 2004, 3420, 3421; OLG Stuttgart WM 2005, 2382, 2384; OLG München AG 2005, 168, 169.

[627] Diese Einschränkung gilt nur, wenn dem Anlageninteressierten Aufklärung nur in diesem Einzelpunkt (und nicht umfassend) geschuldet ist: BGH ZIP 1992, 166, 167; ZIP 1998, 1308, 1309.

gesamten finanziellen Aufwendungen zu ersetzen. Von den im Vertrag eingegangenen Verbindlichkeiten ist er freizustellen. Entgangene anderweitige Investitionsvorteile sind auszugleichen,[628] Steuervorteile uU in Abzug zu bringen.[629] Im Gegenzug hat der Anleger seine Beteiligung auf den Schädiger zu übertragen, der so die Möglichkeit erhält, einen eventuellen Restwert noch zu realisieren.[630]

204 Diese Grundsätze sollen nur eingeschränkt gelten, wenn die **Anlageentscheidung insgesamt nicht nachteilig** und auch für den in Rede stehenden Anleger objektiv betrachtet brauchbar ist. Dann soll ein Schaden nicht gegeben sein, und damit der Ersatzanspruch entfallen.[631] Diese Judikatur verstößt aber gegen § 249 BGB. Denn die hier verlangte Naturalrestitution (der Anleger will so gestellt werden, wie er ohne die Fehlinvestition stehen würde) ist nicht von dem Nachweis abhängig, dass das Vermögen des Geschädigten verringert ist.[632] Nach Ansicht der Judikatur liegt ein Schaden in dem Fall, dass die Anlage den investierten Betrag wert ist, nur vor, wenn die erhaltene Beteiligung von der im Prospekt beschriebenen völlig verschieden[633] oder für die Zwecke des Anlegers nicht brauchbar ist.[634] Zu Recht geht ein neueres Urteil des BGH daher auf die Einschränkung der genannten Judikatur nicht mehr ein.[635]

205 Nur in seltenen Fällen kann sich der Schädiger auf ein **Mitverschulden** des Anlegers berufen. Da es gerade der Sinn der Prospekte ist, die Anlageentscheidung vorzubereiten, ist der Einwand, der Gläubiger habe sich schuldhaft auf den Prospekt verlassen, regelmäßig treuwidrig.[636] Dies gilt auch, wenn der Anleger bekundet hat, er werde die Angaben auch selber überprüfen. Denn auch eine solche Aussage entlastet den Verantwortlichen nicht, da seine Pflichten aufgrund einer solchen Absichtsbekundung nicht reduziert werden.[637] Ein Mitverschulden kann aber gegeben sein, wenn der Anleger die gleichen Erkenntnismöglichkeiten hat wie der Anspruchsgegner. Dies kann der Fall sein, wenn auch er mit der KG wirtschaftlich oder persönlich eng verflochten ist.[638] Ein Mitverschulden liegt auch vor, wenn der Anleger zu weitreichende Schlüsse aus dem Prospekt zieht.[639]

206 **f) Verjährung.** In Anlehnung an gesetzliche Regelungen der Prospekthaftung (§ 46 BörsG, § 13 Abs. 1 VerkProsG) verjähren die Ansprüche aus Prospekthaftung in **einem Jahr ab Kenntnis des Prospektmangels, spätestens in 3 Jahren ab dem Beitritt.**[640] Auf diese Weise wird erreicht, dass der Anleger sich relativ zügig über die Erhebung der Ansprüche schlüssig werden muss. Eine Spekulation auf Risiko des Schuldners ist ihm damit versperrt.

207 Diese Verjährungsfrist gilt allerdings nicht für Bauträger-[641] und Bauherrenmodelle, **die auf den Erwerb noch zu errichtender Immobilien durch die Gesellschafter abzielen.**[642]

---

628 BGH NJW 1992, 1223, 1224.

629 BGH ZIP 2010, 1397.

630 BGH WM 2006, 905, 906; NJW 1992, 228, 230; OLG Hamburg NZG 2000, 1088, 1090; Heymann/*Horn* RdNr. 202; Schlegelberger/*Martens* RdNr. 178; *Pleyer/Hegel* ZIP 1985, 1370, 1377.

631 BGH NJW 1992, 228, 230; zustimmend Heymann/*Horn* RdNr. 202; zuletzt BGH NJW 1998, 302, 303.

632 Kritisch auch *Assmann* § 6 RdNr. 193; *Lorenz* ZIP 1998, 1053; allgemein MünchKommBGB/*Oetker* § 249 RdNr. 18.

633 BGH NJW 1992, 228, 230; wohl auch BGH NJW-RR 1990, 229 = WM 1990, 145, 147.

634 BGH ZIP 1998, 154, 158.

635 BGH ZIP 2010, 1397, 1400.

636 *Assmann* NJW 1982, 1083, 1084; *Grote* S. 187; *Siol* § 45 RdNr. 63; allgemein zum Mitverschulden bei der Verletzung von Aufklärungspflichten BGH NJW 1998, 302, 303; der Fall BGH WM 1977, 334 in dem der BGH ein Mitverschulden bejaht, steht der hier vertretenen Ansicht nicht entgegen, da es um den individuellen Verkauf von KG-Anteilen zu unternehmerischen Zwecken ging.

637 AA *Pleyer/Hegel* ZIP 1985, 1370, 1379.

638 Siehe die Überlegungen in BGH NJW-RR 1986, 1478; weitergehend *Grote* S. 118: Jeden Branchenkenner könne ein Mitverschulden treffen.

639 *Hopt,* FS Pleyer, S. 341, 356.

640 BGH ZIP 2010, 176, 178; *Seibel/v. Preuschen-v. Lewinski,* FS Westphalen, S. 629, 632.

641 BGH ZIP 2000, 2307, 2311.

642 *Detlef Schmidt/Weidert* DB 1998, 2309, 2313 ff.

In diesen Fällen geht es jedenfalls in erster Linie nicht um Steuerersparnis und Spekulation, sondern um den Erwerb von Immobiliareigentum. Daher wird die Parallele zu § 46 BörsG, § 13 Abs. 1 VerkProsG nicht gezogen. Es bleibt also bei der Verjährungsfrist von § 195 BGB.[643] Sofern aber lediglich Beteiligungen an Personengesellschaften erworben werden, ohne dass der Anleger selbst Bauherr wird, gilt wiederum die kurze Verjährungsfrist.[644] In diesem Fall geht es nicht um den Erwerb von Grundeigentum durch die Anleger. Zu den mittlerweile aufgehobenen Sonderverjährungsfristen für Freiberufler Vorauflage RdNr. 199.

g) Haftungsbeschränkung. Die Verantwortlichen können ihre Haftung im Prospekt nicht ausschließen oder auf grobe Fahrlässigkeit beschränken. Dem steht § 307 Abs. 1 BGB entgegen. Da der Prospekt die maßgebliche Grundlage für die Anlagenentscheidung ist, zählen die genannten Informationspflichten zu den Kardinalpflichten.[645] 208

XIV. Österreichisches Recht

Österreichisches Recht (UGB 2005; dazu § 105 RdNr. 276 ff.). § 161 UGB lautet. 209

§ 161. Begriff, Anwendung der Vorschriften über die offene Gesellschaft

(1) Eine Kommanditgesellschaft ist eine unter eigener Firma geführte Gesellschaft, bei der die Haftung gegenüber den Gesellschaftsgläubigern bei einem Teil der Gesellschafter auf einen bestimmten Betrag (Haftsumme) beschränkt ist (Kommanditisten), beim anderen Teil dagegen unbeschränkt ist (Komplementäre).

(2) Soweit dieser Abschnitt nichts anderes bestimmt, finden auf die Kommanditgesellschaft die für die offene Gesellschaft geltenden Vorschriften Anwendung.

§ 162 [Anmeldung, Eintragung und Bekanntmachung der KG]

(1) [1]Die Anmeldung der Gesellschaft hat außer den in § 106 Abs. 2 vorgesehenen Angaben die Bezeichnung der Kommanditisten und den Betrag der Einlage eines jeden von ihnen zu enthalten. [2]Ist eine Gesellschaft bürgerlichen Rechts Kommanditist, so sind auch deren Gesellschafter entsprechend § 106 Abs. 2 und spätere Änderungen in der Zusammensetzung der Gesellschafter zur Eintragung anzumelden.

(2) Bei der Bekanntmachung der Eintragung der Gesellschaft sind keine Angaben zu den Kommanditisten zu machen; die Vorschriften des § 15 sind insoweit nicht anzuwenden.

(3) Diese Vorschriften finden im Falle des Eintritts eines Kommanditisten in eine bestehende Handelsgesellschaft und im Falle des Ausscheidens eines Kommanditisten aus einer Kommanditgesellschaft entsprechende Anwendung.

Schrifttum: *Behnke,* Das neue Minderjährigenhaftungsbeschränkungsgesetz, NJW 1998, 3078; *Bergmann,* Die BGB-Gesellschaft als persönlich haftender Gesellschafter in oHG und KG, ZIP 2003, 2231; *Brandes,* Die Rechtsprechung des BGH zur GmbH & Co. KG und zur Publikumsgesellschaft, WM Sonderbeilage 1/1987; *Bungard,* Handelsregisterpublizität von Kommanditisten und GbR-Gesellschaftern – Rechtsprobleme der Neufassung des § 162 HGB –, FS Hadding 2004, S. 325; *Grunewald,* Die Auswirkung der Änderung der Publizitätsnormen auf die Haftung der Kommanditisten, ZGR 2003, 541; *Jeschke,* Der Rechtsnachfolgever-

[643] Noch zu § 195 BGB aF (30-Jahres-Frist); BGHZ 126, 166, 171 ff. = BGH ZIP 1994, 1115, 1117; BGH ZIP 2001, 369, 370; BGH NJW 2004, 288; BGHZ 145, 121; in BGHZ 115, 314 = BGH NJW 1992, 228, 232 wird noch offengelassen, ob nicht die Frist von § 638 BGB aF zur Anwendung kommen sollte. Diese Judikatur war zweifelhaft; kritisch zur Judikatur des BGH auch *Kort* DB 1991, 1057 und *Kiethe* BB 1999, 2253; *ders.* ZIP 2000, 216, 223, die die allgemeinen Verjährungsregeln zur Prospekthaftung anwenden wollen und *Detlef Schmidt/Weidert* DB 1998, 2309, 2314.

[644] OLG München NJW-RR 2000, 624, 625; *Kiethe* BB 1999, 2253, 2256 f.; *ders.* ZIP 2000, 216, 223; *Michalski/Schulenburg* NZG 1999, 615; aA OLG Stuttgart NZG 1999, 612, 614.

[645] BGH NJW 2002, 1711, 1712.

merk im Handelsregister bei der Übertragung von Mitgliedschaftsrechten an Kommanditgesellschaften, DB 1983, 541; *Krug,* Unternehmenserbrecht und Handeslregister, ZEV 2001, 81; *Michel,* Ist für die Eintragung einer Kommanditgesellschaft eine Versicherung gegenüber dem Registergericht erforderlich?, DB 1988, 1985; *Priester,* Handelsrechtsreformgesetz, Schwerpunkt aus notarieller Sicht, DNotZ 1998, 691; *Richert,* Der Kommanditistenwechsel und seine Erscheinungsform im Handelsregister, NJW 1958, 1472; *Steffan/ Volker Schmidt,* Die Auswirkungen der Euro-Einführung bei GmbH, Genossenschaft und Personengesellschaft sowie im Umwandlungsrecht, DB 1998, 709; *Christian Schmidt/Bierly,* Gesellschaft bürgerlichen Rechts als Gesellschafterin einer Personenhandelsgesellschaft, NJW 2004, 1210; *Karsten Schmidt,* Handelsregisterpublizität und Kommanditistenhaftung, ZIP 2002, 413; *Wilhelm,* Mängel bei der Neuregelung des NastraG zu den Bekanntmachungen über Kommanditisten, DB 2002, 1979; *Wiedemann,* Anteilsumwandlung und Mehrfachbeteiligung in der Personengesellschaft, FS Zöllner, 1999, S. 635; *Wolff* in Münchener Handbuch des Gesellschaftsrechts Band 2, 3. Aufl. 2009 (zitiert: MünchHdb. KG/*Wolff*).

Übersicht

I. Anmeldung der KG

1 **1. Inhalt der Anmeldung.** Gemäß der Verweisung in § 161 Abs. 2 (und erneut in § 162 Abs. 1) ist die KG nach § 106 zum Handelsregister anzumelden. Welche Angaben dabei zu machen sind, bestimmt sich nach § 106 Abs. 2 (siehe die Erläuterungen dort). Darüber hinaus hat die Anmeldung die **Kommanditisten zu benennen.** Diese sind nach Name,[1] Vorname, Geburtsdatum[2] und Wohnort zu bezeichnen (§ 106 Abs. 2 Nr. 1). Juristische Personen müssen, sofern vorhanden (anders etwa bei dem BGB-Verein), mit ihrer Firma (beim BGB-Verein mit seinem Namen) und Sitz benannt werden (siehe § 106 RdNr. 20). Bei einer **BGB-Gesellschaft** muss ihr Name und auch die Namen ihrer Gesellschafter so wie in § 106 Abs. 2 vorgeschrieben und spätere Änderungen in der Zusammensetzung der Gesellschafter angegeben werden[3] (Abs. 1 S. 2; näher bei § 106 RdNr. 19; zur Vor-GmbH § 106 RdNr. 20, zu ausländischen juristischen Personen § 106 RdNr. 21).

2 Weiter muss die Anmeldung den **Betrag der Einlage** jedes Kommanditisten bezeichnen. Damit ist die Haftsumme gemeint, also der Betrag, auf den die Kommanditistenhaftung begrenzt ist (näher in § 172 RdNr. 5 f.). Die Bezeichnung Haftsumme oder Hafteinlage muss nicht verwandt werden. Es reicht aus, wenn deutlich wird, dass die Haftsumme gemeint ist.[4] Absprachen der Gesellschafter über den Beitrag, den der Kommanditist zu leisten hat (Terminologie in § 172 RdNr. 5), werden nicht angemeldet. Zur Erhöhung oder Herabsetzung der Haftsumme §§ 174, 175.

3 **Weitere** als die im Gesetz genannten **Tatsachen können nicht angemeldet** und eingetragen werden. Dies gilt auch für das Bestehen zusätzlicher Gesellschaftsorgane (etwa eines Beirats)[5] und auch für den Fall, dass in einer GmbH & Co. KG der Geschäftsführer der GmbH von dem Verbot des Selbstkontrahierens im Verhältnis zur KG befreit werden soll (dazu § 161 RdNr. 72).[6] Zwar ist diese Befreiung für den Geschäftsverkehr von besonderer Bedeutung: aber dies gilt auch für andere Regelungen des Gesellschaftsvertrages.

[1] Bei Kaufleuten kann auch die Firma genannt werden. Der Hinweis auf die Eintragung im Register macht die Nennung des bürgerlichen Namens überflüssig: BayObLG BB 1973, 397; E/B/J/S/*Weipert* RdNr. 8; aA Baumbach/*Hopt* RdNr. 4.

[2] Wichtig wegen der besonderen Rechtsstellung Minderjähriger, Überblick bei *Behnke* NJW 1998, 3078.

[3] Schon vor der Einfügung von Abs. 1 S. 2 so BGHZ 148, 291, 295.

[4] OLG Celle OLGZ 1975, 385; Heymann/*Horn* RdNr. 2; Schlegelberger/*Martens* RdNr. 4.

[5] Röhricht/v. Westphalen/*v. Gerkan/Haas* RdNr. 10; *Oetker* RdNr. 9; E/B/J/S/*Weipert* RdNr. 19.

[6] *Oetker* RdNr. 28; AA BayOLG DB 2000, 37; BayOLG ZIP 2000, 701.

Daher kann nicht gerade für diese Vertragsklausel eine Ausnahme von dem allgemeinen Grundsatz gemacht werden. Dies ist auch deshalb akzeptabel, weil sich der Rechtsverkehr im Handelsregister der Eintragung der GmbH informieren kann. Zur Testamentsvollstreckung unten RdNr. 17.

2. Zeitpunkt der Anmeldung. Die Anmeldung hat **bei Aufnahme der Geschäfte der KG zu erfolgen.**[7] Zwar hängt das Entstehen regelmäßig nicht von dieser Eintragung ab (§ 161 RdNr. 10), aber die Anmeldung der Gesellschaft ist eine öffentliche Pflicht, die nach §§ 29, 14 HGB sanktioniert ist. Oftmals ist eine Anmeldung schon vor dem Zeitpunkt, zu dem diese Pflicht zur Anmeldung besteht, sinnvoll. Da die Haftungsbeschränkung der Kommanditisten erst mit Eintragung der KG eintritt (§ 176), haben die Kommanditisten ein erhebliches Interesse daran, dass die KG bei Aufnahme der Geschäfte bereits eingetragen ist. Die Anmeldung kann ab dem Zeitpunkt erfolgen, ab dem die Gründung der KG weitestgehend sichergestellt ist.[8] Auf diese Weise werden unrichtige Eintragungen vermieden. 4

3. Anmeldepflicht und anmeldepflichtige Personen. Zur Anmeldung der KG sind **alle Gesellschafter, also auch die Kommanditisten, verpflichtet** (§ 161 Abs. 2, § 108).[9] Daher können sich die Sanktionen von § 14 auch gegen alle Gesellschafter richten.[10] Zugleich sind die Gesellschafter – und nur sie – anmeldeberechtigt. Auch die KG hat folglich kein Recht zur Anmeldung.[11] Wenn eine **Gesellschaft bürgerlichen Rechts** Kommanditistin ist, ist nur sie – und nicht etwa ihre Gesellschafter – anmeldepflichtig.[12] Die Gesellschafter der GbR sind auch nicht anmeldeberechtigt und zwar auch nicht in Bezug auf ihre eigene Gesellschafterstellung in der GbR. Auf diese Weise wird sicher gestellt, dass das Handelsregister nicht auf Grund einer großen Zahl zur Anmeldung berechtigter Posonen unklar wird. Auf Grund der Treuepflicht der Gesellschafter untereinander besteht aber eine Pflicht zur Mitwirkung bei den Anmeldungen der GbR (siehe RdNr. 8). 5

Die Gesellschafter können sich bei der Anmeldung **vertreten lassen** (§ 12 Abs. 1 S. 2). Eine Ausnahme gilt nach h.M. für höchstpersönliche Anmeldungen (§ 12 RdNr. 32). Die Bestellung eines Vertreters kann auch im Gesellschaftsvertrag und auch pauschal für alle zukünftigen Anmeldungen erfolgen.[13] Dies gilt auch für Publikumsgesellschaften.[14] Häufig wird die KG oder der Komplementär zum Vertreter bestimmt. Ein Widerruf der Vertretungsmacht muss aber zumindest bei Vorliegen eines wichtigen Grundes stets möglich sein.[15] Ein solcher wichtiger Grund liegt insbesondere vor, wenn eine Anmeldung erfolgen soll, die nicht der Rechtslage entspricht.[16] Sofern sich ein Gesellschafter durch einen anderen vertreten lässt, gilt § 181 BGB nicht, da die Anmeldung kein Rechtsgeschäft beinhaltet.[17] Handelt der Kommanditist zugleich als Geschäftsführer der Komplementär-GmbH, 6

[7] Allgemein dazu § 106 RdNr. 9; speziell zur KG Heymann/*Horn* RdNr. 5; Schlegelberger/*Martens* RdNr. 3.

[8] Ähnlich *Oetker* RdNr. 10 und GroßkommHGB/*Schilling* RdNr. 1: der Gesellschaftsvertrag müsse geschlossen sein, auch § 106 RdNr. 10.

[9] BayObLG WM 1988, 710; Röhricht/v. Westphalen/*v. Gerkan/Haas* RdNr. 5; Baumbach/*Hopt* RdNr. 3; *Oetker* RdNr. 2.

[10] BayObLG ZIP 2005, 164, 165; GroßkommHGB/*Schilling* RdNr. 6.

[11] OLG Hamm NZG 2010, 1033.

[12] *Bergmann* ZIP 2003, 2231, 2239; *Grunewald* ZGR 2003, 541, 547; *Koller*/Roth/Morck RdNr. 2; *Christian Schmidt/Bierly* NJW 2004, 1210, 1212.

[13] BGH ZIP 2005, 1318, 1322; OLG Frankfurt BB 1973, 722; E/B/J/S/*Weipert* RdNr. 12; MünchHdb. KG/*Wolff* § 4 RdNr. 43; § 108 RdNr. 15; zum Geschäftswert der Vollmachtserteilung OLG Düsseldorf NZG 1999, 393.

[14] BGH ZIP 2005, 1318, 1322; BGH NJW 2006, 2854, 2855; jedenfalls wenn die Kommanditisten auch wählen können, nach Aufforderung der geschäftsführenden Gesellschafterin die Anmeldung selbst zu unterzeichnen; OLG Düsseldorf DB 2004, 2685, 2686; MünchHdb. KG/*Wolff* § 4 RdNr. 43; § 108 RdNr. 15.

[15] BGH ZIP 2005, 1318, 1322; BGH NJW 2006, 2854, 2855; E/B/J/S/*Weipert* RdNr. 12.

[16] Hierüber werden der Kommanditist und der Vertreter oftmals streiten. Der Registerrichter hat dann darüber zu befinden, ob der Widerruf der Vollmacht wirksam ist. Bei Unklarheiten kann er das Eintragungsverfahren aussetzen bis zur Klärung dieser Frage zwischen dem Vertreter und dem Kommanditisten.

[17] Vgl. § 12 RdNr. 4; MünchHdb. KG/*Wolff* § 4 RdNr. 43.

so muss deutlich werden, dass er die Anmeldung in dieser Doppelfunktion tätigt.[18] Eine zweimalige Unterzeichnung ist nicht unbedingt erforderlich.[19]

7 Wird die KG eingetragen, obwohl **nicht alle Gesellschafter an der Anmeldung mitgewirkt haben**, so hat dies keine Auswirkungen auf die Wirksamkeit der Eintragung.[20]

8 Von dieser öffentlich-rechtlichen Pflicht zur Anmeldung der KG ist die auf dem Gesellschaftsvertrag beruhende **Verpflichtung der Gesellschafter untereinander** zur Mitwirkung bei der Anmeldung zu unterscheiden. Diese Verpflichtung kann auch durch Klage – gerichtet auf Mitwirkung – durchgesetzt werden.[21] Die KG kann den Anspruch der Gesellschafter in gewillkürter Prozessstandschaft geltend machen.[22] Kommt ein Gesellschafter mit der Erfüllung dieser Verpflichtung in Verzug, so schuldet er Schadensersatz (§ 286 BGB).[23] Da die Haftungsbeschränkung der Kommanditisten von der Eintragung der KG abhängt, kann diese Verpflichtung zum Schadensersatz leicht sehr hoch werden. Der Anspruch besteht während der ganzen Dauer der KG. Die Verjährungsfrist läuft daher erst ab Beendigung der Gesellschaft.[24]

9 **4. Zuständiges Gericht.** Zuständig ist das Gericht, in dessen Bezirk die KG ihren Sitz hat (§§ 106 Abs. 1, 161 Abs. 2).

II. Eintragung und Bekanntmachung

10 **1. Eintragung.** Nach der registergerichtlichen Prüfung (§ 106 RdNr. 39 ff.) erfolgt die **Eintragung der angemeldeten Tatsachen** (oben RdNr. 1). Die einzutragenden Tatsachen müssen lückenlos eingetragen werden.[25] Bei einer GmbH & Co. KG scheitert die Eintragung der KG nicht daran, dass die GmbH noch nicht eingetragen ist. Als Komplementärin wird dann die **Vor-GmbH** eingetragen[26] (dazu, dass diese schon Komplementärin sein kann, § 161 RdNr. 57). Ist im Zeitpunkt der Eintragung der KG die GmbH bereits eingetragen, so erfolgt auch dann, wenn die Geschäfte der KG bereits mit der Vor-GmbH aufgenommen worden waren, lediglich eine Eintragung der GmbH als Komplementärin.[27] Da die GmbH vollständig in die Rechtsstellung der Vor-GmbH einrückt, besteht kein Interesse mehr an der Voreintragung der Vor-GmbH.

11 **2. Bekanntmachung.** Entgegen der Regel von § 106 Abs. 1 S. 2 bestimmt § 162 Abs. 2, dass **in Bezug auf die Angaben zu den Kommanditisten keine Bekanntmachung** zu erfolgen hat. Damit kommt das Gesetz dem Interesse des Kommanditisten am Schutz seiner Privatsphäre entgegen. Interessenten können das Handelsregister einsehen.

12 **3. Wirkung der Eintragung und Bekanntmachung. Spätestens mit der Eintragung entsteht die KG** (§ 123 Abs. 1). Die Haftung der Kommanditisten wird, sofern ein Handelsgewerbe nach § 1 Abs. 2 betrieben wird, jetzt beschränkt. Betreibt die Gesellschaft ein Gewerbe nach §§ 2, 3 oder verwaltet sie nur eigenes Vermögen, so wandelt sich die

---

[18] OLG Düsseldorf OLGZ 1966, 346; BayObLG DB 1974, 1520; OLG Hamm RPfleger 1983, 316; *Oetker* RdNr. 27; GroßkommHGB/*Ulmer* § 108 RdNr. 11.

[19] BayObLG DB 1974, 1520.

[20] OLG Hamm DB 1971, 1856; Heymann/*Horn* RdNr. 1; *Oetker* RdNr. 4; GroßkommHGB/*Schilling* RdNr. 5.

[21] Beispielsfall BGH ZIP 1997, 2197; *Oetker* RdNr. 4; E/B/J/S/*Weipert* RdNr. 14; OLG München BB 2001, 1492, 1495.

[22] Beispiel KG BeckRS 2011, 04832.

[23] *Oetker* RdNr. 4; so auch, aber ohne Hinweis darauf, dass Verzug vorliegen muss, GroßkommHGB/*Schilling* RdNr. 6. Aber dies ist generell Voraussetzung für einen Schadensersatzanspruch bei schlichter Nichtleistung.

[24] KG BeckRS 2011, 04832.

[25] KG NZG 2000, 1167, 1168 = DB 2000, 2011.

[26] BGH ZIP 1985, 280, 281; *Brandes* WM-Sonderbeilage 1/1987, S. 4; *Oetker* RdNr. 29; GroßkommHGB/*Schilling* RdNr. 7.

[27] BGH ZIP 1985, 280, 281; *Oetker* RdNr. 29.

BGB-Gesellschaft mit der Eintragung in eine KG um (§ 161 RdNr. 10). Zur Wirkung der Eintragung der Höhe der Haftsumme §§ 171, 172, 175.

Nach Abs. 2 ist § 15 HGB „insoweit" nicht anwendbar. Mit diesem unklaren Wortlaut ist nicht gemeint, dass § 15 HGB in Bezug auf fehlerhafte Angaben zu den Kommanditisten nicht gelten würde.[28] Vielmehr wird nur gesagt, dass – da eine Bekanntmachung nicht erforderlich ist – **für Bekanntmachungsfehler** – die es mangels Bekanntmachung eigentlich ja gar nicht geben dürfte – **§ 15 HGB nicht gilt.**[29] Diese Interpretation ergibt sich aus der Entstehungsgeschichte der Norm. Es ging in dem Gesetzgebungsverfahren nur darum, umfangreiche Bekanntmachungen zu vermeiden. An der materiellen Rechtslage in Bezug auf die Kommanditistenhaftung sollte nichts geändert werden.[30] Daher kann sich ein Kommanditist beispielsweise nicht darauf berufen, dass er aus der KG ausgeschieden ist, wenn dies im Handelsregister nicht eingetragen wurde (§ 15 Abs. 1). Es gelten daher insoweit weiterhin die allgemeinen Regeln zu § 15 HGB. 13

III. Anmeldung, Eintragung und Bekanntmachung von Änderungen

Sofern sich die **Firma oder der Sitz der Gesellschaft ändert,** muss dies von allen Gesellschaftern zum Handelsregister angemeldet und sodann eingetragen werden (§§ 107, 108). Gleiches gilt für die **Auflösung der KG** (§ 143, zur Fortsetzung § 144). Für den **Ein- und Austritt des Komplementärs** gilt § 107 bzw. § 143 Abs. 2, bei einer Änderung der Vertretungsverhältnisse greift § 125 ein; zu den Liquidatoren §§ 148, 150. Zur Änderung der **Haftsummen** §§ 175, 174. Ist eine GbR Kommanditistin müssen auch Änderungen in der Zusammensetzung ihres Gesellschafterkreises angemeldet werden (Abs. 1 S. 2).[31] Zur Umstellung auf Euro nach dem gesetzlichen Umrechnungskurs Art. 45 EGHGB.[32] 14

In Abs. 3 gesondert erwähnt ist der **Eintritt und das Ausscheiden eines Kommanditisten.** Beim Eintritt sind dieselben Angaben über den Kommanditisten zu machen wie bei der Gründung (oben RdNr. 1). Ebenfalls anzumelden und einzutragen ist das Ausscheiden eines Kommanditisten. Auf den Grund des Ausscheidens (Ausschluss, Tod, Austritt) kommt es nicht an. Dieser Grund ist auch nicht einzutragen, wohl aber in der Anmeldung zu nennen,[33] damit der Registerrichter seiner Prüfungspflicht nachkommen kann. Die Eintragung des Eintritts bzw. des Ausscheidens hat nur deklaratorische Bedeutung. Für den Schutz Dritter sorgen § 15 und § 176 Abs. 2. 15

Ebenfalls von allen Gesellschaftern[34] zum Handelsregister anzumelden (und dann einzutragen, nicht aber bekannt zu machen, Abs. 3) ist die Rechtsnachfolge in einen Kommanditanteil aufgrund der **Übertragung der Mitgliedschaft.** Erforderlich ist ein Nachfolgevermerk (§ 173 RdNr. 26 f., zum Fehlen des Nachfolgevermerks § 173 RdNr. 36, § 15 RdNr. 56). Eine – zudem noch persönlich abzugebende[35] – Versicherung des ausscheidenden Kommanditisten und der vertretungsberechtigten Komplementäre[36] mit dem Inhalt, dass an den ausscheidenden Kommanditisten keine Leistungen aus dem Gesellschaftsvermögen erbracht worden sind, ist – entgegen der hM[37] – nicht erforder- 16

[28] AA *Karsten Schmidt* ZIP 2002, 413, 414; siehe auch § 15 RdNr. 30 *(Krebs);* § 172 RdNr. 26, 30, § 173 RdNr. 26, 36 *(Karsten Schmidt).*

[29] *Bungard,* FS Hadding, S. 325, 337 ff.; *Grunewald* ZGR 2003, 541, 544 ff.; *Koller*/Roth/Morck RdNr. 2; *Oetker* RdNr. 16; *Christian Schmidt/Bierly* NJW 2004, 1210, 1212; *Wilhelm* DB 2002, 1979, 1982.

[30] Siehe BT-Drucks. 14/4051 S. 19.

[31] Baumbach/*Hopt* RdNr. 2; *Oetker* RdNr. 7.

[32] Auch *Steffan/Volker Schmidt* DB 1998, 709, 712.

[33] Heymann/*Horn* § 143 RdNr. 5.

[34] OLG Frankfurt BB 1973, 722.

[35] KG ZIP 2009, 1571; OLG Oldenburg NJW-RR 1991, 292; OLG Zweibrücken DB 2000, 1908.

[36] BGH ZIP 2005, 2258; OLG Zweibrücken DB 2000, 1908; KG ZIP 2009, 1571.

[37] BGH ZIP 2005, 2258; RG DNotZ 1944, 195, 206 = WM 1964, 1131, 1133; OLG Oldenburg NJW-RR 1991, 292; OLG Zweibrücken DB 2000, 1908; KG ZIP 2009, 1571; Röhricht/v. Westphalen/*v. Gerkan/Haas* RdNr. 15; Heymann/*Horn* RdNr. 11; *Oetker* RdNr. 22; eine Eintragung ist unstreitig nicht möglich: Baumbach/*Hopt* RdNr. 8; *Oetker* RdNr. 22.

lich.[38] Auch sonst werden vergleichbare Erklärungen nicht verlangt. Daher kann die Anmeldung auch anderweit deutlich machen, dass es sich um einen Fall der Übertragung der Mitgliedschaft handelt. Hinzu kommt, dass auch ohne eine solche Versicherung durch Eintragung (§ 173 RdNr. 26, 28) und Bekanntmachung (bekanntzumachen ist der Text: „Ein Kommanditanteil in Höhe von X Euro ist übertragen worden".) deutlich wird, dass ein Anteil übertragen worden und nicht ein neuer Kommanditist hinzugekommen ist.[39] Der BGH geht demgegenüber aber davon aus, dass die geschilderte sogenannte „negative Abfindungsversicherung" bereits Gewohnheitsrecht sei.[40] Auch eine Ausnahme für Publikumsgesellschaften wird nicht anerkannt.[41] Keine Übertragung eines Kommanditanteils liegt vor, wenn ein Kommanditist, der als Einzelkaufmann tätig ist, seinen Kommanditanteil anders als bislang nicht mehr seinem geschäftlichen sondern dem privaten Bereich zuordnet (oder umgekehrt). Im Handelsregister ist dies entsprechend (durch Nennung des bürgerlichen Namens bzw. im umgekehrten Fall der Firma) klar zu stellen.[42]

17 Auch eine **Gesamtrechtsnachfolge in den KG-Anteil** (Tod eines Kommanditisten; Umwandlung: § 20 UmwG; auch zum Erfordernis eines Nachfolgevermerks siehe § 173 RdNr. 45 f.) muss im Handelsregister eingetragen werden.[43] **Anmeldepflichtig** ist – abgesehen von den Mitgesellschaftern (oben RdNr. 5) – immer nur derjenige, der die Nachfolge antritt, also im Erbfall bei einem nachfolgeberechtigten **Erben** nur dieser eine – und nicht etwa alle Erben.[44] Letztere haben mit der Nachfolge nichts zu tun. Rücken mehrere Erben als Kommanditisten in die Rechtsstellung des Erblassers ein, so müssen alle nachfolgenden Erben die Nachfolge aller Erben anmelden. Denn da die Rechtsnachfolge aller Erben gleichzeitig eintritt, sind die übrigen Erben Mitgesellschafter. Auf diese Weise wird zugleich erreicht, dass ein Streit unter den Erben außerhalb des Registerverfahrens ausgetragen wird. Daran ändert auch eine schuldrechtliche Vereinbarung unter den Erben, nach der es so sein soll, als hätte nur einer von ihnen den Anteil geerbt, nichts.[45] Es muss auch angegeben werden, wie der Kommanditanteil auf die einzelnen Erben aufgeteilt worden ist.[46] Wird der Kommanditanteil auf Grund eines Vermächtnisses weiter übertragen, muss erst der Erbe und dann der Vermächtnisnehmer eingetragen werden.[47] Die Erbfolge wird regelmäßig durch Vorlage eines Erbscheins nachgewiesen (§ 12 Abs. 2).[48] Ein **Testamentsvollstrecker**, der den Nachlass lediglich abwickeln soll, kann – im Unterschied zu einem Testamentsvollstrecker, der den Nachlass zu verwalten hat[49] – nicht anstelle der Erben die Rechtsnachfolge anmelden.[50] Zum Testamentsvollstreckervermerk § 177 RdNr. 37.

18 Ebenfalls einzutragen ist eine **Umwandlung der Beteiligung,** also der Wechsel eines Kommanditisten in die Rechtsstellung eines Komplementärs und umgekehrt.[51] Dies ist kein Fall des Ein- und Austritts eines Gesellschafters, vielmehr bleibt die Gesellschafterstel-

[38] KG ZIP 2004, 1847; *Jeschke* DB 1983, 541, 542; *Michel* DB 1988, 1985; *Richert* NJW 1958, 1472, 1475; offen gelassen bei Baumbach/*Hopt* RdNr. 8.

[39] RG DNotZ 1944, 195 = WM 1964, 1131, 1134 meint, der wesentliche Unterschied zum Ein- und Austritt liege darin, dass keine Abfindung aus dem Vermögen der KG geflossen sei. Aber das könnte auch bei gleichzeitigem Ein- und Austritt der Fall sein und rechtfertigt auch nicht die Pflicht zur Abgabe der genannten Versicherung. Nach BGH ZIP 2005, 2258, 2259 ändern solche Sonderfälle nichts daran, dass die Abfindungsversicherung im Regelfall für den Registerrichter hilfreich ist.

[40] BGH ZIP 2005, 2258.

[41] BGH ZIP 2005, 2258.

[42] OLG Jena NZG 2011, 25: Zuordnung zum privaten Bereich.

[43] RG DNotZ 1944, 195 = WM 1964, 1131, 1132; KG NZG 2000, 1167, 1168; OLG Hamm NJW-RR 2005, 629, 630; *Oetker* RdNr. 23.

[44] AA BayObLG DNotZ 1979, 109, 111; Röhricht/v. Westphalen/*v. Gerkan/Haas* RdNr. 18; Baumbach/*Hopt* RdNr. 9; *Krug* ZEV 2001, 51, 54; *Oetker* RdNr. 24; GroßkommHGB/*Schilling* RdNr. 11.

[45] LG Aurich NJW-RR 1998, 1259, 1260.

[46] LG Aurich NJW-RR 1998, 1259, 1260; *Krug* ZEV 2001, 51, 54.

[47] *Krug* ZEV 2001, 51, 54.

[48] KG NZG 2000, 1167, 1168 = DB 2000, 2011.

[49] BGH NJW 1989, 3152, 3153; ob die Erben daneben für Anmeldungen, die ihrem Schutz dienen, ein Anmelderecht haben, lässt die Entscheidung offen.

[50] OLG München ZIP 2009, 2059; KG NJW-RR 1991, S. 385; *Oetker* RdNr. 24.

[51] *Oetker* RdNr. 25; *Wiedemann,* FS Zöllner, S. 635, 649.

lung als solche erhalten. Es ändern sich lediglich die mit der Gesellschafterstellung verbundenen Rechte und Pflichten. Diese Umwandlung ist zum Handelsregister anzumelden[52] und einzutragen (also etwa: „Der Komplementär X ist seit dem ... Kommanditist mit einer Haftsumme von Y Euro; der Kommanditist ist seit dem ... Komplementär."). Die Bekanntmachung lautet in Bezug auf die Komplementäre entsprechend. Die Personalien des (ehemaligen bzw. neuen) Kommanditisten werden insoweit bekannt gemacht, da die Person des Komplementärs genannt und die Änderung der Beteiligung offengelegt werden muss.[53] Hierin liegt eine Ausnahme von § 162 Abs. 2.

Wenn die Beteiligung des einzigen Komplementärs mit der des einzigen Kommanditisten zusammenfällt, erlischt nach hM die KG. Der Inhaber wird zum Einzelkaufmann. Nach der hier vertretenen Ansicht (§ 161 RdNr. 4) bleibt die Gesellschaft bestehen, wenn der einzige Gesellschafter dies so will. Im Handelsregister ist dann dieselbe Person als Komplementär und als Kommanditist einzutragen. Damit ist zugleich auch für den Rechtsverkehr klar, dass dieselbe Person Komplementär und Kommanditist ist. 19

Sind nur noch Komplementäre in der Gesellschaft, so wird die Kommanditgesellschaft zur OHG. Auch das muss angemeldet, eingetragen und bekannt gemacht werden.[54] Gleiches gilt, wenn die KG zur BGB-Gesellschaft wird. Dann ist sie zu löschen. Solange dies nicht erfolgt ist, greift § 5 ein. Scheidet der letzte Komplementär aus der Gesellschaft aus, so wird die KG zur oHG (§ 161 RdNr. 3). Auch das muss neben dem Ausscheiden des Komplementärs angemeldet, eingetragen und bekannt gemacht werden.[55] 20

IV. Österreichisches Recht

Österreichisches Recht (UBG 2005; dazu § 105 RdNr. 276 ff.). § 162 UGB lautet: 21

§ 162. Anmeldung zum Firmenbuch

(1) Die Anmeldung hat die in § 3 Z 2 bis 4, 5, 7, 8 und 16 sowie in § 4 Z 6, gegebenenfalls auch die in § 3 Z 6, 9, 11 und 15 und in § 4 Z 2, 3, 5 und 7 FBG genannten Tatsachen zu enthalten.

(2) Sofern der Eintritt eines Kommanditisten unter der Bedingung der Eintragung in das Firmenbuch erfolgt, hat auch der Eintretende an der Anmeldung mitzuwirken.

(3) Diese Vorschriften finden im Falle des Eintritts eines Kommanditisten in eine bestehende Personengesellschaft und im Falle des Ausscheidens eines Kommanditisten aus einer Kommanditgesellschaft entsprechende Anwendung.

§ 163 [Rechtsverhältnis der Gesellschafter untereinander]

Für das Verhältnis der Gesellschafter untereinander gelten in Ermangelung abweichender Bestimmungen des Gesellschaftsvertrags die besonderen Vorschriften der §§ 164 bis 169.

I. Grundsatz der Vertragsfreiheit und Vertragsergänzung

§ 163 bestimmt, dass die Gesellschafter im Gesellschaftsvertrag **frei festlegen können, wie sie ihr Rechtsverhältnis untereinander ausgestalten wollen.**[1] Es gilt also insoweit 1

[52] Richtig die Anmeldung im Fall BayObLG NJW 1970, 1796; dort wird offengelassen, ob die Eintragung ebenso erfolgen kann, oder ob ein Ein- und Austritt einzutragen ist.

[53] AA BayObLG WM 1988, 710; Baumbach/*Hopt* RdNr. 10; *Krug* ZEV 2001, 51, 54; Schlegelberger/*Martens* RdNr. 22; GroßkommHGB/*Schilling* RdNr. 12, alle mit der Ansicht, bekannt zu machen sei lediglich, dass X nicht mehr Komplementär sei und ein Kommanditist eingetreten sei, bzw. umgekehrt. Aber diese Aussage trifft nicht zu.

[54] Heymann/*Horn* RdNr. 10; *Oetker* RdNr. 26; GroßkommHGB/*Schilling* RdNr. 13.

[55] Beispiel: KG JW 1939, 163: Der Erbe des einzigen Komplementärs wählte die Kommanditistenstellung; Schlegelberger/*Martens* RdNr. 24; GroßkommHGB/*Schilling* RdNr. 14.

[1] Für die Rechtsstellung der Komplementäre sagt § 109 dasselbe.

der Grundsatz der Vertragsfreiheit.[2] Für das Verhältnis der KG zu Dritten trifft § 163 keine Aussage. Hier bestehen vielfach zwingende Regeln (etwa zur Vertretung der KG §§ 125 ff., zur Haftung des Kommanditisten §§ 171 ff.).

2 **Wenn die Gesellschafter im Gesellschaftsvertrag keine Absprache getroffen haben,** gelten ergänzend §§ 164–169 (zur Geschäftsführung durch den Kommanditisten § 164; zum Wettbewerbsverbot des Kommanditisten § 165; zu den Kontrollrechten des Kommanditisten § 166; zur Berechnung und Verteilung von Gewinn und Verlust §§ 167 f.). Diese Normen betreffen lediglich die Rechtsstellung der Kommanditisten. Für die Bestimmung der Rechte und Pflichten des Komplementärs gilt über § 161 Abs. 2 das Recht der OHG. Ergänzend greifen sowohl in Bezug auf die Rechtsstellung der Komplementäre wie auch der Kommanditisten die Bestimmungen zur BGB-Gesellschaft ein (§ 161 RdNr. 45).

3 **Der Rückgriff auf die dispositiven gesetzlichen Normen** muss allerdings mit Bedacht erfolgen. Nicht alle diese Regelungen treffen – wie es bei dispositiven Bestimmungen eigentlich der Fall sein sollte – den mutmaßlichen Parteiwillen auch nur einigermaßen genau. Das gilt insbesondere für §§ 164 ff. Daher ist jedenfalls im Bereich dieser Bestimmungen die Grundsatzdebatte, ob die ergänzende Vertragsauslegung (dazu § 105 RdNr. 152) Vorrang vor dem Rückgriff auf das dispositive Gesetzesrecht hat, zugunsten einer auch extensiv gehandhabten ergänzenden Vertragsauslegung zu entscheiden.[3] Hinzu kommt, dass Gesellschaftsverträge, die ja nahezu stets für eine lange und noch offene Entwicklung geschlossen sind, kaum je nach einem generellen Maßstab wie ihn jedes Gesetz notgedrungen zur Verfügung stellt, ergänzt werden können. Darüber hinaus gilt für die KG, dass das gesetzliche Leitbild (personalistische Gesellschaft mit einer natürlichen Person als Komplementär) der Realität jedenfalls heutzutage vielfach nicht mehr entspricht. Daher kann das dispositive Gesetzesrecht nur zur Anwendung kommen, wenn sich der Vertrag nicht im Wege der ergänzenden Auslegung sachgerechter vervollständigen lässt.[4] Zu Publikumsgesellschaften § 161 RdNr. 129.

II. Schranken der Vertragsfreiheit

4 Die geschilderte Inhaltsfreiheit ist **allerdings nicht schrankenlos.** Wie bei jedem Rechtsgeschäft sind die Grenzen von §§ 134, 138 Abs. 1, 2 BGB einzuhalten (§ 161 RdNr. 28 ff.). Im Recht der Personengesellschaften treten weitere Schranken hinzu, nämlich die Kernbereichslehre (unverzichtbare Gesellschafterrechte), der Grundsatz der Selbstorganschaft, das Abspaltungsverbot und der Grundsatz der Verbandssouveränität. Hierbei handelt es sich um nichts weiter, als um eine konkrete Ausformulierung der allgemeinen Schranke von § 138 Abs. 1 BGB.[5] Zur Inhaltskontrolle bei Publikumsgesellschaften § 161 RdNr. 124 ff.

III. Österreichisches Recht

5 Österreichisches Recht (UGB 2005; dazu § 105 RdNr. 276 ff.). § 163 UGB lautet:

§ 163. Rechtsverhältnis der Gesellschafter untereinander

Für das Verhältnis der Gesellschafter untereinander gelten in Ermangelung abweichender Bestimmungen des Gesellschaftsvertrags die besonderen Vorschriften der §§ 164 bis 169.

[2] Einschlägig ist die sog. Inhaltsfreiheit.

[3] Zu der Grundsatzfrage *Larenz/Wolf,* Allgemeiner Teil des BGB, 8. Aufl., § 28 RdNr. 108 ff.; MünchKommBGB/*Busche* § 157 RdNr. 44; speziell zur Lage im Gesellschaftsrecht BGH NJW 1997, 2592, 2593; NJW 1993, 3193; NJW 1989, 2681, 2682; NJW 1985, 192, 193; NJW 1979, 1705, 1706; OLG Zweibrücken NZG 1999, 762; *Grunewald* 1. A. 32; *Karsten Schmidt* GesR § 5 I 4 d; MünchKommBGB/*Ulmer* § 705 RdNr. 174b.

[4] BGH NJW 1985, 192, 193 und NJW 1979, 1705, 1706: Vorrang des objektivierten mutmaßlichen Parteiwillens vor dem dispositiven Gesetzesrecht; BGH NJW 1993, 3163, 3164: Die Grundzüge des Vertrages sollen soweit irgend möglich zu Ende gedacht werden; BGH NJW 1997, 2592, 2593 (BGB-Gesellschaft): Der Rückgriff auf das Gesetzesrecht komme nur als letzter Notbehelf in Frage; zurückhaltend OLG Zweibrücken NZG 1999, 762; für § 140 HGB gelte dies nicht.

[5] Erläuterungen bei § 105 RdNr. 195, § 109 RdNr. 15 ff., 19, 23.

§ 164 [Geschäftsführung]

[1]Die Kommanditisten sind von der Führung der Geschäfte der Gesellschaft ausgeschlossen; sie können einer Handlung der persönlich haftenden Gesellschafter nicht widersprechen, es sei denn, daß die Handlung über den gewöhnlichen Betrieb des Handelsgewerbes der Gesellschaft hinausgeht. [2]Die Vorschriften des § 116 Abs. 3 bleiben unberührt.

Schrifttum: *Becker,* Verwaltungskontrolle durch Gesellschafterrechte, 1997; *Bork,* Die Haftung des entlohnten Gesellschafter-Geschäftsführers bei der GmbH & Co. KG, AcP 184 (1984), 465; *Bork/Oepen,* Einzelklagebefugnis des Personengesellschafters, ZGR 2001, 515; *Dietrich,* Möglichkeiten und Grenzen einer vertraglichen „Entrechtung" der Komplementäre im Bereich der Geschäftsführung und Vertretung der Gesellschaft, Diss. Mainz 1998; *Emde,* Die Klage der Kommanditisten auf Rücknahme kompetenzwidrig vorgenommener Geschäftsführungsmaßnahmen, WM 1996, 1205; *Grunewald,* Die in § 23 AGBG vorgesehene Bereichsausnahme für Gesellschaftsrecht, FS Semler, 1993, S. 179; *dies.,* Die Gesellschafterklage in der Personengesellschaft und der GmbH, 1990; *Habersack,* Die Mitgliedschaft – subjektives und sonstiges Recht, 1996; *Hadding,* Ergibt die Vereinsmitgliedschaft „quasi vertragliche" Ansprüche, erhöhte Treue- und Förderpflichten sowie ein „sonstiges Recht" im Sinne von § 823 Abs. 1 BGB?, FS Kellermann, 1991, S. 91; *ders.,* Einschränkung des Umfangs organschaftlicher Vertretungsmacht bei OHG und KG entsprechend § 179 a AktG?, FS Lutter, 2000, S. 851; *Herrmann,* Der Ausschluss eines tätigen Gesellschafters aus einer Personenhandelsgesellschaft, RdA 1989, 313; *Immenga,* Die Minderheitsrechte des Kommanditisten, ZGR 1974, 385; *Jaeniche,* Die Dritteinflußnahme bei Personengesellschaften, 1995; *Kalss,* Der Anleger im Handlungsdreieck von Vertrag, Verband und Markt, 2001; *Klingberg,* Mitarbeitende Kommanditisten im Gesellschaftsrecht, 1990; *Lutter,* Theorie der Mitgliedschaft, AcP 180 (1980), 85; *Mertens,* Die Geschäftsführerhaftung in der GmbH und das ITT-Urteil, FS Robert Fischer, 1979, S. 460; *Priester,* Haftungsgefahren bei Zahlung von Geschäftsführerbezügen an Kommanditisten, DB 1975, 1878; *Raiser,* Das Recht der Gesellschafterklage, ZHR 153 (1998), 1; *Reuter,* Die Mitgliedschaft als sonstiges Recht im Sinne von § 823 Abs. 1 BGB, FS Lange, 1992, S. 707; *Riegger,* Münchener Handbuch des Gesellschaftsrechts, Band 2, 1991 (zitiert; MünchHdb. KG/*Riegger*); *Karsten Schmidt,* Vermögensveräußerung aus der Personengesellschaft: Ein Lehrstück am Rande des neuen Umwandlungsrechts, ZGR 1995, 675; *ders.,* Die Vereinsmitgliedschaft als Grundlage von Schadensersatzansprüchen, JZ 1991, 157; *Carsten Schmitz,* Grundlagengeschäfte in der Personengesellschaft, 1999; *Schneider,* Die Inhaltskontrolle von Gesellschaftsverträgen, ZGR 1978, 1; *Schürnbrand,* Organschaft im Recht der privaten Verbände, 2007; *Schulze-Osterloh,* Zur Tätigkeit des Kommanditisten im Dienste der KG, AG 2003, 27; *Schütz,* Sachlegitimation und richtige Prozeßpartei bei innergesellschaftlichen Streitigkeiten in Personengesellschaften, 1994; *Schwab,* Das Prozessrecht gesellschaftsinterner Streitigkeiten, 2005; *Voormann,* Der Beirat im Gesellschaftsrecht, 2. Aufl. 1990; *Weipert,* Münchener Handbuch des Gesellschaftsrechts, Band 2, 3. Aufl. 2009 (zitiert: MünchHdb. KG/*Weipert*); *Westermann,* Die Gestaltungsfreiheit im Personengesellschaftsrecht in den Händen des Bundesgerichtshofs, FS 50 Jahre Bundesgerichtshof, Bd. II, 2000, S. 245; *ders.,* Streit um Geschäftsführungsmaßnahmen in verschachtelten Personengesellschaften, FS Maier-Reimer, 2010, S. 853; *Wiedemann,* Die Übertragung und Vererbung von Mitgliedschaftsrechten bei Handelsgesellschaften, 1965; *Wirth,* Münchener Handbuch des Gesellschaftsrechts, Band 2, 3. Aufl. 2009 (zitiert: MünchHdb. KG/*Wirth*); *Zöllner,* Die sogenannten Gesellschafterklagen im Kapitalgesellschaftsrecht, ZGR 1988, 392.

Übersicht

I. Die Verteilung der Geschäftsführungsbefugnis nach der gesetzlichen Regelung

1 **1. Die Geschäftsführungsbefugnis als Berechtigung zum Handeln.** § 164 regelt die Geschäftsführungsbefugnisse der Gesellschafter. Hierunter ist die **Berechtigung zum Handeln in Sachen der Gesellschaft** zu verstehen. Es muss also nicht unbedingt um ein rechtsgeschäftliches Tätigwerden gehen (dazu § 170 RdNr. 1). Auch die Berechtigung zu einem rein tatsächlichen Handeln (zB Durchsicht der Post) fällt unter diese Bestimmung.

2 **2. Geschäftsführung im Rahmen des gewöhnlichen Geschäftsbetriebs. a) Kompetenz der Komplementäre.** Nach der gesetzlichen Regelung **führen die Komplementäre die Geschäfte der KG** im üblichen Rahmen (zur Abgrenzung unten RdNr. 9) alleine. Für das Verhältnis mehrerer Komplementäre untereinander gelten die §§ 114 bis 116. Die Kommanditisten haben insoweit im Grundsatz keine Einflussmöglichkeit.[1] Auch ein Widerspruchsrecht steht ihnen nicht zu. Sie trifft aber auch keine Verpflichtung zur Geschäftsführung. Doch kann sich aus der allgemeinen Treuepflicht im Verhältnis zur KG die Pflicht ergeben, auf besondere Chancen oder Risiken, die sich für die KG ergeben, hinzuweisen[2] (zur Notgeschäftsführung unten RdNr. 20). Die Komplementäre sind bei der Geschäftsführung nicht völlig ungebunden. Vielmehr schulden sie der KG eine am Wohl der Gesellschaft ausgerichtete Geschäftsführung. Sofern die Komplementäre dem nicht nachkommen, kann die KG Erfüllung (auch in der Form der Unterlassung fehlerhafter Geschäftsführung) und Schadensersatz verlangen. Als Verschuldensmaßstab gilt § 708 BGB (§ 114 RdNr. 56 f.) (anders bei Publikumsgesellschaften § 161 RdNr. 131).

3 **b) Rechte des Kommanditisten bei nicht ordnungsgemäßer Geschäftsführung. aa) Actio pro socio.** Sofern ein Kommanditist unter den Voraussetzungen der actio pro socio[3] **den auf eine ordnungsgemäße Geschäftsführung gerichteten Anspruch der KG** geltend machen könnte, läge eine Durchbrechung der vertraglich vereinbarten Organisation der KG vor. Nicht der Komplementär hätte das letzte Wort in Bezug auf die Geschäftsführung, sondern der Kommanditist. Diese Durchbrechung der Zuständigkeitsordnung war für den BGH[4] der entscheidende Grund für die Abweisung einer den Bereich der Geschäftsführung betreffenden Unterlassungsklage eines Kommanditisten gegen einen Komplementär (es handelte sich um eine GmbH). Schadensersatz, gestützt auf den Vorwurf nicht ordnungsgemäßer Geschäftsführung, soll demgegenüber verlangt werden können.[5] Demgemäß bleibt dem Kommanditisten bei Zugrundelegung der Ansicht des BGH nur die Hinnahme der Geschäftsführung, kombiniert mit einer Schadensersatzklage gegen den geschäftsführenden Gesellschafter, wobei diese Klage (actio pro socio) auf Zahlung von Geldersatz an die KG zu richten ist.

4 **Diese Sichtweise des BGH kann nicht überzeugen.**[6] Denn eine Schadensersatzklage, die auf Leistung aus dem Privatvermögen des Komplementärs abzielt, beeinflusst die Geschäftsführung kaum weniger als eine Handlungs- oder Unterlassungsklage. Den in dem Urteil des BGH geäußerten wichtigen Bedenken, dass ein **Hineinregieren des Kom-**

---

[1] Zur GmbH & Co. KG § 161 RdNr. 70; siehe auch OLG Karlsruhe DB 2009, 1977, 1979: Kein Weisungsrecht der Gesellschafterversammlung.

[2] Schlegelberger/*Martens* RdNr. 15.

[3] Dazu, dass auch ein Kommanditist die actio pro socio erheben kann: § 161 RdNr. 36.

[4] BGHZ 76, 160, 167 f.; zustimmend OLG Celle GmbHR 2000, 388 es ging um eine einstweilige Verfügung.

[5] Siehe auch BGHZ 25, 47; Schadensersatzansprüche werden aber wohl nicht gegeben sein, wenn sie auf Naturalrestitution gerichtet sind. Denn dann liegt dieselbe Argumentation nahe wie bei Klagen, die auf Handeln oder Unterlassen abzielen.

[6] *Bork/Oepen* ZGR 2001, 515, 537; *Becker* S. 567; *Grunewald* Gesellschafterklage S. 29 ff.; ähnlich GroßkommHGB/*Schilling* § 163 RdNr. 31; *Schütz* S. 122 f.; *Westermann* RdNr. 271 a; siehe auch *Kalss* S. 400, falls ein tiefer Eingriff in die Mitgliedschaft vorliegt; *Lutter* AcP (1980), 84, 139 für Fälle des Überschreitens des Geschäftsführungsrahmens; *Schwab* S. 150, sofern der Kommanditist ein Informationsrecht nach § 166 HGB habe; aber das überzeugt nicht, da das Informationsrecht ein Hilfsrecht ist, das die Durchsetzung anderer Rechte seinerseits unterstützt (§ 166 RdNr. 12).

manditisten in die Geschäfte des Komplementärs vermieden werden muss, ist daher auf andere Weise Rechnung zu tragen. Sowohl eine auf Schadensersatz wie auch eine auf Handeln oder Unterlassen gerichtete Klage kann nur Erfolg haben, wenn der Komplementär sein weites unternehmerisches Ermessen überschreitet. Es muss sich also um eine offensichtlich unvertretbare Maßnahme handeln.[7] Wenn eine solche Evidenz gegeben ist, bestehen keine überzeugenden Gründe mehr für die Einräumung eines noch weitergehenden unternehmerischen Freiraums. Auf diese Weise hat der Kommanditist die Möglichkeit, krasse Fehlentscheidungen des Komplementärs zu unterbinden. Ob sich der BGH dieser Sicht anschließen wird, ist momentan offen. Immerhin spricht eine neuere Entscheidung von engen Ausnahmen, die an § 744 Abs. 2 BGB zu orientieren seien, und die zur Zulässigkeit der Unterlassungsklage führen[8].

Auch der auf **Schadensersatz gerichtete Anspruch** der KG (oben RdNr. 2) kann von einem Kommanditisten unter den Voraussetzungen der actio pro socio durchgesetzt werden. In Extremfällen bleibt zudem die Möglichkeit, die Entziehung der Geschäftsführungsbefugnis auf dem Weg von § 117 zu betreiben. Auch hieran wirken die Kommanditisten mit. 5

bb) Klage aus eigenem Recht gegen die KG. Aus dem **Rechtsverhältnis zwischen Kommanditist und KG folgt kein Anspruch auf Unterlassung jedes rechtswidrigen Verhaltens der KG.** Dies gilt grundsätzlich auch für rechtswidrige Geschäftsführungsmaßnahmen.[9] Anderenfalls bestünde die Gefahr, dass sich jeder Kommanditist mit dem Argument, bestimmte Geschäftsführungsmaßnahmen seien für die KG nachteilig und daher rechtswidrig, gegen solche Vorgehensweisen des Komplementärs wenden und auf diese Weise entgegen der gesetzlich oder vertraglich vorgesehenen Kompetenzverteilung in die Geschäftsführung eingreifen könnte. Daher sollte man bei dem Grundsatz bleiben, dass eine ordnungsgemäße Geschäftsführung von den zur Geschäftsführung berechtigten und verpflichteten Gesellschaftern der Gesellschaft und nicht von der Gesellschaft den Mitgesellschaftern geschuldet ist. Nur wenn Schäden liquidiert werden sollen, die dem Kommanditisten direkt und nicht nur mittelbar über die Entwertung seiner Beteiligung entstanden sind (Beispiel § 166 RdNr. 8), gilt etwas anderes. In diesem Fall hat der Gesellschafter einen Anspruch gegen die KG, die sich das Fehlverhalten des Komplementärs über § 31 BGB zurechnen lassen muss. Hier besteht nämlich kein primärer Anspruch der KG gegen den Komplementär[10] und das aufgezeigte Problem (Eingriff in die Kompetenzstruktur der Gesellschaft) kann nicht entstehen. 6

Statt Ansprüche aus dem Rechtsverhältnis zwischen KG und Gesellschafter zu entwickeln, wird vielfach auf das Deliktsrecht zurückgegriffen und der Versuch unternommen, **die Mitgliedschaft jedenfalls in bestimmten Ausprägungen als durch § 823 Abs. 1 BGB** geschütztes sonstiges Recht anzusehen.[11] Sofern man dies tut, sind jedenfalls die oben in RdNr. 6 aufgestellten Überlegungen zu beachten, so dass ein weitergehender Schutz gegenüber der KG auch auf diesem Weg für den Gesellschafter nicht erreichbar 7

[7] Ebenso *Schütz* S. 123 f.; *Westermann* RdNr. 271 a; skeptisch gegenüber diesem Ansatz MünchKommBGB/*Ulmer* § 705 RdNr. 204; *Zöllner* ZGR 1988, 392, 431 unter Hinweis darauf, dass schwer feststellbar sei, wann Evidenz gegeben ist. Aber das muss für den Schadensersatzprozess sowieso geklärt werden. Im Ergebnis ähnlich wie hier *Karsten Schmidt* § 21 V 3 b: Klage erfolgreich, wenn die Zone des Leitungsermessens evident überschritten wird. Nach *Karsten Schmidt* klagt der Gesellschafter aber aus eigenem Recht (sogenannte Abwehrklage); weitergehend Baumbach/*Hopt* § 116 RdNr. 4, der das unternehmerische Ermessen weiter als hier vertreten fasst.

[8] NZG 2006, 194, 195.

[9] Zu außergewöhnlichen Maßnahmen, die ohne Zustimmung der Kommanditisten erfolgen, RdNr. 9 ff.

[10] Der Anspruch der KG gegen den Komplementär entsteht erst in dem Moment, in dem die KG den Schaden des Kommanditisten ersetzt. Zuvor hat die KG keinen Schaden.

[11] Eine Schilderung der Rechtsprechung findet sich bei *Reuter,* FS Lange, S. 707 ff.; bejahend *Habersack* S. 117 ff.; *Karsten Schmidt* § 21 V 1, der eine subjektiv-rechtliches Betroffensein des Mitglieds fordert; siehe auch *Karsten Schmidt* JZ 1991, 157, 159; verneinend *Hadding,* FS Kellermann, S. 91, 102; zu außergewöhnlichen Geschäften RdNr. 13, zu Grundlagengeschäften RdNr. 18.

ist.[12] Zu Ansprüchen gegen den Geschäftsführer der GmbH bei der GmbH & Co. KG § 161 RdNr. 81 ff.

8 **cc) Klage aus eigenem Recht gegen den Komplementär.** Aus den genannten Gründen (oben bei RdNr. 6) besteht kein Anspruch eines Gesellschafters gegen den Komplementär auf Erbringung einer ordnungsgemäßen Geschäftsführung. Diese wird allein der KG geschuldet. Der Komplementär kann auch nur dann auf Schadenersatz von den Mitgesellschaftern in Anspruch genommen werden, wenn kein gleichlautender Anspruch der KG besteht (Beispiel § 166 RdNr. 8).

9 **3. Außergewöhnliche Geschäfte. a) Begriffsbestimmung.** Für die OHG bestimmt § 116, dass außergewöhnliche Geschäfte erst durchgeführt werden dürfen, wenn alle Gesellschafter dem Geschäft zugestimmt haben. Für die KG gilt insofern nichts anderes: **Geschäfte, die nach ihrem Gegenstand, Zuschnitt oder dem mit ihnen verbundenen Risiko über das hinausgehen, was in der KG häufiger geschieht,** bedürfen der Zustimmung der Kommanditisten.[13] Im Gesellschaftsvertrag kann ein Katalog zustimmungspflichtiger Geschäfte festgelegt werden.[14] Diese Geschäfte sind dann auf jeden Fall zustimmungspflichtig.

10 **b) Erteilung und Versagung der Zustimmung.** Nach der Formulierung des Gesetzes sieht es so aus, als hätten die Kommanditisten lediglich ein Recht, gegen eine bestimmte außergewöhnliche Maßnahme zu votieren. Das würde voraussetzen, dass sie von einem solchen Geschäft überhaupt erfahren. Demgegenüber entspricht es der ganz herrschenden Meinung, dass vor **Durchführung** einer solchen Maßnahme die **Zustimmung aller Gesellschafter einzuholen ist.**[15] Den Kommanditisten ist also die geplante Geschäftstätigkeit ungefragt offen zu legen und ihre Stellungnahme ist abzuwarten. Eine solche Vorlagepflicht des Komplementärs ist schon deshalb unabdingbar, weil es anderenfalls mehr oder weniger vom Zufall abhängen würde, ob die Kommanditisten von der Maßnahme erfahren und ihre Rechte nutzen können. Es gilt also – trotz anderslautender Formulierung – die Regelung von § 116 Abs. 2. Nicht mehr zur Vorlagepflicht gehört die Ausarbeitung und Vorlage von Alternativen zu den von dem Komplementär geplanten Maßnahmen.[16] Allerdings wird er dies regelmäßig schon deshalb tun, um den Kommanditisten die Zustimmung zu erleichtern.

11 **Ob ein Kommanditist der beabsichtigten Maßnahme zustimmt,** steht nicht in seinem Belieben. Vielmehr muss er sich bei der Entscheidung vom Wohl der Gesellschaft und seiner **Treuepflicht** gegenüber den Mitgesellschaftern leiten lassen.[17] Bei unternehmerischen Entscheidungen steht ihm aber ein nicht unerheblicher Beurteilungsspielraum zu.[18] Wenn der Kommanditist seine Weigerung nicht begründet[19] und auch ansonsten keine vernünftigen Gründe für diese Entscheidung ersichtlich sind, liegt die Vermutung nahe, dass die Zustimmung treuwidrig verweigert wird. Wenn dies der Fall ist und der Kommanditist gleichwohl nicht zustimmt, kann er auf Erteilung der Zustimmung verklagt

---

[12] *Wiedemann,* Übertragung und Vererbung, S. 39, 464; nach *Reuter,* FS Lange, S. 707, 721 ff. gibt es im „Verbandsinnenrecht" keinen deliktischen Schutz; ähnlich Scholz/*Schneider* § 43 RdNr. 215; aA *Mertens,* FS Fischer, S. 460, 469 f.; *Karsten Schmidt* JZ 1991, 157, 158.

[13] Beispiel OLG Hamm NZG 2009, 1117, 1118 (Abschluss eines Unternehmensvertrages); OLG Stuttgart ZIP 2010, 474, 476: Schadensersatzklage gegen Komplementär. Zur Definition der außergewöhnlichen Geschäfte § 116 RdNr. 6 ff.; Geschäfte, die vom Unternehmensgegenstand der KG nicht gedeckt sind, müssen unterbleiben; aA GroßkommHGB/*Schilling* RdNr. 3: dies sei ein außergewöhnliches Geschäft.

[14] Beispiel OLG Karlsruhe DB 2009, 1977.

[15] RGZ 158, 302, 306; BGHZ 76, 160, 164; *Becker* S. 567; *Aderhold* I RdNr. 2358; *Emde* WM 1996, 1205; Baumbach/*Hopt* RdNr. 2; *Oetker* RdNr. 12; GroßkommHGB/*Schilling* RdNr. 2.

[16] OLG Karlsruhe DB 2009, 1977, 1980.

[17] *Aderhold* I RdNr. 2362; Röhricht/v. Westphalen/*v. Gerkan/Haas* RdNr. 4; *Westermann,* FS Maier-Reimer, S. 853, 855.

[18] *Aderhold* I RdNr. 2362; *Westermann,* FS Maier-Reimer, S. 853, 855.

[19] Zu der Frage, ob eine Begründung geschuldet ist, § 115 RdNr. 23.

werden.[20] Auch schuldet er, wenn er mit der Zustimmung in Verzug gerät, Schadensersatz (§ 286 BGB).[21] Handeln die Komplementäre ohne die eigentlich geschuldete Zustimmung, so ist dies, sofern nicht Gefahr im Verzug ist,[22] zwar rechtswidrig.[23] Schadensersatzpflichtig werden sich die Komplementäre aber kaum je machen. Denn da der Kommanditist die Zustimmung schuldet, können er oder die KG nicht verlangen, so gestellt zu werden, wie sie stehen würden, wenn diese rechtswidrige Blockade erfolgreich gewesen wäre.[24]

c) Handeln ohne Zustimmung. aa) Unterlassungsklage der Kommanditisten. 12
Wenn die Kommanditisten erfahren, dass die Komplementäre ein außergewöhnliches Geschäft ohne ihre Zustimmung durchführen wollen, stellt sich die Frage, ob sie dies mit der Unterlassungsklage verhindern können.[25] Hierfür bieten sich zwei Ansatzpunkte an: Zum einen schulden die Komplementäre der KG die Einhaltung der vereinbarten Kompetenzordnung innerhalb der Gesellschaft. Dieser Anspruch der KG kann von den Kommanditisten unter den üblichen Voraussetzungen der actio pro socio geltend gemacht werden. Darüber hinausgehend sind die Kommanditisten in der geschilderten Situation auch **selber in ihren eigenen Mitgliedschaftsrechten verletzt.** Denn die Komplementäre und die KG[26] schulden aufgrund der Treuepflicht den Kommanditisten als den eigentlich Betroffenen Unterlassung einer kompetenzwidrig die Kommanditistenrechte beschneidenden Maßnahme.[27] Neben diesen auf Verletzung der Treuepflicht gestützten Anspruch tritt ein weiterer Anspruch nach § 823 Abs. 1 BGB Mitgliedschaft als sonstiges Recht). Dies ist insbesondere dann von Bedeutung, wenn der Komplementär eine GmbH ist und der Kommanditist gegen den Geschäftsführer der GmbH vorgehen will.[28] Da dieser nicht Mitgesellschafter ist, scheidet ein Anspruch aus Verletzung der Treuepflicht aus und es bleibt nur eine Inanspruchnahme nach § 823 Abs. 1 BGB.

bb) Schadensersatzansprüche. In der Durchführung der geschilderten Maßnahme 13
unter Missachtung der Kommanditistenrechte liegt eine Treuepflichtverletzung und eine Schädigung der Kommanditisten nach § 823 Abs. 1 BGB. Daher schuldet der Komplementär, sofern er schuldhaft gehandelt hat,[29] den Kommanditisten und der KG Schadensersatz.[30] **Sofern Ersatz in Geld zu leisten ist,** ist vorrangig in das Vermögen der KG zu zahlen. Dieser gegenüber begeht der Komplementär ja ebenfalls eine Pflichtverletzung (oben RdNr. 6) und eine doppelte Inanspruchnahme des Komplementärs wegen derselben Maßnahme lässt sich nur vermeiden, wenn die Schadensersatzleistung so erfolgt, dass beide Ansprüche (der der KG und der des Kommanditisten) gleichermaßen erfüllt werden. Das lässt sich nur durch eine Leistung an die KG erreichen. Etwas anderes gilt nur dann, wenn der Kommanditist einen Schaden geltend macht, der ihm direkt und nicht nur mittelbar durch eine Entwertung seiner Beteiligung an der KG entstanden ist.

---

[20] BGH WM 1973, 1291, 1294; E/B/J/S/*Weipert* § 164 RdNr. 25; *Westermann* RdNr. 261.
[21] E/B/J/S/*Weipert* RdNr. 25; *Westermann* RdNr. 261.
[22] Dann gilt § 115 Abs. 2 analog: Baumbach/*Hopt* § 116 RdNr. 5; Heymann/*Horn* RdNr. 5.
[23] AA Heymann/*Horn* RdNr. 5.
[24] E/B/J/S/*Weipert* RdNr. 25.
[25] Bejahend *Becker* S. 568; *Habersack* S. 316; *Oetker* RdNr. 14; *Raiser* ZHR 153 (1989), 1, 32; *Karsten Schmidt* § 21 V 3 a; *Carsten Schmitz* S. 109; *Westermann* I RdNr. 260; verneinend Heymann/*Horn* RdNr. 6, falls nicht das gesamte Gesellschaftsvermögen gefährdet wird; offen gelassen in BGHZ 76, 160, 167 f.; entgegen *Emde* WM 1996, 1205, 1210 kann dem Urteil nicht entnommen werden, Unterlassungsklagen gegen ungewöhnliche Geschäftsführungsmaßnahmen seien zulässig.
[26] Das Fehlverhalten der Komplementäre wird über § 31 BGB der KG zugerechnet: *Emde* WM 1996, 1205, 1208; *Habersack* S. 318.
[27] *Emde* WM 1996, 1205, 1207; *Habersack* S. 316.
[28] Siehe *Westermann*, FS Maier-Reimer, S. 853, 861.
[29] Allgemein zur Anwendung von § 708 bei Überschreiten der Geschäftsführerbefugnis bei § 114 RdNr. 61; auch BGH ZIP 1996, 2164, 2165; zu Publikumsgesellschaften § 161 RdNr. 131.
[30] Siehe den Fall BGH ZIP 1996, 2164, da der Mitgesellschafter mittlerweile Alleininhaber geworden war, war nicht zu klären, an wen Schadensersatz zu leisten ist; auch *Westermann*, FS Maier-Reimer, S. 853, 861 (Anspruch des Kommanditisten).

14 Wenn **Naturalrestitution** (also Rückgängigmachung der Maßnahme) geleistet werden soll, ergeben sich vielfach rein tatsächliche Schwierigkeiten. Wenn rechtsgeschäftliches Handeln im Außenverhältnis erfolgt ist, ist eine Rückabwicklung oftmals nicht möglich, da der Dritte auf die Vertretungsmacht des Komplementärs vertrauen kann (§ 126 Abs. 2) und das Geschäft daher wirksam ist. Dem Dritten gegenüber spielt die Überschreitung der Geschäftsführungsbefugnis keine Rolle, es sei denn ausnahmsweise lägen die Voraussetzungen für die Annahme eines Missbrauchs der Vertretungsmacht vor.[31] Dagegen steht einer solchen Klage nicht entgegen, dass mit ihr ein Eingriff in die Geschäftsführungskompetenz des Komplementärs verbunden wäre. Denn schließlich wird im Wege der Naturalrestitution nur der Zustand hergestellt, der bei rechtmäßigem Handeln des Komplementärs sowieso bestehen würde.[32]

15 **4. Grundlagengeschäfte. a) Begriffsbestimmung.** Von der Geschäftsführungsbefugnis der Komplementäre nicht erfasst sind die sog. Grundlagengeschäfte, dazu bei § 126 RdNr. 10 f. Zu der Frage, ob die Feststellung des Jahresabschluss dazu zählt § 167 RdNr. 2; zum Gewinnverwendungsbeschluss § 168). Auch die Freistellung des Komplementärs von dem Wettbewerbsverbot des § 112 beinhaltet ein solches Grundlagengeschäft (§ 165 RdNr. 3). Gleiches gilt für den Widerruf einer im Gesellschaftsvertrag dem Kommanditisten erteilten Prokura.[33] Zu Grundlagengeschäften bei der Konzernbildung Anhang Konzernrecht RdNr. 72.

16 **b) Erteilung und Versagung der Zustimmung.** Für die Durchführung der Grundlagengeschäfte ist die Zustimmung aller Gesellschafter, also auch der Kommanditisten, erforderlich.[34] Auf diese Weise wird sichergestellt, dass – sofern nichts anderes vereinbart ist –, die Kommanditisten bei einer grundlegenden Veränderung ihrer Rechtsstellung oder ihrer Gesellschaft mitwirken. Das heißt allerdings **nicht, dass die Kommanditisten in ihrer Entscheidung völlig ungebunden wären** (oben RdNr. 11); zu der Situation, dass die Zustimmung geschuldet, aber nicht erteilt ist, und die Komplementäre gleichwohl handeln, oben RdNr. 12.

17 **c) Handeln ohne Zustimmung der Kommanditisten. aa) Unterlassungsklage.** Sofern der Komplementär ein Grundlagengeschäft ohne Zustimmung der Kommanditisten durchführt, handelt er rechtswidrig. Der Kommanditist kann Unterlassung verlangen. Es gilt dasselbe wie im Bereich außergewöhnlicher Geschäfte (oben RdNr. 12).

18 **bb) Schadensersatzansprüche.** Im Grundsatz gilt das zur Durchführung außergewöhnlicher Geschäfte Gesagte (oben RdNr. 13). Sofern Naturalrestitution verlangt wird, stellt sich wiederum die Frage, **ob ein rechtsgeschäftliches Handeln gegenüber Dritten, das sich auf ein Grundlagengeschäft bezieht, auch ohne Zustimmung der Kommanditisten wirksam ist,** oder ob der Komplementär insoweit als Vertreter ohne Vertretungsmacht handelt. Für ein bestimmtes Grundlagengeschäft – die Veräußerung des gesamten Vermögens der KG – hat der BGH unter Berufung auf § 361 AktG aF (jetzt § 179 a AktG) zwischen Verpflichtungs- und Verfügungsgeschäft unterschieden. Während das Verpflichtungsgeschäft unwirksam sein soll, soll der Komplementär für das Verfügungs-

[31] BGH ZIP 2008, 2260, 2261; *Emde* WM 1996, 1205, 1206; generell zu Voraussetzungen des Missbrauchs der Vertretungsmacht § 126 RdNr. 20 ff.

[32] *Emde* WM 1996, 1205, 1209; *Habersack* S. 318; bejahend zur Klage gegen den Komplementär *Westermann* RdNr. 260.

[33] § 170 RdNr. 17; OLG Karlsruhe BB 1793, 1551, die Zustimmung des betroffenen Kommanditisten ist dann natürlich nicht notwendig.

[34] BGH NJW 1995, 596 und ZIP 2005, 171, 173 (Vermögensübertragung); ZIP 1996, 750 (Bilanzfeststellung); Baumbach/*Hopt* RdNr. 4; *Karsten Schmidt* ZGR 1995, 675, 679; aA GroßkommHGB/*Schilling* RdNr. 6: Zustimmung nur bei Grundlagengeschäften mit ungewöhnlichem Inhalt. Sonst, falls für Beschlüsse das Mehrheitsprinzip vereinbart ist, sei nur diese Mehrheit erforderlich. Dies ist eine Frage der Vertragsauslegung.

geschäft Vertretungsmacht haben.[35] Mit dieser Unterscheidung soll der Tatsache Rechnung getragen werden, dass die Gültigkeit von Verfügungsgeschäften wegen ihrer Wirksamkeit gegenüber jedermann besonders dringlich ist. Zudem geht es oftmals um die Übertragung zahlreicher Einzelobjekte. Über das Verpflichtungsgeschäft kann demgegenüber als Ganzes entschieden werden.[36] Diese Argumentation überzeugt nicht. Die durch § 126 festgeschriebene umfassende Vertretungsmacht des Komplementärs dient dem Schutz des Vertragspartners der KG. Dieser weiß aber auch beim Abschluss eines Verpflichtungsgeschäfts oftmals nicht, ob ein Grundlagengeschäft vorliegt oder nicht. Denn welchen Stellenwert ein bestimmtes Geschäft für die Kommanditgesellschaft hat, hängt von dem jeweiligen Zuschnitt der Gesellschaft ab, der dem Dritten nicht bekannt sein muss. Sofern dies einmal anders ist, helfen die Grundsätze des Missbrauchs der Vertretungsmacht.[37] Die Wirksamkeit des Verfügungsgeschäfts nützt dem Dritten demgegenüber nichts. Er bleibt ja nach § 812 Abs. 1 BGB zur Rückübertragung verpflichtet.

5. Erteilung und Widerruf von Prokura. Nach S. 2 bleibt die Regelung des 19
§ 116 Abs. 3 unberührt. Demgemäss ist für die Erteilung der Prokura die Zustimmung aller geschäftsführenden Gesellschafter erforderlich. Da die Kommanditisten nicht geschäftsführungsbefugt sind, wirken sie bei der Entscheidung über die Erteilung einer Prokura nicht mit.[38] Gleiches gilt für den Widerruf, den die geschäftsführungsbefugten Gesellschafter jeder für sich verlangen können.[39] Im Außenverhältnis kann die Erteilung oder der Widerruf aber nur von einer für die KG vertretungsberechtigten Person (§ 126 Abs. 1) erklärt werden. Diese Regelung gilt auch, wenn die Erteilung der Prokura ein **außergewöhnliches oder ein Grundlagengeschäft sein sollte**.[40] Zwar ist dann im Innenverhältnis die Zustimmung aller Gesellschafter erforderlich (oben RdNr. 10).[41] Aber dies ändert nichts daran, dass die Prokura auch ohne Zustimmung wirksam erteilt ist[42]. Auch hier zeigt sich, dass eine fehlende Zustimmung die Vertretungsmacht des Komplementärs nicht beeinträchtigt (oben RdNr. 18). Gleiches gilt für den Widerruf. Ein Festhalten am Wortlaut des Gesetzes hat auch den Vorteil, dass die mit der Frage, ob ein konkreter Vorgang nun ein außergewöhnliches oder ein Grundlagengeschäft ist, stets verbundene Unsicherheit für den wichtigen Fall der Prokurabestellung bzw. des Widerrufs nicht auftreten kann (zur Erteilung von Prokura an einen Kommanditisten, § 170 RdNr. 15).

6. Notgeschäftsführung. Aufgrund der Treuepflicht der Gesellschafter zur KG und 20
auch untereinander kann in Notsituationen für den Kommanditisten **die Berechtigung und Verpflichtung entstehen, für die KG tätig zu werden**[43] (etwa Mitarbeiter an Straftaten zu Lasten der KG zu hindern, Vermögensobjekte der KG gegen Gefährdungen durch Naturkatastrophen abzusichern, etc.). Da es um die Konkretisierung der Treuepflicht geht, darf diese Befugnis nicht in Situationen genutzt werden, in denen die Komplementäre nach einem entsprechenden Hinweis selber rechtzeitig handeln können[44] bzw. in denen bekannt ist, dass andere Gesellschafter abweichende Vorstellungen über die adäquate Vorgehensweise haben (etwa Unterbinden eines Verhaltens von Mitarbeitern, das andere Gesellschafter für zweckdienlich halten). Hier muss eine Einigung unter den Gesellschaftern her-

[35] BGH NJW 1995, 596: Verpflichtungsgeschäft; NJW 1991, 2564: Verfügungsgeschäft; zustimmend *Karsten Schmidt* ZGR 1995, 675, 680; E/B/J/S/*Weipert* RdNr. 11.

[36] *Karsten Schmidt* ZGR 1995, 675, 680.

[37] *Grunewald* JZ 1995, 577; *dies.* GesR 1. B. 23; zustimmend *Hadding,* FS Lutter, S. 851, 857 ff.; *Carsten Schmitz* S. 113 ff.

[38] Baumbach/*Hopt* RdNr. 5; GroßkommHGB/*Schilling* RdNr. 1.

[39] Baumbach/*Hopt* RdNr. 5; Heymann/*Horn* RdNr. 3; GroßkommHGB/*Schilling* RdNr. 1.

[40] *Aderhold* I 2366; *Koller*/Roth/Morck RdNr. 4; GroßkommHGB/*Schilling* RdNr. 1; *Oetker* RdNr. 15; E/B/J/S/*Weipert* RdNr. 8.

[41] *Aderhold* I 2366; Oetker RdNr. 15; Röhricht/v. Westphalen/*v. Gerkan*/*Haas* RdNr. 3c.

[42] *Aderhold* I 2366.

[43] *Aderhold* I 2367; *Oetker* RdNr. 17f; MünchHdb. KG/*Wirth* § 7 RdNr. 89 f.; unter Berufung auf § 744 Abs. 2 BGB, aber diese Norm ist sehr starr und regelt nur die Berechtigung.

[44] *Aderhold* I 2368.

beigeführt werden, wobei klar gesellschaftswidrige Stellungnahmen unbeachtlich sind. Hat der Kommanditist kein Recht zur Geschäftsführung, so handelt er als Geschäftsführer ohne Auftrag. Von dieser Verpflichtung zum Eingreifen zu Gunsten der Gesellschaft in Notsituationen ist die Frage zu trennen, ob der Gesellschafter in dieser Lage die KG auch **vertreten kann,** dazu § 170 RdNr. 7.

II. Abweichende Vereinbarungen

21 **1. Grundsatz.** Gemäß § 163 kann im Gesellschaftsvertrag vereinbart werden, dass die Geschäftsführungsbefugnis anders als in § 164 vorgesehen geregelt wird.

22 **2. Stärkung der Rechtsstellung des Kommanditisten. a) Grenzen der Vertragsfreiheit.** Im Gesellschaftsvertrag kann vorgesehen werden, **dass der Kommanditist die Geschäfte der KG neben dem Komplementär führt.**[45] Die Auslegungsregeln von §§ 115, 116[46] gelten dann ebenfalls. Doch ist zu beachten, dass für den Kommanditisten wegen seines geringeren Haftungsrisikos vielfach eine schwächere Rechtsstellung gewollt ist als für den Komplementär. Deshalb gilt die Vermutung von § 114 Abs. 2 nicht.[47] Sofern man gleichwohl zu dem Ergebnis kommt,[48] dass die §§ 115 ff. gelten sollen, wird diese Geschäftsführungsbefugnis **organschaftliche Geschäftsführungsbefugnis** genannt. Diese kann, sofern nichts anderes vereinbart ist, den Kommanditisten nur nach § 117 entzogen werden.[49] Zwar gilt nach hM der Grundsatz, dass Gestaltungsklagen nicht durch Parteiabsprache geschaffen werden können (siehe bei § 170 RdNr. 13). Aber da § 161 Abs. 2 auf das Recht der OHG verweist, kann man diese Norm so verstehen, dass § 117 bei Vorliegen einer entsprechenden Vereinbarung auch für die Geschäftsführungsbefugnis des Kommanditisten gelten soll (Entziehung der Geschäftsführungsbefugnis durch Gestaltungsklage).

23 Darüber hinausgehend kann auch festgelegt werden, **dass der Komplementär von der Geschäftsführung grundsätzlich ausgeschlossen oder bei der Geschäftsführung im Prinzip an die Weisungen des Kommanditisten gebunden ist.**[50] Ein Verstoß gegen den Grundsatz der Selbstorganschaft liegt darin nicht, weil die Geschäftsführungsbefugnis auf den Kommanditisten und nicht auf einen Gesellschaftsexternen übertragen wird. Das wegen des Haftungsrisikos gesteigerte Schutzbedürfnis der Komplementäre erfordert es allerdings, dass sie zumindest gemeinschaftlich auch gegen den Willen der Kommanditisten eine Unterlassung des Geschäfts durchsetzen können.[51] Anderenfalls ist das Risiko der unbeschränkten Haftung nicht mehr akzeptabel. Dies gilt allerdings nicht, wenn der Komplementär eine juristische Person ist. Für diese ist das

[45] BGH BB 1976, 526; BGH NJW 1989, 2687; *Jaeniche* S. 195, auch Dritten können selbstverständlich Aufgaben der Geschäftsführung der KG übergeben werden. Diese sog. nicht organschaftliche Geschäftsführungsbefugnis des Dritten unterscheidet sich von der des Kommanditisten nur dadurch, dass die §§ 114 ff. nicht gelten.

[46] *Klingberg* S. 6; GroßkommHGB/*Schilling* RdNr. 8, 10; offen gelassen in BGH ZIP 2004, 2282, 2284; a. A. Röhricht/v. Westphalen/*v. Gerkan/Haas* RdNr. 26, § 170 RdNr. 16.

[47] *Klingberg* S. 6; MünchHdb. KG/*Wirth* § 7 RdNr. 76.

[48] Beispiel: BGHZ 17, 392, 395: Es werden in der Entscheidung aber keine Gründe für diese Auslegung genannt. Der Kommanditist war allerdings auch als Prokurist bestellt; offen gelassen in BGH WM 1974, 177, 178.

[49] BGHZ 17, 392, 395; *Baumbach/Hopt* RdNr. 7; *Oetker* RdNr. 40; E/B/J/S/*Weipert* RdNr. 20; MünchHdb. KG/*Wirth* § 7 RdNr. 77; offen gelassen in BGH ZIP 2004, 2282, 2284 und in WM 1974, 177.

[50] BGHZ 45, 204, 209; BGHZ 51, 198, 201; OLG Karlsruhe DB 2009, 1977, 1979; OLG Stuttgart ZIP 2010, 131, 132; *Bork* AcP 184 (1984), 465, 470; Röhricht/v. Westphalen/*v. Gerkan/Haas* RdNr. 10; Baumbach/*Hopt* RdNr. 7; GroßkommHGB/*Schilling* RdNr. 8; MünchHdb. KG/*Wirth* § 7 RdNr. 76.

[51] Nach *Dietrich* S. 151 und Heymann/*Horn* RdNr. 10 hat der Komplementär ein Widerspruchsrecht; ähnlich Schlegelberger/*Martens* RdNr. 29 und *Voormann* S. 73: Widerspruchsrecht der Komplementäre bei unzumutbarer Maßnahme; nach Baumbach/*Hopt* RdNr. 7 gilt zwingend § 116 Abs. 2; kritisch gegenüber einem völligen Ausschluss der Befugnisse des Komplementärs auch Röhricht/v. Westphalen/*v. Gerkan/Haas* RdNr. 10; *Jaeniche* S. 194; MünchHdb. KG/*Wirth* § 7 RdNr. 79 f.; aA BGHZ 17, 392, 394; BGHZ 51, 198, 201; *Klingberg* S. 9 ff.; GroßkommHGB/*Schilling* RdNr. 8: eine völlige Entrechtung sei möglich; siehe auch § 167 RdNr. 12; zur Vertretungsmacht § 170 RdNr. 3; zum Beirat § 161 RdNr. 152.

Haftungsrisiko wegen des Fehlens jeglicher persönlicher Betroffenheit auch in diesem Fall noch tragbar.[52] Wenn darüber hinaus gehend vertreten wird, dem Komanditisten könne eine organschaftliche Geschäftsführungsbefugnis, jedenfalls unter Ausschluss der Komplementäre, schon deshalb nicht erteilt werden, weil § 170 dies für die Vertretungsmacht ausschließe und die Geschäftsführungsbefugnis noch bedeutsamer sei,[53] so ist einzuräumen, dass die Geschäftsführungsbefugnis in der Tat auch für das Haftungsrisiko des Komplementärs von erheblicher Bedeutung ist – mögen auch rechtsgeschäftlich begründete Verbindlichkeiten meist noch gravierender sein. Da aber die nicht organschaftliche Geschäftsführungsbefugnis (etwa auf der Basis eines Dienstvertrages) unstreitig auch einem Kommanditisten erteilt werden kann, ist auf diesem Weg eine Absicherung des Komplementärs sowieso nicht erreichbar. Vielmehr legt dieser Befund eine restriktive Interpretation von § 170 nahe.

Sofern dem Kommanditisten in dem beschriebenen weiten Umfang die Geschäftsführungsbefugnis zusteht, hat das **nicht zur Folge, dass er unbeschränkt für die Schulden der KG haften würde.**[54] Zwar weicht eine solche Vertragsgestaltung von der gesetzlich vorgesehenen Risikoverteilung ab. Aber das führt nicht dazu, dass den Kommanditisten eine umfassende Haftung treffen müsste. Nicht jede einflussreiche Person haftet für die Gesellschaftsschulden. Dies gilt selbst dann, wenn der Komplementär vermögenslos ist.[55] Diese Lage ändert sich allerdings, wenn der Kommanditist den Anschein erweckt, er sei der Komplementär. Dann trifft ihn eine Rechtsscheinhaftung (§ 5 Anh. RdNr. 10). Zur Vollmachtserteilung an den Kommanditisten § 170 RdNr. 12 ff. Zum Einfluss des Kommanditisten auf die Geschäftsführung in der **GmbH & Co. KG** § 161 RdNr. 70 ff.; § 161 RdNr. 78 ff. 24

b) Rechtsstellung des geschäftsführenden Kommanditisten. Sofern dem Kommanditisten nur außerhalb des Gesellschaftsvertrages – etwa im Rahmen eines Dienstvertrages – die Befugnis erteilt worden ist,[56] für die KG tätig zu sein, kommen §§ 115 ff. nicht zur Anwendung. Diese beziehen sich nur auf eine Geschäftsführungsbefugnis, die im Gesellschaftsvertrag eingeräumt wurde **(mitgliedschaftliches Mitarbeitsrecht).**[57] Für eine außerhalb des Gesellschaftsvertrages vereinbarte Mitarbeit gelten die üblichen Bestimmungen. Meist liegt ein Dienstvertrag vor.[58] Sollte der Kommanditist allerdings eine Unternehmerstellung innehaben, sind einige Schutzvorschriften zugunsten von Arbeitnehmern nicht anwendbar.[59] Auch § 708 BGB gilt im Falle einer Pflichtverletzung des Kommanditisten gegenüber der KG im Zweifel nicht.[60] Denn durch die Lösung des Rechtsverhältnisses vom Gesellschaftsvertrag bringen die Gesellschafter im Regelfall zum Ausdruck, dass gegenüber sonstigen Dienst-/Arbeitsverträgen keine Besonderheiten bestehen sollen. 25

Ist die Geschäftsführungsbefugnis im Gesellschaftsvertrag erteilt,[61] so leistet der Kommanditist mit der Erbringung dieser Tätigkeit im Zweifel seinen nach dem Gesell- 26

[52] *Dietrich* S. 173 f.; ähnlich auch Röhricht/v. Westphalen/*v. Gerkan/Haas* RdNr. 10; *Koller*/Roth/Morck RdNr. 3.

[53] *Schürnbrand* S. 258 ff.; ähnlich E/B/J/S/*Weipert* RdNr. 5.

[54] Röhricht/v. Westphalen/*v. Gerkan/Haas* RdNr. 14; GroßkommHGB/*Schilling* RdNr. 12; MünchHdb. KG/*Wirth* § 7 RdNr. 80; aA *Klingberg* S. 50 ff., 115, keine Außenhaftung des Kommanditisten, aber Beteiligung am Verlust im Verhältnis zum Komplementär.

[55] Ausführlich *Grunewald,* FS Großfeld, S. 319, 340.

[56] Dies ist keine organschaftliche Befugnis zur Führung der Geschäfte der KG, oben RdNr. 22.

[57] *Bork* AcP 184 (1984), 465, 473; auch dann muss im einzelnen ermittelt werden, ob die Normen zur Anwendung kommen sollen oder nicht, oben RdNr. 22.

[58] Etwa BGH BB 1995, 536 fehlerhafter Anstellungsvertrag.

[59] Details bei *Oetker* RdNr. 42; MünchHdb. KG/*Wirth* § 10 RdNr. 14 ff.; zur Versorgungsberechtigung nach BetrAVG BGH NZG 1999, 436.

[60] Röhricht/v. Westphalen/*v. Gerkan/Haas* RdNr. 25; AA vermutlich GroßkommHGB/*Schilling* RdNr. 11, der aber nicht zwischen gesellschaftsvertraglich und dienstvertraglich geschuldeter Geschäftsführung unterscheidet.

[61] Beispiel BGH ZIP 2004, 2282, 2284.

schaftsvertrag geschuldeten Beitrag.[62] Eine eventuell[63] von der KG zu erbringende Gegenleistung ergibt sich dann meist aus dem Gesellschaftsvertrag (etwa höhere Gewinnquote als sie sich allein aufgrund der Einlagenhöhe errechnen ließe; § 168 RdNr. 8 f.). Zudem hat der Kommanditist einen Anspruch auf Ersatz seiner Aufwendungen (§ 110). Diese Absprachen können nur unter den für Änderungen des Gesellschaftsvertrages üblichen Voraussetzungen geändert werden.[64] Das Recht auf Mitarbeit ist dem Kommaditisten im Regelfall nur aus wichtigem Grund wieder entziehbar[65]. Werden einzelne Fragen im Gesellschaftsvertrag nicht angesprochen, so kann unter Umständen ergänzend auf §§ 115 f. dienst- oder arbeitsvertragliche Regelungen zurückgegriffen werden.[66] § 117 kann nur angewandt werden, wenn der Gesellschaftsvertrag dies so vorsieht (oben RdNr. 22). Möglich ist es allerdings auch, **im Gesellschaftsvertrag dienstvertragliche Absprachen** zu treffen (sog. unechte Gesellschaftsvertragsbestandteile). Die Aufnahme von Abreden in den Gesellschaftsvertrag spricht aber dafür, die Vereinbarung als echte Bestandteile des Gesellschaftsvertrages anzusehen.[67] Sollte aber wirklich ausnahmsweise ein Dienstvertrag in derselben Urkunde wie der Gesellschaftsvertrag niedergelegt sein,[68] so gilt nur das Recht des Dienstvertrages.

27 Wird mit dem Kommanditisten als Beitrag oder sonst auf gesellschaftsvertraglicher Basis die Erbringung von **Arbeitsleistungen** vereinbart, gilt jedenfalls der zugunsten des Arbeitnehmers zwingende Teil des Arbeitsrechts. Denn die Schutzbedürftigkeit des Arbeitnehmers hängt nicht davon ab, ob die Verpflichtung zur Erbringung von Arbeitsleistungen im Rahmen eines Gesellschaftsvertrages oder anderweit begründet wurde.[69]

28 **Es ist auch möglich, die im Gesellschaftsvertrag getroffene Bestimmung, dass der Kommanditist Geschäftsführungsbefugnis haben soll, durch einen Arbeits- oder Dienstvertrag zu ergänzen.**[70] Vorrang haben dann aber die im Gesellschaftsvertrag getroffenen Absprachen.[71] Ist also etwa im Gesellschaftsvertrag keine Vergütung vorgesehen und ergibt sich auch nicht im Wege der ergänzenden Vertragsauslegung, dass diese geschuldet sein soll, so kann in einem Dienstvertrag nicht eine Bezahlung vereinbart werden.[72] Dies wäre ein Verstoß gegen die mit allen Gesellschaftern getroffene Abrede. Dieser Vorrang des Gesellschaftsvertrages reicht aber nur soweit, wie tatsächlich in diesem Vertrag eine Regelung enthalten ist. Wenn also beispielsweise nur generell gesagt ist, dass der Kommanditist eine Vergütung erhalten solle, so kann im Dienstvertrag die Höhe der Bezahlung festgelegt werden. Bei der Ausgestaltung bzw. Abänderung der im Dienstvertrag getroffenen Vereinbarung ist wiederum die im Gesellschaftsvertrag enthaltene grundsätzliche Absprache zu beachten. Daher ist es etwa nicht möglich, die dienstvertraglichen Absprachen so unattraktiv auszugestalten, dass der Kommanditist an einer ihm im Gesellschaftsvertrag zugedachten Tätigkeit nicht mehr interessiert sein kann.[73]

---

[62] *Oetker* RdNr. 40; GroßkommHGB/*Schilling* RdNr. 8; *Schulze-Osterloh* AG 2003, 27, 28 zur Terminologie §§ 171, 172 RdNr. 5.

[63] Eine Gegenleistung muss also nicht geschuldet sein: Siehe den Fall BGH BB 1976, 526; *Bork* AcP 184 (1984), 465, 475 f.

[64] BGH WM 1974, 177, 178; Röhricht/v. Westphalen/*v. Gerkan/Haas* RdNr. 26.

[65] BGH ZIP 2004, 2282, 2284; Röhricht/v. Westphalen/*v. Gerkan/Haas* RdNr. 21.

[66] Heymann/*Horn* RdNr. 12; Baumbach/*Hopt* RdNr. 7.

[67] *Grunewald,* FS Semler, S. 179, 185.

[68] Diese Annahme kann nahe liegen, wenn die Rechtsstellung so ausgestaltet ist wie die eines Angestellten und insbesondere grundlegend anders als die eines bei der KG tätigen Komplementärs, dazu *Klingberg* S. 45 ff.; enger *Priester* DB 1975, 1878, 1880: Falls keine klare andere Absprache getroffen ist, liege eine gesellschaftsvertragliche Regelung vor.

[69] *Schulze-Osterloh* AG 2003, 27, 28.

[70] Beispiel BGH NJW 1979, 999; Indizien dafür, wann eine solche Ergänzung gewollt ist, bei *Herrmann* RdA 1989, 313, 320.

[71] *Oetker* RdNr. 41; Deshalb gilt auch § 708 BGB und der im Gesellschaftsvertrag enthaltenen Regelungsanteil kann nur durch Änderung des Gesellschaftsvertrages abgewandelt werden.

[72] *Oetker* RdNr. 41; E/B/J/S/*Weipert* RdNr. 22.

[73] BAG NJW 1979, 999: Hier sollte das Dienstverhältnis mit dem Kommanditisten sogar ganz gekündigt werden.

3. Schwächung der Rechtsstellung des Kommanditisten. Die dem Kommanditisten von **§ 164 zugewiesenen Rechte sind dispositiv.** Es ist also auch möglich, die Position der Kommanditisten einzuschränken oder sie komplett von der Geschäftsführung auszuschließen. Insbesondere kann auch vorgesehen werden, dass die Zustimmung einer Mehrheit der (und nicht aller) Kommanditisten ausreicht[74] und dass einzelne oder alle Kommanditisten bei außergewöhnlichen bzw. bei Grundlagengeschäften nicht mitwirken.[75] Oftmals werden die zustimmungsbedürftigen Geschäfte (eventuell sogar abschließend) im Gesellschaftsvertrag aufgezählt. Der Grundsatz der Verbandssouveränität ist dann nicht tangiert, da nach wie vor Gesellschafter über die Beschlussgegenstände entscheiden. Von einer an § 138 Abs. 1 BGB scheiternden Entrechtung der Kommanditisten kann ebenfalls nicht gesprochen werden. Da Mehrheitsklauseln unstreitig zulässig sind, kann ein Kommanditist sowieso nicht mit einem maßgeblichen Einfluss rechnen. Dementsprechend können die Kommanditisten sogar vollständig vom Stimmrecht ausgeschlossen werden (§ 161 RdNr. 26; zu den Grenzen der Vertragsfreiheit § 161 RdNr. 28). In **Publikumsgesellschaften** hält eine solche Klausel der dann verschärften Inhaltskontrolle (§ 161 RdNr. 124 ff.) ebenfalls stand.[76] Gerade wegen der Vielzahl der Kommanditisten kommt ein Zustimmungsrecht nicht ernsthaft in Frage. Zweckmäßig wäre eine Beiratsverfassung (§ 161 RdNr. 152 ff.).[77] 29

III. Österreichisches Recht

Österreichisches Recht (UGB 2005; dazu § 105 RdNr. 276 ff.). § 164 lautet: 30

§ 164. Geschäftsführung

Die Kommanditisten sind von der Führung der Geschäfte der Gesellschaft ausgeschlossen; sie können einer Handlung der unbeschränkt haftenden Gesellschafter nicht widersprechen, es sei denn, daß die Handlung über den gewöhnlichen Betrieb des Unternehmens der Gesellschaft hinausgeht. Die Vorschriften des § 116 Abs. 3 bleiben unberührt.

§ 165 [Wettbewerbsverbot]

Die §§ 112 und 113 finden auf die Kommanditisten keine Anwendung.

Schrifttum: *Armbrüster,* Grundlage und Reichweite von Wettbewerbsverboten im Personengesellschaftsrecht, ZIP 1997, 261; *Doehner/Hoffmann* Münchener Handbuch des Gesellschaftsrechts, Band 2, 3. Aufl. 2009 (zitiert: MünchHdb. KG/*Doehner/Hoffmann*); *Grundmann,* Der Treuhandvertrag, 1997; *Immenga/Mestmäcker,* GWB, 4. Aufl. 2007; *Kanzleiter,* Schranken der Zulässigkeit von Wettbewerbsverboten in Gesellschaftsverträgen, DNotZ 1989, 195; *Kardaras,* Das Wettbewerbsverbot in den Personalgesellschaften, 1967; *Kellermann,* Einfluss des Kartellrechts auf das gesellschaftsrechtliche Wettbewerbsverbot des persönlich haftenden Gesell-

[74] Wenn für Vertragsänderungen eine Mehrheitsklausel gilt, soll sie im Zweifel auch bei der Beschlussfassung über Grundlagengeschäfte und Geschäftsführungsmaßnahmen zur Anwendung kommen: Siehe OLG Hamm NZG 2009, 1117, 1118; *Oetker* RdNr. 23.

[75] OLG Celle GmbHR 2000, 388 (Mehrheitsbeschluss); OLG Hamburg NZG 2005, 966, 967 (Mehrheitsbeschluss); OLG Hamm NZG 2009, 1117, 1118 (Mehrheitsbeschluss); *Immenga* ZGR 1974, 385, 404; *Koller*/Roth/Morck RdNr. 4; *Oetker* RdNr. 23; GroßkommHGB/*Schilling* RdNr. 7; Schlegelberger/*Martens* RdNr. 23 mit Betonung der Bedeutung der Kontrollrechte des Kommanditisten; Baumbach/*Hopt* RdNr. 6 – ähnlich Röhricht/v. Westphalen/*v. Gerkan/Haas* RdNr. 16; für außergewöhnliche Geschäfte mit Betonung darauf, dass der Kernbereich der Kommanditistenrechte stets zu beachten sei. Aber in diesen greifen Geschäftsführungsmaßnahmen auch dann wohl kaum ein, wenn Grundlagengeschäfte in Rede stehen; Heymann/*Horn* RdNr. 15 für Grundlagengeschäfte wiederum mit Hinweis auf den Kernbereich der Kommanditistenrechte; *Westermann,* FS BGH, S. 245, 262 f., sofern nicht Grundlagengeschäfte betroffen sind; so auch E/B/J/S/*Weipert* RdNr. 16.

[76] *Oetker* RdNr. 62, die dort geforderte praktikable Möglichkeit, den Vertrag zu ändern, ist in jedem Fall der Inhaltskontrolle geboten, § 161 RdNr. 123; *Schneider* ZGR 1978, 1, 17.

[77] AA *Koller*/Roth/Morck RdNr. 6: Nur abdingbar wenn Kontrollorgan vorhanden; zur Zulässigkeit der Übertragung des Zustimmungsrechts der Kommanditisten auf einen Beirat § 161 RdNr. 149; MünchHdb. KG/*Riegger* § 8 RdNr. 23; MünchHdb. KG/*Wirth* § 8 RdNr. 73.

schafters, FS Fischer, 1979, S. 307; *Kübler/Waltermann,* Geschäftschancen der Kommanditgesellschaft, ZGR 1991, 162; *Löffler,* Zur Reichweite des gesetzlichen Wettbewerbsverbots in der Kommanditgesellschaft, NJW 1986, 223; *Lutter,* Theorie der Mitgliedschaft, AcP 180 (1980), 84; *Merkt,* Unternehmensleitung und Interessenkollision, ZHR 159 (1995), 423; *Klaus Müller,* Das gesetzliche Wettbewerbsverbot der Gesellschafter der KG, NJW 2007, 1724; *Riegger,* Unterliegt die Komplementär-GmbH dem gesetzlichen Wettbewerbsverbot?, BB 1983, 90; *Röhricht,* Das Wettbewerbsverbot des Gesellschafters und Geschäftsführers, WP 1992, 766; *Rubner/Leuering,* Wettbewerbsverbote gegen Kommanditisten NJW-Spezial 2011, 79; *Salfeld,* Wettbewerbsverbote im Gesellschaftsrecht, 1987; *Karsten Schmidt,* Vertragliche Wettbewerbsverbote im deutschen Kartellrecht, ZHR 159 (1985), 1; *Schulze-Osterloh,* Zur Tätigkeit des Kommanditisten im Dienste der KG, AG 2003, 27; *Timm,* Wettbewerbsverbote und Geschäftschancen im Recht der GmbH, GmbHR 1981, 177; *Weimar,* Konkurrenz- und Wettbewerbsverbot für Kommanditisten, JR 1976, 496; *Weisser,* Corporate Opportunities, 1992; *Westermann, H. P.,* FS 50 Jahre Bundesgerichtshof, Bd. II, 2000, 245, 262 f.; *Wiedemann/Hirte,* Die Konkretisierung der Pflichten des herrschenden Unternehmens, ZGR 1986, 193.

Übersicht

I. Wettbewerbsverbot und Verteilung von Geschäftschancen nach der gesetzlichen Regelung

1 **1. Inhalt des Wettbewerbsverbots und Aufteilung der Geschäftschancen.** Das Gesetz bestimmt in § 112 ein **Wettbewerbsverbot für den Komplementär.** Diese Norm soll nach § 165 für den Kommanditisten nicht gelten. Gleichwohl besteht in vielen Situationen auch ohne ausdrückliche Regelung im Gesellschaftsvertrag ein solches Wettbewerbsverbot (unten RdNr. 5 ff.). Sofern dies der Fall ist, hat dieses den Kommanditisten treffende Verbot denselben Inhalt, wie das in § 112 für den Komplementär festgeschriebene. Bezüglich des **Umfangs des Wettbewerbsverbotes** kann daher auf § 112 verwiesen werden.

2 Neben das Wettbewerbsverbot tritt die sog. **Geschäftschancenlehre.** Den Gesellschafter kann das Verbot treffen, Geschäftschancen, die sich der KG bieten, für sich selbst zu nutzen (§ 112 RdNr. 16; § 105 RdNr. 192). Dies gilt auch, wenn der Gesellschafter bei Nutzung der Gelegenheit nicht in Wettbewerb zu seiner Gesellschaft treten würde. Umstritten ist, wann von einer Chance gesprochen werden kann, die der Gesellschaft zugeordnet ist. Da von einem geschäftsführenden Komplementär in einem größeren Ausmaß als von einem rein kapitalistisch beteiligten Kommanditisten erwartet werden kann, dass er günstige Gelegenheiten im Geschäftsbereich der Gesellschaft für diese und nicht für sich selber nutzt (etwa günstiger Ankauf des Betriebsgrundstücks), ist hier eine einheitliche Antwort nicht möglich. Daher sollte man in einem ersten Schritt von einem umfassenden Verständnis der Geschäftschancen der KG ausgehen und dann – je nachdem um welchen Gesellschafter es sich handelt – ein weitreichendes oder ein weniger weitreichendes Verbot

entwickeln. Demgemäss wird hier davon ausgegangen, dass unter einer Geschäftschance der KG jede sich in ihrem Geschäftsbereich bietende Gelegenheit zum Abschluss eines für sie günstigen Geschäftes zu verstehen ist.[1]

2. Gesetzestypische KG. a) Komplementär. Für die Komplementäre gilt das 3
Wettbewerbsverbot von § 112. Soll ein Komplementär von dem Wettbewerbsverbot befreit werden (§ 112 Abs. 1), so ist auch die Einwilligung der Kommanditisten erforderlich.[2] Wegen der erheblichen Bedeutung dieser Entscheidung für die KG handelt es sich um ein Grundlagengeschäft (§ 164 RdNr. 15 ff.).

b) Die Kommanditisten. Nach § 165 trifft den Kommanditisten, der lediglich über 4
die vom Gesetz vorgesehene Rechtsstellung verfügt, **kein Wettbewerbsverbot.**[3] Er kann also auch im Handelszweig der KG tätig werden. Demgemäss trifft ihn auch nicht das weitergehende Verbot, die **Geschäftschancen der KG** für sich zu nutzen.[4] Vielmehr hat er mit den Geschäften der KG im Grundsatz nichts zu tun. Da der Kommanditist der KG aber auf jeden Fall die Einhaltung der in der Treuepflicht begründeten Rücksichtnahmepflichten schuldet, kann jeder Kommanditist im Geschäftsbereich der KG gleichwohl nicht nach seinem Belieben verfahren. Insbesondere darf er Geschäftschancen und Wettbewerbsvorteile nicht für sich selber nutzen, von denen er aufgrund der ihm als Kommanditisten zustehenden Informationsrechte oder anderweitig in seiner Eigenschaft als Kommanditist erfahren hat.[5] Dies gilt auch dann, wenn er die Chance nicht selbst für die KG wahrnehmen kann.[6] Dann hat er sie den Geschäftsführenden Gesellschaftern mitzuteilen. Haben die Gesellschafter beschlossen, ein bestimmtes Geschäft für die KG durchzuführen, so ändert das allein aber noch nichts an der Verteilung der Geschäftschancen.[7] Denn ein solcher Beschluss kann – wenn der Kommanditist dem nicht zugestimmt hat – nichts an der durch Gesellschaftsvertrag und Gesetz vorgegebenen Rechtslage ändern. Anderenfalls könnte die Mehrheit ohne Zustimmung des Kommanditisten die diesen treffenden Pflichten vermehren. Hierin läge ein Verstoß gegen die Kernbereichslehre. Für die KG essentielle Geschäftschancen darf ein Kommanditist aber generell nicht nutzen, wenn sie für ihn nur von untergeordneter Bedeutung sind.[8] Das gebietet die Treuepflicht gegenüber der KG. Ansonsten müssen aber Nachteile, die die KG durch den Wettbewerb des Kommanditisten bzw. durch die Nutzung von Geschäftschancen erleidet, hingenommen werden.[9]

3. Kommanditisten mit Geschäftsführungsbefugnis. a) Vereinbarung über die 5
Geschäftsführung im Gesellschaftsvertrag. Dem Kommanditist kann im Gesellschaftsvertrag in nahezu beliebigem Umfang die Befugnis zur Führung der Geschäfte der KG eingeräumt werden (§ 164 RdNr. 22). Dann liegt es nahe, auch eine Absprache darüber zu treffen, in welchem Umfang den Kommanditisten ein Wettbewerbsverbot treffen soll, und ob er die Geschäftschancen der KG für sich nutzen darf. Wenn das nicht erfolgt ist, stellt sich die Frage, inwieweit ein solches **Verbot auch ohne ausdrückliche Absprache gilt.** Dies hängt in erster Linie vom Umfang der dem Kommanditisten eingeräumten Geschäftsführungsbefugnis ab. Sofern diese der nach der gesetzlichen Regelung dem Komplementär

---

[1] Eine Gelegenheit, die sich vor der Gründung der KG bietet, ist daher nie eine Geschäftschance der KG: BGH NJW 1998, 1225, 1226.

[2] Baumbach/*Hopt* RdNr. 1; *Salfeld* S. 262.

[3] *Löffler* NJW 1986, 223, 225; *Kübler/Waltermann* ZGR 1991, 162, 164; *Oetker* RdNr. 7; aA *Kardaras* S. 34.

[4] *Weisser* S. 167; aA Heymann/*Horn* RdNr. 1 a; im wesentlichen nur anders im systematischen Ausgangspunkt *Kübler/Waltermann* ZGR 1991, 161, 168: die Autoren ordnen die der allgemeinen Treuepflicht entspringenden Verpflichtungen des Kommanditisten ebenfalls der Geschäftschancenlehre zu.

[5] *Aderhold* in Westermann RdNr. 2329; Röhricht/v. Westphalen/*v. Gerkan/Haas* RdNr. 12; *Grundmann* S. 433; Baumbach/*Hopt* RdNr. 2; *Kübler/Waltermann* ZGR 1991, 162, 168; *Lutter* AcP 180 (1980), 84, 116; *Klaus Müller* NJW 2007, 1724, 1725; GroßkommHGB/*Schilling* RdNr. 4; *Weisser* S. 198.

[6] AA E/B/J/S/*Weipert* RdNr. 2.

[7] *Aderhold* in Westermann RdNr. 2330; aA *Kübler/Waltermann* ZGR 1991, 162, 168.

[8] Röhricht/v. Westphalen/*v. Gerkan/Haas* RdNr. 13; Schlegelberger/*Martens* RdNr. 19.

[9] *Klaus Müller* NJW 2007, 1724, 1725.

zugedachten Befugnis entspricht oder dem Kommanditisten – etwa durch die Schaffung von Weisungsrechten gegenüber dem Komplementär, § 164 RdNr. 23 oder bei einer GmbH & Co. KG dadurch, dass der Kommanditist Geschäftsführer der GmbH oder mehrheitlich an der GmbH[10] beteiligt ist,[11] anderweit eine vergleichbar starke Position eingeräumt wird, gilt für den Kommanditisten § 112 HGB sinngemäß.[12] Denn da das Wettbewerbsverbot an die Einflussmöglichkeiten des Gesellschafters auf die Geschäfte der KG und die damit zusammenhängenden Zugriffsmöglichkeiten auf Geschäftsgeheimnisse und Chancen – und nicht an die Modalitäten der Gesellschafterhaftung – anknüpft, steht ein Kommanditist dann insoweit auch dem Komplementär gleich. Wie dieser hat er dann die Geschäftschancen der KG in einem umfassenden Sinne zu wahren. Dieses weitreichende Verbot trifft den Kommanditisten auch, wenn er die Geschäfte nicht persönlich, sondern über eine ihm eng verbundene Person (die gewissermaßen als sein verlängerter Arm tätig ist) führt. Diese Situation ist insbesondere bei Kommanditisten denkbar, die ein Unternehmen betreiben (unten RdNr. 11).

6 **Hat der Kommanditist nur eine eingeschränkte Geschäftsführungsbefugnis** (etwa nur für den Produktionsbereich, nur für den Abschluss eines bestimmten Geschäfts), so kann nicht ohne weiteres davon ausgegangen werden, dass ihn ein umfassendes Wettbewerbsverbot trifft.[13] Vielmehr beschränkt sich das Wettbewerbsverbot im Regelfall auf den Geschäftskreis, der dem Kommanditisten übertragen ist. Denn abgesehen von den jeden Kommanditisten treffenden Rücksichtnahmepflichten (oben RdNr. 4) reicht das auf die Treuepflicht des Kommanditisten gegenüber der KG zu stützende Wettbewerbsverbot im Zweifel immer nur soweit, wie es zur effektiven Absicherung der Interessen der KG erforderlich ist. Dabei ist aber zu bedenken, dass der betroffene Geschäftskreis nicht zu eng gezogen werden darf, da vielfach eine punktuelle Abgrenzung der Interessensphäre nicht möglich ist. Wenn also der Kommanditist beispielsweise im Einkauf tätig ist, kann ein Wettbewerb auch im Verkaufsbereich ausgeschlossen sein, wenn und weil eine Führung der Geschäfte in dem dem Kommanditisten zugewiesenen Bereich auch zu Aufgaben und Kenntnissen in einem anderen Bereich führt.[14]

7 Für die Verteilung der **Geschäftschancen** gilt ähnliches. Neben die jeden Kommanditisten treffenden Rücksichtnahmepflichten (oben RdNr. 4) tritt insbesondere die Verpflichtung, alle Geschäftschancen für die KG zu wahren, von denen der Kommanditist bei seiner Tätigkeit für die KG erfahren hat.[15] Wer also etwa für die KG Verhandlungen über den Ankauf eines Grundstücks führt, darf diese nicht dazu benutzen, dieses Grundstück für sich selber zu erwerben,[16] und wer bei der Erfüllung seiner Geschäftsführertätigkeit in diesem Bereich eine Erfindung macht, hat sie der KG kostenlos zu überlassen.[17]

8 **b) Vereinbarungen über die Geschäftsführungsbefugnis in einem Dienstvertrag, faktische Geschäftsführung.** Wenn zwischen dem Kommanditisten und der KG ein Dienstvertrag abgeschlossen wurde (§ 164 RdNr. 25), gelten die allgemeinen Regeln für

---

[10] BGH NJW 2002, 1046, 1047; ZIP 2009, 1162, 1163 (AG & Co. KG), es lag aber stets auch eine Mehrheitsbeteiligung an der KG vor, die Urteile nennen beide Aspekte.

[11] OLG Köln NZG 2009, 306.

[12] BGHZ 89, 162, 166; BGH NJW 2002, 1046, 1047; *Aderhold* in Westermann RdNr. 2325; *Armbrüster* ZIP 1997, 261, 270; Baumbach/*Hopt* RdNr. 3; *Löffler* NJW 1986, 223, 225; *Salfeld* S. 85; GroßkommHGB/*Schilling* RdNr. 2; E/B/J/S/*Weipert* RdNr. 7.

[13] AA E/B/J/S/*Weipert* RdNr. 7; aA auch *Merkt* ZHR 159 (1995), 423, 433, der die geschuldete Rücksichtnahme danach abstuft, wie viel Zeit der Gesellschafter für die Geschäfte der KG aufzuwenden hat. Doch zeigt das Beispiel eines mit nur einem nicht zeitaufwendigen Geschäftsabschluss betrauten Kommanditisten, dass es nicht auf die erforderliche Zeit, sondern auf den übertragenen Geschäftsbereich ankommt.

[14] *Aderhold* in Westermann RdNr. 2326; *Oetker* RdNr. 12; Röhricht/v. Westphalen/*v. Gerkan/Haas* RdNr. 7a; weitergehend Schlegelberger/*Martens* RdNr. 9 und E/B/J/S/*Weipert* RdNr. 7, die wohl stets zu einem umfassenden Wettbewerbsverbot tendieren.

[15] BGH NJW 1989, 2687, 2688.

[16] BGH NJW 1989, 2687, 2688.

[17] OLG Hamm NJW-RR 1986, 780, betroffen war aber ein Komplementär.

Wettbewerbsverbote aufgrund eines Dienstverhältnisses.[18] Ist weder im Gesellschaftsvertrag noch in einem Dienstvertrag eine ausdrückliche Regelung über die Geschäftsführung getroffen und ist der Kommanditist gleichwohl für die KG tätig, so liegt die Annahme eines konkludent vereinbarten Wettbewerbsverbotes nahe. Aber selbst wenn dies nicht feststellbar sein sollte, hat sich der Kommanditist, wenn er die Geschäfte der KG faktisch führt, an das Wettbewerbsverbot und die Geschäftschancenlehre zu halten.[19] Dies folgt aus den Regeln der faktischen Geschäftsführung, nach denen derjenige weitgehend wie ein Geschäftsführer zu behandeln ist, der real die Geschäfte führt.[20] Auch stünde andernfalls uU der rechtswidrig Handelnde besser als der, der rechtmäßig vorgeht.

4. Kommanditist mit weitgehenden Informationsrechten. Ein Wettbewerbsverbot 9
dient auch der Absicherung der Geschäftsgeheimnisse der Gesellschaft. Daher liegt es nahe, Gesellschafter, die umfassende dem Komplementär vergleichbare (§ 118) Informationsrechte haben, mit einem Wettbewerbsverbot zu belegen.[21] Das Gesetz geht von seinem Ausgangspunkt aus aber einen anderen Weg: Kommanditisten, die Wettbewerber der KG sind, haben nur eingeschränkte Informationsrechte (§ 166 RdNr. 17). Der Konflikt zwischen Informationsrecht und Missbrauchsgefahr durch Wettbewerber wird also durch eine **Beschränkung der Informationsrechte und nicht durch eine Reduzierung der Wettbewerbsmöglichkeiten gelöst**, was zugleich der großen Bedeutung des Wettbewerbs für unsere Rechtsordnung entspricht.[22] Daher führt allein die Tatsache, dass ein Kommanditist nach dem Gesellschaftsvertrag umfassende Informationsrechte hat, nicht dazu, dass für ihn ein Wettbewerbsverbot gelten würde.[23] Dies gilt verstärkt, wenn er die Rechte nur hat, aber nicht nutzt.[24] Es entspricht nicht der gesetzlichen Regelung, wenn man dem Kommanditisten nur die Möglichkeit einräumt, nachzuweisen, dass er von diesen Rechten fortwährend keinen Gebrauch macht.[25] Vielmehr muss die KG im Rahmen der Auskunftsverweigerung diesen Nachweis führen (zu den Erleichterungen § 166 RdNr. 17). Der Kommanditist darf im Grundsatz auch Geschäftschancen nutzen, die für die KG ebenfalls profitabel wären. Dieses Ergebnis ist rechtspolitisch insoweit erwünscht, als damit zugleich dem Ziel des § 1 GWB Rechnung getragen wird (unten RdNr. 18). Allerdings gilt stets der für jeden Kommanditisten einschlägige Grundsatz, dass er bei jedem Geschäft, von dem er als Gesellschafter der Kommanditgesellschaft erfahren hat, nicht in Konkurrenz zu der KG treten darf (oben RdNr. 4).

5. Kommanditisten mit Mehrheitsbeteiligung an der KG bzw. an anderen Unternehmen. Allein die Tatsache, dass ein Kommanditist eine Mehrheitsbeteiligung an 10
der KG hält, **ändert nichts an der Grundregel des § 165.**[26] Zwar ist es in diesem Fall wahrscheinlicher als sonst, dass der Kommanditist ein gesteigertes Interesse für die Geschäfte der KG zeigt. Solange dies aber keine Ausweitung seiner Rechte im Bereich der Geschäftsführung zur Folge hat, bleibt es bei der gesetzlichen Verteilung von Rechten und

[18] Röhricht/v. Westphalen/*v. Gerkan/Haas* RdNr. 14; GroßkommHGB/*Schilling* RdNr. 4.

[19] *Klaus Müller* NJW 2007, 1724, 1725; *Oetker* RdNr. 17.

[20] *Kübler/Waltermann* ZGR 1991, 162, 166; *Merkt* ZHR 159 (1995), 423, 429.

[21] Röhricht/v. Westphalen/*v. Gerkan/Haas* RdNr. 10; Baumbach/*Hopt* RdNr. 3; Heymann/*Horn* RdNr. 4; *Koller*/Roth/Morck RdNr. 3; Schlegelberger/*Martens* RdNr. 13 f.; GroßkommHGB/*Schilling* RdNr. 2; E/B/J/S/*Weipert* RdNr. 8; *K. Müller* NJW 2007, 1727, 1726; *Oetker* RdNr. 13.

[22] Siehe *Rubner/Leuering* NJW-Spezial 2011, 79, 80 unter Hinweis auf § 1 GWB.

[23] *Armbrüster* ZIP 1997, 261, 270; *Kellermann,* FS Fischer, S. 307, 318; in der Tendenz ebenso *Weisser* S. 194 ff.

[24] In diesem Fall besteht nach MünchHdb. KG/*Doehner/Hoffmann* § 16 RdNR. 49 kein Wettbewerbsverbot.

[25] So *Oetker* RdNr. 14.

[26] OLG Koblenz NZG 2006, 423, 425 aber wenig klar; *Immenga* JZ 1984, 578, 579; *Merkt* ZHR 159 (1995), 423, 438; *Oetker* RdNr. 15; *Rubner/Leuering* NJW-Spezial 2011, 79; aA Röhricht/v. Westphalen/*v. Gerkan/Haas* RdNr. 8; *K. Müller* NJW 2007, 1724, 1726; GroßkommHGB/*Schilling* RdNr. 2; *Weisser* S. 199; *Wiedemann/Hirte* ZGR 1986, 163, 164 f.; nach *Schilling* aaO reicht gegebenenfalls auch eine wesentliche Beteiligung aus; dem folgend *Röhricht* WP 1992, 766, 772 für die GmbH; offen gelassen in BGHZ 89, 166; dagegen BGH ZIP 2009, 1162, 1164 (passim); OLG Frankfurt NZG 2009, 903.

Pflichten. Die Lage ändert sich erst, wenn der Kommanditist verstärkt Einfluss auf die Geschäftsführung nimmt, die Komplementäre also von ihm abhängig sind (oben RdNr. 5) bzw. der Kommanditist faktisch die Geschäfte der Gesellschaft in der Hand hat (RdNr. 8).[27] Für das Eingreifen des Wettbewerbsverbotes ist es nicht erforderlich, dass der Kommanditist die Geschäfte persönlich führt. Sofern andere Personen dies für ihn tun, ist dem Kommanditist der Wettbewerb im gleichen Umfang untersagt, wie wenn er die Geschäfte selber führen würde. Eine bloße Sperrminorität führt erst Recht nicht zu einem Wettbewerbsverbot.[28]

11 **Bei Kommanditisten, die Mehrheitsgesellschaftsgesellschafter sind und zugleich noch in einem weiteren Unternehmen engagiert sind (Konzern),** wird vermutet, dass sie ihre Stellung in der KG nutzen, um umfassend auf die Geschäftsführung der KG Einfluss zu nehmen.[29] Solche Kommanditisten trifft daher, wenn sie die Vermutung nicht widerlegen, ein Wettbewerbsverbot. Auch greift zu ihrem Nachteil die Geschäftschancenlehre ein.

12 **6. GmbH & Co. KG.** Für die GmbH gilt das allgemein für **Komplementäre** eingreifende Wettbewerbsverbot (oben RdNr. 3).[30]

13 Auch für die **Kommanditisten** bestehen im Grundsatz keine Sonderregeln. Ein Wettbewerbsverbot greift also nur ein, wenn der Kommanditist (sei es auch nur faktisch) die Geschäfte der KG führt (oben RdNr. 5).[31] Dies kann etwa dann der Fall sein, wenn ein Kommanditist die Mehrheit in der GmbH hält (RdNr. 15) oder die Geschäftsführung in der KG in der Hand hat (oben RdNr. 5).

14 Die Pflichten **des Geschäftsführers der GmbH** ergeben sich aus seinem Dienstvertrag sowie aus seiner Organstellung in der GmbH. Inhalt des Dienstvertrages sowie der mit der Organstellung verbundenen Pflichten ist es, nicht nur Wettbewerb gegenüber der GmbH, sondern auch gegenüber der KG zu unterlassen sowie die Geschäftschancen von GmbH und KG nicht für sich selber zu nutzen. Denn da der GmbH das Verhalten ihres Geschäftsführers über § 31 BGB zugerechnet wird, macht sie sich selber wegen Verstoßes gegen die gesellschafterliche Treuepflicht schadensersatzpflichtig, wenn sie einen Geschäftsführer beschäftigt, der im Eigeninteresse und nicht im Interesse der KG die einschlägigen Geschäfte betreibt. Der Geschäftsführer muss aber aufgrund seines Rechtsverhältnisses zur GmbH dafür Sorge tragen, dass keine Ansprüche gegen die GmbH zur Entstehung kommen. Im übrigen ist davon auszugehen, dass regelmäßig eine entsprechende (gegebenenfalls konkludente) Absprache im Rahmen des Anstellungsverhältnisses getroffen worden ist. Das Wettbewerbsverbot von § 165 gilt für die Geschäftsführer aber nicht.[32] Eine direkte Haftung gegenüber der KG kann sich für einen Geschäftsführer, der das Wettbewerbsverbot bzw. die Geschäftschancenlehre nicht beachtet, nach den Regeln des Vertrages mit Schutzwirkung für Dritte ergeben (§ 161 RdNr. 82 ff.).[33]

15 Die **Gesellschafter der GmbH** unterliegen regelmäßig keinem Wettbewerbsverbot im Verhältnis zur KG.[34] Sie sind lediglich der GmbH verbunden, die für ihre Gesellschafter – im Unterschied zu den Geschäftsführern – nicht einzustehen hat. Allerdings bestehen in der GmbH & Co. KG auch Treuepflichten der GmbH-Gesellschafter gegenüber der KG (§ 161 RdNr. 66). Je nach Ausgestaltung der Gesellschaft (faktischer Einfluss der GmbH-

[27] *Immenga* JZ 1984, 578, 579; E/B/J/S/*Weipert* RdNr. 9.

[28] MünchHdb. KG/*Doehner/Hoffmann* § 16 RdNr. 50; *K. Müller* NJW 2007, 1724, 1726; aA Schlegelberger/*Martens* RdNr. 17.

[29] BGHZ 89, 162, 166.

[30] *Armbrüster* ZIP 1997, 261, 271; *Koller*/Roth/Morck RdNr. 2; *K. Müller* NJW 2007, 1724, 1724; *Riegger* BB 1983, 90; GroßkommHGB/*Schilling* RdNr. 6; *Weisser* S. 193; siehe auch BGH ZIP 2009, 1162, 1163 (AG & Co. KG).

[31] E/B/J/S/*Henze* § 177 a Anh. A RdNr. 94 f.

[32] BGH ZIP 2009, 1162, 1163; aA *Cahn* DK 2007, 716, 718; auch oben § 112 RdNr. 9.

[33] *Armbrüster* ZIP 1997, 261, 262; *Riegger* BB 1983, 90, 91.

[34] AA für Mehrheitsgesellschafter *Koller*/Roth/Morck RdNr. 2.

Gesellschafter auf die KG) kann daher im Einzelfall auch ein Wettbewerbsverbot basierend auf dieser Treuepflicht eingreifen.[35]

II. Abweichende Vereinbarungen im Gesellschaftsvertrag

1. Weitergehende Wettbewerbsverbote. a) Grundsätzliche Zulässigkeit. Gemäß dem Grundsatz der Vertragsfreiheit können im Prinzip weitergehende Absprachen getroffen werden. Insbesondere kann auch für Kommanditisten, die nach der gesetzlichen Regelung einem Wettbewerbsverbot nicht unterliegen, ein solches vereinbart werden. Auch kann der Anwendungsbereich des Wettbewerbsverbotes auf Unternehmen erstreckt werden, die dem Kommanditisten (mehrheitlich)[36] gehören. Weiterhin kann ein Verbot auch benachbarte Handelszweige erfassen. 16

b) Grenze des § 138 BGB. Nach § 138 BGB ist ein Wettbewerbsverbot sittenwidrig und unwirksam, wenn es den Kommanditisten in seinen wirtschaftlichen Entfaltungsmöglichkeiten (Art. 2, 12 GG) behindert, ohne für die KG von unmittelbarem Nutzen zu sein.[37] Ebenfalls unwirksam sind Absprachen, die es einem Kommanditisten **nach seinem Ausscheiden aus der KG** unnötig erschweren, unternehmerisch tätig zu werden. Das Wettbewerbsverbot ist insoweit in örtlicher, zeitlicher und gegenständlicher Hinsicht zu überprüfen (§ 112 RdNr. 22). Unzulässig ist ein Verbot, das einen **Wettbewerb durch Ehegatten** oder (minderjährige) Kinder untersagt, da anderenfalls eine Belastung von Personen erfolgt, die nicht an der Gesellschaft beteiligt sind (Druck durch den verpflichteten Gesellschafter). Sollte diese Person lediglich als Strohmann vorgeschoben worden sein, so gilt bereits das gesetzliche/vertragliche Wettbewerbsverbot. Sofern sie aber nicht als verlängerter Arm des Kommanditisten tätig wird, kann der Kommanditist nicht mit einer solchen Person gleichgesetzt werden. Informationsrechte des Kommanditisten können allerdings unter diesen Umständen beschränkt sein (§ 166 RdNr. 17). 17

c) Die Grenze des § 1 GWB. Sofern die Voraussetzungen des § 1 GWB (Miteinander in Wettbewerb stehende Unternehmen, Einschränkung oder Verfälschung des Wettbewerbs) erfüllt sind, stellt sich die Frage, ob ein Wettbewerbsverbot wegen Verstoßes gegen diese Norm nichtig ist. Klar ist, dass das **aus der Treuepflicht entwickelte,** auch ohne besondere Absprachen geltende **Wettbewerbsverbot** für Kommanditisten (siehe oben RdNr. 4 ff.) vor § 1 GWB Bestand hat.[38] Dies gilt auch dann, wenn es im Gesellschaftsvertrag ausdrücklich genannt wird. Weitergehende Absprachen werden demgegenüber regelmäßig gegen § 1 GWB verstoßen, da und wenn sie nicht für den Bestand und die Erhaltung der Funktionsfähigkeit der KG erforderlich sind.[39] Daher bestimmt der zum Teil umstrittene (oben RdNr. 4 ff.) Umfang des aus der Treuepflicht folgenden Wettbewerbsverbots zugleich die Zulässigkeit einer solchen Abrede nach § 1 GWB. Der geschilderte Vorrang des Wettbewerbsverbots aufgrund der Treuepflicht vor § 1 GWB gilt aber nur für die Beur- 18

---

[35] Siehe OLG Koblenz NZG 2008, 423, 424; nicht in Erwägung gezogen in BGH ZIP 2009, 1162 (AG & Co. KG); *Oetker* RdNr. 19; Röhricht/v. Westphalen/*v. Gerkan/Haas* RdNr. 17; MünchHdb. KG/*Doehner/Hoffmann* § 16 RdNr. 56.

[36] Sollte der Kommanditist weniger als eine Mehrheitsbeteiligung halten, so kommt es für die Grenze des § 138 BGB darauf an, ob auch diese Beteiligung die Interessen der KG gefährdet – etwa weil der Kommanditist direkt oder mittelbar maßgeblichen Einfluss auf die Gesellschaft ausübt.

[37] *Mayer* NJW 1991, 23, 24; weitergehend Heymann/*Horn* RdNr. 8; es reiche aus, dass das Verbot von Nutzen für die Mitgesellschafter ist. Aber dies kann nur direkte Absprachen zwischen dem begünstigten und dem belasteten Gesellschafter rechtfertigen; enger *Kanzleiter* DNotZ 1989, 195, 197: geschützt sei der Gesellschafter nur in seiner „angestammten Berufstätigkeit", aber der Gesellschafter sollte auch die Möglichkeit zur Entwicklung neuer Arbeitsfelder behalten.

[38] BGHZ 89, 162, 166 = NJW 1984, 1351; BGHZ 70, 331 = NJW 1978, 1001; MünchHdb. KG/*Doehner/Hoffmann* § 16 RdNr. 71 f.; Schlegelberger/*Martens* RdNr. 31; GroßkommHGB/*Schilling* RdNr. 5; *Karsten Schmidt* ZHR 149 (1985), 1, 10 ff.

[39] Siehe den Fall OLG Düsseldorf WUW/E 3323, 330: Wettbewerbsverbot in einer kapitalistisch strukturierten Publikums-KG verstößt gegen § 1 GWB; OLG Frankfurt NZG 2009: Kommanditist hält 1/3: Verstoß gegen § 1 GWB.

teilung eines Wettbewerbsverbots im Rahmen eines Gesellschaftsverhältnisses, das im übrigen kartellrechtsneutral ist. Dies ist nicht der Fall, wenn der Gesellschaftsvertrag als solcher bereits den Verstoß gegen das Wettbewerbsverbot kaschieren soll.[40]

19 **2. Befreiung vom Wettbewerbsverbot. a) Befreiung vom Wettbewerbsverbot im Gesellschaftsvertrag.** Die Gesellschafter können auch vereinbaren, **dass das Wettbewerbsverbot** für den Komplementär und/oder den Kommanditisten **nicht gelten** soll. Da eine solche Absprache regelmäßig nicht den Interessen der Gesellschafter entspricht, ist bei der Auslegung des Gesellschaftsvertrages in diesem Sinne Zurückhaltung geboten.

20 **b) Aufhebung des Wettbewerbsverbotes beim Beitritt eines Kommanditisten.** Tritt ein Kommanditist, der in demselben Handelszweig wie die KG tätig ist, der Gesellschaft bei, so gilt im **Grundsatz für ihn ein Wettbewerbsverbot** unter denselben Voraussetzungen, unter denen auch sonst den Kommanditisten aufgrund der Treuepflicht ein Wettbewerbsverbot trifft (oben RdNr. 4 ff.). Eine anderslautende Absprache kann aber getroffen werden.[41] Doch sollte dies nur in Fällen angenommen werden, in denen wirklich klar ist, dass eine Aufgabe der Wettbewerbsaktivitäten des Kommanditisten nicht ernsthaft in Betracht kommt.[42] Sollte die Tätigkeit des Beitretenden allen Gesellschaftern bekannt sein, spricht dies allerdings dafür, dass das Wettbewerbsverbot aufgehoben wurde.[43] Ansonsten liegt die Annahme, es sei eine entsprechende Vereinbarung getroffen worden, aus den genannten Gründen (oben RdNr. 19) eher fern.

21 **c) Aufhebung des Wettbewerbsverbotes durch Gesellschafterbeschluss.** Das Wettbewerbsverbot kann auch in Bezug auf einen Kommanditisten durch Beschluss der Gesellschafter aufgehoben werden. Hierin liegt eine Abänderung der sich aus dem Gesellschaftsvertrag ergebenden Pflichten. Demgemäss sind die üblichen für Vertragsänderungen erforderlichen Voraussetzungen zu erfüllen.[44] Sofern Mehrheitsentscheidungen vorgesehen sind, gilt also § 112 Abs. 2 (Einwilligung der Gesellschafter)[45] nicht. Denn diese Regelung ist zum einen wenig praktikabel und zum anderen haben die Kommanditisten durch die Mehrheitsklausel zum Ausdruck gebracht, dass Einstimmigkeit nicht verlangt werden soll. Der Gesellschafter, dem Befreiung erteilt werden soll, hat bei dieser Abstimmung kein Stimmrecht.[46]

22 **d) Freigabe von Geschäftschancen.** Sofern die Freigabe von Geschäftschancen generell für alle oder für einen Gesellschafter erfolgt, **gelten dieselben Regeln wie bei der Freistellung von Wettbewerbsverboten** (oben RdNr. 19 ff., § 112 RdNr. 36).[47] Darüber hinausgehend kann die Freistellung aber auch lediglich für einen bestimmten Einzelfall erfolgen. Dann geht es darum, die aus der Treuepflicht erwachsende Verpflichtung eines Kommanditisten zur Achtung der Geschäftschancen der KG in einem besonderen Fall aufzuheben, also um eine Durchbrechung des Gesellschaftsvertrags im Einzelfall. Auch dies kann nur unter Beachtung der für Vertragsänderungen einschlägigen Regeln erfolgen. Wiederum hat der Gesellschafter, um dessen Begünstigung es geht, kein Stimmrecht.[48]

---

[40] BGH NJW 1982, 938; OLG Frankfurt NZG 2009, 903; MünchHdb. KG/*Doehner/Hoffmann* § 16 RdNr. 65; *Karsten Schmidt* ZHR 149 (1985), 1, 15 f.

[41] So im Fall BGH WM 1982, 234, zur Vorbereitung eines Rechts eines Gesellschafters zur Übertragung seines KG-Anteils auf seinen, eine Konkurrenztätigkeit ausübenden Sohn.

[42] AA GroßkommHGB/*Schilling* RdNr. 3: es werde die Befreiung vermutet.

[43] *Cahn* DK 2007, 716, 722.

[44] GroßkommHGB/*Schilling* RdNr. 3; im Ergebnis ebenso Heymann/*Horn* RdNr. 8: Grundlagengeschäft; wohl auch *Wiedemann/Hirte* ZGR 1986, 163, 173 für die Befreiung des Mehrheitsgesellschafters vom Wettbewerbsverbot.

[45] Was genau das bedeutet, ist umstritten, siehe § 112 RdNr. 24.

[46] BGHZ 80, 71, 74 (GmbH); MünchHdb. KG/*Doehner/Hoffmann* § 16 RdNr. 60; Baumbach/*Hopt* RdNr. 5, § 112 RdNr. 13.

[47] AA *Weisser* S. 210: keine konkludente Freigabe möglich. Dies würde Rechtssicherheit und Minderheitenschutz gebieten. Aber die Probleme liegen nicht anders als bei der Befreiung von Wettbewerbsverboten.

[48] *Kübler/Waltermann* ZGR 1991, 162, 172; zur GmbH *Timm* GmbHR 1981, 177, 183.

Anderenfalls hätte es ein Mehrheitsgesellschafter weitgehend selbst in der Hand, ob er die Geschäftschancen der Gesellschaft zu achten verpflichtet ist oder nicht.[49]

III. Rechtsfolgen bei einem Verstoß gegen das Wettbewerbsverbot bzw. gegen die Geschäftschancenlehre

Bei einem Verstoß gegen das Wettbewerbsverbot eines Kommanditisten gilt § 113 analog.[50] Die Rechtsfolgen, die ein Verstoß gegen die Geschäftschancenlehre nach sich zieht, sind umstritten.[51] Die Verjährung sollte sich wegen der Nähe zum Wettbewerbsverbot aber nach § 113 richten.[52] 23

IV. Österreichisches Recht

Österreichisches Recht (UGB 2005; dazu § 105 RdNr. 276 ff.). § 165 UGB lautet: 24

§ 165. Wettbewerbsverbot

Die §§ 112, 113 finden auf die Kommanditisten keine Anwendung.

§ 166 [Kontrollrecht]

(1) Der Kommanditist ist berechtigt, die abschriftliche Mitteilung des Jahresabschlusses zu verlangen und dessen Richtigkeit unter Einsicht der Bücher und Papiere zu prüfen.

(2) Die in § 118 dem von der Geschäftsführung ausgeschlossenen Gesellschafter eingeräumten weiteren Rechte stehen dem Kommanditisten nicht zu.

(3) Auf Antrag eines Kommanditisten kann das Gericht, wenn wichtige Gründe vorliegen, die Mitteilung einer Bilanz und eines Jahresabschlusses oder sonstiger Aufklärungen sowie die Vorlegung der Bücher und Papiere jederzeit anordnen.

Schrifttum: *Altmeppen*, Pflicht zur Herausgabe der Gesellschafterliste einer Fondgesellschaft?, NZG 2010, 1321; *Bälz*, Treuhandkommanditist, Treuhänder der Kommanditisten und Anlegerschutz, ZGR 1980, 1; *Binz/Freudenberg/Sorg*, Informationsrechte in der GmbH & Co. KG, BB 1991, 785; *Budde*, Grundsätze ordnungsmäßiger Rechnungslegung, FS Semler, 1993, S. 789; *Fleck*, Die sogenannte Einheitsgesellschaft – ein funktionsunfähiges Gebilde?, FS Semler, 1993, S. 115; *Goerdeler*, Das allgemeine Informationsrecht des Kommanditisten in bezug auf den Jahresabschluß, FS Kellermann, 1991, S. 77; *ders.*, Die Zuziehung von Sachverständigen bei der Einsicht in Bücher, FS Stimpel, 1985, S. 125; *Grunewald*, Zum Informationsrecht in der GmbH & Co. KG, ZGR 1989, 545; *Hahn*, Das Informationsrecht des Kommanditisten, BB 1997, 741; *Hey*, Freie Gestaltung von Gesellschaftsverträgen und ihre Schranken, 2004; *Hirte*, Die Ausübung der Informationsrechte von Gesellschaftern durch Sachverständige, FS Röhricht, 2005, S. 217; *Holler*, Der gläserne Treugeber – Kommanditist? – Zum Anspruch des Kapitalanlegers auf Anonymität im Gesellschaftsrecht, ZIP 2010, 2429; *Huber*, Das Auskunftsrecht des Kommanditisten, ZGR 1982, 539; *Kalss*, Der Anleger im Handlungsdreieck von Vertrag, Verband und Markt, 2001; *Krug*, Das Auskunfts- und Einsichtsrecht des Kommanditisten, Diss. Mannheim 1991; *Lutter*, Due diligence des Erwerbers beim Kauf einer Beteiligung, ZIP 1997, 613; *Menger*, Zulässigkeit und Formen der Lückenausfüllung im Innenrecht der Personengesellschaften, 1997; *Priester*, Transparenz contra Anonymität bei Treugeber-Innengesellschaften, ZIP 2011, 697; *Reuter*, Der Beirat der Personengesellschaften, FS Steindorff, 1990, S. 225; *Schiessel*, Abdingbarkeit der Kontrollrechte des Kommanditisten aus § 166 HGB, NJW 1989, 1597; *Schlitt*, Die Informationsrechte des stillen Gesellschafters, 1996; *ders.* in Sudhoff, GmbH & Co. KG, 6. Aufl. 2005; *Karsten Schmidt*, Informationsrechte in Gesellschaften und Verbänden, 1984; *Schneider*, Die Auskunfts- und Kontrollrechte des Gesellschafters in der verbundenen Personengesellschaft, BB 1975, 1353; *ders.*, Die Personengesellschaft als verbundenes Unternehmen, ZGR 1975, 253; *ders.*, Konzernbildung, Konzernleitung und Verlustausgleich im Konzernrecht der Personengesellschaften, ZGR 1980, 51; *ders.*, Die Personengesellschaft als herrschendes Unternehmen im Konzern, ZHR

[49] Zu der Frage, ob der Beschluss einer sachlichen Rechtfertigung bedarf bei § 112; siehe dazu auch *Merkt* ZHR 159 (1995), 423, 444; und *Kübler/Waltermann* ZGR 1991, 162, 172.

[50] *Aderhold* I 2331; Röhricht/v. Westphalen/*v. Gerkan/Haas* RdNr. 22; Heymann/*Horn* RdNr. 6.

[51] Dazu auch *Kübler/Waltermann* ZGR 1991, 167, 172; *Merkt* ZHR 159 (1995), 423, 448 f.

[52] OLG Köln NZG 2009, 306.

143 (1979), 485; *Schütz,* Sachlegitimation und richtige Prozeßpartei bei innergesellschaftlichen Streitigkeiten in der Personengesellschaft, 1994; *Stimpel,* Anlegerschutz durch Gesellschaftsrecht in der Publikums-KG, FS Fischer, 1979, S. 771; *Ulmer,* Die Mitwirkung des Kommanditisten an der Bilanzierung der KG, FS Hefermehl, 1976, S. 201; *Veltins/Hikel,* Zur Einschränkung bzw. Erweiterung der Informationsrechte des Kommanditisten, DB 1989, 465; *Wagner,* Kapitalanleger in notleidenden geschlossenen Immobilienfonds, NZG 1998, 657; *Weipert,* Gesellschafterinformationsrechte in der Kommanditgesellschaft, DStR 1992, 1097; *ders.* in Münchener Handbuch zum Gesellschaftsrecht, Band 2, 2. Aufl. 2004 (zitiert: MünchHdb. KG/*Weipert*).

Übersicht

I. Das reguläre Informationsrecht des Kommanditisten nach der gesetzlichen Regelung

1 **1. Inhalt des Informationsrechts.** Das Informationsrecht des Kommanditisten tritt wie jedes Informationsrecht in **zwei Ausprägungen** auf: als Auskunfts- und als Einsichtsrecht. Das Auskunftsrecht beinhaltet das Recht, Fragen an die Geschäftsführung zu stellen, die schriftlich oder mündlich beantwortet werden müssen. Das Einsichtsrecht gibt das Recht auf Einsichtnahme in die Bücher und Papiere der KG. Eine Verpflichtung der Gesellschaft zur Aushändigung von Unterlagen beinhaltet das Einsichtsrecht nicht.

2 **2. Das Einsichtsrecht. a) Betroffene Unterlagen.** Nach Abs. 1 kann der Kommanditist zur Überprüfung des Jahresabschlusses Einsicht in die Bücher und Papiere der KG verlangen. **Hierzu zählen alle Unterlagen der KG, die für den Abschluss relevant sind, insbesondere Prüfungsberichte,**[1] auch solche des Finanzamts,[2] sowie das **gesamte Rechnungswesen.** Ebenfalls zu den Unterlagen der KG zählen Papiere, die sich zwar nicht in ihren Räumen befinden, aber mit zumutbarem Aufwand beschafft werden

[1] BGH WM 1989, 878, 880; Baumbach/*Hopt* RdNr. 4; *Goerdeler,* FS Stimpel, S. 125, 132; *Oetker* RdNr. 8; auch *Binz/Freudenberg/Sorg* BB 1991, 785, 786 für den Fall, dass keine rein freiwillige Prüfung erfolgt.

[2] Röhricht/v. Westphalen/*v. Gerkan/Haas* RdNr. 4.

können.[3] Unter diesen Unterlagen sucht der Kommanditist aus, was er sehen möchte.[4] Da er selber meist nicht weiß, welche Unterlagen wichtig sind, muss die KG darlegen und beweisen, dass bestimmte vom Kommanditisten verlangte Papiere nicht unter das Einsichtsrecht fallen.[5] Nicht erfasst sind Papiere, die mit dem Jahresabschluss nichts zu tun haben, wie etwa Unterlagen über zukünftige Planungen (Strategiepapiere) oder auch über unternehmensinterne Entwicklungen[6] (Besprechungen, Rechtsverhältnisse unter den Gesellschaftern). In Rechtsgutachten, die sich auf den Jahresabschluss beziehen, ist demgegenüber Einsicht zu gewähren.[7] Diese Unterlagen erleichtern es dem Kommanditisten, sich selbst eine Meinung zu bilden und sind daher für Beurteilung der Rechtmäßigkeit des Abschlusses wichtig. Zu den Unterlagen der KG zählen auch bei ihr üblicherweise vorhandene Papiere, die sich auf verbundene Unternehmen beziehen (siehe unten RdNr. 25).

Das Einsichtsrecht bezieht sich **nur auf Bücher und Papiere sowie Datenträger.**[8] 3
Daraus folgt kein Besichtigungsrecht in bezug auf die Räumlichkeiten der KG[9] und auch kein Recht auf Teilnahme an Besprechungen. Der Kommanditist kann auch die Vorräte der KG nicht selber überprüfen.[10]

b) Zeitliche Grenzen, Art und Weise der Überprüfung. Die Überprüfung muss 4
innerhalb einer vertretbaren Frist nach Vorlage der Bilanz erfolgen. **Die Länge der Frist hängt von der Komplexität der zu überprüfenden Unterlagen ab.** Doch dürften vier Wochen wohl stets ausreichen.[11] Da Abs. 2 ein permanentes Einsichtsrecht gerade ausschließt, muss sichergestellt werden, dass die Abwicklung des Einsichtsrechts zügig erfolgt. Sollten sich bei der Überprüfung aber Unstimmigkeiten ergeben, ist auch ein längeres Andauern der Prüfung hinzunehmen. Wird die Bilanz nicht zu dem im Gesellschaftsvertrag vorgesehenen Zeitpunkt vorgelegt, hat der Kommanditist gleichwohl das Einsichtsrecht, muss allerdings noch eine kurze Zeit (ca. 3 Monate) abwarten. Andernfalls würde aus rechtswidrigem Verhalten der geschäftsführenden Gesellschafter ein Nachteil für den Kommanditisten entstehen. Das Einsichtsrecht ist **in den Geschäftsräumen der KG** auszuüben. Die Mitnahme der Unterlagen ist also nicht gestattet.[12] Es ist die Tageszeit zu wählen, zu der die Geschäftsführung der KG durch die Einsichtnahme am wenigsten behindert wird, sofern der Zeitpunkt auch für den Kommanditisten zumutbar ist. Meist werden dies die üblichen Geschäftszeiten sein.[13]

Der Kommanditist kann auf eigene Kosten[14] (- einer Übernahme der Kosten durch die 5
KG und damit letztlich durch alle Gesellschafter steht entgegen, dass es sich um ein Recht handelt, das der Gesellschafter für sich und nicht für die KG ausübt[15] -) **Fotokopien** (sofern Fotokopierer in den Räumen der KG vorhanden sind),[16] **Aufzeichnungen und Abschriften** erstellen.[17] Da er aber kein Recht auf Aushändigung aller Unterlagen der

---

[3] Etwa Unterlagen bei den geschäftsführenden Gesellschaftern; zu verbundenen Unternehmen unten RdNr. 24.

[4] *Oetker* RdNr. 8; Röhricht/v. Westphalen/*v. Gerkan/Haas* RdNr. 3; E/B/J/S/*Weipert* RdNr. 9.

[5] BGHZ 25, 115, 120; BGH WM 1979, 1061; *Aderhold* in Westermann RdNr. 2389; *Oetker* RdNr. 8; Röhricht/v. Westphalen/*v. Gerkan/Haas* RdNr. 3; E/B/J/S/*Weipert* RdNr. 9.

[6] *Hahn* BB 1997, 741; Schlegelberger/*Martens* RdNr. 7.

[7] AA BayObLG NZG 2003, 25, 26; Röhricht/v. Westphalen/*v. Gerkan/Haas* § 166 RdNr. 3.

[8] *Oetker* RdNr. 8.

[9] *Aderhold* in Westermann RdNr. 2388; *Oetker* RdNr. 8; sofern ein Anlass besteht, kann ein solches Recht aber aus dem Rechtsverhältnis zwischen KG und Kommanditist folgen.

[10] *Aderhold* I 2388; *Hahn* BB 1997, 741; *Oetker* RdNr. 5.

[11] *Schlitt* in Sudhoff § 24 RdNr. 19 spricht von 2 Monaten.

[12] OLG Köln BB 1961, 953; *Aderhold* in Westermann RdNr. 2397; Röhricht/v. Westphalen/*v. Gerkan/Haas* RdNr. 11; Baumbach/*Hopt* RdNr. 4; *Oetker* RdNr. 10.

[13] Röhricht/v. Westphalen/*v. Gerkan/Haas* RdNr. 11.

[14] Röhricht/v. Westphalen/*v. Gerkan/Haas* RdNr. 12; Baumbach/*Hopt* RdNr. 4; *Oetker* RdNr. 23.

[15] Ähnlich Röhricht/v. Westphalen/*v. Gerkan/Haas* RdNr. 12.

[16] Es besteht kein Mitnahmerecht RdNr. 4.

[17] Für Aufzeichnung und Abschriften so auch Röhricht/v. Westphalen/*v. Gerkan/Haas* RdNr. 12; für Aufzeichnungen auch Schlegelberger/*Martens* RdNr. 11; für Abschriften *Aderhold* in Westermann RdNr. 2397.

KG hat, können immer nur Abschriften und Fotokopien von einzelnen Vorgängen gefertigt werden. Es besteht aber kein vernünftiges Interesse der KG daran, dass der Kommanditist generell keine Kopien fertigt, da und soweit er Abschriften anfertigen darf. Die Einzelheiten hängen von den Umständen ab und ergeben sich aus der wechselseitigen Treuepflicht.

6 **c) Überprüfungsrecht trotz Beteiligung des Kommanditisten an der Feststellung des Jahresabschlusses, Überprüfungsrecht trotz Abschlussprüfung.** Die Gesellschafter stellen unter Mitwirkung des Kommanditisten den Jahresabschluss fest (§ 167 RdNr. 2). **Dies ändert aber nichts an dem Überprüfungsrecht des § 166 Abs. 1.** Auch Kommanditisten, die dem Jahresabschluss zugestimmt oder die Bilanz unterzeichnet haben,[18] können also ihr Prüfungsrecht geltend machen.[19] Ein solches Vorgehen des Kommanditisten ist sinnvoll, wenn der Kommanditist die Gewinnverteilung nicht blockieren will, gleichwohl aber eine genauere Überprüfung wünscht. Daher kann in der schlichten Stimmabgabe für den Jahresabschluss kein Verzicht auf das Prüfungsrecht nach § 166 Abs. 1 gesehen werden (siehe auch § 167 RdNr. 2).

7 **Das Überprüfungsrecht besteht auch dann, wenn eine Abschlussprüfung stattgefunden hat.**[20] Es beschränkt sich also nicht etwa auf eine Einsichtnahme in den Prüfungsbericht. Auch in der Vereinbarung im Gesellschaftsvertrag, dass eine solche Prüfung erfolgen solle, liegt nicht ohne weiteres ein Verzicht auf das Recht zur eigenständigen Überprüfung. Da bekanntermaßen keineswegs stets Verlass auf die Abschlussprüfung ist, kann nicht davon ausgegangen werden, dass der Kommanditist in diesem Fall kein eigenes Kontrollrecht haben wolle. Dies gilt um so mehr, als er vielleicht besser als ein Abschlussprüfer weiß, in welchem Bereich Einblick in die Unterlage genommen werden sollte.

8 **d) Fehlen einer ordnungsgemäßen Buchführung.** Das Überprüfungsrecht bezieht sich auf die **Buchführung so wie sie in der KG vorhanden ist.** Wenn die Buchführung nicht ordnungsgemäß ist, hat der Komplementär seine ihm gegenüber der KG obliegende Verpflichtung, für eine sachgerechte Buchführung Sorge zu tragen, verletzt. Die KG hat demgemäss einen Anspruch auf rechtmäßiges Handeln. Dieser Anspruch der KG kann unter den üblichen Voraussetzungen der actio pro socio von dem Kommanditisten durchgesetzt werden (§ 164 RdNr. 3). Einen eigenen Anspruch auf ordnungsgemäße Rechnungslegung hat der Kommanditist aber weder gegenüber dem Komplementär noch gegenüber der KG. Gleiches gilt im Grundsatz für Schadensersatzansprüche. Allerdings ist insoweit zu bedenken, dass der Fall eintreten kann, dass der Kommanditist einen Schaden (Überprüfungskosten) geltend macht, der ihm direkt, und nicht nur mittelbar über die Entwertung des Gesellschaftsvermögens entstanden ist (§ 164 RdNr. 6). Dann hat der Kommanditist sowohl einen Anspruch gegen die KG, die sich das Fehlverhalten des Komplementärs über § 31 BGB zurechnen lassen muss, wie auch gegenüber dem Komplementär.[21] Im übrigen kann in einer nicht ordnungsgemäßen Buchführung ein wichtiger Grund

---

[18] Nach § 245 S. 2 ist dies aber Aufgabe der Komplementäre.

[19] *Aderhold* in Westermann RdNr. 2397; Baumbach/*Hopt* RdNr. 4; aA OLG Nürnberg BB 1957, 1053; OLG Hamm GmbHR 1994, 127, 129; Röhricht/v. Westphalen/*v. Gerkan/Haas* RdNr. 13; *Oetker* RdNr. 6; *Ulmer,* FS Hefermehl, S. 207, 209 f.; E/B/J/S/*Weipert* RdNr. 16; es soll aber die Möglichkeit bestehen, diese Erklärung anzufechten: dazu unklar BGH BB 1960, 188: die Bilanz könne angefochten werden; auch OLG Hamm GmbHR 1994, 127, 129 Kondizierung wegen Zweckverfehlung möglich, wenn die Bilanz nicht als Grundlage der Steuerbescheide der Gesellschafter anerkannt wurde.

[20] *Oetker* RdNr. 7; aA GroßkommHGB/*Schilling* RdNr. 17 für die von der Gesellschaft beschlossene Abschlussprüfung, bei Prüfung allein auf Initiative des Komplementärs soll der Kommanditist ein Wahlrecht zwischen Einsicht in den Bericht und einer eigenen Überprüfung haben; aA auch Schlegelberger/*Martens* RdNr. 7: der Kommanditist müsse ein besonderes Interesse an einer eigenen Überprüfung darlegen, wenn die Prüfung eine verläßliche Beurteilungsgrundlage darstelle; aA auch *Goerdeler,* FS Stimpel, S. 125, 134 und Heymann/*Horn* RdNr. 31: kein eigenes Überprüfungsrecht, wenn nach dem Gesellschaftsvertrag der Abschluss von einem Wirtschaftsprüfer zu prüfen ist und der Bericht dem Kommanditisten ausgehändigt wird.

[21] Siehe Röhricht/v. Westphalen/*v. Gerkan/Haas* RdNr. 15a; *Oetker* RdNr. 11; Heymann/*Horn* RdNr. 11: Anspruch gegen die KG; siehe auch Schlegelberger/*Martens* RdNr. 11: Anspruch gegen den Komplementär.

nach Abs. 3 liegen. Dann besteht uU sogar ein Anspruch auf Erstellung der Unterlagen (unten RdNr. 34).

3. Das Recht auf Aushändigung des Jahresabschlusses. Nach Abs. 1 hat der Kommanditist das Recht, die abschriftliche Mitteilung des Jahresabschlusses, also die **Aushändigung der Bilanz und der Gewinn- und Verlustrechnung** (§ 242 Abs. 3) zu verlangen. Sofern ein Anhang erstellt wurde, ist auch dieser auszuhändigen.[22] Dies folgt einerseits aus § 264 Abs. 1 S. 1, andererseits aber auch aus der Tatsache, dass der Anhang die Bilanz und die Gewinn- und Verlustrechnung erläutert, was gerade für die Kommanditisten von besonderer Bedeutung ist. Dagegen muss der Bericht über eine Prüfung des Jahresabschlusses nicht ausgehändigt werden.[23] Gleiches gilt für Prüfungsberichte des Finanzamts.[24] Auch Zwischenbilanzen müssen nicht ausgehändigt werden.[25] Der Wortlaut (Jahresabschluss) ist insoweit eindeutig. Da der Kommanditist das geschilderte, sehr weitgehende Einsichtsrecht hat (oben RdNr. 2 ff.), ist ihm dies auch zumutbar. Er kann auf eigene Kosten Kopien von diesen Unterlagen erstellen (oben RdNr. 2 ff.). Demgegenüber kann die Aushändigung der Eröffnungs[26]- und der Steuerbilanz verlangt werden.[27] Letztere leitet sich von der Handelsbilanz ab. Hat der Kommanditist bereits früher ausgehändigte Bilanzen verloren, so kann er erneut Abschriften verlangen.[28] Zur Eröffnungs- und Schlussbilanz im Liquidationsstadium unten RdNr. 26. 9

Auszuhändigen ist der **festgestellte, nicht der bloß aufgestellte Jahresabschluss.**[29] Zwar sind die Kommanditisten an der Feststellung regelmäßig beteiligt (§ 167 RdNr. 2). Somit erfahren sie schon im Rahmen der Beschlussfassung den aufgestellten Jahresabschluss (und als Ergebnis der Beschlussfassung auch den festgestellten), so dass die Berechtigung nach § 166 Abs. 1 dann weniger bedeutsam ist. Für die Kommanditisten, die von dieser Beschlussfassung ausgeschlossen sind, bleibt die Pflicht nach Abs. 1 aber wichtig. Diese bezieht sich auf das letztlich maßgebliche Rechenwerk, nicht auf die vorherigen Entwürfe. Im übrigen kann der Tatsache, dass die Kommanditisten bei der Feststellung des Jahresabschlusses mitwirken, auch nicht unbedingt entnommen werden, dass sie auch eine Aushändigung des Abschlusses verlangen können. 10

4. Das Auskunftsrecht. Legt man den Wortlaut von § 166 zugrunde, so hat ein Kommanditist ein Auskunftsrecht nur unter den Voraussetzungen von Abs. 3. Auch aus Abs. 2 ergibt sich, dass ein Kommanditist **kein allgemeines Auskunftsrecht** haben soll. Die dort ausgeschlossene Befugnis beinhaltet nämlich gerade eine solche Berechtigung. Doch wird man dieser Regelung – zumindest heutzutage – nicht mehr entnehmen können, dass ein Kommanditist generell kein Recht auf Erteilung von Auskünften hat. Die Entwicklung im Bereich der Informationsrechte – insbesondere die Schaffung von § 51 a GmbHG – schließt eine solche Sichtweise aus.[30] Auch kann von keinem Gesellschafter erwartet werden, dass er seine Rechte ohne hinreichende Informationen ausübt. 11

Der restriktiven Grundhaltung des Gesetzes gegenüber Auskunftsrechten des Kommanditisten ist aber zu entnehmen, dass ein Kommanditist kein generelles § 51 a GmbHG entspre- 12

---

[22] Röhricht/v. Westphalen/*v. Gerkan/Haas* RdNr. 2; *Oetker* RdNr. 5.

[23] Baumbach/*Hopt* RdNr. 3; Röhricht/v. Westphalen/*v. Gerkan/Haas* RdNr. 2; E/B/J/S/*Weipert* RdNr. 8.

[24] OLG Hamburg MDR 1965, 666; Baumbach/*Hopt* RdNr. 3; Heymann/*Horn* RdNr. 8; *Oetker* RdNr. 5.

[25] Baumbach/*Hopt* RdNr. 3; Heymann/*Horn* RdNr. 8.

[26] Baumbach/*Hopt* RdNr. 3; *Oetker* RdNr. 5; E/B/J/S/*Weipert* RdNr. 7.

[27] Röhricht/v. Westphalen/*v. Gerkan/Haas* RdNr. 2; Baumbach/*Hopt* RdNr. 3; Heymann/*Horn* RdNr. 8; E/B/J/S/*Weipert* RdNr. 7.

[28] BGH WM 1982, 709, 710.

[29] *Oetker* RdNr. 5; AA GroßkommHGB/*Schilling* RdNr. 8.

[30] AA *Hey* S. 249 unter Hinweis auf das kollektive Informationsrecht (RdNr. 46), das im Wege der actio pro socio von den Kommanditisten durchgesetzt werden könnte. Aber die Auskünfte des kollektiven Informationsrechts dienen in erster Linie den Interessen der KG, nicht des Kommanditisten (zB Berechnung der Abfindung).

chendes Auskunftsrecht haben soll.[31] Da aber zugleich – wie geschildert – eine sachgerechte Ausübung von Rechten ohne Erhalt der erforderlichen Informationen nicht möglich ist, ist davon auszugehen, dass **jeder Kommanditist einen Anspruch auf Erteilung der für die Ausübung seiner Rechte in der KG erforderlichen Informationen hat.**[32] Diese können beispielsweise Verträge der KG mit Dritten (auch mit Gesellschaftern), die Namen der Mitgesellschafter – sofern nicht aus dem Handelsregister ersichtlich – auch gegenüber eines Treuhandkommanditisten, falls die Treugeber eine BGB-Gesellschaft bilden,[33] (etwa zur Erreichung eines Quorum),[34] Beziehungen zu Behörden, strategische Planungen, Bilanzierungsmaßnahmen (§ 167 RdNr. 2) oder die Stellung der KG am Markt betreffen. Falls für die Ausübung der Kommanditistenrechte erforderlich und der KG bekannt besteht auch ein Anspruch auf Mitteilung der nur über einen Treuhänder Beteiligten sofern nicht Geheimhaltungsinteressen (RdNr. 17) überwiegen. Demgemäss hängt der Umfang des Auskunftsrechts von der Ausgestaltung der Rechte des Kommanditisten in der KG ab.[35] Dabei ist davon auszugehen, dass ein Kommanditist seine Informationsrechte in Bezug auf einen Beschlussgegenstand auch dann ausüben kann, wenn er vom Stimmrecht ausgeschlossen ist.[36] Denn auch in diesem Fall hat er ein Rederecht, das ebenfalls nur sachgerecht ausgeübt werden kann, wenn die entsprechenden Informationen erteilt worden sind.

13 Da das Auskunftsrecht zur Informationsbeschaffung bei der Ausübung von Gesellschafterrechten dient, **besteht es nicht, wenn es um die Wahrung von Rechten des Kommanditisten außerhalb der KG oder zur Beendigung seiner Rechtsstellung in der KG geht.**[37] In diesem Zusammenhang können Auskunftsrechte nur aufgrund des allgemeinen Rechtsverhältnisses zwischen KG und Kommanditist gegeben sein.[38] Dies setzt voraus, dass die Interessen des Kommanditisten gegenüber denen der KG klar überwiegen, die Auskünfte regelmäßig also problemlos erteilt werden können und keiner gesteigerten Geheimhaltungspflicht unterliegen.

14 Bei der Festlegung, **welche Informationen** zur sachgerechten Ausübung bestimmter Rechte erforderlich sind, ist davon auszugehen, dass jedenfalls alle Auskünfte, die einem Aktionär erteilt werden müssen (§ 131 AktG), auch den Kommanditisten zu geben sind.[39] Auch länger zurückliegende Umstände können – sofern jetzt relevant – erfragt werden.[40] Die Beweislast dafür, dass bestimmte Informationen nicht benötigt werden, trägt die KG.[41] Weitergehende (Hintergrund-)Informationen können verlangt werden, wenn keine berechtigten Geheimhaltungsinteressen der KG bestehen und die Struktur der KG aufgrund einer eher personalistischen Ausgestaltung einem solchen Anspruch nicht entgegensteht.

15 Ein **Auskunftsanspruch entfällt, wenn die KG dem Kommanditisten ein Einsichtsrecht gewährt**, das den Interessen des Kommanditisten hinreichend Rechnung

[31] Schlegelberger/*Martens* RdNr. 19; *Menger* S. 123 ff.; GroßkommHGB/*Schilling* RdNr. 2; *Schlitt* S. 116 f.

[32] OLG Stuttgart NZG 2002, 1105, 1106; *Budde,* FS Semler, S. 789, 800; *Goerdeler,* FS Kellermann S. 77, 80; *Grunewald* ZGR 1989, 545, 552; *Hahn* BB 1997, 741, 744; *Oetker* RdNr. 14; GroßkommHGB/*Schilling* RdNr. 1, 2; *Schlitt* S. 116 f.; *Karsten Schmidt,* Informationsrechte, S. 68 ff.; *ders.* GesR § 53 III 3 b; nach *Schmidt* bildet das Informationsbedürfnis die Grenze des Auskunftsrechts; *Wiedemann* GesR § 7 II 2 S. 376; restriktiv *Menger* S. 128; offen gelassen in BGH NJW 1992, 1890, 1891.

[33] BGH ZIP 2011, 322 (mit Anm. *Altmeppen*); dazu *Altmeppen* NZG 2010, 1321; *Holler* ZIP 2010, 2429; *Priester* ZIP 2011, 697; *Wolfer/Brugger* GWR 2011, 77, 79.

[34] BGH NZG 2010, 61 (Gesellschaft bürgerlichen Rechts); siehe auch § 161 RdNr. 126.

[35] *Oetker* RdNr. 15.

[36] *Oetker* RdNr. 17; AA *Weipert* DStR 1992, 1097, 1111.

[37] *Hahn* BB 1997, 741, 745; *Lutter* ZIP 1997, 614, 618; aA Baumbach/*Hopt* RdNr. 11; Heymann/*Horn* RdNr. 19 und GroßkommHGB/*Schilling* RdNr. 2: es könnten auch Auskünfte im Zusammenhang mit steuerlichen Fragen des Kommanditisten gestellt werden; aA auch LG Berlin GmbHR 1995, 58: Verträge unter den Kommanditisten; aA auch E/B/J/S/*Weipert* RdNr. 28; Auskünfte im Zusammenhang mit der geplanten Veräußerung der Beteiligung.

[38] *Lutter* ZIP 1997, 614, 618.

[39] *Grunewald* ZGR 1989, 554, 552; *Hahn* BB 1997, 741, 745.

[40] *Oetker* RdNr. 19; Enger OLG Hamm DB 2005, 2683, 2684 zu Abs. 3; aber solange die KG relevante Informationen zur Hand hat, kann ihr die Auskunft bis zur Grenze der Verwirkung auch zugemutet werden.

[41] Oben RdNr. 4; GroßkommHGB/*Schilling* RdNr. 2.

trägt.[42] Denn die gesetzliche Regel, die im Normalfall ausdrücklich nur ein Einsichtsrecht gibt (Abs. 1), zeigt, dass insoweit den Interessen der KG Vorrang einzuräumen ist.[43] Stets können nur Informationen verlangt werden, die in der KG präsent oder mit zumutbaren Mitteln beschaffbar sind.

Der Kommanditist kann auch das **Auskunftsrecht der KG** gegenüber den geschäftsführenden Gesellschaftern (§§ 161 Abs. 2, 105 Abs. 2, §§ 713, 666 BGB; unten RdNr. 46) **im Wege der actio pro socio geltend machen.**[44] Da die Rechtsstellung der Kommanditisten im Bereich der Informationsrechte vom Gesetz in § 166 angesprochen und bewußt restriktiv geregelt ist, muss aber davon ausgegangen werden, dass auch auf diesem Wege weitergehende Rechte des Kommanditisten nicht entwickelt werden können. Denn es besteht kein Grund zu der Annahme, dass die Rechte des Gesellschafters über diesen Umweg weiter als nach dem Gesetz vorgesehen reichen sollten.[45] 16

5. Grenzen von Auskunfts- und Einsichtsrecht aus dem Geheimhaltungsinteresse der KG. Auch wenn die allgemeinen Voraussetzungen des Informationsrechts des Kommanditisten gegeben sind, besteht es gleichwohl in Sonderfällen nicht. Ein solcher Fall ist gegeben, wenn die dem Auskunfts- oder Einsichtsrecht entgegenstehenden Geheimhaltungsinteressen der KG von besonderem Gewicht sind, wenn also – um die Formulierung von § 51 a Abs. 3 GmbHG abzuwandeln[46] – der KG oder einem verbundenen Unternehmen **im Falle der Informationserteilung nicht unerhebliche Nachteile drohen.**[47] Es muss also nicht feststehen, dass die zu befürchtenden Ereignisse wirklich eintreten werden. Solche Nachteile drohen insbesondere bei der Erteilung sensibler Informationen an Kommanditisten, die mit der KG in Wettbewerb stehen.[48] Diese Kommanditisten haben aber die Möglichkeit, die Informationserteilung an einen zur Berufsverschwiegenheit verpflichteten Sachverständigen zu verlangen, der die Informationen dann pauschal formuliert an den Kommanditisten weitergibt.[49] Begehrt ein anderer Kommanditist Informationen, die für einen Kommanditisten, der zur KG in Wettbewerb steht, in diesem Zusammenhang von Bedeutung sein könnten, so sind die entsprechenden Informationen außerhalb der Gesellschafterversammlung zu erteilen.[50] Hat die KG **einem Dritten die Geheimhaltung bestimmter Informationen zugesagt,** so kann auch diese Absprache ein gewichtiges Interesse der KG an der Geheimhaltung begründen. Das gilt allerdings nur, wenn für eine solche Absprache nachvollziehbare Gründe sprechen. Denn anderenfalls hätten es die Geschäftsführer in der Hand, mit Hilfe solcher Absprachen die Informationsrechte des Kommanditisten zu Fall zu bringen. 17

[42] AA *Oetker* RdNr. 19; Wahlrecht beim Kommanditisten.

[43] *Schlitt* S. 117; OLG Stuttgart NZG 2002, 1105, 1106 für Auskunftsrechte zur Vorbereitung der Kontrolle des Jahresabschlusses; ähnlich *Weipert* DStR 1992, 1097, 1099 für die Beschlussfassung über die Entlastung des Geschäftsführers und die Billigung des Jahresabschlusses; für ein vertraglich vereinbartes Auskunftsrecht offen gelassen in BGH WM 1983, 910, 911.

[44] Bejahend *Binz/Freudenberg/Sorg* BB 1991, 785, 787; *Huber* ZGR 1982, 539, 547; GroßkommHGB/*Schilling* RdNr. 3; verneinend Schlegelberger/*Martens* RdNr. 17; offen gelassen in BGH NJW 1992, 1890, 1891.

[45] BGH NJW 1992, 1890, 1892; *Fleck,* FS Semler, S. 115, 122; GroßkommHGB/*Schilling* RdNr. 3; E/B/J/S/*Weipert* RdNr. 21; nur wenn die actio pro socio lediglich in Extremfällen gewährt wird, kann man sagen, dass dann auch ein umfassenderes Auskunftsrecht sinnvoll ist. Doch greift dann Abs. 3 ein (unten RdNr. 36 ff.).

[46] Dort erfolgt die Einschränkung nur im Zusammenhang mit der Nutzung von Informationen zu gesellschaftsfremden Zwecken. Dies beinhaltet aber wohl keine Einschränkung, da die Nutzung der Information zum Nachteil der KG wohl immer gesellschaftsfremd ist.

[47] Ähnlich Röhricht/v. Westphalen/*v. Gerkan/Haas* RdNr. 27; GroßkommHGB/*Schilling* RdNr. 6, 9; *Weipert* DStR 1992, 1097, 1111; E/B/J/S/*Weipert* RdNr. 35.

[48] Siehe den Fall BGH NJW 1995, 194, 196; BB 1979, 1315, 1316: keine Weitergabe der persönlichen Daten und der Vertragsbedingungen der leitenden Mitarbeiter sowie der Lieferantenbeziehungen und der Werbeunterlagen bei einem Modehaus; auch BGHZ 25, 115, 122; *Flume* ZIP 1995, 651, 653.

[49] Unten RdNr. 19; siehe auch BGH BB 1979, 1315, 1316; *Binz/Freudenberg/Sorg* BB 1991, 785, 786; Schlegelberger/*Martens* RdNr. 37; *Weipert* DStR 1992, 1097, 1111; E/B/J/S/*Weipert* RdNr. 34.

[50] *Krug* S. 139.

18 **6. Persönliche Geltendmachung des Informationsrechts.** Im Grundsatz kann der Kommanditist die Informationsrechte **nur persönlich** bzw. durch den gesetzlichen Vertreter oder Betreuer[51] geltend machen.[52] Sie stehen ihm als Gesellschafter zu. Auch ist seine Person den Mitgesellschaftern bekannt. Auf sie haben sie sich beim Vertragsschluss eingelassen.

19 **a) Pflicht zur Ausübung durch Dritte. In Sonderfällen darf der Kommanditist seine Informationsrechte aber nicht persönlich ausüben.**[53] Dies ist der Fall, wenn ein deutlich überwiegendes Interesse der KG dieser persönlichen Ausübung entgegensteht.[54] Meist wird dies die Befürchtung sein, der Kommanditist werde Geschäftsgeheimnisse nicht für sich behalten oder sie sogar persönlich nutzen (zu der Rechtslage, wenn der Kommanditist zur KG im Wettbewerb steht, auch oben RdNr. 17). Es können aber auch andere Gründe (Kommanditist nutzt das Informationsrecht zur Beleidigung von Angestellten der KG) gegen eine persönliche Ausübung sprechen. In allen diesen Fällen kann der Kommanditist sein Informationsrecht nur durch Einschaltung einer zur Berufsverschwiegenheit verpflichteten und somit an strikte Vertraulichkeit gewohnten Person[55] oder durch einen Mitgesellschafter ausüben. Denn nur diese Personen bieten eine gewisse Gewähr dafür, dass der Kreis der Mitwisser nicht ausufert. Der Kommanditist bestimmt in diesem Rahmen, wen er hinzuziehen will. Er haftet für diese Person nach § 278 BGB. Die KG hat aber das Recht, ungeeignete Personen zurückzuweisen.[56] Allein die Tatsache, dass diese Person erklärt, sie werde im Interesse des Kommanditisten die Unterlagen überprüfen, beinhaltet keinen Grund zur Zurückweisung. Denn schließlich ist gerade dies ihre Aufgabe.[57] Diese Person berichtet dem Kommanditisten über die Überprüfung, ohne geheimhaltungsbedürftige Einzelheiten zu nennen. Die Kosten trägt der Kommanditist, da die Hinzuziehung der betreffenden Person aus Gründen notwendig ist, die in seiner Sphäre liegen.[58] Ob der Kommanditist generell keine geheimhaltungsbedürftigen Informationen erhält oder ob bei jeder einzelnen abgefragten Information dargelegt werden muss, dass die Interessen der KG gegenüber der Informationserteilung überwiegen, hängt von dem Grund ab, der der persönlichen Ausübung des Informationsrechts durch den Kommanditisten entgegensteht. Im allgemeinen wird eine generelle Lösung zu bevorzugen sein.[59] Denn anderenfalls ist eine ständige Auseinandersetzung zwischen KG und Kommanditist über die Relevanz einzelner Informationen zu befürchten.[60]

20 **b) Recht zur Ausübung durch Dritte/Hinzuziehung Dritter. Ohne besonderen Anlass** (etwa Krankheit, Gebrechlichkeit, längere Abwesenheit) **kann der Kommanditist sein Informationsrecht nur dann stellvertretend durch einen Dritten ausüben lassen,** wenn die für die Abänderungen des Gesellschaftsvertrages erforderlichen Voraussetzungen

[51] *Oetker* RdNr. 30.

[52] Zum Einsichtsrecht BGHZ 25, 115, 122; BGH BB 1962, 899; Röhricht/v. Westphalen/*v. Gerkan/Haas* RdNr. 7; GroßkommHGB/*Schilling* RdNr. 10; allgemein Baumbach/*Hopt* RdNr. 5; Schlegelberger/*Martens* RdNr. 34; *Oetker* RdNr. 30.

[53] BGH WM 1979, 1061; BGH ZIP 1982, 309, 311; *Goerdeler,* FS Stimpel, S. 125, 129 f.; Baumbach/*Hopt* RdNr. 7; GroßkommHGB/*Schilling* RdNr. 10; *Weipert* DStR 1992, 1097, 1101.

[54] Siehe § 118 RdNr. 21; *Oetker* RdNr. 31; enger *Hirte,* FS Röhricht, S. 217, 223 und *Schlitt* in Sudhoff § 24 RdNr. 48: Eine Schädigung der Gesellschaft müsse zu befürchten sein.

[55] Für den Regelfall ebenso *Goerdeler,* FS Stimpel, S. 125, 135 f.; *Hirte,* FS Röhricht, S. 217, 225; doch sollten andere Personen nur zugelassen werden, wenn sich Kommanditist und KG darauf einigen.

[56] BGH BB 1962, 899; BayObLG NJW-RR 1991, 1444; *Goerdeler,* FS Stimpel, S. 125, 135; *Hirte,* FS Röhricht, S. 217, 225; Baumbach/*Hopt* RdNr. 7; aA OLG Hamm DB 1970, 43: der auskunftspflichtige Gesellschafter könne eine ungeeignete Person zurückweisen. Das Gericht bestimme dann einen Sachverständigen. Mitgesellschafter können nur zurückgewiesen werden, sofern sie auch ihre eigenen Informationsrechte nicht persönlich ausüben können.

[57] BayObLG NJW-RR 1991, 1444.

[58] BGH BB 1970, 187; *Binz/Freudenberg/Sorg* BB 1991, 785, 786; aA *Schlitt* in Sudhoff § 24 RdNr. 49: Kosten trage die KG.

[59] Siehe BGH BB 1979, 1315, 1316: Sortiment der KG und des Kommanditisten überschneiden sich nur teilweise.

[60] Offen gelassen in BGH NJW 1995, 194, 196.

zungen erfüllt sind.[61] Es handelt sich dann um eine Vertragsdurchbrechung im Einzelfall. Bei der Auswahl des Vertreters hat der Kommanditist auf die Belange der KG und seiner Mitgesellschafter Rücksicht zu nehmen.

Sollte der Kommanditist nicht in der Lage sein, sein Informationsrecht alleine sachgerecht auszuüben (fehlende Sachkunde), so ergibt sich aus dem Mitgliedschaftsverhältnis eine Verpflichtung der KG, die von einem Kommanditisten gewünschte Hinzuziehung eines zur Berufsverschwiegenheit verpflichteten Person zu dulden.[62] Das den Kommanditisten mit der KG verbindende Mitgliedschaftsverhältnis begründet eine entsprechende Verpflichtung zur Rücksichtnahme auf die Belange des Kommanditisten. Die Kosten trägt wiederum der Kommanditist,[63] der für ein Fehlverhalten dieser Person auch nach § 278 BGB haftet (oben RdNr. 19). Die KG kann ungeeignete Personen zurückweisen.[64] 21

Im Gesellschaftsvertrag können **weitere Situationen** vereinbart werden, in denen die persönliche Ausübung nicht verpflichtend sein soll. Sofern der Gesellschaftsvertrag die Ausübung des Stimmrechts durch Dritte gestattet, liegt darin zugleich auch die Vereinbarung, dass ein so bevollmächtigter Dritter auch die erforderlichen Informationsrechte ausüben darf.[65] Denn von dem Dritten kann ebenso wenig wie von einem Gesellschafter erwartet werden, dass er die Stimmrechte ohne entsprechende Informationen nutzt. 22

Testamentsvollstrecker, Nacherben,[66] **Pfandrechtsinhaber, Nießbraucher und Treugeber** in Bezug auf Kommanditanteile haben kein eigenes Informationsrecht. Sie können die Rechte des Kommanditisten nur ausüben, wenn die Mitgesellschafter dem zustimmen.[67] Eine solche Zustimmung liegt regelmäßig in der Billigung einer Testamentsvollstreckung durch die Mitgesellschafter. Denn die umfassenden Befugnisse des Testamentsvollstreckers setzen voraus, dass er die Informationsrechte des Kommanditisten geltend machen kann. Sollten die Mitgesellschafter die Bestellung eines Pfandrechts oder die Einräumung einer Treuhänderstellung gebilligt haben, so liegt darin aber nicht notwendig auch die Akzeptanz der Ausübung der Informationsrechte durch den Pfandrechtsgläubiger bzw. den Treugeber.[68] Da Pfandrechtsgläubiger und Treugeber in Bezug auf den KG-Anteil nicht umfassend berechtigt sind, muss es für die Mitgesellschafter nicht klar gewesen sein, dass auch die Informationsrechte des Kommanditisten durch diese Personen ausgeübt werden sollen. Wird späterhin die Informationsausübung durch die entsprechenden Personen gebilligt, so handelt es sich um eine Durchbrechung des Gesellschaftsvertrages im Einzelfall. 23

7. Informationsrechte im Konzern. Gegenstand des **Auskunftsrechts** sind die für die Ausübung der Kommanditistenrechte wesentlichen Informationen (oben RdNr. 12). Diese können auch verbundene Unternehmen betreffen (KonzernR RdNr. 113). Demgemäss können über alle Angelegenheiten des verbundenen Unternehmens Auskünfte verlangt werden, die für die Ausübung der Kommanditistenrechte relevant sind.[69] Es geht also 24

---

[61] § 118 RdNr. 20; *Hirte,* FS Röhricht, S. 217, 221; *Oetker* RdNr. 30; zur Haftung, Auswahl und Kostentragung bei Einsatz einer solchen Person oben RdNr. 19.

[62] Heymann/*Horn* RdNr. 6; weitergehend: ein Sachverständiger müsse – nahezu – stets geduldet werden BGHZ 25, 115, 125; BGH BB 1962, 899; BGH BB 1979, 1315, 1316; BayObLG NJW-RR 1991, 1444; OLG Celle BB 1983, 1450, 1451; OLG Hamm DB 1970, 43; OLG Köln BB 1961, 953, alle Entscheidungen zum Einsichtsrecht; *Goerdeler,* FS Stimpel, S. 125, 129; *Hirte,* FS Röhricht S. 222; *Oetker* RdNr. 30; GroßkommHGB/*Schilling* RdNr. 10; anders Schlegelberger/*Martens* RdNr. 34 f.: es komme darauf an, ob der Sachverständige selbständig oder unter Überwachung des Kommanditisten die Rechte ausübe (dann stets zulässig). Aber auch in dem zuletzt genannten Fall erfährt ein Dritter die Interna der KG. Auch erschwert die Hinzuziehung Dritter oftmals die Informationserteilung.

[63] Siehe oben RdNr. 19; GroßkommHGB/*Schilling* RdNr. 10.

[64] Oben RdNr. 19; BayObLG NJW-RR 1991, 1444: Beweislastliegt bei der KG; Schlegelberger/*Martens* RdNr. 35.

[65] *Weipert* DStR 1992, 1097, 1101.

[66] BGH WM 1982, 709.

[67] *Weipert* DStR 1992, 1097, 1100; E/B/J/S/*Weipert* RdNr. 31.

[68] *Krug* S. 173 f.

[69] *Krug* S. 116 f.; Schlegelberger/*Martens* RdNr. 48; GroßkommHGB/*Schilling* RdNr. 5; E/B/J/S/*Weipert* RdNr. 26; einschränkend *Schneider* BB 1975, 1353, 1357 ff.: nur im Konzern habe der Kommanditist immer die Informationsrechte.

nicht nur um Auskünfte in Bezug auf die rechtlichen und geschäftlichen Beziehungen zu den verbundenen Unternehmen.[70] Allerdings muss die abgefragte Information bei der KG präsent oder mit zumutbaren Mitteln beschaffbar sein.[71] Ein eventuelles Geheimhaltungsinteresse des verbundenen Unternehmens kann zur Folge haben, dass die Informationen zwar bei der KG vorhanden sind, gleichwohl aber nicht an den Kommanditisten weitergegeben werden dürfen. Dies gilt insbesondere dann, wenn der Kommanditist Wettbewerber des verbundenen Unternehmens ist. Wiederum besteht aber die Möglichkeit, die erbetenen Auskünfte an einen Dritten zu erteilen (oben RdNr. 17).

25 Für die Ausübung des **Einsichtsrechts** gilt im Grundsatz ähnliches (KonzernR RdNr. 109). Einblick kann auch in Unterlagen verlangt werden, die verbundene Unternehmen betreffen,[72] sofern sie für die Überprüfung des Jahresabschlusses der KG erforderlich sind (etwa ein Jahresabschluss einer Gesellschaft, an der die KG beteiligt ist).[73] Da der Kommanditist nur Einblick in die Bücher der KG verlangen kann, unterliegen nur die Unterlagen dem Einsichtsrecht, die sich in den Räumen der KG befinden oder mit zumutbaren Mitteln zu beschaffen sind (oben RdNr. 2). Sollte der geschäftsführende Gesellschafter zu den Unterlagen der KG gehörende Papiere bei einem verbundenen Unternehmen aufbewahren (etwa um so das Einsichtsrecht des Kommanditisten zu Fall zu bringen), so hätte das nicht zur Folge, dass der Kommanditist nunmehr in den Geschäftsräumen des verbundenen Unternehmens sein Einsichtsrecht ausüben könnte.[74] Eine Ausnahme gilt nur für 100%ige Tochtergesellschaften,[75] da in diesem Fall keine schützenswerten Drittinteressen bestehen. Der Anspruch richtet sich dann zum einen gegen die KG (Beschaffung der Unterlagen),[76] zum anderen aber auch gegen die Tochtergesellschaft selbst.[77] Da Drittinteressen in diesem Fall nicht bestehen, kann ein solcher „Informationsdurchgriff" gebilligt werden. Im übrigen begeht der geschäftsführende Gesellschafter eine Vertragsverletzung, wenn er Unterlagen dem Einsichtsrecht des Kommanditisten entzieht. Die daraus folgenden Schadensersatzansprüche (gerichtet auch auf Naturalrestitution) kann der Kommanditist unter den Voraussetzungen der actio pro socio geltend machen.[78] Zugleich werden in diesem Fall regelmäßig die Voraussetzungen des § 166 Abs. 3 erfüllt sein.

26 **8. Informationsrechte im Liquidationsstadium. Die Informationsrechte des Kommanditisten bestehen** auch während des Liquidationsverfahrens **fort.**[79] Es richtet sich im Falle der Insolvenz nach h.M. gegen den Insolvenzverwalter[80], betrifft aber nicht seine Tätigkeit als Insolvenzverwalter. Insoweit gilt die InsO[81] Obwohl weder die Eröff-

---

[70] *Schlitt* in Sudhoff § 24 RdNr. 32; aA MünchHdb. KG/*Weipert* § 15 RdNr. 16, der ein Informationsrecht der KG gegenüber dem betroffenen Unternehmen verlangt. Aber auch ohne ein solches Recht können Informationen für den Kommanditisten relevant sein.

[71] Oben RdNr. 14; hieran kann es insbesondere dann fehlen, wenn Informationen in bezug auf eine Obergesellschaft verlangt werden; *Krug* S. 119; E/B/J/S/*Weipert* RdNr. 26.

[72] *Schneider* ZHR 143 (1979), 498, 502; E/B/J/S/*Weipert* RdNr. 26; BGH WM 1983, 910, 911 für ein vertraglich vereinbartes Einsichtsrecht; zur GmbH & Co. KG unten RdNr. 43.

[73] Nach GroßkommHGB/*Schilling* RdNr. 8 ist eine Mitteilung dieses Jahresabschlusses unabdingbar. Doch fällt der Abschluss der Tochtergesellschaft nicht unter die Pflicht zur Aushändigung nach Abs. 1.

[74] Heymann/*Horn* RdNr. 24; Baumbach/*Hopt* RdNr. 16.

[75] BGHZ 25, 115, 118; OLG Stuttgart BB 1956, 537; OLG Köln OLGZ 1967, 32; Baumbach/*Hopt* RdNr. 16; *Oetker* RdNr. 28.

[76] BGHZ 25, 115, 118; Baumbach/*Hopt* RdNr. 16; Schlegelberger/*Martens* RdNr. 9.

[77] *Oetker* RdNr. 28.

[78] Weitergehend Schlegelberger/*Martens* RdNr. 47 f.: die Geschäftsführer einer KG, die einen Konzern leitet, seien gegenüber dem Kommanditisten verpflichtet, sich die Unterlagen von Tochtergesellschaften, die keine eigenständigen Unternehmensziele verfolgen, zu beschaffen, damit der Kommanditist sein Einsichtsrecht wahrnehmen könne.

[79] BGH BB 1970, 187; BB 1978, 1134; OLG Celle BB 1983, 1450; BayObLG BB 1987, 2184; OLG Zweibrücken ZIP 2006, 2047; Röhricht/v. Westphalen/*v. Gerkan/Haas* RdNr. 14; Baumbach/*Hopt* RdNr. 2; *Karsten Schmidt* Informationsrechte S. 27; Schlegelberger/*Martens* RdNr. 38.

[80] OLG Zweibrücken ZIP 2006, 2047, 2048.

[81] BayObLG ZIP 2005, 1087, 1089 (zur GmbH).

nungs- noch die Schlussbilanz der Jahresabschluss der KG ist, kann die Aushändigung dieser Bilanzen nach Abs. 1 verlangt werden.[82] Diese Unterlagen sind für die Kommanditisten von entscheidender Bedeutung, da nur sie die Überprüfung der Abwicklung ermöglichen. Zugleich fällt während des Liquidationsverfahrens ein eventuelles Geheimhaltungsinteresse der KG weniger ins Gewicht, da der Gesellschaftszweck nunmehr auf Abwicklung gerichtet ist. Wenn der Kommanditist gemäß der Grundregel der §§ 161 Abs. 2, 146 selbst Liquidator ist, hat er eine dem Komplementär vergleichbare Rechtsstellung und somit ein Informationsrecht nach § 118 (§ 156). Dann entfällt das Recht nach § 166.[83]

9. Die prozessuale Durchsetzung der Informationsrechte. Das reguläre Informationsrecht (Einsichtsrecht nach Abs. 1, Auskunftsrecht nach RdNr. 11 ff.) **wird im ordentlichen Verfahren** durchgesetzt.[84] Kläger ist der Kommanditist. Beklagter ist die KG.[85] Es handelt sich um einen Anspruch des Gesellschafters gegen die KG aufgrund des Mitgliedschaftsverhältnisses. Zur Erfüllung dieser Verpflichtung setzt die KG regelmäßig die geschäftsführenden Gesellschafter ein. Anspruchsgegner sind nicht der oder die geschäftsführenden Gesellschafter.[86] Dieser schuldet nur der Kommanditgesellschaft Informationserteilung (sog. kollektives Informationsrecht, unten RdNr. 46), nicht aber dem Kommanditisten. Anderenfalls müsste sich der geschäftsführende Gesellschafter unter Umständen mit einer Vielzahl von Klagen auseinandersetzen, obgleich es nicht um seine Belange, sondern um die der KG geht. Auch ist eine Inanspruchnahme dieser Personen schon deshalb wenig zweckmäßig, weil mit ihrem Ausscheiden aus der KG der Anspruch entfallen müsste. 27

Für den **einstweiligen Rechtsschutz** gelten §§ 935 ff. ZPO.[87] Aus dem in § 166 Abs. 3 enthaltenen Verweis auf das Verfahren der freiwilligen Gerichtsbarkeit kann nicht entnommen werden, dass der einstweilige Rechtsschutz nicht nach §§ 935 ff. ZPO, sondern nach FamFG zu erfolgen habe.[88] Diese Sonderregel gilt nur, wenn ein wichtiger Grund vorliegt. Ein Nebeneinander beider Verfahren ist nicht zu befürchten.[89] Denn das Verfahren nach §§ 935 ff. ZPO ist auch zulässig, wenn ein wichtiger Grund vorliegt.[90] Dies entspricht der allgemeinen Regel, dass die Möglichkeit, einen Rechtsbehelf zu ergreifen, der einen wichtigen Grund voraussetzt, nicht zur Folge hat, dass andere Rechtsbehelfe, die einen solchen Grund nicht erfordern, unzulässig werden würden.[91] Auch kann man mit §§ 935 ff. ZPO mühelos zu sachgerechten Ergebnissen kommen. Schließlich werden viele Streitigkeiten auf dem Gebiet des Gesellschaftsrechts mit Hilfe dieser Bestimmungen vorläufig geregelt. Eine Sonderbehandlung gerade des Informationsrechts ist nicht angezeigt, zumal es im FamFG-Verfahren keinen vorläufigen Rechtsschutz gibt. 28

Die **Vollstreckung** erfolgt nach § 888 ZPO.[92] Das gilt auch für das Einsichtsrecht. Eine Wegnahme der Unterlagen – wenn auch nur zur Einsicht – der KG nach § 883 ZPO ist schon deshalb nicht möglich, weil der Kommanditist die benötigten Papiere nicht genau 29

[82] Röhricht/v. Westphalen/*v. Gerkan/Haas* RdNr. 2.

[83] BayObLG BB 1987, 2184; Röhricht/v. Westphalen/*v. Gerkan/Haas* RdNr. 14; Baumbach/*Hopt* RdNr. 2.

[84] *Oetker RdNr. 32.*

[85] BGHZ 25, 115, 118; BGH WM 1962, 883; OLG Celle ZIP 1983, 944; Röhricht/v. Westphalen/*v. Gerkan/Haas* RdNr. 32; *Oetker* RdNr. 32; GroßkommHGB/*Schilling* RdNr. 4; *Schütz* S. 107.

[86] MünchHdb. KG/*Weipert* § 15 RdNr. 39; E/B/J/S/*Weipert* RdNr. 32; aA BGH WM 1983, 910, 911 für ein vertraglich vereinbartes Einsichtsrecht; Röhricht/v. Westphalen/*v. Gerkan/Haas* RdNr. 32; Heymann/*Horn* RdNr. 5; Schlegelberger/*Martens* RdNr. 13; GroßkommHGB/*Schilling* RdNr. 4; offen *Oetker* RdNr. 28.

[87] Röhricht/v. Westphalen/*v. Gerkan/Haas* RdNr. 49; Schlegelberger/*Martens* RdNr. 13; GroßkommHGB/*Schilling* RdNr. 13; *Oetker* RdNr. 33.

[88] So aber *Karsten Schmidt* Informationsrechte S. 72 ff.; *ders.* GesR § 53 III 3 c; offen gelassen in BayObLG NJW-RR 1995, 1444, 1445 und bei MünchHdb. KG/*Weipert* § 15 RdNr. 52 ff..

[89] Es wäre aber möglich, unten RdNr. 36.

[90] *Oetker* RdNr. 35; kritisch Röhricht/v. Westphalen/*v. Gerkan/Haas* RdNr. 51.

[91] So kann etwa bei Vorliegen eines wichtigen Grundes auch ordentlich gekündigt werden; GroßkommHGB/*Schilling* RdNr. 13.

[92] MünchHdb. KG/*Weipert* § 15 RdNr. 50.

bezeichnen kann und eine Wegnahme aller Unterlagen nicht ernsthaft in Frage kommt.[93] Die KG kann – spätestens jetzt[94] – geltend machen, dass ein Blick in bestimmte Unterlagen nicht geschuldet ist (oben RdNr. 2).

II. Das außerordentliche Informationsrecht

30 **1. Der wichtige Grund.** Nach Abs. 3 hat ein Kommanditist bei Vorliegen eines wichtigen Grundes weitergehende Informationsrechte. Ein solcher wichtiger Grund setzt voraus, dass das Informationsbedürfnis des Kommanditisten – auch unter Berücksichtigung der Interessen der KG – besonders gravierend ist. Er liegt beispielsweise vor, **wenn begründetes Misstrauen gegenüber der Geschäftsführung** besteht, etwa der Verdacht einer unredlichen oder klar unzweckmäßigen Geschäftsführung.[95] Ein wichtiger Grund ist auch gegeben, wenn sich die geschäftliche Lage der KG erheblich verändert[96] oder der Verdacht besteht, es könne zu erheblichen Schädigungen der Gesellschaft kommen.[97] Abweichungen von den Planungen reichen nicht aus.[98] Auch die grundlose Verweigerung von Informationen, die Mitgesellschafter erhalten haben, wird regelmäßig einen wichtigen Grund beinhalten.[99] Nicht maßgeblich ist, ob der wichtige Grund aus der Zeit der Gesellschafterstellung des Kommanditisten stammt oder bereits vor dieser Zeit begründet wurde. Allein entscheiden ist vielmehr, dass er zu aktuellem Misstrauen Anlass gibt.[100] Eine Pflichtverletzung im Bereich der Geschäftsführung oder gar schuldhaftes Handeln der geschäftsführenden Gesellschafter ist also nicht erforderlich.[101] Dies zu verlangen wäre auch nicht sachdienlich, da Ziel der Ausübung des Informationsrechts nicht die Vorbereitung eines Abberufungs- oder Schadensersatzprozesses gegen den geschäftsführenden Gesellschafter sein muss, es vielmehr auch nur um eine Offenlegung der Lage der KG gehen kann. Ein Zusammenhang mit der Geltendmachung bestimmter Rechte des Kommanditisten ist im Bereich von Abs. 3 anders als bei Abs. 1 nicht erforderlich.[102] Es bleibt den Gesellschaftern überlassen, welche Konsequenzen sie aus den verlangten Informationen ziehen wollen. Ein besonderes Eilbedürfnis ist ebenfalls nicht Voraussetzung des wichtigen Grundes.[103]

31 Ein wichtiger Grund ist nicht schon oder nur dann gegeben, wenn die Informationserteilung zur **sachgerechten Ausübung der Kommanditistenrechte** erforderlich ist.[104] Dies ist Voraussetzung des regulären, und nicht des außerordentlichen Informationsrechts (oben RdNr. 12 ff.). Aus demselben Grund kann auch nicht gesagt werden, dass ein wichti-

[93] AA OLGZ Köln 1967, 362; OLG Hamm BB 1970, 509; NJW 1974, 634 (Vorlage von Bierbezugsbüchern); OVG Koblenz NJW 1987, 1220 (Personalakten), die beiden letzten Fälle betreffen nur wenige, klar bestimmte Unterlagen und sind daher mit der hier zu diskutierenden Problematik nicht vergleichbar; Heymann/*Horn* RdNr. 16; GroßkommHGB/*Schilling* RdNr. 13.

[94] Meist kann dies zu einem früheren Zeitpunkt nicht geschehen, da der Kommanditist nicht genau spezifizieren muss, welche Unterlagen er im einzelnen benötigt (oben RdNr. 2).

[95] Röhricht/v. Westphalen/*v. Gerkan/Haas* RdNr. 19; *Oetker* RdNr. 21; Heymann/*Horn* RdNr. 13 spricht von nicht ordnungsgemäßer Geschäftsführung; ebenso Schlegelberger/*Martens* RdNr. 27; OLG München NZG 2008, 864, 865.

[96] Heymann/*Horn* RdNr. 13; *Oetker* RdNr. 21; Beispiel: Änderungen früherer Jahresabschlüsse aufgrund einer Betriebsprüfung des Finanzamts: OLG Hamburg MDR 1965, 666; zustimmend Heymann/*Horn* RdNr. 13; GroßkommHGB/*Schilling* RdNr. 11.

[97] Röhricht/v. Westphalen/*v. Gerkan/Haas* RdNr. 19; Baumbach/*Hopt* RdNr. 9; GroßkommHGB/*Schilling* RdNr. 11.

[98] Siehe OLG München DB 2010, 2097, aber nicht klar, ob es nicht doch erhebliche Abweichungen waren.

[99] AA wohl BayObLG NZG 2003, 25, 26.

[100] OLG Hamm DB 2005, 2683, 2684 mit unklarem Hinweis auf die Rechtsnachfolge des Kommanditisten in eine Beteiligung, die schon bei Eintritt des wichtigen Grundes bestand. Darauf kommt es nicht an.

[101] *Oetker* RdNr. 21.

[102] *Oekter* RdNr. 20; AA wohl GroßkommHGB/*Schilling* RdNr. 11.

[103] *Oetker* RdNr. 21; *Krug* S. 87; aA Schlegelberger/*Martens* RdNr. 26.

[104] *Oetker* RdNr. 21; AA Röhricht/v. Westphalen/*v. Gerkan/Haas* RdNr. 19; *Hahn* BB 1997, 741, 743; *Krug* S. 88.

ger Grund immer dann gegeben sei, wenn die **KG eine abhängige Gesellschaft** im Sinne von § 17 AktG ist.[105] Die für die Ausübung der Kommanditistenrechte erforderlichen Informationen werden auch in einer abhängigen KG vom regulären Informationsrecht erfasst (RdNr. 24).

Ein wichtiger Grund ist auch nicht allein deshalb gegeben, weil dem Kommanditisten die **Geltendmachung des Einsichtsrechts nach Abs. 1 zu Unrecht verweigert oder die Erfüllung dieses Anspruchs verzögert wird.**[106] Anderenfalls würde in diesen Fällen das Informationsrecht erweitert (Zusammenhang des Informationsrechts mit der Geltendmachung eines bestimmten Rechts des Kommanditisten nicht erforderlich). Allein die Tatsache, dass Informationen unberechtigt verweigert wurden, rechtfertigt dies aber nicht.[107] Denn oftmals ist der Umfang der Informationsrechte schon deshalb nicht klar, weil der Gesetzestext die Berechtigung des Kommanditisten unvollständig wiedergibt und die Entwicklung auch noch keineswegs abgeschlossen ist. Hinzu kommt, dass das Verfahren nach Abs. 3 nicht zweckmäßiger ist als die Vorgehensweise nach Abs. 1. Daher sollte die vom Gesetz vorgegebene Unterscheidung zwischen regulärem und außerordentlichem Informationsrecht aufrecht erhalten werden. Sollten bei dem Kommanditisten Unklarheiten darüber bestehen, ob ein wichtiger Grund vorliegt, so kann er das reguläre Verfahren nach Abs. 1 einleiten.[108] 32

2. Inhalt des Rechts. Nach Abs. 3 kann der Kommanditist bei Vorliegen eines wichtigen Grundes die **Mitteilung einer Bilanz oder eines Jahresabschlusses** verlangen. Da der Kommanditist auch nach Abs. 1 die Aushändigung des Jahresabschlusses verlangen kann, ist Abs. 3 in diesem Zusammenhang meist ohne besondere Bedeutung.[109] Darüber hinaus kann aber auch die Mitteilung einer anderen Bilanz – etwa einer Zwischenbilanz[110] – verlangt werden. Dies setzt aber voraus, dass eine solche Bilanz bereits vorliegt. Die Erstellung einer Bilanz kann nur durchgesetzt werden, wenn diese Vorgehensweise auch im Interesse der KG geboten ist.[111] Stets kann die Mitteilung einer Bilanz aber nur verlangt werden, wenn dies im Zusammenhang mit dem wichtigen Grund steht. Gleiches gilt für die in Abs. 3 ebenfalls angesprochene Vorlage der Bücher und Papiere der KG.[112] 33

Nach Abs. 3 können auch **sonstige Aufklärungen** begehrt werden. Hierunter ist jede Form der Informationserteilung zu verstehen, also Auskünfte, Einsichtsrechte, Überprüfung durch Sachverständige[113] und auch die Erstellung von Unterlagen, die noch nicht vorhanden zur Aufklärung aber erforderlich sind. Wiederum gilt, dass ein Zusammenhang mit dem wichtigen Grund gegeben sein muss. Die Erstellung von Unterlagen kann nur verlangt werden, wenn dies auch im Interesse der KG (Aufdeckung von Unredlichkeiten, Schaffung einer Basis für eine Planung) liegt. Denn hierdurch werden nicht unerhebliche 34

---

[105] Röhricht/v. Westphalen/*v. Gerkan/Haas* RdNr. 22; Baumbach/*Hopt* RdNr. 9; aA Schlegelberger/*Martens* RdNr. 49; *Schneider* ZGR 1975, 253, 291; *ders.* ZGR 1980, 511, 530.

[106] *Oetker* RdNr. 22; aA OLG Hamm BB 1970, 509; BayObLG NJW-RR 1991, 1444, 1445; Baumbach/*Hopt* RdNr. 9 (im Regelfall); GroßkommHGB/*Schilling* RdNr. 11; E/B/J/S/*Weipert* RdNr. 41; kritisch Heymann/*Horn* RdNr. 13; auch Röhricht/ v. Westphalen/*v. Gerkan/Haas* RdNr. 20: zusätzlich müsse eine Gefährdung der mitgliedschaftlichen Interessen des Kommanditisten vorliegen; Schlegelberger/*Martens* RdNr. 26: Abs. 3 erfordere eine besondere Dringlichkeit; wie hier *Krug* S. 180.

[107] *Oetker* RdNr. 22 ; Röhricht/v. Westphalen/*v. Gerkan/Haas* RdNr. 20, 23 und Schlegelberger/*Martens* RdNr. 28 sowie OLG Hamm BB 1970, 509 lassen daher in diesem Fall im Verfahren nach Abs. 3 nur die Geltendmachung der Rechte nach Abs. 1 zu.

[108] GroßkommHGB/*Schilling* RdNr. 13; oben RdNr. 28.

[109] Dies wäre nur anders, wenn Rechte nach Abs. 1 abdingbar wären und abbedungen sind, dazu unten RdNr. 48.

[110] OLG Celle BB 1983, 1450, 1451, aber unklar, ob Abs. 1 oder Abs. 3 angewandt wurde; wie hier Röhricht/v. Westphalen/*v. Gerkan/Haas* RdNr. 23; *Oetker* RdNr. 25; GroßkommHGB/*Schilling* RdNr. 12.

[111] Dies gehört zu den sonstigen Aufklärungen, unten RdNr. 34; ohne diese Einschränkung ebenso Heymann/*Horn* RdNr. 12; *Oetker* RdNr. 25.

[112] Heymann/*Horn* RdNr. 12; GroßkommHGB/*Schilling* RdNr. 12.

[113] *Bälz* ZGR 1980, 1, 46; Schlegelberger/*Martens* RdNr. 29; aA *Oetker* RdNr. 24.

Kapazitäten der Gesellschaft gebunden. Dem Wortlaut der Norm kann aber nicht entnommen werden, dass nur Auskünfte geschuldet sein sollen.[114]

35 Für die **Durchführung** des außerordentlichen Informationsrechts gelten die Regeln des regulären Informationsrechts entsprechend. Zur Zurückweisung von Dritten, die das Recht für den Kommanditisten ausüben, oben RdNr. 19; zur persönlichen Ausübung oben RdNr. 19; zur Liquidation oben RdNr. 26; zum Konzern oben RdNr. 24; zum Geheimhaltungsinteresse oben RdNr. 17.

36 **3. Verfahren.** Kommt die Gesellschaft den sich aus Abs. 3 ergebenden Pflichten nicht nach, so kann sie **in Verzug geraten.**[115] Die im Gesetz angesprochene Anordnung des Gerichts führt – entgegen dem eher missverständlichen Wortlaut – nicht erst die Fälligkeit des Anspruchs herbei. Es kann auch nicht Vorlage von Informationen an ein Gericht verlangt werden.[116] Vielmehr handelt es sich um Ansprüche auf Informationserteilung direkt an den Kommanditisten. Unter mehreren geeigneten Formen der Informationserteilung wählt der Kommanditist aus.[117] Für das Verfahren gelten die Regeln des FamFG Antragsgegner ist die KG (oben RdNr. 27).[118] Eine einstweilige Verfügung gibt es in diesem Verfahren nicht. Das FamFG-Verfahren ist aber von seiner Struktur her auf Beschleunigung angelegt. Bei besonderer Eilbedürftigkeit kann der Kommanditist gegebenenfalls auch nach den Regeln des regulären Informationsrechts vorgehen und auf diesem Wege einstweiligen Rechtsschutz erreichen. Dies ist ihm auch zumutbar, da auf diese Weise alle Informationen verlangt werden können, die für die sachgerechte Ausübung der Mitgliedschaftsrechte erforderlich sind. Sofern die Voraussetzungen sowohl von Abs. 1 wie auch von Abs. 3 vorliegen, wird sogar ein gleichzeitiges Betreiben beider Verfahren für zulässig gehalten.[119]

III. Das Informationsrecht in besonderen Fällen

37 **1. Das Informationsrecht des ausgeschiedenen Kommanditisten.** Die Rechte aus § 166 stehen nur dem Kommanditisten zu. Mit der Beendigung der Gesellschafterstellung endet also auch das Informationsrecht aufgrund dieser Bestimmung. Dies gilt auch in Bezug auf **Geschäftsvorfälle, die in die Zeit der Mitgliedschaft fallen.**[120] Allerdings kann ein als Gesellschafter bereits eingeleitetes Verfahren nach § 166 auch noch nach dem Ausscheiden weitergeführt werden.[121] Denn der einmal entstandene Anspruch aus § 166 geht nicht dadurch verloren, dass der Kommanditist zu einem späteren Zeitpunkt nicht mehr Gesellschafter ist. Auch das Verfahren nach § 166 wird nicht unzulässig, zumal eine solche Vorgehensweise auch der Gesellschaft zumutbar ist. Insbesondere werden die Geheimhal-

[114] So aber Baumbach/*Hopt* RdNr. 10; Röhricht/v. Westphalen/*v. Gerkan/Haas* RdNr. 23; *Oetker* RdNr. 25; E/B/J/S/*Weipert* RdNr. 40; alle aber mit Ausnahme für Erstellung der Zwischenbilanz (dann „Mitteilung einer Bilanz"), was zeigt, dass die Erstellung von Unterlagen sachdienlich sein kann.

[115] *Krug* S. 91; Schlegelberger/*Martens* RdNr. 23; *Oetker* RdNr. 23; *Karsten Schmidt* Informationsrechte S. 68.

[116] AA Röhricht/v. Westphalen/*v. Gerkan/Haas* RdNr. 23.

[117] Daher kann *Krug* S. 91 und Schlegelberger/*Martens* RdNr. 23 nicht gefolgt werden. Dort heißt es, dass sich die „vorwirkende Verpflichtung" nur dann auf eine bestimmte Kontrollmaßnahme beziehe, wenn eine „Ermessensschrumpfung auf Null" gegeben sei.

[118] BayObLG ZIP 1995, 219; BayObLG NJW-RR 1991, 4441; OLG Hamm NZG 2006, 620; *Krug* S. 177; *Oetker* RdNr. 35; aA Schlegelberger/*Martens* RdNr. 31; GroßkommHGB/*Schilling* RdNr. 13: Gegner seien die geschäftsführenden Gesellschafter; aA auch Röhricht/v. Westphalen/*v. Gerkan/Haas* RdNr. 21: sowohl die KG wie auch die geschäftsführenden Gesellschafter seien Antragsgegner; offen gelassen in BayObLG NZG 2003, 25, 26.

[119] Baumbach/*Hopt* RdNr. 14; *Oetker* RdNr. 35.

[120] BGH WM 1961, 1329 (OHG); WM 1963, 989, 990; OLG Hamm GmbHR 1994, 127, 128; Röhricht/v. Westphalen/*v. Gerkan/Haas* RdNr. 58; *Hahn* BB 1997, 741, 742; Schlegelberger/*Martens* RdNr. 14; *Karsten Schmidt* Informationsrechte S. 27; MünchHdb. KG/*Weipert* § 15 RdNr. 32; aA OLG Hamburg MDR 1961, 325; OLG Hamm MDR 1970, 595; Heymann/*Horn* RdNr. 4.

[121] OLG Hamm BB 1970, 509 f.; aA OLG Hamm NZG 1999, 712, 715; Schlegelberger/*Martens* RdNr. 32.

tungsinteressen der KG weiterhin genauso berücksichtigt, wie während der Zeit, zu der der Kommanditist noch Gesellschafter war.[122]

Dem ausgeschiedenen Gesellschafter steht statt der Rechte nach § 166 das **Einsichtsrecht nach § 810 BGB** zu (§ 118 RdNr. 5). Vom Wortlaut der Norm her betrachtet scheint diese Bestimmung allerdings nicht einschlägig zu sein. Denn das Einsichtsrecht steht nach dieser Bestimmung entweder demjenigen zu, in dessen Interesse die Urkunde errichtet wurde, oder demjenigen, dessen Rechtsverhältnis mit einer anderen Person die Urkunde wiedergibt. Beide Alternativen des § 810 sind aber wohl kaum erfüllt, wenn ein ausgeschiedener Kommanditist Einblick in den Jahresabschluss, den Prüfungsbericht oder gar in die Bücher der KG verlangt. Es entspricht aber allgemeiner Meinung, dass man es mit dem Wortlaut der Norm nicht allzu genau nehmen sollte. Es reicht aus, dass der Vorlageberechtigte an dem Rechtsverhältnis beteiligt ist, auf das sich die Urkunde bezieht, oder dass die Urkunde angefertigt worden ist, um seine rechtlichen Beziehungen zu fördern. Da auch diese Formulierungen extensiv interpretiert werden, ist davon auszugehen, dass derjenige einen Vorlageanspruch hat, der ein vernünftiges Einsichtsinteresse geltend machen kann, sofern dem nicht berechtigte Interessen des Verpflichteten entgegenstehen. Diese Kriterien werden von Gesellschaftern, die zwar ausgeschieden sind, aber gleichwohl noch Ansprüche gegen die KG haben könnten bzw. gegen die die KG Ansprüche erhebt, erfüllt.[123] Auf diese Weise wird ihnen eine gewisse Kontrolle ihrer Ansprüche ermöglicht. 38

Auf welche Unterlagen sich das Einsichtsrecht bezieht, hängt von dem Anspruch ab, den der Kommanditist gegen die KG bzw. die KG gegen ihn geltend macht. Meist wird es sich um einen Abfindungsanspruch oder eine über das Ausscheiden hinausgehende Gewinnbeteiligung (an gewissen Geschäften, § 740 BGB) handeln. Zur Überprüfung von Gewinnansprüchen oder von Abfindungsansprüchen, die vom Unternehmenswert der KG abhängen, kann Vorlage des Jahresabschlusses[124] (auch von Tochtergesellschaften),[125] inklusive der Gewinn- und Verlustrechnung,[126] der Prüfungsberichte[127] sowie der Geschäftsbücher[128] verlangt werden. Eine genauere Bezeichnung der Unterlagen, in die Einblick genommen werden soll, ist dem ausgeschiedenen Gesellschafter oftmals mangels Kenntnis der Bücher der KG nicht möglich. Daher kann das Einsichtsrecht pauschal geltend gemacht werden.[129] Der KG obliegt dann der Nachweis, dass Einblick in bestimmte Unterlagen nicht gewährt werden muss.[130] Sofern nur noch eine Gewinnbeteiligung in Bezug auf bestimmte Geschäfte besteht, kann auch nur die Vorlage der Unterlagen verlangt werden, die sich auf diese Geschäfte beziehen. Für die Wahrung der **Geheimhaltungsinteressen der KG** sowie die Hinzuziehung von Hilfspersonen bei der Überprüfung gilt das zum Informationsrecht des Gesellschafters Ausgeführte entsprechend (oben RdNr. 17, 19). 39

In Ergänzung dieses Einsichtsrechts hat der Kommanditist auch ein **Auskunftsrecht,** sofern ihm zur Wahrung seiner Ansprüche bestimmte Mitteilungen gemacht werden müssen.[131] Darüber hinausgehend hat der Kommanditist auch einen Anspruch auf **Rechnungslegung** in Bezug auf die für die Höhe seiner Ansprüche maßgeblichen Berechnungsfaktoren.[132] 40

---

[122] AA wohl Schlegelberger/*Martens* RdNr. 32, aber diese Beschränkung gilt sogar für die Geltendmachung von Ansprüchen nach dem Ausscheiden des Kommanditisten, unten RdNr. 38.

[123] BGH WM 1961, 1329 (OHG); WM 1963, 989, 990; WM 1963, 990, 991 (OHG); WM 1968, 1245 (stille Gesellschaft); ZIP 1989, 768, 770; OLG Düsseldorf NZG 1999, 876, 877; *Grunewald* ZGR 1989, 545, 547; Baumbach/*Hopt* RdNr. 13; *Oetker* RdNr. 42; MünchHdb. KG/*Weipert* § 15 RdNr. 32.

[124] BGH WM 1963, 990, 991 (OHG); WM 1968, 1245 (stille Gesellschaft); ZIP 1989, 768, 770; Schlegelberger/*Martens* RdNr. 14.

[125] BGH WM 1989, 878, 880.

[126] BGH WM 1963, 990 (OHG).

[127] BGH WM 1963, 990, 991 (OHG); ZIP 1989, 768.

[128] BGH WM 1959, 595, 598 (OHG); WM 1961, 1329 (OHG); OLG Düsseldorf NZG 1999, 876, 877.

[129] Siehe OLG Düsseldorf NZG 1999, 876, 877.

[130] Oben RdNr. 4; aA *Hahn* BB 1997, 741, 742; Schlegelberger/*Martens* RdNr. 11.

[131] OLG Hamm GmbHR 1994, 127, 129 = NJW-RR 1994, 933, 934; Röhricht/v. Westphalen/*v. Gerkan/Haas* RdNr. 59, § 118 RdNr. 8; Baumbach/*Hopt* RdNr. 13; MünchHdb. KG/*Weipert* § 15 RdNr. 32.

[132] MünchHdb. KG/*Weipert* § 15 RdNr. 32.

41 **2. Informationsrechte der Gesellschafter untereinander.** Sollte ein Kommanditist die Geschäfte der KG führen (zur Zulässigkeit § 164 RdNr. 22 ff.), so hat er den anderen an der **Geschäftsführung** beteiligten Personen (auch Mitgesellschaftern) die für eine sachgerechte Geschäftsführung notwendigen Informationen zu erteilen. Zugleich hat er einen Anspruch darauf, seinerseits die entsprechenden Informationen zu erhalten.[133]

42 Normalerweise sind die Gesellschafter untereinander aber **nicht zur Erteilung von Informationen verpflichtet.** Aufgrund der die Gesellschafter verbindende Treuepflicht kann sich in Ausnahmesituationen aber auch einmal etwas anderes ergeben.[134] Dies ist beispielsweise der Fall, wenn der begründete Verdacht besteht, ein Gesellschafter verhalte sich in seiner Stellung als Kommanditist oder Komplementär unredlich (etwa weil er rechtswidrig persönliche Vorteile aus seiner Gesellschafterstellung zieht, eine Situation, die insbesondere im Konzern denkbar ist). Die Gesellschafter können dann Offenlegung der erforderlichen Unterlagen (Auskünfte) verlangen.[135] Zum Recht auf Mitteilung der Namen der Mitgesellschafter oben RdNr. 12.

43 **3. Informationsrechte in der GmbH & Co. KG.** Für die Informationsrechte des Kommanditisten einer KG, deren persönlich haftende Gesellschafterin eine GmbH ist, gelten im Grundsatz keine Besonderheiten. **Auskünfte in Bezug auf die GmbH** können verlangt werden, soweit dies für eine sachgerechte Ausübung der Kommanditistenrechte erforderlich ist oder die Voraussetzungen von Abs. 3 erfüllt sind (oben RdNr. 12, zu verbundenen Unternehmen RdNr. 24).[136] Hierzu zählen unter Umständen auch Angaben über die Geschäftsführer der GmbH (Qualifikation, Bezüge)[137] sowie über die wirtschaftliche Lage der Gesellschaft.[138] Die **Aushändigung des Jahresabschlusses der GmbH** ist nicht geschuldet (dieses Recht des Abs. 1 bezieht sich nur auf die KG), wohl aber kann der Kommanditist Einsicht auch in solche Bücher der KG verlangen, die sich auf die GmbH beziehen (RdNr. 25). Der Jahresabschluss der GmbH gehört aber nicht zu den Unterlagen der KG.[139]

44 **Ein wichtiger Grund für die Ausübung des außerordentlichen Informationsrechts** nach Abs. 3 kann in einer nicht sachgerechten Geschäftsführung durch die GmbH liegen (oben RdNr. 30).[140]

45 Sofern der Kommanditist **zugleich Gesellschafter der GmbH ist,** stehen ihm auch die Rechte aus § 51 a GmbHG zu. Dabei entspricht es allgemeiner Meinung, dass zu den Angelegenheiten der GmbH auch die Angelegenheiten der KG zählen.[141] Ist der **Kommanditist nicht auch GmbH-Gesellschafter**, greift auch in der GmbH & Co. KG § 51 a GmbHG nicht zugunsten des Kommanditisten ein.[142] Eine solche Besserstellung eines Kommanditisten, in dessen KG eine GmbH persönlich haftende Gesellschafterin ist, gegenüber einem Kommanditisten, in dessen KG dies nicht der Fall ist, wäre nicht begründbar. Es können vernünftige Gründe dafür sprechen, den Kommanditisten eine weniger starke Rechtsposition einzuräumen als den GmbH-Gesellschaftern. Auch sind die Kommanditisten durch die in § 166 niedergelegten Rechte hinreichend geschützt.

---

[133] MünchHdb. KG/*Weipert* § 15 RdNr. 2.

[134] Offen gelassen bei *Karsten Schmidt* Informationsrechte S. 34.

[135] Offen gelassen in BGH WM 1983, 910, 912.

[136] Einschränkend Röhricht/v. Westphalen/*v. Gerkan/Haas* RdNr. 36 und GroßkommHGB/*Schilling* RdNr. 14: Auskünfte nur soweit sie im Zusammenhang mit der Komplementär-Eigenschaft der GmbH stehen. Dies ist zwar keine zwingende Voraussetzung des Auskunftsrechts, wird aber meist gegeben sein, da weitergehende Auskünfte für die Ausübung der Kommanditistenrechte kaum je erforderlich sind.

[137] *Aderhold* in Westermann RdNr. 2400; MünchHdb. KG/*Weipert* § 15 RdNr. 11.

[138] Röhricht/v. Westphalen/*v. Gerkan/Haas* RdNr. 36.

[139] Röhricht/v. Westphalen/*v. Gerkan/Haas* RdNr. 36; *Oetker* RdNr. 44; GroßkommHGB/*Schilling* RdNr. 14.

[140] GroßkommHGB/*Schilling* RdNr. 14.

[141] Statt aller *Lutter* in *Lutter/Hommelhoff* GmbHG § 51 a RdNr. 17.

[142] Röhricht/v. Westphalen/*v. Gerkan/Haas* RdNr. 36; *Oetker* RdNr. 43; Heymann/*Horn* RdNr. 22; Schlegelberger/*Martens* RdNr. 50; *Karsten Schmidt* Informationsrechte S. 76 f.

46 **4. Kollektives Informationsrecht.** Als kollektives Informationsrecht bezeichnet man den **Informationsanspruch der KG gegenüber den geschäftsführenden Gesellschaftern** (§§ 161 Abs. 2, 105 Abs. 2, §§ 713, 666 BGB).[143] Verpflichtet ist jedes Organmitglied persönlich.[144] Die Auskünfte sind in der Gesellschafterversammlung oder schriftlich an alle Gesellschafter,[145] nicht nur an die anderen geschäftsführenden Gesellschafter zu erteilen. Die Ausübung des kollektiven Informationsrechts setzt, sofern die Informationen nicht unaufgefordert zu erteilen sind (wie etwa Mitteilungen über eine Finanzkrise der Gesellschaft,[146] für einen Gesellschafterbeschluss wesentliche Aspekte), einen entsprechenden Beschluss der Gesellschafterversammlung voraus,[147] da diese über die ihr als Gesamtheit zustehende Berechtigung entscheidet. Das kollektive Informationsrecht kann durch den Gesellschaftsvertrag ausgeschlossen werden. Die Informationsinteressen der Kommanditisten sind durch ihre individuellen Informationsrechte hinreichend gewahrt.[148] Zur actio pro socio RdNr. 16.

IV. Abweichende Vereinbarungen

47 **1. Ausweitungen der Informationsrechte.** Im Gesellschaftsvertrag können weitergehende Informationsrechte als vom Gesetz vorgesehen vereinbart werden (§ 163). Dies ist unproblematisch.[149] Insbesondere maßgeblich beteiligten Kommanditisten werden solche weitgehende Informationsrechte im Gesellschaftsvertrag mitunter eingeräumt. Dies hat dann aber Auswirkungen auf den Umfang des Wettbewerbsverbotes (§ 165 RdNr. 9). Nur mittelbar über einen Treuhänder Beteiligten können die den Kommanditisten zustehenden Kontrollrechte ebenfalls eingeräumt werden.[150]

48 **2. Einschränkungen der Informationsrechte. a) Gesetzestypische KG. aa) Außerordentliches Informationsrecht, Aushändigung des Jahresabschlusses, Einsichtsrecht.** Die in Abs. 1 festgeschriebenen Rechte des Kommanditisten sind nicht abdingbar.[151] **Vom Wortlaut der Norm her betrachtet,** erscheint allerdings allein das außerordentliche Informationsrecht des **Abs. 3 unabdingbar zu sein.**[152] Denn im allgemeinen sind nur Kontrollrechte, die bei Vorliegen eines wichtigen Grundes eingreifen, nicht dispositiv. Aber das in § 51 a GmbHG niedergelegte Recht des Gesellschafters einer GmbH, jederzeit Einsicht in die Bücher der Gesellschaft zu nehmen, lässt sich nicht mit der Vorstellung vereinbaren, das Informationsrecht des Kommanditisten könne auf die nur bei Vorliegen eines wichtigen Grundes gegebenen Befugnisse nach Abs. 3 reduziert werden. Hinzu kommt, dass die Rechte nach Abs. 1, die ja an die Überprüfung des Jahresabschlusses geknüpft sind, sowieso schon nicht gerade umfangreich ausgestaltet sind. Akzeptabel ist aber sowohl im Bereich von Abs. 1 wie von Abs. 3 eine Regelung, die die Ausübung des Einsichtsrechts an eine zur Berufsverschwiegenheit verpflichtete oder eine andere Person bindet, die von dem Kommanditisten ausgewählt wird.[153] Die Kosten für diesen Sach-

---

[143] BGH NJW 1992, 1861, 1862.

[144] *Karsten Schmidt* Informationsrechte S. 16.

[145] *Oetker* RdNr. 42; GroßkommHGB/*Schilling* RdNr. 3; MünchKommBGB/*Ulmer/Schäfer* § 713 RdNr. 8; E/B/J/S/*Weipert* RdNr. 3; im Ergebnis auch *Huber* ZGR 1982, 539, 542.

[146] Dazu *Wagner* NZG 1998, 657, 658.

[147] *Krug* S. 166; *Weipert* DStR 1992, 1097, 198.

[148] *Krug* S. 166; *Reuter,* FS Steindorff, S. 225, 242.

[149] Röhricht/v. Westphalen/*v. Gerkan/Haas* RdNr. 37; *Koller*/Roth/Morck RdNr. 7; *Oetker* RdNr. 37.

[150] OLG München NZG 2008, 864, 865.

[151] *Grunewald* ZGR 1989, 545, 550, dort auch zur Gesetzesgeschichte; Heymann/*Horn* RdNr. 28; *Koller*/Roth/Morck RdNr. 7; *Oetker* RdNr. 40; *Reuter,* FS Steindorff, S. 225, 242; *Schiessel* NJW 1989, 1597, 1598; *Karsten Schmidt* § 53 III 3 d; *Veltins/Hikel* DB 1989, 465, 466; MünchHdb. KG/*Weipert* § 15 RdNr. 6; aA Baumbach/*Hopt* § 166 RdNr. 18; offen gelassen in BGH NJW 1989, 225.

[152] Unabdingbarkeit von Abs. 3 ist unstreitig *Hahn* BB 1997, 741, 741; *Oetker* RdNr. 39; GroßkommHGB/*Schilling* RdNr. 15; *Reuter,* FS Steindorff, S. 225, 242.

[153] *Hirte,* FS Röhricht, S. 217, 226 mit unklarer Ausnahme für Informationsbegehren, die nicht ohne Informationsverlust durch Dritte befriedigt werden können; Schlegelberger/*Martens* RdNr. 41; GroßkommHGB/*Schilling* RdNr. 16; offen gelassen in BGH NJW 1992, 1890, 1891 für den Beirat; kritisch *Binz/Freudenberg/Sorg* BB 1991, 785, 787; aA Röhricht/v. Westphalen/*v. Gerkan/Haas* RdNr. 32; aA nur für

verständigen muss dann aber die KG tragen, da die Mediatisierung in ihrem Interesse erfolgt.[154] Auch könnte die Verpflichtung zur Kostentragung den Kommanditisten von der Gebrauchmachung selbst dieser eingeschränkten Rechte abhalten.

49 **bb) Auskunftsrecht.** Das Auskunftsrecht des Kommanditisten umfasst alle Informationen, die zur sachgemäßen Ausübung der Kommanditistenrechte erforderlich sind. Da der Erhalt dieser Auskünfte für die Wahrung der Kommanditistenrechte wirklich unabdingbar ist, ist eine **vertragliche Beschränkung dieses Auskunftsrechts nicht möglich.**[155]

50 **b) Publikumsgesellschaften.** Während das **Auskunftsrecht** problemlos auch in Publikumsgesellschaften (beschränkt allerdings u.U. auf die Gesellschafterversammlung[156]) von jedem Kommanditisten ausgeübt werden kann und daher wie in der gesetzestypischen KG unabdingbar ist,[157] ist dies in Bezug auf das **Einsichtsrecht** anders. Denn bei einer großen Anzahl von Gesellschaftern ist es oftmals nicht praktikabel, jedem Interessenten Einblick in die Unterlagen der KG zu gewähren.[158] Den Kommanditisten muss aber zumindest eine mittelbare Kontrolle ermöglicht werden, da sie anderenfalls die Höhe ihrer Gewinne nicht überprüfen können. Demgemäß ist die Schaffung eines Organs (etwa eines Beirats), das statt der Kommanditisten das Einsichtsrecht ausübt, zulässig, wenn dieses Organ das Vertrauen der Kommanditisten genießt, also von ihnen abhängig ist.[159] Es kann auch vorgesehen werden, dass die Kommanditisten ihr Einsichtsrecht durch einen Vertreter auszuüben haben, falls dieser von den Kommanditisten abhängig ist. Der Beirat bzw. der Vertrter berichtet dann seinerseits den Kommanditisten.

51 **Wenn es an einer solchen Vertragsgestaltung fehlt,** bleibt es auch in der Publikums-KG bei den üblichen Rechten des Kommanditisten.[160] Es ist auch nicht davon auszugehen, dass dann § 131 AkG analog gelten würde.[161] Das Gesetz sieht für Kommanditisten die Informationsrechte von § 166 vor, mit denen durchaus sachgerechte Ergebnisse erzielt werden können. Dies ist auch deshalb akzeptabel, als Vertragsänderungen und damit die Schaffung einer praktikablen Regelung in einer solchen Gesellschaft relativ problemlos möglich ist (§ 161 RdNr. 120). Den Gesellschaftern kann es daher zugemutet werden, sich selbst zu helfen.

52 **Das Recht auf Aushändigung des Jahresabschlusses** ist auch in einer Publikumsgesellschaft nicht abdingbar. Denn es bereitet keine erheblichen organisatorischen Schwierigkeiten für die KG, diesem Recht nachzukommen.[162] Ebenfalls unabdingbar sind die Rechte nach Abs. 3. Aus den genannten Gründen (RdNr. 50) kann das Recht aber auf ein die Kommanditisten repräsentierendes Organ übertragen werden.[163] Das Recht, die Namen der Mitgesellschafter zu erfahren, kann nicht abbedungen werden (§ 161 RdNr. 126).

Abs. 3, wenn Kontrollorgang nicht angemessen tätig wird *Koller*/Roth/Morck RdNr. 7 und *Oetker* RdNr. 39, 40.

[154] *Hirte*, FS Röhricht, S. 217, 232.

[155] Röhricht/v. Westphalen/*v. Gerkan/Haas* RdNr. 43; *Grunewald* ZGR 1989, 545, 553; *Oetker RdNr. 41.*

[156] Falls viele Gesellschafter die Auskünfte verlangen, gebietet dies die Treuepflicht, siehe OLG München NZG 2008, 864, 866.

[157] Röhricht/v. Westphalen/*v. Gerkan/Haas* RdNr. 45; *Oetker* RdNr. 47; im Ergebnis ebenso *Krug* S. 172; aA *Kalss* S. 317 f.

[158] *Oetker* RdNr. 46; § 161 RdNr. 170; OLG Düsseldorf DB 2004, 2685, 2687.

[159] *Grunewald* ZGR 1989, 545, 551; *Koller*/Roth/Morck RdNr. 7; *Reuter,* FS Steindorff, S. 225, 242; *Schlitt* S. 208; *Veltins/Hikel* DB 1989, 465, 466; *Voormann* S. 58 f.; *Wiedemann* GesR § 7 II 2 b; im Ergebnis auch *Hahn* BB 1997, 741, 742; in der Tendenz auch BGH ZIP 1984, 702, 704.

[160] *Grunewald* ZGR 1989, 545, 551; MünchHdb. KG/*Weipert* § 15 RdNr. 49; offen gelassen in OLG Celle BB 1983, 1450; bejaht für § 166 Abs. 3 BayObLG NZG 2003, 25, 26; OLG München ZIP 2009, 1165, 1166; DB 2010, 2097, 2098.

[161] So Röhricht/v. Westphalen/*v. Gerkan/Haas* RdNr. 45; *Oetker* RdNr. 47.

[162] Röhricht/v. Westphalen/*v. Gerkan/Haas* RdNr. 45; *Oetker* RdNr. 46; offen gelassen in OLG München NZG 2008, 864, 866, ob im Einzelfall nur Aushändigung an einen gemeinsamen Vertreter verlangt werden kann. Aber der Jahresabschluss ist ein problemlos zu verteilendes Schriftstück.

[163] Insoweit aA *Oetker* RdNr. 46.

c) Änderungen des Gesellschaftsvertrages mit dem Ziel, das Informationsrecht des Kommanditisten einzuschränken. Sollen die im Gesellschaftsvertrag dem Kommanditisten eingeräumten oder aus § 166 folgenden Informationsrechte eingeschränkt werden, so müssen die allgemein für Änderungen des Gesellschaftsvertrages erforderlichen Voraussetzungen erfüllt sein. Darüber hinausgehend geht die Judikatur davon aus, dass Informationsrechte des Kommanditisten **zum Kernbereich der Mitgliedschaft**[164] und zu den unentziehbaren Gesellschafterrechten gehören. Ein Beschluss, der die Rechte des Kommanditisten in diesem Punkt einschränkt, bedarf also der Zustimmung dieses Gesellschafters. 53

V. Österreichisches Recht

Österreichisches Recht (UGB 2005; dazu § 105 RdNr. 276 ff.). § 166 UGB lautet: 54

§ 166. Kontrollrecht

(1) Der Kommanditist ist berechtigt, die abschriftliche Mitteilung des Jahresabschlusses oder, wenn nach den Vorschriften des Dritten Buches keine Pflicht zur Rechnungslegung besteht, einer sonstigen Abrechnung zu verlangen und dessen Richtigkeit unter Einsicht der Bücher und Schriften zu prüfen.

(2) Die im § 118 dem von der Geschäftsführung ausgeschlossenen Gesellschafter eingeräumten weiteren Rechte stehen dem Kommanditisten nicht zu.

(3) Auf Antrag eines Kommanditisten kann das Gericht, wenn wichtige Gründe vorliegen, die Mitteilung einer Bilanz oder sonstiger Aufklärungen sowie die Vorlegung der Bücher und Schriften jederzeit anordnen.

§ 167 [Gewinn und Verlust]

(1) Die Vorschriften des § 120 über die Berechnung des Gewinns oder Verlustes gelten auch für den Kommanditisten.

(2) Jedoch wird der einem Kommanditisten zukommende Gewinn seinem Kapitalanteil nur so lange zugeschrieben, als dieser den Betrag der bedungenen Einlage nicht erreicht.

(3) An dem Verluste nimmt der Kommanditist nur bis zum Betrage seines Kapitalanteils und seiner noch rückständigen Einlage teil.

Schrifttum: *Barz,* Die vertragliche Entnahmeregelung bei OHG und KG, FS Alexander Knur, 1972, S. 25; *Berninghaus,* Festellung des Jahresabschlusses in der stillen Gesellschaft? – Zugleich ein Beitrag zur Bilanzfeststellung im Personengesellschaftsrecht, FS Röhricht, 2005, S. 747; *Bezzenberger,* in Münchener Handbuch des Gesellschaftsrechts, Band 2, 3. Aufl. 2009 (zitiert: MünchHdb. KG/*Bezzenberger*); *Binz/Sorg,* Bilanzierungskompetenzen bei der Personengesellschaft, DB 1996, 969; *von Falkenhausen/H. C. Schneider* in Münchener Handbuch des Gesellschaftsrechts, Band 2, 3.Aufl. 2009, (zitiert: MünchHdb. KG/*von Falkenhausen/H. C. Schneider*); *Grundmann,* Der Treuhandvertrag, 1997; *Grunewald,* Die Finanzierungsverantwortung des Kommanditisten, FS Großfeld, 1999, S. 281 ff.; *Haar,* Unternehmensfinanzierung in der Personengesellschaft zwischen Kernbereich und Mehrheitsmacht, NZG 2007, 601; *Hopt,* Bilanz, Reservenbildung und Gewinnausschüttung bei der OHG und KG, FS Odersky, 1996, 799; *Huber,* Freie Rücklagen in Kommanditgesellschaften, Gedächtnisschrift für Brigitte Knobbe-Keuk, 1997, S. 103; *ders.,* Vermögensanteil, Kapitalanteil und Gesellschaftsanteil an Personengesellschaften des Handelsrechts, 1970; *ders.,* Gesellschafterkonten in der Personengesellschaft, ZGR 1988, 1; *Karsten Schmidt,* Sanieren oder Ausscheiden, JZ 2010, 125; *Krejci,* Unternehmensgesetzbuch statt HGB, ZHR 170 (2006), 113; *Oppenländer,* Zivilrechtliche Aspekte der Gesellschafterkonten der OHG und KG, DStR 1999, 939; *Paefgen,* Die Gewinnverwendung in der GmbH & Co. KG und ihrer Unternehmensgruppe nach „Otto", FS Schneider, 2011, S. 929; *Priester,* Stille Reserven und offene Rücklagen bei Personengesellschaften, FS Quack, 1991, S. 373; *ders.,* Grundsatzfragen des Rechts der Personengesellschaften im Spiegel der Otto-Entscheidung des BGH, DStR 2008, 1386; *Rodewald,* Zivil- und steuerrechtlichen Bedeutung der Gestaltung von Gesellschaftsverträgen, GmbHR 1998, 521; *Schäfer,* Nachschusspflichten bei Personengesellschaften, in Gesellschaftsrecht in der Diskussion 2007, 2008, S. 137;

[164] § 119 RdNr. 64 ff.; BGH NJW 1995, 194, 195 und OLG Celle BB 1983, 1456.

Schön, Bilanzkompetenzen und Ausschüttungsrechte in der Personengesellschaft, FS Beisse, 1996, S. 471; *Schulze/Osterloh,* Aufstellung und Feststellung des handelsrechtlichen Jahresabschlusses der Kommanditgesellschaft, BB 1995, 2519; *Ulmer,* Die Mitwirkung des Kommanditisten an der Bilanzierung der KG, FS Hefermehl, 1976, S. 207; *ders.,* Gewinnanspruch und Thesaurierung in OHG und KG, FS Lutter, 2000, S. 935 f.; *Wertenbruch,* Die Haftung von Gesellschaften und Gesellschaftsanteilen in der Zwangsvollstreckung, 2000; *Wiedemann,* Rechte und Pflichten des Personengesellschafters, WM-Sonderbeilage 7/1992.

Übersicht

I. Der Jahresabschluss

1 **1. Aufstellung des Jahresabschlusses. Ermittlung von Gewinn und Verlust.** Unter der Aufstellung des Jahresabschlusses versteht man die **Vorbereitung des Abschlusses bis zur Beschlussreife.**[1] Diese Aufgabe liegt als Geschäftsführungsmaßnahme bei den geschäftsführungsbefugten Gesellschaftern.[2] Für die **Ermittlung von Gewinn und Verlust** gilt dasselbe wie bei der OHG (Abs. 1, § 120). Die geschäftsführenden Gesellschafter haben sich an die gesetzlichen und gegebenenfalls gesellschaftsvertraglichen Vorgaben zu halten. Ermessensentscheidungen können sie im üblichen Rahmen treffen. Allerdings sind sie an die Schranken, die durch die Treuepflicht der Gesellschafter untereinander sowie gegenüber der KG gezogen werden, gebunden. Zwar wirken die übrigen Gesellschafter bei der Feststellung des Jahresabschluss mit (unten RdNr. 2). Aber da sie schon aus praktischen Gründen weitgehend den von den geschäftsführenden Gesellschaftern aufgestellten Jahresabschluss zugrundelegen müssen, sind sie auf die Berücksichtigung ihrer Interessen schon bei der Aufstellung des Jahresabschlusses zumindest teilweise angewiesen.[3] Bei der GmbH & Co. KG muss, falls die Schwellenwerte von § 267 überschritten sind, eine Abschlussprüfung erfolgen §§ 316, 264 a Abs. 1.

2 **2. Feststellung des Jahresabschlusses. a) Zuständigkeit.** Der aufgestellte Jahresabschluss wird durch die Feststellung verbindlich. Diese Feststellung ist **keine Geschäftsführungsmaßnahme,**[4] da der festgestellte Jahresabschluss die Grundlage für die Verzinsung der Kapitalanteile[5] sowie für die Berechnung der Gewinnansprüche und damit auch der Einkommensbesteuerung (§ 15 Abs. 1 Nr. 2 EStG) aller Gesellschafter ist. Für die Kom-

---

[1] BGHZ 132, 263 = ZIP 1996, 750, 751; *Binz/Sorg* BB 1996, 969; *Hopt,* FS Odersky, S. 799.

[2] Also nicht notwendig bei allen Komplementären! BGHZ 132, 263 = NJW 1996, 1678 = ZIP 1996, 750, 751; *Hopt,* FS Odersky, S. 799; eventuell. sind auch geschäftsführungsbefugte Kommanditisten beteiligt: Heymann/*Horn* RdNr. 1.

[3] *Hopt,* FS Odersky, S. 799, 802 f.; *Oetker* RdNr. 8.

[4] Allenfalls könnte man eine außergewöhnliche Geschäftsführungsmaßnahme für gegeben halten, doch hat die Feststellung des Jahresabschlusses alljährlich zu erfolgen, und kann daher kaum als außergewöhnlich bezeichnet werden; *Priester* DStR 2008, 1386, 1390 spricht von „Organisationsgesellschaften".

[5] Siehe OLG Karlsruhe NZG 1999, 878: Kommanditisten erhielten nur diese Verzinsung, trotzdem wird richtig gesagt, dass sie an der Feststellung des Jahresabschluss mitwirken.

manditisten hängt zudem der Umfang der persönlichen Haftung im Rahmen von § 172 Abs. 4 von der konkret gewählten Bilanzierung ab (§ 172 RdNr. 64). Gleiches gilt für das Haftungsrisiko der Komplementäre. **Daher sind nach der gesetzlichen Regelung alle Gesellschafter, also auch die Kommanditisten, an der Beschlussfassung über die Feststellung des Jahresabschlusses zu beteiligen.**[6] Dem steht auch nicht entgegen, dass nur die Komplementäre den Jahresabschluss unterzeichnen (§ 245 S. 2). Diese Regelung beinhaltet nur eine öffentlich-rechtliche Pflicht, hat aber nichts mit der Frage zu tun, ob die Kommanditisten an der Feststellung des Jahresabschlusses zu beteiligen sind.[7] Auch das dem Kommanditisten in § 166 Abs. 1 eingeräumte Einsichtsrecht hat nicht zur Folge, dass die Kommanditisten an der Feststellung des Jahresabschlusses nicht mitzuwirken hätten. Ganz davon abgesehen, dass diese dem Schutz des Kommanditisten dienende Norm kaum zur Folge haben kann, dass sich die Rechtsposition dieses Gesellschafters im Bereich der Feststellung des Jahresabschlusses verschlechtert,[8] kann es für einen Kommanditisten gute Gründe geben, trotz der Beteiligung an der Feststellung des Jahresabschlusses sein Einsichtsrecht zu nutzen. Insbesondere kann er dann auch Einblick in Unterlagen verlangen, die sich auf weniger wichtige Geschäftsvorfälle beziehen, und die daher bei der Feststellung des Jahresabschlusses nicht zu erörtern sind. Auch ist mit dem Recht auf Beteiligung an der Feststellung des Jahresabschlusses zwar die Berechtigung verbunden, die für die Beschlussfassung erforderlichen Auskünfte (Bilanzierungsmaßnahmen)[9] zu verlangen (§ 166 RdNr. 12 ff.), nicht aber die Berechtigung, Einblick in die Bücher der KG zu nehmen. Dies folgt aus § 166 Abs. 1.

Gemäß der Grundregel von §§ 161 Abs. 2, 119 Abs. 1 muss die Beschlussfassung – sofern im Gesellschaftsvertrag nichts anderes bestimmt ist – **einstimmig erfolgen.**[10] 3

b) Abweichungen vom aufgestellten Jahresabschluss. Da die Beteiligung an der Feststellung des Jahresabschlusses der Vorbereitung und Absicherung des Gewinnanspruchs des Kommanditisten dient, sind die Mitwirkungsrechte der Gesellschafter aus dieser Funktion heraus zu interpretieren. Zwar ist Grundlage der Feststellung der von den geschäftsführenden Gesellschaftern aufgestellte Jahresabschluss. Die Gesellschaftergesamtheit kann aber auch rechtmäßig getroffene **Bilanzierungsmaßnahmen der Geschäftsführung bei der Feststellung des Jahresabschlusses insoweit revidieren, als diese die Ergebnisverwendung betreffen**, da dies die den Gesellschaftern gemeinsam zugewiesene Entscheidung über die Gewinnverwendung betrifft. Bilanzierungsmaßnahmen, die lediglich die Vermögens-, Finanz- oder Ertragslage der Gesellschaft darstellen, sind demgegenüber, soweit sie rechtmäßig sind, verbindlich. Welche Bilanzierungsmaßnahmen die Ergebnisverwendung betreffen und welche der Darstellung der wirtschaftlichen Lage der KG dienen, ist für OHG und KG gleich zu entscheiden (siehe die Ausführung bei § 120 RdNr. 72 ff.).[11] 4

c) Thesaurierungs- und Ausschüttungsinteresse. Die Gesellschafter sind bei der Beschlussfassung an die Treuepflicht gegenüber der KG und ihren Mitgesellschaftern 5

---

[6] BGH NZG 2007, 259 (Otto-Urteil); BGHZ 132, 263 = ZIP 1996, 750, 751 = NJW 1996, 1678; Röhricht/v. Westphalen/*v. Gerkan/Haas* RdNr. 3; *Priester,* FS Quack, S. 373, 381; *Oetker* RdNr. 9; *Paefgen,* FS Schneider, S. 929, 932; GroßkommHGB/*Schilling* RdNr. 3; *Schulze-Osterloh* BB 1995, 2519; *Ulmer,* FS Hefermehl, S. 207, 216; aA BGH WM 1960, 187, 188 und Heymann/*Horn* § 162 RdNr. 2.

[7] Röhricht/v. Westphalen/*v. Gerkan/Haas* RdNr. 3; *Hopt,* FS Odersky, S. 799, 800; *Ulmer,* FS Hefermehl, S. 201, 211 ff.

[8] BGHZ 132, 263 = ZIP 1996, 750, 751 = NJW 1996, 1678, 1679; *Hopt,* FS Odersky, S. 799, 800; *Oetker* RdNr. 9.

[9] *Schlitt* in Sudhoff § 24 RdNr. 31.

[10] *Berninghaus,* FS Röhricht, S. 747, 750; MünchHdb. KG/*Bezzenberger* § 21 RdNr. 60; Röhricht/v. Westphalen/*v. Gerkan/Haas* RdNr. 4; zu anderen Regelungen im Gesellschaftsvertrag RdNr. 11.

[11] BGHZ 132, 263 = NJW 1996, 1678, 1680 = ZIP 1996, 750, 754 zählt zur Ergebnisverwendung die Passivierung der Wahlrechtsrückstellungen (§ 249 Abs. 1 S. 3, Abs. 2), die Bildung stiller Reserven (aber wohl nur im Rahmen von § 253 Abs. 4) und steuerliche Sonderabschreibungen; allgemein dazu *Binz/Sorg* DB 1996, 969, 971; *Moxter* JZ 1996, 860; *Schulze-Osterloh* BB 1995, 2519, 2521; *Ulmer,* FS Lutter, S. 935, 941 f.

gebunden.[12] Sie haben die **für eine Gewinnthesaurierung sprechenden Umstände** gegen ein Ausschüttungsinteresse der Gesellschafter abzuwägen. Für die Schaffung eines Risikopolsters (sei es verdeckt oder durch offene Rücklagen) bei der KG spricht insbesondere das Interesse der Komplementäre, das Risiko einer persönlichen Inanspruchnahme ohne die Möglichkeit eines Rückgriffs auf das Vermögen der KG gering zu halten. Gleiches gilt für das Interesse der Gesellschafter an einer Sicherung der Zukunft der KG.[13] Diesen für die Bildung von Reserven sprechenden Umständen ist das **Interesse des Gesellschafters an einer möglichst hohen Ausschüttung** gegenüber zu stellen. Dieses Gesellschafterinteresse prävaliert, wenn die Entwicklung der KG abgesichert ist.[14] In kleinen Gesellschaften muss auch eine besondere Notlage eines Kommanditisten, die dazu führt, dass er in besonderem Ausmaß auf Gewinne angewiesen ist (zB längere Krankheit), mitberücksichtigt werden. Gerade in diesen Gesellschaften sind die Gesellschafter eng miteinander verbunden. Ein völliges Ausblenden der privaten Verhältnisse ist daher nicht möglich.[15] Da die Abwägung zwischen Ausschüttungs- und Thesaurierungsinteresse unter dem Aspekt der Treuepflicht erfolgt, muss der Gesellschaftsvertrag weder Obergrenzen für die Thesaurierung noch Mindestbeiträge für eine Ausschüttung benennen.[16] Solche mehr oder weniger starren Vorgaben wären auch keineswegs immer sachgerecht. Eine Parallele zu Beitragserhöhungen kann schon deshalb nicht gezogen werden, weil der Kommanditist keine Leistungen aus seinem außerhalb der Gesellschaft bestehenden Vermögen zu erbringen hat. Auch beinhaltet die Rücklagenbildung – auch wenn an § 169 Abs. 1 ein Vertrag festgehalten wird – keine Vertragsänderung,[17] da sich der Anspruch auf Gewinnausschüttung auf den nach Rücklagenbildung bestehenden Gewinn bezieht. Unterschiede zur OHG ergeben sich nicht (siehe bei § 120).

6 Aufgrund der Abwägung zwischen Thesaurierungs- und Ausschüttungsinteresse kann es dazu kommen, dass **ein Kommanditist die Feststellung einer Bilanz akzeptieren muss, die nicht zur höchstmöglichen Ausschüttung an ihn führt.** Dies verstößt nicht gegen § 169 S. 1. Nach dieser Bestimmung kommt § 122 auf den Kommanditisten nicht zur Anwendung. Dieser Verweis könnte so zu verstehen sein, dass der Kommanditist seinen Gewinnanteil in jedem Fall – auch wenn dies zum Schaden der KG gereichen würde – verlangen kann. Mittlerweile hat die Betrachtung der Geschichte dieser Norm aber ergeben, dass die Verweisung nur das Entnahmerecht des Komplementärs für die Kommanditisten ausschließt.[18] Selbst wenn dem aber nicht so wäre, könnte ein unbeschränktes Entnahmerecht heute nicht mehr akzeptiert werden. Die Entwicklungen im Bereich der Treuepflichten haben dazu geführt, dass ein solcher Standpunkt nicht mehr systemkonform ist (s. § 169 RdNr. 7).

7 **d) Fehlende Einigung unter den Gesellschaftern.** Können sich die Gesellschafter nicht einigen, so kann die **Pflicht zur Zustimmung zur Feststellung eines Jahresabschlusses** im Klagewege durchgesetzt werden.[19] Dies ist insbesondere für die Komplemen-

[12] BGHZ 132, 263 = NJW 1996, 1678, 1681 = ZIP 1996, 750, 755; *Hopt,* FS Odersky, S. 799, 803, 805; *Schulze-Osterloh* BB 1995, 2519, 2522.

[13] BGHZ 132, 263 = NJW 1996, 1678, 1681 = ZIP 1996, 750, 753; *Schulze-Osterloh* BB 1995, 2519, 2522.

[14] Ähnlich für die OHG § 120 RdNr. 82.

[15] *Barz,* FS Knur, S. 25, 36; Schlegelberger/*Martens* § 120 RdNr. 16; wohl auch *Schulze-Osterloh* BB 1995, 2519, 2522: daher werden private Umstände etwa auch bei der Ausschlußklage nach § 140 mitberücksichtigt, eine vergleichbare Wertung legt auch § 708 BGB zugrunde; aA unter Hinweis auf die Schwierigkeiten, die mit der Berücksichtigung dieser Umstände verbunden sind, *Schön,* FS Beisse, S. 471, 473, aber diesen Problemen kann durch die Beweislastverteilung (unten RdNr. 8) Rechnung getragen werden.

[16] *Priester* DStR 2008, 1386, 1390; offen gelassen in BGH NZG 2007, 259, 261 (Otto); aA *Haar* NZG 2007, 601, 603; *Ulmer,* FS Lutter S. 935, 944.

[17] So aber *Wertenbruch* ZIP 2007, 788, 801.

[18] *Schön,* FS Beisse, S. 471, 480 f.

[19] Klage auf Zustimmung zu einem Gesellschafterbeschluss, gestützt auf die wechselseitige Treuepflicht, dazu § 120 RdNr. 82; MünchHdb. KG/*Bezzenberger* § 21 RdNr. 77; *Priester,* FS Quack, S. 373, 381; *Schön,* FS Beisse, S. 471; *Schulze-Osterloh* BB 1995, 2519, 2524; *Ulmer,* FS Hefermehl, S. 207, 209.

täre bedeutsam, da sie den Jahresabschluss unterzeichnen und damit fertigstellen müssen.[20] Aber auch eine Klage eines Kommanditisten gegen den geschäftsführenden Gesellschafter auf Aufstellung und (auch gegen den nicht geschäftsführenden Komplementär) auf Zustimmung zur Feststellung eines Jahresabschlusses, der den Vorstellungen des Kommanditisten entspricht (dazu, inwieweit diese zu berücksichtigen sind, oben RdNr. 4), ist möglich.[21] Für die Pflicht zur Aufstellung des Jahresabschlusses ist dies insofern problematisch, als die Aufstellung als Geschäftsführungsmaßnahme auch der KG geschuldet ist. Diesen Anspruch der KG kann der Kommanditist aber im Wege der actio pro socio durchsetzen.[22]

Jeder Gesellschafter, der Mitgesellschafter auf Zustimmung zur Feststellung eines Jahresabschlusses in Anspruch nimmt, der von dem von den geschäftsführenden Gesellschaftern aufgestellten Abschluss abweicht, **trägt die Beweislast dafür, dass der von den geschäftsführenden Gesellschaftern aufgestellte Abschluss den Interessen der KG oder ihrer Gesellschafter nicht Rechnung trägt.**[23] Diese Einschätzungsprärogative der geschäftsführenden Gesellschafter trägt zum einen der Tatsache Rechnung, dass sie die Lage der Gesellschaft besser kennen und daher auch Bilanzierungsmaßnahmen eher als andere Gesellschafter treffen können. Zugleich beugt diese Sichtweise Streitigkeiten unter den Gesellschaftern vor: nur beweisbar treuwidrige oder sonst rechtswidrige Bilanzierungsmaßnahmen müssen nicht akzeptiert werden.[24] 8

3. Unterzeichnung. Der festgestellte Jahresabschluss wird von den Komplementären unterzeichnet (§ 245 S. 2). 9

4. Gewinnverwendungsbeschluss. Bei einem positiven Jahresergebnis können die Gesellschafter im Gewinnverwendungsbeschluss[25] entweder **offene Rücklagen bilden oder Gewinn an die Gesellschafter ausschütten** (§ 168 RdNr. 1). Hierüber ist anhand derselben Kriterien wie bei der OHG zu entscheiden (§§ 120 RdNr. 82, 122 RdNr. 33 ff.). Zum Steuerentnahmerecht § 122 RdNr. 58 ff.[26] 10

5. Abweichende Vereinbarungen. a) Zuständigkeit. Erforderliche Mehrheit. Die Beschlussfassung der Gesellschafter über die Feststellung des Jahresabschlusses und über die Gewinnverwendung hat nach der gesetzlichen Regel einstimmig zu erfolgen.[27] Abweichende Vereinbarungen sind in demselben Rahmen zulässig, in dem dies auch bei anderen wesentlichen Entscheidungen möglich ist (§ 161 RdNr. 34). Insbesondere kann die **Entscheidung den geschäftsführenden Gesellschaftern oder einem Beirat**[28] **übertragen werden.** Auch **Mehrheitsentscheidungen** sind möglich.[29] Eine allgemein für die 11

---

[20] *Hopt,* FS Odersky, S. 799, 809.

[21] Siehe den Fall BGH WM 1983, 1279, 1280 (Liquidationsschlussbilanz) und BGH BB 1980, 121 (Aufstellung der Bilanz, aber offengelassen); OLG München NZG 1999, 440 (Vorweggewinn in der Liquidationsbilanz).

[22] *Hopt,* FS Odersky, S. 799, 809.

[23] BGH NZG 259, 269 (Textziffer 10); die Formulierungen in der Literatur sind meistens etwas anders: siehe Schlegelberger/*Martens* RdNr. 8; GroßkommHGB/*Schilling* RdNr. 2; *Ulmer,* FS Hefermehl, S. 217, 219: die Gesellschafter seien an die ermessensgerecht getroffenen Entscheidungen des geschäftsführenden Gesellschafters gebunden.

[24] Damit kann auch der von *Schön,* FS Beisse, S. 471, 473 aufgezeigten Gefahr der Billigkeitsjustiz vorgebeugt werden.

[25] Dieser ist aber nicht erforderlich, § 168 RdNr. 1; § 120 RdNr. 80; *Ulmer,* FS Lutter, S. 935, 938.

[26] Nach Schlegelberger/*Martens* RdNr. 7, § 168 RdNr. 11 und *Priester,* FS Quack, S. 373, 393 müssen wirtschaftlich notwendige Rücklagen akzeptiert werden; aA *Huber,* Gedächtnisschrift Knobbe-Keuck, S. 203, 207 Fn. 16: die Grenze des Ausschüttungsanspruchs sei erst erreicht, wenn der Gesellschafter zum offenbaren Schaden der KG handele; enger auch *Schön,* FS Beisse, S. 471, 483: Rücklagen müssen akzeptiert werden, wenn aufgrund kompetenzgerecht beschlossener Vorhaben der Jahresabschluss dauerhaft dem Zugriff der Gesellschafter entzogen werden müsse.

[27] BGHZ 132, 263; BGH NZG 2007, 259 (Otto).

[28] BGHZ 132, 263 = ZIP 1996, 750, 751 = NJW 1996, 1678, 1679; *Hopt,* FS Odersky, S. 799, 816; Heymann/*Horn* RdNr. 10; GroßkommHGB/*Schilling* RdNr. 9; *Ulmer,* FS Lutter, S. 935, 940.

[29] BGH NZG 2007, 259 (Otto); Heymann/*Horn* RdNr. 10; *Paefgen,* FS Schneider S. 929, 933 f.; *Schön,* FS Beisse, S. 471, 482.

Beschlussfassung in der KG geltende Mehrheitsklausel reicht aus.[30] Es muss also die Beschlussfassung über den Jahresabschluss bzw. die Gewinnverwendung nicht extra aufgeführt werden.[31] Eine Obergrenze für Thesaurierungen muss nicht genannt werden (oben RdNr. 5). Eine solche Mehrheitsklausel erfasst auch die Befugnis zur Abänderung des aufgestellten Jahresabschlusses, soweit dieser Entscheidungen über die Ergebnisverwendung enthält, da diese den Gesellschaftern zugewiesen ist (RdNr. 4).

12 Die **Beteiligung der Komplementäre** an der Feststellung des Jahresabschlusses kann im Grundsatz nicht ausgeschlossen werden.[32] Da ihr Haftungsrisiko ganz erheblich von der Bilanzierung abhängt, kann ihnen nicht zugemutet werden, ohne jeden persönlichen Einfluss eine allein durch die Kommanditisten oder Dritte getroffene Feststellung des Jahresabschlusses hinzunehmen. Gleiches gilt für die Entscheidung über die Gewinnverwendung. Das gilt allerdings nicht, wenn der Komplementär eine juristische Person ist, da für diese das Haftungsrisiko mangels persönlicher Betroffenheit auch in diesem Fall tragbar ist.

13 **b) Vorgaben für die Bilanzierung und Rücklagenbildung.** Im Gesellschaftsvertrag können auch Vorgaben für die Bilanzierung vereinbart werden. Es gelten dieselben Grundsätze wie bei der OHG (siehe § 120 RdNr. 40). Ebenfalls möglich sind Regeln über die Rücklagenbildung (sog. gemeinschaftliche Rücklage, siehe bei § 122 RdNr. 52). Da die gesetzlichen Voraussetzungen für die Bildung von Rücklagen nicht sonderlich klar sind, empfiehlt sich uU eine vertragliche Regelung, die festlegt, **unter welchen Voraussetzungen und bis zu welcher Höhe Rücklagen zu bilden sind.**[33] Es kann auch festgesetzt werden, dass ein bestimmter Prozentsatz an die Gesellschafter auszuschütten ist. Solche – relativ starren – Klauseln können in bestimmten Geschäftsjahren zu einer Ergebnisverteilung führen, die der Lage der KG nicht Rechnung trägt. Daher sollte im Vertrag gesagt werden, dass mit vertragsändernder Mehrheit von diesen Bestimmungen abgewichen werden kann. Sofern das nicht der Fall ist, kann eine solche Vereinbarung aber nicht schlicht unterstellt werden.[34] Denn da das Gewinnbezugsrecht zu den unentziehbaren Mitgliedschaftsrechten zählt, können solche Einschränkungen nicht schlicht als gewollt vermutet werden. Die Treuepflicht kann allerdings gebieten, dass der Gesellschafter im Einzelfall einer anderen Gewinnverteilung als ursprünglich vorgesehen zustimmt.

II. Die Konten des Kommanditisten

14 **1. Der variable Kapitalanteil nach der gesetzlichen Regelung. a) Begrenzte Gewinnzuschreibung (Abs. 2).** Der Kapitalanteil des Kommanditisten ist nach der gesetzlichen Regelung genauso wie der des Komplementärs variabel (§§ 167 Abs. 1, 120). Die Buchungen in Bezug auf den Kapitalanteil erfolgen auf dem sog. **Kapitalkonto.** Eine von dem Kommanditisten geleistete Einlage wird auf diesem Konto gutgeschrieben, auf den Kommanditisten entfallende Verluste werden ebenso wie Entnahmen abgezogen. Spätere Gewinne werden dem Konto gutgeschrieben.[35] Ist die auf dem Konto ausgewiesene Summe so hoch wie die geschuldete Pflichteinlage, werden keine weiteren Gutschriften mehr vorgenommen (Abs. 2). Auf die im Handelsregister ausgewiesene Hafteinlage kommt es aber nicht an.[36]

---

[30] BGH NZG 2007, 259 (Otto); *Paefgen*, FS Schneider S. 929, 936; anders noch BGHZ 132, 263.

[31] BGH NZG 2007, 259; *Priester* DStR 2008, 1386, 1390.

[32] *Hopt*, FS Odersky, S. 799, 816 f.; aA wohl BGHZ 132, 263 = ZIP 1996, 750, 751= NJW 1996, 1678, 1679 und GroßkommHGB/*Schilling* RdNr. 9.

[33] *Huber*, Gedächtnisschrift Knobbe-Keuk, S. 203, 207 ff.; *Schön*, FS Beisse, S. 471, 482 spricht vom „Kernbestand eines fachgerechten Gesellschaftsvertrages".

[34] AA *Wiedemann* S. 32 für Abweichungen vom Teil- oder Vollausschüttungsgebot.

[35] Dazu, ob auch Auszahlung der Gewinne verlangt werden kann, § 169 RdNr. 6.

[36] Röhricht/v. Westphalen/*v. Gerkan/Haas* RdNr. 10; *Oetker* RdNr. 13; GroßkommHGB/*Schilling* RdNr. 6.

Da Abs. 2 für den **Komplementär nicht gilt, kann dieser seinen Einfluss**[37] in der KG durch **Zuschreibungen auf seinem Kapitalkonto erheblich erhöhen.** Durch diese unterschiedliche Behandlung von Kommanditist und Komplementär wird zwar erreicht, dass der Kommanditist seine Stellung in der KG durch Stehenlassen von Gewinn nicht zum Nachteil des Komplementärs ausbauen kann. Nicht berücksichtigt wird aber die ebenfalls gegebene Gefahr, dass der Komplementär zu Lasten des Kommanditisten so verfährt. Zwar billigt das Gesetz dies im Grundsatz, aber aus der Treuepflicht der Gesellschafter untereinander kann gleichwohl im Einzelfall die Pflicht des Komplementärs entstehen, auch dem Kommanditisten ein Recht zur Aufstockung seines Kapitalanteils (und der damit verbundenen Pflichteinlage) einzuräumen.[38] 15

b) Begrenzter Verlustanteil (Abs. 3). Verluste können auch zu einem **negativen Kapitalkonto** führen. Abs. 3 besagt insofern nur, dass der Kommanditist bei seinem Ausscheiden, bei der Liquidation der Gesellschaft und auch sonst keine Nachschüsse leisten muss.[39] Ist das Kapitalkonto negativ, so müssen spätere Gewinne aber zur Beseitigung des Negativsaldos genutzt werden. Erst wenn das Kapitalkonto wieder ein höheres Guthaben als die Pflichteinlage ausweist, kann die Auszahlung von Gewinnen verlangt werden (§ 169 RdNr. 3). 16

2. Weitere Konten. Wenn dem Kommanditisten zu einem Zeitpunkt Gewinne gutgeschrieben werden sollen, zu dem eine solche Verbuchung auf seinem Kapitalkonto nicht mehr möglich ist (oben RdNr. 14), muss ein weiteres Konto für ihn eröffnet werden, das **sog. Darlehenskonto.**[40] Die darauf verbuchte Summe stellt eine fällige Forderung des Kommanditisten gegen die KG dar,[41] die auch geltend gemacht werden kann, wenn das Kapitalkonto später negativ wird.[42] Verluste werden weiter vom Kapitalkonto, nicht vom Darlehenskonto abgebucht.[43] Diese Forderung kann – und wird meist konkludent – in ein Darlehen umgewandelt werden. Dann gilt § 488 Abs. 3 BGB (Kündigungsfrist).[44] Die Gesellschafter können im Gesellschaftsvertrag festsetzen oder später mit Zustimmung der betroffenen Gesellschafter beschließen, dass stehengelassene Gewinne nicht jederzeit abgezogen werden können, sondern nur nach einiger Zeit oder nur unter bestimmten Umständen. Fehlt es an einer solchen Abrede, so kann der Kommanditist im Prinzip auch in Krisensituationen die Auszahlung stehengelassener Gewinne verlangen. Denn Sanierungslasten sind gleichmäßig von allen Gesellschaftern und nicht einzig von denen zu tragen, die noch Forderungen gegen die KG haben.[45] Etwas anderes gilt nur, wenn die Forderung wertlos ist. In dieser Situation verliert der Kommanditist nichts. Daher kann ihm dann die Stundung oder sogar der Verzicht auf seine Forderung zugemutet werden. Der Anspruch kann auch in der Insolvenz der KG geltend gemacht werden.[46] UU ist er auch verpflichtet, sich entweder an einer Sanierung zu beteiligen oder auszuscheiden (§ 161 RdNr. 27). Eine Verzinsung dieses Guthabens ist nur geschuldet, wenn dies so vereinbart ist[47] (§ 168 RdNr. 10). 17

---

[37] Nach der gesetzlichen Regel geht es nur um die Vorausdividende nach § 121 Abs. 1, da Gewinne und Verluste nach Köpfen bzw. angemessen zu verteilen sind (§ 168).

[38] *Oetker* RdNr. 15.

[39] BGHZ 86, 126; *v. Falkenhausen/H. C. Schneider* § 22 RdNr. 81; Röhricht/v. Westphalen/*v. Gerkan/Haas* RdNr. 12; Baumbach/*Hopt* RdNr. 4; *Oetker* RdNr. 20.

[40] Die Bezeichnungen schwanken: teilweise wird auch von Privatkonto gesprochen: siehe Röhricht/v. Westphalen/*v. Gerkan/Haas* RdNr. 11; Heymann/*Horn* RdNr. 7; Baumbach/*Hopt* RdNr. 3; *Huber,* Gedächtnisschrift Knobbe-Keuk, S. 203, 204; GroßkommHGB/*Schilling* RdNr. 7.

[41] Siehe BGH BB 1978, 630, 631; BFH DStR 2009, 212.

[42] BGH BB 1978, 630, 631; Baumbach/*Hopt* RdNr. 3; *Oetker* RdNr. 16; *Rodewald* GmbHR 1998, 521, 524.

[43] Röhricht/v. Westphalen/*v. Gerkan/Haas* RdNr. 12; *Oetker* RdNr. 16.

[44] Baumbach/*Hopt* RdNr. 7; *Huber* ZGR 1988, 1, 33; *Oetker* RdNr. 17.

[45] *Grunewald,* FS Großfeld, S. 319, 320 f.; *Grundmann* S. 281, 283; siehe auch § 169 RdNr. 8 zu nicht auf Darlehenskonto umgebuchten Gewinnauszahlungsansprüchen.

[46] Siehe Erläuterungen bei § 172a.

[47] OLG Hamm NZG 2000, 252, 253, aber nur für den Fall, dass die Verzinsung unabhängig von der Erzielung von Gewinnen erfolgen soll; Röhricht/v. Westphalen/*v. Gerkan/Haas* RdNr. 11; Baumbach/*Hopt* RdNr. 2; *Huber* ZGR 1988, 1, 8; *ders.,* Gedächtnisschrift Knobbe-Keuk, S. 203, 204; *Oppenländer* DStR 1999, 939, 941.

18 **3. Abweichende Vertragsgestaltungen. a) Recht zur Aufstockung des Kapitalanteils.** Dem Kommanditisten kann im Gesellschaftsvertrag das Recht eingeräumt werden, seinen Kapitalanteil über die Schranken des Abs. 2 aufzustocken.[48] Seine Rechtsstellung entspricht in diesem Punkt dann derjenigen des Komplementärs. Daher liegt die Annahme einer entsprechenden Vereinbarung nahe, wenn ein Kommanditist als Erbe eines Komplementärs in die Gesellschaft eingerückt ist.[49]

19 **b) Feste Kapitalanteile, weitere Konten.** Von der dem Gesetz zugrundeliegenden Vorstellung variabler Kapitalkonten wird nahezu stets abgewichen. Es werden sog. feste Kapitalkonten eingerichtet, auf die nur die Einlage – auch sofern sie durch stehengelassene Gewinne erbracht wird – gutgeschrieben wird. Danach erfolgen keine Verbuchungen mehr auf diesem Konto. Die prozentuale Beteiligung am Gewinn wird an die Höhe des Kapitalkontos gebunden und steht damit ein für allemal fest. Nahezu stets wird auch das Gewinnbezugs- und Stimmrecht an den festen Kapitalanteil geknüpft. Dies hat zur Folge, dass in Sarnierungssituationen eine Veränderung der festen Kapitalanteile sinnvoll sein kann. Die Konten werden herabgesetzt und nur erhöht, wenn Nachschüsse zugesagt oder eingezahlt werden.[50] Auch wenn die Einlage noch nicht vollständig geleistet wurde, soll die Rechtsstellung des Kommanditisten (meist von der Vorzugsdividende abgesehen) oft schon so sein, als habe er voll geleistet. Dass die Einlage noch offen ist, wird dann auf dem Kapitalkonto II vermerkt.[51]

20 Neben dieses feste Kapitalkonto tritt ein variables Konto, das sog. **Kapitalkonto II,** auf dem die Vorgänge verbucht werden, die sonst auf dem variablen Konto gebucht werden. Entnahmen sind also nur möglich, wenn ein eventueller Verlustvortrag zuvor ausgeglichen worden ist.[52] Daher steht der Kommanditist bei einer solchen Vertragsgestaltung schlechter als bei der gesetzlichen Regel, da er stehengelassene Gewinne zum Ausgleich späterer Verluste verwenden muss.[53]

21 Freie Gewinne können und sollten daher – falls sie nicht entnommen werden –auf ein **Darlehenskonto** (oben RdNr. 17) gebucht werden.[54] Dann werden sie nicht mit späteren Verlusten verrechnet[55] und der Kommanditist steht in diesem Punkt so wie nach der gesetzlichen Regel. Er hat die Rechte eines jeden Darlehnsgebers. Wird das Darlehnskonto überzogen, so gewährt die KG den Gesellschaftern einen Kredit.[56] Die Rückzahlung soll meist durch eine Verrechnung mit späteren Gewinnen bzw. beim Ausscheiden durch Begleichen des Debet erfolgen.[57] Es können auch mehrere Darlehenskonten[58] mit unterschiedlichen Entnahmebedingungen gebildet werden.[59] Hinzu treten oftmals sog. **Verlustvortragskonten,** auf die nur Verluste und künftige Gewinne (§ 172 Abs. 4 S. 2) gebucht werden.[60] Gewinne können dann erst ausgezahlt oder auf das Darlehenskonto gebucht werden, wenn die Verluste abgedeckt sind. Sollte die KG die Verpflichtung übernommen haben, die beim Kommanditisten aufgrund seiner Gesellschafterstellung anfallenden Steuern zu begleichen, so wird zudem ein sog. **Steuerkonto** errichtet.[61]

---

[48] BGH DB 1967, 594; Röhricht/v. Westphalen/*v. Gerkan/Haas* RdNr. 15; Baumbach/*Hopt* RdNr. 7; *Koller*/Roth/Morck RdNr. 3; *Oetker* RdNr. 23.

[49] BGH DB 1967, 594.

[50] Siehe den Fall BGH ZIP 2009, 2289; *Schäfer* S. 137, 148 f.; *K. Schmidt* JZ 2010, 125, 126.

[51] *Aderhold* I 2425; *Huber* ZGR 1988, 1, 49.

[52] BFH BStBl. 1997 II S. 277, 279; *Huber,* Gedächtnisschrift Knobbe-Keuk, S. 201, 205; *ders.* ZGR 1988, 1, 51; *Oppenländer* DStR 1999, 939, 941.

[53] *Aderhold* I 2426; Heymann/*Horn* RdNr. 11; *Huber* ZGR 1988, 1, 50; *ders.* Vermögensanteil S. 259; Schlegelberger/*Martens* RdNr. 21; *Rodewald* GmbHR 1998, 521, 524.

[54] *Huber,* Gedächtnisschrift Knobbe-Keuk, S. 201, 205; *Oppenländer* DStR 1999, 939, 941.

[55] OLG Köln ZIP 2000, 1726, 1727; BFH BStBl. 1997 II S. 36, 37.

[56] BFH BStBl. 1997 II S. 36, 37.

[57] Nach *Wertenbruch* S. 566 liegt kein Darlehen vor. Aber auch ein Darlehen kann durch Gewinnabrechnungen getilgt werden.

[58] Zu den Schwierigkeiten bei der Buchung auf nur einem Konto *Huber* ZGR 1988, 1, 46.

[59] Zu den Auswirkungen solcher Regeln auf die Anwendbarkeit von § 172 a *Huber* ZGR 1988, 1, 39.

[60] § 120 RdNr. 107; *Aderhold* I 2426; MünchHdb. KG/*v. Falkenhausen/C. H. Schneider* § 22 RdNr. 55; *Oppenländer* DStR 1999, 939, 942; *Rodewald* GmbHR 1998, 521, 526.

[61] *Rodewald* GmbHR 1998, 521, 525.

Neben der Verbuchung von Gewinnen und Verlusten auf Konten der Gesellschafter besteht auch die Möglichkeit, eine **Rücklage in der KG** auszuweisen (sog. gemeinschaftliche Rücklage, oben RdNr. 12, § 120 RdNr. 107).[62] Auch dies muss im Gesellschaftsvertrag vorgesehen oder einstimmig beschlossen[63] sein. 22

III. Österreichisches Recht

Österreichisches Recht (UGB 2005; dazu § 105 RdNr. 276 ff.). § 167 UGB lautet: 23

§ 167. Berechnung von Gewinn und Verlust

[1] Soweit der Gesellschaftsvertrag nichts anderes vorsieht, ist den unbeschränkt haftenden Gesellschaftern zunächst ein ihrer Haftung angemessener Betrag des Jahresgewinns zuzuweisen. [2] Im Übrigen ist für den diesen Betrag übersteigenden Teil des Jahresgewinns sowie für den Verlust eines Geschäftsjahrs § 121 anzuwenden.

§ 168 UGB lautet:

§ 168. Gewinnausschüttung

(1) [1] Der Kommanditist kann die Auszahlung des Gewinnes nicht verlangen, soweit die bedungene Einlage nicht geleistet ist oder durch dem Kommanditisten zugewiesene Verluste oder die Auszahlung des Gewinnes unter den auf sie geleisteten Betrag gemindert würde. [2] Im Übrigen findet § 122 Anwendung.

(2) Der Kommanditist ist nicht verpflichtet, den bezogenen Gewinn wegen späterer Verluste zurückzuzahlen.

Zu § 167 UGB *Krejci* ZHR 170 (2006), 113, 134.

§ 168 [Verteilung von Gewinn und Verlust]

(1) Die Anteile der Gesellschafter am Gewinne bestimmen sich, soweit der Gewinn den Betrag von vier vom Hundert der Kapitalanteile nicht übersteigt, nach den Vorschriften des § 121 Abs. 1 und 2.

(2) In Ansehung des Gewinns, welcher diesen Betrag übersteigt, sowie in Ansehung des Verlustes gilt, soweit nicht ein anderes vereinbart ist, ein den Umständen nach angemessenes Verhältnis der Anteile als bedungen.

Schrifttum: *Bork,* Die Haftung des entlohnten Gesellschafter-Geschäftsführer bei der GmbH & Co. KG, AcP 184 (1984), 465; *Huber,* Freie Rücklagen in Kommanditgesellschaften, Gedächtnisschrift für Brigitte Knobbe-Keuk, 1997, S. 203; *Hüber,* Vermögensanteil, Kapitalanteil und Gesellschaftsanteil an Personengesellschaften des Handelsrechts, 1970; *von Falkenhausen/H. C. Schneider* in Münchener Handbuch des Gesellschaftsrechts, Band 2, 3. Aufl. 2009 (zitiert: MünchHdb. KG/*von Falkenhausen/H. C. Schneider*); *Oppenländer,* Zivilrechtliche Aspekte der Gesellschafterkonten der OHG und KG, DStR 1999, 939; *Priester,* Haftungsgefahren bei Zahlung von Geschäftsführerbezügen an Kommanditisten, DB 1975, 1878; *Schön,* Bilanzkompetenzen und Ausschüttungsrechte in der Personengesellschaft, FS Heinrich Beisse, 1996, S. 471; *Wiedemann,* Rechte und Pflichten des Personengesellschafters, WM Sonderbeilage 7/1992.

Übersicht

[62] *Aderhold* I 2426; MünchHdb. KG/*v. Falkenhausen/C. H. Schneider* § 22 RdNr. 58; Röhricht/v. Westphalen/*v. Gerkan/Haas* RdNr. 15; *Huber* ZGR 1988, 1, 89 ff.

[63] Andere Regel möglich, § 168 RdNr. 18.

I. Gewinn- und Verlustverteilung nach der gesetzlichen Regelung

1 **1. Bilanzierungsmaßnahmen und zu verteilender Gewinn, Vorschlag für den Gewinnverwendungsbeschluss.** Welcher Gewinn zur Verteilung ansteht, richtet sich nach dem festgestellten Jahresabschluß (zu Bilanzierungsmaßnahmen, die die Ergebnisverwendung betreffen, § 167 RdNr. 4 f.). Die geschäftsführenden Gesellschafter haben einen Vorschlag über die Gewinnverwendung zu machen. Hierbei haben sie sich von der wechselseitigen Treuepflicht der Gesellschafter untereinander leiten zu lassen.[1] Ein Gewinnverwendungsbeschluss muss nicht gefasst werden, da die gesetzliche Regel die Verteilung (wenn auch unklar) vorgibt (§ 167 RdNr. 10).

2 **2. Vorwegdividende.** Nach Abs. 1 S. 1 sind aus dem Gewinn zuerst die **Kapitalanteile aller Gesellschafter mit 4% zu verzinsen.** Insoweit gilt die in § 121 Abs. 1 und 2 für die OHG getroffene Regelung auch für die KG (zur Situation, wenn der Gewinn nicht ausreicht, um die Kapitalanteile mit 4% zu verzinsen bei § 121 RdNr. 17, dort auch zu der Berücksichtigung von Zahlungen auf den Kapitalanteil, die nicht während des ganzen Geschäftsjahres der KG zur Verfügung standen). Da die Kapitalanteile der Komplementäre nach der gesetzlichen Regelung beliebig anwachsen können, die der Kommanditisten aber nicht (§ 167 Abs. 2), hat der Komplementär die Möglichkeit, auf diese Weise einen erheblichen Anteil des Jahresgewinns für sich zu beanspruchen. Dies kann zur Folge haben, dass die Komplementäre den Kommanditisten die Möglichkeit einräumen müssen, ihre Einlagen ebenfalls zu erhöhen (§ 167 RdNr. 15). Doch wird es wegen der vom Gesetz vorgesehenen relativ niedrigen Verzinsung (4%), die zudem an den Nennwert – und nicht an den realen Wert der Einlage – anknüpft, wohl nur selten zu einer solchen Situation kommen.[2]

3 **3. Verteilung des Mehrgewinns.** Die Verteilung des weiteren Gewinns erfolgt nach Abs. 2 in einem „den Umständen nach angemessenen Verhältnis der Anteile". Hierbei ist zuerst ein **besonderer Einsatz für die KG** zu berücksichtigen. Dazu zählt die Risikoübernahme durch die Komplementäre ebenso wie der Einsatz von Arbeitskraft eines jeden Gesellschafters, sofern dies nicht bereits anderweit abgegolten worden ist.[3] Auch andere der KG gewährte Vorteile (Gebrauchsüberlassungen, Know-how-Verschaffung, Wettbewerbsverbote)[4] sind zu berücksichtigen. Während sich die Höhe der Gegenleistung für die der KG eingeräumten Vergünstigungen vielfach am Marktwert orientieren kann,[5] ist die Höhe der für die Risikoübernahme der Komplementäre zu erbringenden Gegenleistung nur schwer zu bestimmen. Sie variiert je nach Geschäftslage der KG. An eine natürliche Person ist eine höhere Zahlung zu leisten als an eine juristische Person, da für natürliche Personen das Haftungsrisiko spürbarer ist und am Markt die persönliche Haftung einer natürlichen Person bei der Kreditvergabe an eine KG auch höher bewertet wird. Bei der

[1] *Wiedemann* S. 31.

[2] Siehe den Hinweis bei *Wiedemann* S. 31.

[3] Heymann/*Horn* RdNr. 3; *Oppenländer* DStR 1999, 939, 940; GroßkommHGB/*Schilling* RdNr. 2.

[4] *Aderhold* in Westermann RdNr. 2415; Röhricht/v. Westphalen/*v. Gerkan/Haas* RdNr. 9; MünchHdb. KG/*v. Falkenhausen/H. C. Schneider* § 24 RdNr. 11.

[5] Bezüglich der für die Geschäftsführung zu erbringenden Gegenleistung insoweit zurückhaltend MünchHdb. KG/*v. Falkenhausen/H. C. Schneider* § 23 RdNr. 11.

Berechnung einer Vergütung für eine Risikoübernahme ist sowohl die absolute Höhe des Gewinns wie auch die Zahl der Komplementäre zu berücksichtigen. Eine prozentuale Quote des Jahresgewinns, die an den Komplementär stets zu verteilen wäre, lässt sich daher nicht festlegen.[6] Geht ein Kommanditist besondere finanzielle Risiken im Zusammenhang mit Geschäften der KG ein (Bürgschaft, Haftungsfreistellung des Komplementärs), so muss auch dies bei der Gewinnverteilung zu seinen Gunsten berücksichtigt werden. Etwas anderes gilt nur, wenn eine anderslautende Vereinbarung getroffen wurde, also beispielsweise bereits eine Gegenleistung erbracht wurde, die als abschließende Vergütung zu verstehen ist, oder der Kommanditist sein Engagement nicht in seiner Eigenschaft als Gesellschafter getroffen hat.

Der danach verbleibende Gewinn soll **nach hM jedenfalls bei positiven Kapitalanteilen nach dem Verhältnis dieser Anteile verteilt werden.**[7] Dabei ist aber zu bedenken, dass dies wegen der nach oben nicht begrenzten Höhe des Kapitalanteils des Komplementärs zu erheblichen Ungerechtigkeiten führen kann. Sofern dies der Fall ist, muss bei der Gewinnverteilung in gewissem Ausmaß die Wertung miteinbezogen werden, dass im Grundsatz jeder Gesellschafter gleich zu behandeln ist. Dies gilt auch bei negativen Kapitalanteilen, da anderenfalls manche Gesellschafter gänzlich von der Gewinnverteilung ausgeschlossen wären (unten RdNr. 12). Eine Gewinnverteilung allein nach Köpfen kommt aber nicht in Betracht. Denn schließlich verweist Abs. 1 nicht auf § 121 Abs. 3. Vielmehr nennt Abs. 2 als Anknüpfungspunkt gerade das Verhältnis der Anteile. 4

4. Verteilung der Verluste. Nach Abs. 2 wird der Verlust ebenfalls in einem angemessenen Verhältnis verteilt. Besondere Leistungen für die KG können dazu führen, dass ein Gesellschafter einen geringeren Verlust zu übernehmen hat, als ein anderer.[8] Für die Verteilung der übrigen Verluste kann an die **übernommenen Kapitalanteile** angeknüpft werden.[9] Allerdings kann dies bei variablen Anteilen nur mit äußerster Vorsicht geschehen. Denn anderenfalls würde ein Komplementär, der seine Beteiligung durch Zuschreibung auf den Kapitalanteil erhöht und damit oftmals eine zusätzliche Leistung an die KG erbringt,[10] mit einer besonders hohen Verlustquote bedacht. Das wäre kaum angebracht. Auch hier ist also eine gleichmäßige Behandlung der Gesellschafter in einem eingeschränkten Umfang oftmals sachgerecht. 5

5. Gerichtliche Klärung. Besteht unter den Gesellschaftern Streit über die Verteilung von Gewinn und Verlust, so kann **Klage auf Zustimmung zu einer bestimmten Verwendung des Gewinns** erhoben werden.[11] Diese auf die Treuepflicht gestützte Klage ist gegen die Mitgesellschafter zu richten.[12] Nach Einigung über die Gewinnverwendung wird der Anspruch auf Gewinnauszahlung (gerichtet gegen die KG) fällig. Zuvor ist die geschuldete Summe noch unbestimmt und Auszahlung kann daher nicht verlangt werden.[13] Eine Klage auf Feststellung, dass der Gewinn auch in allen folgenden Jahren nach einem bestimmten Schlüssel zu verteilen ist, wird bei Zugrundelegung der gesetzlichen Gewinnverwendungsregel im allgemeinen unbegründet sein.[14] Denn das Gesetz geht nicht von einer festen, sondern von einer je nach der Situation der KG 6

[6] GroßkommHGB/*Schilling* RdNr. 2 spricht von 10 bis 30% für die Haftungsübernahme und Geschäftsführung; dagegen MünchHdb. KG/*v. Falkenhausen/H. C. Schneider* § 23 RdNr. 10 und *Oetker* RdNr. 7.

[7] Röhricht/v. Westphalen/*v. Gerkan/Haas* RdNr. 12; Baumbach/*Hopt* RdNr. 2; *Oetker* RdNr. 8; *Oppenländer* DStR 1999, 939, 940; GroßkommHGB/*Schilling* RdNr. 2; *Wiedemann* S. 32.

[8] *Oetker* RdNr. 9.

[9] Röhricht/v. Westphalen/*v. Gerkan/Haas* RdNr. 13; Baumbach/*Hopt* RdNr. 3; GroßkommHGB/*Schilling* RdNr. 2; zurückhaltend MünchHdb. KG/*v. Falkenhausen/H.C Schneider* § 23 RdNr. 17.

[10] Die Verzinsung von 4% ist nicht stets marktgerecht, siehe oben RdNr. 2; zudem muss sie nur erbracht werden, wenn die KG Gewinne erwirtschaftet hat.

[11] Zur Klage auf Zustimmung zur Feststellung eines Jahresabschluss § 167 RdNr. 7.

[12] MünchHdb. KG/*v. Falkenhausen/H.C Schneider* § 23 RdNr. 15; Röhricht/v. Westphalen/*v. Gerkan/Haas* RdNr. 14.

[13] E/B/J/S/*Weipert* RdNr. 30.

[14] BGH WM 1956, 1062, 1063; MünchHdb. KG/*v. Falkenhausen/H. C. Schneider* § 23 RdNr. 13.

variablen Gewinnverteilung aus. Daher wäre eine Feststellungsklage gerichtet gegen die Gesellschafter, wonach die Gewinnverteilung bis auf weiteres gleichbleibend zu erfolgen hat, unbegründet.[15] Da diese gesetzliche Regelung wenig praktikabel ist, kann aber ein Anspruch der Gesellschafter untereinander bestehen, an der Festlegung fester Verteilungsquoten mitzuwirken.

II. Abweichende Vertragsgestaltungen

7 **1. Notwendigkeit einer abweichenden Vereinbarung.** Die gesetzliche Regelung ist nicht praktikabel. Die Kriterien für die Gewinn- und Verlustverteilung (angemessenes Verhältnis) sind so unklar gefasst, dass Streitigkeiten unter den Gesellschaftern vorprogrammiert sind. Sofern diese tatsächlich mehrfach auftreten, kann daher sogar eine Verpflichtung der Gesellschafter untereinander bestehen, an einer praktikablen Vertragsgestaltung mitzuwirken (oben RdNr. 6). In der Praxis weichen die Vertragsgestaltungen durchweg von der gesetzlichen Regelung ab.

8 **2. Tätigkeitsvergütung für geschäftsführende Gesellschafter.** Vielfach wird in dem Gesellschaftsvertrag festgelegt, dass die geschäftsführenden Gesellschafter für diese Tätigkeit eine besondere Vergütung aus dem Gewinn erhalten sollen. Ist nicht gesagt, ob eine besondere Zahlung an die Komplementäre als Tätigkeitsvergütung oder als Ausgleich für das Haftungsrisiko geschuldet ist, so ist jedenfalls bei Komplementären, die ihre ganze Arbeitskraft der KG widmen, im Zweifel davon auszugehen, dass ein Ausgleich für beide Leistungen gewährt werden soll, da beide gleichermaßen bedeutsam sind.[16] Die Vergütung kann als in gewisser Weise erfolgsabhängige Zahlung auch neben einer im Gesellschaftsvertrag oder in einem gesonderten Anstellungsvertrag zugesagten Festvergütung geschuldet sein.[17] **Bisweilen ist unklar, ob eine Tätigkeitsvergütung nur geschuldet sein soll, wenn auch ein Gewinn erwirtschaftet worden ist,** oder ob eine solche Zahlung in jedem Fall zu leisten ist. Vergütungen, die außerhalb des Gesellschaftsvertrages aufgrund eines gesonderten Rechtsverhältnisses zugesagt werden, sind üblicherweise auch geschuldet, wenn kein Gewinn erzielt worden ist.[18] Insoweit gilt also nichts anderes als in Bezug auf sonstige Verbindlichkeiten der KG auch. Soll der Gesellschafter seine ganze Arbeitskraft für die KG einzusetzen haben, so ist die Rechtslage nicht anders. In diesem Fall ist es dem Gesellschafter kaum zumutbar, für seine Arbeitskraft lediglich erfolgsbezogen bezahlt zu werden.[19] Der durch eine solche gewinnunabhängige Vergütung verursachte Verlust wird – sofern keine anders lautende Vereinbarung getroffen wurde – nach der üblichen Verlusttragungsregel verteilt.[20] Es kann auch vereinbart werden, dass die Auszahlung als Vorauszahlung auf künftige Gewinne des tätigen Gesellschafters anzusehen ist.[21]

9 Soll eine im **Gesellschaftsvertrag getroffene Vergütungsabrede geändert werden,** so muss das für Vertragsänderungen vorgesehene Verfahren eingehalten werden (§ 164 RdNr. 25). Ist also etwa der Einsatz der Arbeitskraft tatsächlich als nicht gesondert zu vergütende Beitragsleistung geschuldet, so kann eine Änderung dieser Abrede nur unter

[15] Siehe auch Schlegelberger/*Martens* RdNr. 12: die rechtskräftige Feststellung des Verteilungsmaßstabs äußere zukünftige Bindungswirkung, die erst dann entfalle, wenn sich die tatsächlichen Grundlagen für den rechtskräftig festgestellten Verteilungsmaßstab geändert haben.

[16] Zu eng OLG München NZG 2001, 793: Nur Vergütung für Übernahme des Haftungsrisikos.

[17] Siehe den Fall BGH WM 1956, 1062 und OLG Hamm NZG 2000, 252.

[18] Heymann/*Horn* RdNr. 7; MünchHdb. KG/*v. Falkenhausen/H. C. Schneider* § 23 RdNr. 34; nach *Priester* § 121 RdNr. 41 müssen Geschäftsführervergütungen im Gesellschaftsvertrag geregelt werden: Aber eine solche Sonderbehandlung gegenüber allen anderen Vertragsverhältnissen zwischen KG und Gesellschafter ist nicht zu rechtfertigen.

[19] AA *Bork* AcP 184 (1984), 465, 479: Im Zweifel sei eine Vergütung nur geschuldet, wenn Gewinn angefallen ist; wohl auch OLG Celle DB 1977, 717, 718.

[20] Unten RdNr. 14; *Priester* DB 1975, 1878, 1880; aA MünchHdb. KG/*v. Falkenhausen/H. C. Schneider* § 23 RdNr. 34 und Schlegelberger/*Martens* RdNr. 21: der tätige Gesellschafter sei vom Verlust freigestellt. Aber eine solche Besserstellung gegenüber der Anstellung eines Fremdgeschäftsführers ist nicht plausibel.

[21] *Bork* AcP 184 (1984), 465, 476; MünchHdb. KG/*v. Falkenhausen/H. C. Schneider* § 23 RdNr. 34.

Einhaltung der für Vertragsänderungen vorgesehenen Voraussetzungen erfolgen. Im Einzelfall kann aufgrund der Treuepflicht der Gesellschafter untereinander ein Anspruch auf Erhöhung einer zugesagten Vergütung bestehen.[22] Dies setzt aber voraus, dass sich die Verhältnisse seit der Schaffung der vertraglichen Abrede so gravierend geändert haben (beispielsweise der Umfang des für die Erledigung der Aufgaben erforderlichen Zeitaufwands), dass eine Anpassung der Vergütung schlechterdings nicht verweigert werden kann.[23] In Sonderfällen kann auch die Einräumung einer bislang nicht geschuldeten Vergütung verlangt werden.[24] Dies wäre etwa der Fall, wenn von ursprünglich zwei Gesellschaftern, die beide für die KG tätig waren, nur noch einer aktiv ist.[25] Dann hat sich durch die Veränderung der Umstände die früher ausgewogene vertragliche Abrede in eine nunmehr nicht mehr sachgerechte Regelung verwandelt.[26]

3. Verzinsung der Gesellschafterkonten. Nach der gesetzlichen Regelung werden nur die geleisteten Kapitalanteile (also beim Kommanditisten ein positives Kapitalkonto) verzinst (oben RdNr. 2). Sofern in der **KG Gewinne stehen gelassen werden,** erfolgt die Verzinsung, wenn eine entsprechende Absprache im Gesellschaftsvertrag oder sonst zwischen der KG und dem Kommanditisten getroffen worden ist (§ 167 RdNr. 17). Solche Abreden sind häufig. Meist gelten die Verzinsungsregeln nur für den Fall, dass ein Gewinn auch real erwirtschaftet wird.[27] 10

4. Vorzugsdividende oder Zahlung eines Festbetrages für die Übernahme des Haftungsrisikos. Im Gesellschaftsvertrag kann auch vorgesehen werden, dass der Komplementär für die Übernahme des Haftungsrisikos eine Vorausdividende oder eine gewinnunabhängig auszuzahlende feste Summe erhält. Eine solche Vertragsgestaltung empfiehlt sich, da eine Risikoübernahme ohne Gegenleistung nicht erwartet werden kann. Ändern sich die Umstände, die für die Bestimmung des übernommenen Risikos maßgeblich waren (fällt also zB ein Komplementär weg), so kann Anpassung der Vorzugsdividende verlangt werden.[28] 11

5. Gewinn- und Verlustverteilung nach Kapitalanteilen. Im Gesellschaftsvertrag kann vereinbart werden, dass Gewinne und Verluste **nach Kapitalanteilen** verteilt werden sollen. Eine solche Vertragsgestaltung ist sinnvoll, wenn feste Kapitalkonten geführt werden (§ 167 RdNr. 19). Dann ist die Beteiligung an Gewinn und Verlust mit der Leistung der Einlagen ein für alle Mal festgeschrieben (zur Rechtsstellung des Kommanditisten vor vollständiger Leistung der Einlage § 167 RdNr. 19). Bei variablen Kapitalanteilen ist eine Gewinn- und Verlustverteilung nach Kapitalanteilen nicht interessengerecht. Dies gilt insbesondere, wenn die Regelung von § 167 Abs. 2 nicht abbedungen ist. Dann hat der Komplementär die Möglichkeit, seinen Kapitalanteil anwachsen zu lassen, der Kommanditist aber nicht. Dies kann wiederum zur Folge haben, dass der Komplementär einen großen Teil des Jahresgewinns für sich beansprucht, während der Kommanditist weitgehend leer ausgeht (zur Pflicht in diesem Fall einer Erhöhung der Kapitalanteile zuzustimmen, oben 12

[22] BGH BB 1967, 1307, 1308; BGH WM 1977, 1140; BGH WM 1978, 1234; § 121 RdNr. 43; GroßkommHGB/*Schilling* RdNr. 4.

[23] MünchHdb. KG/*v. Falkenhausen/H. C. Schneider* § 23 RdNr. 36 spricht von Extremfällen; siehe auch OLG München NJW-RR 2004, 192, 193; BGH NJW-RR 1987, 285, 286: Hier war eine Vergütung im Gesellschaftsvertrag generell vorgesehen, die Höhe war aber nicht bestimmt; zu eng BGHZ 44, 40, 41: Erhöhung praktisch nur geschuldet, wenn die Weiterverfolgung des Gesellschaftszwecks sonst gefährdet ist; dazu *Ulmer* BB 1976, 950.

[24] BGH DB 1976, 948.

[25] Anders wenn dies krankheitsbedingt nur vorübergehend der Fall ist: siehe BGHZ 17, 299, 302.

[26] BGH WM 1978, 1230: Zwei Komplementäre werden von einer Person beerbt, die Kommanditist wird und nicht mehr für die Gesellschaft tätig ist, der Stamm des dritten ehemaligen Komplementärs stellt nun den einzigen Komplementär (obiter dictum); ähnlich BGH WM 1977, 1140: Von zwei Kommanditisten wird einer Komplementär; aA RGZ 170, 390, 396; siehe auch OLG Hamm NJW-RR 1986, 780: Komplementär macht im Bereich der KG eine Erfindung, keine besondere Vergütung geschuldet.

[27] MünchHdb. KG/*v. Falkenhausen/H. C. Schneider* § 23 RdNr. 25.

[28] Zu eng OLG München NZG 2001, 793, 794.

RdNr. 2). Sind die beweglichen Kapitalkonten einzelner oder aller Gesellschafter negativ geworden, so kann der Gewinn nicht mehr nach Kapitalanteilen verteilt werden.[29] Anderenfalls hätten nur noch die Gesellschafter mit positivem Konto einen Anspruch auf Gewinn, während die anderen Gesellschafter leer ausgingen. Da auch ein Recht zum Ausgleich eines negativ gewordenen Kapitalkontos regelmäßig nicht besteht, wäre an dem Ausschluß von der Gewinnverteilung auch in Zukunft nichts zu ändern – ein untragbares Ergebnis. Sofern die Gesellschafter keine Ausgleichsmöglichkeit schaffen, muss daher in diesem Fall auf die gesetzliche Regelung (Verteilung in einem angemessenen Verhältnis) zurückgegriffen werden.[30]

13 **Eine Regelung, die für die Gewinn- oder für die Verlustverteilung getroffen wurde, gilt im Zweifel auch für die jeweils andere Beteiligung** (siehe § 722 BGB).[31] Doch ist auch hier zu prüfen, ob die Gesellschafter nicht eine abweichende Regelung gewollt haben.[32] So wäre es etwa unsinnig, einen Gesellschafter, der aufgrund einer besonderen Leistung für die KG einen Gewinnvoraus erhält, auch mit einem Verlustvoraus zu belasten.[33]

14 **6. Gesellschafter ohne Gewinn-/Verlustbeteiligung.** Soll nach dem Gesellschaftsvertrag **ein Kommanditist nicht am Gewinn-/Verlust beteiligt sein,** so ist ein eventueller Gewinn-/Verlust nur auf den Konten der anderen Gesellschafter zu verbuchen. Soll eine bestimmte Summe unabhängig von einem real erzielten Gewinn gezahlt werden, so ist der dadurch verursachte Verlust unter Umständen nur auf die übrigen Gesellschafter zu verteilen.[34] Ob dies gewollt ist oder ob auch der begünstigte Gesellschafter zu belasten ist, muss durch Auslegung ermittelt werden. Keineswegs kann aus der Verpflichtung zur gewinnunabhängigen Zahlung ohne weiteres darauf geschlossen werden, dass der dadurch verursachte Verlust ander als sonst verbucht werden soll.[35]

15 Auch der Komplementär **kann vom Gewinn/Verlust ausgeschlossen werden.**[36] Dies erfolgt unter Umständen bei der GmbH als Komplementärin oder auch bei einer natürlichen Person, die im Wesentlichen nur die Rechtsstellung eines Angestellten haben soll.[37] Die Gewinne/Verluste werden dann nur auf den Konten der Kommanditisten verbucht. Dies gilt dann auch für den Verlust, der der KG dadurch entstehen kann, dass der Komplementär einen Ausgleichsanspruch nach § 110 gegen die Gesellschaft hat, falls er persönlich für die Gesellschaftsschulden in Anspruch genommen worden ist. Eine Pflicht zum Ausgleich dieser Verluste durch Zahlung besteht aber nicht (§ 167 RdNr. 16). Manchmal – aber keineswegs stets – sind die Kommanditisten dem Komplementär darüber hinaus aber auch zur Haftungsfreistellung verpflichtet.

16 **7. Gewinnverwendungsentscheidungen außerhalb der Gesellschafterversammlung, Mehrheitsentscheidungen.** Die Entscheidung über die Gewinnverwendung gehört wie die Feststellung des Jahresabschlusses (§ 167 RdNr. 11) zu den Gesellschaftern zur Beschlussfassung zugewiesenen Geschäften. Sie hat daher im Prinzip einstimmig zu erfolgen. Abweichungen sind in dem für die Grundlagengeschäfte üblichen Rahmen zulässig (§ 161 RdNr. 33, 155). Insbesondere kann die Gewinnverwendung also auch einem Beirat oder den geschäftsführenden Gesellschaftern übertragen werden.[38] Auch Mehrheits-

[29] *Huber* Vermögensanteile S. 270; MünchHdb. KG/*v. Falkenhausen/H. C. Schneider* § 23 RdNr. 31; Schlegelberger/*Martens* RdNr. 24; *Oppenländer* DStR 1999, 939, 940.

[30] *Huber* Vermögensanteile S. 275; Schlegelberger/*Martens* RdNr. 24.

[31] Schlegelberger/*Martens* RdNr. 20; GroßkommHGB/*Schilling* RdNr. 6.

[32] Zurückhaltend gegenüber § 722 BGB auch Schlegelberger/*Martens* RdNr. 20.

[33] MünchHdb. KG/*v. Falkenhausen/H. C. Schneider* § 23 RdNr. 42.

[34] BGH WM 1975, 672; Baumbach/*Hopt* RdNr. 4; Heymann/*Horn* RdNr. 8; MünchHdb. KG/*v. Falkenhausen/H. C. Schneider* § 23 RdNr. 42; Schlegelberger/*Martens* RdNr. 21.

[35] Siehe oben RdNr. 8 zur Tätigkeitsvergütung.

[36] § 121 RdNr. 37, 47; MünchHdb. KG/*v. Falkenhausen/H. C. Schneider* § 23 RdNr. 44; Heymann/*Horn* RdNr. 9; GroßkommHGB/*Schilling* RdNr. 6.

[37] RGZ 169, 105, 109.

[38] *Huber,* Gedächtnisschrift Knobbe-Keuk, S. 203, 207 ff.

entscheidungen sind möglich.[39] Sie sind rechtmäßig, wenn sie in vertretbarer Weise die Interessen der KG und der Gesellschafter gegeneinander abwägen.[40] Zur Rücklagenbildung durch Mehrheitsbeschluss § 167 RdNr. 5. In Bezug auf die Möglichkeit, die Komplementäre von der Beschlussfassung über die Gewinnverwendung auszuschließen, gilt das zur Feststellung des Jahresabschlusses Gesagte entsprechend (§ 167 RdNr. 11).

8. Änderung der Gewinnverteilung. Eine Änderung der Gewinnverteilung kann nur durch Änderung des Gesellschaftsvertrages erfolgen. Da das Gewinnbezugsrecht zu den unentziehbaren Gesellschafterrechten gehört, ist hierfür die Zustimmung der betroffenen Gesellschafter erforderlich.[41] 17

III. Österreichisches Recht

Zum österreichischen Recht s. § 167 RdNr. 23. 18

§ 169 [Gewinnauszahlung]

(1) [1]§ 122 findet auf den Kommanditisten keine Anwendung. [2]Dieser hat nur Anspruch auf Auszahlung des ihm zukommenden Gewinns; er kann auch die Auszahlung des Gewinns nicht fordern, solange sein Kapitalanteil durch Verlust unter den auf die bedungene Einlage geleisteten Betrag herabgemindert ist oder durch die Auszahlung unter diesen Betrag herabgemindert werden würde.

(2) Der Kommanditist ist nicht verpflichtet, den bezogenen Gewinn wegen späterer Verluste zurückzuzahlen.

Schrifttum: *Barella,* Beschränkter Gewinnauszahlungsanspruch des Kommanditisten, DB 1952, 365; *Barz,* Die vertragliche Entnahmeregel bei OHG und KG, FS Alexander Knur, 1972, S. 25; *von Falkenhausen/H. C. Schneider* in Münchener Handbuch des Gesellschaftsrechts, Band 2, 3. Aufl. 2009, (zitiert: MünchHdb. KG/*von Falkenhausen/H. C. Schneider*); *Gehling,* Haftungsrisiken des (Anleger-)Komanditisten, BB 2011, 73; *Huber,* Freie Rücklagen in Kommanditgesellschaften, Gedächtnisschrift für Brigitte Knobbe-Keuk, 1997, S. 203; *ders.,* Vermögensanteil, Kapitalanteil und Gesellschaftsanteil an Personengesellschaften des Handelsrechts, 1970; *ders.,* Gesellschafterkonten in der Personengesellschaft, ZGR 1988, 1; *Ulmer,* Gewinnanspruch und Thesaurierung in OHG und KG, FS Lutter, 2000, S. 935.

I. Unanwendbarkeit von § 122

Nach § 122 hat der **Komplementär ein gewinnunabhängiges Entnahmerecht** in Höhe von 4% seines Kapitalanteils. Weitere Gewinne kann er entnehmen, sofern dies nicht zum offenbaren Schaden der Gesellschaft gereicht. Beide Möglichkeiten entfallen, wenn das Entnahmerecht nicht bis zur Feststellung des Jahresabschlusses des Folgejahres ausgeübt worden ist. Diese Regelung gilt nach Abs. 1 S. 1 für den **Kommanditisten nicht.** Er hat also nur ein Entnahmerecht, wenn tatsächlich ein Gewinn angefallen ist. Dieses kann er in einem sehr weitgehenden Umfang ausüben (unten RdNr. 7). Zu stehengelassenen Gewinnen unten RdNr. 8; Zum Steuerentnahmerecht bei § 122 RdNr. 58 ff. 1

II. Anspruch auf Auszahlung des Gewinns (Abs. 1 S. 2)

1. Grundsatz. Mit Feststellung des Jahresabschlusses, steht fest, welcher Teil des Gewinns auf den Kommanditisten entfällt. Dieser Betrag ist im Grundsatz an den Kom- 2

[39] *Huber,* Gedächtnisschrift Knobbe-Keuk, S. 203, 208; *Schön,* FS Beisse, S. 471, 482; *Wiedemann* S. 31.

[40] Ähnlich BGH BB 1976, 948; BGHZ 132, 263 = ZIP 1996, 750, 754 = NJW 1996, 1678, 1681; OLG München NJW-RR 1994, 1067, 1068; *Huber,* Gedächtnisschrift Knobbe-Keuk, S. 203, 208; *Wiedemann* S. 31, siehe auch § 120 RdNr. 81 ff.

[41] § 121 RdNr. 30; siehe Röhricht/v. Westphalen/*v. Gerkan/Haas* RdNr. 9 und Schlegelberger/*Martens* RdNr. 27.

manditisten auszuzahlen. Er hat also einen entsprechenden **schuldrechtlichen Anspruch gegen die KG,** der, sofern nichts anderes vereinbart ist, sofort fällig ist.[1] Nur wenn der Kommanditist zur Geschäftsführung und Vertretung berechtigt ist, kann er den Anspruch im Namen der KG selbst erfüllen. Unter den Voraussetzungen von §§ 285 ff. BGB gerät die KG in Verzug.[2] Der Anspruch beruht auf dem Mitgliedschaftsverhältnis (sog. Sozialverbindlichkeit, dazu bei § 105 RdNr. 175).

3 **2. Pflicht zum Verlustausgleich.** Der Anspruch auf Gewinnauszahlung (auch soweit er die Vorzugsdividende betrifft)[3] besteht nicht, wenn in früheren Jahren **Verluste angefallen sind und das Kapitalkonto des Kommanditisten nicht wieder bis zur Höhe der bedungenen Pflichteinlage aufgefüllt worden ist oder wenn die Auszahlung dazu führen würde** (Abs. 1 S. 2). Auch ein negatives Kapitalkonto muss also ausgeglichen werden.[4] Hatte der Kommanditist seine Einlage noch gar nicht geleistet (etwa weil sie noch nicht fällig war), so steht dies seinem Gewinnauszahlungsanspruch nicht entgegen (zur Aufrechnungsmöglichkeit der KG RdNr. 6). Allerdings muss auch in diesem Fall zuvor ein negatives Kapitalkonto ausgeglichen werden.[5] Eine Besserstellung eines Kommanditisten, der noch keine Einlage erbracht hat, gegenüber demjenigen, der schon geleistet hat, wäre nicht gerechtfertigt.

4 Umstritten ist, ob der Kommanditist auch dann vor Geltendmachung des Auszahlungsanspruchs sein Kapitalkonto durch Stehenlassen von Gewinn bis zur Höhe seiner bereits geleisteten Einlage auffüllen muss, wenn der Abzugsposten nicht auf Verlusten, sondern **auf Entnahmen beruht.**[6] Das Gesetz spricht nur von der Verpflichtung zum Ausgleich von Verlusten. Da diese Regelung dispositiv ist, kommt es in erster Linie auf die bei der Entnahme getroffene Abrede an. Im Zweifel ist davon auszugehen, dass auch durch Entnahmen verursachte Abzugsposten vor der Geltendmachung von Ansprüchen auf Gewinnauszahlung ausgeglichen werden müssen. Denn das vom Gesetz ins Auge gefasste Ziel (Erhalt einer gewissen Kapitalbasis für die KG) wird durch Verluste wie durch Entnahmen gleichermaßen gefährdet.

5 **Maßgeblicher Zeitpunkt** für die Frage, ob die Auszahlungsvoraussetzungen erfüllt sind, ist der Tag der Fälligkeit des Anspruchs auf Gewinnauszahlung.[7] In diesem Moment erfolgt, wenn die Auszahlung nicht verlangt werden kann, die Verbuchung auf dem Kapitalkonto in der vom Gesetz vorgeschriebenen Weise. Spätere Veränderungen der Finanzsituation haben keinen Einfluss mehr auf den Anspruch des Kommanditisten, zumal es an einer maßgeblichen Bilanz für weitere Stichtage fehlt.

6 **3. Noch offenstehende Einlageschuld.** Eine noch offene Einlageschuld hindert den Kommanditisten nicht daran, seinen Anspruch auf Gewinnauszahlung geltend zu machen.[8] Allerdings **kann die KG mit der Einlageforderung unter den Voraussetzungen von §§ 389 f. BGB** (Fälligkeit!) **gegen den Gewinnauszahlungsanspruch aufrechnen.**[9] Hat der Kommanditist eine Sacheinlage zu erbringen, so hat die KG unter Umständen ein

---

[1] *Aderhold* in Westermann RdNr. 2418; Röhricht/v. Westphalen/*v. Gerkan/Haas* RdNr. 3.

[2] BGH WM 1989, 1766; Heymann/*Horn* RdNr. 4.

[3] MünchHdb. KG/*v. Falkenhausen/H. C. Schneider* § 24 RdNr. 40; Schlegelberger/*Martens* RdNr. 6; GroßkommHGB/*Schilling* RdNr. 6.

[4] *Barella* DB 1952, 365; MünchHdb. KG/*v. Falkenhausen/H. C. Schneider* § 24 RdNr. 40; Schlegelberger/*Martens* RdNr. 7.

[5] *Barella* DB 1952, 365; MünchHdb. KG/*v. Falkenhausen/H. C. Schneider* § 24 RdNr. 41; Röhricht/v. Westphalen/*v. Gerkan/Haas* RdNr. 9; Schlegelberger/*Martens* RdNr. 7.

[6] Verneinend MünchHdb. KG/*v. Falkenhausen* § 24 RdNr. 41; Röhricht/v. Westphalen/*v. Gerkan/Haas* RdNr. 6; *Oetker* RdNr. 8; GroßkommHGB/*Schilling* RdNr. 6; eher bejahend Schlegelberger/*Martens* RdNr. 6: eine Auslegung der Gestattungsvereinbarung sei erforderlich.

[7] *Oetker* RdNr. 8; AA MünchHdb. KG/*v. Falkenhausen/H. C. Schneider* § 24 RdNr. 42: es komme auf den Zeitpunkt der Auszahlung an, erst die Feststellung des nächsten Jahresabschluss präkludiere den Anspruch.

[8] MünchHdb. KG/*v. Falkenhausen/H. C. Schneider* § 24 RdNr. 37; *Oetker* RdNr. 9; Schlegelberger/*Martens* RdNr. 8; aA E/B/J/S/*Weipert* RdNr. 12.

[9] *Barella* DB 1952, 365, 366; MünchHdb. KG/*v. Falkenhausen/H. C. Schneider* § 24 RdNr. 41; Röhricht/v. Westphalen/*v. Gerkan/Haas* RdNr. 8; *Oetker* RdNr. 9; GroßkommHGB/*Schilling* RdNr. 5.

Zurückbehaltungsrecht (§ 273 BGB).[10] Gleiches gilt für den Kommanditisten (zur Außenhaftung § 171).

4. Treuepflicht. Die Geltendmachung des Auszahlungsanspruchs steht unter dem Vorbehalt der Treuepflicht der Gesellschafter untereinander und gegenüber der KG.[11] Da das Thesaurierungsinteresse der KG aber bereits bei der Beschlussfassung über die Feststellung des Jahresabschlusses sowie, falls erfolgt, bei der Beschlussfassung über die Gewinnverwendung berücksichtigt worden ist, **kann es bei der Durchsetzung des Auszahlungsanspruchs kaum noch eine Rolle spielen.** Dies gilt verstärkt auch deshalb, weil eine auf § 242 BGB gestützte Stundungseinrede der KG die Gesellschafter – anders als eine Rücklagenbildung – ungleich treffen kann (etwa nur den Gesellschafter, der seinen Anspruch nicht sofort durchgesetzt hat). Daher kann nur in Extremfällen (Wertlosigkeit der Forderung, siehe § 167 RdNr. 16,[12] drohende Insolvenz der KG)[13] von einer Verpflichtung zur Stundung oder zum Verzicht auf die Forderung ausgegangen werden.[14] 7

5. Nicht entnommene Gewinne. Werden Gewinne, die der Kommanditist **hätte entnehmen können, gleichwohl** bis zur Feststellung des nächsten Jahresabschlusses **nicht entnommen** und nicht auf Darlehenskonten umgebucht, so werden sie nach der gesetzlichen Regel dem Kapitalkonto gutgeschrieben.[15] Dies gilt allerdings nur bis zu dem Zeitpunkt, zu dem die auf dem Kapitalkonto ausgewiesene Summe die Pflichteinlage erreicht hat. Danach erfolgt eine Umbuchung auf das sog. Darlehenskonto (§ 167 RdNr. 17). Gleiches gilt, wenn die Einlageforderung noch nicht erfüllbar ist, da die Zubuchung auf dem Kapitalkonto diese Abrede zunichte machen würde.[16] Dagegen gilt die Jahresfrist von § 122 Abs. 1 nicht (Abs. 1 S. 1), und zwar auch dann nicht, wenn das Kapitalkonto aufgefüllt wird.[17] § 122 Abs. 1 dient der Absicherung der Kapitalbasis der Gesellschaft. Diesem Ziel trägt die Buchung auf das Kapitalkonto Rechnung. Zu festen Kapitalkonten § 167 RdNr. 18 f. 8

6. Abweichende Vereinbarungen. Nach der gesetzlichen Regel hat der Kommanditist nur dann einen Auszahlungsanspruch gegen die KG, wenn ein Gewinn angefallen ist und nicht zum Ausgleich von Verlusten benötigt wird. Da § 169 aber nur das Verhältnis der Gesellschafter untereinander betrifft, ist eine **abweichende Vereinbarung im Gesellschaftsvertrag oder durch Gesellschafterbeschluss**[18] **zulässig.**[19] Dem Schutz der Gläubiger trägt § 172 Abs. 4 Rechnung. Ein Anspruch der KG auf Rückzahlung besteht daher auch dann nicht, wenn das Kapitalkonto durch die Auszahlung negativ wird.[20] Solche Entnahmen werden in der Regel dem Verlustvortrags- oder dem Kapitalkonto abge- 9

[10] *Barella* DB 1952, 365, 366; *Oetker* RdNr. 9; GroßkommHGB/*Schilling* RdNr. 5.

[11] Dazu, dass aus dem Verweis in Abs. 1 S. 1 nichts anderes folgt § 167 RdNr. 6.

[12] Dort zur Geltendmachung von auf Darlehenskonten umgebuchten Gewinnauszahlungsansprüchen.

[13] OLG Bamberg NZG 2005, 808; es kommt aber auf die Umstände des Falls an, da Sanierungslasten von allen Gesellschaftern gemeinsam zu tragen sind.

[14] Im Ergebnis ebenso *Ulmer,* FS Lutter, S. 935, 950 f. Großzügiger *Barella* DB 1952, 365, 366; Röhricht/v. Westphalen/*v. Gerkan/Haas* RdNr. 10 ; *Oetker* RdNr. 11 und GroßkommHGB/*Schilling* RdNr. 4: Interessenabwägung; siehe auch Heymann/*Horn* RdNr. 6: ernsthafte Schädigungen der KG seien nicht erlaubt; nach Schlegelberger/*Martens* RdNr. 11 steht der Auszahlungsanspruch unter dem Vorbehalt der Treuepflicht.

[15] *Aderhold* in Westermann RdNr. 2416; Röhricht/v. Westphalen/*v. Gerkan/Haas* RdNr. 11; Baumbach/*Hopt* RdNr. 5; Heymann/*Horn* RdNr. 7; Schlegelberger/*Martens* RdNr. 9; aA GroßkommHGB/*Schilling* RdNr. 5.

[16] Siehe Schlegelberger/*Martens* RdNr. 9.

[17] AA Baumbach/*Hopt* RdNr. 5.

[18] Da ein solcher Beschluss das Gewinnbezugsrecht nicht schmälert, sondern, da es in diesem Fall an einem Gewinn fehlt, dieses gar nicht betrifft, greift die Beschlussfassung nicht in den unentziehbaren Kernbereich des Mitgliedschaftsrechts ein.

[19] BGH WM 1979, 803; auch BGH NJW 1982, 2095: Entnahmen bei Liquiditätsüberschuss nach dem Gesellschaftsvertrag zulässig; auch BGH NJW-RR 1989, 993; *Barz,* FS Knur, S. 25, 37; *Gehling* BB 2011, 73, 75; Röhricht/v. Westphalen/*v. Gerkan/Haas* RdNr. 20; Baumbach/*Hopt* RdNr. 7; Heymann/*Horn* RdNr. 8; zu Tätigkeitsvergütungen § 168 RdNr. 9 ff.; zum Steuerentnahmerecht § 122 RdNr. 58 ff.

[20] OLG Hamm BeckRS 2011, 06052; BGH NZG 2005, 807 für den Fall, dass dies so vereinbart ist.

bucht (zum Ausgleich durch spätere Gewinne oben RdNr. 4). Wird ein Darlehenskonto geführt (etwa weil frühere Gewinne den Kapitalanteil übersteigen), so kann (und wird meist auch) vereinbart sein, dass die Entnahmen in erster Linie von diesem Konto abgebucht werden.[21] Die Verbuchung auf ein Darlehenskonto bedeutet zugleich, dass ein Rückzahlungsanspruch der KG besteht.[22] Bei der Durchsetzung von Ansprüchen auf Entnahmen, die nicht aus dem Gewinn der KG zu begleichen sind, fällt die Treuepflicht stärker als sonst (RdNr. 7) ins Gewicht, da die Finanzkraft der KG durch Zahlungen „aus der Liquidität" stärker belastet wird.[23]

10 **Der Anspruch des Gesellschafters auf Auszahlung des Gewinns** kann im Gesellschaftsvertrag aber auch **eingeschränkt werden** (zur Bildung von Rücklagen § 167 RdNr. 16). Insbesondere kann vorgesehen werden, dass ein Teil des Gewinns der Gesellschaft als Darlehen – eventuell mit langer Laufzeit – belassen werden muss. Solche Regelungen sind zulässig,[24] Da sie das Gewinnbezugsrecht des Kommanditisten betreffen, können sie später nur mit Zustimmung des Kommanditisten in den Gesellschaftsvertrag eingefügt werden.

11 **7. Anspruchsgegner.** Der Anspruch auf Gewinnauszahlung richtet sich **gegen die KG, nicht gegen die geschäftsführenden Gesellschafter.**[25] Ein direkter Anspruch gegen diese Gesellschafter folgt auch nicht aus dem Gesellschaftsverhältnis. Vielmehr schulden die geschäftsführenden Gesellschafter der KG und nicht ihren Mitgesellschaftern eine ordnungsgemäße Geschäftsführung (§ 164 RdNr. 6 ff.), zu der auch die Auszahlung fälliger Gewinne gehört. Zur Erfüllung dieser Verpflichtung bedient sich die KG der geschäftsführenden Gesellschafter. Von dieser Kompetenzverteilung kann auch dann nicht abgerückt werden, wenn der geschäftsführende Gesellschafter offenkundig pflichtwidrig handelt.[26] Für diesen Fall steht dem Kommanditisten die actio pro socio zu § 164 RdNr. 3 ff.

III. Keine Verpflichtung zur Rückzahlung bezogener Gewinne (Abs. 2)

12 Zu Recht – also in Übereinstimmung mit Gesetz und Gesellschaftsvertrag und aufgrund eines wirksamen Jahresabschlusses – bezogene Gewinne müssen von dem Kommanditisten auch dann nicht zurückgezahlt werden, wenn auf ihn später Verluste entfallen (Abs. 2). **Bezogen ist der Gewinn,** wenn er entweder ausgezahlt, auf Darlehenskonten umgebucht oder durch Aufrechnung mit einer Forderung der KG gegen den Kommanditisten erloschen ist.[27] Allein der Beschluss der Gesellschafter, dass man auszahlen (oder auf Darlehenskonto umbuchen) wolle, reicht nicht aus.[28] Da der Kommanditist den Betrag dann noch nicht erhalten hat, ist er in diesem Moment auch noch nicht hinreichend schutzwürdig. Wurde der Gewinn dagegen dem Kapitalkonto gutgebracht, so nimmt er nach der gesetzlichen Regel wie alle Beträge auf dem Kapitalkonto an späteren Verlusten teil.[29] Wie geschildert bestimmt sich die Art der Buchung, sofern überhaupt Auszahlung des Gewinns verlangt werden kann, nach der Vereinbarung der Parteien.

---

[21] *Huber* Vermögensanteil S. 255.

[22] *Gehling* BB 2011, 73, 76.

[23] Siehe LG Düsseldorf BeckRS 2010, 15095 und BeckRS 2010, 15094 im konkreten Fall Zahlungsanspruch zur Abdeckung der Steuerschuld aber bejaht.

[24] BGH WM 1977, 1023, 1025; BB 1978, 630; *Barz,* FS Knur, S. 25, 37; Heymann/*Horn* RdNr. 9; Baumbach/*Hopt* RdNr. 8; *Huber,* Gedächtnisschrift Knobbe-Keuk, S. 203, 205; *Huber* ZGR 1988, 1, 72 f.; Schlegelberger/*Martens* RdNr. 22.

[25] RGZ 120, 135, 140; *Aderhold* in Westermann RdNr. 2418; *Oetker* RdNr. 19; anders die hM: RGZ 170, 392, 395; Röhricht/v. Westphalen/*v. Gerkan/Haas* RdNr. 12; Heymann/*Horn* RdNr. 5; Schlegelberger/*Martens* RdNr. 13; die geschäftsführenden Gesellschafter sollen Leistung aus dem Gesellschaftsvermögen schulden.

[26] So *Oetker* RdNr. 19.

[27] *Aderhold* in Westermann RdNr. 2421; *Barella* DB 1952, 365 (Umbuchung auf Privatkonto); Röhricht/v. Westphalen/*v. Gerkan/Haas* RdNr. 14; *Oetker* RdNr. 23.

[28] AA MünchHdb. KG/*v. Falkenhausen/H. C. Schneider* § 24 RdNr. 45.

[29] Röhricht/v. Westphalen/*v. Gerkan/Haas* RdNr. 14; *Oetker* RdNr. 23.

Wurde der Gewinn **rechtswidrig (Jahresabschluss unwirksam, Jahresabschluss berichtigt, andere gesellschaftsvertragliche Absprachen) bezogen,** so gilt die Regelung von § 169 Abs. 2 im Grundsatz nicht. Umstritten ist, ob ein rechtswidrig bezogener Gewinn auch dann zurückgezahlt werden muss, wenn der Kommanditist ihn aufgrund eines in gutem Glauben errichteten Jahresabschluss erhalten hat (dazu §§ 171, 172 RdNr. 83 ff.). 13

IV. Österreichisches Recht

Österreichisches Recht (UGB 2005; dazu § 105 RdNr. 276 ff.). Zum Wortlaut des § 168 UGB s. § 167 RdNr. 23. 14

§ 169 UGB lautet:

§ 169 Keine Teilnahme am Ausgleich unter den Gesellschaftern

Soweit der Kommanditist die bedungene Einlage geleistet hat, sind § 137 Abs. 4 und § 155 Abs. 4 auf ihn nicht anzuwenden.

§ 170 [Vertretung der KG]

Der Kommanditist ist zur Vertretung der Gesellschaft nicht ermächtigt.

Schrifttum: *Bergmann*, Der Kommanditist als Vertretungsorgan der Kommanditgesellschaft, ZIP 2006, 2064; *Brox*, Zur Gesamtvertretung einer Kommanditgesellschaft durch den Komplementär und den Kommanditisten, FS Harry Westermann, 1974, S. 21; *Dietrich*, Möglichkeiten und Grenzen einer vertraglichen „Entrechtung" der Komplementäre zugunsten der Kommanditisten im Bereich der Geschäftsführung und Vertretung der Gesellschaft, Diss. Mainz 1998; *Grunewald*, Numerus clausus der Gestaltungsklagen und Vertragsfreiheit, ZZP 1988, 52; *Huber*, Betriebsführungsverträge zwischen selbständigen Unternehmen, ZHR 152 (1988) S. 1; *Jaeniche*, Die Dritteinflußnahme bei Personengesellschaften, 1995; *Klingberg*, Mitarbeitende Kommanditisten im Gesellschaftsrecht, 1990; *Schürnbrand*, Organschaft im Recht der privaten Verbände, 2007; *Weber*, Privatautonomie und Außeneinfluss im Gesellschaftsrecht, 2000; *Wirth* in Münchener Handbuch des Gesellschaftsrecht Band. 2, 3. Aufl. 2009 (zitiert: MünchHdb. KG/*Wirth*).

Übersicht

I. Die Verteilung der Vertretungsmacht nach der gesetzlichen Regel

1. Die Vertretungsmacht als Fähigkeit zum rechtsgeschäftlichen Handeln für die Gesellschaft. Während die **Geschäftsführungsbefugnis** die Berechtigung zum Handeln in Sachen der KG betrifft (§ 164 RdNr. 1), geht es bei der Vertretungsmacht um die Fähigkeit, die Gesellschaft durch Rechtsgeschäfte zu berechtigen und zu verpflichten. Jede Form der Vertretung der KG ist also zugleich Geschäftsführung, nicht aber ist jede Geschäftsführung zugleich Vertretung. 1

2 **2. Die zur Vertretung der KG berechtigten Personen. a) Organschaftliche Vertretungsmacht.** Die sog. organschaftliche Vertretungsmacht, also eine Vertretungsmacht, auf die §§ 125 ff. – insbesondere auf § 126 (Umfang) und § 127 (Entziehung) – anzuwenden sind, liegt in der KG bei den Komplementären (§§ 161 Abs. 2, 125 ff.). Für diese Vertretungsmacht gilt das zur OHG Ausgeführte. Insbesondere sind die in §§ 125 ff. Abs. 2 beschriebenen Formen der Gesamtvertretung auch für die KG eröffnet. Sofern ein **Kommanditist Prokurist ist,** kann er also auch in der Form von § 125 Abs. 3 an der Vertretung der KG beteiligt werden.[1] Zur Vertretung der GmbH bei der GmbH & Co. KG § 161 RdNr. 72.

3 Umstritten ist, inwieweit eine **Vertretungsmacht des Komplementärs an die Mitwirkung eines Kommanditisten** gebunden werden kann. Während dies für den Fall, dass neben der Vertretung durch Komplementär und Kommanditist auch noch eine Vertretung nur durch Komplementäre möglich ist, allgemein für zulässig gehalten wird, soll dies nicht vereinbart werden können, wenn der einzige Komplementär an die Mitwirkung des Kommanditisten gebunden wird.[2] Begründet wird dies mit dem sog. Prinzip der Selbstorganschaft, nach dem nur die Gesellschafter organschaftliche Vertreter der KG sein können und eine Vertretung der KG allein durch organschaftliche Vertreter stets möglich sein muss.[3] Da aber auch die Kommanditisten Gesellschafter sind, wird gegen diesen Grundsatz, jedenfalls formal betrachtet, nicht verstoßen. In der Sache geht es allerdings um den Schutz der Komplementäre. In der Tat erfordert es das gesteigerte Haftungsrisiko dieser Gesellschaftergruppe, dass sie jedes Rechtsgeschäft für die KG zumindest gemeinschaftlich auch ohne Mitwirkung Dritter selber durchführen können. Dritte sind dabei auch Kommanditisten, da sie aufgrund ihres nur beschränkten Haftungsrisikos den Komplementären nicht gleichgestellt werden können. Daher ist es unzulässig, die Vertretungsmacht des einzigen Komplementärs an die Mitwirkung von Kommanditisten zu binden (zur Geschäftsführungsbefugnis § 164 RdNr. 22 f.). Gleiches gilt für eine Regelung, nach der nur alle Komplementäre gemeinsam und nur unter Mitwirkung eines Kommanditisten für die KG handeln können. Dies gilt allerdings nicht, wenn der Komplementär eine juristische Person ist. Denn dann trifft ihn die Haftung wegen Fehlens jeglicher persönlicher Betroffenheit nicht vergleichbar. Das Risiko liegt vielmehr bei den hinter der juristischen Person stehenden Gesellschaftern. Für diese ist es aber summenmäßig begrenzt.

4 **b) Grenzen der organschaftlichen Vertretungsmacht.** Die Grenzen der Vertretungsmacht des Komplementärs sind **dieselben wie bei der OHG.**[4] Insbesondere sind Änderungen des Gesellschaftsvertrages von der Vertretungsmacht nicht erfasst.[5] Im Bereich der sog. Grundlagengeschäfte ist der Umfang der Vertretungsmacht des Komplementärs umstritten (§ 164 RdNr. 18).

5 **c) Entziehung der organschaftlichen Vertretungsmacht.** Die organschaftliche Vertretungsmacht kann dem vertretungsberechtigten Komplementär, sofern der Gesellschaftsvertrag nichts anderes bestimmt, nur im **Verfahren nach § 127** entzogen werden. Hieran wirken auch die Kommanditisten mit.[6]

6 **d) Nichtorganschaftliche Vertretung der KG.** Neben die organschaftliche Vertretung der KG tritt die rechtsgeschäftliche Vertretung. Für diese Personen gelten §§ 164 ff. BGB (s. § 125 RdNr. 9 f.). Zur Erteilung der Vertretungsmacht an den Kommanditisten unten RdNr. 12 ff.

---

[1] Röhricht/v. Westphalen/*v. Gerkan/Haas* RdNr. 3; Baumbach/*Hopt* RdNr. 1; GroßkommHGB/*Schilling* RdNr. 1.

[2] BGHZ 41, 367, 397; KG JW 1939 S. 424; Baumbach/*Hopt* RdNr. 1; *Oetker* RdNr. 4; GroßkommHGB/*Schilling* RdNr. 2; aA *Brox,* FS Westermann, S. 21.

[3] Schlegelberger/*Martens* § 109 RdNr. 5; siehe auch § 125 RdNr. 5 f.

[4] Erläuterungen bei § 126 RdNr. 5 ff.

[5] Zur Aufnahme neuer Gesellschafter § 161 RdNr. 142, 164.

[6] Röhricht/v. Westphalen/*v. Gerkan/Haas* RdNr. 14; Schlegelberger/*Martens* RdNr. 7; GroßKommHGB/*Schilling* RdNr. 3.

e) Notvertretungsrecht. Wie geschildert ist der Kommanditist in Notsituationen berechtigt und verpflichtet, für die KG tätig zu werden (§ 164 RdNr. 20). **Vertretungsmacht** für die KG hat er **nach allgemeiner Meinung aber nicht.**[7] Dem kann nicht gefolgt werden. Dem Kommanditisten kann nicht zugemutet werden, das finanzielle Risiko notwendiger Geschäfte persönlich zu tragen. Zwar hat er gegen die KG auf jeden Fall einen Anspruch auf Übernahme der Kosten.[8] Aber das Risiko, mit diesem Anspruch auszufallen, bleibt bei ihm. Auch die Interessen der KG werden durch die Annahme einer solchen Vertretungsmacht nicht tangiert, da die Vertretungsmacht nur besteht, wenn eine Notlage gegeben ist. Ebenso wenig werden Interessen der Vertragspartner berührt. Die Vertretung der KG durch den Kommanditisten setzt ein Handeln im Namen der KG voraus. Daher weiß der Vertragspartner, mit wem er es zu tun hat. Das besagt aber nicht, dass der Kommanditist generell die Befugnis hätte, die Rechte der KG gegenüber Dritten geltend zu machen, wenn die Komplementäre – sei es auch ohne sachlichen Grund – dies bewußt nicht tun.[9] Wie geschildert (§ 164 RdNr. 20) liegt keine Notsituation vor, wenn die Gesellschafter unterschiedlicher Ansicht darüber sind, welche Vorgehensweise für die KG zweckmäßig ist. Der Kommanditist hat aber nur in Notlagen Vertretungsmacht für die KG. 7

Darüber hinausgehend ist anerkannt, dass ein Kommanditist die KG im Umfang organschaftlicher Vertretungsmacht vertreten kann, wenn er während eines **Ausschließungsprozesses** gegen den einzigen Komplementär vom Gericht durch einstweilige Verfügung für diese Aufgabe bestimmt wird.[10] Das Gericht muss aber nicht einen Kommanditisten bestimmen, vielmehr kann auch ein beliebiger Dritter ausgewählt werden. Die Bestimmung eines – zumal vielleicht sogar maßgeblich beteiligten – Kommanditisten liegt aber nahe. 8

Kein Fall der Vertretung der KG ist die sog. **actio pro socio** (Erläuterungen bei § 105 RdNr. 198 ff.), da dann ein Recht der KG nicht im Namen der KG, sondern im Namen des Kommanditisten geltend gemacht wird. 9

II. Abweichende Vereinbarungen

1. Grundsatz. Der Sinn von § 170 lag ursprünglich darin, im **Interesse des Rechtsverkehrs für klare Vertretungsregeln zu sorgen.** Man befürchtete, dass bei einem Auftreten des Kommanditisten als organschaftlichem Vertreter der KG der Eindruck entstehen könne, der Kommanditist hafte unbeschränkt persönlich für die Schulden der KG.[11] Dem lag die Vorstellung zugrunde, dass der Rechtsverkehr zwischen organschaftlicher und rechtsgeschäftlicher Vertretung unterscheidet – was wohl kaum zutreffen dürfte. Denkbar ist es allerdings, dass der Kommanditist wie ein Komplementär auftritt und dann nach Rechtsscheingrundsätzen unbeschränkt haftet (§ 5 Anh. RdNr. 10). Ein weitergehendes Schutzbedürfnis des Rechtsverkehrs ist nicht erkennbar. 10

Daher ist der Versuch unternommen worden, der Norm eine andere Bedeutung beizumessen. Statt um den Schutz des Rechtsverkehrs vor unklaren Vertretungsregeln soll es nunmehr um den **Schutz der Komplementäre** vor einer Abhängigkeit von den Kommanditisten gehen, die – hätten sie die organschaftliche Vertretungsmacht – die Haftung der Komplementäre in einem umfassenden Ausmaß herbeiführen könnten.[12] Diese Argumentation ähnelt den Überlegungen, die dem Prinzip der Selbstorganschaft zugrunde liegen (oben RdNr. 3), und ist in ihrem Ausgangspunkt überzeugend. Da man aber nicht 11

[7] BGHZ 17, 181; *Aderhold* in Westermann RdNr. 2369; Heymann/*Horn* § 161 RdNr. 48; Schlegelberger/*Martens* § 164 RdNr. 21; MünchHdb. KG/*Wirth* § 7 RdNr. 93.

[8] *Aderhold* in Westermann RdNr. 2369; MünchHdb. KG/*Wirth* § 7 RdNr. 93.

[9] Heymann/*Horn* § 161 RdNr. 48.

[10] BGHZ 33, 105, 110 f.; § 127 RdNr. 29.

[11] KG JW 1939, 424; *Brox,* FS Westermann, S. 26; Schlegelberger/*Martens* RdNr. 1; daher sah Artikel 167 Abs. 3 ADHGB vor, dass der als organschaftliche Vertreter auftretende Kommanditist wie ein Komplementär hafte.

[12] Schlegelberger/*Martens* RdNr. 2; *Oetker* RdNr. 1.

davon ausgehen kann, dass durch die Vertretung der KG gerade durch die Kommanditisten den Komplementären ein besonderes Risiko droht, ist die Norm von diesem Gesichtspunkt aus falsch formuliert. Es geht nicht um die Einschränkung der Befugnisse gerade der Kommanditisten, sondern um die Festlegung von Mindestrechten der Komplementäre. Von diesem Ausgangspunkt aus ist § 170 dann zwingend (siehe § 163).

12 **2. Stärkung der Rechtsstellung des Kommanditisten. a) Einräumung organschaftlicher Vertretungsmacht.** Nach hM kann einem **Kommanditisten keine Vertretungsmacht eingeräumt werden, für die §§ 125 bis 127 gelten.**[13] Da diese Sonderregeln für die organschaftliche Vertretungsmacht gegenüber einer rechtsgeschäftlichen Vertretungsmacht weitgehend bedeutungslos sind, kann die Praxis mit dieser Aussage gut leben. Sollte der Kommanditist doch einmal organschaftliche Vertretungsmacht erhalten haben, wird diese Regelung in die Erteilung einer umfassenden rechtsgeschäftlichen Vollmacht umgedeutet (§ 140 BGB).[14]

13 Vom jetzigen Zweck der Norm aus betrachtet (oben RdNr. 11) ist dieses Ergebnis aber nicht mehr schlüssig begründbar.[15] Entscheidend für die Rechtsstellung der Komplementäre ist, dass sie die Geschäfte der KG maßgeblich beeinflussen, insbesondere die KG in jeder Lage auch ohne Mitwirkung der Kommanditisten oder anderer Dritter zumindest gemeinsam vertreten können (oben RdNr. 3). Dagegen spielt es keine Rolle, ob die Vertretungsmacht eines Kommanditisten rechtsgeschäftlich oder organschaftlich ausgestaltet ist. Denn der in § 127 festgeschriebene Umfang der Vertretungsmacht geht nur geringfügig über die für den Prokuristen getroffene Regelung hinaus[16] und gefährdet daher den Komplementär nicht maßgeblich. Allerdings könnte man der Ansicht sein, dass die Entziehung der Vertretungsmacht des Kommanditisten auf dem Weg von § 127 für die übrigen Gesellschafter zu umständlich und daher zu gefährlich sei. Immerhin ist durch die Einräumung vorläufigen Rechtsschutzes aber auch hier mittlerweile eine Möglichkeit zu effektiverem Vorgehen gegen Mitgesellschafter geschaffen worden.[17] Doch kann dies letztlich offen bleiben. Denn da Gestaltungsklagen nach hM nur vom Gesetz vorgesehen, nicht aber durch vertragliche Vereinbarung geschaffen werden können,[18] wäre eine entsprechende Regelung im Gesellschaftsvertrag schon aus diesem Grund unwirksam. Denn der Verweis von § 161 Abs. 2 auf das Recht der OHG kann wegen der zwingenden[19] Spezialregel von § 170 nicht so verstanden werden, als solle bei entsprechender vertraglicher Vereinbarung die Norm von § 127 auch für die Entziehung der Vertretungsmacht des Kommanditisten gelten.

14 Wird dem Kommanditisten organschaftliche Vertretungsmacht erteilt, so heißt dies also lediglich, dass ihm die **Befugnisse von § 126 eingeräumt sind.** Eine Eintragung ins Handelsregister ist weder möglich noch nötig, da § 106 Abs. 2 Nr. 4 auf den Kommanditisten nicht anwendbar ist.[20] Auch § 127 gilt nicht.[21] Vielmehr bleibt es dabei, dass die Vertretungsmacht von der KG – vertreten durch die Komplementäre – widerrufen werden kann. Dieser Widerruf ist nicht an einen wichtigen Grund gebunden. Es gilt insoweit dasselbe wie bei der Erteilung von Prokura (unten RdNr. 16 ff.). Die Erteilung einer sol-

[13] BGH BB 1968, 797; Baumbach/*Hopt* RdNr. 1; Heymann/*Horn* RdNr. 1; *Huber* ZHR 152 (1988), 1, 14; *Kübler/Assmann* § 8 II 3 a; Schlegelberger/*Martens* RdNr. 8; *Oetker* RdNr. 27; GroßkommHGB/*Schilling* RdNr. 4; *Karsten Schmidt* GesR § 53 III 2 a; aA *Bergmann* ZIP 2006, 2064; *Flume* § 10 I S. 132 f.; *Klingberg* S. 171 f.; *Reinhardt/Schultz* Gesellschaftsrecht, 2. Aufl. 1981, RdNr. 270; E/B/J/S/*Weipert* RdNr. 4, 11; auch *Weber* S. 195 ff., 283 f., allerdings soll der Kommanditist als Unternehmensleiter im Handelsregister eingetragen werden.

[14] Heymann/*Horn* RdNr. 1; Schlegelberger/*Martens* RdNr. 8; *Oetker* RdNr. 28; MünchHdb. KG/*Wirth* § 9 RdNr. 27.

[15] So auch *Bergmann* ZIP 2006, 2064, 2066 ff.

[16] Zum Umfang § 126 RdNr. 5 ff.

[17] Überblick § 127 RdNr. 26 ff.

[18] *Grunewald* ZZP 1988, 152; MünchKommZPO/*Becker-Eberhard* Vor § 253 RdNr. 28.

[19] Siehe § 163; nach *Bergmann* ZIP 2006, 2064 sagt § 163 nichts aus über Normen, die wie § 170 das Außenverhältnis betreffen.

[20] OLG Frankfurt NZG 2006, 262; aA *Bergmann* ZIP 2006, 2064, 2070.

[21] AA E/B/J/S/*Weipert* RdNr. 8.

chen Vertretungsmacht hat auch nicht zur Folge, dass der Kommanditist wie ein Komplementär haften würde.[22] Vielmehr kommt das nur in Frage, wenn der Kommanditist den Rechtsschein setzt, dass er Komplementär sei (oben RdNr. 10).

b) Einräumung einer rechtsgeschäftlichen Vertretungsmacht. Dem Kommanditisten kann **jede Form rechtsgeschäftlicher Vertretungsmacht erteilt** werden, also etwa auch Handlungsvollmacht und Prokura.[23] Das mit der Einräumung einer umfassenden Vertretungsmacht an Dritte verbundene Risiko für die Komplementäre ist bei Erteilung einer Vollmacht an Kommanditisten eher geringer als bei der Bevollmächtigung von Gesellschaftsexternen. Da aber die Einräumung einer beliebigen Vertretungsmacht an Dritte für die KG klar möglich und für ein erfolgreiches Agieren am Markt vielfach auch unabdingbar notwendig ist, ist die Bevollmächtigung eines Kommanditisten in jedem Falle möglich. 15

Eine solche Vertretungsmacht kann dem Kommanditisten auch **im Gesellschaftsvertrag erteilt werden.**[24] Mit dieser Vertragsgestaltung soll üblicherweise die Rechtsstellung des Kommanditisten in der KG verstärkt werden. **Der BGH entnimmt daher einer solchen Absprache, dass ein Widerruf der Prokura nur bei Vorliegen eines wichtigen Grundes zulässig sein soll.**[25] Ein Widerruf trotz Fehlens eines wichtigen Grundes soll dann wegen der zwingenden Regelung von § 52 zwar zum Erlöschen der Prokura führen. Zugleich bleibt der Komplementär aber aufgrund der im Gesellschaftsvertrag getroffenen Absprache zur erneuten Erteilung der Prokura verpflichtet.[26] 16

In der Tat wird eine solche Interpretation einer im Gesellschaftsvertrag erteilten Prokura oder einer sonstigen umfassenden Vollmacht dem Parteiwillen vielfach entsprechen.[27] Doch fragt es sich, ob diese **Absprache** – sei sie nun ausdrücklich oder konkludent getroffen – **gegen § 52 verstößt.**[28] Nach hM sind nämlich auch schuldrechtliche Absprachen, die den Geschäftsherrn verpflichten, die Prokura nur bei Vorliegen eines wichtigen Grundes zu widerrufen, mit dem Normzweck von § 52 – keine Bindung des Geschäftsherrn gegen seinen Willen an einen Prokuristen – nicht vereinbar.[29] Dann leuchtet es aber nicht ein, warum gerade für Kommanditisten, denen im Gesellschaftsvertrag zugesagt wurde, ihre Prokura werde nur aus wichtigem Grund widerrufen, ein Sonderrecht gelten sollte.[30] Zwar kann man sagen, dass der Kommanditist aufgrund seiner Gesellschafterstellung der KG besonders verbunden ist und daher die Wahrscheinlichkeit, dass er unvertretbare Risiken für den Geschäftsinhaber – hier die KG – und damit mittelbar für die Komplementäre eingeht, geringer ist als bei einem unbeteiligten Dritten. Aber § 52 will zum Schutz des 17

---

[22] AA *Kübler/Assmann* § 8 II 3; zu der Situation, dass der Komplementär zudem vermögenslos ist, § 161 RdNr. 22; zur Haftung des Kommanditisten bei Erteilung organschaftlicher Geschäftsführungsbefugnis § 164 RdNr. 9.

[23] Unstreitig. BGHZ 17, 394 (Prokura); BGH BB 1972, 726; Baumbach/*Hopt* RdNr. 3; *Oetker* RdNr. 8 ff; MünchHdb. KG/*Wirth* § 9 RdNr. 30.

[24] BGHZ 17, 392 (Prokura); OLG Karlsruhe BB 1973, 1551 (Prokura); *Oetker* RdNr. 11; GroßkommHGB/*Schilling* RdNr. 5.

[25] BGHZ 17, 392; weitergehend GroßkommHGB/*Schilling* RdNr. 6: Auch § 127 sei anwendbar, aber dem steht der numerus clausus der Gestaltungsklagen entgegen, oben RdNr. 13; der Anspruch müsste – wäre er denn gegeben – im übrigen gegen die KG als die Vertretene gerichtet sein.

[26] Dem folgend Röhricht/v. Westphalen/*v. Gerkan/Haas* RdNr. 16; Baumbach/*Hopt* RdNr. 4; *Oetker* RdNr. 11; Schlegelberger/*Martens* RdNr. 12 f.; MünchHdb. KG/*Wirth* § 9 RdNr. 31.

[27] Entgegen Schlegelberger/*Martens* RdNr. 15 kann man auch nicht generell sagen, dass von einem entsprechenden Willen nicht auch bei einer Erteilung lediglich einer umfassenden Geschäftsführungsbefugnis (ohne Prokura oder Generalvollmacht) im Gesellschaftsvertrag ausgegangen werden könne; und entgegen *Klingberg* S. 35 und *Weipert* EWiR, § 52 HGB 1/86 kann man auch nicht sagen, dass die Einschränkung von § 52 Abs. 1 nur gewollt ist, wenn neben der Prokura auch die Geschäftsführungsbefugnis im Gesellschaftsvertrag erteilt ist. Es kommt ganz auf die Umstände an. Die Gesellschafter trennen oft nicht klar zwischen Geschäftsführungsbefugnis und Vertretungsmacht.

[28] Kritisch auch *Jaenische* S. 191 f.; *Schürnbrand* S 264 f; *Westermann* RdNr. 243.

[29] *Karsten Schmidt* HandelsR § 16 III 5 b; aA MünchKommHGB/*Krebs* § 52 RdNr. 7.

[30] *Jaeniche* S. 191; *Grunewald* 1. C. 16; MünchKommHGB/*Krebs* § 52 RdNr. 4; aA *Karsten Schmidt* HandelsR § 16 III 5 b.

Geschäftsinhabers gerade sicherstellen, dass jedes von ihm nicht gebilligte Risiko – gleichgültig ob vertretbar oder nicht – nicht eingegangen wird. Ihm als dem maßgeblich Betroffenen soll die Entscheidung über die einzugehenden Risiken erhalten bleiben. Das muss dann auch für die KG gelten. Allerdings wird man der Tatsache, dass die Prokura im Gesellschaftsvertrag erteilt wurde, entnehmen können, dass der Widerruf nicht zu den üblichen Geschäftsführungsmaßnahmen zu rechnen sondern als Grundlagengeschäft anzusehen ist.[31]

18 Ebenso wenig kann es eine Sonderbehandlung von **Prokuristen geben, die auf Initiative eines Kommanditisten berufen worden sind.** Dies gilt auch, wenn dem Kommanditisten im Gesellschaftsvertrag zugesagt worden ist, dass eine bestimmte Person Prokurist bleiben werde.[32] Die Gesellschafter sind dann aufgrund der Treuepflicht untereinander (§ 161 RdNr. 29) lediglich verpflichtet, an der Auswahl eines für beide Seiten akzeptablen Prokuristen mitzuwirken.

19 **c) Kommanditist als Geschäftsführer einer GmbH, die Komplementärin einer KG ist.** Ein Kommanditist kann auch zum Geschäftsführer einer GmbH bestellt werden, die Komplementärin einer KG ist.[33] Ein Verstoß gegen den Grundsatz der **Selbstorganschaft** (oben RdNr. 3) liegt hierin nicht, da die Vertretung beim Komplementär liegt, der allerdings seinerseits durch den Kommanditisten vertreten wird. Auch der Schutz des Komplementärs erfordert kein solches Verbot. Die GmbH als juristische Person hat kaum eigene Interessen und die hinter ihr stehenden Gesellschafter haben maßgeblichen Einfluss auf die Wahl des Geschäftsführers.

III. Österreichisches Recht

20 Österreichisches Recht (UGB 2005; dazu § 105 RdNr. 276 ff.). § 170 UGB lautet:

§ 170. Vertretung

Der Kommanditist ist als solcher nicht befugt, die Gesellschaft zu vertreten.

§ 171 [Haftung des Kommanditisten]

(1) Der Kommanditist haftet den Gläubigern der Gesellschaft bis zur Höhe seiner Einlage unmittelbar; die Haftung ist ausgeschlossen, soweit die Einlage geleistet ist.

(2) Ist über das Vermögen der Gesellschaft das Insolvenzverfahren eröffnet, so wird während der Dauer des Verfahrens das den Gesellschaftsgläubigern nach Absatz 1 zustehende Recht durch den Insolvenzverwalter oder den Sachwalter ausgeübt.

§ 172 [Umfang der Haftung]

(1) Im Verhältnisse zu den Gläubigern der Gesellschaft wird nach der Eintragung in das Handelsregister die Einlage eines Kommanditisten durch den in der Eintragung angegebenen Betrag bestimmt.

(2) Auf eine nicht eingetragene Erhöhung der aus dem Handelsregister ersichtlichen Einlage können sich die Gläubiger nur berufen, wenn die Erhöhung in

[31] § 164 RdNr. 9; OLG Karlsruhe BB 1973, 1551.

[32] AA BAGE 10, 122: Recht auf Erteilung von Prokura an nahestehende Personen.

[33] Baumbach/*Hopt* RdNr. 3; Röhricht/v. Westphalen/*v. Gerkan/Haas* RdNr. 10a; Heymann/*Horn* RdNr. 3; Schlegelberger/*Martens* § 161 RdNr. 109; *Oetker* RdNr. 24; abwegig aA BPatG BB 1975, 1127.

handelsüblicher Weise kundgemacht oder ihnen in anderer Weise von der Gesellschaft mitgeteilt worden ist.

(3) Eine Vereinbarung der Gesellschafter, durch die einem Kommanditisten die Einlage erlassen oder gestundet wird, ist den Gläubigern gegenüber unwirksam.

(4) [1] Soweit die Einlage eines Kommanditisten zurückbezahlt wird, gilt sie den Gläubigern gegenüber als nicht geleistet. [2] Das gleiche gilt, soweit ein Kommanditist Gewinnanteile entnimmt, während sein Kapitalanteil durch Verlust unter den Betrag der geleisteten Einlage herabgemindert ist, oder soweit durch die Entnahme der Kapitalanteil unter den bezeichneten Betrag herabgemindert wird. [3] Bei der Berechnung des Kapitalanteils nach Satz 2 sind Beträge im Sinn des § 268 Abs. 8 nicht zu berücksichtigen.

(5) Was ein Kommanditist auf Grund einer in gutem Glauben errichteten Bilanz in gutem Glauben als Gewinn bezieht, ist er in keinem Falle zurückzuzahlen verpflichtet.

(6) [1] Gegenüber den Gläubigern einer Gesellschaft, bei der kein persönlich haftender Gesellschafter eine natürliche Person ist, gilt die Einlage eines Kommanditisten als nicht geleistet, soweit sie in Anteilen an den persönlich haftenden Gesellschaftern bewirkt ist. [2] Dies gilt nicht, wenn zu den persönlich haftenden Gesellschaftern eine offene Handelsgesellschaft oder Kommanditgesellschaft gehört, bei der ein persönlich haftender Gesellschafter eine natürliche Person ist.

Schrifttum: *Adel,* Kommanditistenwechsel und Haftung, DStR 1994, 1580; *Bayer/Lieder,* Das Agio des Kommanditisten, ZIP 2008, 809; *Beyerle,* Der unbeschränkt haftende Kommanditist, 1976; *Bley/Mohrbutter,* Vergleichsordnung, 4. Aufl. 1979; *Binz/Sorg,* Die GmbH & Co., 11. Aufl. 2010; *Böttcher/Kautzsch,* Die Haftung des Kommanditisten bei Rückzahlung des Aufgeldes, NZG 2008, 583; *Bork,* Einführung in das Insolvenzrecht, 5. Aufl. 2009; *ders.,* Die Haftung des entlohnten Gesellschafter-Geschäftsführers, AcP 184 (1984), 465; *v. Braunbehrens,* Die Haftung des Kommanditisten, DR 1941, 1134; *Canaris,* Die Rückgewähr von Gesellschaftereinlagen durch Zuwendungen an Dritte, FS Robert Fischer, 1979, S. 31; *Cebulla,* Einlagenrückgewähr, Haftung und Bilanzierung beim Ausscheiden eines Kommanditisten, DStR 2000, 1917; *Durchlaub,* Haftung des Kommanditisten einer GmbH & Co. bei Einlagenrückzahlung, BB 1979, 143; *Ekkenga,* zur Aktivierungs- und Einlagefähigkeit von Nutzungsrechten nach Handelsbilanz- und Gesellschaftsrecht, ZHR 161 (1997), 599; *Elsing,* Erweiterte Kommanditistenhaftung und atypische Kommanditgesellschaft, 1977; *Felix,* Haftsumme der Kommanditisten und Sacheinlage, NJW 1973, 491; *Fromm,* Gläubigerschutz durch Kapitalaufbringung und Kapitalerhaltung in KG und GmbH, Diss. Bonn 1979; *Furrer,* Die Haftung des Kommanditisten im Vergleich zur Haftung des Komplementärs, 1902; *Gramlich,* Die Einlageforderung der Kommanditgesellschaft gegen einen Kommanditisten als Kreditsicherungsmittel, NJW 1957, 1447; *Grunewald,* Die Auswirkungen der Änderung der Publizitätsnormen auf die Haftung der Kommanditisten, ZGR 2003, 541; *Gursky,* Risikokumulation für den Kommanditisten mit Sacheinlagepflicht?, DB 1978, 1261; *Häsemeyer,* Insolvenzrecht, 4. Aufl. 2007; *ders.,* Kommanditistenhaftung und Insolvenzrecht, ZHR 149 (1985), 42; Heidelberger Kommentar zur InsO, 4. Aufl. 2006 (zit. HK-InsO/Bearbeiter); *Ulrich Huber,* Vermögensanteil, Kapitalanteil und Gesellschaftsanteil an Personalgesellschaften des Handelsrechts, 1970, S. 191 ff.; *Eduard Hüffer,* Die Haftung des Kommanditisten bei der Übertragung seines Kommanditanteils auf einen Dritten, Diss. Münster 1996; *Immenga,* Besprechung der Entscheidung BGHZ 60, 324, ZGR 1975, 487; *Jacobi,* Die Haftung des Kommanditisten und die Eintragung der Haftung ins Handelsregister, JherJb 70 (1921), 300; *Jaeger,* Konkursordnung, Band II/2, 8. Aufl. 1973; *ders.,* Insolvenzordnung, Bd. I 2004; *Keuk,* Die Haftung des Kommanditisten für die Schulden der Gesellschaft, ZHR 135 (1971), 410; *Kilger/Karsten Schmidt,* Insolvenzgesetze, 17. Aufl. 1997; *Kindler,* Grundfragen der Kommanditistenhaftung, JuS 2006, 865; *Kirsch,* Einlageleistung und Einlagenrückgewähr im System der Kommanditistenhaftung, 1995; *Klamroth,* Erweitertes Haftungsrisiko der Kommanditisten in der GmbH & Co. KG, BB 1972, 428; *Klimke,* Einwendungsverzicht und Rechtskrafterstreckung bei Personengesellschaften, ZGR 2006, 540; *Körmann,* Zur Einlagenrückgewähr in der KG, besonders in der GmbH & Co. KG, 1981; *Koller,* Sicherung des Eigenkapitals bei der gesetzestypischen KG, FS Heinsius, 1991, S. 357; *Konietzko,* Zur Haftung des Kommanditisten, 1979; *Kübler/Prütting/Bork,* Kommentar zur InsO, Stand 2010; *Koppensteiner,* Über die Haftung der Kommanditisten bei Zuwendungen aus dem Vermögen einer GmbH & Co. KG, FS Roth, 2011, S. 395; *Lambrich,* Die Haftung bei der GmbH & Co., Jura 2007, 88; *Graf Lambsdorff,* Die Einwirkung des Vergleiches zur Abwendung des Konkurses und des Zwangsvergleichs der oHG (KG) auf die persönliche Haftung des Gesellschafters, MDR 1973, 362; *Leven,* Zur persönlichen Haftung des Kommanditisten im Gesellschaftskonkurs, Diss. Köln 1966; *Lichtenberg,* Das Erfordernis der Gegenseitigkeit bei der Konkursaufrechnung durch einen Kommanditisten gegen die Inanspruchnahme aus § 171 Abs. 2 HGB, Diss. Freiburg 1981; *Lindacher,* Kommanditisten als Sicherungsgeber – Regress nach erfolgter Inanspruchnahme, FS Hadding, 2004, S. 529; *Luttermann,* Vermögensordnung,

Kommanditistenhaftung und Scheingewinn (§ 172 HGB), NZG 2009, 1140; *Mattheus/Schwab*, Kommanditistenhaftung und Registerpublizität, ZGR 2008, 65; *Michel*, Die Rechtsfolgen von Vermögensverschiebungen nach einer Kommanditanteilsübertragung, ZGR 1993, 118; *Mossmann*, Die Haftung des Kommanditisten in der unterkapitalisierten KG, Diss. Heidelberg 1978; *Müller-Graff*, Die Außenhaftung des Kommanditisten bei fehlerhaftem KG-Eintritt, JuS 1979, 24; Münchener Kommentar zur Insolvenzordnung, 2002 ff.; *Müssigbrodt*, Die haftungsbefreiende Aufrechnung des Kommanditisten, Diss. Münster 1980; *ders.*, Haftungsbefreiende Nennwertaufrechnung und Gläubigerschutz bei Sanierungsgründungen von Kommanditgesellschaften, BB 1982, 338; *Mundry*, Darlehen und stille Einlagen im Recht der KG, Diss. Berlin 1990; *Neubauer/Herchen*, Die Haftung des Kommanditisten, in Gummert/Weipert (Hrsg.), Münchener Handbuch des Gesellschaftsrechts, Bd. II, 3. Aufl. 2009, § 30 (zitiert MünchHdb. KG/*Neubauer/Herchen*); *Neumann-Duesberg*, Die Außenhaftung des Kommanditisten, DB 1965, 769; *v. Olshausen*, Die Aufrechnung eines Kommanditisten mit einer nicht voll werthaltigen Gegenforderung . . ., ZGR 2001, 175; *Pauli*, Das Eigenkapital der Personengesellschaft, 1990; *Petzoldt*, Die Haftung des Kommanditisten nach Leistung seiner Einlage durch den Komplementär, DNotZ 1975, 529; *Priester*, Ausschüttungen bei Abschreibungsgesellschaften und Wiederaufleben der Kommanditistenhaftung, BB 1976, 1004; *ders.*, Haftungsgefahren bei Zahlung von Geschäftsführerbezügen an Kommanditisten?, DB 1975, 1878; *Riegger*, Geschäftsführervergütung und persönliche Haftung des Kommanditisten, DB 1983, 1909; *ders.*, Die Rückgewähr der Einlage eines Kommanditisten aus dem Privatvermögen eines Gesellschafters, BB 1975, 1282; *ders.*, Zur Haftung des Kommanditisten vor der Eintragung ins Handelsregister, BB 1979, 1380; *Röhrig/Doege*, Das Kapital der Personengesellschaft, DStR 2006, 489; *Schmelz*, „Überschießende Außenhaftung“ des Kommanditisten – eine systematische Darstellung, DStR 2006, 1704; *Karsten Schmidt*, Kommanditisteneinlage – Kapitalaufbringung und Kapitalerhaltung in der KG, ZGR 1976, 307; *ders.*, Einlage und Haftung des Kommanditisten, 1977 (zit.: Einlage und Haftung); *ders.*, Neues zur Haftung bei der Schein-KG und zur Kommanditistenhaftung bei Sanierungsgründungen, JZ 1974, 219; *ders.*, Zur Haftsumme des Kommanditisten bei Sacheinlageversprechen, DB 1977, 2813; *ders.*, § 171 II HGB – eine Bestimmung nur für den Konkurs der Kommanditgesellschaft?, JR 1976, 278; *ders.*, Der gutgläubige Empfang von Scheingewinnen und die Kapitalsicherung . . ., BB 1984, 1588; *ders.*, Zur Bareinlage durch Verrechnung und Aufrechnung in der KG, ZGR 1986, 152; *ders.*, Grenzen und Risiken der Binnenhaftung von Kommanditisten, DB 1995, 1381; *ders.* Mittelaufbringung und Mittelverwendung bei der GmbH & Co. KG – Funktionelles oder formelles Denken im Recht der Unternehmensfinanzierung?, ZIP 2008, 481; *ders.*, Zur Gesellschafterhaftung in der „Innen-KG“, NZG 2009, 361; *Herbert Schneider/Uwe H. Schneider*, Die neuere Entwicklung der Rechtsprechung des Bundesgerichtshofes zur Kommanditgesellschaft, ZGR 1972, 52; *Schön*, Bestandskraft fehlerhafter Bilanzen, FS BGH Bd. II, 2000, S. 153; *Sieker*, Eigenkapital und Fremdkapital der Personengesellschaft, 1990; *Schwab*, Kommanditistenhaftung und Registerpublizität, ZGR 2008, 65; *Steckhan*, Gesellschaftsvermögen der Kommanditgesellschaft und Privatvermögen des Komplementärs, DNotZ 1974, 69; *Sudhoff*, Rechte und Pflichten des Kommanditisten, 3. Aufl. 1986; *Timme*, Die persönliche Haftung, der Kommanditisten bei Rückzahlung eines Agio, MDR 2008, 959; *Tschierschke*, Das Ausscheiden eines Kommanditisten und die Stellung des Ausgeschiedenen im Konkurs der Gesellschaft, Diss. München 1976; *Uhlenbruck*, Die GmbH & Co. KG in Krise, Konkurs und Vergleich, 2. Aufl. 1988 (zit.: Die GmbH & Co. KG); *ders.* (Hrsg.), Insolvenzordnung, 13. Aufl. 2010 (zit. Uhlenbruck/Hirte/Vallender/*Verfasser*); *Ullrich*, Grundstücke im Gesellschafts- und im Betriebsvermögen einer Kommanditgesellschaft, NJW 1974, 1486; *Unger*, Die Haftung des ausgeschiedenen Kommanditisten im Konkurs der KG, KTS 1960, 33; *Wallenhorst*, Haftungsumfang und steuerliche Verlustbeteiligung des Kommanditisten, BB 1978, 1508; *Weimar*, Haftung und Verlustbeteiligung des Kommanditisten, DStR 1997, 1730; *Wertenbruch*, Die Haftung von Gesellschaften und Gesellschaftsanteilen in der Zwangsvollstreckung, 2000; *H. Westermann*, Ausgleichsansprüche des Kommanditisten, dessen Haftsumme die Pflichteinlage übersteigt, bei Inanspruchnahme von Gläubigern der KG, FS Barz, 1974, S. 81; *H. P. Westermann*, Vertragsfreiheit und Typengesetzlichkeit im Recht der Personengesellschaften, 1970, S. 284 ff.; *Wiedemann*, Beschränkte und unbeschränkte Kommanditistenhaftung, FS Bärmann, 1975, S. 1037.

Übersicht

I. Grundlagen

1 **1. Die persönliche Haftung in der KG. a) Inhalt der Bestimmungen.** §§ 171–176 regeln die **Haftung des Kommanditisten gegenüber den Gesellschaftsgläubigern** für die Verbindlichkeiten der Gesellschaft. Sie betreffen **nur Kommanditisten**. Sie gelten insbesondere **nicht** für die Treugeber einer Treuhandkommanditistin (Vor § 230 RdNr. 60)[1] oder für atypisch stille Gesellschafter als „Innen-Kommanditisten" (dazu § 230 RdNr. 13)[2]. Die §§ 171-176 regeln das **Außenverhältnis** und können weder durch den Gesellschaftsvertrag noch durch eine interne Vereinbarung der Gesellschafter abgeändert werden. Obwohl das Gesetz nur den Komplementär als „persönlich haftenden Gesellschafter" bezeichnet, ist auch die Haftung des Kommanditisten eine persönliche. *Es ist zu unterscheiden zwischen der unbeschränkten (§ 176) und der beschränkten Haftung des Kommanditisten (§§ 171–175).* Eine unbeschränkte Kommanditistenhaftung kennt das Gesetz in § 176 (über Kommanditisten als Sicherungsgeber vgl. § 128 RdNr. 95 ff.). Grundsätzlich haftet der Kommanditist nur beschränkt. Grundnormen der beschränkten Kommanditistenhaftung sind die §§ 171, 172. Sie betreffen ausschließlich das Außenverhältnis (Haftung gegenüber den Gläubigern), sind allerdings auf das interne Einlageverhältnis abgestimmt (RdNr. 5 ff.).

2 **b) Komplementärhaftung, Kommanditistenhaftung und Binnenregress.** Von der Kommanditistenhaftung ist die unbeschränkte Komplementärhaftung zu unterscheiden. Die **Haftung des persönlich haftenden Gesellschafters** für die Gesellschaftsverbind-

[1] BGH Urt. v. 22. 3. 2011 II ZR 215/09 = GWR 2011, 211; OLG Karlsruhe NZG 2009, 1107 = ZIP 2009, 1810; OLG München NZG 2009, 1383; *Wagner* NZG 2009, 213; **aM** LG Landshut WM 2007, 1656; LG Mosbach EWiR 2008, 19 (*Reischl/Keller*); *Kindler*, FS Karsten Schmidt, 2009, S. 871, 891.

[2] BGH NZG 2010, 823 = ZIP 2010, 1341; OLG Schleswig NZG 2009, 256 = ZIP 2009, 421; dazu *Karsten Schmidt* NZG 2009, 361.

lichkeiten ist im Recht der Kommanditgesellschaft nicht besonders geregelt. Insoweit gilt das Recht der oHG (§ 161 Abs. 2, §§ 128–130). Es kann auf die Erläuterungen zu §§ 128–130 verwiesen werden. Das gilt auch für die Freistellungs- und Regressansprüche des Komplementärs gegen die Gesellschaft (§ 110) sowie subsidiär gegen die Gesellschafter (§ 128 RdNr. 31 ff.). Die Kommanditisten sind gegen eine **Regressnahme des Komplementärs,** soweit nichts anderes vereinbart ist, durch § 167 Abs. 3 geschützt. Für die Enthaftung eines Komplementärs, der ausscheidet oder in die Kommanditistenstellung überwechselt, gelten die Regeln des § 160 (vgl. Erl. zu dieser Bestimmung). Für den **Binnenregress des haftenden Kommanditisten** gelten die bei § 110 RdNr. 10, § 128 RdNr. 31 ff. dargestellten Regeln, soweit es sich um Regress wegen der gesellschaftsrechtlichen Kommanditistenhaftung handelt. Der Regressanspruch gegen die Gesellschaft ist begründet, soweit nicht im Innenverhältnis (Einlageverhältnis) eine die Haftung rechtfertigende Verpflichtung aus geschuldeter Einlage oder ungerechtfertigter Entnahme bestand.[3] In diesen Grenzen steht der Regressanspruch auch einem Kommanditisten zu, der durch Rückzahlung einer erlaubten, aber haftungsbegründenden Ausschüttung die persönliche Inanspruchnahme aus § 172 Abs. 4 von sich abwendet.[4] Hatte der Kommanditist eine Gesellschaftersicherheit gegeben (§ 128 RdNr. 95 ff.), so ergibt sich das Regressverhältnis aus dieser (zB §§ 774, 1143 BGB),[5] daneben ggf. aus § 670 BGB (vgl. § 128 RdNr. 101).[6] Ein gesellschaftsrechtlicher Regress nach § 110 RdNr. 10, § 128 RdNr. 31 ff. ergibt sich nur, wenn die Kreditsicherheit und ggf. die entsprechende Zahlung Gesellschafterbeitrag (§ 105 RdNr. 178) war.[7] Dafür genügt nicht, dass sich der Kommanditist durch Sicherung oder Zahlung „einem persönlich haftenden Gesellschafter gleichstellt".[8]

3 **c) Die §§ 171, 172 als Regelungseinheit.** Die Bestimmungen werden hier im Zusammenhang dargestellt, weil die Bestimmungen ineinander greifen. *§ 171 Abs. 1 (1. Halbsatz)* befasst sich mit der summenmäßig begrenzten Kommanditistenhaftung. *§ 172* bestimmt in *Abs. 1* die Grenze dieser Haftung; *Abs. 2* befasst sich mit der Bedeutung einer zwar nicht eingetragenen, aber nach außen bekannt gegebenen Erhöhung der Haftsumme; *Abs. 3* bestimmt, dass Erlasse und Stundungen unter den Gesellschaftern den Gläubigern gegenüber unwirksam sind. Ob der Kommanditist im Einzelfall der begrenzten Kommanditistenhaftung unterliegt, bestimmt sich nach *§§ 171 Abs. 1, 172 Abs. 4–6.* In *§ 171 Abs. 1 (2. Halbsatz)* ist geregelt, wie sich der Kommanditist von der Haftung befreit. *§ 172 Abs. 6* enthält eine Klarstellung zur Haftungsbefreiung insbesondere bei der GmbH & Co. Das Wiederaufleben der Kommanditistenhaftung durch Kapitalrückflüsse behandelt *§ 172 Abs. 4.* In *§ 172 Abs. 5* endlich geht es um den Vertrauensschutz bei der Auszahlung von Scheingewinnen.

4 **2. Das Konzept der beschränkten Kommanditistenhaftung.** Das Gesellschaftsvermögen und das Kommanditistenvermögen sind zwei getrennte Vermögensmassen. Das gilt nicht nur hinsichtlich der („dinglichen") Vermögenszuordnung, sondern das Kommanditistenvermögen ist auch haftungsrechtlich vom Gesellschaftsvermögen getrennt. Die früher von *Häsemeyer*[9] vertretene Gegenansicht ist mit dem gesetzlichen Haftungskonzept unvereinbar. Dieses besteht in einer summenmäßig beschränkten Haftung. Nach einer verbreiteten Formulierung haftet der Kommanditist nur beschränkt „mit seiner Einlage".[10] Die Formulierung entspricht kaufmännischer Lesart, ist aber missverständlich. *Der Kommanditist* haftet niemals mit seiner Einlage, sondern er *haftet entweder (ausnahmsweise) unbeschränkt nach*

[3] So wohl auch BGH NZG 2005, 807 = ZIP 2005, 1552.
[4] BGH NZG 2005, 807 = ZIP 2005, 1552.
[5] Eingehend *Karsten Schmidt* JuS 2003, 228 ff.
[6] Vgl. *Karsten Schmidt* JuS 2003, 228, 229 ff.
[7] Ebd.; aM BGH NJW-RR 2002, 455; *Lindacher,* FS Hadding, 2004, S. 529 ff.
[8] So aber BGH NJW-RR 2002, 455; zust. *Lindacher,* FS Hadding, 2004, S. 259 ff.; krit. *Karsten Schmidt* JuS 2003, 228, 230.
[9] ZHR 149 (1985), 48 f.
[10] So zB noch Schlegelberger/*Geßler,* 4. Aufl. 1963, § 171 RdNr. 2.

§ 176, oder er haftet nach §§ 171 Abs. 1, 172 Abs. 4 summenmäßig beschränkt mit seinem ganzen Vermögen, oder er haftet überhaupt nicht. Das Konzept der beschränkten Kommanditistenhaftung besteht darin, dass der Kommanditist mit seinem gesamten Vermögen (also ohne gegenständliche Beschränkung) bis zur Höhe einer Haftsumme (also mit summenmäßiger Beschränkung) für die Verbindlichkeiten der Gesellschaft einzustehen hat. Soweit er die Einlage in das Vermögen der Gesellschaft geleistet (§ 171 Abs. 1, 2. Halbsatz) und nicht zurückerhalten hat (§ 172 Abs. 4), ist der Kommanditist von dieser summenmäßig beschränkten Haftung befreit.

5 **3. Einlage und Haftung des Kommanditisten als Grundbegriffe der §§ 171, 172. a) Terminologie. aa) Grundlage.** Die folgende Kommentierung geht von folgender vom Verfasser entworfener, inzwischen etablierter **Terminologie** aus (vgl. auch § 105 RdNr. 177; § 230 RdNr. 142 ff.):[11] **Beitrag** ist jede von einem Gesellschafter geschuldete zweckfördernde Leistung iSv. § 705 BGB. Gesellschafterbeitrag kann jedes zweckfördernde Tun oder Unterlassen sein, auch zB Dienstleistungen, Gebrauchsüberlassungen, Unterlassung von Wettbewerb (soweit kartellrechtlich zulässig) oder das pure Halten und Belassen einer Kommanditeinlage im Gesellschaftsvermögen. Ohne Gesellschafterbeiträge gibt es keine Gesellschaft, also auch keine Kommanditgesellschaft. Die **bedungene Einlage** (§§ 167 Abs. 2, 169 Abs. 1) ist der Betrag, den der Kommanditist durch Einlage zu decken und im Gesellschaftsvermögen zu halten hat. Sind im Gesellschaftsvertrag **Fest-Kapitalanteile** bestimmt (§ 161 RdNr. 1), so stellen diese idR zugleich die bedungene Einlage dar. Die **geschuldete Einlage(leistung)** ist ein vom Gesellschafter „auf die Einlage" zu leistender Beitrag. Ihre Höhe ergibt sich nicht aus § 171 Abs. 1, sondern aus dem Gesellschaftsvertrag.[12] **Einlageleistungen** sind solche Beitragsleistungen, die in das haftende Vermögen der Gesellschaft übergehen können. Der Begriff der Einlageleistung ist also gegenüber dem Beitragsbegriff der engere. Die **Haftung** des Kommanditisten ist im Gegensatz zur Einlage und zu den sonstigen Beiträgen eine Frage des Außenverhältnisses, nicht des Innenverhältnisses. Die **Haftsumme** bestimmt über die in das Handelsregister einzutragende summenmäßige Begrenzung der Kommanditistenhaftung. Diese klare Sprachregelung, die sich allmählich durchzusetzen beginnt (RdNr. 7), erleichtert den Umgang mit Normen und Institutionen des Gesellschaftsrechts und vermeidet unnötige Argumentationsschwierigkeiten.

6 **bb) Die Terminologie des Gesetzes** erschwert die Argumentation, indem sie die Begriffe zu wenig trennt. Mit dem **Begriff Einlage** meint das Gesetz teils die Einlage im Rechtssinne (§ 167 Abs. 2, 3, § 169 Abs. 1, § 171 Abs. 1 2. Halbsatz, § 172 Abs. 4), teils die Haftsumme (§ 161 Abs. 1, § 171 Abs. 1 1. Halbsatz, § 172 Abs. 1–3, § 174, § 175). Insbesondere ist in § 171 Abs. 1 (2. Halbsatz) die Einlageleistung im technisch zutreffenden Sinne gemeint, während der 1. Halbsatz derselben Bestimmung unter der Einlage die Haftsumme versteht.

7 **cc) Die Terminologie von Rechtsprechung und Schrifttum** ließ herkömmlich jede Klarheit vermissen. Die undifferenzierte Verwendung des Wortes „Einlage" im Gesetz hat die Begriffe *„Hafteinlage"* und *„Pflichteinlage"* entstehen lassen, wobei der Begriff „Hafteinlage" für die Haftsumme, der Begriff „Pflichteinlage" für die Einlage steht.[13] Weitgehend durchgesetzt hat sich eine Sprachregelung, die zwischen der „Pflichteinlage" (das ist

[11] Vgl. eingehend *Karsten Schmidt* GesR § 20 II, § 54 I 2; Schlegelberger/*Karsten Schmidt* § 105 RdNr. 153 ff.; §§ 171/172 RdNr. 5; Begründung der heutigen Terminologie bei *Karsten Schmidt,* Einlage und Haftung, S. 2 ff., 8 ff.; *ders.* ZGR 1989, 445, 455 f.; s. dazu auch *Kirsch* S. 7 ff.; Baumbach/*Hopt* § 171 RdNr. 1; *Koller*/Roth/Morck RdNr. 4; *Wiedemann* GesR II § 9 III 2 („auch nicht ganz unproblematisch"); *Scheel* BB 1988, 1211 ff.

[12] Vgl. für den Fall der Pfändung OLG Rostock NZG 2001, 1135.

[13] Vgl. BGH NJW 1995, 197, 198; *Kornblum* Haftung S. 207; Heymann/*Horn* § 171 RdNr. 12 f.; *Neumann-Duesberg* DB 1965, 770; vgl. auch RGZ 163, 385, 387 f.; berechtigte Kritik bei *Jacobi* JherJb 70 (1921), 300; *Keuk* ZHR 135 (1971), 427 f.; *Karsten Schmidt* ZGR 1976, 311.

die vertragsmäßig zu leistende **Einlage**) und der **Haftungssumme** unterscheidet.[14] Das entspricht der Sache nach der hier eingeführten Terminologie (RdNr. 5). Der österreichische Gesetzgeber hat sich diese Sprachregelung zu eigen gemacht (RdNr. 131).

b) Einlage und Haftung stehen nach §§ 171 Abs. 1, 172 Abs. 4 in einem **Funktionszusammenhang:**[15] Der Kommanditist ist *von seiner durch die Haftsumme beschränkten Haftung befreit,* soweit er die geschuldete Einlageleistung erbracht hat **(§ 171 Abs. 1, 2. Halbsatz);** die summenmäßig beschränkte *Haftung lebt wieder auf,* soweit die Einlage auf Grund einer Einlagenrückgewähr oder auf Grund von Gewinnauszahlungen nicht mehr gedeckt ist **(§ 172 Abs. 4).** 8

4. Gegenstand der Einlageleistung. a) Einlagefähige Gegenstände. Nach RdNr. 5 müssen Beitrag und Einlage deutlich voneinander unterschieden werden. Während die bedungene Einlage (§§ 167 Abs. 2, 169 Abs. 1) stets in Geld ausgedrückt ist, können als geschuldete Einlagen solche Beiträge in Betracht kommen, die zur Aufbringung von Eigenkapital geeignet sind (zum Folgenden vgl. näher § 105 RdNr. 177 ff.). Gegenstand der Einlageleistung können **bilanzierungsfähige Gegenstände** sein,[16] die endgültig in das Vermögen der Gesellschaft überführt werden können.[17] Die Voraussetzung der Bilanzierungsfähigkeit wird vielfach bestritten.[18] Kern dieser Kritik ist, dass die Bilanzierungsfähigkeit nicht begrifflich-abstrakt vorweggeprüft und daraus auf die Einlagefähigkeit geschlossen werden kann. Es sollte aber doch dabei bleiben, dass jede Einlageleistung auch bilanziell erfasst werden muss und dass Einlagefähigkeit und Bilanzfähigkeit deshalb Hand in Hand gehen. Zu unterscheiden sind die **Geld- oder Bareinlage** und die sog. **Sacheinlage.**[19] Taugliche Sacheinlagen sind alle bilanzierungsfähigen Gegenstände, die nicht in Geld bestehen, also zB bewegliche und unbewegliche Sachen, Forderungen, Schutzrechte, Gesellschaftsanteile, Unternehmen.[20] Ob das know how tauglicher Einlagegegenstand ist, ist str.[21] Umstritten ist auch die Einlagefähigkeit bloßer Nutzungsrechte (näher § 105 RdNr. 179).[22] Die aktienrechtliche Entscheidung BGHZ 144, 290 = NJW 2000, 2356 = ZIP 2000, 1162 erkennt die Einlagefähigkeit des Anspruches auf Nutzung eines Namens oder einer Marke an. Dienstleistungen sind keine Einlageleistungen (vgl. § 105 RdNr. 179).[23] Auch die Übernahme einer Bürgschaft zugunsten der KG kann entgegen BGH NJW 1995, 197 zwar Beitrag, aber nicht Einlage des Kommanditisten sein.[24] Der good will ist als solcher kein tauglicher Einlagegegenstand,[25] wohl aber kann er Bewertungsposten bei der Einbringung eines Unternehmens sein. Es gibt bei der Kommanditgesellschaft **kein Verbot der verdeckten Sacheinlage** (RdNr. 10, 56). Deshalb kann eine geschuldete Bareinlage, wenn der Gesellschaftsvertrag dies zulässt oder die Gesellschafter 9

[14] Baumbach/*Hopt* § 171 RdNr. 1; GK/*Fahse* § 171 RdNr. 4, 6; *Koller*/Roth/Morck RdNr. 4; Röhricht/v. Westphalen/*v. Gerkan/Haas* § 171 RdNr. 6; Staub/*Schilling* § 171 RdNr. 1 f.; Westermann/*Sassenrath* (2010) RdNr. I 2805 ff.

[15] Vgl. hierzu eingehend *Karsten Schmidt* GesR § 54 I; *ders.,* Einlage und Haftung, S. 19 ff.; *ders.* ZGR 1976, 310 ff.

[16] Wie hier *Ulrich Huber* Vermögensanteil S. 195 ff.; Röhricht/v. Westphalen/*v. Gerkan/Haas* § 171 RdNr. 10; insofern auch Staub/*Schilling* § 161 RdNr. 21; **aM** *Koller*/Roth/Morck RdNr. 4.

[17] Vgl. *Karsten Schmidt* GesR § 20 II 3; *ders.* ZHR 154 (1990), 237 ff.

[18] Vgl. nur *Koller*/Roth/Morck RdNr. 4; *Sieker* S. 7 ff.; *Ekkenga* ZHR 164 (1997), 549 ff.

[19] Vgl. nur Heymann/*Horn* § 171 RdNr. 14, 16; Staub/*Schilling* § 161 RdNr. 18.

[20] Vgl. den Überblick bei *Karsten Schmidt* GesR § 20 II 3; *Sudhoff* S. 8 ff.

[21] Vgl. E/B/J/S/*Strohn* § 171 RdNr. 55; für die GmbH einerseits *Barz,* FS W. Schmidt, 1959, S. 157 ff.; anderseits *Ballerstedt* ZHR 127 (1965), 97.

[22] Dazu vgl. *Bork* ZHR 154 (1990), 205 ff.; *Haas,* FS Doellerer, 1988, S. 169 ff.; *Karsten Schmidt* ZHR 154 (1990), 237 ff.

[23] **AM** GK/*Fahse* RdNr. 22 (s. aber auch, unentschieden, § 161 RdNr. 84); Heymann/*Horn* § 171 RdNr. 17, § 116 RdNr. 79.

[24] AM Oetker/*Oetker* § 171 RdNr. 43.

[25] S. auch OLG Köln BB 1971, 1077; Baumbach/*Hopt* § 171 RdNr. 6; Röhricht/v. Westphalen/*v. Gerkan/Haas* § 171 RdNr. 10.

dies in allseitigem Einvernehmen billigen, auch durch Verrechnung mit Sach- oder Dienstleistungen erbracht werden (zur Vollwertigkeitsprüfung in diesem Fall vgl. RdNr. 55).

10 **b) Weiter Einlagebegriff?** Demgegenüber wird vielfach ein weiter Einlagebegriff vertreten: Jede *geldwerte Leistung* ist nach dieser Auffassung tauglicher Gegenstand der Kommanditeinlage.[26] Tauglicher Einlagegegenstand kann nach dieser Auffassung vor allem auch eine *Dienstleistung* oder eine *Gebrauchsüberlassung* sein.[27] Diese Auffassung passt zu der Vertragsfreiheit bei der Gestaltung des Innenverhältnisses (RdNr. 11). Es ist auch richtig, dass die Haftungsbefreiung nach § 171 Abs. 1 Halbsatz 2 durch jede geldwerte Leistung bewirkt werden kann. Terminologische und systematische Gesichtspunkte sprechen gegen den weiten Einlagebegriff.[28] Dienstleistungen und Gebrauchsüberlassungen können, wie jede Leistung, *Beitrags*leistungen des Kommanditisten iSv. RdNr. 5 sein. Unmittelbar haftungsbefreiende Wirkung nach § 171 Abs. 1 (2. Halbsatz) haben solche Leistungen nicht.[29] Wohl aber kann eine Bareinlage vereinbart und durch Verrechnung mit einem Gehalt, einem Mietzins, Pachtzins etc. allmählich getilgt werden.[30] Diese Formen der Einlageleistung sind, da es im Recht der Kommanditgesellschaft kein Verbot der verdeckten Sacheinlage gibt (RdNr. 9, 56) problemlos möglich, wenn Vollwertigkeit gewährleistet ist. Der Unterschied gegenüber dem weiten Einlagebegriff ist demnach im Ergebnis nicht groß. Er besteht darin, dass jeder Kommanditist mit einer bedungenen Einlage (§§ 167 Abs. 2, 169 Abs. 1) an der Gesellschaft beteiligt sein muss, die in Geld oder durch Leistung eines einlagefähigen Gegenstandes (RdNr. 9) geleistet und im Insolvenzfall eingeklagt werden kann. Das unterscheidet die Kommanditbeteiligung insbesondere von der Beteiligung als persönlich haftender Gesellschafter, die eine reine Arbeits- oder Haftungsgemeinschaft sein kann.

11 **5. Die Einlage als Gegenstand von Vereinbarungen. a) Vertragsfreiheit.** Die **Einlageforderung** ist, da sie eine Beitragsleistung und damit das Innenverhältnis betrifft, grundsätzlich der *Parteidisposition* unterworfen.[31] § 172 Abs. 3, der nur die Kommanditistenhaftung gegenüber den Gesellschaftsgläubigern betrifft (RdNr. 40), ändert daran nichts. Die Gesellschafter sind grundsätzlich in der Ausgestaltung des Einlageverhältnisses frei. Das gilt sowohl für die bedungene Einlage (§§ 167 Abs. 2, 169 Abs. 1) als auch für die Einlage als vom Gesellschafter zu leistender Beitrag. Die geschuldete Einlage kann vertraglich geändert, gestundet oder erlassen werden (dazu, dass § 172 Abs. 3 nicht entgegensteht, vgl. RdNr. 39).[32] Die Einlageschuld kann – wenn auch nicht mit haftungsbefreiender Wirkung (RdNr. 58 ff.) – sogar durch Verrechnung mit einer nicht vollwertigen Forderung des Kommanditisten gegen die Gesellschaft getilgt werden, wenn die Gesellschafter zustimmen.[33] Hierin unterscheidet sich die KG als Personengesellschaft von der GmbH (vgl. § 19 Abs. 4 GmbHG). Das beruht auf dem für die Kommanditgesellschaft charakteristischen Gegensatz von Einlage und Haftung (RdNr. 5). Soweit die Einlage herabgesetzt oder erlassen wird, verliert die Einlage ihre haftungsbindende Funktion, denn nur durch vollwertige

---

[26] Vgl. nur Westermann/*Sassenrath* (2010) RdNr. I 2857; *Sieker* S. 8 ff.; Düringer/Hachenburg/*Flechtheim* § 161 Anm. 8; Heymann/*Horn* § 161 RdNr. 79 f.

[27] Westermann/*Sassenrath* (2010) RdNr. I 2861; HdbPersG I (Stand 1978) Anm. 918; *Sudhoff* S. 12; *Konietzko* S. 129 ff.; Düringer/Hachenburg/*Flechtheim* § 161 Anm. 8; GK/*Fahse* § 171 RdNr. 14; Heymann/*Horn* § 171 RdNr. 17; Röhricht/v. Westphalen/*v. Gerkan/Haas* § 171 RdNr. 11; Staub/*Schilling* § 171 RdNr. 19.

[28] *Ulrich Huber* Vermögensanteil S. 191 ff.; *Karsten Schmidt,* Einlage und Haftung, S. 14 ff.; *ders.* ZHR 154 (1990), 237, 247 ff.

[29] Str.; Behandlung als haftungsbefreiende Einlage zB bei *H. Westermann, Sudhoff, Konietzko,* Düringer/Hachenburg/*Flechtheim* jeweils aaO; nur das Innenverhältnis betrifft BGH WM 1982, 5, 7.

[30] Fall der Sachübernahme; vgl. *Ulrich Huber* Vermögensanteil S. 193 ff., 213 f.; *Karsten Schmidt,* Einlage und Haftung, S. 13 ff.

[31] Vgl. RGZ 150, 163, 171; 163, 385, 388; BGH WM 1982, 5, 7; OLG Stuttgart NZG 1999, 113, 114; Düringer/Hachenburg/*Flechtheim* § 161 Anm. 7; *Koller*/Roth/Morck RdNr. 4; Staub/*Schilling* § 161 RdNr. 17.

[32] BGH NJW-RR 1992, 930; DStR 1996, 29; *Koller*/Roth/Morck RdNr. 4.

[33] Vgl. insofern *v. Olshausen* ZGR 2001, 175 ff.; unklar (Einlage oder Haftung?) OLG Köln NJW-RR 1994, 869, 870.

Einlageleistung kann nach § 171 Abs. 1 die persönliche Haftung ausgeschlossen werden (RdNr. 52). Dieser Grundsatz ist, weil die Haftung und nicht die Einlage betreffend, zwingend.

b) Abtretbarkeit, Pfändbarkeit. Die Einlageforderung ist **abtretbar** und **pfändbar.**[34] Das hat zur Folge, dass sich der Kommanditist durch Leistung an einen Zessionar oder pfändenden Gläubiger mit Wirkung gegen alle Gläubiger von der Haftung befreien kann (RdNr. 51). Anfängliche Bedenken unter dem Gesichtspunkt der Kapitalaufbringung und mit Blick auf die abweichende Rechtsprechung im Recht der GmbH,[35] sind der Überlegung gewichen, dass die Einlageforderung ebenso wie ihr Surrogat, das als Einlage Geleistete, verwertbares Gesellschaftsvermögen ist und dass zwar der Kommanditist, nicht aber ein Gesellschaftsgläubiger oder Forderungskäufer gehalten ist, zur Kapitalaufbringung beizutragen.[36] Deshalb kann nicht (wie zu Unrecht von der Rechtsprechung im GmbH-Recht) verlangt werden, dass die Pfändung oder Abtretung das Gesellschaftsvermögen in Höhe des Einlagebetrages mehrt (womit die Pfändung wegen einer nicht mehr vollwertigen Forderung gegen die Gesellschaft unwirksam wäre).[37] Nach Ansicht des BGH[38] kann der Anspruch auf Zahlung der Kommanditeinlage an den Komplementär nur übertragen werden, wenn und soweit der Gegenwert in das Vermögen der Gesellschaft geflossen ist. Auch dies überzeugt nicht[39] denn die Einlageforderung ist Bestandteil des Gesellschaftsvermögens und kann, nicht anders als eine bereits gezahlte Einlage, grundsätzlich an eine andere Person abgetreten werden. Allerdings kann nach der Rechtsprechung eine Abtretung des Einlageanspruchs im Wege des unechten Factoring wegen Gläubigerschädigung sittenwidrig und dann nach § 138 BGB nichtig sein.[40] Dasselbe kann bei der Abtretung an eine der Gesellschaft nahe stehenden Person, insbesondere den Komplementär in Betracht kommen.[41] 12

II. Die summenmäßig beschränkte Kommanditistenhaftung

1. Beschränkte Außenhaftung. a) Das Haftungskonzept der §§ 171, 172. Zum Konzept der summenmäßig beschränkten Kommanditistenhaftung vgl. zunächst RdNr. 4. Sie ist eine Außenhaftung gegenüber den Gläubigern für deren Ansprüche gegen die Gesellschaft. Der Gläubiger macht mit der Inanspruchnahme des Kommanditisten keinen Anspruch der Gesellschaft (auf Zahlung der Einlage) geltend, sondern er nimmt den Kommanditisten als von der Gesellschaft verschiedenes Rechtssubjekt für deren Verbindlichkeiten in Anspruch. Das war unter der Geltung des ADHGB noch bestritten. Der historische Grund dieses Streits lag darin, dass die Trennung von KG und stiller Gesellschaft bei der Schaffung des ADHGB nur mühsam vollzogen wurde und in ihren Konsequenzen vorerst zweifelhaft blieb.[42] Die herrschende Lehre hat allerdings auch damals schon einen eigenen 13

---

[34] BGHZ 63, 338 = WM 1975, 346 = NJW 1975, 1022 = JuS 1975, 531 *(Karsten Schmidt);* BGH LM § 171 Nr. 19 = BB 1981, 1909 = NJW 1982, 35 = DNotZ 1981, 702; WM 1984, 50 = DB 1984, 286 = ZIP 1984, 171; OLG Hamburg ZIP 1983, 59, 63; OLG Rostock NZG 2001, 1135; ebenso zB Baumbach/*Hopt* § 171 RdNr. 9; E/B/J/S/*Strohn* § 171 RdNr. 7; Heymann/*Horn* § 171 RdNr. 23; *Koller*/Roth/Morck RdNr. 4; Röhricht/v. Westphalen/*v. Gerkan/Haas* § 171 RdNr. 14; *Kirsch* S. 77 ff.; *Karsten Schmidt* GesR § 54 II 2 b; *ders.* ZHR 157 (1993), 291 ff.; *Wertenbruch* S. 459 ff.

[35] *Karsten Schmidt,* Einlage und Haftung, S. 63 ff., 115 ff.; Schlegelberger/*Karsten Schmidt* §§ 171, 172 RdNr. 12.

[36] *Karsten Schmidt* GesR § 54 II 2 b; eingehend *ders.* ZHR 157 (1993), 291 ff., insbes. S. 308 f.

[37] Ebd.; zust. *Koller*/Roth/Morck RdNr. 4, 17.

[38] BGH LM § 171 Nr. 19 = BB 1981, 1909 = NJW 1982, 35 = DNotZ 1981, 702; zust. zB *Kirsch* S. 78; Heymann/*Horn* § 171 RdNr. 23; Röhricht/v. Westphalen/*v. Gerkan/Haas* § 171 RdNr. 14.

[39] *Karsten Schmidt* ZHR 157 (1993), 291, 306 ff.

[40] LG München II DB 1977, 443; bestätigt durch BGH WM 1978, 1400; dazu auch *Wertenbruch* S. 461 f.

[41] Vgl. die Würdigung des Falls BGH LM § 171 Nr. 19 = BB 1981, 1909 = NJW 1982, 35 = DNotZ 1981, 700 bei *Wertenbruch* S. 461 f.

[42] Vgl. zur Rechtsentwicklung *Jander,* Komplementär und Kommanditist in der verselbständigten Kommanditgesellschaft, 2010, S. 12 ff.

Anspruch des Gläubigers, also eine Direkthaftung des Kommanditisten angenommen.[43] Heute ist dies unbestritten.

14 **b) Beschränkte Haftung für alle Gesellschaftsschulden.** Der Kommanditist haftet **für alle Verbindlichkeiten der Gesellschaft.** Allerdings muss es sich um eine Außenverbindlichkeit der Gesellschaft handeln.[44] Für Verbindlichkeiten gegenüber dem Komplementär oder einem Kommanditisten wird nur gehaftet, soweit dieser Drittgläubiger ist, nicht zB für Gewinnansprüche oder für Aufwendungsersatz nach § 110 (näher § 128 RdNr. 12).[45] Die Haftung ist eine gesetzliche. Der gesetzliche oder rechtsgeschäftliche Rechtsgrund der gegen die Gesellschaft gerichteten Forderung ist hierfür unerheblich. Da die Haftung summenmäßig beschränkt ist, kann sich der Kommanditist außerhalb des Insolvenzverfahrens (Abs. 2) grundsätzlich durch **Leistung an einen beliebigen Gläubiger** von seiner summenmäßig beschränkten Haftung befreien (vgl. auch RdNr. 50). Über Besonderheiten, die für einen ausgeschiedenen Kommanditisten gelten, vgl. RdNr. 18. Wegen der persönlichen Haftung des Kommanditisten für **Forderungen eines Gesellschafters** und wegen des **Rückgriffs eines Gesellschafters nach Erfüllung einer Gesellschaftsschuld** sowie wegen des Übergangs dieser Forderung auf den Kommanditisten kann zunächst auf die Erl. zu § 128 verwiesen werden. Die Kommanditisten haben Freistellungs- und Regressansprüche gegen die Gesellschaft (§ 110) und subsidiär gegeneinander (vgl. sinngemäß § 128 RdNr. 31 ff.).[46] Soweit die Einlage nicht geleistet ist, kann die Gesellschaft ihren Einlageanspruch gegen einen Regressanspruch des haftenden Kommanditisten aufrechnen (im Fall einer Sacheinlage von einem Zurückbehaltungsrecht Gebrauch zu machen). Die anteilige Rückgriffshaftung des Kommanditisten gegenüber dem unbeschränkt haftenden Gesellschafter (vgl. sinngemäß § 128 RdNr. 34) ist auf die Höhe der Kommanditistenhaftung beschränkt und kann im Innenverhältnis durch den Gesellschaftsvertrag beschränkt oder ausgeschlossen werden.[47]

15 **2. Verhältnis zur Gesellschaftsschuld und zur Haftung der Mitgesellschafter. a) Haftung neben der Gesellschaft.** Die **Haftung des Kommanditisten** steht neben der **Haftung der Gesellschaft** und der **Haftung der persönlich haftenden Gesellschafter.**[48] Der Gläubiger kann außerhalb eines Insolvenzverfahrens nach seiner **freien Wahl** zuerst die Gesellschaft oder den Kommanditisten oder die persönlich haftenden Gesellschafter oder alle gleichzeitig in Anspruch nehmen.[49] Im Verhältnis zum Kommanditisten riskiert er nur, dass dieser die persönliche Haftung durch Leistung der Einlage (RdNr. 46 ff.) oder durch Leistung an einen anderen Gläubiger (RdNr. 14) zum Erlöschen bringt. Die Haftung des Kommanditisten ist im Verhältnis zu seinen Mitgesellschaftern, gleichgültig, ob sie persönlich haftende Gesellschafter oder Kommanditisten sind, eine gesamtschuldnerische.[50] Der Gläubiger ist grundsätzlich nicht durch Treu und Glauben an der Inanspruchnahme gehindert, auch wenn er weiß, dass der Kommanditist der Gesellschaft gegenüber frei ist (§ 128 RdNr. 20).[51] Allgemein ist die **Inanspruchnahme eines Ausgeschiedenen Kommanditisten**, sofern keine Schikane, nicht treuwidrig.[52] Im Einzelnen vgl. hierüber Erl. zu § 128 (vgl. auch RdNr. 50 zum Rückgriff im Innenverhältnis). Auch nach Auflösung der Gesellschaft ist die Rechtslage die gleiche (vgl. Erl. zu § 159). Wegen der Rechtslage nach Eröffnung des Insolvenzverfahrens über das Gesellschaftsvermögen vgl. RdNr. 100 ff.

[43] Vgl. ROHGE 19, 349, 350; RGZ 17, 37, 39; 32, 398, 399; 51, 33, 36; so auch schon Denkschrift S. 114.
[44] OLG Koblenz NJW-RR 1995, 487.
[45] OLG Koblenz NJW-RR 1995, 487.
[46] BGH DB 2002, 318 f.
[47] Auch dazu OLG Koblenz NJW-RR 1995, 487; *Karsten Schmidt* DB 1995, 1382.
[48] OLG Rostock WM 2001, 1805.
[49] BGH NJW 2008, 3438 = NZG 2008, 776 = ZIP 2008, 1870; Oetker/*Oetker* § 171 RdNr. 5.
[50] Heymann/*Horn* § 171 RdNr. 7; *Karsten Schmidt* DB 1995, 1382.
[51] BGH NJW 2008, 3438 = NZG 2008, 776 = ZIP 2008, 1870, Oetker/*Oetker* § 171 RdNr. 5.
[52] BGH NJW-RR 2007, 1676 = NZG 2007, 822 = ZIP 2007, 2074.

b) Haftung auf Geld. Inhaltlich sollte die Haftung des Kommanditisten nach der früher hM, wie die Haftung des persönlich haftenden Gesellschafters (§ 128 RdNr. 24), nicht nur auf Geld, sondern auf naturale Erfüllung gehen, ganz nach dem Inhalt der Gesellschaftsschuld.[53] Eine vom Verfasser vertretene Gegenansicht lässt den Kommanditisten im Rahmen der §§ 171, 172 **nur auf Geld** haften.[54] Diese Auffassung hat sich weitgehend durchgesetzt.[55] Sie liegt auch dem § 171 Abs. 2 zugrunde. Schon der Gesetzgeber erkannte, dass die Haftung des Kommanditisten gegenüber den Gläubigern im Gegensatz zur Einlagepflicht des Kommanditisten notwendig auf eine Geldleistung geht.[56] Was immer die Gesellschaft schuldet, der Kommanditist muss nur finanziell bis zur Höhe der Haftsumme für diese Schuld einstehen. In der Praxis wird die Kommanditistenhaftung auch regelmäßig durch Leistung in Geld verwirklicht. Zwar können und werden uU die Kommanditisten, zB bei einer GmbH & Co. KG, auf eine Naturalleistung durch die Gesellschaft hinwirken. Sie können uU auch als Dritte Erfüllungsleistungen in Natur als Leistungen auf die Schuld der Gesellschaft erbringen (vgl. § 267 BGB). Solche Leistungen können auch auf die Einlageschuld und damit auf die Haftung angerechnet werden (RdNr. 50). Sie können aber vom Gläubiger gegenüber dem Kommanditisten nicht nach § 171 Abs. 1 als Haftungsleistung erzwungen werden. Wo der Gläubiger ausnahmsweise vom Kommanditisten dieselbe Leistung wie von der Gesellschaft verlangen kann, handelt es sich nicht um die Haftung nach § 171 Abs. 1. So ist zB die ausnahmsweise Erstreckung von Wettbewerbsverboten der Gesellschaft etc. auch auf einen Kommanditisten nicht eine Frage der Kommanditistenhaftung, sondern eine Frage, die sich aus dem Umfang des Wettbewerbsverbots ergibt und sich nicht nur bei einem persönlich haftenden Gesellschafter, sondern zB auch bei der personalistischen GmbH, folglich auch bei der KG, stellen kann (vgl. sinngemäß die Ausführungen zu § 128). Mit § 171 Abs. 1 hat eine solche Verpflichtung des Kommanditisten nichts zu tun. Dasselbe gilt für jede andere, von der Gesellschaftsschuld unabhängige Haftung des Kommanditisten aus besonderem Rechtsgrund (Schuldmitübernahme, Garantie, unerlaubte Handlung usw.).[57] 16

3. Die Einwendungen des Kommanditisten. Die Kommanditistenhaftung folgt, wenn man vom Inhalt der Haftung absieht (RdNr. 16) der Gesellschaftsschuld. Sie ist akzessorisch. Wird der Kommanditist auf Grund seiner persönlichen Haftung von einem Gläubiger in Anspruch genommen, so kann er diesem alle **Einwendungen** entgegenhalten, die **der Kommanditgesellschaft** gegenüber dem Anspruch des Gesellschaftsgläubigers zustehen (§§ 129, 161 Abs. 2; § 129 RdNr. 4 ff.). Das bedeutet allerdings auch, dass ihm Einwendungen gegen die Gesellschaftsschuld durch eine rechtskräftige Verurteilung der Gesellschaft abgeschnitten sein können.[58] Ferner kann er dem Gläubiger **die ihm** selbst **persönlich zustehenden Einwendungen** entgegensetzen. Dazu gehört auch die Einwendung, dass er durch Leistung an einen Gläubiger seiner Wahl (RdNr. 14) seine nach § 171 Abs. 1 summenmäßig beschränkte Haftung ausgeschöpft hat. Schließlich hat der Kommanditist ein Leistungsverweigerungsrecht, wenn die Gesellschaft anfechtungsberechtigt ist oder sich durch Aufrechnung befreien kann (näher § 129 RdNr. 17 ff.). **Nicht** möglich ist gegenüber dem Gesellschaftsgläubiger der Einwand, die **Einlageforderung** der Gesellschaft sei verjährt. Diese Verjährungseinrede berechtigt nur zur Leistungsverweige- 17

---

[53] Schlegelberger/*Geßler* 4. Aufl. 1963 § 171 RdNr. 8; *H. Westermann* HdbPersG I (Stand 1973) RdNr. 903; GroßkommHGB/*Schilling*, 3. Aufl. 1970, § 171 Anm. 9; Baumbach/*Hopt* § 171 RdNr. 2 (vgl. aber § 128 RdNr. 11); Oetker/*Oetker* § 171 RdNr. 11 ff.; **aM** *Kornblum* Haftung S. 251 ff.

[54] *Karsten Schmidt* GesR § 53 IV 3 b; Schlegelberger/*Karsten Schmidt* §§ 171, 172 RdNr. 16.

[55] Vgl. nur Westermann/*Sassenrath* (2010) RdNr. I 2827; E/B/J/S/*Strohn* § 171 RdNr. 12; GK/*Fahse* RdNr. 14; Heymann/*Horn* § 171 RdNr. 6; *Koller*/Roth/Morck RdNr. 7; Röhricht/v. Westphalen/*v. Gerkan/Haas* § 171 RdNr. 4; Staub/*Schilling* § 171 RdNr. 4.

[56] Vgl. Denkschrift S. 110 f.

[57] Zu diesen Anspruchsgrundlagen E/B/J/S/*Strohn* § 171 RdNr. 20 ff.

[58] Zur Rechtskrafterstreckung nach § 129 vgl. OLG Düsseldorf NZG 2001, 890; Bedenken wegen mangelnder Kontrollrechte bei *Haas/Müller* DStR 2002, 643, 644; Beschränkung auf Rechtskraft bei Eintritt des Kommanditisten bei *Klimke* ZGR 2006, 540; 556 ff.

rung gegenüber der Gesellschaft. Sie hat aber nicht die Wirkung einer befreienden Einlageleistung (vgl. auch RdNr. 40).[59]

18 **4. Haftung nach Ausscheiden oder Auflösung. a) Ausgeschiedener Kommanditist.** Die persönliche Haftung des Kommanditisten besteht ebenso wie die des persönlich haftenden Gesellschafters nach seinem Ausscheiden aus der Gesellschaft fort (§§ 161 Abs. 2, 160 Abs. 1). Seine Inanspruchnahme verstößt grundsätzlich nicht gegen Treu und Glauben (RdNr. 15). Vorbehaltlich entgegenstehenden Rechtsscheins (zur umstrittenen Anwendbarkeit des § 15 Abs. 1 vgl. RdNr. 26, § 173 RdNr. 36, § 162 RdNr. 13) haftet der Ausgeschiedene aber nur für diejenigen Verbindlichkeiten, die vor dem Ausscheiden begründet waren. Nur diese Altgläubiger können dann Zahlung vom Kommanditisten verlangen (vgl. sinngemäß § 128 RdNr. 47 ff.). Die Nachhaftung ist nach **§ 160** zeitlich begrenzt (§ 160 RdNr. 21). Zur Frage, ob erst die Auszahlung des Auseinandersetzungsguthabens oder schon das Ausscheiden des Kommanditisten und die Gutschrift des Abfindungsguthabens den Kommanditisten nach § 172 Abs. 4 haften lässt, vgl. RdNr. 73. Zur Stellung des Ausgeschiedenen im **Insolvenzverfahren** vgl. RdNr. 116 ff. Vom Ausscheiden ist die **Anteilsübertragung** zu unterscheiden. Wegen der Haftung des übertragenden Gesellschafters vgl. § 173 RdNr. 24 ff.

19 **b) Auflösung der Gesellschaft.** Auch nach Auflösung der Gesellschaft haftet der Kommanditist, gleichgültig, ob die Gesellschaft liquidiert wird oder ob eine andere Art der Auseinandersetzung stattfindet, weiter.[60] Wegen der Sonderverjährung ist auf die Erl. zu § 159 zu verweisen. Von der Haftung zu unterscheiden ist die Frage, ob der Kommanditist im Innenverhältnis zu Leistungen in die Liquidationsmasse verpflichtet ist (dazu § 149 RdNr. 26).

20 **5. Öffentlich-rechtliche Verbindlichkeiten, insbesondere Steuerschulden.** Nur von der Haftung für **Gesellschaftsverbindlichkeiten** ist in §§ 171, 172 die Rede. Soweit **Steuer- und Gebührenschulden** Gesellschaftsverbindlichkeiten begründen, gelten die Bestimmungen auch hier.[61] Davon betroffen ist vor allem die Gewerbesteuer und die Umsatzsteuer: Hier ist die KG Steuerschuldnerin (§ 5 GewStG, § 2 UStG). Dies hat zur Folge, dass sich die Haftung des Kommanditisten nach den §§ 171, 172 bestimmt. Die früher umstrittene Frage, ob der Kommanditist als persönlicher Steuerschuldner unbeschränkt haftet,[62] hat sich durch die gegenwärtige Fassung des § 5 GewStG erledigt. Steuerschuldnerin ist die Gesellschaft; die Haftung des Kommanditisten für diese Steuerschulden ist rein gesellschaftsrechtlicher Natur. Dieselbe beschränkte Haftung nach §§ 171, 172 trifft den Kommanditisten bei der Umsatzsteuer[63] sowie bei sonstigen öffentlich-rechtlichen Verbindlichkeiten der KG.[64] Ob die Geltendmachung der Haftung einen besonderen Festsetzungsbescheid gegen den Gesellschafter voraussetzt, ist eine Frage des öffentlichen Rechts, nicht des HGB.[65] Etwas anderes gilt, soweit das Gesetz eigene Verbindlichkeiten des Kommanditisten begründet. Solche Eigenverbindlichkeiten treffen den Kommanditisten primär und nicht nach §§ 171, 172. Dazu zählen namentlich Einkommensteuerschulden aus mitunternehmerisch erzielten Gewinnen (vgl. § 15 EStG). Zur Frage des Steuerentnahmerechts der Kommanditisten vgl. § 122 RdNr. 58 ff., zur Frage der Haftungsneutralität RdNr. 70.

III. Die Haftsumme

21 **1. Bedeutung der Haftsumme.** Die **Haftsumme** bestimmt den *Umfang der Kommanditistenhaftung* (RdNr. 5). Die beschränkte Kommanditistenhaftung ist **durch die Haft-**

[59] *Karsten Schmidt* NZG 2009, 361.
[60] ROHGE 25, 275, 278; RGZ 64, 77, 80.
[61] BFH ZIP 1984, 1245 = JZ 1985, 346; eingehend *Ebenroth* JZ 1985, 322.
[62] So noch BFH BStBl. 1966 II S. 158 = BB 1966, 319.
[63] Vgl. *Schön* DStJG 13 (1990), 81, 85, 96; *Stadie* UStG 2009 § 13a RdNr. 15.
[64] Vgl. BGH BB 1965, 303: Fernsprechgebühren.
[65] Vgl. zum Subventionsrecht und zu § 128 HGB OVG Frankfurt a. d. O. NZG 1998, 850.

summe absolut begrenzt.[66] Das gilt auch dann, wenn ein Kommanditist „weniger als nichts", nämlich ein überschuldetes Unternehmen, in die KG einbringt und diese für Altverbindlichkeiten nach § 28 haftet. Durch eine solche wertlose Einlageleistung befreit er sich zwar nicht von der persönlichen Haftung (RdNr. 26), haftet aber (unbeschadet etwaiger Schadensersatzansprüche im Innenverhältnis) gegenüber den Gesellschaftsgläubigern nicht über die Haftsumme hinaus.[67] Umgekehrt führen **Auszahlungen, die die Haftsumme übersteigen**, nicht zu einer persönlichen Haftung über die Haftsumme hinaus (RdNr. 80).[68] Handelte es sich um unzulässige Entnahmen, so kann der Kommanditist in diesem Fall zur Rückzahlung (§ 812 BGB) oder zum Schadensersatz verpflichtet sein. Aber die Direkthaftung gegenüber den Gläubigern nach § 172 Abs. 4 bleibt auf die Haftsumme beschränkt. Eine unbeschränkte Kommanditistenhaftung ergibt sich dagegen in den Fällen des § 176.

2. Vereinbarung und Eintragung. a) Vertragsfreiheit. Die Haftsumme wird im 22
Gesellschaftsvertrag festgelegt (RdNr. 23). Die Höhe der Haftsumme kann von den Parteien frei bestimmt werden (§ 161 RdNr. 1). *Sie kann höher, kann aber auch niedriger als die Einlage sein.* Es stellt grundsätzlich keinen Missbrauch der Rechtsform dar, wenn die Haftsumme hinter der Einlage zurückbleibt. Eine gesetzliche Mindesthaftsumme gibt es nicht. Allerdings wird der Registerrichter eine bloße pro-forma-Haftsumme (zB 1 Euro) nicht eintragen, wenn sie nur das Ziel haben kann, eine materiell stille Beteiligung im Außenverhältnis als Kommanditbeteiligung zu deklarieren.[69] Die Zulassung der UG haftungsbeschränkt als Komplementärin mit nur 1 Euro Stammkapital (§ 161 RdNr. 46) ändert hieran nichts. Auch kann, wenn es sich um einen Fall bewusster Gläubigerschädigung handelt, eine Haftung nach § 826 BGB in Frage kommen, die die Beschränkung der Kommanditistenhaftung hinfällig macht.[70] Von diesen bisher wohl theoretischen Fällen abgesehen ist die Haftsumme frei bestimmbar. Es kann auch bei der Gründung und (vor allem) bei einer Kapitalerhöhung ein berechtigtes Interesse daran bestehen, die *Haftsumme niedriger* zu halten *als die Einlage.* Bei der Gründung ist evtl. der Kapitalbedarf noch nicht endgültig feststellbar. Dann können Gesellschafterbeiträge als Einlagen auf Kapitalkonten gebunden werden, und die Gesellschafter können sich eine Rückzahlung der die Haftsumme übersteigenden Beträge vorbehalten, ohne eine Haftung nach § 172 Abs. 4 befürchten zu müssen. Wird bei der Gründung einer Kommanditgesellschaft eine *Einlage* vereinbart, *die die Haftsumme übersteigt,* so schuldet der Kommanditist auch dann noch eine Resteinlage, wenn er den nach Abs. 1 zur Haftungsbefreiung erforderlichen Teil seiner Einlage bereits geleistet hat. Er kann stehen bleibende Gewinne zur Abdeckung der Resteinlageschuld verwenden, muss allerdings (zB im Insolvenzfall) damit rechnen, dass eine noch nicht abgedeckte Einlage nachverlangt wird, obwohl die Haftung nach § 171 Abs. 1 bereits erloschen ist. Ist die Gesellschaft gesund, so kann dem Kommanditisten die überschießende Einlage ohne Haftungsfolgen erlassen werden (RdNr. 11, 39). Auch ein *nachträgliches Auseinanderfallen* von Einlage und Haftsumme ist möglich. Bei einer „Kapitalerhöhung" durch Umwandlung von Darlehenskonten in Kommanditeinlagen kann eine Erhöhung der „bedungenen Einlage" (§§ 167 Abs. 2, 169 Abs. 1) ohne gleichzeitige Erhöhung der Haftsumme zweckmäßig sein, denn es geht in diesem Fall nur darum, Gesellschafterdarlehen (zB stehen gebliebene Gewinne) in haftendes Kapital umzuwandeln. Die Darlehnskonten können auf diese Weise

[66] BGHZ 60, 324, 327 f. = WM 1973, 507, 508 = NJW 1973, 1036, 1037; *Karsten Schmidt,* Einlage und Haftung, S. 34; Baumbach/*Hopt* § 171 RdNr. 1; *Koller*/Roth/Morck RdNr. 5; Staub/*Schilling* § 171 RdNr. 1; *Keuk* ZHR 135 (1971), 414.

[67] BGHZ 60, 324, 328 = WM 1973, 507, 508 f. = NJW 1973, 1036, 1037; Baumbach/*Hopt* § 171 RdNr. 6.

[68] BGHZ 60, 324, 327 f. = WM 1973, 507, 508 = NJW 1973, 1036, 1037; Baumbach/*Hopt* § 172 RdNr. 5; E/B/J/S/*Strohn* § 172 RdNr. 22.

[69] Anders wohl BegrRegE TransPubG BT-Dr. 14/4051 S. 19: „zehn Kommanditisten mit einer Einlage von je 1 DM." Kein taugliches Gegenargument ist § 5a GmbHG nF, denn die „UG haftungsbeschränkt" soll nach dem gesetzlichen Konzept zu einer vollbürtigen GmbH erwachsen.

[70] S. auch Baumbach/*Hopt* § 172 RdNr. 1.

ohne den Aufwand und die Risiken einer Haftsummenerhöhung (Registereintragung, Vollwertigkeitsprüfung im Fall eines Haftungsprozesses) auf Kapitalkonten überführt und gegen einen Abzug gesichert werden. Dies kann vor allem in kritischen Finanzierungssituationen und bei Investitionsentscheidungen sachdienlich sein. Wird später die Rücküberführung der Beträge auf Darlehenskonten, also ihre Entsperrung, vereinbart („Kapitalherabsetzung"), so ist dies nicht haftungsschädlich, solange die verbleibenden Kapitalkonten die Haftsumme noch decken.

23 **b) Verhältnis zur Einlage im Gesellschaftsvertrag.** Der Gesellschaftsvertrag sollte zweckmäßigerweise die „bedungene Einlage" (§§ 167 Abs. 2, 169 Abs. 1), die *Einlagepflicht* des Kommanditisten, und die *Haftsumme* getrennt benennen (vgl. zu diesen Begriffen RdNr. 5). Ist im Gesellschaftsvertrag nur die Einlage und nicht auch die Haftsumme festgesetzt, so ist von der **Auslegungsregel** auszugehen, dass Einlage und Haftsumme denselben Betrag ausmachen.[71] Im Fall einer *Bareinlage* kann deshalb ohne weiteres derjenige Betrag beim Handelsregister angemeldet und vom Registergericht als Haftsumme eingetragen werden, der als Einlage im Gesellschaftsvertrag steht.[72] Ist eine *Sacheinlage* vereinbart und ist deren Wert im Gesellschaftsvertrag genannt, so wird man im Zweifel davon ausgehen dürfen, dass dieser Betrag als Haftsumme vereinbart und einzutragen ist.[73] Ist in einem solchen Fall das Einlageversprechen nach § 125 BGB nichtig, es wurde etwa die Einbringung eines Grundstücks oder eines GmbH-Geschäftsanteils ohne notarielle Beurkundung versprochen (§§ 311 b Abs. 1 BGB, 15 Abs. 4 GmbHG), so zieht der BGH[74] den entsprechenden Wert auch von der Haftsumme ab. Dieser Auffassung ist nicht zu folgen.[75] Die Gleichsetzung von Einlage und Haftsumme ist nur Interpretationshilfe für die Auslegung der Haftsummenvereinbarung. Sie besagt nur, dass die Parteien im Zweifel als Haftsumme denselben Betrag gewollt und vereinbart haben, mit dem sie die Einlageleistung ansetzen. Keineswegs folgt dagegen aus dieser Gleichsetzung eine Akzessorietät in dem Sinne, dass eine Unwirksamkeit des Einlageversprechens auch die Haftsumme schmälert. Die gegenteilige Auffassung des BGH ist auch mit den Regeln der fehlerhaften Gesellschaft bzw. des fehlerhaften Gesellschafterbeitritts (Erl. zu § 105) unvereinbar. Sie müsste, wenn das gesamte Einlageversprechen des Kommanditisten unwirksam ist, zu dem unhaltbaren Ergebnis führen, dass der Kommanditist der Gesellschaft haftungsrechtlich wirksam beigetreten ist, aber nur mit der Haftsumme Null haftet.[76]

24 **c) Eintragung.** Die Haftsumme ist nach § 162 Abs. 1 zur Eintragung in das Handelsregister anzumelden. Sie ist allerdings nicht Gegenstand der Bekanntmachung (§ 162 Abs. 2). Die Maßgeblichkeit der Eintragung ergibt sich aus § 172 Abs. 1 und 2 (dazu RdNr. 25 ff., 33 ff.).

25 **3. Die Maßgeblichkeit der eingetragenen Haftsumme (§ 172 Abs. 1). a) Konstitutivwirkung der Eintragung.** Nach § 162 Abs. 1 ist bei der Anmeldung der Kommanditgesellschaft neben der Bezeichnung des Kommanditisten auch der Betrag seiner Einlage anzugeben und im Handelsregister einzutragen (RdNr. 24). Für die bis zur Eintragung der KG bzw. der Kommanditisten begründeten Verbindlichkeiten haftet der Kommanditist nach Maßgabe von **§ 176** wie ein persönlich haftender Gesellschafter. Nach der Eintragung der Kommanditbeteiligung haftet der Kommanditist vorbehaltlich einer zeitlich beschränk-

---

[71] Denkschrift S. 111; BGH LM § 176 Nr. 4 = WM 1977, 783, 784 = BB 1979, 855, 856 = NJW 1977, 1820, 1821; Westermann/*Sassenrath* (2010) RdNr. I 2832; Baumbach/*Hopt* § 171 RdNr. 1; E/B/J/S/*Strohn* § 171 RdNr. 8; *Koller*/Roth/Morck RdNr. 5; *Karsten Schmidt* DB 1977, 2313; *Müller-Graff* JuS 1979, 27; *Riegger* BB 1979, 1381.

[72] OLG Celle OLGZ 1975, 385.

[73] Vgl. *Karsten Schmidt* DB 1977, 2313.

[74] BGH LM § 176 Nr. 4 = WM 1977, 783 = BB 1979, 855 = NJW 1977, 1820.

[75] Vgl. *Karsten Schmidt* DB 1977, 2314 f.; Röhricht/v. Westphalen/*v. Gerkan/Haas* § 171 RdNr. 7; *Müller-Graff* JuS 1979, 27 ff.; *Riegger* BB 1979, 1382 mit Argumentation aus § 176.

[76] *Karsten Schmidt* DB 1977, 2314 f.

ten Nachhaftung aus § 176 (§ 176 RdNr. 42) nur noch bis zur Höhe dieses Betrags persönlich (§ 171 Abs. 1). Die Eintragung hat damit konstitutive Bedeutung.

b) Maßgeblichkeit der Eintragung. Für die Haftsumme ist grundsätzlich die Eintragung maßgebend **(§ 172 Abs. 1, 174 Abs. 1)**. Das gilt auch für Änderungen der Haftsumme (§§ 172 Abs. 2, 174; dazu RdNr. 33 ff.; §§ 174, 175 RdNr. 14 ff.). Der Kommanditist haftet so, wie es im Handelsregister angegeben ist. Die Höhe seiner Einlage (sog. Pflichteinlage) spielt dann ebenso wenig eine Rolle[77] wie ein von der Eintragung abweichender Betrag, der im Gesellschaftsvertrag als Haftsumme angegeben ist.[78] Da der Betrag nicht bekannt zu machen ist (§ 162 Abs. 2), wäre auch eine etwa unberechtigterweise erfolgte gerichtliche Bekanntmachung ohne Einfluss auf die Haftung des Kommanditisten.[79] Aus **§ 15 Abs. 3** könnte sich zwar ein anderes ergeben.[80] Aber die **Neufassung des § 162 Abs. 2** aus dem Jahr 2001 (§ 162 RdNr. 10) schließt die Anwendung des § 15 seit dem 25. 1. 2001 aus (str.; wie hier § 15 RdNr. 30 *[Krebs]*; s. auch § 173 RdNr. 36; **aM** § 162 RdNr. 13 *[Grunewald]*).[81] Die bei § 162 RdNr. 13 *(Grunewald)* vertretene Gegenansicht, § 15 bleibe anwendbar und stelle statt auf die Bekanntmachung auf die Eintragung ab, würde bezüglich des § 15 Abs. 3 gleichfalls nichts ändern. 26

c) Fehlerhafte Eintragung. Auch eine fehlerhafte Eintragung ist nach Abs. 1 maßgebend. Das gilt zunächst dann, wenn die Eintragung nicht mit der Haftsummenvereinbarung im Gesellschaftsvertrag übereinstimmt.[82] Die Eintragung im Handelsregister ist selbst dann maßgebend, wenn sie nicht der Anmeldung entspricht.[83] Ganz ohne Zurechenbarkeit gegenüber dem Kommanditisten ist zwar nicht auszukommen,[84] aber dafür genügt jede, auch eine richtige Anmeldung. Ist die eingetragene Haftsumme niedriger als die angemeldete, kann sich der Kommanditist auf den niedrigeren Betrag berufen. Ist der eingetragene Betrag höher als der angemeldete, muss der Kommanditist bis zur Höhe des eingetragenen Betrages haften (über Ausnahmen bei positiver Kenntnis des Gläubigers vgl. RdNr. 31). Es ist seine Sache nachzuprüfen, ob die Eintragung der Anmeldung entspricht. Auf sein Verlangen hat das Gericht die unrichtige Eintragung richtig zu stellen; die Berichtigung wirkt jedoch, sofern ein niedrigerer Betrag eingetragen wird, in sinngemäßer Anwendung von § 174 nur für die Zukunft; ist ein höherer Betrag einzutragen, wirkt die Berichtigung zurück. Das Gericht kann eine anmeldewidrige Eintragung auf Antrag berichtigen.[85] Nach § 395 FamFG (vormals § 142 FGG) kann es auch von Amts wegen löschen, wenn die Löschung im öffentlichen Interesse oder dem der Beteiligten liegt. Es darf jedoch nicht löschen, ohne gleichzeitig den richtigen Betrag einzutragen.[86] 27

d) Zweigniederlassung. Im Geschäftsverkehr mit einer Zweigniederlassung kommt es auf den Betrag an, der im Handelsregister der Zweigniederlassung eingetragen ist (arg. § 15 Abs. 4).[87] Die Frage hat nur geringe Bedeutung. Seitdem nach § 13 alle Anmeldungen, 28

---

77 Unrichtig *Konietzko* S. 48.

78 Vgl. RGZ 17, 37, 40; OLG Celle ZIP 1985, 1003; Baumbach/*Hopt* § 172 RdNr. 1; E/B/J/S/*Strohn* § 172 RdNr. 3; Heymann/*Horn* § 172 RdNr. 2; *Koller*/Roth/Morck RdNr. 5; Oetker/*Oetker* § 172 RdNr. 4.

79 Düringer/Hachenburg/*Flechtheim* § 172 Anm. 2; Heymann/*Horn* § 172 RdNr. 2; Röhricht/v. Westphalen/*v. Gerkan/Haas* § 172 RdNr. 4; Staub/*Schilling* § 172 RdNr. 1.

80 Vgl. die Andeutung bei Schlegelberger/*Karsten Schmidt* RdNr. 26 aE.

81 Begr. RegE NaStraG BT-Dr. 14/4051 S. 19; dazu Baumbach/*Hopt* § 162 RdNr. 5; *Koller*/Roth/Morck § 162 RdNr. 2; Westermann/*Aderhold* (2006) RdNr. I 2062; *Karsten Schmidt* ZIP 2002, 413; *ders.* DB 2011, 1149 ff.; **aM** Oetker/*Oetker* § 162 RdNr. 16; *Burgard,* FS Hadding, 2004, S. 1210, 1222; *Grunewald* ZGR 2003, 541, 544 ff.; *Chr. Schmidt/Bierly* NJW 2004, 1210, 1212; *Wilhelm* DB 2002, 1979 ff.

82 Düringer/Hachenburg/*Flechtheim* § 172 Anm. 2; E/B/J/S/*Strohn* § 172 RdNr. 3 (aber auch RdNr. 5); Heymann/*Horn* § 171 RdNr. 3; Oetker/*Oetker* § 172 RdNr. 5; Staub/*Schilling* § 172 RdNr. 3.

83 Vgl. Baumbach/*Hopt* § 172 RdNr. 1; Düringer/Hachenburg/*Flechtheim* § 172 Anm. 3; Staub/*Schilling* § 172 RdNr. 3.

84 Insofern wie hier Heymann/*Horn* § 172 RdNr. 3.

85 E/B/J/S/*Strohn* § 172 RdNr. 7; Heymann/*Horn* § 172 RdNr. 4; Oetker/*Oetker* § 172 RdNr. 7; Staub/*Schilling* § 172 RdNr. 4.

86 KG JW 1934, 2699, 2700; E/B/J/S/*Strohn* § 172 RdNr. 7; Schlegelberger/*Karsten Schmidt* RdNr. 27.

87 Vgl. Düringer/Hachenburg/*Flechtheim* § 172 Anm. 4.

auch soweit sie die Zweigniederlassung betreffen, beim Gericht der Hauptniederlassung zu bewirken sind, werden in der Praxis verschieden hohe Beträge im Register der Hauptniederlassung und dem der Zweigniederlassung nicht mehr vorkommen.

29 **e) Ausnahmen von der Maßgeblichkeit der Eintragung** gibt es unter Verkehrsschutzgesichtspunkten sowohl zugunsten der Gläubiger als auch zugunsten des Kommanditisten.

30 **aa) Zugunsten der Gläubiger** gibt es eine Ausnahme von der absoluten Geltung des eingetragenen Betrages als Höchstgrenze der Haftung, wenn die Gesellschaft selbst einen höheren Betrag bekannt gemacht hat (zur Frage einer dem Gesetz nicht entsprechenden Bekanntmachung durch das Registergericht vgl. RdNr. 26). Dieser in § 172 Abs. 2 für die Erhöhung der Haftsumme ausgesprochene *Grundsatz des Vertrauensschutzes* muss sinngemäß auch für die anfänglich fehlerhafte Eintragung gelten. Hat die Gesellschaft mit Zustimmung des Kommanditisten in handelsüblicher Weise[88] einen höheren Betrag bekannt gemacht oder ihn auf andere Weise einzelnen Gläubigern mitgeteilt, so ist dieser höhere Betrag in sinngemäßer Anwendung von § 172 Abs. 2 maßgebend.[89] Hinzu kommt der allgemeine Rechtsscheinschutz. Ein Kommanditist, der einem individuellen Gläubiger gegenüber die Vorstellung hervorruft oder unterhält, die Haftsumme sei höher als der eingetragene Betrag, haftet diesem individuellen Gläubiger gegenüber entsprechend dem Rechtsschein (vgl. §§ 174, 175 RdNr. 21 ff.).[90] Zum Fall, dass der Kommanditist insgesamt nicht eingetragen ist, vgl. § 176 Abs. 2 und dazu § 176 RdNr. 17 ff.

31 **bb) Zugunsten des Kommanditisten** besteht eine Ausnahme, wenn die Eintragung den vereinbarten und angemeldeten Haftsummenbetrag übersteigt und einem individuellen Gläubiger die wirkliche Haftsumme bekannt ist (das ist die Umkehrung des Vertrauensschutzgrundsatzes). Einem solchen Gläubiger kann der Kommanditist den niedrigeren Betrag entgegenhalten.[91] Nach hM soll dies allerdings nur gelten, wenn der Gläubiger eine Abweichung der eingetragenen von der angemeldeten Haftsumme kennt.[92] Ihm müsste danach sowohl die Eintragung als auch die vereinbarte Haftsumme bekannt sein. Dem ist nicht zu folgen.[93] Auch wenn der Gläubiger nur die richtig vereinbarte Haftsumme kennt und mit einer weiteren Haftung nicht rechnet, kann er sich nach § 242 BGB nicht auf die Eintragung einer höheren Summe berufen. Vgl. auch für den Fall einer nicht eingetragenen Herabsetzung der Haftsumme §§ 174, 175 RdNr. 17. Zur Altschuldenhaftung des neu eintretenden Kommanditisten (Maßgeblichkeit der vertragsmäßigen Haftsumme auch ohne Eintragung) vgl. § 173 RdNr. 23.

32 **f) Eintragung der Haftsumme, nicht des konkreten Haftungsumfangs.** Nur die Haftsumme (RdNr. 5) wird nach Abs. 1 durch die Eintragung bestimmt, *nicht auch der aktuelle Umfang der Kommanditistenhaftung.*[94] Dieser richtet sich gemäß §§ 171 Abs. 1, 172 Abs. 4 danach, ob und inwieweit die Kommanditeinlage erbracht und der Gesellschaft nicht wieder entzogen ist. Ob und auf welche Weise die Einlage geleistet ist, ist keine in das Handelsregister einzutragende Tatsache.[95] Die Haftung kann nach der Eintragung erlo-

[88] RG JW 1930, 2658.

[89] MünchHdb. KG/*Neubauer/Herchen* § 30 RdNr. 9; Düringer/Hachenburg/*Flechtheim* § 172 Anm. 2; E/B/J/S/*Strohn* § 172 RdNr. 6; Heymann/*Horn* § 172 RdNr. 6; Oetker/*Oetker* § 172 RdNr. 6; Röhricht/v. Westphalen/*v. Gerkan/Haas* § 172 RdNr. 7; Staub/*Schilling* § 172 RdNr. 3.

[90] Zust. Oetker/*Oetker* § 172 RdNr. 6.

[91] Baumbach/*Hopt* § 172 RdNr. 1; Düringer/Hachenburg/*Flechtheim* § 172 Anm. 3; E/B/J/S/*Strohn* § 172 RdNr. 5; *Koller*/Roth/Morck RdNr. 5; Oetker/*Oetker* § 172 RdNr. 4; Staub/*Schilling* § 172 RdNr. 3; im Ergebnis auch *Wiedemann* GesR II § 9 II 3; **aM** GK/*Fahse* § 172 RdNr. 2; Heymann/*Horn* § 172 RdNr. 3; zweifelnd Röhricht/v. Westphalen/*v. Gerkan/Haas* § 172 RdNr. 6.

[92] Baumbach/*Hopt* § 172 RdNr. 1; *Heymann/Horn* § 172 RdNr. 3; Staub/*Schilling* § 172 RdNr. 3.

[93] Vgl. auch *Koller*/Roth/Morck RdNr. 5; *Friese* JW 1930, 3698.

[94] Düringer/Hachenburg/*Flechtheim* § 172 Anm. 1.

[95] BGHZ 81, 82, 87 = WM 1981, 841, 842 = NJW 1981, 2747, 2748; BGHZ 101, 123, 127 f. = BB 1987, 1984, 1985 = NJW 1987, 3184, 3185; vgl. auch Staub/*Schilling* § 172 RdNr. 1; Röhricht/v. Westphalen/*v. Gerkan/Haas* § 172 RdNr. 10.

schen sein. Möglich ist auch, dass die Haftung schon im Zeitpunkt der Eintragung nicht mehr bestanden hat, weil die Einlage bereits erbracht und eine Haftung nach § 176 vermieden worden war (dazu § 176 RdNr. 29 ff.). Der Gläubiger muss sich daher selbst vergewissern, ob der Kommanditist noch haftet. Einen Anspruch auf Mitteilung der noch bestehenden Haftung hat der Gesellschaftsgläubiger nach herrschender Lehre weder gegen die Kommanditgesellschaft noch gegen den Kommanditisten. Im Verhältnis zur Gesellschaft kann sich aber richtigerweise ein Informationsrecht aus § 810 BGB ergeben.

4. Die Erhöhung der Haftsumme (§ 172 Abs. 2). Auch **§ 172 Abs. 2** handelt nur von der **Haftsumme** und nicht von der Einlage des Kommanditisten (zur Terminologie vgl. RdNr. 5). Die Erhöhung der Haftsumme (zu ihrer Herabsetzung vgl. Erl. §§ 174, 175) setzt zunächst eine *Änderung des Gesellschaftsvertrags* voraus.[96] Nach der bei RdNr. 23 mitgeteilten Auslegungsregel stellt eine Einlagenerhöhung im Zweifel auch eine Erhöhung der Haftsumme dar; zwingend ist dies allerdings nicht (RdNr. 22). Die Eintragung der Haftsummenänderung ist in **§ 175** geregelt. § 172 Abs. 2 befasst sich nur mit dem Wirksamwerden der Haftsummenerhöhung im Außenverhältnis. **§ 172 Abs. 2 bildet mit § 174 eine** im Gesetzesaufbau nicht recht deutliche **Einheit** (§§ 174, 175 RdNr. 1). Die Vorschrift setzt für die Erhöhung der Haftsumme stillschweigend voraus, was für die Herabsetzung in § 174 geregelt ist: *Die Haftsummenveränderung wird* **grundsätzlich mit der Eintragung** *wirksam.* Eine wirksame Haftsummenerhöhung **kommt** dann aber **auch** den **Altgläubigern** der Gesellschaft **zugute** (vgl. allerdings das Sonderproblem bei RdNr. 37).[97] § 172 Abs. 2 befasst sich ausdrücklich nur mit den Fällen, in denen die Erhöhung schon vor der Eintragung wirksam wird. Es geht dabei nicht um eine Vertrauenshaftung, sondern um den objektiven Tatbestand des Wirksamwerdens. Mittelbar ergibt sich daraus eine Auslegungsregel: Eine Vereinbarung über die Erhöhung der Einlage, deren Eintragung nicht beabsichtigt ist, stellt im Zweifel keine Haftsummenerhöhung dar (vgl. RdNr. 22 f.). 33

a) Konstitutivwirkung der Eintragung in das Handelsregister. Die Eintragung hat auch hier *Konstitutivwirkung.* Das ergibt sich zwar nicht aus Abs. 2, wohl aber aus Abs. 1 des § 172. Vom Zeitpunkt der Eintragung an bestimmt sich die Haftsumme des Kommanditisten im Verhältnis zu seinen Gläubigern allein nach dem eingetragenen erhöhten Betrag (§ 172 Abs. 1), ohne dass es darauf ankommt, ob die in Frage stehende Gesellschaftsverbindlichkeit vor oder nach der Eintragung entstanden ist, denn der Kommanditist haftet gegenüber alten und neuen Gläubigern nach denselben Regeln (§ 173 RdNr. 21).[98] Eine Beschränkung der eingetragenen Haftsummenerhöhung auf Neuschulden oder sonst auf bestimmte Verbindlichkeiten ist nach dem Gedanken des § 173 Abs. 2 ausgeschlossen.[99] Die Konstitutivwirkung der Eintragung besteht *unabhängig von der materiell-rechtlichen Wirksamkeit der Erhöhungsvereinbarung* (fehlerhafte Einlagenerhöhung). Der Kommanditist muss sich die Eintragung entgegenhalten lassen, selbst wenn eine Erhöhung nicht vereinbart oder die Vereinbarung von ihm angefochten worden ist.[100] Anderes gilt entsprechend dem bei RdNr. 31 Gesagten, wenn der Gläubiger den wahren Sachverhalt kannte. Zweifelhaft ist, ob diese Rechtswirkungen auch dann eintreten, wenn im Handelsregister eine Erhöhung der Einlage eingetragen ist, obwohl sie gar nicht angemeldet worden ist oder wenn das Registergericht versehentlich einen höheren Betrag als den angemeldeten eingetragen hat. In diesen eher theoretischen Fällen liegt keine fehlerhafte Einlagenerhöhung, sondern eine 34

---

[96] Heymann/*Horn* § 172 RdNr. 5; Oetker/*Oetker* § 172 RdNr. 8.

[97] Baumbach/*Hopt* RdNr. 2; E/B/J/S/*Strohn* § 172 RdNr. 11; Staub/*Schilling* § 173 RdNr. 6; der Gedanke ist derselbe wie bei § 173: Die Haftungserweiterung gilt für Altgläubiger wie für Neugläubiger.

[98] Vgl. auch Heymann/*Horn* § 172 RdNr. 4, 6; Röhricht/v. Westphalen/*v. Gerkan/Haas* § 172 RdNr. 11; Staub/*Schilling* § 172 RdNr. 6.

[99] Schlegelberger/*Karsten Schmidt* RdNr. 34; **aM** noch Schlegelberger/*Geßler* 4. Aufl. 1963 § 172 RdNr. 10; Staub/*Schilling* § 172 RdNr. 6.

[100] OLG Celle ZIP 1985, 100, 102; Düringer/Hachenburg/*Flechtheim* § 172 Anm. 5; E/B/J/S/*Strohn* § 172 RdNr. 10; Heymann/*Horn* § 172 RdNr. 5.

fehlerhafte Registereintragung vor. In Anlehnung an die bei RdNr. 27 dargestellten Grundsätze ist zu unterscheiden: Weicht die Eintragung von der Anmeldung ab, so ist die Eintragung immerhin zurechenbar veranlasst, so dass der Kommanditist vorbehaltlich einer Kenntnis des Gläubigers gemäß der eingetragenen Haftsumme haftet (RdNr. 31). Hatte gar keine Anmeldung stattgefunden so kommt hier eine Haftung nur nach allgemeinen Vertrauensschutzgesichtspunkten in Betracht (RdNr. 38).[101] Der Kommanditist haftet in diesem Fall nur dann gemäß dem eingetragenen Betrag, wenn er die unrichtige Eintragung in einer ihm zurechenbaren Weise geduldet hat und der Gläubiger auf die fehlerhaft eingetragene Erhöhung vertraute.[102] Diese Voraussetzungen werden nur ausnahmsweise erfüllt sein. Auch § 15 Abs. 3 scheidet als Haftungsgrundlage aus (vgl. RdNr. 26).

35 **b) Handelsübliche Bekanntmachung. aa) Eine Bekanntmachung in handelsüblicher Weise** macht die Haftsummenerhöhung gleichfalls wirksam. § 172 Abs. 2 stellt sie der Eintragung gleich. Deshalb tritt die Wirksamkeit der Haftsummenerhöhung auch hier *gegenüber allen Gläubigern* ein: gegenüber Altgläubigern wie gegenüber Neugläubigern (RdNr. 33) und ohne Rücksicht darauf, ob der einzelne Gläubiger von der Bekanntmachung erfährt.[103] Ebenso wenig wie bei der Eintragung kann die Haftsummenerhöhung bei der handelsüblichen Bekanntmachung auf bestimmte Verbindlichkeiten, insbesondere auf Neuverbindlichkeiten beschränkt werden.[104] Die früher herrschende Gegenansicht setzte sich in einen Wertungswiderspruch zu § 173 Abs. 2.

36 **bb) Der Tatbestand der handelsüblichen Bekanntmachung** wird vom Gesetz als allgemeinkundig vorausgesetzt. Im Gegensatz zur Mitteilung nach RdNr. 37 kommt als handelsübliche Bekanntmachung nur die *Bekanntmachung an eine unbestimmte Öffentlichkeit* in Betracht. Handelsübliche Bekanntmachungen sind Anzeigen in vielgelesenen Tageszeitungen[105] oder Rundschreiben bei Geschäftspartnern und Kunden.[106] Aber auch telekommunikative Bekanntmachungen kommen in Betracht (zB die sog. Homepage).[107] Aus der Bekanntmachung muss sich ergeben, dass der Kommanditist seine Haftsumme erhöht hat und auf welchen Betrag die Erhöhung erfolgt ist.[108] Das kommt in der Praxis kaum vor. Die Bekanntmachung muss von der Gesellschaft mit Zustimmung des Kommanditisten vorgenommen worden sein.[109] Die Zustimmung braucht keine ausdrückliche zu sein. Es genügt auch die alleinige Bekanntmachung durch den Kommanditisten.[110] Hat die Gesellschaft ohne Zustimmung des Kommanditisten eine Haftsummenerhöhung bekanntgemacht, so haftet der Kommanditist nach allgemeinen Vertrauensschutzkriterien, wenn er den Bestand der Bekanntmachung duldet.[111]

37 **c) Individuelle Mitteilung.** Die **Mitteilung in anderer Weise** hat eine andere Wirkung als die Eintragung oder die handelsübliche Bekanntmachung. Sie wirkt nur für dieje-

---

[101] Heymann/*Horn* § 172 RdNr. 3.

[102] Schlegelberger/*Karsten Schmidt* RdNr. 34; jetzt auch E/B/J/S/*Strohn* § 172 RdNr. 10; ähnl. Heymann/*Horn* § 172 RdNr. 3 in vermeintlicher Abweichung vom Verf.

[103] Westermann/*Sassenrath* (2010) RdNr. I 2846; Baumbach/*Hopt* § 172 RdNr. 2; Staub/*Schilling* § 172 RdNr. 6.

[104] Schlegelberger/*Karsten Schmidt* RdNr. 35; jetzt auch E/B/J/S/*Strohn* § 172 RdNr. 13; Heymann/*Horn* § 172 RdNr. 6; Oetker/*Oetker* § 172 RdNr. 10; **aM** noch Schlegelberger/*Geßler* 4. Aufl. § 172 RdNr. 10; Staub/*Schilling* § 172 RdNr. 6.

[105] RG JW 1930, 2658, 2659 m. zust Anm. *Flechtheim.*

[106] Westermann/*Sassenrath* (2010) RdNr. I 2848; HdbPersG I (Stand 1978) RdNr. 915; Düringer/Hachenburg/*Flechtheim* § 172 Anm. 5; E/B/J/S/*Strohn* § 172 RdNr. 12; Oetker/*Oetker* § 172 RdNr. 10; Staub/*Schilling* § 172 RdNr. 5.

[107] E/B/J/S/*Strohn* § 172 RdNr. 12.

[108] RG JW 1930, 2658, 2659.

[109] HM trotz des unklaren Gesetzeswortlauts; zB BGHZ 108, 187, 198 = NJW 1989, 3152, 3155; Baumbach/*Hopt* § 172 RdNr. 2; E/B/J/S/*Strohn* § 172 RdNr. 12; Oetker/*Oetker* § 172 RdNr. 12; Schlegelberger/*Karsten Schmidt* RdNr. 34; Staub/*Schilling* § 172 RdNr. 5; **aA** Heymann/*Horn* § 172 RdNr. 6.

[110] BGH WM 1992, 685, 687; Baumbach/*Hopt* § 172 RdNr. 2; Heymann/*Horn* § 172 RdNr. 6; **aM** Staub/*Schilling* § 172 RdNr. 6 (Haftung nur nach allgemeinen Vertrauensschutzgrundsätzen).

[111] Zust. E/B/J/S/*Strohn* § 172 RdNr. 16; Oetker/*Oetker* § 172 RdNr. 12.

nigen Gläubiger, denen sie zugegangen ist.[112] Die bloße Kenntnis eines Gläubigers von der beabsichtigten oder vereinbarten Erhöhung der Haftsumme genügt nicht.[113] Die Mitteilung nach Abs. 2 setzt eine nicht bloß konkludente Bekanntgabe der Erhöhung an den konkreten Gläubiger voraus. Auch sie muss entweder von der Gesellschaft oder dem Kommanditisten ausgegangen sein. Sie muss demjenigen, der sich auf sie beruft, in seiner Eigenschaft als Gläubiger oder Geschäftspartner der Kommanditgesellschaft zugegangen sein. Ein Gesellschaftergläubiger kann sich deshalb auf die Erhöhung nicht berufen, wenn er nur in seiner Eigenschaft als Gesellschafter von der Erhöhung der Einlage Kenntnis erhalten hat.[114] Nach hM wirkt die Mitteilung nicht nur für Neugläubiger der Gesellschaft, sondern auch für deren Altgläubiger.[115] Im Gegensatz zu RdNr. 34, 35 bleibt aber die Haftung, wenn die Erhöhung weder eingetragen noch handelsüblich bekannt gemacht worden ist, auf diejenigen Altgläubiger beschränkt, denen sie mitgeteilt worden ist.[116]

d) Allgemeiner Vertrauensschutz tritt, wie sich aus RdNr. 30 und 34 ergibt, neben 38
Abs. 2.[117] Eine den allgemeinen Vertrauensschutz ausschließende Spezialvorschrift ist § 172 Abs. 2 schon deshalb nicht, weil § 172 Abs. 2 nicht vom Vertrauensschutz, sondern vom Wirksamwerden einer Haftsummenerhöhung spricht. Ein Kommanditist, der den konkreten Rechtsschein erweckt oder in zurechenbarer Weise unterhält, er habe seine Haftsumme erhöht, haftet Gutgläubigen gegenüber nach Maßgabe dieses von ihm zu verantwortenden Rechtsscheins. Das gilt insbesondere, wenn nur die Einlage erhöht werden sollte (RdNr. 22, 33), jedoch eine Haftsummenerhöhung mitgeteilt worden ist. Kein Raum ist dagegen für § 15 Abs. 1.[118] Das ergibt sich aus RdNr. 25 und 34 (Konstitutivwirkung). Zur Frage, ob seit 2001 § 15 durch § 162 Abs. 2 sogar ausdrücklich ausgeschlossen ist, vgl. einerseits RdNr. 26, 30 und § 173 RdNr. 26, 36 f. (*Karsten Schmidt*), § 15 RdNr. 30, 56 *[Krebs]*; anderseits § 162 RdNr. 13 (*Grunewald*).

5. Erlass oder Stundung (§ 172 Abs. 3). a) Innenverhältnis. Teils missverständlich, 39
teils trivial gefasst ist § 172 Abs. 3. Das beruht auf der unklaren Terminologie der §§ 171, 172 (RdNr. 5 ff.). Innenverhältnis (Einlage) und Außenverhältnis (Haftung) müssen klar unterschieden werden. Im Innenverhältnis besteht ein Einlageanspruch der Gesellschaft gegen den Kommanditisten, der sich nach dem Gesellschaftsvertrag bestimmt. Die Gesellschaft kann durch Vertragsänderung auf die Einlage eines Kommanditisten verzichten, die Einlageforderung erlassen oder sie stunden (RdNr. 11).[119] Wirksame Vereinbarungen, die über die Einlage getroffen werden, können vorbehaltlich § 840 Abs. 1 ZPO sogar einem Gesellschaftsgläubiger entgegengehalten werden, wenn dieser auf Grund eines rechtskräftigen Titels gegen die Gesellschaft den Anspruch auf Leistung der („Pflicht"-)Einlage (weil diese höher war als die Haftsumme) hat pfänden lassen. Auch der Insolvenzverwalter muss solche Vereinbarungen gegen sich gelten lassen, soweit er nur die Einlageforderung und nicht nach § 171 Abs. 2 die Haftung geltend macht. Ausnahmen können sich aus §§ 138, 826 BGB oder den Grundsätzen über die Anfechtung nach §§ 129 ff. InsO ergeben. Durch

---

[112] Westermann/*Sassenrath* (2010) RdNr. I 2846; Düringer/Hachenburg/*Flechtheim* § 172 Anm. 6; Baumbach/*Hopt* § 172 RdNr. 2; Röhricht/v. Westphalen/*v. Gerkan/Haas* § 172 RdNr. 14; Staub/*Schilling* § 172 RdNr. 5.

[113] Düringer/Hachenburg/*Flechtheim* § 172 Anm. 5; E/B/J/S/*Strohn* § 172 RdNr. 13; Heymann/*Horn* § 172 RdNr. 6; Röhricht/v. Westphalen/*v. Gerkan/Haas* § 172 RdNr. 14; Schlegelberger/*Karsten Schmidt* RdNr. 37.

[114] RG JW 1930, 2658, 2659.

[115] Baumbach/*Hopt* § 172 RdNr. 2; *Düringer*/Hachenburg/*Flechtheim* § 172 Anm. 6; Staub/*Schilling* § 172 RdNr. 6.

[116] Staub/*Schilling* § 172 RdNr. 6.

[117] E/B/J/S/*Strohn* § 172 RdNr. 16; Oetker/*Oetker* § 172 Rdnr. 13; Röhricht/v. Westphalen/*v. Gerkan/Haas* § 172 RdNr. 15.

[118] Im Ergebnis richtig GK/*Fahse* § 172 RdNr. 2.

[119] Vgl. jetzt auch E/B/J/S/*Strohn* § 172 RdNr. 17; Oetker/*Oetker* § 172 RdNr. 14; Röhricht/v. Westphalen/*v. Gerkan/Haas* § 172 RdNr. 16; die nachfolgende Begründung wurde deshalb gekürzt.

§ 172 Abs. 3 ist dagegen nur die Abdeckung der Haftsumme gesichert (s. auch RdNr. 22). Die Bestimmung betrifft überhaupt nicht die Einlageforderung.

40 **b) Außenverhältnis.** Für das Außenverhältnis bestimmt **§ 172 Abs. 3** etwas Selbstverständliches: **Erlass und Stundung der Einlageforderung** ändern nichts an der Haftung des Kommanditisten und an seiner Haftsumme. Die Gesellschafter können eine Vereinbarung, durch die einem Kommanditisten seine Einlage erlassen oder gestundet wird, **nur mit Wirkung im Innenverhältnis** treffen (vgl. zum Begriff der Einlage RdNr. 5). Aber diese Abrede schmälert nicht die Haftung im Außenverhältnis (insofern liegt eine Parallelnorm zu § 128 Satz 2 vor). Nach § 171 Abs. 1 2. Halbsatz befreit sich der Kommanditist nur durch die Leistung der Einlage von seiner Haftung. Erlass und Stundung sind aber weder eine Leistung noch ein Leistungssurrogat. Auch die **Verjährung der Einlageschuld** berührt die Außenhaftung des Kommanditisten nicht (RdNr. 17).

IV. Die haftungsbefreiende Einlageleistung (§ 171 Abs. 1, 2. Halbsatz)

41 **1. Grundsatz. a) Haftungsbefreiung durch Einbuchung oder durch Mittelzuführung.** Nach § 171 Abs. 1 2. Halbsatz ist die summenmäßig beschränkte Kommanditistenhaftung ausgeschlossen, soweit die Einlage geleistet ist. Eine solche Einlageleistung kann *durch Einbuchung* oder *durch Mittelzuführung* erfolgen. Das Gesetz spricht allerdings nur von der Mittelzuführung. Der Gesetzgeber hatte bei der Formulierung des § 171 Abs. 1 nur die Neugründung einer Kommanditgesellschaft vor Augen. Für die Haftungsbefreiung kommt es aber allein darauf an, dass die Haftsumme durch die Einlage des Kommanditisten belegt ist. Ob dies durch Leistung aus dem Privatvermögen des Gesellschafters oder auf andere Weise herbeigeführt wurde, macht gesellschaftsrechtlich keinen Unterschied.[120]

42 **b) Einlageleistung und Einlageschuld.** Abs. 1 geht davon aus, dass jeder Kommanditist, der haftet, auch noch eine Einlage zu erbringen hat. Das ist aber nicht immer so. Vor allem im Fall der Überbewertung einer vertragsmäßig geleisteten Sacheinlage (RdNr. 54) oder bei der Haftung eines ausgeschiedenen Kommanditisten (RdNr. 18) tritt persönliche Haftung trotz erloschener Einlageschuld ein. Möglich, wenn auch selten, ist weiter, dass die Haftsumme höher ist als die Einlage (RdNr. 22). Für diese Fälle ist § 171 Abs. 1 Satz 2 fortzubilden. *Jedem Kommanditisten muss es, vor allem in jeder Insolvenzsituation* – also auch schon im Insolvenzantragsverfahren oder im Verfahren der konkursfreien Liquidation –, *gestattet sein, seine Haftung durch Leistung in das Eigenkapital der Gesellschaft zu beseitigen,* auch wenn er insoweit nicht oder nicht mehr die Einlage schuldet.[121] Es handelt sich dabei um Zuzahlungen auf haftendes Kapital, wie sie als formlose Kapitalerhöhung anerkannt sind. Diese Zahlungen können auf dem Kapitalkonto oder auf einem besonderen Konto gebucht werden und wirken haftungsbefreiend. Bedeutsam ist dies zB, wenn der Kommanditist eine vertragsmäßig geschuldete Sacheinlage vollständig erbracht, sich aber wegen Überbewertung dieser Sacheinlage nicht voll von der Haftung befreit hatte (vgl. RdNr. 54 ff.). Stellt sich dies heraus, so muss der Kommanditist, wenn er sich von der Haftung befreien will, nicht an einen Gläubiger zahlen (dazu RdNr. 14) oder ein Insolvenzverfahren abwarten (dazu RdNr. 97 ff.). Er kann sich vielmehr (wie er dies als GmbH-Gesellschafter nach § 9 GmbHG kraft Gesetzes tun müsste) auch durch Leistung an die Gesellschaft befreien. Besonders bedeutsam ist diese haftungsbefreiende Einlageleistung ohne Einlageschuld für einen ausgeschiedenen Kommanditisten (RdNr. 43, 118). Auch wenn die Einlage erlassen wurde (RdNr. 39), kann der Kommanditist eine fortbestehende Haftung (RdNr. 40) durch Leistung auf haftendes Kapital abgelten. Im Insolvenzfall ist dies zwingend (§ 171 Abs. 2), außerhalb der Insolvenz optional.

---

[120] Vgl. BFHE 182, 26, 30 = NJW 1997, 1527 (unter Betonung der anderen Sichtweise bei § 15 a EStG); *Karsten Schmidt* GesR § 54 II 4 a; *ders.,* Einlage und Haftung, S. 36; zusammenfassend *Kirsch* S. 54.

[121] Vgl. BGHZ 58, 72, 76; *Karsten Schmidt,* Einlage und Haftung, S. 8 ff.; Westermann/*Sassenrath* (2010) RdNr. 2883; Heymann/*Horn* § 171 RdNr. 25; Staub/*Schilling* § 171 RdNr. 5; insofern ausdrücklich zust. *Gursky* DB 1978, 1264; *Schmelz* DStR 2006, 1704, 1708 f.; s. im Ergebnis auch BGHZ 39, 319, 329 = WM 1963, 831, 833.

c) Einlageleistung eines ausgeschiedenen Kommanditisten? Für den ausgeschiedenen Kommanditisten wird kein Kapitalkonto mehr geführt (zu den Haftungskonsequenzen vgl. RdNr. 73). Das gilt auch dann, wenn gleichzeitig ein anderer Kommanditist eingetreten ist (§ 173 RdNr. 20). Trotzdem kann er noch haftungsbefreiend eine „Hafteinlage" einzahlen (RdNr. 42).[122] Das vom ausgeschiedenen Kommanditisten Geleistete ist getrennt zu verbuchen und darf nur für die Altgläubiger verwendet werden, denen er haftet.[123] Folgt man dem, so kann der ausgeschiedene Kommanditist eine nicht ausgezahlte Abfindung auf einem „Haftkapitalkonto" stehen lassen (noch wenig geklärt). Dass der ausgeschiedene und deshalb keine Einlage mehr schuldende Gesellschafter überhaupt haftungsbefreiend in das Gesellschaftsvermögen leisten kann, ergibt sich aus RdNr. 42. Zur Frage, unter welchen Voraussetzungen eine Auszahlung iS von § 172 Abs. 4 vorliegt, vgl. RdNr. 73. Vom Ausscheiden des Kommanditisten ist die **Anteilsübertragung** zu unterscheiden (RdNr. 18). Im Fall der Anteilsübertragung geht es darum, dass der Übergang eines voll eingezahlten Kommanditanteils haftungsneutral erfolgen kann (§ 173 RdNr. 24 ff.). 43

2. Einlagendeckung durch Einbuchung. a) Einlagendeckung für Rechnung des Kommanditisten. Die Einlage muss für den Kommanditisten gedeckt sein. Das Gesetz verlangt nicht, dass er sie selbst aufbringt (RdNr. 41).[124] Ob der Kommanditist aus eigenem Vermögen eine Einlage erbringen muss, um sich von der Haftung zu befreien, richtet sich nach dem Gesellschaftsvertrag (zur Zahlung durch Dritte vgl. RdNr. 47). Haftungsrechtlich genügt es auch, wenn die Haftsumme ohne jede Kapitalzuführung mit Mitteln gedeckt ist, die sich bereits als freie, d.h. nicht nach § 172 Abs. 4 gebundene, Mittel im Gesellschaftsvermögen befinden, zB bei der Umwandlung eines Komplementäranteils in einen Kommanditanteil (RdNr. 45). Die **schenkweise Aufnahme eines Kommanditisten durch „Einbuchung"** – zB durch Umbuchung vom freien Konto eines Mitgesellschafters – hat haftungsbefreiende Wirkung, sofern die „eingebuchte" Einlage wertmäßig im Gesellschaftsvermögen gedeckt ist.[125] Dasselbe gilt bei einer **Erhöhung von Einlage und Haftsumme** (RdNr. 33) für die Einbuchung aus eigenen freien Konten des Kommanditisten. Die Deckung der Haftsumme aus stillen Rücklagen, die im Zeitpunkt der Einbuchung nicht aufgedeckt sein müssen, genügt.[126] Die Kapitaldeckung muss allerdings im Streitfall vom Kommanditisten bewiesen werden (RdNr. 61). Dazu gehört der Nachweis, dass die eingebuchte Beteiligung im Einbuchungszeitpunkt wertgedeckt war.[127] Schließlich kann einem Kommanditisten auch eine Einlage eingebucht werden, wenn mit seinem Eintritt in die Gesellschaft ein simultaner Austritt verbunden ist (§ 173 RdNr. 20; zu dem ganz anderen Fall der Anteilsübertragung vgl. § 173 RdNr. 24 ff.). Dass eine Mehrung des haftenden Gesellschaftsvermögens nicht eintritt, schadet in diesen Fällen nicht. Da die Einlage eines Kommanditisten sogar **vom Komplementär haftungsbefreiend geleistet** werden kann (RdNr. 47), genügt auch die Umbuchung entnahmefähiger Kapitalbeträge auf Kosten des Komplementärs oder des bisherigen Einzelkaufmanns auf den neu beitretenden Kommanditisten.[128] Der Einbuchung verwandt, aber kein Fall der Einbuchung ist die **Übertragung eines voll eingezahlten Kommanditanteils** (dazu § 173 RdNr. 24 ff.). Hier wird die Kommanditeinlage nicht auf einen neuen Anteil „umgebucht", sondern sie bleibt wo 44

---

[122] Wie hier Westermann/*Sassenrath* (2010) RdNr. 2884; *Koller*/Roth/Morck RdNr. 13, 21.

[123] BGHZ 27, 51, 56 f. = NJW 1958, 787, 788; 39, 319, 321 = NJW 1963, 1873, 1874; 71, 296, 304 = NJW 1978, 1525, 1526; Baumbach/*Hopt* § 171 RdNr. 14.

[124] BFHE 182, 26, 30 = NJW 1997, 1527 (mit Abweichungen für § 15 a EStG); BFH/NV 2003, 894 (Treuhand); hM; vgl. *Koller*/Roth/Morck RdNr. 18; Oetker/*Oetker* § 171 RdNr. 44.

[125] OLG Düsseldorf GmbHR 1959, 114; OLG Köln OLGZ 1976, 306, 308; *Ulrich Huber* Vermögensanteil S. 201 ff.; *Karsten Schmidt,* Einlage und Haftung, S. 36, 99; *ders.* GesR § 54 II 2 d; *Wiedemann* GesR II § 9 III 4 b aa; Heymann/*Horn* § 171 RdNr. 18.

[126] Vgl. BGHZ 101, 123, 128 = BB 1987, 1984, 1985 = NJW 1987, 3184, 1386; vgl. *Koller*/Roth/Morck RdNr. 14; **aM** OLG Hamburg ZIP 1983, 59 ff.

[127] BGHZ 101, 123, 127 = BB 1987, 1984, 1985 = NJW 1987, 3184, 3185.

[128] OLG Düsseldorf GmbHR 1959, 114; OLG Köln OLGZ 1976, 306, 308; *Karsten Schmidt,* Einlage und Haftung, S. 99; E/B/J/S/*Strohn* § 171 RdNr. 66; Schlegelberger/*Karsten Schmidt* RdNr. 44.

sie ist, und die „Umbuchung" des Kapitalkontos auf den neuen Gesellschafter dokumentiert nur den Übergang des voll eingezahlten Anteils.

45 **b) Umwandlung einer Komplementärbeteiligung in eine Kommanditbeteiligung.** Eine Einbuchung genügt auch dann, wenn eine Komplementärbeteiligung in eine Kommanditbeteiligung umgewandelt wird (vgl. zur Haftung in diesem Fall § 173 RdNr. 9).[129] Die „Einbuchung" ist hier eine schlichte Umbenennung des Kapitalkontos, und diese folgt automatisch aus dem Rollentausch in der Gesellschaft. Das Komplementärkonto wird Kommanditistenkonto. Voraussetzung für die haftungsbefreiende Wirkung ist allerdings, dass die Kommanditeinlage im Umwandlungszeitpunkt auch wertmäßig im Gesellschaftsvermögen gedeckt ist.[130] Im Urteil BGHZ 101, 123 = BB 1987, 1984 = NJW 1987, 3184 hat der Bundesgerichtshof ausdrücklich anerkannt, dass die Enthaftung durch Einbuchung eines durch stille Rücklagen werthaltigen Anteils nicht die Aufdeckung dieser Rücklagen im Einbuchungszeitraum voraussetzt. Ist das Kapitalkonto beim Wechsel in die Kommanditistenstellung negativ, so kann die Einlage gleichwohl haftungsbefreiend durch bloße Umbuchung geleistet werden, wenn eine Aktivierung stiller Reserven zu dem Ergebnis führen müsste, dass die Haftsumme durch den Wert der Beteiligung gedeckt ist.[131] Die Beteiligten sollten zwar im eigenen Interesse eine Sonderbilanz auf den Umwandlungsstichtag aufmachen, um die Wertdeckung nachweisen zu können. Die **Beweislast** hierfür trägt im Streitfall der Kommanditist (RdNr. 61).[132] Aber die enthaftende Wirkung tritt objektiv ein, wenn diese Wertdeckung vorhanden ist. Solange das Kapitalkonto negativ ist, sind zwar Gewinne dem Konto gutzuschreiben und nicht auszuzahlen (§§ 167 Abs. 2, 169 Abs. 1 Satz 2), aber der vollwertige Kommanditanteil hindert die Haftung für Neuschulden (vgl. dagegen für die Haftung nach § 172 Abs. 4 RdNr. 64). Eine Ausdehnung dieser Enthaftungswirkung auf Altverbindlichkeiten enthält das **Erbenprivileg des § 139 Abs. 4:** Wird innerhalb der Frist des § 139 Abs. 3 die auf einen Erben übergegangene Beteiligung als oHG-Gesellschafter oder als KG-Komplementär in die Rechtsstellung eines Kommanditisten umgewandelt, so haftet nach dem mißverständlichen Wortlaut des § 139 Abs. 4 der Erbe für die bis dahin entstandenen Gesellschaftsschulden nur nach Maßgabe der BGB-Erbenhaftung. Damit verschweigt das Gesetz den Kern dieser Regelung (näher § 139 RdNr. 110 ff.): Der Erbe haftet in diesem Fall auch gesellschaftsrechtlich, jedoch nur wie der Erbe eines Kommanditisten (dazu § 173 RdNr. 44); soweit nicht die Einlage des Erblassers rückständig ist, haftet der Erbe ebenso wenig persönlich nach §§ 173, 171 Abs. 1 wie der Erbe eines Kommanditisten, auch wenn eine Werthaltigkeit der ererbten Beteiligung in Höhe der Haftsumme nicht gewährleistet ist (auch dazu § 139 RdNr. 112).[133]

46 **3. Einlageleistung durch Kapitalzuführung: Vertragstheorie und Verrechnungstheorie.** Die **Voraussetzungen der haftungsbefreienden Einlageleistung** sind in Abs. 1 nicht ausdrücklich beschrieben. Die früher umstrittenen Kriterien wurden mit den Schlagworten „Vertragstheorie" und „Verrechnungstheorie" belegt (Terminologie nach *Wiedemann,* FS Bärmann, S. 1041). Nach der *Vertragstheorie* können nur solche Leistungen des Kommanditisten an die Gesellschaft als Einlageleistungen anerkannt werden, die auch „als Einlage" geleistet und entgegengenommen werden.[134] Die *Verrechnungstheorie* stellt

---

[129] BGHZ 101, 123, 126 = BB 1987, 1984, 1985 = NJW 1987, 3184, 3186; Röhricht/v. Westphalen/ *v. Gerkan/Haas* § 171 RdNr. 42; OLG Hamburg ZIP 1983, 59 ff.

[130] Insofern richtig OLG Hamburg ZIP 1983, 59 ff.

[131] BGHZ 101, 123, 126 = BB 1987, 1984, 1985 = NJW 1987, 3184, 3185; Heymann/*Horn* § 171 RdNr. 18; ebenso bereits Schlegelberger/*Karsten Schmidt* §§ 171, 172 RdNr. 45; **aM** OLG Hamburg ZIP 1983, 59 ff.

[132] BGHZ 101, 123, 127 = BB 1987, 1984, 1985 = NJW 1987, 3184, 3185.

[133] *Karsten Schmidt* GesR § 54 II 4 c; *ders.* ZGR 1989, 445 ff.; Schlegelberger/*Karsten Schmidt* § 139 RdNr. 112 ff.; zust. Heymann/*Emmerich* § 139 RdNr. 45; *Herfs* DB 1991, 2122.

[134] So konsequent *Keuk* ZHR 135 (1971), 416 ff.; vgl. auch *Ulrich Huber* Vermögensanteil S. 212.

dagegen darauf ab, ob der Gesellschaft Mittel zugeflossen sind.[135] **Stellungnahme:**[136] Keine der beiden „Theorien" vermag für sich zu befriedigen.[137] Die Einlage ist eine vom Kommanditisten geschuldete Leistung. Einlageleistung kann nicht jede beliebige Zuwendung des Kommanditisten an die Gesellschaft sein, sondern nur eine Leistung, die auf die Einlageschuld erfolgt. Hatte der Kommanditist der Gesellschaft zB eine stille Einlage oder ein Darlehn gegeben, einen Kaufpreis gestundet etc., so ist dies keine Einlageleistung, vielmehr kann er erst durch Aufrechnung seine Einlageschuld gegenüber der Gesellschaft tilgen und sich dadurch von der Haftung befreien (RdNr. 10). Gleiches gilt für Dienstleistungen und Nutzungsüberlassungen, die als Beiträge, aber nicht als Einlagen geschuldet und geleistet werden können (RdNr. 9 f.). Dies ist der richtige Kern der Vertragstheorie. Die haftungsbefreiende Wirkung einer Einlageleistung ist aber von „objektiver Vermögensdeckung" abhängig[138] und damit vom *Prinzip der Kapitalaufbringung.*[139] Es handelt sich bei der Anerkennung eines Prinzips der Kapitalaufbringung nicht um eine unzulässige Übernahme von Kapitalgesellschaftsrecht in das Recht der KG,[140] sondern um die KGspezifische Anwendung eines gesellschaftsrechtlichen Prinzips: Nur durch Aufbringung und Erhaltung haftenden Kapitals verdient sich der Gesellschafter einer Handelsgesellschaft die Haftungsbefreiung. Durchgesetzt hat sich deshalb, dass für die Haftungsbefreiung ein **Doppeltatbestand** maßgeblich ist.[141] Erforderlich sind *zwei kumulative Mindesterfordernisse der haftungsbefreienden Einlageleistung:* Leistung „auf die Einlage" (RdNr. 47 ff.) und Wertdeckung (RdNr. 52 ff.).

4. Erstes Mindesterfordernis der Einlageleistung: Leistung des Kommanditisten (oder für seine Rechnung) auf die Einlage. a) Keine Einlageleistung ohne Leistung. Voraussetzung ist zunächst die Überführung von Mitteln in das haftende Gesellschaftsvermögen. Sie kann auch durch Verrechnung mit Forderungen des Kommanditisten erfolgen (dann RdNr. 55 ff.), nicht dagegen durch bloße Verweisung auf nicht aufgelöste stille Reserven.[142] Nicht jede Zuführung von Mitteln in das Gesellschaftsvermögen stellt eine Einlageleistung dar. So ist die Einlage noch nicht geleistet, wenn die Einlageforderung von der Gesellschaft abgetreten und der Gesellschaft dafür Mittel von einem Dritten (zB als Kaufpreis) zugeflossen sind.[143] Hier leistet der Dritte nicht für Rechnung des Kommanditisten. Der Kommanditist kann dann aber die Einlage an den Dritten leisten (RdNr. 51; ebenso bei der Pfändung; vgl. RdNr. 51). Sofern nicht die Kommanditeinlage durch Einbuchung gedeckt wird (RdNr. 44 f.), muss eine *Leistung des Kommanditisten* bzw. jedenfalls eine für Rechnung des Kommanditisten erbrachte Leistung vorliegen. Die *Leistung durch einen Dritten* (§ 267 BGB) genügt,[144] vorausgesetzt der Dritte leistet für Rechnung des Kommanditisten.[145] Dieser Dritte kann auch ein Mitgesellschafter sein. Deshalb kann es nicht schaden, wenn die Einlage weder aus dem Kommanditistenvermögen noch aus dem Vermögen der Gesellschaft, sondern *aus dem Vermögen des Komplementärs* aufgebracht 47

[135] So besonders klar *Furrer,* Die Haftung des Kommanditisten im Vergleich zur Haftung des Komplementärs, 1902; in dieser Richtung auch BGHZ 39, 319, 329; *Reinhardt/Schultz* Gesellschaftsrecht RdNr. 276; Westermann/*Sassenrath* (2010) RdNr. I 2871; Heymann/*Kötter,* HGB, 21. Aufl. 1970, § 171 RdNr. 13; Staub/*Schilling* § 171 RdNr. 5 ff.

[136] *Karsten Schmidt* GesR § 54 I 3 c; Schlegelberger/*Karsten Schmidt* RdNr. 46; eingehend *Karsten Schmidt,* Einlage und Haftung, S. 25 ff.; *ders.* ZGR 1976, 317 f.; vgl. jetzt auch *Kirsch* S. 26 ff.

[137] Insofern zutreffend, aber mit unzulässiger Vermengung von Haftung und Einlage *Konietzko* S. 88 ff.

[138] *Wiedemann,* FS Bärmann, 1975, S. 1038; ähnl. *Mossmann* S. 190; strikt abl. *Elsing* S. 125.

[139] Zur Geltung dieses Prinzips in der KG vgl. *Karsten Schmidt* ZGR 1976, 318 ff.

[140] So aber tendenziell *Müssigbrodt* S. 49 f., 63 f.; *Kornblum* AG 1978, 140.

[141] Vgl. Schlegelberger/*Karsten Schmidt* RdNr. 46; *Karsten Schmidt* GesR § 54 I; Nachweise zur jetzt hM bei *Kirsch* S. 25.

[142] Vgl. OLG Stuttgart NZG 1999, 313.

[143] So aber Baumbach/*Hopt* § 171 RdNr. 9; *Gramlich* NJW 1967, 1447; *Schneider/Schneider* ZGR 1972, 69; dagegen *Keuk* ZHR 135 (1971), 435 f.; *Karsten Schmidt,* Einlage und Haftung, S. 115 ff.

[144] Heymann/*Horn* § 171 RdNr. 19; Schlegelberger/*Karsten Schmidt* § 171 RdNr. 44.

[145] Nicht ausreichend zB eine bloß sanierende Zuwendung oder Schuldbefreiung zugunsten der Gesellschaft; vgl. OLG Hamm NZG 2010, 1298, 1300 (Schuldübernahme seitens des Vaters der Kommanditistinnen).

wird.[146] Der BGH[147] hatte zunächst ausdrücklich offen gelassen, ob Komplementärvermögen und Gesellschaftsvermögen bei der Kapitalaufbringung als eine Haftungsmasse aufzufassen sind. Jedenfalls für das Innenverhältnis hatte sodann der BGH[148] entschieden, dass die (sog. Pflicht-)Einlage aus dem Vermögen des Komplementärs aufgebracht werden kann. Schließlich wurde in den Gründen von BGHZ 93, 246 = NJW 1985, 1776 ausdrücklich festgestellt, dass die Kommanditeinlage „mit haftungsbefreiender Wirkung" aus dem Vermögen des Komplementärs geleistet werden kann. Zur *Leistung an einen Dritten* vgl. RdNr. 50. Die *Zahlung auf ein debitorisches Bankkonto* der KG sollte grundsätzlich, wie bei einer GmbH,[149] als befreiende Buchgeldleistung an die Gesellschaft (RdNr. 53) qualifiziert werden, soweit ihr eine Kreditlinie eingeräumt ist (zweifelhaft; im Ergebnis ohne Unterschied; vgl. RdNr. 50).[150]

48 **b) Leistung „auf die Einlage". aa) Einlageleistung** ist nur, was *auf das haftende Kapital* geleistet wird.[151] Was nicht dem Kapitalkonto des Kommanditisten zugeschrieben werden kann und soll, ist keine haftungsbefreiende Einlageleistung. Dies ist der richtige Kern der Vertragstheorie. Eine Leistung, die nicht als Einlageleistung (auch als Einlageleistung ohne Einlageschuld nach RdNr. 41), sondern *auf Grund eines Verkehrsgeschäfts* der Gesellschaft zugeflossen ist, kann *keine haftungsbefreiende Einlageleistung* sein.[152] Beispielsweise kann der Kommanditist gegenüber der Haftung nicht auf ein der Gesellschaft zur Verfügung gestelltes *Darlehen* verweisen.[153] Keine Einlageleistung ist zB auch eine Bürgschaft, die der Kommanditist für die Gesellschaft übernimmt.[154] Weder die Bürgschaftsübernahme noch die Zahlung an den Gläubiger wirkt haftungsbefreiend. Für eine Schuldübernahme gilt sinngemäß dasselbe.[155] Dass diese Leistung ein der Gesellschaft geschuldeter Beitrag des Kommanditisten ist (zum Begriff Beitrag vgl. § 105 RdNr. 178), macht sie noch nicht zur Einlage. Ein **Agio** (Aufgeld) wirkt grundsätzlich nicht haftungsbefreiend (anders nur, wenn es auf dem Kapitalkonto als Einlage verbucht wird; vgl. zum Agio auch RdNr. 49 und 67). Ebenso wenig erbringt der Kommanditist seine Einlage, indem er der Gesellschaft ein Wirtschaftsgut zu einem Preis unter Wert verkauft.

48a **bb) Sacheinlagen** sind nur die (RdNr. 9) als Einlagen geleisteten Gegenstände. Die Sacheinlage wirkt haftungsbefreiend nur, weil und soweit sie auf die Einlageschuld geleistet wird. Das ergibt sich aus dem Gesellschaftsvertrag. Die haftungsbefreiende Wirkung einer Einlageleistung kann deshalb nicht höher sein als die Einlageschuld, auf die sie erbracht wird. Aus diesem Grund wird die **Unterbewertung einer Sacheinlage** nicht nachträglich zum Vorteil des Kommanditisten ausgeglichen. Der Sacheinleger wird immer nur bis zur Höhe des Anrechnungsbetrags von der Haftung als Kommanditist befreit (zum Fall der Überbewertung vgl. RdNr. 54). Ist der Wert einer Sacheinlage höher als der dem Kommanditisten-Kapitalkonto gutgebrachte Betrag, so entsteht dadurch für die Gesellschaft eine stille Rücklage. Stille Rücklagen kommen der Gesellschaft (also allen Gesellschaftern), nicht

[146] BGHZ 93, 246, 250 = NJW 1985, 1776, 1777 = JuS 1985, 733 m. Anm. *Karsten Schmidt;* OLG Köln OLGZ 1976, 306, 308; *Karsten Schmidt,* Einlage und Haftung, S. 99 f.; *Ulrich Huber* Vermögensanteil S. 202; Westermann/*Sassenrath* (2010) RdNr 2815, 2869; Heymann/*Horn* § 171 RdNr. 19; Oetker/*Oetker* § 171 RdNr. 38; Röhricht/v. Westphalen/*v. Gerkan/Haas* § 171 RdNr. 43; Staub/*Schilling* § 171 RdNr. 7; aM *Steckhan* DNotZ 1974, 69 ff.; gegen ihn eingehend *Petzoldt* DNotZ 1975, 529 ff.

[147] BGH LM § 171 Nr. 19 = BB 1981, 1909 = NJW 1982, 35 = DNotZ 1981, 702.

[148] BGH NJW 1984, 2290 = JuS 1984, 812 m. Anm. *Karsten Schmidt.*

[149] BGHZ 150, 197 = NZG 2002, 522.

[150] OLG Dresden NZG 2004, 1155 = ZIP 2004, 2140; OLG Schleswig ZIP 2005, 2211, 2213.

[151] Zu den Folgen für § 15 a EStG vgl. FG Hamburg EFG 2005, 1431.

[152] RG Recht 1909 Nr. 139; Heymann/*Horn* § 171 RdNr. 14; *Koller*/Roth/Morck RdNr. 12; Schlegelberger/*Karsten Schmidt* § 171 RdNr. 48; Staub/*Schilling* § 171 RdNr. 6; *Kirsch* S. 27 f.; *Keuk* ZHR 135 (1971), 413; *Karsten Schmidt* ZGR 1976, 316.

[153] OLG Hamburg ZIP 1984, 1090, 1092; LG Hamburg ZIP 1982, 1328, 1329; **aM** wohl für Finanzplankredite *Wiedemann* GesR II § 9 III 4 b aa.

[154] BGH NJW 1995, 197.

[155] Vgl. steuerrechtlich BFHE 196, 103 = DStR 2001, 1598; BFH DStRE 2002, 1363; BFH/NV 2005, 533.

bloß dem Sacheinleger zugute und erhöhen sein Kapitalkonto nicht. Der Kommanditist kann also nicht gegenüber einer zB nach § 172 Abs. 4 eingetretenen Haftung nachträglich geltend machen, die schon geleisteten Sacheinlagen seien im Wert höher gewesen als bei der Leistung zugrundegelegt worden sei.[156] Das gilt auch für den einzigen Kommanditisten einer GmbH & Co. KG. Die entstandenen stillen Reserven befreien nämlich auch nicht insoweit, als sie auf den Kommanditisten entfallen.[157] Der Fall ist der bei RdNr. 45 beschriebenen Konstellation (Umbuchung eines durch stille Rücklagen „unterbewerteten" Komplementäranteils) nicht gleichzustellen. Auch nachträgliche Gutschrift der Wertdifferenz auf dem Kapitalkonto wirkt nicht haftungsbefreiend (arg. § 172 Abs. 3). Die Leistung von Beiträgen, die nicht einlagefähig sind, befreit nicht von der Haftung (RdNr. 9 f.).

Umstritten ist die Behandlung einer **Einlageleistung mit negativer Tilgungsbestimmung.** Nach Auffassung des Bundesfinanzhofs kann ein Kommanditist durch eine negative Tilgungsbestimmung die haftungsbefreiende Wirkung der Einlageleistung nach Abs. 1 Halbsatz 2 vermeiden und dadurch die Verlustnutzung trotz negativen Kapitalkontos ermöglichen (vgl. § 15a Abs. 1 Satz 2 EStG). Der Bundesfinanzhof hat dies zunächst bei einer Sacheinlage[158] und sodann auch bei einer Bareinlage zugelassen.[159] In der Literatur ist diese Rechtsprechung auf Ablehnung gestoßen.[160] In der Tat ist die Enthaftungsfolge eine gesetzliche und steht nicht zur Disposition der Beteiligten. In der BFH-Rechtsprechung schwingt zwischen den Zeilen die überholte Rechtsfigur der „Hafteinlage" mit (RdNr. 7). Die angeblich „negative Tilgungsbestimmung" besagt, dass zwar „auf die Einlage" und damit auf haftendes Kapital geleistet wird, dies aber ohne Enthaftungswirkung. 48b

c) Gesplittete Einlage. Bei der „gesplitteten Einlage" die *teils als Kommanditeinlage, teils als Darlehn oder stille Einlage* aufgebracht wird, erkennt die Praxis auch den Darlehensanteil als haftungsbefreiende Kommanditeinlage an.[161] Die Zahlung kommt dem Kommanditisten haftungsbefreiend zugute, vorausgesetzt es wird als materielles Eigenkapital, nicht als Fremdkapital, gegeben; dann wird das Darlehn nicht nur zu seinem Vorteil, sondern auch zu seinem Nachteil, zB im Insolvenzverfahren, einer Einlage gleichgestellt.[162] Auch ein zusätzlich zu zahlendes **Agio** auf die Einlageverpflichtung kann unter dieser Voraussetzung Teil der haftungsbefreienden Einlageleistung sein.[163] In ähnlicher Weise kann eine stille Einlage, obgleich nach dem gesetzlichen Grundmodell Fremdkapital (§ 230 RdNr. 170), als Teil der Kommanditeinlage angesehen werden, und zwar nicht nur zu Lasten des Gesellschafters,[164] sondern auch haftungsbefreiend zu seinen Gunsten.[165] Dazu genügt allerdings nicht, dass Darlehen, Agio oder stille Einlage zusätzlich zur Kommanditeinlage als Gesellschafterbeitrag des Kommanditisten geschuldet sind.[166] Nicht ausreichend ist auch, dass die Leistung des Kommanditisten eine nach § 39 Abs. 1 Nr. 5 oder Abs. 2 nachrangige Forderung gegen die Gesellschaft begründet (vgl. dazu Erl. zu § 172 aF). Entscheidend ist, dass 49

---

156 *Ulrich Huber* Vermögensteil S. 212; *Karsten Schmidt,* Einlage und Haftung, S. 42; *Kirsch* S. 43 ff.; **aM** BGHZ 101, 123, 127 = NJW 1987, 3184, 3185 = BGH WM 1987, 1161, 1162; E/B/J/S/*Strohn* § 171 RdNr. 58; Baumbach/*Hopt* § 171 RdNr. 6; Heymann/*Horn* § 171 RdNr. 16; Staub/*Schilling* § 171 RdNr. 9; *Felix* NJW 1973, 491 f.

157 AM Westermann/*Sassenrath* (2010) RdNr. 2902.

158 BFHE 219, 136 = DStR 2008, 38.

159 BFHE 223, 149 = DB 2009, 429 = GmbHR 2009, 274.

160 *Hüttemann/Meyer* DB 2009, 1613 ff.; *Ley* DStR 2009, 613 ff.

161 BGH LM § 171 Nr. 21 = WM 1982, 742 = BB 1982, 1138 = NJW 1982, 2253 m. Anm. *Karsten Schmidt*; OLG Köln ZIP 1982, 310; Westermann/*Sassenrath* (2010) RdNr. I 2876 f; E/B/J/S/*Strohn* § 171 RdNr. 62.

162 BGHZ 93, 159 = NJW 1985, 1468 = BB 1985, 422 = WM 1985, 258 = JuS 1985, 645 m. Anm. *Karsten Schmidt.*

163 Vgl. OLG Köln ZIP 1982, 310, Westermann/*Sassenrath* (2010) RdNr. 2877; E/B/J/S/*Strohn* § 171 RdNr. 65.

164 Vgl. BGH WM 1982, 761 = NJW 1982, 2303.

165 Vgl. die Auswertung der vorstehenden Entscheidung bei BGH LM § 171 Nr. 21 = WM 1981, 742 = BB 1982, 1138 = NJW 1982, 2253 m. Anm. *Karsten Schmidt.*

166 So vereinfachend BGH LM § 171 Nr. 21 = WM 1981, 742 = BB 1982, 1138 = NJW 1982, 2253m. Anm. *Karsten Schmidt*; Röhricht/v. Westphalen/*v. Gerkan/Haas* § 171 RdNr. 35.

diese Leistungen nur formal als Darlehen, Agio oder stille Einlage bezeichnet und in **Wahrheit Kommanditeinlagen unterschiedlicher Qualität** sind.[167] ZB ist die in „Einlage" und „Darlehen" gesplittete Kommanditeinlage insgesamt eine echte, teils fixe, teils bewegliche Einlage im Gesellschaftsvermögen. Diese Sonderbehandlung gesplitteter Einlagen ist eine Frage der Vertragsauslegung[168] Ein Indiz hierfür kann es sein, wenn die Summe aus „Kommanditeinlage" und „Darlehen" genau der Haftsumme entspricht.[169] Die Anrechnung auf die Kommanditeinlage ist in den *Kapitalkonten* zum Ausdruck zu bringen (doch ist dies Folge, nicht Voraussetzung der Anrechnung).

50 **d) Nicht: Leistung auf Grund der Kommanditistenhaftung.** Eine **Leistung des Kommanditisten an einen Gesellschaftsgläubiger** auf Grund der Kommanditistenhaftung ist keine Einlageleistung.[170] Eine solche Leistung wird nicht „auf die Einlage" erbracht, sondern „auf die Haftung.[171] Freilich befreit sich der Kommanditist in Höhe der an den Gläubiger erbrachten Leistung von der summenmäßig begrenzten Kommanditistenhaftung (vgl. schon RdNr. 14; zum Wiederaufleben der Haftung durch Erstattung aus dem Gesellschaftsvermögen vgl. RdNr. 67).[172] Diese Haftungsbefreiung ist nicht davon abhängig, ob die Forderung des Gläubigers gegen die Kommanditgesellschaft im Leistungszeitpunkt noch vollwertig ist.[173] Dies ist, wenn Gläubiger der Gesellschaft auf den Kommanditisten zugreifen, sogar regelmäßig nicht mehr der Fall (ob der Gläubiger die Leistung seinerseits zurückgewähren muss, bestimmt sich ggf. nach dem AnfG bzw. nach §§ 129 ff. InsO). Erst mit der Eröffnung des Insolvenzverfahrens endet nach § 171 Abs. 2 die Befugnis des Kommanditisten, mit befreiender Wirkung an einen Gläubiger zu leisten (RdNr. 100 ff.). Der Kommanditist kann im Außenverhältnis grundsätzlich selbst bestimmen, an welchen Gläubiger er leistet,[174] und zwar selbst noch, nachdem er rechtskräftig zur Zahlung an einen anderen Gläubiger verurteilt ist (die Haftungsbefreiung kann diesem gegenüber als neue Tatsache nach § 767 Abs. 2 ZPO geltend gemacht werden).[175] Dasselbe gilt, wenn er an einen Gesellschaftsgläubiger zahlt, dem er auch als Bürge haftete; auch diese Zahlung befreit ihn, soweit er dem Gläubiger zugleich nach §§ 171, 172 beschränkt haftete.[176] Der Kommanditist kann insoweit nicht nochmals aus der Haftung in Anspruch genommen werden. Aber die Einlage hat er nicht geleistet (zur Terminologie RdNr. 5 ff.). Die Einlageschuld kann er auf Grund der an einen Gläubiger geleisteten Zahlung nur tilgen, indem er mit seinem Regressanspruch aufrechnet (RdNr. 60).[177] Eine solche Auf-

[167] Vgl. *Karsten Schmidt* NJW 1982, 2255; zust. *Kirsch* S. 31 ff.; s. auch Westermann/*Sassenrath* (2010), RdNr. 2877 („falsa demonstratio"); *Frank,* Splitting-Beteiligungen an Kommanditgesellschaften, 1997, S. 189 ff.; 228 ff.

[168] Indizien bei E/B/J/S/*Strohn* § 171 RdNr. 62.

[169] So im Fall BGH LM § 171 Nr. 21 = WM 1981, 742 = BB 1982, 1138 = NJW 1982, 2253 m. Anm. *Karsten Schmidt.*

[170] Wie hier BGH NJW 1984, 2290, 2291 = WM 1984, 893, 895 = JuS 1984, 812 m. Anm. *Karsten Schmidt;* OLG Hamm NJW-RR 1995, 489; vgl. auch Schlegelberger/*Karsten Schmidt* RdNr. 50; jetzt hM vgl. nur *Karsten Schmidt* GesR § 54 II 2 a; *Wiedemann* GesR II § 9 III 4 b aa; Baumbach/*Hopt* § 171 RdNr. 8; Heymann/*Horn* § 171 RdNr. 22; Oetker/*Oetker* § 171 RdNr. 39; anders oder doch unklar die früher hM; vgl. RG LZ 1907, 500; Recht 1909 Nr. 140; BGHZ 39, 319, 328; Staub/*Schilling* § 171 RdNr. 2; ähnlich *Gursky* DB 1978, 1261 ff.

[171] Vgl. im Einzelnen *Karsten Schmidt,* Einlage und Haftung, S. 43 ff.; **aM** offenbar *Koller*/Roth/Morck RdNr. 16.

[172] Vgl. zu dieser Selbstverständlichkeit eingehend *Konietzko* S. 64–75 mwN.

[173] OLG Hamm NJW-RR 1995, 489; *Koller*/Roth/Morck RdNr. 16; **aM** aber BGHZ 95, 188, 195 = LM § 171 Nr. 23 = NJW 1985, 2947, 2948.

[174] Vgl. BGHZ 51, 391, 393 = NJW 1969, 1210; Staub/*Schilling* § 171 RdNr. 14.

[175] **AM** Staub/*Schilling* § 171 RdNr. 14; träfe diese Auffassung zu, so dürfte der Kommanditist die Haftung auch nicht mehr durch Leistung der Einlage in das Gesellschaftsvermögen vereiteln; richtigerweise steht ihm die Vollstreckungsgegenklage zu.

[176] OLG Hamm NJW-RR 1995, 489.

[177] BGH NJW 1984, 2290, 2291 = WM 1984, 893, 895 = JuS 1984, 812 m. Anm. *Karsten Schmidt; Karsten Schmidt* GesR § 54 II 2 a; *Wiedemann* GesR II § 9 III 5; MünchHdb. KG/*Neubauer/Herchen* § 30 RdNr. 46; Westermann/*Sassenrath* (2010) RdNr. I 2920, 2922; *ders.,* FS Barz, 1974, S. 87 Fn. 15; Heymann/*Horn* § 171 RdNr. 21; **aM** Heymann/*Kötter* § 171 RdNr. 2 (S. 661 f.).

rechnung ist auch im Insolvenzverfahren der Gesellschaft noch möglich (vgl. RdNr. 111), vorausgesetzt, der Kommanditist hat vor der Verfahrenseröffnung gezahlt (vgl. § 171 Abs. 2). Deshalb wirkt die *Leistung des Kommanditisten auf ein debitorisches Gesellschaftskonto bei der Bank* im Ergebnis haftungsbefreiend, selbst wenn man in ihr statt einer Zahlung in Buchgeld an die Gesellschaft (RdNr. 47) die Befriedigung eines Gesellschaftsgläubigers (der Bank) sehen will (dazu aber RdNr. 47).[178] Schuldet der Kommanditist eine *Sacheinlage,* so erfüllt er seine Sacheinlagepflicht gleichfalls nicht durch Zahlung an den Gläubiger. Ihm steht gegenüber der Gesellschaft nur ein Zurückbehaltungsrecht wegen seiner aus der Gläubigerbefriedigung resultierenden Regressforderung zu.[179] Gerechtigkeitsbedenken, die gegen dieses Ergebnis vorgebracht werden, sind unbegründet. Der sich hieraus ergebenden „Risikokumulation“[180] entgeht der Kommanditist, indem er seine Sacheinlage vertragsmäßig erbringt, statt an den Gläubiger zu zahlen.

e) Leistung der Einlage an einen Dritten. Von der Leistung des Kommanditisten an 51
einen Gesellschaftsgläubiger auf Grund seiner Haftung (RdNr. 50) ist die Leistung der Einlage an einen Dritten, insbesondere an einen Gesellschaftsgläubiger, zu unterscheiden. Das gilt zunächst, wenn der Kommanditist die geschilderte Einlage auf **Weisung der Gesellschaft** statt an diese an einen Dritten leistet (§ 362 Abs. 2 BGB). Hierdurch befreit sich der Gesellschafter von seiner Einlageschuld gegenüber der Gesellschaft und nach § 171 Abs. 1 zugleich von der Haftung gegenüber den Gläubigern. Gleiches gilt für die **Leistung nach Abtretung oder Pfändung der Einlageforderung.** Die Übertragbarkeit und Pfändbarkeit der Einlageforderung (RdNr. 12) führt dazu, dass der Kommanditist mit haftungsbefreiender Wirkung auch an denjenigen leisten kann, an den die Einlageforderung abgetreten ist oder dem sie nach einer Pfändung überwiesen worden ist.[181] Für den Fall, dass die Gesellschaft die Einlageforderung an Zahlungs statt an einen Gläubiger abgetreten hat, wird die Auffassung vertreten, dass der Kommanditist ohne weiteres befreit ist, ohne bereits an den Gläubiger geleistet haben zu müssen.[182] Diese Lösung ist zweifelhaft, zumal wenn unklar ist, ob die Forderung nach §§ 129 ff. InsO oder nach dem AnfG zurückübertragen werden muss. Bis er die Einlage geleistet hat, haftet der Kommanditist auch den übrigen Gläubigern. Der BGH[183] hat sogar eine Konfusion für die Haftungsbefreiung ausreichen lassen, wenn die Einlageforderung an den Kommanditisten selbst abgetreten worden ist.[184] Dem wird nur unter Beachtung strenger Kapitalaufbringungsanforderungen zuzustimmen sein. Es gelten die für Sacheinlagen und Aufrechnungen maßgebenden Vollwertigkeitskriterien (RdNr. 55, 58 ff.).

5. Zweites Mindesterfordernis der Einlageleistung: Wertdeckung. a) Das Prinzip. Über die Wertdeckung im Fall der Einbuchung vgl. RdNr. 41 f., 44 f. Zur Bedeutung 52
der Wertdeckung im Fall der Einlageleistung vgl. RdNr. 46. Der Kommanditist befreit sich durch Einlageleistung von der Haftung nur insoweit, als er der Gesellschaft durch die Einlageleistung einen **Vermögenswert** zuführt.[185] Nur insoweit erfüllt er die doppelte Voraussetzung der Leistung „auf die Einlage“ und der Werthaltigkeit (RdNr. 46).

---

[178] Für letzteres OLG Dresden NZG 2004, 1155 = ZIP 2004, 2140 (Erlöschen der Einlagepflicht durch Aufrechnung mit einem Regressanspruch).

[179] *Karsten Schmidt,* Einlage und Haftung, S. 45; **abl.** *Gursky* DB 1978, 1262 f.

[180] *Gursky* DB 1978, 1262 f.

[181] BGHZ 63, 338, 341 = WM 1975, 346 = NJW 1975, 1022, 1023; BGH WM 1984, 50 = DB 1984, 286, 287 = ZIP 1984, 171 f., Westermann/*Sassenrath* (2010) RdNr. 2880;

[182] BGHZ 63, 338, 341 = WM 1975, 346 = NJW 1975, 1022, 1023; E/B/J/S/*Strohn* § 171 RdNr. 72; Röhricht/v. Westphalen/*v. Gerkan/Haas* § 171 RdNr. 18; Staub/*Schilling* § 171 RdNr. 11.

[183] BGH WM 1984, 50 = DB 1984, 286 = ZIP 1984, 171.

[184] Anders in der Vorinstanz KG ZIP 1983, 593.

[185] RGZ 63, 265, 267; BGHZ 39, 319, 329 = BB 1963, 877 = NJW 1963, 1873, 1876; BGHZ 51, 391, 394 = NJW 1969, 1210; BGHZ 95, 188, 198 = BB 1985, 1814, 1816 = NJW 1985, 2147; BGHZ 109, 334, 337 = NJW 1990, 1109; *Konietzko* S. 119 ff.; *Karsten Schmidt* GesR § 54 II 3; *Wiedemann* GesR II § 9 III 4 b bb; Westermann/*Sassenrath* (2010) RdNr. I 2855; Baumbach/*Hopt* § 171 RdNr. 6; Heymann/*Horn* § 171 RdNr. 16; *Koller*/Roth/Morck RdNr. 14; Schlegelberger/*Karsten Schmidt* § 171 RdNr. 52 ff.; Staub/*Schilling* § 171 RdNr. 6.

53 **b) Geldeinlage.** Leistet der Kommanditist Geld, so steht der Wert des von ihm Geleisteten einwandfrei fest. In Höhe des geleisteten Geldbetrags ist er von seiner persönlichen Haftung befreit. Das gilt auch für Zahlungen in einer Fremdwährung.[186] Die Zahlung mit Buchgeld steht der Zahlung mit Bargeld gleich. Dann schadet es nicht, wenn das Konto der Gesellschaft bei der Bank debitorisch ist (näher RdNr. 47). Scheckeinreichung befreit erst mit endgültiger Gutschrift (vgl. § 364 Abs. 2 BGB). Eine Zahlung in fremder Währung wird in Höhe des Kurswerts bei Eingang der Zahlung angerechnet (vgl. § 244 Abs. 2 BGB), bei Eingang auf einem Heimwährungskonto nach Maßgabe der Gutschrift in Euro. Vergünstigungen, die die Gesellschaft dem Kommanditisten für die Leistung in Anrechnung auf die sog. Pflichteinlage gewährt, bleiben außer Betracht (vgl. sinngemäß RdNr. 40).[187]

54 **c) Sacheinlagen.** Alle nicht in Geld zu leistenden Einlagen (Sacheinlagen iS von § 105 RdNr. 179) werden auf den Einbringungsstichtag bewertet. Sind sie *überbewertet,* so wird der Kommanditist nur nach Maßgabe des eingebrachten, nicht des vereinbarten Werts von der Haftung frei.[188] Eine Sacheinlage muss, um in Höhe des vereinbarten Betrages haftungsbefreiend zu wirken, vollwertig sein.[189] Für die Werthaltigkeit ist im Streitfall der Kommanditist beweispflichtig (RdNr. 61). Zum umgekehrten Fall der Unterbewertung vgl. RdNr. 48a.

55 **d) Forderungseinbringung.** Die Einbringung einer **Forderung gegen einen Dritten** ist eine taugliche Sacheinlage und als solche zu behandeln. Die Forderung ist ggf. zu bewerten.[190] Die **„Einbringung" einer Forderung gegen die Gesellschaft** selbst kann durch Erlass, Verzicht, Aufrechnungsvertrag oder Abtretung (Konfusion) vollzogen und gleichfalls als Sacheinlage bedungen werden. Es handelt sich um einen Debt-to-Equity-Vorgang (RdNr. 60). Auch in diesem Fall richtet sich die haftungsbefreiende Wirkung der Einlageleistung nach dem wirtschaftlichen Wert der in Kommanditkapital umzuwandelnden Forderung (RdNr. 59), letztlich also nach ihrer Verität (Begründetheit der Forderung) und Bonität (Solvenz der KG).[191] Das gilt auch für die Umwandlung einer typischen stillen Beteiligung in eine Kommanditbeteiligung durch Verrechnung (§ 230 RdNr. 70). Auch die Insolvenzrechtsreform 2011 (ESUG) begründet für Kommanditeinlagen kein Haftungsprivileg.

56 **e) Verdeckte Sacheinlagen** sind im Recht der Kommanditgesellschaft **nicht verboten** (RdNr. 9; vgl. demgegenüber § 19 Abs. 4 GmbHG).[192] Die Beteiligten können vereinbaren, dass der Gesellschafter Sach-, Werk- oder Dienstleistungen erbringt und dass der Gegenwert (Kaufpreis, Werk- oder Dienstlohn) mit der Einlageschuld verrechnet oder sonst für die Erbringung der Einlageschuld (RdNr. 10) verwendet wird. Die Kompetenz des Komplementärs für eine solche das Gesellschaftsverhältnis und die gesellschaftsvertraglich vereinbarte Einlageleistung betreffende Vereinbarung kann zweifelhaft sein (dazu § 170 RdNr. 4). Unstreitig ist aber, dass eine von den Mitgesellschaftern gebilligte Verrechnung der Einlageschuld mit Geldansprüchen wegen Sach-, Werk- oder Dienstleistungen haftungsbefreiend wirken kann. Für die Haftungsbefreiung genügt dann aber nicht schon die Vollwertigkeit der für die Gesellschafterleistung vereinbarten Entgeltforderung

[186] *Voigt* NZG 2008, 933 ff.

[187] RGZ 37, 82, 85 f. und 133, 136.

[188] RGZ 63, 265, 266; BGHZ 39, 319, 329 f. = BB 1963, 877 = NJW 1963, 1873, 1876; *Ulrich Huber* Vermögensanteil S. 210; Westermann/*Sassenrath* (2010) RdNr. 2898 f.; Heymann/*Horn* § 171 RdNr. 16; Staub/*Schilling* § 171 RdNr. 9; *Westermann,* FS Barz, 1974, S. 84; *Gursky* DB 1978, 1264.

[189] RGZ 63, 265, 267; BGHZ 39, 319, 329 f. = BB 1963, 877 = NJW 1963, 1873, 1876; BGH WM 1977, 167 = DB 1977, 394; OLG Nürnberg WM 1961, 124, 125; *Karsten Schmidt,* Einlage und Haftung, S. 46; *Konietzko* S. 126 ff.; Westermann/*Sassenrath* (2010) RdNr. I 2898.

[190] Heymann/*Horn* § 171 RdNr. 17; Schlegelberger/*Karsten Schmidt* § 171 RdNr. 55; *Konietzko* S. 132; allgM.

[191] BGHZ 61, 59, 72 = NJW 1973, 1691, 1694 f.

[192] Vgl. zur verdeckten Sacheinlage nach dem MoMiG von 2008 *Winter* in Goette/Habersack, Das MoMiG in Wissenschaft und Praxis, 2009, RdNr. 2.2 ff.; zum Rechtszustand vor dem MoMiG BGHZ 110, 47; 118, 83, 93 f.

(RdNr. 58 ff.). Vielmehr muss der Gesamtvorgang wie eine Sacheinlage bewertet werden. Die haftungsbefreiende Wirkung tritt deshalb nur in dem Umfang ein, in dem der Gesellschaft durch den Gesamtvorgang Werte zugeflossen sind. Es kommt also neben der Werthaltigkeit der Entgeltforderung auch auf deren Angemessenheit, also auf die Werthaltigkeit der Sach-, Werk- oder Dienstleistung an.[193] Darüber entscheidet ein Drittvergleich. Die Verrechnung befreit also von der Haftung, soweit das vereinbarte Entgelt (Kaufpreis, Werk- oder Dienstlohn) auch an einen Dritten hätte gezahlt werden können und soweit die Entgeltforderung im Verrechnungszeitpunkt noch vollwertig ist (vgl. auch RdNr. 58).[194]

f) Auffüllung des Kapitalanteils aus Gewinnverteilung. Die Leistung der Einlage 57
durch **Stehenlassen von Gewinn** ist grundsätzlich möglich. Lässt der Kommanditist auf seinem Kapitalkonto entnahmefähige Gewinne stehen, so liegt darin eine Leistung der Einlage (zur Verrechnung seitens der Gesellschaft vgl. § 169 RdNr. 6).[195] Das Stehenlassen von Gewinn ist auch dann als eine Leistung der Einlage anzusehen, wenn der Gesellschaftsvertrag bestimmt, dass der Gewinn nicht bar ausbezahlt werden darf, sondern zur Erhöhung der Einlage zu verwenden ist.[196] Auf die Entnahmefähigkeit kommt es hierfür nicht an. Anderes gilt nach hM, wenn der Gewinn nach § 169 Abs. 1 Satz 2 zur Wiederauffüllung eines durch Verluste unter den auf die Pflichteinlage geleisteten Betrag geminderten Kapitalanteils verwandt werden muss.[197] Erläutert wird diese hM anhand folgender, hier modifizierter Beispiele:[198]

Beispiel I: Der Kommanditist hat 50 000 Euro auf seine Einlage von 100 000 Euro, die der Haftsumme entspricht, geleistet. Erhält er im ersten Jahr auf seinem Kapitalkonto 20 000 Euro Gewinnanteil gutgeschrieben, so gilt dieser Betrag, wenn er ihn stehen lässt, als Leistung auf die noch offene Rest-Einlageschuld. Insoweit tritt nach § 171 Abs. 1 Halbsatz 2 Enthaftung ein.

Beispiel II: Der Kommanditist hat 50 000 Euro auf seine Einlage von 100 000 Euro, die der Haftsumme entspricht, geleistet. Im ersten Geschäftsjahr entfällt auf ihn ein Verlustanteil von 20 000 Euro, im zweiten Geschäftsjahr ein Gewinnanteil von 10 000 Euro. Das Stehenlassen dieses Gewinns kann nicht als Leistung der Einlage angesehen werden, da der Kapitalanteil durch Verlust unter den auf die Einlage geleisteten Betrag gemindert ist und der Gewinn nach §§ 169, 172 zur Deckung dieses Verlustes zu verwenden ist. Die rückständige Einlage des Kommanditisten beträgt unvermindert 50 000 Euro. Auch von der Haftung gegenüber den Gläubigern hat sich der Kommanditist durch das Stehen lassen der 10 000 Euro nicht befreit.

Bei der Gewinngutschrift muss es sich um wirklich erzielten Gewinn handeln.[199] Ist dem Kommanditisten ein Gewinnanteil gutgeschrieben worden, der tatsächlich nicht erzielt worden ist, so schützt ihn der gute Glaube, dass ihm Gewinn in dieser Höhe zusteht, nicht. § 172 Abs. 5 greift nicht ein, weil der Kommanditist den Gewinn nicht „bezogen" hat (RdNr. 85).

g) Bareinlage durch Aufrechnung.[200] Die Einlageleistung durch Aufrechnung kann 58
gesellschaftsvertraglich ausgeschlossen sein. Eine gesellschaftsvertragliche Verpflichtung

[193] E/B/J/S/*Strohn* § 171 RdNr. 56; GK/*Fahse* RdNr. 22; *Saßenrath* BB 1990, 1209.

[194] Diese doppelte Voraussetzung gilt allerdings nur im Fall der verdeckten Sacheinlage, nicht als generelle Voraussetzung einer haftungsbefreienden Aufrechnung; unrichtig oder doch missverständlich Oetker/*Oetker* § 171 RdNr. 50.

[195] Heymann/*Horn* RdNr. 15.

[196] Staub/*Schilling* § 171 RdNr. 17.

[197] Ebenso Westermann/*Sassenrath* (2010) RdNr. I 2887; HdbPersG I (Stand 1978) RdNr. 921; Düringer/Hachenburg/*Flechtheim* § 171 RdNr. 7; Heymann/*Horn* § 171 RdNr. 15; Röhricht/v. Westphalen/*v. Gerkan/Haas* § 171 RdNr. 36; Staub/*Schilling* § 171 RdNr. 17.

[198] Schlegelberger/*Geßler* 4. Aufl. 1963 § 172 RdNr. 20; Schlegelberger/*Karsten Schmidt* RdNr. 57.

[199] RGZ 37, 82, 85 f. und 133, 136; Heymann/*Horn* § 171 RdNr. 15.

[200] Vgl. BGHZ 95, 188 = BB 1985, 1814 = NJW 1985, 2947; OLG Köln NJW-RR 1994, 869; OLG Hamm DStR 1999, 1916 = NZG 2000, 200; OLG Oldenburg ZInsO 2005, 826; OLG Dresden NZG 2004, 1155 = ZIP 2004, 2140; zum Folgenden eingehend *Müssigbrodt* passim; *ders.* BB 1982, 338 ff.; MünchHdb. KG/*Neubauer/Herchen* § 30 RdNr. 35 ff.; Westermann/*Sassenrath* (2010) RdNr. 2889 f.; *Stimpel* ZGR 1973, 95 ff.; *Karsten Schmidt,* Einlage und Haftung, S. 47 ff.; *ders.* ZGR 1976, 320 ff.; 186, 152 ff.; *Kirsch* S. 57 ff.; *Konietzko* S. 132 ff.; *Wiedemann,* FS Bärmann, 1975, S. 1042 ff.; *v. Olshausen* ZGR 2001, 175 ff.

zur Leistung der Einlage „in bar" wird regelmäßig, jedoch nicht ausnahmslos auf ein Aufrechnungsverbot hindeuten.[201] Das Gesetz verbietet die Aufrechnung nicht (anders § 19 Abs. 2 Satz 2 GmbHG). Eine solche Aufrechnung ist grundsätzlich nach Maßgabe der §§ 387 ff. BGB zulässig; im Insolvenzverfahren der Gesellschaft sind zusätzlich die §§ 94–96 InsO zu beachten. Auch bei der GmbH & Co. KG gibt es kein die Verrechnung verhinderndes Kapitalersatzrecht mehr (vgl. Erl. zu § 172 a aF) Durch die gesellschaftsvertragliche Verabredung einer „gesplitteten Einlage" (Finanzierung durch Einlage und Darlehenszuführung) sowie auch durch die Zusage eines Finanzplankredits (§ 172 a RdNr. 12) kann allerdings der Kommanditist ausnahmsweise an einer Aufrechnung gehindert sein. Generell ist es ihm dagegen nicht versagt, zur Deckung der Bareinlage aufzurechnen. Das hängt damit zusammen, dass das Recht der Kommanditgesellschaft kein Verbot verdeckter Sacheinlagen kennt (RdNr. 56). Das Problem liegt jedoch immer noch darin, inwieweit die Verrechnung die Haftung des Kommanditisten beseitigen kann. Nach § 389 BGB erlöschen die einander gegenüberstehenden Forderungen durch die Aufrechnung in der Höhe ihres Nennwerts.[202] Im **Innenverhältnis** kann es dabei bleiben, soweit nicht der Gesellschaftsvertrag entgegensteht oder die Interessen von Mitgesellschaftern deren Zustimmung erforderlich machen.[203] Dem die Gläubiger schützenden **Prinzip der Kapitalaufbringung oder der objektiven Vermögensdeckung** (RdNr. 52) entspricht dagegen **im Außenverhältnis** eine Bewertung der Forderungen am Stichtag der Aufrechnung: Nur soweit in diesem Zeitpunkt die Aufrechnung das Eigenkapital der Gesellschaft effektiv mehrt, wird der Kommanditist von seiner Haftung befreit. Das ist jetzt hM (RdNr. 59).[204] Die Rechtsprechungstradition ist vom Prinzip der Nennwertaufrechnung ausgegangen und hat sich nur fallweise dem Prinzip der Kapitalaufbringung angenähert.[205]

59 **aa) Vom Nennwertprinzip zur Vollwertigkeitsprüfung.** Das Nennwertprinzip des BGB geht davon aus, dass in der Höhe, in der die Forderungen einander aufrechenbar gegenüberstanden, jede zum Nennwert erlischt (§ 389 BGB). Dem Anliegen des § 171 Abs. 1 (Haftungsbefreiung durch Einlage) kann nur eine Vollwertigkeitsprüfung genügen (heute unstreitig). Aber die Korrektur des Nennwertprinzips verlief schleppend. Die **ältere Praxis** ließ es ausreichen, wenn die Forderung des Kommanditisten *Surrogat einer der Gesellschaft zugeflossenen Leistung,* also zB eine Kaufpreisforderung, Darlehensforderung etc., ist.[206] Nach dieser Auffassung konnten Altforderungen des Kommanditisten aus Kauf, Werkvertrag, Darlehen, stiller Beteiligung etc. zum Nennwert in Kommanditbeteiligungen umgewandelt werden, sofern ein entsprechender Gegenwert in das Gesellschaftsvermögen geflossen war.[207] Wirtschaftlich gesehen führte dieser vom Verf. sogenannte „Surrogationsgedanke" dazu, dass eine ehemals vollwertige Leistung (Lieferung, Werkleistung, Darlehen etc.) rückwirkend in eine haftungsbefreiende Einlageleistung

[201] Einen Sonderfall bildet OLG Hamm DStR 1999, 1916 = NZG 2000, 200: Aufrechnung des Bareinlageschuldners mit dem Erstattungsanspruch (§ 110) nach Gläubigerbefriedigung.

[202] So denn auch im Grundsatz RGZ 63, 265, 267; BGHZ 51, 391, 394 = NJW 1969, 1210, 1211; BGHZ 58, 72, 76 = WM 1972, 194, 196 = NJW 1972, 480, 482; s. auch BGH WM 1976, 107 = NJW 1976, 418, 419; *Konietzko* (Fn. 150); Staub/*Schilling* § 171 RdNr. 10; für das Innenverhältnis *v. Olshausen* ZGR 2001, 175 ff.

[203] Eingehend *v. Olshausen* ZGR 2001, 175 ff.

[204] BGHZ 95, 188 = BB 1985, 1814 = NJW 1985, 2147; OLG Köln NJW-RR 1994, 869; Baumbach/*Hopt* § 171 RdNr. 7; E/B/J/S/*Strohn* § 171 RdNr. 48; Heymann/*Horn* § 171 RdNr. 20; Oetker/*Oetker* § 171 RdNr. 48; Röhricht/v. Westphalen/*v. Gerkan/Haas* § 171 RdNr. 49; *Wiedemann,* FS Bärmann, 1975, S. 1043; s. auch LG Hamburg ZIP 1982, 1328, 1329.

[205] Eingehende Darstellung bei *Karsten Schmidt,* Einlage und Haftung, S. 47–59.

[206] RGZ 63, 265, 267; BGHZ 51, 391, 394 = NJW 1969, 1210, 1211; BGHZ 58, 72, 76 = WM 1972, 194, 196 = NJW 1972, 480, 481 f.; BGH WM 1976, 107 = NJW 1976, 418, 419; OLG Hamburg ZIP 1984, 1090, 1092; Verf. spricht deshalb vom „Surrogationsgedanken"; vgl. *Karsten Schmidt,* Einlage und Haftung, S. 52 f.; *ders.* ZGR 1976, 323.

[207] So denn auch *Müssigbrodt* S. 81 ff. für den Fall, dass die Forderung des Kommanditisten vor seinem Beitritt zur KG begründet war.

umgewidmet werden konnte. Ausgehend von kritischen Einzelfällen wurde diese Rechtspraxis allmählich aufgegeben. So bei einer *Sanierungsgründung,* bei der die Gläubiger ihrem Schuldner als Kommanditisten beitreten und aus ihren entwerteten Altforderungen Einlagen machen;[208] außerdem dann, wenn die Aufrechnungslage durch *Abtretung* herbeigeführt war.[209] Seit 1985 hat der BGH dann durchgehend entschieden, dass der Kommanditist durch Verrechnung einer Forderung gegen die Gesellschaft **nur in Höhe des objektiven Werts** dieser Forderung von seiner Haftung gegenüber den Gesellschaftsgläubigern frei wird.[210] Das OLG Köln hat ergänzend klargestellt, dass es für die Vollwertigkeit nicht ausreicht, wenn die Gesellschaft die Forderung gerade des Kommanditisten begleichen könnte, sondern nur, wenn sie in der Lage wäre, alle gegen sie gerichteten Forderungen bei Fälligkeit zu erfüllen.[211]

bb) Stellungnahme: *Das Prinzip der Nennwertaufrechnung war* haftungsrechtlich schon *im Ansatz verfehlt.*[212] Wer eine Bareinlage durch Aufrechnung erbringt, erklärt **am Aufrechnungsstichtag,** der Gesellschaft Mittel in Höhe des Einlagebetrages zuzuführen. Der **Wert seiner Forderung** an diesem Stichtag entscheidet deshalb auch über die haftungsbefreiende Wirkung der Aufrechnung.[213] Auch der „Surrogationsgedanke" (RdNr. 59) taugt zwar als zusätzliches Korrektiv bei verdeckten Sacheinlagen (vgl. RdNr. 56: keine Befreiung über den Sachwert hinaus), aber er kann nicht die Haftungsbefreiung durch Aufrechnung mit einer entwerteten Forderung aus einer früheren Leistung rechtfertigen. **Ausnahmen:** *Ausnahmsweise ist die Aufrechnung zum Nennwert zuzulassen, wo sie haftungsrechtlich neutral* ist[214] und dazu beiträgt, eine dem Haftungsmodell der §§ 171, 172 nicht entsprechende „Risikokumulation"[215] zu verhindern. Diese Voraussetzung ist vor allem in zwei Fällen erfüllt: Wenn der Kommanditist einen *Gesellschaftsgläubiger befriedigt* und hierdurch bereits seine Haftung gegenüber den Gläubigern abgebaut hat (RdNr. 50),[216] kann er mit seinem Regressanspruch gegen die Einlageschuld aufrechnen.[217] Das gilt sogar dann, wenn die Einlageforderung der Gesellschaft gegen den Kommanditisten tituliert ist.[218] Hier kann es nicht darauf ankommen, ob der Regressanspruch im Zeitpunkt der Aufrechnung vollwertig ist, denn es wird nur eine vom Gesetz anerkannte Technik der Haftungsbefreiung gegen eine andere ausgetauscht. Die Aufrechnung ist nicht Mittel der Haftungsbefreiung, sondern Konsequenz einer schon eingetretenen Haftungsbefreiung. Der andere wichtige *Fall* ist der *des stehen gebliebenen Auseinandersetzungsguthabens* (Umwandlung der Einlage in ein Darlehnskonto; vgl. RdNr. 73).[219] Hier geht es um einen Betrag, der dem 60

[208] BGHZ 61, 59 = WM 1973, 896 = NJW 1973, 1691; dazu GK/*Fahse* § 171 RdNr. 24 f.; *Karsten Schmidt* JZ 1974, 219; ebenso *Müssigbrodt* BB 1982, 341; vgl. auch BGH WM 1977, 167 = DB 1977, 394.

[209] BGH LM § 171 Nr. 15 = WM 1976, 107 = NJW 1976, 418; krit. *Konietzko* S. 150 ff.

[210] BGHZ 95, 188 = BB 1985, 1814 = NJW 1985, 2947= ZIP 1985, 1198; NZG 2000, 200; OLG Köln NJW-RR 1994, 869; OLG Dresden NZG 2004, 1155, 1156 = ZIP 2004, 2140; OLG Oldenburg ZInsO 2005, 826; zu dieser Rechtsprechung Baumbach/*Hopt* § 171 RdNr. 7; E/B/J/S/*Strohn* § 171 RdNr. 48 f.; GK/*Fahse* § 171 RdNr. 25; Heymann/*Horn* § 171 RdNr. 20; Staub/*Schilling* § 171 RdNr. 10; *Karsten Schmidt* ZGR 1986 152, 156; noch weitergehend OLG Hamm GmbHR 1993, 817, 818 (völliger Aufrechnungsausschluss).

[211] OLG Köln NJW-RR 1994, 869.

[212] Vgl. *Karsten Schmidt* GesR § 54 II 3 c; Schlegelberger/*Karsten Schmidt* RdNr. 60.

[213] BGHZ 95, 188 = BB 1985, 1814 = NJW 1985, 2947; OLG Köln NJW-RR 1994, 869; OLG Oldenburg ZInsO 2005, 826; s. auch bereits LG Hamburg ZIP 1982, 1328, 1329; *Wiedemann,* FS Bärmann, 1975, S. 1043.

[214] Grundlegung bei *Karsten Schmidt,* Einlage und Haftung, S. 57.

[215] *Gursky* DB 1978, 1261 ff.

[216] Vgl. zur Gleichwertigkeit der Haftungsverwirklichung durch Gläubigerbefriedigung oder durch Einlageleistung *Karsten Schmidt* ZGR 1976, 310.

[217] OLG Hamm DStR 1999, 1916 = NZG 2000, 200; OLG Dresden NZG 2004, 1155 = ZIP 2004, 2140; *Karsten Schmidt,* Einlage und Haftung, S. 43 ff., 58 f., 92; *ders.* ZGR 1976, 312; zust. Westermann/*Sassenrath* (2010) RdNr. 2892; Heymann/*Horn* § 171 RdNr. 20; Röhricht/v. Westphalen/*v. Gerkan/Haas* § 171 RdNr. 50.

[218] OLG Hamm DStR 1999, 1916 = NZG 2000, 200.

[219] Zust. Westermann/*Sassenrath* (2010) RdNr. I 2892; Westermann/*Scholz* (2009) RdNr. I 3031; Heymann/*Horn* § 171 RdNr. 20; überflüssig nach Röhricht/v. Westphalen/*v. Gerkan/Haas* § 171 RdNr. 51 (weil die Haftung gar nicht auflebe).

Kommanditisten bereits als haftendes Kapital gutgebracht war. Wäre der Kommanditist nicht ausgeschieden, so stünde dieser Betrag noch haftungsbefreiend auf seinem Kapitalkonto, so dass ein Konflikt mit dem Kapitalsicherungsgedanken nicht auftritt, wenn der ausgeschiedene Kommanditist sein Guthaben im Aufrechnungswege für die Gläubigerbefriedigung zur Verfügung stellt.[220] **Kein** generelles **Aufrechnungsprivileg** gibt es bei der *Umwandlung von Fremdkapital in haftendes Kapital* (RdNr. 55).[221] Enthaftende Wirkung kann dieser Verrechnung nicht zukommen, weil keine freien Mittel in die Bindung als Kommanditkapital überführt werden. Im Allgemeinen kann dagegen ein Darlehen oder eine stille Einlage insoweit, aber auch nur insoweit in haftendes Kommanditkapital „umgewidmet" werden, als die Forderung des Kommanditisten am Umwandlungsstichtag vollwertig ist (RdNr. 55).[222] Hatte das vermeintliche Fremdkapital allerdings nach RdNr. 49 ohnedies schon die Qualität von – ungenau als „stille Einlage" oder als „Darlehen" bezeichnetem – Kommanditkapital, so vollzieht die „Umwandlung" nur nach, was schon galt und ist haftungsrechtlich neutral. Es wird nur eine „bewegliche Kommanditeinlage" der „gebundenen Kommanditeinlage" zugeschrieben.

61 **6. Beweislast.** Die Beweislast für die haftungsbefreiende Leistung trägt der *Kommanditist.*[223] Insbesondere muss in Fällen der Sacheinlage der Kommanditist den Wert der Einlage beweisen.[224] Dasselbe gilt für die Vollwertigkeit bei der Aufrechnung.[225] Ebenso für die Werthaltigkeit einer haftungsbefreienden Einbuchung (RdNr. 44 f.).[226] Im Fall der verdeckten Sacheinlage muss der Kommanditist auch deren Vollwertigkeit darlegen und im Streitfall beweisen (vgl. RdNr. 56).

V. Haftungsschädliche Einlagenrückgewähr (§ 172 Abs. 4 Satz 1)

62 **1. Grundlagen. a) Das Prinzip.** § 172 Abs. 4 Satz 1 bestimmt, dass die Einlage den Gläubigern gegenüber als nicht geleistet gilt, soweit sie „zurückbezahlt" ist. Die Vorschrift handelt ebenso wie die vorangegangenen Bestimmungen nur von dem **Außenverhältnis gegenüber den Gesellschaftsgläubigern** (RdNr. 1). Sie stellt die sich aus § 171 Abs. 1 (1. Halbsatz) ergebende Haftungssituation wieder her. Bis zur Höhe der Haftsumme können die Gesellschaftsgläubiger den Kommanditisten wieder persönlich in Höhe der haftungsschädlichen Rückzahlung in Anspruch nehmen. Den Gläubigern gegenüber kann der Kommanditist nur durch Herabsetzung der Haftsumme nach § 174 befreit werden, und auch dies nur gegenüber den neuen Gesellschaftsgläubigern, nicht auch gegenüber den Altgläubigern. Im *Innenverhältnis* gilt nicht dasselbe. § 172 Abs. 4 enthält **keine den §§ 30, 31 GmbHG entsprechende Regel**. Die Bestimmung behandelt nicht die Frage, ob eine Einlagenrückgewähr gesellschaftsrechtlich zulässig oder unzulässig ist. Im Innenverhältnis ist eine gegen § 172 Abs. 4 verstoßende Auszahlung weder gesetzlich verboten, noch unterliegt sie schon wegen § 172 Abs. 4 der Rückforderung (vgl. demgegenüber für die GmbH & Co. RdNr. 128).[227] Allerdings sind kapitalschmälernde Maßnahmen, die nicht

[220] *Karsten Schmidt,* Einlage und Haftung, S. 159 f.; zust. Heymann/*Horn* § 171 RdNr. 20.

[221] Insbesondere: Umwandlung von Darlehensforderungen oder von typischen stillen Einlagen in Kommanditeinlagen.

[222] *Wiedemann,* FS Bärmann, 1975, S. 1044; weniger streng noch *Karsten Schmidt,* Einlage und Haftung, S. 68 ff.

[223] ROHGE 25, 275, 279; RG LZ 1907, 501; BGH NJW 1984, 2290, 2291 = WM 1984, 893, 895; OLG Nürnberg WM 1961, 124, 126; OLG Köln NJW-RR 1994, 869; OLG Stuttgart NZG 1999, 113, 114; OLG Hamm NZG 2000, 366; *Karsten Schmidt,* Einlage und Haftung, S. 20; *Konietzko* S. 157 f.; Baumbach/*Hopt* § 171 RdNr. 10; GK/*Fahse* § 171 RdNr. 20; Heymann/*Horn* § 171 RdNr. 24; *Keuk* ZHR 135 (1971), 425; Röhricht/v. Westphalen/*v. Gerkan/Haas* § 171 RdNr. 55.

[224] BGH WM 1977, 167, 168 = DB 1977, 394; OLG Nürnberg WM 1461, 124, 126; OLG Hamm NZG 2000, 366; E/B/J/S/*Strohn* § 171 RdNr. 86.

[225] OLG Köln NJW-RR 1994, 869; OLG Oldenburg ZInsO 2005, 826.

[226] BGHZ 101, 123, 127 = BB 1987, 1984, 1985 = NJW 1987, 3185, 3185.

[227] Mißverständlich OLG München NZG 2000, 305 („Verbot der Einlagenrückgewähr"); ein Rückforderungsanspruch kann sich im Insolvenzfall aus den Anfechtungstatbeständen der §§ 129 ff. InsO und des AnfG ergeben.

durch §§ 167, 169 oder durch den Gesellschaftsvertrag gedeckt sind, nicht dem Komplementär als Vertretungsgeschäft überlassen, sondern eine Mitwirkung aller Gesellschafter ist erforderlich. Nimmt der Komplementär, ohne dass die Mitgesellschafter zustimmen, eine **verdeckte Gewinnausschüttung** vor, so wird man neben dem im Aussenverhältnis eingreifenden § 172 Abs. 4 HGB (RdNr. 65 aE) im Innenverhältnis auch **§ 812 BGB** bzw. **gesellschaftsvertragliche Rückforderungsansprüche** anzuwenden haben.[228] Es lebt dann nicht nur die Haftung des Kommanditisten auf, sondern der Gesellschaft steht ein Rückforderungsanspruch zu. Dieser Anspruch ist nicht auf den Betrag der Haftsumme begrenzt. Auch darin unterscheidet er sich von § 172 Abs. 4, mit dem er ggf. konkurriert.

b) Einlagensicherung und Kapitalsicherung. Tatbestandsvoraussetzung der wiederauflebenden Haftung nach § 172 Abs. 4 ist, dass die Einlage dem Kommanditisten „zurückbezahlt" wird. Was dies bedeutet, ist str. Der scheinbar klare Gesetzeswortlaut ist eindeutig zu eng. Bei der haftungsschädlichen Einlagenrückgewähr muss es sich nicht um einen Zahlungsvorgang handeln, schon gar nicht um eine „Rück"Zahlung (man denke an Einbuchungsfälle nach RdNr. 44). Entscheidend muss es auf den Schutzzweck des § 172 Abs. 4 ankommen. Demgemäß wiederholt sich der Streit um „Vertragstheorie" und „Verrechnungstheorie" (RdNr. 46) sinngemäß auch bei § 172 Abs. 4. Die von *Keuk* ZHR 135 (1971) 420 konsequent durchgeführte Vertragstheorie betrachtet nur Rückzahlungen, die als Einlagenrückgewähr (causa societatis) erfolgen, als haftungsschädlich, während die vorherrschende Verrechnungstheorie auf den Entzug von Vermögenswerten abstellt.[229] Richtig ist auch hier eine *Kombination der Vertragstheorie und der Verrechnungstheorie* (RdNr. 46). Der Kommanditist verdient sich Haftungsbefreiung nur, indem er seine Einlage im haftenden Kapital der Gesellschaft belässt. Demgemäß funktioniert § 172 Abs. 4 als Kehrseite des § 171 Abs. 1 als *Einlagen*sicherung und als *Vermögens*sicherung:[230] Der Kommanditist haftet so lange nicht persönlich, wie er der Gesellschaft keine Mittel aus dem gebundenen Vermögen entzieht und ihr die Mittel auch als Einlage, ausgewiesen als haftendes Kapital, belässt. Die Haftung lebt deshalb nach § 172 Abs. 4 auf, wenn dem Kommanditisten Mittel aus dem gebundenen Gesellschaftsvermögen zugeführt werden, die nicht aus ausgewiesenen Gewinnen stammen (vgl. RdNr. 67) oder wenn er zwar die Mittel der Gesellschaft belässt, aber nicht mehr als haftendes Kapital, sondern als Fremdkapital, zB als Darlehen (vgl. RdNr. 73).[231] 63

c) Umfang der Kapitalsicherung. Umstritten ist auch der Umfang der sich aus § 172 Abs. 4 ergebenden Kapitalsicherung. Es kommt auf die **Deckung der Haftsumme** durch den Kapitalanteil des Kommanditisten an (deutlich auch Abs. 4 Satz 2 und dazu RdNr. 77). Demgemäß ist eine Zuwendung an den Kommanditisten so lange haftungsunschädlich, wie sie das Kapitalkonto des Kommanditisten (bzw. den Saldo der Kapitalkonten) nicht unter die Haftsumme drückt.[232] Die Richtigkeit dieser Auffassung ergibt sich aus Abs. 4 Satz 1: Soweit die Einlage zurückgewährt wird, gilt die Einlage den Gläubigern gegenüber als 64

---

[228] Str.; vgl. Scholz/*Emmerich* GmbHG § 29 RdNr. 95 ff., 108; Meinungsüberblick für das GmbH-Recht bei Baumbach/*Hueck/Fastrich* GmbHG § 31 RdNr. 4; *Martin Winter* ZHR 148 (1984), 587 f., der selbst nur einen kapitalgesellschaftlichen Rückgewähranspruch aus § 31 GmbHG bejaht.

[229] Vgl. nur BGHZ 39, 319, 331 = WM 1963, 831, 833 f. = NJW 1963, 1873, 1876; BAG ZIP 1983, 170, 172; *H. Westermann* HdbPersG I (1978) RdNr. 926; Staub/*Schilling* § 172 RdNr. 29.

[230] Vgl. eingehend *Karsten Schmidt,* Einlage und Haftung, S. 72 ff.; *ders.* ZGR 1976, 330 ff.

[231] So bereits *Karsten Schmidt*, Einlage und Haftung, S. 72 ff.; *ders.* ZGR 1976, 307, 330 ff.; Schlegelberger/*Karsten Schmidt* § 172 RdNr. 63, 73; ebenso jetzt MünchHdb. KG/*Neubauer/Herchen* § 30 RdNr. 56; Westermann/*Scholz* (2009) RdNr. 2956; *Koller*/Roth/Morck RdNr. 23 unter bb; Oetker/*Oetker* § 172 RdNr. 19; **aM** zB noch E/B/J/S/*Strohn* § 172 RdNr. 24; Röhricht/von Westphalen/*v. Gerkan/Haas* § 172 RdNr. 29.

[232] Vgl. BGHZ 84, 383 = NJW 1982, 2500 m. Anm. *Karsten Schmidt* = WM 1982, 926, 927; BGHZ 109, 334, 340 = NJW 1990, 1109 = WM 1990, 233; BGH NJW 2009, 2126 = NZG 2009, 746 = ZIP 2009, 1222; Westermann/*Buchholz* (2009) RdNr. 2957; Baumbach/*Hopt* § 172 RdNr. 4; E/B/J/S/*Strohn* § 172 RdNr. 22; FG Hamburg v. 31. 1. 2011 – 2 K 179/09; Heymann/*Horn* § 172 RdNr. 10; *Koller*/Roth/Morck RdNr. 22; Staub/*Schilling* § 172 RdNr. 10; *H. P. Westermann* Vertragsfreiheit S. 288; *Koller,* FS Heinsius, 1991, S. 358 ff.

nicht geleistet. Das bedeutet, dass eine Überdeckung (Einlagekonto höher als Haftsumme) dem Kommanditisten ein „Polster" für haftungsunschädliche Auszahlungen verschafft.[233] Kein solches „Polster" sind dagegen stille Rücklagen (s.u.), so dass bei **Sachentnahmen** deren Verkehrswert und nicht deren Buchwert entscheidet (Beispiel: Rückübereignung eines vor Jahrzehnten eingebrachten Grundstücks); **Entnahmen vom Darlehenskonto** bei voll gedecktem Einlagenkonto sind haftungsunschädlich (Ausnahmen galten bis 2008 für eigenkapitalersetzende Darlehen nach dazu § 172 a aF; dazu 2. Aufl.). Gleichfalls unschädlich sind **Entnahmen oder Zuwendungen auf Kosten des Kapitalkontos**, solange dieses als bewegliches Konto (bei Vorhandensein mehrerer Kapitalkonten: deren Saldo) mindestens in Höhe der Haftsumme aktivisch ist und auch durch die Auszahlung nicht unter den Betrag der Haftsumme gemindert wird. Weniger klar ist die Vorschrift des § 172 Abs. 4 Satz 2. Meint sie die Einlage (sog. Pflichteinlage) oder die Haftsumme? Der Wortlaut („Betrag der geleisteten Einlage") spricht für die Erstere, der Zusammenhang mit § 171 Abs. 1 für die letztere Auffassung: Sobald die Haftsumme nicht mehr im Kapitalkonto des Kommanditisten gedeckt ist, aber auch dann erst, tritt die Haftung durch Entnahmen ein.[234] Nur eine offene oder verdeckte Ausschüttung oder Entnahmen aus dem haftenden Gesellschaftsvermögen, die den Kapitalanteil unter die Haftsumme mindert, ist also (bis zur Höhe der Haftsumme) haftungsschädlich. Ob die **Haftsumme gedeckt** ist, entscheidet sich **nach fortgeführten Buchwerten,** und zwar auch bei einer auf Verlustzuweisung angelegten Publikumsgesellschaft.[235] Das bedeutet: Der Kommanditist darf sich zur Abwehr der Haftung nach § 172 Abs. 4 nicht auf stille Rücklagen berufen.[236] Das stimmt mit der Rechtsprechung zu § 30 GmbHG überein.[237] Nach einer Gegenansicht muss der Kommanditist wie im Fall des § 171 Abs. 1 (RdNr. 45) den Beweis erbringen dürfen, dass der Kapitalanteil in Höhe der Haftsumme unangetastet geblieben ist.[238] Dieses Ergebnis passt zu der bei RdNr. 44 f. nachgewiesenen Rechtsprechung zur haftungsbefreienden Einbuchung, nicht aber zur Rechtslage bei unterbewerteten Einlagen (RdNr. 48). Der BGH geht im Interesse eines wirksamen Gläubigerschutzes mit der Ausschüttung haftungsrechtlich formal und streng um. Das ist rechtspraktisch einleuchtend (im Augenblick der Auszahlung soll deren Haftungsschädlichkeit oder -unschädlichkeit feststellbar sein, und zwar auch ex post) und passt auch zur Schutzvorschrift des § 172 Abs. 5.

65 **d) Maßgeblichkeit der Haftsumme für die Rechtsfolgen.** Die Einlagenrückgewähr führt zu einer nach Maßgabe der Haftsumme begrenzten Haftung des Kommanditisten (vgl. RdNr. 21).[239] Die wieder auflebende **Haftung ist dreifach begrenzt:** durch den ausgezahlten Betrag, durch die enststehende Haftsummen-Unterdeckung und durch die Haftsumme.[240] Der Kommanditist haftet auch dann nur bis zur Höhe der Haftsumme, wenn ihm ein diese übersteigender Betrag ausgezahlt worden ist.[241] Das entspricht der bei RdNr. 21 geschilderten Funktion der Haftsumme. Erhält also ein Kommanditist, dessen Haftsumme in Höhe von 50 000 Euro eingetragen und durch die Kapitalkonten genau gedeckt ist, 100 000 Euro ausgezahlt, so lebt seine Haftung nur in Höhe von 50 000 Euro auf. Ein weiterreichender Rückforderungsanspruch der Gesellschaft kann sich nur im

[233] Vgl. BGHZ 84, 383, 387 = NJW 1982, 2500, 2501 m. Anm. *Karsten Schmidt* = WM 1982, 926 f. jetzt hM, anders früher noch *Karsten Schmidt,* Einlage und Haftung, S. 79 ff. relativiert schon bei Schlegelberger/*Karsten Schmidt* RdNr. 64; *Wiedemann* GesR II § 9 III 5 b.

[234] Eingehend *Koller,* FS Heinsius, 1991, S. 363 ff.

[235] BGHZ 109, 334 = LM § 172 Nr. 15 = NJW 1990, 1109; zust. Baumbach/*Hopt* § 172 RdNr. 8; Heymann/*Horn* § 172 RdNr. 17; *Koller*/Roth/Morck RdNr. 22; Röhricht/v. Westphalen/*v. Gerkan/Haas* § 172 RdNr. 32, 38.

[236] So auch OLG Stuttgart NZG 1999, 113, 115; *Cebulla* DStR 2000, 1921.

[237] Nachweise bei BGHZ 109, 334, 338 = LM § 172 Nr. 15 = NJW 1990, 1109.

[238] Vgl. *Priester* EWiR 1989, 379.

[239] Vgl. *Karsten Schmidt,* Einlage und Haftung, S. 78; Staub/*Schilling* § 171 RdNr. 10.

[240] *Karsten Schmidt* GesR § 54 III 1.

[241] BGHZ 60, 324 = BB 1973, 580 = NJW 1973, 1036; BGHZ 84, 383, 387 = WM 1982, 926, 927 f. = NJW 1982, 2500, 2501; ebenso ausdrücklich Westermann/*Scholz* (2009) RdNr. I 3006; Heymann/*Horn* § 172 RdNr. 15; *Felix* NJW 1973, 492.

Innenverhältnis ergeben (§ 812 BGB; Schadensersatz).[242] Im Fall einer GmbH & Co. kommt auch ein nicht auf die Haftsumme beschränkter Anspruch analog §§ 30, 31 GmbHG in Betracht (RdNr. 127 f.). Diese Innenansprüche haben aber mit der Haftung nach § 172 Abs. 4 nichts zu tun. Vgl. hierzu RdNr. 62.

2. Der Begriff der „Rückzahlung". a) Gesetzesauslegung. Nach Abs. 4 Satz 1 gilt die Einlage als nicht geleistet, soweit sie „zurückbezahlt" ist. Rückzahlung ist nach **hM** jede *Zuwendung an den Kommanditisten,* durch die dem Gesellschaftsvermögen Vermögenswerte ohne angemessene Gegenleistung entzogen werden.[243] Auf eine persönliche Veranlassung seitens des Kommanditisten kommt es nicht an; zB genügt auch eine vom Testamentsvollstrecker veranlasste oder entgegengenommene Auszahlung.[244] Die „Rückzahlung" braucht nicht unbedingt in Geld zu bestehen. *Jede* an den Kommanditisten oder für seine Rechnung an einen Dritten *causa societatis* erbrachte *Leistung* von anderen Vermögenswerten ist eine Einlagenrückgewähr, wenn dadurch das haftende Vermögen der Gesellschaft geschmälert wird. Nach der hier bei RdNr. 63 vertretenen Deutung des § 172 Abs. 4 kommen *zwei Tatbestände* als „Rückzahlungen" iS von § 172 Abs. 4 in Betracht: Einmal die Schmälerung der Eigenmittel der KG und des Kapitalanteils durch Leistung, insbesondere *Auszahlung aus haftendem Kapital,* zum anderen aber auch die Umwandlung *der Einlage in Fremdkapital.* 66

b) § 172 Abs. 4 als Kapitalsicherungsnorm. aa) Grundsatz. § 172 Abs. 4 funktioniert vor allem als **Kapitalsicherungsnorm.**[245] Jede *causa societatis* (also an den Kommanditisten als Gesellschafter) erfolgende *Rückführung von Mitteln aus dem Gesellschaftsvermögen* in das Vermögen des Kommanditisten kann unter Abs. 4 Satz 1 fallen, soweit es sich nicht um ausschüttbaren Gewinn handelt und durch sie die Wertdeckung der Kommanditeinlage unter den Betrag der eingetragenen Haftsumme gedrückt wird (RdNr. 64). Auch ein vom Komanditisten eingezahltes Aufgeld (**Agio**) gibt ihm grundsätzlich nicht die Möglichkeit zu Entnahmen außerhalb dieser Regel.[246] Sofern die Leistung causa societatis, also an den Kommanditisten als Gesellschafter, erfolgt, ist der *Rechtsgrund der Rückzahlung* hierfür im Gegensatz zu RdNr. 72 ohne Belang.[247] Beispielsweise liegt eine haftungsschädliche Rückzahlung vor, wenn die Gesellschaft einen nach § 171 Abs. 1 in Anspruch genommenen Kommanditisten (RdNr. 50) den Haftungsbetrag erstattet und hiernach seine Haftsumme nicht mehr durch seinen Kapitalanteil (sein Kapitalkonto) gedeckt ist.[248] Selbst eine Rückzahlung in Form von Schadensersatz an einen getäuschten Anlegerkommanditisten kann bis zur Höhe der eingetragenen Haftsumme haftungsschädlich sein.[249] Es kommt auch nicht darauf an, ob die Leistung der Gesellschaft an den Kommanditisten zu Lasten des Kapitalkontos dokumentiert worden ist. Entnimmt der Kommanditist unbefugt Gegenstände aus dem Gesellschaftsvermögen, ist er gleichfalls so zu behandeln, als ob ihm die Einlage zurückgezahlt worden sei. Anderenfalls würde er besser gestellt als ein Kommanditist, dem die Gesellschaft die Entnahme der Gegenstände gestattet hat.[250] **Keine Ent-** 67

[242] Westermann/*Scholz* (2009) RdNr. I 3012.

[243] Vgl. BGHZ 39, 319, 331 = WM 1963, 831, 833 f. = NJW 1963, 1873, 1876; BAG ZIP 1983, 170, 172; OLG Düsseldorf GmbHR 1959, 114; OLG Hamm NJW-RR 1995, 489 = (L) GmbHR 1995, 457; NZG 2010, 1298, 1299; GK/*Fahse,* § 172 RdNr. 7; *Koller*/Roth/Morck RdNr. 23; Röhricht/v. Westphalen/*v. Gerkan/Haas* § 172 RdNr. 19; Staub/*Schilling* § 171 RdNr. 9.

[244] BGHZ 108, 187, 197 f. = NJW 1989, 3152, 3155 (mit Einschränkungen durch Beschränkung oder Missbrauch der Vertretungsmacht); dazu auch Baumbach/*Hopt* § 172 RdNr. 6.

[245] *Karsten Schmidt* GesR § 54 III 1; *ders.,* Einlage und Haftung, S. 78 ff.; *ders.* ZGR 1976, 332 ff.; ebenso jetzt *Kirsch* S. 105 ff.

[246] BGH NZG 2007, 822 = ZIP 2007, 2074; BGH NJW-RR 2008, 1065 = NZG 2008, 506 = ZIP 2008, 1175; dazu *Böttcher/Kautzsch* NZG 2008, 583 ff.; krit. *Timme* MDR 2008, 959 ff.; **aM** LG Hamburg NZG 2005, 76; *Bayer/Lieder* ZIP 2008, 809; *Bollensen/Dörner* NZG 2005, 66; differenzierend BGHZ 84, 383, 387 f. = NJW 1982, 2500, 2501.

[247] AM *Keuk* ZHR 135 (1971), 420.

[248] Westermann/*Scholz* (2009) RdNr. 2989; E/B/J/S/*Strohn* § 172 RdNr. 42.

[249] OLG München NJW-RR 2000, 624, 625; **aM** *Zimmer/Cloppenburg* ZHR 171 (2007), 519, 527.

[250] Vgl. Westermann/*Scholz* (2009) RdNr. I 2991; Staub/*Schilling* § 172 RdNr. 29; **aM** *Keuk* ZHR 135 (1971), 420.

nahme aus dem haftenden Kapital der Gesellschaft ist allerdings die Entnahme von einem echten (freien) Darlehnskonto bei voller Deckung der Haftsumme durch die Gesellschafterkonten. **Entgeltliche Drittgeschäfte** der Gesellschaft mit ihren Kommanditisten, auf Grund derer sie ihnen Entgeltleistungen zuführt (Kaufpreis, Zins, Werklohn, etc.) fallen allerdings grundsätzlich nicht unter § 172 Abs. 4, ebenso wenig die Zahlung eines angemessenen Dienstlohns (RdNr. 68). Keine Entnahme ist insbesondere die Zahlung an einen Kommanditisten wegen Darlehns, Kaufpreises etc., sofern keine verdeckte Ausschüttung vorliegt (RdNr. 62, 69). Aber *verdeckte Ausschüttungen* sind, weil „causa societatis" erbracht, Rückzahlungen iS von § 172 Abs. 4 (RdNr. 68).

68 **bb) Verdeckte Ausschüttungen.** Verkehrsgeschäfte zwischen der Gesellschaft und dem Kommanditisten werden der Rückzahlung der Einlage gleichgestellt, wenn sie der Gesellschaft Mittel entziehen und als verdeckte Ausschüttungen betrachtet werden müssen, weil die Gesellschaft einem Dritten einen solchen Vorteil nicht hätte zukommen lassen.[251] Solche Geschäfte werden, obgleich formal Drittgeschäfte, als Zuwendungen "causa societatis" angesehen. Nach FG Nürnberg DStRE 2003, 1354 ist, wenn Zweifel über den Rechtsgrund bestehen, eine Leistung causa societatis zu vermuten. Der einem Kommanditisten solcherart zugewandte Vorteil (überhöhter Kaufpreis, Werklohn, Zins, Mietzins etc. oder umgekehrt eine entsprechende Ersparnis; überhöhter oder umgekehrt unangemessen niedriger Zins etc.) gilt als Zuwendung causa societatis und damit als „Rückzahlung der Einlage". Unter Abs. 4 Satz 1 fällt auch eine *unangemessen hohe Tätigkeitsvergütung.*[252] Eine ältere Gerichtspraxis verfuhr noch strenger: Sofern nicht § 733 Abs. 2 Satz 3 BGB jedenfalls stillschweigend abbedungen war, wurde jede Tätigkeitsvergütung als Gewinnauszahlung angesehen und sollte deshalb haftungsschädlich sein.[253] Diese Rechtsprechung ist überholt. Um verbleibende Risiken zu vermeiden, sollte die Tätigkeitsvergütung ausdrücklich als Dienstleistungsentgelt vereinbart werden; dazu wird zweckmäßigerweise, wenn auch nicht notwendig, neben dem Gesellschaftsvertrag ein besonderer schriftlicher Dienstvertrag abgeschlossen.[254] Ein solcher Vertrag dokumentiert, dass die Zahlung, soweit angemessen, aufgrund eines haftungsneutralen Austauschvertrags erfolgt. Wer ein übriges tun will, kann im Gesellschaftsvertrag regeln, dass die Vergütungen handelsrechtlich als Aufwand zu behandeln sind und auch in Verlustjahren zu bezahlen sind.[255] Diese Praxis sollte auch auf Pensionszusagen ausgedehnt werden. Unangemessen hohe Tätigkeitsvergütungen bleiben als verdeckte Gewinnausschüttungen auch dann haftungsschädlich, wenn der Dienstvertragscharakter klargestellt ist.

69 **cc) Kreditgewährung?** Umstritten ist, ob **Kreditgewährung an den Kommanditisten** eine Einlagenrückgewähr sein kann.[256] Dieselbe Frage stellt sich, wenn die Gesellschaft dem Kommanditisten nicht selbst Kredit gewährt, aber einem dritten Kreditgeber (idR einer Bank) dingliche Sicherheiten aus Gesellschaftsvermögen bestellt oder sich für die Kreditverbindlichkeit des Gesellschafters verbürgt.[257] Das Problem ist von § 30 GmbHG bekannt und war dort lebhaft umstritten.[258] BGHZ 157, 72 = NJW 2004, 111 hatte sie

[251] OLG Hamm NJW-RR 1995, 489 = (L) GmbHR 1995, 457; NZG 2010, 1298, 1300; FG Nürnberg DStRE 2003, 1354; *Karsten Schmidt* GesR § 54 III 2 a bb; E/B/J/S/*Strohn* § 172 RdNr. 25; Oetker/*Oetker* § 172 RdNr. 20.

[252] Vgl. BAG WM 1983, 514 = ZIP 1983, 170; *Karsten Schmidt* GesR § 54 III 2 b; *ders.*, Einlage und Haftung, S. 63, 87; Westermann/*Scholz* (2009) RdNr. 2983; Oetker/*Oetker* § 172 RdNr. 21; *Priester* DB 1975, 1878 ff.; s. auch *Riegger* DB 1983, 1909 ff.; *Bork* AcP 184 (1984) 483 ff.

[253] Vgl. OLG Celle OLGZ 1973, 343 ff.; OLG Hamm DB 1977, 717 f.; dazu *Karsten Schmidt,* Einlage und Haftung, S. 59 ff.; für die GmbH & Co. **aM** *Riegger* DB 1983, 1911; *Bork* AcP 184 (1984), 486 ff.; generell **aM** *Priester* DB 1975, 1878 ff.

[254] Wie hier MünchHdb. KG/*Neubauer* § 30 RdNr. 54; zur zweckmäßigen Vertragsformulierung *Priester* DB 1975, 1880.

[255] BFH DStR 1999, 104, 105.

[256] Bejahend Schlegelberger/*Geßler,* 4. Aufl. 1963, § 171 RdNr. 14; verneinend Schlegelberger/*Karsten Schmidt* RdNr. 69.

[257] Bejahend BGH BB 1976, 383; Heymann/*Horn* § 172 RdNr. 12; Staub/*Schilling* § 172 RdNr. 14; differenzierend *Kirsch* S. 118 ff.

[258] Überblick bei *Karsten Schmidt* GesR § 37 III 6 b; Baumbach/*Hueck/Fastrich* GmbHG, § 30 RdNr. 54 ff.; *Saenger/Koch* ZGR 2004, 271 ff.

in dem Sinne entschieden, dass die Ausreichung eines Darlehens an den Gesellschafter eine nach § 30 GmbHG verbotene Auszahlung sein kann. Eine Parallelbehandlung des § 172 Abs. 4 lag nahe. Der Bundesfinanzhof hatte dies nicht generell entschieden und auf die Tatfrage im Einzelfall verwiesen.[259] Richtig ist, dass diese Maßnahmen das Gesellschaftsvermögen gefährden und den Gläubigerschutz auf den Plan rufen können. Hier wurde dagegen eine bilanzielle Sichtweise vertreten, die nunmehr durch **§ 30 Abs. 1 Satz 2 GmbHG i.d.F. des MoMiG** argumentativ bestätigt wird: Sofern die Forderung gegen den Kommanditisten vollwertig ist, liegt ein bloßer Aktivenaustausch vor, also keine Einlagenrückgewähr.[260] Die Kreditgewährung an einen Kommanditisten ist Mittelverwendung durch die Gesellschaft, nicht Rückführung der Einlage. Auch die Besicherung eines durch den Kommanditisten bei einem Dritten in Anspruch genommenen Kredits durch Sicherheiten am Gesellschaftsvermögen ist keine Rückzahlung, wenn der Freistellungsanspruch der Gesellschaft vollwertig ist.[261] Die Verwertung der Sicherheit oder Leistung an den Gläubiger eines Kommanditisten (RdNr. 70) ist dagegen stets Rückzahlung iS von Abs. 4. Auch ein unangemessener Zinsvorteil ist als verdeckte Ausschüttung eine Einlagenrückgewähr iS von § 172 Abs. 4 (RdNr. 68), dies aber nur in Höhe der ersparten Zinsen (im Fall der Kreditbesicherung: der ersparten Avalprovision).

dd) Zahlungen der Gesellschaft an Dritte können haftungsschädliche Kapitalrück- 70
flüsse sein.[262] Das gilt zunächst immer dann, wenn die Gesellschaft auf Weisung des Kommanditisten für dessen Rechnung an einen Dritten zahlt. Ebenso nach BGHZ 47, 149 = NJW 1967, 1321 = WM 1967, 415, wenn die Gesellschaft das Vermögen zugunsten eines Dritten verkürzt und der Dritte es übernimmt, eine entsprechende Zahlung an den Kommanditisten zu leisten.[263] Auch die **Befriedigung einer Bank** in Erfüllung einer von der Gesellschaft für einen **Privatkredit** des Kommanditisten gestellten Kreditsicherheit wird im Verhältnis zum Kommanditisten als Zahlung an ihn gewertet. Die Leistung der KG an eine dritte Gesellschaft ist dagegen nur gleichzustellen, wenn der Kommanditist auf sie durch Geschäftsführung einen maßgeblichen Einfluss hat.[264] **Steuern,** die der Gesellschafter nach § 15 EStG auf thesaurierte Gewinne zahlen muss, zahlt er bei wirtschaftlicher Betrachtungsweise für Rechnung der Gesellschaft. Deshalb steht ihm ein Steuerentnahmerecht zu (str.; vgl. § 122 RdNr. 58 ff.), und diese Entnahme wird haftungsrechtlich wie Aufwendungsersatz nach § 110 behandelt. Sie löst deshalb **keine Haftung nach § 172 Abs. 4 aus.**[265] Die Zahlung privater Steuern aus dem KG-Vermögen ist demgegenüber haftungsschädlich.[266]

ee) Rückzahlungen aus dem Komplementärvermögen. Sie stehen einer Einlagen- 71
rückgewähr grundsätzlich nicht gleich.[267] Nach BGHZ 93, 246 = NJW 1985, 1776, WM 1985, 455 lebt die Haftung der Kommanditisten nicht wieder auf, wenn statt der Gesell-

[259] BFH/N 2004, 1060.

[260] So jetzt auch Westermann/*Scholz* (2009) RdNr. 2987; *Koller*/Roth/Morck RdNr. 23; wohl auch OLG Hamm NZG 2010, 1298, 1300.

[261] Sinngemäß ebenso, jedoch auf die Vollwertigkeit des Kredit-Rückforderungsanspruchs des Dritten abstellend, Westermann/*Scholz* (2009) RdNr. 2988c.

[262] Eingehend *Canaris,* FS Fischer, 1979, S. 31 ff.; *Kirsch* S. 153 ff.; vgl. auch BGH WM 1976, 130 = BB 1976, 383 = NJW 1976, 751; *G. Hueck* GesR § 18 VI 3 b; Baumbach/*Hopt* § 172 RdNr. 6; E/B/J/S/*Strohn* § 172 RdNr. 36; Staub/*Schilling* § 172 RdNr. 9; vgl. auch *Kirsch* S. 153 ff.

[263] Ebenso Baumbach/*Hopt* § 172 RdNr. 6; Heymann/*Horn* § 172 RdNr. 12; Röhricht/v. Westphalen/*v. Gerkan* § 172 RdNr. 25; vgl. auch zum kapitalersetzenden Darlehen BGHZ 81, 365 = WM 1981, 1270 = NJW 1982, 386.

[264] BGH NJW 2009, 2378 = NZG 2009, 825 = ZIP 2009, 1273.

[265] Vgl. *Karsten Schmidt,* FS Arbeitsgemeinschaft der Fachanwälte für Steuerrecht, 1999, S. 193 ff.; **aM** wohl OLG Hamm NZG 2010, 1298, 1299.

[266] BGHZ 60, 324, 327 = WM 1973, 507, 508 = NJW 1973, 1036, 1037.

[267] BGHZ 93, 246 = NJW 1985, 1778 = WM 1985, 422; MünchHdb. KG/*Neubauer/Herrchen* § 30 RdNr. 60; Westermann/*Scholz* (2009) RdNr. 2961; Baumbach/*Hopt* § 172 RdNr. 7; Heymann/*Horn* § 172 RdNr. 13; *Koller*/Roth/Morck RdNr. 25; Röhricht/v. Westphalen/*v. Gerkan/Haas* § 172 RdNr. 26; Schlegelberger/*Karsten Schmidt* RdNr. 71; eingehend *Kirsch* S. 149 ff.

schaft der Komplementär aus seinem Vermögen Auszahlungen an den (ausgeschiedenen) Kommanditisten vornimmt. Anders verhält es sich nach dieser Entscheidung, wenn der Komplementär für Rechnung der Gesellschaft handelt und bei dieser Rückgriff nehmen kann;[268] anders ferner auch, wenn der Komplementär wegen Ausscheidens aller Kommanditisten Rechtsnachfolger der Gesellschaft ist.[269] Damit ist die umstrittene Frage verneint, ob sonstige Leistungen aus dem Vermögen des Komplementärs[270] oder sogar Zahlungen aus dem Vermögen eines haftenden Kommanditisten[271] haftungsschädlich sind.[272] Bei BGH WM 1977, 917, 919 war die Frage noch ausdrücklich offen gelassen, und auch für die Kapitalaufbringung hatte der BGH noch nicht entschieden, ob Komplementärvermögen und Gesellschaftsvermögen als Einheit zu sehen sind.[273] Nur für die sog. Pflichteinlage hatte BGH WM 1978, 1228 festgestellt, dass die Rückzahlung aus dem Komplementärvermögen keinen Anspruch der Gesellschaft auf Rückerstattung der Einlage entstehen lässt. Mit § 172 Abs. 4 hatte das nichts zu tun. Diese Haftungsproblematik kann durch das eingangs dieser RdNr. 71 angeführte BGH-Urteil als geklärt gelten. Man wird aber ein Aufleben der Kommanditistenhaftung jedenfalls dann bejahen müssen, wenn die Zahlung für Rechnung der Gesellschaft als Abfindungszahlung erfolgt.[274] Streng von Abfindungszahlungen zu unterscheiden sind **Kaufpreiszahlungen bei der Anteilsübertragung.** Zu den Haftungsproblemen in diesen Fällen vgl. § 173 RdNr. 24 ff. Haben die Gesellschafter die Technik des Austritts und Eintritts gewählt und findet der Neukommanditist, statt seine Einlage in das Gesellschaftsvermögen zu zahlen, den Altkommanditisten für Rechnung der Gesellschaft ab, so hat sich der Neukommanditist durch Leistung an einen Dritten befreit, während der Altkommanditist nach § 172 Abs. 4 Satz 1 haftet.[275] Ist der Komplementär eine GmbH, so kann die Abfindung auch Rückzahlungsansprüche aus § 31 GmbHG begründen (RdNr. 128).

72 **c) § 172 Abs. 4 als Einlagensicherungsnorm. aa) Grundsatz.** Außer als Kapitalsicherungsnorm funktioniert § 172 Abs. 4 Satz 1 auch als **Einlagensicherung** (RdNr. 63).[276] Nur solange die haftungsbefreiende Einlage der Gesellschaft auch als **haftendes Kapital** belassen wird, befreit sie den Kommanditisten von der Haftung. Rückzahlung ist zweifellos *jede auf Kosten des Kapitalkontos erfolgende Auszahlung.* Sie bleibt auch dann eine Rückzahlung, wenn der Gesellschafter die ausgezahlten Mittel der Gesellschaft als Kredit wieder zuführt. Eine *Umwandlung der Einlage in Fremdkapital* – zB in eine Darlehensschuld der Gesellschaft oder in eine typische stille Einlage – bedeutet eine Herausnahme aus dem haftenden Kapital und damit eine „Rückzahlung" iS des § 172 Abs. 4 Satz 1.[277] Das wirkt sich insbesondere bei effektiven Kapitalherabsetzungen sowie bei ausgeschiedenen Kommanditisten aus: Die *Umbuchung auf ein echtes Darlehenskonto* des (ausgeschiedenen) Kommanditisten stellt im haftungsrechtlichen Sinne eine Rückzahlung der Einlage dar. Das gilt nicht nur im Fall des Ausscheidens aus der KG (RdNr. 73),

[268] Baumbach/*Hopt* § 172 RdNr. 7; Heymann/*Horn* § 172 RdNr. 13; *Koller*/Roth/Morck RdNr. 25; Röhricht/v. Westphalen/*v. Gerkan/Haas* § 172 RdNr. 26; Staub/*Schilling* § 172 RdNr. 13.

[269] BGHZ 61, 149 = WM 1973, 1115 = BB 1973, 1190 = NJW 1973, 1878; vgl. schon Düringer/Hachenburg/*Flechtheim* § 172 Anm. 9; Staub/*Schilling* § 172 RdNr. 13; s. auch BGH WM 1976, 130, 132 = NJW 1976, 751, 752.

[270] So *Steckhan* DNotZ 1974, 73; *Riegger* BB 1975, 1284.

[271] *Riegger* BB 1975, 1284.

[272] Bejahend OLG Frankfurt NJW 1963, 545 f.; verneinend schon vorher GroßkommHGB/*Schilling,* 3. Aufl. 1970, § 172 Anm. 30; eingehend *Karsten Schmidt,* Einlage und Haftung, S. 100 ff.

[273] BGH LM § 171 Nr. 19 = BB 1981, 1909 = DNotZ 1981, 702, 703.

[274] Auch dies deutet sich aaO in der BGH-Entscheidung an; vgl. weiter Staub/*Schilling* § 172 RdNr. 13; im Kehrschluss auch Röhricht/v. Westphalen/*v. Gerkan/Haas* § 172 RdNr. 26.

[275] Eingehend *Bälz* BB 1977, 1481 ff.

[276] *Karsten Schmidt* GesR § 54 III 2 a aa; *ders.,* Einlage und Haftung, S. 72 ff.; *ders.* ZGR 1976, 330 ff.; ebenso jetzt *Kirsch* S. 90 ff.

[277] Vgl. eingehend ebd.; vgl. bereits Schlegelberger/*Karsten Schmidt* RdNr. 72; richtig auch *Koller*/Roth/Morck RdNr. 23; *Keuk* ZHR 135 (1971), 420 ff.; anders die hM vor allem beim ausgeschiedenen Kommanditisten; vgl. Baumbach/*Hopt* § 172 RdNr. 7; Heymann/*Horn* § 172 RdNr. 10; Röhricht/v. Westphalen/*v. Gerkan/Haas* § 172 RdNr. 29; Staub/*Schilling* § 172 RdNr. 14.

sondern zB auch im Fall einer Herabsetzung der Haftsumme nach § 174 (zur Nachhaftung in diesem Fall vgl. §§ 174, 175 RdNr. 19). Der Kommanditist kann sich allerdings im Insolvenzfall durch Aufrechnung von der wieder aufgelebten Haftung befreien (RdNr. 111). Folgt man RdNr. 43, so kann der Kommanditist das stehengebliebene Darlehenskonto auch für die Leistung einer bloßen „Hafteinlage" verwenden, die dann besonders zu verbuchen ist (RdNr. 43).

bb) Ausgeschiedener Kommanditist. Eine vollständige oder teilweise Rückzahlung der Einlage liegt auch vor, wenn die Gesellschaft dem aus der Gesellschaft ausgeschiedenen Kommanditisten sein Abfindungsguthaben oder bei Auflösung der Gesellschaft sein Auseinandersetzungsguthaben ausgezahlt hat.[278] Der ausgeschiedene Kommanditist kann sich gegenüber den Gläubigern auch nicht auf einen nur intern wirkenden Freistellungsanspruch berufen.[279] Die Rechtsfolge des § 172 Abs. 4 tritt jedoch nach §§ 161 Abs. 2, 160 Abs. 1 nur gegenüber den Gesellschaftsgläubigern ein, deren Ansprüche vor dem Ausscheiden des Kommanditisten und dessen Eintragung im Handelsregister begründet waren (vgl. RdNr. 18). Nach wohl noch **hM** unterliegt der ausgeschiedene Kommanditist der Haftung nach § 172 Abs. 4 Satz 1 erst, wenn der **Abfindungsbetrag** an ihn **ausgezahlt** ist.[280] Dies entspricht dem Wortlaut des § 172 Abs. 4 und scheint auch dem Sinn und Zweck der Bestimmung zu entsprechen, die erst die Ausschüttung unter Haftungsrisiko stellt. Insbesondere wenn die Auszahlung eines Kredits an den Gesellschafter als Einlagenrückgewähr angesehen wird (dazu aber RdNr. 69), liegt es nahe, eine Rückzahlung zu verneinen, solange umgekehrt der Kommanditist seine Einlage als Darlehen stehen lässt. Nach RdNr. 43 kann dem zugestimmt werden, soweit der ausgeschiedene Kommanditist, obwohl nicht mehr Inhaber eines Kapitalkontos, noch eine „Hafteinlage" bei der Gesellschaft hält.[281] Diese wird in der Bilanz nicht als bloße Abfindungsforderung ausgewiesen. Anders verhält es sich, wenn die Einlage in eine Darlehensforderung oder in eine stille Einlage, also in Fremdkapital, umgebucht wird.[282] Nach RdNr. 63 kommt dem Kommanditisten als haftungsbefreiend nur zugute, was er als Einlage, nicht als Fremdkapital, bei der Gesellschaft hält. Es ist betriebswirtschaftlich und juristisch unmöglich, dass dieselbe Summe als vollgültige Auszahlungsforderung eines Nicht-Gesellschafters die Gesellschaft belastet, folglich im Insolvenzfall eine Insolvenzforderung darstellt und gleichzeitig als Haftkapital der Gesellschaft zur Verfügung steht. Mit der vom Verfasser begründeten, nunmehr vorgedrungenen Auffassung ist deshalb die Umbuchung der Abfindungsforderung vom Kapitalkonto des Kommanditisten eine Zurückzahlung iS von § 172 Abs. 4 Satz 1.[283] Diese Lösung führt nicht zu einer unentrinnbaren „Risikokumulation" in dem Sinne, dass der Ausgeschiedene nichts erhält und doch haftet,[284] sondern sie ermöglicht im Insolvenzverfahren eine Aufrechnung zwischen dem Abfindungsanspruch und dem nach § 171 Abs. 2 in die Masse zu zahlenden Haftungsbetrag (RdNr. 111).[285] Der Ausgeschiedene braucht dann nichts zu zahlen und kann ein die Haftsumme übersteigendes Auseinandersetzungs- 73

---

278 ROHGE 25, 275, 278; RGZ 64, 77, 81; Baumbach/*Hopt* § 172 RdNr. 6; Heymann/*Horn* § 172 RdNr. 19; Staub/*Schilling* § 172 RdNr. 14.

279 BGH WM 1976, 809.

280 BGHZ 39, 319, 331; OGH GesRZ 2002, 83; *Wiedemann* GesR II § 9 III 5 a; Baumbach/*Hopt* § 172 RdNr. 6; Düringer/Hachenburg/*Flechtheim* § 172 Anm. 10; E/B/J/S/*Strohn* § 172 RdNr. 24, 39; Heymann/*Horn* § 172 RdNr. 19; Röhricht/v. Westphalen/*v. Gerkan/Haas* § 172 RdNr. 29; Staub/*Schilling* § 172 RdNr. 14; *Fischer* LM § 171 Nr. 2/3/4; *Schneider/Schneider* ZGR 1972, 67; *Wiedemann,* FS Bärmann, 1975, S. 1044 f.

281 So jetzt auch Westermann/*Scholz* (2009) RdNr. I 2956, I 3031; *Koller*/Roth/Morck RdNr. 29.

282 Ebenso *Koller*/Roth/Morck RdNr. 29.

283 *Karsten Schmidt,* Einlage und Haftung, S. 74 f., 121 f.; *ders.* ZGR 1976, 330 ff.; *ders.*, in: Schlegelberger RdNr. 63, 73; zust. *Konietzko* S. 109 f.; *Cebulla* DStR 2000, 1922; vgl. jetzt MünchHdb, KG/*Neubauer/Herchen* § 30 RdNr. 56, 61; Westermann/*Scholz* (2009) RdNr. 2956, 3031; *Koller*/Roth/Morck RdNr. 29; Oetker/*Oetker* § 172 RdNr. 19.

284 So *Gursky* DB 1978, 1264.

285 *Karsten Schmidt* GesR § 54 III 2 a aa; *ders.,* Einlage und Haftung, S. 76, 122; Schlegelberger/*Karsten Schmidt* RdNr. 73; Westermann/*Scholz* (2009) RdNr. 3031.

guthaben – aber auch nur dieses! – als Insolvenzforderung zur Tabelle anmelden.[286] Zu den ganz anderen **Haftungsfragen bei der Anteilsübertragung** vgl. § 173 RdNr. 24 ff., 29 ff.

74 **3. Beweislast.** Die Beweislast für ein Wiederaufleben der Haftung nach Abs. 4 trägt nach der vormals herrschenden Ansicht derjenige, der die Kommanditistenhaftung geltend macht, also der Gesellschaftsgläubiger bzw. im Fall des § 171 Abs. 2 der Insolvenzverwalter.[287] Zunehmend setzt sich aber die hier begründete *differenzierende Ansicht* durch: Dass Ausschüttungen stattgefunden haben, muss der Gläubiger bzw. der Insolvenzverwalter darlegen und beweisen, der ein Aufleben der Kommanditistenhaftung geltend macht. Dass eine Ausschüttung haftungsunschädlich war, weil sie nicht aus dem zur Deckung der Haftsumme des Kommanditisten erforderlichen Vermögen erfolgte, hat im Streitfall der Kommanditist zu beweisen.[288] Dieser Beweis muss idR unter Zuhilfenahme von Bilanzen erbracht werden (RdNr. 64). Zur Frage, ob sich der Kommanditist auch auf stille Rücklagen berufen kann, vgl. RdNr. 64.

75 **4. Erlöschen der Haftung.** Die Haftung erlischt, soweit die „zurückbezahlte" (§ 172 Abs. 4) Einlage wieder „geleistet" wird (§ 171 Abs. 1).[289] Die Voraussetzungen bestimmen sich nach RdNr. 41 ff. Insbesondere die Auffüllung des Kapitalkontos nach § 169 Abs. 1 Satz 2 lässt die Kommanditistenhaftung wieder enden. Auch ein ausgeschiedener Kommanditist kann, obwohl er keine Einlage iS eines Gesellschafterbeitrags mehr zu leisten hat, nach der hier vertretenen Auffassung noch haftungsbefreiend „auf die Einlage" leisten (RdNr. 43). Dagegen erlischt die Haftung nicht durch Auflösung oder Umwandlung der Gesellschaft. Vielmehr bleibt sie in diesen Fällen als zeitlich begrenzte Nachhaftung bestehen (§§ 159, 161 Abs. 2 HGB, §§ 45, 224 UmwG). Die Haftung bleibt Außenhaftung. Sie wandelt sich auch bei einem Formwechsel in eine AG oder GmbH nicht in einen Anspruch nach § 62 AktG bzw. § 31 GmbHG um.[290] Die Haftung eines durch echten Austritt ausgeschiedenen Kommanditisten (RdNr. 73) kann nicht nach § 171 Abs. 1, aber auf ähnliche Weise wieder beseitigt werden, wenn man mit RdNr. 43 die Bildung einer besonderen „Hafteinlage" für den ausgeschiedenen Kommanditisten zulässt. Anders verhält es sich bei der Anteilsübertragung (§ 173 RdNr. 24 ff.). Hier tritt keine Verdoppelung der Haftsumme ein, und der Anteilsveräußerer wird von seiner im Veräußerungszeitpunkt etwa schon bestehenden Kommanditistenhaftung frei, wenn der Anteilserwerber die ungedeckte Einlage einzahlt (§ 173 RdNr. 31). Während die Haftung eines ausgeschiedenen Kommanditisten der Enthaftungsfrist des § 160 unterliegt (RdNr. 18, § 160 RdNr. 21), gibt es während des Bestehens der Kommanditmitgliedschaft keine zeitliche Begrenzung zugunsten des Kommanditisten. Einer nach § 172 Abs. 4 durch Rückzahlung aufgelebten Haftung können durch zeitlich unbegrenzt unverjährte Neuverbindlichkeiten der Gesellschaft unterlegt werden.

VI. Haftungsschädliche Gewinnentnahme (§ 172 Abs. 4 Satz 2, 3)

76 **1. Zusammenhang mit § 169 Abs. 1 Satz 2. a) Innenverhältnis (Kapitalkonto).** § 169 Abs. 1 Satz 2 Halbsatz 2 bestimmt, dass der Kommanditist die Auszahlung des auf ihn entfallenden Gewinns nicht fordern kann, solange sein Kapitalanteil durch Verluste unter den auf die bedungene Einlage geleisteten Betrag herabgemindert ist oder durch die Auszahlung unter diesen Betrag herabgemindert werden würde. Dieser Gewinn soll zur Deckung eines etwa bestehenden Passivsaldos bzw. zur Auffüllung eines geminderten Kapi-

[286] Im Ergebnis ebenso *Gursky* DB 1978, 1264, der nachweist, dass dieses Ergebnis auch auf der Basis der hM erzielbar ist.

[287] Düringer/Hachenburg/*Flechtheim* § 172 Anm. 18; für volle Beweislast des Kommanditisten *Konietzko* S. 161 ff.; *Keuk* ZHR 135 (1971), 425 f.; dagegen aber *Karsten Schmidt,* Einlage und Haftung, S. 20 f.

[288] Ebenso jetzt E/B/J/S/*Strohn* § 172 RdNr. 55; Oetker/*Oetker* § 172 RdNr. 30; Röhricht/v. Westphalen/*v. Gerkan/Haas* § 172 RdNr. 55.

[289] *Koller*/Roth/Morck RdNr. 28.

[290] Unrichtig *Fischer* BB 1995, 2175, 2178.

talanteils verwandt werden. Es handelt sich hierbei um die *Kapitalbindung im Innenverhältnis* (dazu jetzt auch § 169 RdNr. 3 ff.). Deshalb ist auch das Wort Einlage in § 169 Abs. 1 Satz 2 wörtlich – also iS von „Pflichteinlage" nach der traditionellen Terminologie – zu verstehen.[291] Die Regelung des § 169 ist allerdings dispositiv. Die Gesellschafter können sowohl durch Gesellschaftsvertrag als auch durch Gesellschafterbeschluss von ihr abweichen (§ 169 RdNr. 9). Dagegen ist § 172 Abs. 4 zwingend (RdNr. 77).

b) Außenverhältnis (Haftung). § 172 Abs. 4 Satz 2 betrifft nicht die dispositive Kapitalbindung im Innenverhältnis, sondern ist eine *zwingende Regelung des Außenverhältnisses.*[292] Die Bestimmung ist als Erweiterung des zu eng formulierten Satzes 1 formuliert. Der Sache nach enthält sie *nur eine Erläuterung der in Satz 1 enthaltenen Haftungsbestimmung* (der Gesetzgeber hielt die Bestimmung für notwendig, weil er sich die Rückzahlung der „Einlage" noch gegenständlich von Gewinnauszahlungen unterscheidbar vorstellte). Wenn die Gesellschafter entgegen § 169 Abs. 4 Satz 2 Gewinne auskehren, fließen dem Kommanditisten aus dem Vermögen der Gesellschaft Leistungen zu, die das Gesellschaftsvermögen mindern. Abs. 4 Satz 2 bestimmt deshalb, dass die Einlage den Gesellschaftsgläubigern gegenüber nicht als geleistet gilt, soweit ein Kommanditist Gewinnanteile entnimmt, während sein Kapitalanteil durch Verlust unter den Betrag der geleisteten Einlage herabgemindert ist oder soweit durch die Entnahme der Kapitalanteil unter den bezeichneten Betrag herabgemindert wird. Nach dem Gesetzeswortlaut könnte eine Ausschüttung bereits dann haftungsschädlich sein, wenn das Kapitalkonto den Betrag der geleisteten Einlage, nicht notwendig der Haftsumme sinkt. Aber dies wird der zwingenden Ausgestaltung des § 172 Abs. 4 und seinem Zusammenhang mit § 171 Abs. 1 nicht gerecht (RdNr. 64), dessen Terminologie gleichfalls ungenau ist (RdNr. 6 f.). Abs. 4 Satz 2 ist deshalb dahin zu lesen, dass an die Stelle der „geleisteten Einlage" die **Haftsumme** tritt (auch dazu RdNr. 64). Auszahlungen, die nicht auf Kosten des zur Deckung der Haftsumme erforderlichen Kapitalkontos gehen, sind haftungsunschädlich. 77

2. Voraussetzungen der haftungsschädlichen Gewinnentnahme. a) Entnahme von Gewinnanteilen. Es muss sich um eine Entnahme von Gewinnanteilen handeln. Die Entnahme bloßer Scheingewinne ist ohnedies schon eine (ggf. aber nach Abs. 5 privilegierte) Einlagenrückzahlung nach § 172 Abs. 4 Satz 1.[293] Die Vorschrift ist entsprechend anzuwenden, wenn dem Kommanditisten zwar nicht Gewinne, wohl aber vereinbarte *Zinsen* auf seinen Kapitalanteil ausgezahlt werden.[294] Da Abs. 4 Satz 2 nur klarstellende Bedeutung hat (RdNr. 77), ist die Abgrenzung zu Satz 1 folgenlos. Als „Entnahme" ist richtigerweise auch schon die Umbuchung auf ein freies Fremdkapitalkonto (Darlehnskonto) anzusehen (str.; vgl. RdNr. 63, 73). Über Steuerentnahmen vgl. RdNr. 70. 78

b) Verminderung unter den Betrag der Haftsumme. Der Kapitalanteil muss durch Verlust unter den Betrag der „geleisteten Einlage" herabgemindert sein oder durch die Gewinnentnahme herabgemindert werden.[295] Ob dies der Fall ist, wird nach der Bilanz festgestellt.[296] „Einlage" bedeutet hier so viel wie *Haftsumme* (RdNr. 64, 77). Ist die vereinbarte Einlage (sog. Pflichteinlage) größer als die Haftsumme (RdNr. 22), so kann eine Entnahme, auch wenn nach § 169 unzulässig, haftungsunschädlich sein, sofern die Entnahme das Kapitalkonto nicht unter die Haftsumme mindert (vgl. sinngemäß RdNr. 64). Umgekehrt kann bei niedrigerer Einlage eine Gewinnentnahme nach § 169 zulässig sein, während sie den Gesellschaftsgläubigern gegenüber als Rückzahlung gilt, weil das Kapital- 79

291 Vgl. Röhricht/v. Westphalen/*v. Gerkan/Haas* § 172 RdNr. 38.

292 Staub/*Schilling* § 172 RdNr. 15.

293 RG Gruch 37 (1893), 1161, 1163; vgl. auch RGZ 37, 82, 85 f. und RdNr. 81; vgl. weiter Heymann/*Horn* § 172 RdNr. 22; Röhricht/v. Westphalen/*v. Gerkan/Haas* § 172 RdNr. 40; Staub/*Schilling* § 172 RdNr. 16; zwischen Satz 1 und 2 differenzierend E/B/J/S/*Strohn* § 172 RdNr. 45.

294 Vgl. Heymann/*Horn* § 172 RdNr. 17; Röhricht/v. Westphalen/*v. Gerkan/Haas* § 172 RdNr. 37; Staub/*Schilling* § 172 RdNr. 15.

295 BGH NJW 2009, 2126 = NZG 2009, 746 = ZIP 2009, 1222.

296 BGH NJW 2009, 2126 = NZG 2009, 746 = ZIP 2009, 1222.

konto unter die höhere Haftsumme gemindert wird. Ob die Gewinnentnahme auf Kosten des zur Deckung der Haftsumme erforderlichen Kapitalanteils erfolgt, wird nach den bei RdNr. 64 geschilderten Regeln aufgrund einer Erfolgsbilanz zu fortgeführten Buchwerten beurteilt. Hierbei bleiben aber Erträge, die auf der Aktivierung selbst geschaffener immaterieller Wirtschaftsgüter beruhen (§ 248 Abs. 2),[297] unberücksichtigt, soweit sie im Fall einer Kapitalgesellschaft der Ausschüttungssperre nach § 268 Abs. 8 unterlägen (**§ 172 Abs. 4 Satz 3**).

80 c) **Maßgeblichkeit der Haftsumme.** *Abs. 4 Satz 2 kann nicht zu einer Erhöhung der Haftsumme führen* (vgl. auch RdNr. 21).[298] Nach einer früher vertretenen Ansicht soll Abs. 4 Satz 2 entsprechend gelten, wenn der Kommanditist auf seine Hafteinlage überhaupt noch nichts geleistet hat, aber trotz bereits erlittener Verluste späteren Gewinn entnimmt, ohne zuvor seinen Passivsaldo ausgeglichen zu haben. Die Gewinnentnahme vergrößere seine „Hafteinlage".[299] Für eine solche Analogie fehlt jede Grundlage, weil die Vorschrift stets nur die Frage klären kann, ob bis zum Umfang der Haftsumme persönlich gehaftet wird, niemals jedoch, dass über die Haftsumme hinaus gehaftet wird.[300]

VII. Die Behandlung von Scheingewinnen (§ 172 Abs. 5)

81 **1. Allgemeines. a) Allgemeine Regel.** Wird einem Kommanditisten „Gewinn" ausgezahlt, obwohl die Kommanditgesellschaft tatsächlich keinen Gewinn erzielt hat, oder wird der auf den Kommanditisten entfallende Gewinn zu hoch berechnet, so bezieht der Kommanditist auf Kosten des haftenden Gesellschaftsvermögens Beträge, die ihm nicht zustehen. Nach allgemeinen Regeln stellen solche Ausschüttungen Rückzahlungen der Einlage iS von § 172 Abs. 4 Satz 1 dar. Sie sind auch grundsätzlich als solche zu behandeln. Soweit hierdurch die Haftsumme durch den Kapitalanteil des Empfängers nicht mehr gedeckt ist, *gilt die Einlage den Gläubigern gegenüber als nicht geleistet.* (RdNr. 76 ff.) Sie können den Kommanditisten insoweit in Höhe der erhaltenen Beträge persönlich in Anspruch nehmen.[301] Da nicht ein Bereicherungsanspruch der Gesellschaft in Frage steht, kann der Kommanditist auch nicht einen Wegfall der Bereicherung einwenden.

82 **b) § 172 Abs. 5.** Diese *Vertrauensschutzregel* begründet eine Ausnahme von Abs. 4 und damit ein Haftungsprivileg.[302] Sie schützt den gutgläubigen Empfänger ungerechtfertigter Ausschüttungen. Durch sie soll im Interesse aller Beteiligten vermieden werden, dass nachträglich jede Gewinnausschüttung auf ihre sachliche Berechtigung nachgeprüft werden muss. Der Kommanditist soll nicht ad infinitum persönlich haftbar gemacht werden können, wenn sowohl er als auch die geschäftsführenden Gesellschafter ohne Verschulden geglaubt haben, dass ihm Gewinn in der ausgezahlten Höhe zusteht. Abs. 5 wurde ohne nennenswerte Änderung aus Art. 165 Abs. 6 ADHGB übernommen. Der BGH bezeichnet die Bestimmung als eine den Kommanditisten schützende Billigkeitsregel.[303] Man sollte § 172 Abs. 5 aber in umfassenderem Zusammenhang sehen: Wenn es richtig ist, dass die Zulässigkeit oder Unzulässigkeit von Rückzahlungen durch die Jahresrechnungslegung formalisiert ist (RdNr. 64), soll diese Formalisierung nicht nur zum Nachteil, sondern sie muss auch zum Vorteil des Kommanditisten gelten. Hierfür sorgt Abs. 5.

83 **2. Die Voraussetzungen gutgläubigen Bezugs. a) Gewinnbezug.** Der Kommanditist kann im Verhältnis zu den Gläubigern Scheingewinne nur behalten, wenn folgende

[297] Dazu vgl. Begr. RegE BilMoG, BT-Drucks. 16/10067, S. 50.

[298] *Konietzko* S. 112; E/B/J/S/*Strohn* § 172 RdNr. 22, 46; Heymann/*Horn* § 172 RdNr. 16; *Koller*/Roth/Morck RdNr. 27; Röhricht/v. Westphalen/*v. Gerkan/Haas* § 172 RdNr. 31; Schlegelberger/*Karsten Schmidt* RdNr. 79.

[299] Düringer/Hachenburg/*Flechtheim* § 172 Anm. 12; Schlegelberger/*Geßler* 4. Aufl. 1963, § 172 RdNr. 21; unklar Staub/*Schilling* § 172 RdNr. 15.

[300] Ebenso Röhricht/v. Westphalen/*v. Gerkan/Haas* § 172 RdNr. 39.

[301] § 172 Abs. 4; RG Gruch 37 (1893), 1161, 1163.

[302] Entgegen Westermann/*Scholz* (2009) RdNr. 3015 wird dies hier selbstverständlich nicht bestritten.

[303] BGHZ 101, 123, 128 = BB 1987, 1984, 1985 = NJW 1987, 3184, 3186.

Voraussetzungen vorliegen:[304] Die Ausnahme gilt nur für solche Beträge, die der Kommanditist **als Gewinn bezogen** hat.[305] Zinsen auf Gesellschafterdarlehen oder sonstige Vergütungen stehen dem nicht gleich (RdNr. 84).

aa) Bilanziell ausgewiesener Gewinn muss vorliegen, denn § 172 Abs. 5 betrifft nur die Beteiligung am bilanziell ausgewiesenen Gewinn der Gesellschaft.[306] **Nicht** ausreichend für den Schutz ist eine **Vorauszahlung auf den Gewinn**.[307] Werden Vorauszahlungen aber durch die Bilanz nachträglich gedeckt, so sollte zum Schutz des Empfängers § 172 Abs. 5 zum Zuge kommen (geschützt wird dann das Behaltendürfen).[308] Beträge, die der Kommanditist auf Grund einer **Gewinngarantie** von der Gesellschaft erhält, fallen gleichfalls nicht unter § 172 Abs. 5. Soweit sie den tatsächlich erzielten Gewinn übersteigen, müssen sie selbst bei gutem Glauben zurückgezahlt werden.[309] Auch hier kommt § 172 Abs. 5 dem Kommanditisten aber nach Bilanzerstellung bis zur Höhe des bilanziellen Gewinnanteils zugute, auch soweit dieser in der Gewinngarantie enthalten war.[310] Leistungen, die der Kommanditist wie ein Dritter auf Grund besonderer Rechtsverhältnisse erhält (Dienstvertrag, Kaufvertrag, Werkvertrag, Mietvertrag etc.), sind gleichfalls keine Gewinnentnahmen.[311] Das gilt auch für Zinsen auf Gesellschafterdarlehen.[312] 84

bb) Bezogen ist der Scheingewinn jedenfalls dann, *wenn er dem Kommanditisten oder für dessen Rechnung einem anderen von der Gesellschaft ausgezahlt worden ist.*[313] Eine unbefugte Entnahme des Kommanditisten genießt keinen Schutz, selbst wenn der Kommanditist und auch die Gesellschafter annahmen, dass dem Kommanditisten Gewinn in Höhe des entnommenen Betrages zusteht. Eine Gutschrift auf dem Einlagekonto (Kapitalkonto) des Kommanditisten unterliegt nicht dem Schutz des § 172 Abs. 5.[314] Ist der Scheingewinn **dem Kapitalanteil des Kommanditisten zugeschrieben**, aber nicht entnommen worden, kann der Kommanditist selbst bei gutem Glauben aller Beteiligten nicht geltend machen, dass in Höhe des ihm zugeschriebenen Scheingewinns seine Einlage geleistet worden ist. Die Gutschrift kann im Innenverhältnis als ungerechtfertigte Bereicherung berichtigt werden. Erst wenn der Gewinn entnommen ist, ist der Kommanditist nach § 172 Abs. 5 geschützt. Umstritten ist, ob eine **entnahmefähige Gutschrift auf dem Privatkonto** als Gewinnbezug ausreicht. Die hM bejaht dies.[315] Dem wird man zustimmen können, soweit es sich um ein echtes (freien) Darlehenskonto handelt.[316] Das bedeutet allerdings, dass dann der Kommanditist den Betrag ohne die Haftungsfolge des § 172 Abs. 4 entnehmen kann, selbst wenn die Schutzvoraussetzungen des Abs. 5 (guter Glaube) inzwischen entfallen sind. 85

cc) Schein-Entnahmefähigkeit. Vom **Scheingewinn**, auf den Abs. 5 zugeschnitten ist, ist ein **scheinbar entnahmefähiger (wirklicher) Gewinn** zu unterscheiden. Es handelt sich um Gewinn, der nach §§ 167 Abs. 2, 169 Abs. 1 und 2 dem Kapitalkonto zuge- 86

---

[304] Näher *Karsten Schmidt* BB 1984, 1591 f.; Westermann/*Scholz* (2009) RdNr. I 3018 ff.

[305] AllgM; vgl. E/B/J/S/*Strohn* § 172 RdNr. 50; Oetker/*Oetker* RdNr. 36.

[306] BGH NJW 2009, 2126 = NZG 2009, 746 = ZIP 2009, 1222; OLG Stuttgart NZG 2010, 716.

[307] RGZ 37, 82, 85; BGH NJW 2009, 2126 = NZG 2009, 746 = ZIP 2009, 1222; E/B/J/S/*Strohn* § 172 RdNr. 50; Oetker/*Oetker* § 172 RdNr. 36; Röhricht/v. Westphalen/*v. Gerkan/Haas* § 172 RdNr. 42; Westermann/*Scholz* (2009) RdNr. I 3018; Staub/*Schilling* § 172 RdNr. 17.

[308] Anders wohl die hM.

[309] Auch das ist jetzt allgM.

[310] Anders wiederum wohl die hM.

[311] Düringer/Hachenburg/*Flechtheim* § 172 Anm. 15; Heymann/*Horn* § 172 RdNr. 24.

[312] Vgl. nur E/B/J/S/*Strohn* § 172 RdNr. 48.

[313] Baumbach/*Hopt* § 172 RdNr. 11; Heymann/*Horn* § 172 RdNr. 24; Westermann/*Scholz* (2009) RdNr. I 3019; Schlegelberger/*Karsten Schmidt* RdNr. 85; *Karsten Schmidt* BB 1984, 1592.

[314] Baumbach/*Hopt* § 172 RdNr. 11; Düringer/Hachenburg/*Flechtheim* § 172 Anm. 14 *Schlegelberger/Karsten Schmidt* RdNr. 85; **aM** Staub/*Schilling* § 172 RdNr. 17.

[315] Heymann/*Horn* § 172 RdNr. 24; Röhricht/v. Westphalen/*v. Gerkan/Haas* § 172 RdNr. 43; Staub/*Schilling* § 172 RdNr. 17; **aM** noch Schlegelberger/*Karsten Schmidt* RdNr. 85.

[316] Entgegen E/B/J/S/*Strohn* § 172 RdNr. 47 wurde dies hier schon i.d. Voraufl. vertreten (allerdings mit ungenauer Ergänzung in RdNr. 86).

schrieben werden müsste und dessen Auszahlung nach § 172 Abs. 4 objektiv haftungsschädlich wäre. Auf diesen Fall ist § 172 Abs. 5 jedenfalls analog[317] anwendbar.[318] Der Fehler liegt hier nicht in der Gewinnermittlung, sondern in der vermeintlichen Vermögensdeckung auf den Kapitalkonten.

87 **b) Bilanz und guter Glaube. aa) Grundvoraussetzungen.** § 172 Abs. 5 setzt das Vorhandensein einer **Bilanz** und deren **Unrichtigkeit** voraus.[319] Die **Bilanz,** auf Grund derer der Kommanditist den Gewinn bezogen hat, muss **in gutem Glauben errichtet** sein. Guter Glaube nur des Kommanditisten, also des Empfängers, genügt nicht.[320] Diese gesetzgeberische Lösung ist rechtspolitisch fragwürdig. Der Gesetzgeber hätte besser daran getan, selbst bei der personalistischen KG ganz auf den guten Glauben des Kommanditisten abzustellen.[321] Schiebungen des Komplementärs könnte man in diesen Gesellschaften mit einer Wissenszurechnung analog § 166 BGB in den Griff bekommen. Bei der kapitalistisch strukturierten KG ist Abs. 5 vollends verfehlt angelegt. BGHZ 84, 383 = NJW 1982, 2500 m. Anm. *Karsten Schmidt* lehnt trotzdem selbst bei der Publikums-KG eine sinngemäße Anwendung des § 62 Abs. 1 Satz 2 AktG ab. Diese zweifelhafte Entscheidung sollte vom BGH nochmals überprüft werden.[322] Die besseren Gründe sprechen hier dafür, es allein auf die fehlende Fahrlässigkeit des Kommanditisten ankommen zu lassen.

88 **bb) Guter Glaube bei Bilanzaufstellung.** Da die Aufstellung der Bilanz Sache der geschäftsführenden Gesellschafter, grundsätzlich also der persönlich haftenden Gesellschafter, ist, müssen sämtliche bei der **Aufstellung der Bilanz** beteiligten Gesellschafter gutgläubig gewesen sein. Ob das auch für alle an der **Bilanzfeststellung** beteiligten Gesellschafter gilt, ist umstritten.[323] Die Schwierigkeit kann nicht verwundern, weil der Gesetzgeber eine Bilanzfeststellung durch die Kommanditisten (BGHZ 132, 263 = NJW 1996, 1678) noch nicht kannte. Gutgläubigkeit der für die Bilanzfeststellung stimmenden Gesellschafter sollte ausreichen.[324] Was **guter Glaube** ist, ist str. Manche stellen auf § 932 Abs. 2 BGB ab.[325] Die auf Vorsatz und grobe Fahrlässigkeit abstellende Ansicht kann wohl als die herrschende angesehen werden.[326] Das ist schon deshalb bedenklich, weil § 172 Abs. 5 aus dem älteren ADHGB stammt. Auch § 62 Abs. 1 S. 2 AktG taugt als Bezugsnorm nicht,[327] denn dort geht es allein um den guten Glauben des Empfängers. BGHZ 84, 383, 385 f. = NJW 1982, 2500, 2501 m. Anm. *Karsten Schmidt* hat die Abgrenzung offen gelassen und sich nur dahingehend festgelegt, dass die vorsätzliche Verletzung allgemein anerkannter Bilanzgrundsätze die für die Bilanzaufstellung zuständigen Gesellschafter bösgläubig macht. RG Gruch 37 (1893) 1161, 1162 f. nimmt bei offensichtlicher Überbewertung der Aktiven oder bei offensichtlicher Unterbewertung von Passiven bösen Glauben an. Bisweilen wird auch auf § 708 BGB abgestellt.[328] Im älteren Schrifttum überwog die Tendenz, bösen Glauben schon dann anzunehmen, wenn die für die Bilanzaufstellung zuständigen

[317] Für analoge Anwendung E/B/J/S/*Strohn* § 172 RdNr. 51.

[318] Vgl. nur Westermann/*Scholz* (2009) RdNr. 3015; Röhricht/v. Westphalen/*v. Gerkan/Haas* § 172 RdNr. 53.

[319] BGH NJW 2009, 2126 = NZG 2009, 746 = ZIP 2009, 1222; dazu *Luttermann* NZG 2009, 1140; **aM** in der Vorinstanz OLG Nürnberg BB 2009, 71 m.abl.Anm. *Lamberti/Stumpf* = ZIP 2008, 2267.

[320] Zu den historischen Wurzeln dieser Unterscheidung zwischen § 172 Abs. 5 und § 62 Abs. 1 Satz 2 AktG vgl. *Karsten Schmidt* NJW 1982, 2502; *Schön,* FS BGH II, 2000, S. 179.

[321] Vgl. aber *Schön,* FS BGH II, 2000, S. 178 f.: „subjektive Richtigkeit" der Bilanz müsse entscheiden; für die hM Westermann/*Scholz* (2009) RdNr. 3021; *Cebulla* DStR 2000, 1922.

[322] *Karsten Schmidt* GesR § 54 III 3 b; ausführlich *ders.* BB 1984, 1593.

[323] Gutgläubigkeit aller verlangt E/B/J/S/*Strohn* § 172 RdNr. 52; **aM** MünchHdb. KG/*Neubauer/Herchen* § 30 RdNr. 68; Staub/*Schilling* § 172 RdNr. 18.

[324] Vgl. MünchHdb. KG/*Neubauer/Herchen* § 30 RdNr. 68; Westermann/*Scholz* (2009) RdNr. 3020.

[325] Westermann/*Scholz* (2009) RdNr. 3023; Baumbach/*Hopt* 25. Aufl. § 172 RdNr. 10; Oetker/*Oetker* § 172 RdNr. 41; Heymann/*Horn* § 172 RdNr. 25.

[326] Vgl. nur Baumbach/*Hopt* § 172 RdNr. 10.

[327] So noch Baumbach/*Hopt,* 26. Aufl. 1985, § 172 Anm. 2 D; wie hier Westermann/*Scholz* (2009) RdNr. 3023.

[328] ZB Düringer/Hachenburg/*Flechtheim* § 172 RdNr. 13; *Bohnenberg,* HGB, 1980, § 172 Anm. VI.

Gesellschafter nur fahrlässig gehandelt hatten.[329] Man muss sich bei der Abgrenzung darüber klar sein, dass es nicht um den Gutgläubigkeitsmaßstab auf der Seite des zu Schützenden geht, sondern um die Frage, in welchem Fall jeder Vertrauensschutz für den Kommanditisten ausgeschlossen ist, weil die Bilanz als Vertrauensträger ausscheidet. Das sollte nur bei einer manipulierten Bilanz, also *bei vorsätzlicher – auch bedingt vorsätzlicher – Verletzung von Bilanzierungsgrundsätzen* angenommen werden.[330]

c) Guter Glaube des Kommanditisten. aa) Grundsatz. Guter Glaube ist im Zeitpunkt des Gewinnbezugs erforderlich. Der Begriff des guten Glaubens ist auch hier zweifelhaft. Er taucht bereits in Art. 165 Abs. 6 ADHGB auf, verweist also nicht ohne weiteres auf § 932 Abs. 2 BGB.[331] Die heute wohl hL erklärt den Kommanditisten bereits dann für bösgläubig, wenn ihm ein Verschulden zur Last fällt, wenn er also bei sorgfältiger Prüfung die Unrichtigkeit der Bilanz hätte erkennen können.[332] Vor 1900 wurde dagegen nur positive Kenntnis des Kommanditisten als schädlich angesehen.[333] Dabei sollte es auch nach geltendem Recht bleiben. Wertungsmäßig steht auch nach dem BGB dessen § 819 Abs. 1 der Regelung näher als § 932 Abs. 2 BGB. Erwägenswert ist allerdings eine Einbeziehung der einfachen Fahrlässigkeit analog § 62 Abs. 1 Satz 2 AktG.[334] Es könnte dann in diesem Punkt Einklang zwischen §§ 172 Abs. 5 HGB, 31 Abs. 2 GmbHG und 62 Abs. 1 Satz 2 AktG hergestellt werden. Diese Vorschriften sind aber in ihren Voraussetzungen und Folgen auch sonst nicht koordiniert.[335] Solange vor allem die belastende Voraussetzung gutgläubiger Bilanzerrichtung in Abs. 5 nicht gefallen ist, besteht kein Anlass, die Vorschrift gegenüber dem unter dem ADHGB geltenden Stand zu verschärfen. Der Kommanditist sollte deshalb nur als bösgläubig angesehen werden, wenn er die Unrichtigkeit der Bilanz erkennt oder (bedingter Vorsatz) mit ihr rechnet und dies billigend in Kauf nimmt.[336] In Anbetracht der Beweislast des Kommanditisten (RdNr. 95) ist nicht mit Missbräuchen zu rechnen. 89

bb) Drittzurechnung. Ob dem Kommanditisten der *böse Glaube Dritter* schadet, richtet sich nach allgemeinen Grundsätzen der Wissenszurechnung.[337] Wird der Betrag nicht an den Kommanditisten selbst, sondern für seine Rechnung an einen Dritten gezahlt, schadet dessen böser Glaube grundsätzlich nicht.[338] Auch in diesem Fall kommt allerdings eine Wissenszurechnung nach Lage des Einzelfalls in Betracht.[339] 90

d) Maßgeblicher Zeitpunkt. Nach dem Wortlaut des Gesetzes muss der gute Glaube bei Errichtung der Bilanz vorhanden gewesen sein. Nach dem Sinn der Bestimmung wird jedoch zu fordern sein, dass die geschäftsführenden Gesellschafter auch noch im Zeitpunkt der Auszahlung gutgläubig waren.[340] Erkennen sie nach Errichtung der Bilanz ihren Fehler, müssen sie die Bilanz berichtigen; sie dürfen den Scheingewinn nicht auszahlen. Auf der 91

---

[329] Westermann HdbPersG I (1978) RdNr. 928; Düringer/Hachenburg/*Flechtheim* § 172 Anm. 13; Staub/*Schilling* § 172 RdNr. 18.

[330] *Karsten Schmidt* GesR § 454 III 3 b; *ders.* BB 1984, 1592; **abl.** E/B/J/S/*Strohn* § 172 RdNr. 53; Heymann/*Horn* § 172 RdNr. 25; im Ergebnis auch *Schön,* FS BGH II, 2000, S. 179.

[331] So aber wohl Baumbach/*Hopt* 26. Aufl. 1985 § 172 Anm. 2 D b; im Ergebnis auch Westermann/*Scholz* (2009) RdNr. I 3025.

[332] Düringer/Hachenburg/*Flechtheim* § 172 Anm. 14; Röhricht/v. Westphalen/*v. Gerkan/Haas* § 172 RdNr. 51; Staub/*Schilling* § 172 RdNr. 39; wohl auch *Bohnenberg,* HGB, 1980, § 172 Anm. VI; *Schön,* FS BGH II, 2000, S. 179.

[333] Vgl. *Lutz,* Protokolle der Kommission zur Berathung eines allgemeinen deutschen Handelsgesetzbuches, 1858, S. 1107.

[334] In diesem Sinne Baumbach/*Hopt* § 172 RdNr. 10.

[335] Näher *Karsten Schmidt* NJW 1982, 2502.

[336] Näher *Karsten Schmidt* BB 1984, 1592.

[337] Dazu *Schilken,* Die Wissenszurechnung im Zivilrecht, 1983.

[338] So auch Westermann/*Scholz* (2009) RdNr. 3026; **aM** *Ritter* HGB, 2. Aufl. 1932, § 172 RdNr. 7.

[339] So zB RG Gruch 37 (1893), 1161, 1163: Zurechnung der Bösgläubigkeit des Ehegatten.

[340] MünchHdb. KG/*Neubauer/Herchen* § 30 RdNr. 68; Westermann/*Scholz* (2010) RdNr. I 2024; Oetker/*Oetker* § 172 RdNr. 42; Staub/*Schilling* § 172 RdNr. 38.

Empfängerseite genügt nicht, dass der Kommanditist im Zeitpunkt der Bilanzaufstellung oder -feststellung oder im Zeitpunkt der Gutschrift des Gewinns gutgläubig ist.[341]

92 **3. Rechtsfolge. a) Außenverhältnis und Innenverhältnis?** *Die Rechtsfolge des § 172 Abs. 5* geht über die Haftungsproblematik hinaus. Sie *ist eine doppelte.* Zum einen betrifft Abs. 5, wie die Stellung im Gesetz zeigt, die *Haftung.* Ein unter den Voraussetzungen dieser Bestimmung bezogener Gewinn lässt die Haftung des Kommanditisten nicht nach Abs. 4 Satz 2 aufleben.[342] **Umstritten** ist, ob Abs. 5 daneben auch das Innenverhältnis betrifft (dazu sogleich RdNr. 93 f.). Bejaht man dies, so braucht der Kommanditist den gutgläubig bezogenen Scheingewinn auch nicht nach § 812 BGB als rechtsgrundlose Bereicherung zurückzuzahlen.[343] Auch eine Verrechnung mit späteren Gewinnen findet nicht statt. Abs. 5 sorgt nach dem klaren Wortlaut dafür, dass der Scheingewinn dem Kommanditisten verbleibt.

93 **b) Herrschende Meinung.** Nach hM gilt § 172 Abs. 5 nicht auch für das Innenverhältnis. Ob der Kommanditist den gutgläubig bezogenen Gewinn an die Gesellschaft herausgeben muss, bestimmt sich nach allgemeinen Vorschriften.[344] Die Gesellschaft kann die unberechtigte Auszahlung zurückfordern, und ihre Gläubiger können diese Forderung pfänden. Damit wird die unmittelbare Haftung, die Abs. 5 dem Kommanditisten ersparen will, durch eine mittelbare Haftung ersetzt. Bedenkt man, dass die Kommanditistenhaftung ganz vorwiegend im Insolvenzfall und in der Liquidation zum Tragen kommt, so wird vollends deutlich, dass der Schutz des § 172 Abs. 5 nach der hM gerade da versagt, wo er am nötigsten ist. Im Insolvenzverfahren hat die hM zur Folge, dass der Insolvenzverwalter wegen einer unter Abs. 5 fallenden Zahlung zwar nicht gemäß § 171 Abs. 2 gegen den Kommanditisten vorgehen, stattdessen aber auf den Rückforderungsanspruch zurückgreifen kann. Als Vorteil aus Abs. 5 bleibt nur, dass der Rückforderungsanspruch verjährbar ist, während einer nach Abs. 4 auflebenden Kommanditistenhaftung stets neue Forderungen unterlegt werden können. Aber die Verjährung träte erst nach 5 Jahren ein, wenn man §§ 62 Abs. 3 AktG, 31 Abs. 5 GmbHG analog anwenden wollte, sonst drei Kalenderjahre nach Bekanntwerden des Anspruchs (§§ 195, 199 BGB).

94 **c) Stellungnahme.** Im Vordringen befindet sich die vom Verf. begründete **Gegenansicht.**[345] Die hM ist weder mit dem Wortlaut noch mit dem Sinn und Zweck des Abs. 5 vereinbar. Die hM beruft sich allerdings nicht zu Unrecht auf die Stellung des Abs. 5 im Gesetz. Aus dieser ergibt sich aber nur, dass Abs. 5, obwohl der Wortlaut nur (!) die Rückforderung durch die Gesellschaft ausschließt, auch die Haftung gegenüber den Gläubigern ausschließen soll. Hieraus herzuleiten, dass die Bestimmung entgegen ihrem klaren Wortlaut überhaupt nur die Haftung betrifft, ist historisch und teleologisch falsch. Die Regelung war im 1. ADHGB-Entwurf noch beim Innenverhältnis angesiedelt (Art. 154 Abs. 4) und erhielt erst im 2. Entwurf (Art. 155 Abs. 6) und im ADHGB (Art. 165 Abs. 6) den heutigen Platz, nachdem man die Außenhaftung des Kommanditisten und damit die Haftungsschädlichkeit unberechtigter Ausschüttungen eingeführt hatte. Der Gesetzgeber ging also mit Selbstverständlichkeit davon aus, dass die Regelung den Kommanditisten

[341] Vgl. auch Heymann/*Horn* § 172 RdNr. 25; Staub/*Schilling* § 172 RdNr. 18; Westermann/*Scholz* (2009) RdNr. I 3025.

[342] Westermann/*Scholz* (2009) RdNr. I 3013; E/B/J/S/*Strohn* § 172 RdNr. 54; Heymann/*Horn* § 172 RdNr. 22 f.; Röhricht/v. Westphalen/*v. Gerkan/Haas* § 172 RdNr. 40; Staub/*Schilling* § 172 RdNr. 16.

[343] Richtig *Wieland* I S. 751; vgl. auch *Wiedemann* WM 1992 Beil. 7, 34; **aA** *Koller*/Roth/Morck RdNr. 25.

[344] *Wiedemann* GesR II § 9 III 5 c; MünchHdb. KG/*Neubauer/Herchen* § 27 RdNr. 67; *H. Westermann* HdbPersG I (1978) RdNr. 928; Baumbach/*Hopt* § 172 RdNr. 9; E/B/J/S /*Strohn* § 172 RdNr. 54; Düringer/Hachenburg/*Flechtheim* § 172 Anm. 16; Heymann/*Horn* § 172 RdNr. 23; *Koller*/Roth/Morck RdNr. 25; Röhricht/v. Westphalen/*v. Gerkan/Haas* § 169 RdNr. 17; Schlegelberger/*Martens* § 169 RdNr. 16 ff.; *Joost,* FS Lutter, 2000, S. 477.

[345] Vgl. näher *Karsten Schmidt* BB 1984, 1592 f.; Staub/*Schilling* § 172 RdNr. 16; zust. jetzt Hesselmann/Tillmann/Mueller-Thuns/*Schiessl* Hdb. GmbH & Co. KG 20. Aufl. 2009 § 5 RdNr. 64; Westermann/*Scholz* (2009) RdNr. I 3017; Oetker/*Oetker* § 172 RdNr. 46; vgl. auch *Wiedemann* WM 1992 Beil. 7, 34.

jedenfalls im Innenverhältnis schütze. Die nachträgliche Ansiedelung bei § 172 sollte hieran nichts ändern. Vielmehr sollte gesichert werden, dass dem Kommanditisten nicht durch Haftung gegenüber den Gläubigern dasjenige Risiko wieder aufgebürdet werde, das ihm die Vorschrift abnehmen soll. Diese Koordination des Außen- und des Innenverhältnisses wird von der hM in umgekehrter Richtung, als vom Gesetzgeber befürchtet, wieder beseitigt. Eine teleologische und historisch-systematische Interpretation zeigt, dass es bei dem in RdNr. 92 festgehaltenen Ergebnis zu bleiben hat. Auch der Rechtsnormvergleich mit § 62 Abs. 1 Satz 2 AktG[346] macht deutlich, dass es sogar zu allererst darum gehen muss, den Kommanditisten im Innenverhältnis zu befreien und dass der sich aus der Gesetzesanordnung ergebende Ausschluss der Haftbarkeit im Außenverhältnis nur notwendige Ergänzung, aber nicht Grundprinzip der Norm ist. Dieser Kommanditistenschutz ist positives Recht.

4. Beweislast. Die Beweislast im Fall des Abs. 5 ist unterschiedlich verteilt. Der Gesell- 95
schaftsgläubiger bzw. der Insolvenzverwalter muss im Streitfall beweisen, dass der Kommanditist Scheingewinn bezogen hat.[347] Gelingt der Nachweis, muss der Kommanditist nach hM seinerseits beweisen, dass die Bilanz, auf Grund derer er den Betrag ausgezahlt erhalten hat, in gutem Glauben errichtet worden ist und dass er selbst den Betrag in gutem Glauben als Gewinn bezogen hat.[348] Dem ist hinsichtlich der Gutgläubigkeit des Kommanditisten uneingeschränkt zuzustimmen. Zweifelhaft ist die Beweislast hinsichtlich der gutgläubigen Bilanzaufstellung. Das Gesetz formuliert dieses systemwidrige Merkmal zwar als Tatbestandsvoraussetzung, aber die praktische Bedeutung des Merkmals besteht darin, dass der Gutglaubensschutz nach Abs. 5 ausnahmsweise dann nicht in Betracht kommt, wenn die Bilanzaufstellung in bösem Glauben erfolgte. Diesen Beweis, mit dem jede Beweisführung des Kommanditisten hinsichtlich seines guten Glaubens gegenstandslos würde, muss derjenige erbringen, der die wieder aufgelebte Kommanditistenhaftung geltend macht, also der Gläubiger bzw. (dies ist der rechtspraktisch wichtigere Fall) nach § 171 Abs. 2 der Insolvenzverwalter.

VIII. Die Kommanditistenhaftung in der Insolvenz

1. Einlage und Haftung. a) Fragestellungen. Auch im Insolvenzverfahren sind Kom- 96
manditisteneinlage und Kommanditistenhaftung streng zu trennen.[349] Drei Fragen sind zu unterscheiden. Frage Nr. 1: Kann der Kommanditist, der seine Kommanditeinlage oder (und) eine zum haftenden Kapital gehörige sonstige Leistung erbracht hat, diese als *Insolvenzforderung* anmelden? Diese Frage ist zu verneinen (vgl. § 199 Satz 2 InsO).[350] Frage Nr. 2: Kann der Insolvenzverwalter oder Sachwalter vom Kommanditisten eine noch nicht eingezahlte *Einlage* verlangen (dazu RdNr. 97 f.)? Frage Nr. 3: Kann der Insolvenzverwalter anstelle der Gläubiger die *Kommanditistenhaftung* geltend machen (dazu RdNr. 100 ff.)? Nur diese dritte Frage behandelt § 171 Abs. 2.

b) Innenverhältnis. Ob der Kommanditist noch die **Einlage** schuldet oder ob nach 97
§ 735 BGB Nachschüsse zu zahlen sind (dazu Erl. § 149),[351] bestimmt sich nach dem Innenverhältnis. Der Insolvenzverwalter kann offene Einlagen einfordern,[352] soweit sie

[346] Zur parallelen Vorgeschichte der Normen vgl. *Karsten Schmidt* NJW 1982, 2502.

[347] Zur Beweisführung vgl. als Beispiel BGHZ 84, 383 = WM 1982, 926 = NJW 1982, 2500 m. Anm. *Karsten Schmidt.*

[348] Baumbach/*Hopt* § 172 RdNr. 12; Heymann/*Horn* § 172 RdNr. 26; Röhricht/v. Westphalen/*v. Gerkan/Haas* § 172 RdNr. 57; Schlegelberger/*Karsten Schmidt* RdNr. 95; Staub/*Schilling* § 172 RdNr. 18.

[349] Eingehend zum Insolvenzrecht der KG *Uhlenbruck,* Die GmbH & Co. KG, S. 214 ff.; *Karsten Schmidt,* Einlage und Haftung, S. 124 ff.; *Jaeger/Weber* KO, 8. Aufl., §§ 209/210 Anm. 10, 19, 30 ff.; Kilger/*Karsten Schmidt* § 209 KO Anm. 2 d bb; *Häsemeyer* ZHR 149 (1985), 42 ff.

[350] Vgl. für die Kommanditisteneinlage *Karsten Schmidt,* Einlage und Haftung, S. 140 f.; BGHZ 93, 159 = NJW 1985, 1468 = BB 1985, 422 = WM 1985, 258 = JuS 1985, 645 m. Anm. *Karsten Schmidt.*

[351] Vgl. Schlegelberger/*Karsten Schmidt* § 149 RdNr. 26 ff.

[352] BGH LM § 155 Nr. 3 = NJW 1981, 2251; LM § 161 Nr. 6; *Koller*/Roth/Morck RdNr. 8; Münch-KommInsO/*Lwowski/Peters* § 35 RdNr. 203 f.; Kilger/*Karsten Schmidt* § 209 KO Anm. 2 d aa.

nicht zur Gläubigerbefriedigung entbehrlich sind.[353] Das gilt auch für Beiträge, die als Beiträge über das feste Kapitalkonto hinaus dem haftenden Kapital zugeführt werden sollen, also insbesondere bei der gesplitteten Einlage (dazu RdNr. 49).[354] Die Einlageforderung und ebenso das als Einlage Geleistete ist Bestandteil der Insolvenzmasse, nicht einer Sondermasse.[355] Eine Nachschusshaftung nach **§ 735 BGB** über die geschuldete Einlage hinaus besteht für den Kommanditisten grundsätzlich nicht (§ 167 Abs. 3 und dazu § 167 RdNr. 15). Hinsichtlich der Geltendmachung etwaiger Einlage- und Nachschusspflichten des Kommanditisten ist der Insolvenzverwalter an die vor der Verfahrenseröffnung getroffenen Vereinbarungen der Gesellschafter gebunden. Anders nur, wenn eine masseschmälernde Vereinbarung unwirksam oder nach §§ 129 ff. InsO anfechtbar ist.

98 **c) Einlageforderung in der Insolvenz.** Die *Befugnis des Insolvenzverwalters oder Sachwalters zur Geltendmachung der Einlage- oder Nachschussforderung* ergibt sich nicht aus § 171 Abs. 2.[356] Da es sich insoweit um Forderungen der Gesellschaft handelt und da nach § 80 Abs. 1 InsO die Befugnis der Gesellschaft als Schuldnerin, das zur Insolvenzmasse gehörige Vermögen zu verwalten und darüber zu verfügen, durch den Insolvenzverwalter ausgeübt wird, versteht sich die Zuständigkeit des Insolvenzverwalters für die Geltendmachung dieser Forderung von selbst. Die Einlage des Kommanditisten gehört ohne weiteres zur Masse (§ 35 InsO).[357] Es ist deshalb überflüssig und unrichtig, wenn § 171 Abs. 2 auf die sog. Pflichteinlage bezogen wird.[358] Die Vorschrift befasst sich ausschließlich mit der Haftung des Kommanditisten (RdNr. 100).

99 **d) Verhältnis zwischen Einlage und Haftung im Insolvenzverfahren der KG.** Die Korrelation von Einlage und Haftung im Insolvenzverfahren ist zweifelhaft. Die Schwierigkeit beruht darauf, dass nunmehr beide Ansprüche von derselben Person geltend gemacht werden. Es gilt auch hier der Grundsatz des § 171 Abs. 1, wonach sich der Kommanditist von seiner beschränkten Haftung durch Einlageleistung befreit. Regelmäßig ist also davon auszugehen, dass der Kommanditist, der noch die Einlage schuldet, auch haftet, so wie umgekehrt der haftende Kommanditist häufig auch noch eine Einlage zu erbringen hat. Die *Frage* ist deshalb, *ob der Insolvenzverwalter nach seiner Wahl Leistung auf die Einlage oder auf die Haftung verlangen kann* und ob ihm der Kommanditist umgekehrt nach seiner Wahl die Einlageleistung oder die Zahlung auf die Haftung aufdrängen kann. Im Hinblick auf das zwischen der KG und dem Kommanditisten maßgebende, auch in der Gesellschaftsinsolvenz noch wirksame Gesellschaftsverhältnis sollte grundsätzlich von einem *Vorrang der Einlageschuld* ausgegangen werden.[359] Soweit und solange der Kommanditist noch die Einlage zu erbringen hat, kann der Insolvenzverwalter grundsätzlich die Einlageleistung und nur die Einlageleistung fordern. Mindestens kann der Gesellschafter durch Erbringung der Einlageleistung die persönliche Haftung abwehren (RdNr. 42).[360] Die Gegenansicht führt zu einer ungerechtfertigten und auch mit § 171 Abs. 2 nicht beabsichtigten Verschärfung der Kommanditistenhaftung im Fall der Insolvenzverfahrenseröffnung. § 171 Abs. 2 soll in diesem Fall nur die Haftungsabwicklung verändern, nicht aber das Haftungsrisiko selbst. Grundsätzlich bleibt es auch bei der Befugnis, sich durch Leistung

[353] Vgl. BGH LM § 155 Nr. 3 = NJW 1981, 2251 = BB 1981, 1237; s. auch zur Liquidation BGH LM § 161 Nr. 61 = NJW 1980, 1522.

[354] BGHZ 93, 159 = NJW 1985, 1468 = BB 1985, 422 = JuS 1985, 645 *(Karsten Schmidt).*

[355] Vgl. *Karsten Schmidt,* Einlage und Haftung, S. 140.

[356] Vgl. zum folgenden näher *Karsten Schmidt,* Einlage und Haftung, S. 124 f.

[357] OLG Karlsruhe OLGE 11, 407; MünchKommInsO/*Lwowski/Peters* § 35 RdNr. 196; Kilger/*Karsten Schmidt* § 209 KO Anm. 2 d.

[358] So zB noch RGZ 51, 33, 38; OLG Stuttgart NJW 1955, 1928.

[359] *Karsten Schmidt* GesR § 54 V 2 c; *ders.,* Einlage und Haftung, S. 128; Heymann/*Horn* § 171 RdNr. 30; Schlegelberger/*Karsten Schmidt* RdNr. 99; **aM** Westermann/*Wertenbruch* (2009) RdNr. 3155; *Koller*/Roth/Morck RdNr. 9; Röhricht/v. Westphalen/*v. Gerkan/Haas* § 171 RdNr. 73; Staub/*Schilling* § 171 RdNr. 19; unentschieden Oetker/*Oetker* § 171 RdNr. 58 mit Fn. 142.

[360] Missverständliche Oetker/*Oetker* § 171 RdNr. 61.

der Einlage von der Haftung zu befreien (RdNr. 41 ff.). *Praktische Bedeutung* kann die Frage vor allem dann haben, wenn die bedungene Einlage nicht in einer Geldleistung besteht. Die Einforderung und die Leistung einer *Sacheinlage* ist im Insolvenzverfahren nicht schlechthin ausgeschlossen. Die wohl **hM** gesteht dem Insolvenzverwalter ein Wahlrecht zu; er soll also nach seiner Wahl die Sacheinlage oder die Haftsumme einfordern können.[361] Demgegenüber ist auch hier vom Vorrang der Einlageschuld auszugehen.[362] Solange die Sacheinlage – zB im Fall der Unternehmensfortführung bei angestrebtem Insolvenzplan – noch mit dem Insolvenzzweck vereinbar ist, kann und muss der Verwalter die Einlage einfordern. Bedarf es dagegen für die im Insolvenzverfahren befindliche Gesellschaft nicht mehr der Leistung der Sacheinlage, so kann der Insolvenzverwalter diese nicht mehr verlangen, und der Kommanditist kann sie der Masse auch nicht mehr aufdrängen.[363] Bringt der Kommanditist die Sacheinlage in die in Insolvenz befindliche Gesellschaft ein, so erfolgt die Bewertung dieser Einlage nach allgemeinen Grundsätzen, also nach dem Verkehrswert. Eine Minderbewertung im Hinblick auf die Insolvenz kommt nicht in Betracht.[364] Der Vorrang der Einlage entfällt, wenn der Kommanditist eine Einlageleistung nicht mehr zu erbringen hat. Die Hauptbedeutung des § 171 Abs. 2 liegt nicht von ungefähr beim ausgeschiedenen Kommanditisten.

2. Die Kommanditistenhaftung im Insolvenzverfahren (§ 171 Abs. 2). a) Nur 100
Haftung. Abs. 2 befasst sich mit der Haftung, nicht mit der Einlage, im Insolvenzverfahren.[365] **Die Vorschrift koordiniert die Haftungsansprüche der Gläubiger** und dehnt den Gedanken der gleichmäßigen Behandlung der Insolvenzgläubiger (par condicio creditorum) auf die beschränkte Kommanditistenhaftung aus. Die Haftung des Kommanditisten soll im Insolvenzverfahren zur gleichmäßigen Befriedigung aller Gesellschaftsgläubiger zur Verfügung stehen, denen der Kommanditist beschränkt haftet.[366] § 171 Abs. 2 nimmt deshalb den Gesellschaftsgläubigern im Insolvenzverfahren das Recht, sich persönlich an den Kommanditisten zu halten.[367] Die Funktion des Abs. 2 ist deshalb eine doppelte:[368] § 171 Abs. 2 hat in der gebräuchlich gewordenen Terminologie des Verfassers **Sperrfunktion** *für die einzelnen Gläubiger und* **Ermächtigungsfunktion** *für den Insolvenzverwalter bzw. Sachwalter* (dazu RdNr. 107 ff.). Die Bestimmung ist so alt wie das HGB. Aus heutiger Sicht ist § 171 Abs. 2 eine den **§ 93 InsO** ergänzende Sondervorschrift für die beschränkte Haftung.

b) Tatbestandsvoraussetzungen. Nach dem Wortlaut gilt § 171 Abs. 2 ein Insolvenz- 101
verfahren über das Vermögen der Gesellschaft. Dieser Wortlaut trifft den Normzweck nur teilweise. Im Einzelnen gilt folgendes:

aa) Nur im Insolvenzverfahren greift § 171 Abs. 2 ein. Ob ein **Insolvenzverwal-** 102
ter bestellt (§ 56 InsO) oder **Eigenverwaltung** nach §§ 270 ff. InsO angeordnet wird, spielt für § 171 Abs. 2 keine Rolle, im letzteren Fall nimmt der Sachwalter (§ 274

---

361 E/B/J/S /*Strohn* § 171 RdNr. 98; Röhricht/v. Westphalen/*v. Gerkan/Haas* § 171 RdNr. 73; Staub/*Schilling* § 171 RdNr. 19; *Häsemeyer* Insolvenzrecht, 4. Aufl. 2007, RdNr. 31.43; *Keuk* ZHR 135 (1971), 434.

362 Vgl. zum Folgenden *Karsten Schmidt* GesR § 54 V 2; *ders.,* Einlage und Haftung, S. 129 f.; vgl. auch Heymann/*Horn* § 171 RdNr. 30.

363 *Karsten Schmidt,* Einlage und Haftung, S. 129; Schlegelberger/*Karsten Schmidt* RdNr. 99; noch weitergehend OLG Celle NJW 1952, 427; Düringer/Hachenburg/*Flechtheim* § 171 Anm. 16.

364 Richtig *Konietzko* S. 122; *Gursky* DB 1978, 1265; **aM** *Uhlenbruck,* Die GmbH & Co. KG, S. 220; Heymann/*Kötter* HGB, 21. Aufl., § 171 Anm. 3; *Keuk* ZHR 135 (1971), 433; bedenklich auch BGHZ 39, 319, 330 = WM 1963, 831, 833 für den Fall einer Sachlieferung; nach dem bei RdNr. 48 Gesagten hätte allerdings diese Lieferung von vornherein nicht als Einlageleistung angesehen werden dürfen.

365 Vgl. OLG Hamburg HRR 1934 Nr. 1043; Röhricht/v. Westphalen/*v. Gerkan/Haas* § 171 RdNr. 57, 58; OLG Stuttgart NZG 1999, 113; näher zum folgenden *Karsten Schmidt,* Einlage und Haftung, S. 124 ff.; *ders.* ZGR 1976, 313; *Konietzko* S. 69; unrichtig zB OLG Köln ZIP 1983, 310.

366 Vgl. Denkschrift S. 115.

367 BGHZ 82, 209, 216.

368 *Karsten Schmidt* GesR § 54 V 2; eingehend *ders.,* Einlage und Haftung, S. 126; heute statt vieler Westermann/*Wertenbruch* (2009) RdNr. 3153 f.

InsO) die Kompetenzen aus § 171 Abs. 2 wahr (RdNr. 121). § 171 Abs. 2 gilt **nicht für Leistungen an die Gläubiger vor der Verfahrenseröffnung** (vgl. aber zur Insolvenzanfechtung RdNr. 107). Die Bestimmung gilt auch **nicht in der konkursfreien Liquidation,** also im Fall der Verfahrensablehnung oder Verfahrenseinstellung mangels Masse.[369] Der Liquidator kann nur eine etwa noch ausstehende Einlageleistung einfordern, nicht aber die Kommanditistenhaftung geltend machen. Zwar wird man dem Kommanditisten unabhängig davon, ob er noch die Einlage schuldet, die Befugnis zugestehen müssen, zu seiner Enthaftung an die Gesellschaft zu leisten (RdNr. 42), aber er ist nach geltendem Recht in der konkursfreien Liquidation nicht gehindert, haftungsbefreiend an einen Gesellschaftsgläubiger zu leisten.[370] Wird allerdings das Insolvenzverfahren eröffnet, so kann eine Gläubigerbefriedigung durch den Kommanditisten ebenso wie eine Befriedigung aus dem Gesellschaftsvermögen nach §§ 129 ff. InsO anfechtbar sein (RdNr. 107).

103 **bb) KG-Insolvenzverfahren.** § 171 Abs. 2 spricht vom *Insolvenzverfahren über das Vermögen der Gesellschaft.* Diese kann auch eine fehlerhafte, aber in Vollzug gesetzte Gesellschaft sein.[371] Unproblematisch ist heute der bei BGHZ 113, 216 = NJW 1991, 922 entschiedene Fall, dass eine im Handelsregister unberechtigterweise als Kommanditgesellschaft eingetragene Gesellschaft bürgerlichen Rechts in Konkurs fällt.[372] Den Fall, dass eine Personengesellschaft als Handelsgesellschaft eingetragen ist, aber in Wahrheit nur Gesellschaft bürgerlichen Rechts ist, gibt es seit der Reform der §§ 1–6, 105 Abs. 2 im Jahr 1998 nicht mehr.[373] Selbst die Rückverwandlung der Gesellschaft durch Löschung im Handelsregister in eine (nach § 11 InsO gleichfalls insolvenzrechtsfähige) Gesellschaft bürgerlichen Rechts ändert nichts an der Anwendbarkeit von § 171 Abs. 2. § 171 Abs. 2 gilt sogar dann, wenn die Gesellschaft überhaupt nicht mehr vorhanden, ihr Vermögen zB durch Ausscheiden aller Kommanditisten dem Komplementär zugefallen ist (zB der Komplementär-GmbH; vgl. RdNr. 105).

104 **cc) Gesellschaftsgläubiger** iS von § 171 Abs. 2 ist, wer Gläubiger einer KG ist oder war und als solcher den Kommanditisten aus der beschränkten Kommanditistenhaftung in Anspruch nehmen kann. Regelmäßig, nämlich im Insolvenzverfahren einer Kommanditgesellschaft, handelt es sich um Gläubiger dieser Kommanditgesellschaft. Nach dem bei RdNr. 103 und 105 Gesagten kann es sich aber in Umwandlungs- oder Anwachsungsfällen auch um Gläubiger einer insolventen oHG, eines insolventen Einzelkaufmanns oder einer insolventen GmbH handeln, für deren Verbindlichkeiten ein ehemaliger Kommanditist haftet.

105 **dd) Beschränkte Kommanditistenhaftung in anderen Insolvenzverfahren.** § 171 Abs. 2 ist – mindestens analog – *in allen anderen Fällen anzuwenden, in denen der Kommanditist oder vormalige Kommanditist noch nach §§ 171 Abs. 1, 172 Abs. 4 für Insolvenzforderungen beschränkt haftet.* Zwei Sachverhaltsgruppen kommen in Betracht. Zu bedenken ist zunächst der Fall der **Umwandlung der Kommanditgesellschaft** (Verschmelzung und Formwechsel nach dem UmwG). Die zweite, wichtigere Fallgruppe besteht in denjenigen Fällen, bei denen die *Gesellschaft durch Austritt von Gesellschaftern oder durch die Vereinigung von*

---

[369] Rechtspolitische Bedenken gegen die Vernachlässigung der konkursfreien Liquidation im Insolvenzrecht bei *Karsten Schmidt* ZIP 1982, 9; *ders.* in Kölner Schrift zur InsO, 1997, S. 926.

[370] **AM** auf Grund der hier abgelehnten Lehre von der haftungsrechtlichen Vermögenszuordnung *Häsemeyer* ZHR 149 (1985), 59 ff.

[371] Vgl. RGZ 51, 33, 36 f.; Röhricht/v. Westphalen/*v. Gerkan/Haas* § 171 RdNr. 60; Schlegelberger/*Karsten Schmidt* RdNr. 103.

[372] Dazu auch Baumbach/*Hopt* § 171 RdNr. 11; GK/*Fahse* RdNr. 36; Heymann/*Horn* § 171 RdNr. 38; Schlegelberger/*Karsten Schmidt* RdNr. 104; zweifelnd Röhricht/v. Westphalen/*v. Gerkan/Haas* § 171 RdNr. 62; *v. Gerkan* ZGR 1992, 116 ff.; vom BGH aufgehoben: OLG Koblenz ZIP 1990, 1268.

[373] *Karsten Schmidt* ZHR 163 (1999), 89 f.; erledigt hat sich der Fall einer „Schrumpfung" der KG zur Gesellschaft bürgerlichen Rechts (dazu noch Schlegelberger/*Karsten Schmidt* RdNr. 104). Diese ist nunmehr insolvenzrechtsfähig.

Anteilen erloschen und durch **Gesamtrechtsnachfolge** in ein einzelkaufmännisches Unternehmen oder – im Fall der GmbH & Co. – in ein GmbH-Unternehmen umgewandelt ist (gleichgestellt ist der Anfall an einen sonstigen letztverbleibenden Gesellschafter; vgl. dazu § 105 RdNr. 24, § 131 RdNr. 7, § 145 RdNr. 33). Hier kann es sein, dass ein Altkommanditist noch für Altverbindlichkeiten haftet **(Nachhaftung).** Wird in einem solchen Fall das Insolvenzverfahren über das Vermögen des Einzelkaufmanns bzw. der GmbH eröffnet, so ist Abs. 2 gleichwohl anwendbar.[374] Die früher vorherrschende Gegenauffassung[375] ist überholt.[376]

ee) Beschränkte Kommanditistenhaftung. Nur für die *beschränkte Kommanditistenhaftung* gilt § 171 Abs. 2.[377] Die Bestimmung gilt damit nicht für den unbeschränkt haftenden Gesellschafter (Komplementär), auch die unbeschränkte Kommanditistenhaftung nach § 176 ist nicht erfasst.[378] Der Gesetzgeber hat dem durch Einführung des **§ 93 InsO**[379] Rechnung getragen. Nach dieser Vorschrift wird auch die unbeschränkte Gesellschafterhaftung im Insolvenzverfahren ausschließlich vom Verwalter geltend gemacht (dazu § 128 RdNr. 84 ff.).[380] 106

c) Rechtsfolgen. aa) Sperrfunktion. Die **Rechtsfolgen des § 171 Abs. 2** wurden in RdNr. 100 als *Sperrfunktion und Ermächtigungsfunktion* bezeichnet. Die Sperrfunktion des § 171 Abs. 2 besagt, dass die beschränkte Kommanditistenhaftung nicht mehr zwischen den Einzelgläubigern und dem Kommanditisten verwirklicht werden kann. Die Einzelgläubiger können vom Kommanditisten keine Leistung mehr verlangen.[381] Umgekehrt kann der Kommanditist nicht mehr mit haftungsbefreiender Wirkung an den Gläubiger leisten.[382] Guter Glaube ist nicht geschützt.[383] Leistungen, die der Kommanditist *vor der Insolvenzverfahrenseröffnung* an einen Gesellschaftsgläubiger erbracht hat, sind zwar nicht nach § 171 Abs. 2 unwirksam (RdNr. 102). Im Rahmen der **Insolvenzanfechtung** stehen Leistungen aus dem Kommanditistenvermögen an Gesellschaftsgläubiger jedoch Leistungen aus dem haftenden Gesellschaftsvermögen gleich und können vom Insolvenzverwalter der Gesellschaft unter den Voraussetzungen der §§ 129 ff. InsO angefochten werden.[384] Eine **Aufrechnung** durch den Kommanditisten gegenüber einem Gläubiger oder durch den Gläubiger gegenüber dem Kommanditisten ist nicht mehr möglich (vgl. 107

---

[374] BGHZ 112, 31, 35 f. = LM § 171 Nr. 26 = NJW 1990, 3145; Baumbach/*Hopt* § 171 RdNr. 11; Heymann/*Horn* RdNr. 38; Röhricht/v. Westphalen/*v. Gerkan/Haas* § 171 RdNr. 61.

[375] BGH LM § 171 Nr. 16 = BB 1976, 383 = NJW 1976, 751 = WM 1976, 130; ebenso OLG Hamburg OLGE 32, 109 f.; dagegen *Karsten Schmidt,* Einlage und Haftung, S. 131 ff.; *ders.* JR 1976, 278 ff.; Schlegelberger/*Karsten Schmidt* RdNr. 104; Staub/*Schilling* § 171 RdNr. 27.

[376] Ausführlicher noch Voraufl.; zusammenfassend *Karsten Schmidt* GesR § 54 V 2 b; näher *Karsten Schmidt,* Einlage und Haftung, S. 131 ff.; *ders.* JR 1976, 278 ff.

[377] BGHZ 82, 209, 214 = WM 1982, 126, 127 = NJW 1982, 883, 885 m. Anm. *Karsten Schmidt*; Baumbach/*Hopt* § 171 RdNr. 11; Heymann/*Horn* § 171 RdNr. 27; Röhricht/v. Westphalen/*v. Gerkan/Haas* § 171 RdNr. 56a; Kilger/*Karsten Schmidt* § 209 KO Anm. 2 d bb; MünchKommInsO/*Lwowski/Peters* § 35 RdNr. 204.

[378] BGHZ 82, 209, 214 = WM 1982, 126, 127 = NJW 1982, 883, 885; BGH WM 1983, 1039, 1040 = BB 1983, 1561, 1562; ganz hM.

[379] Rechtspolitischer Vorschlag: *Karsten Schmidt* Möglichkeiten der Sanierung von Unternehmen, Gutachten D zum 54. DJT, 1982, S. D 46 f.; Erster Bericht der Kommission für Insolvenzrecht, 1985, Leitsätze 6 ff.

[380] Zu dieser Bestimmung vgl. *Bork* in Kölner Schrift zur InsO, 3. Aufl. 2009, S. 1031 ff.; MünchKommInsO/*Brandes* § 93; *Karsten Schmidt* ZGR 1998, 66 f.; 1996, 223.

[381] BGHZ 82, 209, 214; MünchHdb. KG/*Neubauer/Herchen* § 30 RdNr. 74; Baumbach/*Hopt* § 171 RdNr. 11; Heymann/*Horn* § 171 RdNr. 26; dazu weiter *Tschierschke* S. 45; Westermann/*Wertenbruch* (2009) RdNr. I 3153.

[382] RGZ 37, 82, 86; BGHZ 58, 72, 75; *Koller*/Roth/Morck RdNr. 8; Röhricht/v. Westphalen/*v. Gerkan/Haas* § 171 RdNr. 64; Staub/*Schilling* § 171 RdNr. 18; *Häsemeyer* RdNr. 31.44; *ders.* ZHR 149 (1985), 56.

[383] **AM** *Koller*/Roth/Morck RdNr. 8 iVm. § 128 RdNr. 7 im Anschluss an *Schlitt* NZG 1998, 758.

[384] Vgl. E/B/J/S/*Strohn* § 171 RdNr. 111; Heymann/*Horn* § 171 RdNr. 34; Röhricht/v. Westphalen/*v. Gerkan/Haas* § 171 RdNr. 64; *Karsten Schmidt,* Einlage und Haftung, S. 138 f.; *Häsemeyer* ZHR 149 (1985), 57.

demgegenüber zur Aufrechnung gegen die KG RdNr. 111).[385] Das gilt auch für den Steuerfiskus.[386] Auch wenn zugleich mit der Gesellschaft deren Gläubiger insolvent ist und der Kommanditist im Insolvenzverfahren dieses Gläubigers nach §§ 94 ff. InsO aufrechnen könnte, schließt Abs. 2 die Aufrechnung gegenüber dem Gläubiger aus.[387] Die §§ 94 ff. InsO erhalten nämlich nur eine vorhandene Aufrechnungslage aufrecht und stellen nicht eine durch § 171 Abs. 2 zerstörte Aufrechnungslage wieder her. Nur mit Zustimmung des Verwalters (§ 362 Abs. 2 BGB analog) kann einer Zahlung des Kommanditisten an den Gläubiger oder einer zwischen ihnen erklärten Aufrechnung tilgende Kraft beigemessen werden. Wurde vor der Verfahrenseröffnung aufgerechnet, so kann auch diese Rechtshandlung vom Verwalter der Gesellschaft nach Maßgabe der §§ 129 ff. InsO angefochten werden.[388]

108 **bb) Ermächtigungsfunktion.** Die Ermächtigungsfunktion des § 171 Abs. 2 (vgl. RdNr. 100, 107) besteht darin, dass nunmehr der Insolvenzverwalter oder Sachwalter die Kommanditistenhaftung geltend macht. Die Rechtskonstruktion des § 171 Abs. 2 ist str. Um eine cessio legis handelt es sich nicht.[389] Überwiegend wird von einer Art Treuhandschaft des Verwalters für die Gläubiger ausgegangen.[390] Die Frage ist ohne erkennbare praktische Bedeutung.

109 **cc) Befriedigungsfunktion.** Nur soweit die Inanspruchnahme des Kommanditisten für die *Befriedigung von Insolvenzgläubigern* benötigt wird, darf der Insolvenzverwalter oder Sachwalter die Haftung nach § 171 Abs. 2 einfordern.[391] Diese Gläubiger können auch nachrangige Insolvenzgläubiger nach § 39 InsO sein. Dagegen haften die Kommanditisten nicht für die vom Verwalter begründeten Masseschulden (vgl. sinngemäß § 128 RdNr. 81).[392] In der Praxis kommt die Begrenzung des § 171 Abs. 2 auf die Verbindlichkeiten, für die der Kommanditist haftet, vor allem dem ausgeschiedenen Kommanditisten zugute (RdNr. 116). Auch hier wirkt sich aus, dass § 171 Abs. 2 nur von der Haftung und nicht auch von der Einlage spricht, denn nur zur Begleichung von Gesellschaftsverbindlichkeiten, nicht zum Ausgleich von Kapitalkonten (dazu Erl. § 149) kann der Verwalter oder Sachwalter nach § 171 Abs. 2 vorgehen.

110 **dd) Einwendungen.** Da dem Kommanditisten nicht mehr der einzelne Gesellschaftsgläubiger gegenübersteht, sondern der Insolvenzverwalter für die Gesamtheit der Gläubiger, kann der Kommanditist gegenüber dem Klageanspruch nur noch solche *Einwendungen* vorbringen, die der Gesellschaft zustehen oder die er persönlich gegen alle Gesellschaftsgläubiger hat. Mit Einwendungen gegen einen einzelnen Gesellschaftsgläubiger ist er ausgeschlossen.[393] Er kann sich darauf berufen, dass er die Einlage an die Gesellschaft geleistet oder an Gesellschaftsgläubiger auf die Haftung gezahlt hat.[394] Er kann einwenden, dass die Leis-

[385] BGHZ 42, 192, 194 = WM 1964, 1147, 1148 = NJW 1964, 2407, 2409; BFH ZIP 1984, 1245, 1246 = JZ 1985, 346; Heymann/*Horn* § 171 RdNr. 34; *Koller*/Roth/Morck RdNr. 8; Röhricht/v. Westphalen/*v. Gerkan/Haas* § 171 RdNr. 64; Staub/*Schilling* § 171 RdNr. 20; *Häsemeyer* RdNr. 31.47.

[386] BFH ZIP 1984, 1245, 1246 = JZ 1985, 346; dazu *Ebenroth* JZ 1985, 322.

[387] *Karsten Schmidt,* Einlage und Haftung, S. 126 f.; unentschieden *Rob. Fischer* LM § 171 Nr. 5.

[388] Vgl. *Häsemeyer* ZHR 149 (1985), 59.

[389] BGHZ 42, 192, 193 f. = WM 1964, 1147, 1148 = NJW 1964, 2407, 2409; MünchHdb. KG/*Neubauer/Herchen* § 30 RdNr. 75; *Tschierschke* S. 44; *Lichtenberg* S. 50, 54 ff.; über früher vertretene Gegenansichten vgl. noch 1. Aufl. Fn. 334.

[390] In dieser Richtung zB Baumbach/*Hopt* § 171 RdNr. 11; Staub/*Schilling* § 172 RdNr. 17; *Keuk* ZHR 135 (1971), 430.

[391] RGZ 51, 33, 38; BGH LM § 171 Nr. 1 = JZ 1958, 699 m. Anm. *Schuman;* OLG Hamm NZG 2001, 359; Heymann/*Horn* § 171 RdNr. 28; *Karsten Schmidt,* Einlage und Haftung, S. 134 f.; *Jaeger/Henckel* InsO § 38 RdNr. 21; MünchKommInsO/*Lwowski/Peters* § 35 RdNr. 196, 200; *Keuk* ZHR 135 (1971), 430 f.

[392] OLG Hamm NZG 2001, 359.

[393] BGHZ 113, 216, 221; Düringer/Hachenburg/*Flechtheim* § 171 Anm. 17; RGRK/*Weipert* § 171 Anm. 41; Röhricht/v. Westphalen/*v. Gerkan/Haas* § 171 RdNr. 66; Staub/*Schilling* § 171 RdNr. 21; **aM** *Wieland,* HandelsR I, 1921, § 171 Anm. 14; *Ritter,* HGB, 2. Aufl. 1932, § 171 Anm. 5 c.

[394] RGZ 63, 265; BGHZ 39, 319, 328 f.; Heymann/*Horn* § 171 RdNr. 32.

tung der Hafteinlage zur Befriedigung der Gesellschaftsgläubiger nicht oder nur teilweise erforderlich sei, weil das Gesellschaftsvermögen dazu ausreiche.[395]

ee) Aufrechnung. Der Kommanditist kann die Inanspruchnahme nach § 171 Abs. 2 durch Aufrechnung gegenüber der Gesellschaft abwenden, soweit die §§ 94 ff. InsO dies zulassen (vgl. dagegen zur Aufrechnung gegenüber dem Gläubiger RdNr. 107).[396] Obwohl die Haftansprüche bis zur Insolvenzverfahrenseröffnung noch den einzelnen Gläubigern und nicht der Kommanditgesellschaft zustanden, steht § 96 InsO einer solchen Aufrechnung nicht entgegen.[397] Die Frage, ob der Kommanditist der Kommanditgesellschaft noch die sog. Pflichteinlage schuldet, ist für die Aufrechnung unerheblich.[398] Die Gesellschaft hat zwar keinen Anspruch auf Leistung der sog. Hafteinlage und die Voraussetzungen des § 387 BGB („zwei Personen einander") liegen, genau genommen, nicht vor. Vor Verfahrenseröffnung hätte sich der Kommanditist aber auch durch Leistung an die Gesellschaft von der persönlichen Haftung befreien können (RdNr. 42). Daraus folgt für den Kommanditisten nach Verfahrenseröffnung das Recht zur Aufrechnung gegen Forderungen der Gesellschaft.[399] Das gilt auch für den ausgeschiedenen Kommanditisten.[400] Insbesondere ein Abfindungsguthaben kann der Kommanditist aufrechnen, und zwar zum Nennwert (RdNr. 60), denn eine Einlage, durch die er nach Abs. 1 die Haftung abwenden müsste, schuldet er nicht mehr.[401] Diese Aufrechnungsbefugnis des Kommanditisten wird herkömmlicherweise verneint,[402] dies jedoch auf Grund der hier (RdNr. 73) abgelehnten Auffassung, dass das stehen gebliebene Abfindungsguthaben Bestandteil der Haftungsmasse ist und dass erst die Auszahlung der Abfindungssumme die Kommanditistenhaftung wieder aufleben lässt. Hatte sich der Kommanditist vor Verfahrenseröffnung für eine Gesellschaftsschuld verbürgt und befriedigt er nach Verfahrenseröffnung den Gesellschaftsgläubiger, so kann er diese Forderung nach RG JW 1907, 275 gegen den Anspruch des Konkursverwalters auf die „Hafteinlage" aufrechnen, da die Forderung auf Ersatz der Aufwendungen bereits durch die Bürgschaftsübernahme begründet worden ist.[403] Das ist nach dem bei RdNr. 59 f. Gesagten zu bestreiten.[404] 111

ff) Sondermasse. Umstritten ist die *Zuordnung der nach § 171 Abs. 2 auf die Haftung geleisteten Summe.* Ob diese in die Insolvenzmasse fällt, ist zweifelhaft.[405] Nach überwiegender Auffassung wird eine „Sondermasse" gebildet.[406] Anders soll es sich allerdings verhalten, wenn der Kommanditist allen Insolvenzgläubigern haftet.[407] Die Lehre von der „Sonder- 112

---

[395] RGZ 51, 33, 38; *Koller*/Roth/Morck RdNr. 8; Röhricht/v. Westphalen/*v. Gerkan/Haas* § 171 RdNr. 67; Staub/*Schilling* § 171 RdNr. 21.

[396] RGZ 37, 82, 87; BGHZ 58, 72, 75 = NJW 1972, 480, 481; Westermann/*Wertenbruch* (2009) RdNr. 3162; Baumbach/*Hopt* § 171 RdNr. 13; Heymann/*Horn* § 171 RdNr. 34; *Koller*/Roth/Morck RdNr. 8; Röhricht/v. Westphalen/*v. Gerkan/Haas* § 171 RdNr. 96; **aM** noch *Lichtenberg* S. 62 ff., 73 ff.; *Häsemeyer* RdNr. 31.44; s. auch Westermann/*Wertenbruch* (2009) RdNr. 3162.

[397] Vgl. zu § 55 KO BGHZ 58, 72, 75 f. = WM 1972, 194, 195 f. = BB 1972, 240, 241 = NJW 1972, 480, 481.

[398] So auch Baumbach/*Hopt* § 171 RdNr. 13; Röhricht/v. Westphalen/*v. Gerkan/Haas* § 171 RdNr. 69.

[399] RGZ 37, 82, 87; Baumbach/*Hopt* § 171 RdNr. 13.

[400] Schlegelberger/*Karsten Schmidt* RdNr. 111; *Tschierschke* S. 86 f.; **aM** Staub/*Schilling* § 171 RdNr. 20.

[401] *Karsten Schmidt,* Einlage und Haftung, S. 158 ff.

[402] OLG Hamburg HRR 1934 Nr. 1043 = HansRGZ 1934 (B) 363; Heymann/*Kötter,* HGB, 21. Aufl., § 171 Anm. 3; Röhricht/v. Westphalen/*v. Gerkan/Haas* § 171 RdNr. 51; GroßkommHGB/*Schilling,* 3. Aufl. 1970, § 171 Anm. 40; *Unger* KTS 1960, 33.

[403] Zust. Schlegelberger/*Geßler,* 4. Aufl. § 171 RdNr. 34.

[404] Verneinend auch die hM vgl. Baumbach/*Hopt* § 171 RdNr. 13; Heymann/*Horn* § 171 RdNr. 33; *Koller*/Roth/Morck RdNr. 8; Röhricht/v. Westphalen/*v. Gerkan/Haas* § 171 RdNr. 70; Staub/*Schilling* § 171 RdNr. 20.

[405] Vgl. eingehend *Karsten Schmidt,* Einlage und Haftung, S. 138 ff.

[406] Vgl. statt vieler *Kornblum* Haftung S. 243; MünchKommInsO/*Lwowski/Peters* § 35 RdNr. 205; Jaeger/*Henckel* InsO § 38 RdNr. 55; für den ausgeschiedenen Kommanditisten auch Baumbach/*Hopt* § 171 RdNr. 14; Heymann/*Horn* § 171 RdNr. 35; *Koller*/Roth/Morck RdNr. 9; Röhricht/v. Westphalen/*v. Gerkan/Haas* § 171 RdNr. 79; Staub/*Schilling* § 171 RdNr. 18; *Keuk* ZHR 135 (1971), 431; **aM** *Leven* S. 18 ff.

[407] Vgl. *Keuk* ZHR 135 (1971), 410, 430; *Gerhardt* ZIP 2000, 2187.

masse" hat eine akademisch-dogmatische und eine praktische Seite. Die Masse im Insolvenzverfahren der KG ist das Gesellschaftsvermögen (§ 35 InsO), und hierzu gehört die primär einzufordernde (RdNr. 99) Einlage, nicht dagegen die Haftung des Kommanditisten gegenüber den Gläubigern. Im Ergebnis bringt diese Sonderzuordnung nur die Zweckbindung der Haftung zum Ausdruck.[408] Es handelt sich bei der „Sondermasse" nicht um ein „dinglich" getrenntes Sondervermögen, sondern die Sonderbehandlung wirkt sich nur rechnerisch aus.[409] Der Verwalter oder Sachwalter muss die Summe so verwalten, dass sie denjenigen Gläubigern anteilig zugute kommt, denen der Kommanditist haftet. Das sind regelmäßig alle Insolvenzgläubiger, beim ausgeschiedenen Kommanditisten dagegen nur die Altgläubiger (RdNr. 116; vgl. auch zur Herabsetzung der Haftsumme §§ 174, 175 RdNr. 19); zu ihren Gunsten ist die „Sondermasse" vorweg abzuwickeln. Die Sonderzuordnung kann auch bei der Verrechnung von Aufwendungen, die bei der Geltendmachung der Haftung entstanden sind, eine praktische Rolle spielen.[410] Prozesskosten aus einem (Teil-)Unterliegen bei einer Klage aus Abs. 2 können von der Sondermasse in Abzug gebracht werden, schmälern also nur die Befriedigung derjenigen Gläubiger, denen dieser Kommanditist haftet. Übersteigen die Aufwendungen die Aktiven der Sondermasse (Beispiel: der Verwalter führt einen erfolglosen Prozess aus Abs. 2 gegen einen ausgeschiedenen Kommanditisten), so entsteht die Frage, ob der Verwalter eine „negative Sondermasse" bilden, dh. die Aufwendungen von der Quote derjenigen Gläubiger in Abzug bringen kann, denen der Prozess hätte zugute kommen sollen. Wer mit der Rechtsfigur der „Sondermasse" ernst macht, wird dies bejahen.[411] In diesen Fällen kommt uU eine Verwalterhaftung nach § 60 InsO in Betracht.

113 **3. Prozessfragen. a) Kläger.** Der Insolvenzverwalter oder Sachwalter kann die nach § 171 Abs. 2 zu erbringende Leistung einklagen. Kläger ist nach der herrschenden, wenngleich nicht unproblematischen Amtstheorie[412] der Verwalter selbst. Die Klage ist auch dann zulässig, wenn bereits ein Gläubiger Klage gegen den Kommanditisten erhoben hatte und der Verwalter diesen Rechtsstreit nach RdNr. 115 aufnehmen könnte. Das Rechtsschutzinteresse ist auch in diesem Fall zu bejahen, zumal der Insolvenzverwalter nicht ohne weiteres rechtzeitig von dem Prozess des Gläubigers erfährt und die Übernahme des Gläubigerprozesses auch mit verfahrensbedingten Risiken belastet sein kann.

114 **b) Darlegungs- und Beweislast.** Der Insolvenzverwalter muss im Streitfall beweisen, dass Forderungen bestehen, für die der Kommanditist haftet.[413] Diese Frage wird nur bei einem ausgeschiedenen Kommanditisten eine praktische Rolle spielen (vgl RdNr. 116). Macht der Kommanditist geltend, das Gesellschaftsvermögen reiche trotz der Insolvenzverfahrenseröffnung für die Gläubigerbefriedigung aus, so trägt er die Darlegungs- und Beweislast.[414] Die Beweislast hinsichtlich der Voraussetzungen der §§ 171 Abs. 1, 172 Abs. 4 folgt den allgemeinen Regeln (RdNr. 61, 74).

115 **c) Laufende Rechtsstreitigkeiten.** Das *Schicksal laufender Prozesse* zwischen Gläubigern und Kommanditisten ist vom Gesetz nicht geklärt. § 265 Abs. 2 ZPO ist weder unmittelbar noch entsprechend anwendbar.[415] Der BGH begründet dies überzeugend mit der Überlegung, dass der Insolvenzverwalter kein Rechtsnachfolger des klagenden Gesellschaftsgläubigers ist, sondern die Haftung zugunsten der Gläubigergesamtheit geltend macht. Der

[408] *Leven* S. 18 ff.

[409] S. auch *Häsemeyer* ZHR 149 (1985), 71 f.

[410] Vgl. eingehend Jaeger/*Henckel* InsO, § 38 RdNr. 56.

[411] Schlegelberger/*Karsten Schmidt* § 171 RdNr. 112.

[412] BGHZ 32, 114, 118; BGHZ 44, 1 = NJW 1965, 1585, 1587; BGHZ 88, 331, 334 = NJW 1984, 739 mwN; BGHZ 100, 346, 351 = NJW 1987, 3133, 3135; zum Standpunkt des Verf. vgl. *Karsten Schmidt* KTS 1984, 345 ff.; Kilger/*Karsten Schmidt* § 6 KO Anm. 2 b.

[413] E/B/J/S /*Strohn* § 171 RdNr. 96; OLG Stuttgart NZG 1999, 113, 115; Röhricht/ v. Westphalen/ *v. Gerkan/Haas* § 171 RdNr. 83; *Keuk* ZHR 135 (1971), 431; *Karsten Schmidt,* Einlage und Haftung, S. 134; *Brandes* LM § 176 Nr. 8.

[414] OLG Stuttgart NZG 1999, 113, 115 f.

[415] BGHZ 82, 209, 216 = (Leitsatz) LM § 176 Nr. 8 = WM 1982, 126, 127 = NJW 1982, 883, 885 m. Anm. *Karsten Schmidt.*

Rechtsstreit braucht aber, wie der BGH entgegen der früher hL dargelegt hat, auch nicht für in der Hauptsache erledigt erklärt zu werden, sondern es ist § 17 AnfG analog anzuwenden.[416] *Der Rechtsstreit wird unterbrochen.*[417] Der Verwalter kann ihn aufnehmen. Nimmt der Verwalter den Rechtsstreit auf, so muss er ihn in der Lage übernehmen, in der er sich im Zeitpunkt der Verfahrenseröffnung befand. Er muss ferner den Klagantrag in dem Sinne umstellen, dass er auf Verurteilung zur Zahlung in die Masse geht. Erschöpft der Antrag des Gläubigers die nach Abs. 2 einzufordernde Haftung nicht, weil der eigene Anspruch des Gläubigers geringer als der Umfang dieser Haftung ist (das ist der Regelfall!), so kann der Verwalter den Antrag analog § 17 Abs. 2 Satz 3 AnfG erweitern. Lehnt der Verwalter die Aufnahme des Rechtsstreits ab, so verliert er damit nicht das Recht, selbst gemäß Abs. 2 zu klagen (§ 17 Abs. 3 Satz 2 AnfG analog). In diesem Fall können der Gläubiger und der Kommanditist den Prozess hinsichtlich der Prozesskosten aufnehmen (§ 17 Abs. 3 Satz 1 AnfG analog). Verzögert der Verwalter die Aufnahme, so kommt § 239 ZPO zur entsprechenden Anwendung (§ 17 Abs. 1 Satz 3 AnfG analog).

4. Der ausgeschiedene Kommanditist im Insolvenzverfahren. a) Haftung für Altgläubigerforderungen. Der ausgeschiedene Kommanditist *haftet nur den Altgläubigern* (RdNr. 18) und auch dies nur mit der sich aus § 160 ergebenden Maßgabe der Nachhaftungsbegrenzung (näher bei § 160; vgl. auch zum Fall der Haftsummenherabsetzung §§ 174, 175 RdNr. 19). Eine Inanspruchnahme nach § 171 Abs. 2 kommt nur in Betracht, *soweit der Insolvenzverwalter mit dem Haftungsbetrag Gläubiger zu bedienen hat, denen der ausgeschiedene Kommanditist haftet* (RdNr. 18).[418] Dass dies mehrere Gläubiger sind, ist nicht erforderlich.[419] Die Gegenansicht[420] will praktisch denken, ist aber unerprobt und höchst unpraktisch, zumal das Vorhandensein nur eines Anspruchsinhabers selbst bei einem ausgeschiedenen Kommanditisten äußerst selten und während des Insolvenzverfahrens vielfach streitig sein wird. Der Verwalter verwaltet und verteilt die Haftungsbeiträge zugunsten der Altgläubiger als sog. Sondermasse (RdNr. 112). § 171 Abs. 2 bleibt auch dann anwendbar, wenn der ausgeschiedene Kommanditist mehreren Gläubigern haftet und die Kommanditistenhaftung summenmäßig ausreicht, um diese Gläubigergruppe voll zu befriedigen.[421] Eine weniger grundsätzliche – praktisch selten relevante – Frage ist die, ob der Kommanditist sich dem Insolvenzverwalter gegenüber auf eine Befriedigung des einzigen Gläubigers, dem er haftet, bzw. aller Gläubiger, denen er haftet, berufen kann, wenn diese Befriedigung nach Verfahrenseröffnung erfolgt ist. Diese Frage ist zu bejahen.[422] Das beruht jedoch nur auf § 242 BGB (der Insolvenzverwalter muss das Haftungsziel als erreicht akzeptieren). In Fortführung von BGHZ 39, 319, 326 f. wird dasselbe zu gelten haben, wenn feststeht, dass der Gesellschaftsgläubiger, dem der ausgeschiedene Kommanditist haftet, aus Mitteln des Gesellschafters oder aus Mitteln der Insolvenzmasse vollständig befriedigt ist bzw. befriedigt wird.[423] Die Gläubigerbefriedigung 116

[416] Jetzt allgM; vgl. Westermann/*Wertenbruch* (2009) RdNr. 3164; Baumbach/*Hopt* § 171 RdNr. 12; E/B/J/S/*Strohn* § 171 RdNr. 88; *Koller*/Roth/Morck RdNr. 8; Röhricht/v. Westphalen/*v. Gerkan/Haas* § 171 RdNr. 82; Staub/*Schilling* § 171 RdNr. 23; **anders** noch Düringer/Hachenburg/*Flechtheim* § 171 Anm. 20; *Karsten Schmidt,* Einlage und Haftung, S. 126; diese Auffassung wurde aufgegeben in NJW 1982, 887.

[417] § 17 Abs. 1 Satz 1 AnfG (vor 1999: § 13 Abs. 2 Satz 1 AnfG) analog; vgl. BGH aaO sowie BGH ZIP 1982, 566 f.; Westermann/*Westenbruch* (2009) RdNr. 3164; Röhricht/v. Westphalen/*v. Gerkan/Haas* § 171 RdNr. 82.

[418] BGHZ 27, 51, 56 = LM § 172 Nr. 1 m. Anm. *Fischer*; BGH LM § 171 Nr. 1 = JZ 1958, 699 m. Anm. *Schumann*; BGHZ 71, 296, 305 = NJW 1978, 1525, 1527; *Karsten Schmidt,* GesR § 54 V 2; *ders.* Einlage und Haftung, S. 134 ff.; Baumbach/*Hopt* § 171 RdNr. 14; E/B/J/S /*Strohn* § 171 RdNr. 107.

[419] *Leven* S. 82 ff.; *Karsten Schmidt,* Einlage und Haftung, S. 136; E/B/J/S /*Strohn* § 171 RdNr. 108; unentschieden BGH LM § 171 Nr. 1 = JZ 1958, 699, 700; für § 93 InsO unentschieden auch BGH NZG 2009, 102, 104 = ZIP 2009, 47, 48.

[420] Westermann/*Wertenbruch* (2009) RdNr. 3165; Baumbach/*Hopt* § 171 RdNr. 14; Heymann/*Horn* § 171 RdNr. 35; *Fischer* LM § 172 Nr. 1; *Unger* KTS 1960, 37.

[421] *Leven* S. 87; *Karsten Schmidt,* Einlage und Haftung, S. 137; E/B/J/S /*Strohn* § 171 RdNr. 108; *Keuk* ZHR 135 (1971), 433; **aM** *Fischer* LM § 172 Nr. 1; *Tschierschke* S. 88; unentschieden auch hier BGH LM § 171 Nr. 1 = BB 1958, 603 = NJW 1958, 1139 = JZ 1958, 699.

[422] *Karsten Schmidt,* Einlage und Haftung, S. 147 ff.

[423] Vgl. ebd. S. 157; Schlegelberger/*Karsten Schmidt* RdNr. 116.

geschieht in diesen Fällen auf eigene Gefahr des Kommanditisten. Stellt sich heraus, dass der Kommanditist auch anderen, noch nicht befriedigten Insolvenzgläubigern haftet, so kann er für deren Befriedigung den Kommanditisten nach Abs. 2 in Anspruch nehmen, ohne sich die vom Kommanditisten nach Insolvenzverfahrenseröffnung erbrachten Tilgungsleistungen auf die Haftungssumme anrechnen lassen zu müssen. Der Kommanditist steht dann vor der Wahl, ob er – wiederum auf eigene Gefahr – auch die zuvor unerkannt gebliebenen Gläubiger befriedigt oder volle Zahlung an den Insolvenzverwalter leistet und die nach der Verfahrenseröffnung an einzelne Gläubiger erbrachten Leistungen kondiziert.[424]

117 **b) Sperrfunktion des § 171 Abs. 2.** Mit den bei RdNr. 116 angemerkten Einschränkungen bleibt es bei der Sperrfunktion des § 171 Abs. 2 (RdNr. 107). Die Gläubiger können keine Zahlung von dem ausgeschiedenen Kommanditisten verlangen. Der ausgeschiedene Kommanditist kann auch dann nicht auf eigene Faust an die Altgläubiger leisten und sich gegen eine Inanspruchnahme gemäß § 171 Abs. 2 zur Wehr setzen, wenn die Zahlung des ausgeschiedenen Kommanditisten im Verein mit der auf die Altgläubiger entfallenden Insolvenzquote zur Befriedigung dieser Gläubiger ausreicht.[425] Vielmehr hat der Verwalter immer dann, wenn auch die Masse zugunsten der Altgläubiger angetastet werden muss, nach Abs. 2 vorzugehen.

118 **c) Aufrechnung des ausgeschiedenen Kommanditisten?** Für die Aufrechnung des ausgeschiedenen Kommanditisten gelten die bei RdNr. 58 ff. und RdNr. 111 dargestellten Grundsätze sinngemäß. Der Altkommanditist kann zwar nicht mit einer gegen einen Gesellschaftsgläubiger gerichteten Forderung (RdNr. 107), wohl aber unter den Voraussetzungen der §§ 94 ff. InsO mit einer Forderung gegen die Gesellschaft aufrechnen. Soweit es um die Aufrechnung mit seinem Abfindungsguthaben geht, befreit die Aufrechnung den Kommanditisten zum Nennwert (RdNr. 111), sonst nur Höhe des Forderungswerts (RdNr. 60). Allerdings ist dies str. Manche versagen dem Altkommanditisten die Aufrechnung mit einer gegen die Gesellschaft gerichteten Forderung, weil er nur einem Teil der Gläubiger hafte und die Aufrechnung allen Gläubigern zugute komme.[426] Aber nach RdNr. 42 kann sich jeder, der als Kommanditist beschränkt haftet – auch der Altkommanditist, der keine Einlage mehr schuldet – auch außerhalb des Insolvenzverfahrens durch Zahlung an die Gesellschaft von der Haftung befreien. Dann wird man auch eine Aufrechnung zulassen müssen, soweit nicht § 96 InsO entgegensteht.

119 **d) Regress im Insolvenzverfahren?** Eine Regressnahme des Altkommanditisten gegenüber der Insolvenzmasse und eine Anmeldung der Regressforderung im Insolvenzverfahren der KG kommt dann in Betracht, wenn alle Altgläubiger befriedigt sind oder aus der an den Insolvenzverwalter geleisteten Zahlung befriedigt werden können, denen der Altkommanditist haftet.[427]

120 **5. Insolvenzplan.** Soweit ein Insolvenzplan im gestaltenden Teil Erlasswirkungen ausspricht, wirkt dies nach **§ 227 Abs. 2 InsO** auch *zugunsten von persönlich haftenden Gesellschaftern*. Die Bestimmung knüpft an die vormaligen §§ 109 Nr. 3 VerglO, 211 Abs. 2 KO an. Diese Bestimmungen galten nach der damaligen Rechtsprechung und hM nicht für den Kommanditisten.[428] Nach Auffassung des BGH kam die Vergleichswirkung nicht einmal einem Kommanditisten zugute, der als ehemals unbeschränkt haftender Gesellschafter

[424] Schlegelberger/*Karsten Schmidt* RdNr. 116.

[425] *Karsten Schmidt*, Einlage und Haftung, S. 157 f.; unentschieden BGHZ 27, 51, 59 = WM 1958, 553, 555 = NJW 1958, 787, 789.

[426] *Jaeger/Weber* KO, 8. Aufl., §§ 209/210 Anm. 31 (S. 780) mwN.

[427] BGHZ 27, 51, 58 = WM 1958, 553, 554 = NJW 1958, 787, 788; BGHZ 39, 319, 326 = WM 1963, 831, 832 = NJW 1963, 1873, 1875; Baumbach/*Hopt* § 171 RdNr. 14; str.; vgl. im Einzelnen *Karsten Schmidt*, Einlage und Haftung, S. 147 ff.; Jaeger/*Henckel* InsO § 45 RdNr. 12.

[428] RGZ 150, 163 ff.; BGH WM 1970, 967 = BB 1970, 941 = NJW 1970, 1921; RGRK/*Weipert* § 171 Anm. 50; *Mohrbutter/Mohrbutter*, Handbuch der Insolvenzverwaltung, 8. Aufl. 2007, XXI RdNr. 30; Kuhn/*Uhlenbruck* KO § 211 RdNr. 1; *Bley/Mohrbutter* VerglO § 109 RdNr. 22; *Graf Lambsdorff* MDR 1973, 364; *Kuhn* WM Sonderbeilage Nr. 1/1978, 8 ff.

für die Vergleichsforderungen unbeschränkt haftet.[429] Die hM stützte sich vor allem auf historische Gründe sowie auf den Wortlaut der §§ 109 VerglO, 211 KO, § 227 Abs. 2 InsO und des HGB, das als persönlich haftenden Gesellschafter den Komplementär bezeichnet. *Die hM verdiente schon vor der Insolvenzordnung keine Zustimmung.*[430] Auch für § 227 Abs. 2 InsO muss gelten: Der beschränkt oder unbeschränkt haftende Kommanditist kann sich gegenüber den Gesellschaftsgläubigern auf die Wirkungen eines Insolvenzplans berufen.[431] Klarzustellen bleibt, dass die Haftsumme des Kommanditisten von dieser Wirkung unberührt bleibt.[432] Durch die Vergleichswirkung wird der Kommanditist davor geschützt, dass der einzelne Gläubiger ihn über die sich aus dem Plan ergebende Quote hinaus in Anspruch nimmt; dagegen ist er nicht davor geschützt, dass ihn die Gläubiger aus den nach dem Insolvenzplan verbliebenen Forderungen nach Maßgabe der §§ 171 Abs. 1, 172 Abs. 4 bis zur Höhe seiner Haftsumme in Anspruch nehmen.[433] Auch nimmt der *ausgeschiedene Gesellschafter* – und damit nach der hier vertretenen Auffassung auch der ausgeschiedene Kommanditist[434] – nach der wohl richtigen (gleichfalls umstrittenen) Meinung nicht nach § 227 Abs. 2 InsO an der Vergleichswirkung teil.[435] Der Gedanke ist, dass ein ausgeschiedener Gesellschafter nicht mehr Destinatär der Unternehmenssanierung ist. Er haftet insoweit ähnlich wie ein Bürge (zweifelhaft).

6. Insolvenzverfahren mit Eigenverwaltung. Nach §§ 270 ff. InsO ist (auch bei Handelsgesellschaften) ein Insolvenzverfahren mit Eigenverwaltung zulässig. Da die Gesellschaft mit der Eröffnung des Verfahrens aufgelöst ist (§ 131 Abs. 1 Nr. 3), werden die Rechte der Gesellschaft – auch die Ansprüche auf Leistung offener Einlagen – in diesem Fall von den Liquidatoren (dazu Erl. § 146) ausgeübt. Die Haftungsansprüche der Gläubiger gegen die Gesellschafter gehören nicht dazu. Nach § 171 Abs. 2 idF des Art. 40 Nr. 15 EGInsO macht dann aber der nach § 274 InsO zu bestellende Sachwalter diese Ansprüche geltend. Die Ausführungen in RdNr. 106 ff. gelten auch in diesem Fall. Für die Einlage (RdNr. 99) bleiben die Liquidatoren zuständig. 121

IX. Besonderheiten in der GmbH & Co

Schrifttum (vgl. zunächst die allgemeinen Literaturangaben zu §§ 171, 172): *Binz/Sorg,* Die GmbH & Co., 10. Aufl. 2005; *Günter,* Die Aufbringung und Erhaltung des Haftkapitals in KG und GmbH unter besonderer Berücksichtigung der GmbH & Co. KG, Diss. Hamburg 1975/76; *Gummert,* Die Kapitalaufbringung bei der Komplementär-GmbH einer GmbH & Co. KG, DStR 2008, 976; *Hesselmann/Tillmann/Mueller-Thuns,* Handbuch der GmbH & Co., 20. Aufl. 2010; *Hunscha,* Die GmbH & Co. KG als Alleingesellschafterin ihrer GmbH-Komplementärin, 1974; *ders.,* Gläubigerschutz und wechselbeteiligte GmbH & Co. KG, GmbHR 1975, 145; *Koppensteiner,* Über die Haftung der Kommanditisten bei Zuwendungen aus dem Vermögen einer GmbH & Co. KG, FS Roth, 2011, S. 395; *Kuhn,* Haftungsprobleme bei der GmbH & Co., Ehrengabe Heusinger, 1969, S. 203; *Ippen,* Die GmbH & Co. KG als Inhaberin sämtlicher Geschäftsanteile ihrer allein persönlich haftenden GmbH-Komplementärin, Diss. Münster 1967; *Schilling,* Die GmbH & Co. KG als Einheitsgesellschaft, FS Barz, 1974, S. 67; *Schlichte,* Kapitalerhaltung in der Ltd. & Co. KG, DB 2006, 1357; *Karsten Schmidt,* Kapitalaufbringung, Kapitalerhaltung und Unterkapitalisierung bei der GmbH & Co., DB 1973, 2227; *ders.,* Die GmbH & Co. – eine Zwischenbilanz, GmbHR 1984, 272; *ders.,* Zur Einheits-GmbH & Co. KG, FS Westermann, 2008, S. 1425; *ders.,* Mittelaufbringung und Mittelverwendung bei der GmbH & Co. KG – Funktionelles oder formelles Denken im Recht der Unternehmensfinanzierung?, ZIP 2008, 481; *Sudhoff,* GmbH & Co. KG, 6. Aufl. 2005; *Theiselmann,* Kapitalaufbringung bei der GmbH & Co. KG, GmbHR 2008, 521; *Westermann,* Zur Theorie der Grundtypenvermischung – am Beispiel der GmbH & 122

[429] BGH (Fn. 365); zustimmend die hM.

[430] Vgl. Heymann/*Horn* § 171 RdNr. 39; Schlegelberger/*Karsten Schmidt* RdNr. 120; Staub/*Schilling* § 171 RdNr. 24; *Jaeger/Weber* KO § 211 Anm. 4; Kilger/*Karsten Schmidt* § 211 KO Anm. 3 a, § 109 VerglO Anm. 5 b; eingehend *Karsten Schmidt,* Einlage und Haftung, S. 166 ff.

[431] *Eidenmüller* ZGR 2001, 680, 684.

[432] *Karsten Schmidt,* Einlage und Haftung, S. 169; Heymann/*Horn* § 171 RdNr. 39; Schlegelberger/*Karsten Schmidt* RdNr. 120; Staub/*Schilling* § 171 RdNr. 24.

[433] Vgl. auch Röhricht/v. Westphalen/*v. Gerkan/Haas* § 171 RdNr. 87; Staub/*Schilling* § 171 RdNr. 24.

[434] Vgl. *Karsten Schmidt,* Einlage und Haftung, S. 171 ff.; s. auch *Kuhn* WM 1974, 680.

[435] Vgl. FKInso/*Jaffé* § 227 RdNr. 11; MünchKommInsO/*Breuer* § 227 RdNr. 13; zum alten Recht RGZ 29, 38, 39 f.; 56, 362, 366; 142, 206, 208; BGH WM 1970, 967 = BB 1970, 941 = NJW 1970, 1921; Heymann/*Horn* § 171 RdNr. 39; *Kühne* ZHR 133 (1970), 175; **aM** *Hans-Fr. Müller* KTS 2002, 209, 255 ff.

Co. KG, FS Karsten Schmidt, 2009, S. 1709; Westermann/*Blaum* (2009) RdNr. 2293 ff.; *Winkler,* Die Haftungsverfassung der GmbH & Co. (KG), NJW 1969, 1009.

123 **1. Haftung und Haftungsbefreiung. a) Grundsatz.** In der GmbH & Co. KG ist grundsätzlich davon auszugehen, *dass sowohl die Geschäftsanteile der GmbH als auch die Haftsummen der Kommanditisten kumulativ abgedeckt sein müssen.*[436] Das Grundlagenurteil **BGHZ 174, 370 = NJW-RR 2008, 480 = BB 2008, 181 (*Witt*) = GmbHR 2008, 203 (*Rohde*) = ZIP 2008, 174** folgert hieraus:[437] „Die allgemeinen Kapitalaufbringungsregeln des GmbH-Rechts (§ 19 GmbHG) gelten auch bei der Komplementär-GmbH einer GmbH & Co. KG, ohne dass unter dem Gesichtspunkt einer ‚wirtschaftlichen Einheit' der beiden Gesellschaften ein ‚Sonderrecht' für die Kapitalaufbringung bei der Komplementär-GmbH anzuerkennen wäre." Für die *Leistung der Stammeinlage* gilt § 19 GmbHG. Die Zahlung muss grundsätzlich der GmbH zufließen.[438] Das gilt wenigstens für die Mindesteinlage nach § 7 Abs. 2 GmbHG.[439] Insoweit lässt die hM die Zahlung an einen Dritten nicht als befreiend gelten.[440] Aber das Grundlagenurteil BGHZ 174, 370 = NJW-RR 2008, 480 = BB 2008, 181 (*Witt*) = GmbHR 2008, 203 (*Rohde*) = ZIP 2008, 174 geht weiter. Nach ihm „ist eine Einlageforderung der (Komplementär-)GmbH nicht erfüllt, wenn die an sie gezahlten Einlagemittel umgehend als ‚Darlehen' an die von dem oder den Inferenten beherrschte KG weiterfließen (vgl. BGHZ 153, 107)." Dem ist aus Gründen, die in ZIP 2008, 481 ff. eingehend ausgeführt worden sind, nicht zu folgen. Es gibt kein Thesaurierungsgebot im GmbH-Vermögen. Die Ausleihung der Liquidität an die KG ist Mittelverwendung im Unternehmen, nicht Rückzahlung an die Gesellschafter. Sie ist es selbst dann, wenn die Voraussetzungen des § 19 Abs. 5 GmbHG nF nicht erfüllt sind. Im Übrigen genügt es, wenn der GmbH aus der Zahlung ein vollwertiges Guthaben erwächst.[441] Das muss auch dann gelten, wenn die Stammeinlage statt an die GmbH an die KG gezahlt wird.[442] Doch ist der Praxis zu größter Vorsicht und zu formalem Vorgehen zu raten. Haben die Gesellschaften nur ein Konto, nämlich das Konto der KG, so soll es nach Auffassung des OLG Stuttgart[443] nicht ausreichen, wenn im Fall der GmbH-Kapitalerhöhung die Leistungen auf die erhöhten Stammeinlagen auf dieses KG-Konto eingezahlt werden. Der Bundesgerichtshof hatte die Zahlung auf das KG-Konto als Leistung an einen Dritten angesehen (§ 362 Abs. 2 BGB) und sie als befreiend gelten lassen, wenn dadurch der GmbH effektiv Mittel zugeführt worden sind.[444] Auf diese Grundsätze sollte sich die Gerichtspraxis wieder besinnen.[445] Die Entformalisierung der Kapitalschutzregeln in § 19 Abs. 5, 30 Abs. 1 Satz 2 GmbHG durch das MoMiG von 2008 kann dazu als Anstoß dienen.[446] Aber die entscheidenden Gesichtspunkte sind weitaus grundsätzlicherer Art. Die Zahlung an die KG (direkt durch die Inferenten oder nach Durchleitung durch das GmbH-Vermögen), verbunden mit einem Darlehnsgeberanspruch der GmbH ist eine Investitionsentscheidung der GmbH und ein Beitrag der GmbH zum Unternehmen der KG. Eine die Befreiung von der Bareinlageschuld ausschließende verdeckte Sacheinlage ist in der Zahlung auf das Konto der Kommanditgesellschaft nicht zu sehen, ebenso wenig eine die Haftungsbefreiung

[436] Vgl. besonders *Schilling,* FS Barz, 1974, S. 74 f; eingehend *Gummert* DStR 2008, 976 ff.

[437] Dazu **zust.** *Gummert* DStR 2008, 976 ff.; **abl.** *Karsten Schmidt* ZIP 2008, 481 ff.; zweifelnd *Theiselmann* GmbHR 2008, 521 ff.

[438] BGH NJW 1986, 989 = GmbHR 1986, 115; Hesselmann/Tillmann/Mueller-Thuns/*Lüke* § 3 RdNr. 12.

[439] Hesselmann/Tillmann/Mueller-Thuns/*Lüke* § 3 RdNr. 12.

[440] Vgl. BGH NJW 1986, 989 = GmbHR 1986, 115.

[441] BGH NJW 1986, 989 = GmbHR 1986, 115; OLG Hamm BB 2000, 319 = GmbHR 2000, 386 (Verneinung der Befreiungswirkung bei Zahlung an die Geschäftsbank; *Karsten Schmidt* GesR § 56 V 1 a.

[442] Vgl. BGH NJW 1986, 989 = GmbHR 1986, 115.

[443] DB 1985, 1985 m. Anm. *Karsten Schmidt* = GmbHR 1986, 349.

[444] BGH NJW 1986, 989 = GmbHR 1986, 115; OLG Hamm BB 2000, 319, 320 = GmbHR 2000, 386, 387; dazu *Karsten Schmidt* GesR § 56 V 1 a.

[445] Eingehend *Karsten Schmidt,* ZIP 2008, 481 ff.

[446] *Dazu Schiessl* in Hesselmann/Tillmann/Mueller-Thuns, Hdb. GmbH & Co. KG, 20. Aufl. 2009, § 5 RdNr. 99 f.

ausschließende Rückzahlung an den Inferenten.[447] Für die *Haftungsbefreiung der Kommanditisten* gilt § 171 Abs. 1. Auch dann, wenn die GmbH – wie bei der GmbH & Co. üblich – nach dem Gesellschaftsvertrag nicht am Verlust der KG beteiligt ist, erweitert dies weder im Außenverhältnis noch auf Grund von Freistellungsansprüchen im Innenverhältnis die Haftung der Kommanditisten.[448] Eine diesbezügliche Klarstellung im Vertrag[449] ist nicht notwendig und nur vorsorglich zu empfehlen. Wird die Kommanditeinlage statt auf ein KG-Konto auf ein GmbH-Konto eingezahlt und später auf das KG-Konto umgeschrieben, so hat der Kommanditist haftungsbefreiend geleistet.[450] Der Praxis ist zur Vermeidung von Risiken unbedingt zur Führung getrennter Girokonten und zur zielgenauen Einzahlung der Stammeinlagen und der Kommanditeinlagen auf die jeweiligen Konten zu raten.

b) § 172 Abs. 6. aa) Normzweck. Die kumulative Aufbringung sowohl der Stammeinlage als auch der Kommanditeinlage (RdNr. 123) darf nicht durch vermögensmäßige Verzahnungen der Gesellschaften umgangen werden. Einen solchen Umgehungsschutz enthält § 172 Abs. 6. Die Vorschrift wurde eingeführt durch die GmbH-Novelle vom 4. 7. 1980 (BGBl. I S. 836). Sie zielt rechtspolitisch auf die GmbH & Co. und sichert eine gläubigerschützende Kapitalaufbringung in einer Kommanditgesellschaft, bei der kein persönlich haftender Gesellschafter eine natürliche Person ist. In der Regierungsbegründung heißt es wörtlich (BR-Drucks. 404/77 S. 58): „Der Vermögenswert der GmbH-Geschäftsanteile findet seine Deckung lediglich im Vermögen der GmbH . . . Würden daher die Geschäftsanteile an der GmbH als Kommanditeinlagen geleistet werden können, so würde das Vermögen der GmbH gleichzeitig als Haftungspotential der Komplementärin und als Haftungspotential der Kommanditisten dienen; den Gläubigern würde also in Wahrheit nur ein Haftungspotential zur Verfügung stehen. Um dies zu verhindern, schreibt der Entwurf vor, dass den Gläubigern gegenüber die Einlage eines Kommanditisten als nicht geleistet gilt, soweit sie in Anteilen an der GmbH bzw. den anderen erfassten Komplementär-Gesellschaften bewirkt ist.“ Normzweck und Wortlaut des Abs. 6 passen allerdings nicht nur auf die klassische GmbH & Co. KG, sondern zB auch auf die doppelstöckige GmbH & Co. KG, die AG & Co. KG und die Auslands-Kapitalgesellschaft & Co. KG.[451] 124

bb) Tatbestandsvoraussetzung des § 172 Abs. 6 ist, dass kein persönlich haftender Gesellschafter (Komplementär) eine natürliche Person ist. Ist auch nur einer von mehreren Komplementären eine natürliche Person, so greift die Bestimmung nicht ein. Ausnahmsweise greift Abs. 6 nach seinem Satz 2 auch dann nicht ein, wenn kein persönlich haftender Gesellschafter eine natürliche Person ist, zu den persönlich haftenden Gesellschaftern aber eine oHG oder KG gehört, bei der ein persönlich haftender Gesellschafter eine natürliche Person ist. Man wird diese Ausnahme analog auf den Fall einer Komplementär-KGaA anwenden müssen. Gleichzustellen ist ferner der Fall, dass zwar an der Komplementär-oHG oder Komplementär-KG (bzw KGaA) nur wiederum Handelsgesellschaften als persönlich haftende Gesellschafter beteiligt sind, an denen jedoch dann wiederum eine natürliche Person als persönlich haftender Gesellschafter beteiligt ist.[452] 125

cc) Rechtsfolge des § 172 Abs. 6 ist nicht ein Verbot der Einbringung von Anteilen an einer juristischen Person als Kommanditisteneinlage.[453] Die Bestimmung besagt nur, dass diese Art der Einlagenaufbringung keine haftungsbefreiende Wirkung nach § 171 126

---

[447] OLG Jena DB 2006, 1484, 1485 (aber aufgehoben durch BGHZ 174, 370); *Karsten Schmidt* ZIP 2008, 481, 488.

[448] *Binz/Sorg* § 5 RdNr. 4 ff.; früher umstritten; *Uhlenbruck*, Die GmbH & Co. KG, S. 658 f.; *Heinze/Rieker* NJW 1972, 473 f.; *Ganßmüller* NJW 1972, 1034 f.; *Karsten Schmidt* DB 1973, 2228; *Fehl* BB 1976, 113; *Weber/Jansen* NJW 1971, 1678 ff.; *Buchheister* BB 1973, 687 f.

[449] *Horn* GmbHR 1972, 287.

[450] OLG Hamm NJW-RR 1996, 27; GK/*Fahse* RdNr. 7.

[451] *Lüke* in Hesselmann/Tillmann/Mueller-Thuns, Hdb. der GmbH & Co., 20. Aufl. 2008, § 3 RdNr. 16.

[452] Vgl. auch E/B/J/S/*Strohn* § 172 RdNr. 60; Oetker/*Oetker* § 172 RdNr. 50.

[453] *Karsten Schmidt* GmbHR 1984, 281.

Abs. 1 2. Halbsatz hat.[454] Vor allem die Bildung einer „Einheits-GmbH & Co. KG", bei der die Kommanditgesellschaft Inhaberin sämtlicher Geschäftsanteile der Komplementär-GmbH ist,[455] bleibt also zulässig, aber die Kommanditisten müssen neben den GmbH-Geschäftsanteilen andere Einlageleistungen erbringen, weil nur diese haftungsbefreiende Wirkung haben.

127 **2. Kapitalerhaltung in der GmbH & Co. a) Kumulative Anwendung der §§ 172 Abs. 4 HGB, 30 f. GmbHG.** Als Kapitalerhaltungsregeln treten die §§ 172 Abs. 4 HGB, 30 f. GmbHG nebeneinander. Zuwendungen an Kommanditisten aus KG-Vermögen fallen unter die allgemeinen Regeln des § 172 Abs. 4.[456] Insofern gelten die in RdNr. 62 ff. dargestellten Grundsätze. Zuwendungen an GmbH-Gesellschafter aus GmbH-Vermögen fallen unter die allgemeinen Regeln der §§ 30 f. GmbHG. Ein Fall des § 172 Abs. 4 liegt dann nicht vor.

128 **b) Anwendung der §§ 30, 31 GmbHG bei Zuwendungen aus dem KG-Vermögen.** Zuwendungen an einen Kommanditisten aus dem KG-Vermögen können außer gegen § 172 Abs. 4 auch gegen § 30 GmbHG verstoßen, wenn die Schmälerung des Gesellschaftsvermögens unter Berücksichtigung der Komplementärhaftung der GmbH deren Vermögen unter den Stammkapitalnennwert senkt oder eine schon vorhandene Unterbilanz verstärkt.[457] Die gegen das Auszahlungsverbot verstoßenden Zahlungen aus dem Vermögen der KG müssen nach § 31 GmbHG an die KG zurückgewährt werden.[458] Das gilt auch bei Auszahlungen aus dem Vermögen einer bereits überschuldeten Gesellschaft und bei Auszahlungen, die eine Überschuldung bewirken.[459] In diesem Fall haftet der Empfänger nach § 31 Abs. 1 GmbHG in voller Höhe, und die Ausfallhaftung der Mitgesellschafter aus § 31 Abs. 3 GmbHG ist beschränkt: nach hM auf die Höhe des Stammkapitals,[460] nach wohl richtiger Ansicht auf die Höhe der Stammeinlage des Empfängers beschränkt.[461] Der sich aus § 31 GmbHG ergebende Rückzahlungsanspruch steht im Fall der verbotenen Ausschüttung aus KG-Vermögen der KG und nicht der GmbH zu.[462] Diese Grundsätze gelten auch für einen Kommanditisten, der nicht zugleich Gesellschafter der GmbH ist.[463] Der Sache nach bedeutet dies, dass das KG-Vermögen selbst bei der GmbH & Co. KG durch analoge Anwendung des § 31 Abs. 1 GmbHG geschützt ist,[464] während der BGH von einer mit lediglich modifizierenden, sich bei der KG niederschlagenden Anwendung der §§ 30 ff. GmbHG auf die Komplementär-GmbH ausgeht.[465] Die Hauptbedeutung die-

---

[454] Vgl. auch Heymann/*Horn* § 172 RdNr. 217; Röhricht/v. Westphalen/*v. Gerkan/Haas* § 172 RdNr. 58; Staub/*Schilling* § 172 RdNr. 19.

[455] Dazu *Fleck,* FS Semler, 1993, S. 115 ff.; *Karsten Schmidt,* Freundesgabe für Haas, 1997, S. 313; *ders.*, FS Westermann, 2008, S. 1425.

[456] Näher *Binz/Sorg* § 5 RdNr. 51; Hesselmann/Tillmann/Mueller-Thuns/*Schiessl* § 5 RdNr. 58 ff.

[457] BGHZ 60, 324 = WM 1973, 507 = NJW 1973, 1036; BGHZ 69, 274 = WM 1977, 1377; OLG Celle NJW-RR 2004, 1040; dazu *Binz/Sorg,* § 12 RdNr. 46 ff.; eingehend *Immenga* ZGR 1975, 487 ff.; *Karsten Schmidt* DB 1973, 2227; s. auch BGHZ 67, 171 = NJW 1977, 104 m. Anm. *Karsten Schmidt*; Heymann/*Horn* § 172 RdNr. 28; Röhricht/v. Westphalen/*v. Gerkan/Haas* § 172 RdNr. 63 ff.

[458] BGHZ 69, 274, 280 = WM 1977, 1377, 1379; BGHZ 110, 342 = NJW 1990, 1725.

[459] Vgl. zur GmbH BGH NJW 1990, 1730, 1732; für bloß analoge Anwendung noch BGHZ 60, 324, 331 ff. = WM 1973, 507, 509 f. = NJW 1973, 1036, 1038 f.; BGHZ 67, 171, 179 = NJW 1977, 104, 106 m. Anm. *Karsten Schmidt*; näher Schlegelberger/*Karsten Schmidt* RdNr. 132.

[460] BGHZ 150, 61, 65 = NJW 2002, 1803, 1804; Baumbach/*Hueck/Fastrich* GmbHG § 31 RdNr. 24 mwN.

[461] *Karsten Schmidt* GesR § 37 III 1 d; *ders. FS Raiser, 2005, S. 311; ders.* BB 1985, 157.

[462] BGHZ 60, 324, 331 = WM 1973, 507, 509 = NJW 1973, 1036, 1038; BGHZ 67, 171, 175 = NJW 1977, 104, 105 m. Anm. *Karsten Schmidt*; BGHZ 69, 274, 279 = WM 1977, 1377, 1379; vgl. auch OGH GesRZ 2008, 310 (*Stingl*) = JBl. 2008, 791 = RWZ 2008, 280 (*Wenger*); grundlegend *Kuhn,* Ehrengabe Heusinger, S. 215; krit. Scholz/*Westermann* GmbHG § 31 RdNr. 10.

[463] BGHZ 110, 342 = NJW 1990, 1725; bestätigend BGH NJW 1995, 1460; OLG Celle NJW-RR 2004, 1040; krit. Scholz/*Westermann* GmbHG § 30 RdNr. 59.

[464] *Karsten Schmidt* GesR § 56 V 1 b; *ders.* GmbHR 1986, 141, 143 f.; ähnlich OGH GesRZ 2008, 310 (*Stingl*) = JBl. 2008, 791 = RWZ 2008, 280 (*Wenger*); krit. *Koppensteiner* FS Roth, 2011, S. 395 ff.

[465] Vgl. für diese hM zusammenfasssend auch *Schlichte* DB 2006, 1357, 1358; für Österreich *Koppensteiner* FS Roth, 2011, S. 395 ff.

ser Rechtsprechung lag bei den sog. kapitalersetzenden Darlehen, die bei der GmbH & Co. ausdrücklich dem Kapitalschutz des GmbHG unterstellt waren (§ 172 a aF und dazu 2. Aufl. § 172 a aF RdNr. 3 ff., 45 ff.). Seit dem Inkrafttreten des MoMiG (§ 172a aF RdNr. 1) unterfällt die Rückgewähr von Gesellschafterdarlehen nicht mehr den §§ 30, 31 GmbHG (§ 30 Abs. 1 Satz 3 GmbHG).

c) Übertragbarkeit auf Auslandsgesellschaft & Co.? Mit der soeben umrissenen Rechtsfortbildung hängt die Frage zusammen, ob die §§ 30, 31 GmbHG analog auch auf eine Auslandsgesellschaft & Co. deutschen KG-Rechts angewendet werden können. Dies für möglich zu halten, liegt in der Konsequenz der hier vertretenen Ansicht (Kapitalschutz für die KG ohne natürlichen Komplementär).[466] Die hM ist diesem Gedanken bisher nicht gefolgt.[467] 129

X. Rechtslage in Österreich

1. Ablösung des HGB durch den UGB. Mit Wirkung ab 1. 1. 2007 trat das Unternehmensgesetzbuch an die Stelle des HGB (Art. XXXI Handelsrechts-Änderungsgesetz und dazu § 105 Rdnr. 276 ff.). 130

2. Wortlaut der §§ 171, 172 UGB. Der Wortlaut ist gegenüber den bisherigen §§ 171, 172 modernisiert.[468] Die Bestimmungen lauten: 131

§ 171 Haftung des Kommanditisten

(1) [1] Der Kommanditist haftet den Gläubigern der Gesellschaft bis zur Höhe der im Firmenbuch eingetragenen Haftsumme unmittelbar; die Haftung ist ausgeschlossen, soweit die Einlage geleistet ist. [2] Auf Verlangen hat der Kommanditist den Gläubigern über die Höhe der geleisteten Einlage binnen angemessener Frist Auskunft zu geben.

(2) Ist über das Vermögen der Gesellschaft der Konkurs eröffnet, so wird während der Dauer des Verfahrens das den Gesellschaftsgläubigern nach Abs. 1 zustehende Recht durch den Masseverwalter ausgeübt.

§ 172 Umfang der Haftung

(1) Auf eine nicht eingetragene Erhöhung der aus dem Firmenbuch ersichtlichen Haftsumme können sich die Gläubiger nur berufen, wenn die Erhöhung in gehöriger Weise kundgemacht oder ihnen von der Gesellschaft mitgeteilt worden ist.

(2) Eine Vereinbarung der Gesellschafter, durch die einem Kommanditisten die Einlage erlassen oder gestundet wird, ist den Gläubigern gegenüber unwirksam.

(3) [1] Soweit die Einlage eines Kommanditisten zurückgezahlt wird, gilt sie den Gläubigern gegenüber als nicht geleistet. [2] Das Gleiche gilt, soweit ein Kommanditist Gewinnanteile entnimmt, obwohl frühere Verlustzuweisungen noch nicht durch spätere Gewinne ausgeglichen wurden. [3] Ein Kommanditist, der seine Einlage geleistet und in der Folge nicht zurückerhalten hat, haftet für Verringerungen der Einlage durch Nachfolger nicht.

(4) Was ein Kommanditist im guten Glauben als Gewinn bezieht, ist er in keinem Fall zurückzuzahlen verpflichtet.

3. Besonderheiten. Besonders hinzuweisen ist auf die **Auskunftspflicht des Kommanditisten** (§ 171 Abs. 1 Satz 2), deren Sanktionen allerdings ungeregelt sind.[469] Hinzuweisen ist ferner auf **§ 172 Abs. 3 Satz 3.** Dadurch hat der österreichische Gesetzgeber den bei § 173 RdNr. 33 dargestellten Meinungsstreit entschieden. 132

---

466 In dieser Richtung namentlich *Duys,* Die Auslands-Kapitalgesellschaft & Co. KG, 2001, S. 53 ff.

467 Zusammenfassend *Schlichte* DB 2006, 1357 ff.

468 Eingehend *Schörghofer* in Kalss/Nowotny/Schauer, Österreichisches Gesellschaftsrecht, 2008 RdNr. 2/833 ff.

469 Dazu ebd. RdNr. 2/862: Schadensersatz.

§ 172a aF [Rückgewähr von Darlehen]

[1] *Bei einer Kommanditgesellschaft, bei der kein persönlich haftender Gesellschafter eine natürliche Person ist, gelten die §§ 32a, 32b des Gesetzes betreffend die Gesellschaften mit beschränkter Haftung sinngemäß mit der Maßgabe, daß an die Stelle der Gesellschafter der Gesellschaft mit beschränkter Haftung die Gesellschafter oder Mitglieder der persönlich haftenden Gesellschafter der Kommanditgesellschaft sowie die Kommanditisten treten.* [2] *Dies gilt nicht, wenn zu den persönlich haftenden Gesellschaftern eine offene Handelsgesellschaft oder Kommanditgesellschaft gehört, bei der ein persönlich haftender Gesellschafter eine natürliche Person ist.*

Schrifttum zum geltenden Recht (Auswahl; vgl. auch die Angaben bei § 129a): *Altmeppen,* Das neue Recht der Gesellschafterdarlehen in der Praxis, NJW 2008, 3601; *Bartsch/Weber,* Doppelbesicherung durch Gesellschafts- und Gesellschaftersicherheiten nach dem MoMiG: Hat der Gesellschaftsgläubiger weiterhin ein Wahlrecht?, DStR 2008, 1884; *Bitter,* Die Nutzungsüberlassung in der Insolvenz nach dem MoMiG (§ 135 Abs. 3 InsO), ZIP 2010, 1; *Blöse,* Insolvenz, Liquidation und Wandel von Eigenkapitalersatz zum Recht der Gesellschafterleistungen, GmbHR-Sonderheft Oktober 2008, 71; *Bork,* Abschaffung des Eigenkapitalersatzrechts zugunsten des Insolvenzrechts, ZGR 2007, 250; *Burg/Blasche,* „Eigenkapitalersetzende" Nutzungsüberlassungen nach dem MoMiG, GmbHR 2008, 1250; *Buschmann,* Finanzplankredit und MoMiG, NZG 2009, 91; *Dahl/Schmitz,* Eigenkapitalersatz nach dem MoMiG aus insolvenzrechtlicher Sicht, NZG 2009, 325; *Eidenmüller,* Gesellschafterdarlehen in der Insolvenz, FS Canaris, 2007, Bd. II, S. 49; *Führ/Wahl,* Die Auswirkungen des MoMiG auf abgetretene Gesellschafterdarlehensforderungen, NZG 2010, 889; *Gehrlein,* Die Behandlung von Gesellschafterdarlehen durch das MoMiG, BB 2008, 846; *ders.,* Die Behandlung von Gesellschafterdarlehen durch das MoMiG, BB 2010, 846; *Goette,* Einführung in das neue GmbH-Recht, 2008; *Goette/Kleindiek,* Eigenkapitalersatzrecht in der Praxis, 5. Aufl. 2007; *Gruschinske,* Beendigung „kapitalersetzender" Nutzungsverhältnisse vor Insolvenzeröffnung, GmbHR 2010, 179; *Gutmann/Nawroth,* Der zeitliche Anwendungsbereich des MoMiG aus insolvenzrechtlicher Sicht – oder das Ende von Ansprüchen aus Eigenkapitalersatzrecht, ZInsO 2007, 174; *Haas,* Reform des gesellschaftsrechtlichen Gläubigerschutzes, Gutachten E, Verhandlungen des Deutschen Juristentages 2006, Bd. I, 2007; *ders.,* Das neue Kapitalersatzrecht nach dem RegE-MoMiG, ZInsO 2007, 617; *Habersack,* Die Erstreckung des Rechts der Gesellschafterdarlehen auf Dritte, insbesondere im Unternehmensverbund, ZIP 2008, 2385; *ders.,* Gesellschafterdarlehen nach MoMiG: Anwendungsbereich, Tatbestand und Rechtsfolgen der Neuregelung, ZIP 2007, 2145; *ders.,* Gesellschafterdarlehen nach MoMiG, in Goette/Habersack, Das MoMiG in Wissenschaft und Praxis, 2009, Kapitel 5; *Heinze,* Die (Eigenkapital ersetzende) Nutzungsüberlassung in der GmbH-Insolvenz nach dem MoMiG, ZIP 2008, 110; *Henke,* Die Insolvenzanfechtung fristgemäß gezahlter Nutzungsentgelte nach § 135 I Nr. 2 InsO, ZInsO 2010, 2209; *Hirte,* Die Neuregelung des Rechts der (früher: kapitalersetzenden) Gesellschafterdarlehen durch das „Gesetz zur Modernisierung des GmbH-Rechts und zur Bekämpfung von Missbräuchen" (MoMiG), WM 2008, 1429; *Hirte/Knof/Mock,* Ein Abschied auf Raten? – Zum zeitlichen Anwendungsbereich des alten und neuen Rechts der Gesellschafterdarlehen, NZG 2009, 48; *Hölzle,* Die Legitimation des Gesellschaftersonderopfers in der insolvenzrechtlichen Finanzierungsverstrickung, ZIP 2010, 913; *Ralf Hoffmann,* Zur Behandlung wirtschaftlich gleichgestellter Leistungen nach Abschaffung der so genannten Rechtsprechungsregeln, GmbHR 2010, 203; *Huber,* Finanzierungsfolgenverantwortung de lege lata und de lege ferenda, FS Priester, 2007, S. 259; *ders.,* Gesellschafterdarlehen im GmbH- und Insolvenzrecht nach der MoMiG-Reform, ZIP 2010, Beilage zu Heft 39, S. 7; *Huber/Habersack,* GmbH-Reform: Zwölf Thesen zu einer möglichen Reform des Rechts der kapitalersetzenden Gesellschafterdarlehen, BB 2006, 1; *dies.* in Lutter (Hrsg.), Das Kapital der Aktiengesellschaft in Europa, 2006, S. 370; *Keller/Schulz,* Darlehen im Konzernverbund – zum Begriff des Gesellschafters in §§ 39 Abs. 1 Nr. 5, 135 InsO, FS Spiegelberger, 2009, S. 761; *Krolop,* Mit dem MoMiG vom Eigenkapitalersatzrecht zu einem insolvenzrechtlichen Haftkapitalerhaltungsrecht?, ZIP 2007, 1738; *Marotzke,* Nutzungs- und Immaterialgüterrechte im Fokus der aktuellen (Insolvenz-)Rechtspolitik, Vortrag auf der ZInsO-Jahrestagung in Hannover am 20. 9. 2008, ZInsO 2008, 1108; *ders.,* Darlehen und sonstige Nutzungsüberlassungen im Spiegel des § 39 Abs. 1 Nr. 5 InsO – eine alte Rechtsfrage in neuem Kontext, JZ 2010, 592; *Mock,* Stille im MoMiG zur stillen Gesellschaft? Das neue (Eigen-)Kapitalersatzrecht und seine Auswirkungen auf das neue Recht der stillen Gesellschaft, DStR 2008, 1645; *Noack,* Der Regierungsentwurf des MoMiG – Die Reform des GmbH-Rechts geht in die Endrunde, DB 2007, 1395; *Oepen,* Maßgabe im Übermaß – Korrekturbedarf im neuen § 44a InsO, NZI 2009, 300; *Jürg Roth,* Reform des Kapitalersatzrechts durch das MoMiG – Der Verzicht auf das Krisenkriterium und seine Folgen, GmbHR 2008, 1184; *Rühle,* Die Nutzungsüberlassung durch Gesellschafter in Zeiten des MoMiG, ZIP 2009, 1358; *Schäfer,* Nutzungsüberlassungen im Spannungsfeld zwischen Gesellschafts- und Insolvenzrecht, NZI 2010, 505; *Schall,* Die Zurechnung von Dritten im neuen Recht der Gesellschafterdarlehen, ZIP 2010, 205; *Karsten Schmidt,* Gesellschafterbesicherte Drittkredite nach neuem Recht, BB 2008, 1966; *ders.,* Nutzungsüberlassung nach der GmbH-Reform, DB 2008, 1727; *ders.,* Eigenkapitalersatz, oder: Gesetzesrecht versus Rechtsprechungsrecht? – Überlegungen zum Referentenentwurf eines GmbH-Reformgesetzes (MoMiG), ZIP 2006, 1925; *ders.,* Gesellschafterdarlehen im GmbH- und Insolvenzrecht nach der MoMiG-Reform – eine alternative Sicht, ZIP 2010, Beilage zu Heft 39, S. 15; *Karsten Schmidt/Uhlenbruck,* Die GmbH in Krise, Sanierung und Insolvenz, 4. Aufl. 2009,

RdNr. 2.51; *Thiessen*, Eigenkapitalersatz ohne Analogieverbot – eine Alternativlösung zum MoMiG-Entwurf, ZIP 2007, 253; *Wedemann*, Die Übergangsbestimmungen des MoMiG – was müssen bestehende GmbHs beachten, GmbHR 2008, 1131; *Weitnauer*, Die Gesellschafterfremdfinanzierung aus Sicht von Finanzinvestoren – ein Resümee der Änderungen des MoMiG und der derzeitigen rechtlichen Rahmenbedingungen vor dem Hintergrund der Finanzkrise, BKR 2009, 18.

Übersicht

I. Altes und neues Recht der Gesellschafterdarlehen

1. Abschaffung und Fortgeltung des § 172a aF. Durch Art. 3 Nr. 13 des Gesetzes zur Modernisierung des GmbH-Rechts und zur Bekämpfung von Missbräuchen vom 23. 10. 2008, BGBl. I S. 2026; (**MoMiG**), in Kraft getreten am 1. 11. 2008,[1] ist § 172 aF gleichzeitig mit § 129a aF[2] und mit den zugrunde liegenden Regeln der §§ 32a, b 1

[1] Art. 25 MoMiG.

[2] Art. 3 Nr. 11.

GmbHG[3] außer Kraft gesetzt worden. Das **Übergangsrecht** ist in Art. 103d EGInsO geregelt:[4]

Art. 103d EGInsO Überleitungsvorschrift zum Gesetz zur Modernisierung des GmbH-Rechts und zur Bekämpfung von Missbräuchen

Auf Insolvenzverfahren, die vor dem Inkrafttreten des Gesetzes vom 23. Oktober 2008 (BGBl. I S. 2026) am 1. November 2008 eröffnet worden sind, sind die bis dahin geltenden gesetzlichen Vorschriften weiter anzuwenden. Im Rahmen von nach dem 1. November 2008 eröffneten Insolvenzverfahren sind auf vor dem 1. November 2008 vorgenommene Rechtshandlungen die bis dahin geltenden Vorschriften der Insolvenzordnung über die Anfechtung von Rechtshandlungen anzuwenden, soweit die Rechtshandlungen nach dem bisherigen Recht der Anfechtung entzogen oder in geringerem Umfang unterworfen sind.

Für die **Gläubigeranfechtung** (RdNr. 8) gilt die Übergangsregel des **§ 20 Abs. 3 AnfG**.

Die Vorschriften dieses Gesetzes in der ab dem Inkrafttreten des Gesetzes vom 23. Oktober 2008 (BGBl. I S. 2026) am 1. November 2008 geltenden Fassung sind auf vor dem 1. November 2008 vorgenommene Rechtshandlungen nur anzuwenden, soweit diese nicht nach dem bisherigen Recht der Anfechtung entzogen oder in geringerem Umfang unterworfen sind; andernfalls sind die bis zum 1. November 2008 anwendbaren Vorschriften weiter anzuwenden.

2 **2. Konsequenzen. a) Altfälle.** Die **Altregelungen** sind gegenwärtig **außer Kraft, aber** für Altfälle **noch nicht außer Anwendung** (vgl. RdNr. 1). Für Gesellschafterdarlehen in Insolvenzverfahren, die vor dem 1. 11. 2008 eröffnet worden sind, gelten die in § 172a aF enthaltenen und die von der Rechtsprechung über eigenkapitalersetzende Gesellschafterdarlehen entwickelten Regeln weiter.[5] Die Rechtsprechung wird also noch über Jahre hinaus nach diesen Regeln entscheiden. Hierfür wird auf die **Kommentierung des § 172a aF und des § 129a aF in der 2. Aufl.** verwiesen.

3 **b) Neufälle.** Das neue Recht (RdNr. 4 ff.) gilt für Insolvenzverfahren, die seit dem 1. 12. 2008 eröffnet worden sind, soweit es nicht um die Anfechtung von Rechtshandlungen aus der Zeit vor dem 1. 11. 2008 geht. Auch für die Anfechtung außerhalb des Insolvenzverfahrens stellt § 10 Abs. 3 AnfG auf den Zeitpunkt der Rechtshandlung ab (vgl. RdNr. 1).

II. Das neue Recht der Gesellschafterdarlehen

4 **1. Positives Recht.** Das Gesetzesrecht der Gesellschafterdarlehen ist nunmehr nur noch in den durch das MoMiG geänderten §§ 39, 44a, 135, 143 InsO und §§ 6, 6a AnfG enthalten.

5 **a) Gesellschafterdarlehen im Insolvenzverfahren.** Maßgeblich sind nunmehr die folgenden Regelungen der Insolvenzordnung:

§ 19 Überschuldung.

(1) ...

(2) ... Forderungen auf Rückgewähr von Gesellschafterdarlehen oder aus Rechtshandlungen, die einem solchen Darlehen wirtschaftlich entsprechen, für die gemäß § 39 Abs. 2 zwischen Gläubiger und Schuldner der Nachrang im Insolvenzverfahren hinter den in § 39 Abs. 1 Nr. 1 bis 5 bezeichneten Forderungen vereinbart worden ist, sind nicht bei den Verbindlichkeiten nach Satz 1 zu berücksichtigen.

[3] Art. 1 Nr. 22.

[4] Dazu Uhlenbruck/*Hirte*, InsO, 13. Aufl. 2010, § 135 RdNr. 29.

[5] Vgl. BGHZ 179, 249 = DStR 2009, 699 m. Anm. *Goette* = NJW 2009, 1277; BGH DStR 2009, 595 = NJW 2009, 997; stRspr.

(3) ...

§ 39 Nachrangige Insolvenzgläubiger. (1) Im Rang nach den übrigen Forderungen der Insolvenzgläubiger werden in folgender Rangfolge, bei gleichem Rang nach dem Verhältnis ihrer Beträge, berichtigt:

1. ...
2. ...
3. ...
4. ...
5. nach Maßgabe der Absätze 4 und 5 Forderungen auf Rückgewähr eines Gesellschafterdarlehens oder Forderungen aus Rechtshandlungen, die einem solchen Darlehen wirtschaftlich entsprechen.

(2) Forderungen, für die zwischen Gläubiger und Schuldner der Nachrang im Insolvenzverfahren vereinbart worden ist, werden im Zweifel nach den in Absatz 1 bezeichneten Forderungen berichtigt.

(3) Die Zinsen der Forderungen nachrangiger Insolvenzgläubiger und die Kosten, die diesen Gläubigern durch ihre Teilnahme am Verfahren entstehen, haben den gleichen Rang wie die Forderungen dieser Gläubiger.

(4) Absatz 1 Nr. 5 gilt für Gesellschaften, die weder eine natürliche Person noch eine Gesellschaft als persönlich haftenden Gesellschafter haben, bei der ein persönlich haftender Gesellschafter eine natürliche Person ist. Erwirbt ein Gläubiger bei drohender oder eingetretener Zahlungsunfähigkeit der Gesellschaft oder bei Überschuldung Anteile zum Zweck ihrer Sanierung, führt dies bis zur nachhaltigen Sanierung nicht zur Anwendung von Absatz 1 Nr. 5 auf seine Forderungen aus bestehenden oder neu gewährten Darlehen oder auf Forderungen aus Rechtshandlungen, die einem solchen Darlehen wirtschaftlich entsprechen.

(5) Absatz 1 Nr. 5 gilt nicht für den nicht geschäftsführenden Gesellschafter einer Gesellschaft im Sinn des Absatzes 4 Satz 1, der mit zehn Prozent oder weniger am Haftkapital beteiligt ist.

§ 44a Gesicherte Darlehen. In dem Insolvenzverfahren über das Vermögen einer Gesellschaft kann ein Gläubiger nach Maßgabe des § 39 Abs. 1 Nr. 5 für eine Forderung auf Rückgewähr eines Darlehens oder für eine gleichgestellte Forderung, für die ein Gesellschafter eine Sicherheit bestellt oder für die er sich verbürgt hat, nur anteilsmäßige Befriedigung aus der Insolvenzmasse verlangen, soweit er bei der Inanspruchnahme der Sicherheit oder des Bürgen ausgefallen ist.

§ 135 Gesellschafterdarlehen. (1) Anfechtbar ist eine Rechtshandlung, die für die Forderung eines Gesellschafters auf Rückgewähr eines Darlehens im Sinne des § 39 Abs. 1 Nr. 5 oder für eine gleichgestellte Forderung

1. Sicherung gewährt hat, wenn die Handlung in den letzten zehn Jahren vor dem Antrag auf Eröffnung des Insolvenzverfahrens oder nach diesem Antrag vorgenommen worden ist, oder
2. Befriedigung gewährt hat, wenn die Handlung im letzten Jahr vor dem Eröffnungsantrag oder nach diesem Antrag vorgenommen worden ist.

(2) Anfechtbar ist eine Rechtshandlung, mit der eine Gesellschaft einem Dritten für eine Forderung auf Rückgewähr eines Darlehens innerhalb der in Absatz 1 Nr. 2 genannten Fristen Befriedigung gewährt hat, wenn ein Gesellschafter für die Forderung eine Sicherheit bestellt hatte oder als Bürge haftete; dies gilt sinngemäß für Leistungen auf Forderungen, die einem Darlehen wirtschaftlich entsprechen.

(3) ...

(4) § 39 Abs. 4 und 5 gilt entsprechend.

§ 143 Rechtsfolgen. (1) [1] Was durch die anfechtbare Handlung aus dem Vermögen des Schuldners veräußert, weggegeben oder aufgegeben ist, muß zur Insolvenzmasse zurückgewährt werden. [2] Die Vorschriften über die Rechtsfolgen einer ungerechtfertigten Bereicherung, bei der dem Empfänger der Mangel des rechtlichen Grundes bekannt ist, gelten entsprechend.

(2) ...

(3) [1] Im Fall der Anfechtung nach § 135 Abs. 2 hat der Gesellschafter, der die Sicherheit bestellt hatte oder als Bürge haftete, die dem Dritten gewährte Leistung zur Insolvenzmasse zu erstatten. [2] Die Verpflichtung besteht nur bis zur Höhe des Betrags, mit dem der Gesellschafter als Bürge haftete oder der dem Wert der von ihm bestellten Sicherheit im Zeitpunkt der Rückgewähr des Darlehens oder der Leistung auf die gleichgestellte Forderung entspricht. [3] Der Gesellschafter wird von der Verpflichtung frei, wenn er die Gegenstände, die dem Gläubiger als Sicherheit gedient hatten, der Insolvenzmasse zur Verfügung stellt.

6 **b) Gleichgestellte Finanzierungsleistungen.** Sowohl was die Gleichstellung gesellschaftergleicher Dritter als auch was die Gleichstellung darlehensgleicher Leistungen anlangt, bleibt es bei dem Stand des bis 2008 geltenden Rechts (vgl. § 129a RdNr. 6).[6] Auf die Kommentierung bei RdNr. 14 ff. wird verwiesen.

7 **c) Nutzungsüberlassung.** Das unter dem alten Recht von der Rechtsprechung nach den Regeln über eigenkapitalersetzende Darlehen behandelte Recht der Nutzungsüberlassung (kritische Darstellung in der 2. Aufl. § 172a RdNr. 62 ff.) ist durch eine Regelung abgelöst worden, die nicht mehr auf dem Recht der Gesellschafterdarlehen aufbaut (**§ 135 Abs. 3 InsO**):[7]

[1] Wurde dem Schuldner von einem Gesellschafter ein Gegenstand zum Gebrauch oder zur Ausübung überlassen, so kann der Aussonderungsanspruch während der Dauer des Insolvenzverfahrens, höchstens aber für eine Zeit von einem Jahr ab der Eröffnung des Insolvenzverfahrens nicht geltend gemacht werden, wenn der Gegenstand für die Fortführung des Unternehmens des Schuldners von erheblicher Bedeutung ist. [2] Für den Gebrauch oder die Ausübung des Gegenstandes gebührt dem Gesellschafter ein Ausgleich; bei der Berechnung ist der Durchschnitt der im letzten Jahr vor Verfahrenseröffnung geleisteten Vergütung in Ansatz zu bringen, bei kürzerer Dauer der Überlassung ist der Durchschnitt während dieses Zeitraums maßgebend.

Wegen der Kommentierung dieser Bestimmung wird auf RdNr. 38 ff. verwiesen.

8 **d) Gläubigeranfechtung.** Die relevanten Bestimmungen des Anfechtungsgesetzes über die Anfechtung außerhalb der Insolvenz lauten nunmehr:

§ 6 Gesellschafterdarlehen. (1) [1] Anfechtbar ist eine Rechtshandlung, die für die Forderung eines Gesellschafters auf Rückgewähr eines Darlehens im Sinne des § 39 Abs. 1 Nr. 5 der Insolvenzordnung oder für eine gleichgestellte Forderung

1. Sicherung gewährt hat, wenn die Handlung in den letzten zehn Jahren vor Erlangung des vollstreckbaren Schuldtitels oder danach vorgenommen worden ist, oder
2. Befriedigung gewährt hat, wenn die Handlung im letzten Jahr vor Erlangung des vollstreckbaren Schuldtitels oder danach vorgenommen worden ist.

[2] Wurde ein Antrag auf Eröffnung eines Insolvenzverfahrens nach § 26 Abs. 1 der Insolvenzordnung abgewiesen, bevor der Gläubiger einen vollstreckbaren Schuldtitel erlangt hat, so beginnt die Anfechtungsfrist mit dem Antrag auf Eröffnung des Insolvenzverfahrens.

(2) [1] Die Anfechtung ist ausgeschlossen, wenn nach dem Schluss des Jahres, in dem der Gläubiger den vollstreckbaren Schuldtitel erlangt hat, drei Jahre verstrichen sind. [2] Wurde die Handlung später vorgenommen, so ist die Anfechtung drei Jahre nach dem Schluss des Jahres ausgeschlossen, in dem die Handlung vorgenommen worden ist.

§ 6a Gesicherte Darlehen. [1] Anfechtbar ist eine Rechtshandlung, mit der eine Gesellschaft einem Dritten für eine Forderung auf Rückgewähr eines Darlehens innerhalb der in § 6 Abs. 1 Satz 1 Nr. 2 und Satz 2 genannten Fristen Befriedigung gewährt hat, wenn ein Gesellschafter für die Forderung eine Sicherheit bestellt hatte oder als Bürge haftete; dies

[6] *Karsten Schmidt*, Beilage 2 zu ZIP 39/2010, S. 15, 21 ff.; **aM** *Habersack* ZIP 2008, 2385 ff.

[7] Dazu *Bitter* ZIP 2010, 1 ff.; *Rühle* ZIP 2009, 1385 ff.; Uhlenbruck/*Hirte*, 13. Aufl. 2010, InsO § 135 RdNr. 21 ff.; *Karsten Schmidt* DB 2008, 1727 ff.

gilt sinngemäß für Leistungen auf Forderungen, die einem Darlehen wirtschaftlich entsprechen. [2] § 39 Abs. 4 und 5 der Insolvenzordnung und § 6 Abs. 2 gelten entsprechend.

§ 11 Rechtsfolgen. (1) [1] Was durch die anfechtbare Rechtshandlung aus dem Vermögen des Schuldners veräußert, weggegeben oder aufgegeben ist, muß dem Gläubiger zur Verfügung gestellt werden, soweit es zu dessen Befriedigung erforderlich ist. [2] Die Vorschriften über die Rechtsfolgen einer ungerechtfertigten Bereicherung, bei der dem Empfänger der Mangel des rechtlichen Grundes bekannt ist, gelten entsprechend.

(2) ...

(3) [1] Im Fall der Anfechtung nach § 6a hat der Gesellschafter, der die Sicherheit bestellt hatte oder als Bürge haftete, die Zwangsvollstreckung in sein Vermögen bis zur Höhe des Betrags zu dulden, mit dem er als Bürge haftete oder der dem Wert der von ihm bestellten Sicherheit im Zeitpunkt der Rückgewähr des Darlehens oder der Leistung auf die gleichgestellte Forderung entspricht. [2] Der Gesellschafter wird von der Verpflichtung frei, wenn er die Gegenstände, die dem Gläubiger als Sicherheit gedient hatten, dem Gläubiger zur Verfügung stellt.

2. Grundzüge des neuen Rechts. a) Unterschiede gegenüber dem bis 2008 geltenden Recht. Die **Hauptunterschiede** sind:[8] Bei einer **Gesellschaft, in der keine natürliche Person als Gesellschafter oder als Gesellschafter-Gesellschafter unbeschränkt haftet** (§ 39 Abs. 4 Satz 1 InsO), unterliegen vorbehaltlich des Kleinbeteiligungsprivilegs (§ 39 Abs. 5 InsO) und des Sanierungsprivilegs (§ 39 Abs. 4 Satz 2 InsO) **alle Gesellschafterdarlehen** und gleichgestellte Forderungen den insolvenzrechtlichen Sonderregeln über Gesellschafterdarlehen. Ihre **kapitalersetzende Funktion** ist **nicht mehr relevant**. Die **Regelungen und Rechtsfolgen** sind nunmehr **rein insolvenzrechtlicher Art**. Im Wesentlichen bestehen sie in der Nachrangigkeit der Gesellschafterforderung (§§ 39 Abs. 1 Nr. 5, 44a InsO) und der Anfechtbarkeit von Sicherungs- oder Tilgungsleistungen an Gesellschafter (§§ 135 Abs. 1, 2, 143 Abs. 3 InsO). Eine **Anwendung** der gesellschaftsrechtlichen **Kapitalschutzbestimmungen** auf Gesellschafterdarlehen **scheidet aus** (vgl. § 30 Abs. 1 Satz 3 GmbHG). Damit gibt es keine gesellschaftsrechtlichen Rückzahlungsverbote analog § 30 GmbHG und keine hieraus resultierenden Erstattungsansprüche analog § 31 GmbHG mehr (zur Rechtslage bei Altdarlehen vgl. 2. Aufl. § 172a RdNr. 45 f.). An ihre Stelle treten die erst im Insolvenzverfahren relevanten Anfechtungsbestimmungen der §§ 135, 143 InsO. Bereits vor der Eröffnung des Insolvenzverfahrens kann allerdings die Rückzahlung eines Gesellschafterdarlehens nach § 130a Abs. 1 Satz 3 untersagt sein (dazu vgl. § 130a RdNr. 25 ff.). Über **gesellschafterbesicherte Drittdarlehen** vgl. RdNr. 31 ff., über **Nutzungsüberlassung** RdNr. 38 ff. 9

b) Gesetzliche Begrenzung auf Gesellschaften ohne persönliche Haftung. Die Vorauflagen waren von dem Gedanken ausgegangen, dass die von der Rechtsprechung entwickelte Bindung eigenkapitalersetzender Darlehen weder gesetzlich begrenzt sei (nur so war auch die Anwendung auf die AG zu erklären) noch auf Gesellschaften ohne persönliche Gesellschafterhaftung begrenzt bleiben müsse, vielmehr Ausdruck allgemeiner Grundsätze ordnungsmäßiger Unternehmensfinanzierung sei (2. Aufl. § 172a aF RdNr. 5). Das **MoMiG** hat einen anderen Weg beschritten. Das geltende Recht begrenzt das Sonderrecht der Gesellschafterdarlehen strikt auf die in § 39 Abs. 4 Satz 1 genannten Gesellschaften (RdNr. 13 f.). 10

3. Rangrücktritt und Finanzplanfinanzierung. a) Rangrücktritt. Nicht nur für die von § 39 Abs. 1 Nr. 5 InsO erfassten Gesellschaften gilt **§ 39 Abs. 2 InsO**. Nach dieser Bestimmung werden Forderungen gegen den Insolvenzschuldner (die Gesellschaft), für die ein Rangrücktritt vereinbart worden ist, nach den in § 39 Abs. 1 InsO geregelten gesetzlich nachrangigen Verbindlichkeiten berichtigt. Dieser Nachrang ist auch für Gesellschafterdarlehen von Bedeutung insofern, als diese nur unter der Voraussetzung eines solchen Rang- 11

[8] Vgl. *Gehrlein* BB 2010, 846 ff.

rücktritts bei der Überschuldungsfeststellung als Verbindlichkeiten unberücksichtigt bleiben dürfen (§ 19 Abs. 2 Satz 2 [ab 2014 Satz 3] InsO). Auf die ausführliche Kommentierung in der **2. Aufl. RdNr. 77 ff.** wird verwiesen.

12 **b) Finanzplanfinanzierung.** Von den Gesetzesänderungen unberührt bleibt das Recht der Finanzplankredite, weil die Bindung im Gesellschaftsvermögen hier keine gesetzliche ist (vgl. **2. Aufl. § 129a aF RdNr. 16, § 172a aF RdNr. 75 f.**). Grundlegend für das Recht der Finanzplandarlehen ist das Urteil BGHZ 142, 116, 121 = NJW 1999, 2809 m. Anm. *Altmeppen* (dazu eingehend 2. Aufl. § 172a RdNr. 75 ff.). Die Vereinbarung eines sog. Finanzplankredits – insbesondere als Beitrag zur Finanzierung, Sanierung oder Erweiterung des Unternehmens – begründet eine **gewillkürte Nachrangigkeit** gegenüber den anderen Gläubigern. Sie kann, solange die Vereinbarung Bestand hat, schon vor der Insolvenzverfahrenseröffnung einer Rückforderung entgegengehalten werden (ausführlicher noch 2. Aufl. RdNr. 77: Rangrücktrittsvereinbarung als pactum de non petendo) und den Gesellschafter auch in der Krise noch zur Einzahlung des Kredits verpflichten (2. Aufl. § 172a aF RdNr. 76). **Grundlage der Finanzplanbindung** kann eine Vereinbarung zwischen dem Kreditgeber und der Gesellschaft oder zwischen dem Kreditgeber und den Mitgesellschaftern, evtl. sogar der Gesellschaftsvertrag die Satzung sein. Hiernach bestimmt sich auch, nach welchen Regeln eine **Aufhebung der Finanzplanbindung** möglich ist (2. Aufl. RdNr. 76).[9] Die Aufhebung ändert allerdings nichts daran, dass im eröffneten Insolvenzverfahren immer noch die zwingenden Vorschriften der **§§ 39 Abs. 1 Nr. 5, 44, 135 InsO gelten**.

III. Die Rechtslage im Einzelnen

13 **1. Erfasste Gesellschaften.** Von § 39 Abs. 1 Nr. 5 InsO erfasst sind Gesellschaften, die weder eine natürliche Person noch eine Gesellschaft als persönlich haftende Gesellschafter haben, bei der ein persönlich haftender Gesellschafter eine natürliche Person ist. **Paradigma** ist die **Kapitalgesellschaft (GmbH) & Co. KG** (sie wird in der folgenden Kommentierung pars pro toto zitiert). Erfasst sind dieselben Gesellschaften wie bei der Regel des § 15a Abs. 1 InsO (vgl. § 130a RdNr. 12) und bei § 130a (vgl. dort RdNr. 27). Von der Regel ausgenommen sind trotz des unklaren Wortlauts auch Personengesellschaften, bei denen zwar nicht eine Gesellschafter-Gesellschaft einen unbeschränkt haftenden natürlichen Gesellschafter hat (Beispiel: oHG mit natürlichen Gesellschaftern als Komplementärin), sondern auch eine Gesellschaft für deren Verbindlichkeiten eine natürliche Person auf noch höherer Ebene haftet (Beispiel: oHG als Komplementärin, an der Kommanditgesellschaften mit natürlichen Komplementären beteiligt sind). **Bei nicht von § 39 Abs. 1 Nr. 5 erfassten Gesellschaften** ist die Vorschrift gänzlich **unanwendbar**. Sie gilt auch nicht für Gesellschafter, die nur beschränkt haften (also nicht für stille Gesellschafter oder für Kommanditisten einer typischen KG mit natürlichem Komplementär).

14 **2. Erfasste Gesellschafter und gesellschaftergleiche Dritte. a) Grundsatz.** Von § 39 Abs. 1 Nr. 5 InsO erfasst sind alle **Gesellschafter** einer unter die Vorschrift fallenden Gesellschaft. Dazu gehört, was unter der Anwendung des § 172a aF umstritten war (2. Aufl. RdNr. 25), auch die Komplementär-GmbH in der Insolvenz der GmbH & Co. KG (über ihre Kreditvergabe an die KG vgl. §§ 171/172 RdNr. 123). Der für die Gesellschaftereigenschaft entscheidende **Zeitpunkt** ist grundsätzlich der des eröffneten Insolvenzverfahrens. Aber ein vor der Verfahrenseröffnung **ausgeschiedener Gesellschafter** muss nicht nur Tatbestände gegen sich gelten lassen, die im Zeitpunkt des Ausscheidens schon abgeschlossen waren. Vielmehr bleibt sein Darlehen verstrickt, bis die Fristen des § 135 InsO bzw. § 6 AnfG abgelaufen sind.[10]

[9] Durch das MoMiG insofern überholt BGHZ 142, 116, 121 = NJW 1999, 2809, 2810 f. m. Anm. *Altmeppen* = BB 1999, 1672, 1673 m. Anm. *Thümmel* = GmbHR 1999, 911, 912 m. Anm. *Brauer*: Aufhebung nur vor der Krise.

[10] Näher Scholz/*Karsten Schmidt* GmbHG, 10. Aufl. 2010, Nachtrag MoMiG § 32 a/b aF RdNr. 21 mwN.

b) Mittelbare Gesellschafter können Gesellschaftern gleichgestellt sein, z. B. als stille Gesellschafter und Gesellschafter einer Gesellschafter-Gesellschaft (vgl. RdNr. 17 ff.). **Kommanditisten und GmbH-Gesellschafter** einer nicht beteiligungsidentischen GmbH & Co. KG stehen einander im Ergebnis gleich. Es kommt also bei der GmbH & Co, KG nicht darauf an, ob ein der Kommanditgesellschaft gegebener Kredit von einem Kommanditisten oder von einem Nur-GmbH-Gesellschafter finanziert wird. 15

c) Kleinbeteiligungsprivileg. Das Kleinbeteiligungsprivileg („Zwerganteilsprivileg") ist sachlich unverändert aus § 32a Abs. 3 Satz 2 aF in den **§ 39 Abs. 5 InsO** übernommen worden. Die hier gegen das Privileg erhobenen rechtspolitischen Bedenken (2. Aufl. RdNr. 14) gelten fort. Nicht geschäftsführende Gesellschafter mit einer Beteiligung bis 10 % sind danach vom Sonderrecht der Gesellschafterdarlehen nicht erfasst. Das Kleinbeteiligungsprivileg (§ 39 Abs. 5 InsO nF) gilt für Kommanditisten, die, ohne Geschäftsführer zu sein, mit 10 % oder weniger am Festkapital der Kommanditgesellschaft beteiligt sind.[11] Bei der GmbH & Co. KG kommt es hinsichtlich der Kredite an die Kommanditgesellschaft auf die Kapitalbeteiligung an der Kommanditgesellschaft und nur auf diese an.[12] Die Beteiligungen jedes Gesellschafters an der KG und an ihrer Komplementär-GmbH werden auch nicht addiert.[13] Auf die Beteiligung an der GmbH kann es nur in Ausnahmefällen[14] ankommen, in denen die GmbH & Co. KG ohne Weisungsrecht der Kommanditisten von der GmbH gesteuert wird.[15] Ein Geschäftsanteil des nicht geschäftsführenden Gesellschafters von über 10% nur an der Komplementär-GmbH schadet als solcher nicht (2. Aufl. RdNr. 15).[16] Ist die Kommanditgesellschaft, wie in der Praxis üblich, mit Festkapitalkonten der Kommanditisten ausgestattet („feste Kapitalanteile") und die GmbH, wie gleichfalls üblich, am Kapital der KG nicht beteiligt, so entscheidet der Anteil des Kommanditisten am Festkapital der KG.[17] Bewegliche Kapitalkonten werden dann weder hinzugerechnet noch abgezogen. Eine (sei es auch nur faktische) **Geschäftsführungsposition** hindert das Privileg.[18] Auch kann ein **Nur-GmbH-Gesellschafter**, wenn er Einfluss auf die Gesellschaft hat, ein **gesellschaftergleicher Dritter** iS von RdNr. 17 sein, wenn er mehr als 10 % am Stammkapital hält. Aber das Kleinbeteiligungsprivileg kommt nicht zum Zuge, wenn bei der Bemessung der Anteilsgröße Kommanditanteile – zB wegen abgestimmten Verhaltens bei der Finanzierung – zu mehr als 10 % zusammengerechnet werden (2. Aufl. RdNr. 16).[19] Dass ein abgestimmtes Verhalten der Gesellschafter speziell auf Krisenfinanzierung ausgelegt ist, wie es der Bundesgerichtshof unter dem Eigenkapitalersatzrecht für die Zurechnung verlangte,[20] wird man nach dem neuen Recht nicht mehr verlangen können, weil es nicht mehr auf die Eigenkapitalersatzfunktion ankommt. 16

d) Gleichstellung gesellschaftsgleicher Dritter. aa) Grundsatz. Die Erstreckung auf Dritte als Darlehensgeber oder als sonstige darlehensähnliche Gläubiger ist in § 39 Abs. 1 Nr. 5 InsO nF nicht mehr so klar herausgestellt wie noch in § 32a Abs. 3 Satz 1 GmbHG aF. Der Passus „oder eines Dritten" steht nicht mehr im Gesetz. Es ist aber unstreitig, dass die einem Gesellschafterdarlehen „wirtschaftlich entsprechenden" Finanzierungsleistungen (§ 39 Abs. 1 Nr. 5 InsO) diesem nicht nur dann entsprechen können, wenn die Leistung darlehensähnlich ist, sondern auch, wenn der Gläubiger einem Gesellschafter 17

---

[11] Scholz/*Karsten Schmidt* GmbHG, 10. Aufl. 2010, Nachtrag MoMiG §§ 32a/b GmbHG aF RdNr. 89.

[12] Näher Scholz/*Karsten Schmidt* GmbHG, 10. Aufl. 2010, Nachtrag MoMiG §§ 32a/b aF RdNr. 27

[13] Scholz/*Karsten Schmidt* GmbHG, 10. Aufl. 2010, Nachtrag MoMiG §§ 32a/b GmbHG aF RdNr. 89; aM E/B/J/S/*Strohn* § 172a HGB RdNr. 48.

[14] Vgl. *Karsten Schmidt*, FS Röhricht, 2005, S. 511 ff.

[15] Scholz/*Karsten Schmidt* GmbHG, 10. Aufl. 2010, Nachtrag MoMiG §§ 32a/b GmbHG aF RdNr. 89.

[16] Scholz/*Karsten Schmidt* GmbHG, 10. Aufl. 2010, Nachtrag MoMiG §§ 32a/b GmbHG aF RdNr. 89; aM E/B/J/S/*Strohn* § 172a HGB RdNr. 48 (Zusammenrechnung der Anteile an KG und GmbH).

[17] Scholz/*Karsten Schmidt* GmbHG, 10. Aufl. 2010, Nachtrag MoMiG §§ 32a/b GmbHG aF RdNr. 27, 89; *Binz/Sorg*, Die GmbH & Co. KG, 10. Aufl. 2005, § 12 RdNr. 60.

[18] Vgl. E/B/J/S/*Strohn* § 172a RdNr. 48.

[19] Scholz/*Karsten Schmidt* GmbHG, 10. Aufl. 2010, Nachtrag MoMiG §§ 32a/b GmbHG aF RdNr. 89.

[20] Vgl. zur AG BGH NZG 2005, 712 = ZIP 2005, 1316.

gleichsteht.[21] Umstritten ist jedoch, ob die **Methode der Gleichstellung** dieselbe ist wie unter dem früheren Eigenkapitalersatzrecht. Vertreten wird, nach neuem Recht stehe ein Gesellschafter nur gleich, wer durch die Kreditfinanzierung das Privileg einer Haftbefreiung missbrauche.[22] Richtigerweise kommt es nach neuem wie nach altem Recht auf die gesellschaftergleiche Finanzierungszuständigkeit (Finanzierungsverantwortung) des Kreditgebers an.[23]

18 **bb) Treugeber.** Einem Gesellschafter gleichzustellen sind Dritte, die *für Rechnung eines Gesellschafters* oder eines mit ihm oder mit der Gesellschaft verbundenen Unternehmens handeln.[24] Bei der Treuhand am Anteil (Vor § 230 RdNr. 33 ff.) wird deshalb die Beteiligung nicht nur dem Treuhänder (Vor § 230 RdNr. 57), sondern auch dem Treugeber zugerechnet. Ein von diesem gegebener Kredit ist also Gesellschafterdarlehen.

19 **cc) Verbundene Unternehmen.**[25] Umstritten ist, ob alle mit der Gesellschaft oder mit einem Gesellschafter verbundenen Unternehmen nach § 39 Abs. 1 Nr. 5 InsO einem Gesellschafter gleichzustellen sind.[26] Das würde bedeuten, dass jeder Kredit, der aus dem Kreis verbundener Unternehmen herkommt, den Regeln über Gesellschafterdarlehen unterliegen müsste. Bei BGHZ 105, 168, 176 f. = NJW 1988, 3143, 3145 m. Anm. *Karsten Schmidt* ist vorsichtiger davon die Rede, dass eine Gleichstellung mit einem Gesellschafter vorliegen „könne", während der Leitsatz allgemein von der Finanzierungsverantwortung unter verbundenen Unternehmen spricht. Die weite Ausdehnung der Tatbestände verbundener Unternehmen nach den §§ 15 bis 19 AktG spricht für eine differenzierende Betrachtungsweise.[27] Nur in Fällen echter Konzernierung (§ 18 AktG) findet unter den Konzerngliedern eine generelle Zurechnung statt. Grundsätzlich muss sich auch ein Unternehmen wie ein Gesellschafter behandeln lassen, wenn es eine Gesellschafter-Gesellschaft iS von § 17 AktG beherrscht. Dazu kann Mehrheitsbesitz genügen,[28] auch die Beteiligung derselben Gesellschaft an mehreren Unternehmen, so dass auch Schwestergesellschaften in den Zurechnungskreis einbezogen werden können.[29] Man wird einen Gegenbeweis zulassen, wenn das herrschende Unternehmen seine Leitungsmacht nicht ausübt. In allen anderen Fällen von Unternehmensverbindungen muss die Anwendung des § 39 Abs. 1 Nr. 5 InsO von der Lage des Einzelfalls abhängen. Entscheidend ist die Teilnahme an der unternehmerischen Finanzierungsverantwortung.

20 **dd) Betriebsaufspaltung.** Darlehen, die von einer Besitzgesellschaft oder von einem ihrer Gesellschafter an die Betriebsgesellschaft gewährt werden, sind auch hinsichtlich der Betriebsgesellschaft als Gesellschafterdarlehen zu behandeln (vgl. 2. Aufl. RdNr. 56). Doch kann es hier für die Zurechnung nach § 39 Abs. 1 Nr. 5 InsO auf die Lage des Einzelfalls (Finanzierungsverantwortung) ankommen (RdNr. 17, 19).

21 **ee) Mittelbare Unternehmensbeteiligung.** Ein Gesellschafter-Gesellschafter (der also an einer Gesellschafterin der Gesellschaft beteiligt ist) wird einem Gesellschafter gleichgestellt, wenn er die eigenkapitalersetzende Leistung für Rechnung der Gesellschafterin

[21] So namentlich *Habersack* ZIP 2008, 2385 ff.

[22] Ebd.; s. auch *Huber,* FS Priester, 2008, S. 259 ff.

[23] Vgl. mwN *Karsten Schmidt* ZIP-Beilage zu Heft 39/2010, S. 15 ff.

[24] Vgl. zum Eigenkapitalersatzrecht BGHZ 81, 311, 315 f. = WM 1981, 1200, 1201 = NJW 1982, 383, 384 f.; BGH AG 1984, 52 f. = WM 1983, 1278 = ZIP 1983, 1448, 1449; vgl. bereits BGHZ 31, 258, 263 ff. = NJW 1960, 285, 286; BGHZ 75, 334, 335 ff. = NJW 1980, 592.

[25] Vgl. *Ehricke,* Das abhängige Konzernunternehmen in der Insolvenz, 1999; *Schmidsberger,* Eigenkapitalersatz im Konzern, 1996; Uhlenbruck/*Hirte* InsO, 13. Aufl. 2010, § 39 RdNr. 42; *Noack* GmbHR 1996, 199 ff.

[26] In dieser Richtung zum Eigenkapitalersatzrecht BGHZ 81, 311, 315 = NJW 1982, 383, 384; BGZ 81, 365, 368 = NJW 1982, 386, 387; BGH NJW 1984, 1036; 1987, 1080, 1081; ZIP 1990, 1467, 1468 f.; NJW 1997, 740; GmbHR 1999, 916 m. Anm. *Bähr;* DStR 1999, 1409 f. m. Anm. *Goette;* NJW 2001, 1490 = NZG 2001, 223; OLG Düsseldorf BB 1997, 985 = DB 1997, 521.

[27] Vgl. zum Folgenden 2. Aufl. RdNr. 55.

[28] BGH NJW 1999, 2822 = GmbHR 1999, 916 m. Anm. *Bähr;* zur Abgrenzung vgl. OLG Hamburg ZIP 2006, 129.

[29] Vgl. BGH NJW 1999, 2822 = GmbHR 1999, 916 m. Anm. *Bähr.*

erbringt (RdNr. 18)[30] oder wenn er Einfluss auf die Gesellschafterin hat (vgl. auch im Konzernverbund RdNr. 19), zB aufgrund einer qualifizierten Anteilsmehrheit.[31] **Pfandgläubiger** und **Nießbraucher** am Anteil werden einem Gesellschafter nicht generell gleichgestellt.[32] Man wird darauf abstellen, ob eine mittelbare unternehmerische Beteiligung vorliegt. **Atypische stille Gesellschafter** und **atypisch Unterbeteiligte** mit kommanditistengleichen Rechten können unter § 39 Abs. 1 Nr. 5 InsO fallen.[33] Hiervon zu unterscheiden ist die Behandlung der stillen Einlage eines solchen Gesellschafters (RdNr. 25).

ff) Nahe Angehörige stehen einem Gesellschafter nicht ohne weiteres gleich.[34] Auch eine Beweislastumkehr in dem Sinne, dass nahe Angehörige die Nicht-Herkunft des Kredits aus Mitteln des Gesellschafters beweisen müssen,[35] ist nach geltendem Recht nicht anzuerkennen.[36] Unter § 39 Abs. 1 Nr. 5 InsO fällt allerdings ein Angehöriger, der für Rechnung eines Gesellschafters handelt (RdNr. 18, 21).[37] 22

gg) Rechtsnachfolger. Die Abtretung der Darlehnsforderung an einen Dritten lässt die Sonderbehandlung nicht entfallen.[38] Dies ist aus § 404 BGB herzuleiten.[39] § 32 a Abs. 3 RegE GmbHG 1977 hatte diese Folge noch auf den Fall beschränkt, dass der Dritte die Forderung binnen der Jahresfrist vor der Eröffnung des Konkurs- oder Vergleichsverfahrens erworben hat. Diese Einschränkung ist entfallen. 23

3. Erfasste Rechtshandlungen. a) Darlehen. Darlehen iS von § 488 BGB sind erfasst. Nicht das Darlehensversprechen (§ 488 Abs. 1 Satz 1 BGB), sondern die Darlehensforderung des Gesellschafters (oder des gesellschaftergleichen Dritten) entscheidet. Es kommt deshalb nicht darauf an, ob diese Forderung durch die Kreditgewährung seitens des Gesellschafters oder eines Dritten zustande gekommen ist oder durch Umwandlung einer Schuld der Gesellschaft in ein Darlehen. Auch die durch einen Gesellschafter von einem Dritten erworbene Darlehensforderung gegen die Gesellschaft begründet ein Gesellschafterdarlehen. 24

b) Ausdehnung auf darlehensähnliche Kreditgeschäfte. In der Generalklausel ohne weiteres enthalten sind Forderungsstundungen (auch aus Nutzungsüberlassung) sowie die vormals in § 32 a RegE GmbH-Novelle 1977 noch besonders aufgezählten Fälle: der *Erwerb der gestundeten Forderung eines Dritten* durch den Gesellschafter, die *typische stille Beteiligung* (dazu §§ 230 RdNr. 92, 236 RdNr. 25). Hinzu kommen zB *Fälligkeitsvereinbarungen in Austauschverträgen, Stundungen, Wechselprolongationen* etc.[40] oder die Bezahlung von Gesellschafteraufwand ohne zeitnahen Regress.[41] Stets kommt es auf die Kreditfunktion der Rechtshandlung an. Auch eine *dauernde Belieferung unter Eigentumsvorbehalt* kann, soweit sie 25

[30] Vgl. BGH LM GmbHG § 30 Nr. 51 = NJW 1997, 740; OLG Frankfurt EWiR 1993, 157 *(Winkler)*; OLG Düsseldorf GmbHR 1995, 382, 383; OLG Hamburg NJW-RR 1997, 416.

[31] Vgl. 2. Aufl. RdNr. 58 m. Hinw. auf die zu § 31 GmbHG ergangene Entscheidung BGH NJW 1991, 357; KG GmbHR 2001, 568 (L); LG Hamburg GmbHR 2005, 881 m. Anm. *Schröder* lässt sogar 34% Beteiligung des Kreditgebers an einer Holding genügen.

[32] Uhlenbruck/*Hirte* InsO, 13. Aufl. 2010, § 39 RdNr. 41.

[33] E/B/J/S/*Strohn* RdNr. 71 f.

[34] BGHZ 81, 368, 368 ff. = NJW 1982, 386; BGH GmbHR 1986, 113, 114; NJW 1995, 326 = ZIP 1994, 1934 m. Anm. *Altmeppen*; DStR 1999, 810, 811 m. Anm. *Goette* = NJW 1999, 2123, 2125; OLG Hamburg GmbHR 1986, 232, 234; OLG München NJW-RR 1994, 306.

[35] § 32 a Abs. 6 RegE GmbHG 1977.

[36] Näher Uhlenbruck/*Hirte* InsO, 13. Aufl. 2010, § 39 RdNr. 42.

[37] BGH BB 1991, 641 = GmbHR 1991, 155; OLG München GmbHR 1993, 439, 441; OLG Stuttgart NZG 1998, 997 m. Anm. *Schüppen.*

[38] BGHZ 104, 33, 43 = NJW 1988, 1841, 1843; Roth/*Altmeppen* GmbHG § 32 a RdNr. 187; Scholz/*Karsten Schmidt* GmbHG §§ 32 a, b RdNr. 140.

[39] BGHZ 104, 33, 43 = NJW 1988, 181, 1843; 2. Aufl. RdNr. 60.

[40] Vgl. BGH NJW-RR 2002, 691 = NZG 2001, 895 (aufgeschobene Zahlung aus Gewährleistung und Rücktritt); E/B/J/S/*Strohn* RdNr. 63.

[41] Dazu OGH Wien NZG 2000, 1126.

wirtschaftlich einer Kreditlinie gleichkommt, unter § 39 Abs. 1 Nr. 5 InsO fallen.[42] Die *dauernde Duldung verspäteter Zahlungen* durch einen liefernden Gesellschafter kann sich wirtschaftlich wie eine Kreditlinie darstellen, womit diese Kreditlinie (nicht jede einzelne Lieferantenforderung) unter § 39 Abs. 1 Nr. 5 InsO fallen kann.[43] Beim *Factoring* ist zu unterscheiden.[44] Echtes Factoring, bei dem der Factor das Delkredererisiko trägt, hat keine Darlehensfunktion, weil der Forderungskaufpreis wie ein diskontierter Kaufpreis endgültig der Gesellschaft verbleibt. Unechtes Factoring mit Rückbelastungsmöglichkeit stellt sich dagegen als ein Kreditgeschäft dar.[45] Über den Sonderfall der *Gesellschaftersicherheiten* vgl. RdNr. 31 ff., über die *Nutzungsüberlassung* vgl. RdNr. 38 ff.

26 **c) Ausnahme: Sanierungsprivileg des § 39 Abs. 4 Satz 2 InsO. aa) Tatbestand.** Nach § 39 Abs. 4 Satz 2 InsO gelten die Sonderregeln über Gesellschafterdarlehen nicht für die bestehenden oder neu gewährten Kredite eines Darlehensgebers, der in der Krise (dazu verlangt das Gesetz mindestens drohende Zahlungsunfähigkeit) der Gesellschaft zum Zweck ihrer Sanierung Anteile erwirbt. Die Bestimmung ist Nachfolgerin des § 32a Abs. 3 Satz 3 GmbHG aF. Dieser beruhte auf dem Gesetz zur Kontrolle und Transparenz im Unternehmensbereich (KonTraG) vom 27. 4. 1998.[46] In Kraft getreten ist das Privileg am 1. 5. 1998.[47] Entscheidend ist der Zeitpunkt des Anteilserwerbs, nicht der Kreditvergabe. Anteilserwerb iS von § 39 Abs. 4 Satz 2 InsO ist sowohl der derivative Erwerb vorhandener Anteile von einem Gesellschafter als auch der originäre Erwerb neuer Anteile im Wege der Kapitalerhöhung (beim Kommanditisten: im Wege der Erlösung des Kapitalanteils oder des Neueintritts gemäß § 173).[48] Zweck des Anteilserwerbs muss die Überwindung der Krise, also die Sanierung der Gesellschaft, sein.[49] Eine solche Absicht ist zu vermuten, wenn der Erwerb mit einer Kreditfinanzierung der Gesellschaft einhergeht.[50] Die vom BGH geteilte herrschende Auffassung verlangt, dass die Gesellschaft objektiv sanierungsfähig und die Finanzierung hierfür geeignet ist.[51] Das Urteil BGHZ 165, 106 = NJW 2006, 1283 = ZIP 2006, 279 verlangt, dass nach der pflichtgemäßen Einschätzung eines objektiven Dritten im Augenblick des Anteilserwerbs die Gesellschaft objektiv sanierungsfähig ist und die für ihre Sanierung konkret in Angriff genommenen Maßnahmen zusammen objektiv geeignet sind, die Gesellschaft in überschaubarer Zeit durchgreifend zu sanieren. Damit wird die Bestimmung indes entwertet, weil das Privileg gerade auch im Fall einer nachträglichen Insolvenz schützen soll.[52] Geboten ist dagegen eine andere Einschränkung: § 39 Abs. 4 Satz 2 InsO kann nur für einen Anteilserwerber gelten, der nicht schon vor dem Anteilserwerb dem Recht der Gesellschafterdarlehen unterlag, also nicht bereits mit mehr als 10 Prozent am Kapital beteiligt gewesen ist.[53] Wer als Gesellschafter bereits in der vollen Finanzierungsverantwortung stand, kann nicht durch Hinzuerwerb dem Zugriff des Eigenkapitalrechts entgehen. Der Wortlaut des § 39 Abs. 4 Satz 2 spricht auch nur davon, dass der Hinzuerwerb von Anteilen nicht zur Anwendung der Eigenkapitalersatzregeln führt; davon, dass der Hinzuerwerb von diesen Regeln befreit, spricht das Gesetz nicht.

[42] Vgl. OLG Karlsruhe NJW-RR 1989, 739 = ZIP 1989, 588; OLG Celle NZG 1999, 75; LG Hamburg GmbHR 1991, 531.

[43] BGH LM GmbHG § 30 Nr. 46 m. Anm. *Roth* = NJW 1995, 457 = ZIP 1995, 23 m. Anm. *Altmeppen*; Heymann/*Horn* RdNr. 23.

[44] E/B/J/S/*Strohn* RdNr. 29; Uhlenbruck/*Hirte* InsO, 13. Aufl. 2010, § 39 RdNr. 39.

[45] OLG Köln ZIP 1986, 1585.

[46] BGBl. I S. 786; eingehend *Barth*, Der Anwendungsbereich des Eigenkapitalersatzrechts nach § 32 a Abs. 3 Satz 2 und 3 GmbHG, 2001; *Gyllensvärd*, Das Sanierungsprivileg, Diss. Bonn 2005.

[47] Art. 14 KonTraG v. 27. 4. 1998, BGBl. I S. 794.

[48] *Grunewald*, FS Bezzenberger, 2000, S. 86 f.; *Remme/Theile* GmbHR 1998, 914.

[49] Scholz/*Karsten Schmidt* GmbHG §§ 32 a, b RdNr. 198; hM; anders *Grunewald*, FS Bezzenberger, 2000, S. 86.

[50] BGHZ 165, 106 = NJW 2006, 1283 = ZIP 2006, 279.

[51] BGHZ 165, 106 = NJW 2006, 1283 = ZIP 2006, 279 (GmbHG); E/B/J/S/*Strohn* RdNr. 49; *Pentz* GmbHR 1999, 449; *Pichler* WM 1999, 417.

[52] Vgl. 2. Aufl. RdNr. 19.

[53] Uhlenbruck/*Hirte* InsO, 13. Aufl. 2010, § 39 RdNr. 65.

bb) Rechtsfolgen. Rechtsfolge des § 39 Abs. 4 Satz 2 InsO ist die Freistellung aller gegenwärtigen und künftigen Kredite von den Sonderregeln der §§ 39 Abs. 1 Nr. 5, 135 Inso. Allerdings sind die Kredite nur von den gesetzlichen Sonderregeln freigestellt, nicht von der gewillkürten Bindung durch Rangrücktritt (RdNr. 11) und Finanzplanbindung (RdNr. 12). Die Freistellung privilegierter Sanierungskredite endet nicht im Fall eines Scheiterns der Sanierung.[54] Ist die Krise der Gesellschaft (§ 32 a Abs. 1 GmbHG aF) nachhaltig überwunden, so endet die Freistellung. Im Fall einer neuerlichen Krise führt ein Stehenlassen der Kredite ebenso wie die Gewährung von Neukrediten zur Anwendung der §§ 39, 135 InsO.[55] 27

4. Rechtsfolgen. a) Überschuldungsfeststellung. Die Kredite oder gleichartigen Gesellschaftsverbindlichkeiten werden im Überschuldungsstatus passiviert, sofern nicht ein Rangrücktritt nach § 39 Abs. 2 InsO (RdNr. 11) vereinbart ist (**§ 19 Abs. 2 Satz 2 InsO**). 28

b) Nachrangigkeit. Es gilt **§ 39 Abs. 1 Nr. 5 InsO**. Die Forderung wird nur auf besondere Aufforderung zur Tabelle angemeldet (§ 174 Abs. 3 InsO). 29

c) Anfechtbare Sicherungen oder Rückzahlungen. Die Anfechtungsregeln ergeben sich aus **§ 135 InsO**. Die Besicherung einer unter § 39 Abs. 1 Nr. 5 InsO fallenden Forderung ist anfechtbar, wenn sie binnen zehn Jahren vor dem Insolvenzantrag, die Befriedigung, wenn sie binnen Jahresfrist vor dem Insolvenzantrag vorgenommen worden ist. 30

IV. Die Gesellschaftersicherheit

1. Der Tatbestand des § 44a InsO ist als Sonderfall der einem Gesellschafterkredit entsprechenden Finanzierungsleistung nur anwendbar, wenn die **Voraussetzungen des § 39 Abs. 4, 5 InsO** erfüllt sind.[56] Nicht die Kreditgewährung, sondern die Besicherung des Kredits unterfällt hier dem Sonderrecht der Gesellschafter-Fremdfinanzierung. 31

a) Kreditgeber muss ein **Dritter** sein, der also nicht Gesellschafter und einem Gesellschafter auch nicht nach RdNr. 17 ff. gleichgestellt ist.[57] Unterliegt der Kreditgeber, weil er selbst Gesellschafter oder einem Gesellschafter gleichgestellt ist, seinerseits dem Recht der Gesellschafter-Fremdfinanzierung und hat ein (Mit-)Gesellschafter diesen Kredit besichert, so ist dies kein Fall des gesellschafterbesicherten Drittdarlehens, sondern ein Fall des § 39 Abs. 1 Nr. 5 InsO. Die Besicherung unterliegt dann der Anfechtung nach § 135 Abs. 1 Nr. 1 InsO. Der **Kredit des Dritten** muss **ein Darlehen** oder **eine** nach § 39 Abs. 1 Nr. 5 InsO einem Darlehen **gleichgestellte Fremdfinanzierung** sein (dazu RdNr. 25). 32

b) Sicherungsgeber muss ein **Gesellschafter oder** ein nach RdNr. 17 ff. **gleichgestellter Dritter** sein. Jede **Personalsicherheit oder Realsicherheit** kommt in Betracht.[58] Eine **mehrfache Besicherung** durch denselben Gesellschafter oder durch mehrere Gesellschafter wird von der Spezialregelung erfasst. Umstritten ist dagegen die Behandlung einer **Doppelbesicherung** eines Drittdarlehens durch einen Gesellschafter und die Gesellschaft. Nach der hier vertretenen, jedoch nicht vorherrschenden Ansicht ist § 44a InsO auch in diesem Fall anzuwenden (vgl. sinngemäß zum alten Rechtszustand 2. Aufl. RdNr. 68).[59] Die vorherrschende Gegenansicht scheint sich jedoch weiter zu behaupten.[60] 33

---

[54] Uhlenbruck/*Hirte* InsO, 13. Aufl. 2010, § 39 Rdnr. 67.

[55] Vgl. Scholz/*Karsten Schmidt* Nachtrag MoMiG §§ 32 a, b GmbHG RdNr. 30; **aM** zum alten Recht *Wittig*, FS Uhlenbruck, 2000, S. 694; *Obermüller* ZInsO 1998, 53.

[56] Zum folgenden Scholz/*Karsten Schmidt*, GmbHG, 10. Aufl. 2010, Nachtrag MoMiG §§ 32a/b RdNr. 52 ff.; *Karsten Schmidt*, BB 2008, 1966 ff.

[57] Näher Uhlenbruck/*Hirte* InsO, 13. Aufl. 2010, § 44a RdNr. 3.

[58] Zur Anwendung auf Patronatserklärungen vgl. OLG Celle GmbHR 2008, 1096 = NZG 2009, 308 = ZIP 2008, 2416.

[59] Näher Scholz/*Karsten Schmidt*, GmbHG, 10. Aufl. 2010, Nachtrag MoMiG §§ 32a/b RdNr. 58; *Karsten Schmidt* BB 2008, 1966, 1970.

[60] Vgl. Uhlenbruck/*Hirte* InsO, 13. Aufl. 2010, § 44a RdNr. 7; *Splieth* ZIP 2009, 149, 154.

34 **2. Innenverhältnis und Rangrücktritt. a) Altes Recht.** Im Innenverhältnis ergab sich nach dem früheren Kapitalersatzrecht für die Dauer der Krise eine **Freistellungspflicht** des Gesellschafters gegenüber der Gesellschaft aus dem analog anzuwendenden § 30 GmbHG,[61] denn eine den sichernden Gesellschafter freistellende Leistung der Gesellschaft an den Gläubiger aus dem zur Deckung des Stammkapitals erforderlichen Vermögen wäre einer verbotenen Leistung an den Gesellschafter gleichgekommen. Umgekehrt ergab sich aus dem analog anzuwendenden § 30 eine **Beschränkung des Gesellschafterregresses** (2. Aufl. RdNr. 67). Sie bestand darin, dass der Gesellschafter nicht, wie sonst typischerweise ein Sicherungsgeber, von der Gesellschaft als Schuldnerin Freistellung bzw. nach der Befriedigung des Gläubigers Regress verlangen konnte (2. Aufl. RdNr. 67). Diese aus dem Gesellschaftsrecht abgeleiteten Rechtsfolgen sind **durch das MoMiG weggefallen** (RdNr. 35).

35 **b) Nach neuem Recht.** ist die Freistellungspflicht des Gesellschafters als Sicherungsgeber außerhalb der Insolvenz **entfallen (§ 30 Abs. 1 Satz 3 GmbHG nF** und dazu RdNr. 2). Die gesetzlichen Rechtsfolgen greifen erst im Insolvenzverfahren. Umso wichtiger ist eine **vertragliche Regelung einer Freistellungspflicht** des Sicherungsgebers, zweckmäßig verbunden mit einem **Rangrücktritt** bezüglich des Regressanspruchs des sichernden Gesellschafters gegenüber der Gesellschaft als Schuldnerin (2. Aufl. RdNr. 67).[62]

36 **3. Geltendmachung der Kreditforderung im Insolvenzverfahren der Gesellschaft. a) § 44a InsO.** Nach § 44a InsO (Wortlaut bei RdNr. 5) kann der Dritte als Gläubiger im Insolvenzverfahren anteilige Befriedigung aus der Insolvenzmasse nur verlangen, soweit er bei der Inanspruchnahme der Sach- oder Personalsicherheit ausgefallen ist. Diese Bestimmung hindert nicht die Vollanmeldung der Forderung. Sie schmälert auch nicht die Insolvenzquote selbst, sondern nur den daraus resultierenden Auszahlungsanspruch (2. Aufl. RdNr. 68). Auch hindert § 44a InsO weder eine nach §§ 94 f. InsO etwa zulässige Aufrechnung im Insolvenzverfahren noch gar den Zugriff des Gläubigers auf die Kreditsicherheit (2. Aufl. RdNr. 68). Dieser wird durch § 44a InsO sogar befördert. Soweit der Gesellschafter nach allgemeinem Recht die sog. Einrede der Vorausklage erheben könnte (§ 771 BGB) oder nur eine subsidiäre Sicherheit (z. B. Ausfallbürgschaft) gegeben hat, kann dies in der Insolvenz der Gesellschaft nicht geltend gemacht werden.[63]

37 **b) §§ 135 Abs. 2, 143 Abs. 3 InsO** regeln, wenn die Gesellschaftersicherheit im kritischen Zeitraum vor der Insolvenzverfahrenseröffnung durch Befriedigung des Gläubigers frei geworden ist, die Anfechtung der Befreiungswirkung durch Inanspruchnahme des Gesellschafters.[64]

V. Die Neuregelung der Nutzungsüberlassung

38 **1. Altes und neues Recht. a) Das bis 2008 praktizierte Recht** der eigenkapitalersetzenden Nutzungsüberlassung (2. Aufl. RdNr. 62) war **reines Rechtsprechungsrecht**. Es muss nach dem Übergangsrecht (RdNr. 2 f.) für Altfälle nicht zwingend weiterpraktiziert werden, denn es gab schon vor dem MoMiG Gründe, diese Rechtsprechung aufzugeben (2. Aufl. RdNr. 62).[65] Die bisherigen Rechtsprechungsregeln werden jedoch voraussichtlich trotz der dagegen zu erhebenden Bedenken weiterpraktiziert (RdNr. 2).[66]

39 **b) Neues Recht (§ 135 Abs. 3 InsO).** Im **Vorfeld des MoMiG** war noch streitig, ob die Nutzungsüberlassung weiterhin als eine darlehensähnliche Leistung dem Recht der

---

[61] Vgl. BGH GmbHR 1992, 166 = NJW 1992, 1166 = ZIP 1992, 108; eingehend *Thonfeld*, Eigenkapitalersetzende Gesellschaftersicherheiten und der Freistellungsanspruch der Gesellschaft, 2005, S. 126 ff.; *Karsten Schmidt* ZIP 1999, 1822 ff.

[62] Vgl. Scholz/*Karsten Schmidt* GmbHG, 10. Aufl. 2010, Nachtrag MoMiG §§ 32a, b aF RdNr. 56; *Karsten Schmidt* BB 2008, 1966, 1971.

[63] Vgl. Scholz/*Karsten Schmidt* GmbHG, 10. Aufl. 2010, Nachtrag MoMiG §§ 32a, b aF RdNr. 57.

[64] Dazu Scholz/*Karsten Schmidt* GmbHG, 10. Aufl. 2010, Nachtrag MoMiG §§ 32a, b aF RdNr. 60 f.

[65] Zust. *Bitter* ZIP 2010, 1, 7.

[66] Vgl. Scholz/*Karsten Schmidt* GmbHG, 10. Aufl. 2010, Nachtrag MoMiG §§ 32a, b aF RdNr. 66.

Gesellschafterdarlehen unterstellt bleiben werden.[67] Der durch die Beschlüsse des Rechtsausschusses nachträglich in das Gesetzgebungsverfahren eingebrachte neue **§ 135 Abs. 3 InsO** (RdNr. 5) gibt eine negative Antwort: Nutzungsüberlassungen stehen der Kreditgewährung nicht gleich. Die Bestimmung hat nichts mit dem früher von der Rechtsprechung angenommenen Nutzungsrecht des Insolvenzverwalters bei eigenkapitalersetzender Nutzungsüberlassung (2. Aufl. RdNr. 63 f.) zu tun und auch nichts mit dem Nutzungsrecht des Verwalters bei fortbestehendem Nutzungs-Rechtsverhältnis (RdNr. 42).[68] Die Bestimmung setzt ein **Absonderungsrecht** des Gesellschafters voraus. Sie gibt dem Verwalter die Möglichkeit, den Aussonderungsanspruch des Gesellschafters auch dann abzuwehren, wenn ein vertraglicher Anspruch aus der Nutzungsvereinbarung nicht oder nicht mehr besteht. Sie begründet ein gesetzliches, entgeltliches Nutzungsverhältnis für die Zeit nach der Insolvenzverfahrenseröffnung.[69]

2. Tatbestand. a) Gebrauchsüberlassung. Ein **Gegenstand** muss zum **Gebrauch** oder **„zur Ausübung"** überlassen sein. Als **Gegenstand** kommt jedes Wirtschaftsgut in Betracht (insbesondere unbewegliche und bewegliche Sachen, Patente und andere zur Gebrauchsüberlassung taugende Rechte).[70] Die sprachlich missglückte Formulierung „zum Gebrauch oder zur Ausübung" erklärt sich daraus, dass bei Rechten vielfach nicht von deren „Gebrauch" gesprochen wird. Gemeint sind, wie nach altem Recht, Miet-, Pacht-, Leasing- und Lizenzverträge, Leihe und ähnliche Überlassungsverträge. Das **Nutzungsverhältnis** muss **bei Insolvenzverfahrenseröffnung** bestehen. Wurde es vorher aufgehoben, so kommt eine Anfechtung dieses Vorgangs nach § 133 InsO oder nach §§ 130, 131 InsO in Betracht.[71] 40

b) Nutzungsgeber muss ein Gesellschafter oder ein nach RdNr. 17 ff. gleichgestellter Dritter sein. Die bloße Besicherung von Ansprüchen Dritter auf Nutzungsentgelt kann zur Anwendung des § 44a InsO bzw. des § 135 Abs. 2 InsO, nicht des § 135 Abs. 3 InsO führen. 41

3. Das Nutzungs-Rechtsverhältnis in der Insolvenz. a) Verträge über die Überlassung von Immobilien werden nach **§§ 108 ff. InsO** fortgesetzt oder beendet.[72] Soweit der Vertrag danach zu erfüllen ist, basiert das Nutzungsrecht des Insolvenzverwalters auf diesem Vertrag, nicht auf § 135 Abs. 3 InsO. **Ungetilgte Entgeltforderungen** für die Zeit vor der Eröffnung des Insolvenzverfahrens kann der Vermieter oder Verpächter als Insolvenzgläubiger geltend machen (§ 108 Abs. 2 InsO). Nachrangig nach § 39 Abs. 1 Nr. 5 InsO sind offene Zahlungsansprüche nur, wenn der Gesellschafter sie kreditähnlich hatte stehen lassen (RdNr. 25). Aus § 108 InsO iVm § 55 Abs. 1 Nr. 2 InsO ergibt sich bei fortlaufenden Nutzungsverhältnissen eine Masseverbindlichkeit. **Vom Eröffnungszeitpunkt an** sind **alle Entgeltforderungen** des Gesellschafters als **Masseforderungen** zu erfüllen, sofern nicht das Nutzungsverhältnis beendet wird.[73] Der Insolvenzverwalter kann das Rechtsverhältnis unabhängig von der vereinbarten Vertragsdauer mit einer gesetzlichen Kündigungsfrist von drei Monaten kündigen (§ 109 Abs. 1 Satz 1 InsO). 42

b) Überlassungsverträge über bewegliche Sachen und Rechte – auch Lizenzverträge – unterliegen nicht den Sonderregeln des § 108 InsO, sondern der allgemeinen Regel des § 103 InsO.[74] Allein der Verwalter entscheidet über die Fortsetzung. Wählt er die 43

---

[67] Ausführlicher Scholz/*Karsten Schmidt* GmbHG, 10. Aufl. 2010 Nachtrag MoMiG §§ 32a/b GmbHG aF RdNr. 65.

[68] Scholz/*Karsten Schmidt* GmbHG, 10. Aufl. 2010, Nachtrag MoMiG §§ 32a, b aF RdNr. 77 f.; insoweit ebenso *Bitter* ZIP 2010, 1, 5 ff.; **aM** *Hölzle* ZIP 2009, 1939 ff.

[69] Scholz/*Karsten Schmidt* GmbHG, 10. Aufl. 2010, Nachtrag MoMiG §§ 32a, b aF RdNr. 79.

[70] Vgl. Scholz/*Karsten Schmidt* GmbHG, 10. Aufl. 2010, Nachtrag MoMiG §§ 32a, b aF RdNr. 72.

[71] Scholz/*Karsten Schmidt* GmbHG, 10. Aufl. 2010, Nachtrag MoMiG §§ 32a, b aF RdNr. 72.

[72] Scholz/*Karsten Schmidt* GmbHG, 10. Aufl. 2010, Nachtrag MoMiG §§ 32a, b aF RdNr. 75.

[73] Vgl. Scholz/*Karsten Schmidt* GmbHG, 10. Aufl. 2010, Nachtrag MoMiG §§ 32a, b aF RdNr. 75 f.; **aM** wohl Uhlenbruck/*Hirte* InsO, 13. Aufl. 2010, § 135 RdNr. 23.

[74] Ausführlicher Scholz/*Karsten Schmidt* GmbHG, 10. Aufl. 2010, Nachtrag MoMiG §§ 32a, b aF RdNr. 76 mwN.

Erfüllung, so läuft das Überlassungsverhältnis weiter.[75] Lehnt er die Erfüllung ab, so kann der Vermieter, Verpächter, Leasing- oder Lizenzgeber nur den wegen der Nichterfüllung bestehenden Anspruch als Insolvenzforderung geltend machen (§ 103 Abs. 2 Satz 1 InsO). Eine Sonderregelung für Lizenzverträge steht bevor.

44 **4. Das Optionsrecht des Insolvenzverwalters nach § 135 Abs. 3 InsO. a) § 135 Abs. 3 InsO** handelt nicht von einer Fortsetzung des Vertragsverhältnisses, sondern von einer **Ausübung eines gesetzlichen Nutzungsrechts ohne fortbestehenden Vertrag.**[76] Mit Ausübung der Nutzungsoption tritt ein **gesetzliches Nutzungsverhältnis** an die Stelle des vereinbarten. Voraussetzung ist, dass der Gegenstand **für die Fortführung des Unternehmens** des Schuldners **von erheblicher Bedeutung** ist.[77] Diese Merkmale sind unklar. „Unternehmen“ iS von § 135 Abs. 3 Satz 1 InsO richtet sich nach dem Zweck und Unternehmensgegenstand der Gesellschaft und kann zB auch eine vermögensverwaltende Tätigkeit (§ 105 Abs. 2) sein. Die **Fortführung** ist nicht eng im Sinne der Bestandserhaltung und Sanierung zu verstehen. Es genügt eine Weiterbenutzung im Sinne des Insolvenzverfahrenszwecks und im Einklang mit dem Gesellschaftszweck während der in § 135 Abs. 3 Satz 1 relevanten Zeit. Die **erhebliche Bedeutung** bezieht sich auf die Nutzung. Es genügt nicht, dass die Unternehmensfortführung als solche für die Insolvenzabwicklung oder Sanierung bedeutsam ist, sondern es muss auf die Nutzung gerade dieses Gegenstands ankommen. Diese muss hierfür allerdings nicht **unentbehrlich, sondern nur bedeutsam** sein. Das Merkmal **„erheblich“** liegt zwischen „unentbehrlich“ und „nützlich“.[78]

45 **b) Keine gesetzliche Erklärungspflicht des Insolvenzverwalters.** Die Erklärungspflicht ist nicht geregelt. Der Sachzusammenhang mit §§ 103 ff. InsO legt aber eine analoge Anwendung des § 103 Abs. 1 Satz 2 und 3 InsO nahe, wonach der Verwalter auf Aufforderung des Gesellschafters unverzüglich erklären muss, ob er das Recht ausüben will.[79] Unzumutbares Zögern kann zur Verwirkung des Optionsrechts führen.

46 **5. Rechtsfolgen. a) Besitzrecht des Insolvenzverwalters.** Der Aussonderungsanspruch ist, auch ohne dass der Nutzungsvertrag fortgeführt oder neu geschlossen wird, durch die Ausübung des Nutzungsoptionsrechts für ein Jahr ab Verfahrenseröffnung ausgeschlossen.

47 **b) Entgeltzahlung,.** Zu zahlen ist der Durchschnitt der im letzten Jahr vor Verfahrenseröffnung geleisteten Vergütung, bei kürzerer Dauer der Durchschnitt während dieses Zeitraums (§ 135 Abs. 3 Satz 2 InsO). Gemeint ist die periodengerechte Zahlung (Nachzahlungen auf Vorjahre rechnen nicht mit). Auch die Fälligkeit der Zahlungen richtet sich nach der Vergütungspraxis im vergangenen Jahr. Raten, die zwischenzeitlich gestundet und deshalb darlehensähnlich waren, rechnen nicht mit. Sie können auch nicht als Insolvenzforderungen angemeldet werden.[80]

48 **c) Ausschluss des § 130a Abs. 1 Satz 3 InsO?** Noch nicht geklärt ist die Rückwirkung des § 135 Abs. 3 InsO auf das Zahlungsverbot des § 130a Abs. 1 Satz 3 (bzw. des § 64 Satz 3 GmbHG). Die Regelung des § 135 gibt einen Anreiz zur Weiterzahlung des Nutzungsentgelts in der Krise. Hiermit unverträglich wäre die Annahme, es könne sich bei der Weiterzahlung um verbotene Zahlungen handeln. Da auch ein Insolvenzverwalter die Aussonderung nur gegen Weiterzahlung des Nutzungsentgelts abwehren könnte, erscheint die Zahlung als iS von § 130a Abs. 1 Satz 2 unverboten (§ 130a RdNr. 42 noch ungeklärt).

[75] Scholz/*Karsten Schmidt* GmbHG, 10. Aufl. 2010, Nachtrag MoMiG §§ 32a, b aF RdNr. 76.

[76] Vgl. Scholz/*Karsten Schmidt* GmbHG, 10. Aufl. 2010, Nachtrag MoMiG §§ 32a, b aF RdNr. 79 f. mwN.

[77] Ausführlicher Scholz/*Karsten Schmidt* GmbHG, 10. Aufl. 2010, Nachtrag MoMiG §§ 32a, b aF RdNr. 80.

[78] Scholz/*Karsten Schmidt* GmbHG, 10. Aufl. 2010, Nachtrag MoMiG §§ 32a, b aF RdNr. 80.

[79] Vgl. Scholz/*Karsten Schmidt* GmbHG 10. Aufl. 2010, Nachtrag MoMiG §§ 32a, b aF RdNr. 82; *Karsten Schmidt* DB 2008, 1727, 1733 f.

[80] Vgl. ebd. RdNr. 83.

VI. Rechtslage in Österreich

49 In Österreich ist das Recht der Gesellschafterdarlehen durch das Bundesgesetz über Eigenkapital ersetzende Gesellschafterleistungen (**Eigenkapitalersatz-Gesetz = EKEG**) von 2003 speziell geregelt. Auch dieses Gesetz ist auf Gesellschaften begrenzt, bei denen kein unbeschränkt haftender Gesellschafter eine natürliche Person ist (§ 4 Nr. 3). Es basiert, anders als nunmehr das deutsche Recht, auf dem Gedanken des Eigenkapitalersatzes in der Krise (§§ 2, 3) und der gesellschaftsrechtlichen Rückzahlungsverbote (§§ 14, 15). Damit steht das EKEG dem vormaligen deutschen Eigenkapitalersatzrecht näher als den insolvenzrechtlichen Regeln des MoMiG.

§ 173 [Haftung bei Eintritt als Kommanditist]

(1) Wer in eine bestehende Handelsgesellschaft als Kommanditist eintritt, haftet nach Maßgabe der §§ 171 und 172 für die vor seinem Eintritte begründeten Verbindlichkeiten der Gesellschaft, ohne Unterschied, ob die Firma eine Änderung erleidet oder nicht.

(2) Eine entgegenstehende Vereinbarung ist Dritten gegenüber unwirksam.

Schrifttum: *Adel,* Kommanditistenwechsel und Haftung, DStR 1994, 1580; *Dietrich,* Die materiellrechtliche Bedeutung der Rechtsnachfolge im Handelsregister bei Kommanditistenwechsel, DR 1943, 1201; *Donner,* Eintragung der Rechtsnachfolge im Handelsregister bei Kommanditistenwechsel, DR 1943, 971; *Eckert,* Rechtsfolgen des Kommanditistenwechsels, ZHR 147 (1983), 565; *Fridl,* Haftungsauswirkungen des Kommanditistenwechsels unter Lebenden, DStR 2008, 510; *Groschuff,* Eintragung der Rechtsnachfolge im Handelsregister bei Kommanditistenwechsel, DR 1943, 975; *Grünewald,* Die Anmerkungen der Änderungen der Pubilizitätsnormen auf die Haftung der Kommanditisten, ZGR 2003, 541; *U. Huber,* Vermögensanteil, Kapitalanteil und Gesellschaftsanteil an Personalgesellschaften des Handelsrechts, 1970, S. 398 ff. (zit.: *U. Huber* Vermögensanteil); *ders.,* Eintragungsfehler bei der Abtretung von Kommanditanteilen, ZGR 1984, 146; *Jeschke,* Der Rechtsnachfolgevermerk im Handelsregister bei der Übertragung von Mitgliedschafts-rechten an Kommanditgesellschaften, DB 1983, 541; *Kellert,* Eintragung der Rechtsnachfolge beim Kommanditistenwechsel, Rpfleger 1951, 427; *Kick,* Die Haftung des Erben eines Personenhandelsgesellschafters, 1997; *Kornblum,* Die Haftung der Gesellschafter für Verbindlichkeiten von Personengesellschaften, 1972, S. 238 ff. (zit.: *Kornblum* Haftung); *Andreas Meyer,* Die rechtsgeschäftliche Übertragung von Kommanditanteilen, 1993; *Michel,* Die Kommanditanteilsübertragung auf einen Dritten, 1990; *ders.,* Die Rechtsfolgen von Vermögensverschiebungen nach einer Kommanditanteilsübertragung, ZGR 1993, 119; *v. Olshausen,* Haftungsprobleme beim Kommanditistenwechsel unter Lebenden, Gedächtnisschrift Knobbe-Keuk, 1997, S. 247; *Paul,* Kommanditistenhaftung bei Anteilübertragung ohne Nachfolgevermerk MDR 2004, 849; *Richert,* Der Kommanditistenwechsel und seine Erscheinungsform im Handelsregister, NJW 1958, 1472; *Saßenrath,* Die Umwandlung von Komplementär- in Kommanditbeteiligungen, 1988; *ders.,* Die Kommanditistenhaftung des ehemaligen Komplementärs und seiner Rechtsnachfolger, BB 1990, 1209; *Siegmann,* Personengesellschaftsanteil und Erbrecht, 1972; *Karsten Schmidt,* Einlage und Haftung des Kommanditisten, 1977, S. 108 ff.; *ders.,* Kommanditistenwechsel und Nachfolgevermerk, GmbHR. 1981, 253; *ders.,* Kommanditisteneinlagen und Haftsumme der Gesellschaftererben, ZGR 1989, 445; *ders.,* Frieden schließen mit § 162 Abs. 2 HGB, DB 2011, 1149; *Spindelhirn,* Der Rechtsnachfolgevermerk im Handelsregister, DB 1983, 271; *Stock,* Haftungsprobleme beim Kommanditistenwechsel, DStR 1991, 385; *Weipert,* Zur Haftung des ausgeschiedenen Kommanditisten im Falle des Gesellschafterwechsels durch Allgemein- oder Sonderrechtsnachfolge, DR 1943, 270; *Wiedemann,* Die Übertragung und Vererbung von Mitgliedschaftsrechten bei Handelsgesellschaften, 1965, S. 232 ff. (zit.: *Wiedemann* Übertragung); *Wienberg,* Haftung bei Änderung der Gesellschafterstellung in der Kommanditgesellschaft, DB 1992, 721.

Übersicht

I. Normzweck, Begriffsbildung und Abgrenzung

1 **1. Normzweck. a) Haftung des Neukommanditisten für Altverbindlichkeiten.** § 173 regelt die **Haftung eines Kommanditisten, der in eine bereits bestehende Handelsgesellschaft eintritt,** für die vor seinem Eintritt entstandenen Verbindlichkeiten der Gesellschaft. Der Normzweck entspricht dem des § 130 und unterscheidet sich damit von dem der §§ 25 Abs. 1 Satz 1 und 28 Abs. 1 Satz 1.[1] Bei diesen Vorschriften geht es darum, dass das Unternehmen von einem Rechtsträger auf einen anderen übergeht (vgl. § 25 RdNr. 18).[2] Deshalb regeln die §§ 25 Abs. 1 Satz 1 und 28 Abs. 1 Satz 1 nicht die Gesellschafterhaftung,[3] sondern die Haftung eines neuen Unternehmensträgers.[4] Regelungsgegenstand der §§ 130, 173 ist demgegenüber die *Gesellschafterhaftung eines neuen Gesellschafters für Altverbindlichkeiten der Gesellschaft.* Diese bleibt primärer Schuldner der Unternehmensverbindlichkeiten (ebenso Gläubiger der Unternehmensforderungen, weshalb es auch keiner Parallelnorm zu § 25 Abs. 1 Satz 2, § 28 Abs. 1 Satz 2 bedarf), und nur die

[1] *Karsten Schmidt* HandelsR § 8 III 1 b aa; *ders.* GesR § 49 IV 1 b.
[2] BGH NJW 1982, 1647; 1984, 1186 m. Anm. *Karsten Schmidt;* 1992, 911; *Karsten Schmidt* HandelsR § 8 I 3.
[3] Unrichtig das obiter dictum bei BGHZ 31, 397, 401.
[4] BayObLG BB 1984, 1385; *Karsten Schmidt* HandelsR § 8 I.

Gesellschafterhaftung bedarf der Klarstellung. § 173 soll, wie § 130, sicherstellen, dass jeder Kommanditist, wann immer er in die Gesellschaft eingetreten ist, für alle Gesellschaftsverbindlichkeiten, die alten wie die neuen, einheitlich haftet (vgl. § 130 RdNr. 1).

b) Rechtspolitische Beurteilung. Die *Unentbehrlichkeit des § 173 wie des § 130* stand 2
für den historischen Gesetzgeber außer Zweifel, weil die Gesellschafter einer Personengesellschaft noch als Primärschuldner angesehen wurden. Der Gesetzgeber des 19. Jahrhunderts ging noch nicht von einer Rechtssubjektivität der Gesellschaft (Erl. § 124) und von der akzessorischen Haftung der Gesellschafter für die Schulden der Gesellschaft aus, sondern von einer Haftung der Gesellschafter mit dem Gesellschaftsvermögen und (unbeschränkt oder beschränkt) mit ihrem Privatvermögen. Bei solcher Betrachtung bedarf es einer besonderen Norm, um den Neugesellschafter der Haftung für Altverbindlichkeiten zu unterwerfen. Erkennt man, dass die Gesellschaft Schuldnerin ist und dass sich aus §§ 128 f., 171 f., 176 lediglich eine akzessorische Haftung der Gesellschafter für Gesellschaftsverbindlichkeiten ergibt (vgl. Erl. §§ 124, 128 f.), so ist die Unentbehrlichkeit der §§ 130, 173 fraglich. Wenn die Gesellschafter „den Gläubigern der Gesellschaft" (s. § 171 Abs. 1) für „die Verbindlichkeiten der Gesellschaft" (s. § 128) haften, so trägt der Wortlaut dieser Bestimmungen auch die Haftung des Neugesellschafters für Altschulden. Aus dem Akzessorietätskonzept der Gesellschafterhaftung ergibt sich keineswegs von allein und selbstverständlich, dass sich die Haftung eines Gesellschafters ohne weiteres auch auf die Altschulden erstreckt.[5] Deswegen ist § 173 wie § 130 eine jedenfalls zweckmäßige Regel: *Der Gesetzgeber stellt klar, dass hinsichtlich der Haftung als Gesellschafter zwischen Alt- und Neuverbindlichkeiten der Gesellschaft kein Unterschied gemacht werden soll.*[6]

2. Begriffsbildung. Der soeben geschilderte Normzweck hat Bedeutung für die Ausle- 3
gung des § 173, insbesondere für den **Begriff des Eintritts.** Dieser Begriff ist auf die von § 173 bezweckte Haftungsfolge hin abzugrenzen (nicht umgekehrt die Haftungsfolge auf den korrekten Begriff des Eintritts zu begrenzen).[7] Der Gesetzgeber von 1897 hat den engen Begriff des Eintritts gewählt, weil er die Anteilsübertragung (RdNr. 24) und die Anteilsumwandlung (§ 160 Abs. 3) noch nicht kannte und die Haftung bei Nachfolge von Todes wegen (§ 177) nur für regelungsbedürftig hielt, wenn der Erblasser unbeschränkt haftete (§ 139 und dazu RdNr. 9). Der Begriff des Eintritts in § 173 umfasst deshalb auch diese Maßnahmen, obwohl es sich im rechtstechnischen Sinne nicht um Fälle des Eintritts handelt (RdNr. 5).

a) Eintritt im technischen Sinne. ist nur die Aufnahme des Gesellschafters (Komman- 4
ditisten) unter Begründung eines neuen Anteils.[8] Dieser Anteil entsteht durch Änderung des Gesellschaftsvertrags neu (originärer Erwerb). Der Erwerb eines bereits vorhandenen Anteils durch Universalsukzession (vgl. bes. zur Erbfolge § 177 RdNr. 15 ff.) oder durch Einzelrechtsnachfolge (dazu RdNr. 24 ff.) ist in diesem strengen Sinne kein Eintritt. Es ist deshalb bedeutsam, streng zwischen den Fällen des echten Eintritts in eine Personengesellschaft, des Anteilserwerbs durch Universalsukzession und der Anteilsübertragung zu unterscheiden. Der Gesetzeswortlaut verdeckt diese Unterscheidung. Auch die registergerichtliche Praxis weist noch Unklarheiten auf, die auf dem Wortlaut der §§ 107, 143, 162 Abs. 3 sowie der HRV(§ 40 Nr. 5 Buchst. c) beruhen. Dieser kennt nicht den Übergang des Kommanditanteils durch Gesamt- oder Einzelrechtsnachfolge, weshalb von den Registergerichten vielfach noch eingetragen wird, der Altkommanditist sei (durch Tod oder Anteilsveräußerung) aus der Gesellschaft „ausgetreten" und der Neukommanditist sei (als Erbe

[5] Vgl. verneinend *Flume* Personengesellschaft § 16 IV 2 und 7.

[6] Vgl. *Karsten Schmidt* GesR § 49 IV; Schlegelberger/*Karsten Schmidt* § 130 RdNr. 1, § 173 RdNr. 2; heute hM; vgl. Westermann/*Scholz* (2009) RdNr. I 3035.

[7] Vgl. Schlegelberger/*Karsten Schmidt* § 173 RdNr. 3 ff.; zust. Heymann/*Horn* RdNr. 3; Röhricht/v. Westphalen/*v. Gerkan*/*Haas* RdNr. 1a.

[8] GesR § 45 II 3.

oder Einzelrechtsnachfolger) „eingetreten".[9] Im technischen Sinne ist dieser Anteilsübergang kein Eintritt.[10] Erst recht ist die Umwandlung eines vorhandenen Komplementäranteiles in einen Kommanditanteil (vgl. § 160 Abs. 3) kein „Eintritt" eines Kommanditisten im technischen Sinne, wenngleich auch hier wegen der genannten Bestimmungen vielfach noch eingetragen wird, der Gesellschafter sei als persönlich haftender Gesellschafter „ausgetreten" und als Kommanditist „eingetreten".

5 **b) Eintritt iS des § 173.** ist nach dem Sinn und Zweck der Bestimmung *jeder Fall, in dem ein Neukommanditist vorhanden ist,* für den klargestellt werden soll, dass hinsichtlich der Kommanditistenhaftung die Altverbindlichkeiten den Neuverbindlichkeiten gleichgestellt werden (RdNr. 2).[11] Die terminologische Unstimmigkeit, dass als Eintritt auch Sachverhalte angesehen werden müssen, die im technischen Sinne keine Eintrittsfälle sind, muss als Folge der ungenauen Terminologie hingenommen werden (RdNr. 3), ebenso die fehlende Übereinstimmung mit dem Eintrittsbegriff in § 176 (vgl. zur Abgrenzung § 176 RdNr. 19 ff.). Eintritt iS des § 173 liegt damit in folgenden Fällen vor:

6 **aa) Jeder Eintritt im technischen Sinne** (RdNr. 4) ist auch Eintritt iS von § 173 (näher RdNr. 19 ff.). Ein Nichtgesellschafter wird als neuer Kommanditist in die Gesellschaft aufgenommen. Dazu gehört auch die „Umwandlung" einer stillen Beteiligung in eine Kommanditeinlage, denn der stille Gesellschafter ist nach den Maßstäben des KG-(Außen-)Rechts ein Nichtgesellschafter, sein Beitritt als Kommanditist also nur durch Neuaufnahme in die Kommanditgesellschaft als Außengesellschaft möglich.

7 **bb) Einzelnachfolge durch Übertragung des Kommanditanteils** ist, obwohl kein Eintritt im technischen Sinne, ein Eintritt iS des § 173.[12] § 173 dient in diesem Fall der Klarstellung, dass der Anteilserwerber den Regeln der Kommanditistenhaftung (§§ 171 f.) nicht nur für Neuverbindlichkeiten, sondern auch für Altverbindlichkeiten unterliegt. Zur Anwendung auf die Anteilsübertragung im Einzelnen vgl. RdNr. 24 ff. Der haftungsrechtliche Unterschied gegenüber dem Eintritt im technischen Sinne liegt lediglich darin, ob dem Neukommanditisten die vom Altkommanditisten geleistete Einlage mit haftungsbefreiender Wirkung zugute kommt (dazu RdNr. 29 ff.).

8 **cc) Der Erwerb eines Kommanditanteils durch Universalsukzession, insbesondere im Wege der Erbfolge** (§ 177 RdNr. 15 ff.) ist gleichfalls kein Eintritt im technischen Sinne, wohl aber ein Eintritt iS von § 173.[13] Zur Anwendung im Einzelnen vgl. RdNr. 40 ff. § 173 stellt für diesen Fall klar, dass neben die beschränkbare Erbenhaftung für die Haftungsschuld des Erblassers (§§ 1967 ff. BGB) auch die Gesellschafterhaftung für Altverbindlichkeiten tritt (dazu RdNr. 44 ff.). Die weite Auslegung des Eintrittsbegriffs in § 173 führt zu dem praktisch sinnvollen Ergebnis, dass der erbrechtliche Eintritt kraft Universalsukzession und der gesellschaftsrechtliche Eintritt kraft Eintrittsklausel hinsichtlich der Haftung des Nachfolgers gleich behandelt werden können (RdNr. 40 f.). Universalsukzession kann auch durch **Verschmelzung** (§ 20 UmwG) oder **Spaltung** (§ 131 UmwG)

[9] Vgl. auch *Kraftka/Willer/Kühn* Registerrecht 8. Aufl. RdNr. 747 ff., 759; *Müller* in BeckHdbPersG § 4 RdNr. 54; *Karsten Schmidt* GmbHR 1981, 254 f.

[10] *Karsten Schmidt* GesR § 45 III 1; *Wiedemann,* Die Übertragung und Vererbung von Mitgliedschaftsrechten, 1965, S. 51 ff.

[11] *Karsten Schmidt* GesR § 44 I 2; Schlegelberger/*Karsten Schmidt* RdNr. 4; zust. Heymann/*Horn* RdNr. 3.

[12] Ebenso OLG Rostock NJW-RR 2002, 244, 245; E/B/J/S/*Strohn* RdNr. 10; GK/*Fahse* RdNr. 8; Heymann/*Horn* RdNr. 3; Oetker/*Oetker* RdNr. 7, 22; Staub/*Schilling* RdNr. 2, 6; s. auch BGHZ 80, 81; **aM** *Michel* S. 83 ff. (Verfügungsgeschäft und rechtsgeschäftliche „Übernahme" der Haftung als Haftungsgrund).

[13] Ebenso Baumbach/*Hopt* RdNr. 14; E/B/J/S/*Strohn* RdNr. 25; GK/*Fahse* RdNr. 5; Heymann/*Horn* RdNr. 7; HK-HGB/*Stuhlfelner* RdNr. 5; *Koller*/Roth/Morck RdNr. 1; Oetker/*Oetker* RdNr. 7; Staub/*Schilling* RdNr. 10; heute hM; s. auch BGH LM Nr. 1 = NJW 1995, 3314; KG DB 2000, 2011; OLG Hamburg BB 1994, 238, 240 = DB 1994, 208, 209 = NJW-RR 1994, 809, 811 = ZIP 1994, 297, 299; *Adel* DStR 1994, 1583; zum älteren Streitstand vgl. die Angaben bei Schlegelberger/*Karsten Schmidt* RdNr. 8; **aM** noch *Liebisch* ZHR 116 (1954), 154 ff., 160 f.; *Wilhelm* LM Nr. 1; unhaltbar *Kick* (S. 176), wonach ein Eintritt iS des § 176 erst vorliegt, wenn der Erbe die Kommanditistenstellung in eigener Person „übernimmt" oder die Frist des § 139 Abs. 3 verstreichen lässt.

eintreten, außerdem dann, wenn der Kommanditanteil von einer Personengesellschaft gehalten wurde, deren Anteile in der Hand des Rechtsnachfolgers zusammengefallen sind (vgl. zu diesem Fall der Universalsukzession § 105 RdNr. 24, § 145 RdNr. 33).

dd) Die Umwandlung einer Komplementärbeteiligung (oHG-Beteiligung) in eine Kommanditistenbeteiligung. ist, wenngleich eindeutig kein Eintritt im technischen Sinne (RdNr. 4), gleichfalls ein Eintritt als Kommanditist iS von § 173.[14] Das gilt auch für die bei BGHZ 101, 123 = BB 1987, 1984 = NJW 1987, 3184 behandelte – damals noch nicht so genannte – kombinierte Nachfolge- und Umwandlungsklausel, die den Erben eines unbeschränkt haftenden Gesellschafters automatisch zum Kommanditisten macht (dazu Erl. § 131, § 139).[15] Zur Anwendung des § 173 im Einzelnen vgl. RdNr. 49, zur Umwandlung der oHG in eine KG RdNr. 50. Es ist in diesem Fall *zu unterscheiden zwischen der unbeschränkten, nach § 160 Abs. 3 zeitlich begrenzten Haftung* des bisher unbeschränkt haftenden Gesellschafters für die Altverbindlichkeiten (vgl. dazu Erl. § 160) *und der nunmehr eintretenden Kommanditistenhaftung.* § 173 stellt klar, dass in diesem Fall unbeschadet der zeitlich begrenzten Nachhaftung nach § 160 Abs. 3 nach Maßgabe der §§ 171, 172 für Altverbindlichkeiten wie für Neuverbindlichkeiten gehaftet wird. Endet durch Ablauf der Nachhaftungsfrist die unbeschränkte Haftung, so bleibt die Kommanditistenhaftung unberührt (§ 160 Abs. 3 Satz 3). Eine Sonderregel enthält **§ 139** (vgl. Erl. ebd.): Wird der Erbe eines persönlich haftenden Gesellschafters innerhalb der Frist des § 139 Abs. 3 Kommanditist, so haftet er nicht nur erbrechtlich (so irreführend § 139 Abs. 4); er haftet auch gesellschaftsrechtlich, dies jedoch nur noch nach §§ 171, 172, für Altverbindlichkeiten gemäß § 173 (vgl. § 139 RdNr. 79). Eine unbeschränkte Nachhaftung nach § 160 Abs. 3 scheidet aus. Soweit die Einlage geleistet (§ 171 Abs. 1) und der Gesellschaft nicht wieder entzogen ist (§ 172 Abs. 4) ist der Erbe als Neukommanditist haftungsfrei. Die Haftungsbefreiung durch Umbuchung der Komplementärbeteiligung ist bei §§ 171, 172 RdNr. 44 dargestellt. Die *Umwandlung einer stillen Beteiligung an einer KG in eine Kommanditistenbeteiligung* ist Neubegründung eines Gesamthandsanteils und damit Eintritt im technischen Sinne (RdNr. 6). Geht die Umwandlung mit der Neugründung einer KG einher, so gelten die §§ 28, 171, 172 (vgl. RdNr. 11). 9

ee) Die Umwandlung einer BGB-Gesellschaft in eine KG ist gleichfalls kein Eintritt im technischen Sinne. Gleichwohl sollte hinsichtlich derjenigen Gesellschafter, die als Kommanditisten eingetragen werden, § 173 jedenfalls analog angewendet werden:[16] Diese Kommanditisten haften für Neuverbindlichkeiten nach §§ 171, 172. Für Altverbindlichkeiten haften sie neben der unbeschränkten, aber zeitlich begrenzten Nachhaftung (vgl. zur Nachhaftungsbegrenzung §§ 736 Abs. 2 BGB,[17] 160 HGB bzw. §§ 224, 237 UmwG) und über diese hinaus jedenfalls als Kommanditisten. Sie haften also, wenn die unbeschränkte Nachhaftung beendet ist, für die Altverbindlichkeiten wie für Neuverbindlichkeiten (vgl. auch RdNr. 14, 50). Im Fall des § 176, der heute als Haftungsprivileg zu begreifen ist (§ 176 RdNr. 2 f.), ist die unbeschränkte Nachhaftung ausgeschlossen, wenn dem Gläubiger die Eigenschaft des Gesellschafters als Kommanditist bekannt war (RdNr. 13). 10

3. Abgrenzung gegenüber anderen Haftungsfällen. a) § 28. Für den *„Eintritt eines Kommanditisten in das Geschäft eines Einzelkaufmanns"* gilt § 28.[18] Genau genommen gibt es einen solchen „Eintritt" in das Geschäft des Einzelkaufmanns nicht, vielmehr stellt sich 11

---

[14] Baumbach/*Hopt* RdNr. 8; Röhricht/v. Westphalen/*v. Gerkan/Haas* RdNr. 39; Oetker/*Oetker* RdNr. 14; Staub/*Schilling* RdNr. 18; **aM** *Wienberg* DB 1991, 722.

[15] Dazu Schlegelberger/*Karsten Schmidt* § 139 RdNr. 133 ff.; *Karsten Schmidt* BB 1989, 1702 ff.; *Herfs* DB 1991, 2121 ff.

[16] Schwankend (§ 173 oder allgemeiner Rechtsgedanke?) noch Schlegelberger/*Karsten Schmidt* RdNr. 13; wie hier jetzt E/B/J/S/*Strohn* RdNr. 3; **aM** für den Fall der Umwandlung einer GbR in eine KG Röhricht/v. Westphalen/*v. Gerkan/Haas* RdNr. 46.

[17] Insoweit wie hier Röhricht/v. Westphalen/*v. Gerkan/Haas* RdNr. 46.

[18] Baumbach/*Hopt* RdNr. 1; GK/*Fahse* RdNr. 3; Röhricht/v. Westphalen/*v. Gerkan/Haas* RdNr. 45; Staub/*Schilling* RdNr. 1; vgl. auch RGZ 142, 98, 101 zu § 130.

der in § 28 beschriebene Vorgang so dar, dass der Einzelkaufmann gemeinsam mit dem Kommanditisten eine KG gründet und sein Unternehmen in diese KG einbringt (§ 28 RdNr. 1 ff.). § 28 befasst sich nicht mit der Gesellschafterhaftung, sondern die Vorschrift sorgt dafür, dass die neu entstehende Gesellschaft haftet (RdNr. 1); die Haftung des Kommanditisten für die Verbindlichkeiten der Gesellschaft folgt dann unmittelbar aus §§ 171, 172, 176.[19] Auch der Fall, dass das Einzelunternehmen erst durch Hinzutritt des Kommanditisten zu einem kaufmännischen Unternehmen wird, ist weder ein unmittelbarer noch ein entsprechender Anwendungsfall des § 173, sondern ein Anwendungsfall des § 28 (vgl. § 28 RdNr. 8).[20]

12 **b) § 130.** Für die *Eintritt eines persönlich haftenden Gesellschafters* in eine bereits bestehende Kommanditgesellschaft gilt § 130 (§ 161 Abs. 2). Der neue Gesellschafter haftet für die vor seinem Eintritt begründeten Verbindlichkeiten in vollem Umfang nach §§ 128, 129 (im Einzelnen vgl. § 130 RdNr. 18). Dasselbe gilt, wenn ein Kommanditanteil in einen Komplementäranteil umgewandelt wird. Nicht unter § 173 fällt auch der *Erwerb einer Kommanditbeteiligung durch einen Komplementär* (hier geht die beschränkte Haftung in der unbeschränkten auf) und der *Erwerb einer Komplementärbeteiligung durch einen Kommanditisten* (dieser haftet nach § 130 dann unbeschränkt auch für die Altverbindlichkeiten). Schließlich fällt der *Erwerb aller Anteile* nicht unter § 173, weil dieser Vorgang zum Erlöschen der Gesellschaft führt (dazu vgl. § 105 RdNr. 24 und § 131 RdNr. 7). Der Gesellschafter haftet dann als Rechtsnachfolger nicht neben der Gesellschaft, sondern er haftet an Stelle der nicht mehr bestehenden Gesellschaft als deren Gesamtrechtsnachfolger.

13 **c) § 176.** Im Fall des **§ 176 Abs. 2** haftet der neu eingetretene Kommanditist für die vor seinem Beitritt begründeten Gesellschaftsverbindlichkeiten (Altverbindlichkeiten) nach § 173 (RdNr. 23, § 176 RdNr. 34). Die Eintragung eines nach *§ 176 Abs. 1 oder 2* bereits persönlich haftenden Kommanditisten in das Handelsregister ist als solche kein Eintritt iS von § 173. Der Fall ähnelt allerdings den bei RdNr. 9 und 10 behandelten Fällen: Ein solcher Kommanditist unterliegt für die vor seiner Eintragung begründeten Altverbindlichkeiten noch persönlich der unbeschränkten Haftung nach § 176, nach Ablauf der Enthaftungsfrist analog § 160 (§ 176 RdNr. 43) dagegen nur noch beschränkt nach §§ 171, 172, im Fall eines echten Neueintritts iVm § 173. Diese beschränkte Kommanditistenhaftung besteht auch nach der Beendigung der Haftung aus § 176 Abs. 1 (im Fall des Neueintritts § 176 Abs. 2) fort. Der Unterschied gegenüber den bei RdNr. 9 und 10 dargestellten Fällen besteht darin, dass der Kommanditist nach § 176 nur den auf unbeschränkte Haftung vertrauenden Gläubigern unbeschränkt (nach-)haftet (§ 176 RdNr. 1 f.).

II. Der Tatbestand des § 173: Voraussetzungen und Folgen

14 **1. Tatbestandsvoraussetzungen. a) Bestehende Personen-Handelsgesellschaft.** Eine bestehende Handelsgesellschaft wird vorausgesetzt, und zwar eine Handels-Personengesellschaft. Diese kann vor dem Eintritt eine *oHG oder* eine *KG* sein.[21] Ist die Gesellschaft bereits aufgelöst, aber noch nicht vollbeendet, so steht dies der Anwendung des § 173 nicht entgegen (vgl. aber zur Erbenhaftung RdNr. 44).[22] Nicht in Betracht kommt dagegen eine Kapitalgesellschaft (AG oder GmbH). Wenig geklärt ist dagegen, ob der *Beitritt zu einer Gesellschaft bürgerlichen Rechts* genügt. Der BGH bejaht heute, wie hier schon in der 1. Aufl.

---

[19] Näher *Karsten Schmidt* Handelsrecht § 8 III; hM; anders vereinzelt *Lieb,* FS Westermann, 1974, S. 323, der selbst §§ 130, 173 ablehnt.

[20] *Karsten Schmidt* (Fn. 19); **aM** mit unzutreffender Berufung auf RGZ 164, 115 noch GroßkommHGB/*Schilling* 3. Aufl. 1970, Anm. 8; unklar BGHZ 143, 314, 318 ff. = NJW 2000, 1193, 1194; dazu *Karsten Schmidt* NJW 2000, 1521 ff.

[21] AllgM; vgl. nur Baumbach/*Hopt* RdNr. 2; E/B/J/S/*Strohn* RdNr. 2; GK/*Fahse* RdNr. 3; Heymann/*Horn* RdNr. 2; Röhricht/v. Westphalen/*v. Gerkan/Haas* RdNr. 1a.

[22] Staub/*Schilling* RdNr. 1.

erwartet, entgegen seiner früheren Rechtsprechung[23] eine entsprechende Anwendung des § 130 auf den Beitritt eines Gesellschafters zu einer BGB-Außengesellschaft (dazu § 130 RdNr. 5).[24] Die Anwendung des § 173 würde dagegen voraussetzen, dass es bei der Gesellschaft bürgerlichen Rechts beschränkt haftende Gesellschafter geben kann, was nach dem BGH-Urteil vom 27. 9. 1999[25] zu verneinen ist. Die Kommanditistenhaftung nach § 173 ist aber auf diejenigen Fälle anzuwenden, in denen sich die Gesellschaft bürgerlichen Rechts im Zuge des Eintritts eines Neu-Kommanditisten durch Eintragung nach §§ 2, 3 bzw. vor allem nach § 105 Abs. 2 in eine handelsrechtliche KG umwandelt (RdNr. 10, 50).[26] Dann besteht die Personengesellschaft in neuer Rechtsform mit ihren Altverbindlichkeiten fort, und § 173 sorgt dafür, dass der neu hinzutretende Kommanditist für die Altverbindlichkeiten ebenso wie für Neuverbindlichkeiten nach §§ 171, 172 haftet (vgl. auch RdNr. 10). Wurde die Gesellschaft schon vor dem Beitritt des Neukommanditisten als Kommanditgesellschaft eingetragen oder wurde der Kommanditisteneintritt unter aufschiebender Bedingung auf den Tag der Eintragung vereinbart, so liegt ein unmittelbarer Anwendungsfall des § 173 vor. Wird eine kleingewerbliche und mangels Eintragung nicht kaufmännische Gesellschaft durch den Hinzutritt eines Kommanditisten automatisch zur vollgewerblichen KG nach §§ 1 Abs. 2, 161, so kommt hinsichtlich der Haftung auch § 176 in Betracht.

b) Eintritt als Kommanditist. Dieses Merkmal ist nach RdNr. 3 ff. weit zu begreifen. 15
Außer dem Eintritt im technischen Sinne fallen darunter auch diejenigen Fälle, in denen sich auf Grund Rechtsnachfolge oder auf Grund Umwandlung einer Gesellschaft in eine KG oder einer Beteiligung ein Neukommanditist in der Gesellschaft befindet (RdNr. 5 ff.). Jeder Neukommanditist haftet dann für die Altverbindlichkeiten (§ 173) wie für die Neuverbindlichkeiten (§§ 171, 172 und dazu näher RdNr. 17). Zur Frage, ob der Kommanditist für die zwischen seinem Eintritt und seiner Eintragung begründeten Verbindlichkeiten unbeschränkt haftet, vgl. § 176 RdNr. 38 ff.

c) Firmenfortführung nicht erforderlich. Auf die Beibehaltung der Firma kommt 16
es nicht an. Das leuchtet ein, denn die Identität von Unternehmen und Gesellschaft ist im Fall des § 173 ohne weiteres vorgegeben. Die charakteristischen Kontinuitätsprobleme der §§ 25, 28 (§ 25 RdNr. 40 ff., § 28 RdNr. 17 f.)[27] bestehen hier nicht. Die ratio legis ist eine ganz andere als der Normzweck dieser Bestimmungen (RdNr. 1).

2. Rechtsfolgen. a) Verweisung auf die §§ 171, 172. Der Neukommanditist haftet 17
für die Altverbindlichkeiten ebenso wie für die Neuverbindlichkeiten (RdNr. 2; dies unbeschadet einer etwaigen Nachhaftung aus vormaliger Komplementärposition). Für die Neuverbindlichkeiten ergibt sich dies unmittelbar aus den §§ 171, 172, für die Altverbindlichkeiten aus § 173. Der Kommanditist haftet, sofern nicht § 176 Abs. 1 eingreift, grundsätzlich nur bis zur Höhe der Haftsumme (§§ 171, 172 RdNr. 13 ff., RdNr. 21 ff.) und auch dies nicht mehr, soweit seine Einlage gedeckt, dh. eingezahlt (§§ 171, 172 RdNr. 41 ff.) und der Gesellschaft nicht wieder entzogen ist (§ 172 Abs. 4 und dazu RdNr. 21 sowie §§ 171, 172 RdNr. 62 ff.). Aus § 173 ergibt sich also nicht, dass der Eintretende im konkreten Fall haftet, sondern nur, dass er unter den Voraussetzungen der §§ 171 Abs. 1, 172 Abs. 4 haftet.[28] Einzelheiten werden nach Fallgruppen dargestellt (RdNr. 21 ff., 29 ff., 44 ff.).

---

[23] BGHZ 74, 240 = NJW 1979, 1821 = JuS 1979, 817 m. Anm. *Karsten Schmidt*; zust. noch Baumbach/*Hopt* 31. Aufl. RdNr. 3; *Ulmer* JZ 1980, 354 f.; *Wiesner* JuS 1981, 331; krit. *Wiedemann* JZ 1980, 196 f.

[24] Vgl. BGHZ 154, 370 = NJW 2003, 1803; BGH NZG 2006, 106 = ZIP 2006, 82; BGH NZG 2009, 779, 780, OLG Köln NZG 2010, 102; jetzt hM; vgl. bereits *Karsten Schmidt* GesR § 60 III 2 d; *ders.*, Gesellschaft bürgerlichen Rechts, in: Gutachten und Vorschläge zur Überarbeitung des Schuldrechts, Bd. III 1983, S. 496 f.; Schlegelberger/*Karsten Schmidt* RdNr. 14; zust. E/B/J/S/*Strohn* RdNr. 3.

[25] BGHZ 142, 315 = NJW 1999, 3483 = WM 1999, 2071 = ZIP 1999, 1755 m. Anm. *Altmeppen*; dazu *Dauner-Lieb* DStR 1999, 1992; *Ulmer* ZGR 2000, 339.

[26] Insoweit wie hier Baumbach/*Hopt* RdNr. 3; Röhricht/v. Westphalen/*v. Gerkan/Haas* RdNr. 46; Staub/*Habersack* § 130 RdNr. 5.

[27] *Karsten Schmidt* HandelsR § 8; *ders.* ZHR 145 (1981), 2 ff.

[28] Unrichtig deshalb *Kick* (S. 176), wonach § 173 nicht eingreifen soll, wenn die Einlage voll eingezahlt ist.

18 **b) Unabdingbarkeit.** Die Rechtsfolgen sind zwingend. Eine *entgegenstehende Vereinbarung* ist Dritten gegenüber nach **Abs. 2** ohne Wirkung. Die Haftung des Neukommanditisten für Altschulden kann daher nicht, wie die Haftung der Gesellschaft im Fall des § 28 Abs. 2 (und dort auch zum Vorteil der haftenden Gesellschafter!), durch Eintragung oder handelsübliche Bekanntmachung der entgegenstehenden Vereinbarung mit Wirkung gegen jedermann ausgeschlossen werden. Die Wirksamkeit einer den Beitretenden freistellenden Vereinbarung *im Innenverhältnis* wird durch Abs. 2 nicht berührt.[29] Es kann etwa dem eintretenden Kommanditisten zugesagt werden, dass andere als die im Beitrittsvertrag genannten Verbindlichkeiten nicht vorhanden sind oder im Innenverhältnis ausschließlich zu Lasten der schon vorhandenen Gesellschafter gehen sollen. Die bloße Freistellung geht in diesen Fällen über die sich aus § 110 ergebenden Freihaltungs- und Regressrechte des haftenden Gesellschafters hinaus und erfasst auch den Innenausgleich unter den Gesellschaftern (vgl. § 735 BGB). Eine *haftungsausschließende Abrede mit dem individuellen Gläubiger* hat dagegen Außenwirkung und wird durch Abs. 2 nicht gehindert (vgl. auch § 128 Satz 2 und dazu § 128 RdNr. 14).[30] Dafür genügt aber, wie Abs. 2 und ein Gegenschluss aus § 28 Abs. 2 zeigt, nicht schon die Mitteilung einer mit dem Neukommanditisten getroffenen Haftungsausschlussvereinbarung an den Gläubiger.

III. Eintritt im technischen Sinne

19 **1. Voraussetzungen. a) Aufnahme eines neuen Kommanditisten.** Grundfall des § 173 ist der **Eintritt eines Neugesellschafters** als Kommanditist (RdNr. 4). Er erfolgt regelmäßig durch Aufnahmevertrag mit allen schon vorhandenen Gesellschaften (näher § 105 RdNr. 206).[31] Der Kommanditist erwirbt damit auf originäre Weise einen vorher nicht vorhandenen Kommanditanteil. Der Komplementär, ein Organ der Gesellschaft (zB ein Beirat) oder ein Dritter kann zum Abschluss des Aufnahmevertrages im Namen aller Gesellschafter bevollmächtigt werden (§ 161 RdNr. 142).[32] Bei Publikumsgesellschaften lässt die Rechtsprechung auch eine Ermächtigung zu mit der Folge, dass der Ermächtigte den Aufnahmevertrag im eigenen Namen schließen kann.[33] Gehaftet wird auch im Fall eines fehlerhaften Eintritts (vgl. Erl. § 130, § 176 RdNr. 20),[34] ebenso beim Eintritt in eine fehlerhafte Gesellschaft.[35] Der Eintritt ist nach § 162 Abs. 3 zum **Handelsregister** anzumelden. Er wird spätestens mit der Eintragung des neuen Kommanditisten im Handelsregister wirksam. Ob er vorher wirksam wird, richtet sich ausschließlich nach den Vereinbarungen der Gesellschafter (RdNr. 22). Im Hinblick auf § 176 Abs. 2 empfiehlt es sich, den Eintritt im Außenverhältnis erst mit der Eintragung wirksam werden zu lassen (ggf. unter Vereinbarung einer sofort wirksamen stillen Beteiligung; vgl. § 176 RdNr. 30). Nicht anwendbar ist § 123 Abs. 2. Es gibt keine Regel, wonach der Kommanditist im Außenverhältnis als beigetreten gilt, sobald mit seiner Zustimmung die Geschäfte fortgesetzt werden.[36] Der aufschiebend bedingt oder befristet beitretende Kommanditist ist nämlich nicht imstande, die Fortsetzung der Geschäfte einstweilen zu verbieten, hat also nicht die Wahlmöglichkeit, von der § 123 Abs. 2 ausgeht (vgl. § 176 RdNr. 28). Nur wenn sich der

[29] Baumbach/*Hopt* RdNr. 9; GK/*Fahse* RdNr. 2; Staub/*Schilling* RdNr. 1; missverständlich Oetker/*Oetker* RdNr. 17 (der Begriff „relative Unwirksamkeit" ist rechtstechnisch besetzt).

[30] So jetzt auch *Oetker* RdNr. 18.

[31] RGZ 128, 170, 176; BGH BB 1976, 154 = DB 1976, 142 stRspr.; *Karsten Schmidt* GesR § 45 II 3 a; Baumbach/*Hopt* § 105 RdNr. 67; Heymann/*Emmerich* § 109 RdNr. 28; Heymann/*Horn* RdNr. 5; Staub/*Schilling* RdNr. 5.

[32] BGH BB 1976, 154 = DB 1976, 142 = JuS 1976, 260 m. Anm. *Karsten Schmidt*; Heymann/*Horn* RdNr. 5.

[33] BGH WM 1978, 136 = NJW 1978, 1000 = JuS 1978, 635 m. Anm. *Karsten Schmidt*; OLG Koblenz BB 1984, 1189; Baumbach/*Hopt* Anh. § 177 a RdNr. 57; Heymann/*Horn* RdNr. 5; Röhricht/v. Westphalen/*v. Gerkan/Haas* RdNr. 2.

[34] Vgl. BGHZ 4, 235, 237 f.; BGH ZIP 1988, 512, 513 f.; Baumbauch/*Hopt* RdNr. 4; *Oetker* RdNr. 7; Röhricht/ v. Westphalen/*v. Gerkan/Haas* RdNr. 3.

[35] Baumbach/*Hopt* RdNr. 4; HK-HGB/*Stuhlfelner* RdNr. 3.

[36] So allerdings früher GroßkommHGB/*Schilling* 3. Aufl. 1970, Anm. 12.

Beitretende bereits im Außenverhältnis als Kommanditist geriert, haftet er aus Rechtsschein, auch wenn der Beitritt noch nicht wirksam ist. Doch ist dies kein Fall des § 173 (vgl. RdNr. 22).

b) Auch bei simultanem Ein- und Austritt. Der gleichzeitige Austritt eines anderen Gesellschafters hindert nicht die Anwendung des § 173.[37] Tritt, was auch nach Anerkennung der Anteilsübertragung noch zulässig, wenn auch nicht ratsam ist (RdNr. 25), ein Altkommanditist mit Anwachsungsfolge (§ 738 Abs. 1 Satz 1 BGB) aus der Gesellschaft aus und wird ein Neukommanditist in die Gesellschaft aufgenommen, so ist der Neukommanditist nicht Rechtsnachfolger des Altkommanditisten. Es haftet der Neukommanditist nach §§ 173, 171 f. und daneben der Altkommanditist nach §§ 171 f.[38] Die Haftung des Altkommanditisten ist nach §§ 161 Abs. 2, 160 zeitlich begrenzt (vgl. §§ 171, 172, RdNr. 18). Es tritt eine **Verdoppelung der Haftsummen** ein (vgl. demgegenüber zur Anteilsabtretung RdNr. 24 ff.).[39] Wird die eingezahlte Einlage dem Neukommanditisten vom Konto des Anteilsveräußerers eingebucht – das wird der Regelfall sein – so kommt sie ihm haftungsrechtlich als iS von § 171 Abs. 1 geleistet zugute (§§ 171, 172 RdNr. 44).[40] Deshalb führt diese Konstellation meist nicht zur persönlichen Haftung des *Neu*kommanditisten nach §§ 173, 171 Abs. 1, sondern zur persönlichen Haftung des *Alt*kommanditisten nach §§ 172 Abs. 4 (§§ 171, 172 RdNr. 73).[41] Seitdem die **Übertragbarkeit des Kommanditanteils** anerkannt ist, ist diese Gestaltung selten (vgl. zur Abgrenzung RdNr. 25). Sie spielt aber, wie der Fall BGHZ 81, 82 ff. = NJW 1981, 2747 zeigt, eine erhebliche Rolle für die Vertrauenshaftung des Alt- und des Neukommanditisten, wenn der Vorgang nicht durch einen Nachfolgevermerk im Handelsregister kenntlich gemacht wird (dazu RdNr. 35 ff.). 20

2. Haftungsfolgen. a) Beschränkte Haftung für Altverbindlichkeiten. Der neu eingetretene Kommanditist haftet für alle vor seinem Eintritt begründeten Gesellschaftsschulden persönlich, aber beschränkt bis zu dem Betrag seiner Haftsumme (§§ 171, 172). Wegen der *Abgrenzung der vor dem Eintritt „begründeten" Verbindlichkeiten* vgl. § 130 RdNr. 14 und § 160 RdNr. 25.[42] Es geht um die *Altverbindlichkeiten der Gesellschaft.* Der neu eingetretene Kommanditist kann sich im Außenverhältnis nicht darauf berufen, dass er die Altschulden nicht gekannt hat.[43] Vorbehaltlich einer unbeschränkten Nachhaftung als Ex-Komplementär (RdNr. 9) oder nach § 176 Abs. 2 (RdNr. 23) haftet der Kommanditist nur, soweit seine Haftung nicht durch Einlageleistung abgetragen (§ 171 Abs. 1) und nicht durch Einlagenrückgewähr wieder aufgelebt ist (§ 172 Abs. 4). Weicht die Einlage („Pflichteinlage") von der Höhe der Haftsumme („Hafteinlage") ab (§§ 171, 172 RdNr. 22 f.), so bleibt die Haftsumme maßgebend, denn es geht um die Gesellschafterhaftung gegenüber den Gläubigern und nicht um die Einlageforderung der KG (§§ 171, 172 RdNr. 5). Im Insolvenzverfahren der KG gilt § 171 Abs. 2 (dazu §§ 171, 172 RdNr. 100 ff.). 21

b) Beginn der Haftung. Die Haftung des neu eintretenden Kommanditisten beginnt mit dem *Wirksamwerden des Eintritts.*[44] Das gilt für die Neuverbindlichkeiten (§§ 171, 172) ebenso wie für die Altverbindlichkeiten (§ 173). Dazu bedarf es keiner Erkennbarkeit des 22

---

[37] Röhricht/v. Westphalen/*v. Gerkan/Haas* RdNr. 4; Schlegelberger/*Karsten Schmidt* RdNr. 20; Staub/*Schilling* RdNr. 5; s. auch *E. Hüffer* S. 28 f.

[38] RG DNotZ 1944, 195, 196 f. = WM 1964, 1130, 1131 f.; BGHZ 81, 82, 87; BayObLG BB 1983, 334; *Weipert* DR 1943, 271.

[39] Westermann/*Scholz* (2009) RdNr. I 3045; Röhricht/v. Westphalen/*v. Gerkan/Haas* RdNr. 7; Schlegelberger/*Karsten Schmidt* RdNr. 20; Staub/*Schilling* RdNr. 5.

[40] Vgl. BGHZ 81, 82, 88 f.; *Karsten Schmidt* GesR § 54 IV 2; GK/*Fahse* RdNr. 18; Staub/*Schilling* RdNr. 9.

[41] Vgl. RGZ 162, 264, 268 f.; BGHZ 81, 82, 89; Westermann/*Scholz* (2009) RdNr. 2 3046; *U. Huber* Vermögensanteil S. 401 Fn. 16; *ders.* ZGR 1984, 148 f.; *Karsten Schmidt* GesR § 54 IV 2; *ders.*, Einlage und Haftung S. 108; Röhricht/v. Westphalen/*v. Gerkan/Haas* RdNr. 7; **aM** RG DNotZ 1944, 195, 199 = WM 1964, 1130, 1132; Westermann/*Scholz* (2009) RdNr. I 3046.

[42] Vgl. zur Identität der Begriffe BGH NZG 2006, 106 = ZIP 2006, 82, 83.

[43] Zust. Heymann/*Horn* RdNr. 4.

[44] Vgl. BGHZ 82, 212; Heymann/*Horn* RdNr. 3; Staub/*Schilling* RdNr. 3.

Kommanditistenbeitritts (RdNr. 19). Im Zweifel wird der Beitritt sofort mit dem Abschluss des Beitrittsvertrags wirksam.[45] Aber die Beitrittsvereinbarung kann aufschiebend bedingt oder betagt sein (vgl. auch § 176 RdNr. 29 ff.).[46] Dann haftet der Kommanditist vor Eintritt der Bedingung oder Zeitbestimmung nicht nach § 173, sondern allenfalls kraft Rechtsscheins (als Scheingesellschafter), wenn der Neukommanditist schon vor dem Wirksamwerden des Eintritts als Mitgesellschafter gegenüber Vertragspartnern in Erscheinung tritt.

23 **c) Verhältnis zu § 176 Abs. 2.** Ist der eintretende Kommanditist (vorerst) *nicht im Handelsregister eingetragen,* so greift für *Neuverbindlichkeiten § 176 Abs. 2* ein: Für die in der Zeit zwischen dem Wirksamwerden des Eintritts und dessen Eintragung in das Handelsregister begründeten Verbindlichkeiten haftet der Kommanditist unbeschränkt, es sei denn, seine Beteiligung als Kommanditist war dem Gläubiger bekannt (§ 176 RdNr. 32 f.).[47] *Für die Altverbindlichkeiten, die schon vor dem Beitritt begründet waren, bleibt es bei § 173* (vgl. § 176 RdNr. 34), denn § 176 Abs. 2 begründet eine Vertrauenshaftung für Neugläubiger und besagt nicht, dass der Beitretende mangels Eintragung als unbeschränkt haftender Neugesellschafter gemäß § 130 zu behandeln ist. Auch ohne Eintragung in das Handelsregister bestimmt sich die Höhe der Haftung für Altverbindlichkeiten nach der im Gesellschaftsvertrag vereinbarten Haftsumme. Ist jedoch ein höherer Betrag in handelsüblicher Weise kundgemacht, ist dieser Betrag bis zur Eintragung der Haftsumme im Handelsregister maßgebend (vgl. auch §§ 171, 172 RdNr. 30). Wird der Kommanditist erst nach dem Wirksamwerden des Beitritts eingetragen, so sind also hinsichtlich der Haftung des eingetretenen Kommanditisten drei Zeitabschnitte zu unterscheiden: Für die vor seinem Eintritt begründeten Verbindlichkeiten haftet er nach Maßgabe der §§ 171, 172, 173; für die in der Zeit zwischen seinem Eintritt und dessen Eintragung begründeten Verbindlichkeiten haftet er unter den Voraussetzungen des § 176 Abs. 1 unbeschränkt (§ 176 Abs. 2, vgl. darüber RdNr. 40 zu § 176). Für die nach Eintragung seines Eintritts begründeten Verbindlichkeiten haftet er nach §§ 171, 172 wiederum nur nach Maßgabe der nunmehr eingetragenen Haftsumme. Diese unausgewogene Haftungssituation lässt sich vermeiden, wenn der Kommanditistenbeitritt auf den Zeitpunkt der Eintragung verschoben wird (aufschiebende Bedingung; vgl. § 176 RdNr. 30). Dann haftet der Neukommanditist für alle Verbindlichkeiten beschränkt (§§ 171, 172, 173), und er haftet vor dem Wirksamwerden des Eintritts überhaupt nicht, sofern er nicht den Rechtsschein hervorruft oder duldet, er sei bereits Kommanditist (RdNr. 22).

IV. Sonderrechtsnachfolge durch Übertragung der Mitgliedschaft

24 **1. Übertragbarkeit und Durchführung der Übertragung. a) Anwendung des § 173.** Ein Fall des § 173 ist auch die Übertragung der Mitgliedschaft (vgl. RdNr. 7). Der Normzweck trifft auch diesen Fall. Die ältere Praxis und Literatur hielt die Mitgliedschaft in der Personengesellschaft und damit auch den Kommanditanteil für unübertragbar.[48] Nach dieser Ansicht konnte ein als Übertragung des Kommanditanteils gewolltes Geschäft nur als gleichzeitiger Aus- und Eintritt gedeutet werden.[49] Danach wäre § 173 für den Neukommanditisten ohne weiteres einschlägig, weil ein Eintritt im technischen Sinne vorläge (vgl. auch RdNr. 20).[50] Heute kann die Übertragbarkeit des Kommanditanteils als

[45] Röhricht/v. Westphalen/*v. Gerkan/Haas* RdNr. 2.

[46] HM; vgl. nur GK/*Fahse* RdNr. 4; Heymann/*Horn* RdNr. 4; teilweise anders *Koller* DB 1982, 2174.

[47] Vgl. auch Baumbach/*Hopt* RdNr. 7; *Koller*/Roth/Morck RdNr. 2.

[48] RGZ 83, 312, 314 f.; 128, 172, 176; KG JW 1934, 2699; Düringer/Hachenburg/*Flechtheim* § 130 Anm. 5, § 173 Anm. 2; s. auch noch *Pieper,* Vertragsübernahme und Vertragsbeitritt, 1963, S. 69 ff.; eingehende Darstellung der Rechtsentwicklung bei *U. Huber,* Vermögensanteil S. 354 ff; überholtes Verständnis des § 719 BGB noch bei *Oetker* RdNr. 19.

[49] Vgl. nur KG JW 1934, 2699; Düringer/Hachenburg/*Flechtheim* § 130 Anm. 5, 7; *Dietrich* DR 1943, 1201 ff.

[50] So in der Tat Düringer/Hachenburg/*Flechtheim* Anm. 7.

Mitgliedschaft als gesichert gelten (§ 161 RdNr. 42).[51] Die Übertragung bedarf lediglich der Zulassung im Gesellschaftsvertrag oder der Zustimmung der Mitgesellschafter (eingehend § 105 RdNr. 213).

b) Abgrenzung gegen Austritt-Eintritt-Lösung. Da die Übertragung der Mitgliedschaft an einer KG kein Eintritt im technischen Sinne ist (RdNr. 7), bedarf es der *Abgrenzung gegen den kombinierten Austritt und Eintritt von Gesellschaftern,* der heute noch als zulässig angesehen wird (RdNr. 20) und neben der Übertragung zur Wahl gestellt wird (§ 105 RdNr. 208).[52] Die von den Parteien gewählte Formulierung („Kommanditist A tritt aus, Kommanditist B tritt ein") ist nicht in jedem Fall maßgeblich, zumal selbst im Handelsregister häufig die Übertragung als Austritt und Eintritt bezeichnet wird (RdNr. 28). Im Zweifel wird man einen Übertragungsvorgang als gewollt ansehen müssen, wenn dem Kommanditistenwechsel eine Vereinbarung (und häufig auch eine Zahlung) zwischen dem Altkommanditisten und dem Neukommanditisten zugrunde liegt.[53] Melden die Beteiligten den Kommanditistenwechsel als Sonderrechtsnachfolge zur Eintragung in das Handelsregister an (zum Nachfolgevermerk vgl. RdNr. 26 ff.), so lässt dies den eindeutigen Rückschluss zu, dass eine Anteilsübertragung, also kein Eintritt im technischen Sinne gewollt ist.[54] Die **Verdeutlichung der Rechtsnachfolge im Handelsregister** ist für diese Vertragsauslegung eine **Auslegungshilfe** (vgl. RdNr. 27) und zur Abwehr einer Rechtsscheinhaftung schwer zu entbehren (RdNr. 35 ff.). Die hierfür von den Gerichten verlangte Nicht-Abfindungsversicherung (RdNr. 27) ist nicht Voraussetzung für den Übertragungstatbestand. Sie kann deshalb, solange die Gerichte diese Erklärung verlangen, nachgeholt und nachgereicht werden. 25

2. Eintragung des Kommanditistenwechsels. a) Eintragungspflichtige Tatsache. Der Kommanditistenwechsel ist *nicht bekanntmachungspflichtig* (neu gefasster § 162 Abs. 3), aber *eintragungspflichtig* (§ 162 RdNr. 10).[55] Eintragungspflichtig ist auch, dass der Kommanditistenwechsel nicht durch Austritt und Eintritt, sondern durch *Rechtsnachfolge* vonstatten ging.[56] Seit dem grundlegenden RG-Urteil vom 30. 9. 1944[57] verlangt deshalb die ganz hM die **Eintragung eines sog. Nachfolgevermerks im Handelsregister.**[58] Eingetragen wird nach §§ 107, 143, 162 Abs. 2 herkömmlich, dass der Altkommanditist „ausgetreten" und der Neukommanditist „eingetreten" ist, und diese Eintragung wird durch den Nachfolgevermerk („im Wege der Einzelrechtsnachfolge") ergänzt (RdNr. 28, § 162 RdNr. 16). Der Nachfolgevermerk kompensiert dann allerdings nur eine materiell unrichtige Registereintragung, denn es liegt im technischen Sinne kein Austritt und Eintritt vor (auch dazu RdNr. 28). Eine geläuterte registergerichtliche Praxis trägt zunehmend der Tatsache Rechnung, dass die Einzelrechtsnachfolge überhaupt kein Austritt und Eintritt ist (RdNr. 28). Wird die Rechtsnachfolge von vornherein richtig als Anteilsübertragung eingetragen, so bedarf es eines zusätzlichen Vermerks nicht. **§ 15** ist durch die *Änderung des § 162 im Jahr 2001* für **unanwendbar** erklärt (vgl. RdNr. 36 sowie §§ 171, 172 RdNr. 26, 26

[51] RG DNotZ 1944, 195 = WM 1964, 1130; BGHZ 13, 179, 185; 24, 106, 114; 44, 229, 231 = LM § 105 Nr. 21 m. Anm. *Fischer*; BGHZ 45, 221, 222; 81, 82, 84; *U. Huber,* Vermögensanteil S. 349 ff.; *Flume* Personengesellschaft § 17 II; *Karsten Schmidt* GesR § 45 III.

[52] Vgl. BGHZ 44, 229, 231; s. auch BGH JuS 1975, 251 f. m. Anm. *Karsten Schmidt; ders.* GesR § 54 IV.

[53] *Karsten Schmidt* GmbHR 1981, 254.

[54] *Karsten Schmidt* GmbHR 1981, 254.

[55] *Krafka/Willer/Kühn* Registerrecht 8. Aufl. RdNr. 736 ff.

[56] *Karsten Schmidt* GmbHR 1981, 254 f.; *Eckert* ZHR 147 (1983), 568; unrichtig unter fehlsamer Berufung auf BGHZ 81, 82 *Spindelhirn* DB 1983, 271; gegen ihn mit Recht *Jeschke* DB 1983, 541.

[57] DNotZ 1944, 195, 199 = WM 1964, 1030, 1033.

[58] RG DNotZ 1944, 195 = WM 1964, 1030; BGHZ 81, 82, 86 = NJW 1981, 2747; BGH NZG 2006, 15 = ZIP 2005, 2257; BayObLG DB 2000, 1908 = EWiR 2000, 869 *(Winkler);* OLG Rostock WM 2001, 1805, 1806 = WuB II G § 171 HGB 1.01 *(Ebbing)* = ZIP 2001, 1049; *U. Huber* Vermögensanteil S. 401; *ders.* ZGR 1984, 148, 159 f.; Baumbach/*Hopt* § 162 RdNr. 8; Röhricht/v. Westphalen/*v. Gerkan/Haas* RdNr. 10; *Karsten Schmidt* GmbHR 1981, 255; *Eckert* ZHR 147 (1983) 566 f.; *Jeschke* DB 1983, 541; vor dem RG bereits *Weipert* DR 1943, 274; *Donner* DR 1943, 973; unrichtig *Spindelhirn* DB 1983, 271; überholt als Vorinstanz zu RG DNotZ 1944, 195 = WM 1964, 1030: KG DNotZ 1943, 300.

s. auch § 15 RdNr. 30 *[Krebs]*; aM aber § 162 RdNr. 13 *[Grunewald]*). An der **Eintragungsbedürftigkeit der Rechtsnachfolge** ändert dies nichts (zweifelnd § 15 RdNr. 56 [*Krebs*]).[59]

27 **b) Bedeutung des Nachfolgevermerks.** Der Nachfolgevermerk ist von Bedeutung wegen der unterschiedlichen Haftungsfolgen der Rechtsnachfolge (RdNr. 29 ff.) gegenüber dem Austritt und Eintritt von Kommanditisten (RdNr. 20). In der Praxis hat er zu allererst **Beweisfunktion** (Rückschluss auf den Parteiwillen; vgl. RdNr. 25). In der älteren Praxis und Literatur wurde darüber hinaus angenommen, dass ohne diesen Vermerk jedenfalls im Außenverhältnis[60] die für den Austritt und Eintritt eines Gesellschafters (RdNr. 20) und nicht die für die Nachfolge in den Anteil geltenden Rechtsfolgen eintreten.[61] Die Eintragung des Nachfolgevermerks wurde also zur Tatbestandsvoraussetzung der besonderen Haftungsfolgen einer Anteilsübertragung erklärt. Das müsste zur Folge haben, dass der ausgeschiedene Kommanditist beim Fehlen eines Nachfolgevermerks gegenüber den Altgläubigern ohne Rücksicht auf deren Gutgläubigkeit nach § 172 Abs. 4 zu haften hätte.[62] Der Nachfolgevermerk ist aber keine solche Tatbestandsvoraussetzung, denn ob eine Anteilsübertragung oder ein Aus- und Eintritt vorliegt, bestimmt sich nach den Vereinbarungen der Beteiligten, für die der Nachfolgevermerk nur Auslegungshilfe ist (RdNr. 25). Seit BGHZ 81, 82, 86 f. = NJW 1981, 2747 sollte feststehen, dass der Nachfolgevermerk nur dazu dient, eine **Rechtsscheinhaftung** abzuwehren, deren Rechtsgrundlage (§ 15 Abs. 1 oder allgemeine Rechtsscheingrundsätze) allerdings seit der Neufassung des § 162 Abs. 2 umstritten ist (vgl. RdNr. 36).[63] Der Nachfolgevermerk wird von den Registergerichten nur eingetragen, *wenn mit der Anmeldung versichert wird, dem Altkommanditisten sei keinerlei Abfindung aus dem Gesellschaftsvermögen gewährt oder versprochen worden* (aM aber § 162 RdNr. 16 *[Grunewald]*).[64] Durch diese im Grunde überflüssige Versicherung soll klargestellt werden, dass es sich nicht doch um einen Austritt und Eintritt von Kommanditisten handelt (versichert wird also, dass die Anmeldung richtig und nicht falsch ist). Die Versicherung selbst ist nicht eintragungsfähig.[65] Seitdem auch für die Praxis feststeht, dass Zahlungen aus dem Komplementärvermögen an den Kommanditisten keine Einlagenrückerstattung sind (§§ 171, 172 RdNr. 71), bereitet der Nachfolgevermerk auch dann keine Schwierigkeiten mehr, wenn der Kommanditist seinen Anteil an einen Komplementär veräußert und hierfür ein Entgelt aus dem Komplementärvermögen erhält.[66] Allerdings lehnt die wohl hM in diesem Fall die Eintragung eines Nachfolgevermerks ab.[67] Damit verkennt sie ein Doppeltes: Erstens stellt der Nachfolgevermerk nur die sonst unrichtige Eintragung klar (RdNr. 28), und zweitens wird er für den Schutz des Veräußerers benötigt (RdNr. 36).

---

[59] BGH NJW-RR 2006, 107, 108 = ZIP 2005, 2257, 2258; OLG Köln NZG 2004, 416; OLG Hamm NZG 2005, 272; *Krafka/Willer/Kühn* Registerrecht 8. Aufl. RdNr. 748; E/B/J/S/*Strohn* RdNr. 18.

[60] RGZ 162, 264, 268.

[61] RGZ 162, 264, 268; RG DNotZ 1944, 195, 199 = WM 1964, 1130, 1133; *Nitschke,* Die körperschaftlich strukturierte Personengesellschaft, 1970, S. 383 f.; *H. Westermann* HdbPersG I (Stand 1978) RdNr. 936; GroßkommHGB/*Schilling* 3. Aufl. 1970, Anm. 28 unter Nr. 3; *Kellert* Rpfleger 1951, 437 f.; s. auch wieder *U. Huber* ZGR 1984, 157.

[62] Eingehende Kritik bei *v. Olshausen* GS Knobbe-Keuk, 1997, S. 253 ff.

[63] Westermann/*Scholz* (2009) RdNr. I 3048, 3062; GK/*Fahse* RdNr. 11 f.; Heymann/*Horn* RdNr. 11 f.; *Koller*/Roth/Morck §§ 171, 172 RdNr. 26; *Oetker* § 162 RdNr. 21; Schlegelberger/*Karsten Schmidt* RdNr. 27; *Karsten Schmidt* GmbHR 1981, 255; *ders.* DB 2011, 1149; *Eckert* ZHR 147 (1983), 567; s. auch *Jeschke* DB 1983, 542; eingehend *U. Huber* ZGR 1984, 152 ff. mit im Ergebnis aM S. 157.

[64] RG DNotZ 1944, 195, 200 = WM 1964, 1030, 1033; BGH NJW-RR 2006, 107 = ZIP 2005, 2257; OLG Köln DNotZ 1953, 435; NJW-RR 1992, 1389; OLG Oldenburg NJW-RR 1991, 292; OLG Zweibrücken DB 2000, 1908 = EWiR 2000, 869 *(Winkler);* LG München I Rpfleger 1990, 516 = NJW-RR 1991, 837; Röhricht/v. Westphalen/*v. Gerkan/Haas* § 162 RdNr. 15; *Ulrich* GmbHR 2006, 194; **aM** *Richert* NJW 1958, 1475; *Jeschke* DB 1983, 542; zweifelnd auch Staub/*Schilling* RdNr. 8.

[65] Baumbach/*Hopt* § 162 RdNr. 8 mit Hinweis auf BGHZ 81, 82, 87 f; *Oetker* § 162 Rdnr. 22.

[66] *Wolfsteiner* BB 1985, 1217; anders naturgemäß, wenn der Komplementär für Rechnung der Gesellschaft zahlt.

[67] BayObLG DB 1983, 348; OLG Köln OLGZ 1993, 291 = BB 1992, 1742 = NJW-RR 1992, 1389; Heymann/*Horn* RdNr. 14; Röhricht/v. Westphalen/*v. Gerkan/Haas* RdNr. 34; Staub/*Schilling* RdNr. 17.

c) Inhalt des Nachfolgevermerks. Durch den Nachfolgevermerk wird die Rechtsnachfolge offenkundig gemacht. Zweckmäßig sind Formulierungen wie: „Der Kommanditanteil des Kommanditisten A ist im Wege der Sonderrechtsnachfolge auf den Kommanditisten B übergegangen." Im Hinblick auf § 162 Abs. 3 in der bis 2001 geltenden Fassung hat sich jedoch eingebürgert, den Austritt des A und den Eintritt des B mit einem die Rechtsnachfolge klarstellenden Zusatz (Nachfolgezusatz) einzutragen.[68] Das ist eine Konzession an den Gesetzeswortlaut, die im Ergebnis hingenommen werden kann. Der Registerinhalt stellt die Rechtslage hinreichend klar, obwohl die Eintragung eines Aus- und Eintritts mit der Maßgabe, dies sei eine Rechtsnachfolge, ein Widerspruch in sich ist. Auf Dauer sollte sich die Praxis auf eine schlichte Eintragung der Rechtsnachfolge umstellen, denn es liegt eine historisch erklärliche Lücke der §§ 107, 143, 162 Abs. 3 vor, wo die Eintragung der Anteilsübertragung, weil seinerzeit nicht anerkannt, nicht geregelt ist (RdNr. 24, 26). 28

3. Haftungsfolgen bei richtiger Eintragung. Die Haftungsfolgen des Kommanditistenwechsels durch Übertragung der Mitgliedschaft ergeben sich aus dem Prinzip der Sonderrechtsnachfolge. Die für den Kommanditanteil geltende **Haftsumme** gilt nunmehr für den Rechtsnachfolger bzw. bei einer Mehrheit von Rechtsnachfolgern für jeden Rechtsnachfolger pro rata. War ein Rechtsnachfolger schon Kommanditist, so erhöht sich seine Haftsumme (zur automatischen Zusammenlegung der Anteile vgl. sinngemäß § 105 RdNr. 77).[69] Im Gegensatz zur Austritt-Eintritt-Lösung (RdNr. 20) hat die Anteilsübertragung vorbehaltlich einer Rechtsscheinhaftung (RdNr. 35 ff.) **keine Verdoppelung der Haftsumme** zur Folge. Solange die Kommanditeinlage gedeckt ist und bleibt, haftet weder der Veräußerer noch der Erwerber des Anteils (RdNr. 30). Wohl allerdings sind der Anteilsveräußerer (Altkommanditist) und der Anteilserwerber (Neukommanditist) gesamtschuldnerisch für die Einlagendeckung nach §§ 171 Abs. 1, 172 Abs. 4 verantwortlich (RdNr. 31, 33). Die **Haftung des Altkommanditisten** beschränkt sich auf Altverbindlichkeiten[70] und unterliegt der Nachhaftungsbegrenzung nach § 160 (§§ 171, 172 RdNr. 18). Der Nachfolgevermerk im Handelsregister (RdNr. 26 ff.) vermeidet zum Schutz des Anteilsveräußerers die Gefahr einer Rechtsscheinhaftung (RdNr. 35 ff.). 29

a) Übertragung eines haftungsfreien Anteils. Wird ein *voll eingezahlter Kommanditanteil* übertragen, für den die persönliche Haftung nach § 171 Abs. 1 durch Einlageleistung beseitigt und nicht nach § 172 Abs. 4 wieder aufgelebt ist, so haftet bei richtiger Eintragung weder der Altgesellschafter noch der Neugesellschafter persönlich.[71] Der Neugesellschafter haftet auch nicht nach § 176 Abs. 2 (sehr str.; vgl. § 176 RdNr. 26). Zur Frage einer nach § 172 Abs. 4 nachträglich auflebenden Haftung vgl. RdNr. 33. 30

b) Übertragung eines haftungsbefangenen Anteils. War die *Einlage im Zeitpunkt des Übergangs nicht oder nicht in einer für die Haftungsbeseitigung nach § 171 Abs. 1 HGB ausreichenden Höhe eingezahlt,* so haftet der Neukommanditist bis zur Höhe der Haftsumme für alle Gesellschaftsverbindlichkeiten (§§ 171, 173), und neben ihm haftet für die vor Anteilsübertragung begründeten Verbindlichkeiten der Gesellschaft (Altverbindlichkeiten vgl. § 160 Abs. 1 Satz 1; in Rechtsscheinfällen evtl. darüber hinaus) der Altkommanditist neben dem Neukommanditisten gesamtschuldnerisch nach § 171 Abs. 1.[72] Dasselbe gilt, *wenn die Einlage in diesem Zeitpunkt bereits mit haftungsschädlicher Wirkung* iS *von § 172 Abs. 4 zurückge-* 31

---

[68] *Krafka/Willer/Kühn* Registerrecht 8. Aufl. RdNr. 753; näher *Karsten Schmidt* GmbHR 1981, 255.

[69] OLG Rostock NJW-RR 2002, 244, 245; E/B/J/S/*Strohn* RdNr. 40.

[70] *Oetker* RdNr. 24.

[71] RG DNotZ 1944, 195, 199 = WM 1964, 1130, 1133; BGHZ 81, 82, 85 = NJW 1981, 2747; *U. Huber,* Vermögensanteil S. 399; Röhricht/v. Westphalen/*v. Gerkan/Haas* RdNr. 12; Staub/*Schilling* RdNr. 6; *Karsten Schmidt* GmbHR 1981, 256; *Adel* DStR 1994, 1584; grundlegend schon *Donner* DNotZ 1943, 292.

[72] RG DNotZ 1944, 195, 199 = WM 1964, 1130, 1133; BGHZ 81, 82, 85 = NJW 1981, 2747, 2748; *U. Huber,* Vermögensanteil S. 400; Westermann/*Scholz* (2009) RdNr. I 3051; Baumbach/*Hopt* RdNr. 11; Röhricht/v. Westphalen/*v. Gerkan/Haas* RdNr. 13; Staub/*Schilling* RdNr. 8; *Karsten Schmidt* GmbHR 1981, 256; **aM** *Michel* S. 84 ff. (Haftung nur des Anteilserwerbers).

währt war (zum Fall der Einlagenrückgewähr nach Anteilsübertragung vgl. RdNr. 33).[73] Es handelt sich dabei nicht um eine Verdoppelung der Haftsumme (RdNr. 20), sondern Alt- und Neugesellschafter haften gesamtschuldnerisch bis zur Höhe der für den Kommanditanteil maßgeblichen Haftsumme.[74] *Leistet in diesen Fällen der Neukommanditist die ausstehende Einlage,* so werden beide in dieser Höhe von der persönlichen Haftung befreit (RdNr. 32). Dasselbe gilt, wenn der Neukommanditist oder der Altkommanditist außerhalb eines Insolvenzverfahrens (vgl. § 171 Abs. 2) auf Grund der Haftung an einen Gläubiger leistet. Zur Nachhaftungsbegrenzung § 160 zugunsten des Altgesellschafters bei der Anteilsübertragung vgl. RdNr. 29.

32 **c) Leistung der Einlage.** Leistet der Neukommanditist als Anteilserwerber eine im Erwerbszeitpunkt noch ausstehende Einlage, so kommt diese Einlageleistung nach § 171 Abs. 1 auch dem Altkommanditisten als Anteilsveräußerer zugute.[75] Dazu genügt das Stehenbleiben der dem Neukommanditisten zukommenden Gewinnanteile (vgl. §§ 167 Abs. 2, 169 Abs. 1). Die gesamtschuldnerische Haftung beider (RdNr. 29) resultiert aus einem und demselben Kommanditanteil, ist also ausgeschlossen soweit die Kommanditeinlage im Gesellschaftsvermögen gedeckt ist. Das ist anders als bei der Austritt-Eintritt-Lösung (RdNr. 20).

33 **d) Haftung bei nachträglicher Einlagenrückgewähr.** Umstritten und außerordentlich zweifelhaft ist die Haftung nach § 172 Abs. 4, *wenn die Einlage nach dem Anteilserwerb haftungsbegründend an den Neukommanditisten zurückgezahlt wird.* **Nach der** traditionellen und wohl noch **überwiegenden Auffassung** lebt in diesem Fall **nicht nur** die **Haftung des Neukommanditisten, sondern auch** diejenige **des Altkommanditisten** nach § 172 Abs. 4 auf (summenmäßig beschränkte Gesamtschuld nach RdNr. 31).[76] Für die **hM** wurde bisher vor allem vorgetragen, dass sich der Gläubiger nicht gegen seinen Willen einen neuen Schuldner aufdrängen zu lassen braucht.[77] Neuerdings wird betont, dass der Gesetzgeber auch die potentielle Kommanditistenhaftung als eine schützenswerte Gläubigerposition ausgestaltet habe.[78] Nach einer **Gegenansicht** lebt nur die Haftung des die haftungsschädliche Leistung empfangenden Neukommanditisten auf.[79] Nur ihn trifft ja die unmittelbare Verantwortung für den haftungsschädlichen Vorgang. Praktisch bedeutet dies: Wer einen voll eingezahlten Kommanditanteil veräußert, ist jeder Nachhaftung ledig. Für **das österreichische Recht** hat der Gesetzgeber die Streitfrage im Sinne dieser Gegenauffassung entschieden (§ 172 Abs. 3 Satz 3 UGB und dazu §§ 171, 172 RdNr. 132). Für das deutsche Recht ist die Rechtslage weiterhin offen und überaus zweifelhaft.[80] Der *Verf.* hat früher die Gegenauffassung vertreten und dies damit begründet, dass – anders als bei der

[73] Westermann/*Scholz* (2009) RdNr. I 3051; Staub/*Schilling* RdNr. 8; *Karsten Schmidt* GmbHR 1981, 256.

[74] Schlegelberger/*Karsten Schmidt* RdNr. 31; *Richert* NJW 1958, 1474.

[75] RG DNotZ 1944, 195, 199 = WM 1964, 1130, 1133; OLG Rostock WM 2001, 1805 WuB II G § 171 HGB 1.01 *(Ebbing)* = ZIP 2001, 1049 (mit zweifelhafter Berufung auf § 366 BGB); *U. Huber,* Vermögensanteil S. 400; Westermann/*Scholz* (2009) RdNr. I 3052; Baumbach/*Hopt* RdNr. 11; Röhricht/v. Westphalen/*v. Gerkan/Haas* RdNr. 14; Schlegelberger/*Karsten Schmidt* RdNr. 32.

[76] RG DNotZ 1944, 195, 199 = WM 1964, 1130, 1133; BGH NJW 1976, 751, 752; *Flume* Personengesellschaft § 17 IV; *Kübler/Assmann* Gesellschaftsrecht § 8 III 4 c; *Karsten Schmidt* GesR § 54 IV 3 Fn. 102; *Nitschke,* Die körperschaftlich strukturierte Personengesellschaft, 1970, S. 387 ff.; Westermann/*Scholz* (2009) RdNr. I 3055; E/B/J/S/*Strohn* RdNr. 21; Heymann/*Horn* § 172 RdNr. 20; *Oetker* RdNr. 26; Staub/*Schilling* RdNr. 8; *v. Olshausen,* GS Knobbe-Keuk, 1997, S. 268 ff.; *Kellert* Rpfleger 1951, 438; *Weipert* DR 1943, 276; *Wienberg* DB 1992, 725; *Adel* DStR 1994, 1584.

[77] RG DNotZ 1944, 195, 199 = WM 1964, 1130, 1133; BGH NJW 1976, 751, 752; *Adel* DStR 1994, 1584.

[78] *v. Olshausen* GS Knobbe-Keuk, 1997, S. 269.

[79] *U. Huber,* Vermögensanteil S. 400; *E. Hüffer* S. 45 ff.; *Kirsch,* Einlageleistung und Einlagerückgewähr . . ., 1995, S. 183 ff.; *Andreas Meyer* S. 113 ff.; *Michels* S. 138 ff.; *ders.* ZGR 1993, 125 f.; *Karsten Schmidt,* Einlage und Haftung, S. 112; *ders.* GmbHR 1981, 257; Baumbach/*Hopt* RdNr. 12; Koller/Roth/*Morck* §§ 171, 172 RdNr. 26; Schlegelberger/*Karsten Schmidt* RdNr. 33; Straube/*Koppensteiner* § 172 RdNr. 10; *Richert* NJW 1958, 1474; *Gerken* Rpfleger 1988, 130; *Michel* ZGR 1993, 120 ff.

[80] Meinungsüberblick bei *Karsten Schmidt* GesR § 54 IV 3 Fn. 102.

Kombination von Austritt und Eintritt – nur noch der Neugesellschafter als Inhaber des Anteils für die Erhaltung des haftenden Kapitals in Höhe der Haftsumme verantwortlich sei.[81] Bei richtiger Eintragung und Bekanntmachung gehe die Verantwortung für die Erhaltung der Einlage endgültig auf den Nachfolger über. Anderes könne sich nur unter Rechtsscheingesichtspunkten ergeben (dazu RdNr. 35 ff.). Daran hat der *Verf.* aber in der vorliegenden Kommentierung nicht festgehalten.[82] Die Überlegung ist die folgende: Indem das HGB den Kommanditisten, anders als das GmbH-Gesetz (§ 30 GmbHG), bei ungedeckter Haftsumme einer Außenhaftung unterwirft (§§ 171 Abs. 1, 172 Abs. 4) und diese auch bei einem ausgeschiedenen Gesellschafter fortbestehen lässt (§§ 160 Abs. 1, 161 Abs. 2), schließt es die bisher vorgetragene Argumentation aus. Zwar entsteht nach § 172 Abs. 4 der Haftungsanspruch des Gläubigers mit der jeweiligen Auszahlung neu, und diese Auszahlung erfolgt in den hier diskutierten Fällen nur an den Neukommanditisten. Aber der Grund der Kommanditistenhaftung nach §§ 171 Abs. 1, 172 Abs. 4 ist nicht ein Haftungs*ereignis,* sondern eine Haftungs*lage:* Jeder nach §§ 171 Abs. 1, 172 Abs. 4 haftende Kommanditist muss jederzeit dafür einstehen, dass die Haftsumme durch seine Einlage im Gesellschaftsvermögen gedeckt, also eingezahlt (§ 171 Abs. 1) und nicht zurückgezahlt ist (§ 172 Abs. 4). Diese Haftungslage besteht nach §§ 160, 161 Abs. 2 auch für den ausgeschiedenen Kommanditisten für den Nachhaftungszeitraum fort. Im Gegensatz zur Austritt-Eintritt-Lösung führt zwar die Anteilsveräußerung nicht zu einer Verdoppelung der Haftsumme (RdNr. 29), wohl aber zu einer gesamtschuldnerischen Einstandspflicht des Altkommanditisten und des Neukommanditisten für die Deckung dieser Haftsumme (RdNr. 29), denn im Gegensatz zur Austritts-Eintritts-Lösung kann sich keiner der Beteiligten darauf berufen, die Kommanditeinlage des anderen gehe ihn nichts an. Es handelt sich um einen und denselben Kommanditanteil, also auch für beide Gesellschafter um eine und dieselbe Haftsumme. Die Deckung dieser Haftsumme kommt dem Altgesellschafter und dem Neugesellschafter zugute (RdNr. 30, 32). Die Nicht-Deckung schadet beiden (RdNr. 31). Wer als Altkommanditist für die Dauer von fünf Jahren (§ 160) unter das Haftungsregime der §§ 171 Abs. 1, 172 Abs. 4 gestellt bleibt, unterliegt der fortbestehenden Haftung aus dem Kommanditanteil, wenn entgegen den §§ 167, 169, 171 Abs. 1, 172 Abs. 4 die Haftsumme nicht mehr gedeckt ist. Die Einlagenrückgewähr an den Neukommanditisten lässt also die gesamtschuldnerische Haftung beider aufleben, weil beide nur unter den durch §§ 171 Abs. 1, 172 Abs. 4 markierten Voraussetzungen haftungsfrei sind. Dazu bedarf es nicht der Rechtskonstruktion einer besonderen „Gewährschaft" des Altkommanditisten gegenüber den Gläubigern für den Neukommanditisten.[83] Erst mit Ablauf der Nachhaftungsfrist (§ 160) endet die gesamtschuldnerische Haftung des Anteilsveräußerers neben dem Anteilserwerber. Der weniger wahrscheinliche Fall einer **Einlagenrückzahlung an den Veräußerer** (dieser Vorgang spricht eher für einen Austritt und gegen eine Anteilsveräußerung) lässt nach hM gleichfalls beide haften, weil die Haftsumme, auch für den Neukommanditisten, nicht mehr haftungsbefreiend gedeckt ist.[84] Die Zahlung eines Kaufpreises aus dem Vermögen des Anteilserwerbes ist keine Einlagenrückzahlung (§§ 171, 172 RdNr. 71).

e) Teil-Übertragung. Im Fall einer Teil-Übertragung des Kommanditanteils haftet der Anteilserwerber nach § 173 hinsichtlich der auf ihn entfallenden Haftsumme, soweit die Haftsumme nicht in dem von ihm erworbenen Kapitalanteil gedeckt ist. Der Altgesellschafter haftet für Neuverbindlichkeiten nur noch nach Maßgabe der ihm verbliebenen Haft- 34

[81] *Karsten Schmidt,* Einlage und Haftung, S. 112; *ders.* GmbHR 1981, 257; Schlegelberger/*Karsten Schmidt* RdNr. 33; vgl. auch Baumbach/*Hopt* RdNr. 12: Übergang der Finanzierungsverantwortung.

[82] So hier schon die 1. Aufl. 2002 RdNr. 33.

[83] Für eine solche „Gewährschaft" Heymann/*Horn* § 172 RdNr. 20; *Nitschke,* Die körperschaftlich strukturierte Personengesellschaft, 1970, S. 388 f.; dagegen *Michel* ZGR 1993, 122 f.

[84] *Karsten Schmidt* GesR § 54 IV 3; E/B/J/S/*Strohn* RdNr. 15; 20; Heymann/*Horn* RdNr. 20; Röhricht/v. Westphalen/*v. Gerkan/Haas* RdNr. 16; *Michel* ZGR 1993, 126 ff.; vgl. aber HK-HGB/*Stuhlfelner* RdNr. 4 aE; **aM** jetzt Baumbach/*Hopt* RdNr. 12; für Subsidiarität der Erwerberhaftung *Michel* KTS 1991, 79 ff.

summe. Für Altverbindlichkeiten bleibt es zwar bei der bisherigen Haftsumme, aber der Teil-Veräußerer haftet in dieser Höhe nur noch zeitlich begrenzt (§§ 160, 161 Abs. 2), und er haftet auch nur, soweit die Haftsumme nicht durch sein Kapitalkonto und das Konto des Erwerbers gedeckt ist (vgl. sinngemäß RdNr. 31, 33). Auch dies setzt aber die Eintragung des Vorgangs als Rechtsnachfolge (RdNr. 27) voraus. Anderenfalls haftet der Veräußerer nach Maßgabe seiner ursprünglichen Haftsumme, soweit diese nicht in dem ihm verbliebenen Kapitalanteil gedeckt ist.[85] Diese Haftung wird teilweise mit § 174 begründet (dazu aber §§ 174, 175 RdNr. 3). Richtigerweise ist sie, da ein Fall des § 174 nicht vorliegt, nur als Rechtsscheinhaftung begründbar und unterliegt deshalb den bei RdNr. 36 dargestellten Schranken.

35 **4. Haftungsfolgen bei unrichtiger Registerlage.** Die Haftungsfolgen bei fehlerhafter Eintragung (Bekanntmachung) sind kompliziert und z. T. umstritten. Es geht darum, inwieweit sich die in RdNr. 29 ff. geschilderte Haftungssituation zum Nachteil des Neukommanditisten oder des Altkommanditisten oder beider verschärft, wenn die Eintragung des Gesellschafterwechsels oder die Bekanntmachung Fehler aufweist. Objektiv bleibt es dabei, dass trotz der unrichtigen Eintragung und Bekanntmachung eine Einzelnachfolge und nicht der Beitritt eines zusätzlichen Kommanditisten vorliegt (RdNr. 27). Im Gegensatz zur Austritt-Eintritt-Lösung (RdNr. 20) tritt also keine Verdoppelung der Haftsumme ein (RdNr. 29). In Betracht kommt jedoch eine Rechtsscheinhaftung. Als Grundlage galt bis § 2001 § 15 Abs. 1 (krit. aber schon die 1. Aufl. bei § 15 RdNr. 48). Seit der **Neufassung des § 162 Abs. 2 im Jahr 2001** ist die weitere Anwendbarkeit des § 15 umstritten (vgl. einerseits § 162 RdNr. 13 *[Grunewald]*; andererseits §§ 171, 172 RdNr. 26, 30 *[Karsten Schmidt]*, § 15 RdNr. 30, 56 *[Krebs]*. Der **Wortlaut des § 162 Abs. 2** spricht klar gegen jede Anwendung des § 15 (vgl. für § 15 Abs. 3 §§ 171, 172 RdNr. 26). Der von § 32 Abs. 2 abweichende Wortlaut („insoweit") beruht lediglich darauf, dass § 15 nur für § 162 Abs. 2 ausgeschlossen wird. Auch **§ 15 Abs. 1** ist vom Gesetzeswortlaut nicht mehr erfasst, also durch § 162 ausgeschlossen.[86] Doch ist die Frage umstritten. Die weithin vertretene Gegenansicht liest § 162 Abs. 2 in dem Sinne, dass die Bestimmung die Anwendung des § 15 Abs. 1 bloß auf die Eintragung (nicht auf die Bekanntmachung) anordnet.[87]

36 **a) Fehlen des Nachfolgevermerks.** Sind der „Austritt" des Altkommanditisten und der „Eintritt" des Neukommanditisten eingetragen und bekannt gemacht, dies aber *ohne Nachfolgevermerk,* so ändert sich nichts daran, dass objektiv eine Rechtsnachfolge vorliegt (vgl. RdNr. 27). Die Auffassung, nach der in diesem Fall dem Neukommanditisten nach § 15 Abs. 1 jede Berufung auf die Umbuchung des eingezahlten Anteils versagt sei, war bereits vor des Änderung des § 162 Abs. 2 überholt (RdNr. 27). Objektiv liegt eine Anteilsübertragung vor, bei der die geleistete Einlage dem Neukommanditisten zugute kommt (RdNr. 30, 32), und hieran ändert auch § 15 Abs. 1 nichts, denn die Einbringung der Einlage ist keine eintragungsfähige oder gar eintragungspflichtige Tatsache.[88] Aber die Rechtsnachfolge ist ihrerseits eine eintragungsbedürftige Tatsache (RdNr. 26). Fehlen Eintragung und Bekanntmachung, so konnte gegenüber gutgläubigen Neugläubigern **bis zur Neufassung des § 162 Abs. 2** der Tatbestand des **§ 15 Abs. 1** eingreifen.[89] Ihnen gegen-

---

[85] Vgl. Heymann/*Horn* RdNr. 17.

[86] Vgl. *Karsten Schmidt* ZIP 2001, 218; *ders.* DB 2011, 1149, 1151; zust. Westermann/*Scholz* (2009) RdNr. I 3062; *Mattheus/Schwab* ZGR 2008, 65, 84; gegen Anwendung des § 15 Abs. 1 bereits *U. Huber* ZGR 1984, 154 ff.; unklar Baumbach/*Hopt* § 162 RdNr. 5 (gegen § 15 Abs. 1) und ebd. § 173 RdNr. 15.

[87] E/B/J/S/*Strohn* RdNr. 18; Koller/*Roth*/Morck § 15 RdNr. 5; *Koller*/Roth/Morck § 162 RdNr. 2; *Oetker* § 162 RdNr. 16; *Burgard* FS Hadding, 2004, S. 1210, 1212; *Grunewald* ZGR 2003, 541, 544 ff.; *Kindler* JuS 2004, 849, 851; *Paul* MDR 2004, 849, 851; *Chr. Schmidt/Bierly* NJW 2004, 1210, 1212; *Wilhelm* DB 2002, 1979 ff.; unentschieden *Friedl* DStR 2008, 510 ff.

[88] BGHZ 81, 82, 87; Staub/*Hüffer* § 15 Anm. 16; *Karsten Schmidt* GmbHR 1981, 257 f.; s. auch *Eckert* ZHR 147 (1983), 570; s. aber *U. Huber* ZGR 1984, 156.

[89] BGHZ 81, 82; OLG Köln NJW-RR 1992, 1389, 1390; OLG Oldenburg DB 1990, 1909; Baumbach/*Hopt* RdNr. 15; E/B/J/S/*Strohn* RdNr. 24; Heymann/*Horn* RdNr. 11; Schlegelberger/*Karsten Schmidt* RdNr. 36; *Adel* DStR 1994, 1584; hM; vgl. aber auch *v. Olshausen,* GS Knobbe-Keuk, 1997, S. 262 ff.

über darf sich der Altgesellschafter nach BGHZ 81, 82, 89 nicht mehr auf die nur noch dem Neukommanditisten zugute kommende Einlageleistung berufen.[90] Unter den näheren Voraussetzungen des § 15 Abs. 1 sollte ihn also im Verhältnis zu den Altgläubigern die Rechtsscheinhaftung nach §§ 15 Abs. 1, 171 Abs. 1 treffen.[91] Bei BGHZ 81, 82, 89 wird diese Haftung auf eine entsprechende Anwendung des § 172 Abs. 4 gestützt, weshalb bezweifelt wird, ob es noch zusätzlich der Voraussetzungen des § 15 Abs. 1 bedarf.[92] Aus der Begründung des BGH wurde schon vor der Änderung des § 162 Abs. 2 zT ein Gegensatz zwischen § 172 Abs. 4 und § 15 Abs. 1 herausgelesen.[93] *Ulrich Huber* ZGR 1984, 154 ff. will diese Haftung nicht auf Rechtsscheinfälle begrenzt wissen, sondern entnimmt den Ausführungen bei BGHZ 81, 82, 88 f. folgenden vom Rechtsschein unabhängigen, in Ergänzung zu § 172 Abs. 4 zu entwickelnden Rechtssatz: „Die Einlage gilt den Gläubigern gegenüber auch dann als nicht geleistet, wenn der Kommanditist seinen Anteil an einen Dritten abtritt, es sei denn, die Tatsache der Rechtsnachfolge ist im Handelsregister eingetragen." Das läuft im Ergebnis auf die hier bei RdNr. 27 abgelehnte, von einem Rechtsschein unabhängige Haftung hinaus. Die Vorfrage jedoch, ob überhaupt die Haftsumme vom Altkommanditisten und vom Neukommanditisten, also zweimal, gedeckt sein muss (RdNr. 20), hat nichts mit § 172 Abs. 4 zu tun, denn bei richtiger Eintragung des Vorgangs als Anteilsübertragung braucht die Haftsumme nur einmal gedeckt zu sein (RdNr. 29, 30). Ob der Vorgang statt als Anteilsübertragung als Austritt und Eintritt zu behandeln ist (RdNr. 25), war nach dem bis 2001 geltenden Recht eine Frage des § 15 Abs. 1.[94] Seit der gesetzestechnisch misslungenen **Änderung des § 162 im Jahr 2001** (vgl. RdNr. 26 sowie §§ 171, 172 RdNr. 26) ist die weitere **Anwendbarkeit des § 15 Abs. 1 umstritten** (vgl. **RdNr. 35**; für Anwendbarkeit aber *Grunewald* § 162 RdNr. 13). Nach dem Gesetzeswortlaut und nach der gesetzgeberischen Absicht wird man die Haftung nicht mehr auf § 15 Abs. 1 stützen können (wie hier § 15 RdNr. 30 [*Krebs*]; aM § 162 RdNr. 13 *[Grunewald]*), sondern nur *auf allgemeine Rechtsscheingrundsätze*, für die allerdings die Eintragung im Handelsregister und die Kenntnis des Gläubigers relevant bleiben (unentschieden BGH NJW-RR 2006, 107, 108 = ZIP 2005, 2257, 2258).[95] Die vielfach vertretene Gegenmeinung, die § 15 Abs. 1 nur bezüglich der Bekanntmachung („insoweit") ausschließen will, ist ein mit dem auf die Bekanntmachung bezogenen Konzept der Bestimmung unvereinbarer Rettungsversuch. Das aber bedeutet: Gegenüber den Neugläubigern, deren Forderungen nach Eintragung des Austritts begründet wurden, haftet der Anteilsveräußerer vorbehaltlich individuellen Rechtsscheinschutzes (der Anteilsveräußerer hat Grund zum Vertrauen gegeben) nicht. Gegenüber den Altgläubigern haftet er nur, soweit sie im Vertrauen auf die Haftung des Anteilsveräußerers „disponiert", also zB Ansprüche nicht geltend gemacht haben (§ 15 RdNr. 56; str.).[96] **Auch rechtspolitisch** ist die Vermeidung einer durch konkretes Vertrauen der Gläubiger nicht gestützten Verdoppelung der Haftsumme vorzugswürdig.[97]

b) Nichteintragung der Anteilsveräußerung. Ist der *„Austritt" des Altkommanditisten überhaupt nicht eingetragen,* so konnte sich der Altkommanditist gemäß der bis 2001 gelten- 37

[90] So auch Baumbach/*Hopt* RdNr. 13; Schlegelberger/*Karsten Schmidt* RdNr. 36; Staub/*Schilling* 4. Aufl. RdNr. 9; anders noch *Weipert* DR 1943, 275; *ders.* in GroßkommHGB, 2. Aufl., Anm. 24; *Kornblum* Haftung S. 241; GroßkommHGB/*Schilling,* 3. Aufl. 1970, Anm. 27; folgerichtig auch *Dietrich* DR 1943, 1203.

[91] E/B/J/S/*Strohn* RdNr. 24; *Koller*/Roth/Morck §§ 171, 172 RdNr. 26; Schlegelberger/*Karsten Schmidt* RdNr. 35; Staub/*Schilling* RdNr. 9; *Karsten Schmidt* GesR § 54 IV 3; *ders.* GmbHR 1981, 258; *Eckert* ZHR 147 (1983), 571; *Wienberg* DB 1992, 726; *Adel* DStR 1994, 1584.

[92] Krit. Staub/*Schilling* RdNr. 9.

[93] Röhricht/v. Westphalen/*v. Gerkan/Haas* RdNr. 18 (für § 172 Abs. 4); Staub/*Schilling* RdNr. 9 (für § 15 Abs. 1).

[94] **AM** *U. Huber* ZGR 1984, 159.

[95] *Karsten Schmidt* ZIP 2002, 417 f.; nur teilweise übereinstimmend Baumbach/*Hopt* RdNr. 13 (§ 15 ausgeschlossen, aber Haftung nicht nur bei Rechtsschein); **anders hM.**

[96] Dazu auch *v. Olshausen,* GS Knobbe-Keuk, 1997, S. 266; *Karsten Schmidt* ZIP 2002, 418; *ders.* DB 2011, 1149, 1150.

[97] Zusammenfassend *Karsten Schmidt* DB 2011, 1149, 1153 ff.

den Rechtslage gegenüber Gutgläubigen nach § 15 Abs. 1 nicht darauf berufen, er sei nicht mehr Gesellschafter; gleichzeitig konnte nach dem soeben Ausgeführten die Einlage ihm nicht mehr haftungsbefreiend zugute kommen, weil diese Einlage nunmehr objektiv dem Neukommanditisten zugerechnet wird.[98] Da § 172 Abs. 4 auf diesen Fall jedenfalls analog anzuwenden ist (so der BGH), lebt im Verhältnis zu den durch Rechtsschein Geschützten die persönliche Kommanditistenhaftung des Altkommanditisten wieder auf.[99] § 15 Abs. 1 konnte hier auch die Neugläubiger schützen.[100] Altgläubiger waren nur unter den Voraussetzungen des § 15 Abs. 1 geschützt, denn eine vom Rechtsschein unabhängige Verdoppelung der zu deckenden Haftsumme ergibt sich aus dem Eintragungsfehler nicht (RdNr. 27, 36).[101] Im Gegensatz zum Fall des bloß fehlenden Nachfolgevermerks wird aber ein abstrakt kausales Vertrauen auch der Altgläubiger anzuerkennen sein. Seit § 15 durch die **Neufassung des § 162 Abs. 2 im Jahr 2001** für unanwendbar erklärt worden ist, wird man den Gläubigerschutz statt auf § 15 Abs. 1 auf allgemeine Vertrauensschutzgrundsätze zu stützen haben (str., vgl. sinngemäß RdNr. 36).

38 **c) Nichteintragung des Anteilserwerbs.** Ist der *„Eintritt" des Neukommanditisten nicht eingetragen,* so ist dies kein Fall des § 176 Abs. 2, weil Rechtsnachfolge vorliegt (str.; vgl. § 176 RdNr. 26).[102] Der Neukommanditist haftet nach § 173, und seine Haftung ist ausgeschlossen, soweit die Einlage gedeckt ist (RdNr. 30). Fehlt gleichzeitig die Eintragung, dass der Altkommanditist auf Grund Einzelrechtsnachfolge „ausgeschieden" ist (dies wird der Regelfall sein!), so haftet der Altgesellschafter nach den soeben unter RdNr. 37 geschilderten Grundsätzen.[103]

39 **d) Fehlen jeglicher Eintragung.** *Fehlt jegliche Eintragung und Bekanntmachung,* so bleibt es dabei, dass dem objektiven Sachverhalt nach eine Anteilsübertragung vorliegen kann. Der Neukommanditist haftet auch hier beschränkt nach § 173, dagegen nicht unbeschränkt nach § 176 Abs. 2 (str.; vgl. § 176 RdNr. 26). Der Altkommanditist unterliegt der bei RdNr. 37 geschilderten Vertrauenshaftung (vgl. RdNr. 38).

V. Gesamtrechtsnachfolge, insbesondere Erbgang

40 **1. Anwendung des § 173. a) Gesamtrechtsnachfolge als „Eintritt".** Die Gesamtrechtsnachfolge ist Eintritt iS von § 173 (vgl. RdNr. 8). Das gilt nicht nur für die Nachfolge von Todes wegen, sondern zB auch für die Gesamtrechtsnachfolge in Fällen der Verschmelzung oder Spaltung einer Gesellschaft, die als Kommanditistin beteiligt war (§§ 20, 131 UmwG) sowie beim Anfall des Vermögens (und damit auch des Kommanditanteils) einer als Kommanditistin beteiligten Personengesellschaft an den letztverbleibenden Gesellschafter (auch hierzu vgl. RdNr. 8). In all diesen Fällen erstreckt sich die Kommanditistenhaftung des Gesamtrechtsnachfolgers nach § 173 auf die Altverbindlichkeiten der Gesellschaft.

[98] Diese Überlegung hat Erstaunen hervorgerufen, weil sich doch Altkommanditist und Neukommanditist von den Gesellschaftsgläubigern den „tatsächlichen Inhalt des Handelsregisters" entgegenhalten lassen müssten und § 15 HGB „umfassenden Vertrauensschutz" gewähre, der nicht auf „einzelne Teilaspekte eines Rechtsverhältnisses beschränkt" sei (*E. Hüffer* S. 59). Diese Kritik hängt mit der hartnäckigen Annahme eines Gläubiger-„Wahlrechts" bei § 15 Abs. 1 (dazu § 15 RdNr. 53) und mit der Kritik an der angeblichen „Rosinentheorie des BGH" (dazu § 15 RdNr. 54) zusammen. Nach der Lehre vom „Wahlrecht" müssten die Gläubiger nun die „Wahl" treffen, ob sie den Altkommanditisten oder den Neukommanditisten als Gesellschafter ansehen wollen und müssten sich jedes Mal entgegenhalten lassen, dass die Einlage eingezahlt ist. Aber die Kritik an der „Rosinentheorie" ist unbegründet (*Karsten Schmidt* HandelsR § 14 II 4). Der Anteilserwerber ist Kommanditist, und ihm kommt die jetzt von ihm gehaltene Einlage zugute; der Anteilsveräußerer wird nur nach § 15 Abs. 1 wie ein Kommanditist behandelt und hält eben objektiv keine haftungsbeschränkende Einlage mehr im Gesellschaftsvermögen.

[99] BGHZ 81, 82, 89 = NJW 1981, 2747; Baumbach/*Hopt* § 172 RdNr. 4; Röhricht/v. Westphalen/*v. Gerkan/Haas* RdNr. 19; *Karsten Schmidt* GmbHR 1981, 258; im Ergebnis auch schon RGZ 162, 264, 268.

[100] *U. Huber* ZGR 1984, 158.

[101] **AM** *U. Huber* ZGR 1984, 158.

[102] *Karsten Schmidt* GmbHR 1981, 258 f.: auch keine kombinierte Vertrauenshaftung aus §§ 15 Abs. 1, 176 Abs. 2.

[103] *Karsten Schmidt* GmbHR 1981, 259; s. auch Röhricht/v. Westphalen/*v. Gerkan/Haas* RdNr. 20.

Für Neuverbindlichkeiten haftet der Gesamtrechtsnachfolger ohne weiteres nach §§ 171, 172. Soweit der Altkommanditanteil durch die Gesamtrechtsnachfolge nicht erlischt (möglich ist dies in Fällen der Spaltung nach §§ 123 ff. UmwG), haftet er neben dem Gesamtrechtsnachfolger weiter (§ 133 Abs. 1 UmwG), jedoch mit einer fünfjährigen Enthaftungsfrist (§ 133 Abs. 3 UmwG).

b) Nachfolge von Todes wegen. Eintritt kraft Gesamtrechtsnachfolge liegt vor, wenn 41
ein Erbe oder alle Miterben oder einer von mehreren Erben nach § 177 oder kraft Nachfolgeklausel oder kraft qualifizierter Nachfolgeklausel berufen ist (dazu vgl. eingehend § 139 RdNr. 11 ff.). Trotz der in ständiger Rechtsprechung des BGH angenommenen „Sondernachfolge" (vgl. § 177 RdNr. 15 ff.), liegt eine Rechtsnachfolge von Todes wegen nach § 1922 BGB vor. Keine Rechtsnachfolge von Todes wegen, sondern Erwerb des Kommanditanteils unter Lebenden liegt vor, wenn ein Kommanditanteil von den Erben auf einen *Vermächtnisnehmer* übertragen wird (RdNr. 48). Nur für den Erben (die Erben) die bei RdNr. 44 ff. dargestellten Grundsätze. Die Erben haften nach § 173. Der Vermächtnisnehmer erwirbt den Kommanditanteil von den Erben im Wege der Einzelnachfolge. Auch dieser Vorgang fällt aber unter den untechnischen Eintrittsbegriff des § 173 (RdNr. 7). Wird ein Kommanditanteil aus dem Nachlass auf einen Vermächtnisnehmer übertragen, so ist dies im Handelsregister als Einzelrechtsnachfolge zu kennzeichnen.[104]

c) Eintrittsklausel. Im Fall einer Eintrittsklausel (dazu § 139 RdNr. 25 ff.) liegen die 42
Dinge komplizierter. Die Eintrittsklausel im Gesellschaftsvertrag versteht sich idR als Ausschließungs- oder „Fortsetzungsklausel" (§ 736 BGB, § 138 HGB aF), verbunden mit einem schuldrechtlichen Anspruch des Begünstigten auf Eintritt in die Gesellschaft. Der Anteil geht im Todeszeitpunkt nicht auf den oder die Erben über, sondern er wächst zunächst nach § 738 Abs. 1 Satz 1 BGB den noch lebenden Mitgesellschaftern an. Der durch eine Eintrittsklausel Begünstigte erhält nur einen schuldrechtlichen Eintrittsanspruch. Tritt er der Gesellschaft als Kommanditist bei, so ist dies ein klarer Anwendungsfall des § 173.[105] Der Eintretende haftet also, soweit nicht für eine Deckung der Haftsumme im Gesellschaftsvermögen (zB im Wege der Einbuchung zu Lasten der Erben auf Grund eines Vorausvermächtnisses) gesorgt wird.

d) Aufgelöste Gesellschaft. War die Gesellschaft bereits im Zeitpunkt des Erbfalls 43
aufgelöst, so greift § 173 nach hM nicht zu Lasten des Erben ein.[106] Der Erbe eines Kommanditisten haftet dann nach dieser hM nur nach erbrechtlichen Grundsätzen und damit auch mit den erbrechtlichen Beschränkungsmöglichkeiten. Diese hM ist nicht unzweifelhaft, aber sie passt zu der (ihrerseits zweifelhaften) Wertung des § 159 Abs. 1, wonach sich schon mit der Auflösung der Gesellschaft deren Haftungsstatus ändern soll (dazu krit. Erl. § 159).

2. Haftung der Kommanditisten-Erben. a) Alleinerbe. Handelt es sich um einen 44
Alleinerben, der durch Nachfolgeklausel berufen ist, so unterliegt dieser Erbe hinsichtlich der Altverbindlichkeiten einer **doppelten Haftung:** der *Erbenhaftung für Haftungsverbindlichkeiten des Erblassers aus §§ 1967 BGB, 171 f. HGB* (wenn der Erblasser nicht eingetragen war: § 176) und der *Eigenhaftung nach §§ 173, 171 f.* (wenn der Erblasser nicht eingetragen war: § 176).[107] Die nach § 1967 BGB auf den Erben übergehende Erblasserhaftung aus §§ 171 f. HGB unterliegt einer doppelten Beschränkung: Sie greift nur ein, soweit der

---

[104] Heymann/*Horn* RdNr. 13; Röhricht/v. Westphalen/*v. Gerkan/Haas* RdNr. 26.

[105] Vgl. auch Röhricht/v. Westphalen/*v. Gerkan/Haas* RdNr. 25.

[106] BGH LM Nr. 1 m. Anm. *Wilhelm* = NJW 1995, 3314 = WuB § 173 HGB m. Anm. *Dörrie*; vgl. schon zu § 130 BGH LM § 5 Nr. 3 = NJW 1982, 45; zust. E/B/J/S/*Strohn* RdNr. 26; GK/*Fahse* RdNr. 5; *Koller*/Roth/Morck RdNr. 2; Röhricht/v. Westphalen/*v. Gerkan/Haas* RdNr. 27 Fn. 6.

[107] So die hM; vgl. RGZ 123, 366, 370; BGHZ 108, 187, 196 f. = NJW 1989, 3152; *Wiedemann* Übertragung S. 234; Lange/*Kuchinke* Erbrecht § 47 VI 2 b; Baumbach/*Hopt* RdNr. 15; E/B/J/S/*Strohn* RdNr. 25; Röhricht/v. Westphalen/*v. Gerkan/Haas* RdNr. 27, 29; Staub/*Schilling* RdNr. 11; Soergel/*Stein* Vor § 1967 RdNr. 32; *Herfs* DB 1991, 1713.

Erblasser als Kommanditist persönlich haftete, und sie ist zugleich erbrechtlich (dh. nach §§ 1975 ff. BGB) beschränkbar.[108] Hiervon ist die Eigenhaftung des Erben als Kommanditist nach §§ 171, 172 (für Neuverbindlichkeiten) und nach § 173 (für Altverbindlichkeiten) zu unterscheiden. Diese Haftung des Erben nach § 173 ist als gesellschaftsrechtliche Eigenhaftung *erbrechtlich* nicht beschränkbar.[109] An diesem Ergebnis wird gerügt, es führe zu einem Wertungswiderspruch gegenüber § 139 Abs. 4.[110] Eine verbreitete Auffassung tritt deshalb dafür ein, dass die Haftung des Erben aus § 173 erbrechtlich beschränkbar sei.[111] Dem ist nicht zu folgen. **§ 139 Abs. 4** ist missverständlich formuliert. Die Bestimmung betrifft nicht die *erbrechtliche* Beschränkung der gesellschaftsrechtlichen Haftung,[112] sondern die Vorschrift erlaubt es dem Erben eines unbeschränkt haftenden Gesellschafters, die sich aus §§ 128, 130 ergebende gesellschaftsrechtliche Eigenhaftung für Altverbindlichkeiten *gesellschaftsrechtlich* zu beschränken (vgl. dazu im Einzelnen § 139 RdNr. 101).[113] Die beschränkte gesellschaftsrechtliche Eigenhaftung des Erben nach § 173 bleibt dabei unberührt.[114] Der Gedanke, diese angeblich unverhältnismäßige Haftung durch analoge Anwendung des § 139 Abs. 4 zu beschränken,[115] verfehlt den Normzweck des § 173, wonach die Haftung für Altverbindlichkeiten nicht anders als die für Neuverbindlichkeiten ist (RdNr. 2). Die Haftung des Erben aus § 173 ist eine die Altverbindlichkeiten umfassende Haftung als gegenwärtiger Gesellschafter, nicht eine Erbenhaftung für Verbindlichkeiten eines ehemaligen Gesellschafters. Leistet der Kommanditistenerbe eine die Haftsumme deckende Einlage in das Gesellschaftsvermögen, so beseitigt er damit nach § 171 Abs. 1 nicht nur die sich aus § 173 ergebende Eigenhaftung für Altverbindlichkeiten, sondern auch die nach § 1967 BGB auf ihn übergegangene Kommanditistenhaftung des Erblassers.

45 **b) Nachfolgevermerk.** Die Rechtsnachfolge (zB „als Erbe") muss im Handelsregister als solche kenntlich gemacht werden (aM § 15 RdNr. 56). Der Eindruck einer Verdoppelung der Haftsummen muss vermieden werden. Die Eintragung, dass A (der Erblasser) „ausgeschieden" und B (der Erbe) „eingetreten" ist, genügt also nicht.[116] Traditionellerweise wurde angenommen, dieser Nachfolgevermerk sei erforderlich, um eine Rechtsscheinhaftung des Erben nach § 15 Abs. 1 zu verhindern.[117] Schon vor der Änderung bedurfte diese hM im Hinblick darauf, dass BGHZ 81, 82 ff. = NJW 1981, 2747 für den Nachfolgevermerk bei der Anteilsübertragung einen entscheidenden Sinnwandel vollzogen hat (RdNr. 27), der Überprüfung, denn die Einlage kommt dem Neukommanditisten nach dieser Entscheidung auch dann haftungsbefreiend zugute, wenn der Nachfolgezusatz im Handelsregister fehlt (RdNr. 36).[118] Bei § 15 RdNr. 56 wurde eine Anwendung des § 15

[108] Vgl. Lange/*Kuchinke* Erbrecht § 47 VI 2 b; *Muscheler,* Die Haftungsordnung der Testamentsvollstreckung, 1994, S. 486 f.; E/B/J/S/*Strohn* RdNr. 25; für § 130: *Geiger* LZ 1910, 121.

[109] OLG Hamburg BB 1994, 238 = DB 1994, 297 (aus anderen Gründen aufgehoben durch BGH LM § 173 HGB Nr. 1 = NJW 1995, 3314); *Crezelius* Unternehmenserbrecht, 1999, RdNr. 305; Lange/*Kuchinke* Erbrecht § 47 VI 2 a; Westermann/*Scholz* (2009) RdNr. I 3074; GK/*Fahse* RdNr. 5; Düringer/Hachenburg/*Flechtheim* § 177 Anm. 4; Röhricht/v. Westphalen/*v. Gerkan/Haas* RdNr. 27; Soergel/*Stein* Vor § 1967 RdNr. 24.

[110] Grundlegend *Liebisch* ZHR 116 (1954), 161 f.; heute in gleicher Richtung *Kick* S. 175; Staudinger/*Marotzke* (2002) § 1967 RdNr. 69; *Adel* DStR 1994, 1583.

[111] Heymann/*Horn* RdNr. 8; *Koller*/Roth/Morck RdNr. 2; Staudinger/*Marotzke* (2002) § 1967 RdNr. 69; *Kick* S. 175 f.; *Muscheler,* Die Haftungsordnung der Testamentsvollstreckung, 1994, S. 488 f.; *Adel* DStR 1994, 1583.

[112] So *Saßenrath* S. 202.

[113] Vgl. Schlegelberger/*Karsten Schmidt* § 139 RdNr. 100; *Karsten Schmidt* ZGR 1989, 448 f., 464; *Herfs* DB 1991, 1714.

[114] Schlegelberger/*Karsten Schmidt* § 139 RdNr. 114.

[115] *Saßenrath* S. 201 f.

[116] So wohl auch OLG Köln NZG 2005, 37, 38: „Eintritt seiner Erben im Wege der Erbfolge."

[117] Vgl. OLG Köln DNotZ 1953, 435, 436; *Crezelius,* Unternehmensrecht, 1998, RdNr. 305; GroßkommHGB/*Schilling* 3. Aufl. 1970, Anm. 17; Staub/*Schilling* RdNr. 7, 9; *Weipert* DR 1943, 271; *Donner* DR 1943, 973; *Adel* DStR 1994, 1583; **aM** *Groschuff* DR 1943, 975; *Dietrich* DR 1943, 1204.

[118] Vgl. Schlegelberger/*Karsten Schmidt* RdNr. 44; *Karsten Schmidt* GmbHR 1981, 258 unter V 2 b.

Abs. 1 auf diesen Fall schon in der 2. Aufl. abgelehnt (dazu ausführlicher hier in der 2. Aufl.). Seit der **Neufassung des § 162 Abs. 2** (RdNr. 36 sowie §§ 171, 172 RdNr. 26) ist § 15 nicht mehr anwendbar (str.; vgl. zum Streitstand RdNr. 36). Auch eine **Erbenhaftung bei fehlendem Nachfolgevermerk** kann deshalb nicht auf § 15 Abs. 1 gestützt werden, sondern nur auf individuellen Vertrauensschutz.[119]

c) Miterben. Sind mehrere Erben Rechtsnachfolger des Kommanditisten, so haften sie *erbrechtlich* beschränkbar als Gesamtschuldner (§ 2058 BGB). Die nach RdNr. 44 danebentretende Kommanditistenhaftung als *Eigenhaftung nach §§ 173, 171f.* trifft die Erben nur je für ihren Anteil.[120] Denn mit der Sondererbfolge außerhalb der Erbengemeinschaft fällt der Kommanditistenanteil automatisch den je einzelnen Erben zu (vgl. Erl. § 139; § 177 RdNr. 16). Um eine Herabsetzung der Einlage, die nach § 174 erst mit der Eintragung wirksam würde, handelt es sich bei der Teilung des ererbten Kommanditanteils nicht (§§ 174, 175 RdNr. 7). Eine unbeschränkte Haftung nach § 176 tritt, wenn der Anteil vor dem Erbfall eingetragen war, nicht ein (§ 176 RdNr. 23). 46

d) Qualifizierte Nachfolgeklausel. Im Fall der qualifizierten Nachfolgeklausel (vgl. Erl. §§ 131, 139) ist die Haftung problematisch. Hier fällt der Kommanditanteil kraft Erbrechts nur einem (oder einzelnen) Miterben an. Man wird annehmen müssen, dass alle Erben erbrechtlich beschränkbar nach §§ 1967, 2058 BGB für eine etwa bestehende Kommanditistenhaftung des Erblassers haften, während nur der durch die qualifizierte Nachfolgeklausel Berufene der gesellschaftsrechtlichen Haftung nach §§ 173, 171 f. unterliegt.[121] Füllt er das Kapitalkonto durch Leistung der Einlage auf, so beseitigt er nicht nur die eigene Haftung, sondern auch die vom Erblasser herrührende Kommanditistenhaftung (§ 171 Abs. 1). 47

3. Vermächtnis. Der Anteilserwerb auf Grund eines Vermächtnisses ist nicht Gesamtrechtsnachfolge, sondern Einzelrechtsnachfolge. Hier ist ein Nachfolgevermerk für den Erben als Gesamtrechtsnachfolger (RdNr. 45) und ein Nachfolgevermerk für den Vermächtnisnehmer als Einzelrechtsnachfolger des Erben einzutragen (RdNr. 27).[122] 48

VI. Umwandlungsfälle

1. Umwandlung der Gesellschafterstellung. Wird die **Beteiligung eines unbeschränkt haftenden Gesellschafters** in eine Kommanditistenbeteiligung umgewandelt, so ist auch dies ein Fall des § 173 (RdNr. 9). Der Gesellschafter haftet für Altverbindlichkeiten unbeschränkt (§§ 128, 160 Abs. 1). Die unbeschränkte Haftung für Altverbindlichkeiten unterliegt der Enthaftungsregel des § 160 Abs. 3 S. 1 (vgl. Erl. zu § 160). Für Neuverbindlichkeiten haftet der Gesellschafter vorbehaltlich individueller Vertrauenshaftung (Täuschung über die Umwandlung) nur noch nach §§ 171, 172.[123] Aus § 173 ergibt sich, dass jedenfalls diese beschränkte Haftung auch alle Altverbindlichkeiten umfasst (RdNr. 9). Diese Haftung besteht fort, wenn die unbeschränkte Nachhaftung bereits verfristet ist (§ 160 Abs. 3 S. 3). Die Umwandlung eines Kommanditanteils in den eines persönlich haftenden Gesellschafters führt nach § 130 zur rückwirkend unbeschränkten Haftung (vgl. § 130 RdNr. 3). 49

---

[119] *Karsten Schmidt* ZIP 2002, 413, 418; *ders.* DB 2011, 1149, 1154; zust. Westermann/*Scholz* (2009) RdNr. I 3075.

[120] LG Aurich NJW-RR 1998, 1259, 1260; *Wiedemann* Übertragung S. 200 f.; Westermann/*Scholz* (2005) RdNr. I 3077; Düringer/Hachenburg/*Flechtheim* § 177 Anm. 5; Ebenroth/Boujong/Joost/*Strohn* RdNr. 31; Staub/*Schilling* RdNr. 11; **aM** RGZ 123, 366, 370; Schlegelberger/*Geßler* 4. Aufl. 1963, § 177 Anm. 6; MünchKommBGB/*Ann* § 2058 RdNr. 16.

[121] Vgl. E/B/J/S/*Strohn* RdNr. 32; MünchKommBGB/*Ann* § 2058 RdNr. 19; Soergel/*Stein* Vor § 1967 RdNr. 29.

[122] Zur Erfüllung des Vermächtnisses durch einen Nachlassverwalter vgl. LG Frankenthal MittBayNot. 1994, 459.

[123] BAG NJW 1992, 3255 = ZIP 1992, 1554 m. Anm. *Reichold; Wienberg* DB 1992, 721 f.

50 **2. Umwandlung einer Gesellschaft in eine KG. a) Außerhalb des Umwandlungsgesetzes.** Eine oHG kann durch Beitritt von Kommanditisten zur Kommanditgesellschaft werden (Eintritt im technischen Sinne nach RdNr. 4, 6) oder durch Umwandlung der Stellung persönlich haftender Gesellschafter in Kommanditanteile (RdNr. 9, 49). Wenn sich eine Gesellschaft bürgerlichen Rechts im Fall des § 1 Abs. 2 oder durch Eintragung in das Handelsregister in Fällen der §§ 2 oder 3 oder 105 Abs. 2 in eine handelsrechtliche Kommanditgesellschaft verwandelt und der Gesellschafter hierdurch zum Kommanditisten wird, liegt kein direkter Anwendungsfall des § 173 vor. Gesellschaft und Gesellschafter bleiben in diesem Fall identisch. Immerhin kann aber aus allgemeinen Rechtsgedanken oder in Analogie zu § 173 gefolgert werden, dass die nunmehr eingetretene Kommanditistenhaftung ohne Unterschied die Neuverbindlichkeiten und die Altverbindlichkeiten umfasst (RdNr. 9, 10). Daneben besteht eine etwa weitergehende Nachhaftung als BGB-Gesellschafter für die vor der Umwandlung oder unter dem Rechtsschein unbeschränkter Haftung begründeten Verbindlichkeiten fort. Es tritt also die Frage auf, wie der Kommanditist in einem solchen Fall für Altverbindlichkeiten haftet: unbeschränkt[124] oder nach dem Vorbild der KG nur beschränkt.[125] Im Hinblick auf das BGH-Urteil vom 27. 9. 1999 zur unbeschränkten BGB-Gesellschafterhaftung[126] wird man zu unterscheiden haben: Die Altschuldenhaftung nach BGB-Gesellschaftsrecht ist unbeschränkt, jedoch auf fünf Jahre nach der Eintragung begrenzt (arg. § 736 Abs. 2 BGB). Daneben tritt analog § 173 eine beschränkte Altschuldenhaftung der Gesellschafter als Kommanditisten (RdNr. 9, 10).[127] Für Neuverbindlichkeiten der Gesellschaft wird in unmittelbarer Anwendung der §§ 171, 172 gehaftet.

51 **b) Nach dem Umwandlungsgesetz.** Eine Kapitalgesellschaft kann nach §§ 228 ff. UmwG in eine Kommanditgesellschaft umgewandelt werden. Dann haften die Neukommanditisten nicht nur für die Neuverbindlichkeiten der Gesellschaft nach §§ 171, 172, sondern auch für die Altverbindlichkeiten (Gedanke des § 173).

52 **3. Verschmelzung.** Wird ein Rechtsträger auf eine Kommanditgesellschaft verschmolzen, so haften gleichfalls die Kommanditisten für die nach § 20 UmwG auf die Kommanditgesellschaft übergegangenen Altverbindlichkeiten.

VII. Rechtslage in Österreich

53 Nach dem UGB (§ 105 RdNr. 276 ff.) lautet § 173 wie folgt:

(1) Wer in eine bestehende eingetragene Personengesellschaft als Kommanditist eintritt, haftet nach Maßgabe der §§ 171, 172 für die vor seinem Eintritte begründeten Verbindlichkeiten der Gesellschaft, ohne Unterschied, ob die Firma geändert wird oder nicht.

(2) Eine entgegenstehende Vereinbarung ist Dritten gegenüber unwirksam.

§ 174 [Herabsetzung der Einlage]

Eine Herabsetzung der Einlage eines Kommanditisten ist, solange sie nicht in das Handelsregister des Gerichts, in dessen Bezirke die Gesellschaft ihren Sitz hat, eingetragen ist, den Gläubigern gegenüber unwirksam; Gläubiger, deren Forderungen zur Zeit der Eintragung begründet waren, brauchen die Herabsetzung nicht gegen sich gelten zu lassen.

[124] So namentlich *Flume* Personengesellschaft § 16 IV mwN.

[125] In dieser Richtung bei rechtsgeschäftlichen Verbindlichkeiten und bei Leistungskondiktion BGHZ 61, 59, 67; 69, 95, 100; BGH NJW 1983, 1905, 1908 = JuS 1983, 804 m. Anm. *Karsten Schmidt.*

[126] BGHZ 142, 315 = NJW 1999, 3483 = WM 1999, 2071 = ZIP 1999, 1755 m. Anm. *Altmeppen.*

[127] AM Baumbach/*Hopt* RdNr. 4.

§ 175 [Anmeldung der Änderung einer Einlage]

[1] Die Erhöhung sowie die Herabsetzung einer Einlage ist durch die sämtlichen Gesellschafter zur Eintragung in das Handelsregister anzumelden. [2] § 162 Abs. 2 gilt entsprechend. [3] Auf die Eintragung in das Handelsregister des Sitzes der Gesellschaft finden die Vorschriften des § 14 keine Anwendung.

Übersicht

I. Grundsätzliches

1. Gegenstand der §§ 174, 175. a) Regelungsgegenstand. Die §§ 174, 175 regeln die *Registeranmeldung und Registerpublizität bei Veränderungen der Haftsumme* des Kommanditisten. Während sich **§ 175** mit dem **Eintragungsverfahren** bei Herabsetzung *und* Erhöhung der Haftsumme befasst, behandelt **§ 174** das **Wirksamwerden** nur der Herabsetzung gegenüber Dritten. Für das Wirksamwerden der Erhöhung gegenüber Dritten vgl. **§ 172 Abs. 2.** Systematisch gehören also §§ 172 Abs. 2 und § 174 zusammen (§§ 171, 172 RdNr. 33). Die Verfahrensregelung des § 175 befasst sich mit diesen beiden Fällen. **§ 175 Satz 2** wurde zunächst neu gefasst durch das Gesetz zur Neuregelung des Kaufmanns- und Firmenrechts (HRefG) vom 22. 6. 1998 (vgl. RdNr. 11).[1] Diese Neufassung trat in Kraft am 1. 1. 1999 (Art. 29 Abs. 2 HRefG). Durch das NaStraG vom 18. 1. 2001 (BGBl. I S. 123) wurde Satz 2 dem geänderten **§ 162 Abs. 2** angepasst und enthält seitdem eine Verweisung auf diese Bestimmung (vgl. auch RdNr. 11, 21). 1

b) Terminologie. „Einlage" iS der §§ 174, 175 ist die **Haftsumme** des Kommanditisten,[2] dh. der Betrag, mit dem der Kommanditist den Gesellschaftsgläubigern nach § 171 Abs. 1 1. Halbsatz persönlich haftet (zur Terminologie vgl. §§ 171, 172 RdNr. 5). Nur diese Summe ist Gegenstand der Anmeldung und Eintragung nach § 162. Nur für sie und nicht für die („Pflicht"-)Einlage kann also gelten, dass ihre Änderung zur Eintragung anzumelden 2

[1] BGBl. I S. 1474.

[2] AllgM; vgl. Baumbach/*Hopt* § 174 RdNr. 1, § 175 RdNr. 1; E/B/J/S/*Strohn* § 174 RdNr. 1; Heymann/*Horn* § 174 RdNr. 1; Röhricht/v. Westphalen/*v. Gerkan/Haas* § 174 RdNr. 1; Staub/*Schilling* § 174 RdNr. 1.

ist (§ 175) und dass ihre Herabsetzung erst mit der Eintragung wirksam wird (§ 174). Trotz dieser strikten Trennung ist es möglich, dass die Veränderung der („Pflicht-")Einlage mit der in den §§ 174, 175 geregelten Veränderung der Haftsumme einhergeht. Ob dies der Fall ist, ergibt die Auslegung des entsprechenden Beschlusses bzw. des geänderten Gesellschaftsvertrags.[3] Im Zweifel ist dabei anzunehmen, dass eine Herabsetzung oder Erhöhung zugleich nach innen und außen wirken soll (vgl. sinngemäß die Auslegungsregel von §§ 171, 172 RdNr. 23).[4] Beabsichtigt sein kann aber auch eine bloße Bindung der auf den Darlehenskonten angesammelten Mittel oder eine bloß interne Pflicht zur Einzahlung von Einlagen ohne Erhöhung der Haftung im Außenverhältnis (vgl. zum Auseinanderfallen von Einlage und Haftsumme §§ 171, 172 RdNr. 22).

3 **2. Geltungsbereich. a) Erhöhung oder Herabsetzung.** Nur die Erhöhung oder Herabsetzung der auf einen Kommanditanteil fallenden Haftsumme ist von § 175 erfasst; § 174 erfasst sogar nur die **Herabsetzung** (vgl. RdNr. 1). Nicht gleichgestellt ist das Ausscheiden eines Gesellschafters oder die Auflösung der Gesellschaft. Diese Vorgänge sind nach §§ 161 Abs. 2, 143 gleichfalls zur Eintragung anzumelden, werden aber nicht erst mit der Eintragung wirksam; ein Verkehrsschutz nach **§ 15**[5] **scheidet** seit der Änderung des § 162 Abs. 2 **aus** (vgl. RdNr. 21; § 173 RdNr. 36; s. auch §§ 171/172 RdNr. 26; str.).[6] Dass die Nachhaftungsfrist für einen ausgeschiedenen Gesellschafter erst mit der Eintragung seines Ausscheidens beginnt, ergibt sich aus § 160 Satz 2, nicht aus § 174. **Nicht** gleichgestellt ist auch die **Gesamtrechtsnachfolge oder Einzelrechtsnachfolge** in den Kommanditanteil.[7] Insbesondere die Anteilsübertragung wird sogleich bzw. zu dem von den Vertragsparteien bestimmten Termin wirksam. Der auch hier bisher angenommene Verkehrsschutz aus § 15[8] ist durch die Neufassung des § 162 Abs. 2 entfallen (§ 173 RdNr. 26, 36; str.). Umstritten war früher, ob die **Teilveräußerung eines Anteils** als Herabsetzung der Haftsumme unter § 174 fällt, wenn mit der Teilveräußerung des Kommanditanteils auch die Haftsumme des Veräußerers nunmehr unter ihm und dem Erwerber aufgeteilt wird.[9] Die Anwendung des § 174 ist **zu verneinen.**[10] Die §§ 174, 175 erfassen die Herabsetzung der Haftsumme für den Kommanditanteil, und um eine solche Herabsetzung handelt es sich nicht, wenn die insgesamt unveränderte Haftsumme mit dem Anteil auf nunmehr zwei Gesellschafter verteilt wird. So wenig wie der derivative Erwerb eines Kommanditanteils unter § 176 Abs. 2 fällt (vgl. § 176 RdNr. 19 ff.), fällt die Teilveräußerung des Kommanditanteils und die hiermit verbundene Aufteilung der Haftsumme für den Veräußerer unter §§ 174, 175. Dasselbe gilt für die automatische Teilung eines mehreren Erben zufallenden Kommanditanteils im Erbgang (§ 173 RdNr. 46). Diese Veränderungen sind zwar eintragungspflichtig, aber die Eintragung wirkt deklaratorisch und nicht, wie bei der Erhöhung oder Herabsetzung der Haftsumme, konstitutiv. Die Haftungsfolgen der Teilveräußerung treten sowohl für den Veräußerer als auch für den Erwerber alsbald, bzw. zu dem im Übertragungsgeschäft bestimmten Zeitpunkt ein. Der Erwerber haftet schon vor der Eintragung beschränkt auf die auf ihn entfallende Haftsumme (§ 173 RdNr. 34, 35 ff.). Der Veräußerer haftet für Neuverbindlichkeiten nur noch mit der ihm verbleibenden Haftsumme. Dass er dies gegenüber Gutgläubigen bis zur Eintragung und Bekanntma-

---

[3] Schlegelberger/*Karsten Schmidt* RdNr. 2.

[4] E/B/J/S/*Strohn* § 174 RdNr. 1; Röhricht/v. Westphalen/*v. Gerkan/Haas* § 174 RdNr. 1; Schlegelberger/*Karsten Schmidt* RdNr. 2; Staub/*Schilling* § 174 RdNr. 1.

[5] Vgl. RGZ 144, 199, 200 ff.; Schlegelberger/*Karsten Schmidt* RdNr. 3.

[6] Zusammenfassend *Karsten Schmidt* DB 2011, 1149 ff.; insoweit wie hier E/B/J/S/*Strohn* § 174 RdNr. 3; s. aber § 175 RdNr. 1.

[7] **AM** offenbar die Stellungnahme des Bundesrates zur Begründung des neu gefassten § 175 S. 2 (vgl. BT-Drucks. 13/8444, S. 93).

[8] BGHZ 81, 82, 87 = WM 1981, 841 = BB 1981, 1483 = NJW 1981, 2747 = JZ 1981, 713; dazu *Karsten Schmidt* GmbHR 1981, 257 f.

[9] Bejahend Schlegelberger/*Geßler* 4. Aufl. 1963, § 174 RdNr. 4.

[10] Wie hier bereits Schlegelberger/*Karsten Schmidt* RdNr. 4; heute hM; vgl.. E/B/J/S/*Strohn* § 174 RdNr. 1; Röhricht/v. Westphalen/*v. Gerkan/Haas* § 174 RdNr. 2; Staub/*Schilling* § 174 RdNr. 2.

chung nicht geltend machen kann, beruht auf § 15, nicht auf § 174. **Ebenso wenig** fällt der **Hinzuerwerb eines Kommanditanteils** durch einen Kommanditisten unter §§ 172 Abs. 2, 175 (§§ 171, 172 RdNr. 33, § 173 RdNr. 29).

b) Registerpublizität. Nur die Registerpublizität ist in den §§ 174, 175 geregelt. Die Erhöhung oder Herabsetzung der Haftsumme ist als solche nicht in diesen Bestimmungen geregelt (auch nicht in den §§ 171, 172). Sie erfolgt durch **Vertragsänderung** (dazu Erl. § 105, § 161 RdNr. 25 f.). Eine die einzelnen Kommanditisten treffende Verpflichtung, der Heraufsetzung oder Herabsetzung zuzustimmen, gibt es grundsätzlich nicht (zur Sonderkonstellation „Sanieren oder Ausscheiden" vgl. § 105 RdNr. 164). Auch wenn die Einlage der Kommanditisten höher ist als die Haftsumme oder wenn freie Konten oder Gesellschafterdarlehen außer Verhältnis zur Haftsumme stehen, braucht grundsätzlich kein Gesellschafter gegen seinen Willen die eigene Haftsumme zu erhöhen. Zur Frage, inwieweit Veränderungen der Haftsumme auch durch Mehrheitsbeschluss herbeigeführt werden können, vgl. Erl. § 119. Bei einer **Publikumsgesellschaft** kann die Komplementär-GmbH unter strengen Bestimmtheitsanforderungen ermächtigt sein, die Haftsummen der Kommanditisten ohne Mitwirkung aller festzulegen.[11] 4

II. Anmeldung, Eintragung und Bekanntmachung (§ 175)

1. Die Erhöhung und die Herabsetzung als eintragungspflichtige Tatsachen. a) Eintragungspflichtige Tatsache. Aus § 175 S. 1 geht zunächst hervor, dass die Erhöhung und die Herabsetzung einer Haftsumme eine nicht nur *eintragungsfähige,* sondern eine *eintragungspflichtige, also iS von § 15 Abs. 1 eine „einzutragende Tatsache"* ist. Dies war bis 2001 für den Rechtsscheinschutz folgenreich (zur Bedeutung dieses Merkmals für die Anwendung des § 15 vgl. § 15 RdNr. 24). Seit der **Änderung der §§ 162, 175 im Jahr 2001** ist **§ 15 nicht mehr anwendbar** (RdNr. 3, 21 f.; str.). Allerdings wirkt die Eintragung der neuen Haftsumme nach §§ 172 Abs. 2, 174 konstitutiv (§§ 171, 172 RdNr. 34, §§ 174, 175 RdNr. 16), womit für eine Anwendung des § 15 auch nach dem alten Rechtszustand **kein Bedarf** war. 5

b) Keine registerrechtliche Anmeldungspflicht. Nicht hiermit zu verwechseln ist die *Frage, ob die Gesellschafter registerrechtlich zur Anmeldung verpflichtet sind.* Nach Satz 3 findet ein Registerzwang gemäß § 14 nicht statt (RdNr. 13). Die gesetzgeberische Entscheidung beruht allerdings auf einer auch in der Verwendung des Einlagebegriffs erkennbaren Verkehrung von Innen- und Außenverhältnis. Die Denkschrift I (S. 117) spricht sich gegen einen Eintragungszwang aus, „da anderenfalls die Gesellschafter, der Absicht des Gesetzes entgegen, gezwungen werden würden, auch einer nur für das Verhältnis unter ihnen getroffenen Vereinbarung Dritten gegenüber Wirkung zu verleihen". Erkennt man, dass § 175 nur die Haftsumme betrifft und dass diese niemals nur das Innenverhältnis betreffen kann, so ist die zugrundeliegende Fehleinschätzung der Rechtslage unverkennbar. Im Hinblick auf die klare Regelung des Satzes 3 muss es jedoch bei der geschaffenen Rechtslage bleiben. Die Gesellschafter haben es in der Hand, das Wirksamwerden einer Haftsummenerhöhung durch Nichtanmeldung aufzuhalten. Ist zugleich die Einlage erhöht worden (Auslegungsregel nach §§ 171, 172 RdNr. 23, 33), so kann diese nur das Innenverhältnis betreffende, nicht eintragungsfähige Änderung des Gesellschaftsvertrags aber wirksam geworden sein (vgl. zum Auseinanderfallen von Einlage und Haftsumme §§ 171, 172 RdNr. 22). Im Übrigen kann sich, wenn eine Erhöhung der Haftsumme allseits vereinbart ist, eine gesellschaftsvertragliche (nicht gesetzliche!) Pflicht zur Anmeldung ergeben (RdNr. 9). 6

2. Die Anmeldung durch alle Gesellschafter. a) Anmeldung durch alle Gesellschafter als Eintragungsvoraussetzung. Aus § 175 S. 1 folgt weiter, dass die Erhöhung oder Herabsetzung der Haftsumme *durch sämtliche Gesellschafter anzumelden* ist. Damit statuiert 7

[11] GK/*Fahse* § 174 RdNr. 5; HK-HGB/*Stuhlfelner* § 174 RdNr. 1 (beide unter Verweisung auf das die Haftsumme nicht betreffende Urteil BGH NJW 1983, 1117).

das Gesetz keine registerrechtliche Anmeldepflicht (RdNr. 6), sondern eine Eintragungsvoraussetzung. Richtig formuliert müsste Satz 1 lauten: „Die Erhöhung sowie die Herabsetzung einer Haftsumme wird in das Handelsregister nur eingetragen, wenn sie von allen Gesellschaftern zur Eintragung angemeldet ist." Sämtliche Gesellschafter der Kommanditgesellschaft müssen sich an der Anmeldung beteiligen: die Kommanditisten wie die Komplementäre, die von der Geschäftsführung ausgeschlossenen wie die geschäftsführenden Gesellschafter, die noch nicht eingetragenen (und zugleich angemeldeten!) wie die eingetragenen Gesellschafter. Auch Treuhandgesellschafter sind Gesellschafter der Kommanditgesellschaft. Nicht dagegen gehören auch stille Gesellschafter und Unterbeteiligte dazu.

8 **b) Gleichzeitige oder höchstpersönliche Anmeldung nicht erforderlich.** Die Anmeldung aller braucht nicht gleichzeitig zu erfolgen. Die Voraussetzung von Satz 1 ist mit der letzten Anmeldung erfüllt. Auch höchstpersönlich braucht die Anmeldung nicht zu erfolgen. Die Anmeldung durch einen Bevollmächtigten (zB Notar) genügt. Die einem Mitgesellschafter gegebene Vollmacht genügt allerdings nur, wenn sie sich auch auf gerade diese Anmeldung erstreckt.[12] Im Gesellschaftsvertrag kann ein Gesellschafter (auch der Geschäftsführer der Komplementär-GmbH bei der GmbH & Co. KG) oder ein hinreichend bestimmter Dritter (auch ein beurkundender Notar) generell bevollmächtigt (bzw. ermächtigt) werden, die Anmeldung im Namen aller Gesellschafter (im eigenen Namen) vorzunehmen (vgl. auch § 162 RdNr. 6).

9 **c) Zivilrechtliche Anmeldepflicht?** Im Gegensatz zu einer registerrechtlichen *Anmeldepflicht* der Gesellschafter (RdNr. 6) besteht im *Innenverhältnis* der Gesellschafter eine privatrechtliche Pflicht zur Mitwirkung bei der Anmeldung.[13] Grundlage dieser Pflicht ist der geänderte Gesellschaftsvertrag. Vor allem bei der Herabsetzung der Haftsumme ist dies von Bedeutung. Bei einer Haftsummenerhöhung können die Gesellschafter einverständlich von der Anmeldung absehen (RdNr. 6). Anderenfalls sind sie einander auch hier zur Mitwirkung verpflichtet (RdNr. 6). Diese Verpflichtung ist klagbar.[14] Eine Vollstreckung nach § 894 ZPO findet nicht statt, sondern es gilt § 16 Abs. 1.

10 **3. Inhalt und Wirkung der Eintragung und Bekanntmachung. a) Eintragung.** Die Eintragung muss den von der Veränderung betroffenen Kommanditisten benennen und den herauf- oder herabsetzenden Betrag enthalten; aus § 40 Nr. 6 HRV ergibt sich, dass auch der Tag der Eintragung anzugeben ist. Diese Angabe ist von besonderer Bedeutung, da der Eintragung nach näherer Maßgabe des **§ 172 Abs. 2 (Erhöhung) bzw.** des **§ 174 (Herabsetzung) konstitutive Wirkung** zukommt (RdNr. 3).[15] Ein vor der Eintragung liegender Zeitpunkt kann nicht eingetragen werden, und zwar auch dann nicht, wenn eine Erhöhung der Haftsumme nach § 172 Abs. 2 bereits vor der Eintragung durch Kundbarmachung wirksam geworden ist, denn dies ist keine eintragungsfähige Tatsache.[16] Nach ganz hM kann auch ein der Eintragung nachfolgender Zeitpunkt, zu dem nach den gesellschaftsvertraglichen Vereinbarungen die Haftsummenerhöhung oder -herabsetzung wirksam werden soll, nicht eingetragen werden.[17] Dies wurde früher zu Unrecht aus § 123 Abs. 3 hergeleitet.[18] Die Begründung kann richtigerweise nur darin bestehen, dass Registereintragungen über die Haftsumme einen Rechtszustand (die Haftsumme) dokumentieren und

[12] LG Berlin BB 1975, 250, 251; Baumbach/*Hopt* § 175 RdNr. 1; Röhricht/v. Westphalen/*v. Gerkan/Haas* § 175 RdNr. 4.

[13] E/B/J/S/*Strohn* § 175 RdNr. 2; Heymann/*Horn* § 175 RdNr. 4; Röhricht/v. Westphalen/*v. Gerkan/Haas* § 175 RdNr. 3; Schlegelberger/*Karsten Schmidt* RdNr. 8.

[14] E/B/J/S/*Strohn* § 175 RdNr. 2; Röhricht/v. Westphalen/*v. Gerkan/Haas* § 175 RdNr. 3; Schlegelberger/*Karsten Schmidt* RdNr. 8.

[15] Richtig Staub/*Schilling* § 174 RdNr. 3, § 175 RdNr. 2; vgl. bereits Schlegelberger/*Karsten Schmidt* RdNr. 9.

[16] Schlegelberger/*Karsten Schmidt* RdNr. 9; **aM** Düringer/Hachenburg/*Flechtheim* § 175 Anm. 2 mit irrigem Hinweis auf § 162 Abs. 1, 106 Abs. 2 Nr. 3.

[17] Düringer/Hachenburg/*Flechtheim* § 175 Anm. 2; Schlegelberger/*Karsten Schmidt* RdNr. 9.

[18] Vgl. Düringer/Hachenburg/*Flechtheim* § 175 Anm. 2; GroßkommHGB/*Schilling,* 3. Aufl. 1970, § 175 Anm. 5.

nicht ein Rechtsgeschäft (die Vertragsänderung). Aus Gründen der Rechtsklarheit können solche Eintragungen nicht unter Bedingungen oder Befristungen stehen. Im Ergebnis zwingt die hM bei befristeten oder bedingten Erhöhungen und Herabsetzungen dazu, diese Veränderungen erst nachträglich anzumelden und hindert etwa eine Vereinbarung, die die Erhöhung oder Herabsetzung im Außenverhältnis an einem bestimmten Stichtag wirksam werden lässt. Indes ist dies zu verschmerzen, weil dieser Stichtag in dem für die Gesellschafter meist bedeutsameren Innenverhältnis (Einlagenerhöhung oder Einlagenherabsetzung) maßgeblich bleibt. Auch hier ist also bedeutsam, dass die §§ 174, 175 in Wahrheit nicht die Einlage, sondern allein die Haftsumme betreffen (RdNr. 2).

b) Bekanntmachung. Für die Bekanntmachung der Eintragung gilt **§ 175 Satz 2.** Diese Bestimmung wurde mehrfach geändert. Die bis 1998 geltende Fassung verwies auf § 162 Abs. 2 aF. Die Änderung durch das Handelsrechtsreformgesetz von 1998 beruhte auf der Stellungnahme des Bundesrates zum Handelsrechtsreformgesetz,[19] der die Bundesregierung[20] und der Rechtsausschuss des Bundestages[21] zugestimmt hatten.[22] Nach § 175 Satz 2 in der von 1998 bis 2001 geltenden Fassung genügte die Bekanntmachung, dass die „Beteiligung geändert" ist. Eine Erleichterung war dies allerdings nur, wenn die Haftsummen gleichzeitig teils erhöht und teils herabgesetzt wurden. Der Gesetzgeber hat dies erkannt und durch das NaStraG vom 18. 1. 2001 in Anlehnung an § 162 Abs. 2 **auf jede Bekanntmachung verzichtet** (vgl. RdNr. 1). 11

c) Wirkung der Eintragung. Die **konstitutive Wirkung der Eintragung** bestimmt sich bei der Erhöhung nach **§ 172 Abs. 2** (dazu §§ 171, 172 RdNr. 33 ff.), bei der Herabsetzung nach **§ 174** (dazu sogleich RdNr. 14 ff.). Die Eintragung der Haftsummenerhöhung kommt nicht nur den Neugläubigern der Gesellschaft zugute, sondern allen Gläubigern (§§ 171, 172 RdNr. 34). 12

4. Kein Registerzwang. § 175 Satz 3 bestimmt, dass auf die Eintragung in das Handelsregister des Sitzes der Gesellschaft die Vorschriften des § 14 keine Anwendung finden. Das bedeutet, dass die Anmeldung zum Handelsregister des Sitzes der Gesellschaft vom Registergericht nicht durch Zwangsgeld erzwungen werden kann.[23] Damit bringt das Gesetz zum Ausdruck, dass eine registerrechtliche Anmeldungspflicht nicht besteht (vgl. RdNr. 6, 9).[24] Unberührt bleibt die zivilrechtliche Mitwirkungspflicht im Verhältnis der Gesellschafter untereinander bei der Registeranmeldung (RdNr. 9). 13

III. Das Wirksamwerden einer Herabsetzung der Haftsumme (§ 174)

1. Bedeutung der Vorschrift. a) Nur Außenverhältnis. Die Bestimmung befasst sich entgegen dem missverständlichen Wortlaut nicht mit der („Pflicht"-)Einlage, sondern nur mit der für §§ 171 Abs. 1, 172 Abs. 4 maßgeblichen **Haftsumme** (RdNr. 2). Sie betrifft nur das **Außenverhältnis.** Im Einzelnen unterscheidet § 174 zwischen der Wirkung gegenüber Neugläubigern und gegenüber Altgläubigern oder besser: zwischen Neu- und Altverbindlichkeiten, denn derselbe Gläubiger kann mit verschiedenen Forderungen teils in die eine, teils in die andere Kategorie fallen. 14

b) Nur Haftsummen-Herabsetzung. § 174 betrifft nur die **Herabsetzung der Haftsumme.** Wie sich aus RdNr. 3 ergibt, sind die Vorgänge der Auflösung der Gesellschaft, des Ausscheidens eines Gesellschafters und der Anteilsübertragung – auch der Teilübertragung mit entsprechender Aufspaltung der Haftsumme – nicht erfasst. Nicht erfasst ist auch die Erhöhung der Haftsumme. Ihr Wirksamwerden richtet sich nach § 172 Abs. 2 (RdNr. 12 sowie §§ 171, 172 RdNr. 33 ff.). 15

---

[19] BT-Drucks. 13/8444 S. 93.
[20] BT-Drucks. 13/8444 S. 99.
[21] BT-Drucks. 13/10 332 S. 30.
[22] Mehr dazu noch in der 2. Aufl.
[23] BayObLG NZG 2003, 476, 477 = ZIP 2003, 1443, 144.
[24] Baumbach/*Hopt* § 175 RdNr. 3.

16 **2. Die Konstitutivwirkung der Eintragung. a) Grundsatz.** Die Eintragung wirkt konstitutiv.[25] Nach der Denkschrift I (S. 117) war der Gesetzgeber bestrebt, „die Eintragung in ähnlicher Weise wie die Herabsetzung des Grundkapitals der Aktiengesellschaft zur unbedingten Voraussetzung der Wirksamkeit zu machen". Jede andere Form der Kundbarmachung sollte unberücksichtigt bleiben, weil es dem Gesetzgeber auf einen „fest bestimmten, jederzeit nachweisbaren Zeitpunkt" ankam. Deshalb ist § 174 zwar eine **Verkehrsschutznorm, aber keine Vertrauensschutznorm.**[26] Der Verkehrsschutz knüpft an die Eintragung an, nicht an das Vertrauen des einzelnen Gläubigers (vgl. aber die Einschränkung in RdNr. 17). Diese Lösung stellt alle Gläubiger gleich und unterscheidet nur noch danach, ob ihre Forderungen vor oder nach der Eintragung begründet sind (RdNr. 19, 20). Damit ist die Publizitätswirkung im Ausgangspunkt wesentlich schematischer als bei § 15 (dazu RdNr. 21 ff.). Unberührt bleibt eine **Individualvereinbarung**, dass der Kommanditist einem einzelnen Gläubiger gegenüber nur auf einen geringeren Betrag haftet, als seine im Handelsregister zZ noch eingetragene Haftsumme angibt. Es ist dies jedoch keine Frage des Wirksamwerdens der Herabsetzung der Einlage und damit des § 174. Eine haftungsbeschränkende Einzelvereinbarung ist bei jeder, selbst bei der unbeschränkten Gesellschafterhaftung möglich (vgl. § 128 RdNr. 14), so dass ein Sonderproblem des § 174 nicht vorliegt.

17 **b) Ausnahme: positive Kenntnis des Gläubigers.** Die Ergebnisse des § 174 bedürfen im *Fall positiver Kenntnis des Gläubigers* der Korrektur. Sie passen sonst nicht in das Regelungssystem des HGB. Ist die Kommanditgesellschaft oder der Kommanditist überhaupt nicht im Handelsregister eingetragen, so tritt die beschränkte Haftung des Kommanditisten bei Kenntnis des Gläubigers von seiner Kommanditistenstellung ein (§ 176). Der Kommanditist haftet dann nur nach Maßgabe der wirklich vereinbarten Haftsumme (§ 176 RdNr. 16). Im Verhältnis zwischen §§ 15, 174, 176 besteht also ein Wertungskonflikt, der durch teleologische Reduktion des § 174 behoben werden muss.[27] Der eingetragene Kommanditist kann nicht schlechter stehen als der nicht eingetragene (zu ihm vgl. § 176 RdNr. 33). Bei positiver Kenntnis von der Herabsetzung der Haftsumme im Zeitpunkt der Forderungsbegründung genießt der Gläubiger nicht den Verkehrsschutz des § 174.[28] Wenn nämlich die Kenntnis des Gläubigers auf Grund von außerhalb des Registers bekannt gewordenen Tatsachen im Fall des § 176 zur Haftungsbeschränkung führt, muss dies gleichermaßen für die herabgesetzte Haftsumme gelten.[29] Im Ergebnis bedeutet dies, dass bis zur Eintragung die Herabsetzung gegenüber denjenigen Gläubigern unwirksam ist, die die Herabsetzung im Zeitpunkt der Forderungsbegründung nicht kannten. *Gegenüber Gläubigern, die im Zeitpunkt der Forderungsbegründung die Herabsetzung kannten, ist diese ohne weiteres wirksam* (vgl. auch zur anfänglichen unrichtigen Eintragung der Haftsumme §§ 171, 172 RdNr. 31). Die Kenntnis ist vom Kommanditisten zu beweisen. Wusste der Gläubiger nicht um die Haftungsverfassung der Gesellschaft, kannte er vielleicht nicht einmal ihre KG-Eigenschaft oder die Mitgliedschaft des haftenden Kommanditisten, so bleibt es bei § 174 (vgl. sinngemäß § 176 RdNr. 13, 32). Im Gegensatz zu § 15 Abs. 1, der eine Vertrauensschutznorm ist, kommt einem solchen Gläubiger die ungekürzte Haftsumme auch dann zugute, wenn es sich um eine Forderung aus unerlaubter Handlung oder aus ähnlichen gesetzlichen Schuldverhältnissen handelt (wie § 15 Abs. 1 dagegen in dieser Hinsicht § 176; vgl. § 176 RdNr. 45). § 15 Abs. 1 ist neben § 174 mangels Bekanntmachung nicht anwendbar (RdNr. 21).

---

[25] Statt vieler *Mattheus/Schwab* ZGR 2008, 65, 69.

[26] Vgl. zum Folgenden bereits Schlegelberger/*Karsten Schmidt* RdNr. 16.

[27] Schlegelberger/*Karsten Schmidt* RdNr. 17; jetzt hM.

[28] Jetzt hM; vgl. Baumbach/*Hopt* § 174 RdNr. 1; E/B/J/S/*Strohn* § 174 RdNr. 3; GK/*Fahse* § 174 RdNr. 2; *Koller*/Roth/Morck § 174 RdNr. 1; Röhricht/v. Westphalen/*v. Gerkan/Haas* § 174 RdNr. 3; *Oetker* § 174 RdNr. 10; Staub/*Schilling* § 174 RdNr. 3; sympathisierend Heymann/*Horn* § 174 RdNr. 2.

[29] So für den nicht eingetragenen Kommanditisten auch bereits Düringer/Hachenburg/*Flechtheim* § 174 Anm. 3.

c) Zweigniederlassung. § 174 stellte schon nach dem bis 2006 geltenden Rechtszustand auf die Eintragung im Handelsregister des Sitzes der Gesellschaft ab.[30] Nunmehr gilt § 13 nF (dazu § 13 RdNr. 1). 18

3. Die Bedeutung der Eintragung für Alt- und Neuverbindlichkeiten. a) Altverbindlichkeiten. Altgläubiger iS des § 174 sind diejenigen, deren Forderungen zurzeit der Eintragung begründet waren. Sie brauchen nach dem 2. Halbsatz auch die eingetragene Herabsetzung nicht gegen sich gelten zu lassen (Ausnahme vgl. RdNr. 17). Ihnen gegenüber bleibt es bei der alten Haftsumme. Wird zB der Herabsetzungsbetrag ausgezahlt oder vom Kapitalkonto auf ein echtes Darlehnskonto gebucht (dazu §§ 171, 172 RdNr. 72), so kann dies über den Eintragungszeitraum zur Haftung gegenüber den Altgläubigern führen. Zur Frage, wann eine Verbindlichkeit „begründet" ist, vgl. sinngemäß die Erl. über Alt- und Neuverbindlichkeiten bei §§ 128, 159, 160. Allerdings unterliegt die Haftung in Höhe des die neue Haftsumme überschießenden Teils einer fünfjährigen **Verfristung analog § 160.**[31] Im Insolvenzverfahren der Gesellschaft gelten sinngemäß die bei §§ 171, 172 RdNr. 116 dargestellten Grundsätze. Die Haftung mit der geringeren aktuellen Haftsumme bleibt nach Ablauf der Frist bestehen. 19

b) Neuverbindlichkeiten. Für Neuverbindlichkeiten, dh. jene, die erst nach der Eintragung begründet wurden, ist die neu eingetragene Haftsumme maßgeblich. Auf die Bekanntmachung stellt § 174 nicht ab. Anderes kann sich aus Rechtsscheinhaftung ergeben (vgl. sogleich RdNr. 23 ff.). 20

IV. Vertrauensschutz

1. § 15? Die §§ 174 f. lassen den allgemeinen handelsrechtlichen Vertrauensschutz unberührt. Insbesondere schloss § 174 den § 15 nach der bis 2001 geltenden Rechtslage nicht aus.[32] Durch die **Änderung des Satzes 2 im Jahr 2001** (RdNr. 1) ist die **Anwendung des § 15** nunmehr **ausgeschlossen** (str.; vgl. §§ 171, 172 RdNr. 26, § 173 RdNr. 36).[33] Die Ausführungen der **2. Aufl. bei RdNr. 22–24** gelten deshalb nur noch für Fälle aus der Zeit vor dem 25. 1. 2001 (jedoch sehr str.). 21

2. Allgemeiner Rechtsscheinschutz? Neben § 15 kam bereits vor 2001 auch allgemeiner Rechtsscheinschutz in Betracht.[34] So wenn ein Kommanditist in einer ihm zurechenbaren Weise den Irrtum in einem Gläubiger hervorruft oder unterhält, seine Haftsumme sei erhöht, oder wenn er den Gläubiger von einer eingetragenen und als Änderung der Beteiligung bekannt gemachten Herabsetzung der Kapitalanlage ablenkt. Seit der **Neufassung des Satzes 2 im Jahr 2001** (RdNr. 1, 21) kommt dem allgemeinen Vertrauensschutz vermehrte Bedeutung zu. Solcher Vertrauensschutz kann nur nach Maßgabe des Einzelfalls in Betracht kommen, wenn der Kommanditist im Widerspruch mit dem richtigen Handelsregisterinhalt beim einzelnen Gläubiger eine Vertrauenslage herbeiführt, unterhält oder diese unter Verstoß gegen eine Aufklärungspflicht ausnutzt. 22

V. Rechtslage in Österreich

1. § 174 UGB. Nach dem UGB (vgl. § 105 RdNr. 276 ff.) lautet die Vorschrift: 23

Eine Herabsetzung der Haftsumme eines Kommanditisten ist, solange sie nicht in das Firmenbuch eingetragen ist, den Gläubigern gegenüber unwirksam; Gläubiger, deren Forde-

[30] Vgl. dazu hier in der 2. Aufl.

[31] Baumbach/*Hopt* § 174 RdNr. 2; E/B/J/S/*Strohn* § 174 RdNr. 4 *Koller*/Roth/Morck § 174 RdNr. 2; *Oetker* § 174 RdNr. 7; Röhricht/v. Westphalen/*v. Gerkan/Haas* § 174 RdNr. 6; so schon zu § 159 HGB aF Schlegelberger/*Karsten Schmidt* RdNr. 19; zust. Staub/*Schilling* § 174 RdNr. 3.

[32] Denkschrift I S. 117; *Deschler,* Handelsregisterpublizität und Verkehrsschutz, Diss. Tübingen 1977, S. 15; Düringer/Hachenburg/*Flechtheim* § 174 Anm. 3; Staub/*Schilling* § 174 RdNr. 3.

[33] So wohl auch E/B/J/S/*Strohn* § 174 RdNr. 3 (in Kontrast zu § 173 RdNr. 18); *Oetker* § 174 RdNr. 7 (in Kontrast zu § 162 RdNr. 17 f., § 173 RdNr. 24, § 175 RdNr. 5).

[34] Vgl. bereits Schlegelberger/*Karsten Schmidt* RdNr. 25; zust. Röhricht/v. Westphalen/*v. Gerkan/Haas* § 174 RdNr. 9; näher *Karsten Schmidt* ZIP 2002, 418; *ders.* DB 2011, 1149 ff.

rungen zur Zeit der Eintragung begründet waren, brauchen die Herabsetzung nicht gegen sich gelten zu lassen.

2. § 175 UGB.

24 [1]Die Erhöhung sowie die Herabsetzung einer Haftsumme sind durch sämtliche Gesellschafter zur Eintragung in das Firmenbuch anzumelden. [2]§ 24 FBG ist nicht anzuwenden.

§ 176 [Haftung vor Eintragung]

(1) [1]Hat die Gesellschaft ihre Geschäfte begonnen, bevor sie in das Handelsregister des Gerichts, in dessen Bezirke sie ihren Sitz hat, eingetragen ist, so haftet jeder Kommanditist, der dem Geschäftsbeginne zugestimmt hat, für die bis zur Eintragung begründeten Verbindlichkeiten der Gesellschaft gleich einem persönlich haftenden Gesellschafter, es sei denn, daß seine Beteiligung als Kommanditist dem Gläubiger bekannt war. [2]Diese Vorschrift kommt nicht zur Anwendung, soweit sich aus § 2 oder § 105 Abs. 2 ein anderes ergibt.

(2) Tritt ein Kommanditist in eine bestehende Handelsgesellschaft ein, so findet die Vorschrift des Absatzes 1 Satz 1 für die in der Zeit zwischen seinem Eintritt und dessen Eintragung in das Handelsregister begründeten Verbindlichkeiten der Gesellschaft entsprechende Anwendung.

Schrifttum: *Axer,* Abstrakte Kausalität – ein Grundsatz des Handelsrechts? 1986; *Barella,* Durchbrechung der Haftungsbeschränkung des Kommandististen, DB 1952, 465; *Beyerle,* Rechtsschein zu Lasten des Verkehrs durch unberechtigte Firmenfortführung?, BB 1975, 944; *ders.,* Der unbeschränkt haftende Kommanditist, 1976; *Binz,* Haftungsverhältnisse bei werbender Tätigkeit der GmbH & Co. KG, GmbHR 1976, 33; *ders.* Haftungsverhältnisse im Gründungsstadium der GmbH & Co. KG, 1976; *v. Braunbehrens,* Die Haftung des Kommanditisten, DR 1941, 1134; *Canaris,* Anm. zum BGH-Urteil vom 25. 6. 1973, NJW 1974, 455; *Clauss/Fleckner,* Die Kommanditgesellschaft in der Gründung, WM 2003, 1790; *Crezelius,* Zur Stellung des § 176 HGB im Handels- und Gesellschaftsrecht, BB 1983, 5; *Dauner-Lieb,* Die Kommanditistenhaftung vor Eintragung (§ 176 Abs. 1 HGB) – Ansätze zu einer Neuorientierung, FS Lutter, 2000, S. 835; *Eckert,* Rechtsfolgen des Kommanditistenwechsels, ZHR 147 (1983), 565; *Emmel,* Die Haftung des nicht eingetragenen Kommanditisten unter besonderer Berücksichtigung von gesetzlichen Verbindlichkeiten der KG, Diss. Mainz 1982; *G. Fischer,* Rechtsscheinhaftung bei nicht eingetragener KG, NJW 1973, 2188; *Göppert,* Eintragungen in das Handelsregister von besonderer Eigenart (§ 25 Abs. 2, §§ 176, 5, 200 HGB), 1934; *Hofmann,* Die Haftung des Kommanditisten aus § 176 HGB bei der GmbH & Co. KG, GmbHR 1970, 182; *U. Huber,* Eintragungsfehler bei der Abtretung von KG-Anteilen, ZGR 1984, 146; *ders.,* Haftungsprobleme der GmbH & Co. KG im Gründungsstadium, FS Hefermehl, 1976, S. 127; *Hüffer,* Gesellschafterhaftung und Geschäftsführerhaftung in der Vor-GmbH & Co. KG – Begründung und zeitliche Haftungsgrenzen, JuS 1980, 485; *Jacobi,* Anmerkung zum RG-Urteil v. 4. 3. 1930–207/29 II –, JW 1930, 3746; *ders.,* Die Haftung des Kommanditisten und die Eintragung der Haftung ins Handelsregister, JherJb 70 (1921), 300; *Jacobs,* Unbeschränkte Haftung der Kommanditisten vor Eintragung für gesetzliche Gesellschaftsverbindlichkeiten, DB 2005, 2227; *Knobbe-Keuk,* Die unbeschränkte Kommanditistenhaftung nach § 176, FS Stimpel, 1985, S. 187; *Kollhosser,* Besprechung der Entscheidung BGHZ 61, 59, ZGR 1976, 231; *Kornblum,* Die Haftung der Gesellschafter für Verbindlichkeiten von Personengesellschaften, 1972, S. 246 ff. (zit. *Kornblum* Haftung); *Kuhn,* Zur werdenden GmbH & Co KG, FS Hefermehl, 1976, S. 159; *Lieb,* Der unbeschränkt haftende Kommanditist, ZHR 141 (1977), 374; *Limbach,* Die Haftung des Kommanditisten einer GmbH & Co. KG vor der Eintragung, GmbHR 1967, 165; *Mattheus/Schwab,* Kommanditistenhaftung und Registerpublizität, ZGR 2008, 65; *André Meyer,* Die unbeschränkte Kommanditistenhaftung gemäß § 176 Abs. 1 HGB, BB 2008, 628; *Müller-Graff,* Die Außenhaftung des Kommanditisten bei fehlerhaftem KG-Eintritt, JuS 1979, 24; *Priester,* Unbeschränkte Kommanditistenhaftung bei Firmenänderung, BB 1980, 911; *Reiff,* Haftungsverfassungen nichtrechtsfähiger unternehmenstragender Verbände, 1996; *Riegger,* Zur Haftung des Kommanditisten vor der Eintragung ins Handelsregister, BB 1979, 1380; *Schilling,* Zur Haftung des Erben nach §§ 139, 176 Abs. 2, 15 Abs. 1, 128 HGB – Besprechung der Entscheidung BGHZ 66, 98 –, ZGR 1978, 173; *Karsten Schmidt,* Anwendungsgrenzen des § 176 Abs. 2 HGB, ZHR 144 (1980), 192; *ders.,* Haftung des Gesellschafters oder Einzelkaufmanns für Altverbindlichkeiten nach haftungsbeschränkender Umwandlung, NJW 1981, 159; *ders.,* Neues zur Haftung bei der Schein-KG und zur Kommanditistenhaftung bei Sanierungsgründungen, JZ 1974, 219; *ders.,* Was wird aus der unbeschränkten Kommanditistenhaftung nach § 176 HGB?, GmbHR 2002, 341; *Specker,* Zur Haftung des Kommanditisten, insbesondere des Kommanditisten der GmbH & Co. KG, vor seiner Eintragung im Handelsregister, RNotZ 2008, 143; *Spies,* Die über die Haftsumme des § 171 HGB hinausgehende Kommanditistenhaftung, 1983; *Teichmann-Schick,* Haftung bei einer als KG auftretenden BGB-Gesellschaft, JuS 1975, 18; *Wagner,* Neue Haftungsrisiken für Kommanditisten einer kleingewerblichen KG vor Eintragung, NJW 2001, 1110; *Wienberg,* Haftung bei Änderung der Gesellschafterstellung in der Kommanditgesellschaft, DB 1992, 721.

Übersicht

I. Grundlagen

1. Normzweck. Die Bestimmung dient unbestrittenermaßen dem **Verkehrsschutz.**[1] 1
Damit ist allerdings über den Normzweck noch keine argumentationskräftige Aussage getroffen, denn Verkehrsschutz ist nicht ohne weiteres Vertrauensschutz. Die Bestimmung

[1] Vgl. *Emmel* S. 44 ff.; Baumbach/*Hopt* RdNr. 1; Heymann/*Horn* RdNr. 1; *Koller*/Roth/Morck RdNr. 1; Röhricht/v. Westphalen/*v. Gerkan/Haas* RdNr. 1; Staub/*Schilling* RdNr. 1; *Hofmann* GmbHR 1970, 183 f.

ist ihrer historischen Basis nach eine **Vertrauensschutznorm.**[2] Der herkömmlich im Mittelpunkt der Diskussion stehende Vertrauensschutz kann, ähnlich wie bei § 15 Abs. 1,[3] als **abstrakter Vertrauensschutz** bezeichnet werden.[4] Es kommt nicht auf eine konkrete Vertrauenssituation an, denn der Gläubiger wird durch die unbeschränkte Kommanditistenhaftung unabhängig davon geschützt, ob ein ursächliches Vertrauen in die unbeschränkte Haftung des Kommanditisten vorliegt.[5] **Das gilt auch für Abs. 2.**[6] Wie der Ausschluss der Haftung bei Kenntnis des Gläubigers zeigt, ist der historische Ansatz der Bestimmung im Gegensatz zu § 11 GmbHG nicht dahin zu verstehen, dass die Haftungsbeschränkung erst durch konstitutive Eintragung wirksam wird (vgl. aber zur Rechtsfortbildung RdNr. 3).[7] Die gesetzliche Haftungsverfassung der KG ergibt sich aus den §§ 171 ff., und dies gilt auch für die nicht eingetragene Gesellschaft, sofern sie nach §§ 1 Abs. 2, 123 bereits Handelsgesellschaft und damit echte KG ist. Darin unterscheidet sich der Ansatz des § 176 von dem des § 41 AktG bzw. § 11 GmbHG, die historisch auf der Nichtanerkennung der Gesellschaft von Konzessionierung bzw. Eintragung beruhten.[8] Bis zur Eintragung besteht zwar auf Grund der Vertrauensschutznorm des § 176 ein **Haftungsrisiko,** und unbestreitbar wirkt § 176 HGB als Druckmittel, um die beschränkte Haftung sicherzustellen.[9] **Praktisch** funktioniert deshalb § 176 ähnlich wie § 174 (dazu §§ 174, 175 RdNr. 16 f.): Die Haftungsbeschränkung kommt nur zum Tragen, wenn sie eingetragen oder dem individuellen Gläubiger bekannt ist. In der Praxis wurde die Haftung bisweilen als zivilistische „Strafe" bezeichnet,[10] womit naturgemäß nur eine Haftungssanktion gemeint sein kann[11] und keine Kriminalstrafe im rechtlichen Sinne.[12] Heute dominiert die Auffassung, dass die Bestimmung Druckfunktion hat und auf eine registermäßige Klarstellung der Haftungsverhältnisse hinwirken soll.[13] Diese hM muss im Lichte der Neukonzeption des personengesellschaftlichen Haftungsrechts fortgebildet werden (RdNr. 3).[14]

---

[2] Vgl. BGHZ 66, 98, 101 f. = WM 1976, 348, 349 = NJW 1976, 848, 849; BGHZ 82, 209, 212 f. = WM 1982, 126 = NJW 1982, 883, 884 m. Anm. *Karsten Schmidt;* BAG AP Nr. 2 = BB 1980, 383 = NJW 1980, 1071; *Karsten Schmidt* GesR § 55 I; GK/*Fahse* RdNr. 2; Heymann/*Horn* RdNr. 1, Röhricht/ v. Westphalen/*v. Gerkan/Haas* RdNr. 1; Staub/*Schilling* RdNr. 1; *Göppert* S. 6 f.; MünchHdb. KG/*Neubauer/ Herchen* § 30 RdNr. 86; *Karsten Schmidt* GesR § 55 I 1 a; *Jacobi* JherJ 70 (1921), 319 ff.; *ders.* JW 1930, 3746; *Limbach* GmbHR 1967, 165 f.; *Hofmann* GmbHR 1970, 185; *Riegger* BB 1979, 1381; *Karsten Schmidt* ZHR 144 (1980), 194; NJW 1982, 886 f.; *Priester* BB 1980, 912, 916; *Crezelius* BB 1983, 8; **aM** *Knobbe-Keuk,* FS Stimpel, S. 187 ff.; *Mattheus/Schwab* ZGR 2008, 65, 73 ff.; unergiebige Polemik bei *Axer* S. 196 ff.

[3] Vgl. *Karsten Schmidt* HandelsR § 14 II 2 b.

[4] *Karsten Schmidt* GesR § 55 I 1 b; *ders.* ZHR 144 (1980), 194; NJW 1982, 886; zust. E/B/J/S/*Strohn* RdNr. 1; Heymann/*Horn* RdNr. 1; *Koller*/Roth/Morck RdNr. 2; Staub/*Schilling* RdNr. 1; ablehnend freilich *Mattheus/Schwab* ZGR 2008, 65, 73 ff.; nach ihnen stellt § 176 HGB dem Kommanditisten eine „rechtssichere Steuerung des persönlichen Haftungsrisikos" in Aussicht; diese Beobachtung ist zutreffend und unbestreitbar, spricht aber nicht gegen die Einordnung als „abstrakter Vertrauensschutz" (auch § 15 Abs. 1 basiert auf dem Gedanken, dass Kaufleute ihr Risiko durch das Handelsregister steuern).

[5] Ganz hM; vgl. nur RGZ 128, 172, 182; Röhricht/v. Westphalen/*v. Gerkan/Haas* RdNr. 1; Staub/*Schilling* RdNr. 1; *Jacobi* JW 1930, 3746; für Abs. 1 auch *Priester* BB 1980, 913.

[6] BGHZ 82, 209, 212 f. = WM 1982, 126 = NJW 1982, 883, 884 m. Anm. *Karsten Schmidt;* hM; **aM** *Priester* BB 1980, 913.

[7] In dieser Richtung aber *Flume,* Personengesellschaft § 16 IV 5; *Wiedemann* GesR II § 9 III 7; *Siegmund/ van Venrooy,* Gesellschaftsrecht, 1983, Anm. 331; *Knobbe-Keuk,* FS Stimpel, 1985, S. 187 ff.; *Mattheus/Schwab* ZGR 2008, 65, 73 ff.; s. auch BGHZ 82, 209, 213 = WM 1982, 126 = NJW 1982, 883, 884 m. Anm. *Karsten Schmidt; Beyerle* S. 69–73; *Crezelius* BB 1983, 10.

[8] Vgl. zur Vorgeschichte *Karsten Schmidt,* Zur Stellung der oHG im System der Handelsgesellschaften, 1972, S. 275 ff.; richtig ist allerdings, dass sich die Bestimmungen als Voraussetzungen der Haftungsbeschränkung aufeinander zubewegt haben.

[9] Westermann/*Wertenbruch* (2009), I 3102; insoweit treffend *Mattheus/Schwab* ZGR 2008, 65, 75 f.

[10] RGZ 128, 178, 181; OLG Frankfurt BB 1972, 333; s. auch BGHZ 61, 59, 65 f. = NJW 1973, 1691, 1693; *Kornblum,* Haftung S. 250; GroßkommHGB/*Schilling,* 3. Aufl. 1970, Anm. 2; *Berg* JuS 1974, 692.

[11] ROHGE 25, 114, 117: „zivilrechtlicher Nachteil".

[12] Neben der Sache deshalb die Kritik von *Beyerle* DB 1973, 559.

[13] Vgl. Denkschrift I S. 118; Westermann/*Wertenbruch* (2009) RdNr. I 3102; E/B/J/S/*Strohn* RdNr. 1; *Priester* BB 1980, 912; bis 1998 sprach Abs. 1 Satz 2 (keine Anwendung auf die sog. Sollkaufleute alten Rechts) gegen eine Erklärung mit der Druckfunktion; vgl. *Karsten Schmidt* ZHR 144 (1980), 193 f.

[14] Dazu *Dauner-Lieb,* FS Lutter, 2000, S. 835 ff.; *Karsten Schmidt* GmbHR 2002, 341 ff.

2. Systemzusammenhang. § 176 ist im Systemzusammenhang mit der Haftung bei einer Gesellschaft bürgerlichen Rechts zu sehen. Für diese gilt der **Grundsatz der unbeschränkten Gesellschafterhaftung,**[15] mindestens dann, wenn die Gesellschaft Trägerin eines Unternehmens ist.[16] Der BGH hat am 27. 9. 1999 entschieden:[17] „Für die im Namen einer Gesellschaft bürgerlichen Rechts begründeten Verpflichtungen haften die Gesellschafter kraft Gesetzes auch persönlich. Diese Haftung kann nicht durch einen Namenszusatz oder einen anderen, den Willen, nur beschränkt für diese Verpflichtungen einzustehen, verdeutlichenden Hinweis beschränkt werden, sondern nur durch eine individualvertragliche Vereinbarung ausgeschlossen werden." Die Haftung der BGB-Gesellschafter ist nach nunmehr herrschender Auffassung eine sich an §§ 128–130 anlehnende akzessorische Haftung für die Gesellschaftsschulden ähnlich der Haftung nach § 128.[18] Eine einseitige Haftungsbeschränkung ohne Vereinbarung mit dem Gläubiger ist nach dem Grundlagenurteil des BGH ausgeschlossen, weil sie auf die Schaffung einer neuen Gesellschaftsform hinausliefe, bei der den Gläubigern nur das – ungesicherte – Vermögen der Gesellschaft haftet. Selbst positive Kenntnis von der fehlenden Haftungsbereitschaft schließt diese Haftung, anders als im Fall des § 176, nicht aus. Das bedeutet: Die Haftung nicht eingetragener Personengesellschafter ist außerhalb des § 176 strenger als nach der Vorschrift selbst (zu § 176 als Privileg vgl. RdNr. 3). 2

3. Rechtspolitische Beurteilung und Funktionswandel des § 176. Die Haftungsnorm des § 176 hat **rechtspolitische Kritik** erfahren.[19] Bei BGHZ 78, 114, 117 = NJW 1981, 175 ist von der vielfach als „überzogen streng" empfundenen Vorschrift die Rede. Das mag für Abs. 2 richtig sein. **Abs. 2** lässt selbst bei einer im Handelsregister eingetragenen Handelsgesellschaft einen hinzugetretenen, aber noch nicht eingetragenen Kommanditisten unbeschränkt haften, selbst wenn der Gläubiger nicht konkret auf die Haftung dieses Gesellschafters vertraute. Anderes gilt für **Abs. 1.** Aus heutiger Sicht ist § 176 nicht „überzogen streng", vielmehr sind die Kommanditisten einer nicht eingetragenen KG sogar gegenüber den Gesellschaftern einer BGB-Gesellschaft bevorzugt (RdNr. 2). Diese Divergenz bestünde nicht, wenn § 176 nicht als Rechtsscheinvorschrift ausgestaltet wäre, sondern die unbeschränkte Haftung bis zur Eintragung anordnete (RdNr. 1). Durch die neue Rechtsprechung zur BGB-Gesellschafterhaftung hat § 176 Abs. 1 einen **Funktionswandel** erfahren.[20] Der historische Ansatz (RdNr. 1) hat sich umgekehrt. Die Bestimmung wirkt im Verhältnis zu der bei RdNr. 2 geschilderten Rechtsprechung **als haftungsrechtliche Privilegierung der nichteingetragenen KG bzw. ihrer nicht eingetragenen Kommanditisten:**[21] Sie haften auch ohne die sonst maßgebliche Eintragung nur nach den Regeln der §§ 171–173, sofern dem Gläubiger die Kommanditisteneigenschaft bekannt war. Diese Privilegierung kann durch die Wahl einer gesetzlich anerkannten Rechtsform mit Haftungsbeschränkung gerechtfertigt werden. Sie ist rechtspolitisch erträglich, weil bei einer nicht eingetragenen KG jedenfalls die unbeschränkte Haftung des Komplementärs und die Haftung der Kommanditisten nach §§ 171, 172 gesichert ist. Auf rechtspolitische Vorschläge zur Neufassung wird hier nicht eingegangen.[22] 3

---

[15] Vgl. *Flume* Personengesellschaft § 16 IV 3; *André Meyer,* Der Grundsatz der unbeschränkten Verbandsmitgliederhaftung, 2006, S. 174 ff.; *Timm* NJW 1995, 3215; *Dauner-Lieb* DStR 1999, 1992.

[16] *Reiff* S. 204 ff.; *Karsten Schmidt* GesR § 60 II 2; *ders.,* FS Fleck, 1988, S. 271 ff.

[17] BGHZ 142, 315 = NJW 1999, 3483 = WM 1999, 2071 = ZIP 1999, 1755 m. Anm. *Altmeppen*; dazu *Dauner-Lieb* DStR 1999, 1992; *Ulmer* ZGR 2000, 339.

[18] BGHZ 146, 341, 357 = NJW 2001, 1056, 1061; BGHZ 142, 315 = NJW 1999, 3483; BGHZ 154, 88 = NJW 2003, 1445; BGHZ 154, 370 = NJW 2003, 1803; BGHZ 155, 205 = NJW 2003, 2984; so hier bereits die 1. Auflage.

[19] Vgl. nur *Fleck* LM § 128 Nr. 19; *Huber* ZGR 1984, 162 f.

[20] *Dauner-Lieb,* FS Lutter, 2000, S. 835; *Karsten Schmidt* GmbHR 2002, 341 ff.; *Jacobs* DB 2005, 2227.

[21] Vgl. jetzt auch *Mattheus/Schwab* ZGR 2008, 65, 77; *André Meyer* BB 2008, 628, 629; s. auch *Specks* RNotZ 2008, 143, 148.

[22] Vgl. dazu *Karsten Schmidt* GmbHR 2002, 341, 348; Specks RnotZ 2008, 143, 148, 150.

II. Voraussetzungen des Abs. 1

4 **1. Kommanditgesellschaft. a) Der Vertrag.** Es muss eine Kommanditgesellschaft vorhanden sein. Ob dies der Fall ist, ergibt sich aus dem Gesellschaftsvertrag, aus § 161 Abs. 1 und aus §§ 1 Abs. 2, 123 (dazu RdNr. 5). Haben die Gesellschafter einer Handelsgesellschaft die Haftung beschränken wollen, ohne eine der hierfür zur Verfügung stehenden Rechtsformen zu wählen, so haften sie gleichfalls unbeschränkt, dies aber nicht auf Grund von § 176, sondern kraft Rechtsformzwangs auf Grund von § 128.[23] Kommanditgesellschaft ist jede Gesellschaft, die die Voraussetzungen des § 161 Abs. 1 erfüllt. Auch eine Kapitalgesellschaft & Co. KG fällt unter § 176 (dazu näher RdNr. 50).

5 **b) Handelsgewerbe nach § 1 Abs. 2.** Das von der Gesellschaft betriebene Gewerbe muss unter § 1 Abs. 2 fallen,[24] denn nicht nur in diesem Fall ist die Gesellschaft ohne Eintragung Handelsgesellschaft (vgl. Ergänzungsband § 1 RdNr. 66). Nur dieser Fall bleibt für eine direkte Anwendung des Abs. 1. Ein unter **§ 2** fallendes Gewerbe reicht nach dem klaren Wortlaut des Abs. 1 Satz 2 **nicht** aus.[25] Auch im Fall des **§ 105 Abs. 2** gilt § 176 Abs. 1 Satz 1 nach Abs. 1 Satz 2 **nicht. Nicht** ausreichend ist aber auch ein unter **§ 3** fallendes Gewerbe.[26] Dass dies in Abs. 1 Satz 2 nicht besonders hervorgehoben ist, ist unschädlich. Abs. 1 Satz 2 hat ohnedies nur klarstellende Bedeutung. Es handelt sich um eine Konsequenz daraus, dass nur in den Fällen des § 1 Abs. 2 schon vor der Eintragung eine KG iS von § 161 vorliegt. Im Lichte der bei RdNr. 2 f. dargestellten Systemüberlegung bedeutet dies allerdings, dass das Haftungsprivileg des Abs. 1 den Kleingewerbetreibenden, den nichteingetragenen Land- und Forstwirtschaftsgesellschaften und den vermögensverwaltenden Gesellschaften nicht zugute kommt (RdNr. 6). Deshalb ist, auch im Lichte des Art. 3 GG, an eine analoge Anwendung zu denken (RdNr. 7).

6 **c) Konsequenz in Fällen der §§ 2, 3, 105 Abs. 2.** Aus der *Unanwendbarkeit des Abs. 1 in Fällen der §§ 2, 3, 105 Abs. 2* folgt nicht ohne weiteres, dass die Gesellschafter beschränkt haften. Es handelt sich dann um das umstrittene Problem der *Haftung und Haftungsbeschränkung bei der Gesellschaft bürgerlichen Rechts.* Nach dem bei RdNr. 2 mitgeteilten Stand der Rechtsprechung ist davon auszugehen, dass die Gesellschafter einer BGB-Gesellschaft grundsätzlich unbeschränkt haften, sofern nicht mit dem individuellen Gläubiger ein anderes vereinbart ist (bloße Kenntnis genügt nicht). Seit dieser Änderung der Rechtsprechung erscheint § 176 im Gegensatz zu seiner Vorgeschichte im Verhältnis zur Haftung bei der BGB-Gesellschaft als eine Privilegierung (RdNr. 3). In diesem Licht liegt ein **Funktionswandel auch des Abs. 1 Satz 2** vor: Schien bis 1999 diese Bestimmung die Gesellschafter einer nicht unter § 1 Abs. 2 fallenden Gesellschaft vor der vielfach als „überzogen streng" empfundenen Haftung (RdNr. 3) zu bewahren, so bewirkt sie nunmehr eine **Schlechterstellung** dieser noch nicht eingetragenen Kommanditisten[27]: Die Kommanditisten einer nicht unter § 1 Abs. 2, sondern unter § 2, § 3 oder § 105 Abs. 2 fallenden Gesellschaft nehmen nach dem klaren Gesetzeswortlaut an dem Haftungsprivileg nicht teil.

7 **d) Analoge Anwendung?** Die *Diskussion um die analoge Anwendung des Abs. 1* hat hiernach gleichfalls ein neues Gesicht bekommen. Herkömmlich wird die Analogie abgelehnt. Abs. 1 Satz 2 schließt die Annahme einer Lücke nach klassischem Verständnis aus. Allerdings wurde § 176 bis 1999 von einem Teil der Rechtsprechung und Literatur mit guten

[23] BGHZ 22, 240, 244 = LM § 105 Nr. 12 m. Anm. *Fischer*; eingehend *Karsten Schmidt,* Zur Stellung der OHG im System der Handelsgesellschaften, 1972, S. 247 ff.; *Reiff* S. 45 ff.; *Jahnke* ZHR 146 (1982), 602 ff.

[24] AllgM; vgl. nur *Wiedemann* GesR II § 9 III 7 b; Baumbach/*Hopt* RdNr. 5; *Koller*/Roth/Morck RdNr. 3; zu § 1 HGB aF vgl. Heymann/*Horn* RdNr. 2; Röhricht/v. Westphalen/*v. Gerkan/Haas* RdNr. 2; Schlegelberger/*Karsten Schmidt* RdNr. 3; Staub/*Schilling* RdNr. 1; MünchHdb. KG/*Neubauer/Herchen* § 30 RdNr. 88.

[25] Vgl. Baumbach/*Hopt* RdNr. 5; für § 2 aF („sollkaufmännisches" Gewerbe) BGHZ 59, 179, 181 = WM 1972, 904 = NJW 1972, 1660, 1661; BGHZ 61, 59, 65 f. = WM 1973, 896, 898 = NJW 1973, 1691, 1693; Heymann/*Horn* RdNr. 2; Staub/*Schilling* RdNr. 12.

[26] Heymann/*Horn* RdNr. 2; Schlegelberger/*Karsten Schmidt* RdNr. 3.

[27] AM *André Meyer* BB 2008, 628, 633.

Gründen auf die **Schein-Handelsgesellschaft** angewendet (vgl. auch 1. Aufl. § 15 RdNr. 96).[28] Die höchstrichterliche Rechtsprechung lehnte auch dies ab.[29] Konsequenterweise verneinte der BGH auch eine Haftung aus § 176, wenn überhaupt (noch) keine Gesellschaft, sondern nur deren Rechtsschein vorliegt; die Anwendung des Abs. 1 *auf eine Scheingesellschaft* ist nach Auffassung des BGH „nicht vertretbar".[30] Dasselbe musste konsequenterweise für den **Scheingesellschafter** einer an sich vorhandenen Gesellschaft gelten.[31] Aus heutiger Sicht kommt eine Rechtsscheinhaftung wegen des bei RdNr. 3 f. dargestellten Funktionswandels nicht mehr in Frage, weil Abs. 1 Satz 1 die Gesellschafterhaftung nicht verschärft, sondern einschränkt (RdNr. 3). Es liegt der klassische **Fall eines Wandels der Normsituation** vor. Eine wortlautgerechte Anwendung des Abs. 1 Satz 2 wäre sub specie Art. 3 GG problematisch. Das spricht für eine **teleologische Neuorientierung des Abs. 1 Satz 2:**[32] Nach diesem Verständnis kann auch eine unter § 2, § 3 oder § 105 Abs. 2 fallende Gesellschaft, sofern sie alle Voraussetzungen für die Eintragung als KG erfüllt, unter das Haftungsprivileg des Abs. 1 Satz 1 fallen. Eine solche Überlegung liegt allerdings einstweilen außerhalb der anerkannten Lehre.[33]

2. Nichteintragung. a) Abs. 1 Satz 1. Die Gesellschaft darf **nicht im Handelsregister eingetragen** sein. Ist sie eingetragen, so unterliegen die gleichfalls eingetragenen Kommanditisten der Haftung nach §§ 171, 172, nicht nach § 176. Die Anmeldung allein genügt nicht für den Haftungsausschluss.[34] Die Eintragung kann auch nicht durch andere Bekanntmachungen, Rundscheiben usw. ersetzt werden.[35] Diese befreien nur von der unbeschränkten persönlichen Haftung gegenüber den Gläubigern, denen sie bei Begründung der Verpflichtung bekannt waren (vgl. RdNr. 13). Von der Anwendbarkeit des Abs. 1 Satz 1 befreien sie nicht. Ist die Gesellschaft eingetragen, aber fälschlich als oHG eingetragen und bekannt gemacht, so ist dies ein Fall des § 15 Abs. 3, nicht des § 176 Abs. 1.[36] 8

b) Anmeldung erforderlich? Solange § 176 nur als Haftungsverschärfung angesehen wurde, stand außer Frage, dass eine Anmeldung zum Handelsregister nicht erforderlich ist. Wer schon die Anmeldepflicht vernachlässigte, genoss keine Sonderbehandlung. Versteht man Abs. 1 als Haftungsprivileg (RdNr. 3), so ist ernsthaft zu fragen, ob erst die Anmeldung die Gesellschafter aus dem gegenüber § 176 noch strengeren Haftungsregime herausführt.[37] Das wird zu verneinen sein. Es genügt, dass die Eintragung beabsichtigt ist und betrieben wird. 9

c) Abgrenzung zu Abs. 2. Ist zwar die Gesellschaft eingetragen, aber die **Eintragung eines Kommanditisten versäumt** worden, so wird man die Haftung in **Analogie zu** 10

---

[28] OLG Nürnberg WM 1961, 124, 126; OLG Köln OLGZ 1973, 468, 471; Düringer/Hachenburg/*Flechtheim* Anm. 8; *Koller*/Roth/Morck RdNr. 7; Röhricht/v. Westphalen/*v. Gerkan/Haas* RdNr. 7; Schlegelberger/*Karsten Schmidt* RdNr. 5; MünchHdb. KG/*Neubauer/Herchen* § 30 RdNr. 116; *Flume,* FS H. Westermann, 1974, S. 173 f.; *Hofmann* GmbHR 1970, 16 f.

[29] BGHZ 61, 59, 66 f. = NJW 1973, 1691, 1693; BGHZ 69, 95, 98 f. = NJW 1977, 1683, 1684; KG JW 1924, 1181 m. Anm. *Fischer;* so auch *Wiedemann* GesR II § 9 III 7 b; Heymann/*Horn* RdNr. 3; Staub/*Schilling* RdNr. 14; *Huber,* FS Hefermehl, 1976, S. 134 f.; *Canaris* NJW 1974, 455; *Kollhosser* ZGR 1976, 235 f.; *Teichmann/Schick* JuS 1975, 22.

[30] BGH WM 1978, 1151; so wohl auch OLG Frankfurt WM 1975, 810, 811; eingehend dazu Schlegelberger/*Karsten Schmidt* RdNr. 6.

[31] Auch dazu Schlegelberger/*Karsten Schmidt* RdNr. 6 (nach damaligem Stand kritisch).

[32] Dazu *Karsten Schmidt* GesR § 55 II 1 a bb; *ders.* GmbHR 2002, 341 ff.; s. auch *Dauner-Lieb,* FS Lutter, 2000, S. 849; *Wagner* NJW 2001, 1112; einschr. Westermann/*Wertenbruch* (2009) RdNr. 3104.

[33] Ablehnend Baumbach/*Hopt* RdNr. 6; *Koller*/Roth/Morck RdNr. 7; *Clauss/Fleckner* WM 2003, 1793, 1794; *Jacobs* DB 2005, 2227, 2232; wohl auch *Oetker* RdNr. 5; *Mattheus/Schwab* ZGR 2008, 65, 78 f.; unentschieden wohl E/B/J/S/*Strohn* RdNr. 4; *Armbrüster* ZGR 2005, 34, 60.

[34] ROHGE 23, 280; Düringer/Hachenburg/*Flechtheim* Anm. 4; E/B/J/S/*Strohn* RdNr. 8; Heymann/*Horn* RdNr. 2; hM.

[35] Baumbach/*Hopt* RdNr. 1; Düringer/Hachenburg/*Flechtheim* Anm. 4; E/B/J/S/*Strohn* RdNr. 8; Staub/*Schilling* RdNr. 3.

[36] AM *Mettheus/Schwab* ZGR 2008, 65, 80 f.: analoge Anwendung des § 176 Abs. 2.

[37] So *Dauner-Lieb,* FS Lutter, 2000, S. 839; dazu aber *Karsten Schmidt* GmbHR 2002, 341 ff.

Abs. 2 zu begründen haben. Eine direkte Anwendung scheidet aus, weil kein Eintritt vorliegt. Das Ergebnis steht jedenfalls außer Zweifel.[38] Für den Ausschluss der unbeschränkten Haftung genügt nach § 176 die Eintragung der Kommanditisteneigenschaft (vgl. sinngemäß für den Fall der Kenntnis auch RdNr. 16).[39] Ist der Kommanditist als unbeschränkt haftender Gesellschafter eingetragen und bekannt gemacht, so greift § 15 Abs. 3 ein (vgl. sinngemäß RdNr. 9).[40]

11 **3. Geschäftsbeginn.** Die Gesellschaft muss ihre Geschäfte begonnen haben. Die Gesellschaft hat ihre Geschäfte begonnen, sobald irgendein Geschäft unter der Firma der Gesellschaft getätigt worden ist. Anlaufgeschäfte, die die operative Tätigkeit vorbereiten, zB der Abschluss von Arbeitsverträgen, Werbeverträgen, Miet- oder Leasingverträgen, reichen aus (näher Erl. § 123). Ein ausdrückliches Handeln im Namen einer Kommanditgesellschaft oder die Verwendung einer nach §§ 18 f. zulässigen KG-Firma ist hierfür ausreichend, aber nicht erforderlich.[41] Erkennbares Handeln im Namen der noch nicht eingetragenen Gesellschaft genügt. Dabei gilt der Grundsatz, dass jedes unternehmensbezogene rechtsgeschäftliche Handeln im Zweifel ein Handeln im Namen des Unternehmensträgers ist (dazu 2. Aufl. Vor § 343 RdNr. 14).[42] Ausreichend ist also, *dass die Gesellschaft bereits Trägerin des Unternehmens ist und unternehmerische Geschäfte tätigt.* Das gilt sowohl für die Bargründung einer Kommanditgesellschaft als auch für die Einbringung eines Unternehmens im Wege der Sachgründung.[43] Ein Fall der Sachgründung und ein möglicher Anwendungsfall des Abs. 1 liegt auch vor, wenn jemand als Kommanditist iS von § 28 „in das Geschäft eines Einzelkaufmanns eintritt".[44] Mit der Überführung des Unternehmens auf das Gesellschaftsvermögen ist ein Geschäftsbeginn der KG ohne weiteres gegeben. Soll das Geschäft unter der Firma des bisherigen Einzelkaufmanns fortgeführt werden, so wird der Abschluss weiterer Geschäfte unter dieser Firma als der Beginn der Gesellschaftsgeschäfte anzusehen sein.[45] Darauf, ob ein korrekter Firmenzusatz nach § 19 verwendet wird, kommt es auch hier nicht an. Ein Geschäftsbeginn iS von Abs. 1 Satz 1 wird nur vermieden, wenn auf eine Außentätigkeit einstweilen verzichtet oder die Einbringung eines schon vorhandenen Unternehmens bis zur Eintragung aufgeschoben wird (wobei der Sacheinleger das Unternehmen bereits für Rechnung der KG führen kann). Seit Abs. 1 als Privilegierung verstanden werden muss (RdNr. 2 f.) wird festzuhalten sein: Für dieses Privileg genügt die Anmeldung zum Handelsregister (erforderlich ist sie nicht; vgl. RdNr. 9).

12 **4. Zustimmung.** Es gibt nach Abs. 1 Satz 1 keine Haftung ohne Zustimmung des Kommanditisten zum Geschäftsbeginn. Die Zustimmung braucht keine ausdrückliche zu sein, sie kann *auch in schlüssiger Weise* erteilt werden.[46] Im Abschluss eines Gesellschaftsvertrags allein liegt die Zustimmung noch nicht; sie kann aber aus dem Vertrag als schlüssiger Vertragsinhalt entnommen werden, wenn nichts über den Geschäftsbeginn gesagt ist und nach allem anzunehmen ist, dass alsbald mit dem Geschäftsbeginn begonnen werden sollte.[47] Das gilt vor allem für den Fall einer Sachgründung unter Einbringung eines Unter-

[38] Düringer/Hachenburg/*Flechtheim* Anm. 2; E/B/J/S/*Strohn* RdNr. 8; Heymann/*Horn* RdNr. 2; Röhricht/v. Westphalen/*v. Gerkan/Haas* RdNr. 12; *Jacobi* JW 1930, 3746.

[39] So jetzt auch Staub/*Schilling* RdNr. 3.

[40] Nur im Ergebnis wie hier *Mattheus/Schwab* ZGR 2008, 65, 81, wo im Ergebnis, um die (theoretischen) Fälle fehlender Bekanntmachung zu erfassen, einer analogen Anwendung des § 176 Abs. 2 der Vorzug gegeben wird.

[41] *Karsten Schmidt* GesR § 55 II 1 d; E/B/J/S/*Strohn* RdNr. 9; *Oetker* RdNr. 9; Staub/*Schilling* RdNr. 4; **aM** *Priester* BB 1980, 912 f.

[42] *Karsten Schmidt* HandelsR § 5 III.

[43] Zust. *Oetker* RdNr. 12.

[44] Zust. *Oetker* RdNr. 12; zu der sachwidrigen Gesetzesformulierung vgl. *Karsten Schmidt* HandelsR § 8 III 1 b.

[45] RG DNotZ 1931; 557; Staub/*Schilling* RdNr. 13; krit. *Priester* BB 1980, 912 f.

[46] RGZ 128, 172, 180; *Spies* S. 4; E/B/J/S/*Strohn* RdNr. 10; Heymann/*Horn* RdNr. 3; *Oetker* RdNr. 14; Staub/*Schilling* RdNr. 5; MünchHdb.KG/*Neubauer/Herchen* § 30 RdNr. 92; s. auch BGHZ 82, 209, 211 = WM 1982, 126 = NJW 1982, 883, 884 m. Anm. *Karsten Schmidt.*

[47] RGZ 128, 172, 181; Röhricht/v. Westphalen/*v. Gerkan/Haas* RdNr. 15; *Oetker* RdNr. 15; Staub/*Schilling* RdNr. 5; Bedenken bei Düringer/Hachenburg/*Flechtheim* Anm. 3.

nehmens (RdNr. 10).[48] Wird ein bestimmter Termin für den Geschäftsbeginn im Gesellschaftsvertrag nicht vereinbart und ist aus diesem auch sonst nicht eindeutig zu entnehmen, dass erst später mit den Geschäften begonnen werden soll, so ist von dem Einverständnis auszugehen. IdR muss deshalb der Kommanditist, der sich vor der unbeschränkten Haftung schützen will, ausdrücklich verlangen, dass die Geschäfte erst mit der Eintragung der Gesellschaft aufgenommen werden sollen.[49] Eine entsprechende Vereinbarung – im Gesellschaftsvertrag oder danach – ist als der sicherste Schutz gegen die Haftung anzuraten.[50] In Anbetracht der unterschiedlichen Eintragungsdauer wird sie aber nicht immer den Interessen der Parteien entsprechen. Im Fall der Unternehmenseinbringung kann vereinbart werden, dass der Sacheinleger das Unternehmen bis zur Einbringung im eigenen Namen führen soll (RdNr. 10). Im *Zeitpunkt* des haftungsbegründenden Geschäfts muss die Zustimmung vorliegen.[51] Wer bei Vertragsschluss dem alsbaldigen Geschäftsbeginn zugestimmt hat, kann diese Zustimmung nur bis zum Geschäftsbeginn (RdNr. 11) widerrufen. Wer die Zustimmung anfänglich abgelehnt hat, kann sie durch Duldung der Geschäftstätigkeit nachträglich erteilen. Im Übrigen spricht viel für die Annahme, dass der als Haftungsprivileg anzusehende § 176 (RdNr. 3) auch zugunsten eines die Aufnahme der Geschäfte ablehnenden Kommanditisten wirkt (Wandel der Normsituation).[52]

5. Nichtkenntnis von der Kommanditisteneigenschaft. a) Maßstab der (Nicht-)Kenntnis. Der Kommanditist haftet für die in RdNr. 34 ff. genannten Verbindlichkeiten unbeschränkt, es sei denn, dass seine Kommanditisteneigenschaft dem Gläubiger bekannt war (Abs. 1 Satz 1 aE). *Ein besonderer positiver Vertrauenstatbestand und dessen Kausalität braucht nicht festgestellt zu werden* (vgl. RdNr. 1: abstrakter Vertrauensschutz; RdNr. 3: Haftungsprivileg). Auch wenn der Gläubiger überhaupt nicht wusste, dass der Kommanditist irgendwie an der Gesellschaft beteiligt ist, haftet der Kommanditist nach § 176.[53] Da kein Gebrauch einer KG-Firma verlangt wird (RdNr. 10), ist der Gläubiger sogar geschützt, wenn er nicht einmal wusste, dass es sich um eine Kommanditgesellschaft handelt. Umgekehrt befreit auch die korrekte Verwendung einer KG-Firma (§ 19) noch nicht von der unbeschränkten Haftung. Die Kenntnis, dass die Gesellschaft eine Kommanditgesellschaft ist, schließt die unbeschränkte Haftung noch nicht ohne weiteres aus (vgl. aber zur GmbH & Co. KG RdNr. 50). Nur dann ist der Kommanditist von der unbeschränkten Haftung frei, wenn dem Gläubiger seine *Beteiligung als Kommanditist bekannt* war (Abs. 1 Satz 1 Halbsatz 2). Bloßes Kennenmüssen schadet dem Gläubiger selbst dann nicht, wenn die Unkenntnis auf Verschulden beruht.[54] Nicht erforderlich ist dagegen für den Ausschluss der unbeschränkten Haftung, dass dem Gläubiger auch die Haftsumme oder die Einlage des Kommanditisten bekannt war (vgl. auch RdNr. 15).[55] Auch sollte das Erfordernis der positiven Kenntnis der Kommanditistenstellung nicht praxisfern auf die Spitze getrieben werden. Aus der Kenntnis aller Gesellschafter kann nach Lage des Einzelfalles auf eine die Haftung ausschließende Kenntnis der Kommanditistenbeteiligung geschlossen werden.[56] Auch wenn der Gläubiger alle persönlich haftenden Gesellschafter kennt, haften die Kommanditisten – der Gläubiger mag sie kennen oder nicht – nicht unbeschränkt 13

---

[48] Westermann/*Wertenbruch* (2009) RdNr. I 3106; Heymann/*Horn* RdNr. 3; Staub/*Schilling* RdNr. 5.

[49] Weniger streng Heymann/*Horn* RdNr. 3; *Oetker* RdNr. 15; Staub/*Schilling* RdNr. 5.

[50] Vgl. nur Düringer/Hachenburg/*Flechtheim* Anm. 3; Schlegelberger/*Karsten Schmidt* RdNr. 11.

[51] Heymann/*Horn* RdNr. 3; Staub/*Schilling* RdNr. 6.

[52] *Karsten Schmidt* GesR § 55 II 1 b bb.

[53] RG LZ 1931, 234; BGHZ 82, 209, 212 = WM 1982, 126 = NJW 1982, 883, 884 m. Anm. *Karsten Schmidt*; Westermann/*Wertenbruch* (2009) RdNr. I 3107; E/B/J/S/*Strohn* RdNr. 11; *Koller*/Roth/Morck RdNr. 4; Röhricht/v. Westphalen/*v. Gerkan/Haas* RdNr. 18; Staub/*Schilling* RdNr. 10; *Ulrich Huber* ZGR 1984, 159; insoweit auch *Priester* BB 1980, 913.

[54] RGZ 128, 172, 182; OLG Nürnberg WM 1961, 124, 126; E/B/J/S/Strohn RdNr. 11; *Oetker* RdNr. 20.

[55] RGZ 12, 135; 128, 172, 183; BGH NJW 1980, 54, 55; Düringer/Hachenburg/*Flechtheim* Anm. 6; Staub/*Schilling* RdNr. 10.

[56] Vgl. RGZ 128, 172, 183; Heymann/*Horn* RdNr. 4; *Jacobi* JW 1930, 3747.

nach § 176.[57] Die Praxis sollte diesen Gedanken generalisieren: Einem Gläubiger, der nach den Umständen des konkreten Falls eine unbeschränkte Haftung anderer als der ihm bekannten Personen für ausgeschlossen halten muss (auch ohne diese Personen als Kommanditisten einzuordnen), haften die Kommanditisten nicht nach § 176.

14 **b) Zeitpunkt der Kenntnis.** Entscheidender Zeitpunkt für die Kenntnis ist die Begründung der Verbindlichkeit.[58] Spätere Kenntniserlangung (zB bei Klageerhebung) schadet dem Gläubiger nicht. Im Fall der *Abtretung nach Kenntniserlangung* geht der gegen die Gesellschaft gerichtete Anspruch grundsätzlich mit der unbeschränkten Haftung über (nicht unzweifelhaft). Grundsätzlich wird dies sogar dann gelten müssen, wenn der neue Gläubiger im Zeitpunkt der Abtretung genaue Tatsachenkenntnis hat (Beispiel: Abtretung zum Zweck der prozessualen Geltendmachung). Nur im Einzelfall kann der Neugläubiger, zB wenn er ein Mitgesellschafter ist, nach § 242 gehindert sein, sich auf die unbeschränkte Haftung zu berufen.

15 **c) Beweislast.** Beweispflichtig für die Kenntnis ist der Kommanditist.[59] Er kann den Nachweis der Kenntnis auch durch den Beweis führen, dass der Gläubiger abschließende Kenntnis von der Zusammensetzung der persönlich haftenden Gesellschafter hatte (näher RdNr. 13).

16 **d) Haftung bei Kenntnis.** Ist die unbeschränkte Haftung wegen der Kenntnis des Gläubigers ausgeschlossen, so tritt beschränkte Haftung nach §§ 171, 172 ein. Es entscheidet dann die vereinbarte Höhe der Haftsumme.[60] Ein Gläubiger, der sich im Wissen um die Kommanditisteneigenschaft eines Gesellschafters nicht nach dessen Haftsumme erkundigt, muss sich auf die unter den Gesellschaftern vereinbarte beschränkte Haftung verweisen lassen (RdNr. 13).[61] Nur dann, wenn dem Gläubiger eine über die wirkliche Haftsumme hinausgehende Kommanditistenhaftung vorgespiegelt wurde und sich der Kommanditist dies zurechnen lassen muss, kommt eine die Haftsumme überschreitende Inanspruchnahme in Betracht.

III. Voraussetzungen des Abs. 2

17 **1. Bestehende Handelsgesellschaft. a) Ausgangsgesellschaft.** Es muss eine Handelsgesellschaft vorhanden sein, und zwar eine oHG oder eine KG.[62] Diese Beschränkung auf oHG und KG ergibt sich nicht aus dem Wortlaut, wohl aber aus der Sache selbst. In eine Kapitalgesellschaft kann kein Gesellschafter als Kommanditist eintreten, ebenso wenig in das Geschäft eines Einzelkaufmanns (zu dem irreführend formulierten Tatbestand des § 28 vgl. RdNr. 11). Die Gesellschaft braucht als solche im Fall des § 1 Abs. 2 nicht in das Handelsregister eingetragen zu sein; in den Fällen der §§ 2, 3 und 105 muss die Gesellschaft eingetragen sein, weil anderenfalls § 176 nicht eingreift (vgl. RdNr. 5). Eine Scheinhandelsgesellschaft genügt nach der bisherigen Praxis nicht (dazu aber RdNr. 7).[63]

18 **b) Kommanditgesellschaft.** Spätestens durch den Hinzutritt des Kommanditisten ist die Gesellschaft im Fall des Abs. 2 Kommanditgesellschaft geworden. Regelmäßig handelt es sich bereits vor dem Hinzutritt des neuen Kommanditisten um eine Kommanditgesellschaft.

---

[57] BGH NJW-RR 1987, 416 = JuS 1987, 495 *(Karsten Schmidt)* = WM 1986, 1280.

[58] E/B/J/S/*Strohn* RdNr. 12; Heymann/*Horn* RdNr. 4; *Oetker* RdNr. 22; Staub/*Schilling* RdNr. 10; MünchHdb.KG/*Neubauer/Herchen* § 30 RdNr. 93.

[59] Vgl. BGHZ 82, 209, 212 f. = WM 1982, 126 = NJW 1982, 883, 884 m. Anm. *Karsten Schmidt*; OLG Nürnberg WM 1961, 124, 126; OLG Köln OLGZ 1973, 468, 471; E/B/J/S/*Strohn* RdNr. 11; *Oetker* RdNr. 23; Röhricht/v. Westphalen/*v. Gerkan/Haas* RdNr. 21; Staub/*Schilling* RdNr. 10.

[60] BGH LM Nr. 4 = BB 1979, 855 = NJW 1977, 1820, 1821; Baumbach/*Hopt* RdNr. 4; *Riegger* BB 1979, 1381.

[61] *Koller*/Roth/Morck RdNr. 4; MünchHdb. KG/*Neubauer/Herchen* § 30 RdNr. 93.

[62] RGZ 128, 172, 174; Baumbach/*Hopt* RdNr. 9; Heymann/*Horn* RdNr. 12; Staub/*Schilling* RdNr. 23.

[63] Krit. MünchHdb. KG/*Neubauer/Herchen* § 30 RdNr. 96; Schlegelberger/*Karsten Schmidt* RdNr. 17.

2. Eintritt als Kommanditist. a) Begriff des Eintritts. Der Begriff des Eintritts ist normzweckbezogen auszulegen. Deshalb deckt sich der Begriff nicht mit dem des § 173 (vgl. dazu § 173 RdNr. 3 ff.). Bei § 173 geht es um die Gleichstellung oder Haftung für Alt- und Neuverbindlichkeiten bei demjenigen Gesellschafter, der künftig als Kommanditist haftet (vgl. zum Normzweck § 173 RdNr. 1 f.). Dem entspricht ein weiter, über den Eintritt im technischen Sinne hinausgehender Begriff des Eintritts (§ 173 RdNr. 5 ff.). Bei § 176 Abs. 2 geht es dagegen um eine Ausdehnung der aus Abs. 1 entlehnten Vertrauensschutzes auf den Fall, dass zwar die Kommanditgesellschaft, nicht aber die Kommanditbeteiligung eingetragen ist. RGZ 128, 172, 180 spricht mit Recht von der Ausdehnung des Abs. 1 auf den Fall einer „erweiterten, wenn auch nicht neuen" Gesellschaft. Gegenüber der Begriffsbildung bei § 173 muss deshalb der Tatbestand des Abs. 2 erheblich eingeschränkt werden.[64] Die inzwischen wohl hM hat diese Neuorientierung inzwischen im Wesentlichen mitvollzogen.[65] 19

b) Eintritt im technischen Sinne. Eintritt im Rechtssinne ist jedenfalls die *Aufnahme eines neuen Gesellschafters* durch Begründung einer neuen Kommanditbeteiligung.[66] Vgl. zu diesem Eintritt im technischen Sinne näher § 173 RdNr. 4, 19 ff. Ein fehlerhafter Eintritt genügt entsprechend den allgemein für fehlerhafte Gesellschaften geltenden Regeln.[67] 20

c) Anteilsumwandlung? *Kein Eintritt iS von Abs. 2 ist die Umwandlung des Anteils eines persönlich haftenden Gesellschafters in den eines Kommanditisten* (vgl. auch § 139 RdNr. 128).[68] Es wird die Ansicht vertreten, in diesem Fall hafte der Gesellschafter ohnedies bis zur Eintragung seiner neuen Eigenschaft als Kommanditist unbeschränkt.[69] Dem wurde hier in den Vorauflagen widersprochen und stattdessen auf § 15 Abs. 1 verwiesen (§ 162 Abs. 2 nF stehe nicht entgegen).[70] Indes: Den Vorzug verdient die neuerdings vorgeschlagene *analoge Anwendung des § 176 Abs. 2* besser.[71] Im Ergebnis wird also nach ähnlichen Kriterien gehaftet wie nach § 15 Abs. 1, doch kommt es auf die Eintragung, nicht auf die Bekanntmachung an. 21

d) Erbfolge? *Kein Eintritt iS von Abs. 2 ist die Nachfolge von Todes wegen.*[72] Dies wurde in der Literatur vor allem vom Verfasser (ZHR 144 (1980), 197 ff.) vertreten und ist seit dem Urteil BGHZ 108, 187, 899 = NJW 1989, 3152, 3153, wonach § 176 Abs. 2 nicht gelten „dürfe", wohl anerkannt. Das BGH-Urteil betont, dass auch der Erbe einer Haftung 22

---

[64] Schlegelberger/*Karsten Schmidt* RdNr. 18 ff.; eingehend *Karsten Schmidt* ZHR 144 (1980), 192 ff.; jetzt hM.

[65] **AM** aber noch *Koller*/Roth/Morck RdNr. 9.

[66] BGHZ 66, 98, 100 = WM 1976, 348 = NJW 1976, 848, 849; Westermann/*Wertenbruch* (2009) RdNr. I 3119; Baumbach/*Hopt* RdNr. 9; Ebenroth/Boujong/Joost/*Strohn* RdNr. 24; Heymann/*Horn* RdNr. 13; Staub/*Schilling* RdNr. 15.

[67] BGH LM Nr. 4 = WM 1977, 783 = NJW 1977, 1820; MünchHdb. KG/*Neubauer/Herchen* § 30 RdNr. 97; krit. *Müller-Graff* JuS 1979, 28 f.: Haftung nur nach Rechtsscheingrundsätzen.

[68] BGHZ 66, 98, 101 = WM 1976, 348 = NJW 1976, 848, 849; *Koller*/Roth/Morck RdNr. 9; Röhricht/v. Westphalen/*v. Gerkan/Haas* RdNr. 48; Schlegelberger/*Karsten Schmidt* RdNr. 20; *Kornblum* Haftung S. 249; *Mayer-Maly,* FS H. Westermann, 1974, S. 379; *Karsten Schmidt* ZHR 144 (1980) 196; *Wienberg* DB 1992, 722; **anders** für § 176 Abs. 2 zB Staub/*Schilling* RdNr. 21.

[69] Westermann/*Wertenbruch* (2009) RdNr. I 3122; *Mayer-Maly* (Fn. 68); dagegen schon Schlegelberger/*Karsten Schmidt* RdNr. 20.

[70] Vgl. m. weit. Nachw. Schlegelberger/*Karsten Schmidt* RdNr. 20; *Karsten Schmidt* ZHR 144 (1980), 197; zust. *Kick,* Die Haftung des Erben eines Personenhandelsgesellschafters, 1997, S. 177; Westermann/*Wertenbruch* (2009) RdNr. I 3122; GK/*Fahse* RdNr. 14; *Koller*/Roth/Morck RdNr. 9; *Oetker* RdNr. 43; Röhricht/v. Westphalen/*v. Gerkan/Haas* RdNr. 48.

[71] So im Ergebnis *Mattheus/Schwab* ZGR 2008, 65, 82 f.

[72] Jetzt wohl hM; vgl. BGHZ 108, 187, 197 = NJW 1989, 3152, 3155; *Karsten Schmidt* GesR § 55 II 2 b ee; Westermann/*Wertenbruch* (2009) RdNr. I 3123; Baumbach/*Hopt* RdNr. 12; E/B/J/S/*Strohn* RdNr. 27; Heymann/*Horn* RdNr. 15; vgl. bereits Staub/*Pinner* Anm. 2; Schlegelberger/*Karsten Schmidt* RdNr. 21 ff.; *Oetker* RdNr. 45; Begründung dieser hM bei *Karsten Schmidt* ZHR 144 (1980), 197 ff.; s. auch *Ulrich Huber* ZGR 1984, 161; *Wienberg* DB 1992, 723; **anders** im Ausgangspunkt die früher hM; vgl. etwa BGHZ 66, 98 = NJW 1976, 848; BGH NJW 1983, 2254; *Wiedemann* GesR II § 9 III 6 b bb; Staub/*Schilling* RdNr. 18; **unentschieden** OLG Hamm NJW-RR 2000, 1701, 1703; wohl auch *Koller*/Roth/Morck RdNr. 9.

nach § 176 unterliegen kann, wenn schon der Erblasser nach § 176 Abs. 1 oder 2 haftete. Das ist richtig. Aber der „Eintritt" des Erben als solcher (§ 173 RdNr. 41) ist **kein Fall des Abs. 2.** Im Einzelnen ist zu unterscheiden.

23 **aa) Beerbung eines eingetragenen Kommanditisten.** Kein Fall des Abs. 2 ist eindeutig die *Nachfolge eines oder mehrerer Erben in einen eingetragenen Kommanditanteil.*[73] Nur wer einen nicht eingetragenen Kommanditisten beerbt, haftet nach § 176,[74] dies aber nicht, weil die Erbfolge ein Eintritt iS des Abs. 2 ist, sondern weil er den Anteil erbt, wie er ist, also belastet mit der unbeschränkten Kommanditistenhaftung (RdNr. 22).

24 **bb) Anteilsumwandlung nach § 139.** Abs. 2 ist aber auch dann **nicht anzuwenden,** *wenn ein unbeschränkt haftender Gesellschafter (oHG-Gesellschafter oder Komplementär) beerbt und sein Anteil nach § 139 in eine oder mehrere Kommanditbeteiligungen umgewandelt wird.*[75] Die bis in die 80er Jahre vorherrschende Gegenansicht wendet Abs. 2 an und muss sich mit Ausnahmeregeln helfen, wo die Anwendung des § 176 evident sachwidrig wäre.[76] Eine Ausnahme machte BGHZ 66, 98 = WM 1976, 348 = NJW 1976, 848 für den Fall, dass der Erbe bereits Gesellschafter ist.[77] Beerbt ein eingetragener Kommanditist einen unbeschränkt haftenden Gesellschafter und wandelt er den ererbten Anteil in einen Kommanditanteil um, so liegt nach Auffassung des BGH kein Eintritt eines Neukommanditisten vor. Dem wurde hier schon in der 1./2. Aufl. mit der Maßgabe im Ergebnis zugestimmt, dass die Rechtsnachfolge von vornherein kein Eintritt iS des Abs. 2 sein kann (RdNr. 22 f.).[78] Wie bei RdNr. 21 wurde stattdessen auf § 15 Abs. 1 verwiesen.[79] nach den Ausführungen bei RdNr. 21 spricht viel für eine analoge Anwendung des § 176 Abs. 2 nicht auf die Rechtsnachfolge, wohl aber auf die Anteilsumwandlung. Danach besteht bei der Beerbung eines unbeschränkt haftenden Gesellschafters während der Schwebezeit gemäß § 139 keine Eintragungspflicht und damit auch keine Haftungssanktion,[80] aber mit dem Ende der Schwebezeit setzt die Haftung nach § 176 ein.[81] Sie gilt aber nur für die Verbindlichkeiten zwischen dem Ablauf der Dreimonatsfrist und der Eintragung der (vor Fristablauf vorgenommenen) Anteilsumwandlung.

25 **cc) Eintrittsklausel.** Eine Eintrittsklausel im Todesfall hat zur Folge, dass mit dem Tod eines Gesellschafters die Gesellschaft unter den verbleibenden Gesellschaftern fortgeführt wird und der Anteil ihnen anwächst (§ 131 Abs. 3 Nr. 1), dass aber der durch die Eintrittsklausel Berechtigte ein Recht auf Aufnahme in die Gesellschaft hat (näher § 139 RdNr. 25 ff.). Wegen der Nähe zur Nachfolge von Todes wegen wurde erwogen, ob Abs. 2 auch hier kraft teleologischer Reduktion ausgeschaltet werden kann.[82] Aber aus Gründen der Rechtsklarheit[83] bleibt dies ein **Eintritt iS von Abs. 2.**[84] Die Bestimmung ist im Fall

[73] BGHZ 108, 187, 197 ff. = NJW 1989, 3152, 3155; Heymann/*Horn* RdNr. 15; Staub/*Schilling* RdNr. 17; *Ulrich Huber* (Fn. 72); **aM** Düringer/Hachenburg/*Flechtheim* § 177 Anm. 4, wo mit Recht auf Inkonsequenzen in der Begründung der hergebrachten Auffassung hingewiesen wird.

[74] BGHZ 108, 187, 197 = NJW 1989, 3152, 3155; Heymann/*Horn* RdNr. 15; *Koller*/Roth/Morck § 177 RdNr. 9; Schlegelberger/*Karsten Schmidt* RdNr. 22.

[75] Jetzt wohl hM; vgl. Baumbach/*Hopt* RdNr. 10; Heymann/*Horn* RdNr. 15; *Koller*/Roth/Morck RdNr. 9; *Oetker* RdNr. 44; MünchHdb. KG/*Neubauer/Herchen* § 30 RdNr. 98; *Karsten Schmidt* ZHR 144 (1980), 197 f.; **aM** im Ausgangspunkt BGHZ 66, 98, 100 = WM 1976, 348 = NJW 1976, 848, 849 = JuS 1976, 539 m. Anm. *Karsten Schmidt*; Staub/*Schilling* RdNr. 21.

[76] Kritische Darstellung bei Schlegelberger/*Karsten Schmidt* RdNr. 23.

[77] Zustimmend Röhricht/v. Westphalen/*v. Gerkan/Haas* RdNr. 42.

[78] Herausgearbeitet wurde dies vor der Änderung des § 162; vgl. Schlegelberger/*Karsten Schmidt* RdNr. 23; *Karsten Schmidt* ZHR 144 (1980), 197, 199.

[79] Zust. zB Baumbach/*Hopt* RdNr. 10; E/B/J/S/*Strohn* RdNr. 27; Heymann/*Horn* RdNr. 15; *Oetker* RdNr. 45; näher Schlegelberger/*Karsten Schmidt* § 139 RdNr. 128; *Karsten Schmidt* ZHR 144 (1980), 199.

[80] Vgl. BGHZ 55, 267, 272 f. = WM 1971, 556, 558 f.; *Glaser* DB 1956, 934.

[81] Vgl. nur LG Hamburg JW 1935, 1586 m. Anm. *Boesebeck*; *Schilling* ZGR 1978, 174 ff.; unentschieden BGHZ 66, 98, 100 f. = WM 1976, 348 = NJW 1976, 848, 849.

[82] *Karsten Schmidt* NJW 1982, 886.

[83] Vgl. bereits Schlegelberger/*Karsten Schmidt* RdNr. 24.

[84] E/B/J/S/*Strohn* RdNr. 30; Heymann/*Horn* RdNr. 16; *Oetker* RdNr. 46; Röhricht/v. Westpahlen/*v. Gerkan/Haas* RdNr. 46.

eines den Gläubigern unbekannten Eintrittsberechtigten besonders gefährlich. Der auf Grund der Eintrittsklausel einrückende Kommanditist kann und sollte vorsorglich durch die Vereinbarung einer aufschiebenden Bedingung geschützt werden (RdNr. 30). Nach Lage des Einzelfalls kann die Eintrittsklausel so ausgelegt werden, dass der Eintrittsberechtigte aufschiebend bedingt als Kommanditist und zu gleichen Bedingungen alsbald als atypisch stiller Gesellschafter der Gesellschaft beitreten kann.

e) Anteilsübertragung? aa) Kein Eintritt *iS von Abs. 2 ist die Nachfolge in einen eingetragenen Anteil durch Anteilsübertragung,* denn hier liegt keine Neubegründung einer Mitgliedschaft, sondern eine Einzelrechtsnachfolge in die Mitgliedschaft vor (§ 105 RdNr. 210 ff.).[85] Der österreichische OGH hat längst in diesem Sinne entschieden.[86] Dagegen hat der BGH vor Jahrzehnten gegenteilig entschieden, dass der Anteilserwerb unter Lebenden ein Eintritt iS von Abs. 2 ist.[87] Diese lange Zeit herrschende, aber seit Anerkennung der Anteilsübertragung kaum systematisch begründete Auffassung stößt in der neueren Literatur auf nahezu einhellige Kritik.[88] Die künftige Gerichtspraxis sollte eine Anwendung des Abs. 2 verneinen. Es bedarf nach dem seit BGHZ 81, 82 = WM 1981, 841 = NJW 1981, 2747 erreichten Diskussionsstand auch nicht mehr des Nachfolgevermerks im Handelsregister, um die unbeschränkte (!) Kommanditistenhaftung vom Erwerber eines eingetragenen Kommanditistenanteils abzuwenden (vgl. § 173 RdNr. 36).[89] 26

bb) Erwerb eines nicht eingetragenen Anteils. Die *Nachfolge in einen nicht eingetragenen Kommanditanteil,* dessen Veräußerer bereits nach Abs. 1 oder Abs. 2 haftete, begründet allerdings auch für den Erwerber die Haftung aus Abs. 2.[90] Das beruht indessen nicht darauf, dass die Nachfolge ein Eintrittstatbestand wäre, sondern der Erwerber erwirbt die Mitgliedschaft so, wie sie ist, hier also als Kommanditanteil mit unbeschränkter Haftung. 27

3. Besondere Zustimmung? *Die Haftung beginnt mit dem Eintritt.* Eine besondere Zustimmung zur Fortführung des Geschäftsbetriebs ist nicht erforderlich.[91] Die früher herrschende Gegenansicht leitete aus der Verweisung auf Abs. 1 Satz 1 her, dass nicht schon der Eintritt, sondern erst die Zustimmung des Kommanditisten zur Fortführung der Geschäfte durch die erweiterte Gesellschaft die Haftung auslöst.[92] Allerdings war dieses Merkmal in der praktischen Anwendung bereits erheblich verkümmert, weil nach RGZ 128, 172, 180 f. die Zustimmung schon im Abschluss des Aufnahmevertrages liegt, wenn 28

---

[85] Jetzt schon hM; *Karsten Schmidt* GesR § 55 II 2 b dd; Westermann/*Wertenbruch* RdNr. I 3120; Baumbach/*Hopt* RdNr. 11; E/B/J/S/*Strohn* RdNr. 27; GK/*Fahse* RdNr. 14; Heymann/*Horn* RdNr. 14; *Oetker* RdNr. 44; Röhricht/v. Westphalen/*v. Gerkan/Haas* RdNr. 37; Schlegelberger/*Karsten Schmidt* RdNr. 25; Staub/*Schilling* RdNr. 15; *Stock* DStR 1991, 388; in dieser Richtung schon *Donner* DR 1944, 289, 294; Begründung der hM bei *Karsten Schmidt* ZHR 144 (1980), 192 ff.; GmbHR 1981, 258; NJW 1982, 886; NJW 1983, 2260; zustimmend *Crezelius* BB 1983, 12; *Eckert* ZHR 147 (1983), 572 Fn. 42; *Ulrich Huber* ZGR 1984, 160 ff.

[86] GesRZ 1977, 97; dazu krit. *Ostheim* GesRZ 1981, 8 f.; *Koppensteiner* GesRZ 1982, 122; zur Argumentation von *Ostheim* vgl. *Karsten Schmidt* GmbHR 1981, 258 Fn. 82.

[87] BGH BB 1983, 1118 = NJW 1983, 2259 m. Anm. *Karsten Schmidt* = WM 1983, 651; s. auch OLG Frankfurt NZG 2008, 749.

[88] Zustimmend aber *Koller*/Roth/Morck RdNr. 9; ebenso, aber gedanklich unergiebig *A. Meyer,* Die rechtsgeschäftliche Übertragung von Kommanditanteilen, 1993, S. 126–139; *Michel,* Die Kommanditanteilsübertragung auf einen Dritten, 1990, S. 108 ff.

[89] Vgl. Schlegelberger/*Karsten Schmidt* RdNr. 25; insofern noch anders *Karsten Schmidt* ZHR 144 (1980), 200; nur für beschränkte Kommanditistenhaftung bei fehlendem Nachfolgevermerk Westermann/*Wertenbruch* 82009) RdNr. I 3120.

[90] BGH WM 1986, 1280; Heymann/*Horn* RdNr. 14; Röhricht/v. Westphalen/*v. Gerkan/Haas* RdNr. 38; *Karsten Schmidt* NJW 1983, 2260.

[91] So wohl auch BGHZ 82, 209, 211 f. = (Leitsatz) LM Nr. 8 m. Anm. *Brandes* = WM 1982, 126 = NJW 1982, 883, 884 m. Anm. *Karsten Schmidt*; jetzt hM; vgl. Baumbach/*Hopt* RdNr. 9; E/B/J/S/*Strohn* RdNr. 31; GK/*Fahse* RdNr. 11; Heymann/*Horn* RdNr. 12; *Koller*/Roth/Morck RdNr. 9; *Oetker* RdNr. 48 f.; MünchHdb. KG/*Neubauer/Herchen* § 30 RdNr. 99; Röhricht/v. Westphalen/*v. Gerkan/Haas* RdNr. 49; Staub/*Schilling* RdNr. 23.

[92] RGZ 128, 172, 180; so auch noch *H. Westermann* HdbPersG I (Stand 1978) RdNr. 929; Düringer/Hachenburg/*Flechtheim* Anm. 9; GroßkommHGB/*Schilling,* 3. Aufl. 1970, Anm. 21.

der Kommanditist keinen Vorbehalt aufnehmen lässt. Richtigerweise hat der Kommanditist, wenn er einer operativ tätigen Gesellschaft beitritt, keine Wahl, der Geschäftsführung zuzustimmen oder die Zustimmung zu verweigern.[93] Die Zustimmung ist auch rechtlich überflüssig, denn während im Fall des Abs. 1 nur die Zustimmung zur Aufnahme der Geschäfte vor Eintragung die Haftung legitimiert, trägt im Fall des Abs. 2 der Beitritt zu einer tätigen Handelsgesellschaft die Haftungslegitimation in sich.[94] Abs. 2 verweist nicht auf diese beim Kommanditistenbeitritt ins Leere gehende Voraussetzung des Abs. 1 Satz 1. Die unbeschränkte Haftung nach Abs. 2 wirkt **ex nunc.** Unbeschränkt gehaftet wird für die nach dem Beitritt begründeten Gesellschaftsverbindlichkeiten (RdNr. 34, 37, 38). Ein vereinbarter Eintritt des Kommanditisten in schon vorhandene Verbindlichkeiten der Gesellschaft wirkt nur im Innenverhältnis. Im Außenverhältnis haftet der eingetretene Kommanditist auch in diesem Fall nach § 176 nur für die nach seinem Eintritt begründeten Verbindlichkeiten (RdNr. 34).[95] Einer **beschränkten Kommanditistenhaftung für Altschulden** unterliegt der Neukommanditist nach § 173 (RdNr. 40).[96]

29 **4. Abhilfe durch schützende Vereinbarungen.** Da im Gegensatz zum Abs. 1 keine Vereinbarung des Inhalts möglich ist, die Gesellschaft solle erst nach Eintragung des Kommanditisten ihre Geschäfte fortsetzen (vgl. RdNr. 28 im Gegensatz zu RdNr. 11), besteht ein praktisches Bedürfnis danach, den eintretenden Kommanditisten durch Vertragsklauseln gegenüber der unbeschränkten Kommanditistenhaftung zu sichern.

30 **a) Aufschiebende Bedingung.** Abhilfe gegenüber der Haftung nach Abs. 2 ist in den von der Vorschrift erfassten Fällen durch *Vereinbarung einer aufschiebenden Bedingung für den Kommanditistenbeitritt* möglich (Bedingungseintritt mit Registereintragung).[97] Soll der Kommanditist bereits sofort oder zu einem bestimmten Stichtag beteiligt werden, so ist zu der Vereinbarung zu raten, dass er bei im Übrigen identischen Konditionen sofort *auflösend bedingt mitunternehmerisch als atypischer stiller Gesellschafter* (§ 230 RdNr. 74 ff.) *und sodann aufschiebend bedingt zu gleichen Konditionen als Kommanditist* beitritt.[98] Die Haftung nach Abs. 2 ist zuverlässig vermieden. Nicht ausgeschlossen ist naturgemäß eine Haftung kraft veranlassten Rechtsscheins als Scheingesellschafter (§ 173 RdNr. 22).

31 **b) Treuhandabrede.** Auch im Fall der nach richtiger Ansicht für Abs. 2 nicht einschlägigen Übertragung eines eingetragenen Kommanditanteils (RdNr. 26) empfiehlt der BGH die beim Kommanditisteneintritt ohne weiteres durchführbare Vereinbarung einer aufschiebenden Bedingung.[99] Eine solche Vereinbarung kann aber bei der Anteilsübertragung interessenwidrig sein, weil die mitunternehmerische Beteiligung an einem bestimmten Stichtag übergehen soll.[100] Deshalb wird teils eine Freistellungsklausel zugunsten des Altgesellschafters im Übernahmevertrag empfohlen.[101] Konsequenter ist die *Kombination der aufschiebend bedingten Anteilsübertragung mit einer auflösend bedingten Vereinbarungstreuhand* (dazu vor § 230 RdNr. 54), die im Innenverhältnis zwischen dem Veräußerer und dem Erwerber bereits die Übertragungsfolgen vorwegnimmt.[102] Bedingung ist auch hier die Eintragung im Han-

[93] So bereits Schlegelberger/*Karsten Schmidt* RdNr. 27; *Schilling* ZGR 1978, 175.

[94] *Karsten Schmidt* ZHR 144 (1980), 195; zust. BGHZ 82, 209, 211 f. = WM 1982, 126 = NJW 1982, 883, 884; *Brandes* LM Nr. 8.

[95] RGZ 118, 172, 180 f.

[96] Röhricht/v. Westphalen/*v. Gerkan/Haas* RdNr. 53.

[97] BGHZ 82, 209, 212 = WM 1982, 126 = NJW 1982, 883, 884 m. Anm. *Karsten Schmidt*; s. auch BGH WM 1983, 651, 652 = BB 1983, 1118, 1119 = NJW 1983, 2258, 2259 m. Anm. *Karsten Schmidt*; *Karsten Schmidt* ZHR 144 (1980), 200; Westermann/*Wertenbruch* (2009) RdNr. I 3124; E/B/J/S/*Strohn* RdNr. 33; Röhricht/v. Westphalen/*v. Gerkan/Haas* RdNr. 50.

[98] *Karsten Schmidt* ZHR 144 (1980), 201.

[99] BGH WM 1983, 651, 652 = BB 1983, 1118, 1119 = NJW 1983, 2258, 2259 m. Anm. *Karsten Schmidt*; zust. *Knobbe-Keuk,* Steuerberater-Jahrbuch 1983/84, S. 77.

[100] Röhricht/v. Westphalen/*v. Gerkan/Haas* RdNr. 50; *Eckert* ZHR 147 (1983), 573; *Karsten Schmidt* NJW 1983, 2260.

[101] *Eckert* ZHR 147 (1983), 573.

[102] Vgl. Schlegelberger/*Karsten Schmidt* RdNr. 30; zust. MünchHdb. KG/*Neubauer/Herchen* § 30 RdNr. 106.

delsregister. Aber der Erwerber erlangt sogleich die vom Veräußerer nur noch treuhänderisch zu verwaltenden mitunternehmerischen Gesellschafterrechte. Solange der BGH seine Rechtsprechung aufrechterhält, ist zu einer solchen Vereinbarung zu raten.

5. Nichtkenntnis von der Kommanditisteneigenschaft. a) Tatbestand der Nichtkenntnis. Hinsichtlich des schutzwürdigen Vertrauenstatbestands gilt für Abs. 2 sinngemäß das bei RdNr. 12 ff. Gesagte. Ebenso wenig wie bei Abs. 1 ist erforderlich, dass der Gläubiger auf eine unbeschränkte Haftung des Kommanditisten vertraute oder auch nur um seine Zugehörigkeit zu der Gesellschaft wusste. Der subjektive Vertrauenstatbestand erschöpft sich auch bei Abs. 2 darin, *dass dem Gläubiger die Beteiligung des Gesellschafters als Kommanditist nicht bekannt gewesen sein darf.*[103] Der BGH hat die für Abs. 2 vertretene Gegenansicht von *Priester*[104] mit Hinweisen auf den Gesetzeswortlaut und auf den Sinn und Zweck der strengen Haftung zutreffend abgelehnt und das rechtspolitische Argument hinzugefügt, es sollten Streitigkeiten darüber vermieden werden, ob der Gläubiger die Zugehörigkeit des Kommanditisten zu der Gesellschaft gekannt oder für wahrscheinlich oder für möglich gehalten und seine Entschließung auf diese Erwartung eingerichtet hat. Dem Standpunkt des BGH ist zuzustimmen. Selbst bei einem Kommanditisten, der bereits vor seiner Eintragung wieder aus der Gesellschaft ausgeschieden ist, kann deshalb die Haftung zum Zuge kommen.[105] Ähnlich wie bei § 15 Abs. 1[106] können unzuträgliche Härten der Haftungsnorm vermieden werden, wenn man sich zu einer *teleologischen Reduktion* in dem Sinne entschließt, dass der Kommanditist erst dann der Haftung nach Abs. 2 ausgesetzt ist, wenn seine Beteiligung (mag sie auch dem konkreten Gläubiger unbekannt geblieben sein) in irgendeiner Weise „in der Welt" ist.[107] Die bloße Beitrittsvereinbarung, die noch in keiner Weise nach außen gedrungen ist, greift dann nicht für den Haftungstatbestand. In diesem Fall scheidet nämlich ein auch nur abstrakt mögliches Vertrauen des Gläubigers aus. Vor allem beim Beitritt zu einer Publikums-KG könnte eine solche Reduktion helfen (RdNr. 49). Die Frage ist noch unausgetragen. Für eine die unbeschränkte Kommanditistenhaftung ausschließende Kenntnis genügt es, dass der Gläubiger alle unbeschränkt haftenden Gesellschafter kennt; er kann sich dann gegenüber nicht eingetragenen Kommanditisten – er mag sie kennen oder nicht – nicht auf die Haftung nach § 176 berufen.[108] Auch hier ist auf RdNr. 12 zu verweisen. Zum Fall der GmbH & Co. vgl. RdNr. 50. 32

b) Folgen der Kenntnis. Wusste der Gläubiger um die Kommanditisteneigenschaft und scheidet damit die unbeschränkte Haftung aus, so gelten die Regeln der beschränkten Kommanditistenhaftung. Demnach ist die vereinbarte Haftsumme maßgebend (vgl. sinngemäß RdNr. 16). Der eingetretene Kommanditist haftet einem solchen Gläubiger nach § 173 für die Altverbindlichkeiten und nach §§ 171, 172 für die Neuverbindlichkeiten. 33

IV. Rechtsfolgen

1. Unbeschränkte Kommanditistenhaftung. a) Die Haftungsfolgen. Der Kommanditist haftet in den Fällen der Absätze 1 und 2 **gleich einem persönlich haftenden Gesellschafter.** Insoweit gelten für ihn die §§ 128, 129 und nicht §§ 171, 172.[109] Nicht anwendbar ist dagegen § 130. Das hätte zur Folge, dass der Kommanditist auch für die vor seinem Beitritt begründeten Verbindlichkeiten unbeschränkt haftet, und zwar auch über 34

[103] RGZ 128, 172, 182; BGHZ 82, 209, 212 f. = (Leitsatz) LM Nr. 8 m. Anm. *Brandes* = NJW 1982, 883, 884 m. Anm. *Karsten Schmidt*; Baumbach/*Hopt* RdNr. 9; *Oetker* RdNr. 50; Röhricht/v. Westphalen/*v. Gerkan/Haas* RdNr. 51; *Jacobi* JW 1930, 3746.

[104] BB 1980, 913.

[105] Der Kommanditist kann deshalb verlangen, dass sein Eintritt und Austritt nachträglich eingetragen wird, OLG Oldenburg NJW 1987, 1441 = GmbHR 1988, 140.

[106] Vgl. zu dieser Vorschrift den Reduktionsvorschlag bei *Karsten Schmidt* HandelsR § 14 II 2 b.

[107] Schlegelberger/*Karsten Schmidt* RdNr. 31; *Karsten Schmidt* GesR § 55 I 4; *ders.* NJW 1982, 886.

[108] BGH NJW-RR 1987, 416 = JuS 1987, 495 *(Karsten Schmidt)* = WM 1986, 1280.

[109] OLG Dresden DJZ 1899, 24.

den Zeitpunkt der Eintragung hinaus (die Eintragung würde nur wie die einer Haftsummenherabsetzung wirken). Diese Rechtsfolge durch das Gesetz ist nicht gedeckt. Die Rechtsscheinhaftung nach § 176 wirkt nicht in die Vergangenheit, sondern **nur für Neuverbindlichkeiten** (RdNr. 28, 38, 41). Für Altverbindlichkeiten haftet auch der nicht eingetragene Kommanditist nur nach § 173 (RdNr. 28, 38, 42, § 173 RdNr. 23). Im **Insolvenzverfahren** der Gesellschaft gilt für die unbeschränkte Haftung nicht § 171 Abs. 2.[110] Aber aus § 93 InsO ergibt sich, dass auch die unbeschränkte Kommanditistenhaftung vom Insolvenzverwalter geltend gemacht wird.[111] Für den **Regress** des unbeschränkt haftenden Kommanditisten gelten die bei § 110 und § 128 dargestellten Regeln.

35 **b) Keine sonstige Änderung.** Von den verschärften Haftungsfolgen abgesehen nimmt der Kommanditist nicht die Stellung eines persönlich haftenden Gesellschafters ein. Insbesondere bleibt es dabei, dass der Kommanditist von der Geschäftsführung (§ 164) und von der organschaftlichen Vertretung (§ 170) ausgeschlossen ist. Sein Informationsrecht ist das des (allerdings zu eng formulierten und deshalb durch Rechtsfortbildung zu erweiternden) § 166. Dem Kommanditisten steht auch nicht die gesetzliche Befugnis zu, die eigene Eintragung selbst zu beantragen (näher § 162). Soweit der Kommanditist auf Grund verspäteter Anmeldung nicht rechtzeitig eingetragen wurde und ihm keine Freistellung und kein Regress (RdNr. 34) zukommt, kann dem Kommanditisten ein Schadensersatzanspruch gegen den Komplementär bzw. die Mitgesellschafter zustehen.

36 **2. Begrenzung des geschützten Personenkreises.** Geschützt sind nur **dritte Gläubiger** der Gesellschaft.[112] *Nicht* von § 176 erfasst sind die Sozialansprüche der *Mitgesellschafter.* Der Wandel der Normsituation (RdNr. 3) ändert hieran nichts, weil auch nach allgemeinen Regeln nicht unbeschränkt für Sozialverbindlichkeiten gehaftet wird (vgl. § 128 RdNr. 12). **Individualansprüche der Mitgesellschafter** zB aus Lieferungen und Leistungen könnten von § 176 erfasst sein, doch wird hier die Haftung in aller Regel an der Kenntnis vom Gesellschafterbestand scheitern.[113] Unabhängig hiervon kann die Treupflicht der Geltendmachung der Haftung entgegenstehen.[114] Erwirbt der Mitgesellschafter den Anspruch von einem Dritten, so wird § 242 BGB entgegenstehen (RdNr. 14). Nach hM ist auch ein **stiller Gesellschafter** wegen seiner aus der Beteiligung herrührenden Ansprüche nicht Gesellschaftsgläubiger im Sinne des § 176.[115] Das ist in dieser Allgemeinheit zweifelhaft! Der gesetzestypische stille Gesellschafter ist ein Kreditgeber der Gesellschaft (§ 230 RdNr. 170). Nur im Einzelfall kann § 242 BGB der Geltendmachung von Haftungsansprüchen entgegenstehen. Eine generelle Gleichstellung mit einem Mitgesellschafter der KG scheint nur bei einem mitunternehmerischen atypischen stillen Gesellschafter (§ 230 RdNr. 77 ff.) ohne weiteres gerechtfertigt.[116] Für diese atypische stille Einlage haftet ein Kommanditist nicht nach § 176. Keinen Schutz nach § 176 erhält auch ein Gesellschafter, der teils selbst Kommanditist, teils stiller Gesellschafter ist (gesplittete Einlage). Die Tatsache allein, dass der Gläubiger stiller Gesellschafter ist, sollte ihn aber nicht von dem Schutz nach § 176 ausschließen, sofern ihm die Zusammensetzung der Gesellschaft nicht bekannt ist. Ähnliches gilt für **Arbeitnehmer.** Auch

---

[110] BGHZ 82, 209, 214 = WM 1982, 126, 127 = NJW 1982, 883, 885 m. Anm. *Karsten Schmidt*; vor Einführung der InsO konnten deshalb die Gläubiger persönlich gegen den unbeschränkt haftenden Kommanditisten vorgehen.

[111] Vgl. zur Anwendung des § 93 InsO im Fall des § 176 E/B/J/S/*Strohn* RdNr. 13; Röhricht/v. Westphalen/*v. Gerkan/Haas* RdNr. 22a.

[112] Vgl. *Karsten Schmidt* GesR § 55 I 3; Röhricht/v. Westphalen/*v. Gerkan/Haas* RdNr. 26; jetzt auch *Koller/* Roth/Morck RdNr. 4; *Oetker* RdNr. 26.

[113] Vgl. auch MünchHdb. KG/*Neubauer/Herchen* § 30 RdNr. 103.

[114] Vgl. Röhricht/v. Westphalen/*v. Gerkan/Haas* RdNr. 26.

[115] KG WM 1956, 544; MünchHdb. KG/*Neubauer/Herchen* § 30 RdNr. 103; Röhricht/v. Westphalen/*v. Gerkan/Haas* RdNr. 26; *Oetker* RdNr. 27; **aM** *Koller*/Roth/Morck RdNr. 5.

[116] Schlegelberger/*Karsten Schmidt* RdNr. 35; gegen diese Einschränkung Röhricht/v. Westphalen/*v. Gerkan/Haas* RdNr. 26.

sie sind vom Schutz des § 176 nicht generell ausgenommen.[117] Nur wenn ihnen die Kommanditisteneigenschaft iS von RdNr. 13, 32 bekannt ist, verlieren sie den Vertrauensschutz.

3. Begrenzung der erfassten Gesellschaftsverbindlichkeiten. a) Rechts- und Prozessverkehr. Die *Begrenzung nach der Art von Verbindlichkeiten* ist umstritten und hängt eng mit der **Frage nach dem Normzweck** (RdNr. 1) zusammen. Nach einer im Vordringen befindlichen Auffassung ist § 176 Ausdruck des Grundsatzes, dass die gesetzliche Außenhaftung von Gesellschaftern bis zur Eintragung unbeschränkte Haftung ist. Hieraus wird gefolgert, dass die Haftung alle Drittverbindlichkeiten (RdNr. 36) der Gesellschaft erfasst.[118] Das ist eine stimmige und vertretbare Folgerung und entspricht einer schon vorher vertretenen Auffassung.[119] Das Urteil BGHZ 82, 209, 213f. = NJW 1982, 883 m. Anm. *Karsten Schmidt* hat anders entschieden. Auch hier wurde aus der Parallelität zwischen § 176 und § 15 Abs. 1[120] abgeleitet, dass der Kreis der von der unbeschränkten Haftung erfassten Ansprüche entsprechend den für § 15 geltenden Grundsätzen abzugrenzen ist. Das Konzept ist ein anderes als zB bei der Gründerhaftung im GmbH-Recht. Wo typischerweise nicht vertraut werden kann, scheidet auch der abstrakte Vertrauensschutz aus.[121] *Erfasst sind deshalb grundsätzlich nur Ansprüche aus Rechtsgeschäft oder rechtsgeschäftsähnlichen Handlungen;*[122] richtigerweise wohl auch gesetzliche Rückabwicklungsansprüche, die aus Rechtsgeschäften resultieren, wie die Leistungskondiktion; ferner Ansprüche aus Leistungsstörungen auch wo sie, wie bei der culpa in contrahendo, als gesetzliche Ansprüche eingeordnet werden.[123] *Deliktsansprüche scheiden aus,*[124] *ebenso Steuerforderungen*[125] *und öffentlichrechtliche Beitrags- und Gebührenforderungen.*[126] Ausnahmen werden von manchen angenommen, wenn ein Anspruch nachträglich durch Stundung oder durch sonstiges Rechtsgeschäft beeinflusst worden ist.[127] Dem ist aus Gründen des Normzwecks und der Rechtssicherheit nicht zu folgen, auch weil diese Auffassung zu nachträglichen Prozessbehauptungen einlädt (ausführlicher noch in der 2. Aufl.). Die strenge Haftung nach § 176 ist nur gerechtfertigt, wenn die nachträgliche Vereinbarung jedenfalls wirtschaftlich einer Neubegründung der Verbindlichkeit gleichkommt. Das ist insbesondere in den seltenen Fällen der Novation und des abstrakten Schuldanerkenntnisses (§ 781 BGB), evtl. auch beim Vereinbarungsdarlehn (§ 607 Abs. 2 BGB) der Fall. 37

---

[117] Vgl. BAG AP Nr. 2 = BB 1980, 383 = NJW 1980, 1071; BGHZ 82, 209, 213 f. = WM 1982, 126, 127 = NJW 1982, 883 m. Anm. *Karsten Schmidt*; BAG ZIP 1993, 848, 850; Heymann/*Horn* RdNr. 5; Röhricht/v. Westphalen/*v. Gerkan/Haas* RdNr. 26.

[118] Westermann/*Wertenbruch* (2009) RdNr. I 3112; *Jacobs* DB 2005, 2227, 2234; *Mattheus/Schwab* ZGR 2008, 65, 89ff.

[119] BSG MDR 1979, 259f.; 1979, 962; *Kornblum* Haftung S. 250; *Spies* S. 11; *Knobbe-Keuk*, FS Stimpel, 1485, S. 189; *Barella* DB 1952, 465; *Crezelius* BB 1983, 11.

[120] Schlegelberger/*Karsten Schmidt* RdNr. 36; *Karsten Schmidt* NJW 1982, 886; *ders.* GmbHR 2002, 341 ff; vgl. dagegen aber *Mattheus/Schwab* ZGR 2008, 65, 73f.

[121] Vgl. BGHZ 82, 209, 215 f. = WM 1982, 126, 127 = NJW 1982, 883, 885 m. Anm. *Karsten Schmidt*; LG Osnabrück NdsRpfleger 1959, 274 f.; *Karsten Schmidt* GesR § 55 I 1; Düringer/Hachenburg/*Flechtheim* Anm. 6; Heymann/*Horn* RdNr. 5; *Koller*/Roth/Morck RdNr. 5; *Oetker* RdNr. 29; Röhricht/v. Westphalen/*v. Gerkan/Haas* RdNr. 24; Schlegelberger/*Karsten Schmidt* RdNr. 36; Staub/*Schilling* RdNr. 7; *Neumann/Duesberg* DB 1965, 771.

[122] Vgl. Düringer/Hachenburg/*Flechtheim* Anm. 6; E/B/J/S/*Strohn* RdNr. 14; GK/*Fahse* RdNr. 4; Heymann/*Horn* RdNr. 5; HK-HGB/*Stuhlfelner* RdNr. 7; *Koller*/Roth/Morck RdNr. 5; Röhricht/v. Westphalen/*v. Gerkan/Haas* RdNr. 24; Schlegelberger/*Karsten Schmidt* RdNr. 36; Staub/*Schilling* RdNr. 7; *Priester* BB 1980, 914.

[123] Ebenso *Oetker* RdNr. 29; vgl. auch MünchHdb. KG/*Neubauer/Herchen* § 30 RdNr. 103: „Gesellschaftsverbindlichkeiten aus dem gesamten Geschäfts- und Prozessverkehr".

[124] BGHZ 82, 209, 215 = LM Nr. 8 m. Anm. *Brandes* = WM 1982, 126, 127 = NJW 1982, 883; Baumbach/*Hopt* RdNr. 1; E/B/J/S/*Strohn* RdNr. 14; Heymann/*Horn* RdNr. 5; Schlegelberger/*Karsten Schmidt* RdNr. 36.

[125] FG Berlin EFG 1983 Nr. 437; E/B/J/S/*Strohn* RdNr. 14; Röhricht/v. Westphalen/*v. Gerkan/Haas* RdNr. 24; *Knobbe-Keuk,* Steuerberater-Jahrbuch 1983/84, S. 76; **aM** *Crezelius* BB 1983, 11.

[126] *Koller*/Roth/*Morck* RdNr. 5; *Karsten Schmidt* GesR § 55 I 3; **aM** BSG MDR 1976, 259; 1976, 962.

[127] Vgl. BSG MDR 1976, 259; Röhricht/v. Westphalen/*v. Gerkan/Haas* RdNr. 24; Schlegelberger/*Karsten Schmidt* RdNr. 36; *Priester* BB 1980, 914.

38 **b) Nur Neuverbindlichkeiten.** Auch die Begrenzung in zeitlicher Hinsicht ergibt sich aus dem Normzweck. *Es geht um Verkehrsschutz und damit kommt nicht, wie bei § 173, eine Gleichstellung aller Altverbindlichkeiten mit den Neuverbindlichkeiten in Betracht.* Die unbeschränkte Kommanditistenhaftung wirkt nur ex nunc (RdNr. 28). Die beschränkte Haftung nach § 173 für Altverbindlichkeiten bleibt hiervon unberührt (RdNr. 28, 34, 42). Das gilt auch für die Altschulden eines eingebrachten Unternehmens bei der Sachgründung, für die die Gesellschaft nach § 28 haftet.

39 **aa) Abs. 1** erfasst nur die Verbindlichkeiten, die nach der Zustimmung des Kommanditisten zum Geschäftsbeginn begründet worden sind.[128] Geschäfte, die die Gesellschaft vorher getätigt hat, fallen nicht darunter. Damit ist jedoch nur die unbeschränkte nicht auch die beschränkte Haftung verneint, weil der Kommanditist für alle Gesellschaftsverbindlichkeiten jedenfalls nach Maßgabe der §§ 171 ff. haftet.[129]

40 **bb) Abs. 2.** Auch im Fall des Abs. 2 werden Altverbindlichkeiten nicht einbezogen. Maßgebender Zeitpunkt ist hier der Eintritt (RdNr. 28). Für die vor dem Eintritt begründeten Verbindlichkeiten haftet der eintretende Kommanditist nach §§ 173, 171 f. (§ 173 RdNr. 14 ff., 19 ff.).[130] Bei rechtsgeschäftlichen Verbindlichkeiten, um die es sich regelmäßig handelt, kommt es darauf an, wann die rechtsgeschäftlichen Erklärungen abgegeben wurden.[131]

41 **4. Rechtsfolgen der Eintragung. a) Neuverbindlichkeiten nach der Eintragung.** Die Eintragung beseitigt den Haftungstatbestand für *Verbindlichkeiten, die nach der Eintragung begründet sind* (vgl. zur Frage, ob bis zur Bekanntmachung ein Haftungsrisiko aus § 15 Abs. 1 besteht, RdNr. 45). Sie unterliegen der allgemeinen Kommanditistenhaftung nach §§ 171, 172.

42 **b) Forthaftung.** Die *vor der Eintragung* begründeten und deshalb *von § 176 erfassten Verbindlichkeiten* unterliegen weiterhin der unbeschränkten Kommanditistenhaftung.[132] **Die bereits entstandene unbeschränkte Haftung endet**, anders als die Handelndenhaftung nach § 11 Abs. 2 GmbHG bei der nichteingetragenen GmbH[133], **nicht** (ausführlicher noch in der 2. Aufl.). § 176 verliert seine Berechtigung nicht rückwirkend mit der Eintragung.

43 **c) Enthaftung.** Die unbeschränkte Kommanditistenhaftung endet **analog § 160 Abs. 3** nach einer fünfjährigen Enthaftungsfrist.[134] Vor dem Nachhaftungsbegrenzungsgesetz von 1994 unterlag die Haftung analog § 159 aF einer fünfjährigen Sonderverjährung.[135] An deren Stelle tritt heute die Analogie zu § 160 Abs. 3 (ausführliche Begründung noch in der 1./2. Auflage). Für die unbeschränkte Haftung nach § 176 beginnt mit der Eintragung die Enthaftungsfrist analog § 160 Abs. 3 Satz 1 zu laufen. Die **beschränkte Kommanditisten-**

---

[128] Düringer/Hachenburg/*Flechtheim* Anm. 5; Heymann/*Horn* RdNr. 5; Röhricht/v. Westphalen/*v. Gerkan/Haas* RdNr. 16, 25; Staub/*Schilling* RdNr. 8.

[129] *Kornblum,* Haftung S. 248 f.; Heymann/*Horn* RdNr. 5; Schlegelberger/*Karsten Schmidt* RdNr. 38 (dort Auseinandersetzung mit einer früher vertretenen Gegenansicht).

[130] Vgl. BGHZ 82, 209, 215 = WM 1982, 126, 127 = NJW 1982, 883, 885 m. Anm. *Karsten Schmidt;* Düringer/Hachenburg/*Flechtheim* Anm. 5; E/B/J/S/*Strohn* RdNr. 17; Röhricht/v. Westphalen/*v. Gerkan/Haas* RdNr. 53; Staub/*Schilling* RdNr. 24.

[131] BGHZ 73, 217, 220 = WM 1979, 487, 488 = NJW 1979, 1361; BGHZ 82, 209, 215 = WM 1982, 126, 127 = NJW 1982, 883, 885 m. Anm. *Karsten Schmidt;* E/B/J/S/*Strohn* RdNr. 15; Heymann/*Horn* RdNr. 5; Staub/*Schilling* RdNr. 8.

[132] Baumbach/*Hopt* RdNr. 1; E/B/J/S/*Strohn* RdNr. 20; Heymann/*Horn* RdNr. 7, 17; *Oetker* RdNr. 33; Röhricht/v. Westphalen/*v. Gerkan/Haas* RdNr. 27.

[133] Vgl. nur BGHZ 80, 182, 185 = NJW 1981, 1452, 1453; stRspr.

[134] Baumbach/*Hopt* RdNr. 13; E/B/J/S/*Strohn* RdNr. 20; Röhricht/v. Westphalen/*v. Gerkan/Haas* RdNr. 28; *Koller*/Roth/Morck RdNr. 5; Vermischung mit dem alten Recht wohl noch bei Heymann/*Horn* RdNr. 7.

[135] BGH WM 1983, 1039 f. = BB 1983, 1561 f. = NJW 1983, 2813; *Kornblum* Haftung S. 202; Schlegelberger/*Karsten Schmidt* RdNr. 41; Staub/*Schilling* RdNr. 9; Straube/*Koppensteiner* RdNr. 12; *Karsten Schmidt* GesR § 55 III 2; *ders.* NJW 1981, 161; unentschieden noch BGHZ 78, 114, 117 = WM 1980, 1235 = NJW 1981, 175.

haftung nach §§ 171 ff. **bleibt** von der nur den § 176 erfassenden Enthaftung **unberührt** (§ 160 Abs. 3 Satz 3 analog).

d) Verjährung. Von der Enthaftung analog § 160 Abs. 3 ist die Frage zu unterscheiden, ob dem Kommanditisten eine etwa für die Gesellschaftsverbindlichkeit geltende kürzere Verjährungsfrist zugute kommt (dazu Erl. § 129). Das ist zu bejahen. Unterbrechungshandlungen gegenüber der Gesellschaft muss sich grundsätzlich auch der Gesellschafter entgegenhalten lassen.[136] Hiervon zu unterscheiden ist die Unterbrechung (seit 2002: Hemmung) durch Rechtshandlungen (seit 2002: Maßnahmen der Hemmung) gegenüber dem Gesellschafter.[137] Die *Verjährung wird nach § 209 BGB* (§ 204 BGB nF) *durch Klageerhebung* auch dann *unterbrochen* (seit 2002: gehemmt), wenn der Gläubiger mit der Klage nicht die unbeschränkte Kommanditistenhaftung des § 176, sondern die beschränkte Kommanditistenhaftung des § 171 geltend macht.[138] Der BGH begründet dies mit der Identität des Streitgegenstands. Klarzustellen ist, dass der Umfang der Verjährungsunterbrechung durch den Klagantrag bestimmt, also auf die eingeklagte Summe begrenzt, ist. 44

V. Sonderfragen

1. Verhältnis zu § 15. a) § 15 Abs. 1. Wie in der ersten Aufl. ausführlich begründet, ist neben § 176 *für eine Anwendung des § 15 Abs. 1 kein Raum.*[139] Seit der **Neufassung des § 162 Abs. 2** (§§ 171, 172 RdNr. 26, § 173 RdNr. 36, 45) dürfte das endgültig außer Frage stehen (vgl. allerdings zum Streit um § 162 Abs. 2 die Darstellung bei § 173 RdNr. 36). 45

b) § 15 Abs. 2. Auch die Frage, ob § 15 Abs. 2 neben § 176 Anwendung finden kann (dazu noch 1. Aufl. RdNr. 46), hat sich gleichfalls erledigt. Das schließt nicht aus, dass ein vom eingetragenen Kommanditisten hervorgerufener oder zurechenbar unterhaltener konkreter Rechtsschein stärker sein kann als die Enthaftungswirkung der Eintragung. Wer etwa durch Gebrauch einer unrichtigen Firma den Rechtsschein erweckt oder aufrechterhält, er sei noch Einzelkaufmann oder unbeschränkt haftender Gesellschafter, während in Wahrheit eine (GmbH & Co.-)KG gegründet und eingetragen ist, haftet auf Grund Rechtsscheins, auch wenn eine richtige Eintragung und Bekanntmachung vorliegt (vgl. sinngemäß § 15 RdNr. 78). 46

c) § 15 Abs. 3. Eindeutig nicht ausgeschlossen ist die Anwendbarkeit des § 15 Abs. 3. Wird ein Kommanditist unrichtig als oHG-Gesellschafter oder als Komplementär eingetragen und bekannt gemacht, so haftet er nach § 128. § 162 Abs. 2 nF steht dann nicht entgegen, weil die Publizität als unbeschränkt haftender Gesellschafter, nicht als Kommanditist, in Rede steht. 47

2. Analoge Anwendung bei Firmenänderung? Eine analoge Anwendung des Abs. 1 auf bloße Firmenänderungen wird vom BAG vertreten.[140] Die bloße Firmenänderung unterscheidet sich vom gesetzlichen Anwendungsfall des § 176 dadurch, dass die Gesellschaft und ihre Gesellschafter im Handelsregister eingetragen sind. Die Gesellschaft bedient sich allerdings einer neuen Firma, was zu Irreführungen des Rechtsverkehrs führen kann. Nach Auffassung des BAG ergibt sich ein dem Anwendungsfall des Abs. 1 entsprechendes Schutzbedürfnis des Verkehrs in dem gesetzlich nicht geregelten Fall, dass eine Kommanditgesellschaft ihre Firma ändert und von der geänderten Firma bereits vor der Eintragung im Handelsregister Gebrauch macht. Das der Regelung des § 176 zugrunde liegende Prinzip 48

[136] Dazu BGHZ 73, 217, 222 = NJW 1979, 1361; Schlegelberger/*Karsten Schmidt* § 129 RdNr. 8.

[137] Dazu BGHZ 104, 76, 79 f. = NJW 1988, 1976; Schlegelberger/*Karsten Schmidt* § 129 RdNr. 9.

[138] So für die Enthaftung analog § 159 aF BGH WM 1983, 1039 f. = BB 1983, 1561 f. = NJW 1983, 2813.

[139] Baumbach/*Hopt* RdNr. 4; *Koller*/Roth/Morck RdNr. 4; Röhricht/v. Westphalen/*v. Gerkan/Haas* RdNr. 31; Staub/*Schilling* RdNr. 3.

[140] BAG AP Nr. 2 = BB 1980, 383 = NJW 1980, 1071; zustimmend E/B/J/S/*Strohn* RdNr. 7; GK/*Fahse* RdNr. 15 f.; *Priester* BB 1980, 915 ff.; **ablehnend** *Karsten Schmidt* GesR § 55 V 2; s. auch Baumbach/*Hopt* RdNr. 3; Röhricht/v. Westphalen/*v. Gerkan/Haas* RdNr. 10.

einer Rechtsscheinhaftung ist nach Auffassung des BAG verallgemeinerungsfähig und erfasst auch die Fälle, in denen die Firmenänderung bei der Kommanditgesellschaft nicht in das Handelsregister eingetragen ist und infolgedessen eine Personengesellschaft mit Billigung des Kommanditisten im Verkehr in Erscheinung tritt, bei welcher die Kommanditistenstellung eines Gesellschafters verborgen bleibt. Dem ist in dieser Form nicht zu folgen.[141] Die bloße Führung einer im Handelsregister nicht eingetragenen Firma rechtfertigt noch nicht die unbeschränkte Inanspruchnahme der dem Gläubiger uU nicht einmal bekannten Kommanditisten. Nur wenn durch die Firmenführung die Existenz einer neuen Gesellschaft vorgetäuscht und vom Gläubiger auf die persönliche Haftung vertraut wird, ist eine Vertrauenshaftung angezeigt.[142] Diese ergibt sich aber nicht kraft Analogie zu § 176 (RdNr. 6), sondern kraft allgemeinen Rechtsscheins.

49 **3. Sonderregeln für die Publikums-KG?** Nach BGHZ 82, 209, 213 = WM 1982, 126, 127 = NJW 1982, 883, 884 m. Anm. *Karsten Schmidt* unterliegt auch der *Kommanditist einer Publikums-KG* uneingeschränkt der strengen Haftung aus § 176.[143] Vor allem die Anwendung von Abs. 2 kann sich dann als ein für die Gläubiger ebenso überraschendes wie willkommenes Glücksgeschenk erweisen. Der unbedingte, schon vor der Registereintragung wirksame Beitritt zu einer Publikums-KG kann auf diese Weise mit schwer absehbaren Risiken verbunden sein. Der BGH sollte diese Rechtsprechung überprüfen. Auf Kommanditisten, die typischerweise anonym bleiben, passt Abs. 2 als Vertrauenstatbestand nicht.

50 **4. Anwendung bei der GmbH & Co.?** *Auch für die GmbH & Co. gilt § 176.*[144] BGH NJW 1980, 54 = GmbHR 1979, 223 = WM 1979, 1057 hat eine „Institutionalisierung" der GmbH & Co. in dem Sinne, dass § 176 auf sie nicht anzuwenden ist, mit Recht abgelehnt.[145] Die Nichtanwendung des § 176 auf die GmbH & Co. käme in der Praxis einer weitgehenden Außerkraftsetzung des § 176 gleich, die sich ohne ein Eingreifen des Gesetzgebers schwerlich aus der besonderen Haftungsverfassung gerade der GmbH & Co. rechtfertigen lässt. Es geht indessen bei der Anwendung des § 176 auf die GmbH & Co. nicht darum, ob durch Institutionalisierung der GmbH & Co. eine Exklave im Geltungsbereich des § 176 geschaffen werden soll,[146] sondern es geht darum, *ob die Verwendung einer GmbH & Co.-Firma im Rechtsverkehr ausreicht, um eine Haftung nach § 176 auszuschließen.*[147] *Das ist zu bejahen.*[148] Bei BGH NJW 1980, 54 = GmbHR 1979, 223 = WM 1979, 1057 wurde allerdings die Haftungsbeschränkung durch korrekte GmbH & Co.-Firmierung noch nicht anerkannt (ausführlicher noch 1. und 2. Aufl.). Diese Entscheidung ist **über-**

---

141 Vgl. bereits Schlegelberger/*Karsten Schmidt* RdNr. 47.

142 Vgl. auch Westermann/*Wertenbruch* RdNr. I 3108.

143 Zust. *Oetker* RdNr. 54, Röhricht/v. Westphalen/*v. Gerkan/Haas* RdNr. 59; kritisch bereits Schlegelberger/*Karsten Schmidt* RdNr. 48.

144 BGH NJW 1980, 54 = GmbHR 1979, 223 = WM 1979, 1057; BGH WM 1983, 651 = BB 1983, 1118 = NJW 1983, 2258 m. Anm. *Karsten Schmidt*; zust. Hesselmann/Tillmann/Müller-Thuns/*Schiessl*, Handbuch der GmbH & Co., 20. Aufl. 2009, § 5 RdNr. 69; Westermann/*Wertenbruch* (2009) RdNr. I 3109; Heymann/*Horn* RdNr. 11; *Koller*/Roth/Morck RdNr. 4; Röhricht/v. Westphalen/*v. Gerkan/Haas* RdNr. 55; *Karsten Schmidt* GesR § 55 V 1; die von *Crezelius* BB 1983, 8 angemerkte Widersprüchlichkeit der hier vertretenen Auffassung beruht auf einer Missdeutung.

145 **AM** *Priester* BB 1980, 913 f. mwN.

146 Irrig auch die Problemansiedlung bei *Crezelius* BB 1983, 12.

147 *Karsten Schmidt* NJW 1983, 2261.

148 Vgl. OLG Schleswig DZWiR 2005, 163 m. Anm. *Keil*; OLG Frankfurt ZIP 2007, 1809; LG Ravensburg ZIP 1984, 1232; LG Lübeck DZWiR 2004, 390; Hesselmann/Tillmann/Müller-Thuns/*Schiessl* 5 RdNr. 69; *Karsten Schmidt* GesR § 55 V 1 b; Westermann/*Wertenbruch* (2009) RdNr. I 3110; Baumbach/*Hopt* Anh. § 177 a RdNr. 19; E/B/J/S/*Strohn* RdNr. 22; E/B/J/S/*Henze* § 177 a Anh. A RdNr. 45; Heymann/*Horn* RdNr. 11; Röhricht/v. Westphalen/*v. Gerkan/Haas* RdNr. 55; Staub/*Schilling* RdNr. 27; jetzt hM; ältere Nachweise bei Schlegelberger/*Karsten Schmidt* RdNr. 49; vgl. im Ergebnis bereits BGH BB 1983, 1118 = NJW 1983, 2258 m. Anm. *Karsten Schmidt*; **aM** noch *Koller*/Roth/Morck RdNr. 4 mit Hinweis auf die fehlende Kenntnis der Haftsumme; aber hierauf stellt § 176 nicht ab; dieser „dogmatisch richtigen" Gegenansicht folgend allerdings *Keil* DZWiR 2005, 164.

holt.[149] Ihre Begründung überzeugte von vornherein nicht. Seit RGZ 128, 172, 183 ist anerkannt, dass eine Haftung nach § 176 jedenfalls dann ausscheidet, wenn der Dritte Umstände kennt, aus denen zwingend gefolgert werden muss, dass etwa vorhandene Mitgesellschafter nicht unbeschränkt haften. Im Fall der GmbH & Co ist dieser Schluss zwar nicht denkgesetzlich zwingend, aber es kann nach aller Lebenserfahrung nicht mit einer persönlichen Gesellschafterhaftung gerechnet werden. Allgemein gilt der Grundsatz, dass ein Gläubiger, der alle unbeschränkt haftenden Gesellschafter kennt und keinen Grund hat, mit einem weiteren Komplementär zu rechnen, nicht nach § 176 auf einen ihm bekannt oder unbekannt gewesenen Kommanditisten zugreifen kann (RdNr. 13, 32).[150] Das Urteil BGH BB 1983, 1118 = NJW 1983, 2258 m. Anm. *Karsten Schmidt* = WM 1983, 651 vom 21. 3. 1983 kündigte für Vorgänge seit 1981 einen Wandel der Rechtsprechung aufgrund des neu in Kraft getretenen § 19 Abs. 5 aF an (jetzt § 19 Abs. 2). Diese Anknüpfung an die Gesetzesänderung von 1980 überzeugte nicht, vielmehr war die Rechtsprechung des BGH für Altfälle aus der Zeit vor 1981 aufzugeben.[151] *Korrekte Firmierung als GmbH & Co. schließt die unbeschränkte Haftung aus.*[152]

5. Kommanditistenhaftung in der Gründungs-GmbH & Co. Das Recht der GmbH & Co. in Gründung wird ausführlich in den Kommentierungen zu § 11 GmbHG dargestellt. Der folgende Überblick soll die Haftungslage vor allem im Hinblick auf § 176 verdeutlichen. 51

Schrifttum: *Binz/Sorg,* Die GmbH & Co., 10. Aufl. 2005; *Hesselmann/Tillmann/Mueller-Thuns,* Handbuch der GmbH & Co., 20. Aufl. 2009; *Kießling,* Vorgründungs- und Vorgesellschaften, 1999.

a) Vorgründungsstadium. Vor Eintragung der GmbH ist zu unterscheiden zwischen den Stadien der noch nicht errichteten GmbH (Vorgründungsstadium) und der zwar schon errichteten, aber noch nicht eingetragenen Vor-GmbH (Gründungsstadium). Die Vorgründungsgesellschaft ist als bloßer Vorvertrag mit der späteren Vorgesellschaft und der GmbH nicht identisch.[153] Sie kann noch nicht Komplementärin sein. Ohne Komplementärin aber kann keine Kommanditgesellschaft entstehen. Nehmen die Gesellschafter die Geschäfte der künftigen KG schon in diesem Stadium auf, so haften sie bereits unabhängig von § 176 unbeschränkt. Es wird sich dann bei der Gesellschaft regelmäßig um eine oHG handeln, evtl. (in den Fällen der §§ 2, 3 und 105 Abs. 2) um eine Gesellschaft bürgerlichen Rechts. Für deren Haftungsverhältnisse gelten die oben bei RdNr. 2 dargestellten Grundsätze. Die Haftung ist strenger als nach § 176. Bloße Mitteilung der Haftungsbeschränkung an die Gläubiger hilft nicht. 52

b) Gründungsstadium. aa) Vor-GmbH als Komplementärin. Die gegründete, wenn auch noch nicht eingetragene GmbH als sog. **Vorgesellschaft** ist bereits fähig, Komplementärin zu sein.[154] Die Vor-GmbH haftet als Komplementärin nach §§ 161 Abs. 2, 128 für die Verbindlichkeiten der KG, sofern eine solche schon vor der Eintragung vorhanden ist; anderenfalls haftet sie nach dem Recht der Gesellschaft bürgerlichen Rechts. *Die Haftung der Gesellschafter der nicht eingetragenen GmbH* für deren Verbindlichkeiten ist str.:[155] Nach BGHZ 134, 333 = NJW 1997, 1507 haften die Gründer für Verbindlichkeiten grundsätzlich nur im Innenverhältnis gegenüber der GmbH.[156] Die anderen Bundesge- 53

[149] *Karsten Schmidt* GesR § 55 V 1 b; eingehend *ders.* ZHR 144 (1980), 203 ff.

[150] BGH NJW-RR 1987, 416 = JuS 1987, 495 *(Karsten Schmidt)* = WM 1986, 1280.

[151] LG Ravensburg ZIP 1984, 2260 f.; Schlegelberger/*Karsten Schmidt* RdNr. 49; *Huber* ZGR 1984, 166 f.; *Karsten Schmidt* NJW 1983, 2260 f.

[152] Vgl. Fn. 148.

[153] Vgl. eingehend *Karsten Schmidt* GmbHR 1982, 6; zu den Haftungsverhältnissen der Vorgründungs-GmbH vgl. BGH BB 1982, 69 = NJW 1982, 932; BB 1983, 1433 = NJW 1983, 2822; NJW 1992, 362, 363; 1998, 1645; *Karsten Schmidt* GmbHR 1998, 613.

[154] BGHZ 80, 129, 132 = NJW 1981, 1379; BGH BB 1985, 880 m. Anm. *Wessel* = NJW 1985, 736; hM.

[155] Zum älteren Meinungsstand vgl. Schlegelberger/*Karsten Schmidt* RdNr. 52.

[156] Vgl. schon BGH NJW 1996, 1210; zust. *Grunewald* GesR RdNr. 2 F 37.

richte haben sich dem im Ausgangspunkt angeschlossen.[157] Den Vorzug verdient der Gegenvorschlag einer unbeschränkten, mit der Eintragung fortfallenden Außenhaftung.[158] Diese Außenhaftung entfällt automatisch, als nicht ersatzlos mit Eintragung der GmbH;[159] sie wird dann durch eine Unterbilanzhaftung der GmbH-Gesellschafter im Innenverhältnis ersetzt, soweit das Reinvermögen im Zeitpunkt ihrer Eintragung bereits durch Vorbelastungen unter die Höhe des Stammkapitals gefallen ist.[160] Neben die unbeschränkte Gesellschafterhaftung der GmbH-Gründer tritt nach § 11 Abs. 2 GmbHG die *Haftung der handelnden Organe,* die gleichfalls automatisch (jedoch ersatzlos) im Eintragungszeitpunkt endet.[161]

54 **bb) Kommanditistenhaftung vor Eintragung.** Solange noch die Komplementär-Fähigkeit der Vor-GmbH nicht anerkannt war, galten die Kommanditisten vor deren Eintragung als nach § 128 haftbar.[162] Diese Auffassung ist seit dem Urteil BGHZ 80, 129 = NJW 1981, 1373 überholt (RdNr. 52). Die Gesellschaft kann bereits KG mit einer Vor-GmbH als Komplementärin sein. Es ist zu unterscheiden:

55 **c) GmbH eingetragen, KG nicht eingetragen.**[163] Nach Eintragung der GmbH, aber vor Eintragung der KG ist die Personengesellschaft nichteingetragene KG (Fall des § 1 Abs. 2) oder Gesellschaft bürgerlichen Rechts (Fälle der §§ 2, 3, 105 Abs. 2). Die GmbH als juristische Person und Gesellschafterin der Personengesellschaft (Komplementärin) haftet für deren Verbindlichkeiten. Eine persönliche Haftung der GmbH-Gesellschafter bzw. der für die GmbH handelnden Organe tritt nach der Eintragung der GmbH nicht mehr ein. Vorbelastungen der Komplementär-GmbH aus der Zeit vor ihrer Eintragung lösen allerdings die bei RdNr. 53 geschilderte Vorbelastungshaftung aus. Für die Haftung der Kommanditisten gilt in den Fällen der §§ 2, 3, 105 Abs. 2 BGB-Gesellschaftsrecht. Im Fall des § 1 greift § 176 ein, jedoch mit dem Ergebnis, dass dann nicht gehaftet wird, wenn dem Gläubiger bekannt war, dass im Namen einer GmbH & Co. gehandelt wurde (RdNr. 50). Die unbeschränkte Haftung der Kommanditisten wird also vermieden, wenn die Gesellschaft als GmbH & Co in Gründung bezeichnet wird.

56 **d) KG eingetragen, GmbH nicht eingetragen.** Eine Eintragung der KG vor der GmbH war nach der früher hM ausgeschlossen. Die Praxis lehnte eine Eintragung der KG ab, solange nicht die Komplementär-GmbH eingetragen war.[164] Diese registerrechtliche Praxis wurde im Hinblick auf den Standpunkt von BGHZ 80, 129 = NJW 1981, 1373 revidiert. Nunmehr kann die Kommanditgesellschaft auch mit einer Vor-GmbH als Komplementärin, also vor Eintragung der GmbH, in das Handelsregister eingetragen werden.[165] Dann endet die unbeschränkte Haftung der Kommanditisten (RdNr. 41), allerdings nicht hinsichtlich der schon begründeten Verbindlichkeiten (RdNr. 42). Die Gründer der GmbH haften nach den bei RdNr. 53 dargestellten Grundsätzen für die bis zur Eintragung der GmbH begründeten Verbindlichkeiten.[166]

---

[157] BAGE 83, 283 = NJW 1996, 3165; BFHE 185, 356 = NJW 1998, 2926; BSG KTS 1996, 599.

[158] BSG DB 1986, 1291 = ZIP 1986, 645; OLG Thüringen GmbHR 1999, 772 (n. rkr.); LSG Stuttgart NJW-RR 1997, 1463; *Karsten Schmidt* GesR § 34 III 3; *ders.,* Zur Stellung der oHG im System der Handelsgesellschaften, 1972, S. 317 ff.; *ders.* NJW 1978, 1980; *ders.* NJW 1981, 1347; Scholz/*Karsten Schmidt* GmbHG § 11 RdNr. 77 ff.; *Roth*/Altmeppen GmbHG § 11 RdNr. 55; Lutter/Hommelhoff/*Bayer* GmbHG § 11 RdNr. 19; *Flume,* FS Geßler, 1971, S. 33 f.; *ders.,* FS v. Caemmerer, 1978, S. 528; *ders.* NJW 1981, 1754; *John,* Die organisierte Rechtsperson, 1977, S. 324; *Theobald,* Vor-GmbH und Gründerhaftung 1984, S. 121 ff.; *W. H. Roth* ZGR 1984, 597 ff.; *Altmeppen* NJW 1997, 3272 ff.; *Michalski/Barth* NZG 1998, 525 ff.

[159] Vgl. BGHZ 80, 129, 144 = NJW 1981, 1373, 1376 mwN.

[160] BGHZ 80, 129 = NJW 1981, 1373; stRspr.; Einzelheiten bei Scholz/*Karsten Schmidt* GmbHG § 11 RdNr. 124.

[161] Hierzu BGHZ 69, 95, 103 f. = NJW 1977, 1693, 1685; BGHZ 70, 132 = NJW 1978, 636 m. Anm. *Karsten Schmidt*; BGHZ 80, 182, 185 = WM 1981, 519, 520 = NJW 1981, 1452, 1453.

[162] So noch *Karsten Schmidt* NJW 1975, 669 f.

[163] Eingehend Scholz/*Karsten Schmidt* GmbHG § 11 RdNr. 165 f.

[164] BayObLG GmbHR 1967, 9, 10; 1969, 22, 23; OLG Hamm DB 1976, 1859 = GmbHR 1976, 241.

[165] BGH BB 1985, 880, 881 m. Anm. *Wessel* = NJW 1985, 736, 737.

[166] Eingehend Scholz/*Karsten Schmidt* GmbHG § 11 RdNr. 168.

VI. Rechtslage in Österreich

1. § 176 UGB. Durch das UGB (§ 105 RdNr. 276 ff.) erhielt § 176 folgenden Wortlaut: 57

(1) [1] Handeln Gesellschafter oder zur Vertretung der Gesellschafter bestellte Personen nach Errichtung, aber vor Entstehung der Gesellschaft in deren Namen, so haftet der Kommanditist für die in der Zeit bis zur Eintragung begründeten Verbindlichkeiten der Gesellschaft bis zur Höhe seiner Haftsumme. [2] Dies gilt auch dann, wenn ein handelnder Gesellschafter nicht, nicht allein oder nur beschränkt vertretungsbefugt ist, der Dritte den Mangel der Vertretungsmacht aber weder kannte noch kennen musste.

(2) [1] Tritt ein Kommanditist in eine bestehende Personengesellschaft ein, so findet Abs. 1 für die in der Zeit zwischen seinem Eintritt und seiner Eintragung in das Firmenbuch begründeten Verbindlichkeiten der Gesellschaft entsprechende Anwendung. [2] § 171 Abs. 1 gilt sinngemäß.

2. Besonderheiten. a) § 176 Abs. 1 UGB. Die Bestimmung basiert auf **§ 123 UGB** 58
(vgl. § 123 RdNr. 25). Nach dieser dem Recht der Körperschaften (in Deutschland §§ 41 AktG, 11 GmbHG, 13 GenG) nachempfundenen Bestimmung wirkt die Eintragung konstitutiv in dem Sinne, dass die Gesellschaft erst mit der Registrierung zum Entstehen gelangt (krit. § 123 RdNr. 25).

b) Haftungsfolgen. Sie sind vollständig anders als nach § 176 HGB, denn der Kom- 59
manditist haftet eben nicht unbeschränkt, sondern nur nach Maßgabe der Haftsumme, über die der Kommanditist ggf. wie über die Höhe der geleisteten Einlage Auskunft geben muss.

§ 177 [Tod des Kommanditisten]

Beim Tod eines Kommanditisten wird die Gesellschaft mangels abweichender vertraglicher Bestimmung mit den Erben fortgesetzt.

Schrifttum: *F. Baur,* Der Testamentsvollstrecker als Unternehmer, FS Dölle, 1963, S. 249; *Bommert,* Neue Entwicklungen zur Frage der Testamentsvollstreckung in Personengesellschaften, BB 1984, 178; *Brandner,* Die Testamentsvollstreckung am Kommanditanteil ist zulässig, FS Kellermann, 1991, S. 37; *Buschmann,* Testamentsvollstreckung im Gesellschaftsrecht, 1982; *Buß,* Die Rechte des Testamentsvollstreckers in der werbenden oHG, Diss. Münster 1971; *Crezelius,* Unternehmenserbrecht, 1998; *Damrau,* Zur Testamentsvollstreckung am Kommanditanteil, NJW 1984, 2785; *Dauner-Lieb,* Unternehmen in Sondervermögen, 1998; *Donner,* Der Testamentsvollstrecker des eingetragenen Einzelkaufmanns, des offenen Handelsgesellschafters, des Komplementärs und des Kommanditisten, DNotZ 1944, 143; *Dörrie,* Die Testamentsvollstreckung im Recht der Personenhandelsgesellschaft und der GmbH, 1994; *Durchlaub,* Die Ausübung von Gesellschaftsrechten in Personengesellschaften durch Testamentsvollstrecker, DB 1977, 1399; *Ebenroth,* Erbrecht, 1992; *Einmahl,* Die Ausübung der Verwaltungsrechte des Gesellschaftererben durch den Testamentsvollstrecker, AcP 160 (1961), 29; *Emmerich,* Die Testamentsvollstreckung an Gesellschaftsanteilen, ZHR 132 (1969), 297; *Esch,* Die Nachlaßzugehörigkeit vererbter Personengesellschaftsbeteiligungen, NJW 1984, 339; *ders.,* Zur Zulässigkeit der Testamentsvollstreckung an Kommanditbeteiligungen, NJW 1981, 2222; *Fasselt,* Nachfolge im Familienunternehmen, 1992; *Friedrich,* Testamentsvollstreckung an Kommanditanteilen, Diss. Augsburg 1988; *Hehemann,* Testamentsvollstreckung bei Vererbung von Anteilen an Personengesellschaften, BB 1995, 1301; *Hennerkes/Kirchdörfer* (Hrsg.), Unternehmenshandbuch Familiengesellschaften, 2. Aufl. 1998; *Holch,* Testamentsvollstreckung an einer oHG-Beteiligung, DNotZ 1958, 282; *Hüfner,* Testamentsvollstreckung an Personengesellschaftsanteilen, 1990; *Ivo,* Vererbung von Kommanditanteilen, ZEV 2006, 302; *Kick,* Die Haftung des Erben einer Personenhandelsgesellschaft, 1997; *Klussmann,* Zur Testamentsvollstreckung bei Beteiligungen an Personengesellschaften, BB 1966, 1209; *Koch,* Kommanditanteil und Testamentsvollstreckung, NJW 1983, 1762; *Lange/Kuchinke,* Erbrecht, 5. Aufl. 2001; *Lenzen,* Die Testamentsvollstreckung bei der GmbH & Co. KG nach höchstrichterlicher Rechtsprechung, GmbHR 1977, 56; *Lorz,* Testamentsvollstreckung im Unternehmensrecht, 1995; *ders.,* Der Testamentsvollstrecker und der Kernbereich der Mitgliedschaft, FS Boujong, 1996, S. 319; *Luttermann,* Die Erbenhaftung bei Kommanditanteilen, ZErb 2008, 139; *Dieter Mayer,* Testamentsvollstreckung am Kommanditanteil, ZIP 1990, 976; *Muscheler,* Die Haftungsordnung der Testamentsvollstreckung, 1994; *Quack,* Die Testamentsvollstreckung an Kommanditanteilen, BB 1989, 2271; *Raddatz,* Die Nachlaßzugehörigkeit vererbter Personengesellschaftsanteile, 1991; *Rehmann,* Testamentsvollstreckung an Gesellschaftsanteilen, BB 1985, 297; *Reithmann,* Testamentsvollstreckung und postmortale Vollmacht als

Instrumente der Kautelarjurisprudenz, BB 1984, 1394; *Reymann,* Das Vermächtnis des Kommanditisten, ZEV 2006, 307; *Richardi,* Das Verwaltungsrecht des Testamentsvollstreckers an der Mitgliedschaft in einer Personenhandelsgesellschaft, 1961; *Rowedder,* Die Testamentsvollstreckung bei Kommanditanteilen, FS Goerdeler, 1987, S. 445; *Schauer,* Rechtsprobleme der erbrechtlichen Nachfolge bei Personengesellschaften, 1999; *Karsten Schmidt,* Nachlaßinsolvenzverfahren und Personengesellschaft, FS Uhlenbruck, 2000, S. 655; *ders,* Die Stellung des Gesellschafters in der Familiengesellschaft, in: Tröger/Wilhelmi (Hrsg.), Rechtsfragen der Familiengesellschaft 2006, S. 37; *ders.*, Testamentsvollstreckung am Kommanditanteil ohne gesellschaftsvertragliche Testamentsvollstreckungsklausel?, FS Maier-Reimer, 2010, S. 629; *Schmidt-Diemitz,* Zusammentreffen eines eigenen Anteils an einer Personengesellschaft mit einem ererbten, der Testamentsvollstreckung unterliegenden Anteil, FS Sigle, 2000, S. 395; *Schumacher,* Die Übernahme von Handelsgeschäften und Mitgliedschaften an Personengesellschaften durch den Testamentsvollstrecker, FS Knorr, 1968, S. 51; *Siegmann,* Personengesellschaftsanteil und Erbrecht, 1992; *Stimpel,* Testamentsvollstreckung über den Anteil einer Gesellschaft bürgerlichen Rechts, FS Brandner, 1996, S. 779; *Stodolkowitz,* Nachlaßzugehörigkeit von Personengesellschaftsanteilen, FS Kollermann, 1991, S. 439; *Ulmer,* Die Sonderzuordnung des vererbten oHG-Anteils – zum Einfluß von Testamentsvollstreckung, Nachlaßverwaltung und Nachlaßkonkurs auf die Gesellschaftsbeteiligung, FS Schilling, 1973, S. 79; *ders.,* Testamentsvollstreckung an Kommanditanteilen? ZHR 146 (1982), 555; *ders.,* Nachlaßzugehörigkeit vererbter Personengesellschaftsbeteiligungen?, NJW 1984, 1496; *ders.,* Testamentsvollstreckung am Kommanditanteil, NJW 1990, 73; *Ulmer/Schäfer,* Die Zugriffsmöglichkeiten der Nachlaß- und Privatgläubiger auf den durch Sondervererbung übergangenen Anteil an einer Personengesellschaft, ZHR 160 (1996), 413; *Weidlich,* Die Testamentsvollstreckung im Recht der Personengesellschaften, 1993; *Weiler,* Die Rechtsstellung des Testamentsvollstreckers gegenüber den Erben hinsichtlich einer personengesellschaftlichen Beteiligung des Erblassers, DNotZ 1952, 283; *Weipert,* Die Mitgliedschaft zur gesamten Hand in Personengesellschaften, Abschied von der Sondererbfolge, FS Bezzenberger, 2000, S. 439 *Werner,* Die Testamentsvollstreckung an einer GmbH & Co KG, ZErb 2008, 195; *H. P. Westermann,* Vertragsfreiheit und Typengesetzlichkeit im Recht der Personengesellschaften, 1970, S. 360 ff., (zit.: *H. P. Westermann* Vertragsfreiheit); *Wiedemann,* Die Übertragung und Vererbung von Mitgliedschaftsrechten bei Handelsgesellschaften, 1965, S. 315 ff. (zit.: *Wiedemann* Übertragung); *Winkler,* „Echte" Testamentsvollstreckung am Unternehmen und oHG-Anteil?, FS Schippel, 1996, S. 519.

Übersicht

I. Grundsätzliches

1. Gesetzesgeschichte und Normzweck. a) Fassung vor und nach 1998. Vor dem Handelsrechtsreformgesetz vom 22. 6. 1998[1] hatte **§ 177 aF** folgenden Wortlaut: „Der Tod eines Kommanditisten hat die Auflösung der Gesellschaft nicht zur Folge.“ **Das österreichische UGB** (vgl. § 105 RdNr. 276 ff.) hat es bei dieser Fassung belassen. Diese **alte Fassung** basierte auf § 131 Nr. 4 HGB aF (vgl. § 131 RdNr. 61 ff.). Danach war eine offene Handelsgesellschaft durch den Tod eines Gesellschafters aufgelöst, sofern sich nicht aus dem Gesellschaftsvertrag ein anderes ergab (sog. Nachfolgeklausel).[2] Im Verein mit § 161 Abs. 2 sorgte § 177 dafür, dass im Fall einer Kommanditgesellschaft nur der Tod eines Komplementärs, nicht aber der Tod eines Kommanditisten die Gesellschaft auflöste, sofern nicht durch Nachfolgeklausel ein anderes geregelt war. Der Nachfolgeklausel bedurfte es deshalb nur in der Kommanditgesellschaft mit einer natürlichen Person als Komplementär und auch nur für den Fall des Todes eines Komplementärs.[3] Durch das **Handelsrechtsreformgesetz** vom 22. 6. 1998 wurde aus dem Auflösungstatbestand des § 131 Nr. 4 aF ein bloßer Ausscheidenstatbestand: Mangels abweichender vertraglicher Bestimmung hat der Tod eines unbeschränkt haftenden Gesellschafters das Ausscheiden dieses Gesellschafters aus der Gesellschaft zur Folge (§ 131 Abs. 3 Nr. 1). Seine ursprüngliche Absicht, den § 177 im Gefolge dieser Gesetzesänderung zu streichen,[4] hat der Gesetzgeber nach Mahnungen der Literatur[5] und im Einklang mit der Stellungnahme des Bundesrats[6] und der Empfehlungen des Rechtsausschusses[7] aufgegeben. Stattdessen wurde § 177 **dem neuen § 131 Abs. 3 Nr. 1 angepasst:**[8] Der Tod eines Kommanditisten führt nicht zu seinem Ausscheiden, sondern zur Fortsetzung der Gesellschaft mit den Erben, sofern nicht im Gesellschaftsvertrag eine andere Regelung getroffen worden ist. 1

b) Keine sachliche Änderung. Die Neufassung des § 177 hat nach diesem Verlauf keine sachliche Änderung in den Rechtsfolgen bewirkt. Sie beruht ausschließlich auf der Umgestaltung des § 131 (also auf der veränderten Prämisse). Vor dem 1. 7. 1998 bestand die Aufgabe des § 177 darin, die von § 131 zur Regel erhobene Auflösung durch Tod für den Todesfall eines Kommanditisten zu durchbrechen. Seit dem 1. 7. 1998 besteht die Aufgabe darin, das von § 131 zur Regel erhobene Ausscheiden durch Tod auszuschließen. Die praktische Rechtsfolge bleibt, wie sie war: Soweit nicht im Gesellschaftsvertrag eine andere Regelung getroffen ist, besteht die Kommanditgesellschaft mit den Erben eines Kommanditisten fort. 2

---

[1] BGBl. I S. 1474.

[2] Dazu *Karsten Schmidt* GesR § 45 V 1; Heymann/*Horn* RdNr. 3; MünchKommBGB/*Leipold* § 1922 RdNr. 42; Staudinger/*Marotzke* (2007) § 1922 RdNr. 193 f.; zum österreichischen Recht *Schauer* S. 188.

[3] *Karsten Schmidt* GesR § 45 V 3, § 53 V 1.

[4] Art. 3 Nr. 36 RegE HRefG, BT-Drucks. 13/8444 S. 7; dazu Begründung S. 68.

[5] Vgl. nur *Gustavus* GmbHR 1998, 21; *Karsten Schmidt* ZIP 1997, 917.

[6] BT-Drucks. 13/8444 S. 93.

[7] BT-Drucks. 13/10 332 S. 30.

[8] Art. 3 Nr. 37 HRefG; dazu *Ring,* Das neue Handelsrecht, 1999, § 4 RdNr. 63; *Karsten Schmidt* NJW 1998, 2166.

3 **c) Übergangsrecht.** Nach Art. 29 HRefG gilt § 177 seit dem 1. 7. 1998 in der neuen Fassung. Erbfälle vor dem 1. 7. 1998 sind nach der neuen Fassung zu beurteilen. Praktische Bedeutung hat dies aus den bei RdNr. 2 genannten Gründen nicht. Bedeutungslos war deshalb auch die Übergangsregelung des Art. 41 EGBGB (ausführlicher noch 1./2. Aufl.).

4 **d) Normzweck** ist die Verwirklichung des regelmäßigen Gesellschafterwillens:[9] Weder die Auflösung beim Tod eines Kommanditisten (alte Fassung des § 131) noch dessen Ausscheiden (neue Fassung des § 131) entspräche im Regelfall den Interessen der Beteiligten.

5 **2. Fortsetzung, Ausscheiden, Eintritt der Erben oder Auflösung der Gesellschaft als Rechtsfolgen des Todes eines Kommanditisten. a) Das dispositive Recht.** Wenn eine Regelung im Kommanditgesellschaftsvertrag fehlt, wird die Gesellschaft mit dem oder den Erben fortgesetzt. Eine sog. *Nachfolgeklausel* (dazu § 139 RdNr. 11 ff.) ist hinsichtlich des Kommanditisten *nicht erforderlich* (vgl. aber zur qualifizierten Nachfolgeklausel RdNr. 9). Die Rechtsfolgen ergeben sich aus RdNr. 16 ff.: die Gesellschaft besteht als werbend tätige Kommanditgesellschaft fort und wird durch den Komplementär oder die Komplementäre, nicht durch Liquidatoren (§§ 146, 161 Abs. 2), vertreten. Der Tod eines Kommanditisten ist deshalb auch kein wichtiger Kündigungsgrund.[10] Die Regelung ist *dispositiv.*[11] Nur „mangels abweichender vertraglicher Bestimmung" geht der Kommanditanteil auf den oder die Erben über.

6 **b) Ausschließungs- und Kündigungsklauseln.** Durch Gesellschaftsvertrag kann geregelt werden, dass die Gesellschaft, wie beim Tod eines unbeschränkt haftenden Gesellschafters, nur unter den verbleibenden Gesellschaftern fortgesetzt wird (vgl. § 138 aF). Diese herkömmlich als **Fortsetzungsklausel** bezeichnete Regelung[12] funktioniert als **Ausschließungsklausel**[13] und sollte besser auch als eine solche bezeichnet werden (vgl. auch § 139 RdNr. 7 a). Die Ausschließungsklausel bedarf keiner sachlichen Rechtfertigung. Dies ergibt sich aus dem Gesetzeswortlaut. Die Rechtsprechung des BGH zur Unzulässigkeit der Ausschließung ohne sachlichen Grund (§ 140 RdNr. 98 ff.)[14] ist auf den Fall des § 177 nicht übertragbar, weil das Gesetz von der Zulässigkeit einer solchen Ausschließungsklausel (sog. Fortsetzungsklausel) ausgeht. Nur ausnahmsweise kann die Berufung auf eine Ausschließungsklausel rechtsmissbräuchlich sein, wenn die Geschäftsgrundlage der Ausschließungsklausel durch Veränderungen in der Gesellschaft weggefallen ist. Vorbehalten bleibt allerdings die Inhaltskontrolle bei Publikums-Personengesellschaften (§ 161 RdNr. 124), bei denen für eine Fortsetzung ohne die Erben keinerlei Rechtfertigung besteht.[15] Von der Ausschließungsklausel ist eine **Kündigungsklausel** zu unterscheiden. Eine solche Klausel gibt den verbleibenden Gesellschaftern oder den Erben im Todesfall ein Recht zur außerordentlichen (Ausschließungs- bzw. Austritts-)Kündigung. Die Ausübung eines solchen Kündigungsrechts unterliegt einer Missbrauchskontrolle (§ 140 RdNr. 104).[16] Zur Frage, ob sie nach der Rechtsprechung zur Hinauskündigung ohne wichtigen Grund ganz unzulässig sein kann, vgl. § 140 RdNr. 102. Das Ausscheiden kann dann nur schuldrechtlich auf den Todeszeitpunkt zurückbezogen werden.

7 **c) Eintrittsklausel.** Wenig praktisch ist eine sog. Eintrittsklausel. Diese gibt im Fall des Todes eines Gesellschafters einem Erben oder einem Dritten das Recht, in die Gesellschaft aufgenommen zu werden (dazu § 139 RdNr. 25 ff.).

---

[9] Empfehlungen des Rechtsausschusses, BT-Drucks. 13/10 332 S. 30.

[10] Schlegelberger/*Karsten Schmidt* RdNr. 7.

[11] KGJ 44 A 132, A 134; Heymann/*Horn* RdNr. 3; *Koller*/Roth/Morck RdNr. 10; Schlegelberger/*Karsten Schmidt* RdNr. 8; Staub/*Schilling* RdNr. 1.

[12] Vgl. nur *Crezelius* RdNr. 139.

[13] *Karsten Schmidt* GesR § 45 V 3; s. auch Staudinger/*Marotzke* § 1922 RdNr. 172.

[14] BGHZ 81, 263 = NJW 1981, 2565; BGHZ 104, 50, 57 ff. = NJW 1988, 1903; BGHZ 105, 213, 217 = NJW 1989, 834; BGHZ 107, 351 = NJW 1989, 2681; einschränkend BGHZ 164, 98 = NJW 2005, 3641; BGH NJW 2004, 2013 = ZIP 2004, 903; NZG 2005, 479 = ZIP 2005, 706.

[15] Vgl. allgemein zum Schutz der Publikumsgesellschaften gegen die Übernahme seiner Anteile BGHZ 104, 50 = NJW 1988, 1903.

[16] Vgl. *Koller*/Roth/Morck RdNr. 6.

d) Auflösungsklausel. Auch eine Auflösungsklausel, kraft deren die Gesellschaft im Todesfall aufgelöst ist (dazu Erl. § 131), wird für den Fall des Todes eines Kommanditisten nur ausnahmsweise in Betracht kommen. Die aufgelöste Gesellschaft kann nach den allgemein für die Fortsetzung geltenden Regeln (§ 145 RdNr. 70 ff.) von den Gesellschaftern fortgesetzt werden. In der aufgelösten Gesellschaft sind Treupflichten der Gesellschafter zu beachten (näher § 156 RdNr. 12). Sprechen sachliche Gründe für eine Fortsetzung der aufgelösten Gesellschaft, sind aber die Erben zur Fortsetzung nicht bereit, so können die verbliebenen Mitgesellschafter des verstorbenen Gesellschafters den Erben ein Abfindungsangebot machen; in diesem Fall können die Erben zum Ausscheiden aus der aufgelösten Gesellschaft verpflichtet sein; wenn das Ausscheiden keine anerkennenswerten Interessen der Gesellschafter berührt, sie insbesondere von der Haftung für Gesellschaftsverbindlichkeiten freigestellt werden und der angebotene Abfindungsbetrag nicht hinter dem voraussichtlichen Liquidationserlös zurückbleibt.[17] 8

e) Qualifizierte Nachfolgeklausel. Während die sog. Nachfolgeklausel (Fortsetzung mit den Erben) im Fall des Todes eines Kommanditisten entbehrlich ist (RdNr. 5), kommt der qualifizierten Nachfolgeklausel erhebliche Bedeutung zu. Die qualifizierte Nachfolgeklausel lässt nicht alle Miterben, sondern nur einen gemäß der Klausel qualifizierten Erben zur Nachfolge in den Kommanditanteil zu (näher § 139 RdNr. 16 ff.).[18] Der Kommanditanteil fällt hier, wie im Regelfall des § 177, dem Rechtsnachfolger kraft Erbrechts zu und ist auch Nachlassbestandteil. Die Sonderzuordnung sorgt lediglich dafür, dass der Anteil dem Nachfolger allein, also außerhalb einer etwa bestehenden Erbengemeinschaft zufällt. Die qualifizierte Nachfolgeklausel schützt den Nachfolger nicht vor einer abweichenden letztwilligen Verfügung (zB Enterbung), auch nicht vor der Beschwerung mit einem Vermächtnis (zu dessen Erfüllung vgl. aber RdNr. 21). 9

3. Tod eines Komplementärs, Umwandlung, Auflösung und Vollbeendigung einer Komplementär-Gesellschaft. a) Tod eines Komplementärs. Der Tod eines Komplementärs führt nach **§§ 162 Abs. 2, 131 Abs. 3 Nr. 1** zu dessen Ausscheiden und damit zur Abfindung der Erben, wenn nicht eine sog. **Nachfolgeklausel** im Gesellschaftsvertrag enthalten ist. Auf die Erl. zu § 131 wird verwiesen. Wegen des Rechts des oder der Erben, die **Umwandlung** des ererbten Anteils **in eine Kommanditbeteiligung** zu verlangen, vgl. § 139.[19] Dort auch zur Umwandlung in eine Kommanditistenstellung kraft Gesellschaftsvertrags (kombinierte Nachfolge- und Umwandlungsklausel) und dazu § 139 RdNr. 131 ff.[20] 10

b) Umwandlung einer Komplementär-Gesellschaft. Der Formwechsel eines Komplementärs nach §§ 190 ff. UmwG steht dem Tod einer natürlichen Person nicht gleich. Die Komplementär-Gesellschaft bleibt als Gesellschaft neuer Rechtsform erhalten (§ 202 UmwG). Auch die umwandlungsrechtliche Gesamtrechtsnachfolge, bei der eine Komplementär-Gesellschaft als übertragender Rechtsträger erlischt (Verschmelzung oder Spaltung), ist nach hM *kein automatischer Auflösungsgrund,* vielmehr geht die Komplementärrolle auf den Gesamtrechtsnachfolger über.[21] Allerdings können diese Umwandlungsfälle nach Lage der Sache die Mitgesellschafter zur Ausschließung der Komplementärgesellschaft berechtigen, wenn durch die Umwandlung die Belange der Gesellschaft oder ihrer Gesellschafter unzumutbar betroffen werden. 11

---

[17] Vgl. sinngemäß BGH NJW-RR 1986, 256 = WM 1986, 68 = JuS 1986, 407 *(Karsten Schmidt).*

[18] BGZ 68, 225 = NJW 1977, 1339 = JZ 1977, 635 m. Anm. *Wiedemann*; BGH NJW 1983, 2376; BFH NJW 1982, 407, 408; *Crezelius* RdNr. 260; Schlegelberger/*Karsten Schmidt* § 139 RdNr. 20; *Ivo* ZEV 2006, 302, 304 f.

[19] Vgl. vorerst Schlegelberger/*Karsten Schmidt* § 139 RdNr. 56 ff. mwN.

[20] BGHZ 101, 123 = NJW 1987, 3184; dazu Schlegelberger/*Karsten Schmidt* § 139 RdNr. 133 ff.; *Frey* ZGR 1988, 281; *Blaurock/Suttmeyer* JuS 1989, 96; *Karsten Schmidt* BB 1989, 1702 ff.

[21] Vgl. RGZ 123, 289, 294 (zu §§ 306, 304 HGB aF); Heymann/*Emmerich* § 131 RdNr. 22 a; Schlegelberger/*Karsten Schmidt* RdNr. 4.

12 c) **Auflösung einer Komplementär-Gesellschaft.** Die Rechtsfolgen einer **Auflösung der Komplementär-Gesellschaft** sind umstritten. Die wohl noch **hM** sieht in ihr keinen Auflösungsgrund für die Kommanditgesellschaft.[22] Unter der alten Fassung des § 131 wurde das Problem vielfach in der Frage gesehen, ob schon die Auflösung oder erst die Vollbeendigung der Komplementär-GmbH dem nach § 131 Nr. 4 aF zur Auflösung führenden Tod des persönlich haftenden Gesellschafters gleichgestellt werden könne.[23] Diese Argumentation war bereits für das bis 1998 geltende alte Recht abzulehnen. Die Frage, ob schon die Auflösung oder erst die Vollbeendigung dem Tod eines Gesellschafters gleichsteht, trifft nicht den Kern, und noch weniger kann dies für die neue Rechtslage gelten. Die Frage ist: Gibt es eine werbend tätige KG, deren einziger Komplementär eine Liquidations-GmbH ist und die deshalb von einem Liquidator organschaftlich vertreten wird?[24] Die Frage war für das 1998 geltende Recht zu verneinen und ist für das seit 1998 geltende Recht neu zu diskutieren: **Auflösung der Kommanditgesellschaft** durch Auflösung ihrer einzigen Komplementärin (§ 131 RdNr. 47). Vorsorglich sollte in GmbH & Co.-Verträge eine Klausel aufgenommen werden, wonach die Komplementär-GmbH im Fall ihrer Auflösung aus der Gesellschaft ausscheidet (und durch einen neuen Komplementär ersetzt werden muss).

13 d) **Vollbeendigung.** Mit der Vollbeendigung der Komplementär-Gesellschaft ist die Kommanditgesellschaft jedenfalls dann aufgelöst, wenn kein weiterer Komplementär zur Verfügung steht (§ 161 RdNr. 3). Wird die Komplementär-Gesellschaft wegen Vermögenslosigkeit gelöscht (§§ 394 FamFG, 262 Abs. 1 Nr. 6 AktG, 60 Abs. 1 Nr. 7 GmbHG, 81 a Nr. 2 GenG), so erlischt sie, sofern sie wirklich vermögenslos ist. Ist sie nicht wirklich vermögenslos, so besteht sie als Gesellschaft in Liquidation fort. In beiden Fällen ist die Kommanditgesellschaft aufgelöst.[25] Vgl. auch dazu näher bei § 131 RdNr. 46.

14 4. **Erbrechtliche Gestaltungen.** Von den bei RdNr. 6 ff. dargestellten gesellschaftsrechtlichen Gestaltungen sind erbrechtliche Gestaltungen durch **letztwillige Verfügungen** zu unterscheiden. Die Erbfolge ist ggf. durch Erbschein nachzuweisen, und zwar auch dann, wenn Testamentsvollstreckung angeordnet ist.[26] Die Einsetzung eines Alleinerben an Stelle einer Erbengemeinschaft lässt den Kommanditanteil ungeteilt an den Erben fallen (RdNr. 18). Ein Vermächtnis (RdNr. 21) gibt dem Vermächtnisnehmer nur einen schuldrechtlichen Anspruch auf Übertragung des Anteils. Das gilt auch für ein Vorausvermächtnis zugunsten eines Miterben (§ 2150 BGB) und ebenso für eine Auseinandersetzungsanordnung (§ 2048 BGB). Diese haben nicht die direkte Zuweisungswirkung einer qualifizierten Nachfolgeklausel (zu ihr vgl. RdNr. 9), ändern also nichts daran, dass der vererbte Anteil den Miterben jeweils geteilt zufällt (RdNr. 16).[27] **Vor- und Nacherbfolge** kann hinsichtlich jedes Erbteils (RdNr. 16) angeordnet werden (§ 139 RdNr. 32 ff.). Ist der Vorerbe Mitgesellschafter, so kann die der Vorerbschaft unterliegende Kommanditbeteiligung selbstständig bleiben (RdNr. 19). Der Vorerbe hat die sich aus § 2113 Abs. 2 BGB ergebenden Beschränkungen zu beachten. Im Übrigen hat er bis zum Eintritt des Nacherbfalls volle Gesellschafterrechte.[28] Wegen der Einzelheiten zur Vor- und Nacherbfolge ist auf die Erl. zu § 139 zu verweisen.

---

[22] Vgl. nur BGHZ 75, 181 f. = NJW 1980, 233; BGH DStR 1993, 1227; OLG Frankfurt DNotZ 1976, 620; WM 1982, 1266, 1267; OLG GmbHR 1987, 481.

[23] BGHZ 75, 181 f. = NJW 1980, 233; BGH DStR 1993, 1227; OLG Frankfurt DNotZ 1976, 620; WM 1982, 1266, 1267; OLG Hamburg GmbHR 1987, 481; Baumbach/*Hopt* § 131 RdNr. 20; Hesselmann/Tillmann/Müller-Thuns/*Lüke*, Handbuch der GmbH & Co. KG, 19. Aufl. 2005, § 11 RdNr. 22; **aM** Österr. OHG GesRZ 1976, 126; *Karsten Schmidt* GesR § 56 IV 1; Scholz/*Karsten Schmidt* GmbHG 8. Aufl. § 60 Anm. 66 f.; unentschieden Heymann/*Emmerich* § 131 RdNr. 21.

[24] Verneinend Schlegelberger/*Karsten Schmidt* RdNr. 3, § 131 RdNr. 28 ff.; eingehend *Karsten Schmidt* BB 1980, 1498; *ders.* GmbHR 1998, 261 f.

[25] Scholz/*Karsten Schmidt,* GmbHG, 8. Aufl. 1995, Anh. § 60 Anm. 29; *Karsten Schmidt* BB 1980, 1500; im Ergebnis ebenso Hachenburg/*Ulmer* GmbHG § 60 RdNr. 114; **aM** OLG Frankfurt DNotZ 1976, 619, 620; OLG Düsseldorf GmbHR 1995, 233, 234.

[26] KG DB 2000, 211 = NJW-RR 2000, 1704.

[27] Dazu vgl. vorerst Schlegelberger/*Karsten Schmidt* § 139 RdNr. 19.

[28] *Koller*/Roth/Morck RdNr. 6; Staub/*Schilling* RdNr. 8.

II. Die Sonderzuordnung des ererbten Kommanditistenanteils

Wegen der **Zuordnung der vererbten Mitgliedschaft in einer Personengesellschaft** im Einzelnen ist auf die Erl. zu § 139 hinzuweisen. Im Grundsätzlichen ist festzuhalten, dass der Übergang der Kommanditbeteiligung, sofern sie nicht mit dem Tod endet (RdNr. 6), kraft Erbrechts und nicht kraft Gesellschaftsrechts erfolgt.[29] Die auf eine oder alle Erben übergehende Mitgliedschaft in der Personengesellschaft ist **Nachlassbestandteil** (§ 139 RdNr. 12).[30] Das eine wie das andere ist umstritten und wegen der Sonderbehandlung der Erbfolge in Personengesellschaftsanteile nicht selbstverständlich. 15

1. Sonderzuordnung bei Mehrheit von Erben. a) Automatische Teilung. Geht die Mitgliedschaft an einer Personengesellschaft auf mehrere Erben über, so wird *nicht die Erbengemeinschaft* als Gesamthand Kommanditistin, sondern *die Erben* erwerben nach gefestigter, wenngleich nicht unbestrittener Rechtsprechung *als einzelne* die Beteiligung entsprechend ihren Erbquoten (§ 139 RdNr. 13).[31] Das gilt auch für den Kommanditisten.[32] Dieser missverständlich als „Sondererbfolge" bezeichnete Direktanfall bei einzelnen Miterben lässt ohne weiteres diejenige Situation eintreten, als hätten sich die Miterben hinsichtlich des Gesellschaftsanteils bereits auseinandergesetzt (Erl. § 139 RdNr. 13).[33] Im Gegensatz zur Beteiligung an einer durch Tod aufgelösten Gesellschaft (dazu § 139 RdNr. 7)[34] und zum Auseinandersetzungsanspruch eines durch Tod ausgeschiedenen Gesellschafters (dazu § 131 RdNr. 66)[35] fällt die Mitgliedschaft nicht ungeteilt in das Vermögen der Erbengemeinschaft. Diese Sonderzuordnung greift auch Platz, wenn im *Fall der qualifizierten Nachfolgeklausel* (RdNr. 9) zwar eine Mehrheit von Erben vorliegt, aber nur ein Miterbe Gesellschafter wird; dann fällt der Kommanditanteil nicht der Erbengemeinschaft, sondern dem Nachfolger allein zu.[36] Gleiches ist konsequenterweise anzunehmen, wenn mehrere Miterben, aber nicht alle, kraft qualifizierter Nachfolgeklausel berufen sind.[37] Auch in diesen Fällen passt der Grundsatz, dass der Nachfolger ohne weiteres so gestellt ist, als hätten die Erben hinsichtlich des Kommanditanteils eine (Teil-)Auseinandersetzung vorgenommen. Der Vorgang ist als „Ausscheiden" des Erblassers (§ 143) und „Eintritt" der einzelnen Erben, nicht der Erbengemeinschaft (§ 107) zur **Eintragung im Handelsregister** anzumelden. Eine Bekanntmachung erfolgt nicht (§ 162 Abs. 2). 16

[29] BGHZ 22, 187, 191; BGHZ 68, 225, 229 = NJW 1977, 1339 = JZ 1977, 635 m. Anm. *Wiedemann*; *Karsten Schmidt* GesR § 45 V 4 b; heute für die Praxis nicht mehr str.; vgl. allerdings noch *Brox* RdNr. 789 ff.; *Flume* Personengesellschaft § 18.

[30] Vgl. nur BGHZ 98, 48, 51 (IV a-Senat); 108, 187, 192 (II. Senat); BGH NJW 1996, 1284, 1285; BFH NJW 1991, 2439, 2440; NJW-RR 1992, 1123, 1124; BayObLG DB 2000, 2012; *Karsten Schmidt* GesR § 45 V 4 c; Heymann/*Horn* RdNr. 5; MünchKommBGB/*Leipold* § 1922 RdNr. 76; Staudinger/*Marotzke* (2007) § 1922 RdNr. 186; relativistisch *Stodolkowitz*, FS Kellermann, 1991, S. 439 ff.

[31] BGHZ 22, 186, 191 ff.; 55, 267, 269; 58, 316, 317; 68, 225, 237; 91, 132, 135; 98, 48, 50 f.; 108, 187, 192; BGH WM 1971, 308, 309; 1973, 723, 725; 1976, 738, 739; 1991, 131, 133; NJW 1978, 264; 1981, 749, 750; 1983, 2376; KG DB 2000, 2011 = NJW-RR 2000, 1704; OLG Frankfurt NJW 1983, 1806; *Crezelius* RdNr. 257; *Karsten Schmidt* GesR § 45 V 4; MünchKommBGB/*Ulmer* § 727 RdNr. 33; MünchKommBGB/*Leipold* § 1922 RdNr. 60; *Ivo* ZEV 2006, 302; früher str.; gegen erbrechtlichen Erwerb zB *Flume* Personengesellschaft § 18.

[32] Vgl. RG DR 1943, 1228; BGHZ 58, 316, 317; 108, 187, 192; BGH WM 1976, 738, 739; WM 1983, 672; BayObLG WM 1983, 1092; OLG Hamburg ZIP 1984, 1226, 1227; Heymann/*Horn* RdNr. 11; Staub/*Schilling* RdNr. 7; MünchKommBGB/*Leipold* § 1922 RdNr. 72; umfassende Nachweise bei *Windel*, Über die Modi der Nachfolge in das Vermögen einer natürlichen Person im Todesfall, 1998, S. 139 ff.; krit. jetzt *Weipert*, FS Bezzenberger, 2000, S. 439 ff.

[33] *Karsten Schmidt* GesR § 45 V 4; str.

[34] Zum Anfall in Erbengemeinschaft bei aufgelöster Gesellschaft vgl. BGH NJW 1981, 249; 1982, 170, 171; 1995, 3314, 3315 = JuS 1996, 362 *(Karsten Schmidt)*.

[35] Dazu BGH NJW 1985, 1953 = BB 1985, 951 = WM 1985, 656 = ZIP 1985, 678; *Ulmer* NJW 1984, 1496.

[36] BGHZ 68, 225, 237 f.; *Kübler* Gesellschaftsrecht § 7 VII 3 b; *Karsten Schmidt* GesR § 45 V 5 b; Heymann/*Horn* RdNr. 11; MünchKommBGB/*Leipold* § 1922 RdNr. 61; insofern übereinstimmend auch schon BGHZ 22, 186, 193 f., wo im Übrigen für die qualifizierte Nachfolgeklausel noch die jetzt überholte Auffassung vertreten wurde, der Gesellschaftsanteil falle dem Nachfolger automatisch nur in Höhe seiner Erbquote an und müsse im Übrigen von den überlebenden Gesellschaftern auf ihn übertragen werden.

[37] OLG München MDR 1981, 587.

17 **b) Aufspaltung der Mitgliedschaftsrechte.** Die Vervielfältigung der Kommanditbeteiligung bei Anfall an mehrere Miterben führt zu einer Aufspaltung der Mitgliedschaftsrechte. Der Gesellschaftsvertrag kann durch *Einführung einer obligatorischen Gruppenvertretung* dieser Aufspaltung entgegenwirken (dazu § 161 RdNr. 170 ff.). Die Gesellschafter sind dann gehalten, ihre Rechte einheitlich durch einen gemeinschaftlich zu bestellenden Gruppenvertreter auszuüben.[38] Die hM sieht eine sog. *Vertreterklausel* als zulässig an.[39] Von der obligatorischen Gruppenvertretung ausgenommen bleibt ein Kernbereich unentziehbarer Gesellschafterrechte.[40] Nach BGHZ 46, 291, 297 wird der Gruppenvertreter einstimmig bestellt, und es muss erforderlichenfalls auf seine Bestellung geklagt werden.[41] Das könnte zur Aktionsunfähigkeit der Gruppe und zum Brachliegen des Stimmrechts führen. Doch wird die Frage in anderen Entscheidungen unentschieden gelassen.[42] Den Vorzug verdient folgende Lösung:[43] Durch die Gruppenvertretung stellen die Erben einander, als stünde den durch den Gesellschaftsvertrag vorbestimmten Gruppenmitgliedern (z. B. Erben eines Stammes) ein einziger Anteil in Bruchteilsgemeinschaft zu. Analog § 745 Abs. 1 BGB kann der Gruppenvertreter mehrheitlich bestellt und mehrheitlich von der vertretenen Gruppe zur Stimmrechtsausübung angewiesen werden. Die Gruppe kann im Innenverhältnis Einstimmigkeit einführen. Aber die Gesellschaft kann keine Legitimation durch alle Gruppenmitglieder verlangen. Der Leiter einer Gesellschafterversammlung kann allerdings einen Gruppenvertreter, dessen Legitimation streitig und objektiv zweifelhaft ist, zurückweisen. Deshalb kann bei streitiger Abstimmung die Gruppenmehrheit von der Minderheit verlangen, dass diese die Legitimation bestätigt.[44] Ein Eingriff in unentziehbare Individualrechte setzt nach der insofern überzeugenden Rechtsprechung die individuelle Zustimmung des Gesellschafters voraus.[45]

18 **2. Sonderzuordnung beim Alleinerben?** Umstritten ist, ob die Sonderzuordnung der vererbten Mitgliedschaft in der Personengesellschaft auch dann Platz greift, *wenn nur ein Erbe vorhanden ist.* Der Bundesgerichtshof hat dies früher bejaht.[46] Sachgesichtspunkte sprechen nicht für diese Sonderzuordnung (vgl. § 139 RdNr. 14). Die Sonderzuordnung ist nicht das Resultat einer „Sondererbfolge" als eines sich von § 1922 BGB unterscheidenden Rechtsübergangs, sondern sie ist mit eine Zweckkonstruktion, mit der der Anteil aus der Erbengemeinschaft herausgehalten wird (§ 139 RdNr. 13).[47] Dagegen bleibt es bei der Sonderzuordnung, wenn der Anteil durch qualifizierte Nachfolgeklauseln einem von mehreren Miterben zufällt (RdNr. 16).

---

[38] Eingehend *Karsten Schmidt* GesR § 21 II 5; *ders.* ZHR 146 (1982), 525 ff.; *Park*, Die Gruppenvertretung aufgrund der Vertreterklausel, Diss. Bonn 1996; *Schöring*, Die obligatorische Gruppenvertretung, 2001; *Johanna Servatius*, Entscheidungsfindung mit Vertreterklausel im KG und GmbH, 2010.

[39] BGHZ 46, 291; BGH GmbHR 1989, 120; stRspr.; OLG Zweibrücken OLGZ 1975, 402, 404; *Michalski*, Gesellschaftsrechtliche Gestaltungsmöglichkeiten zur Perpetuierung von Unternehmen, 1980, S. 171 ff.; *Wiedemann* Übertragung S. 386 Fn. 3; *H. P. Westermann* Vertragsfreiheit S. 360; *Flume* Personengesellschaft § 14 V; Baumbach/*Hopt* § 164 RdNr. 6; Heymann/*Horn* § 161 RdNr. 59; Schlegelberger/*Martens* § 161; eingehende Nachweise bei *Karsten Schmidt* ZHR 146 (1982), 530 ff.; **aM** *Reuter,* Privatrechtliche Schranken der Perpetuierung von Unternehmen, 1973, S. 212 ff., insbes. S. 221.

[40] *H. P. Westermann* Vertragsfreiheit S. 353 f.; Heymann/*Horn* § 164 RdNr. 17; Staub/*Schilling* § 163 RdNr. 16; *Hurst* DNotZ 1967, 14 f.; *Karsten Schmidt* ZHR 146 (1982), 533 f.

[41] Ebenso BGH NJW-RR 2005, 39@ Heymann/*Horn* § 164 RdNr. 18; Schlegelberger/*Martens* § 161 RdNr. 85; grundlegend *Hueck* ZHR 125 (1963), 12 ff.; *Wiedemann* Übertragung S. 394 f.; ebenso auch *Flume* Personengesellschaft § 14 V.

[42] BGHZ 119, 346, 353 ff.; 121, 137, 150 f. (Kartellsenat).

[43] *Karsten Schmidt* GesR § 21 II 5; *ders.*, in: Rechtsfragen der Familiengesellschaft, S. 37, 38 f.; *ders.* ZHR 146 (1982), 545 ff.; zust. *Schörnig*, Die obligatorische Gruppenvertretung, 2001, S. 96 ff.; Staub/*Schilling* § 161 RdNr. 17; in gleicher Richtung BGHZ 119, 346, 354 (Kartellsenat); OLG Düsseldorf WM 1994, 1800, 1801 Nr. 18.

[44] Dagegen freilich Heymann/*Horn* § 164 RdNr. 18; Schlegelberger/*Martens* § 161 RdNr. 85 ff.

[45] Vgl. BGH NJW-RR 2005, 39, 40 f.

[46] So BGHZ 22, 186, 193; 91, 132 = NJW 1984, 2104; so auch noch *Oetker* RdNr. 10; undeutlich *Koller*/Roth/Morck RdNr. 3; grundlegend GroßkommHGB/*Ulmer* 3. Aufl. 1973 § 139 RdNr. 56; *ders.*, FS Schilling, 1973, S. 90 ff.; *ders.* ZHR 146 (1982), 559.

[47] Vgl. schon Schlegelberger/*Karsten Schmidt* § 139 RdNr. 18.

3. Die Beerbung durch einen Mitgesellschafter. a) Kommanditist als Erbe. Ist der (Mit-)Erbe bereits Kommanditist, so *vereinigen sich die Kommanditbeteiligungen in einer Person.*[48] Aus mehreren Kapitalkonten wird ein einziges. Ausnahmen sind anzuerkennen, wenn der Mitgesellschafter nur Vorerbe wird (dazu § 105 RdNr. 78)[49] oder wenn Testamentsvollstreckung angeordnet ist (auch dazu § 105 RdNr. 78).[50] 19

b) Komplementär als Erbe. Ist der (Mit-)Erbe Komplementär, so vereinigen sich die Anteile gleichfalls in seiner Hand, jedoch unter unbeschränkter Haftung.[51] Es kann nämlich niemand zugleich Kommanditist und Komplementär sein (§ 105 RdNr. 24; aM *Grunewald* § 161 RdNr. 4).[52] Auch hier gelten besondere Regeln, wenn bloße Vorerbschaft vorliegt oder wenn der Anteil der Testamentsvollstreckung unterliegt (RdNr. 19). Ist der den Kommanditisten beerbende Komplementär einziger Mitgesellschafter (Zweipersonengesellschaft), so erlischt die Gesellschaft durch das Zusammenfallen der Anteile (§ 105 RdNr. 24, § 131 RdNr. 7, § 145 RdNr. 33). Der Komplementär wird im Wege der Gesamtrechtsnachfolge Einzelunternehmer. 20

4. Das Vermächtnis. Der *Vermächtnisnehmer* (§§ 2147 ff. BGB) hat nur einen schuldrechtlichen Anspruch auf Übertragung eines Gegenstands (zB eines Kommanditistenanteils) gegen den oder die Erben.[53] Wendet der Erblasser dem Bedachten im Wege des Vermächtnisses seinen Kommanditanteil zu, so ist die Erfüllung von den allgemein an die Übertragung des Kommanditanteils zu stellenden Voraussetzungen abhängig (dazu § 173 RdNr. 24 ff.). Ob die Übertragung an einen Vermächtnisnehmer zustimmungsfrei ist, richtet sich nach dem Gesellschaftsvertrag (dazu § 105 RdNr. 217 ff.). Verweigern die Mitgesellschafter die erforderliche Zustimmung, so kann dies nach Lage des Einzelfalls treuwidrig sein (Zustimmungspflicht aus der Treupflicht, § 139 RdNr. 15). Andernfalls kann der Vermächtnisnehmer jedenfalls die Übertragung derjenigen Rechte verlangen, die nach § 717 Satz 2 BGB ohne Einwilligung übertragbar sind.[54] Im Einzelfall kann die Verweigerung der Zustimmung auch wegen § 242 BGB unbeachtlich sein.[55] So, wenn es sich um ein Vorausvermächtnis zugunsten eines nahen Angehörigen des Erblassers handelt, gegen dessen Mitgliedschaft berechtigte Einwände nicht erhoben werden können. 21

III. Haftungsprobleme

1. Gesellschafterhaftung. Die Haftung des kraft Erbfolge eintretenden Kommanditisten für Gesellschaftsverbindlichkeiten ergibt sich aus § 173 RdNr. 40 ff. Für Neuverbindlichkeiten aus der Zeit nach dem Erbfall gelten die §§ 171, 172. 22

2. Haftung für Einlageschulden des Erblassers. Von der Haftung gegenüber den Gläubigern ist die Haftung für offene Einlageverbindlichkeiten zu unterscheiden. Im Gegensatz zur Haftung des Erben für Gesellschaftsverbindlichkeiten (§ 173 RdNr. 44) ist diese Haftung eine Nachlassverbindlichkeit iS von § 1967 BGB und unterliegt damit auch den Grundsätzen über die erbrechtliche Beschränkbarkeit der Haftung.[56] 23

---

48 HM; vgl. zur Unteilbarkeit der Mitgliedschaft BGHZ 24, 106, 108 = NJW 1957, 1026, 1027; BGHZ 58, 316, 318 = NJW 1972, 1755, 1756; BGHZ 66, 98, 101 = NJW 1976, 848, 849; BGH NJW 1987, 3184, 3186; stRspr.; Staub/*Ulmer* § 105 RdNr. 71; aM *Esch* BB 1993, 666 ff.; *Priester* DB 1998, 58 ff.; *Sieveking,* FS Schippel, 1996, S. 516.

49 *Koller*/Roth/Morck RdNr. 6, § 139 RdNr. 4; Schlegelberger/*Karsten Schmidt* § 105 RdNr. 26.

50 *Koller*/Roth/Morck RdNr. 7; Schlegelberger/*Karsten Schmidt* § 105 RdNr. 26; Soergel/*Damrau* § 2205 RdNr. 44 Fn. 138; *Ulmer* NJW 1990, 77; str.

51 Heymann/*Horn* RdNr. 12.

52 Vgl. OLG Hamm Rpfleger 1982, 29 = JuS 1982, 537 Nr. 9; OLG Hamburg ZIP 1984, 1226, 1227.

53 BGH WM 1976, 251; Staub/*Schilling* RdNr. 6; ausführlich *Reymann* ZEV 2006, 307 ff.; s. auch *Ivo* ZEV 2006, 302, 304.

54 BGH WM 1976, 251; *Koller*/Roth/Morck RdNr. 5; Schlegelberger/*Karsten Schmidt* RdNr. 17.

55 Zust. *Oetker* RdNr. 9.

56 Vgl. nur BGH NJW 1995, 3314 = JuS 1996, 362 *(Karsten Schmidt);* MünchKommBGB/*Küpper* § 1967 RdNr. 45.

IV. Testamentsvollstreckung, Nachlassverwaltung und Nachlassinsolvenz

24 **1. Fragestellung. a) Zulässigkeit der „Testamentsvollstreckung am Personengesellschaftsanteil".** Die „Testamentsvollstreckung am Gesellschaftsanteil" wurde herkömmlich für unzulässig gehalten, und zwar sowohl für den Komplementäranteil[57] als auch für den Kommanditanteil.[58] Allerdings galt dies nur für die Verwaltungstestamentsvollstreckung, nicht für die bloße Auseinandersetzungsvollstreckung, die wegen der Sonderzuordnung (RdNr. 16 ff.) allerdings auch kaum einen Anwendungsbereich hat (RdNr. 25). Die Unzulässigkeit der Verwaltungstestamentsvollstreckung wurde teils begrifflich – nämlich mit der angeblichen Nichtzugehörigkeit des Anteils zum Nachlass – begründet,[59] teils mit Überlegungen über das gesellschaftsrechtliche Abspaltungsverbot,[60] über die Gesellschafterhaftung[61] oder über die Grenzen der Testamentsvollstreckerkompetenz.[62] Diese jahrzehntelang hM war grundsätzlichen Einwänden ausgesetzt.[63] Der Fragenkreis wird bei § 139 RdNr. 44 ff. grundsätzlich (auch für den Anteil des persönlich haftenden Gesellschafters) behandelt und hier nur für den Bereich des § 177 zusammengefasst. Der Bundesgerichtshof hatte die Zulässigkeit der Verwaltungstestamentsvollstreckerzuständigkeit am Kommanditanteil bereits mehrfach unentschieden gelassen[64] und im Jahr 1986 Sympathien für die Zulassung der Testamentsvollstreckung erkennen lassen.[65] Seit dem Urteil BGHZ 108, 187 = NJW 1989, 3152[66] haben sich die unberechtigten Widerstände gegen die Testamentsvollstreckerzuständigkeit am Kommanditanteil erledigt.[67] Die Verwaltungstestamentsvollstreckung am Kommanditanteil ist anerkannt.[68] War der Erbe bereits Mitgesellschafter, so umfasst die Testamentsvollstreckung nur den ererbten Anteil.[69]

25 **b) Differenzierungen.** Die Erstreckung einer bloßen **Auseinandersetzungsvollstreckung** (§§ 2203, 2204 BGB) auch auf Kommanditanteile war von vornherein unbedenklich.[70] Ein Bedürfnis nach einer solchen Testamentsvollstreckung kann zB bei der Erfüllung von Vermächtnissen bestehen (RdNr. 21); im Übrigen ist es gering, weil eine qualifizierte Nachfolgeklausel im Gesellschaftsvertrag die automatische Zuweisung des Anteils an einen Miterben möglich macht (RdNr. 9) und bei Miterben eine besondere Auseinandersetzung

---

[57] Vgl. für oHG-Gesellschafter bzw. Komplementär RGZ 170, 392, 394; BGHZ 24, 106, 112 f.; 68, 225, 239 = NJW 1977, 1339; BGH WM 1966, 188, 189; BB 1969, 773; für Gesellschaft bürgerlichen Rechts BGH NJW 1981, 749, 750 = DB 1981, 366; umfassende Nachweise bei MünchKommBGB/*Ulmer* § 705 RdNr. 113.

[58] RGZ 172, 199, 203; OLG Frankfurt OLGZ 1983, 189 = WM 1983, 485 = BB 1983, 604 = NJW 1983, 1806; BayObLG DB 1978, 79 = Rpfleger 1977, 321; WM 1983, 1092, 1093 = BB 1983, 1751.

[59] Charakteristisch BayObLG WM 1983, 1092, 1093 = BB 1983, 1751; OLG Frankfurt WM 1983, 485, 486 = BB 1983, 604 = NJW 1983, 1806; RGRK-BGB/*Kregel* § 2205 Anm. 8; *Ulmer* ZHR 146 (1982), 558 ff.; *ders.* NJW 1984, 1496; *Koch* NJW 1983, 1763; für die Gesellschaft bürgerlichen Rechts vgl. nachdrücklich BGH NJW 1981, 749, 750.

[60] In diesem Sinne RGZ 172, 199, 203 f.; BGH NJW 1981, 749, 750; OLG Hamburg ZIP 1984, 1226, 1227 f.; *Koch* NJW 1983, 1764; *Richardi* S. 339 f.

[61] Vgl. nur RGZ 172, 199, 203; *Ulmer* ZHR 146 (1982), 563.

[62] BGHZ 86, 225, 229; *Wiedemann* Übertragung S. 339 f.

[63] Vgl. mwN. Schlegelberger/*Karsten Schmidt* RdNr. 27 ff.; § 139 RdNr. 44 ff.

[64] BGHZ 24, 106, 113 = NJW 1957, 1026; BGHZ 68, 225, 241 = NJW 1977, 1331; BGHZ 91, 132, 137 f. = NJW 1984, 2104; BGH NJW 1985, 1953, 1954.

[65] BGHZ 98, 48 = NJW 1986, 2431.

[66] Zu dem Urteil vgl. *Brandner*, FS Kellermann, 1991, S. 37; *Klein* DStR 1992, 292; *Dieter Mayer* ZIP 1990, 976; *Quack* BB 1989, 2271; *Reimann* DNotZ 1990, 190; *Rowedder* EWiR 1989, 991; *Ulmer* NJW 1990, 73.

[67] Für Zulässigkeit der Testamentsvollstreckung jetzt namentlich auch MünchKommBGB/*Ulmer* § 705 RdNr. 111 ff.; *Ulmer* NJW 1990, 73 ff.

[68] Vgl. für viele *Crezelius* RdNr. 85; *Karsten Schmidt* GesR § 45 V 8; Baumbach/*Hopt* RdNr. 5; Heymann/*Horn* RdNr. 14; *Koller*/Roth/Morck RdNr. 7; MünchKommBGB/*Zimmermann* § 2205 RdNr. 44; Staudinger/*Reimann* § 2205 RdNr. 125.

[69] *Koller*/Roth/Morck RdNr. 7; *Oetker* RdNr. 18; *Schmidt-Diemitz*, FS Sigle, 2000, S. 424; unentschieden BGHZ 108, 187, 199 = NJW 1989, 3152, 3154.

[70] GroßkommHGB/*Ulmer* 3. Aufl. 1973 § 139 RdNr. 67; Schlegelberger/*Karsten Schmidt* § 139 RdNr. 45; *Klussmann* BB 1966, 1210.

entbehrlich ist (RdNr. 17).[71] Einer besonderen Zustimmung der Gesellschafter oder einer gesellschaftsvertraglichen Testamentsvollstreckerklausel bedarf es nicht.[72] Der Abwicklungstestamentsvollstrecker wird nicht im Handelsregister eingetragen (RdNr. 37). Der bei RdNr. 24 geschilderte Streit betraf nur die **Verwaltungs- oder Dauertestamentsvollstreckung.** Auch bei dieser war wiederum bereits vor der Rechtsprechungsänderung anerkannt, dass sich die Verwaltungstestamentsvollstreckung **bei einer durch Tod aufgelösten Gesellschaft** auf den Kommanditanteil erstrecken kann.[73] Unbedenklich war auch bereits die Testamentsvollstreckerzuständigkeit hinsichtlich der **Rechte eines durch Tod ausgeschlossenen Gesellschafters** (dazu RdNr. 6). Der an Stelle des Kommanditanteils vererbte Abfindungsanspruch unterliegt hier der Testamentsvollstreckerzuständigkeit.[74] Wegen dieser Fragen wird auf die **Erläuterungen bei § 139** verwiesen (insbesondere zur Testamentsvollstreckung an Gewinnauszahlungs-, Abfindungs- und Abwicklungsansprüchen).

c) Nachlassverwaltung. Die Nachlassverwaltung am Personengesellschaftsanteil ist unbestrittenermaßen zulässig.[75] Das Problem bei der Nachlassverwaltung besteht demgemäß nur in der Abgrenzung der Befugnisse des Nachlassverwalters (RdNr. 43). 26

2. Verwaltungstestamentsvollstreckung am Kommanditanteil. a) Zulässigkeitsvoraussetzungen. Wegen der grundsätzlichen Zulässigkeit der Testamentsvollstreckung ist auf RdNr. 24 zu verweisen. Nach hM setzt die Zulässigkeit eine *Zustimmung aller Mitgesellschafter* voraus,[76] die durch eine *Testamentsvollstreckungsklausel im Gesellschaftsvertrag* vorweggenommen werden kann (dazu § 139 RdNr. 48).[77] Wenn der Gesellschaftsvertrag die freie Übertragbarkeit der Kommanditanteile zulässt, soll dies als konkludente Billigung auch der Testamentsvollstreckung ausreichen.[78] Auch nachträglich kann die Zustimmung erteilt werden.[79] Die Unentbehrlichkeit einer solchen allseitigen Zustimmung ist allerdings zu bestreiten (§ 139 RdNr. 48).[80] Gegen das Erfordernis spricht die Überlegung, dass es sich um eine erbrechtliche Beschränkung des Nachfolgers in der Ausübung seiner Kommanditistenrechte und nicht um die Hereinnahme eines Dritten in die Gesellschaft oder um die Ausübung selbstorganschaftlicher Befugnisse handelt.[81] Die Anordnung der Testamentsvollstreckung erfolgt durch letztwillige Verfügung (§ 2197 BGB). Der Kommanditanteil ist auch dann von der Testamentsvollstreckung erfasst, wenn der Erblasser die Einlage nicht voll eingezahlt hatte oder wenn vor dem Erbfall haftungsschädliche Rückzahlungen vorgenommen wurden (§§ 171 Abs. 1, 172 Abs. 4); eine mit dem ererbten Anteil verbundene beschränkte Kommanditistenhaftung hindert die Befugnisse des Testamentsvollstreckers nicht (zu der ganz anderen Frage haftungsschädlicher Entnahmen durch den Testamentsvollstrecker vgl. RdNr. 31).[82] 27

---

[71] Für gegenstandslos wird die Auseinandersetzungsvollstreckung gehalten von MünchKommBGB/*Zimmermann* § 2205 RdNr. 43.

[72] Heymann/*Horn* RdNr. 14.

[73] BGHZ 98, 48, 58; BGH NJW 1985, 1953 f.; MünchHdb. KG/*Klein* § 42 RdNr. 38.

[74] BGH NJW 1981, 749, 750; 1985, 1953, 1954; *Esch* NJW 1981, 2222; *Damrau* NJW 1984, 2785; *Ulmer* JuS 1986, 859; MünchHdb. KG/*Klein* § 42 RdNr. 40.

[75] BGHZ 47, 293, 295 f. = JZ 1967, 703 m. Anm. *Großfeld/Rohlof*f; Baumbach/*Hopt* RdNr. 5; *Koller*/Roth/Morck RdNr. 8; Schlegelberger/*Karsten Schmidt* § 139 RdNr. 55.

[76] BGHZ 86, 225, 241; 98, 48, 55; 108, 187, 191 = NJW 1989, 3152, 3153; OLG Hamm NJW-RR 1991, 837; MünchKommBGB/*Zimmermann* § 2205 RdNr. 44.

[77] BGHZ 108, 187, 191 = NJW 1989, 3152, 3153; *Ulmer* NJW 1990, 77; *Westermann* (2006) RdNr. I 1343; Baumbach/*Hopt* § 139 RdNr. 26; E/B/J/S/*Strohn* RdNr. 18; Heymann/*Horn* RdNr. 14; Oetker/*Kamanabrou* § 139 RdNr. 57; *Oetker* RdNr. 16; Röhricht/v. Westphalen/*v. Gerkan/Haas* RdNr. 16; MünchKommBGB/*Zimmermann* § 2205 RdNr. 44; Staudinger/*Reimann* BGB, 2003, § 2205 RdNr. 126.

[78] *Westermann* (2006) RdNr. 1343; Heymann/*Horn* RdNr. 14; Schlegelberger/*Karsten Schmidt* RdNr. 30; *Ulmer* NJW 1990, 76; großzügig auch MünchKommBGB/*Zimmermann* § 2205 RdNr. 44.

[79] Vgl. nur *Koller*/Roth/Morck RdNr. 7.

[80] **Abl.** *Karsten Schmidt*, FS Maier-Reimer, 2010, S. 629 ff.; zuvor schon *Marotzke* JZ 1986, 457, 460.

[81] *Karsten Schmidt*, FS *Maier-Reimer*, S. 629, 632 ff.

[82] BGHZ 108, 187, 197 = NJW 1989, 3152, 3155; zust. E/B/J/S/*Strohn* RdNr. 19.

28 **b) Dauer des Amtes.** Das Amt **beginnt** mit seiner *Annahme* durch den Testamentsvollstrecker (§ 2202 BGB). Die Testamentsvollstreckung als solche, dh. als Beschränkung des Erben mit den aus ihr folgenden Verfügungsbeschränkungen des Erblassers beginnt aber bereits mit dem Erbfall.[83] Die Annahme des Amtes wird gegenüber dem Nachlassgericht erklärt (§ 2202 BGB). Das Amt des Testamentsvollstreckers **endet** im Fall seines Todes, der Amtsniederlegung oder der Entlassung des Testamentsvollstreckers (§§ 2225 bis 2227 BGB). Hiervon zu unterscheiden ist die Beendigung der Testamentsvollstreckung als solche. Sie ergibt sich aus den Anordnungen im Testament und kann die Dauer von dreißig Jahren nicht überschreiten (§ 2210 BGB). Sowohl von der Amtsniederlegung als auch von der Beendigung der Testamentsvollstreckung als solcher zu unterscheiden ist die **Freigabe des** von ihm verwalteten **Anteils** aus der Testamentsvollstreckung (vgl. auch § 2217 BGB); sie lässt die Zuständigkeit des Testamentsvollstreckers nur hinsichtlich des freigegebenen Anteils entfallen.[84]

29 **c) Umfang der Befugnisse. aa) Innenbefugnisse.** Der Testamentsvollstrecker übt die **Rechte und Pflichten des Erben** hinsichtlich des Kommanditanteils aus. Dazu gehören: die Anmeldung der Rechtsnachfolge,[85] die Ausübung der Informationsrechte des Kommanditisten,[86] die Ausübung des Stimmrechts.[87] Ob auch Geschäftsführungsrechte, soweit sie abweichend von § 164 einem Kommanditisten zustehen, von der Testamentsvollstreckung erfasst sind, ist zweifelhaft.[88] Jedenfalls die Zustimmung der Mitgesellschafter (dazu RdNr. 27) ist hier unverzichtbar. Der BGH hat die Frage der Testamentsvollstreckung an einem solchen Anteil unentschieden gelassen.[89] Die Frage wird sich in der Praxis kaum stellen, weil Geschäftsführungsrechte einem Kommanditisten, wenn überhaupt, nur ad personam eingeräumt zu werden pflegen und dann mit dem Tod erlöschen. Selbstverständlich gehen die vom Testamentsvollstrecker auszuübenden Befugnisse nicht über diejenigen eines Gesellschafters hinaus, so dass der Testamentsvollstrecker im gleichen Maße wie der Erbe selbst an die sich aus der Treupflicht ergebenden Schranken gebunden ist.[90] War der Erbe bereits Mitgesellschafter (RdNr. 19), so unterliegt nur der zum Nachlass gehörige Kommanditanteil der Testamentsvollstreckung (zur Teilbarkeit des Anteils in diesem Fall vgl. § 105 RdNr. 78).[91]

30 **bb) Außenbefugnisse.** Die Befugnisse des Testamentsvollstreckers umfassen die „Außenseite" des Kommanditanteils.[92] Der Erbe kann über den der Testamentsvollstreckung unterliegenden Anteil nicht (ohne Zustimmung des Testamentsvollstreckers) verfügen (§ 2211 BGB). Er kann ihn insbesondere auch mit Zustimmung der Mitgesellschafter nicht veräußern, nicht verpfänden etc. Auch eine Austrittskündigung ist ohne Zustimmung des Testamentsvollstreckers nicht zulässig und nicht wirksam. Dagegen kann der Testamentsvollstrecker in den nach RdNr. 33 gezogenen Grenzen über den Kommanditanteil verfügen, ggf. auch durch Erklärung des Austritts aus der Gesellschaft (vgl. auch § 139 RdNr. 51).[93]

31 **d) Grenzen der Befugnisse. aa) Innenbefugnisse.** Hinsichtlich der Innenbefugnisse ist zu beachten, dass der Testamentsvollstrecker nur für und gegen den Nachlass, nicht auch

[83] MünchKommBGB/*Zimmermann* § 2202 RdNr. 3.

[84] Baumbach/*Hopt* § 139 RdNr. 31.

[85] BGHZ 108, 187 = NJW 1989, 3152, 3153; *Dörrie* S. 149; Heymann/*Horn* RdNr. 15; *Koller*/Roth/Morck RdNr. 7.

[86] *Koller*/Roth/Morck RdNr. 7.

[87] *Koller*/Roth/Morck RdNr. 7.

[88] Bejahend *Ulmer* NJW 1990, 76.

[89] BGHZ 108, 187, 195 f. = NJW 1989, 3152, 3154.

[90] *Dörrie* S. 103 ff.; *Koller*/Roth/Morck RdNr. 7; *Ulmer* NJW 1990, 979; **aM** *Muscheler* S. 527 ff.

[91] *Esch* BB 1993, 666; zust. *Koller*/Roth/Morck RdNr. 7; unentschieden BGHZ 108, 187, 199 = NJW 1989, 3152, 3155; **aM** *Ulmer* NJW 1990, 76 f.; Staub/*Schilling* RdNr. 21.

[92] BGHZ 98, 48, 57 = NJW 1986, 2431, 2433; MünchHdb. KG/*Klein* § 42 RdNr. 40; Heymann/*Horn* RdNr. 15.

[93] *Koller*/Roth/Morck RdNr. 7; *Muscheler* S. 522 ff.

für und gegen das Privatvermögen des Gesellschafter-Erben handeln kann.[94] Daraus wird teilweise gefolgert, dass er die **Einlage** nicht ohne Zustimmung des Erben erhöhen kann.[95] Richtigerweise kann aber der Testamentsvollstrecker beschränkt auf den Nachlass eine erhöhte Einlage versprechen (vgl. §§ 2206, 2207 BGB).[96] Beispielsweise können auf diese Weise freie Gesellschafterkonten in Eigenkapital umgewandelt werden. Eine Erhöhung der **Haftsumme** (§§ 172 Abs. 2, 174) bedarf dagegen der Zustimmung des Erben, weil eine Beschränkung der sich hieraus ergebenden Haftung auf das Gesellschaftsvermögen gesellschaftsrechtlich nicht möglich ist.[97] Auch die **Zustimmung zu außergewöhnlichen Geschäften** (§ 164) ist von der Kompetenz des Verwalters erfasst.[98] Umstritten ist, ob der Testamentsvollstrecker Rechtsgeschäfte vornehmen darf, die in den **Kernbereich** der Mitgliedschaft (§ 161 RdNr. 28 ff.) eindringen.[99] Der BGH hat die Frage offen gelassen.[100] Richtigerweise ist die Testamentsvollstreckerzuständigkeit, solange nur der Nachlass betroffen ist, auch hinsichtlich des Kernbereichs zu bejahen (vgl. auch § 139 RdNr. 51).[101] Selbst für den Fall der Umwandlung einer Gesellschaft ist die Verwalterzuständigkeit bei der Beschlussfassung bejaht worden.[102] Von diesen Kompetenzfragen zu unterscheiden ist die Frage, ob eine Maßnahme im Einzelfall pflichtwidrig und wegen evidenter Schädigung des Erben (Missbrauch) unwirksam ist[103] oder zur Testamentsvollstreckerhaftung nach § 2219 BGB führen kann. Auch **Entnahmen,** die nach § 172 Abs. 4 eine persönliche Haftung des Erben begründen können, sind nicht generell von der Testamentsvollstreckerzuständigkeit ausgenommen.[104] Sie können aber wegen erkennbaren Missbrauchs der Verwalterkompetenzen unwirksam sein[105] und den Verwalter zur Rückzahlung verpflichten.[106] Die Schadensersatzhaftung des Verwalters (RdNr. 35) kommt hinzu.

bb) Außenbefugnisse. Der Testamentsvollstrecker kann ohne Zustimmung der Erben 32 nicht unentgeltlich über Nachlassgegenstände verfügen (§ 2205 Satz 3 BGB). Dieses Verbot beseitigt entgegen dem unklaren Wortlaut des § 2205 Satz 3 BGB die Wirksamkeit sowohl des schuldrechtlichen Geschäfts als auch des Verfügungsgeschäfts.[107] Unter die unentgeltlichen Geschäfte fällt im Fall des Kommanditanteils nicht nur die unentgeltliche Anteilsübertragung, sondern auch der Austritt aus der Gesellschaft ohne Abfindung.[108] Im Übrigen sind diejenigen Rechtsgeschäfte des Testamentsvollstreckers unwirksam, die eine dem Geschäftsgegner bekannte oder ihm nur auf Grund grober Fahrlässigkeit unbekannte (also evidente) schädigende Verletzung der gegenüber den Erben nach §§ 2216, 2218 BGB bestehenden Pflichten darstellen (Missbrauch der Verfügungsbefugnis).[109]

---

[94] BGHZ 108, 187, 195 = NJW 1989, 3152, 3154; Heymann/*Horn* RdNr. 15; *Koller*/Roth/Morck RdNr. 7.

[95] Vgl. BGHZ 108, 187, 198 = NJW 1989, 3152, 3155; Heymann/*Horn* RdNr. 15; Röhricht/v. Westphalen/*v. Gerkan* RdNr. 17; Soergel/*Damrau* § 2205 RdNr. 44.

[96] E/B/J/S/*Strohn* RdNr. 20; MünchKommBGB/*Zimmermann* § 2205 RdNr. 44.

[97] BGHZ 108, 187, 198 = NJW 1989, 3152, 3155; E/B/J/S/*Strohn* RdNr. 20; Röhricht/v. Westphalen/*v. Gerkan* RdNr. 17; Soergel/*Damrau* § 2205 RdNr. 44; **aM** *Muscheler* S. 521 (wegen angeblich nur erbrechtlicher Haftung).

[98] *Muscheler* S. 512 ff.; str.

[99] Verneinend zB *Ulmer* NJW 1990, 81; *Crezelius* RdNr. 85; Baumbach/*Hopt* § 139 RdNr. 27; Röhricht/v. Westphalen/*v. Gerkan* RdNr. 17; *Buschmann* S. 171 ff.; *Raddatz* S. 173 ff.; *Weidlich* S. 119; *Werner* ZErb 2008, 195, 197; Staudinger/*Reimann* (2003) § 2205 RdNr. 129.

[100] BGHZ 108, 187, 198 f. = NJW 1989, 3152, 3155.

[101] Vgl. nur LG Mannheim NZG 1999, 824; *Hehemann* BB 1995, 1309; *Muscheler* S. 505 f.; *Lorz,* FS Boujong, 1996, S. 330 ff.; MünchKommBGB/*Zimmermann* § 2205 RdNr. 45; **aM** E/B/J/S/*Strohn* RdNr. 20; Röhricht/Graf v. Westphalen/*v. Gerkan/Haas* RdNr. 16, *Ulmer* NJW, 73, 79.

[102] LG Mannheim NZG 1999, 824.

[103] *Koller*/Roth/Morck RdNr. 7; **aM** *Hüffner* S. 150.

[104] Näher BGHZ 108, 187, 197 = NJW 1989, 3152, 3155; Heymann/*Horn* RdNr. 15; *Koller*/Roth/Morck RdNr. 7; **aM** *Hüffner* S. 150.

[105] Schlegelberger/*Karsten Schmidt* RdNr. 34; unentschieden BGHZ 108, 187, 198 = NJW 1989, 3152, 3155; Soergel/*Damrau* § 2205 RdNr. 44.

[106] BGHZ 108, 187, 198 = NJW 1989, 3152, 3155; *Koller*/Roth/Morck RdNr. 7.

[107] Palandt/*Edenhofer* § 2205 RdNr. 35.

[108] *Ulmer* NJW 1990, 79.

[109] Vgl. nur BGHZ 108, 187, 198 = NJW 1989, 3152, 3155; *Koller*/Roth/Morck RdNr. 7.

33 **3. Haftungsfolgen bei Testamentsvollstreckung. a) Kommanditist als Erbe. aa) Einlageschulden.** Wie bei § 173 RdNr. 44 ff. ist zwischen der Haftung für Einlageschulden und der Haftung gegenüber den Gesellschaftsgläubigern für Gesellschaftsverbindlichkeiten zu unterscheiden (RdNr. 22 f.). Für Einlageschulden des Erblassers haftet der Erbe nach erbrechtlichen Grundsätzen (RdNr. 23). Der Testamentsvollstrecker hat solche Schulden mit den Mitteln des Nachlasses zu erfüllen. Er selbst kann neue Einlageschulden nur mit Wirkung für und gegen den Nachlass begründen (RdNr. 31).

34 **bb) Kommanditistenhaftung.** Die Kommanditistenhaftung des Erben folgt aus §§ 171, 172, 173. Für Altverbindlichkeiten aus der Zeit vor dem Erbfall haftet der Erbe nach § 173 bis zur Höhe der eingetragenen Haftsumme, soweit die Einlage nicht geleistet (§ 171 Abs. 1) bzw. an den Erben zurückgeflossen ist (§ 172 Abs. 4).[110] Für Neuverbindlichkeiten haftet der Kommanditist bis zur Höhe der Haftsumme unter den sich am § 171 Abs. 1 bzw. § 172 Abs. 4 ergebenden Voraussetzungen (über Entnahmen des Testamentsvollstreckers vgl. RdNr. 31). Diese Haftung ist nicht auf den Nachlass beschränkt.[111] Besteht Testamentsvollstreckung, so kann der Erbe verlangen, dass der Testamentsvollstrecker die Haftungsverbindlichkeit aus dem Nachlass begleicht.

35 **b) Testamentsvollstreckerhaftung.** Der Testamentsvollstrecker haftet, obwohl nach hM im eigenen Namen für den Nachlass handelnd,[112] persönlich weder für Einlageschulden noch unterliegt er der sich aus §§ 171, 172, 173 ergebenden Gesellschafterhaftung. Denn er ist nicht Gesellschafter und wird auch nicht als solcher in das Handelsregister eingetragen (vgl. demgegenüber zur Treuhandlösung RdNr. 39). Im Verhältnis zum Erben gilt nach § 2218 BGB Auftragsrecht. Nach § 2219 BGB haftet der Testamentsvollstrecker dem Erben für schuldhafte Pflichtverletzungen auf Schadensersatz. Das gilt insbesondere für pflichtwidrige, wenn auch nicht notwendig unwirksame, Eingriffe in den Kernbereich der Mitgliedschaft oder für haftungsbegründende Entnahmen (RdNr. 31).

36 **4. Handelsregister. a) Eintragung der Erbfolge.** Die Anmeldung des Kommanditistenwechsels durch Erbfolge ist im Fall der Verwaltungstestamentsvollstreckung Sache des Testamentsvollstreckers (RdNr. 29).[113] Er ersetzt die Mitwirkung des Erben, nicht auch die evtl. noch erforderliche Mitwirkung aller Gesellschafter (dazu §§ 108, 162). Ob daneben auch die Erben zur Anmeldung befugt sind,[114] hat der BGH offengelassen.[115] Die Frage ist zu verneinen.[116] Ist allerdings der Erbe als Kommanditist auf Grund eigener Anmeldung eingetragen, so ist und bleibt diese Eintragung richtig. Der bloße Auseinandersetzungstestamentsvollstrecker ist nach hM nicht zur Anmeldung des Kommanditistenwechsels befugt.[117] Er kann nach dieser hM nur den Eintritt einer in Anbetracht des § 177 unwahrscheinlichen Auflösung durch Tod anmelden,[118] nicht auch die Nachfolge eines Erben. Den Vorzug verdient die Annahme, dass er neben dem Erben zur Anmeldung befugt ist.

---

[110] BGHZ 108, 187, 196 = NJW 1989, 3152, 3155.

[111] BGHZ 108, 187, 197 = NJW 1989, 3152, 3155; hM; anders aber *Muscheler* S. 508 ff., 518 (unter unrichtiger Anwendung des § 2206 BGB).

[112] BGHZ 25, 275, 279 = NJW 1957, 1916, 1917; zum Streitstand MünchKommBGB/*Zimmermann* Vor § 2197 RdNr. 5; Staudinger/*Reimann* (2003) Vor § 2197 RdNr. 14 f.

[113] BGHZ 108, 187, 190 = NJW 1989, 3152, 3153; KG NJW-RR 1996, 227; KG BB 1991, 1283, 1285 = KG DB 1991, 1066, 1067 = OLGZ 1991, 261, 264; *Krafka/Willer/Kühn* Registerrecht, 8. Aufl. 2010 RdNr. 767, MünchHdb. KG/*Klein/Lindemeier* § 42 RdNr. 52; E/B/J/S/*Strohn* RdNr. 22; Heymann/*Horn* RdNr. 15; *Koller*/Roth/Morck RdNr. 7.

[114] So zB MünchHdb. KG/*Klein/Lindemeier* § 42 RdNr. 52; *Koller*/Roth/Morck RdNr. 7; Staub/*Schilling* RdNr. 20; *Dieter Mayer* ZIP 1990, 978.

[115] BGHZ 108, 187, 190 = NJW 1989, 3152, 3153.

[116] MünchKommBGB/*Zimmermann* § 2205 RdNr. 38 a; Staudinger/*Reimann* (2003) § 2205 RdNr. 133; *Brandner,* FS Kellermann, 1991, S. 48 f.; *Dörrie* S. 150; *Reimann* DNotZ 1990, 193.

[117] KG DB 1991, 1066, 1067 = OLGZ 1991, 261, 264 = KG BB 1991, 1283, 1285 = NJW-RR 1991, 835; OLG München NZG 2009, 1234 = ZIP 2009, 2059 = EWiR 2009, 773 (*Wachter*).

[118] Heymann/*Horn* RdNr. 15.

b) Testamentsvollstreckervermerk. Die Verwaltungstestamentsvollstreckung ist zur 37
Eintragung in das **Handelsregister** anzumelden (str.).[119] Das ergibt sich zwar nicht aus dem Gesetz, ist aber wegen der Publizitätserfordernisse unentbehrlich und in Analogie zu § 107 herzuleiten. Eine Bekanntmachung erfolgt nicht (§ 162 Abs. 2). Nicht einzutragen ist eine bloße Auseinandersetzungstestamentsvollstreckung, weil sie keine Rechte am Anteil begründet.[120]

5. Ersatzlösungen. a) Bedeutung. Solange die hM eine Testamentsvollstreckung iS 38
der §§ 2197 ff. BGB nicht anerkannte, auf der anderen Seite aber das praktische Bedürfnis nach einer Verwaltung anerkennen und dem Erblasserwillen entgegenkommen musste, suchte und fand sie Ersatzlösungen.[121] Diese Ersatzlösungen sind reichlich **kompliziert** und waren richtigerweise schon damals jedenfalls dann überflüssig, wenn der Gesellschaftsvertrag die Testamentsvollstreckung zuließ.[122] Sie sind auch **kein gleichwertiger Ersatz**, wie sich etwa zeigt, wenn es um den Inhalt des Testamentsvollstreckerzeugnisses geht. Die Ersatzlösungen sind aber in den durch allgemeine Grundsätze des Personengesellschaftsrechts gezogenen Grenzen nach wie vor zulässig und sind dies geblieben, auch nachdem die Testamentsvollstreckung am Kommanditanteil anerkannt worden ist (s. auch § 139 RdNr. 52).[123]

b) Treuhandlösung. Der Anteil kann mit Zustimmung aller Gesellschafter vom Erben 39
auf den Testamentsvollstrecker als Treuhänder übertragen werden.[124] Diese Lösung entspricht der „Treuhandlösung" bei der Testamentsvollstreckung am Unternehmen (dazu § 1 RdNr. 59; § 27 RdNr. 25). Ihre praktische Durchführung kann aber auf Schwierigkeiten stoßen.[125] Die Treuhandlösung ist ein Überbleibsel aus der Zeit vor der Anerkennung der Testamentsvollstreckung. In Anbetracht der Zulässigkeit echter Testamentsvollstreckung ist sie in der Regel ohne praktischen Wert, da sie von der Zulassung durch die Mitgesellschafter abhängt.[126] Der Testamentsvollstrecker haftet im Fall einer solchen Treuhandlösung im Außenverhältnis als Übernehmer eines Kommanditanteils nach Maßgabe der §§ 171, 173.

c) Vollmachtlösung. Der Erbe kann dem Testamentsvollstrecker eine unwiderrufliche 40
Vollmacht zur Ausübung der Gesellschafterrechte geben.[127] Diese Lösung entspricht der „Vollmachtslösung" bei der Testamentsvollstreckung aus Einzelunternehmen (dazu § 1 RdNr. 59, § 27 RdNr. 19). Die Vollmacht kann auch schon zu Lebzeiten des Erblassers als postmortale Vollmacht erteilt werden.[128] Solange die Testamentsvollstreckung für unzulässig gehalten wurde, sprachen gute Gründe dafür, die Einsetzung eines Testamentsvollstreckers als eine solche Vollmachtserteilung auszulegen bzw. die letztwillige Verfügung in eine solche Vollmacht umzudeuten.[129] Diese Erwägung hat sich erledigt.

---

[119] Vgl. bereits Schlegelberger/*Karsten Schmidt* RdNr. 34; ebenso jetzt zB ; E/B/J/S/*Strohn* RdNr. 22; *Koller*/Roth/Morck RdNr. 7; *Oetker* RdNr. 15; Staudinger/*Reimann* (2003) § 2205 RdNr. 134; *Dieter Mayer* ZIP 1990, 978; *Ulmer* NJW 1990, 194; **aM** KG NJW-RR 1996, 228; *Krafka/Willer/Kühn* Registerrecht, 8. Aufl. 2010, RdNr. 769 mwN; Staub/*Schilling* RdNr. 20; MünchKommBGB/*Zimmermann* § 2205 RdNr. 46.

[120] Wohl unstreitig.

[121] Vgl. zum Stand vor 1989 Schlegelberger/*Karsten Schmidt* RdNr. 35; eingehend auch MünchHdb. KG/*Klein* § 42 RdNr. 42 ff.

[122] Ebd.; richtig auch bereits *Esch* NJW 1982, 2226.

[123] Vgl. MünchKommBGB/*Ulmer* § 705 RdNr. 122 ff.

[124] Vgl. BGHZ 12, 100, 102; 24, 106, 113; KG JW 1936, 1137, 1138; BayObLG OLGZ 1970, 109 = DB 1969, 974; *Buschmann* S. 177 f.; *Dörrie* S. 180 ff.; MünchHdb. KG/*Klein/Lindemeier* § 42 RdNr. 43; *Wiedemann* Übertragung S. 344 f.; *Ulmer* ZHR 146 (1982), 569; ohne das Zustimmungserfordernis zB *Richardi* S. 90 f.; eingehende Nachweise und Bedenken bei *Durchlaub* DB 1977, 1400.

[125] Näher *Emmerich* ZHR 132 (1969), 311 f.; *Esch* NJW 1981, 2226; *Ulmer* ZHR 146 (1982), 569; *Bommert* BB 1984, 183.

[126] Schlegelberger/*Karsten Schmidt* RdNr. 36.

[127] Vgl. *Richardi* S. 45 ff., 90; *Wiedemann* Übertragung S. 334; MünchHdb. KG/*Klein/Lindemeier* § 42 RdNr. 44; *Ulmer* ZHR 146 (1982), 569 ff. mwN; *Rehmann* BB 1985, 302; **abl.** *Durchlaub* DB 1977, 1401.

[128] *Wiedemann* Übertragung S. 335; RGRK-BGB/*Kregel* § 2205 Anm. 8; *Ulmer* ZHR 146 (1982), 575.

[129] *Ulmer* ZHR 146 (1982), 570 ff., 579.

41 **d) Ermächtigungslösung.** Noch größer sind die Probleme einer Ausübungsermächtigung. RGZ 172, 199, 206 f. ging davon aus, dass der Erbe dem Testamentsvollstrecker die Ausübung seiner Rechte aus der Mitgliedschaft überlassen könne.[130] Der Testamentsvollstrecker hätte dann, ohne als Amtstreuhänder nach § 2205 BGB dazu berufen zu sein und ohne den Kommanditanteil nach RdNr. 39 zu erwerben, diese Rechte im eigenen Namen auszuüben. Auch hier wurden Bedenken unter dem Gesichtspunkt des Abspaltungsverbots erhoben.[131] Diese Hilfslösung hat sich für Kommanditanteile gleichfalls erledigt, seitdem die Verwaltungstestamentsvollstreckung anerkannt ist.

42 **e) Auslegungs- und Anpassungsfragen.** Die vor dem Urteil BGHZ 108, 187 = NJW 1989, 2694 besonders bedeutsamen Ersatzlösungen werfen nach heutigem Stand Auslegungs- und Umdeutungsprobleme bei Altverträgen auf. Unter der älteren Praxis ging es vor allem darum, den Erben zu den für erforderliche Mitwirkungshandlungen durch Auflage anzuhalten[132] und ggf. die Anordnung der Testamentsvollstreckung in eine postmortale Vollmacht umzudeuten (RdNr. 40). Für die heutige Praxis steht die Frage im Mittelpunkt, ob Altverträge im Hinblick auf die Anerkennung der Testamentsvollstreckung umzudeuten bzw. zu ändern und ob vom Erblasser angeordnete Ersatzlösungen, soweit nicht mehr erforderlich, obsolet geworden sind. Letzteres wird anzunehmen sein, soweit Testamentsvollstreckung angeordnet und die gleichfalls angeordnete auf den Testamentsvollstrecker zielende Ersatzlösung hierdurch überflüssig geworden ist. Dagegen kann die bloße Erteilung einer postmortalen Vollmacht hinsichtlich des Anteils nicht ohne weiteres in die letztwillige Anordnung der Testamentsvollstreckung umgedeutet werden, selbst wenn die postmortale Vollmacht als Ersatz für eine damals vermeintlich unzulässige Testamentsvollstreckung hatte dienen sollen. Hatte die vereinbarte Ersatzlösung die nach damaligem Stand nicht anerkannte Testamentsvollstreckung ersetzen sollen, so kann sich eine Vertragsänderungspflicht der Gesellschafter (§ 205 RdNr. 164 ff.) ergeben.

43 **6. Nachlassverwaltung und Nachlassinsolvenz. a) Nachlassverwaltung.** Die Anordnung der Nachlassverwaltung (§ 1981 BGB) setzt keine Zustimmung der Mitgesellschafter voraus.[133] Der Umfang des dem Nachlassverwalter zufallenden Verwaltungsrechts (§ 1985 Abs. 1 BGB) ist im Einzelnen zweifelhaft (näher § 139 RdNr. 55). Nach hM kann der Nachlassverwalter nur die Vermögensrechte aus dem Kommanditanteil, nicht dagegen die sonstigen Gesellschafterrechte ausüben.[134] Die Frage, ob Nachlassverwaltung zum Ausscheiden des Kommanditisten führt, wird bei § 139 behandelt (§ 139 RdNr. 56).

44 **b) Nachlassinsolvenzverfahren.** Im Fall eines Nachlassinsolvenzverfahrens (§§ 1975 BGB, 315 ff. InsO) ist zunächst die Frage zu stellen, ob die Verfahrenseröffnung zum Ausscheiden des Gesellschafters nach bzw. analog § 131 Abs. 3 Nr. 2 führt (dazu § 131 RdNr. 73).[135] Sodann ist nach dem Umfang der Befugnisse des Nachlassinsolvenzverwalters hinsichtlich des Gesellschaftsanteils zu fragen (dazu § 139 RdNr. 56). Der BGH geht auch hier davon aus, dass die Verwaltung nicht den Anteil als solchen (die Mitgliedschaft), sondern nur die dazugehörigen Vermögensrechte erfasst.[136] Dem ist nicht zu folgen.[137] Das Nachlassinsolvenzverfahren erfasst den vererbten Anteil und ist aus diesem Grund

[130] Kritisch Schlegelberger/*Karsten Schmidt* RdNr. 38.

[131] Nachweise bei *Esch* NJW 1981, 2226.

[132] Zur Problematik MünchHdb. KG/*Klein* § 42 RdNr. 44.

[133] **AM** *Koller*/Roth/Morck RdNr. 8.

[134] BGHZ 47, 293, 295 f. = JZ 1967, 703 m. Anm. *Gussfeld-Rohloff*; BGHZ 91, 132, 136 = NJW 1984, 2104 = JZ 1984, 890 m. Anm. *Brox*; MünchHdb. KG/*Klein* § 45 RdNr. 60; MünchKommBGB/*Küpper* § 1985 RdNr. 6; *Stodolkowitz*, FS Kellermann, 1991, S. 454.

[135] Verneinend für den Auflösungsgrund des § 131 aF BGHZ 91, 132 = BB 1984, 1313 = JZ 1984, 890 m. krit. Anm. *Brox*; dazu krit. Schlegelberger/*Karsten Schmidt* § 131 RdNr. 39 f.

[136] BGHZ 91, 132, 136 f. = NJW 1984, 2104, 2105 = JZ 1984, 890 m. Anm. *Brox*.

[137] *Karsten Schmidt*, FS Uhlenbruck, 2000, S. 658 ff.

einer Gesellschafterinsolvenz gleichzustellen; seine Eröffnung führt also grundsätzlich zum Ausscheiden (§ 131 Abs. 3 Nr. 2),[138] so dass dem Verwalter aus diesem ganz anderen Grunde idR nur der Abfindungsanspruch untersteht (näher § 131 RdNr. 73).

V. GmbH & Co

Schrifttum: *Binz/Sorg,* Die GmbH & Co. KG, 11. Aufl. 2010; *Crezelius,* Unternehmens-Erbrecht, 1998, RdNr. 360 ff.; *Hesselmann/Tillmann/Mueller-Thums,* Handbuch der GmbH & Co. KG, 20. Aufl. 2009; *Sudhoff,* GmbH & Co. KG, 6. Aufl. 2005, § 34.

1. Fortbestehen der Gesellschaft und Nachfolge in den Anteil. a) Sonderfragen bei der GmbH & Co ergeben sich nur, wenn der Erblasser-Kommanditist zugleich an der GmbH beteiligt war. Das **Fortbestehen der Gesellschaft** und die **Vererblichkeit der Mitgliedschaft** ergibt sich hinsichtlich der Kommanditgesellschaft aus § 177 hinsichtlich der GmbH aus § 15 Abs. 1 GmbHG. Der durch § 131 Abs. 3 Nr. 1 nF heraufbeschworene Vertragsgestaltungsbedarf (Nachfolgeklausel, um ein Ausscheiden der Erben zu verhindern) besteht bei einer solchen Gesellschaft nicht. 45

b) Zuordnung der vererbten Mitgliedschaft. Die Zuordnung der ererbten Mitgliedschaft folgt für den Kommanditanteil den bei RdNr. 15 ff. dargestellten Grundsätzen. Der ererbte GmbH-Anteil fällt dagegen in jedem Fall ungeteilt in den Nachlass.[139] Miterben können die Rechte aus dem ererbten Anteil nur gemeinschaftlich ausüben (§ 18 Abs. 1 GmbHG). Im Interesse der Zuständigkeitenverzahnung empfiehlt sich die Aufnahme einer Vertreterklausel für den Fall des Todes eines Kommanditisten, damit auch die ererbten Kommanditistenrechte gemeinschaftlich ausgeübt werden (RdNr. 17). Auch kann durch eine erbrechtliche Auseinandersetzungsanordnung oder durch gesellschaftsvertragliche Pflichten dafür gesorgt werden, dass der Geschäftsanteil an der GmbH entsprechend dem Kommanditanteil geteilt und auf die Nachfolger übertragen wird. 46

2. Die Testamentsvollstreckung. a) GmbH. Die Testamentsvollstreckung am vererbten GmbH-Anteil ist problemlos zulässig.[140] Der Testamentsvollstrecker übt, soweit er nicht bloß Auseinandersetzungstestamentsvollstrecker ist, die Rechte aus dem GmbH-Geschäftsanteil für Rechnung des Nachlasses aus.[141] Die Verwaltungstestamentsvollstreckung bedarf grundsätzlich nicht der Zustimmung der Mitgesellschafter,[142] und zwar auch dann nicht, wenn die Abtretung des Anteils nach § 15 Abs. 5 GmbHG von einer Zustimmung der Gesellschaft oder der Mitgesellschafter abhängt.[143] 47

b) Kommanditgesellschaft. Für die Testamentsvollstreckung am Kommanditanteil gelten die bei RdNr. 24–41 dargestellten Grundsätze. Die durch die frühere Nicht-Zulassung der Testamentsvollstreckung am Kommanditanteil ausgelösten Unstimmigkeiten (die seinerzeit hM musste den Testamentsvollstrecker hinsichtlich des vererbten GmbH-Geschäftsanteils für zuständig, hinsichtlich der vererbten Kommanditbeteiligung dagegen für unzuständig halten) sind damit überwunden. 48

---

[138] **AM** für § 131 aF BGHZ 91, 132 = NJW 1984, 2104 = JZ 1984, 890 m. Anm. *Brox;* dazu ausführlich *Karsten Schmidt,* FS Uhlenbruck, 2000, S. 664 ff.

[139] Vgl. Sudhoff/*Jäger* § 34 RdNr. 37; Scholz/*Winter/Seibt* GmbHG § 15 RdNr. 24; *Priester* GmbHR 1981, 206 f.

[140] Vgl. MünchKommBGB/*Zimmermann* § 2205 RdNr. 51; Soergel/*Damrau* § 2205 RdNr. 49 ff.; Staudinger/*Reimann* (2003) § 2205 RdNr. 140 f.; Palandt/*Edenhofer* § 2205 RdNr. 24; Scholz/*Winter/Seibt* GmbHG § 15 RdNr. 250; *Lenzen* GmbHR 1977, 59 f.; *Priester,* FS Stimpel, 1985, S. 463 ff.

[141] Vgl. Scholz/*Winter/Seibt* GmbHG § 15 RdNr. 251 f. mwN.; über Kompetenzgrenzen vgl. eingehend MünchKommBGB/*Zimmermann* § 2205 RdNr. 43.

[142] MünchKommBGB/*Zimmermann* § 2205 RdNr. 51.

[143] MünchKommBGB/*Zimmermann* § 2205 RdNr. 51; Scholz/*Winter/Seibt* GmbHG § 15 RdNr. 250; *Priester,* FS Stimpel, 1985, S. 472.

§ 177a [Angaben auf Geschäftsbriefen; Antragspflicht bei Zahlungsunfähigkeit oder Überschuldung]

[1] Die §§ 125 a und 130 a gelten auch für die Gesellschaft, bei der ein Kommanditist eine natürliche Person ist, § 130 a jedoch mit der Maßgabe, daß anstelle des Absatzes 1 Satz 4 der § 172 Abs. 6 Satz 2 anzuwenden ist. [2] Der in § 125 a Abs. 1 Satz 2 für die Gesellschafter vorgeschriebenen Angaben bedarf es nur für die persönlich haftenden Gesellschafter der Gesellschaft.

Schrifttum: Vgl. bei §§ 125 a, 130 a, b; s. ferner vor RdNr. 4 und 9.

Übersicht

I. Gesetzesgeschichte, Normzweck und Anwendungsbereich

1 **1. Gesetzesgeschichte.** Die Vorschrift wurde eingeführt durch das Erste Gesetz zur Bekämpfung der Wirtschaftskriminalität v. 29. 7. 1976 (BGBl. I S. 2034) und geändert durch die GmbH-Novelle v. 4. 7. 1980 (BGBl. I S. 836) durch das Handelsrechtsreformgesetz v. 22. 6. 1998 (BGBl. I S. 1474) sowie durch das MoMiG v. 23. 10. 2008 (BGBl. I S. 2026) (Streichung des § 130b a. F. aus Satz 1). Die geänderten Regeln über Angaben auf Geschäftsbriefen sind am 1. 7. 1998 in Kraft getreten. Geschäftsbögen, die dem zuvor geltenden Recht entsprachen, durften bis zum 31. 12. 1999 noch aufgebraucht werden (Art. 39 EGHGB).

2 **2. Normzweck. a) Verweisungsnorm.** Als Verweisungsnorm hat die Bestimmung keinen eigenen Normzweck. **§ 125 a** dient der Publizität der Handels-Personengesellschaft. In der ursprünglichen Fassung von 1980 sollte die Bestimmung nach dem Willen des Gesetzgebers in gleicher Weise wie § 35 a GmbHG, § 80 AktG der besseren Transparenz einer oHG dienen, bei der kein Gesellschafter eine natürliche Person ist, und nach § 177 a sollte diese Regel bei einer KG auch dann gelten, wenn die Kommanditisten natürliche Personen sind.[1] Die Handelsrechtsreform von 1998 (RdNr. 1) hat die im Jahr 1980 nur für die Personengesellschaft ohne natürliche Person als persönlich haftenden Gesellschafter eingeführte Pflicht zu Angaben auf Geschäftsbriefen verallgemeinert (§ 37 a) und lässt sie *für jede Kommanditgesellschaft* gelten (§ 125 a Abs. 1 Satz 1 nF iVm. § 177 a). Eine *Sonderbehandlung der Kommanditgesellschaft ohne persönlich haftenden Gesellschafter* (typischerweise GmbH & Co. KG) ergibt sich aber noch aus § 125 a Abs. 1 Satz 2 nF iVm. § 177 a (dazu RdNr. 1). Die **Insolvenzantragspflicht** bei Handels-Personengesellschaften ohne eine natürliche Person als persönlich haftenden Gesellschafter (vormals § 130a Abs. 1 a. F. iVm § 177 a) ergibt sich seit dem MoMiG aus **§ 15a InsO** (dazu § 130a RdNr. 11 ff.). Noch in **§ 130a Abs. 2** enthalten sind aber die Schadensersatzpflichten bei Insolvenzverschleppung (dazu § 130a RdNr. 16 ff.). **§ 130a Abs. 1** enthält noch die insolvenzrechtlichen Zahlungsverbote (dazu § 130a RdNr. 25 ff.). Dafür, dass diese Bestimmungen bei einer KG auch dann angewandt werden, wenn sich unter den Kommanditisten natürliche Personen befin-

[1] BegrRegE BR-Drucks. 404/77 S. 58.

den, sorgt § 177 a. Die für Personengesellschaften ohne natürliche Person als Komplementär aufgestellten Sonderregeln zielen rechtspolitisch in erster Linie auf die Kapitalgesellschaft (GmbH) & Co. KG. Trotzdem hat der Gesetzgeber schon bei der Einführung der §§ 130 a, b aF Grundregeln für die oHG aufgestellt und die KG nur durch die Verweisungsnorm des § 177 a einbezogen.[2] In der Praxis kommen die §§ 125 a, 130 a überwiegend über die Verweisungsnorm der §§ 161 Abs. 2, 177 a zur Anwendung.

b) Abgrenzung zu § 161 Abs. 2. Schon nach § 161 Abs. 2 gelten die Regeln des 3
§ 125 a Abs. 1 Satz 1 und Abs. 2 (RdNr. 4). Aber die §§ 125 a Abs. 1 Satz 2, 130 a wären ohne § 177a nur anwendbar, wenn in einer KG kein Gesellschafter eine natürliche Person ist, es sei denn zu den Gesellschaftern gehört eine oHG oder KG, bei der ein persönlich haftender Gesellschafter eine natürliche Person oder (über den Gesetzeswortlaut hinaus) wiederum eine oHG oder KG ist, in der eine natürliche Person unbeschränkt haftet. § 177 a stellt für die KG klar, dass das Vorhandensein natürlicher Personen als Kommanditisten an der Anwendbarkeit dieser Bestimmungen bei der KG nichts ändert (RdNr. 2). Auch die Verweisung auf § 172 Abs. 6 Satz 2 an Stelle von § 130a Abs. 1 Satz 4 dient diesem Zweck.

II. Die Einzelregelungen

Schrifttum: *Binz/Sorg,* Die GmbH & Co. KG, 11. Aufl. 2010, § 11 RdNr. 42 ff.; *Hesselmann/Tillmann/Mueller-Thuns,* Handbuch der GmbH & Co. KG, 20. Aufl. 2009, § 4 RdNr. 123 ff.; *Karsten Schmidt/Uhlenbruck,* Die GmbH in Krise, Sanierung und Insolvenz, 4. Aufl. 2009; *Sudhoff,* GmbH & Co. KG, 6. Aufl. 2005.

1. Angaben auf Geschäftsbriefen. a) Regeln für alle Kommanditgesellschaften. 4
aa) Angaben auf Geschäftsbriefen sind nach **§§ 125 a Abs. 1 Satz 1, 161 Abs. 2** seit 1998 *bei jeder Kommanditgesellschaft* vorgeschrieben. Auf die Erläuterung dieser Bestimmung wird wegen der Einzelheiten verwiesen. Zum Begriff der Geschäftsbriefe an bestimmte Empfänger vgl. § 37 a RdNr. 5. Anzugeben sind: die Rechtsform und der Sitz der Gesellschaft, das Registergericht und die Nummer, unter der die Gesellschaft im Handelsregister eingetragen ist. Im Fall der Kommanditgesellschaft ohne natürlichen Komplementär (typischerweise GmbH & Co. KG) folgt aus § 125 a Abs. 1 Satz 2, dass Angaben auch über den Komplementär (die Komplementäre gemacht werden müssen). Dazu vgl. RdNr. 6.

bb) Vordrucke und Bestellscheine sind in §§ 125 a Abs. 2, 37 a Abs. 2, 3 geregelt 5
(dazu im einzelnen § 37 a RdNr. 9 f.). Auch diese Bestimmungen gelten für *jede Kommanditgesellschaft,* nicht bloß für die GmbH & Co. KG.

b) Sonderregel für die KG ohne natürlichen Komplementär (GmbH & Co. 6
KG). aa) § 125 a Abs. 1 Satz 2 ist mit der Maßgabe anwendbar, dass *nur die persönlich haftenden Gesellschafter* auf Geschäftsbriefen angegeben werden müssen (Satz 2). Es müssen also auf allen Geschäftsbriefen, die an einen bestimmten Empfänger gerichtet werden, die Rechtsform, der Sitz, das Registergericht und die Eintragungsnummer sowie die Firma des Komplementärs (Firmen der Komplementäre), die Vorstandsmitglieder oder Geschäftsführer und ggf. der Aufsichtsratsvorsitzende angegeben werden. Soweit es sich bei den Komplementären um Aktiengesellschaften oder um Gesellschaften mbH handelt, sind zusätzlich die in §§ 80 AktG, 35 a GmbHG vorgeschriebenen Angaben zu machen. **Bestellscheine** gelten ausnahmslos als Geschäftsbriefe (§ 125 a Abs. 2). Im Übrigen können die Angaben entfallen bei Mitteilungen oder Berichten, die im Rahmen einer bestehenden Geschäftsverbindung ergehen und für die üblicherweise **Vordrucke** verwendet werden, in denen lediglich die im Einzelfall erforderlichen besonderen Angaben eingefügt zu werden brauchen (§ 125 a Abs. 2 HGB, 35 a Abs. 2 GmbHG).

bb) Ausnahme bei persönlicher Haftung. Die Sonderregeln für die KG ohne natür- 7
lichen Komplementär gelten nach § 125 a Abs. 1 Satz 3 nicht, wenn Komplementärin der

[2] Vgl. Ausschussbericht zum 1. WiKG BT-Drucks. 7/5291 S. 23.

KG eine offene Handelsgesellschaft oder Kommanditgesellschaft ist, in der eine natürliche Person unbeschränkt haftet (vgl. im einzelnen Erl. § 125 a). Diese Ausnahme gilt auch, wenn an der Komplementär-oHG oder Komplementär-KG unmittelbar zwar keine natürliche Person als unbeschränkt haftender Gesellschafter beteiligt ist, aber eine natürliche Person über eine weitere zwischengeschaltete Gesellschaft persönlich haftet (mehrstöckige Personengesellschaft).

8 **c) Sanktionen.** Organschaftliche Vertreter der geschäftsführenden Gesellschafterin oder Liquidatoren, die diese Vorschriften nicht befolgen, sind nach §§ 125 a Abs. 2, 37 a Abs. 4 hierzu durch *Zwangsgelder* anzuhalten. Über die Vertrauenshaftung bei Nichtverwendung der auf Haftungsbeschränkung verweisenden Firma vgl. § 19 RdNr. 35.

9 **2. Insolvenzrechtliche Organpflichten. a) Sonderregel für die GmbH & Co. KG.** Auch die Verweisung auf **§ 130 a** zielt auf die GmbH (Kapitalgesellschaft) & Co. KG. Sie wird seit dem MoMiG von 2008 ergänzt durch **§ 15a Abs. 1, 2 InsO.** Erfasst sind alle Kommanditgesellschaften ohne natürlichen Komplementär oder mittelbar als Komplementär haftende natürliche Person (RdNr. 2)

10 **b) Insolvenzantragspflicht (§ 15a InsO).** Grundlage der Insolvenzantragspflichten ist die *Insolvenzrechtsfähigkeit der Gesellschaft,* verbunden mit den *Eröffnungsgründen Zahlungsfähigkeit und Überschuldung* (§§ 11, 17, 19 InsO). Die Antragspflicht trifft jeden Geschäftsführer bzw. Liquidator einzeln. Nach ständiger Rechtsprechung ist Normadressat auch der nur *faktische Geschäftsführer.*[3] Dazu ist nicht erforderlich, dass die bestellten Geschäftsführer durch den faktischen völlig verdrängt sind.[4] Im *Fall der Führungslosigkeit* (§ 15a Abs. 3 GmbHG) sind die Gesellschafter der Komplementär-GmbH bzw. die Aufsichtsratsmitglieder der Komplementär-AG verpflichtet (näher § 130a RdNr. 13).

11 **c) § 130 a Abs. 1 Satz 1.** Aus § 130 a Abs. 1 Satz 1 ergibt sich die *Pflicht zur Masseerhaltung.* Gegen sie kann nicht nur durch Zahlungen verstoßen werden, sondern auch durch die Belastung der Masse mit Neuverbindlichkeiten, die mit der Sorgfalt eines ordentlichen und gewissenhaften Geschäftsleiters nicht vereinbar sind. Dazu rechnet der Bundesgerichtshof auch die Einlösung von Schecks bei debitorischem Bankkonto der GmbH.[5] Nach der Rechtsprechung sind verbotene Zahlen ungekürzt zu erstatten.[6] Auf die Erläuterungen zu § 130 a wird verwiesen.

12 **d) § 130a Abs. 1 Satz 3.** Wegen der *Haftung für insolvenzauslösende Zahlungen* ist zu verweisen auf § 130a RdNr. 42 ff.

13 **e) Sanktionen. aa) Schadensersatzansprüche der Gesellschaft** begründet die *Haftungsregelung des* **§ 130 a Abs. 2.** Diese Haftungsbestimmung gilt für jeden Verstoß gegen diese Pflichten, also nicht nur für die Verschleppung des Insolvenzverfahrens (§ 15 a InsO) oder für verbotene Auszahlungen (Wortlaut § 130 a Abs. 1 Satz 1), sondern auch für verbotene insolvenzauslösende Zahlungen (§ 130a Abs. 1 Satz 3). Über das Verhältnis dieser Schadensersatzpflicht zur Haftung der Leitungsorgane gegenüber den Gläubigern vgl. die Erläuterungen zu § 130 a.

14 **bb) Schadensersatz für die Gläubiger.** Die Schadensabwicklung über das Gesellschaftsvermögen (die Insolvenzmasse) schließt eine Geltendmachung individueller Schadensersatzansprüche durch einzelne Neugläubiger nicht aus. Neugläubiger sind diejenigen, deren Forderungen nach Eintritt der Antragspflicht begründet wurden. Nach BGHZ 126, 181 = NJW 1994, 2220 ist die sich aus einer Insolvenzverfahrensverschleppung ergebende

[3] BGHSt 31, 118 = BB 1983, 788 m. krit. Anm. *Kaligin* = NJW 1983, 240; BGHZ 104, 44 = NJW 1988, 1789; BGHSt. 31, 118 = BB 1983, 788 m. krit. Anm. *Kaligin* = NJW 1983, 240.

[4] BGHZ 104, 44, 46 = NJW 1988, 1789.

[5] BGH ZIP 2000, 184, 185 f.

[6] BGHZ 146, 264, 278 = GmbHR 2001, 190, 194; BGH GmbHR 2007, 596, 597; krit. *Karsten Schmidt* KTS 2001, 387 ff; zusammenfassend *ders.* ZHR 175 (2011), 433 ff.

Deliktshaftung der Organe nicht auf den sog. Quotenschaden begrenzt.[7] Nach BGHZ 138, 211, 215 = NJW 1998, 2667 nehmen die Neugläubiger an der Liquidation des Quotenschadens nicht teil und müssen ihren gesamten Schaden, nicht nur einen den Quotenschaden übersteigenden Individualschaden, außerhalb des Insolvenzverfahrens geltend machen.[8] Umstritten ist auch, ob der Vorstoß gegen das Zahlungsverbot des § 130 a Abs. 1 entsprechend § 64 Abs. 2 GmbHG einen Anspruch auf vollständige Erstattung verbotener Zahlungen gibt.[9] Vgl. zu diesen Fragen eingehend die Erläuterungen bei § 130 a.

cc) Strafbarkeit. Wegen der *Strafsanktionen* wird auf § 15a Abs. 4, 5 InsO verwiesen. 15
Die Strafbarkeit gilt auch für faktische Geschäftsführer und im Fall der Führungslosigkeit[10] für die Gesellschafter der Komplementär-GmbH (§ 15a Abs. 3 IusO).

§§ 178–229 *(aufgehoben)*

[7] Eingehend Staub/*Habersack* § 130 a RdNr. 36.

[8] Krit. dazu *Karsten Schmidt* NZI 1998, 9 ff.; *ders.* ZGR 1998, 633, 662 ff.; *ders.* KTS 2001, 381 ff.

[9] So im Einklang mit der Rechtsprechung zu § 64 GmbHG BGH GmbHR 2007, 596; OLG Schleswig ZIP 2005, 2211, 2212 (n. rkr.); ablehnend *Karsten Schmidt* in Karsten Schmidt/Uhlenbruck, Die GmbH in Krise, Sanierung und Insolvenz, 4. Aufl. 2009, RdNr. 11.34 ff.; *ders.* ZIP 2005, 2184 f; *ders.* ZIP 2008, 1401, 1402.

[10] Dazu *Karsten Schmidt*, FS Uwe H. Schneider, 2011, S.1157 ff.

Dritter Abschnitt. Stille Gesellschaft

Einleitung
Mittelbare Teilhabe am Unternehmen

Übersicht

I. Grundlagen

1. Begriffliches und Systematisches. a) Unmittelbare und mittelbare Teilhabe am Unternehmen. Die Beteiligung als Gesellschafter einer Unternehmensträgerin, also einer Handelsgesellschaft (oHG, KG, AG, KGaA, GmbH) oder einer Partnerschaftsgesellschaft oder unternehmenstragenden BGB-Gesellschaft, wird hier als „unmittelbare“ Beteiligung am Unternehmen bezeichnet. Unabhängig von rechtsdogmatischen und rechtspraktischen Unterschieden im Detail ist diesen Beteiligungsformen gemeinsam, dass eine mitgliedschaftliche und „dinglich“-vermögensrechtliche Beteiligung an der Trägerin des Unternehmens vorliegt. Von dieser „unmittelbaren“ Teilhabe können verschiedene Formen der „mittelbaren Teilhabe“ am Unternehmen unterschieden werden, bei der an die Stelle einer „dinglichen“ Mitberechtigung eine nur wirtschaftliche (Mit-)Berechtigung am Unternehmensvermögen tritt (eine bloß schuldrechtliche Gewinnteilhabe wie beim partiarischen Darlehn genügt hierfür nicht). Diese Formen „mittelbarer Teilhabe“ am Unternehmen werden im vorliegenden Kommentar, wie bereits an anderer Stelle[1] zusammenfassend dargestellt, wobei sich die fiduziarische Treuhand am Anteil als ausgeprägteste, die stille Beteiligung aber als gesetzlich am klarsten vorgeprägte Form der mittelbaren Unternehmensbeteiligung darstellt. 1

b) Die Ordnungsgesichtspunkte der mittelbaren Unternehmensbeteiligung. aa) Organisationsrecht versus Außenbeziehung. Das Recht der Handelsgesellschaften knüpft an das (auch im Handelsregister dokumentierte) Gesellschafts-Außenrecht an. Deshalb erscheint im Gesetz eine „unmittelbare“ Unternehmensbeteiligung (zB als Kommanditist) gegenüber der „mittelbaren“ Unternehmensbeteiligung (zB als stiller Gesellschafter) als etwas qualitativ vollständig Andersartiges. Die Auseinandersetzung mit dem Recht der atypischen stillen Gesellschaft zeigt aber, dass Außenstruktur und Binnenstruktur im Unternehmen divergieren und dass Beteiligungen mit unterschiedlicher Außenstruktur organisationsrechtlich gleichartig sein können (§ 230 RdNr. 83 ff.).[2] 2

bb) Formale Rechtsposition versus funktionelle Beteiligung. Eine weitere Besonderheit mittelbarer Unternehmensbeteiligungen besteht darin, dass die Funktion einer Unternehmensbeteiligung nicht notwendig mit der formellen Art der Beteiligung übereinstimmt. Die Stellung des Gesellschafters einer Handelsgesellschaft (oHG, KG, AG, KGaA, SE, GmbH) ist jedenfalls im Ausgangspunkt standardisiert, wenn auch in der Einzelgestaltung variantenreich (kapitalistisch beteiligter Kommanditist, geschäftsführender GmbH-Gesellschafter etc.). Die mittelbare Teilhabe am Unternehmen entzieht sich solcher Standardisierung. Am deutlichsten ist dies bei der Treuhand am Anteil, die den Treuhänder im Außenverhältnis zum Inhaber der Beteiligung macht (RdNr. 57 ff.), während sie ihn funktionell als Nießbraucher (RdNr. 41), als Inhaber eines bloßen Sicherungsrechts (RdNr. 39) oder als treuhänderischer Verwalter eines wirtschaftlich allein dem Treugeber zustehenden Anteils erscheinen lässt (RdNr. 40). Ähnlich kann eine stille Beteiligung in einer bloß finanziellen Teilhabe am Erfolg oder Misserfolg des Unternehmens bestehen 3

---

[1] *Karsten Schmidt* GesR § 61; Schlegelberger/*Karsten Schmidt* Vor § 335 aF = Vor § 230 nF.

[2] *Karsten Schmidt* GesR § 61 I 1 b.

(§ 230 RdNr. 70 ff.), aber auch in einer mitunternehmerischen Beteiligung (§ 230 RdNr. 74 ff.). Für die Unterbeteiligung gilt nichts anderes (§ 230 RdNr. 206 ff.).

4 **2. Aufgaben der Rechtsanwendung. a) Funktionsgerechtigkeit und Formenstrenge. aa) Funktionsgerechtigkeit.** Die Rechtsanwendungspraxis muss den unterschiedlichen Funktionen der verschiedenen Varianten mittelbarer Unternehmensbeteiligung Genüge tun, kann also zB die mitunternehmerische stille Beteiligung oder Unterbeteiligung nicht aus formalen Gründen einer bloßen Fremdfinanzierung gleichstellen. Sie kann nicht den treuhänderischen Inhaber einer Beteiligung ohne Ansehen der unterschiedlichen Treuhandfunktionen schematisch als Vollrechtsinhaber behandeln.

5 **bb) Formenstrenge.** Auf der anderen Seite muss die Gestaltungspraxis der Rechtsformwahl der Beteiligten Genüge tun. Wenn beispielsweise Nießbrauchseffekte sowohl durch die Bestellung eines Nießbrauchs am Anteil (RdNr. 10) als auch durch die treuhänderische Übertragung des Anteils an den „Nießbraucher" bewerkstelligt werden können (RdNr. 41), dann kann die gezielte Formwahl der Beteiligten nicht aus Gründen der Funktionsgleichheit vernachlässigt werden. Wenn einem Kapitalanleger durch Kommanditistenbeteiligung (§ 161 RdNr. 106 ff.), durch stille Beteiligung (§ 230 RdNr. 88 f.) oder durch Einschaltung eines Treugebers (RdNr. 33 ff., 40, 44) eine wirtschaftlich gleichartige Position eingeräumt werden kann, darf dies die Unterschiede in der Rechtsformwahl nicht verdecken.

6 **b) Rechtszuständigkeit und Zurechnung.** Die Rechtsanwendungspraxis muss aus den genannten Gründen zwischen der formalen Rechtszuständigkeit und Zurechnungsproblemen unterscheiden. Die Innehabung eines Anteils, die Innehabung eines Rechts an dem Anteil und die Zurechnung der aus dem Anteil resultierenden Rechte und Pflichten sind voneinander zu unterscheiden.

II. Mittelbare Teilhabe am Unternehmen durch Nießbrauch an Gesellschaftsanteilen

7 **Schrifttum:** *Baumann,* Der Nießbrauch am Anteil der Einmann-Personengesellschaft, NZG 2005, 919; *Bechtold,* Der Nießbrauch am Kommanditanteil, 1991; *Becker,* Der rechtsgeschäftliche Nießbrauch an einem Geschäftsanteil der GmbH, GmbHR 1928, 46, 115; *ders.,* Das Stimmrecht bei Sicherungsübertragung, Nießbrauch, Verpfändung, Pfändung, Miete, Pacht, Leihe eines Geschäftsanteils und im Konkurs- und Vergleichsverfahren des Gesellschafters, GmbHR 1935, 727, 803; *Bender,* Nießbrauch und Unterbeteiligung an Personengesellschaftsanteilen, DB 1979, 1445; *Beyerle,* Ertragsbeteiligung als dingliches Recht, JZ 1955, 257; *Biergans,* Der Nießbrauch am Einzelunternehmen und Mitunternehmeranteilen in der Einkommensteuer, DStR 1985, 327; *Blaurock,* Unterbeteiligung und Treuhand an Gesellschaftsanteilen, 1981; *Bökelmann,* Nutzungen und Gewinn beim Unternehmensnießbrauch, 1971; *Boesebeck,* Aktienbezugsrecht und Nießbrauch, ZBlHR 1929, 12; *Brodmann,* Stimmrecht und Stimmverbote, GmbHR 1938, 11; *Bunke,* Der Nießbrauch an der Beteiligung an einer Personengesellschaft, DNotZ 1968, 5; *Eden,* Treuhandschaft an Unternehmen und Unternehmensanteilen, 3. Aufl. 2007; *Finger,* Der Nießbrauch am Gesellschaftsanteil einer Personengesellschaft, DB 1977, 1033; *Flößer,* Die Zurechnung der Einkünfte beim Nießbrauch am Anteil an einer Personengesellschaft, 1979; *Frank,* Der Nießbrauch an Gesellschaftsanteilen, Mitt = BayNot 2010, 96; *Fricke,* Der Nießbrauch an einem GmbH-Geschäftsanteil, GmbHR 2008, 739; *Göbel,* Der Nießbrauch an Personengesellschaftsanteilen, 2004; *Götz/Jorde,* Nießbrauch an Personengesellschaftsanteilen, FR 2003, 998; *Gschwendtner,* Nießbrauchbestellung am Anteil einer Personengesellschaft, NJW 1995, 1875; *von Godin,* Nutzungsrecht am Unternehmen und Unternehmensbeteiligungen, 1949; *Grunsky,* Probleme des Nießbrauchs an einem Unternehmen, BB 1972, 585; *Guntz,* Das Subjekt des Bezugsrechts auf Aktien und des Anspruchs auf Gratisaktien, Die AG 1958, 177; *Haas,* Nießbrauch an Gewinnanteilen an Personengesellschaften, FS Ludwig Schmidt, 1993, S. 315; *Hacker,* Der Nießbrauch von Prämienpapieren, Aktien und Urheberrechten, Holdheim 1906, 151, 158; *Hadding,* Pfandrecht und Nießbrauch an der Mitgliedschaft in einer oHG oder KG als Kreditsicherheit, in: *Hadding/U. H. Schneider* (Hrsg.), Gesellschaftsanteile als Kreditsicherheit, 1979, S. 37; *Haegele,* Nießbrauch an einem Handelsgeschäft sowie bei Personen- und Kapitalgesellschaften, BWNotZ 1974, 24; *Haslinger,* Zuwendungsfruchgenuß an Unternehmensanteilen, ecolex 1996, 622; *Heidecker,* Das Bezugsrecht bei nießbrauchsbelasteten Aktien, NJW 1956, 892; *Hepp-Schwab,* Die Mitgliedschaft des Personengesellschafters und der Nießbrauch an seinem Gesellschaftsanteil, 1998; *Hesselmann,* Nießbrauch an GmbH-Anteilen, GmbHR 1959, 21; *Hoyer,* Der Nießbrauch an einem Gesellschaftsanteil, BB 1978, 1459; *U. Huber* Vermögensanteil S. 413; *Janßen/Nickel,* Der Unternehmensnießbrauch, 1998; *Klönne,* Nießbrauch am Anteil einer offenen Handelsgesellschaft, Diss. Bonn 1971; *Koch,* Gewinnansprüche und Ausgleichsforde-

rungen beim Erlöschen des Nießbrauchs am Gesellschaftsanteil oder an Aktien, ZHR 168(2004), 55; *Körting*, Die Ausübung des Stimmrechts bei der GmbH im Falle der Nießbrauchsbestellung am Geschäftsanteil, JW 1934, 1452; *Kreifels*, Nießbrauch am Anteil von Personengesellschaften, in: Freundesgabe für Hans Hengeler, 1972, S. 158; *Langmaack*, Nießbrauch an Anteilen von Personengesellschaften, Diss. Bonn 1960; *Lohr*, Der Nießbrauch an Unternehmen und Unternehmensanteilen . . ., 1989; *Meilicke*, Zivilrecht und Steuerrecht des Nießbrauchs und Nutzungsanspruchs an Grundstücken sowie an Anteilen an Kapital- und Kommanditgesellschaften, StBJB 1972/73, S. 375; *Mentz*, Der Nießbrauch an OHG- und KG-Mitgliedschaftsrechten, Diss. Frankfurt 1972; *Christian Meyer*, Der Nießbrauch an GmbH-Geschäftsanteilen und an Aktien; *Milatz/Sonneborn*, Nießbrauch an GmbH-Geschäftsanteilen, DStR 1999, 137; *Horst Müller*, Probleme des Nießbrauchs an Anteilen von Personengesellschaften, DB 1972, 1693; *Murray*, Der Nießbrauch am GmbH-Anteil, Diss. Köln 1965; *Nasse*, Nießbrauch und Aktienbezugsrecht, LZ 1920, 916; *Oberhammer*, Mitverwaltung als Nutzung, Wien 2001; *Paus*, Der Unternehmensnießbrauch, BB 1990, 1675; *Peters*, Die Ausübung des Stimmrechts bei nutznießungsbelasteten Aktien, 1952; *Petzoldt*, Vorerbschaft und Nießbrauchsvermächtnis, BB Beilage 6/1975; *ders.*, Zum Nießbrauch an dem „Gewinnstammrecht", GmbHR 1980, 197; *ders.*, Nießbrauch an Kommanditanteilen und GmbH-Geschäftsanteilen, GmbHR 1987, 381, 433; *ders.*, Nießbrauch an Personengesellschaftsanteilen, DStR 1992, 1171; *Queck*, Der Nießbrauch am Anteil einer offenen Handelsgesellschaft, 2000; *Reichert/Schlitt*, Nießbrauch an GmbH-Geschäftsanteilen, in: FS Flick, 1997, S. 217; *Reichert/Schlitt/Dill*, Die gesellschafts- und steuerrechtliche Gestaltung des Nießbrauchs an GmbH-Anteilen, GmbHR 1998, 565; *Rohlff*, Die Verwendung des Nießbrauchs am Anteil einer Personenhandelsgesellschaft zur Ersparung von Schenkungs- und Erbschaftssteuer, NJW 1971, 1337; *Rosenau*, Der Nießbrauch in rechtlicher und steuerrechtlicher Sicht, DB Beilage 3/1069 zu Heft 7; *Sandhaus*, Der Nießbrauch an Gesellschaftsanteilen bei Verschmelzung, Spaltung und Formwechsel, 2007; *Scharff*, Nießbrauch an Aktien im Zivil- und Steuerrecht, 1982; *von Schilling*, Das Nießbrauchsrecht an einer Beteiligung, DB 1954, 561; *Schlodtmann*, Nießbrauch und Nutznießung an Geschäftsanteilen einer Gesellschaft mit beschränkter Haftung, Diss. Rostock 1932; *Ludwig Schmidt*, Bemerkungen über den Nießbrauch an Rechten als Einkunftsquelle, FR 1977, 457; *Karsten Schmidt*, Stimmrecht beim Anteilsnießbrauch, ZGR 1999, 601; *Schön*, Der Nießbrauch am Gesellschaftsanteil, ZHR 158 (1994), 229; *Schüller*, Nießbrauch und Pfandrecht am Anteil einer Personengesellschaft, MittRhNotK 1980, 97; *Schulze zur Wiesche*, Der Nießbrauch am Kommanditanteil, DB 1970, 171; *ders.*, Der Nießbrauch am GmbH-Anteil in steuerlicher Sicht, Teil I und II, GmbHR 1977, 153, 183; *ders.*, Nießbrauch am Gesellschaftsanteil, DB 1983, 2538; *Schwedlick*, Veräußerung nießbrauchsbelasteter Personengesellschaftsanteile, GmbHR 2006,1096; *Seithel*, Einkommensteuerliche Behandlung des Nießbrauchs und anderer Nutzungsrechte bei Einkünften aus Vermietung und Verpachtung und aus Kapitalvermögen, 3. Aufl. 1985; *Siebert*, Nießbrauch am Gewinnrecht des Gesellschafters einer offenen Handelsgesellschaft, BB 1956, 1126; *Sitka*, Der Nießbrauch an Gesellschaftsanteilen, 2006; *Spieß*, Nießbrauch an Aktien und GmbH-Geschäftsanteilen, MittRhNotK 1969, 752; *Sudhoff*, Der Nießbrauch am Geschäftsanteil einer GmbH, GmbHR 1971, 53; *ders.*, Der Nießbrauch am Anteil einer Personengesellschaft, NJW 1971, 481; *ders.*, Nochmals: Der Nießbrauch am Gesellschaftsanteil, NJW 1974, 2205; *Suffel*, Der Nießbrauch an Personengesellschaftsanteilen aus zivilrechtlicher und steuerrechtlicher Sicht, in: Der Fachanwalt für Steuerrecht im Rechtswesen, 1999, S. 375; *Superczynski*, Das Stimmrecht beim Nießbrauch an Aktien und GmbH-Geschäftsanteilen, Diss. Köln 1963; *Teichmann*, Der Nießbrauch an Gesellschaftsanteilen, ZGR 1972, 1; *ders.*, Der Nießbrauch an Gesellschaftsanteilen, ZGR 1973, 24; *ders.*, Ausstrahlungen des Umwandlungsgesetzes auf den Nießbrauch, FS Lutter, 2000, 1261; *Treier*, Nießbrauch und Aktienbezugsrecht, LZ 1913, 913; *Tüffers*, Der Nießbrauch am Gesellschaftsanteil der GmbH, Diss. Köln 1930; *Ulmer*, Zur Bedeutung des gesellschaftsrechtlichen Abspaltungsverbots für den Nießbrauch am OHG-(KG-)Anteil, FS Fleck, 1988, S. 383; *Wälzholz*, Aktuelle Gestaltungsprobleme des Nießbrauchs am Anteil einer Personengesellschaft, DStR 2010, 1786; *Weber*, Der Nießbrauch an Gesellschaftsanteilen – Steuerrechtliche Behandlung – 1. Teil: Kapitalgesellschaften, ZGR 1972, 24; *Weber/Luther*, Der Nießbrauch an Gesellschaftsanteilen – Steuerrechtliche Behandlung – 2. Teil: Personengesellschaften, ZGR 1973, 45; *Weider*, Der Nießbrauch an Aktien, Diss. Leipzig 1925; *Westermann*, Handbuch der Personengesellschaften, Lfg. 24, 1997; *Winckler*, Ausgabe von Gratisaktien, Aktiennießbrauch und Aktienbezugsrecht, LZ 1913, 48.

1. Die Bedeutung des Nießbrauchs als mittelbare Teilhabe am Unternehmen. 8 **a) Nießbrauch als dingliche Belastung.** Der Nießbrauch ist eine dingliche Belastung einer Sache, eines Rechts oder eines Vermögens, kraft derer derjenige, zu dessen Gunsten die Belastung erfolgt, berechtigt ist, die Nutzungen zu ziehen (§§ 1030, 1068, 1085 BGB). Mittelbare Teilhabe am Unternehmen kraft Nießbrauchs spielt in der Praxis eine erhebliche Rolle.[3] Die Gründe sind im Wesentlichen steuerrechtlicher Art. Das Institut des Nießbrauchs wird hier im Anschluss an frühere Arbeiten systematisch in den Problemkreis der mittelbaren Unternehmensbeteiligung eingeordnet.[4] Der Nießbrauch berechtigt zur

[3] Anders noch *Teichmann* ZGR 1972, 1.

[4] *Blaurock*, Unterbeteiligung und Treuhand an Gesellschaftsanteilen, S. 75, 135 ff.; Schlegelberger/*Karsten Schmidt* Vor § 230 (= § 335 aF) RdNr. 3 ff.; Heymann/*Horn* § 230 RdNr. 76 ff.

Fruchtziehung (RdNr. 18), sei es zur Gänze, sei es in Höhe einer Quote.[5] Auch der Quotennießbrauch stellt aber eine dingliche Belastung des ungeteilten Anteils dar.[6] Anteilsinhaber bleibt der Gesellschafter, der den Nießbrauch bestellt hat. Auch bei der Veräußerung des Anteils wird dieser grundsätzlich dem Gesellschafter zugerechnet und nicht dem Nießbraucher.[7]

9 **b) Nießbrauch am Unternehmen** und **Nießbrauch an Beteiligungen** sind voneinander zu unterscheiden. Der **Nießbrauch am Unternehmen** ist nicht als mittelbare Teilhabe an einem Unternehmen einzuordnen, sondern als Unternehmensüberlassung kraft dinglichen Rechtsgeschäfts.[8] Üblicherweise wird dieser Unternehmensnießbrauch als **Vollnießbrauch** bezeichnet und vom bloßen „Ertragsnießbrauch" unterschieden, bei dem der Nießbraucher die Erträge nicht selbst als Unternehmer erwirtschaftet.[9] Der (Voll-)Nießbrauch am Unternehmen macht den Nießbraucher zum Unternehmensträger und damit unter den Voraussetzungen der §§ 1 ff. zum Kaufmann (vgl. § 1 RdNr. 54).[10] Charakteristisch für den Nießbrauch am Unternehmen ist vor allem das Auseinanderfallen der Rechtsinhaberschaft am Anlagevermögen und der Unternehmensträgerschaft.[11] Nach BGH NJW 2002, 434 ist der Unternehmensnießbraucher zur Veräußerung von Anlagevermögen berechtigt, dann aber zu entsprechenden Reinvestitionen verpflichtet.[12] Das Umlaufvermögen wird nach hM Eigentum des Nießbrauchers.[13] Der (dingliche) Unternehmensnießbrauch ist neben der (schuldrechtlichen) Unternehmenspacht in § 22 Abs. 2 erwähnt (dazu § 22 RdNr. 102). Die Begründung eines (Voll-)Nießbrauchs am Unternehmen ist „Erwerb" eines Handelsgeschäfts iS von § 25 (dazu § 25 RdNr. 45). Diese Fragen sind hier nicht darzustellen,[14] weil keine mittelbare Unternehmensbeteiligung vorliegt.

10 **2. Einordnungs- und Abgrenzungsfragen. a) Nießbrauch im technischen und im wirtschaftlichen Sinn.** Der Nießbrauch an Beteiligungen (Mitgliedschaften) dient *wirtschaftlich* der mittelbaren Teilhabe am Unternehmen dadurch, dass dem Nießbraucher das ausschließliche Nutzungsrecht an der Beteiligung durch deren dingliche Belastung übertragen (also nicht bloß schuldrechtlich überlassen) wird. Die Nießbrauchsbestellung ist im Sachenrecht des BGB definiert als eine Verfügung über den Gegenstand des Nießbrauchs, kraft derer der Nießbraucher zur Nutzung berechtigt ist (RdNr. 8). Das ist der *Nießbrauch im technischen Sinne. Die rechtstechnische Unterscheidung zwischen dem Nießbrauch an einer Beteiligung einerseits und der Unterbeteiligung sowie der Treuhand an der Beteiligung anderseits* ist einfach. Es handelt sich um alternative Gestaltungsmodelle der mittelbaren Unternehmensbeteiligung. Allerdings können *Nießbrauchszwecke* auch mit den Gestaltungsformen der Unterbeteiligung (§ 230 RdNr. 191 ff.) bzw. der (Nutzungs-)Treuhand (RdNr. 33 ff.) erfüllt werden *(Nießbrauch im wirtschaftlichen Sinne).* Das kann zu terminologischen Unklarheiten bei der Bezeichnung als „Nießbrauch" führen (RdNr. 12). Soweit in der vorliegenden Kommentierung einfach vom Nießbrauch gesprochen wird, ist der Nießbrauch im technischen Sinne gemeint. Die Erträge an einem Nießbrauch resultieren aus dem nieß-

---

[5] Beispiel: BFH/NV 2001, 1393 = DStRE 2001, 1026 = ZEV 2001, 449 (Quotenießbrauch an einer Aktie).

[6] Vgl. sinngemäß MünchKommBGB/*Pohlmann* § 1030 RdNr. 35 ff.

[7] Vgl. zu § 17 EStG Ludwig Schmidt/*Weber-Grellet*, EStG, 29. Aufl. 2010 § 17 RdNr. 51.

[8] Vgl. eingehend *Karsten Schmidt* HandelsR, § 6 III 3; MünchKommBGB/*Pohlmann* § 1085 RdNr. 13; Staudinger/*Frank* (2008) §§ 1068, 1069 Anh. RdNr. 20 ff.

[9] MünchKommBGB/*Pohlmann* § 1085 RdNr. 13.

[10] Vgl. auch zur steuerrechtlichen Unternehmerschaft BFHE 207, 321 = NZG 2005, 230 MünchKommBGB/*Pohlmann* § 1085 RdNr. 15; Abgrenzung bei MünchKommBGB/*Pohlmann* Vor § 1030 RdNr. 45.

[11] BGB NJW 2002, 434, 435; MünchKommBGB/*Pohlmann* § 1085 RdNr. 21.

[12] Dazu auch MünchKommBGB/*Pohlmann* § 1085 RdNr. 22.

[13] BGH NJW 2002, 434, 435; MünchKommBGB/*Pohlmann* § 185 RdNr. 19 mwN.

[14] Literatur zum Unternehmensnießbrauch: *Bökelmann* passim; *Lohr* passim; *Karsten Schmidt* HandelsR § 6 III 3; *Eden* S. 14 ff., 359 ff.; *Grunsky* BB 1972, 585; Soergel/*Stürner* § 1085 RdNr. 6 ff.; MünchKommBGB/*Pohlmann* § 1085 RdNr. 8 ff.; Palandt/*Bassenge* § 1085 RdNr. 3 ff.; Staudinger/*Frank* (2002) §§ 1068, 1069 Anh. RdNr. 20 ff.; s. auch *Teichmann* ZGR 1972, 4.

brauchsbelasteten Anteil, beruhen jedoch rechtlich nicht auf einer gesellschaftsrechtlichen Beteiligung des Nießbrauchers, sondern sind lediglich aus dem belasteten Anteil abgeleitet.[15]

aa) Nießbrauch und Unterbeteiligung. Im Gegensatz zur Unterbeteiligung (RdNr. 97 ff., § 230 RdNr. 191 ff.) handelt es sich bei dem Nießbrauch um eine dingliche Belastung der Mitgliedschaft. Einem Unterbeteiligten steht kein dingliches Recht an der Hauptbeteiligung zu, sondern eine gesellschaftsrechtlich begründete Beteiligung in Bezug auf die Hauptbeteiligung. Die Unterbeteiligungsgesellschaft ist eine Innengesellschaft zwischen dem Haupt- und dem Unterbeteiligten, u.U. auch ein Gesellschaftsverhältnis, das mehrere Unterbeteiligte umfasst (§ 230 RdNr. 213 ff.). Beim Nießbrauch stehen dagegen dem Gesellschafter und dem Nießbraucher je verschiedenartige Rechte an einer und derselben Mitgliedschaft zu. Abgrenzungsprobleme sind nicht ersichtlich.[16] Zur Frage, ob auch die Unterbeteiligungsgesellschaft Rechte des Unterbeteiligten in der Hauptgesellschaft begründen kann, vgl. § 230 RdNr. 216 ff. 11

bb) Nießbrauch und Treuhand. Auch Nießbrauch und Treuhand sind rechtstechnisch klar zu unterscheiden.[17] Der Treuhänder wird bei der fiduziarischen Vollrechtstreuhand – nur sie wird hier als mittelbare Unternehmensbeteiligung abgehandelt (RdNr. 35) – Inhaber der Beteiligung (RdNr. 51 ff.). Der Nießbrauch besteht gerade darin, dass der Gegenstand des Nießbrauchs nicht (zur Nutzung) übertragen, sondern nur belastet wird. Es sind beide Teile – hier also der Gesellschafter als Inhaber der Mitgliedschaft und der Nießbraucher als Inhaber eines Rechts an der Mitgliedschaft – in unterschiedlicher Weise am Gegenstand des Nießbrauchs berechtigt, ohne dass dieser übertragen wird. Terminologische Unklarheit entsteht bisweilen hinsichtlich des Verhältnisses zwischen Nießbrauch und **Nutzungstreuhand am Anteil** (RdNr. 47). Diese Unklarheit rührt daher, dass *Nießbrauch als Rechtsgestaltungsform* (Nießbrauch im technischen Sinne) und *Nießbrauch als Vertragszweck* nicht immer hinreichend getrennt werden (RdNr. 10). Nach BGH LM § 109 Nr. 12 = WM 1975, 174[18] kann der Besteller dem Nießbraucher, über die gesetzliche Gestaltung des Nießbrauchs hinausgehend, seine volle Rechtsstellung als Gesellschafter übertragen, dessen überschießende treuhänderische Rechtsmacht dann nur schuldrechtlich wieder ausgeglichen werden kann.[19] Dass eine solche **„Treuhandlösung"** möglich und zulässig ist, steht außer Frage (RdNr. 40). Richtig ist auch, dass mit ihr Nießbrauchszwecke verwirklicht werden, weil die Treuhand im Innenverhältnis auf eine Nießbrauchsfunktion zugeschnitten wird. Es liegt dann aber im Rechtssinne kein Nießbrauch nach §§ 1030 ff., 1068 ff. BGB vor, sondern eine Variante der eigennützigen Treuhand.[20] Ein solcher „Nießbraucher", der dann in Wahrheit Treuhänder ist, wird bei Personengesellschaften als neuer Gesellschafter eingetragen (§§ 106, 107, 162).[21] Im Fall einer Aktiengesellschaft wird *er* treuhänderischer Aktionär. Im Fall einer GmbH gehört *er* in die Liste der Gesellschafter (§ 40 GmbHG).[22] Diese „Treuhandlösung" wird namentlich dann gewählt, wenn dem 12

---

[15] Zur Relevanz dieses Unterschieds für die Richtlinie 90/435/EWG vom 23. 7. 1990 vgl. EuGH I StR 2009, 99.

[16] Vgl. auch *Bender* DB 1979, 1445; dort auch S. 1447 zu den Vor- und Nachteilen dieser Gestaltung.

[17] Vgl. auch *Ulmer,* FS Odersky, 1996, S. 880.

[18] = BB 1975, 295 f. = DB 1975, 439 = MDR 1975, 385.

[19] Ebenso *Wiedemann* Übertragung S. 401; *Blaurock* S. 77; *Eden* S. 15; RGRK-BGB/*Rothe* § 1068 RdNr. 7; Soergel/*Stürner* § 1068 RdNr. 7 d; MünchKommBGB/*Pohlmann* § 1068 RdNr. 30; *Kreifels,* Freundesgabe Hengeler, 1972, S. 162 f.; *Teichmann* ZGR 1972, 6; *Flume,* FS Larenz, 1973, S. 784; *Sudhoff* NJW 1974, 2205 ff; *Wälzholz* DStR 2010, 1786 f.

[20] *Wiedemann* Übertragung S. 401; *Flume* Personengesellschaft § 17 IV; *U. Huber* Vermögensanteil S. 414; *Blaurock* S. 77 f., 137; *Eden* S. 262; *Armbrüster,* Die treuhänderische Beteiligung an Gesellschaften, 2001, S. 45; *Westermann* (1997) RdNr. I 677; Heymann/*Horn* § 230 RdNr. 76; Schlegelberger/*Karsten Schmidt* RdNr. 7; Staudinger/*Frank* (2008) §§ 1068, 1069 Anh. RdNr. 55; Palandt/*Bassenge* § 1068 RdNr. 5; *Rohlff* NJW 1971, 1339.

[21] Dazu MünchKommBGB/*Pohlmann* § 1068 RdNr. 30 mit Hinweis auf die zum Unternehmensnießbrauch ergangene Entscheidung BayObLG BB 1973, 956.

[22] Schlegelberger/*Karsten Schmidt* RdNr. 7.

Nutzungsberechtigten mitgliedschaftliche Vollrechte, insbesondere das Stimmrecht, zukommen sollen.[23] Sie wurde bisweilen auch deshalb empfohlen, weil im Personengesellschaftsrecht die Zulässigkeit eines echten Nießbrauchs lange Zeit zu Unrecht bestritten wurde (RdNr. 14). Festzuhalten bleibt, dass dies nur wirtschaftlich, aber nicht rechtstechnisch ein Nießbrauch ist (RdNr. 10).[24]

13 **b) Kombination mit Unterbeteiligung oder Treuhand.** Nicht mit den soeben besprochenen Abgrenzungsfragen zu verwechseln ist das *Zusammentreffen eines Nießbrauchs mit Unterbeteiligung oder Treuhand.*[25] Das ist möglich, wenn sich die Unterbeteiligung oder Treuhand auf einen anderen Gegenstand bezieht als der Nießbrauch. An einer Unterbeteiligung kann ein Nießbrauch bestellt werden (RdNr. 32); dann bezieht sich die Unterbeteiligung auf die Hauptbeteiligung, der Nießbrauch dagegen auf die Unterbeteiligung. Möglich, wenngleich wohl praktisch wenig bedeutsam, ist auch eine Nießbrauchsbestellung dergestalt, dass der Nießbraucher die aus dem Nießbrauch resultierenden Nutzungsrechte seinerseits treuhänderisch für den Gesellschafter oder für einen Dritten ausüben soll.[26] Dann treffen, im Gegensatz zu der in RdNr. 12 gegen den Nießbrauch abgegrenzten Nutzungstreuhand, ein Nießbrauch im technischen Sinne (am Anteil) und ein Treuhandverhältnis (bezüglich der Nießbraucherrechte) zusammen.

14 **3. Nießbrauch am Anteil einer Personengesellschaft. a) Zulässigkeit.** Der Nießbrauch am Anteil an einer Personengesellschaft (OHG, KG, BGB-Außengesellschaft, EWIV, Partnerschaftsgesellschaft, Partenreederei) ist nach heute wohl schon hM als echter Nießbrauch an einem Recht (§ 1068 BGB) ohne Vollübertragung des Gesellschaftsanteils auf den Nießbraucher zulässig.[27] Der Personengesellschaftsanteil wird mit Recht als ein den Verfügungsgeschäften des BGB zugänglicher Vermögensgegenstand angesehen (vgl. § 105 RdNr. 169, 213), womit rechtsdogmatischen Bedenken gegen die Belastbarkeit mit einem Nießbrauch nicht nachzugehen ist.[28] Es bedarf auch, um Nießbrauchszwecke zu erfüllen, nicht der Vereinbarung einer Nutzungstreuhand (zu dieser vgl. RdNr. 12). Die *treuhänderische Vollübertragung der Mitgliedschaft auf Grund einer schuldrechtlichen Nießbrauchsabrede* ist zwar mit dem BGH[29] als zulässig anzusehen (RdNr. 12, 40). Aber sie geht als treuhänderische Übertragung der Mitgliedschaft über die bloße Bestellung eines Nießbrauchs hinaus und wird hier von der *echten Nießbrauchsbestellung* unterschieden (auch dazu RdNr. 12, 47). *Nach richtiger und heute anerkannter Auffassung können die Vertragsparteien zwischen der „Treuhandlösung" und der echten Nießbrauchslösung im technischen Sinne* (RdNr. 12) *wählen.*[30] Eine lange Zeit vorherrschende Ansicht wollte einen Nießbrauch am Gesell-

---

[23] *Karsten Schmidt* ZGR 1999, 611.

[24] Vgl. allerdings *Kreifels,* Freundesgabe Hengeler, 1972, S. 163.

[25] Schlegelberger/*Karsten Schmidt* RdNr. 8.

[26] Vgl. ebd.

[27] BGHZ 58, 316 = JR 1972, 505 m. Anm. *Bökelmann;* BGHZ 108, 187, 189 = NJW 1989, 3152, 3155; BGH LM § 109 Nr. 12 = BB 1975, 295 f. = DB 1975, 439 f. = WM 1975, 174 f. = ZIP 1999, 68, 69; BFHE 175, 231, 238 = BStBl. 1995 II, S. 241, 245 = NJW 1995, 1918, 1919; FG Niedersachsen EFG 2005, 639; Baumbach/*Hopt* § 105 RdNr. 44; Heymann/*Emmerich* § 105 RdNr. 65; Heymann/*Horn* § 230 RdNr. 76; *Wiedemann* Übertragung S. 399 f.; *Goebel* S. 37 ff.; *U. Huber* Vermögensanteil S. 415; *Flume* Personengesellschaft § 17 VI; *ders.,* FS Larenz, 1973, S. 785 f.; *Blaurock* S. 135 ff.; *Eden* S. 258; *Hepp-Schwab* S. 168 ff.; *Suffel* passim; *Westermann* (1997) RdNr. I 675; MünchHdb GesR I/*Hohaus* § 66 RdNr. 3, GesR I/*Gummert* § 16 RdNr. 25 ff.; Staudinger/*Frank* (2008) §§ 1068, 1069 Anh. RdNr. 57; MünchKommBGB/*Ulmer* § 705 RdNr. 96; MünchKommBGB/*Pohlmann* § 1068 RdNr. 32; *Teichmann* ZGR 1972, 5 f.; *Karsten Schmidt* ZGR 1999, 601 f.; *Braun* EFG 2005, 641; *Wälzholz* DStR 2010, 1686, 1787; jetzt auch MünchKommBGB/*Pohlmann* § 1068 RdNr. 23.

[28] Vgl. *Schön* ZHR 138 (1994), 237 f.; aM noch Soergel/*Hadding,* 11. Aufl. 1985, § 717 RdNr. 18.

[29] BGH LM § 109 Nr. 12 = BB 1975, 295 f. = DB 1975, 439 f. = MDR 1975, 385 = WM 1975, 174 f.

[30] Vgl. mwN BFHE 175, 231, 238 = NJW 1995, 1918, 1919 = BStBl. 1995 II S. 241. MünchHdb GesR I/*Hohaus* § 66 RdNr. 13; *Karsten Schmidt* GesR § 61 II 1 b; *Koller*/Roth/Morck § 105 RdNr. 22; Schlegelberger/*Karsten Schmidt* RdNr. 9; Staub/*Schäfer* § 105 RdNr. 115, 119; Staudinger/*Frank* (2008) §§ 1068, 1069 Anh. RdNr. 57; *Gschwendtner* NJW 1995, 1876; Schlegelberger/*Karsten Schmidt* Vor § 230 RdNr. 9; MünchKommBGB/*Ulmer* § 705 RdNr. 96; *Wälzholz* DStR 2010, 1786, 1787.

schaftsanteil der Personengesellschaft ohne eine solche Vollübertragung nicht zulassen.[31] Dieser Standpunkt war von Anfang an unrichtig und ist überholt. Er träfe nur zu, wenn das geltende Recht eine Trennung der Nutzungsrechte von der Mitgliedschaft und von den Verwaltungsrechten verböte. Dies ist nicht der Fall.[32] Die früher verbreitete Annahme, ein Nießbrauch im technischen Sinne sei bei Personengesellschaften ausgeschlossen, hing zusammen mit der überholten Vorstellung des BGB- und HGB-Gesetzgebers, Personengesellschaftsanteile könnten nicht Gegenstand von Verfügungen sein (vgl. § 105 RdNr. 213 ff.). Auch die Konstruktion eines Nießbrauchs am „Gewinnstammrecht", mit der *Siebert*[33] vermeintlichen Begründungskalamitäten beim Nießbrauch am Personengesellschaftsanteil hatte begegnen wollen, hat sich als eine überflüssige rechtskonstruktive Notlüge und im Ergebnis als eine Fehlkonstruktion erwiesen.[34] Der echte **Nießbrauch am Personengesellschaftsanteil** ist eine gesicherte Gestaltungsform. Für den Sonderfall der **Partnerschaftsgesellschaft** wird die Zulässigkeit eines Nießbrauchs am Anteil allerdings bestritten, weil hierdurch das Gebot der eigenverantwortlichen Berufsausübung umgangen werde.[35] Diese Auffassung wird durch die Materialien zum Partnerschaftsgesellschaftengesetz nicht belegt[36] und vermengt unzulässig die verbandsrechtliche Frage, ob das Gesellschaftsrecht den Nießbrauch zulassen kann, mit der anderen Frage, ob ein Nießbrauch mit der selbstverantwortlichen Tätigkeit der Partner vereinbar und berufsrechtlich zulässig ist. Die Rechtsstruktur der Mitgliedschaft nach Gesellschaftsrecht steht auch hier nicht im Wege. Für die Praxis wird eine Nießbrauchsbestellung allerdings wegen berufsrechtlicher Bedenken und wegen der Höchstpersönlichkeit der Partnerschaftsbeteiligung kaum in Betracht kommen. Höchstpersönliche Gesellschaftsverhältnisse, die eine Nießbrauchsbestellung nicht zulassen, gibt es auch sonst (vgl. nämlich RdNr. 16).

b) Nießbrauch an schuldrechtlichen Ansprüchen und an Gegenständen des Gesellschaftsvermögens. Vom Nießbrauch an der Mitgliedschaft muss der *Nießbrauch an den nach § 717 S. 2 BGB übertragbaren Ansprüchen eines Gesellschafters* unterschieden werden.[37] Es handelt sich dabei um nichts anderes als um den Nießbrauch an einzelnen Forderungen. Einer Zustimmung der Mitgesellschafter bedarf es für die Bestellung eines solchen Nießbrauchs nicht.[38] Gleichfalls vom Nießbrauch an der Mitgliedschaft zu unterscheiden ist der *Nießbrauch an einzelnen Gegenständen des Gesellschaftsvermögens.* Obwohl beides im Fall einer Personengesellschaft, die nur Grundstücke halten und verwalten soll, wirtschaftlich sehr nahe beieinander liegen kann, sind die Rechtsfolgen unterschiedlich, denn der Nießbrauch am Anteil beschränkt sich auf diesen und ist auch in seinem Bestand von der Dauer der Gesellschaft abhängig.[39] Auch bei der Nießbrauchsbestellung zeigt sich der Unterschied. Der Nießbrauch an Gegenständen des Gesellschaftsvermögens wird nicht 15

[31] *A. Hueck* OHG § 27 II 8; *v. Godin* S. 87 f.; MünchKommBGB/*Petzoldt,* 2. Aufl. 1986, § 1068 RdNr. 14; GroßkommHGB/*Rob. Fischer,* 3. Aufl. 1973, § 109 Anm. 20; *Bunke* DNotZ 1968, 6; *Rosenau* DB-Beilage 3/1969 S. 3; *Schulze zur Wiesche* DB 1970, 171; *Sudhoff* NJW 1971, 481; Wälzholz DStR 2010, 1786, 1787.

[32] Vgl. nur *U. Huber* Vermögensanteil S. 416; Heymann/*Horn* § 230 RdNr. 76; Schlegelberger/*Karsten Schmidt* RdNr. 9; Staudinger/*Frank* (2008) §§ 1068, 1069 Anh. RdNr. 53 ff.; MünchKommBGB/*Ulmer* § 705 RdNr. 96; vgl. auch *Petzoldt* DStR 1992, 1173 (entgegen früherer Auffassung).

[33] BB 1956, 1126.

[34] Vgl. die Kritik von *Flume* Personengesellschaft § 17 VI; *Rohlff* NJW 1971, 1341; *Petzoldt* GmbHR 1980, 197 mwN; *ders.* DStR 1992, 1177; *Karsten Schmidt* ZGR 1999, 601 f.; *Koller*/Roth/Morck § 105 RdNr. 22; Schlegelberger/*Karsten Schmidt* RdNr. 9; Staudinger/*Frank* (2008) §§ 1068, 1069 Anh. RdNr. 66; Soergel/*Stürner* § 1068 RdNr. 7 b.

[35] *Henssler* PartGG, 2008, § 1 RdNr. 203.

[36] Die Materialien zu § 2 PartGG befassen sich mit § 22 Abs. 2 HGB, der auf einen Nießbrauch am partnerschaftlichen Unternehmen (!) nicht anwendbar sein soll.

[37] Dazu *Wiedemann* Übertragung S. 400 f.; *U. Huber* Vermögensanteil S. 413 f.; *Koller*/Roth/Morck § 105 RdNr. 22; Staub/*Schäfer* § 105 RdNr. 129 ff.; MünchKommBGB/*Ulmer* § 705 RdNr. 107; Staudinger/*Frank* (2008) §§ 1068, 1069 Anh. RdNr. 48, 65; MünchKommBGB/*Pohlmann* § 1068 RdNr. 28; *Haas,* FS Ludwig Schmidt, S. 315 ff.; *Schulze zur Wiesche* DB 1970, 171; *Sudhoff* NJW 1971, 484; *Wälzholz* DStR 2010, 1786.

[38] *Koller*/Roth/Morck § 105 RdNr. 22; hM.

[39] Vgl. OLG Düsseldorf NJW-RR 1999, 619.

vom Gesellschafter bestellt, sondern von der Gesellschaft. Er beschränkt sich auf diejenigen Vermögensgegenstände, an denen er bestellt ist (Spezialitätsgrundsatz). Er schließt die Gesellschaft von der Nutzung aus und kann, wenn der Nießbraucher Gesellschafter ist, Ausschüttungscharakter haben.

16 **c) Bestellung des Nießbrauchs.** Für die Bestellung des Nießbrauchs gilt § 1069 Abs. 1 BGB.[40] Die Bestellung bedarf hiernach der für die Übertragung des Anteils geltenden Form. Das bedeutet, dass die Bestellung idR selbst dann formlos zulässig ist, wenn sich Grundstücke oder GmbH-Geschäftsanteile im Gesellschaftsvermögen befinden.[41] Wie bei der Anteilsübertragung ist für die Nießbrauchsbestellung erforderlich, dass diese Verfügung über die Mitgliedschaft **gesellschaftsvertraglich zugelassen** ist **oder** dass **alle Mitgesellschafter** im Einzelfall **zustimmen.**[42] Die bloß freie Übertragbarkeit des Anteils soll nach wohl hM nicht ausreichen (zweifelhaft).[43] Ob die Zustimmung durch einen Mehrheitsbeschluss ersetzt werden kann, hängt von der Gestaltung des Gesellschaftsvertrags ab.[44] Die generelle, nicht auf die Nießbrauchsbestellung bezogene Zulassung von Mehrheitsbeschlüssen reicht hierfür nicht aus (vgl. zum Bestimmtheitsgrundsatz Erl. § 119). Ist der Gesellschafter nicht voll geschäftsfähig, so bedarf es unter den § 1822 Nr. 3 BGB entsprechenden Voraussetzungen der familien- bzw. vormundschaftsgerichtlichen Genehmigung.[45] Nach der bisher vorherrschenden Ansicht findet **keine Eintragung des Nießbrauchs im Handelsregister** statt (vgl. auch § 106 RdNr. 24; anders naturgemäß bei treuhänderischer Anteilsübertragung auf den „Nießbraucher" gemäß RdNr. 12).[46] Zwar wird dies bestritten.[47] Ein Festhalten an der herkömmlichen Meinung (Eintragung nur des Gesellschafters, nicht des Nießbrauchers) ist aber gerechtfertigt, wenn man den Nießbrauch konsequent auf ein Gewinnteilhaberecht beschränkt und gesellschaftsrechtliche Teilhaberechte des Nießbrauchers ausschließt (RdNr. 22) und ihn keiner Gesellschafterhaftung unterwirft (RdNr. 24). Das Handelsregister dokumentiert nur, wer Inhaber der Gesellschafterrechte ist, und dies ist, anders als beim sog. Treuhandnießbrauch (RdNr. 12, 14, 40, 47) der Nießbraucher nicht. Dingliche Belastungen des Anteils sind aus dem Register nicht erkennbar, obwohl sie zB im Fall der Anteilspfändung (§ 135) für Dritte von unmittelbarem Interesse sein können. Befinden sich Grundstücke im Gesellschaftsvermögen, so wird der Nießbrauch am Anteil grundsätzlich auch nicht im Grundbuch vermerkt, denn das Grundstück selbst ist nicht Gegenstand des Nießbrauchs.[48] Anders sollte entgegen der wohl hM verfahren werden, wenn es sich um eine (BGB)-Gesellschaft mit dem ausschließlichen Zweck des Haltens und Verwaltens eines Grundstücks handelt.[49]

---

[40] OLG Hamm OLGZ 1977, 283, 288 = DNotZ 1977, 376, 378; MünchHdb GesR I/*Hohaus* § 66 RdNr. 14; Heymann/*Emmerich* § 105 RdNr. 66; *Koller*/Roth/Morck § 105 RdNr. 22; Staub/*Schäfer* § 105 RdNr. 119; MünchKommBGB/*Pohlmann* § 1069 RdNr. 11; Staudinger/*Frank* (2008) §§ 1068, 1069 Anh. RdNr. 49; *Wiedemann* Übertragung S. 398; *Bechtold* S. 89.

[41] Vgl. Staudinger/*Frank* (2008) §§ 1068, 1069 Anh. RdNr. 49; für Gesellschaften, die sich auf das Halten und Verwalten eines Grundstücks beschränken, ist eine analoge Anwendung des § 313 BGB zu erwägen; vgl. *Karsten Schmidt* ZIP 1998, 6.

[42] *U. Huber* Vermögensanteil S. 413; *Oberhammer* S. 60 ff.; Westermann/*Wertenbruch* (1997) RdNr. I 678; Baumbach/*Hopt* § 105 RdNr. 44; Heymann/*Emmerich* § 105 RdNr. 66; *Koller*/Roth/Morck § 105 RdNr. 22; Heymann/*Horn* § 230 RdNr. 76; Staub/*Schäfer* § 105 RdNr. 119; MünchKommBGB/*Pohlmann* § 1068 RdNr. 33; *Lohr* S. 56; *Schön* ZHR 158 (1994), 238 f.

[43] MünchKommBGB/*Pohlmann* § 1068 RdNr. 33; *Schön* ZHR 158 (1994), 229, 253 f.; aM *Wälzholz* DStR 2010, 1786, 1787.

[44] MünchKommBGB/*Pohlmann* § 1068 RdNr. 33; *Bunke* DNotZ 1968, 7; *Lohr* S. 56; *Bechtold* S. 89 f.

[45] Vgl. MünchHdbGesR I/*Hohaus* § 66 RdNr. 17.

[46] Vgl. mwN Schlegelberger/*Karsten Schmidt* RdNr. 11; Schlegelberger/*Martens* § 106 RdNr. 10; Westermann/*Wertenbruch* (2007) Rd. Nr. I 680.

[47] Für Eintragung *Flume* § 17 VI; *Koller*/Roth/Morck § 105 RdNr. 22; Staub/*Schäfer* § 105 RdNr. 128; *Schön* ZHR 158 (1994), 256; zweifelnd MünchKommBGB/*Pohlmann* § 1068 RdNr. 83; differenzierend nach dem Umfang der Mitverwaltungsrechte *Hohaus* MünchHdb GesR I § 66 RdNr. 16.

[48] So offenbar in dem Fall OLG Hamm DB 1979, 579. Weitergehend (stets bei BGB-Gesellschaft) OLG Hamm DB 1977, 579; MünchKommBGB/*Pohlmann* § 1068 RdNr. 85; jetzt auch Staudinger/*Frank* §§ 1068, 1069 (2008) Anh. RdNr. 93.

[49] Zum Problem der Publizität bei der reinen Grundstücks-BGB-Gesellschaft vgl. *Karsten Schmidt* ZIP 1998, 6.

d) Gegenstand des Nießbrauchs. Der Gegenstand des Nießbrauchsrechts, nämlich die belastete Mitgliedschaft, wird durch den Bestellungsvertrag festgelegt. Die Mitgliedschaft unterliegt dann als solche komplett dem Nießbrauchsrecht, auch zB im Fall eines Formwechsels der Gesellschaft. Ein sog. Quotennießbrauch, der nur zur quotalen Nutzung des Anteils berechtigt, aber eine Belastung des ganzen, ungeteilten Anteils darstellt (Rdnr. 8), dürfte nur als Ertragsnießbrauch, nicht als Vollnießbrauch (RdNr. 9) möglich sein. Besondere Fragen stellen sich im Fall einer Erhöhung des Kommanditkapitals („Kapitalerhöhung" im untechnischen Sinne). Im Fall der *„Kapitalerhöhung aus Gesellschaftsmitteln" (Umbuchung von Kapitalkonten)* erstreckt sich der Nießbrauch im Zweifel automatisch auch auf den erhöhten Anteil (str.; vgl. RdNr. 20).[50] Für die effektive „Kapitalerhöhung gegen Einlagen" gilt das nach hM nicht.[51] Dem ist für den echten Nießbrauch am Anteil nicht zu folgen (RdNr. 20). Nach hM kann derselbe Personengesellschafter grundsätzlich nur einen Anteil haben (§ 105 RdNr. 75 ff.; über mögliche Ausnahmen vgl. § 105 RdNr. 78). Dieser kann nicht teils nießbrauchsbelastet, teils unbelastet sein. Das Urteil BGHZ 58 3/6 = BB 1972, 770 = JR 1972, 505 m.Anm. *Bökelmann*, wonach der Nießbraucher eines nachträglich erhöhten Kommanditanteils kein „Recht auf (Voll-) Erwerb" dieses Anteils hat (RdNr. 20), steht nicht zwingend entgegen, denn hier ging es um eine Inanspruchnahme der aus Gewinnen finanzierten Anteilserhöhung als einem dem Nießbraucher „bestandsmäßig gebührenden Vermögenswert".[52] Die Entscheidung deutet aber doch auf eine Lösung hin, nach der hier unbelastete „junge Anteile" getrennt vom nießbrauchsbelasteten Stamm-Anteil entstehen (vgl. auch zur Frage des Hinzuerwerbs unbelasteter Anteile § 105 RdNr. 25, 78). Ist der unteilbare Anteil mit einem Nießbrauch belastet, so bleibt es nach hM dabei, wenn die Einlage erhöht wird. Soll der Anteil nur teilweise dem Nutzungsrecht unterstellt werden, so bietet sich die Gestaltungsform der Nutzungstreuhand an. 17

e) Inhalt des Nießbrauchs ist das Recht auf die Nutzungen der Mitgliedschaft, im Wesentlichen also ihre Früchte (§ 100 BGB). Die Frage ist von der steuerlichen Zurechnung der Gewinne kein Gesellschafter oder beim Nießbraucher (§ 15 EStG) zu unterscheiden.[53] Das Fruchtziehungsrecht des Nießbrauchers **beschränkt sich**, sofern nicht etwas anderes vereinbart ist, **auf die entnahmefähigen Erträge.**[54] Der Nießbraucher ist damit nicht am inneren Unternehmenswachstum (dh. an den stillen Rücklagen) beteiligt, richtigerweise auch nicht an den sich aus der Auflösung stiller Rücklagen ergebenden nicht ausschüttungsfähigen Buchgewinnen.[55] Der Nießbraucher ist im Zweifel von einer Beteiligung an den nicht entnahmefähigen Gewinnen generell ausgeschlossen.[56] Ihm steht vorbehaltlich abweichender Absprache auch nicht, wie im Schrifttum vorgetragen wird,[57] analog § 1049 Abs. 1 BGB ein Anspruch auf Wertausgleich wegen nicht entnommener Gewinne 18

---

[50] BGH GmbHR 1983, 148, 149; *Blaurock* S. 145 f.; *Lohr* S. 88; *Teichmann* ZGR 1972, 17 f.; *Stimpel* ZGR 1973, 98 f.; *Ulmer,* FS Fleck, S. 392; MünchKommBGB/*Ulmer* § 705 RdNr. 104; wie hier jetzt auch *Koller*/Roth/Morck § 105 RdNr. 22; unentschieden BGHZ 58, 316, 318 = JR 1972, 505, 506 m. Anm. *Bökelmann.*

[51] BGH GmbHR 1983, 148, 149; *Bechtold* S. 127 ff.; *Goebel* S. 318 ff.; Heymann/*Emmerich* § 105 RdNr. 65; Staub/*Schäfer* § 105 RdNr. 121; *Ulmer,* 1988, FS Fleck, S. 922.

[52] Kompromiss bei Westermann/*Wertenbruch* (2007) RdNr. 682g: Der Nießbrauch belaste den gesamten Anteil, erstrecke sich aber vermögensmäßig nur auf den nicht erhöhten Teil.

[53] Dazu etwa FG Köln EFG 2003, 587; FG Niedersachsen EFG 2005, 639 m. Anm. *Braun.*

[54] RGZ 170, 358, 369; BGHZ 58, 316, 317 ff. = BB 1972, 770 = JR 1972, 505, 506 m. Anm. *Bökelmann;* WM 1975, 174 ff.; *Wiedemann* Übertragung S. 403 ff.; *Blaurock* S. 139 f.; *Hepp-Schwab* S. 173; Westermann/*Wertenbruch* (2007) RdNr. I 682 a; Baumbach/*Hopt* § 105 RdNr. 45; *Koller*/Roth/Morck § 105 RdNr. 22; Staub/*Schäfer* § 105 RdNr. 121; MünchKommBGB/*Ulmer* § 705 RdNr. 103; MünchKommBGB/*Pohlmann* § 1068 RdNr. 50; Staudinger/*Frank* (2008) §§ 1068, 1069 Anh. RdNr. 79; Soergel/*Stürner* § 1068 RdNr. 7 g; *v. Schilling* DB 1954, 562; *Bunke* DNotZ 1968, 15; *Ulmer,* FS Fleck, 1988, S. 392; **aM** *Sudhoff* NJW 1971, 483; *ders.* NJW 1974, 2209; s. auch *Finger* DB 1977, 1036 ff.; *Bechtold* S. 111.

[55] MünchKommBGB/*Pohlmann* § 1068 RdNr. 50 ff.

[56] MünchKommBGB/*Ulmer* § 705 RdNr. 103; Staudinger/*Frank* (2008) §§ 1068, 1069 Anh. RdNr. 78 f.

[57] *Schön* ZHR 158 (1994), 242 f.

zu.[58] Hiergegen spricht zwar nicht der im Schrifttum vorgetragene Einwand, der Nießbrauch beziehe sich nur auf den Anteil und nicht auf die Gesellschaft und ihren Gewinn,[59] denn auch nicht entnommene Gewinnanteile werden bei einer Personengesellschaft dem Gesellschafter, also dem belasteten Anteil, zugewiesen. Aber Entnahmebeschränkungen beschränken das Fruchtziehungsrecht. Und für § 1049 BGB fehlt die Analogiebasis: Es geht nicht, wie bei Verwendungen auf eine nießbrauchsbelastete Sache, um die Kompensation von Vermögensopfern des Nießbrauchers, sondern nur um eine Begrenzung seines Fruchtziehungsrechts. Diese kann nur nach Maßgabe des Nießbrauchsbestellungsvertrags kompensiert werden. Das Gesetz hält einen Ausgleichsanspruch bezüglich vorgetragener Gewinne nicht bereit.

19 **f) Keine Substanzbeteiligung.** Der Nießbrauch beschränkt sich auf die Nutzungen. An der Substanz oder an ihrem Wert ist der Nießbraucher, soweit nicht schuldrechtlich ein anderes vereinbart ist, nicht beteiligt (RdNr. 18). Im Fall der Auflösung der Gesellschaft steht dem Nießbraucher grundsätzlich **kein Auseinandersetzungsguthaben** zu[60] (das gilt im Ergebnis selbst bei der Treuhandlösung, bei der sich das Problem der Rückübertragung an den Treugeber stellt, so dass die wirtschaftliche Situation im Ergebnis keine andere ist, sofern es an entgegenstehenden Vereinbarungen fehlt). Das Liquidationsguthaben ist selbst kein Ertrag der Beteiligung. Wohl allerdings ist es ihr Surrogat. Der Nießbrauch erstreckt sich aber auch nicht analog §§ 1074, 1075 BGB automatisch auf das Auseinandersetzungsguthaben.[61] Noch weniger gebührt der Auseinandersetzungserlös selbst dem Nießbraucher.[62] Nach hM steht aber dem Nießbraucher der Nutzen des ausbezahlten Kapitals zu,[63] und es besteht analog § 1079 BGB ein Anspruch des Nießbrauchers auf Neubestellung eines Nießbrauchs am Auseinandersetzungsguthaben oder -betrag.[64] Auch dieser schuldrechtliche Anspruch versteht sich indessen nicht von selbst: Ein solcher Anspruch sollte dem Nießbraucher nur dann zuerkannt werden, wenn sich aus den Vereinbarungen oder Interessen der Beteiligten ergibt, dass die Nutzungsrechte des Nießbrauchers die Mitgliedschaft überdauern sollen.

20 **g) Kapitalerhöhung.** Im Fall einer „Kapitalerhöhung" (dh. bei der Personengesellschaft: im Fall einer Erhöhung der Kapitalanteile)[65] hat der Nießbraucher nach hM kein Recht auf Erwerb neuer Anteile.[66] Belastungsgegenstand bleibt der ursprüngliche Anteil (obwohl er nach hM mit dem erhöhten Anteil eine Einheit bildet). Nach Auffassung des BGH gilt der Ausschluss des Nießbrauchers von der Kapitalerhöhung selbst im Fall der „Kapitalerhöhung aus Gesellschaftsmitteln", dh. bei der Anteilserhöhung unter Umbuchung auf Kapitalanteil (RdNr. 17).[67] Dies trifft für die treuhänderische Vollübertragung des Anteils zu, also für die „Nießbrauchstreuhand" (RdNr. 12, 14). Ein Nießbrauch im

---

[58] Westermann/*Wertenbruch* (2007) RdNr. I 682h; *Koller*/Roth/Morck § 105 RdNr. 22; MünchKommBGB/*Ulmer* § 705 RdNr. 103; MünchKommBGB/*Pohlmann* § 1068 RdNr. 51 (relativistisch); ausführlich und differenzierend *Goebel* S. 338 ff.

[59] So aber *Ulmer* (Fn. 58).

[60] Vgl. BFHE 175, 231, 239 = NJW 1995, 1918 = BStBl. II 1995 S. 241; *Gschwendtner* NJW 1995, 1876; Heymann/*Horn* § 230 RdNr. 78; *Schlegelberger/Karsten Schmidt* RdNr. 14.

[61] *Wiedemann* Übertragung S. 403; Staudinger/*Frank* (2008) §§ 1068, 1069 Anh. RdNr. 88; **aM** *Koller*/Roth/Morck § 105 RdNr. 22; Staub/*Schäfer* § 105 RdNr. 123; *Hepp-Schwab* S. 188.

[62] So aber *U. Huber* Vermögensanteil S. 416; Staudinger/*Frank* (2008) §§ 1068, 1069 Anh. RdNr. 88; *Bunke* DNotZ 1968, 13; differenzierend *Schön* ZHR 158 (1994), 246 f.: Dem Nießbraucher steht der über die Rückgewähr der Einlage des Gesellschafters hinausgehende „Überschuss" zu.

[63] Vgl. insofern auch *Wiedemann* Übertragung S. 403.

[64] *Wiedemann* Übertragung S. 403.

[65] Bei der Personengesellschaft wird der Begriff „Kapitalerhöhung" vorerst noch in Anführungszeichen gesetzt; vgl. BGHZ 183, 1= NJW 2010, 65 = JZ 2010, 153 „Sanieren oder Ausscheiden".

[66] BGHZ 58, 316 = BB 1972, 770 = JR 1972, 505 m. Anm. *Bökelmann*; Heymann/*Emmerich* § 105 RdNr. 67 b.

[67] BGHZ 58, 316 = BB 1972, 770 = JR 1972, 505 m. Anm. *Bökelmann*; ebenso *Koller*/Roth/Morck § 105 RdNr. 22; MünchKommBGB/*Pohlmann* § 1068 RdNr. 42; Soergel/*Stürner* § 1068 RdNr. 7 g; *Lohr* S. 88 mwN; *Bechtold* S. 123 ff.

technischen Sinne erstreckt sich nach „sachenrechtlichem Verständnis" im Fall einer „Kapitalerhöhung aus Gesellschaftsmitteln" automatisch auf die ungeteilte (§ 105 RdNr. 76) Mitgliedschaft mit dem erhöhten Kapitalkonto (RdNr. 17). Ob es bei diesem Ergebnis zu bleiben hat, ist zweifelhaft (RdNr. 17). Auch die Frage, ob eine Trennung des belasteten und eines unbelasteten erhöhten Kapitalanteils, sofern gewollt, jedenfalls zulässig ist (vgl. zur Treuhand § 105 RdNr. 78), ist noch wenig geklärt.

h) Gesellschaftsrechtliche Mitwirkungsrechte. Das Ausmaß der gesellschaftsrechtlichen Mitwirkungsrechte ist nicht nur gesellschaftsrechtlich von Bedeutung, sondern maßgeblich auch für die steuerrechtliche Zuschreibung der Mitunternehmerrolle (§ 15 EStG) zum Gesellschafter und/oder Nießbraucher.[68] Entgegen einer namentlich von *Flume*[69] vertretenen Auffassung bleiben die Mitgliedschaftsrechte des nießbrauchsbelasteten Anteils ungeteilt.[70] Die mitgliedschaftlichen Mitwirkungsrechte gehen nach herkömmlicher Ansicht nicht auf den Nießbraucher über.[71] Insbesondere steht ihm kein gesetzliches Recht zur Teilnahme an Gesellschafterversammlungen zu. Die Zulassung des Nießbrauchers zu den Gesellschafterversammlungen kann gesellschaftsvertraglich geregelt werden. Auch kann sich der Nießbraucher, soweit der Gesellschaftsvertrag dies zulässt, vom Gesellschafter zur Teilnahme ermächtigen lassen. Dasselbe gilt für das **Stimmrecht.** Dieses steht dem Gesellschafter zu, nicht dem Nießbraucher.[72] Dieser kann nur durch Gesellschaftsvertrag zur Abstimmung zugelassen oder vom Gesellschafter mit Zustimmung der anderen zur Stimmrechtsausübung bevollmächtigt werden. Die Frage ist umstritten.[73] Der Bundesgerichtshof hat 1998 entschieden:[74] „Die Kompetenz eines Gesellschafters, bei Beschlüssen, welche die Grundlagen der Gesellschaft betreffen, selbst abzustimmen, wird ihm durch die Einräumung eines Nießbrauchs an seinem Geschäftsanteil grundsätzlich nicht genommen." Das Urteil befasst sich mit einem Gewinnverwendungsbeschluss, also entgegen der Annahme des BGH gewiss nicht mit einer Beschlussfassung über Grundlagen der Gesellschaft. Der BGH hat die Grundfrage des Stimmrechts aus einem nießbrauchsbelasteten Anteil, auf die es hätte ankommen müssen, offen gelassen. Im Wesentlichen werden **drei Meinungen** vertreten: (1) Stimmrecht des Gesellschafters;[75] (2) gemeinschaftliches, bei Uneinigkeit leer laufendes Stimmrecht von Gesellschafter und Nießbraucher;[76] (3) geteiltes, nach Zuständigkeitsbereichen zu trennendes Stimmrecht entweder des Gesellschafters oder des Nießbrauchers.[77] **Stellungnahme:** Der ersten, konventionellen Auffassung **(Stimmrecht nur des Gesellschafters)** gebührt der Vorzug. Sie ist in der Zuweisung der Mitgliedschaftsrechte stimmig (der Nießbraucher ist nicht Gesellschafter) und rechtspraktisch durchführbar. Vor allem am letzteren scheitern die anderen Auffassungen. Das gilt zunächst für die 21

---

[68] Eingehend Ludwig Schmidt/*Wacker*, EStG, 29. Aufl. 2010, § 15 RdNr. 305 ff.

[69] *Flume*, Personengesellschaft § 17 VI.; differenzierend *Goebel* S. 80–286.

[70] *Karsten Schmidt* ZGR 1999, 607 ff.

[71] Vgl. nur OLG Koblenz NJW 1992, 2163, 2164 = GmbHR 1462, 464, 465 (GmbH); Heymann/*Emmerich* § 105 RdNr. 68; *U. Huber* Vermögensanteil S. 414; *Blaurock* S. 142 ff.; Westermann/*Wertenbruch* (2007) RdNr. I 683; MünchKommBGB/*Pohlmann* § 1068 RdNr. 71 ff., 81; Staudinger/*Frank* (2008) §§ 1068, 1069 Anh. RdNr. 69 ff.; *Teichmann* ZGR 1972, 9 ff.; str.; **aM** zB *Koller*/Roth/Morck § 105 RdNr. 22; Staub/*Schäfer* § 105 RdNr. 124; MünchKommBGB/*Ulmer* § 705 RdNr. 99; *Schulze zur Wiesche* DB 1970, 171.

[72] Näher *Karsten Schmidt* GesR § 61 II 3; *ders.*, ZGR 1999, 601 ff.

[73] Eingehend und differenzierend *Goebel* S. 80 ff., 97 ff., 264 ff., 397 ff.

[74] BGH BB 1999, 175 = EWiR 1999, 117 *(Martin Wolf)* = NJW 1999, 571 = ZIP 1998, 68 = ZEV 1999, 71 m. Anm. *Lieber;* dazu *Karsten Schmidt* ZGR 1999, 601 ff.

[75] OLG Koblenz NJW 1992, 2163, 2164 = GmbHR 1992, 464, 465 (GmbH); *Karsten Schmidt* ZGR 1999, 607 ff.; *ders.* GesR § 61 II 3; Soergel/*Stürner* §§ 1068, 1069 RdNr. 70; Staudinger/*Frank* (2008) §§ 1068, 1069 Anh. RdNr. 72; Ulmer/*Winter/Löbbe* GmbHG § 15 RdNr. 178; MünchKommBGB/*Pohlmann* § 1068 RdNr. 81; *U. Huber* Vermögensanteil S. 414; *Blaurock* Unterbeteiligung S. 142 ff.; *Wiedemann* Übertragung S. 412; im Grundsatz auch *Oberhammer* S. 7 ff., 39 ff.

[76] So namentlich *Schön* ZHR 158 (1994), 260 ff.

[77] So etwa *Flume* Personengesellschaft § 17 VI; *Bechtold* S. 152 ff.; *Goebel* S. 88 ff.; Baumbach/*Hopt* § 105 RdNr. 46; *Koller*/Roth/Morck § 105 RdNr. 22; Staub/*Schäfer* § 105 RdNr. 124 ff.; MünchKommBGB/*Ulmer* § 705 RdNr. 99; *Hepp-Schwab* S. 181; *Ulmer,* FS Fleck, 1988, S. 394 f.; *Gschwendtner* NJW 1995, 1876; *Bechtold* S. 152 ff.; s. auch *Rohlff* NJW 1971, 1341.

Meinung Nr. 2 (gemeinsame Rechtsausübung durch den Nießbraucher und den Besteller).[78] Diese sog. Vergemeinschaftungslösung kann zum Nachteil des Gesellschafters eine Lahmlegung der Stimme und im Fall einer Einpersonengesellschaft sogar eine Beschlussunfähigkeit herbeiführen. Sachliche Gründe lassen sich allerdings für eine Aufteilung der Mitwirkungsrechte in dem Sinne anführen, dass dem Gesellschafter nur die Substanz der die Mitgliedschaft betreffenden Mitwirkungsrechte verbleibt, während die Ausübung der zur Mitgliedschaft gehörigen Verwaltungs- und Herrschaftsrechte dem Nießbraucher zufällt.[79] Aber das Stimmrecht bedarf einer eindeutigen Zuweisung und kann deshalb nicht kraft Gesetzes je nach Betroffensein des einen oder des anderen aufgespalten werden.[80] Eine sachgerechte und zuverlässige Aufspaltung der mitgliedschaftlichen Mitwirkungsrechte, insbesondere des Stimmrechts, allein auf Grund des Nießbrauchstatbetands ist aber vorerst nicht gesichert. Sie kann nur **vertraglich** herbeigeführt werden. Das ist nach wohl hM zulässig.[81] Insbesondere das Abspaltungsverbot steht nicht entgegen.[82] Die Praxis kennt sogar Fälle, in denen ein Anteil unter Nießbrauchsvorbehalt übertragen wird und sämtliche Verwaltungs- und Kontrollrechte beim Anteilsveräußerer als Nießbraucher verbleiben.[83] In Anbetracht der drohenden **Rechtsunsicherheit**[84] wird die **Praxis** vorerst nach rechtsgeschäftlichen Lösungen (Weisungsrecht, Vollmacht, Ausübungsermächtigung) suchen und, wo solche fehlen, von der alleinigen Zuständigkeit des Gesellschafters ausgehen müssen. Umgekehrt verhält es sich, wenn statt des Nießbrauchs die Form der Nutzungstreuhand gewählt wird (RdNr. 12, 14, 40), denn dann ist der „Nießbraucher“ als Treuhänder originärer Inhaber des Stimmrechts (RdNr. 54), und ein Stimmrecht des „Nießbrauchsbestellers“ (Treugebers) bedarf einer vertraglichen Regelung.[85] Die Regeln für das Stimmrecht beim Nießbrauch gelten sinngemäß auch für **Klagerechte.** Sie stehen dem Gesellschafter und nicht dem Nießbraucher zu,[86] können diesem aber, soweit gesellschaftsrechtlich zulässig, durch Ausübungsermächtigung zur Geltendmachung überlassen werden.[87] Umstritten ist, ob der Nießbraucher ein eigenes mitgliedschaftliches, also nicht auf die Rechtsbeziehung zum Gesellschafter beschränktes, **Informationsrecht** hat (vgl. auch RdNr. 27, 31).[88] Auch hier spricht sich eine konventionelle Ansicht für ein Informationsrecht nur des Gesellschafters und Nießbrauchsbestellers aus.[89] Doch ist zu bedenken, dass der Nießbrauch am Anteil ebenso wie das Vollrecht des Gesellschafters mitgliedschaftsrechtlicher Natur ist. Da der Nießbrauch eine im Einklang mit dem Gesellschaftsvertrag oder mit Zustimmung der Mitgesellschafter bestellte dingliche Belastung des Anteils ist und das Informationsrecht, anders als das Stimmrecht, sachgerecht teilbar ist, sollte man ein gesellschaftsrechtliches Informationsrecht bejahen, soweit der Nießbraucher ein gesellschaftsrechtlich relevantes Informationsinteresse hat.[90] Zwingende praktische Einwände gegen

---

[78] Näher *Karsten Schmidt* ZGR 1999, 608 f.; *Wiedemann* Übertragung S. 412 ff.; vgl. dazu auch *Finger* DB 1977, 1038; **aM** *Schön* ZHR 158 (1994), 260 f.

[79] Vgl. Fn. 77.

[80] *Reichert/Schlitt,* FS Flick, 1997, S. 226; *Karsten Schmidt* ZGR 1999, 608.

[81] Vgl. nur FG Münster EFG 2003, 690, 691; EFG 2005, 290, 291; FG Baden-Württemberg StE 2006, 244, 245; Röhricht/v. Westphalen/*v. Gerkan/Haas* § 109 RdNr. 8.

[82] Vgl. nur *Gschwendtner* NJW 1995, 1876; *Schön* ZHR 158 (1994), 258 ff. mwN; **aM** OLG Koblenz NJW 1992, 2163, 2164 = GmbHR 1992, 464, 465 (GmbH).

[83] Vgl. nur FG Niedersachsen EFG 2005, 639 m. Anm. *Braun* (mit Konsequenzen für die Mitunternehmerschaft).

[84] *Oberhammer* S. 59 ff.; *Rohlff* NJW 1971, 1340.

[85] *Karsten Schmidt* ZGR 1999, 611.

[86] Differenzierend *Goebel* S. 404 f.

[87] Gewillkürte Prozessstandschaft; noch wenig geklärt.

[88] Für Gleichlauf mit dem Stimmrecht, aber differenzierend, *Goebel* S. 277 ff., 405.

[89] Vgl. Westermann/*Wertenbruch* (2007) RdNr. 683d (aber für Informationsrecht des Nießbrauchers aus dem Nießbrauchsbestellungsvertrag).

[90] Vgl. Schlegelberger/*Karsten Schmidt* RdNr. 16; Staub/*Schäfer* § 105 RdNr. 127; MünchKommBGB/*Ulmer* § 705 RdNr. 100; MünchKommBGB/*Pohlmann* §§ 1068, 1069 RdNr. 82; Staudinger/*Frank* §§ 1068, 1069 (2008) Anh. RdNr. 74; *Karsten Schmidt* GesR § 61 II 3; für Vergemeinschaftung des Rechts auch hier *Schön* ZHR 158 (1994), 263 f.

eine solche Aufteilung wie bei Stimm- und Anfechtungsrechten bestehen im Fall eines Informationsbegehrens nicht. Für die Gestaltungspraxis empfiehlt sich allerdings auch hier der Weg einer Bevollmächtigung oder Ermächtigung des Nießbrauchers zur Ausübung von Gesellschafterrechten.

i) Verfügungen über die Mitgliedschaft. Inhaber des Anteils bleibt, sofern es sich um einen echten Nießbrauch handelt, der Nießbrauchsbesteller (RdNr. 10). Verfügungen des Gesellschafters, die den Nießbrauch beseitigen oder beeinträchtigen würden, bedürfen nach dem Gedanken des § 1071 BGB der Zustimmung des Nießbrauchers.[91] Das gilt zB auch für eine Änderung der Gewinnverteilungsregelung im Gesellschaftsvertrag.[92] Verfügungen, die den Gesellschaftern zwingend zugewiesen sind (zB §§ 133, 139) oder auch gegen den Willen des Nießbrauchsbestellers vorgenommen werden können (zB § 135), kann der Nießbraucher nicht mit Wirkung nach außen hindern.[93] Das gilt auch für Mehrheitsbeschlüsse der Mitgesellschafter, zB nach dem Umwandlungsgesetz.[94] Die Verfügung über Gegenstände des Gesellschaftsvermögens liegt allein in den Händen der Gesellschaft, in der der Nießbraucher keine Mitwirkungsbefugnisse hat.[95] Nur wenn dem „Nießbraucher" der Anteil treuhänderisch übertragen wurde (RdNr. 12, 14, 40, 47), kann er als Mitgesellschafter im Rahmen seiner Geschäftsführungs- und Vertretungszuständigkeiten hierauf Einfluss nehmen. Fallen die Anteile an der Gesellschaft in einer Hand zusammen und erlischt dadurch die Gesellschaft (Erl. § 105), so erlischt auch der Nießbrauch am Anteil.[96] Genau wegen dieser Rechtsfolge ist indes zweifelhaft, ob nicht der unbelastete und der belastete Anteil in diesem Fall selbständig bleiben (in dieser Richtung § 105 RdNr. 25, 78). 22

k) Keine Verlustbeteiligung. Einen Verlust trägt der Nießbraucher nicht.[97] Anders kann es sich verhalten, wenn ihm der Anteil treuhänderisch übertragen ist (Nutzungstreuhand nach RdNr. 12, 14, 47).[98] Es ist dann eine Frage des Innenverhältnisses, ob er den Verlust endgültig trägt. Aber das ist ein Problem des Treuhandvertrags, nicht des Nießbrauchs. Ein Nießbrauch im technischen Sinne, also ein Ertragsnießbrauch (RdNr. 10) enthält keine Ergebnisbeteiligung des Nießbrauchers. Dieser erhält zwar die Früchte, aber Verluste der Gesellschaft treffen ihn nicht unmittelbar. Ein Verlustrisiko trifft den Nießbraucher allerdings in dem Sinne, dass nur ausschüttungsfähige Gewinne dem Nießbraucher zufallen (RdNr. 18) und aufgrund eines Verlustvortrags Ausschüttungszahlungen evtl. auch in Verlust-Folgejahren ausgeschlossen sein können.[99] 23

l) Keine Gesellschafterhaftung. Eine (Außen-)Haftung des Nießbrauchers als Quasi-Gesellschafter tritt auf Grund des Nießbrauchs nicht ein.[100] Die früher im Schrifttum vertretene Gegenansicht[101] beruhte auf der Grundlage der bei RdNr. 12, 14, 40 besprochenen „Treuhandlösung". Es versteht sich, dass im Fall einer Nutzungstreuhand der Treu- 24

[91] Vgl. etwa Baumbach/*Hopt* § 105 RdNr. 46; Heymann/*Horn* § 230 RdNr. 48; *Koller*/Roth/Morck § 105 RdNr. 22; Staub/*Schäfer* § 105 RdNr. 120; *Sudhoff* NJW 1971, 482; *Gschwendtner* NJW 1995, 1876; aber str.; vgl. *Wiedemann* Übertragung S. 417 ff.; *Flume* Personengesellschaft § 17 VI; *Teichmann* ZGR 1972, 15.

[92] Vgl. generell für belastende Vertragsänderungen Staub/*Schäfer* § 105 RdNr. 125.

[93] *Ulmer,* FS Fleck, 1988, S. 394.

[94] Staub/*Schäfer* § 105 RdNr. 125; zur Umwandlung vgl. *Teichmann,* FS Lutter, 2000, S. 1269 ff.

[95] Vgl. Staudinger/*Frank* (2008) §§ 1068, 1069 Anh. RdNr. 93.

[96] Vgl. OLG Düsseldorf NJW-RR 1999, 619.

[97] *Goebel* S. 371 ff.; *Koller*/Roth/Morck § 105 RdNr. 22; Staudinger/*Frank* (2008) §§ 1068, 1069 Anh. RdNr. 86; *Schulze zur Wiesche* DB 1970, 172; *Teichmann* ZGR 1972, 14.

[98] Vgl. BFHE 175, 231, 239 mwN = NJW 1995, 1918 = BStBl. 1995 II S. 241; Heymann/*Emmerich* § 105 RdNr. 67 c; Staudinger/*Frank* (2008) §§ 1068, 1069 Anh. RdNr. 91; **aM** *Sudhoff* NJW 1971, 483.

[99] Schlegelberger/*Karsten Schmidt* RdNr. 18.

[100] *Bechtold* S. 195; *Blaurock* S. 148 f.; *Goebel* S. 366 ff.; Westermann/*Wertenbruch* (2007) RdNr. I 681a; Heymann/*Emmerich* § 105 RdNr. 68; Schlegelberger/*Karsten Schmidt* RdNr. 18; MünchKommBGB/*Pohlmann* § 1068 RdNr. 67; Staudinger/*Frank* (2008) §§ 1068, 1069 Anh. RdNr. 91; *Rohlff* NJW 1971, 1341; *Teichmann* ZGR 1972, 14; *Finger* DB 1977, 1039; *Lohr* S. 95.

[101] ZB *A. Hueck* oHG § 27 II 8.

handgesellschafter im Außenverhältnis als Gesellschafter haftet (RdNr. 58). Eine im neueren Schrifttum vertretene Ansicht vertritt dieselbe Lösung auch für den echten Nießbrauch (Nießbrauch im technischen Sinne nach RdNr. 10).[102] Diese Lösung geht zurück auf die von *Flume* vertretene Aufspaltung der Mitgliedschaft im Fall des Nießbrauchs (dazu RdNr. 21) und geht Hand in Hand mit der von *Flume* vorgeschlagenen Eintragung des Nießbrauchs in das Handelsregister (RdNr. 16). Sie basiert auf der Vorstellung, dass das die Haftung tragende Mitgliedschaftsrecht im Fall des Nießbrauchs geteilt ist, womit dem Nießbraucher Gesellschafterzuständigkeiten (und damit auch Haftungsrisiken) zuwachsen. Dem wird hier nicht gefolgt (RdNr. 21). Der Ausgleich zwischen den haftenden Gesellschaftern und dem Nießbraucher ist eine Frage ihres Innenverhältnisses. Eine andere Frage ist, ob der Nießbraucher hinsichtlich einzelner Rechtsfolgen kraft **Zurechnung,** zB bei der Gewährung von Darlehen (§ 39 Abs. 1 Nr. 5 InsO), einem Gesellschafter gleichgestellt werden kann, wenn der Nießbraucher im Zusammenhang mit seiner mittelbaren Beteiligung der Gesellschaft Kredit gibt oder stehen lässt. Auch können verbotene Auszahlungen Ansprüche gegen einen Nießbraucher auslösen, wenn er Empfänger der Zahlungen war (RdNr. 27 a. E.).

25 **4. Nießbrauch am Geschäftsanteil einer GmbH. a) Zulässigkeit und Bestellung.** Da der Geschäftsanteil einer GmbH nach § 15 GmbHG veräußerlich ist, ist auch die Bestellung eines Nießbrauchs am Geschäftsanteil zulässig.[103] Nur eine heute wohl überholte Minderheit vertrat auch bei der GmbH die Lösung, der „Nießbrauch" müsse durch eine – selbstverständlich auch hier zulässige – treuhänderische Geschäftsanteilsübertragung (RdNr. 12, 40, 47) bestellt werden.[104] Nach §§ 1069 BGB, 15 Abs. 3 GmbHG erfolgt die **Bestellung** durch notariell beurkundeten Vertrag.[105] Ist die Abtretung des Geschäftsanteils nach § 15 Abs. 5 GmbHG von einer Genehmigung abhängig gemacht **(vinkulierter Geschäftsanteil),** so gilt dies in sinngemäßer Anwendung von § 1069 Abs. 2 BGB auch für die Bestellung des Nießbrauchs.[106] Eine Vinkulierungsklausel nach § 15 Abs. 5 GmbHG ist nämlich im Zweifel dahin auszulegen, dass sie auch die Nießbrauchsbestellung erfasst.[107] Für die Gegenauffassung[108] lässt sich zwar anführen, dass die Gesellschafterrechte grundsätzlich vom Gesellschafter und nicht vom Nießbraucher ausgeübt werden (RdNr. 21), aber die Belastung des Anteils und die wirtschaftliche Beeinträchtigung durch die Nießbrauchsbestellung lässt doch den von den Gesellschaftern gewollten Schutz einschlägig erscheinen. Die Wirksamkeit der Bestellung ist nicht von einer Anzeige gegenüber der GmbH (§ 16 GmbHG aF) abhängig,[109] aber der Nießbraucher kann etwaige Rechte gegenüber der Gesellschaft (RdNr. 21) erst ausüben, wenn die Anzeige erfolgt ist. Das

---

[102] *Flume* Personengesellschaft § 17 VI; *Koller*/Roth/Morck § 105 RdNr. 22; Staub/*Schäfer* § 105 RdNr. 128; MünchKommBGB/*Ulmer* § 705 RdNr. 106; *Ulmer,* FS Fleck, 1988, S. 397; *Schön* ZHR 158 (1994), 256.

[103] Vgl. nur Ulmer/*Winter/Löbbe* GmbHG § 15 RdNr. 170; Hachenburg/*Zutt* GmbHG § 15 Anh. RdNr. 58; *Rowedder/Schmidt-Leithoff/Rowedder/Bergmann* GmbHG § 15 RdNr. 70; Scholz/*Winter/Seibt* GmbHG § 15 RdNr. 212.

[104] *Sudhoff* GmbHR 1971, 54; *ders.* NJW 1974, 2205 ff.

[105] OLG Koblenz NJW 1992, 2163, 2164 = GmbHR 1992, 464, 465; Baumbach/*Hueck/Fastrich* GmbHG § 15 RdNr. 52; Scholz/*Winter/Seibt* GmbHG § 15 RdNr. 213; Staudinger/*Frank* (2008) § 1069 RdNr. 16; MünchHdbGesR III/*Kraus* § 26 RdNr. 68; *Fricke* GmbHR 2008, 739, 742; vgl. auch RGZ 53, 107, 110.

[106] OLG Koblenz NJW 1992, 2163, 2164 = GmbHR 1992, 464, 465; Baumbach/*Hueck/Fastrich* § 15 GmbHG RdNr. 52; Ulmer/*Winter/Löbbe* GmbHG § 15 RdNr. 171; *Rowedder/Schmidt-Leithoff/Bergmann* GmbHG § 15 RdNr. 67; Scholz/*Winter/Seibt* GmbHG § 15 RdNr. 213; Soergel/*Stürner* § 1068 RdNr. 8; Lutter/Hommelhoff/*Bayer* GmbHG § 15 RdNr. 64.

[107] HM; zB Baumbach/*Hueck/Fastrich* GmbHG § 15 RdNr. 52; *Rowedder/Schmidt-Leithoff/Rowedder/Bergmann* GmbHG § 15 RdNr. 70; Lutter/Hommelhoff/*Bayer* GmbHG § 15 RdNr. 64.

[108] Lutter/Hommelhoff/*Bayer* GmbHG § 15 RdNr. 64.

[109] Vgl. zum neuen Recht des MoMiG Lutter/Hommelhoff/*Bayer* GmbHG, 17. Aufl. 2009, § 16 RdNr. 9; zu § 16 GmbHG aF Staudinger/*Frank* (2008) §§ 1068, 1069 Anh. RdNr. 94; Ulmer/*Winter/Löbbe* GmbHG § 15 RdNr. 171.

wurde für § 16 GmbHG aF aus dieser Vorschrift gefolgert[110] und ergibt sich heute aus dem Rechtsgedanken des § 407 BGB.[111] In die Gesellschafterliste (§ 40 GmbHG) gehört der Nießbraucher nicht (anders selbstverständlich auch hier bei der Nießbrauchstreuhand).[112] Eine fakultative Eintragung wie im Fall des Aktienregisters (RdNr. 29)[113] wäre ohne die erforderliche gesetzliche Grundlage.[114] Wie bei der Personengesellschaft muss auch bei der GmbH unterschieden werden zwischen dem Nießbrauch am Geschäftsanteil und dem Nießbrauch an den Gewinnansprüchen des Gesellschafters (vgl. sinngemäß RdNr. 15).

b) Inhalt des Nießbrauchs. Auch der Nießbrauch an einem GmbH-Anteil bezieht 26
sich inhaltlich auf die *Nutzungsrechte,* im Wesentlichen also die Früchte der Mitgliedschaft (§ 100 BGB). Der Nießbraucher hat Anspruch auf die nach dem Gewinnverwendungsbeschluss ausschüttungsfähige *Gewinnquote.*[115] An Gewinnen, die in die Rücklage eingestellt werden, partizipiert der Nießbraucher grundsätzlich nicht,[116] erst recht nicht an stillen Reserven.[117] **Nicht zu den Nutzungen** gehören die auf eine Organstellung, zB als Geschäftsführer, zielenden *Sonderrechte* und die sich hieraus ergebenden Vergütungen.[118] Keine Nutzung des Geschäftsanteils ist auch die *Liquidationsquote* nach § 72 GmbHG oder das Einziehungsentgelt nach § 34 GmbHG.[119] Beide sind nicht Erträge, sondern Surrogate der Mitgliedschaft. Eine automatische Erstreckung des Nießbrauchs auf den Auseinandersetzungs- oder Einziehungsbetrag ist umstritten.[120] Gläubiger der Liquidationsquote ist der Gesellschafter und nur er.[121] Im Hinblick auf die überwiegend vertretene analoge Anwendung des § 1077 BGB[122] ist eine gemeinschaftliche Auszahlung an Gesellschafter und Nießbraucher anzuraten (wenn auch nach der hier vertretenen Auffassung nicht rechtlich vorgeschrieben). Auch die Frage, ob analog § 1079 ein Anspruch auf Neubestellung des Nießbrauchs besteht, sollte nicht generell bejaht werden.[123] Es kommt vielmehr darauf an, ob der Nießbrauch nach der Vorstellung der Beteiligten die Gesellschaft überdauern sollte (vgl. sinngemäß RdNr. 19). Das Bezugsrecht bei der effektiven *Kapitalerhöhung*[124] steht nicht dem Nießbraucher, sondern dem Gesellschafter zu.[125] Es ist auch weder das Bezugs-

---

[110] *Wiedemann* Übertragung S. 399; Ulmer/*Winter/Löbbe* GmbHG § 15 RdNr. 171; Hachenburg/*Zutt* GmbHG § 15 Anh. RdNr. 58; *Rowedder/Schmidt-Leithoff/Bergmann* GmbHG § 15 RdNr. 71.

[111] Lutter/Hommelhoff/*Bayer* GmbHG § 16 RdNr. 9.

[112] Lutter/Hommelhoff/*Bayer* GmbHG § 16 RdNr. 9; Scholz/*Winter/Seibt* GmbHG § 16 RdNr. 20.

[113] Dafür LG Aachen MittBayNot 2010, Anm. *Wälzholz* = NZG 2009, 1157.

[114] Vgl. *Bayer* und *Seibt* (Fn. 112).

[115] RG JW 1916, 409, 410; Lutter/Hommelhoff/*Bayer* GmbHG § 15 RdNr. 101; Scholz/*Winter/Seibt* GmbHG § 15 RdNr. 214; Staudinger/*Frank* (2008) §§ 1068, 1069 Anh. RdNr. 103.

[116] *Scholz/Winter/Seibt* GmbHG § 15 RdNr. 214; MünchKommBGB/*Pohlmann* § 1068 RdNr. 62; *Fricke* GmbHR 2008, 739, 742.

[117] *Fricke* GmbHR 2008, 739, 742; Meinungsüberblick bei MünchKommBGB/*Pohlmann* § 1068 RdNr. 53 f., 57 f.

[118] RGZ 170, 358, 369; RGRK-BGB/*Rothe* § 1068 RdNr. 11; *Lohr* S. 114; *Teichmann* ZGR 1972, 9.

[119] Ulmer/*Winter/Löbbe* GmbHG § 15 RdNr. 171; Scholz/*Winter/Seibt* GmbHG § 15 RdNr. 215; *Brandi/Mühlmeier* GmbHR 1997, 735; Staudinger/*Frank* (2008) §§ 1068, 1069 Anh. RdNr. 104; *Lohr* S. 114; *Fricke* GmbHR 2008, 739, 743.

[120] Bejahend Baumbach/*Hueck/Fastrich* GmbHG § 15 RdNr. 54; Ulmer/*Winter/Löbbe* GmbHG § 15 RdNr. 174; verneinend noch Voraufl. RdNr. 26; s. auch *Michalski/Ebbing* GmbHG § 15 RdNr. 196.

[121] Schlegelberger/*Karsten Schmidt* RdNr. 21.

[122] Vgl. aber MünchKommBGB/*Pohlmann* § 1068 RdNr. 47; Scholz/*Winter/Seibt* GmbHG § 15 RdNr. 214: Auszahlung an Gesellschafter und Nießbraucher gemeinschaftlich.

[123] So aber Hachenburg/*Zutt* GmbHG § 15 Anh. RdNr. 59; Scholz/*Winter/Seibt* GmbHG § 15 RdNr. 215; RGRK-BGB/*Rothe* § 1068 RdNr. 11; Soergel/*Stürner* § 1068 RdNr. 8; Staudinger/*Frank* (2008) §§ 1068, 1069 Anh. RdNr. 104.

[124] Zur Frage, ob es ein gesetzliches Bezugsrecht gibt, vgl. *Priester* DB 1980, 1925 ff.

[125] *Wiedemann* Übertragung S. 405; Baumbach/*Hueck/Fastrich* GmbHG § 15 RdNr. 54; Ulmer/*Winter/Löbbe* GmbHG § 15 RdNr. 176; Scholz/*Winter/Seibt* GmbHG § 15 RdNr. 216; MünchKommBGB/*Pohlmann* § 1068 RdNr. 42; Palandt/*Bassenge* § 1068 BGB RdNr. 3; RGRK-BGB/*Rothe* § 1068 RdNr. 11; *Fricke* GmbHR 2008, 739, 743; vgl. auch BGHZ 58, 316, 319 ff. = JR 1972, 505 m. Anm. *Bökelmann*; OLG Bremen DB 1970, 1436; *Lohr* S. 115.

recht noch der neue Geschäftsanteil automatisch mit dem Nießbrauch belastet.[126] Ob ein Anspruch auf Ausdehnung des Nießbrauchs auf die jungen Geschäftsanteile besteht, hängt von der schuldrechtlichen Gestaltung des Nießbrauchsverhältnisses zwischen dem Gesellschafter und dem Nießbraucher ab und ist grundsätzlich zu verneinen.[127] Bei der *Kapitalerhöhung aus Gesellschaftsmitteln* wird man dagegen eine automatische Erstreckung des Nießbrauchs auf den erhöhten Anteil, jedenfalls aber einen Anspruch des Nießbrauchers auf Ausdehnung des Nießbrauchs, zu bejahen haben.[128]

27 **c) Mitverwaltungsrechte.** Die mitgliedschaftlichen Mitverwaltungsrechte in der GmbH, insbesondere also das Stimmrecht, stehen dem Gesellschafter und nicht dem Nießbraucher zu.[129] Der Fragenkreis ist auch bei der GmbH umstritten.[130] Die Ausführungen von RdNr. 21 gelten sinngemäß. Die für umfassende Mitwirkungsrechte des Nießbrauchers streitende Ansicht erklärt sich teilweise aus der hier abgelehnten Gleichsetzung von treuhänderischer Vollrechtsübertragung und Nießbrauch (RdNr. 12).[131] Insbesondere für das Stimmrecht werden auch hier differenzierende Lösungen vertreten.[132] Namentlich für das Stimmrecht muss es aber aus den bei RdNr. 21 mitgeteilten Gründen bei der **Stimmberechtigung des Gesellschafters** bleiben.[133] Soll der Nutzungsberechtigte die vollen gesellschaftsrechtlichen Mitwirkungsrechte innehaben, so ist der Anteil treuhänderisch auf ihn zu übertragen. Soll er das Stimmrecht ausüben, so kann ihm eine Stimmrechtsvollmacht erteilt werden. Es kann dann ausdrücklich oder stillschweigend vereinbart sein, dass eine Ausübung des Stimmrechts durch den Gesellschafter selbst untersagt ist.[134] Im Hinblick auf das Abspaltungsverbot umstritten ist dagegen eine Zuweisung des Stimmrechts in bestimmtem Umfang an den Nießbraucher (auch dazu RdNr. 21).[135] Richtig scheint, eine unzulässige Stimmrechtsübertragung auf den Nießbraucher in eine Stimmrechtsvollmacht umzudeuten.[136] Hinsichtlich der **Kontrollrechte gemäß § 51 a GmbHG** wird die Auffassung vertreten, dass dem Nießbraucher Informationsrechte zustehen, soweit er ihrer zur Ausübung der Nießbrauchsrechte bedarf.[137] Hierfür sprechen gute Gründe.[138] Doch verhält es sich anders als bei einer Personengesellschaft insofern, als die Nießbrauchsbestellung nach GmbH-Recht nicht der Zustimmung der Mitgesellschafter bedarf, wenn nicht ein

---

[126] Staudinger/*Frank* (2008) §§ 1068, 1069 Anh. RdNr. 97; *Franke* MittBayNot 2010, 96, 101 MünchKommBGB/*Pohlmann* § 1068 RdNr. 43.

[127] Ulmer/*Winter/Löbbe* GmbHG § 15 RdNr. 176; Lutter/Hommelhoff/*Bayer* GmbHG § 15 RdNr. 101; differenzierend *Fricke* GmbHR 2008, 739, 743 mwN.

[128] Vgl. Ulmer/*Winter/Löbbe* GmbHG § 15 RdNr. 176; Rowedder/Schmidt-Leithoff/*Rowedder/Bergmann* GmbHG § 15 RdNr. 73; Scholz/*Winter/Seibt* GmbHG § 15 RdNr. 216; jetzt auch Lutter/Hommelhoff/*Bayer* GmbHG § 15 RdNr. 101; *Fricke* GmbHR 2008, 739, 743; *Frank* MittBayNot 2010, 96, 101.

[129] HM; OLG Koblenz NJW 1992, 2163 f. = GmbHR 1992, 464 f.; vgl. mwN *Karsten Schmidt* GesR § 61 II 3; *ders.* ZGR 1999, 607 ff.; *Wiedemann* Übertragung S. 414; *Teichmann* Gestaltungsfreiheit S. 232; Baumbach/*Hueck/Fastrich* GmbHG § 15 RdNr. 53; Baumbach/Hueck/*Zöllner* GmbHG § 47 RdNr. 35; Scholz/*Winter/Seibt* GmbHG § 15 RdNr. 217; Scholz/*Karsten Schmidt* GmbHG, 10. Aufl. 2007, § 47 RdNr. 18; MünchKommBGB/*Pohlmann* § 1068 RdNr. 69 ff., 81; RGRK-BGB/*Rothe* § 1068 RdNr. 11; Soergel/*Stürner* § 1068 RdNr. 8; Staudinger/*Frank* (2002) §§ 1068, 1069 Anh. RdNr. 97; MünchHdbGesR III/*Kraus* § 26 RdNr. 76; *Teichmann* ZGR 1972, 10 ff.; *Fricke* GmbHR 2008, 739, 744, **aM** *Sudhoff* GmbHR 1971, 54; für gemeinschaftliche Ausübung: *Brodmann* GmbHR 1938, 11 f.; *Schön* ZHR 158 (1994), 260 ff.; unentschieden RG JW 1934, 976, 977.

[130] Umfassende Nachweise bei Scholz/*Winter/Seibt* GmbHG § 15 RdNr. 217.

[131] Besonders deutlich *Sudhoff* GmbHR 1971, 54.

[132] Auch dazu vgl. die Nachweise bei Scholz/*Winter/Seibt* GmbHG § 15 RdNr. 217.

[133] Scholz/*Karsten Schmidt* GmbH § 47 RdNr. 18.

[134] Vgl. BGH BB 1977, 10; Scholz/*Karsten Schmidt* GmbHG, 8. Aufl. 1995, § 47 RdNr. 18; Staudinger/*Frank* (2008) §§ 1068, 1069 Anh. RdNr. 102.

[135] Dafür Ulmer/*Winter/Löbbe* § 15 RdNr. 179, 181; Lutter/Hommelhoff/*Bayer* GmbHG § 15 RdNr. 67; *Reichert/Schlitt*, FS Flick, 1997, S. 226; dagegen OLG Koblenz NJW 1992, 2163 = GmbHR 1992, 464; Scholz/*Karsten Schmidt* GmbHG § 47 RdNr. 18.

[136] OLG Koblenz NJW 1992, 2163 = GmbHR 1992, 464; Scholz/*Karsten Schmidt* GmbHG § 47 RdNr. 18.

[137] *Wiedemann* Übertragung S. 419; einschränkend MünchHdbGesR III/*Kraus* § 26 RdNr. 78: Nießbraucher habe nur ein auf die Gewinnverteilung beschränktes Auskunftsrecht aus § 242 BGB.

[138] *Karsten Schmidt* GesR § 61 II 3.

vinkulierter Anteil vorliegt (vgl. demgegenüber RdNr. 21). Auch hier ist eine rechtsgeschäftliche Regelung anzuraten, ggf. eine Bevollmächtigung des Nießbrauchers.[139] Auch eigene Anfechtungsrechte gegen Beschlüsse der Gesellschafterversammlung stehen dem Nießbraucher nicht zu.[140] Ebenso wie die Rechte gelten die **Pflichten eines Gesellschafters** grundsätzlich für den Gesellschafter und nicht für den Nießbraucher.[141] Insbesondere treffen den Nießbraucher nicht die Einlage- und Kapitalerhaltungspflichten. Anderes kann hinsichtlich der Gewährung von Darlehen an die Gesellschaft gelten (**§ 39 Abs. 1 Nr. 5 InsO,** vgl. bereits RdNr. 24 aE). Auch kann das Ausschüttungsverbot des **§ 30 GmbHG** den Nießbraucher in dem Sinne treffen, dass Ausschüttungen an ihn ebenso wie an den Gesellschafter verboten sind[142] und sich hieraus Rückforderungsansprüche gemäß **§ 31 GmbHG** ergeben können.

d) Beschlüsse und Verfügungen des Gesellschafters, die zum Untergang des Nießbrauchs führen können, bedürfen nach § 1071 BGB der Zustimmung des Nießbrauchers.[143] *Überträgt der Gesellschafter den Geschäftsanteil,* so geht dieser belastet mit dem Nießbrauch auf den Erwerber über.[144] Das Nießbrauchsrecht selbst ist dagegen nicht übertragbar, vielmehr kann es einem Dritten nur zur Ausübung überlassen werden (§ 1059 BGB). 28

5. Nießbrauch an Aktien. a) Zulässigkeit. Die Nießbrauchsbestellung an einer Aktie ist zulässig.[145] Sie erfolgt bei der Inhaberaktie nach § 1081 BGB, bei der Namensaktie nach § 68 AktG iVm. §§ 1069, 1070 BGB.[146] Handelt es sich um eine vinkulierte Namensaktie (§ 68 Abs. 2 AktG), so bedarf die Nießbrauchsbestellung entsprechend den bei RdNr. 25 angestellten Überlegungen der Zustimmung der Gesellschaft.[147] Der Nießbrauch kann, muss aber nicht in das Aktienregister eingetragen werden (vgl. demgegenüber RdNr. 25 zur GmbH).[148] 29

b) Inhalt des Nießbrauchs. Auch der Nießbrauch an Aktien bezieht sich auf Nutzungen, also insbesondere die Früchte der Mitgliedschaft (§ 100 BGB). Die ausschüttungsfähige *Dividende* steht dem Nießbraucher zu.[149] Kursgewinne beim Verkauf der nießbrauchsbelasteten Aktie gebühren allein dem Verkäufer und sind nicht Früchte des Aktienrechts.[150] Nicht Nutzung, sondern Surrogat der Mitgliedschaft ist auch hier die Liquidationsquote. Sie wird aber nach zunehmend vertretener Auffassung nach dem in §§ 1074, 1075 BGB zum Ausdruck gebrachten Surogationsgrundsatz vom Nießbrauch an der Aktie erfasst.[151] Die hM erkennt auch hier dem Nießbraucher analog § 1079 BGB einen Anspruch auf Neubestellung eines Nießbrauchs am Liquidationsguthaben zu.[152] Ein *Bezugsrecht auf neue* 30

---

[139] Scholz/*Karsten Schmidt* GmbHG, 10. Aufl. 2007, § 51 a RdNr. 12.

[140] Vgl. mwN Scholz/*Karsten Schmidt* GmbHG § 45 RdNr. 128.

[141] *Karsten Schmidt* GesR § 61 II 3; Scholz/*Winter/Seibt* GmbHG § 15 RdNr. 218.

[142] Baumbach/*Hueck/Fastrich* GmbHG § 30 RdNr. 28; Ulmer/*Habersack* GmbHG § 30 RdNr. 67.

[143] OLG Hamm BB 1971, 13 = GmbHR 1971, 57, 59; Ulmer/*Winter/Löbbe* GmbHG § 15 RdNr. 183; § 15 RdNr. 64; *Rowedder/Schmidt-Leithoff/Rowedder/Bergmann* GmbHG § 15 RdNr. 78; Scholz/*Winter/Seibt* GmbHG § 15 RdNr. 223.

[144] Scholz/*Winter/Seibt* GmbHG § 15 RdNr. 219.

[145] Vgl. BFH/NV 2001, 1393 = DStR 2001, 1026 = ZEV 2001, 449; *Scharff* passim; MünchHdbGesR IV/*Wiesner* § 14 RdNr. 62; Staudinger/*Frank* (2008) §§ 1068, 1069 Anh. RdNr. 108 ff.

[146] Vgl. *Scharff* S. 13 ff.; *Wiedemann* Übertragung S. 398 f.; Staudinger/*Frank* (2008) § 1068, 1069 Anh. RdNr. 108 f.; **aM** für Namensaktien KK/*Lutter* AktG § 68 RdNr. 22, weil es kein Nießbrauchsindossament gebe.

[147] Staudinger/*Frank* (2008) §§ 1068, 1069 Anh. RdNr. 108.

[148] Vgl. Karsten Schmidt/Lutter/*Bezzenberger* AktG, 2. Aufl. 2010, § 67 RdNr. 12.

[149] Vgl. statt aller *Scharff* S. 13 ff.; MünchKommBGB/*Pohlmann* § 1068 RdNr. 62; Staudinger/*Frank* (2008) §§ 1068, 1069 Anh. RdNr. 110; *Wiedemann* Übertragung S. 403; *Teichmann* ZGR 1972, 7 Fn. 24.

[150] MünchKommBGB/*Pohlmann* § 1068 RdNr. 64; Staudinger/*Frank* (2008) §§ 1068, 1069 Anh. RdNr. 111.

[151] Vgl. *Scharff* S. 81 ff. (mit Ausdehnung auf Kapitalherabsetzung); *Reichert/Schlitt,* FS Flick, 1997, S. 236; str.; aM hier noch die 1. Aufl.

[152] RGRK-BGB/*Rothe* § 1069 RdNr. 11; Staudinger/*Frank* (2008) §§ 1068, 1069 Anh. RdNr. 112, 104; Erman/*Michalski* § 1081 RdNr. 11.

Aktien (§ 186 AktG) steht bei einer effektiven Kapitalerhöhung nicht dem Nießbraucher zu, sondern dem Aktionär.[153] Auch eine automatische Erstreckung des Nießbrauchs auf die jungen Aktien sollte, wenn der Besteller von dem Bezugsrecht Gebrauch macht, nicht bejaht werden.[154] Ob ein Anspruch auf Ausdehnung des Nießbrauchs besteht, ist Frage des Einzelfalls.[155] Bei der Kapitalerhöhung aus Gesellschaftsmitteln dagegen rechtfertigt sich eine Erstreckung des Nießbrauchs.[156]

31 **c) Mitverwaltungsrechte.** Die mitgliedschaftlichen Mitverwaltungsrechte, insbesondere die **Stimmrechte** des Aktionärs, stehen auch hier nicht dem Nießbraucher zu, sondern dem Aktionär und Nießbrauchsbesteller.[157] Alle anderen Lösungen (Aufteilung des Stimmrechts oder Vergemeinschaftung des Stimmrechts) scheitern an den bei RdNr. 21, 27 geschilderten Schwierigkeiten. Im Hinblick auf die Legitimation durch den Aktienbesitz wird man allerdings den Nießbraucher als zur Stimmrechtsausübung bevollmächtigt oder ermächtigt ansehen können, sofern ihm die Aktie zum Alleinbesitz überlassen wird.[158] Hinsichtlich derjenigen Beschlussgegenstände, die nur die Nutzung betreffen, kann der Nießbraucher eine solche Bevollmächtigung oder Ermächtigung vom Aktionär verlangen. Das **Informationsrecht** (§ 131 AktG) kann nach hM von dem durch Aktienbesitz ausgewiesenen Nießbraucher nur in Vollmacht im Namen des Aktionärs ausgeübt werden. Umstritten ist, ob dem Nießbraucher ein **Anfechtungsrecht** nach § 246 AktG zugewiesen werden kann.[159] Die Praxis wird sich vorerst darauf einrichten, dass die Anfechtungsbefugnis ausschließlich dem Aktionär zugewiesen ist.[160]

32 **6. Nießbrauch an einer stillen Beteiligung oder Unterbeteiligung.** Nach bisher wohl hM kann an einer stillen Beteiligung und damit auch an einer Unterbeteiligung kein Nießbrauch bestellt werden. Als zulässig gilt nur die Nießbrauchsbestellung an den einzelnen übertragbaren vermögenswerten Rechten des stillen Gesellschafters, und die Nießbrauchsbestellung an der stillen Beteiligung wird entsprechend umgedeutet.[161] Diese hM hängt damit zusammen, dass die stille Gesellschaft als Innengesellschaft bisher rein schuldrechtlich gesehen, ein übertragbares oder sonst rechtsgeschäftlichen Verfügungen zugängliches Mitgliedschaftsrecht des stillen Gesellschafters deshalb nicht anerkannt wurde. Damit schien auch die Belastung der stillen Beteiligung oder Unterbeteiligung mit einem Nießbrauch auszuscheiden. Dieser Standpunkt ist überholt.[162] Soweit eine stille Beteiligung als Mitgliedschaftsrecht ausgestaltet und in toto übertragbar ist (§ 230 RdNr. 174 f.), wird man auch die Belastung mit einem Nießbrauch anerkennen müssen. Für die Unterbeteiligung gilt dasselbe. Der Nießbrauch an einer stillen Beteiligung oder Unterbeteiligung berechtigt den Nießbraucher, aus dieser die Früchte (§ 100 BGB) zu ziehen.

---

[153] BGHZ 58, 316, 319 (für die KG); KG OLGE 24, 139; BayObLG OLGE 36, 282, 283; OLG Bremen DB 1970, 1436; *Scharff* S. 51 f.; KK/*Lutter* § 186 AktG RdNr. 20; MünchKommBGB/*Pohlmann* § 1068 RdNr. 63; Palandt/*Bassenge* § 1068 RdNr. 3; Soergel/*Stürner* § 1068 RdNr. 9 b; *Lohr* S. 116; Staudinger/*Frank* (2008) §§ 1068, 1069 Anh. RdNr. 113; HdbAG/*Gotthardt* § 9 RdNr. 109; *Teichmann* ZGR 1972, 18.

[154] Staudinger/*Frank* (2008) §§ 1068, 1069 Anh. RdNr. 114; **aM** *Teichmann* ZGR 1972, 19 mwN; KK/*Lutter* § 186 AktG RdNr. 20 mwN.

[155] *Wiedemann* Übertragung S. 407 f.; Staudinger/*Frank* (2008) §§ 1068, 1069 Anh. RdNr. 114 mwN.

[156] *Scharff* S. 49 ff.; in gleicher Richtung die obligatorische Lösung von *Wiedemann* Übertragung S. 407.

[157] *Wiedemann* Übertragung S. 414; Karsten Schmidt/Lutter/*Spindler* AktG 2. Aufl. 2010 § 134 RdNr. 8; MünchKommBGB/*Pohlmann* § 1068 RdNr. 73 ff.; Soergel/*Stürner* § 1068 RdNr. 9 a; Staudinger/*Frank* (2008) §§ 1068, 1069 Anh. RdNr. 116 ff.; Erman/*Michalski* § 1081 RdNr. 7; MünchHdbGesR IV/*Wiesner* § 14 RdNr. 66; *Teichmann* ZGR 1972, 10 ff.; für Stimmrecht des Nießbrauchers dagegen GroßkommAktG/*Barz*, 3. Aufl. 1973, § 134 RdNr. 6; *v. Godin/Wilhelmi* AktG, 4. Aufl. 1971, § 134 RdNr. 4; *Schmidt-Rimpler* NJW 1953, 1503; *Sudhoff* NJW 1974, 2208; für gemeinsame Innehabung des Stimmrechts bei gemeinschaftlichem Besitz zB KK/*Zöllner*, 1. Aufl. 1973, § 134 RdNr. 15.

[158] Vgl. auch *Zöllner* (Fn. 129).

[159] Ablehnend Staudinger/*Frank* (2008) §§ 1068, 1069 Anh. RdNr. 123.

[160] GroßkommAktG/*Karsten Schmidt* § 245 RdNr. 16.

[161] *U. Wagner*, Die Mitgliedschaft in der stillen Gesellschaft und in der Unterbeteiligung als Kreditsicherheit, in: Hadding/Schneider (Hrsg.), Gesellschaftsanteile als Kreditsicherheit, 1979, S. 114 f.

[162] So bereits Schlegelberger/*Karsten Schmidt* RdNr. 27.

III. Mittelbare Teilhabe am Unternehmen durch Treuhand an Anteilen

Schrifttum: *Amus,* Dogmengeschichtliche Grundlagen der Treuhand, 1977; *Armbrüster,* Die treuhänderische Beteiligung an Personengesellschaften, 2001; *ders.,* Treuhänderische GmbH-Beteiligungen, GmbHR 2001, 941, 1021; *ders.*, Der Gesellschafter hinter dem Gesellschafter – Zur Treugeberhaftung in der Personengesellschaft, ZIP 2009, 1885; *Assfalg,* Die Behandlung von Treugut im Konkurse des Treuhänders, 1960; *Bälz,* Treuhandkommanditist, Treuhänder der Kommanditisten und Anlegerschutz – Für eine organschaftliche Publikumstreuhand –, ZGR 1980, 1; *Beuthien,* Treuhand an Gesellschaftsanteilen, ZGR 1974, 26; *Blaurock,* Handbuch der Stillen Gesellschaft, 6. Aufl. 2003; *ders.,* Unterbeteiligung und Treuhand an Gesellschaftsanteilen, 1981 (zit.: *Blaurock* Unterbeteiligung); *Böttcher/Zartmann/Faut,* Stille Gesellschaft und Unterbeteiligung, 3. Aufl. 1978; *Bott,* Der Treuhänder als Mitglied von Personengesellschaften, Diss. Hamburg 1959; *Breuer,* Treuhandverhältnisse im Gesellschaftsrecht, MittRhNotK 1988, 79; *Brömmelmeyer,* Fehlerhafte Treuhand? Die Haftung der Treugeber bei der mehrgliedrigen Treuhand an Beteiligungen, NZG 2006, 529; *Coing,* Publizität und Außenwirkung bei der Treuhand, Zu BGHZ 61, S. 72, in: Recht und Wirtschaft in Geschichte und Gegenwart, FS für Johannes Bärmann, 1975, S. 203; *ders.,* Die Treuhand kraft privaten Rechtsgeschäfts, 1973; *Däubler,* Die treuhänderische Abtretung des GmbH-Geschäftsanteils, GmbHR 1966, 243; *Decher,* Kündigung des Treuhandgesellschafters aus wichtigem Grund, ZIP 1987, 1097; *Ebermann,* Die Verwaltungstreuhand an GmbH-Anteilen, Diss. Köln 1970; *Eden,* Treuhandschaft an Unternehmen und Unternehmensanteilen, 2. Aufl. 1989; *Ehlke,* Zur Behandlung von Treugeber und Treuhänder an einem GmbH-Anteil, DB 1985, 795; *Erman,* Verwaltung der Rechte einer Kommanditistin durch einen persönlich haftenden Gesellschafter der Kommanditgesellschaft, FS Nipperdey, Bd. I, 1965, S. 277; *Esch,* Die Unterbeteiligung an Handelsgesellschaftsanteilen, NJW 1964, 902; *Fischbach,* Treuhänder und Treuhandgeschäfte, 1912; *Greitemann,* Die Formbedürftigkeit der Erwerbstreuhand an GmbH-Anteilen, GmbHR 2005, 577; *Gruber,* Treuhandbeteiligung an Gesellschaften, Wien 2001; *Grundmann,* Der Treuhandvertrag, 1997; *Hackenbroch,* Die Verpfändung von Mitgliedschaftsrechten in oHG und KG an den Privatgläubiger des Gesellschafters, 1970; *Hadding,* Pfandrecht und Nießbrauch an der Mitgliedschaft in einer oHG oder KG als Kreditsicherheit, in: Hadding/U. H. Schneider (Hrsg.), Gesellschaftsanteile als Kreditsicherheit, 1979, S. 37; *ders.,* Rückgriff des haftenden Treuhandkommanditisten, FS für Hans-Joachim Fleck, 1988, S. 71; *Haslinger,* Zuwendungsfruchtgenuß an Unternehmensanteilen, ecolex 1996, 622; *Hegmanns,* Die Sicherung des Treugebers bei Treuhandverträgen für Geschäftsanteile, ZIP 1989, 900; *Heibrunn,* Die Entwicklung des Treuhandgedankens im neueren deutschen Recht, Holdheim 1906, 89; *Heidner,* Treuhandverhältnisse im Steuerrecht, 1994; *Heining,* Treuhand an GmbH-Anteilen, GmbHR 1954, 98; *Henssler,* Das Treuhandgeschäft – Dogmatik und Wirklichkeit, AcP 196 (1996), 37; *Ulrich Huber,* Die Rechtsstellung des Treugebers gegenüber Gläubigern und Rechtsnachfolgern des Treuhänders, in: Rechtsvergleichung und Rechtsvereinheitlichung, FS zum 50-jährigen Bestehen des Instituts für ausländisches und internationales Privat- und Wirtschaftsrecht der Universität Heidelberg, 1967, S. 399; *Hüffer,* Die Publikumspersonengesellschaft und das Problem des Anlegerschutzes, JuS 1979, 457; *John,* Die treuhänderische Übertragung von Anteilen an einer handelsrechtlichen Personengesellschaft, in: Hadding/U. H. Schneider (Hrsg.), Gesellschaftsanteile als Kreditsicherheit, 1979, S. 83; *Kallmeyer,* Abtretungsverpflichtung aus formloser Erwerbstreuhand?, GmbHR 2006, 66; *Kapitza,* Die Rechtsstellung der Treugeber in geschlossenen Immobilienfonds in der Form der kupierten Publikumskommanditgesellschaft, 1996; *Kindler,* Der Kommanditist hinter dem Kommanditisten, FS Karsten Schmidt, 2009, S. 871; *ders.*, Der Gesellschafter hinter dem Gesellschafter, ZIP 2009, 1146; *Klöckner,* Wirksamkeit der Stimmabgabe eines Treuhänders in der Publikumsgesellschaft, BB 2009, 1313; *Kötz,* Trust und Treuhand, Göttingen, 1963; *Koll,* Rechts- und Steuerfragen zur Treuhand an GmbH-Anteilen, WPg. 1963, 343; *Kraft,* Beendigung des Treuhandverhältnisses bei der treuhänderisch organisierten Publikums-KG – Besprechung der Entscheidung BGHZ 73, 294 –, ZGR 1980, 399; *Krauss,* Die Haftung von Treugeberkommanditisten ...., GWR 2009, 185; *Krenzel,* Treuhand an Kommanditanteilen, 1991; *Kümmerlein,* Erscheinungsformen und Probleme der Verwaltungstreuhand bei Personenhandelsgesellschaften, Diss. Münster 1971; *Kuhn,* Strohmanngründung bei Kapitalgesellschaften, 1964; *Markwardt,* Rechtsgeschäftliche Treuhandverhältnisse bei Personengesellschaften, Diss. Marburg 1973; *Maulbetsch,* Beirat und Treuhand in der Publikumspersonengesellschaft, 1984; *ders.,* Die Unabhängigkeit des Treuhandkommanditisten von der Geschäftsführung bei der Publikums-Personengesellschaft, DB 1984, 2232; *Mathews/Liebich,* Treuhand und Treuhänder in Recht und Wirtschaft, 2. Aufl. 1983; *Mühl,* Der Geschäftsanteil in einer Gesellschaft mit beschränkter Haftung als Kreditsicherheit (treuhänderische Übertragung, Verpfändung, Nießbrauch), in: Hadding/U. H. Schneider, (Hrsg.), Gesellschaftsanteile als Kreditsicherheit, 1979, S. 129; *Klaus Müller,* Die Sicherungsübertragung von GmbH-Anteilen, 1969; *Waltraud Müller,* Die Sicherungsübereignung von Anteilen an Personengesellschaften, Diss. Hamburg 1968; *Freia Peters,* Treuhand und Unterbeteiligung an Gesellschaftsanteilen, 2003; *Pfeifle/Heigl,* Treugeberhaftung, WM 2008, 1485; *Pick,* Anteile an Immobilienfonds als Kreditsicherheit (treuhänderische Übertragung, Verpfändung, Nießbrauch), in: Hadding/U. H. Schneider (Hrsg.), Gesellschaftsanteile als Kreditsicherheit, 1979, S. 257; *Pikart,* Die Rechtsstellung des Treuhänders in der Rechtsprechung des Bundesgerichtshofs, WM 1956, 654; *Reinhardt-Erlinghagen,* Die rechtsgeschäftliche Treuhand – ein Problem der Rechtsfortbildung, JuS 1962, 41; *Reuter,* Stimmrechtsvereinbarung bei treuhänderischer Abtretung eines GmbH-Anteils, ZGR 1978, 633; *Ritzrow,* Anteil an einer Personengesellschaft als Gegenstand eines Treuhandverhältnisses, StW 2002, 239; *Rogge,* Die Bedeutung von Treuhandverhältnissen bei der Innengesellschaft, Diss. Kiel 1963; *Rosenau,* Die rechtsgeschäftliche Treuhand in rechtlicher und steuerlicher Sicht, DB Beilage Nr. 18/1966 zu Heft 49; *Roth/* 33

Thöni, Treuhand und Unterbeteiligung, FS 100 Jahre GmbHG, 1992, S. 245; *Rutschmann,* Treuhänder in GbR-/oHG-Publikumsgesellschaften: Zur Außenhaftungsfreistellung und ihrer Verjährung, DStR 2010, 555; *Schaub,* Treuhand an GmbH-Anteilen – Treuhandgefahren für den Treugeber, DStR 1996, 65; *Scheuermann,* Zur Sicherungsabtretung von GmbH-Anteilen, Diss. Heidelberg 1965; *Schiemann,* Haftungsprobleme bei der Treuhand an Gesellschaftsanteilen, FS Zöllner I, 1998, S. 503; *Schless,* Mittelbare Stellvertretung und Treuhand, 1931; *Hans Schlosser,* Außenwirkungen verfügungshindernder Abreden bei der rechtsgeschäftlichen Treuhand, NJW 1970, 681; *Karsten Schmidt,* Treuhand, Unterbeteiligung und § 723 Abs. 3 BGB, FS Günter H. Roth, 2011, S. 709; *ders.,* Struktur und Transparenz einer Treugeber-Innengesellschaft, NZG 2011, 361; *Schmitz,* Treuhand an GmbH-Anteilen: Sicherstellung des Treugebers im Konkurs des Treuhänders, Freundesgabe Weichler, 1997, S. 129; *Schuler,* Verpfändung von GmbH-Anteilen, NJW 1956, 688; *ders.,* Die rechtsgeschäftliche Treuhand – ein Problem der Rechtsfortbildung, JuS 1962, 50; *Sabine Schulz,* Zur Formbedürftigkeit von Vereinbarungs- und Erwerbstreuhand an GmbH-Geschäftsanteilen, GmbHR 2001, 282; *Seidel,* Die Haftung des fremdnützigen Treuhänders als Gründungsgesellschafter einer GmbH und Möglichkeiten der Risikobegrenzung, DStR 1998, 1220; *Siebert,* Das rechtsgeschäftliche Treuhandverhältnis, 2. Aufl. 1933; *Söll,* Probleme bei der Vertragsgestaltung geschlossener Immobilienfonds in der Rechtsform der KG bzw. GmbH & Co. KG mit Treuhandkommanditisten, 1989; *Tebben,* Unterbeteiligung und Treuhand an Gesellschaftsanteilen, 2000; *ders.,* Die qualifizierte Treuhand im Personengesellschaftsrecht, ZGR 2001, 586; *ders.,* Gesellschaftsvertraglicher Schutz gegen Treuhand- und Unterbeteiligungen an Geschäftsanteilen, GmbHR 2007, 63; *Teichmann,* Die Spaltung einer Personengesellschaft als Ergebnis privatautonomer Rechtsgestaltung, ZGR 1978, 36; *Thomas,* Die rechtsgeschäftliche Begründung von Treuhandverhältnissen, NJW 1968, 1705; *Thurnher,* Die Treuhand bei Unternehmensverbindungen, DStR 1994, 1709; *Ulmer,* Rechts- und Steuerfragen zur Treuhand an GmbH-Anteilen, WPg. 1963, 120; *ders.,* Zur Treuhand an GmbH-Anteilen: Haftung des Treugebers für Einlageansprüche der GmbH?, ZHR 156 (1992), 377; *ders.,* Zur Treuhand an GmbH-Anteilen, FS Odersky, 1996, S. 873; *Vossius,* Sicherungsgeschäfte bei der Übertragung von Gesellschaftsanteilen, BB 1988, Beilage 5; *Klaus-R. Wagner,* Zum Rückgriffsanspruch gegen mittelbar beteiligte Kapitalanleger, NZG 2009, 733; *ders.,* Die neuere OLG-Rechtsprechung zu Rückgriffsansprüchen gegen mittelbar beteiligte Kapitalanleger, NZG 2009, 1215; *Udo Wagner,* Die Mitgliedschaft in der stillen Gesellschaft und in der Unterbeteiligung als Kreditsicherheit, in: Hadding/U. H. Schneider (Hrsg.), Gesellschaftsanteile als Kreditsicherheit, 1979, S. 105; *Gerhard Walter,* Das Unmittelbarkeitsprinzip bei der fiduziarischen Treuhand, 1974; *Wank,* Mißbrauch der Treuhandstellung und der Vertretungsmacht, Anmerkung zu BGH, WM 1977, 525, JuS 1979, 402; *Weckerle,* Die Verwaltungstreuhand – Die Treugeberrechte bei Insolvenz des Treuhänders, 1971; *Weipert,* Zum Problem der Bedingungskongruenz im Verhältnis zwischen Publikums-Kommanditgesellschaft, Treuhandkommanditist und Kapitalanleger, ZHR 157 (1993), 513; *Werner,* Treuhandverhältnisse an GmbH-Anteilen, GmbHR 2006, 1248; *Wiegand,* Treuhand und Vertrauen, FS Fikentscher, 1998, S. 329; *Wiesner,* Zur Haftung des Treugeber-Kommanditisten bei der qualifizierten Treuhand, FS Ulmer, 2003, S. 673; *Hans-Jürgen Wolff,* Der Treuhänderkommanditist, Diss. Köln 1966; *Zahn,* Die treuhänderische Übertragung und Verwaltung von Körperschaftsrechten, insbesondere Aktien, Kuxen und GmbH-Anteilen, Diss. Bonn 1931.

34 **1. Grundlagen. a) Begriffsgrundlagen. aa) Treuhand an Unternehmen** und **Treuhand am Anteil.** Ein rechtliches Gestaltungsmittel der mittelbaren Beteiligung ist die Treuhand.[163] Ähnlich wie beim Nießbrauch muss auch hier unterschieden werden zwischen der *Treuhand am Unternehmen* und der *Treuhand an Beteiligungen.*[164] Im weitesten Sinne gehören beide Bereiche zur mittelbaren Teilhabe am Unternehmen, aber die Treuhand am Unternehmen gehört als Problem der Unternehmensträgerschaft – der Treuhänder, nicht der Treugeber, ist Träger des Unternehmens – in das Erste Buch (§ 1 RdNr. 9, 37 ff.; § 18 RdNr. 181). Auch die Treuhand an Gegenständen des Gesellschaftsvermögens ist von der Treuhand am Anteil zu unterscheiden.[165] Bei der Treuhand am Gesellschaftsvermögen ist die Gesellschaft Treugeber, und Gegenstand der Treuhand ist das Gesellschaftsvermögen. Die Treuhand an einer Beteiligung begründet demgegenüber ein Treuhandverhältnis zwischen dem Gesellschafter als Treugeber und einem Dritten als Treuhänder. Sie steht wirtschaftlich teils der Nießbrauchsbelastung, teils der Verpfändung von Anteilen, teils auch der Unterbeteiligung nahe.

35 **bb) Rechtstechnische Varianten der Treuhand an Beteiligungen.** Die Treuhand an Beteiligungen entzieht sich einer eindeutigen, etwa gesetzlich gesicherten, *Definition.* Übereinstimmendes Merkmal aller Treuhanddefinitionen ist das Vorhandensein eines „Treugebers" und (mindestens) eines „Treuhänders", dem der Treugeber eine Rechtsmacht

[163] Vgl. *Blaurock* Unterbeteiligung S. 66; *Armbrüster* S. 38 ff.

[164] Vgl. nur *Eden* S. 183 ff..; Schlegelberger/*Karsten Schmidt* RdNr. 29.

[165] Dazu *Armbrüster* S. 31 f.

einräumt, die im Innenverhältnis durch einen Treuhandvertrag begrenzt ist.[166] Überall hier liegt **Treuhand im funktionellen Sinne** vor. Charakteristisch für jede Variante der Treuhand ist die *treuhänderische Pflichtbindung* zwischen Treugeber und Treuhänder.[167] Im Außenverhältnis sind verschiedene Ausgestaltungsvarianten zu unterscheiden. Eine juristische Präzisierung ist deshalb erst möglich, wenn feststeht, welcher Art **die dem Treuhänder eingeräumte Rechtsmacht** ist. Insofern wird unterschieden zwischen der *fiduziarischen Vollrechtstreuhand,* der *Ermächtigungstreuhand* und der *Vollmachtstreuhand.*[168] Diese Varianten der Treuhand unterscheiden sich voneinander nicht durch unterschiedliche Rechte und Pflichten im Innenverhältnis, wohl aber durch die unterschiedliche Rechtszuordnung im Außenverhältnis. Bei der *fiduziarischen Vollrechtstreuhand* ist der Treuhänder Inhaber des Treuguts, im Fall der Treuhand an Beteiligungen also Gesellschafter, jedoch unter treuhänderischer Bindung (RdNr. 36); die fiduziarische Vollrechtstreuhand ist eine geeignete Treuhandform vor allem für die Verwaltungs- und für die Sicherungstreuhand. Sie wird hier als Volltypus der Treuhand behandelt, weil nur bei ihr das charakteristische Auseinanderfallen von äußerer Rechtszuständigkeit und innerer Rechtsbindung vorliegt. Diese Treuhandbindung als Wesensmerkmal jeder Treuhand[169] kann aber nicht nur durch Vollrechtstreuhand, sondern auch auf andere Weise herbeigeführt werden. Bei der *Ermächtigungstreuhand* wird der Treuhänder vom Treugeber ermächtigt, dessen Rechte im eigenen Namen zu verwalten, sie geltend zu machen oder über sie zu verfügen. Sie löst hinsichtlich der Treuhand an Gesellschaftsanteilen Probleme des Abspaltungsverbots aus.[170] Bei der sog. *Vollmachtstreuhand* handelt es sich lediglich um eine zu Treuhandzwecken erteilte und dementsprechend pflichtgebundene Bevollmächtigung. Das Institut der Vollmachtstreuhand kann nicht nur für gewöhnliche Treuhandzwecke, sondern auch für Zwecke der Publikumspersonengesellschaft (RdNr. 79 sowie § 161 RdNr. 120) eingesetzt werden:[171] Gesellschafter wird dann nicht (wie bei der Vollrechtstreuhand) der Treuhänder, sondern die Anleger treten selbst, zB als Kommanditisten, in die Gesellschaft ein, jedoch werden ihre mitgliedschaftlichen Mitwirkungsrechte durch eine Vertreterklausel dem treuhänderisch Bevollmächtigten zur einheitlichen Ausübung überlassen.[172] **Treuhand im technischen Sinne** (Volltypus der Treuhand) ist nur die **fiduziarische Vollrechtstreuhand.**[173] Von ihr handeln die RdNr. 36–93.

cc) Begriff der fiduziarischen Vollrechtstreuhand am Anteil. Als Treuhand im technischen Sinne (fiduziarische Vollrechtstreuhand) lässt sich die Treuhand an Beteiligungen (Anteilen) folgendermaßen definieren: *Eine (fiduziarische Vollrechts-)Treuhand an einer Beteiligung liegt vor, wenn ein Gesellschafter (Treuhänder) Inhaber der Beteiligung für Rechnung eines (oder mehrerer) anderen in dem Sinne ist, dass er die Rechte aus der Beteiligung nur nach Maßgabe eines mit einem Treugeber (mit den Treugebern) geschlossenen Treuhandvertrags ausüben darf.* Nur hier ist das Auseinanderfallen von äußerer Rechtszuständigkeit und innerer Treubindung des Treuhänders (RdNr. 35) rein durchgeführt. Der **Treuhänder** befindet sich in einer **Doppelrolle:** Er ist im Verhältnis zu den Mitgesellschaftern Inhaber der Gesellschafterrechte (RdNr. 57 ff.) und im Innenverhältnis dem Treugeber gegenüber zur Wahrnehmung dieser Rechte für dessen Rechnung berechtigt und verpflichtet (RdNr. 72 ff.). Den 36

[166] Vgl. *Coing* S. 85 ff.; *Armbrüster* S. 12 f.; MünchKommBGB/*Schramm* Vor § 164 RdNr. 28; *Henssler* AcP 196 (1996), 41 ff.

[167] Vgl. *Grundmann* passim.

[168] Vgl. *Siebert* S. 146 ff., 294 ff.; *Coing* S. 90, 94 ff.; *Blaurock* Unterbeteiligung S. 123; *Eden* S. 24 ff.; *Markwardt* S. 13 ff.; *Armbrüster* S. 13 ff.; MünchKommBGB/*Schramm* Vor § 164 RdNr. 31; *Beuthien* ZGR 1974, 29; *Roth/Thöni,* FS 100 Jahre GmbHG, S. 250.

[169] *Grundmann* S. 87 ff., 166 ff., 541.

[170] Speziell zur Ermächtigungstreuhand *Karsten Schmidt* GesR § 61 III 1 c.

[171] *Maulbetsch* S. 189 ff.; zuvor bereits *Bälz* ZGR 1980, 13.

[172] Vgl. *Maulbetsch* S. 191 ff.; zur Vertreterklausel vgl. eingehend *A. Hueck* ZHR 125 (1963), 1; *Karsten Schmidt* ZHR 146 (1982), 525.

[173] Vgl. mwN *Armbrüster* S. 13 f.; *Blaurock* Unterbeteiligung S. 123 f.; *Henssler* AcP 196 (1996), 79.

oder die Treugeber kann man als Inhaber von Gesellschafterrechten nur im wirtschaftlichen Sinne bezeichnen (zur Einräumung von Gesellschafterrechten vgl. allerdings RdNr. 66).

37 **dd) Gegenstand der Treuhand an Beteiligungen** können vor allem sein: *Aktien;*[174] *Geschäftsanteile an einer GmbH;*[175] *Anteile an einer Handels-Personengesellschaft;*[176] *Anteile an einer BGB-Außengesellschaft.*[177] Beteiligungen an *Innengesellschaften* wurden herkömmlich von der Treuhand am Anteil ausgenommen, weil man sich unter treuhandfähigen Anteilen nur solche vorstellte, die der äußeren Publizität fähig und damit als Verfügungsobjekte erkennbar sind (vgl. schon zum Nießbrauch RdNr. 32). Richtigerweise kommen aber auch Mitgliedschaftsverhältnisse an *Innengesellschaften* als Gegenstände von Treuhandverhältnissen in Betracht, soweit die Mitgliedschaft übertragbar gestaltet ist (vgl. dazu § 230 RdNr. 174 f., 247). Unter dieser Voraussetzung kann nicht nur die atypisch stille Beteiligung zum Gegenstand eines Treuhandverhältnisses gemacht werden, sondern auch die atypische Unterbeteiligung.[178] Das Treuhandverhältnis muss nicht den gesamten Anteil erfassen. Es kann auch als sog. **Quotentreuhand** lediglich **an einem ideellen Teil** eines Anteils vereinbart werden.[179]

38 **b) Zweckvarianten der Treuhand. aa) Eigennützige und fremdnützige Treuhand.** Die Zwecke der Treuhand an einer Beteiligung sind vielfältig und hier nicht im Einzelnen darzustellen.[180] Als große Gruppen lassen sich die **eigennützige Treuhand** – meist Sicherungstreuhand oder Nutzungstreuhand – und die **fremdnützige Treuhand** – meist Verwaltungstreuhand – unterscheiden.[181]

39 **bb) Insbesondere: Sicherungstreuhand.** Die *Sicherungstreuhand* ist der Haupttypus der eigennützigen Treuhand, nicht aber der Haupttypus der mittelbaren Unternehmensbeteiligung. Bei der Sicherungstreuhand geht es, ähnlich wie bei der Verpfändung von Anteilen, um die Verwendung der Beteiligung als Kreditsicherungsmittel.[182] Der Treuhänder verfolgt idR keine mitunternehmerischen Interessen.

40 **cc) Insbesondere: Nutzungstreuhand.** Als *Nutzungstreuhand* kann man die eigennützige Treuhand bezeichnen, wenn sie die *Funktion eines Nießbrauchs* hat. Hier wird der Treuhänder nach außen hin Vollrechtsinhaber bezüglich des Anteils, macht aber von diesem Recht nur als Nießbraucher Gebrauch (RdNr. 12). In rechtstechnischer Hinsicht sollte diese Variante der Treuhand streng vom Nießbrauch unterschieden werden (RdNr. 10, 12): Sie ist nicht Nießbrauch am Anteil im technischen Sinne, sondern eine Treuhand mit Nießbrauchsfunktionen (RdNr. 47).

41 **dd) Insbesondere: Verwaltungstreuhand.** Auch die *Verwaltungstreuhand* als Haupttypus der fremdnützigen Treuhand dient nicht in jedem Fall der mittelbaren Teilhabe am

---

174 Vgl. nur RGZ 111, 405, 407 f.; RGZ 118, 330, 331 f.; KK/*Zöllner,* 1. Aufl. 1985, § 134 RdNr. 9.

175 Vgl. zB RGZ 103, 195, 199; 138, 106, 108; 153, 350, 352; RG JW 1931, 2967 m. Anm. *Hachenburg;* 1934, 2906, 2907 m. Anm. *A. Hueck* (insoweit nicht in RGZ 145, 99 ff.); BGHZ 19, 69 = NJW 1956, 58; BGHZ 31, 258 = NJW 1960, 285; BGHZ 108, 107 = NJW 1992, 2023; BGH GmbHR 1963, 6 m. Anm. *Pleyer;* NJW 1999, 2594 = ZIP 1999, 925; OLG Hamburg BB 1984, 1253 = DB 1984, 1515; NJW-RR 1993, 868 = GmbHR 1993, 507; OLG Hamm NZG 1998, 109; Hachenburg/*Zutt* § 15 Anh. RdNr. 51; Baumbach/*Hueck/Fastrich* § 1 RdNr. 40 ff.; Scholz/*Emmerich* § 2 RdNr. 54 ff.; Scholz/*Winter/Seibt* § 15 RdNr. 15 ff.; *Ulmer,* FS Odersky, 1996, S. 873 ff.; zur Strohmanngründung vgl. etwa BGHZ 21, 378, 382; 31, 258, 264.

176 Vgl. nur BGHZ 3, 354 = NJW 1952, 178; BGHZ 24, 106, 114 = WM 1957, 705; BGHZ 73, 294 = NJW 1979, 1503; ZIP 1992, 836 = WM 1992, 685; OLG Düsseldorf ZIP 1991, 1494; BFH DB 1998, 1800; *Wiedemann* Übertragung S. 61 f.

177 RGRK-BGB/*v. Gamm* § 719 RdNr. 2; MünchKommBGB/*Ulmer* § 705 RdNr. 85.

178 Schlegelberger/*Karsten Schmidt* RdNr. 31; Staub/*Schäfer* § 105 RdNr. 110; Hadding/Schneider/*U. Wagner* S. 105 ff.

179 BFH NZG 2010, 639.

180 Umfassend *Armbrüster* S. 49–83.

181 Vgl. nur *Coing* S. 89; *Blaurock* Unterbeteiligung S. 68 f.; *Eden* S. 5 f.; *Armbrüster* S. 38 ff.; *Henssler* AcP 196 (1996), 42 f.; *Ulmer,* FS Odersky, 1996, S. 877; wenig förderlich deshalb die nur auf die Verwaltungstreuhand passende Definition bei *Tebben* S. 51.

182 Dazu *Armbrüster* S. 42 f.; *Blaurock* Unterbeteiligung S. 68 f.; *Eden* S. 390 ff.; *Hadding/Schneider* passim; *Vossius* BB 1988, Beilage 5; *W. Müller* passim; *K. Müller* passim.

Unternehmen.[183] Hinsichtlich der *Zwecke der Verwaltungstreuhand* kann man als große Gruppen die Treuhand zur *Verdeckung*, die Treuhand mit *Umgehungszweck* und die Treuhand mit *Vereinfachungszweck* unterscheiden.[184] Ohne Anspruch auf Vollständigkeit sei noch das *Treuhandverhältnis mit Beherrschungszweck* hinzugefügt. Treuhandverhältnisse mit *Verdeckungs-* oder *Umgehungscharakter* können dazu dienen, die wirtschaftliche Beteiligung an der Gesellschaft nach außen oder nach innen zu kaschieren. Vielfach handelt es sich um Strohmannsituationen. Dagegen ist die sog. Strohmanngründung, obgleich ebenfalls ein Fall der Verwaltungstreuhand mit Vereinfachungszwecken, typischerweise kein Fall der mittelbaren Unternehmensbeteiligung.[185] Es handelt sich idR nur um einen Durchgangserwerb mit aufschiebend bedingter Übertragung des Anteils auf den nur vorläufigen Treugeber. *Beherrschungszwecke* können dadurch ausgeübt werden, dass einem Treugeber Einfluss auf die Ausübung von Gesellschafterrechten eingeräumt wird; man kann, vor allem bei der Vereinbarungstreuhand, noch den *Verlagerungszweck* hinzurechnen: Die wirtschaftliche Beteiligung und damit auch der Einfluss auf die Gesellschaft kann auf den Treugeber als Nichtgesellschafter verlagert werden.[186] Besondere praktische Bedeutung kommt der Treuhand mit Vereinfachungszweck zu. Die Vereinfachung kann namentlich in einer *Bündelung von Anteilen in der Hand eines Treuhänders* liegen, z. B. mit dem Ziel der Bündelung von Familienstämmen (an Stelle einer obligatorischen Gruppenvertretung; vgl. zu dieser § 119 RdNr. 52 ff.) oder mit dem Ziel der Anteilsbündelung bei einem Börsengang.[187] Ein klassischer Fall ist das Beispiel der Publikums-Treuhandgesellschaft („Treuhand-GmbH & Co. KG"), bei der die zahlreichen Kapitalanleger keine Kommanditistanteile, sondern Treugeberanteile (Unterbeteiligungen) bei einem Treuhänder-Kommanditisten zeichnen (sog. kupierte Publikums-KG, vgl. RdNr. 44, 79).[188] Entsprechendes gilt für die Zeichnung mittelbarer Beteiligungen an einer BGB-Gesellschaft über einen Treuhänder.[189] Diese Variante der Verwaltungstreuhand gehört in den Themenkreis der mittelbaren Unternehmensbeteiligung. Die treugeberisch (unter-)beteiligten Anleger verfolgen Interessen als Unternehmensbeteiligte, ohne doch selbst Gesellschafter der (Haupt-)Gesellschaft zu werden.

c) Gestaltungsvarianten. aa) Vollrechtstreuhand und andere Gestaltungen. 42
Wie bei RdNr. 36 bemerkt, wird hier nur die Vollrechtstreuhand als Treuhand am Anteil behandelt. Auf die *Vollmachtstreuhand* und die *Ermächtigungstreuhand* lassen sich die Ausführungen zur Treuhand am Anteil nur teilweise (vorwiegend nur hinsichtlich des Innenverhältnisses) übertragen (dazu RdNr. 35). Innerhalb der Vollrechtstreuhand sind *Abstufungen hinsichtlich der organisationsrechtlichen Auswirkungen der Treuhand auf die Gesellschaft* möglich, die von einer rein schuldrechtlichen Bindung des Treuhänders bis zu einer Quasi-Gesellschafterstellung des Treugebers variieren. Deshalb ist vorgeschlagen worden, zwei Arten der Vollrechtstreuhand zu unterscheiden: die *einfache und* die *qualifizierte Treuhand.*[190] Ob diese Klassifizierung eine generalisierende Unterscheidung zulässt, ist zweifelhaft (zum hier vertretenem Konzept vgl. RdNr. 43, 44).[191] Vorerst wird die Praxis mit differenzierender Einzelfallbetrachtung operieren.[192]

---

183 Schlegelberger/*Karsten Schmidt* RdNr. 34.

184 *Blaurock* Unterbeteiligung S. 69 ff.; *Kümmerlein* S. 86 ff.; *Markwardt* S. 3 ff.; *Beuthien* ZGR 1974, 32 ff., 76 f.; *Ulmer*, FS Odersky, 1996, S. 876.

185 Vgl. mwN Schlegelberger/*Karsten Schmidt* RdNr. 35.

186 Vgl. OLG Karlsruhe NZG 2004, 334, 335: Beherrschung durch Minderheitsanteil plus Treuhand.

187 Vgl. als Beispiel OLG München AG 2004, 41 = NZG 2004, 527.

188 Dazu BGHZ 73, 294 = NJW 1979, 1503 = DB 1979, 1350 = BB 1979, 802 = GmbHR 1979, 156; BGHZ 84, 141 = NJW 82, 2493; BGH ZIP 1992, 836; NJW-RR 2003, 1342 = ZIP 2003, 1923; BFH DB 1998, 1800; FG Hamburg DStRE 2004, 500; *Grundmann* S. 482 ff.; *Kapitza* S. 22 ff.; *Krenzel* S. 25 ff.; *Hans-Jürgen Wolff* S. 10; *Eden* S. 322 ff.; *Maulbetsch* S. 32 ff.; *Beuthien* ZGR 1974, 35 f.; *Bälz* ZGR 1980, 1 ff.; *Hüffer* JuS 1979, 460; *Kraft* ZGR 1980, 399; Heymann/*Horn* § 161 RdNr. 176.

189 Vgl. nur BGHZ 148, 201 = NJW 2001, 2718.

190 *Ulmer*, FS Odersky, 1996, S. 873 ff.; eingehend *Tebben* ZGR 2001, 586 ff.; s. auch *Wiesner*, FS Ulmer, 2003, S. 673 ff.

191 Deshalb die Nicht-Erwähnung bei *Karsten Schmidt*, FS Roth, S. 709, 710.

192 Weitere Differenzierung bei *Armbrüster* S. 20 f.

43 **bb) Offene und verdeckte Treuhand.**[193] Diese Unterscheidung wird nicht selten mit derjenigen zwischen qualifizierter (offener) und einfacher (verdeckter) Treuhand gleichgesetzt.[194] Das Spezifikum der offenen Treuhand wird in einer Einbeziehung der Treugeber in die Gesellschaft gesehen.[195] Das ist wenig förderlich. Richtig ist zwar: Bei der offenen Treuhand ist das Treuhandverhältnis gegenüber den Mitgesellschaftern offengelegt und regelmäßig auch von ihnen gebilligt worden (RdNr. 53, 54). Bei der verdeckten Treuhand fehlt es an der Offenlegung. Es handelt sich indes weniger um verschiedene Typen des (internen) Treuhandverhältnisses als um das unterschiedliche Auftreten des Treuhänders gegenüber den Mitgesellschaftern. Zwischen den reinen Typen der offenen und der verdeckten Treuhand gibt es Abstufungen (insbesondere die offene Treuhand für unbenannte Personen). Offenlegung und Mitgliedschaftsstellung der Treugeber (RdNr. 44) ist nicht dasselbe. Die Begründung einer verdeckten Treuhand kann gegenüber den Mitgesellschaftern eine Pflichtwidrigkeit darstellen. Der Treuhänder kann bei der verdeckten Treuhand zur Auskunft über die Personen der Treugeber verpflichtet sein (RdNr. 57).[196] Die zivilrechtliche Wirksamkeit eines verdeckten Treuhandverhältnisses gewährleistet nicht ohne weiteres dessen steuerliche Anerkennung. Diese setzt aber keine Mitteilung an die Finanzbehörde voraus.[197] Die offene Treuhand wird im Schrifttum zu einem speziellen Typus der qualifizierten Treuhand fortgebildet (dazu aber RdNr. 42).[198]

44 **cc) Zweigliedrige und mehrgliedrige Treuhandverhältnisse** sind zu unterscheiden. Typischerweise ist das Treuhandverhältnis zweigliedrig. Es kann aber die Vereinfachungsfunktion der Treuhand auch gerade darin bestehen, dass ein Anteil treuhänderisch für mehrere mittelbar Beteiligte gehalten wird.[199] Mit der *Publikums-Treuhandgesellschaft* entstand der Typus der mehrgliedrigen Treuhandverhältnisse (§ 161 RdNr. 106): Der Anteil wird für eine Mehrheit von Treugebern gehalten, die durch ein mehrgliedriges Gesellschaftsverhältnis verbunden sind.[200] So verhält es sich **namentlich bei der sog. kupierten Publikums-KG:** Ein Treuhandkommanditist hält den Kommanditanteil für eine Vielzahl von Anlegern (Treugebern).[201] Hierdurch entsteht ein verbandsmäßig strukturiertes Netz von Treugebern: Die Treugeber sind zwar nicht Inhaber des treuhänderisch verwalteten Anteils, aber sie sind als mittelbare Eigner des Unternehmens untereinander durch ein Gesellschaftsverhältnis verbunden (vgl. RdNr. 45, 79).

45 **d) Abgrenzung gegen ähnliche Rechtsverhältnisse. aa) Unterbeteiligung.** Nach herkömmlicher Auffassung schließen Treuhand am Gesellschaftsanteil und Unterbeteiligung einander aus.[202] Richtig ist, dass es Vertragsgestaltungen gibt, die entweder nur Treuhand oder nur Unterbeteiligungsgesellschaft sind. Rechtlich wird der Unterschied darin erblickt, dass das Innenverhältnis bei der Treuhand ein Auftrag oder ein Geschäfts-

---

[193] Vgl. BGHZ 10, 44, 49; *Coing* S. 91; *Tebben* S. 30; Heymann/*Emmerich* § 105 RdNr. 48; Staub/*Schäfer* § 105 RdNr. 104 ff., 107 ff.; *Ulmer,* FS Odersky, 1996, S. 877 f.; eingehend *Eden* S. 8 f., 293 ff.; *Kümmerlein* S. 15 ff.; *Tebben* ZGR 2001, 586 ff.

[194] Vgl. MünchKommBGB/*Ulmer* § 705 RdNr. 92 m. w. N.

[195] *Tebben* ZGR 2011, 586, 596 ff.

[196] OLG Hamburg BB 1993, 1030; differenzierend *Armbrüster* S. 371 ff.

[197] BFH/NV 2008, 2004 = GmbHR 2008, 1229.

[198] Ulmer/*Ulmer* GmbHG § 2 RdNr. 60 a; MünchKommBGB/*Ulmer* § 705 RdNr. 92; *Ulmer,* FS Odersky, 1996, S. 877 f.; *Tebben* ZGR 2001, 586 ff.; s. auch *Wiesner,* FS Ulmer, 2003, S 673 ff.

[199] Vgl. über ältere Beispiele RG Warn. 1918 Nr. 79; *Kümmerlein* S. 66; *Blaurock* Unterbeteiligung S. 62 ff.; s. auch BGHZ 10, 44, 49; BGHZ 2, 253; BGH NJW-RR 1992, 930.

[200] BGHZ 73, 294 = aaO; BGH NJW 1978, 755 f.; BGH NJW-RR 1992, 930; BGH NZG 2011, 276 = ZIP 2011, 322 m. abl. Anm. *Altmeppen*; *Kümmerlein* S. 67; *Hans-Jürgen Wolff* S. 80 ff.; *Eden* S. 322 ff.; *Maulbetsch* S. 32 ff.; *Bälz* ZGR 1980, 1 ff.; *Beuthien* ZGR 1974, 35 f.; *Hüffer* JuS 1979, 460; *Kraft* ZGR 1980, 399; *Karsten Schmidt* NZG 2011, 361 ff.

[201] *Grundmann* S. 482 ff.; *Kapitza* S. 22 ff.; *Krenzel* S. 25 ff.; *Karsten Schmidt* NZG 2011, 361 ff.

[202] *Wiedemann* Übertragung S. 387; *Böttcher/Zartmann/Faut* S. 58 f.; *Tebben* S. 68 ff.; mit dem Zugeständnis, dass die Übergänge fließend sind; ähnlich *Ulbrich,* Die Unterbeteiligungsgesellschaft an Personengesellschaftsanteilen, 1981, S. 84 ff.; vgl. auch *Blaurock* Unterbeteiligung S. 108, 115; *ders.* RdNr. 30.09 ff.

besorgungsverhältnis, bei der Unterbeteiligung dagegen ein Gesellschaftsverhältnis ist.[203] In tatsächlicher Hinsicht wird die Unterscheidung darin gesehen, dass der Hauptbeteiligte bei der Unterbeteiligung – wenn auch unter Rücksichtnahme auf den mit ihm partnerschaftlich verbundenen Unterbeteiligten – eigene Interessen wahrnimmt, während der Treuhänder verpflichtet ist, ausschließlich Interessen des Treugebers wahrzunehmen.[204] Dieser Standpunkt benennt typische Unterscheidungen zwischen Treuhand und Unterbeteiligung. Er kann aber, wie früher ausführlich begründet wurde, *keine begriffliche Ausschließlichkeit von Treuhand und Unterbeteiligung* rechtfertigen.[205] Inzwischen ist **hM**, dass Treuhand und Unterbeteiligung einander nicht ausschließen.[206] Immer noch schwingt allerdings die überholte Dichotomie mit,[207] wenn es in der Rechtsprechung heißt, die Anwendung von Auftragsrecht oder (!) Gesellschaftsrecht hänge von der inhaltlichen Ausgestaltung des Vertrags ab.[208] Im Überschneidungsbereich, also im Fall einer treuhänderischen Unterbeteiligung, können gesellschafts- und auftragsrechtliche Elemente auf dasselbe Innenverhältnis angewandt werden (vgl. RdNr. 72). Bedenklich in ferner, dass das die Unvereinbarkeit von Unterbeteiligung und Treuhand beendende Urteil BGH LM BGB § 662 Nr. 45 m. Anm. *Roth* = NJW 1994, 2886 ausgerechnet die Kündigungsregel des § 723 BGB zwingend auf ein Trauhandverhältnis ausdehnen will.[209] *Ein Unterbeteiligungsverhältnis kann Treuhandcharakter haben.* So wie es atypische stille Gesellschaften gibt, bei denen der Geschäftsinhaber das Unternehmen im Innenverhältnis für Rechnung der(des) stillen Gesellschafter(s) verwaltet und betreibt (§ 230 RdNr. 210), können auch Verwaltungstreuhand und Unterbeteiligung zusammentreffen (§ 230 RdNr. 202). Vor allem im Bereich der (kupierten) *Publikums-Treuhandgesellschaften* (RdNr. 40, 44; § 161 RdNr. 106) macht sich die Praxis dies zunutze: Der Treuhandgesellschafter ist Mitglied der Hauptgesellschaft und gleichzeitig als Hauptgesellschafter und Treuhänder mit einer Vielzahl von Treugebern als Unterbeteiligten verbunden; die Treugeber und Kapitalanleger sind gleichzeitig Treugeber und Unterbeteiligte und als solche in eine gesellschaftsrechtliche Organisation einbezogen (RdNr. 79). Das Rechtsverhältnis zwischen dem Treuhänder und den Treugebern enthält dann verschiedene Elemente: ein Einlageverhältnis aus der Unterbeteiligung, ein pflichtenbegründendes Treuhandverhältnis und ein mehrgliedriges gesellschaftsrechtliches Organisationsverhältnis.[210]

bb) Partiarische Rechtsgeschäfte sind Rechtsbeziehungen nichtgesellschaftsrechtlicher Art, bei denen eine Gewinnbeteiligung vereinbart ist.[211] Treuhand und partiarisches Rechtsgeschäft werden üblicherweise unterschieden.[212] Beides kann aber zusammenfallen, denn es ist nicht ausgeschlossen, dass die Verwaltungstätigkeit des Treuhänders durch eine Gewinnbeteiligung entgolten wird.[213] 46

[203] BFH BB 1985, 638, 639; *Eden* S. 30; insoweit auch noch BGH LM § 662 BGB Nr. 45 m. Anm. *Roth* = NJW 1994, 2886, 2887; BGH NJW-RR 1995, 165; im Grundsatz auch *Blaurock* RdNr. 30.12.

[204] Vgl. BFH BStBl. 1977 II S. 737, 740; *Eden* S. 28; *Maulbetsch* S. 118 f.; E/B/J/S/*Gehrlein* § 230 RdNr. 104; *Esch* NJW 1964, 902 f.

[205] Schlegelberger/*Karsten Schmidt* RdNr. 38 mit Hinweis auf BGH WM 1977, 525, 527; *Kümmerlein* S. 40 ff.; *Hüffer* JuS 1979, 460; *Wank* JuS 1979, 407; *Armbrüster* GmbHR 2001, 944; eingehend *Roth/Thöni*, FS 100 Jahre GmbH, S. 257 ff.

[206] BGH LM BGB § 662 Nr. 45 m. Anm. *Roth* = NJW 1994, 2886, 2887; NJW-RR 1995, 165; OLG Bamberg NZG 2001, 529, 510; MünchHdbGesR I/*Gayk* § 30 RdNr. 11; *Karsten Schmidt* GesR § 61 III 1 b; Heymann/*Horn* § 230 RdNr. 75.

[207] Treffende Kritik insoweit bei *Roth* LM BGB § 662 Nr. 45; dazu *Karsten Schmidt*, FS Roth, 2011, S. 709 ff.

[208] BGH LM BGB § 662 Nr. 45 m. Anm. *Roth* = NJW 1994, 2886, 2887; BGH NJW-RR 1995, 165; BFH GmbHR 2008, 1229, 1230 f.; zust. *Tebben* S. 64 ff. (jedoch mit dem vom BGH nicht geteilten Ergebnis der Ausschließlichkeit).

[209] *Karsten Schmidt*, FS Roth, 2011, S. 709, 717 ff.

[210] Schlegelberger/*Karsten Schmidt* RdNr. 38.

[211] Vgl. eingehend *Crome*, Die partiarchischen Rechtsgeschäfte, 1897, S. 24 ff.; *Huffer*, Das partiarische Geschäft als Rechtstypus, Diss. München 1971; *Wieland* I S. 467 ff.; *Silberschmidt* ZHR 96 (1931), 267; krit. *Schön* ZGR 1993, 210 ff.

[212] *Eden* S. 30 f.; Schlegelberger/*Karsten Schmidt* RdNr. 39.

[213] Schlegelberger/*Karsten Schmidt* RdNr. 39.

47 **cc) Treuhand und Nießbrauch** überschneiden sich funktionell, sind aber rechtstechnisch voneinander zu unterscheiden (RdNr. 10, 40). Die Abgrenzung zwischen Treuhand und Nießbrauch im technischen Sinne ist einfach und erst durch Rechtsprechung und Lehre kompliziert worden. Der Nießbrauch besteht in einer Belastung des Anteils mit einem dinglichen Nutzungsrecht (RdNr. 10). An Stelle eines Nießbrauchs kann aber auch eine Nutzungstreuhand vereinbart werden, die Nießbrauchsfunktion hat, jedoch kein Nießbrauch im technischen Sinne ist. Diese „Treuhandlösung beim Nießbrauch am Anteil" ist wirtschaftlich Nießbrauch, aber rechtstechnisch ein reines Treuhandgeschäft (RdNr. 12, 40).

48 **dd) Mittelbare Stellvertretung.** Die vielerörterte Abgrenzung zwischen Treuhand und mittelbarer Stellvertretung[214] wirft keine nennenswerten Probleme auf,[215] denn es handelt sich um Rechtsfiguren unterschiedlicher Funktion, die miteinander nicht unverträglich sind.[216] Die (Verwaltungs-)Treuhand ist ein auf die Zuordnung des Treuguts und die das Treugut betreffenden Rechte und Pflichten bezüglicher Zustand, während die mittelbare Stellvertretung sich stets auf den Abschluss eines bestimmten Rechtsgeschäfts bezieht. Beides trifft sogar typischerweise zusammen, wenn Rechte für fremde Rechnung wahrgenommen werden.[217] Die Ermächtigungstreuhand geht typischerweise mit mittelbarer Stellvertretung einher, und bei der fiduziarischen Vollrechtstreuhand kann sich ein Erwerb des Treuguts von dritter Seite im Wege der mittelbaren Stellvertretung vollziehen.[218] Die mittelbare Stellvertretung betrifft rechtsgeschäftliche Einzelvorgänge; das Treuhandverhältnis beschreibt einen Zustand, der durchaus durch mittelbare Stellvertretung bewerkstelligt bzw. aufrechterhalten werden kann.

49 **ee) Verpfändung.** Die Abgrenzung gegenüber dem Pfandrecht am Anteil[219] kann nur bei der Sicherungstreuhand von Bedeutung sein (RdNr. 39). Die Unterscheidung ist ein Resultat der Rechtsformenwahl.[220] Sicherungszwecke können auf die eine wie auf die andere Weise verwirklicht werden. Im Fall der Sicherungstreuhand wird der Sicherungsnehmer Gesellschafter, im Fall der Verpfändung bleibt der Sicherungsgeber Gesellschafter.

50 **2. Begründung der Treuhandschaft. a) Äußere Rechtszuständigkeit und innere Bindung.** Aus den Begriffsmerkmalen der (fiduziarischen Vollrechts-)Treuhand an Gesellschaftsanteilen (RdNr. 36) ergeben sich die Erfordernisse der Treuhand: Es muss dafür gesorgt werden, dass der Treuhänder Inhaber der Beteiligung ist **(dingliches Erfordernis)** und dass zwischen ihm und dem Treugeber ein Treuhandverhältnis vereinbart wird **(schuldrechtliches Erfordernis).** *Diese Elemente, nicht der herkömmlicherweise überbetonte – überhaupt nur im Fall der „Übertragungstreuhand" (RdNr. 53) bedeutsame – Übertragungsakt, machen den Kern des Treuhandverhältnisses aus.*[221] Die Unterscheidung zwischen dem dinglichen und dem schuldrechtlichen Erfordernis klärt auch die im Schrifttum[222] konstatierte Gemengelage zwischen Einheit und Vielfalt in der Treuhänderstellung:[223] Die Beteiligung steht dem Treuhänder umfassend zu, aber aus der schuldrechtlichen treuhänderischen Bindung ergeben sich Differenzierungen im Pflichtenbereich. Der schuldrechtliche Treuhandvertrag enthält zumeist gleichzeitig das der Treuhandbegründung zugrundeliegende Kausalverhältnis. Rechtsdogmatisch sind diese Vertragsbestandteile allerdings zu unterscheiden. Das Kausalverhältnis betrifft nur die Rechts-

---

[214] Eingehend *Siebert* S. 108 ff.; *Krenzel* S. 32 ff.; *Schless,* Mittelbare Stellvertretung und Treuhand, 1931.

[215] Schlegelberger/*Karsten Schmidt* RdNr. 41.

[216] *Coing* S. 102 f.; s. auch *Schless* (Fn. 214) S. 60 f.; *Siebert* S. 408 ff.

[217] Vgl. über die Kommission als Treuhand *Karsten Schmidt,* Zweite FS Medicus, 2009, S. 467 ff.

[218] Vgl. auch hierzu *Eden* S. 4 f.; Schlegelberger/*Karsten Schmidt* RdNr. 41; eingehend *Schless* und *Siebert* aaO.

[219] *Armbrüster* S. 25 f.; *Eden* S. 17.

[220] Vgl. zur Verpfändung von Beteiligungen *Hadding*/Schneider S. 37 f.; Staudinger/*Wiegand* (2001) § 1274 RdNr. 52 ff. (wo aus § 719 BGB unrichtig auf die Unverpfändbarkeit von Personengesellschaftsanteilen geschlossen wird).

[221] Richtig *Coing* S. 87: „Treuhand als Zustand"; einseitige Betonung der Innenbindung jetzt bei *Grundmann* S. 87 ff., 166 ff., 541.

[222] *Maulbetsch* S. 19 ff.

[223] Schlegelberger/*Karsten Schmidt* RdNr. 43.

grundabrede für die Begründung der Treuhandstellung. Die Treuhandabrede begründet die Treuhandstellung. Sie ist (auch in Fällen der Übertragungstreuhand) ein Dauerrechtsverhältnis.

b) Der schuldrechtliche Treuhandvertrag (das pactum fiduciae) ist ein, meist entgelt- 51
liches (§ 675 BGB), Auftragsverhältnis, auf das die §§ 662 ff. BGB entweder unmittelbar oder kraft Verweisung aus § 675 BGB Anwendung finden.[224] Der Treuhandvertrag erschöpft sich allerdings nicht in einer bloß schuldrechtlichen Regelung, sondern er weist bei der Treuhand an Gesellschaftsanteilen in unterschiedlichem Maße auch *Organisationselemente* auf,[225] besonders im Fall der „offenen Treuhand" (RdNr. 43, 72, 79).[226] Bei der Publikums-Treuhandgesellschaft kann der Vertrag gesellschaftsrechtliche Elemente haben und geradezu als Organisationsvertrag ausgestaltet sein.[227] Im Fall der Sicherungstreuhand ist der Treuhandvertrag Bestandteil der Sicherungsabrede.[228] In dem Vertrag werden zweckmäßigerweise mindestens der Zweck der Treuhandschaft, die Rechte und Pflichten der Parteien sowie die Beendigung der Treuhandschaft geregelt.[229] Ob **Formerfordernisse** zu erfüllen sind, ist unterschiedlich zu beurteilen.[230] Der Treuhandvertrag ist bei **Personengesellschaften** von Gesetzes wegen grundsätzlich formfrei. Bei der **GmbH** verfährt die Rechtsprechung streng. Die Probleme liegen nicht bei den Übertragungsgeschäften (hier gilt § 15 Abs. 3 GmbHG), sondern beim Treuhandvertrag. Notarieller Form bedarf der **Treuhandvertrag** bei der **„Übertragungstreuhand"** (RdNr. 53) an **GmbH-Geschäftsanteilen,**[231] denn die Verpflichtung zur auch nur treuhänderischen Übertragung des Anteils fällt unter **§ 15 Abs. 4 GmbHG.**[232] Auch die Rückübertragungsverpflichtung bei Beendigung des Treuhandverhältnisses sollte (hM: muss) mit beurkundet werden (wofür eine Klarstellung des Treuhandcharakters der Übertragung genügt). Bejaht wird die Formbedürftigkeit bei der **„Vereinbarungstreuhand"**, nach der ein Gesellschafter den Geschäftsanteil künftig nur noch als Treuhänder für den Vertragspartner halten wird (RdNr. 54).[233] Nach dem Schutzzweck des § 15 Abs. 4 GmbHG kann es in diesem Fall nicht darauf ankommen, dass die Pflicht zur späteren Anteilsübertragung nicht Primärverbindlichkeit, sondern nur mehr Abwicklungsverbindlichkeit aus dem Treuhandverhältnis ist. Das ist nunmehr auch vom BGH klargestellt worden.[234] Entgegen der Annahme des BGH[235] gilt dieses Formerfordernis auch dann, wenn die Treuhandabrede vor der Gründung der GmbH geschlossen wurde, sich also auf einen künftigen Anteil bezog (zum Publizitätserfordernis bei der Vereinbarungstreuhand vgl. auch RdNr. 54).[236] Nach der Rechtsprechung unterliegt eine Treuhandabrede selbst im Fall der **Erwerbstreuhand** (RdNr. 55) der Form des § 15 Abs. 4 GmbHG, es sei denn, es handele sich um noch nicht existierende Geschäftsanteile.[237] Wo es an einer notariellen Beurkundung fehlt, kann in Ein-

[224] Vgl. RGZ 153, 367, 369; BGH BB 1969, 1154; *Coing* S. 91 ff.; *Eden* S. 24 f.; *Kapitza* S. 70 ff.; *Krenzel* S. 50 f.; *Maulbetsch* S. 118; Heymann/*Emmerich* § 105 RdNr. 51; Staub/*Schäfer* § 105 RdNr. 102.

[225] Vgl. *Ulmer,* FS Odersky, 1996, S. 873 ff. („einfache" und „qualifizierte" Treuhand).

[226] Vgl. ebd.

[227] Vgl. *Bälz* ZGR 1980, 21 ff.; *Kapitza* S. 70.

[228] *Markwardt* S. 61.

[229] Eingehend *Eden* S. 26 f.

[230] Eingehend *Armbrüster* S. 104 ff.

[231] Zum Sonderproblem der Geschäftsanteilsübertragung im Ausland vgl. *Reichert/Weller* DStR 2005, 250 ff.

[232] BayObLG GmbHR 1991, 572, 574; *Eden* S. 38; Baumbach/*Hueck/Fastrich* GmbHG § 15 RdNr. 55; Scholz/*Winter/Seibt* § 15 RdNr. 230; *Däubler* GmbHR 1966, 244; *Beuthien* ZGR 1974, 77; **aM** Ulmer/*Winter/Löbbe* GmbHG § 15 RdNr. 197; *Armbrüster* GmbHR 2001, 946.

[233] BGHZ 141, 207 = NJW 1999, 2594 = BB 1999, 1233 = ZIP 1999, 925; BGH DB 2006, 1671, 1672; Schlegelberger/*Karsten Schmidt* RdNr. 44; *Eden* S. 48; Lutter/Hommelhoff/*Bayer* GmbHG § 15 RdNr. 92; Scholz/*Winter/Seibt* GmbHG § 15 RdNr. 230; **aM** Hachenburg/*Zutt* GmbHG § 15 Anh. RdNr. 52; *Beuthien* ZGR 1974, 78; unentschieden noch BGHZ 35, 272, 277.

[234] BGHZ 141, 207 = NJW 1999, 2594 = BB 1999, 1233 = ZIP 1999, 925; bestätigend BGH NZG 2005, 41, 42 (Auslandsgesellschaft).

[235] BGHZ 141, 207 = NJW 1999, 2594 = BB 1999, 1233 = ZIP 1999, 925; dazu *Goette,* Gesellschaftsrecht 1999, 2000, S. 8 ff.; *Armbrüster* GmbHR 2001, 946; dazu auch BGH DB 2006, 1671, 1672; OLG Celle NZG 2001, 368.

[236] *Karsten Schmidt,* Gesellschaftsrecht 1999 (Tagungsband), 2000, S. 26 f.

[237] BGH DB 2006, 1671, 1672 = NJW-RR 2006, 1415, 1416; so im Ergebnis auch Scholz/*Winter/Seibt* GmbHG § 15 RdNr. 230 mwN.

zelfällen die Berufung auf den Formfehler mit Treu und Glauben unvereinbar sein, etwa wenn das Teuhandverhältnis über lange Zeit durchgeführt worden ist.[238] Die früher hM, wonach die Verpflichtung, den Geschäftsanteil bei Beendigung und Rückabwicklung des Treuhandverhältnisses auf den Treugeber (zurück-)zu übertragen, als beurkundungsfrei galt,[239] kann im Hinblick auf die neuere Rechtsprechung zur Vereinbarungstreuhand (RdNr. 54)[240] und Erwerbstreuhand (RdNr. 55)[241] nicht mehr als die Position des BGH angesehen werden.[242] Gleichwohl sollte die hM nochmals überprüft werden, weil es sich nicht um den die ratio legis bei § 15 Abs. 3 und 4 GmbH bestimmenden Handel mit Anteilen handelt (vgl. aber zu hM RdNr. 54, 55).[243] Nicht unter § 15 Abs. 4 GmbHG fällt nach der Rechtsprechung die Vereinbarung einer „Erwerbstreuhand", durch die der Treuhänder verpflichtet wird, sich als Strohmann für Rechnung des Treugebers an einer GmbH-Gründung oder Kapitalerhöhung zu beteiligen, obgleich der Treuhänder den dann entstehenden Geschäftsanteil später an den Treugeber weitergeben muss.[244] Diese Unterscheidung ist fragwürdig.[245]

52 **c) „Dingliche" Voraussetzung.** Die „dingliche" Voraussetzung des Treuhandverhältnisses, besteht bei der fiduziarischen Vollrechtstreuhand in der Innehabung der Beteiligung durch den Treuhänder. Dieser Rechtszustand kann auf unterschiedliche Weise zustandekommen.[246] Für die *unterschiedlichen Begründungsformen* hat sich die folgende Terminologie eingebürgert: Von einer *„Übertragungstreuhand"* wird gesprochen, wenn der Treugeber die Beteiligung fiduziarisch auf den Treuhänder überträgt (aa); eine *„Vereinbarungstreuhand"* liegt vor, wenn ein Gesellschafter mit einem anderen vereinbart, er werde künftig als Treuhänder seine Beteiligung für den anderen als Treugeber halten (bb); als *„Erwerbstreuhand"* wird eine Gestaltung bezeichnet, bei der der Treuhänder die Beteiligung im Auftrage und für Rechnung des Treugebers erwirbt und sodann treuhänderisch für ihn hält (cc).

53 **aa) Übertragungstreuhand.** Die hier sog. „Übertragungstreuhand" erfolgt dadurch, dass der Treugeber dem Treuhänder sein Mitgliedschaftsrecht treuhänderisch überträgt. Hierzu bedarf es der allgemein für die Übertragung der Mitgliedschaftsrechte erforderlichen Voraussetzungen.[247] *GmbH-Geschäftsanteile* können deshalb nur in der Form des **§ 15 Abs. 3 GmbHG** auf einen Treuhänder übertragen werden.[248] Dasselbe gilt für die Rückübertragung an den Treugeber (zum Treuhandvertrag vgl. RdNr. 51). Übertragungsbeschränkungen nach § 15 Abs. 5 GmbHG (**Vinkulierungen**) sind zu beachten.[249] Dasselbe gilt sinngemäß für die Treuhand an vinkulierten Namensaktien. Bei Anteilen an *Personengesellschaften* ohne

---

238 BGH DB 2006, 1671, 1672 = NJW-RR 2006, 1415, 1416.

239 Vgl. BGHZ 19, 69, 70 = NJW 1956, 58; BGH WM 1962, 1195; RGZ 50, 42, 45; RG JW 1913, 1041, 1042; *Hachenburg* JW 1931, 2968; *Armbrüster* S. 106 f.; *ders.* GmbHR 2001, 946; Ulmer/*Winter/Löbbe* GmbHG § 15 RdNr. 195, 197; zweifelhaft; vgl. Scholz/*Winter/Seibt* GmbHG § 15 RdNr. 66 c.

240 BGHZ 141, 207 = NJW 1999, 2594 = BB 1999, 1233 = ZIP 1999, 925; OLG Bamberg NZG 2001, 510, 511; OLG Frankfurt GmbHR 2005, 764, 766.

241 BGHZ 141, 207, 211 = NJW 1999, 2954, 2595; BGH DB 2006, 1671 = NJW-RR 2006, 1415.

242 Vgl. auch hierzu BGH DB 2006, 1671, 1672 = NJW-RR 2006, 1415.

243 Abweichende Ansätze bei Ulmer/*Winter/Löbbe* GmbHG § 15 RdNr. 195; *Altmeppen* FS Westermann, 2008, S. 771 ff.; zur Erwerbstreuhand vgl. *Armbrüster* S. 105; § 15 Abs. 4 GmbHG wird zwar auf Erwerbsverpflichtungen analog angewandt, jedoch eben nicht auf den Fall der Treuhand; aM aber Ulmer/*Winter/Löbbe* GmbHG § 15 RdNr. 196.

244 BGHZ 141, 207 = NJW 1999, 2594 = ZIP 1999, 925; OLG Frankfurt GmbHR 1992, 368, 369; OLG Hamm OLGR 1994, 37; *Eden* S. 40; Hachenburg/*Zutt* § 15 Anh. RdNr. 52; Lutter/Hommelhoff/*Bayer* GmbHG § 15 RdNr. 32, 59; Scholz/*Winter/Seibt* GmbHG § 15 RdNr. 230; *Ulmer,* FS Odersky, 1966, S. 883.

245 Zusammenfassende Kritik bei *Altmeppen,* FS Westermann, 2008, S. 771 ff.

246 Vgl. *Markwardt* S. 23 ff.; *Beuthien* ZGR 1974, 38 f., 76 f; *Werner* GmbHR 2006, 1248, 1250 ff.

247 Vgl. nur *Armbrüster* S. 93 ff.; *Blaurock* Unterbeteiligung S. 154 f.; *Eden* S. 38; *Beuthien* ZGR 1974, 38 f.

248 BayObLG GmbHR 1991, 572, 574; Baumbach/*Hueck/Fastrich* GmbHG § 15 RdNr. 57; Ulmer/*Winter/Löbbe* GmbHG § 15 RdNr. 198; Scholz/*Winter/Seibt* GmbHG § 15 RdNr. 15; MünchHdbGesR III/*Kraus* § 26 RdNr. 14.

249 *Armbrüster* S. 96; Baumbach/*Hueck/Fastrich* GmbHG § 15 RdNr. 58; Ulmer/*Winter/Löbbe* GmbHG § 15 RdNr. 199; Lutter/Hommelhoff/*Bayer* GmbHG § 15 RdNr. 60.

gesellschaftsvertragliche Übertragungsklausel bedarf es einer Zustimmung der Mitgesellschafter bzw. der Gesellschaft; der Treuhandcharakter des Übertragungsakts macht die Zustimmung nicht entbehrlich.[250] Selbstverständlich kann die Zustimmung auch hier im Gesellschaftsvertrag vorweggenommen werden. Nach Lage des Einzelfalls kann auch ein Anspruch des Treugebers auf Zustimmung, gestützt auf die Treupflicht, gegeben sein.[251]

bb) Vereinbarungstreuhand. Bei der „Vereinbarungstreuhand" wird der bisherige (Voll-)Gesellschafter nicht durch treuhänderische Anteilsübertragung zum Treugeber (dies wäre der Fall der Übertragungstreuhand), sondern er wird ohne jede Anteilsübertragung durch fiduziarische Abrede zum bloßen Treuhänder, der Vertragspartner zum Treugeber.[252] Seine Beteiligung wird durch Vertrag mit einem Treugeber in eine treuhänderische umgewandelt. Die Erfordernisse des schuldrechtlichen Treuhandgeschäfts in diesem Fall wurden bei RdNr. 51 behandelt. In „dinglicher" Hinsicht ist für die **Begründung der Vereinbarungstreuhand** umstritten, ob dem Treugeber trotz Fehlens einer Übertragungshandlung mehr als bloß schuldrechtliche Ansprüche gegen den Treuhänder zugestanden werden können (vgl. zu §§ 771 ZPO, 47 InsO RdNr. 80 und 81).[253] Beispielsweise zeigt der Fall BGH LM BGB § 662 Nr. 45 m. Anm. *Roth* = NJW 1994, 2886, dass die Vereinbarungstreuhand ganz ohne Übertragungsakt Zuwendungscharakter haben kann, und zwar zugunsten des Treu*gebers*. Die Frage ist, ob ein Nichtgesellschafter ohne Übertragungsakt zum „wirtschaftlichen Inhaber" des Anteils gemacht werden kann. Richtigerweise sollte ein Publizitätsakt genügen. Da eine Verfügung über die Mitgliedschaft (noch) nicht in Frage steht, ist § 15 Abs. 3 GmbHG auf die Begründung des Treuhandverhältnisses nicht anzuwenden,[254] wohl allerdings **§ 15 Abs. 4 GmbH** (vgl. RdNr. 51 für das schuldrechtliche Treuhandgeschäft).[255] Umstritten ist ferner, ob die Treuhandvereinbarung unter denselben Voraussetzungen wie die Anteilsübertragung von einer **Zustimmung der Mitgesellschafter** abhängig ist.[256] Die Frage ist bei der „Vereinbarungstreuhand" dahin zu stellen, ob der dritte Treugeber auch dann, wenn eine Anteilsübertragung an ihn der Genehmigung bedürfte (*Personengesellschaft oder vinkulierter GmbH-Anteil*), ohne Genehmigung Treugeberrechte erwerben kann. Dies ist mit RGZ 159, 272, 280 f. zu verneinen: § 15 Abs. 5 GmbHG gilt auch für die Einräumung von Treugeberrechten an einen Dritten,[257] und ebenso gilt das Zustimmungserfordernis bei einer Personengesellschaft.[258] Jedes andere Ergebnis wäre mit dem Schutz der Mitgesellschafter unvereinbar. Differenzierungen, zB zwischen offener und verdeckter Treuhand,[259] sind nicht praktikabel. Differenziert werden kann aber nach der jeweiligen gesellschaftsvertraglichen Regelung, die nicht jede Treu- 54

---

[250] *Armbrüster* S. 96; *Blaurock* Unterbeteiligung S. 151 f.; *Serick,* FS Hefermehl, 1976, S. 440; MünchKommBGB/*Ulmer* § 705 RdNr. 87; für die Sicherungsübertragung *K. Müller* S. 7 f.

[251] *Armbrüster* S. 97 ff.

[252] Vgl. BGHZ 141, 207 = NJW 1999, 2594 = BB 1999, 1233 = ZIP 1999, 925; BFH DStRE 1997, 959; *Armbrüster* S. 122; *Blaurock* Unterbeteiligung S. 151 f.; Heymann/*Emmerich* § 105 RdNr. 47.

[253] Für das Erfordernis einer Übertragungstreuhand Palandt/*Bassenge* § 903 RdNr. 33.

[254] Für (analoge?) Anwendung aber wohl FG Düsseldorf DStRE 2006, 6, 7; Baumbach/*Hueck/Fastrich* GmbHG § 15 RdNr. 57.

[255] Zur Form der Vereinbarungstreuhand BGHZ 141, 207 = NJW 1999, 2594 = BB 1999, 1233 = ZIP 1999, 925; BGH DB 2006, 1671; BGH DB 2006, 1672 = GmbHR 2006, 875; OLG Köln NZG 2001, 810; FG Köln DStRE 2005, 1072, 1073; *Armbrüster* S. 122; *Tebben* S. 231; *Wagner* NZG 1999, 657 f.; *Sabine Schulz* GmbHR 2001, 2846; *Kallmeyer* GmbHR 2006, 66; *Werner* GbHR 2006, 1250.

[256] Bejahend RGZ 159, 272, 281 f.; BGH DB 2006 1672, 1673 = GmbHR 2006, 875; OLG Hamburg NJW-RR 1993, 868; *Blaurock* Unterbeteiligung S. 153; *Kümmerlein* S. 30 f.; Ulmer/*Winter/Löbbe* GmbHG § 15 RdNr. 200; verneinend OLG Hamm GmbHR 1993, 656, 658; *Armbrüster* S. 117 ff.; *Markwardt* S. 46 f.; *Beuthien* ZGR 1974, 39, 78; *Sieveking/Technau* AG 1984, 19; *Tebben* GmbHR 2007, 63, 66 f.; *Werner* GmbHR 2006, 1248, 1253.

[257] RGZ 159, 272, 280 f.; BGH DB 2006, 1672, 1673 = GmbHR 2006, 875; OLG Hamburg BB 1983, 1030; Ulmer/*Winter/Löbbe* GmbHG § 15 Anh. RdNr. 200; Scholz/*Winter/Seibt* GmbHG § 15 RdNr. 20; **aM** *Tebben* S. 236 ff; *ders.* GmbHR 2007, 63, 66.

[258] Schlegelberger/*Karsten Schmidt* RdNr. 47; sehr str.; **aM** *Armbrüster* S. 119 ff.; *Tebben* S. 236 ff.; MünchKommBGB/*Ulmer* § 705 RdNr. 88; Staub/*Schäfer* § 105 RdNr. 105.

[259] Vgl. MünchKommBGB/*Ulmer* § 705 RdNr. 88.

handbegründung für zustimmungsbedürftig erklären muss. Der Gesellschaftsvertrag kann die Begründung von Treuhandverhältnissen ausdrücklich von der Zustimmung abhängig machen[260] und Sanktionen für den Fall eines Verstoßes vorsehen.[261] Fehlt eine erforderliche Zustimmung, so kann das Treuhandgeschäft ggf. in ein zustimmungsfreies Geschäft umgedeutet werden, etwa in eine Stimmrechtsvollmacht. Wird bei der „Vereinbarungstreuhand" die Treugeberstellung dem Treugeber *schenkweise* eingeräumt – der Gesellschafter behält seinen Anteil, schließt aber mit dem Beschenkten einen Treuhandvertrag, mit dem er ihn unentgeltlich zum Treugeber und damit wirtschaftlich zum Anteilsinhaber macht – so ist die Form des § 518 Abs. 1 BGB zu beachten.[262] Bei Verstoß ist der Vertrag nach § 125 BGB nichtig. Dadurch, dass der Vertrag die Treugeberstellung nicht nur versprechen, sondern sie dem Treunehmer auch einräumen soll, tritt keine Heilung iS von § 518 Abs. 2 BGB ein, denn die bloße Vereinbarungstreuhand kommt bezüglich des Anteils nur einem Verpflichtungsgeschäft gleich und nicht einem Verfügungsgeschäft, kann also keinen Schenkungsvollzug darstellen (vgl. zur Parallelproblematik bei der stillen Gesellschaft § 230 RdNr. 98 ff.).[263] Ist der Treugeber im Fall der „Vereinbarungstreuhand" ein **Minderjähriger,** so bedarf der Treuhandvertrag nach §§ 1643 Abs. 1, 1822 Nr. 3 BGB der vormundschaftsgerichtlichen Genehmigung, denn den Treugeber treffen im Innenverhältnis sämtliche Lasten und Risiken der Beteiligung.[264]

55 **cc) Erwerbstreuhand.** Die „Erwerbstreuhand" ist die charakteristische Treuhandform vor allem bei der *Strohmanngründung* und beim *Strohmannerwerb.* Der Treuhänder erwirbt den Anteil für Rechnung des Treugebers durch Beteiligung am Gründungsgeschäft oder an einer Kapitalerhöhung oder durch Erwerb von einem Dritten.[265] Der dingliche Vollzug bedarf im Fall eines GmbH-Geschäftsanteils der notariellen Form (§ 15 Abs. 3 GmbHG). Da die schuldrechtliche Treuhandabrede den Treuhänder verpflichtet, das von einem Dritten erworbene Treugut bei Beendigung des Treuhandverhältnisses auf den Treugeber zu übertragen, ist umstritten, ob die Treuhandabrede im Fall einer GmbH der Form des § 15 Abs. 4 GmbHG bedarf (RdNr. 51).[266] Der Form des § 15 Abs. 4 GmbHG bedarf schon die schuldrechtliche Erwerbspflicht des Treuhänders.[267] Ein Verstoß wird durch den Vollzug des Erwerbs und der Weitergabe geheilt.

56 **d) Verhältnis zur Gesellschaft.** Im Verhältnis zur Gesellschaft ist die Begründung einer Treuhandschaft unter den bei RdNr. 50–55 geschilderten Voraussetzungen (ggf. also bei Wahrung der Formerfordernisse und unter Zustimmung der Gesellschafter) als grundsätzlich zulässig anzusehen. Sie stellt also regelmäßig weder einen Grund zur Ausschließung dieses Gesellschafters noch einen Grund zur Entziehung der etwa vorhandenen Geschäftsführungs- und Vertretungsbefugnis dar.[268] Anders kann es sich *nach Lage des Einzelfalls* verhalten, wenn etwa einem Konkurrenten eine Treugeberstellung am Anteil in einer personalistischen Gesellschaft eingeräumt wird. Ein Gesellschafter, der selbst einem *Wettbewerbsverbot* ausgesetzt ist, darf nicht eine treuhänderische Beteiligung eines Konkurrenten vereinbaren.[269] Die vertragswidrige Begründung einer Treuhand kann Anlass zur Ausschließung des Treuhänders aus der Gesellschaft sein.[270] Auch hier ist aber bei der Ausschließung, der Entziehung von Organbefugnissen und bei der Einziehung von Geschäftsanteilen auf das Gebot der Verhältnismäßigkeit zu achten (dazu Erl. §§ 117, 127, 140).

---

[260] So im Fall BGH DB 2006, 1672 = GmbHR 2006, 875.

[261] Nachdrücklich *Tebben* GmbHR 2007, 63, 68 f.

[262] *Blaurock* Unterbeteiligung S. 155; Heymann/*Emmerich* § 105 RdNr. 51.

[263] Vgl. Schlegelberger/*Karsten Schmidt* RdNr. 47; insoweit auch *Blaurock* Unterbeteiligung S. 155 ff.

[264] *Blaurock* Unterbeteiligung S. 157; *Armbrüster* S. 124.

[265] So jetzt BFH/NV 2004, 620 = DStRE 2004, 187.

[266] *Armbrüster* S. 105 ff.; *Kallmeyer* GmbHR 2006, 66 ff.

[267] Eingehend *Armbrüster* S. 105; Baumbach/*Hueck/Fastrich* GmbHG § 15 RdNr. 56; Ulmer/*Winter/Löbbe* GmbHG § 15 RdNr. 156.

[268] *Markwardt* S. 55; Schlegelberger/*Karsten Schmidt* RdNr. 49.

[269] Vgl. *Blaurock* Unterbeteiligung S. 203.

[270] Vgl. Baumbach/*Hopt* § 105 RdNr. 33.

3. Der Treuhänder als Gesellschafter. a) Inhaber der Mitgliedschaftsrechte. Der **Treuhänder** ist in jeder Beziehung *Träger der Mitgliedschaft,* also Gesellschafter.[271] Bei einer GmbH gehört der Treuhänder in die Liste der Gesellschafter (§ 40 GmbHG). Bei den Personengesellschaften des Handelsrechts erfolgt die *Eintragung als Gesellschafter in das Handelsregister* (§ 106) auf den Namen des Treuhänders.[272] Umstritten ist, ob die Anteile an einer Personengesellschaft separiert bleiben, wenn ein Gesellschafter einen weiteren Anteil als Treuhänder hinzuerwirbt (dazu § 105 RdNr. 78). Bei der Übertragungstreuhand (RdNr. 53) ist der Übergang des Anteils im Handelsregister (bzw. bei der GmbH durch Änderung der Gesellschafterliste) publik zu machen. Ein Treuhandvermerk im Handelsregister (bzw. in der Gesellschafterliste) ist weder erforderlich noch auch nur zulässig.[273] Dem Treuhänder stehen die Ansprüche auf Gewinn und Abfindung in der Gesellschaft zu. Der Treuhänder ist nicht nur Träger der Rechte aus dem Gesellschaftsverhältnis, sondern ihn treffen im Verhältnis zu den Mitgesellschaftern auch sämtliche Pflichten wie die Treupflicht und insbesondere das Wettbewerbsverbot.[274] Er kann insoweit nicht auf den Treugeber verweisen. Zu der ganz anderen Frage, ob auch der Treugeber der gesellschaftsrechtlichen Treupflicht und der gesellschaftsrechtlichen Haftung unterworfen ist, vgl. RdNr. 78 (zur mittelbaren Wirkung interner Treupflichten RdNr. 59). Insbesondere bei der (fremdnützigen) Verwaltungstreuhand kann es nicht ohne Folgen sein, dass der Treuhänder den Anteil zwar in eigenen Namen hält, ihn aber für fremde Rechnung verwaltet.[275] Für den Inhalt und Umfang der Treupflichten kann nach Lage des Falls die Person des Treuhänders und des Treugebers kumulativ von Bedeutung sein.[276] Demgemäß kann der Treuhänder auch zur Offenbarung der Treuhand und der Person des Treugebers verpflichtet sein, wenn hierdurch Interessen der Gesellschaft berührt werden.[277] 57

b) Haftung. aa) Treuhänder. Eine **Haftung als Gesellschafter** – sei es im Verhältnis zu den Gläubigern (zB §§ 128 ff., 172 ff.), sei es, vor allem bei der GmbH, im Verhältnis zur Gesellschaft (zB §§ 62 AktG, 31 GmbHG) – trifft den Treuhänder als Inhaber des treuhänderisch gehaltenen Anteils.[278] Er hat die versprochene Einlage zu erbringen, und er unterliegt der gesellschaftsrechtlichen Haftung. Auf seine bloße Treuhänderstellung kann er sich im Außenverhältnis grundsätzlich nicht zu seiner Entlastung berufen.[279] Der Treuhänder ist auch Träger der gesellschaftsrechtlichen Treupflicht (RdNr. 57). Von dem Gesellschaftsverhältnis zwischen dem Treuhänder und der Handelsgesellschaft bzw. seinen Mitgesellschaftern muss auch hier das Innenverhältnis zu dem Treugeber (den Treugebern) klar 58

[271] RGZ 138, 106, 108; 153, 350, 352; 159, 272, 281; RG JW 1934, 2906, 2907 m. Anm. *A. Hueck;* BGHZ 3, 354, 360; 21, 378, 382; 31, 258, 264; 32, 17, 29; 93, 246, 247; 105, 168, 174 f.; BGH WM 1962, 1353, 1354; 1977, 525, 527, 1994, 14, 16; BB 1971, 368; NJW 1988, 3143, 3145; 2001, 2092; *Markwardt* S. 53; *Maulbetsch* S. 128; *Westermann,* (1997) RdNr. I 719; Baumbach/*Hopt* § 105 RdNr. 31; Heymann/*Emmerich* § 105 RdNr. 52; Staub/*Schäfer* § 105 RdNr. 105; Ulmer /*Ulmer* GmbHG § 2 RdNr. 61; Scholz/*Winter/Seibt* GmbHG § 15 RdNr. 228; MünchHdb. GesR III/*Kraus* § 26 RdNr. 33; Hachenburg/*Zutt* GmbHG § 15 Anh. RdNr. 54; Baumbach/*Hueck/Fastrich* GmbHG § 1 RdNr. 42; *Beuthien* ZGR 1974, 47 ff., 80 ff.; umfassend und differenzierend *Armbrüster* S. 215 ff.

[272] Staub/*Schäfer* § 106 RdNr. 11 ff.; *W. Müller* S. 112.

[273] E/B/J/S/*Wertenbruch* § 105 RdNr. 103; Staub/*Schäfer* § 105 RdNr. 105; *Blaurock* Unterbeteiligung S. 159 f.; *Kümmerlein* S. 11; s. auch OLG Hamm NJW 1963, 1554, 1555; vgl. aber bei offener Treuhand Staub/*Schäfer* § 106 RdNr. 12.

[274] Eingehend *Armbrüster* S. 337 f.

[275] Vgl. etwa für die Anerkennung der Mitunternehmerschaft bei der fremdnützigen Treuhand am Kommanditanteil BFH/NV 2005, 1994.

[276] Näher *Armbrüster* S. 367 ff.

[277] OLG Hamburg BB 1993, 1030; differenzierend *Armbrüster* S. 371 ff.

[278] StRspr. zB BGHZ 3, 354, 360; 10, 44, 49 f.; 31, 258, 263 f.; 32, 17, 19; 77, 392, 395; 93, 246, 247 f.; BGH LM GmbHG § 15 Nr. 8 = NJW 1965, 1376; LM BGB § 164 Nr. 30 = NJW 1968, 1471; WM 1962, 1353 f.; 1971, 306 f.; OLG Frankfurt BB 1976, 1626; vgl. auch *Armbrüster* S. 323 f., 382 ff.; *Blaurock* Unterbeteiligung S. 213 ff.; *Eden* S. 60 f.; *K. Müller* S. 10 ff.; *Markwardt* S. 60, 75; *Schiemann,* FS Zöllner I, 1998, S. 512 f.; Heymann/*Emmerich* § 105 RdNr. 52; Staub/*Schäfer* RdNr. 106; *Seidl* OStR 1998, 1220 ff. Baumbach/*Hueck/Fastrich* GmbHG § 1 RdNr. 42; *Ulmer* WPg 1963, 120; vgl. zum Eigenkapitalersatz BGHZ 105, 168, 174 f. = NJW 1988, 3143, 3144 f.; s. auch RGZ 159, 272, 281.

[279] Vgl. zu §§ 31, 32 a GmbHG BGHZ 105, 168, 174 f. = NJW 1988, 3143, 3144 f.

unterschieden werden (RdNr. 36, 72 ff.). Das Gesellschaftsverhältnis und das Innenverhältnis stehen allerdings in einem Funktionszusammenhang. Rechte und Pflichten des Treuhänders als Gesellschafter werden – jedenfalls bei der Verwaltungstreuhand – im Innenverhältnis regelmäßig an den (die) Treugeber weitergeleitet (RdNr. 72, 75). Umgekehrt kann auch – vor allem bei einer Publikumstreuhandgesellschaft – das Ausmaß der gesellschaftsrechtlichen Pflichten des Treuhänders in Abhängigkeit vom Innenverhältnis stehen. So ist vor allem bei der Publikums-Treuhandgesellschaft die Stellung des Treuhandgesellschafters regelmäßig die, dass er Einlagen nur insoweit an die Handelsgesellschaft leisten und bei dieser belassen muss, als die hinter ihm stehenden Treugeber (Anleger) hierzu verpflichtet sind.[280] All dies ändert aber nichts daran, dass die Gesellschafterpflichten, insbesondere die Kapitalaufbringungs- und -erhaltungspflichten, den Treuhänder als Gesellschafter treffen.

59 **bb) Mittelbare Treugeberhaftung.** Eine unmittelbare Haftung des Treugebers oder der Treugeber im Außenverhältnis wird bei RdNr. 60 abgelehnt. Eine **mittelbare Haftung im Innenverhältnis** ergibt sich aus den bei RdNr. 75 besprochenen Entlastungs- und Regressansprüchen des Treuhänders gegen den Treugeber.[281] Der Befreiungsanspruch eines im Außenverhältnis haftenden Treuhänders gegen den oder die Treugeber ist an denjenigen abtretbar[282] bzw. ist zugunsten desjenigen pfändbar[283], dem die Leistung zukommen soll. Dies ist idR die Gesellschaft (häufig ihr Insolvenzverwalter). Der Freistellungsanspruch verwandelt sich mit der Abtretung oder Pfändung und Überweisung in einen Zahlungsanspruch.[284] Eine Aufrechnung der mittelbar haftenden Treugeber mit Ersatzansprüchen gegen den Treuhänder ist dann im Gläubigerinteresse ausgeschlossen.[285] Fällig ist der Regressanspruch, sobald er berechenbar ist. Eine Abschlussbilanz muss hierfür nicht vorliegen.[286]

60 **cc) Durchgriffshaftung des Treugebers?** Umstritten ist, inwieweit der Treugeber unmittelbar wie ein Gesellschafter haften kann, sei es **im Außenverhältnis** gegenüber den Gläubigern der Gesellschaft (§§ 128 ff., 171 ff. bei der Treuhand am Personengesellschaftsanteil),[287] sei es nach innen **im Verhältnis zur Gesellschaft** (§§ 7 ff., 31 ff. GmbHG).[288] Eine Direkthaftung **im Außenverhältnis** nach §§ 128 ff., 171 ff. bei der Verwaltungstreuhand am Personengesellschaftsanteil ist jedoch mit der hM **abzulehnen**.[289] Das gilt auch dann, wenn der oder die Treugeber im Innenverhältnis echte Gesellschafter („Gesellschafter hinter dem Gesellschafter") sind.[290] Anders nur, wenn nicht Treuhand am Anteil vorliegt, sondern Treuhand am Gesellschaftsvermögen (BGH ZIP 2011, 1657). Eine größere Rolle spielt der **Durchgriff auf den Treugeber im Innenverhältnis**. Lange anerkannt ist zB, dass Treugeberdarlehen als Gesellschafterdarlehen behandelt werden können (§ 39 Abs. 1 Nr. 5 InsO).[291] Viel diskutiert wird die **Durchgriffshaftung des Treugebers für Innenansprüche der (Kapi-**

[280] Vgl. OLG München WM 1984, 810.

[281] Vgl. dazu BGHZ 76, 127 = NJW 1980, 1163; DStZ 2001, 858 m. Anm. *Goette*; NZI 2011, 414, 415; OLG Karlsruhe NZG 2009, 1107; s. auch BGHZ 93, 246 = NJW 1985, 1776; Heymann/*Horn* § 161 RdNr. 62; *Kapitza* S. 79 ff.; *Kümmerlein* S. 152 f.; *Maulbetsch* S. 168 f.; *Beuthien* ZGR 1974, 48 f.

[282] BGH DStR 2001, 858 m. Anm. *Goette*; NZI 2011, 414, 415; OLG Stuttgart NZG 2010, 716.

[283] Schlegelberger/*Karsten Schmidt* RdNr. 53.

[284] Vgl. BGH DStR 2001, 858 m. Anm. *Goette*; BGH NZI 2011, 414, 415; OLG Stuttgart NZG 2010, 716 = ZIP 2010, 1694, *Gerhardt*, Der Befreiungsanspruch, 1966, S. 57.

[285] BGH NZI 2011, 414, 417; OLG Stuttgart NZG 2010, 716 = ZIP 2010, 1694; OLG Frankfurt NZG 2010, 383; aM OLG Karlsruhe NZG 2009, 1107 = ZIP 2009, 1810.

[286] Vgl. sinngemäß BGH NJW-RR 2010, 1401 (zu § 739 BGB).

[287] OLG Schleswig ZIP 2007, 2258 = EWiR 2008, 277 (*Medicus*); *Koller*/Roth/Morck § 105 RdNr. 20 (für Verwaltungtreuhand); *Kindler*, ZIP 2009, 1146 ff.; für Kommanditanteile *ders.*, FS Karsten Schmidt, S. 871, 874 ff.; *Pfeifle/Heigl*, WM 2008, 1485, 1492.

[288] Dazu eingehend *Kuhn* S. 95 ff.; *Roth/Thöni*, FS 100 Jahre GmbH, S. 269 ff.; *Schiemann*, FS Zöllner I, 1998, S. 503 ff.; *Ulmer*, FS Odersky, 1996, S. 884 f.

[289] BGHZ 178, 271 = NZG 2009, 57; BGH ZIP 2009, 1266; BGH NZG 2010, 991, 993; OLG Düsseldorf DB 1991, 1274 = DStR 1991, 1532; OLG München NZG 2009, 1883; OLG Karlsruhe NZG 2009, 1107 = ZIP 2009, 1810; OLG Frankfurt Urt. v. 21. 10. 2009 23 U 21/09; OLG Stuttgart NZG 2010, 716 = ZIP 2010, 1694; *Armbrüster* S. 420 f.; über Sonderfälle *Brömmelmeyer* NZG 2006, 529.

[290] Unrichtig *Kindler* ZIP 2009, 1146; gegen ihn *Armbrüster* NJW 2009, 2167 ff.

[291] Vgl. noch zum alten Kapitalensatzrecht, BGHZ 31, 258, 265 ff.; BGH NJW 1989, 1219.

tal-)Gesellschaft gegen Gesellschafter.[292] Für die Gründerhaftung, eine Verschuldenshaftung, bezieht das Gesetz selbst dritte Personen ein, für deren Rechnung Aktien oder Geschäftsanteile übernommen worden sind (§ 46 Abs. 5 AktG, § 9 a Abs. 4 GmbHG). Der Bundesgerichtshof hat die sinngemäße Anwendung dieser Grundsätze auf das Recht der Kapitalaufbringung und -erhaltung jedenfalls für den Fall der Strohmanngesellschaft bejaht.[293] Der BGH hatte bereits in BGHZ 31, 258 = NJW 1960, 285 entschieden, dass der Treugeber im Fall der Strohmanngründung hinsichtlich der §§ 19, 24, 30 und 31 GmbHG wie ein Gesellschafter zu behandeln ist. Nach BGHZ 118, 107 = NJW 1992, 2023 ist, wer sich bei der Gründung eines Strohmanns bedient, auch hinsichtlich der am § 19 bzw. § 24 GmbHG resultierenden Kapitalaufbringungshaftung wie ein Gesellschafter zu behandeln.[294] Diese Praxis ist umstritten.[295] Sie sollte auf den Fall des weisungsgebundenen Verwaltungstreuhänders beschränkt bleiben[296] und als Durchgriffshaftung nur subsidiär (also bei Nichtdurchsetzbarkeit der Treuhänderhaftung) zum Zuge kommen.[297] Für Gesellschafterdarlehen ist § 39 Abs. 1 Nr. 5 InsO bezüglich der Einbeziehung von Nichtgesellschaften weniger klar gefasst als § 32 a Abs. 3 Satz 1 GmbHG aF, aber auch hier gilt weiterhin, dass Treugeberkredite wie Gesellschafterdarlehen behandelt werden können.[298]

c) Stimmrecht. Der Treuhänder als Gesellschafter ist **Inhaber des Stimmrechts.**[299] Er 61
ist gegenüber den Mitgesellschaftern zur Abstimmung berechtigt, unterliegt allerdings als Gesellschafter gegenüber den Mitgesellschaftern auch der Treupflicht (RdNr. 57). Eine Mitwirkung des Treugebers (der Treugeber) bei der Stimmrechtsausübung ist selbst bei Eingriffen in den Kernbereich der Mitgliedschaft und bei Beschlüssen, die einer satzungsändernden Mehrheit bedürfen, grundsätzlich nicht erforderlich (vgl. aber RdNr. 63 aF).[300] Sollen die Treugeber an der Willensbildung der Gesellschaft beteiligt werden, so kann die Treuhand mit einer organisierten Unterbeteiligungsgesellschaft verbunden werden, die den Anlegern (Treugebern) Mitwirkungsbefugnisse in einem hierfür geschaffenen Organ gibt (RdNr. 79). Zulässig und durch das Abspaltungsverbot nicht gehindert ist auch eine Regelung im Gesellschaftsvertrag, die den Treuhänder bei bestimmten Beschlüssen an Weisungen der Treugeber bindet.[301] Ein Verstoß gegen Weisungen kann im Einzelfall entsprechend den Grundsätzen über den Missbrauch der Vertretungsmacht (RdNr. 69) zur Nichtigkeit der Stimmabgabe führen.[302] Eine **Stimmrechtsübertragung an den Treugeber** wird bei der offenen Treuhand (RdNr. 43) von Teilen des Schrifttums für zulässig erklärt.[303] Nach hM stellt sie eine unzulässige Abspaltung von Mitgliedschaftsrechten dar (vgl. Erl. §§ 105, 119).[304] Geeignete Ersatzinstrumente sind die Stimm-

[292] Vgl. etwa *Armbrüster* NJW 2009, 2167, 2170 ff.

[293] BGHZ 31, 258 = NJW 1960, 285; BGHZ 118, 107 = NJW 1992, 2023; OLG Hamburg BB 1984, 1253 = GmbHR 1985, 84; OLG Hamm NJW-RR 1999, 1413.

[294] BGHZ 31, 258 = NJW 1960, 285; BGHZ 118, 107 = NJW 1992, 2023; OLG Hamburg BB 1984, 1253 = GmbHR 1985, 84; OLG Hamm NJW-RR 1999, 1413.

[295] Krit. insbes. Baumbach/*Hueck/Fastrich* GmbHG § 1 RdNr. 44; Ulmer/*Ulmer* GmbHG § 2 RdNr. 62 ff.; *Armbrüster* S. 382 ff.; *Tebben* S. 393 ff.; *Ballerstedt* JZ 1960, 513 ff.; *Ehlke* DB 1985, 795 ff.; *Ulmer* ZHR 156 (1992), 386 ff.; *ders.*, FS Odersky, 1996, S. 892 f.; abl. auch noch Schlegelberger/*Karsten Schmidt* RdNr. 52.

[296] Vgl. auch *Ulmer,* FS Odersky, 1996, S. 886: nur „qualifizierte Treuhand" (aber auch S. 893).

[297] Vgl. zur ausstehenden Einlage eines Treugeber-Kommanditisten OLG Düsseldorf DB 1991, 1274; vgl. allgemein und mwN Scholz/*Emmerich* § 2 RdNr. 59.

[298] Kübler/Prütting/Bork/*Preuß*, InsO (2009), § 39 RdNr. 61.

[299] RG JW 1934, 2906, 2907 m. Anm. *A. Hueck*; BGHZ 3, 354, 360; OLG Köln DB 1996, 2123; *Coing* S. 160; *Kapitza* S. 148 f.; *K. Müller* S. 30; *W. Müller* S. 118; Ulmer/*Winter/Löbbe* GmbHG § 15 RdNr. 203; MünchHdb GesR III/*Sommer* § 26 RdNr. 28; Scholz/*Karsten Schmidt* GmbHG § 47 RdNr. 17; *Beuthien* ZGR 1974, 52 ff., 82; *Armbrüster* GmbHR 2001, 1022.

[300] Vgl. für die verdeckte Treuhand Staub/*Schäfer* § 105 RdNr. 106; anders wohl für die offene Treuhand *ebd.* RdNr. 106; anders generell *Kapitza* S. 150 ff.

[301] Vgl. Staub/*Schäfer* § 119 RdNr. 69; *Karsten Schmidt* GesR § 21 II 4; Baumbach/*Hopt* § 119 RdNr. 20.

[302] Ähnlich *Klöckner* BB 2009, 1313, 1316 (§ 177 BGB).

[303] Vgl. für Personengesellschaft *Armbrüster* S. 288; *Koller*/Roth/Morck § 105 RdNr. 20 unter Berufung auf BGH NJW-RR 2003, 1392, 1393; *Staub/Schäfer* § 119 RdNr. 69 für Kapitalgesellschaft *Armbrüster* S. 292; *ders.* GmbHR 2001, 1025; Lutter/Hommelhoff/*Bayer* GmbHG § 47 RdNr. 4.

[304] Vgl. *Eden* S. 75; Heymann/*Emmerich* § 119 RdNr. 14; Scholz/*Karsten Schmidt* GmbHG § 47 RdNr. 20.

bindung (vgl. RdNr. 63) und die Stimmrechtsvollmacht (RdNr. 64). **Bei börsennotierten Gesellschaften** bis zu beachten, dass Mitteilungspflichten nach § 21 WpHG nicht nur den Treuhänder als Stimmberechtigten treffen können, sondern kraft Zurechnung nach § 22 Abs. 1 Satz 1 Nr. 2 WpHG auch den Treugeber.[305]

62 **aa) Gespaltene Stimmabgabe?** Umstritten ist, ob eine **gespaltene Stimmabgabe des Treuhänders** bei der mehrgliedrigen Treuhand möglich ist, bei der der Treuhänder auf unterschiedliche Weisungen reagieren muss. Bei *Kapitalgesellschaften wird grundsätzlich nur eine einheitliche Stimmabgabe für jede Aktie bzw. für jeden Geschäftsanteil* zugelassen.[306] Für *Personengesellschaften* wird jedenfalls dann dasselbe gelten müssen, wenn der Gesellschaftsvertrag keine Mehrheitsbeschlüsse zulässt oder wenn die Treuhand nicht offengelegt wird. Auch die Offenlegung der Treuhand allein ändert daran noch nichts. Allerdings kann im **Gesellschaftsvertrag** einer Personengesellschaft eine gespaltene Stimmabgabe zugelassen werden.[307] Eine solche Regelung kann bei *Publikums-Treuhandgesellschaften* oder sonst bei Gesellschaften angezeigt sein, die auf die *Entstehung einer mehrgliedrigen Treuhand am Anteil* angelegt sind.[308] Man sollte dies nicht mit einer Analogie zum Aktienrecht begründen.[309] Das Bedürfnis für eine Anerkennung der gespaltenen Stimmabgabe liegt vielmehr gerade bei einer Treuhand am Personengesellschafteranteil besonders nahe. Einem Peronengesellschafter – auch einem Treuhandgesellschafter – kann hier nach hM auch dann nur ein Anteil zustehen, wenn der Anteil wirtschaftlich gespalten und der Gesellschafter als Repräsentant mehrerer Teilhaber beteiligt sein soll (näher § 105 RdNr. 76).[310] Jedenfalls gesellschaftsvertraglich muss in einem solchen Fall die gespaltene Stimmabgabe nach Treugeberanteilen zugelassen werden können.[311] Die gesellschaftsvertragliche Zulassung einer gespaltenen Stimmabgabe sollte auch für die **GmbH** anerkannt werden,[312] doch lässt hier die hM eine Gestattung der uneinheitlichen Stimmrechtsausübung im Allgemeinen nicht zu.[313] Die bloße Offenlegung der Treuhand (RdNr. 43) *ohne gesellschaftsvertragliche Zulassung* rechtfertigt die gespaltene Stimmabgabe jedenfalls nicht. Selbst bei der Innehabung des Geschäftsanteils durch mehrere Gesellschafter ist nämlich einheitliche Stimmabgabe die Regel (§ 18 GmbHG).

63 **bb) Stimmbindungen,** deren Zulässigkeit im Allgemeinen umstritten ist,[314] sind bei der Treuhand unentbehrlich und auch rechtlich zu rechtfertigen.[315] Das Innenverhältnis bei der Verwaltungstreuhand (RdNr. 72 ff.) bindet den Treuhänder an Weisungen des bzw. der Treugeber (vgl. § 665 BGB). Allerdings ist eine uneingeschränkte Drittkontrolle bei einem Personengesellschaftsanteil oder bei einem vinkulierten Geschäftsanteil ohne

305 Wegen der schwierigen Folgeprobleme im Fall eines acting in concert vgl. OLG München WM 2010, 265; dazu krit. *v. Bülow/Petersen* NZG 2009, 1373 ff.

306 RGZ 118, 67, 69; 157, 52, 57; BGH BB 1964, 1272 m. Anm. *Tiefenbacher* = GmbHR 1965, 32; eingehend Hachenburg/*Hüffer* GmbHG § 47 RdNr. 58 ff.; Scholz/*Karsten Schmidt* GmbHG § 47 RdNr. 69 ff. mwN; *Hüffer* AktG § 133 RdNr. 21 mwN.

307 OLG Köln NJW-RR 1997, 487.

308 *Söll* S. 192; *Kapitza* S. 65; ähnlich *Maulbetsch* S. 164.

309 So aber teilweise *Maulbetsch* S. 164.

310 Dementsprechend sieht BGH NJW 1987, 2677 die Aufspaltung des Anteils in der kupierten Publikums-KG ohne nähere Darlegung für wirksam an; vgl. auch den Vergleich mit dem Depotstimmrecht bei *Maulbetsch* S. 164.

311 So auch OLG Köln DB 1996, 2123; Staub/*Schäfer* § 109 RdNr. 28.

312 Vgl. Ulmer/*Hüffer* GmbHG § 47 RdNr. 64; Rowedder/Schmidt-Leithoff/*Koppensteiner* GmbHG § 47 RdNr. 40; Scholz/*Karsten Schmidt* GmbHG § 47 RdNr. 73.

313 Vgl. Baumbach/*Hueck/Zöllner* GmbHG § 47 RdNr. 20; *Winter* GmbHR 1965, 29; *Heckelmann* AcP 170 (1970), 341 f.

314 Bejahend BGHZ 48, 166 = GmbHR 1968, 99 m. Anm. *Barz* = JR 1967, 460 m. Anm. *Mertens* = JZ 1968, 24 m. Anm. *Peters;* stark einschränkend zB *Flume,* Juristische Person, § 7 VI; *Priester,* FS Werner, 1984, S. 657; eingehend Scholz/*Karsten Schmidt* GmbHG § 47 RdNr. 35 ff. mwN; *Zöllner* ZHR 155 (1991), 168 ff.

315 Vgl. RGZ 111, 403, 408; 157, 52, 55; RG JW 1934, 2906; Heymann/*Emmerich* § 105 RdNr. 53; Staub/*Schäfer* § 105 RdNr. 107; KK/*Zöllner,* 1. Aufl. 1985, § 134 RdNr. 10; Scholz/*Karsten Schmidt* GmbHG § 47 RdNr. 36, 39; *Eden* S. 72 f.; *Markwardt* S. 63 ff.

Zustimmung der Mitgesellschafter rechtswidrig und unwirksam (vgl. zur verdeckten Vereinbarungstreuhand RdNr. 54).[316] Eine Stimmbindung hat grundsätzlich nur Wirkung im Innenverhältnis unter den Vertragspartnern, nicht gegenüber der Gesellschaft.[317] Bei einer offengelegten Treuhand (RdNr. 43) kann allerdings eine den oder die Treugeber evident schädigende Stimmrechtsausübung nach den Grundsätzen des Treuhandmissbrauchs unwirksam sein (vgl. zur Anwendbarkeit dieser Grundsätze sinngemäß RdNr. 69).[318] Die Tatsache allein, dass Uneinigkeit zwischen dem Treuhänder und dem Treugeber herrscht, genügt hierfür freilich nicht.

cc) Stimmrechtsvollmacht. Eine **Stimmrechtsausübung durch den Treugeber als Bevollmächtigten** ist, wie vor allem die §§ 134 Abs. 3 AktG, 47 Abs. 3 GmbHG zeigen, bei Kapitalgesellschaften grundsätzlich zulässig.[319] Sie verbindet sich hier mit dem Teilnahmerecht in der Haupt- bzw. Gesellschafterversammlung. Bei der GmbH kann die Vertretung durch Vertrag eingeschränkt, zB von der Zustimmung der Mitgesellschafter abhängig gemacht werden.[320] Bei Personengesellschaften ist die Ausübung des Stimmrechts durch Bevollmächtigte grundsätzlich von einer Zustimmung der Mitgesellschafter abhängig (vgl. Erl. § 119).[321] Bei einer offengelegten (RdNr. 43) und von den Mitgesellschaftern genehmigten Treuhand (RdNr. 53) kann die Zustimmung zur Vollmachterteilung konkludent erklärt oder unter Treupflichtsgesichtspunkten entbehrlich sein. Ob der Treuhänder zur Vollmachterteilung verpflichtet ist, ist eine Frage des Innenverhältnisses (Treuhandverhältnisses).[322] 64

dd) Stimmverbot[323]. Stimmverbote treffen (zB nach § 136 AktG oder nach § 47 Abs. 4 GmbHG) den Treuhänder als Gesellschafter jedenfalls dann, wenn der Tatbestand des Stimmverbots – zB Beschlussfassung über die Entlastung des Gesellschafters als Geschäftsführer oder Beschlussfassung über eine Inanspruchnahme des Gesellschafters oder über ein Rechtsgeschäft mit dem Gesellschafter – in seiner Person verwirklicht ist. Er kann sich nicht entlastend darauf berufen, dass er den Anteil für fremde Rechnung hält. Jedenfalls bei der fremdnützigen Treuhand greift das Stimmverbot aber auch dann ein, wenn die für das Stimmverbot ausschlaggebenden Tatbestandsmerkmale in der Person des Treugebers vorliegen.[324] Der Stimmverbotstatbestand ist dann dem weisungsgebundenen Treuhänder zuzurechnen. 65

d) Mitgliedschaftliche Mitwirkungs- und Gestaltungsrechte. Der Treuhänder als Gesellschafter ist auch Träger und Adressat mitgliedschaftlicher Rechte und Gestaltungsbefugnisse. Jedoch können einem Treugeber bzw. einer Mehrzahl von Treugebern durch Vereinbarung mit allen Gesellschaftern unmittelbare gesellschaftsrechtliche Rechte und Ansprüche eingeräumt werden.[325] Beispielsweise ist der Treuhänder als Gesellschafter zur *Anfechtung von Beschlüssen* befugt.[326] Eine Regelung, nach der auch die Treugeber neben dem Treuhänder Beschlüsse anfechten dürfen, ist bei einer Personengesellschaft wirk- 66

---

[316] Vgl. Staub/*Schäfer* § 105 RdNr. 105.

[317] Ulmer/*Hüffer* GmbHG § 47 RdNr. 65; Scholz/*Karsten Schmidt* GmbHG § 47 RdNr. 53.

[318] Schlegelberger/*Karsten Schmidt* RdNr. 56.

[319] Vgl. Lutter/Hommelhoff/*Bayer* GmbHG § 47 RdNr. 4; Scholz/*Karsten Schmidt* GmbHG § 47 RdNr. 21, 76; *Eden* S. 75; *K. Müller* S. 39 ff.; *Beuthien* ZGR 1974, 53.

[320] Scholz/*Karsten Schmidt* GmbHG § 47 RdNr. 96 f.

[321] BGHZ 65, 93, 99 = NJW 1976, 49, 50; OGH GesRZ 1979, 159, 161; Heymann/*Emmerich* § 119 RdNr. 14.

[322] Vgl. zur Sicherungsübertragung *K. Müller* S. 40 f.

[323] ZB §§ 136 Abs. 1 AktG, 47 Abs. 4 GmbHG.

[324] Vgl. mwN MünchKommAktG/*Schröer* § 136 RdNr. 27 f.; Scholz/*Karsten Schmidt* § 47 RdNr. 157 f.

[325] BGH NJW-RR 2003, 1392.

[326] BGHZ 24, 119, 124 = NJW 1957, 951; BGH LM GmbHG § 47 Nr. 5 = BB 1962, 385 = MDR 1962, 374; LM GmbHG § 47 Nr. 8 = Warn. 1966 Nr. 99 = NJW 1966, 1458, 1459; *W. Müller* S. 118; GroßkommAktG/*Karsten Schmidt* § 245 RdNr. 15; MünchKommAktG/*Hüffer* § 245 RdNr. 26; Scholz/*Karsten Schmidt* GmbHG § 45 RdNr. 128.

sam.[327] Umgekehrt ist der Treuhänder auch passiv legitimiert für Klagen, die sich, wie etwa eine Ausschließungsklage, gegen den Gesellschafter richten.[328] Zu der anderen Frage, ob die Mitgesellschafter, wenn gegenüber dem Treuhänder ein Ausschließungsgrund vorliegt, auf die Auswechselung des Treuhänders verwiesen werden können, vgl. RdNr. 84.

67 **e) Informationsrechte.** Der Treuhänder als Gesellschafter ist selbst **Träger der mitgliedschaftlichen Informationsrechte** nach §§ 131 AktG, 51 a GmbHG, 118, 166 HGB (zum internen Auskunftsrecht des Treugebers gegenüber dem Treuhänder vgl. RdNr. 74).[329] Bei *Publikums-Treuhandgesellschaften* (kupierte Publikums-KG, vgl. RdNr. 79), bei denen ungeachtet der konstruktiven Aufteilung zwischen der Hauptgesellschaft und der Treuhand-Unterbeteiligungsgesellschaft ein umfassendes Verbandsverhältnis entsteht, ist allerdings jedenfalls ein außerordentliches *Informationsrecht jedes Treugebers* als eines mittelbar Beteiligten unmittelbar gegen die Hauptgesellschaft anzuerkennen.[330] Auch hier passt nämlich die bei RdNr. 21 angestellte Überlegung, dass die mittelbare Unternehmensbeteiligung mitgliedschaftlicher Art ist und dass das Informationsrecht – anders als zB das Stimmrecht und Anfechtungsrecht – ohne weiteres teilbar ist. Es geht hier nicht um die Frage, wer die Rechte aus dem Anteil ausübt, sondern es geht um die Zuerkennung mitgliedschaftlicher Informationsrechte. Das sollte jedenfalls bei offenen Treuhandverhältnissen anerkannt werden.[331] Anerkannt ist jedenfalls, dass im Gesellschaftsvertrag der Hauptgesellschaft dem Treugeber ein Informationsrecht in der Gesellschaft eingeräumt werden kann.[332] Bei Kapitalgesellschaften wird allerdings bezweifelt, ob eine solche Vereinbarung zugunsten von Nicht-Gesellschaftern Satzungsbestandteil im technischen Sinne sein kann.[333] Bei der Aktiengesellschaft stößt die satzungsmäßige Verankerung von Treugeber-Informationsrechten wegen § 23 Abs. 5 Satz 1 AktG auf Bedenken.[334] Unbedenklich sind aber Abreden über Informationsrechte im Treuhandvertrag, für deren Gewährleistung der Treuhänder zu sorgen hat (RdNr. 74). Insgesamt liegt eine noch **unabgeschlossene Rechtsentwicklung vor.**

68 **f) Organbefugnisse.** Der *Treuhänder* kann Organbefugnisse in der Hauptgesellschaft wahrnehmen, zB als Vorstandsmitglied, Geschäftsführer oder geschäftsführender Gesellschafter, Beiratsmitglied usw. (auch als Sonder- oder Vorzugsrechte gemäß dem Haupt-Gesellschaftsvertrag). Der *Treugeber* kann in einer Kapitalgesellschaft, nicht aber in einer Personengesellschaft, Vertretungsorgan sein (vgl. zur Selbstorganschaft § 170 RdNr. 19).[335] Nimmt der *Treuhänder* Organbefugnisse in der Hauptgesellschaft wahr, so begründet diese Doppelrolle eine *mehrseitige Pflichtenlage* (vgl. auch RdNr. 79). Ein Treuhandgesellschafter, der gleichzeitig Geschäftsführer der Hauptgesellschaft ist, darf das Amt als Geschäftsführer nicht ohne weiteres unter Berufung auf seine nur treuhänderische Gesellschafterstellung niederlegen.[336]

69 **g) Verfügungen über den Anteil. aa) Verfügungsrecht des Treuhänders.** Das *Recht, über den Anteil zu verfügen,* steht dem Treuhänder als Vollrechtsinhaber zu.[337] Als

[327] OLG Köln GmbHR 1997, 174; für Kapitalgesellschaften *Armbrüster* S. 318 ff.

[328] Vgl. etwa *Kümmerlein* S. 169.

[329] *Maulbetsch* S. 129; *Beuthien* ZGR 1974, 81; Baumbach/Hueck/*Zöllner* GmbHG § 51a RdNr. 6; Scholz/*Karsten Schmidt* GmbHG § 51 a RdNr. 12.

[330] BGH NJW-RR 1995, 165; Schlegelberger/*Karsten Schmidt* RdNr. 60; s. auch *Schiemann,* FS Zöllner I, 1998, S. 510.

[331] So offenbar auch OLG München DNotZ 2009, 152, 154; enger *Armbrüster* S. 320 f.

[332] BGHZ 10, 44, 49 f. = NJW 1953, 1548; BGH WM 1987, 811; OLG Frankfurt DB 1977, 86, 87; *Kapitza* S. 174; *Hans-Jürgen Wolff* S. 72; *Eden* S. 102; MünchKommBGB/*Ulmer* § 705 RdNr. 92 f. (für die offene Treuhand); *Kübler/Assmann* GesR § 21 II 3 a bb.

[333] Verneinend *Beuthien* ZGR 1974, 52, 81 f.; s. auch *Eden* S. 103 f.

[334] *Eden* S. 102 f.

[335] *Eden* S. 89 f.

[336] BayObLG BB 1992, 1741.

[337] RGZ 159, 272, 281; Baumbach/*Hopt* § 105 RdNr. 33; *Blaurock* Unterbeteiligung S. 127 f.; *K. Müller* S. 61 ff.; *Kapitza* S. 11.

Verfügungen kommen in Betracht: Übertragung, Belastung, Aufgabe des Anteils durch Ausscheiden aus der Gesellschaft. Schuldrechtlich sind dem Treuhänder nach § 137 BGB Verfügungen verboten, die gegen den Treuhandvertrag verstoßen.[338] Im Treuhand-Innenverhältnis löst eine Verletzung dieser Pflicht Schadensersatzansprüche des oder der Treuhänder aus. Im Außenverhältnis schützen den Treugeber nach hM grundsätzlich nur die §§ 138, 823 Abs. 2, 826 BGB.[339] Umstritten ist, ob die *Grundsätze über den Missbrauch der Vertretungsmacht* (Vor § 48 RdNr. 67 ff., § 126 RdNr. 20 ff.) auf treuwidrige Verfügungen eines Treuhänders sinngemäß anzuwenden sind. Damit wäre der (wären die) Treugeber im Außenverhältnis jedenfalls gegen solche Verfügungen geschützt, die unter evidentem **Missbrauch einer dem Vertragsgegner bekannten Treuhandstellung** erfolgen. Eine sinngemäße Anwendung der Grundsätze über den Missbrauch der Vertretungsmacht wird bei BGH JZ 1968, 428 = NJW 1968, 1471 m. abl. Anm. *Kötz* mit der formalistischen Begründung verneint, der Treuhänder handle bei einer Verfügung über das Treugut im eigenen Namen, während in Fällen der offenen Stellvertretung das Geschäft nicht gegen den Willen des Vertretenen wirksam werden könne.[340] Die Verfügung für fremde Rechnung (Treuhand als „indirekte Stellvertretung") und die Verfügung in fremdem Namen (offene Stellvertretung) sind also nach Auffassung des II. Zivilsenats bei der Behandlung des Missbrauchs nicht miteinander vergleichbar. Der II. Zivilsenat hat diese Lösung in WM 1977, 525 für ein treuhänderisches Unterbeteiligungsverhältnis bestätigt. Diese Auffassung hat Zustimmung gefunden.[341] Sie ist aber auch auf Ablehnung gestoßen.[342] Diese Kritik ist berechtigt. Das Problem sollte nicht so sehr in dem rechtstechnischen Unterschied zwischen dem Handeln im eigenen oder in fremdem Namen gesehen werden wie in der auch in den BGH-Entscheidungen anklingenden unterschiedlichen Interessenwertung in §§ 137 und 177 BGB. Nur bei der Stellvertretung weist der Gesetzgeber das Risiko eines weisungswidrigen Handelns grundsätzlich dem Rechtsverkehr zu (arg. § 177 BGB), während er beim Eigenhandeln des Rechtsinhabers der Innenbindung grundsätzlich keine Außenwirkung zuerkennt (arg. § 137 BGB). Gleichwohl ist der Gegensatz zwischen §§ 137 und 177 BGB nicht beweiskräftig,[343] denn auch die Fälle des Missbrauchs der Vertretungsmacht spielen sich regelmäßig in jenem Bereich ab, in dem das Gesetz entgegen der Regel des § 177 eine Außenwirkung der Binnenbeschränkung im Ausgangspunkt ablehnt.[344] Insofern ist die Parallelität entgegen der Ansicht des BGH zu bejahen, denn hier wie dort geht es darum, dass die interne Bindung in Ausnahmefällen nach außen durchschlägt. Die Grundsätze über den Missbrauch der Vertretungsmacht sind deshalb auf den Missbrauch der Treuhänderstellung mit der analog § 185 BGB zu entwickelnden Folge anwendbar, dass ein evident missbräuchliches Treuhändergeschäft ohne Genehmigung des Treugebers (der Treugeber) unwirksam ist. Dieser Tatbestand ist nicht schon dann erfüllt, wenn dem Geschäftsgegner bekannt ist, dass ein Treuhandverhältnis (offene Treuhand) vorliegt und dass der (oder die) Treugeber das Rechtsgeschäft nicht gebilligt hat (haben). Es kommt auf

---

[338] *Coing* S. 161 f.; *Blaurock* Unterbeteiligung S. 128 f.; *Eden* S. 124; *Beuthien* ZGR 1974, 59 f.

[339] Vgl. Baumbach/*Hopt* § 105 RdNr. 33; E/B/J/S/*Wertenbruch* § 105 RdNr. 105; s. auch Heymann/*Emmerich* § 105 RdNr. 54.

[340] Zur Anwendung der Grundsätze in Fällen, bei denen ein Treuhänder im Namen des Treugebers handelt (zB Kreditaufnahme) vgl. BGHZ 161, 15 = NJW 2005, 664 = ZIP 2005, 69.

[341] Vgl. nur *Armbrüster* S. 163; *Bitter*, Rechtsträgerschaft für fremde Rechnung, 2006, S. 459 ff., 496; *Eden* S. 125; *Medicus/Petersen*, Bürgerliches Recht, 22. Aufl. 2009, RdNr. 502; Erman/*Palm* § 137 RdNr. 8; E/B/J/S/*Wertenbruch* § 105 RdNr. 105 MünchKommBGB/*Armbrüster* § 137 RdNr. 18; MünchKommBGB/*Schramm* vor § 164 RdNr. 35; Palandt/*Ellenberger* § 164 RdNr. 14 a; Staudinger/*Schilken* (2009) § 167 RdNr. 99; *U. Huber* JZ 1968, 791; *Beuthien* ZGR 1974, 60 f.; *Henssler* AcP 196 (1996), 67; *ders.* JuS 2000, 156, 158.

[342] Vgl. nur Schlegelberger/*Karsten Schmidt* RdNr. 62; Staub/*Schäfer* § 105 RdNr. 107; Erman/*Westermann* § 705 RdNr. 27; MünchKommBGB/*Ulmer* § 705 RdNr. 90; *Coing* S. 164 ff.; *Kötz* S. 141; *ders.* NJW 1968, 1472; *Blaurock* Unterbeteiligung S. 133; *Kümmerlein* S. 100 f.; *Maulbetsch* S. 182; *Tebben* S. 188 ff.; *Gruber* AcP 202 (2002), 435, 460 ff.; *Hans Schlosser* NJW 1970, 681 ff.; *Timm* JZ 1989, 23; *Wank* JuS 1979, 402 ff.; unentschieden Heymann/*Emmerich* § 105 RdNr. 54; *Kapitza* S. 116.

[343] **AM** *Henssler* AcP 196 (1996), 67 f.

[344] ZB §§ 50 Abs. 1, 126 Abs. 2 HGB, 37 Abs. 2 GmbHG.

die evidente (idR schädigende) Interessenwidrigkeit des Verfügungsgeschäfts an. Die einem Dritten bzw. den Mitgesellschaftern bekannte Mißbilligung des Treugebers indiziert allerdings diese Interessenwidrigkeit.

70 **bb) Fortbestand der Treugeberrechte?** Auch wirksame Verfügungen über den Anteil lassen die schuldrechtlichen Treugeberrechte gegenüber dem Treuhänder (RdNr. 69) grundsätzlich unberührt. Sie berechtigen also im Fall einer Rechtsbeeinträchtigung zum Schadensersatz (RdNr. 76). Hinsichtlich des Anteils ist ein Fortbestand der Treugeberrechte nicht ohne weiteres gesichert, weil die Treuhand keine dingliche Belastung des Anteils begründet. Der Treuhänder darf zwar (wenn überhaupt) nur unbeschadet der Treugeberrechte verfügen. Mangels dinglicher Wirkung können aber die Treuhänderrechte grundsätzlich nicht ohne besondere Übertragung gegenüber dem Erwerber eines Treuhandanteils geltend gemacht werden (vgl. RdNr. 85). Im Fall des Austritts aus der Gesellschaft erlöschen diese Rechte. Die Treugeberrechte setzen sich dann am Auseinandersetzungsguthaben fort.[345] Von der Verfügung des Treuhänders über den Anteil ist die Frage zu unterscheiden, nach welchen Regeln die Treugeberrechte oder die Treuhänderrechte übertragen werden können (RdNr. 85; zur Auswechselung des Treuhänders vgl. RdNr. 84).

71 **cc) Schutz durch Rückfallklausel.** Auf der Basis der herrschenden, einen dinglich wirkenden *Schutz gegen den Missbrauch der Treuhandstellung* verneinenden Auffassung wird als Abhilfe eine **Rückfallklausel** empfohlen, nach der der Anteil automatisch an den Treugeber zurückfällt, wenn der Treuhänder versucht, treuwidrig über den Anteil zu verfügen.[346] Allerdings ist die bei bedingten Verfügungen notwendige Bestimmtheit bei einer solchen Rückfallvereinbarung fragwürdig.[347] Wann genau und unter welchen Voraussetzungen genau soll der Rückfall mit seinen gravierenden Folgen eintreten? Greift die Klausel erst im Zeitpunkt der verbotswidrigen Verfügung, so ist es für ihre „dingliche Wirkung" vorbehaltlich der in RdNr. 69 vertretenen Auffassung im Zweifel zu spät, Insofern sind **Kündigungs- und Vertragsstrafeklauseln** trotz ihrer nur schuldrechtlichen Wirkungen evtl. verlässlicher. Soweit eine Rückfallklausel nichtig ist, kann sie in eine Kündigungsklausel, die Berufung auf die Klausel demgemäß in eine Kündigung umgedeutet werden (§ 140 BGB).

72 **4. Das Innenverhältnis. a) Geschäftsbesorgungsverhältnis.** Das Innenverhältnis zwischen Treuhänder und Treugeber stellt sich idR als Auftrag oder als entgeltlicher Geschäftsbesorgungsvertrag dar (§§ 662, 675 BGB; vgl. RdNr. 51). Dieser Geschäftsbesorgungscharakter besteht nicht nur bei der Verwaltungstreuhand, sondern auch bei der Sicherungstreuhand.[348] Die Verwaltungstreuhand ist Geschäftsbesorgungsverhältnis nicht nur bei der zweigliedrigen, sondern auch bei der gesellschaftsrechtlich organisierten mehrgliedrigen Treuhand.[349] Im **Fall einer mehrgliedrigen Treuhand**, insbesondere einer Publikums-Treuhandgesellschaft (RdNr. 79), tritt idR ein die Treugeber umfassendes (Innen-)**Gesellschaftsverhältnis** neben den Geschäftsbesorgungsvertrag der Anleger (Treugeber) mit dem Treuhänder (RdNr. 78). Die Annahme des BGH, hier gelte entweder Gesellschaftsrecht oder Auftragsrecht, trifft so nicht zu (§ 230 RdNr. 202). Das ist offenkundig, wenn die Innengesellschaft nur die Treugeber miteinander verbindet. Im Fall einer offenen („qualifizierten") Treuhand (RdNr. 43) kann die das Treuhandverhältnis überlagernde Innengesellschaft den Treuhänder einschließen (RdNr. 77). Der Vertrag sollte bei jeder Treuhand – auch bei der vor allem auf Sicherung und Verwertung zielenden Sicherungstreuhand – Fragen der Organisation, des Gewinnbezugsrechts und des Verlustrisikos klären. Die Verwaltungstreuhand ist idR entgeltlich (RdNr. 51). Bei einer Publikums-Treuhand-KG steht

[345] Baumbach/*Hopt* § 105 RdNr. 33.

[346] *Eden* S. 126 f.; *K. Müller* S. 62 f.; *H. Schlosser* NJW 1970, 683.

[347] Schlegelberger/*Karsten Schmidt* RdNr. 63 (damals noch mit zusätzlichen, jedoch unbegründeten Bedenken aus § 137 BGB); dagegen *Armbrüster* S. 159 f.

[348] Vgl. zu dieser eingehend *W. Müller* S. 121 ff.; Hadding/Schneider/*John* S. 89 ff.

[349] *Bälz* ZGR 1980, 85; vgl. OLG Frankfurt GmbHR 1992, 369, 370; *Heidner* DStR 1989, 277.

dem Treuhänder wegen seiner Vergütungsansprüche jedenfalls dann kein Leistungsverweigerungsrecht nach § 320 BGB zu, wenn er die Treuhänderschaft in der organisierten Innengesellschaft angetreten hat.[350] Wohl allerdings kann er mit auszukehrenden Gewinnanteilen aufrechnen oder die Auskehrung nach § 273 BGB verweigern.[351]

b) Weisungsrecht bei der Verwaltungstreuhand. Mit der Verwaltungstreuhand verbindet sich ein *Weisungsrecht des Treugebers (der Treugeber).*[352] Dieses darf weder treuwidrig ausgeübt werden noch darf der Treuhänder Weisungen befolgen, die der Gesellschaft oder den Mitgesellschaftern gegenüber treuwidrig sind (vgl. über die Treubindung des Treuhandgesellschafters RdNr. 57). Allgemein findet die Weisungsberechtigung des Treugebers im Verhältnis zum Treuhänder Grenzen in den Rechtspflichten des Treuhänders in seiner Gesellschaft.[353] Die charakteristische Doppelrolle des Treuhänders in Fällen der Treuhand am Gesellschaftsanteil (RdNr. 36) darf insofern nicht zu Lasten der Gesellschaft und der Mitgesellschafter gehen. Zur Frage, ob weisungswidrige Abstimmungs- oder Verfügungserklärungen des Treuhänders im Verhältnis zu den Mitgesellschaftern oder zu Dritten unwirksam sind, vgl. RdNr. 63, 69. 73

c) Informationsrechte. Nach § 666 BGB ist der Treuhänder dem Treugeber zur Information verpflichtet.[354] Die Informationspflicht kann vertraglich näher geregelt werden. Die Rechenschaftspflicht bestimmt sich nach §§ 259 f. BGB.[355] Der Informationserteilung durch den Treuhänder und damit der Informationspflicht können durch *Treupflicht* und *Vertraulichkeit* Grenzen gezogen sein.[356] Auch hier darf seine Doppelrolle (RdNr. 36) nicht zu Lasten der Gesellschaft und der Mitgesellschafter gehen. Das gilt namentlich im Fall der verdeckten Treuhand (RdNr. 43), denn der Gesellschafter ist zur Weitergabe von Informationen an gesellschaftsfremde Dritte jedenfalls dann nicht befugt, wenn die Weitergabe geeignet ist, die Interessen der Gesellschaft zu verletzen. Bei der verdeckten Treuhand ist deshalb der Treuhänder seinen Mitgesellschaftern grundsätzlich zur Vertraulichkeit verpflichtet, soweit hieran ein gerechtfertigtes Interesse besteht. Die Zustimmung der Mitgesellschafter zur Begründung eines Treuhandverhältnisses (vgl. RdNr. 53, 54) impliziert nicht ohne weiteres die Weitergabe jeder Information. Zur Frage, ob Treugeber bei einer offen gelegten Treuhand gesellschaftsrechtliche Informationsrechte direkt in der Gesellschaft ausüben dürfen, vgl. RdNr. 67, 79. 74

d) Aufwendungsersatz und Befreiungsanspruch. Bei der Verwaltungstreuhand stehen dem Treuhänder Ansprüche auf Vorschuss und auf Ersatz von Aufwendungen zu,[357] soweit der Vertrag dies nicht anders regelt (§§ 669, 670 BGB). Hierzu gehört insbesondere die **Befreiung von Haftungsrisiken** durch **Freistellung von Haftungsverbindlichkeiten** (§ 257 BGB) oder **Erstattung geleisteter Aufwendungen** (vgl. auch RdNr. 59).[358] Derartige Freistellungs- und Erstattungsansprüche bestehen allerdings nur in den durch das Innenverhältnis gezogenen Grenzen. Deshalb kann zB bei der mehrgliedrigen Publikumstreuhand (sog. kupierte Publikums-KG) jeder Treuhänder als fiktiver Kommanditist im 75

[350] *Markwardt* S. 69 ff.

[351] Eingehend *Markwardt* S. 70 ff.

[352] Baumbach/*Hopt* § 105 RdNr. 35; Heymann/*Emmerich* § 105 RdNr. 53; Ulmer/*Winter/Löbbe* GmbHG § 15 RdNr. 204 a; *Eden* S. 72 f.; *Markwardt* S. 61 ff.; *Maulbetsch* S. 132 f.; *Söll* S. 159; zur PublikumsKG *Kapitza* S. 172 ff.

[353] BGHZ 3, 354, 360; *Blaurock* Unterbeteiligung S. 134; *Krenzel* S. 53 ff.; *Maulbetsch* S. 133.

[354] Baumbach/*Hopt* § 105 RdNr. 35; *Koller*/Roth/Morck § 105 RdNr. 20; *Armbrüster* S. 304 ff.; *Eden* S. 101 f.; *Blaurock* Unterbeteiligung S. 134; *Maulbetsch* S. 136; *Söll* S. 197.

[355] *Eden* S. 101 f.

[356] Schlegelberger/*Karsten Schmidt* RdNr. 66.; *Blaurock* Unterbeteiligung S. 134; *Eden* S. 102.

[357] §§ 669, 670 BGB; vgl. Heymann/*Horn* § 161 RdNr. 62; Staub/*Ulmer* § 105 RdNr. 106; ausführlich und nach Art der Inanspruchnahme differenzierend *Kapitza* S. 79 ff.

[358] BGHZ 185, 310 = NZG 2010, 790; NJW-RR 2010, 333 = NZG 2010, 192; Urt. v. 22. 3. 2011 II ZR 224/08; II ZR 100/09; II ZR 174/09; II ZR 215/09; II ZR 216/09; II ZR 217/09; II ZR 218/09; *Kapitza* S. 79 ff.; *Markwardt* S. 74; *Maulbetsch* S. 168 f.; *Tebben* VGR (Hrsg.) Gesellschaftsrecht in der Diskussion 2010, 2011, S. 169 f.

Innenverhältnis pro rata in Anspruch genommen werden, soweit er seine Einlage noch nicht geleistet oder zurückerhalten hat (vgl. sinngemäß §§ 171 Abs. 1, 172 Abs. 4). Die proratarische Innenhaftung der Treugeber gegenüber dem im Außenverhältnis haftenden Treuhänder ist Gegenstand einer ausgedehnten Haftungsrechtsprechung bei Treuhand-Fondsgesellschaften.[359] Die mittelbar haftenden Treugeber können dann nicht mit Ansprüchen gegen den Treuhänder aufrechnen (RdNr. 59; str.). Nach BGHZ 76, 127 = BB 1980, 380 = NJW 1980, 1163 = WM 1980, 307 kann ein Treuhand-Kommanditist bei der Publikums-Treuhand-KG in Höhe der an die Anleger weitergeleiteten Beträge Erstattung von den Anlegern verlangen, wenn durch Rückzahlung der Einlage seine Außenhaftung nach § 172 Abs. 4 (RdNr. 58) wieder aufgelebt ist. Im Fall der Auflösung der Hauptgesellschaft (vgl. § 735 BGB) bzw. seines Ausscheidens aus der Gesellschaft (vgl. § 739 BGB) kann der Treuhänder seine Verlustdeckungshaftung dem Treugeber (den Treugebern) in Rechnung stellen, hat also Anspruch auf Befreiung bzw. Erstattung.[360] Für die **Verjährung** gilt die dreijährige Regelfrist gemäß § 195 BGB.[361] Für deren Beginn stellt der BGH nicht auf den Schluss des Jahres ab, in dem der Freistellungsanspruch fällig geworden ist (§ 199 BGB), sondern auf den Schluss des Jahres, in dem die Drittforderung fällig wird, von der zu befreien ist.[362]

76 **e) Sorgfaltspflicht.** Die Haftung der Beteiligten untereinander folgt allgemeinen schuldrechtlichen Regeln. Sie sind einander zu der vertraglich geschuldeten Sorgfalt verpflichtet. Insbesondere haftet der Treuhänder für schuldhaft schlechte Verwaltung des Anteils.[363] Das ergibt sich aus dem Geschäftsbesorgungscharakter des Innenverhältnisses (RdNr. 72). Als für fremde Rechnung handelnder Beauftragter haftet der Treuhänder grundsätzlich für jedes Verschulden. Die Haftung nur für eigenübliche Sorgfalt (§ 708 BGB) ist auf kooperative Personengesellschaften zugeschnitten. Bei Anlagegesellschaften (zB Fonds) ist § 708 BGB auch dann nicht heranzuziehen, wenn eine Publikums-Treuhand-KG vorliegt und der Treuhandvertrag Bestandteil einer gesellschaftsrechtlichen Verbindung zwischen dem Treuhänder und den Treugebern ist.[364] Häufig wird sogar ausdrücklich geregelt, dass der Treuhänder allgemeine Sorgfaltspflichten erfüllen muss.[365] Der Treugeber kann Schadensersatz vom Treuhänder auch dann verlangen, wenn der Schaden am Gesellschaftsvermögen entstanden ist und formal dem Gesellschaftsvermögen oder dem Treuhändervermögen zugerechnet werden müsste.[366]

77 **5. Umfassendes Organisationsverhältnis? a) Geschäftsbesorgungselemente und Gesellschaftselemente.** Mit dem Treuhandverhältnis können sich Elemente der Unterbeteiligungsgesellschaft mischen (RdNr. 45). In diesem Fall treten gesellschaftsrechtliche Regeln neben die Geschäftsbesorgungsregeln des Treuhand-Innenverhältnisses. Diese gesellschaftsrechtlichen Regeln weisen über die dominierenden schuldrechtlichen und dinglichen Elemente des Treuhandverhältnisses hinaus auf organisationsrechtliche Grundsätze.[367] Sie können auf unterschiedlichen Ebenen eingreifen: Sie können das Geschäftsbesorgungsverhältnis zwischen dem Treuhänder und dem Treugeber überlagern; sie können gesellschaftsrechtliche Bindungen unter mehreren Treugebern (Anlegern bei der kupierten Publikums-KG) begründen (vgl. sinngemäß zur mehrgliedrigen stillen Gesellschaft § 230

[359] Vgl. ebd.; *Karsten Schmidt,* FS Goette, 2011, S. 459, 472 f.; *Tebben* VGR (Hrsg.) Gesellschaftsrecht in der Diskussion 2010, 2011, S. 161, 173 ff.

[360] Vgl. BGH NJW 2010, 2197; *Wagner* NZG 2009, 1215.

[361] BGHZ 185, 310 = NZG 2010, 790; BGH NZG 2010, 192.

[362] BGHZ 185, 310 = NZG 2010, 790; so schon OLG Karlsruhe NZG 2010, 151; dazu abl. Rutschmann DStR 2010, 555, 559.

[363] Heymann/*Emmerich* § 105 RdNr. 53; *Blaurock* Unterbeteiligung S. 208 f.; *Eden* S. 62 f.; zur PublikumsKG *Kapitza* S. 85 ff.

[364] Zur Unanwendbarkeit des § 708 BGB in der Publikums-KG vgl. BGHZ 69, 207, 209 f. = NJW 1977, 2311 = WM 1977, 1221; BGH WM 1980, 30, 31; *Kapitza* S. 89; *Maulbetsch* S. 140.

[365] Vgl. nur OLG Bremen NZG 2010, 181: „Sorgfalt eines ordentlichen Reeders".

[366] Vgl. auch *Maulbetsch* S. 139.

[367] Vgl. zu diesem Konzept bereits Schlegelberger/*Karsten Schmidt* RdNr. 69 ff.

RdNr. 83 ff.); sie können schließlich auch die mehreren Treugeber (Anleger) mit den Gesellschaftern der Haupt-Gesellschaft zu einer gesellschaftsrechtlichen Organisation verbinden (vgl. RdNr. 69 f., 72, 79; zur mehrgliedrigen Unterbeteiligungsgesellschaft § 230 RdNr. 211 ff.).[368]

b) Einbeziehung von Treugebern in die Gesellschaft? Ein *Rechtsverhältnis zwischen Mitgesellschaftern des Treuhänders und dem Treugeber (den Treugebern)* wurde herkömmlich verneint.[369] Richtig ist, dass das **Abstraktionsprinzip** im Ausgangspunkt eine klare Trennung von Innenverhältnis (hier: Treuhandvertrag) und Außenverhältnis (hier: Gesellschaftsverhältnis zwischen dem Treuhänder und seinen Mitgesellschaftern) gebietet. Bei offengelegten Treuhandverhältnissen (RdNr. 43) kann sich dies anders verhalten.[370] Hier kann sich das gesellschaftsrechtliche Innenverhältnis (RdNr. 72) auf die Mitgesellschafter des Treuhänders erstrecken und die bloßen Innengesellschafter (Treugeber) mit den Außengesellschaftern (Mitgesellschafter) verbinden. Bereits BGHZ 10, 44, 50 hat ausgeführt, dass den Treugebern unmittelbare Kontrollrechte und Anweisungsbefugnisse gegenüber der Gesellschaft eingeräumt werden können. Das Urteil BGH NZG 2011, 276 = ZIP 2011, 322 m.Anm. *Altmeppen* gibt treugeberisch beteiligten Anlegern auch Informationsrechte in der Hauptgesellschaft.[371] Auch drittwirkende Treupflichten (der Treugeber gegenüber den Mitgesellschaftern und bei offengelegter Treuhand auch der Mitgesellschafter gegenüber den Treugebern) sind anzuerkennen.[372] Die sich hieraus im Einzelnen ergebenden Pflichtbindungen hängen von der Stellung des Treugebers ab. Das gilt insbesondere für das *Wettbewerbsverbot* (dazu §§ 112, 113). Ein kraft Gesetzes bestehendes oder zulässigerweise (vgl. § 1 GWB) vertraglich vereinbartes Wettbewerbsverbot kann auch den Treugeber treffen. Er ist aber nicht generell einem Gesellschafter gleichgestellt.[373] Die Frage hängt von den Weisungsbefugnissen des Treugebers und von der Art und Weise seiner Beteiligung ab. Hat der Treugeber eine kommanditistenähnliche Stellung, so gelten für ihn sinngemäß die Ausführungen bei § 165. 78

c) Publikums-Treuhandgesellschaft. Die Publikums-Treuhandgesellschaft war traditionellerweise meist eine KG. Seit Einführung des § 15a EStG hat sich zum Zweck steuerlicher Verlustzuweisung auch die oHG bzw. bei vielen Fonds auch die GbR als Publikumstreuhandgesellschaft etabliert.[374] Charakteristisch ist, dass ein Treuhandgesellschafter für Rechnung einer größeren Zahl von Treugebern einen (Kommandit-)Anteil hält (RdNr. 40).[375] Sofern das für Unterbeteiligungsverhältnisse charakteristische Einlageverhältnis vorhanden ist (§ 230 RdNr. 197), wird man in diesen Gestaltungen keine reinen Treuhandverhältnisse, sondern eine *Kombination von Treuhand und Unterbeteiligung* zu erblicken haben (RdNr. 45). Im **Verhältnis zu der Hauptgesellschaft** ist der Treuhand-Gesellschafter alleiniger Träger der Rechte und Pflichten auf dem Treuhandanteil (zB als 79

[368] Vgl. ebd.; ausführlich *Karsten Schmidt* NZG 2011, 361, 365 ff.; stark einschränkend *Armbrüster* S. 192 ff., 198 ff.

[369] *Markwardt* S. 78; *Krenzel* S. 123; Erman/*Westermann* § 705 RdNr. 27; Staub/*Schäfer* § 105 RdNr. 103; von einem „Überwirken" der Rechtskreise spricht unklar *Tebben* S. 82 ff., 86 ff., 175 ff.

[370] Vgl. *Markwardt* S. 79 ff.; Staub/*Schäfer* § 105 RdNr. 107 mwN; seither *Schiemann*, FS Zöllner I, 1998, S. 516.

[371] Dazu ausführlich *Karsten Schmidt* NZG 2011, 361 ff.; ablehnend *Altmeppen* ZIP 2011, 326 ff.

[372] Vgl. *Armbrüster* S. 338 ff.; *Blaurock* Unterbeteiligung S. 202; Staub/*Schäfer* § 105 RdNr. 107 mwN.

[373] Für generelle Gleichstellung mit einem Gesellschafter in Fällen der Verwaltungstreuhand *Blaurock* Unterbeteiligung S. 202.

[374] Vgl. eingehend *Lüdicke/Arndt*, Geschlossene Fonds, 5. Aufl. 2009, S. 7 ff.

[375] Vgl. nur BGHZ 73, 294 = DB 1979, 1350 = BB 1979, 802 = NJW 1979, 1503 = GmbHR 1979, 156; BGHZ 84, 141 = NJW 1982, 2493; BGHZ 148, 201 = NJW 2001, 2718; BGHZ 178, 271 = ZIP 2008, 2354; BGH ZIP 1992, 836 = WM 1992, 685; NJW-RR 2003, 1342 = ZIP 2003, 1923; ZIP 2008, 1481 = NJW-RR 2008, 1129; ZIP 2010, 1694 = NZG 2010, 716; OLG Düsseldorf ZIP 1991, 1494; BFH DB 1998, 1800; OLG München v. 13. 1. 2011 – 23 U 3628/10; *Blaurock* RdNr. 30.09; *Eden* S. 217 ff.; *Sauer,* Die Publikums-Kommanditgesellschaft, 1982, S. 63 f.; *Kapitza* S. 18 ff.; *Maulbetsch* S. 192 ff.; *Roth/Thöni,* FS 100 Jahre GmbHG S. 261 ff.; *Beuthien* ZGR 1974, 39 f.; *Bälz* ZGR 1980, 1 ff.; *Kraft* ZGR 1980, 399 ff.

Kommanditist).[376] Im **Verhältnis zu Dritten** haftet nur der Treuhänder unbeschränkt (§ 128) bzw. beschränkt (§§ 171, 172) für die Verbindlichkeiten der Hauptgesellschaft (RdNr. 58, 60). Im **Innenverhältnis zum Treuhänder** wird aber der Treugeber weitgehend wie ein Mitglied der Handelsgesellschaft – im praktischen Fall meist: wie ein Kommanditist – gestellt („qualifizierte Treuhand" iS von RdNr. 42).[377] Es ist dann eine Frage der Vertragsgestaltung, ob hierbei getrennte Unterbeteiligungsverhältnisse lediglich koordiniert werden oder ob eine die Unterbeteiligten umfassende gesellschaftsrechtliche Gesamtorganisation vorliegt (vgl. RdNr. 77 f.; näher § 230 RdNr. 210 ff.).[378] Fraglich und von Fall zu Fall unterschiedlich zu beantworten ist dann nur, ob diese Innengesellschaft ausschließlich unter den Treugebern besteht und vom Treuhandverhältnis zu trennen ist, ob sie den Treuhänder und das Treuhandverhältnis mit umgreift oder ob sie sogar mit der Organisation der Handelsgesellschaft verknüpft ist.[379] In jedem Fall ist die planmäßig organisierte Verbindung unter den Treugebern gesellschaftsrechtlicher Natur.[380] Der Treuhänder ist dann nicht nur Gesellschafter in der Handelsgesellschaft, sondern zugleich Organ in der zwischen ihm und den Treugebern geschlossenen Innengesellschaft.[381] Seine charakteristische Doppelstellung sowohl in der Handelsgesellschaft als auch gegenüber den Treugebern (RdNr. 37) ist in beiden Richtungen gesellschaftsrechtlicher Art. Aufgabe ist die treuhänderische Anteilsverwaltung für eine organisierte Anzahl von Anlegern.[382] Ob man ihn auf Grund der offengelegten Treuhand (Verhältnis zur Hauptgesellschaft) oder allein auf Grund seiner Treuhändertätigkeit (Verhältnis in der Innengesellschaft) zugleich auch als Gesellschaftsorgan bezeichnen darf,[383] ist zweifelhaft und kann nur bejaht werden, wenn man sich entschließt, die Treugeber und damit die Träger der vom Treuhänder wahrzunehmenden Interessen materiell zu Mitgesellschaftern einer die Hauptgesellschaft und die Treuhand-Innengesellschaft umfassenden Organisation zu erklären.[384] Verbandsstruktur und Handelsgesellschaft fallen dann auseinander.[385] Zum *Anlegerschutz* bei der Publikumsgesellschaft vgl. sinngemäß § 161 RdNr. 126 ff.

80 **6. Zwangsvollstreckung und Insolvenzverfahren. a) Einzelzwangsvollstreckung.** In der Zwangsvollstreckung und im Insolvenzverfahren wirkt sich die Doppelrolle des fiduziarischen Treuhänders (RdNr. 36) aus (im Fall einer bloßen Vollmachts- oder Ermächtigungstreuhand ist das Treugut dem Zugriff der Treuhändergläubiger als Drittvermögen entzogen): Im **Fall der fremdnützigen (Verwaltungs-) Treuhand** ist der Treuhänder zwar Inhaber des Anteils, verwaltet diesen aber als Fremdvermögen. Bei der Verwaltungstreuhand ist deshalb der Treugeber gegen den Zugriff der Gläubiger des Treuhänders durch das Recht zur **Drittwiderspruchsklage (§ 771 ZPO)** geschützt.[386] Im Hinblick auf die fehlende Publizität der Treuhand wird dieser Schutz des Treugebers in Vollstreckung und

[376] OLG München WM 1984, 810; *Weipert* ZHR 157 (1993), 515; *Kapitza* S. 63; Schlegelberger/*Karsten Schmidt* RdNr. 70.

[377] BGHZ 104, 50, 55 f. = NJW 1988, 1903, 1904; BGH NJW 1980, 1162, 1163; BGH NZG 2009, 57, 58; *Kapitza* S. 43 ff., 167 ff.; *Gieseke* DB 1984, 970 ff.

[378] *Kapitza* S. 247; *Maulbetsch* S. 147; *Bälz* ZGR 1980, 92; *Weipert* ZHR 157 (1993), 516 ff.; eingehend *Karsten Schmidt* NZG 2011, 361, 365 ff.

[379] Schlegelberger/*Karsten Schmidt* RdNr. 70.

[380] Ebd.; einschränkend *Maulbetsch* S. 143 ff.; für Bruchteilsgemeinschaft *Kümmerlein* S. 71; s. auch *Beuthien* ZGR 1974, 36.

[381] *Bälz* ZGR 1980, 58 ff.; *Karsten Schmidt* NZG 2011, 361, 366 f.

[382] *Bälz* ZGR 1980, 59.

[383] In dieser Richtung *Bälz* ZGR 1980, 58 ff.

[384] So der Vorschlag von Schlegelberger/*Karsten Schmidt* RdNr. 70; zustimmend *Schiemann,* FS Zöllner I, 1998, S. 510; eingehend *Karsten Schmidt* NZG 2011, 361, 365 ff.

[385] Verf. arbeitet an Studien über die virtuelle Rechtsträgerschaft.

[386] BGH ZIP 1993, 213, 214; OLG Hamm NZG 1998, 109; Heymann/*Emmerich* § 105 RdNr. 55; *Koller*/Roth/Morck § 105 RdNr. 20; MünchKommZPO/*Karsten Schmidt* § 771 RdNr. 25; eingehend *Armbrüster* S. 170 ff.; *Bitter,* Rechtsträgerschaft für fremde Rechnung, 2006, S. 120 ff., 168 ff., 521 f.; *Blaurock* Unterbeteiligung S. 242 ff.; *Eden* S. 91 ff.; *Kapitza* S. 118 ff.; *Krenzel* S. 212 ff.; *Kümmerlein* S. 148 ff.; *Markwardt* S. 136 ff.; *Maulbetsch* S. 185 ff.; *Beuthien* ZGR 1974, 65 ff.

Insolvenz teilweise auf den Fall der Übertragungstreuhand (RdNr. 53) beschränkt.[387] Grundlage ist der sog. Unmittelbarkeitsgrundsatz, nach dem die ältere Rechtsprechung Treugeberrechte nur respektierte, wenn der Treugeber das Treuhandverhältnis selbst durch Übereignung an den Treuhänder begründet hatte.[388] Selbst außerhalb des Gesellschaftsrechts wird aber die Erwerbstreuhand (RdNr. 55) als Begründung von Treugeber-Drittrechten anerkannt,[389] und nur bei der Vereinbarungstreuhand (RdNr. 51, 54) bestehen Bedenken gegen die Anerkennung in Vollstreckung und Insolvenz.[390] Diese Bedenken treffen im Gesellschaftsrecht die verdeckte Vereinbarungstreuhand (RdNr. 54). Auch sie sollte aber als drittrechtsbegründend anerkannt werden, wenn sie nachweisbar und wirksam (RdNr. 54) ist. Vollends unangebracht ist die Anwendung des Unmittelbarkeitsgrundsatzes bei der kupierten Publikums-KG (RdNr. 79).[391] Hier und entsprechend bei treuhänderisch organisierten Fonds stehen den Treugebern genuine Dritt-Vermögensrechte zu, die den Schutz nach § 771 ZPO verdienen.[392] Geschützt ist der Treugeber allerdings nur gegen Vollstreckungsmaßnahmen der Eigengläubiger (sog. „Privatgläubiger") des Treuhänders (ein vor allem bei juristischen Personen mißverständlicher Begriff!), dh. gegen solche Vollstreckungsmaßnahmen, in denen sich nicht das Gesellschafterrisiko verwirklicht.[393] Vollstreckungsmaßnahmen der Gesellschaft (ihres Insolvenzverwalters) oder, soweit eine persönliche Haftung des Treuhandgesellschafters in Betracht kommt, ihrer Gläubiger kann der Treugeber nicht abwehren, soweit er nach RdNr. 59, 75 für die Verluste aufkommen muss.[394] Insoweit steht § 242 BGB der Geltendmachung des Treugeber-Drittrechts nach § 771 ZPO entgegen.[395] Der Treugeberschutz bei der (fremdnützigen) *Verwaltungstreuhand* kann nicht ohne weiteres auch bei der (eigennützigen) Sicherungstreuhand anerkannt werden.[396] Bei der **Sicherungstreuhand am Anteil** ist der Treugeber nur vor der Verwertungsreife nach § 771 ZPO gegen Zugriffe der Treuhänder-Gläubiger geschützt.[397] Nach der Verwertungsreife wird man die Drittwiderspruchsberechtigung des Treugebers grundsätzlich davon abhängig machen müssen, dass der Treugeber das Treugut auslöst.[398] Nach BGHZ 72, 141 = NJW 1978, 1859 hat der Sicherungsgeber bei der Sicherungsübereignung ein Widerspruchsrecht gegen Pfändungsmaßnahmen der Gläubiger des Sicherungsnehmers nur, solange der Sicherungsnehmer das Treugut noch nicht verwerten darf. Das wird sinngemäß auch für die Sicherungsübertragung von Gesellschaftsanteilen gelten müssen.

b) Insolvenzverfahren. aa) Insolvenz des Treuhänders. Im Insolvenzverfahren über das Vermögen des Treuhänders steht bei der fremdnützigen (Verwaltungs-) Treuhand dem Treugeber ein **Aussonderungsrecht nach § 47 InsO** zu.[399] Die restriktive, ein Aussonde- 81

[387] Heymann/*Emmerich* § 105 RdNr. 55; in gleichem Sinne außerhalb des Gesellschaftsrechts noch RGZ 84, 214, 216; 91, 12, 14.

[388] RGZ 84, 214, 216; 91, 12, 14.

[389] Vgl. für Anderkonten BGH NJW 1993, 2622; 1996, 1543 = JuS 1996, 1036 m. Anm. *Karsten Schmidt*; vgl. dazu *ders.*, FS Wiegand, 2005, S. 933, 937 ff.

[390] Vgl. zur Aussonderung von Treuhandkonten BGH NJW-RR 1993, 301; vgl. dazu *ders.*, FS Wiegand, 2005, S. 933, 937 ff.

[391] *Kapitza* S. 132 ff.

[392] *Bitter*, Rechtsträgerschaft für fremde Rechnung, 2006, S. 53; MünchKommZPO/*Karsten Schmidt* § 771 RdNr. 25.

[393] Schlegelberger/*Karsten Schmidt* RdNr. 71.

[394] Ganz ähnlich *Markwardt* S. 160 ff.; *Eden* S. 128 ff.; *Maulbetsch* S. 185; *Beuthien* ZGR 1974, 73 f.; *Kapitza* S. 129 ff.; *Krenzel* S. 216 f.

[395] Zum Einwand des § 242 gegen die Drittwiderspruchsklage vgl. MünchKommZPO/*Karsten Schmidt* § 771 RdNr. 47 ff.

[396] Schlegelberger/*Karsten Schmidt* RdNr. 71; die Differenzierung verkennt bei *Tebben* S. 302.

[397] BGHZ 72, 141, 143 ff. = LM § 771 ZPO Nr. 13 a m. Anm. *Brunotte* = JR 1979, 158 m. Anm. *Olzen* = NJW 1978, 1859 (Sicherungseigentum).

[398] Vgl. allgemein zu § 771 ZPO MünchKommZPO/*Karsten Schmidt* § 771 RdNr. 28.

[399] BGH NZI 2005, 625, 626 = ZIP 2005, 1465; 1466; *Bitter*, Rechtsträgerschaft für fremde Rechnung, 2006, S. 169 ff., 521 f.; *Blaurock* Unterbeteiligung S. 243 ff., 251 f.; *Eden* S. 132 ff.; *Kümmerlein* S. 129 ff.; *Tebben* S. 298 ff.; *Beuthien* ZGR 1974, 66; HKInsO/*Eickmann* § 47 RdNr. 14; Jaeger/*Henckel* InsO § 47 RdNr. 61 ff.; MünchKommInsO/*Ganter* § 47 RdNr. 369; Nerlich/Römermann/*Andres* InsO § 47 RdNr. 36 ff.; Uhlenbruck/*Brinkmann* InsO § 47 RdNr. 33; **aM** *Fridgen* ZInsO 2004, 530 ff.

rungsrecht bei Treuhandbankkonten vielfach verneinende Rechtsprechung außerhalb des Gesellschaftsrechts[400] basiert auf der Annahme einer rein „schuldrechtlichen" Berechtigung des Treugebers[401] und paßt nicht auf die Gesellschaftertreuhand. Das ist *bei Kapitalgesellschaftsanteilen* problemlos.[402] Die Voraussetzungen entsprechen denen des § 771 ZPO (RdNr. 80). Umstritten ist, was in einer durch Insolvenz des Gesellschafters (Treuhänders) aufgelösten Personengesellschaft (§ 728 Abs. 2 BGB) Gegenstand des Aussonderungsrechts ist: der Anteil[403] oder nur die Liquidationsquote.[404] Die Frage ist grundsätzlich im ersteren Sinn zu beantworten.[405] Es ist dann eine Frage der Vertragsgestaltung sowie von Treu und Glauben, ob die Hauptgesellschaft mit einem neuen Treuhänder (RdNr. 84) fortzusetzen ist, der den Treuhandanteil von dem insolventen Treuhänder übernimmt. Schwieriger ist die Frage zu beantworten, wenn die Insolvenz des Treuhänders als Gesellschafter der Hauptgesellschaft nicht zu deren Auflösung, sondern zum Ausscheiden des Treuhänders an der Hauptgesellschaft führt. Nach **§ 131 Abs. 3 Nr. 1 idF des Handelsrechtsreformgesetzes von 1998** führt die Gesellschafterinsolvenz eines persönlich haftenden Gesellschafters idR nicht mehr zur Auflösung der Gesellschaft, sondern zum Ausscheiden dieses Gesellschafters. In diesem Fall bezöge sich die Treuhand und damit das Aussonderungsrecht der Treugeber bei Insolvenz des Treuhänders nur noch bzw. die aufgelöste Gesellschaft mit einem neuen Treuhandgesellschafter auf den Abfindungsanspruch. Im Fall eines Treuhandgesellschafters stellt sich aber die Frage, ob das Ausscheiden aus der Gesellschaft durch Auswechselung des Treuhänders abgewendet werden kann, weil der (die) Treugeber wirtschaftlicher Gesellschafter ist (sind). Dies hängt von den Gegebenheiten des Falls ab (Gesellschaftsvertrag; Treupflicht). Bei einem offengelegten Treuhandverhältnis können die Treugeber, soweit für die Mitgesellschafter zumutbar, die Fortsetzung verlangen. Liegt eine *mehrgliedrige (Publikums-)Treuhandgesellschaft* vor (dazu RdNr. 79) so scheidet der Treuhänder mit der Insolvenzverfahrenseröffnung nicht nur aus der Hauptgesellschaft, sondern auch aus der Treuhand-Innengesellschaft aus.[406]. Im Fall der **Sicherungstreuhand** setzt die Aussonderungsbefugnis des Treugebers allerdings voraus, dass der Treugeber das Treugut durch Berichtigung der gesicherten Verbindlichkeit auslöst.[407]

82 **bb) Insolvenz des Treugebers.** Im Fall der Insolvenz des Treugebers endet im Fall der **Verwaltungstreuhand** das Treuhandverhältnis (§§ 115 f. InsO), und der Anteil wird zur Masse gezogen. Handelt es sich um eine mehrgliedrige Treuhandgesellschaft (RdNr. 77 ff.), so hängt es vom Gesellschaftsvertrag ab, ob die mehrgliedrige Treuhand im Insolvenzfall aufgelöst sein soll (vgl. § 728 Abs. 2 BGB) oder ob ein insolventer Anleger als Treugeber aus dem Treuhandverhältnis ausscheidet (vgl. § 736 BGB). Im Fall einer **Sicherungstreuhand** steht dem Treuhänder ein Recht auf abgesonderte Befriedigung zu (§ 49 InsO). Die Auswirkungen der Treugeberinsolvenz auf die Hauptgesellschaft sind vom Einzelfall abhängig. Nach Lage des Falls kann ein Insolvenzverfahren des Treugebers bei der offenen Treuhand ein wichtiger Grund für die Auflösung der Gesellschaft (§ 133) oder für die Ausschließung des Treuhänders aus der Gesellschaft (§ 140) sein.[408] Im Gesellschaftsvertrag kann dieser Fall auch als Grund für ein automatisches Ausscheiden des Treuhandgesellschafters vereinbart werden.

---

[400] Vgl. nur BGH NJW-RR 1993, 301 = ZIP 1993, 213, 214; NJW 2003, 3414, 3416 = ZIP 2003, 1613, 1615.

[401] Kritik hierzu bei *Karsten Schmidt,* FS Wiegand, 2005, S. 944 ff.

[402] *Blaurock* Unterbeteiligung S. 251.

[403] Schlegelberger/*Karsten Schmidt* RdNr. 72.

[404] So *Blaurock* Unterbeteiligung S. 250 f.; *Eden* S. 132; *Markwardt* S. 138; *Beuthien* ZGR 1974, 67.

[405] Ausführlich Schlegelberger/*Karsten Schmidt* RdNr. 72; vgl. im Ergebnis auch *Krenzel* S. 222.

[406] Vgl. sinngemäß zum Auflösungstatbestand des § 131 HGB aF *Blaurock* Unterbeteiligung S. 253; Schlegelberger/*Karsten Schmidt* RdNr. 73.

[407] *Eden* S. 132; *Kilger/Karsten Schmidt* Insolvenzgesetze § 43 KO RdNr. 9; HKInsO/*Eickmann* § 47 RdNr. 15; Nerlich/Römermann/*Andres* InsO § 47 RdNr. 40.

[408] *Armbrüster* S. 135; *Blaurock* Unterbeteiligung S. 260 f.; *Kapitza* S. 142 ff.

cc) Insolvenzverfahren der Gesellschaft. In einem Insolvenzverfahren über das Vermögen der Gesellschaft steht dem Treugeber kein Aussonderungsrecht zu.[409] Er ist auch nicht Insolvenzgläubiger.[410] Seine Ansprüche richten sich nur gegen den Treuhänder. Dieser hat die Gesellschafterrechte in der aufgelösten Gesellschaft wahrzunehmen, sofern nicht das Treuhandverhältnis endet und der Treugeber die Mitgliedschaft in der insolventen Gesellschaft an sich zieht (vgl. auch RdNr. 88). 83

7. Parteiwechsel. a) Auswechselung des Treuhänders. Der Austausch des vorhandenen gegen einen neuen Treuhänder setzt ein Doppeltes voraus: im Verhältnis zur Gesellschaft eine Anteilsübertragung und im Verhältnis zu dem (den) Treugeber(n) eine Vertragsübernahme, denn sowohl die dingliche als auch die schuldrechtliche Voraussetzung der Treuhand (RdNr. 51 ff.) wird auf eine andere Person verlagert.[411] Für die Vertragsübernahme bedarf es der Mitwirkung des Treugebers und des alten wie des neuen Treuhänders. Die Anteilsübertragung von dem alten auf den neuen Treuhänder erfolgt nach allgemeinen Regeln (RdNr. 53, 69). Nach ihnen bestimmt sich auch, ob eine Zustimmung der Gesellschaft bzw. der Mitgesellschafter erforderlich ist (Personengesellschaftsanteil, vinkulierter Geschäftsanteil; vgl. RdNr. 53 f.). Sind die Treugeber ihrerseits zu einer Gesellschaft zusammengeschlossen (RdNr. 72), so bestimmt sich mangels anderer Vertragsregelung nach dem Gesellschaftsvertrag, ob auf der Treugeber-Seite Einstimmigkeit erforderlich oder eine Mehrheitsentscheidung ausreichend ist.[412] 84

b) Übertragung der Treugeberrechte. aa) Auswechselung der Treugebers. Die *Auswechslung des Treugebers* erfolgt durch Vertragsübernahme im Einvernehmen zwischen Alttreugeber, Neutreugeber und Treuhänder.[413] Schwierigkeiten bereitet die Übertragung der Treugeberrechte im Verhältnis zur Gesellschaft und zu Dritten. Die Übertragung der Treugeberstellung ist mehr als nur die Auswechselung eines Schuldvertragspartners. Ob sie der für die Anteilsübertragung geltenden *Form* bedarf, ist umstritten.[414] Bei der Treuhand am GmbH-Geschäftsanteil ist die Anwendung des § 15 Abs. 3 GmbHG auf Grund des Schutzzwecks dieser Bestimmung zu bejahen.[415] Auch ein *Zustimmungserfordernis,* das für die Anteilsabtretung gilt (Personengesellschaftsanteil, vinkulierte Namensaktie oder vinkulierter GmbH-Geschäftsanteil) gilt gleichermaßen für die Übertragung der Treugeberrechte. Das ist hM sowohl für Personengesellschaften[416] als auch für die GmbH.[417] Eindeutig gilt dies gemäß der Grundsatzentscheidung RGZ 159, 272 für Treugeberrechte, die dem Treugeber wirtschaftlich die Stellung eines Anteilsinhabers verleihen, insbesondere also bei Strohmannkonstellationen. Dasselbe wird man aber in allen Fällen annehmen müssen, in denen die Beteiligung bei Beendigung der Treuhand an den Treugeber zurückfällt. Allerdings greift das Zustimmungserfordernis nur ein, wo dies nach ihrem Sinn und Zweck passt.[418] Insbesondere das Zustimmungserfordernis bei der Übertragung von Personenge- 85

---

[409] *Krenzel* S. 229.

[410] *Eden* S. 136.

[411] Schlegelberger/*Karsten Schmidt* RdNr. 75 mwN; zust. *Armbrüster* S. 135; s. auch Ulmer/*Winter/Löbbe* GmbHG § 15 RdNr. 198.

[412] Vgl. *Armbrüster* S. 137 unter Berufung auf *Decher* ZIP 1987, 1098 f. gegen OLG Köln ZIP 1987, 1120.

[413] Dazu *Eden* S. 102 f.; *Krenzel* S. 189; *Markwardt* S. 116 ff.; Schlegelberger/*Karsten Schmidt* RdNr. 76.

[414] Vgl. *Ulmer* WPg 1963, 121; *ders.,* FS Odersky, 1996, S. 883.

[415] BGH LM GmbHG § 15 Nr. 8 = NJW 1965, 1376, 1377; *Armbrüster* S. 135; Baumbach/*Hueck/Fastrich* GmbHG § 15 RdNr. 57; Scholz/*Winter/Seibt* GmbHG § 15 RdNr. 15.

[416] *Blaurock* Unterbeteiligung S. 152 f.; *Krenzel* S. 190 ff.; *Hans-Jürgen Wolff* S. 85 ff.; MünchKommBGB/*Ulmer* § 705 RdNr. 87; Staub/*Schäfer* § 105 RdNr. 108; für freie Übertragbarkeit *Markwardt* S. 117 ff.

[417] BGH LM GmbHG § 15 Nr. 8 = NJW 1965, 1376, 1377; RGZ 159, 272; OLG Frankfurt GmbHR 1992, 668; OLG Hamburg GmbHR 1993, 507; Scholz/*Winter/Seibt* GmbHG § 15 RdNr. 15; *Däubler* GmbHR 1966, 246; für die AG *Hüffer,* AktG, § 68 RdNr. 11; differenzierend *Serick,* FS Hefermehl, 1976, S. 427, 440 ff.; *Krenzel* S. 190 ff.; *Hans-Jürgen Wolff* S. 85 ff.; MünchKommBGB/*Ulmer* § 705 RdNr. 87; Staub/*Schäfer* § 105 RdNr. 107; Ulmer/*Winter/Löbbe* GmbHG § 15 RdNr. 201; für freie Übertragbarkeit *Markwardt* S. 117 ff.

[418] Näher Ulmer/*Winter/Löbbe* GmbHG § 15 RdNr. 201 mwN.

sellschaftsanteilen gilt nicht bei reinen Anlegergesellschaften (vgl. zur sog. kupierten Publikums-KG RdNr. 79). Ist die Treugeberstellung eine rein kapitalistische und war bei Abfassung des Gesellschaftsvertrags – wie meist bei den Publikumsgesellschaften – bekannt, dass es neben den Gesellschaftern auch Treugeber geben werde, so bezieht sich eine Vinkulierungsklausel im Gesellschaftsvertrag oder das gesetzliche Zustimmungserfordernis bei einer Personengesellschaft im Zweifel nur auf die Gesellschafter (also auf den Treuhänder) und nicht auch auf die Treugeber.[419]

86 **bb) Übertragung des Rückübertragungsanspruchs.** Von der Übertragung der Treugeberrechte ist die *Übertragung eines* bei Beendigung der Treuhand fällig werdenden *Anspruchs auf Rückübertragung des Anteils* zu unterscheiden. Auch sie unterliegt bei der GmbH grundsätzlich der Formvorschrift des § 15 Abs. 3 GmbHG, obwohl Verfügungsgegenstand nur ein Anspruch und nicht der Anteil selbst ist. Die Anspruchsübertragung bedarf grundsätzlich unter denselben Voraussetzungen der Zustimmung wie eine Anteilsübertragung. Vor allem die Anwendbarkeit des § 15 Abs. 3 GmbHG auf die Abtretung eines Anspruchs auf Abtretung eines Geschäftsanteils steht seit BGHZ 75, 352 fest.[420] Das gilt auch für die Abtretung eines Rückübertragungsanspruchs des Treugebers gegen den Treuhänder.[421] Eine Ausnahme soll nach BGHZ 19, 69, 71 f. gelten, wenn der Anspruch nur an einen neuen Treuhänder abgetreten wird, um den Geschäftsanteil in seine Hände zu bringen.[422] Dann sind allerdings wiederum bei der Erfüllung dieses Anspruchs, dh. bei der Anteilsübertragung vom alten an den neuen Treuhänder, die Vorschriften über die Anteilsübertragung zu beachten (RdNr. 84).

87 **8. Beendigung. a) Obligatorische Seite. aa) Beendigung des Treuhandverhältnisses.** Sie ergibt sich in erster Linie aus dem schuldrechtlichen Vertrag (zu diesem RdNr. 72). Endigungsgründe sind vor allem:[423] *Zeitablauf,* Eintritt einer *Bedingung,* ordentliche und außerordentliche *Kündigung, Insolvenz*. Eine unentgeltliche Verwaltungstreuhand (praktisch selten) kann der Treugeber jederzeit nach § 671 BGB widerrufen.[424] Ein entgeltliches Verwaltungs-Treuhandverhältnis unterliegt der Kündigung nach den §§ 621 ff. BGB.[425] Der *Tod des Treuhänders* beendigt vorbehaltlich anderer Vertragsregelung das Treuhandverhältnis (§§ 673, 675 BGB); der Anteil als Treugut fällt zwar in den Nachlass, zugleich wird aber als Nachlassverbindlichkeit der Rückgabeanspruch des Treugebers fällig.[426] Dagegen setzt sich die Sicherungstreuhand im Zweifel mit den Erben fort.[427] Durch den *Tod des Treugebers* endet das Treuhandverhältnis im Zweifel nicht (§§ 672 S. 1, 675 BGB). Die Rechte und Pflichten aus dem Treuhandverhältnis gehören zum Nachlass.[428]

88 **bb) Auflösung oder Umwandlung der (Haupt-)Gesellschaft.** Eine *Auflösung der Gesellschaft* führt noch nicht ohne weiteres zur Beendigung des Treuhandverhältnisses.[429] Die Treuhand bleibt, sofern nicht ein sonstiger Beendigungsgrund eintritt, bis zur Vollbe-

[419] Vgl. *Krenzel* S. 199; *Maulbetsch* S. 179; s. auch *Blaurock* Unterbeteiligung S. 153: „abgesehen von der Publikums-KG".

[420] Vgl. auch Lutter/Hommelhoff/*Bayer* GmbHG § 15 RdNr. 18; Baumbach/*Hueck/Fastrich* GmbHG § 15 RdNr. 57; **aM** noch RGZ 80, 99, 103; Scholz/*Winter/Seibt* § 15 RdNr. 58; *Däubler* GmbHR 1966, 246 mwN.

[421] Schlegelberger/*Karsten Schmidt* RdNr. 77; konsequent **aM** noch Scholz/*Winter/Seibt* GmbHG § 15 RdNr. 16, 61.

[422] Lutter/Hommelhoff/*Bayer* und Baumbach/*Hueck/Fastrich* (Fn. 419); s. auch Scholz/*Winter/Seibt* GmbHG § 15 RdNr. 15; nicht unzweifelhaft; im Ergebnis zustimmend *Armbrüster* S. 138.

[423] *Kapitza* S. 94 ff.; *Krenzel* S. 200 ff.; *Markwardt* S. 122 ff.; *Maulbetsch* S. 170 ff.; *Eden* S. 150 f.; Ulmer/*Winter/Löbbe* GmbHG § 15 RdNr. 205.

[424] *Markwardt* S. 122.

[425] Näher *Markwardt* S. 123 f.; *Kapitza* S. 95 ff.; vgl. für die Publikumstreuhand OLG Köln ZIP 1987, 1120 sowie dazu *Decher* ZIP 1987, 1097.

[426] *Armbrüster* S. 139; *Blaurock* Unterbeteiligung S. 234 f.; *Markwardt* S. 124.

[427] *Eden* S. 151; *Krenzel* S. 203.

[428] *Eden* S. 151 f.; *Markwardt* S. 124; *Krenzel* S. 203; näher *Armbrüster* S. 145.

[429] *Krenzel* S. 204, mißverständlich *Maulbetsch* S. 177; vgl. aber ebd. Fn. 25.

endigung der Gesellschaft und Auskehrung eines etwa vorhandenen Liquidationserlöses bestehen. Mitglied der Liquidationsgesellschaft ist der Treuhänder, nicht der Treugeber.[430] Den Liquidationserlös hat der Treuhänder im Fall einer Verwaltungstreuhand nach § 667 BGB dem Treugeber auszuzahlen.[431] Umgekehrt kann er, soweit er nach § 735 BGB zu Nachschüssen verpflichtet ist, Deckung vom Treugeber verlangen (RdNr. 75). Im Fall einer Umwandlung der Gesellschaft, insbesondere eines Formwechsels, besteht die Treuhand, soweit nicht die Anteile eines übertragenden Rechtsträgers erlöschen, grundsätzlich fort; die Umwandlung kann nach Lage des Falls eine Kündigung oder Änderung des Treuhandverhältnisses zur Folge haben.

cc) Besonderheiten bei mehrgliedriger Treuhand. Bei der mehrgliedrigen Treuhand, insbesondere bei der *Publikumsgesellschaft* (RdNr. 79), muss unterschieden werden zwischen einer Beendigung des mehrgliedrigen Treuhandverhältnisses in toto, dem Ausscheiden des Treuhänders und dem Ausscheiden eines einzelnen Treugebers aus dem mehrgliedrigen Treuhandverband.[432] Die das Treuhandverhältnis in toto lösende Kündigung stellt sich als Auflösung der mehrgliedrigen Gesellschaft dar. Das Ausscheiden des Treuhänders findet vor allem in Form einer Kündigung oder Abberufung des Treuhänders statt. Diese wird regelmäßig und zulässigerweise in den Verträgen von einer qualifizierten Mehrheitsentscheidung der Treugeber abhängig gemacht.[433] Sie führt in der Hauptgesellschaft nicht zur Abfindung, sondern zur Auswechselung des Treuhänders (RdNr. 84, s. auch RdNr. 81 aE) unter Fortsetzung der Gesellschaft. Davon zu unterscheiden ist das außerordentliche Lösungsrecht des einzelnen Treugebers („Austrittsrecht"). Es wird durch das Mehrheitserfordernis nicht berührt und kann insbesondere auch dann gegeben sein, wenn trotz schwerwiegender Pflichtverletzung eine Abberufung des Treuhänders nicht die erforderliche Mehrheit findet.[434] 89

dd) Sicherungstreuhand. Bei der Sicherungstreuhand führt neben der ordentlichen oder außerordentlichen Beendigung des Treuhandverhältnisses auch die Verwertung des Sicherungsguts zur Beendigung.[435] 90

b) Rückübertragung des Anteils. aa) Rückübertragungspflicht. Mit Beendigung des Treuhandverhältnisses ist der Treuhänder zur *(Rück-)Übertragung des Treuguts an den Treugeber* verpflichtet.[436] Der schuldrechtliche Rückübertragungsanspruch ergibt sich ohne weiteres aus dem Treuhandverhältnis und braucht auch bei der Treuhand am GmbH-Geschäftsanteil nicht in der Form des § 15 Abs. 4 GmbHG bedungen zu sein (vgl. zu dieser hM und zur näheren Begründung RdNr. 51).[437] Der Treugeber kann den Treuhänder auf Grund des Rückgabeanspruchs auch anweisen, den Anteil an einen anderen Treuhänder zu übertragen (RdNr. 84). Vgl. zum dinglichen Vollzug aber RdNr. 93. 91

bb) Automatischer Rückfall? Ein *automatischer Rückfall an den Treugeber* findet idR nicht statt.[438] Möglich, aber im Regelfall nicht zu unterstellen ist die Vereinbarung einer aufschiebend bedingten (Rück-)Übertragung an den Treugeber bzw. bei der „Übertragungstreuhand" auch die Vereinbarung einer auflösenden Bedingung.[439] Das gilt auch bei 92

430 *Maulbetsch* S. 178.

431 *Krenzel* S. 204; *Maulbetsch* S. 177; Schlegelberger/*Karsten Schmidt* RdNr. 79.

432 Vgl. bereits Schlegelberger/*Karsten Schmidt* RdNr. 80.

433 Vgl. BGHZ 73, 294, 299 = BB 1979, 802, 803 = NJW 1979, 1503, 1504; *Maulbetsch* S. 173; *Kraft* ZGR 1980, 304; zu den Grenzen, insbesondere zur Unzulässigkeit eines Einstimmigkeitserfordernisses *Decher* ZIP 1987, 1100 f.

434 Vgl. BGHZ 73, 294 = BB 1979, 802 = NJW 1979, 1503; *Maulbetsch* S. 174; *Kraft* ZGR 1980, 399 ff.

435 Schlegelberger/*Karsten Schmidt* RdNr. 81.

436 *Markwardt* S. 121, 128 ff.; *W. Müller* S. 112; *Krenzel* S. 205; Heymann/*Emmerich* § 105 RdNr. 56.

437 BGHZ 19, 69, 70 = BGH NJW 1956, 58; BGH WM 1961, 1195.

438 BGH WM 1971, 306, 307; *Armbrüster* S. 153; *Coing* S. 197 f.; Erman/*Westermann* § 705 RdNr. 27; Ulmer/*Winter/Löbbe* § 15 RdNr. 205.

439 Hier **aM** *Kümmerlein* S. 111; richtig dagegen *Markwardt* S. 134; *Eden* S. 152 ff.; zustimmend *Krenzel* S. 205.

der Treuhand an GmbH-Anteilen.[440] Die Vereinbarung einer solchen Bedingung wird bisweilen für den Fall einer Pfändung oder eines Insolvenzverfahrens empfohlen (zum Schutz des Treugebers in diesen Fällen vgl. auch RdNr. 82).[441]

93 **cc) Vollzug.** Bei der regelmäßig erforderlichen *Rückübertragung* sind im Grundsatz dieselben *Form- und Genehmigungserfordernisse* zu beachten wie bei jeder anderen Anteilsübertragung (vgl. sinngemäß RdNr. 53).[442] Bei einem Personengesellschaftsanteil oder vinkulierten GmbH-Anteil bedarf deshalb die Übertragung an den Treugeber der Genehmigung.[443] Es besteht auch, jedenfalls bei einer verdeckten Treuhand, grundsätzlich kein Anspruch gegen die Mitgesellschafter auf Zustimmung zur Anteilsübertragung.[444] Allerdings kann die *Zustimmung der Gesellschaft oder der Gesellschafter* zur Rückübertragung *im Voraus,* also als Einwilligung schon bei der Begründung des Treuhandverhältnisses, erteilt werden. War die Begründung eines Treuhandverhältnisses nach Maßgabe von RdNr. 51, 53, 54 genehmigt worden, so umfasst diese Genehmigung im Zweifel auch die Rückübertragung.[445] Die im Voraus ohne Vorbehalt erteilte Zustimmung ist im Zweifel unwiderruflich.[446] Der BGH hat dies alles zwar nur für die Sicherungstreuhand entschieden, er hat aber erkennen lassen, dass seine Ausführungen sinngemäß auch für die Verwaltungstreuhand gelten.[447] Nur dann, wenn sich die Interessenlage zum Nachteil der Gesellschaft wesentlich verändert hat (der Treugeber ist etwa zum Konkurrenten geworden), ist der Rückübertragungsvorgang nicht mehr von dem anfänglichen Konsens gedeckt.[448]

IV. Mittelbare Teilhabe am Unternehmen durch stille Beteiligung, Unterbeteiligung oder Genussrechte

94 **1. Stille Beteiligung. a) Begriff.** Die **stille Beteiligung** wird in § 230 RdNr. 2 dahin definiert, dass auf Grund des zwischen einem Unternehmensträger (das HGB sagt: Inhaber des Handelsgeschäfts) und einem stillen Gesellschafter zur Erreichung eines gemeinsamen Zwecks geschlossenen Gesellschaftsvertrag der stille Gesellschafter am Unternehmen (das HGB sagt: Handelsgewerbe) beteiligt ist und eine Gewinnbeteiligung erhält. Charakteristisch für die stille Gesellschaft ist, dass der Stille zwar gesellschaftsrechtlich mit dem Träger des Unternehmens (Inhaber des Handelsgeschäfts) verbunden ist, dies aber nicht in Gestalt einer Außengesellschaft. Das HGB betrachtet die stille Gesellschaft deshalb nicht als Handelsgesellschaft. Sie ist in rechtstechnischer Hinsicht ein *Fall der mittelbaren Beteiligung am Unternehmen.* In tatsächlicher Hinsicht besteht eine erhebliche Variationsbreite, die von einem modifizierten Kreditverhältnis bis hin zu einer Art Handels-Innengesellschaft reicht (§ 230 RdNr. 81).

95 **b) Abgrenzung.** Von der **Unterbeteiligung** (§ 230 RdNr. 191 ff.) unterscheidet sich die stille Gesellschaft dadurch, dass nicht ein Gesellschafter, sondern der Träger des Unter-

---

[440] RGZ 79, 182, 185 f.; *Ulmer* WPg. 1963, 121; *Däubler* GmbHR 1966, 246; Ulmer/*Winter/Löbbe* GmbHG § 15 RdNr. 205.

[441] *Schmitz,* FS Weichler, 1997, S. 129 ff.

[442] RG JW 1931, 2967 m. Anm. *Hachenburg;* BGH LM GmbHG § 15 Nr. 8 = NJW 1965, 1376; BayObLG GmbHG 1991, 572, 574; Ulmer/*Winter/Löbbe* GmbHG § 15 RdNr. 201; Scholz/*Winter/Seibt* GmbHG § 15 RdNr. 50, 15.

[443] RG JW 1931, 2967 m. Anm. *Hachenburg;* BGH LM GmbHG § 15 Nr. 8 = NJW 1965, 1376, 1377; BayObLG GmbHG 1991, 572, 574.

[444] RGZ 159, 272, 282; BGHZ 24, 106, 114.

[445] BGH LM GmbHG § 15 Nr. 8 = NJW 1965, 1376; WM 1985, 1143, 1144; *Armbrüster* S. 153 f.; *Eden* S. 153; *Markwardt* S. 131; Erman/*Westermann* § 705 RdNr. 26; Schlegelberger/*Karsten Schmidt* RdNr. 85; Staub/*Schäfer* § 105 RdNr. 108; Ulmer/*Winter/Löbbe* GmbHG § 15 RdNr. 201; Scholz/*Winter/Seibt* GmbHG § 15 RdNr. 15; *Däubler* GmbHR 1966, 245; **aM** *Gottschling* GmbHR 1965, 244.

[446] BGHZ 77, 392 = NJW 1980, 2708; Staub/*Ulmer* § 405 RdNr. 107.

[447] Schlegelberger/*Karsten Schmidt* RdNr. 85; s. auch *Markwardt* S. 131.

[448] Schlegelberger/*Karsten Schmidt* RdNr. 85; vgl. im Ergebnis auch *Armbrüster* S. 155; zu weit gehen die Bedenken von *Markwardt* S. 131 f.

nehmens Vertragspartner des Innengesellschafters ist (RdNr. 97). Auch bei der Treuhand am Anteil handelt es sich um ein Rechtsverhältnis mit einem Gesellschafter, nicht mit der Gesellschaft (RdNr. 34 ff.). Von der **Verwaltungstreuhand** am Unternehmen unterscheidet sich die stille Gesellschaft typischerweise darin, dass der Geschäftsinhaber für eigene Rechnung und nicht für Rechnung des stillen Gesellschafters tätig ist. Jedoch gibt es einen Überschneidungsbereich auf dem Gebiet der atypischen stillen Gesellschaft (§ 230 RdNr. 81).

c) Rechtsgrundlagen sind im Wesentlichen die §§ 230 ff. HGB, 705 ff. BGB. Die stille Gesellschaft ist kommentiert bei den **§§ 230–236.** 96

2. Unterbeteiligung. a) Funktion. Die Unterbeteiligung ist eine **stille Beteiligung an einem Gesellschaftsanteil** (§ 230 RdNr. 191 ff.).[449] Dies kann zwar nicht der Formulierung nach, wohl aber der Sache nach, als herrschende Auffassung bezeichnet werden.[450] Eine Unterbeteiligung liegt vor, wenn ein Gesellschafter (Hauptbeteiligter) einem Dritten (dem Unterbeteiligten) auf Grund Gesellschaftsvertrags eine Beteiligung an seinem Gesellschaftsanteil einräumt. Die Unterbeteiligung ist ein *Modellfall einer mittelbaren Unternehmensbeteiligung,*[451] denn der Unterbeteiligte ist dem Unternehmen mittelbar – über den Hauptbeteiligten – gesellschaftsrechtlich verbunden, ist aber nicht Mitglied der Hauptgesellschaft. 97

b) Abgrenzungsprobleme. Von der *stillen Gesellschaft* unterscheidet sich die Unterbeteiligung dadurch, dass nicht der Unternehmensträger (Inhaber des Handelsgeschäfts), sondern ein Gesellschafter Vertragspartner des Unterbeteiligten ist (RdNr. 95). Das *Verhältnis zur Treuhand* würde lange Zeit streng exklusiv gesehen. Richtigerweise liegt ein zwar typischer, aber nicht begrifflich strenger Gegensatz vor (RdNr. 45, § 230 RdNr. 202). Es gibt einen Überschneidungsbereich, in dem der Hauptbeteiligte die Hauptbeteiligung treuhänderisch für einen oder – häufiger – für mehrere Unterbeteiligte hält (vgl. insbesondere zur mehrgliedrigen Treuhand-Unterbeteiligung als Publikumsgesellschaft RdNr. 79). 98

c) Rechtsgrundlagen für die Unterbeteiligung sind in erster Linie die §§ 705 ff. BGB und die analog anzuwendenden §§ 230 ff. HGB. Die Unterbeteiligung findet sich kommentiert bei § 230 RdNr. 191 ff., § 231 RdNr. 26, § 232 RdNr. 45 ff., § 233 RdNr. 33 ff., § 234 RdNr. 63 ff., § 235 RdNr. 68 ff., § 236 RdNr. 45 f. 99

3. Genussrechte und Gewinnschuldverschreibungen. a) Genussrechte sind mittelbare Beteiligungen, die einem Nicht-Gesellschafter die Vermögensrechte, aber nicht die Mitgliedschaftsrechte eines Aktionärs gewähren (vgl. auch § 230 RdNr. 53).[452] Eine gesetzliche Definition fehlt (vgl. § 221 Abs. 3 AktG). Die Ausgestaltung von Genussrechten ist unterschiedlich. Umstritten und von der Rechtsprechung noch nicht entschieden ist die Frage, ob Genussrechte „aktiengleich" ausgestaltet werden können.[453] Genussrechte werden regelmäßig, wenn auch nicht zwingend, in Genussscheinen verbrieft und können zum Börsenhandel zugelassen werden. 100

b) Gewinnschuldverschreibungen sind Schuldverschreibungen, bei denen die Rechte der Papierinhaber nach Gewinnanteilen der Gesellschafter berechnet werden (vgl. sinngemäß § 221 Abs. 1 AktG). Um eine Unternehmensbeteiligung handelt es sich dabei nicht. 101

---

449 Schlegelberger/*Karsten Schmidt* RdNr. 90; wörtlich zustimmend Heymann/*Horn* § 230 RdNr. 65.

450 Vgl. BGHZ 50, 315, 319; BGH WM 1959, 595, 596; 1966, 188, 190; 1967, 685.

451 Vgl. auch *Blaurock* Unterbeteiligung S. 49; Schlegelberger/*Karsten Schmidt* RdNr. 91.

452 BGHZ 119, 305, 309 = NJW 1993, 57, 58; BGHZ 120, 141, 145 ff. = NJW 1993, 400, 401; BFH DStR 2008, 1629, 1631 f. = DB 2008, 1948, 1950 f.; *Franzen,* Genussscheine, 1993; *Luttermann,* Unternehmen, Kapital und Genussrechte, 1998; *Gethe* AG 1993, 293, 351.

453 BGHZ 119, 305, 311 = NJW 1993, 57, 58; für Zulässigkeit *Hüffer* AktG § 221 RdNr. 34 mwN; gegen Zulässigkeit *Habersack* ZHR 155 (1991), 385 f.; *Hirte* ZIP 1988, 478 ff. (mit Ausnahmen bei Mitarbeitermodellen).

§ 230 [Begriff und Wesen der stillen Gesellschaft]

(1) Wer sich als stiller Gesellschafter an dem Handelsgewerbe, das ein anderer betreibt, mit einer Vermögenseinlage beteiligt, hat die Einlage so zu leisten, daß sie in das Vermögen des Inhabers des Handelsgeschäfts übergeht.

(2) Der Inhaber wird aus den in dem Betriebe geschlossenen Geschäften allein berechtigt und verpflichtet.

Schrifttum: *Albracht,* Die stille Gesellschaft im Recht der Publikumspersonengesellschaften, 1990; *Altmeppen,* Der „atypische Pfandgläubiger" – ein neuer Fall des kapitalersetzenden Darlehens?, ZIP 1993, 1677; *App,* Die Rechtsformen der „GmbH & Still", BuW 1993, 476; *Arnold,* Die rechtliche Stellung des stillen Gesellschafters, Diss. Leipzig 1909; *Aulinger,* Die atypische stille Gesellschaft, 1955; *Bachmann/Veil,* Grenzen atypischer stiller Beteiligung an einer Aktiengesellschaft, ZIP 1999, 348; *Barz,* Die stille Gesellschaft, 1949; *Bauer,* Die stille Gesellschaft als Finanzierungsinstrument, Wien 2001; *Beck/Schlitt,* Spezielle Probleme bei stillen Beteiligungen im Vorfeld eines Börsengangs, NZG 2001, 688; *Becker,* Gewinnbeteiligung Dritter bei der GmbH aus eigenem Recht, GmbHR 1941, 282; *Beger,* Vor- und Nachteile der GmbH-StG gegenüber der GmbH & Co. KG, DStR 1972, 16; *Beuthien,* Die atypisch stille Gesellschaft – ein Weg zu mehr Eigenkapital für eingetragene Genossenschaften?, NZG 2003, 849; *Bitz,* Begriff und steuerliche Folge der Mitunternehmerschaft auf gesellschaftsrechtlicher und schuldrechtlicher Basis, DB 1984, 316; *ders.,* Aktuelle Entwicklung bei der GmbH & Still, GmbHR 1997, 769; *Blaurock,* Handbuch der stillen Gesellschaft, 7. Aufl. 2010; *ders.,* Unterbeteiligung und Treuhand an Gesellschaftsanteilen, 1981; *ders.* Zur stillen Beteiligung mehrerer Personen an einer Apotheke, NJW 1972, 1119; *ders.,* Die GmbH & Still im Steuerrecht, BB 1992, 1969; *ders.,* Die Limited & Still, FS Westermann, 2008, S. 821; *ders.,* Haftung eines atypischen stillen Gesellschafters, NZG 2010, 974; *Böckle,* Arbeitnehmer und/oder stiller Gesellschafter, Dienstleistungen im Rahmen eines Arbeitsverhältnisses und/oder Vermögenseinlage eines Stillen, GesRZ (Der Gesellschafter) 1983, 138; *Bornemann,* Stille Publikumsgesellschaften im Spannungsfeld von Gesellschafts- und Bankenaufsichtsrecht, ZHR 166 (2002), 211; *Böttcher/Zartmann/Faut,* Stille Gesellschaft und Unterbeteiligung, 3. Aufl. 1978; *v. Borch,* Das Recht der stillen Gesellschaft des Handelsgesetzbuchs in seinem Verhältnis zum Gesellschaftsrecht des Bürgerlichen Gesetzbuches, Diss. Rostock 1901; *Bormann,* Die Zurechnung „verdeckter Gewinnausschüttungen" im Rahmen einer GmbH & Still (Atypisch), DStZ/A 1983, 407; *Brandes,* Die Rechtsprechung des BGH zur Gesellschaft bürgerlichen Rechts und zur stillen Gesellschaft, WM 1989, 1357; *Brandner/Bergmann,* Die Schenkung von Gesellschaftsanteilen, FS Sigle, 2000, S. 327; *Brockhoff,* Arbeitnehmer oder stiller Gesellschafter, BB 1972, 1092; *Bucher,* Das Recht der stillen Gesellschaft, Diss. Leipzig 1908; *Costede,* Mitunternehmerschaft und Betriebsaufspaltung bei der GmbH & Still, StuW 1977, 208 ff.; *ders.,* Steuerrechtsfragen der GmbH & Still, StuW 1983, 308, 765; *Coenen,* Formfreie Schenkung der Gesellschafterstellung in einer stillen Gesellschaft und einer Unterbeteiligung, 2002; *Crezelius,* Der Mitunternehmerbegriff – Ein Kamäleon?, FS L. Schmidt 1995, S. 355 ff.; *Dobroschke,* Die stille Kapitalbeteiligung von Mitarbeitern und die Mitarbeiter-Kapitalbeteiligungsgesellschaften, DB 1976, 1045; *Döllerer,* Die atypische stille Gesellschaft – gelöste und ungelöste Probleme, DStR 1985, 295; *ders.,* Die atypische stille Gesellschaft in der neuesten Rechtsprechung des BFH, StBJb 1987/88, 289; *Ebeling,* Stille Gesellschaft und partiarisches Darlehen, WM 1956, 330; *Ellinger,* Die stille Gesellschaft, Diss. Jena 1910; *Elshofer,* Das Verhältnis der stillen Gesellschaft zur Gesellschaft des B. G. B., Diss. Jena 1905; *Engler,* Die Kommanditgesellschaft und die stille Gesellschaft im Allgemeinen Deutschen Handelsgesetzbuch (ADHGB) von 1861, 1999; *Erkens,* Die mittelbaren Unternehmensbeteiligungen bei der Unternehmensübertragung und Unternehmensumwandlung, 2000; *Fasold,* Die stille Gesellschaft mit der „eigenen" GmbH – eine attraktive Unternehmensform, GmbHR 1970, 155; *Felix,* Die GmbH mit stiller Beteiligung als attraktive Unternehmensform, Steuer-Kongress-Report 1971, S. 208; *ders.,* Zur Angabepflicht stiller Beteiligungen im Anhang des Jahresabschlusses, BB 1987, 1495; *Fichtelmann,* Die GmbH & Still im Steuerrecht, 4. Aufl. 1995; *ders.,* Dienstleistungen als Gesellschafterbeitrag des stillen Gesellschafters, EStB 2001, 418; *Florstedt,* Der stille Verband, 2007; *Robert Fischer,* Fragen aus dem Recht der stillen Gesellschaft, JR 1962, 201; *Ursula Fischer,* Die Rechtsprechung des Bundesgerichtshofes zur Gesellschaft bürgerlichen Rechts und zur stillen Gesellschaft, WM 1981, 638; *Frank,* Splitting-Beteiligung an Kommanditgesellschaften, 1997; *Gehrlein,* Anlegerschutz bei stillen Beteiligungen – Abschied von der fehlerhaften Gesellschaft, WM 2005, 1489; *Geibel,* Die Innengesellschaft, Diss. Gießen 1935; *Geißler,* Aktuelle und festdauernde Rechtsprobleme bei der GmbH & Still, GmbHR 2008, 515; *Glehn,* Der stille Gesellschafter als versicherungsrechtlicher Arbeitgeber, ZBlHR 1932, 161; *Glenke,* Die typische stille Beteiligung an einer GmbH aus Sicht des Gesellschaftsrechts, INF 1995, 176; *ders.,* Die atypische stille Beteiligung an einer GmbH aus der Sicht des Gesellschaftsrechts, INF 1995, 401; *Groh,* Die atypische stille Gesellschaft als fiktive Gesamthandsgesellschaft, FS Kruse, 2001, S. 417; *Groß,* Stille Gesellschaft und Unterbeteiligung – die Vielseitigkeit ihrer Verwendungsmöglichkeiten, DB 1950, 424; *Grüthling,* Die Haftung des stillen Gesellschafters, Diss. Rostock 1935; *Grunewald,* Die in § 23 AGBG vorgesehene Bereichsausnahme für Gesellschaftsrecht, FS Selmer, 1993, 179; *Gschwendter,* Die atypische stille Gesellschaft als beschränkt rechtsfähiges Steuerrechtssubjekt im ESt-Recht, DStZ 1998, 335; *Haase,* Eckpfeiler der GmbH & atypisch Still im Steuerrecht; *Habermas,* Die stille Gesellschaft im deutschen und schweizerischen Recht, Diss. Bern 1961; *Hadding,* Zur gesellschaftsrechtlichen Vereinbarkeit von stillen Vermögenseinlagen und Genussrechten mit dem Förderungszweck der eG, ZIP 1984, 1295;

Haegele, Stille Gesellschaft und Unterbeteiligung rechtlich und steuerlich, BWNotZ 1974, 53, 74; *Peter Hartmann,* Die stille Gesellschaft, 2. Aufl. 1974; *Hense,* Die stille Gesellschaft im handelsrechtlichen Jahresabschluss, 1990; *Herrmann,* Sogenannte Schenkung stiller Beteiligungen, ZHR 147 (1983) 313 mit Erwiderung von *Hengeler,* ZHR 147 (1983) 329; *Hesselmann,* Stille Beteiligung an einer GmbH und GmbH & Co., GmbHR 1957, 191; *Hey,* Eigenkapitalersetzender Charakter der stillen Einlage des GmbH-Gesellschafters, GmbHR 2001, 1100; *Hoeniger,* Innengesellschaft und Innensyndikat, ZHR 84 (1921) 469; *Wolf-Dieter Hoffmann,* Zum Problem der stillen Beteiligung ausländischer Anteilseigner an inländischen Beteiligungsunternehmen, DB 1979, 1195; *Honert,* Atypisch stille Gesellschaft und atypische Unterbeteiligung, EStB 2001, 237; *Horn,* Unternehmensbeteiligungen der Arbeitnehmer und Gesellschaftsrecht, ZGR 1974, 133; *W. Horn/Maertins,* Die steuerliche atypische stille Beteiligung an der GmbH, GmbHR 1994, 147; *Alfred Hueck,* Die Übertragung von Geschäftsanteilen, ZHR 83 (1920) 1; *ders.,* Die Stille Beteiligung bei Handelsgesellschaften, in: FS Lehmann, 1937, S. 239; *Iber,* Die mehrgliedrige stille Gesellschaft als Unternehmensform zur freiwilligen Beteiligung von Arbeitnehmern, RdA 1973, 303; *Igerz,* Echte und „unechte" stille Gesellschaft . . ., GesRZ 1985, 8; *Janzen,* Die Übertragung und Belastung von Mitgliedschaften in der stillen Gesellschaft, Diss. Marburg 1979; *Jebens,* Die stille Beteiligung an einer Kapitalgesellschaft, BB 1996, 701; *Kauffeld,* Die partielle Unternehmensbeteiligung, 2007; *Kessler/Reitsam,* Die typische stille Beteiligung als Alternative zur Organschaft, DStR 2003, 269, 315; *Klauss/Mittelbach,* Die stille Gesellschaft, 2. Aufl. 1980; *Kneip,* Der einkommensteuerrechtliche Mitunternehmer, 1994; *Knobbe-Keuk,* Bilanz- und Unternehmenssteuerrecht, 9. Aufl. 1993; *dies.,* Gesellschafter und Mitunternehmerschaft, StuW 1986, 106; *Knoche,* Selbstständige Bilanzierung bei atypischer stiller Beteiligung am Betrieb einer Kapitalgesellschaft, BB 1972, 656; *Koenigs,* Lohnanspruch der Arbeitnehmer gegen einen Innengesellschafter, DB 1955, 753; *ders.,* Die stille Gesellschaft, 1961; *Kollhosser,* Kredite als Eigenkapitalersatz bei stillen Kapitalbeteiligungen?, WM 1985, 929; *Konzen,* Fehlerhafte stille Beteiligungen an Kapitalanlagegesellschaften, FS Westermann, 2008, S. 1133 *Kormann,* Das negative Kapitalkonto, BB 1974, 894; *Kratzsch,* Die typische und atypische stille Beteiligung an einer Aktiengesellschaft, 2004; *Kühnle,* Stille Gesellschaft und partiarisches Darlehen, Diss. Köln 1967; *Kuhn,* Die Rechtsprechung des BGH zur Kommandit-, stillen und bürgerlich-rechtlichen Gesellschaft, WM 1955, 282; 1957, 1014; 1961, 714; 1963, 1170; *ders.,* Die Rechtsprechung des BGH zur stillen und zur bürgerlich-rechtlichen Gesellschaft, WM 1968, 1114; 1975, 718; *Lang,* Die Typen der stillen Gesellschaft und die Anwendung gesellschaftsrechtlicher Normen auf sie, Diss. Freiburg 1930; *Lastig,* Die stille Gesellschaft, in: Endemanns Handbuch, Bd I, 1881, S. 704; *ders.,* Besprechung von: Renaud, Das Recht der Stillen Gesellschaften, 1885, ZHR 32 (1886), 230; *Lübbert,* Die rechtliche Natur der Stillen Gesellschaft, Diss. Breslau 1906 = ZHR 58 (1906) 464; *Mant/Lammel,* Stille Beteiligungen an Kapitalgesellschaften: Eigenkapitalcharakter und Rang in der Insolvenz nach Inkrafttreten des MoMiG, GmbHR 2009, 1121; *Marcus,* Zum Recht der stillen Gesellschaft, Holdheim 1911, 257; *Milatz,* Die typische stille Beteiligung an einem Nicht-Handelsgewerbe DStZ 2006, 141; *Mitscher,* Das Recht der stillen Gesellschaft, Diss. Würzburg 1903; *Lothar Müller,* Fragen der typischen und der atypischen stillen Beteiligung am Unternehmen einer Kapital- und Handelsgesellschaft, StbJb 1973/74 S. 203; *Mundry,* Darlehen und stille Einlagen im Recht der Kommanditgesellschaft, 1990; *Otto,* Moderne Erscheinungsformen der stillen Beteiligung, BB 1948, 210; *ders.,* Die stille Gesellschaft, Heidelberger Musterverträge, 1988; *Paulick,* Atypische Gesellschaftsformen im Lichte des Steuerrechts, FS Nipperdey, Bd. II, 1965, S. 843; *ders.,* Die Einmann-GmbH Stille Gesellschaft (stG) im Steuerrecht, GmbHR 1982, 237; *Poos,* Begriff der stillen Gesellschaft des HGB, Diss. Göttingen 1933; *Post,* Die stille Beteiligung am Unternehmen der Kapitalgesellschaft, 2. Aufl. 1984; *Priester,* Zusammentreffen von Gewinnabführungsvertrag und stiller Gesellschaft, FS Raupach, 2006, S. 391; *Pyszka,* Atypische stille Beteiligung an einzelnen Unternehmenssegmenten, DStR 2003, 857; *Rasner,* Die atypische stille Gesellschaft, 1961; *Renaud,* Das Recht der stillen Gesellschaften, 1885; *Rettig,* Die stille Gesellschaft des Handelsgesetzbuches im Verhältnis zu der Gesellschaft des Bürgerlichen Gesetzbuches, Diss. Rostock 1902; *Reusch,* Eigenkapital und Eigenkapitalersatz im Rahmen der stillen Gesellschaft, BB 1989, 2358; *ders.,* Die stille Gesellschaft als Publikumspersonengesellschaft, 1989; *Reuter,* Verbesserung der Risikokapitalausstattung der Unternehmen durch Mitarbeiterbeteiligung?, NJW 1984, 1849; *Riegger/Weipert (Hrsg.),* Münchener Handbuch des Gesellschaftsrechts, Bd. II, KG und stille Gesellschaft, 2. Aufl. 2004; *Rödel,* Die typische stille Gesellschaft im Spiegel der neueren Rechtsprechung, StW 2003, 140; *Ruban,* Die atypische stille Gesellschaft im Ertragssteuerrecht, DStZ 1995, 637; *Saenger,* Die stille Gesellschaft, 1924; *Scheel,* Unterschiedlicher Einlagebegriff im Gesellschaftsrecht und Steuerrecht, BB 1988, 1211; *Scheuffele,* Die typische stille Gesellschaft im Handelsrecht und im steuerlichen Bewertungsrecht, BB 1979, 1026; *Schlitt,* Die Informationsrechte des stillen Gesellschafters in der typischen stillen Gesellschaft und in der stillen Publikumsgesellschaft, 1996; *Schmid/Hamann,* Die Einlage des atypisch stillen Gesellschafters als haftendes Eigenkapital, DStR 1992, 950; *Christian Schmidt,* Gewerbesteuerliche Diskriminierung der typischen stillen Gesellschaft durch das Haushaltsbegleitgesetz, DB 1984, 424; *Gerhard Schmidt,* Betrachtungen zur Innengesellschaft, Diss. Hamburg 1956; *Harry Schmidt,* Stille Gesellschaft und AGB-Gesetz, ZHR 159 (1995), 734; *Karsten Schmidt,* Informationsrechte in Gesellschaften und Verbänden, 1984; *ders.,* Die Kreditfunktion der stillen Einlage, ZHR 140 (1976), 475; *ders.,* Die Vertragsparteien bei der stillen Beteiligung, DB 1976, 1705; *ders.,* Das Vollstreckungs- und Insolvenzrecht der stillen Gesellschaft, KTS 1977, 1, 65; *ders.,* Konzernrechtliche Wirksamkeitsvoraussetzungen für typische stille Beteiligungen an Kapitalgesellschaften?, ZGR 1984, 295; *ders.,* Sozialansprüche und actio pro socio bei der „GmbH & Still", FS Bezzenberger, 2000, S. 401; *ders.,* Formfreie Schenkung stiller Beteiligungen?, DB 2002, 829; *ders.,* Zur Gesellschafterschaffung in der „Innen-KG", NZG 2009, 361; *Lutz Schmidt/Lutz E. Werner,* Parallele Zulässigkeit von steuerlicher Organschaft und atypisch stiller Beteiligung, GmbHR 2010, 29; *Ludwig Schmidt,* (Hrsg.), EStG, 25. Aufl. 2006; *Schmidt-Ott,* Publizitätserfordernisse bei atypisch stillen Beteiligungen an dem Unternehmen einer GmbH?, GmbHR 2001, 182; *Schmitz,* Kapitalbeteiligung des Arbeitnehmers am arbeitgebenden Unternehmen, Berlin 1955; *Herbert Schneider,* Über die Unterbeteiligung an einer Personengesellschaft als stille Gesellschaft, FS Möhring, 1965, S. 115; *Uwe H. Schneider/Reusch,* Die Vertretung und die Mitwirkung der Gesellschafter bei der Gründung einer GmbH & Still, DB 1989, 743; *Schön,* Die stille Beteiligung an dem Handelsunternehmen einer Kommanditgesellschaft, ZGR 1990, 220; *ders.,* Gibt es das partiarische Darlehen?, ZGR 1993, 210; *Schreiber,* Wer ist Mitunternehmer, 1994; *Schulze-Osterloh,* Das Recht der Unternehmensverträge und die stille Beteiligung an einer Aktiengesellschaft, ZGR 1974, 427; *ders.,* Die Rechnungslegung der Innengesellschaft, – insbesondere der stillen Gesellschaft, WPg 1974, 393; *ders.,* Der atypische stille Gesellschafter ist der typische stille Gesellschafter, FS Kruse, 2001, S. 377; *Schulze zur Wiesche,* Die GmbH & Still, 4. Aufl. 2003; *ders.,* Die atypisch stille Gesellschaft, FR 1997, 405; *ders.,* Die Einmann-GmbH & Still und Mitunternehmerschaft, GmbHR 1983, 202; *ders.,* Die atypische GmbH & Still, GmbHR 1985, 160; *ders.,* Einbringung von Wirtschaftsgütern in eine GmbH & Still, StBp 2003, 132; *Schulte/Waechter,* Atypische stille Beteiligungen nach § 294 AktG, GmbHR 2002, 189; *Sedlmayer,* Stiller Gesellschafter in der Umwandlung des Geschäftsinhabers, DNotZ 2003, 611; *Semler,* Vorfinanzierung zukünftigen Aktienkapitals durch stille Gesellschaften, FS Werner, 1984, S. 855; *Sennhenn,* Die gesellschaftsrechtliche und die steuerrechtliche Behandlung der typischen und der atypischen stillen Gesellschaft, Diss. Münster 1975; *Siebert,* Zur atypischen stillen Gesellschaft, NJW 1953, 806; *Silberschmidt,* Die Haftung der am Unternehmen mitarbeitenden Kommanditisten und stillen Gesellschafter vom Standpunkte der Interessenabwägung aus, LZ 1932, 1329; *Steckhan,* Die Innengesellschaft, 1966; *Steffens,* Das Recht der stillen Gesellschaft nach geltendem deutschen Reichsrecht, Diss. Jena 1908; *Sterner,* Kapitaleinkünfte durch Veräußerung einer stillen Beteiligung?, BB 1983, 2176; *Sterzenbach,* Stille Gesellschaft, BuW 2001, 385; *Stimpel,* Aus der jüngeren Rechtsprechung des Bundesgerichtshofes zum Gesellschaftsrecht, ZGR 1973, 73; *Stuttgen,* Die stille Beteiligung an der gewerblichen Familien-GmbH, 1988; *Sudhoff,* Die GmbH & Co. StG, DB 1969, 2069; *Sudhoff/Sudhoff,* Stille Beteiligung an einer GmbH und die Umwandlung dieser Beteiligung, GmbHR 1984, 77; *Terpitz,* Ansprüche aus stillen Beteiligungen und partiarischen Darlehen als Sicherheiten, Sparkasse 1967, 135; *Theisen,* Partiarisches Darlehen als Finanzierungsalternative zur Stillen Gesellschaft, GmbHR 1987, 64; *Tillmann,* Rechtsformwahl und Vertragsgestaltung nach der Körperschaftssteuerreform, GmbHR 1977, 252, 280; *Troost,* Die steuerliche Abgrenzung zwischen typisch und atypisch stillen Gesellschaften, 1997; *Vesely-Kumpf,* Stille Beteiligung ausländischer Gesellschaften an der „eigenen" GmbH, RIW/AWD 1977, 309; *Wachter,* Die Gewinnermittlung und -verteilung in der stillen Gesellschaft, 1996; *Klaus R. Wagner,* Zur aktuellen Rechtsprechung des II. Zivilsenats des BGH betreffend stille Beteiligungen im Kapitalanlagemodell, NZG 2005, 499; *Udo Wagner,* Die Mitgliedschaft in der stillen Gesellschaft und in der Unterbeteiligung als Kreditsicherheit, in: *Hadding/U. H. Schneider,* (Hrsg.), Gesellschaftsanteile als Kreditsicherheit, 1979, S. 105; *Wahl,* Die Vermögenseinlage des atypischen stillen Gesellschafters in der Handelsbilanz und im Überschuldungsstatus der GmbH, GmbHR 1975, 169; *Walter,* Verlustnutzung beim atypisch stillen Gesellschafter trotz ausstehender Einlage, GmbHR 1997, 823; *Klaus Weber,* Ende der typisch stillen Beteiligung bei beherrschendem Einfluss, DB 1992, 546; *ders.,* Die Bedeutung der Geschäftsführertätigkeit für die Annahme einer atypischen GmbH & Still, GmbHR 1994, 144; *Wegener,* Stille Gesellschaft und GmbH, GmbHR 1951, 103; *Wehrheim,* Die einkommensteuerliche Qualifikation der Einkünfte des atypisch stillen Gesellschafters einer GmbH & Still, DStR 1998, 1533; *Weigl,* Stille Gesellschaft und Unterbeteiligung, 2. Aufl. 2004; *ders.,* Anwendungs- und Problemfelder der stillen Gesellschaft, DStR 1999, 1568; *Weimar,* Die KG & Still – eine stille Gesellschaft ?, DB 1987, 1077; *ders.,* Die GmbH & Still im Fortschritt des Gesellschaftsrechts, ZIP 1993, 1509; *Horst S. Werner,* Die stille Unternehmensbeteiligung, 1990; *Westermann,* Die „versteckte" stille Gesellschaft, FS Ulmer, 2003, S. 657; *Windbichler,* Schadensersatzansprüche des stillen Gesellschafters – Besprechung der Entscheidung BGH WM 1987, 1193, ZGR 1989, 434; *Winter,* Die Rechtsstellung des stillen Gesellschafters in der Verschmelzung des Geschäftsinhabers, FS Pelzer, 2001, S. 645; *Woltmann,* GmbH und stille Gesellschaft – eine Rechtsform mit Zukunft, GmbHR 1974, 156; *Wolany,* Zum Inhaberwechsel bei der stillen Gesellschaft, JZ 1962, 248; *Zacharias/Hebig/Rinnewitz,* Die atypische stille Gesellschaft, 2. Aufl. 2000.

Schrifttum zur stillen Beteiligung Minderjähriger: *Bilsdorfer,* Gesellschafts- und steuerrechtliche Probleme bei Unterbeteiligung von Familienangehörigen, NJW 1980, 2785; *Brox,* Die unentgeltliche Aufnahme von Kindern in eine Familien-Personengesellschaft, FS Bosch, 1976, S. 75; *Buchwald,* Die geschenkte Aufnahme in eine Personengesellschaft, GmbHR 1953, 81; *Eckelt,* Vermögensanteil und Kapitalanteil, NJW 1954, 1905; *Fichtelmann,* Stille Gesellschaft mit (minderjährigen) Kindern, EStB 2000, 202; *von Godin,* Die unentgeltliche Aufnahme eines Innengesellschafters, JR 1953, 171; *Hundertmark,* Gründung einer sogenannten Innengesellschaft mit Minderjährigen, BB 1970, 1653; *Jebens,* Formerfordernisse bei der Schenkung von Darlehen und stillen Beteiligungen, BB 1980, 407; *Klamroth,* Zur Anerkennung von Verträgen zwischen Eltern und minderjährigen Kindern, BB 1975, 525; *Knopp,* Gründung stiller Gesellschaften bei Beteiligung Minderjähriger, NJW 1962, 2181; *Lorenz,* Zur Formbedürftigkeit von Schenkungen stiller Beteiligungen, BB 1972, 573; *Märkle,* Stille Beteiligungen minderjähriger Kinder am elterlichen Betrieb nach vorausgegangener Kapitalschenkung, BWNotZ 1974, 95; *Rosenau,* Beteiligung Minderjähriger an gesellschaftsrechtlichen Unternehmensformen, BB 1965, 1393; *ders.,* Die Gründung einer Stillen Gesellschaft mit Minderjährigen, BB 1969, 1080; *Sudhoff,* Beteiligung minderjähriger Kinder in gesellschaftsrechtlicher und steuerrechtlicher Sicht, FR 1965, 49; *ders.,* Die Beteiligung der Kinder am väterlichen Unternehmen, DB 1965, 1545; *Tiedtke,* Unentgeltliche Beteiligung eines Kindes als stiller Gesellschafter, DB 1977, 1064; *ders.,* Die schenkweise Zuwendung einer stillen Beteiligung an ein minderjähriges Kind, BB 1988, 946.

Schrifttum zur fehlerhaften stillen Beteiligung: *Armbrüster/Joos,* Zur Abwicklung fehlerhafter stiller Beteiligungen, ZIP 2004, 189; *Bayer/Riedel,* Kapitalbeteiligungen an Personengesellschaften und Anlegerschutz – Zugleich ein Beitrag zur Dogmatik der fehlerhaften stillen Gesellschaft, NJW 2003, 2567; *Gehrlein,* Anlegerschutz bei stillen Beteiligungen – Abschied von der fehlerhaften Gesellschaft?, WM 2005, 1489; *Geibel,* Die Lehre von der fehlerhaften Gesellschaft als Beschränkung von Schadensersatzansprüchen?, BB 2005, 1009; *Hey,* Keine Anwendung der Grundsätze über die fehlerhafte Gesellschaft auf die stille Gesellschaft?, NZG 2004, 1097; *Kiethe,* Anlegerschutz in der fehlerhaften stillen Gesellschaft, DStR 2005, 924; *Loritz,* Ein neuer Sonderweg bei Rückabwicklung stiller Gesellschaften, DB 2004, 2459; *Rohlfing,* Widerruf einer atypisch stillen Beteiligung und die so genannte fehlerhafte Gesellschaft, NZG 2003, 854; *Schäfer,* Der täuschungsbedingte Beitritt zur (Personen-)Gesellschaft und die Lehre vom fehlerhaften Verband – Vorrang von Schadensersatzansprüchen? –, ZHR 170 (2006), 373; *Schubert,* Die Lehre von der fehlerhaften Gesellschaft und des Haustürwiderrufsrecht, WM 2006, 1328; *Tettinger,* Die fehlerhafte stille Gesellschaft – Zivilrechtlicher Anlegerschutz durch bankrechtliche Erlaubnisvorbehalte?, DStR 2006, 849, 903; *Wagner,* Zur aktuellen Rechtsprechung des II. Zivilsenats des BGH betreffend stille Beteiligungen im Kapitalanlagemodell, NZG 2005, 499; *Wälzholz,* DStR 2003, 1533; *Wertenbruch,* Rückabwicklung einer Kapitalanlage in Form einer stillen Gesellschaft – Urteilskomplex „Göttinger Gruppe", NJW 2005, 2823.

Übersicht

I. Grundlagen

1. Begriffsbestimmung. a) Keine gesetzliche Definition. Das **Gesetz** enthält **keine Definition** der stillen Gesellschaft.[1] Art. 250 Abs. 1 ADHGB hatte noch gelautet: „Eine stille Gesellschaft ist vorhanden, wenn sich Jemand an dem Betrieb eines Handelsgewerbes eines Anderen mit einer Vermögenseinlage gegen Antheil am Gewinn und Verlust 1

[1] *Blaurock* RdNr. 4.1; *Koenigs* S. 3; *Saenger* S. 14; GK/*Fahse* RdNr. 1; *Koller*/Roth/Morck RdNr. 2; MünchHdbGesR II/*Bezzenberger/Keul* § 72 RdNr. 9; Röhricht/v. Westphalen/*v. Gerkan/Mock* RdNr. 2; Staub/*Zutt* RdNr. 6.

beteiligt." Die **§§ 230–236** (bis 1985: 335–342)[2] beschreiben nur bestimmte, teils typische, teils vom Gesetzgeber für besonders bedeutsam erachtete Merkmale und Rechtsfolgen, aus denen die Tatbestandsvoraussetzungen allenfalls mittelbar erschlossen werden können. Das wird nicht selten verkannt. Unnötige Schwierigkeiten bereitet zB das angebliche Tatbestandsmerkmal des § 230 Abs. 1, wonach der stille Gesellschafter „die Einlage so zu leisten (hat), dass sie in das Vermögen des Inhabers des Handelsgeschäfts übergeht".[3] Wie in RdNr. 37 zu zeigen sein wird, schreibt das Gesetz keineswegs vor, der stille Gesellschafter müsse in jedem Fall eine Einlageleistung erbringen.[4] Notwendig ist nur, dass der stille Gesellschafter eine stille Einlage bei dem Träger des Unternehmens hält.

2 **b) Definition in der Rechtswissenschaft.** Auch das Schrifttum enthält sich, soweit es nicht wegen der Begriffsbestimmung auf § 230 verweist,[5] weitgehend einer klaren Definition. Die hier zu Grunde gelegte **Definition** der stillen Gesellschaft lautet im Vorgriff auf die folgende Kommentierung folgendermaßen:[6] *Ist auf Grund des zwischen einem kaufmännischen Rechtsträger (das HGB sagt: Inhaber des Handelsgeschäfts) und einem Anderen (stillen Gesellschafter) zur Erreichung eines gemeinsamen Zwecks ein Gesellschaftsvertrag geschlossen worden, kraft dessen der andere ohne Bildung eines Gesellschaftsvermögens mit einer Einlage am kaufmännischen Unternehmen (das HGB sagt: Handelsgewerbe) beteiligt ist und eine Gewinnbeteiligung erhält, so liegt eine stille Gesellschaft iS des HGB vor.* Diese Begriffsbestimmung wertet ausdiskutierte Ergebnisse ohne Bruch mit dem gesetzlichen Konzept aus und bringt die Erträge einer verwirrenden Diskussion auf eine überschaubare und praktikable Formel. Die Beschränkung der Definition auf handelsgewerbliche Unternehmen[7] entspricht dem positiven Recht und führt in der Sache zu keiner Einengung. Durch *analoge* Anwendung können die §§ 230 ff. auch die stille Beteiligung an nichtkaufmännischen Unternehmen umfassen (RdNr. 24 f.) sowie auch die stille Beteiligung an nichtgewerblichen Gesellschaften mit Kaufmannseigenschaft (RdNr. 20). Auch auf Unterbeteiligungsverhältnisse sind die §§ 230 ff. analog anzuwenden (RdNr. 204).

3 **2. Überblick über die Begriffsmerkmale.** Folgende **Begriffsmerkmale** müssen hiernach vorliegen, damit eine stille Gesellschaft angenommen werden kann, auf welche die §§ 230 ff. anwendbar sind:

– Ein Vertragspartner muss *Kaufmann iS von §§ 1 ff.* sein (für die analoge Anwendung der §§ 230 ff. genügt ein sonstiger Unternehmensträger; vgl. RdNr. 24 f.).
– Es muss ein *stiller Gesellschafter* vorhanden sein (RdNr. 34 f.).
– Es muss ein *Vertrag mit einem gemeinsamen Zweck,* also ein Gesellschaftsvertrag, zwischen diesen Parteien geschlossen sein (RdNr. 36).
– Der stille Gesellschafter muss kraft dieses Vertrags *ohne Bildung eines Gesellschaftsvermögens mit einer Einlage* am Unternehmen (für die unmittelbare Anwendung: am Handelsgeschäft) *beteiligt* sein (RdNr. 37).
– Der stille Gesellschafter muss *am Unternehmensgewinn beteiligt* sein (RdNr. 38 ff.).

In der Realität hat sich das Rechtsbild der stillen Gesellschaft gegenüber diesen Mindestanforderungen weitgehend verselbstständigt (RdNr. 72 ff.). Das ändert jedoch nichts an der rechtlichen Unentbehrlichkeit der soeben aufgeführten Merkmale.

---

[2] Die Umstellung beruhte auf dem Bilanzrichtliniengesetz, dazu Schlegelberger/*Karsten Schmidt* § 335 = § 230 nF RdNr. 1, Fn. 1.

[3] Vgl. statt vieler die Begriffsbestimmung bei *Koenigs* S. 5.

[4] Richtig zB *U. Huber* Vermögensanteil S. 194.

[5] ZB *Blaurock* RdNr. 4.1; *Koenigs* S. 5; Röhricht/v. Westphalen/*v. Gerkan/Mock* RdNr. 2 f.; MünchHdBGesR II/*Bezzenberger/Keul* § 72 RdNr. 9 spricht von einer „Begriffsumschreibung" in §§ 230, 231; an § 230 HGB orientierte Definitionsformel bei E/B/J/S/*Gehrlein* RdNr. 2.

[6] Die Begriffsmerkmale wurden entwickelt bei Schlegelberger/*Karsten Schmidt* RdNr. 2; Detailänderungen der im Text vorgelegten Begriffsbildung beruhen auf dem Handelsrechtsreformgesetz, insbesondere auf § 105 Abs. 2.

[7] Anders noch, jedoch ohne sachliche Differenz, Schlegelberger/*Karsten Schmidt* RdNr. 2.

II. Rechtsnatur der stillen Gesellschaft

1. Die stille Gesellschaft als Personengesellschaft. a) Gesellschaft. Im Gesetzeswortlaut (vgl. §§ 230, 231) und in der Vertragstypenlehre erscheint die stille Gesellschaft als „Gesellschaft“. Sie ist ein **Spezialfall der Gesellschaft nach § 705 BGB** in Form der Innengesellschaft (RdNr. 7). Ein stilles Gesellschaftsverhältnis, das nicht sämtliche Voraussetzungen des § 705 BGB erfüllt, gibt es nicht.[8] Voraussetzung ist ein Vertrag, durch den mindestens zwei Parteien einander versprechen, die Erreichung eines gemeinsamen Zwecks zu fördern, insbesondere die vereinbarten Beiträge zu leisten. Liegt kein Gesellschaftsverhältnis iS des § 705 BGB vor, so greifen die §§ 230 ff. nicht unmittelbar ein (zur analogen Anwendung einzelner Vorschriften auf die Fremdfinanzierung von Unternehmen vgl. aber Anh. § 236 RdNr. 33). 4

b) Personengesellschaft. Die stille Gesellschaft ist *Personengesellschaft* im Sinne der Unterscheidung von Personen- und Kapitalgesellschaften.[9] Sie ist keine Körperschaft, auch nicht steuerrechtlich. Das schließt allerdings – wie auch sonst bei Personengesellschaften – nicht aus, dass die Gründer ihr eine „kapitalistische“ und „körperschaftliche“ Organisationsstruktur geben (RdNr. 88 ff.). 5

c) Variante der BGB-Innengesellschaft. Systematisch ist die stille Gesellschaft als eine spezielle, vom HGB auf die Beteiligung an einem Handelsgewerbe begrenzte Variante der BGB-Innengesellschaft zu begreifen (RdNr. 4).[10] Die **§§ 706–740 BGB** sind, soweit nicht die Besonderheiten des stillen Gesellschaftsverhältnisses entgegenstehen, auf stille Gesellschaften subsidiär anwendbar (vgl. RdNr. 136 ff.). Schließlich rechtfertigt sich auch die analoge Anwendung der §§ 230 ff. auf die stille Beteiligung an Nicht-Gewerbebetrieben (RdNr. 25) durch diese Einschätzung. 6

2. Die stille Gesellschaft als Innengesellschaft. a) Das Prinzip. Die stille Gesellschaft ist der klassische Fall einer Innengesellschaft.[11] Das schließt die Bildung eines dieser Gesellschaft „dinglich“ zugewiesenen Gesellschaftsvermögens aus (RdNr. 9), nicht dagegen die vermögensmäßige Beteiligung des stillen Gesellschafters am Unternehmen (RdNr. 79 ff.). Es bedeutet auch nicht, wie früher angenommen wurde, dass die stille Gesellschaft notwendig ein „rein schuldrechtliches“ Rechtsverhältnis ist (RdNr. 17). Die stille Beteiligung kann dem stillen Gesellschafter Rechte und Pflichten gesellschaftsrechtlicher Art zuweisen, die über die schuldrechtliche Bindung hinausgehen (vgl. insbes. RdNr. 77 ff.). Sie kann als Verband organisiert (RdNr. 83 ff.) und sogar als „Innen-KG“ ausgestaltet sein (RdNr. 87). 7

---

[8] Vgl. RGZ 77, 223, 227; 80, 268, 270 ff.; BGHZ 3, 75, 79; 7, 378, 382; *Ballerstedt* JuS 1963, 261; *Blaurock* RdNr. 4.3; *Bucher* S. 24 ff.; *Koenigs* S. 20 ff.; *Rasner* S. 27 ff.; Baumbach/*Hopt* RdNr. 2; GK/*Fahse* RdNr. 14; Heymann/*Horn* RdNr. 2; *Koller*/Roth/Morck RdNr. 2; MünchHdbGesR II/*Bezzenberger/Keul* § 72 RdNr. 16 f.; Röhricht/v. Westphalen/*v. Gerkan/Mock* RdNr. 4; Staub/*Zutt* RdNr. 7; **aM** *Lastig* in Endemanns Hdb. Bd. I S. 704 ff.; *Grüthling* S. 15 ff.; *Lübbert* ZHR 58 (1906), 502 ff.; *ders.*, Die rechtliche Natur der stillen Gesellschaft unter Berücksichtigung ihrer historischen Entwicklung, Diss. Breslau 1906, passim. Differenzierend mit unterschiedlichen Kriterien: *Lang* S. 35 ff., 66 ff.; *Schulze-Osterloh,* Der gemeinsame Zweck, S. 37; *Hoeniger* ZHR 84 (1921), 465; Überblick bei *Karsten Schmidt* ZHR 140 (1976), 478 mwN und bei *Schön* ZGR 1993, 219 ff.

[9] Vgl. nur BFH DB 2001, 2072; *Blaurock* RdNr. 4.17; MünchHdbGesR II/*Bezzenberger/Keul* § 72 RdNr. 17; Heymann/*Horn* RdNr. 2; Schlegelberger/*Karsten Schmidt* RdNr. 5.

[10] MünchKommBGB/*Ulmer* § 705 RdNr. 282; Staub/*Zutt* RdNr. 7; *Schön* ZGR 1993, 219 f.

[11] Heute allgM; vgl. nur BGH NJW 2006, 1984, 1985; BFH DB 2001, 2072; OLG Köln NJW-RR 1996, 270; *Schön* ZGR 1993, 210, 211; *Blaurock* RdNr. 4.10; *Koenigs* S. 16; *Reusch* S. 20; MünchHdbGesR II/*Bezzenberger/Keul* § 72 RdNr. 18; Baumbach/*Hopt* RdNr. 2; GK/*Fahse* RdNr. 3; Heymann/*Horn* RdNr. 3; *Koller*/Roth/Morck, RdNr. 3, 11; Oetker/*Schubert* RdNr. 1; Röhricht/v. Westphalen/*v. Gerkan/Mock* RdNr. 5; Staub/*Zutt* RdNr. 8; näher begründet noch bei Düringer/Hachenburg/*Flechtheim* § 335 RdNr. 2; **aM** *Hoeniger* ZHR 84 (1921), 462 ff.; relativistisch *Saenger* S. 3 ff.; gegen die Unterscheidung von Außen- und Innengesellschaften und gegen die paradigmatische Bedeutung der stillen Gesellschaft als Innengesellschaft freilich *Steckhan,* Die Innengesellschaft, passim.

8 **b) Keine Rechtsträgerschaft.** Als Innengesellschaft ist die stille Gesellschaft materiell rechtsunfähig, also **unfähig, Trägerin von Rechten und Pflichten zu sein.**[12] Hierdurch unterscheidet sie sich nicht nur von der oHG und der KG (§§ 124, 161 Abs. 2), sondern auch von der durch BGHZ 146, 341 = NJW 2001, 1056 als rechtsfähig anerkannten BGB-Außengesellschaft. Damit ist nicht nur das Vorhandensein eines Gesellschaftsvermögens ausgeschlossen (RdNr. 9), sondern auch das Bestehen von Ansprüchen gegen die stille Gesellschaft. Ausgeschlossen ist eine rechtsgeschäftliche Vertretung der stillen Gesellschaft durch Organe oder Bevollmächtigte (RdNr. 10). Die stille Gesellschaft kann auch nicht Erbin sein.[13] Die stille Gesellschaft ist als Innengesellschaft **im Zivilprozess parteiunfähig**[14] und **insolvenzunfähig.**[15] Sie ist auch nicht Steuerschuldnerin.[16] Allerdings behandelt der Bundesfinanzhof die atypische (mitunternehmerische) stille Gesellschaft im finanzgerichtlichen Verfahren der Gewinnfeststellung als Verfahrenssubjekt.[17] Das hängt damit zusammen, dass die stille Gesellschaft „virtuelle KG" sein kann (RdNr. 81). In diesem Fall ist die stille Gesellschaft als Rechtsträgerin bloße Fiktion, aber der durch sie geschaffene Innenverband ist Realität.

9 **c) Kein Gesellschaftsvermögen.** Die Bildung eines der stillen Gesellschaft „dinglich" zugewiesenen Gesellschaftsvermögens ist von Rechts wegen ausgeschlossen.[18] Die bisweilen vorgetragene Gegenansicht[19] beruht auf rechtspraktischen und rechtsdogmatischen Missverständnissen. Zunächst einmal kann es sein, dass ein stiller Gesellschafter gleichzeitig als Handelsgesellschafter am Unternehmen einer Handelsgesellschaft beteiligt ist (vgl. auch zur gesplitteten Einlage RdNr. 90 f.).[20] Dann gibt es selbstverständlich ein Gesellschaftsvermögen, nur eben kein Gesellschaftsvermögen der stillen Gesellschaft. Den Befürwortern eines echten Gesellschaftsvermögens geht es um ein Problem der Vertragsfreiheit: Es bestehe kein Grund, eine gemeinsame „dingliche" Berechtigung der stillen Gesellschafter nicht zuzulassen.[21] Das ist gleichfalls ein Missverständnis. Es ist selbstverständlich zulässig, dass die Gesellschafter zur Erreichung des mit dem stillen Gesellschaftsverhältnis verfolgten gemeinsamen Zwecks ein gemeinsames Vermögen (zB ein gemeinsames Treuhandkonto oder ein dem Unternehmen gemeinsam zur Verfügung gestelltes Grundstück oder sonstiges Anlagevermögen) bilden.[22] Die Bildung eines solchen gemeinsamen Vermögens kann sogar als zweckfördernder Beitrag im Rahmen des stillen Gesellschaftsvertrags geschuldet sein. Aber es handelt sich auch dann nicht um „Einlagen" (vgl. zum Begriff der Einlage RdNr. 37, 147 ff.) in ein „Gesellschaftsvermögen" der stillen Gesellschaft.[23] Möglich ist zB ein gemeinschaftliches Vermögen in Gestalt einer Bruchteilsgemeinschaft (Miteigentum) unter den Gesellschaftern.[24] Im Einklang mit der hM[25] kann auch eine besondere Gesamt-

[12] Vgl. statt vieler *Blaurock* RdNr. 4.12; E/B/J/S*Gehrlein* RdNr. 4; Staub/*Zutt* RdNr. 9.

[13] Schlegelberger/*Karsten Schmidt* RdNr. 8.

[14] Näher Schlegelberger/*Karsten Schmidt* RdNr. 178 f. mwN.

[15] Näher Schlegelberger/*Karsten Schmidt* RdNr. 180 f.

[16] BFHE 185, 190, 198 = BStBl. 1998 II S. 480, 484 mwN; HK-HGB/*Selder* RdNr. 10 ff.

[17] BFHE 182, 101, 103 = BStBl. 1998 II S. 328, 329; BFHE 184, 418, 421 = BStBl. 1998 II S. 137, 138; BFH/NV 1999, 169; BFHE 198, 101 = BStBl. II 2002, 464; HK-HGB/*Stuhlfelner/Selder* RdNr. 8; dazu *Gschwendtner* DStZ 1998, 335 ff.; Ludwig Schmidt/*Wacker* EStG § 15 RdNr. 164, 347.

[18] OLG Hamm NJW-RR 1994, 1382, 1383; *Blaurock* RdNr. 4.20; Heymann/*Horn* RdNr. 3; *Koller*/Roth/Morck RdNr. 3; Röhricht/v. Westphalen/*v. Gerkan/Mock* RdNr. 3, 5; Staub/*Zutt* RdNr. 26.

[19] Vgl. *Koenigs* S. 337; *Schafheutle,* Gesellschaftsbegriff und Erwerb in das Gesellschaftsvermögen 1931, S. 37 ff.; *Steckhan* S. 74 ff., 82; s. auch *H. P. Westermann* Vertragsfreiheit S. 200 f.

[20] *A. Hueck,* FS Lehmann, 1956, S. 245.

[21] Deutlich *Steckhan* S. 81 f.

[22] RGZ 45, 34, 38 f.; BGHZ 8, 157, 161 = NJW 1952, 818; MünchHdbGesR II/*Bezzenberger/Keul* § 72 RdNr. 22.

[23] Siehe schon Schlegelberger/*Karsten Schmidt* RdNr. 9; Röhricht/v. Westphalen/*v. Gerkan/Mock* RdNr. 5.

[24] Vgl. RGZ 45, 34, 38 f.; BGHZ 8, 157, 161; *Koller*/Roth/Morck RdNr. 3; MünchHdbGesR II/*Bezzenberger/Keul* § 72 RdNr. 22.

[25] Siehe nur BGH NJW 1982, 170; NJW 1997, 860, 86 = ZIP 1997, 244, 245; rechtspolitische Kritik bei *Karsten Schmidt* AcP 182 (1982), 481 ff.; *ders.* ZIP 1998, 4 ff.

hand zum „Halten und Verwalten" gemeinschaftlichen Vermögens, zB eines Betriebsgrundstücks, gebildet werden, dies aber neben der stillen Gesellschaft. Schließlich ist es auch denkbar, dass die Parteien eines stillen Gesellschaftsvertrags als Außengesellschaft in Erscheinung treten und dann gesamthänderisch Erträge erwirtschaften (oHG oder GbR kraft Rechtsformzwangs, vgl. RdNr. 50; zur Rechtsscheinhaftung demgegenüber RdNr. 15).[26] Doch steht die *dingliche Vermögensgemeinschaft* in all diesen Fällen, selbst wenn im Gesellschaftsvertrag verabredet, außerhalb der stillen Gesellschaft, bildet also kein Gesellschaftsvermögen der stillen Gesellschaft. Im Rahmen des stillen Gesellschaftsverhältnisses kann allerdings eine rein *schuldrechtliche Vermögensbeteiligung* vereinbart werden (vgl. dazu RdNr. 80). Einem „virtuellen" Gesamthandsvermögen insbesondere bei der „GmbH & Still" steht § 230 Abs. 1 nicht entgegen (vgl. dazu RdNr. 81 f., 87). Inhaber dieses Vermögens ist aber nicht die stille Gesellschaft.

3. Keine Handelsgesellschaft. a) Der Grundsatz. Die stille Gesellschaft **gehört** in der Terminologie des HGB **nicht zu den Handelsgesellschaften** (vgl. Überschrift des Zweiten Buchs).[27] Dadurch deutet das Gesetz an, dass die stille Gesellschaft als Innengesellschaft nicht selbst Trägerin des (Handels-)Unternehmens sein kann. Das gilt für die atypische stille Gesellschaft ebenso wie für die typische. § 230 Abs. 2, wonach allein der Inhaber aus den in dem Betriebe geschlossenen Geschäften berechtigt und verpflichtet wird, ist nichts als eine Konsequenz dieses Grundsatzes (vgl. RdNr. 12). Ein *Außenverhältnis der stillen Gesellschaft als solcher gibt es deshalb nicht.*[28] Das gilt im materiellen Recht wie im Prozess, hinsichtlich der Rechte wie hinsichtlich der Pflichten, hinsichtlich der Rechtsträgerschaft wie hinsichtlich der Handlungsfähigkeit. Die stille Gesellschaft hat *keine Firma* (RdNr. 11), *keine Organe und keine Bevollmächtigten.*[29] Auch die als „Innen-KG" organisierte atypische stille Gesellschaft, insbesondere die sog. „GmbH & Still" kann nur „Innenorgane" haben (dazu RdNr. 87, 181 ff.), nicht dagegen Vertretungsorgane. Die stille Gesellschaft kann deshalb weder Kaufmann nach § 6 noch auch nur Scheinkaufmann sein (zur Rechtsscheinhaftung des stillen Gesellschafters vgl. RdNr. 15).[30] Ein „Außenrecht der stillen Gesellschaft" kann es nur in dem Sinne geben, dass das Vorhandensein der stillen Gesellschaft für die Rechte und Pflichten der an ihr beteiligten Gesellschafter von Bedeutung auch gegenüber Dritten sein kann, zB hinsichtlich der Pfändung und Kündigung seitens eines Gläubigers nach § 234. 10

b) Keine Publizität, keine Rechnungslegungspflicht. Die stille Gesellschaft hat *keine Firma* (§ 17 RdNr. 20). Sie erscheint *nicht im Handelsregister.* Weder die stille Gesellschaft noch der stille Gesellschafter wird eingetragen.[31] Eine scheinbare Ausnahme gilt nach §§ 292, 294 AktG für die stille Beteiligung an einer AG (vgl. RdNr. 116; str.), aber dies beruht nicht auf einer Eintragungsbedürftigkeit der stillen Gesellschaft, sondern auf der Publizität des Teilgewinnabführungsvertrags bei der AG. Es wird hier die konzernvertragliche Bindung der AG im Register dokumentiert, nicht das stille Gesellschaftsverhältnis als solches. Die stille Gesellschaft ist als solche nach dem HGB nicht *rechnungslegungspflichtig* (RdNr. 188). Rechnungslegungspflichtig ist nach § 238 nur der Träger des Unternehmens. Eine andere Frage ist die der bilanziellen Behandlung der stillen Beteiligung in dieser Rechnungslegung (§ 232 RdNr. 11 ff.). Auch kann sich bei einer atypischen stillen Beteiligung im Innenverhältnis die Verpflichtung ergeben, eine Rechnungs- 11

---

[26] Zu dieser tunlich zu vermeidenden Gestaltung vgl. *Weimar* ZIP 1993, 1517.

[27] Vgl. nur Baumbach/*Hopt* RdNr. 2; Heymann/*Horn* RdNr. 3; Röhricht/v. Westphalen/*v. Gerkan/Mock* RdNr. 6.

[28] Vgl. zum folgenden eingehend Düringer/Hachenburg/*Flechtheim* § 335 RdNr. 33 ff.; Schlegelberger/*Karsten Schmidt* RdNr. 171 ff.

[29] Vgl. nur BFH BStBl. 1989 II S. 401, 402; Baumbach/*Hopt* RdNr. 25; Röhricht/v. Westphalen/*v. Gerkan/Mock* RdNr. 87; Schlegelberger/*Karsten Schmidt* RdNr. 171.

[30] Mißverständlich *Weimar* ZIP 1993, 1520 f.

[31] AllgM vgl. nur GK/*Fahse* RdNr. 10; mit diesem Mangel an Publizität erklärt *Saenger* S. 22 den Begriff der „stillen" Gesellschaft; ähnlich *Schmidt-Ott* GmbHR 2001, 186.

legung wie bei einer KG aufzustellen (§ 232 RdNr. 40 f.). Zur steuerrechtlichen Rechnungslegungspflicht vgl. RdNr. 188.

12 **c) Haftungsverhältnisse (Abs. 2). aa) Berechtigung und Verpflichtung des Inhabers.** Nach Abs. 2 wird aus den im Betriebe geschlossenen Geschäften der Inhaber allein berechtigt und verpflichtet. Dies ist nichts als die *selbstverständliche Konsequenz aus der Rechtsnatur der stillen Gesellschaft als Innengesellschaft* (RdNr. 8) und der allgemeinen Regel, dass unternehmensbezogene Rechtsgeschäfte im Zweifel im Namen des Unternehmensträgers geschlossen werden (§ 1 RdNr. 9; 2. Aufl. § 343 RdNr. 13 ff.), im Fall der stillen Gesellschaft also des Inhabers.[32] Darüber hinaus stehen auch die zum Unternehmen gehörenden Rechte und Verbindlichkeiten aus gesetzlichen Schuldverhältnissen dem Geschäftsinhaber zu.[33]

13 **bb) Der stille Gesellschafter** haftet grundsätzlich nicht für die Unternehmensverbindlichkeiten. Da die stille Gesellschaft eine Innengesellschaft ist und da in rechtlicher Hinsicht nur der Geschäftsinhaber als Träger des Unternehmens in Erscheinung tritt, sieht das Gesetz im Gegensatz zu §§ 128 ff., 171 ff. **keine Außenhaftung** des stillen Gesellschafters vor. **Auch bei der atypischen stillen Gesellschaft** besteht keine Außenhaftung des stillen Gesellschafters.[34] Durch BGH NZG 2010, 823 = DStR 2010, 1489 m. Anm. *Goette* wurde dies überzeugend bestätigt. Die früher von *Paulick*[35] und *H. P. Westermann*[36] vertretene Ansicht, nach der ein stiller Gesellschafter dann unmittelbar und unbeschränkt haftet, wenn die Geschäftsführung in seinen Händen liegt und er der wirtschaftliche Träger des Unternehmens ist, hat sich mit Recht nicht durchgesetzt. Sie suchte eine Basis in dem in den 30er Jahren ausgebildeten und vor allem in den 50er Jahren weithin vertretenen „wirtschaftsverfassungsrechtlichen" Grundsatz, dass der geschäftsleitende Unternehmer außerhalb des Rechts der Kapitalgesellschaften auch haftungsrechtlich für den Erfolg einstehen müsse. Dieser Grundsatz ist aber in solcher Allgemeinheit nicht geltendes Recht.[37] Die Außenhaftung im Unternehmensrecht orientiert sich am Unternehmensträger (vor § 1 RdNr. 9).[38] Dies ist auch bei der atypischen stillen Gesellschaft nicht der stille Gesellschafter, sondern der Geschäftsinhaber. Eine ganz andere Frage ist, ob dem Geschäftsinhaber in Fällen völliger Weisungsabhängigkeit, zB als Treuhänder (RdNr. 40, 47, 82), im Innenverhältnis **Freistellungsansprüche** zustehen (§§ 675, 670 BGB), die von den Gläubigern gepfändet werden können.[39] Auch kann es bei der atypischen stillen Gesellschaft als „Innen-KG" (RdNr. 81) im Fall eines Ausscheidens (§ 235 RdNr. 63) bzw. im Fall ihrer Abwicklung Verlustdeckungspflichten nach den Grundsätzen der §§ 735, 739 BGB geben (§ 235 RdNr. 62 ff.). Diese sind aber, wie bei einem Kommanditisten, auf nicht gedeckte Einlagen beschränkt und stellen auch keine Außenhaftung des stillen Gesellschafters für Unternehmensschulden dar.

14 **cc) Durchgriffshaftung.** Nicht ausgeschlossen, aber auf Ausnahmefälle beschränkt, ist eine Durchgriffshaftung **wegen Missbrauchs der Rechtsform oder wegen existenzgefährdenden Eingriffs.** Eine Haftung des stillen Gesellschafters wegen Missbrauchs der

[32] Schlegelberger/*Karsten Schmidt* RdNr. 172.

[33] S. Fn. 31.

[34] BGH WM 1964, 296, 297 = BB 1969, 327; DB 1966, 336; WM 1966, 1219, 1221 = JuS 1967, 87 *(Emmerich)*; BGH NZG 2010, 823 = DStR 2010, 1489 m. Anm. *Goette*; OLG Schleswig NZG 2009, 256 = ZIP 2009, 421 (Vorinstanz) *Blaurock* RdNr. 12.98 ff.; *Koenigs* S. 237 f.; *Böttcher/Zartmann/Faut* S. 136; MünchHdbGesR II/*Kühn* § 81 RdNr. 30; Schlegelberger/*Karsten Schmidt* RdNr. 174; Heymann/*Horn* RdNr. 42; Staub/*Zutt* RdNr. 103; *Karsten Schmidt* NZG 2009, 361 ff.; *ders.* FS Goette, 2011, S. 459, 473; *Blaurock* NZG 2010, 974 ff.; differenzierend *H. P. Westermann* Vertragsfreiheit S. 323 ff.

[35] *Paulick*, Hdb. der stillen Gesellschaft, 3. Aufl. § 9 II.

[36] *H. P. Westermann* Vertragsfreiheit S. 325.

[37] BGHZ 45, 204, 206 = NJW 1966, 1309, 1310; *Blaurock* RdNr. 12.102 ff.; Schlegelberger/*Karsten Schmidt* RdNr. 174; eingehende Auseinandersetzung mit diesem Grundsatz bei *Karsten Schmidt* oHG S. 103 ff.; *H. P. Westermann,* FS Lutter, 2000, S. 957.

[38] *Karsten Schmidt* HandelsR § 4 V, § 5.

[39] *H. P. Westermann* Vertragsfreiheit S. 327; *Karsten Schmidt,* FS Goette, 2011, S. 459, 473.

Rechtsform kann ausnahmsweise auf **§ 826 BGB** gegründet werden, wenn der stille Gesellschafter als Hintermann und wahrer Geschäftsleiter in der Absicht, seine Gläubiger zu schädigen, einen vermögenslosen Geschäftsinhaber vorschiebt.[40] Soweit es sich um eine Verwaltungstreuhand handelt, kommt grundsätzlich keine Außenhaftung, sondern nur ein Freistellungsanspruch des Treuhänders im Innenverhältnis in Betracht (vor § 230 RdNr. 75). Auch die Durchgriffshaftung wegen existenzgefährdenden Eingriffs[41] kann einen atypisch stillen Gesellschafter treffen, wenn er seinen Einfluss für Eingriffe in die finanziellen Existenzgrundlagen der Handelsgesellschaft missbraucht (Entscheidungsmaterial liegt, soweit ersichtlich, noch nicht vor). Im Fall eines Kreditbetrugs kommt außer einer Rechtsscheinhaftung (RdNr. 15) eine Inanspruchnahme des stillen Gesellschafters im Innenverhältnis nach § 823 Abs. 2 BGB in Betracht.[42]

dd) Rechtsscheinhaftung. Eine Haftung des stillen Gesellschafters aus Rechtsschein 15
ist nicht schon dann begründet, wenn er seine Beteiligung dritten Personen mitteilt[43] oder wenn sein Name in der Firma erscheint.[44] Von besonderer Bedeutung ist dies, wenn der nunmehrige stille Gesellschafter vormals selbst Geschäftsinhaber war und sein Unternehmen mit Firma (§ 22) gemäß Abs. 1 als Einlage auf den neuen Geschäftsinhaber übertragen hat. Wurde dies richtig eingetragen und bekanntgemacht, so ist Vertrauensschutz nur noch in den neben § 15 Abs. 2 verbleibenden Grenzen zulässig, also dann, wenn besondere Aufklärungspflichten, zB gegenüber Geschäftspartnern, verletzt wurden (dazu vgl. § 15 RdNr. 78).[45] Im Übrigen haftet der stille Gesellschafter dann auf Grund Rechtsscheins, wenn er den Anschein (zB auf Geschäftsbriefen) hervorruft oder unterhält, er sei Geschäftsinhaber oder persönlich haftender Gesellschafter.[46] Aber auch hier schadet, wie sich aus dem zur Gesellschaft bürgerlichen Rechts ergangenen Urteil BGHZ 146, 341 = NJW 2001, 1056 ergibt, nicht jeder Hinweis auf eine Beteiligung am Unternehmen.

ee) Bürgschaft, Garantievertrag, Schuldmitübernahme. Eine Haftung des stillen 16
Gesellschafters gegenüber einzelnen Unternehmensgläubigern aus Bürgschaft, Garantievertrag oder Schuldmitübernahme ist selbstverständlich möglich (vgl. zur Gesellschafterbürgschaft § 128 RdNr. 95 ff.).[47] Die Frage, ob der stille Gesellschafter sich ohne Beachtung der in § 766 BGB vorgeschriebenen Form verbürgen kann, hängt nach §§ 343, 350 f. davon ab, ob er selbst Kaufmann ist und ob die Bürgschaft, obwohl zugunsten der Gläubiger eines anderen Unternehmers eingegangen, als zum Betrieb seines Handelsgewerbes gehörig anzusehen ist (dazu 2. Aufl. § 350 RdNr. 17). Unter den Voraussetzungen des § 778 BGB kann der stille Gesellschafter auch wegen Kreditauftrags in Anspruch genommen werden, und zwar auch dann, wenn der Geschäftsinhaber oder ein Geschäftsführer in seinem Namen mit Vertretungsmacht den Kreditauftrag erteilt hat.[48]

**4. Schuldrechtliche und organisationsrechtliche Elemente der stillen Gesell- 17
schaft. a) Die stille Gesellschaft als Schuldverhältnis.** Als Innengesellschaft ist die (gesetzes)typische stille Gesellschaft ein Schuldverhältnis zwischen dem stillen Gesellschafter

[40] *Blaurock* RdNr. 12.105; Röhricht/v. Westphalen/*v. Gerkan/Mock* RdNr. 90; eingehend noch Schlegelberger/*Karsten Schmidt* RdNr. 175.

[41] Vgl. über GmbH-Gesellschafter BGHZ 173, 246 = NJW 2007, 2689 – Trihotel, BGHZ 176, 204 = NJW 2008, 2437 – Gamma.

[42] Schlegelberger/*Karsten Schmidt* RdNr. 175.

[43] Richtig *Saenger* S. 24 f.; *Koenigs* S. 239 f.; *Blaurock* RdNr. 12.99.

[44] Richtig *Koenigs* S. 236; Staub/*Zutt* RdNr. 105; anders noch ausdrücklich Art. 257 ADHGB; differenzierend *Saenger* S. 121.

[45] Vgl. *Karsten Schmidt* HandelsR § 14 I 1.

[46] RGZ 39, 33, 39; BAG JZ 1955, 582; BGH WM 1964, 296 = BB 1964, 327; Baumbach/*Hopt* RdNr. 27; Heymann/*Horn* RdNr. 42; MünchHdbGesR II/*Kühn* § 81 RdNr. 33; Röhricht/v. Westphalen/*v. Gerkan/Mock* RdNr. 90; Schlegelberger/*Karsten Schmidt* RdNr. 176; vgl. auch OLG Neustadt NJW 1964, 1802, 1804; tendenziell zu weit *Weimar* ZIP 1993, 1520 f.

[47] BGH WM 1964, 296, 297 = BB 1964, 327; *Blaurock* RdNr. 12.99; MünchHdbGesR II/*Kühn* § 81 RdNr. 30; Baumbach/*Hopt* RdNr. 27; Staub/*Zutt* RdNr. 103; Schlegelberger/*Karsten Schmidt* RdNr. 177.

[48] Vgl. OLG Köln ZIP 1982, 1426; Schlegelberger/*Karsten Schmidt* RdNr. 177.

und dem Geschäftsinhaber. Bei diesem Schuldverhältnis steht der vermögensrechtliche Aspekt im Vordergrund: das **Einlageverhältnis.** Dieses Einlageverhältnis ist vom Gesetzgeber rein schuldrechtlich als ein nur durch den gemeinsamen Zweck überlagertes Kreditverhältnis konzipiert.[49] Die typische – dh. gesetzestypische, aber nicht unbedingt mehr häufigste – stille Einlage hat Fremdkapitalcharakter (RdNr. 70). Mit dem *Gesellschaftscharakter der stillen Gesellschaft* (RdNr. 4) steht diese durch § 236 unterstrichene Kreditfunktion der typischen stillen Einlage nicht in Widerspruch. Auch der Gesetzgeber hat sich in §§ 230–236 bezeichnenderweise in erster Linie mit dem Einlageverhältnis befasst. Hinzu kommen **Gewinnbezugsrechte** (vgl. § 232 Abs. 1), während die Kontrollrechte (§ 233) nach der Konzeption des Gesetzes kaum mehr als schuldvertragliche Nebenpflichten des Unternehmensträgers gegenüber dem stillen Gesellschafter darstellen. Allerdings sind in ihnen bereits organisationsrechtliche Ansätze zu erkennen.[50]

18 **b) Die stille Gesellschaft als Organisationsverhältnis.** Die Rechtsnatur der stillen Gesellschaft als Innengesellschaft (RdNr. 7) ohne Rechtsfähigkeit (RdNr. 8) schließt ihre mitgliedschaftliche Ausgestaltung als Organisationsverhältnis nicht aus. Die stille Gesellschaft kann als Verband, die stille Beteiligung als mitgliedschaftliche Rechtsposition angelegt sein (RdNr. 84 ff.).[51] Ein echter Verband liegt insbesondere vor, wenn das stille Beteiligungsverhältnis als „Innen-KG" ausgestaltet ist (vgl. RdNr. 81), zB bei der Ausgestaltung als „GmbH & Still" (RdNr. 87) und vor allem bei stillen Publikumsgesellschaften (RdNr. 88). Das Vorhandensein einer solchen Organisation ist allerdings *weder für den Tatbestand der stillen Gesellschaft erforderlich noch auch nur im Gesetz vorgeprägt.* (RdNr. 84 ff.). Eine verbandsmäßige Struktur wird durch eine mitgliedschaftliche Innenbindung unter den Gesellschaftern geschaffen.[52] Die herkömmlich als „atypisch stille Gesellschaft" bezeichneten Typendehnungen, namentlich die Vermögensbeteiligung oder die Geschäftsführungsbefugnis des stillen Gesellschafters (vgl. zu den Varianten der atypisch stillen Gesellschaft RdNr. 74 ff.), müssen nicht in jedem Fall ein solches Organisationsverhältnis begründen.[53]

III. Die Begriffsmerkmale der stillen Gesellschaft nach dem HGB

19 **1. Das Unternehmen („Handelsgewerbe"). a) Systematischer Ansatz.** Nach Abs. 1 besteht die stille Beteiligung „an dem Handelsgewerbe, das ein anderer betreibt". Nach **hM** muss deshalb ein *handelsrechtliches also kaufmännisches Unternehmen* vorliegen (zur Begriffsbildung vgl. § 1 RdNr. 19 ff.).[54] Die *Beteiligung an einem nichtkaufmännischen Unternehmen,* das nicht unter § 1 fällt und auch nicht in das Handelsregister eingetragen ist, begründet nach dieser hM keine stille Gesellschaft, sondern eine BGB-Innengesellschaft, auf die freilich Vorschriften des Rechts der stillen Gesellschaft als dem Vertragswillen entsprechend analog angewandt werden können.[55] Nach einer gleichfalls verbreiteten Ansicht ist **Kaufmannseigenschaft** *nicht nur erforderlich, sondern auch ausreichend* für die Begründung

[49] BGHZ 127, 176, 184 f. = NJW 1995, 192, 193 = WM 1994, 2246, 2249; Schlegelberger/*Karsten Schmidt* RdNr. 12; eingehend *Karsten Schmidt* ZHR 140 (1976), 475 ff.; vgl. auch Heymann/*Horn* § 236 RdNr. 10; Staub/*Zutt* § 236 RdNr. 6; abl. *Groh,* FS Kruse, 2001, S. 418, jedoch in Vermischung des gesetzestypischen *Einlage*verhältnisses mit dem Organisationsverhältnis; dass dieses gesellschaftsrechtlicher Art ist, hat Verf. niemals bestritten.

[50] BGHZ 127, 176, 184 f. = NJW 1995, 192, 193 f. = WM 1994, 2246, 2249.

[51] Dazu namentlich *Florstedt* S. 8, 14 ff.; vgl. bereits Schlegelberger/*Karsten Schmidt* RdNr. 12, 72 ff.; eingehend *Reusch* S. 65 ff.

[52] *Karsten Schmidt* GesR § 3 I 3 b, § 7 I 2 b.

[53] Unrichtig insofern BGHZ 51, 350, 353.

[54] Vgl. nur OLG Köln NJW-RR 1996, 27, 28; BFH/NV 1990, 692; *Blaurock* RdNr. 5.2; MünchHdbGesR II/*Bezzenberger/Keul* § 72 RdNr. 10; *Koenigs* S. 6 ff.; *Reusch* S. 19; *Weimar* ZIP 1993, 1509; Baumbach/*Hopt,* RdNr. 5; *Böttcher/Zartmann/Faut* S. 45; GK/*Fahse* RdNr. 33; Heymann/*Horn* RdNr. 4; *Koller*/Roth/Morck RdNr. 8; Röhricht/*v. Westphalen*/*v. Gerkan/Mock* RdNr. 22; Staub/*Zutt* RdNr. 35 ff.

[55] Vgl. nur RG JW 1913, 431; Recht 1925 Nr. 467 = Soerg Rspr. 1925 Nr. 1 zu § 335 aF; BGH NJW 1982, 99 = JuS 1982, 139 *(Karsten Schmidt); Blaurock* RdNr. 5.15; *Milatz* DStZ 2006, 141; *Steckhan* S. 81; Heymann/*Horn* RdNr. 4; *Koller*/Roth/Morck RdNr. 8; Staub/*Zutt* RdNr. 11.

einer stillen Gesellschaft.[56] Das bedeutet, dass an einer Handelsgesellschaft, die Formkaufmann ist (§ 3 AktG, § 13 Abs. 3 GmbHG, § 17 Abs. 2 GenG) immer eine stille Beteiligung nach § 230 möglich ist, ohne dass es auf deren handelsgewerbliche Tätigkeit ankommt.[57] Eine vor der HGB-Reform von 1998 vom Verfasser vertretene *Gegenauffassung* stellte ganz auf die *Unternehmenseigenschaft* ab und besagt, dass Kaufmannseigenschaft weder erforderlich noch ausreichend sei: Unter die §§ 230 ff. falle jede (aber auch nur eine) *stille Beteiligung an einem Unternehmen*. Hauptanliegen war die Einbeziehung der vielen Unternehmen, die nach §§ 1 ff. aF nicht handelsgewerblich waren.[58] Die Kehrseite war, dass die Beteiligung an einem formkaufmännischen Rechtsträger unmittelbar unter die §§ 230 ff. HGB nur fallen sollte, wenn dieser Rechtsträger auch *unternehmerisch* tätig sei.[59] Unter dem **Kaufmannsbegriff des Handelsrechtsreformgesetzes von 1998** ist eine stärkere Formalisierung des § 230 angezeigt: Die Bestimmung stellt für die *unmittelbare Anwendung*, strikt auf die *Kaufmannseigenschaft* ab. Der Gesetzeswortlaut („Handelsgewerbe") ist allerdings immer noch missverständlich. Kaufmannseigenschaft muss auch ausreichen, wo kein Gewerbe betrieben wird (vgl. RdNr. 20: korrigierende Auslegung). Diese Formalisierung ist weniger den neu gefassten §§ 1 ff. zuzuschreiben als dem neuen § 105 Abs. 2, der jede als oHG oder KG eingetragene Außengesellschaft ohne Rücksicht auf ihre gewerbliche Tätigkeit als Handelsgesellschaft (§ 105 RdNr. 51 ff.) und damit als tauglichen Partner einer stillen Beteiligung erscheinen lässt. Auf die *stille Beteiligung an nichtkaufmännischen Unternehmen* können die §§ 230 ff. nach der bei § 1 RdNr. 96 ff. dargestellten Methode analog angewandt werden (RdNr. 23 ff.).

b) Stille Beteiligung an einer Handelsgesellschaft oder Genossenschaft. Dieser 20
Fall fällt stets unter die §§ 230 ff., denn für Formkaufleute kommt es nicht auf den Begriff des Handelsgewerbes nach § 1 Abs. 1 an.[60] Formkaufleute sind (vgl. § 6 RdNr. 9 ff.): die Aktiengesellschaft (§ 3 AktG), die GmbH (§ 13 Abs. 3 GmbHG), die eingetragene Genossenschaft (§ 17 Abs. 2 GenG) und die EWIV (§ 1 EWIV-Ausführungsgesetz; vgl. aber auch RdNr. 33). Nach umstrittener, aber hier als richtig erkannter Auffassung (§ 6 RdNr. 17; § 105 RdNr. 9, 11) sind seit dem Handelsrechtsreformgesetz auch die offene Handelsgesellschaft und die Kommanditgesellschaft Formkaufleute,[61] denn außer den handelsgewerblichen Gesellschaften (§ 105 Abs. 1, § 161 Abs. 1) können auch die kleingewerblichen und die nichtgewerblichen Personen-Außengesellschaften als offene Handelsgesellschaften oder Kommanditgesellschaften eingetragen werden. Nach dem Wortlaut des Abs. 1 müsste bei der stillen Beteiligung an einer als oHG oder KG eingetragenen Gesellschaft unterschieden werden, ob diese Gesellschaft handelsgewerblich tätig oder nach § 105 Abs. 2 „nur" als Formkaufleute dem HGB unterworfen, aber zB vermögensverwaltend tätig ist. Das geltende Handelsrecht will diese Unterscheidung nicht machen.[62] **Jede als Handelsgesellschaft eingetragene juristische Person oder Personengesellschaft ist nunmehr Formkaufmann** (§ 105 RdNr. 50 ff.; str.). Im Hinblick auf die hiermit verbundene Formalisierung (RdNr. 19) ist jede Innenbeteiligung an

[56] Vgl. nur *Blaurock* RdNr. 5.10 ff.; *Klauss/Mittelbach* RdNr. 34 ff.; Röhricht/v. Westphalen/*v. Gerkan/Mock* RdNr. 22.

[57] BGHZ 125, 74, 77 = NJW 1994, 1156 = WiB 1994, 352 m. Anm. *Heuking*; BFHE 138, 458, 462 f. = BB 1983, 1515, 1516; MünchHdbGesR II/*Bezzenberger/Keul* § 75 RdNr. 5; Staub/*Zutt* RdNr. 37.

[58] Schlegelberger/*Karsten Schmidt* RdNr. 14; **aM** OLG Köln NJW-RR 1996, 27, 28; den Standpunkt des Verf. abl. auch E/B/J/S/*Gehrlein* RdNr. 5.

[59] Schlegelberger/*Karsten Schmidt* RdNr. 21.

[60] So BGHZ 125, 74, 77 = NJW 1994, 1156 = BB 1994, 594; BFH DB 1983, 1743, 1744 = BB 1983, 1515, 1516; *Blaurock* RdNr. 5.18 ff.; *Koller*/Roth/Morck RdNr. 8; Baumbach/*Hopt* RdNr. 5; Heymann/*Horn* RdNr. 4; Oetker/*Schubert* RdNr. 10; **aM** noch Schlegelberger/*Karsten Schmidt* RdNr. 21 (Unternehmenstätigkeit erforderlich!).

[61] *Karsten Schmidt* HandelsR § 10 II 3; *ders.*, FS Kreutz, 2009, S. 837 ff.; *ders.* NJW 1998, 2166; ZHR 163 (1999), 90.

[62] Die Gegenauffassung (*Canaris* HandelsR § 3 RdNr. 45 f.; *Lieb* NJW 1999, 35 f.) steht auf dem Standpunkt, dass Eintragungen nach §§ 1, 2, 3, 105 Abs. 2 HGB von unterschiedlicher Qualität sind; dieser Standpunkt ist unrealistisch und normativ verfehlt.

einer Handelsgesellschaft ein direkter Anwendungsfall der §§ 230 ff., wenn sie mit einer Einlage und mit einer Gewinnbeteiligung einhergeht, ohne dass noch auf die Gewerblichkeit abgestellt werden müsste. Das gilt nach richtiger Auffassung auch für Genossenschaften.[63] Der nach § 19 GenG zu verteilende Bilanzgewinn wird in diesem Fall vorab durch den Gewinnanteil des stillen Gesellschafters geschmälert.[64] Aus denselben Gründen ist auch die stille Beteiligung am Versicherungsverein auf Gegenseitigkeit nicht mehr generell auszuschließen.[65]

21 **c) Stille Beteiligung an einem eingetragenen Unternehmen (§ 5).** Die Bedeutung des § 5 ist seit dem Handelrechtsreformgesetz umstritten (§ 5 RdNr. 5 ff.). Fest steht aber, dass ein Unternehmen, sofern eingetragen, immer Handelsgewerbe ist.[66] Deshalb ist § 230 auf die stille Beteiligung an einem im Handelsregister eingetragenen Unternehmen ausnahmslos unmittelbar anwendbar.[67] Auf die Frage, ob das Unternehmen nach § 1, nach § 2 oder nach § 3 eingetragen worden ist und ob es überhaupt hätte eingetragen werden sollen, kommt es dann nicht an (§ 5 RdNr. 14). Auch das passt zu der bei RdNr. 19 angesprochenen Formalisierung.

22 **d) Stille Beteiligung an einem Unternehmen nach § 1 Abs. 2.** Die stille Beteiligung an einem kaufmännischen Gewerbebetrieb iS von § 1 Abs. 2 fällt unproblematisch unter § 230. Dies ist der vom Gesetzeswortlaut bedachte Fall eines Handelsgewerbes. Weiterer Begründung bedarf dieser Fall nicht.

23 **e) Stille Beteiligung an einem unter § 2 oder § 3 fallenden Unternehmen.** Die stille Beteiligung an einem **kleingewerblichen Unternehmen (§ 2)** oder an einem Unternehmen der **Land- oder Forstwirtschaft (§ 3)** fällt klar unter den Wortlaut des § 230, wenn das Unternehmen in das Handelsregister **eingetragen** ist, denn dann liegt ein Handelsgewerbe vor (Ergänzungslieferung § 2 RdNr. 16, § 3 RdNr. 24). Ist das Unternehmen **nicht im Handelsregister eingetragen** und damit nicht kaufmännisch iS der §§ 1 ff., so sind die §§ 230 ff. analog anwendbar (RdNr. 24).

24 **f) Stille Beteiligung an einem nichtkaufmännischen Gewerbe.** Nicht direkt anwendbar sind die §§ 230 ff. auf die stille Beteiligung an einem kleingewerblichen oder landwirtschaftlichen oder forstwirtschaftlichen Unternehmen, wenn dieses nicht im Handelsregister eingetragen und somit nicht handelsgewerblich ist.[68] Entgegen OLG Köln NJW-RR 1996, 27, 28 kommen aber die §§ 230 ff. doch zur Anwendung, und zwar analog.[69] Das ist methodisch unproblematisch, weil die stille Gesellschaft nur eine Variante der Innengesellschaft bürgerlichen Rechts ist (RdNr. 6). Schon die Überlegung, ob die stille Beteiligung an einem solchen Unternehmen durch dessen Eintragung oder Löschung eine Inhaltsveränderung erfahren soll, beweist die Gleichartigkeit der Beteiligung an einem Handelsgewerbe und an einem nichtkaufmännischen Gewerbe. Es handelt sich um einen Fall der analogen Anwendung handelsrechtlicher Normen auf nichtkaufmännische Unternehmen (§ 1 RdNr. 85 ff.).

25 **g) Stille Beteiligung an einem nichtgewerblichen Unternehmen.** Ein nichtgewerbliches Unternehmen kann, sofern nicht als Handelsgesellschaft (RdNr. 20) verfasst, nicht nach §§ 1 ff. Handelsgewerbe sein. Das gilt namentlich für die im handelsrechtlichen

---

[63] *Blaurock* RdNr. 5.22 ff.; MünchHdbGesR II/*Bezzenberger/Keul* § 75 RdNr. 13; *Beuthien* GenG, 14. Aufl. 2004, § 19 RdNr. 24; *ders.* NZG 2003, 849; *Hadding* ZIP 1984, 1300 ff.; s. auch Schlegelberger/*Karsten Schmidt* RdNr. 15 (damals noch unter der Voraussetzung eines Unternehmensbetriebs).

[64] *Blaurock* RdNr. 5.23; *Hadding* ZIP 1984, 1302.

[65] **AM** MünchHdbGesR II/*Bezzenberger/Keul* § 75 RdNr. 15: keine Gewinnerziehungsabsicht; dem folgend *Erkens* S. 16.

[66] *Karsten Schmidt* HandelsR § 10 III 3.

[67] *Blaurock* RdNr. 5.17; vgl. auch Schlegelberger/*Karsten Schmidt* RdNr. 19.

[68] *Blaurock* RdNr. 5.15; E/B/J/S/*Gehrlein* RdNr. 5; *Koller*/Roth/Morck RdNr. 8; vgl. bereits Schlegelberger/*Karsten Schmidt* RdNr. 20.

[69] BFH DB 2001, 2072 mwN; *Blaurock* RdNr. 5.15, 5.16; *Milatz* DStZ 2006, 141.

Sinne freiberuflichen Unternehmen (§ 1 RdNr. 32 ff.). Auch hier sind aber die §§ 230 ff. analog anwendbar.[70] Eine andere Frage ist, ob die berufsrechtlichen Regeln eine stille Beteiligung eines Dritten an einer freiberuflichen Praxis, Klinik, Kanzlei etc. verbieten (dazu RdNr. 121).

2. Der Unternehmensträger (oder Formkaufmann) als Vertragspartner. a) Jede natürliche Person. Jede natürliche Person kann Unternehmensträger sein (§ 1 RdNr. 38 f.) und damit unter der Voraussetzung, dass sie ein handelsgewerbliches oder ein sonstiges Unternehmen betreibt, einen stillen Gesellschafter beteiligen. Auf die Geschäftsfähigkeit kommt es für diese Frage nicht an (vgl. aber zur Wirksamkeit des Vertrags RdNr. 108). 26

b) Juristische Personen des Privatrechts. Jede juristische Person kommt in Betracht, nicht nur die Formkaufleute (RdNr. 20), sondern zB auch eingetragene Vereine, wobei es eine ganz andere, nämlich vereinsrechtliche Frage ist, ob der eingetragene Verein durch Gewinnorientierung die Grenze der nichtwirtschaftlichen Tätigkeit (§ 21 BGB) überschreitet.[71] Juristische Personen zwischen ihrer Errichtung und der Erlangung der Rechtsfähigkeit, also insbesondere *Vor-Aktiengesellschaften, Vor-Gesellschaften mbH* (auch im Fall der Einmanngründung, str.) und *Vorgenossenschaften* (vgl. zu diesen Rechtsgebilden die Kommentierungen zu §§ 41 AktG, 11 GmbHG, 13 GenG) sind noch keine Kaufleute kraft Rechtsform (§ 6 RdNr. 12), können aber bereits stille Gesellschaftsverhältnisse begründen.[72] Eine *Auslandsgesellschaft* (zB eine Limited mit Verwaltungssitz in Deutschland) kann Vertragspartnerin sein, wenn auf das stille Gesellschaftsverhältnis deutsches Recht anwendbar ist.[73] 27

c) Personengesellschaften. In Betracht kommen in erster Linie die oHG und die KG als Handelsgesellschaften (§ 6), aber aufgrund der analogen Anwendung auf nichtkaufmännische Unternehmen (RdNr. 24) auch die Gesellschaft bürgerlichen Rechts[74] oder die Partnerschaftsgesellschaft (zu der ganz anderen Frage der berufsrechtlichen Zulässigkeit vgl. RdNr. 121).[75] Die Fähigkeit der Personengesellschaft zum Abschluss stiller Gesellschaftsverträge ergibt sich für die stille Beteiligung an einer oHG oder KG ohne weiteres aus § 124, gilt aber auch für die Beteiligung am Unternehmen einer Gesellschaft bürgerlichen Rechts[76] oder einer Partnerschaftsgesellschaft (§ 7 Abs. 2 PartGG). Mit der seit BGHZ 146, 341 = NJW 2001, 1056 anerkannten Rechtsfähigkeit steht auch die Fähigkeit einer BGB-Außengesellschaft fest, stille Gesellschaftsverträge abzuschließen. Die stille Gesellschaft scheidet als Gegenstand einer stillen Beteiligung aus (RdNr. 32). Wohl aber kann eine stille Beteiligung Gegenstand einer Unterbeteiligung sein (RdNr. 195). 28

d) Aufgelöste Gesellschaft. An einer Gesellschaft in Liquidation können stille Beteiligungen bestehen.[77] Naturgemäß muss im Zuge der Liquidation einer Handelsgesellschaft auch das mit ihr eingegangene stille Gesellschaftsverhältnis abgewickelt werden (dazu § 234 RdNr. 28). Dies beruht jedoch nur darauf, dass eine Vollbeendigung der Hauptgesellschaft ohne Abwicklung des stillen Gesellschaftsverhältnisses nicht zulässig, ein Fortbestand der stillen Gesellschaft nach Vollbeendigung der Handelsgesellschaft nicht möglich ist. Die aufgelöste Gesellschaft kann, sofern wirksam vertreten, richtigerweise sogar neue stille Gesell- 29

[70] Vgl. bereits Schlegelberger/*Karsten Schmidt* RdNr. 20.

[71] Schlegelberger/*Karsten Schmidt* RdNr. 24.

[72] *Blaurock* RdNr. 5.21; Röhricht/v. Westphalen/*v. Gerkan/Mock* RdNr. 23.

[73] *Blaurock* FS Westermann, 2008, S. 82 ff.

[74] Schlegelberger/*Karsten Schmidt* RdNr. 26; *ders.* DB 1976, 1706 f.

[75] *Feddersen/Meyer-Landrut* PartGG § 1 RdNr. 5; **aA** *Henssler* PartGG § 1 RdNr. 104.

[76] *Koenigs* S. 14; *Karsten Schmidt* DB 1976, 1706 f.; *Blaurock* RdNr. 5.6; MünchHdbGesR II/*Bezzenberger/Keul* § 75 RdNr. 7; Staub/*Zutt* RdNr. 39.

[77] Schlegelberger/*Karsten Schmidt* RdNr. 27; *Koenigs* S. 14; *Blaurock* RdNr. 5.28; Röhricht/v. Westphalen/*v. Gerkan* RdNr. 26; **aM** Baumbach/*Hopt* RdNr. 5.

schaftsverhältnisse eingehen,[78] denn ihre Fähigkeit, Trägerin von Rechten und Pflichten zu sein, ist nicht auf den Liquidationszweck beschränkt (§ 156 RdNr. 11).[79] Doch wird die Begründung stiller Gesellschaftsverhältnisse durch eine in Auflösung befindliche Gesellschaft in der Praxis mit Fortführungsabsichten einhergehen, zB wenn stille Einlagen Bestandteile eines Sanierungskonzepts sind.[80] Auch dann kann aber die stille Beteiligung dem förmlichen Fortsetzungsbeschluss der Gesellschafter vorausgehen.[81] Es kann sich zB so verhalten, dass die Fortsetzung der Gesellschaft erst gelingt, nachdem eine stille Beteiligung (zB zu Sanierungszwecken) dazu gewonnen worden ist.

30 **e) Erbengemeinschaft.** Die stille Beteiligung an einem in Erbengemeinschaft geführten Unternehmen (§ 1 RdNr. 52) ist möglich (vgl. zum Tod des Geschäftsinhabers auch § 234 RdNr. 8 f.).[82] Umstritten ist, ob es sich dann um ein einheitliches stilles Beteiligungsverhältnis handelt[83] oder um eine Mehrheit von stillen Beteiligungsverhältnissen zu den einzelnen Erben.[84] Unabhängig von der umstrittenen Frage, ob die Erbengemeinschaft als solche Rechts- und Unternehmensträgerin ist (§ 1 RdNr. 52), sollte die stille Beteiligung am vererbten Unternehmen als einheitliches Rechtsverhältnis zum Nachlass eingeordnet werden (vgl. auch umgekehrt über den stillen Gesellschafter RdNr. 34). Insbesondere wenn die stille Beteiligung bereits vor dem Tod des Einzelunternehmers bestand, spaltet sie sich nicht durch die Nachfolge mehrerer Erben kraft Gesetzes auf.

31 **f) Körperschaften des öffentlichen Rechts.** Unbedeutend, aber jedenfalls denkbar sind stille Beteiligungen an unternehmerisch tätigen Körperschaften des öffentlichen Rechts, insbesondere an öffentlichen Sparkassen.[85] Ob das öffentliche Recht eine andere, solche Beteiligung zulässt, ist eine hiervon zu unterscheidende Frage.

32 **g) Nicht: stille Gesellschaft.** Eine stille Beteiligung an einer **stillen Gesellschaft** ist *nicht* möglich,[86] denn als bloße *Innengesellschaft* kann die stille Gesellschaft nicht Vertragspartnerin und nicht Trägerin eines Unternehmens sein (RdNr. 8, 10). Das gilt gilt auch für eine als „Innen-KG" ausgestaltete stille Gesellschaft, insbesondere für die „GmbH & Still", dazu RdNr. 87. Eine typisch stille Beteiligung an einer atypischen „GmbH & Still" ist zwar möglich, aber das stille Gesellschaftsverhältnis wird dann mit der GmbH abgeschlossen, nicht mit der atypischen stillen Gesellschaft. Zur Unterbeteiligung an einer stillen Beteiligung vgl. RdNr. 195.

33 **h) EWIV?** Praktisch ohne Bedeutung ist die stille Beteiligung an einer EWIV. Die EWIV ist nach § 1 EWIV-Ausführungsgesetz Formkaufmann, ist also Handelsgesellschaft (vgl. RdNr. 20). Aber sie hat nach Art. 3 Abs. 1 EWIV–VO keinen Gewinnerzielungszweck. Das spricht gegen die Möglichkeit der stillen Beteiligung.[87] Eine solche ist zwar, wenn man bei Formkaufleuten keinen Unternehmensbetrieb verlangt (RdNr. 19) gedanklich möglich (RdNr. 20), aber praktisch nur umsetzbar, wenn die EWIV selbst Gewinne erwirtschaftet oder Gewinne der beteiligten Partner zugewiesen bekommt.

---

[78] **AM** *Koenigs* S. 14; *Blaurock* RdNr. 5.29 (aber mit Einschränkung RdNr. 5.30); MünchHdbGesR II/*Bezzenberger/Keul* § 75 RdNr. 16; E/B/J/S/*Gehrlein* RdNr. 5, 9; Oetker/*Schubert* RdNr. 13; Staub/*Zutt* RdNr. 38.

[79] Sehr str.; **anders** die wohl hM; vgl. nur *Blaurock* RdNr. 5.28 f.; Staub/*Zutt* RdNr. 38; E/B/J/S/*Gehrlein* RdNr. 9; *Koenigs* S. 14 mwN.

[80] Richtig in diesem Fall *Blaurock* RdNr. 5.30.

[81] Anders wohl Staub/*Zutt* RdNr. 38.

[82] MünchHdbGesR II/*Bezzenberger/Keul* § 75 RdNr. 8; Staub/*Zutt* RdNr. 39; Röhricht/v. Westphalen/*v. Gerkan/Mock* RdNr. 24.

[83] Schlegelberger/*Karsten Schmidt* RdNr. 26; *ders.* DB 1976, 1706 f.; Staub/*Zutt* RdNr. 39.

[84] Staub/*Schilling,* 3. Aufl., § 335 RdNr. 13 mwN; unentschieden Oetker/*Schubert* RdNr. 13.

[85] *Blaurock* RdNr. 5.27; MünchHdbGesR II/*Bezzenberger/Keul* § 75 RdNr. 20.

[86] AllgM, zB *Blaurock* RdNr. 5.31; Baumbach/*Hopt* RdNr. 5; Röhricht/v. Westphalen/*v. Gerkan/Mock* RdNr. 27; Staub/*Zutt* RdNr. 39.

[87] Wohl auch *Blaurock* RdNr. 5.24.

3. Der stille Gesellschafter. a) Arten stiller Gesellschafter. Der Rechtsnatur nach kann *jeder* stiller Gesellschafter sein, *der Inhaber eines ungeteilten Rechts sein kann.*[88] Das ist zunächst *jede natürliche oder juristische Person.*[89] Auf volle Geschäftsfähigkeit kommt es hierfür nicht an. Sie spielt erst bei den Wirksamkeitsvoraussetzungen des Gesellschaftsvertrags eine Rolle (RdNr. 105 f.). Körperschaften des öffentlichen Rechts sind gleichfalls in der Lage, sich als stille Gesellschafter an Unternehmen zu beteiligen; die haushaltsrechtliche Frage, ob das öffentliche Recht ihnen eine solche Beteiligung gestattet, ist hiervon zu unterscheiden.[90] Auch *rechtsfähige Personengesellschaften* können stille Gesellschafter sein.[91] Das ergibt sich für offene Handelsgesellschaften, für Kommanditgesellschaften, für Partnerschaftsgesellschaften und für die Europäische Wirtschaftliche Interessenvereinigung aus dem Gesetz (§ 124 HGB, § 7 Abs. 2 PartGG, Art. 1 Abs. 2 EWIV–VO). Das gilt auch für eine aufgelöste aber noch nicht vollbeendete Gesellschaft (zu der ganz anderen Frage, ob die Auflösung auch das stille Gesellschaftsverhältnis auflöst, vgl. § 234 RdNr. 23).[92] Taugliche stille Gesellschafterin ist auch die *Außengesellschaft bürgerlichen Rechts.*[93] Die früher umstrittene Frage, ob die Gesellschaft selbst oder die Gesamtheit ihrer Gesellschafter Inhaberin der stillen Beteiligung ist, ist mit der Anerkennung der BGB-Außengesellschaft als Rechtsträgerin[94] im ersteren Sinne geklärt.[95] Entsprechendes gilt für die *Erbengemeinschaft.*[96] Hier besteht eine ungeteilte stille Beteiligung, nicht eine Mehrheit stiller Beteiligungen jedes Gesellschafters oder Miterben.[97] Die stille Beteiligung kann auch, ohne in zwei Beteiligungen zu zerfallen, in das Gesamtgut einer *Gütergemeinschaft* fallen. In all diesen Fällen ist jedoch sorgsam zu unterscheiden, ob die Gesellschafter, Miterben bzw. Ehegatten „in BGB-Gesellschaft", „in Erbengemeinschaft" oder „in Gütergemeinschaft" eine ungeteilte stille Beteiligung halten oder ob sie (zB nach Erbauseinandersetzung) einzelne stille Beteiligungen halten und nur schuldrechtlich (in BGB-Innengesellschaft) miteinander verbunden sind (dann entsteht das Problem der mehrgliedrigen stillen Gesellschaft; vgl. RdNr. 83 ff.). 34

b) Nur Dritte. Hinsichtlich der Stellung zum Unternehmen kann *jede dritte Person,* nur **nicht der Geschäftsinhaber** selbst, stiller Gesellschafter sein.[98] Ausgeschlossen ist aber nur der Unternehmensträger selbst (Einzelkaufmann, Handelsgesellschaft etc., nach RdNr. 26 ff.). **Nicht ausgeschlossen** ist dagegen derjenige, der zugleich *(Außen-)Gesellschafter der unternehmenstragenden Gesellschaft* ist (RdNr. 45). Wer als Aktionär, GmbH-Gesellschafter, oHG-Gesellschafter, Komplementär, Kommanditist oder BGB-Gesellschafter (richtigerweise auch als Miterbe eines ererbten Unternehmens) am Unternehmen betei- 35

---

[88] Vgl. nur *Blaurock* RdNr. 5.37; zum folgenden eingehend *Karsten Schmidt* DB 1976, 1706.

[89] *Blaurock* RdNr. 5.37; *Saenger* S. 15; Baumbach/*Hopt* RdNr. 6; E/B/J/S/*Gehrlein* RdNr. 10; Düringer/Hachenburg/*Flechtheim* § 335 aF RdNr. 5; Heymann/*Horn* RdNr. 7; *Koller*/Roth/Morck RdNr. 9; Oetker/*Schubert* RdNr. 16; Staub/*Zutt* RdNr. 40; Röhricht/v. Westphalen/*v. Gerkan/Mock* RdNr. 28.

[90] Dazu eingehend *Blaurock* RdNr. 5.44.

[91] Vgl. BGH NJW-RR 1989, 993; OLG Düsseldorf DB 1994, 2490; *Blaurock* RdNr. 5.37; *Koenigs* S. 14 f.; Heymann/*Horn* RdNr. 7; *Koller*/Roth/Morck RdNr. 9; Röhricht/v. Westphalen/*v. Gerkan/Mock* RdNr. 28.

[92] Schlegelberger/*Karsten Schmidt* § 335 = § 230 nF RdNr. 30; einschränkend *Blaurock* RdNr. 5.40; *Staub/Zutt* RdNr. 43.

[93] RG LZ 1930, 1451; vgl. BGH NJW-RR 1989, 993; BFH BStBl. II 1991, 569; OLG Frankfurt NZG 2001, 696 (n. rkr.); *Albrecht* S. 78; *Saenger* S. 59; *Koenigs* S. 15; *Blaurock* RdNr. 5.40; *Karsten Schmidt* DB 1976, 1706; Düringer/Hachenburg/*Flechtheim* § 335 aF RdNr. 5; E/B/J/S/*Gehrlein* RdNr. 10; Heymann/*Horn* RdNr. 7; *Koller*/Roth/Morck RdNr. 9; Staub/*Zutt* RdNr. 40; Röhricht/v. Westphalen/*v. Gerkan/Mock* RdNr. 28; unentschieden BGH WM 1958, 1336, 1337.

[94] BGHZ 146, 341 = NJW 2001, 1056 = DB 2001, 423 m. Anm. *Römermann*; dazu *Dauner-Lieb* DStR 2001, 356; *Habersack* BB 2001, 477; *Karsten Schmidt* NJW 2001, 993; *Ulmer* ZIP 2001, 585.

[95] Vgl. *Blaurock* RdNr. 5.40; ebenso bereits Schlegelberger/*Karsten Schmidt* RdNr. 30.

[96] RGZ 126, 386, 392; *Blaurock* RdNr. 5.40; *Bucher* S. 36; *Saenger* S. 60 ff.; *Koenigs* S. 15; Baumbach/*Hopt* RdNr. 6; E/B/J/S/*Gehrlein* RdNr. 10; Heymann/*Horn* RdNr. 7; Düringer/Hachenburg/*Flechtheim* § 335 aF RdNr. 5; *Koller*/Roth/Morck RdNr. 9; Röhricht/v. Westphalen/*v. Gerkan/Mock* RdNr. 28; Staub/*Zutt* RdNr. 40; *Karsten Schmidt* DB 1976, 1706.

[97] Unentschieden Oetker/*Schubert* RdNr. 16.

[98] MünchHdbGesR II/*Bezzenberger/Keul* § 75 RdNr. 26 mwN; E/B/J/S/*Gehrlein* RdNr. 11; Röhricht/v. Westphalen/*v. Gerkan/Mock* RdNr. 29.

ligt ist, kann zugleich stiller Gesellschafter sein (vgl. insbes. zur gesplitteten Einlage RdNr. 90 f.).[99] Das gilt auch für den Mehrheitsgesellschafter[100] und selbst für den Alleingesellschafter einer Einpersonen-Kapitalgesellschaft.[101] Ebenso wenig ist ausgeschlossen, dass sich umgekehrt an einem einzelkaufmännischen Gewerbe oder an einer Handelsgesellschaft eine Gesellschaft still beteiligt, an der der Einzelkaufmann bzw. die Handelsgesellschaft als Gesellschafter beteiligt ist. Auch eine *wechselseitige stille Beteiligung* dergestalt, dass zwei Kaufleute (auch Handelsgesellschaften) je am Unternehmen des anderen still beteiligt sind, ist rechtlich zulässig.[102]

36 **4. Der Vertrag.** Es muss ein **Gesellschaftsvertrag** zwischen dem Inhaber und dem stillen Gesellschafter geschlossen sein. Der Gesellschaftsvertrag ist durch die Merkmale des gemeinsamen Zwecks und der Beitragspflicht gekennzeichnet (RdNr. 3). Eine stille Gesellschaft ohne Gesellschaftsvertrag gibt es nicht.[103] Die Rechtsfigur der faktischen Gesellschaft ohne Gesellschaftsvertrag (dazu § 105 RdNr. 230) hat sich nicht durchsetzen können (zu der hiervon zu unterscheidenden Rechtsfigur der *fehlerhaften* stillen Gesellschaft vgl. RdNr. 127 ff.). Der stille Gesellschaftsvertrag kann auch durch schlüssiges Verhalten abgeschlossen werden (RdNr. 95). Es muss aber in jedem Fall ein nachweisbarer Vertragswille vorhanden sein, und dieser Wille muss nach der hier vertretenen Auffassung auf die Begründung einer stillen Einlage gerichtet sein (RdNr. 37, 143). Das ist bei konkludent geschlossenen Gesellschaftsverträgen in aller Regel nicht der Fall. Vor allem *Ehegatteninnengesellschaften*[104] sind in aller Regel nur Gesellschaften bürgerlichen Rechts, nicht stille Gesellschaften (RdNr. 95). Dasselbe gilt für die Innengesellschaft bei nichtehelicher Lebensgemeinschaft.[105] In diesen Fällen wird dem Partner nur eine Beteiligung an Erträgen zugesprochen, aber es fehlt an einem stillen Einlageverhältnis (zu diesem Erfordernis vgl. RdNr. 37 ff.). Über den Vertragsschluss im Einzelnen vgl. RdNr. 93 ff.

37 **5. Die stille Beteiligung mit einer Einlage.** Der stille Gesellschafter muss mit einer Einlage am Unternehmen beteiligt sein. Diese Auffassung hat sich gegen die früher ungeteilte Gegenansicht durchgesetzt.[106] Ein bloßer Beitrag (zB eine Gebrauchsüberlassung, Dienstleistung oder die Überlassung von Know How) genügt nicht (zur Begriffsbildung vgl. § 105 RdNr. 177 ff.).[107] Klarzustellen ist aber: *Nicht eine Einlageleistung, wohl aber eine buchungsfähige Einlage ist Begriffsmerkmal für die stille Gesellschaft.* Stiller Gesellschafter kann

---

[99] BFHE 120, 543 = BStBl. 1977 II S. 155 = DB 1977, 983; BFHE 130, 268 = BStBl. 1980 II S. 477; BFH BB 1983, 1515 = DB 1983, 1743 = GmbHR 1983, 281.

[100] BFH BB 1983, 1515 = DB 1983, 1743 = GmbHR 1983, 281.

[101] *Böttcher/Zartmann/Faut* S. 61; MünchHdbGesR II/*Bezzenberger/Keul* § 75 RdNr. 25; Schlegelberger/*Karsten Schmidt* RdNr. 31.

[102] *Blaurock* RdNr. 5.57; Schlegelberger/*Karsten Schmidt* RdNr. 31.

[103] *Koenigs* S. 60 ff.; *Blaurock* RdNr. 9.2; Baumbach/*Hopt* RdNr. 9; Heymann/*Horn* RdNr. 20; *Koller*/Roth/Morck RdNr. 7; Röhricht/v. Westphalen/*v. Gerkan/Mock* RdNr. 8; Staub/*Zutt* RdNr. 52.

[104] Vgl. dazu BGHZ 8, 249, 253 ff.; 31, 197, 200; 47, 157, 162 ff.; BGH NJW 1974, 2278 = JuS 1975, 188 *(Karsten Schmidt)*; BGH WM 1990, 877 = NJW-RR 1990, 736; NJW 1995, 3383; 1999, 2962, 2964; 2006, 1268; BSG FamRZ 1975, 162 und 337; 1976, 276; MünchKommBGB/*Ulmer* Vor § 705 RdNr. 73; Erman/*Gamillscheg* § 1356 RdNr. 26 ff.

[105] Dazu etwa BGHZ 77, 55 = FamRZ 1980, 664; BGHZ 84, 388 = NJW 1982, 2863; BGH FamRZ 1981, 530 = NJW 1981, 1502; NJW 1982, 2863 f.; DB 1983, 933; NJW 1985, 1841; NJW 1989, 909; NJW 2006, 1268; OLG Düsseldorf FamRZ 1979, 581 = NJW 1979, 1509; OLG Saarbrücken FamRZ 1979, 796 = NJW 1979, 2050; OLG München FamRZ 1980, 239; OLG Frankfurt NJW 1982, 1885; OLG Köln NJW 1995, 2232; krit. Überblick bei *de Witt/Huffmann,* Nichteheliche Lebensgemeinschaft, 1983, RdNr. 80 ff.; *Lipp* JuS 1982, 17 ff.; MünchKommBGB/*Ulmer* Vor § 705 RdNr. 81 ff.

[106] Siehe schon Schlegelberger/*Karsten Schmidt* RdNr. 33; vgl. jetzt *Blaurock* RdNr. 6.2, 6.31 ff.; E/B/J/S/*Gehrlein* RdNr. 14; Heymann/*Horn* RdNr. 44; MünchHdbGesR II/*Bezzenberger/Keul* § 72 RdNr. 12 f.; Oetker/*Schubert* RdNr. 20; Röhricht/v. Westphalen/*v. Gerkan/Mock* RdNr. 30; Staub/*Zutt* RdNr. 14, 82; **aM** noch RG ZHR 48 (1899) 344; JW 1903 Beilage 16 f.; Holdheim 1906, 308; LZ 1908, 158; BGHZ 7, 174, 177; *Koenigs* S. 121 f.; *Schulze zur Wiesche* RdNr. 11; Düringer/Hachenburg/*Flechtheim* § 335 aF RdNr. 6; GroßkommHGB/*Schilling* 3. Aufl. § 335 aF RdNr. 15; Schlegelberger/*Geßler* 4. Aufl. RdNr. 11.

[107] **AM** Oetker/*Schubert* RdNr. 21; dort wird, worauf es für die stille Einlage gerade nicht ankommt, auf die Transferleistung des stillen Gesellschafters abgestellt (Einlage als „Vermögensvorteil"); ähnlich E/B/J/S/*Gehrlein* RdNr. 16.

sein, wer sich entweder zur Leistung einer stillen Einlage verpflichtet hat (Abs. 1) oder wer eine stille Einlage im Unternehmen hält (die aus einer Einlageleistung des stillen Gesellschafters herrühren kann, aber nicht muss). Die in Abs. 1 beschriebene Einlage*leistung* ist ein zwar ausreichendes, aber nicht ein erforderliches Merkmal der stillen Gesellschaft. Es genügt, dass der stille Gesellschafter vertragsgemäß eine stille Einlage im Unternehmensvermögen *hält* (dies ist der notwendige *Beitrag* des stillen Gesellschafters; vgl. zu den Begriffen Beitrag und Einlage § 105 RdNr. 177 ff.). Ob er eine stille Einlage *leisten* muss, ist der gesellschaftsvertraglichen Regelung überlassen. Herkömmlich galt die in Abs. 1 beschriebene Einlage*leistung* als ein Begriffsmerkmal der stillen Gesellschaft. Vor allem die durch bloße Einbuchung entstehende stille Gesellschaft (RdNr. 99 ff.) bereitete dieser früher hM Konstruktionsschwierigkeiten. Deshalb blieb das Erfordernis einer stillen Einlage umstritten.[108] Richtig ist folgendes Verständnis des Abs. 1: *Stiller Gesellschafter kann nur sein, wer mit einer stillen Einlage am Unternehmen beteiligt ist (erste Satzhälfte); soll er zu diesem Zweck eine Einlageleistung erbringen, was der Gesetzgeber als Normalfall voraussetzt, aber nicht vorschreibt, so muss er diese durch Leistung in das Vermögen des Inhabers erbringen (zweite Satzhälfte). Es gibt keine stille Beteiligung ohne eine auf einem Konto darstellbare Einlage.* Wohl aber gibt es stille Beteiligungen ohne Einlage*leistung des stillen Gesellschafters.*[109] Das gilt insbesondere für den *Erwerb einer stillen Beteiligung durch „Einbuchung"* (RdNr. 99 ff.). Der bisweilen empfohlene Ausweg, der Geschäftsinhaber solle dem stillen Gesellschafter nicht die Einlage, sondern den einzulegenden Geldbetrag zuwenden,[110] erweist sich damit allenfalls unter dem Gesichtspunkt der Formwirksamkeit einer vollzogenen Schenkung als nützlich (zu § 518 vgl. RdNr. 98 ff.), für den Tatbestand des § 230 dagegen als überflüssig. Gegenstandslos war der Streit darüber, ob eine stille Gesellschaft unter *Vereinbarung einer nur bedingten Einlagepflicht* zustandekommen kann (dazu RdNr. 93).[111] Dasselbe gilt für die Frage, ob eine stille Gesellschaft mit der Maßgabe entstehen kann, dass dem Stillen *vergangene Finanzleistungen, Sach- oder Dienstleistungen als Einlageleistungen* angerechnet werden.[112] Im Anschluss an BGHZ 7, 174, 181 heißt es, die Parteien könnten nachträglich eine Vergütung für vergangene Leistungen festsetzen und auf die Einlage anrechnen (dazu auch RdNr. 151).[113] Das ist richtig, hat aber mit den Begriffsvoraussetzungen der stillen Gesellschaft nichts zu tun. Unproblematisch ist schließlich auch die Vereinbarung, dass sich der stille Gesellschafter die Einlage erst durch künftige Leistungen verdienen soll. *Der Tatbestand der stillen Gesellschaft setzt nicht voraus, dass eine Einlage iS von Abs. 1* **geleistet** *wird; wohl aber setzt er voraus, dass nach den Vereinbarungen der Parteien eine* **„stille Einlage" iS einer „stillen Beteiligung"** *am Unternehmen begründet worden ist oder begründet werden soll, die buchmäßig entsprechend auszuweisen ist.* Fehlt es hieran, so liegt keine stille Gesellschaft vor (vgl. auch RdNr. 143).

6. Die Gewinnbeteiligung. a) Notwendiges Merkmal. Eine Gewinnbeteiligung ist unverzichtbares Merkmal der stillen Gesellschaft.[114] Die Verlustbeteiligung des stillen 38

---

[108] Nachweise noch bei Schlegelberger/*Karsten Schmidt* RdNr. 33.

[109] Jetzt hM; vgl. *Blaurock* RdNr. 6.2; MünchHdbGesR II/*Bezzenberger/Keul* § 72 RdNr. 13; Heymann/*Horn* RdNr. 44; Röhricht/v. Westphalen/*v. Gerkan/Mock* RdNr. 30; unklar noch Baumbach/*Hopt* RdNr. 20; E/B/J/S/*Gehrlein* RdNr. 15 f.

[110] *P. Hartmann* S. 55.

[111] Verneinend zu Unrecht noch RG Holdheim 1906, 308; Recht 1928 Nr. 39; *Koenigs* S. 9; Düringer/Hachenburg/*Flechtheim* § 335 aF RdNr. 6.

[112] Dafür HansOLG Hamburg NZG 1999, 66; im Ergebnis auch Oetker/*Schubert* RdNr. 21; Röhricht/v. Westphalen/*v. Gerkan/Mock* RdNr. 31; verneinend RG LZ 1908, 158; Düringer/Hachenburg/*Flechtheim* § 335 aF RdNr. 6; Staub/*Zutt* RdNr. 75.

[113] ZB *Blaurock* RdNr. 6.13; Staub/*Zutt* RdNr. 75; Baumbach/*Hopt* RdNr. 20.

[114] RG DJZ 1932, 95; JW 1936, 921; BGH BB 1954, 172; BB 1976, 1030, 1031; OLG Hamburg MDR 1950, 229; BFHE 141, 405, 442 = BStBl. 1984 II S. 751, 770; BFH/NV 1993, 518, 519; BFH/NV 1993, 647, 648; BStBl. 1994 II S. 700, 701; DStR 2002, 123, 124; OLG Hamm NZI 2000, 544, 545; *Koenigs* S. 10; *Blaurock* RdNr. 7.1; MünchHdbGesR II/*Bezzenberger/Keul* § 72 RdNr. 15; Baumbach/*Hopt* § 231 RdNr. 2; E/B/J/S/*Gehrlein* RdNr. 19; Heymann/*Horn* RdNr. 38, § 231 RdNr. 5; *Koller*/Roth/Morck RdNr. 11; Oetker/*Schubert* RdNr. 23; Röhricht/v. Westphalen/*v. Gerkan/Mock* RdNr. 48; Staub/*Zutt* RdNr. 16.

Gesellschafters kann ausgeschlossen werden (§ 231 Abs. 2), die Gewinnbeteiligung dagegen nicht.[115] Fehlt es an einer Gewinnbeteiligung, so liegt eine stille Gesellschaft selbst dann nicht vor, wenn eine Verlustbeteiligung vereinbart ist.[116] Die bloße Verlustdeckungszusage – Zusage gegenüber einem Unternehmen, dessen Jahresverluste ganz oder teilweise auszugleichen – begründet keine stille Gesellschaft.[117] **Gewinnbeteiligung** ist nur eine **Beteiligung am Unternehmenserfolg.** Eine Gewinnbeteiligung liegt vor, wenn die Erträgnisse des stillen Gesellschafters vom Geschäftsergebnis abhängig sind.[118] Eine *Umsatzbeteiligung* genügt nur, wenn sie sich als Gewinnanteilsberechnung darstellt.[119] *Im Fall einer Festverzinsung kann nur ein Darlehen vorliegen.*[120] Auch die Option, eine Festverzinsung in eine Gewinnbeteiligung umzuwandeln, genügt nicht für die Annahme einer stillen Gesellschaft,[121] jedenfalls nicht, solange die Umwandlung nicht stattgefunden hat. Die Höhe des Gewinnanteils kann im Gesellschaftsvertrag zunächst offen bleiben.[122] Kein Hindernis ist die Abrede, dass der Stille erst bei *Überschreitung eines bestimmten Mindestgewinns* an der Gewinnverteilung teilhaben soll.[123] Eine *Gewinngarantie* schließt den Tatbestand des § 230 gleichfalls nicht aus.[124] Es handelt sich dann idR nicht um voneinander trennbare Rechtsverhältnisse, sondern um einen stillen Gesellschaftsvertrag mit zusätzlicher Umsatzbeteiligung oder mit Garantiedividende.[125] Selbst wenn eine Dividendengarantie des Inhalts bedungen ist, dass auch in Verlustjahren eine Mindestdividende ausgeschüttet werden soll, beseitigt nach der hier vertretenen Auffassung nicht das Begriffsmerkmal der Gewinnbeteiligung (§ 231 RdNr. 9, 24).[126] Grundsätzlich wird dann das Konto des stillen Gesellschafters in Verlustjahren mit der ausgezahlten Garantiedividende belastet, weil diese nur ein Gewinnvoraus ist. Soll die Gewinngarantie ohne diese Einschränkung gezahlt werden, so kann dies dafür sprechen, dass die Parteien ein Darlehensgeschäft und keinen stillen Gesellschaftsvertrag gewollt haben (vgl. zur Abgrenzung zwischen stiller Gesellschaft und partiarischem Darlehen RdNr. 57 ff.). Es kann aber auch eine (formbedürftige) Schenkung, bezogen auf Garantiezahlungen in Verlustjahren, vorliegen.[127] Wenn die Gewinnbeteiligung neben der Festzinsgarantie nach den Gewinnerwartungen des Unternehmens nur leere Formel ist, liegt eine Gewinnbeteiligung iS von § 231 nicht vor.[128]

39 **b) Unternehmensgewinn.** Auf den **Gewinn des Unternehmens** muss sich die Gewinnbeteiligung beziehen.[129] Abs. 1 meint in Übereinstimmung mit § 1 Abs. 1 mit dem „Handelsgewerbe" ein (kaufmännisches) Unternehmen. Ob es sich um ein

---

[115] Vgl. allerdings *Schulze-Osterloh,* Der gemeinsame Zweck der Personengesellschaften, 1973, S. 32.

[116] *Koenigs* S. 11; Staub/*Zutt* RdNr. 17.

[117] Vgl. zur Verlustdeckungszusage *Karsten Schmidt,* FS Werner, 1984, S. 777.

[118] RGZ 122, 387, 390; *Blaurock* RdNr. 7.4; MünchHdbGesR II/*Bezzenberger/Keul* § 86 RdNr. 37; Röhricht/v. Westphalen/*v. Gerkan/Mock* RdNr. 48; Schlegelberger/*Karsten Schmidt* RdNr. 34.

[119] BFHE 151, 163, 167 = BStBl. 1988 II S. 62, 64; BFHE 192, 100, 109 = DB 2000, 1942, 1945; Niedersächsisches FG EFG 1997, 529 (rechtskr.); OLG Stuttgart NZG 2001, 750; E/B/J/S/*Gehrlein* RdNr. 19; Staub/*Zutt* RdNr. 17; *Blaurock* RdNr. 7.5; *Schön* ZGR 1993, 222 und *Koenigs* S. 10 f. mit Hinweis auf RG LZ 1928, 1546.

[120] RGZ 122, 387, 390; RG JW 1936, 921; BGH LM BGB § 139 Nr. 8; LM HGB § 335 aF Nr. 8 = WM 1967, 321 = BB 1967, 349; BGHZ 127, 176, 181; LM § 231 HGB Nr. 13 = NJW 1995, 192, 193; BFHE 96, 397, 402 = BStBl. 1969 II S. 690, 692 = WM 1969, 1493, 1495; BFHE 173, 28 = BStBl. 1994 II S. 1282, 1284 ff. = BFH NJW-RR 1994, 423 = HFR 1994, 137; BayObLG JZ 1951, 303; OLG Stuttgart DRZ 1925, 112; OLG Hamburg MDR 1950, 229; *Koenigs* S. 10; *Blaurock* RdNr. 7.4; Baumbach/*Hopt* § 231 RdNr. 2; Röhricht/v. Westphalen/*v. Gerkan/Mock* RdNr. 48; Staub/*Zutt* RdNr. 17.

[121] BFH NJW-RR 1994, 423 = HFR 1994, 137.

[122] BFH/NV 1993, 518, 519.

[123] Str.; wie hier wohl Baumbach/*Hopt* § 231 RdNr. 2; Staub/*Zutt* § 231 RdNr. 9.

[124] *Blaurock* RdNr. 7.6; Röhricht/v. Westphalen/*v. Gerkan/Mock* § 231 RdNr. 12.

[125] Zu den Gestaltungsvarianten Staub/*Zutt* RdNr. 17.

[126] Enger *Koenigs* S. 179 f.; Staub/*Zutt* RdNr. 17.

[127] Dazu OLG Hamburg ZIP 2011, 430; OLG Schleswig ZIP 2011, 517.

[128] RGZ 20, 163, 165; BGH LM § 335 aF Nr. 1 = BB 1951, 849, 850; krit. *Schön* ZGR 1993, 223 f.

[129] *Saenger* S. 18; *Blaurock* RdNr. 7.2; Düringer/Hachenburg/*Flechtheim* § 335 RdNr. 5; MünchHdbGesR II/*Bezzenberger/Keul* § 72 RdNr. 15; Röhricht/v. Westphalen/*v. Gerkan/Mock* RdNr. 48; Staub/*Zutt* RdNr. 16.

„Gewerbe“ iS von § 1 handelt, ist allerdings nicht entscheidend (vgl. zur stillen Beteiligung an einer Handelsgesellschaft RdNr. 20). Nicht jede ertragversprechende Transaktion ist schon ein Unternehmen (vgl. zu diesem Begriff vor § 1 RdNr. 7 ff.). Keine stille Gesellschaft, wenn auch eine Innengesellschaft, ist die *Metaverbindung.*[130] Die Metaverbindung wird vom BGH definiert als eine „Verbindung, die zwei oder mehrere Personen in der Absicht, einen hälftig zu teilenden Gewinn zu erzielen, auf gewisse Zeit zur Ausführung einer unbestimmten Anzahl von Umsatzgeschäften eingehen, die auf gemeinschaftliche Rechnung, nach außen aber von jedem Teilhaber im eigenen Namen abgeschlossen werden“.[131] Der Verkauf für gemeinsame Rechnung ist noch kein stilles Gesellschaftsverhältnis.[132] Auch wenn ein Lieferant durch einen Zuschlag am Erlös von Verkäufen beteiligt wird, ist dies noch keine Beteiligung am Unternehmensgewinn.[133] Es muss sich aber auch nicht um den gesamten Unternehmensgewinn handeln (vgl. § 232 RdNr. 5 ff., 38 ff.). Deshalb besteht kein Bedenken, die §§ 230 ff. auf eine Beteiligung am **Gewinn von Unternehmensteilen** anzuwenden, zB auf den Gewinn eines von mehreren Betrieben, einer von mehreren Niederlassungen, auf den Gewinn eines Geschäfts, auf den Gewinn der Inlandsabteilung eines ausländischen Unternehmens, der Auslandsabteilung eines inländischen Unternehmens usw.[134] Durch stille Beteiligungen lassen sich deshalb *Tracking-Stock-Funktionen* erfüllen, also Beteiligungen an Sparten oder Betriebsstätten mit Gewinnanteilen.[135] Bezieht sich die stille Beteiligung in dieser Weise nur auf einen Unternehmensteil, so beschränken sich auch die bei § 233 besprochenen Kontrollrechte auf diesen Bereich.[136] Das Ob der Gewinnbeteiligung muss vertraglich (und sei es auch konkludent) bestimmt sein. Auch die **Höhe** sollte zweckmäßigerweise geregelt werden. Fehlt eine Regelung, so hilft aber § 231 Abs. 1. Zu den Abreden über die Gewinnbeteiligung vgl. im Einzelnen § 231 RdNr. 9 ff.

c) Gewinnabführung und stille Gesellschaft. Auch eine **vollständige Abführung** 40
der Gewinne an einen oder mehrere stille Gesellschafter ist mit dem Tatbestand der stillen Gesellschaft vereinbar; die stille Gesellschaft setzt nicht voraus, dass dem Geschäftsinhaber Gewinne verbleiben (§ 231 RdNr. 25).[137] Regelmäßig erhält dann der Geschäftsinhaber nur eine feste Vergütung für seine Tätigkeit.[138] Die stille Gesellschaft erhält auf diese Weise **Treuhandcharakter**: Der Träger des Unternehmens betreibt dieses als Verwaltungstreuhänder des stillen Gesellschafters bzw. der stillen Gesellschafter (vgl. auch RdNr. 47, 82). Insbesondere bei der „GmbH & Still“ (vgl. dazu RdNr. 87) kann die GmbH als Quasi-Komplementärin – obschon im Außenverhältnis Alleinunternehmerin – schuldrechtlich vom Unternehmensgewinn und Unternehmensvermögen ausgeschlossen werden. Es verhält sich dann ähnlich wie bei einer KG, deren Komplementär vom Gesellschaftsvermögen und vom Gewinn ausgeschlossen ist (dazu Erl. § 105). Das deutsche Gesellschaftsrecht kennt kein Verbot der sog. societas leonina.[139] Mit Rücksicht auf § 138 BGB muss dann aber grundsätzlich der Inhaber im Innenverhältnis von den Verlusten befreit werden.[140]

[130] Zu ihr vgl. Reichsschuldenverwaltung JW 1928, 1249; BGH BB 1964, 12 = DB 1964, 67; WM 1982, 1403; LG Berlin WM 1951, 808; *Saenger* S. 20; *Koenigs* S. 26; *Blaurock* RdNr. 8.2; Baumbach/*Hopt* RdNr. 4; Heymann/*Horn* RdNr. 18; *Zacharias/Hebig/Rinnewitz* S. 34.

[131] BGH BB 1964, 12 = DB 1964, 67.

[132] Vgl. BFHE 97, 354, 358 = BStBl. 1970 II S. 180, 182; vgl. auch OLG Nürnberg BeckRS 2010, 00290; *Blaurock* RdNr. 8.4.

[133] Vgl. RGZ 31, 72, 73 (zur KG); *Blaurock* RdNr. 7.4; *Koenigs* S. 10 f.

[134] RG Holdheim 1906, 308; RFHE 4, 15, 17; BFHE 115, 518, 521 = BStBl. 1975 II S. 611, 613 = WM 1975, 1267 f. = GmbHR 1975, 187 f.; BFH BStBl. 1998 II S. 685; OLG Düsseldorf JW 1929, 2169; *Saenger* S. 18; *Blaurock* RdNr. 7.3; *Zacharias/Hebig/Rinnewitz* S. 29; *Kauffeld* S. 203 ff.; 300 ff.; Baumbach/*Hopt* RdNr. 1; *Pyszka* DStR 2003, 857 ff.

[135] Eingehend *Tonner,* Tracking Stocks, 2002, S. 340 ff.; *Kauffeld* S. 100 ff.

[136] *Saenger* S. 20.

[137] *Koenigs* S. 12; *Blaurock* RdNr. 7.15; Röhricht/v. Westphalen/*v. Gerkan/Mock* RdNr. 49; Staub/*Zutt* RdNr. 10.

[138] Vgl. *Rasner* S. 80 ff.

[139] *Karsten Schmidt* GesR § 4 I 1 mwN.

[140] *Blaurock* RdNr. 7.15; vgl. Röhricht/v. Westphalen/*v. Gerkan/Mock* RdNr. 49.

Anderenfalls fehlt zwar nicht ein Begriffsmerkmal der stillen Gesellschaft,[141] wohl aber kann der Vertrag wegen Knebelung sittenwidrig sein.[142] Der stille Gesellschafter ist (die stillen Gesellschafter sind) dann grundsätzlich zum Haftungsausgleich und Aufwendungsersatz verpflichtet (RdNr. 13). Ein **konzernrechtlicher Ergebnisabführungsvertrag** (Gewinn- und Verlustübernahmevertrag) begründet als solcher **kein stilles Gesellschaftsverhältnis,** weil es an dem die Gewinnbeteiligung tragenden Einlageverhältnis (RdNr. 37) fehlt.[143] Wohl allerdings kann sich umgekehrt die stille Beteiligung an einer Aktiengesellschaft als **Teil-Gewinnabführungsvertrag iS von § 292 Abs. 1 Nr. 2 AktG** darstellen (RdNr. 116). Kein stilles Gesellschaftsverhältnis ist die *Gewinngemeinschaft* iS von § 292 Abs. 1 Nr. 1 AktG. Hier wird nicht ein Dritter am Unternehmensgewinn beteiligt, sondern dem Unternehmen selbst gebührt statt des eigenen Gewinns nur ein Anteil an dem Gewinn eines virtuellen Gemeinschaftsunternehmens.

41 **d) Nicht: Festverzinsung.** Eine Festverzinsung ist niemals Gewinnbeteiligung. Im Fall reiner Festverzinsung der „Einlage" kann nur ein Darlehen und keine stille Gesellschaft vorliegen.[144] Auch die Option, eine Festverzinsung in eine Gewinnbeteiligung umzuwandeln, genügt als solche noch nicht für die Annahme einer stillen Gesellschaft.[145] Ist neben der Festverzinsung eine Gewinnbeteiligung vereinbart, so ist das Rechtsverhältnis im Zweifel ein einheitliches.[146] Es kann dann ein stilles Gesellschaftsverhältnis mit zusätzlicher Gewinngarantie vorliegen (RdNr. 38),[147] aber auch ein teils festverzinsliches, teils partiarisches Darlehen.[148] Die Abgrenzung richtet sich dann nach RdNr. 57 ff.

42 **7. Fehlen von Begriffsmerkmalen.** Fehlen Begriffsmerkmale der stillen Gesellschaft, so steht dies der Wirksamkeit des Vertrags nicht entgegen. Es liegt dann aber *keine stille Gesellschaft* vor.[149] Ist ein gemeinsamer Zweck iS von § 705 BGB vorhanden, so handelt es sich um eine (sonstige) Innengesellschaft bürgerlichen Rechts (RdNr. 52). Fehlt es auch am gemeinsamen Zweck so kann nur ein anderes Rechtsverhältnis (Darlehen, Geschäftsbesorgungsvertrag, Dienstvertrag, Konzessionsvertrag, Pacht etc.) vorliegen (zur Abgrenzung vgl. RdNr. 54 ff.).

IV. Das Verhältnis der stillen Gesellschaft zu sonstigen Rechtsverhältnissen

43 **1. Allgemeines.** Bei dem Verhältnis der stillen Gesellschaft zu sonstigen Rechtsverhältnissen geht es teils um die **Koordination von Rechtsverhältnissen** (RdNr. 44 ff.), teils um die **Abgrenzung zu anderen Rechtsverhältnissen** (RdNr. 50 ff.). Im ersten Fall liegt neben der stillen Gesellschaft noch ein weiteres Rechtsverhältnis vor, im zweiten Fall geht es um die Entscheidung, ob eine stille Gesellschaft oder ein Rechtsverhältnis anderer Art besteht.

44 **2. Typische Koordinationsfälle. a) Stille Beteiligung und Handelsgesellschaft** können ohne weiteres zusammenfallen. Nach RdNr. 20 kann eine Handelsgesellschaft Geschäftsinhaber sein, und nach RdNr. 34 kann sie auch stiller Gesellschafter sein. Vor allem die „GmbH & Still" besteht aus stillen Beteiligungen an einer Handelsgesellschaft

---

[141] Hier liegt das Problem nach *Koenigs* S. 12; vgl. auch *Saenger* S. 85.

[142] S. auch *Blaurock* RdNr. 7.15; Röhricht/v. Westphalen/*v. Gerkan/Mock* RdNr. 49.

[143] Zust. Oetker/*Schubert* RdNr. 23.

[144] RGZ 122, 387, 390; RG JW 1936, 921; BGH LM BGB § 139 Nr. 8; LM § 335 aF Nr. 8 = WM 1967, 321 = BB 1967, 349; BGHZ 127, 176, 181; LM § 231 HGB Nr. 13 = NJW 1995, 192, 193; BFHE 96, 397, 402 = BStBl. 1969 II S. 690, 692 = WM 1969, 1493, 1495; BFHE 173, 28 = BStBl. 1994 II S. 282, 284 ff. = BFH NJW-RR 1994, 423 = HFR 1994, 137; BayObLG JZ 1951, 303; OLG Stuttgart DRZ 1925, 112; OLG Hamburg MDR 1950, 229; *Koenigs* S. 10; *Blaurock* RdNr. 7.4; Baumbach/*Hopt* § 231 RdNr. 2; E/B/J/S/*Gehrlein* RdNr. 19; Röhricht/v. Westphalen/*v. Gerkan/Mock* RdNr. 48; Staub/*Zutt* RdNr. 17.

[145] BFH NJW-RR 1994, 423 = HFR 1994, 137.

[146] Insofern wie hier *Schön* ZGR 1993, 223.

[147] Ebd.

[148] **AM** *Schön* ZGR 1993, 223.

[149] Vgl. nur *Blaurock* RdNr. 7.4; Staub/*Zutt* RdNr. 41.

(vgl. RdNr. 87). Dasselbe gilt in Fällen der „gesplitteten Einlage“, bei denen Gesellschafter gleichzeitig Handelsgesellschafter – z. B. Kommanditisten – und stille Gesellschafter sind (RdNr. 45). Die stille Gesellschaft selbst wird hierdurch nicht Handelsgesellschaft (RdNr. 10). Die Sonderprobleme der stillen Beteiligung an Handelsgesellschaften bestehen in der Koordination unterschiedlicher Rechtsverhältnisse, die begrifflich zu trennen sind: der Handelsgesellschaft, der Beteiligung an dieser Handelsgesellschaft und des mit ihr eingegangenen stillen Gesellschaftsverhältnisses.

b) Handelsgesellschafter als stille Gesellschafter. Der stille Gesellschafter kann gleichzeitig als Handelsgesellschafter am Unternehmen beteiligt sein (RdNr. 35). Insbesondere **stille Beteiligung und Kommanditbeteiligung** können miteinander koordiniert sein (gesplittete Einlage; vgl. RdNr. 90 f.).[150] Vor allem bei Publikumskommanditgesellschaften ist das nicht selten der Fall. Der Anleger zeichnet eine Beteiligung, die teils Kommanditistenbeteiligung, teils stille Beteiligung ist (§§ 171, 172 RdNr. 49). Zur insolvenzrechtlichen Behandlung der stillen Beteiligung in einem solchen Fall vgl. § 236 RdNr. 39. 45

c) Dienstverträge und Überlassungsverträge (Mietverträge, Pachtverträge, Leasingverträge, Lizenzverträge usw.) können mit der stillen Gesellschaft einhergehen. Die stille Beteiligung von Arbeitnehmern[151] gehört hierher (vgl. zu vermögenswirksamen Leistungen auch RdNr. 71). Es kann aber auch ein Dienstvertrag oder ein Überlassungsvertrag so mit dem stillen Gesellschaftsverhältnis kombiniert sein, dass die entgeltliche Dienstleistung oder Überlassung eines Gegenstandes gleichzeitig Beitrag (nicht Einlage!) des stillen Gesellschafters ist (RdNr. 144). 46

d) Treuhand. Die stille Gesellschaft begründet als solche kein Treuhandverhältnis.[152] Allerdings enthält eine als „Innen-KG“ ausgestaltete atypische stille Gesellschaft Treuhandelemente (RdNr. 81, 87). Auch sonst kann das stille Gesellschaftsverhältnis treuhänderische Pflichten begründen (RdNr. 82). Treuhandverträge können mit stillen Gesellschaftsverträgen zusammentreffen (RdNr. 139).[153] Möglich ist, dass der stille Gesellschafter die stille Einlage nur treuhänderisch für einen Dritten hält (Vor § 230 RdNr. 37). Dann muss zwischen dem stillen Gesellschaftsverhältnis des stillen Gesellschafters zum Unternehmer und dem Treuhandverhältnis zum Treugeber unterschieden werden. Möglich ist auch, eine atypische stille Gesellschaft so zu gestalten, dass der Geschäftsinhaber im Innenverhältnis in einem *Dienstleistungsverhältnis* zum Stillen steht (RdNr. 40, 82).[154] Dann ist der Geschäftsinhaber nur im Außenverhältnis Träger des Unternehmens, muss dieses aber im Innenverhältnis als ein Unternehmen des stillen Gesellschafters oder der stillen Gesellschafter verwalten. Vor allem die „Innen-KG“ (RdNr. 81), etwa in Form einer „GmbH & Still“ (RdNr. 87) weist Treuhandelemente auf. Kein besonderes Treuhandverhältnis wird demgegenüber begründet, wenn der stille Gesellschafter die Einlage an den Geschäftsinhaber „zu treuen Händen“ leistet.[155] Eine solche Formel unterstreicht nur die fremdnützigen Nebenpflichten des Geschäftsinhabers aus dem stillen Gesellschaftsverhältnis (RdNr. 138). 47

e) Schenkung und stille Gesellschaft. aa) Keine Unvereinbarkeit. Schenkung und stille Beteiligung können zusammenfallen. Es handelt sich nicht, wie vereinzelt vorgetragen 48

---

[150] Beispiele: BGHZ 69, 160 = WM 1977, 1136; BGH WM 1979, 71; NJW 1980, 1522 = WM 1980, 332; NJW 1981, 2251 = WM 1981, 761; OLG Frankfurt WM 1981, 1371; WM 1982, 198; MünchHdbGesR II/*Bezzenberger/Keul* § 73 RdNr. 26.

[151] Dazu *Blaurock* RdNr. 2.24 ff.; *Iber* RdA 1973, 303; *Dobroschke* DB 1976, 1045 ff.; *May/Jeschke/Kirchdörfer* BB 1989, 1830 ff.

[152] Richtig insofern MünchHdbGesR II/*Bezzenberger/Keul* § 73 RdNr. 23; die von *Bezzenberger* vermeintlich bekämpfte angebliche Gegenansicht (darunter der Verf.) betrifft Sonderprobleme der atypischen stillen Gesellschaft.

[153] MünchHdbGesR II/*Bezzenberger/Keul* § 73 RdNr. 24.

[154] *Blaurock* RdNr. 1.30; Düringer/Hachenburg/*Flechtheim* § 335 RdNr. 10; Schlegelberger/*Karsten Schmidt* RdNr. 42; eingehend *Lang* S. 66 ff.

[155] So aber MünchHdbGesR II/*Bezzenberger/Keul* § 73 RdNr. 24.

wurde,[156] um zwei einander ausschließende Schuldverhältnisse. Die stille Beteiligung kann Gegenstand einer Schenkung sein.[157] Dann ist die Schenkung Rechtsgrund der Zuwendung, die stille Beteiligung Gegenstand der Zuwendung, und das stille Gesellschaftsverhältnis bestimmt den durch Schenkungsvollzug hergestellten Status unter den Vertragsparteien (zu den Formproblemen um § 518 BGB vgl. RdNr. 98 ff.).

49 **bb) Rechtsfolgen.** Rechtsprobleme bei der Schenkung stiller Einlagen ergeben sich zunächst aus der Formvorschrift des § 518 BGB (RdNr. 98 ff.). Sodann spielt das Schenkungsrecht bei der Auflösung der stillen Gesellschaft eine Rolle: Die Schenkung kann unter den Voraussetzungen des § 528 BGB oder einer Widerrufsklausel[158] widerrufen, die stille Beteiligung dem stillen Gesellschafter also nach § 530 BGB wieder entzogen werden, ohne dass es hierfür der Kündigung des Gesellschaftsvertrags bedürfte.[159]

50 **3. Abgrenzung gegen sonstige gesellschaftsrechtliche Beteiligungen. a) Außengesellschaft.** Von *Außengesellschaften* unterscheidet sich die stille Gesellschaft als Innengesellschaft entscheidend durch die gewählte Vertragsgestaltung, nicht durch das objektive Auftreten.[160] Wird nur gegenüber einzelnen Dritten der Anschein einer Außengesellschaft erweckt, so kommt eine Rechtsscheinhaftung in Betracht (vgl. RdNr. 15); dann ändert sich nichts daran, dass die Gesellschaft objektiv eine bloße Innengesellschaft ist.[161] Allerdings kann durch dauerhaft mitunternehmerisches Auftreten der Gesellschafter und Bildung eines Gesellschaftsvermögens durch Rechtsformzwang eine Außengesellschaft (im Zweifel oHG) entstehen (RdNr. 9).[162]

51 **b) Unterbeteiligung.** Die *Unterbeteiligungsgesellschaft* (RdNr. 191 ff.) begründet eine Innenbeteiligung an einem Gesellschaftsanteil (einer Mitgliedschaft), die stille Beteiligung dagegen an einem Unternehmen (RdNr. 199).[163] Vertragspartner des stillen Gesellschafters ist der Träger des Unternehmens (zB auch die Einpersonen-GmbH), Vertragspartner des Unterbeteiligten ist der Hauptgesellschafter (zB auch der Alleingesellschafter).

52 **c) BGB-Innengesellschaft.** Fehlt der Innengesellschaft eines der in RdNr. 3, 19 ff. besprochenen Merkmale, so kann es sich um eine reguläre BGB-Innengesellschaft handeln.[164] Das gilt insbesondere bei einem sog. Metageschäft (RdNr. 39).[165] Fehlt es für die unmittelbare Anwendung der §§ 230 ff. nur an der kaufmännischen Qualifikation des Unternehmens, so sind die §§ 230 ff. analog anwendbar (RdNr. 24 f.).

53 **d) Genussrechte**[166]. Umstritten ist das Verhältnis der §§ 230 ff. zu den Genussrechten. Genussrechte (§ 10 Abs. 5 KWG, § 53 c Abs. 3 a VAG, § 8 Abs. 3 Satz 2 KStG, §§ 17 Abs. 1, 20 Abs. 1 Nr. 1, 43 Abs. 1 Nr. 2 EStG) sind entweder gewinnabhängige verzinsliche Ver-

[156] *Herrmann* ZHR 147 (1983), 313 ff.; dagegen ausführlich Schlegelberger/*Karsten Schmidt* RdNr. 44.

[157] Vgl. nur BGHZ 7, 174, 179; 7, 378 = LM BGB § 705 Nr. 1 m. Anm. *Rob. Fischer*; BFH NJW-RR 1990, 1056; *Koenigs* S. 74 ff.; *Blaurock* RdNr. 6.18; Staub/*Zutt* RdNr. 82; Soergel/*Mühl/Teichmann* § 516 RdNr. 43; Erman/*Herrmann* § 518 RdNr. 5 b; MünchKommBGB/*J. Koch* § 518 RdNr. 92.

[158] Dazu *Karsten Schmidt* BB 1990, 1996; *Mayer* ZGR 1995, 100 ff.; *Kollhosser* AcP 194 (1994), 238 ff.

[159] Vgl. BGHZ 112, 40 = NJW 1990, 2616; *Karsten Schmidt* BB 1990, 1995 ff.

[160] BGH WM 1966, 31, 32; eingehend MünchHdbGesR II/*Bezzenberger/Keul* § 73 RdNr. 4; Düringer/Hachenburg/*Flechtheim* § 335 RdNr. 9; Schlegelberger/*Karsten Schmidt* RdNr. 45.

[161] **AM** offenbar *Weimar* ZIP 1993, 1520 f.

[162] Insofern wie hier *Weimar* ZIP 1993, 1520 f., wo dieser Vorgang offenbar als Umwandlung der stillen Gesellschaft eingeordnet wird.

[163] Vgl. nur BGH WM 1966, 188, 190; *Blaurock* RdNr. 30.8; MünchHdbGesR II/*Bezzenberger/Keul* § 73 RdNr. 8; E/B/J/S/*Gehrlein* RdNr. 80; Röhricht/v. Westphalen/*v. Gerkan/Mock* RdNr. 52; Schlegelberger/*Karsten Schmidt* RdNr. 46.

[164] Vgl. nur BFH DStRE 1999, 388, 390; OLG Nürnberg BeckRS 2010, 00290; Röhricht/v. Westphalen/*v. Gerkan/Mock* RdNr. 50 f.; Schlegelberger/*Karsten Schmidt* RdNr. 47.

[165] In dieser Richtung auch OLG Nürnberg BeckRS 2010, 00290.

[166] Literaturauswahl: *Bundschutz/Hadding/Schneider* (Hrsg.), Recht und Praxis der Genussscheine, 1987; *Feddersen/Knauth,* Eigenkapitalbildung durch Genussscheine, 1993; *Franzen* Genussscheine 1993; *Schott* Genussscheine 1993; *Luttermann,* Unternehmen, Kapital und Genussrechte, 1998; *Blaurock* RdNr. 8.36; MünchKommBGB/*Habersack* § 793 RdNr. 24; *Lutter* ZGR 1993, 291; *Schön* JZ 1993, 925; *Ziehe* DStR 1991, 1594; *Habersack* ZHR 155 (1991), 378; *Sethe* AG 1993, 293, 351.

mögenseinlagen[167] oder Gewinnbeteiligungseinlagen[168] bei Handelsgesellschaften (üblicherweise Kapitalgesellschaften). Da Genussrechte mit einer rückzahlbaren Einlage verbunden sind, erfüllt jedenfalls die zweite Gruppe die äußeren Merkmale einer stillen Einlage.[169] Gleichwohl werden sie von der stillen Beteiligung unterschieden.[170] Das wird üblicherweise mit der Erwägung begründet, dass es sich um ein ohne gemeinsamen Zweck vertraglich eingeräumtes nicht-gesellschaftsrechtliches Gläubigerrecht handelt.[171] Im Ergebnis haben Genussscheinverträge und Genussscheinbedingungen in solchem Umfang eigene Gestalt gewonnen, dass die §§ 230 ff. für die Rechtsanwendung außer Betracht bleiben.[172] Das Begriffsargument des fehlenden gemeinsamen Zwecks tritt dabei in den Hintergrund. Im Ergebnis wird man es bei diesem Argument belassen können. Ein Rechtsverhältnis, das schon in der Anlage ungeeignet ist, mitgliedschaftliche (von § 230 allerdings nicht vorausgesetzte) Rechte und Pflichten zu generieren, ist keine stille Gesellschaft. Genussrechte sind auf Gewinnbeteiligungen ohne Gesellschafterrechte angelegt.

4. Abgrenzung gegen partiarische Rechtsverhältnisse. a) Grundsatz. Abgrenzungsprobleme stellen sich im Verhältnis zu den partiarischen Rechtsverhältnissen. Unter partiarischen Rechtsgeschäften versteht man Rechtsbeziehungen nicht gesellschaftsrechtlicher Art, bei denen als Entgelt eine Gewinnbeteiligung vereinbart ist.[173] Da der Gesellschaftsbegriff das **Abgrenzungskriterium** bestimmt, ist rechtsdogmatisches Abgrenzungsmerkmal **der gemeinsame Zweck.**[174] Dieses Abgrenzungskriterium wirft erhebliche Zweifelsfragen auf. Deshalb sollte vorab geprüft werden, ob nicht schon ein formales Kriterium den Tatbestand der stillen Gesellschaft ausschließt. Dieses formale Abgrenzungskriterium ist das Vorhandensein einer stillen Einlage (RdNr. 37).[175] Bei partiarischen Dienstleistungs- und Überlassungsverträgen fehlt es idR schon an diesem äußeren Merkmal (RdNr. 55 und 56). Nur im Verhältnis zu den partiarischen Darlehensverhältnissen ist bei solcher Betrachtung die Abgrenzung wirklich kompliziert. 54

b) Partiarische Dienstverhältnisse. (Dienstleistungen gegen Gewinnbeteiligung) sind von der stillen Gesellschaft idR einfach zu unterscheiden. Die hM stellt auch hier auf den gemeinsamen Zweck als Unterscheidungskriterium ab.[176] Indiz ist nach hM die Unter- 55

[167] Beispiel BGHZ 120, 141, 145 = NJW 1993, 400; gegen Behandlung als Genussrechte *Lutter* ZGR 1993, 303 ff.; *Gehling* WM 1992, 1094.

[168] Beispiele: RGZ 115, 227; BGHZ 119, 305 = NJW 1993, 57.

[169] *Meilicke* BB 1989, 466; *Schön* JZ 1993, 930.

[170] Vgl. nur BFH DStR 2008, 1629 = ZIP 2008, 2264; FG Baden-Württemberg DStRE 2006, 15 = EFG 2005, 530; *Blaurock* 8.36; MünchKommBGB/*Habersack* § 793 RdNr. 24; differenzierend MünchHdbGesR IV/*Krieger,* 3. Aufl., § 63 RdNr. 62.

[171] Vgl. nur BFH DStR 2008, 1629 = ZIP 2008, 2264; *Blaurock* RdNr. 8.36; MünchHdbGesR II/*Bezzenberger/Keul* § 73 RdNr. 15.

[172] Vgl. MünchHdbGesR II/*Bezzenberger/Keul* § 73 RdNr. 15; **aA** *Schön* JZ 1993, 928 ff.; *Habersack* ZHR 155 (1991), 394 f.

[173] *P. Hartmann* S. 19; *Blaurock* RdNr. 8.16 ff.; eingehend *Crome,* Die partiarischen Rechtsgeschäfte, 1897, S. 24 ff.; *Wieland* I S. 467 ff.; *Huffer,* Das partiarische Geschäft als Rechtstypus, Diss. München 1971; *Silberschmidt* ZHR 96 (1931), 267.

[174] RGZ 77, 223, 227 f.; 99, 161, 163; 141, 143, 145; RG JW 1912, 462, 463 f.; BGHZ 3, 75, 81 = NJW 1951, 710 m. Anm. *v. Eckelt* 843; BGH LM § 335 aF Nr. 1 m. Anm. *Rob. Fischer* = BB 1951, 849; LM § 335 aF Nr. 8 = WM 1967, 321, 322 = BB 1967, 349; NJW 1990, 573, 574; BGHZ 127, 176, 177 f. = LM AGBG § 23 Nr. 13 m. Anm. *Basedow*; NJW 1992, 2696 = EWiR 1992, 1111 *(Blaurock);* ZIP 1994, 1847; OLG Hamburg WM 1994, 499, 500; BFHE 124, 374 f. = BStBl. 1978 II S. 256 = WM 1978, 994 f.; BFH BB 1984, 1473, 1474 = WM 1984, 1207, 1208; BFH/NV 1988, 700, 702; BFHE 168, 239, 242 = BStBl. 1992 II S. 889, 890; FG Leipzig EFG 2005, 553; *Blaurock* RdNr. 8.17; MünchHdbGesR II/*Bezzenberger/Keul* § 73 RdNr. 10, 13 f.; E/B/J/S/*Gehrlein* RdNr. 76; Heymann/*Horn* RdNr. 16; *Koller*/Roth/Morck RdNr. 5; Oetker/*Schubert* RdNr. 26: Röhricht/v. Westphalen/*v. Gerkan/Mock* RdNr. 56; Staub/*Zutt* RdNr. 22 f.; *A. Hueck,* FS Lehmann, 1937, S. 239 ff.; *Koenigs* S. 28 ff.; *Böttcher/Zartmann/Faut* S. 53; *Renaud* S. 91.

[175] So bereits Schlegelberger/*Karsten Schmidt* RdNr. 49.

[176] *Koenigs* S. 28 f.; *Blaurock* RdNr. 8.37; MünchHdbGesR II/*Bezzenberger/Keul* § 73 RdNr. 10; E/B/J/S/*Gehrlein* RdNr. 76, 78; *Koller*/Roth/Morck RdNr. 5; Röhricht/v. Westphalen/*v. Gerkan/Mock* RdNr. 56; Staub/*Zutt* RdNr. 24.

scheidung zwischen abhängiger Dienstleistung und kooperativer Partnerschaft.[177] Auch der BFH stellt darauf ab, ob die Vertragsbeteiligten partnerschaftlich zusammenarbeiten, was für ein stilles Gesellschaftsverhältnis sprechen soll.[178] Hierfür werden Vereinbarungen über Auskunftsrechte als Indiz angesehen.[179] Auch die Frage, ob Weisungsrechte des Geschäftsinhabers bestehen (dann Dienstverhältnis), wird als Abgrenzungskriterium genannt.[180] Als Indiz für das Vorliegen einer stillen Gesellschaft gilt im Übrigen das Fehlen jeglicher Festvergütung, als Indiz für das Vorliegen eines Dienstverhältnisses dagegen das Nebeneinander von Festvergütung und Gewinnbeteiligung.[181] IdR genügt aber ein ganz einfaches Merkmal: *Die stille Gesellschaft setzt zwar keine Einlageleistung, wohl aber die Begründung einer stillen Beteiligung in Gestalt eines auf einem Einlagekonto darstellbaren Guthabens des stillen Gesellschafters – also die stille Einlage – voraus* (RdNr. 37).[182] Fehlt ein solches Guthaben und ist seine Bildung auch nicht vereinbart, so liegt idR ein Dienstverhältnis mit Gewinnbeteiligung vor. Es kann ausnahmsweise auch eine BGB-Innengesellschaft, aber keine stille Gesellschaft vorliegen. Ist dagegen vereinbart, dass dem Dienstleistenden eine stille Einlage gutgebracht wird, so liegt eine stille Gesellschaft vor. Ob dann neben der stillen Gesellschaft noch ein Dienstverhältnis vorliegt (Geschäftsleiter- oder Arbeitnehmerbeteiligung) und ob die stille Einlage durch Dienstleistungen gedeckt werden soll (zu dieser Möglichkeit vgl. RdNr. 149), ist dann eine Frage der Vereinbarung im Einzelfall. Zur Frage, ob die Dienstleistung Beitrag oder Einlage des stillen Gesellschafters sein kann, vgl. RdNr. 144 und 149. Für die Abgrenzungsfrage, ob eine stille Gesellschaft vorliegt, ist hiernach entscheidend darauf abzustellen, *ob der zu Diensten Verpflichtete ein Einlagekonto halten soll, das ihn zum Gewinnbezug berechtigt.*[183] Ist das Konto dagegen festverzinslich, so liegt keine stille Gesellschaft vor.[184]

56 **c) Partiarische Überlassungsverträge.** Ähnlich verhält es sich bei **partiarischen Miet- oder Pachtverträgen,** und entsprechendes wird für **sonstige Leistungen gegen Gewinnbeteiligung** gelten müssen (**Lizenzverträge, Franchising** etc). Auch hier gilt als rechtsdogmatisches Unterscheidungskriterium der gemeinsame Zweck.[185] Wiederum werden die Risiken und Kontrollrechte als Indiz für das Vorliegen einer stillen Gesellschaft angesehen.[186] Aber die Unterscheidung kann sich hier ebenfalls idR an dem ganz einfachen *Kriterium des Einlagenkontos* orientieren: Wird demjenigen, der Gebrauchsüberlassung oder sonstige Leistungen gegen Gewinnbeteiligung schuldet, eine stille Einlage gutgebracht, liegt regelmäßig eine stille Gesellschaft vor (nur bei ganz eindeutiger Vereinbarung ist anzunehmen, dass das Konto ein Darlehenskonto darstellt).[187] Fehlt es daran, so liegt idR keine stille Gesellschaft vor, sondern ein Miet- oder Pachtvertrag, ganz ausnahmsweise auch eine BGB-Innengesellschaft.

---

[177] Vgl. *Blaurock* RdNr. 8.37; Oetker/*Schubert* RdNr. 29; Röhricht/v. Westphalen/*v. Gerkan/Mock* RdNr. 57.

[178] BFHE 140, 275 = BStBl. II 1984, 373; BFH BB 1984, 1028 = DB 1984, 967; BB 1984, 1473 = DB 1984, 1709; FG Hannover EFG 2003, 1642.

[179] E/B/J/S/*Gehrlein* RdNr. 78; Röhricht/v. Westphalen/*v. Gerkan/Mock* RdNr. 57.

[180] FG Hannover EFG 2003, 1642; *Blaurock* RdNr. 8.44; *Böttcher/Zartmann/Faut* S. 56 f.; MünchHdbGesR II/*Bezzenberger/Keul* § 73 RdNr. 20; Röhricht/v. Westphalen/*v. Gerkan/Mock* RdNr. 57.

[181] BFHE 81, 138 = BStBl. 1965 III S. 49; BFHE 81, 143 = BStBl. 1965 III S. 51; BStBl. 1984, 373, 375; Düringer/Hachenburg/*Flechtheim* § 335 aF RdNr. 10; jetzt wohl auch *Blaurock* RdNr. 8.39.

[182] Schlegelberger/*Karsten Schmidt* RdNr. 49; zustimmend Röhricht/v. Westphalen/*v. Gerkan/Mock* RdNr. 57.

[183] Vgl. jetzt auch Staub/*Zutt* RdNr. 24, 12 ff.

[184] Zweifelhaft RGZ 142, 14, wo zwar aus den versprochenen Gewinnen ein Einlagekonto gebildet, dieses aber fest verzinst wurde; in casu wurde offenbar auch die Dienstleistung als Gesellschafterbeitrag und nicht als partiarische Dienstleistung erbracht (dann: stille Gesellschaft).

[185] BFH BStBl. 2001 II S. 359, 363; *Koenigs* S. 34; *Blaurock* RdNr. 8.48; *Koller*/Roth/Morck RdNr. 5; MünchHdbGesR II/*Bezzenberger/Keul* § 73 RdNr. 10, 16 ff.; Oetker/*Schubert* RdNr. 29; Röhricht/v. Westphalen/*v. Gerkan/Mock* RdNr. 56; Staub/*Zutt* RdNr. 24.

[186] Vgl. nur *Blaurock* RdNr. 8.48.

[187] Zustimmend Röhricht/v. Westphalen/*v. Gerkan/Mock* RdNr. 58.

d) Partiarisches Darlehen. aa) Grundsatz. Die **Abgrenzung zum partiarischen Darlehen** macht, wie verschiedentlich bemerkt wird, besondere Schwierigkeiten.[188] Nach der hier vertretenen Auffassung kann das nicht verwundern. Das äußere Abgrenzungsmerkmal, dass eine Forderung begründet und dem Gläubiger auf einem Konto gutgebracht wird, hilft hier nicht weiter, denn eine solche Forderung wird auch beim partiarischen Darlehen in jedem Fall durch Vertrag begründet (§ 488 Abs. 1 BGB). Die hM kann hier nur auf das Merkmal des gemeinsamen Zwecks und die Gesamtumstände verweisen.[189] Bestritten wird die prinzipielle Unterscheidbarkeit von partiarischem Darlehen und stiller Gesellschaft von *Wolfgang Schön. Schön* vertritt die Auffassung, dass jeder mit Gewinnbeteiligung verbundene Kredit, sofern an ein Unternehmen gegeben,[190] ein stilles Gesellschaftsverhältnis und kein partiarisches Darlehen begründet.[191] Grundlage dieser Annahme sind folgende Überlegungen: Die Abgrenzung zwischen stiller Gesellschaft und partiarischem Darlehen sei schwierig und nebulös;[192] sie finde in der angeblichen Unterscheidung zwischen Individualzwecken und gemeinsamem Zweck keine Grundlage.[193] Die bei der stillen Gesellschaft unentbehrliche Gewinnbeteiligung reiche für den gemeinsamen Zweck aus,[194] und die beiderseitigen Förderpflichten aus der Gewinnbeteiligung machten diesen Zweck zu einem gemeinsamen iS von § 705 BGB.[195] Die Kontrollrechte nach § 233 seien der Sache nach die eines Kapitalgebers,[196] ebenso etwaige Sicherungsrechte des stillen Gesellschafters. 57

bb) Stellungnahme. Es ist richtig, dass die Unterscheidung zwischen der gesetzestypischen stillen Gesellschaft und dem partiarischen Darlehen überaus schwierig, die Grenzziehung von Fall zu Fall überaus unklar und der für sie erforderliche gedankliche Aufwand meist folgenlos ist. Das hängt mit der Kreditfunktion der typischen (!) stillen Einlage sowie damit zusammen, dass die für die Praxis entscheidende Schnittstelle in den Rechtsfolgen nicht mehr zwischen der stillen Gesellschaft und dem partiarischen Darlehen verläuft, sondern zwischen der atypischen und der typischen stillen Gesellschaft (RdNr. 59). Insofern spricht vieles dafür, die typische stille Gesellschaft und das partiarische Darlehensverhältnis auf der Rechtsfolgenseite einander anzugleichen, wie dies auch geschieht (vgl. insoweit RdNr. 59). Systematisch wäre es dann allerdings befriedigender, die typische stille Beteiligung als eine kreditrechtliche Sondergestaltung im Darlehensrecht (§§ 488 ff. BGB, bis 31. 12. 2001 §§ 607 ff. BGB aF) unterzubringen und nicht umgekehrt den partiarischen Kredit bei den §§ 230 ff. Doch ist die Gleichstellung insgesamt nicht berechtigt. *Der Unterschied ist nicht bei der Behandlung der Darlehensvaluta (Passivierung als Kredit) und der stillen Beteiligung (Passivierung als stille Einlage) zu suchen (dies ist Rechtsfolge, nicht Unterscheidungskriterium), sondern bei dem Vertragstypus im Innenverhältnis.* Es geht darum, ob dieses Innenverhältnis dem Darlehensrecht oder dem Gesellschaftsrecht (einschließlich der §§ 705 ff. BGB) folgt. Die Gewinnbeteiligung am Unternehmen kann eine rein kreditrechtliche Grundlage haben (dann partiarisches Darlehen) oder eine gesellschaftsrechtliche (dann stille Gesellschaft). Der gemeinsame Zweck bei der stillen Gesellschaft ist nicht allein an dem Gewinninteresse der Vertragsparteien zu erkennen, sondern daran, dass sich die Gesellschafter auch zu Beiträgen verpflichten, die diesen Zweck fördern (§ 705 BGB). Ein gemeinsamer Zweck liegt vor, wenn nach dem Willen der Parteien die Gewinnerwirtschaftung durch den Träger des Unternehmens Hauptpflicht (nämlich Beitragsleistung) ist und nicht bloß Nebenpflicht oder Geschäftsgrundlage für die Gewinnerwartung des Geldgebers.[197] Dazu auch RdNr. 62. 58

---

[188] E/B/J/S/*Gehrlein* RdNr. 77; Heymann/*Horn* RdNr. 16; *Koller*/Roth/Morck RdNr. 5; Röhricht/v. Westphalen/*v. Gerkan/Mock* RdNr. 59.

[189] *Blaurock* RdNr. 8.48; E/B/J/S/*Gehrlein* RdNr. 77; Oetker/*Schubert* RdNr. 27.

[190] Dies wird bei *Schön* (ZGR 1993, 211 ff.) stillschweigend vorausgesetzt.

[191] *Schön* ZGR 1993, 211 ff.

[192] Vgl. sinngemäß *Schön* ZGR 1993, 214 f.

[193] *Schön* ZGR 1993, 217 f.

[194] *Schön* ZGR 1993, 222.

[195] *Schön* ZGR 1993, 225 ff.

[196] *Schön* ZGR 1993, 231 ff.

[197] Gegen diese Unterscheidung freilich *Schön* ZGR 1993, 226 f.

59 **cc) Die zivilrechtliche Tragweite der Unterscheidung** wird in der Literatur überbewertet.[198] Im Wesentlichen geht es um die gesetzlichen Kündigungsfristen (§ 489 BGB, bis 2001 §§ 609, 609 a BGB aF, gegenüber § 234), um die Kündigung durch Privatgläubiger (§ 234) und um die Beendigung der stillen Gesellschaft durch die Eröffnung des Insolvenzverfahrens (§ 234 RdNr. 11).[199] Auch kann die Rückzahlung einer stillen Einlage nach § 136 InsO anfechtbar sein (dazu Anh. § 236 RdNr. 12 ff.), während die analoge Anwendung dieser Bestimmung auf Unternehmenskredite umstritten ist (Anh. § 236 RdNr. 33). Die Unterschiede zwischen Darlehen und typischer (!) stiller Gesellschaft reduzieren sich weiter, wenn man die Unanwendbarkeit der Lehre von der fehlerhaften Gesellschaft (dazu RdNr. 128 ff.) und entgegen dem Standpunkt des BGH die Anwendbarkeit des AGB-Rechts (dazu RdNr. 122 ff.) auf **typisch stille Beteiligungen** anerkennt. Auch die hier vertretene Ausdehnung des § 136 InsO auf langfristige Kredite ebnet den Unterschied weiter ein (dazu Anh. § 236 RdNr. 33). Zudem wird es idR der Interessenlage beim partiarischen Darlehen entsprechen, die Übertragung der Darlehensforderung nach § 399 BGB für zustimmungsbedürftig zu erklären.[200] Nur für die **atypische stille Gesellschaft** gelten **elementar andere Regeln** als für Darlehen. Diese Regeln sind jedoch in den §§ 230–236 gerade nicht zum Ausdruck gelangt. Auch handelt es sich bei atypischen stillen Gesellschaften nicht um Sachverhalte, deren Abgrenzung gegen das partiarische Darlehen Schwierigkeiten bereitet. Aus heutiger Sicht ist die Unterscheidung zwischen (kreditnahen) typischen und atypischen stillen Gesellschaften bedeutsamer als die zwischen stiller Gesellschaft und partiarischem Darlehen.

60 **dd) Zwingende Abgrenzungskriterien.** Die Vereinbarung einer **Verlustbeteiligung** des stillen Gesellschafters schließt die Annahme eines partiarischen Darlehens aus.[201] Nur um eine stille Gesellschaft und nicht um ein partiarisches Darlehen kann es sich außerdem handeln, wenn die Gesellschaft iS der RdNr. 74 ff. eine **atypische stille Gesellschaft** ist. Das Ziel, steuerrechtliche Vorteile der Mitunternehmerschaft (vgl. dazu RdNr. 75) zu erreichen, verweist deshalb klar auf eine stille Gesellschaft.[202] Eine finanzielle Beteiligung, die dem Financier mitgliedschaftliche Rechte (zB Stimmrechte) gibt, kann kein bloßes Darlehensverhältnis sein.[203] Auch eine rechnerische Beteiligung am Unternehmensvermögen (RdNr. 79) spricht zwingend für eine stille Gesellschaft. Zwingend für ein Darlehen und gegen eine stille Gesellschaft spricht dagegen nur die Vereinbarung einer **Festverzinsung** ohne jede Gewinnbeteiligung (RdNr. 38, 63).[204]

61 **ee) Indizielle Abgrenzungskriterien.** Das in grundsätzlicher Hinsicht entscheidende *Abgrenzungskriterium* wird bei den Grundvoraussetzungen des Gesellschaftstatbestandes, maW beim *gemeinsamen Zweck,* gesehen. Indes ist die Feststellung oder Ablehnung eines gemeinsamen Zwecks iS von § 705 BGB in Grenzfällen schwierig. Bei RGZ 141, 143, 145 heißt es zB, dass ein Darlehen selbst dann vorliegen kann, wenn die Geldleistung

[198] ZB *Blaurock* RdNr. 8.21 ff.; MünchHdbGesR II/*Bezzenberger/Keul* § 73 RdNr. 13; mit Recht kritisch *Schön* ZGR 1993, 210, 212 ff.

[199] Vgl. zu weiteren Unterschieden, insbesondere im Steuerrecht *Blaurock* RdNr. 8.21 ff.

[200] *Schön* ZGR 1993, 210, 236; *Larenz,* Schuldrecht II, 12. Aufl. 1981, § 62 II; *Kühnle* S. 186.

[201] BGH WM 1957, 1335, 1336; WM 1965, 1052, 1053 = DRiZ 1965, 304; OLG Hamburg LZ 1919, 211, 212; OLG Hamm NJW-RR 1994, 1382, 1383; OLG Hamm NJW-RR 1999, 1415, 1416 = JuS 2000, 300 *(Karsten Schmidt)*; *Koenigs* S. 30; *Böttcher/Zartmann/Faut* S. 53; *Blaurock* RdNr. 8.31; MünchHdbGesR II/*Bezzenberger/Keul* § 73 RdNr. 14; Düringer/Hachenburg/*Flechtheim* aF § 335 RdNr. 11; Staub/*Zutt* RdNr. 23; Röhricht/v. Westphalen/*v. Gerkan/Mock* RdNr. 61; vgl. auch RGZ 168, 284, 286; RG LZ 1917, 974, 975; RGRK-BGB/*Ballhaus* Vor § 607 RdNr. 34; vgl. zu den unterschiedlichen Gestaltungen des Verlustausschlusses § 231 RdNr. 20 ff.

[202] OLG Hamm NJW-RR 1999, 1415, 1416 = JuS 2000, 300 *(Karsten Schmidt)* = EWiR 1999, 655 *(Dauner-Lieb)*; s. auch BFH BB 2006, 253, 255 m. Anm. *Bünning* = GmbHR 2006, 215, 217.

[203] *Koenigs* S. 31; *Blaurock* RdNr. 8.33; *Böttcher/Zartmann/Faut* S. 54; Röhricht/v. Westphalen/*v. Gerkan/Mock* RdNr. 61; Schlegelberger/*Karsten Schmidt* RdNr. 55.

[204] RGZ 99, 161, 163; BGHZ 127, 176, 180 f. = NJW 1995, 192, 193; BGH LM Nr. 8 = WM 1967, 321, 322 = BB 1967, 349; OLG Hamburg MDR 1950, 229; *Blaurock* RdNr. 8.24, 8.31; *Böttcher/Zartmann/Faut* S. 54; Staub/*Zutt* RdNr. 17.

erklärtermaßen in den Dienst eines den Parteien gemeinsamen Zwecks gestellt ist. Das ist richtig, denn Kreditgewährung durch einen Gesellschafter kann Gesellschafterbeitrag sein (vgl. § 105 RdNr. 178). Auch die Entscheidungen OLG Dresden DStR 2000, 649 = NZG 2000, 302 m. Anm. *Sosnitza* und OLG Hamm NZI 2000, 544 werten eine als stille Beteiligung vereinbarte Mittelzuführung in problematischer Schwerpunktwürdigung als Darlehen. Die Abgrenzung ist Gegenstand der *Vertragsauslegung.* Sie unterliegt weitgehend der tatrichterlichen Würdigung.[205] Haupterkenntnisquelle ist der Vertragswortlaut.[206] Die *von den Parteien gewählte Bezeichnung* hat allerdings nur indizielle Bedeutung und schließt eine abweichende Beurteilung nicht aus.[207] Es spielt dabei eine erhebliche Rolle, ob die Parteien den Unterschied zwischen stiller Gesellschaft und partiarischem Darlehen gekannt und gewürdigt haben.[208] Grundsätzlich hat die Vertragsauslegung aber nicht auf die rechtliche Würdigung durch die Parteien, sondern nur darauf zu zielen, ob, *was die Parteien wirtschaftlich wollten,* dem objektiven Rechtsbild der stillen Gesellschaft entspricht oder nicht.[209] Dabei werden der Vertragszweck, die wirtschaftlichen Ziele und alle Umstände des Einzelfalls berücksichtigt.[210] Bei BFH 2006, 253, 255 m. Anm. *Bünning* = GmbHR 2006, 215 erscheint eine Nachrangvereinbarung (§ 39 Abs. 2 InsO) als Indiz für eine stille Beteiligung, obwohl eine solche Vereinbarung durchaus kredittypisch ist. Auch die *Vertragsdauer* ist nur ein vages Kriterium (es gibt langfristige Kredite)[211], doch spricht eine *unbestimmte Vertragsdauer* für eine stille Gesellschaft (vgl. auch RdNr. 67).[212]

(1) **Abreden über Pflichten des Unternehmensträgers** können, soweit sie nicht der Kreditsicherung dienen, sondern die Gewinnerzielung befördern, für die Annahme eines stillen Gesellschaftsverhältnisses sprechen, denn bei diesem ist die Erzielung des Unternehmensgewinns nicht nur Geschäftsgrundlage für eine Kreditversorgung, sondern gemeinsamer Zweck, und die auf den Gewinn hinwirkende Tätigkeit des Unternehmers ist vertragliche Hauptpflicht (RdNr. 58). Hier liegt vor allem die indizielle Bedeutung der Vereinbarung besonderer Kontrollrechte begründet (RdNr. 64): Sie können den Rückschluss erlauben, dass die Gewinnerwirtschaftung gemeinsamer Zweck ist. Aber es gibt auch Gegenbeispiele (Covenants bei Bankkrediten und Auflagen bei öffentlichen Darlehen). 62

(2) **Abreden über die Ertragsbeteiligung.** Während eine Verlustbeteiligung zwingend für das Vorliegen einer stillen Gesellschaft spricht (RdNr. 60), spricht der *Ausschluss der Ver-* 63

[205] BFH GmbHR 2006, 215.

[206] BGH LM Nr. 8 = WM 1967, 321, 322 = BB 1967, 349; BB 1984, 1473, 1474; BFH BStBl. 1988 II S. 62, 63; OLG Frankurt WM 1982, 198, 199; OLG Stuttgart NZG 2001, 750; *Blaurock* RdNr. 8.32 f.; Heymann/*Horn* RdNr. 16; MünchHdbGesR II/*Bezzenberger/Keul* § 73 RdNr. 12; Röhricht/v. Westphalen/*v. Gerkan/Mock* RdNr. 60; GK/*Fahse* RdNr. 60.

[207] RGZ 30, 57; 31, 33, 34; 57, 175, 176 f.; 92, 292, 293; RG JW 1912, 462, 463; LZ 1917, 974; LZ 1930, 1451, 1452; JW 1936, 921; BGH LM Nr. 1 = BB 1951, 849, 850; LM Nr. 8 = WM 1967, 321, 322 = BB 1967, 349; WM 1958, 293; WM 1959, 944, 946; BFHE 124, 374, 376 = BStBl. 1978 II S. 256 = WM 1978, 994, 995; BFH BB 1984, 1473, 1474 = WM 1984, 1207, 1208; BStBl. 1988 II S. 62, 63; DStRE 1999, 388, 390; DStR 2004, 123, 124; BB 2006, 253 m. Anm. *Bünning* = GmbHR 2006, 215, 217; OLG Hamburg MDR 1950, 229; WM 1994, 499, 500; OLG Dresden DStR 2000, 649 = NZG 2000, 302 m. Anm. *Soszitza;* OLG Hamm NZI 2000, 544; *Koenigs* S. 30; *Blaurock* RdNr. 8.32; Baumbach/*Hopt* RdNr. 4.

[208] OLG Frankfurt WM 1982, 198, 199; MünchHdbGesR II/*Bezzenberger/Keul* § 73 RdNr. 12; Schlegelberger/*Karsten Schmidt* RdNr. 54.

[209] Schlegelberger/*Karsten Schmidt* RdNr. 54.

[210] RG JW 1912, 462, 463; WarnR 1913 Nr. 211; LZ 1930, 1451, 1452; BGH LM Nr. 1 = BB 1951, 849; LM Nr. 8 = WM 1967, 321, 322 = BB 1967, 349; WM 1957, 1335, 1336; WM 1959, 944, 945 f.; WM 1965, 1052; 1053; WM 1978, 994; NJW 1990, 573, 574; ZIP 1994, 1847; BFHE 124, 374, 379 = BStBl. 1978 II S. 286 = WM 1978, 994 f.; 130, 268 ff. = BStBl. 1980 II S. 477 ff. = BB 1980, 1087, 1088; BFH BB 1983, 1515 = DB 1983, 1743 = GmbHR 1983, 281; BFH BB 1984, 1473 = WM 1984, 1207 f.; BFH BB 2006, 253 m. Anm. *Bünning* = GmbHR 2006, 215; *Blaurock* RdNr. 8.33; *Koenigs* S. 33; Baumbach/*Hopt* RdNr. 4; Heymann/*Horn* RdNr. 16; MünchHdbGesR II/*Bezzenberger/Keul* § 73 RdNr. 14; RGRK-BGB/*Ballhaus* Vor § 607 RdNr. 34; Röhricht/v. Westphalen/*v. Gerkan/Mock* RdNr. 60; Staub/*Zutt* RdNr. 23.

[211] Für dieses Indiz *Blaurock* RdNr. 8.48; MünchKommBGB/*Ulmer* Vor § 705 RdNr. 110.

[212] MünchHdbGesR I/*Schücking* § 2 RdNr. 43.

lustbeteiligung nur indiziell gegen eine stille Gesellschaft und steht nicht zwingend der Annahme einer stillen Gesellschaft entgegen.[213] Je mehr sich in der Praxis die atypische stille Gesellschaft durchsetzt, umso seltener wird allerdings die stille Gesellschaft ohne Verlustbeteiligung sein (wodurch sich die Indizwirkung ihres Ausschlusses verstärkt). Die Vereinbarung einer *Festverzinsung* neben (!) dem Gewinnanteil kann einen auf ein partiarisches Darlehen gerichteten Parteiwillen indizieren;[214] sie spricht aber nicht zwingend gegen eine stille Gesellschaft, denn auch bei der stillen Gesellschaft kann, wie bei RdNr. 38 ausgeführt, eine Gewinngarantie vereinbart sein.[215] Keinen Rückschluss auf den Charakter des Rechtsgeschäfts erlaubt hingegen die Vereinbarung einer Abschluss- und Verwaltungsgebühr.[216]

64 **(3) Kontrollrechte, Geschäftsführungsrechte, Stimmrechte.** Als *Indiz* für die Annahme einer stillen Gesellschaft wird die Einräumung von Kontrollrechten angesehen.[217] Aber es lassen sich hieraus keine zwingenden Schlüsse herleiten.[218] Nicht einmal das Fehlen jeglicher Überwachungsregelung lässt einen zwingenden Schluss gegen die Annahme einer stillen Gesellschaft zu,[219] denn das Gesetz geht davon aus, dass sich ein Informationsrecht aus dem Tatbestand der stillen Gesellschaft ergibt, nicht umgekehrt (§ 233). Selbst die ausdrückliche Abbedingung oder Beschränkung des gesetzlichen Kontrollrechts spricht nicht zwingend gegen das Vorliegen einer stillen Gesellschaft,[220] stellt aber ein Indiz dar.[221] Umgekehrt spricht es für das Vorliegen einer stillen Gesellschaft, wenn der Vertrag dem Kapitalgeber Informationsrechte im Umfang von § 233 oder darüber hinaus gewährt.[222] Es ist aber zu bedenken, dass auch Kreditgeber auf Informations- und Einflussmöglichkeiten (Convenants) bei Krediten an Unternehmen hinzuwirken pflegen.[223] Bei gleichberechtigter Teil-

---

[213] Vgl. nur RGZ 30, 57, 58; 122, 387, 390; BGH LM Nr. 1 = BB 1951, 849, 850; LM Nr. 8 = WM 1967, 321, 322 = BB 1967, 349; WM 1958, 293, 294; WM 1959, 944, 946; OLG Nürnberg DB 1968, 166; OLG Dresden NZG 2000, 649; Staub/*Zutt* RdNr. 17; krit. *Schulze-Osterloh* S. 34 ff.

[214] Vgl. OLG Hamburg WM 1994, 499, 500; bedenklich weitgehend OLG Hamm NZI 2000, 544; 545; **aM** *Schön* ZGR 1993, 223.

[215] Vgl. RGZ 31, 33, 34; 92, 292, 293; 168, 284, 286; 122, 387, 390; RG LZ 1930, 1451, 1452; RG JW 1936, 921; BGH NJW 1990, 573, 574; BGHZ 127, 176, 181 = NJW 1995, 192, 193; OLG Hamburg WM 1994, 499, 500; missverständlich OLG Dresden DStR 2000, 649 = NZG 2000, 302 m. Anm. *Sosnitza;* OLG Hamm NZI 2000, 544 (beide gegen überwiegende Indizien stille Gesellschaft verneinend).

[216] BGHZ 127, 176, 178 f. = LM AGBG § 23 Nr. 13 = NJW 1995, 192, 193.

[217] ROHGE 12, 98, 100; RGZ 31, 33, 34; 57, 175, 177 = insoweit nicht abgedruckt in JW 1904, 197; 99, 161, 163; 122, 70, 72; RG JW 1912, 462, 463; LZ 1917, 133, 134; DJZ 1932, 95; BGH LM Nr. 1 = BB 1951, 849, 850; NJW 1992, 3696 = EWiR 1992, 1111 *(Blaurock);* BGHZ 127, 176, 180 = LM § 23 AGBG Nr. 13 = NJW 1995, 192, 193; BFHE 192, 100 = BStBl. II 2001, 359; BFH BB 2006, 253 m. Anm. *Bünning* = GmbHR 2006, 215, 217; OLG Hamburg MDR 1950, 229; WM 1994, 499, 500; OLG Hamm NJW-RR 1999, 1415, 1416 = JuS 2000, 300 *(Karsten Schmidt);* NZI 2000, 544, 545; FG Leipzig EFG 2005, 553, 554; *Blaurock* RdNr. 8.35; *Wieland I* S. 776; Baumbach/*Hopt* RdNr. 4; *Koller*/Roth/Morck RdNr. 5; MünchHdbGesR II/*Bezzenberger/Keul* § 73 RdNr. 14; Röhricht/v. Westphalen/*v. Gerkan/Mock* RdNr. 62; Staub/*Zutt* RdNr. 23; **kritisch** Heymann/*Horn* RdNr. 16; *Schön* ZGR 1993, 231 ff.

[218] Vgl. RG JW 1936, 921; BGH WM 1965, 1052, 1053 = DRiZ 1965, 304; OLG Hamburg LZ 1919, 211; RGRK-BGB/*Ballhaus* Vor § 607 RdNr. 34; *Koenigs* S. 32 f.; *Blaurock* RdNr. 8.35; Düringer/Hachenburg/*Flechtheim* § 335 aF RdNr. 11; Heymann/*Horn* RdNr. 16; MünchHdbGesR II/*Bezzenberger/Keul* § 73 RdNr. 14; Röhricht/v. Westphalen/*v. Gerkan/Mock* RdNr. 62; Staub/*Zutt* RdNr. 23; s. auch OLG Hamburg LZ 1919, 211.

[219] RGZ 57, 175, 177; RG Recht 1914 Nr. 115; BGH WM 1958, 293, 294; Düringer/Hachenburg/*Flechtheim* § 335 RdNr. 11; vgl. aber RGZ 99, 161, 163; 141, 143, 145 und auch *Blaurock* RdNr. 8.34: „Indiz mit besonderem Gewicht".

[220] Vgl. BFHE 124, 374, 375 = BStBl. 1978 II S. 256 = WM 1978, 994, 995; OLG Colmar LZ 1912, 861, 862.

[221] RGZ 57, 175, 177; 99, 161, 163; 122, 70, 72; 141, 143, 145; KG OLGE 19, 390; *Blaurock* RdNr. 8.35; Staub/*Zutt* RdNr. 23; *Koenigs* S. 32.

[222] RGZ 31, 33, 34; RG JW 1912, 462, 463; LZ 1930, 1451 f.; OLG Hamm NJW-RR 1999, 1415, 1416 = JuS 2000, 300 *(Karsten Schmidt); Koenigs* S. 32; *Böttcher/Zartmann/Faut* S. 55; Düringer/Hachenburg/*Flechtheim* § 335 aF RdNr. 11.

[223] Zust. E/B/J/S/*Gehrlein* RdNr. 77; s. auch OLG Stuttgart NZG 2001, 750; OLG Hamm NZI 2000, 544, 545; vgl. zu sog. Financial Covenants *Servatius,* Gläubigereinfluss durch Covenants, Tübingen 2008; *Wittig,* in Karsten Schmidt/Uhlenbruck, Die GmbH in Krise, Sanierung und Insolvenz, 4. Aufl. 2009, RdNr. 1.145 ff.

nahme an der **Geschäftsführung** wird eine stille Gesellschaft vorliegen, und zwar idR sogar eine atypische stille Gesellschaft (RdNr. 77).[224] Auch sonst stellen Mitwirkungsrechte bei der Geschäftsführung immer noch ein Indiz für ein Gesellschaftsverhältnis dar.[225] Auch Zustimmungserfordernisse bei Grundlagenänderungen – eine Einschränkung der Geschäftsführungsbefugnis des Inhabers – sind ein bedeutsames Kriterium für die Annahme eines gemeinsamen Zwecks.[226] Die Organisation einer **Gesellschafterversammlung mit Stimmrechten der Anleger** spricht gleichfalls für eine (atypische) stille Gesellschaft (und gegen ein bloßes Kreditgeberkonsortium).

(4) Übertragbarkeit. Regelungen, die die *Übertragbarkeit* der Beteiligungsrechte betreffen, können gleichfalls Rückschlüsse zulassen.[227] Die Befugnis zu jederzeitiger Abtretung spricht nach OLG Hamburg MDR 1950, 229 gegen das Vorliegen einer stillen Gesellschaft, doch ist zu bedenken, dass der Vertrag auch eine stille Beteiligung für abtretbar erklären kann (RdNr. 174). Umgekehrt unterstreicht ein *Abtretungsverbot* nach RG LZ 1917, 974, 975 den gesellschaftsrechtlichen Charakter des Rechtsverhältnisses.[228] Dieses Indiz kann, muss aber nicht, hilfreich sein (Personengesellschaftsanteile sind ex lege vinkuliert). Wenn die Übertragbarkeit auf Familienangehörige beschränkt ist, wird ein Gesellschaftsverhältnis indiziert.[229] Aber es darf nicht vergessen werden, dass Abtretungsverbote nach § 399 BGB auch für den Darlehnscharakter sprechen können (vgl. RdNr. 59).[230] Umgekehrt kann es übertragbare (atypisch) stille Beteiligungen geben (vgl. RdNr. 175). 65

(5) Umwandlungsregelungen können für das Vorliegen einer stillen Gesellschaft sprechen.[231] So wenn ein Recht des Kapitalgebers besteht, als Kommanditist aufgenommen zu werden oder das Unternehmen gegen Abfindung zu übernehmen.[232] Doch kann eine solche Debt-to-Equity-Option auch für einen Kreditgeber vereinbart sein. Wenn der Berechtigte Rechtsnachfolger eines Handelsgesellschafters ist[233] oder wenn es sich um die „umgewandelte" Einlage eines ausgeschiedenen Handelsgesellschafters handelt (stehengebliebenes Abfindungskonto), kann dies darauf hindeuten, dass eine stille Gesellschaft vorliegt (RdNr. 71).[234] Zwingend ist auch dies nicht (ein stehen gebliebenes Abfindungsguthaben mit Gewinnbeteiligung kann auch partiarisches Darlehen sein), aber die Verbindung mit fortbestehenden Gesellschafterrechten kann für eine gesellschaftsrechtliche Regel sprechen. 66

(6) Auflösungsregeln und Abfindungsregeln. Die *Dauer und Lösbarkeit des Vertragsverhältnisses* kann Indizwirkung haben.[235] § 723 Abs. 1 Satz 1 BGB, der bei Gesellschaften regelmäßig von der jederzeitigen Kündigungsmöglichkeit ausgeht, entspricht nur bei Gelegenheitsgesellschaften dem regelmäßigen Parteiwillen. Die stille Gesellschaft ist aber typischerweise dazu bestimmt, einen Zustand zu schaffen, der über die kurzfristige Inanspruchnahme von Fremdmitteln hinausgeht (vgl. über die Indizwirkung einer unbestimmten Dauer RdNr. 61). Eine von vornherein kurze Dauer spricht deshalb für den Darlehenscha- 67

---

[224] Vgl. GK/*Fahse* RdNr. 61; BGH NJW 1992, 2696 = WM 1992, 1576; *Böttcher/Zartmann/Faut* S. 54.

[225] BGH ZIP 1992, 1552, 1553; *Blaurock* RdNr. 8.34; Heymann/*Horn* RdNr. 16; *Koller*/Roth/Morck RdNr. 5; Röhricht/v. Westphalen/*v. Gerkan/Mock* RdNr. 61.

[226] Vgl. BGHZ 127, 176, 179 f. = LM AGBG § 23 Nr. 13 = NJW 1995, 192, 193; OLG Hamm NJW-RR 1999, 1415, 1416 = JuS 2000, 300 *(Karsten Schmidt).*

[227] Vgl. BGHZ 127, 176, 178 = LM AGBG § 23 Nr. 13 = NJW 1995, 192; *Blaurock* RdNr. 8.33; Röhricht/v. Westphalen/*v. Gerkan/Mock* RdNr. 62.

[228] So auch Röhricht/v. Westphalen/*v. Gerkan/Mock* RdNr. 62; Baumbach/*Hopt* RdNr. 4; *Blaurock* RdNr. 8.31; *Böttcher/Zartmann/Faut* S. 54.

[229] Richtig OLG Hamburg WM 1994, 499, 500.

[230] Schlegelberger/*Karsten Schmidt* RdNr. 58.

[231] Schlegelberger/*Karsten Schmidt* RdNr. 58. Röhricht/v. Westphalen/*v. Gerkan/Mock* RdNr. 62.

[232] Röhricht/v. Westphalen/*v. Gerkan/Mock* RdNr. 62 und *Koenigs* S. 31 mit Hinweis auf RGZ 31, 33, 34; 165, 260; RG SeuffA 81 Nr. 207.

[233] Vgl. RGZ 126, 386; *Koenigs* S. 31.

[234] Schlegelberger/*Karsten Schmidt* RdNr. 59; vgl. auch hier RGZ 126, 386.

[235] BGH ZIP 1994, 1847; *Lienau/Lotz* DStR 1991, 618, 620; MünchHdbGesR II/*Bezzenberger/Keul* § 73 RdNr. 13.

rakter des Geschäfts (insbesondere: Überbrückungskredit).[236] Das Recht zur jederzeitigen Kündigung der zur Verfügung gestellten Fremdmittel spricht gleichfalls für die Annahme eines Darlehens.[237] Umgekehrt sprechen **Regeln über die Auflösung, Abwicklung oder Abfindung** für ein (dann meist atypisches) stilles Gesellschaftsverhältnis.

68 **(7) Kreditsicherung.** Die Vereinbarung von *Kreditsicherheiten* für den Rückzahlungsanspruch spricht nicht zwingend gegen das Vorhandensein einer stillen Gesellschaft.[238] Die Forderung des typischen stillen Gesellschafters ist im Insolvenzfall Insolvenzforderung (§ 236) und kann dinglich gesichert werden (vgl. § 236 RdNr. 19). Gleichwohl ist eine solche Sicherung bei einer stillen Beteiligung ungewöhnlich. Deshalb kann eine Sicherheit neben anderen Gesichtspunkten für ein Darlehen sprechen.[239] Vollends gilt dies bei Personalsicherheiten (Bürgschaft, Schuldmitübernahme, Garantie). Das Fehlen jeglicher Sicherheit für einen nennenswerten Betrag spricht umgekehrt für das Vorliegen einer stillen Gesellschaft.[240] Ungesicherte Unternehmenskredite aus der Hand Dritter sind eine Seltenheit.

69 **5. Abgrenzung gegen Vermögensverwaltung und Treuhand.** Vermögensverwaltung und Treuhand am Unternehmen sind theoretisch streng von der stillen Gesellschaft zu unterscheiden. Vermögensverwaltung und (Verwaltungs-)Treuhand am Unternehmen bedeuten Unternehmensträgerschaft im eigenen Namen für fremde Rechnung. Bei der stillen Gesellschaft betreibt der Geschäftsinhaber das Unternehmen für eigene Rechnung mit nur schuldrechtlicher Beteiligung des stillen Gesellschafters. In der modernen Praxis gehen die Dinge jedoch ineinander über.[241] Die stille Gesellschaft kann Treuhandcharakter haben (RdNr. 40, 47), insbesondere im Fall einer „GmbH & Still", bei der die unternehmenstragende GmbH das Gesellschaftsvermögen treuhänderisch für die Mitunternehmer verwaltet (RdNr. 87).

V. Zwecke und Typen der stillen Gesellschaft

70 **1. Vielfalt der Zwecke und Gestaltungen. a) Gesetzliche Prägung und Abweichungen.** Die mit stillen Beteiligungen verfolgten **Zwecke und** ihre **Strukturen** lassen sich auch nach unterschiedlichen Kriterien ordnen. Nur die gesetzliche Mindestvoraussetzung eines auf Gewinnerzielung aus dem Geschäftsbetrieb gerichteten gemeinsamen Zwecks (RdNr. 3) ist unverzichtbar. Im Übrigen sind die Motive der Gesellschafter und die Zwecke der stillen Gesellschaft variabel. Der **Gesetzgeber des 19. Jahrhunderts** stellte sich unter dem stillen Gesellschafter einen Investor vor, der sich auf gesellschaftsrechtlicher Basis ohne Publizität, ohne geschäftsleitende Befugnis und ohne das Risiko persönlicher Haftung gegen Hingabe einer Einlage am Erfolg des Unternehmens eines anderen beteiligt, ohne über diese rein schuldrechtliche Vereinbarung hinaus irgendwie am Unternehmen beteiligt zu sein. Diese Gestaltung wird heute noch als **typische stille Gesellschaft** bezeichnet. Sie ist indes nur gesetzestypisch und in der Realität nicht mehr typisch.[242] Neben dieser klassischen Normalsituation haben sich in der Unternehmenspraxis **vielfältige Gestaltungen** herausgebildet. Während sich der Gesetzgeber die stille Gesellschaft **zweigliedrig** vorstellt, wird sie nicht selten **mehrgliedrig,** ggf. sogar als Verband, ausgestaltet (RdNr. 83). Während der stille Gesellschafter nach dem Gesetz nur eine **Ergebnisbeteiligung** hat, wird ihm in der

[236] RG WarnR 1916 Nr. 98; OLG Hamm NJW-RR 1999, 1415, 1416 = JuS 2000, 300 *(Karsten Schmidt)*; vgl. auch BGHZ 127, 176, 178 = BGH LM AGBG § 23 Nr. 13 = NJW 1995, 192; *Koller*/Roth/Morck RdNr. 5; Röhricht/v. Westphalen/*v. Gerkan/Mock* RdNr. 63.

[237] BGH WM 1965, 1052, 1053; RGRK-BGB/*Ballhaus* Vor § 607 RdNr. 34.

[238] RGZ 84, 434, 435 f.; RG Warn 1913 Nr. 211; DJZ 1932, 95; *Koenigs* S. 138; Röhricht/v. Westphalen/*v. Gerkan/Mock* RdNr. 63.

[239] OLG Hamburg MDR 1950, 229; *Blaurock* RdNr. 8.33; Schlegelberger/*Karsten Schmidt* RdNr. 61.

[240] BGHZ 127, 176, 178 = NJW 1995, 192; BFHE 124, 374, 375 = BStBl. 1978 II S. 256 = WM 1978, 994; OLG Hamburg WM 1994, 499, 500; OLG Hamm NJW-RR 1999, 1415, 1416 = JuS 2000, 300 *(Karsten Schmidt)*; OLG Colmar LZ 1912, 861, 862; Baumbach/*Hopt* RdNr. 4; *Koller*/Roth/Morck RdNr. 5; Schlegelberger/*Karsten Schmidt* RdNr. 61.

[241] Vgl. *Sethe,* Anlegerschutz im Recht der Vermögensverwaltung, 2005, S. 40 ff.

[242] Eingehend *Schulze-Osterloh,* FS Kruse, 2001, S. 377 ff.

Praxis vielfach eine **Vermögensbeteiligung** eingeräumt (RdNr. 79 ff.). Während die stille Einlage nach der gesetzlichen Prägung **Fremdkapital** darstellt (vgl. RdNr. 170; zur Bilanzierung § 232 RdNr. 11; zur Insolvenz § 236 RdNr. 9 ff.), kann sie durch Vereinbarung unter den Gesellschaftern auch der **Eigenkapitalbildung** dienen (RdNr. 92, 170 ff.). Hiervon zu unterscheiden ist die Frage, unter welchen Voraussetzungen eine **eigenkapitalersetzende stille Einlage** vorliegt (RdNr. 173). Die **Umwandlung stiller Einlagen in echtes Eigenkapital** ist nicht ohne Risiken. Soll die stille Einlage in Kommanditkapital umgewandelt werden, so kommt es für ihre haftungsbefreiende Wirkung auf ihre Vollwertigkeit an (§§ 171, 172 RdNr. 55). Soll die stille Beteiligung gegen Gewährung von Aktien oder Geschäftsanteilen als **Einlage in eine Kapitalgesellschaft** eingebracht werden, so ist dies nur nach den Regeln der Sachkapitalerhöhung zulässig (§ 183 AktG, §§ 56, 19 Abs. 4, 9 GmbHG). Eine Verrechnung der stillen Beteiligung mit einer Bareinlagepflicht kann verdeckte Sacheinlage sein (§ 27 Abs. 4 AktG, § 19 Abs. 4 GmbHG).

b) Wirtschaftliche Beweggründe. Der stillen Beteiligung kann nicht nur ein *Finanzierungszweck,* sondern z.B. auch eine *Schenkung* (RdNr. 48) zugrunde liegen oder zB ein *Dienstverhältnis* (RdNr. 46, 78); im ersten Fall handelt es sich häufig um eine *vorweggenommene Erbfolge,*[243] im zweiten Fall um Beteiligungsmodelle im Rahmen der *Arbeitnehmerbeteiligung.*[244] Die direkte oder indirekte typische stille Beteiligung des Arbeitnehmers am Unternehmen des Arbeitgebers wird als vermögenswirksame Leistung nach dem Vermögensbildungsgesetz staatlich gefördert.[245] Nur die Förderung außerbetrieblicher Anlagen wurde durch das HaushaltsbegleitG 1989 (BGBl. I S. 2262) wieder aufgehoben. Arbeitnehmerbeteiligungen werden zudem gemäß § 3 Nr. 39 EStG steuerlich begünstigt.[246] Nicht ungewöhnlich ist ferner die *Umwandlung der Anteile ausscheidender Gesellschafter* in stille Einlagen als stehen bleibende Abfindungsforderung (RdNr. 66).[247] Diese „Umwandlung" kann allerdings auch ein partiarisches Darlehen begründen (vgl. zur Abgrenzung RdNr. 57 ff.). Umgekehrt kann – vor allem um der unbeschränkten Kommanditistenhaftung auszuweichen (§ 176 RdNr. 34) – beim Eintritt eines Kommanditisten eine (atypische) stille Beteiligung mit der Maßgabe vereinbart werden, dass sie später (zB im Zeitpunkt der Eintragung in das Handelsregister) in eine Kommanditbeteiligung umgewandelt wird (§ 176 RdNr. 30). Die stille Gesellschaft kann auch *Publikumsgesellschaft* sein (RdNr. 88). Über die *Kombination einer „gesplitteten Einlage"* teils als Kommanditist, teils als stiller Gesellschafter vgl. RdNr. 45, 90 f. Über *mehrgliedrige Gesellschaften,* insbesondere über Publikumsgesellschaften in Form der stillen Gesellschaft vgl. RdNr. 88 f. 71

c) Vielfalt der Gestaltungen. aa) Vertragsfreiheit. Im Recht der stillen Gesellschaft als einer Innengesellschaft herrscht im Grundsatz Vertragsfreiheit.[248] **Zwingend** sind nur: die Beteiligung des stillen Gesellschafters am Gewinn (§ 231 Abs. 2; sonst keine stille Gesellschaft, sondern ein anderes Rechtsverhältnis), das außerordentliche Informationsrecht (vgl. § 233 RdNr. 13 ff.), das außerordentliche Kündigungsrecht (§ 234 Abs. 1 Satz 2), das Kündigungsrecht eines pfändenden Gläubigers (§ 135 iVm. § 234 Abs. 1 Satz 1), die Einzahlungspflicht in der Insolvenz (§ 236 Abs. 2) sowie die Anfechtbarkeit von Rückzahlungen 72

[243] Vgl. dazu *Blaurock* RdNr. 2.18; *Claussen/Krüger,* Optimale Unternehmensnachfolge, 1998, S. 105 ff.; MünchHdbGesR II/*Bezzenberger/Keul* § 72 RdNr. 37; *Koenigs* S. 45; *Kollhosser* AcP 194 (1994), 231 ff.; s. dazu BFH DStR 2001, 573 m. Anm. *Mößlang* und den Nichtanwendungserlass DStR 2001, 896 m. Anm. *Moench.*

[244] Dazu *Blaurock* RdNr. 2.24 ff.; BeckHdbPersG/*Neu* § 13 RdNr. 159; *Fohrmann,* Der Arbeitnehmer als Gesellschafter, 1982, S. 8; *Iber* RdA 1973, 303 ff.; *Dobroschke* DB 1976, 1045 ff.; *Reuter* NJW 1984, 1850 f.; *May/Jeschke/Kirchdörfer* BB 1989, 1830 ff.; *Weigl* DStR 1999, 1574 f.

[245] 5. VermbG, BGBl. 1994 I S. 631, zuletzt geändert durch Gesetz vom 5. 4. 2001, BGBl. I S. 554; eingehend dazu *Blaurock* RdNr. 2.37 ff.

[246] Vgl. dazu *Blaurock* RdNr. 2.43 ff.

[247] Vgl. *Blaurock* RdNr. 2.9; Heymann/*Horn* RdNr. 12; MünchHdbGesR II/*Bezzenberger/Keul* § 72 RdNr. 32; *Koenigs* S. 45.

[248] BGH WM 1961, 574 = BB 1961, 583; *Blaurock* RdNr. 1.16 ff.; Röhricht/v. Westphalen/*v. Gerkan* § 230 RdNr. 65; Staub/*Zutt* RdNr. 30; *Koenigs* S. 17, 62; *Klauss/Mittelbach* RdNr. 79.

in der Krise (§ 136 InsO). Im Übrigen gelten die einer wirksamen Vertragsgestaltung allgemein gezogenen Grenzen (insb. §§ 134, 138 BGB).

73 **bb) Typenvielfalt.** Folge der Vertragsfreiheit im Recht der stillen Gesellschaft ist eine breite Typenvielfalt.[249] Diese folgt den bei RdNr. 70 geschilderten unterschiedlichen Zwecken. Die stille Gesellschaft kann, wenn auch nur mit Wirkung für die Beteiligten untereinander, *mehrgliedrig* ausgestaltet (RdNr. 83) und sogar der *Organisation einer Handelsgesellschaft* angenähert werden (vgl. zur „Innen-KG" RdNr. 81); die typische *Rollenverteilung zwischen dem (den) Stillen und dem Geschäftsinhaber* kann im Innenverhältnis umgekehrt werden (RdNr. 77) usw. Auf diese Weise entsteht ein Bild vielfältig variierter Gestaltungstypen. Hier liegt zugleich der Kern der Unterscheidung zwischen der „typischen" und der „atypischen" stillen Gesellschaft (dazu sogleich RdNr. 74 ff.).

74 **d) Die atypische stille Gesellschaft. aa) Tatbestände.** Die *Tatbestände der sog. atypischen stillen Gesellschaft* basieren teils auf steuerrechtlichen, teils auf gesellschaftsrechtlichen Gestaltungsvorstellungen. Der **Begriff der atypischen stillen Gesellschaft** wird in Praxis und Literatur als Rechtsbegriff verwandt. Ein solcher Begriff stellt in Anbetracht der bei RdNr. 70 ff. geschilderten Typenvielfalt, genau genommen, eine Antinomie dar. Nicht nur stellen „klassifikatorischer Begriff" und „Typus" methodologisch Gegensätze dar,[250] es kann auch in Anbetracht der Typenvielfalt „die" atypische stille Gesellschaft, streng logisch, nicht geben. Für die Praxis muss das Schlagwort von der atypischen stillen Gesellschaft an Praktikabilitätskriterien gemessen und rechtsfolgenorientiert eingesetzt werden. Deshalb kann, damit der Begriff operabel bleibt, nicht jede Abweichung vom dispositiven Recht die Gesellschaft zu einer atypischen machen, denn in diesem Fall wäre jeder ausgehandelte Personengesellschaftsvertrag „atypisch".[251] Auch dass die gesetzlichen Rechte des stillen Gesellschafters gegenüber dem Gesetz erweitert werden, genügt als Charakteristikum noch nicht.[252] Als juristische Kategorie taugt der Begriff der atypischen stillen Gesellschaft deshalb nur, wenn er auf bestimmte Rechtsfolgen hin formuliert wird.[253] Der Begriff der atypischen stillen Gesellschaft ist insoweit nicht rein faktisch, sondern rechtlich determiniert.

75 **bb) Der steuerrechtliche Begriff der atypischen stillen Gesellschaft** ist dazu bestimmt, die stille Beteiligung als Mitunternehmerschaft zu definieren (§ 15 Abs. 1 Nr. 2 EStG) und sie gegen die (steuerlich typische) stille Gesellschaft zur Erzielung von Einkünften aus Kapitalvermögen (§§ 20 Abs. 1 Nr. 4, 43 Abs. 1 Nr. 3 EStG) abzugrenzen. Diese steuerrechtliche Abgrenzung ist mit der handelsrechtlichen nicht identisch. Ein Gesellschafter ist nach ständiger Rechtsprechung des BFH nur dann Mitunternehmer, wenn er Unternehmerinitiative entfalten kann und (!) Unternehmerrisiko trägt.[254] Ein stiller Gesellschafter ist Mitunternehmer, wenn seine gesellschaftsvertragliche Rechtsstellung in Abweichung von §§ 230 ff. dem Typus des Mitunternehmers entspricht.[255] *Mitunternehmerinitiative* ver-

---

[249] Vgl. zur Typenfreiheit näher *Blaurock* RdNr. 1.16 ff.; *Weimar* ZIP 1993, 1511 ff.; MünchHdbGesR II/*Bezzenberger/Keul* § 73 RdNr. 27 ff.; Staub/*Zutt* RdNr. 30; *Böttcher/Zartmann/Faut* S. 127 ff.; *Koenigs* S. 17 ff.; *Rasner* S. 43 ff.; *H. P. Westermann* Vertragsfreiheit S. 309; Düringer/Hachenburg/*Flechtheim* § 335 aF RdNr. 28, 37 f.; *Klauss/Mittelbach* RdNr. 214 ff.; *H. P. Westermann,* FS BGH II, 2000, S. 245 ff.

[250] Näher *Karsten Schmidt* OHG S. 74 ff. mwN.

[251] Dies meint, „streng genommen", in der Tat *Aulinger* S. 16.

[252] Zu weit daher *Aulinger* S. 16, 19 ff.

[253] So bereits Schlegelberger/*Karsten Schmidt* RdNr. 67 mit Hinweis auf *Leenen,* Typus und Rechtsfindung, 1971, S. 181; vgl. auch *Larenz,* Methodenlehre der Rechtswissenschaft, 6. Aufl. 1991, S. 468; MünchHdbGesR II/*Bezzenberger/Keul* § 73 RdNr. 28.

[254] BFHE 141, 405, 440 = NJW 1985, 93, 96; BFHE 171, 510, 513 = NJW-RR 1994, 423 = DB 1994, 125, 126; BFHE 178, 180, 183 = NJW 1996, 414 = DB 1995, 2454, 2455; BFHE 190, 204, 206 = NJW-RR 2000, 1052, 1053 = BB 2000, 286, 287; BFHE 192, 100, 107 = DB 2000, 1942, 1944; vgl. auch FG Niedersachsen NZG 1998, 39, 40; FG Berlin-Brandenburg GmbHR 2010, 778; OFD Frankfurt GmbHR 1996, 798 f.; *Blaurock* RdNr. 20.58 ff.; *Schulze zur Wiesche* GmbH & Still RdNr. 150 ff.; *ders.* DB 1997, 244 ff.; *Knobbe-Keuk,* Bilanz- und Unternehmenssteuerrecht, 9. Aufl. 1993, § 9 II 4 c; Ludwig Schmidt/*Wacker* § 15 EStG RdNr. 261 ff.; 340 ff.; *Bolk,* FS Reiss, 2008, S. 454; eingehend *Troost* S. 116 ff.; *Suchanek* et. al. FR 2004, 1149 ff.; s. auch EStR H 138.

[255] BFHE 178, 180 = NJW 1996, 414; Ludwig Schmidt/*Wacker* § 15 EStG RdNr. 341.

langt die Teilhabe an den unternehmerischen Entscheidungen.[256] Dies wird jedenfalls angenommen, wenn dem stillen Gesellschafter eine Rechtsstellung eingeräumt wird, die der eines Kommanditisten entspricht.[257] Der BFH lässt aber in Verbindung mit einem ausgeprägten Mitunternehmerrisiko auch Kontrollrechte nach § 716 Abs. 1 BGB ausreichen.[258] Die Mitunternehmerinitiative muss sich nicht aus dem Vertrag über die stille Beteiligung ergeben, sondern kann zB auch aus einer maßgeblichen Beteiligung an der unternehmenstragenden Gesellschaft (GmbH als Geschäftsinhaberin) folgen.[259] *Mitunternehmerrisiko* trägt der Gesellschafter, wenn er am Erfolg und Misserfolg des Unternehmens teilnimmt, was grundsätzlich die Beteiligung am Gewinn und Verlust des Unternehmens sowie an den stillen Reserven des Gesellschaftsvermögens einschließlich des Geschäftswerts erfordert (dazu RdNr. 79 ff.).[260] Eine Beteiligung an den stillen Reserven ist jedoch unbeachtlich, wenn diese keinen wesentlichen wirtschaftlichen Wert haben.[261] Auch eine lediglich vorübergehende Beteiligung am Geschäftswert, insbesondere deren Beschränkung auf das Betriebsvermögen, genügt nicht.[262] Ist der Gesellschafter an Gewinn und Verlust und zusätzlich schuldrechtlich am Unternehmenswert und den stillen Reserven beteiligt, genügt es nach BFHE 163, 346, 349 für die Annahme von Mitunternehmerschaft, wenn daneben dem § 233 entsprechende Kontrollrechte bestehen. Ebenso soll regelmäßig eine atypische stille Gesellschaft im steuerrechtlichen Sinne vorliegen, wenn sich ein beherrschender Gesellschafter-Geschäftsführer als stiller Gesellschafter an dem Unternehmen beteiligt.[263] Auf der anderen Seite kann Mitunternehmerschaft auch ohne Beteiligung an den stillen Reserven vorliegen, wenn die Ergebnisbeteiligung besonders hoch und von typischen Unternehmensentscheidungen des Stillen begleitet ist.[264] Für die Beurteilung, ob Mitunternehmerschaft vorliegt, ist eine Gesamtbetrachtung an Hand der Umstände des Einzelfalls vorzunehmen, die auch die außerhalb des Gesellschaftsvertrages bestehenden Rechtsbeziehungen der Parteien berücksichtigt.[265] So kann ein gering ausgeprägtes Unternehmerrisiko durch ein Mehr an Unternehmerinitiative ausgeglichen werden und umgekehrt.[266] Dies hat zu einer unüberschaubaren Kasuistik in der Rechtsprechung des BFH über die Abgren-

---

[256] BFHE 141, 405, 441 = NJW 1985, 93, 96 = DB 1984, 2383, 2391 f.; dazu *Troost* S. 122 ff.; Ludwig Schmidt/*Wacker* § 15 EStG RdNr. 263.

[257] BFHE 141, 405, 441 = NJW 1985, 93, 96 = DB 1984, 2383, 2391 f.; BFHE 181, 423, 430 = NJW 1997, 2702, 2703 = BB 1997, 452, 453; Kirchhof/*von Beckerath* EStG, 2010, § 20 RdNr. 76; Ludwig Schmidt/*Wacker* EStG § 15 RdNr. 341.

[258] BFHE 133, 180, 186 f. = DB 1981, 1700, 1702 = BB 1981, 1193, 1194; BFHE 181, 423, 430 = NJW 1997, 2702, 2703 = BB 1997, 452, 453; BFH DStRE 2004, 933, 935 = GmbHR 2004, 973, 975; dagegen *Knobbe-Keuk,* § 9 II 4 c dd; *Horn* GmbHR 2000, 711 ff.

[259] BFHE 170, 345 = BStBl. II 1994, 702 = GmbHR 1993, 520; BFH/NV 2004, 188; 2004, 631; BFH GmbHR 2004, 436.

[260] BFH/NV 1993, 647, 648; BFHE 171, 510, 513 = NJW-RR 1994, 423; BFHE, 178, 180, 183 = NJW 1996, 414 = DB 1995, 2454, 2455; BFHE 181, 423, 430 f. = NJW 1997, 2702, 2703 = BB 1997, 452, 453; BFHE 190, 204, 206 f. = NJW-RR 2000, 1052, 1053 = BB 2000, 286, 287; BFHE 192, 100, 108 f. = DB 2000, 1942, 1945; BFH NV 2003, 601; FG Berlin-Brandenburg GmbH 2010, 778; OFD Frankfurt DStR 2001, 1160; *Bolk*, FS Reiss, 2008, S. 454; Ludwig Schmidt/*Wacker* § 15 EStG RdNr. 264, 343.

[261] BFH/NV 1993, 647, 649.

[262] BFH/NV 2003, 601; FG Münster DStRE 2002, 415.

[263] BFHE 170, 345, 349 f. = BStBl. 1994 II S. 702, 704 f. mwN; BFH/NV 2001, 1500; BFH/NV 2003, 1308 = DStRE 2003, 969; s. aber auch BFH/NV 1995, 535, 536 f.; *Knobbe-Keuk* § 9 II 4 c dd; *Schulze zur Wiesche* DB 1997, 244 ff.; BeckHdbPersG/*Neu* § 13 RdNr. 53; kritisch *Weber* DB 1992, 546 ff.; *Schwerdhelm* GmbHR 1994, 445 ff.; *Bolk*, FS Reiss, 2008, S. 454.

[264] BFH 163, 346 = DB 1991, 1054; Ludwig Schmidt/*Wacker* § 15 EStG RdNr. 344.

[265] BFHE 163, 346, 349 f. = NJW 1992, 134, 134 f.; BFH/NV 1993, 647, 648; BFHE 171, 510, 513 = NJW-RR 1994, 423; OFD Frankfurt DStR 2001, 1159 f.; BeckHdbPersG/*Neu* § 13 RdNr. 52; Ludwig Schmidt/*Wacker* § 15 EStG RdNr. 342 ff.; kritisch *Weber* DB 1992, 546 ff.: es dürfen nur die sich aus dem Gesellschaftsvertrag ergebenden Rechte des Stillen für die Beantwortung der Frage nach Mitunternehmerschaft herangezogen werden.

[266] BFHE 141, 405, 440 = NJW 1985, 93, 96 = DB 1984, 2383, 2391 f.; BFHE 170, 345, 349 f. = BStBl. 1994 II S. 702, 704; BFHE 181, 423, 431 = NJW 1997, 2702, 2703 = BB 1997, 452, 453; BFHE 190, 204, 206 = NJW-RR 2000, 1052, 1053 = BB 2000, 286, 287; BFH DStRE 2004, 933, 935 = GmbHR 2004, 973, 975; BFH/NV 2004, 188; *Blaurock* RdNr. 20.58.

zung typischer stiller von atypischen stillen Gesellschaften geführt. Auszugehen ist von den im Gesellschaftsvertrag getroffenen Vereinbarungen, wobei die bloße Bezeichnung als atypische stille Gesellschaft freilich nicht maßgeblich ist. Zur steuerlichen Anerkennung stiller Gesellschaften vgl. § 231 RdNr. 13 ff.

76 cc) **Der handelsrechtliche Begriff der atypischen stillen Gesellschaft** muss davon ausgehen, dass abgrenzbare Typen der stillen Gesellschaft gesellschaftsrechtliche Rechtsfolgen auslösen, die über die §§ 230 ff. hinausgehen. Im Wesentlichen geht es um drei **einander überschneidende Fallgruppen:** die Ausstattung des individuellen stillen Gesellschafters mit (mit)unternehmerischen Rechten (RdNr. 77 ff.), seine Beteiligung am Vermögen des Geschäftsinhabers (RdNr. 79 ff.) und die Ausgestaltung des stillen Gesellschaftsverhältnisses als Verband (RdNr. 81, 83 ff.).

77 **2. Atypische Rechte und Pflichten der Beteiligten. a) Geschäftsführungsbefugnisse des stillen Gesellschafters.** Die Verleihung von **Geschäftsführungsbefugnissen** an den stillen Gesellschafter ist zulässig.[267] Es kann sich in diesem Fall zugleich um eine atypische stille Gesellschaft nach dem Modell der „Innen-KG" handeln (dazu RdNr. 81). Aber das muss nicht sein. Die Beteiligung an der Geschäftsführung kann sich auf unterschiedlichen Stufen vollziehen:[268] Es können vereinbart werden: **Widerspruchsrechte, Zustimmungsrechte, Stimmrechte und Weisungsrechte,** die über die rein schuldrechtliche Beteiligung hinausgehen.[269] Auch diese Rechte spielen vor allem bei der „Innen-KG" eine Rolle (RdNr. 81). Werden allerdings nur die schon nach dem Gesetz bestehenden Mitwirkungsrechte in den stillen Gesellschaftsvertrag aufgenommen (vgl. dazu § 233 RdNr. 5 ff.), genügt dies den Anforderungen an eine atypische stille Gesellschaft nicht.[270] Vielmehr ist mindestens eine Annäherung an die §§ 116 Abs. 2, 164 – Zustimmung zu ungewöhnlichen Geschäften – erforderlich. Auch eine volle Gleichberechtigung der (Innen- und Außen-)Gesellschafter in der Geschäftsführung ist möglich.[271] Deshalb kann ein Kooperationsvertrag, wenn er mit einer stillen Einlage einhergeht, eine atypische stille Gesellschaft begründen.[272] Es kann eine Geschäftsführung durch den stillen Gesellschafter und den Geschäftsinhaber (bzw. sein Leitungsorgan) vereinbart werden, und zwar als Einzelgeschäftsführung oder als Gesamtgeschäftsführung.[273] Auch eine Arbeitsteilung in dem Sinne, dass der stille Gesellschafter nur für einen bestimmten Geschäftsführungsbereich tätig ist, ist möglich.[274] Es kann aber auch eine Alleingeschäftsführung durch den stillen Gesellschafter vereinbart werden; dann ist dem Geschäftsinhaber die Geschäftsführungsbefugnis entzogen.[275] Einer Ordnungsfunktion des dispositiven Gesellschaftsrechts, die derartigen Gestaltungen entgegenstünde, ist die Anerkennung zu versagen.[276] Ist der Geschäftsinhaber selbst eine Handelsgesellschaft, so ist die Geschäftsführung in dieser

---

[267] Dazu BGHZ 8, 157, 160; BGH WM 1960, 863, 864; WM 1966, 29, 30 = DB 1966, 187; BGH NJW 1992, 2696, 2697; BFHE 135, 297; BFH DB 1991, 1052, 1054; BB 1993, 1194; dazu *Weber* GmbHR 1994, 144; *Aulinger* S. 27 ff.; *Blaurock* RdNr. 1.30, 4.32; *Rasner* S. 75 ff.; *H. P. Westermann* Vertragsfreiheit S. 314 ff.; Baumbach/*Hopt* RdNr. 3; E/B/J/S/*Gehrlein* RdNr. 66; MünchHdbGesR II/*Bezzenberger/Keul* § 73 RdNr. 37; Oetker/*Schubert* RdNr. 33; Röhricht/v. Westphalen/*v. Gerkan/Mock* RdNr. 68; Heymann/*Horn* RdNr. 51; Staub/*Zutt* RdNr. 31.

[268] Vgl. *Aulinger* S. 28; *H. P. Westermann* Vertragsfreiheit S. 315 ff.; *Blaurock* RdNr. 1.30; MünchHdbGesR II/*Bezzenberger/Keul* § 73 RdNr. 37; insbes. Düringer/Hachenburg/*Flechtheim* § 335 aF RdNr. 25.

[269] Vgl. auch FG Berlin-Brandenburg GmbHR 2010, 778

[270] OLG Saarbrücken NZG 1999, 155, 156.

[271] BGH WM 1961, 574 = BB 1961, 583; WM 1964, 296 = BB 1964, 327; WM 1966, 29 = DB 1966, 187; *Blaurock* RdNr. 1.30.

[272] BGH LM § 230 Nr. 3 = NJW 1992, 2696, 2696 f.

[273] *Blaurock* RdNr. 1.30, 12.90 ff.; Staub/*Zutt* RdNr. 94.

[274] BGH WM 1966, 29, 30 = DB 1966, 187.

[275] BFH BStBl. II 1982, 389; 390; Staub/*Zutt* RdNr. 94; *Zacharias/Hebig/Rinnewitz* S. 37; zweifelnd *Blaurock* RdNr. 12.90.

[276] Zur stillen Gesellschaft vgl. BGHZ 45, 204 ff. = NJW 1966, 1309 f.; OLG Karlsruhe ZIP 1986, 916, 917; zur Kritik an der Lehre des Typenzwangs *Karsten Schmidt* GesR § 5 III.

Gesellschaft in einem solchen Fall hinsichtlich der Unternehmensführung durch die Geschäftsführungsregelung der stillen Gesellschaft überlagert, so etwa, wenn den stillen Gesellschaftern das Recht eingeräumt wird, an der Gesellschafterversammlung der Inhabergesellschaft und an der Abstimmung teilzunehmen.[277] Ist dem stillen Gesellschafter eine Geschäftsführungsbefugnis eingeräumt, so kann sie ihm nach § 712 BGB auch entzogen werden.[278]

b) Vertretungsbefugnisse des stillen Gesellschafters. Mit der Beteiligung an der 78
Geschäftsführung kann sich eine Vertretungsmacht des stillen Gesellschafters verbinden.[279] Er vertritt dann aber nicht die stille Gesellschaft (dies ist nicht möglich; vgl. RdNr. 10), sondern er vertritt den Geschäftsinhaber.[280] *Diese Variante der atypischen stillen Gesellschaft ist selten.* Beim Unternehmen eines Einzelunternehmers kann die einem stillen Gesellschafter eingeräumte Vertretungsbefugnis keine organschaftliche sein. Das gilt auch bei der stillen Beteiligung an einer Personengesellschaft, denn die Einräumung organschaftlicher Vertretungsmacht an einen Dritten ist hier nach dem sog. Prinzip der Selbstorganschaft nicht möglich (vgl. § 125 RdNr. 5 f.). Der stille Gesellschafter kann hier nur mit einer Vollmacht (zB Prokura) und mit intern wirkenden Mitspracherechten ausgestattet werden. Anders verhält es sich bei der GmbH (auch bei der Komplementär-GmbH), in der nach § 6 Abs. 2 Satz 1 GmbHG auch ein Nichtgesellschafter der GmbH, also zB ein stiller Gesellschafter, zum Geschäftsführer bestellt werden kann. Ihm kann diese Stellung sogar im stillen Gesellschaftsvertrag als Sonderrecht eingeräumt werden.

3. Vermögensbeteiligung des stillen Gesellschafters. a) Zulässigkeit. Zulässig und 79
verbreitet ist die Beteiligung des stillen Gesellschafters am Unternehmensvermögen.[281] Das hat nichts mit der Entstehung eines „dinglich" separierten Gesellschaftsvermögens iS von § 718 BGB zu tun (ein solches gibt es nach RdNr. 9 nicht). Der stille Gesellschafter nimmt aber an Wertveränderungen nicht nur des Umlaufvermögens, sondern auch des Anlagevermögens, des inneren Geschäftswerts und insgesamt der Rücklagen teil.[282] Namentlich im Auseinandersetzungsfall ist dann der stille Gesellschafter so zu stellen wie ein Außengesellschafter (§ 235 RdNr. 57).[283] Zur buchmäßigen Bestimmung und Darstellung der stillen Beteiligung auf dem Einlagekonto des Stillen in diesem Fall vgl. RdNr. 166. Regelmäßig wird es sich im Fall der rechnerischen Vermögensbeteiligung zugleich um die qualifizierte Variante der atypischen stillen Gesellschaft als „Innen-KG" handeln (dazu RdNr. 81). Notwendig ist das indes nicht. Möglich ist nämlich, dass sich die Vermögensbeteiligung nur rechnerisch auswirkt und nicht mit mitgliedschaftlichen Gesellschafterrechten einhergeht. Deshalb ist strenger, als bisher in der Literatur üblich, zu unterscheiden zwischen der rein rechnerischen (RdNr. 80) und der auch organisatorischen (RdNr. 81) Gleichstellung mit einem Außengesellschafter.

b) Rein schuldrechtliche Vermögensbeteiligung. Ihrer Rechtsnatur nach ist die 80
Beteiligung des stillen Gesellschafters am Unternehmensvermögen eine *rein schuldrechtli-*

---

[277] So zB in BGH NJW 1985, 1079 = JuS 1985, 557 *(Karsten Schmidt).*

[278] *Blaurock* RdNr. 12.91; *Koenigs* S. 158; E/B/J/S/*Gehrlein* RdNr. 67; Staub/*Zutt* RdNr. 95.

[279] BGH WM 1961, 574 = BB 1961, 583; *Blaurock* RdNr. 12.94; Röhricht/v. Westphalen/*v. Gerkan/Mock* RdNr. 69; missverständlich BGH WM 1966, 29, 30 = DB 1966, 187, wonach auch bei der atypischen stillen Gesellschaft der Stille „nicht namens der Gesellschaft (?) in Erscheinung tritt".

[280] BGH WM 1961, 574 = BB 1961, 583; WM 1966, 29, 30 = DB 1966, 187; *Blaurock* RdNr. 12.95.

[281] RGZ 126, 386, 390; RG SeuffA 81 Nr. 207; BGHZ 7, 174, 177 f.; 8, 157, 160 f.; BFHE 157, 192, 196; LG Berlin ZInsO 2004, 689; *Aulinger* S. 19 ff.; *H. P. Westermann* Vertragsfreiheit S. 311 ff.; *Blaurock* RdNr. 1.30; Baumbach/*Hopt* RdNr. 3; Heymann/*Horn* RdNr. 51; MünchHdbGesR II/*Bezzenberger/Keul* § 73 RdNr. 32; Oetker/*Schubert* RdNr. 32; Röhricht/v. Westphalen/*v. Gerkan/Mock* RdNr. 67; Staub/*Zutt* RdNr. 31.

[282] RGZ 126, 386, 390; BFHE 171, 510, 513; 172, 416, 420 mwN; *Aulinger* S. 22 ff.; *Koenigs* S. 50; *Blaurock* RdNr. 1.30; Düringer/Hachenburg/*Flechtheim* § 335 aF RdNr. 28; Heymann/*Horn* RdNr. 51.

[283] BGHZ 7, 174, 178; BFHE 171, 416, 420 = BStBl. 1994 II S. 243, 245; *Ruban* DStZ 1995, 638; *Rasner* S. 60 ff.; *Koenigs* S. 50; *Blaurock* RdNr. 1.30; Baumbach/*Hopt* RdNr. 3; MünchHdbGesR II/*Bezzenberger/Keul* § 73 RdNr. 33; Röhricht/v. Westphalen/*v. Gerkan/Mock* RdNr. 67; Staub/*Zutt* § 232 RdNr. 19.

che.[284] Sie schafft *kein echtes Gesellschaftsvermögen* der stillen Gesellschaft (RdNr. 79) und führt auch nicht zu einer dinglichen Beteiligung des stillen Gesellschafters am Vermögen des Geschäftsinhabers. Dritten gegenüber ist sie ohne unmittelbare Wirkung.[285] Auch die steuerrechtliche Praxis geht davon aus, dass die atypische stille Gesellschaft kein Gesellschaftsvermögen iS von § 718 BGB hat und dass die im Alleineigentum des Geschäftsinhabers stehenden betrieblichen Wirtschaftsgüter dessen Betriebsvermögen sind.[286] Ist eine Personengesellschaft Geschäftsinhaberin, so ändert das Vorhandensein einer atypischen stillen Beteiligung mit bloß schuldrechtlicher Teilhabe des Stillen am Gesellschaftsvermögen nichts an den an dieser Gesellschaft bestehenden Gesellschaftsanteilen.[287] Rechnerisch ist aber die atypische stille Beteiligung durchaus folgenreich. Die entscheidenden Folgen bestehen darin, dass der Stille bei der Gewinnermittlung und bei der Auseinandersetzung wie der Gesellschafter einer Personengesellschaft – praktisch also: wie ein Kommanditist – gestellt wird.[288] Diese rein rechnerische Vermögensbeteiligung gibt dem stillen Gesellschafter aber noch kein Widerspruchsrecht nach § 164 (vgl. dagegen RdNr. 81, 184)[289] Bei der Beendigung der stillen Gesellschaft führt die rein schuldrechtliche, also im Ergebnis nur rechnerische, Vermögensbeteiligung nicht zur Versilberung des Gesellschaftsvermögens.[290] Es kann allerdings ein Übernahmerecht des stillen Gesellschafters vereinbart werden (eingehend und mwN § 235 RdNr. 67).

81 **c) Qualifizierte Vermögensbeteiligung: atypische stille Gesellschaft als „Innen-KG"**[291]. Bisher in der Literatur von der rein schuldrechtlich-rechnerischen Vermögensbeteiligung nicht hinreichend unterschieden ist die hier als **„Innen-KG"** bezeichnete Variante der stillen Gesellschaft. Es handelt sich um die interne Gleichstellung des stillen Gesellschafters mit einem Kommanditisten, dh. um seine Einbeziehung als Mitinhaber des Unternehmens. Diese vom Verfasser mit der wohl gewöhnungsbedürftigen Bezeichnung „**Innen-KG**" versehene Variante der atypischen stillen Gesellschaft erschöpft sich nicht in der rechnerischen Beteiligung des stillen Gesellschafters auch an den stillen Reserven, sondern sie erstreckt sich auf Vermögens- und Mitgliedsrechte eines Kommanditisten. Das Unternehmen ist als „**virtuelle Kommanditgesellschaft**" organisiert:[292] Die „virtuelle Kommanditgesellschaft" ist im Außenverhältnis (als Rechtsträgerin) inexistent. Statt ihrer tritt als „virtueller Komplementär" nur der Geschäftsinhaber in Erscheinung. Aber das Unternehmen wird vom Geschäftsinhaber, der selbst eine Handelsgesellschaft sein kann, in Form einer „Als-ob-KG" betrieben, in der dem stillen Gesellschafter die Mitwirkungsrechte eines Kommanditisten zustehen.[293] Der Geschäftsinhaber (im Fall einer Handelsge-

[284] RGZ 126, 386, 390; RG SeuffA 81 Nr. 207; BGHZ 7, 174, 178; *Ruban* DStZ 1995, 638; *Blaurock* RdNr. 4.14; *Aulinger* S. 27; Düringer/Hachenburg/*Flechtheim* § 335 aF RdNr. 8; MünchHdbGesR II/*Bezzenberger/Keul* § 73 RdNr. 32; Staub/*Zutt* RdNr. 10, 16; abwegig demgegenüber *Igerz* GesRZ 1985, 8 ff.

[285] *Blaurock* RdNr. 4.15, 4.29; vgl. zu den Rechtsfolgen nach altem Gesetzesrecht BFH DB 1984, 2279, 2280; BFHE 172, 416, 420 = BStBl. 1994 II S. 243, 245; eingehend *Döllerer* DStR 1985, 295.

[286] BFH DB 1984, 2279, 2280; BFHE 172, 416, 420 = BStBl. 1994 II S. 243, 245; *Döllerer* DStR 1985, 295.

[287] BFH BB 1984, 389.

[288] BGHZ 7, 174, 178; BFHE 172, 416, 420 = BStBl. 1994 II S. 243, 245; *Blaurock* RdNr. 14.41; *U. Huber* Vermögensanteil S. 167; Röhricht/v. Westphalen/*v. Gerkan/Mock* RdNr. 67; Staub/*Zutt* § 232 RdNr. 19.

[289] Heymann/*Horn* RdNr. 54; MünchHdbGesR II/*Bezzenberger/Keul* § 73 RdNr. 34; *Kneip* S. 296; vgl. auch *H. P. Westermann* Vertragsfreiheit S. 314, nach dem „die bloße Vermögensbeteiligung die Führung des gesellschaftlichen Unternehmens nicht beeinflusst"; offengelassen bei Röhricht/v. Westphalen/*v. Gerkan/Mock* RdNr. 67; zu weitgehend demgegenüber Düringer/Hachenburg/*Flechtheim* § 335 aF RdNr. 28; *Weimar* DB 1987, 1079.

[290] *Blaurock* RdNr. 16.1.

[291] Zu ihr vgl. OLG Schleswig NZG 2009, 256 = ZIP 2009, 421; *Groh,* FS Kruse, 2001, S. 417 ff. („fiktive Gesamhandsgemeinshaft"); *Karsten Schmidt,* FS Bezzenberger, 2000, S. 405 ff. („virtuelle KG"); *Karsten Schmidt* NZG 2009, 361 ff.; zum Gesamtkonzept bereitet Verf. eine Publikation vor; vgl. einstweilen *Florstedt,* Der stille Verband, 2006.

[292] Näher vorerst *Karsten Schmidt,* FS Bezzenberger, 2000, S. 405 ff.; eine weitere Untersuchung ist in Vorbereitung.

[293] Insofern wie hier *Weimar* DB 1987, 1082.

sellschaft also deren Leitungsorgan) hat das Unternehmen treuhänderisch als das einer **„Als-ob-KG“** zu führen (RdNr. 82). Die Vermögensbeteiligung des stillen Gesellschafters ist deshalb hier nicht bloß schuldrechtlicher Art, sondern es entsteht ein treuhänderisch verwaltetes „Als-ob-Gesamthandsvermögen“ (RdNr. 82). Die „Innen-KG“ kann wie eine echte Kommanditgesellschaft gegründet[294] und abgewickelt werden (§ 235 RdNr. 62 ff.). Den stillen Gesellschaftern stehen im Innenverhältnis Kommanditistenrechte zu (vgl. § 233 RdNr. 19). Auch eine actio pro socio ist möglich (RdNr. 185). Wer aus der „Innen-KG“ ausscheidet, wird nach den für einen ausscheidenden Kommanditisten geltenden Grundsätzen abgefunden (§ 235 RdNr. 63). Vor allem die **„GmbH & Still“** ist regelmäßig als „Innen-KG“ konzipiert (RdNr. 87). Denkbar, aber weniger praktisch ist auch eine **„Innen-oHG“,** bei der im Außenverhältnis der Geschäftsinhaber allein, im Innenverhältnis aber er und der (die) Stille(n) unbeschränkt gemeinsames Haftungsrisiko tragen (§§ 735, 739 BGB).

4. Stille Gesellschaft als Verwaltungstreuhand am Unternehmen. Die Ausgestal- 82
tung der stillen Gesellschaft als Treuhandverhältnis kann im äußersten Fall dazu führen, dass der stille Gesellschafter (bzw. die Gruppe der stillen Gesellschafter) im Innenverhältnis als Alleininhaber des Unternehmens behandelt wird: Dann ist er (bzw. die Gruppe der stillen Gesellschafter) rechnerisch zu 100% Inhaber des Unternehmens, und der für fremde Rechnung des (oder der) Stillen handelnde Unternehmensträger ist dies nur im Außenverhältnis (RdNr. 40, 47). Der stille Gesellschafter hat in diesem Fall als Treugeber Weisungsrechte (Vor § 230 RdNr. 73). Ist der Geschäftsinhaber eine Handelsgesellschaft und ist der stille Gesellschafter Unternehmen im konzernrechtlichen Sinne, so kann sich hieraus eine Konzernabhängigkeit der Handelsgesellschaft iS von § 17 AktG ergeben.[295] Möglich ist auch, dass mehrere stille Gesellschafter im Innenverhältnis Alleininhaber sind und dass der Geschäftsinhaber (die Handelsgesellschaft) im Innenverhältnis treuhänderisch für fremde Rechnung als „Komplementär“ einer „Als-ob-KG“ ohne Vermögensbeteiligung des „Komplementärs“ agiert (vgl. zur sog. GmbH & Still RdNr. 87, 114 f., 166). Möglich ist schließlich, dass eine mit Vollfunktionen für eigene Rechnung tätige Handelsgesellschaft (zB eine GmbH oder GmbH & Co.) atypische „Als-ob-Kommanditisten“ mit Vermögensbeteiligung aufnimmt. Dann handeln die Organe der Handelsgesellschaft gleichzeitig für deren Gesellschafter und treuhänderisch für die stillen Gesellschafter.

**5. Mehrgliedrige stille Gesellschaft. a) Zulässigkeit mehrgliedriger stiller Gesell- 83
schaften.** Die überkommene Auffassung betrachtete die stille Gesellschaft als reine Innengesellschaft per definitionem *zweigliedrig.*[296] Naturgemäß schließt auch diese Annahme nicht aus, dass sich mehrere stille Gesellschafter still an demselben Unternehmen beteiligen, aber dann liegen – so die früher herrschende Ansicht – so viele stille Gesellschaften vor, wie stille Beteiligungen vorhanden sind.[297] Diese tradierte Auffassung hat sich schon früh als unrichtig erwiesen.[298] Die inzwischen herrschende Ansicht lässt *mehrgliedrige stille Gesellschaften* zu.[299]

---

[294] Vgl. *Groh,* FS Kruse, 2001, S. 424.

[295] Vgl. MünchKommAktG/*Bayer* § 17 RdNr. 28; *Hüffer* AktG, 9. Aufl. 2010, § 17 RdNr. 9.

[296] RGZ 25, 41, 45; *Lübbert* ZHR 58 (1906), 505 ff.; *Reuter* NJW 1984, 1849, 1851; *Paulick* 3. Aufl. § 5 II 3 a; *Klauss/Mittelbach* RdNr. 42; Düringer/Hachenburg/*Flechtheim* § 335 RdNr. 37; *Schulze zur Wiesche* S. 25; *Rasner* S. 27; *Saenger* S. 59; *Koenigs* S. 228; gegenwärtig zB noch *Eisenhardt* GesR, 14. Aufl. 2009, RdNr. 457; *Klunzinger,* Grundzüge des GesR, 15. Aufl. 2009, § 7 I 2 c; *Hense* S. 14; *Hey* GmbHR 2001, 1101 f.

[297] RGZ 25, 41, 45; *Bucher* S. 40; *Saenger* S. 59; *Koenigs* S. 4, 228; *Klauss/Mittelbach* RdNr. 42 f.; *Ritter* RdNr. 3.

[298] Begründung des bei RdNr. 83-86 vorgetragenen Konzepts bei *Karsten Schmidt* GesR § 62 II; *ders.* DB 1976, 1705; Schlegelberger/*Karsten Schmidt* RdNr. 73.

[299] Baumbach/*Hopt* RdNr. 7; E/B/J/S/*Gehrlein* RdNr. 81; Heymann/*Horn* RdNr. 61; *Koller*/Roth/Morck RdNr. 9; MünchHdbGesR II/*Bezzenberger/Keul* § 73 RdNr. 40, § 75 RdNr. 24; Oetker/*Schubert* RdNr. 34 ff.; Röhricht/v. Westphalen/*v. Gerkan/Mock* RdNr. 70; Schlegelberger/*Karsten Schmidt* RdNr. 73; Staub/*Zutt* RdNr. 44 ff.; *Sudhoff* DB 1969, 2070; *Blaurock* NJW 1972, 1119 f.; *ders.* RdNr. 5.46; *ders.,* Unterbeteiligung und Treuhand, S. 100 ff.; *Horn* ZGR 1974, 157; *Iber* RdA 1973, 306; *Koenigs* S. 228; *Lang* S. 38 f.;

Der BGH ist diesem Ansatz gefolgt.[300] Nach BGHZ 127, 176, 179 = LM § 23 AGBG Nr. 13 = NJW 1995, 192 besteht **Gestaltungsfreiheit.** Die Beteiligten haben die Wahl zwischen *drei vom Verfasser herausgearbeiteten Varianten:* (1) Begründung mehrerer stiller Gesellschaftsverhältnisse mit jedem Anleger, (2) Begründung eines einheitlichen mehrgliedrigen stillen Gesellschaftsverhältnisses mit allen Anlegern oder (3) Begründung einer zweigliedrigen stillen Gesellschaft zwischen dem Geschäftsinhaber und einer unter den Anlegern gebildeten GbR. Die Richtigkeit dieser neueren und die Unrichtigkeit der früher herrschenden Auffassung ergibt sich, wenn man klar unterscheidet zwischen dem vom HGB-Gesetzgeber allein betrachteten schuldrechtlichen **Einlageverhältnis** auf der einen Seite und auf der anderen Seite dem **Gesellschaftsverhältnis,** in dem sich der stille Gesellschafter befindet (vgl. schon RdNr. 37). Das stille *Einlage*verhältnis besteht aus nur zwei Parteien: dem einzelnen Stillen und dem Geschäftsinhaber (nur er und nicht „die stille Gesellschaft" tritt dem stillen Gesellschafter als Gläubiger gegenüber).[301] Das stille *Gesellschafts*verhältnis *kann* sich gleichfalls in einem bloßen Schuldverhältnis zwischen je einem Stillen und dem Geschäftsinhaber erschöpfen; zulässig ist aber auch der Zusammenschluss der stillen Gesellschafter zu einem Verband (RdNr. 84 ff.).[302] Die fehlende Rechtsträgerschaft dieser mehrgliedrigen Gesellschaft schließt nicht aus, dass unter den Beteiligten ein Verband gebildet wird. **Drei Gestaltungsvarianten** sollten unterschieden werden:

– die mehrgliedrige stille Gesellschaft im engeren Sinne (RdNr. 84),
– der Zusammenschluss nur der stillen Gesellschafter zu einer BGB-Innengesellschaft (RdNr. 85),
– die mittelbare stille Beteiligung über einen Treuhänder oder eine BGB-Außengesellschaft (RdNr. 86).

Im Einzelfall sind die Varianten der RdNr. 83–86 schwer zu unterscheiden. Da sich die Vertragsverfasser bisweilen selbst zu wenig Klarheit über den genauen Unterschied verschafft haben, wird die Unterscheidung häufig mehr aus dem Gesamtbild der Verträge als aus dem Wortlaut erkennbar.

84 **b) Die mehrgliedrige (einheitlich) stille Gesellschaft im engeren Sinne ist ein mehrgliedriger „Innenverband"**[303]. Sie umfasst alle Beteiligten, also nicht nur die stillen Gesellschafter, sondern auch den Unternehmensträger (sog. „Geschäftsinhaber"). Diese Organisation kann Bestandteil einer verbandsmäßig strukturierten stillen Gesellschaft – insbesondere bei der GmbH & Still als Unterform der Innen-KG – sein (vgl. dazu RdNr. 87). Sind die stillen Gesellschafter gleichzeitig Gesellschafter der unternehmenstragenden Gesellschaft („gesplittete Einlage"; RdNr. 90 f.) so kann die Verbandsorganisation zugleich untrennbarer Bestandteil des Innenverhältnisses einer unter Beteiligung aller stillen Gesellschafter bestehenden Außengesellschaft sein (vgl. RdNr. 35; zur Kombination von Kommanditbeteiligung und stiller Beteiligung RdNr. 45, 90 f.). Charakteristisch ist in diesen Fällen die – meist einer Kommanditgesellschaft entsprechende – einheitliche Binnenorganisation. **Geschäftsführender Gesellschafter** ist in der mehrgliedrig stillen Gesellschaft ieS regelmäßig der Geschäftsinhaber, bei Verbindung von Außen- und Innengesellschaft ist es der in der Außengesellschaft geschäftsführende Gesellschafter. Dem Innenverband entspricht eine **mitgliedschaftliche Struktur.** Es können **Kontrollorgane** geschaffen wer-

---

Böttcher/Zartmann/Faut S. 48; *Klauss/Mittelbach* RdNr. 44; *Aulinger* S. 50; *Schlitt* S. 46 ff.; *A. Hueck,* FS Lehmann, 1956, S. 241 f.; *Reusch* S. 65 ff. mwN; **aA** *Eisenhardt* GesR RdNr. 457; *Klunzinger* GesR § 7 I 2 c.

[300] BGHZ 125, 74, 76 f. = NJW 1994, 1156 = BB 1994, 592; BGHZ 127, 176, 179 = BGH LM AGBG § 23 Nr. 13 = NJW 1995, 192; vgl. auch schon BGH WM 1958, 1336, 1337; NJW 1972, 338 m. Anm. *Blaurock* NJW 1972, 1119.

[301] *Karsten Schmidt* DB 1976, 1705; fehlgedeutet bei *Blaurock,* Unterbeteiligung und Treuhand, S. 102; ähnlich die Ablehnung bei E/B/JS/*Gehrlein* RdNr. 84; Oetker/*Schubert* RdNr. 16 (die „mehrgliedrige Struktur" wurde vom Verf. nicht übersehen, sondern herausgearbeitet).

[302] Siehe schon Schlegelberger/*Karsten Schmidt* RdNr. 73; heute zB *Blaurock* RdNr. 5.49 ff.; MünchHdbGesR II/*Bezzenberger/Keul* § 73 RdNr. 40; *Reusch,* passim; E/B/J/S/*Gehrlein* RdNr. 84; Oetker/*Schubert* RdNr. 38.

[303] Dazu *Reusch* und *Florstedt,* passim; E/B/J/S/*Gehrlein* RdNr. 84 f.; Oetker/*Schubert* RdNr. 38.

den (zB ein Beirat oder Aufsichtsrat).[304] Es kann auch eine **Gesellschafterversammlung** eingerichtet werden, die alle Beteiligten umfasst.[305] Soweit in Personengesellschaften zulässig (vgl. § 119 RdNr. 40 ff.) können Mehrheitsbeschlüsse zugelassen werden. Eine Gruppenvertretung kann vorgesehen werden, soweit allgemein bei Personengesellschaften zulässig (dazu Erl. § 105).[306] Die mehrgliedrige stille Gesellschaft ieS kann körperschaftlich organisiert werden, insbesondere als Publikumsgesellschaft (RdNr. 88 ff.).[307] Änderungen im Gesellschafterbestand stellen sich nicht bloß als Abschluss bzw. als Kündigung zweigliedriger Verträge an, sondern es kann vom **Eintritt** neuer Gesellschafter in den Innenverband bzw. vom **Austritt** vorhandener Gesellschafter aus diesem Verband gesprochen werden.[308] Die Aufnahme jedes neuen stillen Gesellschafters in den mehrgliedrigen Verband erfolgt nach personengesellschaftlichen Regeln durch Vertrag mit allen bereits am Verband Beteiligten. Wie bei der Publikums-KG ist es aber auch hier zulässig, die als Geschäftsinhaber fungierende Handelsgesellschaft oder ihr Vertretungsorgan oder eine sonstige Vertrauensperson für den Abschluss neuer Aufnahmeverträge zu bevollmächtigen[309] oder zu ermächtigen.[310] Die mehrgliedrige Gesellschaft als Innen-Verband kann im Fall ihrer Auflösung sogar Liquidationsregeln unterworfen werden (§ 235 RdNr. 65).

c) Konsortium der stillen Gesellschafter in BGB-Gesellschaft. Von der mehrgliedrigen stillen Gesellschaft zu unterscheiden ist die bloße *Koordination mehrerer stiller Gesellschafter untereinander* zur gemeinschaftlichen Ausübung ihrer Rechte in Form einer Innengesellschaft bürgerlichen Rechts.[311] Bei dieser Gestaltung wird eine Vielheit von stillen Gesellschaftsverträgen durch eine Innengesellschaft unter den stillen Gesellschaftern zusammengehalten. Viele Verträge vor allem von Publikumsgesellschaften sind in dieser Weise ausgestaltet.[312] Die allmähliche Anerkennung der hier bei RdNr. 83 und 84 dargestellten und vom *Verfasser* vormals bei Schlegelberger/*Karsten Schmidt* RdNr. 73 ff. herausgearbeiteten Gestaltung der mehrgliedrigen stillen Gesellschaft (damals ein Fortschritt) hat offenbar viele mehrgliedrige stille Gesellschaften zu dieser aus heutiger Sicht eher provisorischen Rechtsgestaltung greifen lassen. Mehr funktionelle Konsistenz verspricht aber die hier bei RdNr. 84 vorgelegte Rechtskonstruktion des „Innenverbandes". Deshalb ist zu bezweifeln, ob nicht in vielen dieser Fälle ungenau bezeichnete einheitliche stille Gesellschaften vorliegen (vgl. insbes. zur „GmbH & Still" RdNr. 87).[313] Die Gestaltung als bloßes Konsortium unter den stillen Gesellschaftern ist und bleibt zulässig, zB zum Zweck der Mediatisierung der Kontroll- und Zustimmungsrechte stiller Kapitalanleger, aber auch als ein der kollektiven Willensbildung dienendes Konsortium.[314] Wie bei einer obligatorischen Gruppenvertretung (§ 161 RdNr. 170, § 177 RdNr. 17) dient dann das Konsortium der Willensbildung innerhalb der Fraktion der stillen Gesellschafter. 85

[304] Vgl. BGH LM Nr. 7 = NJW 1998, 1946 = DB 1998, 1127; E/B/J/S/*Gehrlein* RdNr. 85; Heymann/*Horn* RdNr. 61 f.; MünchHdbGesR II/*Bezzenberger/Keul* § 73 RdNr. 40; Oetker/*Schubert* RdNr. 38, Röhricht/v. Westphalen/*v. Gerkan/Mock* RdNr. 71.

[305] Vgl. BGH LM Nr. 7 = NJW 1998, 1946 = DB 1998, 1127; MünchHdbGesR II/*Bezzenberger/Keul* § 73 RdNr. 40; Röhricht/v. Westphalen/*v. Gerkan/Mock* RdNr. 71; E/B/J/S/*Gehrlein* RdNr. 85; Oetker/*Schubert* RdNr. 38.

[306] Eingehend *Karsten Schmidt* ZHR 146 (1982), 525 ff.

[307] ZB BGHZ 125, 74 = NJW 1994, 1156; vgl. *Blaurock* RdNr. 5.56; *Reusch* S. 65 ff.; MünchHdbGesR II/*Bezzenberger/Keul* § 73 RdNr. 40; Röhricht/v. Westphalen/*v. Gerkan/Mock* RdNr. 71.

[308] MünchHdbGesR II/*Bezzenberger/Keul* § 73 RdNr. 40.

[309] Vgl. für die KG BGH WM 1976, 15 = JuS 1976, 260 *(Karsten Schmidt);* für die StG siehe *Reusch* S. 93 f.; E/B/J/S/*Gehrlein* RdNr. 85; Röhricht/v. Westphalen/*v. Gerkan/Mock* RdNr. 72.

[310] Vgl. BGH WM 1978, 136 = NJW 1978, 1000 = JuS 1978, 635 *(Karsten Schmidt)*; für die StG E/B/J/S/*Gehrlein* RdNr. 85; Röhricht/v. Westphalen/*v. Gerkan/Mock* RdNr. 72; *Reusch* S. 94 f.

[311] Vgl. BGHZ 125, 74, 77 = LM Nr. 4 = NJW 1994, 1156; BGHZ 127, 176, 179 = NJW 1995, 192; BGH LM Nr. 6 = NJW 1995, 1353, 1355; BGH LM Nr. 7 = NJW 1998, 1946 = DB 1998, 1127; OLG Düsseldorf DB 1994, 2489 ff.; Heymann/*Horn* RdNr. 60; MünchHdbGesR II/*Bezzenberger/Keul* § 73 RdNr. 41.

[312] BGH BB 1980, 958 = WM 1980, 868; BGH WiB 1994, 352; Staub/*Zutt* RdNr. 47; *Reusch* S. 69 ff.

[313] *Karsten Schmidt,* FS Bezzenberger, 2000, S. 404 ff.

[314] Vgl. Staub/*Zutt* RdNr. 47; eingehend *Reusch* S. 65 ff.

86 **d) Stille Treuhandbeteiligung oder stille Gesamthandsbeteiligung.** Keine mehrgliedrige stille Gesellschaft im technischen Sinne liegt weiter vor, wenn ein *Treuhänder* oder eine aus den Anlegern gebildete *Treuhand-Außengesellschaft* als stiller Treuhandgesellschafter zwischengeschaltet ist.[315] Wirtschaftlich gesehen entsteht auch hier eine mehrgliedrige, wenn auch nur mittelbare „stille Beteiligung" der Anleger (diese sind an der treuhänderisch gehaltenen stillen Beteiligung unterbeteiligt); aber der Unterschied zu RdNr. 84 und 85 ist in rechtlicher Hinsicht doch groß: Es entsteht keine Mehrheit von stillen Gesellschaftsverhältnissen (so bei RdNr. 85), und die stille Gesellschaft selbst ist auch nicht mehrgliedrig (so bei RdNr. 84). Es wird *nur ein einziges zweiseitiges stilles Gesellschaftsverhältnis zwischen dem Unternehmensträger und einem einzigen stillen Treuhandgesellschafter* begründet. Mehrgliedrig ist nicht die stille Gesellschaft selbst, sondern das Innenverhältnis zwischen dem stillen Treuhandgesellschafter (der BGB-Gesellschaft) und den Anlegern (wodurch zwischen dem Treuhänder und den Anlegern eine mehrgliedrige Unterbeteiligung iS von RdNr. 213 entsteht).

87 **6. Die „GmbH & Still" („Kapitalgesellschaft & Still").** Die „Kapitalgesellschaft & Still" (in der Praxis überwiegend „GmbH & Still") ist eine Variante der als kapitalistische **„Innen-KG"** (RdNr. 81, 84) organisierten stillen Gesellschaft. Als „GmbH & Still" wird hier nicht jedwede stille Beteiligung an einer GmbH (RdNr. 20) bezeichnet, sondern nur eine nach dem **Modell der GmbH & Co. KG** organisierte atypische stille Gesellschaft.[316] An Stelle von Kommanditisten sind an einer solchen Gesellschaft stille Gesellschafter beteiligt. Rechtstechnisch unterscheidet sich eine solche Gesellschaft grundlegend von der GmbH & Co. KG. Unternehmensträgerin im Außenverhältnis und alleinige Trägerin des Gesellschaftsvermögens ist im Verhältnis zu Dritten die GmbH. Die wie Kommanditisten beteiligten stillen Gesellschafter leisten stille Einlagen an die GmbH (vgl. Abs. 2), sind aber mit ihr sowie untereinander gemäß RdNr. 84 zu einem Verband (nach der hier gewählten Terminologie: einer „Innen-KG") verbunden.[317] Das Innenverhältnis kann in jeder Hinsicht dem einer Kommanditgesellschaft angeglichen werden, sogar einer GmbH & Co. ohne Kapitalanteil der Komplementär-GmbH. Dazu bedarf es einer mehrgliedrigen stillen Gesellschaft mit einem Treuhandelement. Die (atypische) **„GmbH & Still"** ist i.S. von RdNr. 81 eine **„virtuelle KG"**.[318] Die Rechte und Pflichten im Innenverhältnis sind so gestaltet, dass die GmbH (obwohl im Außenverhältnis alleinige Unternehmerin und allein im Handelsregister eingetragen) das Unternehmen für Rechnung dieser zwischen ihr und den stillen Gesellschaften gebildeten „virtuellen KG" führt. Sie ist „Komplementärin" dieser „virtuellen KG" mit allen sich daraus ergebenden Rechten und Pflichten und kann sogar von der „Kapitalbeteiligung" an dieser „virtuellen KG" ausgeschlossen sein. Für die Gesellschafter (bei Ausschluss der GmbH von der Kapitalbeteiligung: nur für die stillen Gesellschafter als „Quasi-Kommanditisten") werden **Kapitalkonten** wie bei einer echten KG geführt. Über die Angelegenheiten der „virtuellen KG" entscheiden die Gesellschafter (bei Ausschluss der GmbH vom Stimmrecht: nur die Kommanditisten) nach den bei § 119 darzustellenden Regeln. Es können also auch Gesellschafterversammlungen und Mehrheitsbeschlüsse eingeführt werden. Der BGH hatte über eine ganze Reihe von Fällen zu entscheiden, die sich mit einer GmbH & Still dieses Typus befassten.[319] Er hat sie mehrfach nach dem Modell von RdNr. 85 so eingeordnet, dass nur die stillen Gesellschafter untereinander gesellschaftsrechtlich verbunden seien, und zwar durch eine Gesellschaft bürgerli-

---

[315] Vgl. *Reusch* S. 85; Baumbach/*Hopt* RdNr. 7; Düringer/Hachenburg/*Flechtheim* § 335 aF RdNr. 37; Heymann/*Horn* RdNr. 62; Röhricht/v. Westphalen/*v. Gerkan/Mock* RdNr. 73; Staub/*Zutt* RdNr. 46.

[316] Eingehend zur „GmbH & Still" *Blaurock* RdNr. 7.34 ff., 21.61 ff.; BeckHdBGmbH/*Schwaiger* 4. Aufl. 2009, § 7 RdNr. 160 ff.; *Post/Hoffmann,* Die stille Beteiligung am Unternehmen der Kapitalgesellschaft, 4. Aufl. 2003; *Schulze zur Wiesche,* Die GmbH & Still, 4. Aufl. 2003; *Weimar* ZIP 1993, 1509 ff.; *Karsten Schmidt,* FS Bezzenberger, 2000, S. 401 ff.

[317] Verf. bereitet eine Publikation hierüber vor.

[318] *Karsten Schmidt,* FS Bezzenberger, 2000, S. 406 ff.; *ders.* NZG 2009, 361 ff.

[319] BGH LM Nr. 1 = NJW 1988, 413; BGH LM Nr. 2 = NJW 1990, 2684; BGHZ 125, 74 = LM Nr. 4 = NJW 1994, 1156; BGH LM Nr. 6 = NJW 1995, 1353; BGH LM Nr. 7 = NJW 1998, 1946; BGH NZG 2010, 823 = DStR 2010, 1489 m. Anm. *Goette; Karsten Schmidt* NZG 2011, 361 ff.

chen Rechts,[320] an der die GmbH ihrerseits nicht beteiligt sei.[321] Die Annahme einer unter allen Gesellschaftern eingegangenen „Innen-KG" trifft den Willen der Beteiligten aber besser.[322] Die **GmbH als „Komplementärin"** hat gegenüber dem „virtuellen Verband" dieselbe Verantwortlichkeit und ist ggf. denselben Schadensersatzpflichten ausgesetzt wie die Komplementärin einer GmbH & Co. KG.[323] Sie ist insbesondere auch zur ordnungsmäßigen Verwendung der Einlagen und Verwaltung des Unternehmensvermögen für die „virtuelle Kommanditgesellschaft" verpflichtet.[324] Für die **Geltendmachung der Ansprüche gegen die GmbH** steht nach Auffassung des BGH den stillen Gesellschaftern allerdings nicht das Instrument der *actio pro socio* zur Verfügung (RdNr. 185).[325] Das wird mit der Annahme begründet, dass die stillen Gesellschafter mit der GmbH nur durch ihre stillen Einlagen, nicht aber durch die mehrgliedrige Organisation verbunden seien. Erkennt man, dass die mehrgliedrige stille Gesellschaft in diesen Fällen als Innen-KG unter Einschluss der GmbH als Quasi-Komplementärin verbunden ist, so ist auch gegenüber der GmbH das KG-Innenrecht anzuwenden; die stillen Gesellschafter können gegen die GmbH unter denselben Voraussetzungen mit der **actio pro socio** vorgehen wie Kommanditisten gegenüber ihrer Komplementär-GmbH.[326] Auch der Beschluss BGH DB 2010, 2611 = NZG 2010, 1381 = ZIP 2010, 2345 = JuS 2011, 179 (*Karsten Schmidt*) über die **Bestellung von Sondervertreten** für die Geltendmachung von Schadensersatzansprüchen bei einer Kommanditgesellschaft sollte sinngemäß auf die „Innen-KG" ausgedehnt werden (vgl. auch RdNr. 185). Individualansprüche, zB Ausschüttungsansprüche, kann jeder Gesellschafter nur für sich geltend machen, für die Mitgesellschafter ggf. auch als deren gewillkürter Prozessstandschafter.[327]

7. Die stille Publikumsgesellschaft. a) Zulässigkeit. Die stille Gesellschaft als Publi- 88
kumsgesellschaft hat die Rechtsprechung häufig beschäftigt.[328] Sie ist eine Variante der mehrgliedrigen (mitgliedschaftlichen) stillen Gesellschaft, auf die die Grundsätze über Publikumspersonengesellschaften (§ 161 RdNr. 103 ff.) Anwendung finden. Das gilt auch für die Auslegung des Gesellschaftsvertrags (dazu § 161 RdNr. 108). So findet der für Personengesellschaften entwickelte Grundsatz, dass eine vorbehaltlos hingenommene Handhabung des Vertrags wie eine Vertragsänderung wirkt, auf die stille Publikumsgesellschaft keine Anwendung.[329] Zur **Inhaltskontrolle** vgl. RdNr. 125. Kündigungsklauseln unterliegen denselben Grenzen wie bei einer KG.[330] Auch aktienrechtliche Grundsätze finden, soweit auf Publikumsgesellschaften im Allgemeinen übertragbar, Anwendung, so zB § 121 Abs. 4 AktG hinsichtlich der Einberufung der Gesellschafterversammlung.[331] Die Hereinnahme stiller Einlagen ohne Verlustbeteiligung kann nach § 1 Abs. 1 Satz 2 Nr. 1 Alt. 1 KWG Bankgeschäft und deshalb nach § 32 KWG erlaubnispflichtig sein.[332] Das ist aber

---

[320] BGHZ 125, 74, 77 = LM Nr. 4 = NJW 1994, 1156; BGH LM Nr. 6 = NJW 1995, 1353, 1355.

[321] BGH LM Nr. 6 = NJW 1995, 1353, 1355.

[322] *Karsten Schmidt,* FS Bezzenberger, 2000, S. 405 ff.

[323] Im Ergebnis überzeugend BGH LM Nr. 1 = NJW 1988, 413; LM Nr. 6 = NJW 1995, 1353; dazu *Karsten Schmidt,* FS Bezzenberger, 2000, S. 411.

[324] Insofern richtig BGH LM Nr. 1 = NJW 1988, 413; dazu Heymann/*Horn* RdNr. 39; *Reusch* S. 190 f.; *Klein* JA 1988, 149; *Windbichler* ZGR 1989, 434; *Karsten Schmidt,* FS Bezzenberger, 2000, S. 410.

[325] BGH LM Nr. 6 = NJW 1995, 1553.

[326] *Karsten Schmidt,* FS Bezzenberger, 2000, S. 411 f.

[327] BGH LM Nr. 6 = NJW 1995, 1353; dazu *Karsten Schmidt,* FS Bezzenberger, 2000, S. 412 f.

[328] Vgl. nur BGH NJW 1978, 424; BB 1980, 958 = WM 1980, 868; BGHZ 84, 379 = NJW 1982, 1821; BGH NJW 1985, 1079 = BB 1985, 373; BGHZ 106, 7 = BB 1989, 100 = NJW 1989, 982; BGH NJW 1990, 2684; DStR 1994, 623; NJW 1998, 1946 = LM Nr. 7; NJW-RR 2005, 545; eingehend *Reusch* und *Albracht,* passim; *Blaurock* RdNr. 4.27.

[329] BGH LM Nr. 2 = NJW 1990, 2684.

[330] BGH LM Nr. 4 = NJW 1994, 1156.

[331] BGH LM Nr. 7 m. Anm. *Roth* = NJW 1998, 1946.

[332] VG Berlin NJW-RR 2000, 642; *Boos/Fischer/Schulte-Mattler* KWG, 3. Aufl. 2008, § 1 RdNr. 40; *Zacharias/Hebig/Rinnewitz* S. 34; *Demgensky/Erm* WM 2001, 1449; s. auch OLG Celle NZG 2000, 85, 86; OLG Schleswig BKR 2003, 63; *Bornemann* ZHR 166 (2002), 211; *Tettinger* DStR 2006, 849, 850 ff.; **aM** *Blaurock,* FS Heinsius, 1991, S. 33 ff.; *Loritz* ZIP 2001, 309 ff.

nicht schon dann der Fall, wenn die Einlage bei Liquiditätsengpässen nur ratenweise ausgezahlt wird (vgl. auch RdNr. 121).[333] Über den **Anlegerschutz** vgl. RdNr. 125 ff., 134, 140.

89 **b) Gestaltungsformen.** Die Rechtsprechung unterscheidet auch hier *drei Gestaltungsformen*: die Ausgestaltung als ungeteilter, die stillen Gesellschafter wie den Unternehmensträger umfassender Verband,[334] die bloße Verknüpfung der stillen Beteiligungsverhältnisse durch eine Gesellschaft bürgerlichen Rechts unter den Beteiligten[335] und die GmbH & Co. KG mit gesplitteter Einlage (RdNr. 90). Ob die ersten beiden Varianten wirklich unterschieden werden sollten und ob die in den Verträgen gewählte Konstruktion das Gewollte immer trifft, ist zweifelhaft (vgl. RdNr. 84). Von ihnen zu unterscheiden ist die Treuhand-Unterbeteiligung als Publikumsgesellschaft (RdNr. 210). Die Anleger sind hierbei nicht durch stille Beteiligungen mit dem Unternehmen, sondern durch Unterbeteiligungsverhältnisse mit einem Treuhandgesellschafter verbunden. Dieser Treuhandgesellschafter ist idR Treuhandkommanditist. Er kann aber auch seinerseits atypischer stiller Gesellschafter sein, zB als eine unter den Anlegern gebildete Personengesellschaft (RdNr. 86).

90 **8. Die gesplittete Einlage (Kommanditisten als stille Gesellschafter). a) Tatbestand.** Die *Verknüpfung der stillen Beteiligung mit einer Kommanditbeteiligung* (§§ 171, 172 RdNr. 49) ist eine eigene Variante der *atypischen stillen Gesellschaft* (RdNr. 76).[336] Im Rechtsleben liegt dann meist zugleich eine mehrgliedrige Organisation (RdNr. 83), häufig sogar eine stille Publikumsgesellschaft (RdNr. 88) vor.[337] Das Splitting soll steuerrechtliche – die Verwertung von Abschreibungsverlusten, ist allerdings durch § 15 a EStG beschränkt worden – und haftungsrechtliche Vorteile vereinen.[338] Bei Publikumskommanditgesellschaften mit gesplitteter Einlage ist die stille Beteiligung (bzw. ein Darlehen) zumeist notwendiger Bestandteil der Beiträge jedes Kommanditisten.[339]

91 **b) Rechtsfolgen.** Im Fall der gesplitteten Einlage stellt sich zunächst die Frage nach der **Einheit oder Mehrheit der Gesellschaftsverhältnisse.** Handelt es sich um getrennte Gesellschaftsverträge oder nur um verschiedenartige Einlagen, die auf Grund des KG-Vertrags geschuldet werden? In BGHZ 69, 160, 170 wurde dies offen gelassen. Regelmäßig ist von Einlagen unterschiedlicher Qualität auszugehen, die aber durch den KG-Vertrag miteinander verbunden sind.[340] Außenverband und „Innenverband" (RdNr. 84) bilden dann eine Einheit. Die stille Einlage ist wie die Kommanditeinlage ein vom Kommanditisten aufgrund seines Beitritts geschuldeter Beitrag. Eine von der Kommanditbeteiligung losgelöste Kündigung des stillen Gesellschaftsvertrags ist, sofern nicht ausdrücklich zugelassen, nicht möglich.[341] Eine weitere Frage ist, ob die stille Einlage wie die Kommanditeinlage **Eigenkapital oder** wie die gesetzestypische stille Einlage **Fremdkapital** ist. Bei Publikumsgesellschaften wird die vom Kommanditisten zu leistende stille Einlage im

---

[333] BGH BB 2006, 1405.

[334] *Karsten Schmidt,* FS Bezzenberger, 2000, S. 405 ff.

[335] BGHZ 125, 74, 77 = LM Nr. 4 = NJW 1994, 1156; BGH LM Nr. 6 = NJW 1995, 1353, 1355; vgl. auch BGH NJW-RR 1989, 993.

[336] Baumbach/*Hopt* RdNr. 3; MünchHdbGesR II/*Bezzenberger/Keul* § 73 RdNr. 42; Röhricht/v. Westphalen/*v. Gerkan/Mock* RdNr. 74 (allerdings ohne die Bezeichnung als „atypisch"); Schlegelberger/*Karsten Schmidt* RdNr. 9.

[337] Vgl. BGHZ 69, 160 = JuS 1978, 201 *(Karsten Schmidt)* = WM 1977, 1136 = NJW 1977, 2160; BGH WM 1980, 332 = BB 1980, 381 = NJW 1980, 1522; OLG Frankfurt WM 1981, 1371 = Vorinstanz zu BGH WM 1981, 761 = BB 1981, 1237 = NJW 1981, 2251; Röhricht/v. Westphalen/*v. Gerkan/Mock* RdNr. 74; *Weimar* BB 1987, 1078.

[338] Eingehend *Frank* S. 31 ff.

[339] BGH WM 1980, 1522, 1523; NJW 1981, 2252; vgl. auch BGHZ 70, 61, 63 ff. zur Kombination von Kommanditeinlage und Darlehen.

[340] Schlegelberger/*Karsten Schmidt* RdNr. 77.

[341] Vgl. BGHZ 69, 160 = JuS 1978, 201 *(Karsten Schmidt)* = WM 1977, 1136 = NJW 1977, 2160; Röhricht/v. Westphalen/*v. Gerkan/Mock* RdNr. 74.

Werbeprospekt bisweilen als „Eigenkapital" bezeichnet.[342] Entsprechend wird sie auch in der Rechtsprechung durchweg behandelt.[343] Wie die mit einer Kommanditistenbeteiligung gekoppelte Darlehens-Finanzierung[344] wird eine solche stille Einlage im Liquidationsfall und im Insolvenzverfahren als **Risikokapital** behandelt und der Kommanditeinlage gleichgestellt (vgl. § 236 RdNr. 39).[345] Die Rechtsprechung pflegt dies auf die Auslegung des Vertrags zu stützen. Dagegen ist im Ausgangspunkt nichts einzuwenden.[346] Bedenklich sind die Begründungen nur insoweit, als dem BGH vielfach schon der Beitragscharakter der stillen Einlage genügt, um ihren Eigenkapitalcharakter zu begründen.[347] Beitrag eines Kommanditisten kann durchaus auch die Zuführung von echtem Fremdkapital sein. Ist aber aus dem Gesellschaftsvertrag erkennbar, dass die stille Einlage gleichwertig neben der Kommanditeinlage Basis der Innen- und Eigenfinanzierung sein soll, so sind beide Einlagen einander als Risikokapital gleichgestellt (RdNr. 171).

9. Die stille Einlage mit Eigenkapitalcharakter. Nach dem gesetzlichen Modell stellt die typische stille Einlage **Fremdkapital** dar (vgl. RdNr. 170). Aus dem Gesellschaftsvertrag kann sich aber ausdrücklich oder im Lichte einer funktionellen Vertragsauslegung ein Eigenkapitalcharakter der stillen Einlage ergeben (RdNr. 91, 171). In Betracht kommen vor allem die **„Innen-KG"**, in der die Rechtsstellung des stillen Gesellschafters derjenigen eines Kommanditisten entspricht (RdNr. 81), die **„GmbH & Still"** (RdNr. 87) und die **gesplittete Einlage eines Kommanditisten** (RdNr. 90 f.). Rein schuldrechtlichen Charakter hat dagegen die sog. **Finanzplanabrede** (RdNr. 172). Im Ergebnis weicht die Behandlung der stillen Einlage mit Eigenkapitalcharakter erheblich vom gesetzlichen Modell ab. Am deutlichsten zeigt sich dies im Fall der Insolvenz (§ 236 RdNr. 25 ff.). Durch die Abschaffung der Eigenkapitalersatzregeln (dazu § 172a aF RdNr. 1 ff.) haben sich die dargestellten Grundsätze nicht erledigt. 92

VI. Der Vertragsschluss

1. Allgemeines. a) Gesellschaftsvertrag. Der Vertrag ist ein *Gesellschaftsvertrag iS von § 705 BGB. Für den Vertragsschluss gelten grundsätzlich die allgemeinen Regeln über Rechtsgeschäfte* (§§ 104 bis 185 BGB).[348] Die vertragliche Einigung (§§ 145 ff. BGB) muss den notwendigen Vertragsinhalt umfassen. Es ist aber im Rahmen der §§ 315 ff. BGB zulässig, dass die Gesellschafter einzelne Leistungsbestimmungen der Festlegung durch einen Beteiligten oder durch einen Dritten überlassen.[349] Der Gesellschaftsvertrag kann aufschiebende und auflösende *Bedingungen* enthalten.[350] In diesem Fall muss sorgsam unterschieden werden zwischen Regeln, die das Gesellschaftsverhältnis von einer Bedingung abhängig machen (RdNr. 105) und solchen, die nur einzelne Leistungspflichten (zB die Verpflichtung zur Einlageleistung, zur Auszahlung einer Gewinnbeteiligung usw.) betreffen. Auch die allgemeinen Nichtigkeits- und Unwirksamkeitsgründe gelten grundsätzlich für die stille Gesellschaft (RdNr. 120).[351] 93

---

[342] BGH NJW 1980, 1523.

[343] BGHZ 70, 61; LM § 149 Nr. 6; BGH NJW 1980, 1522; BGH NJW 1981, 2251; BGH NJW 1982, 2253; BGHZ 93, 159; BGH NJW 1985, 1079; BGHZ 104, 33; eingehend *Kuhr* S. 26 ff.

[344] BGHZ 104, 33, 38 ff. = NJW 1988, 1841, 1842 f.; BGHZ 93, 159, 161 = NJW 1985, 1468, 1469; BGHZ 70, 61, 63 f. = NJW 1978, 376; BGH NJW 1982, 2253, 2254 m. Anm. *Karsten Schmidt*; *ders.*, FS Goerdeler, 1987, S. 496 ff.

[345] BGH WM 1980, 332 = BB 1980, 381 = NJW 1980, 1522; WM 1981, 761 = BB 1981, 1237 = NJW 1981, 2251; siehe auch *Reusch* S. 84.

[346] Kritisch zu diesem Ansatz aber *Joost* ZGR 1987, 397; *Schön* ZGR 1990, 241.

[347] Vgl. zur Kritik Schlegelberger/*Karsten Schmidt* § 236 RdNr. 27.

[348] Vgl. nur Baumbach/*Hopt* RdNr. 9 iVm. § 105 RdNr. 47 ff.; *Koller*/Roth/Morck RdNr. 12 iVm. § 105 RdNr. 5; E/B/J/S/*Gehrlein* RdNr. 20; MünchHdbGesR II/*Bezzenberger*/*Keul* § 76 RdNr. 2, 8; Röhricht/v. Westphalen/*v. Gerkan*/*Mock* RdNr. 12.

[349] *Blaurock* RdNr. 9.12.

[350] *Blaurock* RdNr. 9.19; Heymann/*Horn* RdNr. 20; *Koller*/Roth/Morck RdNr. 12 iVm. § 105 RdNr. 5.

[351] *Koenigs* S. 90; *Reusch* S. 98.

94 **b) Handelsgeschäft?** Die Frage, ob der Gesellschaftsvertrag Handelsgeschäft iS der §§ 343 ff. sein kann, wird bei § 343 in folgendem Sinne entschieden (vgl. 2. Aufl. § 343 RdNr. 7): Der Vertrag über eine typische stille Beteiligung ist mindestens für den Geschäftsinhaber ein Handelsgeschäft; verlässt die stille Beteiligung als Gesellschaft die rein schuldrechtliche Ebene (vgl. zum Verbandscharakter RdNr. 83 ff.), so kann der Vertrag kein Handelsgeschäft sein (ebensowenig wie ein KG-Vertrag).

95 **2. Form. a) Grundsatz: Formlosigkeit.** Der Gesellschaftsvertrag bedarf grundsätzlich keiner Form.[352] Auf eine ausdrückliche Regelung dieses Grundsatzes, wie sie noch in Art. 250 Abs. 2 ADHGB enthalten war, hat der Gesetzgeber verzichtet.[353] Der Gesellschaftsvertrag kann deshalb *auch durch schlüssiges Verhalten* zustande kommen.[354] Allerdings muss die stille Gesellschaft auch in diesem Fall auf einem feststellbaren Parteiwillen beruhen. Das gilt, wie der XII. Zivilsenat des BGH im Jahr 2005 ausgesprochen hat, auch für stille Gesellschaftsverhältnisse unter Ehegatten und Lebenspartnern.[355] Soweit die vorausgegangene Rechtsprechung versucht hatte, Lücken im Ehegüterrecht durch die Konstruktion von Innengesellschaften zu schließen oder bei nicht ehelichen Lebensgemeinschaften einen Ausgleich durch die Konstruktion von Innengesellschaften zu schaffen, ging es, wie schon bei RdNr. 36 bemerkt, um Innengesellschaften nach dem BGB, nicht um stille Gesellschaften.[356] Entsprechendes gilt für die „verdeckten Mitunternehmerschaften“: Soweit hier überhaupt echte Gesellschaftsverhältnisse vorliegen, wird es sich um BGB-Innengesellschaften und – mangels eines Einlagekontos – nicht um stille Beteiligungen handeln (vgl. dazu RdNr. 37).

96 **b) §§ 311 b Abs. 1 BGB, 15 GmbHG.** Formerfordernisse können sich aus dem *Gegenstand einer vom stillen Gesellschafter zu erbringenden Einlage* ergeben. Handelt es sich um das Eigentum an einem Grundstück, so findet **§ 311 b Abs. 1 BGB** Anwendung.[357] Der Vollzug der Grundstückseinbringung durch Auflassung und Eintragung heilt einen Mangel der Form (§ 311 b Abs. 1 Satz 2 BGB). Sind GmbH-Geschäftsanteile einzulegen, so greift **§ 15 Abs. 4 GmbHG** ein.[358] Auch hier wird der Formverstoß durch Vollzug geheilt (§ 15 Abs. 4 Satz 2 GmbHG), der aber seinerseits notarieller Form bedarf (§ 15 Abs. 3 GmbHG). Zur Frage, ob ein Verstoß gegen § 311 b Abs. 1 BGB oder gegen § 15 GmbHG den Gesellschaftsvertrag insgesamt nichtig macht, vgl. RdNr. 120.

97 **c) Gesellschaftsrechtlich keine Satzungsänderung.** Die Aufnahme eines stillen Gesellschafters in eine AG oder GmbH bedarf nicht der Form der §§ 179 Abs. 1, 181 AktG, 53 Abs. 2 GmbHG (RdNr. 114 ff.). Sie stellt, obwohl sie zu einer wirtschaftlichen Umstrukturierung im Unternehmen führen kann, **keine Satzungsänderung** und auch **keine Umwandlung** nach dem Umwandlungsgesetz dar. Das gilt sogar bei der Aufnahme atypischer stiller Gesellschafter (vgl. aber zur Zustimmung der GmbH-Gesellschafter RdNr. 115). Allerdings erfordert eine **stille Beteiligung an einer Aktiengesellschaft** oder einer Kommanditgesellschaft auf Aktien als **Teilgewinnabführungsvertrag** die **Schriftform** (§§ 292

[352] AllgM; vgl. nur Baumbach/*Hopt* RdNr. 10; MünchHdbGesR II/*Bezzenberger/Keul* § 76 RdNr. 19; Oetker/*Schubert* RdNr. 40; Röhricht/v. Westphalen/*v. Gerkan/Mock* RdNr. 8.

[353] Denkschrift I S. 183.

[354] BFHE 181, 423, 430 = BStBl. 1997 II S. 272 = DStRE 1997, 188; BFHE 185, 190, 195 = BStBl. 1998 II S. 480, 482; BFH DStRE 2003, 1441; BayObLG OLGE 38, 195, 196; BayObLG NJW 1951, 237, 238; *Koenigs* S. 79; *Blaurock* RdNr. 9.22; *Koller*/Roth/Morck RdNr. 14 iVm. § 105 RdNr. 6; Röhricht/v. Westphalen/*v. Gerkan/Mock* RdNr. 8; MünchHdbGesR II/*Bezzenberger/Keul* § 76 RdNr. 19; Schlegelberger/*Karsten Schmidt* RdNr. 82; Staub/*Zutt* RdNr. 60.

[355] BGHZ 165, 1 = NJW 2006, 1268.

[356] Näher Schlegelberger/*Karsten Schmidt* RdNr. 82.

[357] *Koenigs* S. 73; *Blaurock* RdNr. 9.23; MünchHdbGesR II/*Bezzenberger/Keul* § 76 RdNr. 21; Baumbach/*Hopt* RdNr. 10; E/B/J/S/*Gehrlein* RdNr. 22; Heymann/*Horn* RdNr. 20; *Koller*/Roth/Morck RdNr. 14 iVm. § 105 RdNr. 6; Röhricht/v. Westphalen/*v. Gerkan/Mock* RdNr. 9; Schlegelberger/*Karsten Schmidt* RdNr. 83; Staub/*Zutt* RdNr. 56.

[358] *Koenigs* S. 74; Baumbach/*Hopt* RdNr. 10; Heymann/*Horn* RdNr. 20; *Koller*/Roth/Morck RdNr. 14 iVm. § 105 RdNr. 6; Röhricht/v. Westphalen/*v. Gerkan/Mock* RdNr. 9; MünchHdbGesR II/*Bezzenberger/Keul* § 76 RdNr. 21; Staub/*Zutt* RdNr. 56.

Abs. 1 Nr. 2, 293 Abs. 3, 278 Abs. 3 AktG und dazu RdNr. 116).[359] Ein Schriftformerfordernis gilt auch aus Gründen des Anlegerschutzes für Publikumsgesellschaften.[360] Von der Frage der Form ist die andere zu unterscheiden, ob der Abschluss eines stillen Gesellschaftsvertrags der **Zustimmung der Gesellschafter** bedarf (dazu RdNr. 114 ff.).

d) § 518 BGB. aa) Tatbestandsabgrenzung. Die Begründung einer stillen Gesell- 98
schaft kann eine **Schenkung** darstellen. Die nicht vollzogene Schenkung einer stillen Beteiligung bedarf nach § 518 Abs. 1 Satz 1 BGB der notariellen Beurkundung.[361] Der **Schenkungsbegriff** setzt eine objektiv unentgeltliche Zuwendung aus dem Vermögen des Schenkers und die Einigung über die Unentgeltlichkeit voraus.[362] Die Einräumung einer stillen Einlage kann Schenkung sein. Zur Frage, ob die Überbewertung einer vom Stillen zu erbringenden Einlage eine Schenkung darstellt, vgl. RdNr. 150. Von der Schenkung ist gemäß § 1624 BGB eine Ausstattung aus dem Elternvermögen zu unterscheiden.[363] Eine solche Ausstattung stellt nur insoweit eine Schenkung dar, als sie das den Umständen, insbesondere den Vermögensverhältnissen des Zuwendenden, entsprechende Maß übersteigt. Das gilt auch für die Zuwendung einer stillen Beteiligung.[364] Soweit aus diesem Grund keine Schenkung vorliegt, bedarf der Vertrag auch nicht der notariellen Beurkundung.[365] Liegt eine Schenkung iS von § 516 Abs. 1 BGB vor, so ist zu unterscheiden zwischen der schenkweisen Übertragung einer vorhandenen stillen Beteiligung (zur Übertragbarkeit vgl. RdNr. 174 f.) und der schenkweisen „Einbuchung" (zum Nebeneinander von Schenkung und stiller Gesellschaft in diesem Fall vgl. RdNr. 102 f.). Im ersten Fall ist ein stiller Gesellschafter der Schenker, und die Schenkung wird durch Übertragung der Beteiligung vollzogen iS von § 518 Abs. 2 BGB. Im zweiten Fall schenkt der Geschäftsinhaber unter „Einbuchung" der Einlage eine stille Beteiligung. Die Trennung des Schenkungsversprechens (Rechtsgrund) von der Begründung der stillen Beteiligung (Schenkungsgegenstand) ist dabei regelmäßig nur rechtsdogmatisch möglich. Immer dann nämlich, wenn dem stillen Gesellschafter die stille Einlage alsbald schenkweise „eingebucht" wird, fällt beides tatsächlich zusammen.[366] Gleichwohl ist **umstritten,** ob es sich um eine formfreie Handschenkung handelt.

bb) Heilung nach § 518 Abs. 2 BGB? Die **Heilung des Formmangels durch** 99
Schenkungsvollzug ist umstritten. Sie wird für den Fall, dass der Schenkungsempfänger unter „Einbuchung" eines Anteils als oHG-Gesellschafter, Komplementär oder Kommanditist aufgenommen wird, allgemein bejaht.[367] Für die *unentgeltliche Einbuchung einer stillen Beteiligung* lehnt die Rechtsprechung dagegen die Heilung ab.[368] Das soll, wie sich aus der

---

[359] Vgl. nur MünchHdbGesR II/*Bezzenberger/Keul* § 76 RdNr. 20 und 65.

[360] *Reusch* S. 89; MünchHdbGesR II/*Bezzenberger/Keul* § 76 RdNr. 20.

[361] BGHZ 7, 174, 179 = NJW 1952, 1412; BGHZ 7, 378, 380 = NJW 1953, 138, 139 m. Anm. *A. Hueck* = JZ 1953, 225, 226 m. Anm. *Würdinger* = JR 1953, 98 m. Anm. *v. Godin* S. 171 f.; BGH WM 1967, 685; BFHE 128, 457, 462 = BStBl. 1979 II S. 768, 770 = DB 1979, 2160, 2161; Baumbach/*Hopt* RdNr. 10; Heymann/*Horn* RdNr. 21; *Koller*/Roth/Morck RdNr. 14; MünchHdbGesR II/*Bezzenberger/Keul* § 76 RdNr. 21; Röhricht/v. Westphalen/*v. Gerkan/Mock* RdNr. 10; Staudinger/*Wimmer-Leonhardt* § 518 RdNr. 41.

[362] Vgl. MünchKommBGB/*J. Koch* § 516 RdNr. 5.14.

[363] Vgl. BGH WM 1967, 685; BFH 1984, 1207 f.; *v. Godin* JR 1953, 171; *Blaurock* RdNr. 9.25; Heymann/*Horn* RdNr. 21; Staub/*Zutt* RdNr. 14.

[364] BGH DB 1967, 1258 = WM 1967, 685; BFH WM 1984, 1207, 1208; *Blaurock* RdNr. 9.25; *Nagel,* Familiengesellschaft und elterliche Gewalt, 1968, S. 83 f.; E/B/J/S/*Gehrlein* RdNr. 23; Heymann/*Horn* RdNr. 21; Schlegelberger/*Karsten Schmidt* RdNr. 84; Staub/*Zutt* RdNr. 82; *v. Godin* JR 1953, 171.

[365] BGH DB 1967, 1258; BFH WM 1984, 1208; *Blaurock* RdNr. 9.25; Heymann/*Horn* RdNr. 21; Staub/*Zutt* RdNr. 7.

[366] Undeutlich MünchKommBGB/*Koch* § 518 RdNr. 33: „lediglich geschäftstechnischer Vorgang"; *Koch* unterscheidet zwischen der Einbuchung und der Begründung der Gesellschafterstellung, was praktisch kaum vorstellbar ist, weil die Einbuchung die Begründung eines Einlagekontos voraussetzt.

[367] Vgl. BGHZ 112, 40, 46 = NJW 1990, 2616, 2618; *Brox,* FS Bosch, 1976, S. 88.

[368] BGHZ 7, 174, 179 = NJW 1952, 1412; 7, 378, 380 = NJW 1953, 138, 139 m. Anm. *A. Hueck* = JR 1953, 98 m. Anm. *v. Godin* S. 171 f. = JZ 1953, 225, 226 m. Anm. *Würdinger;* WM 1967, 685; offengelassen bei BGHZ 112, 40, 46 = NJW 1990, 2616, 2618; zur Unterbeteiligung BGH WM 1967, 685;

Entscheidung BGHZ 7, 174, 179 f. ergibt, auch für die atypische stille Gesellschaft mit schuldrechtlicher Beteiligung am Unternehmensvermögen gelten. Diese Rechtsprechung ist in der Literatur auf Zustimmung,[369] überwiegend aber auf Ablehnung gestoßen.[370] Bei BGHZ 112, 40, 46 = NJW 1990, 2616, 2618 wurde die Frage ausdrücklich unentschieden gelassen. Die **Rechtsunsicherheit** ist groß.

100 **cc) Fallvarianten.** Für eine **Stellungnahme** muss zwischen verschiedenen Gestaltungen unterschieden werden.[371] Keine spezifisch gesellschaftsrechtlichen Probleme bereiten Fälle der vollzogenen Schenkung, bei denen Geld oder ein anderer Gegenstand verschenkt und dann vom Schenkungsempfänger für die Leistung einer stillen Einlage verwendet wird. Soweit eine stille Beteiligung übertragbar ist (RdNr. 174 f.), kann ein stiller Gesellschafter die stille Beteiligung ganz oder teilweise einem anderen schenken und sie ihm übertragen (dazu RdNr. 101). In der Praxis nicht selten ist sodann die schenkungsweise „Einbuchung" einer stillen Beteiligung an einer Handelsgesellschaft auf Kosten eines an dieser beteiligten Gesellschafters, zB eines GmbH-Gesellschafters oder Kommanditisten (RdNr. 102). Hiervon zu unterscheiden ist die Einbuchung der stillen Beteiligung durch den Unternehmer, zB Einzelkaufmann, selbst (RdNr. 103).

101 **(1) Schenkungsvollzug durch Übertragung.** Handelt es sich um die schenkungsweise **Übertragung einer stillen Beteiligung,** so tritt das Problem nicht auf. Die vorhandene stille Beteiligung geht, soweit die Voraussetzungen von RdNr. 174 f. erfüllt sind, auf den Schenkungsempfänger über. Dieser Leistungstransfer ist Schenkungsvollzug, der durch die „Einbuchung" des neuen anstelle des alten stillen Gesellschafters nur bilanziell dokumentiert wird.[372]

102 **(2) Schenkungsvollzug durch Einbuchung in eine Gesellschaft.** Handelt es sich um die schenkungsweise „Einbuchung" vom Konto (oder sonst auf Kosten) eines Handelsgesellschafters, so tritt das Problem gleichfalls nicht auf.[373] In diesem Fall (meist vorweggenommene Erfolge) fallen der stille Gesellschaftsvertrag, der Schenkungsvertrag und der Schenkungsvollzug auseinander. Der stille Gesellschaftsvertrag wird mit einer Handelsgesellschaft geschlossen, während Schenkung und Schenkungsvollzug zwischen einem Gesellschafter und dem künftigen stillen Gesellschafter sattfinden.[374] Die Einbuchung als stiller Gesellschafter vom Gesellschafterkonto eines Schenkers stellt im Verhältnis zwischen dem Schenker und dem Beschenkten einen echten Vermögenstransfer und damit einen **Schenkungsvollzug iS von § 518 Abs. 2 BGB** dar, denn die Gutschrift auf dem Einlagenkonto lässt eine Forderung des Beschenkten als Stiller Gesellschafter gegen die Handelsgesellschaft entstehen. Die stille

BFH/NV 1986, 91, 92; unentschieden noch BFHE 111, 85, 89 = BStBl. 1974 II S. 289, 290 = DB 1974, 365; OLG Hamm DNotZ 1974, 455, 459 (insoweit nicht in OLGZ 1974, 158 abgedruckt); OLG Düsseldorf NZG 1999, 652, 653; FG München EFG 1970, 73.

[369] *Rob. Fischer* JR 1962, 202 f.; *Jebens* BB 1980, 408; *U. Huber* Vermögensanteil S. 154 ff.; Heymann/*Horn* RdNr. 22; RGRK-BGB/*Mezger* § 518 RdNr. 3; Erman/*Herrmann* § 518 RdNr. 5 b; Palandt/*Weidenkaff* § 518 RdNr. 17; im Grundsatz auch *Karsten Schmidt* ZHR 140 (1976), 486 f.

[370] *Blaurock* RdNr. 6.24; Baumbach/*Hopt* RdNr. 10; E/B/J/S/*Gehrlein* RdNr. 23; *Koller*/Roth/Morck RdNr. 14; Oetker/*Schubert* RdNr. 48 f.; Staub/*Zutt* RdNr. 82; Staudinger/*Wimmer-Leonhardt* § 518 RdNr. 41; MünchKommBGB/*Koch* § 518 RdNr. 33 (mit der Einschränkung, dass Einbuchung ohne Begründung der Gesellschafterstellung [?] nicht genügt); MünchKommBGB/*Ulmer* § 705 RdNr. 45; *Kollhosser* AcP 194 (1994), 245 f.; *Zeidler* NZG 1999, 654; *Buchwald* GmbHR 1953, 86; *A. Hueck* NJW 1953, 138; *v. Godin* JR 1953, 171; *Siebert* NJW 1953, 807; *Würdinger* JZ 1953, 226; *Eckelt* NJW 1954, 1910; *Coenen* passim; *Koenigs* S. 74 f.; *P. Hartmann* S. 37; *Rasner* S. 96 ff.; *Nagel,* Familiengesellschaft und elterliche Gewalt, 1968, S. 85 f.; *Blaurock* RdNr. 6.24; *ders.,* Unterbeteiligung und Treuhand, S. 156; *Brox,* FS Bosch, 1976, S. 86 f.

[371] Eingehend zum folgenden *Karsten Schmidt* DB 2002, 829 ff.

[372] *Karsten Schmidt* DB 2002, 829, 831; zust. Oetker/*Schubert* RdNr. 48; Röhricht/v. Westphalen/*v. Gerkan/Mock* RdNr. 11 mit Fn. 4 („mit Recht differenzierend").

[373] Im Ergebnis richtig deshalb OLG Düsseldorf NZG 1999, 652, 653 m. Anm. *Zeidler*; vgl. auch *Blaurock* RdNr. 6.24; Baumbach/*Hopt* RdNr. 10; E/B/J/S/*Gehrlein* RdNr. 23; *Koller*/Roth/Horck RdNr. 14.

[374] Treffend OLG Düsseldorf NZG 1999, 652, 653 m. Anm. *Zeidler.*

Gesellschaft ist wirksam zustande gekommen.[375] Das gilt selbst dann, wenn man den Gesellschaftsvertrag als durch den Schenkungsvollzug aufschiebend bedingt ansieht.[376]

(3) Problemfall: Einbuchung durch Einzelunternehmer. Als Problemfälle bleiben nur noch **die seltenen Fälle einer Einbuchung auf Kosten des Unternehmensträgers selbst.**[377] Bezeichnenderweise ging es in den umstrittenen Grundsatzurteilen BGHZ 7, 174 = NJW 1952, 1412 und BGHZ 7, 378 = NJW 1953, 138 um die **Einbuchung stiller Gesellschaftsanteile durch einen Einzelkaufmann,** ebenso in der Sache BFHE 111, 85 = BStBl. 1974 II 289 = DB 1974, 365.[378] Gleich zu achten wäre der Fall, dass eine Handelsgesellschaft auf eigene Konten, also ohne Abbuchung auf dem Konto eines Gesellschafters einen stillen Gesellschafter „einbucht" und ihm hierdurch das Einlagekonto unentgeltlich zuwendet. Die Diskussion darüber, ob dies heilender Schenkungsvollzug ist (Nachweise RdNr. 99), kreist im Wesentlichen um die Frage, ob der rein schuldrechtliche Ansatz des BGH die Zuwendung einer stillen Beteiligung hinreichend würdigt.[379] Die Anwendung des § 518 BGB muss von dem Grundsatz geleitet sein, dass die bloße Zuwendung einer verbuchten Forderung gegen den Schenker, wie § 518 Abs. 1 Satz 2 BGB zeigt, kein wirksamer Schenkungsvollzug ist.[380] Das spricht **in Fällen der typischen stillen Gesellschaft** für den Standpunkt des BGH,[381] weil sich der Schenkungsgegenstand hier im Wesentlichen in der Einlageforderung mit den seiner Sicherung dienenden Nebenrechten erschöpft. Schlecht hierzu passt allerdings, dass in dem die Anwendung des AGB-Rechts verneinenden Urteil BGHZ 127, 176, 184 = NJW 1995, 192, 193 f. (dazu RdNr. 122 ff.) schon das gesetzliche Informationsrecht als ein mitgliedschaftliches eingeordnet worden ist, denn dies würde bedeuten, dass es eine stille Beteiligung ohne Mitgliedschaftsrechte nicht gäbe (vgl. hierzu § 233 RdNr. 1 aE). Mindestens die verbandsrechtlich gestaltete stille Beteiligung (RdNr. 83 ff.), richtigerweise wohl aber jede atypische stille Beteiligung iS der RdNr. 77 ff. lässt aber über die bloße Forderungszuwendung hinaus eine Rechtsposition entstehen, die sich als tauglicher Zuwendungsgegenstand darstellt. Das ist ein wirksamer Vermögenstransfer. Die **unentgeltliche Einbuchung atypischer stiller Gesellschafter** kann deshalb wie die unentgeltliche Einbuchung von Kommanditisten (§§ 171, 172 RdNr. 44) eingeordnet werden. Sie ist **formlos** möglich. 103

3. Vertretungsprobleme auf der Seite des stillen Gesellschafters. a) Natürliche Personen. aa) Vertragschluss. Natürliche Personen schließen, soweit sie voll geschäftsfähig sind, den Gesellschaftsvertrag selbst oder durch selbstgewählte Vertreter. Ist der stille Gesellschafter Kaufmann, so kann er durch einen Prokuristen vertreten werden (§§ 49 f.),[382] wenn die stille Beteiligung für ihn Handelsgeschäft ist (dazu RdNr. 94). Zur Vertretung in Privatangelegenheiten berechtigt die Prokura nicht (§ 49 RdNr. 6). 104

bb) Gesetzliche Vertretung. *Geschäftsunfähige* werden von ihren gesetzlichen Vertretern vertreten (vgl. **§ 104 BGB**). Ist der stille Gesellschafter *in der Geschäftsfähigkeit beschränkt,* so bedarf es gleichfalls der gesetzlichen Vertretung oder der Zustimmung des gesetzlichen Vertreters **(§§ 107 f. BGB).** Ist der gesetzliche Vertreter des stillen Gesellschafters gleichzeitig Inhaber des Handelsgeschäfts, so ist **§ 181 BGB** zu beachten.[383] Um ein *lediglich vorteilhaftes Geschäft,* das im Fall des § 107 BGB die gesetzliche Vertretung und im Fall der gesetzlichen 105

[375] *Zeidler* NZG 1999, 654; *Karsten Schmidt* DB 2002, 829 ff.

[376] *Karsten Schmidt* DB 2002, 829 ff.; insofern **aM** OLG Düsseldorf NZG 1999, 652, 653 m. Anm. *Zeidler.*

[377] Ausführlich *Karsten Schmidt* DB 2002, 829, 832.

[378] Dem entspricht sachlich das die Unterbeteiligung betreffende Urteil BGH WM 1967, 685: Schenkung durch den Hauptbeteiligten.

[379] Ausführlicher noch Schlegelberger/*Karsten Schmidt* RdNr. 86 ff.; erschöpfende Darstellung jetzt bei *Coenen* S. 80–161.

[380] Schlegelberger/*Karsten Schmidt* RdNr. 88; *Karsten Schmidt* GesR § 62 III 1 a; *ders.* ZHR 140 (1976), 486 f.; abl. *Coenen* S. 110 ff.

[381] Vgl. auch OLG Düsseldorf NZG 1999, 652, 653.

[382] *Koenigs* S. 89; Heymann/*Horn* RdNr. 24; Schlegelberger/*Karsten Schmidt* RdNr. 91.

[383] BFH BStBl. 1990 II, 10, 11; *Koenigs* S. 80; *Blaurock* RdNr. 9.38; *Koller*/Roth/Morck RdNr. 13; MünchHdbGesR II/*Bezzenberger/Keul* § 76 RdNr. 53; Röhricht/v. Westphalen/*v. Gerkan/Mock* RdNr. 19.

Vertretung jedenfalls die Anwendung des § 181 BGB überflüssig macht,[384] handelt es sich jedenfalls dann nicht, wenn der stille Gesellschafter eine Einlageleistung erbringen muss.[385] Zweifelhaft ist die Beurteilung bei der schenkweisen Einbuchung einer stillen Einlage (zu ihr RdNr. 98 ff.). Hier liegt nach manchen generell ein lediglich vorteilhaftes Geschäft vor,[386] und zwar sogar dann, wenn sich mit der geschenkten stillen Beteiligung eine Verlustbeteiligung verbindet, weil Verluste nur die geschenkte Einlage schmälern.[387] Andere sehen die Schenkung nur dann als rechtliche ausschließlich vorteilhaft an, wenn die Teilnahme am Verlust ausgeschlossen ist.[388] Bei BFHE 111, 85 = BStBl. 1974 II S. 289 = DB 1974, 365 heißt es geradezu umgekehrt, das Geschäft sei nicht einmal dann lediglich vorteilhaft, wenn dem Vertretenen eine stille Beteiligung ohne Verlustbeteiligung schenkweise zugewendet werde.[389] Der BFH begründet dies mit der auf Einbuchungsfälle nicht passenden Überlegung, nach § 230 Abs. 1 sei der Beschenkte auch in diesem Fall verpflichtet, seine Einlage so zu leisten, dass sie in das Vermögen des Inhabers übergehe.[390] Dem BFH wäre jedenfalls im Ergebnis noch zuzustimmen, wenn mittelbare Risiken – Treupflichtverletzungen etc. – bei der Feststellung rechtlicher Nachteile zu Buche schlügen.[391] Eine solche Inrechnungstellung auch der mittelbaren Nachteile ist jedoch abzulehnen.[392] Das BGB erkennt allerdings ein besonderes Schutzbedürfnis an, wenn es sich um eine „Gesellschaftsvertrag zum Betrieb eines Erwerbsgeschäfts" handelt (§ 1822 Nr. 3 BGB). Da das Gesetz Verträge, für die es die vormundschaftliche Genehmigung verlangt, schwerlich als ausschließlich vorteilhaft gelten lässt, wird in Anpassung an RdNr. 106 zu sagen sein: **Atypische stille Beteiligungen** sind – wie Kommanditbeteiligungen[393] – auch im Fall einer unentgeltlichen Zuwendung **nicht ausschließlich vorteilhaft;** nicht ausschließlich vorteilhaft sind außerdem typische stille Einlagen mit Verlustbeteiligung.[394] Folgt man dem, so stellt die Schenkung einer stillen Beteiligung dann, aber auch nur dann ein **ausschließlich vorteilhaftes Geschäft** dar, **wenn der Beschenkte typischer stiller Gesellschafter und eine Verlustbeteiligung ausgeschlossen ist.**[395] Anders verhält es sich, wenn Inhaber oder Dritte dem Vertretenen Mittel zuwenden mit der Auflage, diese als Einlageleistung zu verwenden. Die mit der Verwendungsauflage verbundene Handlungspflicht ist ein unmittelbar wirkender rechtlicher Nachteil – unabhängig von der Ausgestaltung der stillen Gesellschaft.[396]

106 **cc) Familien- oder vormundschaftsgerichtliche Genehmigung?** Umstritten ist, ob die stille Beteiligung des gesetzlich Vertretenen nach **§§ 1643, 1822 Nr. 3 BGB** als ein „Gesellschaftsvertrag, der zum Betrieb eines Erwerbsgeschäfts eingegangen wird" der *familien- bzw. vormundschaftsgerichtlichen Genehmigung* bedarf. Manche bejahen dies unbedingt.[397]

[384] Vgl. BGHZ 59, 236.

[385] Vgl. auch *Blaurock* RdNr. 9.34; MünchHdbGesR II/*Bezzenberger/Keul* § 76 RdNr. 52; Schlegelberger/*Karsten Schmidt* RdNr. 91.

[386] *Klamroth* BB 1975, 526; *Tiedtke* DB 1977, 1065.

[387] So *Stürner* AcP 173 (1973), 436; *Klamroth* BB 1975, 526.

[388] E/B/J/S/*Gehrlein* RdNr. 26; Schlegelberger/*Karsten Schmidt* RdNr. 91; Staub/*Zutt* RdNr. 63; BFH NJW 1988, 1343, 1344.

[389] Vgl. auch BFHE 129, 475 = BStBl. 1980, 242; BFH BStBl. 1988 II S. 245, 247; BFH NJW 1988, 1343, 1344 (mit Unklarheiten); *Bilsdorfer* NJW 1980, 2787; *Blaurock* RdNr. 9.34; referierend *Böttcher/Zartmann/Faut* S. 63; MünchHdbGesR II/*Bezzenberger/Keul* § 76 RdNr. 52 f.

[390] Dagegen mwN Schlegelberger/*Karsten Schmidt* RdNr. 88; zweifelnd auch BFH NJW 1988, 1343, 1344.

[391] So wohl *Bilsdorfer* NJW 1980, 2787.

[392] Palandt/*Ellenberger* § 107 RdNr. 6.

[393] BGHZ 68, 225, 231 f. = NJW 1977, 1339, 1341; Palandt/*Ellenberger* § 107 RdNr. 4; Erman/*Palm* § 107 RdNr. 6.

[394] Schlegelberger/*Karsten Schmidt* RdNr. 91.

[395] *Koller*/Roth/Morck RdNr 13; Schlegelberger/*Karsten Schmidt* RdNr. 91; Staub/*Zutt* RdNr. 63.

[396] BFHE 111, 85 = BStBl. 1974 II S. 289 = DB 1974, 365; BFHE 129, 475 = BStBl. 1980 II S. 242 = DB 1980, 1050; BFHE 150, 536 = BStBl. 1988 II S. 246, 247 = DB 1987, 2391; BFH NJW 1988, 1343, 1344; Palandt/*Ellenberger* § 107 RdNr. 6.

[397] LG München II NJW-RR 1999, 1018, 1019; Staub/*Zutt* RdNr. 64 f.; MünchKommBGB/*Wagenitz* § 1822 RdNr. 26; Soergel/*Zimmermann* § 1822 RdNr. 25; *Brüggemann* FamRZ 1990, 127; *Koenigs* S. 82; *P. Hartmann* S. 34.

Nach anderen fällt die stille Beteiligung niemals unter die Genehmigungspflicht, was meistens damit begründet wird, der stille Gesellschafter werde nicht Mitinhaber.[398] Bei BGH NJW 1957, 672 = LM Nr. 2 zu § 1643 BGB = JZ 1957, 382 blieb noch offen, ob eine stille Beteiligung auf Seiten des stillen Gesellschafters niemals der familien- bzw. vormundschaftsgerichtlichen Genehmigung bedarf. Es überwiegt aber eine teleologische, auf den gesetzlichen Schutzzweck und das Schutzbedürfnis abhebende Betrachtungsweise.[399] Dabei muss zwar auch auf Aspekte der Rechtssicherheit gesehen werden,[400] doch ist dies kein Grund, auf teleologische Auslegungskriterien zu verzichten.[401] Die Schutzzweckbetrachtung führt zu differenzierenden Lösungen. Da die Eingehung eines KG-Vertrags stets unter § 1822 Nr. 3 fällt,[402] stellt auch eine **atypische stille Beteiligung,** insbesondere eine solche als „Innen-Kommanditist" in einer stillen „Innen-KG" (vgl. dazu RdNr. 81) auf der Seite des stillen Gesellschafters einen „Gesellschaftsvertrag zum Betrieb eines Handelsgewerbes" dar.[403] Dasselbe gilt aber auch für typisch stille Beteiligungen mit **Verlustbeteiligung des stillen Gesellschafters.**[404] Daran ändert es nichts, wenn die Beteiligung dem Stillen schenkweise zugewendet wird, obwohl dann die Verluste nur aus der geschenkten Einlage getragen werden.[405] Wenn ein typischer stiller Gesellschafter außer der nach § 230 Abs. 2 zu leistenden Einlage keine weiteren Leistungen zu erbringen hat und an den Verlusten nicht beteiligt ist, ist der Gesellschaftsvertrag zwar nicht ausschließlich vorteilhaft nach RdNr. 105, aber nach § 1822 Nr. 3 BGB nicht genehmigungspflichtig.[406] Der Vertrag steht dann in der Risikoabschätzung einem partiarischen Darlehen so nahe, dass er nicht als unternehmerisches Geschäft nach § 1822 Nr. 3 BGB anzusehen ist. Soll allerdings die stille Einlage aus dem Vermögen eines vormundschaftlich vertretenen stillen Gesellschafters geleistet, ihm also nicht eingebucht werden, so kann sich das Genehmigungserfordernis aus § 1811 BGB ergeben.[407] Verpflichtet der Gesellschaftsvertrag den stillen Gesellschafter, ein Grundstück, ein Schiff oder ein Schiffsbauwerk einzulegen, so bedarf das Handeln eines gesetzlichen Vertreters stets der Genehmigung nach **§§ 1821 Nr. 5, 1643 BGB.**

b) Handelsgesellschaft, juristische Person. Ist der stille Gesellschafter eine Handels- 107
gesellschaft oder (sonstige) juristische Person, so wird diese **durch ihre organschaftlichen Vertreter** (Vorstand, Geschäftsführer, geschäftsführender Gesellschafter) vertreten.[408] Diese

---

[398] *Gernhuber/Coester-Waltjen* FamR 5. Aufl. § 60 RdNr. 110; *Rob. Fischer* JR 1962, 202; *Rosenau* BB 1965, 1393; *Nagel,* Familiengesellschaft und elterliche Gewalt, 1968, S. 73 f.; unklar *Sennhenn* S. 9.

[399] Vgl. zum folgenden Schlegelberger/*Karsten Schmidt* RdNr. 92.

[400] Deutlich BGHZ 38, 26 ff. = JZ 1963, 598 m. Anm. *Duden* = JR 1963, 180 m. Anm. *Beitzke*; LG München II NJW-RR 1999, 1018, 1019: Zur Vermeidung von Rechtsunsicherheit stets Genehmigung erforderlich.

[401] Richtig *Blaurock* RdNr. 9.46; Staudinger/*Engler* (2004) § 1822 RdNr. 64; *Knopp* NJW 1962, 2184; **aM** *Gernhuber/Coester-Waltjen* FamR 5. Aufl. § 60 RdNr. 110; *Nagel* aaO; teilweise ähnlich *Rob. Fischer* JR 1962, 202.

[402] BGHZ 17, 160; 38, 26; Palandt/*Diederichsen* § 1822 RdNr. 9.

[403] Für eine Genehmigungserfordernis bei atypisch stillen Gesellschaften auch *Rasner* S. 93; *Böttcher/Zartmann/Faut* S. 62, 134; *Blaurock* RdNr. 9.46; MünchHdbGesR II/*Bezzenberger/Keul* § 76 RdNr. 55; E/B/J/S/*Gehrlein* RdNr. 27; *Koller*/Roth/Morck RdNr. 13; Oetker/Schubert RdNr. 45; Röhricht/v. Westphalen/*v. Gerkan/Mock* RdNr. 20; *Fichtelmann* EStB 2000, 202, 205; anders für die atypische stille Gesellschaft ohne Verlustbeteiligung allerdings mit guten Gründen *Knopp* NJW 1962, 2184; wohl auch *Aulinger* S. 38 f.

[404] LG Bielefeld NJW 1969, 753; LG München II NJW-RR 1999, 1018; *Blaurock* RdNr. 9.46; E/B/J/S/*Gehrlein* RdNr. 27; *Koller*/Roth/Morck RdNr. 13; MünchHdbGesR II/*Bezzenberger/Keul* § 76 RdNr. 55; Staudinger/*Engler* (2004) § 1822 RdNr. 64; siehe schon Schlegelberger/*Karsten Schmidt* RdNr. 92; s. auch für Unterbeteiligung OLG Hamm OLGZ 1974, 158.

[405] Schlegelberger/*Karsten Schmidt* RdNr. 92; *Knopp* NJW 1962, 2183; für Unterbeteiligung OLG Hamm OLGZ 1974, 158; **aM** *Koenigs* S. 83; vgl. auch Erman/*Saar* § 1822 RdNr. 17: Genehmigung nur, wenn Verlustbeteiligung über § 232 Abs. 2 hinaus.

[406] BGH LM BGB § 1643 Nr. 2 = JZ 1957, 382 = NJW 1957, 672; BFHE 111, 85 = BStBl. 1974 II S. 289 = DB 1974, 365; *Knopp* NJW 1962, 2184; *Blaurock* RdNr. 9.46; *Böttcher/Zartmann/Faut* S. 62; Heymann/*Horn* RdNr. 23; Palandt/*Diederichsen* § 1822 RdNr. 9; s. auch *Aulinger* S. 36; ähnlich MünchHdbGesR II/*Bezzenberger/Keul* § 76 RdNr. 55.

[407] Vgl. Erman/*Saar* § 1822 RdNr. 17.

[408] Heymann/*Horn* RdNr. 24; *Koenigs* S. 88; *Blaurock* RdNr. 9.57; *A. Hueck,* FS Lehmann, 1956, S. 250.

können Vollmacht erteilen. Wie beim Einzelkaufmann, so umfasst auch hier die **Prokura** ihrem gesetzlich umschriebenen Umfang nach die stille Beteiligung an einem anderen Unternehmen, doch kann ein solches Geschäft des Prokuristen intern einen Pflichtverstoß darstellen und wegen Missbrauchs der Vertretungsmacht unwirksam sein, wenn die Pflichtwidrigkeit evident ist (vgl. zum Missbrauch der Vertretungsmacht vor § 48 RdNr. 67 ff.).[409] Soll das Unternehmen einer sich still beteiligenden Handelsgesellschaft nach § 230 Abs. 1 als Sacheinlage auf den Geschäftsinhaber übertragen werden, so bedarf es der Mitwirkung der Gesellschafter. Weder das Vertretungsorgan noch der Prokurist kann eine solche Verpflichtung ohne Mitwirkung der Gesellschafter eingehen.[410] Im Innenverhältnis bedarf auch die typische stille Beteiligung einer Personengesellschaft an einem Drittunternehmen grundsätzlich als außergewöhnliches Geschäft der Zustimmung der Gesellschafter (vgl. § 116).[411] Auch die stille Beteiligung einer GmbH an einem Drittunternehmen ist idR eine unternehmerische Grundlagenentscheidung und muss vom Geschäftsführer den Gesellschaftern zur Abstimmung vorgelegt werden.[412]

108 **4. Vertretungsprobleme auf der Seite des Geschäftsinhabers. a) Natürliche Personen als Geschäftsinhaber** schließen den stillen Gesellschaftsvertrag selbst oder durch selbstgewählte Vertreter. Ist der Geschäftsinhaber geschäftsunfähig, so handelt an seiner Stelle der *gesetzliche Vertreter* (vgl. **§ 104 BGB),** ist er beschränkt geschäftsfähig, so wird er gleichfalls vom gesetzlichen Vertreter vertreten, oder es bedarf der Zustimmung des gesetzlichen Vertreters (vgl. **§§ 107 f. BGB).** Vertreter sind an **§ 181 BGB** gebunden, denn der stille Gesellschaftsvertrag ist für den Träger des Unternehmens niemals rein vorteilhaft. Nach *Nagel*[413] kann ein Minderjähriger einen stillen Gesellschafter ohne Zustimmung des gesetzlichen Vertreters dann an seinem Erwerbsgeschäft still beteiligen, wenn er nach **§ 112 BGB** zum selbstständigen Betrieb des Erwerbsgeschäfts ermächtigt ist. Dem ist für die typische stille Beteiligung ohne schuldrechtliche Beteiligung am Vermögen und ohne Mitwirkungsrechte zu folgen, aber auch nur für sie.[414] Soll die stille Beteiligung dem stillen Gesellschafter schenkungsweise eingebucht werden, so sind die **§§ 1641, 1804 BGB** zu beachten, wonach die gesetzlichen Vertreter keine Schenkungen aus dem Vermögen des Vertretenen vornehmen können. Eine familien- bzw. vormundschaftsgerichtliche Genehmigung kann nach **§§ 1643, 1821 f. BGB** erforderlich sein. So, wenn der stille Gesellschaftsvertrag auf Einbringung und damit auf den entgeltlichen Erwerb eines Grundstücks, eines eingetragenen Schiffs oder Schiffsbauwerks oder eines Grundstücksrechts gerichtet ist (§§ 1643, 1821 Nr. 5 BGB).[415] Zweifelhaft ist, unter welchen Voraussetzungen auf der Inhaberseite ein „Gesellschaftsvertrag zum Betrieb eines Erwerbsgeschäftes" iS von **§ 1822 Nr. 3 BGB** vorliegt. Die Frage wird teils generell bejaht,[416] teils generell verneint.[417] Richtig scheint eine **differenzierende Sicht.**[418] Die typische stille Gesellschaft ist auf Seiten des Unternehmers kein auf den Betrieb eines Erwerbsgeschäftes gerichteter Vertrag.[419] Die Gegenmeinung führt zu Wertungswidersprüchen. Wenn der gesetzliche Vertreter eines minderjährigen Kaufmanns ohne familien- bzw. vormundschaftsgerichtliche Genehmigung partiarische Darlehensgeschäfte abschließen kann, wird man es ihm nicht versagen können, entsprechende Verträge mit Verlustbeteiligung des Geldgebers, der dann

---

409 Dazu *Koenigs* S. 89 f.

410 Zust. *Blaurock* RdNr. 9.57; vgl. zur AG auch § 179 a AktG und dazu *Blaurock* RdNr. 9.66.

411 Vgl. *Blaurock* RdNr. 9.58.

412 AM *Blaurock* RdNr. 9.62.

413 Familiengesellschaft und elterliche Gewalt, 1968, S. 58.

414 Röhricht/v. Westphalen/*v. Gerkan/Mock* RdNr. 19; Schlegelberger/*Karsten Schmidt* RdNr. 94.

415 Zust. Röhricht/v. Westphalen/*v. Gerkan/Mock* RdNr. 20.

416 *Knopp* NJW 1962, 2184; Soergel/*Zimmermann* § 1822 RdNr. 25.

417 Baumbach/*Hopt* RdNr. 8; Heymann/*Horn* RdNr. 23.

418 Vgl. zum folgenden Schlegelberger/*Karsten Schmidt* RdNr. 94.

419 KG OLGE 21, 290; *Blaurock* RdNr. 9.42; *Knopp* NJW 1962, 2185; *Rob. Fischer* JR 1962, 202; **aM** *Saenger* S. 147 ff.; *Koenigs* S. 83 f.; Oetker/*Schubert* RdNr. 44; Staub/*Zutt* RdNr. 65; Soergel/*Zimmermann* § 1822 RdNr. 25.

stiller Gesellschafter wird, abzuschließen. Auch die bedenkenswerte Erwägung, dass der Kaufmann nach Eingehung eines stillen Gesellschaftsvertrags nicht mehr frei ist in der Entscheidung über Fortführung, Einstellung oder Veräußerung des Unternehmens (zu den Unternehmerpflichten RdNr. 137 ff.),[420] wird als bloß mittelbare Konsequenz des Gesellschaftsverhältnisses hieran nichts ändern. Anders die **atypische stille Beteiligung:** Sie fällt jedenfalls dann unter § 1822 Nr. 3 BGB, wenn der stille Gesellschafter Geschäftsführungsbefugnisse erhält.[421] Aber schon wenn der stille Gesellschafter Kommanditistenrechte erhält (vgl. RdNr. 81), liegt für den Geschäftsinhaber ein Gesellschaftsvertrag zum gemeinsamen Betrieb iS von § 1822 Nr. 3 BGB vor.[422] Es genügt sogar, dass der stille Gesellschafter schuldrechtlich am Gesellschaftsvermögen beteiligt wird, wenn sich der Sinn der Vermögenbeteiligung nicht in einer schlichten Gewinnermittlungsvereinbarung erschöpft (dazu RdNr. 39 ff.), sondern den stillen Gesellschafter auch im Abfindungs- oder Liquidationsfall an den stillen Rücklagen beteiligt.[423] Die Interessen des gesetzlich Vertretenen sind in diesen Fällen in qualitativ gleicher Weise berührt wie bei Aufnahme eines Kommanditisten, und die Wahl einer anderen Rechtsform kann hieran nichts ändern.[424] Die ganze Problematik tritt aber nur dann auf, wenn der gesetzlich Vertretene **Einzelunternehmer** ist. Sind an einer *Personengesellschaft* – zB einer KG – Minderjährige beteiligt und will sich ein stiller Gesellschafter an dieser Gesellschaft beteiligen, so schließt dieser den Vertrag mit dem Vertreter der Gesellschaft, nicht mit dem minderjährigen Gesellschafter. Die §§ 1643, 1822 BGB finden dann keine Anwendung.[425]

b) Handelsgesellschaften und (sonstige) juristische Personen. Besondere *Vertretungsprobleme* entstehen *bei der stillen Beteiligung an einer Handelsgesellschaft oder einer (sonstigen) juristischen Person.* Für diese handelt beim Vertragsschluss das **Vertretungsorgan.** Zweifelhaft ist jedoch, ob die organschaftliche Vertretungsmacht des Geschäftsführungsorgans für den Vertragsschluss ausreicht oder ob es der Mitwirkung der Gesellschafter bedarf. 109

aa) Personengesellschaften. Die stille Beteiligung am Unternehmen einer Handels-Personengesellschaft (oHG oder KG) kommt durch einen Vertrag zwischen dem stillen Gesellschafter und der Handelsgesellschaft, vertreten durch ihren geschäftsführenden Gesellschafter, zustande. Zweifelhaft ist, ob die Vertretungsmacht des geschäftsführenden Gesellschafters den Abschluss des stillen Gesellschaftsvertrags deckt. In der älteren Praxis herrschte die Auffassung vor, es bedürfe der Mitwirkung aller Gesellschafter.[426] Die Vorstellung war die, dass der stille Gesellschafter in die Handelsgesellschaft „aufgenommen" wird[427] und dass er in ein so enges Verhältnis zu der Gesellschaft und deren Gesellschaftern tritt, dass hierdurch der Gesellschaftsvertrag der Handelsgesellschaft geändert wird.[428] Später dominierte die Auffassung, der vertretungsberechtigte Gesellschafter könne stille Gesellschaftsverträge schließen.[429] Durchgesetzt hat sich folgende Differenzierung:[430] 110

---

[420] Vgl. *Knopp* NJW 1962, 2185.

[421] *Blaurock* RdNr. 9.43; E/B/J/S/*Gehrlein* RdNr. 27; Röhricht/v. Westphalen/*v. Gerkan/Mock* RdNr. 20; Schlegelberger/*Karsten Schmidt* RdNr. 94; **aM** *Gernhuber/Coester-Waltjen* FamR 5. Aufl. § 60 RdNr. 110; *Nagel* (Fn. 397) S. 75 f.

[422] Vgl. schon Schlegelberger/*Karsten Schmidt* RdNr. 94; heute Oetker/*Schubert* RdNr. 44.

[423] Schlegelberger/*Karsten Schmidt* RdNr. 94; insofern wie hier *Knopp* NJW 1965, 2185; **aM** *Blaurock* RdNr. 9.43.

[424] **AM** *Nagel* (Fn. 397) aaO, der jede teleologische Auslegung des § 1822 Nr. 3 BGB und jede Anwendung auf stille Gesellschaftsverhältnisse aus Gründen der Rechtssicherheit ablehnt.

[425] Vgl. BGH GmbHR 1971, 47, 48; *Blaurock* RdNr. 9.49; Staub/*Zutt* RdNr. 64 Fn. 76.

[426] ROHGE 13, 63, 64 f.; RG JW 1921, 1239 m. Anm. *Pinner*; s. auch Oetker/Schubert RdNr. 41.

[427] Deutlich ROHGE 13, 63, 64.

[428] Vgl. besonders RG JW 1921, 1239.

[429] RGZ 153, 371, 373 f. = JW 1937, 1492 m. Anm. *Boesebeck*; BGH WM 1957, 543, 544; WM 1960, 187; WM 1962, 1353; *Koenigs* S. 86 f.; *P. Hartmann* S. 32; *Rasner* S. 95; Baumbach/*Hopt* § 126 RdNr. 3; GK/*Ensthaler* § 126 RdNr. 2; *May/Jeschke/Kirchdörfer* BB 1984, 1831; für die Kündigung BGH WM 1979, 71, 72.

[430] Vgl. Schlegelberger/*Karsten Schmidt* RdNr. 99 ff.; jetzt zB auch E/B/J/S/*Gehrlein* RdNr. 28; Heymann/*Emmerich* § 126 RdNr. 3 a; *Koller*/Roth/Morck RdNr. 12; Röhricht/v. Westphalen/*v. Gerkan/Mock* RdNr. 15 f.; Staub/*Zutt* RdNr. 62.

111 **(1) Typische stille Gesellschaft.** *Grundsätzlich* ist der Abschluss des stillen Gesellschaftsvertrags von der *Vertretungsmacht des geschäftsführenden Gesellschafters* umfasst und im Außenverhältnis ohne Zustimmung der Gesellschafter wirksam (vgl. RdNr. 110).[431] Im Innenverhältnis liegt allerdings ein ungewöhnliches Geschäft iS der §§ 116, 164 vor.[432] Die Vertretungsmacht gegenüber dem stillen Gesellschafter wird durch diese interne Pflichtbindung des geschäftsführenden Gesellschafters nicht berührt (vgl. Erl. §§ 116, 164). Nur ausnahmsweise kann sich aus den allgemeinen Grundsätzen über den Missbrauch der Vertretungsmacht (vgl. vor § 48 RdNr. 67 ff.; Erl. § 126) ergeben, dass eine interne Pflichtwidrigkeit des Vertreterhandelns auch auf das Außenverhältnis durchschlägt.[433]

112 **(2) Atypische stille Gesellschaft.** *Anders* verhält es sich, wenn eine *atypische stille Beteiligung* die Rechtsstellung der Gesellschafter ebenso berührt wie der Hinzutritt eines Kommanditisten. Das ist nicht schon dann anzunehmen, wenn beträchtliche Gewinne an den stillen Gesellschafter abgeführt werden (hier bleibt es beim Schutz durch §§ 116, 164). Auch für eine Vermögensbeteiligung, deren Bedeutung sich in einer Gewinnermittlungsmethode erschöpft (vgl. RdNr. 79 ff.), gilt nichts anderes.[434] Ein Schutz der Gesellschafter wie beim Hinzutritt eines Kommanditisten ist aber dann erforderlich, wenn der stille Gesellschafter **in vermögensrechtlicher und in organisatorischer Hinsicht** Kommanditistenrechte, zB Abfindungsrechte nach § 738 BGB und Widerspruchsrechte erhält,[435] erst recht wenn dem stillen Gesellschafter in einer „Innen-KG" noch weitergehende Geschäftsführungsbefugnisse eingeräumt werden.[436] Ausreichend ist aber auch schon die *echte* Vermögensbeteiligung, die sich nicht bloß in der Gewinnberechnung erschöpft, sondern den stillen Gesellschafter bei Austritt oder Liquidation an den stillen Reserven teilhaben lässt.[437]

113 **(3) Durchführung.** Soweit hiernach eine *Mitwirkung der Handelsgesellschafter* bei der Aufnahme des Stillen erforderlich ist, gestaltet sich diese Mitwirkung anders als bei der Aufnahme eines Kommanditisten. Ist die stille Beteiligung zweigliedrig, so bleibt es bei einem Vertrag zwischen dem stillen Gesellschafter und dem Träger des Unternehmens, hier also der Personengesellschaft und nicht den Gesellschaftern.[438] Die Zustimmung der Mitgesellschafter ist dann nur im Innenverhältnis bedeutsam, nicht aber als Wirksamkeitserfordernis. Wo es gilt, eine mehrgliedrige stille Gesellschaft (RdNr. 83 ff.), insbesondere eine „Innen-KG" (RdNr. 81), um einen neuen Gesellschafter zu erweitern (dazu RdNr. 84), gestaltet sich dagegen die Aufnahme wie bei einer KG. Soll der geschäftsführende Gesellschafter ohne Mitwirkung aller Gesellschafter den atypischen stillen Gesellschaftsvertrag abschließen, so bedarf es hierfür, wie bei der Aufnahme eines Kommanditisten, einer Bevollmächtigung[439] oder einer Ermächtigung.[440] Diese kann unter denselben Voraussetzungen, unter denen die Bevollmächtigung oder Ermächtigung zur Aufnahme

[431] HM; s. etwa *Blaurock* RdNr. 9.51; Röhricht/v. Westphalen/*v. Gerkan/Mock* RdNr. 15; MünchHdbGesR II/*Bezzenberger/Keul* § 76 RdNr. 56 f.; Staub/*Habersack* § 126 RdNr. 15; Staub/*Zutt* RdNr. 62.

[432] RGZ 153, 371; BGH WM 1962, 1353; *Koenigs* S. 86 f.; *Blaurock* RdNr. 9.54 f.; *A. Hueck,* FS Lehmann, 1956, S. 249; E/B/J/S/*Gehrlein* RdNr. 28; Heymann/*Horn* RdNr. 24; *Koller*/Roth/Morck RdNr. 12; MünchHdbGesR II/*Bezzenberger/Keul* § 76 RdNr. 56; Röhricht/v. Westphalen/*v. Gerkan/Mock* RdNr. 15; Staub/*Zutt* RdNr. 62.

[433] Vgl. MünchHdbGesR II/*Bezzenberger/Keul* § 76 RdNr. 57.

[434] Ähnlich *Schön* ZGR 1990, 220, 226; MünchHdbGesR II/*Bezzenberger/Keul* § 76 RdNr. 59; Oetker/*Schubert* RdNr. 41; Röhricht/v. Westphalen/*v. Gerkan/Mock* RdNr. 16.

[435] Schlegelberger/*Karsten Schmidt* RdNr. 99; ähnlich *Blaurock* RdNr. 9.52 ff.; Heymann/*Horn* RdNr. 24; *Koller*/Roth/Morck RdNr. 12; E/B/J/S/*Hillmann* § 126 RdNr. 11; Röhricht/v. Westphalen/*v. Gerkan/Mock* RdNr. 16; einschränkend *Schön* ZGR 1990, 226.

[436] Hier übereinstimmend *Aulinger* S. 43; *Blaurock* RdNr. 9.52; MünchHdbGesR II/*Bezzenberger/Keul* § 76 RdNr. 60; Staub/*Zutt* RdNr. 62; auch *Schön* ZGR 1990, 226, soweit der stille Gesellschafter an der innergesellschaftlichen Willensbildung Teil hat.

[437] *Koller*/Roth/Morck RdNr. 12; Schlegelberger/*Karsten Schmidt* RdNr. 99; **aM** MünchHdbGesR II/*Bezzenberger/Keul* § 76 RdNr. 59; wohl auch *Schön* ZGR 1990, 226.

[438] Anders wohl RG JW 1921, 1239.

[439] Vgl. für die KG BGH WM 1976, 15 = JuS 1976, 260 *(Karsten Schmidt).*

[440] Dazu BGH NJW 1978, 1000 = JuS 1978, 635 *(Karsten Schmidt).*

von Kommanditisten zugelassen wird, bereits im Gesellschaftsvertrag vorweggenommen werden.

bb) GmbH. (1) Typische stille Beteiligung. Die stille Beteiligung an einer GmbH kommt durch einen Gesellschaftsvertrag zwischen dem stillen Gesellschafter und der GmbH, vertreten **durch den Geschäftsführer,** zustande. *Die organschaftliche Vertretungsmacht nach § 35 GmbHG deckt dieses Geschäft.*[441] § 29 GmbHG steht nicht entgegen, denn diese Vorschrift sichert nur die Beteiligung am Reingewinn (Bilanzgewinn), und die Gewinnbeteiligung eines typisch stillen Gesellschafters gehört zu den Kosten, die den Bilanzgewinn schmälern.[442] Nur im *Innenverhältnis* wird man im Zweifel davon ausgehen, dass der Abschluss des stillen Gesellschaftsvertrages durch den Geschäftsführer der Zustimmung der Gesellschafter bedarf.[443] Es handelt sich um ein außergewöhnliches Geschäft, dessen Vorbereitung den Geschäftsführer im Innenverhältnis zur Vorlage an die Gesellschafter anhält.[444] Für das Außenverhältnis ergibt sich bei der typischen stillen Beteiligung an der GmbH auch **kein konzernrechtliches Zustimmungserfordernis auf Seiten der GmbH-Gesellschafter.**[445] § 292 Abs. 1 Nr. 2 AktG gilt nur für die Aktiengesellschaft.[446] Die in den Entwürfen einer großen GmbH-Reform vorgesehene Einbeziehung aller Teilgewinnabführungsverträge in den Kreis der Unternehmensverträge (§ 235 RefE 1969, § 231 RegE 1971/73) ist nicht Gesetz geworden. Auch allgemeine Grundsätze des Kapitalgesellschaftsrechts führen nicht zu dem Ergebnis, dass jede Teil-Gewinnabführung ein Konzerntatbestand ist. Nur wenn der Gesellschafterschutz dies unentbehrlich macht etwa bei exorbitanten Gewinnabführungen, kann die Wirksamkeit einer typischen stillen Gesellschaft von der Zustimmung der Gesellschafter abhängig sein.[447] Im Übrigen kommt es für die Wirksamkeit im Außenverhältnis auch nicht darauf an, ob die Gewinnbeteiligung des stillen Gesellschafters im Einzelfall objektiv angemessen ist.[448] Grundsätzlich schlägt eine interne Pflichtwidrigkeit beim Abschluss eines stillen Gesellschaftsvertrags nur nach den allgemeinen Grundsätzen über den Missbrauch der Vertretungsmacht im Außenverhältnis durch, also dann, wenn der Abschluss auf Seiten des Geschäftsführers aus der Sicht des stillen Gesellschafters evident pflichtwidrig war.[449] Ob bei unangemessener Gewinnbeteiligung eine verdeckte Gewinnausschüttung vorliegen kann, wenn der stille Gesellschafter zugleich Gesellschafter der GmbH ist, ist eine hiervon zu trennende Frage. 114

(2) Atypische stille Beteiligung. Für *atypische stille Beteiligungen an einer GmbH,* durch die dem Stillen eine *Teilhabe am Gesellschaftsvermögen* oder/und *ein dem § 164 entsprechendes Widerspruchsrecht* gegen Geschäftsführungsmaßnahmen eingeräumt wird, genügt die Vertretungsmacht des Geschäftsführers nicht. Vor allem gilt dies für die Ausstattung stiller Gesell- 115

[441] *Karsten Schmidt* ZGR (1984) 297, 307 ff., *Koenigs* S. 88; *Blaurock* RdNr. 9.60; E/B/J/S/*Gehrlein* RdNr. 30; Heymann/*Horn* RdNr. 26; MünchHdbGesR II/*Bezzenberger/Keul* § 76 RdNr. 75; Röhricht/v. Westphalen/*v. Gerkan/Mock* RdNr. 15; Scholz/*Uwe H. Schneider* GmbHG § 35 RdNr. 48; Roth/*Altmeppen* GmbHG § 35 RdNr. 18; Hachenburg/*Ulmer* GmbHG § 53 RdNr. 160; E/B/J/S/*Gehrlein* RdNr. 30.

[442] Schlegelberger/*Karsten Schmidt* RdNr. 102; *ders.* ZGR 1984, 304 f.; Scholz/*Emmerich,* GmbHG, § 29 RdNr. 50; BeckHdbPersG/*Neu* § 13 RdNr. 15; *Schneider/Reusch* DB 1989, 715 f.; *Schmidt-Ott* GmbHR 2001, 184; krit. *Zitzmann,* Die Vorlagepflichten des GmbH-Geschäftsführers, 1991, S. 36 ff.

[443] *Blaurock* RdNr. 9.60; MünchHdbGesR II/*Bezzenberger/Keul* § 76 RdNr. 75; **aA** *Weigl* DStR 1999, 1572; ohne klare Stellungnahme OLG Frankfurt NZG 2001, 270.

[444] Scholz/*U. H. Schneider* GmbHG § 37 RdNr. 15; eingehend *Zitzmann,* Die Vorlagepflichten des GmbH-Geschäftsführers, 1991, S. 35 ff.

[445] Wie hier im Ergebnis BayObLG NJW-RR 2003, 908 = GmbHR 2003, 534 m. krit. Anm. *Weigl; Blaurock* RdNr. 7.35; MünchHdb GesR II/*Bezzenberg/Keul* § 76 RdNr. 76; *Schmidt-Ott* GmbHR 2001, 182 ff.; *Schneider/Reusch* DB 1989, 715 f.; Oetker/*Schubert* RdNr. 42; Röhricht/v. Westphalen/*v. Gerkan/Mock* RdNr. 15. **aM** *Kai Mertens* AG 2000, 33 ff.; *Weigl* DStR 1999, 1572 f.; *Schulte/Waechter* GmbHR 2002, 190; Scholz/*Emmerich* GmbHG § 29 Anh. Konzernrecht RdNr. 214 *Emmerich/Habersack,* Aktienkonzernrecht § 292 RdNr. 23, 37.

[446] So auch OLG München GmbHR 2011, 487 = ZIP 2011, 811.

[447] *Karsten Schmidt* ZGR 1984, 309; Staub/*Zutt* RdNr. 59; *Jebens* BB 1996, 703; ähnlich *Schneider/Reusch* DB 1989, 715 f.; bei Abführung des gesamten Gewinns auch *Schmidt-Ott* GmbHR 2001, 183 f.

[448] *Karsten Schmidt* ZGR 1984, 310; **aM** Staub/*Zutt* RdNr. 59.

[449] MünchHdbGesR II/*Bezzenberger/Keul* § 76 RdNr. 79; Schlegelberger/*Karsten Schmidt* RdNr. 102.

schafter mit Kommanditistenrechten, die die GmbH zur „Komplementärin" einer „GmbH & Still" macht (RdNr. 87). Man wird hier entweder eine besondere *Zulassung im Gesellschaftsvertrag der GmbH oder,* wo eine solche fehlt, die *Zustimmung aller Gesellschafter der GmbH* verlangen müssen, weil Grundlagen des Gesellschaftsverhältnisses betroffen sind.[450] Denn die Aufnahme derartiger stiller Gesellschafter wirkt faktisch wie eine Kapitalerhöhung ohne Bezugsrecht. Eine Eintragung des Zustimmungsbeschlusses in das Handelsregister, wie sie analog § 54 GmbHG bei Unternehmensverträgen verlangt wird,[451] ist nicht erforderlich.[452] Die konzernrechtliche Begründung einer Eintragungspflicht[453] geht fehl, denn ein Unternehmensvertrag liegt nicht vor (RdNr. 114). Anders verhält es sich, wenn die Satzung nach § 53 GmbHG in dem Sinne geändert wird, dass die GmbH Komplementärin einer GmbH & Still sein soll. In diesem letzten Fall liegt eine förmliche, den Grundsätzen der Publizität unterliegende Änderung der GmbH-Verfassung vor. Dagegen genügt die formlose Zustimmung aller Gesellschafter, solange es nur darum geht, eine von der Satzung nicht gedeckte Rechtsbeeinträchtigung zu legitimieren.

116 **c) Aktiengesellschaft, KGaA.** Anders verhält es sich bei der stillen Beteiligung an einer Aktiengesellschaft oder einer Kommanditgesellschaft auf Aktien. Die Vertretungsmacht des Vorstandes nach § 78 AktG bzw. des persönlich haftenden Gesellschafters nach § 278 Abs. 2 AktG umfasst nicht den Abschluss stiller Gesellschaftsverträge.[454] **Stille Gesellschaftsverträge** sind nämlich **aktienrechtlich als Teilgewinnabführungsverträge iS von § 292 Abs. 1 Nr. 2 AktG** anzusehen.[455] Sie werden deshalb nach § 293 Abs. 1 AktG nur mit Zustimmung der Hauptversammlung wirksam. Der Beschluss bedarf einer Mehrheit, die mindestens drei Viertel des bei der Beschlussfassung vertretenen Haftkapitals umfasst. Nach § 294 AktG ist die stille Gesellschaft mit einer AG oder KGaA sogar durch Handelsregistereintragung kundzutun.[456] Anderes gilt nach § 292 Abs. 2 AktG nur, wenn es sich um die stille Beteiligung von Vorstandsmitgliedern, Aufsichtsratsmitgliedern oder von einzelnen Arbeitnehmern handelt. Die Einordnung der stillen Beteiligung an einer AG oder KGaA als Teilgewinnabführungsvertrag schließt einen organschaftlichen Gewinnabführungsvertrag der AG mit einem (anderen) Unternehmen nicht aus.[457] Demgegenüber ist eine stille Beteiligung – personengesellschaftsrechtlich ein ungewöhnliches Geschäft iSv. § 116 HGB[458] – kein Vertrag im Rahmen des laufenden Geschäftsverkehrs nach § 292 Abs. 2 AktG.[459] Über Genussrechte vgl. RdNr. 53.

[450] E/B/J/S/*Gehrlein* RdNr. 30; Staub/*Zutt* RdNr. 59; Heymann/*Horn* RdNr. 26; jetzt auch *Blaurock* RdNr. 7.36, 9.61; eine Ermächtigung entsprechend § 53 Abs. 2 ausreichen lassen: *Jebens* BB 1996, 703; *Koller*/Roth/Morck RdNr. 12; bei schuldrechtlicher Vermögensbeteiligung genügt nach MünchHdbGesR II/*Bezzenberger/Keul* § 76 RdNr. 81 die einfache Mehrheit.

[451] Vgl. BGHZ 105, 124.

[452] OLG München GmbHR 2011, 487 = ZIP 2011, 811 (typische stille Gesellschaft); *Blaurock* RdNr. 7.36; Staub/*Zutt* RdNr. 59; *Karsten Schmidt* ZGR 1994, 310; *Schmidt-Ott* GmbHR 2001, 183 f.

[453] Dafür *Kai Mertens* AG 2000, 37; *Weigl* DStR 1999, 1572 f.; dagegen *Schmidt-Ott* GmbHR 2001, 185 f.

[454] Anders die früher hA; vgl. nur *Koenigs* S. 88; *A. Hueck,* FS Lehmann, 1956, S. 251; *Paulick,* 3. Aufl., § 10 II 4 a, aber im Widerspruch zu § 10 II 4 b.

[455] BGHZ 156, 38 = NJW 2003, 3412 = ZIP 2003, 1788; BGH BB 2005, 1018, 1019 = ZIP 2005, 753, 755; NZG 2005, 261, 262 = ZIP 2005, 254, 255 f.; BB 2006, 1405, 1407; BFH/NV 1998, 1339, 1340; OLG Stuttgart NZG 2000, 93, 94; LG Berlin DB 2000, 2466, 2468 = AG 2001, 95, 97; OLG Celle AG 2000, 280, 281; OLG Celle AG 1996, 370; NZG 2000, 85 m. Anm. *Sosnitza*; OLG München NZG 2004, 230, 232; *Blaurock* RdNr. 7.19 ff., 9.65; *Schulze-Osterloh* ZGR 1974, 427 ff.; *Karsten Schmidt* ZGR 1984, 299 ff.; E/B/J/S/*Gehrlein* RdNr. 29; *Koller*/Roth/Morck RdNr. 12; MünchHdbGesR II/*Bezzenberger/Keul* § 76 RdNr. 64; Oetker/*Schubert* RdNr. 42; Röhricht/v. Westphalen/*v. Gerkan/Mock* RdNr. 17; *Emmerich/Habersack* Konzernrecht § 14 III 1; MünchKommAktG/*Altmeppen* § 292 RdNr. 65; *Hüffer* AktG § 292 RdNr. 15; *Semler,* FS Werner, 1984, S. 861; Heymann/*Horn* RdNr. 25; Schlegelberger/*Karsten Schmidt* RdNr. 104; Staub/*Zutt* RdNr. 58.

[456] Zur technischen Erleichterung durch § 294 AktG nF vgl. *Schulte/Waechter* GmbHR 2002, 189 ff.

[457] *Priester* FS Raupach, 2006, S. 391 ff.; *Lutz Schmidt/Lutz Werner* GmbHR 2010, 29 ff.

[458] *Karsten Schmidt* ZGR 1984, 295, 302.

[459] Zutreffend *Blaurock* RdNr. 7.26.

d) Erbengemeinschaft. Bei einer stillen Beteiligung an einem Unternehmen, das von einer Erbengemeinschaft betrieben wird (§ 1 RdNr. 52), sind die Erben lediglich zur Gesamtvertretung berechtigt.[460] Ein die Erbengemeinschaft vertretendes Leitungsorgan fehlt. Es bedarf also der Mitwirkung aller Miterben. Abweichend kann allerdings Einzelvertretungsmacht vereinbart werden.[461] 117

e) Abschluss durch Bevollmächtigte. Eine **Bevollmächtigung** zum Abschluss des stillen Gesellschaftsvertrags ist möglich. Eine *Handlungsvollmacht* umfasst nicht den Abschluss stiller Gesellschaftsverträge.[462] Es muss also eine besondere Bevollmächtigung erfolgen. Dagegen umfasst die *Prokura* nach hM auch den Abschluss stiller Gesellschaftsverträge (aM § 49 RdNr. 33).[463] Dem ist für die **typische stille Beteiligung** zu folgen, nicht jedoch für die atypische. Soll der Stille iS von RdNr. 79 ff., 115 schuldrechtlich am Gesellschaftsvermögen beteiligt sein oder (und) soll er Kommanditistenrechte oder Geschäftsführungsrechte erhalten, so handelt es sich um einen Organisationsakt, der nicht von der Prokura umfasst ist.[464] 118

5. Beginn des Gesellschaftsverhältnisses. § 123 ist auf die stille Gesellschaft als Innengesellschaft nicht anzuwenden. Die stille Gesellschaft wird nicht in das Handelsregister eingetragen (Ausnahme vgl. RdNr. 116). *Der Beginn richtet sich nach den Vereinbarungen.* Sofern sich weder aus dem Vertragswortlaut noch aus eindeutigen sonstigen Umständen ein anderes ergibt, beginnt die stille Gesellschaft mit dem Vertragsschluss.[465] Die stille Beteiligung beginnt im Zweifel auch nicht erst dann, wenn der stille Gesellschafter seine Einlage geleistet hat.[466] Aus einer *aufschiebenden Bedingung* oder (häufiger!) aus einer *Zeitbestimmung* kann sich ergeben, dass die stille Gesellschaft erst später beginnen soll.[467] Eine *Rückbeziehung* ist nur in schuldrechtlicher Beziehung möglich.[468] Der stille Gesellschafter wird in diesem Fall rechnerisch so gestellt, als wäre der Vertrag schon zum vereinbarten Stichtag wirksam geworden. Steuerlich wird die Rückdatierung vorbehaltlich gesetzlicher Sonderregelungen nicht anerkannt.[469] 119

6. Unwirksamkeit. a) Allgemeine Regeln. Für die stille Gesellschaft gelten im Ausgangspunkt die allgemeinen Regeln über die Nichtigkeit bzw. Unwirksamkeit von Rechtsgeschäften. Nichtig sind namentlich Vereinbarungen, die gegen gesetzliche Verbote (§ 134 BGB) oder gegen die guten Sitten (§ 138 BGB) verstoßen.[470] Als Nichtigkeitsgrund kann Art. 1 § 1 RBerG in Betracht kommen, wenn der stille Gesellschafter Einfluss auf die Geschäftsführung des Rechtsberatungsunternehmens hat.[471] Hinzu kommen sonstige berufsrechtliche Verbote (RdNr. 121). Ist nur eine von mehreren Vertragsregeln nichtig, so richtet sich die Frage der **Teil- oder Vollnichtigkeit** nach § 139 BGB.[472] Die Anwendung des § 139 BGB kann durch **salvatorische Klausel** ausgeschlossen werden.[473] Wie bei BGH LM § 230 Nr. 3 = NJW 1992, 2696 für den Fall einer Formnichtigkeit nach §§ 125 120

---

460 §§ 2038, 2040 BGB; BFH NJW 1988, 1343, 1344; vgl. zur Gesamtvertretung auch BGH NJW 1971, 1265, 1266.

461 BGH NJW 1971, 1265, 1266; BFH NJW 1988, 1343, 1344.

462 *Blaurock* RdNr. 9.15; Heymann/*Horn* RdNr. 24; Schlegelberger/*Karsten Schmidt* RdNr. 95.

463 *Blaurock* RdNr. 9.14; *Koenigs* S. 89; Heymann/*Horn* RdNr. 24; Röhricht/v. Westphalen/*Wagner* § 49 RdNr. 6; Schlegelberger/*Karsten Schmidt* RdNr. 95.

464 Siehe auch schon Schlegelberger/*Karsten Schmidt* 95; ebenso Heymann/*Horn* RdNr. 24.

465 *Koenigs* S. 61; *Blaurock* RdNr. 9.1; Staub/*Zutt* RdNr. 53.

466 *Blaurock* RdNr. 9.1.

467 Vgl. BFH DStRE 2002, 414: Mitunternehmerschaft ab Bedingungseintritt.

468 *Blaurock* RdNr. 9.20.

469 Vgl. BFHE 132, 563, 569 mwN = BB 1981, 955, 956; BFH/NV 1990, 90, 91; BFH DStRE 2002, 1339; eingehend *Walter* GmbHR 1997, 824 f.; s. auch BFHE 108, 197, 201; *Blaurock* RdNr. 9.20, 20.14; *Zacharias/Hebig/Rinnewitz* S. 146; *Lange*/Grützner/Kussmann/Reiß, Personengesellschaften im Steuerrecht, 5. Aufl. 1998, RdNr. 76 ff.

470 Vgl. nur *Blaurock* RdNr. 11.2; Schlegelberger/*Karsten Schmidt* RdNr. 79; Staub/*Zutt* RdNr. 68.

471 BGHZ 62, 234 = NJW 1974, 1201; vgl. *Blaurock* RdNr. 9.77.

472 BGH DB 1976, 2106, 2107; LM § 230 Nr. 3 = NJW 1992, 2696, 2697; MünchHdbGesR II/*Bezzenberger/Keul* § 76 RdNr. 22; Schlegelberger/*Karsten Schmidt* RdNr. 79.

473 BGH LM § 230 Nr. 3 = NJW 1992, 2696, 2697.

BGB, 15 GmbHG (RdNr. 96) entschieden, bedeutet das aber nicht, dass eine solche Klausel ohne weiteres die nach § 139 BGB im Zweifel anzunehmende Gesamtnichtigkeit entfallen lässt; es ist vielmehr im Einzelfall zu prüfen, welche Bedeutung der nichtige Teil des Vertrages für den Gesamtvertrag hat und ob man anhand dieser Bedeutung davon ausgehen kann, dass die Parteien durch die Klausel den nicht zu beanstandenden Teil des Vertrages aufrechterhalten wollten. **Umdeutung** von Vertragsregeln nach § 140 BGB ist möglich.

121 **b) Öffentlichrechtliche Schranken. Bankrechtliche Erlaubnisvorbehalte** bestehen, wenn die Hereinnahme einer stellen Einlage Bankgeschäft iS vom § 1 Abs. 1 Satz 2 Nr. 1 Alt. 1 KWG ist (vgl. dazu RdNr. 88).[474] Ein ohne die notwendige Erlaubnis (§ 32 KWG) abgeschlossener Vertrag ist nichtig.[475] Zur Frage, ob die Grundsätze über fehlerhafte Gesellschaften eingreifen vgl. RdNr. 128 ff. **Gewerbe- und berufsrechtliche** Bedenken können, zB bei freiberuflichen Unternehmen, vor allem gegen eine mit Weisungsrechten verbundene atypische stille Beteiligung bestehen.[476] Die **stille Beteiligung an einer Apotheke** ist nach § 8 Satz 2 des Gesetzes über das Apothekenwesen (ApothG) idF des Änderungsgesetzes vom 4. 8. 1980[477] unzulässig und nach § 12 ApothG nichtig.[478] Vor dieser Änderung verstieß eine typische stille Beteiligung an einer Apotheke nicht gegen § 8 ApothG aF.[479] Die stille Beteiligung verstieß aber dann gegen das ApothG, wenn der stille Gesellschafter Einfluss auf die Betriebsführung hatte.[480] Der BGH hat einen Verstoß überdies dann angenommen, wenn der Apotheker durch den Gesellschaftsvertrag in wirtschaftliche Abhängigkeit geriet, was sich auch aus der Gewinnverteilungsregelung ergeben könne.[481] Die Regelung ist *verfassungsrechtlich* bedenklich. Die angebliche Unmöglichkeit stiller Beteiligungen an dem **Unternehmen eines Freiberuflers** wird zT auf den Kaufmannsbegriff gestützt,[482] doch ist dies nach RdNr. 25 bedenklich, denn der Kaufmannsbegriff entscheidet nicht über die Wirksamkeit des Vertrags, sondern nur darüber, ob die §§ 230 ff. unmittelbar oder nur analog anzuwenden sind. Grenzen kann nur § 138 BGB setzen (RdNr. 120), außerdem die berufsrechtliche Beschränkung eines Dritteinflusses auf freiberufliche Unternehmen.[483] Entgegen der bisher hM sind deshalb typische stille Beteiligungen an freiberuflichen Unternehmen zulässig, soweit durch sie weder eine wirtschaftliche noch eine die Berufsausübung betreffende Abhängigkeit entsteht und ein knebelnder Vertragsinhalt vermieden wird. Informationen des stillen Gesellschafters nach § 233 stehen unter dem Vorbehalt berufsrechtlicher Vertraulichkeit.

122 **c) AGB-Recht?** Umstritten ist die Anwendbarkeit der §§ 305 ff. BGB (bis 2001 des AGBG) auf stille Gesellschaftsverträge. Nach **§ 310 Abs. 4 BGB** (früher § 23 Abs. 1 AGBG aF) findet dieses Gesetz „bei Verträgen auf dem Gebiet des Gesellschaftsrecht“ keine Anwendung. Diese Ausnahme ist missverständlich formuliert. Der Ausnahmegrund liegt darin, dass Gesellschaftsverträge idR entweder auf einen persönlichen Zusammenschluss oder auf eine (körperschaftliche) Verbandsverfassung zielen, die den Kriterien des AGB-Rechts nicht ohne weiteres zugänglich ist.[484] Die Ausnahme passt deshalb nur für Satzungen und Verträge mit Zusammenschluss- oder Verbandscharakter. BGHZ 127, 176 = NJW

[474] *Singhof*/Seidel/Schliff RdNr. 334 ff.; Röhricht/v. Westphalen/*v. Gerkan/Mock* RdNr. 14b, 73a; Tettinger DStR 2006, 849, 850.

[475] Vgl. *Tettinger* DStR 2006, 849, 904.

[476] Vgl. *Blaurock* RdNr. 9.74 ff.; MünchHdbGesR II/*Bezzenberger/Keul* § 77 RdNr. 9 ff.

[477] BGBl. I S. 1142.

[478] BGH NJW-RR 1998, 803, 804 = WM 1998, 609, 611 f.; BGH WM 1982, 1439, 1440; *Blaurock* RdNr. 9.76.

[479] BGH LM ApothG § 8 Nr. 1 = NJW 1972, 338.

[480] BGHZ 75, 214, 215 = WM 1980, 12, 14 = NJW 1980, 638, 639; BGH WM 1982, 1439, 1440; *Blaurock* NJW 1972, 1119.

[481] BGHZ 75, 214, 216 f. = WM 1980, 12, 14 = NJW 1980, 638, 639; *Blaurock* RdNr. 9.75; Baumbach/*Hopt* RdNr. 5.

[482] MünchHdbGesR II/*Bezzenberger/Keul* § 77 RdNr. 7.

[483] Vgl. für Steuerberatungsgesellschaften in dieser Richtung *Blaurock,* RdNr. 9.74, 9.78; MünchHdbGesR II/*Bezzenberger/Keul* § 77 RdNr. 11 f.

[484] Erman/*Roloff* BGB § 310 RdNr. 27.

1995, 192 hat entschieden: „Die Bereichsausnahme des § 23 Abs. 1 AGBG (scl.: § 310 Abs. 4 BGB nF) erfasst auch die stille Gesellschaft." Diese Entscheidung ist auf Zustimmung,[485] jedoch auch auf Kritik gestoßen.[486] Eine **Stellungnahme** muss zwischen atypischen und typischen stillen Gesellschaftsverträgen unterscheiden.

aa) Der Gesellschaftsvertrag einer atypischen stillen Gesellschaft unterliegt nach **§ 310 Abs. 4 BGB** nicht dem AGB-Recht.[487] Das gilt eindeutig für die bei RdNr. 83 ff. dargestellten stillen Gesellschaften mit Verbandscharakter, unter ihnen die atypische stille Gesellschaft als „Innen-KG". Hier ist ein Unterschied, der die sachliche Verschiedenbehandlung von Handelsgesellschaft und stiller Gesellschaft bei der Inhaltskontrolle rechtfertigen könnte, nicht ersichtlich. Dasselbe wird aber für alle bei RdNr. 77 ff. dargestellten Fälle der atypischen Ausgestaltung der Rechte des stillen Gesellschafters gelten können. Auch hier ist der die Bereichsausnahme des § 310 Abs. 4 BGB rechtfertigende Kooperationstatbestand erfüllt. Soweit es sich um Publikumsgesellschaften handelt, findet eine Inhaltskontrolle außerhalb der §§ 305 ff. BGB statt (RdNr. 125). Das entspricht ausweislich BGH BB 2001, 278 = DStR 2001, 266 = NJW 2001, 1270 = ZIP 2001, 243 auch dem Stand der Rechtsprechung. 123

bb) Die Rechtslage bei der typischen stillen Gesellschaft wird auch vom Bundesgerichtshof als „nicht zweifelsfrei" bezeichnet.[488] Gegen die Anwendung der Bereichsausnahme und für die Anwendung des AGB-Rechts spricht auch nach Auffassung des Bundesgerichtshofs, dass die typische stille Gesellschaft rein schuldrechtlich angelegt ist und dass die Einlage des typischen stillen Gesellschafters Kreditcharakter hat.[489] Abgesehen von einer im konkreten Vertrag enthaltenen Regelung über die Übertragbarkeit der stillen Beteiligung sieht aber der BGH schon in dem gesetzlichen Informationsrecht des stillen Gesellschafters den Ausdruck eines Mitgliedsverhältnisses, womit die Bereichsausnahme des § 310 Abs. 4 BGB auch auf die typische stille Gesellschaft passe. Hier liegt der Hauptpunkt der Kritik.[490] Kritisch ist auch anzumerken, dass nach diesem Urteil die unscharfe (RdNr. 59) Abgrenzung zwischen einem partiarischen Darlehen (AGB-Recht anwendbar) und einer typischen stillen Beteiligung (AGB-Recht unanwendbar) eine scharfe Trennung markieren muss. Die besseren Gründe sprechen deshalb dafür, das AGB-Recht auf typische stille Gesellschaftsverträge ebenso **anzuwenden** wie auf partiarische Darlehen.[491] 124

d) Inhaltskontrolle bei Publikumsgesellschaften. Bei Publikumsgesellschaften findet nach ständiger Rechtsprechung eine Inhaltskontrolle außerhalb des AGB-Recht statt (§ 161 RdNr. 118 ff.).[492] Das gilt auch für stille Publikumsgesellschaften. Das Ausmaß dieser Inhaltskontrolle entspricht der Sache nach demjenigen des AGB-Rechts.[493] Dadurch wird die hM über die Unanwendbarkeit des AGB-Rechts auf die in diesen Fällen meist atypischen stillen Gesellschaften im Ergebnis kompensiert. 125

e) Haustürgeschäft; Fernabsatzvertrag. Unter den Voraussetzungen des § 312 BGB (bis 2001: § 1 HWiG) unterliegt die Beteiligung an einer stillen Gesellschaft einer Wider- 126

---

[485] Vgl. nur *Blaurock* RdNr. 9.28; Baumbach/*Hopt* RdNr. 9; E/B/J/S/*Gehrlein* RdNr. 41; *Koller*/Roth/Morck RdNr. 12; Oetker/*Schubert* RdNr. 52; Röhricht/v. Westphalen/*v. Gerkan/Mock* RdNr. 13; MünchKommBGB/*Basedow* § 310 RdNr. 80; Palandt/*Grüneberg* § 310 RdNr. 49; Staudinger/*Schlosser* 12. Aufl. § 23 AGBG RdNr. 6; vgl. bereits vor der Entscheidung BGH ZIP 1992, 326 f.; OLG Hamburg WM 1994, 499, 500; Schlegelberger/*Karsten Schmidt* RdNr. 81; *Grunewald,* FS Semler, 1993, S. 187 f. mwN.

[486] Vgl. nur *Ulmer/Schäfer* in Ulmer/Brandner/Hensen, AGBG, 11. Aufl., § 310 RdNr. 128; *Harry Schmidt* ZHR 159 (1995), 742 ff.

[487] MünchHdbGesR II/*Bezzenberger/Keul* § 76 RdNr. 10; GK/*Fahse* RdNr. 17.

[488] BGHZ 127, 176, 184 f. = NJW 1995, 192, 193.

[489] BGHZ 127, 176, 184 f. = NJW 1995, 192, 193.

[490] *Ulmer*/Brandner/Hensen, AGBG, 9. Aufl., § 23 RdNr. 24 a; *Harry Schmidt* ZHR 159 (1995), 737 ff.

[491] Wie hier zB *Ulmer*/Hensen, AGB-Recht, 10. Aufl. § 310 BGB RdNr. 128.

[492] BGH BB 2001, 278 = DStR 2001, 266 = NJW 2001, 1270 = ZIP 2001, 243; *Blaurock* RdNr. 19. 25 ff.

[493] Auch dazu BGH BB 2001, 278 = DStR 2001, 266 = ZIP 2001, 2430.

rufsmöglichkeit nach § 355 BGB.[494] Nach der bis zum 30. 9. 2000 geltenden Rechtslage unterstellte der BGH ein solches Rechtsverhältnis im Fall des Widerrufs den Regeln über die fehlerhafte Gesellschaft.[495] Unter den bei RdNr. 133 genannten Voraussetzungen gilt dasselbe auch im Fall einer Rückabwicklung nach § 355 (bis 2001: § 361 a) BGB.[496] Eine Rückforderung der Einlage wird durch die Anerkennung als fehlerhafte Gesellschaft nicht gehindert (vgl. RdNr. 135). Auch die **Regeln über Fernabsatzverträge** (§ 312b BGB) sind auf stille Beteiligungen anwendbar.[497] Auch hier gelten aber die Regeln über fehlerhafte Gesellschaftsverträge.[498]

127 **7. Fehlerhafte stille Gesellschaften? a) Das Problem.** Umstritten ist, ob die **Regeln über fehlerhafte Gesellschaften** (§ 105 RdNr. 228 ff.) Anwendung finden können. Diese Regeln bestehen, seit sich die Praxis eindeutig vom Konzept der (vertragslosen) faktischen Gesellschaften gelöst hat[499] darin, dass zwar nicht auf den Gesellschaftsvertrag verzichtet wird (RdNr. 36), aus einer Unwirksamkeit des Vertrags aber keine Folgen für die Vergangenheit gezogen werden.[500] *Rechtsfolge* der Anwendung der Grundsätze über fehlerhafte Gesellschaften ist, dass das Gesellschaftsverhältnis trotz des ihm anhaftenden rechtlichen Mangels wirksam ist und durchgeführt wird, solange nicht einer der Beteiligten auf Grund dieses Mangels kündigt (§ 105 RdNr. 244 ff.).[501] *Voraussetzung* hierfür ist, dass ein Gesellschaftsvertrag abgeschlossen ist,[502] dass die Gesellschaft in Vollzug gesetzt ist[503] und dass der Gesellschaftsvertrag fehlerhaft in dem Sinne ist, dass er nach allgemeinen Grundsätzen anfänglich unwirksam sein müsste (§ 105 RdNr. 234 ff.).[504] Weitere Voraussetzungen sind nicht anzuerkennen (§ 105 RdNr. 243).[505] Demgegenüber verlangt die bisher **hM** weiter, dass die Durchführung des fehlerhaften Gesellschaftsverhältnisses nicht *mit vorrangigen Schutzanliegen unvereinbar* ist (§ 105 RdNr. 242).[506] Solche vorrangigen Schutzanliegen können die Anerkennung einer fehlerhaften Gesellschaft nach hM gänzlich ausschließen, so uU bei einem Verstoß gegen § 134 BGB[507] oder gegen § 138 BGB.[508] Insbesondere das Kartellverbot (Art. 101 Abs. 2 AEUV bzw. §§ 134 BGB, 1 GWB) gilt herkömmlich als Hindernis.[509] Auch der Schutz bei fehlender Geschäftsfähig-

[494] Vgl. *Blaurock* RdNr. 19.33 ff., 19.45 ff.; zur Rechtslage vor dem 1. 10. 2000 BGH ZIP 1995, 1996; BGH DB 2001, 1775; NZG 2005, 261 = ZIP 2005, 254 (Publikums-GbR); E/B/J/S/*Gehrlein* RdNr. 20.

[495] BGHZ 148, 201 = DB 2001, 1775 (Publikums-GbR).

[496] Wie hier *Blaurock* RdNr. 9.29.

[497] Vgl. nur Oetker/*Schubert* RdNr. 52; Röhricht/v. Westphalen/*v. Gerkan/Mock* RdNr. 13a, 73.

[498] Röhricht/v. Westphalen/*v. Gerkan/Mock* RdNr. 13a, 73.

[499] Vgl. namentlich BGH LM § 105 Nr. 19 m. Anm. *Rob. Fischer*; eingehend *Karsten Schmidt* GesR § 6; *ders.* oHG S. 155 ff.; *ders.* AcP 186 (1986), 421 ff.; *Ulmer,* FS Flume II, 1978, S. 302; zur Entwicklung der Rechtsprechung, vgl. *Goette* DStR 1996, 266 ff.

[500] Vgl. nur BGHZ 3, 285, 287 f.; 11, 190 f.; 17, 160, 167; 26, 330, 335; 44, 235 f.; 55, 5, 8; 62, 20, 26 f.; BGH NJW 1983, 748 = JZ 1983, 258 m. Anm. *Walter* = JuS 1983, 307 *(Karsten Schmidt); Flume* Personengesellschaft S. 13 ff.; *Kübler/Assmann* GesR § 26; *Grunewald* GesR RdNr. 1 A 160; *Karsten Schmidt* GesR § 6 III 2; MünchKommBGB/*Ulmer* § 705 RdNr. 323 ff.; *ders.,* FS Flume II, 1978, S. 301 ff.; *Wiesner,* Die Lehre von der fehlerhaften Gesellschaft, 1980, S. 35 ff., 157 ff.; krit. *Canaris,* Die Vertrauenshaftung im deutschen Privatrecht, 1971, S. 172 ff.; *Rödig,* Bereicherung ohne Rechtfertigung durch Gesellschaftsvertrag, 1972, S. 54 ff.; *Hansjörg Weber,* Zur Lehre von der fehlerhaften Gesellschaft, 1978, S. 91 ff., 107 ff.; *Möschel,* FS Hefermehl, 1976, S. 171 ff.; *Müller-Graff* JuS 1979, 28 f.

[501] RGZ 57, 292, 297; 82, 375, 378; 88, 187, 188; 124, 279, 287 f.; 127, 186, 191; 142, 98, 103; 165, 193, 202; 166, 51, 59; BGHZ 3, 285, 288; 17, 160, 167; 26, 330, 334 f.; 55, 5, 8; 62, 20, 26 f.; 63, 338, 344; BGH NJW 1983, 748 = JZ 1983, 258 m. Anm. *Walter* = JuS 1983, 307 *(Karsten Schmidt).*

[502] BGHZ 141, 1, 12 = NZG 1999, 957, 960; NJW 1992, 1501, 1502 = BB 1992, 385; BGHZ 11, 190, 191 = NJW 1954, 231.

[503] BGHZ 3, 285, 288; 13, 320, 321; stRspr.

[504] Vgl. nur BGH NJW 1992, 1501, 1502 = ZIP 1992, 247, 248.

[505] *Karsten Schmidt* GesR § 6 III 1; *ders.* AcP 186 (1986), 440 f.; zust. *Grunewald* GesR RdNr. 1 A 166.

[506] Vgl. nur BGHZ 55, 5, 9; zu § 230 vgl. E/B/J/S/*Gehrlein* RdNr. 34; Oetker/*Schubert* RdNr. 59.

[507] Vgl. BGHZ 62, 234, 241; 75, 214, 217 f. = WM 1980, 12, 14; s. auch OLG Celle DStR 1995, 1722 m. Anm. *Goette:* dort Verstoß gegen Berufsrecht (gesetzl. Verbot).

[508] Vgl. BGHZ 55, 5, 9.

[509] Vgl. BGH WuW/E, 2675, 2678 „Nassauische Landeszeitung"; OLG Düsseldorf WuW/E DE-R, 2146 „Nord-KS/Xella"; Entscheidung über Nichtzulassungsbeschwerde BGH WuW/E DE-R, 2361; dagegen zuletzt wieder *Karsten Schmidt* in: FS Säcker, 2011.

keit hat angeblich Vorrang.[510] All dem ist – zumal im Verhältnis zu Dritten – nicht zu folgen (§ 105 RdNr. 243). Das Gesellschaftsverhältnis ist trotz seiner Fehlerhaftigkeit anzuerkennen, und nur einzelne Rechts- (zB Haftungs-)Folgen müssen zurücktreten, wo es um vorrangigen Schutz gerade dieser Gesellschafter geht.[511] Die steuerrechtliche Rechtsprechung verneint hier sogar die Rückwirkung einer Genehmigung.[512] Auch europäisches Verbraucherrecht steht der Anwendung von Grundsätzen über fehlerhafte Gesellschaften nicht entgegen.[513]

b) Streitstand. Die über die **Anwendbarkeit dieser Grundsätze auf stille Gesellschaften** streitenden Meinungen lassen sich im Wesentlichen in drei Lager aufteilen: 128

aa) Die Praxis des BGH wendet die Grundsätze über fehlerhafte Gesellschaften auch auf stille Gesellschaften an.[514] Bei BGHZ 8, 157 ging es zunächst um eine atypische, im Innenverhältnis einer Handels-Personengesellschaft angenäherte stille Gesellschaft. Der BGH räumte zwar ein, dass die bereicherungsrechtliche Abwicklung fehlerhafter Gesellschaftsverhältnisse bei Gesamthandsgemeinschaften noch schwieriger sei, meint aber, in der Frage des Bestandsschutzes könne es nicht auf die Stellung der Gesellschafter im Außenverhältnis ankommen, sondern es komme auf die inneren Rechtsbeziehungen an, und die Rechtsordnung könne nicht an der Tatsache vorbeigehen, dass die Gesellschafter gemeinsame Werte geschaffen und gemeinsame Leistungen erbracht haben. In BGHZ 55, 5 = NJW 1971, 375 wurde dann die Anwendung der Grundsätze über fehlerhafte Gesellschaften auf die typische stille Gesellschaft ausgedehnt und damit von der Lage des Einzelfalls unabhängig gemacht. Zur Begründung heißt es, die Anwendung bürgerlich-rechtlicher Abwicklungsregeln führe je nach der Geschäftslage zu einer übermäßigen Belastung des Geschäftsinhabers (alleiniges Verlustrisiko) oder des stillen Gesellschafters (Beschränkung auf Bereicherungsansprüche). Die damit vollzogene allgemeine **Anwendung der Grundsätze über fehlerhafte Gesellschaften auf die stille Gesellschaft** wurde in der weiteren Rechtsprechung bestätigt, namentlich in drei Entscheidungen vom 21. 3. 2005 über den Anlegerschutz bei der „Göttinger Gruppe" (NJW 2005, 1784 = ZIP 2005, 759; BB 2005, 1018 = ZIP 2005, 753; AG 2005, 476 = ZIP 2005, 763).[515] Sie hat auch im Schrifttum Gefolgschaft gefunden.[516] Die Rechtsprechung scheint gefestigt. Zwar hatte der II. Zivilse-

[510] Statt vieler Oetker/*Schubert* RdNr. 59 (wohl in Widerspruch zu RdNr. 57).

[511] Vgl. für den Minderjährigenschutz BGH NJW 1983, 748 = JZ 1983, 258 m. Anm. *Walter* = JuS 1983, 307 *(Karsten Schmidt)*; *Karsten Schmidt* JuS 1990, 517 ff.; für den Schutz gegen Arglist und Sittenwidrigkeit BGHZ 26, 330, 335; zur Entwicklung der Rechtsprechung *Goette* DStR 1996, 266 ff.

[512] Vgl. zur KG BFHE 108, 299 = BStBl. 1973 II S. 287; BFHE 108, 197, 200 f. = BStBl. 1973 II S. 307, 308 f.

[513] EuGH Urt. v. 15. 4. 2010 – Rs C 215/08 NZG 2010, 501 = ZIP 2010, 772 (bei Fondsbeteilung); BGHZ 186, 167 = ZIP 2010, 1540 (Fondsbeteiligung); BGH NZG 2010, 1025 = ZIP 2010, 1689.

[514] BGHZ 55, 5, 8 f.; 62, 234, 237; BGH WM 1973, 900, 901; WM 1977, 196, 197; NJW-RR 1991, 613; NJW 1992, 2696, 2698 = WM 1992, 1576, 1578 = EWiR 1992, 1111 *(Blaurock)*; WM 1993, 1277, 1279; NJW-RR 2004, 1407 = NZG 2004, 961 = ZIP 2004, 1706; NJW-RR 2005, 627 = NZG 2005, 261 = ZIP 2005, 254; NJW 2005, 1784 = ZIP 2005, 759; BB 2005, 1018 = ZIP 2005, 753; AG 2005, 476 = ZIP 2005, 763; NJW-RR 2006, 178 = ZIP 2005, 2060; BFH/NV 1998, 1339, 1340; s. auch OLG Brandenburg NJW-RR 1996, 156, 157; OLG Hamm NJW-RR 1999, 1415, 1416 = JuS 2000, 300 *(Karsten Schmidt)*; OLG Dresden v. 30. 12. 2009 – 12 U 825/09; s. auch OLG Hamm GWR 2010, 325 (Fondsbeteiligung); zweifelnd aber BGH BB 1990, 1997.

[515] BGHZ 62, 234, 237; BGH WM 1973, 900, 901; WM 1977, 196, 197; NJW-RR 1991, 613; NJW 1993, 2107, 2107 f. = DB 1993, 1968 = WM 1993, 1277, 1279; NJW 1992, 2696, 2698 = WM 1992, 1576, 1578; NJW-RR 2004, 1407 = NZG 2004, 961 = ZIP 2004, 1706; NJW-RR 2005, 627 = NZG 2005, 261 = ZIP 2005, 254; NJW 2005, 1784 = ZIP 2005, 759; BB 2005, 1018 = ZIP 2005, 753; AG 2005, 476 = ZIP 2005, 763; BFH/NV 1998, 1339, 1340; OLG Hamm NJW-RR 1999, 1415, 1416 = JuS 2000, 300 *(Karsten Schmidt)*; OLG Celle NZG 2000, 85 m. Anm. *Sosnitza;* OLG Stuttgart NZG 2000, 93, 94; zweifelnd aber BGH BB 1990, 1997.

[516] *Blaurock* RdNr. 11.12; *Grunewald* GesR RdNr. 1 D 31; E/B/J/S/*Gehrlein* RdNr. 31; GK/*Fahse* RdNr. 16; Röhricht/v. Westphalen/*v. Gerkan/Mock* RdNr. 14; Staub/*Zutt* RdNr. 69; Erman/*Westermann* § 705 RdNr. 88; Palandt/*Sprau* § 705 RdNr. 19 a; *Konzen,* FS Westermann, S. 1133, 1144 ff.; *Wertenbruch* NJW 2005, 2823; so schon zuvor *Steckhan* S. 112 ff.; Baumbach/*Hopt* RdNr. 11; *Koller*/Roth/Morck RdNr. 15; *Schubert,* WM 2006, 1328 ff.; zweifelnd *Goette* DStR 1996, 270.

nat in BGH BB 1990, 1997 im Prozess einer Bauherrengemeinschaft in der Rechtsform einer Innengesellschaft unentschieden gelassen, ob die Entscheidung BGHZ 55, 5, 8 zur stillen Gesellschaft aufrecht zu erhalten sei.[517] Diese Zweifel wurden in der Folgezeit aber nicht aufgegriffen.[518] Bei BGH LM § 230 Nr. 3 = NJW 1992, 2696, 2698 = WM 1996, 1576, 1578 wird vielmehr ausdrücklich unterstrichen, dass die Grundsätze über fehlerhafte Gesellschaften auf atypische wie auf typische stille Beteiligungen anwendbar sind.

129 **bb) Eine Gegenauffassung** lehnt die Anwendung der Grundsätze über fehlerhafte Gesellschaften auf die stille Gesellschaft als einer bloßen Innengesellschaft ohne ein echtes Gesellschaftsvermögen ausnahmslos ab.[519] Auch die atypische stille Gesellschaft kann nach dieser Auffassung nicht als fehlerhafte Gesellschaft Bestand haben.[520]

130 **cc) Eine vermittelnde Ansicht** differenziert – mit Unterschieden im Einzelnen – zwischen typischen und atypischen stillen Gesellschaften; sie lehnt die Anwendung der Grundsätze über fehlerhafte Gesellschaften auf typische stille Gesellschaften ab, befürwortet sie aber bei atypischen stillen Gesellschaften.[521] Diese Auffassung war im Anschluss an BGHZ 8, 157 früher die herrschende.[522] In sich ist sie uneinheitlich, weil sie teils eine mitgliedschaftliche Verbandsorganisation der stillen Gesellschaft verlangt,[523] teils auf Geschäftsführungsbefugnisse des stillen Gesellschafters abstellt,[524] teils eine Vermögensbeteiligung des stillen Gesellschafters ausreichen lässt.[525]

131 **c) Stellungnahme.** Die Anwendung der Regeln über fehlerhafte Gesellschaftsverhältnisse auf die stille Gesellschaft hängt von *zwei Kriterien* ab: einmal von der Grundfrage, welches die systembildenden Voraussetzungen dieses Rechtsinstituts sind, zum anderen von der rechtsform- und typusspezifischen Frage nach der Gestalt der stillen Gesellschaft.

132 **aa) Grundlagen des Instituts.** Die für die Anwendung des Rechts der fehlerhaften Gesellschaft ausschlaggebenden *Normzwecke* werden von der Rechtsprechung im Bestandsschutz für Gesellschaften und im Verkehrsschutz gesehen.[526] *Wiesner* hat nachgewiesen, dass zwar nicht der Formulierung, aber der Sache nach das Bestandsschutzargument im Vordergrund steht.[527] Der daraus resultierende Verkehrsschutz ist im Bestandschutzkriterium mit enthalten. Die Begründungsversuche der Literatur sind vielfältig (näher § 105 RdNr. 232).[528] Ihr Wertungsziel besteht weitgehend, bei sehr unterschiedlicher dogmatischer Anknüpfung, gleichfalls darin, dem Bestandsschutz Vorrang gegenüber Nichtigkeits- und Unwirksamkeitsgründen zu geben.[529] Die Rechtfertigung der Lehre von den fehler-

---

[517] BGH BB 1990, 1997, 1998; der Senat stellt maßgeblich darauf ab, dass vermögensrechtliche Beziehungen ausschließlich zwischen den einzelnen Gesellschaftern und dem Treuhänder abgewickelt wurden.

[518] Vgl. BGH NJW-RR 1991, 613, 615; NJW 1992, 2696, 2698 = WM 1992, 1576, 1578; WM 1993, 1277, 1279.

[519] Vgl. mwN *Koenigs* S. 111 ff.; *Rasner* S. 103 ff.; *Schäfer,* Die Lehre vom fehlerhaften Verband, 2002, S. 145; *ders.* ZHR 170 (2006), 373; MünchKommBGB/*Ulmer* § 705 RdNr. 358 ff.; *ders.,* FS Flume II, 1978, S. 318; *Wiesner* S. 162 ff.

[520] So ausdrücklich *Ulmer,* FS Flume II, 1978, S. 318; *Wiesner* S. 165; mit Einschränkungen auch *Aulinger* S. 54 ff.

[521] Vgl. mit Unterschieden im einzelnen OLG Nürnberg BB 1961, 1341, 1342; *Karsten Schmidt* GesR § 6 II 3; *ders.* AcP 186 (1986), 432 ff.; Schlegelberger/*Karsten Schmidt* RdNr. 114; Heymann/*Horn* RdNr. 28; für Nichtanwendung bei typisch stillen Gesellschaften auch *Schön* ZGR 1993, 240 f.

[522] Nachweise bei Schlegelberger/*Karsten Schmidt* RdNr. 109.

[523] Schlegelberger/*Karsten Schmidt* RdNr. 113; insoweit zust. Heymann/*Horn* RdNr. 28.

[524] *Aulinger* S. 56 f.; *Habscheid* BB 1955, 52; enger *Koenigs* S. 110 f. (der Stille müsse Herr des Unternehmens sein); unklar („Dienste") Heymann/*Horn* RdNr. 28; bei Dienstleistungen des stillen Gesellschafters wendet *Raiser* S. 116 die Grundsätze über faktische Arbeitsverhältnisse an.

[525] *Siebert* BB 1958, 1070.

[526] BGHZ 3, 285, 288; 13, 320, 324; 55, 5, 8; 62, 20, 26 f.; vgl. auch BGH NJW 1983, 748 = JZ 1983, 258 m. Anm. *Walter* = JuS 1983, 307 *(Karsten Schmidt)*; *Karsten Schmidt* GesR § 6 I 3; *Wiesner* S. 43 ff.

[527] *Wiesner* (Fn. 492); vgl. auch BGHZ 55, 5, 9 = NJW 1971, 375; OLG Hamm NJW-RR 1999, 1415, 1417 = JuS 2000, 300 *(Karsten Schmidt)*.

[528] Umfassender Überblick bei *Schäfer* S. 93 ff.; *Wiesner* S. 47–60, 79 ff., 94 ff.; MünchKommBGB/*Ulmer* § 705 RdNr. 347 ff.

[529] Näher Schlegelberger/*Karsten Schmidt* RdNr. 112; ausführlich jetzt *Schäfer* S. 22–153.

haften Gesellschaften beruht nicht auf dem reine Schuldverhältnisse einschließenden Gesellschaftsbegriff des § 705 BGB, sondern sie ist verbandsrechtlicher Natur.[530] Es ist kein Zufall, dass die Lehre von der fehlerhaften Gesellschaft über die Kapitalgesellschaften (§§ 275 ff. AktG, §§ 75 ff. GmbHG), sodann über das Außenrecht und schließlich über das Innenrecht der Personengesellschaft auf die stille Gesellschaft gekommen ist. Die Tatsache allein, dass die erst nachträglich erkannte Nichtigkeit oder Unwirksamkeit eines Gesellschaftsverhältnisses für die auf die Wirksamkeit vertretenen Vertragspartner zu Härten führt, rechtfertigt entgegen der vom BGH vertretenen Ansicht noch keinen Bestandsschutz. Solche Härten in Grenzen zu halten, ist ein Anliegen des bürgerlichen Rechts (Anfechtungsfristen, Heilung von rechtlichen Mängeln, Entreicherungseinwand, Saldotheorie etc.). Es gibt auch keinen allgemeinen Grundsatz, wonach alle Dauerschuldverhältnisse Bestandsschutz gegen Nichtigkeitsfolgen genössen.[531] Deshalb ist die Anwendung der Grundsätze über fehlerhafte Gesellschaften auf die Innengesellschaften alles andere als selbstverständlich. Wege für die Entscheidung weist die von *Flume* vorbereitete Lehre von *Ulmer* und *Wiesner,* die das entscheidende Merkmal für die Bestandsschutzfähigkeit darin sehen, dass eine Gesellschaft nicht nur Schuldverhältnis, sondern auch Organisation ist.[532] Die von *Ulmer, Schäfer* und *Wiesner* gezogene Folgerung, dass Innengesellschaften dieses Bestandsschutzes generell unfähig seien, verdient indes aus den nachfolgenden Gründen keine Gefolgschaft.[533]

bb) Organisationsrechtliche Kriterien. Die **entscheidende Frage** ist dahin zu stellen, *ob und wann ein stilles Gesellschaftsverhältnis organisatorische Elemente aufweist, die einen Bestandsschutz gegen Nichtigkeitsfolgen rechtfertigen.*[534] Für die **typische stille Gesellschaft** ist dieser Bestandsschutz **nicht** angezeigt. Das stille *Einlage*verhältnis als bloßes Schuldverhältnis reicht hierzu fraglos nicht aus. Aber auch dem stillen *Gesellschafts*verhältnis fehlt nach dem gesetzlichen Modell der typisch organisationsrechtliche Kern. Entgegen der Einschätzung von BGHZ 127, 176, 184 = NJW 1995, 192, 193 ist nicht einmal das dem stillen Gesellschafter in § 233 zuerkannte Informationsrecht Ausdruck einer spezifisch mitgliedschaftlichen Struktur der typischen stillen Gesellschaft, sondern nur ein die Interessen und schuldrechtlichen Ansprüche des stillen Gesellschafters schützender Annex der stillen Gesellschaft als Gesellschaftsverhältnis (§ 233 RdNr. 3). Das vermeintliche „Mitgliedschaftsverhältnis" bei der typischen stillen Gesellschaft (vgl. dazu RdNr. 4 ff., 103) ist nicht mehr als eine durch den gemeinsamen Erwerbszweck intensivierte schuldrechtliche Bindung. Solange sich eine stille Beteiligung in einem durch einen gemeinsamen Zweck qualifizierten Kreditverhältnis erschöpft, fehlt ihr das für einen Bestandsschutz unentbehrliche organisationsrechtliche Merkmal. Die Anwendung der Grundsätze über fehlerhafte Gesellschaften würde auch zu einer nur durch den gemeinsamen Zweck nicht zu rechtfertigenden Verschiedenbehandlung von partiarischen Darlehen und stillen Gesellschaften führen (zur Ähnlichkeit dieser Rechtsverhältnisse vgl. RdNr. 59 ff.). Aber es reicht auch **nicht jede Variante der atypischen stillen Gesellschaft** (RdNr. 77 ff.) aus, um die Anwendung der Grundsätze über stille Gesellschaften zu rechtfertigen (str., vgl. das differenzierte Meinungsbild bei RdNr. 130).[535] Die bloße Stärkung einzelner Rechte des stillen Gesellschafters (RdNr. 77 f.) belässt das Gesellschaftsverhältnis noch auf der rein schuldrechtlichen Ebene. Auch eine rein schuldrechtliche (rechnerische) Beteiligung des stillen Gesellschafters am Gesellschaftsvermögen (RdNr. 80) bildet für sich allein noch kein Verbandselement (ist der Vertrag nichtig, so führt dies eben nicht zur Abwicklung des Unternehmensvermögens, 133

530 *Schäfer* S. 137 ff.; *Karsten Schmidt* GesR § 6 I 3, II 3; *ders.* AcP 186 (1986), 421 ff.

531 Schlegelberger/*Karsten Schmidt* RdNr. 112.

532 *Flume* Personengesellschaft § 2 III; MünchKommBGB/*Ulmer* § 705 RdNr. 354 ff.; *ders,* FS Flume II, 1978, S. 310 ff.; *Wiesner* S. 81 ff., 110 ff.

533 So schon Schlegelberger/*Karsten Schmidt* RdNr. 111 ff.; wie *Ulmer* und *Wiesner* jetzt aber auch *Schäfer* S. 145.

534 OGH Wien NZG 2001, 465; 466; eingehend Schlegelberger/*Karsten Schmidt* RdNr. 113.

535 Vollends außerhalb des Themas liegt die stille Gesellschaft mit Dienstleistungpflichten des Stillen; vgl. Schlegelberger/*Karsten Schmidt* RdNr. 113; **aM** Heymann/*Horn* RdNr. 28.

sondern nur zur Rückzahlung der Einlage unter Mitrechnung der Beteiligung). Anderes gilt für die **stille Gesellschaft mit Verbandscharakter** (RdNr. 83 ff.), insbesondere auch für die stille Publikumsgesellschaft (RdNr. 88 ff.) sowie die „GmbH & Still" (RdNr. 87). Hier liegen die eine Anwendung der Grundsätze über fehlerhafte Gesellschaften rechtfertigenden Voraussetzungen (auch durch die Schaffung eines Treuhandvermögens) vor.[536] In den meisten Fällen der Vermögensbeteiligung ist dieses zusätzliche Merkmal gegeben. Den Bestandsschutz in diesen Fällen mit dem einzigen Argument zu verneinen, hier sei nicht die Rechtsform einer Handelsgesellschaft gewählt worden, ist gerade dann unangebracht, wenn man das Nebeneinander des schuldvertraglichen und des organisatorischen Elements als entscheidendes Anwendungskriterium für die Lehre von der fehlerhaften Gesellschaft ansieht.[537] Die Gegenansicht, die auch hier die Anwendung der Grundsätze über fehlerhafte Gesellschaften verneint, geht von der nicht immer eingestandenen Annahme aus, nur Außengesellschaften könnten Organisationen darstellen.[538] Ein Grundsatz dieses Inhalts ist aber nicht anzuerkennen.

134 **cc) Zusammenfassung.** Auf **typische stille Gesellschaftsverhältnisse** (reine Schuldverhältnisse) sind die Grundsätze über fehlerhafte Gesellschaften **nicht** anzuwenden.[539] Auf **atypische stille Gesellschaften** können diese Grundsätze angewandt werden, wenn die stille Gesellschaft eine den Handels-Personengesellschaften angenäherte **Vermögens- und Organisationsstruktur** aufweist. Das ist bei einer Ausgestaltung als „Innen-KG" der Fall (vgl. dazu RdNr. 81), insbesondere in den Varianten der „GmbH & Still" (RdNr. 87) oder der stillen Publikumsgesellschaft (RdNr. 88). Der Gesellschaftsvertrag muss darauf ausgerichtet sein, den stillen Gesellschafter schuldrechtlich am Unternehmensvermögen zu beteiligen *und* ihm mitgliedschaftliche Mitverwaltungsrechte, zB in Gestalt eines Widerspruchsrechts (§ 164) oder eines Stimmrechts, einzuräumen. Die Tatsache, dass der stille Gesellschafter Dienstleistungen im Unternehmen erbringt, reicht dagegen nicht aus.[540]

135 **8. Einlagenrückforderung bei fehlerhafter Gesellschaft.** Im Rahmen des Anlegerschutzes gewährt die Rechtsprechung düpierten Anlegern Schadensersatz in Form eines Anspruches auf Rückzahlung der Einlage.[541] Die Anerkennung der Grundsätze über fehlerhafte Gesellschaften bei der stillen Gesellschaft steht einem solchen Rückforderungsanspruch nicht entgegen.[542] Diese Praxis ist auf Kritik gestoßen.[543] Beschränkt man, wie hier vertreten, die Anwendung der Grundsätze über fehlerhafte Gesellschaften auf verbandsmäßig organisierte stille Gesellschaften, so erweist sich die Kritik, bezogen auf diese Fälle, als begründet. Die stille Gesellschaft unterliegt in diesen Fällen den Regeln der „Innen-Liquidation" (§ 235 RdNr. 65). Die hierbei erforderliche Gesamtabrechnung

---

[536] Schlegelberger/*Karsten Schmidt* RdNr. 113.

[537] Dies gegen *Ulmer* und *Wiesner.*

[538] In dieser Richtung immer noch MünchKommBGB/*Ulmer* § 705 RdNr. 359; s. auch *Habersack,* Die Mitgliedschaft ..., 1996, S. 18 f.; *Altmeppen* ZIP 2011, 326, 327; dagegen *Karsten Schmidt* ZGR 2011, 108, 132; *ders.* NZG 2011, 361, 365.

[539] OGH Wien NZG 2001, 465, 466; Schlegelberger/*Karsten Schmidt* RdNr. 113; **aM** insbes. BGHZ 55, 5, 8 f.; 62, 234, 237; 75, 214, 271 f.; BGH WM 1973, 900, 901; WM 1977, 196, 197; NJW-RR 1991, 613; NJW 1992, 2696, 2698 = DB 1992, 1974, 1975 = BB 1992, 1954, 1955; NJW 1993, 2107 = WM 1993, 1277, 1279; zweifelnd allerdings BGH BB 1990, 1997.

[540] Anders insoweit Heymann/*Horn* RdNr. 28.

[541] BGH NJW-RR 2004, 1407 = NZG 2004, 961 = ZIP 2004, 1706; NJW-RR 2005, 627 = NZG 2005, 261 = ZIP 2005, 254; NJW 2005, 1784 = ZIP 2005, 759; BB 2005, 1018 = ZIP 2005, 753; AG 2005, 476 = ZIP 2005, 763; NJW-RR 2006, 178 = ZIP 2005, 2060; OLG Bamberg NZG 2004, 861, 862; zust. Oetker/*Schubert* RdNr. 62; *Kiethe* DStR 2005, 928; *Tettinger* DStR 2006, 906 f.; *Wertenbruch* NJW 2005, 2825.

[542] Zusammenfassend BGH NJW-RR 2006, 178 = ZIP 2005, 2060; anders noch OLG Dresden WM 2004, 726; OLG Stuttgart NZG 2003, 1160 = ZIP 2003, 763; OLG Braunschweig NZG 2003, 526 = ZIP 2003, 1154; dem BGH folgend jetzt aber OLG Braunschweig NJW-RR 2005, 341.

[543] *Armbrüster/Joos* ZIP 2004, 189; *Loritz* DB 2001, 2459; *Schäfer* ZHR 170 (2006), 383 ff.

schließt die separate Rückforderung der stillen Einlage als schuldrechtliche Leistung aus.[544] Hieran ändert die Tatsache nichts, dass Schuldner der Ansprüche, anders als in der aufgelösten KG, nur gegen den Geschäftsinhaber und nicht gegen die „fehlerhafte stille Gesellschaft" richten.[545]

VII. Rechte und Pflichten der Parteien

1. Rechtsgrundlagen. Rechtsgrundlage für die Rechte und Pflichten der Vertragsparteien ist in erster Linie der *Gesellschaftsvertrag.* Die *gesetzlichen Rechte und Pflichten* ergeben sich aus §§ 230 ff. HGB, 705 ff. BGB. 136

2. Pflichten des Geschäftsinhabers. a) Hauptpflichten. aa) Geschäftstätigkeit. 137 Der **Beitrag des Geschäftsinhabers** besteht darin, *dass er das Unternehmen für gemeinsame Rechnung (bei Treuhandgestaltungen auch: für Rechnung des stillen Gesellschafters) führt* (vgl. auch RdNr. 138, 139).[546] Er muss sich dabei an die *Grenzen des Unternehmensgegenstands* halten.[547] In diesem Rahmen steht ihm ein Organisations- und Handlungsspielraum zu.[548] Solange die *Fortführung* möglich ist, darf der Geschäftsinhaber das Unternehmen nicht ohne Zustimmung des stillen Gesellschafters einstellen.[549] Er ist berechtigt,[550] aber nach § 707 BGB nicht verpflichtet, die Fortführung des Unternehmens durch neue Vermögensopfer möglich zu machen.[551] Eine *Veräußerung des Handelsgeschäfts,* deren Folgen bei § 234 RdNr. 39 f. dargestellt sind, ist grundsätzlich nicht ohne Zustimmung des stillen Gesellschafters zulässig.[552] Sind Veräußerer und Erwerber allerdings bereit, an einer Übernahme der stillen Beteiligung mitzuwirken, so kann, wenn die Fortsetzung der stillen Gesellschaft mit dem neuen Geschäftsinhaber keine Gefährdung der Interessen des stillen Gesellschafters mit sich bringt, ausnahmsweise eine Verpflichtung des stillen Gesellschafters bestehen, der Übertragung des Unternehmens zuzustimmen.[553] Auch wesentliche *Veränderungen des Unternehmens* bedürfen, soweit sie die Interessen des stillen Gesellschafters berühren, seiner Zustimmung (RdNr. 179).[554] Kapitalentzug kann eine solche Veränderung sein.[555] Dem Geschäftsinhaber steht aber ein Gestaltungsspielraum zu.[556] Im Fall der Umwandlung stellen sich unterschiedliche Fragen: Die eine geht dahin, ob das stille Gesellschaftsverhältnis fortbesteht oder beendet wird (dazu § 234 RdNr. 30 ff.); davon zu unterscheiden ist die Frage, ob die Umwandlung im Innenverhältnis der Zustimmung des stillen Gesellschafters bedarf. Das wird man immer dann annehmen müssen, wenn die Umwandlung die Interessen des stillen Gesellschafters – zB in haftungsrechtlicher Hinsicht – berührt (vgl. dazu unten RdNr. 178).[557]

---

[544] Unentschieden insoweit BGH NJW-RR 2005, 627 = NZG 2005, 261 = ZIP 2005, 254.

[545] AM BGH NJW-RR 2004, 1407, 1408 = NZG 2004, 961, 962 = ZIP 2004, 1706, 1707.

[546] Vgl. nur BFH DStR 2002, 123, 124 = DB 2002, 922, 923; *Koenigs* S. 139, 141; Baumbach/*Hopt* RdNr. 13; Heymann/*Horn* RdNr. 34; Oetker/*Schubert* RdNr. 72; Röhricht/v. Westphalen/*v. Gerkan/Mock* RdNr. 78; Staub/*Zutt* RdNr. 91.

[547] RGZ 92, 292, 294; BGH WM 1987, 1193, 1194; vgl. auch BGH NJW 1995, 1353, 1354.

[548] *Blaurock* RdNr. 12.10; *Koller*/Roth/Morck RdNr. 20.

[549] BGH WM 1963, 1209, 1210 = BB 1963, 1277; *Koenigs* S. 142; *P. Hartmann* S. 58 f.; *Böttcher/Zartmann/Faut* S. 79.

[550] *P. Hartmann* S. 58.

[551] Vgl. *Koenigs* S. 140.

[552] *Saenger* S. 109 f.; *Blaurock* RdNr. 12.15; Baumbach/*Hopt* RdNr. 13; Heymann/*Horn* RdNr. 35; *Böttcher/Zartmann/Faut* S. 79; MünchHdbGesR II/*Kühn* § 80 RdNr. 5.

[553] Zust. Heymann/*Horn* RdNr. 35; eingehend *Erkens* S. 31 ff.

[554] BGH WM 1963, 1209, 1210 = BB 1963, 1277; WM 1987, 1193, 1194 = ZIP 1987, 1316; OLG Saarbrücken NZG 1999, 155, 156; *Blaurock* RdNr. 12.11; *Koenigs* S. 142 f.; Baumbach/*Hopt* RdNr. 13; E/B/J/S/*Gehrlein* RdNr. 51; Röhricht/v. Westphalen/*v. Gerkan/Mock* RdNr. 78; Staub/*Zutt* RdNr. 86.

[555] Vgl. RGZ 126, 386, 391; Staub/*Zutt* RdNr. 86.

[556] *Koenigs* S. 143.

[557] Vgl. *A. Hueck,* FS Lehmann, 1956, S. 251 ff.; *Blaurock* RdNr. 18.22, 18.34, 18.44, 18.50; MünchHdbGesR II/*Kühn* § 80 RdNr. 8; MünchHdbGesR II/*Bezzenberger/Keul* § 87 RdNr. 13; *M. Winter,* FS Pelzer, 2001, S. 647 ff.; zustimmend und eingehender *Erkens* S. 84 ff.; weitergehend *Koenigs* S. 145 f.

138 **bb) Begrenzung auf den Geschäftsbetrieb.** Die Pflichten sind grundsätzlich auf den Betrieb beschränkt. Überholt ist die Auffassung, der Geschäftsinhaber müsse seine ganze Arbeitskraft in den Dienst des Unternehmens stellen.[558] Sie ist ganz auf die stille Beteiligung an einem Einzelunternehmen zugeschnitten und ist selbst beim Einzelkaufmann in solcher Allgemeinheit nicht zutreffend. Nur aus dem Gesellschaftsvertrag kann sich eine solche Verpflichtung des Geschäftsinhabers ergeben (so evtl. in Fällen der „Innen-KG", insbesondere der „GmbH & Still"). Es entscheidet der Parteiwille. Auch ein grundsätzliches Verbot, Privatvermögen außerhalb des Unternehmens anzulegen, gibt es nicht.[559] Ein solches Verbot wäre mit § 707 BGB unvereinbar. **Die Verwendung der stillen Einlage** ist durch den gemeinsamen Zweck der stillen Gesellschaft (§ 705 BGB) gebunden. Der Geschäftsinhaber darf sie nur zweckdienlich verwenden.[560] Nicht zweckdienlich ist insbesondere die Verwendung der stillen Einlage für unangemessene Leistungsvergütungen an Organe und Partner des Unternehmensträgers.[561] Auch sonstige Betriebsmittel darf der Betriebsinhaber nicht bestimmungswidrig dem Unternehmen entziehen, soweit hierdurch das Ergebnis beeinträchtigt wird.[562] Verstöße hiergegen berechtigen ggf. zum Schadensersatz und zur außerordentlichen Kündigung.

139 **cc) Treuhänderische Pflichten.** Bei der stillen Gesellschaft mit Treuhandcharakter (RdNr. 82), der „Innen-KG" (RdNr. 81) und insbesondere der „GmbH & Still" (RdNr. 87) können die Pflichten des Geschäftsinhabers wesentlich weiter gehen: Er kann dann verpflichtet sein, den Geschäftsbetrieb **treuhänderisch für Rechnung des stillen Gesellschafters bzw. als „Als-ob-Komplementär" einer mit den stillen Gesellschaftern gebildeten „virtuellen Kommanditgesellschaft"** zu führen.[563] Seine Pflichten sind dann diejenigen eines für eine (fiktive) Handelsgesellschaft handelnden Gesellschaftsorgans.

140 **b) Nebenpflichten des Geschäftsinhabers. aa) Grundlage.** Nebenpflichten können sich aus dem Gesellschaftsvertrag oder aus dem Gesetz ergeben. Gesetzliche Nebenpflicht ist die **Informationspflicht** gegenüber dem stillen Gesellschafter (dazu Erl. § 233). Im Zeitpunkt des Beitritts gilt ein **vorvertragliches Täuschungsverbot.**[564] Aus diesem können sich **Offenbarungspflichten** ergeben.[565] Das gilt insbesondere in Fällen der Publikumsgesellschaft (RdNr. 88). Hier müssen die Anleger über die Nachteile und Risiken der Kapitalanlage zutreffend und vollständig informiert werden,[566] insbesondere über die beabsichtigte Verwendung der Einlagen.[567] Die wichtigste gesetzliche Nebenpflicht ist in den §§ 230 ff. nicht genannt: Beide Gesellschafter unterliegen einer gesellschaftsrechtlichen **Treupflicht.**[568] Die gesellschaftsrechtliche Treupflicht kann dem Inhaber nach Lage des Einzelfalls gebieten, das stille Beteiligungsverhältnis nach außen hin nicht offenzulegen.[569] Pflichtverletzungen können den Geschäftsinhaber zum Schadensersatz verpflichten und den stillen Gesellschafter,

---

[558] So noch *Saenger* S. 105 f.; *Koenigs* S. 224; dagegen *Reusch* S. 110 f.

[559] *P. Hartmann* S. 57.

[560] BGH LM § 230 Nr. 1 = NJW 1988, 413 m. Anm. *Windbichler* ZGR 1984, 434; BGH LM § 230 Nr. 6 = NJW 1995, 1353, 1354; *Reusch* S. 190 f.; MünchHdbGesR II/*Kühn* § 80 RdNr. 9; Baumbach/*Hopt* RdNr. 13; Heymann/*Horn* RdNr. 36; *Koller*/Roth/Morck RdNr. 20; *Klein* JA 1988, 149.

[561] BGH LM § 230 Nr. 1 = NJW 1988, 413 m. Anm. *Windbichler* ZGR 1984, 434; BGH LM § 230 Nr. 6 = NJW 1995, 1353, 1354.

[562] MünchHdbGesR II/*Kühn* § 80 RdNr. 9; E/B/J/S/*Gehrlein* RdNr. 43; Röhricht/v. Westphalen/*v. Gerkan/Mock* RdNr. 78.

[563] Vgl. *Karsten Schmidt,* FS Bezzenberger, 2000, S. 405 ff.

[564] BGH NZG 2005, 472 = ZIP 2005, 753; NJW 2005, 1784, 1787 = NZG 2005, 467; NZG 2005, 476 = ZIP 2005, 763; NJW-RR 2006, 178 = ZIP 2005, 2060.

[565] BGH NJW-RR 2006, 178 = ZIP 2005, 2060.

[566] BGH NZG 2005, 472 = ZIP 2005, 753; OLG Frankfurt NZG 2004, 323 (n. rkr.).

[567] BGH NZG 2005, 472 = ZIP 2005, 753.

[568] BGHZ 3, 75, 81; BGH WM 1963, 1209, 1210 = BB 1963, 1277; BGH ZIP 1987, 1316, 1318 = LM Nr. 1 = NJW 1988, 413; Baumbach/*Hopt* RdNr. 23; Heymann/*Horn* RdNr. 30; *Koller*/Roth/Morck RdNr. 16, 20; Staub/*Zutt* RdNr. 70; E/B/J/S/*Gehrlein* RdNr. 42. *Koenigs* S. 117, 222 ff.; *Blaurock* RdNr. 12.47, 12.60; *Aulinger* S. 62 ff.; *Rasner* S. 117 ff.

[569] *Blaurock* RdNr. 12.50.

wenn Fortsetzung unzumutbar ist, zur Kündigung berechtigen (§ 234 RdNr. 49). Ist der Geschäftsinhaber eine Handelsgesellschaft, so kann sich die Frage stellen, ob der stille Gesellschafter Anspruch darauf hat, dass Ausschüttungen an die Gesellschafter, die nicht durch ausgewiesene Gewinnanteile gedeckt sind, unterbleiben.

bb) Wettbewerbsverbot. Ein allgemeines gesetzliches **Wettbewerbsverbot** gibt es 141 nicht.[570] Gemeinsamer Zweck und Treupflicht führen aber zu differenzierten Ergebnissen: Für den **Geschäftsinhaber** ist an eine *sinngemäße Anwendung der §§ 112f.* zu denken.[571] Die Analogie kann bejaht werden, wenn die Gesellschaft im Innenverhältnis wie eine KG gestaltet ist und der Geschäftsinhaber als Quasi-Komplementär agiert (vgl. zu dieser Gestaltung RdNr. 81, 87).[572] Auch wenn die stille Gesellschaft Treuhandelemente aufweist und das Unternehmen für Rechnung des Stillen betrieben wird (RdNr. 82), sollten die §§ 112, 113 analog angewandt werden.[573] Im Übrigen ergibt sich aus den Hauptpflichten des Geschäftsinhabers und aus der Treupflicht, dass er die Gewinnaussichten des Stillen nicht durch Konkurrenzgeschäfte schmälern darf.[574] Für ihn läuft also die Treupflicht auf ein eingeschränktes Wettbewerbsverbot hinaus.[575] Vor allem gilt für den Geschäftsinhaber im Fall der atypischen stillen Gesellschaft die **Geschäftschancenlehre** (vgl. zu dieser § 165 RdNr. 2): Er darf Geschäfte, die er für gemeinsame Rechnung zu machen verpflichtet ist, nicht unter Verstoß gegen den gemeinsamen Zweck an sich ziehen.

3. Pflichten des stillen Gesellschafters. a) Terminologie. aa) Hauptpflicht und Nebenpflichten. Auch hinsichtlich des stillen Gesellschafters ist zwischen Hauptpflichten 142 und Nebenpflichten zu unterscheiden. Vertragliche Hauptpflicht ist die Verpflichtung zur Leistung des Gesellschafterbeitrags (RdNr. 143 ff.), idR zur Leistung einer stillen Einlage (RdNr. 147 ff.). Nebenpflichten ergeben sich namentlich aus der gesellschaftsrechtlichen Treubindung (RdNr. 154 f.).

bb) Beitrag und Einlage. Als Hauptpflicht des stillen Gesellschafters wird herkömmlich 143 die Verpflichtung angesehen, seine Einlage in das Vermögen des Geschäftsinhabers zu leisten (§ 230 Abs. 1).[576] Richtigerweise setzt allerdings der Tatbestand der stillen Gesellschaft überhaupt nicht voraus, dass der stille Gesellschafter eine Einlage leistet, sondern nur, dass er eine stille Einlage bei dem Unternehmen hält (RdNr. 37).[577] Die Leistung einer Einlage durch den stillen Gesellschafter ist typisch, jedoch nicht begriffsnotwendig. Nicht die Leistung einer Einlage, sondern die **Leistung eines Beitrags** zu einem gemeinsamen Zweck ist Begriffsmerkmal der stillen Gesellschaft (§ 705 BGB).[578] Dieser Beitrag besteht im Fall der stillen Gesellschaft mindestens darin, **dass der stille Gesellschafter die stille Einlage bis zur Beendigung der Gesellschaft im Unternehmen hält.**[579] Zur **Terminologie** (vgl. auch

[570] *Aulinger* S. 71; *Koenigs* S. 224 ff.; *P. Hartmann* S. 57; *Klauss/Mittelbach* RdNr. 77; Röhricht/v. Westphalen/*v. Gerkan/Mock* RdNr. 80.

[571] Schlegelberger/*Karsten Schmidt* RdNr. 129; zust. Staub/*Zutt* RdNr. 72; MünchHdbGesR II/*Doehner/Hoffmann* § 82 RdNr. 3; krit. E/B/J/S/*Gehrlein* RdNr. 45; Oetker/*Schubert* RdNr. 68 differenzierend *Blaurock* RdNr. 12.53 f..

[572] Schlegelberger/*Karsten Schmidt* RdNr. 129; *Blaurock* RdNr. 12.56; für „den atypischen stillen Gesellschafter" auch BGHZ 89, 162, 165 f.; E/B/J/S/*Gehrlein* RdNr. 45; Oetker/*Schubert* RdNr. 68; für die Publikumsgesellschaft *Reusch* S. 127, 173 f.

[573] Schlegelberger/*Karsten Schmidt* RdNr. 129; zust. Röhricht/v. Westphalen/*v. Gerkan/Mock* RdNr. 80.

[574] Vgl. *Koenigs* S. 224 f.; *Blaurock* RdNr. 12.54; *Rasner* S. 121 f.; Baumbach/*Hopt* RdNr. 16; MünchHdbGesR II/*Doehner/Hoffmann* § 82 RdNr. 1; Röhricht/v. Westphalen/*v. Gerkan/Mock* RdNr. 80; Staub/*Zutt* RdNr. 72.

[575] Baumbach/*Hopt* RdNr. 16; Schlegelberger/*Karsten Schmidt* RdNr. 129; enger wohl *Aulinger* S. 71.

[576] Vgl. nur BGHZ 7, 174, 177; BGH WM 1976, 1031, 1031; MünchHdbGesR II/*Bezzenberger/Keul* § 72 RdNr. 12.

[577] Vgl. zur Entwicklung dieser Sichtweise Schlegelberger/*Karsten Schmidt* RdNr. 137 ff.; vgl. auch BFH DB 2001, 2072 („dass sich die Einlage im Kapitalkonto niederschlägt").

[578] Zust. BFHE 192, 490, 493; *Blaurock* RdNr. 6.1; MünchHdBGesR II/*Bezzenberger/Keul* § 72 RdNr. 12; *Walter* GmbHR 1997, 823.

[579] Schlegelberger/*Karsten Schmidt* RdNr. 137.

§ 105 RdNr. 177):[580] **Beitrag** iS von § 705 BGB ist jede zweckfördernde Leistung.[581] Mit der **Einlage** meinen die §§ 230 ff. Unterschiedliches. Die (geschuldete, zu leistende oder geleistete) **Einlage als Leistungsgegenstand** (zB § 230 Abs. 1) ist ein in das haftende Unternehmensvermögen zu leistender Beitrag.[582] Die **Einlage als Guthaben** (zB § 232 Abs. 3) ist ein auf einem Einlagenkonto darstellbarer Betrag, den der stille Gesellschafter bei dem Träger des Unternehmens hält.[583] Die herkömmliche Vermischung dieser Begriffe[584] wird durch diese Terminologie vermieden.

144 **b) Beitrag. aa) Begriff.** Beitrag des stillen Gesellschafters *kann eine Einlageleistung nach Abs. 1 sein.* Für den Begriff der stillen Gesellschaft genügt aber *jede Förderung des gemeinsamen Zwecks* (RdNr. 37, § 105 RdNr. 178). Der stille Gesellschafter trägt bereits durch Belassen der stillen Einlage im Unternehmen zum gemeinsamen Zweck der Gesellschaft bei, gleichgültig, ob die stille Einlage aus dem Vermögen des stillen Gesellschafters stammt (RdNr. 143). Welche Beiträge der stille Gesellschafter darüber hinaus schuldet, kann sich nicht aus dem Gesetz, sondern nur aus den vertraglichen Vereinbarungen ergeben. Häufig, aber nicht begriffsnotwendig, wird es sich um Leistungen an den Geschäftsinhaber handeln, vor allem um eine *Einlageleistung* nach Abs. 1 (RdNr. 147 ff.), aber zB auch um *Dienstleistungen, Gebrauchsüberlassungen, Kredite, Bürgschaften, know how, Abschluss günstiger Lieferverträge, sogar auch Unterlassungen.*[585] Notwendig ist dies nicht. Es schadet auch nicht, wenn die zweckfördernde Leistung ihrerseits auf einem besonderen Rechtsgrund *(Dienstvertrag, Geschäftsbesorgungsvertrag, Werkvertrag, Kaufvertrag etc.)* beruht, solange sie auch (!) als Beitrag zum gemeinsamen Zweck gewollt ist. Beitrag (aber nicht Einlage!) kann auch die *Bildung gemeinschaftlichen Vermögens,* zB des Miteigentums an Betriebsanlagen, sein, das dann aber nicht Gesellschaftsvermögen wird (RdNr. 9).[586] Als Beitrag kann schließlich jede auch *mittelbare Förderungsleistung* oder die *Stärkung des Kredits* geschuldet sein. So etwa, wenn sich der stille Gesellschafter dem Inhaber zur Stellung von Kreditsicherheiten für Unternehmenskredite verpflichtet. Auch ein Rangrücktritt mit der stillen Einlage (§ 236 RdNr. 29) kann Gesellschafterbeitrag sein.

145 **bb) Keine Nachschusspflicht.** Zur Erhöhung der Beiträge oder zur Ergänzung einer durch Verlust verminderten Einlage sind die Gesellschafter nach **§ 707 BGB** nicht verpflichtet.[587] Nachschusspflichten können grundsätzlich nur durch Gesellschaftsvertrag begründet werden. Auch aus der Treupflicht lassen sich grundsätzlich keine Nachschusspflichten herleiten. Selbst wenn der Bedarf unabweisbar ist (Sanierungsfall!), können die Gesellschafter ohne Vertragsregelung grundsätzlich nicht zu Nachschüssen verpflichtet sein.[588] Das Fehlen einer Nachschusspflicht hindert nicht die Annahme eines wichtigen Kündigungsgrundes gegenüber dem stillen Gesellschafter, wenn ein existentieller Kapitalbedarf nicht durch Nachschüsse

---

[580] *Karsten Schmidt* GesR § 20 II; Schlegelberger/*Karsten Schmidt* RdNr. 135 ff.; dem folgend *Blaurock* RdNr. 6.1 („vgl. auch"); *Walter* GmbHR 1997, 823 f.; Vermischung von Einlage und Beitrag bei Oetker/*Schubert* RdNr. 21 (abw. RdNr. 64, 82); Röhricht/v. Westphalen/*v. Gerkan/Mock* RdNr. 32.

[581] Schlegelberger/*Karsten Schmidt* RdNr. 138; *Karsten Schmidt* GesR § 20 II 1 a, 2; jetzt hM; vgl. nur *Blaurock* RdNr. 6.1, 6.6.

[582] *Karsten Schmidt* GesR § 20 II 1 a; jetzt hM.

[583] Schlegelberger/*Karsten Schmidt* RdNr. 33, 152.

[584] Besonders deutlich zB *Paulick,* 3. Aufl., § 6 II 1; *P. Hartmann* S. 50: „Die Beitragspflicht des stillen Gesellschafters ergibt sich unmittelbar aus § 230 Abs. 1 HGB. Danach ist Gegenstand der Beitragspflicht die Vermögenseinlage"; s. auch BFH DStRE 2004, 933, 935 = GmbHR 2004, 973, 975: Begriff der Einlage „in einem weiten Sinn" oder „einschränkend"; zusammenfassend *Walter* GmbHR 1997, 824.

[585] So schon Schlegelberger/*Karsten Schmidt* RdNr. 138; übereinst. BFH BB 2000, 2504, 2505 = NJW-RR 2001, 817; GmbHR 2004, 973, 975; *Blaurock* RdNr. 6.31 ff., 6.38 ff., 6.44 ff.; sachlich übereinstimmend, aber unter der hier abgelehnten Terminologie *Koenigs* S. 124 f.; Düringer/Hachenburg/*Flechtheim* § 335 RdNr. 6 f.; Heymann/*Horn* RdNr. 45; Staub/*Zutt* RdNr. 75.

[586] Vgl. auch BGHZ 8, 157, 161.

[587] *Saenger* S. 66; *Blaurock* RdNr. 10.22; *P. Hartmann* S. 56; *Reusch* S. 228; MünchHdbGesR II/*Kühn* § 83 RdNr. 18; Schlegelberger/*Karsten Schmidt* RdNr. 139; Staub/*Zutt* RdNr. 83; vgl. auch BGH WM 1982, 1311, 1312.

[588] Vgl. Schlegelberger/*Karsten Schmidt* RdNr. 139.

gedeckt wird, obwohl solche Nachschüsse zumutbar sind (vgl. auch § 131 RdNr. 85: „Sanieren oder Ausscheiden"). Im Fall einer „virtuellen KG" (RdNr. 81) kommen auch summenmäßig begrenzte Verlustausgleichsansprüche nach **§ 735, 739** in Betracht (dazu § 235 RdNr. 61).[589]

cc) Erlass und Herabsetzung der Beitragspflicht. Ein Erlass oder eine Herabsetzung der Beitragspflicht und damit auch der Einlagepflicht ist, anders als nach § 172 Abs. 3 HGB bzw. § 19 Abs. 2 GmbHG, nicht untersagt.[590] Soweit dem stillen Gesellschafter Verlustanteile erlassen werden, kann allerdings diese Rechtshandlung im Insolvenzfall nach § 136 Abs. 1 InsO anfechtbar sein (vgl. Anh. § 236 RdNr. 15). 146

c) Einlage als Leistungsgegenstand. Der Tatbestand der stillen Gesellschaft setzt die Vereinbarung eines Einlagenkontos voraus, wenn auch nicht notwendig eine Einlageleistung des stillen Gesellschafters (RdNr. 37). Die Vereinbarung einer Einlageleistung ist aber die Regel. Einlage iS von § 230 Abs. 1 kann nur eine Leistung sein, die vom stillen Gesellschafter (oder für seine Rechnung) zur Deckung des Einlagenkontos geleistet und zu diesem Zweck in das Unternehmensvermögen überführt wird (RdNr. 143). Diese Einlage kann **Geldeinlage oder** (selten) **Sacheinlage** sein.[591] Beides kann auch zusammentreffen.[592] Ihre Höhe entspricht idR dem zugunsten des stillen Gesellschafters zu buchenden Guthaben (RdNr. 143). Es kann allerdings auch ein Aufgeld (**Agio**) vereinbart werden.[593] Wird ein Disagio vereinbart (Zahlung einer geringeren als der buchmäßig ausgewiesenen Einlage), so kann dies auf eine gemischte Schenkung hindeuten (vgl. sinngemäß RdNr. 150). Für die **Verjährung** gilt nach BGH NZG 2010, 823 = ZIP 2010, 1341 die Regelfrist des § 19 BGB (drei Jahre), nicht die Einlagenverjährung § 54 Abs. 4 AktG, § 19 Abs. 6 GmbHG. 147

aa) Geldeinlage. Sie kann durch Zahlung (Barzahlung oder unbare Zahlung) geleistet werden, aber auch durch einverständliche Verrechnung mit Forderungen des stillen Gesellschafters („Umwandlung" der Forderung in eine Geldeinlage).[594] Sofern nicht effektive Zahlung ausdrücklich oder stillschweigend bedungen ist (Aufrechnungsausschluss) kann die Einlageschuld nach § 387 BGB auch durch Aufrechnung[595] oder durch vertragliche Verrechnung mit einer Forderung des stillen Gesellschafters getilgt werden.[596] Im Fall der Verrechnung oder Aufrechnung ist mangels gesetzlichen Kapitalschutzes keine Vollwertigkeit der Gegenforderung des stillen Gesellschafters erforderlich.[597] Allerdings ist zu bedenken, dass die Überbewertung im Innenverhältnis die Zustimmung des Geschäftsinhabers bzw. bei einer mehrgliedrigen stillen Gesellschaft der Mitgesellschafter voraussetzt (vgl. sinngemäß RdNr. 150). Aus dem Vertragsverhältnis können sich auch Aufrechnungsverbote ergeben. 148

bb) Sacheinlage kann nur sein, was auch in eine Kommanditgesellschaft mit haftungsbefreiender Wirkung hätte eingelegt werden können (dazu §§ 171, 172 RdNr. 9 f.).[598] Es muss sich also um **übertragbare und bewertbare Vermögensgegenstände** handeln.[599] Hierher 149

---

[589] Schlegelberger/*Karsten Schmidt* RdNr. 139.

[590] *Koenigs* S. 138 f.; *Saenger* S. 122; Staub/*Zutt* RdNr. 84.

[591] BGHZ 7, 174, 177; *Saenger* S. 66; *Blaurock* RdNr. 6.10, 6.15; MünchHdbGesR II/*Kühn* § 83 RdNr. 7 ff.; Heymann/*Horn* RdNr. 44; Röhricht/v. Westphalen/*v. Gerkan/Mock* RdNr. 33; Schlegelberger/*Karsten Schmidt* RdNr. 144; Staub/*Zutt* RdNr. 75; vgl. auch RGZ 95, 147, 150; 122, 70, 72.

[592] *Blaurock* RdNr. 6.15.

[593] Vgl. BFH BB 2000, 2504 = NJW-RR 2001, 817.

[594] Vgl. Sachverhalt BGHZ 7, 174; BFHE 195, 486 = DB 2001, 2023; KG NZG 2010, 463; ferner *Blaurock* RdNr. 6.11; MünchHdbGesR II/*Kühn* § 83 RdNr. 7.

[595] BGHZ 7, 174, 177; *Blaurock* RdNr. 6.13; Heymann/*Horn* RdNr. 44; MünchHdbGesR II/*Kühn* § 83 RdNr. 7.

[596] BGHZ 7, 174, 177; *Saenger* S. 66; *Blaurock* RdNr. 6.11 ff.; Heymann/*Horn* RdNr. 44; MünchHdbGesR II/*Kühn* § 83 RdNr. 7; Röhricht/v. Westphalen/*v. Gerkan/Mock* RdNr. 33; Staub/*Zutt* RdNr. 75; vgl. auch RGZ 95, 147, 150; 122, 70, 72.

[597] *Blaurock* RdNr. 6.11; wohl auch Staub/*Zutt* RdNr. 81.

[598] Richtig *U. Huber* Vermögensanteil S. 194; **aA** noch Düringer/Hachenburg/*Flechtheim* § 335 aF RdNr. 6.

[599] *Blaurock* RdNr. 6.15; Schlegelberger/*Karsten Schmidt* RdNr. 146; Staub/*Zutt* RdNr. 75.

gehören außer *Sachen* namentlich alle der Substanz nach übertragbaren *Rechte.*[600] Nach herkömmlicher Lesart kann jede geldwerte Leistung des stillen Gesellschafters Einlageleistung iS von Abs. 1 sein.[601] Das soll insbesondere auch für *Gebrauchsüberlassungen* gelten,[602] außerdem für *Dienstleistungen.*[603] Diese Auffassung steht nicht in Einklang mit der hier unter RdNr. 143 verwendeten Terminologie und sollte auch sachlich als überholt gelten. Leistungen, die nicht in das Unternehmensvermögen überführt werden können, stellen auch bei der stillen Gesellschaft keine Einlagen dar.[604] Alle hier aufgezählten Leistungen stellen taugliche *Beiträge* des stillen Gesellschafters dar, nicht jedoch ohne weiteres taugliche *Einlageleistungen.* Die **Einlagefähigkeit** von Beitragsleistungen wird bei § 105 RdNr. 179 und §§ 171, 172 RdNr. 9 ff. näher abgegrenzt. Bei der stillen Gesellschaft spielt die Frage eine nur geringe Rolle, denn es besteht Vertragsfreiheit. Sollen Dienstleistungen und Gebrauchsüberlassungen auf das Einlagenkonto angerechnet werden, so liegt eine *modifizierte Geldeinlage* (Sachübernahme) vor: Es muss dann für die als Beiträge zu erbringenden Leistungen ein Entgelt festgesetzt werden, das als Einlage des stillen Gesellschafters verrechnet wird.[605] Die **Leistung der Sacheinlage** in das Vermögen des Geschäftsinhabers (Abs. 1) erfolgt nach den für die jeweilige Sacheinlage geltenden Grundsätzen durch Übertragung (Verfügungsgeschäft), also zB nach §§ 929 ff. BGB (bewegliche Sachen), §§ 873, 925 BGB (Grundstückseigentum), § 398 BGB (Forderung).[606] Es gilt der Spezialitätsgrundsatz. Vermögensinbegriffe können nur durch Einzelübertragungsakte eingebracht werden. Vor allem gilt dies für die Einbringung von Unternehmen.[607]

150 **cc) Bewertungsprobleme.** Sacheinlageprobleme sind in *rechtlicher* Hinsicht ganz anderer Art als bei der Kommanditgesellschaft.[608] Im Gegensatz zur Sacheinlage des Kommanditisten besteht kein haftungsrechtlicher Zwang zur Bewertung der stillen Einlage.[609] So wie der Geschäftsinhaber dem stillen Gesellschafter die Beteiligung schenken oder ihm gegen bloße Beiträge (zB Dienstleistungen) oder gegen eine Einlageleistung von 5000 DM eine stille Beteiligung von 10 000 DM einbuchen kann, haben bei einer Sacheinlage die Beteiligten auch in der Bewertung **freie Hand.**[610] Sie können einen gegenwärtigen, einen künftigen, einen mutmaßlichen, aber auch einen fiktiven Wert ansetzen. Da die Einlageleistung nur für das Innenverhältnis und nicht, wie die Kommanditisteneinlage, auch für die Außenhaftung von Bedeutung ist, lösen **Über- und Unterbewertungen** bei der stillen Gesellschaft **keine gesetzlichen Haftungsfolgen** aus, solange sie nur bewusst und einvernehmlich erfolgen (RdNr. 148; vgl. zum Agio auch RdNr. 147). Die **einverständliche Über- oder Unterbewertung** kann sich allerdings als Einigung über die teilweise Unentgeltlichkeit und damit als

[600] *Blaurock* RdNr. 6.15; zur Einlagefähigkeit obligatorischer Nutzungsrechte näher *Bork* ZHR 154 (1990), 205; *Karsten Schmidt* ZHR 154 (1990), 237.

[601] Statt vieler RGZ 31, 72, 74; 126, 386, 391; 142, 13, 21; BGHZ 7, 174, 177; *Koenigs* S. 124; *Reusch* S. 213; Baumbach/*Hopt* RdNr. 20; Staub/*Zutt* RdNr. 75; dagegen schon Schlegelberger/*Karsten Schmidt* RdNr. 138; *ders.* GesR § 6 II 1 d und III 2; dem zustimmend *Blaurock* RdNr. 6.1 ff.; vgl. auch MünchHdbGesR II/*Kühn* § 83 RdNr. 2.

[602] *Koenigs* S. 125; *Böttcher/Zartmann/Faut* S. 69; Düringer/Hachenburg/*Flechtheim* § 335 aF RdNr. 7; Heymann/*Horn* RdNr. 45.

[603] RGZ 142, 13, 21; RG SeuffA 93 Nr. 59; BGHZ 7, 174, 181; BGH WM 1966, 63, 64 = BB 1966, 53; KG JFG 6, 207, 210 = DJZ 1929, 247 = HRR 1929 Nr. 742; *Koenigs* S. 8, 125 ff.; *P. Hartmann* S. 53; Heymann/*Horn* RdNr. 45; *Böttcher/Zartmann/Faut* S. 69; *Rasner* S. 28; Staub/*Zutt* RdNr. 75; Baumbach/*Hopt* RdNr. 20; anders noch RG JW 1903 Beilage 16 f. (keine stille Gesellschaft, sondern partiarischer Dienstvertrag); *Bucher* S. 54 f.; *Lastig* ZHR 32 (1886) 234; *Lübbert* ZHR 58 (1906) 515.

[604] Schlegelberger/*Karsten Schmidt* RdNr. 146.

[605] So bereits Schlegelberger/*Karsten Schmidt* RdNr. 146 mwN; zust. BFH DB 2001, 2072, 2073; dagegen zB Heymann/*Horn* RdNr. 45.

[606] Vgl. hierzu *Blaurock* RdNr. 6.16; Staub/*Zutt* RdNr. 80.

[607] Vgl. zur Unternehmensübertragung *Karsten Schmidt* Handelsrecht § 6 II 1.

[608] Vgl. zum Folgenden bereits Schlegelberger/*Karsten Schmidt* RdNr. 149 ff.

[609] Vgl. nur *Blaurock* RdNr. 6.4; Baumbach/*Hopt* RdNr. 22; Schlegelbeger/*Karsten Schmidt* RdNr. 149.

[610] BGHZ 7, 174, 178 = NJW 1952, 1412; BFHE 192, 490, 492 f.; *Saenger* S. 67; *Blaurock* RdNr. 6.63; MünchHdbGesR II/*Kühn* § 83 RdNr. 17, 21; Baumbach/*Hopt* RdNr. 22; GK/*Fahse* RdNr. 35; Heymann/*Horn* RdNr. 45; *Koller*/Roth/Morck RdNr. 16; Röhricht/v. Westphalen/*v. Gerkan/Mock* RdNr. 45; Schlegelberger/*Karsten Schmidt* RdNr. 150; Staub/*Zutt* RdNr. 72; *Zeidler* NZG 1999, 654.

gemischte Schenkung an den Stillen darstellen.[611] Neben einer möglichen Schenkungsteuerpflicht tritt in diesem Fall die bei RdNr. 98 ff., 102 f. erörterte Problematik der Formbedürftigkeit auf.[612] Nach BGHZ 7, 174 findet die Bewertungsfreiheit im Hinblick auf die Formvorschrift des § 518 BGB „dort eine Grenze, wo die Überbewertung der Einlage nach dem Willen der Beteiligten eine unentgeltliche Zuwendung des Geschäftsinhabers an den stillen Gesellschafter darstellt". Das ist missverständlich.[613] § 518 BGB steht der formfreien Schenkung stiller Beteiligungen nur ausnahmsweise entgegen (RdNr. 103). Selbst dann kann die gemischte Schenkung einer stillen Einlage nach § 140 BGB als entgeltliches Geschäft teilweise aufrechterhalten werden, soweit dies dem hypothetischen Parteiwillen entspricht. Hiervon zu unterscheiden ist die **unbeabsichtigte Unter- oder Überbewertung.** Im Zweifel ist davon auszugehen, dass ein Gesellschafter, dem auf dem Einlagenkonto ein bestimmter Betrag gutgeschrieben wird, einen entsprechenden Wert zuführen soll (vgl. bereits RdNr. 147).[614] Fehlt es daran, so richten sich die Rechtsfolgen nach Auslegungsgrundsätzen, nach ergänzender Vertragsauslegung oder nach den allgemein für den Kalkulationsirrtum geltenden Grundsätzen.[615] Beruht die Überbewertung auf einem versteckten Sachmangel, so ist, wie allgemein beim Einbringungsgeschäft, die analoge Anwendung der kaufrechtlichen Gewährleistungsvorschriften (RdNr. 162) oder eine gesellschaftsvertragliche Garantiehaftung zu prüfen.[616] Bei signifikanten Fehlbewertungen kann eine Neufestsetzung der stillen Einlage stattfinden (ggf. besteht eine Vertraganpassungspflicht aus § 242 BGB).

dd) In der Vergangenheit liegende Leistungen können nicht nachträglich in Einlageleistungen gemäß § 230 Abs. 1 umgewandelt werden.[617] Das ist praktisch unschädlich. Die früher hM maß dieser Frage ein ganz übertriebenes Gewicht zu, weil sie statt der stillen Einlage (RdNr. 143) die Vereinbarung einer Einlage*leistung* zur zwingenden Tatbestandsvoraussetzung der stillen Gesellschaft erklärte (dagegen RdNr. 37). Da aber Vertrags- und Bewertungsfreiheit herrscht, steht handelsrechtlich nichts entgegen, zur Abgeltung in der Vergangenheit erbrachter Leistungen – zB Dienstleistungen – dem Leistenden eine stille Beteiligung einzuräumen.[618] Dies geschieht entweder durch Verrechnung, indem nachträglich ein Entgelt für die vergangenen Leistungen festgesetzt und als Bareinlage verrechnet wird,[619] oder durch Einbuchung, indem die stille Beteiligung unmittelbar, ohne Einlageleistung des Stillen, zur Abgeltung früherer Leistungen eingeräumt wird.[620] Dann kann dann eine Zuwendung mit kausaler Verknüpfung vorliegen, die nicht dem Schenkungsrecht unterliegt.[621] 151

ee) Künftig zu erbringende Leistungen können problemlos als Einlageleistungen vereinbart werden.[622] Die Einlageschuld des Stillen kann schon im Gesellschaftsvertrag gestundet, insbesondere auch sukzessiv erbracht werden.[623] Es kann *auch nachträglich vereinbart werden, dass Einlageschulden statt durch Zahlung durch Verrechnung* mit dem Entgelt für 152

[611] BGHZ 7, 174, 179 = NJW 1952, 1412; *Blaurock* RdNr. 6.66; Heymann/*Horn* RdNr. 45; Röhricht/v. Westphalen/*v. Gerkan/Mock* RdNr. 35; Schlegelberger/*Karsten Schmidt* RdNr. 150; Staub/*Zutt* RdNr. 14, 78.

[612] *Blaurock* RdNr. 6.66; Baumbach/*Hopt* RdNr. 22.

[613] Schlegelberger/*Karsten Schmidt* RdNr. 150.

[614] Staub/*Zutt* RdNr. 14.

[615] Schlegelberger/*Karsten Schmidt* RdNr. 151.

[616] Vgl. RGZ 141, 204, 208; mit Recht einschr. *Blaurock* RdNr. 6.57.

[617] Vgl. RG LZ 1908, 158; *Blaurock* RdNr. 6.13; Baumbach/*Hopt* RdNr. 20; nur scheinbar aM Hans OLG Hamburg NZG 1999, 66 (Darlehensverrechnung); Röhricht/v. Westphalen/*v. Gerkan/Mock* RdNr. 34; offengelassen bei MünchHdbGesR II/*Kühn* § 83 RdNr. 3.

[618] So im Ergebnis die hM; vgl. Baumbach/*Hopt* RdNr. 20; Röhricht/v. Westphalen/*v. Gerkan/Mock* RdNr. 34; MünchHdbGesR II/*Kühn* § 83 RdNr. 9; Staub/*Zutt* RdNr. 75.

[619] Vgl. BGHZ 7, 174, 179; Staub/*Zutt* RdNr. 75.

[620] Schlegelberger/*Karsten Schmidt* RdNr. 147.

[621] Dazu Staudinger/*Cremer* BGB § 516 RdNr. 27.

[622] Schlegelberger/*Karsten Schmidt* RdNr. 148; **anders** die früher hM; vgl.; Düringer/Hachenburg/*Flechtheim* § 335 RdNr. 6; *Tillmann* GmbHR 1977, 280.

[623] KG JFG 6, 207, 210 f.

Dienstleistungen, Gebrauchsüberlassungen, Lieferungen (RdNr. 149), aber auch aus stehen bleibenden Gewinnen beglichen werden (vgl. zur Aufrechnung RdNr. 148).[624] Der Parteiwille kann darauf gerichtet sein, dass eine stille Beteiligung alsbald eingebucht wird (dann entsteht sie sogleich) oder dass die stille Beteiligung erst durch Verrechnung mit einer Vergütung begründet wird (dann entsteht sie sukzessiv). Die früher verbreitete Annahme, es fehle bis zur Leistung der Einlage an einer wesentlichen Voraussetzung der stillen Gesellschaft,[625] beruht auf der überholten Prämisse, dass es keine stille Gesellschaft ohne Einlage*leistung* gebe (dazu RdNr. 37, 143).

153 **ff) Vereinbarung der Einlageleistung.** Der Anspruch des Geschäftsinhabers auf Leistung einer Einlage iS von Abs. 1 ist ein **vertraglicher Anspruch.**[626] Eine Verpflichtung zur Einlageleistung setzt eine entsprechende *Vereinbarung* voraus. Die Vereinbarung muss bestimmt oder doch hinreichend bestimmbar sein.[627] IdR ist sie ohne weiteres mit der Vereinbarung eines Einlagekontos mit bestimmt (RdNr. 147). Es kann aber genügen wenn sich die Höhe der vereinbarten Leistung nach dem jeweiligen Bedarf an Betriebskapital richtet und bei Eintritt eines solchen Kapitalbedarfs bestimmbar ist.[628] Die §§ 315 ff. BGB gelten auch für Leistungsbestimmungen im Gesellschaftsvertrag der stillen Gesellschaft. Eine *Nachschusspflicht* besteht, sofern nicht wirksam ein anderes vereinbart ist, nicht (vgl. RdNr. 145). Auch ein *Erlass* der Einlagepflicht ist, da diese Pflicht den allgemeinen Regeln über Beiträge unterliegt, möglich (vgl. RdNr. 143). Wird dem stillen Gesellschafter trotz des Erlasses die stille Einlage auf dem Konto gutgebracht (oder belassen), so liegt eine Schenkung nach §§ 516 ff. BGB vor. Soweit dem stillen Gesellschafter sein Anteil am Verlust erlassen wird, kann dies nach § 136 Abs. 1 Satz 1 InsO die Insolvenzanfechtung begründen (dazu Anh. § 236 RdNr. 17).

154 **d) Nebenpflichten. aa) Treupflicht.** Das Ausmaß von Nebenpflichten, insbesondere der Treupflicht, ist vom konkreten Realtypus der stillen Gesellschaft abhängig.[629] Bei der gesetzestypischen stillen Gesellschaft bestehen, ihrer bloßen Finanzierungsfunktion entsprechend, nur gering ausgeprägte Treupflichten.[630] Dazu gehört, Betriebsgeheimnisse zu wahren[631] und von den Rechten als stiller Gesellschafter ohne Beeinträchtigung der berechtigten Belange des Unternehmens und seiner Gesellschafter Gebrauch zu machen.[632] Insbesondere eine Vermögensbetreuungspflicht iS von § 266 StGB trifft den stillen Gesellschafter nicht.[633] Erweiterte Treupflichten treffen den stillen Gesellschafter bei den verschiedenen Varianten der atypisch stillen Gesellschaft (RdNr. 77 ff.). Schon eine Erweiterung der Informationsrechte kann den stillen Gesellschafter zu besonderer Loyalität anhalten.[634] Vermehrt gilt dies bei einem an der Geschäftsführung beteiligten stillen Gesellschafter.[635] Handelt es sich um eine verbandsmäßig, insbesondere als „Innen-KG" ausgestaltete stille Gesellschaft (RdNr. 81), so entsprechen die Treupflichten denen eines Kommanditisten (dazu § 161 RdNr. 30).

---

[624] Schlegelberger/*Karsten Schmidt* RdNr. 251; zust. *Blaurock* RdNr. 6.14; MünchHdbGesR II/*Kühn* § 83 RdNr. 4; im Ergebnis übereinstimmend KG JFG 6, 207, 210 f., wo freilich die Dienstleistung selbst als Einlage angesehen wird.

[625] So noch *Paulick*, 3. Aufl., § 6 I 5, § 6 II 2 a; *Böttcher/Zartmann/Faut* S. 69; Staub/*Zutt* RdNr. 77; Schlegelberger/*Geßler*, 4. Aufl., RdNr. 16; wie hier jetzt *Blaurock* RdNr. 6.14; im Grundsatz auch MünchHdbGesR II/*Kühn* § 83 RdNr. 1.

[626] Heymann/*Horn* RdNr. 44; Schlegelberger/*Karsten Schmidt* RdNr. 143.

[627] RG Recht 1928 Nr. 39; *Koenigs* S. 9; *Blaurock* RdNr. 6.4; *P. Hartmann* S. 51; Schlegelberger/*Karsten Schmidt* RdNr. 143; Staub/*Zutt* RdNr. 77.

[628] RG Recht 1928 Nr. 39; *Blaurock* RdNr. 6.4.

[629] *Blaurock* RdNr. 12.49; Staub/*Zutt* RdNr. 70.

[630] *Blaurock* RdNr. 12.48; E/B/J/S /*Gehrlein* RdNr. 42; *Koller*/Roth/Morck RdNr. 16; Schlegelberger/*Karsten Schmidt* RdNr. 187.

[631] Vgl. etwa E/B/J/S/*Gehrlein* RdNr. 43.

[632] Vgl. Staub/*Zutt* RdNr. 70.

[633] BGHSt. 51, 29 = NJW 2006, 1984 = ZIP 2006, 993.

[634] *Koenigs*, S. 227; MünchHdbGesR II/*Doehner/Hoffmann* § 82 RdNr. 10; Schlegelberger/*Karsten Schmidt* RdNr. 130.

[635] *Aulinger* S. 76 ff.; MünchHdbGesR II/*Doehner/Hoffmann* § 82 RdNr. 9.

bb) Wettbewerbsverbot. Der stille Gesellschafter unterliegt **keinem allgemeinen Wettbewerbsverbot.**[636] Selbst eine kommanditistenähnliche Stellung unterwirft ihn nur in den bei § 165 geschilderten Grenzen einem Wettbewerbsverbot.[637] Nur wenn der Stille im Innenverhältnis Geschäftsführungsbefugnisse hat (RdNr. 77), ist das Wettbewerbsverbot entsprechend § 112 anwendbar.[638] Im Übrigen können sich Wettbewerbsverbote nach Lage des Falls aus der **Treupflicht** ergeben.[639] 155

4. Leistungserzwingung und Leistungsstörungen. a) Erfüllungsklage. Bei Vertragsverletzung kann zunächst auf **Erfüllung von Vertragspflichten** geklagt werden. Verwendet der Unternehmer die stille Einlage für vertragswidrige Zwecke, so kann der stille Gesellschafter von ihm verlangen, dass er so gestellt wird, als sei die schädigende Handlung nicht vorgenommen worden.[640] Werden Ausschüttungsansprüche nicht erfüllt, so kann der stille Gesellschafter auch hierauf klagen.[641] Abgelehnt hat der Bundesgerichtshof selbst bei einer mehrgliedrigen stillen Gesellschaft die Geltendmachung von Sozialansprüchen im Wege der **actio pro socio.**[642] Bei einer mehrgliedrigen stillen Gesellschaft – und insbesondere bei einer „GmbH & Still", um die es sich bei der BGH-Entscheidung handelte – ist dem nicht zu folgen (RdNr. 87, 185).[643] Hier sollte, ähnlich wie nach BGH 2010, 2611 = NZG 2010, 1381 = ZIP 2010, 2345 = JuS 2011, 179 (*Karsten Schmidt*), die Bestellung eines besonderen Vertreters analog § 46 Nr. 6 GmbHG zugelassen werden (vgl. RdNr. 185 sowie sinngemäß RdNr. 87). 156

b) Leistungsstörungen. aa) Grundfragen. Für **Leistungsstörungen** gelten die allgemeinen Regeln des Schuldrechts, die jedoch durch gesellschaftsrechtliche Grundsätze teils überlagert, teils ausgeschlossen sind.[644] Umstritten ist, ob die Regelungen über gegenseitige Verträge **(§§ 320 ff. BGB)** Anwendung finden. Aus dem Wortlaut des § 705 BGB („gegenseitig") darf nicht gefolgert werden, jede Gesellschaft sei ein gegenseitiger Vertrag iS von §§ 320 ff. BGB.[645] Umgekehrt sollte nicht mehr die in der älteren Diskussion verbreitete Gegenüberstellung von Gesellschaft und Austauschvertrag gegen die Anwendung der §§ 320 ff. BGB ins Feld geführt werden.[646] Es geht im Kern um die Frage, ob bei Leistungsstörungen in stillen Gesellschaftsverhältnissen der Mechanismus des Leistungsaustauschs Platz greift oder ob verbandsrechtliche Grundsätze Vorrang haben. In diesem Licht wird der Streit um die Anwendung der §§ 320 ff. BGB verständlich. Gestritten wird vor allem um Regel und Ausnahme. Die wohl **hM** hält die §§ 320 ff. BGB im Grundsatz für anwendbar, macht aber Ausnahmen.[647] Eine **Gegenansicht** geht von der Unanwendbarkeit aus.[648] Nach einer dritten Ansicht können die §§ 320 ff. BGB nur auf rein zweiseitige stille Gesellschaftsverhält- 157

---

[636] *Blaurock* RdNr. 12.63; MünchHdbGesR II/*Doehner/Hoffmann* § 82 RdNr. 2; E/B/J/S/*Gehrlein* RdNr. 44; Heymann/*Horn* RdNr. 48; Oetker/*Schubert* RdNr. 85; Röhricht/v. Westphalen/*v. Gerkan/Mock* RdNr. 85; Schlegelberger/*Karsten Schmidt* RdNr. 130; Staub/*Zutt* RdNr. 71; strenger noch *Koller*/Roth/Morck RdNr. 16.

[637] Vgl. auch RG Holdheim 1911, 189, 190; *Reusch* S. 173; *Koller*/Roth/Morck RdNr. 16; Röhricht/v. Westphalen/*v. Gerkan/Mock* RdNr. 85; Schlegelberger/*Karsten Schmidt* RdNr. 130; Staub/*Zutt* RdNr. 71.

[638] BGHZ 89, 162, 165 f. = DB 1984, 495, 496; *Blaurock* RdNr. 12.64; *Löffler* NJW 1986, 223, 227; E/B/J/S/*Gehrlein* RdNr. 44; Schlegelberger/*Karsten Schmidt* RdNr. 130; Staub/*Zutt* RdNr. 71.

[639] E/B/J/S/*Gehrlein* RdNr. 44; Schlegelberger/*Karsten Schmidt* RdNr. 130, 229.

[640] BGH LM § 230 Nr. 1 = NJW 1988, 413; dazu Heymann/*Horn* RdNr. 39; *Klein* JA 1988, 149; *Windbichler* ZGR 1989, 434; *Karsten Schmidt,* FS Bezzenberger, 2000, S. 410.

[641] BGH LM § 230 Nr. 6 = NJW 1995, 1353.

[642] BGH LM § 230 Nr. 6 = NJW 1995, 1353.

[643] *Karsten Schmidt,* FS Bezzenberger, 2000, S. 411 f.

[644] Vgl. bereits Schlegelberger/*Karsten Schmidt* RdNr. 116 f.

[645] *Blaurock* RdNr. 6.56; Schlegelberger/*Karsten Schmidt* RdNr. 116; vgl. aber *Hüttemann,* Leistungsstörungen bei Personengesellschaften, 1998, S. 65 f.

[646] Insoweit wie hier *Hüttemann,* Leistungsstörungen bei Personengesellschaften, 1998, S. 5 ff.

[647] Vgl. nur *Koenigs* S. 64 ff.; Düringer/Hachenburg/*Geßler,* Bd. II/1, Einl. RdNr. 42 ff.; Röhricht/v. Westphalen/*v. Gerkan/Mock* RdNr. 76; Staub/*Zutt* RdNr. 54; ausführlich jetzt *Hüttemann,* Leistungsstörungen bei Personengesellschaften, 1998.

[648] *Blaurock* RdNr. 6.56.

nisse, die sich im Austausch von Leistungen erschöpfen, im Einzelfall angewandt werden.[649] Die vom **Verf.** bereits früher vertretene Auffassung präzisiert diese Ansichten in dem Sinne, dass die §§ 320 ff. BGB nur auf die Beitragspflichten der Beteiligten anwendbar sind, nicht jedoch ohne weiteres auf den Bestand des Gesellschafterverhältnisses.[650] Beispielsweise kann eine atypische stille Gesellschaft nicht durch Rücktritt zum Erlöschen gebracht werden (RdNr. 158).

158 **Im Einzelnen** gelten folgende Grundsätze: **§ 320 BGB** ist auf die stille Gesellschaft dann anzuwenden, wenn das Vertragsverhältnis **zweiseitig** angelegt, nicht verbandsmäßig strukturiert und nicht durch ein Mehrpersonenverhältnis überlagert ist.[651] Die Anwendung des § 320 BGB ist allerdings umstritten.[652] Der entscheidende Unterschied gegenüber § 273 BGB besteht darin, dass die Abwendung des Zurückbehaltungsrechts durch Sicherheitsleistung im Fall des § 320 BGB ausgeschlossen ist (§ 320 Abs. 1 Satz 3 BGB). Diese Lösung passt auf die rein zweiseitig konzipierte stille Gesellschaft. Ist dagegen das stille Gesellschaftsverhältnis durch ein mehrgliedriges Mitgliedschaftsverhältnis überlagert, so können keine anderen Regeln gelten als bei der oHG und KG (dazu Erl. bei § 105). Anwendung findet bei der zweigliedrigen stillen Gesellschaft auch **§ 321 BGB:** Verschlechtern sich die Vermögensverhältnisse des Geschäftsinhabers und werden hierdurch die Ansprüche des stillen Gesellschafters gefährdet, so kann der stille Gesellschafter seine Beitragsleistungen nach dieser Vorschrift verweigern.[653] Wegen einer noch ausstehenden Einlageleistung gilt bei der typischen stillen Gesellschaft der weitergehende **§ 490 Abs. 1** (§ 610 aF) **BGB**, sofern die Bestimmung nicht durch die Finanzierungsvereinbarung unter den Beteiligten ausgeschlossen ist (RdNr. 172). Anwendung findet außerdem § 326 Abs. 2 (§ 324 aF) BGB.[654] Wird die Leistung durch einen vom Vertragspartner zu vertretenden Umstand unmöglich, so berührt dies nicht den Anspruch auf die Gegenleistung. **Keine Anwendung** finden die Befreiungs- und Lösungsrechte nach **§§ 323, 326 Abs. 1 BGB** (§§ 323, 325, 326 aF).[655] Sie werden durch das Recht zur außerordentlichen Kündigung (§ 234 RdNr. 48 ff.) verdrängt,[656] und zwar nicht erst dann, wenn das Gesellschaftsverhältnis in Vollzug gesetzt ist. **Bei mehrgliedrigen stillen Gesellschaften** ist der Bestand der Gesellschaft vollends unabhängig von den Bestimmungen des Leistungsrechts und richtet sich nach dem Gesellschaftsrecht.

159 **bb) Leistungsstörungen auf der Seite des stillen Gesellschafters** können allgemein schuldrechtliche und gesellschaftsrechtliche Folgen auslösen.

160 **(1) Unmöglichkeit der Leistung.** Die vormalige Regelung über die zur Nichtigkeit führende *objektive anfängliche Unmöglichkeit* (§ 306 BGB aF) spielte in der Praxis keine nennenswerte Rolle.[657] Die *Unmöglichkeit einer nicht auf Zahlung gerichteten Leistung* befreit von der Primärschuld (§ 275 Abs. 1 BGB). Liegt eine Pflichtverletzung vor, so kann der Berechtigte nach § 280 BGB Schadensersatz verlangen. Nichterfüllung kann den Vertragsgegner zur außerordentlichen Kündigung berechtigen (§ 234 RdNr. 48 ff.).[658]

---

[649] Schlegelberger/*Karsten Schmidt* RdNr. 116; ähnlich jetzt MünchHdbGesR II/*Bezzenberger/Keul* § 76 RdNr. 9; E/B/J/S/*Gehrlein* RdNr. 21; Heymann/*Horn* RdNr. 30; Staub/*Zutt* RdNr. 54.

[650] Vgl. bereits Schlegelberger/*Karsten Schmidt* RdNr. 116 f.

[651] Ähnlich *Reusch* S. 92; MünchHdbGesR II/*Bezzenberger/Keul* § 76 RdNr. 9; E/B/J/S/*Gehrlein* RdNr. 21; Röhricht/v. Westphalen/*v. Gerkan/Mock* RdNr. 76; Heymann/*Horn* RdNr. 54; Staub/*Zutt* RdNr. 54.

[652] **Dafür** RG JW 1912, 462, 463; *Koenigs* S. 70; *P. Hartmann* S. 27 f.; E/B/J/S/*Gehrlein* RdNr. 21; Staub/*Zutt* RdNr. 54; **dagegen** RGZ 147, 340, 342; 158, 321, 326; *Blaurock* RdNr. 6.56, 9.8 mwN.

[653] *Koenigs* S. 71; *P. Hartmann* S. 28; Staub/*Zutt* RdNr. 54; MünchHdbGesR II/*Bezzenberger/Keul* § 76 RdNr. 9; **aM** *Blaurock* RdNr. 6.56.

[654] *Koenigs* S. 72; *P. Hartmann* S. 28; Heymann/*Horn* RdNr. 30; Schlegelberger/*Karsten Schmidt* RdNr. 117; Staub/*Zutt* RdNr. 54.

[655] So aber *Koenigs* S. 66 f.; *P. Hartmann* S. 29.

[656] Vgl. RGZ 78, 303, 305 f.; 145, 274, 263; *Blaurock* RdNr. 6.51, 6.54; Heymann/*Horn* RdNr. 30; MünchHdbGesR II/*Bezzenberger/Keul* § 76 RdNr. 9; Röhricht/v. Westphalen/*v. Gerkan/Mock* RdNr. 76; Staub/*Zutt* RdNr. 54; für § 323 BGB auch *Koenigs* S. 71.

[657] Dazu noch Schlegelberger/*Karsten Schmidt* RdNr. 121.

[658] Vgl. *Blaurock* RdNr. 6.52; zum alten Schuldrecht Heymann/*Horn* RdNr. 30; Röhricht/v. Westphalen/*v. Gerkan/Mock* RdNr. 76; vgl. Schlegelberger/*Karsten Schmidt* RdNr. 122.

(2) Verzug. Im *Verzugsfall* ist nach § 286 BGB der Verzugsschaden zu ersetzen.[659] Lösungsrechte nach § 323 (§ 326 aF) BGB bestehen nicht (vgl. RdNr. 158). Verzug kann aber zur außerordentlichen Kündigung berechtigen (§ 234 RdNr. 48 ff.). 161

(3) Gewährleistung. Die *Gewährleistung* bei Mängeln ist umstritten. Handelt es sich um Gebrauchsüberlassungen, so wird eine sinngemäße Anwendung der mietrechtlichen Gewährleistung nach §§ 537 ff. BGB helfen.[660] Handelt es sich um zu übereignende Sachen, so ist zweifelhaft, inwieweit die Gewährleistungsregeln der §§ 434 ff. BGB sinngemäß anwendbar sind.[661] Die Frage ist kein Sonderproblem der stillen Gesellschaft, sondern sie ist allgemein gesellschaftsrechtlicher Art.[662] Nachträgliche Verschlechterung der Einlage kann nach Lage des Einzelfalls Kündigungsgrund für das stille Gesellschaftsverhältnis sein.[663] Im Übrigen haben gesellschaftsvertragliche Lösungen (Vertragsanpassung, Schadensersatz) Vorrang vor den kaufrechtlichen Bestimmungen. 162

c) Sonderregeln für die mehrgliedrige stille Gesellschaft. Für mehrgliedrige stille Gesellschaften (RdNr. 83), insbesondere für die „Innen-KG" (RdNr. 81) und hier insbesondere für die „GmbH & Still" (RdNr. 87) gelten dieselben Regeln wie für die oHG und die KG (näher § 105 RdNr. 184 ff.). Die §§ 320 ff. BGB sind weitgehend durch gesellschaftsrechtliche Regeln verdrängt. 163

5. Haftungsmaßstab. Nach **§ 708 BGB** haben die Gesellschafter bei der Erfüllung der ihnen obliegenden Pflichten nur für die in eigenen Angelegenheiten angewandte Sorgfalt einzustehen.[664] Nur für vorsätzliche und für grob fahrlässige Pflichtverletzungen haften sie unbedingt (§ 277 BGB). Das gilt auch für die Haftung des Geschäftsinhabers.[665] Er haftet für seine Gehilfen wie für eigenes Verschulden (§ 278 BGB).[666] Die Bestimmung des 708 BGB ist *in rechtspolitischer Hinsicht mißglückt.*[667] Für das österreichische Recht (vgl. zur Handelsrechtsreform § 105 RdNr. 276 ff.) ist die bisher in § 180 Abs. 2 öHGB enthaltene Bestimmung beseitigt worden (§ 180 UGB). Auf stille Beteiligungen mit Kapitalanlagecharakter in **Publikumsgesellschaften** ist § 708 BGB auf der Seite des Geschäftsinhabers und der Initiatoren des Kapitalanlagemodells nicht anzuwenden; hier wird nach § 276 BGB für jedes Verschulden gehaftet.[668] Auch für die **Kapitalgesellschaft & Still** gelten Sonderregeln. Der Schutzbereich des Dienstvertrags eines GmbH-Geschäftsführers (richtigerweise auch der Schutzbereich seiner gesetzlichen Organhaftung nach § 43 GmbHG) kann sich in einem solchen Fall auch auf die stillen Gesellschafter erstrecken.[669] Handelt es sich um die bei RdNr. 87 dargestellte Variante der „GmbH & Still", so haftet der Geschäftsführer der GmbH für Schäden der „virtuellen Kommanditgesellschaft", deren Gesellschafter auch im Wege der 164

---

[659] Statt vieler *Blaurock* RdNr. 6.54; E/B/J/S/*Gehrlein* RdNr. 21; Schlegelberger/*Karsten Schmidt* RdNr. 123; Staub/*Zutt* RdNr. 81.

[660] Vgl. *Blaurock* RdNr. 6.58; Röhricht/v. Westphalen/*v. Gerkan/Mock* RdNr. 84; zum alten Schuldrecht *Koenigs* S. 136; Schlegelberger/*Karsten Schmidt* RdNr. 124.

[661] Dafür im Grundsatz *Koenigs* S. 134 f.; *Blaurock* RdNr. 6.57; MünchHdbGesR II/*Kühn* § 83 RdNr. 11; Röhricht/v. Westphalen/*v. Gerkan/Mock* RdNr. 84; Staub/*Zutt* RdNr. 81.

[662] *Karsten Schmidt* GesR § 20 III 3 d.

[663] Schlegelberger/*Karsten Schmidt* RdNr. 124.

[664] Vgl. RG Gruchot 50, 1026, 1027; *Koenigs* S. 118 ff.; *P. Hartmann* S. 49; *Blaurock* RdNr. 12.40; *Klauss/Mittelbach* RdNr. 78; Baumbach/*Hopt* RdNr. 17; E/B/J/S/*Gehrlein* RdNr. 46; Heymann/*Horn* RdNr. 34, 39; Oetker/*Schubert* RdNr. 77; MünchHdbGesR II/*Bezzenberger/Keul* § 76 RdNr. 13; Schlegelberger/*Karsten Schmidt* RdNr. 134; Staub/*Zutt* RdNr. 73.

[665] RG Gruchot 50, 1026, 1027; *Blaurock* RdNr. 12.40; Staub/*Zutt* RdNr. 73; *Lübbert,* Die rechtliche Natur der stillen Gesellschaft, Diss. Breslau 1906, S. 51 f.

[666] *P. Hartmann* S. 49.

[667] Näher *Karsten Schmidt,* Gesellschaft bürgerlichen Rechts, in: Gutachten und Vorschläge zur Reform des Schuldrechts, Bd. III, 1983, S. 526 f. mwN.

[668] Vgl. für die Publikums-KG BGHZ 69, 207, 209 f. = WM 1977, 1221, 1222 = BB 1977, 1472; 75, 321, 328 = WM 1980, 30, 31 = BB 1980, 120, 121; für die stille Publikumsgesellschaft vgl. *Reusch* S. 119; *Blaurock* RdNr. 12.40; E/B/J/S/*Gehrlein* RdNr. 46 Oetker/*Schubert* RdNr. 77.

[669] BGH LM § 230 Nr. 6 = NJW 1995, 1353.

actio pro socio klagen oder analog § 46 Nr. 6 GmbHG einen Prozessvertreter bestimmen können (vgl. RdNr. 87, 156).[670]

VIII. Das Gesellschaftsverhältnis

165 **1. Das Einlagekonto und die stille Einlage. a) Notwendigkeit der Einlage.** Voraussetzung eines stillen Gesellschaftsverhältnisses ist nach dem bei RdNr. 37, 143 Gesagten zwar nicht die Leistung einer Einlage (auf sie kann verzichtet werden), wohl aber die Vereinbarung einer „stillen Einlage" oder „stillen Beteiligung" **in Gestalt eines Guthabens iS von § 232 Abs. 2, 3, § 236 Abs. 1, § 136 InsO.**[671] Der Gesellschaftsvertrag kann sogleich wirksam sein, die Beteiligung erst mit der stillen Einlage. Unklar ist die *Fortdauer des stillen Beteiligungsverhältnisses bei Rückgewähr der geleisteten Einlage.* Das RG hat anfangs teils das Bestehen einer stillen Gesellschaft nach Zurückziehung der Einlage verneint, weil nicht mehr von einer gemeinschaftlichen Unternehmung gesprochen werden dürfe;[672] teils hat es, wenn die kurze Dauer von Anfang an bedungen war, anstelle einer stillen Gesellschaft ein Darlehensverhältnis angenommen.[673] In späteren Entscheidungen hat es, vor allem wenn die baldige Rückzahlung nicht von Anfang an vorgesehen war,[674] unter Berufung auf den damaligen § 342 Abs. 1 Satz 2 (jetzt § 136 Abs. 1 Satz 2 InsO) hervorgehoben, eine Rückzahlung der Einlage führe nicht notwendig zur Auflösung der stillen Gesellschaft.[675] Richtigerweise muss auf den *Parteiwillen* abgestellt werden. Stellt dagegen die Rückzahlung eine endgültige Rückführung des Einlagekontos dar, so liegt hierin die Beendigung des stillen Gesellschaftsverhältnisses.[676]

166 **b) Das Einlagenkonto.** Das Einlagenkonto wird bei der typischen stillen Beteiligung als Kreditorenkonto bei dem Geschäftsinhaber (idR also bei der Handelsgesellschaft) geführt.[677] Das Konto ist *nach dem Modell des Gesetzes ein bewegliches Konto.* Es entspricht einem **Darlehenskonto** und weist den Stand der sich aus der stillen Beteiligung ergebenden Forderungen und Verbindlichkeiten aus. Dies entspricht dem Modell einer nur zweigliedrigen (RdNr. 83) stillen Gesellschaft mit Kreditfunktion (RdNr. 170). Aber entsprechend der bei RdNr. 81 ff. geschuldeten **Gestaltungsfreiheit** müssen die Gesellschafter hierbei nicht stehen bleiben.[678] Bei einer mehrgliedrigen stillen Gesellschaft, die als **„Innen-KG"** ausgestaltet ist (RdNr. 81) wird das Konto nicht bloß als Ausweis der Forderungen aus einem zweiseitigen Schuldverhältnis geführt, sondern es kann „Kapitalanteile an einer virtuellen Kommanditgesellschaft" ausweisen. Alle bei § 120 RdNr. 84–108 dargestellten Varianten von Kapitalkonten sind möglich.[679] Beispielsweise werden bei der „GmbH & Still" (RdNr. 87) **Kapitalkonten** geführt (RdNr. 169), die die Beteiligung der stillen Gesellschafter an einer unter ihnen mit der GmbH als „Komplementärin" gebildeten „Als-ob-KG" ausweisen (§ 232 RdNr. 43). Wie bei einer GmbH & Co. KG kann dann die GmbH als „Komplementärin" personengesellschaftsrechtlich „Gesellschafterin ohne Kapitalanteil" sein, obgleich ihr das Gesellschaftsvermögen dinglich (wenngleich nur treuhänderisch) vollständig zusteht. Für die stillen Gesellschafter können feste und bewegliche

---

670 *Karsten Schmidt,* FS Bezzenberger, 2000, S. 411 f.; in gleicher Richtung schon *Windbichler* ZGR 1989, 443 f.; insofern **aM** BGH LM Nr. 6 = NJW 1995, 1353.

671 Schlegelberger/*Karsten Schmidt* RdNr. 152.

672 RGZ 46, 112, 120.

673 RG WarnR 1916 Nr. 98.

674 Vgl. RG WarnR 1925 Nr. 167.

675 RG Warn 1925 Nr. 167; SeuffA 95 Nr. 35 = DR 1941, 1542; ebenso *Koenigs* S. 139, 278; *Blaurock* RdNr. 6.86; anders jetzt Staub/*Zutt* RdNr. 84.

676 Schlegelberger/*Karsten Schmidt* RdNr. 152; zustimmend MünchHdbGesR II/*Polzer* § 91 RdNr. 41.

677 *Schulze-Osterloh* WPg 1974, 398; *Weimar* DB 1987, 1077; *Blaurock* RdNr. 6.84; stark einschränkend *Wahl* GmbHR 1975, 172; allgemein zur Bilanzierung der stillen Beteiligung BeckHdbPersG/*Neu* § 13 RdNr. 26 ff.; MünchHdbGesR II/*Bezzenberger/Keul* § 85 RdNr. 29; *Reusch* S. 221 ff.; *Hense* S. 21 ff.; *Westerfelhaus* DB 1988, 1173.

678 Verf. arbeitet an einer Publikation zu diesem Thema.

679 Vgl. ebd.

Kapitalkonten gebildet werden. Im Fall der Abwicklung hat dann die GmbH die Rechtsverhältnisse abzuwickeln, als wäre sie Liquidatorin einer GmbH & Co. KG (§ 235 RdNr. 65).

c) Die Höhe der stillen Beteiligung, also der Einlage iS von § 232 Abs. 2, 3 bestimmt sich **nach dem Vertrag.**[680] Sie gehört zu den essentialia negotii. Hat der stille Gesellschafter eine Geldeinlage zu erbringen, so ist im Zweifel eine ebenso hohe stille Beteiligung als vereinbart anzusehen (vgl. hierzu und zur Vereinbarung eines Agio RdNr. 147). Hat er eine Sacheinlage zu erbringen, so ist – meist durch Bewertung der Sacheinlage – festzulegen, wie hoch die stille Beteiligung bemessen sein soll (RdNr. 150). Fehlt eine solche Vereinbarung, so ist im Zweifel anzunehmen, dass die stille Beteiligung dem noch zu bestimmenden objektiven Wert der Einlage entsprechen soll.[681] Dann liegt kein Dissens nach § 154 BGB, sondern ein wirksamer Gesellschaftsvertrag vor.[682] Eine nachträgliche Erhöhung oder Herabsetzung der stillen Beteiligung bedarf besonderer Vereinbarung (vgl. auch RdNr. 145). Der stille Gesellschafter ist zu einer einseitigen Erhöhung nicht, auch nicht durch Stehenlassen von Gewinnen und auch nicht gegen neue Einlageleistung, berechtigt (agr. § 232 Abs. 3).[683] Zulässig sind abweichende Vertragsabreden, zB die, dass stehengebliebene Gewinne die stille Beteiligung erhöhen (vgl. § 232 Abs. 3). 167

d) Bemessung in Geld. Die stille Beteiligung bemisst sich ausnahmslos in Geld.[684] Mit dem Gegensatz zwischen Geldeinlage und Sacheinlage (RdNr. 148 ff.) hat dies nichts zu tun, denn hier geht es nicht um die Einlage*leistung,* sondern die Einlage als Ausweis der stillen Beteiligung (zur Terminologie RdNr. 37, 143). Eine Abrede, wonach dieses Guthaben im Auseinandersetzungsfall durch Rückgabe von Einlagegegenständen oder durch sonstige Leistungen berichtigt werden soll, ist zwar zulässig (§ 235 RdNr. 12); sie ändert aber nichts daran, dass die stille in einem Geldbetrag auszudrücken ist. 168

e) Vermögensbeteiligung. Soweit die stille Beteiligung in Gestalt einer **Beteiligung am Unternehmensvermögen** vereinbart ist (RdNr. 79 ff.),[685] kann sie als Bruchteil (oder als Prozentanteil) am Unternehmensvermögen vereinbart werden.[686] Häufiger wird sie wie eine Kommanditbeteiligung auf einem **Kapitalkonto** dargestellt und in Relation zum Kapitalkonto des Betriebsinhabers oder der an ihm beteiligten Gesellschafter gesetzt werden (RdNr. 166). Nach diesem Verhältnis bemisst sich dann die stille Beteiligung am Unternehmensvermögen.[687] Die Behandlung der stillen Einlage als **Fremdkapital oder Eigenkapital** (RdNr. 170 ff.) kann sehr unterschiedlich sein. Deshalb wird die stille Einlage mit dem Modewort **Mezzaninkapital** belegt.[688] 169

2. Fremdkapital oder Eigenkapital? a) Grundsatz: Fremdkapital. Die Vermögensstruktur der (gesetzes-)typischen stillen Gesellschaft weist dem stillen Gesellschafter aufgrund des rein schuldrechtlichen Verständnisses des Gesellschaftsvertrags (RdNr. 7, 17) eine reine Gläubigerstellung zu.[689] Die Forderung aus der Einlage ist nach der gesetzlichen Regelung Fremdkapitalforderung, nicht Eigenkapital in der Gesellschaft (vgl. deshalb auch 170

[680] Vgl. nur Röhricht/v. Westphalen/*v. Gerkan/Mock* RdNr. 38; Schlegelberger/*Karsten Schmidt* RdNr. 153.

[681] Schlegelberger/*Karsten Schmidt* RdNr. 153; s. auch *Blaurock* RdNr. 6.72; MünchHdbGesR II/*Kühn* § 83 RdNr. 22.

[682] Vgl. BGH BB 1960, 15; *Blaurock* RdNr. 6.75; Schlegelberger/*Karsten Schmidt* RdNr. 153.

[683] *Saenger* S. 69; *Reusch* S. 228; Staub/*Zutt* RdNr. 83; MünchHdbGesR II/*Kühn* § 83 RdNr. 18.

[684] *Karsten Schmidt* ZHR 140 (1976), 484 f.; *Reusch* S. 214.

[685] BGHZ 7, 174, 178 f.; *Blaurock* RdNr. 7.9; Baumbach/*Hopt* RdNr. 3; Heymann/*Horn* RdNr. 9; Röhricht/v. Westphalen/*v. Gerkan/Mock* RdNr. 39; Schlegelberger/*Karsten Schmidt* RdNr. 155; Staub/*Zutt* RdNr. 79.

[686] Röhricht/v. Westphalen/*v. Gerkan/Mock* RdNr. 39.

[687] BGHZ 7, 174.

[688] Vgl. nur *Marx/Nienaber* GmbHR 2006, 686.

[689] *Blaurock* RdNr. 6.80, 17.10; vgl. auch *Baumbach/Hopt* RdNr. 21.

RdNr. 88 zur Anwendung des § 1 KWG).[690] Die Beteiligung des stillen Gesellschafters auch am Verlust ändert hieran allein noch nichts.[691] Auch währungsrechtlich wurde die stille Gesellschaft nur dadurch den Kommanditeinlagen bei der Währungsreform wirtschaftlich gleichgestellt, dass sie als Geldwertschuld behandelt wurde.[692] Der Fremdkapitalcharakter der typischen stillen Einlage wirkt sich namentlich in der Bilanzierung (§ 232 RdNr. 11) und in der Insolvenz aus (§ 236 RdNr. 9). Soweit die stille Beteiligung Fremdkapital begründet und nicht dem Haftkapital zugeschlagen wird, kann die Forderung durch *Kreditsicherungsmittel* – auch durch ein Pfandrecht oder ein Grundpfandrecht an einer als Einlage geleisteten Sache! – gesichert werden.[693]

171 **b) Gesellschaftsvertragliche Bindung als Eigenkapital.** Echtes Eigenkapital liegt dann vor, wenn der stille Gesellschafter nach dem Gesellschaftsvertrag dasselbe Verlust- und Insolvenzrisiko tragen soll wie ein Kommanditist.[694] Bisweilen wird die stille Einlage von den Gesellschaftern ausdrücklich als „Eigenkapital" behandelt.[695] Im *Gesetz über das Kreditwesen* werden stille Einlagen dann dem Kernpital zugerechnet, wenn vereinbart ist, dass das Kapital dem Institut unbefristet oder für mindestens 30 Jahre zur Verfügung gestellt wird und weder auf Initiative des Kapitalgebers noch ohne vorherige Zustimmung der Bundesanstalt rückzahlbar ist; die Vereinbarung kann dem Institut eine Kündigungsmöglichkeit einräumen, mit der Maßgabe, dass die Kündigung nur mit vorheriger Zustimmung der Bundesanstalt erfolgen und nicht zu einer Rückzahlung des Kapitals vor Ablauf von fünf Jahren seit Einzahlung führen darf (§ 10 Abs. 4 Satz 1 Nr. 3 KWG).[696] Haftungsrechtlich wird man darauf abstellen, ob die stille Beteiligung im Innenverhältnis *wie eine Kommanditbeteiligung* behandelt werden soll.[697] So verhält es sich **namentlich bei der „Innen-KG"** (RdNr. 81), insbesondere in Gestalt der **„GmbH & Still"** (RdNr. 87). Nach der Rechtsprechung ist ein an einer GmbH beteiligter stiller Gesellschafter im Hinblick auf die Kapitalerhaltungsregeln wie ein GmbH-Gesellschafter zu behandeln, wenn er auf Grund der vertraglichen Ausgestaltung des stillen Gesellschaftsverhältnisses hinsichtlich seiner vermögensmäßigen Beteiligung und seines Einflusses auf die Geschicke der GmbH weitgehend einem GmbH-Gesellschafter gleichsteht.[698] Wie ein GmbH-Geschäftsanteil und wie die Einlage eines „Nur-Kommanditisten" in der GmbH & Co. KG (§§ 171, 172 RdNr. 128) ist die stille Einlage damit **analog § 30 GmbHG** gebunden und darf bei einer Beendigung der stillen Beteiligung nicht ausgezahlt werden, wenn und soweit dadurch das Vermögen der GmbH unter den Betrag der Stammkapitalziffer sinken würde.[699] § 30 Abs. 1 Satz 3 GmbH (Fassung 2008) steht nicht entgegen, denn es geht nicht um die Bindung eines Kredits in der GmbH, sondern um eine Einlage in der „virtuellen GmbH & Co. KG". Auch aus einer Koordination von Kommanditistenbeteiligung und stiller Beteiligung im Wege der „gesplitteten Einlage" (RdNr. 90 f.) kann sich der Eigenkapitalcharakter der stillen Einlage ergeben, wenn die stille Beteiligung wie die Kommanditbeteiligung Bestandteil

[690] *Blaurock* RdNr. 6.80; MünchHdbGesR II/*Polzer* § 84 RdNr. 3 ff.; Heymann/*Horn* RdNr. 10; *Reusch* S. 214 ff.; *Karsten Schmidt* ZHR 140 (1976), 475 ff.; s. auch OLG Frankfurt WM 1982, 198, 199; **aM** *Wahl* GmbHR 1975, 170; mindestens irreführend auch BGHZ 51, 350, 353: kein Vermögensanspruch, sondern ein Mitgliedschaftsrecht; *Groh,* FS Kruse, 2001, S. 418.

[691] **AM** *Knobbe-Keuk* ZIP 1983, 129 f.; *Zacharias/Hebig/Rinnewitz* S. 84 unter fehlsamer Berufung auf *Blaurock* RdNr. 7.83.

[692] BGHZ 4, 364, 366 ff.; BayObLG JZ 1951, 303; *Koenigs* S. 208 ff. mwN.

[693] ROHGE 12, 98, 99; RGZ 84, 434; RG Warn 1913 Nr. 211; Schlegelberger/*Karsten Schmidt* RdNr. 159.

[694] Zum Folgenden Schlegelberger/*Karsten Schmidt* RdNr. 157.

[695] BGH WM 1981, 761 = BB 1981, 1237 = NJW 1981, 2251 = ZIP 1981, 734; zusammenfassend OLG Hamm WM 1997, 2323, 2324 = WuB II H. § 236 HGB 1–98 m. Anm. *Blaurock;* s. auch LG Berlin ZInsO 2004, 689; LG Potsdam ZIP 2002, 1819.

[696] Dazu *Boos,* in: Boos/Fischer/Schulte-Mattler, KWG, 2008, § 10 RdNr. 68 ff.; *Blaurock* RdNr. 6.83.

[697] Im Ergebnis richtig deshalb BGH NJW 1980, 1522 = BB 1980, 381; WM 1981, 761 = BB 1981, 1237 = NJW 1981, 2251 = ZIP 1981, 734; NJW 1985, 1079 = BB 1985, 972; Schlegelberger/*Karsten Schmidt* RdNr. 157; heute ganz hM; *Hense* S. 79 ff.; *Zacharias/Hebig/Rinnewitz* S. 107; *Reusch* S. 216 ff.

[698] BGHZ 106, 7, 9 ff. = NJW 2004, 1458; BGH NJW-RR 2006, 760, 762.

[699] BGH NJW-RR 2006, 760, 762.

der Risikofinanzierung sein soll. Regelmäßig kommt diese Bindung nur bei mehrgliedrigen stillen Gesellschaften zum Tragen. Sie ist aber, wie eine Kommanditgesellschaft, auch zweigliedrig möglich.

c) Einzelvertragliche Gleichstellung mit Eigenkapital. Für schuldrechtliche 172
Gleichstellung mit Eigenkapital sorgt die sog. **Finanzplanvereinbarung.** Hier wird, ohne dass die Vorraussetzungen einer „Innen-KG" erfüllt sein müssten, zwischen dem stillen Gesellschafter und dem Geschäftsinhaber vereinbart, dass die stille Einlage dem Unternehmen unter Verzicht auf die Einrede des § 490 Abs. 1 BGB als Beitrag zum Risikokapital zugeführt wird. Es gelten dann die bei § 172 a RdNr. 12 dargestellten Grundsätze über Finanzplandarlehen sinngemäß. Die Unterscheidung von den Fällen der RdNr. 171 ist bei einer zweigliedrigen stillen Gesellschaft schwierig. Es kommt darauf an, ob eine „Innen-KG" hergestellt oder nur eine mit Eigenkapitalrisiken ausgestattete Fremdmittelzufuhr vereinbart ist. Die Finanzplanabrede kann unter den bei § 172 a RdNr. 12 geschilderten Voraussetzungen durch Vertrag aufgehoben werden. Es liegt **gebundenes Fremdkapital** vor. Von der Finanzplanabrede zu unterscheiden ist der Fall des *Rangrücktritts* gemäß § 39 Abs. 2 InsO (dazu § 172 a RdNr. 11, § 236 RdNr. 29 ff.).[700] In den Fällen der gewillkürten Gleichstellung der stillen Einlage mit haftendem Kapital braucht die stille Einlage im Insolvenzstatus des Unternehmens nicht unter den Passiva aufgeführt zu werden (vgl. § 19 Abs. 2 Satz 2 InsO; dazu § 172 a aF RdNr. 11, § 236 RdNr. 8).

d) Behandlung als Gesellschafterdarlehen? Eine **zwangsweise Gleichstellung der** 173
stillen Einlage mit haftendem Kapital fand **nach altem Eigenkapitalersatzrecht** unter den Voraussetzungen der §§ 32 a Abs. 3 Satz 1 GmbHG aF, 172 a HGB aF statt (vgl. § 172 a aF RdNr. 2, § 236 RdNr. 7).[701] Es handelt sich um das Recht der kapitalersetzenden stillen Einlage. Diese Bestimmungen und die Rechtsprechungsgrundsätze über den Eigenkapitalersatz finden weiterhin Anwendung in Insolvenzverfahren, die vor dem 23. 10. 2008 eröffnet wurden (vgl. § 172a aF RdNr. 2). Für neue Verfahren gilt die Bindung als Eigenkapitalersatz nicht mehr (arg. § 30 Abs. 1 Satz 3 GmbHG). Aber im Insolvenzverfahren gelten die §§ 39, 135 InsO (dazu § 236 RdNr. 25). Auch hier wird die stille Einlage eines Gesellschafter nach § 39 Abs. 1 Nr. 5 InsO einem Gesellschafterdarlehen gleichgestellt (vgl. § 236 RdNr. 25), jedoch ohne Gleichstellung mit haftendem Kapital. Von dieser Frage ist die ganz andere zu unterscheiden, ob Kredite, die ein stiller Gesellschafter neben der Einlage einer Kapitalgesellschaft oder Kapitalgesellschaft & Co. zur Verfügung stellt, als Leistungen eines gesellschaftergleichen Dritten dem Recht der Gesellschafterdarlehen unterliegen können.[702]

3. Übertragbarkeit, Pfändbarkeit und Vererblichkeit der stillen Beteiligung. a) 174
Übertragung. aa) Gesetzliche Regel. Die stille Beteiligung ist **nach der gesetzlichen Regel des § 717 BGB nicht übertragbar.**[703] Übertragbar sind nach § 717 Satz 2 BGB nur die *Einzelansprüche* auf Gewinnauszahlung und auf Auszahlung der stillen Einlage im Auseinandersetzungsfall.[704] Die aus der stillen Beteiligung resultierenden Informationsrechte gehen mit einer solchen Abtretung nicht ohne weiteres über (§ 233 RdNr. 3). Eine Übertragung künftiger Ansprüche aus dem Gesellschaftsverhältnis wird hinfällig, wenn die stille Beteiligung zwischenzeitlich auf einen Dritten übertragen wird (vgl. auch § 235

[700] Vgl. OLG Hamm ZIP 1993, 1321; OLG Brandenburg GmbHR 2004, 1390, 1392; MünchHdbGesR II/*Kühn* § 83 RdNr. 41; *Reusch* BB 1989, 2359 f.

[701] Vgl. nur BGH NZG 2005, 137.

[702] Vgl. zum alten Kapitalersatzrecht BGHZ 106, 7, 9 f. = NJW 1989, 982; OLG Hamm NZI 2000, 599 = NJW-RR 2001, 247; *Kollhosser* WM 1985, 929 ff.

[703] *Saenger* S. 110; *U. Huber* Vermögensanteil S. 387 f.; *Koenigs* S. 244 ff.; *Böttcher/Zartmann/Faut* S. 71; E/B/J/S/*Gehrlein* RdNr. 68; Heymann/*Horn* RdNr. 49; *Koller*/Roth/Morck RdNr. 25; Oetker/*Schubert* RdNr. 91 f.; Staub/*Zutt* RdNr. 97; ebenso mit Hinweis auf § 719 BGB *P. Hartmann* S. 88.

[704] BGH WM 1998, 555, 556; *Blaurock* RdNr. 10.32; Baumbach/*Hopt* RdNr. 28; E/B/J/S/*Gehrlein* RdNr. 68; Heymann/*Horn* RdNr. 49; *Koller*/Roth/Morck RdNr. 25; Röhricht/v. Westphalen/*v. Gerkan/Mock* RdNr. 46; Staub/*Zutt* RdNr. 97; näher *Saenger* S. 110.

RdNr. 29).[705] Anderes gilt, wenn der Dritte die Beteiligung im Wege der Gesamtrechtsnachfolge als Erbe erwirbt.[706]

175 **bb) Übertragbarkeit nach Parteiwillen.** *Die stille Beteiligung als solche* ist trotz § 717 BGB ein übertragbares Wirtschaftsgut. Sie *kann im Einvernehmen der Gesellschafter übertragen werden.*[707] Sie kann auch zum Gegenstand einer Sacheinlage gemacht werden, wenn die als Geschäftsinhaber fungierende Gesellschaft in eine Kapitalgesellschaft unter Beteiligung des Stillen umgewandelt wird oder eine Sachkapitalerhöhung durchführt.[708] *Die Durchführung des Übergangs gestaltet sich unterschiedlich.* Im **Fall der typischen stillen Beteiligung** handelt es sich um eine *Vertragsübernahme,* an der nach allgemeinen schuldrechtlichen Regeln alle Beteiligten (dh. der Geschäftsinhaber, der alte und der neue stille Gesellschafter) mitwirken müssen.[709] Kommt es bei einer typischen stillen Beteiligung auf die Identität des stillen Gesellschafters nicht an, so kann der Inhaber nach § 242 BGB verpflichtet sein, seine Zustimmung zur Übertragung zu erteilen.[710] Zum Übergang der stillen Beteiligung in Fällen der Verschmelzung und Spaltung des Unternehmensträgers nach dem Umwandlungsgesetz vgl. § 234 RdNr. 33, 35, 37. Andere Grundsätze gelten für die **atypische stille Beteiligung.** Soweit bei der Begründung der stillen Beteiligung an einer Handelsgesellschaft deren Gesellschafter zustimmen müssen (dazu vgl. RdNr. 109 ff.), wird dies auch für die Übertragung der stillen Beteiligung als „Einlageverhältnis" zu gelten haben. Ist die stille Beteiligung als **„Innen-KG"** ausgestaltet (vgl. RdNr. 81), so genügt nicht der Übergang der stillen Beteiligung als „Einlageverhältnis", sondern es muss die Mitgliedschaft übertragen werden; dafür bedarf es grundsätzlich der Zustimmung der anderen Mitglieder.[711] Die erforderlichen Zustimmungserklärungen können aber wie bei einer Kommanditgesellschaft im Gesellschaftsvertrag vorweggenommen werden (vgl. § 105 RdNr. 217 ff.). Dann ist die stille Beteiligung wie eine Kommanditbeteiligung nach näherer Maßgabe der Vertragsregelung übertragbar.[712] Keine Übertragung der stillen Beteiligung liegt vor, wenn eine Handelsgesellschaft oder eine Außen-Gesellschaft bürgerlichen Rechts stiller Gesellschafter ist (RdNr. 34, 107) und Anteile an dieser Gesellschaft übertragen werden.[713] Diese Anteilsübertragung berührt das stille Gesellschaftsverhältnis nicht, sofern nicht eine entsprechende auflösende Bedingung vereinbart ist. Sie kann allerdings eine Vertragswidrigkeit darstellen und ein Grund zur fristlosen Kündigung des Gesellschaftsverhältnisses sein (dazu § 234 RdNr. 48 ff.).

176 **b) Pfändung, Verpfändung, Nießbrauch, Treuhand.** Die Pfändung kann als bloße *Pfändung der einzelnen Gewinn- und Auseinandersetzungsansprüche* nach §§ 717 Satz 2 BGB, 851 ZPO erfolgen,[714] bei einer Innen-KG auch als *„Anteilspfändung"* nach § 859 Abs. 1 Satz 1 ZPO.[715] Für das Kündigungsrecht des Gläubigers nach §§ 234, 135 ist es ausrei-

[705] BGH NJW 1997, 3370, 3371 = NZG 1998, 62 m. Anm. *Michalski* = WM 1997, 1709, 1710; BGH DStR 2001, 494 m. Anm. *Goette* = NJW-RR 2001, 463, 464 = ZIP 2001, 69; vgl. auch BGHZ 88, 205 = WM 1983, 1235; BGHZ 104, 351, 353 = WM 1988, 1747.

[706] BGH NJW 1997, 3370, 3371 = NZG 1998, 62 m. Anm. *Michalski* = WM 1997, 1709, 1710; NJW-RR 2001, 463, 464 = WM 2001, 81, 82 = ZIP 2001, 69; kritisch *Fleischer* WuB II § 235 1.98.

[707] BGH WM 1998, 555, 557; BGH DStR 2001, 494 m. Anm. *Goette* = NJW-RR 2001, 463, 464 = ZIP 2001, 69; *Koenigs* S. 257; *Blaurock* RdNr. 10.34; E/B/J/S/*Gehrlein* RdNr. 71; Heymann/*Horn* RdNr. 49; *Koller*/Roth/Morck RdNr. 25; Schlegelberger/*Karsten Schmidt* RdNr. 160.

[708] Schlegelberger/*Karsten Schmidt* RdNr. 160; *Semler,* FS Werner, 1984, S. 863 ff.

[709] Vgl. zur Vertragsübernahme BGHZ 95, 94; Palandt/*Grüneberg* § 398 RdNr. 41 ff.

[710] *Koenigs* S. 259 f.; Schlegelberger/*Karsten Schmidt* RdNr. 160.

[711] Schlegelberger/*Karsten Schmidt* RdNr. 160.

[712] Vgl. mit Unterschieden im Einzelnen *Saenger* S. 64; *Koenigs* S. 247; *Blaurock* RdNr. 10.34; *Reusch* S. 238 f.; Staub/*Zutt* RdNr. 97; Heymann/*Horn* RdNr. 49; Schlegelberger/*Karsten Schmidt* RdNr. 160.

[713] Schlegelberger/*Karsten Schmidt* RdNr. 160.

[714] *Karsten Schmidt* KTS 1977, 6 f.; insoweit ebenso die hM, zB Baumbach/*Hopt* RdNr. 28; *Koller*/Roth/Morck RdNr. 25; Röhricht/v. Westphalen/*v. Gerkan/Mock* RdNr. 47.

[715] Sehr str.; für Anwendung des § 859 Abs. 1 ZPO auf Innengesellschaften *Thomas/Putzo,* ZPO, 30. Aufl. 2009, § 859 RdNr. 2; *Karsten Schmidt* JR 1977, 181; E/B/J/S/*Gehrlein* RdNr. 73; *Koller*/Roth/Morck RdNr. 25; Staub/*Zutt* RdNr. 101; **dagegen** Stein/Jonas/*Münzberg,* ZPO, 22. Aufl. 2004, § 859 RdNr. 2; Heymann/*Horn* RdNr. 50.

chend, wenn er den Auseinandersetzungsanspruch pfändet.[716] Hat er, was nach der hier vertretenen Auffassung zulässig ist, den „Anteil" des stillen Gesellschafters gepfändet, so ist darin die Pfändung des Auseinandersetzungsanspruchs enthalten (s. auch § 234 RdNr. 51). Verpfändet wird die typische stille Beteiligung als Anspruch (§§ 1273 ff. BGB).[717] Über **Nießbrauch** und **Treuhand** vgl. vor § 230 RdNr. 7 ff., 33 ff.[718]

c) Vererblichkeit. Die Vererblichkeit der stillen Beteiligung bedarf keiner vertraglichen Regelung. Dies ergibt sich mittelbar aus § 234 Abs. 2. Stirbt der stille Gesellschafter, so gehört die stille Beteiligung zu seinem Nachlass (§ 234 RdNr. 56). Sie kann auch einer Testamentsvollstreckung unterliegen (§ 234 RdNr. 57). Zu Einzel- und Sonderzuordnung bei einer Innen-KG vgl. § 234 RdNr. 56. 177

4. Geschäftsführung. a) Typische stille Gesellschaft. Die Geschäftsführung obliegt dem *Inhaber des Handelsgeschäfts,*[719] nicht obliegt sie, wie es der Regel des § 709 BGB entspräche, den Gesellschaftern gemeinschaftlich.[720] Überhaupt passen die §§ 709 ff. BGB im Hinblick auf Abs. 2 nicht ohne weiteres auf die typische stille Gesellschaft.[721] Auch § 712 BGB, wonach die einem Gesellschafter durch den Gesellschaftsvertrag übertragene Befugnis zur Geschäftsführung entziehbar ist, findet auf die typische stille Gesellschaft keine Anwendung.[722] Die Geschäftsführung steht dem Geschäftsinhaber in diesen Fällen nach der Natur der Sache und ausweislich Abs. 2 von vornherein zu. Grundsätzlich bedarf es auch *bei außergewöhnlichen Geschäften* nicht der Zustimmung des stillen Gesellschafters (vgl. auch RdNr. 77).[723] Ein solches Widerspruchsrecht nach dem Vorbild des § 164 kann ihm allerdings durch Vertrag eingeräumt werden.[724] Dagegen braucht der stille Gesellschafter Geschäfte, die außerhalb des Unternehmensgegenstands und damit außerhalb des gemeinsamen Zwecks liegen, nicht als auf gemeinsame Rechnung getätigt gegen sich gelten zu lassen.[725] In Grenzfällen besteht eine Erklärungspflicht des stillen Gesellschafters. Hatte der Geschäftsinhaber das Geschäft für das Handelsunternehmen abgeschlossen und widerspricht der stille Gesellschafter dem in Kenntnis des Geschäfts nicht, so kann er nicht nachträglich geltend machen, dieses Geschäft habe außerhalb des gemeinsamen Zwecks gelegen.[726] *Grundlagenänderungen im Unternehmen* (zB Aufgabe des Unternehmens, Änderungen des Unternehmensgegenstands, Konzernunterwerfung) braucht der stille Gesellschafter nicht widerspruchslos hinzunehmen, weil eine Hauptpflicht des Geschäftsinhabers in Rede steht (RdNr. 137).[727] Allerdings wird er idR bei unerlaubten Umstrukturierungen nur die stille Beteiligung außerordentlich kündigen und evtl. Schadensersatz verlangen können. Im 178

---

[716] Schlegelberger/*Karsten Schmidt* RdNr. 161.

[717] Oetker/*Schubert* RdNr. 95.

[718] Oetker/Schubert RdNr. 94, 96.

[719] *Blaurock* RdNr. 12.4; *P. Hartmann* S. 62; *Klauss/Mittelbach* RdNr. 66 ff.; MünchHdbGesR II/*Kühn* § 80 RdNr. 1; Baumbach/*Hopt* RdNr. 14; E/B/J/S/*Gehrlein* RdNr. 48; Heymann/*Horn* RdNr. 34; Röhricht/v. Westphalen/*v. Gerkan/Mock* RdNr. 78; Staub/*Zutt* RdNr. 91.

[720] Vgl. nur MünchHdbGesR II/*Kühn* § 80 RdNr. 1; Heymann/*Horn* RdNr. 34; *Koller*/Roth/Morck RdNr. 16.

[721] Vgl. *Reusch* S. 108; *Koenigs* S. 157; Düringer/Hachenburg/*Flechtheim* § 335 RdNr. 23; Staub/*Zutt* RdNr. 91, 93.

[722] *Koenigs* S. 154; *Blaurock* RdNr. 12.8; *Böttcher/Zartmann/Faut* S. 43 f.; *P. Hartmann* S. 64; *Klauss/Mittelbach* RdNr. 73; MünchHdbGesR II/*Kühn* § 80 RdNr. 3; Baumbach/*Hopt* RdNr. 14; Heymann/*Horn* RdNr. 34; Staub/*Zutt* RdNr. 93; zu abweichenden Vereinbarungen vgl. *P. Hartmann* S. 65.

[723] *Blaurock* RdNr. 12.6; *Koenigs* S. 154; MünchHdbGesR II/*Kühn* § 80 RdNr. 4; Heymann/*Horn* RdNr. 34; *Koller*/Roth/Morck RdNr. 16; Röhricht/v. Westphalen/*v. Gerkan/Mock* Rdnr. 78; Schlegelberger/*Karsten Schmidt* RdNr. 132; Staub/*Zutt* RdNr. 91.

[724] Vgl. *Blaurock* RdNr. 12.6; *Klauss/Mittelbach* RdNr. 86; E/B/J/S/*Gehrlein* RdNr. 48; Staub/*Zutt* RdNr. 94; zu den Grenzen möglicher Zustimmungsvorbehalte bei der AG vgl. *Bachmann/Veil* ZIP 1999, 349 ff.

[725] RGZ 48, 77, 80; 92, 292, 293 f. = JW 1918, 304 m. Anm. *Flechtheim*; BGH WM 1987, 1193, 1194; vgl. BGH NJW 1995, 1353, 1354 f.; *Blaurock* RdNr. 12.27; *Koenigs* S. 154; MünchHdbGesR II/*Kühn* § 80 RdNr. 21; Heymann/*Horn* RdNr. 35; *Koller*/Roth/Morck RdNr. 22; Staub/*Zutt* RdNr. 92.

[726] Staub/*Zutt* RdNr. 92.

[727] Vgl. bereits Schlegelberger/*Karsten Schmidt* RdNr. 132.

Außenverhältnis bleiben die Maßnahmen grundsätzlich wirksam.[728] Von Änderungen des Unternehmens zu unterscheiden sind *Umwandlungsvorgänge bei einer Handelsgesellschaft als Geschäftsinhaberin* (zB Formwechsel oder Verschmelzung). Diese können Beendigungsgründe für das stille Gesellschaftsverhältnis sein (§ 234 RdNrn. 22 ff.).

179 **b) Atypische stille Gesellschaft.** Weitergehende Mitspracherechte können einem atypischen stillen Gesellschafter zustehen (RdNr. 77), insbesondere dem Gesellschafter einer „Innen-KG", zB einer „GmbH & Still" (vgl. RdNr. 81, 87). Im Innenverhältnis einer solchen Quasi-KG gelten die Regeln des Kommanditgesellschaftsrechts. Insbesondere stehen dem stillen Gesellschafter die bei § 164 erläuterten *Widerspruchsrechte* zu. Vereinbart sein kann sogar die Befugnis des stillen Gesellschafters, dem Geschäftsinhaber die Befugnis, die Geschäfte für gemeinsame Rechnung zu führen, zu entziehen.[729] Insbesondere bei der Treuhandvariante der stillen Gesellschaft (RdNr. 82), zB als „GmbH & Still" (RdNr. 87) kann es zu einer Auswechselung des Treuhand-Geschäftsinhabers aus wichtigem Grund kommen (vor § 230 RdNr. 84).[730]

180 **c) Aufwendungen aus der Geschäftsführung.** Die wohl hM wendet die §§ 713, 670 BGB zugunsten des Geschäftsinhabers in der stillen Gesellschaft an.[731] Indes ist zu unterscheiden. In der **typischen stillen Gesellschaft** lassen sich die Regeln über den Aufwendungsersatz bei der BGB-Gesellschaft nur auf Aufwendungen des stillen Gesellschafters problemlos anwenden. Sie sollen dazu führen, dass derartige Aufwendungen auf gemeinsame Rechnung gehen. Das bedeutet bei der stillen Gesellschaft: Geschäftsführungsmaßnahmen des Geschäftsinhabers schmälern idR nur den Gewinn des Unternehmens und lösen mangels besonderer Vereinbarung keine Ansprüche gegen den Stillen aus.[732] Auf eine **atypische stille Gesellschaft** kann dagegen im Innenverhältnis § 110 HGB anwendbar sein.[733] Ist der Geschäftsinhaber bei einer atypischen stillen Gesellschaft nur als Treuhandunternehmer für den oder die stillen Gesellschafter beteiligt, so steht ihm Aufwendungsersatz nach § 670 BGB zu.

181 **5. Das Organisationsrecht der atypischen stillen Gesellschaft. a) Typenvielfalt.** Der bei RdNr. 70 ff. dargestellten Typenvielfalt der stillen Gesellschaft entspricht eine verschiedenartige Binnen-Organisation. Allgemeingültige Regeln lassen sich nur für die verbandsförmig organisierte „Innen-KG" aufstellen (vgl. zu dieser RdNr. 81, 87).

182 **b) Gesellschafterversammlung.** Bei der mehrgliedrigen stillen Gesellschaft (RdNr. 83 ff.) kann eine Gesellschafterversammlung eingerichtet werden. Diese Gesellschafterversammlung umfasst den vertragsmäßigen Mitunternehmerkreis. Dieser kann aus den stillen Gesellschaftern unter Ausschluss des Geschäftsinhabers bestehen oder diesen mit umfassen (RdNr. 84 ff.). Für **Einstimmigkeits- oder Mehrheitsprinzip** sowie für die Stimmkraft der Gesellschafter gelten die bei § 119 RdNr. 60 ff. sowie bei § 161 RdNr. 33 f. dargestellten Grundsätze. Es gilt damit auch der **Bestimmtheitsgrundsatz** für Mehrheitsklauseln, bei Publikumsgesellschaften allerdings nur mit den Einschränkungen von § 161 RdNr. 111 f. Werden Kapitalkonten geführt (RdNr. 169), so kann sich die Stimmkraft nach diesen bestimmen, insbesondere nach festen Kapitalanteilen (dazu RdNr. 166). Auf diese Weise kann bei der „GmbH & Still" auch die GmbH als Geschäftsinhaberin vom Stimmrecht ausgeschlossen werden (vgl. RdNr. 87). Auch die **Mitwirkungsrechte der Gesellschafter** entsprechen denen der Kommanditisten einer KG. Grundlagengeschäfte,

---

[728] Vgl. E/B/J/S/*Gehrlein* RdNr. 53.

[729] Vgl. MünchHdbGesR II/*Kühn* § 80 RdNr. 23; E/B/J/S/*Gehrlein* RdNr. 57.

[730] Vgl. BGH HZ 73, 294 = NJW 1979, 1503 = JuS 1979, 742 *(Karsten Schmidt)*.

[731] *Koenigs* S. 162; *Reusch* S. 116; *Böttcher/Zartmann/Faut* S. 78; Heymann/*Horn* RdNr. 38; Röhricht/v. Westphalen/*v. Gerkan/Mock* Rdnr. 81; Staub/*Zutt* RdNr. 96; **anders** *Koller*/Roth/Morck RdNr. 16, die weder § 110 HGB noch die §§ 713, 670 BGB für anwendbar halten; differenzierend jetzt Baumbach/*Hopt* RdNr. 18 (typische/atypische stille Gesellschaft); vgl. auch schon Schlegelberger/*Karsten Schmidt* RdNr. 133.

[732] Vgl. OLG Düsseldorf DStR 1992, 726; *Koller*/Roth/Morck RdNr. RdNr. 16.

[733] BGH DB 2002, 318; insoweit wie hier auch Baumbach/*Hopt* RdNr. 18.

die ein Komplementär nicht ohne Zustimmung der Kommanditisten vornehmen darf (§ 164 RdNr. 15 ff.), darf auch der Geschäftsinhaber bei der atypischen stillen Gesellschaft nicht ohne Zustimmung der Gesellschafterversammlung vornehmen (RdNr. 179). Auch die Mitwirkungsrechte der Gesellschafter bei der **Bilanzfeststellung** (§ 232 RdNr. 40 f.) richten sich nach denjenigen bei der Kommanditgesellschaft (§ 167 RdNr. 2). Zur Publikumspersonengesellschaft vgl. RdNr. 88 sowie sinngemäß § 161 RdNr. 125 ff.

c) Beiratsverfassung. Es kann ein Beirat für die stillen Gesellschafter eingerichtet werden.[734] Auf diese Weise können die Mitwirkungs- und Kontrollrechte der stillen Gesellschafter in einem Beirat zusammengefasst werden. Auf § 161 RdNr. 149 ff. ist zu verweisen. 183

d) Informationsrechte. Die Informationsrechte des stillen Gesellschafters ergeben sich aus den Erläuterungen zu § 233. Sie orientieren sich bei der atypischen stillen Gesellschaft häufig am Recht der KG und werden häufig durch ein Informationssystem erweitert. 184

e) Actio pro socio. Der Bundesgerichtshof hat die Geltendmachung von Sozialansprüchen stiller Gesellschafter im Wege der actio pro socio abgelehnt (RdNr. 156).[735] Dem ist nur für die typische stille Gesellschaft zuzustimmen (RdNr. 156). In dem vom BGH entschiedenen Fall lag eine sog „GmbH & Still" als Publikumsgesellschaft vor. Die actio pro socio als ein verbandsrechtliches Rechtsinstitut passt entgegen der Auffassung des Bundesgerichtshofs auch hier:[736] Dem atypischen stillen Gesellschafter steht als Mitgliedschaftsrecht wie einem Kommanditisten das Recht zu, gesellschaftsvertragliche Ansprüche gegen den Inhaber durch Klage im eigenen Namen durchzusetzen, wenn die hierfür zuständigen Organe die Geltendmachung versäumen. In Anlehnung an den eine Publikums-KG betreffenden Beschluss BGH DB 2010, 2611 = NZG 2010, 1381 = JuS 2011, 179 (*Karsten Schmidt*) ist auch die Bestellung eines Sondervertreters nach dem Modell des § 46 Nr. 8 GmbHG für die kollektive Geltendmachung von Ansprüchen zuzulassen (vgl. RdNr. 87). 185

6. Bilanzierung, Gewinnbeteiligung, Entnahmerechte. a) Rechnungslegung des Geschäftsinhabers. aa) Keine gesetzliche Rechnungslegungspflicht der stillen Gesellschaft. Nach §§ 238 ff. ist nur der Kaufmann rechnungslegungspflichtig, also der Träger des Unternehmens, maW der Geschäftsinhaber. Weil **Innengesellschaft**, ist weder die typische noch die atypische stille Gesellschaft als solche bilanzierungspflichtig. Das Buchführungs- und Bilanzrecht der stillen Gesellschaft begründet gesetzliche Buchführungs- und Bilanzierungspflichten nur für den Geschäftsinhaber.[737] 186

bb) Die stille Einlage in der Bilanz. Die stille Einlage erscheint in der Bilanz des Geschäftsinhabers auf der Passivseite. Die *typische stille Einlage* erscheint in Konsequenz der bei RdNr. 170 getroffenen Feststellung grundsätzlich als **Fremdkapital,** nicht als Eigenkapital (2. Aufl. § 246 RdNr. 85).[738] Steht eine nach Abs. 1 vom stillen Gesellschafter zu leistende Einlage noch aus, so ist diese Forderung zu aktivieren.[739] **Stehengebliebene Gewinnanteile** des stillen Gesellschafters erhöhen nach § 232 Abs. 3 die Einlage nicht über den vereinbarten Betrag hinaus. Es kann hierfür ein besonderes Gewinn- oder Darlehenskonto des stillen Gesellschafters geführt werden. Zur Frage, unter welchen Voraussetzungen die stille Einlage bilanzrechtlich als **Eigenkapital** einzuordnen ist, vgl. 2. Aufl. § 246 RdNr. 85. 187

---

[734] OLG Düsseldorf WM 1985, 872, 873; NJW-RR 1995, 420; MünchHdbGesR II/*Bezzenberger/Keul* § 73 RdNr. 40; *Zacharias/Hebig/Rinnewitz* S. 50.

[735] BGH § 230 LM Nr. 6 = NJW 1995, 1353; vgl. demgegenüber OLG Düsseldorf NJW-RR 1986, 1294.

[736] *Karsten Schmidt,* FS Bezzenberger, 2000, S. 411 f.

[737] Vgl. dazu eingehend *Blaurock* RdNr. 13.1 ff.; MünchHdbGesR II/*Bezzenberger/Keul* § 85 RdNr. 1; *Hense* S. 95 ff.; *Schulze-Osterloh* WPg 1974, 393 ff.

[738] Vgl. *Blaurock* RdNr. 13.117; *Winnefeld* BilanzHdB 4. Aufl. 2006, RdNr. L 230; *Schulze zur Wiesche,* FS Budde, 1995, S. 588.

[739] *Blaurock* RdNr. 13.110; *Reusch* S. 220; ausführlich zur Bilanzierung der Einlage *Hense* S. 104 ff.

188 **b) Rechnungslegung der (atypischen) stillen Gesellschaft.** Ein besonderer **eigener Jahresabschluss für die stille Gesellschaft** ist auch hier gesetzlich nicht vorgeschrieben (RdNr. 186), aber zweckmäßig, zulässig und in der Regel auch gesellschaftsrechtlich geboten.[740] Er dient **bei der typischen stillen Gesellschaft** der Berechnung des Gewinnanteils und damit auch der vom Geschäftsinhaber zu erstellenden Handelsbilanz. Eine echte Bilanz wird aufgestellt für die **atypische stille Gesellschaft** in Form der „Innen-KG", also insbesondere für die GmbH & Still (siehe RdNr. 81, 87). In einer solchen atypischen stillen Gesellschaft können wie in einer KG **Kapitalkonten** für den Träger des Unternehmens als Quasi-Komplementär und die stillen Gesellschafter als Quasi-Kommanditisten geführt werden (RdNr. 166, 169). Seit der Bundesfinanzhof die mitunternehmerische atypisch stille Gesellschaft als „Subjekt der Gewinnerzielung" anerkennt, wird von einer steuerrechtlichen Buchführungs- und Bilanzierungspflicht zwar nicht „der" stillen Gesellschaft, aber doch „für die" (atypische) stille Gesellschaft auszugehen sein.[741] Die „Jahresbilanz der stillen Gesellschaft" ist allerdings im Unterschied zur Rechnungslegung des Geschäftsinhabers (RdNr. 186) keine Handelsbilanz iS der §§ 242 ff. (RdNr. 186). Zur Frage, ob die Jahresbilanz des Geschäftsinhabers für die Gewinnverteilung maßgeblich ist, vgl. § 232 RdNr. 14 ff., 39 ff. Zur Bilanz als Gegenstand eines Informationsanspruchs vgl. § 233 RdNr. 24).

189 **c) Gewinnbeteiligung.** Wegen der Bedeutung der Gewinnbeteiligung für den Tatbestand der stillen Gesellschaft wird auf RdNr. 38 ff. verwiesen, wegen der Durchführung der Gewinnbeteiligung auf die Erl. zu § 232. Stichtag für den **Beginn der Gewinnbeteiligung** ist im Zweifel der Beginn der stillen Gesellschaft (zu diesem vgl. RdNr. 119). Auch hier besteht Vertragsfreiheit. Rückwirkung, zB vom letzten Bilanzstichtag an, kann schuldrechtlich vereinbart werden (vgl. allerdings zur steuerlichen Anerkennung RdNr. 119). Über die bei Vertragsbeginn schwebenden Geschäfte sollte zweckmäßigerweise eine Regelung getroffen werden.[742] Fehlt eine solche Vereinbarung, so wird im Zweifel davon auszugehen sein, dass alle während des Bestehens der stillen Gesellschaft realisierten Gewinne erfasst sind.[743] Eine **Beteiligung am Verlust** entspricht zwar dem Regelmodell der stillen Gesellschaft, aber sie kann nach § 231 Abs. 2 ausgeschlossen werden (RdNr. 38). Hierzu und zu den Vertragsregelungen im Einzelnen vgl. Erl. § 231. Eine Regelung, nach der aller Verlust vom stillen Gesellschafter zu tragen ist, ist nach hM mit dem Tatbestand der stillen Gesellschaft vereinbar (§ 231 RdNr. 25).[744] Ob sie gegen § 138 BGB verstößt, ist Frage des Einzelfalls. Vor allem dann, wenn die stille Gesellschaft Treuhandcharakter hat (RdNr. 47), ist die Regelung unbedenklich und vielfach notwendig.[745]

190 **d) Entnahmerechte.** Der Vertrag kann **Entnahmeregelungen** und **Regelungen über die Behandlung stehen bleibender Gewinne** treffen.[746] Notwendig ist das nicht. Fehlt eine Regelung, so ergibt sich aus § 232, dass der stille Gesellschafter Gewinne entnehmen darf, soweit sie nicht zum Ausgleich von Verlusten zu verrechnen sind (vgl. § 232 Abs. 2) und dass stehen gebliebene Gewinne das Einlagenkonto nicht über den Betrag der vereinbarten Einlage hinaus vermehren. Ist die Gesellschaft eine **„Innen-KG"** (RdNr. 81), so sind Gewinnverteilungs- und Entnahmerechte ähnlich zu regeln wie bei einer Kommanditgesellschaft (vgl. dazu § 121 RdNr. 27 ff., § 122 RdNr. 48 ff.). Die Rechtslage im Einzelnen ergibt sich aus § 232 RdNr. 22 ff.

---

[740] Schlegelberger/*Karsten Schmidt* RdNr. 166.

[741] So *Blaurock* RdNr. 22.24; *Groh* BB 1993, 1892; *Schön* BB 1985, 314; eingehend *Gschwendtner* DStZ 1998, 335, 341; ablehnend für Innengesellschaften noch BFHE 161, 456 = BStBl. 1990 II S. 965.

[742] Schlegelberger/*Karsten Schmidt* RdNr. 168.

[743] *Blaurock* RdNr. 7.14.

[744] *Koenigs* S. 176; *Blaurock* RdNr. 7.43; Düringer/Hachenburg/*Flechtheim* § 336 aF RdNr. 5; Staub/*Zutt* § 231 RdNr. 14; *Hense* S. 45.

[745] Schlegelberger/*Karsten Schmidt* RdNr. 169; *Zacharias/Hebig/Rinnewitz* S. 64.

[746] Vgl. *Koenigs* S. 199 ff.; 205 f.; *Blaurock* RdNr. 7.11; *Zacharias/Hebig/Rinnewitz* S. 65.

IX. Unterbeteiligung

Schrifttum: (vgl. zunächst Schrifttum bei § 230 vor RdNr. 1) *Andreopoulos,* Die Unterbeteiligung an Handelsgesellschaftsanteilen im deutschen und griechischen Recht, Diss. Freiburg i. Br. 1970; *App,* Unternehmerische Kapitalanlage durch Unterbeteiligung, DStR 1994, 291; *Bender,* Nießbrauch und Unterbeteiligung an Personengesellschaftsanteilen, DB 1979, 1445; *Bilsdorfer,* Gesellschafts- und steuerrechtliche Probleme bei Unterbeteiligung von Familienangehörigen, NJW 1980, 2785; *Blaurock,* Unterbeteiligung und Treuhand an Gesellschaftsanteilen, 1981; *ders./Berninger,* Unterbeteiligung an einem GmbH-Anteil in zivilrechtlicher und steuerrechtlicher Sicht, GmbHR 1990, 13, 87; *Bopp,* Die Unterbeteiligung an gewerblichen Unternehmen im Steuerrecht, 1956; *Costede,* Unterbeteiligte als Mitunternehmer, Zur Unterscheidung zwischen Mitunternehmerschaft in der Haupt- und in der Unterbeteiligungsgesellschaft, ZGR 1976, 188; *Densow,* Die Unterbeteiligung im Steuerrecht, DB 1953, 218; *Düchting,* Die Unterbeteiligung im Einkommen- und Gewerbesteuerrecht, BB 1963, 808; *Durchlaub,* Überlegungen zur Unterbeteiligung an Unternehmen, DB 1978, 873; *Eden,* Treuhand an Unternehmen und Unternehmensanteilen, 1981; *Esch,* Die Unterbeteiligung an Handelsgesellschaftsanteilen, NJW 1964, 902; *ders.,* Die Unterbeteiligung im Steuerrecht, NJW 1964, 2044; *ders.,* Zur steuerlichen Behandlung der Unterbeteiligung, BB 1968, 1280; *Fasold,* Unterbeteiligung im Bereiche der GmbH und der GmbH & Co., GmbHR 1973, 12; *Felix,* Unterbeteiligung, FR 1960, 237; *ders.,* Unterbeteiligung nichttätiger Abkömmlinge an Familiengesellschaften mbH, DStZ 1988, 102; *Fichtelmann,* Die Einheitsbewertung des Betriebsvermögens bei Unterbeteiligungen, DStR 1968, 560; *ders.,* Gewinnausschüttung bei Einräumung, Übertragung und Auflösung einer Unterbeteiligung, DB 1969, 629; *ders.,* Die Unterbeteiligung . . ., Inf. üb. Steuer u. Wirtschaft 1971, 513; *Flore,* Die Unterbeteiligung an einem GmbH-Anteil, BB 1994, 1191; *Friehe,* Die Unterbeteiligung bei Personengesellschaften, 1974; *Genke,* Die Unterbeteiligung an einem Unternehmen in gesellschaftsrechtlicher Sicht, INF 1995, 59; *Greifeld,* Die Unterbeteiligung an der Offenen Handelsgesellschaft und der Kommanditgesellschaft, Diss. Leipzig 1938; *Groh,* Die Bilanz der Unterbeteiligungsgesellschaft, FS Priester, 2007, S. 107; *Grürmann,* Die Unterbeteiligung bei Personengesellschaften im Steuerrecht, BB 1978, 1204; *Grummert,* BGH: Abgrenzung von Treuhand und Unterbeteiligung an Gesellschaftsanteilen, WiB 1994, 775; *Hecht,* Die Unterbeteiligung, Diss. Gießen 1933; *Herzfeld,* Die Unterbeteiligung, AcP 137 (1933) 270; *Hesselmann,* Die Unterbeteiligung an GmbH-Anteilen, GmbHR 1964, 26; *Heuer,* Unterbeteiligung an einem Bausparvertrag, DB 1954, 768; *Hey,* Unterbeteiligung am Gesellschaftsanteil und Informationsrechte des Unterbeteiligten, WiB 1994, 162; *Honert,* Atypisch stille Gesellschaft und atypische Unterbeteiligung, EStB 2001, 237; *Horn,* Unternehmensbeteiligungen der Arbeitnehmer und Gesellschaftsrecht, ZGR 1974, 133; *v. Hoyningen-Huene,* Besprechung von: Friehe, Die Unterbeteiligung bei Personengesellschaften, ZHR 139 (1975) 572; *Hundertmark,* Gründung einer sogenannten Innengesellschaft mit Minderjährigen, BB 1970, 165; *Janberg,* Die Unterbeteiligung im Gesellschaftsrecht, DB 1953, 77; *Kastner,* Die Unterbeteiligung, JBl. 1965, 72; *Kletschka,* Die Unterbeteiligung am gewerblichen Unternehmen im Steuerrecht, Diss. Köln 1974; *Krah,* Die Unterbeteiligung an einem Mitunternehmeranteil im Steuerrecht, NJW 1965, 897; *Lange,* Die Unterbeteiligung in der einheitlichen Gewinnfeststellung, BB 1969, 216; *Angela Martens,* Die steuerliche Einordnung der atypischen Unterbeteiligung an Anteilen an einer Kapitalgesellschaft, BB 2005, 1660; *Merkel,* Zur Problematik der Unterbeteiligung an einer oHG-Beteiligung, NJW 1966, 1552; *Gerd Meyer,* Die Unterbeteiligung an Handelsgesellschaftsanteilen, Diss. Münster 1971; *Obermüller/Obermüller,* Die Unterbeteiligung im Bankgeschäft, FS Werner, 1984, S. 607; *Paulick,* Die Unterbeteiligung in gesellschaftsrechtlicher und steuerrechtlicher Sicht, ZGR 1974, 253; *Petzold,* Die Unterbeteiligung im Gesellschafts- und Steuerrecht, NWB 1974, Fach 18, S. 2195 ff.; *Pöllinger,* Die Unterbeteiligung, Diss. Erlangen 1932; *Post/Hoffmann,* Die stille Beteiligung am Unternehmen der Kapitalgesellschaft, 3. Aufl. 1997; *Pupeter,* Der Unterbeteiligte als „virtueller" Gesellschafter einer GmbH, GmbHR 2006, 910; *Reis,* Die Unterbeteiligung unter besonderer Berücksichtigung des Unterkonsortialvertrages, Diss. Frankfurt 1920; *Roemer,* Unterbeteiligung an Gesellschaftsanteilen, INF 1993, 253; *Roth/Thöni,* Treuhand und Unterbeteiligung, FS 100 Jahre GmbH-Gesetz, 1992, S. 245; *Rüttiger,* Die Unterbeteiligung im Steuerrecht, Diss. Heidelberg 1945; *ders.,* Unterbeteiligung an einem GmbH-Anteil, GmbHR 1986, 236; *ders.,* Die Gewinnermittlung einer Unterbeteiligung an Personengesellschaften, DStZ 1987, 603; *Schimke,* Die historische Entwicklung der Unterbeteiligungsgesellschaft in der Neuzeit, 1991; *H. Schmidt,* Unterbeteiligungen von minderjährigen Kindern, StBP 1971, 173; *Karsten Schmidt,* Treuhand, Unterbeteiligung und § 723 Abs. 3 BGB, FS Günther H. Roth, 2011, S. 709; *Schmidt-Diemitz,* Probleme der Unterbeteiligung an einem Personengesellschaftsanteil bei Umwandlung der Personengesellschaft in eine Kapitalgesellschaft, DB 1978, 2397; *Herbert Schneider,* Unterbeteiligung im Gesellschaftsrecht, DB 1954, 739; *ders.,* Über die Unterbeteiligung an Anteilen an einer Personengesellschaft als stille Gesellschaft, FS Möhring, 1965, S. 115; *Schüller,* Die Unterbeteiligung, MittRheinNotK 1977, 45; *Schulze zur Wiesche,* Die Unterbeteiligung als Mitunternehmerschaft, DB 1987, 551; *ders.,* Die Unterbeteiligung in der steuerlichen Rechtsprechung, NJW 1983, 2362; *ders.,* Die atypische Unterbeteiligung an einem GmbH-Anteil, GmbHR 2006, 630; *Tebben,* Unterbeteiligung und Treuhand an Gesellschaftsanteilen, 2000; *ders.,* Gesellschaftsvertraglicher Schutz gegen Treuhand- und Unterbeteiligungen an Geschäftsanteilen, GmbHR 2007, 63; *Thoma,* Die Unterbeteiligung und ihre steuerliche Beurteilung, StbJb 1954/55, 215; *Thomsen,* Die Unterbeteiligung an einem Personengesellschaftsanteil, 1978; *Ulbrich,* Die Unterbeteiligungsgesellschaft an Personengesellschaftsanteilen, 1982; *Udo Wagner,* Die Unterbeteiligung an einem oHG-Anteil. Zugleich ein Beitrag zur rechtlichen Struktur der Personengesellschaften, 1975; *ders.,* Die Mitgliedschaft in der stillen Gesellschaft und in der Unterbeteiligung als Kreditsicherheit, in: Hadding/ 191

U. H. Schneider (Hrsg.), Gesellschaftsanteile als Kreditsicherheit, 1979, S. 105; *v. Wallis,* Einkunftsermittlung bei Unterbeteiligung an einer Personengesellschaft, NWB 1974, Fach 2, 2619; *Weiß,* Die Unterbeteiligung als Innengesellschaft mit Gesamthandsvermögen, Diss. Göttingen 1956; *Wendelstein,* Die Unterbeteiligung als zweckmäßige Erbfolgeregelung, BB 1970, 735; *H. P. Westermann,* Besprechung von: Wagner, Die Unterbeteiligung an einem oHG-Anteil, ZHR 141 (1977), 81; *Winterstein,* Die Unterbeteiligung an oHG- und KG-Anteilen als stille Gesellschaft, Diss. Hamburg 1969; *Wargulla,* Die Unterbeteiligung an Kapitalgesellschaften im System der Abgeltungssteuer, DB 2009, 1146; *Zapp,* Die Unterbeteiligung am mittelständischen Unternehmen, 1990; *Ziegler,* Die Unterbeteiligung – ihr Wesen und ihre Bedeutung im Steuerrecht unter Berücksichtigung der wirtschaftlichen Grundlagen, Diss. Mannheim 1959.

192 **1. Begriff und Begriffsmerkmale. a) Begriff und Rechtsnatur. aa) Die Unterbeteiligung** ist die *stille Beteiligung an einem Gesellschaftsanteil.*[747] Die rechtliche Zulässigkeit eines solchen Gesellschaftsverhältnisses wurde schon vom Gesetzgeber des BGB erkannt, der freilich auf besondere Regeln verzichtete.[748] Sie steht außer Zweifel.[749] Zur „Rechtsnatur" der Unterbeteiligungsgesellschaft vgl. RdNr. 194, 204. In Anlehnung an die für die stille Gesellschaft gefundene Definition (RdNr. 2) wird hier folgende **Begriffsbestimmung** der Unterbeteiligung zugrundegelegt: *Eine Unterbeteiligung ist vorhanden, wenn auf Grund des zwischen dem Gesellschafter einer Kapital- oder Personengesellschaft (Hauptgesellschafter) und mindestens einem Unterbeteiligten zur Erreichung eines gemeinsamen Zwecks geschlossenen Gesellschaftsvertrags der Unterbeteiligte ohne Bildung eines Gesellschaftsvermögens mit einer Einlage an dem Anteil des Hauptgesellschafters beteiligt ist und eine Gewinnbeteiligung erhält.*[750] Diese an anderer Stelle[751] näher herausgearbeitete Begriffsbestimmung enthält wie diejenige der stillen Gesellschaft eine Reihe allgemein anerkannter Merkmale und daneben das herkömmlich nicht hervorgehobene, weil nicht richtig eingeordnete Merkmal einer Einlage, dh. einer bilanziell darstellbaren Innenbeteiligung (dazu für die stille Gesellschaft RdNr. 37, für die Unterbeteiligung RdNr. 197).

193 Die hier zugrundegelegte Definition der Unterbeteiligung lässt sich in **vier Voraussetzungen** zerlegen. Erforderlich ist: (aa) das Vorhandensein einer Hauptbeteiligung, (bb) ein Gesellschaftsvertrag zwischen dem Hauptbeteiligten und dem Unterbeteiligten, (cc) die Beteiligung des Unterbeteiligten mit einer Einlage an dieser Hauptbeteiligung sowie (dd) die Gewinnbeteiligung des Unterbeteiligten (dazu sogleich unter RdNr. 195 ff.).

194 **bb) Rechtsnatur.** Jedes Unterbeteiligungsverhältnis ist ausnahmslos ein Gesellschaftsverhältnis.[752] Die Unterbeteiligungsgesellschaft ist eine **Innengesellschaft.**[753] Sie ist, wie die stille Gesellschaft (RdNr. 6), eine *Variante der BGB-Innengesellschaft* (RdNr. 196). Sie ist nicht rechtsfähig, nicht parteifähig und nicht insolvenzrechtsfähig.[754] *Die Bildung eines Gesellschaftsvermögens im technischen („dinglichen") Sinne ist ausgeschlossen.*[755] Irreführend heißt es bisweilen, die Gesellschafter könnten Miteigentum iS von § 1008 BGB bilden.[756] Richtig ist nur, dass

---

[747] So die Formel bei Schlegelberger/*Karsten Schmidt* RdNr. 182; E/B/J/S/*Gehrlein* RdNr. 91; zustimmend Heymann/*Horn* RdNr. 65; *Koller*/Roth/Morck RdNr. 4; anders in den Formulierungen, aber übereinstimmend in der Sache die hM; vgl. BGHZ 50, 316, 319; BGH WM 1959, 596; WM 1966, 190; WM 1967, 685; MünchKommBGB/*Ulmer* vor § 705 RdNr. 92; *Böttcher/Zartmann/Faut* S. 45; *Ulbrich* S. 3; *Thomsen* S. 21 f.; *Blaurock* RdNr. 30.1, vgl. aber RdNr. 1890; Röhricht/v. Westphalen/*v. Gerkan/Mock* RdNr. 92; *Herzfeld* AcP 137 (1933) 270; *Janberg* DB 1953, 77; OLG Braunschweig LZ 1908, 553, 554 bezeichnet noch beides als Unterbeteiligung; ähnlich *Groß* DB 1950, 424.

[748] Mot. in Mugdan II S. 343.

[749] Zur Rechtsentwicklung *Schimke* S. 29 ff.

[750] Vgl. *Blaurock* RdNr. 30.1; MünchHdbGesR I/*Gayk* § 30 RdNr. 1; Staub/*Zutt* RdNr. 107, 110.

[751] Schlegelberger/*Karsten Schmidt* RdNr. 183.

[752] HM; **aM** *Ulbrich* S. 95 (zu diesem aber Schlegelberger/*Karsten Schmidt* RdNr. 185); zweifelnd *v. Hoyningen-Huene* ZHR 139 (1975) 573.

[753] Vgl. BGH WM 1965, 458; BGHZ 50, 320; BGH BB 1994, 1597, 1598; *Blaurock* RdNr. 30.1; *Friehe* S. 20 ff.; *Ulbrich* S. 49 ff; *Janberg* DB 1953, 77; *Paulick* ZGR 1974, 259; MünchHdbGesR II/*Weipert* § 12 RdNr. 62; E/B/J/S/*Gehrlein* RdNr. 93; Baumbach/*Hopt* § 105 RdNr. 38; Heymann/*Horn* RdNr. 67.

[754] Vgl. auch *Paulick* ZGR 1974, 261; BeckHdbPersG/*Bärwaldt* § 14 RdNr. 2.

[755] Richtig *Blaurock* RdNr. 30.1; *ders.,* Unterbeteiligung und Treuhand, S. 93 ff.; MünchHdbGesR I/*Gayk* § 30 RdNr. 1; Staub/*Zutt* RdNr. 107, 110; BeckHdbPersG/*Bärwaldt* § 14 RdNr. 2; **aM** Heymann/*Horn* RdNr. 67; *Herzfeld* AcP 137 (1933), 315; teilweise auch *H. P. Westermann,* Vertragsfreiheit, S. 204.

[756] Vgl. *Thomsen* S. 33; *Ulbrich* S. 54 f.

den Beteiligten die Bildung von Bruchteilseigentum unbenommen ist und dass dessen Bildung sogar Gegenstand der Gesellschafterbeiträge, nämlich Förderung eines gemeinsamen Zwecks sein kann (vgl. schon RdNr. 9 zur stillen Gesellschaft). Um Einlageleistungen und um die Bildung eines Gesellschaftsvermögens handelt es sich dabei nicht.

b) Die Begriffsmerkmale im Einzelnen. aa) Hauptbeteiligung und damit *Gegenstand der Unterbeteiligung* kann jede Art von mitgliedschaftlicher Beteiligung sein:[757] eine *Aktie,*[758] der *Geschäftsanteil an einer GmbH,*[759] die *Mitgliedschaft in einer Handels-Personengesellschaft*[760] oder in einer *Gesellschaft bürgerlichen Rechts.*[761] Typischerweise handelt es sich bei der Hauptbeteiligung um die Beteiligung an einer unternehmenstragenden Außengesellschaft (idR Handelsgesellschaft).[762] Möglich ist aber auch die Unterbeteiligung an der Mitgliedschaft in einer Holdinggesellschaft[763] oder Gelegenheitsgesellschaft.[764] Ungewöhnlich, aber zulässig ist auch die Unterbeteiligung an einer *stillen Beteiligung,* in der Praxis vor allem: an einer *atypischen stillen Beteiligung.*[765] Insbesondere bei der „Innen-KG" (RdNr. 81), namentlich als „GmbH & Still" (RdNr. 87) ist die Unterbeteiligung an der stillen Beteiligung als einem „virtuellen Kommanditanteil" ebenso möglich wie an einem Kommanditanteil. Konsequenterweise ist auch die Unterbeteiligung an einer (atypischen) *Unterbeteiligung* möglich.[766] Es liegt dann ein gestuftes Unterbeteiligungsverhältnis vor (RdNr. 214). Möglich ist schließlich auch die Unterbeteiligung bei einer BGB-Innengesellschaft, zB einem Konsortium,[767] auch wenn dabei nicht mehr von einer mittelbaren Teilhabe „am Unternehmen" gesprochen werden kann. Auf diese atypischen Innenbeteiligungen können die allgemeinen Regeln über Unterbeteiligungen allerdings nur unter Berücksichtigung der Besonderheiten der konkreten Gestaltung angewandt werden. An Rechten, die keine gesellschaftsrechtlichen Beteiligungen sind, können Unterbeteiligungen in diesem Sinne nicht gebildet werden.[768] Auch die bloße Gewinnteilung bei Gelegenheitsgesellschaften begründet keine Unterscheidungsgesellschaft, sondern nur eine BGB-Innengesellschaft.[769] 195

bb) Ein Gesellschaftsvertrag muss zwischen dem Hauptbeteiligten und dem Unterbeteiligten abgeschlossen sein.[770] Auf die Bezeichnung als „Gesellschafts-" oder „Unterbeteiligungsvertrag" kommt es nicht an. *Gemeinsamer Zweck* der Unterbeteiligungsgesellschaft ist typischerweise die gemeinsame *(Finanzierung und) Nutzung der Hauptbeteiligung.*[771] Zweck 196

[757] MünchHdbGesR I/*Gayk* § 30 RdNr. 1; Röhricht/v. Westphalen/*v. Gerkan/Mock* RdNr. 95; Schlegelberger/*Karsten Schmidt* RdNr. 184.

[758] Dazu *Esch* NJW 1964, 904; Heymann/*Horn* RdNr. 65; MünchHdbGesR I/*Gayk* § 30 RdNr. 1.

[759] RG LZ 1907, 224; 1915, 1011; BFHE 183, 407 = BStBl. II 1997, 724; *Ulbrich* S. 8 f.; *Fasold* GmbHR 1973, 12; *Blaurock/Berninger* GmbHR 1990, 12 ff.; *Flore* BB 1994, 1191; Heymann/*Horn* RdNr. 65; MünchHdbGesR I/*Gayk* § 30 RdNr. 1.

[760] Eingehend *Friehe, Ulbrich* und *U. Wagner,* passim; vgl. aus der Praxis etwa ROHGE 23, 120; BGHZ 50, 316; BGH WM 1959, 595; WM 1966, 188; DB 1967, 1258; BFHE 166, 431 = BStBl. 1992 II S. 512; BFHE 174, 219 = BStBl. 1994 II S. 635; BFH DStR 1998, 203; weitere Nachw., insbes. aus der BFH-Rechtsprechung, bei *Ulbrich* S. 7; vgl. ferner Heymann/*Horn* RdNr. 65; MünchHdbGesR I/*Gayk* § 30 RdNr. 1.

[761] Vgl. *Ulbrich* S. 7; Heymann/*Horn* RdNr. 65; MünchHdbGesR I/*Gayk* § 30 RdNr. 1; MünchKommBGB/*Ulmer* Vor § 705 RdNr. 93.

[762] Vgl. *Paulick* ZGR 1974, 258; Heymann/*Horn* RdNr. 56; Schlegelberger/*Karsten Schmidt* RdNr. 184.

[763] Vgl. BFH/NV 2006, 491.

[764] *Ulbrich* S. 6; Heymann/*Horn* RdNr. 56; Röhricht/v. Westphalen/*v. Gerkan/Mock* RdNr. 95; Schlegelberger/*Karsten Schmidt* RdNr. 184.

[765] Vgl. RG Bolze 23 Nr. 568; BFH BStBl. 1959 III S. 249; 1979 II S. 768; *Blaurock* RdNr. 30.1; Schlegelberger/*Karsten Schmidt* RdNr. 184; *Karsten Schmidt* DB 1976, 1706.

[766] BFH BeckRS 2008, 25013963; *Blaurock* RdNr. 30.1; *Ulbrich* S. 11 f.; Röhricht/v. Westphalen/*v. Gerkan/Mock* RdNr. 95; Schlegelberger/*Karsten Schmidt* RdNr. 184; Staub/*Zutt* RdNr. 107.

[767] Heymann/*Horn* RdNr. 56; Schlegelberger/*Karsten Schmidt* RdNr. 184; *Ulbrich* S. 6 mwN.

[768] Schlegelberger/*Karsten Schmidt* RdNr. 184; zust. Röhricht/v. Westphalen/*v. Gerkan/Mock* RdNr. 95; *Bilsdorfer* NJW 1980, 2785 mwN; **aA** Heymann/*Horn* RdNr. 65: Unterbeteiligung kann auch an sonstigen Vermögensrechten bzw. an Krediten eingeräumt werden; ebenso E/B/J/S/*Gehrlein* RdNr. 91.

[769] Vgl. OLG Nürnberg BeckRS 2010, 00290.

[770] Siehe nur *Blaurock* RdNr. 30.26; Schlegelberger/*Karsten Schmidt* RdNr. 185.

[771] Vgl. *Blaurock* Unterbeteiligung S. 109; *Friehe* S. 18 f.; *G. Meyer* S. 13; *Winterstein* S. 15; *U. Wagner* S. 39; *Ulbrich* S. 31 ff.; *Esch* NJW 1964, 903; Heymann/*Horn* RdNr. 67, 68; *Koller*/Roth/Morck RdNr. 4; *Paulick*

kann aber auch die Zusammenfassung von Anteilsrechten in der Hand eines Treuhandgesellschafters sein (RdNr. 202). Jedes Unterbeteiligungsverhältnis ist ausnahmslos ein Gesellschaftsverhältnis.[772] Ein gemeinsamer Zweck liegt auch dann vor, wenn der Unterbeteiligte nur am Gewinn, beteiligt ist.[773] Möglich ist sogar, dass der Hauptbeteiligte die Beteiligung für Rechnung des Unterbeteiligten oder der Unterbeteiligten hält (RdNr. 202, 210).[774] Treuhand und Unterbeteiligung sind miteinander nicht unvereinbar (RdNr. 202). Vor allem im Bereich der Publikumstreuhandgesellschaften ist eine Kombination von Treuhand und Unterbeteiligung möglich (RdNr. 210). Das nach § 705 BGB unentbehrliche Merkmal einer beiderseitigen Zweckförderung durch Beitragsleistungen ist idR problemlos gegeben, so dass sich die Abgrenzungsfrage meist ganz auf die Prüfung konzentriert, ob ein Einlageverhältnis iS von RdNr. 197 vorliegt. Die vereinbarten Beitragsleistungen der Parteien können von Fall zu Fall sehr unterschiedlich ausfallen (vgl. sinngemäß RdNr. 144 f.). Die für den Tatbestand der Unterbeteiligung begriffsnotwendigen Beitragsleistungen bestehen lediglich darin, dass der Hauptbeteiligte den Anteil (auch) für den Unterbeteiligungszweck hält, während der Unterbeteiligte, unabhängig davon, ob er eigene Beiträge leisten muss, bereits dadurch zum gemeinsamen Zweck beiträgt, dass er jedenfalls die stille Beteiligung (dh eine notwendig von ihm dotierte stille Einlage) am Hauptanteil hält (str.; vgl. für die stille Gesellschaft die sinngemäß auch hier geltenden Ausführungen von RdNr. 37).[775]

197 cc) **Die Beteiligung mit einer bilanzmäßig darstellbaren Einlage** ohne Bildung eines Gesellschaftsvermögens entspricht den Merkmalen der stillen Gesellschaft (RdNr. 37, 143 ff., 165).[776] Wie bei RdNr. 37 gilt: Eine Einlage*leistung* ist zwar typischerweise mit der Unterbeteiligung verbunden, aber nicht begriffsnotwendig; eine auf einem Konto darstellbare *Einlage* ist dagegen unentbehrlich. Hieran bisweilen geäußerte Zweifel[777] beruhen auf der bei RdNr. 143 kritisierten terminologischen Unklarheit. Richtig ist: Es kann keine Unterbeteiligung vorliegen, wenn ein Dritter am Gewinn eines Gesellschafters beteiligt wird, ohne an dessen Anteil in bilanzmäßig darstellbarer Weise durch eine Einlage beteiligt zu sein. Ob er sich diese Beteiligung durch eine eigene Einlageleistung verdienen muss oder ob sie ihm eingebucht wird, ist, wie bei der stillen Gesellschaft, der Vereinbarung der Beteiligten überlassen (vgl. RdNr. 37, 143). Nach **hM** ist begriffswesentliches Merkmal der Unterbeteiligung, *dass sich die Rechte des bzw. der Unterbeteiligten nur auf einen Teil der Hauptbeteiligung beziehen.*[778] Das trifft nur typischerweise zu: Hält ein Gesellschafter im Innenverhältnis seine gesamte Beteiligung (nicht bloß den Gewinn) ausschließlich für eine dritte Person, so wird dies eine Treuhand, aber regelmäßig keine Unterbeteiligung sein.[779] Wie bei der stillen Gesellschaft ist aber die Kombination von Innengesellschaft und Treuhand nicht ausgeschlossen.[780] Zulässig und inzwischen anerkannt ist ein Zusammentreffen von Treuhand und Unterbeteiligung dergestalt, dass ein Treuhänder seine Beteiligung für mehrere Unterbeteiligte als deren Treugeber hält (RdNr. 202, 210 und Vor § 230 RdNr. 45).

ZGR 1974, 268; Staub/*Zutt* RdNr. 111; MünchHdbGesR I/*Gayk* § 30 RdNr. 1; Zweifel bei *v. Hoyningen-Huene* ZHR 139 (1975) 575.

[772] *Blaurock* RdNr. 30.1.

[773] HM zB Heymann/*Horn* RdNr. 68; *Koller*/Roth/Morck RdNr. 4; *Blaurock* RdNr. 30.26; anders *Schulze-Osterloh,* Der gemeinsame Zweck der Personengesellschaften, 1973, S. 32; sympathisierend *v. Hoyningen-Huene* ZHR 139 (1975), 573.

[774] Schlegelberger/*Karsten Schmidt* RdNr. 185; *Paulick* ZGR 1974, 266.

[775] MünchHdbGesR I/*Gayk* § 30 RdNr. 2.

[776] Siehe schon Schlegelberger/*Karsten Schmidt* RdNr. 186; zustimmend MünchHdbGesR I/*Gayk* § 30 RdNr. 2; Staub/*Zutt* RdNr. 109; *Tebben* S. 41 ff. (wenig klar); vgl auch *Blaurock* RdNr. 30.39; Röhricht/v. Westphalen/*v. Gerkan/Mock* RdNr. 97.

[777] E/B/J/S/*Gehrlein* RdNr. 98; Heymann/*Horn* RdNr. 72.

[778] Vgl. nur Staudinger/*Habermeier* (2003) Vor § 705 RdNr. 64; Heymann/*Horn* RdNr. 66; Röhricht/v. Westphalen/*v. Gerkan/Mock* RdNr. 101; *Esch* NJW 1964, 903.

[779] Vgl. BGH NJW 1994, 2886, 2887 = BB 1994, 1597, 1598 = ZIP 1994, 1180, 1181; insoweit zutreffend auch OLG Hamm DB 1994, 1233; wohl auch BGH WM 1987, 811.

[780] Insofern **aM** noch Schlegelberger/*Karsten Schmidt* RdNr. 196, wo ansonsten die neuere Entwicklung vorweggenommen wurde.

dd) Eine Beteiligung am Gewinn des Hauptbeteiligten ist Voraussetzung der Unterbeteiligung.[781] Es lassen sich zwar Innenabreden, die man als Unterbeteiligungen bezeichnen könnte, auch ohne Gewinnbeteiligung denken – etwa als „Non-Profit-Unterbeteiligung" –, aber es fehlt dann dem Rechtsverhältnis an wesentlichen für das Rechtsverhältnis der Unterbeteiligung entscheidenden Merkmalen. Eine **Verlustbeteiligung** des Unterbeteiligten ist, wie bei der stillen Gesellschaft, ein zwar regelmäßig vorhandenes, aber nicht begriffsnotwendiges Merkmal.[782] Zulässig ist dagegen, dass der Hauptgesellschafter im Innenverhältnis nicht am Gewinn und Verlust beteiligt ist und zB gegen eine feste Vergütung tätig wird.[783] Er hält dann den Anteil für fremde Rechnung, so dass Treuhand und Unterbeteiligung zusammentreffen (vgl. RdNr. 197, 202, 210 sowie Vor § 230 RdNr. 45). 198

2. Abgrenzungsfragen. a) Unterbeteiligung und stille Gesellschaft. Von der stillen Gesellschaft unterscheidet sich die Unterbeteiligung durch den Gegenstand der Beteiligung (RdNr. 51). Bei der stillen Gesellschaft ist dies das Unternehmen, bei der Unterbeteiligung die Beteiligung.[784] Der rechtliche Unterschied wird da am deutlichsten, wo seine wirtschaftliche Tragweite am geringsten ist: Bei der Einpersonen-GmbH (nur ein Geschäftsanteil) kann die GmbH ein stilles Gesellschaftsverhältnis eingehen, der Gesellschafter dagegen ein Unterbeteiligungsverhältnis.[785] 199

b) Bruchteilsgemeinschaft. Von der Bruchteilsgemeinschaft an einer Beteiligung[786] unterscheidet sich die Unterbeteiligung dadurch, dass keine gemeinsame dingliche Mitberechtigung am Anteil entsteht. Für die Bruchteilsgemeinschaft an einer Aktie bzw. an einem GmbH-Geschäftsanteil gelten die §§ 69 AktG, 18 GmbHG. Für die Unterbeteiligung gelten diese Regeln mangels direkter Mitberechtigung nicht. 200

c) Partiarische Rechtsverhältnisse. Die Abgrenzung gegen **partiarische Rechtsverhältnisse** (RdNr. 54 ff.) bereitet auch bei der Unterbeteiligung nur beim partiarischen Darlehen Schwierigkeiten,[787] denn bei partiarischen Pachtverhältnissen, Dienstverhältnissen usw. fehlt das hier als entscheidend erkannte stille Einlageverhältnis (RdNr. 55, 56). Die Abgrenzung zwischen der Unterbeteiligung und dem partiarischen Darlehen erfolgt sinngemäß nach den bei RdNr. 57 ff. dargestellten Kriterien.[788] Sie wirft nur dann Schwierigkeiten auf, wenn keine Beteiligung am Verlust vereinbart ist und auch keine über ein Kreditverhältnis hinausgehenden Rechte eingeräumt worden sind. Eine Innenbeteiligung am Gewinn und Verlust kann nur Unterbeteiligung sein, nicht partiarisches Darlehn. 201

d) Verwaltungstreuhand. Herkömmlich wurde die Unterbeteiligung streng von einem Treuhandverhältnis unterschieden.[789] Das Abgrenzungskriterium wurde darin gesehen, dass der Treuhänder die Beteiligung ausschließlich für fremde, der Hauptbeteiligte bei der Unterbeteiligungsgesellschaft dagegen teils für eigene, teils für fremde Rechnung hält (Vor 202

[781] MünchHdbGesR I/*Gayk* § 30 RdNr. 3; *Ulbrich* S. 38; Staub/*Zutt* RdNr. 110; Heymann/*Horn* RdNr. 66; Oetker/*Schubert* RdNr. 114, Röhricht/v. Westphalen/*v. Gerkan/Mock* RdNr. 98; Schlegelberger/*Karsten Schmidt* RdNr. 187; *Paulick* ZGR 1974, 264 ff.; **aM** *Tebben* S. 43 f.

[782] AllgM; vgl. *Blaurock* RdNr. 30.1; MünchHdbGesR I/*Gayk* § 30 RdNr. 3; Schlegelberger/*Karsten Schmidt* RdNr. 187; *Paulick* ZGR 1974, 266.

[783] Richtig MünchHdbGesR I/*Gayk* § 30 RdNr. 3; *Paulick* ZGR 1974, 266; **aM** *Koller*/Roth/Morck RdNr. 4 mit unrichtiger Berufung auf BGH NJW 1994, 2886 = BB 1994, 1597 = ZIP 1994, 1180.

[784] Vgl. BGH WM 1966, 188, 190; *Blaurock* RdNr. 30.8; *Böttcher/Zartmann/Faut* S. 57; *Friehe* S. 14 f.; *Thomsen* S. 26; *Ulbrich* S. 73; MünchHdbGesR I/*Gayk* § 30 RdNr. 10; Oetker/*Schubert* RdNr. 114; *Janberg* DB 1953, 77; *Paulick* ZGR 1974, 259; unklar noch *Groß* DB 1950, 424.

[785] Schlegelberger/*Karsten Schmidt* RdNr. 198; ähnlich MünchHdbGesR I/*Gayk* § 30 RdNr. 10.

[786] Vgl. Staudinger/*Langhein* (2008) § 741 RdNr. 149; MünchKommBGB/*Karsten Schmidt* § 741 RdNr. 14.

[787] MünchHdbGesR I/*Gayk* § 30 RdNr. 12; anders noch *Ulbrich* S. 84.

[788] Vgl. *Blaurock* RdNr. 30.14; *Friehe* S. 16 f.; *Obermüller/Obermüller*, FS Werner, 1984, S. 614; *Paulick* ZGR 1974, 257; *Thomsen* S. 24 ff.; *Ulbrich* S. 80 ff.; *Böttcher/Zartmann/Faut* S. 57 f.; MünchHdbGesR I/*Gayk* § 30 RdNr. 12; Röhricht/v. Westphalen/*v. Gerkan/Mock* RdNr. 100.

[789] Charakteristisch noch heute E/B/J/S/*Gehrlein* RdNr. 104; *Tebben* S. 64 ff., 75; dagegen aber schon Schlegelberger/*Karsten Schmidt* RdNr. 201.

§ 230 RdNr. 45). Hat ein Gesellschafter allen Gewinn und Verlust an den Vertragspartner abzuführen, so liegt nach dieser traditionellen Auffassung keine Unterbeteiligung, sondern ein Treuhandverhältnis vor.[790] Eingeräumt wird indes, dass auch ein Unterbeteiligungsverhältnis Treuhandmomente aufweisen kann.[791] Auch der BGH erkennt nunmehr an, dass sich Unterbeteiligung und Treuhand nicht gegenseitig ausschließen (RdNr. 210).[792] *Richtigerweise ist zu unterscheiden:*[793] Es gibt *Abgrenzungsfälle* und *Überschneidungsfälle.* Hält ein Gesellschafter seine gesamte Beteiligung mit allen Rechten und Pflichten (nicht nur den Gewinnrechten!) im Innenverhältnis für einen Dritten, so wird dies eine Treuhand, nicht aber eine Unterbeteiligung sein (vgl. schon RdNr. 197).[794] Es kann aber auch dann eine (atypische) Unterbeteiligung vorliegen, wenn aller Gewinn und Verlust an den Unterbeteiligten abgeführt wird, der Hauptbeteiligte also für fremde Rechnung handelt und zB eine Festvergütung erhält.[795] Teilt, wie dies vor allem bei der Publikumstreuhand der Fall ist, der Hauptbeteiligte seinen Anteil in eine Mehrzahl von Unterbeteiligungen auf und verwaltet er die Hauptbeteiligung ausschließlich für Rechnung der Unterbeteiligten, so ist dies zugleich ein Treuhand- und Unterbeteiligungsverhältnis (vgl. RdNr. 197, 210 sowie Vor § 230 RdNr. 45). In diesem Sinne kann eine Unterbeteiligungsgesellschaft auch nach dem Muster der GmbH & Still (RdNr. 87) verfasst sein (RdNr. 215). Nicht einmal bei Vorhandensein nur eines Treugebers ist diese Gestaltung ausgeschlossen (RdNr. 197).

203 **e) Ergebnisabführungsvereinbarungen und Liquiditätsvereinbarungen.** Zum Verhältnis der Innengesellschaft zu konzernrechtlichen Ergebnisabführungsverträgen vgl. sinngemäß RdNr. 114 f. Von Unterbeteiligungsverträgen sind auch Liquiditätszusagen, zB mit Sanierungszweck, zu unterscheiden.

204 **3. Rechtsgrundlagen. a) §§ 705 ff. BGB, 230 ff. HGB.** Rechtsgrundlagen für die Unterbeteiligungsgesellschaft sind sowohl die §§ 705 ff. BGB als auch die analog anzuwendenden §§ 230 ff. HGB.[796] Unergiebig ist der Streit darüber, ob die Unterbeteiligungsgesellschaft eine *Gesellschaft bürgerlichen Rechts* „ist",[797] oder ob sie eine *stille Gesellschaft* „ist".[798] Dass die §§ 705 ff. BGB, soweit auf Innengesellschaften passend, anwendbar sind, ist im Grundsatz unproblematisch.[799] Die entscheidende Frage besteht darin, ob auch die **zwingenden Normen** der §§ 230 ff. einschließlich § 136 InsO auf Unterbeteiligungsverhältnisse angewandt werden können (vgl. insbesondere § 234 RdNr. 63 ff. und Anh. § 236 RdNr. 4 zu den zwingenden Gläubigerschutzvorschriften). Das ist zu bejahen, weil die

[790] BGH NJW 1994, 2886, 2887; OLG Hamm DB 1994, 1232, 1233; Heymann/*Horn* RdNr. 66; Staub/*Zutt* RdNr. 109; *Janberg* DB 1953, 78; *Blaurock* RdNr. 30.09; *Böttcher/Zartmann/Faut* S. 58; *Ulbrich* S. 39, 84 ff.; ähnlich *Friehe* S. 15; MünchHdbGesR II/*Weipert* § 12 RdNr. 64; demgegenüber hält MünchHdbGesR I/*Gayk* § 30 RdNr. 11 eine Unterbeteiligung auch in diesem Fall für möglich.

[791] *Blaurock* RdNr. 30.11; *Friehe* S. 15; *Thomsen* S. 27 f.; *Roth/Thöni,* FS 100 Jahre GmbHG, 1992, S. 260; s. aber auch *Obermüller/Obermüller,* FS Werner, 1984, S. 611.

[792] BGH NJW 1994, 2886; NJW-RR 1995, 165; dazu näher *Karsten Schmidt* FS Günter H. Roth, 2011, S. 709 ff.; zustimmend *Blaurock* RdNr. 30.11; Oetker/*Schubert* RdNr. 117; Röhricht/v. Westphalen/*v. Gerkan/Mock* RdNr. 102; *Armbrüster* GmbHR 2001, 944.

[793] Schlegelberger/*Karsten Schmidt* RdNr. 201.

[794] Zustimmend Heymann/*Horn* RdNr. 66; *Koller*/Roth/Morck RdNr. 4; iE wohl auch MünchHdbGesR I/*Gayk* § 30 RdNr. 11.

[795] Vgl. *Paulick* ZGR 1974, 266; *Blaurock* RdNr. 30.11.

[796] So mit Unterschieden im Einzelnen etwa BGHZ 50, 316, 321 = BB 1968, 973; BGH NJW-RR 1995, 165; OLG Hamm NJW-RR 1994, 999; BFH GS BStBl. 1974 II S. 414, 415; *Blaurock* RdNr. 30.21 ff.; *Ulbrich* S. 68 ff.; Heymann/*Horn* RdNr. 67; Baumbach/*Hopt* § 105 RdNr. 38; *Koller*/Roth/Morck RdNr. 4 („vielfach"); MünchKommBGB/*Ulmer* Vor § 705 RdNr. 92; Staudinger/*Habermeier* (2002) vor § 705 RdNr. 64; MünchHdbGesR I/*Gayk* § 30 RdNr. 5; *Bilsdorfer* NJW 1980, 2785; auch hinsichtlich der §§ 705 ff. BGB nur für analoge Anwendung *Friehe* S. 37.

[797] So BGHZ 50, 316, 320 = BB 1968, 973, 974; BGH WM 1966, 191; BGH NJW 1994, 2886, 2887; BFH BStBl. 1963 III S. 211; Baumbach/*Hopt* § 105 RdNr. 38; E/B/J/S/*Gehrlein* RdNr. 92; *Koller*/Roth/Morck RdNr. 4; Oetker/*Schubert* RdNr. 116; s. auch *Blaurock* RdNr. 30.21 ff.; krit. *Ulbrich* S. 56 f. mwN.

[798] So zB *Winterstein* S. 45 ff.; *H. Schneider,* FS Möhring, 1965, S. 115 ff.; *Esch* NJW 1964, 903 ff.; krit. *Blaurock* RdNr. 30.23 (wo dies auch der hier vertretenen Auffassung unterstellt wird); Schlegelberger/*Karsten Schmidt* RdNr. 203; *Friehe* S. 26 f.; *U. Wagner* S. 39 ff.; *Ulbrich* S. 58 f.

[799] Vgl. Mot. in Mugdan II S. 342 f.

§§ 230 ff. typische Regeln für eine schuldrechtliche Unternehmensbeteiligung enthalten und nicht entscheidend darauf abstellen, ob der Träger des Unternehmens selbst (zB die KG oder GmbH) oder ein Gesellschafter (zB ein Kommanditist oder GmbH-Gesellschafter) den Vertrag abschließt.[800] Auf die Kaufmannseigenschaft des Hauptgesellschafters kommt es nicht an.[801] Im Fall der treuhänderischen Unterbeteiligung (RdNr. 202, 210) können gesellschaftsrechtliche Regeln und Auftragsregeln (§§ 662 ff. BGB) nebeneinander treten (vgl. auch Vor § 230 RdNr. 72).

b) Die §§ 320–326 BGB sind nur in engen Grenzen anwendbar (vgl. sinngemäß 205
RdNr. 157 ff.). Das Gesellschaftsrecht als Organisationsrecht hat Vorrang.

4. Zwecke und Typen der Unterbeteiligung. a) Unterschiedliche Zwecke. Die 206
mittelbare Teilhabe am Unternehmen durch Unterbeteiligung kann unterschiedliche, teils steuerrechtliche, teils privatrechtliche Ziele verfolgen, und mit ihr verbinden sich unterschiedliche Zwecke. Beispielsweise kann die Unterbeteiligung dienen:[802] der gemeinsamen Finanzierung eines Anteilserwerbs aus der Sicht der Gesellschafter, aber auch umgekehrt der Unternehmensfinanzierung durch Einschaltung mittelbar beteiligter Geldgeber; der Kapitalanlage ohne direkten Anteilserwerb (bei Personengesellschaften: ohne Handelsregistereintragung); der wirtschaftlichen Teilung oder Übertragung unübertragbarer Anteile; der Risikominderung bei Beteiligungsverhältnissen; der Verdeckung einer Beteiligung; der Umgehung von berufsmäßigen Beteiligungshindernissen oder von Wettbewerbsverboten; der Koordination von Beteiligungen; der gemeinsamen Interessenwahrnehmung; der Interessenbindung zB zwischen Angehörigen verschiedener Wirtschaftsstufen; der Zuwendung von Beteiligungen,[803] in Familiengesellschaften insbesondere mit dem Zweck vorweggenommener Erbfolge;[804] der Beteiligung von Arbeitnehmern.[805] Für all diese Zwecke kann die Unterbeteiligung eine besonders flexible und einfach zu handhabende Form der Unternehmensbeteiligung ohne Publizität und ohne die bei stillen Gesellschaften stets erforderlichen Vereinbarungen mit dem Unternehmensträger (Geschäftsinhaber) sein. Auch die Umgebung von Anteilsvinkulierungen kommt als Motiv in Betracht.

b) Typenvielfalt. Den unterschiedlichen Zwecken der Unterbeteiligung entsprechen 207
unterschiedliche **Typen der Unterbeteiligungsgesellschaft.** Üblicherweise wird, wie bei der stillen Gesellschaft (RdNr. 70 ff.), zwischen „typischen" und „atypischen" Unterbeteiligungen unterschieden.[806] Ähnlich wie bei der stillen Gesellschaft (RdNr. 70) ist die an §§ 230 ff. angelehnte „typische", nämlich rein schuldrechtliche, Unterbeteiligung eher die

---

[800] So auch Röhricht/v. Westphalen/*v. Gerkan/Mock* RdNr. 94; **anders** die wohl hM: MünchKommBGB/*Ulmer* Vor § 705 RdNr. 92; *Blaurock,* Treuhand und Unterbeteiligung, S. 114.

[801] Schlegelberger/*Karsten Schmidt* RdNr. 201; **aM** noch *Winterstein* S. 28 ff., 45 ff.; *Esch* NJW 1964, 904; s. auch noch E/B/J/S/*Gehrlein* RdNr. 92.

[802] Überblick bei *Blaurock* RdNr. 30.2 ff.; Schlegelberger/*Karsten Schmidt* RdNr. 188 mwN; vgl. auch MünchHdbGesR I/*Gayk* § 30 RdNr. 6; Röhricht/v. Westphalen/*v. Gerkan/Mock* RdNr. 104; eingehend *Blaurock* Unterbeteiligung S. 54 ff.; *Friehe* S. 5 ff.; *Herzfeld* AcP 137 (1933), 277 ff.; *Paulick* ZGR 1974, 253 ff.; *Ulbrich* S. 14 ff.; *Böttcher/Zartmann/Faut* S. 25 ff., 94 ff.

[803] Charakteristisch BGH LM BGB § 662 Nr. 45 m. Anm. *Roth*; dazu *Karsten Schmidt*, FS Roth, 2011, S. 709 ff.

[804] Zur Unterbeteiligung als vorweggenommene Erbfolge siehe BFH DStR 2001, 573 m. Anm. *Mößling*: Erbschaftsteuerrechtliche Privilegierung nur, soweit der Erwerb im Wege der vorweggenommenen Erbfolge dem Vermögensübergang durch Erbanfall „materiell vergleichbar" ist, was nur bei Übertragung der vollen Rechtsstellung der Fall sei (im Fall verneint für Einräumung einer atypischen stillen Unterbeteiligung an ein sieben Monate altes Kind). – S. dazu aber den Nichtanwendungserlass der Obersten Finanzbehörde d. Länder, DStR 2001, 896 m. Anm. *Moench*.

[805] Vgl. hierzu auch *Schmitz,* Kapitalbeteiligung des Arbeitnehmers am arbeitgebenden Unternehmen, 1955, S. 44 ff.

[806] Vgl. BFH BStBl. 1972 II S. 803, 805; DStR 2001, 573; BFHE 210, 247, 252 = DStR 2005, 1849, 1851 f.; *Paulick* ZGR 1974, 257; *Bilsdorfer* NJW 1980, 2786; *Blaurock/Berninger* GmbHR 1990, 12; *Flore* BB 1994, 1191 ff.; *Böttcher/Zartmann/Faut* S. 138 ff.; MünchHdbGesR I/*Gayk* § 30 RdNr. 8; Baumbach/*Hopt* § 105 RdNr. 38; Röhricht/v. Westphalen/*v. Gerkan/Mock* RdNr. 105; Schlegelberger/*Karsten Schmidt* RdNr. 188; Staub/*Zutt* § 235 RdNr. 34.; terminilogische Bedenken bei *Blaurock* Unterbeteiligung S. 115 f.;

Ausnahme.[807] Die Begriffsbildung ist dabei im Ausgangspunkt ebenso unscharf wie bei der stillen Gesellschaft. Das **Steuerrecht** stellt auch hier auf Mitunternehmerinitiative und Mitunternehmerrisiko ab (vgl. RdNr. 249). Gesellschaftsrechtlich ist von verschiedenen Varianten zu sprechen.

208 **aa) Schuldrechtliche Vermögensbeteiligung.** Von einer **atypischen Unterbeteiligung**[808] kann ähnlich wie bei der stillen Gesellschaft (RdNr. 79 ff.), gesprochen werden, wenn der Unterbeteiligte *vermögensrechtlich am Anteil des Hauptbeteiligten beteiligt* ist und damit nicht nur an den Betriebsergebnissen, sondern auch am Anteil selbst partizipiert, insbesondere also am Liquidations- oder Abfindungserlös. Als Hauptbeteiligung (RdNr. 195) kommt dann allerdings nicht eine nur typische stille Beteiligung in Betracht.[809] *Blaurock* empfiehlt, man solle hier besser von einer Unterbeteiligung mit oder ohne Substanzbeteiligung sprechen und nicht von atypischer und typischer Unterbeteiligung.[810]

209 **bb) Geschäftsführungsrechte.** Als *atypisch* wird auch diejenige Unterbeteiligung bezeichnet, bei der der Unterbeteiligte dergestalt an der Geschäftsführung mitwirkt, dass er, ohne Inhaber oder Mitinhaber des Anteils zu werden, einen maßgebenden *Einfluss* auf das Schicksal der Beteiligung ausüben kann.[811] Es handelt sich aber wohlgemerkt um die Geschäftsführung in der Unterbeteiligungsgesellschaft in Bezug auf, Ausübung von Rechten aus der Hauptbeteiligten (RdNr. 237), nicht ohne weiteres auch auf die Leitungskompetenz im Unternehmen.

210 **c) Treuhandtypus der Unterbeteiligungsgesellschaft.** *Nahezu allgemein anerkannt ist heute* der Treuhandtypus der Unterbeteiligungsgesellschaft (vgl. RdNr. 202).[812] Diese Gestaltung gibt dem Unterbeteiligten als Treuhändler eine wirtschaftliche (Mit-) Inhaberschaft an der Hauptbeteiligung (vgl. RdNr. 218 f.).[813] Sie besteht entweder darin, dass der Hauptbeteiligte, ohne dem Unterbeteiligten seinen Anteil voll zu überlassen, diesem den gesamten Gewinn und Verlust überlässt[814] oder darin, dass der Hauptbeteiligte eine Reihe von Unterbeteiligungen begründet mit der Folge, dass er zwar jedem einzelnen Unterbeteiligten als Hauptbeteiligter, der Gesamtheit der Unterbeteiligten aber als Treuhänder gegenübersteht. Diese Gestaltung ist selbst in personalistischen Gesellschaften möglich.[815] Typisch ist sie aber für Publikumsgesellschaften und sonstige Kapitalanlangemodelle (vgl. zur Treuhand-Publikumsgesellschaft vor § 230 RdNr. 44). Dazu und zur Treugeberhaftung der Unterbeteiligten vgl. eingehend Vor § 230 RdNr. 58 ff. Seit dem Urteil BGH LM § 622 BGB Nr. 45 m. Anm. *Roth* = NJW 1994, 2886 = BB 1994, 1597 = ZIP 1994, 1880 hat die Rechtsprechung das früher angenommene Ausschließlichkeitsverhältnis zwischen Treuhand und Unterbeteiligungsgesellschaft mit Recht aufgegeben (vor § 230 RdNr. 45).

211 **d) Mehrgliedrige Innengesellschaft.** Ähnlich wie bei der stillen Gesellschaft zeichnet sich auch hier ein **Sondertypus der mehrgliedrigen Innengesellschaft ab.**

---

807 Vgl. *Groh*, FS Priester, 2007, S. 107, 120.

808 *Paulick* ZGR 1974, 258; *Ulbrich* S. 4 ff.; *Böttcher/Zartmann/Faut* S. 140; MünchHdbGesR I/*Riegger* § 30 RdNr. 8; Staub/*Zutt* § 235 RdNr. 34.; terminilogische Bedenken bei *Blaurock* Unterbeteiligung S. 115 f.;

809 Schlegelberger/*Karsten Schmidt* RdNr. 190.

810 *Blaurock* Unterbeteiligung S. 116; zustimmend MünchHdbGesR I/*Gayk* § 30 RdNr. 8; vgl. aber auch *Blaurock* RdNr. 30.17.

811 Vgl. *Blaurock* RdNr. 30.18; *Ulbrich* S. 5; aus der Rechtsprechung vgl. etwa BFH DStR 1998, 203. Allerdings wird dort nicht die im folgende behandelte Differenzierung getroffen, sondern allein auf den Einfluss auf das Unternehmen abgestellt, aaO, 204.

812 Vgl. BGH LM § 662 BGB Nr. 45 m. Anm. *Roth* = NJW 1994, 2886 = BB 1994, 1597 = ZIP 1994, 1880; *Blaurock* RdNr. 30.11; Konzeption bei Schlegelberger/*Karsten Schmidt* RdNr. 192 ff.; näher *Karsten Schmidt*, FS Roth, 2011, S. 709 ff.; **aM** *Tebben* S. 64 ff., 75.

813 Vgl. BFH BeckRS 2008, 25013963.

814 Vgl. zu dieser Gestaltung *Paulick* ZGR 1974, 266; vgl. auch MünchHdbGesR I/*Gayk* § 30 RdNr. 11; Schlegelberger/*Karsten Schmidt* RdNr. 196.

815 Näher Schlegelberger/*Karsten Schmidt* RdNr. 196.

aa) Mehrheit von Hauptbeteiligten. Wenig bedeutsam ist zunächst das Problem der Mehrheit von Hauptbeteiligten. Räumen mehrere Hauptbeteiligte demselben Unterbeteiligten Unterbeteiligungen ein, so werden hierdurch mehrere Unterbeteiligungsverhältnisse begründet.[816] 212

bb) Eine Mehrheit von Unterbeteiligungen an demselben Anteil ist tatsächlich und rechtlich möglich.[817] Die Frage spielt vor allem bei Publikums-Innengesellschaften eine erhebliche Rolle (RdNr. 83 ff.). Aber mehrgliedrige Unterbeteiligungsverhältnisse kommen zB auch in Familiengesellschaften vor.[818] Wie bei der stillen Gesellschaft kann es sich so verhalten, dass jedes Unterbeteiligungsverhältnis je eine zweigliedrige Unterbeteiligungsgesellschaft zustandebringt.[819] Wie bei der stillen Gesellschaft (RdNr. 83 ff.) ist aber zweifelhaft, ob diese Unterbeteiligungsverhältnisse auch *zu einer mehrgliedrigen Unterbeteiligungsgesellschaft verbunden* werden können. Das ist zu bejahen.[820] Nach dem bei RdNr. 83 Gesagten wird man bei der Unterbeteiligungsgesellschaft ebenso unterscheiden müssen wie bei der stillen Gesellschaft:[821] Das *Einlageverhältnis* zwischen dem Unterbeteiligten und dem Hauptbeteiligten (RdNr. 37) ist notwendig zweigliedrig. Das Gesellschaftsverhältnis kann aber auch ein *Organisationsstatut* für eine Mehrheit von Unterbeteiligten begründen (vgl. RdNr. 215), auch als Publikumsgesellschaft (RdNr. 88 ff.). Fallen alle Unterbeteiligungsrechte in einer Hand zusammen, so kann das Rechtsverhältnis doch eine Unterbeteiligung sein oder bleiben. 213

cc) Auch die mehrstufige Unterbeteiligung wird als mehrgliedriges Unterbeteiligungsverhältnis aufgefasst.[822] Es handelt sich dabei indessen um nichts anderes als um die Unterbeteiligung an einer Unterbeteiligung (vgl. RdNr. 195).[823] 214

e) Die Unterbeteiligung als „Innen-KG" (oder „Innen-oHG"). Genau wie bei der stillen Gesellschaft können die Gesellschafter einer Unterbeteiligungsgesellschaft durch ein gemeinschaftliches Organisationsstatut die Bildung einer „virtuellen Gesamthand" vereinbaren.[824] Vor allem bei **Treuhand-Unterbeteiligungen** kann das Haftungsfolgen haben (vgl. zur Haftung nach §§ 735, 739 BGB Vor § 230 RdNr. 59). Das zur stillen „Innen-KG" und zur GmbH & Still Gesagte gilt demnach entsprechend (vgl. dazu RdNr. 81, 87). Hat die Unterbeteiligungsgesellschaft ein „virtuelles Gesamthandsvermögen" sowie eine der KG entsprechende Organisation – dazu können schon Zustimmungsrechte zu ungewöhnlichen Geschäften genügen – sind auch verbandsrechtliche Institute und das KG-Innenrecht grundsätzlich anzuwenden (siehe schon RdNr. 81). 215

f) Die Quasi-Hauptbeteiligung. Die Gestaltungsfreiheit lässt es zu, dass der Unterbeteiligte organisatorisch oder wenigstens wirtschaftlich in die Hauptgesellschaft oder doch jedenfalls in die Hauptbeteiligung einbezogen wird. **Drei Hauptvarianten,** *die bisher nicht untersucht und unterschieden wurden,* sind hierbei voneinander zu trennen: die virtuelle Direktbeteiligung an der Hauptgesellschaft (RdNr. 217), die virtuelle Gesamthandsbeteiligung an der Hauptbeteiligung (RdNr. 218) und die bloße schuldrechtliche Vermögensbe- 216

---

816 Vgl. Röhricht/v. Westphalen/*v. Gerkan/Mock* RdNr. 107; ausführlich mwN Schlegelberger/*Karsten Schmidt* RdNr. 193.

817 Beispiel: BGH NZG 2011, 276 = ZIP 2008, 322 m. krit. Anm. *Altmeppen*; eingehend *Karsten Schmidt*, NZG 2011, 361 ff.; vgl. gegen die damals hM schon Schlegelberger/*Karsten Schmidt* RdNr. 194; richtig bereits *Greifeld* S. 28 ff.

818 Beispiel bei *Merkel* NJW 1966, 1552 ff.

819 Staudinger/*Habermeier* (2003) vor § 705 RdNr. 115; *Hesselmann* GmbHR 1964, 29; *Paulick* ZGR 1974, 262; Heymann/*Horn* RdNr. 66.

820 *Blaurock* RdNr. 30.20; *ders.* Unterbeteiligung S. 100 ff.; *Paulick* ZGR 1974, 262; Röhricht/v. Westphalen/*v. Gerkan/Mock* RdNr. 106; Schlegelberger/*Karsten Schmidt* RdNr. 194; **aM** *Märkle* DStZ 1985, 472.

821 Vgl. Schlegelberger/*Karsten Schmidt* RdNr. 194.

822 Vgl. *Böttcher/Zartmann/Faut* S. 48; *Ulbrich* S. 11 f.; MünchHdbGesR I/*Gayk* § 30 RdNr. 1; Staub/*Zutt* RdNr. 107.

823 Schlegelberger/*Karsten Schmidt* RdNr. 195.

824 Zu diesem Konzept des Verf. ist eine Arbeit in Vorbereitung; vgl. einstweilen *Karsten Schmidt* NZG 2011, 361, 366 ff.

teiligung am Anteil des Hauptgesellschafters (RdNr. 219). Diese unterschiedlichen Gestaltungen sind in ihren Voraussetzungen und Folgen voneinander zu unterscheiden:[825]

217 **aa) Die nur schuldrechtliche Vermögensbeteiligung des Unterbeteiligten** am Gesellschaftsanteil entspricht der bei RdNr. 80 geschilderten Gestaltung bei der stillen Gesellschaft: Der Unterbeteiligte ist gegenüber dem Hauptbeteiligten nicht nur in Höhe seiner Einlage unter Mitberechnung von Gewinn- und Verlustanteilen beteiligt, sondern er wird – aber nur rein rechnerisch – so gestellt, als gehörte die Hauptbeteiligung teilweise ihm. Er nimmt also rechnerisch an Wertveränderungen der Hauptbeteiligung teil.

218 **bb) Die atypische Unterbeteiligung als virtuelle Gesamthand** ist hiervon zu unterscheiden. Wiederum wird ein die Unterbeteiligten umfassendes Organisationsverhältnis geschaffen. Dieses beschränkt sich entweder auf den Kreis der Unterbeteiligten oder bezieht den Hauptbeteiligten. Die hieran Beteiligten nehmen in der Hauptgesellschaft Rechte war, als gäbe es keine Unterbeteiligung, sondern nur eine Beteiligung dieser fiktiven Gesamthand an der Hauptgesellschaft (vgl. auch RdNr. 215).

219 **cc) Die virtuelle Direktbeteiligung des Unterbeteiligten an der Hauptgesellschaft** bezieht diesen durch eine Treuhänderstellung – nicht „dinglich" – direkt in den Mitunternehmerkreis der Hauptgesellschaft ein: Es wird in der Hauptgesellschaft zwar nur für den Hauptbeteiligten ein Kapitalkonto geführt, aber organisationsrechtlich wird die Hauptbeteiligung behandelt, als wäre sie auf den Hauptbeteiligten und den Unterbeteiligten aufgeteilt. Der Hauptbeteiligte verwaltet die Hauptbeteiligung – auch im Verhältnis zur Hauptgesellschaft – ganz oder teilweise in offener Treuhand für den oder die Unterbeteiligten. Eine solche Gestaltung wirft allerdings die Frage auf, ob es sich um unzulässige Drittkompetenzen handelt (Abspaltungsverbot). Bei **Personengesellschaften** scheint sie zulässig. Bei **Kapitalgesellschaften** ist die Herstellung einer „virtuellen Direktbeteiligung" um Wege atypischer Unterbeteiligung jedenfalls mit steuerrechtlicher Wirkung möglich.[826]

220 **5. Der Unterbeteiligungsvertrag. a) Grundlagen. aa) Vertrag.** Jede Unterbeteiligung setzt einen **Vertrag** voraus.[827] Der Vertrag ist regelmäßig ein zweiseitiger. Er kann nach RdNr. 211 ff. allerdings auch ein mehrseitiges Organisationsverhältnis begründen, in das neue Gesellschafter aufgenommen werden können und aus dem Gesellschafter austreten können. *Hauptbeteiligter* kann jede natürliche Person, jede juristische Person und jede Personengesellschaft sein, die zur Innehabung einer Hauptbeteiligung in der Lage ist.[828] Das gilt auch für eine BGB-Außengesellschaft (RdNr. 195). Wie seit BGHZ 146, 341 = NJW 2001, 1056 feststeht, ist die BGB-Außengesellschaft in diesem Sinne rechtsfähig. Sie kann insbesondere Inhaberin eines GmbH-Geschäftsanteils[829] oder eines Kommanditanteils[830] sein. *Unterbeteiligter* kann gleichfalls jede natürliche oder juristische Person sowie jede Personengesellschaft sein, die Träger von Rechten und Pflichten sein kann.[831] Eine Innengesellschaft kann nicht Unterbeteiligter sein. Wohl allerdings können die Rechte mehrerer Unterbeteiligter durch eine BGB-Innengesellschaft koordiniert werden (RdNr. 213). Der Unterbeteiligte kann seinerseits auch mit einem Anteil an der Hauptgesellschaft beteiligt sein.[832] Es kann also der A in einer KG gleichzeitig Kommanditist, stiller Gesellschafter und Unterbeteiligter am Kommanditanteil des B sein. Er ist dann mit den Mitgesellschaftern durch den KG-Vertrag, mit der KG durch einen stillen Gesellschaftsvertrag und mit

[825] Vgl. ebd.

[826] BFHE 210, 247 = BStBl. II 2005, 857 = GmbH 2005, 1633 m. Anm. *Heinz/Hageböke* = HFR 2006, 39 m. Anm. *Wacker*; dazu *Pupeter* GmbHR 2006, 910 ff.; *Schulze zur Wiesche* GmbHR 2006, 630 ff.

[827] Vgl. *Westermann* (2000) RdNr. I 43; *Blaurock* RdNr. 30.26; Heymann/*Horn* RdNr. 68; *Koller*/Roth/Morck RdNr. 4; MünchHdbGesR I/*Gayk* § 30 RdNr. 13; Staub/*Zutt* RdNr. 111; Staudinger/*Habermeier* (2003) vor § 705 RdNr. 64.

[828] *Blaurock* RdNr. 30.26; *Paulick* ZGR 1974, 261; *Ulbrich* S. 47 f.

[829] BGHZ 78, 311 = NJW 1981, 682.

[830] BGHZ 148, 291 = NJW 2001, 3121.

[831] Näher *Ulbrich* S. 48; *Paulick* ZGR 1974, 261 f.

[832] *Bilsdorfer* NJW 1980, 2785; *Blaurock* RdNr. 30.26; Schlegelberger/*Karsten Schmidt* RdNr. 206.

dem B durch einen Unterbeteiligungsvertrag verbunden. Dagegen ist es nicht möglich, eine Unterbeteiligung am eigenen Anteil oder zwei selbstständige Unterbeteiligungen an demselben Anteil zu halten. Die Erweiterung einer schon vorhandenen Unterbeteiligung an demselben Anteil ist Vertragsänderung, nicht dagegen Begründung einer neuen Unterbeteiligung.[833]

bb) Eine Zustimmung der Hauptgesellschaft bzw. ihrer Gesellschafter ist nach 221 hM für den Abschluss des Unterbeteiligungsvertrags auch dann nicht erforderlich, wenn die Übertragung der Hauptbeteiligung genehmigungsbedürftig wäre.[834] Dem ist für den Regelfall zuzustimmen. Der Abschluss weiterer Unterbeteiligungsverhältnisse bedarf grundsätzlich auch nicht der Zustimmung des Unterbeteiligten.[835] Es kommt auf die Lage des Einzelfalls an. Der Vertrag der Hauptgesellschaft kann die Bildung von Unterbeteiligungen untersagen.[836] Ein Verstoß gegen dieses Verbot macht aber die Unterbeteiligungsgesellschaft nicht nichtig.[837] Anders kann all dies **bei der atypischen Unterbeteiligungsgesellschaft** sein, vor allem bei einer Unterbeteiligung als Quasi-Gesamthand (vgl. RdNr. 215) und als Treuhand.[838] Insbesondere bei demjenigen Typus der Unterbeteiligungsgesellschaft, der zur Einbeziehung der Unterbeteiligten in die Haupt-(Personen-)Gesellschaft führt (RdNr. 219), können Unterbeteiligungsverhältnisse nur nach den für die Aufnahme in die Hauptgesellschaft geltenden Regeln begründet werden.

b) Form. Eine Form ist für den Unterbeteiligungsvertrag grundsätzlich nicht vorgeschrieben.[839] Die Vereinbarung kann also formlos und sogar konkludent getroffen werden.[840] Die konkludente Unterbeteiligungsvereinbarung bleibt aber ein weitgehend theoretischer Fall, wenn mit der hier vertretenen Ansicht gefordert wird, dass ein Unterbeteiligter eine summenmäßig oder anteilsmäßig bestimmte stille Beteiligung bei dem Hauptbeteiligten halten muss (RdNr. 197). Eine Gewinnabführungsabrede allein begründet also noch keine Unterbeteiligung. Hinzu kommt, dass die finanzgerichtliche Rechtsprechung einen klaren Nachweis von Unterbeteiligungsverhältnissen fordert (vgl. § 231 RdNr. 13). 222

aa) § 311 b BGB, § 15 GmbHG. Die Formvorschriften des § 311 b (bis 2001: § 313 aF BGB) spielen bei der Unterbeteiligung keine nennenswerte praktische Rolle.[841] Sollte einmal der Unterbeteiligungsvertrag eine der Parteien zur Übertragung des ganzen Vermögens oder eines Grundstücks verpflichten, so wäre die notarielle Beurkundung erforderlich. Dagegen bedarf der Unterbeteiligungsvertrag nicht schon dann der Beurkundung nach § 311 b BGB, wenn sich Grundstücke im Vermögen der Hauptgesellschaft befinden.[842] Die Unterbeteiligung an einem **GmbH-Geschäftsanteil** bedarf **grundsätzlich nicht** der 223

---

[833] Schlegelberger/*Karsten Schmidt* RdNr. 200.

[834] OLG Frankfurt GmbHR 1992, 668; *Blaurock,* Unterbeteiligung und Treuhand, S. 153; *Blaurock* RdNr. 30.27; *Friehe* S. 52; *Greifeld* S. 13; *Koller*/Roth/Morck RdNr. 4; MünchKommBGB/*Ulmer* Vor § 705 RdNr. 97; MünchHdbGesR I/*Gayk* § 30 RdNr. 14.

[835] Schlegelberger/*Karsten Schmidt* RdNr. 207; *Tebben* GmbHR 2007, 63 ff.; **aM** *Blaurock,* Unterbeteiligung und Treuhand, S. 112 auf Grund der unrichtigen, die Konsequenz im Übrigen auch nicht tragenden Annahme, es werde die gesamte Hauptbeteiligung in die Unterbeteiligungsgesellschaft „eingebracht".

[836] BGH GmbHR 2006, 875; *Blaurock* RdNr. 30.27; *Thomsen* S. 34; Heymann/*Horn* RdNr. 68; MünchHdbGesR I/*Gayk* § 30 RdNr. 14; Schlegelberger/*Karsten Schmidt* RdNr. 207; Formulierungsempfehlung bei *Tebben* GmbHR 2007, 63, 69.

[837] LG Bremen NJW-RR 1992, 98; *Blaurock* RdNr. 30.27; *Ulbrich* S. 99; Heymann/*Horn* RdNr. 68; *Koller*/Roth/Morck RdNr. 4; MünchHdbGesR I/*Gayk* § 30 RdNr. 14; *Tebben* GmbHR 2007, 63, 66; **anders** möglicherweise BGH GmbHR 2006, 875.

[838] So auch OLG Frankfurt GmbHR 1992, 668.

[839] *Blaurock* RdNr. 30.29; Heymann/*Horn* RdNr. 68; MünchKommBGB/*Ulmer* Vor § 705 RdNr. 96; MünchHdbGesR I/*Gayk* § 30 RdNr. 18; Schlegelberger/*Karsten Schmidt* RdNr. 208.

[840] Statt vieler *Ulbrich* S. 100; MünchHdbGesR I/*Gayk* § 30 RdNr. 13; *Koller*/Roth/Morck RdNr. 4; Schlegelberger/*Karsten Schmidt* RdNr. 208.

[841] Schlegelberger/*Karsten Schmidt* RdNr. 209.

[842] Vgl. ebd.; *Herzfeld* AcP 137 (1933), 297; *Bilsdorfer* NJW 1980, 2789.

notariellen Beurkundung nach § 15 GmbHG.[843] Anders kann es sich bei der treuhänderischen Unterbeteiligung mit Veräußerungs- oder Erwerbsverpflichtung handeln (vgl. Vor § 230 RdNr. 51).[844] Nach BFH BecksRS 2008, 25013963 bedarf nicht nur die treuhänderische Unterbeteiligung am GmbH-Geschäftsanteil, sondern auch die (atypische) Unterbeteiligung an einer solchen GmbH-Unterbeteiligung der notariellen Beurkundung.[845]

224 **bb) § 518 BGB.** Die **Schenkung einer Unterbeteiligung** bedarf der in **§ 518 BGB** vorgeschriebenen notariellen Beurkundung.[846] Wie bei der stillen Beteiligung (RdNr. 99 ff.) steht der BGH auch bei der Unterbeteiligung auf dem Standpunkt, dass die bloße „Einbuchung" einer Unterbeteiligung noch kein einen Formmangel heilender *Schenkungsvollzug* ist.[847] Im Gegensatz zum Recht der stillen Gesellschaft stimmt ein beträchtlicher Anteil der Literatur dem im Fall der Unterbeteiligung zu.[848] *Blaurock* hat die Unterscheidung gegenüber der stillen Beteiligung mit der Erwägung begründet, es fehle im Gegensatz zur stillen Gesellschaft an der „direkten Beteiligung an einem werbenden Unternehmen"; bei der Unterbeteiligung erlange der Beschenkte wie bei der Treuhand nur schuldrechtliche Ansprüche.[849] Dieser Begründung ist nicht zu folgen.[850] Nach dem bei RdNr. 101 f. Gesagten ist zu unterscheiden:[851] Nur wenn der Hauptbeteiligte Schenker der Unterbeteiligung ist, ist die Frage des Schenkungsvollzugs kritisch, denn die Begründung eines bloßen Forderungsrechts gegen den Schenker ist kein Schenkungsvollzug (RdNr. 102). Für diesen Fall wird man dem BGH hinsichtlich der typischen Unterbeteiligung zustimmen müssen.[852] Soweit sich die Innenbeteiligung zu einer mitgliedschaftlichen Position verselbstständigt hat – zB nach dem Gesellschaftsvertrag übertragbar oder mit mitgliedschaftlichen Kompetenzen ausgestattet ist – wird man einen formlosen Schenkungsvollzug anerkennen können (vgl. sinngemäß RdNr. 103).[853] Das gilt insbesondere für eine als Quasi-Kommanditanteil ausgestaltete Unterbeteiligung (vgl. RdNr. 215).

225 **c) Vertretungsprobleme. aa) Gesetzliche Vertretung.** Ist der Unterbeteiligte geschäftsunfähig, so muss der **gesetzliche Vertreter** den Vertrag schließen **(§§ 104 f. BGB)**. Ist er in der Geschäftsfähigkeit beschränkt, so bedarf der Vertrag, wenn ihn der Unterbeteiligte selbst abgeschlossen hat, der Zustimmung des gesetzlichen Vertreters, sofern nicht der Unterbeteiligte durch die Unterbeteiligung lediglich einen *rechtlichen Vorteil* erlangt **(§§ 107 f. BGB).** Im Anschluss an BFHE 111, 85 ff.[854] wird die Auffassung vertreten, selbst die schenkweise Einräumung der Unterbeteiligung sei stets ein rechtlich auch nachteiliges Geschäft.[855] Dem ist nach dem bei RdNr. 105 zur stillen Gesellschaft Gesagten nicht zu folgen.[856] Nur wenn der Unterbeteiligte Leistungen erbringen soll oder (schon zweifelhaft) am Verlust beteiligt ist, liegt ein Geschäft vor, das dem Unterbeteiligten nicht lediglich rechtliche Vorteile iS von § 107 BGB bringt.

---

[843] RG LZ 1915, 1011; OLG Frankfurt DB 1992, 2489; OLG Schleswig GmbHR 2002, 652,, 654; Baumbach/*Hueck/Fastrich* GmbHR § 15 RdNr. 59; Scholz/*Winter/Seibt* GmbHR § 15 RdNr. 224.

[844] Str.; vgl. Baumbach/*Hueck/Fastrich* GmbHR § 15 RdNr. 59 iVm RdNr. 56.

[845] BGH BecksRS 2008, 25013963.

[846] Vgl. nur *Blaurock* RdNr. 30.30; Heymann/*Horn* RdNr. 69; *Koller*/Roth/Morck RdNr. 4; Schlegelberger/*Karsten Schmidt* RdNr. 210.

[847] BGH WM 1967, 685.

[848] *Böttcher/Zartmann/Faut* S. 106; *Blaurock,* Unterbeteiligung und Treuhand, S. 156 f.; *Schneider* DB 1954, 739; Heymann/*Horn* RdNr. 69; *Hesselmann* GmbHR 1964, 27; *Bilsdorfer* NJW 1980, 2786 f.; wie der BGH zB auch BFH DB 1967, 1258 f.; **aM** E/B/J/S/*Gehrlein* RdNr. 93 Fn. 385; Oetker/*Schubert* RdNr. 119; Staub/*Zutt* RdNr. 111; *Friehe* S. 53 f.; *Ulbrich* S. 101 ff.; *G. Meyer* S. 81 f.; *Cebben* S. 225 ff.; *Herzfeld* AcP 137 (1933) 297; zweifelnd *Paulick* ZGR 1974, 264.

[849] *Blaurock,* Treuhand und Unterbeteiligung, S. 157.

[850] Schlegelberger/*Karsten Schmidt* RdNr. 210; *Karsten Schmidt* NJW 1984, 1167.

[851] *Karsten Schmidt* DM 2002, 829 ff., 834.

[852] *Karsten Schmidt* DM 2002, 829, 834.

[853] Edb.

[854] BStBl. 1974 II 289 ff. = BB 1974, 168 = DB 1974, 365.

[855] *Bilsdorfer* NJW 1980, 2787; *Ulbrich* S. 104 f.; *Blaurock* RdNr. 30.31.

[856] Schlegelberger/*Karsten Schmidt* RdNr. 210; offen gelassen bei MünchHdbGesR I/*Riegger* § 30 RdNr. 22.

bb) § 181 BGB. Ist der gesetzliche Vertreter selbst an dem Vertrag beteiligt, so ist § 181 BGB zu beachten.[857] Der Bestellung eines Ergänzungspflegers bedarf es nach der seit BGHZ 59, 236 anerkannten Praxis dann nicht, wenn das in Frage stehende Rechtsgeschäft dem beschränkt Geschäftsfähigen lediglich einen rechtlichen Vorteil bringt.[858] Nach dem zuvor in RdNr. 223 Ausgeführten ist dies der Fall, wenn der Unterbeteiligte weder Eigenleistungen zu erbringen hat noch am Verlust beteiligt ist. Mittelbare Risiken, die den Unterbeteiligten auf Grund seiner Treupflicht treffen, sind keine rechtlichen Nachteile.[859] 226

cc) Dauerergänzungspflegschaft. Auch eine Dauerergänzungspflegschaft gemäß **§ 1909 BGB** braucht bei der Unterbeteiligung eines Minderjährigen am Anteil eines Elternteils nicht bestellt zu werden.[860] 227

dd) Familiengerichtliche Genehmigung. Das **Erfordernis einer** familien- bzw. **vormundschaftsgerichtlichen Genehmigung** bei der Schenkung der Mitgliedschaft an einen Minderjährigen ist ähnlich umstritten wie bei der stillen Gesellschaft (RdNr. 106). Nach **§§ 1643 Abs. 1, 1822 Nr. 3 BGB** bedarf ein Gesellschaftsvertrag, der von dem gesetzlich Vertretenen zum Betrieb eines Erwerbsgeschäfts eingegangen wird, der Genehmigung des Familien- bzw. Vormundschaftsgerichts. Dieses Erfordernis ist auch hier zu bejahen, sofern nicht der Unterbeteiligte von jeder Leistungspflicht und jeder Verlusttragungspflicht frei ist.[861] Auch die Schenkung der Unterbeteiligung ist deshalb genehmigungspflichtig, wenn der Unterbeteiligte am Verlust teilnehmen soll.[862] Eine inzwischen überholte Gegenansicht hielt die §§ 1643 Abs. 1, 1822 Nr. 3 BGB für unanwendbar, weil der Unterbeteiligte nur an der Hauptbeteiligung und nicht am Erwerbsgeschäft beteiligt sei.[863] Ein solcher Formalismus ist mit dem Schutzzweck der Bestimmungen nicht zu vereinbaren. 228

d) Fehlerhafte Unterbeteiligungsgesellschaften? Die Anwendung der Grundsätze über fehlerhafte Gesellschaften ist bei der Unterbeteiligung ebenso umstritten wie bei der stillen Gesellschaft (zu dieser vgl. RdNr. 127 ff.). In Anlehnung an die zur stillen Gesellschaft ergangene Rechtsprechung des BGH (RdNr. 127) wird vielfach die Anwendung dieser Grundsätze auch auf die Unterbeteiligungsgesellschaft befürwortet.[864] Andere Stimmen im Schrifttum lehnen die Anwendbarkeit auf Innengesellschaften generell ab.[865] Nach dem hier bei RdNr. 131 ff. für die stille Gesellschaft ermittelten Ergebnis sind die Grundsätze über fehlerhafte Gesellschaften dann, aber auch nur dann anzuwenden, wenn die Vermögens- und Organisationsstruktur der Innengesellschaft derjenigen einer Gesamthandsgesellschaft angenähert ist, insbesondere also im Fall der hier sog. „Innen-KG" (siehe RdNr. 215).[866] 229

6. Beitrag und Einlage. a) Grundlagen. Im Gegensatz zum üblichen Sprachgebrauch ist die hier zugrundegelegte klare Trennung von **Beitragsleistung, Einlageleistung** und **Einlageverhältnis** (RdNr. 37, 143 ff., 197) auch bei der Unterbeteiligung zu unterscheiden. 230

[857] Vgl. nur MünchHdbGesR I/*Gayk* § 30 RdNr. 22; *Blaurock* RdNr. 30.35.

[858] Vgl. aber noch *Paulick* ZGR 1974, 271.

[859] **AM** *Ulbrich* S. 104 f.; *Blaurock* RdNr. 30.35; s. auch *Bilsdorfer* NJW 1980, 2788.

[860] Vgl. für die Beteiligung als Kommanditist: BGH BB 1975, 1452 = NJW 1976, 49 BFHE 118, 181, 186 f. = BStBl. 1976 II S. 328 ff.; für die Unterbeteiligung: *Bilsdorfer* NJW 1980, 2788; s. auch *Blaurock* RdNr. 30.32.

[861] OLG Hamm OLGZ 1974, 158 = BB 1974, 294 = DB 1974, 424 f.; *Blaurock,* Unterbeteiligung und Treuhand, S. 157 ff.; *Ulbrich* S. 106; Heymann/*Horn* RdNr. 69; *Koller*/Roth/Morck RdNr. 4; MünchHdbGesR I/*Gayk* § 30 RdNr. 23; s. auch *Bilsdorfer* NJW 1980, 2788; enger, nur für Genehmigungserfordernis bei Verlustbeteiligung *Ulbrich* S. 106 mwN; ganz abl. E/B/J/S/*Gehrlein* RdNr. 93; Oetker/*Schubert* RdNr. 119.

[862] OLG Hamm OLGZ 1974, 158, 162 = BB 1974, 294 = DB 1974, 424 f.; *Blaurock* RdNr. 30.33; Schlegelberger/*Karsten Schmidt* RdNr. 214; vgl. auch BFHE 174, 219, 221 = BStBl. II 1994, 635.

[863] GroßkommHGB/*Schilling,* 3. Aufl., § 161 RdNr. 30; jetzt aufgegeben: Staub/*Schilling* § 161 RdNr. 44.

[864] Vgl. nur *Blaurock* RdNr. 30.38; *ders.,* Unterbeteiligung und Treuhand, S. 161 f.; Heymann/*Horn* RdNr. 68; Staub/*Zutt* RdNr. 111.

[865] MünchKommBGB/*Ulmer* § 705 RdNr. 359 f.; *ders.,* FS Flume II, 1978, S. 318; *Schäfer* ZHR 170 (2006), 373 ff.; *Wiesner,* Die Lehre von der fehlerhaften Gesellschaft, 1980, S. 162 ff.

[866] Schlegelberger/*Karsten Schmidt* RdNr. 215.

Legt man diese klare Trennung zugrunde, so ergibt sich folgendes: *Beiträge* der Gesellschafter zur Förderung des gemeinsamen Zwecks sind unentbehrliches Begriffsmerkmal der Unterbeteiligungsgesellschaft (RdNr. 194). Erfüllt ist dieses Mindesterfordernis aber schon dadurch, dass der Hauptgesellschafter die Beteiligung hält und dass der Unterbeteiligte seine Unterbeteiligung am Anteil der Hauptgesellschaft hält (RdNr. 197). Die *Beitragsleistung des Hauptbeteiligten* besteht darin, dass er die sich aus der Hauptbeteiligung ergebenden Rechte und Pflichten im Sinne des gemeinsamen Zwecks der Unterbeteiligungsgesellschaft ausübt.[867] Die Frage, *welchen Beitrag der Unterbeteiligte leistet,* hat in der Literatur zu Schwierigkeiten geführt.[868] Wie bei der stillen Gesellschaft (RdNr. 37) ist das unnötig, wenn man nur bedenkt, dass die Förderung des gemeinsamen Zwecks durch Beitragsleistungen (vgl. § 705 BGB) nicht in der Erbringung einer Einlageleistung liegen muss (vgl. zum Unterschied zwischen Beitrag und Einlage RdNr. 143).[869] Das Halten der Unterbeteiligung (sei es auf Grund eigener Einlage, sei es auf Grund drittgeleisteter Einlage, sei es auf Grund bloßer Einbuchung) genügt (vgl. RdNr. 197).[870] Als Beiträge in Betracht kommen außer Einlagen (RdNr. 231) zB Geldleistungen, Sachleistungen, geschäftsführende Tätigkeiten, Lieferungen, Wettbewerbsverbote sowie alle anderen Handlungen und Unterlassungen.[871]

231 **b) Einlageverhältnis und Einlageleistung.** Sofern der Unterbeteiligte, wie dies der Regelfall ist, eine Einlage zu leisten hat, folgt aus der Struktur dieser Innengesellschaft mit Selbstverständlichkeit (vgl. § 230 Abs. 1): *Die Einlage ist in das Vermögen des Hauptbeteiligten zu leisten.* Dient die Einlageleistung des Unterbeteiligten der Finanzierung der Hauptbeteiligung, so kann zur technischen Vereinfachung selbstverständlich auf Weisung des Hauptgesellschafters unmittelbar an die Hauptgesellschaft gezahlt werden (vgl. §§ 267, 362 Abs. 2 BGB)[872]

232 **7. Die Rechte und Pflichten in der Hauptgesellschaft. a) Mitgliedschaftsrechte des Hauptgesellschafters.** Die mitgliedschaftlichen Rechte in der Hauptgesellschaft (Stimmrecht, Informationsrechte, Klagerechte, insbesondere Anfechtungsrechte) stehen dem Hauptbeteiligten, und nur ihm, zu.[873] Das **Stimmrecht** des Hauptbeteiligten ist für jeden Anteil ungeteilt (keine gespaltene Stimmabgabe).[874] Über Ausnahmen bei offengelegten Treuhandverhältnissen vgl. vor § 230 RdNr. 62. Eine Bindung des Hauptbeteiligten an **Weisungen** des Unterbeteiligten besteht grundsätzlich nicht.[875] Eine vertragliche Stimmbindung[876] wird bei der Unterbeteiligung als unbedenklich angesehen.[877] Dem ist jedenfalls für die Fälle zuzustimmen, in denen die Unterbeteiligung Treuhandelemente

---

[867] Vgl. sinngemäß *Blaurock* RdNr. 30.39; *ders.,* Unterbeteiligung und Treuhand, S. 109; *G. Meyer* S. 14; *Pöllinger* S. 38; *Ulbrich* S. 40; *Winterstein* S. 69 f.; MünchHdbGesR I/*Gayk* § 30 RdNr. 41; Heymann/*Horn* RdNr. 70; Schlegelberger/*Karsten Schmidt* RdNr. 216.

[868] Charakteristisch früher noch *Blaurock,* Unterbeteiligung und Treuhand, S. 110 f. in Vermischung von Beitrag und Einlage (vgl. aber nunmehr *dens.* RdNr. 30.39 Fn. 4); charakteristisch auch Oetker/*Schubert* RdNr. 124 mit Fn. 336: hier werde Bilanzierungsfähigkeit des Beitrags verlangt.

[869] Dazu noch ausführlicher Schlegelberger/*Karsten Schmidt* RdNr. 216 f.

[870] Schlegelberger/*Karsten Schmidt* RdNr. 217; jetzt hM; vgl. *Blaurock* RdNr. 30.40; iE auch MünchHdbGesR I/*Gayk* § 30 RdNr. 42; **aM** noch *Blaurock,* Unterbeteiligung und Treuhand, S. 110; unklar auch Heymann/*Horn* RdNr. 72: Eine Einlagenleistung sei erforderlich, könne aber aus einer Schenkung des Inhabers stammen.

[871] Schlegelberger/*Karsten Schmidt* RdNr. 216.

[872] Schlegelberger/*Karsten Schmidt* RdNr. 217.

[873] *Blaurock* RdNr. 30.48; vgl. MünchHdbGesR I/*Gayk* § 30 RdNr. 34; Heymann/*Horn* RdNr. 70; *Koller*/Roth/Morck RdNr. 4; Röhricht/ v. Westphalen/*v. Gerkan/Mock* RdNr. 112 ff.; Schlegelberger/*Karsten Schmidt* RdNr. 219.

[874] Vgl. BGHZ 24, 106, 115; *Ulbrich* S. 119; Röhricht/v. Westphalen/*v. Gerkan/Mock* RdNr. 113; Schlegelberger/*Karsten Schmidt* RdNr. 219.

[875] MünchKommBGB/*Ulmer* Vor § 705 RdNr. 100; Heymann/*Horn* RdNr. 70; Schlegelberger/*Karsten Schmidt* RdNr. 219.

[876] Zu ihrer generellen Zulässigkeit vgl. BGHZ 48, 166 = GmbHR 1967, 460 m. Anm. *Barz* = JZ 1968, 24 m. Anm. *Peters* = JR 1967, 460 m. Anm. *Mertens*: stark einschränkend zB *Flume* Juristische Person § 7 VI; eingehend Scholz/*Karsten Schmidt* GmbHG § 47 RdNr. 42.

[877] Vgl. nur *Blaurock* RdNr. 30.45; E/B/J/S/*Gehrlein* RdNr. 95; Schlegelberger/*Karsten Schmidt* RdNr. 219; Hachenburg/*Hüffer* GmbHG 8. Aufl. § 47 RdNr. 78.

aufweist, denn hier verwaltet der Hauptbeteiligte den Anteil im Interesse des oder der Unterbeteiligten (RdNr. 202, 210; zur Stimmbindung bei der Treuhand vgl. vor § 230 RdNr. 63).

b) Rechtsverhältnisse zwischen dem Unterbeteiligten und den Gesellschaftern der Hauptgesellschaft bestehen im Regelfall nicht (über mögliche Ausnahmen vgl. RdNr. 219).[878] Aber die Hauptgesellschaft als Vorgegebenheit der Unterbeteiligungsgesellschaft bestimmt auch das Rechtsverhältnis und die Rechte und Pflichten des Hauptgesellschafters und des Unterbeteiligten.[879] Das wirkt sich besonders deutlich im Bereich der *Treupflichten* aus. Es ist nicht nur der Hauptgesellschafter bei der Wahrnehmung seiner Rechte und Pflichten im Unterbeteiligungsverhältnis durch die Treupflicht gegenüber der Hauptgesellschaft und ihren Gesellschaftern gebunden (RdNr. 241),[880] sondern es treffen auch den Unterbeteiligten *drittschützende Treupflichten,* also Pflichten zur Rücksichtnahme auf Belange der Hauptgesellschaft. Bei der *mehrgliedrigen Innengesellschaft* (RdNr. 211 ff.) kann auch eine die Unterbeteiligten umfassende Gesamtorganisation geschaffen werden (RdNr. 217 ff.). 233

c) Haftung als Gesellschafter. Eine gesetzliche Gesellschafterhaftung, sei es gegenüber den Gläubigern (zB §§ 128, 171 f. HGB), sei es gegenüber der Gesellschaft (zB § 31 GmbHG), trifft grundsätzlich nur den Hauptbeteiligten.[881] In Treuhandfällen kann allerdings der Unterbeteiligte einer Treugeberhaftung im Innenverhältnis unterliegen (Vor § 230 RdNr. 58). Ausnahmen bilden die seltenen Fälle der unmittelbaren Delikts- oder Rechtsscheinhaftung.[882] Vor allem im Organisationsbereich kann es solche Haftung geben.[883] Der Unterbeteiligte haftet grundsätzlich der Hauptgesellschaft nicht für Vertragsverletzungen des Hauptbeteiligten; dieser ist nicht sein Erfüllungsgehilfe.[884] Ausnahmen kann es auch hier in Strohmann- und (sonstigen) Treuhandfällen geben (Durchgriff). 234

d) Kapitalveränderungen in der Hauptgesellschaft. An einer durch Einlagenerhöhung in der Hauptgesellschaft herbeigeführten Vergrößerung der Hauptbeteiligung ist der Unterbeteiligte nicht in jedem Fall beteiligt.[885] Im Innenverhältnis zwischen dem Hauptbeteiligten und dem Unterbeteiligten kann sich aber nach dem Sinn und Zweck des Unterbeteiligungsvertrags ein *Innen-Bezugsrecht* ergeben.[886] Der Vertrag sollte Regelungen für den Fall von Kapitalveränderungen in der Hauptgesellschaft vorsehen.[887] Das gilt sogar bei einer mit Treuhandzwecken verbundenen Unterbeteiligung (dazu RdNr. 202). Nur wenn es sich um ein „geschlossenes" Treuhandverhältnis zwischen dem Hauptbeteiligten und einem oder mehreren bestimmten Unterbeteiligten handelt, sind diese automatisch auch am erhöhten Anteil beteiligt. Anders verhält es sich bei einem „offenen" Treuhandverhältnis, insbesondere bei der Publikumsgesellschaft (RdNr. 210). Wird das Kapital der Hauptgesellschaft dagegen aus Gesellschaftsmitteln erhöht, so bezieht sich die Unterbeteiligung im Zweifel ohne weiteres auf den erhöhten Anteil,[888] sei es in Gestalt nur der Gewinnbe- 235

---

[878] BGHZ 50, 316, 324; BGH WM 1959, 595, 596; MünchHdbGesR I/*Gayk* § 30 RdNr. 34; Schlegelberger/*Karsten Schmidt* RdNr. 220; für Fälle der atypischen Unterbeteiligungsgesellschaft bejahend *Blaurock/Berninger* GmbHR 1990, 13.

[879] Vgl. auch *Ulbrich* S. 113; *Koller*/Roth/Morck RdNr. 4.

[880] *Ulbrich* S. 113; *Friehe* S. 47; *Thomsen* S. 34; *Winterstein* S. 63; *Koller*/Roth/Morck RdNr. 4.

[881] *Greifeld* S. 51; *Blaurock* RdNr. 30.50; *ders.,* Unterbeteiligung und Treuhand, S. 212 f.; MünchHdbGesR I/*Gayk* § 30 RdNr. 63.

[882] Vgl. auch *Blaurock* RdNr. 30.50; *ders.,* Unterbeteiligung und Treuhand, S. 216; *Ulbrich* S. 143 ff.; MünchHdbGesR I/*Gayk* § 30 RdNr. 63.

[883] Vgl. *Blaurock,* Unterbeteiligung und Treuhand, S. 213.

[884] Schlegelberger/*Karsten Schmidt* RdNr. 221.

[885] Vgl. nur MünchHdbGesR I/*Gayk* § 30 RdNr. 57; Röhricht/v. Westphalen/*v. Gerkan/Mock* RdNr. 115.

[886] Schlegelberger/*Karsten Schmidt* RdNr. 222; zust. MünchHdbGesR I/*Gayk* § 30 RdNr. 57.

[887] *Böttcher/Zartmann/Faut* S. 127.

[888] MünchHdbGesR I/*Gayk* § 30 RdNr. 56: Vertragsauslegung.

teiligung (typische Unterbeteiligung), sei es in Gestalt der Vermögensbeteiligung (atypische Unterbeteiligung).

236 **8. Rechtsverhältnisse innerhalb der Unterbeteiligungsgesellschaft. a) Vertragsfreiheit.** Das Innenverhältnis folgt in erster Linie den vertraglichen Vereinbarungen. In Anbetracht der Lückenhaftigkeit der gesetzlichen Regelungen ist der Gestaltungspraxis zu großer Sorgsamkeit in der Vertragsgestaltung zu raten.

237 **b) Geschäftsführung und Vertretung. aa) Geschäftsführung.** Obwohl es sich um eine Innengesellschaft handelt, kann es wie bei der stillen Gesellschaft (RdNr. 178 ff.) eine Geschäftsführung auch in der Unterbeteiligungsgesellschaft geben.[889] Bei der Unterbeteiligungsgesellschaft ist (abweichend von §§ 709, 714 BGB) von der Regel auszugehen, *dass die Geschäftsführung bei dem Hauptbeteiligten liegt*[890] und ihm auch nicht nach § 712 BGB entzogen werden kann.[891] Umstritten ist, ob es bei Grundlagengeschäften – zB Kündigungen, Änderungen, Kapitalerhöhungen in der Hauptgesellschaft – *Mitgeschäftsführungsrechte des Unterbeteiligten* gibt.[892] Der **Vertrag** kann den Unterbeteiligten solche Mitspracherechte einräumen.[893] Der Hauptbeteiligte kann sogar kraft Vertrages an Weisungen des oder der Unterbeteiligten bzw. der Mehrheit der Unterbeteiligten gebunden sein.[894] Dies ist vor allem im Überschneidungsbereich zwischen Treuhand und Unterbeteiligung (RdNr. 196, 202, 210) der Fall. Der Hauptbeteiligte kann den Unterbeteiligten in den durch das Abspaltungsverbot gezogenen Grenzen auch zur Ausübung von Mitgliedschaftsrechten bevollmächtigen.[895]

238 **bb) Vertretung.** Eine Vertretung der Unterbeteiligungsgesellschaft gibt es ebenso wenig wie bei der stillen Gesellschaft (RdNr. 8).[896] Der sich zwangsläufig, also nicht erst auf Grund gesetzgeberischer Entscheidung, aus der innengesellschaftlichen Struktur ergebende Grundsatz des **§ 230 Abs. 2** gilt analog auch für die Unterbeteiligungsgesellschaft: Der Hauptbeteiligte nimmt die sich im Außenverhältnis – insbesondere in der Hauptgesellschaft – ergebenden Rechtshandlungen im eigenen Namen vor.[897]

239 **c) Organisationsrecht. aa) Typische Unterbeteiligung.** Der Unterbeteiligte ist nicht an der Willensbildung in der Hauptgesellschaft, insbesondere nicht an der **Bilanzaufstellung** oder an der **Bilanzfeststellung** der Hauptgesellschaft beteiligt.[898] Ihm steht aber im Innenverhältnis gegenüber dem Hauptbeteiligten ein Recht auf Rechnungslegung zu.[899] Dazu kann auch die Mitteilung von Bilanzen der Hauptgesellschaft gehören (str.; vgl. § 233 RdNr. 34). Zum Informationsrecht bei der Unterbeteiligung vgl. § 233 RdNr. 33 ff.

240 **bb) Atypische Unterbeteiligung.** Direkte **Mitwirkungsrechte in der Hauptgesellschaft** bestehen, anders als bei der atypischen stillen Gesellschaft (RdNr. 182, § 232 RdNr. 40 f.) **nicht**. Selbst wenn die Unterbeteiligungsgesellschaft *atypisch als Verband* orga-

[889] Vgl. nur Heymann/*Horn* RdNr. 70; Röhricht/v. Westphalen/*v. Gerkan/Mock* RdNr. 116 f.; Schlegelberger/*Karsten Schmidt* RdNr. 225.

[890] HM; vgl. *Friehe* S. 56 f.; *Blaurock* RdNr. 30.43; MünchHdbGesR I/*Gayk* § 30 RdNr. 29; Röhricht/v. Westphalen/*v. Gerkan/Mock* RdNr. 117; Staub/*Zutt* RdNr. 113.

[891] *Blaurock* RdNr. 30.44; *ders.*, Unterbeteiligung und Treuhand, S. 120 f.; *Böttcher/Zartmann/Faut* S. 44; *Greifeld* S. 35 ff.; *Ulbrich* S. 121; Heymann/*Horn* RdNr. 70; Schlegelberger/*Karsten Schmidt* RdNr. 225; Staub/*Zutt* RdNr. 113; *Esch* NJW 1964, 903; *Paulick* ZGR 1974, 274.

[892] Dafür *U. Wagner* S. 60 ff., 83 f.; Staub/*Zutt* RdNr. 114; dagegen *Blaurock*, Unterbeteiligung und Treuhand, S. 121; eingehend *Thomsen* S. 37 ff.

[893] MünchHdbGesR I/*Gayk* § 30 RdNr. 31; Heymann/*Horn* RdNr. 70; Schlegelberger/*Karsten Schmidt* RdNr. 225.

[894] Heymann/*Horn* RdNr. 70; Schlegelberger/*Karsten Schmidt* RdNr. 225 mwN.

[895] *Paulick* ZGR 1974, 275; *G. Meyer* S. 110; *Thomsen* S. 39; *Ulbrich* S. 117 f.

[896] Vgl. RGZ 166, 160, 163; BGHZ 12, 308, 314; OLG Frankfurt BB 1969, 1411; *Paulick* ZGR 1974, 276; *Friehe* S. 55 f.; *Blaurock* RdNr. 30.42; *ders.*, Unterbeteiligung und Treuhand, S. 119; *Ulbrich* S. 122.

[897] Vgl. auch *Obermüller/Obermüller*, FS Werner, 1984, S. 617 ff.; Staub/*Zutt* RdNr. 113.

[898] Vgl. im Einzelnen *Thomsen* S. 49 ff.

[899] BGHZ 50, 316, 323; *Koller*/Roth/Morck RdNr. 4; Heymann/*Horn* RdNr. 70.

nisiert ist (RdNr. 211 ff.), beziehen sich Mitwirkungsrechte in der Unterbeteiligungsgesellschaft grundsätzlich nur auf die Verwaltung des Anteils, nicht auf die Verwaltung der Hauptgesellschaft. Inwieweit sich Mitverwaltungsrechte in der Hauptgesellschaft niederschlagen, ist auf der Ebene des Hauptgesellschaftsvertrags (bzw. der Satzung) zu entscheiden.

d) Treupflichten. aa) Doppeltes Gesellschaftsverhältnis. Der Hauptbeteiligte steht 241 in einem doppelten Gesellschaftsverhältnis als Gesellschafter der Hauptgesellschaft und der Unterbeteiligungs-Innengesellschaft.[900] Ihn trifft deshalb auch eine *doppelte Treupflicht.*[901] Bei der Ausübung seiner Rechte in der Hauptgesellschaft muss er auf die schutzwürdigen Interessen des Unterbeteiligten Rücksicht nehmen.[902] Umgekehrt finden seine Rechte und Pflichten im Verhältnis zum Unterbeteiligten eine Grenze in der Treupflicht als Hauptgesellschafter.[903] Wegen möglicher **Interessenkonflikte,** die sich aus der Doppelrolle des Hauptgesellschafters ergeben, ist eine sorgsame Verzahnung der Verträge zu empfehlen, insbesondere also eine Berücksichtigung des Hauptgesellschaftsvertrags bei der Gestaltung des Unterbeteiligungsverhältnisses.[904]

bb) Wettbewerbsverbot. Hinsichtlich der Frage des Wettbewerbsverbots ist zu unter- 242 scheiden:[905]

(1) Wettbewerbsverbot zwischen dem Hauptbeteiligten und dem Unterbeteiligten? Ein solches Verbot ist dem Gesetz nicht zu entnehmen. Es kann sich im Einzelfall aus 243 dem Unterbeteiligungsvertrag bzw. aus der Treupflicht ergeben.[906] Besondere Regeln gelten, wenn das Unterbeteiligungsverhältnis als Verband ausgestaltet ist (dazu RdNr. 211 ff.) Der „Treuhand-Komplementär" einer „Innen-KG" (RdNr. 215) unterliegt auch hier einem gesetzlichen Wettbewerbsverbot (RdNr. 141).

(2) Wettbewerbsverbot in der Hauptgesellschaft. Ein bestehendes Wettbewerbsver- 244 bot trifft ohne weiteres den Hauptbeteiligten. Das Vorhandensein von Unterbeteiligungen entlastet ihn im Verhältnis zu den Mitgesellschaftern nicht. Handlungen der Unterbeteiligten muss er sich aber nur zurechnen lassen, soweit er sie zurechenbar veranlasst oder geduldet hat oder soweit die Unterbeteiligten gegenüber Gesellschaftern der Hauptgesellschaft in die Pflichten des Hauptbeteiligten eingeschaltet sind (§ 278 BGB). Ein eigenes Wettbewerbsverbot des Unterbeteiligten im Verhältnis zur Hauptgesellschaft und ihren Gesellschaftern besteht mangels einer direkten Vertragsbindung (RdNr. 233) grundsätzlich nicht.[907] Ob ein Wettbewerbsverbot des Hauptbeteiligten im Wege des Durchgriffs auf den Unterbeteiligten erstreckt werden kann, ist nicht generell zu bejahen.[908] Man wird ein Wettbewerbsverbot dann ablehnen müssen, wenn die Hauptgesellschaft hinreichend gegen Informationen und Einflussnahmen des Unterbeteiligten geschützt ist.[909] Eine rein

---

900 Vgl. MünchKommBGB/*Ulmer* vor § 705 RdNr. 94; MünchHdbGesR I/*Gayk* § 30 RdNr. 30.

901 MünchHdbGesR I/*Gayk* § 30 RdNr. 30; E/B/J/S/*Gehrlein* RdNr. 102; Röhricht/v. Westphalen/*v. Gerkan/Mock* RdNr. 119; Schlegelberger/*Karsten Schmidt* RdNr. 227; Staub/*Zutt* RdNr. 115.

902 MünchHdbGesR I/*Gayk* § 30 RdNr. 30; Schlegelberger/*Karsten Schmidt* RdNr. 227 mwN.

903 Schlegelberger/*Karsten Schmidt* RdNr. 228 mwN.

904 Schlegelberger/*Karsten Schmidt* RdNr. 228; *Paulick* ZGR 1974, 269.

905 Ausführlicher noch Schlegelberger/*Karsten Schmidt* RdNr. 228.

906 *Greifeld* S. 48; *G. Meyer* S. 131; *Ulbrich* S. 130; Röhricht/v. Westphalen/*v. Gerkan/Mock* RdNr. 118; Schlegelberger/*Karsten Schmidt* RdNr. 229; einschränkend Staub/*Zutt* RdNr. 115; *Esch* NJW 1964, 905.

907 BGHZ 50, 316, 324; *Ulbrich* S. 130; *Pöllinger* S. 54; *Greifeld* S. 48; *Blaurock* RdNr. 30.49; Röhricht/v. Westphalen/*v. Gerkan/Mock* RdNr. 118; Schlegelberger/*Karsten Schmidt* RdNr. 230; Staub/*Zutt* § 230 RdNr. 115; *Esch* NJW 1964, 905; *Janberg* DB 1953, 79.

908 Schlegelberger/*Karsten Schmidt* RdNr. 230; **aM** *Kardaras,* Das Wettbewerbsverbot in den Personengesellschaften, 1967, S. 44.

909 *Blaurock* RdNr. 30.49; Schlegelberger/*Karsten Schmidt* RdNr. 230; ähnlich *Koller*/Roth/Morck RdNr. 4; E/B/J/S/*Gehrlein* RdNr. 103; vgl. auch OLG Frankfurt GmbHR 1992, 668; Oetker/*Schubert* RdNr. 125.

kapitalmäßige Beteiligung hat regelmäßig kein Wettbewerbsverbot zur Folge.[910] Über Loyalitätspflichten im Zusammenhang mit dem Informationsrecht vgl. § 233 RdNr. 19.

245 **e) Haftung. aa) Hauptgesellschaft.** Hinsichtlich der Haftung muss unterschieden werden zwischen den Haftungsverhältnissen in der Hauptgesellschaft und in der Unterbeteiligungsgesellschaft.[911] Zur *Haftung in der Hauptgesellschaft* vgl. RdNr. 234. Ob der Hauptgesellschafter das Haftungsrisiko im *Innenverhältnis* umlegen kann, kann nicht einheitlich beantwortet werden. Grundsätzlich können die Unterbeteiligten zwar an den Verlusten des Hauptgesellschafters beteiligt werden, aber sie nehmen nicht auch über die Verlustbeteiligung hinaus am Haftungsrisiko teil. Anders verhält es sich dann, *wenn die Unterbeteiligung Treuhandcharakter* hat (dazu RdNr. 202, 210); Vor § 230 RdNr. 58 ff.) Hält der Hauptgesellschafter einen Kommanditanteil für Rechnung der Unterbeteiligten und leitet er zurückgeflossene Einlagebeträge an diese weiter, so kann er sich bei jedem einzelnen Unterbeteiligten in Höhe des an ihn ausgezahlten Betrages wegen der aus § 172 Abs. 4 resultierenden Haftung schadlos halten (vgl. zur Treuhand vor § 230 RdNr. 75).

246 **bb) Unterbeteiligungsgesellschaft.** Als Innengesellschaft (RdNr. 194) kennt die Unterbeteiligungsgesellschaft keine Außenhaftung (RdNr. 234). Für die *Haftung zwischen dem Hauptbeteiligten und dem Unterbeteiligten* gelten die allgemeinen Grundsätze.[912] Der Hauptgesellschafter haftet dem Untergesellschafter auch für solche Schäden, dier diesem schuldhaft durch *Schädigung der Hauptgesellschaft* erwachsen.[913] Haftungsmaßstab ist im Innenverhältnis **§ 708 BGB** (zur Kritik dieser Vorschrift vgl. RdNr. 164).[914] Anderes muss in einer Publikums-Unterbeteiligungsgesellschaft und auch sonst für den Hauptbeteiligten gelten, wenn er die Hauptbeteiligung treuhänderisch für die Unterbeteiligten verwaltet (vgl. sinngemäß RdNr. 164). Der Hauptbeteiligte haftet dem Unterbeteiligten nicht für ein Fehlverhalten seiner Mitgesellschafter.[915] Soweit der Hauptbeteiligte allerdings seine Mitgesellschafter im Fall einer Verletzung des Hauptgesellschaftsvertrages in Anspruch nehmen kann, wird eine Schadensverlagerung auf den Unterbeteiligten im Wege der *Drittschadensliquidation,*[916] bei offengelegter Unterbeteiligung uU auch direkt vom Unterbeteiligten auf Grund Vertrags mit *Schutzwirkung für Dritte* liquidiert.[917]

247 **f) Übertragbarkeit.** Die Unterbeteiligung ist *grundsätzlich nicht übertragbar.*[918] Übertragbar sind nur die in § 717 Satz 2 BGB genannten Ansprüche.[919] Mit Zustimmung des Hauptgesellschafters oder auf Grund einer entsprechenden Vertragsklausel kann aber auch eine Unterbeteiligung übertragbar gestaltet werden.[920] Ist in der Hauptgesellschaft die Anteilsübertragung von einer Zustimmung der Gesellschaft oder ihrer Gesellschafter abhängig, so gilt dies nicht auch ohne weiteres für die Übertragung von Unterbeteiligungen.[921] Die vor allem auf RGZ 159, 272 zurückgehende andere Beurteilung bei der Treuhand ist

---

910 *Blaurock,* Unterbeteiligung und Treuhand, S. 203 f.; MünchHdbGesR I/*Gayk* § 30 RdNr. 39; Schlegelberger/*Karsten Schmidt* RdNr. 230.

911 Schlegelberger/*Karsten Schmidt* RdNr. 231.

912 Vgl. nur *Blaurock* RdNr. 30.50; Röhricht/v. Westphalen/*v. Gerkan/Mock* RdNr. 121; Schlegelberger/*Karsten Schmidt* RdNr. 232; eingehend *Blaurock,* Unterbeteiligung und Treuhand, S. 208 ff.; *Thomsen* S. 41; *Ulbrich* S. 141 f.; *Herzfeld* AcP 137 (1933) 312 ff.

913 *Blaurock* RdNr. 30.50; MünchHdbGesR I/*Gayk* § 30 RdNr. 62; Schlegelberger/*Karsten Schmidt* RdNr. 232; Staub/*Zutt* RdNr. 116.

914 *Blaurock* RdNr. 30.50; *ders.,* Unterbeteiligung und Treuhand, S. 210; *Janberg* DB 1953, 79; *Hesselmann* GmbHR 1964, 28; *Paulick* ZGR 1974, 277; MünchHdbGesR I/*Gayk* § 30 RdNr. 61; Röhricht/v. Westphalen/*v. Gerkan/Mock* RdNr. 121; Heymann/*Horn* RdNr. 73.

915 *Blaurock,* Unterbeteiligung und Treuhand, S. 209.

916 *Blaurock,* Unterbeteiligung und Treuhand, S. 219; Schlegelberger/*Karsten Schmidt* RdNr. 232.

917 Wie hier jetzt *Blaurock* RdNr. 30.50; **aM** wohl noch *Blaurock,* Unterbeteiligung und Treuhand, S. 209.

918 *Blaurock* RdNr. 30.51; Heymann/*Horn* RdNr. 73; Schlegelberger/*Karsten Schmidt* RdNr. 233; Staub/*Zutt* RdNr. 107.

919 *Blaurock* RdNr. 30.51; Schlegelberger/*Karsten Schmidt* RdNr. 232; *Paulick* ZGR 1974, 272.

920 *Blaurock* RdNr. 30.51; Heymann/*Horn* RdNr. 73; Schlegelberger/*Karsten Schmidt* RdNr. 233; Staub/*Zutt* RdNr. 107.

921 *Blaurock,* Unterbeteiligung und Treuhand, S. 153; Schlegelberger/*Karsten Schmidt* RdNr. 233.

auf die Unterbeteiligung nur übertragbar, soweit die Unterbeteiligungen in die Organisation der Hauptgesellschaft einbezogen sind (RdNr. 216 ff.).

g) Einzelfragen. Zur *Gewinnermittlung und Gewinnverteilung* vgl. § 231 RdNr. 26, § 232 RdNr. 45 ff. Zum *Informationsrecht* des Unterbeteiligten § 233 RdNr. 33 ff. Die *Auflösung* der Unterbeteiligungsgesellschaft ist in § 234 RdNr. 63 ff. besprochen, die *Auseinandersetzung* in § 235 RdNr. 68 ff. Zur Unterbeteiligungsgesellschaft im *Insolvenzverfahren* vgl. § 236 RdNr. 45 ff. sowie Anh. § 236 RdNr. 31. 248

9. Steuerliche Behandlung. a) EStG. Steuerlich kann die Unterbeteiligung Einkünfte aus Kapitalvermögen (§ 20 EStG) oder eine Mitunternehmerschaft (§ 15 EStG) begründen.[922] Die entsprechend den bei RdNr. 75 geschilderten Kriterien festzustellende Mitunternehmerschaft kann zunächst in der Unterbeteiligungsgesellschaft bestehen. Dazu ist zum einen die über den Anteil des Hauptbeteiligten vermittelte Teilnahme am Gewinn und Verlust der Hauptgesellschaft sowie an deren Geschäftswert einschließlich der stillen Reserven erforderlich (Mitunternehmerrisiko) und setzt also auch auf Seiten des Hauptbeteiligten eine atypische stille Beteiligung voraus; daneben müssen § 233 (bzw. § 716 BGB) entsprechende Kontrollrechte gegenüber dem Hauptbeteiligten bestehen (Mitunternehmerinitiative). Der Unterbeteiligte kann jedoch auch Mitunternehmer der Hauptgesellschaft sein, wenn ihm – als Nicht-Gesellschafter – zB Kontroll- und Mitwirkungsrechte in der Hauptgesellschaft eingeräumt wurden oder er dort in geschäftsleitender Position tätig ist.[923] Zu den Erweiterungen durch § 15 Abs. 1 Nr. 2 Satz 2 EStG siehe BFHE 184, 418 ff.[924] 249

b) Steuerliche Anerkennung. Für die steuerliche Anerkennung gelten sinngemäß die auch für die stille Beteiligung maßgeblichen Grundsätze (dazu § 231 RdNr. 12 ff.).[925] 250

X. Rechtslage in Österreich

1. Handelsrechtsreform. Durch das Unternehmensgesetzbuch von 2005, in Kraft ab 1. 1. 2007, wurde in Österreich das Handelsgesetzbuch abgelöst. Zur Handelsrechtsreform vgl. § 105 RdNr. 276 ff. 251

2. § 179 UGB. Die Bestimmung lautet: 252

(1) Wer sich als stiller Gesellschafter an dem Unternehmen, das ein anderer betreibt, mit einer Vermögenseinlage beteiligt, hat die Einlage so zu leisten, daß sie in das Vermögen des Inhabers des Unternehmens übergeht.

(2) Der Inhaber wird aus den in dem Betrieb geschlossenen Geschäften allein berechtigt und verpflichtet.

3. § 180 UGB. § 180 Abs. 1 UGB entspricht § 707 BGB (dazu RdNr. 145). Abs. 2 der Bestimmung hätte § 708 BGB entsprochen. Die Bestimmung wurde gestrichen (vgl. RdNr. 164). Sie lautet nunmehr: 253

Zur Erhöhung der vereinbarten oder zur Ergänzung der durch Verlust verminderten Einlage ist der stille Gesellschafter nicht verpflichtet.

(2) [aufgehoben]

---

922 Zur steuerrechtlichen Behandlung der Unterbeteiligung s. etwa BFH GmbHR 2005, 1633, 1634 f.; *Blaurock* RdNr. 31.1 ff.; BeckHdbPersG/*Bärwaldt* § 14 RdNr. 55 ff.; *Ludwig Schmidt/Wacker* EStG § 15 RdNr. 365 ff.; Ludwig Schmidt/*Weber-Grellet* § 20 RdNr. 91; zur Abgeltungssteuer *Wargulla* DB 2009, 1146 ff.

923 BeckHdbPersG/*Bärwaldt* § 14 RdNr. 65 f.

924 Seit 1992: Fiktive Mitunternehmerschaft in der Hauptgesellschaft, wenn die Unterbeteiligung durch eine Kette mitunternehmerischer Beteiligungen vermittelt wird; dazu BFHE 184, 418, 419 ff.; BeckHdbPersG/*Bärwaldt* § 14 RdNr. 64 ff.; **aA** *Blaurock* RdNr. 31.22 f.

925 Vgl. BFHE 174, 219, 221 f. = NJW 1995, 77, 79; BeckHdbPersG/*Bärwaldt* § 14 RdNr. 77 ff.

§ 231 [Gewinn und Verlust]

(1) Ist der Anteil des stillen Gesellschafters am Gewinn und Verluste nicht bestimmt, so gilt ein den Umständen nach angemessener Anteil als bedungen.

(2) Im Gesellschaftsvertrage kann bestimmt werden, daß der stille Gesellschafter nicht am Verluste beteiligt sein soll; seine Beteiligung am Gewinne kann nicht ausgeschlossen werden.

Schrifttum (vgl. zunächst Schrifttum bei § 230 vor RdNr. 1 und RdNr. 191): *Berninghaus,* Feststellung des Jahresabschlusses in der stillen Gesellschaft?, FS Röhricht, 2005, S. 747; *Breidenbach,* Zur Entscheidung des Großen BFH-Senats über die Angemessenheit der Gewinnverteilung bei Personengesellschaften vom 29. 5. 1972, DB 1973, 545; *Dötsch/Jost/Pung/Witt,* Die Körperschaftsteuer, Stand Juni 2001; *Felix/Streck,* Nichtanerkennung gesellschaftsvertraglicher Vereinbarungen durch die Finanzverwaltung bei Personengesellschaften, DB 1975, 2213; *Fichtelmann,* Die GmbH & Still im Steuerrecht, 3. Aufl. 1990; *Peter Fischer,* Fremdvergleich und Üblichkeit, DStZ 1997, 357; *Fleischer/Thierfeld,* Stille Gesellschaft im Steuerrecht, 7. Aufl. 1998; *Goette,* Stille Gesellschaft: Investitionszulage als Teil des dem Stillen Gesellschafter zustehenden nach steuerlichen Regeln zu ermittelnden Gewinns?, DStR 1995, 1843; *Groh,* Verluste in der stillen Gesellschaft, DB 2004, 668; *ders.,* Die Bilanz der Unterbeteiligungsgesellschaft, FS Priester, 2007, S. 107; *Jestädt,* Partiarisches Darlehen oder stille Gesellschaft?, DStR 1993, 387; *Kauffeld,* Die partielle Unternehmensbeteiligung, 2007; *Kirchhof,* Einkommensteuergesetz, 9. Aufl. 2010; *Kirchhof/Söhn/Mellinghoff,* Einkommensteuergesetz, Kommentar, Stand 2005; *Knobbe-Keuk,* Bilanz- und Unternehmenssteuerrecht, 9. Aufl. 1993; *Lange/Grützner/Kussmann/Reiß,* Personengesellschaften im Steuerrecht, 7. Aufl. 2008; *Littmann/Bitz/Pust,* Einkommensteuerrecht, Stand 2005; *Märkle,* Die Gewinnverteilung bei Personengesellschaften, DStR 1973, 131; *ders.,* Angehörige als Darlehensgeber, stille Gesellschafter, Kommanditisten, BB 1993, Beilage 2; *Ruban,* Die atypische stille Gesellschaft im Ertragssteuerrecht, DStZ 1995, 637; *Ludwig Schmidt,* Einkommensteuergesetz, 29. Aufl. 2010; Innengesellschaft, insbesondere der stillen Gesellschaft, WPg. 1974, 393; *Schulze zur Wiesche,* Die GmbH & Still, 4. Aufl. 2003; *ders.,* Verdeckte Gewinnausschüttungen bei einer stillen Beteiligung an einer GmbH, FR 1976, 164; *ders.,* Verdeckte Gewinnausschüttungen bei einer stillen Beteiligung an einer GmbH, FR 1977, 492; *ders.,* Steuerrechtliche Anerkennung von Verträgen mit Angehörigen eines wesentlich beteiligten Gesellschafters bei Kapitalgesellschaften, Wpg. 1990, 637; *ders.,* Die GmbH & atypisch Still, GmbHR 1999, 902; *Stadie,* Die persönliche Zurechnung von Einkünften, 1983; *Streck,* Körperschaftsteuergesetz, 7. Aufl. 2008; *Sudhoff/Sudhoff,* Stille Beteiligung an einer GmbH und die Umwandlung dieser Beteiligung, GmbHR 1984, 77; *Sterzenbach,* GmbH & Still: Vorzüge einer beliebten Rechtsform und ihre steuerlichen Besonderheiten, DStR 2000, 1669; *Unvericht,* Gewerbeertrag und Gewerbekapital der atypisch stillen Gesellschaft, DStR 1987, 413; *Wachter,* Die Gewinnermittlung und Gewinnverwendung in der stillen Gesellschaft, 1996; *Wehrheim,* Die einkommenssteuerrechtliche Qualifikation der Einkünfte der atypisch stillen Gesellschaft einer GmbH & Still, DStR 1998, 1533; *Winnefeld,* Bilanzhandbuch: Handels- und Steuerbilanz . . ., 4. Aufl. 2006; *Winterberg,* Zivilrechtliche Folgen bei Versagung der steuerlichen Anerkennung von Familiengesellschaften bzw. stillen Gesellschaften, DB 1975, 1925.

Übersicht

I. Grundlagen

1 **1. Inhalt der Bestimmung. a) Normzweck und Geschichte.** Die Bestimmung betrifft Gewinn- und Verlustbeteiligungsregeln im Gesellschaftsvertrag der stillen Gesellschaft. Abs. 1 geht auf *Art. 254 ADHGB* zurück. Abs. 2 klärt ohne inneren Zusammenhang mit Abs. 1 eine unter dem ADHGB umstrittene Rechtsfrage.[1] § 231 war bis zum BiRiLiG 1985 in § 336 aF enthalten und wurde ohne sachliche Änderung in die neue Zählung der §§ 230 ff. eingefügt (dazu § 230 RdNr. 1). Das *Verhältnis zu § 232* ist bei § 232 RdNr. 1 bestimmt. § 231 regelt nur die Gewinn- und Verlustbeteiligungsquote.

2 **b) Vertragliche Abreden.** Die Gewinn- und Verlustverteilung richtet sich nach dem Gesellschaftsvertrag (RdNr. 9 ff.).[2] **Abs. 1** enthält eine hierauf bezogene Auslegungsregel. Eine allgemeine Inhaltskontrolle (Angemessenheitskontrolle) getroffener Regeln ist daraus nicht abzuleiten (vgl. über die Inhaltskontrolle bei Publikumsgesellschaften § 230 RdNr. 125). **Abs. 2** ist bisweilen auf die Vertragsfreiheit bezogen worden, etwa in dem Sinne, der erste Halbsatz des Abs. 2 enthalte **dispositives Recht,** der zweite Halbsatz des Abs. 2 dagegen **zwingendes Recht.**[3] Das ist mißverständlich. Als Auslegungsregel ist Abs. 1 nicht dasselbe wie eine dispositive Gesetzesnorm, und der etwas unglücklich formulierte Abs. 2 besagt nicht, dass der Ausschluss von der Gewinnbeteiligung unzulässig und unwirksam wäre.[4] Die Vorschrift besagt nur, dass das Rechtsverhältnis, *wenn die Gewinnbeteiligung ausgeschlossen ist, keine stille Gesellschaft* sein kann (RdNr. 23, § 230 RdNr. 38).

3 **2. Gewinnermittlung, Gewinnverteilung und Ausschüttung.** Der auf den stillen Gesellschafter entfallende Gewinn bzw. Verlust errechnet sich aus *zwei Faktoren:* aus dem im Verhältnis zum stillen Gesellschafter maßgebenden Geschäftsgewinn bzw. Geschäftsverlust und aus dem Anteil dieses Gewinns oder Verlustes, der auf den stillen Gesellschafter entfällt. Das Erste ist eine Frage des unter den Beteiligten maßgeblichen Gewinnbegriffs. Dieser stellt sich praktisch als ein Problem der **Gewinnermittlung** dar, die bei § 232 RdNr. 5 ff. und bei § 235 RdNr. 16, 20 ff. besprochen ist. Bei § 231 geht es nicht um diese Gewinnermittlung, sondern um die **Gewinnverteilung.** Die Bestimmung handelt maW von dem **Verteilungsschlüssel** für den Gewinn und Verlust. Die Gewinnermittlung hat dieser Verteilung vorauszugehen. Von der Verteilung ist wiederum die **Ausschüttung** zu unterscheiden (dazu § 232 RdNr. 22 ff.). Grundsätzlich kann der stille Gesellschafter Ausschüttung des Gewinnanteils verlangen, soweit dieser nicht nach § 232 Abs. 2 Satz 2 zur Deckung von Verlusten verwendet wird (§ 232 RdNr. 32).

II. Der Verteilungsschlüssel

4 **1. Die Regel des § 231 Abs. 1.** Der Verteilungsschlüssel bezüglich Gewinn und Verlust ist **Gegenstand vertraglicher Regelung.** Regelmäßig werden die Fragen eindeutig im Vertrag geordnet. Bestimmt der Gesellschaftsvertrag weder etwas über den Anteil des stillen Gesellschafters am Gewinn noch etwas über den am Verlust, so gilt ein den Umständen nach **angemessener Anteil** als bedungen. Deshalb steht die Unbestimmtheit der vertragli-

---

[1] Vgl. ROHGE 12, 98, 100; RGZ 3, 7, 9 f.; 27, 13, 16; 30, 57, 58; 31, 33, 36; Denkschrift S. 183; Düringer/Hachenburg/*Flechtheim* § 336 aF RdNr. 5; Schlegelberger/*Karsten Schmidt* RdNr. 1.

[2] RGZ 25, 41, 44; Baumbach/*Hopt* RdNr. 1; Heymann/*Horn* RdNr. 1; *Koller*/Roth/Morck RdNr. 2; MünchHdbGesR II/*Bezzenberger/Keul* § 86 RdNr. 39; Röhricht/v. Westphalen/*v. Gerkan/Mock* RdNr. 2; Staub/*Zutt* RdNr. 2.

[3] ZB Schlegelberger/*Geßler,* 4. Aufl., RdNr. 1; missverständlich auch E/B/J/S/*Gehrlein* RdNr. 9: „Verbot..., dem stillen Gesellschafter eine Gewinnbeteiligung zu verwehren".

[4] Vgl. aber E/B/J/S/*Gehrlein* RdNr. 9; Heymann/*Horn* RdNr. 5.

chen Gewinnbeteiligung der Annahme einer stillen Gesellschaft nicht zwingend entgegen.[5] Der nach Abs. 1 ausschlaggebende „angemessene Anteil" darf nicht mit der finanzbehördlichen und finanzgerichtlichen Prüfung verwechselt werden, ob eine Gewinnverteilung „angemessen" ist (vgl. dazu RdNr. 12 ff.). Die Regelung ähnelt dem für die Kommanditgesellschaft geltenden § 168 Abs. 2.[6] Der stille Gesellschafter hat aber im Zweifel nicht, wie nach § 168 Abs. 1 der Kommanditist, Anspruch auf einen Vorzugsgewinnanteil.[7] Wegen der Frage, welcher Anteil den Umständen nach angemessen ist und wie ihn der Richter im Streitfall festzusetzen hat, wird teilweise auf die Erläuterungen zu § 168 verwiesen.[8] Zu bedenken ist allerdings, dass die gesetzestypische stille Gesellschaft zweigliedrig ist und dass sich die Anteile der Gesellschafter bei ihr nicht in Kapitalanteilen ausdrücken lassen.[9] Man wird **unterscheiden** müssen:

5 **a) „Innen-KG".** Ist die stille Beteiligung nach der Terminologie dieses Werks als „Innen-KG" ausgestaltet (§ 230 RdNr. 81), so gelten für ihn sinngemäß die bei § 168 RdNr. 3 ff. dargestellten Regeln.[10] Ihre Anwendung setzt voraus, dass für den stillen Gesellschafter wie bei einem Kommanditisten ein **Kapitalkonto** gebildet wird (§ 232 RdNr. 43 f.). Bei der „Innen-KG" geht es nicht nur um die Verteilung des Gewinns und Verlusts zwischen dem für eigene Rechnung operierenden Geschäftsinhaber und einem stillen Gesellschafter, sondern um die Gewinn- und Verlustbeteiligung unter allen Gesellschaftern. Einem mit den Rechten eines „Innen-Kommanditisten" ausgestatteten stillen Gesellschafter steht im Zweifel auch der Gewinnvoraus nach § 168 Abs. 1 zu (diese hier entwickelte Auslegungsregel ist, wie das Konzept der „Innen-KG" auch sonst, noch nicht ausdiskutiert).[11]

6 **b) Schlichte Vermögensbeteiligung.** Bei einer stillen Gesellschaft mit schlichter Vermögensbeteiligung des Stillen, die aber nicht die Ausgestaltung als „Innen-KG" voraussetzt (§ 230 RdNr. 79 f.), gelten im Zweifel gleichfalls die Regeln von § 168 RdNr. 3 ff.[12] Ob ein Gewinnvoraus entsprechend § 168 Abs. 1 gewollt ist, ist dann allerdings mangels kommanditistenähnlicher Rechtsstellung durch Vertragsauslegung im Einzelfall festzustellen.

7 **c) Typische stille Beteiligung.** In den immer seltener werdenden *Fällen der gesetzestypischen zweigliedrigen stillen Beteiligung* muss unter Berücksichtigung von Art und Größe der vom stillen Gesellschafter geleisteten Beiträge sowie aller sonstigen Umstände des Einzelfalls eine *billige Regelung* gefunden werden.[13] **Nicht,** auch nicht hilfsweise, anzuwenden ist **§ 722 Abs. 1 BGB.**[14] Diese Bestimmung, nach der im Zweifel für jeden Gesellschafter gleiche Anteile am Gewinn und Verlust gelten, passt schon deshalb nicht, weil an demselben Unternehmen mehrere stille Gesellschafter durch miteinander unverbundene typische stille Gesellschaftsverhältnisse beteiligt sein können (§ 230 RdNr. 83 ff.).[15] Hinzu kommt, dass § 722 Abs. 1 BGB – anders als die §§ 230 ff. – von gleichrangigen Gesellschaftern ausgeht, während bei der typischen stillen Beteiligung der Unternehmer für eigene, nicht für gemeinschaftliche Rechnung operiert. Schließlich geht es auch nicht an, den nur am Gewinn und Verlust und nicht am Vermögen beteiligten stillen Gesellschafter so nachhaltig besser zu stellen als selbst einen „Innen-Kommanditisten" (zu ihm RdNr. 5). Was **„ange-**

[5] BFH/NV 1993, 518, 519.

[6] Vgl. nur Heymann/*Horn* RdNr. 2; Röhricht/v. Westphalen/*v. Gerkan/Mock* RdNr. 3.

[7] MünchHdbGesR II/*Bezzenberger/Keul* § 86 RdNr. 41; E/B/J/S/*Gehrlein* RdNr. 8.

[8] Staub/*Zutt* RdNr. 8; Röhricht/v. Westfalen/*v. Gerkan/Mock* RdNr. 3 (im Ergebnis aber wohl wie hier).

[9] Vgl. auch RGZ 25, 41, 46; Schlegelberger/*Karsten Schmidt* RdNr. 4.

[10] In dieser Richtung schon RGZ 25, 41, 48 f.; Schlegelberger/*Karsten Schmidt* RdNr. 4.

[11] Verf. bereitet eine Publikation vor.

[12] Vgl. *Koller*/Roth/Morck RdNr. 2; Schlegelberger/*Karsten Schmidt* RdNr. 5.

[13] *Koenigs* S. 180; *Blaurock* RdNr. 14.2; Heymann/*Horn* RdNr. 1; Röhricht/v. Westphalen/*v. Gerkan/Mock* RdNr. 3; Schlegelberger/*Karsten Schmidt* RdNr. 6.

[14] MünchHdbGesR II/*Bezzenberger/Keul* § 86 RdNr. 37; Röhricht/v. Westphalen/*v. Gerkan/Mock* RdNr. 4; Staub/*Zutt* RdNr. 8; E/B/J/S/*Gehrlein* RdNr. 8; Oetker/*Schubert* RdNr. 5; Röricht/v. Westphalen/*v. Gerkan/Mock* RdNr. 4; **aM** Baumbach/*Hopt* RdNr. 1; GK/*Fahse* RdNr. 1.

[15] Schlegelberger/*Karsten Schmidt* RdNr. 6.

messen" ist, bestimmt sich gemäß Abs. 1 nach den „Umständen". Das bedeutet nicht, dass die angemessene Verteilung von Jahr zu Jahr **„den Umständen nach"** neu festzusetzen ist, denn die Gewinnverteilung ist nach dem Vertrag, nicht von Fall zu Fall nach Billigkeit vorzunehmen (vgl. aber auch RdNr. 11). Wohl aber können sich Anpassungsansprüche aus einer Veränderung der „Umstände" ergeben (vgl. über die Anpassung von Gesellschaftsverträgen § 105 RdNr. 164 ff.). „Umstände", die für Abs. 1 maßgeblich sind, sind zB: die bestehende oder fehlende Beteiligung des stillen Gesellschafters auch am Verlust; die Frage, inwieweit die eigene Tätigkeit des Geschäftsinhabers aus Gewinnen zu vergüten ist; das Verhältnis zwischen dem Eigenkapital des Geschäftsinhabers und der stillen Einlage.

2. Die Auslegungsregel des § 722 Abs. 2 BGB. Regelt der Gesellschaftsvertrag nur den *Anteil des stillen Gesellschafters am Gewinn,* nicht dagegen den *am Verlust,* oder umgekehrt den Anteil am Verlust, nicht aber den am Gewinn, gilt die Vereinbarung nach § 722 Abs. 2 BGB im Zweifel auch für den nicht geregelten Anteil am Verlust bzw. Gewinn.[16] Ergibt sich aus den Umständen, dass die Vereinbarung über den Anteil am Gewinn nicht zugleich für den Anteil am Verlust maßgebend sein soll (oder umgekehrt), so gilt für diesen § 231, dh. es gilt insoweit ein den Umständen nach angemessener Anteil am Verlust bzw. Gewinn als bedungen.[17] 8

3. Vertragliche Regelungen. a) Vertragsfreiheit. Die Regelung erfolgt durch eine **Gewinn- und Verlustverteilungsklausel** im Gesellschaftsvertrag. Der Praxis ist nachhaltig zu einer ausdrücklichen und klaren Vereinbarung im Gesellschaftsvertrag zu raten. Die Vereinbarung kann auch nachträglich getroffen werden und zwar auch mit schuldrechtlicher Rückwirkung (über Grenzen der steuerrechtlichen Anerkennung solcher Vereinbarungen vgl. § 230 RdNr. 119). Die Gewinnverteilung unterliegt der *freien Gestaltung* der Vertragsparteien.[18] Dem stillen Gesellschafter kann ein Vorzugsgewinnanteil eingeräumt werden. Es kann das Verhältnis der Einlagen[19] oder das der Kapitalanteile (Kapitalkonten; vgl. RdNr. 5) als Verteilungsschlüssel genommen werden.[20] Es kann dem stillen Gesellschafter eine feste Verzinsung seiner Einlage oder seines Kapitalanteils neben einem Gewinnanteil oder sonst ein Mindestgewinn zugesagt werden (RdNr. 24, § 230 RdNr. 38). Es kann bestimmt werden, dass der stille Gesellschafter am Gewinn mehr als am Verlust beteiligt sein soll oder dass sein Gewinn einen bestimmten Betrag nicht überschreiten darf. Die Gewinnbeteiligung ist der Höhe nach nicht durch das Gesetz beschränkt. Auch ein gesetzliches Kündigungsrecht nach § 489 BGB greift nicht ein (vgl. § 234 RdNr. 45).[21] *Grenzen der Vertragsfreiheit* können sich aus §§ 134, 138 BGB ergeben,[22] sowie aus Sonderbestimmungen (eingehend § 230 RdNr. 120 ff.).[23] Eine unangemessen hohe Gewinnbeteiligung kann Schenkung iS von § 516 BGB sein (vgl. § 230 RdNr. 150).[24] 9

b) Konkludente Vereinbarung. Die Vereinbarung muss *nicht ausdrücklich* erfolgen.[25] Sie kann sich, sofern dies nicht in der Vertragsurkunde ausgeschlossen ist, *aus den Umständen* 10

[16] RG LZ 1911, 58; BGH LM § 340 Nr. 3 = WM 1960, 13 = BB 1960, 14; BFH NJW-RR 2003, 31 = NZG 2002, 1183; OLG Brandenburg NJW-RR 1996, 156, 157; *Blaurock* RdNr. 14.2; MünchHdbGesR II/*Bezzenberger/Keul* § 86 RdNr. 47; Baumbach/*Hopt* RdNr. 1; *Koller*/Roth/Morck RdNr. 2; Heymann/*Horn* RdNr. 1; Oetker/*Schubert* RdNr. 4, 5; Schlegelberger/*Karsten Schmidt* RdNr. 7; Staub/*Zutt* RdNr. 7.

[17] RG Gruchot 38, 1132; Schlegelberger/*Karsten Schmidt* RdNr. 7; Staub/*Zutt* RdNr. 7.

[18] Vgl. RGZ 25, 41, 44; zum folgenden *Kauffeld* S. 100; *Koenigs* S. 175; *Blaurock* RdNr. 7.8, 14.3; MünchHdbGesR II/*Bezzenberger/Keul* § 86 RdNr. 39; GK/*Fahse* RdNr. 1; Heymann/*Horn* RdNr. 1; *Koller*/Roth/Morck RdNr. 2; Röhricht/v. Westphalen/*v. Gerkan/Mock* RdNr. 6; Schlegelberger/*Karsten Schmidt* RdNr. 9; Staub/*Zutt* RdNr. 3.

[19] Dazu RGZ 25, 41, 46.

[20] MünchHdbGesR II/*Bezzenberger/Keul* § 86 RdNr. 42; s. auch Staub/*Zutt* RdNr. 4.

[21] Vgl. zu § 247 BGB aF BGHZ 85, 61 = BB 1982, 2071 = NJW 1983, 111 = WM 1982, 1276 = ZIP 1982, 1443; Staub/*Zutt* RdNr. 5.

[22] *Koller*/Roth/Morck RdNr. 2; Schlegelberger/*Karsten Schmidt* RdNr. 9; Staub/*Zutt* RdNr. 6; E/B/J/S/*Gehrlein* RdNr. 3.

[23] Vgl. zum früheren § 22 GüKG etwa BGH BB 1967, 478 = NJW 1967, 1322.

[24] *Koller*/Roth/Morck RdNr. 2; *Blaurock* RdNr. 7.13.

[25] Vgl. nur Röhricht/v. Westphalen/*v. Gerkan/Mock* RdNr. 8; Schlegelberger/*Karsten Schmidt* RdNr. 10.

ergeben. Vor allem gilt dies, wenn ein *atypischer stiller Gesellschafter* nach Maßgabe eines bestimmten Kapitalkontos oder Bruchteils am Unternehmen beteiligt ist. Das ist der Fall bei einem „Innen-Kommanditisten", einem „Innen-Komplementär" und einem stillen Gesellschafter mit schlichter Vermögensbeteiligung (vgl. RdNr. 5 f.; zu diesen Konzepten vgl. § 230 RdNr. 79 ff.). Er ist dann im Zweifel am gesamten Unternehmensgewinn (§ 232 RdNr. 40) nach Maßgabe der für einen Komplementär oder Kommanditisten geltenden Regeln beteiligt. Wenn ein persönlich haftender Gesellschafter oder Kommanditist seine Beteiligung in die eines stillen Gesellschafters umgewandelt hat und sonst keinerlei Änderungen im Gesellschaftsvertrag getroffen worden sind, kann daraus geschlossen werden, dass er entsprechend seinen bisherigen Anteilen am Gewinn und Verlust beteiligt bleiben soll;[26] verfuhr man allerdings bisher nach der gesetzlichen Regelung, so wird idR der Vorzugsgewinnanteil (§ 121 Abs. 1, § 168 Abs. 1) entfallen,[27] es sei denn, die stille Beteiligung ist als „Innen-KG" ausgestaltet (RdNr. 5). Eine langjährige Übung kann, wenn ihr ein Rechtsbindungswille zu entnehmen ist, auf eine stillschweigende Vereinbarung auch für die Zukunft schließen lassen (vgl. sinngemäß § 105 RdNr. 149, 151).[28]

11 **c) Periodische Vereinbarung.** Zulässig ist auch die Vereinbarung einer für jedes einzelne Geschäftsjahr separat auszuhandelnden Gewinnverteilung. Entspricht dies dem Gesellschaftsvertrag oder der Übung unter den Gesellschaftern, so hat der stille Gesellschafter Anspruch auf eine dem Gesellschaftsvertrag bzw. dem Abs. 1 entsprechende (dh. den abstrakten Verteilungsschlüssel angemessen konkretisierende) Vereinbarung. Kommt diese nicht zustande, so kann der stille Gesellschafter im Zweifel direkt auf Zahlung des angemessenen bzw. vertragsgemäßen Betrags oder auf die entsprechende Gutschrift auf dem Konto, hilfsweise auf Feststellung, klagen. Soll ein Dritter die Gewinnverteilung bestimmen, so gelten die Regeln der §§ 317 ff. BGB. Anzuraten sind solche Vertragsregelungen nicht.

12 **4. Steuerrechtliche Anerkennung.** Von der zivilrechtlichen Angemessenheitsprüfung zu unterscheiden ist die Frage, inwieweit stille Beteiligungen und bis zu welcher Höhe Gewinnbeteiligungen stiller Gesellschafter steuerlich als **„angemessen"** anerkannt werden können.[29] Die steuerlich anerkannte Gewinnbeteiligung eines stillen Gesellschafters führt zu einer Umverteilung der Steuerbelastung, nämlich zu einer Erhöhung der Betriebsausgaben beim Geschäftsinhaber und zu einer steuerpflichtigen Einkunftsquelle beim Stillen (§ 20 Abs. 1 Nr. 4 EStG beim typischen bzw. § 15 Abs. 1 Nr. 2 EStG beim atypischen stillen Gesellschafter). Zu unterscheiden ist zwischen der *Anerkennung der stillen Gesellschaft als solcher* (RdNr. 13), der *Anerkennung von Gewinnbeteiligungen* (RdNr. 14 f.) und, hiermit zusammenhängend, der *Frage der verdeckten Gewinnausschüttung* bei der Eigenbeteiligung von Gesellschaftern an einer Kapitalgesellschaft (RdNr. 15).

13 **a) Anerkennung der Gesellschaft als solcher.** Die steuerrechtliche Angemessenheitsprüfung wirkt sich zunächst auf die steuerliche Anerkennung der stillen Beteiligung als solcher aus.[30] Im Wesentlichen stellt sich diese Frage bei **Familienangehörigen,**[31] bei der **stillen Gesellschafterbeteiligung an Kapitalgesellschaften**[32] und in Fällen der **Beteiligungsidentität** (stille Gesellschafterbeteiligung bei Schwestergesellschaften).[33] Ver-

[26] *Blaurock* RdNr. 14.7; Röhricht/v. Westphalen/*v. Gerkan/Mock* RdNr. 8; Schlegelberger/*Karsten Schmidt* RdNr. 10; *Koenigs* S. 177.

[27] *Blaurock* RdNr. 14.7; Röhricht/v. Westphalen/*v. Gerkan/Mock* RdNr. 8; Schlegelberger/*Karsten Schmidt* RdNr. 10; *Koenigs* S. 177.

[28] *Blaurock* RdNr. 14.3; Röhricht/v. Westphalen/*v. Gerkan/Mock* RdNr. 8; Schlegelberger/*Karsten Schmidt* RdNr. 10; *Koenigs* S. 177; einschränkend nunmehr aber BGH NZG 2005, 625 = JuS 2005, 951 (*Karsten Schmidt*).

[29] EStR 15.9 (5) mit Hinweis auf BFH v. 19. 2. 2009, BStBl. II S. 798.

[30] *Blaurock* RdNr. 20.1 ff.

[31] Überblick bei *Blaurock* RdNr. 21.11 ff.; s. aber BGH BStBl. 1990 II S. 10.

[32] Überblick bei *Blaurock* RdNr. 21.70 ff.; Ludwig Schmidt/*Wacker* § 15 EStG RdNr. 355 ff.

[33] Dazu BFH BStBl. 1998 II S. 328; 2001 II S. 299.

träge, in denen der Geschäftsinhaber (auch eine GmbH oder KG) einen Angehörigen kraft ausdrücklicher Vereinbarung – meistens unentgeltlich – am Gewinn eines Unternehmens beteiligt, werden steuerlich nur anerkannt, wenn sie *eindeutig und ernsthaft gewollt* sind, *tatsächlich durchgeführt* sind (Übertragung einer Einkunftsquelle!) und unter *Bedingungen* abgeschlossen sind, *wie* sie auch *unter Dritten* zustandekommen können.[34] Dem Fremdvergleich genügen nur solche Beteiligungsverhältnisse, die dem Stillen Rechte einräumen, die nicht wesentlich hinter den gesetzestypischen zurückbleiben.[35] Geringfügige Abweichungen vom Verkehrsüblichen können unschädlich sein.[36] Besonders kritisch beurteilt der BFH die Einschränkung der Entnahmerechte etwa durch Genehmigungserfordernisse oder Widerruflichkeit der Gewinnbeteiligung sowie alle Gestaltungsformen, bei denen die Beteiligung allzu leicht entzogen werden kann.[37]

b) Angemessenheit der Gewinnbeteiligung. aa) Gewinnbeteiligung bei entgeltlichem Erwerb. Von der steuerrechtlichen Anerkennung der stillen Gesellschaft als solcher zu unterscheiden ist die Frage nach der Angemessenheit der Gewinnbeteiligung (vgl. EStR R 15.9 [3]). Sofern die Beteiligung **entgeltlich** erworben wurde, wird die vereinbarte Beteiligung unter zwei Voraussetzungen der steuerrechtlichen Gewinnermittlung zugrunde gelegt: Zum einen wird von der BFH-Rechtsprechung eine *hypothetische Fremdbeteiligung* als Maßstab für die steuerlich „angemessene" Gewinnbeteiligung herangezogen; nur wenn die Gewinnabrede auch mit einem neutralen (zB familienfremden) Dritten ebenso getroffen wäre, wird sie danach als „angemessen" anerkannt.[38] Zum anderen hat der BFH der steuerlich anerkennungsfähigen Rendite *Obergrenzen* gesetzt (vgl. EStR H 15.9 [5]), die *ohne Verlustbeteiligung 25 vH,*[39] *mit Verlustbeteiligung bis zu 35 vH*[40] des tatsächlichen Werts der Beteiligung betragen. Entgeltlich im Sinne dieser Rechtsprechung ist auch die stille Beteiligung gegen wirtschaftliches Äquivalent wie zB die Abgeltung eines Pflichtteilsanspruchs gegen Gewinnbeteiligung.[41] Zur Bemessung des tatsächlichen Werts der Beteiligung soll bei typisch stillen Gesellschaften regelmäßig der Nennwert zu Grunde zu legen sein.[42] 14

bb) Gewinnbeteiligung bei unentgeltlichem Erwerb. Eine sehr viel strengere Angemessenheitsprüfung nimmt der BFH für den **Fall der unentgeltlichen Beteiligung** von Angehörigen vor. In Anlehnung an die Grundsatzentscheidung des Großen Senats zur 15

[34] EStR H 138 a Abs. 4; BMF BStBl. 1992 I S. 729; I 1993, 410; DStR 1993, 1704; zur stRspr. vgl nur BFH BStBl. 1988 II S. 247; FR 1989, 499; BFH/NV 1990, 692, 693; BStBl. 1990 II S. 10; BStBl. 1993 I S. 289; BStB 1996 II S. 269 (Unterbeteiligung); FR 1993, 226; vgl. BVerfG NJW 1996, 833; *Blaurock* RdNr. 20.11 ff., 21.11 ff.; Schulze zur Wiesche GmbH & Still RdNr. 133; MünchHdbGesR II/*Bezzenberger/Keul* § 86 RdNr. 44; Kirchhof/*von Beckerath* EStG § 20 RdNr. 79; eingehend Ludwig Schmidt/*Wacker* EStG § 15 RdNr. 740 ff., 786 und Ludwig Schmidt/*Heinicke* EStG § 4 RdNr. 520 „Angehörige"; *Märkle* BB 1993, Beil. 2; Kirchhof/Söhn/*Dötsch* EStG § 20 RdNr. F 243 ff.; zum Fremdvergleich zB *Peter Fischer* DStZ 1997, 357.

[35] StRspr. des BFH; zB BFHE 115, 232 = BStBl. 1975 II S. 569; BFHE 158, 16, 19 = NJW 1990, 1622, 1623; dazu *Blaurock* RdNr. 21.25; vgl. auch BFH GmbHR 1999, 422 für den atypisch stillen Gesellschafter.

[36] BFH BStBl. 2000 II S. 1445 = DStRE 1999, 938; BStBl. 2001 III S. 186, 189; *Blaurock* RdNr. 21.24.

[37] BFHE 98, 405 = BStBl. 1970 II S. 416; BFHE 115, 232 = BStBl. 1975 II S. 569; BFHE 113, 361 = BStBl. 1975 II S. 34; BFHE 158, 16, 18 = BStBl. 1990 II S. 10, 12; BFH BStBl. 1994 II S. 635; BStBl. 1996 II S. 269; vgl. auch Ludwig Schmidt/*Wacker* EStG § 15 RdNr. 753 ff.

[38] Vgl. BFHE 96, 351 = BStBl. 1969 II S. 649; 106, 504 = BStBl. 1973 II S. 5; 108, 527 = BStBl. 1973 II S. 395; 150, 339, 543 = BStBl. 1988 II S. 245; 158, 16, 17 = BStBl. 1990 II S. 10; Ludwig Schmidt/*Weber-Grellet* EStG § 20 RdNr. 95; *Lange*/Grützner/Kussmann/Reiß RdNr. 666 ff.; Kirchhof/*von Beckerrath* EStG § 20 RdNr. 79; *Blaurock* RdNr. 21.24; MünchHdbGesR II/*Bezzenberger/Keul* § 86 RdNr. 44; Staub/*Zutt* RdNr. 15.

[39] BFH/NV 2002, 537; BFHE 96, 351 = BStBl. 1969 II S. 649; 108, 527 = BStBl. 1973 II S. 395; BFH/NV 1995, 103; *Blaurock* RdNr. 21.55; Kirchhof/Söhn/*Dötsch* EStG § 20 RdNr. F 287; vgl. auch MünchHdbGesR II/*Bezzenberger* 1. Aufl. § 22 StG RdNr. 11.

[40] BFHE 125, 35 = BStBl. 1978 II S. 477; BFHE 135, 275 = BStBl. 1982 II S. 387; BFH BStBl. 2001 II S. 299 = NJW-RR 2001, 607; stRspr. *Blaurock* RdNr. 21.55; MünchHdbGesR II/*Bezzenberger* 1. Aufl. § 22 StG RdNr. 11; Kirchhof/*von Beckerath* EStG § 20 RdNr. 79; weiter FG Köln EFG 1981, 278: 40 vH.

[41] So im Fall BFHE 108, 527 = BStBl. 1973 II S. 395.

[42] BFHE 158, 16, 22 = BStBl. 1990 II S. 10, 13; *Blaurock* RdNr. 21.53.

KG und zur atypischen stillen Gesellschaft[43] hat die Rechtsprechung bei der typischen stillen Gesellschaft eine Rendite von maximal 15 vH,[44] bezogen auf den tatsächlichen Wert der unentgeltlich erworbenen Einlage, für zulässig erachtet, die bei Ausschluss der Verlustbeteiligung zudem auf 12 vH herabzusetzen ist (vgl. EStR H 15.9 [3] und [5]).[45] Bei nur teilweiser Unentgeltlichkeit ist eine Mischrechnung aus den Höchstwerten für entgeltliche und unentgeltliche Gewinnbeteiligungen vorzunehmen.[46] Maßgeblicher Berechnungszeitpunkt ist dabei der Abschluss der Gewinnvereinbarung.[47] Eine Überschreitung dieser Obergrenzen führt zu einer steuerlichen Gewinnzurechnung auf der Grundlage „angemessener" Beteiligung.[48] Die vorstehenden Grundsätze wurden verfassungsgerichtlich bestätigt.[49] Aber sie werden in der Literatur immer noch angegriffen.[50] Die vom BFH festgesetzten Angemessenheitsgrenzen wurden für die typische stille Gesellschaft im steuerrechtlichen Sinne entwickelt. Der Drittvergleich für steuerlich atypisch stille Beteiligungen ist Frage des Einzelfalls.[51] Im Unterbeteiligungsfall BFHE 197, 43 = BStBl. II 2002 S. 460 = BB 2001, 2561 = NJW-RR 2002, 100 hat der BFH einer Verschiedenbehandlung von Familienbeteiligungen und Drittbeteiligungen Grenzen gesetzt und eine steuerliche Korrektur der Gewinnverteilung auch jenseits der 15%-Grenze nicht mehr generell zugelassen.[52]

16 **c) Verdeckte Gewinnausschüttung.** Ein mit der steuerrechtlichen Anerkennung zusammenhängendes Problemfeld der Angemessenheit liegt bei der stillen **Beteiligung von Kapitalgesellschaftern an der eigenen Kapitalgesellschaft.** Betroffen ist vor allem der Gestaltungstypus der sog. GmbH & Still (vgl. dazu § 230 RdNr. 87). Es geht namentlich um die Frage, inwieweit an den Stillen ausgeschüttete Beträge den körperschaftsteuerlichen Gewinn mindern können. Dies ist dann ausgeschlossen, wenn die Ausschüttung eine *verdeckte Gewinnausschüttung* iS von § 8 Abs. 3 S. 2 KStG (KStR R 36) darstellt, die in Höhe ihrer Unangemessenheit dem Einkommen der GmbH außerhalb der Steuerbilanz wieder hinzugerechnet wird.[53] Grundsätzlich wird auch hier der Vergleich mit einer *hypothetischen Fremdbeteiligung* zugrunde gelegt, so dass sich die steuerrechtlich zulässige Ausschüttung danach bestimmt, ob ein ordentlicher Geschäftsleiter einem Fremden unter gleichen Umständen dasselbe gewährt hätte.[54] Die steuerliche Anerkennung einer solchen stillen Beteiligung setzt zudem voraus, dass sie vor ihrer Durchführung eindeutig und wirksam

[43] BFHE 106, 504 = BStBl. 1973 II S. 5.

[44] Abweichend aber BFH BStBl. 2000 II S. 460 in Bezug auf eine schenkweise überlassene mitunternehmerische Unterbeteiligung an einem Kommanditanteil.

[45] BFHE 109, 328 = BStBl. 1973 II S. 650; BFHE 158, 16, 22 = BStBl. 1990 II S. 10, 13; BFH/NV 1990, 692, 693; BFH BStBl. 2001 II, S. 299, 302 = NJW-RR 2001, 607, 609; FG BaWü EFG 89, 338; EStR H 138 a Abs. 5; *Blaurock* RdNr. 21.53; Kirchhof/*von Beckerath* EStG § 20 RdNr. 79; Heymann/*Horn* RdNr. 3; MünchHdbGesR II/*Bezzenberger* 1. Aufl. § 22 StG RdNr. 11; BeckHdbPersG/*Neu* § 13 RdNr. 64; mit Berechnungsbeispielen *Märkle* BB 1993, Beilage 2, S. 12 ff.; kritisch *Knobbe-Keuk* § 12 II; Kirchhof/Söhn/*Dötsch* EStG § 20 RdNr. F 285 ff.

[46] BFHE 109, 328 = BStBl. 1973 II S. 650.

[47] BFHE 106, 504 = BStBl. 1973 II S. 5; BFHE 108, 527 = BStBl. 1973 II S. 395; BFHE 109, 328 = BStBl. 1973 II S. 650; *Blaurock* RdNr. 21.53; *Märkle* BB 1993, Beilage 2, S. 12.

[48] BFH (Fn. 40); EStR H 138 a Abs. 3; Kirchhhof/Söhn/*Dötsch* EStG § 20 RdNr. F 281; *Blaurock* RdNr. 21.59 f.; *Märkle* BB 1993, Beilage 2, S. 12; siehe aber BFH/NV 1990, 692.

[49] BVerfG HFR 1979, 388.

[50] *Blaurock* RdNr. 21.58; *Knobbe-Keuk* § 12 II; Kirchhof/Söhn/*Dötsch* EStG § 20 RdNr. 290; *Breidenbach* DB 1973, 545 ff.; *Märkle* DStR 1973, 132 ff. (vgl. aber *dens.* BB 1993, Beilage 2, S. 12).

[51] Überblick bei BFHE 197, 43 = BStBl. II 2002, S. 460 = BB 2001, 2561 = NJW-RR 2002, 100; OFD Rostock DStR 2000, 592; *Schwerdhelm* DStR 2000, 1670; vgl. auch EStR H 138 a Abs. 5.

[52] Dazu eingehend *Wacker* StJB 2002/2003, 85 ff.

[53] Einzelheiten bei OFD Rostock DStR 2000, 593; *Schulze zur Wiesche* GmbH & Still RdNr. 205; Streck/*Schwedhelm* KStG § 8 RdNr. 142 ff., 103 ff.; *Blaurock* RdNr. 21.71.

[54] StRspr.; vgl. BFHE 130, 268, 270 = BStBl. 1980 II S. 477, 478; BFH/NV 1991, 841; BFH/NV 1992, 59, 60; BFH/NV 2002, 537; BFH/NV 2002, 1447 = DStRE 2002, 1339; FG Rheinland-Pfalz GmbHR 1988, 54; Streck/*Schwedhelm* KStG § 8 RdNr. 238; *Schulze zur Wiesche* FR 1976, 164; *Blaurock* RdNr. 21.74; MünchHdbGesR II/*Bezzenberger* 1. Aufl. § 22 StG RdNr. 13; Dötsch/Jost/Pung/Witt/*Lang* KStG § 8 Abs. 3 nF RdNr. 1162.

vereinbart wurde und aus dieser Vereinbarung entnommen werden kann, wie sich die Vergütung des Stillen berechnet.[55] Ist die stille Beteiligung ein Insichgeschäft eines Geschäftsführer-Gesellschafters, wird sie nur bei nachgewiesener und zeitnaher Einbuchung der Einlage anerkannt.[56]

aa) Typische stille Beteiligung. Soweit die stille Beteiligung an einer GmbH *typisch* iS von § 230 RdNr. 70 ausgestaltet ist, werden die von den stillen Gesellschaftern erbrachten Kapitalleistungen, die eingegangenen Risiken, der Arbeitseinsatz der Stillen und die Ertragchancen des betriebenen Unternehmens als maßgebliche Kriterien herangezogen, und zwar ohne absolute Obergrenzen.[57] Die zu Familiengesellschaften entwickelten Maßstäbe werden bei der stillen Beteiligung eines Gesellschaftergeschäftsführers nicht ohne weiteres herangezogen.[58] 17

bb) Atypische GmbH & Still. Für den Fall der sog. *atypischen* Ausgestaltung als GmbH & Still – in steuerrechtlicher Terminologie: einer „GmbH & atypisch Still" (dazu § 230 RdNr. 87, 115) –, liegt zwischen der GmbH als Geschäftsinhaberin und ihren Gesellschaftern als still Beteiligten steuerrechtlich eine Mitunternehmerschaft vor, so dass Gewinne des Stillen als Einkünfte aus Gewerbebetrieb nach § 15 Abs. 1 Nr. 2 EStG zu versteuern sind (§ 230 RdNr. 75).[59] Das gilt namentlich für die im vorliegenden Werk als *virtuelle KG* („Innen-KG") bezeichnete Variante der GmbH & Still (§ 230 RdNr. 87). Im Rahmen der Angemessenheitsprüfung besteht hier inzwischen Einigkeit darüber, dass die Grundsätze zur verdeckten Gewinnausschüttung bei der GmbH & Co. KG im Grundsatz übernommen werden können.[60] Der Grund für Abweichungen kann darin liegen, dass – anders als bei der GmbH & Co. KG – die GmbH bei der GmbH & Still Trägerin des Unternehmensvermögens ist.[61] Damit ist ihr Haftungsrisiko in aller Regel größer als das der Komplementär-GmbH bei der GmbH & Co. KG. Bei Zugrundelegung der hypothetischen Fremdbeteiligung als Maßstab für eine verdeckte Gewinnausschüttung sind diese Gesichtspunkte zugunsten der körperschaftsteuerpflichtigen GmbH zu berücksichtigen.[62] Ein finanzgerichtlich festgesetzter Maximalprozentsatz noch „angemessener" Rendite besteht nicht.[63] 18

d) Ausgleichsansprüche im Fall steuerlicher Nicht-Anerkennung der vereinbarten Gewinne? Es stellt sich die Frage zivilrechtlicher Ausgleichsansprüche, wenn die Finanzbehörden etwaige Gewinnzuweisungen als steuerlich „unangemessen" beurteilen.[64] In Betracht kommen Ansprüche des Geschäftsinhabers aus dem Gesellschaftsvertrag, aus Störung der Geschäftsgrundlage (§ 313 BGB) oder aus § 812 Abs. 1 S. 2, 2. Fall BGB wegen 19

---

[55] BFHE 130, 268, 270 = BStBl. 1980 II S. 477, 478; BFH/NV 1990, 63, 64; BFH/NV 1992, 59; Dötsch/Jost/Pung/Witt/*Lang* KStG, § 8 Abs. 3 nF RdNr. 1172; *Zacharias/Hebig/Rinnewitz* S. 195 f.

[56] BFH/NV 1997, 662.

[57] BFHE 130, 268, 271 = BStBl. 1980 II S. 477; vgl. auch schon BFHE 90, 399 = BStBl. 1968 II S. 152; BFHE 96, 397 = BStBl. 1969 II S. 690 = WM 1969, 1493; BFH BStBl. 1977 II S. 346; MünchHdbGesR II/*Bezzenberger* 1. Aufl. § 22 StG RdNr. 143; *Blaurock* RdNr. 23.27; Streck/*Schwedhelm* KStG § 8 anh. RdNr. 1131; Dötsch/Jost/Pung/Witt/*Lang* § 8 Abs. 3 nF RdNr. 1162.

[58] BFHE 130, 268 = BStBl. 1980 II S. 477 = GmbHR 1980, 215; Ludwig Schmidt/*Weber-Grellet* § 20 EStG RdNr. 95; weiter noch *Schulze zur Wiesche* FR 1976, 164.

[59] BFHE 170, 345, 349 = BStBl. 1994 II S. 702; BFH/NV 1993, 647, 648; FG Münster GmbHR 1981, 248; FG Berlin-Brandenburg v. 8. 2. 2011 – 6 K 6124/07; *Streck* § 8 RdNr. 150 unter „Stille Gesellschaft" sub 2; Ludwig Schmidt/*Wacker* EStG § 15 RdNr. 357; *Groh,* FS Kruse, 2001, S. 419 f.; *Schulze zur Wiesche* GmbH & Still RdNr. 232 ff.; *ders.* GmbHR 1999, 902 ff.

[60] BFHE 96, 397, 402 = BStBl. 1969 II S. 690, 692; BFH/NV 1993, 647, 648; BFHE 170, 345, 349 = BStBl. 1994 II S. 702, 704; FG Münster GmbHR 1981, 248; Streck/*Schwedhelm* KStG § 8 Anh. RdNr. 1130; Dötsch/Jost/Pung/Witt/*Klingebiel* KStG § 8 unter „Stille Gesellschaft" sub 2; *Blaurock* RdNr. 21.97; *Groh,* FS Kruse, 2001, S. 417 ff.

[61] FG Münster (Fn. 58); vgl. *Streck* KStG § 8 RdNr. 150 unter „Stille Gesellschaft" sub 2.

[62] Vgl. nur Streck/*Schwedhelm* KStG § 8 Anh. RdNr. 1130, 633; Dötsch/Jost/Pung/Witt/*Klingebiel* KStG § 8 unter „Stille Gesellschaft" sub 1; *Sterzenbach* DStR 2000, 1670.

[63] Vgl. nur Streck/*Schwedhelm* KStG § 8 Anh. RdNr. 1130, 633.

[64] Hierzu Schlegelberger/*Karsten Schmidt* RdNr. 18 mwN.

steuerlicher Mehrbelastungen für Gewinne, die ihm gar nicht zugeflossen sind.[65] In den meisten Fällen wird die (ergänzende) Auslegung des Gesellschaftsvertrags eine ausreichende Hilfe bieten, weil die Progressionsentlastung des Inhabers (insbesondere bei unentgeltlichen Beteiligungen) nicht selten als Ziel derartiger Vertragsgestaltungen dient.[66] Hilfsweise kann ein Ausgleich über den Wegfall der Geschäftsgrundlage erfolgen.[67] Bezüglich Ausschüttungen, die zwar steuerschädlich, aber nicht privatrechtlich verboten sind, sind diese Ansprüche nicht durch die Sonderregeln der §§ 62 AktG, 31 GmbHG verdrängt.[68] Mit *Knobbe-Keuk* ist der vertragsgestaltenden Praxis zu vertraglichen Regelungen zu raten, die verhindern, dass der Geschäftsinhaber mit Steuern auf Beträge belastet bleibt, die ihm privatrechtlich überhaupt nicht verbleiben.[69]

III. Ausschluss des stillen Gesellschafters von der Verlust- und Gewinnbeteiligung (Abs. 2)

20 **1. Ausschluss von der Verlustbeteiligung. a) Abs. 2 Halbsatz 1** bestimmt, dass der Gesellschaftsvertrag die Beteiligung des stillen Gesellschafters am Verlust ausschließen kann. Die Vorschrift ist historisch zu erklären (vgl. RdNr. 1). Ihre Bedeutung besteht nicht darin, dass ein Ausschluss der Verlustbeteiligung (selbstverständlich) wirksam ist.[70] Klargestellt wird vielmehr nur, dass ein Rechtsverhältnis auch in diesem Fall ein stilles Gesellschaftsverhältnis sein kann und nicht zwingend als partiarisches Rechtsverhältnis angesehen werden muss (§ 230 RdNr. 54 ff.), wenn die Verlustbeteiligung ausgeschlossen ist.[71] Allerdings kann der Ausschluss von der Verlustbeteiligung indiziell gegen die Annahme einer stillen Gesellschaft sprechen (§ 230 RdNr. 63).

21 **b) Vertragsregelung.** Ein *Ausschluss von der Verlustbeteiligung* bedarf regelmäßig einer klaren vertraglichen Regelung, kann sich aber auch aus den Umständen ergeben.[72] Eine stillschweigende Freistellung des stillen Gesellschafters von der Verlustbeteiligung liegt nicht schon dann vor, wenn der stille Gesellschafter keine Geldeinlage zu erbringen hat (sein Einlagenkonto lautet immer auf Geld!).[73] Ausreichend ist aber die Zusage eines bestimmten Mindestgewinns.[74] Von dieser Zusage zu unterscheiden ist aber die Vereinbarung einer Mindestausschüttung; sie schließt nur den Einbehalt nach § 232 Abs. 2 und nicht auch die Verlustbeteiligung aus. Auch kann nicht daraus, dass der Vertrag die Gewinnbeteiligung regelt, aber über die Verlustbeteiligung schweigt, auf einen Ausschluss der Verlustbeteiligung geschlossen werden (im Zweifel gilt § 722 Abs. 2 BGB RdNr. 8).[75] Ein Ausschluss der Verlustbeteiligung ist auch nicht schon dann stillschweigend vereinbart, wenn der stille Gesellschafter seinerseits nur durch Dienstleistungen oder durch

[65] Röhricht/v. Westphalen/*v. Gerkan/Mock* RdNr. 10.

[66] Vgl. *Knobbe-Keuk* § 12 III.

[67] Dazu Schlegelberger/*Karsten Schmidt* RdNr. 18.

[68] Vgl. zu diesem Konkurrenzproblem *Flume* ZHR 144 (1980), 27.

[69] *Knobbe-Keuk* § 12 III.

[70] So aber noch die früher hA; Schlegelberger/*Geßler* 4. Aufl. 336 aF RdNr. 6; *Koenigs* S. 174; ähnl. Hachenburg/Düringer/*Flechtheim* § 336 aF RdNr. 5; dagegen schon Schlegelberger/*Karsten Schmidt* RdNr. 19.

[71] Richtig Heymann/*Horn* RdNr. 4; Staub/*Zutt* RdNr. 11.

[72] RG Recht 1927 Nr. 599 = SeuffA 81, 181; OLG Karlsruhe ZIP 1986, 916, 918 f.; *Koenigs* S. 177; *Blaurock* RdNr. 7.35, 14.67; Heymann/*Horn* RdNr. 4; MünchHdbGesR II/*Bezzenberger/Keul* § 86 RdNr. 49; Röhricht/v. Westphalen/*v. Gerkan/Mock* RdNr. 13; Staub/*Zutt* RdNr. 11.

[73] E/B/J/S/*Gehrlein* RdNr. 6; *Koller*/Roth/Mock RdNr. 4; Schlegelberger/*Karsten Schmidt* RdNr. 20.

[74] Wie hier *Blaurock* RdNr. 7.38; Baumbach/*Hopt* RdNr. 3; Düringer/Hachenburg/*Flechtheim* § 336 RdNr. 5; Heymann/*Horn* RdNr. 4; Oetker/*Schubert* RdNr. 8; *Koller*/Roth/Morck RdNr. 4; Röhricht/v. Westphalen/*v. Gerkan/Mock* RdNr. 13; Staub/*Zutt* RdNr. 11, 4; ähnlich auch MünchHdbGesR II/*Bezzenberger/Keul* § 86 RdNr. 50; s. aber *Koenigs* S. 179 f., der hierin überdies einen unzulässigen Ausschluss der Gewinnbeteiligung sieht; dagegen vgl. RdNr. 24.

[75] BGH LM § 230 Nr. 3 = NJW 1992, 2696, 2697; OLG Brandenburg NJW-RR 1996, 156, 157; *Blaurock* RdNr. 7.41; Baumbach/*Hopt* RdNr. 3; GK/*Fahse* RdNr. 4; Heymann/*Horn* RdNr. 4; *Koller*/Roth/Morck RdNr. 4; Röhricht/v. Westphalen/*v. Gerkan/Mock* RdNr. 13; Schlegelberger/*Karsten Schmidt* RdNr. 20.

Gebrauchsüberlassungen zum gemeinsamen Zweck beizutragen hat.[76] Ist vereinbart, dass der stille Gesellschafter bei Auflösung die Einlage in voller Höhe zurückerhalten soll, so bedeutet dies im Zweifel nur, dass er Rückzahlung auch bei negativem Einlagekonto verlangen kann; dass er auch während der Dauer der Gesellschaft keine Verluste zu tragen und diese ggf. durch Gewinne auszugleichen hat, ergibt sich hieraus noch nicht (vgl. auch § 232 RdNr. 31 ff.).[77]

c) Rechtsfolge. Die Rechtsfolge eines Verlustbeteiligungsausschlusses richtet sich im Einzelnen nach der konkreten Vereinbarung. Grundsätzlich werden Verlustanteile nicht vom Konto eines solchen stillen Gesellschafters abgebucht und schmälern künftige Gewinnanteile nicht. Vorrechte gegenüber anderen Gesellschaftsgläubigern erlangt der stille Gesellschafter durch den Ausschluss von der Verlustbeteiligung dagegen nicht.[78] 22

2. Ausschluss von der Gewinnbeteiligung. a) Abs. 2 Halbsatz 2. Von der Beteiligung am Gewinn kann der stille Gesellschafter nicht ausgeschlossen werden **(Abs. 2 Halbsatz 2).** Wie schon bei RdNr. 2 bemerkt, ordnet Abs. 2 Halbsatz 2 aber keine Nichtigkeit der Vereinbarung an, sondern nur, dass eine solche Vereinbarung die Annahme einer stillen Gesellschaft ausschließt (vgl. § 230 RdNr. 38).[79] 23

b) Anwendungsfälle. Ein Ausschluss von der Beteiligung am Gewinn liegt nicht nur dann vor, wenn der stille Gesellschafter keinerlei Vorteil aus seiner „Einlage" ziehen soll, sondern auch dann, wenn ihm eine feste, von den wechselnden Geschäftsergebnissen unabhängige Verzinsung zusteht (§ 230 RdNr. 38). Im ersten Fall wird regelmäßig ein unverzinsliches Darlehen, im zweiten Fall ein verzinsliches Darlehen vorliegen.[80] Eine gewinnunabhängige Umsatzbeteiligung ist keine Gewinnbeteiligung (vgl. § 230 RdNr. 38).[81] Die Abrede, dass dem stillen Gesellschafter eine Mindestverzinsung zustehen soll, ist dagegen kein Ausschluss der Gewinnbeteiligung und mit dem Begriff der stillen Gesellschaft vereinbar (§ 230 RdNr. 38, 63).[82] Eine ganz andere Frage ist, ob nicht ein solcher Parteiwille für eine Einordnung des Rechtsgeschäfts unter die Darlehensgeschäfte spricht (§ 230 RdNr. 63). Ein Ausschluss von der Gewinnbeteiligung liegt nur vor, wenn der stille Gesellschafter von *jeglicher* Beteiligung am Gewinn des Handelsgewerbes ausgeschlossen ist. Die begrifflichen Anforderungen an die stille Gesellschaft lassen es zu, ihn von der Beteiligung am Gewinn einzelner Geschäfte, Geschäftssparten oder Zweigniederlassungen auszuschließen (§ 230 RdNr. 39).[83] Auch eine Begrenzung der Gewinnbeteiligung ist den Parteien unbenommen,[84] ebenso die Abrede, dass der stille Gesellschafter erst dann am Gewinn teilnimmt, wenn dieser eine Mindestgrenze überschreitet.[85] 24

---

[76] So noch *Koenigs* S. 178 f.; dagegen schon Schlegelberger/*Karsten Schmidt* RdNr. 20; richtig auch Heymann/*Horn* RdNr. 4; MünchHdbGesR II/*Bezzenberger/Keul* § 86 RdNr. 50; Röhricht/v. Westphalen/*v. Gerkan/Mock* RdNr. 13; Staub/*Zutt* RdNr. 12.

[77] *Blaurock* RdNr. 7.39; GK/*Fahse* RdNr. 5; Heymann/*Horn* RdNr. 4.

[78] RG Recht 1912 Nr. 268; Heymann/*Horn* RdNr. 4; E/B/J/S/*Gehrlein* RdNr. 7.

[79] Ganz hM; vgl. nur *Koenigs* S. 175; Baumbach/*Hopt* RdNr. 2; E/B/J/S/*Gehrlein* RdNr. 9; GK/*Fahse* RdNr. 3; *Koller*/Roth/Morck RdNr. 2; MünchHdbGesR II/*Bezzenberger/Keul* § 86 RdNr. 40; Schlegelberger/*Karsten Schmidt* RdNr. 22; **anders** aber Heymann/*Horn* RdNr. 5 und E/B/J/S/*Gehrlein* RdNr. 9: wenn StG ernsthaft gewollt ist, soll Ausschlussklausel nichtig sein.

[80] Vgl. BGH LM BGB § 139 Nr. 8; BGHZ 127, 176, 181; E/B/J/S/*Gehrlein* RdNr. 10.

[81] BFHE 151, 163, 167 f. = BStBl. 1988 II S. 63, 64; BGHE 192, 100, 109 = DB 2000, 1942, 1945; *Blaurock* RdNr. 7.4; Baumbach/*Hopt* RdNr. 2; Heymann/*Horn* RdNr. 5; Staub/*Zutt* RdNr. 9.

[82] RG Recht 1914 Nr. 114; BGHZ 127, 176, 181; FG Rheinland-Pfalz, GmbHR 1988, 54; Heymann/*Horn* RdNr. 5; Baumbach/*Hopt* RdNr. 2; MünchHdbGesR II/*Bezzenberger/Keul* § 86 RdNr. 39; allerdings steht die Vereinbarung einer Mindestdividende einem Ausschluss der Gewinnbeteiligung dann gleich, wenn sie so hoch festgesetzt wird, dass der tatsächlich erwirtschaftete Gewinn unmaßgeblich wird, BGH LM § 335 aF Nr. 1; Staub/*Zutt* RdNr. 9; *Schön* ZGR 1993, 223 f.

[83] Vgl. BFHE 179, 427, 430 = BStBl. 1998 II S. 685, 686 f.; nur Heymann/*Horn* RdNr. 5; GK/*Fahse* RdNr. 3.

[84] RGZ 122, 387, 390; RG JW 1936, 921; *Koenigs* S. 175; Staub/*Zutt* RdNr. 9.

[85] *Koenigs* S. 175; **aM** RG Recht 1914 Nr. 114.

IV. Ausschluss des Geschäftsinhabers von der Gewinn- und Verlustbeteiligung

25 Der Gesellschaftsvertrag kann vorsehen, dass aller Verlust oder aller Gewinn oder aller Verlust und Gewinn im Innenverhältnis auf den (oder die) stillen Gesellschafter entfällt.[86] Zur Frage, inwieweit dies mit dem Tatbestand der stillen Gesellschaft und mit § 138 BGB vereinbar ist, vgl. § 230 RdNr. 40. Vor allem dann, wenn die stille Gesellschaft *Treuhandcharakter* hat (§ 230 RdNr. 47, 82), kommt eine solche Regelung in Betracht. Das gilt beispielsweise, wenn bei einer „GmbH & Still" die „Komplementär"-GmbH kein Kapitalkonto hat (§ 230 RdNr. 166). Die Innenregelung entspricht dann derjenigen bei der GmbH & Co. KG ohne Vermögens- und Gewinnbeteiligung der GmbH. Ist eine Kapitalgesellschaft Geschäftsinhaberin und ist der stille Gesellschafter gleichzeitig an dieser Kapitalgesellschaft beteiligt, so kann die Ausschüttung von Gewinnen an den stillen Gesellschafter verdeckte Gewinnausschüttung aus der Kapitalgesellschaft sein (vgl. RdNr. 16 ff.). Das gilt insbesondere auch für einen Ausschluss der Kapitalgesellschaft vom Gewinn.[87]

V. Unterbeteiligung

Schrifttum: § 230 RdNr. 191.

26 Für die Unterbeteiligung (§ 230 RdNr. 191 ff.) gelten die vorstehenden Gesichtspunkte sinngemäß.[88] Der Gesellschaftsvertrag sollte die Gewinnverteilung möglichst klar regeln. Fehlt es daran, so gilt im Zweifel nicht § 722 Abs. 1 BGB, sondern § 231 Abs. 1.[89] Wohl allerdings ist § 722 Abs. 2 BGB analog anzuwenden: Die Gewinnbeteiligungsquote gilt im Zweifel auch für die Verlustbeteiligung.[90] Handelt es sich um eine **atypische Unterbeteiligung** mit schuldrechtlich-rechnerischer Beteiligung des Unterbeteiligten am Gesellschaftsanteil des Hauptgesellschafters (§ 230 RdNr. 208, 219), so richtet sich der Gewinnverteilungsschlüssel im Zweifel nach dem Umfang der Beteiligung. Bei einer kommanditistenähnlichen Beteiligung mit Kapitalkonten nach Art der KG („Innen-KG") bestimmt sich die Ertragsbeteiligung der stillen Gesellschafter als „Innen-Kommanditisten" im Zweifel entsprechend § 168 (vgl. sinngemäß RdNr. 5). Ein Ausschluss des Hauptgesellschafters von sämtlichen Gewinnen aus dem Anteil (vgl. sinngemäß RdNr. 25) ist vor allem bei Kapitalanlagemodellen (Fonds) möglich (vgl. zu diesen § 230 RdNr. 210). Im übrigen kann es für einen Treuhandcharakter der Unterbeteiligung sprechen (dazu § 230 RdNr. 210).

VI. Rechtslage in Österreich

27 In Österreich gilt aufgrund der Handelsrechtsreform (§ 105 RdNr. 276) nunmehr § 181 UGB. Die Absätze 1 und 2 entsprechen denen des § 231. Abs. 3 ersetzt den in Österreich fehlenden § 722 Abs. 2 BGB (RdNr. 8). **§ 181 UGB** lautet:

(1) Ist der Anteil des stillen Gesellschafters am Gewinn und Verlust nicht bestimmt, so gilt ein den Umständen nach angemessener Anteil als bedungen.

(2) Im Gesellschaftsvertrag kann bestimmt werden, daß der stille Gesellschafter nicht am Verlust beteiligt sein soll; seine Beteiligung am Gewinn kann nicht ausgeschlossen werden.

(3) Ist im Gesellschaftsvertrag nur der Anteil am Gewinn oder am Verlust bestimmt, so gilt die Bestimmung im Zweifel für Gewinn und Verlust.

---

[86] *Koenigs* S. 12, 175, 180; Röhricht/v. Westphalen/*v. Gerkan/Mock* RdNr. 14; Staub/*Zutt* RdNr. 10, 14; MünchHdbGesR II/*Bezzenberger/Keul* § 86 RdNr. 43; E/B/J/S/*Gehrlein* RdNr. 11 f.; Oetker/*Schubert* RdNr. 11; **aM** *Schulze-Osterloh* ZGR 1974, 452 f.

[87] Verf. arbeitet an einer einschlägigen Untersuchung.

[88] Vgl. BFH NJW-RR 2002, 319; *Ulbrich* S. 137 f.; *Winterstein* S. 73 f.; E/B/J/S/*Gehrlein* RdNr. 13; Oetker/*Schubert* RdNr. 21; Röhricht/v. Westphalen/*v. Gerkan/Mock* RdNr. 15; Schlegelberger/*Karsten Schmidt* RdNr. 25; Staub/*Zutt* RdNr. 18; vgl. auch Ludwig Schmidt/*Wacker* EStG § 15 RdNr. 367 ff.

[89] *Ulbrich* S. 138; *Winterstein* S. 73; *U. Wagner* S. 113 f.; s. auch *Blaurock,* Unterbeteiligung und Treuhand, S. 117.

[90] *Böttcher/Zartmann/Faut* S. 109; *Ulbrich* S. 139; Schlegelberger/*Karsten Schmidt* RdNr. 25.

§ 232 [Gewinn- und Verlustberechnung]

(1) Am Schlusse jedes Geschäftsjahrs wird der Gewinn und Verlust berechnet und der auf den stillen Gesellschafter fallende Gewinn ihm ausbezahlt.

(2) [1] Der stille Gesellschafter nimmt an dem Verluste nur bis zum Betrage seiner eingezahlten oder rückständigen Einlage teil. [2] Er ist nicht verpflichtet, den bezogenen Gewinn wegen späterer Verluste zurückzuzahlen; jedoch wird, solange seine Einlage durch Verlust vermindert ist, der jährliche Gewinn zur Deckung des Verlustes verwendet.

(3) Der Gewinn, welcher von dem stillen Gesellschafter nicht erhoben wird, vermehrt dessen Einlage nicht, sofern nicht ein anderes vereinbart ist.

Schrifttum (vgl. zunächst das Schrifttum vor § 230 und zu §§ 230, 231): *Budde* u. a. (Hrsg.), Beck'scher Bilanzkommentar, 6. Aufl. 2006; *Groh,* Das negative Kapitalkonto der stillen Gesellschafter, FS Ludwig Schmidt, 1993, S. 349; *ders.,* Die atypische stille Gesellschaft als fiktive Gesamthandsgesellschaft, FS Kruse, 2001, S. 417; *ders.,* Verluste in der stillen Gesellschaft, DB 2004, 668; *ders.,* Die Bilanz der Unterbeteilungsgesellschaft, FS Priester, 2007, S. 107; *Hense,* Die stille Gesellschaft im handelsrechtlichen Jahresabschluss, 1990; *Kauffeld,* Die partielle Unternehmensbeteiligung, 2007; *Klöpper,* Kündigung und Abfindung stiller Gesellschafter, Diss. Bielefeld 1998; *Knobbe-Keuk,* Bilanz- und Unternehmenssteuerrecht, 9. Aufl. 1993; *Rockhoff/Weber,* Verluste aus typisch stiller Gesellschaft unter der Abgeltungssteuer, DStG 2010, 363; *Ludwig Schmidt,* EStG, 25. Aufl. 2006; *Schulze zur Wiesche,* Die GmbH & Still. Eine alternative Gesellschaftsform, 4. Aufl. 2003; *ders.,* Die Gewinnermittlung einer Unterbeteiligung an einer Personengesellschaft, DStZ 1987, 603; *ders.,* Zur Bilanzierung von typisch stillen Beteiligungen, FS Budde, 1995, S. 579; *Sudhoff,* Gewinnanteil und Auseinandersetzungsquote des stillen Gesellschafters, NJW 1960, 2121; *Wachter,* Die Gewinnermittlung und Gewinnverwendung in der stillen Gesellschaft, 1996; *Weimar,* Der nicht abgerufene Gewinn des Kommanditisten und des stillen Gesellschafters, DB 1978, 285; *Westerfelhaus,* Die stille Gesellschaft im Bilanzrecht, DB 1988, 1173; *Winnefeld,* Bilanz-Handbuch, 4. Aufl. 2006; *Zinkeisen,* Der Umfang der Gewinnbeteiligung und des Auseinandersetzungsguthabens des stillen Gesellschafters, Diss. Hamburg 1972.

Übersicht

I. Grundlagen

1 **1. Normzweck und Gegenstand der Regelung. a) Normzweck.** Die Quote der Gewinn- und Verlustbeteiligung ist durch den Gesellschaftsvertrag dauerhaft festgelegt (dazu Erl. § 231). § 232 befasst sich mit der *Feststellung des auf den stillen Gesellschafter entfallenden Jahresgewinns- oder Jahresverlusts* und mit der *Verwendung des Gewinns,* insbesondere mit dem *Gewinnauszahlungsanspruch* des stillen Gesellschafters.

2 **b) Überblick.** § 232 entspricht dem früheren Art. 255 ADHGB. Die Regel galt bis zum BiRiLiG von 1985 als § 337 aF **Abs. 1** regelt die *Feststellung des für die Gewinn- und Verlustverteilung maßgeblichen Gewinns und Verlustes* und die *Ausschüttung* des auf den stillen Gesellschafter entfallenden Gewinnanteils. Nicht in Abs. 1, sondern in § 231 geregelt ist die *Verteilung* des nach Abs. 1 festgestellten Gewinns. **Abs. 2** bestimmt, bis zu welcher Summe der stille Gesellschafter am Verlust teilnimmt und inwieweit er verpflichtet ist, einen entstandenen Verlust durch Stehenlassen von Gewinn zu decken. **Abs. 3** regelt das Verhältnis des „nicht erhobenen" Gewinns zur Einlage des stillen Gesellschafters, also die *kontenmäßige* Behandlung eines stehengelassenen Gewinns. § 232 ist **dispositives Recht.** Vorrang hat in jedem Fall der *Gesellschaftsvertrag.* Das **Verhältnis zu § 231** ergibt sich aus RdNr. 1 sowie aus § 231 RdNr. 1 ff.

3 **2. Typische und atypische stille Gesellschaft.** § 232 geht vom gesetzestypischen Modell der stillen Beteiligung aus (dazu § 230 RdNr. 70): von dem nur zweigliedrigen Gesellschaftsverhältnis als einem qualifizierten Kreditverhältnis zwischen Unternehmer und stillem Gesellschafter ohne Vermögensbeteiligung und Kapitalanteil des stillen Gesellschafters (dazu RdNr. 5 ff.). Die Regeln des § 232 sind aber in vielfacher Hinsicht modifizierbar. Im Fall der hier sog. „Innen-KG" (§ 230 RdNr. 81) ist das Gewinnverteilungsregime insgesamt vollständig anders als nach § 232 und wird in RdNr. 39 ff. besonders dargestellt.

4 **3. Vertragsregelungen.** Da die Abgrenzung Schwierigkeiten bereitet, sollte im *Gesellschaftsvertrag* möglichst genau bezeichnet werden, an welchen Gewinnen und Verlusten der stille Gesellschafter teilhat. Das kann durch eine Generalklausel (zB „Bilanzgewinn der XY-KG") geschehen oder durch eine Positivliste der zwischen den Parteien zu verteilenden Gewinne (zB „Betriebsgewinne aus . . .")[1] oder durch eine Negativliste von denjenigen Gewinnen und Verlusten, die für die Gewinn- und Verlustverteilung im Verhältnis zum stillen Gesellschafter aus der Jahresbilanz herausgerechnet werden sollen.[2] Auch die Frage, inwieweit Gewinne und Verluste aus Unternehmensverbindungen einbezogen werden sollen, kann vertraglich geregelt werden. Möglich ist auch, dass die stille Beteiligung auf Gewinne und Verluste aus einer Sparte des Unternehmens beschränkt wird (§ 230 RdNr. 39).[3] Empfehlenswert ist eine vertragliche Klarstellung, inwieweit die Handels- und/oder Steuerbilanz für die Gewinnermittlung im Verhältnis zum stillen Gesellschafter maßgeblich sein soll (RdNr. 16).

II. Typische stille Gesellschaft

5 **1. Die zu verteilenden Gewinne und Verluste. a) Beteiligung am „Betriebsgewinn" und „Betriebsverlust" oder am gesamten Bilanzergebnis des Unternehmens? aa) Streitstand.** Fehlt eine vertragliche Regelung, so kommt es bei der *typischen* stillen Gesellschaft auf die Herkunft der Gewinne und Verluste an. Die gesetzestypische

[1] Schlegelberger/*Karsten Schmidt* RdNr. 4.

[2] ZB außerordentliche Erträge und Verluste, Erträge und Verluste aus der Veräußerung oder Zerstörung von Gegenständen des Anlagevermögens, Sonderabschreibungen; Klauselbeispiel bei *Hengeler/Blauen,* in: Beck'sches Formularbuch, 1998, S. 1131 f.

[3] Vgl. RG Holdheim 1906, 308; BFHE 179, 427, 430; *Blaurock* RdNr. 14.39; Baumbach/*Hopt* § 230 RdNr. 1; Schlegelberger/*Karsten Schmidt* RdNr. 4; eingehend *Kauffeld* S. 100 ff.; *Tonner* Tracking Stocks, 2002, S. 340 ff.

stille Beteiligung erfasst nach dem historischen Vorstellungsbild des Gesetzgebers in modernerer Ausdrucksweise nur die operativen Gewinne. Nur der *„Betriebsgewinn"* und der *„Betriebsverlust"* hat nach der herkömmlichen Auffassung an der Verteilung teil.[4] Dies wird bei § 235 RdNr. 22 ff. näher ausgeführt, weil die Frage vor allem bei der Auseinandersetzung der stillen Gesellschaft praktisch wird. Die Begrenzung auf den „Betriebsgewinn" wird bestritten.[5] Geltend gemacht wird vor allem, dass sich der gemeinsame Zweck auf das Unternehmensvermögen im Ganzen erstrecke.[6] Geltend gemacht wird weiter, dass das Anlagevermögen ebenso betriebsnotwendig ist wie das Umlaufvermögen[7] und dass der Stille „sowohl am Umlaufvermögen als auch am Anlagevermögen obligatorisch berechtigt" ist.[8] Sodann wird geltend gemacht, dass das *Finanzergebnis,* nicht nur das Betriebsergebnis des Unternehmens für die Gewinnbeteiligung des stillen Gesellschafters maßgeblich ist.[9] Schließlich wird die Befürchtung geäußert, der „Betriebsgewinn" sei auf eine bestimmte betriebliche Einrichtung beschränkt und grenze Teile des Unternehmensgewinns aus.[10]

bb) Stellungnahme. Es geht um eine *Auslegungsfrage.*[11] Zu fragen ist welche Gewinne und Verluste *nach dem Gesellschaftsvertrag* an der Verteilung teilhaben.[12] Dies sollte möglichst genau geregelt werden (RdNr. 4). Wenn und soweit dies nicht oder nicht mit hinreichender Deutlichkeit im Vertrag geregelt ist, ist Ausgangspunkt der Auslegung der gemeinsame Zweck der stillen Gesellschaft (zu diesem § 230 RdNr. 38 ff.). Dieser kann von der bloßen Beteiligung an bestimmten Unternehmensaktivitäten (Betriebssparten, Einzelprodukten etc.) bis hin zur Beteiligung an den stillen Reserven gehen. Bei der typischen stillen Gesellschaft geht das Gesetz nicht von einer Beteiligung des stillen Gesellschafters an allen Gewinnen des Unternehmens aus. Der typische stille Gesellschafter ist an **erwirtschafteten** Gewinnen und nur an ihnen beteiligt. Ein Teil der gegen die Begrenzung auf das Betriebsergebnis ins Feld geführten Argumente passt nur auf die atypische stille Gesellschaft (zu ihr vgl. RdNr. 38 ff.). Wo vertragliche Klärung fehlt, ist zu bedenken, dass der typische stille Gesellschafter einerseits nicht bloß an einzelnen Geschäften, anderseits nicht am Geschäftsvermögen beteiligt ist. Deshalb kann als Auslegungsregel gelten: Der typische stille Gesellschafter ist im Zweifel nicht an stillen Reserven, aber auch nicht bloß an reinen Betriebsergebnissen beteiligt, sondern am Betriebsergebnis, am Finanzergebnis, uU auch am außerordentlichen Ergebnis,[13] soweit sich dessen Realisierung nicht als Teilliquidation von Anlagevermögen (RdNr. 9) darstellt.[14] 6

b) Abgrenzung im Einzelnen. aa) Grundsatz. Im Grundsatz kommt es auf die *Herkunft der Gewinne und Verluste* an. Die erste Regel ist die, dass es sich um Ergebnisse handeln muss, die im Unternehmen erwirtschaftet worden sind, insbesondere also nicht private Gewinne und Verluste eines natürlichen Geschäftsinhabers.[15] Gewinne und Ver- 7

[4] RGZ 120, 410, 411; 126, 386, 393; RG JW 1939, 489, 490 = SeuffA 93 Nr. 59; RG DNotZ 1932, 475; BGH LM § 340 Nr. 3 = BB 1960, 14 = WM 1960, 13; OLG Rostock OLGE 22, 37 f.; OLG Frankfurt NZG 2001, 696; *Blaurock* RdNr. 14.40, 14.43, 14.47; Baumbach/*Hopt* RdNr. 1; E/B/J/S/*Gehrlein* RdNr. 9; Heymann/*Horn* RdNr. 2; *Koller*/Roth/Morck RdNr. 2; Röhricht/v. Westphalen/*v. Gerkan/Mock* RdNr. 2; Schlegelberger/*Karsten Schmidt* RdNr. 5; Staub/*Zutt* RdNr. 6.

[5] Vgl. vor allem *Aulinger* S. 22 ff.; *Klöpper* S. 71 ff.; *Wachter* S. 102; *Zinkeisen* S. 36 ff.; *Schulze-Osterloh,* FS Kruse, 2001, S. 379 ff.; *Sudhoff* NJW 1960, 2123; differenzierend MünchHdbGesR II/*Bezzenberger/Keul* § 86 RdNr. 6 ff.

[6] *Zinkeisen* S. 36 ff.; *Schulze-Osterloh,* FS Kruse, 2001, S. 379.

[7] *Sudhoff* NJW 1960, 2123.

[8] *Sudhoff* NJW 1960, 2122.

[9] MünchHdbGesR II/*Bezzenberger/Keul* § 86 RdNr. 8.

[10] MünchHdbGesR II/*Bezzenberger/Keul* § 86 RdNr. 8.

[11] Vgl. *Fischer* JR 1962, 204; vgl. auch *Schulze-Osterloh,* FS Kruse, 2001, S. 380.

[12] *Kauffeld* S. 100 fragt deshalb nach dem „Gewinn der stillen Gesellschaft".

[13] Vgl. MünchHdbGesR II/*Bezzenberger/Keul* § 86 RdNr. 9 f.

[14] Vgl. Schlegelberger/*Karsten Schmidt* RdNr. 5; ohne diese Einschränkung MünchHdbGesR II/*Bezzenberger/Keul* § 86 RdNr. 10, 25.

[15] MünchHdbGesR II/*Bezzenberger/Keul* § 86 RdNr. 3; Oetker/*Schubert* RdNr. 11; Schlegelberger/*Karsten Schmidt* RdNr. 13; Staub/*Zutt* RdNr. 7; *Schulze-Osterloh,* FS Kruse, 2001, S. 380.

luste, die auf dem durch den Gesellschaftsvertrag oder durch Auslegung definierten Geschäftsbetrieb beruhen, sind zu verteilen, andere nicht.

8 **bb) Beispiele.** Aller Ertrag aus Umsatzgeschäften[16] und aller Gewinn und Verlust, der im Umlaufvermögen eintritt, nimmt an der Gewinnverteilung teil.[17] Bloße Buchgewinne scheiden aus. Insbesondere die Aufdeckung stiller Rücklagen bewirkt einen verteilbaren Gewinn grundsätzlich nur, soweit sie auf Kosten des stillen Gesellschafters gebildet waren.[18] Der Wegfall von Verbindlichkeiten durch schenkungsweisen Erlass von Seiten eines Familienmitglieds[19] oder durch Erbgang ist kein Betriebsgewinn. Auf der anderen Seite genügt, dass der Gewinn oder Verlust geschäftlich verursacht wurde.[20] Deshalb ist Betriebsgewinn ein Gewinn, der durch die Verjährung von Geschäftsforderungen entsteht oder ein Sanierungsgewinn, der durch einen Erlass im Rahmen des Geschäftsbetriebes entstanden ist.[21] Mit Recht hat RGZ 120, 410, 412 Entschuldungsgewinne des Unternehmens als verteilbare Betriebsgewinne angesehen. Das muss, sofern die stille Beteiligung fortbesteht, auch für einen sanierenden Insolvenzplan gelten.[22] Der Forderungserlass im Sanierungsverfahren ist ein Gewinn, der unmittelbar aus dem Geschäftsbetrieb herrührt und deshalb auch dem stillen Gesellschafter zusteht.[23] Dass er in erster Linie zugunsten des Geschäftsinhabers vereinbart ist, kann daran im Innenverhältnis grundsätzlich nichts ändern.[24] Währungsgewinne sind Geschäftsgewinne,[25] umgekehrt sind auf der Geldentwertung beruhende Verluste Geschäftsverluste.[26] Verteilbare Gewinne und Verluste sind auch diejenigen, die aus der Aufnahme oder Anlage von Finanzmitteln resultieren (RdNr. 9). Dasselbe gilt für die Rendite aus Bestandteilen des Anlagevermögens (Pachteinnahmen, Lizenzgebühren etc.).[27]

9 **cc) Wertänderungen des Anlagevermögens** bleiben idR unberücksichtigt, soweit sie ihren Grund nicht in der Unternehmenstätigkeit, sondern – wie zB Änderungen des Grundstücksmarkts – außerhalb des Unternehmensbereichs haben.[28] Das gilt vor allem für langlebige Wirtschaftsgüter. **Abschreibungen** dürfen grundsätzlich nur berücksichtigt werden, soweit sie betrieblich veranlasst, also angemessen sind und nicht auf Kosten des stillen Gesellschafters zur Bildung stiller Rücklagen führen.[29] Wertminderungen durch Abnutzung sind betriebszugehörig und betreffen auch den stillen Gesellschafter.[30] Darauf, ob der Vermögensgegenstand bereits bei Beginn der stillen Gesellschaft vorhanden war,

[16] Vgl. RGZ 120, 410, 411 f.; GK/*Fahse* RdNr. 3; *Blaurock* RdNr. 14.43; MünchHdbGesR II/*Bezzenberger/Keul* § 86 RdNr. 9; Röhricht/v. Westphalen/*v. Gerkan/Mock* RdNr. 9.

[17] RG JW 1901, 404, 405; *Blaurock* RdNr. 14.43; MünchHdbGesR II/*Bezzenberger/Keul* § 86 RdNr. 8; Heymann/*Horn* RdNr. 2; *Koller*/Roth/Morck RdNr. 2; Röhricht/v. Westphalen/*v. Gerkan/Mock* RdNr. 3; Schlegelberger/*Karsten Schmidt* RdNr. 6; Staub/*Zutt* RdNr. 8, 11.

[18] Vgl. *Koller*/Roth/Morck RdNr. 2; Staub/*Zutt* RdNr. 11; ohne diese Einschränkung *Wachter* S. 102; MünchHdbGesR II/*Bezzenberger/Keul* § 86 RdNr. 24.

[19] RGZ 120, 410; *Blaurock* RdNr. 14.35; *Winnefeld* RdNr. L 250; Röhricht/v. Westphalen/*v. Gerkan/Mock* RdNr. 3.

[20] MünchHdbGesR II/*Bezzenberger/Keul* § 86 RdNr. 11.

[21] Ebenso *Blaurock* RdNr. 14.43; *Winnefeld* RdNr. L 242; Heymann/*Horn* RdNr. 3; *Koller*/Roth/Morck RdNr. 2; Staub/*Zutt* RdNr. 9.

[22] Unrichtig RFHE 21, 265; dagegen Schlegelberger/*Karsten Schmidt* RdNr. 6.

[23] Wie hier auch *Blaurock* RdNr. 14.43; Heymann/*Horn* RdNr. 3; Röhricht/v. Westphalen/*v. Gerkan/Mock* RdNr. 3.

[24] **AM** für den Fall, dass die Verlustbeteiligung ausgeschlossen ist und der Vergleich zum Gewinnausweis führt, *Koenigs* S. 190 Fn. 264.

[25] RGZ 120, 410; *Blaurock* RdNr. 14.43.

[26] Ebenso *Blaurock* RdNr. 14.43; Röhricht/v. Westphalen/*v. Gerkan/Mock* RdNr. 3; Staub/*Zutt* RdNr. 9.

[27] Vgl. MünchHdbGesR II/*Bezzenberger/Keul* § 86 RdNr. 10.

[28] RGZ 120, 410, 411; RG DJZ 1912, 1355; RG DNotZ 1932, 475 Nr. 24; OLG Rostock OLGE 22, 37, 38; OLG Frankfurt NZG 2001, 696; *Kauffeld* S. 101; *Blaurock* RdNr. 14.45 f.; Baumbach/*Hopt* RdNr. 1; GK/*Fahse* RdNr. 4; Heymann/*Horn* RdNr. 2; Oetker/*Schubert* RdNr. 12; Röhricht/v. Westphalen/*v. Gerkan/Mock* RdNr. 4; **aM** *Aulinger* S. 23 f.; *Zinkeisen* S. 36 ff.; *Sudhoff* NJW 1960, 2122; einschränkend auch MünchHdbGesR II/*Bezzenberger/Keul* § 86 RdNr. 19 ff.

[29] *Winnefeld* RdNr. L 242; ohne diese Einschränkung MünchHdbGesR II/*Bezzenberger/Keul* § 86 RdNr. 14; *Koller*/Roth/Morck RdNr. 2.

[30] *Blaurock* RdNr. 14.46; Heymann/*Horn* RdNr. 4; Röhricht/v. Westphalen/*v. Gerkan/Mock* RdNr. 4.

kommt es im Grundsatz nicht an.[31] Es kommt auch im Grundsatz nicht darauf an, ob der Anlagegegenstand vom Inhaber mit eigenen Mitteln oder mit Mitteln des stillen Gesellschafters erworben oder schließlich sogar gemäß § 230 Abs. 1 vom stillen Gesellschafter auf den Inhaber übertragen wurde. Allerdings kann die Herkunft aus dem Vermögen des stillen Gesellschafters ein Indiz dafür sein, dass eine atypische stille Beteiligung gewollt ist oder dass jedenfalls der betreffende Anlagegegenstand wertmäßig an der Gewinn- und Verlustrechnung teilnimmt.[32] Schließlich macht es auch keinen Unterschied, ob durch Veräußerung von Anlagegegenständen Gewinne erzielt wurden,[33] es sei denn, diese Veräußerung wäre, wie zB beim Wagenpark eines Kraftfahrzeugunternehmens oder bei der Grundstücksveräußerung durch eine Bauträgergesellschaft, ihrerseits Bestandteil der Betriebstätigkeit.[34] Anlagegeschäfte, die Bestandteil des Finanzmanagements sind, wie zB Gewinne und Verluste aus Wertpapieren, können zum verteilungsfähigen Gewinn gehören.[35] Auch wird naturgemäß der stille Gesellschafter dann an dem Erlös des Anlagevermögens beteiligt, wenn dies besonders vereinbart ist.[36] Unternehmens- oder Unternehmensteilveräußerungen lassen den stillen Gesellschafter grundsätzlich nur insoweit an den Gewinnen teilhaben, als ihm vertragsgemäß auch die Auflösung stiller Reserven zugute kommt,[37] und das bedeutet für den typischen stillen Gesellschafter: grundsätzlich nicht.[38] Das gilt auch für die Beteiligung am sog. Firmenwert.[39] Vorbehalten ist eine etwaige Erlösbeteiligung im Auflösungsfall nach § 235 RdNr. 15 ff. sowie ein etwaiger Schadensersatzanspruch (§ 230 RdNr. 138).

dd) Vertragswidrige Geschäfte? Im Anschluss an RGZ 92, 292 steht die hM auf 10
dem Standpunkt, dass der stille Gesellschafter nicht an den Ergebnissen vertragswidriger Unternehmensgeschäfte des Geschäftsinhabers beteiligt ist.[40] Im Fall des Reichsgerichts hatte ein Hersteller von Herrenoberbekleidung bei Ausbruch des Ersten Weltkriegs unter erheblichen Investitionen auf Uniformen umgestellt. Diese Geschäfte lagen nach Auffassung des RG außerhalb der vereinbarten stillen Gesellschaft. Das Urteil geht zu weit. Die stille Beteiligung ist, sofern nicht nach § 230 RdNr. 39 gegenständlich beschränkt, Beteiligung an den Unternehmensergebnissen. Produktänderungen lassen eine solche Beteiligung grundsätzlich nur dann automatisch enden, wenn wirtschaftlich ein anderes als das vereinbarte Unternehmen geführt wird. Sonst kann eine solche Veränderung Kündigungs- und evtl. auch Schadensersatzfolgen haben (vgl. § 230 RdNr. 138, § 234 RdNr. 49). Ein allgemeiner Grundsatz, dass Ergebnisse aus „vertragswidriger Geschäftsführung" nicht verteilt werden können, lässt sich daraus nicht ableiten.

**2. Die Jahresrechnungslegung bei typischer stiller Beteiligung. a) Zweck der 11
Regelung nach Abs. 1. aa) Keine Handelsbilanz der typischen stillen Gesellschaft.** Die Gewinn- und Verlustberechnung erfolgt auf Grund einer Rechnungslegung. Im Gegensatz zu §§ 120, 167 nimmt § 232 nicht ausdrücklich auf „die Bilanz" Bezug, verweist also nicht auf die §§ 242 ff. Das ist kein Zufall. Die stille Gesellschaft ist nicht Handelsgesellschaft und nicht Trägerin eines Unternehmens (§ 230 RdNr. 18 ff.). Eine echte Handelsbi-

[31] Insofern konsequent *Sudhoff* NJW 1960, 2123 f.; ebenso Staub/*Zutt* RdNr. 11; **aM** RGZ 120, 410, 412; *Rasner* S. 63; Düringer/Hachenburg/*Flechtheim* § 336 aF RdNr. 6.

[32] Schlegelberger/*Karsten Schmidt* RdNr. 9.

[33] OLG Frankfurt NZG 2001, 696; *Blaurock* RdNr. 14.44; Heymann/*Horn* RdNr. 3; *Koller*/Roth/Morck RdNr. 2; **aM** *Aulinger* S. 23; *Sudhoff* NJW 1960, 2123.

[34] So schon Schlegelberger/*Karsten Schmidt* RdNr. 9; zustimmend Heymann/*Horn* RdNr. 3; vgl. auch *Koller*/Roth/Morck RdNr. 2 (Betriebsvermögen, das ständig erneuert wird); Röhricht/v. Westphalen/*v. Gerkan/Mock* RdNr. 4.

[35] MünchHdbGesR II/*Bezzenberger/Keul* § 20 RdNr. 9.

[36] Vgl. RG DJZ 1912, 1355.

[37] Insofern wie hier *Blaurock* RdNr. 14.44.

[38] Nur teilweise übereinstimmend MünchHdbGesR II/*Bezzenberger/Keul* § 86 RdNr. 25 ff.

[39] Wie hier zB Oetker/*Schubert* RdNr. 12; **aM** wohl *Blaurock* RdNr. 14.46.

[40] *Koenigs* S. 154; MünchHdbGesR II/*Bezzenberger/Keul* § 86 RdNr. 15; E/B/J/S/*Gehrlein* RdNr. 11; Heymann/*Horn* RdNr. 3; Staub/*Zutt* RdNr. 92.

lanz der typischen stillen Gesellschaft kann es nicht geben.[41] Es kann zwar bei der Gewinnfeststellung die Jahresbilanz des Unternehmens für maßgeblich erklärt werden (RdNr. 16), aber auch dann ist die Rechnungslegung der typischen stillen Gesellschaft nach Abs. 1 nicht von Gesetzes wegen mit der Handelsbilanz identisch. Sie ist eine **Nebenrechnung neben der handelsrechtlichen Rechnungslegung** des Geschäftsinhabers (RdNr. 20). Für den typisch stillen Gesellschafter wird ein **Einlagekonto** geführt, auf dem erbrachte Einlagen und Gewinnanteile zugeschrieben und Verlustanteile abgeschrieben werden (dazu RdNr. 27, 31 f.). Daneben kann für entnahmefähige Gewinnanteile (mindestens) ein Privatkonto eingerichtet werden.[42] In der Jahresbilanz des Geschäftsinhabers erscheint die typische stille Einlage als Fremdkapital (§ 230 RdNr. 170).

12 **bb) Zweck der Rechnungslegung.** Der Zweck der Rechnungslegung nach Abs. 1 ist ein anderer als der der Handelsbilanz. Auszuweisen sind diejenigen Gewinne und Verluste, an denen der stille Gesellschafter auf Grund des gemeinsamen Zwecks und der schuldrechtlichen Vereinbarungen unter den Vertragsparteien beteiligt sein soll. Dies sind, wie bei RdNr. 5 ff. dargelegt wird, nicht ohne weiteres alle Gewinne und Verluste des Unternehmens. Die Rechnungslegung im Verhältnis zum typisch stillen Gesellschafter ist nichts als die periodische *Abrechnung mit einem Gläubiger,* deren Ergebnis sodann in die Rechnungslegung des Unternehmens (zB der Handelsgesellschaft als Geschäftsinhaber) eingeht. Ist der Inhaber des Handelsgeschäfts ein *Einzelkaufmann,* so erstreckt sich die nach Abs. 1 durchzuführende Rechnungslegung in Konsequenz von RdNr. 7 nicht auf das Privatvermögen, da nur die zwischen ihm und dem stillen Gesellschafter zu verteilenden Erträge darzustellen sind.[43]

13 **cc) Pflicht zur Rechnungslegung.** Die mit Abs. 1 einhergehende Pflicht des Geschäftsinhabers zur Rechnungslegung ist eine vertragliche Nebenpflicht aus dem stillen Gesellschaftsverhältnis.[44] Diese Pflicht ist damit ihrer Rechtsgrundlage nach nicht mit der sich aus §§ 242 ff. ergebenden gesetzlichen Pflicht zur Bilanzierung identisch.[45] Die handelsrechtliche Rechnungslegung des Geschäftsinhabers und die Rechnungslegung im Innenverhältnis sind zweierlei. Deshalb kommt es für die interne Rechnungslegung nicht einmal darauf an, ob der Geschäftsinhaber nach §§ 238, 242 buchführungspflichtig und rechnungslegungspflichtig ist.[46] Auch der nichtkaufmännische Unternehmer (§ 230 RdNr. 19, 24) ist, soweit er eine stille Beteiligung aufnimmt, gegenüber dem stillen Gesellschafter zur Rechnungslegung insoweit verpflichtet, als sie für die Forderungsberechnung nach § 232 erforderlich ist.[47] Umgekehrt kann der kaufmännische Unternehmer seiner Rechnungslegungspflicht nicht nachkommen, ohne auch die Ergebnisbeteiligung des stillen Gesellschafters festzustellen.

14 **b) Verhältnis zur Handelsbilanz. aa) Maßgeblichkeit der Handelsbilanz?** Die Maßgeblichkeit der Handelsbilanz für die nach Abs. 1 zu berechnenden Gewinne und Verluste ist zweifelhaft (RdNr. 6). Vielfach heißt es, dass bei der Gewinn- und Verlustberechnung die Handelsbilanz des Unternehmens zugrundezulegen ist.[48] Doch kann für die

---

[41] *Blaurock* RdNr. 13.94; *Hense* S. 95 ff.; Röhricht/v. Westphalen/*v. Gerkan/Mock* RdNr. 6; Schlegelberger/*Karsten Schmidt* RdNr. 10; Staub/*Zutt* RdNr. 2; *Schulze zur Wiesche,* FS Budde, 1995, S. 586 ff.; *Döllerer* DStR 1985, 296.

[42] *Blaurock* RdNr. 13.100.

[43] RG JW 1939, 489, 490 = SeuffA 93 Nr. 59 (für § 340 aF); Schlegelberger/*Karsten Schmidt* RdNr. 13; Staub/*Zutt* RdNr. 7; *Sudhoff* NJW 1960, 2121.

[44] Aus § 233 ergibt sich diese Verpflichtung nicht; insoweit zutr. OLG Hamburg NZW 2004, 715 = ZIP 2004, 1099.

[45] So heute die ganz hM zB Heymann/*Horn* RdNr. 2; Röhricht/v. Westphalen/*v. Gerkan/Mock* RdNr. 6; Staub/*Zutt* RdNr. 3.

[46] Schlegelberger/*Karsten Schmidt* RdNr. 12.

[47] Im Ergebnis ebenso *Blaurock* RdNr. 14.9; *Koenigs* S. 181; Baumbach/*Hopt* RdNr. 3; Heymann/*Horn* RdNr. 1; Staub/*Zutt* RdNr. 2.

[48] OFD Rostock DStR 2000, 592; *Blaurock* 5. Aufl. RdNr. 846; *Schulze zur Wiesche* RdNr. 263 ff.; *Koller/* Roth/Morck RdNr. 1; MünchHdbGesR II/*Bezzenberger/Keul* § 85 RdNr. 10; *Schulze-Osterloh,* FS Kruse, 2001, S. 392 f.; *Sudhoff* NJW 1960, 2121; einschr. jetzt *Blaurock* RdNr. 14.49 ff.

„Innen-KG“ (§ 230 RdNr. 81) und regelmäßig auch für die *atypisch stille Gesellschaft mit schlichter Vermögensbeteiligung* (§ 230 RdNr. 80) nicht dasselbe gelten wie für die *typische stille Gesellschaft* (RdNr. 38 ff.).[49] Für die **typische stille Gesellschaft** gilt, dass die Praxis, um das verteilbare Ergebnis zu ermitteln, von der Rechnungslegung des Unternehmens ausgehen muss, die allerdings mangels abweichender Vereinbarung nach Maßgabe von RdNr. 7 ff. zu korrigieren ist.[50] Die Handelsbilanz ist noch unfertig, solange die stille Beteiligung nicht eingerechnet ist. Die bilanziell festgestellte Ergebnisbeteiligung des stillen Gesellschafters geht ihrerseits in die Jahresrechnungslegung des Unternehmens ein, woraus sich ein mehrstufiges Verfahren ergibt (RdNr. 21). Die Abrechnung mit dem stillen Gesellschafter ist ein der Bilanzaufstellung vorausgehender Schritt, dessen Ergebnis in die Rechnungslegung des Unternehmens eingeht (RdNr. 11). Zur *atypischen stillen Gesellschaft* vgl. RdNr. 38 ff.

bb) Rücklagen. Die Abrechnung mit dem typischen stillen Gesellschafter darf grund- 15
sätzlich keine Wertänderung bei offenen und stillen Rücklagen berücksichtigen (näher RdNr. 5 ff.).[51] In der *Schaffung stiller oder offener Rücklagen* durch Unterbewertungen ist der Geschäftsinhaber im Verhältnis zum stillen Gesellschafter nicht frei. Offene Rücklagen kann er nur bilden, soweit der Gesellschaftsvertrag es gestattet.[52] Stille Rücklagen können in bescheidenen Grenzen nach dem Vorsichtsprinzip gebildet werden. Eine über die zulässigen Schätzungsreserven hinausgehende Unterbewertung, also die Bildung sog. Willkürreserven, ist nicht ohne weiteres zulässig.[53] Zur Frage der gewinnmindernden Berücksichtigung von Abschreibungen vgl. RdNr. 9. Abhilfe vermögen angesichts dieser Unklarheiten Vertragsklauseln zu schaffen, die sich an der Steuerbilanz orientieren (RdNr. 16).[54] Bei all dem ist für die typische stille Gesellschaft klar zwischen der Zulässigkeit der Rücklagenbildung und Abschreibung einerseits nach handelsrechtlichem Rechnungslegungsrecht und andererseits nach dem Recht der stillen Gesellschaft zu unterscheiden. In ersterer Hinsicht bleiben bei der typischen stillen Beteiligung die Bilanzierungsentscheidungen des Geschäftsinhabers auch dann unberührt, wenn sie im Verhältnis zum stillen Gesellschafter schuldrechtlich nicht geltend gemacht werden können.[55]

cc) Maßgeblichkeit der Jahresbilanz. Die Maßgeblichkeit der Jahresbilanz bei der 16
typischen stillen Beteiligung kann vertraglich vereinbart werden.[56] Häufig wird die *Steuerbilanz* für maßgeblich erklärt.[57] Dann bleiben Gewinnerhöhungen, die sich auf Grund bereits versteuerter Rücklagen ergeben, bei der Feststellung des verteilbaren Jahresergebnisses unberücksichtigt.[58] Zulässige Abschreibungen können den zu verteilenden Gewinn mindern. Die Maßgeblichkeit der Jahresbilanz kann sich aus der Vertragsurkunde, aber auch aus stillschweigender Vereinbarung ergeben, insbesondere aus einer einverständlichen Übung unter den Parteien (zu den Grenzen einer stillschweigenden Vertragsänderung vgl. allerdings § 105 RdNr. 163).[59] Mehr und mehr wird dies sogar als regelmäßiger Parteiwille angesehen (vgl. aber RdNr. 14).[60] Es ist zu möglichst klaren Regelungen zu raten

---

[49] Schlegelberger/*Karsten Schmidt* RdNr. 14; zust. Röhricht/v. Westphalen/*v. Gerkan/Mock* RdNr. 9.

[50] So jetzt auch *Blaurock* RdNr. 14.50.

[51] Röhricht/v. Westphalen/*v. Gerkan/Mock* RdNr. 9; Schlegelberger/*Karsten Schmidt* RdNr. 15.

[52] Vgl. nur *Rob. Fischer* JR 1962, 204; *Rasner* S. 64; Röhricht/v. Westphalen/*v. Gerkan/Mock* RdNr. 9; Staub/*Zutt* RdNr. 14.

[53] Staub/*Zutt* RdNr. 10.

[54] Vgl. *Hengeler/Blaum* in: Beck'sches Formularbuch, 1998, VIII. D. 1. § 6 Abs. 3; *von der Heydt* in: Münchener Vertragshandbuch, Bd. I, 5. Aufl. 2000, VIII. 1. § 7 Abs. 2.

[55] **AM** *Schulze-Osterloh,* FS Kruse, 2001, S. 385: Mitwirkungsrechte des stillen Gesellschafters.

[56] Vgl. nur *Blaurock* RdNr. 14.18; Schlegelberger/*Karsten Schmidt* RdNr. 16; s. auch für partiarische Rechtsverhältnisse RG LZ 1913, 764.

[57] Vgl. zB OLG Bamberg DStR 1995, 1843 m. Anm. *Goette*; *Blaurock* RdNr. 14.22; *Döllerer* DStR 1985, 296.

[58] *Schulze zur Wiesche* GmbH & Still RdNr. 81.

[59] Vgl. *Blaurock* RdNr. 14.3; *Hense* S. 40; MünchHdbGesR II/*Bezzenberger/Keul* § 85 RdNr. 26.

[60] *Blaurock* RdNr. 14.49; MünchHdbGesR II/*Bezzenberger/Keul* § 85 RdNr. 27; *Schulze-Osterloh,* FS Kruse, 2001, S. 380; *Sudhoff* NJW 1960, 212.

(RdNr. 6). Die Maßgeblichkeit der Handelsbilanz kann nämlich Unterschiedliches bedeuten, und auch die Anforderungen, die man an eine solche Vereinbarung zu stellen hat, können unterschiedlich sein.

17 **(1) „Kleine Lösungen" und „große Lösungen".** Zunächst ist zu unterscheiden, ob nur die *Wertansätze* der Jahresrechnunglegung gelten sollen oder ob der zu verteilende Jahresgewinn selbst sich aus der Bilanz ergeben soll.[61] Im ersten Fall läuft die Maßgeblichkeit der Jahresbilanz nur darauf hinaus, dass der stille Gesellschafter bilanziell zulässige Rücklagen und Rückstellungen als gewinnbeeinträchtigend hinnehmen muss. Es ist dann immer noch besonders zu prüfen, ob nach den Kriterien von RdNr. 7 ff. einzelne Posten – zB Gewinne aus der Veräußerung von Anlagevermögen – von der Gewinnverteilung zwischen dem Geschäftsinhaber und dem stillen Gesellschafter ausgenommen werden sollen. Es kann aber auch vereinbart sein, dass der beim Geschäftsinhaber ausgewiesene Jahresgewinn in vollem Umfang für die Ergebnisbeteiligung auch des stillen Gesellschafters maßgeblich sein soll. Dies ist die Regel bei der mitunternehmerischen atypischen stillen Gesellschaft (RdNr. 38). Bei der typischen stillen Beteiligung wird man diese „große Lösung" nur annehmen, wenn dem stillen Gesellschafter Kontrollrechte bei der Bilanzfeststellung eingeräumt oder dem Geschäftsinhaber Beschränkungen bei der Bilanzierungspolitik auferlegt wurden.[62]

18 **(2) „Periodische" und „endgültige" Lösungen.** Sodann ist zu entscheiden, ob die Jahresrechnungslegung nur für den *jährlich* ausschüttungsfähigen Gewinn maßgeblich sein soll oder ob sie den auf den stillen Gesellschafter entfallenden Jahresgewinn *endgültig,* dh. auch im Abfindungsfall, festlegt.[63] Im ersten Fall muss sich der stille Gesellschafter die Reservenbildung nur entgegenhalten lassen, solange es um sein Recht auf Gewinnausschüttung nach Abs. 1 geht; er kann aber im Auseinandersetzungsfall nachträgliche Berichtigung derjenigen Gewinne verlangen, die ihm auf diese Weise entgangen sind (§ 235 RdNr. 22 ff.). Soll dagegen die Gewinnbeteiligung endgültig nach Maßgabe der Jahresrechnungslegung des Geschäftsinhabers festgelegt sein, so findet auch im Auflösungsfall keine Korrektur mehr statt; der stille Gesellschafter wird nach dem sich unter Berücksichtigung der periodischen Ergebnisverteilung errechnenden Buchwert seiner Einlage abgefunden (§ 235 RdNr. 22). Für die zweite Gestaltung sprechen bei der typischen stillen Gesellschaft Gesichtspunkte der Klarheit und der Einfachheit.[64] Diese Gestaltung entspricht der Nicht-Beteiligung des typischen stillen Gesellschafters am Gesellschaftsvermögen (§ 230 RdNr. 70). Sie setzt den stillen Gesellschafter allerdings dem Bilanzierungsermessen des Inhabers aus und bringt die Gefahr mit sich, dass Betriebsgewinne endgültig – auch für den Fall der Auseinandersetzung – am stillen Gesellschafter vorbeigeführt werden. Ohne Anhaltspunkte sollte den Parteien eine solche Regelung nicht unterstellt werden. (s. auch § 235 RdNr. 24).[65] Vielmehr gilt, ähnlich wie bei RdNr. 17: Wenn dem stillen Gesellschafter nicht Kontrollrechte bei der Bilanzfeststellung eingeräumt oder der Bilanzpolitik des Geschäftinhabers Grenzen gezogen sind, ist eine Korrektur nach Maßgabe von RdNr. 9 grundsätzlich möglich.

19 **c) Die Technik der Ertragsberechnung. aa) Stichtag.** Bilanzstichtag für die Gewinn- und Verlustrechnung ist nach dem Gesetz der Schluss des Geschäftsjahres (Abs. 1). Dabei muss der Unterschied gegenüber der Rechnungslegung des Geschäftsinhabers nach §§ 242 ff. (RdNr. 11 f.) bedacht werden. Das Geschäftsjahr der stillen Gesellschaft kann frei vereinbart werden. IdR ist es mit dem Geschäftsjahr des Unternehmens identisch. Eine Frist für die Aufstellung ist gesetzlich nicht bestimmt, jedoch darf der Geschäftsinhaber die

---

[61] Schlegelberger/*Karsten Schmidt* RdNr. 17; zust. OLG Frankfurt NZG 2001, 696 (n. rkr.).

[62] In gleicher Richtung jetzt offenbar *Blaurock* RdNr. 14.50; **aM** *U. Huber* Vermögensanteil S. 317; *Schulze-Osterloh,* FS Kruse, 2001, S. 385.

[63] Schlegelberger/*Karsten Schmidt* RdNr. 18.

[64] Schlegelberger/*Karsten Schmidt* RdNr. 18; in gleichem Sinne OLG Frankfurt NZG 2001, 696 (n. rkr.).

[65] *Blaurock* RdNr. 14.50; Schlegelberger/*Karsten Schmidt* RdNr. 18; *Sudhoff* NJW 1960, 2126.

Berechnung nicht ungebührlich verzögern. Die für die Aufstellung der Jahresbilanz geltenden gesetzlichen Fristen (zB für die AG oder GmbH) müssen im Zweifel auch gegenüber dem stillen Gesellschafter eingehalten werden.[66] Praktisch ist dies dadurch gewährleistet, dass eine kaufmännische Rechnungslegung der AG oder GmbH als Geschäftsinhaberin ohne Ermittlung der Ergebnisbeteiligung des stillen Gesellschafters gar nicht möglich ist (RdNr. 14, 21). Zur Maßgeblichkeit der Gewinnfeststellung für die Fälligkeit des Auszahlungsanspruchs vgl. RdNr. 24.

bb) Einseitige Abrechnung. Die Abrechnung mit dem typischen stillen Gesellschafter ist im technischen Sinne keine Bilanz der stillen Gesellschaft (RdNr. 11). Der typische stille Gesellschafter ist von Gesetzes wegen weder an der Aufstellung noch an der Feststellung der Rechnungslegung beteiligt.[67] Die *Aufstellung* ist Sache der Unternehmensleitung, also des Kaufmanns, des Vorstands, der Geschäftsführer oder des Komplementärs.[68] Eine Bilanzfeststellung durch Beschluss wie bei der Kommanditgesellschaft (§ 164 RdNr. 15) findet in der typischen stillen Gesellschaft, die keine Handelsgesellschaft ist, nicht statt (vgl. dagegen zur atypischen stillen Gesellschaft RdNr. 40 f.).[69] Auch bei der nur zweigliedrigen stillen Gesellschaft kann allerdings vereinbart sein, dass die Bilanz im Verhältnis zum stillen Gesellschafter nur unter seiner Mitsprache Verbindlichkeit erlangt. Im Übrigen kann – was einer förmlichen Bilanzfeststellung nahekommt – der Inhaber vom stillen Gesellschafter eine „Anerkennung der Bilanz“ verlangen, wenn die vorgelegte Abrechnung vertragsgemäß ist.[70] Die „Anerkennung der Bilanz“ ist ein Feststellungsvertrag, der die Wirkung eines positiven und, soweit weitere Ansprüche ausgeschlossen sind, negativen Schuldanerkenntnisses hat, jedoch wird regelmäßig nur ein deklaratorisches Schuldanerkenntnis gewollt sein.[71] Übernimmt der stille Gesellschafter die Werte aus der Bilanz in seine Einkommensteuererklärung, liegt insoweit eine konkludente Anerkennung vor.[72] Pflichten zu Nachzahlungen aus dem Privatvermögen sind solchen Anerkennungsverträgen allerdings auch dann nicht ohne weiteres zu entnehmen, wenn aus Verlusten resultierende „Forderungen gegen stille Gesellschafter“ in die Bilanz eingestellt wurden.[73] Stimmt der typische stille Gesellschafter der Abrechnung nicht zu, so kann er auf Gewinnauszahlung (RdNr. 22 ff.) oder auf Feststellung klagen, ersteres auch im Wege der Stufenklage.[74] 20

cc) Ertragsberechnung im Verhältnis zum stillen Gesellschafter. Die Ertragsberechnung im Verhältnis zum stillen Gesellschafter hängt von der Frage ab, ob für sie die Jahresbilanz des Geschäftsinhabers maßgeblich sein soll oder nicht (dazu RdNr. 14, 16 ff.). Eine gesonderte, alle Geschäftsvorfälle im Verhältnis zum stillen Gesellschafter separat ausweisende Buchführung wäre unpraktikabel.[75] Empfohlen wird, auch bei Zugrundelegung der Jahresrechnungslegung des Geschäftsinhabers, ein *mehrstufiges Verfahren* (s. auch RdNr. 14).[76] Es wird zunächst unter Verwendung der Rechnungslegung des Geschäftsinhabers das nach Abs. 1 zu verteilende Ergebnis festgestellt, sodann der Gewinnanteil des stillen Gesellschafters berechnet, der als Aufwand (§ 252 Abs. 1 Nr. 5) oder als stehen blei- 21

[66] Vgl. *Blaurock* RdNr. 14.16; E/B/J/S/*Gehrlein* RdNr. 7; Schlegelberger/*Karsten Schmidt* RdNr. 20.

[67] *Koenigs* S. 181; *Blaurock* RdNr. 14.12; MünchHdbGesR II/*Bezzenberger/Keul* § 85 RdNr. 2; Röhricht/v. Westphalen/*v. Gerkan/Mock* RdNr. 8; Staub/*Zutt* RdNr. 21; für eine gemeinsame Feststellung jedoch im Ergebnis wohl *Blaurock* RdNr. 14.13.

[68] Vgl. nur *Koenigs* S. 181; MünchHdbGesR II/*Bezzenberger/Keul* § 85 RdNr. 1; Schlegelberger/*Karsten Schmidt* RdNr. 20; Staub/*Zutt* RdNr. 20.

[69] FG Münster BB 1996, 2613; **aM** *Blaurock* RdNr. 14.13; *Schulze-Osterloh* FS Kruse, 2001, S. 385.

[70] Röhricht/v. Westphalen/*v. Gerkan/Mock* RdNr. 8; Schlegelberger/*Karsten Schmidt* RdNr. 20; Staub/*Zutt* RdNr. 21.

[71] BGH BB 1996, 1105, 1106; *Blaurock* RdNr. 14.13; Schlegelberger/*Karsten Schmidt* RdNr. 20; die Gegenansicht Münch-KommBGB/*Habersack* § 781 RdNr. 22 (korporationsrechtlicher Akt) passt nicht auf die typische stille Gesellschaft.

[72] *Blaurock* RdNr. 14.14.

[73] Vgl. KG NZG 1999, 23 m. Anm. *Zeidler* (laut Auskunft rechtskräftig).

[74] Vgl. nur E/B/J/S/*Gehrlein* RdNr. 8; Heymann/*Horn* RdNr. 7; Staub/*Zutt* RdNr. 23.

[75] *Blaurock* RdNr. 14.49.

[76] *Winnefeld* RdNr. L 244.

bende Verbindlichkeit gewinnmindernd in den Jahresabschluss des Geschäftsinhabers eingestellt wird.

22 **3. Die Auszahlung und die Gutschrift von Gewinnen. a) Auszahlungsanspruch. aa) Abs. 1.** Abs. 1 bestimmt, dass der auf den stillen Gesellschafter entfallende Gewinn an ihn **auszuzahlen** ist. In der Gewinn- und Verlustrechnung erscheint die Zahlung als Aufwand.[77] Die Auszahlung des Gewinns unterliegt, soweit er nicht nach Abs. 2 zur Deckung von Verlusten zu verwenden ist (dazu RdNr. 31 ff.), bei der typischen stillen Gesellschaft keinen gesetzlichen Beschränkungen. Auch wenn durch die Auszahlung die Liquidität des Unternehmens beeinträchtigt wird, kann der stille Gesellschafter nach hM Zahlung verlangen, denn § 122 gilt nicht für die typische stille Gesellschaft.[78] Eine Beschränkung wird allenfalls unter dem Gesichtspunkt der allgemeinen *Treupflicht* anerkannt.[79] Dem ist in dem Sinne zuzustimmen, dass die Treupflicht des typischen stillen Gesellschafters schwächer ausgeprägt ist als die von persönlich haftenden Gesellschaftern und Kommanditisten (vgl. § 230 RdNr. 154). Nur eine das Unternehmen offensichtlich schädigende Gewinnentnahme wird mit § 242 BGB unvereinbar sein.[80]

23 **bb) Passives Einlagenkonto.** Soweit das Einlagenkonto durch Verluste gemindert ist, wird der Gewinnanteil zur Deckung dieser Verluste verwendet (*Abs. 2 Satz 2 Halbsatz 2* und dazu RdNr. 32). Im Übrigen besteht der Auszahlungsanspruch nach dem Wortlaut des Abs. 1 auch, wenn aus anderen Gründen das *Einlagenkonto des stillen Gesellschafters passiv* ist. Der Geschäftsinhaber kann aber, wenn der stille Gesellschafter mit seiner Leistung ganz oder teilweise rückständig ist, gegenüber dem Auszahlungsanspruch des stillen Gesellschafters aufrechnen bzw. bei rückständiger Sacheinlage ein Zurückbehaltungsrecht nach § 273 BGB ausüben.[81] Hat der stille Gesellschafter eine Bareinlage zu erbringen, so wird aber der Vertrag idR nach § 157 BGB so auszulegen sein, dass ihm gebührende Gewinne entgegen Abs. 1 bis zur Höhe der ausstehenden Einlage seinem Einlagenkonto zugeschrieben werden, ohne dass eine Aufrechnungserklärung notwendig wäre. Vereinbart werden kann aber umgekehrt auch, dass der mit der Einlage rückständige stille Gesellschafter unter Ausschluss einer Aufrechnungsmöglichkeit die Auszahlung des Gewinns verlangen kann.[82]

24 **cc) Fälligkeit, Verjährung.** Fällig ist der Anspruch spätestens mit der Berechnung des Gewinns, jedoch uU schon vorher, wenn der Geschäftsinhaber den Gewinn und seine Verteilung bei ordnungsmäßigem Geschäftsgang hätte berechnen können.[83] Einer Bilanzfeststellung durch beide Gesellschafter bedarf es bei der typischen stillen Gesellschaft nicht (RdNr. 20).[84] Wegen der Verzinsung ist auf §§ 288, 291 BGB, §§ 352, 353 HGB zu verweisen. Erfüllungsort ist der Ort der gewerblichen Niederlassung (§ 269 BGB).[85] Es gilt die allgemeine **Verjährungsfrist** des § 195 BGB.[86] Die „Anerkennung der Bilanz" (RdNr. 20)

---

[77] *Winnefeld* RdNr. L 246.

[78] RGZ 48, 77, 82; *Koenigs* S. 198; *Blaurock* RdNr. 14.56; MünchHdbGesR II/*Bezzenberger/Keul* § 86 RdNr. 45; Röhricht/v. Westphalen/*v. Gerkan/Mock* RdNr. 11; Schlegelberger/*Karsten Schmidt* RdNr. 21; Staub/*Zutt* RdNr. 22.

[79] *Blaurock* RdNr. 14.56; MünchHdbGesR II/*Bezzenberger/Keul* § 86 RdNr. 45; Baumbach/*Hopt* RdNr. 4; E/B/J/S/*Gehrlein* RdNr. 18; *Koller*/Roth/Morck RdNr. 6; Röhricht/v. Westphalen/*v. Gerkan/Mock* RdNr. 11; Schlegelberger/*Karsten Schmidt* RdNr. 21; Staub/*Zutt* RdNr. 22.

[80] So Schlegelberger/*Karsten Schmidt* RdNr. 21; seither auch *Blaurock* RdNr. 14.56; Baumbach/*Hopt* RdNr. 4; Oetker/*Schubert* RdNr. 16; Staub/*Zutt* RdNr. 22.

[81] Vgl. auch *Blaurock* RdNr. 14.61; E/B/J/S/*Gehrlein* RdNr. 19; Heymann/*Horn* RdNr. 7; Oetker/*Schubert* RdNr. 16; Schlegelberger/*Karsten Schmidt* RdNr. 22; Staub/*Zutt* RdNr. 23.

[82] Schlegelberger/*Karsten Schmidt* RdNr. 28.

[83] RFHE 12, 342; *Koenigs* S. 200; *Blaurock* RdNr. 14.54; Baumbach/*Hopt* RdNr. 4; GK/*Fahse* RdNr. 7; Heymann/*Horn* RdNr. 7; *Koller*/Roth/Morck RdNr. 6; Oetker/*Schubert* RdNr. 17; Röhricht/v. Westphalen/*v. Gerkan/Mock* RdNr. 12; Schlegelberger/*Karsten Schmidt* RdNr. 23; Staub/*Zutt* RdNr. 23.

[84] FG Münster BB 1996, 2613.

[85] *Blaurock* RdNr. 14.57; Heymann/*Horn* RdNr. 7; Schlegelberger/*Karsten Schmidt* RdNr. 23; Staub/*Zutt* RdNr. 20.

[86] BGHZ 80, 357, 359 = NJW 1981, 2563 (KG); *Blaurock* RdNr. 14.60; Oetker/*Schubert* RdNr. 17.

führt, wenn sie den Gewinnanspruch feststellt, zum Neubeginn der Verjährung nach § 212 Abs. 1 Nr. 1 BGB.[87]

25 **dd) Pfändung.** Der Anspruch auf Gewinnauszahlung ist abtretbar (§ 717 BGB), *pfändbar* und *verpfändbar.*[88] Drittschuldner ist im Fall der Pfändung der Geschäftsinhaber, zB also die Handelsgesellschaft, an der die stille Beteiligung besteht. Die Pfändung löst nicht das Kündigungsrecht des Gläubigers nach §§ 234 Abs. 1, 135 aus (zu diesem vgl. § 234 RdNr. 51).

26 **ee) Abweichende Vereinbarung.** Abs. 1 ist dispositiv. Vereinbart werden kann, dass Gewinnanteile für eine bestimmte Dauer oder bis zu einer bestimmten Höhe stehen bleiben. Über die kontenmäßige Behandlung in diesem Fall vgl. RdNr. 29.

27 **b) Behandlung nicht ausbezahlter Gewinne. aa) Eine Gutschrift auf dem Einlagenkonto** kommt unter folgenden Voraussetzungen in Betracht: Soweit der Gewinnanteil zur *Deckung von Verlusten* verwendet wird (Abs. 2 Satz 2 aE), gilt das unten bei RdNr. 31 f. Gesagte. Hat der stille Gesellschafter seine *Einlage noch nicht vollständig geleistet,* so gelten die bei RdNr. 23 dargestellten Grundsätze. Soweit der Gewinnanteil nicht schon nach dem Gesellschaftsvertrag für die Auffüllung des Eigenkontos zu verwenden ist, kann jedenfalls der stille Gesellschafter den Gewinn zur Deckung der Einlage verwenden.[89]

28 **bb) Abs. 3.** Es handelt sich um eine Parallelregelung zu § 167 Abs. 2. Ist die Einlage vollständig geleistet und das Einlagenkonto nicht durch Verluste geschmälert, so kann der nicht abgehobene Gewinn *dem Einlagenkonto nur zugeschrieben* werden, *wenn dies im Gesellschaftsvertrag bestimmt ist oder die Gesellschafter dies nachträglich vereinbaren.*[90] Abs. 3 stellt das ausdrücklich klar. Gewinn, der dem Einlagenkonto nicht zugeschrieben werden kann, wird ausgezahlt oder auf einem besonderen Konto (Darlehenskonto) verbucht (RdNr. 29). Eine von Abs. 3 abweichende Handhabung kann sich aus einer unwidersprochenen Übung ergeben (über konkludente Vertragsänderungen vgl. § 105 RdNr. 163). Sie liegt insbesondere vor, wenn der Betrag mit Billigung des stillen Gesellschafters dem Einlagenkonto zugeschrieben wird oder wenn ihm auch auf diesen Betrag ein Vorzugsgewinnanteil zugesagt ist (dann ist das Einlagenkonto nach oben hin offen).[91] Entnahmerechte für künftige Gewinne sind hierdurch aber nicht ohne weiteres ausgeschlossen. Es muss deshalb immer noch festgestellt werden, ob die erhöhte Einlage auch iS von Abs. 2 Halbsatz 2 gebunden sein soll (vgl. zu dieser Regel RdNr. 32).

29 **c) Gutschrift.** Liegen die Voraussetzungen einer Gutschrift nicht entnommener Beträge auf dem Einlagenkonto (RdNr. 27) nicht vor, so ist der nicht ausbezahlte Betrag auf einem **Privatkonto (Darlehenskonto)** des stillen Gesellschafters gutzuschreiben[92] und wird in der Bilanz des Unternehmensträgers als Verbindlichkeit ausgewiesen.[93] In Höhe des Betrages hat der stille Gesellschafter eine reine Gläubigerforderung gegen den Geschäftsinhaber, die er ohne Kündigung der stillen Gesellschaft geltend machen kann, sofern nicht eine Stundungsvereinbarung entgegensteht oder die Geltendmachung ausnahmsweise gegen § 242 BGB (Treupflicht des Gesellschafters) verstößt. *Spätere Verluste* werden, sofern nichts anderes vereinbart ist, nur vom Einlagenkonto und nicht vom Privatkonto abgebucht, hin-

---

[87] Die einschränkende Ansicht bei BGH NJW-RR 2010, 1401 = NZG 2010, 1020 passt nicht auf die zweiseitige typische stille Gesellschaft.

[88] Vgl. *Koenigs* S. 200; *Blaurock* RdNr. 14.58; *Koller*/Roth/Morck RdNr. 6; Röhricht/v. Westphalen/*v. Gerkan/Mock* RdNr. 13; Schlegelberger/*Karsten Schmidt* RdNr. 24.

[89] Schlegelberger/*Karsten Schmidt* RdNr. 28.

[90] Heymann/*Horn* RdNr. 7; Röhricht/v. Westphalen/*v. Gerkan/Mock* RdNr. 15; Schlegelberger/*Karsten Schmidt* RdNr. 29.

[91] Zust. *Blaurock* RdNr. 14.65; Oetker/*Schubert* RdNr. 19.

[92] Vgl. *Blaurock* RdNr. 14.66; GK/*Fahse* RdNr. 8; Heymann/*Horn* RdNr. 8; *Koller*/Roth/Morck RdNr. 5; Röhricht/v. Westphalen/*v. Gerkan/Mock* RdNr. 15; Schlegelberger/*Karsten Schmidt* RdNr. 30; Staub/*Zutt* RdNr. 25.

[93] Vgl. *Winnefeld* RdNr. L 253.

dern also die späteren Auszahlungen aus dem Darlehenskonto nicht.[94] Das Privatkonto kann als kreditorisches Konto mit jederzeit fälligem unverzinslichen Bestand oder als verzinsliches Darlehenskonto mit entsprechender Kündigungsfrist geführt werden. Entnahmefähige Beträge, die mit Einverständnis oder Duldung des stillen Gesellschafters auf dem Darlehenskonto gebucht wurden, sind (wiederum vorbehaltlich § 242 BGB) im Zweifel durch dreimonatige Kündigung abrufbar (vgl. § 488 Abs. 3 BGB). Gegen **Verjährung** schützt der jährliche Ausweis in der Handelsbilanz (§ 212 Abs. 1 Nr. 1 BGB und dazu RdNr. 24). Die – notfalls auslegungsbedürftigen – Abreden der Gesellschafter entscheiden auch darüber, ob eine vereinbarte Mindestdividende zugleich die Verzinsung des Darlehenskontos festlegt.[95]

30 **d) Kein Entnahmerecht bezüglich der Einlage.** Im Gegensatz zum Gesellschafter einer OHG oder zu dem persönlich haftenden Gesellschafter einer KG (§ 122) und in Übereinstimmung mit dem Kommanditisten (§ 169) hat der stille Gesellschafter bezüglich seines Einlagenkontos **kein gesetzliches Recht auf Entnahmen vom Einlagekonto.**[96] Er kann dem Geschäftsinhaber die stille Einlage erst nach Auflösung der stillen Gesellschaft wieder entziehen. Ein dem § 122 entsprechendes Entnahmerecht kann allerdings – zB bei einem geschäftsführenden stillen Gesellschafter – vereinbart werden. Die Gestattung einzelner Entnahmen bindet idR nicht für die Zukunft.

31 **4. Die Teilnahme des typischen stillen Gesellschafters am Verlust (Abs. 2). a) Begrenzte Teilnahme am Verlust (Abs. 2 Satz 1).** Der stille Gesellschafter nimmt am Verlust nur bis zum Betrag seiner eingezahlten oder rückständigen Einlage teil. Er hat damit insoweit die gleiche Stellung wie ein Kommanditist (vgl. § 167 Abs. 3).[97] Der auf ihn entfallende Verlust wird seinem Einlagenkonto abgeschrieben. Abs. 2 Satz 1 ist ebenso **mißverständlich** formuliert wie § 167 Abs. 3. Die Bestimmung besagt nur, dass keine Nachschusspflicht entsteht. Buchmäßig wird der Verlust auch dann noch vom Konto abgeschrieben, wenn das Einlagenkonto dadurch passiv wird.[98] Entgegen dem Wortlaut des Abs. 2 Satz 1 kann also auch ohne besondere Vereinbarungen ein **negatives Einlagenkonto des stillen Gesellschafters** entstehen,[99] und zwar auch im Fall der (gesetzes-)typischen stillen Gesellschaft (zur atypischen stillen Gesellschaft vgl. RdNr. 44).[100] Das ergibt sich aus dem allerdings gleichfalls unklar gefassten Abs. 2 Satz 2: Wird in späteren Jahren Gewinn erzielt, ist der Gewinn zunächst zur Tilgung des Passivsaldos und zur Auffüllung der durch Verluste geminderten Einlage zu verwenden (RdNr. 32). Das gilt, worüber Abs. 2 Satz 2 schweigt, auch wenn das Einlagekonto unter Null gefallen ist. Die Bildung des negativen Kapitalkontos erfolgt ebenso wie sein Ausgleich durch Gewinngutschriften steuerlich erfolgsneutral.[101] Wird kein Gewinn erzielt und die Gesellschaft aufgelöst, braucht der stille Gesellschafter dagegen den Passivsaldo nur insoweit auszugleichen, als er noch mit seiner Einlage rückständig ist.[102] Der typische stille Gesellschafter kann somit, sofern nichts anderes vereinbart ist, nicht mehr als seine geleistete oder noch zu leistende Einlage und den zur Deckung früherer Verluste verwendeten Gewinn verlieren. Er

[94] ROHGE 13, 62, 65; Röhricht/v. Westphalen/*v. Gerkan/Mock* RdNr. 15; Schlegelberger/*Karsten Schmidt* RdNr. 30; Staub/*Zutt* RdNr. 29.

[95] Vgl. Schlegelberger/*Karsten Schmidt* RdNr. 30; im Zweifel wird man die Frage verneinen.

[96] Baumbach/*Hopt* RdNr. 4; E/B/J/S/*Gehrlein* RdNr. 17; Heymann/*Horn* RdNr. 4; Röhricht/v. Westphalen/*v. Gerkan/Mock* RdNr. 14; Schlegelberger/*Karsten Schmidt* RdNr. 31.

[97] AM wohl *Winnefeld* RdNr. L 281; Ludwig Schmidt/*Weber-Grellet* § 20 EStG RdNr. 97.

[98] Vgl. nur *Blaurock* RdNr. 14.70; Heymann/*Horn* RdNr. 9; *Koller*/Roth/Morck RdNr. 8; Oetker/*Schubert* RdNr. 20; Schlegelberger/*Karsten Schmidt* RdNr. 32; **aM** *Winnefeld* RdNr. L 281; Ludwig Schmidt/*Weber-Grellet* § 20 EStG RdNr. 97: nur wenn Verlustbeteiligung über Einlage hinaus vereinbart.

[99] OLG Karlsruhe ZIP 1986, 916, 917 = EWiR 1986, 701 *(Riegger)*; Baumbach/*Hopt* RdNr. 6; Heymann/*Horn* RdNr. 10; *Koller*/Roth/Morck RdNr. 8; Staub/*Zutt* RdNr. 29; *Groh* DB 2004, 669; verneinend *Winnefeld* RdNr. L 281; *Kormann* BB 1974, 894.

[100] E/B/J/S/*Gehrlein* RdNr. 25; MünchHdbGesR II/*Bezzenberger/Keul* § 86 RdNr. 48; *Rockhoff/Weber* DStR 2010, 363, 367 (steuerrechtlich); **aM** *Blaurock* RdNr. 22.233 f.

[101] Insoweit wie hier Ludwig Schmidt/*Weber-Grellet* EstG § 20 RdNr. 99.

[102] *Koller*/Roth/Morck RdNr. 8; Schlegelberger/*Karsten Schmidt* RdNr. 32.

bekommt seine Einlage, wenn sie durch Verluste gemindert ist, nicht zurück und muss zur Deckung der auf ihn entfallenden Verluste gegebenenfalls auch noch seine rückständige Einlage ohne Anspruch auf Rückgewähr leisten. Darüber hinaus ist er zu keiner Leistung verpflichtet.

b) Die Verlustdeckung mit Gewinnen (Abs. 2 Satz 2, 2. Halbsatz). Solange die Einlage des stillen Gesellschafters durch Verlust gemindert ist, ist der *jährliche Gewinn zur Deckung des Verlustes zu verwenden.*[103] Der Gewinn ist in erster Linie zum **Ausgleich einer Unterdeckung des Einlagenkontos** zu verwenden. Auch nach Ausgleichung eines negativen Einlagenkontos kann der stille Gesellschafter noch nicht Auszahlung des Gewinns verlangen, sondern er muss den Gewinn so lange stehen lassen, bis sein Einlagenkonto mindestens den als Einlage vereinbarten Betrag erreicht (RdNr. 31).[104] 32

c) Abweichende Vereinbarungen sind zulässig. Sie müssen im Streitfall von derjenigen Seite dargelegt und bewiesen werden, die daraus Rechte herleiten will.[105] Im Einzelnen ist zu unterscheiden.[106] Ohne Rücksicht auf frühere Verluste kann der stille Gesellschafter Auszahlung seines jährlichen Gewinnanteils verlangen, wenn er nach dem Gesellschaftsvertrag am Verlust nicht teilnimmt. Davon zu unterscheiden ist die Abrede, dass der stille Gesellschafter bis zum Betrag seiner Einlage am Verlust teilnehmen soll, aber nicht verpflichtet sein soll, Gewinne zur Deckung des Verlustes zu verwenden.[107] Dann ist Abs. 2 Satz 2, 2. Halbsatz, abbedungen, und es kann jeder Gewinnanteil entnommen oder auf einem Privatkonto gutgeschrieben werden. Häufiger wird diese Abrede allerdings nur in der Form getroffen, dass der stille Gesellschafter das Recht haben soll, einen bestimmten Teil seines Gewinns ohne Rücksicht auf Verluste zu entnehmen, während der andere zur Verlustdeckung verwendet werden muss.[108] Umgekehrt kann zu Lasten des stillen Gesellschafters abweichend von Abs. 2 Satz 1 auch eine Nachschusspflicht zur Deckung der Verluste vereinbart werden.[109] Die Deckungspflicht kann sogar so weit gehen, dass der stille Gesellschafter sich verpflichtet, unbeschränkt für etwaige Verluste einzustehen.[110] Eine Abbedingung des § 232 Abs. 2 S. 1 bedarf allerdings einer unmissverständlichen Vereinbarung.[111] Die Einstellung einer Verlustdeckungsforderung in die Bilanz verpflichtet den stillen Gesellschafter selbst dann noch nicht zur Nachzahlung, wenn er der Bilanz zugestimmt hat.[112] Klarzustellen ist auch, ob die Verlustdeckungshaftung erst im Auflösungsfall zum Zuge kommen (vgl. §§ 735, 739 BGB) oder zu einer periodischen Verlustdeckung führen soll. 33

d) Die Behandlung bezogener Gewinne (Abs. 2 Satz 2, 1. Halbsatz). aa) Bezogene Gewinne bleiben nach Abs. 2 Satz 2, 1. Halbsatz, von der Verlustdeckungspflicht unberührt. Die Pflicht, Gewinn zur Deckung von Verlusten zu verwenden, besteht grundsätzlich nur für den jährlichen Gewinn, der noch dem Einlagenkonto zugeschrieben werden kann. *Bezogen* ist Gewinn, wenn der stille Gesellschafter ihn sich hat auszahlen lassen. 34

[103] Schlegelberger/*Karsten Schmidt* RdNr. 32.

[104] KG NZG 1999, 23; OLG Karlsruhe ZIP 1986, 916, 917; *Blaurock* RdNr. 14.71; MünchHdbGesR II/*Bezzenberger/Keul* § 86 RdNr. 48; Heymann/*Horn* RdNr. 10; Schlegelberger/*Karsten Schmidt* RdNr. 34; Staub/*Zutt* RdNr. 28; **aA** *P. Hartmann* S. 86 f.; vgl. dagegen noch ausführlich Schlegelberger/*Karsten Schmidt* RdNr. 34.

[105] Schlegelberger/*Karsten Schmidt* RdNr. 35.

[106] Vgl. bereits die Varianten ebd.

[107] *Blaurock* RdNr. 7.40.

[108] Schlegelberger/*Karsten Schmidt* RdNr. 35.

[109] Vgl. OLG Karlsruhe ZIP 1986, 916, 917 f. = EWiR 1986, 701 *(Riegger)*; *Blaurock* RdNr. 14.73.

[110] Str., wie hier RG SeuffA 93 Nr. 59; RFH StuW 1929 II Nr. 270; OLG Karlsruhe ZIP 1986, 916, 917 f. = EWiR 1986, 701 *(Riegger)*; *Blaurock* RdNr. 14.73; *Koenigs* S. 12, 176; Düringer/Hachenburg/*Flechtheim* § 336 RdNr. 5; MünchHdbGesR II/*Bezzenberger/Keul* § 86 RdNr. 49; Schlegelberger/*Karsten Schmidt* RdNr. 38; s. auch RGZ 33, 125, 129.

[111] BGH NZG 2007, 382, 383; OLG Karlsruhe ZIP 1986, 916, 918 = EWiR 1986, 701 *(Riegger)*; *Blaurock* RdNr. 14.73.

[112] Vgl. KG NZG 1999, 23 m. Anm. *Zeidler* (laut Auskunft rechtskräftig).

Aber auch wenn er ihn nicht ausgezahlt erhalten hat, sondern der Betrag seinem Privatkonto gutgeschrieben worden ist, ist der Gewinn bezogen und seine Auszahlung kann jederzeit unabhängig von späteren Verlusten gefordert werden.[113] Die Terminologie ist auf Grund des Normzwecks eine andere als bei § 172 Abs. 5 (vgl. hierzu §§ 171, 172 RdNr. 85). Anders ist die Rechtslage, wenn der Gewinn wegen einer nicht gedeckten Einlage des stillen Gesellschafters dem Einlagenkonto gutgebracht wird. Dann dient er neben der Einlage als Deckungsobjekt für spätere Verluste.[114]

35 **bb) Irrtümlich zugewiesene oder ausgezahlte Gewinne** können nach § 812 BGB zurückgefordert werden.[115] Ist der Gewinn nicht ausgezahlt, sondern dem Einlagen- oder Darlehenskonto gutgeschrieben worden, so wird diese Gutschrift einfach berichtigt (es muss nicht nach § 812 Abs. 2 BGB auf Zustimmung geklagt werden). Im Einzelnen wird zu unterscheiden sein:[116]

36 **(1)** Eine *falsche Gewinnzuweisung* zugunsten des stillen Gesellschafters kann darin bestehen, dass ein periodischer Unternehmensgewinn oder der Anteil des stillen Gesellschafters an diesem Gewinn falsch festgestellt wurde. Nach der hM ist dann der stille Gesellschafter nicht analog § 172 Abs. 5 in seinem Vertrauen auf die Richtigkeit dieser Feststellung geschützt (vgl. zu dieser Bestimmung §§ 171, 172 RdNr. 81 ff.).[117] Erkennt man entgegen der hM beim Kommanditisten einen Schutz nach § 172 Abs. 5 auch im Innenverhältnis an (§§ 171, 172 RdNr. 94), so bestehen gegen die hM Bedenken. Wenn man die Regelung bei der KG als sachgerecht ansieht (was zweifelhaft ist), scheint eine analoge Anwendung angezeigt. Schon nach konventioneller Ansicht kann die Gewinnzuweisung nicht berichtigt werden, wenn der Geschäftsinhaber die Unrichtigkeit kannte (§ 814 BGB).[118] Ausgeschlossen ist die Berichtigung auch, soweit eine Anerkennung durch die Parteien entgegensteht (vgl. RdNr. 20), es sei denn, diese Anerkennung ist ihrerseits unverbindlich oder anfechtbar. Auch kann eine langjährige Übung dazu führen, dass eine dem Vertrag widersprechende Gewinnfeststellung verbindlich wird (RdNr. 16).

37 **(2)** Eine *falsche Gewinnverwendung* kann vorliegen, wenn ein Gewinn ausgezahlt oder auf dem Privatkonto gutgeschrieben ist, obwohl der Geschäftsinhaber auf der Verwendung der Gewinne für den Verlustausgleich bestehen konnte. Dann schuldet er keine Auszahlung.[119] Anders verhält es sich, wenn ausdrücklich oder stillschweigend vereinbart worden ist, dass für dieses Jahr von der Verwendung des Gewinns zur Verlustdeckung abgesehen werden soll.[120] Hierfür kann die einvernehmliche Auszahlung ausreichen, wenn beiden Teilen der Stand des Einlagenkontos bekannt ist. Wußte nur der Geschäftsinhaber, dass keine Auszahlungspflicht bestand, so kann er den ausgezahlten Gewinn gleichfalls nicht zurückfordern (§ 814 BGB).

III. Atypische stille Gesellschaft

38 **1. Der verteilbare Gewinn und Verlust. a) Varianten der atypischen stillen Gesellschaft.** Die Unterscheidung zwischen der Rechnungslegung nach §§ 242 ff. und der „Rechnungslegung der stillen Gesellschaft“ (RdNr. 13) gilt auch hier. Solange das Handelsrecht eine Vielzahl von atypischen stillen Beteiligungen unterscheidet (§ 230 RdNr. 73 ff.), muss beachtet werden, dass nicht jede „atypische“ stille Gesellschaft von den bei RdNr. 5 ff.,

---

[113] ROHGE 13, 62, 65; RGZ 48, 77, 82; Heymann/*Horn* RdNr. 11; Oetker/*Schubert* RdNr. 21; Röhricht/v. Westphalen/*v. Gerkan* RdNr. 19; Schlegelberger/*Karsten Schmidt* RdNr. 36.

[114] Schlegelberger/*Karsten Schmidt* RdNr. 36.

[115] *Blaurock* RdNr. 14.63; E/B/J/S/*Gehrlein* RdNr. 20; Heymann/*Horn* RdNr. 7; Schlegelberger/*Karsten Schmidt* RdNr. 37; Staub/*Zutt* RdNr. 27.

[116] Die Unterscheidung wurde entwickelt bei Schlegelberger/*Karsten Schmidt* RdNr. 37 ff.

[117] Vgl. *Blaurock* RdNr. 14.63; E/B/J/S/*Gehrlein* RdNr. 20; *Koller*/Roth/Morck RdNr. 7; so auch noch 1. Aufl. RdNr. 35.

[118] So schon Schlegelberger/*Karsten Schmidt* RdNr. 37.; heute zB Oetker/*Schubert* RdNr. 18.

[119] Vgl. Schlegelberger/*Karsten Schmidt* RdNr. 37.

[120] Vgl. hierzu *Koenigs* S. 201; *Renaud* S. 127; *Saenger* S. 96.

11 ff. dargestellten Regeln grundsätzlich abweicht. Das gilt insbesondere, wenn sich die Atypizität in bloßen Mitspracherechten erschöpft. Auch eine nur schuldrechtliche Beteiligung am Gesellschaftsvermögen (§ 230 RdNr. 80) führt lediglich zu einer Modifikation der für die typische stille Beteiligung geltenden Grundsätze: Es kann von der Jahresrechnungslegung ausgegangen werden (RdNr. 14), ohne dass alles, was nicht „betriebliches" Ergebnis ist, herausgerechnet werden müsste. In diesem Sinne kann von einer Maßgeblichkeit der Handelsbilanz des Geschäftsinhabers gesprochen werden.[121] Auch dann ist allerdings die Handelsbilanz des Geschäftsinhabers nicht identisch mit einer „Bilanz der stillen Gesellschaft".[122] Das Stufenverfahren nach RdNr. 21 ist auch hier einzuhalten.

b) „Innen-KG". Ist die atypische stille Gesellschaft in der vom Verfasser verwendeten Terminologie als „Innen-KG" (§ 230 RdNr. 81), zB als „atypische GmbH & Still" (§ 230 RdNr. 87, 166) ausgestaltet, so nehmen die stillen Gesellschafter wie Kommanditisten an der Gewinnverteilung teil. Als Grundlage der Gewinnermittlung wird teils die Handelsbilanz genannt,[123] teils die Steuerbilanz.[124] Im Einzelnen ist zu differenzieren:[125] Die hier entworfene Rechtsfigur der „Innen-KG", insbesondere in der Variante als „GmbH & Still" (§ 230 RdNr. 81 ff.) markiert einen vom Geschäftsinhaber verschiedenen **Mitunternehmerkreis unter Einschluss der stillen Gesellschafter** („virtuelle Kommanditgesellschaft"). Die stillen Gesellschafter sind am periodischen Gewinn und Verlust dieses Mitunternehmerkreises beteiligt (vgl. über ihre Kapitalkonten § 230 RdNr. 188). Die Handelsbilanz des Geschäftsinhabers (im Fall einer „GmbH & Still" also der GmbH) kann für die Feststellung des verteilbaren Gewinns nicht maßgeblich sein, weil der Geschäftsinhaber im Innenverhältnis einer Komplementärgesellschaft entspricht, und seine Bilanz die Rechnungslegung einer Kommanditgesellschaft nicht abbildet. Die Steuerbilanz gleicht der einer Kommanditgesellschaft,[126] aber sie gleicht nach ihrem Bilanzzweck nicht der für die handelsrechtliche Gewinnfeststellung maßgeblichen Handelsbilanz. Entscheidend ist vielmehr die **„Als-ob-Handelsbilanz" einer „virtuellen Kommanditgesellschaft"**, bestehend aus dem Geschäftsinhaber (zB GmbH) als „virtuellem Komplementär" und der von ihr mit den stillen Gesellschaftern gebildeten „virtuellen Kommanditgesellschaft". Aufgrund des Maßgeblichkeitsgrundsatzes kann die Steuerbilanz der atypischen stillen Gesellschaft als Handelsbilanz der „Innen-KG" als „virtueller Handelsgesellschaft" dienen, wobei die „virtuelle Handelsgesellschaft" deckungsgleich ist mit dem steuerlichen Mitunternehmerkreis.[127] 39

2. Die Behandlung der „Innen-KG" im Einzelnen. a) Bilanzielle Ermittlung des verteilbaren Gewinns. Die Feststellung des verteilbaren Gewinns erfolgt, wie bei einer Kommanditgesellschaft, bilanziell: **Analog §§ 167 Abs. 1, 120 Abs. 1** wird auf Grund der Bilanz der „virtuellen Kommanditgesellschaft" der Jahresgewinn oder Jahresverlust der „virtuellen Kommanditgesellschaft" ermittelt und für jeden Gesellschafter sein Anteil daran errechnet. Dieser Jahresabschluss wird vom „Komplementär" der „Innen-KG" aufgestellt, also vom sog. Geschäftsinhaber als „Innen-Komplementär". Im Einklang mit dem zur Kommanditgesellschaft ergangenen Urteil BGHZ 132, 272 = NJW 1996, 1678 können Bilanzierungsentscheidungen, die der Sache nach Gewinnverwendungsentscheidungen darstellen, nicht einseitig vom Geschäftsinhaber getroffen werden, sondern bedürfen der Zustimmung der Gesellschafter (Rücklagenbildung, Abschreibungen, Aufwandsrückstellungen; vgl. sinngemäß § 164 RdNr. 16).[128] 40

---

[121] Dafür *Blaurock* RdNr. 14.41; MünchHdbGesR II/*Bezzenberger/Keul* § 86 RdNr. 35; *Winnefeld* RdNr. L 282 a; E/B/J/S/*Gehrlein* RdNr. 27; Heymann/*Horn* RdNr. 5; Schlegelberger/*Karsten Schmidt* RdNr. 39; Staub/*Zutt* RdNr. 19.

[122] Schlegelberger/*Karsten Schmidt* RdNr. 39; *Döllerer* DStR 1985, 295.

[123] Vgl. nur *Schulze zur Wiesche* RdNr. 263 ff.; *Winnefeld* RdNr. L 282 a; wohl auch *Blaurock* RdNr. 14.41; E/B/J/S/*Gehrlein* RdNr. 27; Heymann/*Horn* RdNr. 27.

[124] *Groh,* FS Kruse, 2001, S. 422 ff.; unklar E/B/J/S/*Gehrlein* RdNr. 27 („Handels- bzw. Steuerbilanz").

[125] Verf. bereitet eine Untersuchung vor.

[126] BeckHdbPersG/*Neu* § 13 RdNr. 100 ff.; Ludwig Schmidt/*Wacker* EStG § 15 RdNr. 347 f.

[127] Verf. bereitet eine einschlägige Untersuchung vor.

[128] Vgl. auch hierüber arbeitet der Verf.

41 **b) Feststellung des Jahresabschlusses.** Auch für die Feststellung des Jahresabschlusses gelten sinngemäß die von BGHZ 132, 272 = NJW 1996, 1678 für die Kommanditgesellschaft ausgesprochenen Grundsätze: Es gibt neben der Rechnungslegung des Geschäftsinhabers eine Bilanzaufstellung und Bilanzfeststellung der stillen Gesellschaft (vgl. auch § 230 RdNr. 188). Die atypisch stillen Gesellschafter nehmen daran durch Beschlussfassung teil und bewirken durch die Beschlussfassung eine rechtsgeschäftliche Feststellungswirkung (vgl. sinngemäß § 164 RdNr. 15).[129] Dabei haben die abstimmenden Gesellschafter das Bedürfnis der Gesellschaft nach Selbstfinanzierung und Zukunftssicherung gegen die eigenen Ausschüttungsinteressen abzuwägen.[130]

42 **c) Die Verteilung des Jahresergebnisses** erfolgt nach den bei § 231 dargestellten Grundsätzen, und das bedeutet bei der „Innen-KG" idR: nach „Festkapitalkonten" der stillen Gesellschafter als „als-ob-Kommanditisten".[131] Die bei § 120 und § 121 dargestellten Grundsätze gelten, soweit auf die bloße Innengesellschaft passend, sinngemäß.

43 **d) Gewinnauszahlung und Gewinngutschrift.** Es gelten die bei § 167 dargestellten Grundsätze sinngemäß. Gewinn wird dem „Kapitalkonto" zugeschrieben, bis dieses den Betrag der vereinbarten stillen Einlage erreicht. Darüber hinaus ist Gutschrift auf einem Privat- oder Darlehenskonto oder Auszahlung möglich. Vertragliche Regelungen sind zulässig. Zur Frage, ob es ein Steuerentnahmerecht gibt, vgl. sinngemäß Erl. § 122.

44 **e) Verluste** mindern das „Kapitalkonto". Verluste sind nicht auf dem Konto „Verbindlichkeiten gegenüber Gesellschaftern" sondern auf einem beweglichen Kapitalkonto zu verbuchen.[132] Solche Verluste führen aber nicht zu Nachschusspflichten. Anderes kann sich aus dem Gesellschaftsvertrag ergeben.[133] Entgegen dem unklaren Wortlaut des § 167 Abs. 2 kann der „Kapitalanteil" des atypisch stillen Gesellschafters negativ werden (negatives Kapitalkonto des atypisch stillen Gesellschafters),[134] und ist dann zunächst aus Gewinn aufzufüllen (vgl. sinngemäß bereits RdNr. 32 zu Abs. 2 Satz 2, 2. Halbsatz).

IV. Unterbeteiligung

Schrifttum: § 230 RdNr. 191; *Groh*, Die Bilanz der Unterbeteilungsgesellschaft, FS Priester, 2007, S. 107; *Wargulla*, Die Unterbeteiligung an Kapitalgesellschaften im System der Abgeltungssteuer, DB 2009, 1416.

45 **1. Typische Unterbeteiligung. a) Maßgeblichkeit des § 232.** Die Unterbeteiligung unterliegt grundsätzlich den für die stille Gesellschaft geltenden Grundsätzen und damit dem sinngemäß anzuwendenden § 232.[135] Das bedeutet: Bei der typischen Unterbeteiligungsgesellschaft findet eine jährliche Abrechnung nach den bei RdNr. 11 ff. dargestellten Grundsätzen statt.

46 **b) Besonderheiten.** Die Unterbeteiligung erstreckt sich auf den gesamten Ertrag aus dem Anteil des Hauptbeteiligten. Die Unterscheidung zwischen „Betriebsgewinnen" und sonstigen Gewinnen passt auf sie nicht.[136] Der zu verteilende Gewinn erfasst deshalb den gesamten Bilanzgewinn, der dem Hauptgesellschafter in der Hauptgesellschaft gutgebracht oder an ihn ausgeschüttet wird.[137] Eine Beteiligung an Veränderungen des Firmenwerts,

---

[129] Vgl. auch (jedoch zu Unrecht nicht auf die „Innen-KG" beschränkt) *Schulze-Osterloh,* FS Kruse, 2001, S. 385.

[130] Vgl. sinngemäß BGHZ 132, 272 = NJW 1996, 1678.

[131] Vgl. o. Fn. 126.

[132] OLG Schleswig GmbHR 2009, 1164.

[133] OLG Schleswig GmbHR 2009, 1164, 1165.

[134] Vgl. zum negativen Kapitalkonto des atypisch stillen Gesellschafters *Schulze zur Wiesche* RdNr. 297; Ludwig Schmidt/*Wacker* EStG; § 16 RdNr. 472; Ludwig Schmidt/*Weber-Grellet* EStG § 20 RdNr. 97 f. (steuerrechtlich).

[135] Schlegelberger/*Karsten Schmidt* RdNr. 42; *Winterstein* S. 72 ff.

[136] *Friehe* S. 67; *Ulbrich* S. 133; E/B/J/S/*Gehrlein* RdNr. 28; Röhricht/v. Westphalen/*v. Gerkan/Mock* RdNr. 22; Schlegelberger/*Karsten Schmidt* RdNr. 43; Staub/*Zutt* RdNr. 37.

[137] Vgl. *Friehe* S. 67; *Ulbrich* S. 133; *Winterstein* S. 75; *Koller*/Roth/Morck RdNr. 9; Schlegelberger/*Karsten Schmidt* RdNr. 43.

des Werts von Gegenständen des Anlagevermögens etc. kommt deshalb nur in Betracht, soweit sich diese Wertveränderungen – zB nach Veräußerungsgeschäften – in Gewinnen des Hauptgesellschafters niederschlagen.[138] Nicht erfasst ist im Zweifel eine dem Hauptbeteiligten für Dienste in der Gesellschaft gezahlte Tätigkeitsvergütung.[139]

2. Atypische Unterbeteiligung. Die gesetzlichen Grundsätze sind auch hier abdingbar. Soweit eine Unterbeteiligungsgesellschaft atypisch als „Innen-KG" ausgestaltet ist, gelten die bei RdNr. 39 ff. dargestellten Grundsätze entsprechend. Es bildet sich dann innerhalb der Hauptbeteiligung ein KG-ähnlicher Mitunternehmerkreis. 47

V. Rechtslage in Österreich

In Österreich gilt ab 1. 1. 2007 (vgl. § 105 RdNr. 276) der folgende § 182 UGB: 48

(1) Am Schluß jedes Geschäftsjahres ist der Gewinn oder Verlust zu berechnen und der auf den stillen Gesellschafter fallende Gewinn auszuzahlen.

(2) [1] Der stille Gesellschafter nimmt an dem Verlust nur bis zum Betrag seiner eingezahlten oder rückständigen Einlage teil. [2] Er ist nicht verpflichtet, den bezogenen Gewinn wegen späterer Verluste zurückzuzahlen; jedoch wird, solange seine Einlage durch Verlust vermindert ist, der jährliche Gewinn zur Deckung des Verlustes verwendet.

(3) Der Gewinn, der von dem stillen Gesellschafter nicht behoben wird, vermehrt dessen Einlage nicht, sofern nicht ein anderes vereinbart ist.

§ 233 [Kontrollrecht des stillen Gesellschafters]

(1) Der stille Gesellschafter ist berechtigt, die abschriftliche Mitteilung des Jahresabschlusses zu verlangen und dessen Richtigkeit unter Einsicht der Bücher und Papiere zu prüfen.

(2) Die in § 716 des Bürgerlichen Gesetzbuchs dem von der Geschäftsführung ausgeschlossenen Gesellschafter eingeräumten weiteren Rechte stehen dem stillen Gesellschafter nicht zu.

(3) Auf Antrag des stillen Gesellschafters kann das Gericht, wenn wichtige Gründe vorliegen, die Mitteilung einer Bilanz und eines Jahresabschlusses oder sonstiger Aufklärungen sowie die Vorlegung der Bücher und Papiere jederzeit anordnen.

Schrifttum (vgl. zunächst die Angaben bei § 230): *Schlitt,* Die Informationsrechte des stillen Gesellschafters in der typischen stillen Gesellschaft und in der stillen Publikumspersonengesellschaft, 1996; *Karsten Schmidt,* Informationsrechte in Gesellschaften und Verbänden, 1984; *ders.,* Die Information des Gesellschafters, FS 100 Jahre GmbH-Gesetz, 1992, S. 559; *Wohlleben,* Informationsrechte des Gesellschafters, 1988.

Übersicht

[138] Röhricht/v. Westphalen/*v. Gerkan/Mock* RdNr. 22; Schlegelberger/*Karsten Schmidt* RdNr. 43; ähnlich *Winterstein* S. 75.

[139] E/B/J/S/*Gehrlein* RdNr. 28; Staub/*Zutt* RdNr. 37.

I. Das gesetzliche Informationsrecht nach Abs. 1

1 **1. Grundsätzliches. a) Gesetzesgeschichte.** Die **Informationsrechte des stillen Gesellschafters** sind ebenso geregelt wie die eines Kommanditisten (§ 166). Die Absätze 1 und 3 gehen auf Art. 253 ADHGB zurück. Der Gesetzgeber von 1897 hat die Regelung nur formal der mit dem gleichzeitigen Inkrafttreten des HGB und des BGB eingetretenen Rechtslage angepasst (§ 338 aF). Die Abs. 1 und 2 des § 233 (wie des § 166) wurden durch das Bilanzrichtliniengesetz geändert.[1] § 338 aF bezog das Prüfungsrecht des Abs. 1 noch auf die „jährliche Bilanz" und Abs. 3 sah die Mitteilung des Jahresabschlusses noch nicht vor. Das BiRiLiG von 1985 hat nur diese Einzelpunkte geändert, aber keine wirkliche Modernisierung des § 233 vorgenommen. Abs. 1 ist, wie das Gesetzesrecht der stillen Gesellschaft überhaupt, auf die *typische* stille Beteiligung zugeschnitten. Die Bestimmung setzt deshalb zwar ein Gesellschaftsverhältnis (RdNr. 3), aber keine mitgliedschaftliche Stellung des stillen Gesellschafters (§ 230 RdNr. 103) voraus.

2 **b) Rechtspolitische Betrachtung.** Rechtspolitisch verdient die gesetzliche Regelung keine Zustimmung.[2] In Anbetracht der mit einer stillen Beteiligung verbundenen Risiken geht es nicht an, dass das HGB dem stillen Gesellschafter weniger Rechte gibt, als sie jedem Gesellschafter in jeder Gesellschaft bürgerlichen Rechts zustehen. Insbesondere Abs. 2 ist ein charakteristisches Beispiel für die mißlungene Verzahnung von HGB und BGB. Obwohl die stille Gesellschaft eine Variante der Gesellschaft bürgerlichen Rechts ist, versagt hier der Gesetzgeber dem stillen Gesellschafter die einem von der Geschäftsführung ausgeschlossenen Gesellschafter nach dem BGB zustehenden Informationsrechte. Hinzu kommt eine doppelte Unausgewogenheit innerhalb des HGB. Die Gleichstellung des stillen Gesellschafters mit einem Kommanditisten (vgl. § 166)[3] ist hinsichtlich der typischen, also der im Gesetz geregelten Variante der stillen Gesellschaft unangebracht. Soweit auf der anderen Seite diese Gleichstellung angebracht ist (vgl. zur „Innen-KG" als atypischer stiller Gesell-

[1] BGBl. 1985 I S. 2355.
[2] Anders Staudinger/*Habermeier* (2003) § 716 RdNr. 2; vgl. auch Heymann/*Horn* RdNr. 8 zu Abs. 2.
[3] Oetker/*Schuster* RdNr. 2.

schaft § 230 RdNr. 81), ist § 233 ebenso rückständig und fortbildungsbedürftig wie § 166. De lege ferenda sollte § 233 modernisiert werden. De lege lata kann die Zuerkennung vertraglicher Informationsrechte (RdNr. 16 f.) und für die atypische stille Gesellschaft eine Fortbildung des gesetzlichen Informationsrechts helfen (RdNr. 19).[4]

c) Rechtssystematische Einordnung. Rechtssystematisch ist das Informationsrecht, wie seine Anlehnung an § 166 zeigt, Bestandteil des stillen *Gesellschafts*verhältnisses, nicht des bloß obligatorischen *Einlage*verhältnisses (vgl. zum Unterschied zwischen beiden § 230 RdNr. 17).[5] Das Informationsrecht steht dem stillen Gesellschafter in seiner Eigenschaft als Gesellschafter, nicht als Gläubiger des Unternehmensträgers zu. Diese Unterscheidung spielt vor allem nach der Auflösung der stillen Gesellschaft eine Rolle (RdNr. 31). Aus ihr ergibt sich aber auch, dass der stille Gesellschafter als Vertragspartner des Geschäftsinhabers bereits vor der Leistung seiner Einlage auf Grund des Gesellschaftsverhältnisses Information verlangen kann.[6] Auch kann der Inhaber dem Stillen aus diesem Grunde Auskunft und Überwachung nicht mit dem Argument verweigern, der stille Gesellschafter habe seine Einlage noch nicht geleistet.[7] Das Recht ist ein **mit dem Gesellschaftsverhältnis** untrennbar verbundenes und daher **nicht selbstständig abtretbares Recht** (vgl. auch § 166 RdNr. 18).[8] Tritt der stille Gesellschafter seinen Anspruch auf den Gewinnanteil an einen Dritten ab, so geht das gesellschaftsrechtliche Informationsrecht auch nicht insoweit auf den Abtretungsempfänger über, als es den Gewinnanteil betrifft.[9] Der Geschäftsinhaber ist jedoch nach allgemein schuldrechtlichen Regeln (§§ 242, 810 BGB) verpflichtet, dem Abtretungsempfänger den errechneten Gewinnanteil mitzuteilen.[10] 3

d) Berechtigter und Verpflichteter. Aus § 233 berechtigt ist der stille Gesellschafter, bei einer mehrgliedrigen stillen Gesellschaft (§ 230 RdNr. 83 ff.) jeder stille Gesellschafter. Zur Geltendmachung durch Dritte, zB durch zur Berufsverschwiegenheit verpflichtete Fachleute, vgl. RdNr. 7; zur Verlagerung von Informationsrechten auf bestimmte Interessenvertretungsorgane vgl. RdNr. 27. Verpflichtet ist der Geschäftsinhaber (RdNr. 8). 4

2. Die Informationsrechte des Abs. 1. a) Nur Informationsrechte. Nur sie räumt das Gesetz dem stillen Gesellschafter ein. Ein Recht auf Mitbesitz der Geschäftsbücher steht ihm nicht zu.[11] Ebensowenig gewährleistet § 233 Geschäftsführungs- und Mitspracherechte (zu diesen vgl. § 230 RdNr. 178 ff.). Da die gesetzlichen Überwachungsrechte des stillen Gesellschafters mit denen des Kommanditisten übereinstimmen, wird zur Erläuterung der Vorschrift zunächst auf § 166 RdNr. 1 ff. verwiesen. 5

b) Gegenstand des Informationsrechts. Im Gegensatz zu den §§ 716 BGB, 118 HGB, 51 a GmbHG und 131 AktG spricht § 233 nicht von „Angelegenheiten der Gesellschaft". Das ist bei der typischen stillen Gesellschaft als Schuldverhältnis an sich konsequent.[12] Nach dem **gesetzestypischen Modell der stillen Gesellschaft** kann es sich nur um **Angelegenheiten des Geschäftsinhabers** handeln, und zwar um solche, auf die sich das **Informationsinteresse des stillen Gesellschafters** erstreckt. Der Gesetzgeber hat 6

[4] Vgl. auch MünchHdbGesR II/*Kühn* § 81 RdNr. 2.

[5] MünchHdbGesR II/*Kühn* § 81 RdNr. 6; E/B/J/S/*Gehrlein* RdNr. 2; Heymann/*Horn* RdNr. 1; Schlegelberger/*Karsten Schmidt* RdNr. 3; Staub/*Zutt* RdNr. 3 („Bestandteil der Mitgliedschaft"); eingehend *Schlitt* S. 66.

[6] So im Ergebnis BayObLG OLGE 38, 195 = LZ 1919, 61; *Blaurock* RdNr. 12.68; Baumbach/*Hopt* RdNr. 1; E/B/J/S/*Gehrlein* RdNr. 2; Düringer/Hachenburg/*Flechtheim* § 338 RdNr. 3; Heymann/*Horn* RdNr. 1; Staub/*Zutt* RdNr. 3.

[7] *Koenigs* S. 167; Baumbach/*Hopt* RdNr. 1; MünchHdbGesR II/*Kühn* § 81 RdNr. 11.

[8] Baumbach/*Hopt* RdNr. 5; GK/*Fahse* RdNr. 8; Heymann/*Horn* RdNr. 5; Röhricht/v. Westphalen/*v. Gerkan/Mock* RdNr. 2; Staub/*Zutt* RdNr. 3.

[9] BGH BB 1976, 11; Baumbach/*Hopt* RdNr. 5; E/B/J/S/*Gehrlein* RdNr. 2; Heymann/*Horn* RdNr. 5; Röhricht/v. Westphalen/*v. Gerkan/Mock* RdNr. 2; Staub/*Zutt* RdNr. 3.

[10] BGH BB 1976, 11 = NJW 1976, 189 = DB 1976, 41; *Blaurock* RdNr. 10.33; GK/*Fahse* RdNr. 11; Heymann/*Horn* RdNr. 5; MünchHdbGesR II/*Kühn* § 81 RdNr. 9; Staub/*Zutt* RdNr. 3.

[11] OLG Colmar LZ 1914, 405; Heymann/*Horn* RdNr. 7; Schlegelberger/*Karsten Schmidt* RdNr. 4.

[12] Unrichtig insofern der Ansatz bei *Schlitt* S. 78 ff. für die gesetzestypische stille Gesellschaft.

dabei nur an das Interesse des stillen Gesellschafters an den Erträgen des Unternehmens gedacht. Hinzu kommen aber alle Informationen, die die Sicherheit und die pflichtmäßige Verwendung der Einlage (§ 230 RdNr. 138) betreffen. Umfassender sind die Informationsgegenstände **bei der verbandsmäßig strukturierten atypischen stillen Gesellschaft** (§ 230 RdNr. 81 ff.). Bei ihr gibt es – nicht anders als auch in der Kommanditgesellschaft – **Angelegenheiten der stillen Gesellschaft** (RdNr. 27). Besonders einleuchtend ist dies im Fall der hier sog. **„Innen-KG"** (§ 230 RdNr. 81): Die Tatsache allein, dass die stille Gesellschaft nicht Rechtsträgerin im Außenverhältnis ist, ändert nichts daran, dass es verbandsbezogene Angelegenheiten und Interessen gibt. **Bei verbundenen Unternehmen** erstrecken sich die Informationsrechte des stillen Gesellschafters auf deren wirtschaftliche Beziehung zu dem Inhaber, soweit diese für die stille Beteiligung relevant sind.[13] Über eigene Angelegenheiten oder Angelegenheiten eines anderen Unternehmens braucht der Inhaber den Stillen grundsätzlich nicht in Kenntnis zu setzen.[14]

7 **c) Rechtsinhaber.** Inhaber des Informationsrechts ist der stille Gesellschafter und nur er.[15] Die Ausübung des Informationsrechts ist an die Gesellschaftereigenschaft gebunden und insofern höchstpersönlich.[16] Dennoch kann sich der Gesellschafter bei der Ausübung des Rechts eines zur Berufsverschwiegenheit verpflichteten Dritten bedienen,[17] wobei es im Einzelfall auf die Notwendigkeit der Hinzuziehung und die Zumutbarkeit für den Inhaber des Handelsgeschäfts ankommt.[18] Kostenersatz hierfür kann der stille Gesellschafter grundsätzlich nur unter dem Gesichtspunkt des Schadensersatzes verlangen.[19] Zur Frage, inwieweit die Ausübung durch Dritte zur Pflicht gemacht werden kann, vgl. RdNr. 27.

8 **d) Anspruchsgegner.** Anspruchsgegner ist immer der Geschäftsinhaber,[20] nicht also zB ein mit ihm bloß verbundenes Konzernunternehmen.[21] Geschäftsinhaber ist der Träger des Unternehmens (§ 230 RdNr. 26), im Fall einer Handelsgesellschaft also diese Gesellschaft. Das Leitungsorgan der Gesellschaft (Vorstand, Geschäftsführer, Komplementär) ist zwar für die Information zuständig, nicht aber selbst Informationsschuldner.[22]

9 **e) Gegenstand des Informationsrechts. aa) Die Mitteilung des Jahresabschlusses** kann der stille Gesellschafter nach Abs. 1 verlangen. *Gegenstand der Mitteilung des Jahresabschlusses* ist nach hM die gemäß § 242 vom Geschäftsinhaber alljährlich aufzustellende Jahresbilanz und die Gewinn- und Verlustrechnung.[23] Das dürfte auch der Vorstellung des historischen Gesetzgebers entsprechen (vgl. schon RdNr. 1). Dieser meinte mit der dem stillen Gesellschafter mitzuteilenden „Bilanz" (Wortlaut bis 1985) bzw. dem „Jahresabschluss" nicht eine „Bilanz der stillen Gesellschaft" (§ 230 RdNr. 188), sondern die Bilanz (den Jahresabschluss) des Unternehmens, an dem die stille Beteiligung besteht (zur Vorlage

[13] BGH LM § 338 aF Nr. 3 = NJW 1984, 2470; *Blaurock* RdNr. 12.77 ff.; MünchHdbGesR II/*Kühn* § 81 RdNr. 4; *Schlitt* S. 80 ff.

[14] Röhricht/v. Westphalen/*v. Gerkan/Mock* RdNr. 5a.

[15] Eingehend *Schlitt* S. 141 ff.

[16] Vgl. statt vieler Oetker/*Schubert* RdNr. 5.

[17] In gleicher Richtung KG OLGE 19, 390 = Recht 1914 Nr. 387; OLGE 27, 397, 398; OLG München BB 1954, 669; *Blaurock* RdNr. 12.71; Baumbach/*Hopt* RdNr. 5; Heymann/*Horn* RdNr. 2; Röhricht/v. Westphalen/*v. Gerkan/Mock* RdNr. 5; enger MünchHdbGesR II/*Kühn* § 81 RdNr. 8 (Einsicht durch Sachverständige nur bei Vorliegen besonderer Gründe); noch enger GK/*Fahse* RdNr. 8 (nur bei Zulassung im Gesellschaftsvertrag).

[18] Insofern zutreffend BayObLGZ 14, 605 = SeuffA 69 Nr. 178; vgl. auch *Schlitt* S. 145; Heymann/*Horn* RdNr. 2.

[19] Dazu, weitergehend als der Text, *Blaurock* RdNr. 12.71; wie hier im Grundsatz *Schlitt* S. 146 f.

[20] Vgl. statt vieler *Schlitt* S. 137.

[21] BGH LM § 338 aF Nr. 3 = NJW 1984, 2470; MünchHdbGesR II/*Kühn* § 81 RdNr. 10; Röhricht/v. Westphalen/*v. Gerkan/Mock* RdNr. 5a.

[22] Unrichtig E/B/J/S/*Gehrlein* RdNr. 5 für den Komplementär („gemäß § 123"?) im Anschluss an Staub/*Zutt* RdNr. 4.

[23] MünchHdbGesR II/*Kühn* § 81 RdNr. 3; E/B/J/S/*Gehrlein* RdNr. 7; Heymann/*Horn* RdNr. 6; Staub/*Zutt* RdNr. 6.

der „Bilanz der stillen Gesellschaft" vgl. RdNr. 24). Ein Recht auf laufende Information ergibt sich aus Abs. 1 nicht.[24]

bb) Nichtkaufmännische Unternehmen. Die stille Beteiligung am nichtkaufmännischen Unternehmen ist möglich (§ 230 RdNr. 24). Allerdings ist ein nichtkaufmännischer Unternehmer nicht nach § 242 verpflichtet, Bücher zu führen. Nach hM kann deshalb der stille Gesellschafter nicht die Mitteilung eines Jahresabschlusses verlangen, wohl aber eine Aufstellung über die Geschäftsergebnisse,[25] dh. eine Steuerbilanz oder eine Einnahmen-Überschussrechnung. Für § 233 besteht kein wesentlicher Unterschied. 10

cc) Einsichtsrecht. Das Einsichtsrecht (Abs. 1) entspricht dem des Kommanditisten.[26] Auf § 166 RdNr. 2 ff. wird verwiesen. Das ordentliche Einsichtsrecht nach Abs. 1 beschränkt sich grundsätzlich auf die Bücher und Papiere des Geschäftsinhabers,[27] also auf die über die Angelegenheiten des Unternehmens geführten Bücher und Papiere. Das sind im Wesentlichen die für die Rechnungslegung des Unternehmens wesentlichen Bestände an Korrespondenz und elektronischen Daten. Der Gesetzgeber hat dieses Einsichtsrecht durch den Zweck der Bilanzprüfung beschränkt.[28] Er hat also dem stillen Gesellschafter auch hier kein ständiges Informationsrecht zugestanden. 11

dd) Auskunftsrechte? Nach dem Wortlaut des Abs. 1 steht dem stillen Gesellschafter neben dem Recht auf Mitteilung des Jahresabschlusses und dem Einsichtsrecht kein allgemeines Auskunftsrecht zu,[29] noch weniger ein Recht auf Information über laufende Angelegenheiten.[30] Das Informationsrecht des Abs. 1 beruht insofern auf einem überholten Rechtsverständnis der Rechte eines stillen Gesellschafters und der Informationsrechte im Allgemeinen. Es ist deshalb **Gegenstand eines Rechtsfortbildungsprozesses** (vgl. zu diesem RdNr. 17 ff.). 12

3. Das „außerordentliche Informationsrecht" des Abs. 3. a) Herrschende Auffassung. Ein **außerordentliches Informationsrecht** wird dem **Abs. 3** entnommen.[31] Nach dieser früher nicht problematisierten hM ist die Vorschrift materiellrechtlicher Art: Sie begründet ein über Abs. 1 hinausgehendes Informationsrecht (vgl. sinngemäß auch § 166 RdNr. 33 [*Grunewald*]).[32] Voraussetzung des außerordentlichen Informationsrechts ist nach hM, dass **wichtige Gründe** vorliegen. Zu den Voraussetzungen des wichtigen Grundes vgl. grundsätzlich § 166 RdNr. 30 ff., jedoch ist zu beachten, dass diese Voraussetzungen vom Einzelfall abhängen und nicht für jeden stillen Gesellschafter mit denen bei der Kommanditgesellschaft übereinstimmen.[33] Nach Auffassung des Bundesgerichtshofs ist der wichtige Grund gegeben, wenn durch das Recht aus Abs. 1 oder aus besonderer vertraglicher Regel der stille Gesellschafter nicht hinreichend geschützt ist und sich daraus die Gefahr einer Schädigung ergibt.[34] Zu der hier favorisierten Einordnung des wichtigen Grundes vgl. RdNr. 15. Der **Inhalt des außerordentlichen Informationsrechts** erschöpft sich nach bisher hM in den in Abs. 3 genannten Informationsmitteln.[35] Nach richtiger Auffassung ist das materielle Informationsrecht nicht in dieser Weise beschränkt 13

[24] *Schlitt* S. 85.
[25] Vgl. nur Heymann/*Horn* RdNr. 6 (für den früheren Minderkaufmann); Staub/*Zutt* RdNr. 7 (für den früheren Minderkaufmann).
[26] Baumbach/*Hopt* RdNr. 4; Staub/*Zutt* RdNr. 8.
[27] *Blaurock* RdNr. 12.69; Baumbach/*Hopt* RdNr. 4; Heymann/*Horn* RdNr. 7.
[28] *Schlitt* S. 90 f.
[29] Dazu eingehend *Schlitt* S. 110 ff., 118 ff.
[30] Vgl. *Schlitt* S. 118 iVm. S. 117.
[31] *Blaurock* RdNr. 12.73 ff.; MünchHdbGesR II/*Kühn* § 81 RdNr. 5; *Schlitt* S. 101 ff.; Heymann/*Horn* RdNr. 9; Oetker/*Schubert* RdNr. 15; Staub/*Zutt* RdNr. 14.
[32] Vgl. nur MünchHdbGesR II/*Kühn* § 81 RdNr. 5; *Schlitt* S. 105 ff.; E/B/J/S/*Gehrlein* RdNr. 14; Heymann/*Horn* RdNr. 9; Oetker/*Schubert* RdNr. 15; Röhricht/v. Westphalen/*v. Gerkan/Mock* RdNr. 7.
[33] Eingehend zum wichtigen Grund *Schlitt* S. 102 ff.
[34] BGH LM § 338 aF Nr. 3 = NJW 1984, 2470; ebenso Baumbach/*Hopt* RdNr. 6; E/B/J/S/*Gehrlein* RdNr. 15.
[35] Vgl. nur KGJ 30 A 120, 122.

(RdNr. 14).[36] Mit Recht hat der BGH[37] deshalb in einer zu § 166 ergangenen Entscheidung ausgesprochen, dass ein außerordentliches Einsichtsrecht auch bezüglich der Bücher und Papiere solcher Unternehmen bestehen kann, an denen der Geschäftsinhaber seinerseits beteiligt ist (RdNr. 6). **Informationsschuldner** bleibt der Geschäftsinhaber.[38]

14 **b) Stellungnahme.** Abs. 3 bedarf einer **Neuinterpretation.**[39] Ihrem historischen Gehalt nach war die Bestimmung materiellrechtlicher Art. Sie basierte auf dem traditionell engen Verständnis des Abs. 1, wonach dem (typischen) stillen Gesellschafter nicht einmal die einem von der Geschäftsführung ausgeschlossenen (!) BGB-Gesellschafter gebührenden Informationen zustehen sollten (RdNr. 2). So musste das Bild entstehen, der Gesetzgeber räume dem stillen Gesellschafter in den strengen Grenzen des Abs. 3 ein sonst nicht vorhandenes Informationsrecht ein. Diese *Prämisse ist überholt.* Im Lichte der bei RdNr. 17 ff. darzustellenden Erweiterung der Informationsrechte bedarf es eines besonderen, vom Gesetz eng begrenzten Informationsrechts nach Abs. 3 nicht. Im Lichte der Rechtsfortbildung muss Abs. 3 demnach in einem vollständig neuen Sinn verstanden werden, nämlich als eine **Verfahrensvorschrift:** Abs. 3 gibt dem stillen Gesellschafter, wenn wichtige Gründe vorliegen, ein besonderes Verfahren des einstweiligen Rechtsschutzes. Das in diesem Verfahren geltend zu machende Informationsrecht selbst wird durch die Bestimmung nicht begründet, sondern von ihr vorausgesetzt. Nur die Befugnis des Gerichts, die in Abs. 3 genannten Informationen jederzeit anzuordnen, nicht mehr dagegen das materielle Informationsrecht ist im Licht dieser Rechtsfortbildung Gegenstand der besonderen Regelung.

15 **c) Der wichtige Grund.** Die hier vertretene Auffassung hat Auswirkungen auch auf das Verständnis des Begriffs der „wichtigen Gründe" iS von Abs. 3. Herkömmlich wurde dieses Merkmal als Voraussetzung des außerordentlichen Informationsrechts verstanden, weshalb vor allem der Verdacht der Unredlichkeit als wichtiger Grund iS von Abs. 3 angesehen wurde.[40] Die „wichtigen Gründe" sind aber bei Abs. 3 mit Bezug auf das Eilverfahren, nicht auf das materielle Recht, zu verstehen. In materiellrechtlicher Hinsicht versteht sich von selbst, dass ein außerordentliches Informationsbedürfnis (zB Verdacht der Unredlichkeit) auch außerordentliche Informationsrechte auslöst. Aber für das Verfahren nach Abs. 3 kommt es auf die Gründe an, die die „jederzeitige" *Anordnung durch das Gericht* rechtfertigen. Diese wichtigen Gründe sind also auf den Rechtsschutz zu beziehen, also auf die Gefahr der Rechtsvereitelung. Sie entsprechen dem „Verfügungsgrund" im Verfahren des einstweiligen Rechtsschutzes nach §§ 935 ff. ZPO. In diese Richtung weist die bei RdNr. 13 angeführte Formulierung des BGH, die auf das Schutzbedürfnis des stillen Gesellschafters abstellt.[41] Wichtige Gründe iS von Abs. 3 liegen vor, wenn die Besorgnis einer wesentlichen Rechtsbeeinträchtigung durch verspätete Information begründet ist.

II. Erweiterung des gesetzlichen Informationsrechts

16 **1. Vertragliche Erweiterung und Erweiterung durch Rechtsfortbildung. a) Gesellschaftsvertrag.** Unbestrittenermaßen können dem stillen Gesellschafter durch den Gesellschaftsvertrag Informationsrechte eingeräumt werden, die über § 233 hinausgehen.[42]

---

[36] Eingehende Nachweise bei *Schlitt* S. 106 (freilich in Vermischung der materiellrechtlichen und der verfahrensrechtlichen Ebene und deshalb in wenig förderlicher Auseinandersetzung mit der schon bei Schlegelberger/*Karsten Schmidt* RdNr. 9 vertretenen Auffassung des Verf.).

[37] LM § 338 aF Nr. 3 = NJW 1984, 2470 dazu ausführlich *Blaurock* RdNr. 12.80 ff.; *Schlitt* S. 105 ff.; *Hepting,* FS Pleyer, 1986, S. 301 ff.

[38] Schlegelberger/*Karsten Schmidt* RdNr. 9.

[39] *Karsten Schmidt* Informationsrechte S. 79 iVm. S. 74 ff.; Schlegelberger/*Karsten Schmidt* RdNr. 9, 18; sympathisierend Baumbach/*Hopt* RdNr. 6; Heymann/*Horn* RdNr. 10; **abl.** *Schlitt* S. 103 ff.; GK/*Fahse* RdNr. 10; Oetker/*Schubert* RdNr. 15; Staub/*Zutt* RdNr. 14; ohne Stellungnahme E/B/J/S/*Gehrlein* RdNr. 14.

[40] Vgl. nur *Blaurock* RdNr. 12.74; *Schlitt* S. 103.

[41] BGH LM § 338 aF Nr. 3 = NJW 1984, 2470.

[42] Eingehend MünchHdbGesR II/*Kühn* § 81 RdNr. 15 ff.; Baumbach/*Hopt* RdNr. 12; Oetker/*Schubert* RdNr. 18.

Vor allem bei atypischen stillen Gesellschaftsverhältnissen sind klarstellende Vertragsregeln zu empfehlen.

b) Rechtsfortbildung. Bedeutsamer als die vertragliche Erweiterung der Informationsrechte ist deren Erweiterung durch Rechtsfortbildung. Rechtsmethodisch muss diese Rechtsfortbildung bei der Institution des Informationsrechts ansetzen.[43] Die §§ 713, 666 BGB helfen nicht weiter, da auf sie nur das kollektive, nicht das individuelle Informationsrecht gestützt werden kann.[44] **Abs. 2 steht einer Erweiterung nicht entgegen.**[45] Die Bestimmung ist durch einen Wandel der Normsituation obsolet geworden[46] und würde auch einer verfassungsrechtlichen Prüfung sub specie Art. 14 GG schwerlich standhalten. 17

2. Typische und atypische stille Gesellschaftsverhältnisse. a) Typische stille Gesellschaft. Schon bei der typischen stillen Beteiligung ist von einer Erweiterung über § 233 hinaus auszugehen.[47] Das gilt insbesondere für das dem § 233 seinem Wortlaut nach unbekannte Auskunftsrecht:[48] Der stille Gesellschafter hat Anspruch nicht nur auf die Mitteilung des Jahresabschlusses und auf die Gestattung der Einsicht in die Rechnungsunterlagen, sondern er hat, soweit sein durch den gemeinsamen Zweck der stillen Gesellschaft berechtigtes Informationsinteresse reicht, auch Auskunftsrechte gegen den Geschäftsinhaber.[49] Herkömmlich wird dieses Informationsrecht auf Informationen begrenzt, die zur Ausübung von Widerspruchs- oder Stimmrechten erforderlich sind.[50] Das ist zu eng. Der Umfang des gesetzlich gewährleisteten Informationsrechts entspricht dem durch Abs. 2 formell ausgeschlossenen § 716 BGB: Der stille Gesellschafter kann sich von den Angelegenheiten des Unternehmens persönlich unterrichten, die Geschäftsbücher und die Papiere der Gesellschaft einsehen und sich daraus eine Übersicht über den Stand des Vermögens anfertigen. Selbst eine dieses Recht ausschließende oder beschränkende Vereinbarung steht seiner Ausübung nicht entgegen, wenn Grund zu der Annahme unredlicher Geschäftsführung besteht. Eine Grenze finden diese durch Rechtsfortbildung institutionalisierten gesetzlichen Informationsrechte im Informationsbedürfnis des stillen Gesellschafters und selbstverständlich im Missbrauchsverbot.[51] Das zieht dem Informationsrecht des typischen stillen Gesellschafters Grenzen. Die Absätze 1 und 3 bleiben als historische Mindestgewährleistung des Informationsrechts unberührt. 18

b) Atypische stille Gesellschaft. Ist die stille Gesellschaft atypisch nur in dem Sinne, dass der Stille rechnerisch am Vermögen beteiligt ist (§ 230 RdNr. 79 ff.), so gelten die soeben bei RdNr. 18 dargestellten Grundsätze. Anders verhält es sich **bei der mehrgliedrigen stillen Gesellschaft, insbesondere bei der „Innen-KG“** (§ 230 RdNr. 81), **zB der „GmbH & Still“** (§ 230 RdNr. 87) und hier insbesondere bei der stillen Publikumsgesellschaft (§ 230 RdNr. 88 f.). Bei diesen Varianten ist § 230 in demselben Sinne fortzubilden wie bei der Kommanditgesellschaft (dazu § 166 RdNr. 11 ff.). Das bedeutet: In den durch das Informationsbedürfnis des stillen Gesellschafters gezogenen Grenzen ist einem solchen Gesellschafter ein *allgemeines Auskunfts- und Einsichtsrecht* hinsichtlich aller den gemeinsamen Zweck der Vertragspartner, insbesondere die Gewinninteressen des stillen Gesellschafters betreffenden Tatsachen zuzugestehen.[52] Dieses Informationsrecht erstreckt 19

---

[43] *Karsten Schmidt* Informationsrechte S. 36.

[44] Schlegelberger/*Karsten Schmidt* RdNr. 12.

[45] **AM** wohl *Blaurock* RdNr. 12.85 f.; E/B/J/S/*Gehrlein* RdNr. 13; Heymann/*Horn* RdNr. 8.

[46] Zurückhaltender noch Schlegelberger/*Karsten Schmidt* RdNr. 2.

[47] Vgl. *Schlitt* S. 132 ff.

[48] Zurückhaltend 1985/1986 noch Schlegelberger/*Karsten Schmidt* RdNr. 11.

[49] MünchHdbGesR II/*Kühn* § 81 RdNr. 2; *Schlitt* S. 118 f.; Heymann/*Horn* RdNr. 11; Staub/*Zutt* RdNr. 10.

[50] Vgl. E/B/J/S/*Gehrlein* RdNr. 12; Oetker/*Schubert* RdNr. 19; Staub/*Zutt* RdNr. 10; wohl auch MünchHdbGesR II/*Kühn* § 81 RdNr. 2.

[51] Vgl. zu diesen allgemeinen Schranken mitgliedschaftlicher Informationsrechte *Karsten Schmidt* Informationsrechte S. 35 ff., 42.

[52] In dieser Richtung, jedoch unentschieden, für die KG BGH LM § 166 HGB Nr. 113 = NJW 1992, 1890; s. auch OLG Hamm GmbHR 1994, 127, 128.

sich auch auf die Belange verbundener Unternehmen.[53] Eine Begrenzung des Informationsrechts auf das im Gesetzeswortlaut angelegte Konzept ist als überholt abzulehnen. Leitgedanke muss, wie allgemein beim Gesellschafter-Informationsrecht, das Informationsbedürfnis des Gesellschafters sein.[54] Damit erreicht das Informationsrecht entgegen der noch hM sowohl im Rahmen des § 166 als auch der „Innen-KG" den aus der geläuterten (dort nämlich einschränkenden) Praxis zu § 51 a GmbHG ersichtlichen Umfang. Das Ausmaß des Informationsbedürfnisses sowie der dem stillen Gesellschafter zustehenden Informationen hängt vom Einzelfall ab, insbesondere davon, ob die Information nur der Sicherung von Gewinninteressen des Gesellschafters oder der Ausübung von Teilnahmerechten dient. Die Handhabung des § 166 in der neueren Praxis lässt sich sinngemäß hierher übertragen.

20 **3. Kollektive Informationsrechte in der stillen Gesellschaft? a) Besonderheit der mehrgliedrigen stillen Gesellschaft.** § 233 ist auf die stille Gesellschaft als Zweipersonenverhältnis zugeschnitten (dazu § 230 RdNr. 83). Informationsberechtigter ist der stille Gesellschafter, Informationsschuldner der Inhaber des Handelsgeschäfts.[55] Bei mehrgliedrigen Gesellschaften, zB bei der KG, ist zwischen dem *individuellen Informationsrecht* des einzelnen Gesellschafters gegen die Gesellschaft und dem *kollektiven Informationsrecht* der Gesellschaft gegen ihre Organe zu unterscheiden (s. auch § 166 RdNr. 46).[56] Das kollektive Informationsrecht kann für die Personengesellschaft aus §§ 713, 666 BGB hergeleitet werden, obwohl es, wie auch das Recht der GmbH zeigt, für seine Anerkennung keiner besonderen Regelung bedürfte.[57] Bei der gesetzestypischen, nämlich zweigliedrigen, stillen Gesellschaft kann es kein kollektives Informationsrecht geben, sondern nur das Informationsrecht des einzelnen stillen Gesellschafters.[58] Anders verhält es sich bei mehrgliedrigen stillen Gesellschaften (vgl. § 230 RdNr. 83 ff.).[59] Informationspflichtig ist dann der geschäftsführende Gesellschafter, idR also der Geschäftsinhaber; informationsberechtigt sind die stillen Gesellschafter in ihrer Gesamtheit.

21 **b) Ausübung des kollektiven Informationsrechts.** Die Ausübung des kollektiven Informationsrechts kann der Gesamtheit der stillen Gesellschafter obliegen. Grundsätzlich bedarf sie dann eines Beschlusses der Gesellschafter.[60] Soweit entgegen der Auffassung des Bundesgerichtshofs eine actio pro socio bei der mehrgliedrigen stillen Gesellschaft anzuerkennen ist (§ 230 RdNr. 185),[61] kann das Recht auf diesem Wege auch von einzelnen Gesellschaftern geltend gemacht werden.[62] Auch ein von den Gesellschaftern gewählter Beirat kann kollektive Informationsrechte ausüben, kann aber auch seinerseits informationspflichtig sein.[63]

22 **4. Ergänzende Informationsinstrumente. a) Rechnungslegung nach §§ 259, 810 BGB?** Die speziellen Rechnungslegungsregeln der §§ 259, 810 BGB kommen dem ausgeschiedenen Gesellschafter wegen seiner Abwicklungsansprüche zu (RdNr. 31). Während des Bestehens der stillen Gesellschaft können Informationsansprüche bezüglich des Gesellschaftsverhältnisses nicht auf diese Bestimmungen gestützt werden.[64]

[53] Vgl. BGH LM § 338 aF Nr. 3 = NJW 1984, 2470; E/B/J/S/*Gehrlein* RdNr. 10; Röhricht/v. Westphalen/*v. Gerkan/Mock* RdNr. 5a; *Hepting,* FS Pleyer, 1986, S. 301 ff.

[54] *Karsten Schmidt* GesR § 21 III 1.; *ders.* Informationsrechte S. 79.

[55] Baumbach/*Hopt* RdNr. 1; *Koller*/Roth/Morck RdNr. 1.

[56] Die Terminologie geht zurück auf *Karsten Schmidt* Informationsrechte S. 15 ff.

[57] Vgl. *Karsten Schmidt* Informationsrechte S. 15 ff.

[58] Zust. *Schlitt* S. 126; für eine Anwendung der §§ 713, 666 BGB hingegen: Baumbach/*Hopt* RdNr. 7; Heymann/*Horn* RdNr. 11; Staub/*Zutt* RdNr. 9.

[59] *Reusch* S. 209; *Schlitt* S. 126, 223 ff., 254 ff.; *Karsten Schmidt* Informationsrechte S. 30; Baumbach/*Hopt* RdNr. 7; GK/*Fahse* RdNr. 10; Heymann/*Horn* § 166 RdNr. 20, RdNr. 11; Röhricht/v. Westphalen/*v. Gerkan/Mock* RdNr. 6a; Schlegelberger/*Karsten Schmidt* RdNr. 13; anders noch RG JW 1927, 368; *Ernst* BB 1957, 1047; weitere Nachweise bei *Schlitt* S. 123 ff.

[60] *Schlitt* S. 128.

[61] *Karsten Schmidt,* FS Bezzenberger, 2000, S. 411 f.

[62] *Schlitt* S. 128 ff.

[63] OLG Düsseldorf GmbHR 1985, 334 = WM 1985, 872.

[64] *Blaurock* RdNr. 12.86 (mit Einschränkungen bezüglich der Vorlage von Handelsbüchern); *Schlitt* S. 132.

b) Berichtspflicht des Geschäftsinhabers. Über das gesetzliche Konzept des § 233 hinaus kann es Berichtspflichten des Geschäftsinhabers geben, die von der Ausübung von Informationsrechten durch den stillen Gesellschafter unabhängig sind.[65] Solche Berichtspflichten kommen in Betracht: bei der typischen stillen Gesellschaft, wenn außerordentliche Gründe eine Verständigung des Geschäftsinhabers mit dem stillen Gesellschafter erforderlich machen (zB im Hinblick auf beabsichtigte Umstrukturierungen im Unternehmen oder Änderungen der Unternehmensstrategie). Diese Berichtspflichten können sich bei der atypischen stillen Gesellschaft verstärken. Im Fall der hier sog. „Innen-KG" (§ 230 RdNr. 81) ist der Geschäftsinhaber in demselben Umfang berichtspflichtig wie der Komplementär einer Kommanditgesellschaft gegenüber den Kommanditisten (dazu § 166 RdNr. 12). Die an eine Berichtspflicht zu stellenden Anforderungen sind allerdings strenger als die Erfordernisse eines Informationsrechts des stillen Gesellschafters. Auf laufende Information hat dieser keinen Anspruch. Doch kann die Einrichtung eines vertrauensbildenden Berichtssystems zweckmäßig sein. 23

c) Vorlage einer Bilanz der stillen Gesellschaft. Der nach Abs. 1 mitzuteilende Jahresabschluss ist nicht identisch mit der „Bilanz der stillen Gesellschaft". Diese ist *bei einer typischen stillen Gesellschaft* eine periodische Abrechnung zwischen dem Geschäftsinhaber und dem stillen Gesellschafter (§ 232 RdNr. 11 ff.). *Bei einer atypischen stillen Gesellschaft* handelt es sich um die Rechnungslegung einer „virtuellen (Innen-)Kommanditgesellschaft" (§ 230 RdNr. 188, § 232 RdNr. 40 ff.). Der Geschäftsinhaber muss diese für das Verhältnis zum stillen Gesellschafter unmittelbar maßgebenden Rechenwerke von sich aus dem stillen Gesellschafter vorlegen: im ersten Fall als Vertragspartner des stillen Gesellschafters, im zweiten Fall als „Komplementär" der „virtuellen Kommanditgesellschaft". Im Fall der „Innen-KG" kann die Bilanz der stillen Gesellschaft sogar Gegenstand eines Feststellungsbeschlusses unter Mitwirkung der stillen Gesellschafter sein (§ 232 RdNr. 41). Nach der hier für notwendig gehaltenen Rechtsfortbildung (RdNr. 17 ff.) ist auch das Recht der stillen Gesellschafter auf Mitteilung der Bilanz (Abs. 1) auf diese Ertragsrechnung zu erstrecken. 24

III. Vertragliche Einschränkungen des Informationsrechts

1. Herrschende Meinung. Nach hM ist das Informationsrecht des Abs. 1 durch Vertrag einschränkbar,[66] nicht jedoch das Informationsrecht des Abs. 3.[67] Doch werden die Schranken zunehmend enger gezogen.[68] Insbesondere die in Abs. 1 niedergelegten Rechte sind als Mindeststandard zu betrachten.[69] Fraglich kann nur die Beschränkung der durch Rechtsfortbildung erweiterten Informationsrechte (RdNr. 17 ff.) sein. 25

2. Stellungnahme. a) Zweigliedriger Individualvertrag. Bei einem zweigliedrigen Individualvertrag ist der hM im Ergebnis zu folgen: Das Informationsrecht ist grundsätzlich dispositiv und kann einzelvertraglich eingeschränkt werden. Auf seine Ausübung, wenn wichtige Gründe vorliegen, kann aber nicht im Voraus verzichtet werden. Eine Abbedingung des Abs. 1 wird in der Praxis beim zweigliedrigen Individualvertrag kaum vorkommen. Im Übrigen kann eine Beschränkung des Informationsrechts ein Indiz dafür sein, 26

[65] Bedenken unter Berufung auf Abs. 2 freilich bei E/B/J/S/*Gehrlein* RdNr. 13; *Koller*/Roth/Morck RdNr. 2.

[66] BayObLG WM 1988, 1789, 1790 = BB 1988, 2405; *Blaurock* RdNr. 12.89; *Koenigs* S. 169; MünchHdbGesR II/*Kühn* § 81 RdNr. 12; *Schlitt* S. 96 f.; Baumbach/*Hopt* RdNr. 11; Düringer/Hachenburg/*Flechtheim* § 338 aF RdNr. 4; GK/*Fahse* RdNr. 2; Heymann/*Horn* RdNr. 14; Oetker/*Schubert* RdNr. 20; Röhricht/v. Westphalen/*v. Gerkan/Mock* RdNr. 8; **aA** Staub/*Zutt* RdNr. 17.

[67] BGH LM § 338 aF Nr. 3 = NJW 1984, 2470, 2472; *Blaurock* RdNr. 12.73; *Koenigs* S. 171; *Schlitt* S. 107; Baumbach/*Hopt* RdNr. 11; GK/*Fahse* RdNr. 10; Heymann/*Horn* RdNr. 14; *Koller*/Roth/Morck RdNr. 3; MünchHdbGesR II/*Kühn* § 81 RdNr. 12; Röhricht/v. Westphalen/*v. Gerkan/Mock* RdNr. 8; Staub/*Zutt* RdNr. 17.

[68] E/B/J/S/*Gehrlein* RdNr. 1.

[69] Staub/*Zutt* RdNr. 17.

dass keine stille Gesellschaft, sondern ein sonstiges Rechtsverhältnis (zB ein partiarisches Darlehen; § 230 RdNr. 57) vorliegt.

27 **b) Stille Gesellschaft mit Vermögensbeteiligung.** Bei der atypischen stillen Beteiligung mit rein schuldrechtlich vereinbarter Vermögensbeteiligung des stillen Gesellschafters (§ 230 RdNr. 80) können dieselben Grundsätze gelten, nicht allerdings bei der atypischen stillen Gesellschaft mit Mitgliedschaftsrechten des stillen Gesellschafters, insbesondere nicht bei der in dieser Kommentierung sog. „Innen-KG" (§ 230 RdNr. 81). Hier gelten für „Angelegenheiten der Gesellschaft" (RdNr. 6) dieselben Regeln wie in einer Kommanditgesellschaft (§ 166 RdNr. 47 ff.). Sind mehrere stille Gesellschafter vorhanden (zu dieser Gestaltung vgl. § 230 RdNr. 83 ff.), so kann die Ausübung des ordentlichen – nicht des außerordentlichen! – Informationsrechts allerdings einer obligatorischen Gruppenvertretung unterworfen werden und kann dann nur einheitlich durch einen Vertreter ausgeübt werden.[70]

IV. Verfahren

28 **1. Grundsatz.** Jedes kraft Gesetzes oder kraft Vertrags bestehende Informationsrecht des stillen Gesellschafters kann vorbehaltlich des Abs. 3 durch Leistungsklage und Vollstreckung nach §§ 883 ff. ZPO durchgesetzt werden. Jedes Informationsrecht – auch das des Abs. 3 – unterliegt ferner der Inzidentkontrolle in jedem Verfahren (Zivilprozess, Strafverfahren etc.), zB im Rahmen von Beschlussmängel- oder Schadensersatzklagen.[71]

29 **2. Das Sonderverfahren des Abs. 3. a) Verhältnis zum Zivilprozess.** Abs. 3 enthält, wie sich aus RdNr. 14 ergibt nach der hier vertretenen Ansicht, eine Verfahrensregel für die Geltendmachung des außerordentlichen Informationsrechts, nicht die besondere Einräumung eines materiellen Informationsrechts (str.). Die *Abgrenzung gegenüber dem Zivilprozess* ist noch wenig geklärt. Sieht man Abs. 3, wie dies dem Willen des historischen Gesetzgebers entsprochen haben dürfte, als eine materiellrechtliche Spezialregelung über das außerordentliche Informationsrecht an, so wird man zu dem Ergebnis gelangen, dass auf dem Gebiet des ordentlichen Informationsrechts nach Abs. 1 (auch einstweiliger) Rechtsschutz nach der ZPO, auf dem Gebiet des außerordentlichen Informationsrechts dagegen Rechtsschutz nach Abs. 3 zu gewähren ist.[72] Diese Lösung ist nicht praktikabel, weil ordentliche und außerordentliche Informationsrechte häufig erst im Prozess verbindlich abgegrenzt werden.[73] Die wohl überwiegende Auffassung plädiert für eine wahlweise Eröffnung beider Rechtsschutzformen.[74] Sie lässt aber die Frage nach dem verbleibenden Sinn des Abs. 3 aufkommen. Praktikabel ist auch hier das Verständnis des Abs. 3 als reine Verfahrensregel über den einstweiligen Rechtsschutz (RdNr. 14): *Jeder Informationsanspruch – auch das außerordentliche Informationsrecht – kann im Zivilprozess eingeklagt werden; dem einstweiligen Rechtsschutz dient nur das Verfahren nach Abs. 3.*[75] Zweifelhaft ist, ob damit auch eine auf Abs. 1 gestützte einstweilige Verfügung ausgeschlossen ist. Es liegt in der Konsequenz des hier entwickelten Rechtsschutzmodells, diese Frage zu bejahen.[76]

30 **b) Das Rechtsschutzverfahren nach Abs. 3** ist ein Streitverfahren der freiwilligen Gerichtsbarkeit (vgl. §§ 375 FamFG). *Antragsteller* ist der stille Gesellschafter. Schuldner des

[70] BGH ZIP 1984, 702, 704; *Schlitt* S. 98, 182 ff.; GroßkommHGB/*Schilling,* 3. Aufl., RdNr. 8; Röhricht/v. Westphalen/*v. Gerkan/Mock* RdNr. 8; nach Heymann/*Horn* RdNr. 15 ist auch das außerordentliche Kontrollrecht des Stillen primär durch das Kollektivorgan auszuüben; zum Problem der Gruppenvertretung vgl. *Karsten Schmidt* ZHR 146 (1982), 525 ff.

[71] Vgl. *Karsten Schmidt* Informationsrechte S. 45 ff.

[72] So wohl Staub/*Zutt* RdNr. 15.

[73] *Zutt* (Fn. 72) ist dann wohl für alternative Zuständigkeit.

[74] Vgl. Baumbach/*Hopt* RdNr. 8 iVm. § 166 RdNr. 14; *Schlitt* S. 161 (Leistungsverfügung oder Abs. 3).

[75] *Karsten Schmidt* Informationsrechte S. 72 ff. iVm. S. 79; E/B/J/S/*Gehrlein* RdNr. 21; sympathisierend Baumbach/*Hopt* RdNr. 6; Heymann/*Horn* RdNr. 10.

[76] **AM** Baumbach/*Hopt* RdNr. 8; E/B/J/S/*Gehrlein* RdNr. 19; Heymann/*Horn* RdNr. 10; Oetker/*Schubert* RdNr. 14; Staub/*Zutt* RdNr. 15.

Informationsanspruchs und richtiger *Antragsgegner* ist nicht der geschäftsführende Gesellschafter (zB der Geschäftsführer bei der „GmbH & Still"), sondern der Inhaber des Handelsgeschäfts (im Beispielfall also die GmbH, vertreten durch den Geschäftsführer).[77] Die Zulässigkeit dieses Verfahrens hängt davon ab, dass ein stilles Gesellschaftsverhältnis und nicht zB ein partiarisches Rechtsverhältnis besteht. Diese Zulässigkeitsfrage wird als Sachentscheidungsvoraussetzung innerhalb des FGG-Verfahrens geprüft, nicht in einem besonderen Zivilprozess.[78] Im Übrigen gilt das bei § 166 RdNr. 28 f. Gesagte.

V. Fortfall und Auflösung der stillen Gesellschaft

1. Informationsrechte nach Beendigung der stillen Gesellschaft. Nach Beendigung der stillen Gesellschaft stehen dem ehemals stillen Gesellschafter die gesellschaftsrechtlichen Informationsrechte des § 233 nicht mehr zu.[79] Für die Geltendmachung seiner Rechte aus der Auseinandersetzung kann er sich nur noch auf §§ 810, 259, 242 BGB stützen.[80] 31

2. Maßgeblicher Zeitpunkt. Zweifelhaft ist, wann die Informationsrechte enden: mit der Auflösung oder mit der Abwicklung der stillen Gesellschaft. Hier sollte bedacht werden: Grundsätzlich wird der stille Gesellschafter mit der Auflösung des Gesellschaftsverhältnisses nicht wie ein Liquidationsgesellschafter gestellt, sondern wie ein ausgeschiedener Handelsgesellschafter (§ 235 RdNr. 2). Dann hat er nur noch die für die Berechnung seiner Abfindung erforderlichen Informationsrechte (für atypische stille Gesellschaften vgl. dagegen § 235 RdNr. 11, 55 ff.). 32

VI. Anwendung auf Unterbeteiligung

Schrifttum (vgl. zunächst § 230 RdNr. 191): *Hey,* Unterbeteiligung am Gesellschaftsanteil und Informationsrechte des Unterbeteiligten, WiB 1994, 162.

Die **Grundsätze des § 233** gelten sinngemäß auch für die Unterbeteiligung.[81] Die hM geht nicht von unmittelbarer, sondern von analoger Anwendung der Bestimmung aus.[82] Da § 233 gerade die allgemeine Regel des § 716 BGB verdrängt,[83] ist vom Vorliegen einer Gesetzeslücke auszugehen, und eine sinngemäße Anwendung der für § 233 entwickelten Grundsätze ist zu bejahen.[84] 33

1. Mitteilung des Jahresabschlusses. Die abschriftliche **Mitteilung des Jahresabschlusses** zielt nicht – oder doch nicht primär – auf Mitteilung des Jahresabschlusses der Haupt- 34

---

[77] *Blaurock* RdNr. 12.76; vgl. aber auch OLG Köln OLGZ 1967, 362, das den Geschäftsführer einer Komplementär-GmbH als Antragsgegner ausnahmsweise zugelassen hat.

[78] Richtig *Blaurock* RdNr. 12.76.

[79] HM; BGHZ 50, 316, 324; BGH WM 1968, 2145 = DB 1969, 39; BB 1976, 11 = DB 1976, 41; DB 1976, 2106, 2107 = WM 1976, 1027; OLG Hamburg NZG 2004, 714 = ZIP 2004, 1099; *Koenigs* S. 171; *Karsten Schmidt* Informationsrechte S. 21, 79 ff.; Baumbach/*Hopt* RdNr. 2; E/B/J/S/*Gehrlein* RdNr. 4; Düringer/Hachenburg/*Flechtheim* § 338 aF RdNr. 5; GK/*Fahse* RdNr. 5; MünchHdbGesR II/*Kühn* § 81 RdNr. 6; Röhricht/v. Westphalen/*v. Gerkan/Mock* RdNr. 10; Staub/*Zutt* RdNr. 16.

[80] RG JW 1926, 1812; BGH DB 1969, 39; BB 1976, 11 = DB 1976, 41; DB 1976, 2106, 2107; BayObLG OLGE 38, 195 = Recht 1918 Nr. 146; OLG Hamburg NZG 2004, 715 = ZIP 2004, 1099; *Blaurock* RdNr. 12.86; *Koenigs* S. 171, 292; Baumbach/*Hopt* RdNr. 2; GK/*Fahse* RdNr. 5; *Koller*/Roth/Morck RdNr. 2; MünchHdbGesR II/*Kühn* § 81 RdNr. 6; Röhricht/v. Westphalen/*v. Gerkan/Mock* RdNr. 10; Staub/*Zutt* RdNr. 16.

[81] BGHZ 50, 316, 323; BGH NJW-RR 1995, 165 = GmbHR 1995, 57, 58; *Paulick* ZGR 1974, 271 f.; *Wendelstein* BB 1970, 736; *Böttcher/Zartmann/Faut* S. 114 f.; *Friehe* S. 61; *Ulbrich* S. 125; Baumbach/*Hopt* § 105 RdNr. 38, § 233 RdNr. 13; *Koller*/Roth/Morck § 230 RdNr. 4; Oetker/*Schubert* RdNr. 21; Röhricht/v. Westphalen/*v. Gerkan/Mock* RdNr. 11; Staub/*Zutt* RdNr. 18; **aA** *Blaurock* RdNr. 30.48; Heymann/*Horn* RdNr. 12.

[82] Für unmittelbare Anwendung *Winterstein* S. 56; *H. Schneider,* FS Möhring, 1965, S. 120; *Esch* NJW 1964, 904.

[83] So zB Röhricht/v. Westphalen/*v. Gerkan/Mock* RdNr. 11; *Esch* NJW 1964, 905; **aM** (für Anwendung des § 716 BGB) *Blaurock* RdNr. 30.48; Heymann/*Horn* RdNr. 12.

[84] *Karsten Schmidt* Informationsrechte S. 80 f.; für die Anwendung des § 716 BGB demgegenüber *Blaurock* RdNr. 30.48.

gesellschaft, sondern auf *Mitteilung der zwischen dem Hauptbeteiligten und dem Unterbeteiligten maßgebenden Gewinnberechnung.*[85] Ist der Hauptbeteiligte selbst eine Handelsgesellschaft mit dem ausschließlichen Zweck, den Anteil zu halten, so erstreckt sich das Informationsrecht auf den Jahresabschluss dieser Gesellschaft, aber noch nicht auf den Jahresabschluss der Hauptgesellschaft.[86] Ein weiterer, auf die Hauptgesellschaft bezogener Rechnungslegungsanspruch steht dem Unterbeteiligten nach BGHZ 50, 316, 323 grundsätzlich nicht zu.[87] Die Komplikation beruht auf der Unterscheidung zwischen Hauptgesellschaft und Unterbeteiligungsgesellschaft. Der Unterbeteiligte ist – jedenfalls bei der verdeckten Unterbeteiligung – aus der Sicht der Hauptgesellschaft als Nichtgesellschafter anzusehen. In Bilanzen und ähnliche Unterlagen der Hauptgesellschaft Einsicht zu gewinnen, kann der Unterbeteiligte vom Hauptbeteiligten nur verlangen, wenn die Hauptgesellschaft dies dem Hauptbeteiligten gestattet hat. Dazu genügt nach Ansicht des BGH nicht schon die bloße Zulassung von Unterbeteiligungsverhältnissen im Gesellschaftsvertrag der Hauptgesellschaft.[88] Auch die bloße Kenntnis der Hauptgesellschaft oder ihrer Gesellschafter vom Vorhandensein einer Unterbeteiligung genügt nicht.[89] Mindestvoraussetzung eines jeden auf die Hauptgesellschaft selbst bezogenen Informationsrechts des Unterbeteiligten ist deshalb entweder die Offenlegung und Billigung der Unterbeteiligung[90] oder ein Generalkonsens in der Hauptgesellschaft. Zusätzlich aber verlangt der BGH, dass dem Unterbeteiligten dieses weitergehende Informationsrecht durch den Unterbeteiligungsvertrag besonders eingeräumt ist. Damit ist das gesetzliche Informationsrecht in unzuträglicher Weise beschnitten.[91] Richtig ist zwar, dass die Hauptgesellschaft und ihre Gesellschafter gegen die Weitergabe von Informationen an Dritte geschützt werden müssen und dass der Hauptgesellschafter dem Untergesellschafter jede Information verweigern darf, die er ihm verweigern muss. Das Informationsrecht als solches bleibt aber hiervon unberührt. *Soweit die Weitergabe zulässig ist, können die Unterbeteiligten – wie stille Gesellschafter – auch Vorlage des Jahresabschlusses der Hauptgesellschaft verlangen.*[92] Verlangen können sie ggf. auch, dass der Hauptbeteiligte auf Freigabe dieser Informationen in der Hauptgesellschaft hinwirkt. Diese darf dann die Freigabe der Information gegenüber Unterbeteiligten nicht grundlos verweigern, denn insofern steht der Unterbeteiligte den Interessen der Hauptgesellschaft grundsätzlich nicht wie ein beliebiger Dritter gegenüber.[93] Deshalb sollte nicht, wie dies der BGH tut, von einem schon im Ausgangspunkt beschränkten Informationsrecht des Unterbeteiligten gesprochen werden. Das Informationsrecht ist zwar nur gegen den Hauptbeteiligten gerichtet, aber es dringt, soweit für die Bilanz der Unterbeteiligungsgesellschaft relevant, seinem sachlichen Inhalt nach bis in die Hauptgesellschaft vor. Die Voraussetzungen hierfür hat der Hauptbeteiligte zu schaffen. Grenzen setzt der Vertraulichkeitsanspruch der Hauptgesellschaft.[94]

35 **2. Außerordentliches Informationsrecht.** Auch die entsprechende Anwendung des Abs. 3 ist nach Maßgabe der Ausführungen bei RdNr. 13 ff. zu bejahen.

36 **3. Ende des Informationsrechts.** Nach BGHZ 50, 316, 324 stehen die Informationsrechte des § 233 dem Unterbeteiligten – anders als einem stillen Gesellschafter – auch noch nach *Auflösung der Unterbeteiligungsgesellschaft* zu. Denn die Begrenzung des einem stillen Gesellschafter zustehenden Informationsrechts auf die Dauer des Gesellschaftsverhältnisses

---

[85] Ähnlich BGHZ 50, 316, 323; *Ulbrich* S. 126 mwN; Röhricht/v. Westphalen/*v. Gerkan/Mock* RdNr. 13; Staub/*Zutt* RdNr. 18; weitergehend LG Bremen GmbHR 1991, 269 für atypische Unterbeteiligung.

[86] Heymann/*Horn* RdNr. 13.

[87] Zust. *Böttcher/Zartmann/Faut* S. 115; *Paulick* ZGR 1974, 271; *Blaurock* RdNr. 30.48; *Blaurock* Unterbeteiligung und Treuhand S. 183 f.; *Eden* S. 234; Heymann/*Horn* RdNr. 13; Röhricht/v. Westphalen/*v. Gerkan/Mock* RdNr. 13; **aM** *Tebben* S. 277 ff.

[88] BGHZ 50, 316, 325; Heymann/*Horn* RdNr. 13.

[89] *Ulbrich* S. 128 mwN; Baumbach/*Hopt* RdNr. 13; Heymann/*Horn* RdNr. 13.

[90] *Blaurock,* Unterbeteiligung und Treuhand, S. 387 ff.

[91] So auch Heymann/*Horn* RdNr. 13; Baumbach/*Hopt* RdNr. 13.

[92] *Koller*/Roth/Morck § 230 RdNr. 4; Staub/*Zutt* RdNr. 18.

[93] Vgl. insoweit auch *H. P. Westermann* Vertragsfreiheit S. 196; *Blaurock* Unterbeteiligung und Treuhand S. 184; *Koller*/Roth/Morck § 230 RdNr. 4.

[94] Vgl. zu all dem auch *Karsten Schmidt* Informationsrechte S. 81 f.

habe ihren Grund darin, dass einem ausgeschiedenen Gesellschafter als einem Dritten kein Anspruch auf die Mitteilung von Geschäftsunterlagen eines Handelsgeschäfts zugestanden werden könne. Diese Differenzierung überzeugt nicht.[95] Vielmehr muss auch hier das besondere gesellschaftsrechtliche Informationsrecht mit der Auflösung der Unterbeteiligungsgesellschaft enden.[96] Die Auffassung des BGH, wonach die Informationsrechte bei der stillen Gesellschaft und bei der Unterbeteiligungsgesellschaft, obwohl einheitlich auf § 233 gegründet, ganz unterschiedliche Funktionen zu haben scheinen, überzeugt nicht. Der stille Gesellschafter, der sich an einer Handelsgesellschaft beteiligt, ist ebenso wenig wie ein Unterbeteiligter Mitglied dieser Gesellschaft; auf der anderen Seite kann, wie bei RdNr. 34 gezeigt, das Informationsrecht des Unterbeteiligten ebenso wie das eines stillen Gesellschafters in die Hauptgesellschaft hineinreichen.

4. Verfahrensfragen. Für die verfahrensmäßige Geltendmachung ist auf die sinngemäß hierher übertragbaren RdNr. 28 ff. zu verweisen. Ordentliches und außerordentliches Informationsrecht können durch Leistungsklage geltend gemacht werden. Einstweiliger Rechtsschutz ist dagegen nur nach Abs. 3 im Verfahren nach § 375 FamFG möglich (vgl. zur systematischen Einordnung des Abs. 3 RdNr. 29). 37

5. Atypische Unterbeteiligung. Ist eine Unterbeteiligungsgesellschaft atypisch ähnlich einer „Innen-KG" (§ 230 RdNr. 81) ausgestaltet (dazu § 230 RdNr. 215), so gelten die Ausführungen bei RdNr. 19 sinngemäß. 38

VII. Rechtslage in Österreich

In Österreich (vgl. § 105 RdNr. 276) gilt seit 1. 1. 2007 der folgende § 183 UGB: 39

(1) Der stille Gesellschafter ist berechtigt, die abschriftliche Mitteilung des Jahresabschlusses oder, wenn nach den Vorschriften des Dritten Buches keine Pflicht zur Rechnungslegung besteht, einer sonstigen Abrechnung zu verlangen und dessen Richtigkeit unter Einsicht der Bücher und Schriften zu prüfen.

(2) Die im § 118 dem von der Geschäftsführung ausgeschlossenen Gesellschafter eingeräumten weiteren Rechte stehen dem stillen Gesellschafter nicht zu.

(3) Auf Antrag des stillen Gesellschafters kann das Gericht, wenn wichtige Gründe vorliegen, die Mitteilung eines Status oder sonstiger Aufklärungen sowie die Vorlage der Bücher und Schriften jederzeit anordnen.

§ 234 [Kündigung der Gesellschaft; Tod des stillen Gesellschafters]

(1) [1] Auf die Kündigung der Gesellschaft durch einen der Gesellschafter oder durch einen Gläubiger des stillen Gesellschafters finden die Vorschriften der §§ 132, 134 und 135 entsprechende Anwendung. [2] Die Vorschriften des § 723 des Bürgerlichen Gesetzbuchs über das Recht, die Gesellschaft aus wichtigen Gründen ohne Einhaltung einer Frist zu kündigen, bleiben unberührt.

(2) Durch den Tod des stillen Gesellschafters wird die Gesellschaft nicht aufgelöst.

Schrifttum (vgl. zunächst die Angaben bei § 230 vor RdNr. 1 und RdNr. 191): *Erkens,* Die mittelbaren Unternehmensbeteiligungen bei der Unternehmensübertragung und Unternehmensumwandlung, 2000; *Felix,* Zum Kündigungsrecht des stillen Gesellschafters, WPg 1962, 149; *Frankenstein,* Die Beendigung der stillen Gesellschaft, Diss. Leipzig 1935; *Geck,* Die Auflösung der stillen Gesellschaft unter besonderer Berücksichtigung der Auseinandersetzung, DStR 1994, 657; *Bernhard Hartmann,* Der ausscheidende Gesellschafter in der Wirtschaftspra-

[95] Vgl. *Karsten Schmidt* Informationsrechte S. 82; Schlegelberger/*Karsten Schmidt* RdNr. 24; zustimmend Röhricht/v. Westphalen/*v. Gerkan/Mock* RdNr. 14.

[96] Ebenso Staub/*Zutt* RdNr. 18; Röhricht/v. Westphalen/*v. Gerkan/Mock* RdNr. 14; **aA** Heymann/*Horn* RdNr. 13.

xis, 4. Aufl. 1983; *Jung*, Die stille Gesellschaft in der Spaltung, ZIP 1996, 1734; *Klöpper*, Kündigung und Abfindung stiller Gesellschafter, Diss. Bielefeld, 1998; *Riegger*, Die Rechtsfolgen des Ausscheidens eines Gesellschafters aus einer zweigliedrigen Personengesellschaft, 1969; *Schindhelm/Pickhardt-Poremba/Hilling*, Das zivil- und steuerrechtliche Schicksal der Unterbeteiligung bei „Umwandlung" der Hauptgesellschaft, DStR 2003, 1444, 1469; *Karsten Schmidt*, Das Vollstreckungs- und Insolvenzrecht der stillen Gesellschaft, KTS 1977, 1, 65; *ders.*, Treuhand, Unterbeteiligung und § 723 Abs. 3 BGB, FS Günter H. Roth, 2011, S. 709; *Schürnbrand*, Gewinnbezogene Schuldtitel in der Umstrukturierung, ZHR 173 (2009), 689; *Sedlmayer*, Stiller Gesellschafter in der Umwandlung des Geschäftsinhabers, DNotZ 2003, 611; *Semler*, Vorfinanzierung zukünftigen Aktienkapitals durch stille Gesellschaften, Festschrift Werner, 1984, S. 855; *Stegmann/Middendorf*, Das Schicksal der Unterbeteiligung bei Formwechsel der Hauptgesellschaft, BB 2006, 1084; *Stieler*, Umwandlung eines Einzelunternehmens in eine sog. nichttypische stille Gesellschaft, GmbHR 1955, 103; *Sudhoff/Sudhoff*, Stille Beteiligung an einer GmbH und die Umwandlung dieser Beteiligung, GmbHR 1984, 77; *Theil*, Das rechtliche Schicksal der stillen Beteiligung und Unterbeteiligung bei der Umwandlung des Unternehmens, 1982; *Weng*, Die stille Gesellschaft in der Umwandlung des Geschäftsinhabers, insbesondere der Verschmelzung, Diss. Tübingen 2007; *Martin Winter*, Die Rechtsstellung des stillen Gesellschafters in der Verschmelzung des Geschäftsinhabers, FS Peltzer, 2001, S. 645; *Wolany*, Zum Inhaberwechsel bei einer stillen Gesellschaft, JZ 1962, 248.

Übersicht

I. Die Auflösung der stillen Gesellschaft

1 **1. Bedeutung der Auflösung. a) Typische und atypische stille Gesellschaft.** Nach noch **hM** tritt im Gegensatz zu §§ 730 Abs. 2 BGB, 156 HGB sogleich mit der Auflösung auch die *Vollbeendigung* der stillen Gesellschaft ein.[1] Das typische (zweiseitige und rein schuldrechtliche) stille Gesellschaftsverhältnis tritt damit sogleich außer Vollzug (§ 235 RdNr. 2 ff., 12 ff.). Die **Auseinandersetzung mit dem typischen stillen Gesellschafter** ist eine Forderungsberechnung (§ 235 RdNr. 18). Der stille Gesellschafter nimmt am Gewinn und Verlust nur noch hinsichtlich der zurzeit der Auflösung schwebenden Geschäfte teil (§ 235 Abs. 2), nicht mehr hinsichtlich künftiger Geschäfte. Neben den Gesellschafterrechten und -pflichten enden im Zweifel auch die damit zusammenhängenden außergesellschaftlichen Dauerrechtsverhältnisse aus besonderen zwischen dem stillen Gesellschafter und dem Inhaber des Handelsgeschäfts geschlossenen Verträgen.[2] Für **atypische stille Gesellschaften** gelten dagegen Sonderregeln, denn hier muss man zwischen der Auflösung der stillen Gesellschaft, deren Abwicklung und dem bloßen Ausscheiden eines stillen Gesellschafters unterscheiden (vgl. RdNr. 2, 12, § 235 RdNr. 55 ff.).

2 **b) Unterscheidung zwischen „Ausscheiden" und „Abwicklung"?** Bei der typischen Gesellschaft wird nicht zwischen dem „Ausscheiden" des stillen Gesellschafters und der „Abwicklung" des Gesellschaftsverhältnisses unterschieden (RdNr. 1). Den für Außengesellschaften charakteristischen Unterschied zwischen dem Ausscheiden eines Gesellschafters (vgl. § 738 BGB) und der Abwicklung der Gesellschaft (vgl. §§ 145 ff.) gibt es bei der typischen (zweigliedrigen und rein schuldrechtlichen) stillen Gesellschaft nicht. Anders kann es sich **bei mehrgliedrigen Gesellschaften** (§ 230 RdNr. 83 ff.), insbesondere bei der *„Innen-KG"* (§ 230 RdNr. 81), der *„GmbH & Still"* (§ 230 RdNr. 87) und *kombinierter Beteiligung derselben Gesellschafter als Kommanditisten und stille Gesellschafter* verhalten (§ 230 RdNr. 90).[3] Namentlich wenn eine stille Gesellschaften als Innen-KG ausgestaltet ist, muss zwischen der Abwicklung der Gesellschaft in toto und der Auseinandersetzung mit einem einzelnen ausscheidenden stillen Gesellschafter unterschieden werden (vgl. auch § 235 RdNr. 62). Der „virtuellen (Innen-) KG" (§ 230 RdNr. 81) entspricht die Möglichkeit

---

[1] BGH NJW 1982, 99 = JuS 1982, 138 m. Anm. *Karsten Schmidt*; BGH DStR 1991, 662 f.; vgl. auch BGH NJW 1990, 573, 574 = WM 1989, 1850 zu Metageschäften; *Koenigs* S. 261; MünchHdbGesR II/*Polzer* § 91 RdNr. 1; Düringer/Hachenburg/*Flechtheim* § 339 RdNr. 2; E/B/J/S/*Gehrlein* RdNr. 3; GK/*Fahse* RdNr. 2; *Koller*/Roth/Morck RdNr. 13; Oetker/*Schubert* RdNr. 2; Röhricht/v. Westphalen/*v. Gerkan/Mock* RdNr. 1; Schlegelberger/*Geßler,* 4. Aufl., § 339 RdNr. 2; Staub/*Zutt* RdNr. 2; **aA** *P. Hartmann* S. 101 f.; *Blaurock* RdNr. 15.3 (für den Fortbestand der Abwicklungsgesellschaft); Baumbach/*Hopt* RdNr. 1; Heymann/*Horn* RdNr. 13.

[2] RG LZ 1921, 382; *Blaurock* RdNr. 15.5.

[3] Schlegelberger/*Karsten Schmidt* RdNr. 2;.zust. jetzt Baumbach/*Hopt* RdNr. 1.

einer „Innen-Liquidation" und Vermögensverteilung, obwohl das Geschäftsvermögen dem Inhaber zusteht (§ 235 RdNr. 65). Im Zweifel gelten die Regelungen über Auflösung und Ausscheiden für Personenhandelsgesellschaften, insbesondere auch § 131, entsprechend.[4] Der durch den Vorrang des Ausscheidens vor der Auflösung (§ 131 Abs. 3) bezweckte Bestandsschutz gilt dann auch für die stille Gesellschaft. Die Auflösung einer Mehrpersonengesellschaft bringt dagegen alle stillen Gesellschaftsverhältnisse zur Abwicklung.[5] Sie führt vorbehaltlich der Fortsetzung (RdNr. 3) zu einer „Innen-Liquidation" (§ 235 RdNr. 65).

3 **2. Fortsetzungsmöglichkeit. a) Typische stille Gesellschaft.** Aus den Besonderheiten der stillen Gesellschaft als einer reinen Innengesellschaft folgert die noch **hM,** dass eine *Fortsetzung der aufgelösten Gesellschaft nicht möglich* sei.[6] Das liest sich dramatischer als es ist. Ein beendetes Dauerschuldverhältnis kann in dem Sinne neu begründet werden, dass die Gesellschafter einander schuldrechtlich so zu stellen haben, als ob die stille Gesellschaft fortdauernd bestanden hätte.[7] Der stille Gesellschafter nimmt am Gewinn und Verlust sämtlicher in der Zwischenzeit getätigter Geschäfte teil. Der Gesetzgeber gibt durch die Verweisung auf § 134 zu erkennen, dass eine stille Gesellschaft nach dem Ablauf der für ihre Dauer bestimmten Zeit sogar stillschweigend fortgesetzt werden kann.[8] Da die stille Gesellschaft selbst nicht Rechtsträgerin ist, kann sie ohne weiteres auch nach zwischenzeitlicher Unterbrechung mit obligatorischer Wirkung wiederhergestellt werden. Nur der steuerrechtlichen Anerkennung solcher Rückwirkung sind Grenzen gesetzt.[9]

4 **b) Atypische stille Gesellschaft.** Besonderheiten gelten für diejenigen stillen Gesellschaften, bei denen nach RdNr. 2 zwischen dem Ausscheiden des stillen Gesellschafters und der Abwicklung der Innengesellschaft unterschieden werden muss. Eine Außengesellschaft, die unter Identitätswahrung fortgesetzt wird, besteht zwar auch hier nicht. Gleichwohl ist zu unterscheiden (vgl. RdNr. 2): Ist ein stiller Gesellschafter durch Beendigung des stillen Gesellschaftsverhältnisses aus dem mehrgliedrigen Innenverband **ausgeschieden,** so verhält es sich wie bei einem mit den Folgen des § 738 BGB ausgeschiedenen Kommanditisten. Das stille Gesellschaftsverhältnis kann nur durch Wiederaufnahme des stillen Gesellschafters neu begründet und in diesem Sinne „fortgesetzt" werden. Eine Rückwirkung des Wiedereintritts ist nur mit schuldrechtlicher Wirkung möglich (dazu sinngemäß RdNr. 3). Ist dagegen eine mehrgliedrige stille Gesellschaftsverhältnis mit Abwicklungsfolge **aufgelöst,** so besteht es als „Innen-KG in Liquidation" fort (vgl. auch § 235 RdNr. 65) und kann, wie eine Außengesellschaft, durch Fortsetzungsvereinbarung oder Fortsetzungsbeschluss wieder in den vor der Auflösung bestehenden Stand zurückversetzt werden (vgl. dazu sinngemäß Erl. §§ 131, 145, 156).[10]

II. Auflösungsgründe

5 **1. Zeitablauf, Eintritt einer auflösenden Bedingung, Aufhebungsvertrag, Auflösungsbeschluss. a) Grundsatz.** Wie jedes Gesellschaftsverhältnis[11] endet auch die stille

[4] Zustimmend jetzt *Blaurock* RdNr. 15.9.

[5] Weiter *Geck* DStR 1994, 657; *Blaurock* RdNr. 15.6 (jeweils für Auflösung einer mehrgliedrigen stillen Gesellschaft, unabhängig von der Ausgestaltung der Organisationsverfassung); so auch nach Schlegelberger/*Karsten Schmidt* RdNr. 2.

[6] *Koenigs* S. 261; Düringer/Hachenburg/*Flechtheim* § 339 aF RdNr. 3; E/B/J/S/*Gehrlein* RdNr. 6; GK/*Fahse* RdNr. 2; Röhricht/v. Westphalen/*v. Gerkan/Mock* RdNr. 2; Staub/*Zutt* RdNr. 36; **aM** *P. Hartmann* S. 102; *Blaurock* RdNr. 15.64 (für mehrgliedrige Gesellschaftsverhältnisse); MünchHdbGesR II/*Polzer* § 91 RdNr. 1 (für mehrgliedrige Gesellschafter); Heymann/*Horn* RdNr. 4.

[7] *Blaurock* RdNr. 15.7; GK/*Fahse* RdNr. 2; Oetker/*Schubert* RdNr. 6; Röhricht/v. Westphalen/*v. Gerkan/Mock* RdNr. 2; Schlegelberger/*Karsten Schmidt* RdNr. 3.

[8] Schlegelberger/*Karsten Schmidt* RdNr. 3; so jetzt auch Heymann/*Horn* RdNr. 4; **aM** *Koenigs* S. 262.

[9] Dazu *Blaurock* RdNr. 20.14 (rückwirkende Gründung).

[10] Zust. jetzt Baumbach/*Hopt* RdNr. 1; wohl auch Oetker/*Schubert* RdNr. 6.

[11] Vgl. §§ 723 Satz 2 BGB; 131 Abs. 1 Nr. 1 HGB; 262 Abs. 1 Nr. 1 AktG; 60 Abs. 1 Nr. 1 GmbHG; 79 Abs. 1 GenG.

Gesellschaft mit dem Ablauf einer etwa im Gesellschaftsvertrag bestimmten Zeit.[12] Dasselbe gilt für den Eintritt einer im Gesellschaftsvertrag vorgesehenen auflösenden Bedingung.[13] Auch ein Aufhebungsvertrag ist ohne weiteres möglich.[14] Die partielle oder vollständige Rückzahlung der Einlage an den stillen Gesellschafter kann, sofern sie in beiderseitigem Einverständnis erfolgt, als eine konkludente Aufhebung des Vertrags auszulegen sein.[15] Teilweise wird aus § 136 InsO (§ 237 HGB aF) gefolgert, dass das Gesetz hierin keine Beendigung der stillen Gesellschaft sieht.[16] Die Bestimmung betrifft aber nur die Rückforderung der stillen Einlage im Wege der Insolvenzanfechtung und schreibt nicht den Fortbestand des stillen Gesellschaftsverhältnisses vor.

b) Atypische stille Gesellschaft. Hinsichtlich derjenigen stillen Gesellschaften, bei denen nach RdNr. 2 zwischen dem Ausscheiden des stillen Gesellschafters und der Abwicklung der Innengesellschaft zu unterscheiden ist, gilt dies auch hier: Zeitablauf, auflösende Bedingung und Aufhebungsvertrag oder Aufhebungsbeschluss können die Beteiligung eines individuellen stillen Gesellschafters betreffen und führen zur Abfindung (vgl. RdNr. 1). Soweit sich diese Ereignisse auf die mehrgliedrige stille Gesellschaft insgesamt beziehen, führen sie zu deren Abwicklung, also zur „Innen-Liquidation" (§ 235 RdNr. 65). Zur Fortsetzungsfähigkeit vgl. RdNr. 4 aE. 6

2. Tod des Geschäftsinhabers. a) Tod eines Einzelunternehmers. Es ist zu unterscheiden zwischen dem **Tod des Geschäftsinhabers** und dem **Tod des stillen Gesellschafters.** Nach der gesetzlichen Regel löst der Tod des stillen Gesellschafters die Gesellschaft nicht auf (Abs. 2; dazu RdNr. 56). Auflösungsgrund ist aber der **Tod des Geschäftsinhabers** (§ 727 Abs. 1 BGB).[17] Die Todeserklärung steht dem Tod des Inhabers gleich.[18] Nur auf die **typische stille Beteiligung am Einzelunternehmen** passt dieser etwas antiquierte Auflösungsgrund. Ist nicht ein Einzelunternehmer, sondern eine Gesellschaft (auch eine Einpersonengesellschaft) Vertragspartner des stillen Gesellschafters, so scheidet dieser Auflösungsgrund aus. Sofern der Tod eines Gesellschafters die unternehmenstragende Gesellschaft selbst zur Auflösung bringt (Beispiel: Tod des einzigen Komplementärs in einer KG, an der sich ein Dritter still beteiligt hatte) kann sich nur die ganz andere Frage stellen, ob eine Auflösung der Hauptgesellschaft ausreicht, um das stille Gesellschaftsverhältnis aufzulösen (RdNr. 24). 7

b) Pflichten der Erben. Wird die stille Gesellschaft durch den Tod des Geschäftsinhabers aufgelöst, müssen die Erben *den Tod unverzüglich dem stillen Gesellschafter anzeigen* (§ 727 Abs. 2 BGB).[19] Umstritten ist die Pflicht der Erben zur einstweiligen *Fortführung der Geschäfte* gemäß § 727 Abs. 2 Satz 1 BGB.[20] Doch ist dies ein Scheinproblem.[21] Der stille 8

---

[12] *Koenigs* S. 276; *Blaurock* RdNr. 15.11; Baumbach/*Hopt* RdNr. 2; E/B/J/S/*Gehrlein* RdNr. 8; GK/*Fahse* RdNr. 3; *Koller*/Roth/Morck RdNr. 5; MünchHdbGesR II/*Polzer* § 91 RdNr. 39; Röhricht/v. Westphalen/*v. Gerkan/Mock* RdNr. 10; Staub/*Zutt* RdNr. 5.

[13] *Koenigs* S. 276; *Blaurock* RdNr. 15.13; Baumbach/*Hopt* RdNr. 2; E/B/J/S/*Gehrlein* RdNr. 8; GK/*Fahse* RdNr. 3; *Koller*/Roth/Morck RdNr. 5; MünchHdbGesR II/*Polzer* § 91 RdNr. 39; Röhricht/v. Westphalen/*v. Gerkan/Mock* RdNr. 10; Staub/*Zutt* RdNr. 5.

[14] Vgl. Baumbach/*Hopt* RdNr. 2; E/B/J/S/*Gehrlein* RdNr. 8; GK/*Fahse* RdNr. 3; *Koller*/Roth/Morck RdNr. 5; MünchHdbGesR II/*Polzer* § 91 RdNr. 40; Röhricht/v. Westphalen/*v. Gerkan/Mock* RdNr. 10; Staub/*Zutt* RdNr. 6.

[15] Zust. jetzt *Blaurock* RdNr. 15.71.

[16] Baumbach/*Hopt* RdNr. 2; E/B/J/S/*Gehrlein* RdNr. 8; MünchHdbGesR II/*Polzer* § 91 RdNr. 41.

[17] § 727 Abs. 1 BGB; *Geck* DStR 1994, 660; *Blaurock,* RdNr. 15.42; Baumbach/*Hopt* RdNr. 4; Heymann/*Horn* RdNr. 19; *Koenigs* S. 270 f.; MünchHdbGesR II/*Polzer* § 91 RdNr. 22; Röhricht/v. Westphalen/*v. Gerkan/Mock* RdNr. 12; Staub/*Zutt* RdNr. 12; GK/*Fahse* RdNr. 3.

[18] *Blaurock* RdNr. 15.42; Staub/*Zutt* RdNr. 12.

[19] *Blaurock* RdNr. 15.42; MünchHdbGesR II/*Polzer* § 91 RdNr. 23; Röhricht/v. Westphalen/*v. Gerkan/Mock* RdNr. 13; Staub/*Zutt* RdNr. 13.

[20] Bejahend Schlegelberger/*Geßler* 4. Aufl. § 339 aF RdNr. 13; *Blaurock,* RdNr. 15.42; Heymann/*Horn* RdNr. 19; **aM** *Koenigs* S. 275; Düringer/Hachenburg/*Flechtheim* § 339 aF RdNr. 10; MünchHdbGesR II/*Polzer* § 91 RdNr. 23; Staub/*Zutt* RdNr. 13; wohl auch Röhricht/v. Westphalen/*v. Gerkan/Mock* RdNr. 13.

[21] So bereits Schlegelberger/*Karsten Schmidt* RdNr. 24; jetzt hM.

Gesellschafter wird wie ein ausgeschiedener Gesellschafter abgefunden (§ 235 RdNr. 2). Die Erben sind dem vormaligen stillen Gesellschafter verpflichtet, die schwebenden Geschäfte, soweit der stille Gesellschafter daran trotz der Auflösung beteiligt bleibt (§ 235 Abs. 2), abzuwickeln. Für § 727 Abs. 2 BGB ist kein Raum.[22] Anders kann es sich nur bei *atypischen stillen Gesellschaften* verhalten, soweit § 727 Abs. 1 BGB nicht abbedungen ist und die Auflösung nach RdNr. 2 zu einer „Innenliquidation" führt (§ 235 RdNr. 11, 65).

9 **c) Fortsetzung mit den Erben.** Eine **Fortsetzungsklausel,** wonach die stille Gesellschaft beim Tod des Geschäftsinhabers fortgesetzt wird, ist zulässig (§ 727 Abs. 1 BGB).[23] Dieser Begriff Fortsetzungsklausel ist nicht deckungsgleich mit dem bisher bei § 138 aF bzw. bei § 736 BGB gebräuchlichen (Fortsetzungsklausel als Ausschließungsklausel; vgl. RdNr. 12 sowie § 139 RdNr. 7 a). Sie ist nichts als eine **Abbedingung des gesetzlichen Auflösungsgrunds.** Die Klausel kann einen ganz verschiedenen Inhalt haben. Der Gesellschaftsvertrag kann die Fortsetzung der stillen Gesellschaft mit dem Erben vorsehen, er kann dem Erben oder dem stillen Gesellschafter das Recht einräumen, die Fortsetzung der stillen Gesellschaft zu verlangen. Regelmäßig enthält die Fortsetzungsklausel dreierlei: Die Gesellschaft wird nicht aufgelöst; die Erben sind dem stillen Gesellschafter zur Fortsetzung der Geschäfte verpflichtet; für den stillen Gesellschafter stellt diese Veränderung auch keinen außerordentlichen Kündigungsgrund dar.

10 **d) Erbauseinandersetzung.** In der Praxis reichen aber diese Abreden nicht aus, denn das Unternehmen wird häufig nicht auf Dauer von dem Erben oder von der Erbengemeinschaft fortgeführt (zur Erbengemeinschaft als Unternehmensträgerin vgl. § 1 RdNr. 52). Die **Übertragung des Unternehmens auf einen von mehreren Erben im Wege der Erbauseinandersetzung oder die Einbringung des Unternehmens in eine von den Erben gegründete Gesellschaft** ist von einer Vertragsklausel, die nur den Fortbestand im Todesfall sichert, nicht ohne weiteres erfasst. Nach hM bedürfen deshalb diese Maßnahmen im Verhältnis zum stillen Gesellschafter seiner Zustimmung.[24] Dem ist grundsätzlich zuzustimmen (vgl. allgemein zur Unternehmensveräußerung RdNr. 39 f. sowie § 230 RdNr. 137). Die Übertragung des vererbten Unternehmens auf einen Miterben allein ohne Zustimmung des stillen Gesellschafters kann eine Verletzung des Gesellschaftsvertrags sein.[25] Es kann sich aber aus der gesellschaftsrechtlichen Treupflicht in ergänzender Auslegung der Fortsetzungsklausel die *Verpflichtung des stillen Gesellschafters* ergeben, *die Unternehmensübertragung,* zB auf einen geeigneten Miterben oder auf eine unter allen Miterben gebildete Handelsgesellschaft unter Fortbestand des stillen Gesellschaftsverhältnisses *hinzunehmen.*[26] Nach Lage des Einzelfalls muss der stille Gesellschafter das Gesellschaftsverhältnis mit einer Handelsgesellschaft fortführen.[27] Die Unternehmensübertragung überführt nach hM das stille Gesellschaftsverhältnis nicht automatisch auf den neuen Unternehmensträger (RdNr. 39). Der Praxis ist deshalb im Zweifel zu einem ausdrücklichen Vertragsübernahmevertrag zu raten. Hatte der stille Gesellschafter der Unternehmensübertragung nicht zugestimmt und brauchte er sie auch nicht zu dulden, so ist er zur außerordentlichen Kündigung und gegenüber den Miterben zum Schadensersatz berechtigt.[28] Die Umwand-

[22] Jetzt hM; vgl. nur MünchHdbGesR II/*Polzer* § 91 RdNr. 23; E/B/J/S/*Gehrlein* RdNr. 11; *Koller*/Roth/Morck RdNr. 7; Oetker/*Schubert* RdNr. 29; **aM** *Blaurock,* RdNr. 15.42; Heymann/*Horn* RdNr. 19.

[23] *Blaurock* RdNr. 15.43; *Koenigs* S. 275; MünchHdbGesR II/*Polzer* § 91 RdNr. 27; E/B/J/S/*Gehrlein* RdNr. 12; Heymann/*Horn* RdNr. 20; Röhricht/v. Westphalen/*v. Gerkan/Mock* RdNr. 14; Staub/*Zutt* RdNr. 33.

[24] Vgl. *Blaurock* RdNr. 15.45; *Koenigs* S. 275; Heymann/*Horn* RdNr. 20; MünchHdbGesR II/*Polzer* § 91 RdNr. 28; Röhricht/v. Westphalen/*v. Gerkan/Mock* RdNr. 14; Staub/*Zutt* RdNr. 33; **aM** wohl im Grundsatz Oetker/*Schubert* RdNr. 30.

[25] Vgl. generalisierend *Blaurock* RdNr. 15.45.

[26] Schlegelberger/*Karsten Schmidt* RdNr. 26; zust. MünchHdbGesR II/*Polzer* § 91 RdNr. 28; E/B/J/S/*Gehrlein* RdNr. 12; Röhricht/v. Westphalen/*v. Gerkan/Mock* RdNr. 14; Staub/*Zutt* RdNr. 33.

[27] Ähnlich *Blaurock* RdNr. 15.45; MünchHdbGesR II/*Polzer* § 91 RdNr. 28; E/B/J/S/*Gehrlein* RdNr. 12; im Ergebnis auch Oetker/*Schubert* RdNr. 30.

[28] Schlegelberger/*Karsten Schmidt* RdNr. 26.

lung aus der Erbengemeinschaft auf eine alle Miterben umfassende OHG bedarf dagegen keiner Zustimmung des stillen Gesellschafters.[29]

3. Insolvenz eines Gesellschafters. a) Grundsatz. Die stille Gesellschaft wird ferner aufgelöst durch die **Eröffnung eines Insolvenzverfahrens über das Vermögen eines Gesellschafters,** gleichgültig, ob der Geschäftsinhaber oder der stille Gesellschafter insolvent wird (§ 728 Abs. 1 BGB).[30] Wegen der Rechtsfolgen der Verfahrenseröffnung über das Vermögen des Geschäftsinhabers vgl. im Einzelnen die Erl. zu § 236. Ein *Nachlassinsolvenzverfahren* hat – sofern nicht schon der Tod die Gesellschaft auflöste – dieselbe Rechtsfolge (vgl. ähnlich § 131 RdNr. 73 zu § 131 Abs. 3 Nr. 2; sehr str.).[31] Die Auflösungsfolge der Insolvenzverfahrenseröffnung ist zwingend. Früher hieß es deshalb, § 736 BGB sei nicht anwendbar.[32] Das ist mißverständlich: Bei der (gesetzes-)typischen zweigliedrigen stillen Gesellschaft stellt sich die Frage nicht, weil es für § 736 BGB keinen Anwendungsraum gibt (Auflösung und Ausscheiden unterscheiden sich nicht). Bei der mehrgliedrigen stillen Gesellschaft ist die Fortsetzung ohne den insolventen Gesellschafter sogar Regelfall (RdNr. 12).[33] 11

b) Besonderheiten bei der atypischen stillen Gesellschaft. Soweit nach RdNr. 2 **bei der mehrgliedrigen stillen Gesellschaft** zwischen dem „Ausscheiden" eines stillen Gesellschafters und der „Abwicklung" der stillen Gesellschaft („Innenliquidation") unterschieden werden muss, lässt die inzwischen hM eine Fortsetzung der stillen Gesellschaft nach § 736 zu.[34] Es kann also unter den Gesellschaftern vereinbart werden, dass das mehrgliedrige stille Gesellschaftsverhältnis im Fall der Insolvenz ohne den Schuldner-Gesellschafter forgesetzt wird **(Fortsetzungsklausel).** Eine **gesetzliche Lösung,** die bei Fehlen einer Fortsetzungsklausel zum Zuge käme, fehlt. Die Problematik ist die folgende: Ein Insolvenzverfahren über das Vermögen der atypischen stillen Gesellschaft, das diese rechtsähnlich § 131 Abs. 1 Nr. 3 zwingend auflösen würde, gibt es nicht. Aber die **Grundsätze des § 131** können auf Insolvenzfälle in der mehrgliedrigen stillen Gesellschaft sinngemäß angewendet werden.[35] Wird über das *Vermögen eines stillen Gesellschafters* das Insolvenzverfahren eröffnet, so scheidet er nach dem Grundgedanken des § 131 Abs. 3 Nr. 2 im Zweifel aus der mehrgliedrigen stillen Gesellschaft aus, und diese wird ohne ihn fortgesetzt (zur Abfindungsfolge vgl. § 235 RdNr. 63 f.).[36] Das *Insolvenzverfahren über das Vermögen des Geschäftsinhabers* hat dagegen im Zweifel die Auflösung der atypischen stillen Gesellschaft insgesamt und eine „Innenliquidation" (§ 235 RdNr. 65) zur Folge. Handelt es sich um eine Handelsgesellschaft, so ist nicht nur diese selbst aufgelöst (§§ 131 Abs. 1 Nr. 3 HGB, 262 Abs. 1 Nr. 3 AktG, 60 Abs. 1 Nr. 4 GmbHG), sondern auch die stille Gesellschaft als „Innen-KG" (dazu § 230 RdNr. 81, 87). Führt allerdings der Geschäftsinhaber, wie häufig bei der „GmbH & Still" (§ 230 RdNr. 87) das Unternehmen treuhänderisch als Quasi-Komplementär für die stille Gesellschaft als Quasi-Kommanditistin, so wird man unterscheiden müssen: Stellt die Insolvenz des Geschäftsinhabers eine „Insolvenz des Unterneh- 12

[29] Vgl. auch *Blaurock* RdNr. 15.46; Oetker/*Schubert* RdNr. 30.

[30] RGZ 122, 70, 72; *Blaurock* RdNr. 15.62; Baumbach/*Hopt* RdNr. 5; E/B/J/S/*Gehrlein* RdNr. 16; GK/*Fahse* RdNr. 5; Heymann/*Horn* RdNr. 21; *Koller*/Roth/Morck RdNr. 6; MünchHdbGesR II/*Polzer* § 91 RdNr. 33, 36; Oetker/*Schubert* RdNr. 26 f.; Röhricht/v. Westphalen/*v. Gerkan/Mock* RdNr. 15; Staub/*Zutt* RdNr. 8; eingehend *Karsten Schmidt* KTS 1977, 5 ff. mwN; **aA** bzgl. Insolvenz des stillen Gesellschafters, *Geck* DStR 1994, 660.

[31] *Koenigs* S. 322 Fn. 210; Oetker/*Schubert* RdNr. 26; Röhricht/v. Westphalen/*v. Gerkan/Mock* RdNr. 15; Staub/*Zutt* RdNr. 8; **anders** *Blaurock* RdNr. 15.65; BGHZ 91, 132, 135 (Nachlasskonkurs); dazu aber *Karsten Schmidt,* FS Uhlenbruck, 2000, S. 655 ff.

[32] Dazu krit. mwN Schlegelberger/*Karsten Schmidt* RdNr. 30.

[33] Jetzt hM; vgl. Oetker/*Schubert* RdNr. 28.

[34] So der Vorschlag des Verf. Schlegelberger/*Karsten Schmidt* § 335 RdNr. 30; jetzt hM; vgl. *Blaurock* RdNr. 15.9; E/B/J/S/*Gehrlein* RdNr. 16; Heymann/*Horn* RdNr. 21; *Koller*/Roth/Morck RdNr. 6; Oetker/*Schubert* RdNr. 28; Staub/*Zutt* RdNr. 8; nur für die Publikumsgesellschaft auch MünchHdbGesR II/*Polzer* § 91 RdNr. 38.

[35] Verf. arbeitet an einer Publikation zu den mehrgliedrigen „Innen-Handelsgesellschaften".

[36] Im Ergebnis ähnlich wohl *Blaurock* RdNr. 15.64 a. E.

mens" dar, so wird nach dem Rechtsgedanken des § 131 Abs. 1 Nr. 3 die stille Gesellschaft im Insolvenzverfahren abgewickelt (kein Ausscheiden des „Komplementärs"; vgl. sinngemäß § 131 RdNr. 76a). Handelt es sich um eine „Privatinsolvenz" des Geschäftsinhabers, so scheidet dieser nach dem Rechtsgedanken des § 131 Abs. 3 Nr. 2 aus der stillen Gesellschaft aus und ist zur Rückgabe des nur treuhänderisch überlassenen Unternehmens verpflichtet.[37]

13 **c) Insolvenzplan.** Wegen der Wirkungen des Insolvenzplans ist auf § 236 RdNr. 24 zu verweisen. Auch hierbei ist wieder zwischen der rein schuldrechtlichen Behandlung des stillen Einlageverhältnisses und der durch Insolvenzverfahren aufgelösten stillen Gesellschaft zu unterscheiden. Eine Fortsetzung der stillen Gesellschaft durch Insolvenzplan, insbesondere in Gestalt eines bedingten Insolvenzplans (§ 249 InsO), scheint möglich.

14 **4. Erreichung oder Unmöglichwerden des gemeinsamen Zwecks. a) § 726 BGB.** Für die stille Gesellschaft gilt, wie für jede Personengesellschaft, § 726 BGB: Die Gesellschaft ist aufgelöst, wenn der vereinbarte Zweck erreicht oder dessen Erreichung unmöglich geworden ist.[38] Diese Bestimmung findet indes selten praktische Anwendung. Ihre Bedeutung im Recht der Gesellschaft bürgerlichen Rechts liegt schwerpunktmäßig bei den Gelegenheitsgesellschaften. Bei der Gesellschaft kommt im Wesentlichen nur die unzumutbare Aufgabe des Unternehmens in Betracht.

15 **b) Zweckerreichung** kommt bei den Innen-Gelegenheitsgesellschaften vor (zB bei einer Metagesellschaft, vgl. § 230 RdNr. 39); bei der stillen Gesellschaft hat sie ebenso wenig Bedeutung wie bei der Handelsgesellschaft.[39]

16 **c) Zweckvereitelung** ist ebenso wie bei Handelsgesellschaften gedanklich nicht ausgeschlossen.[40] Sie ist aber hier wie dort selten. Die Unmöglichkeit der Zweckerreichung kann eine rechtliche oder eine wirtschaftliche sein. Eine *rechtliche Unmöglichkeit* liegt zB vor, wenn das Unternehmen nach § 35 GewO rechtskräftig untersagt ist oder wenn einem Kreditinstitut die Erlaubnis, Bankgeschäfte zu betreiben, durch Rücknahme rechtskräftig entzogen wird.[41] Um eine *tatsächliche Unmöglichkeit* handelt es sich, wenn das Unternehmen, an dem sich der Stille beteiligt, im Liquidationswege zerschlagen worden oder auf sonstige Weise (zB Konfiskation im Ausland) beseitigt ist (zur Frage, ob schon die Auflösung der Hauptgesellschaft die stille Gesellschaft auflöst, vgl. RdNr. 22).[42] Die Unmöglichkeit muss aber eine dauernde sein.[43] *Die Ablehnung der Eröffnung des Insolvenzverfahrens mangels Masse* auf Seiten des Geschäftsinhabers (§ 26 InsO) löst das stille Gesellschaftsverhältnis ohne Kündigung auf.[44] Vorsorglich sollte jedoch eine außerordentliche Kündigung erklärt werden. Handelt es sich bei dem Geschäftsinhaber um eine AG, GmbH oder GmbH & Co., so ist auch diese Gesellschaft ihrerseits im Fall der Masselosigkeit automatisch aufgelöst (§§ 262 Abs. 1 Nr. 4 AktG, 60 Abs. 1 Nr. 5 GmbHG, 131 Abs. 2 Nr. 1 HGB). *Unrentabilität* des Unternehmens macht die Erreichung des Gesellschaftszwecks nach herkömmlicher Ansicht dann iS von § 726 BGB unmöglich, wenn infolge grundlegender Veränderungen der wirtschaftlichen Voraussetzungen der Unternehmenstätigkeit auch langfristig nicht mit einer Gewinnerzielung gerechnet werden kann.[45] Selbst dieser Fall

[37] Verf. wird hierüber eine gesonderte Arbeit vorlegen.

[38] *Blaurock* RdNr. 15.14 ff.; E/B/J/S/*Gehrlein* RdNr. 9; Heymann/*Horn* RdNr. 32; Schlegelberger/*Karsten Schmidt* RdNr. 27; Staub/*Zutt* RdNr. 7.

[39] Vgl. *Koenigs* S. 276 Fn. 44; Schlegelberger/*Karsten Schmidt* RdNr. 28; Staub/*Zutt* RdNr. 7; **aM** *Blaurock* RdNr. 15.14.

[40] Allg. M. vgl. zB *Blaurock* RdNr. 15.15; MünchHdbGesR II/*Polzer* § 91 RdNr. 42; GK/*Fahse* RdNr. 3.

[41] *Blaurock* RdNr. 15.17; MünchHdbGesR II/*Polzer* § 91 RdNr. 42; Schlegelberger/*Karsten Schmidt* RdNr. 29; Staub/*Zutt* RdNr. 7.

[42] E/B/J/S/*Gehrlein* RdNr. 9; Schlegelberger/*Karsten Schmidt* RdNr. 9; Staub/*Zutt* RdNr. 7.

[43] *Blaurock* RdNr. 15.15; GK/*Fahse* RdNr. 3; Heymann/*Horn* RdNr. 17; *Koller*/Roth/Morck RdNr. 5; MünchHdbGesR II/*Polzer* § 91 RdNr. 42; Röhricht/v. Westphalen/*v. Gerkan/Mock* RdNr. 11; Schlegelberger/*Karsten Schmidt* RdNr. 29 mit Nachweisen aus der Rechtsprechung zur Gesellschaft bürgerlichen Rechts.

[44] Schlegelberger/*Karsten Schmidt* RdNr. 29; **aA** MünchKommBGB/*Ulmer/Schäfer* § 728 RdNr. 35.

[45] Vgl. nur *Koenigs* S. 276; MünchKommBGB/*Ulmer/Schäfer* § 726 RdNr. 5

sollte jedoch nur als außerordentlicher Kündigungsgrund und nicht als Grund für die automatische Auflösung angesehen werden (RdNr. 39, 49).[46]

5. Kündigung. Von den gesetzlichen Auflösungsgründen ist die Auflösung durch Kündigung zu unterscheiden (RdNr. 18 ff.). Außer dem Tatbestand der Kündigungserklärung hängt die Wirksamkeit der Kündigung vom Vorliegen eines Kündigungsgrundes ab (vgl. dazu RdNr. 44 ff.). Dagegen ist der Vollzug der Gesellschaft keine Voraussetzung für eine wirksame Kündigung.[47] 17

a) Auflösungsfolgen der Kündigung. aa) Typische stille Gesellschaft. Die Kündigung des stillen Gesellschaftsverhältnisses kann von einem der Vertragsbeteiligten, also von dem *Inhaber des Handelsgeschäfts* oder von dem *stillen Gesellschafter,* ausgesprochen werden oder von einem *Gläubiger.* Während bei den Handelsgesellschaften genau zwischen der auflösenden Kündigung, der Austrittskündigung (§ 131 Abs. 3 Nr. 3) und der eine Klage nach § 140 ersetzenden ausschließenden Kündigung („Hinauskündigung") unterschieden werden muss, ist die Kündigung des stillen Beteiligungsverhältnisses nach dem Gesetz nur eine auflösende Kündigung. Rechtsfolge ist die Abfindung des stillen Gesellschafters (vgl. RdNr. 1). 18

bb) Atypische Gesellschaften. Wenn die stille Beteiligung als mitgliedschaftlich organisierte Mehrpersonengesellschaft, insbesondere als „Innen-KG" ausgestaltet ist (RdNr. 2), kann sich die Kündigung als das Ausscheiden oder als die Ausschließung eines von mehreren stillen Gesellschaftern aus der mehrgliedrigen Verbindung darstellen.[48] Sie führt dann zur Abfindung nach § 235 RdNr. 63. In Betracht kommt aber auch eine auflösende Kündigung, die zur Gesamtabwicklung des Rechtsverhältnisses, also zur „Innen-Liquidation" führt (§ 235 RdNr. 65). Nach dem aus § 131 Abs. 3 Nr. 3 abzulesenden Grundgedanken ist die zur Gesamtabwicklung führende Kündigung bei einer „Innen-KG" die Ausnahme. 19

b) Kündigungserklärung. aa) Typische stille Gesellschaft. Die **Kündigungserklärung** bedarf, sofern nicht der Gesellschaftsvertrag ein anderes vorschreibt, keiner Form.[49] Sie ist eine einseitige, zugangsbedürftige Willenserklärung. Sie ist also vom stillen Gesellschafter gegenüber dem Geschäftsinhaber bzw. vom Geschäftsinhaber gegenüber dem stillen Gesellschafter zu erklären.[50] Ist eine *Gesellschaft Geschäftsinhaber,* so handelt auf deren Seite ihr Vertretungsorgan, im Fall der GmbH also der Geschäftsführer, im Fall der GmbH & Co. die Komplementär-GmbH, vertreten durch den Geschäftsführer.[51] Der BGH hat in WM 1979, 71, 72 = DB 1979, 644 entschieden, dass es sicht nicht um ein der organschaftlichen Vertretungsmacht der Komplementär-GmbH entzogenes Organisationsgeschäft vorliegt. 20

bb) Atypische Gesellschaften. Besondere Regeln gelten auch hier bei jenen atypischen Gestaltungen der stillen Gesellschaft, die die Gesellschafter zu einem, meist mehrgliedrigen, mitgliedschaftlichen Verhältnis verbinden (§ 230 RdNr. 83 ff.).[52] Vor allem gilt dies für die Gestaltung als **„Innen-KG"** (§ 230 RdNr. 81), insbesondere als **„GmbH & Still"** (§ 230 RdNr. 87) und für die mit einer Kommanditistenbeteiligung gekoppelte stille 21

---

[46] In dieser Richtung schon ROHGE 12, 98, 100 f.; RG JW 1913, 265 f.; 1927, 1350; dazu Schlegelberger/*Karsten Schmidt* RdNr. 29; wie hier jetzt auch *Blaurock* RdNr. 15.18; Baumbach/*Hopt* RdNr. 3; E/B/J/S/*Gehrlein* RdNr. 9; Oetker/*Schubert* RdNr. 24; Röhricht/v. Westphalen/*v. Gerkan/Mock* RdNr. 11; Staub/*Zutt* RdNr. 7.

[47] BGH WM 1995, 1277; *Blaurock* RdNr. 15.21.

[48] Schlegelberger/*Karsten Schmidt* RdNr. 32; ähnlich Röhricht/v. Westphalen/*v. Gerkan/Mock* RdNr. 3; Heymann/*Horn* RdNr. 13; Staub/*Zutt* RdNr. 21.

[49] *Blaurock* RdNr. 15.22; *Koenigs* S. 266; *Klauss/Mittelbach* RdNr. 179; MünchHdbGesR II/*Polzer* § 91 RdNr. 2.

[50] Vgl. nur MünchHdbGesR II/*Polzer* § 91 RdNr. 2; *Koller*/Roth/Morck RdNr. 1.

[51] Schlegelberger/*Karsten Schmidt* RdNr. 33; zust. MünchHdbGesR II/*Polzer* § 91 RdNr. 2; insoweit auch Staub/*Zutt* RdNr. 36.

[52] **AA** *Koller*/Roth/Morck RdNr. 1.

Beteiligung (RdNr. 2, 20).[53] Hier ist die Kündigung als Austritt bzw. als Ausschluss aus einem Verband oder als Auflösung dieses Verbandes zu behandeln, also als Organisationsakt. Die Zuständigkeit hierfür (Gesellschafterbeschluss oder Kündigung?) richtet sich nach dem Recht der KG. Die Kündigungserklärung eines stillen Gesellschafters wird im Zweifel gegenüber dem Geschäftsinhaber erklärt.

III. Strukturänderungen bei Handelsgesellschaften mit stillen Gesellschaftern als Auflösungsgründe?

22 **1. Auflösung? Vollbeendigung? a) Grundsatz.** Die Auflösung einer am stillen Gesellschaftsverhältnis beteiligten Gesellschaft ist nach hM kein Auflösungsgrund, löst also die stille Gesellschaft nicht automatisch auf; sie kann (vorbehaltlich abweichender Regelung im Gesellschaftsvertrag) nur Kündigungsgrund sein.[54] Kündigungsgrund ist namentlich für den stillen Gesellschafter die Auflösung der Hauptgesellschaft.[55] Das Urteil BGHZ 84, 379, 382 = NJW 1982, 1821 = JR 1983, 60 m. Anm. *Liesegang* geht, noch enger, davon aus, dass die Auflösung der Hauptgesellschaft nicht einmal ohne weiteres ein Kündigungsgrund für den stillen Gesellschafter ist. Grundsätzlich ist sie dies aber, und im BGH-Fall war richtigerweise sogar von einer automatischen Auflösung der stillen Gesellschaft auszugehen (RdNr. 25). Die gegenteilige Auffassung des Bundesgerichtshofs beruht allein auf dem Bestreben, die stillen Gesellschafter weiterhin am Abwicklungsrisiko der aufgelösten KG teilhaben zu lassen. Dieses Ergebnis war jedoch auf andere Weise zu erzielen: durch „Innen-Liquidation" des gesamten, die Kommanditisten und die stillen Gesellschafter umfassenden Verbandes (§ 235 RdNr. 62, 65). Die aufgelöste Gesellschaft setzt das stille Gesellschaftsverhältnis bis zu deren Auflösung (idR also bis zur Kündigung) fort.[56] Die Frage ist im Gesetz nicht geregelt. Sie muss interessengerecht gelöst werden. Eine früher verbreitete Auffassung, die im Hinblick auf § 727 BGB danach fragte, ob schon die Auflösung oder erst die Vollbeendigung einer am stillen Gesellschaftsverhältnis beteiligten Gesellschaft deren Tod gleichzuachten sei, ist im Ansatz überholt.[57] Zu fragen ist, welchen Einfluss die Auflösung einer Gesellschaft auf die Fortdauer des stillen Gesellschaftsverhältnisses hat. Dabei ist zwischen der gesetzestypischen stillen Gesellschaft und der Innen-KG zu unterscheiden.[58]

23 **aa) Die Auflösung einer Gesellschaft, die selbst stille Gesellschafterin ist** löst das stille Gesellschaftsverhältnis nicht auf.[59] Wenn die stille Beteiligung übertragbar ist (§ 230 RdNr. 174 f.), kann sie im Zuge der Liquidation veräußert werden. Die Auflösung kann allerdings ein wichtiger Kündigungsgrund sein.[60]

24 **bb) Die Auflösung der Hauptgesellschaft** – also einer als (Handels-)Gesellschaft verfassten „Geschäftsinhaberin" iS der Terminologie des Gesetzes – ist nach dem Gesetz (dh. vorbehaltlich anderer Vertragsregelung) kein Auflösungsgrund, ist aber für den stillen Gesellschafter in aller Regel außerordentlicher Kündigungsgrund (RdNr. 22, 49). Im Einzelfall kann eine explizite Kündigung aufgrund § 242 BGB entbehrlich sein, wenn die Auflösung der Handelsgesellschaft unumkehrbar und eine Vollabwicklung der Handelsgesellschaft eingeleitet ist (vgl. auch RdNr. 28).

---

[53] Schlegelberger/*Karsten Schmidt* RdNr. 33; für stille Beteiligungen eines Inhaber-Gesellschafters zustimmend MünchHdbGesR II/*Polzer* § 91 RdNr. 2.

[54] BGHZ 84, 379, 380 f. = NJW 1982, 2821 = JR 1983, 60 m. zust. Anm. *Liesegang*; *Blaurock* RdNr. 15.58; MünchHdbGesR II/*Polzer* § 91 RdNr. 44 f.; E/B/J/S/*Gehrlein* RdNr. 13; Oetker/*Schubert* RdNr. 31; Schlegelberger/*Karsten Schmidt* RdNr. 12; Staub/*Zutt* RdNr. 14.

[55] BGHZ 84, 379, 381 = NJW 1982, 2821 = JR 1983, 60 m. zust. Anm. *Liesegang*; E/B/J/S/*Gehrlein* RdNr. 13; Röhricht/v. Westphalen/*v. Gerkan/Mock* RdNr. 20; Oetker/*Schubert* RdNr. 31; Schlegelberger/*Karsten Schmidt* RdNr. 13; Staub/*Zutt* RdNr. 14.

[56] BGHZ 84, 379, 381 = NJW 1982, 2821 = JR 1983, 60 m. zust. Anm. *Liesegang*; E/B/J/S/*Gehrlein* RdNr. 13; hM.

[57] Auseinandersetzung mit dieser Auffassung noch bei Schlegelberger/*Karsten Schmidt* RdNr. 13 ff.

[58] Vgl. bereits Schlegelberger/*Karsten Schmidt* RdNr. 13 ff.

[59] Schlegelberger/*Karsten* Schmidt RdNr. 13 ff.; Röhricht/v. Westphalen/*v. Gerkan/Mock* RdNr. 21.

[60] Röhricht/v. Westphalen/*v. Gerkan/Mock* RdNr. 21.

b) Sonderfall der „Innen-KG". In den bei RdNr. 2 und 12 dargestellten Fällen stellt sich die Frage, ob die mehrgliedrige stille Gesellschaft als Verband aufgelöst und einer „Innen-Liquidation" zu unterziehen ist (§ 235 RdNr. 65). Zum Tatbestand der „Innen-KG" vgl. § 230 RdNr. 81. Hierzu gehört insbesondere auch die GmbH & Still in der Variante der „virtuellen GmbH & Co." (§ 230 RdNr. 87). Eine GmbH & Co. Kommanditgesellschaft ist grundsätzlich mit Auflösung ihrer Komplementär-GmbH ihrerseits aufgelöst (str.; vgl. Erl. § 131). Dasselbe gilt für die GmbH & Still als „Innen-KG".[61] Ähnlich kann es sich verhalten, wenn nicht die „Komplementärin" einer GmbH & Still aufgelöst ist, wohl aber eine sonstige Handelsgesellschaft, die Handelsgesellschafter und stille Gesellschafter unter einem Dach vereint. Einen solchen Fall betraf das Urteil BGHZ 84, 379 = NJW 1982, 2821 = JR 1983, 60 m. Anm. *Liesegang.* Hier waren an einer Publikums-Kommanditgesellschaft stille Gesellschafter beteiligt, die sogar das Recht hatten, gemeinsam mit den Kommanditisten an der Gesellschafterversammlung teilzunehmen. Es war also eine Gesamtorganisation geschaffen, die in Bezug auf die Kommanditisten echte KG und in Bezug auf die stillen Gesellschafter „Innen-KG" war (§ 230 RdNr. 81). Diese „Innen-KG" war aufgelöst (aM freilich der BGH). Die Teilhabe der stillen Gesellschafter am Abwicklungsrisiko war nicht durch Ablehnung des Auflösungstatbestands zu rechtfertigen, vielmehr war der die Kommanditisten und die stillen Gesellschafter umfassende Verband insgesamt aufgelöst und unter Einbeziehung der stillen Gesellschafter abzuwickeln (§ 235 RdNr. 65). 25

c) Vollbeendigung. Vertreten wird, dass die Vollbeendigung einer am stillen Gesellschaftsverhältnis beteiligten (Handels-)Gesellschaft das stille Gesellschaftsverhältnis auflöst.[62] Dem ist in dieser Form nicht zu folgen. Drei Konstellationen müssen unterschieden werden: die Vollbeendigung mit Gesamtrechtsnachfolge (RdNr. 27), die Vollbeendigung nach Liquidation (RdNr. 28) und die Vollbeendigung durch Löschung ohne Liqidation (RdNr. 29). 26

aa) Vollbeendigung mit Gesamtrechtsnachfolge. Eine Personengesellschaft erlischt, wenn alle an ihr gehaltenen Anteile in der Hand eines Gesellschafters zusammenfallen (§ 105 RdNr. 24, § 131 RdNr. 7, § 145 RdNr. 33). Der Gesellschafter wird in diesem Fall Gesamtrechtsnachfolger der Handelsgesellschaft. Dieser Vorgang hat Verschmelzungswirkung (vgl. zur Verschmelzung RdNr. 33 ff.). Das stille Gesellschaftsverhältnis geht auf den Gesamtrechtsnachfolger über. Dies kann ein Grund für die außerordentliche Kündigung sein, nicht aber ein unmittelbar wirkender gesetzlicher Auflösungsgrund. 27

bb) Vollbeendigung nach Liquidation. Die vollbeendete Handelsgesellschaft ist nicht mehr in der Lage, das stille Gesellschaftsverhältnis abzuwickeln.[63] Vertreten wird, dass die stille Gesellschaft in dem Augenblick aufgelöst ist, in dem die Hauptgesellschaft zur Fortsetzung nicht mehr imstande ist.[64] Für die Auflösung muss es jedoch genügen, wenn feststeht, dass die Hauptgesellschaft effektiv und definitiv nicht fortgesetzt wird, gleichgültig, ob sie (theoretisch!) noch fortgesetzt werden könnte. Im praktischen Anwendungsfall wird dann allerdings regelmäßig auch schon aus wichtigem Grund gekündigt worden sein (s. auch RdNr. 24).[65] Die richtige Reihenfolge heißt: Abwicklung der „Hauptgesellschaft" und des stillen Gesellschaftsverhältnisses vor der Vollbeendigung. 28

cc) Löschung wegen Vermögenslosigkeit. Ist eine Handelsgesellschaft nach §§ 131 Abs. 2 Nr. 2 HGB, 262 Abs. 1 Nr. 5 AktG, 60 Abs. 1 Nr. 7 GmbHG, 394 FamFG als vermögenslos gelöscht und hierdurch erloschen (vgl. Erl. § 131), so ist ein stilles Gesellschaftsverhältnis mit ihr nicht mehr möglich. Bei einer mehrgliedrigen „Innen-KG" verhalten (RdNr. 2) kann, wenn trotz Vermögenslosigkeit der Handelsgesellschaft noch Liquida- 29

---

[61] So im Ergebnis auch BFH GmbHR 1997, 366, 368.
[62] MünchHdbGesR II/*Polzer* § 91 RdNr. 44.
[63] Schlegelberger/*Karsten Schmidt* RdNr. 13.
[64] *Koenigs* S. 272; *Blaurock* RdNr. 15.58.
[65] Schlegelberger/*Karsten Schmidt* RdNr. 13.

tionsbedarf unter den stillen Gesellschaftern besteht, eine „Innen-Liquidation" (§ 235 RdNr. 62, 65) ohne die gelöschte Gesellschaft stattfinden.

30 **2. Umwandlungen?** Als Umwandlungen sind nach dem **Umwandlungsgesetz** in Betracht zu ziehen: der Formwechsel (RdNr. 31 f.), die Verschmelzung (RdNr. 33 f.) und die Spaltung (RdNr. 37 f.).[66] Umwandlungsvorgänge bei einer **Gesellschaft, die stiller Gesellschafter ist**, beenden das stille Gesellschaftsverhältnis idR nicht.[67] Das ist im Fall eines Formwechsels zweifelsfrei, gilt aber auch bei Verschmelzung und Spaltung. Ggf. gehen die Rechte und Pflichten als stiller Gesellschafter nach §§ 20 bzw. 131 UmwG auf einen aufnehmenden Rechtsträger über. Mitwirkungsrechte des Geschäftsinhabers bestehen grundsätzlich nicht.[68] Auch zur außerordentlichen Kündigung ist der Geschäftsinhaber nur berechtigt, wenn die Fortsetzung des Gesellschaftsverhältnisses im Einzelfall unzumutbar ist.[69] Hinsichtlich der Umwandlung auf Seiten einer **Handelsgesellschaft als Geschäftsinhaberin** muss unterschieden werden zwischen der gesetzestypischen stillen Gesellschaft und den in RdNr. 2 und 12 bezeichneten atypischen Gestaltungen. Bei der typischen stillen Gesellschaft geht es nur um den Einfluss von Umwandlungen auf ein Dauerschuldverhältnis. Bei der „Innen-KG" geht es um die „Umwandlung der stillen Gesellschaft".

31 **a) Formwechsel. aa) Typische stille Gesellschaft.** Ein Formwechsel (§§ 191 ff. UmwG) lässt den vorhandenen Rechtsträger in neuer Rechtsform fortbestehen (§ 202 UmwG). Das stille Gesellschaftsverhältnis setzt sich fort.[70] Der stille Gesellschafter hat grundsätzlich auch im Innenverhältnis kein Mitwirkungsrecht.[71] Nach Lage des Falls können sich Kündigungsrechte und Schadensersatzansprüche ergeben, wenn ein Formwechsel auf der Seite des Geschäftsinhabers die Rechte des stillen Gesellschafters gefährdet.[72]

32 **bb) Atypische stille Gesellschaft.** Bei der atypischen stillen Gesellschaft können sich Mitwirkungsrechte der stillen Gesellschafter ergeben.[73] Da diese jedoch nicht am Umwandlungsbeschluss (§ 193 UmwG) mitwirken, berührt eine Verletzung der Mitwirkungsrechte stiller Gesellschafter die Wirksamkeit der Umwandlung, bezogen auf die umgewandelte Rechtsträgerin, nicht. Im Außenverhältnis ist der Formwechsel des Geschäftsinhabers auch ohne Mitwirkung der stillen Gesellschafter wirksam. Ein Verstoß gegen die Mitwirkungsrechte löst auch die stille Gesellschaft nicht ohne weiteres auf. Es bleibt bei Kündigungs- und Schadensersatzrechten.

33 **b) Verschmelzung. aa) Stille Beteiligung am aufnehmenden Rechtsträger.** Ist die Hauptgesellschaft als aufnehmende Gesellschaft an einer Verschmelzung durch Aufnahme beteiligt, so bleibt das *typische* stille Gesellschaftsverhältnis bestehen. Der stille Gesellschafter ist nicht am Verschmelzungsvertrag (§ 4 UmwG) und am Verschmelzungsbeschluss (§ 13 UmwG) beteiligt. Auch im Innenverhältnis besteht keine grundsätzliche Mitwirkungsberechtigung.[74] In erster Linie werden die Rechte des Stillen durch den Gläubigerschutz nach dem Umwandlungsgesetz gewahrt.[75] Wenn die Verschmelzung die Rechte des stillen Gesellschafters berührt, besteht dagegen ein Anspruch auf Mitwirkung des stillen Gesellschafters.[76] Das stille Gesellschaftsverhältnis bedarf der Anpassung an die nach § 20

[66] Eingehend *Blaurock* RdNr. 18.1 ff.; *Erkens* passim; MünchHdbGesR II/*Bezzenberger/Keul* § 87 RdNr. 9 ff.; Schlegelberger/*Karsten Schmidt* RdNr. 50 ff.

[67] Zust. die jetzt hM; vgl. Oetker/*Schubert* RdNr. 38; eingehend *Blaurock* RdNr. 18.52 ff.

[68] Teilweise **aM** *Blaurock* RdNr. 18.52 ff.

[69] *Blaurock* RdNr. 18.54.

[70] *Erkens* S. 183 ff.; E/B/J/S/*Gehrlein* RdNr. 34; zum alten Umwandlungsrecht Schlegelberger/*Karsten Schmidt* RdNr. 50 ff.

[71] **AM** *Blaurock* RdNr. 118.44; *Theil* S. 54 ff.

[72] Vgl. Röhricht/v. Westphalen/*v. Gerkan/Mock* RdNr. 33.

[73] Insofern wie hier *Blaurock* RdNr. 18.44; ausführlich *Schürnbrand* ZHR 173 (2009), 689, 701 f.

[74] **AM** *Blaurock* RdNr. 18.22, 18.28 ff.

[75] *Erkens* S. 122.

[76] Im Einzelnen str.; vgl. *Blaurock* RdNr. 18.17; *Erkens* S. 104 ff.; Röhricht/v. Westphalen/*v. Gerkan/Mock* RdNr. 31; *Jung* ZIP 1996, 1734 ff. (sinngemäß für die Spaltung).

UmwG eintretenden Verschmelzungsfolgen. Eine Verwässerung der Gewinnrechte des stillen Gesellschafters wie auch umgekehrt eine ungerechtfertigte Besserstellung ist durch Vertragsanpassung zu vermeiden. Hierbei können sich Mitwirkungspflichten ergeben.[77] Bei Pflichtverletzungen kann eine außerordentliche Kündigung gerechtfertigt sein.[78]

Bei der mitgliedschaftlichen atypischen stillen Gesellschaft, insbesondere bei der „Innen-KG“ 34
(RdNr. 2) verhält es sich anders.[79] Hier hat der Geschäftsinhaber die Aufgabe eines treuhänderischen Komplementärs, der das Unternehmen für gemeinsame Rechnung (auch) der stillen Gesellschafter ohne führt (§ 230 RdNr. 81). Die Aufnahme eines anderen Unternehmens im Wege der Verschmelzung durch den „Komplementär“ ohne Mitwirkung der stillen Gesellschafter ist vertragswidrig.[80] Eine formelle Mitwirkung am Verschmelzungsbeschluss nach § 13 UmwG findet zwar auch hier nicht statt. Aber die stillen Gesellschafter sind Mitglieder einer „Als-ob-KG“ (§ 230 RdNr. 81) und im Innenverhältnis demgemäß zu beteiligen. Eine Verletzung dieses Rechts ist rechtswidrig und führt zu Kündigungs- und Schadensersatzrechten der stillen Gesellschafter.

bb) Stille Beteiligung am übertragenden Rechtsträger. Bei einer stillen Beteili- 35
gung auf der Seite der übertragenden, durch die Verschmelzung Gesellschaft ist zu unterscheiden: Handelt es sich um ein *typisches stilles Gesellschaftsverhältnis,* so geht dieses nach § 20 UmwG auf den übernehmenden Rechtsträger über.[81] Einer Mitwirkung des stillen Gesellschafters bedarf es wiederum nicht.[82] Ein Fall des § 23 UmwG liegt nicht vor.[83] Ein Zustimmungserfordernis im vertraglichen Innenverhältnis besteht nach Lage des Falls, wenn wesentliche Interessen des stillen Gesellschafters berührt sind.[84] Kündigungs- und Schadensersatzrechte des stillen Gesellschafters bleiben unberührt.[85] Der aufnehmende Rechtsträger hat gegenüber dem stillen Gesellschafter grundsätzlich kein Kündigungsrecht.[86] Er und seine Gesellschafter sind durch die Anpassung des stillen Gesellschaftsvertrags zu schützen (vgl. sinngemäß RdNr. 33).

Besonderheiten gelten auch hier für die bei RdNr. 2 und 12 behandelten *Sonderformen* 36
der atypischen (mitgliedschaftlichen) stillen Gesellschaft, insbesondre in Gestalt der „GmbH & Still“ oder sonstigen „Innen-KG“ (§ 230 RdNr. 81, 87).[87] Wiederum bleibt es nach dem Umwandlungsgesetz bei einer Beschlussfassung nur durch die Gesellschafter der zu verschmelzenden Gesellschaft (§ 13 UmwG). Die stillen Gesellschafter nehmen daran formell nicht teil. Eine Anwendung des § 23 UmwG (Schutz von Inhabern stimmrechtsloser Sonderrechte)[88] ist bei atypischen stillen Beteiligungen vertretbar, aber mangels Fundierung in der Satzung des übertragenden Rechtsträgers wohl zu verneinen. Aber die zum Erlöschen der Hauptgesellschaft führende Verschmelzung ist ein struktureller Eingriff auch in den Verband der „Innen-KG“, und dieser Eingriff ist durch die nur die Umwandlung der Hauptgesellschaft als Rechtsträgerin betreffenden Regeln des Umwandlungsgesetzes nicht legitimiert. Er ist ohne Mitwirkung der stillen Gesellschafter im Innenverhältnis also rechtswidrig. Das spricht für folgende Lösung:[89] Die atypische stille Gesellschaft mit Verbands-

[77] Ähnlich jetzt *Blaurock* RdNr. 18.23; nicht voll übereinstimmend *Jung* ZIP 1996, 1734 (zur Spaltung): keine Anpassungsansprüche bei Besserstellung des stillen Gesellschafters.

[78] Wie hier jetzt *Blaurock* RdNr. 18.26.

[79] Gegen die Unterscheidung *Blaurock* RdNr. 18.22.

[80] Insofern wie hier *Blaurock* RdNr. 18.22.

[81] So auch *Blaurock* RdNr. 18.11 ff., 18.38; *Erkens* S. 103; MünchHdbGesR II/*Bezzenberger/Keul* § 87 RdNr. 11; Heymann/*Horn* RdNr. 27; Röhricht/v. Westphalen/*v. Gerkan/Mock* RdNr. 31; zum alten Umwandlungsrecht Schlegelberger/*Karsten Schmidt* RdNr. 49; Staub/*Zutt* RdNr. 17.

[82] Insofern ähnlich *Erkens* S. 113 ff.

[83] Vgl. m. w. N. Kallmeyer/*Marsch-Barner,* UmwG, 4. Aufl. 2010, § 23 RdNr. 3; Widmann/*Mayer/Vossius,* UmwG, 2003, § 23 RdNr. 11; *Hüffer,* FS Lutter, 2000, S. 1236; *Winter,* FS Peltzer, 2001, S. 651; **aM** Lutter/*Grunewald,* UmwG, 3. Aufl. 2004, § 23 RdNr. 20; *Schürnbrand,* ZHR 173 (2009), 689, 696 ff. m. w. N.

[84] Grundsätzlich für ein Zustimmungserfordernis *Blaurock* RdNr. 18.22; *Sedlmayer* DNotZ 2003, 618 f.

[85] *Erkens* S. 121 ff.

[86] Vgl. *Erkens* S. 124.

[87] Insoweit konzeptionell zustimmend *Schürnbrand* ZHR 173 (2009), 689, 701 f.

[88] Dafür *Schürnbrand* ZHR 173 (2009), 689, 700.

[89] Verf. bereitet eine Arbeit über die „virtuelle KG“ vor.

charakter, insbesondere die „Innen-KG" (§ 230 RdNr. 81) ist mit der übertragenden Verschmelzung der Hauptgesellschaft ipso iure aufgelöst. Auf die aufnehmende Gesellschaft gehen nur die Liquidationspflichten der Hauptgesellschaft über. Die „Innen-KG" wird nach den Regeln der „Innen-Liquidation" (§ 235 RdNr. 65) zwischen den stillen Gesellschaftern und der auflösenden Gesellschaft abgewickelt. Die stillen Gesellschafter können die Hauptgesellschaft aus der mehrgliedrigen Innengesellschaft ausschließen und die „Innen-KG" mit einer neuen „Komplementärin" fortsetzen. Für die *Vertragsgestaltung* empfiehlt sich eine *Ausschließungsklausel* oder ein *Übernahmerecht* zu Lasten des Geschäftsinhabers.

37 **c) Spaltung. aa) Typische stille Gesellschaft.** Im Fall der Spaltung (§§ 123 ff. UmwG) entscheidet der Spaltungsvertrag bzw. der Spaltungsplan über die Zugehörigkeit der Rechte und Pflichten des durch die Spaltung betroffenen Rechtsträgers (§ 131 UmwG).[90] Mit dieser Maßgabe können die Rechte und Pflichten aus einem stillen Gesellschaftsvertrag nach §§ 131 ff. UmwG übergehen. Nur fünf Jahre lang haften die spaltungsbeteiligten Rechtsträger als Gesamtschuldner (§ 133 UmwG).[91] Am Spaltungsvertrag (§ 126 UmwG) und am Spaltungsbeschluss (§§ 125, 13 UmwG) sind die stillen Gesellschafter nicht beteiligt. Sie haben auch im Innenverhältnis kein generelles Mitwirkungsrecht.[92] Sie können aber verlangen, dass ihre Rechte bei der Spaltung gewahrt werden.[93] Auch sind sie zur Anpassung des stillen Gesellschaftsvertrags berechtigt und verpflichtet.[94] Verletzungen dieser Rechte berechtigen den stillen Gesellschafter zur außerordentlichen Kündigung und ggf. zum Schadensersatz.

38 **bb) Atypische stille Gesellschaft.** Bei der atypischen stillen Gesellschaft nach RdNr. 2, stellt die Spaltung wie die Verschmelzung (RdNr. 36) einen Eingriff in die Struktur einer solchen Gesellschaft dar. Das muss auch hier bedeuten: Die stillen Gesellschafter nehmen zwar nicht am Spaltungsvertrag und Spaltungsbeschluss der geschäftsführenden Gesellschaft teil, aber sie sind im Innenverhältnis mitwirkungsberechtigt. Ohne ihre Mitwirkung ist die stille Gesellschaft durch die Spaltung der geschäftsführenden Gesellschafterin aufgelöst. Wie für den Verschmelzungsfall empfiehlt sich auch für den Spaltungsfall eine vertragliche Ausschließungsklausel.

39 **3. Unternehmensveräußerung, Aufgabe oder Veränderung des Unternehmens. a) Unternehmensveräußerung. aa) Typische stille Gesellschaft.** Unter den Voraussetzungen der §§ 25, 28 führt die Veräußerung des Unternehmens grundsätzlich zur Kontinuität der unternehmensbezogenen Schuldverhältnisse, dh. der Erwerber des Unternehmens führt die Schuldverhältnisse fort (str., vgl. § 25 RdNr. 81 ff.).[95] Auf die *typische stille Gesellschaft* als ein zweiseitiges qualifiziertes Kreditverhältnis würde dieser Gedanke durchaus passen.[96] Doch ist der Übergang von Rechtsverhältnissen gemäß § 25 einstweilen nicht hM.[97] Für die **hM** bleibt ein automatischer Übergang stiller Beteiligungen beim Unternehmensübergang außer Betracht.[98] Auch die *typische stille Beteiligung* ist neben der kreditähnlichen stillen Einlage durch eine gesellschaftsvertragliche Bindung gekennzeichnet.[99] Unabhängig von diesem Grundlagenstreit kann und sollte ein solcher Übergang durch Vereinbarung zwischen dem stillen Gesellschafter, dem Altunternehmer und dem Neuunternehmer als

[90] *Blaurock* RdNr. 18.36 f.; eingehend *Erkens* S. 139 ff.

[91] *Erkens* S. 154 ff.

[92] *Erkens* S. 172 ff.; jetzt auch *Blaurock* RdNr. 18.38, 18.40; **aM** *Jung* ZIP 1996, 1737.

[93] *Erkens* S. 145 f.

[94] *Erkens* S. 151 ff.; für Anpassung nur zugunsten des stillen Gesellschafters *Jung* ZIP 1996, 1739.

[95] Sehr str.; vgl. *Karsten Schmidt* Handelsrecht § 8 I 4 c; *ders.* FS Medicus, 1999, S. 559 ff.; bemerkenswert für Österreich nunmehr § 38 UGB.

[96] Weitere Untersuchung bleibt vorbehalten.

[97] Abl. zB *Canaris* HandelsR § 7 RdNr. 39; Baumbach/*Hopt* § 25 RdNr. 11.

[98] Charakteristisch *Blaurock* RdNr. 18.7, 12.18 („nicht ohne weiteres"); Baumbach/*Hopt* RdNr. 7; Oetker/*Schubert* RdNr. 34; Röhricht/v. Westphalen/*v. Gerkan/Mock* RdNr. 27.

[99] Von einer regelrechten „Übertragung des Gesellschaftsanteils des Geschäftsinhabers"(?) spricht deshalb MünchHdbGesR II/*Bezzenberger/Keul* § 87 RdNr. 2 ff.

eine *Vertragsübernahme* durchgeführt werden.[100] Hinsichtlich der Frage, ob eine Verpflichtung zur Durchführung der Vertragsübernahme besteht, ist zwischen den drei Beteiligten zu unterscheiden. Den *Altunternehmer* trifft eine doppelte Pflicht: Ihm ist einerseits im Innenverhältnis die Unternehmensübertragung ohne Zustimmung des stillen Gesellschafters untersagt (§ 230 RdNr. 137); andererseits ist er gegenüber dem stillen Gesellschafter als Vertragspartner regelmäßig verpflichtet, bei einer von diesem gewollten Vertragsübernahme mitzuwirken.[101] Den *Übernehmer* trifft eine entsprechende Verpflichtung, wenn sie vereinbart ist (in diesem Fall liegt regelmäßig ein echter Vertrag zugunsten des stillen Gesellschafters als eines Dritten vor)[102] oder wenn der Übernehmer eine vom Altunternehmer gegründete Gesellschaft ist (vgl. besonders zur Gesellschaftsgründung durch Miterben RdNr. 10). Der *stille Gesellschafter* ist mangels ausdrücklicher Vertragsregelung nur im Einzelfall (§§ 157, 242 BGB) verpflichtet, das stille Gesellschaftsverhältnis auf den Neuunternehmer überzuleiten.[103] Eine Unternehmensveräußerung ohne Zustimmung des stillen Gesellschafters gibt diesem, sofern nicht sogar Zweckvereitelung nach § 726 BGB eintritt, ein Recht zur außerordentlichen Kündigung, uU sogar einen Schadensersatzanspruch wegen positiver Vertragsverletzung.[104]

bb) Atypische stille Gesellschaft. Die atypische stille Gesellschaft (§ 230 40 RdNr. 74 ff.), insbesondere die mitgliedschaftlich ausgestaltete „Innen-KG“ (§ 230 RdNr. 81, 87) stellt ein Organisationsverhältnis dar. Dieses kann nicht ohne Mitwirkung aller Beteiligten übergehen.[105] Die Veräußerung des Unternehmens ohne Zustimmung der Beteiligten berechtigt zum Schadensersatz und zur außerordentlichen Kündigung.

b) Aufgabe des Unternehmens. Die Einstellung des Unternehmens durch den 41 Geschäftsinhaber kann Auflösungsgrund nach § 726 BGB sein (RdNr. 14). Ohne Zustimmung des stillen Gesellschafters stellt sie eine Pflichtwidrigkeit dar und berechtigt den stillen Gesellschafter zur außerordentlichen Kündigung, ggf. auch zum Schadensersatz.

c) Veränderung im Unternehmen. Inwieweit betriebswirtschaftliche oder strategi- 42 sche Veränderungen des Unternehmens der Zustimmung des stillen Gesellschafters bedürfen, hängt vom Einzelfall ab. *Typische* stille Gesellschafter haben idR keine Mitwirkungsrechte. Allerdings kann eine Grundlagenveränderung im Einzelfall vertragswidrig sein. Bei einer *atypischen* stillen Gesellschaft, insbesondere bei einer „Innen-KG“ (§ 230 RdNr. 81), wirken die stillen Gesellschafter ähnlich wie Kommanditisten bei Grundlagenentscheidungen mit. Die Verletzung von Mitwirkungsrechten kann außerordentlicher Kündigungsgrund sein. Ein automatisch wirkender Auflösungsgrund ist sie nicht. Das gilt auch für den Verlust der Kaufmannseigenschaft (vgl. zur analogen Anwendung der §§ 230 ff. auf nichtkaufmännische Unternehmen § 230 RdNr. 24).[106]

d) Anteilsveräußerung. Die Veräußerung der Anteile an der geschäftsführenden 43 Gesellschaft kann nur nach Lage des Einzelfalls ein außerordentlicher Kündigungsgrund sein (RdNr. 49).[107] Bei einer „GmbH & Still“ kann allerdings dadurch für Beteiligungsidentität gesorgt werden, dass jeder stille Gesellschafter auch Gesellschafter der Hauptgesellschaft ist und dass er in dieser Eigenschaft einer Anteilsübertragung zuzustimmen hat.

---

[100] *Blaurock* RdNr. 12.18; Röhricht/v. Westphalen/*v. Gerkan/Mock* RdNr. 27; zur Vertragsübernahme vgl. *Pieper,* Vertragsübernahme und Vertragsbeitritt, 1963, S. 160 ff.; *Fabricius* 1967, 144 ff.; MünchKommBGB/*Möschel* Vor § 414 RdNr. 7 ff.

[101] *Blaurock* RdNr. 12.18.

[102] Ähnlich *Blaurock* RdNr. 12.18.

[103] Ähnlich Röhricht/v. Westphalen/*v. Gerkan/Mock* RdNr. 27; *Blaurock* RdNr. 12.18 (Verpflichtung aus der Treupflicht).

[104] *Blaurock* RdNr. 12.19, 15.72; Heymann/*Horn* RdNr. 26; *Koller*/Roth/Morck RdNr. 10.

[105] Verf. bereitet eine Publikation hierüber vor.

[106] Schlegelberger/*Karsten Schmidt* RdNr. 9 ff.

[107] Wie hier jetzt E/B/J/S/*Gehrlein* RdNr. 32; Oetker/*Schubert* RdNr. 35.

IV. Kündigungsgründe und Kündigungsfolgen

44 **1. Konzepte der Kündigung.** Da die stille Gesellschaft eine Variante der Gesellschaft des bürgerlichen Rechts ist, würden an sich die **§§ 723, 724 BGB** auf sie Anwendung finden. Eine auf unbestimmte Zeit eingegangene Gesellschaft könnte jederzeit gekündigt werden (§ 723 Abs. 1 Satz 1 BGB). Der auf unbestimmte Zeit eingegangenen Gesellschaft würde eine Gesellschaft gleichstehen, die für die Lebenszeit eines Gesellschafters eingegangen ist oder die nach dem Ablauf der bestimmten Zeit stillschweigend fortgesetzt wird (§ 724 BGB). Eine auf bestimmte Zeit eingegangene Gesellschaft könnte vor Ablauf der Zeit gekündigt werden, wenn ein wichtiger Grund vorliegt (§ 723 Abs. 1 Satz 2 BGB). *Diese Regelungen nehmen auf die Kontinuitätsinteressen im Unternehmen zu wenig Rücksicht.*[108] **Abs. 1 Satz 1** bestimmt deshalb, dass auf die Kündigung der Gesellschaft durch einen der Gesellschafter **§§ 132, 134** entsprechende Anwendung finden. Damit ist die Kündigung der auf unbestimmte Zeit eingegangenen Gesellschaft einschließlich der ihr gleichstehenden Fälle abweichend vom Recht des BGB entsprechend dem Recht der OHG geregelt. Das Recht, die Gesellschaft aus wichtigem Grund fristlos zu kündigen, soll sich dagegen nach § 723 BGB richten (**Abs. 1 Satz 2** und dazu RdNr. 48 ff.). Nicht geregelt ist dagegen der *Unterschied zwischen Auflösungskündigung, Austrittskündigung und Ausschließungskündigung* (dazu § 132 RdNr. 1). Das hängt mit dem gesetzlichen Rechtsbild der zweigliedrigen stillen Gesellschaft (§ 230 RdNr. 83) zusammen. Bei mehrgliedrigen Gesellschaften ist deshalb auf die Grundsätze des § 131 zurückzugehen (RdNr. 12).[109] Auch eine *Ausschließung aus der mehrgliedrigen Gesellschaft* ist möglich (RdNr. 53 ff.). Im Einzelnen ist die Rechtslage folgende:

45 **2. Ordentliche Kündigung durch einen Gesellschafter. a) Auf unbestimmte Zeit eingegangene Gesellschaft (§ 132).** Eine auf *unbestimmte Zeit* eingegangene stille Gesellschaft kann sowohl von dem Geschäftsinhaber als auch von dem stillen Gesellschafter *nur für den Schluss eines Kalenderjahres* unter Einhaltung einer *Kündigungsfrist von sechs Monaten* gekündigt werden (Abs. 1 Satz 1 iVm § 132). Wegen der Frage, wann eine Gesellschaft auf unbestimmte Zeit eingegangen ist, sowie der sonstigen Fragen, ist auf die Erl. zu §§ 131, 132 zu verweisen. Die Frage ist im Einzelfall durch Auslegung des Vertrags zu entscheiden.[110] § 489 BGB (bis 2001 § 609 a BGB) findet auf die stille Gesellschaft keine Anwendung (vgl. § 231 RdNr. 9).

46 **b) Auf Lebenszeit eingegangene Gesellschaft (§ 134).** Eine auf Lebenszeit eingegangene oder nach Ablauf der für ihre Dauer bestimmten Zeit *stillschweigend verlängerte Gesellschaft* (vgl. RdNr. 3) kann nach dem analog anzuwendenden § 134 gleichfalls unter Einhaltung einer Kündigungsfrist von sechs Monaten zum Schluss des Geschäftsjahres gekündigt werden.[111] Im Einzelnen ist auf die Erl. zu § 134 zu verweisen. Eine stillschweigende Fortsetzung der stillen Gesellschaft liegt nicht schon in der Fortführung des Geschäftsbetriebs durch den Geschäftsinhaber ohne weitere Erklärung. Sie liegt nur dann vor, wenn sich aus den Umständen ergibt, dass nach Auffassung des Geschäftsinhabers und des stillen Gesellschafters der Letztere am Gewinn und Verlust weiter beteiligt sein soll.[112]

47 **c) Vertraglicher Ausschluss.** Ein vertraglicher Ausschluss des ordentlichen Kündigungsrechts ist nach **hM** gemäß **§ 723 Abs. 3 BGB** unzulässig.[113] Demgegenüber hatte

[108] Vgl. Denkschrift I S. 185; RG JW 1926, 1959; *Blaurock* RdNr. 15.20; *Koenigs* S. 263; *Klöpper* S. 14; GK/*Fahse* RdNr. 9; Schlegelberger/*Karsten Schmidt* RdNr. 34.

[109] Verf. bereitet eine Publikation hierüber vor.

[110] RG DJZ 1932, 95; MünchHdbGesR II/*Polzer* § 91 RdNr. 3; s. auch für die Gesellschaft bürgerlichen Rechts RGZ 95, 147, 150.

[111] MünchHdbGesR II/*Polzer* § 91 RdNr. 3; Oetker/*Schubert* RdNr. 11.

[112] Heymann/*Horn* RdNr. 4; Staub/*Zutt* RdNr. 22; Oetker/*Schubert* RdNr. 11.

[113] BGHZ 23, 10 = LM Nr. 1 = NJW 1957, 461 ff.; 50, 316, 321; BGH LM § 339 aF Nr. 2 = BB 1967, 309; BGH NJW 1992, 2696, 2698 = ZIP 1992, 1552; BGH LM Nr. 45 zu § 662 BGB m. Anm. *Roth* = NJW 1994, 2886 (Unterbeteiligung); *Blaurock* RdNr. 15.23; *Koenigs* S. 263 ff.; Baumbach/*Hopt* RdNr. 8; GK/*Fahse* RdNr. 10; Heymann/*Horn* RdNr. 5; MünchHdbGesR II/*Polzer* § 91 RdNr. 6; Staub/*Zutt* RdNr. 23; E/B/J/S/*Gehrlein* RdNr. 25.

das Reichsgericht[114] aus der Vorschrift des § 234 (damals § 339) den Schluss gezogen, dass § 723 BGB nur für die außerordentliche, aber nicht für die ordentliche Kündigung bei der stillen Gesellschaft gilt. Es hielt daher den Ausschluss des ordentlichen Kündigungsrechts für zulässig. Für diese Ansicht spricht vieles, zumal die langfristige Bindung auch den stillen Gesellschafter gegen Kündigung schützt (vgl. auch RdNr. 70)[115]. Für die hM ist diese Ansicht aber inkonsequent, da § 723 Abs. 3 BGB auch im Rahmen des § 132 angewendet wird (§ 132 RdNr. 30). Unverhältnismäßig lange Bindungen können auch gegen **§ 138 BGB** verstoßen.[116] Auch mittelbare Beschränkungen des Kündigungsrechts durch Gewinnsperren o. ä. können unwirksam sein.[117] Die Praxis weicht auf Vertragsregelungen aus, nach denen die Gesellschaft *auf bestimmte Zeit eingegangen* ist.[118] Rechtspolitisch wäre die Lösung in einer Änderung des § 723 BGB zu suchen.[119] De lege lata ist folgende Abhilfe möglich:[120] Für die gesetzestypische stille Beteiligung, die eine Mischung aus Kredit und Gesellschaftsverhältnis darstellt (§ 230 RdNr. 17), muss wie bei einem Kredit eine langfristige Bindung zugelassen werden. Für die atypische stille Gesellschaft, inbesondere als „Innen-KG“ (§ 230 RdNr. 81), gilt § 723 Abs. 3 nur mit den bei § 132 RdNr. 31 ff. dargestellten Einschränkungen.

3. Außerordentliche Kündigung durch einen Gesellschafter (Abs. 1 Satz 2). a) Grundsatz. Das Recht, das auf bestimmte Zeit eingegangene Gesellschaftsverhältnis vorzeitig aus wichtigem Grund zu kündigen, bestimmt sich ausschließlich nach **§ 723 BGB.**[121] Anders als nach § 133 (Auflösungsklage) genügt bei der typischen stillen Beteiligung die einfache Kündigung gegenüber dem Vertragspartner.[122] Das außerordentliche Kündigungsrecht kann durch den Gesellschaftsvertrag nicht ausgeschlossen werden (§ 723 Abs. 3 BGB).[123] Ist jegliche Fortsetzung des Gesellschaftsverhältnisses unzumutbar, so ist die außerordentliche Kündigung auch nicht dann unwirksam, wenn sie iS von § 723 BGB zur Unzeit erfolgt.[124] Wie jedes Dauerschuldverhältnis ist der stille Beteiligungsvertrag schon vor Vollzug kündbar.[125] Bei der mehrgliedrigen stillen Beteiligung führt die Kündigung idR zum Ausscheiden des kündigenden stillen Gesellschafters (§ 131 Abs. 3 Nr. 3 und dazu RdNr. 19). Die Unabdingbarkeit des außerordentlichen Kündigungsrechts hindert nicht eine Regelung, nach der die Kündigung bei einer „Innen-KG“ nur durch Klage möglich ist (vgl. § 133). 48

b) Der wichtige Grund. Insofern kann gleichfalls auf die Erl. zu § 133 RdNr. 11 ff. verwiesen werden. Allerdings ist zu beachten, dass Vertrauensbasis und Risiko nicht mit den Verhältnissen bei der oHG gleichzusetzen sind, so dass eine schematische Übertragung von Einzelfallwertungen ausscheiden muss.[126] Der Umfang des Vertrauensverhältnisses im 49

---

[114] RGZ 156, 129, 134; RG JW 1926, 1959; ebenso *Barz* JW 1938, 491.

[115] Vgl. sinngemäß (betr. Unterbeteiligung) *Karsten Schmidt*, FS Günter H. Roth, 2011, S. 709.

[116] BGH NJW 2005, 1784, 1786 = NZG 2005, 467, 469 = ZIP 2005, 759, 760.

[117] Vgl. *P. Hartmann* S. 107 f.; *Blaurock* RdNr. 15.23; MünchHdbGesR II/*Polzer* § 91 RdNr. 7.

[118] Vgl. Erl. zu § 132; speziell für die stille Gesellschaft *Koenigs* S. 265 f.; *Blaurock* RdNr. 15.12; *P. Hartmann* S. 105; *Klöpper* S. 25 ff.; MünchHdbGesR II/*Polzer* § 91 RdNr. 6.

[119] Vgl. *Karsten Schmidt,* Gesellschaft bürgerlichen Rechts, in: Gutachten und Vorschläge zur Überarbeitung des Schuldrechts III, 1983, S. 540.

[120] Verf. arbeitet an einem Lösungskonzept.

[121] BGHZ 23, 10, 12 f. = LM § 339 aF Nr. 1; *Blaurock* 15.20; MünchHdbGesR II/*Polzer* § 91 RdNr. 8; Baumbach/*Hopt* RdNr. 9; Heymann/*Horn* RdNr. 8; *Koller*/Roth/Morck RdNr. 3; Röhricht/v. Westphalen/*v. Gerkan/Mock* RdNr. 6; Staub/*Zutt* RdNr. 24.

[122] KG HRR 1929, Nr. 743; *Blaurock* RdNr. 15.20; *Koenigs* S. 267; *Ritter* RdNr. 2 f.; GK/*Fahse* RdNr. 12; Heymann/*Horn* RdNr. 8; *Koller*/Roth/Morck RdNr. 3; MünchHdbGesR II/*Polzer* § 91 RdNr. 8; Staub/*Zutt* RdNr. 24.

[123] GK/*Fahse* RdNr. 12.

[124] BGH WM 1976, 1030 = DB 1977, 87 = JuS 1977, 264 *(Karsten Schmidt)*; *Blaurock* RdNr. 15.36; GK/*Fahse* RdNr. 14.

[125] BGH WM 1995, 1277; vgl. auch allgemein BGHZ 73, 350, 352 = WM 1979, 584; *Blaurock* RdNr. 15.30; Staub/*Ulmer* § 105 RdNr. 143.

[126] Düringer/Hachenburg/*Flechtheim* § 339 aF RdNr. 21; Heymann/*Horn* RdNr. 9; *Koller*/Roth/Morck RdNr. 3; MünchHdbGesR II/*Polzer* § 91 RdNr. 9; Staub/*Zutt* RdNr. 26.

konkreten Fall muss den Ausschlag geben.[127] Grundsätzlich reicht *jede Tatsache, die das Vertrauen des stillen Gesellschafters in die Zuverlässigkeit des Geschäftsinhabers vermindern kann,* als Kündigungsgrund aus.[128] Über *Leistungsstörungen* in der stillen Gesellschaft als Kündigungsgründe vgl. § 230 RdNr. 138, 140. Ein außerordentlicher Kündigungsgrund kann auch darin liegen, dass die Gewinnbeteiligung oder Auseinandersetzung aus rechtlichen Gründen nicht zusagegemäß abgewickelt werden kann.[129] Daneben bilden die nachhaltige *Unrentabilität* des Handelsgewerbes oder die *Einstellung des Geschäftsbetriebs* (RdNr. 16, 41) einen wichtigen Grund zur Kündigung.[130] Die Auflösung einer Handelsgesellschaft als Geschäftsinhaberin ist jedenfalls dann Kündigungsgrund, wenn mit alsbaldiger Fortsetzung nicht zu rechnen ist (vgl. RdNr. 24). Bei der atypischen stillen Gesellschaft kann eine *Behinderung des stillen Gesellschafters in der Ausübung von Mitwirkungsrechten* ein wichtiger Grund sein.[131] Auch die *Gefährdung der Vermögensinteressen* des stillen Gesellschafters durch Vollstreckungsmaßnahmen kann ein wichtiger Kündigungsgrund sein; so insbesondere die Pfändung des Anspruchs auf Leistung der noch ausstehenden stillen Einlage.[132] Der Vermögensverfall auf Seiten des Unternehmens berechtigt in aller Regel zur fristlosen Kündigung des Vertrags. Ein anderes kann sich im Einzelfall nach §§ 157, 242 BGB ergeben, wenn die stille Einlage Eigenkapitalcharakter hat und der stille Gesellschafter auch am Insolvenzrisiko teilnimmt (vgl. zu diesem Gesellschaftstypus § 230 RdNr. 172 f.).[133] *Persönliche Spannungen* haben, sofern nicht der stille Gesellschafter auf Grund des Gesellschaftsvertrags ähnliche Mitwirkungsrechte hat wie ein Handelsgesellschafter, grundsätzlich geringere Bedeutung als in den Handelsgesellschaften.[134] Wesentliche *Veränderungen im Gesellschafterbestand* einer Handelsgesellschaft, im Unternehmensgegenstand oder in der Autonomie einer Handelsgesellschaft (Unterwerfung unter fremde Konzernherrschaft!) können die Interessen eines stillen Gesellschafters im Einzelfall unzumutbar gefährden oder sonst die Geschäftsgrundlage des Gesellschaftsvertrags in Gefahr bringen (vgl. jetzt § 313 BGB nF). Sie können in diesem Fall einen wichtigen Kündigungsgrund darstellen (RdNr. 43). Bei jeder außerordentlichen Kündigung ist das **Prinzip der Verhältnismäßigkeit** zu beachten.[135] Ist der Kündigungsgrund durch zumutbare Vertragsänderung abwendbar, so besteht ein Vorrang der Neuverhandlungspflicht. Der Gesellschaftsvertrag kann die Umstände, die einen wichtigen Kündigungsgrund bilden sollen, konkretisieren.[136] Die Kündigung aus sonstigem wichtigem Grund ist damit nicht schlechthin ausgeschlossen. Allerdings kann eine solche Regelung ein Indiz dafür bilden, dass vorhersehbare andere Vorfälle nach der Vorstellung der Gesellschafter keine Unzumutbarkeit begründen.

50 **c) Unabdingbarkeit.** Das außerordentliche Kündigungsrecht *kann nicht durch Vertrag ausgeschlossen werden* **(§ 723 Abs. 3 BGB).**[137] Auch sonstige Abreden, die mit der Aus-

[127] Vgl. BGH WM 1976, 1030 = DB 1977, 87 = JuS 1977, 264 *(Karsten Schmidt)*; Heymann/*Horn* RdNr. 9; Röhricht/v. Westphalen/*v. Gerkan/Mock* RdNr. 7; Schlegelberger/*Karsten Schmidt* RdNr. 39.

[128] RG JW 1927, 1350; *Blaurock* RdNr. 15.32; *Koenigs* S. 267; Heymann/*Horn* RdNr. 9; MünchHdbGesR II/*Polzer* § 91 RdNr. 11; *Reusch* S. 244; Schlegelberger/*Karsten Schmidt* RdNr. 39; Staub/*Zutt* RdNr. 26.

[129] Vgl. BGH DStR 2005, 1064 = ZIP 2005, 766.

[130] Vgl. ROHGE 12, 98, 100; RG JW 1913, 265 f.; 1927, 1350; *Blaurock* RdNr. 15.32; *Koenigs* S. 276; Heymann/*Horn* RdNr. 10; MünchHdbGesR II/*Polzer* § 91 RdNr. 12; Röhricht/v. Westphalen/*v. Gerkan/Mock* RdNr. 7; Staub/*Zutt* RdNr. 25; E/B/J/S/*Gehrlein* RdNr. 29.

[131] Vgl. BGH WM 1976, 1030 = DB 1977, 87 = JuS 1976, 264 *(Karsten Schmidt)*; Heymann/*Horn* RdNr. 10; MünchHdbGesR II/*Polzer* § 91 RdNr. 11; Röhricht/v. Westphalen/*v. Gerkan/Mock* RdNr. 7; Staub/*Zutt* RdNr. 26.

[132] *Karsten Schmidt* KTS 1977, 5 mit Nachweisen zu der Frage, ob dieses Lösungsrecht aus § 723 oder aus § 610 BGB herzuleiten ist; zustimmend MünchHdbGesR II/*Polzer* § 91 RdNr. 12.

[133] Dem Ergebnis stimmt *Reusch* S. 224 zu.

[134] BGH DB 1977, 87, 88; vgl. auch BGH WM 1966, 29, 31 = DB 1966, 187; *Koenigs* S. 267; Baumbach/*Hopt* RdNr. 9; Heymann/*Horn* RdNr. 9; *Koller*/Roth/Morck RdNr. 3; MünchHdbGesR II/*Polzer* § 91 RdNr. 9; Staub/*Zutt* RdNr. 6.

[135] *Blaurock* RdNr. 15.31; MünchHdbGesR II/*Polzer* § 91 RdNr. 9; Staub/*Zutt* RdNr. 27.

[136] *Blaurock* RdNr. 15.33; *Koenigs* S. 268; Staub/*Zutt* RdNr. 28.

[137] Insoweit wie hM RGZ 156, 129, 134; RG JW 1926, 1959; *Barz* JW 1938, 491.

übung des außerordentlichen Kündigungsrechts Nachteile verbinden und geeignet sind, den Kündigungsberechtigten von der Ausübung seines Rechts abzuhalten, sind nichtig.[138] Das gilt insbesondere für **Abfindungsregelungen** (zu ihnen vgl. § 235 RdNr. 36, 64). Möglich ist dagegen umgekehrt die Vereinbarung, wonach der stille Gesellschafter zum Buchwert abgefunden wird, wenn das Gesellschaftsverhältnis vom Geschäftsinhaber aus einem in der Person des stillen Gesellschafters liegenden wichtigen Grund gekündigt wird.

4. Kündigung durch einen Gläubiger (§ 135). a) Gläubiger des stillen Gesellschafters. Diese Kündigung unterliegt nach Abs. 1 den entsprechend anzuwendenden Regeln des **§ 135.**[139] Zur Pfändung vgl. § 230 RdNr. 176. Die Regelung soll verhindern, dass Mittel durch langfristige Anlage in Unternehmen den Gläubigern des Kapitalgebers dauerhaft entzogen werden können. Die Verweisung auf § 135 statt auf § 725 BGB führt zu folgenden Kündigungsvoraussetzungen: Der Gläubiger muss auf Grund eines nicht bloß vorläufig vollstreckbaren Titels die Pfändung und Überweisung des Rückzahlungsanspruchs des Stillen (oder des „Anteils"; vgl. § 230 RdNr. 176) erwirkt haben, und er muss innerhalb der letzten sechs Monate die Zwangsvollstreckung in das bewegliche Vermögen des stillen Gesellschafters ohne Erfolg versucht haben.[140] Ist dies der Fall, so kann der pfändende Gläubiger das stille Gesellschaftsverhältnis sechs Monate vor dem Ende des Geschäftsjahres für diesen Zeitpunkt kündigen (vgl. zu all dem sinngemäß die § 135 RdNr. 17 ff.). Für die Auseinandersetzung gilt § 235. Zur Frage, ob Abfindungsbeschränkungen zum Nachteil der Gläubiger wirksam sind, vgl. § 131 RdNr. 160. Das von der hM[141] bejahte Ablösungsrecht des Geschäftsinhabers aus § 268 BGB scheint praktisch bedeutungslos.[142] 51

b) Gläubiger des Geschäftsinhabers. Sie können die stille Gesellschaft nicht kündigen.[143] Dafür besteht auch kein Bedürfnis. Ihnen steht das Geschäftsvermögen als Zugriffsobjekt zur Verfügung.[144] Eine Pfändung des Anspruchs gegen einen stillen Gesellschafter auf Leistung einer noch ausstehenden Einlage[145] bereitet aber rechtliche Schwierigkeiten (Zweckgebundenheit der Forderung; Leistungsverweigerungsrecht des Stillen) und ist jedenfalls praktisch unergiebig, denn die Pfändung gibt dem stillen Gesellschafter jedenfalls bei der typischen stillen Einlage ein außerordentliches Kündigungsrecht.[146] 52

5. Die Ausschließung aus der atypischen stillen Gesellschaft. a) Grundsatz. Nicht im Gesetz angelegt ist die Ausschließung eines Gesellschafters. Die Frage stellt sich nur bei der atypischen stillen Gesellschaft. Bei mehrgliedrigen stillen Gesellschaften kann das Bedürfnis bestehen, einzelne Beteiligte ohne Auflösung der stillen Gesellschaft insgesamt aus wichtigem Grund aus der Gesellschaft auszuschließen. Insbesondere gilt dies bei der „Innen-KG" (§ 230 RdNr. 81). **Ohne gesellschaftsvertragliche Regelung** scheint bei der „Innen-KG" eine *sinngemäße Anwendung des § 140* angezeigt, wobei allerdings das Klageerfordernis des § 140 zweifelhaft scheint.[147] Durch (allseitige Kündigung oder) Klage aller Mitgesellschafter kann ein Gesellschafter aus der „Innen-KG" ausgeschlossen werden. Er ist dann nach den bei § 235 geschilderten Grundsätzen abzufinden. Doch ist diese Lösung unzweckmäßig. Zweckmäßig und in der Praxis regelmäßig auch vorhanden sind gesellschaftsvertragli- 53

---

[138] *Blaurock* RdNr. 15.33; allgM.

[139] *Blaurock* RdNr. 15.39; *Karsten Schmidt* KTS 1977, 6 ff.; Baumbach/*Hopt* RdNr. 10; GK/*Fahse* RdNr. 4; MünchHdbGesR II/*Polzer* § 91 RdNr. 17; Heymann/*Horn* RdNr. 12; Oetker/*Schubert* RdNr. 21; Röhricht/v. Westphalen/*v. Gerkan/Mock* RdNr. 8; Staub/*Zutt* RdNr. 29; eingehend *Koenigs* S. 269 f.; *Karsten Schmidt* KTS 1977, 10 ff. (dort auch zur analogen Anwendbarkeit auf Kredite).

[140] Vgl. auch *Blaurock* RdNr. 15.39; MünchHdbGesR II/*Polzer* § 91 RdNr. 17.

[141] Zur hM vgl. nur *Blaurock* RdNr. 15.40.

[142] Schlegelberger/*Karsten Schmidt* RdNr. 42.

[143] *Blaurock* RdNr. 15.41; GK/*Fahse* RdNr. 4; Heymann/*Horn* RdNr. 12; MünchHdbGesR II/*Polzer* § 91 RdNr. 17; Oetker/*Schubert* RdNr. 22; Röhricht/v. Westphalen/*v. Gerkan/Mock* RdNr. 9; Schlegelberger/*Karsten Schmidt* RdNr. 93; Staub/*Zutt* RdNr. 29.

[144] *Blaurock* RdNr. 15.41; GK/*Fahse* RdNr. 4; Röhricht/v. Westphalen/*v. Gerkan/Mock* RdNr. 9.

[145] Oetker/*Schubert* RdNr. 22.

[146] *Blaurock* RdNr. 15.41; vgl. im Einzelnen *Karsten Schmidt* KTS 1977, 4 f.

[147] Für dieses Erfordernis noch die 1. Aufl.

che Ausschließungsregeln nach dem Vorbild von KG-Verträgen (dazu Erl. § 140). Zur Frage eines Übernahmerechts entsprechend § 140 Abs. 1 Satz 2 vgl. RdNr. 55.

54 **b) Vertragliche Ausschließungsklauseln.** Bei einer mehrgliedrigen stillen Gesellschaft empfehlen sich vertragliche Ausschließungsregelungen. Diese können das Ausschließungsverfahren vereinfachen und die Ausschließungsgründe konkretisieren. Eine Ausschließung ohne sachlichen Grund wird vom BGH bei der Kommanditgesellschaft nicht zugelassen.[148] Dasselbe gilt für die hier sog. „Innen-KG" (§ 230 RdNr. 81):[149] Der mitgliedschaftlich und auch am Unternehmenswert beteiligte stille Gesellschafter kann ebenso wenig wie ein Kommanditist ohne sachlichen Grund aus der Gesellschaft ausgeschlossen werden. Durch die Entscheidungen zum Managermodell (BGHZ 164, 98 = NJW 2005, 3641) und zum Mitarbeitermodell (BGHZ 164, 107 = NJW 2005, 3644) wurde diese Rechtsprechung allerdings eingeschränkt. Damit kann auch eine stille Beteiligung an die Tätigkeit als Geschäftsleiter oder Mitarbeiter gebunden werden (vgl. sinngemäß § 140 RdNr. 103).

55 **c) Übernahmerecht.** Auf Seiten des Geschäftsinhabers bedarf es keines Übernahmerechts nach dem Vorbild von § 140 Abs. 1 Satz 2 (früher § 142). Wird eine typische stille Gesellschaft aufgelöst, so verbleibt das Unternehmen dem Geschäftsinhaber. Der stille Gesellschafter hat kein gesetzliches Übernahmerecht analog § 140 Abs. 1 Satz 2.[150] Ein Recht, das Unternehmen unter bestimmten Voraussetzungen zu übernehmen, kann ihm jedoch durch den Gesellschaftsvertrag eingeräumt werden.[151] Es gewährt dann einen schuldrechtlichen Anspruch auf Übertragung der einzelnen Gegenstände des Geschäftsvermögens gegen Abfindung.[152] Geltend gemacht wird das Recht, sofern nicht der Vertrag etwas anderes vorschreibt, durch einfache Erklärung gegenüber dem Inhaber.[153] Ob es bei einer *atypischen stillen Gesellschaft* auch ohne ausdrückliche Vereinbarung besteht, hängt von den Umständen des Einzelfalls ab. Vor allem dann, wenn sich mit der stillen Gesellschaft ein Treuhandverhältnis verbindet (§ 230 RdNr. 47, 69), kraft dessen ein Treuhänder das Unternehmen für Rechnung des stillen Gesellschafters (der stillen Gesellschafter) zu führen hatte, kann sich aus dem Treuhandverhältnis ein Anspruch auf Herausgabe des Unternehmens ergeben.[154] Zur Übernahme des Unternehmens im Auflösungsfall vgl. § 235 RdNr. 10.

V. Rechtsnachfolge in die stille Beteiligung

56 **1. Tod des stillen Gesellschafters (Abs. 2). Kein Auflösungsgrund. a) Tod des stillen Gesellschafters.** Durch den **Tod des stillen Gesellschafters** wird die stille Gesellschaft im Gegensatz zum Tod des Geschäftsinhabers und entgegen den allgemeinen Vorschriften des § 727 BGB *nicht aufgelöst* **(Abs. 2).** Das Gesetz geht davon aus, dass es für den Fortbestand des stillen Gesellschaftsverhältnisses auf die Person des Stillen noch weniger als auf die eines Kommanditisten (vgl. § 177) ankommt. Die Rechte und Pflichten aus dem stillen Gesellschaftsverhältnis gehören zum **Nachlass** (zur Problematik bei oHG und KG vgl. Erl. zu § 131).[155] Entgegen der mißverständlichen Äußerung bei BGH WM 1962, 1084, 1085 gelten insofern nicht die für die sog. „Sondererbfolge" in vererbte Gesamt-

---

[148] BGHZ 81, 263; 105, 213, 216 ff.; BGH NJW 1985, 2421; stRspr.

[149] BGH NJW 1994, 1156 = ZIP 1994, 455; *Blaurock* RdNr. 15.27; E/B/J/S/*Gehrlein* RdNr. 26.

[150] RGZ 165, 260, 265; BGHZ 62, 234, 237; *Blaurock* RdNr. 15.38; Baumbach/*Hopt* RdNr. 7; Heymann/*Horn* RdNr. 23; MünchHdbGesR II/*Polzer* § 91 RdNr. 21; Staub/*Zutt* RdNr. 35; *Koller*/Roth/Morck RdNr. 4; Röhricht/v. Westphalen/*v. Gerkan/Mock* RdNr. 28.

[151] Vgl. RG SeuffA 95 Nr. 33; *Blaurock* RdNr. 15.38; MünchHdbGesR II/*Polzer* § 91 RdNr. 21; *Koenigs* S. 269; Heymann/*Horn* RdNr. 23; Röhricht/v. Westphalen/*v. Gerkan/Mock* RdNr. 28; Schlegelberger/*Karsten Schmidt* RdNr. 59; Staub/*Zutt* RdNr. 35.

[152] *Koenigs* S. 269; Schlegelberger/*Karsten Schmidt* RdNr. 59; Staub/*Zutt* RdNr. 35.

[153] Vgl. RGZ 165, 260, 265; *Koenigs* S. 269; Staub/*Zutt* RdNr. 35.

[154] Schlegelberger/*Karsten Schmidt* RdNr. 59; in gleicher Richtung bereits *Koenigs* S. 269; zustimmend Heymann/*Horn* RdNr. 23; MünchHdbGesR II/*Polzer* § 91 RdNr. 21; Röhricht/v. Westphalen/*v. Gerkan/Mock* RdNr. 28.

[155] GK/*Fahse* RdNr. 7; *Koller*/Roth/Morck RdNr. 9; MünchHdbGesR II/*Polzer* § 91 RdNr. 25.

handsanteile entwickelten Regeln (vgl. zu diesen Regeln § 139 RdNr. 13).[156] Sind mehrere Miterben vorhanden, so fällt die stille Beteiligung ungeteilt der Erbengemeinschaft an (anders wohl bei der hier sog. „Innen-KG").

b) Atypische stille Gesellschaft. Abs. 2 gilt auch für den atypisch stillen Gesellschafter. 57
Orientierungspunkt ist nicht § 131 Abs. 3 Nr. 1, sondern § 177. Im Hinblick auf das bei § 177 RdNr. 24 ff. Gesagte sollte die Praxis auch bei der atypischen stillen Beteiligung eine Testamentsvollstreckung anerkennen.[157]

c) Abs. 2 ist nicht zwingend.[158] Der Gesellschaftsvertrag kann die Folge des Todes 58
abweichend regeln.[159] Er kann für den Todesfall die Auflösung der stillen Gesellschaft vorsehen oder es in das Belieben des Erben oder des Geschäftsinhabers stellen, ob die Gesellschaft fortgesetzt werden soll (Optionslösung). Wenn der Beitrag des stillen Gesellschafters in höchstpersönlichen Dienstleistungen besteht, haben beide Parteien ein außerordentliches Kündigungsrecht, wenn der Fortfall der Dienstleistungen die Geschäftsgrundlage des stillen Gesellschaftsverhältnisses in Frage stellt. Geschäftsführungs- und Mitverwaltungsrechte indizieren nicht ohne weiteres eine Auflösung der stillen Gesellschaft mit seinem Tod.[160] Nur wenn nach dem erkennbaren Willen der Gesellschafter das Gesellschaftsverhältnis mit der höchstpersönlichen Ausübung der Geschäftsführungs- und Mitverwaltungsrechte stehen und fallen soll, kann der Tod des Stillen als auflösende Bedingung angesehen werden.[161] Im Übrigen ist den Interessen der Beteiligten durch einzelfallgerechte Zuerkennung außerordentlicher Kündigungsrechte Rechnung zu tragen.

2. Übertragung der stillen Beteiligung. Zur Übertragung der stillen Beteiligung unter 59
Lebenden vgl. § 230 RdNr. 174 f. Die stille Beteiligung kann auch durch Verschmelzung oder durch Spaltung auf einen aufnehmenden Rechtsträger übergehen (RdNr. 33, 37).

3. Konfusion. Als Konfusion bezeichnet man das zum *Erlöschen des Schuldverhältnisses* 60
führende Zusammenfallen von Forderung und Schuld (Ausnahmen: §§ 1976, 1991 Abs. 2, 2143, 2175, 2377 BGB). Das gilt auch für das Zweipersonenverhältnis *bei der typischen stillen Beteiligung.* Beerbt etwa ein Einzelkaufmann als Alleinerbe seinen stillen Gesellschafter (oder umgekehrt), so endet die stille Gesellschaft ohne Auseinandersetzung.[162] Konfusion kann auch dadurch eintreten, dass das Unternehmen und die stille Beteiligung in das Gesamtgut einer Gütergemeinschaft (§ 1416 BGB) fallen.[163] § 1417 BGB steht nur bei einer atypischen stillen Gesellschaft entgegen.[164] Fällt eine Beteiligung an einer Handelsgesellschaft (GmbH, KG) mit einer stillen Beteiligung an dieser Gesellschaft zusammen, so ist dies keine Konfusion (vgl. § 230 RdNr. 44 ff.). Noch nicht diskutiert ist das Schicksal mehrerer atypischer stiller Beteiligungen im Fall ihres Zusammenfallens in einer Person.[165] Es ist auf die Grundsätze bei § 105 RdNr. 75 ff. sinngemäß zu verweisen.

4. „Umwandlung der stillen Gesellschaft". a) Personengesellschaft. Die stille 61
Gesellschaft ist kein Rechtsträger (§ 230 RdNr. 8), also auch kein umwandlungsfähiger Rechtsträger. Möglich ist aber die sog. „Umwandlung der stillen Beteiligung".[166] Stille

[156] Vgl. auch MünchHdbGesR II/*Polzer* § 91 RdNr. 26; E/B/J/S/*Gehrlein* RdNr. 36.

[157] *Blaurock* RdNr. 15.57; GK/*Fahse* RdNr. 8; MünchHdbGesR II/*Polzer* § 91 RdNr. 32; Schlegelberger/*Karsten Schmidt* RdNr. 8.

[158] *Blaurock* RdNr. 15.49; GK/*Fahse* RdNr. 7; MünchHdbGesR II/*Polzer* § 91 RdNr. 30; Staub/*Zutt* RdNr. 38, 32; E/B/J/S/*Gehrlein* RdNr. 35.

[159] Zu den Gestaltungsmöglichkeiten eingehend MünchHdbGesR II/*Polzer* § 91 RdNr. 30 ff.

[160] *Blaurock* RdNr. 15.50; Heymann/*Horn* RdNr. 15 f.; *Koller*/Roth/Morck RdNr. 9; MünchHdbGesR II/*Polzer* § 91 RdNr. 30; Schlegelberger/*Karsten Schmidt* RdNr. 8; Staub/*Zutt* RdNr. 18; **aA** *Rasner* S. 139.

[161] Schlegelberger/*Karsten Schmidt* RdNr. 8; vgl. auch MünchHdbGesR II/*Polzer* § 91 RdNr. 30.

[162] *Blaurock* RdNr. 15.68; Heymann/*Horn* RdNr. 22; MünchHdbGesR II/*Polzer* § 91 RdNr. 46; Röhricht/v. Westphalen/*v. Gerkan/Mock* RdNr. 29; Staub/*Zutt* RdNr. 31.

[163] *Blaurock* RdNr. 15.69; Heymann/*Horn* RdNr. 22; MünchHdbGesR II/*Polzer* § 91 RdNr. 46.

[164] AM wohl Oetker/*Schubert* RdNr. 32.

[165] Auch diese Frage wird Gegenstand einer Untersuchung des Verf. über die „Innen-KG" sein.

[166] Dazu ausführlich noch Schlegelberger/*Karsten Schmidt* RdNr. 56 ff.; vgl. seither *Blaurock* RdNr. 18.56 ff.; MünchHdbGesR II/*Bezzenberger/Keul* § 88 RdNr. 29; Röhricht/v. Westphalen/*v. Gerkan/*

Gesellschaftsverträge sehen bisweilen vor, dass der stille Gesellschafter das Recht hat, in den Geschäftsbetrieb des Geschäftsinhabers *als persönlich haftender Gesellschafter oder als Kommanditist einzutreten*. In rechtlicher Hinsicht ist dies der Eintritt des stillen Gesellschafters in die Geschäftsinhaberin (oHG oder KG) als unbeschränkt haftender oder als Kommanditist (§§ 28, 130, 173). Rechtlich handelt es sich um die Einbuchung eines Komplementär- oder Kommanditanteils durch Umwandlung von Fremdkapital (stille Einlage) in Eigenkapital (Buchung auf Kapitalkonto, vgl. dazu §§ 171, 172 RdNr. 44 f.).[167] Im Fall einer Kommanditbeteiligung ist auf § 176 zu achten.[168] Es empfiehlt sich deshalb eine auf den Zeitpunkt der Eintragung aufschiebend bedingte Umwandlung in einen Kommanditanteil (§ 176 RdNr. 30).

62 **b) Kapitalgesellschaft.** Ist dem stillen Gesellschafter auch das Recht eingeräumt, „*Umwandlung der stillen Gesellschaft in eine Kapitalgesellschaft*" zu verlangen, so enthält diese Vertragsklausel einen ***Vorgründungsvertrag***, dh. einen auf Gründung einer Kapitalgesellschaft gerichteten Vorvertrag.[169] Im Hinblick auf § 23 AktG, § 2 GmbHG ist ein solcher Vertrag formbedürftig. Vertragsregelungen dieser Art finden sich beispielsweise, wenn beim Tod eines Einzelkaufmanns zunächst nur ein Erbe das Handelsgeschäft fortführen soll und die anderen Erben zunächst stille Gesellschafter sein sollen.[170] Die Beteiligten können eine solche Umwandlung jederzeit auch einverständlich durch Gründung einer Kapitalgesellschaft oder Kapitalerhöhung herbeiführen. Wiederum geht es nicht um eine Umwandlung der stillen Gesellschaft, sondern um die Verwendung der stillen Einlage als Kapitaleinlage. Hierbei müssen die Grundsätze der Sachkapitalerhöhung beachtet werden.[171]

VI. Beendigung der Unterbeteiligung

Schrifttum: Vgl. vor RdNr. 1 sowie § 230 RdNr. 191.

63 **1. Auflösung und Fortsetzungsmöglichkeit.** Die Unterbeteiligungsgesellschaft ist wie die stille Gesellschaft eine Variante der BGB-Innengesellschaft (§ 230 RdNr. 194). Für die *Bedeutung der Auflösung*, insbesondere für die **Verschiedenbehandlung von typischer und atypischer Unterbeteiligung**, gilt bei dieser Innengesellschaft sinngemäß das bei RdNr. 1 ff. Gesagte. Die hM sieht, ausgehend vom Modell eines zweiseitigen Schuldverhältnisses, die Gesellschaft als mit der Auflösung schlagartig erloschen an.[172] Eine Fortsetzung der aufgelösten Gesellschaft galt demgemäß herkömmlich als unmöglich.[173] Im Hinblick auf das bei RdNr. 1 Gesagte gilt aber auch hier:[174] Das schuldrechtliche Sonderrechtsverhältnis besteht noch als Abrechnungsverhältnis fort. Die Wiederherstellung des ursprünglichen Gesellschaftsverhältnisses stellt zwar rechtsdogmatisch eine Neubegründung dar, ist aber problemlos durchführbar, und zwar schuldrechtlich auch für die Vergangenheit (vgl. RdNr. 3). Bei *atypischen Unterbeteiligungsverhältnissen* muss unterschieden werden zwischen der Abwicklung der Unterbeteiligung und dem Ausscheiden eines einzelnen Unterbeteiligten (vgl. RdNr. 2).

Mock RdNr. 34; Heymann/*Horn* RdNr. 24; vgl. auch Staub/*Zutt* RdNr. 37, der von „Umgründung" der stillen Gesellschaft spricht.

[167] Richtig Röhricht/v. Westphalen/*v. Gerkan/Mock* RdNr. 34 ff.; Heymann/*Horn* RdNr. 24; MünchHdbGesR II/*Bezzenberger/Keul* § 88 RdNr. 29; vgl. auch Staub/*Zutt* RdNr. 37, der von „Umgründung" der stillen Gesellschaft spricht.

[168] Schlegelberger/*Karsten Schmidt* RdNr. 56.

[169] Vgl. *Koenigs* S. 277; *Blaurock* RdNr. 18.59; Heymann/*Horn* RdNr. 25; MünchHdbGesR II/*Bezzenberger/Keul* § 88 RdNr. 30; Schlegelberger/*Karsten Schmidt* RdNr. 57; Staub/*Zutt* RdNr. 37.

[170] Vgl. RGZ 156, 129 ff.

[171] Näher noch Schlegelberger/*Karsten Schmidt* RdNr. 57.

[172] *Paulick* ZGR 1974, 277; Staub/*Zutt* RdNr. 40; offengelassen bei MünchHdbGesR I/*Gayk* § 30 RdNr. 68.

[173] Vgl. nur *Pöllinger* S. 70; *Hecht* S. 21; *Friehe* S. 69; *Andreopoulos* S. 119; *Ulbrich* S. 162; Staub/*Zutt* RdNr. 40.

[174] *Blaurock* RdNr. 30.63; *ders.*, Unterbeteiligung und Treuhand, S. 174; E/B/J/S/*Gehrlein* RdNr. 37; Heymann/*Horn* RdNr. 29 iVm. 2 ff.; Schlegelberger/*Karsten Schmidt* RdNr. 60.

2. Auflösungsgründe. a) Vertrag. Die Unterbeteiligung endet mit **Zeitablauf,** wenn sie für eine bestimmte Zeit eingegangen ist, oder mit Eintritt einer im Gesellschaftsvertrag geregelten **auflösenden Bedingung.**[175] Auch ein **Aufhebungsvertrag** löst die Unterbeteiligungsgesellschaft auf.[176] 64

b) Tod. Nach hM ist die Unterbeteiligungsgesellschaft gemäß § 727 BGB mit dem **Tod des Hauptgesellschafters** aufgelöst, sofern keine Fortsetzungsklausel vereinbart ist.[177] Nach einer Gegenansicht passt § 727 BGB nicht uneingeschränkt: Nur wenn der Tod des Hauptgesellschafters auch die Hauptgesellschaft auflöse oder wenn es nach dem Vertrag auf die Person des Hauptgesellschafters ankomme, könne generell von der Auflösung der Unterbeteiligungsgesellschaft ausgegangen werden.[178] Dieser Gedanke kann aber mit der hM in Einklang gebracht werden. Die gesetzliche Regel des § 727 BGB gilt auch hier. Einschränkungen sind nur im Wege der Vertragsauslegung zu erreichen, maW durch großzügige Annahme stillschweigender Fortsetzungsvereinbarungen.[179] Im Übrigen wird das Problem selten praktisch, weil gerade diejenigen Unterbeteiligungen, die den Unterbeteiligten wirtschaftlich an der Hauptgesellschaft beteiligen sollen, regelmäßig nicht mit natürlichen Personen als Hauptbeteiligten vereinbart werden. 65

c) Gesellschaft als Hauptgesellschafter. Ist der Hauptbeteiligte seinerseits eine Gesellschaft, so muss man die *Auflösung dieser Hauptgesellschafterin* genau vom Fall einer *Auflösung der Hauptgesellschaft* unterscheiden. Die Auflösung der Hauptgesellschaft ist ein Problem der Zweckvereitelung und bei RdNr. 67 zu besprechen. Wird die als Hauptgesellschafterin am Unterbeteiligungsverhältnis beteiligte Gesellschaft aufgelöst, so ist diese Auflösung selbst noch kein Auflösungsgrund, aber die Unterbeteiligung ist aufgelöst, sobald feststeht, dass es zur Vollbeendigung der hauptbeteiligten Gesellschaft kommt.[180] Die Unterbeteiligung ist dann auf den Zeitpunkt der Vollbeendigung der Hauptgesellschafterin abzuwickeln (vgl. sinngemäß RdNr. 22 ff.). Auflösung der Untergesellschaft tritt nicht nur bei Vollbeendigung der Hauptgesellschaft ein, sondern bei jedem ersatzlosen *Untergang der Hauptbeteiligung.*[181] Die Hauptbeteiligung fällt zB fort, wenn die Hauptgesellschaft eine Personengesellschaft ist und der Hauptbeteiligte aus ihr mit Anwachsungsfolge ausscheidet oder ausgeschlossen wird.[182] 66

d) Zweckerreichung und Zweckvereitelung (§ 726 BGB) lösen die Unterbeteiligungsgesellschaft auf. Die *Auflösung der Hauptgesellschaft* ist noch keine Zweckvereitelung und löst die Unterbeteiligungsgesellschaft nicht ohne weiteres auf.[183] Naturgemäß lässt die Liquidation der Hauptgesellschaft die Unterbeteiligung nicht unberührt. Aber grundsätzlich nimmt der Unterbeteiligte an Liquidationserlösen und Liquidationsverlusten mittelbar teil, und auch eine Fortsetzung der Hauptgesellschaft nach deren Eintritt in das Liquidationsstadium kommt ihm noch zugute.[184] Ob ein Anspruch des Unterbeteiligten gegen die Hauptbeteiligte auf Übertragung der Hauptbeteiligung an ihn besteht, ist eine Frage des 67

[175] Vgl. nur MünchHdbGesR I/*Gayk* § 30 RdNr. 69; Schlegelberger/*Karsten Schmidt* RdNr. 60; Staub/*Zutt* RdNr. 40.

[176] Vgl. nur MünchHdbGesR I/*Gayk* § 30 RdNr. 69; Schlegelberger/*Karsten Schmidt* RdNr. 60; Staub/*Zutt* RdNr. 40.

[177] Vgl. *Herzfeld* AcP 137 (1933), 317; *Esch* NJW 1964, 906; *Blaurock* ZGR 1974, 273; *H. Schneider,* FS Möhring, 1965, S. 124; *Pöllinger* S. 59; *Hecht* S. 21; *Winterstein* S. 88; *Ulbrich* S. 151; *G. Meyer* S. 146 f.; Heymann/*Horn* RdNr. 31; *Koller*/Roth/Morck RdNr. 14; Staub/*Zutt* RdNr. 40.

[178] *Blaurock,* RdNr. 30.60; *ders.,* Unterbeteiligung und Treuhand, S. 165 f.

[179] *Friehe* S. 73; Schlegelberger/*Karsten Schmidt* RdNr. 62; enger *Ulbrich* S. 152.

[180] *Blaurock* RdNr. 30.61; Heymann/*Horn* RdNr. 31; MünchHdbGesR I/*Gayk* § 30 RdNr. 75; Röhricht/v. Westphalen/*v. Gerkan/Mock* RdNr. 40; Schlegelberger/*Karsten Schmidt* RdNr. 63; Staub/*Zutt* RdNr. 40; enger E/B/J/S/*Gehrlein* RdNr. 37: erst mit Vollbeendigung.

[181] *Blaurock,* Unterbeteiligung und Treuhand, S. 166; *Ulbrich* S. 157 ff.; MünchHdbGesR I/*Gayk* § 30 RdNr. 75.

[182] *Theil* S. 171; MünchHdbGesR I/*Gayk* § 30 RdNr. 75; Schlegelberger/*Karsten Schmidt* RdNr. 64.

[183] *Blaurock* RdNr. 30.61; *Ulbrich* S. 158 f.; Heymann/*Horn* RdNr. 32; MünchHdbGesR I/*Gayk* § 30 RdNr. 75; Röhricht/v. Westphalen/*v. Gerkan/Mock* RdNr. 40; Schlegelberger/*Karsten Schmidt* RdNr. 64; Staub/*Zutt* RdNr. 40; **aM** *Friehe* S. 68 f.; *Thomsen* S. 56 f.

[184] Vgl. *Blaurock,* Unterbeteiligung und Treuhand, S. 166 f.; MünchHdbGesR I/*Gayk* § 30 RdNr. 75.

Einzelfalls. Sie kann vor allem bei fremdnützig treuhänderischer Unterbeteiligung bejaht werden. Nicht einmal *die Insolvenz der Hauptgesellschaft oder eines ihrer Gesellschafter* kann als gesetzlicher Auflösungsgrund für die Unterbeteiligungsgesellschaft anerkannt werden (§ 728 BGB trifft nicht zu).[185] Kein Untergang der Hauptbeteiligung ist deren Veräußerung (RdNr. 73). Die **Zweckerreichung** hat bei der Unterbeteiligung ebenso wenig praktische Bedeutung wie bei der stillen Gesellschaft.[186]

68 **e) Insolvenz eines Beteiligten.** Die Insolvenz eines Beteiligten löst die Unterbeteiligungsgesellschaft auf (§ 728 Abs. 2 BGB).[187] Für die Rechtsfolgen gelten die bei § 236 RdNr. 45 f. dargestellten Regeln. Stehen dagegen mehrere, evtl. sogar zahlreiche Unterbeteiligungsverhältnisse unter dem gemeinschaftlichen mitgliedschaftlichen Dach einer „Innen-KG" (§ 230 RdNr. 215 ff.), so ist es möglich, dass die Insolvenz eines Unterbeteiligten nach dem Gedanken des § 131 Abs. 3 Nr. 2 zum Ausscheiden des betreffenden Unterbeteiligten aus der Gesamtgesellschaft führt.[188]

69 **f) Konfusion.** Wie bei der stillen Gesellschaft (RdNr. 60) führt auch bei der Unterbeteiligung die **Konfusion** zur automatischen Beendigung des Rechtsverhältnisses, ohne dass es einer Auseinandersetzung bedarf.[189] Konfusion tritt bei der typischen Unterbeteiligung ein, wenn Hauptbeteiligung und Unterbeteiligung in einer Hand zusammenfallen. So, wenn der Unterbeteiligte Alleinerbe des Hauptbeteiligten oder der Hauptbeteiligte Alleinerbe des Unterbeteiligten wird oder wenn der Unterbeteiligte den Gesellschaftsanteil vom Hauptbeteiligten erwirbt.[190] Keine Konfusion tritt ein, wenn der Unterbeteiligte Mitgesellschafter des Hauptbeteiligten in der Hauptgesellschaft wird. Er steht dann zum Hauptgesellschafter in zwei völlig unterschiedlichen Rechtsverhältnissen (als Mitgesellschafter und Unterbeteiligter).

70 **3. Die Kündigung im Besonderen. a) Ordentliche Kündigung.** Für die ordentliche Kündigung gilt nach hM *§ 234 analog.*[191] Eine *Gegenansicht* wendet § 723 BGB an.[192] Der hM ist zu folgen, weil der Sinn und Zweck des § 234, nämlich die Vermeidung raschen Kapitalabzugs, auch auf die Unterbeteiligungsgesellschaft passt. *Die Kündigungsfrist bestimmt sich damit nach §§ 132, 134.* Wegen der Einzelheiten wird auf RdNr. 44 ff. verwiesen. Da nach hM die Spezialregelung des § 234 nicht auch die Regel des **§ 723 Abs. 3 BGB** verdrängt (RdNr. 47), ist das ordentliche Kündigungsrecht nach dieser Bestimmung unabdingbar.[193] Diese Auffassung zeigt gerade im Referenzfall BGH LM Nr. 45 zu § 662 BGB = NJW 1994, 2886 bedenkliche Folgen, weil sie dem Hauptbeteiligten ein Recht gibt, sich des Unterbeteiligten ohne wichtigen Grund entgegen dem Unterbeteiligungsvertrag zu entledigen.[194] Die hM steht aber der Vereinbarung einer festen Vertragsdauer oder einer längeren Kündigungsfrist nicht entgegen (vgl. sinngemäß RdNr. 47 sowie Erl. zu § 132).

[185] MünchHdbGesR I/*Gayk* § 30 RdNr. 75; näher § 236 RdNr. 45 ff.; **aM** für Gesellschaftskonkurs *Friehe* S. 75; missverständlich *Ulbrich* S. 158.

[186] Schlegelberger/*Karsten Schmidt* RdNr. 64.

[187] *Blaurock* RdNr. 30.61; *ders.,* Unterbeteiligung und Treuhand, S. 173; *Ulbrich* S. 154; Heymann/*Horn* RdNr. 32; Schlegelberger/*Karsten Schmidt* RdNr. 65; Staub/*Zutt* RdNr. 40.

[188] Schlegelberger/*Karsten Schmidt* RdNr. 65; zustimmend MünchHdbGesR I/*Gayk* § 30 RdNr. 75.

[189] MünchHdbGesR I/*Gayk* § 30 RdNr. 76; Schlegelberger/*Karsten Schmidt* RdNr. 66.

[190] MünchHdbGesR I/*Gayk* § 30 RdNr. 76.

[191] Vgl. BGHZ 50, 316, 321; *Otto* BB 1948, 213; *Esch* NJW 1964, 905; *G. Meyer* S. 139 f.; *Friehe* S. 70; *U. Wagner* S. 120 f.; *Böttcher/Zartmann/Faut* S. 116 f.; *Ulbrich* S. 147; *H. Schneider,* FS Möhring, S. 122; Heymann/*Horn* RdNr. 30; *Koller*/Roth/Morck RdNr. 14; MünchKommBGB/*Ulmer* Vor § 705 RdNr. 102; Röhricht/v. Westphalen/*v. Gerkan/Mock* RdNr. 38; Schlegelberger/*Karsten Schmidt* RdNr. 68; Staub/*Zutt* RdNr. 42; differenzierend MünchHdbGesR I/*Gayk* § 30 RdNr. 70.

[192] BGH BB 1994, 1598; *Hesselmann* GmbHR 1964, 28; *Blaurock* RdNr. 30.58; *ders.,* Unterbeteiligung und Treuhand, S. 163 f.; *Pöllinger* S. 68; Soergel/*Hadding,* 11. Aufl., Vor § 705 RdNr. 36.

[193] BGH LM Nr. 45 zu § 662 BGB m. Anm. *Roth* = NJW 1994, 2886; *Ulbrich* S. 148 mwN; MünchHdbGesR I/*Gayk* § 30 RdNr. 72; Heymann/*Horn* RdNr. 30; Schlegelberger/*Karsten Schmidt* RdNr. 67; Bedenken jetzt aber bei *Karsten Schmidt,* FS Günter H. Roth, 2011, S. 709 ff.

[194] Eingehend *Karsten Schmidt,* FS Günter H. Roth, 2011, S. 709 ff.

b) Außerordentliche Kündigung. Die außerordentliche Kündigung bestimmt sich auch hier nach *§ 723 BGB.* Sie ist zulässig, wenn einem der Beteiligten die Fortsetzung des Gesellschaftsverhältnisses – insbesondere wegen erheblicher Verletzung wesentlicher Gesellschafterpflichten – nicht mehr zugemutet werden kann.[195] Eine erschöpfende Kasuistik ist nicht möglich. Besonders hinzuweisen ist aber auf das in der Literatur vernachlässigte Problem einer wesentlichen Änderung des Unternehmensgegenstands der Hauptgesellschaft oder ihrer Unterstellung unter fremde Konzernleitungsmacht.[196] Derartige Veränderungen können die Fortsetzung auch des Unterbeteiligungsverhältnisses unzumutbar machen. 71

c) Kündigung durch einen Gläubiger des Unterbeteiligten. Sie erfolgt nach Maßgabe der analog anzuwendenden *§§ 234, 135.*[197] Eine *Gegenansicht* wendet § 725 BGB an.[198] Der die Spezialregel der §§ 234, 135 tragende Schutzgedanke, überraschende Kapitalrückflüsse zu vermeiden, passt aber auch hier, wenngleich nicht unmittelbar die Handelsgesellschaft, sondern zunächst nur der Hauptgesellschafter als Drittschuldner betroffen ist. 72

4. Veräußerungs- und Umwandlungsvorgänge. a) Veräußerung der Hauptbeteiligung. Die Veräußerung der Hauptbeteiligung durch den Hauptbeteiligten kann eine Verletzung des Unterbeteiligungsverhältnisses sein. Sie kann auch den Unterbeteiligten zur fristlosen Kündigung berechtigen. Ein automatisch wirkender Auflösungsgrund ist sie nur, wenn sie den gemeinsamen Zweck der Unterbeteiligungsgesellschaft endgültig vereitelt. Ein Übergang des Unterbeteiligungsverhältnisses auf den Anteilserwerber kann durch Vertragsübernahme, also nur unter seiner Mitwirkung, herbeigeführt werden.[199] Geht das Unterbeteiligungsverhältnis nicht auf den Anteilserwerber über, so endet es durch Zweckvereitelung nach § 726 BGB.[200] Sonstige Veränderungen im Gesellschafterbestand der Hauptgesellschaft lösen das Unterbeteiligungsverhältnis nicht auf, sondern können nur von Fall zu Fall für den Unterbeteiligten einen Grund zur fristlosen Kündigung geben, wenn eine Verschlechterung oder Gefährdung seiner Position eingetreten ist.[201] 73

b) Geschäftsübernahme durch den Hauptbeteiligten. Erwirbt bei einer Kapitalgesellschaft der Hauptbeteiligte sämtliche Anteile hinzu, so bleibt die Unterbeteiligung auf die ursprüngliche Hauptbeteiligung beschränkt. Anders, wenn – zB durch Ausschließung (vgl. § 140 Abs. 1 S. 2) oder durch Hinzuerwerb aller Anteile an einer Personengesellschaft – der Hauptbeteiligte bei einer Personengesellschaft zum Einzelunternehmer wird (§ 105 RdNr. 24, § 145 RdNr. 33). In diesem Fall wird aus der Unterbeteiligung eine stille Gesellschaft,[202] denn die Hauptbeteiligung kommt hier zum Erlöschen, indem sie und die anderen Anteile ineinander aufgehen. Die Innenbeteiligung kann sich dann wegen Wegfall der Personengesellschaft nicht mehr auf den Anteil beziehen, sondern nur auf den Unternehmer selbst (deshalb stille Beteiligung statt Unterbeteiligung). Allerdings darf diese Umwandlung nicht zu einer Vermehrung der Rechte des Unterbeteiligten führen. Mitwirkungsrechte des Unterbeteiligten sowie Gewinn- und Verlustbeteiligungen richten sich deshalb stets nur nach der im Innenverhältnis als fortbestehend gedachten Hauptbeteiligung. Angenommen, der mit 50% Hauptbeteiligte erwirbt die weiteren 50% Gesellschaftsanteile hierzu, so wird aus der Unterbeteiligung eine stille Beteiligung am Unternehmen, jedoch 74

---

[195] Vgl. nur *Ulbrich* S. 149; MünchHdbGesR I/*Gayk* § 30 RdNr. 72.

[196] Schlegelberger/*Karsten Schmidt* RdNr. 68.

[197] *Esch* NJW 1964, 905; *Paulick* ZGR 1974, 279; *Karsten Schmidt* ZHR 140 (1976) 492; *Friehe* S. 72 f.; *U. Wagner* S. 122 f.; *Ulbrich* S. 150; Heymann/*Horn* RdNr. 30; Röhricht/v. Westphalen/*v. Gerkan/Mock* RdNr. 38; ohne Stellungnahme MünchHdbGesR I/*Gayk* § 30 RdNr. 73.

[198] *Pöllinger* S. 63 f.; *Greifeld* S. 67 f.; *G. Meyer* S. 144 ff.; *Blaurock* RdNr. 30.58; *ders.,* Unterbeteiligung und Treuhand, S. 172; wohl auch *Koenigs* S. 343.

[199] Staub/*Zutt* RdNr. 41.

[200] *Paulick* ZGR 1974, 278; *Pöllinger* S. 65; *Friehe* S. 74; *Ulbrich* S. 158; Staub/*Zutt* RdNr. 41; Röhricht/v. Westphalen/*v. Gerkan/Mock* RdNr. 44; ähnlich Heymann/*Horn* RdNr. 32; für eine Zweckerreichung dagegen OLG Hamm NJW-RR 1994, 999, 1000.

[201] *Ulbrich* S. 159.

[202] Allg M; *G. Meyer* S. 152; *Friehe* S. 75; *Blaurock,* Unterbeteiligung und Treuhand, S. 168; *Ulbrich* S. 159 f.; Röhricht/v. Westphalen/*v. Gerkan/Mock* RdNr. 45; Staub/*Zutt* RdNr. 41.

nur zu 50% (vgl. zur partiellen stillen Beteiligung § 230 RdNr. 39). Die Beteiligten können voneinander die Klarstellung dieser Veränderungen durch Anpassung des Vertragswortlauts verlangen.

75 **c) Umwandlung der Hauptgesellschaft.** Zweifelhaft sind die Rechtsfolgen einer Umwandlung der Hauptgesellschaft. Ein Formwechsel (§§ 190 ff. UmwG) berührt die Unterbeteiligung nicht (RdNr. 78). Die Unterbeteiligung besteht fort, obwohl der Anteil seine Qualifikation ändert, zB sich aus einem Geschäftsanteil in eine Aktie verwandelt.[203] Ein außerordentliches Kündigungsrecht kann dem Unterbeteiligten von Fall zu Fall eingeräumt werden, wenn die Umwandlung nachhaltig in seine Interessen eingreift.[204] Vorrang hat die Anpassung des Unterbeteiligungsvertrags an die neuen Verhältnisse. Dasselbe wird bei der Verschmelzung zu gelten haben und sogar bei der Spaltung, soweit sich die Hauptbeteiligung in neuer Form fortsetzt (§ 131 Abs. 1 Nr. 1 UmwG). Wegen der Schwere des Eingriffs ist eine ohne Zustimmung des Unterbeteiligten vollzogene Spaltung Kündigungsgrund. Bei der Unterbeteiligung an einen übertragenden Rechtsträger im Fall der Verschmelzung fehlt es dagegen an der erforderlichen Kontinuität des Gesellschaftsanteils. Die Unterbeteiligung endet, jedoch hat der Unterbeteiligte einen Anspruch auf Neuvereinbarung.[205]

76 **d) Eine Umwandlung der Hauptbeteiligung** – zB eines oHG-Anteils in einen Kommanditanteil – bedarf im Innenverhältnis der Zustimmung des Unterbeteiligten, sofern die Umwandlung seine Interessen berührt.[206] Eine Verletzung dieser Pflicht kann den Unterbeteiligten zur außerordentlichen Kündigung berechtigen.[207] Eine automatische Auflösung der Unterbeteiligungsgesellschaft führt sie nicht herbei.

77 **5. Keine Auflösungsgründe. a) Der Tod des Unterbeteiligten** löst die Unterbeteiligungsgesellschaft nicht auf (§ 234 Abs. 2 analog). Das ist bei im Einzelnen umstrittener Begründung nahezu unstreitig.[208] Ebenso wie bei der stillen Gesellschaft kann der Tod des Unterbeteiligten zur auflösenden Bedingung und damit zum Auflösungsgrund erklärt werden. Ebensowenig wie bei der stillen Gesellschaft (RdNr. 58) reicht aber hierfür die Tatsache aus, dass der Untergesellschafter umfassend an der Geschäftsführung beteiligt ist.[209]

78 **b) Rechtsformänderungen bei der Hauptgesellschaft** stellen, sofern sie den Anteil des Hauptgesellschafters unberührt lassen, keine gesetzlichen Auflösungsgründe dar (RdNr. 75). So, wenn die Hauptgesellschaft aus einer oHG in eine KG umgewandelt wird oder wenn eine Handelsgesellschaft zur Gesellschaft bürgerlichen Rechts „schrumpft" oder umgekehrt eine Gesellschaft bürgerlichen Rechts zur Handelsgesellschaft aufsteigt. Von Fall zu Fall kann sich hier allerdings ein außerordentlicher Kündigungsgrund ergeben.

VII. Rechtslage in Österreich

79 **Handelsrechtsreform.** Wegen der Ablösung des HGB durch das UGB in Österreich ist zu verweisen auf § 105 RdNr. 276 ff. Das UGB enthält neben Modernisierungen des HGB auch Regeln, die für Deutschland im BGB enthalten sind.

---

[203] *Blaurock* RdNr. 30.59; *Erkens* S. 267 ff.; MünchHdbGesR I/*Gayk* § 30 RdNr. 77; *Schindhelm/Pickhardt-Poremba/Hilling* DStR 2003, 1448; zum alten Recht vgl. *Blaurock,* Unterbeteiligung und Treuhand, S. 170; *Theil* S. 59 ff.; Staub/*Zutt* RdNr. 41.

[204] *Blaurock* RdNr. 30.62; MünchHdbGesR I/*Gayk* § 30 RdNr. 77; *Theil* S. 62 f.; Staub/*Zutt* RdNr. 41; Röhricht/v. Westphalen/*v. Gerkan/Mock* RdNr. 47.

[205] Weitgehend in gleicher Richtung zur übertragenden Umwandlung alten Rechts *Theil* S. 100 ff.; Staub/*Zutt* RdNr. 41. Zum geltenden Recht vgl. Röhricht/v. Westphalen/*v. Gerkan/Mock* RdNr. 47; **aA** *Erkens* S. 237, 255; MünchHdbGesR I/*Gayk* § 30 RdNr. 77; Staub/*Zutt* RdNr. 41; *Dehmer* UmwG § 20 RdNr. 90.

[206] Vgl. *G. Meyer* S. 151 f.; *Friehe* S. 74; *Ulbrich* S. 159; MünchHdbGesR I/*Gayk* § 30 RdNr. 78; Röhricht/v. Westphalen/*v. Gerkan/Mock* RdNr. 46.

[207] *Ulbrich* S. 159; MünchHdbGesR I/*Gayk* § 30 RdNr. 78.

[208] Vgl. *Blaurock* RdNr. 30.60; *Winterstein* S. 88; *U. Wagner* S. 118 f.; *Ulbrich* S. 153; Heymann/*Horn* RdNr. 31; Röhricht/v. Westphalen/*v. Gerkan/Mock* RdNr. 43; Staub/*Zutt* RdNr. 40; zweifelnd MünchHdbGesR I/*Gayk* § 30 RdNr. 74.

[209] Str.; **aM** *Ulbrich* S. 153 mwN.

§ 184 UGB

(1) Auf die Kündigung der Gesellschaft durch einen der Gesellschafter oder durch einen Gläubiger des stillen Gesellschafters finden die Vorschriften der §§ 132, 134, 135 entsprechende Anwendung. Wenn ein wichtiger Grund vorliegt, kann jeder Gesellschafter die Gesellschaft, mag sie auch auf bestimmte Zeit eingegangen sein, ohne Einhaltung einer Frist jederzeit kündigen. Eine Vereinbarung, durch die dieses Kündigungsrecht ausgeschlossen oder beschränkt wird, ist nichtig.

(2) Durch den Tod des stillen Gesellschafters wird die Gesellschaft nicht aufgelöst.

§ 185 UGB

(1) Wird der vereinbarte Zweck erreicht oder seine Erreichung unmöglich, so endet die stille Gesellschaft, auch wenn sie auf bestimmte Zeit eingegangen worden und diese Zeit noch nicht abgelaufen ist.

(2) Die stille Gesellschaft wird ferner durch die Eröffnung des Konkursverfahrens über das Vermögen eines Gesellschafters und, wenn der Gesellschaftsvertrag nichts anderes bestimmt, durch den Tod des Inhabers des Unternehmens aufgelöst. § 136 über die Fürsorgepflicht beim Tod oder Konkurs eines Gesellschafters ist sinngemäß anzuwenden.

§ 235 [Auseinandersetzung]

(1) Nach der Auflösung der Gesellschaft hat sich der Inhaber des Handelsgeschäfts mit dem stillen Gesellschafter auseinanderzusetzen und dessen Guthaben in Geld zu berichtigen.

(2) [1] Die zur Zeit der Auflösung schwebenden Geschäfte werden von dem Inhaber des Handelsgeschäfts abgewickelt. [2] Der stille Gesellschafter nimmt teil an dem Gewinn und Verluste, der sich aus diesen Geschäften ergibt.

(3) Er kann am Schlusse jedes Geschäftsjahrs Rechenschaft über die inzwischen beendigten Geschäfte, Auszahlung des ihm gebührenden Betrags und Auskunft über den Stand der noch schwebenden Geschäfte verlangen.

Schrifttum (vgl. zunächst Schrifttum bei § 230 vor RdNr. 1 und § 230 RdNr. 191): *Frankenstein,* Die Beendigung der stillen Gesellschaft, Diss. Leipzig 1935; *Geck,* Die Auflösung der stillen Gesellschaft unter besonderer Berücksichtigung der Auseinandersetzung, DStR 1994, 657; *Groh,* Die atypische stille Gesellschaft als fiktive Gesamthandsgesellschaft, FS Kruse, 2001, S. 417; *Bernhard Hartmann,* Der ausscheidende Gesellschafter in der Wirtschaftspraxis, 4. Aufl. 1983; *Hillers,* Personengesellschaft und Liquidation, 1988; *Riegger,* Die Rechtsfolgen des Ausscheidens eines Gesellschafters aus einer zweigliedrigen Personengesellschaft, 1969; *Klöpper,* Kündigung und Abfindung stiller Gesellschafter, Diss. Bielefeld 1998; *Rohlfing/Wegener/Oettler,* Der Fall der „Göttinger Gruppe" – Insolvenzbedingte Risiken bei stillen Beteiligungen, ZIP 2008, 865; *Roolf/Vahl,* Die Beteiligung eines ausgeschiedenen Gesellschafters am Ergebnis schwebender Geschäfte, DB 1983, 1964; *Karsten Schmidt,* Abfindung, Unternehmensbewertung und schwebende Geschäfte, DB 1983, 2401; *Schulze-Osterloh,* Das Auseinandersetzungsguthaben des ausscheidenden Gesellschafters einer Personengesellschaft nach § 738 Abs. 1 Satz 2 BGB – Besprechung des Urteils der Entscheidung BGH WM 1984, 1506, ZGR 1986, 545; *ders.,* Der atypische stille Gesellschafter ist der typische stille Gesellschafter!, FS Kruse, 2001, S. 377; *Sudhoff,* Gewinnanteil und Auseinandersetzungsquote des stillen Gesellschafters, NJW 1960, 2121; *Zinkeisen,* Der Umfang der Gewinnbeteiligung und des Auseinandersetzungsguthabens des stillen Gesellschafters, Diss. Hamburg 1972.

Übersicht

I. Grundlagen

1 **1. Entstehungsgeschichte.** Die Bestimmung lehnt sich teilweise an Art. 265 ADHGB, teilweise an § 740 BGB an. Nur diese letzte unter den für den ausscheidenden Gesellschafter geltenden Vorschriften passt nach Auffassung der Gesetzesverfasser auf die stille Gesellschaft.[1] Bei RdNr. 3 ff. wird darzulegen sein, dass die Parallelen zum Austritt aus einer Gesellschaft weiter reichen.

2 **2. Die Funktion der Auseinandersetzung bei der stillen Gesellschaft.** Die stille Gesellschaft ist eine Innengesellschaft (§ 230 RdNr. 7). Ein Gesellschaftsvermögen iS von § 718 BGB ist nicht vorhanden. Bei der gesetzestypischen stillen Gesellschaft findet deshalb keine „Auseinandersetzung in Ansehung des Gesellschaftsvermögens“ (vgl. § 730 Abs. 1 BGB), also **keine Liquidation** statt.[2] Vielmehr „hat sich der Inhaber des Handelsgeschäfts

[1] Denkschrift S. 185.

[2] Vgl. *Blaurock* RdNr. 16.1 f.; *Koenigs* S. 283 ff.; Baumbach/*Hopt* RdNr. 1; Heymann/*Horn* RdNr. 1; *Koller*/Roth/Morck RdNr. 1; MünchHdbGesR II/*Bezzenberger/Keul* § 92 RdNr. 1; Staub/*Zutt* RdNr. 1; begrifflich missverständlich, wenn auch in der Sache übereinstimmend *Hillers,* S. 437.

mit dem stillen Gesellschafter (scl.: rein schuldrechtlich) auseinanderzusetzen". Damit gilt vor allem § 733 BGB und hier insbesondere dessen Absatz 3 nicht unmittelbar.[3] Es sind nicht gemeinschaftliche Schulden aus einem Gesellschaftsvermögen zu berichtigen, und es ist insbesondere kein Gesellschaftsvermögen in Geld umzusetzen.[4] *Die Auseinandersetzung des Inhabers mit dem stillen Gesellschafter entspricht nicht der Auseinandersetzung einer Gesamthandsgesellschaft im Auflösungsfall, sondern der Auseinandersetzung zwischen der Gesellschaft und einem ausscheidenden Gesellschafter* (§§ 738 ff. BGB).[5] Die inhaltlichen Parallelen zwischen § 235 und §§ 738 ff. BGB sind insofern kein Zufall und entgegen der Auffassung der Gesetzesverfasser (RdNr. 1) auch nicht auf § 740 BGB beschränkt. Modifikationen gegenüber §§ 738–740 BGB ergeben sich lediglich daraus, dass der stille Gesellschafter nicht als Gesamthänder und **bei der typischen stillen Gesellschaft** nicht einmal rechnerisch am Unternehmenswert beteiligt ist. Die Auseinandersetzung ist nach dem gesetzlichen Modell *nichts anderes als eine Forderungsberechnung*:[6] Das gilt grundsätzlich auch für die **atypische stille Gesellschaft,** wenn auch mit beträchtlichen Unterschieden hinsichtlich der Forderungsberechnung (s. dazu RdNr. 55 ff.). Selbst die **„Innen-Liquidation"** in Fällen der hier sog. „Innen-KG" (RdNr. 62, 65) ist nicht als Zerschlagung eines Rechtsträgers zu begreifen, sondern als schuldrechtliche Auseinandersetzung eines „Innen-Verbandes". Nur bei besonderer Vereinbarung findet eine regelrechte Liquidation des Unternehmensvermögens statt (RdNr. 10). Verlangt aber der Stille **Rückzahlung der Einlage als Schadensansatz,** so wird er gestellt, als wäre er nicht beteiligt gewesen.[7]

3. Grundregeln. a) Modifizierte Anwendung der §§ 738 ff. BGB. Rechtsquelle für die Auseinandersetzungsrechnung ist bei Fehlen besonderer Vertragsregeln in erster Linie **§ 235.** Aber die Regelung ist lückenhaft. Bei **atypischen stillen Gesellschaften** mit schuldrechtlicher Vermögensbeteiligung hilft eine analoge Anwendung der **§§ 738 ff. BGB** (vgl. RdNr. 55 ff.). **Nach hM** sind dagegen die §§ 738–740 BGB **auf typische stille Gesellschaften nicht,** auch nicht analog, **anwendbar.**[8] Die **§§ 738 ff. BGB** passen jedoch auch bei der gesetzestypischen stillen Gesellschaft. Es muss nur auf die *Besonderheiten der Innengesellschaft* Rücksicht genommen werden (RdNr. 2), und es müssen im Sonderfall der stillen Gesellschaft die *Spezialvorschriften des HGB* beachtet werden. Es ist also zwischen atypischen stillen Gesellschaften mit entsprechender Anwendung der §§ 738 ff. BGB und typischen stillen Gesellschaften mit bloß teilweise entsprechender Anwendung der §§ 738 ff. BGB zu unterscheiden. Im Einzelnen bedeutet dies: 3

b) Anwachsung? Eine *Anwachsung nach § 738 Abs. 1 Satz 1 BGB* findet nach hM *nicht* statt, weil es ihrer nicht bedarf.[9] Das Unternehmensvermögen steht vor und nach der Auflösung der stillen Gesellschaft dem Inhaber zu. Das ist richtig, wenn man sich unter der Anwachsung einen gegenständlichen Vermögensübergang vorstellt. An diesem fehlt es. Aber das ist nach modernem Verständnis bei der rechtsfähigen Außen-Personengesellschaft, also im unmittelbaren Anwendungsbereich des § 738 Abs. 1 Satz 1 BGB nicht anders.[10] Auch bei ihr ist die Anwachsung nach § 738 Abs. 1 Satz 1 BGB nicht mehr als eine Vergrößerung des „Anteils (der 4

[3] Heymann/*Horn* RdNr. 6; zur Anwendbarkeit des § 733 Abs. 3 BGB auf die Innengesellschaft vgl. auch RGZ 166, 160, 164; BGH WM 1983, 840, 841 = NJW 1983, 2375 f. = JuS 1983, 962 *(Karsten Schmidt)*; mißverständlich noch RG JW 1934, 3268, 3269; klar **aM** *Lehmann* JW 1934, 3268.

[4] MünchHdbGesR II/*Bezzenberger/Keul* § 92 RdNr. 2, 3.

[5] So Schlegelberger/*Karsten Schmidt* RdNr. 2; zust. *Blaurock* RdNr. 16.7; MünchHdbGesR II/*Bezzenberger/Keul* § 92 RdNr. 3; vgl. auch Staub/*Zutt* § 234 RdNr. 3 sowie § 235 RdNr. 2; einschränkend *Koenigs* S. 283 f; **aM** Oetker/*Schubert* RdNr. 1.

[6] RG JW 1936, 921; BGH BB 1968, 268; Baumbach/*Hopt* RdNr. 1; Heymann/*Horn* RdNr. 5; Röhricht/v. Westphalen/*v. Gerkan/Mock* RdNr. 1; Schlegelberger/*Karsten Schmidt* RdNr. 2; Staub/*Zutt* RdNr. 2; krit. *Schulze-Osterloh,* FS Kruse, 2001, S. 387.

[7] BGH NZG 2005, 476 = ZIP 2005, 763; ZIP 2006, 279.

[8] *Blaurock* RdNr. 16.5; *B. Hartmann* S. 117; *Hillers* S. 437; *Koenigs* S. 287; Düringer/Hachenburg/*Flechtheim* § 340 aF RdNr. 1, 4; Oetker/*Schubert* RdNr. 1; Röhricht/v. Westphalen/*v. Gerkan/Mock* RdNr. 2; Staub/*Zutt* RdNr. 2 lassen die Frage inzwischen offen.

[9] Vgl. *Blaurock* RdNr. 16.5; zu § 738 BGB vgl. MünchKommBGB/*Ulmer/Schäfer* § 738 RdNr. 10.

[10] Ausführlich *Karsten Schmidt* FS Huber, 2006, S. 969 ff.

verbleibenden Gesellschafter) an den Gegenständen des Gesellschaftsvermögens" (vgl. § 719 Abs. 1 BGB) zu verstehen, sondern als ein rein vermögensmäßiger Zuwachs (vgl. auch hierzu § 719 Abs. 1 BGB).[11] Die Auszahlung eines *typischen* stillen Gesellschafters hat einen solchen Quotenzuwachs nicht zur Folge, denn sie tilgt nur eine Verbindlichkeit (RdNr. 29). Anderes gilt aber für die (mehrgliedrige) *atypische stille Beteiligung mit Vermögensbeteiligung* (§ 230 RdNr. 79), insbesondere für eine „Innen-KG" (dazu § 230 RdNr. 81), auch in Gestalt der „GmbH & Still" (§ 230 RdNr. 87). Dem virtuellen Gesellschaftsvermögen entspricht eine virtuelle Anwachsung der gedachten Gesamthandsanteile (vgl. RdNr. 62).[12] Den verbleibenden (stillen) Gesellschaftern wächst zwar nicht „dinglich", wohl aber vermögensmäßig ein dem Anteil des Ausscheidenden entsprechender Vermögensanteil zu.

5 **c) Rückgabepflicht.** Die *Rückgabepflicht nach § 732 iVm. § 738 Abs. 1 Satz 2 BGB* passt auch bei der stillen Gesellschaft, und zwar sogar bei der typischen stillen Gesellschaft (RdNr. 12).[13] Allerdings fehlt es idR an Gegenständen, die der Rückgabepflicht unterliegen. Zur Frage, ob ausnahmsweise der Geschäftsinhaber das Unternehmen an den oder die stillen Gesellschafter herausgeben muss, vgl RdNr. 63.

6 **d) Keine Schuldbefreiung.** Einer Befreiung des ausscheidenden Gesellschafters von gemeinschaftlichen Schulden nach *§ 738 Abs. 1 Satz 2 BGB* bedarf es *nicht,* weil es solche Schulden nicht gibt (§ 230 RdNr. 9, 12 f.). Damit entfällt auch eine entsprechende Anwendung des § 738 Abs. 1 Satz 3 BGB.[14]

7 **e) Abfindung oder bloße Forderungsabrechnung?** Eine *Abfindung* des stillen Gesellschafters nach Maßgabe seiner Liquidationsquote analog § 738 Abs. 1 Satz 2 BGB kommt *nur bei einer Innen-KG* (vgl. § 230 RdNr. 81) oder sonst bei einer Beteiligung des Stillen am Geschäftsvermögen (§ 230 RdNr. 79 ff.) in Betracht (dazu eingehend RdNr. 57 ff.). Bei der typischen stillen Gesellschaft bedarf es der entsprechenden Anwendung nicht, denn die Gesellschaft ist aufgelöst, ohne dass ein gemeinschaftliches Vemögen liquidiert würde.

8 **f) Keine Haftung für Fehlbeträge.** *Ungedeckte Verlustanteile* können durch Einforderung einer noch ausstehenden Einlage gedeckt werden (vgl. § 232 Abs. 2). Eine *Haftung für Fehlbeträge analog § 739 BGB scheidet* bei der typischen stillen Beteiligung *aus* (RdNr. 35 und 61). Da der stille Gesellschafter nur bis zum Betrag seiner Einlage am Verlust teilnimmt (§ 232 Abs. 2 Satz 1), trägt er die darüber hinausgehenden Verluste nicht mit. Das gilt grundsätzlich auch bei einer atypischen stillen Beteiligung und selbst bei der in der vorliegenden Kommentierung sog. „Innen-KG" (§ 230 RdNr. 81), denn auch als Quasi-Kommanditist nimmt der stille Gesellschafter an den Verlusten grundsätzlich nur bis zur Höhe der Einlage teil (arg. §§ 167 Abs. 3, 169 Abs. 2). Abweichungen können sich aus der Vertragsgestaltung sowie in Fällen ergeben, bei denen der Geschäftsinhaber das Unternehmen im Innenverhältnis für Rechnung der (des) stillen Gesellschafter(s) führt (über stille Gesellschaften als Treuhandverhältnisse vgl. § 230 RdNr. 82; vgl. auch zur Unterbeteiligung RdNr. 72).

9 **g) Schwebende Geschäfte.** *§ 740 BGB ist nicht analog anwendbar,* soweit die *Sonderregelung des § 235 Abs. 2* eingreift. Analog anwendbar bleibt damit Abs. 1 Satz 2 der Bestimmung: Der Inhaber des Handelsgeschäfts ist berechtigt, die schwebenden Geschäfte so zu beenden, wie es ihm am vorteilhaftesten erscheint (RdNr. 42).

10 **4. Dispositives Recht (typische und atypische Auseinandersetzung).** § 235 ist nicht zwingendes Recht.[15] *Vertragsregelungen haben Vorrang.* Der Gesellschaftsvertrag kann eine

[11] Ebd. S. 983 ff.

[12] Ebd. S. 990.

[13] Schlegelberger/*Karsten Schmidt* RdNr. 4.

[14] Schlegelberger/*Karsten Schmidt* RdNr. 5.

[15] RG Bolze 20 Nr. 571; BGH BB 1994, 2439; *Koenigs* S. 287, 300 ff.; *Blaurock* RdNr. 16.10; E/B/J/S/*Gehrlein* RdNr. 3; GK/*Fahse* RdNr. 5; *Koller*/Roth/Morck RdNr. 1; MünchHdbGesR II/*Bezzenberger/Keul* § 92 RdNr. 55; Röhricht/v. Westphalen/*v. Gerkan/Mock* RdNr. 3; Schlegelberger/*Karsten Schmidt* RdNr. 10; Staub/*Zutt* RdNr. 18.

von der gesetzlichen Regelung in § 235 völlig abweichende Auseinandersetzung vorsehen. Solche **Vertragsregelungen** betreffen regelmäßig die Berechnung des Auseinandersetzungsguthabens (RdNr. 36).[16] Das Guthaben kann dem Auseinandersetzungsguthaben eines Kommanditisten angeglichen werden (vgl. RdNr. 56 ff.). Abfindungsbeschränkungen sind bei der typischen stillen Beteiligung (RdNr. 36) und bei der atypischen stillen Beteiligung (RdNr. 64) unterschiedlich zu beurteilen. Vereinbart werden kann auch eine Rückübertragung stiller Sacheinlagen in Natur oder die Abfindung des stillen Gesellschafters durch Übertragung bestimmter Vermögensgegenstände.[17] Eine solche Vereinbarung setzt allerdings, wenn im Zuge der Liquidation Grundvermögen veräußert werden muss, die Einhaltung der in § 311 b Abs. 1 BGB vorgeschriebenen Form voraus.[18] Die Gesellschafter können auch eine *regelrechte Liquidation* nach dem Vorbild des § 733 BGB vereinbaren (RdNr. 66).[19] Vor allem mehrgliedrige stille Gesellschaftsverhältnisse (§ 230 RdNr. 83 ff.) können so strukturiert sein, dass eine Auflösung der mehrgliedrigen Organisation der Auflösung einer Handelsgesellschaft gleichkommen und zur Liquidation und Verteilung des Unternehmensvermögens führen soll. Praktisch bedeutsamer als die echte Vermögensverteilung ist die Auseinandersetzung mit einem stillen Gesellschafter als „virtuellem Kommanditisten" (RdNr. 62 ff.). Vereinbart werden kann auch ein Anspruch des stillen Gesellschafters (der stillen Gesellschafter) auf Übernahme des Unternehmens (RdNr. 67).[20] Diese Form der Auseinandersetzung kommt in Betracht, wenn der Geschäftsinhaber als Treuhänder des oder der stillen Gesellschafter bzw. als Organ einer „virtuellen Handelsgesellschaft" fungiert (§ 230 RdNr. 82).

5. Ausscheidensfolge und Gesamtabwicklung. Nicht für jede atypische stille Gesell- 11
schaft (§ 230 RdNr. 74 ff., 77 ff.), wohl aber für die atypische stille Gesellschaft mit **Beteiligung des stillen Gesellschafters am Unternehmensvermögen** (§ 230 RdNr. 79 ff.), insbesondere für die hier als „Innen-OHG" oder „Innen-KG" bezeichnete mehrgliedrige stille Gesellschaft (§ 230 RdNr. 81) muss zwischen dem bloßen **Ausscheiden eines Gesellschafters** (RdNr. 2, 57, 62) und der **Gesamtabwicklung** (RdNr. 65) unterschieden werden (§ 234 RdNr. 12, 44).[21] Die Auseinandersetzung nach dem Ausscheidungsmodell orientiert sich an §§ 738 ff. BGB (RdNr. 2). Auf die Auseinandersetzung nach dem Gesamtabwicklungsmodell finden die §§ 145 ff., soweit mit dem Tatbestand der Innengesellschaft vereinbar, entsprechende Anwendung (vgl. zur „Innen-KG" § 230 RdNr. 81).[22]

II. Die Auseinandersetzung der typischen stillen Gesellschaft

**1. Die Behandlung von sächlichen Beiträgen, Dienstleistungen und Gebrauchs- 12
überlassungen. a) Sachleistungen.** Gegenstände, die der stille Gesellschafter nur zum Gebrauch zur Verfügung gestellt hat, sind ihm analog § 738 Abs. 1 Satz 2 BGB zurückzugeben.[23] Steht dem Inhaber noch ein fälliger Gegenanspruch auf Verlustdeckung aus ausstehenden Einlagen zu, so kann er nach § 273 BGB ein Zurückbehaltungsrecht ausüben.[24] Soweit es eines nur zum Gebrauch überlassenen Gegenstandes noch für die Abwicklung schwebender Geschäfte bedarf, kann sich aus dem Gesellschaftsverhältnis eine nachwir-

[16] MünchHdbGesR II/*Bezzenberger/Keul* § 92 RdNr. 58.

[17] *Blaurock* RdNr. 16.10; E/B/J/S/*Gehrlein* RdNr. 3; Staub/*Zutt* RdNr. 3.

[18] RGZ 166, 160, 165; BGH WM 1983, 840, 841 = NJW 1983, 2375, 2376 = JuS 1983, 962 *(Karsten Schmidt);* E/B/J/S/*Gehrlein* RdNr. 3; Staub/*Zutt* RdNr. 3; Heymann/*Horn* RdNr. 6; Röhricht/v. Westphalen/*v. Gerkan/Mock* RdNr. 3; Staub/*Zutt* RdNr. 3.

[19] Vgl. auch RG Bolze 3 Nr. 779; *Blaurock* RdNr. 16.10; MünchHdbGesR II/*Bezzenberger/Keul* § 92 RdNr. 55; Heymann/*Horn* RdNr. 6; Schlegelberger/*Karsten Schmidt* RdNr. 10.

[20] Heymann/*Horn* RdNr. 6; MünchHdbGesR II/*Bezzenberger/Keul* § 92 RdNr. 57.

[21] In gleicher Richtung E/B/J/S/*Gehrlein* RdNr. 21 ff.; *Koller*/Roth/Morck RdNr. 4; Schlegelberger/*Karsten Schmidt* RdNr. 55 ff.

[22] In dieser Richtung auch *Blaurock* RdNr. 16.10.

[23] Zust. Oetker/*Schubert* RdNr. 5; Staub/*Zutt* RdNr. 2; im Ergebnis mit Begründung aus § 732 BGB ebenso *Blaurock* RdNr. 16.5, 16.28; *Koenigs* S. 293; E/B/J/S/*Gehrlein* RdNr. 15; *Koller*/Roth/Morck RdNr. 5; im Ergebnis auch MünchHdbGesR II/*Bezzenberger/Keul* § 92 RdNr. 47.

[24] Vgl. BGH WM 1998, 555, 557; für die KG BGH LM BGB § 738 Nr. 9 = BB 1981, 1668 = NJW 1981, 2802; *Koller*/Roth/Morck RdNr. 5.

kende Pflicht ergeben, dem Inhaber auch einen solchen Gegenstand vorübergehend zu belassen.[25] Gegenstände, die der stille Gesellschafter dem Inhaber nach § 230 Abs. 1 *zu dinglichem Recht auf den Geschäftsinhaber übertragen* hat, kann er dagegen nur zurückverlangen, wenn die Rückübereignung besonders vereinbart, die Übertragung zB nur eine treuhänderische war (vgl RdNr. 67).[26] Diese unterschiedliche Behandlung der nur zur Nutzung zur Verfügung gestellten und der nach § 230 Abs. 1 eingebrachten Gegenstände versteht sich nach dem bei RdNr. 3 ff. Gesagten. Die Einlage wird dem stillen Gesellschafter stets nur als Geldbetrag auf dem Einlagekonto gutgebracht (§ 230 RdNr. 168) und nach Abs. 1 nur in Geld ausgezahlt. Leistungen, die auf die Einlage angerechnet wurden, kann der stille Gesellschafter deshalb mangels besonderer Vereinbarung weder in Natur zurückverlangen noch ist er gehalten, sie in Natur zurückzunehmen.[27]

13 **b) Dienstleistungen und Gebrauchsüberlassungen. aa) Befreiung.** Für die Zukunft wird der stille Gesellschafter von Dienstleistungs- und Überlassungspflichten frei, und zwar auch dann, wenn sein Einlagenkonto negativ ist.[28] Von Schadensersatzschulden wegen schuldhaft versäumter Dienste oder Gebrauchsüberlassungen (§ 280 BGB) wird der Stille nicht rückwirkend frei. Die Frage, ob der Fortfall dieser Pflichten Zahlungsansprüche gegen den stillen Gesellschafter auslöst, ist regelmäßig zu verneinen, denn nach §§ 738, 733 Abs. 2 Satz 3 BGB sind diese Leistungen nicht auf dem Einlagenkonto zu verrechnen.[29] Waren noch ausstehende Dienstleistungen oder Gebrauchsüberlassungen nach dem Gesellschaftsvertrag auf dem Einlagenkonto zu verrechnen, hat ein Ausgleich des Fehlbetrags in Geld zu erfolgen (vgl. auch RdNr. 33).[30]

14 **bb) Bereits erbrachte Dienstleistungen und Gebrauchsüberlassungen** werden über den Bestand des Einlagenkontos hinaus nur entgolten, soweit dies vereinbart ist.[31] Die Begründung ist im Gesetz und im regelmäßigen Parteiwillen zu suchen. Dienstleistungen und Gebrauchsüberlassungen stellen regelmäßig nur Beiträge des stillen Gesellschafters, aber keine Einlageleistungen dar, die ihm vermögensmäßig gutgebracht werden (§ 230 RdNr. 144).[32] Nach Ansicht des BGH[33] kann dies nicht gelten, „wenn wegen der besonderen Ausgestaltung der Dienste und der Eigenart der für die Gewinnbeteiligung vereinbarten Berechnungsmethode die bis zum Ausscheiden geleisteten Dienste des stillen Gesellschafters durch den Gewinnanteil nicht voll abgegolten sind und wenn insoweit der Erfolg dieser Dienste bei Auflösung der Gesellschaft noch als greifbarer und messbarer Vermögenswert vorhanden ist". Dieser Standpunkt hat Zustimmung gefunden.[34] Er ist aber fragwürdig. Gesellschafterbeiträge werden dem Gesellschafter dann und nur dann auf dem Einlagenkonto gutgebracht, wenn dies vereinbart ist.[35] Enttäuschte Erwartungen allein geben

---

[25] Vgl. nur RG Bolze 17 Nr. 514.

[26] *Blaurock* RdNr. 16.33; *Koenigs* S. 16.27; Baumbach/*Hopt* RdNr. 2; Heymann/*Horn* RdNr. 5; Röhricht/v. Westphalen/*v. Gerkan/Mock* RdNr. 14; Schlegelberger/*Karsten Schmidt* RdNr. 12.

[27] *Blaurock* RdNr. 16.33; Baumbach/*Hopt* RdNr. 2; E/B/J/S/*Gehrlein* RdNr. 15; Heymann/*Horn* RdNr. 1; MünchHdbGesR II/*Bezzenberger/Keul* § 92 RdNr. 47; Staub/*Zutt* RdNr. 21; Röhricht/v. Westphalen/*v. Gerkan/Mock* RdNr. 14.

[28] *Koenigs* S. 297; Düringer/Hachenburg/*Flechtheim* § 340 aF RdNr. 11; E/B/J/S/*Gehrlein* RdNr. 18; MünchHdbGesR II/*Bezzenberger/Keul* § 92 RdNr. 48; Staub/*Zutt* RdNr. 21.

[29] *Blaurock* RdNr. 16.29; Staub/*Zutt* RdNr. 21; Schlegelberger/*Karsten Schmidt* RdNr. 13; zu dieser Begründung ablehnend *Koenigs* S. 297 Fn. 124.

[30] E/B/J/S/*Gehrlein* RdNr. 18; *Koller*/Roth/Morck RdNr. 9; Schlegelberger/*Karsten Schmidt* RdNr. 13.

[31] Analogie zu §§ 738 Abs. 1 Satz 2, 733 Abs. 2 Satz 3 BGB; vgl. Schlegelberger/*Karsten Schmidt* RdNr. 14; im Ergebnis auch BGHZ 7, 164, 181; BGH LM Nr. 4 = WM 1966, 63, 64 = NJW 1966, 501; *Blaurock* RdNr. 16.23; *Lang* S. 60; Baumbach/*Hopt* RdNr. 1; Heymann/*Horn* RdNr. 12; Röhricht/v. Westphalen/*v. Gerkan/Mock* RdNr. 12.

[32] So jetzt auch *Blaurock* RdNr. 16.; 29 (dort war dieses Ergebnis mit der Erwägung begründet worden, die Befreiung für die Zukunft sei bereits eine „Rückgewähr" der Beiträge).

[33] LM Nr. 4 = WM 1966, 63, 64 = NJW 1966, 501.

[34] Vgl. nur *Blaurock* RdNr. 16.30 f.; Baumbach/*Hopt* RdNr. 1; *Bohnenberg* Anm. II a.

[35] Schlegelberger/*Karsten Schmidt* RdNr. 14; vgl. auch GK/*Fahse* RdNr. 3: als Einlage geleistete Dienste werden vergütet, wenn sie als Einlage gebucht und bewertet worden sind (mit Verweis auf BGH DB 1977, 2040; WM 1972, 1056).

dem stillen Gesellschafter keinen Abfindungsanspruch. Ausnahmsweise mögen die Rechtsgrundsätze des § 812 Abs. 1 Satz 2, 2. Alt. BGB, oder des Fortfalls der Geschäftsgrundlage (§ 313 BGB) helfen, evtl. (bei einer vom Inhaber des Handelsgeschäfts verschuldeten vorzeitigen Beendigung der Gesellschaft) auch Schadensersatzansprüche.

2. Die Auseinandersetzung in Geld. a) Ziel der Auseinandersetzungsrechnung. 15
aa) Verhältnis zum Einlagenkonto. Zu bestimmen ist die dem stillen Gesellschafter auszuzahlende bzw. von ihm noch einzuzahlende Summe. Der gesetzestypische stille Gesellschafter erhält den auf den Auflösungsstichtag berechneten Buchwert seiner Einlage zuzüglich stehengebliebener Gewinnanteile zurück.[36] Dieser ergibt sich bei der gesetzestypischen stillen Beteiligung aus der stillen Einlage, deren Stand um diejenigen Gewinn- und Verlustbeteiligungen zu korrigieren ist, die im bisherigen Einlagenkonto des stillen Gesellschafters noch nicht berücksichtigt worden sind (dazu sogleich RdNr. 16).

bb) Besondere Auseinandersetzungsbilanz? Das Auseinandersetzungsguthaben wird 16
nach hM durch Aufstellung einer Abschichtungsbilanz ermittelt.[37] Nur wenn sich der endgültige Anspruch auch ohne eine solche Bilanz ermitteln lässt, gilt ihre Aufstellung als entbehrlich.[38] So etwa, wenn der Stille den Gesellschaftsvertrag wegen eines wichtigen Grundes kündigt, bevor der Inhaber die Geschäftstätigkeit aufgenommen hat.[39] Wird der stille Gesellschafter nach dem Buchwert seiner Einlage abgefunden, so ist eine besondere Auseinandersetzungsbilanz entbehrlich. Aber auch sonst bedarf es bei der *typischen* stillen Beteiligung keiner echten Bilanz der stillen Gesellschaft, sondern *nur* einer *Auseinandersetzungsrechnung.*[40] Mit Recht heißt es bei RG SeuffA 93 Nr. 53 = JW 1939, 489, 490, dass die für die Auseinandersetzung zwischen dem Inhaber und dem (gesetzestypischen!) stillen Gesellschafter maßgebende Auseinandersetzungsbilanz überhaupt nicht dasselbe ist, wie die nach §§ 243 ff. zu errichtende Bilanz. Da *der typische stille Gesellschafter* nur an den Erträgen des Unternehmens beteiligt ist (§ 231 RdNr. 7), ist Grundlage der Abfindung bei der typischen stillen Gesellschaft nicht eine Vermögensbilanz, sondern eine *Ertragsrechnung.*[41] Das Abfindungsguthaben setzt sich aus dem Rückzahlungsanspruch aus der stillen Einlage und Gewinngutschriften sowie Verlustlastschriften zusammen.[42] *Gemäß dem gesetzlichen Regelmodell wird das Ergebnis nach denselben Grundsätzen ermittelt wie der Jahresgewinn und der Jahresverlust.*[43] Ausgangspunkt ist deshalb das Einlagenkonto des stillen Gesellschafters, auf dem sich Einlageleistungen, zugeschriebene Gewinne, Entnahmen und Verluste abbilden. *Die Praxis sieht allerdings komplizierter aus.* Schon bei der *typischen stillen Gesellschaft* kann bei der Auseinandersetzung der stillen Gesellschaft eine nachträgliche Korrektur erforderlich sein (RdNr. 24). Die vielzitierte besondere „Abschichtungsbilanz" dient bei der typischen stillen Gesellschaft dieser Korrektur des Einlagenkontos. Die Bedeutung, die ihr lange Zeit beigemessen wurde, rührt von der unzureichenden Trennung der atypischen von der typi-

[36] *Blaurock* RdNr. 16.17; MünchHdbGesR II/*Bezzenberger/Keul* § 92 RdNr. 3; Baumbach/*Hopt* RdNr. 1; GK/*Fahse* RdNr. 2; Heymann/*Horn* RdNr. 7; *Koller*/Roth/Morck RdNr. 2; Schlegelberger/*Karsten Schmidt* RdNr. 15.

[37] Heymann/*Horn* RdNr. 7; MünchHdbGesR II/*Bezzenberger/Keul* § 92 RdNr. 19; eingehend *B. Hartmann* S. 118 ff.; Oetker/*Schubert* RdNr. 12 ff.; enger *Blaurock* RdNr. 16.9: nur für die atypische stille Gesellschaft mit Vermögensbeteiligung.

[38] BGH WM 1977, 973 = DB 1977, 2040.

[39] Vgl. BGH WM 1995, 1277.

[40] *Blaurock* RdNr. 16.17.

[41] RG SeuffA 93 Nr. 59 = JW 1939, 489, 490; BGH NJW-RR 1994, 1185, 1186; BGHZ 127, 176, 181 = LM § 23 AGBG Nr. 13 = NJW 1995, 192 = WM 1995, 1277; *Blaurock* RdNr. 16.9; *Sudhoff* NJW 1960, 2126; *P. Hartmann* S. 119; *Böttcher/Zartmann/Faut* S. 87; *Koenigs* S. 287; Düringer/Hachenburg/*Flechtheim* § 340 aF RdNr. 4; Heymann/*Horn* RdNr. 7; *Koller*/Roth/Morck RdNr. 3; Oetker/*Schubert* RdNr. 13; Röhricht/v. Westphalen/*v. Gerkan/Mock* RdNr. 6; Staub/*Zutt* RdNr. 8; nur auf die atypische stille Gesellschaft bezieht sich die Gegenansicht von *Schulze-Osterloh* FS Kruse, 2001, S. 387 und *Groh* ebd. S. 430 f.

[42] *Blaurock* RdNr. 16.17 ff.; *Koenigs* S. 285; Heymann/*Horn* RdNr. 7; Schlegelberger/*Karsten Schmidt* RdNr. 16.

[43] *Blaurock* RdNr. 16.17; *Koenigs* S. 287; *Klauss/Mittelbach* RdNr. 201; Heymann/*Horn* RdNr. 7; *Koller*/Roth/Morck RdNr. 2, 3; Schlegelberger/*Karsten Schmidt* RdNr. 16.

schen stillen Gesellschaft her. Einer echten Auseinandersetzung bedarf es bei einer „Innen-KG“, einer „Innen-oHG“ oder sonstigen Gesellschaft mit rechnerischer Beteiligung des stillen Gesellschafters am Vermögen (§ 230 RdNr. 81), denn hier kann die bloße Auszahlung des Kapitalkontos nicht ausreichen (vgl. unten RdNr. 56 ff.).

17 cc) **Stichtag** für die Berechnung des Auseinandersetzungsanspruchs ist der Zeitpunkt der Auflösung des Gesellschaftsverhältnisses (des Ausscheidens).[44] Es muss also ggf. ein Teilgeschäftsjahr gebildet werden.[45] Vereinbart sein kann allerdings auch, dass bei einem Ausscheiden während des Bilanzjahres das auf den Jahresabschluss errechnete Auseinandersetzungsguthaben verhältnisgerecht gekürzt wird (RdNr. 36).[46] Allgemein kommen dem typischen stillen Gesellschafter Wertveränderungen, die nach dem Auflösungsstichtag eintreten, nicht zugute.[47] Wohl allerdings kann eine auf den Bilanzstichtag festzustellende Zerschlagungsprognose die Bewertung beeinträchtigen (§ 236 RdNr. 18).[48]

18 **b) Die Auseinandersetzung als Gesamtabrechnung.** Obwohl die gesetzestypische Auseinandersetzung keine Liquidation, sondern nur die Feststellung eines Guthabens oder einer Verbindlichkeit des stillen Gesellschafters darstellt, erfolgt doch die Auseinandersetzung im Wege einer **Gesamtabrechnung.**[49] Die rein schuldrechtliche Funktion der Auseinandersetzung bei der stillen Gesellschaft ändert hieran nichts (vgl. zu diesem Prinzip § 131 RdNr. 131 f., § 155 RdNr. 21 ff.).[50] *Wie bei der Abfindung ausscheidender Gesellschafter und bei der Auseinandersetzung einer Außengesellschaft verlieren deshalb die einzelnen in die Berechnung einzustellenden Forderungen und Verbindlichkeiten ihre Selbstständigkeit.*[51] Der stille Gesellschafter kann deshalb nicht einfach Rückzahlung seiner vertragsmäßigen (ursprünglichen) Einlage verlangen und es dem Inhaber überlassen, mit Abzügen, Aufrechnungserklärungen oder Zurückbehaltungsrechten zu kontern.[52] Das gilt für die typische ebenso wie für die atypische stille Gesellschaft, nur dass bei der typischen stillen Gesellschaft die Forderungsberechnung meist einfacher ist (RdNr. 16). Wie auch sonst bei Personengesellschaften (Erl. § 155)[53] gilt allerdings, dass auch der abzufindende stille Gesellschafter alsbald Zahlung verlangen kann, soweit jedenfalls der verlangte Betrag feststeht.[54] Zweckmäßigerweise wird deshalb der stille Gesellschafter im Streitfall vor einer bilanziellen Auseinandersetzung nur diesen Mindestbetrag einklagen.[55] Nahm er am Verlust nicht teil und hat er nur Gewinne entnommen, so wird seine Klage in Höhe des Buchwerts der stillen Einlage ohne weiteres begründet sein.[56] Entspricht der vom

[44] RG JW 1929, 320, 321; *Blaurock* RdNr. 16.12; MünchHdbGesR II/*Bezzenberger/Keul* § 92 RdNr. 1, 19; Baumbach/*Hopt* RdNr. 1; E/B/J/S/*Gehrlein* RdNr. 11; GK/*Fahse* RdNr. 2; Heymann/*Horn* RdNr. 7; *Koller*/Roth/Morck RdNr. 3; Oetker/*Schubert* RdNr. 20; Schlegelberger/*Karsten Schmidt* RdNr. 17.

[45] Heymann/*Horn* RdNr. 8; Staub/*Zutt* RdNr. 15.

[46] Vgl. BAG DB 1958, 804; *Blaurock* RdNr. 16.13.

[47] Vgl. RG JW 1901, 404; Schlegelberger/*Karsten Schmidt* RdNr. 17; Staub/*Zutt* RdNr. 10.

[48] RG JW 1903, 10; Schlegelberger/*Karsten Schmidt* RdNr. 17; **aM** Staub/*Zutt* RdNr. 10.

[49] BGH BB 1961, 583; WM 1972, 1056; WM 1976, 1030, 1032 = DB 1977, 87, 89; BGH NJW 1992, 2697; OLG Düsseldorf DB 1991, 435, 436; *Blaurock* RdNr. 16.7; MünchHdbGesR II/*Bezzenberger/Keul* § 92 RdNr. 15; E/B/J/S/*Gehrlein* RdNr. 7; GK/*Fahse* RdNr. 2; Heymann/*Horn* RdNr. 9; *Koller*/Roth/Morck RdNr. 1; Staub/*Zutt* RdNr. 6; **aM** BGH BB 1968, 268; Baumbach/*Hopt* RdNr. 1.

[50] MünchHdbGesR II/*Bezzenberger/Keul* § 92 RdNr. 15; E/B/J/S/*Gehrlein* RdNr. 7; Schlegelberger/*Karsten Schmidt* RdNr. 18; **aM** BGH BB 1968, 268; Baumbach/*Hopt* RdNr. 1.

[51] *Blaurock* RdNr. 16.7; MünchHdbGesR II/*Bezzenberger/Keul* § 92 RdNr. 15; Heymann/*Horn* RdNr. 9; Schlegelberger/*Karsten Schmidt* RdNr. 18; **aM** konsequenterweise noch BGH BB 1968, 268.

[52] So aber wohl Baumbach/*Hopt* RdNr. 1; richtig *Koenigs* S. 294; MünchHdbGesR II/*Bezzenberger/Keul* § 92 RdNr. 15; Schlegelberger/*Karsten Schmidt* RdNr. 18; Staub/*Zutt* RdNr. 6.

[53] BGHZ 37, 299, 305 = DB 1962, 1108.

[54] BGH BB 1961, 583; BGH WM 1976, 1030 = DB 1977, 87; BGH WM 1977, 973, 974 = DB 1977, 2040; BGH WM 1986, 1143; BGH WM 1989, 1850, 1851; BGH NJW 1992, 2696, 2697 = ZIP 1992, 1552; s. auch RG LZ 1907, 652; RG Soerg Rspr. 1912 § 340; *Blaurock* RdNr. 16.7; MünchHdbGesR II/*Bezzenberger/Keul* § 92 RdNr. 15; E/B/J/S/*Gehrlein* RdNr. 7; Heymann/*Horn* RdNr. 9; Schlegelberger/*Karsten Schmidt* RdNr. 18.

[55] *Koenigs* S. 294; Schlegelberger/*Karsten Schmidt* RdNr. 18.

[56] RG Bolze 4 Nr. 795; 13 Nr. 490; LZ 1912, 862; LZ 1929, 605; BGH DStR 1991, 623; vgl. BGH NJW 1992, 2696, 2697 = ZIP 1992, 1552; *Blaurock* RdNr. 16.7; *Koenigs* S. 295; E/B/J/S/*Gehrlein* RdNr. 7; Heymann/*Horn* RdNr. 9 („regelmäßig begründet“); Schlegelberger/*Karsten Schmidt* RdNr. 18; Staub/*Zutt* RdNr. 22.

stillen Gesellschafter errechnete Betrag den Geschäftsbüchern, so trägt der die Unrichtigkeit behauptende Geschäftsinhaber die Beweislast.[57]

c) Die Aufstellung der Auseinandersetzungsrechnung. Die bilanzmäßige Ermittlung des aktiven oder passiven Kontos des stillen Gesellschafters ist *Aufgabe des Geschäftsinhabers* (RdNr. 16). Die Verpflichtung des Geschäftsinhabers, eine Abschichtungsbilanz bzw. Auseinandersetzungsrechnung aufzustellen, ergibt sich ohne weiteres aus dem Gesellschaftsverhältnis und aus der Aufgabe, das Guthaben des stillen Gesellschafters zu berechnen (RdNr. 19).[58] Deshalb kommt es nicht darauf an, ob der Inhaber als Kaufmann nach § 242 buchführungspflichtig ist (vgl. auch § 232 RdNr. 12).[59] Der Geschäftsinhaber hat die Gesamtabrechnung unverzüglich zu erstellen.[60] Eine Verzögerung ist gesellschaftsvertragliche Nebenpflichtverletzung (§§ 280, 311 BGB) und kann den Geschäftsinhaber auch mit der Abfindungsschuld in Verzug bringen (RdNr. 30). Eine gemeinsame Bilanzfeststellung zwischen dem Geschäftsinhaber und dem stillen Gesellschafter findet, sofern nicht der Vertrag eine Bilanzfeststellung vorsieht, bei der *typischen* stillen Gesellschaft nicht statt (vgl. zur atypischen stillen Gesellschaft RdNr. 55 ff.). Insofern stellen sich auch nicht dieselben Probleme wie bei Bilanzfeststellungsbeschlüssen.[61] Allerdings kann der Geschäftsinhaber vom stillen Gesellschafter die *Anerkennung des richtig errechneten Betrages* verlangen.[62] Werden die Bilanz und der errechnete Betrag in diesem Sinne beiderseits anerkannt, so liegt ein Feststellungsvertrag vor, der Elemente des Schuldanerkenntnisses und des negativen Schuldanerkenntnisses aufweist (vgl. auch zu den prozessualen Folgen RdNr. 54). Das Anerkenntnis führt zum *Neubeginn der Verjährung* (§ 212 BGB). Handelt es sich um ein konstitutives Schuldanerkenntnis (§ 781 BGB), was im Regelfall nicht anzunehmen ist, so können die Erklärungen nur unter den Voraussetzungen der §§ 119, 123 BGB angefochten werden.[63] 19

d) Gegenstand der Auseinandersetzungsrechnung. aa) Buchwertfeststellung. Soweit bei der Auseinandersetzung im Verhältnis zum stillen Gesellschafter die *Jahresbilanz maßgeblich* bleibt (vgl. zur jährlichen Gewinnfeststellung § 232 RdNr. 11, 16), entstehen keine anderen Probleme als bei der jährlichen Feststellung des Gewinns oder Verlustes.[64] Es ist nur der Buchwert der stillen Einlage auf den Auseinandersetzungsstichtag festzustellen. Das auf diese Weise ermittelte Einlagekonto des stillen Gesellschafters ergibt dann den Abfindungsbetrag. Auf RdNr. 15 f. sowie auf § 232 RdNr. 14 ff. ist zu verweisen. 20

bb) Keine Unternehmensbewertung bei der typischen stillen Beteiligung. Nach einer älteren Rechtsprechung ist bei der Auseinandersetzung der wahre Wert des gesamten Unternehmens (unter Einbeziehung stiller Reserven) zu berücksichtigen.[65] Das Reichsgericht hat dies damit begründet, dass § 738 Abs. 2 BGB Anwendung finde, das Kammergericht damit, dass der stille Gesellschafter dem Unternehmen nicht wie ein Gläubiger gegenüber stehe, sondern im Innenverhältnis am gesamten Ertrag einschließlich der Wertsteigerung des Geschäftsvermögens teilhabe. Beides trifft auf die *atypische stille Gesellschaft* als „Innen-KG“ (vgl. § 230 RdNr. 81) und allgemein auf die Beteiligung des stillen Gesellschafters am Unternehmensvermögen (vgl. § 230 RdNr. 79 ff.) zu.[66] Bei der *gesetzestypischen stillen Gesellschaft* ist der stille Gesellschafter kraft Gesetzes auch nicht rechnerisch 21

[57] Heymann/*Horn* RdNr. 9; Schlegelberger/*Karsten Schmidt* RdNr. 18.

[58] Vgl. auch Heymann/*Horn* RdNr. 8; MünchHdbGesR II/*Bezzenberger/Keul* § 92 RdNr. 19, 2.

[59] Vgl. nur Heymann/*Horn* RdNr. 8.

[60] OLG Düsseldorf WM 1994, 2489, 2491; *Blaurock* RdNr. 16.15; *Koenigs* S. 286; Baumbach/*Hopt* RdNr. 1; E/B/J/S/*Gehrlein* RdNr. 10; *Koller*/Roth/Morck RdNr. 2; Röhricht/v. Westphalen/*v. Gerkan/Mock* RdNr. 5; Schlegelberger/*Karsten Schmidt* RdNr. 19; Staub/*Zutt* RdNr. 16.

[61] Schlegelberger/*Karsten Schmidt* RdNr. 19.

[62] Schlegelberger/*Karsten Schmidt* RdNr. 19; Staub/*Zutt* RdNr. 16; **aM** *Koller*/Roth/Morck RdNr. 2.

[63] Heymann/*Horn* RdNr. 10; Schlegelberger/*Karsten Schmidt* RdNr. 19; vgl. auch sinngemäß BGH BB 1968, 188.

[64] Schlegelberger/*Karsten Schmidt* RdNr. 20.

[65] RGZ 94, 106, 108; KG OLGE 43, 319.

[66] Vgl. für den Stillen mit Vermögensbeteiligung BGH NJW-RR 1994, 1185, 1186; WM 1995, 1277; *B. Hartmann* S. 117; *Blaurock* RdNr. 16.26; vgl. auch *Schulze-Osterloh* und *Groh,* FS Kruse, 2001, S. 387, 428.

am Geschäftsvermögen beteiligt.[67] Deshalb ist die angebliche Beteiligung des *typischen* stillen Gesellschafters an den stillen Reserven nichts anderes als eine *nachträgliche Einzelkorrektur der Gewinn- und Verlustrechnung* im Verhältnis zum stillen Gesellschafter: eine Einrechnung solcher Betriebsgewinne und Betriebsverluste, die bei der jährlichen Berechnung seiner Gewinn- oder Verlustanteile (§ 232 RdNr. 11 ff.) nicht berücksichtigt worden sind (RdNr. 24).[68]

22 **cc) Feststellung der Ertragsbeteiligung eines typischen stillen Gesellschafters** (zur atypischen stillen Gesellschaft vgl. RdNr. 55 ff.). **Gegenstand der Auseinandersetzungsrechnung** sind damit sämtliche Gewinne und Verluste, die in die Gewinn- und Verlustbeteiligung des stillen Gesellschafters einzurechnen (§ 232 RdNr. 7 ff.) und bisher noch nicht in sein Einlagekonto bzw. in ein besonderes Gewinnkonto eingestellt worden sind.[69] Sind bereits alle diese Gewinne und Verluste eingerechnet, so wird der typische stille Gesellschafter zum Buchwert abgefunden.[70] Das Erfordernis, in einer Auseinandersetzungsrechnung Gewinne und Verluste nachträglich zu berücksichtigen, kann sich aus zwei Faktoren ergeben: aus einem zeitlichen Faktor (es sind zwischen dem letzten Bilanzstichtag und dem Auflösungsstichtag bei der Gesellschaft noch Gewinne oder Verluste angefallen) und aus einem sachlichen Faktor (es sind während der Gesellschaftsdauer Gewinne und Verluste angefallen, die sich in den Jahresbilanzen nicht niedergeschlagen haben). Welche Gewinne und Verluste in dieser Weise zugunsten und zu Lasten des stillen Gesellschafters berücksichtigt werden können, ergibt sich aus dem (ggf. auslegungsbedürftigen Gesellschaftsvertrag. Er kann besagen, dass die Jahresbilanz auch im Auseinandersetzungsfall maßgeblich bleibt (RdNr. 24). Dann wird nur das Einlagekonto des stillen Gesellschafters auf den Abfindungsstichtag (RdNr. 17) fortgeschrieben. Eine **Klarstellung im Gesellschaftsvertrag** ist anzuraten (vgl. über Abfindungsklauseln RdNr. 27).[71] Fehlt eine solche Regelung, so nimmt der stille Gesellschafter gemäß seiner Gewinn- und Verlustbeteiligung zwar nicht an jeder Veränderung des Unternehmensvermögens teil, wohl aber an den „Betriebsgewinnen" und „Betriebsverlusten" (vgl. § 232 RdNr. 5 ff.). Diese Gewinne und Verluste sind also nachzutragen, soweit sie sich nicht schon aufgrund der Jahresrechnungslegung auf dem Einlagenkonto niedergeschlagen haben. Das hat weittragende Konsequenzen:

23 **(1) Offene Rücklagen** sind, soweit sie während der stillen Beteiligung entstanden und nicht schon in die Berechnung der Jahresgewinnbeteiligungen eingegangen sind (§ 232 RdNr. 15), zum Zweck der Gewinnfeststellung aufzulösen.[72] Diese Rücklagen resultieren aus festgestellten Bilanzgewinnen. Die Thesaurierungsentscheidung schmälert nicht die Gewinnbeteiligung des stillen Gesellschafters.

24 **(2) Stille Rücklagen.** Sehr viel schwieriger ist die Behandlung stiller Rücklagen. Eine generelle Gleichbehandlung mit den offenen Rücklagen entspricht nicht den kaufmänni-

[67] RGZ 120, 410, 411; 126, 386, 393; RG HRR 1931 Nr. 527; BGHZ 127, 176, 181 = BB 1994, 2436, 2438 = NJW 1995, 192, 193; BGH ZIP 1986, 774, 775; BFH GmbHR 1975, 189; KG DJZ 1901, 50; OLG Rostock OLGE 22, 37; *Koenigs* S. 289; *B. Hartmann* S. 122 f.; *Blaurock* RdNr. 16.23; *Klauss/Mittelbach* RdNr. 204 f.; Baumbach/*Hopt* § 232 RdNr. 1; Heymann/*Horn* RdNr. 12; Schlegelberger/*Karsten Schmidt* RdNr. 21; Staub/*Zutt* RdNr. 8; nur im Ansatz auch MünchHdbGesR II/*Bezzenberger/Keul* § 92 RdNr. 9 f., der die Auseinandersetzungsrechnung eher als eine Vermögensbilanz einordnet; **aA** *Zinkeisen* S. 33, 89.

[68] Schlegelberger/*Karsten Schmidt* RdNr. 21, 22; ähnlich *Blaurock* RdNr. 16.19 ff.; Heymann/*Horn* RdNr. 8, 11; im Prinzip zustimmend MünchHdbGesR II/*Bezzenberger/Keul* § 92 RdNr. 11; vgl. auch bereits *Saenger* S. 144; enger dagegen *Koller*/Roth/Morck RdNr. 3.

[69] Schlegelberger/*Karsten Schmidt* RdNr. 22.

[70] *Blaurock* RdNr. 16.19; MünchHdbGesR II/*Bezzenberger/Keul* § 92 RdNr. 21; Schlegelberger/*Karsten Schmidt* RdNr. 22.

[71] *Blaurock* RdNr. 16.23; zur Streitanfälligkeit der Abfindungsfrage vgl. *Blaurock* RdNr. 16.19.

[72] *Sudhoff* NJW 1960, 2126; *Rob. Fischer* JR 1962, 204; *Blaurock* RdNr. 16.20; *Koenigs* S. 288; MünchHdbGesR II/*Bezzenberger/Keul* § 92 RdNr. 19; E/B/J/S/*Gehrlein* RdNr. 12; Heymann/*Horn* RdNr. 12; *Koller*/Roth/Morck RdNr. 3; Oetker/*Schubert* RdNr. 18; Schlegelberger/*Karsten Schmidt* RdNr. 23; Staub/*Zutt* RdNr. 11.

schen Gepflogenheiten und ist auch grundsätzlich nicht gewollt.[73] Stille Rücklagen bleiben auch bei der Auseinandersetzung unberücksichtigt, soweit sie zulässig gebildet wurden und keine Abweichung von der Handelsbilanz gewollt ist (RdNr. 22). Ist im Gesellschaftsvertrag davon die Rede, für die Abfindung solle die nach Vertragsgrundsätzen aufzustellende Bilanz des Auflösungsstichtages maßgeblich sein, so kann dies bedeuten, dass der stille Gesellschafter die für die jährliche Gewinnberechnung maßgeblichen Bilanzierungsgrundsätze auch hier gegen sich gelten lassen muss.[74] Die Annahme des Bundesgerichtshofs, nur unzulässig gebildete stille Rücklagen seien aufzulösen,[75] scheint allerdings in Anbetracht der fehlenden Mitwirkungsbefugnisse des *typischen* stillen Gesellschafters bei der Bilanzfeststellung (§ 232 RdNr. 20) zu eng. Die Tatsache allein, dass für die Dauer der stillen Gesellschaft der Jahresgewinn ohne Berücksichtigung der stillen Reserven errechnet wurde (§ 232 RdNr. 15 ff.), bedeutet noch nicht ohne weiteres, dass für die Auseinandersetzung dasselbe gilt.[76] Im Zweifel ist davon auszugehen, dass der stille Gesellschafter nur für die Dauer der stillen Gesellschaft damit einverstanden ist, dass stille Reserven die auf ihn entfallenden Gewinne schmälern.[77] Grundsätzlich sind deshalb *stille Rücklagen,* die aus Betriebsgewinnen während der Dauer der stillen Beteiligung herrühren, *aufzulösen.*[78] Überhöhte Abschreibungen sind zu berichtigen.[79] Auf der anderen Seite kann der Geschäftsinhaber in der Auseinandersetzungsbilanz notwendige Abschreibungen, die bisher unterblieben sind, nachholen. Die Gewinnschmälerung durch normale Abschreibungen muss der stille Gesellschafter auf sich nehmen, denn ihre Ursache ist der Betrieb.[80] Die praktische Konsequenz dieser Grundsätze besteht darin, dass reinvestierte Gewinne, soweit sie zu Wertsteigerungen führen, dem stillen Gesellschafter anteilig zu vergüten sind,[81] während Buchgewinne, die auf unterlassenen Abschreibungen beruhen, nachträglich herausgerechnet werden.[82]

(3) Reine Wertveränderungen im Anlagevermögen bleiben bei der *typischen* stillen 25
Beteiligung außer Betracht.[83] Denn die Gewinn- und Verlustbeteiligung des stillen Gesellschafters beschränkt sich vorbehaltlich abweichender Vereinbarung auf den Betriebsgewinn und Betriebsverlust (§ 232 RdNr. 5 ff.). Die Frage ist streitig. Der Gegenansicht ist einzuräumen, dass die Unterscheidung schwer durchführbar ist und dass der Unternehmensgewinn nicht durchgängig in einem „Betriebsgewinn" auf der einen und betriebsunabhängige Substanzveränderungen auf der anderen Seite aufgeteilt werden kann. Aber Substanzgewinne und Substanzverluste am Anlagevermögen außerhalb des

[73] BGHZ 127, 176, 181 = NJW 1995, 192, 193; Oetker/*Schubert* RdNr. 19; Schlegelberger/*Karsten Schmidt* RdNr. 24; *Rob. Fischer* JR 1962, 204; **aA** *Koenigs* S. 287 f.; MünchHdbGesR II/*Bezzenberger/Keul* § 92 RdNr. 9 ff.

[74] Vgl. Schlegelberger/*Karsten Schmidt* RdNr. 24 unter Berufung auf BGH LM BGB § 738 Nr. 8 = BB 1978, 1333; zust. *Blaurock* RdNr. 14.50; s. auch MünchHdbGesR II/*Bezzenberger/Keul* § 92 RdNr. 11.

[75] Vgl. BGHZ 127, 176, 181 = BB 1994, 2436, 2438 = NJW 1995, 192, 193; vgl. auch Staub/*Zutt* § 232 RdNr. 10.

[76] Vgl. Schlegelberger/*Karsten Schmidt* RdNr. 24 im Anschluss an *Sudhoff* NJW 1960, 2126; vgl. auch MünchHdbGesR II/*Bezzenberger/Keul* § 92 RdNr. 11.

[77] Schlegelberger/*Karsten Schmidt* RdNr. 24; *Klauss/Mittelbach* RdNr. 204; zust. *Blaurock* RdNr. 14.50; s. auch MünchHdbGesR II/*Bezzenberger/Keul* § 92 RdNr. 11.

[78] *Blaurock* RdNr. 16.20; E/B/J/S/*Gehrlein* RdNr. 13; Heymann/*Horn* RdNr. 12; Röhricht/v. Westphalen/*v. Gerkan/Mock* RdNr. 8; Schlegelberger/*Karsten Schmidt* RdNr. 24; **aA** wohl *Koller*/Roth/Morck RdNr. 3; Staub/*Zutt* RdNr. 12.

[79] RGZ 94, 106, 108; RG LZ 1917, 732; BGH LM Nr. 3 = WM 1960, 13, 14 = BB 1960, 14, 15; *Böttcher/Zartmann/Faut* S. 87; Heymann/*Horn* RdNr. 12.

[80] Vgl. auch *Blaurock* RdNr. 16.21; Heymann/*Horn* RdNr. 12.

[81] Vgl. Schlegelberger/*Karsten Schmidt* RdNr. 24 unter Berufung auf RGZ 120, 410, 411; BGH LM Nr. 3 = WM 1960, 13, 14 = BB 1960, 14, 15; s. auch *Blaurock* RdNr. 16.20; Heymann/*Horn* RdNr. 12.

[82] Schlegelberger/*Karsten Schmidt* RdNr. 24; dem folgend *Blaurock* RdNr. 16.21; E/B/J/S/*Gehrlein* RdNr. 13.

[83] RGZ 120, 410, 411; RG DJZ 1912, 1355; DNotZ 1932, 475 Nr. 24; OLG Rostock OLGE 22, 37, 38; Baumbach/*Hopt* RdNr. 1 iVm. § 232 RdNr. 1; Schlegelberger/*Karsten Schmidt* RdNr. 24; **aM** *Sudhoff* NJW 1960, 2122; *Aulinger* S. 23 f.; *Zinkeisen* S. 36 ff., 86; MünchHdbGesR II/*Bezzenberger/Keul* § 92 RdNr. 10; einschränkend *Koller*/Roth/Morck RdNr. 3.

Betriebserfolgs, insbesondere also Änderungen der Grundstückspreise und sonstige Änderungen des Marktwerts bei langlebigen Gütern werden nach geltendem Recht grundsätzlich demjenigen zugewiesen, dem die dingliche Rechtszuständigkeit zufällt. Das gilt auch für Gewinne aus den Verkäufen solcher Anlagegegenstände.[84] Freilich kann ein anderes vereinbart sein und wird häufig vereinbart.[85] Auch ist zu beachten, dass branchenspezifische zu den Betriebsgewinnen oder Betriebsverlusten gehören (Beispiele: Wertzuwachs bei Grundstücksgesellschaften; Verfall der Schiffspreise bei Reedereiunternehmen). Dagegen kommt es grundsätzlich nicht darauf an, ob diese Güter schon vor dem Beginn des stillen Gesellschaftsverhältnisses vorhanden waren oder während des Gesellschaftsverhältnisses angeschafft oder sogar vom stillen Gesellschafter nach § 230 Abs. 1 eingebracht wurden.[86] Zu der ganz anderen Ausgangslage bei der atypischen stillen Gesellschaft vgl. RdNr. 56 ff.

26 **(4)** Am sog. **Geschäftswert oder Firmenwert** ist der *typische* stille Gesellschafter nicht beteiligt.[87] Das gilt auch dann, wenn der Firmenwert bei Auflösung der stillen Gesellschaft durch Unternehmensveräußerung realisiert wird.[88] Denn wenn der stille Gesellschafter mit dem Inhaber keine vermögensmäßige Beteiligung am Geschäftswert vereinbart hat (dazu § 230 RdNr. 79 ff.), stellt die Veräußerung des Unternehmens auch nicht rechnerisch eine „Liquidation der stillen Gesellschaft" dar, und die aus ihr realisierten Gewinne schlagen sich im Verhältnis zum stillen Gesellschafter nicht nieder. Die Gegenansicht von *Bezzenberger/Keul* beruht auf der für die typisch stille Gesellschaft abzulehnenden Prämisse, dass alle Wertveränderungen im Unternehmensvermögen den stillen Gesellschafter etwas angehen.[89] Abweichende Vereinbarungen sind auch hier möglich,[90] jedoch wird es sich dann meist um eine atypische stille Gesellschaft handeln (zu ihr RdNr. 55 ff.). Fällt der Firmenwert auf Grund eines von dem Gesellschaftsrechts-Verhältnis unabhängigen Vertrags – zB eines Pachtvertrags – an den Stillen, kann der Inhaber insoweit einen Ausgleichsanspruch nicht auf § 235 stützen.[91]

27 **(5) Die praktischen Schwierigkeiten** bei einer Aufstellung der Auseinandersetzungsrechnung nach den bei RdNr. 20–26 dargestellten Grundsätzen sind erheblich. Sie sind im Ansatz sogar größer als bei der atypischen stillen Gesellschaft (dazu RdNr. 56 ff.). Schulmäßig durchführbar wäre die Auseinandersetzung mit dem *typischen* stillen Gesellschafter – ähnlich einem Zugewinnausgleich – nur, wenn bei Beginn und Beendigung der stillen Gesellschaft das relevante Betriebsvermögen nach denselben Grundsätzen bilanzmäßig dargestellt würde, was regelmäßig nicht der Fall ist. Deshalb ist die Praxis im Auseinandersetzungsfall auf Schätzungen angewiesen.[92] Eine *vorausschauende Vertragsgestaltungspraxis* sollte darüberhinaus auf **vertragliche Abfindungsregelungen auch bei typischen stillen Gesellschaften** Aufmerksamkeit verwenden (vgl. RdNr. 36).[93]

---

[84] So schon Schlegelberger/*Geßler*, 4. Aufl., § 337 RdNr. 6; **aM** *Sudhoff* NJW 1960, 2133.

[85] Vgl. für Verkaufserlöse auch RG DJZ 1912, 1355.

[86] Schlegelberger/*Karsten Schmidt* RdNr. 25; vgl. insoweit auch MünchHdbGesR II/*Bezzenberger/Keul* § 92 RdNr. 10; anders wohl Baumbach/*Hopt* RdNr. 1 iVm. § 232 RdNr. 1.

[87] RGZ 120, 410, 411; RG HRR 1931 Nr. 527; BGH WM 1986, 908; BFH GmbHR 1975, 188, 189; *Blaurock* RdNr. 16.22; *Klauss/Mittelbach* RdNr. 205; E/B/J/S/*Gehrlein* RdNr. 14; Heymann/*Horn* RdNr. 12; *Koller*/Roth/Morck RdNr. 3; Oetker/*Schubert* RdNr. 17; Röhricht/v. Westphalen/*v. Gerkan/Mock* RdNr. 11; Schlegelberger/*Karsten Schmidt* RdNr. 26; Staub/*Zutt* RdNr. 8; **aM** noch RGZ 94, 106; KG OLGE 43, 319; Versuch einer Wiederbelebung dieser älteren Auffassung bei *Zinkeisen* S. 90; anders auch MünchHdbGesR II/*Bezzenberger/Keul* § 92 RdNr. 13; zum atypischen stillen Gesellschafter vgl. *Schulze-Osterloh*, FS Kruse, 2001, S. 387.

[88] RG Recht 1927 Nr. 53; KG DJZ 1901, 50, 51; *Koenigs* S. 288, 291; im Ergebnis auch *Zinkeisen* S. 91 ff.; Röhricht/v. Westphalen/*v. Gerkan/Mock* RdNr. 11; **aM** *Aulinger* S. 24; *Sudhoff* NJW 1960, 2125; MünchHdbGesR II/*Bezzenberger/Keul* § 92 RdNr. 13.

[89] MünchHdbGesR II/*Bezzenberger/Keul* § 92 RdNr. 13; ähnlich auch schon *Sudhoff* NJW 1960, 2124 f.

[90] Vgl. *Koenigs* S. 291; *Blaurock* RdNr. 16.23; Schlegelberger/*Karsten Schmidt* RdNr. 26.

[91] Vgl. BGH ZIP 1986, 774, 775.

[92] *Blaurock* RdNr. 14.51, 16.25; Schlegelberger/*Karsten Schmidt* RdNr. 27.

[93] Schlegelberger/*Karsten Schmidt* RdNr. 26.

e) Rechtsfolgen bei positivem Einlagenkonto. aa) Weist das **Einlagenkonto** einen **Aktivsaldo** zugunsten des stillen Gesellschafters auf, so entfällt vorbehaltlich späterer Verluste aus schwebenden Geschäften jede Verpflichtung des stillen Gesellschafters zur Leistung einer etwa noch rückständigen Einlage. Der stille Gesellschafter hat Anspruch auf Berichtigung des Aktivsaldos in Geld. Dass das Guthaben *in Geld zu berichtigen* ist, stellt **Abs. 1,** um jeden Zweifel auszuschließen, ausdrücklich fest. Der stille Gesellschafter kann grundsätzlich auch nicht verlangen, dass ihm eine Sacheinlage in natura zurückgewährt wird (RdNr. 12). Ebensowenig braucht er, falls dies nicht vereinbart ist, einen etwa noch vorhandenen Gegenstand zurückzunehmen, den er unter Anrechnung auf die Einlage übertragen hat. Erst recht besteht vorbehaltlich besonderer Vereinbarungen kein Anspruch auf Überlassung sonstiger Gegenstände oder auf Liquidation des Unternehmens (RdNr. 2). 28

bb) Der Anspruch auf Berichtigung des Guthabens ist *bei der gesetzestypischen Gesellschaft,* die nur ein gesellschaftsvertraglich gebundenes Kreditverhältnis ist (§ 230 RdNr. 17) nicht wesensverschieden von dem Anspruch auf Rückgewähr der Einlage. Zweifelhaft ist, ob dieser Anspruch mit der Auflösung der Gesellschaft, entsteht,[94] oder, ausgedrückt durch das Einlagenkonto, in wechselnder Höhe schon während des Bestehens der Gesellschaft.[95] Er kann – nach der einen Auffassung als bestehender, nach der anderen als künftiger Anspruch – schon vor dem Ausscheiden übertragen werden.[96] Die Abtretung bindet jedoch nur den stillen Gesellschafter bzw. dessen Gesamtrechtsnachfolger.[97] Sie wird gegenstandslos, wenn dieser seine stille Beteiligung zwischenzeitlich auf einen Dritten übertragen hat (vgl. § 230 RdNr. 174).[98] *Fällig* wird der Rückzahlungsanspruch nicht vor der Auflösung der stillen Gesellschaft. Soweit sich der Anspruch alsbald bei Auflösung der Gesellschaft errechnen lässt, wird er mit der Auflösung fällig.[99] Soweit das Guthaben auf Grund einer Bilanz errechnet werden muss, wird der Anspruch erst fällig, wenn er entweder errechnet ist[100] oder zumutbarerweise errechnet sein könnte.[101] Es berechtigt aber nur die Notwendigkeit der in RdNr. 18 besprochenen Gesamtabrechnung dazu, die noch nicht feststehende Abfindungssumme zurückzuhalten. Die *Abwicklung schwebender Geschäfte* erfolgt außerhalb dieser Gesamtabrechnung (RdNr. 37). Deshalb hindert die Erwartung von Verlusten aus den noch schwebenden Geschäften (Abs. 2) weder den Eintritt der Fälligkeit noch gibt sie dem Geschäftsinhaber ein Leistungsverweigerungsrecht. Eine noch spätere Fälligkeit des Abfindungsanspruchs kann sich aus einer gesellschaftsvertraglichen *Stundungsabrede* ergeben. Die *Verjährungsfrist* ist die dreijährige nach § 195 BGB. 29

cc) Der Geschäftsinhaber als Schuldner. Der Abfindungsanspruch macht den stillen Gesellschafter zum *Gläubiger des Inhabers.*[102] Der Anspruch ist nach allgemeinen Regeln abtretbar, verpfändbar und pfändbar.[103] Eine *Finanzplanabrede* (§ 236 RdNr. 33) kann dem Rückzahlungsanspruch nur entgegenstehen, wenn sie nicht im Zuge der Auflösung des Gesellschaftsverhältnisses wirksam aufgehoben worden ist (dazu § 172a RdNr. 12). 30

---

[94] BGH DStR 2001, 494 m. Anm. *Goette;* so *Blaurock* RdNr. 16.29; **aM** (Entstehen erst mit Auflösung) Staub/*Zutt* RdNr. 19; MünchHdbGesR II/*Bezzenberger/Keul* § 92 RdNr. 40 mwN.

[95] RG SeuffA 85 Nr. 111; Heymann/*Horn* RdNr. 2; Schlegelberger/*Karsten Schmidt* RdNr. 29.

[96] BGH ZIP 1997, 1589, 1590; DStR 2001, 494 m. Anm. *Goette* = NJW-RR 2011, 463 = ZIP 2001, 69; *Koller*/Roth/Morck RdNr. 1; Schlegelberger/*Karsten Schmidt* RdNr. 29.

[97] BGH ZIP 1997, 1589, 1591; DStR 2001, 494 m. Anm. *Goette* = NJW-RR 2001, 463 = ZIP 2001, 69.

[98] Ebd.

[99] Schlegelberger/*Karsten Schmidt* RdNr. 29; zustimmend *Blaurock* RdNr. 16.37; MünchHdbGesR II/*Bezzenberger/Keul* § 92 RdNr. 41; Baumbach/*Hopt* RdNr. 2; Heymann/*Horn* RdNr. 2; Staub/*Zutt* RdNr. 19.

[100] BGH DNotZ 1993, 619, 620 f.; *Blaurock* RdNr. 16.37; Baumbach/*Hopt* RdNr. 2; Heymann/*Horn* RdNr. 2; Schlegelberger/*Karsten Schmidt* RdNr. 29; Staub/*Zutt* RdNr. 19.

[101] *Blaurock* RdNr. 16.37; Heymann/*Horn* RdNr. 2; Schlegelberger/*Karsten Schmidt* RdNr. 29; Staub/*Zutt* RdNr. 19.

[102] Vgl. nur RGZ 126, 386; Heymann/*Horn* RdNr. 1; Schlegelberger/*Karsten Schmidt* RdNr. 31.

[103] Vgl. *Koenigs* S. 295; *Saenger* S. 143; Heymann/*Horn* RdNr. 1, *Koller*/Roth/Morck RdNr. 1 (zur Abtretbarkeit); Schlegelberger/*Karsten Schmidt* RdNr. 31.

31 **dd) Die Verzinsung** des Rückzahlungsanspruchs folgt allgemeinen Grundsätzen. Es sind *Rechtshängigkeits- und Verzugszinsen* zu zahlen. Die §§ 352, 353 finden nur Anwendung, wenn ein beiderseitiges Handelsgeschäft vorliegt (zur typischen stillen Gesellschaft als Handelsgeschäft vgl. 2. Aufl. § 343 RdNr. 7).[104] Im Verzugsfall kann ein über die Verzugszinsen hinausgehender Schaden nach §§ 280 Abs. 2, 286 BGB geltend gemacht werden.[105] Beruht der Verzug auf verzögerlicher Bilanzaufstellung, so wird ein hierdurch verursachter Verzögerungsschaden sogar ohne Mahnung zu ersetzen sein, weil ein Fall nachvertraglicher Forderungsverletzung („culpa post contractum finitum") vorliegt (vgl. RdNr. 19).

32 **f) Rechtsfolgen bei negativem Einlagenkonto. aa) Grundsatz.** Weist das **Einlagenkonto** einen **Passivsaldo** für den stillen Gesellschafter aus, so ist bei der gesetzestypischen stillen Gesellschaft folgendermaßen **zu unterscheiden:** Soweit der Passivsaldo auf Einlagenrückständen, auf unzulässigen Entnahmen, auf Krediten an den stillen Gesellschafter, auf rechtsgrundlosen Zahlungen oder auf sonstigen *Einzelforderungen des Geschäftsinhabers* beruht, die in die Bilanz eingegangen sind, ist er auszugleichen. *Verluste* hat der stille Gesellschafter dagegen nur insoweit abzudecken, als er mit der Einlageleistung im Rückstand ist.[106] *Ausstehende Einlagen,* die nicht zum Ausgleich von Verlustanteilen benötigt werden, braucht der stille Gesellschafter nicht mehr zu leisten.[107] Diese gesetzliche Risikoverteilung ergibt sich unmissverständlich aus § 232 Abs. 2 und § 236 (anders ggf. im Fall einer krisenwirksamen Finanzplanabrede; vgl. § 236 RdNr. 33). Der stille Gesellschafter braucht auch rechtens bezogenen Gewinn nicht zum Ausgleich von Verlusten zurückzuzahlen. Stellt sich etwa bei der Auseinandersetzung auf Grund größerer Abschreibungen als Ergebnis des letzten Geschäftsjahrs ein Verlust heraus, der die Einlage übersteigt, geht der stille Gesellschafter nur seiner Einlage verlustig. Er ist nicht verpflichtet, früher rechtmäßig bezogenen Bilanzgewinn zurückzuzahlen, wenn sich nunmehr herausstellt, dass dieser Gewinn in Wahrheit nicht vorhanden war.[108]

33 **bb) Einlage und Beitrag.** Nur Einlagen des stillen Gesellschafters müssen unter den geschilderten Voraussetzungen nachgeleistet werden. Hiervon zu unterscheiden sind sonstige Beiträge des Stillen, die zB in Dienstleistungen oder Gebrauchsüberlassungen bestehen (§ 230 RdNr. 149). Sie werden, soweit an das stille Gesellschaftsverhältnis gebunden, nicht mehr geschuldet (RdNr. 13). Auszugleichende Passivposten können hier allenfalls in Schadensersatzposten bestehen, wenn etwa der stille Gesellschafter die Auflösung des Gesellschaftsverhältnisses zu vertreten hat oder mit der Beitragsleistung in Verzug war oder diese Leistung zum Ausgleich eines Schuldsaldos erforderlich war (RdNr. 13).[109]

34 **cc) Geldleistung.** Der Ausgleich eines passiven Einlagenkontos (RdNr. 32) erfolgt in Geld. Dies gilt auch dann, wenn der stille Gesellschafter Sachleistungen, Dienste oder Gebrauchsüberlassungen versprochen hatte (RdNr. 13, 33).[110] Nach der früher vorherrschenden Gegenansicht verstößt dies gegen den Grundsatz, dass der stille Gesellschafter grundsätzlich nicht zu Leistungen verpflichtet ist, die nicht im Vertrag bedungen sind.[111] Dagegen ist

[104] *Koenigs* S. 294; Baumbach/*Hopt* RdNr. 2; *Blaurock* RdNr. 16.36; *Koller*/Roth/Morck RdNr. 2; Schlegelberger/*Karsten Schmidt* RdNr. 31; ungenau Staub/*Zutt* RdNr. 19.

[105] Vgl. auch für die oHG RG JW 1938, 3047; zur stillen Gesellschaft: MünchHdbGesR II/*Bezzenberger/Keul* § 92 RdNr. 42.

[106] *B. Hartmann* S. 125; *Koenigs* S. 296; *Blaurock* RdNr. 16.48; Baumbach/*Hopt* RdNr. 2 iVm § 232 RdNr. 6; Heymann/*Horn* RdNr. 3; *Koller*/Roth/Morck RdNr. 10; MünchHdbGesR II/*Bezzenberger/Keul* § 92 RdNr. 22; Staub/*Zutt* RdNr. 18.

[107] OLG Karlsruhe ZIP 1986, 916 ff.; Baumbach/*Hopt* RdNr. 2; *Blaurock* RdNr. 16.48; Heymann/*Horn* RdNr. 3; MünchHdbGesR II/*Bezzenberger/Keul* § 92 RdNr. 22; Röhricht/v. Westphalen/*v. Gerkan/Mock* RdNr. 17; *B. Hartmann* S. 125.

[108] RGZ 48, 77, 82; MünchHdbGesR II/*Bezzenberger/Keul* § 92 RdNr. 20; Schlegelberger/*Karsten Schmidt* RdNr. 32.

[109] *Koenigs* S. 297; *Blaurock* RdNr. 16.51; Schlegelberger/*Karsten Schmidt* RdNr. 33.

[110] MünchHdbGesR II/*Bezzenberger/Keul* § 92 RdNr. 24; Röhricht/v. Westphalen/*v. Gerkan/Mock* RdNr. 18; Schlegelberger/*Karsten Schmidt* RdNr. 33; Staub/*Zutt* RdNr. 17.

[111] *B. Hartmann* S. 126; *P. Hartmann* S. 124; *Koenigs* S. 297; *Blaurock* RdNr. 16.49, 16.50; Ebenroth/Boujong/Joost/*Gehrlein* RdNr. 16; *Klauss/Mittelbach* RdNr. 212; *Möhle* S. 375.

bereits früher mit Recht geltend gemacht worden, dass bei der Auseinandersetzung die Einlage allein noch als Deckungsobjekt für den Verlust eine Bedeutung hat und dass es deshalb auf die nach dem Gesellschaftsvertrag vereinbarte Art der Einlage nicht mehr ankommt.[112] Die vertragsmäßig versprochene Einlage begrenzt nur noch das vom stillen Gesellschafter übernommene Verlustrisiko (RdNr. 35), aber sie bestimmt nicht mehr den Inhalt der Leistung. Das zeigt auch § 236 Abs. 2. Allerdings kann sich aus dem Gesellschaftsvertrag ein Anderes ergeben.

g) Grundsätzlich keine Nachschusspflicht. Eine gesetzliche Nachschusspflicht des typischen stillen Gesellschafters zur Verlustdeckung nach **§ 735 BGB** kommt nicht in Betracht, weil diese Vorschrift **keine Anwendung** findet.[113] Genau genommen liegt das Problem nach dem bei RdNr. 3 ff. Gesagten indes nicht in einer Anwendung des § 735 BGB, sondern in einer entsprechenden Anwendung des **§ 739 BGB**. Am Ergebnis ändert dies nichts (RdNr. 8, 61). Die §§ 735, 739 BGB sind Korrelate einer unbeschränkten Gesellschafterhaftung. Eine solche trifft den stillen Gesellschafter weder nach außen noch nach innen. Nach der Risikoverteilung gemäß §§ 232 Abs. 2, 236 Abs. 2 riskiert, wer sich mit einer typischen stillen Einlage am Unternehmen beteiligt, nicht mehr als diese Einlage. Das gilt sogar bei der atypischen „Innen-KG“ (§ 230 RdNr. 81), wie sich sinngemäß aus §§ 167 Abs. 3, 169 Abs. 2 ergibt (RdNr. 8, 65). Eine Nachschussverpflichtung *kraft besonderer Abrede* ist selbstverständlich nicht ausgeschlossen.[114] Eine Nachschusspflicht, die wirtschaftlich einer unbeschränkten Haftung gleichkommt, bedarf es nach Auffassung der Rechtsprechung einer ausdrücklichen Vereinbarung.[115] Eine solche Vereinbarung macht aus der stillen Gesellschaft eine „Innen-oHG“ (§ 230 RdNr. 215). Führt der Geschäftsinhaber das Geschäft nur treuhänderisch für den oder die Stillen (§ 230 RdNr. 82), so kann sich eine Nachschusspflicht aus § 670 BGB, also aus dem **Treuhandverhältnis** ergeben (vgl. sinngemäß zur Unterbeteiligung RdNr. 72). Auch dann ist aber die Verlustdeckung nach dem Modell der §§ 167 Abs. 3, 169 Abs. 2 beschränkt, wenn die stillen Gesellschafter als Quasi-Kommanditisten behandelt werden (Beispiel: „GmbH & Still“; vgl. RdNr. 65). 35

h) Abfindungsklauseln. Abfindungsklauseln in stillen Gesellschaftsverträgen sind nach dem oben bei RdNr. 27 Gesagten zweckmäßig.[116] Sie können zB dahin lauten, dass der stille Gesellschafter *nur zu Buchwerten abgefunden* wird.[117] Ergänzt werden kann, dass *stille Reserven nicht aufzulösen* sind[118] oder die jährliche Gewinn- und Verlustrechnung nachträglich nicht mehr zu korrigieren ist. Diese Klauseln haben *bei der typischen stillen Gesellschaft* eine geringere Bedeutung als bei der Kommanditgesellschaft und bei der als „Innen-KG“ ausgestalteten atypischen stillen Gesellschaft (zu ihr vgl. RdNr. 64), denn sie stellen nur die Ertragsberechnung für den stillen Gesellschafter klar (vgl. RdNr. 21 ff.). Die Klausel kann auch dahin lauten, *dass für die Auseinandersetzung dieselben Grundsätze gelten wie für die Jahresbilanzen* (RdNr. 22).[119] Die Beteiligung an schwebenden Geschäften kann ausgeschlossen werden (RdNr. 48). Es kann auch dem stillen Gesellschafter ein fester Zuschuss zum Buchwert versprochen werden.[120] Sollen nicht nur die Bewertungsmaßstäbe der Jahresbilanzen maßgeblich bleiben, sondern soll darüber hinaus das Erfordernis einer Zwischenbilanz vermieden werden, so können die Gesellschafter vereinbaren, dass der Gewinn aus dem am 36

---

[112] Eingehender noch Schlegelberger/*Karsten Schmidt* RdNr. 34.

[113] BGH WM 1977, 973 = DB 1977, 2040; OLG Karlsruhe ZIP 1986, 916 ff.; KG NZG 1999, 23; MünchHdbGesR II/*Bezzenberger/Keul* § 92 RdNr. 22; Baumbach/*Hopt* RdNr. 2; Heymann/*Horn* RdNr. 3; Röhricht/v. Westphalen/*v. Gerkan/Mock* RdNr. 17; Schlegelberger/*Karsten Schmidt* RdNr. 35.

[114] OLG Karlsruhe ZIP 1986, 916, 918; *Blaurock* RdNr. 16.55; Baumbach/*Hopt* RdNr. 2; Schlegelberger/*Karsten Schmidt* RdNr. 35.

[115] OLG Karlsruhe ZIP 1986, 916, 918; vgl. auch BGH NJW 1966, 1309 (Kommanditist).

[116] Ähnlich MünchHdbGesR II/*Bezzenberger/Keul* § 92 RdNr. 58; Abfindungsklauseln haben bei einer typischen stillen Beteiligung eine andere Funktion als bei der atypischen; undeutlich *Klöpper* S. 101 ff.

[117] *Blaurock* RdNr. 16.11; Heymann/*Horn* RdNr. 13.

[118] Vgl. *Hengeler/Blaum,* in: Beck'sches Formularbuch, 1998, S. 1133; *von der Heydt,* in: Münchener Vertragshandbuch, Bd. I, 5. Aufl. 2000 VIII 2 Anm. 22.

[119] Vgl. BGH LM BGB § 738 Nr. 3 = BB 1978, 1333.

[120] *Blaurock* RdNr. 16.23.

Auflösungsstichtag laufenden Geschäftsjahr pro rata temporis aufzuteilen ist.[121] Da der typische stille Gesellschafter bei der Bilanzfeststellung nicht mitwirkt (vgl. § 232 RdNr. 20), kann allerdings zu seinen Gunsten eine ergänzende Vertragsauslegung Platz greifen, wenn ein Übermaß an operativen Gewinnen in der Handelsbilanz nicht dargestellt ist. Zu § 723 Abs. 3 BGB vgl. § 234 RdNr. 47.

37 **3. Die Behandlung der schwebenden Geschäfte (Abs. 2, 3).** In dem Auseinandersetzungsguthaben, das auf den Zeitpunkt der Auflösung zu errechnen ist, ist der bis dahin erzielte Gewinn oder Verlust enthalten. Dagegen kann das Ergebnis solcher Geschäfte, die zurzeit der Auflösung noch schweben, bei der Feststellung des Guthabens noch nicht berücksichtigt werden. Da der stille Gesellschafter an dem Ergebnis der noch schwebenden Geschäfte beteiligt ist, muss über sie eine Sonderabrechnung erfolgen. Die Berücksichtigung schwebender Geschäfte findet, sofern nicht der Gesellschaftsvertrag eine andere Regelung trifft, außerhalb der Gesamtabrechnung statt (RdNr. 47). Die nötigen Vorschriften über die Behandlung der schwebenden Geschäfte enthalten Abs. 2 und 3. **Abs. 2** regelt die Abwicklung der Geschäfte und stellt die Beteiligung des stillen Gesellschafters an ihnen klar. **Abs. 3** befasst sich mit den Kontroll- und Informationsrechten des stillen Gesellschafters hinsichtlich dieser Geschäfte.

38 **a) Der Begriff der schwebenden Geschäfte.** Über den Begriff der schwebenden Geschäfte herrscht weitgehend Einigkeit (vgl. sinngemäß § 131 RdNr. 117 ff.). Dieser Begriff umfasst *Geschäfte, zu denen der Inhaber (im Fall des § 740 BGB die Gesellschaft) am Abfindungsstichtag bereits verpflichtet war, die aber noch nicht erfüllt waren.*[122] Vor allem unerfüllte, aber schon verbindlich geschlossene Lieferverträge sind klassische Anwendungsfälle. Es geht um die Abgrenzung derjenigen laufenden Vorgänge, an deren Ertrag und Verlust der ehemalige Gesellschafter nach kaufmännischer Vorstellung noch teilhaben soll, die aber nicht in die Gesamtabrechnung einbezogen werden sollen. Während der stille Gesellschafter bis zum Auflösungsstichtag an sämtlichen Betriebsgewinnen und Betriebsverlusten teilhatte, beschränkt sich seine nachwirkende Teilhabe am Gewinn und Verlust auf diejenigen Vorgänge, die noch Bezug zum gemeinsamen Zweck haben. Die Abgrenzung im Einzelnen ist folgende:[123]

39 **aa) Nur rechtsgeschäftliche Vorgänge** können schwebende Geschäfte sein (§ 131 RdNr. 118). Es fallen also nicht alle schwebenden, dh. am Auflösungsstichtag noch nicht abgewickelten Rechtsbeziehungen aus Schuldverhältnissen unter den Begriff der schwebenden Geschäfte.[124] Auch geht es nicht an, alle ungewissen Forderungen und Verbindlichkeiten den schwebenden Geschäften zuzuordnen. Auch schwebende Prozesse oder Vergleichsverhandlungen machen aus den streitigen Forderungen und Verbindlichkeiten nicht generell schwebende Rechtsgeschäfte,[125] sondern es kommt darauf an, ob die streitige Forderung ohnedies Gegenstand der Gemeinberechnung wäre. **Nicht alle Rechtsgeschäfte** kommen als „schwebende" Geschäfte in Betracht, sondern nur **unternehmensbezogene Umsatzgeschäfte** (§ 131 RdNr. 119). Darin steckt eine doppelte Voraussetzung: der Unternehmensbezug des Rechtsgeschäfts und seine unmittelbare Zugehörigkeit zur Umsatztätigkeit des Unternehmens.[126] Der Begriff ist enger als der der Handelsgeschäfte

---

[121] BAG DB 1958, 804; *Blaurock* RdNr. 16.23; *Hengeler/Blaum,* in: Beck'sches Formularbuch, 1998, S. 1133.

[122] RGZ 171, 129, 133; BGH WM 1985, 1166; WM 1986, 709, 711; *Blaurock* RdNr. 16.57; MünchHdbGesR II/*Bezzenberger/Keul* § 92 RdNr. 50; Ebenroth/Boujong/Joost/*Gehrlein* RdNr. 27; Heymann/*Horn* RdNr. 16.

[123] Näher *Karsten Schmidt* DB 1983, 2404 ff. mwN.

[124] So vereinzelt *Riegger* S. 140 ff., 143; gegen ihn zB MünchKommBGB/*Ulmer* § 740 RdNr. 4; *Karsten Schmidt* DB 1983, 2404.

[125] Schlegelberger/*Karsten Schmidt* RdNr. 39; **aM** *Blaurock* RdNr. 16.57; Ebenroth/Boujong/Joost/*Gehrlein* RdNr. 27; Baumbach/*Hopt* § 138 RdNr. 18; Heymann/*Horn* RdNr. 16.

[126] Schlegelberger/*Karsten Schmidt* RdNr. 39; zust. Ebenroth/Boujong/Joost/*Gehrlein* RdNr. 28; der Sache nach ähnlich die hM: nur die unmittelbar auf Erwerb gerichteten Rechtsgeschäfte; vgl. statt vieler *B. Hartmann* S. 70; *Karsten Schmidt* DB 1983, 2404 f.; Heymann/*Horn* RdNr. 17; Oetker/*Schubert* RdNr. 24; MünchKommBGB/*Ulmer/Schäfer* § 740 RdNr. 4; **aM** *Riegger* S. 143 f.; *Klöpper* S. 94 f.

nach § 343. Nur Geschäfte, die unmittelbar zum Betriebsgewinn beitragen sollen, stehen noch in Beziehung zum gemeinsamen Zweck der Gesellschafter. Hilfsgeschäfte wie die Geschäftsraummiete, der Erwerb oder die Veräußerung von Gegenständen des Anlagevermögens oder Rechtsgeschäfte zur Kapitalanlage fallen nicht darunter.[127] Was alles zum unternehmensbezogenen Umsatzgeschäft dazugehört, ist nach kaufmännischen, nicht nach streng rechtsdogmatischen Grundsätzen zu bestimmen. Ergänzende Rechtsgeschäfte, die zur Abwicklung schwebender Geschäfte notwendig werden, sind ebenso einzurechnen wie gesetzliche Verbindlichkeiten (zB Steuern), die als Bestandteil der Abwicklung schwebender Geschäfte deren Gewinn und Verlust bestimmen.

bb) Mitgliedschaftliche Rechtsverhältnisse und alle Dauerschuldverhältnisse 40 können keine „schwebenden Geschäfte" sein (§ 131 RdNr. 120).[128] Damit scheiden vor allem *Beteiligungen* des Geschäftsinhabers an Drittunternehmen und Interessengemeinschaften aus.[129] Soweit der stille Gesellschafter am Gewinn und Verlust aus solchen Beteiligungen teilhat (§ 232 RdNr. 7), ist dieser Gewinn korrigierend in die auf den Auflösungsstichtag aufzustellende Auseinandersetzungsrechnung aufzunehmen.[130] Die Gewinnbeteiligung endet an diesem Stichtag. Wichtiger ist der *Ausschluss aller Dauerschuldverhältnisse.*[131] Weitgehend anerkannt ist, dass *Rahmenverträge,* insbesondere Sukzessivlieferungsverträge, keine schwebenden Geschäfte sein können.[132] Hier können zwar einzelne Austauschverträge (zB Lieferverträge), die auf der Basis des Rahmenvertrags (zB des Sukzessivlieferungsvertrags) abgeschlossen werden, schwebende Geschäfte sein, nicht aber die Rahmenverbindung als solche. Sie geht in die Unternehmensbewertung ein, ist aber nicht Gegenstand der Gewinnverteilung nach Abs. 2. Nur Geschäfte, die als Umsatzgeschäfte ihrer Art nach am Bilanzstichtag hätten abgewickelt sein können, nicht aber solche, die ihrer Natur nach „schweben", werden nämlich durch Abs. 2 aus der Gesamtabrechnung (RdNr. 18) herausgenommen (RdNr. 37). Gewinne aus Dauerschuldverhältnissen werden wie die aus Mitgliedschaftsverhältnissen auf den Abfindungsstichtag abgerechnet und sind Teil der Gesamtabrechnung.

cc) Das „Schweben" des Geschäfts bestimmt sich danach, ob der Inhaber des Handels- 41 geschäfts am Abfindungsstichtag bereits zur Ausführung verpflichtet war (§ 131 RdNr. 121).[133] Dazu genügt ein Vorvertrag. Bloße Verhandlungen genügen auch dann nicht, wenn sie am Stichtag schon zur Abschlussreife gediehen waren.[134] Nicht ausreichend ist auch die bloße Verpflichtung der Gegenpartei.[135]

b) Die Abwicklung der schwebenden Geschäfte. aa) Die Abwicklung der schwe- 42 benden Geschäfte ist allein *Sache des Inhabers* (Abs. 2 Satz 1). Einen hierfür zuständigen Liquidator gibt es nicht.[136] Der stille Gesellschafter ist auch dann nicht an der Abwicklung dieser Geschäfte beteiligt, wenn er im Innenverhältnis während der Dauer der stillen Gesell-

[127] So die soeben nachgewiesene hM; vgl. auch MünchHdbGesR II/*Bezzenberger/Keul* § 92 RdNr. 50.

[128] Schlegelberger/*Karsten Schmidt* RdNr. 40; *Karsten Schmidt* DB 1983, 2405 f.; zust. Ebenroth/Boujong/Joost/*Gehrlein* RdNr. 28; Heymann/*Horn* RdNr. 17; ähnlich *Blaurock* RdNr. 16.57.

[129] *Riegger* S. 148 f.; Ebenroth/Boujong/Joost/*Gehrlein* RdNr. 28; Heymann/*Horn* RdNr. 17; MünchHdbGesR II/*Bezzenberger/Keul* § 92 RdNr. 50; Schlegelberger/*Karsten Schmidt* RdNr. 40.

[130] Heymann/*Horn* RdNr. 17.

[131] *Karsten Schmidt* DB 1983, 2405 f.; *Blaurock* RdNr. 16.57; Ebenroth/Boujong/Joost/*Gehrlein* RdNr. 28; MünchHdbGesR II/*Bezzenberger/Keul* § 92 RdNr. 50; Oetker/*Schubert* RdNr. 24; Schlegelberger/*Karsten Schmidt* RdNr. 40; **aM** *Roolf/Vahl* DB 1983, 1964 ff.; differenzierend GroßkommHGB/*Ulmer* 3. Aufl. § 138 RdNr. 98.

[132] *Koenigs* S. 298 f.; *Riegger* S. 146, 148; MünchHdbGesR II/*Bezzenberger* § 28 StG RdNr. 50; Heymann/*Horn* RdNr. 3.

[133] *Blaurock* RdNr. 16.57; MünchHdbGesR II/*Bezzenberger/Keul* § 92 RdNr. 50; Heymann/*Horn* RdNr. 16; Schlegelberger/*Karsten Schmidt* RdNr. 41; vgl. sinngemäß auch OLG Naumburg OLGE 28, 367, 368; OLG Celle BB 1954, 757.

[134] *Blaurock* RdNr. 16.57; Schlegelberger/*Karsten Schmidt* RdNr. 41.

[135] Schlegelberger/*Karsten Schmidt* RdNr. 41.

[136] RGZ 19, 164; *Blaurock* RdNr. 16.58; *Koenigs* S. 299; MünchHdbGesR II/*Bezzenberger/Keul* § 92 RdNr. 52; Heymann/*Horn* RdNr. 18; *Koller*/Roth/Morck RdNr. 3; Schlegelberger/*Karsten Schmidt* RdNr. 42; Staub/*Zutt* RdNr. 30.

schaft Geschäftsführungsbefugnisse hatte.[137] Der Inhaber beendet die schwebenden Geschäfte nach eigenem Ermessen so, wie es ihm am vorteilhaftesten erscheint (§ 740 Abs. 1 Satz 2 BGB).[138] Er hat daher allerdings die Gewinninteressen auch des stillen Gesellschafters zu respektieren.[139] Wickelt der Geschäftsinhaber nicht ordnungsgemäß ab, kann der stille Gesellschafter durch einstweilige Verfügung sein Recht auf ordnungsmäßige Erledigung sichern lassen.[140] Indes ist die Rechtsdurchsetzung mindestens in ihren praktischen Wert zweifelhaft. Wichtiger ist die Möglichkeit einer Schadensersatzklage:[141] Das fortwirkende Schuldverhältnis ist eine Sonderrechtsbeziehung, deren Verletzung zum Schadensersatz verpflichtet, wenn der Inhaber sie zu vertreten hat.[142] Hierbei ist bei der typischen stillen Gesellschaft § 708 BGB zu beachten.[143] Da bei der typischen stillen Beteiligung der Geschäftsinhaber die Geschäfte stets in eigener Angelegenheit abwickelt, läuft dies auf eine Haftung nur für grobe Fahrlässigkeit hinaus (rechtspolitisch bedenklich).

43 **bb) Die Beteiligung an den schwebenden Geschäften** ist kein Fortbestehen der typischen stillen Gesellschaft, wohl aber eine Nachwirkung dieses Schuldverhältnisses.[144] Treupflichten und Haftungsbeschränkungen gelten auch noch für dieses nachwirkende Schuldverhältnis.[145] Die **Abrechnung** der schwebenden Geschäfte erfolgt grundsätzlich außerhalb der Auseinandersetzungsrechnung.[146] Die schwebenden Geschäfte werden allerdings in die Auseinandersetzungsbilanz einbezogen, soweit dies bereits ohne Verzögerung der Auseinandersetzung technisch möglich ist.[147]

44 **c) Die Erfolgsbeteiligung des stillen Gesellschafters.** An dem **Gewinn und Verlust,** der sich aus schwebenden Geschäften ergibt, ist der stille Gesellschafter entsprechend seinem im Gesellschaftsvertrag vereinbarten Anteil bzw. nach § 231 Abs. 1 beteiligt.

45 **aa) Gewinn.** Ergibt sich aus schwebenden Geschäften ein Gewinn, so ist dem stillen Gesellschafter alljährlich sein Anteil am Geschäftsergebnis der inzwischen beendeten schwebenden Geschäfte auszuzahlen.[148] Ebenso wie bei der Auszahlung des Auseinandersetzungsguthabens kann der Geschäftsinhaber grundsätzlich nicht geltend machen, dass aus weiteren noch nicht abgewickelten Geschäften Verluste zu erwarten sind. Dies kann sich nur im Einzelfall aus den Abreden der Gesellschafter oder aus § 242 BGB ergeben.

46 **bb) Verlust.** Auch Verluste aus schwebenden Geschäften werden im Zweifel jährlich ausgeglichen.[149] Ergeben sich aus der Abwicklung Verluste, so muss der stille Gesellschafter seinen Verlustanteil bis zur Höhe seiner Einlage zahlen, soweit diese nicht erbracht oder

---

[137] *Blaurock* RdNr. 16.58; *Rasner* S. 141; MünchHdbGesR II/*Bezzenberger/Keul* § 92 RdNr. 52; Heymann/*Horn* RdNr. 18; Schlegelberger/*Karsten Schmidt* RdNr. 42; Staub/*Zutt* RdNr. 30.

[138] Vgl. Schlegelberger/*Karsten Schmidt* RdNr. 42 mit Hinweis auf RG Bolze 11 Nr. 466.

[139] So auch *Blaurock* RdNr. 16.58.

[140] Heymann/*Horn* RdNr. 18; nach Staub/*Zutt* RdNr. 30 ist dies denkbar, aber idR ohne praktische Bedeutung.

[141] So auch Staub/*Zutt* RdNr. 30.

[142] RG Bolze 11 Nr. 466; MünchHdbGesR II/*Bezzenberger/Keul* § 92 RdNr. 52; Schlegelberger/*Karsten Schmidt* RdNr. 43.

[143] Vgl. ebd.; s. auch Heymann/*Horn* RdNr. 18.

[144] *Koenigs* S. 298; Ebenroth/Boujong/Joost/*Gehrlein* RdNr. 30; *Koller*/Roth/Morck RdNr. 3; Schlegelberger/*Karsten Schmidt* RdNr. 43; **aM** *Blaurock* RdNr. 16.59: Fortbestehen der stillen Gesellschaft während der Abwicklung schwebender Geschäfte als Abwicklungsgesellschaft.

[145] *Blaurock* RdNr. 16.59; *Koenigs* S. 298; Baumbach/*Hopt* RdNr. 5; Heymann/*Horn* RdNr. 18 mit Hinweis auch auf § 708 BGB; *Koller*/Roth/Morck RdNr. 3; Schlegelberger/*Karsten Schmidt* RdNr. 43; Staub/*Zutt* RdNr. 29; hM s. auch RG Bolze 11 Nr. 466.

[146] BGH LM Nr. 3 = WM 1960, 13, 14 = BB 1960, 14, 15; BGH DB 1976, 2016, 2017; *Blaurock* RdNr. 16.58; MünchHdbGesR II/*Bezzenberger/Keul* RdNr. 53; *Reusch* S. 260 f.; Baumbach/*Hopt* RdNr. 5; Ebenroth/Boujong/Joost/*Gehrlein* RdNr. 31; Heymann/*Horn* RdNr. 19; Schlegelberger/*Karsten Schmidt* RdNr. 47; Staub/*Zutt* RdNr. 29; anders *Schulze-Osterloh* ZGR 1986, 545, 559.

[147] Vgl. auch Heymann/*Horn* RdNr. 19; Schlegelberger/*Karsten Schmidt* RdNr. 47.

[148] Vgl. nur *Blaurock* RdNr. 16.66; MünchHdbGesR II/*Bezzenberger/Keul* § 92 RdNr. 54; Schlegelberger/*Karsten Schmidt* RdNr. 45.

[149] Vgl. MünchHdbGesR II/*Bezzenberger/Keul* § 92 RdNr. 54; Schlegelberger/*Karsten Schmidt* RdNr. 46.

soweit sie zurückgezahlt ist. Auch er kann die Zahlung vorbehaltlich § 242 BGB nicht mit der Begründung verweigern, dass die noch ausstehenden schwebenden Geschäfte Gewinn erbringen werden.[150]

cc) Fälligkeit. Fällig werden Ausgleichsansprüche aus schwebenden Geschäften grundsätzlich erst mit Ablauf des jeweiligen Geschäftsjahrs und Bilanzaufstellung (Abs. 3).[151] Anderes kann sich ergeben, wenn die Summe alsbald außerhalb der Bilanz errechenbar ist (zw.), denn es handelt sich, wie bei RdNr. 43 erläutert, nicht um eine Fortsetzung des stillen Gesellschaftsverhältnisses mit den Folgen der §§ 231, 232, sondern um eine nachträgliche Korrektur der sich nach § 235 Abs. 1 bestimmenden Auseinandersetzung.[152] 47

dd) Dispositives Recht. Der **Gesellschaftsvertrag** kann von Abs. 2 abweichen.[153] Er kann die Beteiligung des stillen Gesellschafters an den schwebenden Geschäften ausschließen oder beschränken.[154] Als Ausgleich kann auch ein bestimmter Zuschlag zu dem Guthaben des stillen Gesellschafters oder eine feste Abfindungssumme vereinbart werden. Enthält der Gesellschaftsvertrag Bestimmungen über die Feststellung des Auseinandersetzungsguthabens, ohne die schwebenden Geschäfte zu erwähnen, kann aus dem Schweigen nicht in jedem Fall der Schluss gezogen werden, dass der stille Gesellschafter an diesen Geschäften nicht mehr beteiligt ist. Bedenklich weit geht RG Bolze 14 Nr. 483 a, wonach ein stiller Gesellschafter, der bei Beginn des Gesellschaftsverhältnisses an dem Ergebnis der damals schwebenden Geschäfte beteiligt war, an den bei seinem Ausscheiden schwebenden Geschäften nicht beteiligt sein soll.[155] Bei der *atypischen* stillen Gesellschaft kann Abs. 2 durch die Beteiligung am Geschäftswert ersetzt sein (RdNr. 63). 48

d) Das nachwirkende Kontrollrecht des Abs. 3. aa) Abs. 3 entspricht § 740 Abs. 2 BGB. Es handelt sich dabei nicht um das dem stillen Gesellschafter nach §§ 242, 810 BGB als Gläubiger eines Abfindungsanspruchs zustehende Auskunftsrecht, sondern um ein auf die Liquidation und die Abwicklung schwebender Geschäfte beschränktes nachwirkendes Informationsrecht aus der Gesellschafterstellung.[156] Das umfassende Informationsrecht des § 233 steht dem stillen Gesellschafter nach Auflösung der stillen Gesellschaft nicht mehr zu (vgl. § 233 RdNr. 31).[157] Nach *Blaurock* verträgt sich die hM nicht mit der nachwirkenden Gesellschaftertreue (dazu RdNr. 43).[158] Aber das aus dem fortzubildenden § 233 sich ergebende umfassende Informationsrecht (§ 233 RdNr. 5 ff.) dient der Wahrnehmung gesellschaftsinterner Interessen und hat Bezug auf die Unternehmensführung. Das Vorhandensein von Ansprüchen und von nachwirkenden Treupflichten allein genügt hierfür nicht. Der abzufindende stille Gesellschafter ist bloß Gläubiger des Geschäftsinhabers. 49

bb) Inhalt. *Rechenschaft über die inzwischen beendigten schwebenden Geschäfte,* nicht allgemeine Information über den Geschäftsverlauf, kann der stille Gesellschafter verlangen. Die Art und Weise der Rechenschaft bestimmt sich nach § 259 BGB.[159] Der Geschäftsinhaber 50

[150] *Blaurock* RdNr. 16.67; Schlegelberger/*Karsten Schmidt* RdNr. 46.

[151] Heymann/*Horn* RdNr. 19.

[152] Heymann/*Horn* RdNr. 19; Schlegelberger/*Karsten Schmidt* RdNr. 47.

[153] BGHZ 127, 176, 181 = BB 1994, 2436, 2438 = NJW 1995, 192, 193; *Blaurock* RdNr. 16.60; MünchHdbGesR II/*Bezzenberger/Keul* § 92 RdNr. 59; Schlegelberger/*Karsten Schmidt* RdNr. 48.

[154] BGHZ 127, 176, 181; vgl. zB *Hengeler/Blaum,* in: Beck'sches Formularbuch, 1998, S. 1133; MünchHdbGesR II/*Bezzenberger/Keul* § 92 RdNr. 59; Heymann/*Horn* RdNr. 19; Schlegelberger/*Karsten Schmidt* RdNr. 48; Staub/*Zutt* RdNr. 33.

[155] Krit. bereits *Koenigs* S. 297 f.; Schlegelberger/*Karsten Schmidt* RdNr. 48.

[156] Vgl. Schlegelberger/*Karsten Schmidt* RdNr. 49; Heymann/*Horn* RdNr. 20; **aM** MünchHdbGesR II/*Bezzenberger/Keul* § 92 RdNr. 53: Anwendung der §§ 810, 242 BGB; ebenso Ebenroth/Boujong/Joost/*Gehrlein* RdNr. 34.

[157] MünchHdbGesR II/*Bezzenberger/Keul* § 92 RdNr. 53; Oetker/*Schubert* RdNr. 28; **aM** OLG Frankfurt BB 1967, 1182; *Böttcher/Zartmann/Faut* S. 88; *Blaurock* RdNr. 16.64; Baumbach/*Hopt* RdNr. 5.

[158] Vgl. *Blaurock* RdNr. 15.4, 16.65; zust. Heymann/*Horn* RdNr. 20; beschränkt auf die Abwicklung schwebender Geschäfte auch Baumbach/*Hopt* RdNr. 5 (aber das ist die Aufgabe des Abs. 3).

[159] Vgl. BGH NJW 1959, 1963, 1964; WM 1961, 173; Heymann/*Horn* RdNr. 20; MünchHdbGesR II/*Bezzenberger/Keul* § 92 RdNr. 53; Staub/*Zutt* RdNr. 32; **aM** noch RG JW 1926, 1812 = Recht 1926 Nr. 807.

entspricht der Rechnungslegungspflicht durch Erteilung von Abrechnungen über die von Abs. 2 betroffenen Geschäfte. Vollständige Bilanzabschriften kann der stille Gesellschafter nicht mehr verlangen (vgl. RdNr. 49, § 233 RdNr. 31). Als Mindestes verbleiben ihm aber Einsichtsrechte nach § 810 BGB.[160]

51 **cc) Die Vertragsgestaltungspraxis** sollte, die Rechte des stillen Gesellschafters nach Auflösung der Gesellschaft im Gesellschaftsvertrag präzisieren.[161] Ist einem ausscheidenden Gesellschafter vertraglich ein Recht auf Bilanzabschrift und auf Bucheinsicht zugestanden, so erstreckt sich dieses Recht im Zweifel auch auf einen über das Unternehmen erstatteten Betriebsprüfungsbericht.[162]

52 **4. Prozessfragen. a) Leistungsklage und Auseinandersetzungsbilanz. aa) Die Abfindungsforderung** des stillen Gesellschafters bzw. umgekehrt die sich aus einem passiven Einlagenkonto ergebende Forderung gegen den stillen Gesellschafter kann Gegenstand einer *Leistungsklage* sein. Die Aufstellung der *Auseinandersetzungsbilanz* ist weder Sachurteilsvoraussetzung noch in jedem Fall materiellrechtliche Anspruchsvoraussetzung. Ihre Bedeutung im Prozess beruht lediglich darauf, dass die Auseinandersetzungsbilanz eine Gesamtabrechnung ist (RdNr. 18) und dass der Abfindungsanspruch erst fällig ist, wenn er berechnet oder berechenbar ist (RdNr. 29).

53 **bb) Praktische Regeln.** Der stille Gesellschafter kann alsbald auf Auszahlung seiner Einlagenforderung klagen, wenn und soweit es ihm gelingt, diese ohne vorherige Bilanzaufstellung selbst zu berechnen (vgl. oben RdNr. 18).[163] Ist der stille Gesellschafter nicht am Verlust beteiligt, so ist seine Klage auf Rückzahlung der sich aus dem Einlagenkonto ergebenden Einlage ohne weiteres schlüssig und idR begründet.[164] Dasselbe gilt, wenn der Stille zwar auch am Verlust beteiligt ist, aber vorträgt und im Streitfall beweist, dass noch nicht abgerechnete (Rumpf-)Geschäftsjahr auf keinen Fall einen Verlust gebracht hat.[165] Nach § 254 ZPO kann der Stille im Wege der Stufenklage vorgehen, also auf Rechnungslegung und Zahlung klagen und sich die Angabe des Betrages bis zur Feststellung des Guthabens vorbehalten.[166] Kann der stille Gesellschafter die Einlageforderung nicht berechnen, ist er zu einer Stufenklage gezwungen; nur hier ist ein unbezifferter Klageantrag zulässig.[167]

54 **b) Klage- und Beweislastprobleme.** Liegt eine beiderseits *anerkannte Abwicklungsbilanz* vor, so kann diese als Feststellungsvertrag wirken (RdNr. 19). Für einen Urkundenprozess wird ein solcher Vertrag regelmäßig nicht ausreichen.[168] Erkennt der stille Gesellschafter die vom Geschäftsinhaber aufgestellte Bilanz nicht an, so kann er den selbst errechneten Betrag einklagen.[169] Er kann auch einzelne Streitpunkte der Abfindungsbilanz – nicht

---

[160] RG JW 1926, 1812 = Recht 1926 Nr. 807; BGH DB 1976, 2106, 2107; OLG Düsseldorf JW 1929, 2169; *Koenigs* S. 292, 299; MünchHdbGesR II/*Bezzenberger/Keul* § 92 RdNr. 53.

[161] *Böttcher/Zartmann/Faut* S. 88; für einen Ausschluss wegen der Streitanfälligkeit Staub/*Zutt* RdNr. 33; vgl. auch *Blaurock* RdNr. 16.46, 16.60.

[162] OLG Hamburg MDR 1965, 660.

[163] ROHGE 23, 130; RG LZ 1907, 428, 652; RG SoergRspr. 1912 zu § 340 aF; BGH BB 1961, 583; BGH WM 1976, 1030 = DB 1977, 87 = JuS 1977, 264 *(Karsten Schmidt)*; BGH WM 1977, 973 = DB 1977, 2040; *Blaurock* RdNr. 16.37; MünchHdbGesR II/*Bezzenberger/Keul* § 92 RdNr. 43; Heymann/*Horn* RdNr. 14; Schlegelberger/*Karsten Schmidt* RdNr. 53.

[164] RG Bolze 4 Nr. 795; LZ 1929, 605; BGH WM 1976, 1030, 1032; 1977, 973, 974; 1992, 1576, 1578; für die Unterbeteiligung OLG Hamm NJW-RR 1994, 999, 1000; Heymann/*Horn* RdNr. 14; Schlegelberger/*Karsten Schmidt* RdNr. 53.

[165] ROHGE 23, 130; RG Bolze 13 Nr. 490; 17 Nr. 513; Heymann/*Horn* RdNr. 14.

[166] ROHGE 13, 274; KG Holdheim 1913, 108 = Recht 1913 Nr. 747; KG LZ 1919, 1088; BGH NJW-RR 1994, 1185, 1186; *Blaurock* RdNr. 16.37; MünchHdbGesR II/*Bezzenberger/Keul* § 92 RdNr. 43; Heymann/*Horn* RdNr. 14; *Koller*/Roth/Morck RdNr. 12; Schlegelberger/*Karsten Schmidt* RdNr. 53; Staub/*Zutt* RdNr. 22.

[167] BGH NJW-RR 1994, 1185, 1186; vgl. auch Heymann/*Horn* RdNr. 14.

[168] RG Bolze 3 Nr. 777; Schlegelberger/*Karsten Schmidt* RdNr. 54.

[169] *Blaurock* RdNr. 16.40.

hingegen die gesamte Bilanz – in einem Feststellungsprozess überprüfen lassen.[170] Der stille Gesellschafter trägt als Gläubiger grundsätzlich die *Beweislast* für die von ihm geltend gemachte Anspruchshöhe.[171] Aber der Beweis ist ihm teilweise durch die Buchlage abgenommen. Auszugehen ist vom Stand des Einlagekontos, der, sofern richtig, nur nach den bei RdNr. 22 ff. dargestellten Grundsätzen zu berichtigen ist. Der Beweis, dass die stille Einlage durch Verluste aufgebraucht ist, obliegt dem Geschäftsinhaber.[172] Entspricht der vom stillen Gesellschafter eingeklagte Betrag dem Buchwert seiner Einlage, so trägt der Geschäftsinhaber die Beweislast, wenn er die Unrichtigkeit der Geschäftsbücher oder ihre Unmaßgeblichkeit für die Auseinandersetzung behauptet.[173]

III. Die Auseinandersetzung mit einem atypischen stillen Gesellschafter

1. Abwicklungs-Sonderrecht. Die Vertragsfreiheit im Rahmen des § 235 (RdNr. 10, 27, 36) gibt gerade bei der Auseinandersetzung Raum für vielfältige Varianten der atypischen stillen Gesellschaft. Das gilt sowohl für die Technik der Abwicklung (Liquidation oder Übernahmerecht des stillen Gesellschafters) als auch für den Umfang der vermögensmäßigen Abfindung. Die Praxis hat sich deshalb vom gesetzlichen Modell des § 235 weitgehend gelöst.[174] Darüber hinaus entwickelt sich für die Hauptvarianten der atypischen stillen Gesellschaft auch bereits ein *Abwicklungs-Sonderrecht,* auch ohne dass es einer besonderen (allerdings ratsamen) Vereinbarung bedarf. 55

2. Rechnerische Beteiligung am Geschäftsvermögen. Die im Folgenden dargestellten Sonderregeln gelten nicht für jede atypische Vertragsgestaltung (dazu § 230 RdNr. 74 ff.), wohl aber für eine als **„Innen-KG“** ausgestaltete stille Gesellschaft (vgl. § 230 RdNr. 81), aber auch sonst bei einer **Vermögensbeteiligung des stillen Gesellschafters** (dazu § 230 RdNr. 79 ff.). In diesen Varianten atypisch stiller Gesellschaften ist der stille Gesellschafter rechnerisch wie ein Gesamthänder *am Geschäftsvermögen des Inhabers beteiligt* (vgl. § 230 RdNr. 80). 56

a) Auflösung als Ausscheiden eines Gesellschafters. Auch der atypische stille Gesellschafter wird im Fall der Auflösung abgefunden *wie ein ausscheidender Gesellschafter* (RdNr. 2).[175] Bei der mehrgliedrigen stillen Gesellschaft ist wie bei § 131, zwischen der *Auflösung und Abwicklung der stillen Gesellschaft als Organisation* („Innenliquidation“ nach RdNr. 65) und dem *Ausscheiden eines stillen Gesellschafters* aus der Innen-Organisation (RdNr. 63) zu unterscheiden (vgl. auch RdNr. 11 aE, § 234 RdNr. 12, 44). Für den atypisch stillen Gesellschafter gelten dann die Regeln des § 131 Abs. 3 Nr. 2–6 sinngemäß. Auszugehen ist damit von § 738 BGB.[176] Die Interessenlage entspricht, sofern nur das stille Gesellschaftsverhältnis mit einem stillen Gesellschafter aufgelöst ist, nicht der Auflösung 57

---

[170] BGHZ 26, 25, 29 f. = BGH NJW 1958, 57; NJW-RR 1994, 1185, 1186; *Blaurock* RdNr. 16.41; MünchHdbGesR II/*Bezzenberger/Keul* § 92 RdNr. 43; MünchKommBGB/*Ulmer/Schäfer* § 738 RdNr. 28, 30 f.

[171] Vgl. RG Holdheim 1913, 108 = Recht 1913 Nr. 747; *Blaurock* RdNr. 16.41; *Koenigs* S. 294; MünchHdbGesR II/*Bezzenberger/Keul* § 92 RdNr. 46; Heymann/*Horn* RdNr. 15; Schlegelberger/*Karsten Schmidt* RdNr. 54.

[172] ROHGE 23, 130, 131; RG JW 1903, 10; BGH LM Nr. 3 = WM 1960, 13, 14 = BB 1960, 14, 15; *Blaurock* RdNr. 16.41; Baumbach/*Hopt* RdNr. 3; MünchHdbGesR II/*Bezzenberger/Keul* § 92 RdNr. 46; Schlegelberger/*Karsten Schmidt* RdNr. 54; Staub/*Zutt* RdNr. 22.

[173] RG LZ 1907, 428; *Koenigs* S. 295; Düringer/Hachenburg/*Flechtheim* § 340 aF RdNr. 10; Heymann/*Horn* RdNr. 15.

[174] Vgl. *Schulze-Osterloh,* FS Kruse, 2001, S. 387; *Groh* ebd. S. 428.

[175] RGZ 166, 160, 164; E/B/J/S/*Gehrlein* RdNr. 22; Heymann/*Horn* RdNr. 22; *Koller*/Roth/Morck RdNr. 4 (jeweils zur schlichten Vermögensbeteiligung); *Groh,* FS Kruse, 2001, S. 428 (zur virtuellen Gesamthand).

[176] BGH NJW-RR 1994, 1185, 1186; WM 1995, 1277; NZG 2001, 887; in gleicher Richtung RGZ 166, 160, 164 f.; *Hiller* S. 441 f.; *B. Hartmann* S. 117; *Koenigs* S. 303; MünchHdbGesR II/*Bezzenberger/Keul* § 92 RdNr. 3; *Schulze-Osterloh,* FS Kruse, 2001, S. 387; *Koller*/Roth/Morck RdNr. 4; Oetker/*Schubert* RdNr. 30; im Ergebnis auch *Blaurock* RdNr. 16.1 (unter gleichzeitiger Zurückbildung des § 738); Staub/*Zutt* RdNr. 26.

einer Handels-Personengesellschaft, sondern dem Austritt bzw. der Ausschließung eines Gesamthänders (vgl. auch § 234 RdNr. 44). Der stille Gesellschafter kann deshalb keine Versilberung des Geschäftsvermögens nach § 733 Abs. 3 BGB verlangen.[177] Der Unterschied gegenüber der typischen stillen Gesellschaft besteht, wenn keine besondere Vereinbarung getroffen worden ist, lediglich in der Berechnung des Auseinandersetzungsguthabens.[178] Zur *Liquidation einer „Innen-KG"* vgl. dagegen RdNr. 11, 65.

58 **b) Die Auseinandersetzungsbilanz als Vermögensbilanz.** Die Auseinandersetzungsbilanz bei der atypischen stillen Gesellschaft mit Beteiligung des Stillen am Geschäftswert ist eine Vermögensbilanz.[179] Denn nur auf diese Weise lässt sich eine dem Ausscheiden eines Gesellschafters entsprechende Abfindung erreichen. Dem rechnerisch am Gesellschaftsvermögen beteiligten stillen Gesellschafter ist zu zahlen, was er bei der Auseinandersetzung einer Gesamthandsgesellschaft erhielte.[180] Die Vermögensbilanz ist auf das „Vermögen der stillen Gesellschaft" (juristisch genauer: auf das „Als-ob-Vermögen" der „Als-ob-Handelsgesellschaft") zu beziehen. Der rechnerisch am Gesellschaftsvermögen beteiligte atypische stille Gesellschafter nimmt im Zweifel an allen stillen Reserven und auch am Geschäftswert teil.[181] Die Rechtslage ist also in diesem Punkt eine andere als bei der typischen stillen Gesellschaft (RdNr. 21).

59 **c) Abfindung.** Ein Problem besteht in der *Abfindungsquote.* Während die Abfindung des typischen stillen Gesellschafters selbstverständlich nach Maßgabe seiner Gewinnbeteiligung berechnet wird (RdNr. 16, 22), bestimmt sich die Abfindung des atypischen stillen Gesellschafters mit Vermögensbeteiligung nach seiner Teilhabe am Unternehmenswert.[182] Zur Bestimmung dieses Anteils vgl. § 232 RdNr. 38 ff. Sofern keine „virtuelle Kommanditgesellschaft" mit kommanditistenähnlicher Beteiligung der Gesellschafter am Gesamtwert gebildet worden ist (RdNr. 62 ff.), ist die Bestimmung dieser Teilhabe am inneren Unternehmenswert schwierig. **Abfindungsklauseln** unterliegen nur bei der „Innen-KG", also nicht schon bei jeder Vereinbarung einer Vermögensbeteiligung (zu dieser Unterscheidung vgl. § 230 RdNr. 79 ff.), denselben Beschränkungen wie bei einem Kommanditanteil. Für den „Innen-Kommanditisten" gelten die bis § 131 RdNr. 148 ff. dargestellten Rechtsprechungsregeln über Abfindungsbeschränkungen (RdNr. 64). Sie gelten aber nicht für jeden atypischen stillen Gesellschafter. Bei einer *atypischen stillen Gesellschaft* kann es nach RG Bolze 3 Nr. 779 dem Parteiwillen entsprechen, dass die stille Einlage nur aus Liquidationserlösen zurückgezahlt wird. Dagegen wird aus § 242 BGB und aus der nachwirkenden Treupflicht des stillen Gesellschafters nur ausnahmsweise eine Rechtspflicht des stillen Gesellschafters zur Stundung herzuleiten sein.

60 **d) Rückständige stille Einlagen mit Eigenkapitalcharakter** (§ 230 RdNr. 92, 171) können, soweit sie zur Deckung von Schulden des Unternehmens benötigt werden, auch dann eingefordert werden, wenn der stille Gesellschafter nach dem Gesellschaftsvertrag

[177] Vgl. im Ergebnis RGZ 166, 160, 164; BGH WM 1960, 1121; 1966, 639; *Blaurock* RdNr. 16.1; *H. P. Westermann* Vertragsfreiheit S. 313; s. auch BGH WM 1983, 840, 841 mwN = NJW 1983, 2375, 2376 = JuS 1983, 692 *(Karsten Schmidt).*

[178] Vgl. auch OLG Dresden NZG 2008, 943 (Bewertung einer Unterbeteiligung bei zeitnahem Verkauf der Anteile an der Hauptgesellschaft).

[179] BGH WM 1995, 12; 1977, 973; *Blaurock* RdNr. 16.25; *Koenigs* S. 301; *Böttcher/Zartmann/Faut* S. 87, 303; MünchHdbGesR II/*Bezzenberger/Keul* § 92 RdNr. 27; Heymann/*Horn* RdNr. 22; *Koller*/Morck/Roth RdNr. 4; Schlegelberger/*Karsten Schmidt* RdNr. 58; *Schulze-Osterloh,* FS Kruse, 2001, S. 387 ff.

[180] Vgl. auch RGZ 166, 160, 164 f.; *B. Hartmann* S. 117 f.; *Koenigs* S. 192 f.; *Rasner* S. 72; *Böttcher/Zartmann/Faut* S. 131 f.; MünchHdbGesR II/*Bezzenberger/Keul* § 92 RdNr. 27 ff.; Heymann/*Horn* RdNr. 22; Schlegelberger/*Karsten Schmidt* RdNr. 58.

[181] RG HRR 1931 Nr. 527; *Blaurock* RdNr. 16.25; *Sudhoff* NJW 1960, 2127; Heymann/*Horn* RdNr. 22; Schlegelberger/*Karsten Schmidt* RdNr. 58.

[182] Vgl. *Klöpper* S. 101 ff.; s. auch *Koller*/Roth/Morck RdNr. 4 zur schlichten Vermögensbeteiligung: Abfindungsquoten ergeben sich aus Verhältnis von vereinbarter Einlage und dem wahren Wert des Unternehmens.

nicht an den Verlusten beteiligt ist (vgl. zur stillen Einlage mit Eigenkapitalcharakter § 230 RdNr. 170 ff. und § 236 RdNr. 6).[183]

e) Nachschusspflicht analog § 739 BGB? Eine Verlustdeckungspflicht analog § 739 BGB (die hM würde statt dessen auf § 735 BGB abstellen; vgl. RdNr. 2) ist auch bei der atypischen stillen Gesellschaft grundsätzlich **zu verneinen** (vgl. RdNr. 35). Die stille Einlage begrenzt das Verlustrisiko des atypischen wie des typischen stillen Gesellschafters. Eine hiervon abweichende Regelung bedürfte einer klaren und ausdrücklichen Abrede.[184] Aus **§ 670 BGB** kann sich allerdings eine Nachschusspflicht ergeben, wenn der Geschäftsinhaber das Unternehmen treuhänderisch für die stillen Gesellschafter hält (vgl. auch RdNr. 35, 72). 61

3. Sonderregel für die Abfindung und Abwicklung bei der „Innen-KG". a) Ausscheidensfolgen und Abwicklungsfolgen. Stellt sich eine stille Gesellschaft im Sinne der in diesem Kommentar entwickelten Systematik als „Innen-KG" dar (§ 230 RdNr. 81), so haben die stillen Gesellschafter auch im Fall der Kündigung und Auseinandersetzung Rechte und Pflichten wie Kommanditisten (vgl. bereits § 234 RdNr. 25). Das HGB enthält hierfür in §§ 234 f. keine Regeln. Diese werden erst erkennbar, wenn man darauf Rücksicht nimmt, dass die Beteiligten bei einer „Innen-KG" eine virtuelle Handelsgesellschaft geschaffen haben.[185] Im Fall der „Innen-KG" ist deshalb wie bei einer Kommanditgesellschaft (vgl. Erl. § 131 und dazu RdNr. 57) zu unterscheiden zwischen dem *Ausscheiden des stillen Gesellschafters* (RdNr. 63) und der *„Innen-Liquidation" der Gesellschaft* (RdNr. 65). Die Beendigung des stillen Gesellschaftsverhältnisses hat grundsätzlich nur das Ausscheiden des stillen Gesellschafters und keine Liquidation zur Folge (vgl. RdNr. 2 sowie § 234 RdNr. 1 f.). Das gilt auch bei der „Innen-KG". Wird dagegen die „Innen-KG" in toto aufgelöst, so kann es nicht mit der Abfindung der stillen Gesellschafter durch den Geschäftsinhaber sein Bewenden haben (vgl. RdNr. 65; s. auch zur Auflösung der „Komplementärin" einer GmbH & Still § 234 RdNr. 25). 62

b) Abfindung eines ausscheidenden „Innen-Kommanditisten". Scheidet aus der „Innen-KG" ein stiller Gesellschafter als „Innen-Kommanditist" aus, so wird er *abgefunden wie ein Kommanditist* (vgl. dazu sinngemäß § 131 RdNr. 125 ff.). Er wird also grundsätzlich nach dem Verkehrswert seines Anteils abgefunden, der durch Unternehmensbewertung zu Fortführungswerten festgestellt wird.[186] Inwieweit daneben noch eine Beteiligung an den Ergebnissen schwebender Geschäfte nach Abs. 2 stattfindet, ist ähnlich zweifelhaft wie bei den Handelsgesellschaften (näher § 131 RdNr. 114 ff.). Nach dem gesetzlichen Modell ist von der Rechtsgeltung des Abs. 2 auszugehen, der allerdings noch in Unkenntnis der Ertragswertmethode bei der Unternehmensbewertung erlassen wurde und nach der heute wohl hM neben der Ertragswertabfindung als überholt gilt.[187] Es empfiehlt sich, die Beteiligung an den laufenden Geschäften abzubedingen (vgl. sinngemäß § 131 RdNr. 124). Dies kann sich auch konkludent aus dem Gesamtzusammenhang des Gesellschaftsvertrags ergeben. Ob Abs. 2 auch von Gesetzes wegen neben der Ertragswertbeteiligung zurücktreten muss, ist umstritten (vgl. sinngemäß Erl. § 131). 63

c) Abfindungsklauseln. Im Gegensatz zu den Ausführungen bei RdNr. 36 sind Abfindungsklauseln bei einer „Innen-KG" gleichermaßen bedeutsam wie bei einer Kommanditgesellschaft, aber auch nur in den von der Rechtsprechung für die Kommanditgesellschaft gezogenen Grenzen zulässig (vgl. zur Abgrenzung RdNr. 59). Das bedeutet vor allem, dass ein Ausschluss von der Beteiligung an den stillen Reserven durch Buchwertklausel nach 64

---

[183] Schlegelberger/*Karsten Schmidt* RdNr. 60.

[184] OLG Karlsruhe ZIP 1986, 916, 919; Röhricht/v. Westphalen/*v. Gerkan/Mock* RdNr. 23; Schlegelberger/*Karsten Schmidt* RdNr. 62.

[185] *Groh,* FS Kruse, 2001, S. 417 ff.; *Karsten Schmidt,* FS Bezzenberger, 2000, S. 405 ff.; Verf. bereitet eine Untersuchung zu diesem Themenkreis vor.

[186] Insofern wie hier *Schulze-Osterloh,* FS Kruse, 2001, S. 387 f.

[187] *Schulze-Osterloh,* FS Kruse, 2001, S. 388.

den für Handelsgesellschaften geltenden Regeln unwirksam sein bzw. im Hinblick auf Wertveränderungen im Unternehmensvermögen einer ergänzenden Vertragsauslegung zugänglich sein kann. Die einen Ausschluss oder eine erhebliche vertragliche Beschränkung des gesetzlichen Abfindungsanspruchs korrigierende ständige Rechtsprechung des Bundesgerichtshofs verdient auch bei der bloßen Innenbeteiligung eines Quasi-Kommanditisten Beachtung. Es gelten sinngemäß die bei § 131 RdNr. 148 ff. dargestellten Grundsätze. Prozesse über die Abfindung werden zwischen dem ausscheidenden stillen Gesellschafter und dem Geschäftsinhaber geführt.

65 **d) „Innen-Liquidation".** Wird die „Innen-KG" als solche aufgelöst, so wird sie *als hypothetische Kommanditgesellschaft auseinandergesetzt.*[188] Im Außenverhältnis handelt bis zur Vollbeendigung der Innengesellschaft nach wie vor der Geschäftsinhaber (im Fall einer „GmbH & Still" also die GmbH, vertreten durch den Geschäftsführer oder Liquidator). Im Innenverhältnis sind im Zweifel alle Gesellschafter für Abwicklungsentscheidungen zuständig (arg. § 146), jedoch kann im Fall einer „GmbH & Still" die Rolle des Liquidators auch hier dem Geschäftsführer der GmbH zufallen (vgl. zur GmbH & Co. KG sinngemäß Erl. § 146). Die „Innen-Liquidation" folgt den Regeln des Gesellschaftsvertrags unter Berücksichtigung der für eine aufgelöste Kommanditgesellschaft geltenden Regeln. Insbesondere die in der Kommentierung der §§ 149, 154, 155, 156, 158 dargestellten Grundsätze sind, soweit sie nicht die Rechtsfähigkeit der Gesellschaft betreffen, sinngemäß anwendbar. Ist der Geschäftsinhaber nicht am Gesellschaftsvermögen beteiligt (wie ein Komplementär ohne Kapitalanteil), so gilt dasselbe für die Beteiligung am Abwicklungserlös. Ein Recht des Geschäftsinhabers, das Unternehmen unter Abfindung der stillen Gesellschafter fortzuführen, besteht bei der „Innen-KG" grundsätzlich nicht. War der Geschäftsinhaber, wie häufig bei der „GmbH & Still" (§ 230 RdNr. 87) nur treuhänderisch als „Quasi-Komplementär ohne Kapitalanteil" für die stillen Gesellschafter tätig, so muss er das Unternehmen nach ihrer Weisung herausgeben oder für die stillen Gesellschafter nach Maßgabe der von ihnen gefassten Beschlüsse verwerten. Nachschusspflichten der stillen Gesellschafter zur Verlustdeckung gibt es auch bei der „Innen-KG" grundsätzlich nicht (arg. §§ 167 Abs. 3, 169 Abs. 2 und dazu RdNr. 35). Selbst im Fall einer „GmbH & Still" ohne Kapitalkonto der GmbH (§ 230 RdNr. 87) steht deshalb der GmbH zur Begleichung der Geschäftsschulden idR nur das Geschäftsvermögen ohne Regress gegen die stillen Gesellschafter zur Verfügung (wichtig für Insolvenzantragspflicht nach § 15a InsO). Die Abwicklung im Einzelnen – Übernahme durch einen Gesellschafter, Realteilung, Versilberung[189] – ist vom Gesellschaftsvertrag bzw. von den Abreden der Abwicklungsbeteiligten abhängig. Eine Abfindungsklausel (RdNr. 64) muss ggf. für den Fall der „Innenliquidation" anders gehandhabt werden als für den Fall eines bloßen Ausscheidens des stillen Gesellschafters (vgl. auch RdNr. 62).[190]

66 **4. Mitwirkung an der Auseinandersetzung.** Eine **Mitwirkung des stillen Gesellschafters** an der Auseinandersetzung kann in unterschiedlicher Weise stattfinden. Ist eine Liquidation vereinbart (RdNr. 10), so kann auch vereinbart sein, dass der stille Gesellschafter neben dem Inhaber nach den Regeln der §§ 145 ff. an der Auseinandersetzung teilnimmt.[191] Davon ist in einer „Innen-KG" bzw. „Innen-oHG" auszugehen (dazu RdNr. 11). Der stille Gesellschafter ist dann zwar nicht *Liquidator* im Rechtssinne, wohl aber im Innenverhältnis zur Teilnahme an den Abwicklungsgeschäften befugt.[192] Insoweit kann § 146 Abs. 1 sinngemäß angewendet werden. Bei einer „GmbH & Still" (§ 230 RdNr. 87) ist dagegen regelmäßig die GmbH als Liquidator der „Innen-KG" berufen (vgl.

[188] Auch hiermit befasst sich die hier mehrfach angekündigte Arbeit des Verf.

[189] Vgl. auch *Groh,* FS Kruse, 2001, S. 427 ff.

[190] Vgl. sinngemäß BGH NJW 2001, 3777 = NZG 2001, 887 = ZIP 2001, 1414.

[191] *Koenigs* S. 302; MünchHdbGesR II/*Bezzenberger/Keul* § 92 RdNr. 55; Heymann/*Horn* RdNr. 23; Schlegelberger/*Karsten Schmidt* RdNr. 62.

[192] *Koenigs* S. 301 mit der irreführenden Formulierung auf S. 300, dass die Gesellschaft auch zur Außengesellschaft werden könne.

sinngemäß § 146 RdNr. 14). Im Übrigen, vor allem im Außenverhältnis, ist eine Gleichstellung mit einem oHG-Gesellschafer oder Kommanditisten als Liquidationsgesellschafter im Zweifel selbst dann nicht gewollt, wenn eine Liquidation vereinbart ist.[193] Auch eine Mitwirkung bei der *Bilanzaufstellung*[194] kann nur bei eindeutiger Vertragsregelung als vereinbart gelten.[195] Eine gemeinsame *Bilanzfeststellung* durch den Inhaber und den stillen Gesellschafter kann sich ergeben, wenn der stille Gesellschafter die Rechte eines Kommanditisten hat und die Jahresbilanz maßgeblich sein soll.[196] Für eine Teilnahme an den schwebenden Geschäften nach Abs. 2 und 3 ist in diesen Fällen regelmäßig neben der Abfindung kein Raum.[197]

5. Übernahmerecht. Ein Übernahmerecht des stillen Gesellschafters *kann vereinbart* 67
werden.[198] Bei einer stillen Gesellschaft mit Treuhandcharakter (§ 230 RdNr. 82), insbesondere im Fall der GmbH & Still ohne Kapitalanteil der GmbH, kann sich eine Rückgabepflicht des Geschäftsinhabers bezüglich des Unternehmens ergeben. Die Haftungsfolgen ergeben sich aus § 25 (zur Verlustdeckungspflicht vgl. RdNr. 35, 61). Im übrigen gilt aber § 140 Abs. 1 S. 2 nicht (vgl. § 234 RdNr. 55).[199] Diese an die Stelle des vormaligen § 142 getretene Bestimmung (§ 140 RdNr. 14) geht davon aus, dass ein Außengesellschafter durch Ausschließung des (der) Mitgesellschafter(s) eine Unternehmensübernahme kraft gesetzlicher Universalsukzession in die Wege leiten kann (§ 140 RdNr. 14). Sie paßt nicht auf die Innenbeteiligung des stillen Gesellschafters. Das gilt sowohl für die Voraussetzungen als auch für die Rechtsfolgen des Übernahmerechts. Hinsichtlich der Voraussetzungen ist zu bemerken, dass der stille Gesellschafter selbst bei vertragswidrigem Verhalten des Inhabers ohne entsprechende Vereinbarung kein gesetzliches Übernahmerecht hat, und zwar auch dann nicht, wenn er im Innenverhältnis am Gesellschaftsvermögen beteiligt ist. Auch wenn der stille Gesellschafter selbst das Unternehmen auf den Geschäftsinhaber übertragen und hierdurch seine Einlage geleistet hatte, kann er nicht ohne weiteres dessen Rückübertragung bei Auflösung der Gesellschaft verlangen.[200] Auch in den Rechtsfolgen unterscheidet sich ein Übernahmerecht des stillen Gesellschafters von § 140 Abs. 1 S. 2: Es kommt keine Universalsukzession in Betracht, sondern nur eine Einzelübertragung sämtlicher Bestandteile des Unternehmensvermögens auf den stillen Gesellschafter.

IV. Die Auseinandersetzung aufgelöster Unterbeteiligungsverhältnisse

Schrifttum: Vgl. § 230 RdNr. 191; *Glahs,* OLG Hamm: Folgen der Auflösung einer stillen Unterbeteiligung an einem Kommanditanteil, WiB 1994, 558 ff.; *Groh,* Die Bilanz der Unterbeteiligungsgesellschaft, FS Priester, 2007, S. 107; *Tebben,* Unterbeteiligung und Treuhand an Gesellschaftsanteilen, 2000, S. 343 ff.; *ders.,* Der Treuhandkommanditist, in VGR (Hrsg.), Das Gesellschaftsrecht in der Diskussion 2010, 2011, S. 161 ff.

1. Grundsatz. Auch bei der Auflösung des Unterbeteiligungsverhältnisses zwischen 68
einem Hauptbeteiligten und dem Unterbeteiligten entspricht die Situation, was auch hier vielfach verkannt wird, nicht dem § 733 BGB,[201] vielmehr entspricht die Interessenlage besser den **§§ 738 ff. BGB,** soweit deren Regeln auch auf Innengesellschaften passen.[202] Insbesondere kommt eine *Versilberung des Gesellschaftsanteils,* an dem die Unterbeteiligung bestand, nach § 733 Abs. 3 BGB grundsätzlich weder bei der typischen noch bei der atypi-

[193] Mißverständlich *Blaurock* RdNr. 16.10.
[194] *Koenigs* S. 301.
[195] Schlegelberger/*Karsten Schmidt* RdNr. 62.
[196] Vgl. *Schulze-Osterloh,* FS Kruse, 2001, S. 387.
[197] Vgl. ebd. S. 388.
[198] RGZ 260, 266; RG SeuffA 95, Nr. 33 (GbR); *Koenigs* S. 269, 304; E/B/J/S/*Gehrlein* RdNr. 25; Heymann/*Horn* RdNr. 23; Schlegelberger/*Karsten Schmidt* RdNr. 69.
[199] So auch *Koller*/Roth/Morck § 234 RdNr. 4.
[200] Vgl. RAG HRR 1935 Nr. 492; *Koenigs* S. 304; Heymann/*Horn* RdNr. 23; Schlegelberger/*Karsten Schmidt* RdNr. 63.
[201] Vgl. insbes. für § 733 Abs. 3 BGB *Blaurock,* Unterbeteiligung und Treuhand, S. 176; *Ulbrich* S. 162.
[202] So bereits Schlegelberger/*Karsten Schmidt* RdNr. 64.

schen Unterbeteiligung in Betracht.[203] Anders kann es – auch hier wie bei der stillen Gesellschaft (RdNr. 10) – bei *mehrgliedrigen Unterbeteiligungsgesellschaften* sein, wenn nicht nur das zweigliedrige Unterbeteiligungsverhältnis, sondern die ganze hiervon zu unterscheidende (§ 230 RdNr. 213) Organisation aufgelöst ist, insbesondere wenn die Unterbeteiligung Treuhandcharakter hat (dazu § 230 RdNr. 202). Der Unterbeteiligte wird in Geld abgefunden (RdNr. 74), und es ist Sache des Hauptbeteiligten, wie er den Geldwert beschafft. Anderes kann sich aus den getroffenen Vereinbarungen ergeben. Beruht eine zweigliedrige Unterbeteiligung auf einem *Treuhandverhältnis* (§ 230 RdNr. 210), so kann sich aus dem Treuhandvertrag eine Verpflichtung des Hauptgesellschafters ergeben, den im eigenen Namen verwalteten Anteil an den Treugeber zurückzuübertragen.

69 **2. Die Auseinandersetzung in Geld. a) Anwendung von Abs. 1.** Für die Auseinandersetzung gelten sinngemäß die Regeln des § 235 Abs. 1.[204]

70 **b) Bemessung der Auseinandersetzungsforderung.** Problematisch ist auch hier die *Bemessung der Auseinandersetzungsforderung.* Es ist dringend zu klaren vertraglichen Regelungen zu raten. Die gesetzliche Rechtslage ist unklar. Teils wird gesagt, der Untergesellschafter erhalte nur den Buchwert seiner Einlage zuzüglich eines noch nicht ausgezahlten Gewinnanteils bzw. abzüglich noch nicht verrechneter Verluste,[205] teils wird vom Wertanteil des Unterbeteiligten am Gesellschaftsanteil gesprochen.[206] Grundsätzlich trifft die erste Auffassung zu. *Bei der typischen Unterbeteiligung* können grundsätzlich nur diejenigen Gewinne und Verluste zählen, die sich während der Dauer des Unterbeteiligungsverhältnisses im Hauptgesellschaftsanteil niedergeschlagen haben. Eine Auflösung der im Unternehmen der Hauptgesellschaft angesammelten stillen Reserven in der Auseinandersetzung der Untergesellschaft entspricht regelmäßig nicht dem Willen der Parteien. Gegen Manipulationen des Hauptgesellschafters helfen Schadensansprüche des Untergesellschafters.

71 **c) Atypische Beteiligungen.** Anders verhält es sich bei derjenigen Spielart der *atypischen Unterbeteiligung,* bei der der Unterbeteiligte schuldrechtlich wie ein Mitberechtigter am Anteil beteiligt ist (§ 230 RdNr. 218 f.). Hier wird, wenn nicht der Gesellschaftsvertrag eine andere Regelung vorsieht, eine Auseinandersetzungsbilanz nach § 738 Abs. 1 Satz 2 BGB auf der Basis einer Anteilsbewertung aufgestellt.[207] Die bei RdNr. 57 ff., 62 ff. dargestellten Regeln gelten sinngemäß. Bei einer mehrgliedrigen Unterbeteiligung (§ 230 RdNr. 213) muss zwischen dem Ausscheiden eines Unterbeteiligten und der Auflösung der Unterbeteiligungsgesellschaft unterschieden werden (vgl. sinngemäß RdNr. 57).

72 **d) Keine Nachschusspflicht.** Wie bei der stillen Gesellschaft (RdNr. 35, 61) besteht, falls nicht der Gesellschaftsvertrag eine entsprechende Regelung trifft, *keine gesetzliche Nachschusspflicht.*[208] Ist das Einlagenkonto durch Verluste passiv geworden, so muss der Unterbeteiligte zwar eine etwa noch geschuldete Einlage leisten, nicht aber darüber hinaus Verluste ausgleichen. Anderes gilt für Unterbeteiligte als Treugeber bei der *Treuhand-Unterbeteiligung.* Hier folgt aus § 670 BGB, regelmäßig auch aus den Unterbeteiligungsverträgen, eine Freistellungspflicht des (der) Unterbeteiligten als Treugeber (vgl. vor § 230 RdNr. 75).[209]

---

[203] Ausführlicher noch Schlegelberger/*Karsten Schmidt* RdNr. 64; vgl. auch bereits *Ulbrich* S. 162 mwN; einschränkend für die atypische Unterbeteiligung *U. Wagner* S. 132 ff.

[204] OLG Hamm NJW-RR 1994, 999; OLG Koblenz BeckRS 2008, 11653; OLG Dresden NZG 2008, 943; vgl. *Böttcher/Zartmann/Faut* S. 122; *Winterstein* S. 91; *Ulbrich* S. 162; *Esch* NJW 1964, 906; *Durchlaub* DB 1978, 875; GK/*Fahse* RdNr. 5; Heymann/*Horn* RdNr. 25; *Koller*/Roth/Morck RdNr. 13; Röhricht/v. Westphalen/*v. Gerkan/Mock* RdNr. 37; **aM** *Herzfeld* AcP 137 (1933) 318; *Wendelstein* BB 1970, 737; differenzierend *Blaurock,* Unterbeteiligung und Treuhand, S. 176.

[205] Vgl. nur *Böttcher/Zartmann/Faut* S. 121 f.; Heymann/*Horn* RdNr. 25; *Ulbrich* S. 162; *H. Westermann* Handbuch RdNr. I 971.

[206] *Friehe* S. 76; vgl. zur stillen Gesellschaft besonders *Zinkeisen* S. 79 ff.

[207] Vgl. sinngemäß *Böttcher/Zartmann/Faut* S. 140; *Ulbrich* S. 163 f.; Heymann/*Horn* RdNr. 25; über Vertragsgestaltungen vgl. *Böttcher/Zartmann/Faut* S. 123 f.; aM *Koller*/Roth/Morck RdNr. 13.

[208] *Böttcher/Zartmann/Faut* S. 110; *Otto* BB 1948, 213; *Ulbrich* S. 140.

[209] BGH NJW-RR 2010, 333 = NZG 2010, 192; BGHZ 185, 310 = NJW 2010, 2197.

3. Teilnahme an schwebenden Geschäften? a) Schwebende Geschäfte. Die Teilnahme an den schwebenden Geschäften **analog Abs. 2 und 3** wird überwiegend bejaht.[210] Obwohl die schwebenden Geschäfte des Unternehmens weder Geschäfte der Unterbeteiligungsgesellschaft (sie ist nur Innengesellschaft) noch Geschäfte des Hauptbeteiligten sein können (er ist nicht selbst Unternehmensträger, sondern nur Gesellschafter der Unternehmensträgerin), ist dem für die typische Unterbeteiligung zuzustimmen. § 235 Abs. 2 und 3 passt sinngemäß auch auf die Unterbeteiligungsgesellschaft und ist deshalb grundsätzlich mit der Maßgabe anzuwenden, dass schwebende Geschäfte der Hauptgesellschaft Berücksichtigung finden. Dafür spricht die regelmäßige Interessenlage, denn die Unterbeteiligung stellt sich regelmäßig als mittelbare Unternehmensbeteiligung dar. Dafür spricht aber auch das weitergedachte System des Gesetzes:[211] Ein ausscheidender Gesellschafter nimmt nach § 740 BGB noch an den als gemeinschaftlich gedachten schwebenden Geschäften teil; ein typischer stiller Gesellschafter nimmt nach § 235 noch an den schwebenden Geschäften teil, weil diese, obwohl nicht gemeinschaftlich, im Verhältnis zum Geschäftsinhaber auch ihn angehen; nicht anders wird es dann aber bei einer nur mittelbaren Innenbeteiligung sein.[212] Allerdings macht die Berechnung Schwierigkeiten. Der Hauptbeteiligte ist selbst nicht Träger der schwebenden Geschäfte und kann ohne Hilfe der Hauptgesellschaft selbst nicht einmal nach Abs. 3 abrechnen. Gebräuchlich und ratsam ist deshalb eine *Vertragsklausel, nach der der Unterbeteiligte von der Teilnahme an den schwebenden Geschäften ausgeschlossen ist.*[213] Ob die Teilnahme an den schwebenden Geschäften bei Fehlen einer derartigen Klausel *stillschweigend abbedungen* ist, kann nur von Fall zu Fall beantwortet werden. *Bei atypischen Unterbeteiligungsgesellschaften mit Vermögensbeteiligung* des Unterbeteiligten (§ 230 RdNr. 208) ist zu unterscheiden: Handelt es sich um eine kommanditistenähnliche Innenbeteiligung, so wird die Beteiligung an schwebenden Geschäften idR durch die Ertragswertberechnung überflüssig (vgl. RdNr. 63). Bei einer Vermögensbeteiligung ohne kommanditistenähnliche Stellung ist im Zweifel davon auszugehen, dass eine Beteiligung an den schwebenden Geschäften gewollt ist. 73

b) Liquidation der Hauptgesellschaft. Beruht die Beendigung der Unterbeteiligung darauf, dass die *Hauptgesellschaft aufgelöst* wird, so ist der Unterbeteiligte, sofern nicht die Beteiligung endet, an Liquidationsgewinnen und Liquidationsverlusten beteiligt.[214] Beruht die Beendigung darauf, dass der Hauptbeteiligte aus der Hauptgesellschaft ausscheidet, so nimmt der Unterbeteiligte noch an den Gewinnen und Verlusten aus schwebenden Geschäften insoweit teil, als der Hauptbeteiligte an ihnen teilnimmt.[215] Mit einem größeren oder geringeren Bestandsschutz für das Unternehmen hat das nichts zu tun.[216] 74

V. Rechtslage in Österreich

In Österreich (vgl. § 105 RdNr. 276) gilt ab 1. 1. 2007 der folgende § 186 UGB: 75

(1) Nach der Auflösung der Gesellschaft hat sich der Inhaber des Unternehmens mit dem stillen Gesellschafter auseinanderzusetzen und dessen Guthaben in Geld zu berichtigen.

(2) Die zur Zeit der Auflösung schwebenden Geschäfte werden von dem Inhaber des Unternehmens abgewickelt. Der stille Gesellschafter nimmt teil an dem Gewinn oder Verlust, der sich aus diesen Geschäften ergibt.

(3) Er kann am Schluß jedes Geschäftsjahrs Rechenschaft über die inzwischen beendigten Geschäfte, Auszahlung des ihm gebührenden Betrags und Auskunft über den Stand der noch schwebenden Geschäfte verlangen.

---

[210] Vgl. nur *Ulbrich* S. 163; *Winterstein* S. 91; Heymann/*Horn* RdNr. 25; Röhrricht/v. Westphalen/*v. Gerkan/Mock* RdNr. 39.
[211] Ausführlicher noch Schlegelberger/*Karsten Schmidt* RdNr. 69.
[212] S. Fn. 197.
[213] Röhricht/v. Westphalen/*v. Gerkan/Mock* RdNr. 39.
[214] Vgl. Schlegelberger/*Karsten Schmidt* RdNr. 70.
[215] S. Fn. 214.
[216] S. Fn. 214.

§ 236 [Insolvenz des Inhabers]

(1) Wird über das Vermögen des Inhabers des Handelsgeschäfts das Insolvenzverfahren eröffnet, so kann der stille Gesellschafter wegen der Einlage, soweit sie den Betrag des auf ihn fallenden Anteils am Verlust übersteigt, seine Forderung als Insolvenzgläubiger geltend machen.

(2) Ist die Einlage rückständig, so hat sie der stille Gesellschafter bis zu dem Betrage, welcher zur Deckung seines Anteils am Verlust erforderlich ist, zur Insolvenzmasse einzuzahlen.

Schrifttum: *Braun/Uhlenbruck,* Unternehmensinsolvenz, 1997; Frankfurter Kommentar zur Insolvenzordnung (zit. FK), 5. Aufl. 2009; *Gottwald* (Hrsg.), Insolvenzrechtshandbuch, 2. Aufl. 2001; *Gundlach/Frenzel/N. Schmidt,* Der Auseinandersetzungsanspruch des stillen Gesellschafters in der Insolvenz des Unternehmensträgers, ZIP 2006, 501; *Haarmeyer/Wutzke/Förster,* Handbuch zur Insolvenzordnung, 3. Aufl. 2001; *Häsemeyer,* Insolvenzrecht, 4. Aufl. 2007; Heidelberger Kommentar zur Insolvenzordnung (zit. HK), 4. Aufl. 2006; *Henckel/Gerhardt* (Hrsg.), Jaeger, Insolvenzordnung, 2004 ff.; *Hess,* Insolvenzordnung, 3. Aufl. 2005; *Jaeger,* Konkursordnung, 9. Aufl. 1977 ff. (zit. *Jaeger*/Bearb., KO); *ders.* (Begründer), Insolvenzordnung, 2004 ff.; *Kilger/Karsten Schmidt,* Insolvenzgesetze, 17. Aufl. 1997; Kölner Schrift zur Insolvenzordnung, 3. Aufl. 2009; *Kübler/Prütting* (Hrsg.), Insolvenzordnung, 1999 ff. (Loseblatt); *Landsmann,* Die stille Gesellschaft in der Insolvenz, 2007; Münchener Kommentar zur Insolvenzordnung, 2. Aufl. 2001/2002 (zit. MünchKommInsO); *Mock,* Stille im MoMiG zur stillen Gesellschaft?, DStR 2008, 1645; *Nerlich/Römermann* (Hrsg.), Insolvenzordnung, 2002 ff. (Loseblatt); *Noack,* InsO-Gesellschaftsrecht, 1999; *Karsten Schmidt,* Das Vollstreckungs- und Insolvenzrecht der stillen Gesellschaft, KTS 1977, 1, 65; *Uhlenbruck* (Hrsg.), Insolvenzordnung, 13. Aufl. 2003; *Klaus-R. Wagner,* Die atypische stille Gesellschaft im Konkurs der Massengesellschaft, KTS 1979, 59; *ders.,* Der stille Gesellschafter im Vergleichsverfahren des Geschäftsinhabers, KTS 1980, 203.

Übersicht

I. Grundlagen

1. Zum Gegenstand der Regelung und Ergänzung durch § 136 InsO. a) Nur partielle Regelung. § 236 handelt von der Rechtsstellung des stillen Gesellschafters im **Insolvenzverfahren über das Vermögen des Unternehmensträgers** („des Inhabers des Handelsgeschäfts“). Um eine Insolvenz der stillen Gesellschaft kann es nicht gehen, weil die **stille Gesellschaft nicht insolvenzrechtsfähig** ist (vgl. § 230 RdNr. 8). Das gilt auch für die atypische stille Gesellschaft. Die Regelung gilt unmittelbar für die stille Beteiligung an einem Handelsgeschäft. Sie gilt nach dem bei § 230 RdNr. 9 ff. Ausgeführten (entsprechend) auch dann, wenn das Unternehmen kein kaufmännisches ist. Zur entsprechenden Geltung bei der Unterbeteiligung vgl. RdNr. 45 f. Die Folgen einer Insolvenz des stillen Gesellschafters sind bei RdNr. 43 f. besprochen. 1

b) Nur stille Einlage. § 236 betrifft das **Insolvenzrisiko des typischen stillen Gesellschafters,** und zwar nur das Insolvenzrisiko im Hinblick auf die stille Einlage (RdNr. 9 ff.). Nicht in § 236 geregelt, sondern vorausgesetzt ist die Auflösung des Gesellschaftsverhältnisses durch die Eröffnung des Insolvenzverfahrens (dazu § 234 RdNr. 11 ff.). Auch die Insolvenzabwicklung ist in § 236 nicht umfassend geregelt. Beiträge des stillen Gesellschafters, die dieser außerhalb der stillen Einlage leistet, unterliegen den allgemeinen Regeln. Hat etwa der stille Gesellschafter dem Unternehmen Gegenstände nur zur Nutzung überlassen, so kann er diese Gegenstände aussondern.[1] Soweit Geld- oder Sachbeiträge des stillen Gesellschafters nach dem Gesellschaftsvertrag Risikokapitalcharakter haben, unterliegen sie den Sonderregeln nach RdNr. 6 ff., 33 ff. sowie nach § 172 a aF RdNr. 11 f., § 230 RdNr. 170 ff. 2

c) Ergänzung durch § 136 InsO. Die Regel des § 236 wurde nach dem bis 1998 geltenden Stand ergänzt durch die Anfechtungsregel des § 237 aF (vor dem Bilanzrichtliniengesetz: § 342 aF). Diese Bestimmung ist ersetzt worden durch die **Anfechtungsregel des § 136 InsO** (dazu Anh. § 236). 3

d) Zwingendes und dispositives Recht. Abs. 1 enthält **dispositives Recht.** Die Gesellschafter können vereinbaren, dass die stille Einlage Risikokapital ist (§ 230 RdNr. 171 f.; dazu eingehend RdNr. 6 ff., 33 ff.).[2] **Abs. 2** enthält **zwingendes Recht** insofern, als Abweichungen zum Nachteil der Insolvenzgläubiger unzulässig und entsprechende Vertragsregelungen unwirksam sind.[3] Zwingend ist auch die Regelung des **§ 136 InsO**. 4

---

[1] *Koenigs* S. 311; *Blaurock* RdNr. 16.28; Düringer/Hachenburg/*Flechtheim* § 341 aF RdNr. 6; Baumbach/*Hopt* RdNr. 1; GK/*Fahse* RdNr. 5; Heymann/*Horn* RdNr. 9; Röhricht/v. Westphalen/*v. Gerkan/Mock* RdNr. 7; Staub/*Zutt* RdNr. 8; *Noack* RdNr. 658.

[2] Zusammenfassend OLG Hamm WM 1997, 2323, 2324 = WuB II H. § 236 HGB 1.98 m. Anm. *Blaurock*.

[3] OLG Hamm WM 1997, 2323, 2324 = WuB II H. § 236 HGB 1.98 m. Anm. *Blaurock*; OLG Hamburg ZHR 40 (1892) 482 = HansGZ 1890 H 180; E/B/J/S/*Gehrlein* RdNr. 2; GK/*Fahse* RdNr. 2; Heymann/*Horn* RdNr. 1; *Koller*/Roth/Morck RdNr. 2, 3; MünchHdbGesR II/*Polzer* § 93 RdNr. 9; Röhricht/v. Westphalen/*v. Gerkan/Mock* RdNr. 1; Staub/*Zutt* RdNr. 2.

5 **2. Typische und atypische Gestaltungen. a) Gesetzestypische Gestaltung.** § 236 geht von der Fremdkapitalfunktion der typischen stillen Einlage aus (§ 230 RdNr. 170). Nach dem Gesetz ist das *Insolvenzrisiko des stillen Gesellschafters* einheitlich geordnet: Der Stille trägt voll seinen Anteil am Verlust (Abs. 1 und 2); soweit dagegen die Einlage seinen Verlustanteil übersteigt, braucht der Stille eine noch nicht geleistete Einlage nicht einzuzahlen (Gegenschluss aus Abs. 2)[4] und kann eine schon geleistete Einlage als Insolvenzforderung geltend machen (Abs. 1). Diese *gesetzliche Regelsituation* lässt die typische stille Einlage als einen qualifizierten Kredit erscheinen (§ 230 RdNr. 17).[5] Die Rechtsfolgen sind dargestellt in RdNr. 9 ff.

6 **b) Gegensatz: stille Einlage mit Eigenkapitalcharakter.** Von § 236 abweichende Regeln gelten, wenn atypische stille Einlagen Eigenkapitalfunktion haben.[6] Diese atypischen Ausgestaltungen decken sich nicht unbedingt mit den bei § 230 RdNr. 77 ff. geschilderten Varianten der stillen Gesellschaft.[7] Drei Varianten sind zu bedenken: die atypische stille Beteiligung mit Vermögensbeteiligung des stillen Gesellschafters (§ 230 RdNr. 79 ff.), die Beteiligung in Form einer „Innen-KG" (§ 230 RdNr. 81) und die sog. Finanzplanvereinbarung, die die stille Einlage gleichfalls als Eigenkapital erscheinen lässt (§ 230 RdNr. 172). **§ 236 gilt nicht** (RdNr. 33 ff.).

7 **c) Verhältnis zum Recht der Gesellschafterdarlehen.** Das *Eigenkapitalersatzrecht* der §§ 32 a, b GmbHG, 172 a HGB, 135 InsO a. F. konnte *stille Beteiligungen von GmbH-Gesellscahftern und GmbH & Co. Kommanditisten* einer eigenkapitalersatzähnlichen Bindung unterwerfen (**eingehend 2. Aufl. RdNr. 7, 25 ff.**). Die Regeln sind nur noch auf Altfälle anzuwenden (§ 172a aF RdNr. 2). Für Neufälle kann es aber noch um das *Sonderrecht der Gesellschafterkredite* gehen. Tatbestände und Rechtsfolgen ergeben sich aus RdNr. 26 ff. Sie stehen nicht in Widerspruch zu § 236, sondern ergänzen die Bestimmung. Die Insolvenzforderung ist nachrangig nach § 39 Abs. 1 Nr. 5 InsO. Sinngemäß Gleiches gilt für den in § 39 Abs. 2 InsO geregelten **Rangrücktritt.** Er macht, wie der Tatbestand des § 39 Abs. 1 Nr. 5 InsO, aus der Rückzahlungsforderung des stillen Gesellschafters eine nachrangige Insolvenzforderung (näher RdNr. 29 ff.).

8 **3. Die stille Einlage im Überschuldungsstatus des Geschäftsinhabers.** Soweit für den Geschäftsinhaber nach § 19 InsO der Insolvenzgrund der Überschuldung gilt, muss die Frage geklärt werden, ob die stille Einlage im Überschuldungsstatus zu passivieren ist. Das ist klar zu verneinen bei einer stillen Einlage mit Eigenkapitalcharakter (zu ihr vgl. 2. Aufl. RdNr. 25 ff. sowie § 172 a RdNr. 61 und § 230 RdNr. 172). Im Geltungsumfang des § 236 ist die stille Einlage im Überschuldungsstatus zu passivieren.[8] Auch die nach § 39 Abs. 1 Nr. 5 InsO nachrangige stille Einlage eines Gesellschafters ist im Insolvenzstatus zu passivieren, solange kein Rangrücktritt vorliegt (vgl. auch § 172 a RdNr. 7 ff.).[9] Das gilt auch, wenn der stille Gesellschafter gleichzeitig Gesellschafter der Geschäftsinhaberin (Handelsgesellschaft) ist (§ 19 Abs. 2 Satz 2 InsO).[10]

II. Die typische stille Einlage in der Insolvenz des Geschäftsinhabers

9 **1. Der Tatbestand des § 236.** Die in § 236 vorausgesetzte Risikoordnung gilt nur für die typische stille Einlage mit Fremdkapitalcharakter (RdNr. 5). Über Eigenkapital,

[4] *Blaurock* RdNr. 17.11; Baumbach/*Hopt* RdNr. 4; Heymann/*Horn* RdNr. 10; MünchHdbGesR II/*Polzer* § 93 RdNr. 8; Röhricht/v. Westphalen/*v. Gerkan/Mock* RdNr. 9; Staub/*Zutt* RdNr. 9.

[5] BGH NJW 1983, 1855; *Karsten Schmidt* ZHR 140 (1976), 480 ff.; *ders.* KTS 1977, 13 ff.; Heymann/*Horn* RdNr. 10; *Häsemeyer* RdNr. 31.52; MünchHdbGesR II/*Polzer* § 93 RdNr. 8; Schlegelberger/*Karsten Schmidt* RdNr. 14; Staub/*Zutt* RdNr. 6.

[6] Im Ergebnis richtig LG Berlin ZinsO 2004, 689.

[7] Viel zu pauschal LG Berlin ZInsO 2004, 689; kein § 236 Abs. 1 bei atypischer stiller Beteiligung.

[8] InsHdb./*Uhlenbruck* § 6 RdNr. 45.

[9] Vgl. Röhricht/v. Westphalen/*v. Gerkan/Mock* RdNr. 16; *Mock* DStR 2008, 1645, 1649.

[10] Zur Rechtslage vor dem MoMiG vgl. BGHZ 146, 264, 272 = NJW 2001, 1280, 1282; KG NZG 2010, 463; hier in der 2. Aufl. § 172a.

Rangrücktritt und Finanzplaneinlage vgl. RdNr. 25 ff. **Nur im eröffneten Insolvenzerfahren** gilt § 236. Über die Auflösung der stillen Gesellschaft im Fall der Verfahrensablehnung wegen Masselosigkeit vgl. § 234 RdNr. 16.

10 **2. Die Abwicklungsregeln. a) Beendigung der typischen stillen Gesellschaft mit der Eröffnung des Insolvenzverfahrens.** Das typische Gesellschaftsverhältnis wird durch die Eröffnung des Insolvenzverfahrens über das Vermögen des Inhabers nicht bloß aufgelöst (§ 728 S. 1 BGB und dazu § 234 RdNr. 11 ff.), sondern beendet (§ 234 RdNr. 1). § 236 befasst sich nur noch mit der insolvenzrechtlichen Behandlung der sich aus der Vertragsbeendigung ergebenden beiderseitigen Ansprüche.

11 **b) Auseinandersetzung außerhalb des Insolvenzverfahrens?** Die Beendigung der stillen Gesellschaft führt zur Auseinandersetzung iS einer Berechnung der beiderseitigen Guthaben und Verbindlichkeiten (§ 235 RdNr. 2). Im Fall der Insolvenz folgert die (wohl noch) **hM** aus **§ 84 Abs. 1 Satz 1 InsO,** dass die Auseinandersetzung außerhalb des Insolvenzverfahrens erfolgt.[11] Der Insolvenzverwalter sei zur Berechnung der Abfindungsforderung wie zuvor der Geschäftsinhaber verpflichtet, und dies sei eine Masseschuld.[12] Die vom *Verfasser* begründete und zunehmend verbreitete **Gegenansicht** bestreitet dies für den in § 236 geregelten Fall der typischen stillen Gesellschaft[13]: Der stille Gesellschafter ist nach § 236 nur Gläubiger des Geschäftsinhabers, nicht Mitberechtigter. Ebenso wie § 84 Abs. 1 S. 2 InsO, der nicht auf die stille Gesellschaft angewandt wird (RdNr. 20), setzt § 84 Abs. 1 S. 1 InsO das Vorhandensein eines gemeinschaftlichen Vermögens oder eines Gesellschaftsvermögens voraus. Nur wenn der stille Gesellschafter eine schuldrechtliche Beteiligung auch am Unternehmenswert reklamiert, ist an eine (analoge) Anwendung des § 84 Abs. 1 InsO zu denken (vgl. RdNr. 38).[14] Daran fehlt es bei der typischen stillen Beteiligung. Selbst die Verpflichtung des Insolvenzverwalters (im Fall der Eigenverwaltung des Geschäftsinhabers), vor der Forderungsanmeldung durch bilanzielle Feststellung der Insolvenzforderung mitzuwirken,[15] rechtfertigt die Anwendung des § 84 InsO nicht.[16] Richtig ist zwar, dass sich der Insolvenzverwalter im Fall des § 236 nicht darauf beschränken darf, die Forderung der Höhe nach zu bestreiten.[17] Aber das ändert nichts daran, dass der typische stille Gesellschafter nach § 236 ein Insolvenzgläubiger ist wie die anderen auch. Er meldet seine Forderung nach § 174 InsO an und muss sie im Fall des Bestreitens nach § 179 InsO in einem Feststellungsprozess klären lassen (dazu näher RdNr. 15). Die Forderungsfeststellung richtet sich in ihrer Höhe nach dem Recht der stillen Gesellschaft, in ihrem Verfahren dagegen nach der Insolvenzordnung (vgl. RdNr. 14). Eine (analoge) Anwendung des § 84 InsO kommt nur in Betracht bei atypischen stillen Gesellschaften, bei denen im Fall der Auflösung eine „Innenliquidation" (§ 235 RdNr. 65) stattfindet. Das ist aber wiederum kein Fall des § 236 (vgl. RdNr. 38).

12 **c) Fortfall der gesellschaftsrechtlichen Rechte.** Die Auflösung der typischen stillen Gesellschaft durch Insolvenz führt zu ihrer Beendigung (§ 235 RdNr. 2). Der stille Gesell-

[11] E/B/J/S/*Gehrlein* RdNr. 3; *Koller*/Roth/Morck RdNr. 2; Oetker/*Schubert* RdNr. 3, Röhricht/v. Westphalen/*v. Gerkan/Mock* RdNr. 2; HK/*Eickmann* § 84 InsO RdNr. 6; *Hess* § 84 RdNr. 6; Kübler/Prütting/*Lüke* § 84 InsO RdNr. 14 f.; vgl. bereits zu § 16 KO: RG Gruchot 29 (1885) 998, 1000 = SeuffA 40 Nr. 34 (insoweit nicht in JW 1884, 270 f.); JW 1901, 404; *Blaurock* RdNr. 17.47; *Bucher* S. 135; Heymann/*Horn* RdNr. 1; Staub/*Zutt* RdNr. 3, 15; *Jaeger/Henckel* KO § 16 RdNr. 7; unentschieden MünchHdbGesR II/*Polzer* § 93 RdNr. 2; Nerlich/Römermann/*Wittkowski* § 84 InsO RdNr. 12; nach *Noack* RdNr. 653 hat die Frage „keine praktische Bedeutung".

[12] Vgl. nur InsHdb./*Haas* § 94 RdNr. 106; E/B/J/S/*Gehrlein* RdNr. 3; Oetker/*Schubert* RdNr. 3.

[13] *Karsten Schmidt* KTS 1977, 18 ff.; *Reusch* S. 269; gegen die Anwendung des § 84 InsO mittlerweile auch *Eckhardt* in Henckel/Gerhardt (Hrsg.) Jaeger, InsO, 2007, § 84 RdNr. 39 f.; *Landsmann* S. 155 ff.; MünchKommInsO/*Stodolkowitz* § 84 RdNr. 12; *Grundlach/Frenzel/Schmidt* ZIP 2006, 503.

[14] Für Anwendung des § 84 InsO (§ 16 KO) insofern noch Schlegelberger/*Karsten Schmidt* RdNr. 6.

[15] Schlegelberger/*Karsten Schmidt* RdNr. 6; vgl. auch *Eckardt* in Henckel/Gerhardt (Hrsg.) Jaeger InsO, 2007, § 84 RdNr. 41: Erst die Abrechnung ergebe die anmeldungsfähige Forderung.

[16] So hier seit der 1. Aufl. RdNr. 12; *Grundlach/Frenzel/Schmidt* ZIP 2006, 503; teilweise schon Schlegelberger/*Karsten Schmidt* RdNr. 16.

[17] RG JW 1903, 10; Schlegelberger/*Karsten Schmidt* RdNr. 6; *Karsten Schmidt/Jungmann* NZI 2002, 68 f.

schafter ist nur noch Forderungsgläubiger. Insbesondere stehen ihm die gesellschaftsrechtlichen Informationsrechte nach § 233 nicht mehr zu (§ 233 RdNr. 31).[18] Auch dies passt zur Nichtanwendung des § 84 InsO (RdNr. 11).

13 **d) Verfahrensrechtliche Stellung.** Der typische stille Gesellschafter ist mit seiner Forderung auf Rückzahlung der Einlage (einfacher) **Insolvenzgläubiger** nach § 38 InsO; gleiches gilt für alle anderen ihm gegen den Unternehmensträger zustehenden Ansprüche, zB aus Miet- oder Kaufvertrag oder wegen Schadensersatz.[19] Daher stehen ihm alle verfahrensmäßigen Rechte eines solchen Gläubigers zu.[20] Nach § 14 Abs. 1 InsO ist er berechtigt, den Antrag auf Eröffnung des Insolvenzverfahrens zu stellen. Er ist zur Teilnahme an der Gläubigerversammlung berechtigt (§ 74 Abs. 1 S. 2 InsO) und in dieser in Höhe seiner anerkannten Forderungen stimmberechtigt (§ 77 Abs. 1 S. 1 InsO; hilfsweise gerichtliche Entscheidung über das Stimmrecht). Er kann die Aufhebung eines Beschlusses der Gläubigerversammlung verlangen (§ 78 InsO); zudem kann er dem Gläubigerausschuss (auch dem vorläufigen) angehören (§§ 67, 68 InsO). Als Insolvenzgläubiger kann er, soweit er etwas zur Insolvenzmasse schuldet, mit seiner Insolvenzforderung nach Maßgabe der §§ 94 ff. InsO aufrechnen, und zwar auch gegen eine Forderung, die mit seiner Einlagepflicht in Zusammenhang steht.[21] Als Verfahrensbeteiligter hat der stille Gesellschafter Informationsrechte (zB §§ 66 Abs. 2 S. 2, 154, 188 S. 2 InsO) sowie die Möglichkeit, Schadensersatzansprüche gegen den Insolvenzverwalter oder die Mitglieder des Gläubigerausschusses geltend zu machen (§§ 60, 71 InsO). Im Insolvenzplanverfahren (§§ 271 ff. InsO) kommt dem Stillen neben dem Stimmrecht (§ 237 InsO) auch der Minderheitenschutz des § 251 InsO zu.

14 **e) Forderungsanmeldung, Prüfung und Feststellung.** Während die hM von einer Auseinandersetzung der stillen Gesellschaft außerhalb des Insolvenzverfahrens ausgeht (RdNr. 12), ist richtigerweise festzuhalten: Der stille Gesellschafter meldet seine Forderung nach Betrag und Rechtsgrund bei dem Verwalter an (§ 174 InsO).[22] Wird die Forderung vom Verwalter, vom Schuldner oder von einem Insolvenzgläubiger bestritten, so ist sie im **Prüfungstermin** zu erörtern (§ 176 InsO). Das Bestreiten kann ein Bestreiten dem Grunde nach oder der Höhe nach sein. Um ein **Bestreiten dem Grunde nach** handelt es sich nicht nur, wenn das Vorhandensein einer stillen Beteiligung bestritten wird, sondern auch dann, wenn bestritten wird, dass eine nicht nachrangige Insolvenzforderung vorliegt, so insbesondere bei der stillen Einlage mit Eigenkapitalcharakter (RdNr. 33) und bei der eigenkapitalersetzenden und deshalb nachrangigen stillen Einlage (RdNr. 25 ff.). Um ein **Bestreiten der Höhe nach** handelt es sich, wenn nur die Höhe der stillen Einlage unter Einrechnung der Verluste bestritten wird. In diesem Fall genügt es nicht, dass der Verwalter die Forderung einfach der Höhe nach bestreitet, sondern er muss, um sie substantiiert zu bestreiten, die Schlussabrechnung der stillen Beteiligung vorlegen.[23] Umfasste die Forderungsanmeldung die gesamte stille Einlage, so muss im Feststellungsstreit der Insolvenzverwalter darlegen und beweisen, in welchem Umfang die stille Einlage durch Verluste aufgezehrt ist.[24] Bestrittene Forderungen nach § 236 sind nach §§ 179 ff. InsO festzustellen.[25]

15 **f) Vorab-Feststellungsklage gegen den Insolvenzverwalter?** Die Selbstanmeldung der Forderung durch den stillen Gesellschafter ist mit dem Risiko einer Fehleinschätzung verbunden, zumal sich die Teilnahme am Verfahren – selbst wenn der stille Gesellschafter

[18] BGHZ 50, 316, 324 = NJW 1968, 2003.

[19] BGHZ 83, 341, 344; *Noack* RdNr. 656.

[20] *Noack* RdNr. 657.

[21] BGH NJW 1983, 1855; *Häsemeyer* RdNr. 31.53.

[22] Vgl. zum alten Recht RG Gruchot 29 (1885), 998, 1002 = SeuffA 40 Nr. 34 = JW 1884, 270 f.; *Koenigs* S. 307; *Blaurock* RdNr. 17.51.

[23] Insofern wird hier festgehalten an RG JW 1903, 10; eingehend *Karsten Schmidt/Jungmann* NZI 2002, 68 f.

[24] Vgl. auch hierzu RG JW 1903, 10.

[25] RG JW 1884, 270 = Gruchot 29 (1885), 998, 1002 = SeuffA 40 Nr. 34 = JW 1884, 270, 271; *Blaurock* RdNr. 17.52; InsHdb./*Haas* § 94 RdNr. 109; Heymann/*Horn* RdNr. 7.

noch gegen Bestreitende prozessieren muss (vgl. § 181 InsO) – auf den angemeldeten Betrag beschränkt.[26] Deshalb wird vielfach dem stillen Gesellschafter geraten, in einem solchen Fall vorab gegen den Insolvenzverwalter auf Abrechnung oder auf Feststellung zu klagen, dass das Guthaben den von ihm errechneten Betrag erreicht bzw. mindestens diesen Betrag erreicht; erst nach Rechtskraft des Feststellungsurteils soll dann der Stille zweckmäßigerweise seine Forderung zur Tabelle anmelden.[27] Dieser Auffassung ist nicht zu folgen.[28] Da § 84 InsO auf die Forderungsberechtigung nach Abs. 1 nicht anwendbar ist (RdNr. 11), ist der typische stille Gesellschafter auf die Geltendmachung seiner Forderung nach der Insolvenzordnung beschränkt. Selbstverständlich wird der stille Gesellschafter versuchen, sich mit dem Verwalter über den Stand seines Einlagekontos ins Benehmen zu setzen. Formelle Rechte gibt ihm dies aber nicht.

3. Die Insolvenzforderung. a) Einlage und Verlustanteil. Abs. 1 unterscheidet zwischen der „Einlage" und dem auf den stillen Gesellschafter entfallenden „Anteil am Verlust". Die Verwendung des Begriffs „Einlage" ist in den §§ 230 ff. uneinheitlich und mißverständlich (§ 230 RdNr. 37, 142 ff., 147 ff.). Abs. 1 geht davon aus, dass von einer vom stillen Gesellschafter geleisteten „Einlage" dessen Verlustanteile abzuziehen sind. Versteht man unter der „Einlage" das auf einem Konto darstellbare Guthaben des stillen Gesellschafters (§ 230 RdNr. 143), so besagt Abs. 1: Der typische stille Gesellschafter kann seine Einlage (selbstverständlich unter Berücksichtigung der auf ihn entfallenden Verlustanteile), also den zu seinen Gunsten bestehenden **Aktivsaldo** (§ 235 RdNr. 28), **als Insolvenzforderung** geltend machen. 16

b) Berechnung der Insolvenzforderung. Die Höhe der Insolvenzforderung ergibt sich aus den bei § 235 RdNr. 12 ff. dargestellten Regeln. In sachlicher Hinsicht geht es um die Abgrenzung des dem stillen Gesellschafter gutzubringenden oder zu belastenden Wertveränderungen (§ 235 RdNr. 20 ff.), in zeitlicher Hinsicht um die Unterscheidung zwischen den unter dem gemeinsamen Zweck der stillen Gesellschaft und den unter dem Regime des Insolvenzverfahrens erwirtschafteten Gewinnen und Verlusten.[29] Stichtag für die Forderungsberechnung ist der Zeitpunkt der Auflösung (§ 235 RdNr. 17), hier also der Insolvenzverfahrenseröffnung.[30] Gewinne und Verluste aus der Zeit ab Verfahrenseröffnung treffen den stillen Gesellschafter nicht.[31] Wohl aber treffen ihn Verluste aus dem operativen Geschäft vor der Verfahrenseröffnung.[32] Einzubeziehen sind auch Buchverluste, die sich aus der bloßen Tatsache der Verfahrenseröffnung ergeben.[33] Soweit hierfür Bewertungen erforderlich sind, bedeutet dies: Das **Anlagevermögen** wird, auf den Auflösungsstichtag bezogen, zum Liquidationswert, dh. nach der wahrscheinlichen Verwertungsart bewertet.[34] Das **Umlaufvermögen** wird grundsätzlich zu Anschaffungs- bzw. Erstellungswerten ange- 17

[26] *Koenigs* S. 307; *Blaurock* RdNr. 17.52; Röhricht/v. Westphalen/*v. Gerkan/Mock* RdNr. 6; Kuhn/*Uhlenbruck* KO § 16 RdNr. 6.

[27] *Koenigs* RdNr. 307; *Blaurock* RdNr. 17.52; InsHdb/*Haas* § 94 RdNr. 109; Schlegelberger/*Geßler*, 4. Aufl., § 341 RdNr. 2; Röhricht/v. Westphalen/*v. Gerkan/Mock* RdNr. 6; wohl auch *Eckardt* in Henckel/Gerhardt (Hrsg.), Jaeger, InsO § 84 RdNr. 40; **aM** Düringer/Hachenburg/*Flechtheim* § 341 aF RdNr. 2 (gegen Zulässigkeit der Feststellungsklage).

[28] Zum Folgenden *Karsten Schmidt/Jungmann* NZI 2002, 66 ff.

[29] MünchHdbGesR II/*Polzer* § 93 StG RdNr. 3; Schlegelberger/*Karsten Schmidt* RdNr. 6.

[30] RG JW 1901, 404; 1903, 10; *Blaurock* RdNr. 17.49; MünchHdbGesR II/*Polzer* § 93 RdNr. 5; Baumbach/*Hopt* RdNr. 1; E/B/J/S/*Gehrlein* RdNr. 5; Heymann/*Horn* RdNr. 2; Röhricht/v. Westphalen/*v. Gerkan* RdNr. 3; Schlegelberger/*Karsten Schmidt* RdNr. 6.

[31] *Blaurock* RdNr. 17.49; MünchHdbGesR II/*Polzer* § 93 RdNr. 3; E/B/J/S/*Gehrlein* RdNr. 5; Heymann/*Horn* RdNr. 2; Schlegelberger/*Karsten Schmidt* RdNr. 11.

[32] *Blaurock* RdNr. 17.49; E/B/J/S/*Gehrlein* RdNr. 5; Oetker/*Schubert* RdNr. 4; Schlegelberger/*Karsten Schmidt* RdNr. 11.

[33] Schlegelberger/*Karsten Schmidt* RdNr. 9.

[34] Heymann/*Horn* RdNr. 2; MünchHdbGesR II/*Polzer* § 93 RdNr. 3; Röhricht/v. Westphalen/*v. Gerkan/Mock* RdNr. 3; näher Schlegelberger/*Karsten Schmidt* RdNr. 8; im Ergebnis richtig RG JW 1901, 404 f.; Holdheim 1903, 48, 50, insoweit nicht in JW 1903, 10; differenzierend RG Bolze 2 Nr. 1100, wonach es darauf ankommt, ob der stille Gesellschafter für Verluste, die nicht in der Abnutzung bestehen, überhaupt aufzukommen hat.

setzt, die aber nach Maßgabe der wahrscheinlicheren Verwertungsart (Verschleuderung?) berichtigt werden können.[35] Buchgewinne, die sich aus einem Insolvenzplanverfahren ergeben, kommen dem typischen stillen Gesellschafter nicht zugute.[36] Für eine Beteiligung an diesen Gewinnen kann der stille Gesellschafter allenfalls dadurch sorgen, dass er selbst als Gläubiger am Insolvenzplanverfahren teilnimmt, einen bedingten Plan (§ 249 InsO) durchsetzt und auf diese Weise seine stille Beteiligung wieder herstellt.

18 **c) Schwebende Geschäfte.** An den vom Insolvenzverwalter noch abzuwickelnden, bei Eröffnung des Insolvenzverfahrens noch *schwebenden Geschäften* (§ 235 RdNr. 37 ff.) nimmt der typische stille Gesellschafter nach § 235 Abs. 2 teil.[37] Das gilt aber nur insoweit, als schwebende Geschäfte noch im Einklang mit dem gemeinsamen Zweck der stillen Gesellschaft fortgeführt werden. Macht der Insolvenzverwalter von seinem *Wahlrecht gemäß § 103 InsO* Gebrauch, so wird das schwebende Geschäft nach § 235 Abs. 2 abgerechnet, wenn er Erfüllung wählt. Wählt er Nichterfüllung, so treffen die Folgen dieser vom Insolvenzzweck geleiteten Entscheidung den stillen Gesellschafter nicht.[38] Es bleibt dann bei der Bewertung nach den für Gegenstände des Umlaufvermögens allgemein geltenden Grundsätzen.[39]

19 **4. Absonderung und Aussonderung. a) Absonderungsrechte? Kreditsicherheiten** können – anfechtungsfreien Erwerb vorausgesetzt – vom typischen stillen Gesellschafter in der Insolvenz des Unternehmensträgers insoweit geltend gemacht werden, als Abs. 1 eine Geltendmachung der Forderung zulässt.[40] Auch in dieser Hinsicht steht der typische stille Gesellschafter einem Kreditgeber gleich. Zum Einwand der Anfechtbarkeit nach § 136 InsO bei einer eigenkapitalersetzenden stillen Einlage vgl. Anh. § 236 RdNr. 13, 27.

20 **b) Aussonderungsrechte?** Wie jeder Dritte kann der stille Gesellschafter nach § 47 InsO Aussonderungsrechte an ihm gehörenden Gegenständen geltend machen, also zB an Gegenständen, die er nur zur Nutzung „eingebracht" hat.[41] Hiervon handelt § 236 nicht. Ein Aussonderungsrecht nach § 84 Abs. 1 S. 2 InsO an den eingebrachten Gegenständen steht dem stillen Gesellschafter dagegen selbst dann nicht zu, wenn diese Gegenstände noch unterscheidbar vorhanden sind (insofern wie hier die hM).[42] Ein Fall des § 84 Abs. 1 S. 2 InsO liegt nämlich ebenso wenig vor wie ein Fall des § 84 Abs. 1 S. 1 InsO (RdNr. 11).

21 **5. Die Pflicht zur Zahlung in die Insolvenzmasse bei passivem Einlagekonto nach Abs. 2. a) Grundsatz.** Im Insolvenzverfahren des Geschäftsinhabers gilt für den gesetzestypischen stillen Gesellschafter ein **ungeschriebener Rechtsgrundsatz:** Im Einklang mit der **Kreditfunktion der typischen stillen Einlage** (§ 230 RdNr. 170) und der Wertung des § 490 Abs. 1 BGB ist der typische stille Gesellschafter **im Fall der Inhaberin-**

---

[35] Schlegelberger/*Karsten Schmidt* RdNr. 9; zustimmend MünchHdbGesR II/*Polzer* § 93 RdNr. 3; vgl. auch Heymann/*Horn* RdNr. 2: „im Zweifel Liquidationswerte"; Röhricht/v. Westphalen/*v. Gerkan/Mock* RdNr. 3: „mutmaßliche Verwertungsergebnisse" seien anzusetzen.

[36] Vgl. bereits zum Zwangsvergleich Schlegelberger/*Karsten Schmidt* RdNr. 13.

[37] RG Gruchot 29 (1885) 998 ff. = SeuffA 40 Nr. 34 = JW 1884, 270 f.; RG JW 1901, 404; *Koenigs* S. 305; *Blaurock* RdNr. 17.49; MünchHdbGesR II/*Polzer* § 93 RdNr. 4; Baumbach/*Hopt* RdNr. 2; GK/*Fahse* RdNr. 9; Heymann/*Horn* RdNr. 3; Oetker/*Schubert* RdNr. 5; Röhricht/v. Westphalen/*v. Gerkan/Mock* RdNr. 4; Schlegelberger/*Karsten Schmidt* RdNr. 10; Staub/*Zutt* RdNr. 17.

[38] *Koenigs* S. 311; *Blaurock* RdNr. 17.50; MünchHdbGesR II/*Polzer* § 93 RdNr. 4; Heymann/*Horn* RdNr. 3; Oetker/*Schubert* RdNr. 5; Röhricht/v. Westphalen/*v. Gerkan/Mock* RdNr. 4; Schlegelberger/*Karsten Schmidt* RdNr. 10; Staub/*Zutt* RdNr. 17.

[39] Röhricht/v. Westphalen/*v. Gerkan/Mock* RdNr. 4.

[40] RG Gruchot 29 (1885) 994, 996 = Bolze 2 Nr. 1101 = JW 1884, 272 f.; *Koenigs* S. 309; *Blaurock* RdNr. 17.53; Baumbach/*Hopt* RdNr. 1; Heymann/*Horn* RdNr. 9; *Koller*/Roth/Morck RdNr. 6; Oetker/*Schubert* RdNr. 6; Röhricht/v. Westphalen/*v. Gerkan/Mock* RdNr. 5; Schlegelberger/*Karsten Schmidt* RdNr. 17; Staub/*Zutt* RdNr. 8.

[41] *Blaurock* RdNr. 17.55; Baumbach/*Hopt* RdNr. 1; Heymann/*Horn* RdNr. 9; Röhricht/v. Westphalen/*v. Gerkan/Mock* RdNr. 7; Schlegelberger/*Karsten Schmidt* RdNr. 18; Staub/*Zutt* RdNr. 8; MünchKomm-InsO/*Stodolkowitz* § 84 RdNr. 24.

[42] RG JW 1905, 719; BGH BB 1955, 331; OLG Augsburg LZ 1914, 1816; *Koenigs* S. 308; Röhricht/v. Westphalen/*v. Gerkan/Mock* RdNr. 7; Schlegelberger/*Karsten Schmidt* RdNr. 18; Staub/*Zutt* RdNr. 8; Uhlenbruck/*Hirte* InsO § 84 RdNr. 19.

solvenz von seinem Einlageversprechen befreit und muss nach dem gesetzlichen Regelmodell nur unter folgenden *Voraussetzungen* eine Zahlung in die Insolvenzmasse leisten (vgl. auch für die Liquidation § 235 RdNr. 32): Der stille Gesellschafter muss am Verlust beteiligt sein, **und** die Einlage muss rückständig sein. Soweit diese *Voraussetzungen nicht gegeben* sind, ist der typische stille Gesellschafter *befreit.*[43] Befreit ist insbesondere der stille Gesellschafter, der nicht am Verlust beteiligt ist.[44] Der stille Gesellschafter braucht in diesen Fällen selbst dann nichts in die Insolvenzmasse zu leisten, wenn die Einlageleistung bereits fällig war oder wenn er vor Insolvenzverfahrenseröffnung sogar bereits im Verzug war.[45] Naturgemäß gilt dies nur für den Erfüllungsanspruch auf Einlageleistung, nicht für den Ersatz eines etwa entstandenen Verzugsschadens.[46] Ist die Einlage rückständig, aber noch nicht fällig, so ist die Fälligkeit abzuwarten.[47] Häufig wird allerdings eine gestundete Einlage mit Insolvenzeröffnung fällig. Insgesamt bevorzugt Abs. 2 den typischen stillen Gesellschafter, der noch nicht geleistet hat.[48] Diese Risikoverteilung ist nichts als eine Konsequenz aus der gesetzlichen Ausgestaltung der gesetzestypischen stillen Einlage als qualifizierter Kredit.[49] Sie gilt nicht für den atypischen stillen Gesellschafter als „Innen-Kommanditisten" (RdNr. 37 ff., 42), und sie ist auch bei der typischen stillen Beteiligung abdingbar (vgl. deshalb über sog. Finanzplanabreden RdNr. 33). Abs. 2 ist zwingendes Recht (vgl. § 230 RdNr. 72).

b) Verlustanteilsberechnung im Insolvenzfall. Es gelten sinngemäß die bei RdNr. 17 dargestellten Regeln. Der stille Gesellschafter nimmt teil an den operativen Verlusten, die während des Bestands der stillen Gesellschaft erwirtschaftet sind, sowie an den sich aus der Insolvenzverfahrenseröffnung ergebenden Buchverlusten, nicht aber an Verlusten, die durch das operative Geschäft des Insolvenzverwalters oder somit durch den Verlauf des Insolvenzverfahrens entstanden sind (vgl. sinngemäß RdNr. 16). 22

6. Insolvenzanfechtung zurückgezahlter Einlagen. Eine Rückzahlung der stillen Einlage vor der Eröffnung des Insolvenzverfahrens kann der Insolvenzanfechtung nach § 136 InsO unterliegen (Anh. § 236 RdNr. 8 ff.), im Fall der stillen Einlage eines Gesellschafters der Anfechtung nach § 135 InsO (RdNr. 25). 23

7. Der typische stille Gesellschafter im Insolvenzplanverfahren. An einem Insolvenzplanverfahren in der Insolvenz des Geschäftsinhabers (§§ 217 ff. InsO) nimmt der typische stille Gesellschafter als Gläubiger teil. § 84 InsO steht nicht entgegen (RdNr. 17). Hinsichtlich der Rechtsstellung bei der Gruppenbildung rangiert der typische stille Gesellschafter unter den nicht nachrangigen Insolvenzgläubigern (§ 222 Abs. 1 Nr. 2 InsO), sofern er nicht gleichzeitig Gesellschafter der unternehmenstragenden Gesellschaft ist (dann § 39 Abs. 1 Nr. 5 InsO; vgl. RdNr. 25). Es erscheint zulässig, bei der Gruppenbildung stille Gesellschafter mit Verlustbeteiligung von sonstigen Fremdkapitalgebern zu unterscheiden (vgl. § 226 Abs. 2 InsO). Im Insolvenzplan kann bestimmt werden, in welchem Umfang die Forderung des stillen Gesellschafters gekürzt, gestundet, gesichert oder sonst verändert werden soll (§ 224 InsO). Innerhalb einer Gläubigergruppe gilt der Grundsatz der Gleichbehandlung (§ 226 InsO). Als Insolvenzgläubiger unterliegt der typische stille Gesellschafter bei der Abstimmung über den Insolvenzplan (§§ 243 f. InsO) dem Obstruktionsverbot des 24

[43] AllgM; vgl. OLG Brandenburg GmbHR 2004, 1390; *Blaurock* RdNr. 17.57; Schlegelberger/*Karsten Schmidt* RdNr. 20; Staub/*Zutt* RdNr. 9.

[44] Vgl. RGZ 84, 436; OLG Brandenburg GmbHR 2004, 1390; Baumbach/*Hopt* RdNr. 4; Heymann/*Horn* RdNr. 10; Röhricht/v. Westphalen/*v. Gerkan/Mock* RdNr. 9; Schlegelberger/*Karsten Schmidt* RdNr. 20; Staub/*Zutt* RdNr. 9.

[45] OLG Saarbrücken ZIP 1999, 2150; *Blaurock* RdNr. 16.60; *Koenigs* S. 310; Baumbach/*Hopt* RdNr. 4; Düringer/Hachenburg/*Flechtheim* § 341 RdNr. 5; Röhricht/v. Westphalen/*v. Gerkan/Mock* RdNr. 9; Schlegelberger/*Karsten Schmidt* RdNr. 20; Staub/*Zutt* RdNr. 9; **aM** *Bucher* S. 101; *Renaud* S. 121, 180.

[46] Heymann/*Horn* RdNr. 1; Schlegelberger/*Karsten Schmidt* RdNr. 20; Staub/*Zutt* RdNr. 9.

[47] OLG Frankfurt OLG-Report-Frankfurt 2004, 133.

[48] MünchHdbGesR II/*Polzer* § 93 RdNr. 19; *Noack* RdNr. 663; Baumbach/*Hopt* RdNr. 4; Schlegelberger/*Karsten Schmidt* RdNr. 20.

[49] *Karsten Schmidt* ZHR 140 (1976), 480 ff.; *ders.* KTS 1977, 13 ff.

§ 245 InsO. Eine Fortsetzung (genauer: eine Wiederbegründung) des stillen Gesellschaftsverhältnisses kann nicht im Insolvenzplanverfahren beschlossen, wohl allerdings nach § 249 InsO zur Voraussetzung eines bedingten Plans erklärt werden. Der vom Gericht bestätigte Plan wirkt gestaltend auf die Forderung des stillen Gesellschafters, nicht auch auf das Gesellschaftsverhältnis ein (zum Unterschied zwischen Gesellschaftsverhältnis und Einlage vgl. § 230 RdNr. 37).

III. Gesellschafter-Fremdfinanzierung durch stille Einlage, Rangrücktritt und Finanzplanabrede

25 **1. Gesellschafter-Fremdfinanzierung. a) Tatbestand.** Das Sonderrecht der eigenkapitalersetzenden stillen Einlage (2. Aufl. RdNr. 25 ff. sowie § 172 a RdNr. 61 und auf § 230 RdNr. 173.) ist mit dem MoMiG außer Kraft getreten und wird seit 2009 nur noch für **Altfälle** angewandt (vgl. § 172a aF RdNr. 2). **Seit dem 1. 11. 2008** gelten die **§§ 39, 135 InsO nF** (§ 172a aF RdNr. 1, 3). Bei *Gesellschaften ohne natürlichen Komplementär* (näher § 39 Abs. 4 InsO) unterliegen *Darlehen und darlehnssgleiche Kredite* (§ 172a aF RdNr. 24 ff.), zu denen **auch stille Einlagen** gehören (§ 172a aF RdNr. 25) einem Sonderrecht, soweit sie *von einem Gesellschafter (zB GmbH-Gesellschafter, GmbH & Co.-Kommanditist) oder einem gleichgestellten Dritten* zur Verfügung gestellt worden sind (dazu § 172a aF RdNr. 17 ff.).

26 **b) Anmeldung als nachrangige Insolvenzforderung.** Der Rang ergibt sich aus **§ 39 Abs. 1 Nr. 5 InsO.** Die Forderung ist nur zur Tabelle anzumelden, soweit das Insolvenzgericht dazu auffordert (§ 174 Abs. 3 InsO). An einem Insolvenzplanverfahren werden nachrangige Gläubiger nur beteiligt, soweit ihre Forderungen nicht als durch den Insolvenzplan erlassen gelten (§ 222 Abs. 1 Nr. 3 InsO), wie dies die Regel ist (§ 225 InsO).

27 **c) Rückständige Einlage.** Soweit die Einlage rückständig ist, verbleibt es bei der Regel des Abs. 2: Der stille Gesellschafter muss nur seine Verlustbeteiligung ausgleichen (RdNr. 22). Dagegen verpflichtet das Sonderrecht der Gesellschafter-Fremdfinanzierung den typischen stillen Gesellschafter nicht, eine lediglich versprochene Einlage einzuzahlen.[50]

28 **d) Insolvenzanfechtung.** Eine Insolvenzanfechtung kommt in Betracht, wenn eine eigenkapitalersetzende stille Einlage **in der Krise besichert oder zurückgezahlt** wurde. Die Insolvenzanfechtungstatbestände der **§§ 135 und 136 InsO** treten nebeneinander (Anh. § 236 RdNr. 6 f.).[51] Anfechtbar ist demnach eine Rückgewähr der stillen Einlage, sofern sie binnen Jahresfrist vor dem Insolvenzantrag oder danach erfolgt ist (§§ 135 Nr. 2, 136 Abs. 1 Satz 1 InsO), ebenso ein Erlass von Verlustanteilen, wenn die zugrundeliegende Vereinbarung im letzten Jahr vor dem Insolvenzantrag oder danach erfolgt ist (§ 136 Abs. 1 Satz 1 InsO), ebenso schließlich eine Besicherung der Forderung, wenn sie in den letzten zehn Jahren vor dem Insolvenzantrag oder danach erfolgt ist (§ 135 Nr. 1 InsO). Daneben gibt es, anders als nach dem Gegenkapitalersatzrecht vor dem MoMiG, **keine analoge Anwendung des § 31 GmbHG mehr** (§ 30 Abs. 1 Satz 3 GmbHG; dazu § 172 a aF RdNr. 9).

29 **2. Rangrücktritt. a) Tatbestand.** Als Rangrücktritt bezeichnet man eine Vereinbarung zwischen dem Gläubiger und dem Schuldner, nach der die Forderung im Insolvenzfall hinter den nicht nachrangigen Forderungen zurücksteht.[52] Nach § 39 Abs. 2 rangieren diese Forderungen im Zweifel nach denen des § 39 Abs. 1 InsO. Soweit der Rangrücktritt nur dokumentieren soll, dass die Forderung als Eigenkapitalersatz zu behandeln ist, ist diese

[50] Das galt sogar für das vormalige Eigenkapitalersatzrecht; vgl. OLG Hamm DB 1993, 1714, 1715; E/B/J/S/*Gehrlein* RdNr. 18; Schlegelberger/*Karsten Schmidt* RdNr. 31.

[51] So wohl auch BGHZ 83, 341, 345 = ZIP 1982, 1077, 1079.

[52] Dazu *Landsmann* S. 76 ff.; *Teller,* Rangrücktrittsvereinbarungen . . ., 2. Aufl. 1995; *Habersack* ZGR 2000, 400 ff.; *Klein* GmbHR 2006, 249; *ders.* GmbHR 2005, 663; *Karsten Schmidt,* FS Goerdeler, 1987, S. 500; *ders.* GmbHR 1999, 13; *ders.,* FS Raupach, 2006, S. 408; *Westerburg/Schwenn* BB 2006, 501; *Wittig* NZI 2001, 169.

Vereinbarung regelmäßig in dem Sinne zu verstehen, dass die Forderung den Rang von § 39 Abs. 1 Nr. 5 InsO hat.[53] Der Rangrücktritt beruht auf privatautonomer Entscheidung. Die „Tiefe" des Rangrücktritts (Rang des § 39 Abs. 1 Nr. 5, § 39 Abs. 2, § 199 Satz 2 InsO?) wird von den Parteien der Rangrücktrittsvereinbarung bestimmt (vgl. 2. Aufl. § 172 a RdNr. 78). Der vertraglich vereinbarte Nachrang kann durch Vereinbarung aufgehoben werden (2. Aufl. § 172 a aF RdNr. 79). Die Aufhebung des vereinbarten Nachrangs ändert allerdings nichts an dem gesetzlichen Nachrang und an der Anfechtbarkeit von Rückzahlungen gemäß § 136 InsO (RdNr. 32).

b) Anmeldung der Forderung. Da es sich um eine nachrangige Forderung handelt, gelten die Ausführungen von RdNr. 26 sinngemäß.[54] 30

c) Rückständige Einlage. Für rückständige Einlagen gelten die Ausführungen bei RdNr. 21 und 27. Im Gegensatz zur sog. Finanzplanabrede (RdNr. 33 ff.) hält der bloße Rangrücktritt den stillen Gesellschafter nicht zur Erfüllung eines Einlageversprechens im Insolvenzfall an.[55] 31

d) Insolvenzanfechtung. § 136 InsO bleibt auch auf die stille Einlage mit Rangrücktritt anwendbar. Die Anwendung von § 135 InsO hängt davon ab, ob die Voraussetzungen des § 39 Abs. 1 Nr. 5 (Gesellschafter-Fremdfinanzierung) gegeben sind (RdNr. 25). Ansprüche aus § 812 BGB bestehen nicht, weil es an der Leistung auf eine Nichtschuld fehlt.[56] 32

3. Finanzplanabrede. a) Tatbestand. Über die Bedeutung von Finanzplanabreden im Recht der Gesellschafter-Fremdfinanzierung vgl. § 172 a aF RdNr. 11 f. Die Behandlung einer Finanzplanabrede im Verhältnis zu § 236 ist zweifelhaft. Es handelt sich um stille Einlagen, die nach dem Verständnis und Willen der Beteiligten Risikokapital darstellen. Nach dem auf Darlehen bezogenen Urteil BGHZ 142, 116 = DStR 1999, 1198 m. Anm. *Goette* = NJW 1999, 2809 m. Anm. *Altmeppen* = ZIP 1999, 1263[57] handelt es sich nicht um eine gesetzliche, sondern um eine vertragliche Bindung. Diese beruht auf dem Gesellschaftsvertrag oder auf einer schuldrechtlichen Nebenabrede der Gesellschafter.[58] Ob eine bloße Vereinbarung zwischen dem Kreditgeber und der kreditnehmenden Gesellschaft genügt, ist zweifelhaft.[59] Gleichfalls zweifelhaft ist das Verhältnis zur „Innen-KG" und zur „gesplitteten Einlage". Richtig scheint: Die Fälle der „Innen-KG" einschließlich der „GmbH & Still" und der „gesplitteten Einlage" betreffen nicht die Zuführung vertraglich gebundenen Fremdkapitals, sondern die Zuführung von Quasi-Kommanditkapital (dazu RdNr. 37 ff.). 33

b) Forderungsanmeldung. Im praktischen Ergebnis wird eine Forderungsanmeldung nach § 236 generell ausscheiden. Ob dies auf einer Behandlung als nachrangige Insolvenzforderung (RdNr. 26, 29) oder auf einer Behandlung als Eigenkapital (RdNr. 37 ff.) beruht, hängt von der in RdNr. 33 besprochenen Abgrenzugsfrage ab. Soll sie sich von einem bloßen Rangrücktritt unterscheiden, so wird sie idR die Behandlung der stillen Einlage als Haftkapital zur Folge haben. 34

c) Rückständige Einlage. Während die Pflicht zur Einzahlung der stillen Einlage nach Abs. 2 auf ungedeckte Verlustanteile des stillen Gesellschafters beschränkt ist (RdNr. 21), müssen auf die Finanzplanvariante der stillen Beteiligung die Grundsätze des Urteils BGHZ 142, 116 = DStR 1999, 1198 m. Anm. *Goette* = NJW 1999, 2809 m. Anm. *Altmeppen* = 35

53 *Karsten Schmidt* GmbHR 1999, 14; *ders.* ZIP 1999, 1247.

54 Zur Rechtslage vor der InsO vgl. BGHZ 83, 341, 354 = ZIP 1984, 1077, 1079; Schlegelberger/*Karsten Schmidt* RdNr. 27.

55 OLG Hamm DB 1993, 1714, 1715.

56 *Karsten Schmidt,* FS Goerdeler, 1987, S. 500; **aM** *Habersack* ZGR 2000, 404.

57 Dazu eingehend *Habersack* ZGR 2000, 384 ff.; *Karsten Schmidt* ZIP 1999, 1241 ff.

58 *Karsten Schmidt* ZIP 1999, 1249; zust. *Habersack* ZGR 2000, 411.

59 Bejahend *Goette* DStR 1999, 1201 f.

ZIP 1999, 1263 angewendet werden: Es hängt vom Umfang des Finanzplanversprechens ab, ob der stille Gesellschafter seine Finanzplaneinlage voll einzahlen muss, ohne sich auf die Vermögensverschlechterung bei dem Geschäftsinhaber berufen zu können.

36 **d) Insolvenzanfechtung.** Eine Insolvenzanfechtung nach § 136 InsO wird nicht dadurch ausgeschlossen, dass die stille Einlage kraft Finanzplanabrede dem Risikokapital zuzuschlagen ist (vgl. sinngemäß RdNr. 32).

IV. Das Insolvenzrecht der „Innen-KG"

37 **1. Problemstellung.** Die insolvenzrechtliche Abwicklung der in der vorliegenden Kommentierung so genannten „Innen-KG" (§ 230 RdNr. 81) einschließlich der diesbezüglichen Variante der „GmbH & Still" (§ 230 RdNr. 87) sowie der Kommanditgesellschaft mit „gesplitteter Einlage" (§ 230 RdNr. 90 f.) bedarf noch näherer Untersuchung.[60] Fest steht inzwischen, dass § 236 keine Anwendung findet. Die einer Kommanditeinlage gleichgestellte stille Einlage kann ebensowenig wie die auf dem Kapitalkonto eines Kommanditisten dargestellte Kommanditeinlage eine Insolvenzforderung begründen. Die Schwierigkeit besteht darin, dass Insolvenzschuldner der Geschäftsinhaber ist, während die stillen Gesellschafter entgegen dem Modell des § 236 wie Handelsgesellschafter in der Insolvenz behandelt werden müssen. Die Haftung als Eigenkapitalgeber geht über die Folgen eines bloßen Rangrücktritts bzw. einer Finanzplanabrede hinaus. Herkömmlich stellt der BGH darauf ab, dass die Einzahlung Beitragsleistung ist.[61] Das genügt indes nicht. Auch ein echter Kredit kann Gesellschafterbeitrag sein (§ 105 RdNr. 178), ohne doch deshalb einer Kommanditeinlage gleichzustehen (vgl. §§ 171, 172 RdNr. 48). Es muss sich aus dem Vertragsganzen ergeben, dass die Leistung als „Quasi-Kommanditkapital" gewollt ist.[62] Auf keinen Fall reicht eine Ausschüttungsbeschränkung aus.[63]

38 **2. Einzelregeln. a) Anwendung des § 84 InsO? aa) Reinform der „Innen-KG".** Besteht zwischen dem Schuldner und Dritten eine Gemeinschaft oder eine Gesellschaft ohne Rechtspersönlichkeit, so erfolgt nach § 84 Abs. 1 Satz 1 InsO die Teilung oder sonstige Auseinandersetzung außerhalb des Insolvenzverfahrens. Die hM wendet die Bestimmung auf die stille Gesellschaft an (RdNr. 11). Hier wurde dieser Standpunkt für die typische stille Gesellschaft abgelehnt. Für die „Innen-KG" ist die Frage zweifelhaft. Die „Innen-KG" ist eine virtuelle Kommanditgesellschaft mit dem Geschäftsinhaber als „Komplementär" (§ 230 RdNr. 81). Das Insolvenzverfahren des Geschäftsinhabers könnte also als das Verfahren eines Schuldners begriffen werden, der sich mit den stillen Gesellschaftern als „Innen-Kommanditisten" in einer Gesellschaft ohne Rechtspersönlichkeit befindet: eben in der „virtuellen Kommanditgesellschaft". Gleichwohl sprechen auch hier wesentliche Gründe gegen die Anwendung des § 84 InsO.[64] Die Rechtslage entspricht derjenigen bei einer „virtuellen Liquidation" (§ 235 RdNr. 65): Das Insolvenzverfahren über das Vermögen des Geschäftsinhabers wird abgewickelt, als sei es ein Insolvenzverfahren über das Vermögen der aus dem Geschäftsinhaber als „Komplementär" und den stillen Gesellschaftern als „Kommanditisten" bestehenden „virtuellen Kommanditgesellschaft". Die stillen Gesellschafter werden also nicht als Dritte behandelt, die mit dem Geschäftsinhaber als Schuldner in einem Gemeinschaftsverhältnis stehen (§ 84 InsO), sondern sie werden als Quasi-Kommanditisten der insolventen „virtuellen KG" behandelt.

39 **bb) Gesplittete Einlage.** Auch im Fall der gesplitteten Einlage (§ 230 RdNr. 90 f.) bleibt es bei der Nichtanwendung des § 84 InsO. Die typische Situation bei der gesplitteten

[60] Eine solche ist nach wie vor in Vorbereitung; die hier in erster und zweiter Auflage vorgelegte Kommentierung geht zurück auf die Bearbeitung in Schlegelberger/*Karsten Schmidt* RdNr. 26 ff.

[61] BGH NJW 1981, 2251 = ZIP 1981, 734 unter Berufung auf BGH NJW 1980, 1522; vgl. auch BGH NJW 1985, 1079 = JuS 1985, 557 *(Karsten Schmidt).*

[62] Schlegelberger/*Karsten Schmidt* RdNr. 27; zust. *Habersack* ZHR 161 (1997), 462.

[63] Mit BGHZ 83, 341, 345 = ZIP 1982, 1077, 1079 ist hierher auch der Fall zu rechnen, dass die stille Einlage bei einer Bank im Einklang mit dem KWG als Haftkapital vereinbart ist.

[64] Verf. arbeitet an einer einschlägigen Untersuchung.

Einlage ist die, dass Kommanditisten gleichzeitig atypische stille Gesellschafter sind. Dann ist zwar die Kommanditgesellschaft selbst nicht bloß „virtuell", aber hinsichtlich der stillen Einlagen ist die Gesellschafterposition jedes Kommanditisten auch hier zugleich die eines „InnenKommanditisten". Insolvenzschuldnerin ist die KG, und das Abwicklungsproblem besteht nur darin, dass im Innenverhältnis die stillen Einlagen einer fiktiven Gleichbehandlung mit den Kommanditeinlagen unterzogen werden. Wiederum passt § 84 InsO nicht.

b) Keine Insolvenzforderung. § 236 basiert auf dem Fremdkapitalcharakter der typi- 40
schen stillen Einlage (RdNr. 5). Die Bestimmung passt nicht auf das Insolvenzrecht der „Innen-KG". Für Fälle der „gesplitteten Einlage" hat der BGH dies bereits verschiedentlich klargestellt.[65] Diese Rechtsprechung wird allseits anerkannt.[66] Der Gesellschafter nimmt nicht als Gläubiger am Insolvenzverfahren teil, sondern ist auf die Rechtsposition eines Gesellschafters der Schuldnerin (§ 199 Satz 2 InsO) verwiesen.

c) Rückständige Einlage. Abweichend von Abs. 2 kann der „Innen-Kommanditist" 41
nach den für Kommanditisten geltenden Regeln für eine **rückständige Einlage** in Anspruch genommen werden (vgl. RdNr. 21 aE). Das bedeutet: Bis zur Höhe seines Kapitalanteils (vgl. § 232 RdNr. 44) und seiner rückständigen Einlage nimmt der stille Gesellschafter als „Innen-Kommanditist" am **Verlust** teil und kann deshalb vom Insolvenzverwalter auf Einzahlung der Einlage in Anspruch genommen werden (vgl. sinngemäß Erl. § 169).[67] Über den übernommenen Kapitalanteil hinaus haftet der stille Gesellschafter auch als „Innen-Kommanditist" nur, wenn dies besonders vereinbart ist (arg. § 167 Abs. 3, § 169 Abs. 2). Eine unbeschränkte **Innenhaftung für Fehlbeträge** gibt es bei der seltenen Konstellation, die hier als „Innen-OHG" bezeichnet wird (§ 230 RdNr. 81). Bei der Abwicklung einer solchen Gesellschaft gelten sinngemäß die bei § 155 RdNr. 17, 25 dargestellten Regeln zu § 735 BGB.

3. Der „Innen-Kommanditist" als Kreditgeber. Soweit ein stiller Gesellschafter 42
als „Innen-Kommanditist" die haftungsbeschränkte Gesellschaft in der Krise mit Krediten versorgt (vgl. § 39 Abs. 1 Nr. 5 InsO) oder Drittkredite besichert (vgl. § 44a InsO), ist er ebenso wie ein Kommanditist den Sonderregeln der §§ 39, 135 InsO unterworfen.[68] Dies was unter dem Eigenkapitalersatzrecht das praktische Resultat des unklar begründeten Urteils BGHZ 106, 7: Das Darlehen oder die Bürgschaft eines stillen Gesellschafters im Fall einer „GmbH & Still" ist der Geltendmachung im Insolvenzverfahren ebenso entzogen (nach der InsO: ist ebenso nachrangig nach § 39 InsO) wie bei einem GmbH-Gesellschafter.

V. Die Einlage in der Insolvenz des stillen Gesellschafters

1. Beendigung der stillen Gesellschaft. Die Eröffnung des Insolvenzverfahrens über 43
das Vermögen des stillen Gesellschafters bringt das stille Gesellschaftsverhältnis nach **§ 728 BGB** zur Auflösung (§ 234 RdNr. 11).[69] Diese wohl nicht mehr bestrittene gesetzeskonforme Lösung beruht allerdings weniger auf der gesellschaftsrechtlichen Rechtsnatur der stillen Gesellschaft als darauf, dass den Gläubigern des Stillen nicht dasjenige auf Dauer entzogen bleiben darf, was er in ein Unternehmen eingelegt hat:[70] So, wie ein Gläubiger des stillen Gesellschafters die stille Einlage durch Kündigung liquide machen kann (§§ 234, 135), wird zugunsten aller Gläubiger im Fall der Insolvenz auf die stille Einlage zugegriffen.

[65] BGH LM § 155 Nr. 3 = NJW 1981, 2251 = ZIP 1981, 734; NJW 1985, 1079 = JuS 1985, 557 *(Karsten Schmidt)*; Schlegelberger/*Karsten Schmidt* RdNr. 27.

[66] Vgl. statt vieler E/B/J/S/*Gehrlein* RdNr. 14; Röhricht/v. Westphalen/*v. Gerkan/Mock* RdNr. 14.

[67] BGH NJW 1981, 2251, 2252 = ZIP 1981, 734; NJW 1985, 1079 = JuS 1985, 557 *(Karsten Schmidt)*; Schlegelberger/*Karsten Schmidt* RdNr. 28.

[68] S. zusammenfassend zum vormaligen Eigenkapitalersatzrecht BGH NJW-RR 2006, 760.

[69] *Koenigs* S. 322; *Blaurock* RdNr. 17.105; E/B/J/S/*Gehrlein* RdNr. 19; Schlegelberger/*Karsten Schmidt* RdNr. 32; Staub/*Zutt* § 234 RdNr. 8; eingehend *Karsten Schmidt* KTS 1977, 8 ff.

[70] *Karsten Schmidt* KTS 1977, 11 f.

Im Fall einer „Innen-KG" hat dies die Abfindung des stillen Gesellschafters zur Folge (vgl. sinngemäß § 131 Abs. 3 Satz 2 und dazu § 235 RdNr. 65).

44 **2. Auseinandersetzung.** Nach **hM** findet, wie in der Insolvenz des Unternehmensträgers (RdNr. 11), die gemäß § 235 durchzuführende Auseinandersetzung auch hier in Anwendung des **§ 84 InsO** außerhalb des Insolvenzverfahrens statt.[71] *Diese Auffassung ist hier ebenso überflüssig und unrichtig wie dort.*[72] Nach § 235 Abs. 1 hat sich der Unternehmensträger („Inhaber des Handelsgeschäfts") mit dem in Konkurs gefallenen stillen Gesellschafter auseinanderzusetzen. Diese Auseinandersetzung stellt eine Forderungsberechnung durch den Inhaber des Handelsgeschäfts dar (§ 235 RdNr. 15 ff.). Dass diese Forderungsberechnung außerhalb des Insolvenzverfahrens stattfindet, ist bei dieser Fallkonstellation – Insolvenz des stillen Gesellschafters – eine Selbstverständlichkeit.

VI. Unterbeteiligungsgesellschaft

45 **1. Insolvenz des Hauptgesellschafters.** Die für den stillen Gesellschafter geltenden Regeln finden entsprechende Anwendung.[73] Für die typische Unterbeteiligung ist also auf § 236 zu verweisen. Soweit es sich um atypische Unterbeteiligung mit Eigenkapitalcharakter handelt – wie dies häufig bei Treuhand-Publikumsgesellschaften der Fall ist –, ist auf RdNr. 33 ff., 37 ff. zu verweisen. Zur Innenhaftung von Unterbeteiligten aus Treuhandrecht vgl. vor § 230 RdNr. 75, § 235 RdNr. 72.

46 **2. Insolvenz des Unterbeteiligten.** Es gelten sinngemäß die Ausführungen zu RdNr. 43 f.[74]

VII. Rechtslage in Österreich

47 In Österreich (vgl. § 105 RdNr. 276 ff.) gilt ab 2007 folgender § 187 UGB:

(1) Wird über das Vermögen des Inhabers des Unternehmens der Konkurs eröffnet, so kann der stille Gesellschafter wegen der Einlage, soweit sie den Betrag des auf ihn fallenden Anteils am Verlust übersteigt, seine Forderung als Konkursgläubiger geltend machen.

(2) Ist die Einlage noch nicht zur Gänze geleistet worden, so hat sie der stille Gesellschafter bis zu dem Betrag, welcher zur Deckung seines Anteils am Verlust erforderlich ist, zur Konkursmasse einzuzahlen.

§ 237 *(aufgehoben)*

Die Bestimmung (vgl. Anh. § 236 RdNr. 1) wurde ersetzt durch die im Anhang dargestellte Vorschrift des § 136 InsO.

---

[71] Vgl. nur *Koenigs* S. 322; *Blaurock* RdNr. 17.105; E/B/J/S/*Gehrlein* RdNr. 19; Oetker/*Schubert* RdNr. 17; Staub/ *Zutt* RdNr. 20.

[72] Vgl. Schlegelberger/*Karsten Schmidt* RdNr. 33.

[73] Vgl. nur E/B/J/S/*Gehrlein* RdNr. 20; Oetker/*Schubert* RdNr. 25; Röhricht/v. Westphalen/*v. Gerkan/Mock* RdNr. 39; Schlegelberger/*Karsten Schmidt* RdNr. 45; Staub/*Zutt* RdNr. 25; nur einschränkend *Blaurock* RdNr. 30.23 ff.

[74] Vgl. Schlegelberger/*Karsten Schmidt* RdNr. 35.

Anhang
Insolvenzanfechtung nach § 136 InsO

§ 136 Stille Gesellschaft

(1) [1] Anfechtbar ist eine Rechtshandlung, durch die einem stillen Gesellschafter die Einlage ganz oder teilweise zurückgewährt oder sein Anteil an dem entstandenen Verlust ganz oder teilweise erlassen wird, wenn die zugrundeliegende Vereinbarung im letzten Jahr vor dem Antrag auf Eröffnung des Insolvenzverfahrens über das Vermögen des Inhabers des Handelsgeschäfts oder nach diesem Antrag getroffen worden ist. [2] Dies gilt auch dann, wenn im Zusammenhang mit der Vereinbarung die stille Gesellschaft aufgelöst worden ist.

(2) Die Anfechtung ist ausgeschlossen, wenn ein Eröffnungsgrund erst nach der Vereinbarung eingetreten ist.

Schrifttum: Vgl. § 236.

Übersicht

I. Grundlagen

1. Gesetzesgeschichte und Übergangsrecht. a) Vorgeschichte der Norm und Übergangsrecht. § 136 InsO ist die Nachfolgevorschrift des § 237 HGB aF und trat mit dem Inkrafttreten der InsO an dessen Stelle.[1] § 237 HGB aF war identisch mit § 342 HGB in der von 1900 bis 1985 geltenden Fassung, die Umstellung beruhte auf dem Bilanzrichtliniengesetz.[2] Vorgängervorschrift im ADHGB war dessen Art. 259. § 237 HGB aF lautete: 1

[1] Vgl. zum Außerkrafttreten des § 237 HGB aF Art. 40 Nr. 17 EGInsO.
[2] Art. 1 Nr. 7 BiRiLiG v. 19. 12. 1985, BGBl. I S. 2355.

(1) Ist aufgrund einer in dem letzten Jahre vor der Eröffnung des Konkurses zwischen dem Inhaber des Handelsgeschäfts und dem stillen Gesellschafter getroffenen Vereinbarung diesem die Einlage ganz oder teilweise zurückgewährt oder sein Anteil an dem entstandenen Verluste ganz oder teilweise erlassen worden, so kann die Rückgewähr oder der Erlaß von dem Konkursverwalter angefochten werden. Es begründet keinen Unterschied, ob die Rückgewähr oder der Erlaß unter Auflösung der Gesellschaft stattgefunden hat oder nicht.

(2) Die Anfechtung ist ausgeschlossen, wenn der Konkurs in Umständen seinen Grund hat, die erst nach der Vereinbarung der Rückgewähr oder des Erlasses eingetreten sind.

(3) Die Vorschriften der Konkursordnung über die Genehmigung der Anfechtung und deren Wirkung finden Anwendung.

§ 136 InsO ist am 1. 1. 1999 in Kraft getreten (Art. 110 EGInsO; zum Übergangsrecht vgl. noch 2. Aufl.).

2 **b) Österreichisches UGB.** In Österreich gilt aufgrund der Handelsrechtsreform von 2005 (§ 105 RdNr. 276 ff.) ab 1. 1. 2007 der folgende § 188 UGB (nahezu inhaltsgleich mit dem HGB-Recht):

(1) [1] Ist auf Grund einer in dem letzten Jahr vor der Eröffnung des Konkurses zwischen dem Inhaber des Unternehmens und dem stillen Gesellschafter getroffenen Vereinbarung diesem die Einlage ganz oder teilweise zurückgewährt oder sein Anteil an dem entstandenen Verlust ganz oder teilweise erlassenen worden, so kann die Rückgewähr oder der Erlaß vom Masseverwalter angefochten werden. [2] Es begründet keinen Unterschied, ob die Rückgewähr oder der Erlaß unter Auflösung der Gesellschaft stattgefunden hat oder nicht.

(2) Die Anfechtung ist ausgeschlossen, wenn der Konkurs in Umständen seinen Grund hat, die erst nach der Vereinbarung der Rückgewähr oder des Erlasses eingetreten sind.

(3) Die Vorschriften der Konkursordnung über die Geltendmachung der Anfechtung und deren Wirkung finden Anwendung.

3 **2. Normzweck.** Die dem § 136 InsO wie zuvor dem § 237 (342) HGB aF zugrundeliegende Wertung ist umstritten.[3] Die Bestimmung knüpft bei dem Fremdkapitalcharakter der typischen stillen Einlage an, unterwirft aber den stillen Gesellschafter einem zusätzlichen Anfechtungsrisiko. Teilweise wird die Grundlage in den „eigenen gesellschaftsrechtlichen Beziehungen" erblickt.[4] Von diesen ist jedoch bei der typischen stillen Beteiligung kaum die Rede. Teilweise wird die Anfechtungsregelung in die Nähe der Absichtsanfechtung gebracht.[5] Richtig ist jedenfalls eine anfechtungsrechtliche Deutung der Bestimmung.[6] Diese dient der Gleichbehandlung der Gläubiger. Sie soll eine Bevorzugung des stillen Gesellschafters verhindern. Den Zurechnungsgrund bildet nicht eine dem stillen Gesellschafter unterstellte Schädigungsabsicht, wohl aber, dass er dem Unternehmen näher steht als dritte Gläubiger.[7]

4 **3. Beschränkung auf eröffnete Insolvenzverfahren.** § 136 InsO hat keine Entsprechung im Anfechtungsgesetz von 1994. Das entspricht der schon unter dem § 237 HGB aF geltenden Rechtslage. Auch im Fall, dass die Insolvenzverfahrenseröffnung mangels Masse abgelehnt (§ 26 InsO) und die Gesellschaft hierdurch aufgelöst ist (§ 130 Abs. 2 Nr. 1; § 262 Abs. 1 Nr. 4 AktG; § 60 Abs. 1 Nr. 5 GmbHG), findet keine Anfechtung statt (RdNr. 10). Zur rechtspolitischen Einschätzung dieses Gesetzesstandes vgl. RdNr. 30.

---

[3] Schlegelberger/*Karsten Schmidt* § 237 aF RdNr. 1; eingehend *Karsten Schmidt* KTS 1977, 67 f.

[4] *Koenigs* S. 345 f.; vgl. auch BegrRegE InsO BT-Drucks. 12/2443 S. 161.

[5] Vgl. *Gerhardt,* Die systematische Einschränkung der Gläubigeranfechtung, 1969, S. 218.

[6] Schlegelberger/*Karsten Schmidt* § 237 aF RdNr. 1.

[7] BegrRegE InsO BT-Drucks. 12/2443 S. 161; HK/*Kreft* § 136 InsO RdNr. 2; MünchKommInsO/*Stodolkowitz/Bergmann* § 136 RdNr. 1; Nerlich/*Römermann* § 136 InsO RdNr. 2.

4. Unabdingbarkeit. Als Gläubigerschutzregel ist § 136 InsO nicht abdingbar.[8] Selbstverständlich gilt dies nur, sofern der Tatbestand des § 136 InsO auch unter Berücksichtigung der Vertragsregelung erfüllt ist. Eine Vereinbarung im Gesellschaftsvertrag, durch welche die Einlagenrückzahlung zu einem bestimmten Zeitpunkt zugesagt ist, verstößt nicht gegen § 136 InsO, sondern sie sorgt dafür, dass diese Rückzahlung den Tatbestand des § 136 InsO nicht erfüllt. Eine derartige Abrede ist zulässig. 5

5. Verhältnis zu anderen Regeln. a) §§ 135 InsO, 6 AnfG. Soweit eine stille Einlage *wie ein Gesellschafterdarlehen zu behandeln* ist (§ 39 Abs. 1 Nr. 5 InsO und dazu § 236 RdNr. 6 f., 25 ff.), hat die Rückzahlung der Einlage die in **§§ 135 InsO, 6 AnfG** geregelten Folgen. § 136 InsO hindert eine Anwendung der §§ 135 InsO, 6 AnfG und ihrer weitergehenden Rechtsfolgen nicht (vgl. RdNr. 12). Ausgeschlossen ist dann insbesondere die Anmeldung der durch die Rückführung wieder auflebenden Forderung nach § 236. 6

b) §§ 130 ff. InsO, 3 ff. AnfG. Eine Anfechtung nach §§ 130–135 InsO, 3–5 AnfG ist gleichfalls nicht ausgeschlossen.[9] Muß ein stiller Gesellschafter nach diesen Bestimmungen seine stille Einlage wieder einzahlen oder eine Sicherheit freigeben, so hindert dies die Anmeldung nach § 236 nicht, sofern nicht die Tatbestände von RdNr. 6 bzw. von § 236 RdNr. 25 ff. vorliegen. 7

II. Die Voraussetzungen und Rechtsfolgen des Insolvenzanfechtungsrechts nach § 136 InsO

Nach **§ 136 Abs. 1 InsO** setzt die Anfechtung voraus, dass 8

1. eine stille Gesellschaft bestanden hat,
2. über das Vermögen des Geschäftsinhabers das Insolvenzverfahren eröffnet worden ist und
3. zwischen dem Geschäftsinhaber und dem stillen Gesellschafter Vereinbarungen getroffen sind, die nicht länger als ein Jahr vor dem Insolvenzantrag lagen und durch die
4. a) dem stillen Gesellschafter seine Einlage ganz oder teilweise zurückgewährt oder
   b) sein Anteil an dem entstandenen Verlust ganz oder teilweise erlassen ist.

Außerdem darf die Anfechtung nicht nach § 136 Abs. 2 InsO ausgeschlossen sein.

1. Stille Gesellschaft. § 136 InsO befasst sich mit der **Einlage des Stillen,** nicht mit dem Gesellschaftsverhältnis zwischen dem Geschäftsinhaber und dem stillen Gesellschafter. Die stille Gesellschaft kann im Zeitpunkt der Ausübung des Anfechtungsrechts bereits durch Insolvenz aufgelöst oder durch die Rückforderung der stillen Einlage sogar schon beendet sein (Abs. 1 Satz 2).[10] Erforderlich ist nur, dass eine stille Gesellschaft überhaupt bestanden hat.[11] Die Rückführung einer wegen Fehlens oder wegen Unwirksamkeit des Gesellschaftsvertrags ohne Rechtsgrund eingezahlten stillen Einlage nach § 812 BGB fällt dagegen nicht unter § 136 InsO.[12] Das muss auch gelten, wenn die Auflösung der stillen Gesellschaft einverständlich erfolgte, aber wegen der Fehlerhaftigkeit des Vertrags ohnedies die Rückzahlung kraft Gesetzes verlangt werden konnte.[13] Die Anerkennung des Rechts 9

[8] Vgl. *Blaurock* 17.73; MünchHdbGesR II/*Polzer* § 93 RdNr. 21; zu Art. 259 ADHGB OLG Hamburg HansGZ 1890, H 180 = ZHR 40 (1892), 482 Nr. 131; RGZ 27, 13, 19; zu § 237 HGB aF: *Koenigs* S. 345; Schlegelberger/*Karsten Schmidt* § 237 RdNr. 2.

[9] So auch Röhricht/v. Westphalen/*v. Gerkan/Mock* § 236 RdNr. 36; Uhlenbruck/*Hirte* § 136 InsO RdNr. 2.

[10] Abs. 1 Satz 2 ordnet nicht das Fortdauern der stillen Gesellschaft im Fall der Rückzahlung an (so aber OLG Düsseldorf NZG 1999, 652, 653).

[11] *Blaurock* RdNr. 17.76; E/B/J/S/*Gehrlein* RdNr. 2; Heymann/*Horn* § 237 aF RdNr. 2; Röhricht/v. Westphalen/*v. Gerkan/Mock* § 236 RdNr. 18; Schlegelberger/*Karsten Schmidt* § 237 aF RdNr. 4.

[12] RG JW 1895, 203 Nr. 20 = ZHR 48 (1899) 344 f. Nr. 341 (Leitsatz); Recht 1915 Nr. 629 = LZ 1915, 507 Nr. 12; *Karsten Schmidt* KTS 1977, 70; Baumbach/*Hopt* § 236 RdNr. 7; Heymann/*Horn* § 237 aF RdNr. 2; *Blaurock* RdNr. 17.91; *Koenigs* S. 314; MünchHdbGesR II/*Polzer* § 93 RdNr. 24; Schlegelberger/*Karsten Schmidt* § 237 aF RdNr. 4; MünchKommInsO/*Stodolkowitz/Bergmann* § 136 RdNr. 3; HK-InsO/*Kreft* § 136 RdNr. 7; Uhlenbruck/*Hirte* § 136 InsO RdNr. 4.

[13] Bedenklich RG JW 1895, 203 Nr. 20 = ZHR 48 (1899) 344 f. Nr. 341 (Leitsatz).

der fehlerhaften Gesellschaft auch auf dem Gebiet der stillen Gesellschaften (§ 230 RdNr. 128) hat zu der Frage geführt, ob in diesen Fällen die Rückgewähr der auf Grund mangelhafter Vertragsgrundlage geleisteten stillen Einlage unter Abs. 1 fallen kann (vgl. RdNr. 19).[14] Das ist, soweit die Grundsätze über fehlerhafte Gesellschaften auf stille Gesellschaftsverhältnisse Anwendung finden (§ 230 RdNr. 127 ff.), im Ausgangspunkt zu bejahen (auch hierzu RdNr. 19). Das Problem liegt aber darin, dass nach Abs. 1 die Rückgewähr ihren Rechtsgrund nicht in der Fehlerhaftigkeit der Gesellschaft selbst, sondern in einer besonderen „Vereinbarung" haben muss (näher RdNr. 19).[15] Nichts anderes wird für Rückzahlungen gelten, die nach der neuen Anlegerschutzrechtsprechung als Schadensersatzleistungen erfolgen (auch dazu RdNr. 19).

10 **2. Insolvenzverfahren über das Vermögen des Geschäftsinhabers.** Über das Vermögen des Geschäftsinhabers muss das Insolvenzverfahren eröffnet, darf aber noch nicht beendet worden sein. Geschäftsinhaber ist nur der Träger des Unternehmens. Ist eine Personengesellschaft Geschäftsinhaber, muss über ihr Vermögen, nicht lediglich über das Vermögen eines Gesellschafters[16] das Insolvenzverfahren eröffnet sein.[17] Außerhalb des Insolvenzverfahrens besteht ein Anfechtungsrecht zugunsten einzelner Gläubiger ausschließlich unter den Voraussetzungen des AnfG, das keine Parallelvorschrift zu § 136 InsO kennt, und zwar auch nicht im Fall der Masselosigkeit (RdNr. 30).

11 **3. Die anfechtbaren Rechtshandlungen. Gegenstand der Anfechtung** ist nicht die im letzten Jahr vor dem Antrag auf Eröffnung des Insolvenzverfahrens getroffene Vereinbarung (zu ihrer Bedeutung vgl. RdNr. 18), sondern die *masseschmälernde und damit die Gläubiger benachteiligende Rechtshandlung* (vgl. § 129 InsO). Der Gesetzeswortlaut konkretisiert die anfechtbare Rechtshandlung dahin, dass dem stillen Gesellschafter „die Einlage ganz oder teilweise zurückgewährt oder sein Anteil an dem entstandenen Verluste ganz oder teilweise erlassen wird". Die Auslegung dieser Enumeration muss von dem Sinn und Zweck des § 136 InsO geleitet sein. Ausgeschlossen ist die Anfechtung, wenn eine unter § 136 InsO fallende Maßnahme (zB also der Abzug der stillen Einlage) Zug um Zug gegen eine gleichwertige Leistung erfolgt und nicht ein Tatbestand der sog. Absichtsanfechtung vorliegt (§ 142 InsO).

12 **a) Einlagerückgewähr. aa) Rückführung der Einlagenvaluta.** Der Begriff der Einlagerückgewähr stimmt nach diesem Normzweck mit demjenigen des § 172 Abs. 4 nicht überein.[18] Denn es geht bei § 136 InsO nicht um eine Schmälerung haftenden Eigenkapitals des Unternehmensträgers (vgl. demgegenüber §§ 171, 172 RdNr. 62 ff.), sondern um eine Verschlechterung der Befriedigungschancen für konkurrierende Gläubiger. Hieraus folgt: Jede **Rückführung der Einlagenvaluta** ist Einlagenrückgewähr. Nach dem Normzweck (RdNr. 3) sind stehengebliebene Gewinne ebenso erfasst wie die vom stillen Gesellschafter geleistete Einlage. Unter Abs. 1 Satz 1 fällt nicht nur die Begleichung des sich aus der stillen Einlage ergebenden Rückgewähranspruchs, sondern auch jedes Erfüllungssurrogat, vor allem die befreiende Leistung an einen Dritten (§ 362 Abs. 2 BGB), die Leistung an Erfüllungs Statt nach § 364 Abs. 1 BGB oder die Aufrechnung nach §§ 387, 389 BGB.[19] Eine Teil-Rückzahlung genügt.[20] Das Anfechtungsrecht ist nicht durch die Höhe der auf den stillen Gesellschafter

---

[14] BGHZ 55, 5, 8 = NJW 1971, 375; OLG Hamm NJW-RR 1999, 1415 = JuS 2000, 300 *(Karsten Schmidt); Nerlich*/Römermann § 136 RdNr. 4; *Blaurock* RdNr. 17.91.

[15] So bereits Schlegelberger/*Karsten Schmidt* § 237 aF RdNr. 4; ebenso jetzt E/B/J/S/*Gehrlein* RdNr. 3; MünchKommInsO/*Stodolkowitz/Bergmann* § 136 RdNr. 5.

[16] RGZ 30, 33, 35 f.; *Blaurock* RdNr. 17.77.

[17] Schlegelberger/*Karsten Schmidt* § 237 aF RdNr. 5.

[18] Vgl. zum Folgenden Schlegelberger/*Karsten Schmidt* § 237 aF RdNr. 10; *ders.* KTS 1977, 68 f.

[19] *Blaurock* RdNr. 17.81; *Koenigs* S. 316; Oetker/*Schubert* § 236 RdNr. 19; *Henckel* in Henckel/Gerhardt (Hrsg.) Jaeger, InsO, 2007, § 136 RdNr. 7; MünchKommInsO/*Stodolkowitz/Bergmann* § 136 RdNr. 17; *Nerlich*/Römermann InsO § 136 RdNr. 7; Schlegelberger/*Karsten Schmidt* § 237 aF RdNr. 10; Staub/*Zutt* § 237 aF RdNr. 15.

[20] OLG Hamm NJW-RR 1999, 1415 = JuS 2000, 300 *(Karsten Schmidt).*

entfallenden Verlustanteile beschränkt.[21] Deshalb hindert auch der Ausschluss des Gesellschafters vom Verlust nicht die Anfechtung einer Einlagerückgewähr nach § 136 InsO.[22] Es muss aber eine tilgende Rechtshandlung vorliegen. Die bloße *Umwandlung der stillen Einlage in ein Darlehen* (§ 488 BGB, bis 2001: § 607 Abs. 2 BGB aF) stellt keine Einlagenrückgewähr dar.[23] Es fehlt in diesem Fall an der Masseschmälerung. Was BGHZ 39, 319 zu § 172 Abs. 4 ausgesprochen hat (krit. §§ 171, 172 RdNr. 66), trifft hier zu: Da der stille Gesellschafter die Darlehensforderung ebenso anmeldet wie sein Auseinandersetzungsguthaben, ist die Umwandlung als solche noch keine Schmälerung der Konkursmasse (zur Sonderbehandlung von stillen Einlagen, die dem haftenden Kapital zugerechnet werden, vgl. § 230 RdNr. 171 f., § 236 RdNr. 25 ff.). Erfolgt dann allerdings noch innerhalb eines Jahres nach der Umwandlung der stillen Einlage in ein Darlehen die Rückzahlung des Darlehensbetrags, so unterliegt diese der Anfechtung unter denselben Voraussetzungen wie eine Rückzahlung der stillen Einlage (vgl. darüberhinaus nach der hier vertretenen Auffassung RdNr. 33).[24] Soweit die „Umwandlung" des Rückgewähranspruchs auf den Erlass bereits angefallener Verlustanteile hinausläuft, stellt sie allerdings bereits eine anfechtbare Rechtshandlung nach RdNr. 15 ff. dar.[25] Ob die *Ausreichung eines Darlehens* an den stillen Gesellschafter ohne Rückführung seines Einlagekontos eine Rückzahlung darstellt, ist zweifelhaft. Man wird dies zu bejahen haben, wenn die Darlehensgewährung den stillen Gesellschafter zur Verrechnung instand setzt.

bb) Die Bestellung einer insolvenzfesten Sicherheit. Die Bestellung einer insolvenzfesten – insbes. also ein Recht auf abgesonderte Befriedigung gewährenden – Sicherheit am Vermögen des Unternehmensträgers für den Rückzahlungsanspruch des stillen Gesellschafters schmälert die Insolvenzmasse und stellt damit eine Einlagenrückgewähr iS von Abs. 1 dar.[26] Die nachträgliche Besicherung des Rückzahlungsanspruchs wird also erst nach Jahresfrist unangreifbar, wobei eine rechtzeitige schuldrechtliche Sicherungsabrede genügt (RdNr. 21). 13

cc) Rückgabe von Gegenständen. Keine Einlagenrückgewähr ist die *Rückgabe von Gegenständen* an den stillen Gesellschafter, die dieser dem Unternehmen nur zum Gebrauch überlassen hat (vgl. sinngemäß § 235 RdNr. 12).[27] Das versteht sich aus zwei Gründen von selbst: Einmal kann eine Gebrauchsüberlassung zwar Gesellschafterbeitrag, aber nicht Einlage des stillen Gesellschafters sein (§ 230 RdNr. 149); zum anderen schmälert – was hiermit zusammenhängt – die Rückgabe eines aussonderungsfähigen Gegenstands nicht die Insolvenzmasse. 14

dd) Erlass der noch offenen Einlageforderung. Der Erlass der noch offenen Einlageforderung ist beim typischen stillen Gesellschafter *keine anfechtbare Einlagenrückgewähr.*[28] 15

[21] *Blaurock* RdNr. 17.84; MünchHdbGesR II/*Polzer* § 93 RdNr. 27; *Koller*/Roth/Morck § 236 RdNr. 8 a; Jaeger/*Henckel* InsO § 136 RdNr. 9; vgl. bereits *Karsten Schmidt* KTS 1977, 71; anders noch RGZ 84, 434, 436 und *Paulick* 3. Aufl. 1981 § 18 III 2, der § 136 InsO als Ausdruck einer „Garantiehaft" des stillen Gesellschafters ansah; dazu eingehend Schlegelberger/*Karsten Schmidt* § 237 aF RdNr. 10.

[22] RGZ 84, 434, 435 f. besagt Gegenteiliges nur für die noch nicht geleistete Einlage.

[23] *Blaurock* RdNr. 17.82; *Koenigs* S. 315; *Renaud* S. 186; Düringer/Hachenburg/*Flechtheim* § 242 aF RdNr. 4; Oetker/*Schubert* § 236 RdNr. 20; Röhricht/v. Westphalen/*v. Gerkan/Mock* § 236 RdNr. 22; MünchKommInsO/*Stodolkowitz/Bergmann* § 136 RdNr. 17; *Karsten Schmidt* KTS 1977, 69 mit Darstellung älterer Gegenmeinungen; **aM** heute noch Staub/*Zutt* § 237 aF RdNr. 16.

[24] *Koenigs* S. 315; Röhricht/v. Westphalen/*v. Gerkan/Mock* § 236 RdNr. 22; Schlegelberger/*Karsten Schmidt* § 237 aF RdNr. 10; **aM** Staub/*Zutt* § 237 aF RdNr. 16.

[25] Schlegelberger/*Karsten Schmidt* § 237 aF RdNr. 10.

[26] Vgl. ROHGE 14, 92, 93; RGZ 27, 13, 18; 84, 434, 435, 437; RG Gruchot 29 (1885) 994 = Bolze 2 (1886) Nr. 1101; s. auch BGH WM 1971, 183, 184; *Blaurock* RdNr. 17.81; *Koenigs* S. 315; MünchHdbGesR II/*Polzer* § 93 RdNr. 28; *Saenger* S. 125; Baumbach/*Hopt* § 236 RdNr. 6; Jaeger/*Henckel* InsO § 136 RdNr. 7; MünchKommInsO/*Stodolkowitz/Bergmann* § 136 RdNr. 18; Oetker/*Schubert* RdNr. 19; Röhricht/v. Westpahlen/*v. Gerkan/Mock* RdNr. 23; Schlegelberger/*Karsten Schmidt* § 237 aF RdNr. 12; Staub/*Zutt* § 237 aF RdNr. 16.

[27] *Blaurock* RdNr. 17.89; *Koenigs* S. 315; Schlegelberger/*Karsten Schmidt* § 237 aF RdNr. 10; *Karsten Schmidt* KTS 1977, 69 f.; differenzierend MünchHdbGesR II/*Polzer* § 93 RdNr. 28.

[28] Denkschrift S. 186; *Blaurock* RdNr. 17.85; *Koenigs* S. 317; Baumbach/*Hopt* § 236 RdNr. 6; Heymann/*Horn* § 236 RdNr. 6; Schlegelberger/*Karsten Schmidt* § 237 aF RdNr. 13; Staub/*Zutt* § 237 aF RdNr. 19;

Soweit nämlich die stille Einlage nicht im Einzelfall wie haftendes Kapital behandelt wird (RdNr. 34 sowie § 230 RdNr. 171 ff., § 236 RdNr. 25 ff.), riskiert der typische stille Gesellschafter außer den auf ihn entfallenden Verlustanteilen stets nur die erbrachte Einlage.[29] Soll allerdings der stille Gesellschafter durch den Erlass von seiner Verpflichtung, den entstandenen Verlust mit seiner rückständigen Einlage zu decken, ersatzlos befreit sein, so ist dies ein nach RdNr. 17 anfechtbarer Erlass des Verlustanteils.[30]

16 **ee) Auszahlung von Gewinnanteilen.** Die Auszahlung von Gewinnanteilen fällt grundsätzlich nicht unter den Begriff der Einlagenrückgewähr, denn bezogener Gewinn verbleibt nach § 232 Abs. 2 auch im Fall späterer Verluste dem Stillen. Soweit allerdings Gewinne nach dieser Vorschrift zur Deckung eines Verlusts hätten verwendet werden müssen, geht der Gewinnbezug auf Kosten der Einlage und stellt eine Einlagenrückgewähr iS von Abs. 1 dar.[31]

17 **b) Erlass des Verlustanteils.** Der Erlass des Verlustanteils eines stillen Gesellschafters ist gleichfalls eine anfechtbare Rechtshandlung. Der Wortlaut stellt klar, dass es sich um *Anteile an entstandenen Verlusten* handeln muss.[32] Die Vereinbarung, dass der stille Gesellschafter von der *Tragung künftiger Verluste* freigestellt sein soll, ist nicht anfechtbar nach § 136 InsO.[33] Das gilt indes nur ex nunc, nicht für das ganze im Zeitpunkt der Vereinbarung noch laufende Geschäftsjahr.[34] Zweifelhaft ist, ob sich eine unterjährige Vereinbarung anfechtungsfrei auf den gesamten Verlust seit dem letzten Bilanzstichtag erstrecken kann. Man wird das verneinen müssen. Die schuldrechtliche Wirksamkeit einer solchen Vereinbarung ändert daran nichts; sie macht vielmehr erst die Anfechtung erforderlich. Anfechtungsfrei dürfte eine solche Abrede vielmehr nur vom nächsten Bilanzstichtag an sein, sofern nicht die Beteiligten eine Zwischenbilanz mit Gewinn- und Verlustrechnung aufstellen.[35]

18 **4. Besondere Vereinbarung. a) Das Tatbestandsmerkmal.** Die anfechtbaren Rechtshandlungen (vgl. oben RdNr. 11 ff.) müssen auf Grund einer im letzten Jahr vor dem Antrag auf Insolvenzverfahrenseröffnung getroffenen **Vereinbarung** vorgenommen worden sein.[36] Die Abhängigkeit des Anfechtungsanspruchs von einer besonderen (die Gläubiger beeinträchtigenden) Vereinbarung lässt die Anfechtung nach § 136 InsO als einen speziellen Fall der inkongruenten Deckung (§ 131 InsO) erscheinen.[37] Die Vereinbarung kann, muss aber nicht, in der *Auflösung der stillen Gesellschaft* bestehen (arg. Abs. 1 Satz 2).[38] An einer Rechtshandlung auf Grund einer Vereinbarung fehlt es, wenn die Einlage zurückgewährt bzw. der Verlustanteil erlassen worden ist, weil der stille Gesellschafter darauf einen gesetzlichen oder vertraglichen Anspruch hatte.[39] Es besteht daher kein Anfechtungsrecht,

MünchKommInsO/*Stodolkowitz/Bergmann* § 136 RdNr. 20; Uhlenbruck/*Hirte* § 136 RdNr. 6; *Karsten Schmidt* KTS 1977, 70 f. mwN.

[29] *Karsten Schmidt* KTS 1977, 65.

[30] Ganz hM; vgl. *Blaurock* RdNr. 17.85; *Nerlich*/Römermann InsO § 136 RdNr. 9; Schlegelberger/*Karsten Schmidt* § 237 aF RdNr. 13; Staub/*Zutt* RdNr. 19.

[31] Vgl. *Blaurock* RdNr. 17.86; MünchHdbGesR II/*Polzer* § 93 RdNr. 28; E/B/J/S/*Gehrlein* RdNr. 15; Heymann/*Horn* § 237 aF RdNr. 8; Schlegelberger/*Karsten Schmidt* § 237 aF RdNr. 14; MünchKommInsO/*Stodolkowitz/Bergmann* § 136 RdNr. 20.

[32] S. auch RGZ 31, 33, 37; *Koenigs* S. 316 f.

[33] *Blaurock* RdNr. 17.84; MünchHdbGesR II/*Polzer* § 93 RdNr. 29; E/B/J/S/*Gehrlein* RdNr. 19; *Nerlich*/Römermann InsO § 136 RdNr. 10; Schlegelberger/*Karsten Schmidt* § 237 aF RdNr. 16.

[34] Schlegelberger/*Karsten Schmidt* § 237 aF RdNr. 16 (dort zu Unrecht noch enger: nur für das künftige Geschäftsjahr).

[35] **AM** MünchKommInsO/*Stodolkowitz/Bergmann* § 136 RdNr. 21.

[36] Vgl. statt aller MünchHdbGesR II/*Polzer* § 93 RdNr. 24 f.; E/B/J/S/*Gehrlein* § 237 RdNr. 5 f.; Schlegelberger/*Karsten Schmidt* § 237 aF RdNr. 6.

[37] MünchKommInsO/*Stodolkowitz/Bergmann* § 136 RdNr. 9.

[38] OLG Hamm NJW-RR 1999, 1415, 1417 = JuS 2000, 300 *(Karsten Schmidt)*; aM wohl Oetker/*Schubert* RdNr. 22 (Aufhebungsvertrag genüge nicht).

[39] BGH NJW 2001, 1270 = ZIP 2001, 243 = WM 2001, 314; Jaeger/*Henckel* InsO § 136 RdNr. 14; *Nerlich*/Römermann InsO § 136 RdNr. 5; Röhricht/v. Westphalen/*v. Gerkan/Mock* RdNr. 29; Schlegelberger/*Karsten Schmidt* § 237 aF RdNr. 6; Uhlenbruck/*Hirte* § 136 InsO RdNr. 9.

wenn sich die Fälligkeit der an den Stillen erbrachten Leistung zu dem Zeitpunkt, an dem diese Leistung tatsächlich erfolgte, bereits aus dem ursprünglichen *Gesellschaftsvertrag* oder einer länger als ein Jahr zurückliegenden Änderung desselben ergab.[40] Eine *Gewinnentnahme,*[41] eine *Einlagenrückgewähr*[42] oder eine (dingliche) *Sicherung,*[43] die bereits von vornherein im Gesellschaftsvertrag zugesagt und fällig war, unterliegt in keinem Fall der Anfechtung nach Abs. 1.[44] Das gilt selbst dann, wenn der Gesellschaftsvertrag überhaupt erst in der nach § 136 InsO relevanten Zeitphase (also im letzten Jahr vor dem Antrag auf Eröffnung des Insolvenzverfahrens) geschlossen worden ist.[45] Die Anfechtung ist ferner ausgeschlossen, wenn die Rückgewähr nach *Ausübung eines gesetzlichen oder vertraglichen Kündigungsrechts* erfolgt ist.[46] Dabei spielt es keine Rolle, ob die Kündigung eine ordentliche oder eine außerordentliche aus wichtigem Grund war und ob der Geschäftsinhaber das Kündigungsrecht anerkannt oder bestritten hat. Erforderlich ist nur, dass die Kündigung nach dem Gesellschaftsvertrag oder nach dem Gesetz berechtigt gewesen ist.[47] Deshalb stellen Aufhebungsverträge, Prozessvergleiche etc. dann keine Vereinbarungen iS von Abs. 1 dar, wenn der Stille die in Frage stehende Leistung ohnedies hätte verlangen können.[48] War dies nicht der Fall, so liegt das Tatbestandsmerkmal einer Rechtshandlung auf Grund besonderer „Vereinbarung" vor. Etwas anderes gilt jedoch, wenn die zur Kündigung berechtigenden Umstände nicht einmal Geschäftsgrundlage der „Vereinbarung" geworden sind[49] oder die Beteiligten einen Abfindungsvergleich in der irrigen oder vorgeschobenen Annahme geschlossen haben, der stille Gesellschafter sei zur Kündigung berechtigt.[50] Auch wenn die Gesellschafter bei Abschluss der Vereinbarung aus durchaus billigenswerten Gründen gehandelt und in keiner Weise die Absicht gehabt haben, die Gläubiger des Geschäftsinhabers zu schädigen, bietet die Vereinbarung keinen Schutz vor späterer Anfechtung.[51] Beruht die Rückgewähr der Einlage auf einer im letzten Jahr vor dem Antrag auf Eröffnung des Insolvenzverfahrens getroffenen Vereinbarung, so ist sie auch dann anfechtbar, wenn sie auf Grund dieser Vereinbarung im Wege der Zwangsvollstreckung erfolgt ist (vgl. auch § 141 InsO).[52]

b) Fehlerhafte Gesellschaft. Nach hM ist § 136 InsO auch auf die fehlerhafte stille 19
Gesellschaft anzuwenden (RdNr. 9). Probleme entstehen allerdings durch das Erfordernis einer der Rückzahlung zugrundeliegenden Vereinbarung. Dieses Merkmal wurde verschiedentlich in Fällen der fehlerhaften stillen Gesellschaft verneint (RdNr. 19).[53] Nach BGHZ 55, 8 = NJW 1971, 375 liegt eine anfechtbare Rechtshandlung nicht vor, wenn die stille Gesellschaft aus wichtigem Grund gekündigt worden ist und deshalb eine gesetzliche

---

[40] RGZ 27, 13, 18; 84, 434, 437 f.; OLG Hamburg HansGZ 1896 H 250, 251 = ZHR 48 (1899) 345 Nr. 342 (Leitsatz); OLG Dresden SächsArch. 1933, 282.

[41] OLG Hamburg HansGZ 1896 H 250, 251.

[42] RGZ 84, 434, 438.

[43] RG Gruchot 29 (1885) 994, 997 = Bolze 2 (1886) Nr. 1101; vgl. auch RGZ 27, 13, 18; BGH WM 1971, 183, 184.

[44] Vgl. nur Heymann/*Horn* § 237 aF RdNr. 3; Schlegelberger/*Karsten Schmidt* § 237 aF RdNr. 6; Staub/*Zutt* § 237 aF RdNr. 7; *Karsten Schmidt* KTS 1977, 70 mwN.

[45] RGZ 84, 434, 438.

[46] BGH NJW 2001, 1270 = ZIP 2001, 243 = WM 2001, 314; OLG Celle NZG 2000, 85, 87; OLG München NZG 2000, 92, 93; OLG Oldenburg NZG 1999, 896, 897; OLG Stuttgart NZG 2000, 93, 94; Kübler/Prütting/Bork/*Preuß* InsO § 136 RdNr. 13; *Noack* RdNr. 669; Uhlenbruck/*Hirte* InsO § 136 RdNr. 9; *Rohlfing/Wegener/Oettler* ZIP 2008, 865, 868.

[47] Schlegelberger/*Karsten Schmidt* § 237 aF RdNr. 6; OLG Oldenburg NZG 1999, 896, 897.

[48] OLG Oldenburg NZG 1999, 896, 897; OLG München NZG 2000, 92, 93; ohne diese Einschränkung Oetker/*Schubert* RdNr. 22.

[49] Vgl. OLG Stuttgart NZG 2000, 93, 94 f.

[50] Vgl. Heymann/*Horn* § 237 aF RdNr. 4; Kübler/Prütting/Bork/*Preuß* InsO § 136 RdNr. 14.

[51] ROHGE 14, 92, 95; RG JW 1900, 621 = SeuffA 56 Nr. 109, immerhin zweifelhaft bei einem Prozessvergleich, der eine objektiv zweifelhafte Rechtslage unter den Parteien endgültig klären sollte.

[52] Staub/*Zutt* § 237 aF RdNr. 10.

[53] BGHZ 55, 5, 10 = NJW 1971, 375; OLG Oldenburg NZG 1999, 896; OLG Celle NZG 2000, 85; OLG Stuttgart NZG 2000, 93; Staub/*Zutt* § 237 RdNr. 7; Uhlenbruck/*Hirte* InsO § 136 RdNr. 5; *Karsten Schmidt* KTS 1977, 70.

Pflicht zur Rückzahlung der Einlage bestand. Dementsprechend ist in einer Reihe von Gerichtsentscheidungen unter Billigung des Bundesgerichtshofs[54] eine Anfechtung nach § 136 InsO (§ 237 HGB aF) abgelehnt worden bei einer unter Verstoß gegen das KWG mit einer Vielzahl typischer stiller Beteiligungen finanzierten Aktiengesellschaft.[55] Demgegenüber hatte das OLG Hamm NJW-RR 1999, 415 = JuS 2000, 300 entschieden, dass der Insolvenzverwalter im Fall einer stillen Publikumsgesellschaft die ausgezahlte Einlage auch dann nach § 136 InsO zurückfordern kann, wenn die Rückzahlung auf einer Anfechtung des Beitritts wegen arglistiger Täuschung beruht. Nach dem Wortlaut und Normzweck des Gesetzes ist dem BGH zuzustimmen, wenn folgende Voraussetzungen zutreffen: Zum einen muss ein Kündigungsrecht (Austrittsrecht), wie im BGH-Fall, auch wirklich bestanden haben; ob sich ein solches generell aus der Fehlerhaftigkeit der Gesellschaft ergeben kann,[56] ist zweifelhaft (dazu § 105 RdNr. 245). Zum zweiten ist der BGH davon ausgegangen, dass es sich um typische stille Einlagen handelte.[57] In einem solchen Fall löst auch eine auf **Anlegerschutz-Schadensersatz** gestützte Rückzahlung der Einlage (§ 230 RdNr. 135) nicht die Anfechtung nach § 136 InsO aus.

20 **5. Relevanter Zeitraum. a) Jahresfrist.** Die Vereinbarung muss **im letzten Jahr vor dem Antrag auf Eröffnung des Insolvenzverfahrens** getroffen worden sein.[58] Liegt die Vereinbarung länger zurück und ist nur die Rückgewähr innerhalb der Jahresfrist erfolgt, ist die Anfechtung ausgeschlossen. Die Frist wird berechnet nach § 139 InsO.

21 **b) Maßgebender Zeitpunkt.** Maßgebender Zeitpunkt für die Berechnung der Frist ist nicht – wie bei §§ 130–134 InsO – die masseschmälernde Rechtshandlung, sondern die ihr zugrundeliegende *Vereinbarung.* Eine vor dem kritischen Zeitraum getroffene Vereinbarung macht allerdings eine im kritischen Zeitraum vollzogene Rechtshandlung nur dann anfechtungsfrei, wenn sich aus ihr ein Anspruch des stillen Gesellschafters auf die Leistung, jedenfalls aber die Möglichkeit ergab, diesen Anspruch zB durch Abruf oder Kündigung ohne Zustimmung des Geschäftsinhabers herbeizuführen.

22 **6. Ausschluss der Anfechtbarkeit (Abs. 2). a) Altes und neues Recht.** Die Anfechtung ist ausgeschlossen, wenn ein Eröffnungsgrund erst nach der Vereinbarung eingetreten ist. Das wird als Schwächung des § 136 InsO gegenüber der Vorgängervorschrift empfunden,[59] denn nach § 237 aF war die Anfechtung nur ausgeschlossen, wenn der Konkurs in Umständen seinen Grund hatte, die erst nach der Vereinbarung der Rückgewähr oder des Erlasses eingetreten waren.[60] Gedacht war an Ereignisse wie Krieg, Embargo, Konjunktureinbruch, Preisverfall, Marktveränderungen, Insolvenz von Vertragspartnern etc. Der Gesetzgeber hat, um Abs. 2 „für die Praxis handhabbar zu machen",[61] dieses Merkmal durch ein anderes ersetzt. Man wird aber Abs. 2 nicht bloß als eine Vereinfachung anzusehen haben, sondern in erster Linie als Anpassung des Anfechtungstatbestands an den Normzweck: § 136 InsO ist nicht als eine Variante der Absichtsanfechtung (§ 133 InsO), sondern als eine Variante der Anfechtung kongruenter Deckungen (§ 130 InsO) zu verstehen. Deshalb kommt es nicht auf die Absichten der Beteiligten, sondern auf die Insolvenz des

[54] BGH NJW 2001, 1270 = ZIP 2001, 243 = WM 2001, 314.

[55] Vgl. OLG Oldenburg NZG 1999, 896 m. Anm. *Michalski/Schuldenburg*; OLG Düsseldorf NZG 1999, 652 m. Anm. *Zeidler*; OLG Celle NZG 2000, 85 m. Anm. *Sosnitza*; OLG München NZG 2000, 92; OLG Stuttgart NZG 2000, 93; OLG Dresden DStR 2000, 649 (allerdings unter Annahme eines partiarischen Darlehens); vgl. auch OLG Köln NZG 2000, 89.

[56] Vgl. mwN OLG Stuttgart NZG 2000, 92, 93.

[57] BGH NJW 2001, 1270, 1271 = ZIP 2001, 243, 244 = WM 2001, 314, 315.

[58] Vgl. zur diesbezüglichen rechtspolitischen Forderung Schlegelberger/*Karsten Schmidt* § 237 aF RdNr. 7 im Anschluss an *Karsten Schmidt* ZGR 1980, 579.

[59] HK/*Kreft* § 136 InsO RdNr. 3.

[60] Dazu ROHGE 14, 93; RG JW 1900, 621 = SeuffA 56 Nr. 109; BGH WM 1982, 896, 898; *Koenigs* S. 320; Düringer/Hachenburg/*Flechtheim* § 342 aF RdNr. 12; Schlegelberger/*Karsten Schmidt* § 237 aF RdNr. 19; Staub/*Zutt* RdNr. § 237 aF 24; *Schneider* BB 1952, 536; *Karsten Schmidt* KTS 1977, 67 f.

[61] BegrRegE InsO BT-Drucks. 12/2443 S. 161.

Geschäftsinhabers im Zeitpunkt der Rechtshandlung an. In diesem Licht ist Abs. 2 auszulegen.

b) Eröffnungsgrund iS von Abs. 2. Eröffnungsgrund iS von Abs. 2 ist nach dem Wortverständnis wie auch nach dem soeben dargestellten Normzweck nicht bloß die **Zahlungsunfähigkeit** (§ 17 InsO) oder ggf. die **Überschuldung** (§ 19 InsO) des Geschäftsinhabers, sondern es genügt **drohende Zahlungsunfähigkeit** (§ 18 InsO).[62] Selbstverständlich ist diese dem Wortlaut entsprechende Interpretation nicht, denn die Insolvenzverfahrenseröffnung im Fall der drohenden Zahlungsunfähigkeit liegt im Belieben des Schuldners und scheint wenig geeignet als Anknüpfungspunkt für zwingenden Gläubigerschutz. Auch kann schwerlich davon gesprochen werden, dass die ex-tunc-Feststellung drohender Zahlungsunfähigkeit besser „für die Praxis handhabbar" ist als die Feststellung, wann bestimmte Ereignisse eingetreten sind (so § 237 Abs. 2 aF). Aber nach dem bei RdNr. 22 geschilderten Normzweck muss wohl auch drohende Zahlungsunfähigkeit genügen. 23

7. Die Beweislast. a) § 136 Abs. 1 InsO. Nach **h. M.** trägt der **Insolvenzverwalter** die Beweislast für sämtliche Voraussetzungen des Abs. 1.[63] Dem ist für den Fall des Erlasses von Verlustanteilen zu folgen, da hier Vereinbarung und anfechtbare Rechtshandlung stets oder doch regelmäßig zusammenfallen. Bei der Einlagenrückgewähr ist dagegen nach der sich aus dem Normzweck ergebenden Risikoverteilung zu unterscheiden:[64] Der Insolvenzverwalter hat darzulegen und im Streitfall zu beweisen, dass im letzten Jahr vor Eröffnung des Insolvenzverfahrens eine masseschmälernde Rückgewähr stattgefunden hat. Den stillen Gesellschafter trifft dagegen die Beweislast dafür, dass diese Rückgewähr nicht auf Grund einer in dem letzten Jahr vor der Eröffnung des Insolvenzverfahrens getroffenen Vereinbarung geschehen ist.[65] Zur Beweislast hinsichtlich Abs. 2 vgl. RdNr. 25. 24

b) § 136 Abs. 2 InsO. Die Beweislast hinsichtlich der Voraussetzungen des Abs. 2 trägt der **stille Gesellschafter.**[66] Er muss also nach § 136 Abs. 2 InsO darlegen und im Streitfall beweisen, dass im Zeitpunkt der Vereinbarung Zahlungsunfähigkeit weder drohte noch eingetreten war noch in den Fällen des § 19 InsO Überschuldung vorlag. 25

8. Die Durchführung der Insolvenzanfechtung. a) Ausübungsberechtigter. Das Anfechtungsrecht wird von dem *Insolvenzverwalter* ausgeübt (§ 129 InsO). Gegner der Anfechtung ist der stille Gesellschafter oder nach § 145 InsO dessen Rechtsnachfolger. Das Anfechtungsrecht erlischt, wenn das Insolvenzverfahren endet. Es verbleibt nicht dem Geschäftsinhaber (also auch nicht zB den Liquidatoren einer als Geschäftsinhaber fungierenden Handelsgesellschaft). 26

b) Geltendmachung. Sie geschieht durch Klage, Widerklage, Einrede oder Replik. Die Ausübung des Anfechtungsrechts bewirkt nicht die Nichtigkeit der angefochtenen Rechtshandlung nach § 142 BGB, sondern sie besteht nur in der Geltendmachung eines schuldrechtlichen Anspruchs auf Rückgewähr in die Masse (§ 143 InsO). Die Anfechtungseinrede (vgl. § 146 Abs. 2 InsO) – zB gegenüber einem Absonderungsrecht oder einem Herausgabeverlangen – ist ein Sonderfall des Arglisteinwands.[67] 27

c) Verjährung. Der Anfechtungsanspruch verjährt nach § 146 InsO in *zwei Jahren* seit der Eröffnung des Insolvenzverfahrens (ein späterer Fristbeginn nach § 147 InsO wird bei 28

---

[62] So auch Kübler/Prütting/Bork/*Preuß* InsO § 136 RdNr. 26; Uhlenbruck/*Hirte* InsO § 136 RdNr. 11.

[63] Vgl. für viele Kübler/Prütting/Bork/*Preuß* InsO § 136 RdNr. 27.

[64] Schlegelberger/*Karsten Schmidt* § 237 aF RdNr. 18.

[65] Zustimmend *Nerlich*/Römermann InsO § 136 RdNr. 15.

[66] Vgl. bereits zu § 342 bzw. § 237 HGB aF ROHGE 14, 92, 94; RG JW 1900, 621 f. = SeuffA 56 Nr. 109; BGHZ 83, 341, 346; *Koenigs* S. 320; Schlegelberger/*Karsten Schmidt* § 237 aF RdNr. 20; Staub/*Zutt* § 237 aF RdNr. 24; *Schneider* BB 1952, 536; *Karsten Schmidt* KTS 1977, 67 f.; *Nerlich*/Römermann InsO § 136 RdNr. 15.

[67] Schlegelberger/*Karsten Schmidt* § 237 aF RdNr. 23.

§ 136 InsO kaum praktisch). Die *Geltendmachung der Anfechtung durch Einrede* wird durch den Ablauf der Frist nicht gehindert (§ 146 Abs. 2 InsO).

29 **d) Anmeldung nach § 236.** Nach § 144 InsO lebt, wenn der Empfänger die anfechtbar empfangene Leistung zurückgewährt, seine Forderung wieder auf. Auch unanfechtbar erworbene akzessorische Sicherheiten – insbesondere von Dritten bestellte Sicherheiten – werden wieder wirksam.[68] Wird die Einlagenrückgewähr nach § 136 InsO rückgängig gemacht, so wird also der stille Gesellschafter seine Forderung nach § 236 Abs. 1 zur Tabelle anmelden. Anders, wenn die Einlage wie haftendes Kapital behandelt wird; dazu § 236 RdNr. 2, 33.[69] Eine nachträgliche Anmeldung ist nach § 177 InsO möglich.

III. Analoge Anwendung des § 136 InsO?

30 **1. Masselose Liquidation?** § 136 InsO gibt **nur dem Insolvenzverwalter** in der Insolvenz des Unternehmensträgers, nicht aber dem Liquidator bei der Liquidation masseloser Gesellschaften das Anfechtungsrecht (vgl. RdNr. 4, 10). Die insolvenzfreie Liquidation erweist sich hier, wie in vielen anderen Fragen,[70] als Stiefkind des Insolvenzrechts. Obwohl der Insolvenzrechtsgesetzgeber bei der Neuformulierung des Anfechtungsgesetzes diesem Bedürfnis hätte entsprechen können, sollte die analoge Anwendung, wie schon vor Geltung der Insolvenzordnung,[71] in Betracht gezogen werden.[72] Die bisher hM führt nämlich zu dem unbefriedigenden Ergebnis, dass der Stille vor dem Risiko des § 136 InsO im schwereren Fall (Masselosigkeit) bewahrt bleibt, während er im minder schweren Fall (Insolvenzverfahrenseröffnung) der Anfechtung ausgesetzt ist. Bejaht man die analoge Anwendung im Fall der Masselosigkeit, so resultiert daraus ein für die Gläubiger pfändbarer Anspruch.

31 **2. Unterbeteiligung?** Bei der Unterbeteiligung (§ 230 RdNr. 191 ff.) ist umstritten, ob § 136 InsO im Insolvenzverfahren über das Vermögen des Hauptgesellschafters analog angewendet werden kann.[73] Soweit die Ablehnung auf den zwingenden Charakter des § 136 InsO gestützt wird,[74] ist sie offenkundig unhaltbar. Die Analogiebasis ist allein deshalb zweifelhaft, weil die Unterbeteiligung der stillen Gesellschaft zwar in der schuldrechtlichen Gestaltung der Risikobeteiligung gleicht, sich aber von ihr darin unterscheidet, dass sich der Unterbeteiligte nicht als Gesellschafter am Unternehmen, sondern am Gesellschaftsanteil des Hauptgesellschafters still beteiligt.[75] Der Normzweck des § 136 InsO zielt aber auf Masseauffüllung in der Unternehmensinsolvenz. Ob er die Analogie trägt, ist zweifelhaft, denn die analoge Anwendung des § 136 InsO kommt unmittelbar nur der Insolvenzmasse des Hauptgesellschafters, nicht der des Unternehmens, zugute und kann nur vom Verwalter im Insolvenzverfahren des Hauptbeteiligten, nicht des Unternehmensträgers, geltend gemacht werden. Der bei RdNr. 1 genannte Normzweck (Auffüllung der Masse in der Unternehmensinsolvenz) spricht jedenfalls dann für eine analoge Anwendung, wenn die anzufechtende Maßnahme unmittelbar oder mittelbar auch die den Unternehmensgläubigern zur Verfügung stehende Haftungsmasse schmälert.[76] Das ist erstens der

---

[68] Vgl. RGZ 3, 208, 209 f.; 20, 157, 160; BGH KTS 1974, 96, 98 = NJW 1974, 57; Schlegelberger/*Karsten Schmidt* § 237 aF RdNr. 27.

[69] *Blaurock* RdNr. 17.104; *Koenigs* S. 321; Schlegelberger/*Karsten Schmidt* § 237 aF RdNr. 27; Staub/*Zutt* § 237 aF RdNr. 27; *Karsten Schmidt* KTS 1977, 71.

[70] *Karsten Schmidt* ZIP 1982, 9 ff.

[71] Vgl. Schlegelberger/*Karsten Schmidt* § 237 aF RdNr. 31.

[72] Schlegelberger/*Karsten Schmidt* § 237 aF RdNr. 31; zustimmend *Nerlich*/Römermann InsO § 136 RdNr. 18.

[73] Verneinend: *Blaurock* RdNr. 30.23 f.; *Koenigs* S. 346 ff.; *Ulbrich* S. 156; E/B/J/S/*Gehrlein* RdNr. 29; Heymann/*Horn* § 237 aF RdNr. 33; *Koller*/Roth/Morck § 236 RdNr. 9; MünchKommInsO/*Stodolkowitz*/*Bergmann* § 136 RdNr. 7; *Nerlich*/Römermann InsO § 136 RdNr. 18; Staub/*Zutt* § 237 aF RdNr. 16.

[74] E/B/J/S/*Gehrlein* § 237 RdNr. 29.

[75] Schlegelberger/*Karsten Schmidt* § 237 aF RdNr. 32.

[76] S. auch *Karsten Schmidt* DB 1976, 1709; zust. Röhricht/v. Westphalen/*v. Gerkan*/*Mock* RdNr. 39; unentschieden Oetker/*Schubert* RdNr. 26.

Fall, wenn der Hauptgesellschafter – etwa als Komplementär – für die Unternehmensverbindlichkeiten persönlich haftet, zweitens aber auch dann, wenn die Rückzahlung der Einlagen an Unterbeteiligte Folge eines Kapitalentzuges bei der Hauptgesellschaft ist und Ansprüche gegen den Hauptgesellschafter auslöst. Hier jedenfalls ist dem Verwalter im Insolvenzverfahren des Hauptgesellschafters analog § 136 InsO eine Anfechtungsmöglichkeit gegenüber den Untergesellschaftern einzuräumen.[77] Eine lückenlose analoge Anwendung des § 136 InsO auf Unterbeteiligungsverhältnisse bezöge demgegenüber auch die Eigengläubiger („Privatgläubiger") des Hauptgesellschafters in den Schutz ein. Das dürfte außerhalb des Normzwecks liegen.

3. Gesellschafterdarlehen? Im Schrifttum war vor der GmbH-Novelle 1980 vorgeschlagen worden, man solle (kapitalersetzende) Gesellschafterdarlehen (seit 1980 §§ 32 a, b GmbHG aF, 135 InsO, 6 AnfG, 129 a, 172 a HGB) der Regelung des § 136 InsO unterwerfen.[78] Dieser Vorschlag war bereits vor der GmbH-Novelle 1980 **abzulehnen.**[79] Spätestens seit der GmbH-Novelle 1980 ist er auch historisch überholt.[80] Es gilt § 135, nicht § 136 InsO. 32

4. Langfristige Fremdfinanzierung von Unternehmen? Noch nicht ausdiskutiert ist der Vorschlag des Verfassers, § 136 InsO *auf die langfristige Fremdfinanzierung von Unternehmen entsprechend anzuwenden.*[81] Er hat erwartungsgemäß ein unterschiedliches Echo gefunden.[82] Bei OLG Dresden DStR 2000, 649 = NZG 2000, 302 m. Anm. *Sosnitza*, OLG Hamm NZI 2000, 544, 545 und OLG Schleswig NZG 2000, 1176 wird er abgelehnt. Der hier vertretenen Auffassung liegt die Annahme zugrunde, dass der Normzweck des § 136 InsO (RdNr. 3) nicht bei dem Gesellschaftscharakter der stillen Gesellschaft und insbesondere nicht bei dem Unterschied zwischen der stillen Einlage und einem Kredit (§ 230 RdNr. 57 ff.) anknüpft, sondern bei dem durch langfristige Finanzierung entstehenden Informationsvorsprung des stillen Gesellschafters. Die Voraussetzung einer analogen Anwendung des § 136 InsO ist eine doppelte: Der Kreditnehmer muss Träger eines Unternehmens, typischerweise, jedoch nicht notwendig, eines kaufmännischen Unternehmens sein (vgl. sinngemäß § 230 RdNr. 19 ff.); der Kredit muss der langfristigen Fremdfinanzierung des Unternehmens dienen, also im Einvernehmen der Parteien einen nicht nur vorübergehenden Kapitalbedarf decken. Dem nahe liegenden Einwand, diese Analogievoraussetzungen seien zu unbestimmt, ist entgegenzuhalten: Auch das Gesetz bedient sich, indem es die Norm auf stille Gesellschaftsverhältnisse beschränkt, eines Unterscheidungskriteriums, das nicht nur schwer abgrenzbar ist (§ 230 RdNr. 57), sondern dessen Merkmale überdies nicht mit dem Normzweck des § 136 InsO in Einklang zu bringen sind. Die hier vorgeschlagene Analogie wird namentlich in drei Konstellationen praktisch: Erstens in den nicht seltenen Fällen, in denen statt einer stillen Beteiligung ein partiarisches Darlehen aufgenommen wird;[83] zweitens dann, wenn der Kreditgeber Gesellschafter der Kreditnehmerin ist, der Kredit aber nicht nachweisbar eigenkapitalersetzend iS der §§ 32 a Abs. 1 GmbHG, 129 a, 172 a HGB war (es geht nicht zuletzt um Fälle, in denen Darlehen mit dem Ziel abgezogen werden, dem Zugriff des Eigenkapitalersatzrechts zu entgehen); drit- 33

---

[77] Schlegelberger/*Karsten Schmidt* § 237 aF RdNr. 32.

[78] Scholz/*Winter* GmbHG 6. Aufl. § 13 RdNr. 49, §§ 32 a, b RdNr. 17; *Immenga,* Kapitalgesellschaft S. 415; *Elsing,* Erweiterte Kommanditistenhaftung und atypische Kommanditgesellschaft, 1977, S. 137 ff.; *Tittel,* Gesellschafterdarlehen im Konkurs der GmbH, Diss. München 1969, S. 52 ff.; *Steindorff* ZHR 132 (1969), 280 f.; *Sonnenberger* NJW 1969, 2036.

[79] Vgl. Schlegelberger/*Karsten Schmidt* § 237 aF RdNr. 33.

[80] *Karsten Schmidt* ZIP 1981, 697.

[81] Schlegelberger/*Karsten Schmidt* § 237 aF RdNr. 34; *Karsten Schmidt* ZHR 140 (1976), 492; KTS 1977, 71 f.; NJW 1977, 107 f.; ZIP 1981, 697.

[82] Nachweise zur ablehnenden hM bei Jaeger/*Henckel* InsO § 136 RdNr. 20; zustimmend zB *Landsmann* S. 180 ff.

[83] ZB OLG Dresden DStR 2000, 649 m. Anm. *Haas* = NZG 2000, 302; abl. auch OLG Hamm NZI 2000, 544, 545 (wo aber ein unmittelbarer Anwendungsfall, nämlich eine stille Beteiligung vorgelegen haben dürfte); OLG Schleswig NZG 2000, 1176.

tens kann die analoge Anwendung die Anfechtung eines Abzugs langfristiger Kredite in der Insolvenz auch gegenüber institutionellen Kreditgebern vereinfachen.

34 **5. Analoge Anwendung auf den Entzug der Einlagen von Handelsgesellschaften?** Bisher nicht diskutiert worden ist die analoge Anwendung des § 136 InsO auf den Entzug von Eigenkapital in der Krise. In Betracht kommen zB: die Zahlung eines Einziehungsentgelts an einen GmbH-Gesellschafter und die Abfindung eines Kommanditisten, soweit der Kapitalschutz (§§ 30 GmbHG, § 172 Abs. 4 HGB) nicht zum Zuge kommt (ausführlicher noch in der 2. Aufl. RdNr. 37-39). Die hM erkennt hier kein Schutzbedürfnis.

Konzernrecht der Personengesellschaften

Schrifttum: *Altmeppen,* Abschied vom „Qualifiziert faktischen" Konzern, 1991; *ders.*, Zum Vorstandsdoppelmandat in einer beherrschten AG & Co KG, ZIP 2008, 437; *Baumgartl,* Die konzernbeherrschte Personengesellschaft, 1986; *Beuthien,* Konzernbildung und Konzernleitung kraft Satzung, ZIP 1993, 1589; *Binnewies,* Die Konzerneingangskontrolle in der abhängigen Gesellschaft, 1996; *Binz/Sorg,* Die GmbH & Co. KG, 11. Aufl. 2011; *Bitter,* Konzernrechtliche Durchgriffshaftung bei Personengesellschaften, 2000; *Brändel,* Änderungen des Gesellschaftsvertrages durch Mehrheitsentscheidung, FS Fischer, 1985, S. 95; *Burbach,* Das Recht der konzernabhängigen Personengesellschaft, 1989; *Drygala,* Gesellschafterregress im Personengesellschaftskonzern, FS Raiser, 2005, S. 63; *Ebenroth,* Die Konzernierung der Personengesellschaft zwischen Vertragsfreiheit und Minderheitenschutz, FS Boujong, 1996, S. 99; *Eberl-Borges,* Die Haftung des herrschenden Unternehmens für Schulden einer konzernabhängigen Personengesellschaft, WM 2003, 105; *Ehrhardt,* Die GmbH & Co. KG aus konzernrechtlicher Sicht, 1996; *Emmerich,* Das Konzernrecht der Personengesellschaften – Rückblick und Ausblick –, FS Stimpel, 1985, S. 743; *Flume,* Die Personengesellschaft, 1977; *Gekeler,* Der personengesellschaftsrechtliche Konzern im Licht des aktienrechtlichen Konzernmodells, Diss. Tübingen 1993; *Gerber,* 4. Teil – Personengesellschaften im Konzern, in: Sudhoff, Personengesellschaften, 8. Aufl. 2005; *Haar,* Die Personengesellschaft im Konzern, 2006; *dies.*, Unternehmensfinanzierung in der Personengesellschaft zwischen Kernbereich und Mehrheitsmacht, NZG 2007, 601; *Heck,* Personengesellschaften im Konzern, Diss. Osnabrück 1986; *Henssler,* Die Betriebsaufspaltung – Konzernrechtliche Durchgriffshaftung im Gleichordnungskonzern, ZGR 2000, 479; *Hepting,* Die Personengesellschaft als Konzernobergesellschaft: Informationsrechte des außenstehenden Gesellschafters, FS Pleyer, 1986, S. 301; *Hösch,* Konzernbildung und zwingende gesetzliche Kompetenzverteilung in der AG, der GmbH und bei Personengesellschaften, WiB 1997, 231; *Huber,* Das Auskunftsrecht des Kommanditisten, ZGR 1982, 539; *ders.*, Betriebsführungsverträge, ZHR 152 (1988), 1; *Jäger,* Personengesellschaften als herrschende Unternehmen, DStR 1997, 1770; *ders.*, Personengesellschaften als abhängige Unternehmen, DStR 1997, 1813; *Kleindiek,* Strukturvielfalt im Personengesellschafts-Konzern, 1991; *Kronke,* Grenzüberschreitende Personengesellschaftskonzerne – Sachnormen und Internationales Privatrecht, ZGR 1989, 473; *Laule,* Der herrschende Kommanditist als unbeschränkt haftendes Unternehmen, FS Semler, 1993, S. 541; *Liebscher,* § 50 – Die GmbH & Co. KG als Konzernbaustein, in: Sudhoff, Die GmbH & Co. KG, 6. Aufl. 2005; *ders.*, GmbH-Konzernrecht, 2006; *Limmer,* Die Haftung im qualifizierten faktischen Personengesellschaftskonzern, GmbHR 1992, 265; *Löffler,* Die abhängige Personengesellschaft, 1988; *ders.*, Betriebsführungsverträge mit Personengesellschaften, NJW 1983, 2920; *Löw,* Die Abhängigkeit der Personenhandelsgesellschaft, 1987; *Loos,* Betriebsführungsverträge und damit verbundene Generalvollmacht bei Handelsgesellschaften, BB 1963, 615; *Marienfeld,* Konzernproblematiken bei der Publikumspersonengesellschaft, 2001; *Michalski,* OHG-Recht, 2000; *Mülbert,* Aktiengesellschaft, Unternehmensgruppe und Kapitalmarkt, 2. Aufl. 1996; *ders.*, Funktionsauslagerung bei Kreditinstituten aus gesellschafts- und konzernrechtlicher Sicht, in Hadding/Hopt/Schimansky (Hrsg.), Funktionsauslagerung (Outsourcing) bei Kreditinstituten, 2001, S. 3; *ders.*, Die Haftung im qualifiziert faktischen GmbH-Konzern nach „TBB", DStR 2001, 1937; *Ochsenfeld,* Abhängigkeits- und Konzernierungstatbestände bei der Abschreibungs-KG, 1982; Paefgen, Die Gewinnverwendung in der GmbH & Co. KG und ihrer Unternehmensgruppe nach „Otto", FS Schneider, 2011, S. 929; *Priester,* Jahresabschlussfeststellung bei Personengesellschaften, DStR 2007, 28; *ders.*, Grundsatzfragen des Rechts der Personengesellschaften im Spiegel der Otto-Entscheidung des BGH, DStR 2008, 1386; *Raiser,* Beherrschungsvertrag im Recht der Personengesellschaften, ZGR 1980, 558; *ders.*, Wettbewerbsverbote als Mittel des konzernrechtlichen Präventivschutzes, FS Stimpel, 1985, S. 855; *Dieter Reuter,* Richterliche Kontrolle der Satzung von Publikums-Personengesellschaften?, AG 1979, 321; *ders.*, Die Personengesellschaft als abhängiges Unternehmen, ZHR 146 (1982), 1; *ders.*, Ansätze eines Konzernrechts der Personengesellschaft in der höchstrichterlichen Rechtsprechung, AG 1986, 130; *Roitzsch,* Der Minderheitenschutz im Verbandsrecht, 1981; *Schanze/Kern,* Sanierungsversuch und Konzernhaftung, AG 1991, 421; *Schießl,* Die beherrschte Personengesellschaft, 1985; *ders.*, Die Informationsrechte der Personenhandelsgesellschafter im Lichte der GmbH-Novelle 1980, GmbHR 1985, 109; *Karsten Schmidt,* Abhängigkeit, faktischer Konzern, Nichtaktienkonzern und Divisionalisierung im Bericht der Unternehmensrechtskommission, ZGR 1981, 455; *Schneider,* Die Auskunfts- und Kontrollrechte des Gesellschafters in der verbundenen Personengesellschaft, BB 1975, 1353; *ders.*, Die Personengesellschaft als verbundenes Unternehmen, ZGR 1975, 253; *ders.*, Zur Wahrnehmung von Mitgliedschaftsrechten an Tochtergesellschaften einer Personengesellschaft, FS Bärmann, 1975, S. 873; *ders.*, Die Personengesellschaft als herrschendes Unternehmen im Konzern, ZHR 143 (1979), 485; *ders.*, Mehrheitsprinzip und Mitwirkungserfordernis bei Gesellschafterbeschlüssen, AG 1979, 57; *ders.*, Die Personengesellschaft als Konzernunternehmen, BB 1980, 1057 = in: Jahrbuch der Fachanwälte für Steuerrecht 1980/81, 355; *ders.*, Konzernbildung, Konzernleitung und Verlustausgleich im Konzernrecht der Personengesellschaften, ZGR 1980, 511; *ders.*, Konzernleitung als Rechtsproblem, BB 1981, 249; *Stehle,* Gesellschafterschutz gegen fremdunternehmerischen Einfluss in der Personenhandelsgesellschaft, 1986; *Stimpel,* Anlegerschutz durch Gesellschaftsrecht in der Publikums-Kommanditgesellschaft, FS Fischer, 1979, S. 771; *ders.*, Rückblick auf das „Gervais"-Urteil, in: Ulmer (Hrsg.) Probleme des Konzernrechts, 1989, S. 11; *Teichmann,* Gestaltungsfreiheit in Gesellschaftsverträgen, 1970; *Tröger,* Treupflicht im Konzernrecht, 2000; *Ulmer,* Grundstrukturen eines Personengesellschaftskonzernrechts, in: Ulmer (Hrsg.), Probleme des Konzernrechts, 1989, S. 26; Unternehmensrechtskommission, in: Bundesministerium der Justiz (Hrsg.), Bericht über die Verhandlungen der Unternehmensrechtskommission, 1980; *Wertenbruch,* Beschlussfassung in Personengesellschaft und KG-Konzern, ZIP 2007, 798; *Westermann*, Geschäftsführung im Personengesellschafts-Konzern, ZIP 2007, 2289; *Wiedemann,* Die Unternehmensgruppe im Privatrecht, 1988; *ders.,* Verbandssouveränität und Außeneinfluß, FS Schilling, 1973, S. 105; *Wiedemann/Hirte,* Die Konkretisierung der Pflichten des herrschenden Unternehmens, ZGR 1986, 163.

Übersicht

A. Grundlagen

I. Gegenstand und Begriff

1 Das Personengesellschaftskonzernrecht als ein Teil des Konzerngesellschaftsrechts hat bislang keine gesetzliche Regelung erfahren. In der Begrifflichkeit des § 15 AktG handelt es sich um das Recht der verbundenen Personengesellschaft; im Einklang mit der üblichen sprachlichen Vereinfachung zum Konzernrecht ist nachfolgend vom Personengesellschaftskonzernrecht die Rede. Seine Regelungsgegenstände umfassen in Anlehnung an das weithin gesetzlich normierte Aktienkonzernrecht zum einen die Unternehmensverbindungen iS des § 15 AktG unter Beteiligung mindestens einer Personengesellschaft und zum anderen die hieran beteiligten Personengesellschaften selbst.

II. Erscheinungsformen verbundener Personengesellschaften

2 **1. Untergeordnete, übergeordnete und gleichgeordnete Personengesellschaften.** Die rechtliche Qualität der Unternehmensverbindungen iS des § 15 AktG ist ganz unterschiedlich, und damit auch der Status der jeweiligen Beteiligten.

Systembildend lassen sich zwei Kategorien von **Unternehmensverbindungen** unterscheiden: (hierarchische) Über-/Unterordnungsverhältnisse und Gleichordnungsverhältnisse. Zu den **hierarchischen** (Über-/Unterordnungs-)**Verbindungen** zählen neben dem Beherrschungsvertrag, dem faktischen Konzern sowie dem schlicht faktischen Abhängigkeitsverhältnis auch die Mehrheitsbeteiligung. Zu den **Gleichordnungsverbindungen** gehören der Betriebspacht- und der Betriebsüberlassungsvertrag, die Gewinngemeinschaft und der Gleichordnungskonzern, aber auch der (Teil-)Gewinnabführungsvertrag. 3

Aufbauend auf die Unterscheidung von hierarchischen und gleichgeordneten Unternehmensverbindungen kommt einer Personengesellschaft als verbundenem Unternehmen iS des § 15 AktG je nachdem der **Status** eines **untergeordneten, übergeordneten** oder **gleichgeordneten** Unternehmens zu. Demgegenüber reflektiert die tradierte Unterscheidung von abhängigen und herrschenden Unternehmen (s. § 17 AktG) weder, dass auch die schlichte Mehrheitsbeteiligung in § 15 AktG genannt ist,[1] noch trägt sie dem Umstand Rechnung, dass bei zahlreichen Verbindungsformen ein Gleichordnungsvehältnis und gerade kein hierarchisches Über-/Unterordnungsverhältnis besteht. 4

2. Rechtstatsachen. Für die Beteiligung von Personengesellschaften an Unternehmensverbindungen iS des § 15 AktG fehlen wie auch sonst im Konzernrecht detailliertere statistische Angaben. Gleichwohl darf als gesichert gelten, dass Personengesellschaften als **untergeordnete** Unternehmen in der Praxis keine ganz vereinzelte Erscheinung darstellen,[2] wobei die GmbH & Co. KG im Vordergrund steht. Im Übrigen beruht die Beherrschung einer Personengesellschaft meist auf einer entsprechenden Ausgestaltung des Gesellschaftsvertrags. Ursächlich hierfür ist die weitgehende Gestaltungsfreiheit bei Personengesellschaftsverträgen (§§ 109, 163), die einen Rückgriff auf den Beherrschungsvertrag iS des § 291 Abs. 1 S. 1 1. Alt. AktG nahezu entbehrlich macht. Hingegen ist die praktische Inexistenz von Gewinnabführungsverträgen daraus zu erklären, dass die körperschafts- und gewerbesteuerrechtlichen Regeln der Organschaft (s. §§ 14, 17 KStG, § 2 GewStG) für Personengesellschaften nicht gelten.[3] 5

Als **übergeordnetes** Unternehmen ist die Personengesellschaft durchaus häufig anzutreffen, und zwar schon aufgrund der zahlreichen Fälle der Betriebsaufspaltung durch Verpachtung des Unternehmens der (bisherigen)[4] OHG oder KG an eine Tochter-GmbH. Zurückzuführen ist die Attraktivität dieser Rechtsform als Obergesellschaft bislang vor allem auf steuerliche Gegebenheiten sowie auf die auch weiterhin geltende Freiheit von der Mitbestimmung auf Unternehmensebene (s. § 1 Abs. 1 Nr. 1 MitBestG).[5] 6

Über die Verbreitung von Gleichordnungsverbindungen, etwa Gleichordnungskonzernen, unter Beteiligung einer Personengesellschaft als **gleichgeordnetem** Unternehmen ist über einige Einzelfälle hinaus nichts bekannt. 7

3. Typen der beherrschten Personengesellschaft. a) Tatsächliche Erscheinungsvielfalt und typenbezogene Regelbildung. Die Beherrschung einer Personengesellschaft ist aufgrund der im Personengesellschaftsrecht bestehenden weitgehenden Freiheit bei der Gestaltung des Gesellschaftsvertrags (s. §§ 109, 163) in zahlreichen Formen denkbar. Die in concreto zur Anwendung gelangende Beherrschungsform hängt insbesondere vom Anlass für die Begründung der beherrschenden Stellung ab. Zusammengenommen führen diese Faktoren in der Rechtswirklichkeit zur Herausbildung einer **Vielzahl** teilweise 8

[1] Der Begriff des herrschenden Unternehmens findet nachfolgend iS von übergeordnetem Unternehmen Verwendung, soweit keine Mißverständnisse zu gewärtigen sind.

[2] S. schon *Reuter* AG 1986, 130: von 440 Inlandstochtergesellschaften der (früheren) VEBA AG weisen 73 die Rechtsform einer Personengesellschaft auf; nunmehr *Haar* S. 66 f. zur Medienbranche. Ausführlich zum Einsatz der Personengesellschaft als steuerliches Gestaltungsinstrument im Konzern nach alter Rechtslage *Müller-Dott* in Schaumburg, Kölner Konzernrechtstage – Steuerrecht und steuerorientierte Gestaltungen im Konzern, 1998, S. 113 ff.; weitere Gründe nennt Staub/*Schäfer* § 105 Anh. RdNr. 5.

[3] S. BFHE 71, 722, 725; 73, 278, 282: Personengesellschaft kann nicht Organgesellschaft sein.

[4] Ob mit Verpachtung des Unternehmens das Merkmal der gewerblichen Tätigkeit und damit die Kaufmannseigenschaft verloren geht, ist streitig. S. RdNr. 318 aE mwN.

[5] Ausführlich zu den genannten und weiteren Gründen *Heck* S. 12 ff.

erheblich voneinander abweichender **Erscheinungsformen** beherrschter Personengesellschaften und erschweren die Herausbildung eines konsistenten, von den Besonderheiten des Einzelfalles abstrahierenden Regelwerks zum Schutze der Gesellschaft sowie ihrer außenstehenden Gesellschafter und Gläubiger vor den Gefahren der Abhängigkeit. Zu begegnen ist diesen Schwierigkeiten mit einer **Regelbildung** anhand standardisierter **Typen** beherrschter Personengesellschaften.[6]

9 **b) Typenreihe.** Die folgende Typenreihe beherrschter Personengesellschaften schreibt eine von der Unternehmensrechtskommission[7] vorgelegte und in der Zwischenzeit auch von anderen[8] übernommene Unterscheidung unter Hinzufügung des Typs D fort.[9] Das **typusprägende** Merkmal besteht in der **Eigenart** des gesellschaftsrechtlich begründeten **beherrschendes Einflusses** des herrschenden Unternehmens auf den innergesellschaftlichen Willensbildungsprozess in der untergeordneten Personengesellschaft:

10 – Typ A: das herrschende Unternehmen ist unbeschränkt persönlich haftender **Gesellschafter** einer OHG/KG mit **Alleingeschäftsführungsbefugnis** und -vertretungsbefugnis, die übrigen Gesellschafter sind zumindest von der Geschäftsführung gesellschaftsvertraglich ausgeschlossen oder jedenfalls nur mit dem herrschenden Unternehmen zusammen geschäftsführungsbefugt. Nach seiner Rechtsform kann es sich beim herrschenden Unternehmen – vorbehaltlich der Typ B zuzuordnenden Komplementär-GmbH/AG ohne sonstige unternehmerische Tätigkeit – auch um eine Gesellschaft handeln.

11 – Typ B: das Unternehmen beherrscht **mittelbar** eine **KG**, indem es die **Komplementär-GmbH/AG** ohne sonstige unternehmerische Tätigkeit einer typischen GmbH & Co. KG beherrscht. Dass das herrschende Unternehmen, insbesondere im Falle der personengleichen GmbH & Co. KG (§ 161 RdNr. 92), zugleich Kommanditist der KG ist, hindert – vorbehaltlich einer gleichzeitigen Erfüllung der Voraussetzungen des Typ C – nicht die Zuordnung zu diesem Typ. Liegt eine Einheits-GmbH & Co. KG (§ 161 RdNr. 95) vor, fungiert also die KG ihrerseits als Alleingesellschafterin der GmbH, kann eine mittelbare Beherrschung der KG auch darauf beruhen, dass einem Kommanditisten im Gesellschaftsvertrag der GmbH ein Weisungsrecht gegenüber dem GmbH-Geschäftsführer eingeräumt ist.[10]

12 – Typ C: herrschendes Unternehmen kraft des Gesellschaftsvertrags ist ein **Kommanditist.**[11] In der ersten Gestaltungsvariante hält der Kommanditist eine **Mehrheitsbeteiligung** an einer auf das Mehrheitsprinzip festgelegten KG, deren Gesellschaftsvertrag abweichend von § 116 auch für wichtigere Fragen im Bereich der gewöhnlichen Geschäfte (Abs. 1) eine Zuständigkeit der Gesellschafter vorsieht;[12] in der zweiten Variante verleiht der Gesellschaftsvertrag allein dem Kommanditisten organschaftliche Alleingeschäftsführungsbefugnis,[13] sei es als **Sonderrecht** auf die alleinige Alleingeschäftsführung oder als umfassendes **Weisungsrecht** gegenüber den Geschäftsführern.

13 – Typ D: herrschendes Unternehmen ist ein Gesellschafter oder Dritter kraft seines Weisungsrechts gegenüber den Geschäftsführern aus einem § 291 Abs. 1 S. 1 1. Alt. AktG

[6] S. Staub/*Schäfer* § 105 Anh. RdNr. 7 f.

[7] Unternehmensrechtskommission RdNr. 1709 ff.

[8] ZB *Bitter* S. 25 ff. mit weiteren Verfeinerungen.

[9] Ebenso jetzt Staub/*Schäfer* § 105 Anh. RdNr. 8 f. Die Übernahme der von der Unternehmenskommission geprägten Typenreihe A, B und C dient der Vermeidung von Mißverständnissen. Systematisch befriedigender im Hinblick auf das zugrundegelegte typusprägende Merkmal wäre die folgende Reihung: Typ A, Typ C, Typ D, Typ B.

[10] Zur Zulässigkeit dieser Gestaltung s. nur § 161 RdNr. 99 Fn. 230; Baumbach/*Hopt* § 177 a Anh. RdNr. 27; *Konzen* NJW 1989, 2977, 2982.

[11] In Parallele zu den Typen A/B ist theoretisch eine Abwandlung des Typs C dergestalt denkbar, dass als Kommanditist eine Gesellschaft ohne anderweitige unternehmerische Tätigkeit beteiligt ist, die ihrerseits vom mittelbar herrschenden Unternehmen kontrolliert wird.

[12] Heymann/*Emmerich* § 105 Anh. RdNr. 4.

[13] Die persönlich haftenden Gesellschafter verfügen entweder über Gesamtgeschäftsführungsbefugnis zusammen mit dem Kommanditisten oder sind von der Geschäftsführung ganz ausgeschlossen.

nachempfundenen **Beherrschungsvertrag** mit der Gesellschaft. Hierzu gehört auch, dass bei einer GmbH & Co. KG ein Gesellschafter der GmbH mit der KG einen derartigen Vertrag schließt.

Nicht in diese Typenreihe gehört zum einen die bloße Vereinbarung eines **dienenden Verbandszwecks** (RdNr. 132). Denn die hierbei gesellschaftsvertraglich vorgenommene Ausrichtung der Gesellschaft auf die Abhängigkeit bzw. die Konzernierung verschafft dem herrschenden Unternehmen noch keine korrespondierenden Leitungsbefugnisse. Zum anderen fällt die als **schuldrechtlicher Beherrschungsvertrag** bekannte Vereinbarung eines Dritten mit der Gesellschaft heraus (RdNr. 169). Der Vertragspartner erlangt bei dieser Gestaltung allein ein Weisungsrecht gegenüber der Gesellschaft selbst, nicht aber beherrschenden Einfluss auf den innergesellschaftlichen Willensbildungsprozess. 14

III. Aufgaben des Personengesellschaftskonzernrechts

Im Hinblick auf die Regelungsaufgaben des Personengesellschaftskonzernrechts ist vorab das Spektrum möglicher Regelungsfunktionen konzernrechtlicher Normierungen aufzufächern. 15

1. Unternehmensverbindungen als Prozess und als Zustand. Eine Unternehmensverbindung im Sinne eines bestimmten organisatorischen Zustands ist Ergebnis eines entsprechenden Entstehungsprozesses.[14] Dieser kann je nach Verbindungsform mehrere Schritte umfassen, etwa den Erwerb einer Mehrheitsbeteiligung mit anschließender faktischer Konzernierung, aber auch in einem Schritt bestehen, etwa dem Abschluss eines Beherrschungsvertrags mit einer Gesellschaft, an der bislang keine (Mehrheits-)Beteiligung vorliegt. 16

2. Schutz- und organisationsrechtliche Regelungsziele. Konzernrechtliche Regelungen sowohl für den Entstehungsprozess als auch für das Bestehen einer Unternehmensverbindung können ganz unterschiedliche, geradezu gegensätzliche Ziele verfolgen. Mit der verbreitet postulierten **Dichotomie** vom Konzernrecht als **Schutzrecht** und als **Organisationsrecht**[15] wird diese Funktionsvielfalt **unzureichend** erfasst. 17

Den **Entstehungsprozess** betreffende konzernrechtliche Regelungen können einerseits verhindern, dass nach allgemeinen Vorschriften an sich zulässige Formen der Unternehmensverbindung gebildet werden. Gegenläufig ist aber auch denkbar, dass das Konzernrecht die Bildung von Unternehmensverbindungen überhaupt erst ermöglicht, indem es hierfür bestehende Hindernisse wie etwa § 23 Abs. 5 AktG ausräumt. Schließlich kommt in Betracht, dass das Konzernrecht in einer Art Mittelweg die Entstehungsmodalitäten einer Unternehmensverbindung modifiziert, zB durch die nach allgemeinen Regeln nicht vorgesehene Einschaltung der Gesellschafter. Diese konzernrechtlichen Gesetzesmodifikationen können ganz unterschiedlich motiviert sein. Die Gesellschaftermitwirkung etwa lässt sich ebenso zum Schutze der Gesellschafter wie in Verfolgung eines eher formalen Ordnungsanliegens vorsehen. 18

Bei der konzernrechtlichen Normierung der **Unternehmensverbindung** als Zustand lassen sich ebenfalls drei Wirkungsrichtungen unterscheiden. Zunächst können entsprechende Vorschriften die Durchführung einer bestehenden Verbindung zu unterbinden suchen. In einer konsistenten Konzernrechtsordnung kommt dies nur in Betracht, wenn sich wie etwa beim qualifiziert faktischen Konzern die Herausbildung der Unternehmensverbindung als solcher nicht verhindern lässt. Umgekehrt können zustandsbezogene Regeln auch erst die Voraussetzungen für die Praktizierung einer Unternehmensverbindung schaffen oder, wie etwa § 311 AktG, die diesbezüglichen Möglichkeiten hierfür jedenfalls verbessern. Schließlich, und hier liegt ein Schwerpunkt des geltenden Konzernrechts, modifi- 19

[14] Grundlegend noch immer *Lutter/Timm* NJW 1982, 409.

[15] *Lutter,* FS Volhard, 1997, S. 105, 113; Forum Europaeum Konzernrecht ZGR 1998, 672, 678, 681; *Karsten Schmidt* GesR § 17 II 1 a (S. 491). Für eine Kritik an dieser Dichotomie s. zunächst GroßkommAktG/*Windbichler* Vor § 15 RdNr. 41 ff.; ausführlich unten RdNr. 36.

zieren zustandsbezogene Bestimmungen die Funktionsbedingungen gegenüber den allgemeinen Vorschriften. Wiederum lassen sich diese Abweichungen sowohl mit dem Schutz der Gesellschafter und der Gläubiger als auch mit Bedürfnis nach einer systematischen Ordnung der Unternehmensverbindung motivieren.

20 **3. Aufgaben des Personengesellschaftskonzernrechts.** Vor dem Hintergrund der vorstehend skizzierten Funktionsmöglichkeiten konzernrechtlicher Normierungen lassen sich die Aufgaben des Personengesellschaftskonzernrechts wie folgt umreißen.

21 **a) Ordnung im Recht der Obergesellschaft.** Erwirbt eine Personengesellschaft eine Beteiligung oder unternimmt eine Ausgliederung, mindern die Gegenkräfte aus dem Recht der Untergesellschaft den Einfluss der Obergesellschaft – und damit den Einfluss ihrer geschäftsführenden und sonstigen Gesellschafter – auf die in der Untergesellschaft verselbständigten Vermögenswerte. Soweit die unternehmerische Steuerung und die Ausübung der auf die Untergesellschaft bezogenen Beteiligungsrechte in der Zuständigkeit der Geschäftsführer (§ 116 Abs. 1) verbleiben, erleiden die Einflussmöglichkeiten der nichtgeschäftsführenden Gesellschafter auf die von der Obergesellschaft stammenden Unternehmensteile eine noch weitergehende Verkürzung. Als Reaktion hierauf gilt es, die gesetzestypisch auf die unverbundene Gesellschaft ausgerichteten Maßstäbe für die **Mitwirkungsrechte** der (außenstehenden) Gesellschafter (§ 116 Abs. 2) und für ihre **Einsichts-** und **Auskunftsrechte** (§§ 118, 166) ordnend **anzupassen.** Die den Gesellschaftern zukommende weitgehende Gestaltungsfreiheit bezüglich des Innenverhältnisses der Gesellschaft (§§ 109, 163) macht diese Adaption nicht entbehrlich. Vielmehr folgt daraus nur, dass die Gesellschafter auch insoweit über große Freiräume für abweichende gesellschaftsvertragliche Ordnungen der Obergesellschaft verfügen. Für die Anpassung spielen die im Recht der Untergesellschaft maßgeblichen Unterscheidungen – Konzernierung, Abhängigkeit, schlichte Mehrheits-, bloße Minderheitsbeteiligung – keine maßgebliche Rolle, auch wenn der Einflussverlust sich mit sinkendem Beteiligungsumfang verstärkt.

22 **b) Schutzrecht auf der Ebene der beherrschten Gesellschaft.** Bezüglich der Personengesellschaft als Untergesellschaft bedarf es aufgrund der weitgehenden gesellschaftsvertraglichen Regelungsspielräume im Innenverhältnis (§§ 109, 163) keiner besonderen gesetzlichen Regelungen, um ihre Konzerneinbeziehung zu ermöglichen. Umgekehrt bedeutet die Möglichkeit eines gesellschaftsvertraglich verankerten Selbstschutzes bei Gründung der Gesellschaft aber auch, dass ein per se-Verbot der Einbeziehung in den Konzern oder der Durchführung der Konzernierung nicht veranlasst ist. Für beide Bereiche kommen vielmehr nur punktuelle **Adaptionen** zum **Schutze** der **außenstehenden Gesellschafter** und der **Gläubiger** gegenüber konzernspezifisch erhöhten Gefahren in Betracht.

23 Gesellschaftern und Gläubigern drohen typischerweise keine erhöhten Gefahren, solange der Gesellschaftsvertrag einer Personengesellschaft das gesetzlich vorgesehene **Einstimmigkeitskeitsprinzip** (s. §§ 709 Abs. 1, 711 BGB, §§ 114 Abs. 1, 115 Abs. 1, 119 Abs. 1) verwirklicht. Selbst bei gesellschaftsvertraglichen Abweichungen vom gesetzlichen Leitbild der Einstimmigkeit bedarf eine einfache oder auch qualifizierte schlichte Mehrheitsbeteiligung noch keiner Sonderbehandlung, weil das gemeinsame Interesse aller Gesellschafter an Erhalt und Mehrung des Gesellschaftsvermögens immer noch hinreichenden Minderheiten- und Gläubigerschutz leistet.

24 **Anders** liegt es erst, wenn ein Gesellschafter als **herrschendes Unternehmen** zur Förderung seiner fremdunternehmerischen Sonderinteressen faktisch oder gar gesellschaftsvertraglich legitimiert **Einfluss** auf die von ihm beherrschte Personengesellschaft **ausüben kann.** Die daraus resultierenden Gefahren für die Gesellschaft, insbesondere für ihre Kapitalausstattung und Liquidität,[16] mit ihren Folgewirkungen für die außenstehenden Gesellschafter und Gläubiger verlangen nach adäquaten Schutzvorkehrungen; und dies gilt umso mehr, wenn das herrschende Unternehmen selbst keine unbeschränkte persönliche Haf-

[16] Detaillierung möglicher Gefahren bei BGHZ 89, 162, 166 = NJW 1984, 1351.

tung trifft. Auf permanente Einflussnahmen des herrschenden Unternehmens kommt es nicht an; sein bloßes Vorhandensein kann die Geschäftsführer zu einem – gegebenenfalls pflichtwidrigen – Verhalten im Interesse des herrschenden Unternehmens veranlassen und die außenstehenden Gesellschafter an der effektiven Ausübung ihrer gesellschafterlichen Kontrollrechte hindern.

IV. Rechtsformspezifisches Personengesellschaftskonzernrecht

Ausdrückliche gesetzliche Regelungen zum Personengesellschaftskonzernrecht finden sich vor allem im **AktG.** Normadressaten der §§ 291–318 AktG als dem Kernstück des materiellen Aktienkonzernrechts, aber auch etwa der §§ 20, 56 Abs. 2, 71 d, 71 e Abs. 1 S. 1, 100 Abs. 2 Nr. 2, 136 Abs. 2 AktG sind alle Unternehmen, und damit auch als Außengesellschaften ausgestaltete Personengesellschaften. Darüber hinaus hat der Gesetzgeber die §§ 15–18 AktG als „vor die Klammer gezogene" Definitionsnormen im Recht der verbundenen Unternehmen unter durchgängiger Verwendung des Begriffs Unternehmen rechtsformneutral ausgestaltet. Dennoch kommt auch diesen Bestimmungen im (Personen-)Gesellschaftskonzernrecht nur begrenzte Bedeutung zu. Dazu näher RdNr. 38 ff. 25

Für die Ausformung und Fortbildung des Personengesellschaftskonzernrechts **im Übrigen** verbleiben neben einer den Spezifika verbundener Personengesellschaften angepassten Interpretation von Normen des HGB zwei Möglichkeiten: Rückgriff auf die klassischen Instrumente des Personengesellschaftsrechts wie die Treuepflicht und die actio pro socio sowie die analoge Anwendung der aktiengesetzlichen Normierungen. Letzteres kommt schon unter methodischen Gesichtspunkten nur insoweit in Betracht, als sowohl eine Lücke im Personengesellschaftsrecht feststellbar ist, als auch die Vergleichbarkeit mit dem aktienrechtlichen Regelungssachverhalt gegeben ist. Allerdings ist diese grundsätzliche Entscheidung zugunsten eines **rechtsformspezifischen** Personengesellschaftskonzernrechts[17] wie im GmbH-Konzernrecht lediglich für die schlicht abhängige und die faktisch konzernierte Personengesellschaft von weitreichender Bedeutung, nicht aber für die vertraglich konzernierte Personengesellschaft. 26

V. Inhalt und Aufbau der Kommentierung

An Unternehmensverbindungen iS des § 15 AktG knüpfen sich Rechtsfragen auf ganz verschiedenen Gebieten. Außerhalb des Konzerngesellschaftsrechts finden sich Rechtsregeln mit Konzernbezug etwa im Konzernrechnungslegungsrecht, im Konzernsteuerrecht, im Konzernarbeitsrecht sowie in weiteren Bereichen.[18] Insoweit beschränkt sich der Inhalt der Kommentierung auf die **gesellschaftsrechtlichen** Fragestellungen von Unternehmensverbindungen unter Beteiligung mindestens einer Personengesellschaft. 27

Bei einer Binnendifferenzierung des Gesellschaftsrechts der Unternehmensverbindungen (unter Beteiligung mindestens einer Personengesellschaft) ergeben sich vier große **Regelungskomplexe:**[19] 28

- die Regeln über den Entstehungsprozess der verbundenen Gesellschaft;
- die Regeln über das Binnenrecht der Gesellschaft als Beteiligte einer bestehenden Unternehmensverbindung;
- die Beziehung der verbundenen Unternehmen zueinander;
- die Regeln über die Beziehung verbundener Unternehmen zu Dritten.

Die folgenden Erläuterungen unternehmen keine umfassende Darstellung dieser vier interdependenten Regelungskomplexe. Vielmehr liegt ihr Schwerpunkt bei den **Besonderheiten,** die aus der (künftigen) Beteiligung mindestens einer Personengesellschaft an einer Unternehmensverbindung resultieren, dh. dem Recht der verbundenen Personengesell-

---

[17] Ausführlicher dazu Staub/*Schäfer* § 105 Anh. RdNr. 15 f.; mit im einzelnen divergierenden Begründungen ferner *Schießl* S. 61 ff.; *Löffler* S. 56.

[18] Für einen Überblick s GroßkommAktG/*Windbichler* Vor § 15 RdNr. 23 ff.

[19] Dazu auch *Schneider* in Mestmäcker/Behrens, Das Gesellschaftsrecht der Konzerne, 1991, S. 563, 568 ff.

schaft bzw., in gängiger sprachlicher Vereinfachung, dem **Personengesellschaftskonzernrecht.**

29 Der **Aufbau** der Kommentierung orientiert sich am unterschiedlichen Status der an einer Unternehmensverbindung beteiligten Personengesellschaften. Nach einer Erörterung der auch für das Personengesellschaftskonzernrecht relevanten aktiengesetzlichen Grundbegriffe (RdNr. 30 ff.) sind die Regeln für die Personengesellschaft als Obergesellschaft (RdNr. 65 ff.) und sodann für die Personengesellschaft als beherrschte Gesellschaft (RdNr. 114 ff.) zu erläutern. Abschließend ist auf die gleichgeordnete Personengesellschaft einzugehen (RdNr. 312 ff.).

B. Adaptionen der aktiengesetzlichen Begrifflichkeit betreffend verbundene Unternehmen

I. Unmittelbar anwendbare Aktienrechtsvorschriften

30 Bei den Regeln für die Personengesellschaft als **Obergesellschaft** spielt die aktiengesetzliche Begrifflichkeit praktisch **kaum** eine Rolle. Selbst die Reichweite der Einsichts- und Auskunftsrechte der §§ 118, 166 ist unabhängig von den §§ 15–18 AktG zu bestimmen (s. RdNr. 103). Als **Ausnahmen** sind insbesondere drei Fälle zu erwähnen: Ob erstens eine Personengesellschaft **„andere Partei“** eines Unternehmensvertrags iS der §§ 291 Abs. 1, 292 Abs. 1 AktG sein kann, bemisst sich jeweils anhand des aktienrechtlichen Begriffs des (herrschenden) Unternehmens (RdNr. 67); im Falle einer AG als intendiertem Partner des Unternehmensvertrags folgt dies aus der direkten Anwendung dieser Vorschriften, im Falle einer Personengesellschaft oder GmbH als intendiertem Partner aus den diesbezüglichen Regelungszwecken des Personengesellschafts- bzw. GmbH-Konzernrechts. Ganz ähnlich bestimmt der aktienrechtliche Begriff des herrschenden Unternehmens zweitens, ob eine Personengesellschaften gegenüber einer abhängigen AG faktische Konzernleitungsmacht ausüben darf (§ 311 AktG). Eine dritte Anknüpfung des Personengesellschaftskonzernrechts an die aktienrechtliche Begrifflichkeit resultiert daraus, dass zu den **außergewöhnlichen Geschäften** der Obergesellschaft (§§ 116 Abs. 2, 164 S. 1 2. HS) auch die verschiedenen Konzernierungsvorgänge zählen, die eine Verlustausgleichspflicht der Obergesellschaft begründen (dazu näher RdNr. 82). In Bezug genommen werden damit die Begriffe des herrschenden Unternehmens sowie des Konzerns.

31 Für die Personengesellschaft als **Untergesellschaft** liegt es etwas anders. Zwar finden die §§ 311 ff. AktG keine analoge Anwendung (RdNr. 199), so dass eine anhängige Personengesellschaft im Unterschied zur abhängigen AG keine nachteiligen „Weisungen“, wenn auch gegen einen gegebenenfalls gestreckten Nachteilsausgleich, nachkommen darf. Jedoch setzt der Anspruch auf unbeschränkten Verlustausgleich (RdNr. 191 ff.) voraus, dass einem Unternehmen die Möglichkeit zur Ausübung konzernstiftender einheitlicher Leitung (beherrschungs)vertraglich eingeräumt wird. In der Folge setzt auch ein Anspruch von Gläubigern analog § 303 AktG (RdNr. 247 ff.) notwendig voraus, dass eine Abhängigkeitslage bzw. eine Konzernlage bestand.

II. Maßgeblichkeit der aktienrechtlichen Begriffsprägung?

32 Die durchgängig an den Unternehmensbegriff anknüpfenden **§§ 15–18 AktG** sind rechtsformübergreifend konzipierte Definitionsnormen. Nach praktisch einhelliger Auffassung gelten diese Normen und damit die aktiengesetzliche Begrifflichkeit in ihrer Konkretisierung durch Rechtsprechung und Schrifttum im Grundsatz **auch** für verbundene Unternehmen in der Rechtsform der **Personengesellschaft.** Erforderlich seien lediglich einige personengesellschaftsspezifische Modifikationen insbesondere im Hinblick darauf,

dass das Personengesellschaftsrecht im Gegensatz zum Aktienrecht vom Einstimmigkeitsprinzip ausgeht.[20]

Bedenken gegen dieses Problemverständnis folgen aus einem von der hM ganz ausgeblendeten grundsätzlichen Unterschied zwischen dem **Aktienrecht** und dem **Personengesellschaftsrecht** (und dem GmbH-Recht). Das Binnenorganisationsverhältnis wird im Aktienrecht vom Grundsatz der **Satzungsstrenge** beherrscht (§ 23 Abs. 5 AktG), wogegen im Personengesellschaftsrecht insoweit weitestgehende **Gestaltungsfreiheit** besteht (§§ 109, 163). Hieran knüpft sich für die §§ 291 ff., 311 ff. AktG die Frage ob diese Regelungskomplexe schwerpunktmäßig als Schutzrecht zugunsten der beherrschten Gesellschaft, ihrer außenstehenden Aktionäre und ihrer Gläubiger konzipiert ist oder ob sie das Hindernis des § 23 Abs. 5 AktG durch die Schaffung besonderer Konzernorganisationsformen überwinden sollen. Eine organisationsrechtliche Deutung der §§ 291 ff., 311 ff. AktG im zweiten Sinne hat nämlich zwangsläufig Auswirkungen auf das inhaltliche Verständnis der drei konzernrechtlichen Schlüsselbegriffe: herrschendes Unternehmen, Abhängigkeitslage, Konzern. Da andererseits im Personengesellschaftsrecht (und im GmbH-Recht) weitestgehende Gestaltungsfreiheit besteht, zieht eine solche organisationsrechtliche Rekonstruktion der aktiengesetzlichen Begrifflichkeit notwendig die Folgefrage nach sich, ob diese Neuvermessung auch für die verbundenen Gesellschaften anderer Rechtsformen von Relevanz ist. Von der Antwort hierauf hängt ab, inwieweit sich die anhand des materiellen Rechts der verbundenen Aktiengesellschaft erarbeiteten Erkenntnisse überhaupt auf verbundene Personengesellschaften übertragen lassen. 33

Im **Folgenden** ist daher zunächst die aktiengesetzliche Konzeption des Verhältnisses der §§ 291 ff., 311 ff. AktG zu den §§ 15–18 AktG zu umreißen (RdNr. 35 ff.). Im Anschluss daran wird zu klären sein, inwieweit die hierfür erarbeiteten Ergebnisse sich im Grundsatz auf das Personengesellschaftskonzernrecht übertragen lassen (RdNr. 48 f.). Abschließend sind hierbei notwendige personengesellschaftsspezifische Adaptionen aufzuzeigen (RdNr. 50 ff.). 34

III. Aktienrechtliche Regelungskonzeption des Rechts der verbundenen Unternehmen

1. Die schutzrechtsorientierte Interpretation der §§ 15–18 AktG. Die Funktion der §§ 15–18 AktG ist nach bislang ubiquitärem Verständnis wie folgt zu umreißen: Die Vorschriften definieren die zentralen aktiengesetzlichen Begriffe im Recht der verbundenen Unternehmen – herrschendes Unternehmen, Abhängigkeitslage, Konzern – und bestimmen als sozusagen vor die Klammer gezogene Definitionsnormen über den Anwendungsbereich der Rechtsfolgenormen des materiellen Rechts der verbundenen Aktiengesellschaft. Als weitgehend formale Definitionsnormen bedarf es für ihre teleologische Interpretation allerdings des Rückgriffs auf die Vorschriften des materiellen Aktienrechts der verbundenen Unternehmen. Dementsprechend legte der **BGH** im Veba/Gelsenberg-Urteil den Begriff des (herrschenden) Unternehmens im Lichte des Normzwecks der §§ 311 ff. AktG aus. Indem er den Zweck dieser Vorschriften im Schutz der abhängigen AG, ihrer außenstehenden Aktionäre und der Gläubiger erblickte, gelangte er zu einer schutzzweckorientierten Interpretation dieses Begriffs,[21] die eine Vielzahl von Folgeentscheidungen zur ständigen Rechtsprechung verdichtet hat.[22] Bereits zuvor hatte er den Begriff der Abhängigkeit iS des § 17 Abs. 1 AktG ebenfalls unter Berufung auf den Schutzzweck der 35

[20] *Emmerich/Habersack* Konzernrecht § 33 RdNr. 9; Staub/*Schäfer* § 105 Anh. RdNr. 21; *Schießl* S. 4; Heymann/*Emmerich* § 105 RdNr. 3; Schlegelberger/*Martens* § 105 Anh. RdNr. 4; Baumbach/*Hopt* § 105 RdNr. 101; *Kleindiek* S. 4 ff.; *Laule,* FS Semler, 1993, S. 541, 545; mit im Detail unterschiedlich weitgehenden Einschränkungen auch *Baumgartl* S. 5 f.; *Löffler* S. 8; *Stehle* S. 27 (bloßes Hilfsmittel der Erkenntnisbildung); gänzlich gegen die Anwendbarkeit der §§ 15 ff. AktG auf Personengesellschaften *Werner,* Der aktienrechtliche Abhängigkeitstatbestand, 1979, S. 91.

[21] BGHZ 69, 334, 336 f. = NJW 1978, 104.

[22] BGHZ 80, 69, 72 = NJW 1981, 1512; 115, 187, 190 = NJW 1991, 3142; 122, 123, 126 ff. = NJW 1993, 1200; 135, 107, 113 f. = NJW 1997, 1855; BGH NJW 1994, 446.

§§ 311 ff. AktG aus der Sicht der abhängigen Gesellschaft interpretiert.[23] Im Gefolge dieser beiden Entscheidungen hat das **Schrifttum** einmütig diese schutzzweckorientierte Interpretation der §§ 15–17 AktG für die in diesen Normen verwendeten Begriffe übernommen.[24] Unterschiedliche Akzentsetzungen betreffen allenfalls die Frage, ob sich die Auslegung primär am Schutzzweck der §§ 311 ff. AktG[25] oder maßgeblich auch an den sonstigen Rechtsfolgenormen des materiellen Rechts der verbundenen Unternehmen zu orientieren hat.[26]

36 **2. Kritik und organisationsrechtliche Reinterpretation.** Dieses systematisch-teleologische Verständnis der §§ 15–18 und 291–328 AktG wird unter zwei Aspekten in Frage gestellt.[27] Die **Kritik** bestreitet erstens, dass es sich bei den §§ 291 ff., 311 ff. AktG primär um Schutzregeln zugunsten der abhängigen AG, ihrer außenstehenden Aktionäre und der Gläubiger handelt, und zweitens, dass es sich bei den §§ 15–18 AktG um die zentralen aktiengesetzlichen Definitionsnormen im Recht der verbundenen Aktiengesellschaft handelt:

– Was den ersten Kritikpunkt anbelangt, ist es für den Beherrschungsvertrag offenkundig, dass das Regelungsprogramm des materiellen Aktienkonzernrechts **nicht** (primär) auf **Schutzzwecke** ausgerichtet ist. Vielmehr gestatten die §§ 291 ff. AktG zunächst, eine AG mittels eines Beherrschungsvertrags überhaupt einer – auch nachteiligen – Konzernleitung zu unterwerfen (s. § 308 AktG), und kompensieren dies mit besonderen vermögensschützenden Regeln zugunsten der konzernierten AG, ihrer außenstehenden Aktionäre und Gläubiger (§§ 300 ff., 304 ff. AktG). Ebenso gestatten auch die §§ 311 ff. AktG primär, dass ein Unternehmen in seinem Sonderinteresse auf eine AG Einfluss nehmen darf,[28] und knüpfen erst hieran bestimmte Schutzkautelen zugunsten der AG. Dass der BGH im Veba-Gelsenberg-Urteil – und in seinem Gefolge die allgemeine Meinung – das Normzweckprogramm der §§ 311 ff. AktG auf ein Schutzanliegen verkürzte, beruhte auf der im Zeitpunkt seiner Entscheidung noch vorherrschenden These von der Unzulässigkeit des faktischen Aktienkonzerns.

– Für den zweiten Punkt ist zunächst auf den Wortlaut des § 291 Abs. 1 S. 1 AktG zu verweisen. Danach kommt nur ein (herrschendes) Unternehmen als „andere Partei" des mit der AG erst noch abzuschließenden Beherrschungs- und Gewinnabführungsvertrags in Betracht.[29] Ebenso erlaubt § 311 AktG eine Einflussnahme im Sonderinteresse nur, sofern der Einflussnehmende bereits über Unternehmensqualität verfügt und die AG vom ihm abhängig ist. Der **Unternehmens-** und der **Abhängigkeitsbegriff** der **§§ 291 Abs. 1 S. 1, 311 Abs. 1 AktG** bestimmen also darüber, wem unter welchen Voraussetzungen der **Zugang** zur Verwendung der **konzernrechtlichen Organisationsformen** der §§ 291 ff., 311 ff. AktG eröffnet ist (organisationsberechtigender[30] Unternehmens-/Abhängigkeitsbegriff). Erst wenn ein herrschendes Unternehmen und eine abhängige AG iS dieser Normen vorliegen, legen ihnen die §§ 15, 17, 18 Abs. 1 AktG den **Status** eines verbundenen, herrschenden etc. Unternehmens bei, an den dann weitere Rechtsfolgen knüpfen.

37 Die vorstehend skizzierte Kritik spricht für ein primär **organisationsrechtliches Verständnis** der §§ 291 ff., 311 ff. AktG und, darauf aufbauend, eine organisationsrechtlichen

[23] BGHZ 62, 193, 196 ff. = NJW 1974, 855.

[24] S. statt aller *Hüffer* AktG § 15 RdNr. 8, § 17 RdNr. 3; KK/*Koppensteiner* AktG § 15 RdNr. 8, 10, 20, § 17 RdNr. 11 f.;. im Grundsatz auch GroßkommAktG/*Windbichler* § 15 RdNr. 11, § 17 RdNr. 9 ff.

[25] *Ulmer* ZGR 1978, 457, 460; KK/*Koppensteiner* AktG § 17 RdNr. 12; *Hüffer* AktG § 17 RdNr. 3.

[26] GroßkommAktG/*Windbichler* § 17 RdNr. 9, 15.

[27] Zum folgenden näher *Mülbert* ZHR 163 (1999), 1 ff.; knapper K. Schmidt/Lutter/*Vetter* AktG § 15 RdNr. 35 ff.

[28] Ablehnend noch immer etwa *Krause* AG 2000, 217, 221; *Tröger* S. 170 ff.; *ders.* ZGR 2009, 447, 463 f.; *Wackerbarth* Der Konzern 2010, 261, 267 ff.

[29] Dazu auch noch RdNr. 67 mwN in Fn. 90 f.

[30] Die Vorauflage sprach demgegenüber noch von „prozesskontrollierend". Diese Begrifflichkeit war geprägt von den zwei Facetten einer Konzernierung als Zustand und als Prozess, weniger von der Funktion der beiden Begriffe im Rahmen der §§ 291 Abs. 1, 311 Abs. 1 AktG.

Interpretation der aktiengesetzlichen Definitionen zu verbundenen Unternehmen:[31] Ausgangspunkt für die organisationsrechtliche Interpretation des Normzweckprogramms der §§ 293 ff., 311 ff. AktG ist der spezifisch aktienrechtliche Grundsatz der Satzungsstrenge (§ 23 Abs. 5 AktG). In Verbindung mit der Bestimmung, dass der Vorstand die Gesellschaft eigenverantwortlich zu leiten hat (§ 76 Abs. 1 AktG), schließt dieser Grundsatz aus, eine AG durch Satzungsgestaltung der einheitlichen Leitung eines fremden Unternehmens zu unterstellen. Um gleichwohl Organisationsformen für die Koordination wirtschaftlicher Tätigkeiten unter Beteiligung einer AG verfügbar zu machen, stellte der Gesetzgeber in materieller Durchbrechung des Grundsatzes der Satzungsstrenge drei Sonderformen der abhängigen AG als Bausteine für die Konzernorganiation zur Verfügung: eingegliederte, vertraglich konzernierte und faktisch abhängige AG. Ihnen ist gemeinsam, dass ein herrschendes Unternehmen auf eine AG Einfluss nehmen darf, um in seinem Interesse die Wirtschaftstätigkeit der AG mit seiner eigenen Tätigkeit zu koordinieren. Diese organisationsrechtliche „Politik der §§ 291 ff. AktG" bestimmt daher sowohl das Verständnis des organisationsberechtigenden Unternehmens-/Abhängigkeitsbegriffs der §§ 291 Abs. 1, 311 Abs. 1 AktG als auch die Interpretation des darauf aufbauenden statusdefinierenden Unternehmens-/Abhängigkeitsbegriffs der §§ 15, 17, 18 Abs. 1 AktG.

3. Konsequenzen für die aktiengesetzlichen Definitionen zu verbundenen Unternehmen. Diese organisationsrechtliche Reinterpretation der aktiengesetzlichen Regelungszusammenhänge und Definitionen hat Konsequenzen für Gesetzessystematik (Rdnr. 39 ff.) und Begriffsinhalte (RdNr. 42 ff.). 38

a) Gesetzessystematik. In gesetzessystematischer Hinsicht verlieren die §§ 15–18 AktG ihre zentrale Stellung als vor die Klammer gezogene Definitionen für das gesamte Recht der verbundenen Unternehmen. Die **organisationsberechtigenden** (RdNr. 36) Begriffe des materiellen Aktienkonzernrechts – herrschendes Unternehmen (§§ 291 Abs. 1, 311 Abs. 1 AktG), Abhängigkeitslage (§ 311 Abs. 1 AktG), Konzern – normieren vielmehr die **Zugangsvoraussetzungen** für die in den §§ 15–18 AktG ordnend zusammengefassten konzernrechtlichen **Unternehmensverbindungen.** Den Beteiligten einer solchen Unternehmensverbindung weisen die **§§ 15–18 AktG** sodann der **Status** eines herrschenden bzw. abhängigen Unternehmens zu. Hieran knüpfen die reinen **Rechtsfolgenormen** des materiellen Aktienkonzernrechts schließlich bestimmte Konsequenzen, seien es unmittelbar an Rechtsträger mit Unternehmensstatus adressierte Verhaltensgebote und -verbote (zB §§ 20, 56 Abs. 2, 71 d, 71 e Abs. 1 S. 1, 89 Abs. 2 S. 2, 100 Abs. 2 Nr. 2, 136 Abs. 2 AktG) oder aber an Dritte adressierte Regelungen mit Bezug auf verbundene Unternehmen (zB §§ 71 Abs. 1 Nr. 2, 71 a Abs. 1 S. 2, 89 Abs. 4 S. 2, 90 Abs. 1 S. 2, 115 Abs. 3 S. 2, 131 Abs. 1 S. 1 S 2, Abs. 3 S. 1 Nr. 1, 145 Abs. 4 S. 2, 192 Abs. 2 Nr. 3, 400 Abs. 1 AktG). 39

Aus dieser Gesetzessystematik folgt zugleich, dass im Rahmen der organisationsberechtigenden Definitionen die **Vermutungskette** der §§ 17 Abs. 2, 18 Abs. 1 S. 2 AktG entsprechende Anwendung findet. 40

Als **Konsequenz** dieser Rekonstruktion der gesetzessystematischen Zusammenhänge kommt den **organisationsberechtigenden** (RdNr. 36) Schlüsselbegriffen – herrschendes Unternehmen (§§ 291 Abs. 1, 311 Abs. 1 AktG), Abhängigkeitslage (§ 311 Abs. 1 AktG), Konzern – **zentrale** Bedeutung zu. Zugleich determinieren sie die gleichlautenden Begriffe der statusdefinierenden Normen (§§ 15–18 AktG). Die jeweils korrespondierenden Begriffe stimmen nämlich mit Notwendigkeit überein, weil den Beteiligten einer bestehenden Unternehmensverbindung iS der §§ 15–18 AktG aufgrund ihrer Beteiligung zwingend auch der Status eines verbundenen, abhängigen, herrschenden etc. Unternehmens zugewiesen ist. 41

[31] Zum folgenden näher *Mülbert* ZHR 163 (1999), 1, 24 ff., 28 ff.; ebenso jetzt K. Schmidt/Lutter/*Vetter* AktG § 15 RdNr. 35 ff.; s. auch *Veil,* Unternehmensverträge, 2003, S. 64 ff.; Spindler/Stilz/*Veil* AktG Vor § 291 RdNr. 8 f.; ferner – teilweise kritisch – *Karsten Schmidt,* FS Lutter, 2000, S. 1167, 1180 ff.; *ders.,* FS Koppensteiner, 2001, S. 191, 196 ff; ganz ablehnend KK/*Koppensteiner* AktG § 15 RdNr. 13, § 291 RdNr. 12; *Tröger* ZGR 2009, 447, 463 f.

42 **b) Inhalte der organisationsberechtigenden Begriffe.** Als inhaltliche Konsequenzen des organisationsrechtlichen Konzernrechtsverständnisses sind die folgenden Punkte hervorzuheben:

43 Herrschendes **Unternehmen**[32] ist jeder Rechtsträger mit anderweitiger unternehmerischer Interessenbindung.[33] Dies folgt ohne weiteres daraus, dass die Konzernorganisationsformen der §§ 291 ff., 311 ff. AktG allein zur Befriedigung unternehmerischen Organisationsbedarfs zur Verfügung gestellt sind. Bei **multiplem Beteiligungsbesitz** besteht ein solcher Koordinationsbedarf erst, wenn sich der Aktionär auf der Grundlage einer anderweitigen maßgeblichen Beteiligung unternehmerisch durch Ausübung von Leitungsmacht betätigt; das bloße Vorhandensein einer anderweitigen Mehrheitsbeteiligung begründet noch keine Unternehmenseigenschaft.[34] Ebenso fehlt einem Rechtsträger die Unternehmenseigenschaft, wenn er seine gesamten Aktivitäten in einer **Holding** bündelt, die die zusammengefassten Beteiligungen auch tatsächlich selbst verwaltet.[35] Schließlich ist eine **öffentlich-rechtliche Körperschaft** entgegen der Position des BGH im VW/Niedersachsen-Urteil[36] nicht bereits dann Unternehmen, wenn sie eine einzige Beteiligung hält; der öffentlich-rechtlichen Körperschaften aufgrund ihrer nichterwerbswirtschaftlichen Ziele immanente Interessenkonflikt verleiht in organisationsrechtlicher Perspektive noch keine Unternehmenseigenschaft.[37]

44 Für die **Abhängigkeitslage** ist nach der organisationsrechtlichen Deutung des § 311 Abs. 1 AktG kennzeichnend, dass das Gesetz einem herrschenden Unternehmen die **Möglichkeit** eröffnet, eine AG zur Koordination des unternehmerischen Ressourceneinsatzes der **einheitlichen Leitung** zu unterwerfen. Insofern die konzernstiftende einheitliche Leitung die intensivste Form unternehmerischer Koordination zweier rechtlich selbstständiger Wirtschaftssubjekte bildet, lässt sich die Abhängigkeit auch als Durchgangsstadium zur ulti-

---

[32] Zum folgenden näher *Mülbert* ZHR 163 (1999), 1, 31 ff.

[33] Im Ausgangspunkt ebenso die ganz hM. S. in stRspr. BGHZ 69, 334, 337 = NJW 1978, 104; BGHZ 80, 69, 72 = NJW 1981, 1512; BGHZ 95, 330, 337 = NJW 1986, 188; BGHZ 115, 187, 190 = NJW 1991, 3142; BGHZ 122, 123, 126 ff. = NJW 1993, 1200; BGHZ 135, 107, 113 = 1997, 1855; BGH AG 1980, 342; NJW 1994, 446; 3288, 3290; WM 2001, 1461, 1462; aus dem Schrifttum s. nur KK/*Koppensteiner* AktG § 15 RdNr. 20 f.; GroßkommAktG/*Windbichler* § 15 RdNr. 11; MünchKommAktG/*Bayer* § 15 RdNr. 13; *Hüffer* AktG § 15 RdNr. 8; MünchHdb. AG/*Krieger* § 68 RdNr. 6; *Emmerich*/Habersack, Aktien- und GmbH-Konzernrecht, § 15 RdNr. 9; *Emmerich/Habersack* Konzernrecht § 2 RdNr. 6 ff.; *Lutter/Hommelhoff* § 13 Anh. RdNr. 7; Staub/*Schäfer* § 105 Anh. RdNr. 22; Ulmer/Habersack/Winter/*Casper* GmbHG § 77 Anh. RdNr. 20; Schlegelberger/*Martens* § 105 Anh. RdNr. 5; *Liebscher* RdNr. 56.

[34] BGH NJW 1994, 446; BSG 1995, 279, 282 (Beteiligung als geschäftsführungsbefugter Gesellschafter einer OHG hierfür ausreichend); Geßler/Hefermehl/*Geßler* AktG § 15 RdNr. 26; *Kort* DB 1986, 1909, 1911 f.; auch Schlegelberger/*Martens* § 105 Anh. RdNr. 5 (mit Vermutung für das Vorliegen einer unternehmerischen Beteiligung); **aM** die hM; zB BAG NJW 1996, 1491, 1492; ZIP 1996, 969, 971; KK/*Koppensteiner* AktG § 15 RdNr. 37; GroßkommAktG/*Windbichler* § 15 RdNr. 34 ff.; MünchKommAktG/*Bayer* § 15 RdNr. 21; MünchHdb. AG/*Krieger* § 68 RdNr. 8; Ulmer/Habersack/Winter/*Casper* § 77 Anh. RdNr. 21; *Emmerich/Habersack,* Aktien- und GmbH-Konzernrecht, § 15 RdNr. 13 f.; *Emmerich/Habersack* Konzernrecht § 2 RdRn. 9, *Liebscher* RdNr. 61; auch K. Schmidt/Lutter/*Vetter* AktG § 15 RdNr. 44 trotz organisationsrechtlichem Ansatz.

[35] Ebenso OLG Hamm NZG 2001, 563, 565; K. Schmidt/Lutter/*Vetter* AktG § 15 RdNr. 51; MünchHdb. AG/*Krieger* § 68 RdNr. 8; *Emmerich/Habersack* Konzernrecht § 2 RdNr. 14; MünchHdb. GmbH/*Decher* § 67 RdNr. 26; *Liebscher* RdNr. 78; **aM** – auch dann stets Unternehmen – *Hüffer* AktG § 15 RdNr. 9a; MünchKommAktG/*Bayer* § 15 RdNr. 33; Schlegelberger/*Martens* § 105 Anh. RdNr. 7; *Emmerich/Habersack,* Aktien- und GmbH-Konzernrecht, § 15 RdNr. 17; Baumbach/*Hopt* § 105 RdNr. 101; *Noack,* Gesellschaftervereinbarungen bei Kapitalgesellschaften, 1994, S. 266 f.; *Lutter/Hommelhoff* GmbHG § 13 Anh. RdNr. 7; Baumbach/Hueck/*Zöllner* GmbHG SchlAnhKonzernR RdNr. 16. Ganz abweichend BGH WM 2001, 1461, 1462 f., wonach Holding-Gesellschafter ohne anderweitige unternehmerische Interessenbindung der Sache nach nie Unternehmenseigenschaft zukommen kann.

[36] BGHZ 135, 107, 113 f. = NJW 1997, 1855; ihm folgend OLG Celle ZIP 2000, 1981, 2984 f.

[37] Krit. auch *Hüffer* AktG § 15 RdNr. 13; **aM** die hM; zB GroßkommAktG/*Windbichler* § 15 RdNr. 29 f.; Ulmer/Habersack/Winter/*Casper* GmbHG § 77 Anh. RdNr. 22; KK/*Koppensteiner* AktG § 15 RdNr. 73; MünchKommAktG/*Bayer* § 15 RdNr. 41; *Schießl* ZGR 1998, 871, 878; *Raiser* ZGR 1986, 458, 464 f.; *Paschke* ZHR 152 (1988), 263, 268 f.; *Koch,* Der rechtliche Status kommunaler Unternehmen in Privatrechtsform, 1994, S. 173 f.; *Liebscher* RdNr. 68.

mativen Konzernierung charakterisieren (s. noch RdNr. 45).[38] Grundlage hierfür ist neben dem Beherrschungsvertrag (§ 291 Abs. 1 S. 1 1. Alt. AktG) eine gesellschaftsrechtliche Beteiligung[39] des herrschenden Unternehmens an der AG, die für sich allein (Mehrheitsbeteiligung, s. § 17 Abs. 2 AktG) oder in Kombination mit bestimmten weiteren Umständen erwarten lässt, dass die Verwaltung mit Rücksicht auf sonst in absehbarer Zeit wahrscheinlich eintretende persönliche Nachteile (keine Wiederbestellung etc.) die Direktiven des zur Herbeiführung dieser Nachteile befähigten Unternehmens befolgen wird.[40] Diese Maßgeblichkeit des **Blickwinkels** der **beherrschten AG**[41] bedeutet keinen Widerspruch zum organisationsrechtlichen Verständnis des § 311 Abs. 1 AktG, sondern dessen folgerichtige Umsetzung. Die gesellschaftsrechtliche Gestattung einer unternehmenskoordinierenden Einflussnahme ist nur insoweit sinnvoll, als das herrschende Unternehmen eine Koordination der Wirtschaftstätigkeit auch tatsächlich herbeiführen kann. Dies hängt aber weniger von den objektiven Machtmitteln des herrschenden Unternehmens als davon ab, ob sich die abhängige AG bzw. deren Verwaltung einer einheitlichen Leitung von sich aus unterwerfen wird, und führt zur Maßgeblichkeit der Perspektive „von unten". Am Beispiel des paritätischen **Gemeinschaftsunternehmens,** das für die schutzrechtsorientierte hM die Schwierigkeiten einer begrifflichen Erfassung in aller Schärfe hervortreten lässt,[42] wird dies besonders deutlich. Organisationsrechtlich betrachtet erscheint es überaus sinnvoll, von einer per se-Abhängigkeitslage auszugehen[43] und damit eine koordinierende Einflussnahme der „Mütter" auf das Gemeinschaftsunternehmen zuzulassen. Zwar mag der Interessenabgleich auf der Ebene der „Mütter" als Voraussetzung für die Ausübung koordinierender Leitung im Einzelfall Schwierigkeiten bereiten. Doch besteht in organisationsrechtlicher Sicht keinerlei Anlass, aufgrund dieses Internums eine Abhängigkeitslage zu leugnen und damit die Zulässigkeit der Ausübung einheitlicher Leitung gegenüber dem Gemeinschaftsunternehmen auch insoweit in Abrede zu stellen, als sich die „Mütter" jeweils erfolgreich geeinigt haben.

Für den Begriff des **Konzerns** ergeben sich Besonderheiten daraus, dass die §§ 291 ff., 45
311 ff. AktG den Konzernbegriff nicht ausdrücklich enthalten. Gleichwohl kennt das mate-

[38] Für eine Abhängigkeitslage ist damit erforderlich, dass mit Aufnahme der einheitlichen Leitung durch das herrschende Unternehmen ein Konzern entstehen kann; ebenso *Krieger,* FS Semler, 1993, S. 503, 510; KK/*Koppensteiner* AktG § 17 RdNr. 18. **AM** – nicht in jedem Einzelfall muß derartige Fortentwicklung möglich sein – die hM, die teilweise gleichwohl von potentieller Konzernierung spricht. S. zB BGHZ 62, 193, 196 = NJW 1974, 855; *Geßler,* FS Knur, 1972, S. 145, 161 f.; GroßkommAktG/*Windbichler* § 17 RdNr. 14; *Hüffer* AktG § 17 RdNr. 4; Schlegelberger/*Martens* § 105 Anh. RdNr. 8.

[39] *Hüffer* AktG § 17 RdNr. 9; KK/*Koppensteiner* AktG § 17 RdNr. 69 (Zusammenfassung); *Zöllner,* FS Kropff, 1997, S. 333, 341; *Emmerich*/Habersack, Aktien- und GmbH-Konzernrecht, § 17 RdNr. 15 ff., 26 ff.; Staub/*Schäfer* § 105 Anh. RdNr. 23; Sudhoff/*Liebscher* § 50 RdNr. 10; ausführlich *Tröger* S. 11 ff. Demgegenüber spricht die hM von einem „gesellschaftsrechtlich vermittelten" Einfluß; zB BGHZ 90, 381, 395 ff. = NJW 1984, 1893; 135, 107, 114 = NJW 1997, 1855; GroßkommAktG/*Windbichler* § 17 RdNr. 12 f.; MünchKommAktG/*Bayer* § 17 RdNr. 21 f.; Schlegelberger/*Martens* § 105 Anh. RdNr. 9; *Wiedemann* GesR II § 6 I 1 b aa (S. 506); *Liebscher* RdNr. 103; der Sache nach ferner etwa *Lutter*/Hommelhoff GmbHG § 13 Anh. RdNr. 8. Nach dieser Formulierung kommen für die Abhängigkeitsbegründung neben dem Beherrschungsvertrag auch andere (nicht in einer Beteiligung bestehende) gesellschaftsrechtlich vermittelte Einflußmittel wie insbesondere personelle Verflechtungen etc. in Betracht.

[40] So auch die hM; zB OLG Düsseldorf AG 1994, 36, 37; KK/*Koppensteiner* AktG § 17 RdNr. 21; *Hüffer* AktG § 17 RdNr. 5; MünchKommAktG/*Bayer* § 17 RdNr. 28; *Emmerich*/Habersack, Aktien- und GmbH-Konzernrecht, § 17 RdNr. 6 f.; etwas offener – auf Anteilsbesitz beruhend oder sonst gesellschaftsrechtlich vermittelt – *Wiedemann* GesR II § 6 I 1 b aa (S. 506).

[41] Ebenso die hM; zB BGHZ 62, 193, 197 = NJW 1974, 855; BGHZ 135, 107, 114 = NJW 1997, 1855; OLG Düsseldorf AG 1994, 36, 37; *Hüffer* AktG § 17 RdNr. 4; *Emmerich*/Habersack, Aktien- und GmbH-Konzernrecht, § 17 RdNr. 11.

[42] GroßkommAktG/*Windbichler* § 17 RdNr. 14.

[43] IE ebenso zB *Säcker* NJW 1980, 801, 804; wohl auch Ulmer/Habersack/Winter/*Casper* GmbHG § 77 Anh. RdNr. 29; **aM** – keine Abhängigkeit per se – die schutzrechtsorientierte hM trotz ihrer Einsicht, dass das Gemeinschaftsunternehmen dem koordinierten Einfluß der „Mütter" ausgesetzt ist; zB OLG Hamm AG 1998, 588; *Steindorff* NJW 1980, 1921, 1923; *Emmerich/Habersack* Konzernrecht § 3 RdNr. 35 ff.; *Noack* (Fn. 35) S. 93 f.; KK/*Koppensteiner* AktG § 17 RdNr. 93; *Hüffer* AktG § 17 RdNr. 16; GroßkommAktG/*Windbichler* § 17 RdNr. 65 aE; MünchKommAktG/*Bayer* § 17 RdNr. 81; *Liebscher* RdNr. 106.

rielle Aktienkonzernrecht nach dem systematischen Verhältnis der §§ 291 ff. AktG zu den §§ 15 ff. AktG einen organisationsberechtigenden, die Zugangsvoraussetzungen zum Konzern als konzernrechtlicher Organisationsform normierenden Konzernbegriff; er bestimmt für die Abhängigkeitslage als Durchgangsstadium zur Konzernierung (RdNr. 44) die Mindestvoraussetzungen, unter denen Abhängigkeit iS des § 311 Abs. 1 vorliegen kann. Ausgehend von der Unterscheidung zwischen engem und weitem Konzernbegriff[44] ist der Konzern aus organisationsrechtlicher Sicht iS des engen Begriffsverständnisses als eine wirtschaftliche Einheit zu verstehen.[45] Die Herstellung dieser Wirtschaftseinheit im Wege **einheitlicher Leitung** setzt inhaltlich die Entwicklung einer am Interesse des herrschenden Unternehmens (= Konzerninteresse) ausgerichteten Zielkonzeption und deren kontrollierte Umsetzung voraus.[46]

46 **c) Resümée.** Die konsequent organisationsrechtliche Deutung der §§ 291 ff., 311 ff. AktG iS der Formel „Organisationsrecht mit kompensatorischem Vermögensschutz" macht eine umfassende **Neubestimmung** der **systematisch-teleologischen Zusammenhänge** zwischen diesen Vorschriften und den formalen Definitionsnormen der §§ 15–18 AktG erforderlich. Aus den §§ 291 ff., 311 ff. AktG sind anhand dreier organisationsberechtigender (RdNr. 36) Schlüsselbegriffe – herrschendes Unternehmen, Abhängigkeitslage, Konzern – die Anforderungen zu entwickeln, unter denen das materielle Aktienkonzernrecht den Zugang zu den legalen Konzernorganisationsformen gewährt. Liegt eine dieser Unternehmensverbindungen vor, weisen die §§ 15–18 Abs. 1 AktG den hieran Beteiligten den Status eines verbundenen, abhängigen bzw. herrschenden, konzernbeteiligten etc. Unternehmens zu; die statusdefinierenden Normen entsprechen inhaltlich also der Begrifflichkeit der den Entstehungsprozess einer Unternehmensverbindung kontrollierenden §§ 291 Abs. 1 S. 1, 311 Abs. 1 AktG. An den durch die §§ 15–18 AktG verliehenen Status knüpfen ihrerseits sowohl außerhalb des materiellen Konzernrechts der §§ 291 ff. AktG angesiedelte konzernrechtliche Rechtsfolgenormen als auch sonstige Normen an.

47 Die **inhaltlichen Konsequenzen** dieser organisationsrechtlichen Deutung sind weniger gravierend als die Neubestimmung des systematischen Verhältnisses der §§ 291 ff. AktG zu den §§ 15–18 AktG auf den ersten Blick erwarten ließe. Denn wie in RdNr. 43 ff. entwickelt, hat die organisationsrechtliche Perspektive für die drei organisationsberechtigenden (RdNr. 36) Schlüsselbegriffe – herrschendes Unternehmen, Abhängigkeitslage, Konzern – keine gänzlich abweichenden inhaltlichen Ausformungen zur Folge.[47] Angesichts des Reichtums der bereits vorhandenen Deutungsversuche spricht dies keineswegs gegen den organisationsrechtlichen Ansatz. Entscheidend ist vielmehr, dass erst diese Deutung der gesetzlichen Teleologie gerecht wird und dementsprechend sowohl bestimmte systematische Zusammenhänge mit größerer Konsistenz zu erklären vermag, etwa die Deutung der Abhängigkeit als Durchgangsstadium zur finalen Konzernierung, als auch zahlreiche bekannte Einzelergebnisse zu diesen drei Begriffen einer in sich geschlossenen Erklärung zuführt. Mit diesem Vorbehalt ist für weitere Einzelheiten auf das Schrifttum zu den §§ 15–18 AktG zu verweisen.

---

[44] Zu dieser Unterscheidung zB MünchKommAktG/*Bayer* § 18 RdNr. 28 ff.; *Emmerich/Habersack* Konzernrecht § 4 RdNr. 13 ff.; *Emmerich/Habersack,* Aktien- und GmbH-Konzernrecht, § 18 RdNr. 10 ff.; relativierend GroßkommAktG/*Windbichler* § 18 RdNr. 20.

[45] *Hüffer* AktG § 18 RdNr. 10 (mit dem treffenden Hinweis, dass sich nur auf dieser Basis ein über die Schutzkonzeption der hM hinausweisendes Konzernorganisationsrecht entwickeln läßt); KK/*Koppensteiner* AktG § 18 RdNr. 19 f.; Staub/*Schäfer* § 105 Anh. RdNr. 30: in der Sache auch GroßkommAktG/*Windbichler* § 18 RdNr. 26; **aM** – weiter Konzernbegriff – zB Geßler/Hefermehl/*Geßler* AktG § 18 RdNr. 7 ff.; MünchKommAktG/*Bayer* § 18 RdNr. 33; *Emmerich/Habersack* Konzernrecht § 4 RdNr. 17; *Emmerich*/Habersack, Aktien- und GmbH-Konzernrecht, § 18 RdNr. 13 ff.

[46] KK/*Koppensteiner* AktG § 18 RdNr. 23; Staub/*Schäfer* § 105 Anh. RdNr. 30; auf das übergeordnete Gesamtinteresse der verbundenen Unternehmen abstellend *Hüffer* AktG § 18 RdNr. 11.

[47] Ebenso jetzt auch die Bewertung durch K. Schmidt/Lutter/*Vetter* AktG § 15 RdNr. 38.

IV. Grundsätzliche Maßgeblichkeit der (aktien)organisationsrechtlichen Begriffsprägung

Bezüglich der Personengesellschaft als **Obergesellschaft** (s. RdNr. 30) bestehen aus Sicht des Personengesellschaftskonzernrechts keine Bedenken gegen die dargelegte organisationsrechtliche Reinterpretation der §§ 291 ff., 311 ff. AktG und der hieraus entwickelten **aktienrechtlichen Begrifflichkeit.** Für ihre Eignung als „andere Partei" eines Beherrschungs- oder (Teil-)Gewinnabführungsvertrags mit einer AG gelten die §§ 291 Abs. 1, 292 Abs. 1 Nr. 1 AktG mit ihrem organisationsberechtigenden Begriff des herrschenden Unternehmens ohnehin unmittelbar. Die aktiengesetzliche Wertung, diese konzernrechtlichen Organisationsformen der Koordination unternehmerischer Tätigkeit vorzubehalten,[48] ist auch auf den Abschluss derartiger Verträge mit einer GmbH oder einer anderen Personengesellschaft zu übertragen und rechtfertigt eine parallele Eingrenzung des Kreises der als „andere Partei" tauglichen Personengesellschaften (RdNr. 67). Erst recht unbedenklich sind die Auswirkungen hinsichtlich der Frage, unter welchen Voraussetzungen die Einflussnahme auf eine andere Gesellschaft sich bei der Obergesellschaft als außergewöhnliches Geschäft iS der §§ 116 Abs. 2, 164 S. 1 2. HS darstellt. 48

Für die Personengesellschaft als **Untergesellschaft** liegen die Dinge weniger eindeutig. Im Personengesellschaftsrecht (und im GmbH-Recht) besteht keine § 23 Abs. 5 AktG vergleichbare Sperre dagegen, eine Gesellschaft mittels Festlegung eines dienenden Verbandszwecks (RdNr. 132) und darauf aufbauender gesellschaftsvertraglicher Modifikationen der vom gesetzlichen Normalstatut vorgegebenen Organisationsstruktur zu konzernieren. Damit scheint die auf die organisationsrechtliche Funktion der §§ 291 ff., 311 ff. AktG zugeschnittene aktienrechtliche Begrifflichkeit keinen geeigneten Anknüpfungspunkt zu bilden für rein dem Schutz der abhängigen Personengesellschaft, ihren außenstehenden Gesellschaftern und ihren Gläubigern verhafteten Sonderregeln, insbesondere den Anspruch auf beschränkten (RdNr. 180 ff.) oder unbeschränkten (RdNr. 191 ff.) Nachteilsausgleich sowie Ansprüche analog § 303 AktG (RdNr. 247 ff.). Andererseits zeigte sich bei Entfaltung der inhaltlichen Konsequenzen einer organisationsrechtlichen Reinterpretation der aktiengesetzlichen Definitionen (RdNr. 43 ff.), dass die inhaltlichen Ausformungen auf Grundlage des organisationsrechtlichen und des schutzrechtlichen Ansatzes weithin übereinstimmen. Daher ist im Ergebnis auch für die Personengesellschaft als Untergesellschaft von der grundsätzlichen Maßgeblichkeit der im Sinne der organisationsrechtlichen Konzeption interpretierten **aktiengesetzlichen Begrifflichkeit** auszugehen. Im Übrigen ist damit noch nicht ausgeschlossen, ohne dass dies allerdings im Rahmen der vorliegenden Kommentierung zu verfolgen wäre, dass konzernrechtliche Sonderregeln ausnahmsweise auch dann Anwendung finden können, wenn im aktiengesetzlichen Sinne keine Abhängigkeits- oder Konzernlage vorliegt. Doch erfordert dies jeweils eine Würdigung des Einzelfalls unter dem Gesichtspunkt, ob die Gefährdungslage der beherrschten Personengesellschaft konkret derjenigen einer abhängigen bzw. konzernierten Gesellschaft gleichkommt. 49

V. Personengesellschaftsspezifische Adaptionen

Das Personengesellschaftskonzernrecht knüpft nach Vorstehendem im Prinzip an die aktiengesetzlichen Begriffe und Definitionsnormen bezüglich verbundener Unternehmen an. Das gilt auch für die Abhängigkeit oder Konzernierung einer Personengesellschaft seitens eines herrschenden Unternehmens. Allerdings weist die Rechtsform der Personengesellschaft einige Besonderheiten auf, die bestimmte **Adaptionen** der mit Blick auf die Rechtsform der Aktiengesellschaft entwickelten aktiengesetzlichen Begrifflichkeit an die Rechtsform der Personengesellschaft notwendig machen. 50

1. Herrschendes Unternehmen. a) Grundsatz. Für den Begriff des herrschenden Unternehmens iS eines Rechtsträgers mit anderweitiger unternehmerischer Interessenbin- 51

[48] Wie hier auch K. Schmidt/Lutter/*Vetter* AktG § 15 RdNr. 35.

dung (RdNr. 43) gelten **keine** Besonderheiten, soweit eine gesellschaftsrechtliche Beteiligung an einer Personengesellschaft vorliegt. Insbesondere ist ein Gesellschafter aus organisationsrechtlicher Perspektive nicht allein deswegen herrschendes Unternehmen, weil er kraft seiner Beteiligung an einer anderen Personengesellschaft für deren Verbindlichkeiten unbeschränkt persönlich haftet.[49]

52 **b) GmbH & Co. KG.** Die **Komplementär-GmbH** einer **typischen** GmbH & Co. KG (Typ B, RdNr. 11) ist als geschäftsführende Gesellschafterin ohne sonstige unternehmerische Tätigkeit **kein** herrschendes Unternehmen; in ihrer Person besteht dann keine anderweitige unternehmerische Interessenbindung.[50] Am Fehlen der Unternehmenseigenschaft ändert sich auch nichts, wenn ein seinerseits herrschendes Unternehmen (sogleich RdNr. 53) die GmbH und damit mittelbar zugleich die KG beherrscht;[51] mittelbare Abhängigkeit erfordert nicht, dass der zwischengeschaltete einflussvermittelnde Dritte (hier: die Komplementär-GmbH) seinerseits über Unternehmensqualität verfügt.[52]

53 Der **Gesellschafter** einer **Komplementär-GmbH** ohne anderweitige unternehmerische Betätigung, der mittelbar zugleich die **typische** GmbH & Co. KG (Typ B, RdNr. 11) beherrscht, ist bei Fehlen einer anderweitigen unternehmerischer Interessenbindung **kein** herrschendes Unternehmen.[53] Eine anderweitige Interessenbindung wird auch nicht schon dadurch begründet, dass der Gesellschafter, etwa in der **personengleichen** GmbH & Co. KG (RdNr. 11), zugleich eine Beteiligung an der KG als Kommanditist hält.[54] Ebenso wenig wird der **Kommanditist** im Falle der **Einheits**-GmbH & Co. KG (RdNr. 11) bereits dadurch zum herrschenden Unternehmen, dass er kraft eines im GmbH-Gesellschaftsvertrag vereinbarten Weisungsrechts gegenüber dem GmbH-Geschäftsführer zugleich die GmbH beherrscht.[55]

54 Unterhält die **Komplementär-GmbH** einer GmbH & Co. KG zugleich einen eigenen **Geschäftsbetrieb,** ist sie als **herrschendes** Unternehmen zu qualifizieren.[56] Handelt es sich um eine **personengleiche GmbH & Co. KG** (RdNr. 11), liegt beim zugleich als Kommanditist an der KG beteiligten GmbH-**Gesellschafter** dann eine anderweitige unter-

---

[49] **AM** zB KK/*Koppensteiner* AktG § 15 RdNr. 49; MünchHdb. AG/*Krieger* § 68 RdNr. 7; GroßkommAktG/*Windbichler* § 15 RdNr. 42; *Binz/Sorg* § 14 RdNr. 60, doch geht diese gegenteilige Auffassung selbst auf der Grundlage des schutzrechtsorientierten Unternehmensbegriffs zu weit. Danach müßte nämlich auch jede unbeschränkte persönliche Haftung für die Verbindlichkeiten eines anderen unternehmerisch tätigen Rechtsträgers, die auf schuldrechtlicher Grundlage beruht (Patronatserklärung etc.), unternehmenskonstitutiv wirken.

[50] Allg. M.; Unternehmensrechtskommission RdNr. 1720; Schlegelberger/*Martens* § 105 Anh. RdNr. 6; Staub/*Schäfer* § 105 Anh. RdNr. 4 Fn. 3; *Emmerich/Habersack* Konzernrecht § 33 RdNr. 6; Baumbach/*Hopt* § 105 RdNr. 103; Röhricht/von Westphalen/*von Gerkan/Haas* § 105 RdNr. 108; E/B/J/S/*Lange* § 105 Anh. RdNr. 5; *Großmann* BB 1976, 1391, 1394; *Schießl* S. 5; *Löffler* S. 9; *Stehle* S. 39 f.; *Bitter* S. 59; Sudhoff/*Liebscher* § 50 RdNr. 33; *Binz/Sorg* § 14 RdNr 59 f. Die Formkaufmannseigenschaft der GmbH allein vermag keinen Interessenkonflikt kraft „fiktivem Handelsgewerbe" zu begründen. S. nur KK/*Koppensteiner* AktG § 15 RdNr. 60; GroßkommAktG/*Windbichler* § 15 RdNr. 20; *Hüffer* AktG § 15 RdNr. 11; *Haar* S. 239; **aM** für die §§ 16, 19, 20 f. AktG *Emmerich/Habersack,* Aktien- und GmbH-Konzernrecht, § 15 RdNr. 23.

[51] Ebenso wohl Schlegelberger/*Martens* § 105 Anh. RdNr. 6; **aM** – Eigenschaft als herrschendes Unternehmen kraft der Beteiligung eines herrschenden Unternehmens – Unternehmensrechtskommission RdNr. 1710; *Stehle* S. 40 f.; *Schießl* S. 5; *Löffler* S. 9 f.

[52] S. nur Geßler/Hefermehl/*Geßler* AktG § 17 RdNr. 66 f.; KK/*Koppensteiner* AktG § 17 RdNr. 30; GroßkommAktG/*Windbichler* § 17 RdNr. 58.

[53] BSG AG 1995, 279, 282; Baumbach/*Hopt* § 105 RdNr. 103; E/B/J/S/*Lange* § 105 Anh. RdNr. 5; iE auch *Bitter* S. 59 f.

[54] BSG AG 1995, 279, 282; MünchKommAktG/*Bayer* § 15 RdNr. 46; unklar *Ulmer* NJW 1986, 1579, 1586; **aM** OLG Düsseldorf NZG 2001, 368, 369; KK/*Koppensteiner* AktG § 15 RdNr. 54 (für GmbH & Co KGaA); *J. Meyer,* Haftungsbeschränkung im Recht der Handelsgesellschaften, 2000, S. 921; *Liebscher* RdNr. 1108.

[55] Wie hier *Bitter* S. 62; **aM** MünchKommAktG/*Bayer* § 15 RdNr. 46 (unter unzutreffender Berufung auf BAG ZIP 1996, 969).

[56] *Schneider* ZGR 1975, 253, 263; *Karsten Schmidt* GmbHR 1984, 272, 284; *Bitter* S. 60; *Liebscher* RdNr. 1107; Sudhoff/*Liebscher* § 50 RdNr. 34; *Haar* S. 239.

nehmerische Interessenbindung vor, so dass dieser als (mittelbar) **herrschendes** Unternehmen anzusehen ist.[57]

Handelt es sich um eine **sternförmige** GmbH & Co. KG**,** fungiert also eine GmbH als Komplementärin mehrerer GmbH & Co. KGs, ist die **GmbH** als **herrschendes** Unternehmen einzustufen.[58] Die Unternehmenseigenschaft des **Gesellschafters** der Komplementär-GmbH bestimmt sich (beim Fehlen sonstiger fremdunternehmerischer Interessen) in funktionaler Parallele zu den Regeln für die Beurteilung einer Holding (dazu RdNr. 43) danach, ob er die Geschäftsführungstätigkeit der GmbH aktiv beeinflusst und damit als herrschendes Unternehmen einzustufen ist, oder nicht.[59] 55

2. Abhängigkeitslage. Eine abhängige Personengesellschaft liegt vor, wenn das herrschende Unternehmen kraft seiner Gesellschafterstellung, gegebenenfalls in Kombination mit weiteren Umständen, oder kraft eines Beherrschungsvertrags in der Lage ist, beherrschenden Einfluss in der Gesellschaft auszuüben, um deren Tätigkeit mit seiner sonstigen unternehmerischen Tätigkeit zu einer wirtschaftlichen Einheit zusammenzuführen (RdNr. 44). 56

a) Keine Abhängigkeit. Die für das Vorliegen einer Abhängigkeitslage erforderliche Möglichkeit zur Koordination des finanzwirtschaftlichen Bereichs, dh. zur einheitlichen Leitung iS des § 18 Abs. 1 AktG, fehlt wegen des Widerspruchsrechts aus **§ 115 Abs. 1 2. HS** regelmäßig, wenn neben dem Unternehmen noch ein weiterer alleingeschäftsführungsbefugter Gesellschafter vorhanden ist, und das Unternehmen die Gesellschaft auch nicht als Mehrheitsgesellschafter beherrscht (dazu sogleich RdNr. 58).[60] Ebenso wenig reicht die rein **negative Einflussmöglichkeit** aus, wie sie das Widerspruchsrecht des § 115 Abs. 1 2. HS und/oder die gesetzlichen Zustimmungsvorbehalte der §§ 116 Abs. 2, 164 S. 1 2. HS vermitteln.[61] Selbst ein umfassender Zustimmungskatalog zugunsten eines Gesellschafters begründet keine andere Beurteilung.[62] 57

b) Abhängigkeit kraft gesellschaftsvertraglicher Gestaltung. Nach dem Gesagten besteht die Abhängigkeit einer Personengesellschaft im absoluten Regelfall nur aufgrund entsprechender gesellschaftsvertraglicher Gestaltungen. Angesichts der Vielzahl möglicher Vertragsgestaltungen[63] lassen sich generalisierende Aussagen über Art und Ausmaß der zur Begründung der Abhängigkeitslage erforderlichen Abweichungen nur in begrenztem Umfang machen. Immerhin sollte aber feststehen, dass die in Form der Schaffung fester Kapitalanteile und Bindung der Höhe des Stimmrechts an das Verhältnis der Kapitalanteile zueinander Vereinbarung des (kapitalistischen) Mehrheitsprinzips zur Abhängigkeitsbegründung nicht genügt. Die hierdurch einem **Mehrheitsgesellschafter** zukommende Gestaltungsmacht bezüglich der außergewöhnlichen Geschäftsführungsmaßnahmen iS der §§ 116 Abs. 2, 164 S. 1 2. HS eröffnet für sich genommen keine abhängigkeitsbegründende Möglichkeit zur einheitlichen Leitung (RdNr. 56).[64] Anderes muss freilich gelten, sofern der Gesellschaftsvertrag die Möglichkeit vorsieht, den Katalog der in die Zuständigkeit der Gesellschafter fallenden außergewöhnlichen Geschäftsführungsmaßnahmen durch einfachen Mehrheitsbeschluss auszuweiten, oder sofern eine körperschaftlich verfasste Publikumsgesellschaft[65] (RdNr. 303) vorliegt. Erst recht kommt einem Mehrheitsgesellschafter beherrschender Einfluss zu, wenn der Gesellschafterversammlung wesentliche Entscheidungen der laufenden Geschäftsführung (§ 116 Abs. 1) übertragen 58

[57] Ebenso E/B/J/S/*Lange* § 105 Anh. RdNr. 5; **aM** *Bitter* S. 61.

[58] *Schneider* ZGR 1975, 253, 263; *Großmann* BB 1976, 1391, 1394; *Haar* S. 239; tendenziell auch *Karsten Schmidt* GmbHR 1984, 272, 284; *Liebscher* RdNr. 1107; Sudhoff/*Liebscher* § 50 RdNr. 35.

[59] **AM** – generell keine Unternehmenseigenschaft – *Bitter* S. 61 f.; *Haar* S. 239 f.

[60] Eine Ausnahme gilt etwa für paritätische Gemeinschaftsunternehmen, die nach dem RdNr. 44 Gesagten von beiden allein- bzw. gesamtgeschäftsführungsbefugten Gesellschaftern abhängig sind.

[61] Staub/*Schäfer* § 105 Anh. RdNr. 25.

[62] **AM** Staub/*Schäfer* § 105 Anh. RdNr. 25.

[63] Dazu ausführlich *Burbach* S. 100 ff.

[64] **AM** Baumbach/*Hopt* § 105 RdNr. 101; *Liebscher* RdNr. 1101; Sudhoff/*Liebscher* § 50 RdNr. 14; möglicherweiser auch BAG ZIP 1996, 969, 971.

[65] *Haar* S. 245 f.; Sudhoff/*Liebscher* § 50 RdNr. 11.

sind[66] oder sie den bzw. die Geschäftsführer durch Mehrheitsbeschluss jederzeit abberufen kann.[67] Verfügt ein Unternehmensgesellschafter über **Alleingeschäftsführungsbefugnis,** lässt sich die Abhängigkeit einer OHG durch Abbedingung des Widerspruchsrechts (§ 115 Abs. 1 2. HS) der anderen Alleingeschäftsführer[68] oder durch Bestellung zum alleinigen Geschäftsführer herstellen; eine zusätzliche Ausdehnung der Geschäftsführungskompetenzen auf den Bereich der betriebsungewöhnlichen Maßnahmen ist nicht erforderlich.[69] Dementsprechend liegt eine abhängige KG vor, wenn ausschließlich dem Unternehmenseigenschaft zukommenden Komplementär die Geschäftsführungsbefugnis zusteht.[70] Bestehen die dargelegten gesellschaftsvertraglichen Modifikationen zugunsten eines als **Kommanditist** beteiligten Unternehmens, ist die KG von diesem abhängig.[71] Ebenso liegt es, wenn dem Kommanditist in Geschäftsführungsangelegenheiten ein Weisungsrecht gegenüber dem Komplementär zukommt,[72] sofern es für diesen Bereich der Gesellschaftergesamtheit gegen den Willen des Kommanditisten nicht möglich ist, ein abweichendes Tätigwerden der Geschäftsführer durchzusetzen.

59 **c) Mittelbare Abhängigkeit, insbesondere GmbH & Co. KG.** Erfüllt die gesellschaftsrechtliche Beteiligung einer Gesellschaft an der von ihr beherrschten Personengesellschaft die soeben RdNr. 56 ff. dargelegten Kriterien,[73] und ist die Gesellschaft ihrerseits von einem herrschenden Unternehmen abhängig oder ist bezüglich ihrer Einwirkungen auf die Personengesellschaft aus sonstigen Gründen von den Direktiven des herrschenden Unternehmens abhängig,[74] liegt im Verhältnis der Personengesellschaft zu dem herrschenden Unternehmen **mittelbare Abhängigkeit** vor. Hierunter fällt insbesondere die mittelbare Abhängigkeit einer **GmbH & Co. KG** von einem Unternehmen, das die als einzigen Komplementär fungierende GmbH beherrscht, und zwar unabhängig davon, ob die GmbH einen eigenen Geschäftsbetrieb unterhält oder sich auf die Geschäftsführung der KG beschränkt (Typ B, RdNr. 11).

60 **d) Die Vermutung des § 17 Abs. 2 AktG.** Bei mehrheitlicher Beteiligung eines Unternehmens an einer Personengesellschaft kann die Abhängigkeitsvermutung des § 17 Abs. 2 AktG aufgrund des Einstimmigkeitsprinzips des § 119 Abs. 1 **keine** Anwendung finden.[75] Gegenteiliges gilt für die körperschaftlich verfasste **Publikumsgesellschaft** (RdNr. 303).[76]

---

[66] Schlegelberger/*Martens* § 105 Anh. RdNr. 11.

[67] Schlegelberger/*Martens* § 105 Anh. RdNr. 11; *Gekeler* S. 138 f.; *Liebscher* S. 306.

[68] Insoweit **aM** *Schießl* S. 10.

[69] Ausführlich *Gekeler* S. 139 f.; ferner *Schießl* S. 1; *Bitter* S. 18 f.; *Haar* S. 250 f.; Westermann/*Tröger* I RdNr. 4031; s. auch OLG Celle BB 1979, 1577, 1578; *Schneider* ZGR 1977, 335, 347 (zu § 5 Abs. 1 MitbestG); **aM** Schlegelberger/*Martens* § 105 Anh. RdNr. 11; *Liebscher* RdNr. 1102; *Liebscher* S. 305, 306; Sudhoff/*Liebscher* § 50 RdNr. 12, 15; wohl auch *Wiedemann* GesR II § 6 I 1 b aa (S. 507); s. ferner *Zöllner* ZGR 1977, 319, 334 (zu § 5 Abs. 1 MitbestG).

[70] *Gekeler* S. 140; E/B/J/S/*Lange* § 105 Anh. RdNr. 8; *Emmerich/Habersack* Konzernrecht § 33 RdNr. 10; *Binz/Sorg* § 14 RdNr. 62 ff.

[71] Schlegelberger/*Martens* § 105 Anh. RdNr. 11; *Löffler* S. 11 f.

[72] *Löffler* S. 12 f.; Sudhoff/*Liebscher* § 50 RdNr. 15, 39; *Liebscher* RdNr. 1102, 1109.

[73] Mittelbare Abhängigkeit erfordert nicht, dass der beherrschenden Einfluß vermittelnden zwischengeschalteten Gesellschaft selbst (ebenfalls) Unternehmensqualität zukommt. S. RdNr. 52.

[74] Mittelbare Abhängigkeit erfordert nicht, dass zwischen dem unmittelbar Beteiligten als Einflußvermittler und dem herrschenden Unternehmen (ebenfalls) ein Abhängigkeitsverhältnis besteht. S. nur KK/*Koppensteiner* AktG § 17 RdNr. 30; GroßkommAktG/*Windbichler* § 17 RdNr. 58; wohl auch *Hüffer* AktG § 17 RdNr. 6.

[75] Staub/*Schäfer* § 105 Anh. RdNr. 26; *Ulmer* in Probleme des Konzernrechts, S. 26, 34; *Schießl* S. 9 f.; Baumbach/*Hopt* § 105 RdNr. 101; E/B/J/S/*Lange* § 105 Anh. RdNr. 8; *Bitter* S. 16 f.; mit problematischer Begründung auch Schlegelberger/*Martens* § 105 Anh. RdNr. 11; s. auch *Emmerich/Habersack* Konzernrecht § 33 RdNr. 10: nur selten anwendbar; differenzierend *Liebscher* S. 306; *Liebscher* RdNr. 51103; Sudhoff/*Liebscher* § 50 RdNr. 14: nur bei abweichender gesellschaftsvertraglicher Gestaltung; *Gekeler* S. 143: bei atypischer GmbH & Co. KG.

[76] Ausführlich *Gekeler* S. 144; ferner Baumbach/*Hopt* § 105 RdNr. 101; Sudhoff/*Liebscher* § 50 RdNr. 11; s. auch *Löffler* S. 19: Geltung für Personengesellschaften „mit weitgehend kapitalistischer Realstruktur"; **aM** *Haar* S. 247.

3. Konzern. a) Grundsatz. Für den Konzernbegriff folgen aus der Einbeziehung einer abhängigen Personengesellschaft in die einheitliche Leitung keine Besonderheiten. Für die Konzernierung einer Personengesellschaft bedarf es also ihrer **einheitlichen Leitung** durch ein herrschendes Unternehmen mit dem Ziel, dessen (sonstige) unternehmerische Tätigkeit und die Tätigkeit der Personengesellschaft zu einer **wirtschaftlichen Einheit** zu verbinden (RdNr. 45). Im Falle der **GmbH & Co. KG** wird eine als herrschendes Unternehmen zu qualifizierende Komplementär-GmbH (zu den Voraussetzungen RdNr. 52, 54 f.) nicht bereits deswegen konzernleitend tätig, weil sie über die gesetzlichen Befugnisse eines persönlich haftenden Gesellschafters verfügt.[77] 61

b) Mittelbare Konzernierung, insbesondere GmbH & Co. KG. Liegt (ausschließlich) mittelbare Abhängigkeit (RdNr. 58) einer Personengesellschaft von einem herrschenden Unternehmen vor, und übt das herrschende Unternehmen konzernstiftende einheitliche Leitung aus oder kann jedenfalls die entsprechende Vermutung des § 18 Abs. 1 S. 3 AktG (RdNr. 64) nicht widerlegen, liegt ein (ausschließlich) **mittelbares Konzernverhältnis**[78] vor. Praktisch betrifft dies vor allem die von ihrer Komplementär-GmbH abhängige **GmbH & Co. KG** (zu den Voraussetzungen RdNr. 52, 54 f.), deren Komplementärin ihrerseits der (vermuteten) einheitlichen Leitung eines herrschenden Unternehmens unterworfen ist. 62

c) Die Vermutung des § 18 Abs. 1 S. 2 AktG. Die an das Bestehen eines Beherrschungsvertrags iS des § 291 Abs. 1 S. 1 1. Alt. AktG anknüpfende unwiderlegliche Vermutung des § 18 Abs. 1 S. 2 AktG, dass einheitliche Leitung ausgeübt wird und damit ein Konzern besteht, gilt auch für die Personengesellschaft.[79] Voraussetzung hierfür ist das Vorliegen eines wirksamen (RdNr. 149 ff.) **Beherrschungsvertrags** mit der Gesellschaft.[80] Beruht die Möglichkeit der einheitlichen Leitung auf einer diesbezüglichen **gesellschaftsvertraglichen** Gestaltung (RdNr. 58), ist die entsprechende Anwendung der unwiderleglichen Konzernvermutung nur veranlasst, soweit der Gesellschaft ein die Ausübung konzernstiftender einheitlicher Leitung legitimierender **dienender Verbandszweck** (RdNr. 132) vorgegeben ist.[81] Andernfalls muss es bei der sogleich zu erörternden widerleglichen Vermutung des § 18 Abs. 1 S. 3 AktG bewenden. 63

d) Die Vermutung des § 18 Abs. 1 S. 3 AktG. Die Vermutung des § 18 Abs. 1 S. 3 AktG, dass das herrschende Unternehmen seinen Einfluss zur konzernstiftenden einheitlichen Leitung nutzt, ist auch für die Personengesellschaft heranzuziehen.[82] Der dieser Norm zugrundeliegende Erfahrungssatz dürfte für die Personengesellschaft sogar in noch höherem Maße als für die Aktiengesellschaft zutreffen. Denn bei letzterer kann das herrschende Unternehmen wegen der zwingend (§ 23 Abs. 5 AktG) vorgegebenen Organverfassung allein die Organzusammensetzung mittelbar beeinflussen (§§ 101, 84 AktG), während der Unternehmensgesellschafter einer Personengesellschaft jedenfalls bei den Typen A und C (RdNr. 10, 12) seinen gesellschaftsvertraglich begründeten Einfluss selbst und unmittelbar zur einheitlichen Unternehmensleitung verdichten kann.[83] **Bedeutung** hat diese widerleg- 64

---

[77] Wie hier E/B/J/S/*Lange* § 105 Anh. RdNr. 14; für § 5 Abs. 1 MitbestG iE auch *Zöllner* ZGR 1977, 319, 334; **aM** OLG Celle BB 1979, 1577, 1578; *Schneider* ZGR 1977, 335, 346 f.

[78] Zur grundsätzlichen Möglichkeit eines mittelbaren Konzernverhältnisses s. nur MünchKommAktG/*Bayer* § 18 RdNr. 39; *Hüffer* AktG § 18 RdNr. 13.

[79] Baumbach/*Hopt* § 105 RdNr. 101; Sudhoff/*Liebscher* § 50 RdNr. 19; **aM** E/B/J/S/*Lange* § 105 Anh. RdNr. 11.

[80] Ebenso Staub/*Schäfer* § 105 Anh. RdNr. 28.

[81] Wohl auch Schlegelberger/*Martens* § 105 Anh. RdNr. 13; noch weitergehend *Baumgartl* S. 80 (auch ohne Vereinbarung eines dienenden Verbandszwecks); **aM** – generell keine Anwendung – *Schießl* S. 13; der Sache nach ferner *Löffler* S. 20 f.

[82] *Löffler* S. 19; *Schießl* S. 13; Staub/*Schäfer* § 105 Anh. RdNr. 29; *Ulmer* in Probleme des Konzernrechts, S. 35; Baumbach/*Hopt* § 105 RdNr. 101; *Laule,* FS Semler, 1993, S. 541, 553 f. (mit Ausnahme für die Einheits-GmbH & Co. KG); *Bitter* S. 32; Sudhoff/*Liebscher* § 50 RdNr. 19; s. auch BGHZ 89, 162, 167 = NJW 1984, 1351; **aM** Schlegelberger/*Martens* § 105 Anh. RdNr. 8, 13.

[83] *Kleindiek* S. 20 f.

liche Vermutung wegen der unwiderleglichen Vermutung des § 18 Abs. 1 S. 2 AktG (RdNr. 63) praktisch nur für die abhängige Personengesellschaft mit gesetzestypischem Verbandszweck, nämlich bei deren unmittelbarer Beherrschung qua Faktizität[84] bzw. entsprechender gesellschaftsvertraglicher Gestaltungen (zB Typen A und C, RdNr. 10, 12; näher RdNr. 58), oder, wie insbesondere bei der GmbH & Co. KG vorzufinden (RdNr. 59), bei deren mittelbarer Beherrschung. Zu **widerlegen** ist die Vermutung auch bei Bestehen der Vermutungsbasis[85] mit dem Nachweis, dass die einheitliche Leitung fehlt oder dass, etwa wegen Vorliegens einer bloßen Finanzbeteiligung, bereits von der die Abhängigkeit begründenden Einflussmöglichkeit kein Gebrauch gemacht wird.[86]

C. Personengesellschaft als Obergesellschaft

I. Kein Handelsgewerbe kraft Konzernleitung

65 Eine konzernleitende Personengesellschaft, die als **reine Holding** lediglich Verwaltungs- und Koordinationsaufgaben wahrnimmt und auch im Übrigen kein Handelsgewerbe iS des § 1 Abs. 2 betreibt, ist bei fehlender Eintragung im Handelsregister als **GbR** einzustufen.[87] Auch die Erwägung, dass in Konzernlagen das von der Untergesellschaft betriebene Handelsgewerbe der Obergesellschaft kraft ihrer einheitlichen Leitung zuzuordnen ist,[88] führt nicht zur Qualifizierung als Handelsgesellschaft. Der intern bleibenden Konzernleitung fehlt der unmittelbare Marktbezug, wie er für ein Handelsgewerbe kennzeichnend ist.[89] Erst recht ist die rein konzernleitende Personengesellschaft als GbR zu qualifizieren, wenn die Untergesellschaft kein Handelsgewerbe iS des § 1 Abs. 2 betreibt und ihr die Kaufmannseigenschaft lediglich kraft Rechtsform zukommt (§ 3 Abs. 1 AktG, § 13 Abs. 3 GmbHG, § 17 Abs. 2 GenG).

II. Das Rechtsverhältnis der Obergesellschaft zur Untergesellschaft

66 **1. Allgemeines.** Zwischen der Personengesellschaft als Obergesellschaft und einer ihr verbundenen Untergesellschaft besteht stets ein gesellschaftsrechtliches Rechtsverhältnis. Der hierfür maßgebliche materiell-rechtliche Normkomplex wird durch die Rechtsform der **Untergesellschaft** bestimmt. Je nachdem beurteilt sich die Rechtsstellung der Personengesellschaft als der Obergesellschaft gegenüber einer Untergesellschaft also nach den Regeln der §§ 291 ff., 300 ff., 308 ff. AktG bzw. den §§ 311 ff. AktG, nach denjenigen des GmbH-Konzernrechts oder denjenigen des Personengesellschaftskonzernrechts (zu diesen RdNr. 173 ff.).

67 **2. Die als „andere Vertragspartei" tauglichen Personengesellschaften. a) Verträge iS der §§ 291 Abs. 1, 292 Abs. 1 Nr. 2 AktG.** Eine Personengesellschaft als (künftige) „andere Vertragspartei" eines Beherrschungs- oder Gewinnabführungsvertrags mit einer AG muss nach § 291 Abs. 1 AktG über die Qualität eines (herrschenden) **Unternehmens** iS des in RdNr. 43 dargelegten organisationsberechtigenden Unternehmensbegriffs verfügen.[90] Über den Wortlaut des § 292 Abs. 1 Nr. 2 AktG hinaus gilt dies auch für

[84] Etwa im Falle eines paritätischen Gemeinschaftsunternehmens, s. RdNr. 57 Fn. 60.

[85] Zur selbstverständlich möglichen Widerlegung der Vermutungsbasis (der Abhängigkeit) vgl. *Möhring,* FS Westermann, 1974, S. 427, 429–437.

[86] *Burbach* S. 177; Staub/*Schäfer* § 105 Anh. RdNr. 29; *Möhring,* FS Westermann, 1974, S. 427, 437–441.

[87] BGH ZIP 1990, 505, 506; OLG Hamm ZIP 1993, 1310, 1311; Röhricht/von Westphalen/*von Gerkan*/*Haas* § 105 RdNr. 121; Geßler/Hefermehl/*Geßler* AktG § 15 RdNr. 39; **aM** *Schneider* ZHR 143 (1979), 485, 496; *ders.* BB 1980, 1057, 1058; *Stehle* S. 3 Fn. 3.

[88] *Schneider* ZHR 143 (1979), 485, 496; *ders.* BB 1980, 1057, 1058.

[89] *Karsten Schmidt* HandelsR § 9 IV 2 b aa/bb (S. 283 ff.).

[90] *Mülbert* ZHR 163 (1999), 1, 31 ff., 36 f.; K. Schmidt/Lutter/*Vetter* AktG § 15 RdNr. 35. Für die schutzrechtlich ansetzende hM etwa KK/*Koppensteiner* AktG § 291 RdNr. 8 ff.; K. Schmidt/Lutter/*Langenbucher* AktG § 291 RdNr. 12, 22; Emmerich/*Habersack,* Aktien- und GmbH-Konzernrecht, § 291 RdNr. 9; Spindler/Stilz/*Veil* AktG § 291 RdNr. 6 f.; MünchKommAktG/*Altmeppen* § 291 RdNr. 8 ff.; **aM** – selbst Privatgesellschafter sind taugliche „andere Vertragspartei - *Karsten Schmidt,* FS Lutter, 2000, S. 1167, 1182; *ders.,* FS Koppensteiner, 2001, S. 191, 206 ff.; ihm folgend *Hüffer* AktG § 291 RdNr. 8; MünchHdb. AG/

den Abschluss eines Teilgewinnabführungsvertrags.[91] Nach ihrer ratio ist diese mit dem Unternehmensbegriff verbundene Begrenzung des Kreises der Personengesellschaften, die als „andere Vertragspartei" in Betracht kommen, auch auf den Abschluss eines Beherrschungs- oder (Teil-)Gewinnabführungsvertrags mit einer Gesellschaft anderer Rechtsform (GmbH, Personengesellschaften) zu übertragen.

b) Verträge iS des § 292 Abs. 1 Nr. 3 AktG. Eine Personengesellschaft als „andere" Vertragspartei eines Betriebspacht- oder Betriebsüberlassungsvertrags mit einer AG bedarf **keiner** vorgängigen **Unternehmensqualität.**[92] Das gilt auch, sofern die Verpachtung oder Überlassung durch eine Gesellschaft anderer Rechtsform (GmbH, Personengesellschaft) erfolgt. 68

III. Mitwirkungsrechte der Gesellschafter

1. Grundlagen. a) Die Problemstellung. Bei einer Gesellschaft, die qua Beteiligungserwerb oder Ausgliederung zur Obergesellschaft einer Unternehmensgruppe wird, verändern sich Aufgabenkatalog und Entscheidungszuständigkeiten der für die Gesellschaft organschaftlich handelnden Geschäftsführer und Gesellschaftergesamtheit. Einerseits kommt es zu Verkürzungen, andererseits zu Erweiterungen. 69

Das geschriebene **Aktien-** und **Umwandlungsrecht** reagiert hierauf mit der Normierung weniger punktueller Hauptversammlungszuständigkeiten (§§ 293 Abs. 2 S. 1, 319 Abs. 2 S. 1, 320 Abs. 1 S. 3 AktG, § 123 Abs. 3 iVm. §§ 124, 125, 43 UmwG) und scheint nach dem Wortlaut des § 119 Abs. 1 AktG („ausdrücklich") im Übrigen von der Entscheidungskompetenz des Vorstands und/oder Aufsichtsrats auszugehen. Die Angemessenheit dieser Kompetenzverteilung lässt sich unter zwei ganz unterschiedlichen Blickwinkeln – faktische Verkürzung der Aktionärsrechte oder Verkürzung der Leitungsmöglichkeiten in der Konzernunternehmung – in Frage stellen.[93] Erste diesbezügliche Überlegungen vor nunmehr 30 Jahren[94] mündeten in Korrekturvorschläge unter Herausbildung **ungeschriebener Hauptversammlungszuständigkeiten.**[95] Die freilich mit Unsicherheiten über die rechtsdogmatische Verortung (§ 119 Abs. 2 AktG v. Analogie(n) zu positivierten Hauptversammlungszuständigkeiten) verbundene baldige Öffnung des BGH gegenüber solchen Vorstellungen im Holzmüller-Urteil[96] hat sich nach zustimmenden instanzgerichtlichen Urteilen[97] nunmehr zur restriktiveren Gelatine-Judikatur verfestigt, die auf ungeschriebene Hauptversammlungskompetenzen als Ergebnis einer **offenen Rechtsfortbildung** und nicht mehr als Folge einer Verdichtung des § 119 Abs. 2 AktG zu einer Vorlagepflicht erkennt.[98] Das Schrifttum seinerseits hatte bis zu dieser höchstrichterlichen Klärung, auch über den Gruppenkontext hinausgreifend, eine ganze Palette ungeschriebener Hauptversammlungskompetenzen postuliert.[99] Die verschiedenen Vorschläge stimmten dabei trotz großer Unterschiede des jeweiligen konzeptionellen Ansatzes[100] insoweit überein, als sie 70

Krieger § 70 RdNr. 9 (s. aber auch § 71 RdNr. 8): *Lutter*/Hommelhoff GmbHG § 13 Anh. RdNr. 7; Spindler/Stilz/*Schall* AktG § 15 RdNr. 47.

[91] *Mülbert* ZHR 163 (1999), 1, 37; aM die ganz hM; s. etwa KK/*Kopppensteiner* AktG § 292 RdNr. 5; *Hüffer* AktG § 292 RdNr. 3; K. Schmidt/Lutter/*Langenbucher* AktG § 292 RdNr. 2; MünchHdb. AG/*Krieger* § 72 RdNr. 10.

[92] Unstr.; s. nur *Mülbert* ZHR 163 (1999), 1, 37 f.; KK/*Koppensteiner* AktG § 292 RdNr. 5 f.; *Hüffer* AktG § 292 RdNr. 3; K. Schmidt/Lutter/*Langenbucher* AktG § 292 RdNr. 2; MünchHdb. AG/*Krieger* § 72 RdNr. 10.

[93] Dazu *Mülbert* S. 363 f. mN.

[94] *Lutter* DB 1973, Beil. 21, S. 1; *ders.*, FS Barz, 1974, S. 199; *ders.*, FS Westermann, 1974, S. 347.

[95] *Ulmer* AG 1975, 15.

[96] BGHZ 83, 122 = NJW 1982, 1703.

[97] OLG Köln ZIP 1993, 110, 113, 114; OLG München AG 1995, 232, 233; LG Köln AG 1992, 238, 239; LG Frankfurt AG 1993, 287, 288; 1998, 45; LG Düsseldorf AG 1999, 94, 95; LG Heidelberg AG 1999, 135, 137; auch LG Stuttgart WM 1992, 58, 62; LG Karlsruhe NZG 1998, 393, 395, 396.

[98] BGHZ 159, 30 ff. = WM 2004, 1090; BGH WM 2004, 1085.

[99] Überblick bei GroßkommAktG/*Mülbert* § 119 RdNr. 19, 30.

[100] Überblick bei *Mülbert* S. 384 ff.; kurz auch GroßkommAktG/*Mülbert* § 119 RdNr. 31 ff.

die ungeschriebenen Zuständigkeiten jeweils in **Analogie** zu den **geschriebenen Kompetenzzuweisungen** des AktG entwickeln.[101]

71 Der rechtliche Ausgangspunkt des **Personengesellschaftsrechts** unterscheidet sich im Grundsätzlichen vom aktiengesetzlichen Regelungsrahmen. Die Geschäftsführungsbefugnis steht im gesetzlichen Regelfall allen Gesellschaftern gemeinschaftlich zu (§ 709 Abs. 1 BGB) bzw. ist als Einzelgeschäftsführungsbefugnis begrenzt auf die gewöhnlichen Geschäfte (§ 116 Abs. 1). Bei den nachfolgend ganz im Mittelpunkt stehenden Personenhandelsgesellschaften ist folglich die **Gesellschaftergesamtheit** unter Einschluss der nichtgeschäftsführungsbefugten Gesellschafter schon nach dem gesetzlichen Normalstatut entscheidungsbefugt, soweit Angelegenheiten der Gruppenbildung und –leitung sich **nicht mehr** dem Rahmen der gewöhnlichen Geschäfte iS des **§ 116 Abs. 1** halten. Anders als im Aktienrecht wird die Frage der angemessenen Zuständigkeitsverteilung daher nicht von den Erfordernissen einer methodengerechten Analogiebildung bei der Herausbildung ungeschriebener Hauptversammlungskompetenzen bestimmt. Insbesondere besteht keine Notwendigkeit, die verschiedenen Maßnahmen der Gruppenbildung und -leitung mit Blick auf mögliche Analogien ordnend zusammenzufassen.[102] Vielmehr sind die einschlägigen Maßnahmen jeweils gesondert unter dem Aspekt zu würdigen, ob sie noch ein gewöhnliches Geschäft iS des § 116 Abs. 1 darstellen oder darüber hinausgreifen.

72 **b) §§ 116 Abs. 2, 164 S. 1 2. HS und Grundlagengeschäfte.** Mitspracherechte auch der nichtgeschäftsführenden Gesellschafter an der Gruppenbildung und -leitung kommen unter zweierlei Aspekten in Betracht: außergewöhnliche Geschäfte iS der §§ 116 Abs. 2, 164 S. 1 2. HS und Grundlagengeschäfte. **Außergewöhnliche Geschäfte** sind auf die Verwirklichung des Gesellschaftszwecks bezogene und damit zweckgebundene Maßnahmen der Geschäftsführung mit besonderem Gewicht. Die Residualkategorie der **Grundlagengeschäfte** umfasst alle jenseits des Bereichs der Geschäftsführung liegenden, kraft ihrer Natur in die Zuständigkeit der Gesellschafter fallenden Vorgänge. Zu dieser zweiten Kategorie gehören neben allen Änderungen des Gesellschaftsvertrags[103] auch solche Maßnahmen, für die eine vorgängige dauerhafte Änderung des Gesellschaftsvertrags, insbesondere des Gesellschaftszwecks, erforderlich wäre, sowie eine Reihe weiterer, in sich inhomogener Akte.[104] Für die letzten beiden Fallgruppen ist für einzelne Vorgänge umstritten, ob es sich dabei um ein außergewöhnliches Geschäft oder ein Grundlagengeschäft handelt. Jedoch ist die genaue Zuordnung vielfach von lediglich untergeordneter Bedeutung.[105] Abgesehen von Änderungen des Gesellschaftsvertrags entscheiden die Gesellschafter über (sonstige) Grundlagengeschäfte ebenso wie über die außergewöhnlichen Geschäftsführungsmaßnahmen im Wege der organschaftlichen Beschlussfassung für die Gesellschaft,[106] und überdies kann der Gesellschaftsvertrag sogar für Änderungen des Gesellschaftsvertrags eine solche organschaftliche Beschlussfassung einführen.[107] Bedeutsam wird die Qualifizierung eines Vorgangs damit vor allem, wenn der Gesellschaftsvertrag besondere Bestimmungen zur (mehrheitlichen) Beschlussfassung allein für den Bereich der §§ 116, 164 S. 1 2. HS vorsieht; ferner für die inhaltlichen Bindungen der Beschlussmehrheit, weil auch außergewöhnliche Geschäftsführungsmaßnahmen streng zweckgebunden am Gesellschaftszweck zu

---

[101] Dazu mwN KK/*Koppensteiner* AktG Vor § 291 RdNr. 42 ff.; Emmerich/*Habersack,* Aktien- und GmbH-Konzernrecht, Vor § 311 RdNr. 32 ff.; GroßkommAktG/*Mülbert* § 119 RdNr. 21 ff.; *Mülbert* S. 395 f.

[102] Für das Aktienrecht s. demgegenüber die Unterscheidung von Ausgliederungsvorgängen iwS und sonstigen Gruppenumbildungsvorgängen bei *Mülbert* S. 370 ff.; insoweit zustimmend *Hirte* WM 1997, 1001, 1006.

[103] **AM** vor allem *Schulze-Osterloh,* FS Hadding, 2004, S. 637, 643 f., der Änderungen des Gesellschaftsvertrags als gesonderte Kategorie führt.

[104] Näher zu den beiden Kategorien *Rawert* § 114 RdNr. 9 ff. und *Jickeli* § 116 RdNr. 6 f.

[105] Näher *Jickeli* § 116 RdNr. 6; **aM** E/B/J/S/*Mayen* § 114 RdNr. 7.

[106] S. nur *Schulze-Osterloh,* FS Hadding, 2004, S. 637, 649; auch E/B/J/S/*Goette* § 119 RdNr. 7.

[107] Näher *Mülbert/Gramse* WM 2002, 2085, 2090 ff.; sogar noch weitergehend – nur organschaftliche Beschlußfassung – *Wiedemann* GesR II § 4 Einl. (S. 291 ff.).

orientieren sind, wogegen bei Grundlagengeschäften lediglich die zwischen den Gesellschaftern bestehende Treuepflicht zum Tragen kommt.

c) § 126 Abs. 2 und Grundlagengeschäfte. Mitwirkungsbefugnisse der Gesellschafter ergeben sich mit Notwendigkeit dann, wenn das betreffende Geschäft nicht in die organschaftliche Vertretungsmacht der Geschäftsführer aus § 126 Abs. 2 fällt. Der Kreis dieser ebenfalls als Grundlagengeschäfte bezeichneten rechtsgeschäftlichen Vorgänge und Maßnahmen ist in zweierlei Richtung enger als der Kreis der jenseits der §§ 116 Abs. 2, 164 S. 1 2. HS liegende Grundlagengeschäfte. Zum einen wirken manche Geschäfte, etwa die Wahl der Abschlussprüfer, überhaupt nur gesellschaftsintern; zum anderen gebietet das von § 126 Abs. 2 verfolgte Verkehrschutzanliegen einen viel **engeren** Begriff des Grundlagengeschäfts. Entgegen mancher Tendenzen im neueren Schrifttum[108] zur inhaltlichen Parallelisierung mit der anders gelagerten Abgrenzung zu den außergewöhnlichen Geschäften der §§ 116 Abs. 2, 164 S. 1 2. HS (RdNr. 72) ist mit Blick auf § 126 nur dann ein Grundlagengeschäft anzunehmen, wenn sich ein Rechtsgeschäft **unmittelbar** auf eine **Änderung** des **Gesellschaftsvertrags** richtet,[109] insbesondere indem Gesellschaft und Dritter eine Änderung des Gesellschaftsvertrags vereinbaren, nicht aber bei lediglich mittelbaren Berührungen des Gesellschaftsvertrags.[110] 73

Die **Begründung** folgt zum einen daraus, dass weder der Gesellschaftsvertrag einer OHG/KG in toto noch ihr den Unternehmensgegenstand beinhaltender Gesellschaftszweck (RdNr. 120) zum Handelsregister anzumelden oder gar einzutragen sind. Angesichts dieser fehlenden Registerpublizität verbietet es sich, den durch § 126 intendierten Verkehrsschutz mittels des mit erheblichen Interpretationsunsicherheiten behafteten Kriteriums einer auch nur mittelbaren Berührung des Gesellschaftsvertrags, etwa in Form der Berührung des Gesellschaftszwecks oder des Unternehmensgegenstands, auszuhebeln. Zum anderen lassen sich nur mit dieser Beschränkung auf Änderungen des Gesellschaftsvertrags einige bislang kaum bedachte Folgeprobleme vermeiden. Das gilt schon für die Frage, wie die nicht in einer Änderung des Gesellschaftsvertrags bestehenden Grundlagengeschäfte, etwa der Abschluss eines Beherrschungsvertrags mit einem Dritten, im Außenverhältnis überhaupt wirksam zustande kommen sollen. Keine Lösung bietet insoweit die auf den ersten Blick naheliegende Erklärung, dass die Geschäftsführer hierfür unter dem Vorbehalt der außenwirksamen Zustimmung der Gesellschafter tätig werden. Grundlagengeschäfte sind nämlich solche Geschäfte, die die gesellschaftsfreie Sphäre der Willensbildung der Gesellschafter betreffen.[111] Diese als solche treffende Kennzeichnung schließt es zugleich aus, Grundlagengeschäfte als Rechtsgeschäft zwischen der Gesellschaft, vertreten durch die Gesellschafter als solche, und einem Dritten anzusehen. Es bliebe nur noch, etwa den Beherrschungsvertrag als unmittelbar zwischen den Gesellschaftern in ihrer gesellschaftsfreien Sphäre und dem Dritten abgeschlossenes Rechtsgeschäft anzusehen, eine offenkundig neben der Sache liegende Deutung. 73a

Als **Konsequenz** bleibt damit festzuhalten, dass der Umfang der organschaftlichen Vertretungsmacht bei Personenhandelsgesellschaften aufgrund der zwingenden Festlegung in **§ 126 Abs. 2** ebenso weit reicht **wie** bei **Kapitalgesellschaften.** Der gebotene Schutz der Gesellschaft und ihrer Gesellschafter gegen ein Handeln der Geschäftsführer, das den Gesellschaftsvertrag als Grundlage der Gesellschaft mittelbar berührt, ist auch bei Personenhandelsgesellschafen nicht mit der § 126 Abs. 2 einschränkenden Kategorie der Grundlagengeschäfte zu leisten. Hierfür sind vielmehr drei Mechanismen berufen: (i) die Rückbindung des Umfangs der Vertretungsmacht an denjenigen der Geschäftsführungsbefugnis unter teleologischer Reduktion des § 126 Abs. 2 (RdNr. 75, 87, 99, 170, 281), (ii) die Gesellschafterzustimmung als Wirksamkeitserfordernis für die organschaftliche Vertretung 73b

[108] Etwa Staub/*Habersack* § 126 RdNr. 13 ff.; auch Baumbach/*Hopt* § 114 RdNr. 3, § 126 RdNr. 3.

[109] Ebenso *Hadding*, FS Lutter, 2000, S. 851, 860.

[110] **AM** Staub/*Habersack* § 126 RdNr. 13.

[111] Staub/*Habersack* § 126 RdNr. 12. S. auch Baumbach/*Hopt* § 126 RdNr. 3: das innere Verhältnis der Gesellschafter zueinander betreffende Geschäfte.

durch die Geschäftsführer (RdNr. 75 Fn. 116, 87, 160, 269, 325), (iii) die Doktrin vom Missbrauch der Vertretungsmacht.

74 **d) Konsequenzen für Veräußerungsvorgänge.** Veräußert die Gesellschaft Vermögensgegenstände an Dritte, liegt je nach Fallkonstellation ein **außergewöhnliches** Geschäft iS der §§ 116 Abs. 2, 164 S. 1 2. HS vor, nicht aber ein Grundlagengeschäft.[112] Selbst der Umstand, dass die Gesellschaft bei der Veräußerung eines **wesentlichen** Teilbereichs ihren Unternehmensgegenstand aktuell nicht mehr ausfüllt, macht nämlich nicht mit Notwendigkeit eine dauerhafte Änderung des Gesellschaftsvertrags erforderlich. Um ein Grundlagengeschäft handelt es sich erst dann, wenn die Gesellschaft hierzu auch unter Berücksichtigung des ihr zufließenden Entgelts zukünftig nicht mehr in der Lage sein wird, etwa weil sie über ein Monopol verfügte oder weil das verbleibende Nettovermögen auch unter Berücksichtigung des ihr zufließenden Entgelts für einen Neuaufbau des Geschäftszweigs nicht ausreichen würde.[113] Auf die Übertragung des **gesamten** Gesellschaftsvermögens finden die zur Veräußerung wesentlicher Teilbereiche dargelegten Grundsätze ebenfalls Anwendung.[114] Bei Mitveräußerung der Firma liegt dagegen unbestritten stets ein Grundlagengeschäft vor.[115]

75 Im Außenverhältnis ist die Veräußerung einzelner Vermögensgegenstände stets von der organschaftlichen **Vertretungsmacht** der Geschäftsführer umfasst.[116] Vorbehaltlich des Falls der Mitveräußerung auch der Firma gilt dies sogar bei Veräußerung des gesamten Vermögens der Gesellschaft.[117] Etwaigen Schutzbedürfnissen der Gesellschafter ist mit der Einschränkung des § 126 Abs. 2 für Rechtsgeschäfte der Gesellschaft mit ihren Gesellschaftern[118] sowie, vor allem bei Übertragung des gesamten Vermögens von Bedeutung, den Grundsätzen über den Missbrauch der Vertretungsmacht[119] genügt.

76 **2. Mitwirkungsrechte bei der Gruppenbildung und –umbildung. a) Beteiligungserwerb.** Ein Mitwirkungsrecht aller Gesellschafter im Erwerbsfall kommt vorrangig unter dem Aspekt einer Änderung des **Unternehmensgegenstands** (RdNr. 77 f.) in Betracht. Das gilt insbesondere, weil der Unternehmensgegenstand, vorbehaltlich abweichender gesellschaftsvertraglicher Regelungen, über die Rechtsformgrenze der Gesellschaft hinausgreift und **gruppenweit** auch für ihre Betätigung über eine unmittelbare oder mittelbare Tochtergesellschaft gilt.[120] Die folgenden Ausführungen sub specie Unternehmensgegenstand betreffen daher zunächst den Fall, dass die Obergesellschaft selbst ein rechtlich

---

[112] Staub/*Schäfer* § 114 RdNr. 16, § 116 RdNr. 12, 14; **aM** mit Unterschieden im Detail *Schulze-Osterloh*, FS Hadding, 2004,S. 637, 646 (bei Erfüllung der Holzmüller-Kriterien); Baumbach/*Hopt* § 114 RdNr. 3 (bei Veräußerung wesentlicher Teile); *Jäger* DStR 1997, 1770, 1776 (für Regelfall Grundlagengeschäft).

[113] Wie hier jetzt auch Westermann/*Tröger* I RdNr. 4013.

[114] S. auch RGZ 172, 370, 374 f.: Grundlagengeschäft, wenn durch Übertragung die Liquidation vermieden werden soll; **aM** BGH NJW 1995, 596 (dass die Veräußerung des gesamten Vermögens idR eine Aufgabe des werbenden Zwecks der Gesellschaft bedeute und dass dies nach dem Rechtsgedanken des § 361 AktG (alt) die Mitwirkung aller Gesellschafter nötig mache, übergeht freilich, dass § 361 Abs. 3 AktG (alt) einen gesonderten Liquidationsbeschluß vorsah); jedenfalls iE unter Annahme eines Grundlagengeschäfts auch die hM, s. etwa *Rawert* § 114 RdNr. 11; *Karsten Schmidt* ZGR 1995, 674, 678 ff.; Staub/*Schäfer* § 114 RdNr. 16; Baumbach/*Hopt* § 114 RdNr. 3; Staub/*Schilling* § 164 RdNr. 5; Heymann/*Horn* § 164 RdNr. 7; Schlegelberger/*Martens* § 114 RdNr. 7; in der Sache auch *Schulze-Osterloh*, FS Hadding, 2004, S. 637, 644, 646.

[115] S. nur *Rawert* § 114 RdNr. 11; Baumbach/*Hopt* § 114 RdNr. 3; in der Sache auch *Schulze-Osterloh*, FS Hadding, 2004, S. 637, 644, 646.

[116] Etwas enger Staub/*Habersack* § 126 RdNr. 17 f. (mit Vorbehalt für Gegenstandsänderung).

[117] *Grunewald* JZ 1995, 577 f.; *dies.* 1. B. RdNr. 23 (mit dem Vorbehalt des Vertretungsmachtmißbrauchs); *Hadding*, FS Lutter, 2000, S. 851, 858 ff.; etwas enger – Gesellschaft muß sich sofort wieder im gegenständlichen Bereich betätigen – Heymann/*Emmerich* § 126 RdNr. 14; **aM** BGH NJW 1995, 596 unter Verweis auf § 361 AktG (alt) analog (dazu schon in RdNr. 74 Fn. 114); iE ferner *Karsten Schmidt* § 126 RdNr. 13; Staub/*Habersack* § 126 RdNr. 16; Baumbach/*Hopt* § 126 RdNr. 3, jeweils mit Verweis auf die – insoweit durchgreifenden Bedenken begegnende (RdNr. 73 ff.) – Kategorie der Grundlagengeschäfte.

[118] Näher *Karsten Schmidt* § 126 RdNr. 17 (mit abweichender eigener Position).

[119] Dazu *Karsten Schmidt* § 126 RdNr. 20 ff.

[120] Schon *Schneider*, FS Bärmann, 1975, S. 873, 883; *ders.* BB 1980, 1057, 1059; für die AG ganz hM; s. nur *Mülbert* S. 375 mwN in Fn. 66.

unselbständiges Unternehmen bzw. wesentliche Unternehmensteile oder eine andere Gesellschaft bzw. eine wesentliche Beteiligung daran erwirbt. Sie gelten im Grundsatz aber auch dann, wenn ein derartiger Erwerb durch eine Tochter- oder Enkelgesellschaft erfolgt.

Der Erwerb einer **Finanzbeteiligung** gehört jedenfalls bei kurzfristiger Beteiligung 77 noch zur Anlageverwaltung als Teil der gewöhnlichen Geschäftsführung (§ 116 Abs. 1),[121] ohne dass es auf die Branchenzugehörigkeit der Beteiligungsgesellschaft ankäme.[122] Anderes gilt, wenn dadurch die Obergesellschaft relativ zu ihrer Kapitalausstattung erhebliche Mittel als Kapitalanlage langfristig bindet. In diesem Fall entfällt eine Mitwirkung der Gesellschafter nur dann, wenn der Unternehmensgegenstand die Eingehung von Finanzbeteiligungen mit umfasst,[123] und zudem das Volumen der Transaktion nach dem konkreten Zuschnitt der Gesellschaft nicht zur Annahme einer außergewöhnlichen Maßnahme iS der §§ 116 Abs. 2, 164 S. 1 2. HS führt.

Beim Erwerb einer **unternehmerischen Beteiligung innerhalb** des vom **Unternehmensgegenstand** abgesteckten Tätigkeitsbereichs liegt grundsätzlich ein gewöhnliches 78 Geschäft iS des § 116 Abs. 1 vor.[124] **Überschreitet** die hinzuerworbene unternehmerische Beteiligung den Unternehmensgegenstand – wobei eine Überschreitung nicht allein deswegen vorliegt, weil die Gesellschaft ihr Tätigkeitsprogramm nunmehr (partiell) über eine Tochtergesellschaft verfolgt[125] –, begründet dieser Umstand zwar die Außergewöhnlichkeit der Maßnahme iS der **§§ 116 Abs. 2, 164 S. 1 2. HS,** führt aber nicht zum Vorliegen eines Grundlagengeschäfts.[126] Anders läge es nur dann, wenn die Gesellschaft nunmehr nicht in der Lage wäre, ihren neuen Geschäftszweig etwa durch Wiederveräußerung oder Einstellung kurzfristig aufzugeben. Dieser Fall dürfte kaum je vorliegen. Im Übrigen können die Gesellschafter im Kontext eines Beteiligungserwerbs deswegen zur Mitwirkung berufen sein, weil die hinzuerworbene Gesellschaft konzernstiftender **einheitlicher Leitung** unterstellt wird (näher RdNr. 82).[127]

b) Ausgliederung. Soll die Ausgliederung von Vermögenswerten auf eine Tochterge- 79 sellschaft im Wege der **Gesamtrechtsnachfolge** nach dem UmwG erfolgen (§ 123 Abs. 3 UmwG), ist die Zustimmung aller Gesellschafter erforderlich, sofern nicht der Gesellschaftsvertrag hierfür eindeutig eine Dreiviertel-Mehrheit der abgegebenen Stimmen genügen lässt (§§ 125, 43 Abs. 1 UmwG) (näher § 119 RdNr. 91 ff.).

Bei der Ausgliederung im Wege der **Einzelrechtsübertragung** auf eine eigens zu grün- 80 dende oder bereits bestehende 100%ige Tochtergesellschaft handelt es sich grundsätzlich um eine gewöhnliche Maßnahme iS des § 116 Abs. 1. Eine **außergewöhnliche** Geschäftsführungsmaßnahme iS des Abs. 2 liegt erst vor, wenn sich der Vorgang im Kernbereich der Unternehmenstätigkeit abspielt und den wertvollsten Betriebszweig betrifft,[128] oder wenn

---

[121] Baumbach/*Hopt* § 116 RdNr. 2; *Schneider* ZHR 143 (1979), 485, 516; *ders.,* FS Bärmann, 1975, S. 873, 880; *ders.* BB 1980, 1057, 1058; **aM** *Liebscher* S. 117 f.; Sudhoff/*Liebscher* § 50 RdNr. 129.

[122] Westermann/*Tröger* I RdNr. 4012; *Schneider,* FS Bärmann, 1975, S. 873, 880; *Heck* S. 46.

[123] Insoweit ebenso Westermann/*Tröger* I RdNr. 4012; *Schneider* ZHR 143 (1979), 485, 516; *Heck* S. 47.

[124] Je nach Lage des konkreten Einzelfalls ebenso *Jickeli* § 116 RdNr. 28; **aM** – außergewöhnliches Geschäft - *Liebscher* RdNr. 1165; noch anders – Grundlagengeschäft – Staub/*Schilling* § 164 RdNr. 5 für Erwerb einer Mehrheitsbeteiligung (ablehnend dazu *Rawert* § 114 RdNr. 11; Baumbach/*Hopt* § 114 RdNr. 3; Heymann/*Horn* § 164 RdNr. 7); unklar Sudhoff/*Liebscher* § 50 RdNr. 129 (außergewöhnliche Geschäftsführungsmaßnahme), 130 (Grundlagenentscheidung).

[125] Näher *Mülbert* S. 375 ff. (mN zur herrschenden Gegenmeinung in Fn. 70 f.); ferner *Heck* S. 61 ff.; **aM** für die Personengesellschaft zB *Liebscher* S. 120.

[126] **AM** Westermann/*Tröger* I RdNr. 4012; Röhricht/von Westphalen/*von Gerkan/Haas* § 105 RdNr. 123; *Liebscher* S. 120 f.; vgl. auch Staub/*Habersack* § 126 RdNr. 17: kann Grundlagengeschäft darstellen.

[127] Vermengung beider Gesichtspunkte – Außergewöhnlichkeit des Erwerbs und Konzernierung – bei *Liebscher* S. 116.

[128] Wie hier auch Röhricht/von Westphalen/*von Gerkan/Haas* § 105 RdNr. 123; *Gekeler* S. 369 ff.; Staub/*Schäfer* § 116 RdNr. 14; *Michalski* § 105 Anh. I RdNr. 8 (wesentliche Teile); großzügiger – jede Ausgliederung von Unternehmensteilen in selbständige Tochtergesellschaften – *Lutter,* FS Barz, 1974, S. 199, 209. Gegebenenfalls sogar ein Grundlagengeschäft in Holzmüller-Situationen für möglich haltend Baumbach/*Hopt* § 114 RdNr. 3 iVm. § 116 RdNr. 2; *Rawert* § 114 RdNr. 11; *Jickeli* § 116 RdNr. 20; sogar stets für Grundlagengeschäft *Jäger* DStR 1997, 1770, 1776.

sogar (nahezu) das gesamte Vermögen übertragen wird (schon RdNr. 74). Bei einer **Beteiligung Dritter** liegt die Schwelle für das Vorliegen einer außergewöhnlichen Maßnahme niedriger. Die Außergewöhnlichkeit ist bereits dann zu bejahen, wenn die betroffenen Vermögenswerte für die Tätigkeit der Gesellschaft nicht von ganz untergeordneter Bedeutung sind.

81 **c) Abhängigkeitsbegründung.** In der Herstellung der Abhängigkeitslage liegt für die Obergesellschaft **keine außergewöhnliche** Geschäftsführungsmaßnahme iS der §§ 116 Abs. 2, 164 S. 1 2. HS. Das gilt auch, wenn es sich um eine Untergesellschaft in der Rechtsform der AG handelt. Deren Abhängigkeit kann sogar ohne Zutun der Obergesellschaft eintreten, etwa bei Erlangung einer Hauptversammlungsmehrheit aufgrund dauerhaft gesunkener Hauptversammlungspräsenz. Die gegebenenfalls eintretende Pflicht zum Nachteilsausgleich (§ 311 AktG) begründet keine andere Beurteilung: Sie hat sich noch nicht hinreichend konkretisiert, da nachteilige Einwirkungen auf die Untergesellschaft keineswegs zwingende Folge des Abhängigkeitstatbestandes sind.[129]

82 **d) Konzernierung, Gewinnabführung, qualifizierte Nachteilszufügung, sonstige Unternehmensverträge.** Die **Konzernbildung** durch die Personengesellschaft, sei es mittels Abschluss eines Beherrschungsvertrags oder durch Aufnahme tatsächlicher einheitlicher Leitung, ist kein Grundlagengeschäft.[130] Dass hieraus gegebenenfalls eine unbeschränkte Verlustausgleichspflicht der Obergesellschaft nach § 302 Abs. 1 AktG (analog) erwächst, ändert hieran nichts.[131] Die Abgrenzung der Grundlagengeschäfte zu den Geschäftsführungsentscheidungen hängt nicht davon ab, ob das Geschäft verlustreich sein kann, sondern ob die extrakorporativen Beziehungen der Gesellschafter zueinander betroffen sind (RdNr. 72). Vielmehr handelt es sich je nach Lage des Falles um eine **außergewöhnliche,** die einstimmige Zustimmung aller Gesellschafter erfordernde Maßnahme iS der §§ 116 Abs. 2, 164 S. 1 2. HS.[132] Das Merkmal der Außergewöhnlichkeit ist jedenfalls dann erfüllt, wenn die Konzernierung zur Verlustausgleichspflichtigkeit der herrschenden Personengesellschaft führt.[133] Das gilt für den Abschluss eines Beherrschungsvertrags[134] mit einer AG/GmbH (§ 302 Abs. 1 AktG (analog)) und die beherrschungs- oder gesellschaftsvertragliche Konzernierung einer Personengesellschaft mit dienendem Verbandszweck, sofern die herrschende Personengesellschaft nicht der unbeschränkten persönlichen Haftung gemäß § 128 unterliegt (RdNr. 191 ff.). Ebenso liegt es weiter beim Abschluss eines Gewinnabführungsvertrages mit einer AG/GmbH als abführungsverpflichteter Gesellschaft (arg. § 302 Abs. 1 AktG (analog)),[135] sowie schließlich für den Fall, dass eine beschränkte Verlustausgleichspflicht wegen Zufügung eines im Wege des Einzelausgleichs nicht vollständig kompensierbaren (qualifizierten) Nachteils im Raum steht (RdNr. 180 ff.).

---

[129] So auch *Heck* S. 45 für den Erwerb einer branchenzugehörigen Beteiligung.

[130] OLG Hamm NZG 2009, 1117, 1118 (implizit); Staub/*Schäfer* § 105 Anh. RdNr. 83; *Ulmer* BB 1989, 10, 12; speziell für den Abschluß eines Beherrschungsvertrags LG Mannheim AG 1995, 142, 143; Staub/*Schäfer* § 116 RdNr. 12; Staub/*Habersack* § 126 RdNr. 18; *Lutter* DB 1973, Beil. 21, S. 1, 13. **AM** – stets Grundlagengeschäft – *Westermann* ZIP 2007, 2289, 2296; *Rawert* § 114 RdNr. 11; Baumbach/*Hopt* § 114 RdNr. 3; Staub/*Schilling* § 164 RdNr. 5; der Sache nach auch *Schneider* ZHR 143 (1979), 485, 517 ff. (stets faktische Satzungsänderung); ferner *Gekeler* S. 366 für den Abschluß eines Beherrschungsvertrags.

[131] OLG Hamburg AG 2006, 49, 50; **aM** *Westermann* ZIP 2007, 2289, 2296.

[132] Staub/*Schäfer* § 105 Anh. RdNr. 83; *Ulmer* in Probleme des Konzernrechts, S. 26, 59; *ders.* BB 1989, 10, 12; *Karsten Schmidt* GesR § 43 III 1 b (S. 1293); BeckHdbPersG/*Rosenbach* § 24 RdNr. 79; Sudhoff/*Liebscher* § 50 RdNr. 136 (analog § 293 Abs. 2 AktG).

[133] Ebenso OLG Hamburg AG 2006, 49, 50; Westermann/*Tröger* I RdNr. 4013, 4015.

[134] Jedenfalls iE ist die Notwendigkeit der einstimmigen Zustimmung aller Gesellschafter unstr.; s. nur OLG Hamm NZG 2009, 1117, 1118; *Lutter* DB 1973, Beil. 21, S. 1, 13; Staub/*Schäfer* § 105 Anh. RdNr. 83; *Ulmer* BB 1989, 10, 12; Baumbach/*Hopt* § 114 RdNr. 3; *Schneider* ZHR 143 (1979), 485, 417 ff.; *Gekeler* S. 366 (Grundlagengeschäft).

[135] OLG Hamburg AG 2006, 49, 50; OLG Hamm NZG 2009, 1117, 1118; Staub/*Schäfer* § 116 RdNr. 12; Baumbach/*Hopt* § 114 RdNr. 3; **aM** – Grundlagengeschäft – Schlegelberger/*Martens* § 105 Anh. RdNr. 19.

Eine außergewöhnliche Geschäftsführungsmaßnahme iS der §§ 116 Abs. 2, 164 S. 1 2. HS liegt weiter vor, wenn eine Personengesellschaft bei den Verträgen iS des **§ 292 Abs. 1 Nr. 3 AktG** als Pächterin bzw. Betriebsübernehmerin auftritt,[136] oder vertraglich die Betriebsführung übernimmt.[137] 83

Ein von der Personengesellschaft als „anderer Vertragsteil" abgeschlossener Unternehmensvertrag iS der §§ 291 f. AktG bedarf **keiner** Eintragung ins **Handelsregister** analog § 294 AktG. Das gilt selbst dann, wenn man der Eintragung lediglich deklaratorische Wirkung beilegt.[138] Hierfür ist wie bei der beherrschungsvertraglich konzernierten Personengesellschaft (RdNr. 153) maßgeblich, dass jeweils nicht einmal der Gesellschaftsvertrag als solcher der Eintragung bedarf. 84

e) Mehrheitsbeschlüsse. Als außerordentliche Geschäftsführungsmaßnahme (§§ 116 Abs. 2, 164 S. 1 2. HS) oder, selten, als Grundlagengeschäft unterliegen Gruppenbildungsvorgänge der Zustimmung aller Gesellschafter.[139] Ein Mehrheitsbeschluss bezüglich der Gruppenbildungsvorgänge bedarf als Abweichung von § 119 Abs. 1 der eindeutigen Zulassung im Gesellschaftsvertrag **(Bestimmtheitsgrundsatz).**[140] Verändert der Gruppenbildungsvorgang die Gesellschafterstellung derart, dass er einem unmittelbaren Eingriff in den **Kernbereich**[141] der Mitgliedschaft qualitativ gleichsteht, ist daneben die individuelle Zustimmung aller Gesellschafter erforderlich. Als im Gesellschaftsvertrag erteilte **vorweggenommene Zustimmung** muss sich diese auf jeweils genau bestimmte konkrete Einzelfälle beziehen und diese nach Ausmaß sowie Umfang abgrenzen; eine allgemein gehaltene Konzernierungsklausel genügt nicht (näher § 119 RdNr. 66). Allerdings wird bei Gruppenbildungsvorgängen ein solcher Eingriff nur in Einzelfällen anzunehmen sein. Dies folgt aus den Wertungen des UmwG, wonach weder bei einer Verschmelzung unter Beteiligung einer Personengesellschaft als übertragendem oder aufnehmendem Rechtsträger die individuelle Zustimmung aller Gesellschafter zusätzlich zum Mehrheitsbeschluss erforderlich ist (s. § 43 Abs. 2 UmwG) noch bei einer Spaltung unter Beteiligung einer Personengesellschaft (§ 125 UmwG). Immerhin wird die im UmwG nicht vorgesehene (s. §§ 174, 175 UmwG) Übertragung des gesamten Gesellschaftsvermögens durch die Personengesellschaft (RdNr. 74) als ein solcher Kernbereichseingriff anzusehen sein. Keine individuelle Zustimmung erfordert hingegen die aufgrund einer Gruppenbildungsmaßnahme erforderliche Änderung des Unternehmensgegegenstands.[142] Keiner Zustimmung bedürfen ferner Maßnahmen wie etwa die vertragliche Konzernierung einer Tochtergesellschaft oder der Abschluss eines Gewinnabführungsvertrags mit dieser, die eine Verlustausgleichspflicht der Obergesellschaft nach § 302 AktG (analog) zur Konsequenz haben.[143] Dies folgt aus der Wertung des § 43 Abs. 2 UmwG im Falle einer aufnehmenden Personengesellschaft zeigt 85

f) Abdingbarkeit der Mitwirkungsrechte. Die Zustimmungsrechte der §§ 116 Abs. 2, 164 S. 1 2. HS lassen sich grundsätzlich abbedingen oder auf bestimmte, im Gesellschaftsvertrag näher umschriebene Rechtsgeschäfte reduzieren (§§ 109, 163). Eine allge- 86

---

[136] Staub/*Schäfer* § 116 RdNr. 12; Baumbach/*Hopt* § 114 RdNr. 3; **aM** – Grundlagengeschäft – Schlegelberger/*Martens* § 105 Anh. RdNr. 19.

[137] Staub/*Schäfer* § 116 RdNr. 12; Baumbach/*Hopt* § 114 RdNr. 3; Schlegelberger/*Martens* § 105 Anh. RdNr. 19.

[138] **AM** *Schneider* WM 1986, 181, 187 (für den Beherrschungsvertrag) unter Berufung darauf, dasses (auf Seiten der Obergesellschaft?) um die Eintragung einer besonderen Art von Gesellschaft gehe.

[139] **AM** – qualifizierte Mehrheit der abgegebenen Stimmen – LG Mannheim AG 1995, 142, 143 für den Abschluß eines Beherrschungsvertrags unter Berufung auf die Lage im GmbH-Recht.

[140] BGHZ 170, 283, 287 = NJW 2007, 1685, 1686 - OTTO; BGHZ 179, 13, 20 f. = NJW 2009, 669 – Schutzgemeinschaft II; näher *Enzinger* § 119 RdNr. 79a f.

[141] „Relativ unentziehbare" Mitgliedschaftsrechte iS von BGHZ 170, 283, 288 = NJW 2007, 1685, 1686 – OTTO; BGHZ 179, 13, 21 = NJW 2009, 669 – Schutzgemeinschaft II.

[142] **AM** Westermann/*Tröger* I RdNr. 4019.

[143] Ebenso OLG Hamm NZG 2009, 1117, 1118; Westermann/*Tröger* I RdNr. 4019; ferner OLG Hamburg AG 2006, 49, 50 für den Abschluß eines Gewinnabführungsvertrags.

mein gehaltene Klausel, die derartige Einschränkungen vorsieht, erstreckt sich im Zweifel jedoch nicht auf die gruppenbildungsspezifischen Zustimmungsrechte.

87 **g) Vertretung der Gesellschaft.** Maßnahmen der Gruppenbildung werden weitestgehend von der Befugnis der Geschäftsführung zur organschaftlichen Vertretung umfasst. Das gilt auch für den Fall, dass die Gesellschaft durch eine Ausgliederung auf eine Tochtergesellschaft zur (reinen) Holding wird[144][145] oder ein Beteiligungserwerb außerhalb des bisherigen Unternehmensgegenstands erfolgt.[146] Als **Ausnahme** ist die Zustimmung der Gesellschafter mit Wirkung im Außenverhältnis erforderlich, wenn die Gesellschaft eine **Ausgliederung** nach § 123 Abs. 3 UmwG vornimmt (§§ 125, 13 UmwG) oder als „andere Partei" einen **Beherrschungs-** oder **Gewinnabführungsvertrag** iS des § 291 Abs. 1 AktG abschließt (§ 293 Abs. 2 S. 1 AktG analog[147]). Die von § 293 Abs. 2 S. 1 AktG verlangte Gesellschafterentscheidung mit Außenwirkung beruht auf der Wertung, dass das Interesse der Gesellschafter des herrschenden Unternehmens, nicht ohne ihre Zustimmung mit den von ihnen nicht zu beeinflussenden unternehmerischen Risiken einer fremden Gesellschaft belastet zu werden (§ 302 Abs. 1 AktG), Vorrang hat vor dem Interesse Dritter, auf die unbeschränkte Vertretungsmacht der Geschäftsführer vertrauen zu dürfen.[148] Auf die Personenhandelsgesellschaften trifft dieser Gedanke ebenfalls zu.[149] ohne dass die Schützbedürftigkeit der Gesellschafter gegen die Risiken aus einer unbeschränkten Verlustausgleichspflicht davon abhinge, ob diese einstimmig zustimmen müssen oder ob der Gesellschaftsvertrag hierfür eine mehrheitliche Beschlussfassung vorsieht.[150]

88 **3. Sonstige Gruppenleitungsvorgänge. a) Zustimmungspflichtige Vorgänge.** Hält die Personengesellschaft eine gesellschaftsrechtliche Beteiligung, bestehen Mitwirkungsrechte ihrer (nichtgeschäftsführenden) Gesellschafter im Bezug auf die Untergesellschaft nach Maßgabe der **§§ 116 Abs. 2, 164 S. 1 2. HS,** dh. bei außergewöhnlichen Geschäftsführungsmaßnahmen. Bei der Obergesellschaft erweitert sich das Gesamtspektrum möglicher Geschäftsführungsmaßnahmen gegenüber der unverbundenen Gesellschaft in dreierlei Hinsicht: Planung mit Bezug auf die Untergesellschaft (Finanz-, Investitions-, Personalplanung etc.), Umsetzung der Planungen durch Erteilung von „Weisungen" und nachträglichen Kontrollen, Ausübung der gesellschafterlichen Mitverwaltungsrechte. Inwieweit diesen Aktivitäten außergewöhnlicher Charakter zukommt, kann insbesondere bei der Ausübung von Beteiligungsrechten zweifelhaft erscheinen, da es sich aus Sicht der Untergesellschaft hierbei um mitgliedschaftliche Rechtsausübung unterschiedlicher Qualität handelt.

89 Für die Obergesellschaft ist die Außergewöhnlichkeit von Geschäftsführungsmaßnahmen[151] nicht am **Maßstab** der unverbundenen Gesellschaft zu bewerten. Dass ein bestimmter Vorgang bei einer unverbundenen Gesellschaft nicht vorkommt, macht ihn noch nicht zum außergewöhnlichen. Selbst die Ausübung der Verwaltungsrechte stellt daher im Ausgangspunkt eine einfache Geschäftsführungsmaßnahme iS des § 116 Abs. 1 dar, und zwar bei rein kapitalistischen ebenso wie bei unternehmerischen Beteiligungen.

---

144 **AM** Staub/*Habersack* § 126 RdNr. 14.

145 Im Falle 100%ige Tochtergesellschaften ist freilich zu beachten, dass im Verhältnis zu diesen der Umfang der Vertretungsmacht ohnehin demjenigen der Geschäftsführungsbefugnis folgt, s. RdNr. 99.

146 **AM** Staub/*Habersack* § 126 RdNr. 14.

147 OLG Hamburg AG 2006, 49, 51; LG Mannheim AG 1995, 142, 143 (allerdings lediglich qualifizierte Beschlußmehrheit fordernd, dazu RdNr. 85); Westermann/*Tröger* I RdNr. 4021; Baumbach/Hueck/*Zöllner* GmbHG SchlAnhKonzernR RdNr. 58 aE (GmbH); unter Annahme eines Grundlagengeschäfts iE ebenso Schlegelberger/*Martens* § 105 Anh. RdNr. 19; Baumbach/*Hopt* § 105 RdNr. 106, § 114 RdNr. 3; **aM** Staub/*Habersack* § 126 RdNr. 18.

148 BGHZ 105, 324, 335 = NJW 1989, 295.

149 OLG Hamburg AG 2006, 49, 51; Westermann/*Tröger* I RdNr. 4021; Schlegelberger/*Martens* § 105 Anh. RdNr. 19, § 114 RdNr. 7; **aM** *Ulmer* BB 1989, 10, 12.

150 **AM** insoweit OLG Hamburg AG 2006, 49, 51.

151 Für Gleichbehandlung der Ausübung von Beteiligungsrechten und sonstigen Geschäftsführungsmaßnahmen in kompetenzieller Hinsicht auch *Schneider,* FS Bärmann, 1975, S. 873, 888 f.

Ebenso wenig folgt die rechtliche Qualifizierung der Maßnahme bei der Obergesellschaft akzessorisch derjenigen bei der Untergesellschaft. Umgekehrt können im Fall eines konsentierten Gruppenaufbaus (zB bei Vorliegen einer Konzernierungsklausel) später im Rahmen der Gruppenleitung vorgenommene Maßnahmen nicht pauschal als gewöhnlich qualifiziert werden.[152] Vielmehr bemisst sich die Außergewöhnlichkeit stets danach, ob die in Frage stehende Maßnahme nach den Verhältnissen der **konkreten Obergesellschaft** außergewöhnlichen Charakter hat oder nicht.[153] Maßgebliche **Kriterien** für diese Bewertung aus der Sicht der Obergesellschaft sind die wirtschaftliche Bedeutung der Untergesellschaft im Verhältnis zur Obergesellschaft, die besondere Risikolage der Untergesellschaft, der Umfang des Beteiligungsbesitzes und die auch von der Ausgestaltung der Konzernierung abhängigen Haftungsgefahren.[154]

Nach diesen Kriterien liegt bei der Obergesellschaft eine außergewöhnliche Maßnahme 90
zunächst vor, wenn sie durch die Wahrnehmung ihrer Beteiligungsrechte bei der Untergesellschaft an einem Vorgang mitwirkt, der **reflexiv** den **Gesellschaftsvertrag** der **Obergesellschaft** berührt.[155] Hierfür kommt wegen der gruppendimensionalen Reichweite des Unternehmensgegenstands (RdNr. 76) insbesondere in Betracht, dass der Unternehmensgegenstand der Untergesellschaft im Widerspruch zu demjenigen der Obergesellschaft geändert wird, oder dass die Untergesellschaft ihre Betriebsorganisation veräußert und zugunsten des Erwerbers ein auch die Gesellschafter persönlich einbeziehendes Wettbewerbsverbot vereinbart wird.[156] Ebenso wird der Gesellschaftsvertrag der Obergesellschaft berührt, wenn eine GmbH, an der eine Holding-KG ohne eigenen Betrieb mehrheitlich beteiligt ist, ihren Betrieb veräußert.[157]

Außergewöhnlich sind sodann Geschäfte, die der Obergesellschaft ein über den Totalver- 91
lust ihrer Beteiligung hinausgehendes **Haftungsrisiko** aufbürden, etwa wenn eine gegenüber der Obergesellschaft verlustausgleichsberechtigte Untergesellschaft ihrerseits mit Zustimmung ihrer Gesellschafter (s. § 293 Abs. 2 S. 1 AktG) die unbeschränkte Haftung für fremde unternehmerische Risiken übernimmt, zB durch Abschluss eines Beherrschungs- oder Gewinnabführungsvertrags.[158] Weiterhin kann schon eine erhebliche Ausweitung des Haftungsrisikos der Obergesellschaft ausreichen, etwa wenn die Obergesellschaft infolge eines Formwechsels der Untergesellschaft die Stellung eines unbeschränkt persönlich haftenden Gesellschafters erlangt.[159]

Betriebsungewöhnlich können ferner solche Veränderungen der **Beteiligungsstruktur** 92
bei einer **Tochtergesellschaft** sein, die unter Mitwirkung der Obergesellschaft erfolgen, zB Kapitalerhöhungen unter Ausschluss des Bezugsrechts oder die Veräußerung von Anteilen an einer Tochtergesellschaft. Das betrifft zunächst die erstmalige Aufnahme Dritter in eine 100%ige Tochtergesellschaft.[160] Läge in der Beteiligung Dritter bei erstmaliger Ausgliederung aus der Untergesellschaft eine ungewöhnliche Maßnahme, weil die betroffenen Vermögenswerte für die Tätigkeit der Obergesellschaft nicht lediglich von ganz unter-

---

[152] Westermann/*Tröger* I RdNr. 4008 mwN.

[153] *Westermann* ZIP 2007, 2289, 2291 f.; wohl auch *Jickeli* § 116 RdNr. 21; E/B/J/S/*Mayen* § 116 RdNr. 7; Westermann/*Tröger* I RdNr. 4008; Schlegelberger/*Martens* § 105 Anh. RdNr. 16; Heymann/*Emmerich* § 116 RdNr. 6; **aM** – Requalifikation von Maßnahmen bei der Tochtergesellschaft aus Sicht der Obergesellschaft nur bei Vorliegen eines Konzernverhältnisses – *Schneider,* FS Bärmann, 1975, S. 873, 882 ff.; *ders.* ZHR 143 (1979), 485, 499 ff.; *ders.* BB 1980, 1057, 1059; wohl auch *Gekeler* S. 371; gegenteilig – keine Requalifikation bei 100%iger Tochtergesellschaft – Staub/*Schilling* § 164 RdNr. 3.

[154] Kriterien nach Schlegelberger/*Martens* § 105 Anh. RdNr. 16; ihm folgend BeckHdbPersG/*Rosenbach* § 24 RdNr. 80.

[155] *Schneider,* FS Bärmann, 1975, S. 873, 882 ff.; *ders.* ZHR 143 (1979), 485, 500.

[156] Beide Beispiele nach *Schneider,* FS Bärmann, 1975, S. 873, 882 f.

[157] IE ebenfalls für außergewöhnliche Maßnahme *Schneider,* FS Bärmann, 1975, S. 873, 887.

[158] Westermann/*Tröger* I RdNr. 4015.

[159] Westermann/*Tröger* I RdNr. 4015; der Sache nach noch weitergehend *Gekeler* S. 372 (bei jeder konzernbedingten Gefährdung von Vermögensinteressen).

[160] Ebenso Schlegelberger/*Martens* § 105 Anh. RdNr. 16; demgegenüber will *Heck* S. 82 ff. danach differenzieren, ob die Tochtergesellschaft eine Ausgründung oder eine erworbene Beteiligung darstellt.

geordneter Bedeutung sind (RdNr. 80), erfordert ihre spätere Beteiligung eine gleichsinnige Bewertung.[161] Darüber hinaus ist unter dieser Voraussetzung auch eine Reduktion der Beteiligungsquote der Zustimmung der Gesellschafter jeweils für den Fall zu unterwerfen, dass Dritte erstmals eine Sperrminorität, die einfache oder die qualifizierte Mehrheit erlangen.[162] Dem gleichzustellen ist eine Änderung der **Rechtsform** der Tochtergesellschaft, sofern sich dadurch die rechtlichen Einflussmöglichkeiten der Obergesellschaft auf die Aktivitäten der Tochtergesellschaft erheblich mindern,[163] etwa bei der Umwandlung einer GmbH in eine AG. Ebenso liegt schließlich der Fall, dass die Tochtergesellschaft mit einem Dritten einen Unternehmensvertrag iS der **§§ 291 f. AktG** als vertraglich zu konzernierende etc. Gesellschaft abschließt.[164]

93 Die in RdNr. 89 genannten Kriterien entscheiden schließlich auch darüber, ob die Zusammenlegung der **Einkaufsorganisation** einer Tochtergesellschaft mit der einer anderen Gesellschaft,[165] die Bestellung/Abberufung des **Geschäftsführers** einer Tochtergesellschaft[166] [167] sowie die Errichtung einer **Zweigniederlassung** der Untergesellschaft aus Sicht der Obergesellschaft als ungewöhnlich zu beurteilen sind.

94 Sieht der **Gesellschaftsvertrag** ein **Zustimmungsrecht** aller Gesellschafter für bestimmte Maßnahmen bei der Obergesellschaft vor, etwa für die Aufnahme von Krediten ab einem gewissen Betrag oder für die Einstellung leitender Angestellter, ist durch **Auslegung** zu ermitteln, ob dieses Zustimmungsrecht auch derartige Maßnahmen bei der **Untergesellschaft** betrifft (vgl. auch RdNr. 97 a).[168] Soll das Zustimmungsrecht die Gesellschafter der Obergesellschaft vor Haftungsgefahren bewahren, gilt es für entsprechende Maßnahmen bei der Untergesellschaft nur insoweit, als daraus den Gesellschaftern der Obergesellschaft vergleichbare Haftungsrisiken drohen, also insbesondere beim Abschluss eines zum Verlustausgleich gemäß § 302 AktG (analog) verpflichtenden Beherrschungs- oder Gewinnabführungsvertrags.[169] Soll die Zustimmung eine echte unternehmerische Mitwirkung verwirklichen, erstreckt sich das Zustimmungsrecht auf alle gleichartigen Maßnahmen bei der Untergesellschaft, soweit diese Maßnahmen aus Sicht der Gesellschafter der Obergesellschaft ähnlich bedeutsam sind wie die eigenen Maßnahmen ihrer Gesellschaft.[170] Für eine **100%ige Tochtergesellschaft,** die Teil eines wirtschaftlich einheitlichen Unternehmens ist, nimmt der BGH sogar an, dass die vertraglichen Zustimmungsrechte der Gesellschafter „im Zweifel" auch gelten, soweit die geschäftsführenden Gesellschafter der Obergesellschaft deren Rechte bei gleichartigen Geschäftsführungsmaßnahmen in der Untergesellschaft wahrnehmen.[171]

95 Ein **unmittelbar** wirkendes **Zustimmungsrecht** der Gesellschafter zu Maßnahmen der **Untergesellschaft** ist **nicht** anzuerkennen.[172] Ein solcher Zuständigkeitsdurchgriff mit der Wirkung, dass den Geschäftsführern der Untergesellschaft für die entsprechende Maßnahme die Geschäftsführungsbefugnis fehlt, kommt selbst dann nicht in Betracht, wenn es sich bei der Untergesellschaft um eine 100%ige Tochtergesellschaft in der Rechtsform einer OHG

---

[161] Wie hier jetzt auch Westermann/*Tröger* I RdNr. 4013.

[162] Wie hier jetzt auch Westermann/*Tröger* I RdNr. 4013.

[163] Schlegelberger/*Martens* § 105 Anh. RdNr. 16; Westermann/*Tröger* I RdNr. 4013.

[164] Westermann/*Tröger* I RdNr. 4013; ähnlich *Heck* S. 74 f.; für die Vereinbarung einer Gewinngemeinschaft auch *Michalski* § 105 Anh. I RdNr. 9.

[165] Ohne Einschränkung bejahend *Michalski* § 105 Anh. I RdNr. 9.

[166] ZB OLG Frankfurt AG 1988, 335 (mit zweifelhafter Begründung).

[167] Bejahend für den Fall einer 100%igen Tochtergesellschaft Staub/*Schilling* § 164 RdNr. 3.

[168] AM – Prinzip der akzessorischen Beschlusszuständigkeit – *c* unter unzutreffender Verallgemeinerung von BGH WM 1973, 170, 172.

[169] **AM** *Schneider,* FS Bärmann, 1975, S. 873, 886, weil den Gesellschaftern der Obergesellschaft keine Haftungsgefahren aus gleichartigen Maßnahmen bei der Tochtergesellschaft entstünden.

[170] Westermann/*Tröger* I RdNr. 4018; *Schneider,* FS Bärmann, 1975, S. 873, 886; *ders.* BB 1980, 1057, 1059.

[171] BGH WM 1973, 170, 172; diese Vermutung über 100%ige Tochtergesellschaften hinaus verallgemeinernd *Wertenbruch* ZIP 2007, 798, 802; *Heck* S. 72 f.

[172] Wie hier jetzt auch Westermann/*Tröger* I RdNr. 4009.

oder KG handelt. Auch die Judikatur des BGH lässt sich nicht zugunsten eines solchen Zustimmungsdurchgriffs in Anspruch nehmen. Dieser hat im Falle einer **100%igen Tochtergesellschaft** eine Ausweitung der vertraglich vorgesehenen Zustimmungsrechte lediglich insoweit angenommen, als „der geschäftsführende Gesellschafter der Obergesellschaft deren Rechte bei gleichartigen Geschäftsführungsmaßnahmen in der Untergesellschaft wahrnimmt".[173] Allerdings schlägt bei 100%igen Tochtergesellschaften die fehlende Zustimmung (§§ 116 Abs. 2, 164 S. 1) der Gesellschafter der Obergesellschaft im **praktischen** Ergebnis auf die Tochtergesellschaft durch, soweit deren Gesellschafter, etwa gemäß den §§ 116 Abs. 2, 164 S. 1 2. HS, zur Mitwirkung berufen sind. Denn im Falle 100%iger Tochtergesellschaften richtet sich die Vertretungsmacht der Geschäftsführer der Obergesellschaft entgegen § 126 Abs. 2 nach dem Umfang ihrer Geschäftsführungsbefugnis, und dies gilt auch bei der Ausübung von Mitverwaltungsrechten (dazu noch RdNr. 99).

Einschränkungen der gesetzlichen (§§ 116 Abs. 2, 164 S. 1 2. HS) oder gesellschaftsver- 96
traglich statuierten **Zustimmungsrechte** der Gesellschafter der Obergesellschaft für den Fall, dass die Durchführung der Maßnahme bei der Tochtergesellschaft in der ausschließlichen Zuständigkeit von deren Geschäftsführung liegt, sind **nicht** veranlasst. Das gilt schon deshalb, weil für diesen Fall gar keine rechtliche (!) Bindung der Tochtergesellschaft bzw. deren Geschäftsführern an Beschlüsse der Obergesellschaft in Frage steht.[174]

b) Die Rücklagenbildung bei Untergesellschaften im Besonderen. Gewinnan- 97
spruch und Entnahmerecht der Komplementäre (§§ 120 ff.) einer Obergesellschaft bestehen im gesetzlichen Regelfall nach Maßgabe des in § 122 Abs. 1 enthaltenen **Vollausschüttungsgebots;** die korrespondierenden Rechte der Kommanditisten (§§ 167 ff.) werden in der Sache ebenfalls vom Vollausschüttungsgebot determiniert, es sei denn, dass der Kapitalanteil des Kommanditisten nach der Entnahme den Betrag seiner Pflichteinlage unterschreitet (§ 169 Abs. 1 Satz 2 2. HS). Als Konsequenz des Vollausschüttungsgebots dürfen die Geschäftsführer vorbehaltlich anderweitiger gesellschaftsvertraglicher Regelungen weder stille Reserven dadurch legen, dass sie Abschreibungen nach § 253 Abs. 4 ohne konkreten Bezug zur drohenden Wertminderung eines bestimmten Vermögensgegenstands vornehmen, noch dürfen sie offene Rücklagen bilden. Vielmehr erfordert die ad hoc-Bildung von Willkürreserven, sei es in Gestalt zusätzlicher stiller Reserven oder aber offener Gewinnrücklagen, als bilanzrechtliches Grundlagengeschäft die Zustimmung aller Gesellschafter, also auch der Kommanditisten, und zwar unabhängig davon, ob die Kapitalkonten laufend oder fest sind.[175] Hieraus ergibt sich für die Reservenbildung bei einer **Untergesellschaft** gleich welcher Rechtsform, dass die Geschäftsführer der Obergesellschaft bei Ausübung der mitgliedschaftlichen Beteiligungsrechte im durch das Organisationsstatut der einzelnen Untergesellschaft gezogenen Rahmen auf eine möglichst volle und rasche Ausschüttung der Gewinne nach oben hinzuwirken haben; die Bildung von **Willkürreserven** bei der Untergesellschaft sowie sonstige Bilanzierungsentscheidungen mit Ergebnisverwendungscharakter erfordern als außergewöhnliche Maßnahme (§§ 116 Abs. 2, 164 S. 1 2. HS) die **Zustimmung** der **Gesellschafter** der **Obergesellschaft**.[176]

Eine gesellschaftsvertragliche **Einschränkung** des **Vollausschüttungsgebots** bei der 97a
Obergesellschaft hat vorbehaltlich einer anderweitigen gesellschaftsvertraglichen Regelung

[173] BGH WM 1973, 170, 172.

[174] **AM** Schlegelberger/*Martens* § 105 Anh. RdNr. 17, der nur für Untergesellschaften mit außenstehenden Gesellschaftern eine Ausnahme macht.

[175] BGHZ 132, 263, 275 = NJW 1996, 1678; *Priester* § 120 RdNr. 39, 78, 80; Staub/*Schäfer* § 120 RdNr. 39, 41; Baumbach/*Hopt* § 120 RdNr. 5 f.; Schlegelberger/*Martens* § 120 RdNr. 17; *Haar* NZG 2007, 601, 603, 604; *Wertenbruch* ZIP 2007, 798, 800.

[176] OLG Hamburg AG 2006, 45, 46; Baumbach/*Hopt* § 105 RdNr. 106; Staub/*Schäfer* § 105 Anh. RdNr. 84; *Ulmer* in Probleme des Konzernrechts, S. 26, 60; Westermann/*Tröger* I RdNr. 4017; *Wertenbruch* ZIP 2007, 798, 802; *Schneider,* FS Bärmann, 1975, S. 873, 888; *ders.* ZHR 143 (1979), 485, 513 ff.; *ders.* BB 1980, 1057, 1060; **aM** – pflichtgemäßes Ermessen der Geschäftsführer - *Priester* DStR 2007, 28, 31; 2008, 1386, 1391; der Sache nach ähnlich *Westermann* ZIP 2007, 2289, 2293; offen gelassen von BGHZ 170, 283, 294 = NJW 2007, 1685, 1686 - OTTO.

zur Folge, dass die Ausübung der Beteiligungsrechte in einer Untergesellschaft durch die Geschäftsführer sich ebenfalls nicht am Vollausschüttungsgebot auszurichten hat.[177] Für diesen Fall kann der Gesellschaftsvertrag vorsehen, dass die für die Obergesellschaft geltende Regelung zur autonomen Thesaurierungskompetenz der Geschäftsführung – zB eine Einschränkung der Zustimmungsrechte der Gesellschafter auf die Fälle einer Rücklagenbildung von mindestens 20% des Bilanzgewinns – für die Ausübung der Beteiligungsrechte in einer Untergesellschaft hinsichtlich der Gewinnverwendung bzw. –thesaurierung ebenfalls gilt,[178] aber auch die Ausübung der gewinnverwendungsbezogenen Beteiligungsrechte in weiterem Umfang vom Erfordernis einer Zustimmung seitens der Gesellschafter der Obergesellschaft ausnehmen (vgl. auch RdNr. 94). Trifft der Gesellschaftsvertrag diesbezüglich keine ausdrückliche Regelung, ist die gruppendimensionale Wirkung der Ausschüttungsbegrenzung durch **Auslegung** zu ermitteln.[179]

97b **Mehrheitsbeschlüsse** über die Ausübung der gewinnverwendungsbezogenen Beteiligungsrechte unterliegen jedenfalls keinen strengeren Anforderungen als diesbezügliche Mehrheitsbeschlüsse bei der Obergesellschaft selbst. Vorbehaltlich abweichender gesellschaftsvertraglicher Regelungen ist sogar anzunehmen, dass die eindeutige Zulassung von Mehrheitsbeschlüssen über die Ausübung gewinnverwendungsbezogener Beteiligungsrechte im Gesellschaftsvertrag selbst dann genügt,[180] wenn man für mit der Feststellung des Jahresabschlusses einhergehene Mehrheitsentscheidungen über eine darin enthaltene vorweggenommene Ergebnisverwendung eine besondere Mehrheitsermächtigung im Gesellschaftsvertrag mit Begrenzung nach Art und Ausmass verlangt.[181]

98 **c) Abdingbarkeit der Mitwirkungsrechte.** Die Zustimmungsrechte der §§ 116 Abs. 2, 164 S. 1 2. HS lassen sich grundsätzlich abbedingen oder auf bestimmte, im Gesellschaftsvertrag näher umschriebene Rechtsgeschäfte reduzieren (§§ 109, 163). Eine allgemein gehaltene Klausel erstreckt sich im Zweifel jedoch nicht auf die gruppenleitungsspezifischen Zustimmungsrechte.[182] Dies gilt insbesondere, wenn die Klausel vereinbart wurde, ehe die Personengesellschaft zur Obergesellschaft wurde, und den Ausschluss der Zustimmungsrechte nicht auch genau für diesen Fall vorsieht.

99 **d) Vertretung der Gesellschaft.** Die unter Verletzung gesetzlicher (§§ 116 Abs. 2, 164 S. 1 2. HS) oder vertraglicher Zustimmungsrechte erfolgende Ausübung von **Mitverwaltungsrechten** unterfällt im Außenverhältnis der gemäß § 126 Abs. 2 an sich unbeschränkbaren organschaftlichen Vertretungsmacht.[183] Das gilt auch, soweit die Maßnahme bei der Tochtergesellschaft den Gesellschaftsvertrag der Obergesellschaft faktisch berührt (RdNr. 73), etwa wenn mit der Änderung des Unternehmensgegenstands der Tochtergesellschaft derjenige der Obergesellschaft überschritten wird. Nur soweit das durch § 126 Abs. 2 geschützte Verkehrsschutzinteresse keine Rolle spielt,[184] also bei der Ausübung von Mitverwaltungsrechten gegenüber einer **100%igen Tochtergesellschaft,** folgt der Umfang der Vertretungsmacht derjenigen der Geschäftsführungsbefugnis.[185]

[177] OLG Hamburg AG 2006, 45, 46; *Wertenbruch* ZIP 2007, 798, 803.

[178] Zu unterscheiden hiervon ist die andere Frage, ob eine Rücklagenbildung bei der Untergesellschaft auch für Thesaurierungsgrenze bei der Obergesellschaft anzurechnen ist; so etwa *Wertenbruch* ZIP 2007, 798, 803.

[179] OLG Hamburg AG 2006, 45, 46 f.; Westermann/*Tröger* I RdNr. 4017a; *Wertenbruch* ZIP 2007, 798, 802 f.

[180] **AM** *Haar* NZG 2007, 601, 604; Westermann/*Tröger* I RdNr. 4019; enger auch *Wertenbruch* ZIP 2007, 798, 802 f.

[181] Staub/*Schäfer* § 120 RdNr. 42; *Haar* NZG 2007, 601, 604; *Wertenbruch* ZIP 2007, 798, 801; **aM** *Priester* § 122 RdNr. 55; *ders.* DStR 2007, 28, 31; 2008, 1386, 1391; *Westermann* ZIP 2007, 2289, 2293; wohl auch *Karsten Schmidt* ZGR 2008, 1, 22; offengelassen von BGHZ 170, 283, 290 = NJW 2007, 1685, 1686 – OTTO; s. aber auch BGH DStR 2009, 1544, 1545.

[182] Großzügiger Westermann/*Tröger* I RdNr. 4019.

[183] Baumbach/*Hopt* § 126 RdNr. 3; Staub/*Habersack* § 126 RdNr. 9.

[184] Näher *Karsten Schmidt* § 126 RdNr. 17 (mit abweichender eigener Position).

[185] *Schneider,* FS Bärmann, 1975, S. 873, 890 f.; *ders.* ZHR 143 (1979), 485, 510; Schlegelberger/*Martens* § 105 Anh. RdNr. 18; *Emmerich/Habersack* Konzernrecht § 35 RdNr. 7; Westermann/*Tröger* I RdNr. 4021; BeckHdbPersG/*Rosenbach* § 24 RdNr. 82; Röhricht/von Westphalen/*von Gerkan/Haas* § 105 RdNr. 123a.

IV. Informationsrechte der Gesellschafter

1. Grundlagen. a) Die Ansprüche im Überblick. Ansprüche der Gesellschafter auf individuelle **Einsichtnahme** und, ergänzend, auf **Auskunftserteilung** folgen aus der Treuepflicht, den §§ 118, 166 sowie den Bestimmungen des jeweiligen Gesellschaftsvertrags. Angesichts der prinzipiellen Unbedenklichkeit gesellschaftsvertraglicher Erweiterungen dieser Informationsrechte beschränken sich die folgenden Erläuterungen auf die erstgenannten Informationsansprüche, wobei der Schwerpunkt auf den unternehmensverbundspezifischen Fragestellungen liegt. 100

Keine Individualansprüche der Gesellschafter auf Informationserteilung ergeben sich aus den **§§ 713, 666 BGB** (iVm. §§ 105 Abs. 2, 161 Abs. 1) bzw. **§ 51 a GmbHG** analog. Das Anspruchsziel der §§ 713, 666 BGB geht allein auf Auskunftserteilung an die Gesellschaft; für eine analoge Anwendung des § 51 a GmbHG fehlt es im Hinblick auf die §§ 118, 166 an einer Regelungslücke.[186] 101

b) Adressat. Adressaten der mitgliedschaftlichen Individualansprüche auf Information sind **allein** die **Obergesellschaft** bzw. deren **Geschäftsführer.** Auch gegenüber 100%-igen Tochtergesellschaften gibt es keinen umgekehrten Informationsdurchgriff.[187] Jedenfalls müsste sich ein solcher Informationsdurchgriff an der Rechtsform der Tochtergesellschaft orientieren, dürfte also sachlich nicht über den Informationsanspruch der Gesellschafter der Tochtergesellschaft hinausgehen. Die Ablehnung eines Informationsdurchgriffs besagt im Übrigen nichts zur anders gelagerten Frage, inwieweit der Informationsanspruch des Gesellschafters gegen seine (Ober-)Gesellschaft auch Unterlagen und Informationen erfasst, die sich bei der Untergesellschaft befinden (dazu RdNr. 107). 102

2. Einsichtsrechte. a) Komplementär. aa) Angelegenheiten der Gesellschaft. Das Einsichtsrecht des Komplementärs aus **§§ 118 Abs. 1** über die „Angelegenheiten der Gesellschaft" betrifft unstreitig auch die **Beziehung** der Obergesellschaft **zu gruppenzugehörigen Unternehmen.**[188] Gruppenzugehörig sind nicht allein verbundene Unternehmen iS der §§ 15 ff. AktG. Vielmehr werden ebenso wie von der ausdrücklichen Regelung des § 131 Abs. 1 S. 2 AktG[189] sowie von § 51 a GmbHG[190] alle Tochter- und Enkelgesellschaften sowie sonstigen Beteiligungen erfasst, soweit die Beziehung zu einer solchen Gesellschaft oder deren Verhältnisse wegen ihrer Größe oder Eigenart für die Obergesellschaft bedeutsam sind.[191] **Angelegenheiten** der (Ober-)**Gesellschaft** sind neben ihren rechtlichen und/oder wirtschaftlichen Beziehungen zu einer gruppenzugehörigen Gesellschaft auch diejenigen eigenen Angelegenheiten einer Untergesellschaft, die zugleich auf die Obergesellschaft ausstrahlen.[192] Eine solche Auswirkung lässt sich nicht allein daran festmachen, dass das Geschehen bei der Untergesellschaft den Wert der Beteiligung verändert. Ansonsten wäre letztlich jeder Vorgang bei Beteiligungsunternehmen zugleich eine Angelegenheit der Obergesellschaft,[193] und das 103

---

[186] Näher zum Ganzen *Einzinger* § 118 RdNr. 11 f. und oben § 166 RdNr. 46.

[187] Nahezu unstr. iE trotz teilweise mißverständlicher Terminologie; zB OLG Köln OLGZ 1967, 362, 363 (entgegen gelegentlicher Fehlinterpretation); Staub/*Schäfer* § 118 RdNr. 14; Baumbach/*Hopt* § 166 RdNr. 16; Schlegelberger/*Martens* § 166 RdNr. 47; *Schneider* ZHR 143 (1979), 485, 503; *Wiedemann* WM 1992, Sonderbeil. 7, S. 1, 46; Westermann/*Tröger* I RdNr. 4024; **aM** oben § 166 RdNr. 25; *Jäger* DStR 1997, 1770, 1776 (unter irriger Interpretation der Judikatur des BGH).

[188] ZB BGH ZIP 1983, 935, 936; NJW 1984, 2470 (zu § 338 HGB aF); OLG Hamm NJW 1986, 1693, 1694; Staub/*Schäfer* § 118 RdNr. 13; Baumbach/*Hopt* § 118 RdNr. 16; Heymann/*Emmerich* § 118 RdNr. 13; *Wiedemann* WM 1992, Sonderbeil. 7, S. 1, 46.

[189] *Hüffer* AktG § 131 RdNr. 14; iE auch *Spitze/Diekmann* ZHR 158 (1994), 447, 452; **aM** MünchHdb. AG/*Semler* § 37 RdNr. 6.

[190] *Grunewald* ZHR 146 (1982), 211, 233 f., 236; *A. Reuter* BB 1986, 1653, 1656; *Tietze,* Die Informationsrechte des GmbH-Gesellschafters, 1985, S. 14 f.; *Lutter/Hommelhoff* GmbHG § 51 a RdNr. 13; Ulmer/Habersack/Winter/*Hüffer* GmbHG § 51 a RdNr. 24; Baumbach/Hueck/*Zöllner* GmbHG § 51 a RdNr. 11 f.

[191] Differenzierend Staub/*Schilling* § 166 RdNr. 5: bezüglich verbundener Unternehmen iS der §§ 15 ff. AktG nur Auskunftsrecht.

[192] Staub/*Schäfer* § 118 RdNr. 13.

[193] Zum Beleg s. OLG Hamm NJW 1986, 1693, 1694.

ist nicht einmal bei Bestehen eines Abhängigkeits-[194] oder Konzernverhältnisses[195] der Fall. Erforderlich ist vielmehr eine qualifizierte Ausstrahlung; der Vorgang bei der Untergesellschaft muss für die Obergesellschaft **objektiv von Relevanz** sein.[196] Eine derartige relevante Berührung ist anzunehmen, wenn das Geschehen bei der Untergesellschaft einen Zusammenhang mit der **Beteiligungsverwaltung** oder **Konzernleitung** durch die Obergesellschaft aufweist,[197] und sei es als Indiz für eine sorgfaltswidrige Beteiligungs- bzw. Konzerngeschäftsführung durch die Geschäftsführer der Obergesellschaft. Für diesen geschäftsführungsbezogenen Beurteilungsmaßstab sind die Funktion der Obergesellschaft (reine Holding, Stammhauskonzern etc.),[198] die Intensität der Unternehmensverbindung,[199] die absolute Größe der Beteiligung[200] sowie ihre strategische Bedeutung für die Obergesellschaft bzw. die von ihr getragene Unternehmensgruppe von Bedeutung.

104 **bb) Bücher und Papiere der Gesellschaft.** Gegenstand des Einsichtsrechts sind alle Bücher und Papiere im **Besitz** der **Obergesellschaft,**[201] die sich auf die vorstehend konkretisierte Beziehung der Obergesellschaft zu verbundenen Unternehmen beziehen. Stammen die von der Obergesellschaft verwahrten Unterlagen, und seien es Kopien,[202] von der Untergesellschaft, erstreckt sich das Einsichtsrecht auch auf diese **Dokumente** der **Untergesellschaft,** sofern sie neben deren Angelegenheiten auch solche der Obergesellschaft behandeln.[203] Hierfür genügt neben einer Bezugnahme auf das Verhältnis der Untergesellschaft zur Obergesellschaft auch, dass sie die Beziehung der Untergesellschaft zu anderen verbundenen Unternehmen[204] bzw. zu Dritten betreffen und von dieser Beziehung nicht ganz unerhebliche Rückwirkungen auf die Obergesellschaft ausgehen. Geheimhaltungsinteressen der verbundenen Untergesellschaft stehen diesem Anspruch nicht entgegen. Insbesondere schränkt die mitgliedschaftliche Geheimhaltungspflicht, die der Obergesellschaft als Gesellschafterin des verbundenen Unternehmens diesem gegenüber obliegt, das gesellschafterliche Einsichtsrecht nicht ein.[205]

105 **cc) Bücher und Papiere bei Dritten.** Befinden sich Unterlagen **nicht** im Besitz der **Obergesellschaft** selbst, können die §§ 118 Abs. 1, 166 Abs. 1, 3 ihr gegenüber zu einem Anspruch des Gesellschafters auf Verschaffung von Einsichtnahme erwachsen.

106 Ein solcher **Verschaffungsanspruch,** der sich seitens der Gesellschaft als Beschaffungspflicht darstellt,[206] ist zunächst bei Bestehen einer entsprechenden **Dokumentations-**

---

[194] **AM** *Wiedemann* WM 1992, Sonderbeil. 7, S. 1, 46; *Lutter/Hommelhoff* GmbHG § 51 a RdNr. 14; s. auch OLG Hamm NJW 1986, 1693, 1694: im Regelfall.

[195] **AM** *Schneider* ZGR 1975, 253, 292; *ders.* BB 1975, 1353, 1358; *ders.* ZHR 143 (1979), 485, 502; *ders.* BB 1980, 1057, 1060; *ders.* BB 1981, 249, 252.

[196] *Kort* ZGR 1987, 46, 61 ff.; *Wohlleben,* Informationsrechte des Gesellschafters, 1989, S. 106 f.; *Hüffer* AktG § 131 RdNr. 16; Baumbach/Hueck/*Zöllner* GmbHG § 51 a RdNr. 12; Ulmer/Habersack/Winter/*Hüffer* GmbHG § 51 a RdNr. 28; Westermann/*Tröger* I RdNr. 4023; OLG Köln ZIP 1985, 800, 804 (von objektiver Wichtigkeit); differenzierend Lutter/Hommelhoff GmbHG § 51a RdNr. 14: objektive Relevanz nur im Falle einer bloßen Beteiligung erforderlich.

[197] *Lutter* AG 1985, 117, 121; *Kort* ZGR 1987, 46, 56 f. (jeweils für Kapitalgesellschaften); Sudhoff/*Liebscher* § 50 RdNr. 139. Für den Fall eines Gewinnabführungsvertrags mit einer nachgeordneten GmbH s. mit Detailfestlegungen OLG Köln ZIP 1985, 800, 804.

[198] *Hüffer* AktG § 131 RdNr. 16.

[199] *Hüffer* AktG § 131 RdNr. 16.

[200] *A. Reuter* BB 1986, 1653, 1656.

[201] S. nur BGH ZIP 1983, 935, 936; NJW 1984, 2470 (zu § 338 aF).

[202] OLG Köln ZIP 1985, 800, 804.

[203] Der Sache nach BGH NJW 1984, 2470, 2471 l. Sp. (zu § 338 aF); ausdrücklich *Wiedemann* WM 1992, Sonderbeil. 7, S. 1, 46; *Kort* ZGR 1987, 46, 73 f.; *Wohlleben* (Fn. 196) S. 118 f. (mit Hinweis auf die Möglichkeit des Anscheinsbeweises für die Konzernrelevanz der von der Obergesellschaft verwahrten Unterlagen).

[204] OLG Hamm NJW 1986, 1693, 1694 l. Sp.

[205] *Schneider* 1975, 1353, 1358 f.; *ders.* ZHR 143 (1979), 485, 502 f.; **aM** Staub/*Schäfer* § 118 RdNr. 13 (mit Ausnahme für den Fall 100%iger Tochtergesellschaften bzw. sonstigem Vorrang des Informationsinteresses der Gesellschafter vor Geheimhaltungsinteressen der Untergesellschaft).

[206] ZB Schlegelberger/*Martens* § 105 Anh. RdNr. 21; für die GmbH s. nur OLG Frankfurt NJW-RR 1992, 171, 172; WM 1995, 1719, 1721; **aM** *Tietze* (Fn. 190) S. 52 f.: für Gesellschaft erstellte Unterlagen sind unabhängig vom tatsächlichen Aufbewahrungsort solche der Gesellschaft.

pflicht der Gesellschaft bzw. ihrer Geschäftsführer anzunehmen. Eine derartige Pflicht zur Dokumentation kann ihrerseits aus gesetzlichen Aufzeichnungspflichten[207] oder aus den allgemeinen Grundsätzen ordnungsgemäßer Geschäftsführung folgen, die auch die Beteiligungsverwaltung bzw. die Konzerngeschäftsführung betreffen.[208] Verlangt sind seitens der auskunftspflichtigen Gesellschaft ernstliche und intensive Bemühungen, den Dritten zur Gewährung von Einsicht zu veranlassen.[209]

Ein gegen die Obergesellschaft bzw. gegen deren Geschäftsführer gerichteter **Verschaffungsanspruch** kommt weiter in Betracht, soweit Angelegenheiten der Obergesellschaft betreffende **Unterlagen** bei **verbundenen Unternehmen** vorhanden sind. Handelt es sich um eine **100%ige** Tochter- oder Enkelgesellschaft, begegnet ein Anspruch auf Verschaffung von Einsichtnahme letztlich keinen Bedenken,[210] obwohl die Obergesellschaft die Herausgabe jedenfalls gegenüber einer Tochtergesellschaft in der Rechtsform der AG nicht erzwingen kann. Entsprechendes gilt, wenn die Obergesellschaft wirtschaftlich gesehen die Alleingesellschafterin der Untergesellschaft ist.[211] Im Falle der Beteiligung **außenstehender Dritter** ist ein Verschaffungsanspruch dagegen allenfalls in **engen Grenzen** anzunehmen.[212] Maßgebend ist dabei weder die jeweilige Intensität der Unternehmensverbindung zwischen Ober- und Untergesellschaft bzw. das jeweilige Ausmaß der rechtlich zulässigen Einflussnahme auf die Untergesellschaft,[213] noch der Umfang der eigenen Informationsrechte der Obergesellschaft gegenüber ihrer Beteiligungsgesellschaft.[214] Ebenso wenig ist das Bestehen des Verschaffungsanspruchs durch eine Abwägung zwischen dem Informationsinteresse des Gesellschafters der Obergesellschaft und den Geheimhaltungsinteressen der Untergesellschaft zu ermitteln.[215] **Entscheidend** ist vielmehr, ob die Überlassung der Unterlagen durch den Geschäftsführer der Untergesellschaft eine Pflichtwidrigkeit gegenüber seiner Gesellschaft darstellt.[216] Das ist jedenfalls dann nicht der Fall, wenn der Untergesellschaft als GmbH oder Personengesellschaft ein dienender Verbandszweck (RdNr. 132) vorgegeben ist, weil diese Zweckwahl grundsätzlich auch eine Legitimation zur Weitergabe entsprechender Informationen an das herrschende Unternehmen beinhaltet.[217] Im Übrigen lässt sich die Pflichtwidrigkeit der Informationsweitergabe jedenfalls nicht mittels einer Abwägung zwischen dem Geheimhaltungsinteresse der Untergesellschaft und den Informationsinteressen der Gesellschafter der Obergesellschaft bestimmen, da deren Interessen für die Geschäftsführer der Untergesellschaft unbeachtlich sind. 107

---

[207] Schlegelberger/*Martens* § 105 Anh. RdNr. 21; *Wohlleben* (Fn. 196) S. 137 f.

[208] OLG Köln ZIP 1985, 800, 805; ferner Schlegelberger/*Martens* § 105 Anh. RdNr. 21, der den Verschaffungsanspruch allerdings nach der Intensität der Beziehung zwischen Ober- und Untergesellschaft begrenzen will. Doch vernachlässigt diese Einschränkung, dass es sich bei dieser Verschaffungspflicht der Sache nach um eine Sanktion sorgfaltswidriger Geschäftsführung handelt.

[209] OLG Frankfurt NJW-RR 1992, 171, 172.

[210] Für 100%ige Tochtergesellschaften BGHZ 25, 115, 118 f. = NJW 1957, 1555; BGH NJW 1984, 2470, 2471 (zu § 338 aF); OLG Stuttgart BB 1965, 573; OLG Köln OLGZ 1967, 362, 364 f.; Baumbach/*Hopt* § 166 RdNr. 16; *Gekeler* S. 373 f.; *Kort* ZGR 1987, 46, 74; für 100%ige Enkelgesellschaft OLG Hamm NJW 1986, 1693, 1694 r. Sp. Sehr viel restriktiver Schlegelberger/*Martens* § 166 RdNr. 48.

[211] Staub/*Schäfer* § 105 Anh. RdNr. 85, § 118 RdNr. 14; *Kort* ZGR 1987, 46, 74.

[212] S. BGH NJW 1984, 2470 (zu § 338 aF); Verschaffungsanspruch gänzlich ablehnend *Tietze* (Fn. 190) S. 54 f.; sehr restriktiv auch *Kort* ZGR 1987, 46, 74. Mit gegenteiliger Tendenz OLG Hamm NJW 1986, 1693, 1694: Informationsanspruch bzgl. Vorgängen in der Tochtergesellschaft grundsätzlich in gleichem Umfang wie bzgl. Vorgängen in der Obergesellschaft.

[213] **AM** *Kort* ZGR 1987, 46, 74.

[214] **AM** Röhricht/von Westphalen/*von Gerkan/Haas* § 105 RdNr. 126 (für Auskunftsanspruch).

[215] So aber der Sache nach BGH NJW 1984, 2470 (zu § 338 aF), wenn er für den stillen Gesellschafter das Bestehen eines gegen die Obergesellschaft gerichteten Anspruchs auf Einsicht in Bücher und Papiere der Untergesellschaft an das Vorliegen eines wichtigen Grundes iS der §§ 166 Abs. 3, 233 Abs. 3 knüpft. S. dazu auch *Hepting,* FS Pleyer, 1986, S. 301, 307.

[216] Das ist der richtige Kern der einschränkenden Formel, dass der Informationsverschaffung „berechtigte Interessen der betroffenen Beteiligungsgesellschaft nicht entgegenstehen" dürfen (BGH ZIP 1983, 935. 936; Schlegelberger/*Martens* § 166 RdNr. 48). Ähnlich wie hier auch Westermann/*Tröger* I RdNr. 4024.

[217] Insoweit zutreffend *Emmerich/Habersack* Konzernrecht § 35 RdNr. 9.

108 **dd) Abbedingung.** Eine Abbedingung des Einsichtsrechts über § 118 Abs. 2 hinaus ist zumindest insoweit **nichtig** (§ 138 Abs. 1 BGB), als dieser Ausschluss auch für den Fall eingreifen soll, dass die Obergesellschaft ohne Zustimmung eines Komplementärs die unbeschränkte persönliche Haftung für fremde unternehmerische Tätigkeit übernimmt; beispielhaft erwähnt seien der Abschluss eines Beherrschungs- oder Gewinnabführungsvertrags oder die Beteiligung als unbeschränkt persönlich haftender Gesellschafter an einer anderen Gesellschaft (OHG/KG/KGaA).

109 **b) Kommanditist.** Das Einsichtsrecht des Kommanditisten bezieht sich im Gegensatz zu demjenigen des Komplementärs (RdNr. 103) nicht schlechthin auf alle Angelegenheiten der Gesellschaft, sondern wird funktional durch seinen jeweiligen Zweck begrenzt. Das regelmäßige Einsichtsrecht des **§ 166 Abs. 1** in die Bücher und Papiere der Gesellschaft besteht nur insoweit, als die Einsichtnahme dem Zweck dient, dem Kommanditisten eine sachgerechte Prüfung des Jahresabschlusses zu ermöglichen. Betroffen sind alle Unterlagen der KG, die für den Abschluss relevant sind, insbesondere das Rechnungswesen und Prüfungsberichte (näher § 166 RdNr. 2 ff.). Daneben verfügt der Kommanditist über ein **außerordentliches** Einsichtsrecht in die Bücher und Papiere der Gesellschaft aus wichtigem Grund (vgl. auch § 166 Abs. 3),[218] dessen jeweilige Reichweite durch den konkret vorliegenden wichtigen Grund bestimmt wird. Unter Berücksichtigung dieser jeweiligen Funktionsgebundenheit gelten für das regelmäßige sowie für das außerordentliche Einsichtsrecht des Kommanditisten einer Obergesellschaft die Erläuterungen in RdNr. 104 ff. zum Einsichtsrecht des Komplementärs sinngemäß.[219]

110 **3. Auskunftsrechte. a) Gesellschafter.** Ein **alleingeschäftsführungsbefugter** Komplementär oder Kommanditist ist angesichts seines Widerspruchsrechts aus § 115 Abs. 1 2. HS bereits **vor** der Durchführung einer geplanten **Geschäftsführungsmaßnahme** zu informieren, wenn mit seinem Widerspruch zu rechnen ist.[220]

111 Alle Gesellschafter haben unabhängig von ihrer genauen innergesellschaftlichen Stellung ein **besonderes** Auskunftsrecht, das ihre Zustimmungsrechte zu außergewöhnlichen Geschäftsführungsmaßnahmen (§ 116 Abs. 2), zu Grundlagengeschäften und zu sonstigen gesellschaftsvertraglich vorgesehenen Beschlussgegenständen flankiert.[221] Soweit die Gesellschafter der Obergesellschaft bei der **Gruppenbildung** und **-leitung** zur Mitentscheidung berufen sind, haben sie einen Anspruch gegen die Gesellschaft bzw. deren Geschäftsführer auf unaufgeforderte[222] Informationsverschaffung, soweit dies zur sachgerechten Wahrnehmung ihrer Zustimmungsrechte erforderlich ist.

112 **b) Komplementäre im Besonderen.** Unbeschränkt persönlich haftenden Gesellschaftern steht neben dem Einsichtsrecht (RdNr. 103 ff.) ein **ergänzender** Auskunftsanspruch über die Angelegenheiten der Gesellschaft (dazu RdNr. 95) zu. Dieser Anspruch kommt zum Tragen, wenn die Einsichtsverschaffung durch die Obergesellschaft das Informationsbedürfnis ihres Gesellschafters nicht angemessen befriedigt. Das ist bezüglich **verbundener Unternehmen** etwa dann der Fall, wenn die Obergesellschaft weder über eigene Unterlagen verfügt noch diese von der Untergesellschaft verlangen kann, gleichwohl aber, zB

[218] Das außerordentliche Einsichtsrecht besteht unabhängig von § 166 Abs. 3. Insoweit hat die Vorschrift keine materiell-rechtliche Bedeutung, sondern enthält als Verfahrensregel lediglich eine Zuweisung an das FamFG-Verfahren für die Geltendmachung des Anspruchs im Wege des einstweiligen Rechtsschutzes. S. Baumbach/*Hopt* § 166 RdNr. 8; **aM** etwa oben § 166 RdNr. 30.

[219] Wie hier jetzt Westermann/*Tröger* I RdNr. 4022; **aM** Schlegelberger/*Martens* § 166 RdNr. 48; Staub/*Schilling* § 166 RdNr. 5: soweit Angelegenheiten der Untergesellschaft bei der Obergesellschaft relevant sind, besteht kein Einsichts-, sondern lediglich ein Auskunftsanspruch. Die Judikatur des BGH ist uneinheitlich. Während BGH ZIP 1983, 935, 936 ein auf Bücher und Papiere der Untergesellschaft bezogenes Einsichtsrecht im Grundsatz abzulehnen scheint (s. dazu auch *Hepting,* FS Pleyer, 1986, S. 301, 308), erkennt BGH NJW 1984, 2470 f. (zu § 338 aF) bei Vorliegen eines wichtigen Grundes iS der §§ 166 Abs. 2, 233 Abs. 3 im Grundsatz auf das Bestehen eines Beschaffungsanspruchs auch bezüglich der Unterlagen der Untergesellschaft.

[220] BGH BB 1971, 759. Näher *Rawert* § 115 RdNr. 20.

[221] Staub/*Schäfer* § 118 RdNr. 26.

[222] *Enzinger* § 118 RdNr. 14; Staub/*Schäfer* § 118 RdNr. 26.

aufgrund personeller Verflechtungen, die den informationsbegehrenden Gesellschafter interessierenden Fragen aus dem bei der Obergesellschaft vorhandenen Wissen zu beantworten vermag.[223]

c) Kommanditisten im Besonderen. Als Bestandteil seines außerordentlichen Informationsrechts verfügt der Kommanditist neben dem außerordentlichen Einsichtsrecht (RdNr. 109) über ein gleichrangiges (dazu auch RdNr. 109 Fn. 218) **außerordentliches** Auskunftsrecht (näher hierzu § 166 RdNr. 30 ff.). Dieses Auskunftsrecht ist ebenfalls funktionsgebunden, so dass nicht jederzeit Auskunft über die Beziehung der Obergesellschaft zu gruppenangehörigen Gesellschaften (dazu RdNr. 103) verlangt werden kann, sondern nur bei Vorliegen eines **wichtigen Grundes** für dieses Informationsbedürfnis (vgl. § 166 Abs. 3).[224] Diese Voraussetzung ist im Regelfall erfüllt, wenn eine Verlustausgleichspflicht der Obergesellschaft gegenüber einer anderen Gesellschaft besteht, nicht aber bei deren bloßer Abhängigkeit.[225] Soweit über für die Obergesellschaft relevante Angelegenheiten der Untergesellschaft Auskunft zu erteilen ist, trifft die Obergesellschaft eine **Informationsbeschaffungspflicht** entsprechend den in RdNr. 107 dargelegten Regeln.[226] 113

D. Die beherrschte Personengesellschaft

I. Grundlagen

1. Fragestellungen und Aufbau der Kommentierung. Die Beherrschung einer Personengesellschaft in Form ihrer schlichten Abhängigkeit bzw. ihrer Konzernierung lässt sich durch unterschiedliche Gestaltungen realisieren (RdNr. 124 f.). Einig ist man sich darin, dass jedenfalls nicht alle Vertragskonstruktionen rechtmäßig sind. Im einzelnen zeigen sich aber Ungewissheiten über die Zulässigkeit bestimmter Erscheinungsformen. Zusätzliche Unklarheiten hat die zahlreichen Beiträgen zugrundeliegende – unzutreffende (RdNr. 147 f.) – Vorstellung zur Folge, dass der gesetzestypische Verbandszweck (RdNr. 117 ff.) einer Gesellschaft allein schon durch den Abschluss eines § 291 Abs. 1 S. 1 1. Alt. AktG nachempfundenen Beherrschungsvertrags in eine „dienende“ Zwecksetzung (RdNr. 132) umgeformt wird. Denn bei dieser Sichtweise verstricken sich Stellungnahmen zur Zulässigkeit der (beherrschungs)vertraglichen Konzernierung notwendig in die vorgelagerte Grundsatzfrage, ob der „dienende“ Zweck überhaupt tauglicher Verbandszweck einer Personengesellschaft ist. 114

Demgegenüber trennen die **folgenden** Erläuterungen zwischen diesen Zulässigkeitsfragen. Ausgehend von der Personengesellschaft mit gesetzestypischem Verbands- bzw. Gesellschaftszweck (RdNr. 116 ff.) ist zunächst zu klären, inwieweit deren schlichte Abhängigkeit und deren Konzernierung zulässig sind (RdNr. 123, 124 ff.). Daran anschließend ist die beherrschte Personengesellschaft mit dienendem Verbandszweck (RdNr. 132) zu erörtern, wobei die Zulässigkeit des dienenden Verbandszwecks im Mittelpunkt steht (RdNr. 135 ff.). Schließlich sind für die (beherrschungs)vertraglich konzernierte Personengesellschaft mit dienendem Verbandszweck die Wirksamkeitserfordernisse (RdNr. 149 ff.) und Zulässigkeitsgrenzen (RdNr. 161 ff.) vertraglicher Beherrschungsvereinbarungen darzustellen. 115

2. Die beherrschte Personengesellschaft mit gesetzestypischem Verbandszweck. a) Unzulässigkeit des Verhaltens/der Struktur. Die beherrschte Personengesellschaft mit gesetzestypischem Verbandszweck unterliegt je nach Erscheinungsform unterschiedlichen Zulässigkeitsbedenken. Zum einen kann sich das Unzulässigkeitsurteil auf das **Verhalten** ihrer Geschäftsführer und Gesellschafter beziehen, zum anderen auf die rechtli- 116

[223] S. auch Staub/*Schäfer* § 118 RdNr. 25.
[224] Dem folgend Westermann/*Tröger* I RdNr. 4025.
[225] Schlegelberger/*Martens* § 166 RdNr. 47; wohl auch Westermann/*Tröger* I RdNr. 4022.
[226] Wie hier Westermann/*Tröger* I RdNr. 4025.

che **Struktur,** die die Ausübung einheitlicher Leitung durch das herrschende Unternehmen überhaupt erst ermöglicht. In beiden Begründungssträngen spielt der gesetzestypische Verbandszweck der Personengesellschaften eine zentrale Rolle. Dessen nachfolgende inhaltliche Präzisierung bildet die Basis der weiteren Erläuterungen.

117 **b) Der gesetzestypische Verbandszweck. aa) Der Verbandszweck.** Nach § 705 BGB (iVm. § 105 Abs. 3 HGB) verfolgen Personengesellschaften einen „gemeinsamen Zweck". Für die im Personengesellschaftskonzernrecht allein relevanten Außengesellschaften[227] ist diese gesetzliche Zweckvorgabe als **überindividueller** Verbandszweck eines gegenüber seinen Mitgliedern organisationsrechtlich verselbständigten Personenverbands zu präzisieren.[228] Gemeinsam ist dieser Zweck den Gesellschaftern nur insofern, als sie für den Verband einen von ihren persönlichen Interessen zu unterscheidenden überindividuellen Verbandszweck mittels übereinstimmender Willenserklärungen und damit „gemeinsam" setzen.[229] Bereits die erstmalige Verbandszweckfestlegung hat keine auch nur partielle Übereinstimmung in den persönlichen Interessen aller Gesellschafter zur Voraussetzung, und erst recht ist dessen Fortbestand von der weiteren Entwicklung deren konkreten Einzelinteressen unabhängig.[230]

118 Den Verbandszweck einer Personengesellschaft können deren Gesellschafter in den Grenzen der §§ 134, 138, 242 BGB, §§ 105 ff. frei bestimmen. Fehlen ausdrückliche Festlegungen, ist der Zweck durch **Auslegung** zu ermitteln. Mangels anderweitiger Anhaltspunkte ist dann anzunehmen, dass sich die Gesellschafter bei ihrer Vereinbarung am gesetzlichen, den §§ 705 ff. BGB, §§ 105 ff. zu entnehmenden Leitbild der Personengesellschaft orientiert haben.

119 **bb) Eigeninteresse und Eigenwille als gesetzestypische Elemente.** Der Verbandszweck der Personengesellschaften umfasst nach dem gesetzlichen Leitbild der §§ 705 ff. BGB, §§ 105 ff. mindestens zwei Elemente. Gesetzestypisch betätigen sich Personengesellschaften erstens im **Eigeninteresse,** dh. im eigenen Interesse und im Interesse ihrer Gesellschafter; bei erwerbswirtschaftlicher Tätigkeit wird das Eigeninteresse im sog. Formalziel im einzelnen ausgestaltet (näher RdNr. 120). Zweitens gilt der Grundsatz der Verbandssouveränität,[231] dh. die Personengesellschaft betätigt sich als eigenbestimmte Einheit kraft ihres von den Geschäftsführern bzw. den Gesellschaftern organschaftlich geformten **Eigenwillens.**[232] Trifft der Gesellschaftsvertrag keine ausdrücklich oder auch nur konkludent abweichende Bestimmung über die Verbandssouveränität, etwa auch in einem nachträglichen Konzernierungsbeschluss (RdNr. 269), ist für die Auslegung des Gesellschaftsvertrags auf der Grundlage dieses zweidimensionalen gesetzlichen Leitbildes davon auszugehen, dass die Gesellschafter eine im Eigeninteresse und mit Eigenwillen tätige Gesellschaft schaffen wollen.

---

[227] OHG, KG, Partnerschaft, GbR mit Ausnahme der rein schuldrechtlichen Innengesellschaft (dazu *Mülbert* AcP 199 (1999), 38, 65 f.); näher *Karsten Schmidt* GesR § 43 II 3 (S. 1288 ff.).

[228] Personenverbände, dh. organisationsrechtlich verselbständigte Gesellschaften, sind notwendig Außengesellschaften. Eine mehrgliedrige stille Gesellschaft kann daher nicht als reine Innengesellschaft existieren. **AM** *Karsten Schmidt* GesR § 62 II 2 c cc (S. 1845 f.) infolge seiner Prämisse, dass eine Außengesellschaft als Trägerin der Sozialansprüche und -pflichten erst dann erforderlich ist, wenn zu den Beitragsansprüchen die Pflicht gehört, ein haftendes Gesellschaftsvermögen aufzubringen (ebenda § 43 II 3 b Fn. 11 (S. 1290)).

[229] Staub/*Schäfer* § 105 RdNr. 20; *Karsten Schmidt* GesR § 4 I 2 b (S. 60 f.); **aM** vor allem noch MünchKommBGB/*Reuter* § 38 RdNr. 1/4; *Reuter* GmbHR 1981, 129, 137; *ders.* AG 1986, 130, 136; *ders.* ZGR 1987, 475, 483; *ders.*, FS Steindorff, 1990, S. 229, 233 f.

[230] Näher zum Ganzen *Mülbert* S. 138 ff.

[231] *Wiedemann,* FS Schilling, 1973, S. 105, 111 f.; daran anschließend etwa *Karsten Schmidt* GesR § 5 I 3 a (S. 83 f.), § 17 I a (S. 486 f.); *Schneider* ZGR 1975, 253, 269; *Schießl* S. 48 f.; **aM** Westermann/*Tröger* I RdNr. 4035, 4037. Reduktion des Grundsatzes der Verbandssouveränität auf die Satzungsautonomie eines Verbandes bei Staub/*Schäfer* § 105 Anh. RdNr. 11, § 109 RdNr. 31 ff.

[232] Für das Begriffspaar Eigenwillen/Eigeninteresse s. vor allem Studienkommission des Deutschen Juristentages, Untersuchungen zur Reform des Konzernrechts, 1967, RdNr. 202; auch *Mülbert* S. 157; *Tröger* S. 101.

cc) Die Bedeutung des § 105 für den Verbandszweck. Für Personenhandelsgesellschaften formuliert **§ 105 Abs. 1 und Abs. 2 S. 1 1. Alt.** besondere Anforderungen an den Verbandszweck. Betroffen ist zum einen das Eigeninteresse, das im sog. Formalziel eine nähere Ausformung erfährt. Mit dem **Formalziel** bestimmen die Gesellschafter erwerbswirtschaftlich tätiger Gesellschaften über die Intensität der erwerbswirtschaftlichen Gesellschaftstätigkeit (Gewinnmaximierung, Erzielung angemessenen Gewinns, Kostendeckung etc.), sowie über die Verteilung der durch die Gesellschaft erzielten Wertschöpfung an die Gesellschafter (Wertzuwachs der Beteiligung, Förderung der Gesellschafter als „Genossen", mittelbare Zuwendung an die Gesellschafter durch unmittelbare Leistung an Dritte etc.).[233] Für Personenhandelsgesellschaften gibt das Gewerbeerfordernis des § 105 Abs. 1 und 2 S. 1 1. Alt. deren Formalziel gesetzlich vor. Je nach Interpretation des Gewerbebegriffs iS der §§ 1 ff.[234] ist eine **erwerbswirtschaftliche** Tätigkeit bzw. eine noch stärker dem Eigeninteresse verhaftete gewinnmaximierende Tätigkeit gefordert. Die zweite Abweichung betrifft das im Personengesellschaftsrecht vom Verbandszweck mitumfasste **Sachziel,** also den Unternehmensgegenstand.[235] Er besteht nach § 105 Abs. 1 und 2 S. 1 1. Alt. im Betrieb eines **Handelsgewerbes** iS der §§ 1 ff. 120

§ 105 Abs. 2 S. 1 2. Alt. legt demgegenüber allein das **Sachziel** fest. Der Unternehmensgegenstand besteht in der Verwaltung eigenen Vermögens. 121

Erfüllt der Gesellschaftszweck **nicht** die Anforderungen des **§ 105 Abs. 1, 2** oder fehlt es im Falle des § 105 Abs. 2 an der Eintragung im Handelsregister, liegt eine **GbR** vor. Das gilt insbesondere auch dann, wenn für die Tätigkeit der Gesellschaft, etwa als konzerninterne Servicegesellschaft, nicht das erwerbswirtschaftliche Prinzip im strengen Sinne maßgebend sein soll. In welchem Ausmaß eine GbR hiervon abweicht, können die Gesellschafter durch die entsprechende Festlegung des Verbandszwecks nämlich frei vorprogrammieren. 122

c) Zulässigkeit der schlichten Abhängigkeit. Die schlichte Abhängigkeit einer Personengesellschaft stellt eine **zulässige Struktur** dar. Das gilt unabhängig davon, ob die Beherrschungsmöglichkeit auf faktischen Gegebenheiten (Typ B, RdNr. 11) oder auf entsprechenden gesellschaftsvertraglichen Gestaltungen beruht (Typen A und C, RdNr. 10, 12). Dass das herrschende Unternehmen den Einfluss faktisch in seinem Sonderinteresse ausüben kann, lässt den gesetzestypischen Verbandszweck rechtlich unberührt. Auch ist die schlichte Abhängigkeit mit dem Grundsatz der Selbstorganschaft durchweg zu vereinbaren.[236] 123

d) Unzulässigkeit der Konzernierung. aa) Faktische und vertragliche Konzernierung. Die rein **faktische** Konzernierung einer Personengesellschaft erfolgt vor allem[237] in der Form, dass das herrschende Unternehmen eine KG qua vertraglicher oder sonstiger Beherrschung einer Komplementär-AG/GmbH mittelbar seiner einheitlichen Leitung unterstellt, etwa im Falle der typischen GmbH & Co. KG (Typ B, RdNr. 11). Um einen Fall faktischer Beherrschung handelt es sich ferner, wenn die Ausübung von Leitungsmacht auf einem unwirksamen Beherrschungsvertrag iS des § 291 Abs. 1 S. 1 1. Alt. AktG beruht (RdNr. 15), etwa weil es an der außenwirksamen Zustimmung der Gesellschafter zum Abschluss des Vertrages fehlt (RdNr. 160) oder weil die Gesellschafter den gesetzestypischen nicht in einen dienenden Verbandszweck abgeändert haben (RdNr. 151). 124

Für die Konzernierung durch Ausübung vertraglich fundierter einheitlicher Leitung kommen drei grundsätzliche Gestaltungsvarianten in Betracht. Durch **gesellschaftsver-** 125

[233] Näher dazu etwa *Wiedemann* § 3 I 3 (S. 155 f.), § 6 III 1 a (S. 326 ff.); *Eberth,* Die Aktiengesellschaft mit atypischer Zwecksetzung, 2000, S. 27 ff.; *Mülbert* S. 157 ff.; *Sonnenberg,* Die Änderung des Gesellschaftszwecks, 1990, S. 52 ff.

[234] Dazu näher *Karsten Schmidt* Ergänzungsband, 1. Aufl., § 1 RdNr. 27 ff.

[235] Staub/*Schäfer* § 105 RdNr. 21; **aM** Staub/*Habersack* § 126 RdNr. 17.

[236] *Staub/Schäfer* § 105 Anh. RdNr. 12; spezifisch für die abhängige GmbH & Co. KG (Typ B, RdNr. 11) der Sache nach *Stimpel* in Probleme des Konzernrechts, S. 11, 17.

[237] Für die Ausnahme eines paritätischen Gemeinschaftsunternehmens s. RdNr. 57 Fn. 60.

tragliche Konstruktionen wird das herrschende Unternehmen als einziger Gesellschafter mit Alleingeschäftsführungsbefugnis berufen, sei es als persönlich haftender Gesellschafter oder als Kommanditist mit organschaftlicher Alleingeschäftsführungsbefugnis, oder, überhaupt nur für Kommanditisten von Belang, mittels Einräumung eines organschaftlichen Weisungsrechts gegenüber den Geschäftsführern (Typen A und C, RdNr. 10, 12). Ein sog. organisationsrechtlicher (krit. RdNr. 148) **Beherrschungsvertrag** nach dem Vorbild des § 291 Abs. 1 S. 1 1. Alt. AktG gewährt einem Dritten unabhängig von dessen Gesellschaftereigenschaft ein unmittelbares Weisungsrecht gegenüber dem Geschäftsführer (s. § 308 AktG). Schließlich ist eine rein **schuldrechtliche** Vereinbarung der Gesellschaft mit einem Dritten über dessen Befugnis zur Erteilung von Weisungen in Geschäftsführungsangelegenheiten an die Gesellschaft selbst denkbar (rein schuldrechtlicher Beherrschungsvertrag, dazu näher RdNr. 169).

126 Die vieldiskutierte **Gervais-Entscheidung** des BGH betraf ungeachtet ihrer Begrifflichkeit **keinen Beherrschungsvertrag** iS des **§ 291 Abs. 1 S. 1 1. Alt. AktG.**[238] Nach den Vereinbarungen der Parteien war allein der Betrieb einer KG organisatorisch so in den Bereich der einen Vertragspartei einzubringen, „als ob es sich im Innenverhältnis um ein Werk dieser Partei handeln würde".[239] Weitergehende Bindungen der KG bezüglich finanziell erheblicher Aspekte des von ihr betriebenen Unternehmens wurden nicht vertraglich begründet, sondern ergaben sich allenfalls aus faktischen Abhängigkeiten. Das allein rechtfertigt nicht die Annahme eines Beherrschungsvertrags.[240]

127 **bb) Unzulässigkeit der Konzernierung auf rein faktischer Grundlage.** Folgen die Geschäftsführer bzw. die Gesellschafterversammlung einer **beherrschten** Personengesellschaft mit gesetzestypischem Verbandszweck (RdNr. 117 ff.) den Vorgaben des herrschenden Unternehmens aufgrund rein faktischer Gegebenheiten (als Beispiel s. Typ B, RdNr. 11), steht ihr Organverhalten im Widerspruch zum Eigenwillen bzw. der Verbandssouveränität der gesetzestypischen Gesellschaft.[241] Handlungen im Sonderinteresse des herrschenden Unternehmens widerstreiten zudem dem Eigeninteresse einer derartigen Gesellschaft. Da § 311 AktG im Personengesellschaftskonzernrecht keine analoge Anwendung findet (RdNr. 199), ist dieses **unzulässige Verhalten** auch nicht unter Hinweis auf das Konzerninteresse zu rechtfertigen. Das führt zur Qualifikation der faktisch konzernierten Personengesellschaft als einem Unrechtstatbestand;[242] Als **Rechtsfolge** ergeben sich Unterlassungs- und Beseitigungsansprüche der (außenstehenden) Gesellschafter (RdNr. 299 f.). Zu vermeiden sind diese Folgen mit der Änderung des Zwecks in einen (zulässigen, RdNr. 135 ff.) dienenden Verbandszwecks. Zur **Zweckänderung** näher RdNr. 269 ff.

128 Das **herrschende** Unternehmen handelt mit der Ausübung konzernstiftender einheitlicher Leitung ebenfalls unrechtmäßig. Sein **unzulässiges Verhalten** stellt einen Unrechtstatbestand dar,[243] der Unterlassungsansprüche und sonstige Rechtsfolgen auslöst. Zu den **Rechtsfolgen** näher RdNr. 222, 301; zur Möglichkeit ihrer Vermeidung soeben RdNr. 127 aE.

129 **cc) Unzulässigkeit der Konzernierung auf vertraglicher Grundlage.** Liegt eine Personengesellschaft mit gesetzestypischem Verbandszweck (RdNr. 117 ff.) vor und wird einem Unternehmen im Gesellschaftsvertrag oder durch einen Beherrschungsvertrag

---

[238] Deutlich *Stimpel* in Probleme des Konzernrechts, S. 11, 13 f.; Staub/*Schäfer* § 105 Anh. RdNr. 69; ferner *Schießl* S. 43 f. (unter Berufung auf einen Diskussionsbeitrag des am Urteil beteiligten Richters *Kellermann*); *Reuter* AG 1986, 130, 134; *Löffler* S. 37 ff.; *Karsten Schmidt* GesR § 43 III 2 c (S. 1295); *Schneider* ZGR 1980, 511, 520 f.; *ders.* BB 1980, 1057, 1062; **aM** vor allem *Raiser* ZGR 1980, 558, 561.

[239] BGH NJW 1980, 231.

[240] Ausführlich zur Frage, wann ein atypischer Vertrag als Beherrschungsvertrag iS des § 291 Abs. 1 S. 1 1. Alt. AktG zu qualifizieren ist, KK/*Koppensteiner* AktG § 291 RdNr. 24 ff.

[241] **AM** Westermann/*Tröger* I RdNr. 4035, 4037.

[242] *Schießl* S. 62.

[243] Staub/*Schäfer* § 105 Anh. RdNr. 58, 65; *Löffler* S. 136.

gemäß dem Vorbild des § 291 Abs. 1 S. 1 1. Alt. AktG die Befugnis zuerkannt, in seinem Sonderinteresse beherrschenden Einfluss auf die innergesellschaftliche Willensbildung auszuüben, steht diese vertragliche Struktur zum gesetzestypischen Verbandszweck unter dem doppelten Aspekt des Eigeninteresses und des Eigenwillens der Gesellschaft bzw. ihrer Verbandssouveränität im Widerspruch (näher noch RdNr. 149).[244] Ihre Unzulässigkeit führt zur Nichtigkeit der entsprechenden vertraglichen Abreden (näher noch RdNr. 150 f.). Das gilt unabhängig davon, ob das herrschende Unternehmen von seiner Leitungsmöglichkeit Gebrauch macht oder nicht. Übt das herrschende Unternehmen ungeachtet der Nichtigkeitsfolge (faktisch, s. RdNr. 151) einheitliche Leitung aus, liegt sowohl beim **herrschenden** Unternehmen als auch bei der **konzernierten** Gesellschaft ein **unzulässiges Verhalten** und damit ein Unrechtstatbestand vor, aus dem sich jeweils Unterlassungsansprüche und weitere **Rechtsfolgen** ergeben. Zu diesen ausführlicher RdNr. 222, 301 und 299 f. Zu vermeiden sind diese Folgen mit der Änderung des Zwecks in einen (zulässigen, RdNr. 135 ff.) dienenden Verbandszweck. Zur **Zweckänderung** näher RdNr. 269 ff.

dd) Unzulässigkeit mittelbarer Konzernierung, insbesondere GmbH & Co. KG. 130
Die mittelbare Konzernierung (dazu RdNr. 62) einer Personengesellschaft mit gesetzestypischem Verbandszweck ist ebenfalls **unzulässig.** Bei (ausschließlich) mittelbarer Abhängigkeit einer GmbH & Co. KG von einem herrschenden Unternehmen (RdNr. 59) bedarf die KG daher bereits dann eines dienenden Verbandszwecks (dazu noch RdNr. 132 ff.), wenn das herrschende Unternehmen die Beherrschungsvermutung entsprechend § 18 Abs. 1 S. 3 AktG (RdNr. 64) nicht widerlegen kann.

3. Die Personengesellschaft mit dienendem Verbandszweck. Mit der Vorgabe 131
eines konzernierungsöffnenden „dienenden" Verbandszwecks entfallen die vorstehend (RdNr. 127 f.) dargelegten Einwände gegen die Konzernierung einer Personengesellschaft.

a) Der dienende Verbandszweck. Der dienende Verbandszweck richtet die Tätigkeit 132
einer Personengesellschaft auf die Sonderinteressen eines anderen (herrschenden) Unternehmens aus. Die darin verankerten Abweichungen vom gesetzestypischen Verbandszweck betreffen das Eigeninteresse und/oder den Eigenwillen der Gesellschaft. Das **Eigeninteresse** ist berührt, wenn der Gesellschaftszweck etwa in der Erbringung konzerninterner Serviceleistungen zu marktfernen Preisen besteht. Der **Eigenwille** steht in Frage, wenn der Gesellschaftszweck den Geschäftsführern etwa gebietet, sich bei Festlegung des Entgelts für von der Gesellschaft erbrachte Leistungen nach den Vorgaben eines gesellschaftsfremden Dritten zu richten, und sei dieser Dritte ein Gesellschafter in seiner Rolle als herrschendes Unternehmen. Zwischen den beiden Zweckvorgaben besteht kein zwingender Zusammenhang. Regelmäßig macht die einseitige verbandszweckförmige bzw. die zweiseitige (beherrschungs-)vertragliche Unterstellung der Gesellschaft unter „Weisungen" eines Dritten aber nur Sinn, wenn zugleich das Eigeninteresse dahin modifiziert wird, dass die Gesellschaft zugunsten dieses Dritten von der Verfolgung des gesetzestypischen Eigeninteresses abweichen darf. Dem gemäß meint die Wendung „dienender Verbandszweck" im folgenden, soweit nicht ausdrücklich anders vermerkt, stets die **verbandszweckförmige** Ausrichtung von **Eigeninteresse und -willen** auf das **Sonderinteresse** eines dritten **Unternehmens.**

b) Form. Die Gesellschafter können den dienenden Verbandszweck bereits bei Grün- 133
dung der Gesellschaft vereinbaren, aber auch später in Abänderung des gesetzestypischen Gesellschaftszwecks (näher RdNr. 269 ff.). Besondere Formerfordernisse, etwa die Einhaltung der Schriftform, bestehen hierfür **nicht.**[245] Auch für die Vereinbarung eines dienenden Verbandszwecks bewendet es bei der das Personengesellschaftsrecht beherrschenden

[244] Dieser Aspekt wird völlig ausgeblendet bei *Kleindiek* S. 34 ff., 66 ff., der zwischen Abhängigkeit, einfacher und qualifizierter Konzernierung unterscheidet und annimmt, dass die einfache faktische Konzernierung den gesetzestypischen Verbandszweck noch nicht berühre (s. aber auch S. 257 f.: auch einfache Konzernierung bedarf eines Gesellschafterbeschlusses).

[245] Staub/*Schäfer* § 105 Anh. RdNr. 60.

Formfreiheit. Folglich lässt sich ein zweckändernder Beschluss auch **konkludent** fassen, etwa durch die Zustimmung aller Gesellschafter zu einem mit einem Unternehmen geschlossenen Beherrschungsvertrag (dazu näher RdNr. 155 ff.).[246]

134 c) **Handelsregisterpublizität.** Die ursprüngliche oder nachträgliche Vereinbarung des dienenden Verbandszwecks bedarf angesichts prinzipiell fehlender Publizität der Personengesellschaftsverträge **keiner** deklaratorischen Eintragung ins Handelsregister.[247]

135 d) **Zulässigkeit.** Die gesellschaftsvertraglich auf die Abhängigkeit bzw. Konzernierung ausgerichtete „dienende" Gesellschaft weicht in mehrfacher Hinsicht vom gesetzlichen Leitbild ab. Gleichwohl ist die Personenhandelsgesellschaft mit dienendem Verbandszweck eine im Grundsatz **zulässige** Erscheinung.[248] Jedenfalls, dies ist vorweg festzuhalten, stellt selbst die Konzernierung ihren Unternehmensgegenstand in Form des Betriebs eines Handelsgewerbes nicht in Frage.[249]

136 aa) **Überindividualität des dienenden Verbandszwecks.** Als überindividueller Verbandszweck verlangt der gemeinsame Zweck iS des § 705 BGB lediglich eine „gemeinsame" bzw. übereinstimmende Vereinbarung aller Gesellschafter, nicht die tatsächliche Gemeinsamkeit der Gesellschafterinteressen (RdNr. 117).[250] Mit der Vereinbarung eines am Interesse des herrschenden Unternehmens bzw. am Konzerninteresse ausgerichteten dienenden Zwecks wird die überindividuelle Gemeinsamkeit des Gesellschaftszwecks folglich gerade gewahrt, nicht aber das Vorliegen einer Gesellschaft in Frage gestellt.[251] Unerheblich ist daher auch, dass ein „dienender Zweck" den außenstehenden Gesellschaftern faktisch jede Gewinnbeteiligung entzieht,[252] und ob aus Sicht der außenstehenden Gesellschafter ein sachlicher Grund für die (faktische) Gewinnverlagerung auf das herrschende Unternehmen besteht.[253]

137 bb) **Keine unzulässige Drittorganschaft.** Mit der Vereinbarung eines dienenden Verbandszwecks reduzieren sich die Anforderungen an den **Eigenwillen** der Gesellschaft bzw. ihrer Verbandssouveränität gegenüber einer Gesellschaft mit gesetzestypischem (RdNr. 117 ff.) Zweck. Da die Gesellschafter wie im GmbH-Recht – nicht aber im Aktienrecht, arg. §§ 76 Abs. 1, 23 Abs. 5 AktG (RdNr. 37) – über die Verbandssouveränität im Grundsatz **disponieren** können,[254] folgt daraus keine durchgreifender Zulässigkeitseinwand.

138 **Grenzen** für abweichende Ausformungen des Eigenwillens zieht der Grundsatz der Selbstorganschaft als personengesellschaftsrechtsspezifische Ausprägung des Grundsatzes der Verbandssouveränität.[255] Ist die Gesellschaft kraft ihres Verbandszwecks auf die Verfolgung

---

[246] Staub/*Schäfer* § 105 Anh. RdNr. 60; Westermann/*Tröger* I RdNr. 4042.

[247] **AM** Schlegelberger/*Martens* § 105 Anh. RdNr. 39; Staub/*Schäfer* § 105 Anh. RdNr. 61; *Ulmer* in Probleme des Konzernrechts, S. 26, 51 (Pflicht zur Eintragung des zweckändernden Konzernierungsbeschlusses analog § 162); Westermann/*Tröger* I RdNr. 4042.

[248] HM; Westermann/*Tröger* I RdNr. 4038; *Baumgartl* S. 43–46; *Reuter* ZHR 146 (1982), 1, 16 f.; *Kleindiek* S. 73 f.; s. ferner die Stimmen, die die Konzernierung durch den Gesellschaftsvertrag (RdNr. 162 Fn. 286) oder durch einen Beherrschungsvertrag iS des § 291 Abs. 1 S. 1 1. Alt. AktG (RdNr. 163 Fn. 299 ff.) für zulässig ansehen. Kritisch *Wiedemann* GesR II § 6 I a (S. 519; s. aber auch S. 520); **aM** *Haar* S. 300 ff.; widersprüchlich *Löffler* S. 33 ff. (Interesse eines Gesellschafters als Konzerninteresse ist untauglicher Zweck), 41 ff. (die gemeinsame unselbständige Existenz im Dienste eines Dritten ist zulässiger Zweck).

[249] OLG Düsseldorf ZIP 2004, 753, 756; Insoweit zutreffend auch Staub/*Schäfer* § 105 Anh. RdNr. 12.

[250] Für die zwei erstgenannten Einwände ebenso Staub/*Ulmer (Voraufl.)* § 105 Anh. RdNr. 14; *Kleindiek* S. 88 ff.

[251] Wie hier Staub/*Ulmer* (Voraufl.) § 105 Anh. RdNr. 14; Westermann/*Tröger* I RdNr. 4038; iE auch *Schießl* S. 45 f.; *Reuter* ZHR 146 (1982), 1, 16 f.; *ders.* AG 1986, 130, 136; **aM** noch *Schneider* ZGR 1975, 253, 272; *Löffler* S. 33 ff.; s. auch *Wiedemann*, FS Schilling, 1973, S. 105, 118.

[252] Wie hier Westermann/*Tröger* I RdNr. 4038; Schlegelberger/*Martens* § 105 Anh. RdNr. 34; *Schießl* S. 45 f.; *Baumgartl* S. 44; **aM** *Schneider* ZGR 1975, 253, 272.

[253] Insoweit **aM** Staub/*Ulmer* (Voraufl.) § 105 Anh. RdNr. 14.

[254] *Reuter* ZHR 146 (1982), 1, 16; *Teichmann* S. 194; *Schießl* S. 49.

[255] *Schneider* ZGR 1975, 253, 269; *Kleindiek* S. 102; anders *Wiedemann*, FS Schilling, 1973, S. 105, 111: nur entfernte Verwandtschaft.

eines fremdunternehmerischen Sonderinteresses ausgerichtet, liegt aber **keine** unzulässige **Drittorganschaft** und damit erst recht kein Verstoß gegen den Grundsatz der Verbandssouveränität vor.[256] Denn die gesellschaftsvertragliche Zweckfestlegung bewirkt lediglich, dass die an den Gesellschaftszweck gebundenen Geschäftsführer gegenüber der Gesellschaft verpflichtet sind, etwaigen „Anregungen" des herrschenden Unternehmens zu folgen. Nicht dagegen macht die gesellschaftsvertragliche Zweckbestimmung den Dritten zum gekorenen Organ(mitglied) der Gesellschaft.

cc) Vorliegen eines Gewerbes bei Personenhandelsgesellschaften. Für Personenhandelsgesellschaften lässt sich ein dienender Verbandszweck ohne Verstoß gegen die zwingenden Anforderungen des § 105 Abs. 1 und 2 S. 1 1. Alt. iVm. §§ 1 ff. festlegen. Zwar ergeben sich daraus Mindestanforderungen an das Eigeninteresse als Zweckbestandteil (RdNr. 120). Lässt man für das Vorliegen eines Handelsgewerbes jedoch die **Erwerbswirtschaftlichkeit** der Tätigkeit genügen und verlangt nicht weitergehend die Absicht der Gewinnerzielung oder gar der Gewinnmaximierung (RdNr. 120), kann ein Gewerbe auch dann vorliegen, wenn die Gesellschaft ihre erwerbswirtschaftlichen Aktivitäten primär oder gar ausschließlich am Vermögensinteresse des herrschenden Unternehmens bzw. dem Konzerninteresse ausrichtet. Gibt der Gesellschaftszweck allerdings vor, etwa bei einer konzerninternen Servicegesellschaft, dass die Gesellschaft ihre Tätigkeit überwiegend oder gar ausschließlich unentgeltlich erbringt, kann es sich nur um eine GbR handeln (RdNr. 140). 139

dd) Vollständige Abbedingung des Eigeninteresses der GbR. Für die GbR lässt sich als Verbandszweck sogar vorsehen, dass die Gesellschaft im Interesse des herrschenden Unternehmens teilweise oder gar vollkommen **unentgeltlich** tätig wird.[257] Zwar nehmen die Gesellschafter damit in Kauf, dass die Gesellschaft infolge des Verzehrs ihrer Aktiva ihre Tätigkeit über kurz oder lang wird einstellen müssen. Doch diese zeitliche Vorprogrammierung erscheint insofern unbedenklich, als die Gesellschafter die Lebensdauer der Gesellschafter statt dessen befristen oder die Zweckerreichung als Auflösungsgrund vorsehen könnten. Ebenso wenig liegt ein Verstoß gegen § 138 BGB unter dem Gesichtspunkt der Gläubigergefährdung vor, da die Gesellschafter einer GbR analog § 128 für alle Gesellschaftsverbindlichkeiten unbeschränkt und einseitig unbeschränkbar haften.[258] 140

4. Die abhängige Personengesellschaft mit dienendem Verbandszweck. Die **Zulässigkeit** der abhängigen Personengesellschaft mit dienendem Verbandszweck (RdNr. 132) erscheint schon deswegen gesichert, weil diese Struktur auch bei Vereinbarung eines gesetzestypischen Verbandszwecks zulässig ist (RdNr. 123). 141

5. Die faktisch konzernierte Personengesellschaft mit dienendem Verbandszweck. Gegen die **Zulässigkeit** der faktischen Konzernierung einer Personengesellschaft mit dienendem Verbandszweck (RdNr. 132) sind keine Bedenken erkennbar. Das gilt auch für den Fall, dass das herrschende Unternehmen die einheitliche Leitung der Gesellschaft mit dienendem Verbandszweck auf der Basis eines Beherrschungsvertrags iS des § 291 Abs. 1 S. 1 1. Alt. AktG ausübt, der mangels Vorliegen der außenwirksamen Zustimmung der Gesellschafter (RdNr. 160) rechtlich unwirksam blieb. 142

Die mittelbar faktisch konzernierte **GmbH & Co. KG** (Typ B, RdNr. 11) mit dienendem Verbandszweck erscheint auch unter dem Gesichtspunkt der Selbstorganschaft unbedenklich.[259] 143

---

[256] Ebenso iE OLG Düsseldorf ZIP 2004, 753, 756; Westermann/*Tröger* I RdNr. 4034; *Schießl* S. 49; *Reuter* ZHR 146 (1982), 1, 16 f. S. auch *Raiser* ZGR 1980, 558, 563: kein Grund, der Verbandssouveränität bei Personengesellschaften höheren Rang beizumessen als bei der AG oder GmbH; dezidiert **aM** *Löffler* S. 28 f.

[257] Wie hier jetzt auch Westermann/*Tröger* I RdNr. 4038.

[258] BGHZ 142, 315, 318 ff. = NJW 1999, 3483; BGHZ 146, 341 = NJW 2001, 1056; BGH NJW 2003, 1445; für das ganz überwiegend zustimmende Schrifttum s. nur MünchKommBGB/*Ulmer/Schäfer* § 714 RdNr. 3 ff., 33 ff. mwN.

[259] IE überzeugend *Stimpel* in Probleme des Konzernrechts, S. 11, 16 f. (allerdings in Auseinandersetzung mit dem Abspaltungsverbot statt des an sich einschlägigen Grundsatzes der Selbstorganschaft (RdNr. 168)).

144 **6. Die vertraglich konzernierte Personengesellschaft mit dienendem Verbandszweck.** Für die konzernstiftende einheitliche Leitung einer Personengesellschaft auf vertraglicher Basis kommen drei Gestaltungen in Betracht: **gesellschaftsvertragliche** Konstruktionen**,** etwa die Einräumung exklusiver Alleingeschäftsführungsbefugnis oder, überhaupt nur für Kommanditisten von Belang, die Einräumung eines Weisungsrechts gegenüber den Geschäftsführern (Typen A und C, RdNr. 10, 12); ein sog. organisationsrechtlicher (krit RdNr. 148) **Beherrschungsvertrag** nach dem Vorbild des § 291 Abs. 1 S. 1 1. Alt. AktG**,** der einem Dritten ein unmittelbares Weisungsrecht gegenüber dem Geschäftsführer (s. § 308 AktG) gewährt; eine rein **schuldrechtliche** Abrede der Gesellschaft mit einem Dritten über dessen Befugnis zur Erteilung von Weisungen in Geschäftsführungsangelegenheiten an die Gesellschaft selbst (rein schuldrechtlicher Beherrrschungsvertrag, dazu näher RdNr. 169). Für die ersten zwei Ansätze bestehen eine Reihe übereinstimmender Probleme. Der Aufbau der folgenden Erläuterungen zu Grundlagen (RdNr. 145 ff.) sowie Zulässigkeit und Grenzen vertraglicher Beherrschungsgestaltungen (RdNr. 161 ff.) trägt dem Rechnung.

145 **a) Gesellschaftsvertrag und Beherrschungsvertrag iS des § 291 Abs. 1 S. 1 1. Alt. AktG.** Der Gesellschaftsvertrag und der von einer Personengesellschaft abgeschlossene Beherrschungsvertrag nach dem Vorbild des § 291 Abs. 1 S. 1 1. Alt. AktG sind entgegen gelegentlicher Fehlvorstellung (RdNr. 146 f.) zu unterscheiden (RdNr. 148).

146 Der **Gesellschaftsvertrag** ist auch dann **kein Beherrschungsvertrag** im aktiengesetzlichen Sinne, wenn der Gesellschaftsvertrag einem Unternehmen die Beherrschung der Personengesellschaft ermöglicht.[260] Denn ein Beherrschungsvertrag setzt das Vorhandensein eines Gesellschaftsvertrags notwendig voraus und bleibt für sich allein funktionslos (RdNr. 148); zudem müsste die Einordnung des Gesellschaftsvertrags als Beherrschungsvertrag ohne (besondere) Rechtsfolgen bleiben.

147 Der nachträglich mit einer „anderen Vertragspartei" abgeschlossene **Beherrschungsvertra**g iS des § 291 Abs. 1 S. 1 1. Alt. AktG ist seinerseits **kein** Bestandteil des **Gesellschaftsvertrags.**[261] Gegen die Deutung des Beherrschungsvertrags als materieller Ergänzung des Gesellschaftsvertrags spricht schon, dass der Beherrschungsvertrag auch mit einem Gesellschafter nicht in dessen Rolle als Verbandsmitglied geschlossen wird, sondern in dessen Rolle als verbandsexternes Unternehmen. Zudem könnte eine Vereinbarung, die die organschaftlich durch ihre Geschäftsführer vertretene Gesellschaft mit einem gesellschaftsfremden Dritten schließt, den Gesellschaftsvertrag gar nicht ändern bzw. ergänzen (RdNr. 160).

148 Nach dem Gesagten ist der **Beherrschungsvertrag** iS des § 291 Abs. 1 S. 1 1. Alt. AktG vom Gesellschaftsvertrag zu unterscheiden. Ersterer ist entgegen nahezu allseitiger Überzeugung **kein** dem Gesellschaftsvertrag gleichkommender **Organisationsvertrag.** Nicht der Beherrschungsvertrag als solcher ändert die im Gesellschaftsvertrag etablierte Organisationsstruktur iS der beherrschungsvertraglich vorgezeichneten Regelungen – Verpflichtung des Geschäftsführungsorgans auf die Befolgung von Weisungen eines gesellschaftsexternen, vom Beherrschungsvertrag nicht etwa zum weiteren Organ(mitglied) der Gesellschaft berufenen Dritten sowie Einschränkung der Weisungsmöglichkeiten der Gesellschafterversammlung (näher RdNr. 237 ff.); erforderlichenfalls zudem Änderung des Gesellschaftszwecks –, sondern die Gesellschafter selbst setzen diese gesellschaftsvertraglichen Änderungen (konkludent) mit ihrer Zustimmung zum Beherrschungsvertrag (RdNr. 155) in Geltung. Der eigenständige Regelungsgehalt des Beherrschungsvertrags beschränkt sich daher im Personengesellschaftsrecht darauf, dem „anderen Vertragsteil" das

[260] Mit im einzelnen unterschiedlichen Erwägungen *Löffler* S. 20; *Emmerich/Habersack* Konzernrecht § 34 RdNr. 18 f.; E/B/J/S/*Lange* § 105 Anh. RdNr. 45; *Bälz* AG 1992, 277, 288; *Kleindiek* S. 29 ff., 71 ff.; **aM** *Raiser* ZGR 1980, 558, 562; *Baumgartl* S. 75 ff.

[261] E/B/J/S/*Lange* § 105 Anh. RdNr. 45; *Emmerich/Habersack* Konzernrecht § 34 RdNr. 19; **aM** Schlegelberger/*Martens* § 105 Anh. RdNr. 37; ferner *Baumgartl* S. 79 (zur Rettung seiner These vom Gesellschaftsvertrag als Beherrschungsvertrag).

Recht zur Erteilung von Weisungen unmittelbar gegenüber der Geschäftsführung (dazu RdNr. 237) einzuräumen. Aus gesellschaftsrechtlicher Sicht ist das Bedürfnis für einen Beherrschungsvertrag gering, da bereits durch Gesellschaftsvertrag bzw. Konzernierungsbeschluss die erforderlichen Einflussmöglichkeiten eröffnet werden.[262]

b) Der dienende Verbandszweck als Voraussetzung vertraglicher Beherrschungsgestaltungen. Die gesellschaftsvertraglich oder durch einen Beherrschungsvertrag iS des § 291 Abs. 1 S. 1 1. Alt. AktG begründete Konzernierung einer Personengesellschaft setzt einen dienenden (RdNr. 132) Verbandszweck der Gesellschaft voraus (schon RdNr. 129).[263] Nur dann steht die (beherrschungs)vertragliche Befugnis des herrschenden Unternehmens, in seinem Sonderinteresse auf die geschäftsführenden Organe der Gesellschaft konzernleitend einzuwirken, im Einklang mit deren Bindung an den Verbandszweck.[264] Im Einzelnen: 149

- Bei der Ausübung seiner Rechte als Gesellschafter bzw. Geschäftsführer unterliegt ein herrschendes Unternehmen den auf den Gesellschaftszweck bezogenen Treuepflichtbindungen auch dann, wenn ihm in dem **Gesellschaftsvertrag** die Befugnis eingeräumt wird, hierbei in seinem Sonderinteresse zu handeln. Diese Schranke dafür, einheitliche Leitung im fremdunternehmerischen Sonderinteresse auszuüben, entfällt erst mit der Vorgabe eines dienenden Verbandszwecks (näher zu diesem RdNr. 132).
- Bei der Konzernierung durch einen **Beherrschungsvertrag** iS des § 291 Abs. 1 S. 1 1. Alt. AktG erlangt ein verbandsexternes herrschendes Unternehmen, und sei es ein Gesellschafter in der Rolle als Unternehmen, ein auch nachteilige Anordnungen im fremdunternehmerischen Sonderinteresse tragendes Weisungsrecht gegenüber der Geschäftsführung (s. § 308 Abs. 1 AktG, dazu RdNr. 237 ff.). Der gesetzestypische Verbandszweck steht der Etablierung eines solchen Weisungsrechts unter dem doppelten Aspekt der Verbandssouveränität (RdNr. 119) und des Formalziels (RdNr. 120) entgegen. Erst die Vorgabe eines dienenden Verbandszwecks (RdNr. 132) durch die Gesellschafter beseitigt beide Hindernisse[265] und stellt die Kompatibilität des Beherrschungsvertrags mit der Verbandssouveränität[266] und dem Formalziel sicher. Demgegenüber kann der Beherrschungsvertrag als solcher aus den in RdNr. 147 f. genannten Gründen diese Umformung des gesetzestypischen Verbandszwecks entgegen gelegentlicher Fehlvorstellung auch dann nicht leisten, wenn er mit einem Gesellschafter in dessen Rolle als verbandsexternem herrschenden Unternehmen abgeschlossen wird.[267]

Beruht die Beherrschung durch den Unternehmensgesellschafter auf **gesellschaftsvertraglicher** Grundlage und wird er im Widerspruch zum (fort)bestehenden gesetzestypischen Verbandszweck von seinen Treuepflichtbindungen befreit und ihm hierdurch die Verfolgung seiner fremdunternehmerischen Sonderinteressen gestattet, ist **(nur)** diese **Freistellung** wegen Perplexität oder jedenfalls wegen Überschreitung der gesellschaftsvertraglichen Gestaltungsgrenzen **unwirksam**. 150

Beruht die Konzernierung auf einem **Beherrschungsvertrag** iS des § 291 Abs. 1 S. 1 1. Alt. AktG, **ohne** dass der gesetzestypische in einen **dienenden Verbandszweck** abgewandelt worden wäre, ist der Vertrag selbst dann **unwirksam**, wenn die Gesellschaft beim 151

[262] Staub/*Schäfer* § 105 Anh. RdNr. 68; Westermann/*Tröger* I RdNr. 4084 mwN.

[263] Ebenso Staub/*Schäfer* § 105 Anh. RdNr. 12; Westermann/*Tröger* I RdNr. 4085; iE auch *Reuter* ZHR 146 (1982), 1, 16 f.; *ders.* AG 1986, 130, 136; *Karsten Schmidt* GesR § 43 III 4 a (S. 1298); Sudhoff/*Liebscher* § 50 RdNr. 86. Speziell für den Beherrschungsvertrag *Schießl* S. 49; für gesellschaftsvertragliche Konzernierungsabreden Schlegelberger/*Martens* § 105 Anh. RdNr. 34, 36; unklar *Emmerich/Habersack* Konzernrecht § 34 RdNr. 16; *Michalski* § 105 Anh. RdNr. 37.

[264] Mit dieser Unterscheidung von Zweckänderung und Beherrschungsvertrag erledigt sich auch der Einwand von *Reuter* ZHR 146 (1982), 1, 15, dass der Beherrschungsvertrag iS des § 291 Abs. 1 S. 1 1. Alt. AktG den gemeinsamen Zweck der Gesellschaft aufhebe.

[265] *Mülbert* S. 163 f. (für die AG); **aM** *Kleindiek* S. 34 f. (zu seiner Konzeption RdNr. 129 Fn. 244).

[266] Für Vereinbarkeit des Beherrschungsvertrages mit der Verbandssouveränität jedenfalls iE etwa *Schießl* S. 48 f.; *Raiser* ZGR 1980, 558, 563; *Kleindiek* S. 97 f.; iE ferner *Teichmann* S. 194; gegenteilig *Schneider* ZGR 1975, 253, 270; *ders.* BB 1980, 1057, 1062 (noch anders *ders.* ZGR 1980, 511, 518).

[267] **AM** *Reuter* ZHR 146 (1982), 1, 15; *Schneider* BB 1980, 1057, 1062; *Lutter* DB 1973, Beil. 21, S. 1, 13; *Emmerich/Habersack* Konzernrecht § 34 RdNr. 18 f.; *Gekeler* S. 168 f.

Vertragsschluss mit der analog § 293 Abs. 1 AktG (RdNr. 160) außenwirksamen Zustimmung der Gesellschafter handelt.[268] Mit der **In-Vollzug-Setzung** des Beherrschungsvertrages ist dieser entgegen der Vorauflage jedoch als von beiden Parteien jederzeit aus wichtigem Grund kündbarer, wirksamer Vertrag zu behandeln.[269] Dies folgt aus der Judikatur des BGH zum GmbH-Konzernrecht, wonach ein an sich unwirksamer Unternehmensvertrag nach seiner In-Vollzug-Setzung gemäß den entsprechend geltenden Grundsätzen über die fehlerhafte Gesellschaft als wirksam zu behandeln ist.[270] Diese Rechtsprechung zielt darauf, die Durchsetzbarkeit des Verlustausgleichsanspruchs der „vertraglich" konzernierten Gesellschaft möglichst zu effektuieren. In diesem Sinne stellt der BGH maßgeblich darauf ab, dass das Vorliegen einer fehlerhaften Gesellschaft leichter zu beweisen sei als dasjenige einer qualifiziert faktischen Konzernierung, und dass das Lösungsmodell der fehlerhaften Gesellschaft daher den Vorzug verdiene.[271] Einer Prämisse dieser Judikatur – die vertragliche Konzernierung und die qualifiziert faktische Konzernierung begründen gleichermaßen eine Verlustausgleichspflicht gemäß § 302 AktG (analog) – wurde zwar bereits vom nachfolgenden TBB-Urteil[272] der Boden entzogen. Denn gemäß dieser (ersten) Reorientierung in der Frage der Verlustausgleichshaftung bei qualifiziert faktischer Konzernierung sollte erst das Hinzutreten weiterer Umstände zur Verlustausgleichspflicht führen (RdNr. 179), und zudem sollten solche Verluste nicht ausgleichspflichtig sein, die in keinerlei Zusammenhang mit der Ausübung von Leitungsmacht stehen (vgl. auch RdNr. 188). Aber auch wenn man für das Personengesellschaftskonzernrecht an einer solchen beschränkten Verlustausgleichspflicht bei qualifiziert faktischer Konzernierung ungeachtet der neuerlichen Rechtsprechungsänderung des BGH[273] im GmbH-Recht festhält (dazu RdNr. 179 b ff.), stünde sich ein herrschendes Unternehmen günstiger, wenn es die qualifizierte einheitliche Leitung faktisch praktiziert, statt den Abschluss eines möglicherweise unwirksamen Beherrschungsvertrags zu riskieren. Die Anwendung der Grundsätze über die fehlerhafte Gesellschaft vermeidet diesen Widerspruch mit seiner anreizverzerrenden Wirkung.

152 **c) Form.** Die Einräumung beherrschenden Einflusses im Gesellschaftsvertrag oder in einem § 291 Abs. 1 S. 1 AktG nachempfundenen Beherrschungsvertrag unterliegt **keinen** besonderen Formerfordernissen**.** Die anfängliche oder nachträgliche Vereinbarung eines **dienenden Verbandszwecks** (RdNr. 132) ist stets formfrei und sogar konkludent möglich (RdNr. 133). Ebenso wenig gelten für die beherrschenden Einfluss vermittelnden Vertragsbestimmungen als solche besondere Formerfordernisse. Im Falle **gesellschaftsvertraglich** begründeter Leitungsmacht ergibt sich dies unmittelbar aus der grundsätzlichen Formfreiheit des Personengesellschaftsrechts. Für den **Beherrschungsvertrag** iS des § 291 Abs. 1 S. 1 AktG folgt ein gegenteiliges Ergebnis auch nicht aus § 293 Abs. 3 AktG analog. Aktienrechtlich aus der Verzahnung des Beherrschungsvertrags mit der ihrerseits formbedüftigen Satzung (§ 23 Abs. 1 S. 1 AktG) zu erklären, kann dieses Formgebot im Personengesellschaftsrecht wegen der gesetzlich vorgegebenen Formfreiheit des Gesellschaftsvertrags keine Anwendung finden.[274]

---

[268] Unter Hinweis auf § 306 BGB aF *Mülbert* S. 163 (für die AG); **aM** *Kleindiek* S. 34 f. Allerdings wird beim Vorliegen der Zustimmung auch eine entsprechende Zweckänderung regelmäßig vorliegen, wenn die außenwirksame Zustimmung durch einen Konernierungsbeschluss erfolgt (RdNr. 160), weil dieses auch die erforderliche Zweckänderung beinhalten wird (s. RdNr. 156).

[269] *Michalski* § 105 Anh. RdNr. 43.

[270] BGHZ 103, 1, 4 f. = NJW 1988, 1326; BGHZ 105, 168, 182 = NJW 1988, 3143; BGHZ 116, 37, 39 = NJW 1992, 505; BGH WM 2002, 77, 78.

[271] BGHZ 103, 1, 5 f. = NJW 1988, 1326; BGHZ 116, 37, 40 = NJW 1992, 505.

[272] BGHZ 122, 123 = NJW 1993, 1200.

[273] Zur Ablösung der Haftung bei qualifiziert faktischer Konzernierung durch eine konzernunspezifische Existenzvernichtungshaftung im GmbH-Recht s. RdNr. 179 a.

[274] Wie hier E/B/J/S/*Lange* § 105 Anh. RdNr. 48; Staub/*Schäfer* § 105 Anh. RdNr. 70; **aM** Baumbach/*Hopt* § 105 RdNr. 105; *Jäger* DStR 1997, 1813, 1814 f.; Heymann/*Emmerich* § 105 RdNr. 22; *Emmerich/Habersack* Konzernrecht § 34 RdNr. 19; *Liebscher* RdNr. 1149; Sudhoff/*Liebscher* § 50 RdNr. 87; *Michalski* § 105 Anh. RdNr. 41.

d) Handelsregisterpublizität. Die anfängliche oder nachträgliche Vereinbarung eines dienenden Verbandszwecks (RdNr. 132) bedarf keiner Eintragung ins Handelsregister (RdNr. 134). Daher besteht auch **keine** Pflicht zur Herbeiführung der Handelsregistereintragung bezüglich der Teile des Gesellschaftsvertrags, die die Herrschaftsbefugnisse des herrschenden Unternehmens begründen,[275] sowie für den § 291 Abs. 1 S. 1 1. Alt. AktG nachempfundenen Beherrschungsvertrag als solchen.[276] 153

e) Beherrschungsvertragsspezifische Erfordernisse. Beim Abschluss eines Beherrschungsvertrags iS des § 291 Abs. 1 S. 1 1. Alt. AktG sind zusätzliche Erfordernisse zu beachten. 154

aa) Mitwirkung der Gesellschafter. Die Vereinbarung eines Beherrschungsvertrags bedarf als jenseits des § 116 Abs. 2 einzuordnendes Grundlagengeschäft[277] (RdNr. 72) der Zustimmung **aller** Gesellschafter;[278] der Grundlagencharakter folgt zum einen aus der RdNr. 148 aE dargelegten Funktion des schuldrechtlichen Beherrschungsvertrags, die vom Gesellschaftsvertrag etablierte Organisationsstruktur der Gesellschaft zu ergänzen, zum anderen aus den sich für die übrigen Gesellschafter ergebenden Haftungsrisiken auf Grund der §§ 302, 303 AktG.[279] 155

Diese als **Konzernierungsbeschluss** (RdNr. 269) bezeichnete Zustimmung der Gesellschafter zum Beherrschungsvertrag hat im Falle der beherrschungsvertraglichen Konzernierung einer Gesellschaft mit gesetzestypischem (RdNr. 117 ff.) Verbandszweck darüber hinaus im Regelfall konkludent zudem die zwei als Wirksamkeitsvoraussetzungen erforderlichen **Änderungen** des **Gesellschaftsvertrags** zum Gegenstand: die Abänderung des gesetzestypischen in einen „dienenden" Verbandszweck (RdNr. 149 aE) und die Änderung der bislang vom Gesellschaftsvertrag etablierten Organisationsstruktur (RdNr. 148). Ist die Gesellschaft bereits als „dienende" (RdNr. 132) vorgeformt, kommt einem solchen Beschluss ausnahmsweise nur die zweite Funktion zu. 156

Ein **mehrheitlicher** Konzernierungsbeschluss (RdNr. 270) bei einer Personengesellschaft mit gesetzestypischem Verbandszweck (RdNr. 117 ff.) muss unter Wahrung des **Bestimmtheitsgrundsatzes** (dazu § 119 RdNr. 79a f.) im Gesellschaftsvertrag besonders und eindeutig vorgesehen sein. Daneben erfordert die mit der Zweckänderung einhergehende Beeinträchtigung der mitgliedschaftlichen Gewinninteressen als Eingriff in den **Kernbereich** der Mitgliedschaft (RdNr. 270) zudem die individuelle Zustimmung der betroffenen Gesellschafter.[280] Eine im Gesellschaftsvertrag erteilte **vorweggenommene Zustimmung** erfordert die Nennung der vertraglichen Konzernierung durch ein herrschendes Unternehmen, gegebenenfalls mit der Ergänzung, ob und inwieweit dieses auch nachteilige Weisungen vornehmen darf.[281] Hierdurch sind die außenstehenden Gesellschafter hinreichend geschützt, so dass beim Abschluss des Beherrschungsvertrags mit dem Unternehmensgesellschafter als „anderem Vertragsteil" **nicht** zusätzlich ein **Stimmverbot** analog den § 34 BGB, § 47 Abs. 4 GmbHG besteht.[282] 157

---

[275] Insoweit ebenso Schlegelberger/*Martens* § 105 Anh. RdNr. 39.

[276] **AM** Staub/*Schäfer* § 105 Anh. RdNr. 70; Baumbach/*Hopt* § 105 RdNr. 105; *Karsten Schmidt* GesR § 43 III 4 a (S. 1298); *Emmerich/Habersack* Konzernrecht § 34 RdNr. 19; Heymann/*Emmerich* § 105 Anh. RdNr. 22; Sudhoff/*Liebscher* § 50 RdNr. 87; E/B/J/S/*Lange* § 105 Anh. RdNr. 48; *Michalski* § 105 Anh. RdNr. 41; *Koller*/Roth/Morck § 109 RdNr. 4.

[277] Ebenso OLG Hamburg AG 2006, 49, 51; Staub/*Schäfer* § 116 RdNr. 14; Westermann/*Tröger* I RdNr. 4085; generell für Maßnahmen zur Begründung eines Konzernverhältnisses gegenüber einem herrschenden Unternehmen Staub/*Schilling* § 164 RdNr. 5; Baumbach/*Hopt* § 105 RdNr. 102, § 114 RdNr. 3; Heymann/*Horn* § 164 RdNr. 7.

[278] Ebenso Westermann/*Tröger* I RdNr. 4085; Staub/*Schäfer* § 105 Anh. RdNr. 70; *Westermann* ZIP 2007, 2289, 2296; *Lutter* DB 1973, Beil. 21, S. 1, 13.

[279] *Westermann* ZIP 2007, 2289, 2296.

[280] Staub/*Schäfer* § 105 Anh. RdNr. 70.

[281] Westermann/*Tröger* I RdNr. 4019; allgemeiner zu den Anforderungen an die antezipierte Zustimmung *Enzinger* § 119 RdNr. 66.

[282] BeckHdbPersG/*Rosenbach* § 24 RdNr. 51; **aM** *Reuter* AG 1986, 130, 138 (für den schuldrechtlichen Beherrschungsvertrag, RdNr. 169).

158 **bb) Form.** Der Zustimmungs- bzw. Konzernierungsbeschluss bedarf **keiner** besonderen Form und kann daher auch konkludent erfolgen.[283] Zur Formfreiheit des hiermit regelmäßig verbundenen (RdNr. 156), rechtlich jedoch zu unterscheidenden Beschlusses über die Zweckänderung schon RdNr. 152; zur Formfreiheit des Beherrschungsvertrags als solchem schon RdNr. 152.

159 **cc) Handelsregisterpublizität.** Der Gesellschafterbeschluss über die Zustimmung zum Abschluss eines Beherrschungsvertrags unterliegt analog § 162 der Handelsregisterpublizität und ist daher von den Geschäftsführern zur Eintragung anzumelden.[284] Unberührt hiervon bleibt, dass der dienende Gesellschaftszweck als solcher ebenso wie der die Beherrschungsmöglichkeit begründende Vertrag(steil), keiner deklaratorischen Handelsregistereintragung bedürfen (RdNr. 153).

160 **dd) Vertretung der Gesellschaft.** Der wirksame Abschluss des Beherrschungsvertrags durch die Geschäftsführer der zu konzernierenden Personengesellschaft erfordert analog § 293 Abs. 1 AktG die **Zustimmung** aller Gesellschafter.[285] Hierfür genügt die RdNr. 155 ff. erörterte Zustimmung (Konzernierungsbeschluss), der damit Außenwirkung zukommt. Zu den Folgen einer fehlenden Zustimmung schon RdNr. 151.

161 **f) Zulässigkeit und Grenzen vertraglicher Beherrschungsgestaltungen. aa) Meinungsstand.** Inwiefern eine Personengesellschaft vertraglich fremdunternehmerischer Leitung unterstellt werden darf, ist noch nicht abschließend geklärt. Explizite Stellungnahmen betreffen vielfach allein den Beherrschungsvertrag iS des § 291 Abs. 1 S. 1 1. Alt. AktG. Unter diesem Vorbehalt sieht das Meinungsbild zur Zulässigkeitsfrage wie folgt aus:

162 Einig ist man sich darin, dass der **Gesellschaftsvertrag** einem Unternehmensgesellschafter beherrschenden Einfluss zur Wahrnehmung seiner Sonderinteressen einräumen kann. Bei der KG mit herrschendem Unternehmenskommanditisten (Typ C, RdNr. 12) sei wegen § 138 Abs. 1 BGB allerdings erforderlich, dass die unbeschränkt persönlich haftenden Gesellschafter im Innenverhältnis von ihrer Haftung für Gesellschaftsverbindlichkeiten freigestellt werden.[286] Diese Einschränkung müsste, ohne dass dies ausdrücklich gefordert würde, im Übrigen auch gelten, wenn bei einer OHG des Typs A (RdNr. 10) neben dem herrschenden Komplementär ein außenstehender unbeschränkt persönlich haftender Gesellschafter vorhanden ist.

163 Ein **Beherrschungsvertrag** iS des **§ 291 Abs. 1 S. 1 1. Alt. AktG**[287] ist nach verbreiteter Auffassung stets nichtig (§ 138 Abs. 1 BGB),[288] es sei denn, dass an der Gesellschaft nur juristische Personen beteiligt sind[289] oder jedenfalls eine AG/GmbH & Co KG vorliegt.[290] Die Gegenposition will einen Beherrschungsvertrag unter der Voraussetzung erlauben, dass das herrschende Unternehmen die außenstehenden Komplementäre im

---

[283] Westermann/*Tröger* I RdNr. 4086; *Michalski* § 105 Anh. RdNr. 40.

[284] Staub/*Schäfer* § 105 Anh. RdNr. 61; Westermann/*Tröger* I RdNr. 4086; *Gekeler* S. 202 (analog § 294 AktG); **aM** *Koller*/Roth/Morck § 109 RdNr. 4 aE.

[285] IE ebenso Staub/*Habersack* § 126 RdNr. 18; Baumbach/*Hopt* § 126 RdNr. 3; Westermann/*Tröger* I RdNr. 4087 (jeweils mit Verweis auf die – insoweit durchgreifenden Bedenken begegnende (RdNr. 73 ff.) – Kategorie der Grundlagengeschäfte).

[286] *Stimpel* in Probleme des Konzernrechts, S. 11, 18; Staub/*Schäfer* § 105 Anh. RdNr. 63; Schlegelberger/*Martens* § 105 Anh. RdNr. 35; s. auch *Huber* ZHR 152 (1988), 1, 21.

[287] Das Gervais-Urteil des BGH (NJW 1980, 231) ist für die Zulässigkeitsfrage unergiebig, s. RdNr. 126.

[288] *Schneider* ZGR 1975, 253, 269 ff.; *ders.* ZGR 1980, 511, 518 ff.; *ders.* BB 1980, 1057, 1062; *Löffler* S. 28 ff. (mit mehrfacher Begründung); *Emmerich,* FS Stimpel, 1985, S. 743, 755; *Huber* ZHR 152 (1988), 1, 22 (für die gesetzestypische Personengesellschaft); *Heck* S. 127 f.; iE ferner *Stimpel* in Probleme des Konzernrechts, S. 11, 18; Schlegelberger/*Martens* § 105 Anh. RdNr. 35, 37; neuerdings wieder *Haar* S. 279 ff., 300 ff.; **aM** *Lutter* DB 1973, Beil. 21, S. 1, 13; ferner die sogleich RdNr. 163 Fn. 289 f. Genannten.

[289] Diese Einschränkung machen *Flume* Personengesellschaft § 14 X (S. 255); *Roitzsch* S. 149; tendenziell auch BayObLG NJW 1993, 1804, 1805.

[290] *Wiedemann* GesR II § 6 I 3 a (S. 520); MünchKommAktG/*Altmeppen* § 291 RdNr. 19; einschränkend OLG Düsseldorf ZIP 2004, 753, 756. Komplementär darf nicht außenstehender Gesellschafter sein.

Innenverhältnis von der Haftung freistellt,[291] oder hält dies sogar ohne eine Haftungsfreistellung für zulässig.[292] Diese Kontroverse überlagernd, begegnet als weitere Einschränkung, dass sich der Beherrschungsvertrag überhaupt nur mit einem Gesellschafter[293] oder, im Falle der GmbH & Co. KG (zB Typ B, RdNr. 11), mit einem zumindest „mittelbar" beteiligten Gesellschafter[294] vereinbaren lasse.

Ein rein **schuldrechtlicher,** lediglich die Weisungsgebundenheit der Personengesellschaft als solcher begründender **Beherrschungsvertrag** findet vereinzelt Anerkennung statt oder neben dem Beherrschungsvertrag iS des § 291 Abs. 1 S. 1 1. Alt. AktG.[295] Zu diesem näher RdNr. 169 f. 164

bb) Zulässigkeit im Allgemeinen. Sowohl die gesellschaftsvertragliche Einräumung beherrschenden Einflusses an einen Unternehmenskommanditisten (Typ C, RdNr. 12) als auch die Konzernierung einer Personengesellschaft mittels eines Beherrschungsvertrags iS des § 291 Abs. 1 S. 1 1. Alt. AktG (Typ D, RdNr. 13) ist **zulässig.** Insbesondere fehlt es nicht am überindividuellen Gesellschaftszweck iS des § 705 BGB, wenn die Gesellschafter, wie für (beherrschungs)vertragliche Gestaltungen erforderlich (RdNr. 149), einen dienenden Verbandszweck (RdNr. 132) vereinbaren. 165

Nicht durchschlagend sind weiter etwaige Zulässigkeitsbedenken unter den allgemeinen zivilrechtlichen Gesichtspunkten der **Knebelung**[296] bzw. der **Selbstentmündigung.**[297] Sind außenstehende Gesellschafter lediglich als Kommanditisten an einer (GmbH & Co.) KG beteiligt, erscheint dies offenkundig.[298] Im Grundsatz muss dies aber auch gelten, wenn ein oder mehrere außenstehende Gesellschafter die Position eines unbeschränkt persönlich haftenden Gesellschafters einnehmen. Die Gesellschafter sind hinreichend in der Lage, ihre Interessen selbst wahrzunehmen. Die Vereinbarung eines dienenden Verbandszwecks (RdNr. 132) erfordert entweder Einstimmigkeit bei der Gesellschaftsgründung oder die Zustimmung aller Gesellschafter zur späteren Änderung des ursprünglich gesetzestypischen Verbandszwecks (RdNr. 269). Zudem unterliegt auch der Abschluss eines Beherrschungsvertrags iS des § 291 Abs. 1 S. 1 1. Alt. AktG der gesonderten Zustimmung aller Gesellschafter (RdNr. 155), und dies sogar mit Außenwirkung (RdNr. 160). Aufgrund des Einstimmigkeitsprinzips können die außenstehenden Gesellschafter ihre Mitwirkung von kompensatorischen Zusagen des herrschenden Unternehmens abhängig machen. Es besteht kein Anlass für einen paternalistischen Schutz dieser Gesellschafter vor sich selbst, wenn sie derartige Vereinbarungen aus freien Stücken unterlassen bzw. versäumt haben.[299] 166

Ein Verstoß gegen § 138 Abs. 1 BGB unter dem Gesichtspunkt der **Knebelung** liegt erst dann vor, wenn etwa in Sanierungssituationen ein außenstehender unbeschränkt persönlich haftender Gesellschafter unter dem Eindruck des wirtschaftlichen Machtgefälles auf die Vereinbarung einer Freistellungszusage des herrschenden Unternehmens „verzichtet".[300] 167

---

[291] ZB Staub/*Schäfer* § 105 Anh. RdNr. 14; *Raiser* ZGR 1980, 558, 663; *Schießl* S. 49 ff.; Heymann/*Emmerich* § 105 Anh. RdNr. 20; *Emmerich* AG 1991, 303, 310; *Jäger* DStR 1997, 1813, 1814; *Liebscher* S. 29; *Bitter* S. 374 ff., 379 ff.; s. auch *Huber* ZHR 152 (1988), 1, 22 f. (für die GmbH & Co. KG).

[292] *Karsten Schmidt* GesR § 43 III 3 a (S. 1296); *Kleindiek* S. 110–251; Westermann/*Tröger* I RdNr. 4084; *Bälz* AG 1992, 277, 288; *Lange* IPRax 1998, 438, 439; *Michalski* § 105 Anh. RdNr. 35 ff.

[293] *Löffler* S. 28 ff.; *Jäger* DStR 1997, 1813, 1814; *Eberl-Borges* WM 2003, 105, 107; wohl auch *Huber* ZHR 152 (1988), 1, 22 für die gesetzestypische Personengesellschaft; s. ferner *Schneider* ZGR 1980, 511, 518; **aM** Westermann/*Tröger* I RdNr. 4084; *Schießl* S. 48 f.; *Bälz* AG 1992, 277, 288; *Kleindiek* S. 103.

[294] BeckHdbPersG/*Rosenbach* § 24 RdNr. 16, 60; wohl auch Staub/*Schäfer* § 105 Anh. RdNr. 14, 67, der freilich für das Weisungsrecht von einem gesellschaftsrechtlich begründeten, auf der Beteiligung beruhenden Gesellschafterrecht spricht.

[295] Nachweise unten in RdNr. 169 Fn. 305.

[296] ZB *Roitzsch* S. 149; *Haar* S. 281.

[297] ZB Staub/*Schäfer* § 105 Anh. RdNr. 13 f.; *Schießl* S. 51 f.; *Löffler* S. 30; *Kleindiek* S. 117; ablehnend *Koller*/Roth/Morck § 109 RdNr. 4; *Baumgartl* S. 48 ff.

[298] Wie hier iE Staub/*Schäfer* § 105 Anh. RdNr. 13 f.; Westermann/*Tröger* I RdNr. 4036; *Schießl* S. 47 f.; *Bitter* S. 377 f.; **aM** Schlegelberger/*Martens* § 105 Anh. RdNr. 34: auch für Kommanditisten ist das mit der Ausübung konzernrechtlicher Leitungsmacht verbundene Haftungsrisiko(?) unzumutbar.

[299] *Emmerich*/Habersack Konzernrecht § 34 RdNr. 19; Westermann/*Tröger* I RdNr. 4036.

[300] Weitergehend soll nach hM das Fehlen einer internen Freistellungszusage stets die Nichtigkeit des Vertrages zur Folge haben. Für den Beherrschungsvertrag iS des § 291 Abs. 1 S. 1 1. Alt. AktG etwa *Raiser*

Dieses Sittenwidrigkeitsurteil entfällt auch nicht etwa, soweit das herrschende Unternehmen gegenüber der konzernierten Gesellschaft ex lege zum Verlustausgleich analog § 302 AktG verpflichtet ist (RdNr. 191 ff.). Sachgerecht erscheint im Übrigen eine **tatsächliche Vermutung** dahingehend, dass ein wirtschaftliches Machtgefälle zum Fehlen einer Freistellungsvereinbarung geführt hat.

167a **cc) Zulässigkeit des herrschenden Unternehmenskommanditisten im Besonderen.** Für die Beherrschung durch einen Unternehmenskommanditisten auf der Grundlage gesellschaftsvertraglicher Gestaltungen (Typ C, RdNr. 12) ist erforderlich, dass dieser sich kraft seiner Alleingeschäftsführungsbefugnis oder seines Weisungsrechts gegenüber dem(n) Komplementär(en) in allen Geschäftsführungsfragen durchsetzen kann. Angesichts ihrer unbeschränkten persönlichen Haftung wird diese völlige Entrechtung der Komplementäre ungeachtet der Billigung durch die höchstrichterliche Rechtsprechung im Schrifttum weithin kritisch gesehen und zum Anlass genommen, mit Unterschieden im Detail solche Restriktionen für die Vertragsgestaltung zu postulieren, die dem Kommanditisten eine abhängigkeitsbegründende Beherrschung der Gesellschaft letztlich verwehren (näher § 164 RdNr. 23). Jedenfalls mit Blick auf einen herrschenden Unternehmenskommanditisten sind solche Forderungen, die letztlich auf die Unzulässigkeit einer beherrschten KG des Typs C (RdNr. 12) hinauslaufen müssten, nicht veranlasst. Ein solcher Kommanditist unterliegt nämlich analog § 302 Abs. 1 AktG einer unbeschränkten Verlustausgleichspflicht gegenüber der Gesellschaft (RdNr. 191 ff.) und hierdurch werden die unbeschränkt persönlich haftenden Gesellschafter letztlich von allen Risiken aus der Leitungsmachtausübung des fremdunternehmerisch interessierten Unternehmenskommanditisten effektiv freigestellt.

168 **dd) Zulässigkeit des Beherrschungsvertrags iS des § 291 Abs. 1 S. 1 1. Alt. AktG im Besonderen.** Nach dem bislang Gesagten ist der Beherrschungsvertrag iS des § 291 Abs. 1 S. 1 1. Alt. AktG zulässig. Hieran ändert auch nichts, dass der Dritte aufgrund der beherrschungsvertraglichen Einräumung von Leitungsmacht zu Weisungen gegenüber den Geschäftsführern berechtigt ist. Das lediglich Gesellschafterrechte betreffende **Abspaltungsverbot** greift schon deswegen nicht ein,[301] weil das beherrschungsvertraglich begründete Weisungsrecht nicht daraus resultiert, dass dem herrschenden Unternehmen ein den einzelnen Gesellschaftern oder auch nur den Gesellschaftern in ihrer Gesamtheit zustehendes Weisungsrecht gegenüber den Geschäftsführern übertragen würde (RdNr. 237). Der Grundsatz der **Selbstorganschaft,**[302] der zudem überhaupt nur Beherrschungsverträge mit Nichtgesellschaftern untersagen könnte,[303] steht ebenfalls **nicht** entgegen. Formal folgt dies schon daraus, dass der Beherrschungsvertrag die weisungsberechtigte andere Vertragspartei nicht als ein weiteres Organ(mitglied) der Gesellschaft beruft (RdNr. 148). Materiell lässt sich dies mit der Erwägung absichern, dass bei dieser Gestaltung auch die ratio des Grundsatzes der Selbstorganschaft (hierzu § 109 RdNr. 19) gar nicht betroffen ist. Denn die kraft Gesetzes bestehende unbeschränkte Verlustausgleichspflicht des herrschenden Unternehmens analog § 302 Abs. 1 AktG (RdNr. 191 ff.) stellt die nach §§ 128 f. unbeschränkt persönlich haftenden außenstehenden Gesellschafter letztlich von den Risiken frei, die ihnen aus der Einflussnahme auf die Gesellschaftstätigkeit durch ein

---

ZGR 1980, 558, 563; *Schießl* S. 51; *Löffler* S. 32 f. (für den Beherrschungsvertrag mit einem Gesellschafter); s. auch *Huber* ZHR 152 (1988), 1, 22 f. Allgemein für gesellschaftsvertragliche Beherrschungsabreden Schlegelberger/*Martens* § 105 Anh. RdNr. 34; für die Weisungsbindung einer natürlichen Person als Komplementär gegenüber einem herrschenden Kommanditisten (Typ C Fall 1, RdNr. 12) der Sache nach Staub/*Schäfer* § 105 Anh. RdNr. 13, 63, sofern sich die Weisungsbindung auf die Ausführung nachteiliger Weisungen erstreckt.

301 **AM** *Stimpel* in Probleme des Konzernrechts, S. 11, 18.

302 *Beuthien* ZIP 1993, 1589, 1597 ff.; **aM** *Schneider* ZGR 1980, 511, 518; *Stimpel* in Probleme des Konzernrechts, S. 11, 18.

303 So in der Tat OLG Düsseldorf ZIP 2004, 753, 756; *Reuter* ZHR 146 (1982), 1, 16; *Löffler* S. 30 f.

herrschendes Unternehmen, das seinerseits den Gläubigern nicht unbeschränkt persönlich haftet, drohen könnten.

g) Der rein schuldrechtliche Beherrschungsvertrag. Ein rein schuldrechtlicher Beherrschungsvertrag verpflichtet lediglich die **Gesellschaft** selbst, Weisungen eines Dritten in Geschäftsführungsangelegenheiten zu befolgen. Indem er die innergesellschaftliche Organisationsverfassung gänzlich unberührt lässt,[304] weicht er von § 308 Abs. 2 Satz 1 AktG entscheidend ab. Eine derartige Gestaltung ist im Grundsatz **zulässig.**[305] Insbesondere steht sie nicht im Widerspruch zum Eigenwillen (RdNr. 119) einer Gesellschaft mit gesetzestypischem (RdNr. 117 ff.) Verbandszweck.[306] Die Zuständigkeiten zur innergesellschaftlichen Willensbildung bleiben durch die Weisungsbindung der Gesellschaft im Außenverhältnis unberührt. Ein dienender Verbandszweck (RdNr. 132) ist allerdings dann Wirksamkeitsvoraussetzung, wenn die Gesellschaft auch zur Befolgung ihr wirtschaftlich nachteiliger Maßnahmen verpflichtet wird.[307] 169

Der Abschluss[308] eines rein schuldrechtlichen Beherrschungsvertrags bildet im Innenverhältnis eine außergewöhnliche, die **Zustimmung** der **Gesellschafter** erfordernde Maßnahme iS der §§ 116 Abs. 2, 164 S. 1 2. HS. Bezüglich der Möglichkeit einer **Mehrheitsentscheidung** der Gesellschafter gelten die Ausführungen in RdNr. 155 ff. zum Abschluss des Beherrschungsvertrags iS des § 291 Abs. 1 S. 1 1. Alt. AktG entsprechend. **Zuständig** im Außenverhältnis gegenüber Dritten sind die Geschäftsführer (arg. § 126 Abs. 2). Das gilt auch, wenn an der „anderen Vertragspartei" neben dem Unternehmensgesellschafter Dritte beteiligt sind. Dagegen **fehlt** es ohne Vorliegen eines gemäß den §§ 116 Abs. 2, 164 S. 1 2. HS erforderlichen Gesellschafterbeschlusses auch an der Vertretungsbefugnis im Außenverhältnis, wenn der Beherrschungsvertrag mit dem **Unternehmensgesellschafter** oder dessen 100%igen Tochtergesellschaft abgeschlossen wird.[309] 170

II. Rechte der beherrschten Personengesellschaft gegen das herrschende Unternehmen

1. Das Schutzsystem des Personengesellschaftskonzernrechts im Aufriss. Das Schutzsystem des Personengesellschaftskonzernrechts gegen rechtswidrige Einflussnahmen des herrschenden Unternehmens stellt den Schutz der **beherrschten Personengesellschaft** in den Mittelpunkt; ihr Schutz wirkt reflexartig zugleich als Schutz der außenstehenden Gesellschafter[310] und der Gläubiger.[311] Der archimedische Punkt dieses Schutzsystems besteht im **Verbandszweck** der beherrschten Gesellschaft. Einem herrschenden Unternehmen in seiner Rolle als (mittelbarer) Gesellschafter ist es untersagt, die Gesellschaft bzw. deren Geschäftsführer zu einem verbandszweckwidrigen Verhalten zu veranlassen. Im Einzelnen: 171

Haben die Gesellschafter gesetzestypisch eine eigenbestimmte Tätigkeit der Personengesellschaft gesellschaftsvertraglich vorgesehen, verstößt allein schon die Unterstellung der Gesellschaft unter fremde Leitung gegen ihren Verbandszweck und begründet entsprechende **Unterlassungsansprüche** der Gesellschaft (RdNr. 222). Führt eine nach Maßgabe 172

[304] Staub/*Schäfer* § 105 Anh. RdNr. 68; Westermann/*Tröger* I RdNr. 4082.

[305] Insbesondere *Reuter* ZHR 146 (1982), 1, 16 ff. (als Substitut für den unzulässigen (S. 15) Beherrschungsvertrag iS des § 291 Abs. 1 S. 1 1. Alt. AktG); *ders.* AG 1986, 130, 136; ihm folgend *Löffler* S. 24 ff., 42; ferner Westermann/*Tröger* I RdNr. 4082; als Gestaltungsalternative im Verhältnis zu Nichtgesellschaftern auch Staub/*Schäfer* § 105 Anh. RdNr. , 68.

[306] **AM** *Reuter* ZHR 146 (1982), 1, 16; *ders.* AG 1986, 130, 136; *Löffler* S. 47.

[307] Insoweit zutreffend *Reuter* AG 1986, 130, 136; *Löffler* S. 47; iE auch Westermann/*Tröger* I RdNr. 4082 unter Verweis auf die Grundsätze zum Mißbrauch der organschaftlichen Vertretungsmacht.

[308] Zum folgenden ausführlicher *Reuter* ZHR 146 (1982), 1, 18 f.

[309] Zur Einschränkung des § 126 Abs. 2 gegenüber Gesellschaftern *Karsten Schmidt* § 126 RdNr. 17 (mit abweichender eigener Position).

[310] Zu den eigenen Rechten der außenstehenden Gesellschafter näher RdNr. 298 ff.

[311] Zu den eigenen Rechten der Gläubiger näher RdNr. 242 ff. (bei Abhängigkeit), 247 ff. (bei Konzernierung).

des konkreten – gesetzestypischen (RdNr. 117 ff.) oder dienenden (RdNr. 132) – Gesellschaftszwecks unzulässige Einflussnahme zu einer Schädigung der Gesellschaft, ist ihr das unmittelbar oder auch nur mittelbar herrschende Unternehmen zum Ersatz der erlittenen **Schäden** verpflichtet (RdNr. 202 ff., 206 ff.), gegebenenfalls zudem Dritte (RdNr. 211 ff.). Soweit es bei einzelnen oder mehreren punktuellen Eingriffen aufgrund tatsächlicher Gegebenheiten nicht möglich ist, die der Gesellschaft zugefügten Nachteile mittels einzelner Ersatzleistungen vollständig auszugleichen, ist weiterhin (RdNr. 179b ff.) die Ergänzung des personengesellschaftsrechtlichen Vermögensschutzsystems um eine **beschränkte Verlustausgleichspflicht** des herrschenden Unternehmens veranlasst (RdNr. 180 ff.), die zu den Einzelansprüchen der Gesellschaft wegen der Eingriffe kumulativ hinzutritt. Im Falle der (beherrschungs)vertraglichen Konzernierung einer Gesellschaft mit dienendem Verbandszweck ist sogar eine **unbeschränkte Verlustausgleichspflicht** des herrschenden Unternehmens geboten (RdNr. 191 ff.).

173 **2. Der Anspruch auf Verlustausgleich. a) Grundlagen. aa) Meinungsstand.** Eine § 302 Abs. 1 AktG nachempfundene Verpflichtung des herrschenden Unternehmens, der beherrschten Gesellschaft entstandene Verluste auszugleichen, fand im Personengesellschaftsrecht seit dem Gervais-Urteil des BGH[312] breite Anerkennung,[313] die erst im Gefolge des vom BGH für die GmbH vollzogenen Übergangs von der TBB-Verlustausgleichsjudikatur zur Existenzvernichtungsrechtsprechung (dazu RdNr. 179a mN) für die qualifiziert faktische Konzernierung („qualifizierte Nachteilszufügung") einer Personengesellschaft mit gesetzestypischem (RdNr. 117 ff.) Verbandszweck etwas abgenommen hat. Doch auch zuvor waren Grundlagen und erst recht Details dieser Ausgleichspflicht durchaus **umstritten**. Meinungsverschiedenheiten waren und sind insbesondere in folgenden Punkten zu konstatieren:

174 – Erstens ist man sich lediglich darin weithin einig, dass die Verlustausgleich über alle Konzernierungsformen hinweg – einfache/qualifiziert faktische Konzernierung, vertragliche Konzernierung – auf einer einheitlichen Grundlage beruhrt,[314] nicht hingegen über die die maßgebliche **Rechtsgrundlage**, was Rückwirkungen auf den Geltungsbereich der Verlustausgleichspflicht hat. Gesetzesnahe Vorschläge verweisen auf § 302 Abs. 1 AktG analog[315] bzw. auf § 670 BGB.[316] Andere berufen sich in Verallgemeinerung eines in diesen Vorschriften anklingenden Gedankens auf das Prinzip, dass die Beherrschung des Risikos der konzernierten Gesellschaft durch das herrschende Unternehmen dessen Verlustübernahmepflicht als Korrelat auslöse.[317] Vereinzelt wird schließlich auf die Treuepflicht verwiesen.[318]

175 – Zweitens wird für die **einfache Konzernierung** im Gegensatz zur qualifizierten Konzernierung seit jeher bezweifelt, dass diese dem Anwendungsbereich der Verlustausgleichspflicht unterfällt.[319] Bei der Ausklammerung der einfachen Konzernierung bleibt

312 BGH NJW 1980, 231.

313 Ablehnend früher vor allem *Schneider* ZGR 1980, 511, 540 ff.; *ders.* BB 1981, 249, 258 f.; ferner *Schießl* S. 85 ff., der statt dessen § 287 ZPO heranzog.

314 **AM** jetzt Baumbach/*Hopt* § 105 RdNr. 104 (§ 670 BGB), 105 (§ 302 AktG analog); früher *Gekeler* S. 253 ff., 359 ff.

315 *Stimpel* in Probleme des Konzernrechts, S. 11, 23 ff.; Heymann/*Emmerich* § 105 Anh. RdNr. 16 f., 24; *Emmerich/Habersack* Konzernrecht § 34 RdNr. 16, 21; *Kleindiek* S. 147 ff., 283; *Baumgartl* S. 113 ff.; *Michalski/Bohlmann* NZG 1999, 838, 839; *Liebscher* RdNr. 1156; Sudhoff/*Liebscher* § 50 RdNr. 91; *J. Meyer* (Fn. 54) S. 921.

316 *Reuter* ZHR 146 (1982), 1, 21 ff.; *ders.* AG 1986, 130, 138; *Laule,* FS Semler, 1993, S. 541, 558 f.; ablehnend für das Personengesellschaftrecht etwa *Schießl* S. 91 f.; *Baumgartl* S. 112 f.; *Gekeler* S. 246 ff.

317 Staub/*Schäfer* § 105 Anh. RdNr. 74; *Ulmer* in Probleme des Konzernrechts, S. 26, 56 f.; *Reuter* ZHR 146 (1982), 1, 21 f.; *ders.* AG 1986, 130, 134; Schlegelberger/*Martens* § 105 Anh. RdNr. 41; der Sache nach wohl auch BGH NJW 1980, 231, 232.

318 *Stimpel* in Probleme des Konzernrechts, S. 11, 22 f.; *Löffler* S. 97 f.

319 Auch für die einfache faktische Konzernierung befürwortend etwa Staub/*Schäfer* § 105 Anh. RdNr. 75; *Ulmer* in Probleme des Konzernrechts, S. 26, 57; Heymann/*Emmerich* § 105 Anh. RdNr. 17 f., 24; *Emmerich/Habersack* Konzernrecht § 34 RdNr. 15; Röhricht/von Westphalen/*von Gerkan/Haas* § 105 RdNr. 117; **aM** etwa *Kleindiek* S. 65 ff., 264 ff.; Baumbach/*Hopt* § 105 RdNr. 103, 104; E/B/J/S/*Lange*

zudem teilweise offen, ob dies lediglich die faktische Konzernierung (Typ B, RdNr. 11) oder auch die Konzernierung auf gesellschaftsvertraglicher Grundlage (Typen A und C, RdNr. 10, 12) betreffen soll.[320] Was die **qualifiziert faktisch konzernierte** Personengesellschaft mit gesetzestypischem (RdNr. 117 ff.) Verbandszweck anbelangt, war man sich zunächst weithin einig, dass die Verlustausgleichspflicht **unabhängig** davon eingreift, ob die Gesellschafter der einheitlichen Leitung durch das herrschende Unternehmen qua Konzernierungsbeschluss (RdNr. 269) **zugestimmt** haben oder nicht.[321] In jüngerer Zeit finden sich allerdings auch Stimmen, die unter Hinweis auf den Rechtsprechungswandel im GmbH-Recht jedenfalls für die GmbH & Co. KG auch oder sogar ausschließlich für eine Existenzvernichtungshaftung plädieren (näher RdNr. 179b mN).

– Drittens wird generell in Frage gestellt, ob eine Verlustübernahmepflicht auch dann eingreift, wenn das herrschende Unternehmen zugleich **unbeschränkt** persönlich **haftender Gesellschafter** ist.[322] 176

– Viertens bestehen gewisse Unsicherheiten in der Frage, ob schlechthin **alle Verluste** ausgleichspflichtig sind,[323] ob sich die Verlustausgleichspflicht im Sonderfall einer **GmbH & Co. KG** auf den zur Erhaltung des Stammkapitals der GmbH erforderlichen Betrag beschränkt,[324] und ob die Ausgleichspflicht ganz allgemein ein **Verschulden** seitens der Organe des herrschenden Unternehmens erfordert.[325] 177

– Fünftens wird teilweise angenommen, dass sich die Verlustausgleichspflicht durch Parteivereinbarung **abbedingen** lässt.[326] Dies gelte nur dann **nicht,** wenn Verluste bei einer beherrschten GmbH & Co. KG in Frage stehen, die (mittelbar) das Stammkapital der Komplementär-GmbH beeinträchtigen,[327] wenn das herrschende Unternehmen als Kommanditist oder mittelbarer Gesellschafter keiner unbeschränkten persönlichen Gläubigerhaftung unterliegt,[328] oder wenn außenstehende Gesellschafter unbeschränkt persönlich haften.[329] 178

bb) Stellungnahme. (1) Ausgangspunkt. Entgegen aller durch das Gervais-Urteil des BGH[330] noch geförderten Bemühungen[331] liegt in der Verlustausgleichspflicht **kein einheitliches Institut** des Rechts der konzernierten Personengesellschaft. Derartige Vorstellungen waren spätestens seit dem TBB-Urteil des BGH[332] zur Verlustausgleichspflicht in der qualifi- 179

---

§ 105 Anh. RdNr. 39, 64; *Heck* S. 188 f., 199 ff.; Sudhoff/*Liebscher* § 50 RdNr. 93; wohl auch *Karsten Schmidt* GesR § 43 III 4 b (S. 1298 f.); *J. Meyer* (Fn. 54) S. 921; offen *Michalski* § 105 Anh. RdNr. 45.

[320] Beide Fallgestaltungen ausdrücklich gleichbehandelnd *Emmerich/Habersack* Konzernrecht § 34 II RdNr. 15 f.

[321] So etwa Staub/*Schäfer* § 105 Anh. RdNr. 75; *Emmerich/Habersack* Konzernrecht § 34 RdNr. 12 ff.; Heymann/*Emmerich* § 105 Anh. RdNr. 17 f., 24; *Karsten Schmidt* GesR § 43 III 4 b (S. 1298); *Michalski/Bohlmann* NZG 1999, 838, 839; BeckHdbPersG/*Rosenbach* § 24 RdNr. 57; **aM** vor allem Westermann/*Tröger* I RdNr. 4069 ff. (einerseits), 4077 ff., 4090 (andererseits.).

[322] IE für Verlustausgleichspflicht *Karsten Schmidt* GesR § 43 III 4 b (S. 1298); *Baumgartl* S. 117 f.; *J. Meyer* (Fn. 54) S. 921.

[323] Bejahend *Kleindiek* S. 281 f.; BeckHdbPersG/*Rosenbach* § 24 RdNr. 58; **aM** – Ausklammerung der Verluste, die keinerlei Zusammenhang mit Konzerngründung oder -leitung aufweisen – Staub/*Schäfer* § 105 Anh. RdNr. 75; Baumbach/*Hopt* § 105 RdNr. 105; im Rahmen der TBB-Konzernhaftungsregel (RdNr. 179) auch BGH NJW 1997, 943, 944.

[324] In Richtung einer Beschränkung auf eine Stammkapitaldeckungspflicht *Schießl* S. 89; *Reuter* ZHR 146 (1982), 1, 21; **aM** *Kleindiek* S. 150 f.

[325] Verneinend Staub/*Schäfer* § 105 Anh. RdNr. 75; BeckHdbPersG/*Rosenbach* § 24 RdNr. 58.

[326] Dafür etwa Baumbach/*Hopt* § 105 RdNr. 104; **aM** *Reuter* ZHR 146 (1982), 1, 22 f.; *Kleindiek* S. 155, 285; Sudhoff/*Liebscher* § 50 RdNr. 93; zweifelnd auch *Karsten Schmidt* GesR § 43 III 4 b (S. 1298).

[327] Mit dieser Einschränkung *Stimpel* in Probleme des Konzernrechts, S. 11, 25; *Altmeppen,* Abschied vom „qualifiziert faktischen" Konzern, 1991, S. 115 f.; etwas enger – keine Dispositionsmöglichkeit im Falle der GmbH & Co. KG – Staub/*Schäfer* § 105 Anh. RdNr. 76; *Michalski* § 105 Anh. RdNr. 45.

[328] Mit dieser Einschränkung Schlegelberger/*Martens* § 105 Anh. RdNr. 41.

[329] Schlegelberger/*Martens* § 105 Anh. RdNr. 41.

[330] BGH NJW 1980, 231.

[331] Anders vor allem *Kleindiek* passim; *Bitter* S. 393 ff., 519 ff.

[332] BGHZ 122, 123 = NJW 1993, 1200; BGH NJW 1994, 446; 1996, 1283; 1997, 943; ihm folgend BAG NJW 1994, 3244; 1996, 1491.

ziert faktisch konzernierten GmbH (auch) für das Personengesellschaftskonzernrecht überholt. Mit den kumulativen Anforderungen, dass die Ausübung der Konzernleitungsmacht keine angemessene Rücksicht auf die eigenen Belange der abhängigen Gesellschaft nimmt und sich deren hierdurch insgesamt erlittenen Nachteile nicht durch Einzelausgleichsmaßnahmen kompensieren lassen, etablierte der BGH die Verlustausgleichspflicht als Sanktion für schädigende Eingriffe einer bestimmten Qualität und verselbständigte sie der Sache nach endgültig gegenüber ihrem historischen Ausgangspunkt, also der vom (Nicht-)Vorliegen schädigender Eingriffe gerade abstrahierenden Verlustausgleichspflicht im Vertragskonzern gemäß § 302 Abs. 1 AktG (zu dessen ratio näher RdNr. 194). Trotz der im TBB-Urteil bemühten Analogie zu § 302 Abs. 1 AktG ist eine Verlustausgleichspflicht im qualifiziert faktischen Konzern und im Vertragskonzern auf ganz unterschiedliche rechtliche Grundlagen zurückzuführen[333] und folglich existiert auch kein einheitliches Institut der Verlustausgleichspflicht im (qualifizierten) Konzern. Im Konzernrecht der Personengesellschaften ist daher zwischen der **begrenzten** Verlustausgleichspflicht für spezifisch schädigende Eingriffe bei Gesellschaften mit gesetzestypischem Verbandszweck (RdNr. 117 ff.) einerseits und der **unbeschränkten** Verlustausgleichspflicht analog § 302 Abs. 1 AktG bei Gesellschaften mit dienendem Verbandszweck (RdNr. 132) andererseits zu unterscheiden.[334]

179a **(2) GmbH-Existenzvernichtungshaftung.** Die beschränkte Verlustausgleichspflicht für qualifizierte, einem Einzelausgleich faktisch nicht zugängliche Eingriffe bei Gesellschaften mit gesetzestypischem (RdNr. 117 ff.) Verbandszweck galt im Haftungsrecht der **GmbH** als TBB-Konzernhaftungsregel (RdNr. 179) nur bis zum Jahre 2001. Beginnend mit dem Bremer Vulkan-Urteil[335] hat der BGH sich seitdem zunächst vom konzernrechtlichen Ansatz mit seiner Verengung auf Unternehmensgesellschafter zugunsten einer Haftung jedes Alleingesellschafters für existenzvernichtende Eingriffe gelöst, sodann diesen neuen Haftungstatbestand in der KBV-Entscheidung unter Verwerfung des Modells einer Binnenhaftung als Durchgriffshaftung ausgeformt[336] und diese Konzeption auch auf die mehrgliedrige GmbH übertragen,[337] um schließlich in der Trihotel-Entscheidung zum Konzept einer auf § 826 BGB gestützten, ausschließlichen Binnenhaftung gegenüber der Gesellschaft überzugehen.[338]

179b In der Zwischenzeit hat der BGH zudem klargestellt, dass in der Existenzvernichtungshaftung nach „Trihotel" kein rechtsformübergreifendes gesellschaftsrechtliches Haftungsinstitut liegt. Die Kolping-Entscheidung lehnte es unter pauschalem Verweis auf die grundlegenden strukturellen Unterschiede zwischen der GmbH und dem Idealverein nämlich ab, die Existenzvernichtungshaftungsregeln jedenfalls in ihrer Ausformung durch die Trihotel-Entscheidung auf die Mitglieder eines eingetragenen **Idealvereins** zu übertragen.[339] Vor diesem Hintergrund wird für die abhängige **AG** daher durchaus zu Recht betont, dass dieses Haftungsmodell eine erhebliche Einschränkung gegenüber dem allgemeinen, aus der Treuepflicht herzuleitenden Schädigungsverbot bedeute und dass der durch die §§ 311, 317 AktG gewährleistete Schutz der abhängigen Einmann-AG auch gegenüber schädigenden Eingriffen ihres Alleinaktionärs im Gegenteil die – zu bejahende – Frage aufwerfe, ob für diese das TBB-Verlustausgleichshaftungsmodell in Ergänzung der §§ 311, 317 AktG nicht weiterhin Geltung beanspruchen müsse.[340]

---

[333] Insoweit ebenso *Karsten Schmidt* GesR § 43 III 4 b (S. 1298 f.); s. auch (insoweit zutreffend) die Kritik von *Bitter* S. 493 ff. an der analogen Anwendung des § 302 AktG im qualifiziert faktischen Konzern.

[334] Wie hier im Ausgangspunkt jetzt auch Westermann/*Tröger* I RdNr. 4067 ff.

[335] BGHZ 149, 10 = NJW 2001, 3622; bestätigend BGHZ 150, 61 ff. = NJW 2002, 1803.

[336] BGHZ 151, 181 ff. = NJW 2002, 3064. Aufgabe des TBB-Binnenhaftungskonzepts ausdrücklich feststellend *Gehrlein*, GmbH-Recht in der Praxis, S. 375.

[337] Letzte Zweifel ausräumend BGH WM 2005, 332; dies andeutend schon BGHZ 150, 61 ff. = NJW 2002, 1803 (dazu etwa *Lutter/Banerjea* ZGR 2003, 402, 433); BGH WM 2005, 176.

[338] BGHZ 173, 246 = NJW 2007, 2689 = NZG 2007, 667 = ZIP 2007, 1552 = AG 2007, 657; bestätigt durch BGHZ 176, 204 = NJW 2008, 2437 = NZG 2008, 547 = ZIP 2008, 1232 = AG 2008, 542.

[339] BGHZ 175, 12, 22 = NZG 2008, 670 = WM 2008, 358 = ZIP 2008, 364.

[340] Emmerich/*Habersack*, Aktien- und GmbH-Konzernrecht, Anh. § 317 RdNr. 5; MünchHdb. AG/*Krieger* § 69 RdNr. 134 ff.; ähnlich – Verlustausgleichshaftung in Erweiterung des § 317 AktG K. Schmidt/

(3) Meinungsstand zum Personengesellschaftskonzernrecht. Was die Konsequenz der höchstrichterlichen Reorientierungen für das Personengesellschaftskonzernrecht anbelangt, dominiert wie vor „Trihotel" noch immer das Festhalten am Modell einer konzernrechtlichen Verlustausgleichshaftung[341] gegenüber dem Übergang zum Modell der Existenzvernichtungshaftung nach dem Vorbild des GmbH-Rechts.[342] Lediglich für den besonderen Fall der **GmbH & Co KG** wird die Übernahme der Existenzvernichtungshaftung weithin befürwortet,[343] wobei allerdings teils unklar bleibt, ob dies im Sinne einer Ablösung der Verlustausgleichspflicht oder lediglich im Hinzutreten eines zusätzlichen Haftungstatbestands[344] gemeint ist und, bei einem Verständnis im zweiten Sinne, welche Bedeutung dieser Haftung neben der Verlustausgleichshaftung überhaupt zukommen soll. **179c**

(4) Eigene Position. Bei der unbeschränkten Verlustausgleichshaftung ist - auch veranlasst durch den neuerlichen Wechsel der GmbH-rechtlichen Existenzvernichtungsjudikatur hin zu einer reinen Binnenhaftung – nunmehr schon im Ausgangspunkt danach zu unterscheiden, ob die Zufügung eines einem Einzelausgleich nicht zugänglichen qualifizierten Nachteils vom herrschenden Unternehmen einseitig veranlasst wurde oder aber mit Zustimmung aller Gesellschafter erfolgte. **179d**

Bei einer **nicht** mit **Zustimmung aller** Gesellschafter erfolgenden qualifzierten Nachteilszufügung kann die Aufgabe der TBB-Haftungsregel entgegen dem BGH schon für die GmbH und erst recht nicht für die Personengesellschaft überzeugen. Lassen sich die der Gesellschaft entstehenden Nachteile nicht einmal mittels einer Schätzung nach § 287 ZPO bestimmen, werden die Vermögensinteressen die übrigen Gesellschafter weder durch Schadensersatzansprüche gegen den zugreifenden Gesellschafter noch durch die Möglichkeit, diesen auszuschließen oder seinerseits aus der – geschädigten – Gesellschaft gegen volle Abfindung auszuscheiden, vollumfänglich gewahrt. Lediglich der Anspruch auf **Nachteilsausgleich** kann die Gesellschafter vielmehr bis zu einem gewissen Grade davor schützen, mit den ausgleichsfähigen Nachteilen belastet zu werden, auch wenn die Gesellschafter im Unterschied zum Modell der §§ 302, 304 AktG keine Kompensation dafür erhalten, dass der Gesellschaftsgewinn niedriger liegt als dies ohne die Nachteilszufügung der Fall gewesen wäre. **179e**

Erfolgt die qualifiizerte Nachteilszufügung mit **Zustimmung aller** Gesellschafter, besteht kein Anlass für eine Verlustausgleichshaftung aus Gründen des Gesellschafterschutzes. Aber auch mit Belangen des Gläubigerschutzes ist eine solche Haftung im Grundsatz nicht zu rechtfertigen, weil und soweit diese in auf der Treuepflicht der Gesellschafter gegenüber ihrer Gesellschaft gründet (RdNr. 182). Zwar scheint auf den ersten Blick folgende dreischrittige Argumentation nicht ganz fernliegend: Erstens bildet die Zufügung eines nicht ausgleichsfähigen Nachteils ein außergewöhnliches Geschäft in der Zuständigkeit der Gesellschafter, §§ 116 Abs. 2, 164 S. 1. Zweitens verstößt ein entsprechender Beschluss nur dann nicht gegen den Verbandszweck einer gesetzestypischen (RdNr. 117 ff.) Gesellschaft, wenn die Gesellschafter mit der Beschlussfassung über die Durchführung der außergewöhnlichen Geschäftsführungsmaßnahme zugleich den Verbandszweck punktuell **179f**

Lutter/*Vetter* AktG § 317 RdNr. 52 ff. **aM** *Hüffer* AktG § 1 RdNr. 26, § 311 RdNr. 11; KK/*Koppensteiner* AktG § 318 Anh. RdNr. 73 ff. Ganz anders noch heute etwa Spindler/Stilz/*Schall* AktG Vor § 15 RdNr. 15: Verlustausgleichshaftung bei qualizifiziert faktischer Konzernierung durch Unternehmens- oder Privataktionär analog § 302 AktG.

341 Baumbach/*Hopt* § 105 RdNr. 103 f.; Westermann/*Tröger* I RdNr. 4069 ff. (aber gegen unbeschränkte (RdNr. 191 ff.) Verlustausgleichspflicht bei vertraglicher Konzernierung; ebenda RdNr. 4077, 4090); *Eberl-Borges* WM 2003, 105 ff. (mit Ausnahme für Ein-Personen-GmbH & Co. KG); E/B/J/S/*Lange* § 105 Anh. RdNr. 64; der Sache nach auch *Emmerich/Habersack* Konzernrecht § 34 RdNr. 15.

342 *Koller*/Roth/Morck § 105 RdNr. 36, 37, §§ 128, 129 RdNr. 15.

343 Staub/*Schäfer* § 105 Anh. RdNr. 35, 55, 76; *Liebscher* RdNr. 1141; Sudhoff/*Liebscher* § 50 RdNr. 126; *Binz/Sorg* § 12 RdNr. 71; *Barbara Schiessl* in Hesselmann/Tillmann/Mueller-Thurgau, Handbuch GmbH & Co. KG, § 5 RdNr. 81; für Ein-Personen-GmbH & Co. KG ferner *Eberl-Borges* WM 2003, 105 ff.; nur iE auch Westermann/*Tröger* I RdNr. 4077a (zu dessen ganz abweichender, in sich unstimmiger Position unten RdNr. 193 f. m. Fn. 375).

344 Ausdrücklich in diesem Sinne Staub/*Schäfer* § 105 Anh. RdNr. 35, 55, 76.

modifizieren bzw. sich von ihrer Treuepflichtbindung gegenüber der Gesellschaft punktuell dispensieren. Jedoch ist drittens eine derartige Modifikation bzw. ein solcher Dispens gar nicht wirksam möglich, weil der Gesellschafterbeschluss wegen Missachtung der Gläubigerbelange jedenfalls insoweit unwirksam (§ 138 BGB) ist.[345] Richtigerweise geht es entgegen dieser Deduktion aber für Personengesellschaften grundsätzlich nicht an, trotz des Instituts der unbeschränkten Gesellschafterhaftung einerseits und dem Fehlen von § 30 GmbHG vergleichbaren Kapitalschutzregeln andererseits einen Gläubigerinteressen berührenden Gesellschafterbeschluss im Grundsatz ohne weiteres als sittenwidrig anzusehen. Vielmehr kommt dies allenfalls in Einzelfällen dann in Betracht, wenn zusätzliche gläubigergefährdende Momente gegeben sind, etwa wenn im Falle einer KG ein vermögensloser Komplementär vorgeschoben wird. Nur in solchen Sonderfällen bewendet es mangels Wirksamkeit der punktuellen Zweckänderung bzw. Befreiung von der Treuepflicht dabei, dass die Gesellschafter mit der einvernehmlich beschlossenen qualifizierten Nachteilszufügung einen Treuepflichtverstoß begehen und daher der beschränkten Verlustausgleichspflicht nach Maßgabe der RdNr. 180 ff. unterliegen.

179g Für die **personengleiche** und die **Ein-Personen-GmbH & Co. KG** sind keine Sonderregeln geboten. Weder ist eine Verlustausgleichspflicht auch bei einvernehmlicher Zufügung eines qualifizierten Nachteils veranlasst noch besteht Anlass für eine Übertragung der Existenzvernichtungshaftung auch auf den Fall der Schädigung der KG. Die Durchführung einer mutmaßlich existenzvernichtenden Maßnahme liegt als außergewöhnliche Geschäftsführungsmaßnahme (§§ 116 Abs. 2, 164 S. 1) in der Zuständigkeit der Gesellschafter, so dass der bzw die Kommandistiten zugleich auch als GmbH-Gesellschafter auf die GmbH einwirken müssen, um diese in ihrer Eigenschaft als Komplementärin zur Zustimmung zu einer Maßnahme bei der KG zu veranlassen, der sich für sie wegen ihrer unbeschränkten Haftung (§§ 128 ff.) ebenfalls ais existenzgefährend darstellt. Angesichts dieser Zusammenhänge ist dem Schutz der Gläubiger der KG schon dadurch genügt, dass der bzw. die Kommanditisten wegen eines existenzvernichtenden Eingriffs gegenüber der GmbH haften, weil diese ihrerseits für die Verbindlichkeiten der KG nach den §§ 128 ff. haftet.

180 **b) Beschränkter Verlustausgleich bei faktischer Funktionsunfähigkeit des Einzelausgleichssystems („qualifizierte Nachteilszufügung"). aa) Regel.** Wirkt das herrschende Unternehmen[346] auf eine Gesellschaft mit gesetzestypischem (RdNr. 117 ff.) Verbandszweck **nachteilig** ein, die von ihm unmittelbar gesellschaftsvertraglich (zB Typen A und C, RdNr. 10, 12; näher RdNr. 60) oder, wie etwa im Falle einer GmbH & Co. KG (zB Typ B, RdNr. 11), unmittelbar oder mittelbar faktisch **abhängig** ist, und lassen sich die hierdurch insgesamt zugefügten Schäden aufgrund faktischer Gegebenheiten nicht vollständig durch Einzelausgleichsmaßnahmen kompensieren („qualifizierte Nachteilszufügung"), ist das herrschende Unternehmen zum Ausgleich aller künftigen Verluste verpflichtet, sofern diesen nicht jeder Zusammenhang mit der Leitungsausübung fehlt.

181 **bb) Begründung.** Schädigende Einwirkungen des (mittelbar) herrschenden Unternehmens auf eine abhängige Personengesellschaft mit gesetzestypischem Verbandszweck (RdNr. 117 ff.) sind zweckwidrig und begründen Ersatzansprüche der Gesellschaft gegen das Unternehmen, die die außenstehenden Gesellschafter im Wege der actio pro socio durchsetzen können (RdNr. 218 ff., 294). Solange das auf einzelne Eingriffe ausgerichtete Vermögensschutzsystem zugunsten der abhängigen Gesellschaft, ihrer außenstehenden Gesellschafter und ihrer Gläubiger funktioniert, ist ein ergänzender Verlustausgleich nicht veranlaßt. Vielmehr kommt ein Anspruch auf **Verlustausgleich** wegen rechtswidriger Leitungsmaßnahmen **nur** bei **faktischer Funktionsunfähigkeit** des **Vermögensschutzsys-**

[345] Zur parallelen Argumentation für die GmbH s. schon *Mülbert* DStR 2001, 1937, 1942 f.

[346] Ob auch ein reiner Privatgesellschaft der treuepflichtbasierten beschränkten Verlustausgleichshaftung unterliegen kann – was richtigerweise anzunehmen ist, s. schon *Mülbert* DStR 2001, 1937, 1947 –, kann für die Zwecke dieser konzernrechtlichen Kommentierung dahingestellt bleiben.

tems in Betracht.[347] Ein Versagen in diesem Sinne liegt nicht bereits dann vor, wenn die außenstehenden Gesellschafter unwillig oder unfähig sind, aktiv die Integrität ihrer Gesellschaft zu verteidigen. Voraussetzung ist vielmehr die objektive Funktionsunfähigkeit dieses Systems dergestalt, dass die Nachteile, die die Gesellschaft aufgrund von Einwirkungen des herrschenden Unternehmens insgesamt erleidet, sich wegen faktischer Gegebenheiten nicht vollständig durch Einzelausgleichsmaßnahmen kompensieren lassen.[348] Das bedeutet im Übrigen zugleich, dass die durch die §§ 30 f. GmbHG vermittelte Kapitalbindung in der GmbH & Co. KG (dazu RdNr. 246) der Einbeziehung dieser Gesellschaftsform in die Verlustausgleichspflicht nicht entgegensteht.

cc) Rechtsgrundlage. Rechtsgrundlage des Verlustausgleichsanspruchs bei qualifizierter Nachteilszufügung ist die **Treuepflicht** des – auch bloß mittelbar (näher RdNr. 209) – herrschenden Unternehmens **gegenüber** der **Gesellschaft.**[349] Sie verbietet diesem die Zufügung einer bezifferbaren oder jedenfalls ausgleichsfähigen Schädigung, und erst recht eine nicht ausgleichsfähige Schädigung. Zum Schutze der Mitgesellschafter gilt dies auch dann, wenn dem herrschenden Unternehmen die Stellung eines unbeschränkt persönlich haftenden Gesellschafters zukommt. 182

dd) Tatbestandliche Voraussetzungen. Tatbestandsvoraussetzungen einer Verlustausgleichspflicht sind neben der **Schädigung** einer abhängigen Personengesellschaft durch ein unmittelbar oder mittelbar herrschendes Unternehmen (schon RdNr. 180) vier **weitere** Merkmale: 183

Die geschädigte Gesellschaft muss das Objekt mindestens **einer** unternehmensleitenden Maßnahme des herrschenden Unternehmens sein. **Nicht** erforderlich ist die weitergehende tatsächliche oder gemäß § 18 Abs. 1 S. 3 AktG vermutete (RdNr. 66) Ausübung konzernstiftender **einheitlicher Leitung.**[350] Es fehlt jeder Anlass, ein herrschendes Unternehmen zu privilegieren, das ohne Ausübung konzernstiftender einheitlicher Leitung die abhängige Gesellschaft im nachfolgend konkretisierten Sinne irreparabel schädigt. 184

Eine[351] oder mehrere Leitungsmaßnahmen müssen zu einer **Verletzung** des **(Eigen-)Interesses** der abhängigen Gesellschaft geführt haben. Dies ist schon dann der Fall, wenn das herrschende Unternehmen die Belange der abhängigen Gesellschaft **nicht voll respektiert** hat; eine lediglich „angemessene" Rücksichtnahme genügt nicht.[352] Aus der Treuepflicht folgt eine vorbehaltlose Bindung des herrschenden Unternehmens an den Unternehmensgegenstand und Formalziel umfassenden Verbandszweck (RdNr. 120), nicht eine Bindung an die konkrete Unternehmensstruktur, die ihrerseits das Ergebnis vergangener verbandszweckwidriger Deformationen der Gesellschaft sein mag. Andernfalls würde sich der Verhaltensspielraum des herrschenden Unternehmens für weitere sanktionslose Schädigungen mit jedem Eingriff vergrößern, den die außenstehenden Gesellschafter nicht abgewehrt haben.[353] Als **Beispiele**[354] für Verletzungen des Eigeninteresses sind etwa die 185

[347] Näher *Mülbert* DStR 2001, 1937, 1944 ff. (zur GmbH).

[348] BGHZ 122, 123, 130 = NJW 1993, 1200; BGH NJW 1994, 446; 1996, 1283, 1284; 1997, 943.

[349] *Mülbert* DStR 2001, 1937, 1946 (zur GmbH); *ders.* S. 488 (Verlustausgleich bei der AG als Folge einer treuepflichtwidrigen Außerkraftsetzung der künftigen Funktionsfähigkeit des Ausgleichssystems der §§ 311, 317 AktG); Westermann/*Tröger* I RdNr. 4069 (mit abweichender Begründung); **aM** – § 302 Abs. 1 AktG analog – etwa Emmerich/*Habersack,* Aktien- und GmbH-Konzernrecht, Anh. § 317 RdNr. 23; generell ablehnend KK/*Koppensteiner* AktG Anh. § 318 RdNr. 74.

[350] Ebenso Emmerich/*Habersack,* Aktien- und GmbH-Konzernrecht, Anh. § 317 RdNr. 7; Baumbach/Hueck/*Zöllner* GmbHG SchlAnhKonzernR RdNr. 139; Westermann/*Tröger* I RdNr. 4070. S. aber BGHZ 122, 123, 127 = NJW 1993, 1200.

[351] Ebenso Emmerich/*Habersack,* Aktien- und GmbH-Konzernrecht, Anh. § 317 RdNr. 10; Westermann/*Tröger* I RdNr. 4070.

[352] Ebenso im Kontext der TBB-Konzernhaftungsregel (RdNr. 179) *Krieger* ZGR 1994, 375, 379 ff.; s. auch *Bitter* S. 276, **aM** BGHZ 122, 123, 130 = NJW 1993, 1200; BGH NJW 1994, 446; 1997, 943; aus dem ihm weithin zustimmenden Schrifttum s. nur Hachenburg/*Ulmer* GmbHG § 77 Anh. RdNr. 133 ff.; Baumbach/Hueck/*Zöllner* GmbHG SchlAnhKonzernR RdNr. 140.

[353] S. dazu auch *Mülbert* S. 484 f.

[354] MünchHdb. GmbH/*Decher* § 69 RdNr. 13 ff.; Emmerich/*Habersack,* Aktien- und GmbH-Konzernrecht, § 317 Anh. RdNr. 24 f.

folgenden, vom herrschenden Unternehmen veranlassten Maßnahmen und Zustände zu nennen: Fehlen oder grobe Lückenhaftigkeit der Buchführung oder sonstigen Dokumentation der Unternehmenstätigkeit (sog. Waschkorblage),[355] Eingehung eines hohen finanziellen Risikos ohne Bildung einer bilanziellen Rückstellung oder den Abschluss einer Kreditversicherung,[356] der Anschluss an ein cash management-System unter Abzug aller finanziellen Liquidität, die Übertragung der funktionsnotwendigen EDV einer Tochtergesellschaft auf das herrschende Unternehmen sowie überhaupt die Einstellung oder die Übertragung auf das herrschende Unternehmen derjenigen unternehmerischen Funktionen der Tochtergesellschaft, die für das dauerhafte Auftreten am Markt von existenzieller Bedeutung sind. **Nicht** dagegen reicht allein die Tatsache, dass die abhängige Gesellschaft aufgrund der im Konzerninteresse ausgeübten Einwirkungen ihren Verpflichtungen nicht nachkommen kann,[357] dass die Gesellschaft unter dem Einfluss des herrschenden Unternehmens auf bezifferbare Ansprüche gegenüber diesem verzichtet[358] oder dass das herrschende Unternehmen seine finanzielle Unterstützung der Gesellschaft, etwa die Zufuhr neuer Eigenmittel, einstellt.[359]

186 Die Verletzung muss kausal zu einem Nachteil (= **Schaden**) der abhängigen Gesellschaft geführt haben, der sich mittels der Kompensationsleistungen für die einzelnen schädigenden Eingriffe aufgrund **faktischer** Gegebenheiten nicht vollständig ausgleichen lässt.[360] Diese faktisch bedingte Unmöglichkeit eines vollständigen Einzelausgleichs kann zum einen daraus resultieren, dass sich die einzelnen schädigenden Eingriffe, etwa aufgrund grob lückenhafter Buchführung („Waschkorbsituation"), überhaupt **nicht** isolierend **feststellen** lassen. In Betracht kommt weiterhin, dass sich die Schadenshöhe auch unter Rückgriff auf § 287 ZPO nicht ermitteln lässt[361] oder dass eine **volle Kompensation** des Schadens im Wege der Naturalrestitution oder einer Ersatzleistung in Geld **nicht** möglich ist. Letztere Situation kann etwa gegeben sein, wenn die abhängige Gesellschaft, wie insbesondere bei strategischen Grundsatzentscheidungen denkbar, durch einen einzelnen punktuellen Eingriff gravierend umgestaltet wird.[362] Wird etwa eine bislang selbständig am Markt agierende Gesellschaft auf die Funktion eines nur noch konzernintern tätigen Zulieferers zurückgestuft, kann das Gesellschaftsinteresse einer autonomen Gesellschaft als Maßstab für die Bewertung künftiger schädigender Eingriffe unvollziehbar werden. In diesem Fall ist ein rein finanzieller Ausgleich unzureichend. Ist eine Naturalrestitution (§§ 249 ff. BGB) ebenfalls nicht möglich, fehlt es auch bei korrekter Buchführung an der Ausgleichsfähigkeit.

187 Die Verletzung des Eigeninteresses der abhängigen Gesellschaft als treuepflichtwidriges Verhalten muss **schuldhaft** erfolgt sein.[363] Das ist bei Verletzung der Sorgfalt eines ordentlichen und gewissenhaften Konzerngeschäftsführers[364] der Fall.

---

[355] *Mülbert* DStR 2001, 1937, 1946; *Drygala* GmbHR 1993, 317, 325 f.; **aM** etwa *Krieger* ZGR 1994, 375, 382; MünchHdb. GmbH/*Decher* § 69 RdNr. 15; Emmerich/*Habersack*, Aktien- und GmbH-Konzernrecht, § 317 Anh. RdNr. 19.

[356] BGHZ 122, 123, 132 = NJW 1993, 1200; BAG NJW 1996, 1491, 1492.

[357] **AM** BAG NJW 1996, 1491, 1493; OLG Düsseldorf NZG 2001, 368, 369 f.; für die Einmann-GmbH auch BGHZ 122, 123, 130 = NJW 1997, 1200; BGH NJW 1997, 943, 944.

[358] **AM** OLG München DStR 1999, 2000, 2001 m. abl. Anm. *Haas*.

[359] OLG Oldenburg NZG 2000, 555, 557; OLG Celle ZIP 2000, 1981, 1985.

[360] *Mülbert* DStR 2001, 1937, 1944 ff.; sachlich übereinstimmend Emmerich/*Habersack*, Aktien- und GmbH-Konzernrecht, § 317 Anh. RdNr. 16 ff.; Westermann/*Tröger* I RdNr. 4071; E/B/J/S/*Lange* § 105 Anh. RdNr. 64.

[361] Zu derartigen Fällen etwa Emmerich/*Habersack*, Aktien- und GmbH-Konzernrecht, § 317 Anh. RdNr. 17.

[362] S. dazu auch *Mülbert* S. 484, 488; *ders.* DStR 2001, 1937, 1945; Hachenburg/*Ulmer* GmbHG § 77 Anh. RdNr. 137; Emmerich/*Habersack*, Aktien- und GmbH-Konzernrecht, Anh. § 317 RdNr. 14 f.

[363] *Mülbert* DStR 2001, 1937, 1946; Westermann/*Tröger* I RdNr. 4072; **aM** etwa Emmerich/*Habersack*, Aktien- und GmbH-Konzernrecht, § 317 Anh. RdNr. 10; Baumbach/Hueck/*Zöllner* GmbHG SchlAnhKonzernR RdNr. 142.

[364] **AM** Westermann/*Tröger* I RdNr. 4072: Geschäftsleiter.

ee) Rechtsfolge. Vom herrschenden Unternehmen auszugleichen ist der „sonst", dh. der ohne Verlustausgleich entstehende **Jahresfehlbetrag.** Ermittlung und Durchführung richten sich grundsätzlich nach den Regeln, die für den Verlustausgleich gemäß § 302 Abs. 1 AktG (analog) gelten (s. RdNr. 197). Da es sich beim Verlustausgleich um eine Sanktion für treuepflichtwidriges Verhalten spezifischer Qualität handelt, sind bei der Ermittlung des auszugleichenden Jahresfehlbetrags aber diejenigen **Verluste** auszuklammern**,** die **nicht** kausal auf der **Leitungsausübung** beruhen, sondern durch allgemeine wirtschaftliche Risiken bedingt sind.[365] Der **Anfang** des für die Ausgleichspflicht maßgeblichen Verlustzeitraums ist der Beginn des Geschäftsjahres, in dem sich der einem Einzelausgleich entzogene nachteilige Eingriff ereignet hat.[366] Für den **Endzeitpunkt** ist die **Eigenart des** zur Ausgleichspflicht führenden **Eingriffs maßgeblich;** auf die Beendigung der Konzernierung[367] kann es dagegen bereits deswegen nicht ankommen, weil schon der Entstehungstatbestand der Verlustausgleichspflicht die Ausübung konzernstiftender Leitung nicht voraussetzt (RdNr. 184). Solange der Gesellschaft unmittelbar aus dem Eingriff folgende nicht ausgleichsfähigen Nachteile erwachsen oder jedenfalls erwachsen können, läuft die Ausgleichsperiode; bloße Folgebeeinträchtigungen aufgrund des für die Vergangenheit unterbliebenen Einzelausgleichs führen nicht zur Verlängerung dieses Zeitraums. Positiv gewendet endet die Ausgleichsperiode, wenn der Eingriff, etwa die unterlassene Buchführung, keine weiteren unmittelbaren Schäden verursachen kann,[368] also etwa mit Aufnahme einer korrekten Buchführung. Insbesondere bei strukturverändernden Maßnahmen (RdNr. 186) kommt allerdings in Betracht, dass das herrschende Unternehmen die Fortwirkung des Eingriffs – und damit die Ausgleichsperiode – allein im Wege der Naturalrestitution oder mittels kompensatorischer Wiederaufbauhilfen zu beenden vermag. 188

ff) Abbedingung. Die in der Treuepflicht gründende Verlustausgleichspflicht lässt sich im Grundsatz durch allseitige Gesellschaftervereinbarung abbedingen.[369] Allenfalls in Sonderfällen wie dem Einsatz eines mittellosen Komplementärs kann die Vereinbarung wegen ihrer Lastwirkung für Gläubiger **sittenwidrig** (§ 138 Abs. 1 BGB) sein.[370] Ganz entsprechend beurteilt sich die **nachträgliche Aufhebung** eines bestehenden Verlustausgleichsanspruchs, der als außergewöhnliche Geschäftsführungmaßnahme (§ 116 Abs. 2) der allseitigen Zustimmung aller Gesellschafter bedarf. In beiden Konstellationen ist ein ausnahmsweise begründetes Sittenwidrigkeitsverdikt nicht dadurch zu vermeiden, dass das herrschende Unternehmen den unbeschränkt persönlich haftenden Gesellschaftern einen Anspruch auf Haftungsfreistellung einräumt.[371] Dieser Anspruch unterliegt dem Zugriff der Privatgläubiger der Gesellschafter und bietet den Gesellschaftsgläubigern daher nur sehr viel geringere Sicherheit. 189

gg) Darlegungs- und Beweislastverteilung. Die Darlegungs- und (im Bestreitensfall) die Beweislast für die in RdNr. 185–189 erläuterten Tatbestandsmerkmale der beschränkten Verlustausgleichspflicht liegt beim **Anspruchsteller.** Das gilt auch für den Nachweis, dass einzelne Eingriffe das Eigeninteresse der abhängigen Gesellschaft verletzt haben und dieser 190

[365] *Mülbert* DStR 2001, 1937, 1947; Westermann/*Tröger* I RdNr. 4073. Ebenso für die TBB-Konzernhaftungsregel (RdNr. 179) BGH NJW 1997, 943, 944; OLG Düsseldorf NZG 2001, 368, 369; **aM** etwa Emmerich/*Habersack,* Aktien- und GmbH-Konzernrecht, § 317 Anh. RdNr. 23.

[366] Ebenso Westermann/*Tröger* I RdNr. 4073; **aM** – auch Altgläubiger – für die TBB-Konzernhaftungsregel (RdNr. 179) OLG Dresden NZG 2000, 598, 600; tendenziell auch BGHZ 115, 187, 199 = NJW 1991, 3142.

[367] Hierfür im Kontext der TBB-Konzernhaftungsregel (RdNr. 179) etwa MünchHdb. AG/*Krieger* § 69 RdNr. 146; s. aber auch Baumbach/Hueck/*Zöllner* GmbHG SchlAnhKonzernR RdNr. 149. Jedoch handelte es sich auch bei der Verlustausgleichspflicht nach TBB um eine Haftung für schädigende Eingriffe spezifischer Qualität, nicht aber eine Haftung für die Herbeiführung eines bestimmten Zustands.

[368] Ebenso Emmerich/*Habersack,* Aktien- und GmbH-Konzernrecht, § 317 Anh. RdNr. 23; MünchKommAktG/*Altmeppen* § 317 Anh. RdNr. 55; Westermann/*Tröger* I RdNr. 4073; vgl. auch Baumbach/Hueck/*Zöllner* GmbHG SchlAnhKonzernR RdNr. 149.

[369] Ebenso Westermann/*Tröger* I RdNr. 4074.

[370] Westermann/*Tröger* I RdNr. 4074 mit Verweis auf die Existenzvernichtungshaftung.

[371] **AM** Schlegelberger/*Martens* § 105 Anh. RdNr. 41.

daraus ein nicht kompensationsfähiger Schaden entstanden ist. Die bloße Ausübung **einheitlicher Leitung** oder organisatorische Maßnahmen, insbesondere die Herstellung personeller Verflechtungen, begründet hierfür **keine** tatsächliche **Vermutung.**[372] Vielmehr hat der Anspruchsteller solche Umstände vorzutragen, „die die Annahme zumindest nahe legen, dass bei der Unternehmensführung im Hinblick auf das Konzerninteresse die eigenen Belange der GmbH über bestimmte, konkret ausgleichsfähige Einzeleingriffe beeinträchtigt worden sind".[373] Eine **Erleichterung** der klägerischen **Substantiierungslast** kommt nach allgemeinen Regeln in Betracht. Das Vorbringen des Klägers gilt daher gemäß § 138 Abs. 3 ZPO als zugestanden, auch wenn es mangels Einblick des Klägers in den dem Beklagten zugänglichen Geschehensbereich nicht den sonst zu stellenden Anforderungen genügt, sofern der Beklagte seinerseits die maßgebenden Tatsachen kennt und ihm die Darlegung des Sachverhalts zumutbar ist.[374]

191 **c) Unbeschränkter Verlustausgleich bei vertraglich begründeter Beherrschungsmöglichkeit. aa) Regel.** Bei der Konzernierung einer Personengesellschaft mit dienendem Verbandszweck (RdNr. 132) das einheitliche Leitung (RdNr. 61) ausübende Unternehmen einen unbeschränkte **Verlustausgleichspflicht analog § 302 Abs. 1 AktG,** soweit es nicht ohnehin schon die Stellung eines unbeschränkt persönlich haftenden Gesellschafters innehat.[375] Das betrifft wegen der unwiderleglichen Vermutung des § 18 Abs. 1 S. 2 AktG (RdNr. 63) zunächst den Fall, dass eine dienende Gesellschaft von einem Kommanditisten gesellschaftsvertraglich beherrscht wird (Typ C, RdNr. 12), sowie den Fall, dass eine solche Gesellschaft einen § 291 Abs. 1 S. 1 1. Alt. AktG nachempfundenen Beherrschungsvertrag mit einem Kommanditisten oder einem Nichtgesellschafter (Typ D, RdNr. 13) schließt. Darüber hinaus besteht die Verlustausgleichspflicht auch dann, wenn bei einer GmbH & Co. KG mit dienendem Verbandszweck das mittelbar herrschende Unternehmen (RdNr. 59) die Vermutung einheitlicher Leitung des § 18 Abs. 1 S. 3 AktG (RdNr. 64) nicht widerlegen kann.

192 **bb) Begründung.** Im Falle der Konzernierung einer Personengesellschaft, die bei Gründung oder später auf einen dienenden Verbandszweck (RdNr. 132) festgelegt wird, kommt eine unbeschränkte Verlustausgleichspflicht nur in besonderen Konstellationen in Betracht. Von vornherein **nicht** zu begründen ist diese Pflicht mit den Belangen der **außenstehenden Gesellschafter.** Die Vereinbarung eines dienenden Verbandszwecks erfordert bei Gründung ebenso wie bei späterer Änderung Einstimmigkeit (RdNr. 269), so dass die außenstehenden Gesellschafter ihre Zustimmung von kompensatorischen Zusagen des herrschenden Unternehmens abhängig machen und ihre Interessen selbst wahrnehmen können.[376] **Gläubigerbelange** vermögen eine unbeschränkte Verlustausgleichspflicht ebenfalls nur **begrenzt** zu rechtfertigen. Soweit das konzernleitende Unternehmen die Position eines unbeschränkt persönlich haftenden Gesellschafters einnimmt, sorgt die Haftung gemäß den §§ 128 ff. (analog) für hinreichenden Gläubigerschutz.

193 Für (mittelbar) konzernleitende **Unternehmen**, die **nicht** die Stellung eines **unbeschränkt** persönlich **haftenden Gesellschafters** einnehmen, rechtfertigt sich seine Verlustausgleichspflichtigkeit aus folgenden Erwägungen. Die unbeschränkte persönliche

[372] Emmerich/*Habersack*, Aktien- und GmbH-Konzernrecht, § 317 Anh.RdNr. 22.

[373] BGHZ 122, 123, 131 = NJW 1993, 1200 (für die TBB-Konzernhaftungsregel (RdNr. 179)).

[374] Für die TBB-Konzernhaftungsregel (RdNr. 179) BGHZ 122, 123, 133 = NJW 1993, 1200.

[375] **AM** – keine Ausnahme für unbeschränkt persönlich haftende Gesellschafter – *Karsten Schmidt* GesR § 43 III 4 b (S. 1298); ganz abweichend Westermann/*Tröger* I RdNr. 4077 ff., 4090: statt Analogie zu § 302 AktG lediglich Haftung wegen Existenzvernichtung bei GmbH & Co. KGs, Personengesellschaften ohne eine persönlich haftende natürliche Person sowie KGs mit vermögenslosem Komplementär (RdNr. 4077a). Diese Abgrenzung ist allerdings schon insofern in sich inkonsequent, als bei diesen Gesellschaftsformen keineswegs per se eine durch die Zustimmung aller Gesellschafter legimitierte Einbeziehung in eine Unternehmensgruppe vorliegt.

[376] Insoweit wie hier auch Westermann/*Tröger* I RdNr. 4075. Keinerlei Berücksichtigung dieses Gesichtspunkts bei *Bitter* S. 407 f., der unter Rückgriff auf die „allgemeinen Rechtsgrundsätze"(?) eine Verlustausgleichspflicht allein mit den Interessen der Mitgesellschafter begründen will.

Haftung des als Geschäftsführer tätigen Gesellschafters bedeutet für diesen einen wichtigen Anreiz, keine für die Gesellschaft existentiellen, ihn selbst der Gefahr einer endgültigen persönlichen Inanspruchnahme aussetzenden Geschäftsrisiken einzugehen.[377] Aufgrund dieser präventive Anreizwirkung, bei der Geschäftsführung größere Vorsicht walten zu lassen und im Vergleich zur GmbH oder AG geringere Risiken einzugehen, liegt die Insolvenzwahrscheinlichkeit einer Personengesellschaft c.p. niedriger, was den Gläubigern (und Mitgesellschaftern) zugute kommt. Zudem wird es den Gläubigern ermöglicht, ihre Forderungen bei unzureichendem Gesellschaftsvermögen sozusagen ex post gegen die Gesellschafter durchzusetzen und mich insofern Kapitalerhaltungsvorschriften entbehrlich.[378] Unterliegt das Leitungsmacht ausübende Unternehmen keiner unbeschränkten persönlichen Haftung, verliert die hiermit nach dem gesetzlichen Grundmodell bezweckte zweifache Senkung der Gläubigerrisiken an Wirkung. Dieser **Funktionsverlust** des Instituts der **unbeschränkten persönlichen Haftung** ist durch einen alternativen Mechanismus in Form der Verlustausgleichspflicht des herrschenden Unternehmens zu kompensieren.

Demgegenüber lässt sich nicht einwenden, dass eine von den Gesellschaftern durch Legitimierung von Verbundleitungsmacht auch zum Nachteil der Gesellschaft geschaffene Gefahrenlage angesichts der grundsätzlichen Funktionsfähigkeit der allgemeinen gesetzlichen Instrumente zur Steuerung der Gefahren für die Gläubiger keine zwingende pauschale Verlustübernahmepflicht des konzernleitenden Unternehmens rechtfertige, sondern allenfalls eine Existenzvernichtungshaftung bei bestimmten Gesellschaftsformen, insbesondere der GmbH & Co. KG.[379] Hierbei bleibt nämlich der präventive Anreiz für eine risikoarme Geschäftspolitik und, c.p. damit korrelierend, eine niedrigere Insolvenzwahrscheinlichkeit außer Acht, den sich mit der unbeschränkten Gesellschafterhaftung, nicht aber mit der „bloßen" Existenzvernichtungshaftung verbindet. Ebensowenig folgt ein Einwand daraus, dass der BGH im Rektor-Fall[380] den geschäftsführenden Kommanditisten einer KG keiner unbeschränkten persönlichen Außenhaftung unterwarf. Die Beeinträchtigung der Selbststeuerungsfunktion ist im Vergleich zur gesetzestypischen KG wesentlich geringer, wenn der Kommanditist seine unternehmerischen Aktivitäten ausschließlich über die KG verfolgt, als in dem Fall, dass er sich auch außerhalb der KG unternehmerisch betätigt. Aus der Konstellation des Rektor-Falls lässt sich für Konzernsachverhalte daher nichts ableiten. **193a**

cc) Rechtsgrundlage. Die Rechtsgrundlage der Verlustausgleichspflicht – **§ 302 Abs. 1 AktG analog** – erklärt sich aus der Funktion dieser Norm im aktienrechtlichen Kontext.[381] **Aktienrechtlich** reagiert die Vorschrift darauf, dass als Voraussetzung für den wirksamen Abschluss eines Beherrschungs- bzw. Gewinnabführungsvertrags der gesetzestypische (vgl. RdNr. 117) Verbandszweck einer AG geändert (§ 293 Abs. 2 AktG)[382] und damit zugleich die zweckkonformen Leistungen an Aktionäre aus dem aktienrechtlichen Vermögensschutzsystem herausgenommen werden. Die Etablierung eines dienenden Verbandszwecks (vgl. RdNr. 132) hat nämlich zur Folge, dass die Ausführung schädigender Weisungen im Konzerninteresse und die unentgeltliche Abführung des gesamten Jahresgewinns weder einen Verstoß gegen die Kapitalerhaltungsvorschriften (§§ 57, 58, 62 AktG) darstellt noch irgendwelche Ersatzansprüche gegen die Aktionäre (§ 117 AktG, Treue- **194**

---

[377] S. nur BGHZ 60, 324, 332 = NJW 1973, 1036.

[378] Skeptisch zur Kapitalersatzfunktion der Haftung vor allem *Wiedemann,* FS Odersky, 1996, S. 925, 926 f.; *Karsten Schmidt* GesR § 18 IV 2 c (S. 542) mwN.

[379] So aber Westermann/*Tröger* I RdNr. 4077 f.

[380] BGHZ 45, 204 = NJW 1966, 1309.

[381] Ausführliche Aufarbeitung der zahlreichen Erklärungsvorschläge zur ratio des § 302 Abs. 1 AktG bei *Büscher,* Die qualifizierte faktische Konzernierung – eine gelungene Fortbildung des Rechts der GmbH?, 1999, S. 113 ff.; ferner KK/*Koppensteiner* AktG § 302 RdNr. 4 ff.; *Emmerich*/Habersack, Aktien- und GmbH-Konzernrecht, § 302 RdNr. 16 f.; *Mülbert* S. 184 ff. mwN.

[382] Dazu nur *Mülbert* S. 162 ff., 166 ff. mwN.

pflicht) oder die Verwaltungsmitglieder (§§ 93, 116 AktG) auslöst.[383] Der „andere Vertragsteil", sei er Aktionär oder Nichtaktionär, kann den Ertrag fremder unternehmerischer Tätigkeit an sich ziehen (Gewinnabführungsvertrag) oder sogar in die vorhandene Vermögenssubstanz eingreifen (Beherrschungsvertrag), wogegen die Risiken aus der unternehmerischen Tätigkeit der Gesellschaft bei den Aktionären oder/und den Gesellschaftsgläubigern liegen. § 302 Abs. 1 AktG substituiert diese Verkürzung des Vermögensschutzes in Interesse der Gläubiger und – vorliegend nicht von Interesse – der außenstehenden Aktionäre.[384]

195 Bei **Personengesellschaften** mit dienendem Verbandszweck (RdNr. 132) besteht diese § 302 Abs. 1 AktG motivierende **Asymmetrie** ebenfalls, soweit das herrschende **Unternehmen nicht unbeschränkt** persönlich **haftet.** Während ihm der Verbandszweck den rechtlich gesicherten exklusiven Zugriff auf das Gesellschaftsvermögen eröffnet, verbleiben die Verlustrisiken aus seiner Leitungstätigkeit den Gläubigern sowie – vorliegend nicht von Bedeutung – anteilig den Gesellschaftern. Keine Rolle spieltinsoweit, ob die einheitliche Leitung kraft Beherrschungsvertrags oder auf sonstigem Wege geübt wird. In beiden Fällen bedarf die Asymmetrie einer Korrektur analog § 302 Abs. 1 AktG.

196 **dd) Tatbestandsvoraussetzungen.** Nach dem Gesagten bestehen die tatbestandlichen Voraussetzungen der Verlustausgleichspflicht analog § 302 Abs. 1 AktG in folgenden fünf Merkmalen: Es muss eine (i) **abhängige** (ii) Personengesellschaft mit **dienendem Verbandszweck** (RdNr. 132) vorliegen, die auf der Basis gesellschaftsvertraglicher Gestaltungen oder eines Beherrschungsvertrags der (iii) **einheitlichen Leitung** durch ein (iv) **herrschendes Unternehmen** unterliegt, das (v) in der Gesellschaft **nicht** die Position eines **unbeschränkt** persönlich **haftenden Gesellschafters** einnimmt.

197 **ee) Rechtsfolgen.** Ausgleichspflichtig ist der während des Konzernierungszeitraums „sonst", dh. **ohne** Eingreifen des **Verlustausgleichsanspruchs** entstehende **Jahresfehlbetrag.** Der Zeitraum **beginnt** mit der tatsächlichen Aufnahme der einheitlichen Leitung oder ab dem Zeitpunkt, in dem die unwiderlegliche Vermutung des § 18 Abs. 1 S. 2 AktG eingreift. Er **endet** in dem Zeitpunkt, in dem diese Voraussetzungen erstmals nicht mehr gegeben sind. Für weitere Einzelheiten des Ausgleichsanspruchs ist auf das aktienrechtliche Schrifttum zu § 302 Abs. 1 AktG zu verweisen.[385]

198 **ff) Abbedingung.** Die allein dem Schutze der Gläubiger dienende Verlustausgleichspflicht analog § 302 Abs. 1 AktG lässt sich durch allseitige Vereinbarung im Gesellschafterkreis **nicht** wirksam abbedingen (arg. § 138 Abs. 1 BGB).

199 **3. Weitere Ansprüche der schlicht abhängigen Personengesellschaft mit gesetzestypischem Verbandszweck.** Eine schlicht abhängige Gesellschaft mit gesetzestypischem Verbandszweck (RdNr. 117 ff.) liegt vor, wenn das herrschende Unternehmen die ihm zur Verfügung stehenden gesellschaftsvertraglichen (zB Typen A und C, RdNr. 10, 12; näher RdNr. 58) bzw., etwa im Falle einer GmbH & Co. KG, mittelbaren faktischen Einwirkungsmöglichkeiten (zB Typ B, RdNr. 11) nicht zur einheitlichen Leitung (RdNr. 61) ausbaut, und zudem die Vermutung des § 18 Abs. 1 S. 3 AktG (RdNr. 64) widerlegen kann. In dieser Konstellation bedingt das Vorhandensein eines Unternehmens im Gesellschafterkreis keine grundsätzlichen Besonderheiten. Die Beziehung eines Unternehmensgesellschafters zur Gesellschaft unterliegt vielmehr im wesentlichen denselben Regeln wie diejenige eines „einfachen" Gesellschafters. **Nicht** in Betracht kommt insbe-

---

[383] *Mülbert* DStR 2001, 1937, 1946. Zu eng ist es daher, § 302 Abs. 1 AktG als Kompensation für das Versagen der aktienrechtlichen Kapitalbindungsvorschriften zu verstehen; so aber zB BGHZ 103, 1, 10 = NJW 1988, 1326; *Reuter* ZHR 146 (1982), 1, 21; *ders.* AG 1986, 130, 134; *Ulmer* AG 1986, 123, 126; *Hüffer* AktG § 302 RdNr. 3.

[384] KK/*Koppensteiner* AktG § 302 RdNr. 5 f.; *Eberth* (Fn. 233) S. 122 ff., 125 ff.; *Mülbert* S. 187 f. (allerdings nur auf die asymmetrische Verteilungswirkung gegenüber den Aktionären abstellend).

[385] ZB KK/*Koppensteiner* AktG § 302 RdNr. 18 ff.; *Hüffer* AktG § 302 RdNr. 11 ff.; *Emmerich*/Habersack, Aktien- und GmbH-Konzernrecht, § 302 RdNr. 28 ff.; MünchHdb. AG/*Krieger* § 70 RdNr. 63 ff.

sondere eine **Analogie** zu den **§§ 311, 317 AktG.**[386] Hierfür fehlt es bereits an einem Regelungsbedürfnis. Die in diesen Vorschriften dem herrschenden Unternehmen gewährte Privilegierung, eine abhängige Gesellschaft mit gesetzestypischem Verbandszweck, wenn auch gegen Nachteilsausgleich, zu schädigen, lässt sich im Personengesellschaftsrecht nämlich ohne weiteres dadurch substituieren, dass der Gesellschaft ein dienender Verbandszweck (RdNr. 132) vorgegeben wird (noch RdNr. 226). Umgekehrt besteht grundsätzlich auch kein Anlass, neben Ersatzansprüchen zum Ausgleich punktuell schädigender Eingriffe weitergehende Rechte zu gewähren. Denn bei Abhängigkeitslagen geht es – anders als bei Konzernlagen mit breitflächigem Zugriff im Wege einheitlicher Leitung – um einzelne Zugriffe, die sich vergleichsweise einfach identifizieren und zur Grundlage von Ersatzansprüchen machen lassen.[387] Eine **Ausnahme** gilt allein für den Fall, dass die besondere Eigenart eines punktuell schädigenden Eingriffs zur Annahme einer **beschränkten Verlustausgleichspflicht** führen muss. Dazu schon RdNr. 180 ff. (insbesondere RdNr. 184, 186).

a) Die Ansprüche im Überblick. aa) Adressaten. Abhängigkeitsbedingte Einwirkungen können Schadensersatz- und sonstige Ansprüche der abhängigen Gesellschaft gegen den als **Geschäftsführer** tätigen herrschenden Unternehmensgesellschafter (RdNr. 202 ff.), zu Ansprüchen gegen das punktuell Leitungsmacht ausübende **herrschende Unternehmen** (RdNr. 205, 206 ff.) sowie zu Ansprüchen gegen **Dritte** (RdNr. 211 ff.) führen; bei personeller Identität von Geschäftsführer und herrschendem Unternehmen kumulieren die jeweiligen Ansprüche der abhängigen Gesellschaft.[388] 200

bb) Rechtsgrundlagen. Rechtsgrundlage für Schadensersatzansprüche gegen den herrschenden Unternehmensgesellschafter als Geschäftsführer wegen sorgfaltswidriger Geschäftsführung ist § 280 Abs. 1 BGB iVm. dem Gesellschaftsvertrag. Dagegen beruhen Schadensersatz- und sonstige Ansprüche gegen das herrschende Unternehmen wegen punktueller Ausübung von Leitungsmacht auf der gesellschaftsbezogenen Treuepflicht, und zwar auch im Falle eines mittelbar herrschenden Unternehmens (ausführlich RdNr. 206 ff.). Ersatzansprüche gegen Dritte schließlich haben unterschiedliche Grundlagen. 201

b) Ersatzansprüche gegen den Unternehmensgesellschafter als Geschäftsführer. 202
Als Geschäftsführer ist der herrschende Unternehmensgesellschafter (Typen A und C 1. Fall, RdNr. 10, 12) bei der Wahrnehmung seiner Geschäftsführungsbefugnisse auf die sorgfaltsgemäße Verfolgung des Gesellschaftsinteresses verpflichtet. Maßnahmen, mit denen er zum Nachteil der Gesellschaft seine unternehmerischen Sonderinteressen verfolgt, begründen Ersatzansprüche der Gesellschaft nach **§ 280 Abs. 1 BGB** wegen der Verletzung von Pflichten aus dem Gesellschaftsvertrag.[389] Ob kompetenzwidrige Geschäftsführungsmaßnahmen zudem Ersatzansprüche nach den Regeln der **Geschäftsführung ohne Auftrag** auslösen,[390] erscheint zweifelhaft (näher dazu § 114 RdNr. 61 ff.). Weil bei einem kompetenzwidrigen Geschäftsführungshandeln der Haftungsmaßstab des § 708 BGB nicht zur Anwendung kommt (RdNr. 203), käme den §§ 677 ff. BGB jedenfalls nur insoweit eigenständige Bedeutung zu, als der Geschäftsführer danach auch für ein bloßes Übernahmeverschulden haften würde (§ 678 BGB).

---

[386] AllgM; s. nur Baumbach/*Hopt* § 105 RdNr. 103; Staub/*Schäfer* § 105 Anh. RdNr. 15; *Wiedemann,* FS Bärmann, 1975, S. 1037, 1051; Schlegelberger/*Martens* § 105 Anh. RdNr. 27; *Reuter* ZHR 146 (1982), 1, 5; *ders.* AG 1986, 130, 135; *Schießl* S. 61 f.; *Emmerich/Habersack* Konzernrecht § 34 RdNr. 3; Sudhoff/*Liebscher* § 50 RdNr. 72.

[387] S. auch *Reuter* ZHR 146 (1982), 1, 14; Staub/*Schäfer* § 105 Anh. RdNr. 44.

[388] **AM** *Löffler* S. 103 (für konzernierte Gesellschaft mit dienendem Verbandszweck) mit dem Hinweis, dass die strenge Trennung von mitgliedschaftlichen Pflichten und Organpflichten für Personengesellschaften nur wenig tauge. Doch trifft das jedenfalls im konzernrechtlichen Kontext nicht zu; Ausübung von Leitungsmacht und Geschäftsführung in Befolgung ausgeübter Leitungsmacht lassen sich klar trennen.

[389] Ebenso iE *Baumgartl* S. 134 f.; **aM** – gesellschaftsbezogene Treuepflicht – *Löffler* S. 102 f.

[390] Befürwortend Staub/*Schäfer* § 105 Anh. RdNr. 66.

203 Der Sorgfaltsmaßstab folgt aus **§ 276 BGB.**[391] Die Anwendung des gesetzessystematisch (§ 105 Abs. 3) an sich berufenen § 708 BGB entfällt kraft teleologischer Reduktion. Die in § 708 BGB vorgesehene Beschränkung auf die eigenübliche Sorgfalt basiert auf der typisierenden Vorstellung, dass alle Gesellschafter gleichermaßen am Wohl der Gesellschaft interessiert sind, und an diesem typisierten Interessengleichklang fehlt es, soweit ein Unternehmensgesellschafter die Gesellschaft in Verfolgung seiner Partikularinteressen schädigt.

204 Art und Weise der Ersatzleistung werden von der gesellschaftsbezogenen Treuepflicht (mit)bestimmt. Die Gesellschaft kann entgegen § 249 S. 1 BGB nach ihrer **Wahl** entweder Schadensersatz in **Geld** oder aber Rückgängigmachung der Schädigung im Wege der **Naturalrestitution**[392] verlangen. Wiederherstellung ist grundsätzlich auch dann geschuldet, wenn diese einen unverhältnismäßigen Aufwand iS des § 251 Abs. 2 S. 1 BGB erfordert.[393]

205 **c) Ersatzansprüche gegen das herrschende Unternehmen.** Bei punktueller Ausübung von Konzernleitungsmacht zum Nachteil der Gesellschaft haftet der herrschende Unternehmensgesellschafter kraft der gesellschaftsbezogenen **Treuepflicht** auf **Schadensersatz.** Sie verpflichtet jeden Gesellschafter bei seinem Tun auf die positive Förderung des Verbandszwecks und gebietet ihm, alles dem Gesellschaftszweck Abträgliche zu unterlassen.[394] Dem Unternehmensgesellschafter mit Geschäftsführungsbefugnis (Typen A und C Fall 1, RdNr. 10, 12) ist damit untersagt, seinen Einfluss zum Nachteil der Gesellschaft auszuüben, etwa indem er Geschäfte der Gesellschaft an sich umleitet oder deren Geschäftschancen zu seinen Gunsten vereitelt. Ebenso wenig darf der mehrheitlich beteiligte Kommanditist einer körperschaftlich verfassten KG (Typ C Fall 2, RdNr. 12) bei gesellschaftszweckbezogenen Entscheidungen zum Nachteil der Gesellschaft in seinem fremdunternehmerischen Sonderinteresse stimmen. Für den anzuwendenden **Sorgfaltsmaßstab** – § 276 BGB statt § 708 BGB[395] – und die Regeln zur **Art und Weise** der Ersatzleistung ist auf die Ausführungen in RdNr. 203 f. zu verweisen. Keine Anwendung finden dagegen die für die konzernierte Gesellschaft geltenden Regeln zur Darlegungserleichterung und Beweislastumkehr (RdNr. 223).[396]

206 **d) Ersatzansprüche gegen ein mittelbar herrschendes Unternehmen.** Im Falle einer GmbH & Co. KG ist das Unternehmen, das die **KG** über die Komplementär-GmbH **mittelbar beherrscht** (zB Typ B, RdNr. 11), nicht Gesellschafter der KG und damit nicht ohne weiteres Adressat der mitgliedschaftlichen Treuepflicht. Das Schrifttum befürwortet dennoch Direktansprüche der abhängigen KG gegen das mittelbar herrschende Unternehmen[397] und präsentiert hierfür vier[398] konkurrierende Regelungskonzeptionen:

– Schutzwirkung der mitgliedschaftlichen Treuepflicht des herrschenden Unternehmen gegenüber der GmbH, die unmittelbar an der abhängigen GmbH & Co. KG beteiligt ist, zugunsten der KG,[399]

---

[391] Dazu und zum folgenden übereinstimmend *Reuter* ZHR 146 (1982), 1, 6; *ders.* AG 1986, 130, 131; Staub/*Schäfer* § 105 Anh. RdNr. 50; Schlegelberger/*Martens* § 105 Anh. RdNr. 27; *Emmerich/Habersack* Konzernrecht § 34 RdNr. 4; *Liebscher* RdNr. 1133; *Löffler* S. 157; iE auch Westermann/*Tröger* I RdNr. 4056; für die konzernierte Personengesellschaft ebenso *Schießl* S. 80. Einschränkend *Stehle* S. 169 ff.

[392] Für die Naturalrestitution als Anspruchsinhalt Westermann/*Tröger* I RdNr. 4058; *Emmerich/Habersack* Konzernrecht § 34 RdNr. 16 (für konzernierte Gesellschaft mit gesetzestypischem Verbandszweck); auch *Löffler* S. 139 (für die konzernierte Gesellschaft mit dienendem Verbandszweck).

[393] Insoweit ebenso Westermann/*Tröger* I RdNr. 4058.

[394] Näher zur Treuepflicht *Karsten Schmidt* § 105 RdNr. 188 ff.

[395] Westermann/*Tröger* I RdNr. 4057.

[396] Ebenso E/B/J/S/*Lange* § 105 Anh. RdNr. 29; *Baumbach/Hopt* § 105 RdNr. 104; **aM** *Emmerich/Habersack* Konzernrecht § 34 RdNr. 4; Westermann/*Tröger* I RdNr. 4057.

[397] *Löffler* S. 156; *Liebscher* RdNr. 1135; ferner die in RdNr. 206 Fn. 399–402 Genannten; **aM** – keinerlei Direktansprüche – *Schießl* S. 103.

[398] Nicht in diesen Kontext gehört trotz gelegentlicher Mißverständnisse (zB *Heck* S. 187; *Schießl* S. 102 f.; mit gegensätzlichen Stellungnahmen) der von *Mertens* AcP 178 (1978), 227 ff. entwickelte Gedanke eines deliktsrechtlichen Schutzes der Mitgliedschaft. Ihm geht es um Direktansprüche der außenstehenden Gesellschafter der KG, nicht um Direktansprüche der KG (243 f.).

[399] *Paschke* AG 1988, 196, 205.

- Organhaftung des herrschenden Unternehmens gemäß den § 93 Abs. 2 AktG, § 43 Abs. 2 GmbHG, §§ 713, 664 ff. BGB analog als faktischer Geschäftsführer,[400]
- Ausdehnung der personengesellschafterlichen Treuepflicht auf das mittelbar herrschende Unternehmen,[401]
- analoge Anwendung der §§ 311, 317 AktG, soweit diese Normen ein Schädigungsverbot und eine Schadensersatzpflicht vorsehen.[402]

Nicht zu folgen ist den ersten zwei Regelungskonzeptionen. Der erste Begründungsansatz, 207
das Rechtsverhältnis mit **Schutzwirkung zugunsten** der **mittelbar beherrschten Gesellschaft,** basiert jedenfalls für die GmbH & Co. KG auf einer Mißdeutung des Einwirkungsgeschehens.[403] Nimmt das herrschende Unternehmen auf die unmittelbar abhängige GmbH Einfluss, ist diese typischerweise in ihrer Rolle als Geschäftsführerin der KG angesprochen, nicht als Tochterunternehmen. Das herrschende Unternehmen will unmittelbar Einfluss auf die (Geschäftsführung der) mittelbar beherrschte(n) KG nehmen, nicht aber die unmittelbar beherrschte GmbH dazu veranlassen, ihrerseits auf die KG Einfluss zu nehmen. Hinsichtlich unmittelbarer Einflussnahme auf die mittelbar beherrschte KG bietet das Rechtsverhältnis zwischen herrschendem Unternehmen und unmittelbar beherrschter GmbH aber keine Ansatzpunkte für einen Schadensersatzanspruch zugunsten der KG.

Ebenso wenig ist das mittelbar faktisch herrschende Unternehmen einer Haftung als 208
faktischer Geschäftsführer zu unterwerfen.[404] Zutreffend ist daran lediglich, dass ein Unternehmen die Entstehung von Ersatzansprüchen wegen mitgliedschaftlicher oder sonstiger Einflussnahmen auf die Gesellschaft vermeiden kann, indem es hierbei wie ein Geschäftsführer allein das Gesellschaftsinteresse verfolgt (vgl. auch § 317 Abs. 2 AktG). Im Übrigen aber trägt dieser Ansatz den Besonderheiten, die aus der Stellung als herrschendes Unternehmen im konzernrechtlichen Sinne folgen, nicht hinreichend Rechnung: Zunächst widerspricht er dem in den §§ 309, 323 Abs. 1 S. 2 AktG zum Ausdruck kommenden Rechtsgedanken. In der Position des faktischen Geschäftsführers müßte die dem herrschenden Unternehmen obliegende Sorgfaltspflicht auch die Verpflichtung umfassen, etwaige Gefahren für die beherrschte Gesellschaft durch aktiven Einsatz der ihm zur Verfügung stehenden Leitungsmöglichkeiten abzuwehren, und dies steht im unüberbrückbaren **Widerspruch** zur Regelung der **§§ 309, 323 Abs. 1 S. 2 AktG,** die an das Unterlassen von Weisungen gerade keine Haftungsfolgen knüpft (RdNr. 230). Vor allem aber lassen sich mit dem Konzept des faktischen Geschäftsführers gar **nicht alle Konstellationen** sachgerecht **erfassen.**[405] Dem herrschenden Unternehmen ist es nicht allein untersagt, in seinem Sonderinteresse beherrschenden Einfluss auf die Geschäftsführung zu nehmen, auch wenn der praktische Schwerpunkt bei derartigen Einwirkungen liegt. Vielmehr ist es ihm generell untersagt, in seinem Partikularinteresse mittels seiner Mitgliedschaftsrechte oder

---

[400] *Emmerich,* FS Stimpel, 1985, S. 742, 751; *Wilhelm,* Rechtsform und Haftung bei der juristischen Person, 1981, S. 338 ff., 354 ff.; *ders.* DB 1986, 2113 ff.; für eine Organhaftung des herrschenden Unternehmens gegenüber einer konzernierten Gesellschaft auch die in RdNr. 221 Fn. 424 Genannten.

[401] *Reuter* AG 1986, 130, 131, 133; *Karsten Schmidt* GesR § 43 III 3 b (S. 1296); *Kleindiek* S. 260 f.; Baumbach/*Hopt* § 105 RdNr. 103; Westermann/*Tröger* I RdNr. 4053 f.; Heymann/*Emmerich* § 105 Anh. RdNr. 8; Sudhoff/*Liebscher* § 50 RdNr. 76; *Bitter* S. 283 f.; jedenfalls dann, wenn herrschende Gesellschafter die Funktion einer Zwischenholding ausübt, mit Unterschieden im Detail auch Staub/*Schäfer* § 105 Anh. RdNr. 51 f.; *Ulmer* in Probleme des Konzernrechts, S. 26, 40; Schlegelberger/*Martens* § 105 Anh. RdNr. 28; wohl auch *Wiedemann/Hirte* ZGR 1986, 163, 165; *Burbach* S. 389 f.

[402] *Schneider* ZGR 1980, 511, 530 f.; *ders.* BB 1980. 1057, 1061; *Stehle* S. 175 ff.; ausführlich *Gekeler* S. 342 ff.

[403] Ablehnend auch *Tröger* S. 46 ff.

[404] Ablehnend zum Organhaftungskonzept im Personengesellschaftskonzernrecht *Schießl* S. 99 f.; *Heck* S. 184 f. (allerdings mit Hinweis darauf, dass der Personengesellschaft Organe fremd seien); generell ablehnend etwa *Mertens,* FS Fischer, 1979, S. 461, 474 ff.; *Ulmer* ZHR 148 (1984), 391, 414 ff.; *Wiedemann* Unternehmensgruppe S. 84 f.; *Konzen* NJW 1989, 2977, 2985 f.; *Stein,* Das faktische Organ, 1984, S. 178 ff. (s. aber auch S. 190 f.); Hachenburg/*Ulmer* § 77 Anh. RdNr. 74; *Lutter/Hommelhoff* § 13 Anh. RdNr. 22; *Tröger* S. 42 ff.

[405] Zutreffend *Schießl* S. 100.

durch sonstige Mittel auf die beherrschte Gesellschaft zu deren Nachteil einzuwirken, also etwa auch durch eine entsprechende Einflussnahme in der Mitgliederversammlung.[406]

209 **Positiv** zu begründen sind direkte Ersatzansprüche gegen das mittelbar herrschende Unternehmen durch die Verknüpfung der Treuepflicht mit dem auch mittelbar herrschende Unternehmen betreffenden Rechtsgedanken des § 317 Abs. 1, 2 AktG. Im Falle eines mittelbar herrschenden Unternehmens ist § 317 Abs. 1, 2 AktG als **treuepflichtgestützte Haftung kraft gesetzlich angeordnetem Haftungsdurchgriff** einzuordnen, und dieser Gedanke eines abhängigkeitsinduzierten Durchgriffs der Treuepflicht als Haftungsgrund muss auch dann Anwendung finden, wenn die beherrschte Gesellschaft nicht die Rechtsform einer AG aufweist: In der Haftung des herrschenden Unternehmens gemäß § 317 Abs. 1, 2 AktG liegt ein positivierter Fall der Haftung wegen Treuepflichtverletzung des – notwendig als Gesellschafter beteiligten (RdNr. 44, 56) – herrschenden Unternehmens,[407] nicht aber ein Fall der Organhaftung[408] oder ein deliktischer Haftungstatbestand.[409] Die Haftung gemäß § 317 AktG besteht auch in mittelbaren Abhängigkeitsverhältnissen (dazu RdNr. 59), woraus unmittelbar folgt, dass das Gesetz in Abhängigkeitsverhältnissen die Treuepflicht als Haftungsgrundlage auf mittelbar herrschende Unternehmen ausdehnt. Dieser Rechtsgedanke ist über das Aktienrecht hinaus verallgemeinerungsfähig. Die Haftungsproblematik bei mittelbarer Abhängigkeit bildet kein Spezifikum der AG, sondern stellt sich ebenso für abhängige Gesellschaften anderer Rechtsform. Bei mittelbarer Abhängigkeit sonstiger Gesellschaften ist eine (Teil-)Analogie zu § 317 Abs. 1, 2 AktG daher zulässig, und sogar geboten, weil nur auf diese Weise der tatsächliche Träger der Entscheidungsgewalt vom treuepflichtgestützten Schädigungsverbot zu erreichen ist.

210 Als **Rechtsfolge** dieses treuepflichtgestützten Haftungsdurchgriffs analog § 317 Abs. 1, 2 AktG hat auch das mittelbar herrschende Unternehmen gegenüber der mittelbar abhängigen KG umfassend für alle von ihm verursachten **Schäden** einzustehen.

211 **e) Ersatzansprüche gegen Dritte.** Die rechtswidrige Ausübung von Leitungsmacht durch das herrschende Unternehmen kann auch Schadensersatzansprüche der abhängigen Personengesellschaft gegen Dritte zur Folge haben.

212 Ersatzansprüche gegen die **gesetzlichen Vertreter** des **herrschenden Unternehmens** ergeben sich, soweit diese bei der Erteilung von Weisungen oder bei weisungsgleichen Maßnahmen gegen die Sorgfalt eines ordentlichen und gewissenhaften Geschäftsleiters verstoßen haben und die punktuelle Einflussnahme zu einer Schädigung der abhängigen Gesellschaft geführt hat. Anspruchsgrundlage bei faktischer Abhängigkeit ist § 317 Abs. 3 AktG analog,[410] bei Abhängigkeit auf gesellschaftsvertraglicher Grundlage folgt der Anspruch aus § 309 AktG analog.[411]

[406] S. für die Haftung nach §§ 311, 317 AktG näher Emmerich/*Habersack,* Aktien- und GmbH-Konzernrecht, § 311 RdNr. 29 f.; KK/*Koppensteiner* AktG § 311 RdNr. 24 ff.

[407] *Pentz,* Die Rechtsstellung der Enkel-AG in einer mehrstufigen Unternehmensverbindung, 1994, S. 211 Fn. 104; wohl auch *Immenga* JZ 1984, 578, 579; **aM** Emmerich/*Habersack,* Aktien- und GmbH-Konzernrecht, § 317 RdNr. 11.

[408] Das folgt schon daraus, dass eine Haftung gemäß § 317 Abs. 1, 2 AktG auch dann eingreifen kann, wenn der Vorstand nach § 119 Abs. 2 die Hauptversammlung anruft und das herrschende Unternehmen auf diese statt auf die Geschäftsführungsorgane einwirkt (soeben RdNr. 198). Insoweit wie hier mit weiteren Argumenten etwa Emmerich/*Habersack,* Aktien- und GmbH-Konzernrecht, § 317 RdNr. 11; **aM** die hM, etwa KK/*Koppensteiner* AktG § 317 RdNr. 5; MünchKommAktG/*Altmeppen* § 317 RdNr. 8 (herrschendes Unternehmen sei allerdings kein Organ).

[409] KK/*Koppensteiner* AktG § 317 RdNr. 5; **aM** Emmerich/*Habersack,* Aktien- und GmbH-Konzernrecht, § 317 RdNr. 11 mit einer Parallele zu § 117 AktG. Entgegen dieser allgemeinen Haftungsnorm setzt die Haftung nach § 317 Abs. 1 AktG aber kein Verschulden voraus; Emmerich/*Habersack* ebenda RdNr. 7; *Hüffer* AktG § 317 RdNr. 5; *Emmerich/Habersack* Konzernrecht § 27 RdNr. 3 ff.

[410] *Schneider* BB 1980, 1057, 1065; **aM** *Koller*/Roth/Morck § 105 RdNr 36, §§ 128, 129 RdNr. 15; zweifelnd Westermann/*Tröger* I RdNr. 4059.

[411] **AM** – keine analoge Anwendung – *Heck* S. 177 f.; *Koller*/Roth/Morck 105 RdNr. 36, §§ 128, 129 RdNr. 15; zweifelnd Westermann/*Tröger* I RdNr. 4059.

Beherrscht das Unternehmen eine Komplementär-GmbH/AG ohne sonstige unternehmerische Tätigkeit und damit mittelbar eine KG (Typ B, RdNr. 11), kommt auch eine unmittelbare Haftung des **Geschäftsführers** der **GmbH** gegenüber der KG in Betracht. Bei einer derartigen **typischen** GmbH & Co. KG ist die KG nach der Rechtsprechung des BGH in den Schutzbereich des zwischen der GmbH und ihrem Geschäftsführer abgeschlossenen Dienstvertrags einbezogen. Damit haftet auch der GmbH-Geschäftsführer unmittelbar gegenüber der KG, wenn er diese auf Weisung des herrschenden Unternehmens schädigt.[412] 213

f) Unterrichtung über den Eintritt der Abhängigkeitslage. Der herrschende Unternehmensgesellschafter hat die Gesellschaft kraft der ihr gegenüber bestehenden Treuepflicht über seine fremdunternehmerische Interessenbindung[413] zu unterrichten.[414] Das ist notwendige Vorbedingung für die in RdNr. 265 zu erläuternde Pflicht der Gesellschaft, die (außenstehenden) Gesellschafter von der eingetretenen Abhängigkeitslage in Kenntnis zu setzen. Die direkte **Information** der außenstehenden **Gesellschafter** ist als ausreichend anzusehen.[415] Wird nur die Gesellschaft informiert, liegt ein Verstoß gegen die Treubindungen der Gesellschafter untereinander vor.[416] Die **ohne** besondere **Aufforderung** zu erteilende Unterrichtung muss bei Aufnahme der fremdunternehmerischen Betätigung oder spätestens dann erfolgen, wenn der Gesellschafter beherrschenden Einfluss auf die Gesellschaft erlangt. **Keines** Hinweises bedarf die Existenz der gesellschaftsrechtlich vermittelten Beherrschungsmöglichkeit; dies ist für die abhängige Gesellschaft ohne weiteres aus dem Gesellschaftsvertrag ersichtlich.[417] 214

Auch ein lediglich **mittelbar herrschendes Unternehmen** hat die Gesellschaft kraft seiner Treuepflicht (RdNr. 209) über eine fremdunternehmerische Interessenbindung zu unterrichten.[418] Ist das abhängigkeitsbegründende Einflusspotential für die Gesellschaft nicht bereits aus dem Gesellschaftsvertrag zu erkennen, erstreckt sich die Pflicht zur Unterrichtung auch hierauf. 215

4. Weitere Ansprüche der schlicht abhängigen Gesellschaft mit dienendem Verbandszweck. Bei der Personengesellschaft mit dienendem Verbandszweck (RdNr. 132) kommen die dargelegten Regeln bezüglich Ersatz- und Unterlassungsansprüchen wegen sorgfaltswidriger Geschäftsführung und rechtswidriger Ausübung von Leitungsmacht (RdNr. 200 ff.) im Grundsatz ebenfalls zur Anwendung. 216

Besonderheiten ergeben sich aus dem gegenüber der gesetzestypischen Gesellschaft andersartig ausgeformten (dienenden) Verbandszweck. Dieser bildet den Maßstab für die Feststellung, ob eine sorgfaltswidrige Schädigung der Gesellschaft bzw. ein treuepflichtwidriger schädigender Eingriff vorliegt.[419] Daher liegt bei Gesellschaften mit dienendem Verbandszweck ein pflichtwidrig herbeigeführter **Nachteil** erst dann vor, wenn die Schädigung nicht einmal vom fremdunternehmerischen Sonderinteresse des herrschenden Unternehmens gedeckt ist.[420] 217

---

412 Näher zur unmittelbaren Haftung des GmbH-Geschäftsführers bei der GmbH & Co. KG oben § 161 RdNr. 82 ff.

413 Wohl zu weitgehend Schlegelberger/*Martens* § 105 Anh. RdNr. 26 (für Unterrichtung gegenüber außenstehenden Gesellschaftern, dazu RdNr. 264): Unterrichtung durch herrschenden Gesellschafter auch über wesentliche Angelegenheiten seiner sonstigen unternehmerischen Betätigung, soweit deren Kenntnis für die Beurteilung der eigenen Gesellschaft erforderlich ist.

414 So auch Staub/*Schäfer* § 105 Anh. RdNr. 36; Baumbach/*Hopt* § 105 RdNr. 102; Westermann/*Tröger* I RdNr. 4048; wohl auch *Liebscher* RdNr. 1136.

415 Ebenso Westermann/*Tröger* I RdNr. 4048.

416 Westermann/*Tröger* I RdNr. 4048.

417 Ebenso Baumbach/*Hopt* § 105 RdNr. 102; vgl. ferner *Schneider* BB 1975, 1353, 1357; *Schießl* S. 72.

418 Wie hier Westermann/*Tröger* I RdNr. 4048; wohl auch *Liebscher* RdNr. 1136.

419 Ebenso Emmerich/*Habersack,* Aktien- und GmbH-Konzernrecht, § 311 RdNr. 41, § 317 Anh. RdNr. 12.

420 Ebenso Westermann/*Tröger* I RdNr. 4051.

218 **5. Weitere Ansprüche der konzernierten Personengesellschaft mit gesetzestypischem Verbandszweck. a) Grundsatz.** Beruht die – tatsächliche oder gemäß § 18 Abs. 1 S. 3 AktG vermutete (RdNr. 64) – Konzernierung einer Gesellschaft mit gesetzestypischem Verbandszweck (RdNr. 117 ff.) auf rein faktischer (zB Typ B, RdNr. 11; weitere Fallkonstellationen in RdNr. 124) oder gesellschaftsvertraglicher Grundlage (zB Typen A und C, RdNr. 10, 12; näher RdNr. 58), folgen die Ansprüche der Gesellschaft gegen das herrschende Unternehmen sowie gegen Dritte im Ausgangspunkt denselben Regeln wie die Ansprüche bei **schlichter Abhängigkeit** (dazu RdNr. 200 ff.). Gewisse **Abweichungen** resultieren daraus, dass sich das herrschende Unternehmen nicht auf die punktuelle Ausübung seiner Leitungsmacht beschränkt. S. insbesondere RdNr. 222 f.

219 **b) Ansprüche gegen den Unternehmensgesellschafter als Geschäftsführer.** Grundlage für Schadensersatzansprüche gegen den geschäftsführenden Unternehmensgesellschafter für den Fall, dass er als persönlich haftender Gesellschafter (Typ A, RdNr. 10) oder als Kommanditist (Typ C Fall 1, RdNr. 12) seine Geschäftsführungsbefugnis im eigenen Sonderinteresse zum Nachteil der Gesellschaft wahrnimmt, ist **§ 280 Abs. 1 BGB** wegen Verletzung gesellschaftsvertraglicher Pflichten (schon RdNr. 202). Für den anzuwendenden **Sorgfaltsmaßstab** – § 276 BGB statt § 708 BGB –[421] und die Regeln zu **Art und Weise** der Ersatzleistung ist auf die Ausführungen in RdNr. 203 f. zu verweisen.

220 Ansprüche der Gesellschaft gegen einen geschäftsführenden (Unternehmens-)Gesellschafter auf **Unterlassung rechtswidriger,** etwa allein im Konzerninteresse liegender **Geschäftsführungshandlungen** werden von der hM als unzulässiger Eingriff in das vertraglich begründete Geschäftsführungsrecht des betreffenden Geschäftsführers verworfen.[422]

221 **c) Ansprüche gegen das herrschende Unternehmen.** Grundlage für Schadensersatzansprüche gegen das rechtswidrig Konzernleitungsmacht ausübende Unternehmen sind dessen gesellschaftsbezogene **Treuepflicht** und deren Verletzung,[423] nicht eine Haftung als faktischer Geschäftsführer analog den §§ 93, 116 AktG, § 43 GmbHG, §§ 34, 41 GenG.[424] Die Ausführungen zur Haftung des herrschenden Unternehmensgesellschafters (RdNr. 205) und des mittelbar herrschenden Unternehmens (RdNr. 206 ff.) gelten auch insoweit. Für den anzuwendenden **Sorgfaltsmaßstab** – § 276 BGB statt § 708 BGB –[425] und die Regeln zur **Art und Weise** der Ersatzleistung ist auf die Ausführungen in RdNr. 203 f. zu verweisen.

222 Neben Ersatzansprüchen wegen schädigender Konzernierungsmaßnahmen ergibt sich aus der gesellschaftsbezogenen Treuepflicht auch ein Anspruch der unzulässig konzernierten Personengesellschaft auf **Unterlassung künftiger Leitungsmaßnahmen.** DerUnterlassungsanspruch setzt keine erfolgte oder drohend bevorstehende Schädigung der konzernierten Personengesellschaft voraus, sondern beruht darauf, dass die Ausübung einheitlicher Leitung der Verbandssouveränität einer Gesellschaft mit normtypischem Verbandszweck widerstreitet und einen Unrechtstatbestand darstellt (RdNr. 128). Auch bei Personenidentität von herrschenden Unternehmen und Geschäftsführer steht dieser Unterlassungsanspruch nicht im Widerspruch zu den Ausführungen in RdNr. 220. Er betrifft allein die

[421] Staub/*Schäfer* § 105 Anh. RdNr. 66.

[422] BGHZ 76, 162, 168 = NJW 1980, 1463; Staub/*Schäfer* § 105 RdNr. 257; *Habersack,* Die Mitgliedschaft – subjektives und „sonstiges" Recht, 1996, S. 318 Fn. 169; **aM** – bei Kompetenzübergriffen in Zuständigkeiten der Gesellschafter (§§ 116 Abs. 2, 164 S. 1 2. HS) – Schlegelberger/*Martens* § 16 RdNr. 22 aE. S. zum Fall der Kompetenzüberschreitung noch RdNr. 299 f.

[423] S. nur *Schießl* S. 78.

[424] Zu den Gründen oben RdNr. 208 (mN in Fn. 404) und unten RdNr. 230; **aM** *Schneider* ZHR 143 (1979), 483, 507 (zumindest bei zulässiger Konzernbildung); *ders.* ZGR 1980, 511, 533 ff.; *ders.* BB 1980, 1057, 1064; *Ochsenfeld* S. 134 f.; *Jungkurth,* Konzernleitung bei der GmbH, 2000, S. 169 ff.; ferner die bereits in RdNr. 206 Fn. 400 Genannten.

[425] *Schießl* S. 80; *Löffler* S. 107 f. (zur konzernierten Gesellschaft mit dienendem Verbandszweck); iE ferner *Baumgartl* S. 139 f.

Ausübung von Leitungsmacht in der Rolle als herrschendes Unternehmen, nicht aber die Vornahme von Geschäftsführungshandlungen als geschäftsführender Gesellschafter.

Bei der Geltendmachung treuepflichtgestützter Ersatzansprüche gegen das Unternehmen hat die Gesellschaft nach allgemeinen Beweislastregeln die schädigende Handlung, deren Pflichtwidrigkeit und den hierdurch entstandenen Schaden zu beweisen. Dabei kommt der konzernierten Gesellschaft eine **Darlegungserleichterung** bis hin zur **Umkehr der Beweislast** gemäß den Regeln über die Beweislastverteilung nach Gefahr- und Verantwortungsbereichen zu Gute.[426] Die konzernierte Gesellschaft hat lediglich konkrete schädigende Handlungen seitens des herrschenden Unternehmens zu behaupten, während dieses darzulegen und zu beweisen hat, dass diese Handlungen nicht vorgenommen wurden oder jedenfalls nicht pflichtwidrig sind.[427] 223

d) Ersatzansprüche gegen Dritte. Ersatzansprüche gegen Dritte wegen schädigender Konzernleitungsmaßnahmen folgen im Falle der **gesetzlichen Vertreter** des **konzernleitenden Unternehmens** aus § 317 Abs. 2 AktG analog bzw. § 309 AktG analog.[428] Näheres in RdNr. 212 zur abhängigen Personengesellschaft. Beherrscht das Unternehmen eine Komplementär-GmbH/AG ohne sonstige unternehmerische Tätigkeit und damit mittelbar eine KG (Typ B, RdNr. 11), kommt auch eine unmittelbare Haftung des **Geschäftsführers** der **GmbH** gegenüber der KG in Betracht. Für Einzelheiten siehe die Ausführungen in RdNr. 213. 224

6. Weitere Ansprüche der konzernierten Personengesellschaft mit dienendem Verbandszweck. a) Ansprüche bei Konzernierung auf gesellschaftsvertraglicher Grundlage. Liegt eine Gesellschaft mit dienendem Verbandszweck (RdNr. 132) vor und übt das herrschende Unternehmen auf gesellschaftsvertraglicher Basis (zB Typen A und C, RdNr. 10, 12; näher RdNr. 58) die unwiderleglich vermutete (RdNr. 63) einheitliche Leitung aus, finden die für die Gesellschaft mit gesetzestypischem Verbandszweck geltenden Regeln zu Ersatz- und Unterlassungsansprüchen wegen sorgfaltswidriger Geschäftsführung und/oder rechtswidriger Ausübung von Leitungsmacht (RdNr. 218 ff.) im **Grundsatz** ebenfalls Anwendung. 225

Besonderheiten ergeben sich aus dem gegenüber der gesetzestypischen Gesellschaft andersartig ausgeformten (dienenden) Verbandszweck. Dieser bildet den Maßstab für die Feststellung, ob eine sorgfaltswidrige Schädigung der Gesellschaft bzw. ein treuepflichtwidriger schädigender Eingriff vorliegt. Daher liegt bei einer Gesellschaft mit dienendem Verbandszweck ein pflichtwidrig herbeigeführter **Nachteil** jedenfalls dann vor, wenn die Schadenszufügung nicht einmal vom fremdunternehmerischen Sonderinteresse (= Konzerninteresse) des herrschenden Unternehmens gedeckt ist (RdNr. 217). Darüber hinaus verstößt die Veranlassung zu einer **bestandsgefährdenden** Geschäftsführungsmaßnahme gegen die gesellschaftsbezogene Treuepflicht, es sei denn, dass für eine GbR das Eigeninteresse vollständig abbedungen wird (dazu RdNr. 140)[429] oder dass die einstimmige Zustimmung aller Gesellschafter zu dieser iS der §§ 116 Abs. 2, 164 S. 1 2. HS außergewöhnlichen (RdNr. 290) Maßnahme vorliegt.[430] 226

---

[426] Ausführlich *Baumgartl* S. 142 ff.; *Reuter* ZHR 142 (1982), 1, 20; ferner *Löffler* S. 111 (für die Gesellschaft mit dienendem Verbandszweck); **aM** *Raiser* ZGR 1980, 558, 565; *Schneider* ZGR 1980, 511, 535 f.: §§ 93 Abs. 2 S. 2, 309 Abs. 2 S. 2 AktG analog.

[427] Staub/*Schäfer* § 105 Anh. RdNr. 66; *Löffler* S. 110 f.; *Baumgartl* S. 142 ff.; kritisch *Kleindiek* S. 262 f. (Zurückhaltung sei geboten bei der Anwendung der für den qualifiziert faktischen Konzern geltenden Beweislastregeln auf den einfach faktischen Konzern). Bei qualifizierter Konzernierung auf der Grundlage gesellschaftsvertraglicher Vereinbarungen BGH NJW 1980, 231 f.; *Schießl* S. 83 f.

[428] **AM** *Koller*/Roth/Morck § 105 RdNr. 36, §§ 128, 129 RdNr. 15; *Löffler* S. 104 unter Hinweis auf die abweichende(?) Zuständigkeitsordnung bei einer AG.

[429] Bei einer solchen Zwecksetzung ist allerdings eine analoge Anwendung des § 302 Abs. 1 AktG zu erwägen; ausführlich *Eberth* (Fn. 233) S. 106 ff.; *Mülbert*, FS Lutter, 2000, S. 537, 543 f.; demgegenüber für Außenhaftung Emmerich/*Habersack*, Aktien- und GmbH-Konzernrecht, § 317 Anh. RdNr. 12.

[430] Westermann/*Tröger* I RdNr. 4051; generell einen Verstoß ohne die hiesigen Einschränkungen annehmen Staub/*Schäfer* § 105 Anh. RdNr. 63, 78; E/B/J/S/*Lange* § 105 Anh. RdNr. 40; der Sache nach ferner Schlegelberger/*Martens* § 105 Anh. RdNr. 42; Röhricht/von Westphalen/*von Gerkan*/*Haas* § 105 RdNr. 119.

227 **b) Ansprüche bei Bestehen eines Beherrschungsvertrags.** Bei der Konzernierung einer Personengesellschaft durch einen Beherrschungsvertrag iS des § 291 Abs. 1 S. 1 1. Alt. AktG (Typ D, RdNr. 13) kommt ein Anspruch aus § 280 Abs. 1 BGB iVm. dem Beherrschungsvertrag[431] gegen das **konzernleitende Unternehmen** als „anderer Vertragspartei"[432] neben – oder statt[433] – Ersatz- und Unterlassungsansprüchen aus der gesellschaftsbezogenen Treuepflicht (dazu RdNr. 221 ff.) in Betracht. Tatbestandlich erfordert dieser Ersatzanspruch, dass **Weisungen** oder weisungsgleiche Maßnahmen des herrschenden Unternehmens **nicht** der Sorgfalt eines ordentlichen und gewissenhaften Geschäftsleiters genügen[434] und dadurch die konzernierte Personengesellschaft geschädigt wird. Dies ist insbesondere dann der Fall, wenn eine nachteilige Weisung nicht einmal vom fremdunternehmerischen Sonderinteresse **(= Konzerninteresse)** des herrschenden Unternehmens gedeckt ist. Näher zum Umfang des Weisungsrechts RdNr. 238.

228 Neben dem herrschenden Unternehmen haften dessen **gesetzliche Vertreter** analog § 309 Abs. 2 AktG, wenn sie bei der Erteilung von Weisungen oder bei weisungsgleichen Maßnahmen gegen die Sorgfalt eines ordentlichen und gewissenhaften Geschäftsleiters verstoßen[435] und dadurch die konzernierte Personengesellschaft schädigen.

229 **c) Anspruch auf ordnungsmäßige Konzernleitung?**[436] Die dargestellte Haftung (RdNr. 227) gegenüber einer konzernierten Personengesellschaft betrifft die aktive Ausübung von Leitungsmacht. Demgegenüber ist **kein** Raum für eine weitergehende Haftung des konzernleitenden Unternehmens wegen des Unterlassens von Leitungsmaßnahmen. Das geltende Konzernrecht kennt kein organisationsrechtliches Rechtsverhältnis zwischen der konzernierten Gesellschaft und dem herrschenden Unternehmen – etwa dergestalt, dass die andere Partei eines Beherrschungsvertrags zu einem weiteren Organ(mitglied) der Gesellschaft berufen würde (s. RdNr. 148) oder dass sie als faktischer Geschäftsführer anzusehen wäre[437] –, welches eine Pflicht zur ordnungsmäßigen Konzernleitung in Form der aktiven Ausübung von Leitungsmacht begründen würde.[438]

230 Die **Inexistenz** einer **Pflicht** zur **Leitungsmachtausübung** folgt schon aus der gesetzlichen Haftungsordnung des Beherrschungsvertrags und der Eingliederung. Die **§§ 309, 323 Abs. 1 S. 2 AktG** ordnen eine Haftung allein für die sorgfaltswidrige Erteilung von Weisungen an und bringen damit klar zum Ausdruck, dass im Rahmen des beherrschungsvertraglich begründeten Rechtsverhältnisses keine Pflicht besteht, vom Weisungsrecht im

---

[431] Ebenso im Aktienrecht zB KK/*Koppensteiner* AktG § 309 RdNr. 37; *Emmerich*/Habersack, Aktien- und GmbH-Konzernrecht, § 309 RdNr. 21; **aM** – § 309 AktG (analog) – *Hüffer* AktG § 309 RdNr. 27; noch anders – Zurechnung des Verhaltens der gesetzlichen Vertreter nach § 31 BGB – GroßkommAktG/*Hirte* § 309 RdNr. 31.

[432] Diese Haftung für die Weisungserteilung ist entgegen gelegentlicher Mißverständnisse (zB *Gekeler* S. 263 f.) nicht gleichzusetzen mit der verschiedentlich geforderten Haftung für ordnungsmäßige Konzernleitung analog den §§ 93, 116 AktG, § 43 GmbHG, §§ 34, 41 GenG (dazu RdNr. 221).

[433] Im Falle des Beherrschungsvertrags einer Personengesellschaft mit einem Nichtgesellschafter.

[434] Insoweit gilt statt des § 708 BGB der gleiche Sorgfaltsmaßstab wie für die Haftung der gesetzlichen Vertreter (*Gekeler* S. 265 ff.). Dazu sogleich in RdNr. 228.

[435] Zur Frage, ob § 309 Abs. 1 AktG lediglich den Verschuldensmaßstab festlegt oder wie § 93 Abs. 1 AktG zugleich auch den objektiven Sorgfaltsmaßstab mit der Folge festlegt, dass eine Haftung auch für an sich von § 308 AktG gedeckte Weisungen bestehen kann, s. einerseits etwa KK/*Koppensteiner* AktG § 309 RdNr. 11 f.;; MünchKommAktG/*Altmeppen* § 308 RdNr. 68 ff.; andererseits *Hüffer* AktG § 309 RdNr. 13 f.; *Emmerich*/Habersack, Aktien- und GmbH-Konzernrecht, § 309 RdNr. 27 ff.; GroßkommAktG/*Hirte* § 309 RdNr. 22.

[436] Gleichsinnig wird teilweise von ordnungsmäßiger Konzerngeschäftsführung gesprochen (zB *Emmerich/Habersack* Konzernrecht § 35 RdNr. 10). Diese Terminologie schafft Raum für Mißverständnisse. Von anderer Seite (zB *Lutter* ZGR 1982, 244, 263 f.; *ders.* ZIP 1985, 1425, 1433 f.) wird die Wendung in ganz anderen Sinnzusammenhang gestellt.

[437] Ablehnend zu dieser Figur mit Blick auf die Stellung des herrschenden Unternehmens schon RdNr. 208.

[438] Wie hier Westermann/*Tröger* I RdNr. 4052; E/B/J/S/*Lange* § 105 Anh. RdNr. 40; jedenfalls iE ferner *Ulmer* ZHR 148 (1984), 391, 415 f.; *Konzen* NJW 1989, 2977, 2986; **aM** *Schneider* ZHR 143 (1979), 485, 508 ff.; *ders.* ZGR 1980, 511, 533 ff.; *ders.* BB 1980, 1057, 1064; *ders.* BB 1981, 249, 255 ff.; *Ochsenfeld* S. 134 f.; *Löffler* S. 113; *Jungkurth* (Fn. 424) S. 169 ff.; *Wilhelm* (Fn. 400) S. 355 f.

Interesse der konzernierten Gesellschaft aktiv Gebrauch zu machen.[439] Der „anderen Vertragspartei" obliegt nach dem Gesetz, dem Leitungszweck des Beherrschungsvertrags bzw. der Eingliederung entsprechend, lediglich die aktive Ausübung des Weisungsrechts moderierender Pflichten. Gegen diese Ableitung aus den §§ 309, 323 Abs. 1 S. 2 AktG lässt sich nicht einwenden, dass diese Vorschriften nur die Pflichten der Vertreter des herrschenden Unternehmens normieren, nicht aber die aus dem Gesetz folgenden Pflichten des herrschenden Unternehmens einschränkend präjudizieren.[440] Denn soweit die Unterlassung von Weisungen als haftungsbegründender Sorgfaltsverstoß erscheint, liegt stets auch ein Sorgfaltsverstoß der Organmitglieder des herrschenden Unternehmens vor.[441]

Das Personengesellschaftskonzernrecht lässt im Übrigen auch **kein Bedürfnis** für eine 231
Haftung wegen unterlassener Konzernleitung erkennen. § 303 AktG analog (RdNr. 247 ff.) leistet hinreichenden Gläubigerschutz, und das Einstimmigkeitserfordernis beim Konzernierungsbeschluss (RdNr. 269) ermöglicht den außenstehenden Gesellschaftern, ihre Zustimmung von entsprechenden Zusagen des herrschenden Unternehmens abhängig zu machen.

III. Rechte des herrschenden Unternehmens gegen die beherrschte Personengesellschaft

Bei der Konzernierung einer Personengesellschaft auf vertraglicher Grundlage verfügen 232
Gesellschafter bzw. Dritte in ihrer Eigenschaft als herrschendes Unternehmen über verschiedene Rechte gegenüber der beherrschten Personengesellschaft. Voraussetzung ist auf Seiten der Personengesellschaft allerdings das Vorliegen eines atypischen Gesellschaftszwecks, der es erlaubt, die Geschäftsführer den Weisungen des herrschenden Unternehmens vertraglich zu unterwerfen (s. RdNr. 132). Denn bei Vereinbarung eines gesetzestypischen Gesellschaftszwecks lassen sich keine besonderen Rechte zugunsten des herrschenden Unternehmens als solchem begründen. Im Gesellschaftsvertrag eingeräumte Geschäftsführungsbefugnisse beziehen sich auf die Verwirklichung des vereinbarten gesetzestypischen Gesellschaftszwecks, und ein Beherrschungsvertrag iS des § 291 Abs. 1 S. 1 1. Alt. AktG ist nichtig (RdNr. 150).

1. Rechte bei Konzernierung auf gesellschaftsvertraglicher Grundlage. Bei der 233
Konzernierung auf gesellschaftsvertraglicher Grundlage kommen dem herrschenden Unternehmen besondere Rechte zu, wenn es als **Kommanditist** zur ausschließlichen Geschäftsführung berufen ist oder über ein **Weisungsrecht** gegenüber den geschäftsführenden Komplementären verfügt (Typ C, RdNr. 13). Zum **Nachteil** der Gesellschaft darf es diese geschäftsführungsbezogenen Befugnisse nur einsetzen, sofern der Gesellschaft ein dienender Verbandszweck (RdNr. 132) vorgegeben ist. Gegebenenfalls ist anhand der Auslegung des Gesellschaftsvertrags zu bestimmen, in welchem Umfang das herrschende Unternehmen nachteilige Maßnahmen selbst vornehmen bzw. anweisen darf. In seinem Sonderinteresse liegende **bestandsgefährdende** Maßnahmen sind allenfalls zulässig, wenn sich dies dem Gesellschaftsvertrag unzweideutig entnehmen lässt oder alle Gesellschafter dieser iS der §§ 116 Abs. 1, 164 S. 1 2. HS außergewöhnlichen Geschäftsführungsmaßnahme (RdNr. 290) zugestimmt haben.

Über die **Reichweite** der geschäftsführungsbezogenen Befugnisse des Kommanditisten 234
bestimmt der Gesellschaftsvertrag. Beim Fehlen anderweitiger Anhaltspunkte erstrecken sich diese Befugnisse lediglich auf die **gewöhnlichen Geschäfte** iS der §§ 116 Abs. 1, 164 S. 1 1. HS. Allein aus dem Umstand, dass der Gesellschaftsvertrag dem Kommanditisten die Verfolgung

[439] Für den Beherrschungsvertrag s. KK/*Koppensteiner* AktG § 308 RdNr. 60, § 309 RdNr. 6; *Hüffer* AktG § 309 RdNr. 10; im Grundsatz auch MünchKommAktG/*Altmeppen* § 308 RdNr. 51 f., 56 ff. (für den Vorstand des herrschenden Unternehmens); **aM** *Emmerich*/Habersack, Aktien- und GmbH-Konzernrecht, § 309 RdNr. 35; GroßkommAktG/*Hirte* § 309 RdNr. 26.

[440] So aber *Kleindiek* S. 184 f.; ähnlich *Schneider* BB 1981, 249, 257.

[441] Für systemimmanente Haftungsfälle wegen unterlassener Weisung s. *Hüffer* AktG § 309 RdNr. 10; KK/*Koppensteiner* AktG § 309 RdNr. 6.

fremdunternehmerischer Sonderinteressen gestattet, ergibt sich keine (konkludente) Ausdehnung auf den Bereich der betriebsungewöhnlichen Maßnahmen; für das Vorliegen des Abhängigkeitstatbestands ist die Einbeziehung der außergewöhnlichen Geschäfte nicht erforderlich (RdNr. 58).

235 Verfügen die **Gesellschafter** nach dem Gesellschaftsvertrag über eine **konkurrierende Weisungsbefugnis** für den Bereich der **gewöhnlichen Geschäfte** iS der §§ 116 Abs. 1, 164 S. 1 1. HS, fehlt es bereits an einem Abhängigkeitsverhältnis (RdNr. 58) zwischen dem Kommanditisten und der Personengesellschaft. Ebenso liegt es, wenn die Gesellschafter durch eine mehrheitliche ad hoc-Änderung des Gesellschaftsvertrags ihre Zuständigkeit für diesen Bereich auch gegen den Willen des Kommanditisten zu begründen vermögen (RdNr. 58).

236 Erstrecken sich die geschäftsführungsbezogenen Befugnisse des Kommanditisten auch auf **betriebsungewöhnliche Maßnahmen** (§§ 116 Abs. 2, 164 S. 1 2. HS), wird der Gesellschaftsvertrag regelmäßig dahingehend auszulegen sein, dass die Gesellschafterversammlung insoweit über keine konkurrierende Entscheidungszuständigkeit verfügt. Die Auslegung wird zudem ergeben, dass sich ihre Zuständigkeit auch nicht durch eine gegen den Willen des Kommanditisten erfolgende mehrheitliche ad hoc-Änderung des Gesellschaftsvertrags begründen lässt.

237 **2. Rechte bei Bestehen eines Beherrschungsvertrags.** Bei der Konzernierung mittels eines § 291 Abs. 1 1. Alt. AktG nachempfundenen Beherrschungsvertrags (Typ D, RdNr. 13) wird dem herrschenden Unternehmen vertraglich das Recht eingeräumt, **Weisungen** unmittelbar **gegenüber** den **Geschäftsführern** der Personengesellschaft als deren Organ zu erteilen (s. § 308 AktG). Es handelt sich dabei um die **originäre** Begründung einer Weisungsbefugnis, nicht um die Übertragung eines der Gesellschafterversammlung zukommenden Weisungsrechts.[442] Das folgt schon daraus, dass der Gesellschafterversammlung nach dem gesetzlichen Normalstatut für den Bereich der gewöhnlichen Geschäfte (§§ 116 Abs. 2, 164 S. 1 2. HS) gar keine Weisungszuständigkeit zusteht, die sich übertragen ließe. Zudem geht die Übertragungsthese daran vorbei, dass die Hauptversammlung der AG keine Weisungsbefugnisse gegenüber dem Vorstand innehat (§ 119 Abs. 2 AktG) und beim Beherrschungsvertrag iS des § 291 Abs. 1 S. 1 1. Alt. AktG daher gar keine Übertragung von Weisungsbefugnissen in Frage stehen kann. Schließlich lassen sich zwischen Organen bestehende innergesellschaftliche Weisungsbefugnisse und sonstige Organrechte prinzipiell nicht auf gesellschaftsexterne Nichtorgane[443] übertragen.

238 Der Beherrschungsvertrag legt darüber hinaus fest, inwieweit auch der Personengesellschaft **nachteilige** Weisungen erteilt werden dürfen. Im Zweifel sind nachteilige Weisungen in dem **Umfang** zulässig, in dem die Geschäftsführer der beherrschten Gesellschaft durch den dienenden Gesellschaftszweck (RdNr. 132) auf die Befolgung auch nachteiliger Maßnahmen verpflichtet werden. Im Sonderinteresse des herrschenden Unternehmens liegende **bestandsgefährdende** Weisungen sind daher allenfalls zulässig, wenn sich dies dem Gesellschaftsvertrag unzweideutig entnehmen lässt.[444]

239 Nach seiner **Reichweite** beschränkt sich das Weisungsrecht auf die nach dem Gesellschaftsvertrag in der Zuständigkeit der **geschäftsführenden** Gesellschafter liegenden **Geschäfte** und **Maßnahmen.**[445] Das folgt schon daraus, dass der Beherrschungsvertrag

[442] **AM** Sudhoff/*Liebscher* § 50 RdNr. 88 (mit unverständlicher Kritik in Fn. 151 aE); ebenso die durch *Zöllner* ZGR 1992, 173, 180 ff. geprägte ganz hM im GmbH-Recht.

[443] Zur fehlenden Organeigenschaft des „anderen Vertragsteils" eines Beherrschungsvertrags s. RdNr. 148.

[444] Ähnlich in der Tendenz Westermann/*Tröger* I RdNr. 4088 (§ 308 Abs. 1 S. 2 AktG bildet Auslegungshilfe für Ermittlung des Parteiwillens); enger Staub/*Schäfer* § 105 Anh. RdNr. 63; **aM** Baumbach/*Hopt* § 105 RdNr. 105: *Liebscher* RdNr. 1154; Bindung an bestandsgefährdende Weisungen läßt überhaupt nicht wirksam vorsehen; ebenso die ganz hM zu § 308 AktG; s. nur *Hüffer* AktG § 308 RdNr. 19; *Emmerich*/Habersack, Aktien- und GmbH-Konzernrecht, § 308 RdNr. 61; GroßkommAktG/*Hirte* § 308 RdNr. 42; auch MünchKommAktG/*Altmeppen* § 308 RdNr. 118 ff.; **aM** zB KK/*Koppensteiner* AktG § 308 RdNr. 50 ff.

[445] Ebenso jetzt Westermann/*Tröger* I RdNr. 4088; **aM** Sudhoff/*Liebscher* § 50 RdNr. 88: Weisungsrecht erstreckt sich wie im GmbH-Recht auch auf den Bereich der betriebsungewöhnlichen Maßnahmen (§§ 116 Abs. 2, 164 S. 1 2. HS).

ein Weisungsrecht allein gegenüber den Geschäftsführern begründet. Vorbehaltlich abweichender Bestimmungen im Gesellschafts- und dem darauf aufbauendem Beherrschungsvertrag besteht das Weisungsrecht daher nur für die gewöhnlichen Geschäfte iS der §§ 116 Abs. 1, 164 S. 1 1. HS. Erstreckt der Beherrschungsvertrag das Weisungsrecht auch auf bislang in der Zuständigkeit der Gesellschafterversammlung liegende betriebsungewöhnliche Maßnahmen iS der §§ 116 Abs. 2, 164 S. 1 2. HS, wird es regelmäßig so liegen, dass die Gesellschafter mit ihrer Zustimmung zum Beherrschungsvertrag (RdNr. 155) zugleich den Gesellschaftsvertrag konkludent ändern und die Zuständigkeit der Geschäftsführer für die in Frage stehenden Geschäfte begründen.[446] **Nicht** erfasst vom Weisungsrecht des herrschenden Unternehmens sind **Änderungen** des **Gesellschaftsvertrags.**[447] Für Vertragsänderungen sind nämlich allein die Gesellschafter zuständig, entweder als die Parteien des Gesellschaftsvertrags oder als Mitglieder des Organs Gesellschafterversammlung, wenn dieser im Einzelfall die Zuständigkeit zur Änderung im Wege der organschaftlichen Beschlussfassung zukommt (zur Zulässigkeit RdNr. 73).

Für den Bereich der weisungsbetroffenen Geschäfte und Maßnahmen bestehen regelmäßig **keine konkurrierenden Weisungsbefugnisse** der Gesellschafterversammlung. In der Zustimmung der Gesellschafter zum Beherrschungsvertrag liegt gegebenenfalls eine konkludente Änderung des Gesellschaftsvertrags, mit der die bisherigen Versammlungszuständigkeiten im weisungsbetroffenen Bereich aufgehoben werden (RdNr. 156). Der Gesellschafterversammlung ist es auch verwehrt, den Gesellschaftsvertrag gegen den Willen des herrschenden Unternehmens nachträglich zu ändern und zu ihren Gunsten ein vorrangiges Weisungsrecht zu begründen. Das ergibt bereits die zweckgerechte Auslegung des Gesellschaftsvertrags:[448] Ist das herrschende Unternehmen zugleich Gesellschafter, ist dieser Beschluss einer gesellschaftsvertraglichen Mehrheitsklausel entzogen; andernfalls erfordert das Wirksamwerden des gesellschaftsvertragsändernden Beschlusses zusätzlich die Zustimmung des herrschenden Unternehmens. 240

Die **Kündigung** des Beherrschungsvertrags ist analog § 297 Abs. 1 AktG jederzeit aus wichtigem Grunde möglich. Für die Kündigungserklärung bedarf es nicht der Form der Gestaltungsklage.[449] 241

IV. Rechte der Gläubiger der beherrschten Personengesellschaft gegen das herrschende Unternehmen

Der Gläubigerschutz wird bei der unabhängigen Personenhandelsgesellschaft durch den Zugriff auf das Gesellschaftsvermögen (§§ 124 Abs. 1, 161 Abs. 2), das Interesse aller Gesellschafter an Erhalt und Mehrung des Gesellschaftsvermögens und die persönliche Haftung der Gesellschafter (§§ 128, 171, 172) sichergestellt. In **Abhängigkeits-** und **Konzernlagen** ist die persönliche Haftung der Gesellschafter noch entscheidender als bei der unabhängigen Gesellschaft. Das **gemeinsame Interesse** der Gesellschafter an Erhalt und Mehrung des Gesellschaftsvermögens ist bei der Gesellschaft mit gesetzestypischem Verbandszweck (RdNr. 117 ff.) **faktisch** gestört**,** wenn ein beherrschender Gesellschafter anderweitige unternehmerische Interessen verfolgt, und bei der Gesellschaft mit dienendem Verbandszweck (RdNr. 132) ist dieses gemeinsame Interesse sogar **gesellschaftsvertraglich** deformiert. Inwieweit reflexiver Gläubigerschutz dadurch zu leisten ist, dass die außenstehenden Gesellschafter die Abwehr-, Ersatz- und Verlustausgleichsansprüche der Gesellschaft geltend machen (RdNr. 301) und ihnen zudem Abwehransprüche aus eigenem Recht zustehen können (RdNr. 299 f.), steht schon für die Personengesellschaften mit gesetzestypischem 242

[446] **AM** – stets Erstreckung auf sämtliche Geschäftsführungsmaßnahmen - E/B/J/S/*Lange* § 105 Anh. RdNr. 44 (ohne Problemvertiefung).

[447] Baumbach/*Hopt* § 105 RdNr. 105.

[448] Auch insoweit bedarf es nicht der bereits aus anderen Gründen zu verwerfenden These (dazu RdNr. 237) dass der Beherrschungsvertrag das Weisungsrecht der Gesellschafterversammlung auf das herrschende Unternehmen überträgt.

[449] Insoweit tendenziell **aM** Baumbach/*Hopt* § 105 RdNr. 105.

Verbandszweck nicht außer Zweifel. Erst recht gilt dies, wenn die Gesellschaft durch Vorgabe eines dienenden Verbandszwecks auf die Verfolgung der fremdunternehmerischen Interessen des herrschenden Unternehmens festgelegt wird. Dieser Befund legt die Herausbildung **zusätzlicher Gläubigerschutzregeln** nahe. Das gilt schon für die **schlicht abhängige** Gesellschaft (RdNr. 243 ff.) und in noch stärkerem Maße für den Fall, dass die **Verlustausgleichspflicht** des herrschenden Unternehmens gegenüber der abhängigen Gesellschaft – entweder gegenüber einer Gesellschaft mit gesetzestypischem Verbandszweck wegen faktischer Unmöglichkeit des vollständigen Einzelausgleichs von Schädigungen (RdNr. 180 ff.) oder gegenüber einer gesellschafts- bzw. beherrschungsvertraglich konzernierten Gesellschaft mit dienendem Verbandszweck (RdNr. 191 ff.) – für die Zukunft **wegfällt** (RdNr. 247 ff.).

243 **1. Rechte bei schlichter Abhängigkeit der beherrschten Gesellschaft.** Haftet das herrschende Unternehmen den Gläubigern als **Komplementär** der abhängigen Gesellschaft (Typ A, RdNr. 10) gemäß § 128, liegen die Gläubigerrisiken nicht nennenswert anders als bei der unabhängigen, nur über einen Komplementär verfügenden Gesellschaft.

244 Ist das herrschende Unternehmen ein **Kommanditist** (Typ C, RdNr. 12), bleibt es bei der beschränkten Haftung nach dem gesetzlichen Normalstatut (§§ 171, 172). Der Topos des Gleichlaufs von Herrschaft und Risiko rechtfertigt **keinen gesellschaftsrechtlichen Haftungsdurchgriff** auf den Kommanditisten. Das gilt für die unabhängige KG, wie vom BGH für den Rektor-Fall entschieden,[450] und muss auch für die abhängige KG gelten.[451] Zwar mag die abhängige KG ein erhöhtes Gläubigerrisiko bedeuten, weil bei ihr das risikodämpfende Korrektiv der unbeschränkten persönlichen Haftung des Komplementärs (RdNr. 193) praktisch ins Leere geht. Doch stellt der genannte Topos kein gesellschaftsrechtliches Prinzip dar, aus dem für konkrete Anwendungsfälle jeweils ein entsprechender Rechtssatz abzuleiten wäre.[452] Eine gesellschaftsrechtliche Durchgriffshaftung des Kommanditisten ist selbst dann nicht veranlasst, wenn er durch punktuelle Eingriffe die Gesellschaft geschädigt hat.[453] Das gilt sogar für den Fall, dass ein vollständiger Ausgleich des der Gesellschaft entstanden Schadens aufgrund faktischer Gegebenheiten unmöglich ist; der Kommanditist unterliegt auch dann nur der beschränkten Verlustausgleichspflicht gegenüber der Gesellschaft nach Maßgabe der RdNr. 180 ff. dargelegten Regeln.

245 Im Wege des **deliktischen Haftungsdurchgriffs** (§ 826 BGB) können die Gläubiger auf den herrschenden Kommanditisten dann zugreifen, wenn aus Gründen der Haftungsvermeidung ein vermögensloser Komplementär eingesetzt wird und ihm kein vertraglicher Freistellungsanspruch gegen den herrschenden Unternehmenskommanditisten eingeräumt oder die zunächst erteilte Freistellungszusage wieder aufgehoben wird.[454] Das muss auch gelten, soweit das herrschende Unternehmen gegenüber der Gesellschaft eine beschränkte Verlustausgleichspflicht trifft (dazu RdNr. 180 ff.),[455] da die Gläubiger die Voraussetzungen des § 826 BGB uU leichter darlegen und beweisen können als die Voraussetzungen der Verlustausgleichspflicht.

246 Beherrscht ein Unternehmen eine Komplementär-AG/GmbH und damit mittelbar die KG einer AG/**GmbH & Co. KG** (zB Typ B, RdNr. 11), haftet die Kapitalgesellschaft als Komplementärin gemäß § 128 für die Schulden der KG. Eine indirekte Effektuierung dieser Haftung resultiert aus der analogen Anwendung der aktien- und GmbH-rechtlichen

---

[450] BGHZ 45, 204 ff. = NJW 1966, 1309.

[451] Ebenso E/B/J/S/*Lange* § 105 Anh. RdNr. 31; Röhricht/von Westphalen/*von Gerkan/Haas* § 105 RdNr. 111; tendenziell auch Westermann/*Tröger* I RdNr. 4080; Staub/*Schäfer* § 105 Anh. RdNr. 56; **aM** *Jäger* DStR 1997, 1813, 1815; *Michalski* § 105 Anh. I RdNr. 33 aE (Durchgriffshaftung); Heymann/*Emmerich* § 105 Anh. RdNr. 13.

[452] BGHZ 45, 204, 207 = NJW 1966, 1309.

[453] Sudhoff/*Liebscher* § 50 RdNr. 85; s. auch *Bitter* S. 372 ff. (für die vertraglich konzernierte Personengesellschaft); **aM**; Heymann/*Emmerich* § 105 Anh. RdNr. 14.

[454] „Zumindest" bei Vermögenslosigkeit des Komplementärs ebenso Staub/*Schäfer* § 105 Anh. RdNr. 56; ähnlich auch *Eberl-Borges* WM 2003, 105, 114 f.

[455] Insoweit **aM** Staub/*Schäfer* § 105 Anh. RdNr. 56.

Kapitalerhaltungsvorschriften (§§ 57, 58, 62 AktG, §§ 30, 31 GmbHG). Diese gelten bei der AG/GmbH & Co. KG auch für die **Auszahlungen an** einen **Kommanditisten** entsprechend, und zwar unabhängig davon, ob die (mittelbar) grund- bzw. stammkapitalmindernde Rückgewähr aus dem Vermögen der AG/GmbH oder der KG erfolgt, und ob der Kommanditist auch an der AG/GmbH oder nur an der KG beteiligt ist., und begründen einen Rückgewähranspruch der KG gegen den Kommanditisten. Näher §§ 171, 172 RdNr. 128.

2. § 303 AktG analog bei Ende der Verlustausgleichspflicht des herrschenden Unternehmens. a) Ausgangspunkt und Meinungsstand. Die bislang ganz hM gewährt den Gläubigern besondere konzernrechtliche Sicherungen für den Fall, dass die Verlustausgleichspflicht des herrschenden Unternehmens gegenüber der konzernierten Personengesellschaft (dazu RdNr. 173 ff.) wegfällt. Das konzernleitende Unternehmen unterliegt danach **analog § 303 AktG** einer Pflicht zur Sicherheitsleistung bzw. einer Ausfallhaftung in Form eines direkten Zahlungsanspruchs der Gläubiger. Im Grundsatz bestehen diese Ansprüche bei **allen Formen** (faktisch/vertraglich)[456] und **Intensitätsstufen** (einfach/qualifiziert faktisch/vertraglich)[457] der Konzernierung. Lediglich einzelne Stimmen machen die Einschränkung, dass § 303 AktG keine analoge Anwendung finde, wenn zumindest eine natürliche Person der unbeschränkten persönlichen Gesellschafterhaftung unterliegt,[458] oder lehnen die Analogie sogar völlig ab.[459] 247

b) Regel. Nach hiesiger Position haben die Gesellschaftsgläubiger gegen das herrschende Unternehmen die Ansprüche **analog § 303 AktG** nur unter der **Voraussetzung**, dass (i) das herrschende Unternehmen den Gläubigern der abhängigen Personengesellschaft andernfalls überhaupt nicht oder nur beschränkt persönlich haften würde, (ii) gegenüber der Gesellschaft einer beschränkten (RdNr. 180 ff.) oder unbeschränkten (RdNr. 191 ff.) Verlustausgleichspflicht unterliegt, und (iii) diese Verlustausgleichspflicht endet (dazu RdNr. 188, 197). **Praktisch** kann also § 303 AktG analog zumindest bei allen abhängigen Personengesellschaften der Typen C und D (RdNr. 12, 13) zur Anwendung kommen. 248

c) Kritik und eigene Begründung. aa) Kritik. Gegen die analoge Anwendung des § 303 AktG gerichtete grundsätzliche **Einwände** greifen **nicht** durch. Eine **fehlende Handelsregistereintragung** der Konzernlage (s. auch RdNr. 153, 159) ist irrelevant.[460] Ebenso wenig spielt eine Rolle, dass Personengesellschaften kein gesetzliches **Mindestgarantiekapital** kennen.[461] Wie aus der Geltung des § 303 AktG für den Gewinnabführungsvertrag folgt, steht diese Regelung gerade nicht im Kontext eines Mindestkapitalerfordernisses.[462] **Bedenken** knüpfen sich jedoch daran, dass der von der hM gezogene Anwendungsbereich des § 303 AktG analog weder die Eigenheiten der beschränkten Verlustausgleichshaftung für nicht ausgleichsfähige Einzeleingriffe (RdNr. 180 ff.) noch die unbeschränkte persönliche Haftung gemäß §§ 128 f. bei Personengesellschaften berücksich- 249

---

[456] **AM** *Gekeler* S. 288 f.: nur beim Vertragskonzern.

[457] Staub/*Schäfer* § 105 Anh. RdNr. 79; Heymann/*Emmerich* § 105 Anh. RdNr. 17 f., 24; *Emmerich/Habersack* Konzernrecht § 34RdNr. 13 ff.; **aM** – nur bei qualifiziert faktischer Konzernierung – *Heck* S. 203; noch anders – nur bei vertraglicher Konzernierung – Sudhoff/*Liebscher* § 50 RdNr. 84 f., 92, 126 unter Hinweis darauf, dass der BGH die TBB-Rechtsprechungslinie zur Haftung bei qualifiziert faktischer Konzernierung einer GmbH zugunsten der Existenzvernichtungshaftung aufgegeben (RdNr. 179a) hat; prinzipiell gegen Analogie zu § 303 AktG jetzt Westermann/*Tröger* I RdNr. 4079 wegen anderweitiger hinreichender Sicherung der selbständigen Existenzfähigkeit einer aus dem Unternehmensverband entlassenen Gesellschaft. S. auch die gegensätzlichen Positionen zur Verlustausgleichspflicht analog § 302 AktG bei einfacher faktischer Konzernierung in RdNr. 176 Fn. 319.

[458] *Limmer* GmbHR 1992, 265, 272 f.

[459] *Baumgartl* S. 119 f.; *Laule,* FS Semler, 1993, S. 541, 559 f.; *Bitter* S. 416 ff.; *Eberl-Borges* WM 2003, 105, 111 ff. mit Ausnahme für Personengesellschaften ohne eine natürliche Person als unbeschränkt persönlich haftenden Gesellschafter.

[460] **AM** *Baumgartl* S. 119 f.

[461] **AM***Eberl-Borges* WM 2003, 105, 111 ff.

[462] Staub/*Schäfer* § 105 Anh. RdNr. 79.

tigt: Bei der beschränkten Verlustausgleichspflicht geht es um eine Haftung für schädigende Eingriffe spezifischer Qualität unabhängig davon, ob das herrschende Unternehmen überhaupt konzernstiftende einheitliche Leitung ausgeübt hat (RdNr. 184). Damit liegt es nahe, auch den Anwendungsbereich des § 303 AktG analog über Konzernlagen hinaus auf bestimmte Abhängigkeitsverhältnisse zu erweitern. Umgekehrt liegt das Bedürfnis für diese Analogie im Falle des unbeschränkt persönlich haftenden herrschenden Unternehmens (zB Typ A, RdNr. 10) eher fern.

250 **bb) Eigene Begründung.** Die beschränkte Verlustausgleichspflicht für den Fall, dass das herrschende Unternehmen einer abhängigen Personengesellschaft mit **gesetzestypischem Verbandszweck** (RdNr. 117 ff.) nicht ausgleichsfähige Nachteile zufügt (RdNr. 180 ff.), gründet in der gesellschaftsbezogenen Treuepflicht des herrschenden Unternehmens (RdNr. 182). Der Grundgedanke des § 303 AktG – die konzernrechtlichen Schutzregeln einschließlich des § 302 Abs. 1 AktG können nicht gewährleisten, dass die Gesellschaft noch bei Beendigung des Unternehmensvertrags dauerhaft selbständig lebensfähig ist und sind daher um einen nachvertraglichen Schutz zu ergänzen –,[463] trifft auch die Lage der beherrschten Personengesellschaft, deren treuepflichtbasierter Verlustausgleichsanspruch für die Zukunft entfällt.[464] Auch in ihrem Fall vermögen Ausgleichsleistungen für vergangene Verluste ihre künftige Überlebensfähigkeit nicht zu gewährleisten. Das gilt umso mehr, als beim treuepflichtgestützten Verlustausgleich kein Ausgleich für die Verluste aufgrund der allgemeinen wirtschaftlichen Entwicklung erfolgt (RdNr. 188).

251 Bei der – tatsächlichen oder gemäß § 18 Abs. 1 S. 2 AktG unwiderleglich vermuteten (RdNr. 63) – (beherrschungs)vertraglichen Konzernierung einer Personengesellschaft mit **dienendem Verbandszweck** (RdNr. 132) beruht die Verlustausgleichspflicht auf § 302 Abs. 1 AktG analog (RdNr. 194 f.). Da Personengesellschaften sich bei der Frage, inwieweit der Verlustausgleich den zukünftigen Fortbestand der Gesellschaft effektiv sichern kann, nicht signifikant von Aktiengesellschaften unterscheiden, ist § 303 AktG nach der Interessenbewertung des Konzerngesetzgebers auch bei Personengesellschaften anzuwenden.

252 **d) Rechtsfolgen.** § 303 AktG analog gewährt den Gläubigern einen Anspruch der Gläubiger gegen das herrschende Unternehmen auf **Sicherheitsleistung.** Ein direkter **Zahlungsanspruch** gegen das herrschende Unternehmen gemäß den §§ 303, 322 Abs. 2, 3 AktG analog besteht, wenn die verlustausgleichsberechtigte Gesellschaft insolvent geworden und formlos untergegangen ist;[465] etwaige Ersatzansprüche der Gesellschaft gegen die Geschäftsführer stehen diesem Umschlag in einen Zahlungsanspruch nicht entgegen.[466] Das soll sogar dann gelten, wenn der untergegangenen Gesellschaft noch ein Verlustausgleichsanspruch gegen das herrschende Unternehmen zusteht.[467] Auf **keinen** Fall zu erwägen ist ein Gläubiger„durchgriff", soweit die Gesellschaft noch sonstige Ansprüche gegen das herrschende Unternehmen hat.[468]

253 Von § 303 AktG analog erfasst werden alle bis zum **Endzeitpunkt** des verlustausgleichspflichtigen Zeitraums begründeten Gläubigeransprüche. Dazu zählen auch diejenigen For-

[463] BGHZ 95, 330, 346 = NJW 1986, 188; 115, 187, 198 = NJW 1991, 3142; KK/*Koppensteiner* AktG § 303 RdNr. 1; *Hüffer* AktG § 303 RdNr. 2; *Emmerich*/Habersack Aktien- und GmbH-Konzernrecht § 303 RdNr. 1.

[464] S. auch BGHZ 95, 330, 346 = NJW 1986, 188; BGHZ 115, 187, 198 = NJW 1991, 3142: entsprechende Anwendung des § 303 AktG im GmbH-Konzern ist unabhängig davon, ob Verlustausgleichspflicht besteht bzw. ob Verlustausgleich tatsächlich erfolgt ist.

[465] Vgl. BGHZ 95, 330, 346 ff. = NJW 1986, 188; BGHZ 115, 187, 200 = NJW 1991, 3142; BGHZ 116, 37, 42 = NJW 1992, 505; BGH NJW 1994, 3288, 3291; BAG ZIP 1991, 884, 889; NJW 1996, 1491, 1492.

[466] BGH NJW 1994, 3288, 3291.

[467] BGH 95, 330, 347 = NJW 1986, 188; BGHZ 115, 187, 201 = NJW 1991, 3142; BAG ZIP 1991, 884, 889; Hachenburg/*Ulmer* § 77 Anh. RdNr. 17; **aM** *Hüffer* AktG § 303 RdNr. 7; KK/*Koppensteiner* AktG § 303 RdNr. 25.

[468] So wohl auch *Röhricht*, FS 50 Jahre BGH, 2000, S. 114, der von sonstigen „werthaltigen Einzelausgleichsansprüchen" spricht; **aM** *Emmerich*/Habersack, Aktien- und GmbH-Konzernrecht, § 303 RdNr. 24; MünchHdb. AG/*Krieger* § 70 RdNr. 223.

derungen, die noch vor Beginn dieses Zeitraums begründet wurden oder gar entstanden sind.[469]

Nicht in Betracht kommt ein **horizontaler Durchgriff** in Gestalt eines direkten Zahlungsanspruchs der Gläubiger gegen andere Schwestergesellschaften, dh. Tochtergesellschaften des herrschenden Unternehmens, etwa wenn eine GmbH zugleich Komplementärin mehrerer GmbH und Co. KGs ist und diese sternförmig angeordneten Gesellschaften beherrscht.[470] Andernfalls würde der Gläubiger der beherrschten Personengesellschaft einen durch nichts zu rechtfertigenden strukturellen Vorrang gegenüber den anderen Insolvenzgläubigern des herrschenden Unternehmens beim (verwertenden) Zugriff auf die in die Schwestergesellschaft transferierten Vermögensvorteile erlangen. 254

V. Rechte der Gesellschafter bei der Abhängigkeitsbegründung

1. Mitwirkungsrechte. a) Die betroffenen Gesellschaften. Eine Personengesellschaft gerät in die Abhängigkeit, indem ein herrschendes Unternehmen die Möglichkeit zur Ausübung konzernstiftender einheitlicher Leitung erlangt (RdNr. 56), etwa durch Aufnahme einer anderweitigen unternehmerischen Betätigung des Alleingeschäftsführers einer OHG (Typ A, RdNr. 10) bzw. des beherrschenden Kommanditisten (Typ C, RdNr. 12) oder indem ein Unternehmen die Anteile an der Komplementär-GmbH einer GmbH & Co. KG erwirbt (zB Typ B, RdNr. 11). **Mitwirkungsrechte** der Gesellschafter bei derartigen Vorgängen kommen unter zwei Aspekten in Betracht: nach allgemeinen personengesellschaftsrechtlichen Regeln wegen der Eigenart des abhängigkeitsbegründenden Vorgangs als solchem oder konzernrechtsspezifisch bzw. ergebnisbezogen wegen des Eintritts der Abhängigkeitslage. Nach beiden Begründungsansätzen knüpfen sich etwaige Mitwirkungsrechte an **nachträgliche** Veränderungen bei einer Personengesellschaft mit gesetzestypischem Gesellschaftszweck. 255

Im Umkehrschluss kommen **keine** (besonderen) **Gesellschafterrechte** in Betracht, wenn die faktische **Abhängigkeit** einer Gesellschaft mit gesetzestypischem Verbandszweck (RdNr. 132) bereits **im Gründungszeitpunkt** eintritt, etwa weil der beherrschende Gesellschafter bereits bei Vertragsschluss anderweitig unternehmerisch tätig ist und die Mitgesellschafter hiervon Kenntnis haben.[471] Bestätigt wird dies durch den Rechtsgedanken des § 112 Abs. 2 sowie die Überlegung, dass es den Gesellschaftern in einer derartigen Situation ohne weiteres möglich wäre, ihre Interessen durch entsprechende Gestaltung des Gesellschaftsvertrags eigenverantwortlich zu wahren. 256

Ebenso wenig stehen besondere Gesellschafterrechte in Frage, wenn der Gesellschaft ein **dienender Verbandszweck** (RdNr. 132) zugunsten eines Gesellschafters vorgegeben ist und dieser durch nachträgliche Aufnahme einer anderweitigen unternehmerischen Betätigung zum Unternehmen wird. Das gilt erst recht, wenn der Gesellschafter seine Tätigkeit bereits bei Abschluss des Gesellschaftsvertrags ausgeübt hat. 257

b) Die betroffenen Vorgänge. aa) Grundsatz. Bei einer Gesellschaft mit **gesetzestypischem Gesellschaftszweck** (RdNr. 117 ff.) ist beim nachträglichen Eintritt der Abhängigkeit **nicht stets** ein **Gesellschafterbeschluss** erforderlich.[472] Dass das herrschende 258

[469] Emmerich/*Habersack,* Aktien- und GmbH-Konzernrecht, § 317 Anh. RdNr. 25; im Kontext der TBB-Konzernhaftungsregel (RdNr. 179) jedenfalls für noch nicht fällige Forderungen OLG München DStR 1999, 2000, 2001; tendenziell auch BGHZ 115, 187, 199 = NJW 1991, 3142; BGH NJW 1997, 943, 944.

[470] Insoweit ebenso Westermann/*Tröger* I RdNr. 4077a; **aM** Baumbach/*Hopt* § 105 RdNr. 103; *Haar* S. 474 f.; auch *Raiser,* FS Ulmer, 2003, S. 493, 507 (soweit die Vermögensvorteile aus der Einflußnahme der Schwestergesellschaft zufließen); für einen Gleichordnungskonzern, in dem die Konzernleitung einseitig zu Gunsten einer der Schwestergesellschaften ausgeübt wird, ferner *Raiser* ebenda S. 507 ff.; *Karsten Schmidt,* FS Wiedemann, 2002, S. 1199, 1219 ff. Vor dem Hintergrund der TBB-Haftungsregel (RdNr. 179) schon BAG NJW 1999, 2612 f.; dazu zu Recht krit. insbesondere *Henssler* ZGR 2000, 479, 488 ff., 492 ff.

[471] Staub/*Schäfer* § 105 Anh. RdNr. 37; zustimmend *Michalski* § 105 Anh. RdNr. 15.

[472] ZB Schlegelberger/*Martens* § 105 Anh. RdNr. 24; Staub/*Schäfer* § 105 Anh. RdNr. 39; Baumbach/*Hopt* § 105 RdNr. 102; Röhricht/von Westphalen/*von Gerkan/Haas* § 105 RdNr. 112; *Emmerich/Habersack* Konzernrecht § 8 RdNr. 5; Westermann/*Tröger* I RdNr. 4032; *Koller*/Roth/Morck § 105 RdNr. 36, 37; E/B/J/S/*Lange* § 105 Anh. RdNr. 17; BeckHdbPersG/*Rosenbach* § 24 RdNr. 26 f.; *Liebscher* RdNr. 1123;

Unternehmen die Möglichkeit erlangt, in seinem Sonderinteresse auf die abhängige Personengesellschaft faktisch einzuwirken, lässt den existierenden Verbandszweck und die hierauf bezogene Pflichtenbindung der Gesellschafter unberührt (RdNr. 123). Die bei typisierender Betrachtung erhöhte Wahrscheinlichkeit, dass bei bestehender Abhängigkeit die Interessen der Gesellschaft und damit mittelbar auch diejenigen der außenstehenden Gesellschafter beeinträchtigt werden, begründet noch keine Notwendigkeit eines lückenlosen Präventivschutzes. Insbesondere ist es nicht veranlasst, das Wettbewerbsverbot des § 112 Abs. 1 über seinen Wortlaut hinaus auf jede anderweitige unternehmerische Betätigung eines Gesellschafters zu erstrecken.[473] Vielmehr muss es bei den allgemeinen, von der unabhängigen Gesellschaft bekannten Instrumenten des Minderheitenschutzes bewenden. Die Mitwirkung der außenstehenden Gesellschafter ist daher **nur** insoweit notwendig, als der abhängigkeitsbegründende Vorgang als solcher nach den **allgemeinen Regeln** des Personengesellschaftsrechts ihrer Mitwirkung bedarf.

259 **bb) Änderungen des Gesellschaftsvertrags.** Erforderlich ist die Mitwirkung der außenstehenden Gesellschafter zunächst, wenn die Abhängigkeitsbegründung eine **einstimmige** Änderung des Gesellschaftsvertrags[474] voraussetzt, etwa weil der herrschende Gesellschafter neu in die Gesellschaft eintritt oder ihm die Geschäftsführungsbefugnis vertraglich eingeräumt werden soll.[475]

260 Für diese Vorgänge können vertragsändernde Beschlüsse mit einfacher **Stimmenmehrheit** im Gesellschaftsvertrag vorgesehen werden (§ 119 Abs. 2). Zur Wahrung des **Bestimmtheitsgrundsatzes**[476] genügt es, dass eine Klausel qua Auslegung den Schluss ist, dass der abhängigkeitsbegründende Vorgang zu den Beschlussgegenständen gehört, die einer mehrheitlichen Beschlussfassung zugänglich sind.[477] Der am Eintritt der Abhängigkeitslage interessierte Gesellschafter unterliegt **keinem Stimmverbot.**[478] Die Wirksamkeit solcher Mehrheitsbeschlüsse hängt - entgegen der hM[479] - **nicht** davon ab, dass **sachliche Gründe** im Gesellschaftsinteresse die gegenläufigen Interessen der dissentierenden Minderheitsgesellschafter überwiegen und den Beschluss rechtfertigen.[480] Ein den Bestimmtheitsgrundsatz flankierender zusätzlicher Schutzmechanismus zugunsten überstimmter Gesellschafter ist insoweit nicht veranlasst.[481] Erst recht liegt in der Abhängigkeitsbegründung als

---

Sudhoff/*Liebscher* § 50 RdNr. 50; **aM** *Michalski* § 105 Anh. RdNr. 17 ff.; wohl auch *Emmerich,* FS Stimpel, 1985, S. 743, 749; *Karsten Schmidt* GesR § 43 III 3 a (S. 1296); für die als Unternehmergemeinschaft konzipierte Personengesellschaft ferner *Wiedemann* Unternehmensgruppe S. 64 f. S. auch *Stehle* S. 93 ff.: jede Aufnahme einer die Gesellschaft gefährdenden fremdunternehmerischen Tätigkeit verstößt gegen die Treuepflicht.

[473] Ganz hM; zB Staub/*Schäfer* § 105 Anh. RdNr. 41; *Ulmer* in Probleme des Konzernrechts, S. 26, 46; *Schneider* ZGR 1975, 253, 280; *ders.* ZGR 1980, 511, 528; Westermann/*Tröger* I RdNr. 4032; *Schießl* S. 39; *Baumgartl* S. 30; *Liebscher* S. 321 f.; noch großzügiger – nicht einmal jede Konkurrenztätigkeit untersagend – *Wiedemann/Hirte* ZGR 1986, 162, 168, 170 ff.; enger – jeden Unternehmenserwerb erfassend – wohl *Emmerich,* FS Stimpel, 1985, S. 743, 749.

[474] Zur Rechtstechnik der mehrheitlichen Vertragsänderung unten RdNr. 270.

[475] Staub/*Schäfer* § 105 Anh. RdNr. 42.

[476] BGHZ 170, 283, 287 = NJW 2007, 1685, 1686 - OTTO; BGHZ 179, 13, 20 f. = NJW 2009, 669 – Schutzgemeinschaft II; näher *Enzinger* § 119 RdNr. 79a f.

[477] Westermann/*Tröger* I RdNr. 4040.

[478] Staub/*Schäfer* § 105 Anh. RdNr. 43; Westermann/*Tröger* I RdNr. 4041.

[479] Für diese etwa Staub/*Schäfer* § 105 Anh. RdNr. 43; *Ulmer* in Probleme des Konzernrechts, S. 26, 46; *Wiedemann* GesR II § 6 I 2 a (S. 514); *Emmerich/Habersack* Konzernrecht § 8 RdNr. 3; E/B/J/S/*Lange* § 105 Anh. RdNr. 18, 21; *Emmerich,* FS Stimpel, 1985, S. 743, 749; *Raiser,* FS Stimpel, 1985, S. 856, 860; Schlegelberger/*Martens* § 105 Anh. RdNr. 24 f.; Röhricht/von Westphalen/*von Gerkan/Haas* § 105 RdNr. 112; *Liebscher* RdNr. 1125; Sudhoff/*Liebscher* § 50 RdNr. 53; *Stehle* S. 89 ff.; differenzierend jetzt Westermann/*Tröger* I RdNr. 4041.

[480] Generell für Mehrheitsbeschlüsse bei Personengesellschaften in der Sache BGHZ 170, 283, 288 = NJW 2007, 1685, 1686 - OTTO; BGHZ 179, 13, 21 = NJW 2009, 669 – Schutzgemeinschaft II; *Schießl* S. 32 f.; für abhängigeitsbegründende Beschlüsse tendenziell auch *Löffler* S. 72 ff.

[481] Zutreffend *Schießl* S. 32 f., wonach sich die gegenteilige Süssen-Entscheidung zur GmbH (BGHZ 80, 69, 74 f. = NJW 1981, 1512) nicht ins Personengesellschaftsrecht übertragen läßt, weil die GmbH im Gegensatz zu den Personengesellschaften kraft Gesetzes auf das Mehrheitsprinzip festgelegt ist.

solcher kein nur mit individueller Zustimmung der Gesellschafter zulässiger Eingriff in den **Kernbereich** der Mitgliedschaft.[482]

cc) Befreiung vom Wettbewerbsverbot. Die Mitwirkung der außenstehenden Gesellschafter in Form ihrer individuellen **Einwilligung**[483] ist erforderlich, wenn der herrschende Gesellschafter vom Wettbewerbsverbot des § 112 Abs. 1 für eine anderweitige Betätigung im Handelszweig der Gesellschaft oder für eine Beteiligung als persönlich haftender Gesellschafter an einer anderen, in dieser Branche tätigen Handelsgesellschaft bzw, für eine beherrschende Beteiligung an einem derart sich betätigenden Unternehmensträger[484] befreit werden soll. Über den Wortlaut der §§ 112, 165 hinausgehend gilt das Wettbewerbsverbot, und damit auch das Einwilligungserfordernis, für alle herrschenden Gesellschafter,[485] also insbesondere für den herrschenden **Kommanditisten** einer KG des **Typs C** (RdNr. 12). Darüber hinaus unterliegen sogar das lediglich **mittelbar beteiligte** herrschende **Unternehmen**[486] im Falle einer GmbH & Co. KG[487] (zB Typ B, RdNr. 11) sowie die „andere Vertragspartei", die nicht zugleich eine Gesellschafterposition innehat (Typ D, RdNr. 13), dem Wettbewerbsverbot. Ihre Einbeziehung rechtfertigt sich daraus, dass kraft gesetzlicher Anordnung (vgl. § 317 Abs. 1 AktG) in Abhängigkeits- und Konzernlagen ein abhängigkeitsinduzierter Durchgriff der Treuepflicht auf das herrschende Unternehmen stattfindet (näher RdNr. 209). 261

dd) Verfügung über einen Gesellschaftsanteil. Die außenstehenden Gesellschafter wirken in Form der individuellen **Zustimmung** (§§ 182 ff. BGB) bei der Abhängigkeitsbegründung mit, soweit die Übertragung der Mitgliedschaft in der **Personengesellschaft** (§§ 413, 398 BGB) nicht bereits gesellschaftsvertraglich zugelassen ist. Hierfür genügt ohne das Vorliegen gegenteiliger Anhaltspunkte eine allgemein gehaltene Zustimmungsklausel; nicht erforderlich ist, dass diese die Entstehung einer Abhängigkeit im Zuge der Anteilsübertragung erkennbar berücksichtigt.[488] **Nicht** hierher gehört allerdings beim Vorliegen einer typischen GmbH & Co. KG (Typ B, RdNr. 11) die Übertragung der Anteile an der **Komplementär-GmbH** an ein herrschendes Unternehmen; für diesen Fall setzt der Schutz der außenstehenden Gesellschafter entsprechende Vertragsgestaltungsmaßnahmen voraus, etwa die Vinkulierung der GmbH-Anteile zu ihren Gunsten in der GmbH-Satzung. 262

2. Informationsrechte. Adressaten von Informationsansprüchen der außenstehenden Gesellschafter können sowohl der herrschende Unternehmensgesellschafter als auch die Gesellschaft selbst sein. 263

Gegenüber dem herrschenden **Unternehmensgesellschafter** besteht ein Individualanspruch jedes außenstehenden Gesellschafters auf **Unterrichtung** über dessen fremdunternehmerische Interessen.[489] Der Anspruch gründet in der Treuepflicht der Gesellschafter 264

[482] Staub/*Schäfer* § 105 Anh. RdNr. 43; BeckHdbPersG/*Rosenbach* § 24 RdNr. 31; **aM** Westermann/*Tröger* I RdNr. 4040.

[483] Kein Fall der §§ 182 ff. BGB; str.; dazu *Langhein* § 112 RdNr. 24.

[484] Zur Erstreckung des § 112 Abs. 1 auf die maßgebliche Beteiligung an einer anderen AG oder GmbH sowie auf die Stellung eines herrschenden Kommanditisten in einer anderen KG s. *Langhein* § 112 RdNr. 17 f.

[485] BGHZ 89, 162, 166 = NJW 1984, 162; Staub/*Schäfer* § 105 Anh. RdNr. 41; *Emmerich,* FS Stimpel, 1985, S. 743, 749; *Wiedemann/Hirte* ZGR 1986, 163, 168 (allerdings unter direkter Berufung der Treuepflicht); Westermann/*Tröger* I RdNr. 4030; Sudhoff/*Liebscher* § 50 RdNr. 52; einschränkend Schlegelberger/*Martens* § 165 RdNr. 24 f. (Ausdehnung des Wettbewerbsverbots nur unter Umgehungsgesichtspunkten oder bei der Eingliederung (vgl. § 322 AktG) gleichkommender enger Verflechtung zwischen Mutter- und Tochtergesellschaft).

[486] BGHZ 89, 162, 166 f. = NJW 1984, 162; Staub/*Schäfer* § 105 Anh. RdNr. 41 f.; Baumbach/*Hopt* § 105 RdNr. 103; *Emmerich,* FS Stimpel, 1985, S. 743, 749; *Raiser,* FS Stimpel, 1985, S. 856, 860.

[487] Ebenso Sudhoff/*Liebscher* § 50 RdNr. 52.

[488] Westermann/*Tröger* I RdNr. 4030; **aM** *Baumgartl* S. 1986; *Schießl* S. 36.

[489] Baumbach/*Hopt* § 105 RdNr. 103; Westermann/*Tröger* I RdNr. 4048; *Schneider* BB 1975, 1353, 1357; *Schießl* S. 72 f.; *Stehle* S. 190; Sudhoff/*Liebscher* § 50 RdNr. 79; auch *Emmerich/Habersack* Konzernrecht § 34 RdNr. 7 (kraft Treu und Glauben); Schlegelberger/*Martens* § 105 Anh. RdNr. 26; *Michalski* § 105 Anh. RdNr. 22.

zueinander. Ein lediglich mittelbar herrschendes Unternehmen unterliegt daher keiner Informationspflicht (s. aber noch RdNr. 265),[490] der § 317 Abs. 1 AktG zu entnehmende Rechtsgedanke des abhängkeitsinduzierten Treuepflichtdurchgriffs (RdNr. 209) ist auf ein schadensersatzbewehrtes Schädigungsverbot beschränkt. Im Übrigen bestimmen sich Entstehung und Reichweite des gesellschaftsvertraglich nicht abdingbaren Informationsanspruchs nach den Ausführungen in RdNr. 214 f. zum Anspruch der Gesellschaft auf Unterrichtung.

265 Gegenüber der **Gesellschaft** selbst besteht ein Anspruch der Gesellschafter auf spontane **Offenlegung,** dass und mit welchem Inhalt die Gesellschaft vom herrschenden Unternehmen über dessen fremdunternehmerische Interessenbindung pflichtgemäß (RdNr. 214 f.) unterrichtet wurde. Diese generelle Informationspflicht wird nicht dadurch in Frage gestellt, dass der Eintritt der Abhängigkeit nicht durchweg eines Gesellschafterbeschlusses bedarf. Da bei Abhängigkeit die Konzernierung der Gesellschaft vermutet wird (§ 18 Abs. 1 S. 2, 3 AktG, RdNr. 63 f.) und die Konzernierung stets die Zustimmung aller Gesellschafter erfordert (RdNr. 269), muss es Sache des Unternehmens sein, die tatbestandlichen Voraussetzungen dieser Vermutungen oder die Vermutung des § 18 Abs. 1 S. 3 AktG als solche zu widerlegen, und damit die Entbehrlichkeit eines Konzernierungsbeschlusses darzutun.

266 Soweit der Eintritt der Abhängigkeitslage im Einzelfall einen besonderen Gesellschafterbeschluss notwendig macht, wird das Zustimmungsrecht jedes Gesellschafters zudem durch ein **besonderes Auskunftsrecht** flankiert (RdNr. 111). Danach ist die Gesellschaft verpflichtet, dem Gesellschafter unaufgefordert alle für die sachgemäße Wahrnehmung seines Zustimmungsrechts erforderlichen Informationen zur Verfügung zu stellen.[491]

267 **3. Minderheitenschutzrechte im Übrigen.** Die Auflösungsklage gemäß § 133 Abs. 1 wird aus Gründen des Bestandsschutzes im Gesellschaftsvertrag häufig durch das Recht zur **Kündigung** der Mitgliedschaft aus wichtigem Grund (§ 131 Abs. 3 S. 1 Nr. 3) ersetzt.[492] Für die Frage, ob ein wichtiger Grund vorliegt, ob also dem Gesellschafter nach Treu und Glauben die Fortsetzung des Mitgliedschaftsverhältnisses bis zum nächsten ordentlichen Kündigungstermin zumutbar ist, kommt es auf die Umstände des Einzelfalles an. Dabei muss auch der Grad der Konzernierung Berücksichtigung finden. Jedenfalls in Verbindung mit weiteren Umständen kann schon der Eintritt der einfachen Abhängigkeitslage einen wichtigen Grund abgeben.[493] Die Zufügung eines qualifizierten, dh. nicht im Wege des Einzelausgleichs kompensationsfähigen Nachteils (RdNr. 180) begründet stets ein Austrittsrecht.

VI. Rechte der Gesellschafter bei der Konzerneinbeziehung

268 Die Konzernierung einer Personengesellschaft erfolgt, indem das herrschende Unternehmen die Ausübung einheitlicher Leitung (RdNr. 61) aufnimmt oder die hierfür sprechende Vermutung des § 18 Abs. 1 S. 3 AktG (RdNr. 64) nicht mehr widerlegen kann. Beruht die Konzernierung auf dem Abschluss eines Beherrschungsvertrags iS des § 291 Abs. 1 S. 1 1. Alt. AktG (Typ D, RdNr. 13), ist die Ausübung einheitlicher Leitung nach

---

[490] **AM** Westermann/*Tröger* I RdNr. 4048.

[491] Wie hier Westermann/*Tröger* I RdNr. 4048.

[492] Regelmäßig war die Kündigungsklausel unter Geltung des § 131 Nr. 6 aF verbunden mit einer nunmehr in § 131 Abs. 3 S. 1 Nr. 3 positivierten Fortsetzungsklausel.

[493] *Schießl* S. 18; ähnlich Sudhoff/*Liebscher* § 50 RdNr. 82. Noch weitergehend – Abhängigkeitseintritt stellt per se wichtigen Grund dar – *Flume* Personengesellschaft § 14 X (S. 256); *Wiedemann* Unternehmensgruppe S. 67 ff. (für die als Mitunternehmergemeinschaft (S. 65) konzipierte Personengesellschaft); **aM** jedenfalls insoweit Westermann/*Tröger* I RdNr. 4049. Vgl. zum GmbH-Konzernrecht auch *Flume,* Die Juristische Person, 1983, § 4 IV (S. 129: sogar Mehrheitsbeteiligung kann ausreichen); *Wiedemann* ZGR 1978, 477, 495 f. (einfache Abhängigkeit kann genügen); *Lutter/Timm* NJW 1982, 409, 414 und *Karsten Schmidt* GmbHR 1979, 121, 131 f. (qualifizierter Konzern nötig); *Schilling,* FS Hefermehl, 1976, S. 383, 388 (je nach mitunternehmerischer Tätigkeit des außenstehenden Gesellschafters).

§ 18 Abs. 1 S. 2 AktG (RdNr. 63) bereits mit dem Vertragsschluss unwiderleglich zu vermuten.

1. Mitwirkungsrechte. Mitwirkungsrechte der Gesellschafter knüpfen sich zunächst daran, dass bei einer Personengesellschaft als Voraussetzung für die Zulässigkeit ihrer Konzernierung bzw., im Falle des Beherrschungsvertrags, zudem für die Wirksamkeit des Vertrages, ein dienender Verbandszweck (RdNr. 132) vorliegen muss (näher RdNr. 149 f.). Für die Konzernierung einer unabhängigen oder schlicht faktisch abhängigen Gesellschaft mit gesetzestypischem Verbandszweck (RdNr. 117 ff.) bedarf es daher der vorgängigen **Zweckänderung,**[494] sei es mittels vertraglicher Einigung der Gesellschafter über die Änderung des Gesellschaftsvertrags oder statt dessen gemäß § 119 Abs. 1 durch einstimmigen[495] Gesellschafterbeschluss **(Konzernierungsbeschluss).** Bei der beherrschungsvertraglichen Konzernierung einer Personengesellschaft (Typ D, RdNr. 13) bedarf zudem der **Beherrschungsvertrag** als solcher der **Zustimmung** aller Gesellschafter (RdNr. 155), und zwar auch mit Wirkung im Außenverhältnis; der zweckändernde Konzernierungsbeschluss beinhaltet regelmäßig auch diese Zustimmung (näher RdNr. 156). 269

Eine konzernierungsöffnende Zweckänderung durch **Mehrheitsentscheidung** kommt nur unter ganz engen Voraussetzungen in Betracht (zum Beherrschungsvertrag schon RdNr. 157).[496] Das gilt, da die Einführung eines dienenden Verbandszwecks (RdNr. 134) wegen der damit verbundenen Verkürzung der mitgliedschaftlichen Gewinninteressen einen Eingriff in den Kernbestand der Mitgliedschaft darstellt,[497] im Ergebnis unabhängig davon, ob es sich um eine Vertragsänderung kraft Mehrheitsbeschluss oder kraft vertraglicher Einigung der Gesellschafter(mehrheit) handelt. Der Mehrheitsbeschluss bedarf als Abweichung von § 119 Abs. 1 der eindeutigen Zulassung im Gesellschaftsvertrag **(Bestimmtheitsgrundsatz)**;[498] der Mehrheitsklausel muss also jedenfalls im Wege der Auslegung eindeutig entnehmen zu sein, dass sie auch die Unterstellung unter einheitliche Leitung erfasst.[499] Wegen des damit einhergehenden Eingriffs in den **Kernbereich**[500] der Mitgliedschaft ist zusätzlich die individuelle Zustimmung der betroffenen (außenstehenden) Gesellschafter erforderlich, die diese als **vorweggenommene Zustimmung** bereits bei Abschluss des Gesellschaftsvertrags erteilen können. Jedoch muss sie sich auf jeweils genau bestimmte konkrete Einzelfälle beziehen und zudem Ausmaß sowie Umfang der Änderung benennen,[501] also auch vorsehen, inwieweit der künftige dienende Gesellschaftszweck sich auf die fremdunternehmerischen Interessen eines herrschenden Unternehmens ausrichten 270

[494] Für die *faktische* Konzernierung Baumbach/*Hopt* § 105 RdNr. 102; *Emmerich/Habersack* Konzernrecht § 34 RdNr. 13; *Koller*/Roth/Morck § 105 RdNr. 36; mit eher diffusem Hinweis auf die (faktische?) Änderung der Gesellschaftsgrundlagen durch Ausübung der einheitlichen Leitung *Reuter* ZHR 146 (1982), 1, 15 (anders *ders.* AG 1986, 130, 137 f.: einheitliche Leitung überhaupt nur kraft Vertrages); Staub/*Schäfer* § 105 Anh. RdNr. 58, § 116 RdNr. 7; *Ulmer* in Probleme des Konzernrechts, S. 26, 50; *Ebenroth,* FS Boujong, 1996, S. 99, 101; ferner mit teilweise unterschiedlichen Begründungen *Schießl* S. 27; *Emmerich,* FS Stimpel, 1985, S. 743, 754; *Burbach* S. 407 f.; iE ferner *Baumgartl* S. 26 f.; ganz abweichend *Schneider* ZGR 1980, 511, 525 (Gesellschafterbeschluß erforderlich, der jedoch das gesetzestypische Gesellschaftsinteresse nicht verändert); ebenso *Liebscher* RdNr. 1127; Sudhoff/*Liebscher* § 50 RdNr. 55; noch anders *Liebscher* S. 323 f. (Konzerneinbeziehung durch Obergesellschaft ist zustimmungsbedürftiges Grundlagengeschäft bei der Untergesellschaft). Für die (beherrschungs)*vertragliche* Konzernierung s. oben RdNr. 149 mN in Fn. 263.

[495] Staub/*Schäfer* § 105 Anh. RdNr. 59; *Karsten Schmidt* GesR § 43 III 4 a (S. 1298); *Emmerich/Habersack* Konzernrecht § 34 RdNr. 13; Sudhoff/*Liebscher* § 50 RdNr. 58, 60.

[496] Gänzlich ablehnend gegenüber dieser Möglichkeit Schlegelberger/*Martens* § 105 Anh. RdNr. 36; E/B/J/S/*Lange* § 105 Anh. RdNr. 36.

[497] *Reuter* ZHR 146 (1982), 1, 18; Staub/*Schäfer* § 105 Anh. RdNr. 59; *Ulmer* in Probleme des Konzernrechts, S. 26, 50; Westermann/*Tröger* I RdNr. 4040; Schlegelberger/*Martens* § 105 Anh. RdNr. 36; *Löffler* S. 78; auch *Schießl* S. 33 f.; **aM** *Ebenroth,* FS Boujong, 1996, S. 99, 112 ff.

[498] BGHZ 170, 283, 287 = NJW 2007, 1685, 1686 - OTTO; 179, 13, 20 f. = NJW 2009, 669 – Schutzgemeinschaft II; näher *Enzinger* § 119 RdNr. 79a f.

[499] *Liebscher* RdNr. 1129.

[500] „Relativ unentziehbare" Mitgliedschaftsrechte iS von BGHZ 170, 283, 288 = NJW 2007, 1685, 1686 – OTTO; BGHZ 179, 13, 21 = NJW 2009, 669 – Schutzgemeinschaft II.

[501] Westermann/*Tröger* I RdNr. 4040; näher zu den Anforderungen an eine antezipierte Zustimmung *Enzinger* § 119 RdNr. 66.

lässt. Dem wird für den Fall der Konzernierung durch einen Beherrschungsvertrag iS des § 291 Abs. 1 S. 1 1. Alt. AktG genügt, wenn die Zustimmungsklausel spezifiziert, inwieweit ein künftig herrschendes Unternehmen auch der Gesellschaft nachteilige Weisungen erteilen darf (schon RdNr. 157). **Unzureichend** ist demgegenüber eine allgemein gehaltene Klausel des Inhalts, dass sich die Gesellschaft der einheitlichen Leitung eines herrschenden Unternehmens unterstellen kann,[502] und erst recht die Klausel, dass über die Konzernierung der Gesellschaft mit Mehrheit beschlossen werden kann.[503]

271 Der zweckändernde Mehrheitsbeschluss als solcher bedarf **keiner sachlichen Rechtfertigung** durch überwiegende Mehrheitsinteressen.[504] Zugunsten der (außenstehenden) Gesellschafter ist eine eigenverantwortliche Interessenwahrnehmung schon dadurch sichergestellt, dass sich die im Gesellschaftsvertrag vorweg erteilte Zustimmung (RdNr. 270) auf einen genau bestimmten konkreten Einzelfall beziehen muss.[505]

272 Ist das Konzernierungsvorhaben durch die im Gesellschaftsvertrag vorweg erteilte Zustimmung (RdNr. 270) nicht gedeckt, können die außenstehenden Gesellschafter kraft ihrer wechselseitigen Treuepflicht verpflichtet sein, der konzernierungsöffnenden **Änderung** des **Gesellschaftszwecks zuzustimmen,** etwa wenn die Konzernierung zur Sanierung der abhängigen Gesellschaft erforderlich ist.[506]

272a Zur **Formfreiheit** und zur nur ausnahmsweise erforderlichen **Registerpublizität** s. RdNr. 133 f., 152 f. sowie 158 f. (für den Zustimmungsbeschluß zu einem Beherrschungsvertrag, iS des § 291 Abs. 1 S. 1 1. Alt. AktG).

273 **2. Informationsrechte.** Die Mitwirkungsrechte der Gesellschafter bei der Konzernierung (RdNr. 269) werden durch einen **besonderen Auskunftsanspruch** gegen die Gesellschaft flankiert, ihnen die zur Rechtswahrnehmung erforderlichen Informationen unaufgefordert zur Verfügung zu stellen (näher RdNr. 266).

274 **3. Minderheitenschutzrechte im Übrigen.** Für die (außenstehenden) Gesellschafter ergeben sich aus der Konzernierung einer Personengesellschaft **keine** Ausgleichs- und/oder Abfindungsansprüche **analog §§ 304, 305 AktG.** Die Konzernierung einer Gesellschaft mit gesetzestypischem Verbandszweck (RdNr. 117 ff.) setzt eine einvernehmliche Zweckänderung voraus (RdNr. 269), so dass jeder Gesellschafter seine Interessen selbst sachgerecht wahrzunehmen vermag.[507] Entsprechendes gilt, wenn eine Gesellschaft mit dienendem Verbandszweck (RdNr. 132) nunmehr einen Beherrschungsvertrag iS des § 291 Abs. 1 S. 1 1. Alt. AktG abschließt. Dieser bedarf der außenwirksamen individuellen Zustimmung aller Gesellschafter (RdNr. 155), und zwar auch mit Wirkung im Außenverhältnis (RdNr. 160).

275 Für das Recht zur Kündigung der Mitgliedschaft aus wichtigem Grund **(Austrittsrecht)** gelten im Ausgangspunkt die Ausführungen in RdNr. 267 zur Abhängigkeitsbegründung. Unabhängig vom Konzernierungsgrad besteht stets ein wichtiger Grund, wenn der Gesell-

---

[502] IE ganz hM; zB Staub/*Schäfer* § 105 Anh. RdNr. 59; *Ulmer* in Probleme des Konzernrechts, S. 26, 51; Heymann/*Emmerich* § 105 Anh. RdNr. 15; *Emmerich/Habersack* Konzernrecht § 34 RdNr. 14; Westermann/*Tröger* I RdNr. 4040; auch *Schießl* S. 33.

[503] S. aber auch *Ebenroth,* FS Boujong, 1996, S. 99, 118 ff.: wirksam bei gleichzeitiger Vereinbarung eines Austrittsrechts.

[504] Vgl. auch oben RdNr. 260 zur Parallelfrage, ob zweckgebundene Gesellschafterbeschlüsse einer sachlichen Rechtfertigung durch überwiegende Gesellschaftsinteressen bedürfen; **aM** folgerichtig *Liebscher* RdNr. 1129.

[505] *Gekeler* S. 214; s. auch *Reuter* ZHR 146 (1982), 1, 19: Inhaltskontrolle nur bei wirtschaftlichem Machtgefälle.

[506] *Schießl* S. 34; *Löffler* S. 70 f. Allgemeiner zur Pflicht, einer Änderung des Gesellschaftsvertrags zuzustimmen, s. *Karsten Schmidt* § 105 RdNr. 164 f. Zu beachten ist im Übrigen, dass bei der Zustimmung zur Konzernierung eine Änderung des Gesellschaftszwecks in Frage steht und für eine entsprechende Mitwirkungsverpflichtung daher strenge Anforderungen gelten müssen.

[507] Staub/*Schäfer* § 105 Anh. RdNr. 77; *Ulmer* in Probleme des Konzernrechts, S. 26, 54; Westermann/*Tröger* I RdNr. 4091; Schlegelberger/*Martens* § 105 Anh. RdNr. 42; *Reuter* AG 1986, 130, 138; *Kleindiek* S. 219 ff.; *Löffler* S. 116 f. (zu § 304 AktG analog); **aM** *Baumgartl* S. 123 f. (§ 304 AktG analog); *Gekeler* S. 211 (§ 305 AktG analog).

schafter der konzernierungsöffnenden Änderung des Gesellschaftszwecks kraft seiner Treuepflicht zustimmen muss (RdNr. 272).[508]

VII. Rechte der Gesellschafter in der Abhängigkeitslage

1. Mitwirkungsrechte. Die unmittelbare (zB Typen A und C, RdNr. 10, 12) und auch die mittelbare Abhängigkeit (zB Typ B, RdNr. 11) einer Personengesellschaft basieren regelmäßig auf gesellschaftsvertraglichen Modifikationen des gesetzlichen Normalstatuts der OHG, und sei es in der Form, dass das herrschende Unternehmen als alleiniger Komplementär einer (GmbH & Co.) KG fungiert oder deren alleinigen Komplementär beherrscht (näher RdNr. 57 ff.). Ist im Einzelfall trotz Abhängigkeit der Gesellschaft von einem Mehrheitsgesellschafter ein außenstehender Gesellschafter als **Geschäftsführer** tätig (RdNr. 58), kann er durch sein Zustimmungsrecht bei Gesamtgeschäftsführung (§ 115 Abs. 2) bzw. sein Widerspruchsrecht bei Einzelgeschäftsführung (§ 115 Abs. 1) sich und die Gesellschaft gegen nachteilige Geschäftsführungsmaßnahmen schützen, soweit diese Rechte nicht gesellschaftsvertraglich abbedungen sind. 276

Nichtgeschäftsführende Gesellschafter verfügen nach dem gesetzlichen Normalstatut nur bei außergewöhnlichen Geschäftsführungsmaßnahmen iS der **§§ 116 Abs. 2, 164 S. 1 2. HS** über ein Zustimmungsrecht, wenn also die Maßnahme nach Art und Inhalt, Umfang oder Risiko Ausnahmecharakter hat. Eine verbreitete Auffassung sieht diese Voraussetzung für **alle Geschäfte** der abhängigen Gesellschaft mit dem herrschenden oder einem mit diesem **verbundenen Unternehmen** (§§ 15 ff. AktG) gegeben.[509] Die auf die unverbundene Personengesellschaft zugeschnittenen §§ 116 Abs. 2, 164 S. 1 2. HS würden den spezifisch mit der Abhängigkeitslage verbundenen Interessenkollisionen nicht gerecht und seien daher entsprechend weit auszulegen.[510] Dem stehe auch nicht entgegen, dass diese Zustimmungsrechte bei der rechtmäßig konzernierten Personengesellschaft enger gezogen werden (dazu RdNr. 290). Denn bei der konzernierten Gesellschaft, die kraft ihres Verbandszwecks auf eine wirtschaftlich unselbständige Existenz unter Inkaufnahme dieser Gefahren zugeschnitten ist,[511] erfolgt ein Schutz der außenstehenden Gesellschafter bereits im Zeitpunkt der Konzernbildung (RdNr. 269), wogegen die Abhängigkeitsbegründung nicht per se ihrer Zustimmung unterliegt (RdNr. 256 f., 258 ff.). 277

Als **Einwand** gegenüber dieser Begründung ist daran zu erinnern, dass nach der **ratio** der §§ 116 Abs. 2, 164 S. 1 2. HS für das Bestehen eines außerordentlichen Zustimmungsrechts nicht allein auf die Art der Geschäftsführungsmaßnahme abzustellen ist, sondern auf den Einzelfall und insbesondere auf die mit der Maßnahme verbundenen Gefahren für die Gesellschaft und die (Mit-)Gesellschafter (RdNr. 277). Deren Gefährdungssituation hängt nicht allein von der Abhängigkeitslage und der möglichen Interessenkollision als solcher ab, sondern vor allem davon, ob die **Auswirkungen** der Maßnahme für die außenstehenden Gesellschafter **klar** und **kontrollierbar** sind.[512] Sind diese Voraussetzungen gegeben, wie dies insbesondere bei **Austauschgeschäften** der Fall sein wird,[513] können die außenstehenden Gesellschafter selbst prüfen, ob die Maßnahme mit den Interessen der abhängigen Gesellschaft zu vereinbaren ist oder Anlass besteht, wegen der Treuepflichtverletzung gegen 278

---

[508] Ebenso Westermann/*Tröger* I RdNr. 4049 (zB in Sanierungssituationen); *Gekeler* S. 210, 322.

[509] *Reuter* ZHR 146 (1982), 1, 6; *ders.* AG 1986, 130, 131; Staub/*Schäfer* § 105 Anh. RdNr. 45 f. u. *Ulmer* in Probleme des Konzernrechts, S. 26, 43 (jeweils mit Ausnahme für Routinegeschäfte auf der Basis von Marktpreisen und für Bagatellgeschäfte); *Schneider* ZGR 1980, 511, 528; *ders.* ZGR 1975, 253, 281; *Löffler* S. 157; *Schießl* S. 64; s. auch Schlegelberger/*Martens* § 105 Anh. RdNr. 26: alle abhängigkeitsrelevanten Handlungen; ähnlich E/B/J/S/*Lange* § 105 Anh. RdNr. 28: wenn Nachteilsgefahr aufgrund der der Interessenkollision beim herrschenden Unternehmendroht; auf den Einzelfall abstellend BGHZ 76, 160, 163 = NJW 1980, 1463; BGH WM 1973, 170, 171; *Stehle* S. 103 f.

[510] *Reuter* ZHR 146 (1982), 1, 6.

[511] *Löffler* S. 157.

[512] BGHZ 76, 160, 163 = NJW 1980, 1463; BGH WM 1973, 170, 171; *Burbach* S. 73 f.; *Stehle* S. 103 f.; *Kleindiek* S. 307.

[513] Bsp.: Architektenvertrag einer KG mit dem Gesellschafter der herrschenden Komplementär-GmbH, der zugleich Architekt ist (BGHZ 76, 160, 163 = NJW 1980, 1463).

den geschäftsführenden Unternehmensgesellschafter bzw. das mittelbar herrschende Unternehmen vorzugehen. Anders liegt es bei Geschäftsführungsmaßnahmen wie insbesondere der Begründung **personeller** oder anderweitiger **organisatorischer Verflechtungen,** deren Auswirkungen nicht ohne weiteres überschaubar sind.[514] Wegen der nicht anders kontrollierbaren Risiken einer Interessenkollision ist die Entscheidungsbefugnis für derartige Maßnahmen in entsprechend weiter Auslegung der §§ 116 Abs. 2, 164 S. 1 2. HS auf die Gesellschaftergesamtheit zu verlagern.[515]

279 **Mehrheitsentscheidungen** (§ 119 Abs. 2) im Bereich der §§ 116 Abs. 2, 164 S. 1 2. HS bedürfen nach dem **Bestimmtheitsgrundsatz** einer besonderen und notwendig eindeutigen Zulassung im Gesellschaftsvertrag (näher § 119 RdNr. 79a f.). Hieran fehlt es regelmäßig, wenn die Gesellschaft erst nach Vereinbarung des Mehrheitsprinzips abhängig wird. Soweit Mehrheitsbeschlüsse gleichwohl möglich bleiben und ein Rechtsgeschäft der beherrschten Gesellschaft mit dem – zumeist über die Stimmenmehrheit verfügenden – herrschenden Unternehmensgesellschafter in Frage steht, unterliegt dieser grundsätzlich[516] einem **Stimmverbot** analog § 34 BGB, § 47 Abs. 4 GmbHG.[517]

280 Die Zustimmungsrechte der §§ 116 Abs. 2, 164 S. 1 2. HS lassen sich grundsätzlich **abbedingen** oder auf bestimmte, im Gesellschaftsvertrag näher umschriebene Rechtsgeschäfte reduzieren (§§ 109, 163). Eine **allgemein** gehaltene Klausel erstreckt sich im Zweifel jedoch **nicht** auf die abhängigkeitsspezifischen Zustimmungsrechte. Dies gilt insbesondere, wenn die Klausel vor Eintritt der Abhängigkeitslage vereinbart wurde und die Abbedingung nicht auch genau für diesen Fall vorsieht.[518] Erst recht beinhaltet die Klausel, dass der geschäftsführende Unternehmensgesellschafter vom vertretungsmachtbeschränkenden § 181 BGB befreit wird, nicht zugleich eine Befreiung von den Beschränkungen seiner Geschäftsführungsbefugnis durch die §§ 116 Abs. 2, 164 S. 1 2. HS.[519] Für die **nachträgliche** Abbedingung durch einen **Mehrheitsbeschluss** verlangt der **Bestimmtheitsgrundsatz**[520] eine eindeutige Zulassung im Gesellschaftsvertrag. Zudem ist die individuelle Zustimmung der betroffenen Gesellschafter erforderlich, da in jeder Abbedingung von Zustimmungsrechten der §§ 116 Abs. 2, 164 S. 1 2. HS ein Eingriff in den **Kernbereich**[521] der Gesellschafterrechte liegt. Für eine vorweggenommene Zustimmung im Gesellschaftsvertrag müssen die erforderlichen Festlegungen zu Ausmaß und Umfang[522] der durch Mehrheitsbeschluss zulässigen Einschränkungen unzweideutig gerade auch die Abhängigkeitslage betreffen.[523]

281 Liegt nach obigem Maßstab (RdNr. 278) eine außergewöhnliche Maßnahme vor, wirkt das **Fehlen** der nach §§ 116 Abs. 2, 164 S. 1 2. HS erforderlichen einstimmigen **Zustimmung** zugleich als Beschränkung der **Vertretungsbefugnis,** soweit es sich bei der Maßnahme um ein direkt mit dem herrschenden Unternehmensgesellschafter[524] oder dessen

---

[514] Bsp.: Der geschäftsführende Gesellschafter einer KG legt die Einkaufsorganisationen der Gesellschaftsunternehmen mit denen seiner eigenen Unternehmen zusammen (BGH WM 1973, 170, 171).

[515] BGHZ 76, 160, 163 = NJW 1980, 1463; BGH WM 1973, 170, 171; Westermann/*Tröger* I RdNr. 4061; *Stehle* S. 103 f.

[516] Für Ausnahmen s. die RdNr. 157, 271.

[517] Staub/*Schäfer* § 105 Anh. RdNr. 47; MünchKommBGB/*Ulmer/Schäfer* § 709 RdNr. 65 mwN; *Ulmer* in Probleme des Konzernrechts, S. 23, 44; Baumbach/*Hopt* § 119 RdNr. 8; Westermann/*Tröger* I RdNr.4063; Schlegelberger/*Martens* § 105 Anh. RdNr. 26; ausführlich *Stehle* S. 137 ff.; *Baumgartl* S. 34 f.; **aM** *Schießl* S. 64–66.

[518] *Ulmer* in Probleme des Konzernrechts, S. 26, 43; **aM** Westermann/*Tröger* I RdNr. 4063.

[519] Staub/*Schäfer* § 105 Anh. RdNr. 45; *Ulmer* in Probleme des Konzernrechts, S. 26, 43.

[520] BGHZ 170, 283, 287 = NJW 2007, 1685, 1686 - OTTO; BGHZ 179, 13, 20 f. = NJW 2009, 669 – Schutzgemeinschaft II; näher *Enzinger* § 119 RdRn. 79a f.

[521] „Relativ unentziehbare" Mitgliedschaftsrechte iS von BGHZ 170, 283, 288 = NJW 2007, 1685, 1686 – OTTO; BGHZ 179, 13, 21 = NJW 2009, 669 – Schutzgemeinschaft II.

[522] Zu den Anforderungen an die antezipierte Zustimmung *Enzinger* § 119 RdNr. 66.

[523] Staub/*Schäfer* § 105 Anh. RdNr. 47; *Ulmer* in Probleme des Konzernrechts, S. 26, 43 f.

[524] Staub/*Schäfer* § 105 Anh. RdNr. 46; *Reuter* ZHR 146 (1982), 1, 6 f.; Westermann/*Tröger* I RdNr. 4064; *Schießl* S. 67.

100%iger Tochtergesellschaft[525] abgeschlossenes Rechtsgeschäft handelt.[526] Dagegen bleibt **§ 126 Abs. 2** unberührt, wenn auf der Gegenseite neben dem herrschenden Unternehmensgesellschafter noch weitere Personen, etwa im Falle des Vertragsschlusses mit einer Tochtergesellschaft ein Minderheitsgesellschafter, beteiligt sind.[527] Weitergehende Beschränkungen der Vertretungsbefugnis ergeben sich auch nicht aus § 181 BGB.[528]

2. Informationsrechte. a) Gesellschafter. Verfügt ein (außenstehender) Gesellschafter über **Alleingeschäftsführungsbefugnis** (RdNr. 276) und ist auch sein Widerspruchsrecht aus § 115 Abs. 1 2. HS nicht gesellschaftsvertraglich abbedungen, muss er vor Durchführung einer Maßnahme informiert werden, wenn mit seinem Widerspruch zu rechnen ist[529] (s. auch RdNr. 110). 282

Soweit die Gesellschafter nach Maßgabe der §§ 116 Abs. 2, 164 S. 1 2. HS über außerordentliche Geschäftsführungsmaßnahmen entscheiden (RdNr. 278), haben sie kraft ihres **besonderen Auskunftsrechts** (RdNr. 111) einen Anspruch gegen die Gesellschaft, dass ihnen die für die sachgemäße Wahrnehmung ihrer Mitwirkungsrechte erforderlichen Informationen unaufgefordert zur Verfügung gestellt werden.[530] 283

b) Die Einsichts- und Auskunftsrechte der §§ 118, 166. aa) Komplementär. Das Einsichts- und, ergänzend, das Auskunftsrecht der unbeschränkt persönlich haftenden Gesellschafter aus § 118 Abs. 1 über die „Angelegenheiten der Gesellschaft" erstreckt sich auch auf deren Beziehung zu gruppenangehörigen Unternehmen. Das betrifft nicht nur die Beziehungen zu Tochter- und Enkelgesellschaften (RdNr. 103), sondern auch die **Beziehung zum herrschenden Unternehmen.** Vom Informationsanspruch umfasst sind insoweit sowohl die rechtlichen und/oder wirtschaftlichen Beziehungen zum herrschenden Unternehmen[531] als auch dessen eigene Angelegenheiten,[532] soweit diese ihrerseits für die abhängige Gesellschaft relevant sind.[533] Für die Frage, inwieweit die Gesellschaft neben der **Einsicht** in ihre eigenen Bücher und Papiere (RdNr. 104) auch Einsicht in solche des herrschenden Unternehmens zu verschaffen hat, gelten die Ausführungen in RdNr. 107 entsprechend.[534] Gegebenenfalls bleibt dem informationsbegehrenden, unbeschränkt persönlich haftenden Gesellschafter noch der Rückgriff auf seinen **ergänzenden Auskunftsanspruch** (s. RdNr. 112). 284

Einschränkungen bis hin zur völligen Abbedingung des Informationsrechts sind in den Grenzen des § 118 Abs. 2 zulässig.[535] Für die Abhängigkeitslage setzt § 118 Abs. 2 gesellschaftsvertraglichen Modifikationen dabei engere Schranken.[536] Modellhaft geht dieses Recht – ähnlich wie § 708 BGB (RdNr. 203) – von einem Interessengleichklang der Gesellschafter aus, und mutet deshalb dem informationsbegehrenden Gesellschafter zu, in 285

[525] Westermann/*Tröger* I RdNr. 4064; *Schießl* S. 67 f.

[526] Zur Einschränkung des § 126 Abs. 2 gegenüber Gesellschaftern *Karsten Schmid* § 126 RdNr. 17 (mit abweichender eigener Position).

[527] Westermann/*Tröger* I RdNr. 4064; *Schießl* S. 67 f.; **aM** – § 126 Abs. 2 findet im Konzern generell keine Anwendung – *Schneider* ZGR 1980, 511, 529.

[528] Näher *Stehle* S. 111 ff.

[529] *Emmerich/Habersack* Konzernrecht § 34 RdNr. 7; E/B/J/S/*Lange* § 105 Anh. RdNr. 28.

[530] Wie hier Westermann/*Tröger* RdNr. 4065.

[531] Nicht der Beziehung zum herrschenden Unternehmen, sondern den (ur)eigenen Angelegenheiten der Gesellschaft zuzuordnen ist die Frage, ob diese nachteilige Geschäfte auf „Weisung" oder jedenfalls im Interesse des herrschenden Unternehmens vorgenommen hat (wohl ebenso *Schneider* BB 1975, 1353, 1356). Darauf muß sich das Informationsrecht des § 118 Abs. 1 auch dann erstrecken, wenn man entgegen hier vertretener Auffassung die Beziehung zum herrschenden Unternehmen aus § 118 Abs. 1 ausklammert.

[532] *Wohlleben* (Fn. 196) S. 105 f.; für die GmbH Baumbach/Hueck/*Zöllner* GmbHG § 51 a RdNr. 12; *Tietze* (Fn. 190) S. 15; *Grunewald* ZHR 146 (1982), 211, 235 f.; enger Schlegelberger/*Martens* § 118 RdNr. 8: kein Einsichtsrecht (aber wohl ergänzender Auskunftsanspruch, s. sogleich im Text).

[533] *Lutter/Hommelhoff* GmbHG § 51 a RdNr. 15.

[534] Etwas großzügiger *Lutter/Hommelhoff* GmbHG § 51 a RdNr. 15, wonach die Informationspflicht ohne weiteres auch bei tatsächlicher Unmöglichkeit entfällt.

[535] **AM** – für die Abhängigkeit keine gesellschaftsvertraglichen Einschränkungen zulassend – *Emmerich/Habersack* Konzernrecht § 34 RdNr. 8.

[536] **AM** wohl nur *Baumgartl* S. 32 (ohne Begründung).

Form eines durch Tatsachen untermauerten konkreten Verdachts die Vermutung redlichen Verhaltens zu widerlegen (§ 118 Abs. 2). Wie jedoch bereits zu § 708 BGB ausgeführt (RdNr. 203), entfällt in der Abhängigkeitslage wegen der Sonderinteressen des Unternehmensgesellschafters und der daraus resultierenden Gefahr von Interessenkollisionen die Grundlage dieser Gesetzesprämisse. Dem hat die Auslegung des § 118 Abs. 2 Rechnung zu tragen. Gesellschaftsvertragliche Einschränkungen sind nur bis zur Grenze des **abstrakten Verdachts** einer Benachteiligung der Gesellschaft durch das herrschende Unternehmen zulässig. Das Informationsrecht besteht schon dann, wenn das herrschende Unternehmen nicht widerlegen kann, dass sich die Interessenkollision auf die Geschäftsführung der Gesellschaft ausgewirkt haben könnte;[537] die Abhängigkeitslage als solche bildet hingegen noch kein hinreichendes Verdachtsmoment.[538]

286 **bb) Kommanditist.** Das außerordentliche Einsichts- und Auskunftsrecht des Kommanditisten **(§ 166 Abs. 3)** erstreckt sich als funktionsgebundenes Informationsrecht (RdNr. 109, 113) auf die Beziehung der Gesellschaft zum herrschenden Unternehmen und dessen Angelegenheiten,[539] soweit das einen wichtigen Grund begründende Informationsbedürfnis des Kommanditisten eine derartige Einsicht oder Auskunft als geboten erscheinen lässt. Als wichtiger Grund iS des § 166 Abs. 3 genügt in vollkommener Parallele zu § 118 Abs. 2 (RdNr. 285) der **abstrakte Verdacht** einer Benachteiligung der Gesellschaft durch das herrschende Unternehmen,[540] der ebenso wie dort nicht bereits durch die Abhängigkeit als solche begründet wird.[541] Auch mit dieser Erweiterung bleibt die gegenständliche **Reichweite** (RdNr. 109) des Informationsrechts von dem im konkreten Einzelfall angeführten Informationsbedürfnis abhängig; eine Pflicht zur **kontinuierlichen** Offenlegung erwächst daraus **nicht.**[542]

287 **3. Minderheitenschutzrechte im Übrigen.** Reflexiven Schutz der außenstehenden Gesellschafter verwirklicht die gesellschaftsbezogene Treuepflicht, die auch auf ein lediglich mittelbar herrschendes Unternehmen ausgreift, und als Grundlage für Verlustausgleichs- und Schadensersatzansprüche der Gesellschaft dient (näher RdNr. 180 ff., 205 ff.). Eine Effektuierung erfährt dieser reflexive Schutz dadurch, dass die außenstehenden Gesellschafter die Ersatzansprüche der Gesellschaft analog § 317 Abs. 4 bzw. § 309 Abs. 4 AktG oder, wohl vorzugswürdig, mittels der **actio pro socio** gegebenenfalls selbst geltend machen können.

288 Spezifisch personengesellschaftsrechtlichen Minderheitenschutz leisten ferner die unentziehbaren Gestaltungsklagen der **§§ 117, 127, 133, 140.** Hiernach können die außenstehenden Gesellschafter bei Vorliegen eines wichtigen Grundes, insbesondere bei grober Pflichtverletzung des herrschenden Unternehmens, je nach den Umständen dessen Ausschluß aus dem Gesellschaftsverband, die Entziehung seiner Geschäftsführungs- oder Vertretungsbefugnis oder die Auflösung der Gesellschaft verlangen.[543]

VIII. Rechte der Gesellschafter in der zulässig herbeigeführten Konzernlage

289 Die mit der Ausübung einheitlicher Leitung durch das herrschende Unternehmen herbeigeführte Konzernlage ist zulässig, wenn der unmittelbar (zB Typen A und C, RdNr. 10, 12) oder mittelbar (Typ B, RdNr. 11) konzernierten Personengesellschaft ein dienender Verbandszweck (RdNr. 132) vorgegeben ist (RdNr. 142 f., 149).

---

[537] Staub/*Schäfer* § 105 Anh. RdNr. 49.

[538] **AM** *Schneider* BB 1975, 1353, 1356 f.; *ders.* ZGR 1975, 253, 291; *ders.* ZGR 1980, 511; 529 f.; *ders.* BB 1980, 1057, 1061; *Reuter* AG 1986, 130, 131; *Schießl* S. 72; *Michalski* § 105 Anh. RdNr. 129; unklar E/B/J/S/*Lange* § 105 Anh. RdNr. 27.

[539] Staub/*Schilling* § 166 RdNr. 5.

[540] Staub/*Schäfer* § 105 Anh. RdNr. 49.

[541] Oben § 166 RdNr. 31; Baumbach/*Hopt* § 166 a RdNr. 17; **aM** *Reuter* ZHR 146, (1982), 1, 7; Schlegelberger/*Martens* § 166 RdNr. 49.

[542] **AM** *Stehle* S. 189 f.

[543] Staub/*Schäfer* § 105 Anh. RdNr. 44; *Schießl* S. 73–77; *Heck* S. 164.

1. Mitwirkungsrechte. Bei der konzernierten Gesellschaft mit dienendem Verbandszweck (RdNr. 132) bewirken die Zustimmungsrechte der **§§ 116 Abs. 2, § 164 S. 1 2. HS** einen geringeren Schutz der nichtgeschäftsführenden Gesellschafter vor nachteiligen Rechtsgeschäften. Die **Außergewöhnlichkeit** einer Geschäftsführungsmaßnahme bemisst sich anhand des **konkreten** dienenden **Verbandszwecks** (RdNr. 120, 132). Mit der Konzernierung typischerweise einhergehende Maßnahmen wie insbesondere Rechtsgeschäfte zwischen den verbundenen Unternehmen sind nicht als außergewöhnlich einzustufen.[544] Die konzerntypische Undurchsichtigkeit der Verhältnisse allein rechtfertigt nicht, konzerninterne Geschäftsführungsmaßnahmen per se als außergewöhnlich anzusehen;[545] der Schutz gegen diese Risiken wird, anders als bei der Abhängigkeit einer Gesellschaft mit gesetzestypischem Verbandszweck (dazu RdNr. 277 f.), durch das Erfordernis der einstimmigen Zustimmung geleistet (RdNr. 269). Ins Positive gewendet **besteht** das Zustimmungsrecht der §§ 116 Abs. 2, 164 S. 1 2. HS nur bei Maßnahmen, die auch unter Berücksichtigung des Umstandes als außergewöhnlich erscheinen, dass die Konzernierung notwendig mittels Ausübung einheitlicher Leitung erfolgt. Insoweit ist dann entscheidend, ob die Geschäftsführungsmaßnahme die Konzernintegration und damit die wirtschaftliche Abhängigkeit der Untergesellschaft verstärkt.[546] Stets außergewöhnlich sind im Übrigen **existenzbedrohende** Geschäftsführungsmaßnahmen, da die Liquidationskompetenz bei den Gesellschaftern selbst liegt (§ 131 Abs. 1 Nr. 2).[547] 290

Für weitere Einzelheiten bezüglich der Zustimmungsrechte der §§ 116 Abs. 2, 164 S. 1 2. HS in der Konzernlage – etwa deren Abbedingung und deren Auswirkungen auf die Vertretungsmacht der Geschäftsführer gegenüber Mitgesellschaftern – ist auf die Ausführungen in RdNr. 279 ff. zur Abhängigkeitslage zu verweisen. 291

2. Informationsrechte. Für die Informationsrechte der Gesellschafter aus den **§§ 118, 166** gilt das zur Abhängigkeitslage in RdNr. 284 ff. Ausgeführte. Die Informationsrechte erfahren, anders als die Zustimmungsrechte (RdNr. 290), allein durch das Vorhandensein eines dienenden Verbandszwecks (RdNr. 132) noch keine Einschränkung,[548] da sie notwendig sind, um Ansprüche der Gesellschaft aus Treuepflichtverletzung oder der Verletzung des Beherrschungsvertrages festzustellen. Insofern sind die uneingeschränkten Informationsrechte ohne weiteres vereinbar mit der Konzernlage. 292

3. Minderheitenschutzrechte im Übrigen. Ein außenstehender Gesellschafter hat einen Anspruch auf **Unterlassung** von Geschäftsführungsmaßnahmen gegen den geschäftsführenden (Unternehmens-)Gesellschafter, soweit dieser mit Vornahme der Maßnahme die Mitwirkungsbefugnisse der Gesellschafter aus den §§ 116 Abs. 2, 164 S. 1 2. HS missachtet (s. dazu auch noch RdNr. 300).[549] 293

Weiter kommt in Betracht, dass außenstehende Gesellschafter die auch auf ein lediglich mittelbar herrschendes Unternehmen ausgreifenden treuepflichtgestützten Ersatz- und Unterlassungsansprüche der Gesellschaft (RdNr. 221 f.) sowie deren Anspruch auf Verlustausgleich (RdNr. 191 ff.) gemäß den § 317 Abs. 4 bzw. 309 Abs. 4 AktG analog bzw., vorzugswürdig, im Wege der **actio pro socio**[550] geltend machen. 294

---

[544] Staub/*Schäfer* § 105 Anh. RdNr. 78; *Ulmer* in Probleme des Konzernrechts, S. 54; *Kleindiek* S. 306 (für die laufende Konzern-Geschäftsführung); Westermann/*Tröger* I RdNr. 4062; *Löffler* S. 157; **aM** *Reuter* ZHR 146 (1982), 1, 6; *Schneider* ZGR 1980, 511, 528: keine Einschränkung des Maßstabes für die Außergewöhnlichkeit im Konzern.

[545] *Kleindiek* S. 306 mit Fn. 52; **aM** *Stehle* S. 104.

[546] *Kleindiek* S. 306 f.

[547] *Löffler* S. 115.

[548] Staub/*Schäfer* § 105 Anh. RdNr. 78; *Ulmer* in Probleme des Konzernrechts, S. 26, 54; weitergehend *Löffler* S. 125 f., der aus §§ 713, 666 BGB eine Pflicht des Geschäftsführers herleitet, bei wichtigem Anlaß von sich aus an die Gesellschafter zu berichten. S. aber oben RdNr. 101.

[549] *Stehle* S. 105, 164; unter überflüssiger Bemühung der actio pro socio auch *Löffler* S. 114 f. (mit Ausführungen zur erschwerten Durchsetzbarkeit des Unterlassungsanspruchs, weil eine Beweislastumkehr insoweit nicht greife und Klageanträge nur schwer hinreichend präzise zu stellen seien).

[550] Für den Verlustausgleichsanspruch näher *Kleindiek* S. 199.

295 Gestaltungsklagen gemäß den **§§ 117, 127, 133, 140** können vor allem dann durchgreifen, wenn das herrschende Unternehmen seine **Leitungsmacht** gegenüber einer Gesellschaft mit dienendem Verbandszweck (RdNr. 132) **unrechtmäßig** ausübt (s. schon RdNr. 226). Aber auch bei **rechtmäßigem** Leitungsverhalten können diese Gestaltungsklagen in Betracht kommen, sofern sich die Herrschaftsausübung entgegen den berechtigten Erwartungen der außenstehenden Gesellschafter als unzumutbar erweist.[551] In Ausnahmefällen besteht ferner kraft der Treuepflicht zwischen den Gesellschaftern die Möglichkeit, dass der herrschende Unternehmensgesellschafter an der **Aufhebung** des **dienenden Verbandszwecks** mitzuwirken hat.[552]

IX. Rechte der Gesellschafter in der unzulässigen Konzernlage

296 Eine unzulässig herbeigeführte Konzernlage liegt vor, wenn das herrschende Unternehmen eine Personengesellschaft unmittelbar (zB Typen A und C, RdNr. 10, 12) oder mittelbar (zB Typ B, RdNr. 11) der konzernstiftenden einheitlichen Leitung unterwirft, obwohl die Gesellschaft über einen gesetzestypischen Verbandszweck (RdNr. 117 ff.) verfügt (näher RdNr. 127, 129; s. auch RdNr. 149). Darüber hinaus genügt für die Unzulässigkeit bereits, dass das Unternehmen die Vermutung des § 18 Abs. 1 S. 2, 3 AktG (RdNr. 63 f.) für die Ausübung einheitlicher Leitung nicht zu widerlegen vermag.

297 **1. Mitwirkungs- und Informationsrechte.** Bei unzulässiger Konzernierung einer Gesellschaft mit gesetzestypischem Verbandszweck (RdNr. 117 ff.) bestimmt sich das Vorliegen eines zustimmungspflichtigen Geschäfts iS der **§§ 116 Abs. 2, 164 S. 1 2. HS** anhand des bereits für die Abhängigkeitslage dargelegten Maßstabs der Außergewöhnlichkeit (RdNr. 278). Denn die rechtswidrig praktizierte Konzernierung kann nicht zur Folge haben, dass der bei rechtmäßiger Konzernierung berufene großzügigere Beurteilungsmaßstab (RdNr. 290) zur Anwendung kommt. Für die **Informationsrechte** der Gesellschafter bestehen in der Abhängigkeitslage und bei rechtmäßiger Konzernierung ohnehin übereinstimmende tatbestandliche Voraussetzungen (RdNr. 292); dieser Maßstab gilt folglich auch im Falle der rechtswidrigen Konzernierung.

298 **2. Minderheitenschutzrechte im Übrigen.** Die unzulässige Konzernierung einer Gesellschaft stellt sich sowohl bei der Gesellschaft als auch beim konzernleitenden Unternehmen als Unrechtstatbestand dar.[553] Für die außenstehenden Gesellschafter folgen als Konsequenz dieses Unrechtstatbestands neben Rechten gegen die Gesellschaft sowie den/die geschäftsführenden Mitgesellschafter auch Rechte gegen das herrschende Unternehmen sowie gegen dessen gesetzliche Vertreter; bei personeller Identität des geschäftsführenden Unternehmensgesellschafters und des herrschenden Unternehmens kumulieren ihre jeweiligen Ansprüche.

299 Die außenstehenden Gesellschafter verfügen über ein mitgliedschaftliches **Abwehrrecht** gegen ihre Gesellschaft, soweit die Geschäftsführung mit der Vornahme einer allein im Konzerninteresse liegenden Geschäftsführungshandlung zugleich die Mitwirkungsrechte der Gesellschafter (§§ 116 Abs. 2, 164 S. 1 2. HS; RdNr. 297) verletzt.[554] Etwaige Beden-

---

[551] Staub/*Schäfer* § 105 Anh. RdNr. 78; **aM** Westermann/*Tröger* I RdNr. 4049.

[552] Vgl. auch Staub/*Schäfer* § 105 Anh. RdNr. 78; *Gekeler* S. 286 f.: auf Aufhebung des Konzernierungsbeschlusses gerichtetes Klagerecht analog § 297 AktG; Schlegelberger/*Martens* § 105 Anh. RdNr. 43: Abwehrrecht analog § 297 AktG dahingehend, dass die Ausübung der Leitungsmacht durch das herrschende Unternehmen aus wichtigem Grund zu unterbleiben hat.

[553] Näher RdNr. 127 f. für die Konzernierung einer Gesellschaft mit gesetzestypischem Verbandszweck (RdNr. 117 ff.).

[554] Ebenso Westermann/*Tröger* I RdNr. 4044; *Schießl* S. 67 (allerdings ohne präzise Benennung des Anspruchsgegners); auf deliktsrechtlicher Basis wegen Verletzung der Mitgliedschaft als „sonstiges" Recht iS des § 823 Abs. 1 BGB auch *Habersack* (Fn. 422) S. 318 f.

ken aus der Wahrung der innergesellschaftlichen Zuständigkeitsordnung stehen diesem Abwehranspruch nicht entgegen. Er verwirklicht keine Störung, sondern im Gegenteil die Wiederherstellung dieser Ordnung.[555] Derartige **Verletzungssituationen** sind etwa gegeben, wenn ein geschäftsführender (Unternehmens-)Gesellschafter in Praktizierung der einheitlichen Leitung konkrete Geschäftsführungsmaßnahmen, zB Zusammenlegung der Vertriebsorganisation, Zentralisierung von Leitungsaufgaben, Produktionsumstellungen, allein im Konzerninteresse vornimmt und damit seine innergesellschaftliche Geschäftsführungsbefugnis überschreitet. Inhaltlich richtet sich der verschuldensunabhängige Anspruch auf die **Folgenbeseitigung** im Falle bereits erfolgter Kompetenzübergriffe und auf die **Unterlassung** drohender künftiger Kompetenzverletzungen.[556]

Bei Missachtung der gesellschafterlichen Mitwirkungsrechte (RdNr. 297) steht den außenstehenden Gesellschaftern daneben auch ein treuepflichtgestützter **Unterlassungsanspruch** gegen den bzw. die Geschäftsführer zu Gebote.[557] [558] Auch insoweit greifen etwaige Bedenken wegen einer Störung der innergesellschaftlichen Organisationsordnung nicht durch. Der weitergehende **Verzicht** auf Geschäftsführungs- und Weisungsrechte in der Gesellschaft oder die Aufgabe der anderweitigen unternehmerischen Interessen kann dagegen **nicht** verlangt werden.[559] **300**

Ferner kommt in Betracht, dass ein außenstehender Gesellschafter die Ansprüche der konzernierten Gesellschaft auf Verlustausgleich (RdNr. 180 ff.; 191 ff.), auf Schadensersatz wegen einzelner schädigender Eingriffe (RdNr. 219 ff.) und auf Unterlassung künftiger rechtswidriger Leitungsmaßnahmen (RdNr. 222) im Wege der **actio pro socio** (RdNr. 294) geltend macht. Von besonderem Interesse ist dieser Anspruch gegenüber einem mittelbar herrschenden Unternehmen, das nicht der Treuepflicht der Gesellschafter untereinander unterliegt. **301**

Schließlich führt die unzulässige Konzernierung regelmäßig dazu, dass ein außenstehender Gesellschafter erfolgreich die Gestaltungsklagen der **§§ 117, 127, 140** erheben kann.[560] Alternativ kann er, sofern der Gesellschaftsvertrag ein Recht zur Kündigung der Mitgliedschaft aus wichtigem Grund vorsieht, auch dieses **Austrittsrecht** ausüben.[561] **302**

X. Die Publikumsgesellschaft als beherrschte Gesellschaft

Die **Publikumsgesellschaft** ist als Personengesellschaft, regelmäßig in Form einer GmbH & Co. KG, mit einem kapitalistisch ausgestalteten Innenverhältnis auf die Mitgliedschaft einer unbestimmten Vielzahl von Kommanditisten zugeschnitten, die als reine Kapitalanleger fungieren. Diese körperschaftliche Struktur des Innenverhältnisses aufnehmend, haben Rechtsprechung und Lehre für das Rechtsverhältnis der Gesellschafter untereinander sowie zur Gesellschaft ein Sonderrecht der Publikumsgesellschaft herausgebildet,[562] zu dessen Kernelementen die Einführung des kapitalistischen Mehrheitsprinzips gehört, und das in der Folge auch auf Abhängigkeits- und Konzernlagen ausstrahlt. Allein diese konzernrechtlichen Konsequenzen sind im folgenden darzustellen. **303**

---

[555] *Schießl* S. 67.

[556] Westermann/*Tröger* I RdNr. 4045; für den aktienrechtlichen Abwehranspruch s. GroßkommAktG/*Mülbert* Vor §§ 118–147 RdNr. 212 mwN.

[557] Für mitgliedschaftlichen Unterlassungsanspruch bei jedweder pflichtwidrigen Maßnahme *Schneider* JR 1980, 466, 467 f.; mit Einschränkungen – nur bei evidenter Pflichtwidrigkeit – *Grunewald* DB 1981, 407 ff.; noch restriktiver *Hüffer* ZGR 1981, 348, 361 f.: bei drohendem Verlust des gesamten Gesellschaftsvermögens.

[558] IE ebenso wegen einer Verletzung der Mitgliedschaft als „sonstiges" Recht iS des § 823 Abs. 1 BGB *Karsten Schmidt* GesR § 21 V 3 b (S. 649); *Habersack* (Fn. 422) S. 316 ff.

[559] Westermann/*Tröger* I RdNr. 4044; **aM** Staub/*Schäfer* § 105 Anh. RdNr. 66.

[560] Ausführlich *Löffler* S. 140–142; ferner Staub/*Schäfer* § 105 RdNr. 66; Westermann/*Tröger* I RdNr. 4047.

[561] *Löffler* S. 142.

[562] Umfassend zur Publikumsgesellschaft oben § 161 RdNr. 101 ff.

304 **1. Die Auswirkungen des kapitalistischen Mehrheitsprinzips.** Auswirkungen zeigt das kapitalistische Mehrheitsprinzip[563] bei der Abhängigkeits- und Konzernbegründung, den Mitwirkungsrechten in Geschäftsführungsfragen und dem Minderheitenschutz:

305 Sofern die Abhängigkeitsbegründung einen Gesellschafterbeschluss erfordert (RdNr. 259 f.), kann dieser mit einfacher Mehrheit gefasst werden. Der **Konzernierungsbeschluss** (RdNr. 269) bedarf analog § 293 Abs. 1 S. 2 AktG lediglich einer Dreiviertel-Mehrheit,[564] wobei für das herrschende Unternehmen ein Stimmverbot analog den § 34 BGB, § 47 GmbHG gilt.[565] Im Übrigen bedarf der Beschluss in beiden Fällen weder einer zusätzlichen sachlichen Rechtfertigung[566] noch unterliegt er einer auf § 242 BGB gestützten Inhaltskontrolle.

306 Sollten die außerordentlichen Zustimmungsrechte der **§§ 116 Abs. 2, 164 S. 1 2. HS** nicht bereits im Gesellschaftsvertrag abbedungen sein,[567] ist für den Zustimmungsbeschluss jedenfalls die einfache Kapitalmehrheit ausreichend.[568]

307 Da der Konzernierungsbeschluss bei der Publikumsgesellschaft nicht der individuellen Zustimmung jedes Gesellschafters bedarf (RdNr. 305), ist der **mehrheitliche** Konzernierungsbeschluss als wichtiger Grund zum **Austritt** aus der Gesellschaft anzusehen. Die weitergehende analoge Anwendung der §§ 304, 305 Abs. 1 AktG auf die Publikumsgesellschaft[569] ist schon deswegen nicht veranlasst, weil das herrschende Unternehmen beim mehrheitlichen Konzernierungsbeschluss einem Stimmverbot unterliegt (RdNr. 305).

308 **2. Sonstige Auswirkungen der körperschaftlichen Struktur.** Die körperschaftliche Struktur der Publikumsgesellschaft hat zahlreiche Analogievorschläge bezüglich aktienrechtlicher Vorschriften veranlaßt. Ihnen ist **nicht** zu folgen.

309 Der Beherrschungsvertrag iS des § 291 Abs. 1 S. 1 1. Alt. AktG ist ebenso wenig wie ein Gesellschaftsvertrag mit Beherrschungsfunktion einem **Schriftformgebot** analog § 293 Abs. 3 AktG zu unterwerfen.[570] Für den Gesellschaftsvertrag einer Publikumsgesellschaft gilt grundsätzlich kein Formgebot.[571] Damit fehlt der Anknüpfungspunkt, um den § 291 Abs. 1 S. 1 1. Alt. AktG nachempfundenen Beherrschungsvertrag als solchen einem Formzwang zu unterstellen. Folgerichtig muss dann auch der Gesellschaftsvertrag mit Beherrschungsfunktion formfrei bleiben.

310 Weiterhin besteht kein Anlass, die Treuepflicht als Anspruchsgrundlage durch **§ 311 AktG** zu ersetzen[572] oder die actio pro socio generell durch die Einzelklagebefugnis **analog** den **§§ 317 Abs. 4, 309 Abs. 4 AktG** abzulösen.[573] Denn die personengesellschaftsrechtlichen Figuren finden auch bei der unabhängigen Publikumsgesellschaft Anwendung, und die Probleme in Abhängigkeits- und Konzernlagen sind soweit möglich ebenfalls mit den rechtsformspezifischen Institutionen zu lösen.

311 Das Erfordernis eines Abhängigkeitsberichts und dessen Prüfung ist nicht **analog §§ 312, 314 AktG** zu begründen, sondern lässt sich nur de lege ferenda einführen.[574]

---

[563] Näher zu Mehrheitsentscheidungen bei der Publikumsgesellschaft oben § 161 RdNr. 112.

[564] Sudhoff/*Liebscher* § 50 RdNr. 61; *Gekeler* S. 199; **aM** *Heck* S. 163.

[565] **AM** *Gekeler* S. 199.

[566] **AM** *Gekeler* S. 216, 315 ff.; *Mecke* ZHR 153 (1989), 35, 47.

[567] Bedenken gegen die Abbedingung des § 164 S. 1 2. HS im Falle einer Publikumsgesellschaft bei *Stimpel,* FS Fischer, 1985, S. 771, 776.

[568] *Gekeler* S. 136 f.

[569] Dafür *Baumgartl* S. 121; *Gekeler* S. 206 f., 212; *Liebscher* RdNr. 1160; Sudhoff/*Liebscher* § 50 RdNr. 96; wohl auch *Raiser,* FS Stimpel, 1985, S. 856, 865. Vgl. zur Frage der Beschlußanfechtung nach § 304 Abs. 3–5 AktG noch *Baumgartl* S. 124–127; *Gekeler* S. 221.

[570] **AM** *Baumgartl* S. 89; *Gekeler* S. 200 f.

[571] S. BGH WM 1976, 446, 447; NJW 1978, 755; 1983, 1117, 1118: nur Vereinbarungen, die den Gründergesellschaftern Vorteile verschaffen oder diese von Verpflichtungen freistellen, bedürfen der schriftlichen Fixierung.

[572] **AM** *Reuter* ZHR 146 (1982), 1, 24; wohl auch Sudhoff/*Liebscher* § 50 RdNr. 74.

[573] *Baumgartl* S. 146 f.; **aM** *Reuter* ZHR 146 (1982), 1, 24–26.

[574] **AM** *Gekeler* S. 351 f.

E. Die gleichgeordnete Personengesellschaft

I. Gleichordnungskonzerne

Personengesellschaften können sich grundsätzlich an einem Gleichordnungskonzern (s. §§ 18 Abs. 2, 291 Abs. 3 AktG) beteiligen.[575] Voraussetzung ist allerdings, dass der Personengesellschaft die Qualität eines „gleichgeordneten Unternehmens" zukommt, sie also ein erwerbswirtschaftliches Unternehmen mit oder ohne Gewinnerzielungsabsicht betreibt.[576] **312**

Beruht die Unternehmensverbindung auf einem **Gleichordnungsvertrag,** der ein gemeinsames Leitungsgremium etabliert, liegt im Abschluss dieses Vertrages durch die Personengesellschaft ein jenseits des § 116 Abs. 2 liegendes **Grundlagengeschäft** (RdNr. 72), das der einstimmigen Zustimmung aller Gesellschafter bedarf.[577] Das gilt iE auch bei der Beteiligung an einem **faktischen** Gleichordnungskonzern, dh. an einem ohne Vertragsgrundlage lediglich aufgrund personeller Verflechtungen etc. etablierten Gleichordnungskonzern.[578] Spätestens die Mitwirkung an der faktisch praktizierten Koordination berührt unmittelbar die im Gesellschaftsvertrag etablierte Leitungsstruktur. **313**

Inhaltliche **Grenzen** für die vertragliche Ausgestaltung der Leitungsstruktur zieht der Grundsatz der Selbstorganschaft (iVm. § 134 BGB). Zur Wahrung dieses Grundsatzes muss der Personengesellschaft ein jederzeitiges Kündigungsrecht für den Fall verbleiben, dass die angeordnete Maßnahme sich bei ihr schädigend auswirken kann.[579] **314**

Für Gleichordnungsverträge gelten **keine** besonderen **Formerfordernisse**[580] und auch keine Pflicht zur **Handelsregistereintragung.** Die Erwägungen zum Beherrschungsvertrag (RdNr. 153) gelten auch insoweit. Dagegen unterliegt der **Gesellschafterbeschluss** über die Zustimmung zum Abschluss eines Gleichordungsvertrags der Handelsregisterpublizität und ist mit allerdings rein deklaratorischer Wirkung zur Eintragung anzumelden (s. auch RdNr. 159). **314a**

II. Sonstige Unternehmensverträge

Als sonstige Unternehmensverträge neben dem Beherrschungsvertrag kennt das AktG noch den Gewinnabführungsvertrag (§ 291 Abs. 1 S. 1 1. Alt. AktG) sowie die in § 292 Abs. 1 AktG aufgeführten Unternehmensverträge. Im Prinzip lassen sich diese Verträge auch von einer Personengesellschaft abschließen. **315**

1. Zulässigkeit. Personengesellschaften jeder Rechtsform können sich in einem **Gewinnabführungsvertrag** iS des § 291 Abs. 1 S. 1 2. Alt. AktG zur Abführung ihres ganzen Gewinnes verpflichten.[581] Denn weder der Verbandszweck einer GbR noch derjenige einer Personenhandelsgesellschaft muß notwendig die (Mindest-)Teilhabe aller Gesellschafter am Gewinn vorsehen (RdNr. 136).[582] Praktisch spielt diese Vertragsgestaltung mangels steuerlicher Anreize allerdings keine Rolle (näher RdNr. 5).[583] **316**

---

[575] *Flume* Personengesellschaft § 14 X (S. 256).

[576] S. *Mülbert* ZHR 163 (1999), 1, 43 für die anderen Beteiligten eines Gleichordnungskonzerns bei Zugehörigkeit einer AG. Nach ihrer ratio muß diese Begrenzung auch für den Gleichordnungskonzern ohne Beteiligung einer AG gelten.

[577] Ebenso E/B/J/S/*Lange* § 105 Anh. RdNr. 69; iE Westermann/*Tröger* I RdNr. 4096 (wegen Zweckänderung).

[578] Dazu BGHZ 121, 137, 146 f. = NJW 1993, 2114; BGH AG 1999, 81; *Hüffer* AktG § 18 RdNr. 21.

[579] Westermann/*Tröger* I RdNr. 4095; *Hösch* WiB 1997, 231, 233.

[580] E/B/J/S/*Lange* § 105 Anh. RdNr. 69.

[581] *Schießl* S. 53 f.; Baumbach/*Hopt* § 105 RdNr. 105; einschränkend – nur mit GbR – *Löffler* S. 50 f., generell ablehnend *Flume* Personengesellschaft § 14 X (S. 256); *Emmerich,* FS Stimpel, 1985, S. 743, 755.

[582] Für die GbR s. nur BGH NJW 1987, 3124, 3125; MünchKommBGB/*Ulmer/Schäfer* § 705 RdNr. 116 f. mwN; für die Personenhandelsgesellschaften s. *Karsten Schmidt* § 105 RdNr. 28; ferner zB *Baumgartl* S. 21 f. mwN.

[583] Rechtlich gilt im Übrigen, dass bei einem Vertrag über die Abführung des gesamten Gewinnes trotz des Auseinanderfallens von Gewinnrecht und Haftung auch dann keine Nichtigkeit gemäß § 138 Abs. 1 BGB

317 Die anderen Unternehmensverträge des § 292 Abs. 1 AktG haben nach gesetzgeberischer Vorstellung nur schuldrechtlichen Charakter. Daraus wird für Personengesellschaften verbreitet gefolgert, dass die Beteiligung an einer **Gewinngemeinschaft** (Nr. 1), die Verpflichtung zur **Teilgewinnabführung** (Nr. 2) oder Abschluss eines Betriebspacht- bzw. Betriebsüberlassungsvertrag (Nr. 3) keinen Bedenken unterliegt.[584] Da der Verbandszweck nicht notwendig eine (Mindest-)Teilhabe am Gewinn vorsehen muß (RdNr. 136), ist dem für die Gewinngemeinschaft[585] und den Teilgewinnabführungsvertrag zuzustimmen.

318 Mit dem Abschluss eines **Betriebspacht-** oder **Betriebsüberlassungsvertrags** erfolgt ein faktischer Eingriff in die Verbandssouveränität (RdNr. 119) der gesetzestypischen Gesellschaft. Sie betreibt ihr Unternehmen nicht mehr autonom bzw. kraft ihres Eigenwillens, sondern gibt dessen Betrieb sogar partiell auf. Daher setzt der Abschluss eines solchen Vertrages eine entsprechende **Zweckänderung** bei der verpachtenden bzw. überlassenden Personengesellschaft voraus.[586] Das gilt unabhängig davon, dass die Verpachtung einen Wegfall der gewerblichen Tätigkeit zur Folge haben und wegen des damit verbundenen Formwechsels der verpachtenden OHG/KG in eine GbR zudem ein zustimmungsbedürftiges Grundlagengeschäft[587] vorliegen kann.

319 Die Zulässigkeit eines **Betriebsführungsvertrags** hängt von dessen konkreter Ausgestaltung ab. Ein derartiger Geschäftsbesorgungsvertrag (§ 675 BGB) ist jedenfalls dann **unbedenklich,** wenn der Personengesellschaft die Weisungs- und Kontrollrechte der §§ 665, 666 BGB ungeteilt verbleiben und die Tätigkeit des Betriebsführers damit auf ihre Interessen ausgerichtet ist. Aber auch weitgehende Einschränkungen dieser Rechte begegnen keinen Bedenken bezüglich des ohnehin nur Verträge mit Nichtgesellschaftern betreffenden Grundsatzes der Selbstorganschaft.[588] Denn wie bereits für den Beherrschungsvertrag ausgeführt (RdNr. 168), lässt sich dieses Hindernis durch die Festlegung eines entsprechenden Verbandszwecks ausräumen. Jedoch haben weitreichende Einschränkungen der Weisungs- und Kontrollrechte zur Folge, dass in der Sache ein Beherrschungsvertrag vorliegt,[589] der folgerichtig auch den in RdNr. 161 ff. diskutierten Zulässigkeitsanforderungen[590] unterliegt.[591] Ob im Einzelfall ein **verdeckter Beherrschungsvertrag** oder ein rein schuldrechtlicher Betriebsführungsvertrag vorliegt, entscheidet sich danach, ob die

---

vorliegt, wenn eine Freistellungszusage zugunsten der unbeschränkt persönlich haftenden Personengesellschafter fehlt (**aM** *Schießl* S. 54). Zur Begründung ist auf die Ausführungen in RdNr. 166 zur grundsätzlichen Unbedenklichkeit des Beherrschungsvertrags zu verweisen.

[584] Für prinzipielle Zulässigkeit der anderen Unternehmensverträge etwa *Gekeler* S. 153 f. (auch durch abhängige Personengesellschaften); *Flume* Personengesellschaft § 14 X (S. 257); *Schießl* S. 54 f.; für unabhängige Gesellschaften auch *Emmerich/Habersack* Konzernrecht § 34 RdNr. 23; *Emmerich,* FS Stimpel, 1985, S. 743, 755 f.

[585] Voraussetzung ist allerdings, dass der Personengesellschaft die Qualität eines „gleichgeordneten Unternehmens" zukommt. S. *Mülbert* ZHR 163 (1999), 1, 43 für die Gewinngemeinschaft unter Beteiligung einer AG. Ohne Beteiligung einer AG kann nach der ratio dieser Begrenzung nichts anderes gelten.

[586] Vgl. zum Ganzen für die AG *Mülbert* S. 171 f.; für die GmbH Baumbach/Hueck/*Zöllner* GmBHG SchlAnh KonzernR RdNr. 55. **AM** Westermann/*Tröger* I RdNr. 4093: Änderung des Unternehmensgegenstands.

[587] S. nur Baumbach/*Hopt* § 114 RdNr. 3; vgl. auch Staub/*Habersack* § 126 RdNr. 16; Heymann/*Emmerich* § 126 RdNr. 11. **AM** Westermann/*Tröger* I RdNr. 4093: Lediglich ungewöhnliche Geschäftsführungsmaßnahme (§§ 116 Abs. 2, 164 S. 1 2. HS), sofern entsprechender Unternehmensgegenstand vereinbart.

[588] **AM** die ganz hM; zB BGH NJW 1982, 1817 f. (Holiday Inn); Baumbach/*Hopt* § 114 RdNr. 24; *Rawert* § 114 RdNr. 26; ferner *Reuter* JZ 1986, 16, 18; *Löffler* NJW 1983, 2920, 2921 f. (alle kritisch zur konkreten Entscheidung des BGH).

[589] *Schießl* S. 55 (auf dem Umweg der Umdeutung); *Löffler* S. 38; **aM** Staub/*Schäfer* § 105 Anh. RdNr. 69. Wie hier auch das aktienrechtliche Schrifttum, zB KK/*Koppensteiner* AktG § 291 RdNr. 25, 37 ff.; *Hüffer* AktG § 292 RdNr. 24; MünchHdb. AG/*Krieger* § 72 RdNr. 54.

[590] Zur etwaigen Nichtigkeit einzelner Vertragselemente – Unwiderruflichkeit von Generalvollmacht und Geschäftsführungsauftrag – s. *Huber* ZHR 152 (1988), 1, 22 ff.

[591] Irreführend ist eine Zulässigkeitsbegrenzung für Betriebsführungsverträge auf voneinander unabhängige Gesellschaften (zB *Emmerich/Habersack* Konzernrecht § 34 RdNr. 23. Auch im Abhängigkeitsverhältnis wäre ein „Betriebsführungsvertrag" keinesfalls unzulässig mit der Folge der Nichtigkeit, sondern gegebenenfalls als verschleierter Beherrschungsvertrag zu behandeln; s. nur KK/*Koppensteiner* AktG § 291 RdNr. 40.

dem Betriebsführer vertraglich eingeräumten Einflussmöglichkeiten[592] dem Weisungsrecht des § 308 AktG sachlich entsprechen.[593] Im Holiday Inn-Fall blieb die langfristige Unternehmensplanung kraft der im Betriebsführungsvertrag festgelegten Vorgaben in den Händen der Eigentümergesellschaft, so dass diese Schwelle noch nicht überschritten wurde.[594]

2. Mitwirkungsrechte der Gesellschafter. Im Zusammenhang mit allen vorgenannten Unternehmensverträgen können sich Mitwirkungsrechte der Gesellschafter schon aus der Notwendigkeit ergeben, den gesetzestypischen (RdNr. 117 ff.) **Verbandszweck** im Wege eines einstimmigen Gesellschafterbeschlusses oder durch übereinstimmende Änderung des Gesellschaftsvertrags zu modifizieren. 320

Sowohl der **Gewinnabführungsvertrag** als auch die anderen **Unternehmensverträge** iS des **§ 292 Abs. 1 AktG** wirken im Übrigen als faktischer Eingriff in die Mitverwaltungs- und Vermögensrechte der Gesellschafter. Damit handelt es sich bei der Vereinbarung dieser Verträge jeweils um ein **Grundlagengeschäft** (RdNr. 72),[595] das der einstimmigen Zustimmung aller Gesellschafter bedarf. 321

Der Abschluss eines „echten" (RdNr. 319) **Betriebsführungsvertrags** bedarf als **außerordentliche Geschäftsführungsmaßnahme** der Zustimmung aller Gesellschafter gemäß § 116 Abs. 2.[596] Handelt es sich allerdings um einen verdeckten Beherrschungsvertrag (RdNr. 319), gelten die Ausführungen in RdNr. 155 f. 322

Abweichend vom Einstimmigkeitsprinzip des § 119 Abs. 1 kann der Gesellschaftsvertrag in engen Grenzen auch **Mehrheitsentscheidungen** über den Abschluss anderer Unternehmensverträge zulassen.[597] Neben der Wahrung des **Bestimmtheitsgrundsatzes** erfordert dies, und zwar auch bei Betrauung eines Dritten mit der Betriebsführung, die **individuelle Zustimmung** der Gesellschafter, da mit den Verträgen der §§ 291 Abs. 1, 292 Abs. 1 AktG in die Mitgliedschaftsrechte jeweils faktisch eingegriffen wird oder im Falle des Betriebsführungsvertrags jedenfalls ein qualitativ gleichwertiger Eingriff erfolgt. Näher zum Ganzen die sinngemäß geltenden Ausführungen in RdNr. 270 ff. zum Konzernierungsbeschluss. 323

3. Form, Handelsregistereintragung. Für die vorgenannten **Unternehmensverträge** gelten **keine** besonderen Formerfordernisse und auch keine Pflicht zur Handelsregistereintragung.[598] Die Erwägungen zum Beherrschungsvertrag (RdNr. 153) gelten auch insoweit. Dagegen unterliegt der **Gesellschafterbeschluss** über die Zustimmung zum Abschluss eines Gewinnabführungsvertrags bzw. eines anderen Unternehmensvertrags iS des § 292 Abs. 1 AktG der Handelsregisterpublizität und ist mit allerdings rein deklaratorischer Wirkung zur Eintragung anzumelden (s. auch RdNr. 159). 324

4. Vertretung der Gesellschaft. Der Abschluss eines **Gewinnabführungsvertrags** oder eines anderen **Unternehmensvertrags** iS des **§ 292 Abs. 1 AktG** durch die Geschäftsführer bedarf analog § 293 Abs. 1 AktG der außenwirksamen Zustimmung der 325

---

[592] Auch durch vollständigen Ausschluß des Weisungsrechts der Eigentümergesellschaft aus § 665 BGB. Zur kontroversen Beurteilung dieser Gestaltung bei der unabhängigen Gesellschaft s. einerseits *Schneider* ZGR 1980, 511, 523, andererseits KK/*Koppensteiner* AktG § 291 RdNr. 37; *Huber* ZHR 152 (1988), 1, 20 ff. (aber auch S. 27 ff.).

[593] KK/*Koppensteiner* AktG § 291 RdNr. 37 ff.; *Hüffer* AktG § 292 RdNr. 24; MünchHdb. AG/*Krieger* § 72 RdNr. 54; bei abhängiger Eigentümer(personen)gesellschaft durchweg einen verschleierten Beherrschungsvertrag annehmend etwa *Huber* ZHR 152 (1988), 123, 140; wohl auch *Emmerich,* FS Stimpel, 1985, S. 743, 755 f.

[594] Ebenso KK/*Koppensteiner* AktG § 291 RdNr. 25; **aM** *Huber* ZHR 152 (1988), 1, 23 f.

[595] Schlegelberger/*Martens* § 105 Anh. RdNr. 19; Staub/*Schäfer* § 116 RdNr. 14; Baumbach/*Hopt* § 105 RdNr. 105, § 114 RdNr. 3; Staub/*Schilling* § 164 RdNr. 5; *Emmerich/Habersack* Konzernrecht § 34RdNr. 23: für Verträge des § 292 AktG); Westermann/*Tröger* I RdNr. 4093.

[596] *Huber* ZHR 152 (1988), 1, 35; allgemein für Betriebsführungsverträge Staub/*Habersack* § 126 RdNr. 18; *Loos* BB 1963, 615, 620; wohl auch Heymann/*Horn* § 164 RdNr. 7 **aM** – stets Grundlagengeschäft – Staub/*Schilling* § 164 RdNr. 5; *Burbach* S. 75 f.

[597] **AM** Heymann/*Emmerich* § 105 Anh. RdNr. 25 (Klausel verstößt gegen § 138 Abs. 1 BGB).

[598] **AM** Baumbach/*Hopt* § 105 RdNr. 105.

Gesellschafter.[599] Hingegen ist der **„echte" Betriebsführungsvertrag** von ihrer Vertretungsmacht mit umfasst,[600] da er kein Grundlagengeschäft darstellt (RdNr. 319).

---

599 Ebenso *Hösch* WiB 1997, 231 f. (für die Gewinngemeinschaft). IE auch Staub/*Habersack* § 126 RdNr. 18; Baumbach/*Hopt* § 126 RdNr. 3; Heymann/*Emmerich* § 126 RdNr. 11, jeweils mit Verweis auf die – insoweit durchgreifenden Bedenken begegnende (RdNr. 73 ff.) – Kategorie der Grundlagengeschäfte.

600 Staub/*Habersack* § 126 RdNr. 18.

Sachverzeichnis

fette Zahlen = Paragraphen; magere Zahlen = Randnummern; KR = Konzernrecht der Personenhandelsgesellschaften